סידור קורן שלם

Sidur Koren Shalem en Español
Nusaj Ashkenaz

קורן ירושלים

EDICIÓN LOBEL

סידור קורן שלם

SIDUR KOREN SHALEM

EN ESPAÑOL

PROLOGADO Y COMENTADO POR

Rabino Lord Jonathan Sacks שליט״א

EDITOR EN JEFE

Rabino Dr. Mordejai Maarabi

TRADUCTOR

Rabino Israel Diament

•

KOREN PUBLISHERS JERUSALEM

La Edición Lobel
del
Sidur Koren
está dedicada a los cientos de miles de personas
que lo utilizan para sus oraciones diarias.

Que vuestras plegarias sean inmediatamente escuchadas
y resulten una fuente de bendición
para cada uno de ustedes, para vuestras familias,
y para la generalidad del pueblo de Israel.

Familia Lobel
Nueva York, EE. UU.

Sidur Koren Shalem en Español
Nusaj Ashkenaz
Primera edición © 5780 (2020)

Editorial Koren Jerusalem Ltd.
POB 4044 Jerusalem 9104001 ISRAEL
POB 8531 New Milford CT 06776 USA

www.korenpub.com

La presente traducción a la lengua española está basada en la traducción comentada al inglés, que a su vez está basada en la primera traducción comentada al inglés publicada por vez primera en Gran Bretaña en el año 2006 en el Libro Diario de Oraciones de la Unión de Congregaciones del Commonwealth: Nueva traducción y comentario a cargo del Gran Rabino Jonathan Sacks (Cuarta edición, Compilación © United Synagogue), editado por Collins, una división de HarperCollins Publishers, London.

Ashkenaz, edición sinagoga, tapa dura, ISBN: 978-965-7760-48-2

Impreso En PRC

KSA-SAN01

ÍNDICE

La Tabla con los contenidos para Jol HaMo'ed y Shabat Jol HaMo'ed se encuentran en las páginas anteriores

PREFACIO AL SIDUR KOREN SHALEM

"Una generación tras otra alabará Tu labor..."

Desde su publicación inicial en la lengua hebrea en 1981, el Sidur Koren ha sido siempre reconocido por su exactitud textual y su diseño gráfico innovador, lo cual llevó a nada menos que transformar el modo en que las personas rezan y se conectan con Dios. El maestro tipógrafo Eliahu Koren albergaba la esperanza de poder "presentar a quienes rezan un medio para atraerlos y conectarlos, no solamente a las palabras del rezo sino también a los contenidos y significados que se encontraban ante nuestros sabios cuando acuñaron las frases de nuestras plegarias y ante nuestros rabinos a lo largo de las generaciones cuando compilaron las diferentes versiones de nuestras oraciones". El diseño tipográfico de Koren procura enlentecer la velocidad de lectura y así ayudar a transmitir más vívidamente al usuario el significado del texto.

En esta presente edición en la lengua española hemos mantenido nuestro compromiso con estas virtudes de nuestros Sidurim, amén de haberlos enriquecido con la elocuente traducción al inglés, la perspicaz introducción y el lúcido comentario de uno de los pensadores judíos más articulados y originales de nuestro tiempo, el Rabino Lord Jonathan Sacks.

Este es el Sidur más completo que hemos publicado. A raíz de la excelente recepción de la primera edición inglesa del Sidur Koren Sacks del 2008, hemos atendido a los diferentes pedidos y sugerencias recibidos creando una nueva edición más exhaustiva, completa y útil para todo el año, incluyendo también a los Jaguim. A estos efectos, en el Sidur Koren hemos introducido:

- Todas las lecturas de la Torá para Sucot, Pesaj, Shavu'ot, Janucá, Purim y Yom Ha'Atzmaut.
- Las cinco Meguilot.
- Plegarias adicionales vinculadas a súplicas personales.

Al igual que todos nuestros Sidurim y Majzorim, la presente obra presenta características singulares:

Se usaron dos tipos diferentes de letra diseñados por Eliahu Koren a lo largo de todo el Sidur.

◂ El tipo

- El tipo de letra Koren para Tanaj es utilizado para textos bíblicos (salvo cuando los mismos están integrados en la plegaria),
- El tipo de letra Koren para Sidur es el empleado en los rezos, de acuerdo con la convicción del Sr. Koren en cuanto a que la presentación del texto bíblico debe ser distintiva.
- Accesorios de lectura, los cuales están detalladamente explicados en la guía para el lector y que facilitan una correcta comprensión y manejo del texto.
- Un diseño gráfico que distingue la poesía de la prosa y proporciona un espacio que permite que las páginas "respiren". Hemos desarrollado un estilo paralelo para el texto inglés que balancea el peso de las letras hebreas para avanzar así en la ulterior intención del Sr. Koren de presentar textos "en un estilo que no promueve la rutina o el apuro, sino que incentiva a quien reza a involucrar su mente y su corazón en la plegaria".

A lo largo de todo el texto hay instrucciones concisas y una guía halájica práctica al final del Sidur.

Este Sidur incluye rezos para quienes visitan Israel, así como también plegarias para Yom HaZikarón y Yom Ha'Atzmaut, lo cual pone de manifiesto la conexión esencial e integral existente entre el pueblo judío alrededor del mundo y el Estado de Israel, así como también la centralidad de Jerusalém para todos nosotros.

Es siempre un privilegio colaborar en un proyecto junto a personas que comparten nuestro compromiso y entusiasmo por transmitir la belleza de la Tefilá. Estamos enormemente agradecidos a Judith y David Lobel por su apoyo y es para nosotros un honor que su nombre encabece esta edición. Las sugerencias de índole eminentemente práctica del Sr. Lobel fueron particularmente útiles durante el proceso de elaboración conceptual. En nombre de los académicos, editores y diseñadores del presente volumen les agradezco; en representación de los usuarios, por siempre estaremos en deuda con ustedes.

Deseamos agradecer al Rabino Sacks שליט״א por su formidable introducción, traducción y comentario, así como también por su activo involucramiento durante la preparación de este Sidur; y al Rabino Mordejai Maarabi por su notable liderazgo durante todo el proceso creativo.

◂ Este Sidur

Este Sidur no podría haber visto la luz de no mediar la traducción excelente y articulada del Rabino Israel Diament, la capaz labor de edición de Jana Levín y Batia Coffman, y el esmero de nuestros directores de edición Ashira Firszt y el Rabino Avishai Magence. La labor tipográfica y de diseño fue llevada a cabo por Esther Be'er.

No nos resta más que esperar haber logrado llevar la visión de Eliahu Koren a una nueva generación y una gran audiencia de judíos de habla hispana, fomentando así *Avodat HaShem* entre judíos de todas partes.

Matthew Miller, Editor
Jerusalém, 5781 (2020)

PREFACIO

"En cuanto a mí, que mi plegaria a Ti, HaShem,
¡sea en un momento de voluntad!
Oh D's, con Tu abundante Bondad,
respóndeme con la verdad de Tu salvación"
(Tehilim 69)

Encuentros en el tiempo. Espacios infinitos que se cubren de esperanza, que generan aliento, que impulsan al vivir y al sentir que nada está perdido. Que todo está por venir. En el porvenir…

Si me preguntan qué es la plegaria, hallarán la respuesta entre esos miles y miles de puntos que recorren la distancia del infinito, desde mi lugar en la tierra y hasta los incógnitos cielos, que aguardan cada letra, cada palabra, para penetrarlos y alcanzar la Majestad del Creador.

Plegaria, Tefilá … un arte depositado en el corazón de cada uno y una, para poder navegar por entre los tiempos y espacios del vivir, del convivir entre los seres humanos. El arte de poder enhebrar el tejido más delicado de la naturaleza humana: su sentir, su callar, su crecer, su adolecer… Rezar para ser más humano. Rezar para abrazarme con la eternidad de esos tiempos y esos espacios.

"Va-aní tefilatí…" cantaba David rey. Ser yo y mi plegaria. Una unidad indestructible. Pues ser persona es ser plegaria. Es emitir un sonido vestido de palabra; es pronunciar un sentido revestido de sentimientos genuinos, sinceros, tratando de irrumpir en medio de silencios cotidianos, para llegar hacia lo Alto… hasta el Altísimo.

El pueblo de Israel ha nacido de una plegaria. Abraham nuestro patriarca develó ese universo único del 'hablar' con su Creador; inquirir por Su justicia; recurrir a Su benevolencia; aguardar por Su amor. Todo ello es nuestra Tefilá. Y mucho más, cuando se multiplica por cada corazón y por cada órgano de nuestra esencia.

Desde entonces y para siempre, Am Israel ha hallado entre las letras entrelazadas en una poesía, el recurso de tornarse más humano, más simple, más auténtico. Llegar a D's como una constante en el cotidiano vivir. Porque Lo necesitamos. Porque debemos sentirlo cerca. Próximo. Porque cada uno y una debe construir en cierta medida, un 'Santuario

◂ en miniatura

en miniatura' –"*Mikdash Me'at*"- dentro de sí... Pues hoy, ante el vacío de aquel otro Santuario – la Casa del pueblo judío, la Casa de D's -, se torna necesario recuperar el aliento de la existencia tanto como de la esperanza...

Es un honor habernos sumado a esta noble tarea de ser parte de un arte: la plegaria y su recinto, es decir, el Ritual de Oraciones. "Sidur"... Porque la plegaria necesita estar 'ordenada', al decir de los sabios. Hallar ese orden nos llevará a comprenderla. A aprehenderla. Así lo establecía el Rambám:

> 'כיוון שראה עזרא ובית דינו כך, עמדו ותיקנו להם י״ח ברכות על הסדר וכו
> "עד כדי שיהיו ערוכות בפי הכל, וילמדו אותם..." (הלכות תפילה, פ״א: ד)
>
> *'De momento que Ezra y su Corte Rabínica notaron la dificultad respecto a la calidad del rezo, establecieron por decreto un orden de 18 bendiciones 'al ha-seder', etc, hasta que las mismas estuviesen ordenadas en boca de todos, y las pudiesen estudiar...'.*

Ese orden de las plegarias –referido originalmente al corazón de la Tefilá, la oración de las *Amidá*-, creemos humildemente, contribuyó a la creación posterior del 'Sidur Tefilá', una obra monumental que compendia y contiene todas las oraciones para todos los tiempos y todas las personas. Desde entonces, el 'pequeño' Sidur, se ha transformado en una contribución gigante para la sedienta alma del orante por doquier. De aquel que anhela encontrarse con su Creador. Hablarle. Sentir Su Inmensa Presencia. Poder escuchar Su susurro por entre los ruegos...

El Sidur Koren Shalem, para días de semana, Shabatot y Jaguim, es una exquisita presentación de las plegarias. En este, el Gran Rabino Lord Jonathan Sacks shelita, nos ofrece una maravillosa introducción, explicación y comentarios, así como una exquisita comprensión de la poesía contenida en la plegaria.

La calidad de la letra impresa, los espacios así como la puntillosa atención a la gramática y sintaxis del hebreo, es una contribución enorme a la pronunciación y aprendizaje de la plegaria por parte de la Publicación Koren de Jerusalém. Diría que se trata de un Sidur que no sólo nos invita a rezar, sino que nos inspira a ello.

"*Va-aní tefilatí...*". Ser uno mismo esa plegaria. Aguardar la respuesta. Sumergirnos en esos cielos recónditos y desde allí, poder percibir la verdadera salvación del ser humano: tender ese puente imaginario, a través de aquellos infinitos puntos, que conducen a abrazarnos con la esperanza, a reencontrarnos con el D's de nuestros padres y a sentirnos parte de una milenaria cadena de palabras, vertidas desde el corazón de la congregación de Israel.

"Que el agrado de HaShem nuestro Dios sea sobre nosotros, y la acción de nuestras manos sea establecida para nosotros. Oh Eterno, aprueba la obra de nuestras manos"

Rab Dr. Mordejai Maarabi
Comunidad 'Torá veJaim', Ra'anana
Bet Midrash 'Sifté Cohén', Ra'anana
Tiempos de Iyar de 5780 (2020)

ENTENDIENDO LA PLEGARIA JUDÍA

1. Introducción

La plegaria es el lenguaje del alma al conversar con Dios. Es el aspecto más íntimo de la vida religiosa y el más transformador. El mero hecho de que podemos rezar es un testimonio de los elementos más profundos de la fe judía: que el universo no apareció accidentalmente ni que nuestras vidas estén destinadas a estar privadas de sentido. El universo existe, y nosotros existimos, porque alguien – el Dios Único, Autor de todo – nos trajo a la existencia con amor. Esta creencia más que ninguna otra es la que redime la vida de la soledad y al destino de la tragedia.

En la oración hablamos a una presencia más vasta que el universo insondable, pero más cercana a nosotros de lo que estamos de nosotros mismos; el Dios trascendente que es a la vez la Voz interior. Si bien el lenguaje falla cuando tratamos de describir un Ser que está más allá de los parámetros del habla, el lenguaje es todo lo que tenemos, y es suficiente. Pues Dios que hizo el mundo por medio de palabras creativas, y reveló Su voluntad por medio de palabras sagradas, escucha nuestras expresiones colmadas de plegarias. El lenguaje es el puente que nos une al Infinito.

Yehudá HaLeví, el gran poeta del siglo XI, dijo que la oración es para el alma lo que el alimento es para el cuerpo. Sin rezo, algo en nuestro interior se atrofia y muere. Es posible tener una vida sin rezo al igual que es posible tenerla sin música, amor o risa, pero se trata de una vida disminuida, carente de dimensiones enteras de experiencia. Necesitamos espacio dentro del alma para expresar nuestra alegría de ser, nuestra fascinación ante el universo, nuestras esperanzas, nuestros temores, nuestros fracasos, nuestras aspiraciones – para traer nuestros pensamientos más profundos como ofrendas al Dios que los escucha, y a su vez escuchar al Dios que nos llama. Quienes rezan respiran un aire más expansivo: "En la prisión de sus días / Enseña al hombre libre cómo alabar" (W. H. Auden).

El *Sidur* es la sinfonía coral que el pueblo del Pacto ha cantado a Dios a lo largo de cuarenta siglos, desde los días de los patriarcas hasta el presente. En él escuchamos las voces de los profetas de Israel, de los sacerdotes y los reyes, de sus sabios y eruditos, de sus poetas y filósofos, racionalistas y místicos, cantando en una calibrada armonía. Su libreto

◂ teje

teje conjuntamente textos de casi todos los rincones de la vasta biblioteca de la espiritualidad judía: La Torá, los Profetas, los Hagiógrafos, la compilación clásica de la Ley Oral – la Mishná, el Midrash y el Talmud – junto a pasajes filosóficos como "Los Trece Principios de la Fe" de Maimónides y extractos del *Zohar*, el texto central del misticismo judío.

En el judaísmo hay espacio para la meditación individual, para la petición personal. Pero cuando rezamos públicamente, lo hacemos como miembros del pueblo que ha servido, hablado y discutido con Dios por más tiempo y en las más variadas circunstancias que ninguno otro en la historia. Usamos las palabras de los más grandes que nos antecedieron para articular nuestras plegarias y sumarlas a las de otros a través del mundo y de los siglos.

Casi cada época y cada comunidad judía importante ha sumado algo de su autoría: palabras nuevas, plegarias, costumbres y melodías. Existen varias liturgias diferentes: ashkenazí, sefaradí, oriental, yemenita, italiana, la de Rabí Ytzjak Luria y la del Gaón de Vilna y otros, cada una con sus propias subdivisiones. Cada tradición posee una característica propia, a la que la ley judía aplica el principio de "*nahara nahara ufashte*": "Cada río posee su propio curso". Cada una de las tradiciones históricas posee su propia integridad, su propio canal a través del cual las palabras fluyen de la tierra al cielo.

Esta introducción nos cuenta cómo la plegaria adquirió su formato presente, las diferentes fibras espirituales de las cuales está tejida, las estructuras que contiene y el sendero que marca en la travesía del espíritu.

2. *Las dos fuentes de la oración*

La frase más conocida sobre el servicio religioso judío es: "Si has de servir al Señor tu Dios con todo tu corazón (Deuteronomio 11:13) – ¿Cuál es el servicio del corazón (*avodá shebalev*)? Es la oración" (*Sifrei* a Deuteronomio 41). Detrás de estas simples palabras se encuentra una historia destacable.

A lo largo de la Biblia Hebrea encontramos dos formas bastante diferentes de servicio religioso. Una es la oración. Fuera del libro de los Salmos encontramos 140 referencias a personas que rezan; en noventa y siete casos se nos relata las palabras que pronunciaron. Abraham ora por las ciudades de la llanura. Ya'akov reza pidiendo salvación antes de

◂ confrontar

confrontar a su hermano Esav. Janá reza para tener un hijo. Todas estas plegarias son directas, simples y espontáneas. Carecen de fórmula fija, de texto prefijado. Algunas son sumamente breves, como la plegaria de cinco palabras de Moshé por su hermana Miriam: "Por favor, Dios, cúrala ahora". Otras plegarias son largas, como aquella de Moshé que duró cuarenta días pidiendo que Dios perdone al pueblo de Israel tras el pecado del becerro de oro. No existen reglas generales, estas plegarias carecen de tiempo fijo, sitio o liturgia. Son improvisadas en virtud de las demandas circunstanciales.

La otra forma, generalmente conocida como "*Avodá*" – "servicio" – es el sacrificio. El sacrificio no podría ser más diferente que la plegaria. Tal como está estipulado desde Éxodo hasta Deuteronomio el servicio de los sacrificios está minuciosamente especificado. Posee su orden prescrito: qué ofrendas deben ser realizadas, cuándo y a manos de quién. Poseen un sitio designado: el Tabernáculo en el desierto y más adelante, el Templo de Jerusalém. No hay allí lugar para la espontaneidad. Cuando Nadav y Avihú, dos de los hijos de Aharón HaCohén realizaron una ofrenda espontánea de incienso, murieron (Levítico 10:1–2). Los libros de Moshé contienen dos textos fijos asociados con el Templo: la Bendición Sacerdotal (Números 6:24–26) y la declaración realizada por quienes traían las primicias (Deuteronomio 26:5–10). Ciertos sacrificios, tales como los expiatorios por pecados incluían una confesión verbal. Los Salmos eran cantados en el Templo y la Mishná detalla las plegarias que allí se recitaban. Pero el acto mismo del sacrificio era carente de palabras. Tenía lugar en silencio.

Vemos pues dos tradiciones bastante diferentes, la plegaria y el sacrificio: una espontánea y la otra rigurosamente legislada; una podía ser realizada en cualquier parte, en cualquier momento por cualquier persona; la otra podía realizarse únicamente en un lugar fijo de acuerdo con un conjunto de procedimientos detallados e inflexibles. ¿Cómo es que estas dos formas de servicio Divino se transformaron en una?

La respuesta la encontramos en la crisis y renovación nacionales que tuvieron lugar tras la destrucción del Primer Templo a manos de Nabucodonosor en el 586 a.e.c. El Salmo 137 ha preservado vívidamente la situación rayana con la desesperanza que imperaba entre los exiliados: "Junto a los ríos de Babilonia, allí nos sentábamos y allí llorábamos al

◂ recordar

recordar a Sion... ¿Cómo habremos de cantar el cántico del Señor sobre tierra extraña?" En el exilio babilonio los judíos comenzaron a reunirse a leer la Torá, a articular una esperanza colectiva de retorno, a recordar el Templo y su servicio. Estas asambleas (*kinishtu* en babilonio, *kneset* en hebreo) no eran sustitutos del Templo, más bien eran recordatorios de este. El libro de Daniel, establecido en Babilonia, habla de una triple plegaria diaria orientada a Jerusalém (Daniel 6:11). La pérdida del Templo y la experiencia del exilio condujeron a la aparición de reuniones regulares para el estudio y la oración.

El siguiente capítulo en esta historia fue escrito por Ezra (siglo v a.e.c.) quien junto con el estadista Nehemías reorganizó la vida judía en Israel tras el retorno de Babilonia. Ezra ("el escriba") fue un nuevo modelo en la historia judía: el educador como héroe. El libro de Nehemías (8:1–9) contiene una descripción detallada de la asamblea nacional que Ezra convocó en Jerusalém, donde leyó la Torá en voz alta con la ayuda de los levitas que la explicaron al pueblo.

Ezra y Nehemías se vieron perturbados por el alto grado de asimilación que imperaba entre los judíos que se habían quedado en Israel. Sabían que de no mediar una fuerte identidad religiosa el pueblo habría de desaparecer al mezclarse con otras naciones y otras culturas. A los efectos de protegerse ante esta eventualidad pusieron en movimiento iniciativas de largo alcance, incluida la reafirmación nacional del pacto del pueblo de Israel con Dios (Nehemías cap. 10). Uno de los desarrollos más importantes fue la primera formulación de plegarias, atribuida por los sabios a Ezra y los miembros de la Gran Asamblea. Maimónides sugiere que uno de los motivos para hacerlo fue el restablecimiento del hebreo como lengua nacional: en ese tiempo "la mitad de los niños hablaban el lenguaje de Ashdod, o el de otros pueblos, y no sabían hablar en el lenguaje de Yehudá" (Nehemías 13:24, Maimónides - Leyes del Rezo 1:4).

Uno de los resultados de esta renovación religiosa fue el nacimiento o crecimiento de la sinagoga. Durante el período del Segundo Templo los sacerdotes fueron divididos en veinticuatro grupos llamados "*mishmarot*", cada uno de los cuales servía en el Templo una semana en rotación y era acompañado por un grupo de laicos locales llamados "*ma'amadot*", alguno de los cuales los acompañaban al Templo mientras que otros se quedaban en sus pueblos y aldeas y recitaban plegarias que coincidían

◂ temporalmente

temporalmente con los sacrificios. Se haya desarrollado la sinagoga a partir de estas "ma'amadot" o haya surgido antes, cuando el Segundo Templo fue destruido en el año 70 e.c. esta ya era una institución bien establecida.

La sinagoga fue "una de las mayores revoluciones en la historia de la religión y la sociedad" (M. Stern). Fue el primer lugar de culto que no se tornó sagrado en virtud de alguna asociación histórica, ni en virtud de los sacrificios que eran ofrendados, sino simplemente porque la gente se reunía allí a estudiar y a orar. La sinagoga encarnaba una de las grandes verdades del monoteísmo: Que el Dios que está en todas partes puede ser servido en cualquier sitio. Tras la pérdida del Segundo Templo se transformó en el hogar en el exilio del pueblo diseminado. Cada sinagoga era un fragmento de Jerusalém. Si bien la destrucción del Templo implicó que los sacrificios no podían ya ser ofrendados, en su lugar surgió la ofrenda de palabras, a saber, la oración.

La transición del sacrificio a la oración no fue un desarrollo repentino. Mil años antes, en su discurso de inauguración del Templo el rey Salomón había enfatizado el rezo por sobre los sacrificios (Reyes I 8:12–53). Por medio de Isaías (56:7), Dios había dicho: "Mi Casa será llamada *casa de oración* para todas las naciones". El profeta Oseas (14:3) había dicho: "Llevad con vosotros palabras y retornen al Señor... en vez de bueyes pagaremos con (la ofrenda de) nuestros labios". El sacrificio era el acompañamiento exterior de la acción interior del corazón y la mente: el agradecimiento, el arrepentimiento y demás. Por lo tanto, si bien la acción exterior ya no era posible, la interior se mantuvo. Así fue cómo el sacrificio se transformó en oración.

Lo que en un tiempo fueron dos formas diferentes de servicio se habían transformado en una sola. El rezo adquirió el carácter altamente estructurado de los sacrificios con textos y tiempos prefijados. El silencio que solía acompañar a los sacrificios fue transmutado por el habla. Dos tradiciones, la plegaria profética por un lado y la ofrenda sacerdotal por el otro se fusionaron transformándose en una misma. Esta es la historia para destacar tras las palabras "¿Cuál es el servicio (sacrificio) del corazón? Es la oración".

Una serie de discusiones respecto de la naturaleza de la plegaria recorren las centurias. Según Maimónides rezar a diario es un precepto bíblico; según Najmánides es únicamente rabínico. Dos maestros del siglo III,

◂ Rabí

Rabí Yosé hijo de Rabí Janina y Rabí Yehoshúa hijo de Leví discordaron respecto del origen de los rezos, el primero sostenía que fueron instituidos por los patriarcas – Abraham inició el rezo de la mañana, Ytzjak el de la tarde y Ya'akov el de la noche – mientras que el segundo sostenía que estos se correspondían con los sacrificios. Siglos antes, Rabán Gamliel y los sabios diferían respecto de cuál plegaria era más importante, la Amidá silenciosa o la repetición del oficiante. Cada uno de estos debates, en última instancia se derivan de la pregunta de cuál de las dos fuentes de la oración es la de mayor importancia – las plegarias improvisadas de los personajes bíblicos o los sacrificios en el Tabernáculo y en el Templo.

En realidad, no hay respuesta a semejante interrogante: el rezo tal como lo hemos conocido durante dos milenios se basa en ambas tradiciones. Más aún, nosotros honramos a ambas porque *cada Amidá es recitada dos veces*, una en silencio por parte de los individuos y la segunda públicamente y en voz alta por el oficiante. La Amidá silenciosa rememora las plegarias de los individuos en la Biblia, mientras que la repetición por parte del oficiante rememora los sacrificios – por lo tanto, no hay repetición de la Amidá en la noche ya que no se realizaban sacrificios en la noche. En la oración se encontraron dos grandes corrientes de la espiritualidad judía tornándose una sola.

3. *Estructuras del rezo*

El vocablo hebreo para libro de oración, *Sidur*, significa literalmente "orden". En su cúspide, la plegaria es una experiencia intensamente emocional. La magia de alabar, el regocijo de la acción de gracias, la pasión del amor, el temblor ante el temor, el corazón quebrado de la confesión, el anhelo de la esperanza, todos estos sentimientos son parte de la tonalidad de la oración. Empero el judaísmo es también, y por sobre todo, una religión de la mente, ya que las emociones no controladas pueden ser anárquicas y destructivas como el chocar de un río contra sus riberas. El primer capítulo de Génesis que da cuenta de la creación del mundo evoca un sentido del orden. Cada día tiene su tarea, cada forma de vida tiene su lugar, y el resultado (hasta la aparición del pecado) fue armonioso. Por lo tanto, la plegaria judía tiene un orden. Al igual que una sinfonía coral, tiene movimientos, cada uno con sus estados de ánimo, sus temas a desplegar, su lógica de desarrollo. En esta sección analizaré algunas de estas estructuras.

El *Sidur,* tal como existe en la actualidad, es el resultado de unos cuarenta siglos de historia judía. Sin embargo, este resultado no es meramente un bricolaje, una cobija conformada por retazos de azarosas adiciones. Es como si la composición del libro de oraciones fuese la obra de "una mano invisible", una inspiración divina que trasciende las intenciones de cualquier autor particular. Para ser específicos, la forma refleja la substancia. El formato del rezo revela la forma básica del espíritu judío tal como fue moldeado en su encuentro con Dios. Estas son algunas de las características estructurales de las plegarias:

A. DE LO UNIVERSAL A LO PARTICULAR

En general, las secuencias de la plegaria judía se mueven de lo universal a lo particular. Por ejemplo, la plegaria de agradecimiento tras haber comido comienza con una bendición que da gracias a Dios "que alimenta *al mundo* todo con Su bondad". La segunda bendición pasa a mencionar particularidades: Israel, la liberación de la esclavitud, "Tu pacto que sellaste en nuestra carne", la Torá y los preceptos. Agradecemos a Dios "por la tierra (de Israel) y por el alimento". La tercera bendición está más estrechamente enfocada aún. Se refiere a la ciudad santa, Jerusalém.

El mismo patrón es dable encontrar en las dos bendiciones previas a la recitación del Shemá en los rezos de la mañana y de la noche. La primera habla del universo (Dios da luz a la tierra, crea el día y la noche), mientras que la segunda se refiere a la Torá, al vínculo de amor específico que existe entre Dios y el pueblo judío. Observe y encontrará muchos otros ejemplos en el Sidur (una excepción es la plegaria de Aleinu cuyo primer párrafo habla de la particularidad judía, mientras que en el segundo lo hace sobre la esperanza universal. A este respecto, ver la sección B. LA SIMETRÍA ESPEJO-IMAGEN).

Este movimiento de lo universal a lo particular es distintivamente judío. La cultura occidental, bajo la influencia de Platón, ha tendido a moverse en la dirección opuesta, de la instancia concreta a la regla general valorando lo universal por sobre las particularidades. El judaísmo es la gran narrativa contra platónica en la civilización occidental.

Pasando de lo universal a lo particular, el libro de oraciones refleja la estructura de la Torá misma. En Génesis, en sus primeros once capítulos, comienza con una descripción de la condición universal de la humanidad.

Solamente en su duodécimo capítulo encontramos un llamado a un individuo, Abraham, para que deje su tierra, su familia y la casa de su padre para llevar una vida de rectitud por medio de la cual "todas las familias de la tierra serán bendecidas".

Existen reglas universales para la conducta humana, las llamamos las leyes de Noaj. Sin embargo, servimos a nuestro Dios a través de la particularidad de nuestra historia, lenguaje y herencia. El amor más elevado no es abstracto sino concreto. Quienes realmente aman, aprecian aquello que hace de su amado alguien diferente, único, irremplazable: este es el tema del más grande de los libros que versan sobre el amor religioso, el Cantar de los Cantares. Así, nosotros creemos, es como Dios nos ama.

B. LA SIMETRÍA ESPEJO-IMAGEN

Muchos pasajes de la Torá están construidos en la forma de simetría espejo-imagen, técnicamente conocida como quiasmo: una secuencia que sigue la forma ABCCBA, en la que la segunda mitad de los versículos invierten el orden de la primera. Un ejemplo preciso es el mandamiento de seis palabras que conforma el centro del pacto de Dios con Noaj (Génesis 9:6):

> [A] Quien derrame [B] la sangre [C] del hombre [C] a manos del hombre [B] su sangre [A] será derramada.

Esto es más que una herramienta estilística. Es la expresión de una de las creencias más profundas de la Torá, a saber, la naturaleza recíproca de la justicia. Quienes hacen el bien son bendecidos con bien. Quienes hacen el mal sufren el mal. Lo que nos ocurre es la imagen especular de lo que hacemos. Por lo tanto, la forma refleja la substancia: la simetría espejo-imagen es el equivalente literario de un mundo justo.

Algunas plegarias poseen una estructura espejo - imagen. Por ejemplo, la mayoría de los párrafos de la Amidá concluyen del mismo modo como empiezan ("al finalizar una bendición uno debe decir algo similar a su inicio" *Pesajim* 104A). Por ello, por ejemplo, la decimosexta bendición comienza diciendo "Escucha nuestra voz" y finaliza diciendo "que atiende la plegaria". La decimoctava bendición comienza diciendo "Te agradecemos a Ti" y finaliza diciendo "a Ti corresponde agradecer". La Amidá en su totalidad comienza pidiendo a Dios que nos ayude a abrir nuestra

◂ boca

boca para rezar y finaliza pidiendo a Dios que nos ayude a cerrar la boca para no pronunciar palabras engañosas.

Según el Rabino Yosef Soloveitchik las primeras tres y las últimas tres bendiciones guardan una relación espejo – imagen. La última emplea las mismas palabras clave que la primera: generosidad (*jesed*) y amor (*ahavá*). La penúltima tiene el mismo tema que la segunda: el obsequio de la vida y los milagros ocultos que nos rodean constantemente. La decimoséptima y la tercera versan las dos sobre la santidad. Es así como la finalización de la Amidá es una imagen especular de su inicio.

Esto explica por qué *Aleinu*, la plegaria con que concluyen la mayoría de los rezos, está construida en una secuencia inversa a la de las demás oraciones. Las otras pasan de lo universal a lo particular, pero *Aleinu* invierte el orden, comenzando con un himno a la particularidad ("por no habernos hecho como las naciones de los países") finalizando con una de las grandes plegarias por la universalidad, pidiendo por el día en que "*toda* la humanidad invoque Tu Nombre". *Aleinu* confiere a cada rezo una estructura de quiasmo. Las plegarias anteriores han sido A-B (de universal a particular); *Aleinu* es B-A (de lo particular a lo universal).

Tal como veremos, muchos de los demás principios estructurales son series de tres partes de la forma A-B-A.

C. ALABANZA, PETICIÓN, AGRADECIMIENTO

Los sabios establecieron que la Amidá – la plegaria por excelencia – debe seguir un patrón básico de alabanza (*shevaj*), petición (*bakashá*) y reconocimiento o agradecimiento (*hodaiá*). Así lo postula Maimónides: "La obligación de rezar implica que cada persona, según sus posibilidades, debe suplicar y orar diariamente, pronunciando primeramente *alabanzas* a Dios, luego, por medio de una *súplica o ruego* humildes, pedirle todos sus menesteres y finalmente rendirle *agradecimiento* al Eterno por los beneficios ya otorgados con rica abundancia" (Leyes de la Plegaria 1:2).

La Amidá está construida según este modelo. De sus diecinueve bendiciones, las primeras tres manifiestan alabanza. Las trece intermedias que se recitan en los días de la semana son pedidos (no realizamos peticiones en la Amidá de Shabat o de Yom Tov, que son tiempos dedicados a agradecer a Dios por lo que poseemos, lo opuesto a pedirle aquello de lo que carecemos). Las últimas tres bendiciones son de agradecimiento.

◂ El mismo

El mismo patrón puede observarse en las bendiciones por la Torá al comienzo de la plegaria matinal (ver en la sección G. FRACTALES).

D. PREPARACIÓN, PLEGARIA, MEDITACIÓN

La plegaria requiere de una intensa concentración, lo cual lleva tiempo. Es imposible pasar directamente del estrés y las preocupaciones de la vida diaria a la presencia de la eternidad. Una plegaria tampoco debe terminar abruptamente. Debe ser internalizada, si es que ha de dejar una marca en nuestro interior para el momento en que retornamos a nuestros mundanales propósitos. Maimónides escribe que por cuanto que la plegaria requiere de concentración mental, uno debe sentarse un rato *antes* de comenzar a rezar a los efectos de enfocar su mente. Luego, se debe rezar con tono suave, suplicante, y no considerar el servicio como una carga que debe soportar y que habrá de desechar previo a partir rumbo a sus quehaceres. Por ello, *tras* haber concluido sus plegarias deberá sentarse un rato y solamente después habrá de partir. Los sagrados sabios de la antigüedad solían detenerse a meditar una hora previo al rezo y una hora después del mismo, al tiempo que rezaban a lo largo de una hora (Leyes de la Plegaria 4:16).

En el rezo de la mañana los versículos de alabanza (*Pesukei DeZimrá*) son la preparación. En ellos, nuestros pensamientos pasan gradualmente del mundo visible al Creador invisible. El Shemá, la Amidá y las bendiciones aledañas son la plegaria en sí. El resto del servicio es nuestra meditación al abandonar la órbita celestial y reingresar en el campo magnético de la tierra.

E. DESCRIPCIÓN, EXPERIENCIA, REMEMBRANZA

Una cosa es describir una experiencia y otra muy diferente es vivirla. Una de las características llamativas del rezo matinal en los días de la semana es la triple repetición de la *Kedushá* ("Santo, Santo, Santo"), una vez previo al Shemá (pasaje conocido como *"Kedushat Yotzer"*); una segunda vez durante la repetición de la Amidá por parte del oficiante y una tercera vez durante la plegaria "Un redentor llegará a Sion" (pasaje conocido como *"Kedushá DeSidra"*). La primera y tercera Kedushá difieren de la segunda en que: 1) No requieren de *minián* y 2) no es obligatorio recitarlas de pie.

La *Kedushá*, uno de los momentos supremos de santidad en la oración

◂ judía

judía, está construida sobre la base de las visiones místicas de Isaías y Ezequiel, visiones de un Dios entronado majestuosamente, rodeado de ángeles que cantan Su alabanza. En la primera y la tercera *Kedushá* describimos el orden angelical; en la segunda lo decretamos utilizando las mismas palabras, pero esta vez por medio de un hablar directo y no descriptivo (Gueonim, Maimónides). La intensidad de la *Kedushá* aumenta debido a su estructura de tres movimientos: primeramente, la anticipación y preparación, luego la experiencia en sí y finalmente la remembranza.

F. PRIVADO, PÚBLICO, PRIVADO

La Amidá propiamente dicha, especialmente en las mañanas y las tardes de los días de semana está construida según un patrón triádico. Primero es recitada en silencio por los miembros de la congregación como individuos. Luego es repetida públicamente en voz alta por parte del oficiante. Esta suele estar seguida de súplicas personales (*Tajanún*) recitadas en voz baja. Tal como he sugerido arriba, esta es una manera de recrear los dos modos de espiritualidad de los que deriva la plegaria. La Amidá silenciosa rememora los rezos intensamente personales de los patriarcas y los profetas. La repetición pública representa la ofrenda diaria que sacrificaban los sacerdotes en el Templo en nombre de todo el pueblo de Israel (en la Amidá de la noche no hay repetición ya que en ese horario no se ofrendaban sacrificios). Así, las oraciones entretejen voces sacerdotales con proféticas, individuales con colectivas, en una sola sonata de tres movimientos de gran profundidad y resonancia.

G. FRACTALES

Al científico Benoit Mandelbrot le debemos el concepto de los fractales: el descubrimiento de que los fenómenos en la naturaleza despliegan un mismo patrón a diferentes niveles de magnitud. Una simple roca se ve como una montaña. Cristales, copos de nieve y helechos están conformados por elementos poseedores de las mismas formas que el todo. La geometría fractal es el equivalente científico a la capacidad mística de percibir lo grande en lo pequeño: "Ver un mundo en un grano de arena/ Y el Cielo en una flor silvestre, / Sostener el Infinito en la palma de tu mano y la eternidad en una hora" (William Blake).

◂ La primera

La primera de las bendiciones que se ocupan de peticiones en la Amidá diaria es un fractal. Replica en miniatura la estructura de la Amidá en su totalidad (Alabanza – Pedido – Agradecimiento). Comienza con la frase: "Tú agracias a la humanidad con conocimiento y enseñas a los mortales entendimiento", pasando luego al pedido: "Agrácianos con conocimiento, entendimiento y discernimiento", y culmina agradeciendo: "Bendito eres Tú Señor, que con gracia otorga el conocimiento". Como este, usted habrá de encontrar muchos otros fractales en el *Sidur*.

La existencia de fractales en el Sidur nos muestra cuán profundamente se retroalimentan las estructuras de la espiritualidad judía en la arquitectura de la plegaria.

H. EXPANSIÓN MIDRÁSHICA

El Midrash es la investigación rabínica del significado de los textos sagrados. La raíz *d-r-sh* significa "explorar, investigar, explicar y exponer". Busca las inflexiones y las insinuaciones de las palabras, explicitando sus dimensiones implícitas de significado.

Un ejemplo de esto lo encontramos en la plegaria de *Nishmat* de Shabat por la mañana (página 465). Una frase clave en esta plegaria, dicha por Moshé e incorporada en el primer párrafo de la Amidá es "Dios grande, poderoso y reverenciado" (Deuteronomio 10:17). *Nishmat* medita sobre estas cuatro palabras una por una:

Dios – en Tu absoluto poder,
Grande – en la gloria de Tu Nombre,
Poderoso – por siempre,
Reverenciado – por Sus maravillosas acciones.

Otro ejemplo lo encontramos en el pasaje de Shabat por la mañana que sigue a la frase "que forma la luz y crea la oscuridad, hace la paz y todo lo crea" (páginas 455–457). Una breve plegaria toma la palabra "todo" y construye alrededor de esta un quíntuple cúmulo de variantes: "*Todos* Te agradecerán y *todos* Te alabarán y *todos* declararán: No hay santo como el Señor. *Todos* Te exaltarán, ¡Sela! Tú *todo* lo formaste".

Prestad atención siempre a las repeticiones en el rezo – como las diez menciones de la palabra "bendito" en *Baruj SheAmar* ("Bendito es Quien habló"), las ocho veces que aparece la palabra "Verdad" tras el Shemá, o las cinco veces que aparece el vocablo "todos" tras *Barjú* ("Bendecid al Señor") del Shabat por la mañana. La reiteración nunca es simple repetición. La plegaria nos invita meditar sobre las múltiples capas de significado que pueden existir para una misma palabra o frase, como si las palabras fuesen diamantes y al girarlos en diferentes ángulos lográramos captar sus múltiples refracciones de luz.

I. ESTRUCTURAS NUMÉRICAS

Tal como hemos visto, muchas de las plegarias poseen una estructura tripartita obvia, pero en algunos casos esto es repetido en gran detalle a una menor escala, como en los fractales.

Los ejemplos más impactantes los encontramos en la Amidá de los días de la semana, que está compuesta de tres partes: alabanza, pedidos y agradecimiento. La primera y la última de estas secciones está construida en tres partes: tres bendiciones de alabanza al principio y tres de agradecimiento al final. Lo que resulta menos obvio es que las trece bendiciones intermedias de los "pedidos" poseen también una estructura tripartita. Hay seis pedidos que son individuales, seguidos por seis pedidos colectivos, cada uno de los cuales está dividido en dos grupos de tres. Los pedidos individuales comienzan con tres que son de carácter espiritual (conocimiento, retorno, perdón) seguidos por tres de índole material (redención, curación, prosperidad). Los pedidos colectivos comienzan con tres elementos político-históricos (reunión de los exilios, justicia, contra los apóstatas y delatores) seguidos por tres bases espirituales de la nacionalidad (por los justos, reconstrucción de Jerusalém y reino de David). La decimotercera bendición de pedidos, "respuesta a la oración", se encuentra fuera de esta estructura porque no está dirigida a ninguna petición específica siendo una oración que pide que todas nuestras plegarias sean atendidas.

El número siete es también significativo e indica siempre santidad, tal como el séptimo día es Shabat, el séptimo mes es el de Tishrei con sus días solemnes, el séptimo año indica la liberación, el cincuentavo es el año del jubileo, que es la culminación de siete ciclos de siete años. En el judaísmo el siete es más que un simple número primo. Es *uno después del seis*. El seis representa lo material, lo físico, lo secular. En la antigua Mesopotamia, lugar de nacimiento de Abraham, se empleaba originalmente un sistema

◂ numérico

numérico basado en la cifra seis. La civilización occidental lleva todavía los rastros de este sistema en su día de veinticuatro horas (2x6 horas de luz más dos x 6 horas de oscuridad), los sesenta minutos (10x6) en una hora, y los segundos de un minuto, los 360 grados del círculo (6x6x10). Todas estas cifras se originaron en la astronomía, en la que la antigua Mesopotamia se destacaba. El judaísmo reconoce estructuras de tiempo y espacio de seis partes, pero le agrega que Dios existe más allá del tiempo y el espacio. Es así como el siete – uno más allá del seis – se transformó en símbolo de lo sagrado.

El seis tampoco es un mero número para el judaísmo. Esto se torna evidente cuando leemos cuidadosamente la historia de la Creación en Génesis 1. Los primeros seis días entran en dos grupos. En los primeros tres Dios creó y separó *dominios* (1: luz y oscuridad, 2: aguas superiores e inferiores, 3: el mar y la tierra seca). En los segundos tres días Dios *pobló* esos dominios, cada uno con sus objetos o sus formas de vida apropiados (4: sol, luna, y estrellas, 5: pájaros y peces, 6: animales terrestres y ser humano). El séptimo día, el Shabat, es *sagrado* porque se encuentra por *fuera* de la naturaleza y de sus leyes científicas causales.

Reflejando esos patrones, el rezo de la mañana está estructurado en torno al número siete: los tres párrafos del Shemá rodeados de tres bendiciones que llevan a la séptima, la Amidá, que es el dominio de lo sagrado, donde nos encontramos directamente ante la Presencia Divina. En días sagrados – Shabat y Yom Tov – la Amidá posee una séptuple estructura: los tres primeros y los tres últimos párrafos más uno en medio dedicado a "la santidad del día".

Se deduce que las estructuras séxtuples en el *Sidur* señalan el universo y la Creación. Así, en las mañanas de los días de semana recitamos seis salmos (145–150) en los versículos de alabanza. El *Kabalat Shabat* también cuenta con seis salmos que se corresponden con los días de la semana, previo al *Lejá Dodí* que representa el Shabat. La bendición posterior al Shemá repite la palabra clave "*emet*" ("verdadero") seis veces para mostrar cómo el amor Divino se traduce en acción redentora en el tiempo y en el espacio mundanal.

Muchas plegarias tales como *El Adón* (página 481) y *Aleinu* están construidas en estructuras de cuatro: versos de cuatro líneas, cada uno de cuatro palabras. A menudo, esto refleja el misticismo judío con sus cuatro "mundos": *Asiá* (Acción), *Yetzirá* (Formación), *Beriá* (Creación) y *Atzilut* (Emanación). El misticismo de la *Merkavá*, basado en la visión del profeta Ezequiel de la carroza celestial es un motivo importante en la plegaria rabínica temprana.

El número diez representa los diez enunciados por medio de los cuales el mundo fue creado (los diez sitios en Génesis 1 en los que la creación fue precedida por las palabras "Dios dijo"). Este es el motivo por el cual *Baruj SheAmar*, la bendición previa a la sección de la creación en el rezo, comienza con una letanía de diez frases, cada una de las cuales comienza con la palabra "Bendito".

El número quince representa los quince escalones que separan los patios del Templo, los quince salmos que comienzan con "Cántico de las ascensiones" y el valor numérico de las dos primeras letras del Nombre Divino más sagrado. Así, existen quince expresiones de alabanza en la plegaria de *Yshtabaj* (página 471), quince adjetivos que suceden a "El Señor vuestro Dios es verdadero" que finaliza el recitado del Shemá en el rezo de la mañana, quince salmos hay en los versículos de alabanza de Shabat y de Yom Tov por la mañana y así sucesivamente. Existen además otros patrones numéricos más intrincados.

Todas estas no son solamente convenciones de índole estético, como lo es, por ejemplo, el formato del soneto de catorce líneas o la estructura de cuatro movimientos de una sinfonía. Como siempre, en el judaísmo existe una correspondencia entre la forma y el contenido, estructura y substancia. Los sabios, al igual que los antiguos griegos, y tal como lo confirma la ciencia moderna, entendieron que la *realidad posee una estructura numérica*. Al reflejar esta estructura en el rezo, evocamos el sentido de un mundo ordenado en el cual estamos llamados a respetar diferencias y honrar límites, aceptando de buena gana la integridad de la ley natural y moral.

J. DEL AMOR AL TEMOR REVERENCIAL

Las emociones religiosas supremas son el amor y el temor – en ese orden. La Torá nos ordena "Amarás al Señor tu Dios". Se nos preceptúa asimismo experimentar el sentimiento asociado al vocablo hebreo de "*irá*" que significa "temor, miedo, reverencia". Así lo expone Maimónides: "Cuando una persona contempla Sus grandes y maravillosas obras y Sus creaturas, y a partir de ello alcanza un atisbo de Su sabiduría la cual es incomparable

◂ e infinita

e infinita, inmediatamente habrá de amarlo, alabarlo, glorificarlo y anhelar en gran manera conocer Su gran Nombre… Y cuando hubiere reflexionado sobre estos asuntos, habrá de retroceder con asombro y temor y se dará cuenta que es una pequeña creatura, humilde y sombría, dotada de una inteligencia débil y limitada al pararse ante la presencia de Quien es perfecto en conocimiento" (*Yesodei HaTorá* 2:2).

La expresión suprema de amor en el judaísmo es el Shemá con su mandato: "Amarás al SEÑOR tu Dios con todo tu corazón, con toda tu alma y con todas tus fuerzas". La expresión suprema de temor reverencial es el rezo de la Amidá, cuando nos encontramos conscientemente de pie ante la presencia de Dios. El movimiento básico tanto del rezo de la mañana como el de la noche es primeramente ascender a una cumbre de amor, el Shemá, y de allí ir al encuentro del temor reverencial, la Amidá.

4. *Creación, Revelación, Redención*

Hay un principio estructural de las plegarias que merece una especial atención ya que tiene que ver con los fundamentos de la fe judía. En el siglo XII, Moisés Maimónides enumeró los Trece Principios de la Fe Judía. Estos figuran en el Sidur en dos formatos, como el poema conocido bajo el nombre de Ygdal (página 25) y en su versión en prosa la encontramos al final del rezo matinal (página 205).

Rabí Shimón ben Tzemaj Durán (1361–1444) señaló que los principios de la fe de Maimónides podrían ser analizados y categorizados según tres temas: (1) La existencia de Dios, el Creador (principios 1–5: La Existencia de Dios, Su unicidad, Su incorporeidad y eternidad, y el que sólo Él es digno de ser servido); (2) La Revelación Divina (principios 6–9: La profecía, la singularidad de Moshé, el origen Divino de la Torá y su inmutabilidad), y (3) La justicia Divina (principios 10–13: La omnisciencia Divina, Él retribuye de acuerdo con nuestras acciones, Él traerá el Mashíaj y hará resucitar a los muertos). El filósofo Franz Rosenzweig resumió esto en tres palabras: Creación, Revelación, Redención. La Creación es la relación entre Dios y el universo. Revelación es la relación entre Dios y la humanidad. La Redención tiene lugar cuando aplicamos la Revelación a la Creación.

El movimiento de la Creación a la Revelación y a la Redención es uno de los grandes motivos estructurales del rezo. Un ejemplo de esto

◂ son las

son las tres bendiciones rodeando el recitado del Shemá por la mañana y que conducen hacia la Amidá (páginas 89–107). La primera de estas versa sobre la *creación* del universo en el espacio y el tiempo, la segunda lo hace sobre la *revelación* de la Torá y la tercera se refiere a los milagros de la historia culminando con las palabras "que *redimió* a Israel".

Los tres párrafos del Shemá presentan el mismo patrón. El primero se refiere a la Creación (la unicidad de Dios y Su soberanía), el segundo lo hace respecto a la Revelación (aceptación de los preceptos) y el tercero versa sobre la Redención ("Yo Soy el SEÑOR vuestro Dios quien os sacó de la tierra de Egipto").

El rezo matinal de los días de la semana en su totalidad está construido según este principio. Primero se recitan los versículos de alabanza extraídos del libro de los Salmos con su majestuosa visión de la Creación. Luego prosigue la sección central – el recitado del Shemá y sus bendiciones que conducen a la Amidá – en la cual nos sentamos para luego ponernos de pie ante la inmediata presencia de Dios (Revelación). Finalmente llegamos a las plegarias finales con su frase central "Un *redentor* llegará a Sion". De igual manera, el segundo párrafo del Aleinu implica una visión de la Redención.

El patrón vuelve a repetirse nuevamente en los rezos de Shabat por la noche, mañana y tarde. En la bendición central de la Amidá del viernes por la noche nos referimos al Shabat de la Creación ("culminación de la Creación de los cielos y la tierra"). Por la mañana nos referimos al Shabat de la Revelación (cuando Moshé "bajó consigo las dos tablas de piedra en sus manos"). En la tarde anticipamos el futuro del a Redención (cuando "Tú eres Uno y Tu Nombre es Uno" y el pueblo de Israel es "una nación única sobre la tierra").

El Rabino Yosef Soloveitchik sugirió que esta misma secuencia es la base de la estructura tripartita de la Amidá de los días de la semana: alabanza, pedidos y agradecimiento. La alabanza "emerge del alma embelesada en su contemplación del *misterium magnum* de la Creación", el pedido "fluye desde un corazón dolido que se encuentra a sí mismo en las profundidades existenciales", y el agradecimiento "es entonado por la persona que, por la gracia de Dios, ha alcanzado la Redención". La Creación conduce a la alabanza, la Revelación al pedido y la Redención al agradecimiento.

◂ En estas

En estas múltiples formas, la plegaria continuamente reitera los principios básicos de la fe judía.

5. *Plegaria y estudio*

Una sola actividad espiritual fue considerada por nuestros sabios como superior a rezar y es el estudio de la Torá, la palabra de Dios a la humanidad y Su pacto para con nuestros ancestros y nosotros (*Shabat* 10A). Todo *Pirkei Avot* (Ética de los Patriarcas) contiene una serie de variantes sobre el tema de una vida dedicada al estudio de la Torá. Al rezar – hablamos, al estudiar – escuchamos.

Desde los tiempos más remotos, la sinagoga fue una casa de estudio al igual que de oración. Las reuniones de estudio (probablemente entorno a la figura de un profeta; ver Reyes II 4:23 y los comentarios de Radak y Ralbag; *Sucá 27b*) pudieron haber precedido en varios siglos a los servicios formales de oración. En consecuencia, hay actos del estudio que están entretejidos con las plegarias.

El caso más obvio es la lectura pública de la Torá, una parte central de los servicios religiosos de Shabat y Yom Tov, y en menor forma en las mañanas de lunes y jueves y los sábados por la tarde. Hay otros ejemplos. En las bendiciones matinales previo a los versículos de alabanza, existen dos ciclos de estudio, cada uno de los cuales consta de tres partes: (1) Torá, un pasaje de los libros de Moshé; (2) Mishná, el documento clave de la Ley Oral; y (3) el Talmud en su más amplio sentido (páginas 11 y 43–55).

En la sección principal del rezo, el párrafo que antecede al Shemá es un tipo de bendición por la Torá (ver *Berajot* 11B), y el Shemá en sí, representa el estudio de la Torá (*Menajot* 99B). La última sección de los rezos matinales de los días de la semana (páginas 175–177) fue originalmente asociada a la costumbre de estudiar diez versículos de los libros de los profetas. El Kadish, que juega un papel tan importante en los rezos, tuvo su origen como oración de conclusión de la *derashá* – disertación pública sobre textos bíblicos en la casa de estudio. Todo el rezo de la mañana de los días de semana es pues una fuga extendida entre el estudio y la oración.

Esto está dramatizado por medio de dos frases clave: la primera es *Shemá Israel*, "Escucha Israel", la palabra de Dios por medio de Moshé y la Torá, y la segunda es *Shemá Kolenu*, "Escucha nuestra voz", el párrafo de la Amidá que resume todos nuestros pedidos (ver arriba). Estas frases enmarcan el gran diálogo entre el estudio y la oración. La fe vive en estos dos actos de escucha: la nuestra al llamado de Dios y la de Dios a la súplica de la humanidad.

6. Plegaria y mística

El misticismo judío ha jugado un rol principal en el libro de oraciones. Los ejemplos más obvios son los pasajes del *Zohar* "Bendito es el Nombre" (página 523), el Himno de la Gloria Celestial (páginas 591–593), escrito por uno de los piadosos medievales del norte de Europa y dos cánticos escritos por los místicos del siglo XVI allegados a Rabí Ytzjak Luria "Amado del Alma" (página 327) y "Ven Amado Mío" (páginas 337–341).

De un modo menos obvio, muchas de las antiguas plegarias post bíblicas están profundamente influidas por las obras místicas de *Hejalot* ("Palacio") y *Merkavá* ("Carroza"), se trata de dos sistemas esotéricos que tratan sobre los misterios de la Creación, los órdenes angelicales y los recintos más interiores de la Gloria Divina.

De todas maneras, no cabe duda de que la mayor contribución mística al rezo es la *Kedushá*, recitada en tres formas diferentes, la más notable de las cuales tiene lugar durante la repetición de la Amidá por parte del oficiante. Hemos mencionado los dos mayores tributarios del rezo: las plegarias espontáneas recitadas por personajes de la Biblia Hebrea y la ofrenda de sacrificios en el Templo. La tercera vertiente es la mística y su expresión más sublime es la *Kedushá*, basada en las visiones celestiales de Isaías (capítulo 6) y Ezequiel (capítulos 1–3). Hay momentos en el rezo en los que nos asemejamos a los profetas, otros en los que somos cual sacerdotes, pero no hay un salto de fe más osado que aquel que tiene lugar durante la *Kedushá*, cuando cumplimos el papel de ángeles que entonan alabanzas a Dios en Sus recintos más interiores.

La familiaridad genera desatención, y podemos fácilmente pasar por la *Kedushá* sin darnos cuenta de su asombroso drama. "Los ángeles ministeriales no comienzan a entonar alabanzas en el cielo hasta que los hijos de Israel no lo hacen aquí en la tierra" (*Julín* 91B). "Ustedes", dijo Dios por medio de Isaías, "sois Mis testigos (Isaías 43:10). Israel es "el pueblo que He formado para Mí para que reciten Mi alabanza" (ídem 43:20). Somos los ángeles de Dios en la tierra, Sus emisarios y embajadores. El pueblo judío, si bien fue siempre pequeño y vulnerable, de todas maneras le ha sido encomendada la más exaltada misión que se le haya conferido alguna vez a la humanidad: testimoniar, en nuestro propio ser algo que está más allá de nosotros mismos: ser "la señal de la trascendencia Divina" en un mundo en el cual Su presencia por lo general suele estar oculta.

Esta es una idea mística, y como todo misticismo, se cierne en el borde de lo inteligible. La mística es el intento de decir lo indecible, conocer lo insondable, de alcanzar con el lenguaje una realidad que se encuentra más allá de éste. A menudo, en el curso de la historia, el misticismo ha tendido a restar valor al mundo sensorial en favor de un ámbito más elevado de espiritualidad incorpórea. El misticismo judío no ha ido por ese camino, en lugar de ello, escogió inundar nuestras vidas en la tierra con la deslumbrante luz del Resplandor Divino (*Zohar*, el título del texto místico judío más famoso).

7. *Reviviendo la historia*

La historia ha dejado también su marca en el *Sidur*. Hay pasajes indicados en el comentario que nacieron como secuelas de una tragedia o una salvación milagrosa. Esta edición del *Sidur* incluye también plegarias sugeridas para Yom Ha'Atzmaut y Yom Yerushalaim, días que conmemoran el nacimiento del Estado de Israel en 1948 y la Guerra de los Seis Días en 1967.

No menos significativo, el rezo en la sinagoga nos invita en muchos puntos a recrear la historia. Los versículos de alabanza comienzan con el cántico de celebración entonado por el Rey David cuando trajo el Arca del Pacto a Jerusalém. Los versículos que cantamos cuando extraemos el rollo de la Torá del Arca Sagrada y cuando lo devolvemos a ésta, rememoran la travesía de los hijos de Israel a través del desierto cuando transportaban consigo el Arca del Pacto. En una de las transiciones más fascinantes del rezo, al pasar de la meditación individual a la oración pública (páginas 79–83), recordamos tres momentos épicos de la formación nacional: cuando el Rey David reunió al pueblo para encomendarles la construcción del Templo, cuando Ezra convocó una asamblea nacional para renovar el pacto tras retornar del exilio babilónico, y cuando Moshé guio a los hijos de Israel a través del Mar Rojo. Incluso los tres pasos hacia adelante que damos al iniciar la Amidá, rememoran también los tres episodios bíblicos en los cuales personas dieron un paso al frente (*vaigash*) como preludio a una plegaria: Abraham cuando rogó por las ciudades

◂ planicie

de la planicie, Yehudá cuando pidió ante Yosef que libere a Benjamín y Eliahu cuando invocó a Dios frente a los profetas del Ba'al en el Monte Carmel.

Somos un pueblo definido por la historia. Cargamos nuestro pasado con nosotros. Lo revivimos en el ritual y en la oración. No somos únicamente individuos solitarios desconectados del pasado y del presente. Somos personajes en la historia continuada más antigua del mundo, encargados de escribir su próximo capítulo y entregarlo a quienes vienen tras de nosotros. El *Sidur* es, entre otras cosas, un libro de memoria judía.

8. Plegaria y fe

El *Sidur* es también el libro de la fe judía. Estudiosos del judaísmo, al notar que posee poca teología sistemática han llegado a veces a concluir que se trata de una religión de acciones y no de credos, actos y no creencias. Se equivocaron porque buscaban en el sitio errado. Buscaban una biblioteca de obras como las de Moisés Maimónides: *"Guía de los Perplejos"*. En vez de ello, deberían haber buscado en el libro de oraciones. El hogar de la creencia judía es el *Sidur*.

En múltiples puntos, las plegarias han sido moldeadas en respuesta a controversias teológicas. La declaración inicial tras el recitado del *Barjú* en el rezo de la mañana "que forma la luz y crea la oscuridad, hace la paz y todo lo crea" es una protesta contra el dualismo que tenía no pocos seguidores en los primeros cuatro siglos de la era común, bajo las formas de las corrientes gnósticas y maniqueístas. Su presencia puede ser rastreada en los antiguos documentos descubiertos en los años 40 en los manuscritos del Mar Muerto y de Nag Hammadi. En contra del dualismo y su visión de perpetua lucha cósmica, el judaísmo insiste que toda la realidad deriva de una única fuente.

El segundo párrafo de la Amidá con su quíntuple referencia a la resurrección de los muertos refleja la antigua controversia existente entre los saduceos y los fariseos. La plegaria matinal que reza "Dios mío, el alma que colocaste en mi interior es pura" (página 7) probablemente esté dirigida contra la doctrina paulina del pecado original. El capítulo de la Mishná "¿Con qué (mechas) se encienden las velas de Shabat y con cuáles no?" (páginas 347–349) probablemente fue insertado como parte de la polémica que se mantenía con la secta caraíta. Los Diez Mandamientos que se recitaban diariamente en el Templo de Jerusalém después del Shemá fueron retirados del rezo cuando comenzaron a ser empleados por sectarios para sostener que solamente esos mandamientos fueron ordenados por Dios.

El hecho de que la fe judía fue incorporada al rezo en lugar de ser analizada en el marco de obras de teología es de una inmensa significación. Nosotros no analizamos nuestra fe, la oramos. No filosofamos sobre la verdad, la cantamos. Incluso los Trece Principios de la Fe de Maimónides, el credo más famoso en la historia judía, logró ingresar finalmente a la corriente central de la conciencia judía cuando fue transformado en una canción e incluido en el *Sidur* a modo de himno, conocido bajo el nombre de "*Ygdal*". Para el judaísmo la teología se torna real cuando se transforma en plegaria. Nosotros no hablamos de Dios. Nosotros Le hablamos a Dios.

He conocido varias personas ateas. El supervisor de mi doctorado – el extinto Sir Bernard Williams, descrito como la mente más brillante en Gran Bretaña – era una de estas. Él era un ser humano noble, bondadoso y profundamente moral, pero no podía comprender en absoluto mi fe. Para él, en última instancia, la vida era una tragedia. El universo era ciego a nuestra presencia, sordo a nuestras plegarias e indiferente a nuestras esperanzas. No existe significado alguno más allá del que los seres humanos construyen para sí. Somos polvo en la superficie del infinito.

Yo entendía esta postura, pero al final de cuentas no podía compartir su creencia de que, en cierta forma, es más honesto desesperar que confiar, ver la existencia como un accidente y no percibirla investida de un significado que nos esforzamos por descubrir. Sir Bernard amaba la antigua Grecia, yo al Israel bíblico. Grecia le dio al mundo la tragedia, Israel le enseñó la esperanza. Un pueblo, una persona que puede rezar, es alguien que incluso en la noche más oscura del alma, nunca habrá de perder por completo la esperanza.

9. *Plegaria y sacrificio*

La conexión entre la plegaria y el sacrificio es profunda. Tal como hemos visto, el sacrificio no es el único antecedente de nuestro rezo, varias plegarias fueron dichas por personajes bíblicos. Estas plegarias fueron recitadas sin ser acompañadas de ofrendas. Aun así, el sistema de sacrificios es un importante tributario del río judío de la oración. Tras la destrucción del

Segundo Templo, el rezo se tornó en el sustituto del sacrificio. Es la *avodá shebalev*, "el sacrificio del corazón". Sin embargo, es justamente esta característica del rezo la que muchos encuentran difícil de entender o percibir como edificante. ¿Qué era entonces un sacrificio?

La palabra hebrea para sacrificio es "*korbán*", la cual deriva de una raíz que significa "acercarse" o "acercar". El problema esencial al que el sacrificio viene a servir de respuesta es ¿cómo es posible acercarse a Dios? Esta es una interrogante profunda – quizás se trate de *la* pregunta de la vida religiosa, no simplemente por la absoluta disparidad existente entre la infinidad de Dios y nuestra finitud, sino también porque las circunstancias de la vida hacen que nuestra mirada tienda a orientarse hacia abajo, más en dirección de nuestras necesidades que hacia arriba en dirección de nuestro origen. La palabra hebrea para universo, *olam*, está conectada al verbo que significa "ocultar" (ver Levítico 4:13, Deuteronomio 22:1). El mundo físico es un sitio en el cual la presencia de Dios es real, aunque oculta. Nuestro horizonte de conciencia está acortado. Nos enfocamos en nuestros propios objetos y deseos. Caminamos a la luz de Dios, pero nuestra mente suele estar en otras cuestiones.

¿Cómo podemos entonces acercarnos a Dios? Mediante un acto de renunciamiento, regalando algo, específicamente, *devolviendo* algo. Los sacrificios de la era bíblica eran formas en las que el individuo o la nación como un todo decían: Dios, lo que poseemos, es realmente Tuyo. El mundo existe gracias a Ti. *Nosotros* existimos gracias a Ti. En última instancia, nada de lo que tenemos es nuestro. A la luz de esto, el gesto fundamental del sacrificio es absurdo. Lo que Le damos a Dios es algo que ya Le pertenece. Tal como dijera el Rey David: "pues, ¿quién soy, y qué es este mi pueblo para que Te realicemos estas generosas ofrendas? Todo proviene de Ti y Te hemos dado aquello que de Tu mano proviene" (Crónicas I 29:14). Y aun así, *restituir* a Dios es uno de los instintos más profundos del alma. Al hacerlo, reconocemos nuestra dependencia, desechamos el caparazón de la auto absorción. Es por ello que la Torá, en una de sus frases más conmovedoras, se refiere al sacrificio denominándolo *reiaj nijoaj*, "aroma agradable" para Dios.

Uno de los aromas más dulces de la paternidad es cuando un niño, que de momento está siendo criado para convertirse en un adulto, obsequia un presente a sus padres para expresar su agradecimiento. Esto parece

◂ ser absurdo

ser absurdo. ¿Qué puede dar un niño a sus padres que se aproxime remotamente a lo que éstos le dan, a saber, la vida misma? Empero, esto es así, y lo contrario también es cierto. La cosa más cruel que puede hacer un niño es no agradecer a sus padres. El Talmud atribuye a Rabí Akiva la frase *Avinu Malkenu*, "Padre nuestro, Rey nuestro". Estas dos palabras encierran la esencia del rezo judío. Dios es el Rey – Hacedor y Soberano del vasto universo. Aun así, incluso antes de que Dios sea nuestro Rey, es nuestro Padre, nuestro Progenitor, Aquél que nos hace enamorarnos, que nos ha alimentado y mantenido, que nos ha enseñado Sus caminos, y Quien tiernamente vigila nuestro destino. El sacrificio – ese presente que obsequiamos a Dios – es el regalo de la creatura al Creador, de quien es propiedad a su Propietario, del niño a su Progenitor. Si la creación es un acto de amor, el sacrificio es un agradecimiento por ese amor.

El extinto Rabino Yosef Soloveitchik enfatizó la diferencia entre *ma'asé mitzvá* – el acto exterior preceptuado por el mandamiento, y *kiyum mitzvá,* que es el cumplimiento real y efectivo del precepto. Por ejemplo, cuando el Templo estaba en pie, una persona podía traer un sacrificio de penitencia para expiar por un pecado cometido – esto era el acto exterior. Empero, el cumplimiento del precepto radica en la confesión y la contrición, actos relativos a la mente y a la voluntad. En los tiempos bíblicos el orden de los sacrificios era el acto exterior, pero el interior – el agradecimiento, la dependencia, reconocimiento, acción de gracias, alabanza – eran esenciales para el cumplimiento del precepto. Esta es la razón por la cual el judaísmo pudo sobrevivir la destrucción del Templo y la cesación de la ofrenda de sacrificios. El acto exterior ya no pudo ser efectuado, pero el interno permaneció. Este es el vínculo entre sacrificio y oración.

La diferencia entre la plegaria como pedido y la plegaria como sacrificio radica en que la petición *procura, busca,* mientras que el sacrificio *da, entrega.* Los profetas solían pedir perdón, liberación y bendición en nombre de la totalidad del pueblo. El sacerdote que ofrendaba sacrificios en el Templo no pedía nada. La plegaria derivada de la ofrenda es el devolver a Dios aquello que Él ya posee: nuestras vidas, nuestros días, nuestro mundo. La plegaria es el presente de la Creación a su Creador.

Los profetas solían criticar el sistema de los sacrificios. Le reservaron parte de su más lacerante prosa. Sin embargo, ninguno de ellos propuso su

◂ abolición

abolición, ya que a lo que ellos se oponían no era al acto de la ofrenda sino al *maasé* carente de *kiyum*, el acto exterior sin el reconocimiento interior que le confiere a la acción su sentido y su significación. La idea de que Dios sólo puede ser servido exteriormente es pagana, y no hay nada peor que la intrusión del paganismo en el ámbito mismo de la santidad. Tanto entonces como hoy, la señal del paganismo es la coexistencia de prácticas religiosas junto a la injusticia y a la falta de compasión en la interacción entre el practicante y el mundo.

El sacrificio, al igual que la plegaria, es un acto transformativo. Nosotros deberíamos hoy salir de la sinagoga tal como nuestros ancestros salieron alguna vez del Templo de Jerusalém, viéndose a sí mismos y al mundo diferentes, lozanamente conscientes de que el mundo es obra de Dios, la Torá es la palabra de Dios, nuestros compañeros en la fe hijos de Dios y nuestros congéneres humanos creados a imagen de Dios. Tras haber realizado una travesía de retorno a nuestra fuente, a Aquél que da vida a todos, emergemos reenfocados y revitalizados. Habiendo estado distantes, nos hemos acercado. Esta es la plegaria del sacrificio, *korbán*, que devuelve a Dios simbólicamente algo de todo lo que nos ha dado, permitiendo de este modo ver la existencia misma como un obsequio a ser celebrado y santificado.

10. Kavaná: Dirigiendo la mente

Orar es más que pronunciar ciertas palabras en un determinado orden. Requiere concentración, atención, involucramiento de la mente y el corazón, así como los hemisferios derecho e izquierdo del cerebro. De no mediar devoción, decía Rabí Bejaié Ibn Pakuda, la plegaria es como un cuerpo carente de alma. La palabra hebrea clave aquí es *kavaná*, que significa atención o conciencia plena (*mindfulness*), intención, foco, dirección de la mente. En el contexto del rezo, este vocablo posee múltiples significados.

El nivel más básico es el de *kavaná leshem mitzvá* que significa tener la intención de cumplir con un precepto. Esto implica que no actuamos por motivos sociales o estéticos. Rezamos porque se nos preceptuó hacerlo. Por lo general, en el judaísmo existe un debate de larga data respecto de si los preceptos requieren o no *kavaná*, pero ciertamente que el rezo si, ya que se trata por sobre todo de una acción de la mente.

◂ En un segundo

En un segundo nivel, *kavaná* significa comprender las palabras (*perush hamilim*). Las secciones más importantes del rezo requieren al menos de kavaná en este sentido. Sin ella, las palabras que pronunciamos son meros sonidos. La comprensión de las palabras es mucho más sencilla por la existencia de traducciones y comentarios.

Un tercer nivel se refiere al contexto. ¿Cómo entiendo mi situación durante el rezo? Maimónides establece este principio de la siguiente manera: "*La mente debe liberarse de todo pensamiento extraño y quien reza debe darse cuenta que se encuentra de pie ante la Divina Presencia*". Estos son elementos esenciales, al menos de la Amidá que es la plegaria por excelencia en la que somos conscientes de hallarnos de pie ante Dios. Es por ello por lo que damos tres pasos hacia adelante al comienzo, y tres hacia atrás al finalizar – como si estuviésemos ingresando y luego abandonando un espacio sagrado.

El cuarto nivel de kavaná es no simplemente decir las palabras sino afirmarlas. Así, por ejemplo, mientras se recita el primer párrafo del Shemá, nosotros "aceptamos el yugo del Reino Celestial", declaramos nuestra lealtad a Dios como autoridad suprema en nuestras vidas. En el segundo párrafo "aceptamos el yugo de los preceptos". La palabra Amén significa aproximadamente "Afirmo lo que se ha dicho". En la oración, nos introducimos dentro de las palabras. Asumimos un compromiso. Declaramos nuestra fe, nuestra confianza, nuestra dependencia. Tenemos la intención de decir lo que decimos.

Existen por supuesto niveles superiores de *kavaná*. Místicos y filósofos a través de los tiempos desarrollaron prácticas meditativas elaboradas para ser empleadas antes y durante el rezo. Pero en su forma más simple, *kavaná* es la práctica de la armonía entre la palabra y el pensamiento, entre el cuerpo y el alma. Así es como describe la *kavaná* Rabí Yehudá HaLeví:

> La lengua debe concordar con el pensamiento sin salir de sus límites, no habrá de recitar su plegaria de un modo costumbrista o natural como el canto del estornino o el loro, sino que cada palabra debe ser pronunciada pensada e intencionalmente. Este momento habrá de representar el corazón y el núcleo de su tiempo, y todos sus otros momentos deben ser percibidos como caminos que lo conducen a

> este. Él debe ansiar su cercanía, pues al hacerlo se asemeja a los entes espirituales y se aparta de los animales, de modo tal que los tres momentos diarios de rezo habrán de ser el corazón de su día y el Shabat el fruto de su semana, porque es el día destinado para apegarse a la Divinidad. Su labor espiritual habrá de realizarla con alegría y no con sumisión… (Cuzarí III:5).

Por supuesto que esto no siempre ocurre. Se cuenta que una vez Rabí Levi Ytzjak de Berditchev fue a lo de uno de sus seguidores tras la conclusión del rezo, estrechó su mano y le dijo: "Bienvenido a casa". El discípulo le respondió: "Pero no he ido a ninguna parte". "Tu cuerpo no ha ido a ninguna parte", le dijo el Rebe, "pero tu mente ha ido bien lejos, por eso te di la bienvenida".

Rabí Menajem Mendel de Kotzk dijo una vez: "¿Por qué se dice en el Shemá 'Estas palabras que Te ordeno hoy deben estar *sobre* tu corazón'? ¿No debería estar escrito 'deben estar *en* tu corazón'? La respuesta es que el corazón no siempre está abierto, por lo tanto, las palabras deben reposar sobre éste de modo tal que al abrirse estén allí listas para ingresar".

El rezo requiere de práctica. Esto está implícito en la definición de la plegaria como *avodá shebalev*, "servicio del corazón". La palabra avodá, servicio, significa también trabajo esforzado, labor, actividad agotadora. Al rezar, debemos trabajar. Pero hay también momentos en los que la plegaria más inarticulada, recitada desde el corazón, logra perforar los cielos. Lo que cuenta es la seriedad y la honestidad. "El SEÑOR está cerca de quienes Le llaman, de todos aquellos que claman a Él con verdad".

11. La escalera de Ya'akov

El rezo es un viaje que ha sido descrito de muchas maneras. Según los místicos es una travesía a través de los cuatro niveles del ser – Acción, Formación, Creación, Emanación. Rabí Ya'akov Emden elaboró un detallado esquema en el cual las plegarias representan movimientos desde el patio exterior al recinto del Santo Sanctórum del Templo de Jerusalém. Según todas las versiones, las etapas del rezo constituyen un ascenso y un descenso que alcanza su máximo nivel en el medio, durante el Shemá y la Amidá.

La metáfora que en mi opinión capta mejor el espíritu de la plegaria es el sueño de Ya'akov, en el cual estando solo, en la noche, escapando del peligro y lejos de su casa contempló una escalera que va desde la tierra el cielo con ángeles ascendiendo y descendiendo. Se despertó y dijo: "¡Qué increíble es este lugar! No es otro más que la casa de Dios y éste es el pórtico del cielo" (Génesis 28:10–17).

Nuestros sabios dijeron que "este lugar" se refería a Jerusalém. Esta es una verdad midráshica. Pero existe otro significado, simple y llano, pero no menos transformador. El verbo empleado por la Torá *vaifgá* significa "pasar por ahí, como si fuera casualidad". "Este lugar" – era cualquier lugar. Cualquier ubicación, en cualquier momento, incluso la soledad de una oscura noche puede ser el sitio y el momento para rezar. Si tenemos la fuerza de soñar y luego al despertar, de negarse a dejar ir el sueño, entonces aquí, ahora, allí donde me encuentre – puede ser el portón del cielo.

El rezo es una escalera y nosotros somos los ángeles. Si hay un tema recurrente a través de las plegarias es el de Creación – Revelación – Redención, o Ascenso – Encuentro – Descenso. En los versículos de alabanza escalamos desde la tierra hasta el cielo meditando sobre la Creación. Al igual que en un paisaje de Turner o Monet, los salmos nos permiten ver un universo bañado en luz, mas esta no es la luz de la belleza sino de la santidad – la luz que nuestros sabios dijeron que Dios creó el primero día y "ocultó para los justos en el Mundo Venidero". A través de algunas de las mejores poesías alguna vez escritas, vemos en los Salmos al mundo como la obra maestra de Dios, empapado de Su resplandor, hasta alcanzar un crescendo en el Salmo 150 con sus trece repeticiones del vocablo "alabad" intercaladas en las treinta y cinco palabras del pasaje.

Al llegar a *Barjú* y a las bendiciones del Shemá nos hemos acercado al encuentro. Estamos ahora en el cielo junto a los ángeles. Alcanzamos la Revelación. La Divina Presencia está cercana, casi tangible. Hablamos de amor en una de las bendiciones más entrañablemente bellas, "Tú nos has amado con un gran amor", con su conmovedora frase: "Padre nuestro, Padre compasivo, que actúas con clemencia, apiádate de nosotros". Llega entonces la gran declaración de fe en el corazón o núcleo central del rezo, el Shemá, con su apasionada profesión de la unicidad de Dios y la más elevada de todas las expresiones de amor: "Con todo tu corazón, con toda tu alma y con todas tus fuerzas". Concluyendo con una mención

◂ del Éxodo

del Éxodo, el Shemá desemboca en la bendición de *Emet* con su énfasis en la Redención, la salida de Egipto y el cruce del mar. Luego viene la Amidá, la suprema elevación de la plegaria. En este punto se fusionan tres tradiciones: la Amidá silenciosa recitada por los individuos que es un recordatorio de la plegaria de los profetas, la repetición por parte del oficiante que representa la labor sacerdotal y la plegaria como sacrificio, y luego la *Kedushá*, la plegaria como experiencia mística.

A partir de aquí la plegaria comienza su descenso. Primero llega el *Tajanún*, pasaje en el cual hablamos privada e íntimamente con el Rey. En este punto, con una mezcla de angustia y súplica, no hablamos del amor de Dios por el pueblo de Israel sino del amor desafiante de los judíos por el Creador: "Y aun así no olvidamos Tu Nombre, por favor, no nos olvides". Encontramos en estas palabras una referencia que nos retrotrae al Shemá: "Guardián de Israel, cuida el remanente de Israel, no dejes que perezca Israel, quienes proclaman la unicidad de Tu Nombre y dicen: 'Escucha, Israel'".

Luego viene *Ashrei* y los pasajes subsiguientes, similares a los versículos de alabanza, pero esta vez con la Redención y no la Creación como su tema. El versículo clave es "Un redentor llegará a Sion". La sección concluye con una plegaria en la que pedimos transformarnos en agentes de redención al volver a involucrarnos con el mundo ("Sea Tu voluntad… que cuidemos Tus leyes en este mundo"). Ahora estamos nuevamente en la tierra, habiendo completado el rezo salvo por *Aleinu, Kadish* y el Salmo del Día. Estamos listos para reingresar a la vida y sus desafíos.

¿Qué ha logrado el rezo? Si realmente hemos orado ahora sabemos que el mundo no se materializó por obra de la casualidad. Una única voluntad guía es la que dirigió su aparente carácter fortuito o aleatoriedad. Sabemos también que esa Voluntad no se acabó allí, sino que permanece íntimamente involucrada con el universo, que Él renueva a diario, y con la humanidad, cuyos destinos preside. Él gobierna. Hemos escalado la alta escalera y hemos visto, aunque tan solo sea vagamente, cuán pequeñas son algunas de nuestras preocupaciones. Nuestro paisaje emocional se ha expandido. Hemos dado voz a un espectro de emociones: agradecimiento, alabanza, amor, temor, culpa, arrepentimiento, recuerdo, esperanza. Al abandonar la sinagoga y dirigirnos al mundo exterior sabemos que no estamos solos, que Dios está con nosotros, que no debemos sentir miedo a equivocarnos porque Dios perdona; que nuestras esperanzas no son vanas, que estamos aquí con un propósito y que queda aún trabajo por hacer.

No somos las mismas personas tras haber estado de pie ante la Presencia Divina que antes de hacerlo. Hemos sido transformados. Vemos el mundo bajo una luz diferente. Quizás irradiamos una luz diferente. Hemos hablado a Dios y Lo hemos escuchado. Nos hemos alineado con las energías morales del universo. Nos hemos transformado en lo que en la terminología luriánica se denomina 'recipientes para la bendición de Dios'. Hemos cambiado por medio de la oración.

12. *¿Es respondida la plegaria?*

¿Es respondida la plegaria? Si Dios es inmutable, ¿cómo podemos cambiarlo con lo que decimos? Incluso descontando esto, ¿por qué necesitamos articular nuestros pedidos? Seguramente Dios, que ve el corazón, conoce nuestros deseos aun antes que nosotros mismos, sin que tengamos que ponerlos en palabras. Lo que deseamos que ocurra puede ser bueno o malo a ojos de Dios. Si es bueno Dios hará que ocurra, aunque no recemos. Si es malo, Dios no permitirá que ocurra, aunque recemos. Entonces, ¿para qué rezamos?

La respuesta judía clásica es simple pero profunda. Sin un recipiente que contenga la bendición, no puede haber bendición. Si carecemos de receptáculo para captar la lluvia, esta caerá, pero no tendremos nada para beber. Si carecemos de un receptor de radio, las ondas sonoras fluirán, pero no seremos capaces de convertirlas en sonido. Las bendiciones de Dios fluyen constantemente, pero a menos que nos transformemos en vasijas, fluirán hacia otra parte. *Rezar es el acto de transformarnos en vehículo de la Divinidad.*

Hablando desde mi experiencia personal y de varios encuentros que sostuve con personas para las que rezar ha sido un salvavidas, sé que nuestras plegarias son respondidas: no siempre del modo que esperábamos, no siempre tan rápido como queríamos, pero *la plegaria nunca resulta en vano.* A veces la respuesta es "No". Si concedernos una petición podría dañar a otros, Dios no lo hará. Pero "No" es también una respuesta, y cuando Dios decide que algo por lo que he rezado no debe ocurrir, entonces debo orar para obtener la sabiduría de comprender el por qué. Esto también resulta ser parte del crecimiento espiritual: aceptar de buena gana aquello que no podemos o no debemos cambiar. La plegaria no es un sustituto del esfuerzo humano, por el contrario, rezar es una de las fuentes de energía más poderosas para alimentarlo. Dios nos concede la fuerza de alcanzar lo que debemos alcanzar y hacer aquello para lo que fuimos puestos sobre la tierra.

La plegaria cambia al mundo porque nos cambia a nosotros. En su punto álgido se trata de una experiencia profundamente transformadora. Si realmente hemos rezado, con el correr del tiempo habremos de saber que el mundo fue hecho, y nosotros fuimos hechos con un propósito: que Dios, si bien es inconmensurablemente vasto es también intensamente cercano; que "si mi padre y mi madre me abandonasen, el Señor me recogería"; que Dios está junto a nosotros en nuestros esfuerzos, y que no trabajamos en vano. Sabemos también que somos parte de una comunidad de fe, y con nosotros están cuatro mil años de historia, así como las plegarias y las esperanzas de aquellos que nos antecedieron. Por más distantes que nos sintamos de Dios, Él está atrás nuestro y todo lo que tenemos que hacer es girar nuestro rostro en Su dirección. La fe nació y vive en la plegaria, y es el antídoto del miedo: "El Señor es la fortaleza de mi vida, ¿de quién tendré miedo?".

Ser acariciado por las alas de la eternidad hace diferencia. El triple rezo diario actúa sobre nosotros de un modo que no es inmediatamente visible. Así como el mar suaviza la piedra, tal como los reiterados golpes de martillo del escultor van dando forma al mármol, de igual manera la plegaria – cíclica, siguiendo los ritmos del mismo tiempo – gradualmente va desgastando los bordes irregulares de nuestro carácter, transformándolo en una obra de arte devocional. Comenzamos a ver la belleza del mundo creado. Nos posicionamos como parte de la historia de nuestro pueblo. Lentamente, pasamos a pensar menos en "Yo" y más en "Nosotros", menos en aquello que nos falta y más en lo que tenemos, menos en lo que precisamos del mundo y más en lo que el mundo necesita de nosotros. La plegaria no se trata de obtener lo que deseamos sino de aprender qué es lo que queremos. Nuestras prioridades cambian, nos tornamos menos adustos, aprendemos la profunda alegría que sobreviene al aprender a alabar y agradecer. El mundo que construimos en el mañana nace en las plegarias que elevamos hoy.

◂ Cuando

Cuando al final de su visión Ya'akov abrió sus ojos dijo con una sensación de temor reverencial: "Seguramente Dios está en este lugar y yo no lo sabía". Esto es lo que hace el rezo. Abre nuestros ojos a la maravilla del mundo. Abre nuestros oídos a la aún tenue voz de Dios. Abre nuestros corazones a quienes necesitan de nuestra ayuda. Dios existe allí donde rezamos. Tal como dijera Rabí Menajem Mendel de Kotzk: "Dios habita allí donde Le permiten entrar". Y en el diálogo entre el alma humana y la del universo, nace una fuerza sutil pero trascendente.

Rabino Jonathan Sacks

Londres 5769 (2009)

PALABRAS CLAVE PARA EL REZO

LOS NOMBRES DE DIOS

Los dos Nombres Divinos claves, tanto en el rezo como en la Torá son: 1) el Tetragrámaton, יהוה, el Nombre de cuatro letras y 2) אֱלֹהִים, *Elohim*. Son nombres diferentes tanto en significado como en tono. Los sabios entendieron al Tetragrámaton como la compasión de Dios. *Elohim* es el atributo Divino de la justicia.

Yehudá HaLeví (Cuzarí IV:1) hizo una distinción más fundamental aún. Los antiguos usaban la palabra *El* o *Eloha* para designar una fuerza natural: el sol, el mar, la tormenta y así sucesivamente. Ellos personificaban estas fuerzas como dioses. Por lo tanto, a menudo la palabra *el* o *elil* denota un ídolo. En hebreo, la lengua madre del monoteísmo, la palabra *Elohim* en plural significa "Aquél que es la totalidad de las fuerzas y causas en el universo". Se refiere a Dios tal como lo experimentamos en la Creación y en sus leyes naturales, así como también en la justicia y las leyes morales (este vocablo posee también a veces una acepción secular, significando aquellos que ocupan cargos de poder, por lo general jueces).

El Tetragrámaton no sólo posee un significado diferente, sino que además es una palabra de un tipo gramatical diferente. Es el *Nombre* propio de Dios, el cual se refiere a Él tal como los nombres Abraham o Sara se refieren a seres humanos (por lo tanto, a veces es referido a este como *HaShem* o "el Nombre"). El uso de un nombre propio en referencia a Dios significa que es posible una relación directa entre nosotros y el Cielo. Podemos hablar a Dios y Él escucha. Existe una relación directa entre el Tetragrámaton y la palabra "Tú". Podemos dirigirnos de "Tú" sólo a un ser que posee nombre propio. Por lo tanto, al rezar, el vocablo "Tú" siempre está dirigido al Tetragrámaton. El vocablo *Elohim* tiene que ver con la tercera persona, "Él". Por ello, "*Elohim*" significa Dios como ley tanto natural como moral. El Tetragrámaton se refiere al Dios tal como lo encontramos en la intimidad, la compasión y el amor.

Si bien he seguido las convenciones, representando el Tetragrámaton por medio del vocablo Señor, debería recordarse que este vocablo no es una traducción sino una sustitución. Tan sagrado era el Nombre Divino que solamente se empleaba en el Templo de Jerusalém. En todo otro contexto era pronunciado (y aún lo es) *Adonai*, que significa "mi Señor".

◄ El uso

El uso de la palabra *Eloheinu*, "nuestro Dios", significa nuestra aceptación de Dios como el único objeto de nuestro servicio. El reconocimiento formal de este hecho, tal como se lleva a cabo en la primera línea del Shemá, es una promesa de lealtad y servicio llamada por nuestros sabios "Aceptación del Yugo de la Soberanía Divina".

La palabra מֶלֶךְ, "Rey", cuando se aplica a Dios significa primeramente que es el único verdadero Soberano del pueblo de Israel, el cual ha aceptado Su reinado y contrajo el pacto en el Monte Sinaí. En esa ceremonia, Dios se comprometió a guiar el destino de los hijos de Israel al tiempo que el pueblo aceptó su vocación como "Reino de sacerdotes y nación sagrada" en el marco de las leyes de Dios. El segundo y más amplio significado, alude a que Dios es el Soberano del universo y de toda la humanidad, con la cual, por intermedio de Noaj, estableció un pacto tras el diluvio (Génesis capítulo 9). Ese pacto y sus siete leyes encarnan los principios fundamentales de la conducta humana bajo la directiva de Dios. Si bien la soberanía Divina no es aún reconocida por todos, así lo será en el final de los días. Por lo tanto, frecuentemente nuestras plegarias concluyen con la profecía de Zacarías (14:9) "Entonces el Señor será el Rey sobre toda la tierra". La soberanía de Dios es la barrera última contra la tiranía. Implica que toda autoridad humana es delegada para ser ejercida solamente dentro de los límites del pacto.

A veces, a Dios se le refiere como קוֹנֵה, que si bien yo he seguido las convenciones traduciéndolo como "Creador" literalmente significa "Dueño" del cielo y la tierra. Esto representa la idea de que por cuanto que Dios *creó* el universo, lo *posee*. El mundo y sus beneficios no nos pertenecen. Lo que poseemos, está en nuestro haber en consignación de Dios. Esta es la base legal de la soberanía Divina sobre el universo, similar al concepto de "dominio eminente", según el cual toda posesión de tierra en un país, en última instancia, se encuentra bajo la potestad del jefe de estado. Como Soberano del universo, Dios gobierna por efecto del derecho y no de la fuerza.

LOS ATRIBUTOS DIVINOS

Muchos de los términos clave en la descripción de Dios no son traducibles de un modo preciso porque presuponen el concepto del pacto: una promesa abierta de lealtad entre dos o más partes que deciden unir sus destinos en un vínculo recíproco de lealtad y amor. El equivalente humano más cercano a esto es: (1) El vínculo matrimonial; (2) Los tratados de paz entre las naciones. La idea singular de la Torá es que este pacto puede existir entre Dios y la humanidad.

Por ello el vocablo אֱמֶת, a menudo traducido como "verdad", en realidad significa "confiable, alguien que actúa de acuerdo con su palabra, alguien que honra sus compromisos y sus promesas". La palabra חֶסֶד, que suele traducirse como "bondad", "generosidad amorosa" o "amor", se refiere a las emociones y las acciones que emanan del vínculo del pacto, como entre un marido y una mujer, o entre padres e hijos. Significa *amor traducido en acción.*

No existe palabra inglesa (o española) para צְדָקָה que significa tanto justicia como caridad, usualmente se la traduce como rectitud, y significa "justicia distributiva, equidad". רַחֲמִים, que yo la he traducido como "compasión", deriva de la palabra "réjem", "útero". Significa el amor incondicional de una madre hacia su hijo. חֵן, "gracia", significa bondad o generosidad gratuita, la cual emana de la generosidad de quien da y no de los méritos de quien recibe.

קָדוֹשׁ, sagrado o santo. En general significa "separado, apartado, exterior". Utilizado sobre Dios significa "Aquél que está por fuera de la naturaleza" porque Él la hizo. Usado en relación con los hijos de Israel (como en el caso de "nación sagrada" (Éx. 19:6)) significa gente que se encuentra fuera de las leyes normales de las naciones – definidas éstas por territorio, idioma, raza o estructura política – porque son la única nación cuya razón de ser constitutiva es servir a Dios como Sus testigos en el mundo. El Shabat es el tiempo sagrado porque se encuentra por fuera de las preocupaciones normales de la semana. El Templo es sagrado porque está dedicado al servicio Divino.

Encontrarse ante la presencia de la santidad – como en el caso de la plegaria – es ingresar al dominio de Dios, o sea, al sitio donde Su voluntad es la que gobierna y no la nuestra. Es por ello por lo que la plegaria se asemeja a un sacrificio, porque ambos implican un acto de renunciación tanto sicológico como espiritual. Renunciamos a nuestra voluntad aceptando la Suya. La palabra hebrea para sacrificio, *Korbán*, significa "acercarse o acercar". A menudo, en lenguajes no hebreos la palabra "sagrado" implica distancia y temor. En el judaísmo es todo lo contrario: el pueblo de Israel entiende la santidad como una cercanía especial a Dios. Esto es experimentado como amor y como temor reverencial: amor en virtud de nuestra cercanía al Infinito, temor en virtud de las exigentes responsabilidades que esto conlleva.

OTRAS PALABRAS CLAVE

אָמֵן, *Amén*. Decir "Amén" es lo que los filósofos llaman "enunciado performativo". Es un acto formal de aceptación o de afirmación que significa: (1) creemos que esto es verdad; (2) nos sumamos a lo dicho. En la Torá funciona como asentimiento a un juramento (por ejemplo, ver en Deuteronomio 27:15–26). La raíz *m-n* posee un abanico de sentidos, incluido "creer, confiar, cuidar, ser fiel". En general respuestas litúrgicas tales como "Bendito es Él y bendito es Su Nombre" forman un nexo esencial entre el oficiante y la congregación, transformando al rezo en *representación* de la comunidad en uno que es asistido o asentido *por* la comunidad. Los sabios adjudicaron especial significancia a la respuesta durante el recitado del Kadish, "Que Su Gran Nombre sea bendito por siempre y por toda la eternidad". De hecho, para ellos, el mérito de decir Kadish radica precisamente en el hecho que evoca esa respuesta por parte de la congregación.

אַתָּה, *Tú*. Los dioses del mundo antiguo en el mejor de los casos eran indiferentes, en el peor de estos eran activamente hostiles a los seres humanos. El Dios de los filósofos – abstracto, conceptual, la causa primera o existente necesario – puede ser contemplado, pero uno no puede dirigirse a Él. La diferencia entre el Dios de los profetas y el de los filósofos es que el primero nos conoce, se preocupa por nosotros y nos escucha (Yehudá HaLeví, *Cuzarí*). Sin la palabra "Tú" puede tener lugar una meditación, pero no una plegaria. La sección central de la mayoría de las versiones de la Amidá comienza con la palabra "Tú".

בָּרוּךְ, *Bendito*. Cuando se aplica este vocablo a Dios significa: Él es la fuente de todas las bendiciones tanto espirituales como también físicas: salud, sustento y seguridad. En la plegaria aprendemos a ver nuestros disfrutes materiales como bendiciones Divinas ya que pertenecen al mundo por Él creado y al que llamó "bueno". La raíz *b-r-j* significa también (1) inclinarse, arrodillarse; (2) una pileta o reservorio de agua. Lo que conecta a ambas acepciones es el *movimiento descendente*. Una bendición es aquello que metafóricamente proviene del cielo y desciende sobre la tierra.

◂ Existen

Existen varios tipos de bendiciones en el *Sidur*: (1) Bendiciones de reconocimiento o agradecimiento que tienen la forma de alabanza y acción de gracias. (2) Bendiciones por el cumplimiento de preceptos que son declaraciones formales de la intención (*kavaná*), en el sentido de que la acción que estamos por realizar se efectúa en virtud de que Dios nos ordenó hacerlo. (3) Bendiciones por el disfrute (alimentos, bebidas y demás), que son actos de redención en el sentido técnico de comprar algo para uso secular, algo que de otro modo debería ser sagrado y, por lo tanto, no disponible para nuestro beneficio personal.

מִזְמוֹר, *Mizmor* ("Salmo"). Esta palabra la encontramos cincuenta y siete veces encabezando un salmo y no es empleada en ningún otro sitio fuera del Tanaj. Muchos creen que se refiere a un cántico escrito para ser acompañado por instrumentos musicales. תְּהִלָּה, *Tehilá*, "cántico de alabanza". Algunos salmos llevan el nombre de la persona que los escribió o de aquella a la que estaba dedicado, en otros casos el nombre alude a la ocasión en la que se entonaba, al tiempo que otros implican instrucciones musicales. El término לַמְנַצֵּחַ, *lamenatzeaj*, significa "para el director, el conductor o maestro de coro" y por lo general indica una labor coral.

סֶלָה, *Sela*. Palabra de significado desconocido. Algunos sostienen que significa "por siempre", otros entienden que se trata de una afirmación similar a la palabra "Amén". Empero, otros la consideran una notación musical, una señal de pausa o una indicación del final de un pasaje.

עוֹלָם, *Olam*. La palabra *olam* significa tanto "universo" como "eternidad", los límites más distantes del espacio y el tiempo. Puede provenir de la misma raíz que *ne'elam*, "oculto". Así lo entendieron los místicos judíos, especialmente los de la escuela luriana, en el sentido de que para crear el universo el Infinito debió contraerse o limitarse, de otra manera la infinitud no dejaría espacio a la finitud. Dios está presente en el universo físico, pero de un modo oculto. Najmánides explica que estamos rodeados de milagros. El mundo está lleno del resplandor de Dios, pero para poder verlo debemos abrir nuestros ojos. Parte del propósito de la oración es que lo hagamos.

שֵׁם, *Nombre*. Cómo es percibido Dios por los seres humanos. Cuando se lo reconoce como el Soberano supremo, asistimos entonces a "la santificación del Nombre Divino". Cuando se ve forzado a exiliar a Su pueblo – siendo entonces percibido por las naciones como incapaz de protegerlo – asistimos a "la profanación del Nombre Divino". Las palabras iniciales del Kadish "Que Su Gran Nombre sea magnificado y santificado" significa "Que la soberanía de Dios sea más ampliamente reconocida por todos los seres humanos". Las palabras finales del *Aleinu,* "En ese día el Señor será Uno y Su Nombre Uno", se refiere a la era mesiánica, cuando Dios habrá de ser reconocido por todos. Dios no cambia, el reconocimiento humano de Dios sí lo hace. El uso de la palabra "Nombre" marca una distinción entre Dios tal como Es y tal como es humanamente percibido.

Otros términos están explicados en el comentario.

JS

סידור קורן

SIDUR KOREN

ימי חול

DÍAS DE SEMANA

Shajarit

El siguiente orden en el recitado de los rezos y las bendiciones, que difiere del de la mayoría de los Sidurim está basado sobre el consenso entre autoridades halájicas recientes. Ver leyes 315–322.

AL DESPERTAR

Al despertar, nuestro primer pensamiento debe ser que nos encontramos en presencia de Dios. Dado que no podemos pronunciar uno de los Nombres Divinos hasta habernos lavado las manos, la siguiente plegaria se recita sin mencionar el Nombre de Dios reconociendo Su presencia y agradeciendo por el nuevo día y por el obsequio que representa el vivir. Ver leyes 315–323.

מוֹדֶה Te agradezco, Rey viviente y eterno,
por devolverme piadosamente el alma.
Grande es Tu confianza.

Lave sus manos y recite las siguientes bendiciones. Algunos acostumbran decir aquí "El inicio de la sabiduría" que se encuentra en la página 10.

בָּרוּךְ Bendito eres Tú Señor, nuestro Dios, Rey del universo,
que nos ha santificado con Sus preceptos
y nos ordenó el lavado de manos.

בָּרוּךְ Bendito eres Tú Señor, nuestro Dios, Rey del universo, que
formó al hombre con sabiduría
y creó en él numerosos orificios y cavidades.
Es revelado y sabido ante el trono de Tu gloria que,
si uno de estos se desobturase o bloquease,
sería imposible sobrevivir y permanecer ante Ti.
Bendito eres Tu Señor, que curas toda carne y obras maravillas.

אֲשֶׁר יָצַר *Que formó al hombre con sabiduría:* esta bendición agradece por las intrincadas maravillas del cuerpo humano. *Si uno de estos se desobturase u obstruyese-* la más mínima variación en el genoma humano puede generar dolencias fatales. Cuanto mejor comprendemos la complejidad de la vida más apreciamos "Cuán numerosas son Tus obras Señor, Tú las hiciste con sabiduría; toda la tierra está colmada de Tus creaciones" (Salmos 104:24). Esta bendición rechaza la idea de que únicamente el espíritu es de carácter sagrado y el ámbito físico está privado de lo Divino.

שחרית

El siguiente orden en el recitado de los rezos y las bendiciones, que difiere del de la mayoría de los Sidurim está basado sobre el consenso entre autoridades halájicas recientes. Ver leyes 315–322.

השכמת הבוקר

Al despertar, nuestro primer pensamiento debe ser que nos encontramos en presencia de Dios. Dado que no podemos pronunciar uno de los Nombres Divinos hasta habernos lavado las manos, la siguiente plegaria se recita sin mencionar el Nombre de Dios reconociendo Su presencia y agradeciendo por el nuevo día y por el obsequio que representa el vivir. Ver leyes 315–323.

מוֹדֶה/ *Mujeres* מוֹדָה/ אֲנִי לְפָנֶיךָ מֶלֶךְ חַי וְקַיָּם
שֶׁהֶחֱזַרְתָּ בִּי נִשְׁמָתִי בְּחֶמְלָה
רַבָּה אֱמוּנָתֶךָ.

Lave sus manos y recite las siguientes bendiciones.
Algunos acostumbran decir aquí רֵאשִׁית חָכְמָה *que se encuentra en la página 11.*

בָּרוּךְ אַתָּה יהוה אֱלֹהֵינוּ מֶלֶךְ הָעוֹלָם
אֲשֶׁר קִדְּשָׁנוּ בְּמִצְוֹתָיו וְצִוָּנוּ עַל נְטִילַת יָדַיִם.

בָּרוּךְ אַתָּה יהוה אֱלֹהֵינוּ מֶלֶךְ הָעוֹלָם
אֲשֶׁר יָצַר אֶת הָאָדָם בְּחָכְמָה
וּבָרָא בוֹ נְקָבִים נְקָבִים, חֲלוּלִים חֲלוּלִים.
גָּלוּי וְיָדוּעַ לִפְנֵי כִסֵּא כְבוֹדֶךָ
שֶׁאִם יִפָּתֵחַ אֶחָד מֵהֶם אוֹ יִסָּתֵם אֶחָד מֵהֶם
אִי אֶפְשַׁר לְהִתְקַיֵּם וְלַעֲמֹד לְפָנֶיךָ.
בָּרוּךְ אַתָּה יהוה, רוֹפֵא כָל בָּשָׂר וּמַפְלִיא לַעֲשׂוֹת.

מוֹדֶה אֲנִי *Te agradezco:* Estas palabras deben decirse de inmediato al despertarse. Por su intermedio agradecemos a Dios por el hecho de estar vivos y la renovación diaria de la vida. Según nuestros sabios el sueño es "una sesentava parte de la muerte" (*Berajot* 57B). Por ello, el despertar es en cierto modo un renacer. A pesar de lo breve de su extensión, esta frase articula un acto transformativo de fe: el reconocimiento de que la vida es un obsequio de Dios. Expresar esta gratitud por el hecho de estar con vida nos prepara para santificar y celebrar una nueva jornada.

אֱלֹהַי Dios mío,
el alma que colocaste en mi interior es pura.
Tú la creaste,
Tú la formaste
y Tú la insuflaste dentro mío,
Tú la resguardas en mi interior
y en el futuro Tú la tomarás de mí
y me la regresarás en el futuro por venir.
Mientras el alma permanezca en mi seno te agradeceré
Señor, Dios mío y de mis ancestros,
regente de todas las acciones y dueño de todas las almas.
Bendito eres Tú Señor,
que restituye las almas a los cuerpos sin vida.

TZITZIT

La siguiente bendición es recitada previo a vestir el talit katán. Quien viste un talit no recita ni esta bendición ni "Sea Tu voluntad." La bendición por este último exime del deber de recitar la primera bendición. Ver leyes 324–330.

בָּרוּךְ Bendito eres Tú Señor, nuestro Dios, Rey del universo,
que nos ha santificado con Sus preceptos
y nos ordenó el mandamiento del tzitzit.

Tras colocar el talit katán se dice:

יְהִי רָצוֹן Sea Tu voluntad Señor, Dios mío y de mis ancestros
que este precepto del tzitzit sea considerado ante Ti
como si lo hubiese cumplido en todas
sus especificaciones, detalles e intenciones
así como los 613 mandamientos que dependen de él,
Amén Sela.

---

malos y debemos escoger entre ellos. La bendición concluye con una referencia a la resurrección de los muertos, volviendo así al tema de las primeras palabras que pronunciamos en la mañana.

אֱלֹהַי
נְשָׁמָה שֶׁנָּתַתָּ בִּי טְהוֹרָה הִיא.
אַתָּה בְרָאתָהּ, אַתָּה יְצַרְתָּהּ, אַתָּה נְפַחְתָּהּ בִּי
וְאַתָּה מְשַׁמְּרָהּ בְּקִרְבִּי, וְאַתָּה עָתִיד לִטְּלָהּ מִמֶּנִּי
וּלְהַחֲזִירָהּ בִּי לֶעָתִיד לָבוֹא.
כָּל זְמַן שֶׁהַנְּשָׁמָה בְקִרְבִּי, מוֹדֶה/*Mujeres* מוֹדָה/ אֲנִי לְפָנֶיךָ
יהוה אֱלֹהַי וֵאלֹהֵי אֲבוֹתַי
רִבּוֹן כָּל הַמַּעֲשִׂים, אֲדוֹן כָּל הַנְּשָׁמוֹת.
בָּרוּךְ אַתָּה יהוה, הַמַּחֲזִיר נְשָׁמוֹת לִפְגָרִים מֵתִים.

לבישת ציצית

La siguiente bendición es recitada previo a vestir el טלית קטן*.*
Quien viste un טלית *no recita ni esta bendición ni* יהי רצון*. La bendición por este último exime del deber de recitar la primera bendición. Ver leyes 324–330.*

בָּרוּךְ אַתָּה יהוה אֱלֹהֵינוּ מֶלֶךְ הָעוֹלָם
אֲשֶׁר קִדְּשָׁנוּ בְּמִצְוֹתָיו וְצִוָּנוּ עַל מִצְוַת צִיצִית.

Tras colocar el טלית קטן *se dice:*

יְהִי רָצוֹן מִלְּפָנֶיךָ, יהוה אֱלֹהַי וֵאלֹהֵי אֲבוֹתַי
שֶׁתְּהֵא חֲשׁוּבָה מִצְוַת צִיצִית לְפָנֶיךָ
כְּאִלּוּ קִיַּמְתִּיהָ בְּכָל פְּרָטֶיהָ וְדִקְדּוּקֶיהָ וְכַוָּנוֹתֶיהָ
וְתַרְיַ״ג מִצְוֹת הַתְּלוּיוֹת בָּהּ
אָמֵן סֶלָה.

אֱלֹהַי *Dios mío, el alma que colocaste en mi interior es pura:* se trata de una afirmación de la creencia judía respecto de la libertad y la responsabilidad de cada ser humano. El alma como tal es pura. Poseemos instintos buenos y

LAS BENDICIONES DE LA TORÁ

En el judaísmo, el estudio es considerado más importante que el rezo. Por lo tanto, antes de comenzar a rezar realizamos un minúsculo acto de estudio el cual es precedido por las bendiciones correspondientes. Éstas son seguidas de una breve selección de pasajes extraídos del Tanaj, la Mishná y la Guemará, que son los tres textos fundacionales del judaísmo.

בָּרוּךְ Bendito eres Tú Señor, nuestro Dios, Rey del universo,
que nos ha santificado con Sus preceptos
y nos ordenó ocuparnos del estudio de las palabras de la Torá.
Que las palabras de Tu Torá
sean agradables en nuestras bocas
y las bocas de Tu pueblo, la casa de Israel,
y nosotros y nuestros descendientes
(y los descendientes de nuestros descendientes)
y los vástagos de Tu pueblo, la Casa de Israel,
seamos todos conocedores de Tu Nombre
y estudiosos de Tu Torá por amor a Él.
Bendito eres Tú Señor, que enseña la Torá a Su pueblo Israel.

בָּרוּךְ Bendito eres Tú Señor, nuestro Dios, Rey del universo,
que nos ha escogido de entre todas las naciones
y nos entregó Su Torá.
Bendito eres Tú Señor, Dador de la Torá.

La bendición final, "*que nos escogió*" es un reconocimiento del hecho que la elección implica responsabilidad y está inseparablemente ligada al estudio de la Torá y su puesta en práctica.

Por ello, a los efectos de cumplir de inmediato con el contenido de las bendiciones leemos tres textos cuyo recitado es una forma de estudio. El Talmud (*Kidushín* 30a) nos indica que el estudio debe dividirse en tres partes: estudio de (1) Torá, (2) Mishná, y (3) Guemará. Por ello leemos: (1) un texto bíblico – la bendición sacerdotal, (2) un pasaje de la Mishná que versa sobre preceptos que carecen de una medida fija para su cumplimiento, y (3) un pasaje de la Guemará que habla de la recompensa por las buenas acciones en este mundo y en el Venidero.

ברכות התורה

En el judaísmo, el estudio es considerado más importante que el rezo. Por lo tanto, antes de comenzar a rezar realizamos un minúsculo acto de estudio el cual es precedido por las bendiciones correspondientes. Éstas son seguidas de una breve selección de pasajes extraídos del תנ״ך*, la* משנה *y la* גמרא*, que son los tres textos fundacionales del judaísmo.*

בָּרוּךְ אַתָּה יהוה אֱלֹהֵינוּ מֶלֶךְ הָעוֹלָם
אֲשֶׁר קִדְּשָׁנוּ בְּמִצְוֹתָיו
וְצִוָּנוּ לַעֲסֹק בְּדִבְרֵי תוֹרָה.
וְהַעֲרֶב נָא יהוה אֱלֹהֵינוּ אֶת דִּבְרֵי תוֹרָתְךָ
בְּפִינוּ וּבְפִי עַמְּךָ בֵּית יִשְׂרָאֵל
וְנִהְיֶה אֲנַחְנוּ וְצֶאֱצָאֵינוּ (וְצֶאֱצָאֵי צֶאֱצָאֵינוּ)
וְצֶאֱצָאֵי עַמְּךָ בֵּית יִשְׂרָאֵל
כֻּלָּנוּ יוֹדְעֵי שְׁמֶךָ וְלוֹמְדֵי תוֹרָתְךָ לִשְׁמָהּ.
בָּרוּךְ אַתָּה יהוה, הַמְלַמֵּד תּוֹרָה לְעַמּוֹ יִשְׂרָאֵל.

בָּרוּךְ אַתָּה יהוה אֱלֹהֵינוּ מֶלֶךְ הָעוֹלָם
אֲשֶׁר בָּחַר בָּנוּ מִכָּל הָעַמִּים
וְנָתַן לָנוּ אֶת תּוֹרָתוֹ.
בָּרוּךְ אַתָּה יהוה, נוֹתֵן הַתּוֹרָה.

LAS BENDICIONES POR LA TORÁ

La historia del judaísmo es la historia del amor que profesó un pueblo al libro de los libros, la Torá. A modo de antesala al estudio, pronunciamos dos bendiciones y una plegaria. La primera, "que nos consagró con Sus preceptos" se trata de una bendición por el precepto de dedicarnos al estudio de la Torá, una declaración de que no estudiamos como mero ejercicio intelectual o cultural, sino que se trata del cumplimiento de un deber Divino. Esta bendición es seguida por una plegaria en la que le pedimos a Dios que haga nuestro estudio dulce y agradable y nos ayude a trasmitirlo a nuestros hijos.

יְבָרֶכְךָ El Señor te bendiga y te guarde. *Núm. 6*
El Señor te ilumine con Su Presencia y te agracie.
El Señor dirija Su Presencia hacia tí y te conceda la paz.

אֵלּוּ Estas son aquellas cosas las cuales carecen de una medida fija: *Mishná Peá 1:1*
el rincón del campo (N. de T. que se deja para los pobres – Peá –),
las primicias, los actos de presencia ante Dios
(N. de T. en las fiestas, trayendo ofrendas),
los actos de benevolencia y el estudio de la Torá.

אֵלּוּ Estas son aquellas cosas de cuyos frutos ingerimos en este mundo *Shabat 127A*
pero cuya completa recompensa nos aguarda
en el Mundo por Venir:
Honrar a los padres;
hacer actos de benevolencia;
llegar temprano a la casa de estudio tanto
en la mañana como en la noche;
brindar hospitalidad a los huéspedes;
visitar a los enfermos;
ayudar a una novia necesitada;
acompañar a un muerto en su camino final;
rezar con gran concentración
y traer la paz entre el hombre y su prójimo –
pero el estudio de la Torá es equivalente a todos juntos.

Algunos dicen:
רֵאשִׁית חָכְמָה El principio de la sabiduría es el temor al Señor. *Sal. 111*
Todos aquellos que cumplen
Sus preceptos adquieren una buena comprensión;
Su alabanza es duradera.
La Torá nos ha ordenado Moshé, es herencia para la congregación de Ya'akov. *Deut. 33*
Escucha hijo mío la instrucción de tu padre *Prov. 1*
y no abandones la enseñanza de tu madre.
Que la Torá sea mi fe y el Todopoderoso mi ayuda.
Bendito sea el Nombre de Su glorioso reinado por siempre.

יְבָרֶכְךָ יהוה וְיִשְׁמְרֶךָ: במדבר ו
יָאֵר יהוה פָּנָיו אֵלֶיךָ וִיחֻנֶּךָּ:
יִשָּׂא יהוה פָּנָיו אֵלֶיךָ וְיָשֵׂם לְךָ שָׁלוֹם:

אֵלּוּ דְבָרִים שֶׁאֵין לָהֶם שִׁעוּר משנה, פאה א: א
הַפֵּאָה וְהַבִּכּוּרִים וְהָרֵאָיוֹן
וּגְמִילוּת חֲסָדִים וְתַלְמוּד תּוֹרָה.

אֵלּוּ דְבָרִים שֶׁאָדָם אוֹכֵל פֵּרוֹתֵיהֶם בָּעוֹלָם הַזֶּה שבת קכז.
וְהַקֶּרֶן קַיֶּמֶת לוֹ לָעוֹלָם הַבָּא
וְאֵלּוּ הֵן
כִּבּוּד אָב וָאֵם, וּגְמִילוּת חֲסָדִים
וְהַשְׁכָּמַת בֵּית הַמִּדְרָשׁ שַׁחֲרִית וְעַרְבִית
וְהַכְנָסַת אוֹרְחִים, וּבִקּוּר חוֹלִים
וְהַכְנָסַת כַּלָּה, וּלְוָיַת הַמֵּת
וְעִיּוּן תְּפִלָּה
וַהֲבָאַת שָׁלוֹם בֵּין אָדָם לַחֲבֵרוֹ
וְתַלְמוּד תּוֹרָה כְּנֶגֶד כֻּלָּם.

Algunos dicen:

רֵאשִׁית חָכְמָה יִרְאַת יהוה תהלים קיא
שֵׂכֶל טוֹב לְכָל־עֹשֵׂיהֶם
תְּהִלָּתוֹ עֹמֶדֶת לָעַד:
תּוֹרָה צִוָּה־לָנוּ מֹשֶׁה, מוֹרָשָׁה קְהִלַּת יַעֲקֹב: דברים לג
שְׁמַע בְּנִי מוּסַר אָבִיךָ וְאַל־תִּטֹּשׁ תּוֹרַת אִמֶּךָ: משלי א
תּוֹרָה תְּהֵא אֱמוּנָתִי, וְאֵל שַׁדַּי בְּעֶזְרָתִי.
בָּרוּךְ שֵׁם כְּבוֹד מַלְכוּתוֹ לְעוֹלָם וָעֶד.

TALIT

Antes de colocar el talit se recita la siguiente meditación. Las meditaciones previo al cumplimiento de un precepto vienen a asegurar que las cumplamos con la debida intención (kavaná). Esto aplica especialmente a los preceptos cuya intención es inducirnos a un determinado estado de consciencia como en el caso del talit y el tefilín, ambos dos, manifestaciones externas de un compromiso interior hacia una vida de observancia de los preceptos.

בָּרְכִי נַפְשִׁי Bendice alma mía, al Señor Dios mío, Tú eres grandemente ensalzado; Te has vestido de majestad y esplendor. Te envuelves en un vestido de luz, Tú has extendido los cielos cual tienda. *Sal. 104*

Algunos dicen:

En aras de la unificación del Santo Bendito Él y Su Divina Presencia,, con reverencia y amor, para unificar el Nombre Yud-Heh con Vav-Heh en una unión perfecta en nombre de todo Israel.

Me dispongo a envolverme en el talit. Que de igual manera mi alma, mis 248 órganos y 365 articulaciones se envuelvan en la luz del tzitzit que alcanza la cifra de 613 (preceptos). Así como yo me envuelvo en el talit en este mundo que sea digno de una túnica de los sabios y una fina vestimenta en el Mundo Venidero en el Jardín del Edén. Que mediante el precepto del tzitzit puedan mi nefesh, ruaj, neshamá y plegaria estar a salvo de los impedimentos exteriores, y este talit extienda sus alas sobre ellos cual águila que agita su nido y sobre sus polluelos *Deut. 32*
aletea. Que este precepto del tzitzit sea considerado por el Santo Bendito Él como si lo hubiese cumplido en todos sus detalles específicos e intenciones, así como también los 613 preceptos que de él dependen. Amén Sela.

Antes de envolverse en el talit se dice:

בָּרוּךְ Bendito eres Tú Señor, nuestro Dios, Rey del universo,
que nos ha santificado con Sus preceptos
y nos ordenó envolvernos con el tzitzit.

Según el Shelá (Rabí Ishaiahu Horowitz) se deben recitar estos versículos tras haberse envuelto en el talit.

מַה־יָּקָר Cuán preciosa es Tu benevolencia, oh Dios, que los hijos de los hombres se refugian a la sombra de Tus alas. Que se vean colmados por la abundancia de Tu casa, y beban las delicias de Tu río de deleites. Pues en Ti está la fuente de la vida, y en Tu luz veremos luz. Extiende Tu bondadoso amor a quienes Te conocen y Tu rectitud para los de íntegro corazón. *Sal. 36*

---

vestimenta. Si bien ambos cumplen con un mismo precepto, se los consideró muy diferentes y por lo tanto se les adjudicó dos bendiciones diferentes.

עֲטִיפַת טַלִּית

Antes de colocar el טלית *se recita la siguiente meditación. Las meditaciones previo al cumplimiento de* מצוות *vienen a asegurar que las cumplamos con la debida intención (*כוונה*). Esto aplica especialmente a las* מצוות *cuya intención es inducirnos a un determinado estado de consciencia como en el caso del* טלית *y el* תפילין*, ambos dos, manifestaciones externas de un compromiso interior hacia una vida de observancia de las* מצוות*.*

תהלים קד בָּרְכִי נַפְשִׁי אֶת־יהוה, יהוה אֱלֹהַי גָּדַלְתָּ מְּאֹד, הוֹד וְהָדָר לָבָשְׁתָּ:
עֹטֶה־אוֹר כַּשַּׂלְמָה, נוֹטֶה שָׁמַיִם כַּיְרִיעָה:

Algunos dicen:

לְשֵׁם יִחוּד קֻדְשָׁא בְּרִיךְ הוּא וּשְׁכִינְתֵּהּ בִּדְחִילוּ וּרְחִימוּ, לְיַחֵד שֵׁם י״ה בו״ה בְּיִחוּדָא שְׁלִים בְּשֵׁם כָּל יִשְׂרָאֵל.

הֲרֵינִי מִתְעַטֵּף בַּצִּיצִית. כֵּן תִּתְעַטֵּף נִשְׁמָתִי וּרְמַ״ח אֵבָרַי וּשְׁסָ״ה גִידַי בְּאוֹר הַצִּיצִית הָעוֹלָה תַּרְיַ״ג. וּכְשֵׁם שֶׁאֲנִי מִתְכַּסֶּה בְּטַלִּית בָּעוֹלָם הַזֶּה, כָּךְ אֶזְכֶּה לַחֲלוּקָא דְרַבָּנָן וּלְטַלִּית נָאָה לָעוֹלָם הַבָּא בְּגַן עֵדֶן. וְעַל יְדֵי מִצְוַת צִיצִית תִּנָּצֵל נַפְשִׁי רוּחִי וְנִשְׁמָתִי וּתְפִלָּתִי מִן הַחִיצוֹנִים. וְהַטַּלִּית תִּפְרֹשׂ כְּנָפֶיהָ עֲלֵיהֶם וְתַצִּילֵם, כְּנֶשֶׁר יָעִיר קִנּוֹ, עַל גּוֹזָלָיו יְרַחֵף: דברים לב וּתְהֵא חֲשׁוּבָה מִצְוַת צִיצִית לִפְנֵי הַקָּדוֹשׁ בָּרוּךְ הוּא, כְּאִלּוּ קִיַּמְתִּיהָ בְּכָל פְּרָטֶיהָ וְדִקְדּוּקֶיהָ וְכַוָּנוֹתֶיהָ וְתַרְיַ״ג מִצְוֹת הַתְּלוּיוֹת בָּהּ, אָמֵן סֶלָה.

Antes de envolverse en el טלית *se dice:*

בָּרוּךְ אַתָּה יהוה אֱלֹהֵינוּ מֶלֶךְ הָעוֹלָם
אֲשֶׁר קִדְּשָׁנוּ בְּמִצְוֹתָיו וְצִוָּנוּ לְהִתְעַטֵּף בַּצִּיצִית.

Según el Shelá (Rabí Ishaiahu Horowitz) se deben recitar estos versículos tras haberse envuelto en el טלית*.*

תהלים לו מַה־יָּקָר חַסְדְּךָ אֱלֹהִים, וּבְנֵי אָדָם בְּצֵל כְּנָפֶיךָ יֶחֱסָיוּן: יִרְוְיֻן
מִדֶּשֶׁן בֵּיתֶךָ, וְנַחַל עֲדָנֶיךָ תַשְׁקֵם: כִּי־עִמְּךָ מְקוֹר חַיִּים, בְּאוֹרְךָ
נִרְאֶה־אוֹר: מְשֹׁךְ חַסְדְּךָ לְיֹדְעֶיךָ, וְצִדְקָתְךָ לְיִשְׁרֵי־לֵב:

TALIT Y TEFILÍN

El precepto de colocar tzitzit en las cuatro puntas de nuestra vestimenta tiene por finalidad que tengamos permanentemente presente nuestra misión: "Para que recordéis y cumpláis todos Mis preceptos, y seáis consagrados para vuestro Dios" (Números 15:40). A lo largo del tiempo el cumplimiento de este precepto adquirió dos formas diferentes: el talit como prenda que se viste durante el rezo por sobre nuestra ropa y el talit katán que se usa por debajo de nuestra

TEFILÍN

Algunos recitan la siguiente meditación previo a la colocación de tefilín.

En aras de la unificación del Santo Bendito Él y Su Divina Presencia, con reverencia y amor, para unificar el Nombre *Yud-Heh* con *Vav-Heh* en una unión perfecta en nombre de todo Israel.

Mediante la colocación del tefilín me dispongo a cumplir el precepto de mi Creador, quien nos ordenó colocar tefilín, tal como está escrito en Su Torá: "Átalas por signo sobre tu mano y serán señales entre tus ojos". Estas cuatro porciones de la Torá: una que comienza con *Shemá* (Deuteronomio 6:4–9); otra con *Vehaiá im shamo'a* (ídem 11:13–21); otra con *Kadesh Li* (Éxodo 13:1–10) y la cuarta con *Vehaiá ki ieviajá* (ídem 13:11–16). Estas porciones proclaman Su Unicidad y Unidad, Bendito sea Su Nombre, en el mundo. Estas porciones nos recuerdan también los milagros y las maravillas que obró para nosotros cuando nos sacó de Egipto, pues Él detenta el poder y el dominio tanto en los ámbitos superiores como inferiores actuando conforme Su voluntad. Y nos ordenó colocar el tefilín en el brazo en recuerdo de Su brazo extendido, el cual se ubica frente al corazón para de esa forma someter las pasiones y los deseos de nuestro corazón y de esa forma poder servirlo. Nos ordenó colocar también el tefilín sobre la cabeza frente al cerebro para que de esa forma el alma que anida en mi cerebro y mis demás sentidos y potencias puedan subyugarse a Su servicio, Bendito sea Su Nombre. Que la influencia espiritual del precepto del tefilín me acompañe para que así disfrute de una larga vida, fluya en mí la santidad y posea pensamientos puros libres de todo mal o sugestión de pecado. Que la mala inclinación no me incite ni me provoque para permitirme servir al Señor tal como nuestros corazones desean.

Deut. 6

Sea Tu voluntad Señor, Dios nuestro y de nuestros ancestros, que este precepto del tefilín sea considerado ante Ti como si lo hubiese cumplido en todas sus especificaciones, detalles e intenciones, así como los 613 mandamientos que dependen de él, Amén Sela.

---

correa del tefilín del brazo que simboliza acción, poder, fortaleza. Es así que el tefilín simboliza el amor a Dios en las emociones (corazón), en el pensamiento (cabeza) y en la acción (mano).

הנחת תפילין

Algunos recitan la siguiente meditación previo a la colocación de תפילין.

לְשֵׁם יִחוּד קֻדְשָׁא בְּרִיךְ הוּא וּשְׁכִינְתֵּהּ בִּדְחִילוּ וּרְחִימוּ, לְיַחֵד שֵׁם י״ה בו״ה בְּיִחוּדָא שְׁלִים בְּשֵׁם כָּל יִשְׂרָאֵל.

הִנְנִי מְכַוֵּן בַּהֲנָחַת תְּפִלִּין לְקַיֵּם מִצְוַת בּוֹרְאִי, שֶׁצִּוָּנוּ לְהָנִיחַ תְּפִלִּין,
כַּכָּתוּב בְּתוֹרָתוֹ: וּקְשַׁרְתָּם לְאוֹת עַל־יָדֶךָ, וְהָיוּ לְטֹטָפֹת בֵּין עֵינֶיךָ: דברים ו
וְהֵן אַרְבַּע פָּרָשִׁיּוֹת אֵלּוּ, שְׁמַע, וְהָיָה אִם שָׁמֹעַ, קַדֶּשׁ לִי, וְהָיָה כִּי
יְבִאֲךָ, שֶׁיֵּשׁ בָּהֶם יִחוּדוֹ וְאַחְדוּתוֹ יִתְבָּרַךְ שְׁמוֹ בָּעוֹלָם, וְשֶׁנִּזְכֹּר
נִסִּים וְנִפְלָאוֹת שֶׁעָשָׂה עִמָּנוּ בְּהוֹצִיאוֹ אוֹתָנוּ מִמִּצְרַיִם, וַאֲשֶׁר לוֹ
הַכֹּחַ וְהַמֶּמְשָׁלָה בָּעֶלְיוֹנִים וּבַתַּחְתּוֹנִים לַעֲשׂוֹת בָּהֶם כִּרְצוֹנוֹ. וְצִוָּנוּ
לְהָנִיחַ עַל הַיָּד לְזִכְרוֹן זְרוֹעַ הַנְּטוּיָה, וְשֶׁהִיא נֶגֶד הַלֵּב, לְשַׁעְבֵּד
בָּזֶה תַּאֲווֹת וּמַחְשְׁבוֹת לִבֵּנוּ לַעֲבוֹדָתוֹ יִתְבָּרַךְ שְׁמוֹ. וְעַל הָרֹאשׁ
נֶגֶד הַמֹּחַ, שֶׁהַנְּשָׁמָה שֶׁבְּמֹחִי עִם שְׁאָר חוּשַׁי וְכֹחוֹתַי כֻּלָּם יִהְיוּ
מְשֻׁעְבָּדִים לַעֲבוֹדָתוֹ, יִתְבָּרַךְ שְׁמוֹ. וּמִשֶּׁפַע מִצְוַת תְּפִלִּין יִתְמַשֵּׁךְ
עָלַי לִהְיוֹת לִי חַיִּים אֲרוּכִים וְשֶׁפַע קֹדֶשׁ וּמַחֲשָׁבוֹת קְדוֹשׁוֹת בְּלִי
הִרְהוּר חֵטְא וְעָוֹן כְּלָל, וְשֶׁלֹּא יְפַתֵּנוּ וְלֹא יִתְגָּרֶה בָּנוּ יֵצֶר הָרָע,
וְיַנִּיחֵנוּ לַעֲבֹד אֶת יהוה כַּאֲשֶׁר עִם לְבָבֵנוּ.

וִיהִי רָצוֹן מִלְּפָנֶיךָ, יהוה אֱלֹהֵינוּ וֵאלֹהֵי אֲבוֹתֵינוּ, שֶׁתְּהֵא חֲשׁוּבָה מִצְוַת הֲנָחַת תְּפִלִּין לִפְנֵי הַקָּדוֹשׁ בָּרוּךְ הוּא, כְּאִלּוּ קִיַּמְתִּיהָ בְּכָל פְּרָטֶיהָ וְדִקְדּוּקֶיהָ וְכַוָּנוֹתֶיהָ וְתַרְיַ״ג מִצְוֹת הַתְּלוּיוֹת בָּהּ, אָמֵן סֶלָה.

Tefilín: la palabra tefilín (el objeto es llamado *Totafot* por la Torá) significa "emblema, señal, insignia", un símbolo visible de una idea abstracta. Los tefilín son nuestro recordatorio del precepto del Shemá que ordena "Amarás al Señor tu Dios con todo tu corazón, toda tu alma y todo tu poder" (Deut. 6:5). *"Todo tu corazón":* es el tefilín que se coloca en el brazo junto al corazón. *"Toda tu alma":* se refiere al tefilín de la cabeza que se corresponde con el asiento de la consciencia que es el alma. *"Todo tu poder"* se refiere a la

Estando de pie, colocar el tefilín del brazo sobre el bíceps izquierdo (o el derecho si se trata de una persona zurda) orientado hacia el corazón y antes de ajustar la correa, decir:

בָּרוּךְ Bendito eres Tú Señor, nuestro Dios,
Rey del universo,
que nos ha santificado con Sus preceptos
y nos ordenó colocar el tefilín.

Se envuelve la correa del tefilín siete veces en el brazo. Se coloca el tefilín de la cabeza sobre la línea del cabello centrado entre los ojos y se recita en voz baja:

בָּרוּךְ Bendito eres Tú Señor, nuestro Dios,
Rey del universo,
que nos ha santificado con Sus preceptos
y nos ordenó el precepto del tefilín.

Se ajusta el tefilín de la cabeza y se dice:

בָּרוּךְ Bendito sea el Nombre de Su glorioso reino por siempre.

Algunos dicen:

Dios Supremo, emana de Tu sabiduría sobre mí y concédeme entendimiento de Tu entendimiento. Que Tu benevolencia se manifieste abundantemente sobre mí, y que en Tu poder mis enemigos y quienes contra mí se levantan sean sometidos. Vierte Tu buen aceite sobe los siete brazos de la menorá para que Tu bien fluya sobre Tus creaturas. Tú abres Tu mano y satisfaces el deseo de cada ser viviente. *Sal. 145*

Enrollar la correa del tefilín de brazo tres veces alrededor del dedo mayor y decir:

וְאֵרַשְׂתִּיךְ Y te desposaré por siempre; *Oseas 2*
y te desposaré con rectitud y justicia, benevolencia y compasión;
y te desposaré con fidelidad;
y conocerás al Señor.

---

del tefilín del brazo alrededor del dedo mayor se asemeja a colocar un anillo matrimonial y nos recuerda el gran amor que Dios profesa al pueblo de Israel y el amor de este último para con Dios.

Estando de pie, colocar el תפילין של יד *sobre el bíceps izquierdo (o el derecho si se trata de una persona zurda) orientado hacia el corazón y antes de ajustar la correa, decir:*

בָּרוּךְ אַתָּה יהוה אֱלֹהֵינוּ מֶלֶךְ הָעוֹלָם
אֲשֶׁר קִדְּשָׁנוּ בְּמִצְוֹתָיו
וְצִוָּנוּ לְהָנִיחַ תְּפִלִּין.

Se envuelve la correa del תפילין של יד *siete veces en el brazo. Se coloca el* תפילין של ראש *sobre la línea del cabello centrado entre los ojos y se recita en voz baja:*

בָּרוּךְ אַתָּה יהוה אֱלֹהֵינוּ מֶלֶךְ הָעוֹלָם
אֲשֶׁר קִדְּשָׁנוּ בְּמִצְוֹתָיו
וְצִוָּנוּ עַל מִצְוַת תְּפִלִּין.

Se ajusta el תפילין של ראש *y se dice:*

בָּרוּךְ שֵׁם כְּבוֹד מַלְכוּתוֹ לְעוֹלָם וָעֶד

Algunos dicen:

וּמֵחָכְמָתְךָ אֵל עֶלְיוֹן תַּאֲצִיל עָלַי, וּמִבִּינָתְךָ תְּבִינֵנִי, וּבְחַסְדְּךָ תַּגְדִּיל עָלַי, וּבִגְבוּרָתְךָ תַּצְמִית אוֹיְבַי וְקָמַי. וְשֶׁמֶן הַטּוֹב תָּרִיק עַל
תהלים קמה שִׁבְעָה קְנֵי הַמְּנוֹרָה, לְהַשְׁפִּיעַ טוּבְךָ לִבְרִיּוֹתֶיךָ. פּוֹתֵחַ אֶת־יָדֶךָ
וּמַשְׂבִּיעַ לְכָל־חַי רָצוֹן:

Enrollar la correa del תפילין של יד *tres veces alrededor del dedo mayor y decir:*

הושע ב וְאֵרַשְׂתִּיךְ לִי לְעוֹלָם
וְאֵרַשְׂתִּיךְ לִי בְּצֶדֶק וּבְמִשְׁפָּט וּבְחֶסֶד וּבְרַחֲמִים:
וְאֵרַשְׂתִּיךְ לִי בֶּאֱמוּנָה, וְיָדַעַתְּ אֶת־יהוה:

וְאֵרַשְׂתִּיךְ *Y te desposaré:* estas excelsas líneas del libro del profeta Oseas comparan o asemejan el pacto que Dios estableció con el pueblo de Israel a un matrimonio – una promesa mutua de fe fruto del amor. Envolver la correa

Tras colocar los tefilín se recita lo siguiente:

וַיְדַבֵּר Y habló el Señor a Moshé diciendo: consagra para Mí todo primogénito: todo el que abre matriz, entre los hijos de Israel, en el hombre y en la bestia; Mío es. Y dijo Moshé al pueblo: recordad este día en el cual habéis salido de Egipto, de la casa de esclavitud; ya que con mano poderosa el Señor os ha sacado a vosotros de aquí. Y no se comerá pan leudo. Hoy vosotros estáis saliendo, en el mes de Aviv. Y será que cuando te traiga el Señor a la tierra del Cna'aní, y del Jití y del Emorí y del Jiví y del Ievusí, la cual había jurado a tus padres para dártela a tí -tierra que mana leche y miel- observarás este rito en este mes. Siete días habrás de comer panes ázimos y el séptimo día será de celebración para el Señor. Panes ázimos se habrá de comer en los siete días, y no se te verá pan leudo ni levadura en todo tu dominio. Y habrás de narrar a tu hijo en aquel día diciendo: Por causa de esto el Señor ha hecho para mí portentos al salir de Egipto. Y será para tí como signo sobre tu mano y como remembranza entre tus ojos, para que la Torá del Señor esté en tu boca; pues con mano poderosa el Señor te ha hecho salir de Egipto. Y habrás de observar esta ley en su fecha año tras año. *Éx. 13*

וְהָיָה Y será que cuando te traiga el Señor a la tierra del Cna'aní, como Él ha jurado a tí y a tus padres y te la dé a tí. Y habrás de separar todo el que abre la matriz para el Señor y todo el que abre la matriz de animal que tuvieres; los machos, para el Señor. Y todo primogénito de asno redimirás por medio de un cordero y si no lo redimieres lo habrás de desnucar. Empero redimirás todo primogénito entre tus hijos. Y será mañana cuando te preguntare tu hijo: ¿Qué es esto? Habrás de decirle: con mano poderosa el Señor nos sacó de Egipto de la casa de la esclavitud. Empero ocurrió que cuando se endureció Par'ó y no nos quiso liberar, el Señor mató a todo primogénito en la tierra de Egipto, desde el del hombre hasta el de la bestia. Por ello yo sacrifico ante el Señor todo el que abre la matriz entre los machos; empero redimiré a todo primogénito de entre mis hijos. Y estas palabras serán como signo sobre tu mano y como filacterias entre tus ojos ya que con la mano poderosa nos sacó el Señor de Egipto.

Tras colocar los תפילין *se recita lo siguiente:*

שמות יג וַיְדַבֵּר יהוה אֶל־מֹשֶׁה לֵּאמֹר: קַדֶּשׁ־לִי כָל־בְּכוֹר, פֶּטֶר כָּל־רֶחֶם בִּבְנֵי יִשְׂרָאֵל, בָּאָדָם וּבַבְּהֵמָה, לִי הוּא: וַיֹּאמֶר מֹשֶׁה אֶל־הָעָם, זָכוֹר אֶת־הַיּוֹם הַזֶּה, אֲשֶׁר יְצָאתֶם מִמִּצְרַיִם מִבֵּית עֲבָדִים, כִּי בְּחֹזֶק יָד הוֹצִיא יהוה אֶתְכֶם מִזֶּה, וְלֹא יֵאָכֵל חָמֵץ: הַיּוֹם אַתֶּם יֹצְאִים, בְּחֹדֶשׁ הָאָבִיב: וְהָיָה כִי־יְבִיאֲךָ יהוה אֶל־אֶרֶץ הַכְּנַעֲנִי וְהַחִתִּי וְהָאֱמֹרִי וְהַחִוִּי וְהַיְבוּסִי, אֲשֶׁר נִשְׁבַּע לַאֲבֹתֶיךָ לָתֶת לָךְ, אֶרֶץ זָבַת חָלָב וּדְבָשׁ, וְעָבַדְתָּ אֶת־הָעֲבֹדָה הַזֹּאת בַּחֹדֶשׁ הַזֶּה: שִׁבְעַת יָמִים תֹּאכַל מַצֹּת, וּבַיּוֹם הַשְּׁבִיעִי חַג לַיהוה: מַצּוֹת יֵאָכֵל אֵת שִׁבְעַת הַיָּמִים, וְלֹא־יֵרָאֶה לְךָ חָמֵץ וְלֹא־יֵרָאֶה לְךָ שְׂאֹר, בְּכָל־גְּבֻלֶךָ: וְהִגַּדְתָּ לְבִנְךָ בַּיּוֹם הַהוּא לֵאמֹר, בַּעֲבוּר זֶה עָשָׂה יהוה לִי בְּצֵאתִי מִמִּצְרָיִם: וְהָיָה לְךָ לְאוֹת עַל־יָדְךָ וּלְזִכָּרוֹן בֵּין עֵינֶיךָ, לְמַעַן תִּהְיֶה תּוֹרַת יהוה בְּפִיךָ, כִּי בְּיָד חֲזָקָה הוֹצִאֲךָ יהוה מִמִּצְרָיִם: וְשָׁמַרְתָּ אֶת־הַחֻקָּה הַזֹּאת לְמוֹעֲדָהּ, מִיָּמִים יָמִימָה:

וְהָיָה כִּי־יְבִאֲךָ יהוה אֶל־אֶרֶץ הַכְּנַעֲנִי כַּאֲשֶׁר נִשְׁבַּע לְךָ וְלַאֲבֹתֶיךָ, וּנְתָנָהּ לָךְ: וְהַעֲבַרְתָּ כָל־פֶּטֶר־רֶחֶם לַיהוה, וְכָל־פֶּטֶר שֶׁגֶר בְּהֵמָה אֲשֶׁר יִהְיֶה לְךָ הַזְּכָרִים, לַיהוה: וְכָל־פֶּטֶר חֲמֹר תִּפְדֶּה בְשֶׂה, וְאִם־לֹא תִפְדֶּה וַעֲרַפְתּוֹ, וְכֹל בְּכוֹר אָדָם בְּבָנֶיךָ תִּפְדֶּה: וְהָיָה כִּי־יִשְׁאָלְךָ בִנְךָ מָחָר, לֵאמֹר מַה־זֹּאת, וְאָמַרְתָּ אֵלָיו, בְּחֹזֶק יָד הוֹצִיאָנוּ יהוה מִמִּצְרַיִם מִבֵּית עֲבָדִים: וַיְהִי כִּי־הִקְשָׁה פַרְעֹה לְשַׁלְּחֵנוּ, וַיַּהֲרֹג יהוה כָּל־בְּכוֹר בְּאֶרֶץ מִצְרַיִם, מִבְּכֹר אָדָם וְעַד־בְּכוֹר בְּהֵמָה, עַל־כֵּן אֲנִי זֹבֵחַ לַיהוה כָּל־פֶּטֶר רֶחֶם הַזְּכָרִים, וְכָל־בְּכוֹר בָּנַי אֶפְדֶּה: וְהָיָה לְאוֹת עַל־יָדְכָה וּלְטוֹטָפֹת בֵּין עֵינֶיךָ, כִּי בְּחֹזֶק יָד הוֹצִיאָנוּ יהוה מִמִּצְרָיִם:

PREPARACIÓN PARA EL REZO

Al entrar a la sinagoga:

QUÉ BUENAS *Núm. 24*

son tus tiendas Ya'akov, tus lugares de residencia, Israel.
En cuanto a mí,
gracias a Tu grande y amorosa generosidad,
vendré a Tu Casa. *Sal. 5*
Me prosternaré hacia Tu Sagrado Templo
con temor reverencial.
Señor, amo la Casa donde Tú habitas, *Sal. 26*
el sitio donde reside Tu gloria.

En cuanto a mí,
me prosternaré
y arrodillaré ante el Señor,
mi hacedor.

En cuanto a mí, *Sal. 69*
que mi plegaria llegue a Ti Señor,
en un momento de Voluntad.
Dios, en Tu grande y amorosa benevolencia
respóndeme con la verdad de Tu salvación.

הכנה לתפילה

Al entrar al בית כנסת:

במדבר כד

מַה־טֹּבוּ
אֹהָלֶיךָ יַעֲקֹב, מִשְׁכְּנֹתֶיךָ יִשְׂרָאֵל:

תהלים ה

וַאֲנִי בְּרֹב חַסְדְּךָ אָבוֹא בֵיתֶךָ
אֶשְׁתַּחֲוֶה אֶל־הֵיכַל־קָדְשְׁךָ
בְּיִרְאָתֶךָ:

תהלים כו

יהוה אָהַבְתִּי מְעוֹן בֵּיתֶךָ
וּמְקוֹם מִשְׁכַּן כְּבוֹדֶךָ:

וַאֲנִי אֶשְׁתַּחֲוֶה
וְאֶכְרָעָה
אֶבְרְכָה לִפְנֵי יהוה עֹשִׂי.

תהלים סט

וַאֲנִי תְפִלָּתִי־לְךָ יהוה
עֵת רָצוֹן
אֱלֹהִים בְּרָב־חַסְדֶּךָ
עֲנֵנִי בֶּאֱמֶת יִשְׁעֶךָ:

Los siguientes poemas, tanto de esta como de la siguiente página fueron compuestos en la Edad Media y son una suerte de resumen de los principios de la fe judía, los cuales nos orientan hacia los contornos espirituales del mundo que conformamos en nuestra mente mediante el acto de rezar.

SEÑOR DEL UNIVERSO,

Que reinó antes de que cosa alguna fuera creada.

Cuando todo fue hecho conforme
a Su voluntad fue proclamado Rey.

Cuando todo cese de existir
Él reverentemente reinará en soledad.

Él fue, Él es y Él será
por siempre glorioso.

Él es Uno y no hay otro
a quien compararlo o asociarlo;

Sin comienzo y sin fin,
Él detenta el poder y el gobierno.

Él es mi Dios y mi Redentor viviente.
Él es la fortaleza en la cual me respaldo
en los momentos difíciles.

Él es mi estandarte y mi refugio,
mi porción en el día en que Le habré de llamar.

En Su mano depositaré mi alma
al dormirme y al despertarme.

Dios está conmigo, no habré de temer;
Él tendrá mi alma y mi cuerpo a salvo.

Los siguientes poemas, tanto de esta como de la siguiente página fueron compuestos en la Edad Media y son una suerte de resumen de los principios de la fe judía, los cuales nos orientan hacia los contornos espirituales del mundo que conformamos en nuestra mente mediante el acto de rezar.

אֲדוֹן עוֹלָם

אֲשֶׁר מָלַךְ בְּטֶרֶם כָּל־יְצִיר נִבְרָא.

לְעֵת נַעֲשָׂה בְחֶפְצוֹ כֹּל אֲזַי מֶלֶךְ שְׁמוֹ נִקְרָא.

וְאַחֲרֵי כִּכְלוֹת הַכֹּל לְבַדּוֹ יִמְלֹךְ נוֹרָא.

וְהוּא הָיָה וְהוּא הֹוֶה וְהוּא יִהְיֶה בְּתִפְאָרָה.

וְהוּא אֶחָד וְאֵין שֵׁנִי לְהַמְשִׁיל לוֹ לְהַחְבִּירָה.

בְּלִי רֵאשִׁית בְּלִי תַכְלִית וְלוֹ הָעֹז וְהַמִּשְׂרָה.

וְהוּא אֵלִי וְחַי גֹּאֲלִי וְצוּר חֶבְלִי בְּעֵת צָרָה.

וְהוּא נִסִּי וּמָנוֹס לִי מְנָת כּוֹסִי בְּיוֹם אֶקְרָא.

בְּיָדוֹ אַפְקִיד רוּחִי בְּעֵת אִישַׁן וְאָעִירָה.

וְעִם רוּחִי גְּוִיָּתִי יהוה לִי וְלֹא אִירָא.

ENGRANDECIDO

es el Dios viviente y habrá de ser loado.
Él existe y Su existencia trasciende el tiempo.

Es Uno y Único en Su Unicidad,
ésta es insondable e infinita.

No posee forma corporal ni sustancia;
Su santidad está más allá de cualquier comparación.

Es anterior a todo ser creado.
Él fue el primero y no hubo inicio a Su comienzo.

Él es el Amo del mundo;
y todas las creaturas manifiestan Su grandeza y majestad.

Brindó el rico flujo de Su profecía a personas
por Él atesoradas en las cuales se glorificó.

Nunca surgió en el pueblo de Israel un profeta como Moshé,
quien contempló claramente la Imagen Divina.

Dios concedió a Su pueblo una Torá verdadera
de mano de Su profeta, el más fiel de Su Casa.

Dios no alterará ni cambiará Su ley
por ninguna otra, jamás.

Él contempla y percibe nuestros pensamientos más íntimos;
ni bien algo comienza Él prevé su final.

Él recompensa generosamente por los actos de bien,
castiga a los malvados según su iniquidad.

Al final de los días enviará a nuestro ungido (Mashíaj)
para redimir a aquellos que aguardan la salvación final.

Dios revivirá a los muertos con gran generosidad.
¡Bendito Sea por siempre Su glorioso nombre!

יִגְדַּל

אֱלֹהִים חַי וְיִשְׁתַּבַּח, נִמְצָא וְאֵין עֵת אֶל מְצִיאוּתוֹ.

אֶחָד וְאֵין יָחִיד כְּיִחוּדוֹ, נֶעְלָם וְגַם אֵין סוֹף לְאַחְדוּתוֹ.

אֵין לוֹ דְּמוּת הַגּוּף וְאֵינוֹ גוּף, לֹא נַעֲרֹךְ אֵלָיו קְדֻשָּׁתוֹ.

קַדְמוֹן לְכָל דָּבָר אֲשֶׁר נִבְרָא, רִאשׁוֹן וְאֵין רֵאשִׁית לְרֵאשִׁיתוֹ.

הִנּוֹ אֲדוֹן עוֹלָם, וְכָל נוֹצָר יוֹרֶה גְדֻלָּתוֹ וּמַלְכוּתוֹ.

שֶׁפַע נְבוּאָתוֹ נְתָנוֹ אֶל־אַנְשֵׁי סְגֻלָּתוֹ וְתִפְאַרְתּוֹ.

לֹא קָם בְּיִשְׂרָאֵל כְּמשֶׁה עוֹד נָבִיא וּמַבִּיט אֶת תְּמוּנָתוֹ.

תּוֹרַת אֱמֶת נָתַן לְעַמּוֹ אֵל עַל יַד נְבִיאוֹ נֶאֱמַן בֵּיתוֹ.

לֹא יַחֲלִיף הָאֵל וְלֹא יָמִיר דָּתוֹ לְעוֹלָמִים לְזוּלָתוֹ.

צוֹפֶה וְיוֹדֵעַ סְתָרֵינוּ, מַבִּיט לְסוֹף דָּבָר בְּקַדְמָתוֹ.

גּוֹמֵל לְאִישׁ חֶסֶד כְּמִפְעָלוֹ, נוֹתֵן לְרָשָׁע רָע כְּרִשְׁעָתוֹ.

יִשְׁלַח לְקֵץ יָמִין מְשִׁיחֵנוּ לִפְדּוֹת מְחַכֵּי קֵץ יְשׁוּעָתוֹ.

מֵתִים יְחַיֶּה אֵל בְּרֹב חַסְדּוֹ, בָּרוּךְ עֲדֵי עַד שֵׁם תְּהִלָּתוֹ.

BENDICIONES MATINALES

Las siguientes bendiciones son recitadas en voz alta por el oficiante, pero cada persona debe también decirlas en voz baja. Acostumbramos recitarlas de pie.

בָּרוּךְ Bendito eres Tú Señor, nuestro Dios,
Rey del universo,
que concedes entendimiento al corazón
para distinguir entre el día y la noche.

Bendito eres Tú Señor, nuestro Dios,
Rey del universo,
que no me ha hecho gentil.

Bendito eres Tú Señor, nuestro Dios,
Rey del universo,
que no me ha hecho esclavo.

Bendito eres Tú Señor, nuestro Dios,
Rey del universo,
Hombres: que no me ha hecho mujer.
Mujeres: que me hizo conforme a Su voluntad.

---

un pedido para que el ser humano comprenda, discierna, tal como el primer acto de la creación Divina fue separar la luz de la oscuridad.

שֶׁלֹּא עָשַׂנִי *Que no me ha hecho gentil, esclavo o mujer:* estas tres bendiciones están mencionadas en el Talmud (*Menajot* 43b). Antes de bendecir a Dios por las universalidades de la vida humana Le bendecimos por las particularidades de nuestra identidad. Pertenecemos al pueblo del pacto; somos libres; y poseemos responsabilidades diferentes como hombres y como mujeres. Estas bendiciones no tienen nada que ver con jerarquías de dignidad pues creemos que cada ser humano está creado igual a semejanza de Dios. Se trata más bien de expresiones de consciencia de los deberes especiales que encierra la vida judía. Gentiles, esclavos y mujeres se encuentran exentos del cumplimiento de determinados preceptos que aplican al varón judío. Mediante estas bendiciones expresamos nuestra fe respecto de que los preceptos no son una pesada carga sino una querida vocación.

ברכות השחר

Las siguientes bendiciones son recitadas en voz alta por el שליח ציבור*, pero cada persona debe también decirlas en voz baja. Acostumbramos recitarlas de pie.*

בָּרוּךְ אַתָּה יהוה אֱלֹהֵינוּ מֶלֶךְ הָעוֹלָם
אֲשֶׁר נָתַן לַשֶּׂכְוִי בִינָה
לְהַבְחִין בֵּין יוֹם וּבֵין לָיְלָה.

בָּרוּךְ אַתָּה יהוה אֱלֹהֵינוּ מֶלֶךְ הָעוֹלָם
שֶׁלֹּא עָשַׂנִי גּוֹי.

בָּרוּךְ אַתָּה יהוה אֱלֹהֵינוּ מֶלֶךְ הָעוֹלָם
שֶׁלֹּא עָשַׂנִי עָבֶד.

בָּרוּךְ אַתָּה יהוה אֱלֹהֵינוּ מֶלֶךְ הָעוֹלָם
Hombres שֶׁלֹּא עָשַׂנִי אִשָּׁה. / *Mujeres* שֶׁעָשַׂנִי כִּרְצוֹנוֹ.

בָּרוּךְ אַתָּה *Bendito eres Tú:* estas bendiciones detalladas en el Talmud (*Berajot* 60b) originalmente eran recitadas en la casa para acompañar las diferentes etapas del despertar. "*Que da visión al ciego*" se recitaba al abrir los ojos, "*que viste a los desnudos*" al vestirse y así sucesivamente. Muchas autoridades halájicas medievales sostuvieron que estas bendiciones debían ser recitadas en la sinagoga.

El propósito de estas bendiciones es concientizarnos de aquello que de otra forma sería dado por sobre entendido. Agradecer es un acto de atención focalizada, trayendo a un primer plano aquello que de otra forma permanecería en un segundo plano de la consciencia. "El mundo está colmado de luz Divina pero para contemplarla debemos abrir nuestros ojos" (Rabí Najman de Breslav).

אֲשֶׁר נָתַן לַשֶּׂכְוִי *Que concedes entendimiento al corazón:* esta es la traducción del texto según Rabeinu Asher (Rosh); Rashí y Abudraham lo leyeron, "que concedes al gallo". Según la lectura del Rosh la primera bendición matinal es un reflejo de la primera de la sección de los pedidos en la Amidá, esto es,

Bendito eres Tú Señor, nuestro Dios,
Rey del universo,
que da visión al ciego.

Bendito eres Tú Señor, nuestro Dios,
Rey del universo,
que viste a los desnudos.

Bendito eres Tú Señor, nuestro Dios,
Rey del universo,
que libera a los cautivos.

Bendito eres Tú Señor, nuestro Dios,
Rey del universo,
que yergue a los encorvados.

Bendito eres Tú Señor, nuestro Dios,
Rey del universo,
que establece la tierra sobre las aguas.

Bendito eres Tú Señor, nuestro Dios,
Rey del universo,
que me ha provisto de todo menester.

Bendito eres Tú Señor, nuestro Dios,
Rey del universo,
que afirma el paso del hombre.

Bendito eres Tú Señor, nuestro Dios,
Rey del universo,
que ciñe a Israel con fortaleza.

Bendito eres Tú Señor, nuestro Dios,
Rey del universo,
que corona a Israel con gloria.

Bendito eres Tú Señor, nuestro Dios,
Rey del universo,
que da fuerza al exhausto.

בָּרוּךְ אַתָּה יהוה אֱלֹהֵינוּ מֶלֶךְ הָעוֹלָם
פּוֹקֵחַ עִוְרִים.

בָּרוּךְ אַתָּה יהוה אֱלֹהֵינוּ מֶלֶךְ הָעוֹלָם
מַלְבִּישׁ עֲרֻמִּים.

בָּרוּךְ אַתָּה יהוה אֱלֹהֵינוּ מֶלֶךְ הָעוֹלָם
מַתִּיר אֲסוּרִים.

בָּרוּךְ אַתָּה יהוה אֱלֹהֵינוּ מֶלֶךְ הָעוֹלָם
זוֹקֵף כְּפוּפִים.

בָּרוּךְ אַתָּה יהוה אֱלֹהֵינוּ מֶלֶךְ הָעוֹלָם
רוֹקַע הָאָרֶץ עַל הַמָּיִם.

בָּרוּךְ אַתָּה יהוה אֱלֹהֵינוּ מֶלֶךְ הָעוֹלָם
שֶׁעָשָׂה לִי כָּל צָרְכִּי.

בָּרוּךְ אַתָּה יהוה אֱלֹהֵינוּ מֶלֶךְ הָעוֹלָם
הַמֵּכִין מִצְעֲדֵי גָבֶר.

בָּרוּךְ אַתָּה יהוה אֱלֹהֵינוּ מֶלֶךְ הָעוֹלָם
אוֹזֵר יִשְׂרָאֵל בִּגְבוּרָה.

בָּרוּךְ אַתָּה יהוה אֱלֹהֵינוּ מֶלֶךְ הָעוֹלָם
עוֹטֵר יִשְׂרָאֵל בְּתִפְאָרָה.

בָּרוּךְ אַתָּה יהוה אֱלֹהֵינוּ מֶלֶךְ הָעוֹלָם
הַנּוֹתֵן לַיָּעֵף כֹּחַ.

בָּרוּךְ Bendito eres Tú Señor, nuestro Dios, Rey del universo,
que quitas el sueño de mis ojos y la somnolencia de mis párpados.
Sea Tu voluntad Señor, Dios nuestro y de nuestros ancestros,
que nos acostumbres a Tu Torá,
y nos apegues a Tus preceptos.
No permitas que incurramos en el error,
la trasgresión, la iniquidad, la tentación o el escarnio.
No permitas que nos domine la inclinación al mal.
Mantennos alejados de malas personas y malos compañeros.
Ayúdanos a apegarnos a la inclinación al bien
y a las buenas acciones y somete a nuestro instinto
para que Te sirva.
Otórganos hoy y todos los días, gracia, generosidad
y misericordia ante Tus ojos
y los ojos de todos quienes nos contemplan,
y prodíganos abundante benevolencia.
Bendito eres Tú Señor,
que otorga abundante benevolencia a Su pueblo Israel.

יְהִי רָצוֹן Sea Tu voluntad Señor, Dios mío y de mis ancestros, que me salves a diario hoy y todos los días del arrogante y de la arrogancia misma, de la mala persona, el mal amigo, el mal vecino, de cualquier contratiempo, del adversario destructivo, del proceso judicial difícil, del oponente difícil sea éste o no hijo del pacto (N. de T. judío). *Berajot 16B*

---

recordando el versículo de Salmos 92(3): "Proclamar Tu benevolencia por la mañana y Tu confianza por las noches".

יְהִי רָצוֹן *Sea Tu voluntad:* se trata de una meditación compuesta por Rabí Yehudá HaNasí (final del segundo y principios del tercer siglo de la era común), compilador de la Mishná y líder de la comunidad judía en la tierra de Israel. Somos seres sociales, influenciados por nuestro entorno (Maimónides), por lo tanto, oramos para mantenernos a salvo de personas dañinas, situaciones difíciles y tentaciones. Esta oración refleja "el tramado social de la fe" (Rabino Lord Jakobovits).

בָּרוּךְ אַתָּה יהוה אֱלֹהֵינוּ מֶלֶךְ הָעוֹלָם
הַמַּעֲבִיר שֵׁנָה מֵעֵינַי וּתְנוּמָה מֵעַפְעַפָּי.
וִיהִי רָצוֹן מִלְּפָנֶיךָ יהוה אֱלֹהֵינוּ וֵאלֹהֵי אֲבוֹתֵינוּ
שֶׁתַּרְגִּילֵנוּ בְּתוֹרָתֶךָ
וְדַבְּקֵנוּ בְּמִצְוֹתֶיךָ
וְאַל תְּבִיאֵנוּ לֹא לִידֵי חֵטְא
וְלֹא לִידֵי עֲבֵרָה וְעָוֹן
וְלֹא לִידֵי נִסָּיוֹן וְלֹא לִידֵי בִזָּיוֹן
וְאַל תַּשְׁלֶט בָּנוּ יֵצֶר הָרָע
וְהַרְחִיקֵנוּ מֵאָדָם רָע וּמֵחָבֵר רָע
וְדַבְּקֵנוּ בְּיֵצֶר הַטּוֹב וּבְמַעֲשִׂים טוֹבִים
וְכֹף אֶת יִצְרֵנוּ לְהִשְׁתַּעְבֶּד לָךְ
וּתְנֵנוּ הַיּוֹם וּבְכָל יוֹם לְחֵן וּלְחֶסֶד וּלְרַחֲמִים
בְּעֵינֶיךָ, וּבְעֵינֵי כָל רוֹאֵינוּ
וְתִגְמְלֵנוּ חֲסָדִים טוֹבִים.
בָּרוּךְ אַתָּה יהוה, גּוֹמֵל חֲסָדִים טוֹבִים לְעַמּוֹ יִשְׂרָאֵל.

יְהִי רָצוֹן מִלְּפָנֶיךָ יהוה אֱלֹהַי וֵאלֹהֵי אֲבוֹתַי, שֶׁתַּצִּילֵנִי הַיּוֹם וּבְכָל יוֹם מֵעַזֵּי פָנִים וּמֵעַזּוּת פָּנִים, מֵאָדָם רָע, וּמֵחָבֵר רָע, וּמִשָּׁכֵן רָע, וּמִפֶּגַע רָע, וּמִשָּׂטָן הַמַּשְׁחִית, מִדִּין קָשֶׁה, וּמִבַּעַל דִּין קָשֶׁה בֵּין שֶׁהוּא בֶן בְּרִית וּבֵין שֶׁאֵינוֹ בֶן בְּרִית. ברכות טז:

הַמַּעֲבִיר *Que quitas el sueño de mis ojos:* habiendo ya agradecido a Dios por todo lo bueno que nos rodea, concluimos pidiéndole que nos ayude a dedicar nuestras vidas a Su servicio, y que los diferentes obstáculos que se presenten no nos disuadan. La plegaria culmina agradeciendo la generosidad de Dios,

EL AMARRAMIENTO DE YTZJAK

Basándose en la tradición mística judía, algunas personas acostumbran recitar diariamente el pasaje bíblico que relata el amarramiento de Ytzjak, la prueba suprema de fe que tuvo que pasar nuestro patriarca Abraham y en la cual demostró que su gran amor a Dios está por encima de todo otro afecto. En Shabat y Yom Tov la mayoría de las personas omiten las plegarias introductorias y las finales, "Dios nuestro y de nuestros ancestros" y "Amo del Universo". Otros omiten "Una persona ha de ser siempre" que aparece en la página siguiente.

Dios nuestro y de nuestros ancestros, recuérdanos favorablemente y tennos presentes en Tu memoria de salvación y compasión desde los más altos cielos. Recuérdanos SEÑOR nuestro Dios el amor de los ancestros, Tus siervos Abraham, Ytzjak e Israel, el pacto y la generosidad y el juramento que hiciste a nuestro patriarca Abraham en el Monte Moriá, y el amarramiento ("Akeidá") de su hijo Ytzjak sobre el altar, tal como está escrito en Tu Torá:

וַיְהִי Aconteció después de estos eventos, que Dios sometió a prueba a Abraham; díjole: Abraham y él dijo: Heme aquí. Y Él dijo: Toma, ahora, a tu hijo, tu único, a quien amas, a Ytzjak y vete a la tierra de Moriá y ofrécelo allí como holocausto sobre uno de los montes que Yo habré de indicarte. Madrugó Abraham –por la mañana– aparejó su asno, tomó consigo a sus dos mozos y a Ytzjak – su hijo – cortó la leña para el holocausto, se aprestó y se encaminó hacia el lugar que le había dicho Dios. Al tercer día Abraham alzó la vista y divisó el lugar desde lejos. Y dijo Abraham a sus mozos: permaneced aquí con el asno, mientras yo y el niño iremos hasta allí, nos prosternaremos y volveremos a vosotros. Tomó Abraham la leña para el holocausto, la puso sobre Ytzjak – su hijo – y tomó en su mano el fuego y el cuchillo y ambos se encaminaron juntos. Y habló Ytzjak a Abraham – su padre y le dijo: Padre mío y le respondió: Heme aquí, hijo mío. Dijo él: He aquí el fuego y la leña, mas ¿dónde está el cordero para el holocausto? Y dijo Abraham: Dios proveerá el cordero para el holocausto, hijo mío, y siguieron ambos andando juntos. Y llegaron al lugar que le había dicho Dios y allí Abraham erigió el altar y colocó la leña; amarró a Ytzjak – su hijo – y le puso sobre el altar encima de los leños. Extendió Abraham su mano y tomó el cuchillo para sacrificar a su hijo. Mas el emisario del SEÑOR le llamó desde los cielos y le dijo: Abraham, Abraham; y éste dijo: Heme aquí. Y dijo: No levantes tu mano sobre el muchacho y no le hagas nada pues ahora sé que eres temeroso de Dios, pues no Me has negado ni a tu hijo – a tu único. Alzó Abraham sus ojos y miró y he aquí un carnero que se enredaba con sus cuernos en la espesura. Abraham fue y tomó el carnero y lo ofreció en holocausto en sustitución de su hijo. Llamó Abraham a aquel sitio: "El SEÑOR verá", tal como se dice hasta hoy: "En el monte del SEÑOR será visto". Llamó el emisario del SEÑOR a Abraham por segunda vez desde los cielos y dijo: Por Mí he jurado – dice *Gén. 22*

פרשת העקדה

Basándose en la tradición mística judía, algunas personas acostumbran recitar diariamente el pasaje bíblico que relata el amarramiento de Ytzjak, la prueba suprema de fe que tuvo que pasar nuestro patriarca Abraham y en la cual demostró que su gran amor a Dios está por encima de todo otro afecto. En שבת *y* יום טוב *la mayoría de las personas omiten las plegarias introductorias y las finales,* אֱלֹהֵינוּ וֵאלֹהֵי אֲבוֹתֵינוּ *y* רִבּוֹנוֹ שֶׁל עוֹלָם. *Otros omiten* לְעוֹלָם יְהֵא אָדָם *que aparece en la página siguiente.*

אֱלֹהֵינוּ וֵאלֹהֵי אֲבוֹתֵינוּ, זָכְרֵנוּ בְּזִכְרוֹן טוֹב לְפָנֶיךָ, וּפָקְדֵנוּ בִּפְקֻדַּת יְשׁוּעָה וְרַחֲמִים מִשְּׁמֵי שְׁמֵי קֶדֶם, וּזְכָר לָנוּ יהוה אֱלֹהֵינוּ, אַהֲבַת הַקַּדְמוֹנִים אַבְרָהָם יִצְחָק וְיִשְׂרָאֵל עֲבָדֶיךָ, אֶת הַבְּרִית וְאֶת הַחֶסֶד וְאֶת הַשְּׁבוּעָה שֶׁנִּשְׁבַּעְתָּ לְאַבְרָהָם אָבִינוּ בְּהַר הַמּוֹרִיָּה, וְאֶת הָעֲקֵדָה שֶׁעָקַד אֶת יִצְחָק בְּנוֹ עַל גַּבֵּי הַמִּזְבֵּחַ, כַּכָּתוּב בְּתוֹרָתֶךָ:

וַיְהִי אַחַר הַדְּבָרִים הָאֵלֶּה, וְהָאֱלֹהִים נִסָּה אֶת־אַבְרָהָם, וַיֹּאמֶר אֵלָיו אַבְרָהָם, בראשית כב
וַיֹּאמֶר הִנֵּנִי: וַיֹּאמֶר קַח־נָא אֶת־בִּנְךָ אֶת־יְחִידְךָ אֲשֶׁר־אָהַבְתָּ, אֶת־יִצְחָק,
וְלֶךְ־לְךָ אֶל־אֶרֶץ הַמֹּרִיָּה, וְהַעֲלֵהוּ שָׁם לְעֹלָה עַל אַחַד הֶהָרִים אֲשֶׁר אֹמַר
אֵלֶיךָ: וַיַּשְׁכֵּם אַבְרָהָם בַּבֹּקֶר, וַיַּחֲבֹשׁ אֶת־חֲמֹרוֹ, וַיִּקַּח אֶת־שְׁנֵי נְעָרָיו אִתּוֹ
וְאֵת יִצְחָק בְּנוֹ, וַיְבַקַּע עֲצֵי עֹלָה, וַיָּקָם וַיֵּלֶךְ אֶל־הַמָּקוֹם אֲשֶׁר־אָמַר־לוֹ
הָאֱלֹהִים: בַּיּוֹם הַשְּׁלִישִׁי וַיִּשָּׂא אַבְרָהָם אֶת־עֵינָיו וַיַּרְא אֶת־הַמָּקוֹם מֵרָחֹק:
וַיֹּאמֶר אַבְרָהָם אֶל־נְעָרָיו, שְׁבוּ־לָכֶם פֹּה עִם־הַחֲמוֹר, וַאֲנִי וְהַנַּעַר נֵלְכָה עַד־
כֹּה, וְנִשְׁתַּחֲוֶה וְנָשׁוּבָה אֲלֵיכֶם: וַיִּקַּח אַבְרָהָם אֶת־עֲצֵי הָעֹלָה וַיָּשֶׂם עַל־יִצְחָק
בְּנוֹ, וַיִּקַּח בְּיָדוֹ אֶת־הָאֵשׁ וְאֶת־הַמַּאֲכֶלֶת, וַיֵּלְכוּ שְׁנֵיהֶם יַחְדָּו: וַיֹּאמֶר יִצְחָק
אֶל־אַבְרָהָם אָבִיו, וַיֹּאמֶר אָבִי, וַיֹּאמֶר הִנֶּנִּי בְנִי, וַיֹּאמֶר, הִנֵּה הָאֵשׁ וְהָעֵצִים,
וְאַיֵּה הַשֶּׂה לְעֹלָה: וַיֹּאמֶר אַבְרָהָם, אֱלֹהִים יִרְאֶה־לּוֹ הַשֶּׂה לְעֹלָה, בְּנִי, וַיֵּלְכוּ
שְׁנֵיהֶם יַחְדָּו: וַיָּבֹאוּ אֶל־הַמָּקוֹם אֲשֶׁר אָמַר־לוֹ הָאֱלֹהִים, וַיִּבֶן שָׁם אַבְרָהָם
אֶת־הַמִּזְבֵּחַ וַיַּעֲרֹךְ אֶת־הָעֵצִים, וַיַּעֲקֹד אֶת־יִצְחָק בְּנוֹ, וַיָּשֶׂם אֹתוֹ עַל־הַמִּזְבֵּחַ
מִמַּעַל לָעֵצִים: וַיִּשְׁלַח אַבְרָהָם אֶת־יָדוֹ, וַיִּקַּח אֶת־הַמַּאֲכֶלֶת, לִשְׁחֹט אֶת־
בְּנוֹ: וַיִּקְרָא אֵלָיו מַלְאַךְ יהוה מִן־הַשָּׁמַיִם, וַיֹּאמֶר אַבְרָהָם אַבְרָהָם, וַיֹּאמֶר
הִנֵּנִי: וַיֹּאמֶר אַל־תִּשְׁלַח יָדְךָ אֶל־הַנַּעַר, וְאַל־תַּעַשׂ לוֹ מְאוּמָה, כִּי עַתָּה
יָדַעְתִּי כִּי־יְרֵא אֱלֹהִים אַתָּה, וְלֹא חָשַׂכְתָּ אֶת־בִּנְךָ אֶת־יְחִידְךָ מִמֶּנִּי: וַיִּשָּׂא
אַבְרָהָם אֶת־עֵינָיו, וַיַּרְא וְהִנֵּה־אַיִל, אַחַר נֶאֱחַז בַּסְּבַךְ בְּקַרְנָיו, וַיֵּלֶךְ אַבְרָהָם
וַיִּקַּח אֶת־הָאַיִל, וַיַּעֲלֵהוּ לְעֹלָה תַּחַת בְּנוֹ: וַיִּקְרָא אַבְרָהָם שֵׁם־הַמָּקוֹם
הַהוּא יהוה יִרְאֶה, אֲשֶׁר יֵאָמֵר הַיּוֹם בְּהַר יהוה יֵרָאֶה: וַיִּקְרָא מַלְאַךְ יהוה

el SEÑOR –puesto que tú has hecho esto y no Me negaste ni aún a tu hijo, a tu único. Pues habré de bendecirte y acrecentar tu descendencia, la cual será como las estrellas de los cielos y como la arena de la orilla del mar y tu descendencia poseerá las ciudades de sus adversarios. Y serán bendecidas por tu descendencia todas las naciones de la tierra, puesto que tú has obedecido Mi mandato. Volvió Abraham hasta sus mozos y se aprestaron y partieron juntos hacia Beer Sheva. Y Abraham se asentó en Beer Sheva.

La mayoría de las personas omiten el siguiente pasaje en Shabat y Yom Tov.

Amo del Universo, así como nuestro patriarca Abraham se sobrepuso a su compasión para hacer Tu voluntad con corazón íntegro, que Tu misericordia se sobreponga a Tu enojo y prevalezca Tu misericordia sobre Tus otros atributos. Trátanos mediante Tus atributos de benevolencia y misericordia y que en Tu gran bondad Tu ira se revierta de Tu pueblo, Tu ciudad, Tu tierra y Tu heredad. Haz que se cumpla en nosotros SEÑOR, nuestro Dios, aquello que nos prometiste en Tu Torá por medio de Tu siervo Moshé, tal como está escrito: "Recordaré Mi pacto con Ya'akov, también Mi pacto con Ytzjak, *Lev. 26*
y también Mi pacto con Abraham recordaré, y a la tierra recordaré".

LA ACEPTACIÓN DEL YUGO CELESTIAL

לְעוֹלָם Una persona ha de ser siempre temerosa de Dios tanto en público como en privado, reconocer la verdad y decir la verdad en su corazón. Levantarse temprano y proclamar: *Taná Debei Eliahu cap. 21*

Amo del Universo,
no suplicamos ante Ti por ser justos *Dan. 9*
sino en virtud
de Tu gran compasión.

---

por sus perseguidores. Esto explica la referencia al temor a Dios "en privado" y "reconocer la verdad y recitarla al interior de su corazón" (esto aludiría a la práctica secreta del judaísmo) y el recitado de las primeras frases del Shemá las cuales no podían ser recitadas en su horario normal. La bendición final, "Que santifica Su Nombre en medio de multitudes", se refiere al martirio de aquellos que fueron a la muerte por no abjurar de su fe. Esta forma de martirio en hebreo recibe el nombre de *"Kidush HaShem"*, o sea, la santificación del Nombre de Dios.

רִבּוֹן *Amo del Universo:* este pasaje aparece también en el rezo de *Neilá* de Yom

אֶל־אַבְרָהָם שֵׁנִית מִן־הַשָּׁמָיִם: וַיֹּאמֶר, בִּי נִשְׁבַּעְתִּי נְאֻם־יהוה, כִּי יַעַן אֲשֶׁר עָשִׂיתָ אֶת־הַדָּבָר הַזֶּה, וְלֹא חָשַׂכְתָּ אֶת־בִּנְךָ אֶת־יְחִידֶךָ: כִּי־בָרֵךְ אֲבָרֶכְךָ, וְהַרְבָּה אַרְבֶּה אֶת־זַרְעֲךָ כְּכוֹכְבֵי הַשָּׁמַיִם, וְכַחוֹל אֲשֶׁר עַל־שְׂפַת הַיָּם, וְיִרַשׁ זַרְעֲךָ אֵת שַׁעַר אֹיְבָיו: וְהִתְבָּרְכוּ בְזַרְעֲךָ כֹּל גּוֹיֵי הָאָרֶץ, עֵקֶב אֲשֶׁר שָׁמַעְתָּ בְּקֹלִי: וַיָּשָׁב אַבְרָהָם אֶל־נְעָרָיו, וַיָּקֻמוּ וַיֵּלְכוּ יַחְדָּו אֶל־בְּאֵר שָׁבַע, וַיֵּשֶׁב אַבְרָהָם בִּבְאֵר שָׁבַע:

La mayoría de las personas omiten el siguiente pasaje en שבת *y* יום טוב.

רִבּוֹנוֹ שֶׁל עוֹלָם, כְּמוֹ שֶׁכָּבַשׁ אַבְרָהָם אָבִינוּ אֶת רַחֲמָיו לַעֲשׂוֹת רְצוֹנְךָ בְּלֵבָב שָׁלֵם, כֵּן יִכְבְּשׁוּ רַחֲמֶיךָ אֶת כַּעַסְךָ מֵעָלֵינוּ וְיִגֹּלּוּ רַחֲמֶיךָ עַל מִדּוֹתֶיךָ. וְתִתְנַהֵג עִמָּנוּ יהוה אֱלֹהֵינוּ בְּמִדַּת הַחֶסֶד וּבְמִדַּת הָרַחֲמִים, וּבְטוּבְךָ הַגָּדוֹל יָשׁוּב חֲרוֹן אַפְּךָ מֵעַמְּךָ וּמֵעִירְךָ וּמֵאַרְצְךָ וּמִנַּחֲלָתֶךָ. וְקַיֶּם לָנוּ יהוה אֱלֹהֵינוּ אֶת הַדָּבָר שֶׁהִבְטַחְתָּנוּ בְּתוֹרָתֶךָ עַל יְדֵי מֹשֶׁה עַבְדֶּךָ, כָּאָמוּר: וְזָכַרְתִּי אֶת־בְּרִיתִי יַעֲקוֹב וְאַף אֶת־בְּרִיתִי יִצְחָק, וְאַף אֶת־בְּרִיתִי אַבְרָהָם אֶזְכֹּר, וְהָאָרֶץ אֶזְכֹּר: ויקרא כו

קבלת עול מלכות שמים

תנא דבי אליהו, פרק כא

לְעוֹלָם יְהֵא אָדָם יְרֵא שָׁמַיִם בְּסֵתֶר וּבְגָלוּי
וּמוֹדֶה עַל הָאֱמֶת, וְדוֹבֵר אֱמֶת בִּלְבָבוֹ
וְיַשְׁכֵּם וְיֹאמַר
רִבּוֹן כָּל הָעוֹלָמִים
לֹא עַל־צִדְקוֹתֵינוּ אֲנַחְנוּ מַפִּילִים תַּחֲנוּנֵינוּ לְפָנֶיךָ דניאל ט
כִּי עַל־רַחֲמֶיךָ הָרַבִּים:

לְעוֹלָם *Una persona ha de ser siempre:* Toda esta sección hasta "Que santifica Su Nombre en medio de multitudes" aparece en un Midrash de siglo x llamado *Tana Debei Eliahu* (capítulo 21). Algunos creen que este texto data del período de la persecución persa a manos de Yazdegerd II quien en el año 456 de la era común prohibió a los judíos observar el Shabat y estudiar la Torá. Los judíos continuaron cumpliendo preceptos en secreto y recitando plegarías en tiempos y en formas de modo tal que no pudiesen ser detectados

¿Qué somos? ¿Qué son nuestras vidas?
¿Cuál es nuestra benevolencia? ¿Cuál nuestra rectitud?
¿Cuál es nuestra salvación? ¿Cuál nuestro poder?
¿Cuál es nuestra fortaleza?
¿Qué podemos decir ante Ti
Señor, Dios nuestro y de nuestros ancestros?
¿Acaso todos los poderosos no son
sino insignificantes comparados contigo?
Las personas de renombre son como si nunca hubiesen existido,
los sabios como si nada supiesen
y los inteligentes cual carentes de comprensión.
Pues la mayor parte de sus acciones son vanas
y sus días de vida cual hálito pasajero ante Ti.
La preeminencia del ser humano por sobre los animales *Ecl. 3*
es nula ya que todo es un suspiro fugaz.

אֲבָל Empero nosotros somos Tu pueblo, los hijos de Tu pacto,
los hijos de Tu amado Abraham
a quien le prometieras en el Monte Moriá;
la descendencia de Ytzjak, su único hijo,
quien fuera amarrado sobre el altar;
la congregación de Tu primogénito Ya'akov
quien a causa del amor que le profesaste
y el regocijo que en él tuviste lo llamaste Israel y Yeshurún.

לְפִיכָךְ Por lo tanto es nuestro deber agradecer,
alabar y loar Tu Nombre.
Felices somos nosotros, cuán buena es nuestra porción
y cuán encantador nuestro destino, y cuán bella nuestra herencia.

---

carente de sentido, fútil o vacío". Sin embargo, literalmente significa "un breve respiro". Este vocablo transmite un sentido de la brevedad e insustancialidad de la vida como fenómeno puramente físico. Todo aquello que vive pronto muere, y es como si nunca hubiera existido. *Empero:* Tú nos has creado, nos

מָה אָנוּ, מֶה חַיֵּינוּ, מֶה חַסְדֵּנוּ, מַה צִּדְקוֹתֵינוּ
מַה יְּשׁוּעָתֵנוּ, מַה כֹּחֵנוּ, מַה גְּבוּרָתֵנוּ
מַה נֹּאמַר לְפָנֶיךָ, יהוה אֱלֹהֵינוּ וֵאלֹהֵי אֲבוֹתֵינוּ
הֲלֹא כָּל הַגִּבּוֹרִים כְּאַיִן לְפָנֶיךָ
וְאַנְשֵׁי הַשֵּׁם כְּלֹא הָיוּ
וַחֲכָמִים כִּבְלִי מַדָּע, וּנְבוֹנִים כִּבְלִי הַשְׂכֵּל
כִּי רֹב מַעֲשֵׂיהֶם תֹּהוּ, וִימֵי חַיֵּיהֶם הֶבֶל לְפָנֶיךָ
ומוֹתַר הָאָדָם מִן־הַבְּהֵמָה אָיִן קהלת ג
כִּי הַכֹּל הָבֶל:

אֲבָל אֲנַחְנוּ עַמְּךָ בְּנֵי בְרִיתֶךָ
בְּנֵי אַבְרָהָם אֹהַבְךָ שֶׁנִּשְׁבַּעְתָּ לּוֹ בְּהַר הַמּוֹרִיָּה
זֶרַע יִצְחָק יְחִידוֹ שֶׁנֶּעֱקַד עַל גַּבֵּי הַמִּזְבֵּחַ
עֲדַת יַעֲקֹב בִּנְךָ בְכוֹרֶךָ
שֶׁמֵּאַהֲבָתְךָ שֶׁאָהַבְתָּ אוֹתוֹ, וּמִשִּׂמְחָתְךָ שֶׁשָּׂמַחְתָּ בּוֹ
קָרָאתָ אֶת שְׁמוֹ יִשְׂרָאֵל וִישֻׁרוּן.

לְפִיכָךְ אֲנַחְנוּ חַיָּבִים
לְהוֹדוֹת לְךָ וּלְשַׁבֵּחֲךָ וּלְפָאֶרְךָ
וּלְבָרֵךְ וּלְקַדֵּשׁ וְלָתֵת שֶׁבַח וְהוֹדָיָה לִשְׁמֶךָ.
אַשְׁרֵינוּ, מַה טּוֹב חֶלְקֵנוּ, וּמַה נָּעִים גּוֹרָלֵנוּ, וּמַה יָּפָה יְרֻשָּׁתֵנוּ.

Kipur. Expresa la paradoja de la condición humana ante la presencia de Dios. Sabemos cuán pequeños somos y cuán efímeras nuestras vidas. La palabra hebrea *hevel* que puede ser traducida como hálito, suspiro (o vanidad) es clave en los primeros capítulos del libro de Eclesiastés de donde se extrae esta frase. En el Eclesiastés se ha traducido hevel también como "vano (vanidad),

▸ Felices somos nosotros que temprano
por la mañana y tarde por la noche,
recitamos dos veces al día

Escucha Israel, el Señor es nuestro Dios, el Señor es Uno *Deut. 6*

En voz baja Bendito sea el Nombre de Su glorioso Reino por siempre

Algunas congregaciones dicen aquí todo el primer párrafo del recitado del Shemá (abajo). En caso de temerse que el Shemá no será recitando en su horario prescripto se deben decir aquí sus tres párrafos. Ver ley 340.

Amarás al Señor tu Dios con todo tu corazón, con toda tu alma y con todas tus fuerzas. Estas palabras que te ordeno hoy deben estar sobre tu corazón, se las transmitirás a tus hijos, hablando sobre ellas, cuando estés en tu hogar y cuando transites por el camino, al acostarte y al levantarte. Y las atarás como señal sobre tu brazo y serán un emblema entre tus ojos. Y las escribirás en los marcos de tus puertas y sobre tus portones.

אַתָּה הוּא Tú has existido previo a la creación del mundo.
Tú existes ahora que el mundo fue creado.
Tú existes en este mundo
y en el Venidero.
▸ Consagra Tu Nombre por medio de aquellos
que lo consagran en el mundo.
A través de Tu salvación se exaltará nuestro orgullo;
se enaltecerá nuestro honor.
Bendito eres Tú Señor,
que santifica Su Nombre en medio de multitudes.

אַתָּה הוּא *Tú has existido:* esta plegaria pone énfasis en el carácter insustituible e inmutable de Dios, probablemente fue incorporada en tiempos de persecución y expresa el rechazo judío a abandonar su fe. Dios no altera ni revoca Su pacto, por lo tanto, no debemos renunciar ni a nuestra fe ni a nuestra identidad: "Yo el Eterno no he cambiado y vosotros hijos de Israel no habéis sido destruidos" (Malaquías 3:6).

◂ אַשְׁרֵינוּ, שֶׁאֲנַחְנוּ מַשְׁכִּימִים וּמַעֲרִיבִים עֶרֶב וָבֹקֶר
וְאוֹמְרִים פַּעֲמַיִם בְּכָל יוֹם

שְׁמַע יִשְׂרָאֵל, יהוה אֱלֹהֵינוּ, יהוה אֶחָד: דברים ו

En voz baja בָּרוּךְ שֵׁם כְּבוֹד מַלְכוּתוֹ לְעוֹלָם וָעֶד.

Algunas congregaciones dicen aquí todo el primer párrafo del recitado del שמע *(abajo). En caso de temerse que el* שמע *no será recitando en su horario prescripto se deben decir aquí sus tres párrafos. Ver ley 340.*

וְאָהַבְתָּ אֵת יהוה אֱלֹהֶיךָ, בְּכָל־לְבָבְךָ, וּבְכָל־נַפְשְׁךָ, וּבְכָל־מְאֹדֶךָ: וְהָיוּ הַדְּבָרִים הָאֵלֶּה, אֲשֶׁר אָנֹכִי מְצַוְּךָ הַיּוֹם, עַל־לְבָבֶךָ: וְשִׁנַּנְתָּם לְבָנֶיךָ, וְדִבַּרְתָּ בָּם, בְּשִׁבְתְּךָ בְּבֵיתֶךָ, וּבְלֶכְתְּךָ בַדֶּרֶךְ, וּבְשָׁכְבְּךָ וּבְקוּמֶךָ: וּקְשַׁרְתָּם לְאוֹת עַל־יָדֶךָ וְהָיוּ לְטֹטָפֹת בֵּין עֵינֶיךָ: וּכְתַבְתָּם עַל־מְזֻזוֹת בֵּיתֶךָ וּבִשְׁעָרֶיךָ:

אַתָּה הוּא עַד שֶׁלֹּא נִבְרָא הָעוֹלָם
אַתָּה הוּא מִשֶּׁנִּבְרָא הָעוֹלָם.
אַתָּה הוּא בָּעוֹלָם הַזֶּה
וְאַתָּה הוּא לָעוֹלָם הַבָּא.
◂ קַדֵּשׁ אֶת שִׁמְךָ עַל מַקְדִּישֵׁי שְׁמֶךָ
וְקַדֵּשׁ אֶת שִׁמְךָ בְּעוֹלָמֶךָ
וּבִישׁוּעָתְךָ תָּרוּם וְתַגְבִּיהַּ קַרְנֵנוּ.
בָּרוּךְ אַתָּה יהוה
הַמְקַדֵּשׁ אֶת שְׁמוֹ בָּרַבִּים.

---

has hecho y nos has elegido. Somos infinitesimalmente pequeños y aún así acariciados por las alas del Infinito. Somos polvo, empero *"somos Tu pueblo, los hijos de Tu pacto"*, descendientes de aquellos a quienes Tú separaste para que den testimonio al mundo de Tu existencia y majestad.

אַתָּה הוּא Tú eres el Señor nuestro Dios
en el cielo como en la tierra,
y en los cielos de los cielos superiores.
Verdad, Tú eres el primero
y Tú eres el último,
y más allá de Ti no hay deidad alguna.
Reúne de los cuatro confines de la tierra
a quienes depositan en Ti sus esperanzas.
Que toda la humanidad pueda reconocer
y saber que solamente Tú eres el Dios
que está por sobre todos los reinos terrenales.

Tú hiciste el cielo y la tierra,
el mar y todos los seres que éste contiene.
¿Quién de entre todas Tus creaturas,
tanto en los ámbitos superiores como los inferiores,
puede decirte qué hacer?

Padre celestial, sé benevolente con nosotros
en aras de Tu gran Nombre con el que somos llamados,
cumple en nosotros Señor, nuestro Dios, aquello
que está escrito:

> "En ese momento os traeré, *Tzef. 3*
> y cuando os reúna os daré renombre
> y fama entre todos los pueblos de la tierra
> cuando habré de devolver a vuestros exilados
> ante vuestros ojos,
> dijo el Señor".

---

la reunión de los judíos y de un tiempo en el cual "os daré renombre y fama entre todos los pueblos de la tierra". Toda esta secuencia de plegarias es un elocuente testimonio de cómo los judíos mantuvieron la fe y la esperanza con dignidad y orgullo durante algunos de los más prolongados períodos de persecución que conocieron en la historia.

אַתָּה הוּא יהוה אֱלֹהֵינוּ
בַּשָּׁמַיִם וּבָאָרֶץ וּבִשְׁמֵי הַשָּׁמַיִם הָעֶלְיוֹנִים.
אֱמֶת, אַתָּה הוּא רִאשׁוֹן
וְאַתָּה הוּא אַחֲרוֹן
וּמִבַּלְעָדֶיךָ אֵין אֱלֹהִים.
קַבֵּץ קֹוֶיךָ מֵאַרְבַּע כַּנְפוֹת הָאָרֶץ.
יַכִּירוּ וְיֵדְעוּ כָּל בָּאֵי עוֹלָם
כִּי אַתָּה הוּא הָאֱלֹהִים לְבַדְּךָ לְכֹל מַמְלְכוֹת הָאָרֶץ.

אַתָּה עָשִׂיתָ אֶת הַשָּׁמַיִם וְאֶת הָאָרֶץ
אֶת הַיָּם וְאֶת כָּל אֲשֶׁר בָּם
וּמִי בְּכָל מַעֲשֵׂי יָדֶיךָ בָּעֶלְיוֹנִים אוֹ בַתַּחְתּוֹנִים
שֶׁיֹּאמַר לְךָ מַה תַּעֲשֶׂה.

אָבִינוּ שֶׁבַּשָּׁמַיִם
עֲשֵׂה עִמָּנוּ חֶסֶד בַּעֲבוּר שִׁמְךָ הַגָּדוֹל שֶׁנִּקְרָא עָלֵינוּ
וְקַיֶּם לָנוּ יהוה אֱלֹהֵינוּ
מַה שֶּׁכָּתוּב:
צפניה ג בָּעֵת הַהִיא אָבִיא אֶתְכֶם
וּבָעֵת קַבְּצִי אֶתְכֶם
כִּי־אֶתֵּן אֶתְכֶם לְשֵׁם וְלִתְהִלָּה בְּכֹל עַמֵּי הָאָרֶץ
בְּשׁוּבִי אֶת־שְׁבוּתֵיכֶם לְעֵינֵיכֶם
אָמַר יהוה:

אַתָּה הוּא *Tú eres el Señor nuestro Dios:* esta segunda plegaria pide por la finalización del exilio y culmina con el versículo de Sofonías (3:20) que habla de

OFRENDAS

Nuestros sabios sostuvieron que, en ausencia del Templo de Jerusalém, el estudio de los pasajes relativos a los sacrificios equivale a ofrendarlos. De aquí la función que cumplen los textos que figuran a continuación. Existen diferentes tradiciones en cuanto a cómo deben ser recitados y cada uno debe mantener la práctica habitual de su propia congregación. El requerimiento mínimo es recitar los versículos vinculados a la Ofrenda Diaria que aparecen en la página siguiente.

LA PILA

Habló el Señor a Moshé diciendo: Habrás de hacer una pila de cobre y su base de cobre, para ablución. Y la colocarás entre la Tienda de Reunión y el altar, y pondrás allí agua. Y purificarán Aharón y sus hijos sus manos y sus pies con agua de la pila. Al entrar ellos a la Tienda de Reunión se purificarán con agua para que no mueran, o al acercarse ellos al altar, para servir, para hacer consumir el sacrificio ante el Señor. Y purificarán sus manos y sus pies y no habrán de morir. Y será para ellos una ley perpetua, para él y para su descendencia, por todas sus generaciones. *Éx. 30*

EL RETIRO DE LAS CENIZAS

Habló el Señor a Moshé diciendo: Ordena a Aharón y a sus hijos diciendo, ésta es la ley que rige para el holocausto. El holocausto permanecerá sobre el altar toda la noche, hasta la mañana, mientras el fuego del altar permanecerá ardiendo en él. El cohen vestirá su ropa de lino y sus calzones de lino sobre su carne, y retirará las cenizas de lo que el fuego haya consumido del holocausto sobre el altar y las depositará junto al altar. Se despojará de sus vestiduras y vestirá otros ropajes y habrá de sacar las cenizas afuera del campamento, a un lugar puro. El fuego sobre el altar continuará ardiendo; no habrá de apagarse y cada mañana el cohen quemará sobre él leños y ordenará sobre él el holocausto y hará consumir sobre él los sebos de los Shelamím. Sobre el altar deberá arder un fuego perpetuo; no deberá apagarse. *Lev. 6*

Sea Tu voluntad Señor, Dios nuestro y de nuestros ancestros que tengas compasión por nosotros y perdones nuestros pecados y expíes todas nuestras iniquidades y absuelvas todas nuestras trasgresiones. Que construyas el Templo prontamente en nuestros días para que podamos ofrendarte en él la ofrenda permanente que expíe por nosotros, tal como Tú lo escribiste en Tu Torá, por medio de Tu siervo Moshé, de Tu Palabra, como está dicho:

---

leyes relativas a las ofrendas sustituye la realización de éstas (*Ta'anit* 27B). El pasaje de la Mishná (*Zevajim* 5) está relacionado a los sacrificios y fue escogido porque carece de desacuerdos o debates entre los sabios, y entonces, sigue la regla que indica que se debe rezar "después de una halajá definida", o sea, una que no está sujeta a discusión.

סדר הקרבנות

חז״ל sostuvieron que, en ausencia del Templo de Jerusalém, el estudio de los pasajes relativos a los sacrificios equivale a ofrendarlos. De aquí la función que cumplen los textos que figuran a continuación. Existen diferentes tradiciones en cuanto a cómo deben ser recitados y cada uno debe mantener la práctica habitual de su propia congregación. El requerimiento mínimo es recitar los versículos vinculados al קרבן תמיד que aparecen en la página siguiente.

פרשת הכיור

וַיְדַבֵּר יהוה אֶל־מֹשֶׁה לֵּאמֹר: וְעָשִׂיתָ כִּיּוֹר נְחֹשֶׁת וְכַנּוֹ נְחֹשֶׁת לְרָחְצָה, שמות ל
וְנָתַתָּ אֹתוֹ בֵּין־אֹהֶל מוֹעֵד וּבֵין הַמִּזְבֵּחַ, וְנָתַתָּ שָׁמָּה מָיִם: וְרָחֲצוּ אַהֲרֹן
וּבָנָיו מִמֶּנּוּ אֶת־יְדֵיהֶם וְאֶת־רַגְלֵיהֶם: בְּבֹאָם אֶל־אֹהֶל מוֹעֵד יִרְחֲצוּ־מַיִם,
וְלֹא יָמֻתוּ, אוֹ בְגִשְׁתָּם אֶל־הַמִּזְבֵּחַ לְשָׁרֵת, לְהַקְטִיר אִשֶּׁה לַיהוה: וְרָחֲצוּ
יְדֵיהֶם וְרַגְלֵיהֶם וְלֹא יָמֻתוּ, וְהָיְתָה לָהֶם חָק־עוֹלָם, לוֹ וּלְזַרְעוֹ לְדֹרֹתָם:

פרשת תרומת הדשן

וַיְדַבֵּר יהוה אֶל־מֹשֶׁה לֵּאמֹר: צַו אֶת־אַהֲרֹן וְאֶת־בָּנָיו לֵאמֹר, זֹאת תּוֹרַת ויקרא ו
הָעֹלָה, הִוא הָעֹלָה עַל מוֹקְדָה עַל־הַמִּזְבֵּחַ כָּל־הַלַּיְלָה עַד־הַבֹּקֶר, וְאֵשׁ
הַמִּזְבֵּחַ תּוּקַד בּוֹ: וְלָבַשׁ הַכֹּהֵן מִדּוֹ בַד, וּמִכְנְסֵי־בַד יִלְבַּשׁ עַל־בְּשָׂרוֹ, וְהֵרִים
אֶת־הַדֶּשֶׁן אֲשֶׁר תֹּאכַל הָאֵשׁ אֶת־הָעֹלָה, עַל־הַמִּזְבֵּחַ, וְשָׂמוֹ אֵצֶל הַמִּזְבֵּחַ:
וּפָשַׁט אֶת־בְּגָדָיו, וְלָבַשׁ בְּגָדִים אֲחֵרִים, וְהוֹצִיא אֶת־הַדֶּשֶׁן אֶל־מִחוּץ
לַמַּחֲנֶה, אֶל־מָקוֹם טָהוֹר: וְהָאֵשׁ עַל־הַמִּזְבֵּחַ תּוּקַד־בּוֹ, לֹא תִכְבֶּה, וּבִעֵר
עָלֶיהָ הַכֹּהֵן עֵצִים בַּבֹּקֶר בַּבֹּקֶר, וְעָרַךְ עָלֶיהָ הָעֹלָה, וְהִקְטִיר עָלֶיהָ חֶלְבֵי
הַשְּׁלָמִים: אֵשׁ, תָּמִיד תּוּקַד עַל־הַמִּזְבֵּחַ, לֹא תִכְבֶּה:

יְהִי רָצוֹן מִלְּפָנֶיךָ יהוה אֱלֹהֵינוּ וֵאלֹהֵי אֲבוֹתֵינוּ, שֶׁתְּרַחֵם עָלֵינוּ, וְתִמְחֹל לָנוּ עַל כָּל חַטֹּאתֵינוּ וּתְכַפֵּר לָנוּ עַל כָּל עֲוֹנוֹתֵינוּ וְתִסְלַח לָנוּ עַל כָּל פְּשָׁעֵינוּ, וְתִבְנֶה בֵּית הַמִּקְדָּשׁ בִּמְהֵרָה בְיָמֵינוּ, וְנַקְרִיב לְפָנֶיךָ קָרְבַּן הַתָּמִיד שֶׁיְּכַפֵּר בַּעֲדֵנוּ, כְּמוֹ שֶׁכָּתַבְתָּ עָלֵינוּ בְּתוֹרָתֶךָ עַל יְדֵי מֹשֶׁה עַבְדֶּךָ מִפִּי כְבוֹדֶךָ, כָּאָמוּר

OFRENDAS

Aquí continúa un segundo ciclo de estudio poseedor de la misma estructura que el primero, con pasajes de (1) la Torá, (2) la Mishná, y (3) la Guemará. Los pasajes de la Torá están relacionados al sacrificio diario, semanal y mensual pues según nuestros sabios, en ausencia del Templo, el estudio de las

LA OFRENDA DIARIA

וַיְדַבֵּר El Señor habló a Moshé diciendo, "Ordena a los hijos de Israel y diles: 'Sed cuidadosos en cuanto a ofrendarme en el tiempo estipulado Mi sacrificio consumido al fuego, de aroma grato ante Mí'. Y habrás de decirles: 'Este es el sacrificio que habréis de ofrecer ante el Señor – dos corderos de un año sin defecto, dos al día, holocausto perpetuo. Uno de los corderos lo ofrecerás por la mañana, y el otro lo ofrecerás al atardecer junto a una ofrenda de un décimo de efá de harina de flor amasada con un cuarto de hin de aceite de oliva machacada. Este es el holocausto perpetuo tal como fue instituido en el Monte Sinaí, de aroma grato, sacrificio ante el Señor. Y su libación es un cuarto de hin (de vino) para cada cordero; que se verterá en el Santuario como libación de bebida fermentada ante el Señor. Y el segundo cordero lo ofrecerás al atardecer, lo habrás de hacer de la misma forma que la ofrenda de la mañana y con la misma libación. Este es el sacrificio de aroma agradable ante el Señor"'. *Núm. 28*

וְשָׁחַט Habrá de inmolarlo ante el Señor sobre el costado norte del altar, y los hijos de Aharón, los cohaním, rociarán su sangre sobre el altar en derredor. *Lev. 1*

Sea Tu voluntad Señor, Dios nuestro y de nuestros ancestros
que este recitado sea aceptado favorablemente ante Ti
como si hubiésemos sacrificado la ofrenda diaria
en su tiempo y lugar correspondientes conforme a sus leyes.

Tú eres el Señor nuestro Dios, ante Quien nuestros padres ofrendaban el fragante incienso en días en que el Templo estaba en pie, tal como les ordenaste mediante Tu profeta Moshé, y así está escrito en Tu Torá:

EL INCIENSO

Dijo el Señor a Moshé: Toma para ti especias: bálsamo resinoso, uña aromática, gálbano e incienso puro, en cantidades iguales. Y harás con ello el incienso, elaborado según el arte del perfumista, mezclado, puro y consagrado. Y molerás muy fino parte de este y lo pondrás delante del Testimonio, delante de la Tienda de Reunión donde he de reunirme contigo y será sacrosanto para vosotros. *Éx. 30*

Y está escrito:

Y cada mañana Aharón quemará sobre él incienso aromático al asear lámparas. Y al encender Aharón las lámparas - al atardecer - lo hará quemar. Incienso cotidiano ante el Señor por vuestras generaciones.

פרשת קרבן התמיד

וַיְדַבֵּר יהוה אֶל־מֹשֶׁה לֵּאמֹר: צַו אֶת־בְּנֵי יִשְׂרָאֵל וְאָמַרְתָּ אֲלֵהֶם, אֶת־קָרְבָּנִי לַחְמִי לְאִשַּׁי, רֵיחַ נִיחֹחִי, תִּשְׁמְרוּ לְהַקְרִיב לִי בְּמוֹעֲדוֹ: וְאָמַרְתָּ לָהֶם, זֶה הָאִשֶּׁה אֲשֶׁר תַּקְרִיבוּ לַיהוה, כְּבָשִׂים בְּנֵי־שָׁנָה תְמִימִם שְׁנַיִם לַיּוֹם, עֹלָה תָמִיד: אֶת־הַכֶּבֶשׂ אֶחָד תַּעֲשֶׂה בַבֹּקֶר, וְאֵת הַכֶּבֶשׂ הַשֵּׁנִי תַּעֲשֶׂה בֵּין הָעַרְבָּיִם: וַעֲשִׂירִית הָאֵיפָה סֹלֶת לְמִנְחָה, בְּלוּלָה בְּשֶׁמֶן כָּתִית רְבִיעִת הַהִין: עֹלַת תָּמִיד, הָעֲשֻׂיָה בְּהַר סִינַי, לְרֵיחַ נִיחֹחַ אִשֶּׁה לַיהוה: וְנִסְכּוֹ רְבִיעִת הַהִין לַכֶּבֶשׂ הָאֶחָד, בַּקֹּדֶשׁ הַסֵּךְ נֶסֶךְ שֵׁכָר לַיהוה: וְאֵת הַכֶּבֶשׂ הַשֵּׁנִי תַּעֲשֶׂה בֵּין הָעַרְבָּיִם, כְּמִנְחַת הַבֹּקֶר וּכְנִסְכּוֹ תַּעֲשֶׂה, אִשֵּׁה רֵיחַ נִיחֹחַ לַיהוה: במדבר כח

וְשָׁחַט אֹתוֹ עַל יֶרֶךְ הַמִּזְבֵּחַ צָפֹנָה לִפְנֵי יהוה, וְזָרְקוּ בְּנֵי אַהֲרֹן הַכֹּהֲנִים אֶת־דָּמוֹ עַל־הַמִּזְבֵּחַ, סָבִיב: ויקרא א

יְהִי רָצוֹן מִלְּפָנֶיךָ, יהוה אֱלֹהֵינוּ וֵאלֹהֵי אֲבוֹתֵינוּ
שֶׁתְּהֵא אֲמִירָה זוֹ חֲשׁוּבָה וּמְקֻבֶּלֶת וּמְרֻצָּה לְפָנֶיךָ
כְּאִלּוּ הִקְרַבְנוּ קָרְבַּן הַתָּמִיד בְּמוֹעֲדוֹ וּבִמְקוֹמוֹ וּכְהִלְכָתוֹ.

אַתָּה הוּא יהוה אֱלֹהֵינוּ שֶׁהִקְטִירוּ אֲבוֹתֵינוּ לְפָנֶיךָ אֶת קְטֹרֶת הַסַּמִּים בִּזְמַן שֶׁבֵּית הַמִּקְדָּשׁ הָיָה קַיָּם, כַּאֲשֶׁר צִוִּיתָ אוֹתָם עַל יְדֵי מֹשֶׁה נְבִיאֶךָ, כַּכָּתוּב בְּתוֹרָתֶךָ:

פרשת הקטורת

וַיֹּאמֶר יהוה אֶל־מֹשֶׁה, קַח־לְךָ סַמִּים נָטָף וּשְׁחֵלֶת וְחֶלְבְּנָה, סַמִּים וּלְבֹנָה זַכָּה, בַּד בְּבַד יִהְיֶה: וְעָשִׂיתָ אֹתָהּ קְטֹרֶת, רֹקַח מַעֲשֵׂה רוֹקֵחַ, מְמֻלָּח, טָהוֹר קֹדֶשׁ: וְשָׁחַקְתָּ מִמֶּנָּה הָדֵק, וְנָתַתָּה מִמֶּנָּה לִפְנֵי הָעֵדֻת בְּאֹהֶל מוֹעֵד אֲשֶׁר אִוָּעֵד לְךָ שָׁמָּה, קֹדֶשׁ קָדָשִׁים תִּהְיֶה לָכֶם: שמות ל

וְנֶאֱמַר

וְהִקְטִיר עָלָיו אַהֲרֹן קְטֹרֶת סַמִּים, בַּבֹּקֶר בַּבֹּקֶר בְּהֵיטִיבוֹ אֶת־הַנֵּרֹת יַקְטִירֶנָּה: וּבְהַעֲלֹת אַהֲרֹן אֶת־הַנֵּרֹת בֵּין הָעַרְבַּיִם יַקְטִירֶנָּה, קְטֹרֶת תָּמִיד לִפְנֵי יהוה לְדֹרֹתֵיכֶם:

Enseñaron nuestros sabios: ¿Cómo debe prepararse el incienso? Pesaba 368 "mané", 365 se corresponden con los días del año solar, un mané por día, una mitad debía ser ofrendada en la mañana y la otra mitad por la tarde y tres "mané" adicionales de los cuales el Sumo Sacerdote tomaba dos puñados llenos en Yom Kipur. Estos eran devueltos al mortero el día previo a Yom Kipur y se molían intensamente hasta que quedaban sumamente finos. El incienso incluía once clases de especies: bálsamo, uña aromática, gálbano y olíbano, cada una con un peso de 70 "mané", mirra, casia, nardo y azafrán cada una con un peso de 16 "mané", doce "mané" de costus, tres de corteza aromática, nueve de canela, nueve "kab" de lejía de Carshina, tres "seá" y tres "kab" de vino de Chipre. Si no se conseguía vino de Chipre se podía emplear vino blanco añejo. Un cuarto de "kab" de sal de Sodoma, una pizca de una hierba humeante. Rabí Natán de Babilonia dice: también una pizca de ámbar del Jordán. Si le agregaba miel a la mezcla se la transformaba en no apta para uso sagrado. Si omitía alguno de los ingredientes era pasible de pena de muerte. *Keritot 6a*

Rabán Shim'ón ben Gamliel dice: el "bálsamo" es una savia que gotea del árbol del mismo nombre. Lejía de Carshina era usado para frotar la uña aromática y así mejorarla. El vino de Chipre era usado para remojar la uña aromática para conferirle un olor acre. Si bien la orina es buena para este propósito, no se la podía ingresar en el Templo pues sería una falta de respeto.

Se enseñó, dice Rabí Natán: mientras alguien molía (el incienso) otra persona decía "muele bien, muele fino" pues el sonido rítmico es bueno para las especies. Si se mezcló en medias cantidades el producto es apto para su uso, mas no hemos escuchado que este principio se aplique a tercios o cuartos. Rabí Yehudá dijo: la regla general es que si se llevó a cabo en las proporciones correctas el producto es apto para su uso, aunque se haya preparado la mitad de la cantidad, empero quien omite alguno de los ingredientes es pasible de pena de muerte.

Se enseñó, dice Bar Kapara: una vez cada sesenta o setenta años se acumulaban excedentes equivalentes al consumo de medio año. Bar Kapara también nos enseña: si una diminuta cantidad de miel se hubiese mezclado en el incienso nadie podría haber resistido el aroma. Entonces, ¿por qué no le agregaban miel a la mezcla? Porque la Torá dice: "ni levadura ni miel podréis hacer consumir como sacrificio ante el Señor". *Talmud Jerosolimitano Yoma 4:5* *Lev. 28*

Los siguientes versículos se recitan tres veces cada uno:

El Señor de las Huestes Celestiales es con nosotros, el Dios de Ya'akov es nuestra fortaleza, Sela. *Sal. 46*

Señor de las Huestes Celestiales, feliz del hombre que confía en Tí. *Sal. 84*

El Señor salva, el Rey nos responderá el día que Le invoquemos. *Sal. 20*

תָּנוּ רַבָּנָן: פִּטּוּם הַקְּטֹרֶת כֵּיצַד, שְׁלֹשׁ מֵאוֹת וְשִׁשִּׁים וּשְׁמוֹנָה מָנִים הָיוּ בָהּ. כריתות ו.
שְׁלֹשׁ מֵאוֹת וְשִׁשִּׁים וַחֲמִשָּׁה כְּמִנְיַן יְמוֹת הַחַמָּה, מָנֶה לְכָל יוֹם, פְּרַס בְּשַׁחֲרִית וּפְרַס בֵּין הָעַרְבַּיִם, וּשְׁלֹשָׁה מָנִים יְתֵרִים שֶׁמֵּהֶם מַכְנִיס כֹּהֵן גָּדוֹל מְלֹא חָפְנָיו בְּיוֹם הַכִּפּוּרִים, וּמַחֲזִירָן לְמַכְתֶּשֶׁת בְּעֶרֶב יוֹם הַכִּפּוּרִים וְשׁוֹחֲקָן יָפֶה יָפֶה, כְּדֵי שֶׁתְּהֵא דַקָּה מִן הַדַּקָּה. וְאַחַד עָשָׂר סַמָּנִים הָיוּ בָהּ, וְאֵלּוּ הֵן: הַצֳּרִי, וְהַצִּפֹּרֶן, וְהַחֶלְבְּנָה, וְהַלְּבוֹנָה מִשְׁקַל שִׁבְעִים שִׁבְעִים מָנֶה, מֹר, וּקְצִיעָה, שִׁבֹּלֶת נֵרְדְּ, וְכַרְכֹּם מִשְׁקַל שִׁשָּׁה עָשָׂר שִׁשָּׁה עָשָׂר מָנֶה, הַקֹּשְׁטְ שְׁנֵים עָשָׂר, קִלּוּפָה שְׁלֹשָׁה, קִנָּמוֹן תִּשְׁעָה, בֹּרִית כַּרְשִׁינָה תִּשְׁעָה קַבִּין, יֵין קַפְרִיסִין סְאִין תְּלָת וְקַבִּין תְּלָתָא, וְאִם לֹא מָצָא יֵין קַפְרִיסִין, מֵבִיא חֲמַר חִוַּרְיָן עַתִּיק. מֶלַח סְדוֹמִית רֹבַע, מַעֲלֶה עָשָׁן כָּל שֶׁהוּא. רַבִּי נָתָן הַבַּבְלִי אוֹמֵר: אַף כִּפַּת הַיַּרְדֵּן כָּל שֶׁהוּא, וְאִם נָתַן בָּהּ דְּבַשׁ פְּסָלָהּ, וְאִם חִסַּר אֶחָד מִכָּל סַמָּנֶיהָ, חַיָּב מִיתָה.

רַבָּן שִׁמְעוֹן בֶּן גַּמְלִיאֵל אוֹמֵר: הַצֳּרִי אֵינוֹ אֶלָּא שְׂרָף הַנּוֹטֵף מֵעֲצֵי הַקְּטָף. בֹּרִית כַּרְשִׁינָה שֶׁשָּׁפִין בָּהּ אֶת הַצִּפֹּרֶן כְּדֵי שֶׁתְּהֵא נָאָה, יֵין קַפְרִיסִין שֶׁשּׁוֹרִין בּוֹ אֶת הַצִּפֹּרֶן כְּדֵי שֶׁתְּהֵא עַזָּה, וַהֲלֹא מֵי רַגְלַיִם יָפִין לָהּ, אֶלָּא שֶׁאֵין מַכְנִיסִין מֵי רַגְלַיִם בַּמִּקְדָּשׁ מִפְּנֵי הַכָּבוֹד.

תַּנְיָא, רַבִּי נָתָן אוֹמֵר: כְּשֶׁהוּא שׁוֹחֵק אוֹמֵר, הָדֵק הֵיטֵב הֵיטֵב הָדֵק, מִפְּנֵי שֶׁהַקּוֹל יָפֶה לַבְּשָׂמִים. פִּטְּמָהּ לַחֲצָאִין כְּשֵׁרָה, לִשְׁלִישׁ וְלִרְבִיעַ לֹא שָׁמַעְנוּ. אָמַר רַבִּי יְהוּדָה: זֶה הַכְּלָל, אִם כְּמִדָּתָהּ כְּשֵׁרָה לַחֲצָאִין, וְאִם חִסַּר אֶחָד מִכָּל סַמָּנֶיהָ חַיָּב מִיתָה.

ירושלמי יומא ד, הלכה ה
תַּנְיָא, בַּר קַפָּרָא אוֹמֵר: אַחַת לְשִׁשִּׁים אוֹ לְשִׁבְעִים שָׁנָה הָיְתָה בָאָה שֶׁל שִׁירַיִם לַחֲצָאִין. וְעוֹד תָּנֵי בַּר קַפָּרָא: אִלּוּ הָיָה נוֹתֵן בָּהּ קֹרְטוֹב שֶׁל דְּבַשׁ אֵין אָדָם יָכוֹל לַעֲמֹד מִפְּנֵי רֵיחָהּ, וְלָמָּה אֵין מְעָרְבִין בָּהּ דְּבַשׁ, מִפְּנֵי שֶׁהַתּוֹרָה אָמְרָה:
ויקרא ב
כִּי כָל־שְׂאֹר וְכָל־דְּבַשׁ לֹא־תַקְטִירוּ מִמֶּנּוּ אִשֶּׁה לַיהוה:

Los siguientes versículos se recitan tres veces cada uno:

תהלים מו
יהוה צְבָאוֹת עִמָּנוּ, מִשְׂגָּב לָנוּ אֱלֹהֵי יַעֲקֹב סֶלָה:

תהלים פד
יהוה צְבָאוֹת, אַשְׁרֵי אָדָם בֹּטֵחַ בָּךְ:

תהלים כ
יהוה הוֹשִׁיעָה, הַמֶּלֶךְ יַעֲנֵנוּ בְיוֹם־קָרְאֵנוּ:

Tú eres mi refugio, me preservarás del perseguidor, me envolverás en cantos de liberación, Sela. *Sal. 32*

Entonces las ofrendas de Yehudá y Jerusalém agradarán al Señor como en los días de antaño y los años pretéritos. *Mal. 3*

EL ORDEN DE LAS LABORES SACERDOTALES

Abaie relataba el orden de las funciones sacerdotales diarias según la tradición y en concomitancia con las enseñanzas de Aba Shaúl: la gran pila o montón de madera antecede a la segunda pila para el incienso; la segunda pila para el incienso antecede a la acomodación de los dos troncos de madera; la acomodación de los dos troncos de madera antecede al retiro de las cenizas del altar interior; el retiro de las cenizas del altar interior antecede a la limpieza de las cinco lámparas, la limpieza de las cinco lámparas antecede a la sangre de la ofrenda diaria; la sangre de la ofrenda diaria antecede a la limpieza de las otras dos lámparas; la limpieza de las otras dos lámparas antecede a la ofrenda del incienso; la ofrenda del incienso antecede a la quema de los órganos; la quema de los órganos antecede a la ofrenda de la harina; la ofrenda de la harina antecede a las tortas (o panqueques); las tortas (o panqueques) anteceden a las libaciones de vino; las libaciones de vino anteceden a las ofrendas adicionales; las ofrendas adicionales anteceden a los incensarios; los incensarios anteceden a la ofrenda de la tarde; tal como se ha dicho: "y ordenará sobre él (sobre el fuego) el holocausto y hará consumir sobre él los sebos de las ofrendas de paz (Shelamím); "sobre él" (sobre la ofrenda diaria) se completaban todas las demás ofrendas. *Yomá 33A* *Lev. 6*

אָנָּא Por favor, por el poder de Tu gran diestra, libera a la nación cautiva. Acepta la plegaria de Tu pueblo. Tú que eres reverenciado, fortifícanos y purifícanos. Por favor, Todopoderoso, cuida como a la pupila del ojo a quienes buscan Tu unicidad. Bendícelos, purifícalos, tenles compasión, garantízales por siempre la recompensa de Tu rectitud. Todopoderoso, Santo, guía a Tu congregación con Tu gran benevolencia. Único, exaltado, dirígete a Tu pueblo que proclama Tu santidad. Acepta nuestra plegaria y escucha nuestro clamor, Tú que conoces todos los pensamientos ocultos. Bendito sea el Nombre de Su glorioso reino por siempre.

Amo del Universo, Tú nos ordenaste sacrificar la ofrenda diaria en su horario correspondiente con los cohanim en su servicio y los levitas en su plataforma y los israelitas en su puesto. Ahora, por causa de nuestros pecados nuestro Santuario fue destruido y se suspendió el sacrificio de la ofrenda permanente, y ya no tenemos cohen en su servicio ni levita en su plataforma ni israelita en su puesto. Mas Tú dijiste: "Te ofreceremos el sacrificio de nuestros labios en sustituto de los bueyes". Por ello, sea Tu voluntad Señor, Dios nuestro y de nuestros ancestros, que las plegarias de nuestros labios sean consideradas y aceptadas favorablemente ante Ti como si hubiéramos sacrificado la ofrenda diaria en su lugar y tiempo correspondientes de acuerdo con sus leyes. *Oseas 14*

אַתָּה סֵתֶר לִי, מִצַּר תִּצְּרֵנִי, רָנֵּי פַלֵּט תְּסוֹבְבֵנִי סֶלָה: תהלים לב
וְעָרְבָה לַיהוה מִנְחַת יְהוּדָה וִירוּשָׁלָם מלאכי ג
כִּימֵי עוֹלָם וּכְשָׁנִים קַדְמֹנִיּוֹת:

סדר המערכה

אַבַּיֵי הֲוָה מְסַדֵּר סֵדֶר הַמַּעֲרָכָה מִשְּׁמָא דִּגְמָרָא, וְאַלִּבָּא דְּאַבָּא שָׁאוּל: יומא לג.
מַעֲרָכָה גְדוֹלָה קוֹדֶמֶת לְמַעֲרָכָה שְׁנִיָּה שֶׁל קְטֹרֶת, וּמַעֲרָכָה שְׁנִיָּה שֶׁל
קְטֹרֶת קוֹדֶמֶת לְסִדּוּר שְׁנֵי גִזְרֵי עֵצִים, וְסִדּוּר שְׁנֵי גִזְרֵי עֵצִים קוֹדֵם לְדִשּׁוּן
מִזְבֵּחַ הַפְּנִימִי, וְדִשּׁוּן מִזְבֵּחַ הַפְּנִימִי קוֹדֵם לַהֲטָבַת חָמֵשׁ נֵרוֹת, וַהֲטָבַת
חָמֵשׁ נֵרוֹת קוֹדֶמֶת לְדַם הַתָּמִיד, וְדַם הַתָּמִיד קוֹדֵם לַהֲטָבַת שְׁתֵּי נֵרוֹת,
וַהֲטָבַת שְׁתֵּי נֵרוֹת קוֹדֶמֶת לִקְטֹרֶת, וּקְטֹרֶת קוֹדֶמֶת לְאֵבָרִים, וְאֵבָרִים
לְמִנְחָה, וּמִנְחָה לַחֲבִתִּין, וַחֲבִתִּין לִנְסָכִין, וּנְסָכִין לְמוּסָפִין, וּמוּסָפִין
לְבָזִיכִין, וּבָזִיכִין קוֹדְמִין לְתָמִיד שֶׁל בֵּין הָעַרְבָּיִם. שֶׁנֶּאֱמַר: וְעָרַךְ עָלֶיהָ ויקרא ו
הָעֹלָה, וְהִקְטִיר עָלֶיהָ חֶלְבֵי הַשְּׁלָמִים: עָלֶיהָ הַשְׁלֵם כָּל הַקָּרְבָּנוֹת כֻּלָּם.

אָנָּא, בְּכֹחַ גְּדֻלַּת יְמִינְךָ, תַּתִּיר צְרוּרָה.
קַבֵּל רִנַּת עַמְּךָ, שַׂגְּבֵנוּ, טַהֲרֵנוּ, נוֹרָא.
נָא גִבּוֹר, דּוֹרְשֵׁי יִחוּדְךָ כְּבָבַת שָׁמְרֵם.
בָּרְכֵם, טַהֲרֵם, רַחֲמֵם, צִדְקָתְךָ תָּמִיד גָּמְלֵם.
חֲסִין קָדוֹשׁ, בְּרֹב טוּבְךָ נַהֵל עֲדָתֶךָ.
יָחִיד גֵּאֶה, לְעַמְּךָ פְּנֵה, זוֹכְרֵי קְדֻשָּׁתֶךָ.
שַׁוְעָתֵנוּ קַבֵּל וּשְׁמַע צַעֲקָתֵנוּ, יוֹדֵעַ תַּעֲלוּמוֹת.
בָּרוּךְ שֵׁם כְּבוֹד מַלְכוּתוֹ לְעוֹלָם וָעֶד.

רִבּוֹן הָעוֹלָמִים, אַתָּה צִוִּיתָנוּ לְהַקְרִיב קָרְבַּן הַתָּמִיד בְּמוֹעֲדוֹ וְלִהְיוֹת כֹּהֲנִים
בַּעֲבוֹדָתָם וּלְוִיִּם בְּדוּכָנָם וְיִשְׂרָאֵל בְּמַעֲמָדָם, וְעַתָּה בַּעֲוֹנוֹתֵינוּ חָרַב בֵּית
הַמִּקְדָּשׁ וּבָטַל הַתָּמִיד וְאֵין לָנוּ לֹא כֹהֵן בַּעֲבוֹדָתוֹ וְלֹא לֵוִי בְּדוּכָנוֹ וְלֹא יִשְׂרָאֵל
בְּמַעֲמָדוֹ, וְאַתָּה אָמַרְתָּ: וּנְשַׁלְּמָה פָרִים שְׂפָתֵינוּ: לָכֵן יְהִי רָצוֹן מִלְּפָנֶיךָ יהוה הושע יד
אֱלֹהֵינוּ וֵאלֹהֵי אֲבוֹתֵינוּ, שֶׁיְּהֵא שִׂיחַ שִׂפְתוֹתֵינוּ חָשׁוּב וּמְקֻבָּל וּמְרֻצֶּה לְפָנֶיךָ,
כְּאִלּוּ הִקְרַבְנוּ קָרְבַּן הַתָּמִיד בְּמוֹעֲדוֹ וּבִמְקוֹמוֹ וּכְהִלְכָתוֹ.

En Shabat:

וּבְיוֹם הַשַּׁבָּת Y el día del Shabat ofrendarás dos corderos de un año sin defecto, y dos ofrendas de un décimo de efá de harina de flor amasada con aceite de oliva y su libación. Este es el holocausto de cada Shabat, además del holocausto perpetu y su libación. *Núm. 28*

En Rosh Jodesh:

וּבְרָאשֵׁי חָדְשֵׁיכֶם Y en los días de vuestros novilunios, ofreceréis ofrenda holocausto ante el Señor, dos novillos jóvenes y un camero, siete corderos de un año sin defecto. Y tres décimos de efá de harina de flor para ofrenda amasada en aceite por cada novillo; y dos décimos de efá de harina de flor para ofrenda amasada en aceite para el carnero. Y un décimo de efá de harina de flor para ofrenda amasada en aceite por cada cordero; holocausto de aroma grato, ofrenda ígnea ante el Señor. Y sus libaciones: medio hin de vino para el novillo, y un tercio de hin de vino para el carnero, y un cuarto de hin de vino para el cordero. Este es el holocausto del mes, para cada mes, para los meses del año. Y un macho cabrío para sacrificio de expiación de pecados ante el Señor, agregado al holocausto perpetuo se deberá hacer y su libación. *Núm. 28*

LEYES RELATIVAS A LAS OFRENDAS, MISHNÁ ZEVAJIM

אֵיזֶהוּ מְקוֹמָן ¿Cuál es la ubicación de los sacrificios? Las ofrendas más sagradas eran faenadas en el lado norte. El buey y el chivo de Yom Kipur eran faenados en el lado norte. Su sangre era recibida en la vasija sagrada en el lado norte y debía ser asperjada entre los postes del Arca del Pacto hacia la cortina del Santo Sanctórum y sobre el altar de oro. La omisión de cualquiera de estas aspersiones invalidaba la ceremonia de expiación. El resto de sangre debía ser vertido sobre el lado occidental de la base del altar exterior. Sin embargo, si esto no era realizado, la ceremonía no era invalidada. *Zevajim cap. 5*

Los bueyes y los chivos que eran quemados completamente se faenaban en el lado norte, su sangre era recibida en la vasija sagrada en el lado norte y debía ser asperjada hacia la cortina y sobre el altar de oro. La omisión de alguna de estas aspersiones invalidaba la ceremonia. El resto de sangre era vertido sobre el lado occidental de la base del altar exterior. Sin embargo, si esto no era realizado la ceremonia no era invalidada. Todas estas ofrendas eran quemadas allí donde se depositaban las cenizas del altar.

Las ofrendas expiatorias tanto individuales como colectivas. Estas son las ofrendas expiatorias colectivas: el chivo ofrendado en Rosh Jodesh y en fiestas era faenado en el lado norte, su sangre era recibida en una vasija sagrada en el lado norte y requería de cuatro aspersiones, una en cada esquina del altar. ¿Cómo se

בשבת:

וּבְיוֹם הַשַּׁבָּת שְׁנֵי־כְבָשִׂים בְּנֵי־שָׁנָה תְּמִימִם, וּשְׁנֵי עֶשְׂרֹנִים סֹלֶת מִנְחָה בְּלוּלָה בַשֶּׁמֶן, וְנִסְכּוֹ: עֹלַת שַׁבַּת בְּשַׁבַּתּוֹ, עַל־עֹלַת הַתָּמִיד וְנִסְכָּהּ: במדבר כח

בראש חודש:

וּבְרָאשֵׁי חָדְשֵׁיכֶם תַּקְרִיבוּ עֹלָה לַיהוה, פָּרִים בְּנֵי־בָקָר שְׁנַיִם, וְאַיִל אֶחָד, כְּבָשִׂים בְּנֵי־שָׁנָה שִׁבְעָה, תְּמִימִם: וּשְׁלֹשָׁה עֶשְׂרֹנִים סֹלֶת מִנְחָה בְּלוּלָה בַשֶּׁמֶן לַפָּר הָאֶחָד, וּשְׁנֵי עֶשְׂרֹנִים סֹלֶת מִנְחָה בְּלוּלָה בַשֶּׁמֶן לָאַיִל הָאֶחָד: וְעִשָּׂרֹן עִשָּׂרוֹן סֹלֶת מִנְחָה בְּלוּלָה בַשֶּׁמֶן לַכֶּבֶשׂ הָאֶחָד, עֹלָה רֵיחַ נִיחֹחַ, אִשֶּׁה לַיהוה: וְנִסְכֵּיהֶם, חֲצִי הַהִין יִהְיֶה לַפָּר, וּשְׁלִישִׁת הַהִין לָאַיִל, וּרְבִיעִת הַהִין לַכֶּבֶשׂ, יָיִן, זֹאת עֹלַת חֹדֶשׁ בְּחָדְשׁוֹ לְחָדְשֵׁי הַשָּׁנָה: וּשְׂעִיר עִזִּים אֶחָד לְחַטָּאת לַיהוה, עַל־עֹלַת הַתָּמִיד יֵעָשֶׂה, וְנִסְכּוֹ: במדבר כח

דיני זבחים

אֵיזֶהוּ מְקוֹמָן שֶׁל זְבָחִים. קָדְשֵׁי קָדָשִׁים שְׁחִיטָתָן בַּצָּפוֹן. פַּר וְשָׂעִיר שֶׁל יוֹם הַכִּפּוּרִים, שְׁחִיטָתָן בַּצָּפוֹן, וְקִבּוּל דָּמָן בִּכְלֵי שָׁרֵת בַּצָּפוֹן, וְדָמָן טָעוּן הַזָּיָה עַל בֵּין הַבַּדִּים, וְעַל הַפָּרֹכֶת, וְעַל מִזְבַּח הַזָּהָב. מַתָּנָה אַחַת מֵהֶן מְעַכֶּבֶת. שְׁיָרֵי הַדָּם הָיָה שׁוֹפֵךְ עַל יְסוֹד מַעֲרָבִי שֶׁל מִזְבֵּחַ הַחִיצוֹן, אִם לֹא נָתַן לֹא עִכֵּב. זבחים פרק ה

פָּרִים הַנִּשְׂרָפִים וּשְׂעִירִים הַנִּשְׂרָפִים, שְׁחִיטָתָן בַּצָּפוֹן, וְקִבּוּל דָּמָן בִּכְלֵי שָׁרֵת בַּצָּפוֹן, וְדָמָן טָעוּן הַזָּיָה עַל הַפָּרֹכֶת וְעַל מִזְבַּח הַזָּהָב. מַתָּנָה אַחַת מֵהֶן מְעַכֶּבֶת. שְׁיָרֵי הַדָּם הָיָה שׁוֹפֵךְ עַל יְסוֹד מַעֲרָבִי שֶׁל מִזְבֵּחַ הַחִיצוֹן, אִם לֹא נָתַן לֹא עִכֵּב. אֵלּוּ וָאֵלּוּ נִשְׂרָפִין בְּבֵית הַדֶּשֶׁן.

חַטֹּאת הַצִּבּוּר וְהַיָּחִיד. אֵלּוּ הֵן חַטֹּאת הַצִּבּוּר: שְׂעִירֵי רָאשֵׁי חֳדָשִׁים וְשֶׁל מוֹעֲדוֹת. שְׁחִיטָתָן בַּצָּפוֹן, וְקִבּוּל דָּמָן בִּכְלֵי שָׁרֵת בַּצָּפוֹן, וְדָמָן טָעוּן אַרְבַּע מַתָּנוֹת עַל אַרְבַּע קְרָנוֹת. כֵּיצַד, עָלָה בַכֶּבֶשׁ, וּפָנָה לַסּוֹבֵב, וּבָא

hacía esto? El cohen ascendía por la rampa y giraba a su derecha en la cornisa o reborde circundante. Llegaba a la esquina sureste, luego iba hacia el noreste, luego al noroeste y luego al sudoeste. La sangre restante era vertida en el lado sur de la base del altar. La carne de estas ofrendas preparadas de cualquier manera, era consumida dentro de las cortinas del patio por los cohanim varones, ese día y la noche que le sigue hasta la medianoche.

El holocausto ("olá") era de los sacrificios más sagrados, era faenado en el lado norte y su sangre era recibida en una vasija sagrada en el lado norte y requería de dos aspersiones en las dos esquinas opuestas del altar, cuatro en total. La ofrenda debía ser desollada y desmembrada y consumida enteramente por el fuego.

Las ofrendas de paz ("shelamím") comunales y las ofrendas culposas ("ashamot"). Estas eran las ofrendas de culpa: la ofrenda de culpa por robo, la ofrenda de culpa por el uso profano de un objeto sagrado – la ofrenda de culpa por violar a una sierva comprometida; la ofrenda de culpa del Nazir que se impurificó en el contacto con un cadáver; la ofrenda de culpa del leproso al momento de su purificación y la ofrenda de culpa en caso de duda. Todas estas eran faenadas en el lado norte y su sangre recibida en la vasija sagrada en el lado norte y requería de dos aspersiones en las dos esquinas opuestas del altar, cuatro en total. La carne de estas ofrendas era preparada de cualquier manera y era comida por los cohanim varones dentro de las cortinas del patio, ese día y la noche que le sigue hasta la medianoche.

Las ofrendas de acción de gracias ("todá") y el carnero del Nazir eran de menor santidad. Podían ser faenadas en cualquier parte del patio del Templo y su sangre requería de dos aspersiones en las dos esquinas opuestas del altar, cuatro en total. La carne de estas ofrendas era preparada de cualquier manera y era comida en cualquier parte de la ciudad de Jerusalém por cualquier persona durante ese día y la noche que le sigue hasta la medianoche. Esto aplica también a la porción de la ofrenda que era entregada a los cohanim, con la única diferencia que la porción de los cohanim era ingerida únicamente por estos, sus mujeres, hijos y siervos.

El primogénito y el diezmo del rebaño y el cordero de Pesaj eran ofrendas de menor santidad. Podían ser faenadas en cualquier parte del patio del Templo y su sangre requería de una sola aspersión, que debía ser realizada encima de la base del altar. Su ingestión variaba: la ofrenda del primogénito era ingerida únicamente por los cohanim mientras que el diezmo podía ser comido por cualquier persona. Ambos podían ser ingeridos en cualquier sitio dentro de la ciudad y preparados de cualquier manera durante dos días y una noche. El cordero de Pesaj debía ser comido sólo de noche, pudiendo comerse sólo hasta la medianoche. El cordero de Pesaj no podía ser ingerido sino por quienes eran parte del grupo que lo ofrendaba y solo se podía comer asado.

לוֹ לְקֶרֶן דְּרוֹמִית מִזְרָחִית, מִזְרָחִית צְפוֹנִית, צְפוֹנִית מַעֲרָבִית, מַעֲרָבִית דְּרוֹמִית. שִׁירֵי הַדָּם הָיָה שׁוֹפֵךְ עַל יְסוֹד דְּרוֹמִי. וְנֶאֱכָלִין לִפְנִים מִן הַקְּלָעִים, לְזִכְרֵי כְהֻנָּה, בְּכָל מַאֲכָל, לְיוֹם וָלַיְלָה עַד חֲצוֹת.

הָעוֹלָה קֹדֶשׁ קָדָשִׁים. שְׁחִיטָתָהּ בַּצָּפוֹן, וְקִבּוּל דָּמָהּ בִּכְלִי שָׁרֵת בַּצָּפוֹן, וְדָמָהּ טָעוּן שְׁתֵּי מַתָּנוֹת שֶׁהֵן אַרְבַּע, וּטְעוּנָה הֶפְשֵׁט וְנִתּוּחַ, וְכָלִיל לָאִשִּׁים.

זִבְחֵי שַׁלְמֵי צִבּוּר וַאֲשָׁמוֹת. אֵלּוּ הֵן אֲשָׁמוֹת: אֲשַׁם גְּזֵלוֹת, אֲשַׁם מְעִילוֹת, אֲשַׁם שִׁפְחָה חֲרוּפָה, אֲשַׁם נָזִיר, אֲשַׁם מְצֹרָע, אָשָׁם תָּלוּי. שְׁחִיטָתָן בַּצָּפוֹן, וְקִבּוּל דָּמָן בִּכְלִי שָׁרֵת בַּצָּפוֹן, וְדָמָן טָעוּן שְׁתֵּי מַתָּנוֹת שֶׁהֵן אַרְבַּע. וְנֶאֱכָלִין לִפְנִים מִן הַקְּלָעִים, לְזִכְרֵי כְהֻנָּה, בְּכָל מַאֲכָל, לְיוֹם וָלַיְלָה עַד חֲצוֹת.

הַתּוֹדָה וְאֵיל נָזִיר קָדָשִׁים קַלִּים. שְׁחִיטָתָן בְּכָל מָקוֹם בָּעֲזָרָה, וְדָמָן טָעוּן שְׁתֵּי מַתָּנוֹת שֶׁהֵן אַרְבַּע, וְנֶאֱכָלִין בְּכָל הָעִיר, לְכָל אָדָם, בְּכָל מַאֲכָל, לְיוֹם וָלַיְלָה עַד חֲצוֹת. הַמּוּרָם מֵהֶם כַּיּוֹצֵא בָהֶם, אֶלָּא שֶׁהַמּוּרָם נֶאֱכָל לַכֹּהֲנִים, לִנְשֵׁיהֶם, וְלִבְנֵיהֶם וּלְעַבְדֵיהֶם.

שְׁלָמִים קָדָשִׁים קַלִּים. שְׁחִיטָתָן בְּכָל מָקוֹם בָּעֲזָרָה, וְדָמָן טָעוּן שְׁתֵּי מַתָּנוֹת שֶׁהֵן אַרְבַּע, וְנֶאֱכָלִין בְּכָל הָעִיר, לְכָל אָדָם, בְּכָל מַאֲכָל, לִשְׁנֵי יָמִים וְלַיְלָה אֶחָד. הַמּוּרָם מֵהֶם כַּיּוֹצֵא בָהֶם, אֶלָּא שֶׁהַמּוּרָם נֶאֱכָל לַכֹּהֲנִים, לִנְשֵׁיהֶם, וְלִבְנֵיהֶם וּלְעַבְדֵיהֶם.

הַבְּכוֹר וְהַמַּעֲשֵׂר וְהַפֶּסַח קָדָשִׁים קַלִּים. שְׁחִיטָתָן בְּכָל מָקוֹם בָּעֲזָרָה, וְדָמָן טָעוּן מַתָּנָה אֶחָת, וּבִלְבָד שֶׁיִּתֵּן כְּנֶגֶד הַיְסוֹד. שִׁנָּה בַאֲכִילָתָן, הַבְּכוֹר נֶאֱכָל לַכֹּהֲנִים וְהַמַּעֲשֵׂר לְכָל אָדָם, וְנֶאֱכָלִין בְּכָל הָעִיר, בְּכָל מַאֲכָל, לִשְׁנֵי יָמִים וְלַיְלָה אֶחָד. הַפֶּסַח אֵינוֹ נֶאֱכָל אֶלָּא בַלַּיְלָה, וְאֵינוֹ נֶאֱכָל אֶלָּא עַד חֲצוֹת, וְאֵינוֹ נֶאֱכָל אֶלָּא לִמְנוּיָיו, וְאֵינוֹ נֶאֱכָל אֶלָּא צָלִי.

LOS TRECE PRINCIPIOS EXEGÉTICOS DE RABÍ ISHMAEL

רַבִּי יִשְׁמָעֵאל Rabí Ishmael dice: La Torá es estudiada mediante trece principios interpretativos:

1. Una inferencia de una ley más leve a una más estricta y viceversa.
2. Una inferencia derivada de palabras idénticas en dos pasajes distintos.
3. De un principio general derivado de un texto o de dos textos relacionados.
4. De una ley general seguida de ejemplos específicos (cuando la ley se aplica únicamente a esos ejemplos).
5. De un ejemplo específico seguido de una ley general (cuando la ley se aplica a todo lo implicado en el enunciado general).
6. Una ley general seguida de ejemplos específicos que concluye con una ley general: aquí puedes inferir solamente casos similares a los ejemplos.
7. Cuando un enunciado general requiere de aclaración por medio de un ejemplo específico, o un ejemplo específico que requiere de aclaración por medio de un principio general (en un caso así no se aplican las reglas 4 y 5).
8. Cuando un caso particular ya incluido en el enunciado general está expresamente mencionado a los efectos de enseñarnos algo nuevo; esta provisión especial aplica a todos los demás casos incluidos en el enunciado general.
9. Cuando un caso particular incluido en el enunciado general, es mencionado expresamente para analizar una disposición análoga, se menciona expresamente para disminuir y no para aumentar la severidad de la ley.
10. Cuando un caso particular, aunque está incluido en el enunciado general, es mencionado explícitamente para agregar otra disposición a la general, se menciona a los efectos de disminuir en algunos casos e incrementar en otros, la severidad de la ley.
11. Cuando un caso particular incluido en el enunciado general es explícitamente mencionado con una nueva disposición, los términos del enunciado general ya no aplican más para él a menos que la Escritura (un versículo bíblico) lo hagan en forma explícita.
12. Una cuestión que se elucida en su contexto o del pasaje siguiente.
13. Asimismo, cuando dos pasajes parecen contradecirse serán elucidados por un tercero que los reconcilie.

Sea Tu voluntad Señor, Dios nuestro y de nuestros ancestros que el Templo sea reconstruido pronto en nuestros días, que nos concedas nuestra porción en Tu Torá. Allí Te serviremos con temor reverencial como en los días de antaño y los años pretéritos.

---

de los principios hermenéuticos por medio de los cuales se interpreta la Torá" (Maimónides Leyes del Estudio de la Torá 1:11). Este texto fue escogido porque aparece en el comienzo del *Sifrá*, que es un comentario halájico al libro

ברייתא דרבי ישמעאל

רַבִּי יִשְׁמָעֵאל אוֹמֵר: בִּשְׁלֹשׁ עֶשְׂרֵה מִדּוֹת הַתּוֹרָה נִדְרֶשֶׁת

א מִקַּל וָחֹמֶר

ב וּמִגְּזֵרָה שָׁוָה

ג מִבִּנְיַן אָב מִכָּתוּב אֶחָד, וּמִבִּנְיַן אָב מִשְּׁנֵי כְתוּבִים

ד מִכְּלָל וּפְרָט

ה מִפְּרָט וּכְלָל

ו כְּלָל וּפְרָט וּכְלָל, אִי אַתָּה דָן אֶלָּא כְּעֵין הַפְּרָט

ז מִכְּלָל שֶׁהוּא צָרִיךְ לִפְרָט, וּמִפְּרָט שֶׁהוּא צָרִיךְ לִכְלָל

ח כָּל דָּבָר שֶׁהָיָה בִּכְלָל, וְיָצָא מִן הַכְּלָל לְלַמֵּד
לֹא לְלַמֵּד עַל עַצְמוֹ יָצָא, אֶלָּא לְלַמֵּד עַל הַכְּלָל כֻּלּוֹ יָצָא

ט כָּל דָּבָר שֶׁהָיָה בִּכְלָל, וְיָצָא לִטְעֹן טֹעַן אֶחָד שֶׁהוּא כְעִנְיָנוֹ
יָצָא לְהָקֵל וְלֹא לְהַחֲמִיר

י כָּל דָּבָר שֶׁהָיָה בִּכְלָל, וְיָצָא לִטְעֹן טֹעַן אַחֵר שֶׁלֹּא כְעִנְיָנוֹ
יָצָא לְהָקֵל וּלְהַחֲמִיר

יא כָּל דָּבָר שֶׁהָיָה בִּכְלָל, וְיָצָא לִדּוֹן בַּדָּבָר הֶחָדָשׁ
אִי אַתָּה יָכוֹל לְהַחֲזִירוֹ לִכְלָלוֹ
עַד שֶׁיַּחֲזִירֶנּוּ הַכָּתוּב לִכְלָלוֹ בְּפֵרוּשׁ

יב דָּבָר הַלָּמֵד מֵעִנְיָנוֹ, וְדָבָר הַלָּמֵד מִסּוֹפוֹ

◂ יג וְכֵן שְׁנֵי כְתוּבִים הַמַּכְחִישִׁים זֶה אֶת זֶה
עַד שֶׁיָּבוֹא הַכָּתוּב הַשְּׁלִישִׁי וְיַכְרִיעַ בֵּינֵיהֶם.

יְהִי רָצוֹן מִלְּפָנֶיךָ, יהוה אֱלֹהֵינוּ וֵאלֹהֵי אֲבוֹתֵינוּ, שֶׁיִּבָּנֶה בֵּית הַמִּקְדָּשׁ בִּמְהֵרָה בְיָמֵינוּ, וְתֵן חֶלְקֵנוּ בְּתוֹרָתֶךָ, וְשָׁם נַעֲבָדְךָ בְּיִרְאָה כִּימֵי עוֹלָם וּכְשָׁנִים קַדְמוֹנִיּוֹת.

LOS PRINCIPIOS EXEGÉTICOS DE RABÍ ISHMAEL

Este pasaje está incluido como elemento del Talmud definido en su más amplio sentido como "el arribo a conclusiones partiendo de premisas, el desarrollo de implicaciones de los enunciados, comparar aforismos y el estudio

KADISH DE LOS RABINOS

La siguiente plegaria es recitada por quien está en duelo y requiere de la presencia de un minián. La transliteración se encuentra en la página 1359.

Doliente: יִתְגַּדַּל Que Su Gran Nombre sea magnificado y santificado,
en el mundo que creó conforme a Su voluntad.
Que establezca Su reino
durante vuestra vida y en vuestros días
y en la vida de toda la casa de Israel,
pronto y rápidamente y decid: Amén.

Todos: Que Su Gran Nombre sea bendito
por siempre y por toda la eternidad.

Doliente: Sea bendecido, alabado, glorificado
y exaltado, encumbrado
y magnificado, enaltecido y ensalzado
el Nombre del Santo Bendito Él;
más allá de cualquier bendición,
cántico, alabanza y consolación
pronunciados en el mundo y decid: Amén.

---

tierra. Está escrito principalmente en arameo que era la lengua más hablada por los judíos en los primeros siglos de la era común.

El Kadish tiene cinco formas: (1) Medio Kadish que se recita al comienzo o al final de una sección del rezo; (2) Kadish Completo (*Titkabal*), que marca el final de la Amidá y sus meditaciones; (3) Kadish de Duelo; (4) Kadish de los Rabinos que se recita tras el estudio de un pasaje de la Torá oral; (5) Kadish de la Renovación que se recita solamente al concluir el estudio de un tratado del Talmud o por un niño en el funeral de un progenitor.

El Kadish de los Rabinos no solamente ora por el establecimiento del reino de Dios sino por los maestros que enseñan Torá y sus discípulos. Este Kadish es el primero que se recita en el día, lo cual se desprende del sistema de valores clásico del judaísmo. La nuestra es una fe que posee una marcada pasión por la educación, cuyos héroes son maestros y cuyas fortalezas son las escuelas y las casas de estudio. La expresión suprema del judaísmo es el estudiar, enseñar, internalizar la voluntad de Dios, el unir nuestras mentes a las de los grandes maestros y eruditos del pasado y de éstas fluye y se deriva todo lo demás.

קדיש דרבנן

La siguiente plegaria es recitada por quien está en duelo y requiere de la presencia de un מנין. *La transliteración se encuentra en la página 1359.*

אבל: יִתְגַּדַּל וְיִתְקַדַּשׁ שְׁמֵהּ רַבָּא (קהל: אָמֵן)
בְּעָלְמָא דִּי בְרָא כִרְעוּתֵהּ
וְיַמְלִיךְ מַלְכוּתֵהּ
בְּחַיֵּיכוֹן וּבְיוֹמֵיכוֹן וּבְחַיֵּי דְכָל בֵּית יִשְׂרָאֵל
בַּעֲגָלָא וּבִזְמַן קָרִיב
וְאִמְרוּ אָמֵן. (קהל: אָמֵן)

קהל ואבל: יְהֵא שְׁמֵהּ רַבָּא מְבָרַךְ לְעָלַם וּלְעָלְמֵי עָלְמַיָּא.

אבל: יִתְבָּרַךְ וְיִשְׁתַּבַּח וְיִתְפָּאַר וְיִתְרוֹמַם וְיִתְנַשֵּׂא
וְיִתְהַדָּר וְיִתְעַלֶּה וְיִתְהַלָּל
שְׁמֵהּ דְּקֻדְשָׁא בְּרִיךְ הוּא (קהל: בְּרִיךְ הוּא)
לְעֵלָּא מִן כָּל בִּרְכָתָא
/בעשרת ימי תשובה: לְעֵלָּא לְעֵלָּא מִכָּל בִּרְכָתָא/
וְשִׁירָתָא, תֻּשְׁבְּחָתָא וְנֶחֱמָתָא, דַּאֲמִירָן בְּעָלְמָא
וְאִמְרוּ אָמֵן. (קהל: אָמֵן)

---

del Levítico, que es la fuente de la mayoría de las leyes relativas a las ofrendas. Además, nos recuerda el nexo indisoluble entre la Torá Escrita (los libros de Moisés) y la Torá Oral (Mishná, Midrash y Talmud). Los principios de Rabí Ishmael nos muestran como la última se deriva de la primera.

EL KADISH DE LOS RABINOS

El Kadish es una de las plegarias más importantes y su origen no se remonta a la sinagoga sino a la casa de estudio. Se desarrolló a partir de una costumbre que todavía es ampliamente practicada, y es la de culminar todo discurso o sermón con la esperanza de que pronto veamos el arribo de la era mesiánica, en la cual la soberanía Divina será reconocida por todos los habitantes de la

Para Israel, para los maestros,
sus discípulos y los discípulos de sus discípulos,
para todos quienes se involucran en el estudio de la Torá,
en este sitio (*en Israel se agrega:* sagrado)
o en cualquier otra parte,
que vengan a ellos y a vosotros una gran paz,
gracia, benevolencia y compasión, larga vida,
abundante sustento
y liberación de su Padre Celestial y decid: Amén.

Que haya gran paz celestial
y (buena) vida para nosotros
y para todo Israel y decid: Amén.

Inclinarse, dar tres pasos hacia atrás como retirándose de la Divina Presencia, luego inclinarse primero hacia la izquierda, luego hacia la derecha y luego al centro mientras se dice:

Quien obra la paz en Sus alturas,
con compasión haga la paz
para nosotros y todo Israel y decid: Amén.

En Shabat, Yom Tov, Hoshaná Rabá y (en Israel y en muchas congregaciones de la diáspora) en Yom Ha'Atzmaut y Yom Yerushalaim se continúa el rezo de Shajarit en la página 418.

SALMO PREVIO A LOS VERSÍCULOS DE ALABANZA

מִזְמוֹר שִׁיר Salmo de David. Cántico para la dedicación de la Casa. *Sal. 30*
Te exaltaré Señor porque me has levantado y no permitiste que mis enemigos se regocijen sobre mí. Señor, mi Dios, clamé a Tí y me curaste. Señor, elevaste mi alma del sepulcro, evitaste que descienda al pozo. Cantad al Señor, vosotros Sus devotos, agradeced a Su Nombre Sagrado. Ya que Su enojo es momentáneo pero Su favor por toda la vida. En la noche pernoctará con llanto, pero por la mañana todo es regocijo. Yo me había dicho en mi tranquilidad: "Jamás vacilaré". Señor, es gracias a Tu Voluntad que me has mantenido en las cumbres de mi vigor; pero si Tu rostro has de ocultar me habría aterrado. A Ti Señor he clamado, a mi Señor supliqué: "¿Qué beneficio puede haber si muero y desciendo al

עַל יִשְׂרָאֵל וְעַל רַבָּנָן
וְעַל תַּלְמִידֵיהוֹן וְעַל כָּל תַּלְמִידֵי תַלְמִידֵיהוֹן
וְעַל כָּל מָאן דְּעָסְקִין בְּאוֹרַיְתָא
דִּי בְּאַתְרָא (בארץ ישראל: קַדִּישָׁא) הָדֵין, וְדִי בְּכָל אֲתַר וַאֲתַר
יְהֵא לְהוֹן וּלְכוֹן שְׁלָמָא רַבָּא
חִנָּא וְחִסְדָּא, וְרַחֲמֵי, וְחַיֵּי אֲרִיכֵי, וּמְזוֹנֵי רְוִיחֵי
וּפֻרְקָנָא מִן קֳדָם אֲבוּהוֹן דִּי בִשְׁמַיָּא, וְאִמְרוּ אָמֵן. (קהל: אָמֵן)

יְהֵא שְׁלָמָא רַבָּא מִן שְׁמַיָּא
וְחַיִּים (טוֹבִים) עָלֵינוּ וְעַל כָּל יִשְׂרָאֵל, וְאִמְרוּ אָמֵן. (קהל: אָמֵן)

Inclinarse, dar tres pasos hacia atrás como retirándose de la Divina Presencia, luego inclinarse primero hacia la izquierda, luego hacia la derecha y luego al centro mientras se dice:

עֹשֶׂה שָׁלוֹם/ בעשרת ימי תשובה: הַשָּׁלוֹם/ בִּמְרוֹמָיו
הוּא יַעֲשֶׂה בְרַחֲמָיו שָׁלוֹם
עָלֵינוּ וְעַל כָּל יִשְׂרָאֵל, וְאִמְרוּ אָמֵן. (קהל: אָמֵן)

En שבת, יום טוב, הושענא רבה *y* (*en* ארץ ישראל *y en muchas congregaciones de* חוץ לארץ) *en* יום העצמאות *y* יום ירושלים *se continúa el rezo de* שחרית *en la página 419.*

מזמור לפני פסוקי דזמרה

מִזְמוֹר שִׁיר־חֲנֻכַּת הַבַּיִת לְדָוִד: אֲרוֹמִמְךָ יהוה כִּי דִלִּיתָנִי, וְלֹא־ תהלים ל
שִׂמַּחְתָּ אֹיְבַי לִי: יהוה אֱלֹהָי, שִׁוַּעְתִּי אֵלֶיךָ וַתִּרְפָּאֵנִי: יהוה,
הֶעֱלִיתָ מִן־שְׁאוֹל נַפְשִׁי, חִיִּיתַנִי מִיָּרְדִי־בוֹר: זַמְּרוּ לַיהוה חֲסִידָיו,
וְהוֹדוּ לְזֵכֶר קָדְשׁוֹ: כִּי רֶגַע בְּאַפּוֹ, חַיִּים בִּרְצוֹנוֹ, בָּעֶרֶב יָלִין בֶּכִי
וְלַבֹּקֶר רִנָּה: וַאֲנִי אָמַרְתִּי בְשַׁלְוִי, בַּל־אֶמּוֹט לְעוֹלָם: יהוה,
בִּרְצוֹנְךָ הֶעֱמַדְתָּה לְהַרְרִי עֹז, הִסְתַּרְתָּ פָנֶיךָ הָיִיתִי נִבְהָל: אֵלֶיךָ
יהוה אֶקְרָא, וְאֶל־אֲדֹנָי אֶתְחַנָּן: מַה־בֶּצַע בְּדָמִי, בְּרִדְתִּי אֶל שָׁחַת,

sepulcro? ¿Acaso el polvo podrá agradecerte? ¿Podrá declarar Tu verdad? Señor, escúchame con favor, ayúdame". ▸ Transformaste mi pesar en danza, quitaste mis harapos y me ceñiste de regocijo, para que mi alma pueda cantar Tu gloria sin callar. Señor, mi Dios, por siempre Te agradeceré.

KADISH DE DUELO

La siguiente plegaria es recitada por quien está en duelo y requiere de la presencia de un minián. La transliteración se encuentra en la página 1360.

Doliente: יִתְגַּדַּל Que Su Gran Nombre sea magnificado y santificado,
en el mundo que creó conforme a Su voluntad.
Que establezca Su reino
durante vuestra vida y en vuestros días
y en la vida de toda la casa de Israel,
pronto y rápidamente y decid: Amén.

Todos: Que Su Gran Nombre sea bendito
por siempre y por toda la eternidad.

Doliente: Sea bendecido, alabado, glorificado
y exaltado, encumbrado
y magnificado, enaltecido y ensalzado
el Nombre del Santo Bendito Él;
más allá de cualquier bendición,
cántico, alabanza y consolación
pronunciados en el mundo y decid: Amén.

Que haya gran paz celestial
y vida para nosotros
y para todo Israel y decid: Amén.

Inclinarse, dar tres pasos hacia atrás como retirándose de la Divina Presencia, luego inclinarse primero hacia la izquierda, luego hacia la derecha y luego al centro mientras se dice:

Quien obra la paz en Sus alturas,
haga la paz para nosotros
y todo Israel y decid: Amén.

הֲיוֹדְךָ עָפָר, הֲיַגִּיד אֲמִתֶּךָ: שְׁמַע־יהוה וְחָנֵּנִי, יהוה הֱיֵה־עֹזֵר לִי:
· הָפַכְתָּ מִסְפְּדִי לְמָחוֹל לִי, פִּתַּחְתָּ שַׂקִּי, וַתְּאַזְּרֵנִי שִׂמְחָה: לְמַעַן
יְזַמֶּרְךָ כָבוֹד וְלֹא יִדֹּם, יהוה אֱלֹהַי, לְעוֹלָם אוֹדֶךָּ:

קדיש יתום

La siguiente plegaria es recitada por quien está en duelo y requiere de la presencia de un מנין*. La transliteración se encuentra en la página 1360.*

אבל: יִתְגַּדַּל וְיִתְקַדַּשׁ שְׁמֵהּ רַבָּא (קהל: אָמֵן)
בְּעָלְמָא דִּי בְרָא כִרְעוּתֵהּ
וְיַמְלִיךְ מַלְכוּתֵהּ
בְּחַיֵּיכוֹן וּבְיוֹמֵיכוֹן וּבְחַיֵּי דְכָל בֵּית יִשְׂרָאֵל
בַּעֲגָלָא וּבִזְמַן קָרִיב, וְאִמְרוּ אָמֵן. (קהל: אָמֵן)

קהל ואבל: יְהֵא שְׁמֵהּ רַבָּא מְבָרַךְ לְעָלַם וּלְעָלְמֵי עָלְמַיָּא.

אבל: יִתְבָּרַךְ וְיִשְׁתַּבַּח וְיִתְפָּאַר
וְיִתְרוֹמַם וְיִתְנַשֵּׂא וְיִתְהַדָּר וְיִתְעַלֶּה וְיִתְהַלָּל
שְׁמֵהּ דְּקֻדְשָׁא בְּרִיךְ הוּא (קהל: בְּרִיךְ הוּא)
לְעֵלָּא מִן כָּל בִּרְכָתָא / בעשרת ימי תשובה: לְעֵלָּא לְעֵלָּא מִכָּל בִּרְכָתָא/
וְשִׁירָתָא, תֻּשְׁבְּחָתָא וְנֶחֱמָתָא
דַּאֲמִירָן בְּעָלְמָא, וְאִמְרוּ אָמֵן. (קהל: אָמֵן)

יְהֵא שְׁלָמָא רַבָּא מִן שְׁמַיָּא
וְחַיִּים, עָלֵינוּ וְעַל כָּל יִשְׂרָאֵל, וְאִמְרוּ אָמֵן. (קהל: אָמֵן)

Inclinarse, dar tres pasos hacia atrás como retirándose de la Divina Presencia, luego inclinarse primero hacia la izquierda, luego hacia la derecha y luego al centro mientras se dice:

עֹשֶׂה שָׁלוֹם/ בעשרת ימי תשובה: הַשָּׁלוֹם/ בִּמְרוֹמָיו
הוּא יַעֲשֶׂה שָׁלוֹם
עָלֵינוּ וְעַל כָּל יִשְׂרָאֵל, וְאִמְרוּ אָמֵן. (קהל: אָמֵן)

PESUKEI DEZIMRÁ

La siguiente bendición introductoria de Pesukei DeZimrá (versículos de alabanza) se recita de pie sosteniendo los dos tzitziot delanteros del talit, los cuales se besan y sueltan al culminar con las palabras "cánticos de alabanza" (en la siguiente página). Desde el comienzo de esta bendición y hasta el final de la Amidá se prohíbe hablar. Ver las tablas en las páginas 1355–1357 que indican qué está permitido responder en las diferentes etapas.

Algunos dicen:

He aquí que preparo mi boca para agradecer, alabar y loar a mi Creador, en aras de la unificación del Santo Bendito Él y Su Divina Presencia, por medio de Aquél que está oculto y recóndito, en nombre de todo Israel.

BENDITO ES QUIEN HABLÓ

y el mundo cobró existencia, Bendito es.

Bendito es Él Quien mantiene la Creación.
Bendito es Él Quien habla y actúa.
Bendito es Él Quien decreta y cumple.
Bendito es Él Quien muestra compasión por la tierra.
Bendito es Él Quien se apiada de las creaturas.
Bendito es Él Quien recompensa a quienes Le temen.
Bendito es Él Quien vive por siempre
y existe eternamente.
Bendito es Él Quien redime y salva.
Bendito es Su Nombre.

---

el final está estructurado en tres partes cuyos temas centrales son: (1) *Creación:* Dios tal como se manifiesta en la naturaleza; (2) *Revelación:* Dios tal como se manifiesta en la Torá y el rezo; y (3) *Redención:* Dios tal como se manifiesta en la historia y en nuestras vidas. El tema de los versículos de alabanza es el de la Creación – Dios como el arquitecto y hacedor de un universo esplendorosamente diverso, cuyo ordenamiento atestigua la unidad de la voluntad creadora que subyace en todo cuanto existe. Los salmos cuentan este relato no mediante una prosa científica sino con poesía majestuosa, no *probando* o *demostrando* sino proclamando al Eterno en el corazón de todos.

Los elementos centrales de los *Pesukei DeZimrá* son: (1) Salmos 145 (*Ashrei*), una plegaria a la que nuestros sabios adjudicaron especial importancia, especificando que debe ser recitada tres veces al día; y (2) Salmos 146-150 que

פסוקי דזמרה

La siguiente bendición introductoria de פסוקי דזמרה (versículos de alabanza) se recita de pie sosteniendo los dos ציציות delanteros del טלית, los cuales se besan y sueltan al culminar con la palabra בַּתִּשְׁבָּחוֹת (en la siguiente página). Desde el comienzo de esta bendición y hasta el final de la עמידה se prohíbe hablar. Ver las tablas en las páginas 1355–1357 que indican qué está permitido responder en las diferentes etapas.

Algunos dicen:

הֲרֵינִי מְזַמֵּן אֶת פִּי לְהוֹדוֹת וּלְהַלֵּל וּלְשַׁבֵּחַ אֶת בּוֹרְאִי, לְשֵׁם יִחוּד קֻדְשָׁא בְּרִיךְ הוּא וּשְׁכִינְתֵּהּ עַל יְדֵי הַהוּא טָמִיר וְנֶעְלָם בְּשֵׁם כָּל יִשְׂרָאֵל.

בָּרוּךְ שֶׁאָמַר וְהָיָה הָעוֹלָם, בָּרוּךְ הוּא.

בָּרוּךְ עוֹשֶׂה בְרֵאשִׁית

בָּרוּךְ אוֹמֵר וְעוֹשֶׂה

בָּרוּךְ גּוֹזֵר וּמְקַיֵּם

בָּרוּךְ מְרַחֵם עַל הָאָרֶץ

בָּרוּךְ מְרַחֵם עַל הַבְּרִיּוֹת

בָּרוּךְ מְשַׁלֵּם שָׂכָר טוֹב לִירֵאָיו

בָּרוּךְ חַי לָעַד וְקַיָּם לָנֶצַח

בָּרוּךְ פּוֹדֶה וּמַצִּיל

בָּרוּךְ שְׁמוֹ

PESUKEI DEZIMRÁ/VERSÍCULOS DE ALABANZA

"Una persona debe primeramente enumerar la alabanza del Santo Bendito Él y luego rezar" (Berajot 32B), por ello, los siguientes pasajes son conocidos como "Versículos de Alabanza". El rezo de la mañana desde este punto y hasta

Bendito eres Tú Señor, nuestro Dios, Rey del universo,
Dios, Padre compasivo, exaltado por la boca de Su pueblo,
alabado y glorificado por las expresiones de Sus devotos
y Sus siervos.
Con los cánticos de David Tu Servidor
Te loaremos Señor, Dios nuestro.
Con alabanzas y salmos
Te engrandeceremos, Te alabaremos, Te glorificaremos,
evocaremos Tu Nombre y Te coronaremos,
Rey nuestro, nuestro Dios, ▸ Único, que insuflas vida a los mundos,
Rey cuyo Nombre es alabado, loado
y glorificado por toda la eternidad.
Bendito eres Tú Señor, Rey exaltado con cánticos de alabanza.

הודו לַיהוה Agradeced al Señor, invocad Su Nombre, difundid *1 Cró. 16*
Sus actos entre las naciones. Cantadle, haced música para Él, relatad todas Sus maravillas. Glorificaos en Su santo Nombre, que se regocijen los corazones de quienes buscan al Señor. Buscad al Señor y Su fortaleza, procurad Su Presencia siempre. Recordad

---

tal como figura en el libro de Génesis capítulo 1, razón por la cual nuestros sabios, de bendita memoria, dijeron que "Dios creó el mundo mediante diez alocuciones".

Bendito eres Tú: La segunda mitad de las bendiciones es un preludio a los versículos bíblicos que siguen a continuación, principalmente provenientes del libro de los Salmos ("Con los cánticos de Tu siervo David te loaremos") pero también del libro de Crónicas y Nehemías ("magnificado de la boca de Su pueblo"). A los efectos de enfatizar la trascendencia de declaración semejante, la recitamos de pie, y al finalizarla besamos los dos tzitziot delanteros del talit.

הודו לַיהוה *Agradeced al Señor:* Se trata de un salmo de agradecimiento compuesto por el Rey David para celebrar el arribo del Arca del Pacto a Jerusalém. En muchas comunidades el oficiante recita en voz alta el versículo "Pues todas las deidades" para enfatizar la necesidad de efectuar una pausa entre la palabra "ídolos" y el nombre de Dios.

בָּרוּךְ אַתָּה יהוה אֱלֹהֵינוּ מֶלֶךְ הָעוֹלָם
הָאֵל הָאָב הָרַחֲמָן הַמְהֻלָּל בְּפִי עַמּוֹ
מְשֻׁבָּח וּמְפֹאָר בִּלְשׁוֹן חֲסִידָיו וַעֲבָדָיו
וּבְשִׁירֵי דָוִד עַבְדֶּךָ
נְהַלֶּלְךָ יהוה אֱלֹהֵינוּ.
בִּשְׁבָחוֹת וּבִזְמִירוֹת
נְגַדֶּלְךָ וּנְשַׁבֵּחֲךָ וּנְפָאֶרְךָ
וְנַזְכִּיר שִׁמְךָ וְנַמְלִיכְךָ
מַלְכֵּנוּ אֱלֹהֵינוּ, ◂ יָחִיד חֵי הָעוֹלָמִים
מֶלֶךְ, מְשֻׁבָּח וּמְפֹאָר עֲדֵי עַד שְׁמוֹ הַגָּדוֹל
בָּרוּךְ אַתָּה יהוה, מֶלֶךְ מְהֻלָּל בַּתִּשְׁבָּחוֹת.

הוֹדוּ לַיהוה קִרְאוּ בִשְׁמוֹ, הוֹדִיעוּ בָעַמִּים עֲלִילֹתָיו: שִׁירוּ לוֹ, דברי הימים א, טז
זַמְּרוּ־לוֹ, שִׂיחוּ בְּכָל־נִפְלְאוֹתָיו: הִתְהַלְלוּ בְּשֵׁם קָדְשׁוֹ, יִשְׂמַח

---

conforman la culminación "in crescendo" de la totalidad del libro de los Salmos. Estos seis salmos se corresponden con los seis días de la creación; otros son agregados en Shabat y días festivos. Alrededor de este núcleo interior se fueron agregando otros pasajes: algunos provenientes de otros libros bíblicos y otros elaborados a partir de versículos selectos del libro de Salmos. Esta sección comienza y culmina con un párrafo de bendiciones: "Bendito es quien habló" (*Baruj SheAmar*) al principio, y "Que Tu Nombre sea alabado por siempre" (*Yshtabaj*) al final.

בָּרוּךְ שֶׁאָמַר *Bendito es Quien habló (página anterior):* Es una bendición introductoria en dos partes a la sección de los Versículos de Alabanza. En la primera se alaba a Dios como el Creador en diez frases encomiásticas, cada una de las cuales inicia con la expresión "Bendito es" (la segunda frase, "baruj hú" o "bendito es" no es un versículo aparte sino que originalmente se trataba de la respuesta de la congregación). El número diez se corresponde con las diez veces que está escrito *Vaiomer,* "Y dijo Dios" en el relato de la Creación

las maravillas que efectuó, sus milagros y los juicios de Su boca. Descendientes de Israel Su siervo, hijos de Ya'akov, Sus elegidos, Él es el SEÑOR nuestro Dios y Sus juicios están en toda la tierra. Recordad por siempre Su pacto, la palabra que ordenó por mil generaciones, la cual pactó con Abraham, y Su juramento a Ytzjak y la estableció como estatuto para Ya'akov, como pacto eterno para Israel, diciendo, "A ti te daré la tierra de Cna'an, la porción de vuestra herencia". Cuando erais pocos en número y casi extranjeros en ella, errando de nación en nación y de un reino a otro pueblo, mas Él no permitió que fuerais oprimidos y por vosotros amonestó a monarcas: "No toquéis a Mis ungidos ni dañéis a Mis profetas". Cantad al SEÑOR la tierra toda, proclamad Su salvación a diario. Relatad Su gloria entre las naciones, Sus maravillas entre los pueblos. Pues el SEÑOR es grande e infinitamente alabado en gran manera, temido y reverenciado por encima de todas las fuerzas celestiales. ▸ Pues todas las deidades de las naciones son meramente ídolos; mientras que el SEÑOR es quien hizo los cielos.

Majestad y esplendor ante Él, fortaleza y júbilo en Su recinto. Rendid al SEÑOR familias de las naciones, tributad al SEÑOR el debido honor y poder. Rendid gloria al SEÑOR por Su Nombre, tomad ofrenda y presentaos ante Él, prosternaos ante el SEÑOR en el esplendor de la Santidad. Temblad ante Él, toda la tierra, Él afirmó la tierra para que no tambalease. Que se regocijen los cielos y alegre la tierra, que declaren entre las naciones: "El SEÑOR es el Rey". Rugirá el mar y todo lo que este contiene, el campo y todo lo que en él se encuentra estarán jubilosos. Entonces cantarán los árboles del bosque ante el SEÑOR, pues viene a juzgar la tierra. Agradeced al SEÑOR que es bueno y por siempre Su benevolencia. Decid: "Sálvanos Dios de nuestra salvación, reúnenos y rescátanos de entre las naciones para que podamos agradecer a Tu sagrado Nombre y glorificarnos en Tu alabanza. Bendito es SEÑOR Dios de Israel desde este mundo y hasta la eternidad. Y todo el pueblo diga "Amén y alabanza al SEÑOR".

לֵב מְבַקְשֵׁי יהוה: דִּרְשׁוּ יהוה וְעֻזּוֹ, בַּקְּשׁוּ פָנָיו תָּמִיד: זִכְרוּ נִפְלְאֹתָיו אֲשֶׁר עָשָׂה, מֹפְתָיו וּמִשְׁפְּטֵי־פִיהוּ: זֶרַע יִשְׂרָאֵל עַבְדּוֹ, בְּנֵי יַעֲקֹב בְּחִירָיו: הוּא יהוה אֱלֹהֵינוּ בְּכָל־הָאָרֶץ מִשְׁפָּטָיו: זִכְרוּ לְעוֹלָם בְּרִיתוֹ, דָּבָר צִוָּה לְאֶלֶף דּוֹר: אֲשֶׁר כָּרַת אֶת־אַבְרָהָם, וּשְׁבוּעָתוֹ לְיִצְחָק: וַיַּעֲמִידֶהָ לְיַעֲקֹב לְחֹק, לְיִשְׂרָאֵל בְּרִית עוֹלָם: לֵאמֹר, לְךָ אֶתֵּן אֶרֶץ־כְּנָעַן, חֶבֶל נַחֲלַתְכֶם: בִּהְיוֹתְכֶם מְתֵי מִסְפָּר, כִּמְעַט וְגָרִים בָּהּ: וַיִּתְהַלְּכוּ מִגּוֹי אֶל־גּוֹי, וּמִמַּמְלָכָה אֶל־עַם אַחֵר: לֹא־הִנִּיחַ לְאִישׁ לְעָשְׁקָם, וַיּוֹכַח עֲלֵיהֶם מְלָכִים: אַל־תִּגְּעוּ בִּמְשִׁיחָי, וּבִנְבִיאַי אַל־תָּרֵעוּ: שִׁירוּ לַיהוה כָּל־הָאָרֶץ, בַּשְּׂרוּ מִיּוֹם־אֶל־יוֹם יְשׁוּעָתוֹ: סַפְּרוּ בַגּוֹיִם אֶת־כְּבוֹדוֹ, בְּכָל־הָעַמִּים נִפְלְאֹתָיו: כִּי גָדוֹל יהוה וּמְהֻלָּל מְאֹד, וְנוֹרָא הוּא עַל־כָּל־אֱלֹהִים: ◂ כִּי כָּל־אֱלֹהֵי הָעַמִּים אֱלִילִים, וַיהוה שָׁמַיִם עָשָׂה:

הוֹד וְהָדָר לְפָנָיו, עֹז וְחֶדְוָה בִּמְקֹמוֹ: הָבוּ לַיהוה מִשְׁפְּחוֹת עַמִּים, הָבוּ לַיהוה כָּבוֹד וָעֹז: הָבוּ לַיהוה כְּבוֹד שְׁמוֹ, שְׂאוּ מִנְחָה וּבֹאוּ לְפָנָיו, הִשְׁתַּחֲווּ לַיהוה בְּהַדְרַת־קֹדֶשׁ: חִילוּ מִלְּפָנָיו כָּל־הָאָרֶץ, אַף־תִּכּוֹן תֵּבֵל בַּל־תִּמּוֹט: יִשְׂמְחוּ הַשָּׁמַיִם וְתָגֵל הָאָרֶץ, וְיֹאמְרוּ בַגּוֹיִם יהוה מָלָךְ: יִרְעַם הַיָּם וּמְלוֹאוֹ, יַעֲלֹץ הַשָּׂדֶה וְכָל־אֲשֶׁר־בּוֹ: אָז יְרַנְּנוּ עֲצֵי הַיָּעַר, מִלִּפְנֵי יהוה, כִּי־בָא לִשְׁפּוֹט אֶת־הָאָרֶץ: הוֹדוּ לַיהוה כִּי טוֹב, כִּי לְעוֹלָם חַסְדּוֹ: וְאִמְרוּ, הוֹשִׁיעֵנוּ אֱלֹהֵי יִשְׁעֵנוּ, וְקַבְּצֵנוּ וְהַצִּילֵנוּ מִן־הַגּוֹיִם, לְהֹדוֹת לְשֵׁם קָדְשֶׁךָ, לְהִשְׁתַּבֵּחַ בִּתְהִלָּתֶךָ: בָּרוּךְ יהוה אֱלֹהֵי יִשְׂרָאֵל מִן־הָעוֹלָם וְעַד־הָעֹלָם, וַיֹּאמְרוּ כָל־הָעָם אָמֵן, וְהַלֵּל לַיהוה:

‣ Ensalzad al SEÑOR nuestro Dios y prosternaos ante Su escabel, *Sal. 99*
Santo es Él. Ensalzad al SEÑOR nuestro Dios y prosternaos en Su
monte sagrado, pues el SEÑOR nuestro Dios es Santo.

Él es compasivo, perdonará la iniquidad y no destruirá, supri- *Sal. 78*
mirá Su ira y no encenderá Su furia. Tú SEÑOR no retengas Tu *Sal. 40*
compasión para conmigo, Tu benevolencia y Tu verdad siempre
me protegen. Recuerda SEÑOR Tu misericordia y Tu benevolencia, *Sal. 25*
pues desde siempre han existido. Conferid poder al SEÑOR, Su *Sal. 68*
majestad está sobre Israel y Su poder en el firmamento. Tú eres
reverenciado SEÑOR desde Tus Santuarios. Este es el Dios de Israel
que da poder y fortaleza al pueblo, bendito sea Dios. Dios de la *Sal. 94*
retribución, SEÑOR, Dios de la retribución, !manifiéstate! Yérguete,
Juez de toda la tierra. Retribuye a los arrogantes su merecido. La *Sal. 3*
salvación proviene del SEÑOR, que Tu bendición sea sobre Tu
pueblo. ‣ El SEÑOR de las Huestes Celestiales es con nosotros, el *Sal. 46*
Dios de Ya'akov es nuestra fortaleza, Sela. SEÑOR de las Huestes *Sal. 84*
Celestiales, feliz del hombre que confía en Tí. El SEÑOR salva, el *Sal. 20*
Rey nos responderá en el día que Le invoquemos.

Redime a Tu pueblo y bendice a Tu herencia, cuídalos y eléva- *Sal. 28*
los por siempre. Nuestra alma anhela al SEÑOR, nuestra ayuda y *Sal. 33*
escudo en Él. En Él se regocijará nuestro corazón, pues confiamos
en Su Nombre sagrado. Que Tu benevolencia SEÑOR sea sobre
nosotros así como hemos depositado en Ti nuestra confianza.
Muéstranos Tu generosidad y concédenos Tu redención. Levántate, *Sal. 85* *Sal. 44*
ayúdanos y sálvanos en pos de Tu benevolencia. Yo Soy el SEÑOR *Sal. 81*
tu Dios que te sacó de la tierra de Egipto, abre tu boca y la llenaré.
Feliz del pueblo para el que esto es así, feliz del pueblo que el SEÑOR *Sal. 144*
es su Dios. ‣ En cuanto a mí, he confiado en Tu Bondad, mi cora- *Sal. 13*
zón se regocija en Tu salvación. Cantaré al SEÑOR pues Él me ha
retribuido generosamente.

---

entonces y hoy, desde los días del Rey David hasta la actualidad. Si bien ya no poseemos el Arca continuamos siendo parte del pacto.

‹ רוֹמְמוּ יהוה אֱלֹהֵינוּ וְהִשְׁתַּחֲווּ לַהֲדֹם רַגְלָיו, קָדוֹשׁ הוּא: תהלים צט
רוֹמְמוּ יהוה אֱלֹהֵינוּ וְהִשְׁתַּחֲווּ לְהַר קָדְשׁוֹ, כִּי־קָדוֹשׁ יהוה
אֱלֹהֵינוּ:

וְהוּא רַחוּם, יְכַפֵּר עָוֹן וְלֹא־יַשְׁחִית, וְהִרְבָּה לְהָשִׁיב אַפּוֹ, תהלים עח
וְלֹא־יָעִיר כָּל־חֲמָתוֹ: אַתָּה יהוה לֹא־תִכְלָא רַחֲמֶיךָ מִמֶּנִּי, חַסְדְּךָ תהלים מ
וַאֲמִתְּךָ תָּמִיד יִצְּרוּנִי: זְכֹר־רַחֲמֶיךָ יהוה וַחֲסָדֶיךָ, כִּי מֵעוֹלָם תהלים כה
הֵמָּה: תְּנוּ עֹז לֵאלֹהִים, עַל־יִשְׂרָאֵל גַּאֲוָתוֹ, וְעֻזּוֹ בַּשְּׁחָקִים: תהלים סח
נוֹרָא אֱלֹהִים מִמִּקְדָּשֶׁיךָ, אֵל יִשְׂרָאֵל הוּא נֹתֵן עֹז וְתַעֲצֻמוֹת
לָעָם, בָּרוּךְ אֱלֹהִים: אֵל־נְקָמוֹת יהוה, אֵל נְקָמוֹת הוֹפִיעַ: תהלים צד
הִנָּשֵׂא שֹׁפֵט הָאָרֶץ, הָשֵׁב גְּמוּל עַל־גֵּאִים: לַיהוה הַיְשׁוּעָה, תהלים ג
עַל־עַמְּךָ בִרְכָתֶךָ סֶּלָה: ‹ יהוה צְבָאוֹת עִמָּנוּ, מִשְׂגָּב לָנוּ אֱלֹהֵי תהלים מו
יַעֲקֹב סֶלָה: יהוה צְבָאוֹת, אַשְׁרֵי אָדָם בֹּטֵחַ בָּךְ: יהוה הוֹשִׁיעָה, תהלים פד תהלים כ
הַמֶּלֶךְ יַעֲנֵנוּ בְיוֹם־קָרְאֵנוּ:

הוֹשִׁיעָה אֶת־עַמֶּךָ, וּבָרֵךְ אֶת־נַחֲלָתֶךָ, וּרְעֵם וְנַשְּׂאֵם עַד־ תהלים כח
הָעוֹלָם: נַפְשֵׁנוּ חִכְּתָה לַיהוה, עֶזְרֵנוּ וּמָגִנֵּנוּ הוּא: כִּי־בוֹ יִשְׂמַח תהלים לג
לִבֵּנוּ, כִּי בְשֵׁם קָדְשׁוֹ בָטָחְנוּ: יְהִי־חַסְדְּךָ יהוה עָלֵינוּ, כַּאֲשֶׁר
יִחַלְנוּ לָךְ: הַרְאֵנוּ יהוה חַסְדֶּךָ, וְיֶשְׁעֲךָ תִּתֶּן־לָנוּ: קוּמָה עֶזְרָתָה תהלים פה תהלים מד
לָּנוּ, וּפְדֵנוּ לְמַעַן חַסְדֶּךָ: אָנֹכִי יהוה אֱלֹהֶיךָ הַמַּעַלְךָ מֵאֶרֶץ תהלים פא
מִצְרָיִם, הַרְחֶב־פִּיךָ וַאֲמַלְאֵהוּ: אַשְׁרֵי הָעָם שֶׁכָּכָה לּוֹ, אַשְׁרֵי תהלים קמד
הָעָם שֶׁיהוה אֱלֹהָיו: ‹ וַאֲנִי בְּחַסְדְּךָ בָטַחְתִּי, יָגֵל לִבִּי בִּישׁוּעָתֶךָ, תהלים יג
אָשִׁירָה לַיהוה, כִּי גָמַל עָלָי:

רוֹמְמוּ *Ensalzad:* Estos párrafos (hasta כִּי גָמַל עָלָי "pues me ha prodigado") son una selección de versículos del libro de Salmos que refieren la cuestión de la esperanza y la confianza en Dios. Procura generar una transición entre

El siguiente salmo recuerda la ofrenda de agradecimiento en días del Templo. No se recita en víspera de Pesaj, ni en Jol HaMo'ed Pesaj ni en víspera de Yom Kipur pues en esos días no se traía este tipo de ofrenda. Se recita de pie a los efectos de enfatizar su carácter oblativo.

מִזְמוֹר Salmo de agradecimiento. Clamad al Señor jubilosa- *Sal. 100*
mente toda la tierra. Servid al Señor con alegría, venid a Él con cánticos. Sabed que el Señor es Dios, Él nos hizo y nosotros somos Suyos, Su pueblo y Su rebaño. Acudid a Sus portales con agradecimiento y a Sus atrios con alabanza, agradecedle y bendecid Su Nombre. ▸ Pues el Señor es benevolente, Su bondad es eterna y Su fidelidad por todas las generaciones.

יְהִי כְבוֹד Que la gloria del Señor perdure por siempre y se regocije el *Sal. 104*
Señor en Sus obras. Que el Nombre del Señor sea bendito desde *Sal. 113*
ahora y hasta la eternidad. Desde la salida del sol hasta su ocaso, alabado
es el Nombre del Señor. Elevado es el Señor por encima de todas las
naciones y Su gloria por sobre los cielos. Señor, Tu Nombre es por la *Sal. 135*
eternidad, Señor, Tu renombre es por todas las generaciones. El Señor *Sal. 103*
estableció Su trono en los cielos y Su reinado todo lo gobierna. Que se *1 Cró. 16*
regocijen los cielos y alegre la tierra, que declaren entre las naciones:
"El Señor es el Rey". El Señor reina, el Señor ha reinado, el Señor
reinará por toda la eternidad. El Señor es el Rey del mundo por siem- *Sal. 10*
pre, incluso cuando las naciones hayan desaparecido de Su tierra. El *Sal. 33*
Señor desbarató el plan de las naciones, frustró las intenciones de los
pueblos. Numerosos son los pensamientos en el corazón del hombre, *Prov. 19*
pero sólo el consejo del Señor prevalecerá. El plan del Señor siempre *Sal. 33*
permanecerá, Sus pensamientos por todas las generaciones. Pues Él
habló y el mundo fue, Él ordenó y se mantuvo firme. Pues el Señor *Sal. 132*
escogió a Sion, la deseó como sitio de Su Morada. Pues Dios escogió *Sal. 135*
a Ya'akov como propio y al pueblo de Israel como Su heredad. Pues el *Sal. 94*
Señor no descuidará a Su pueblo ni abandonará Su heredad. ▸ Él es *Sal. 78*
compasivo, perdonará la iniquidad y no destruirá, suprimirá Su ira y
no encenderá Su furia. El Señor salva, el Rey nos responderá en el día *Sal. 20*
que Le invoquemos.

---

por primera vez como parte del rezo diario en los libros de rezo yemenita y francés durante la Edad Media. Su presencia aquí procura enfatizar el espíritu de acción de gracias que predomina en esta sección del rezo.

El siguiente salmo recuerda el קרבן תודה *en días del Templo. No se recita en* ערב יום כיפור *ni en* חול המועד פסח *ni en* ערב פסח, *pues en esos días no se traían estos* קורבנות תודה. *Se recita de pie a los efectos de enfatizar su carácter oblativo.*

תהלים ק מִזְמוֹר לְתוֹדָה, הָרִֽיעוּ לַיהוה כָּל־הָאָֽרֶץ: עִבְדוּ אֶת־יהוה
בְּשִׂמְחָה, בֹּֽאוּ לְפָנָיו בִּרְנָנָה: דְּעוּ כִּי־יהוה הוּא אֱלֹהִים,
הוּא עָשָֽׂנוּ וְלוֹ אֲנַֽחְנוּ, עַמּוֹ וְצֹאן מַרְעִיתוֹ: בֹּֽאוּ שְׁעָרָיו
בְּתוֹדָה, חֲצֵרֹתָיו בִּתְהִלָּה, הוֹדוּ לוֹ, בָּרְכוּ שְׁמוֹ: › כִּי־טוֹב
יהוה, לְעוֹלָם חַסְדּוֹ, וְעַד־דֹּר וָדֹר אֱמוּנָתוֹ:

תהלים קד תהלים קיג יְהִי כְבוֹד יהוה לְעוֹלָם, יִשְׂמַח יהוה בְּמַעֲשָׂיו: יְהִי שֵׁם יהוה מְבֹרָךְ,
מֵעַתָּה וְעַד־עוֹלָם: מִמִּזְרַח־שֶֽׁמֶשׁ עַד־מְבוֹאוֹ, מְהֻלָּל שֵׁם יהוה:
תהלים קלה רָם עַל־כָּל־גּוֹיִם יהוה, עַל הַשָּׁמַֽיִם כְּבוֹדוֹ: יהוה שִׁמְךָ לְעוֹלָם,
תהלים קג יהוה זִכְרְךָ לְדֹר־וָדֹר: יהוה בַּשָּׁמַֽיִם הֵכִין כִּסְאוֹ, וּמַלְכוּתוֹ בַּכֹּל
דברי הימים א׳ טז מָשָֽׁלָה: יִשְׂמְחוּ הַשָּׁמַֽיִם וְתָגֵל הָאָֽרֶץ, וְיֹאמְרוּ בַגּוֹיִם יהוה מָלָךְ:
תהלים י יהוה מֶֽלֶךְ, יהוה מָלָךְ, יהוה יִמְלֹךְ לְעוֹלָם וָעֶד. יהוה מֶֽלֶךְ עוֹלָם
תהלים לג וָעֶד, אָבְדוּ גוֹיִם מֵאַרְצוֹ: יהוה הֵפִיר עֲצַת־גּוֹיִם, הֵנִיא מַחְשְׁבוֹת
משלי יט תהלים לג עַמִּים: רַבּוֹת מַחֲשָׁבוֹת בְּלֶב־אִישׁ, וַעֲצַת יהוה הִיא תָקוּם: עֲצַת
יהוה לְעוֹלָם תַּעֲמֹד, מַחְשְׁבוֹת לִבּוֹ לְדֹר וָדֹר: כִּי הוּא אָמַר וַיֶּֽהִי,
תהלים קלב תהלים קלה הוּא־צִוָּה וַיַּעֲמֹד: כִּי־בָחַר יהוה בְּצִיּוֹן, אִוָּהּ לְמוֹשָׁב לוֹ: כִּי־יַעֲקֹב
תהלים צד בָּחַר לוֹ יָהּ, יִשְׂרָאֵל לִסְגֻלָּתוֹ: כִּי לֹא־יִטֹּשׁ יהוה עַמּוֹ, וְנַחֲלָתוֹ לֹא
תהלים עח יַעֲזֹב: › וְהוּא רַחוּם, יְכַפֵּר עָוֹן וְלֹא־יַשְׁחִית, וְהִרְבָּה לְהָשִׁיב אַפּוֹ,
תהלים כ וְלֹא־יָעִיר כָּל־חֲמָתוֹ: יהוה הוֹשִֽׁיעָה, הַמֶּֽלֶךְ יַעֲנֵֽנוּ בְיוֹם־קָרְאֵֽנוּ:

מִזְמוֹר לְתוֹדָה *Salmo de agradecimiento:* Este salmo acompañaba la ofrenda del korbán todá, la ofrenda de acción de gracias (Levítico 7:12), que era traída al Templo a los efectos de expresar gratitud por haber superado una situación de riesgo (recuperación tras una enfermedad, la compleción de una travesía peligrosa o la liberación del cautiverio). En la actualidad, en vez de ofrendar el sacrificio recitamos la bendición de HaGomel (tras sobrevivir una enfermedad, un parto o algún tipo de situación peligrosa). Este salmo apareció

El versículo que reza: "Tú abres Tu mano" debe ser recitado con especial concentración por contener la idea central de este salmo y de los Pesukei DeZimrá en su totalidad, que Dios es el Creador, sostén y proveedor de toda la realidad. Algunos acostumbran a tocar el tefilín del brazo en °, y el tefilín de la cabeza en °°.

אַשְׁרֵי Felices aquellos que residen en Tu morada; Sal. 84
continuarán alabándote, ¡Sela!

Feliz del pueblo para el que esto es así, Sal. 144
feliz del pueblo que el SEÑOR es su Dios.

Salmo de alabanza de David Sal. 145

א Te ensalzaré oh Dios, mi Rey y bendeciré Tu Nombre por siempre. ב Todos los días Te bendeciré y alabaré Tu Nombre por siempre. ג El SEÑOR es grande en sobremanera y Su grandeza es insondable. ד Una generación tras otra alabará Tu labor y contará sobre Tus poderosas acciones. ה Ponderaré el glorioso esplendor de Tu majestad y Tus actos maravillosos. ו Ellos relatarán el poder de Tus venerables acciones y de Tu grandeza. ז Ellos recitarán el recuerdo de Tu gran benevolencia y cantarán con regocijo Tu rectitud. ח El SEÑOR es compasivo y misericordioso, paciente y muy benevolente. ט El SEÑOR es bueno con todos y Su misericordia para con todas Sus creaturas. י Todas Tus Obras Te agradecerán y Tus devotos Te bendecirán. כ Ellos recitarán la gloria de Tu reinado y hablarán de Tus poderosas acciones. ל Darán a conocer a los hombres Sus poderosas acciones, y la gloria de la majestad de Su reino. מ Tu reino es un reino por todos los tiempos y Tu dominio por todas las generaciones. ס El SEÑOR sostiene a los que se caen y yergue a los encorvados. ע Todos alzan su mirada a Ti con esperanza y Tú les provees de su alimento en el momento adecuado. פ °Tú abres Tu mano °°y satisfaces el deseo de cada ser viviente. צ El SEÑOR es justo en todas Sus sendas y magnánimo en todos Sus actos. ק El SEÑOR está cercano a todos quienes Le llaman, de todos aquellos que claman a Él con la verdad. ר Él colmará el deseo de quienes Lo reverencian, escuchará su clamor y los redimirá. ש El SEÑOR protege a todos aquellos que Le aman y destruirá a todos los malvados.▸ ת Mi boca declarará la alabanza del SEÑOR y todas las creaturas bendecirán Su sagrado Nombre por siempre.

Nosotros bendeciremos a Dios desde ahora y por siempre, ¡Aleluyá! Sal. 115

El versículo que reza: פּוֹתֵחַ אֶת יָדֶךָ debe ser recitado con especial concentración por contener la idea central de este salmo y de los פסוקי דזמרה en su totalidad, que Dios es el Creador, sostén y proveedor de toda la realidad. Algunos acostumbran a tocar el תפילין של יד en °, y el תפילין של ראש en °°.

אַשְׁרֵי יוֹשְׁבֵי בֵיתֶךָ, עוֹד יְהַלְלוּךָ סֶּלָה: תהלים פד

אַשְׁרֵי הָעָם שֶׁכָּכָה לּוֹ, אַשְׁרֵי הָעָם שֶׁיהוה אֱלֹהָיו: תהלים קמד

תְּהִלָּה לְדָוִד תהלים קמה

א אֲרוֹמִמְךָ אֱלוֹהַי הַמֶּלֶךְ, וַאֲבָרְכָה שִׁמְךָ לְעוֹלָם וָעֶד:

ב בְּכָל־יוֹם אֲבָרְכֶךָּ, וַאֲהַלְלָה שִׁמְךָ לְעוֹלָם וָעֶד:

ג גָּדוֹל יהוה וּמְהֻלָּל מְאֹד, וְלִגְדֻלָּתוֹ אֵין חֵקֶר:

ד דּוֹר לְדוֹר יְשַׁבַּח מַעֲשֶׂיךָ, וּגְבוּרֹתֶיךָ יַגִּידוּ:

ה הֲדַר כְּבוֹד הוֹדֶךָ, וְדִבְרֵי נִפְלְאֹתֶיךָ אָשִׂיחָה:

ו וֶעֱזוּז נוֹרְאֹתֶיךָ יֹאמֵרוּ, וּגְדוּלָּתְךָ אֲסַפְּרֶנָּה:

ז זֵכֶר רַב־טוּבְךָ יַבִּיעוּ, וְצִדְקָתְךָ יְרַנֵּנוּ:

ח חַנּוּן וְרַחוּם יהוה, אֶרֶךְ אַפַּיִם וּגְדָל־חָסֶד:

ט טוֹב־יהוה לַכֹּל, וְרַחֲמָיו עַל־כָּל־מַעֲשָׂיו:

י יוֹדוּךָ יהוה כָּל־מַעֲשֶׂיךָ, וַחֲסִידֶיךָ יְבָרְכוּכָה:

כ כְּבוֹד מַלְכוּתְךָ יֹאמֵרוּ, וּגְבוּרָתְךָ יְדַבֵּרוּ:

ל לְהוֹדִיעַ לִבְנֵי הָאָדָם גְּבוּרֹתָיו, וּכְבוֹד הֲדַר מַלְכוּתוֹ:

מ מַלְכוּתְךָ מַלְכוּת כָּל־עֹלָמִים, וּמֶמְשַׁלְתְּךָ בְּכָל־דּוֹר וָדֹר:

ס סוֹמֵךְ יהוה לְכָל־הַנֹּפְלִים, וְזוֹקֵף לְכָל־הַכְּפוּפִים:

ע עֵינֵי־כֹל אֵלֶיךָ יְשַׂבֵּרוּ, וְאַתָּה נוֹתֵן־לָהֶם אֶת־אָכְלָם בְּעִתּוֹ:

פ °פּוֹתֵחַ אֶת־יָדֶךָ, °°וּמַשְׂבִּיעַ לְכָל־חַי רָצוֹן:

צ צַדִּיק יהוה בְּכָל־דְּרָכָיו, וְחָסִיד בְּכָל־מַעֲשָׂיו:

ק קָרוֹב יהוה לְכָל־קֹרְאָיו, לְכֹל אֲשֶׁר יִקְרָאֻהוּ בֶאֱמֶת:

ר רְצוֹן־יְרֵאָיו יַעֲשֶׂה, וְאֶת־שַׁוְעָתָם יִשְׁמַע, וְיוֹשִׁיעֵם:

ש שׁוֹמֵר יהוה אֶת־כָּל־אֹהֲבָיו, וְאֵת כָּל־הָרְשָׁעִים יַשְׁמִיד:

◂ ת תְּהִלַּת יהוה יְדַבֶּר פִּי, וִיבָרֵךְ כָּל־בָּשָׂר שֵׁם קָדְשׁוֹ לְעוֹלָם וָעֶד:

וַאֲנַחְנוּ נְבָרֵךְ יָהּ מֵעַתָּה וְעַד־עוֹלָם, הַלְלוּיָהּ: תהלים קטו

הַלְלוּיָהּ ¡Aleluyá! Alma mía, alaba al Señor. Alabaré al Señor toda mi vida; Cantaré a mi Dios mientras viva. No depositéis vuestra confianza en príncipes, o en mortales que no pueden salvar. Su hálito de vida expira y retornan a la tierra, en ese día sus planes fenecen. Feliz aquel cuya ayuda es el Dios de Ya'akov y cuya esperanza está depositada en el Señor su Dios, que hizo el cielo y la tierra, el mar y todo lo que este contiene; que mantiene Su verdad por siempre. Él asegura la justicia para los oprimidos. Da alimento a los hambrientos. El Señor libera a los prisioneros. El Señor da visión a los ciegos y yergue a los encorvados, el Señor ama a los justos. El Señor protege a los prosélitos, da aliento al huérfano y a la viuda, frustra el camino del malvado. Que el Señor reine por siempre. ▸ Él es tu Dios, Sion, por todas las generaciones ¡Aleluyá! *Sal. 146*

הַלְלוּיָהּ ¡Aleluyá! Qué bueno es entonar cánticos a nuestro Dios, qué agradable y apropiado alabarle. El Señor reconstruye Jerusalém, reúne a los exiliados dispersos de Israel. Cura a quienes tienen quebrantados sus corazones y aplica vendaje a sus pesares. Cuenta el número de las estrellas y a cada una llama por su nombre. Grande y poderoso es nuestro Señor y Su entendimiento es ilimitado. El Señor da ánimo a los humildes, humilla a los malvados y los arroja a tierra. Cantad al Señor con agradecimiento, haced música con el arpa a nuestro Dios. Él cubre los cielos con nubes. Provee de lluvia a la tierra y hace que las montañas se cubran de hierbas. Provee alimento a la bestia y a los polluelos del cuervo cuando Le claman. No tiene deleite en la fortaleza de los caballos ni se satisface en las piernas de un hombre. El Señor se complace en quienes Le temen y en aquellos esperanzados en Su benevolencia. Jerusalém, alaba al Señor, Sion loa a tu Dios pues Él ha reforzado los cerrojos de tus portones y bendecido a tus hijos en tu seno. Ha traído la paz a tus fronteras y te saciará con el mejor de los trigos. Él ha enviado Su mandamiento hacia la tierra, Su palabra corre velozmente. Él hace caer nieve cual vellón de lana, esparce la escarcha cual ceniza, arroja el granizo cual migajas. ¿Quién puede sostenerse ante Su frío? Él envía Su palabra y los derrite, hace soplar el viento y fluir el agua. ▸ Él ha declarado Sus palabras a Ya'akov, Sus leyes y estatutos a Israel. Él no ha hecho esto con ninguna otra nación, ni les hizo conocer Sus leyes, ¡Aleluyá! *Sal. 147*

תהלים קמו

הַלְלוּיָהּ, הַלְלִי נַפְשִׁי אֶת־יהוה: אֲהַלְלָה יהוה בְּחַיָּי, אֲזַמְּרָה לֵאלֹהַי בְּעוֹדִי: אַל־תִּבְטְחוּ בִנְדִיבִים, בְּבֶן־אָדָם שֶׁאֵין לוֹ תְשׁוּעָה: תֵּצֵא רוּחוֹ, יָשֻׁב לְאַדְמָתוֹ, בַּיּוֹם הַהוּא אָבְדוּ עֶשְׁתֹּנֹתָיו: אַשְׁרֵי שֶׁאֵל יַעֲקֹב בְּעֶזְרוֹ, שִׂבְרוֹ עַל־יהוה אֱלֹהָיו: עֹשֶׂה שָׁמַיִם וָאָרֶץ, אֶת־הַיָּם וְאֶת־כָּל־אֲשֶׁר־בָּם, הַשֹּׁמֵר אֱמֶת לְעוֹלָם: עֹשֶׂה מִשְׁפָּט לַעֲשׁוּקִים, נֹתֵן לֶחֶם לָרְעֵבִים, יהוה מַתִּיר אֲסוּרִים: יהוה פֹּקֵחַ עִוְרִים, יהוה זֹקֵף כְּפוּפִים, יהוה אֹהֵב צַדִּיקִים: יהוה שֹׁמֵר אֶת־גֵּרִים, יָתוֹם וְאַלְמָנָה יְעוֹדֵד, וְדֶרֶךְ רְשָׁעִים יְעַוֵּת: ◂ יִמְלֹךְ יהוה לְעוֹלָם, אֱלֹהַיִךְ צִיּוֹן לְדֹר וָדֹר, הַלְלוּיָהּ:

תהלים קמז

הַלְלוּיָהּ, כִּי־טוֹב זַמְּרָה אֱלֹהֵינוּ, כִּי־נָעִים נָאוָה תְהִלָּה: בּוֹנֵה יְרוּשָׁלַםִ יהוה, נִדְחֵי יִשְׂרָאֵל יְכַנֵּס: הָרוֹפֵא לִשְׁבוּרֵי לֵב, וּמְחַבֵּשׁ לְעַצְּבוֹתָם: מוֹנֶה מִסְפָּר לַכּוֹכָבִים, לְכֻלָּם שֵׁמוֹת יִקְרָא: גָּדוֹל אֲדוֹנֵינוּ וְרַב־כֹּחַ, לִתְבוּנָתוֹ אֵין מִסְפָּר: מְעוֹדֵד עֲנָוִים יהוה, מַשְׁפִּיל רְשָׁעִים עֲדֵי־אָרֶץ: עֱנוּ לַיהוה בְּתוֹדָה, זַמְּרוּ לֵאלֹהֵינוּ בְכִנּוֹר: הַמְכַסֶּה שָׁמַיִם בְּעָבִים, הַמֵּכִין לָאָרֶץ מָטָר, הַמַּצְמִיחַ הָרִים חָצִיר: נוֹתֵן לִבְהֵמָה לַחְמָהּ, לִבְנֵי עֹרֵב אֲשֶׁר יִקְרָאוּ: לֹא בִגְבוּרַת הַסּוּס יֶחְפָּץ, לֹא־בְשׁוֹקֵי הָאִישׁ יִרְצֶה: רוֹצֶה יהוה אֶת־יְרֵאָיו, אֶת־הַמְיַחֲלִים לְחַסְדּוֹ: שַׁבְּחִי יְרוּשָׁלַםִ אֶת־יהוה, הַלְלִי אֱלֹהַיִךְ צִיּוֹן: כִּי־חִזַּק בְּרִיחֵי שְׁעָרָיִךְ, בֵּרַךְ בָּנַיִךְ בְּקִרְבֵּךְ: הַשָּׂם־גְּבוּלֵךְ שָׁלוֹם, חֵלֶב חִטִּים יַשְׂבִּיעֵךְ: הַשֹּׁלֵחַ אִמְרָתוֹ אָרֶץ, עַד־מְהֵרָה יָרוּץ דְּבָרוֹ: הַנֹּתֵן שֶׁלֶג כַּצָּמֶר, כְּפוֹר כָּאֵפֶר יְפַזֵּר: מַשְׁלִיךְ קַרְחוֹ כְפִתִּים, לִפְנֵי קָרָתוֹ מִי יַעֲמֹד: יִשְׁלַח דְּבָרוֹ וְיַמְסֵם, יַשֵּׁב רוּחוֹ יִזְּלוּ־מָיִם: ◂ מַגִּיד דְּבָרָו לְיַעֲקֹב, חֻקָּיו וּמִשְׁפָּטָיו לְיִשְׂרָאֵל: לֹא עָשָׂה כֵן לְכָל־גּוֹי, וּמִשְׁפָּטִים בַּל־יְדָעוּם, הַלְלוּיָהּ:

הַלְלוּיָהּ ¡Aleluyá! Alabad al SEÑOR desde los cielos, loadle desde las alturas. Alábenlo todos sus ángeles, alábenlo todas Sus huestes. Alábenlo el sol y la luna, alábenlo todas las estrellas luminosas. Alábenlo los cielos de los cielos y las aguas que están por encima de los cielos. Que alaben el Nombre del SEÑOR, pues Él ordenó y fueron creados. Él los estableció para siempre en todo momento, emitió un decreto que no habrá de cambiar. Alabad al SEÑOR desde la tierra: los monstruos marinos y todos los mares profundos; el fuego y el granizo, la nieve y el vapor, el viento tempestuoso que cumple Su palabra. Las montañas y todas las colinas, el árbol frutal y todos los cedros; los animales salvajes y toda bestia, reptiles y aves aladas. Los reyes de la tierra y todas las naciones, príncipes y jueces terrenales, jóvenes y también doncellas, ancianos y mozos. ▸ Alabad el Nombre del SEÑOR, pues es único y encumbrado, Su gloria está sobre la tierra y el cielo. Él ha elevado el honor de Su pueblo, la gloria de Sus devotos, los hijos de Israel que son Su pueblo cercano, ¡Aleluyá! *Sal. 148*

הַלְלוּיָהּ ¡Aleluyá! Entonad al SEÑOR un nuevo cántico, Su alabanza en la congregación de los piadosos. Que se regocije Israel en Su Hacedor, que se alegren los hijos de Sion en Su Rey. Alabad Su Nombre con danzas, cantadle con tambor y arpa. Pues el SEÑOR se deleita en Su pueblo, dignifica a los humildes con salvación. Que los devotos se deleiten en la gloria, que entonen cánticos de regocijo sobre sus camas. Que las excelsas alabanzas estén en sus gargantas y una espada de doble filo en sus manos: para imponer la retribución entre las naciones, castigos sobre los pueblos, ▸ amarrando a sus reyes con cadenas y a sus nobles con grillos de hierro. Llevando a cabo contra ellos el juicio escrito. Este es el esplendor de todos Sus devotos, ¡Aleluyá! *Sal. 149*

הַלְלוּיָהּ ¡Aleluyá! Alabad a Dios en Su Santuario; alabadle en el firmamento de Su poder. Alabadle por Sus poderosas acciones, alabadle conforme a Su Grandeza. Alabadle al son del shofar, alabadle con el arpa y la lira. Alabadle con pandero y danza, alabadle con instrumentos de cuerda y flauta. Alabadle con platillos resonantes; con el resonar de los címbalos. ▸ Todas las almas alabarán a Dios ¡Aleluyá! *Sal. 150*

Todas las almas alabarán a Dios ¡Aleluyá!

תהלים קמח

הַלְלוּיָהּ, הַלְלוּ אֶת־יהוה מִן־הַשָּׁמַיִם, הַלְלוּהוּ בַּמְּרוֹמִים: הַלְלוּהוּ כָל־מַלְאָכָיו, הַלְלוּהוּ כָּל־צְבָאָו: הַלְלוּהוּ שֶׁמֶשׁ וְיָרֵחַ, הַלְלוּהוּ כָּל־כּוֹכְבֵי אוֹר: הַלְלוּהוּ שְׁמֵי הַשָּׁמָיִם, וְהַמַּיִם אֲשֶׁר מֵעַל הַשָּׁמָיִם: יְהַלְלוּ אֶת־שֵׁם יהוה, כִּי הוּא צִוָּה וְנִבְרָאוּ: וַיַּעֲמִידֵם לָעַד לְעוֹלָם, חָק־נָתַן וְלֹא יַעֲבוֹר: הַלְלוּ אֶת־יהוה מִן־הָאָרֶץ, תַּנִּינִים וְכָל־תְּהֹמוֹת: אֵשׁ וּבָרָד שֶׁלֶג וְקִיטוֹר, רוּחַ סְעָרָה עֹשָׂה דְבָרוֹ: הֶהָרִים וְכָל־גְּבָעוֹת, עֵץ פְּרִי וְכָל־אֲרָזִים: הַחַיָּה וְכָל־בְּהֵמָה, רֶמֶשׂ וְצִפּוֹר כָּנָף: מַלְכֵי־אֶרֶץ וְכָל־לְאֻמִּים, שָׂרִים וְכָל־שֹׁפְטֵי אָרֶץ: בַּחוּרִים וְגַם־בְּתוּלוֹת, זְקֵנִים עִם־נְעָרִים: ◂ יְהַלְלוּ אֶת־שֵׁם יהוה, כִּי־נִשְׂגָּב שְׁמוֹ לְבַדּוֹ, הוֹדוֹ עַל־אֶרֶץ וְשָׁמָיִם: וַיָּרֶם קֶרֶן לְעַמּוֹ, תְּהִלָּה לְכָל־חֲסִידָיו, לִבְנֵי יִשְׂרָאֵל עַם קְרֹבוֹ, הַלְלוּיָהּ:

תהלים קמט

הַלְלוּיָהּ, שִׁירוּ לַיהוה שִׁיר חָדָשׁ, תְּהִלָּתוֹ בִּקְהַל חֲסִידִים: יִשְׂמַח יִשְׂרָאֵל בְּעֹשָׂיו, בְּנֵי־צִיּוֹן יָגִילוּ בְמַלְכָּם: יְהַלְלוּ שְׁמוֹ בְמָחוֹל, בְּתֹף וְכִנּוֹר יְזַמְּרוּ־לוֹ: כִּי־רוֹצֶה יהוה בְּעַמּוֹ, יְפָאֵר עֲנָוִים בִּישׁוּעָה: יַעְלְזוּ חֲסִידִים בְּכָבוֹד, יְרַנְּנוּ עַל־מִשְׁכְּבוֹתָם: רוֹמְמוֹת אֵל בִּגְרוֹנָם, וְחֶרֶב פִּיפִיּוֹת בְּיָדָם: לַעֲשׂוֹת נְקָמָה בַּגּוֹיִם, תּוֹכֵחוֹת בַּלְאֻמִּים: ◂ לֶאְסֹר מַלְכֵיהֶם בְּזִקִּים, וְנִכְבְּדֵיהֶם בְּכַבְלֵי בַרְזֶל: לַעֲשׂוֹת בָּהֶם מִשְׁפָּט כָּתוּב, הָדָר הוּא לְכָל־חֲסִידָיו, הַלְלוּיָהּ:

תהלים קנ

הַלְלוּיָהּ, הַלְלוּ־אֵל בְּקָדְשׁוֹ, הַלְלוּהוּ בִּרְקִיעַ עֻזּוֹ: הַלְלוּהוּ בִגְבוּרֹתָיו, הַלְלוּהוּ כְּרֹב גֻּדְלוֹ: הַלְלוּהוּ בְּתֵקַע שׁוֹפָר, הַלְלוּהוּ בְּנֵבֶל וְכִנּוֹר: הַלְלוּהוּ בְתֹף וּמָחוֹל, הַלְלוּהוּ בְּמִנִּים וְעוּגָב: הַלְלוּהוּ בְצִלְצְלֵי־שָׁמַע, הַלְלוּהוּ בְּצִלְצְלֵי תְרוּעָה: ◂ כֹּל הַנְּשָׁמָה תְּהַלֵּל יָהּ, הַלְלוּיָהּ: כֹּל הַנְּשָׁמָה תְּהַלֵּל יָהּ, הַלְלוּיָהּ:

בָּרוּךְ Bendito sea el Señor por siempre. Amén y Amén. *Sal. 89*
Bendito sea el Señor desde Sion, *Sal. 135*
que mora en Jerusalém, ¡Aleluyá!
Bendito sea el Señor Dios de Israel, *Sal. 72*
pues sólo Él obra maravillas.
▸ Bendito sea Su Nombre Glorioso por siempre,
que la tierra se vea colmada de Su presencia.
Amén y Amén.

Ponerse de pie (ver comentario) hasta después de "Bendecid" en la página 88.

וַיְבָרֶךְ David bendijo al Señor frente a toda la asamblea. Y David *1 Cró. 29*
dijo: Bendito eres Tú Señor, Dios de nuestro patriarca Israel desde siempre y por toda la eternidad. Señor, Tuya es la grandeza, el poder y el esplendor, la eternidad y la gloria, pues todo en los cielos y en la tierra Te pertenece. Señor, Tuyo es el reino y eres Supremo a todo gobernante. La riqueza y el honor proceden de Ti y Tú todo lo riges, en Tu mano están el poder y la fortaleza. Tienes el poder de engrandecer y fortalecer a todos. Por ello ahora, Dios nuestro, Te agradecemos y alabamos Tu glorioso
Nombre. Solamente Tú eres el Señor, Tú hiciste los cielos, *Neh. 9*
los cielos de los cielos y todas sus huestes, la tierra y todo lo que hay sobre ella, los mares y todo lo que contienen, Tú les das vida a todos y las huestes celestiales se prosternan ante Ti. ▸ Tú eres el Señor Dios, que escogiste a Abram lo sacaste de Ur de los caldeos y cambiaste su nombre a Abraham. Tú encontraste su corazón fiel a Ti, ◂ estableciste con él el pacto para dar a sus descendientes la tierra

---

Por ello, muchos acostumbran a donar dinero para acciones filantrópicas en este momento del rezo. Algunos consideran a este donativo como la razón por la cual nos ponemos de pie en este momento del rezo, lo hacemos para cumplir con un precepto que es el de dar dinero para la caridad.

Otros relacionan el hecho de que nos ponemos de pie con el pasaje que inicia con las palabras "Solamente Tú" que está extraído de la gran reunión

בָּרוּךְ יהוה לְעוֹלָם, אָמֵן וְאָמֵן: תהלים פט

בָּרוּךְ יהוה מִצִּיּוֹן, שֹׁכֵן יְרוּשָׁלָםִ, הַלְלוּיָהּ: תהלים קלה

בָּרוּךְ יהוה אֱלֹהִים אֱלֹהֵי יִשְׂרָאֵל, עֹשֵׂה נִפְלָאוֹת לְבַדּוֹ: תהלים עב

‹ וּבָרוּךְ שֵׁם כְּבוֹדוֹ לְעוֹלָם
וְיִמָּלֵא כְבוֹדוֹ אֶת־כָּל־הָאָרֶץ
אָמֵן וְאָמֵן:

Ponerse de pie (ver comentario) hasta después de בָּרְכוּ *en la página 89.*

דברי הימים א, כט
וַיְבָרֶךְ דָּוִיד אֶת־יהוה לְעֵינֵי כָּל־הַקָּהָל, וַיֹּאמֶר דָּוִיד, בָּרוּךְ
אַתָּה יהוה, אֱלֹהֵי יִשְׂרָאֵל אָבִינוּ, מֵעוֹלָם וְעַד־עוֹלָם: לְךָ יהוה
הַגְּדֻלָּה וְהַגְּבוּרָה וְהַתִּפְאֶרֶת וְהַנֵּצַח וְהַהוֹד, כִּי־כֹל בַּשָּׁמַיִם
וּבָאָרֶץ, לְךָ יהוה הַמַּמְלָכָה וְהַמִּתְנַשֵּׂא לְכֹל לְרֹאשׁ: וְהָעֹשֶׁר
וְהַכָּבוֹד מִלְּפָנֶיךָ, וְאַתָּה מוֹשֵׁל בַּכֹּל, וּבְיָדְךָ כֹּחַ וּגְבוּרָה, וּבְיָדְךָ
לְגַדֵּל וּלְחַזֵּק לַכֹּל: וְעַתָּה אֱלֹהֵינוּ מוֹדִים אֲנַחְנוּ לָךְ, וּמְהַלְלִים
לְשֵׁם תִּפְאַרְתֶּךָ: אַתָּה־הוּא יהוה לְבַדֶּךָ, אַתָּ עָשִׂיתָ נחמיה ט
אֶת־הַשָּׁמַיִם, שְׁמֵי הַשָּׁמַיִם וְכָל־צְבָאָם, הָאָרֶץ וְכָל־אֲשֶׁר עָלֶיהָ,
הַיַּמִּים וְכָל־אֲשֶׁר בָּהֶם, וְאַתָּה מְחַיֶּה אֶת־כֻּלָּם, וּצְבָא הַשָּׁמַיִם לְךָ
מִשְׁתַּחֲוִים: ‹ אַתָּה הוּא יהוה הָאֱלֹהִים אֲשֶׁר בָּחַרְתָּ בְּאַבְרָם,
וְהוֹצֵאתוֹ מֵאוּר כַּשְׂדִּים, וְשַׂמְתָּ שְּׁמוֹ אַבְרָהָם: וּמָצָאתָ אֶת־
לְבָבוֹ נֶאֱמָן לְפָנֶיךָ, ‹ וְכָרוֹת עִמּוֹ הַבְּרִית לָתֵת אֶת־אֶרֶץ הַכְּנַעֲנִי

וַיְבָרֶךְ דָּוִיד *David bendijo:* Este pasaje es parte de la plegaria de acción de gracias dicha por el Rey David al final de su vida tras haber reunido los recursos necesarios para la construcción del Templo en Jerusalém, la cual sería llevada a cabo por su hijo Salomón. Al igual que con el Tabernáculo, el Templo fue construido a partir de los donativos voluntarios de la totalidad del pueblo.

del Cna'aní, del Jití, del Emorí, del Perizí, del Ievusí y del Guirgashí. Tú cumpliste Tu promesa pues eres justo. Tú viste el sufrimiento de nuestros antepasados en Egipto. Tú escuchaste su clamor en el Mar Rojo. Tú enviaste señales y maravillas contra Par'ó y todos sus siervos y sobre todos los habitantes de la tierra, pues Tú sabías con cuánta saña los habían tratado los egipcios. Tú Te hiciste de renombre que perdura hasta hoy, ‣ dividiste el mar ante ellos, de modo tal que pudieron atravesar el mar sobre tierra seca, y arrojaste a sus perseguidores a las profundidades, cual piedra en aguas turbulentas.

וַיּֽוֹשַׁע En aquel día el Señor salvó a Israel de las manos de los egipcios. Israel vio a los egipcios muertos, a la orilla del mar. ‣ Israel presenció el gran poder que el Señor ejerció sobre Egipto. Y el pueblo veneró al Señor, y tuvieron fe en el Señor y en Moshé Su Servidor. *Éx. 14*

אָז יָשִׁיר־מֹשֶׁה Entonces Moshé y los hijos de Israel entonaron este *Éx. 15*
cántico para el Señor diciendo:
He de cantar para el Señor,
ya que Él ha triunfado gloriosamente;
al caballo y a su jinete arrojó al mar.
Dios es mi fuerza y mi canción, pues Él ha sido para mí, mi salvación.
Este es mi Dios y lo he de glorificar,
el Dios de mi padre y lo habré de exaltar.
El Señor triunfa en las batallas, el Señor es Su nombre.
Los carros de Par'ó y su ejército arrojó al mar,
y los selectos entre sus oficiales fueron ahogados en el Mar de los Juncos.
Los abismos los cubrieron, descendieron a las profundidades cual piedra.
Tu diestra, oh Señor, es majestuosa en poder.
Tu diestra; oh, Señor, quebranta al enemigo.
Y con la grandeza de Tu majestad destruiste a quienes se levantaron contra Ti.
Liberaste Tu furia que los consumió cual paja.

הַחִתִּי הָאֱמֹרִי וְהַפְּרִזִּי וְהַיְבוּסִי וְהַגִּרְגָּשִׁי, לָתֵת לְזַרְעוֹ, וַתָּקֶם
אֶת־דְּבָרֶיךָ, כִּי צַדִּיק אָתָּה: וַתֵּרֶא אֶת־עֳנִי אֲבֹתֵינוּ בְּמִצְרָיִם,
וְאֶת־זַעֲקָתָם שָׁמַעְתָּ עַל־יַם־סוּף: וַתִּתֵּן אֹתֹת וּמֹפְתִים בְּפַרְעֹה
וּבְכָל־עֲבָדָיו וּבְכָל־עַם אַרְצוֹ, כִּי יָדַעְתָּ כִּי הֵזִידוּ עֲלֵיהֶם, וַתַּעַשׂ־
לְךָ שֵׁם כְּהַיּוֹם הַזֶּה: ◂ וְהַיָּם בָּקַעְתָּ לִפְנֵיהֶם, וַיַּעַבְרוּ בְתוֹךְ־הַיָּם
בַּיַּבָּשָׁה, וְאֶת־רֹדְפֵיהֶם הִשְׁלַכְתָּ בִמְצוֹלֹת כְּמוֹ־אֶבֶן, בְּמַיִם עַזִּים:

וַיּוֹשַׁע יהוה בַּיּוֹם הַהוּא אֶת־יִשְׂרָאֵל מִיַּד מִצְרָיִם, וַיַּרְא יִשְׂרָאֵל שמות יד
אֶת־מִצְרַיִם מֵת עַל־שְׂפַת הַיָּם: ◂ וַיַּרְא יִשְׂרָאֵל אֶת־הַיָּד הַגְּדֹלָה
אֲשֶׁר עָשָׂה יהוה בְּמִצְרַיִם, וַיִּירְאוּ הָעָם אֶת־יהוה, וַיַּאֲמִינוּ
בַּיהוה וּבְמֹשֶׁה עַבְדּוֹ:

אָז יָשִׁיר־מֹשֶׁה וּבְנֵי יִשְׂרָאֵל אֶת־הַשִּׁירָה הַזֹּאת לַיהוה, וַיֹּאמְרוּ שמות טו
לֵאמֹר, אָשִׁירָה לַיהוה כִּי־גָאֹה גָּאָה, סוּס
וְרֹכְבוֹ רָמָה בַיָּם: עָזִּי וְזִמְרָת יָהּ וַיְהִי־לִי
לִישׁוּעָה, זֶה אֵלִי וְאַנְוֵהוּ, אֱלֹהֵי
אָבִי וַאֲרֹמְמֶנְהוּ: יהוה אִישׁ מִלְחָמָה, יהוה
שְׁמוֹ: מַרְכְּבֹת פַּרְעֹה וְחֵילוֹ יָרָה בַיָּם, וּמִבְחַר
שָׁלִשָׁיו טֻבְּעוּ בְיַם־סוּף: תְּהֹמֹת יְכַסְיֻמוּ, יָרְדוּ בִמְצוֹלֹת כְּמוֹ־
אָבֶן: יְמִינְךָ יהוה נֶאְדָּרִי בַּכֹּחַ, יְמִינְךָ
יהוה תִּרְעַץ אוֹיֵב: וּבְרֹב גְּאוֹנְךָ תַּהֲרֹס

---

popular que se realizó en los días del retorno de Babilonia, reunión en la cual se renovó el pacto con Dios. Inmediatamente antes de este pasaje leemos que los levitas llamaron al pueblo y le dijeron: “Levantaos y bendecid al Señor vuestro Dios” (Nehemías 9:5). Es así que nosotros nos ponemos de pie en recuerdo de aquella reunión (Rabino Eli Munk).

Y con el soplo de Tu furor se apilaron las aguas,
se irguieron cual muro.
Los abismos se congelaron en el corazón del mar.
Dijo el enemigo: "Voy a perseguir, alcanzar
y repartir el botín, saciaré mis deseos.
Desenvainaré mi espada, Mi brazo los vaciará".
Soplaste con Tu viento, el mar los cubrió,
se hundieron cual plomo en aguas embravecidas.
¿Quién es como Tú entre los fuertes SEÑOR?
¿Quién como Tú magnificado por la Santidad?
Infinito en alabanzas, Hacedor de maravillas.
¡Extendiste Tu diestra, los tragó la tierra!
Condujiste con Tu benevolencia a este pueblo que has redimido;
lo dirigirás con Tu Poder hacia la morada de Tu Santidad.
Los pueblos lo oyeron y temblaron,
el temor se apoderó de los habitantes de tierras filisteas.
Entonces se aterraron los jefes de Edom,
los fuertes de Moab fueron presas del temblor,
se desmoronaron todos los habitantes de Cna'an.
Caerá sobre ellos temor y miedo.
Ante la grandeza de Tu Poder enmudecieron cual piedra.
Hasta que pasó Tu pueblo, SEÑOR,
hasta que pasó este pueblo que adquiriste;
Tú los traerás y los plantarás en la montaña de Tu heredad,
que estableciste para Tu morada. ¡Tú lo has hecho! SEÑOR.
El Santuario del SEÑOR que han establecido Tus manos.
El SEÑOR reinará por toda la eternidad.

El SEÑOR reinará por toda la eternidad.
El reino del SEÑOR está establecido por siempre y por toda la eternidad.

Pues habían entrado los caballos de Par'ó con sus carros y sus jinetes en el mar, mas el SEÑOR hizo volver sobre ellos a las aguas del mar.
Empero los hijos de Israel anduvieron por tierra seca en medio del mar.

קָמֶיךָ, תְּשַׁלַּח חֲרֹנְךָ יֹאכְלֵמוֹ כַּקַּשׁ: וּבְרוּחַ
אַפֶּיךָ נֶעֶרְמוּ מַיִם, נִצְּבוּ כְמוֹ־נֵד
נֹזְלִים, קָפְאוּ תְהֹמֹת בְּלֶב־יָם: אָמַר
אוֹיֵב אֶרְדֹּף, אַשִּׂיג, אֲחַלֵּק שָׁלָל, תִּמְלָאֵמוֹ
נַפְשִׁי, אָרִיק חַרְבִּי תּוֹרִישֵׁמוֹ יָדִי: נָשַׁפְתָּ
בְרוּחֲךָ כִּסָּמוֹ יָם, צָלֲלוּ כַּעוֹפֶרֶת בְּמַיִם
אַדִּירִים: מִי־כָמֹכָה בָּאֵלִם יהוה, מִי
כָּמֹכָה נֶאְדָּר בַּקֹּדֶשׁ, נוֹרָא תְהִלֹּת עֹשֵׂה
פֶלֶא: נָטִיתָ יְמִינְךָ תִּבְלָעֵמוֹ אָרֶץ: נָחִיתָ
בְחַסְדְּךָ עַם־זוּ גָּאָלְתָּ, נֵהַלְתָּ בְעָזְּךָ אֶל־נְוֵה
קָדְשֶׁךָ: שָׁמְעוּ עַמִּים יִרְגָּזוּן, חִיל
אָחַז יֹשְׁבֵי פְּלָשֶׁת: אָז נִבְהֲלוּ אַלּוּפֵי
אֱדוֹם, אֵילֵי מוֹאָב יֹאחֲזֵמוֹ רָעַד, נָמֹגוּ
כֹּל יֹשְׁבֵי כְנָעַן: תִּפֹּל עֲלֵיהֶם אֵימָתָה
וָפַחַד, בִּגְדֹל זְרוֹעֲךָ יִדְּמוּ כָּאָבֶן, עַד־
יַעֲבֹר עַמְּךָ יהוה, עַד־יַעֲבֹר עַם־זוּ
קָנִיתָ: תְּבִאֵמוֹ וְתִטָּעֵמוֹ בְּהַר נַחֲלָתְךָ, מָכוֹן
לְשִׁבְתְּךָ פָּעַלְתָּ יהוה, מִקְּדָשׁ אֲדֹנָי כּוֹנְנוּ
יָדֶיךָ: יהוה ׀ יִמְלֹךְ לְעֹלָם וָעֶד:

יהוה יִמְלֹךְ לְעֹלָם וָעֶד.
יהוה מַלְכוּתֵהּ קָאֵם לְעָלַם וּלְעָלְמֵי עָלְמַיָּא.

כִּי
בָא סוּס פַּרְעֹה בְּרִכְבּוֹ וּבְפָרָשָׁיו בַּיָּם, וַיָּשֶׁב יהוה עֲלֵהֶם אֶת־מֵי
הַיָּם, וּבְנֵי יִשְׂרָאֵל הָלְכוּ בַיַּבָּשָׁה בְּתוֹךְ הַיָּם:

Pues el reino pertenece al Señor
y Él gobierna a las naciones. *Sal. 22*
Y ascenderán los salvadores al Monte Sion *Ov. 1*
para juzgar al Monte de Esav,
y el reino será del Señor.

Entonces el Señor será el Rey sobre toda la tierra; *Zej. 14*
en ese día el Señor será Uno y Su Nombre Uno.
(Tal como está escrito en Tu Torá: *Deut. 6*
Escucha Israel, el Señor es nuestro Dios, el Señor es Uno.)

יִשְׁתַּבַּח Que Tu Nombre sea alabado por siempre,
Rey nuestro,
Dios, Rey grande y sagrado en el cielo y en la tierra,
pues a Ti Señor,
Dios nuestro y de nuestros ancestros,
corresponde elevar cánticos y loas,
alabanzas y salmos,
fortaleza y dominio,
eternidad, grandeza y poder,
gloria y esplendor,
santidad y reinado,
bendiciones y agradecimientos
desde ahora y para siempre.
Bendito eres Tú Señor,
Dios y Rey grande en alabanzas,
Dios de agradecimientos,
Señor de maravillas,
que se deleita en cánticos,
Rey, Dios, Vida de los mundos.

‹ כִּי לַיהוה הַמְּלוּכָה וּמֹשֵׁל בַּגּוֹיִם: תהלים כב
וְעָלוּ מוֹשִׁעִים בְּהַר צִיּוֹן לִשְׁפֹּט אֶת־הַר עֵשָׂו עובדיה א
וְהָיְתָה לַיהוה הַמְּלוּכָה:

וְהָיָה יהוה לְמֶלֶךְ עַל־כָּל־הָאָרֶץ זכריה יד
בַּיּוֹם הַהוּא יִהְיֶה יהוה אֶחָד וּשְׁמוֹ אֶחָד:
(וּבְתוֹרָתְךָ כָּתוּב לֵאמֹר, שְׁמַע יִשְׂרָאֵל, יהוה אֱלֹהֵינוּ יהוה אֶחָד:) דברים ו

יִשְׁתַּבַּח

שִׁמְךָ לָעַד, מַלְכֵּנוּ
הָאֵל הַמֶּלֶךְ הַגָּדוֹל וְהַקָּדוֹשׁ בַּשָּׁמַיִם וּבָאָרֶץ
כִּי לְךָ נָאֶה, יהוה אֱלֹהֵינוּ וֵאלֹהֵי אֲבוֹתֵינוּ
שִׁיר וּשְׁבָחָה, הַלֵּל וְזִמְרָה
עֹז וּמֶמְשָׁלָה, נֶצַח, גְּדֻלָּה וּגְבוּרָה
תְּהִלָּה וְתִפְאֶרֶת, קְדֻשָּׁה וּמַלְכוּת
‹ בְּרָכוֹת וְהוֹדָאוֹת, מֵעַתָּה וְעַד עוֹלָם.
בָּרוּךְ אַתָּה יהוה
אֵל מֶלֶךְ גָּדוֹל בַּתִּשְׁבָּחוֹת
אֵל הַהוֹדָאוֹת
אֲדוֹן הַנִּפְלָאוֹת
הַבּוֹחֵר בְּשִׁירֵי זִמְרָה
מֶלֶךְ, אֵל, חֵי הָעוֹלָמִים.

Entre Rosh HaShaná y Yom Kipur así como también en Hoshaná Rabá, muchas congregaciones abren el Arca Sagrada y recitan alternadamente el siguiente salmo, versículo por versículo.

שִׁיר הַמַּעֲלוֹת Cántico de las ascensiones. Desde las profundidades Te invoqué, Señor. Señor, escucha mi voz, que Tus oídos estén atentos a la voz de mis súplicas. Si Tú Señor, has de llevar la cuenta de los pecados, ¿quién podrá sobrevivir? Pero el perdón está contigo para que puedas ser venerado reverencialmente. Mi confianza estuvo puesta en el Señor, mi alma anhela, y cifro mis esperanzas en Su palabra. Mi alma espera al Señor más de lo que los guardianes aguardan la mañana, más que lo que los guardianes aguardan por el alba. Israel, cifra tu esperanza en el Señor pues con el Señor está la benevolencia y Su poder de redención es grande. Y Él redimirá a Israel de todos sus pecados. *Sal. 130*

MEDIO KADISH

Oficiante: יִתְגַּדַּל Que Su Gran Nombre
sea magnificado y santificado,
en el mundo que creó conforme a Su voluntad.
Que establezca Su reino
durante vuestra vida y en vuestros días
y en la vida de toda la casa de Israel,
pronto y rápidamente
y decid: Amén.

Todos: Que Su Gran Nombre sea bendito
por siempre y por toda la eternidad.

Oficiante: Sea bendecido, alabado, glorificado
y exaltado, encumbrado
y magnificado, enaltecido y ensalzado
el Nombre del Santo Bendito Él;
más allá de cualquier bendición,
cántico, alabanza y consolación
pronunciados en el mundo
y decid: Amén.

En עשרת ימי תשובה *así como también en* הושענא רבה*, muchas congregaciones abren el* ארון קודש *y recitan alternadamente el siguiente salmo, versículo por versículo.*

תהלים קל שִׁיר הַמַּעֲלוֹת, מִמַּעֲמַקִּים קְרָאתִיךָ יהוה: אֲדֹנָי שִׁמְעָה בְקוֹלִי, תִּהְיֶינָה
אָזְנֶיךָ קַשֻּׁבוֹת לְקוֹל תַּחֲנוּנָי: אִם־עֲוֹנוֹת תִּשְׁמָר־יָהּ, אֲדֹנָי מִי יַעֲמֹד:
כִּי־עִמְּךָ הַסְּלִיחָה, לְמַעַן תִּוָּרֵא: קִוִּיתִי יהוה קִוְּתָה נַפְשִׁי, וְלִדְבָרוֹ
הוֹחָלְתִּי: נַפְשִׁי לַאדֹנָי, מִשֹּׁמְרִים לַבֹּקֶר, שֹׁמְרִים לַבֹּקֶר: יַחֵל יִשְׂרָאֵל
אֶל יהוה, כִּי־עִם־יהוה הַחֶסֶד, וְהַרְבֵּה עִמּוֹ פְדוּת: וְהוּא יִפְדֶּה אֶת־
יִשְׂרָאֵל, מִכֹּל עֲוֹנוֹתָיו:

חצי קדיש

ש״ץ: יִתְגַּדַּל וְיִתְקַדַּשׁ שְׁמֵהּ רַבָּא (קהל: אָמֵן)
בְּעָלְמָא דִּי בְרָא כִרְעוּתֵהּ
וְיַמְלִיךְ מַלְכוּתֵהּ
בְּחַיֵּיכוֹן וּבְיוֹמֵיכוֹן וּבְחַיֵּי דְכָל בֵּית יִשְׂרָאֵל
בַּעֲגָלָא וּבִזְמַן קָרִיב
וְאִמְרוּ אָמֵן. (קהל: אָמֵן)

קהל וש״ץ: יְהֵא שְׁמֵהּ רַבָּא מְבָרַךְ לְעָלַם וּלְעָלְמֵי עָלְמַיָּא.

ש״ץ: יִתְבָּרַךְ וְיִשְׁתַּבַּח וְיִתְפָּאַר וְיִתְרוֹמַם וְיִתְנַשֵּׂא
וְיִתְהַדָּר וְיִתְעַלֶּה וְיִתְהַלָּל
שְׁמֵהּ דְּקֻדְשָׁא בְּרִיךְ הוּא (קהל: בְּרִיךְ הוּא)
לְעֵלָּא מִן כָּל בִּרְכָתָא
/בעשרת ימי תשובה: לְעֵלָּא לְעֵלָּא מִכָּל בִּרְכָתָא/
וְשִׁירָתָא, תֻּשְׁבְּחָתָא וְנֶחֱמָתָא, דַּאֲמִירָן בְּעָלְמָא
וְאִמְרוּ אָמֵן. (קהל: אָמֵן)

EL RECITADO DEL SHEMÁ Y SUS BENDICIONES

La siguiente bendición y su respectiva respuesta son recitadas únicamente en presencia de un minián. Se trata de una convocatoria formal a la congregación para involucrarse en una acción de plegaria colectiva. La acción de inclinarse en este punto del rezo se basa en el pasaje de 1 Crónicas 29:20, donde leemos "David dijo a toda la congregación, 'Bendecid ahora al Señor vuestro Dios' Toda la congregación bendijo al Señor Dios de sus ancestros, inclinándose y prosternándose ante el Señor y ante el Rey".

El oficiante recita lo siguiente, inclinándose al pronunciar "Bendecid" y volviendo a enderezarse al pronunciar "Señor". La congregación responde inclinándose al escuchar "Bendecid" seguida por el oficiante y volviendo a enderezarse en "Señor".

Oficiante: BENDECID
al Señor el Bendecido

Congregación: Bendecid al Señor el Bendecido
por toda la eternidad.

Oficiante: Bendecid al Señor el Bendecido
por toda la eternidad.

Se acostumbra tomar asiento desde este momento y hasta el inicio de la Amidá ya que el sentimiento predominante en esta sección de rezo es el amor y no el temor reverencial. Está prohibido conversar hasta después de la Amidá. Ver la tabla en las páginas 1355–1357.

בָּרוּךְ Bendito eres Tú Señor, nuestro Dios,
Rey del universo,
que forma la luz y crea la oscuridad, *Is. 45*
hace la paz y todo lo crea.

Amidá (el rezo que se lleva a cabo de pie). Es precepto de la Torá recitar el Shemá dos veces al día (por la mañana y por la noche, "al acostarte y al levantarte") y era parte del orden del rezo desde los días del Templo. La transición al rezo de la congregación está indicada por el llamado "Bendecid al Señor que es bendito" el cual insta a todos los presentes a unirse al servicio.

קריאת שמע וברכותיה

La siguiente bendición y su respectiva respuesta son recitadas únicamente en presencia de un מנין. *Se trata de una convocatoria formal al* קהל *para involucrarse en una acción de plegaria colectiva. La acción de inclinarse en este punto del rezo se basa en el pasaje de* דברי הימים א׳ כט, כ, *donde leemos "David dijo a toda la congregación, 'Bendecid ahora al Señor vuestro Dios' Toda la congregación bendijo al Señor Dios de sus ancestros, inclinándose y prosternándose ante el Señor y ante el Rey".*

El שליח ציבור *recita lo siguiente, inclinándose al pronunciar la palabra* בָּרְכוּ *y volviendo a enderezarse al pronunciar* ה׳. *El* קהל *responde inclinándose al escuchar* בָּרוּךְ *seguida por el* שליח ציבור *y volviendo a enderezarse en* ה׳.

ש״ץ: **בָּרְכוּ**
אֶת יהוה הַמְבֹרָךְ.

קהל: בָּרוּךְ יהוה הַמְבֹרָךְ לְעוֹלָם וָעֶד.

ש״ץ: בָּרוּךְ יהוה הַמְבֹרָךְ לְעוֹלָם וָעֶד.

Se acostumbra tomar asiento desde este momento y hasta el inicio de la עמידה *ya que el sentimiento predominante en esta sección de rezo es el amor y no el temor reverencial.*

Está prohibido conversar hasta después de la עמידה. *Ver la tabla en las páginas 1355–1357.*

בָּרוּךְ אַתָּה יהוה אֱלֹהֵינוּ מֶלֶךְ הָעוֹלָם
יוֹצֵר אוֹר וּבוֹרֵא חֹשֶׁךְ ישעיה מה
עֹשֶׂה שָׁלוֹם וּבוֹרֵא אֶת הַכֹּל.

EL RECITADO DEL SHEMÁ Y SUS BENDICIONES

Los *Pesukei DeZimrá* son la antesala del rezo. Ahora la congregación pasa a una plegaria en cuyo núcleo central están el recitado del Shemá y el de la

הַמֵּאִיר Ilumina a la tierra y sus habitantes con misericordia,
y en Su bondad renueva continuamente, día tras día,
la labor de la Creación.
Cuán numerosas son Tus obras Señor, *Sal. 104*
todas las hiciste con sabiduría,
la tierra está plena de Tus creaciones.
Sólo Él es el Rey exaltado desde el inicio de los tiempos –
alabado, glorificado y elevado
desde que el mundo comenzó.
Dios eterno,
en Tu gran compasión, apiádate de nosotros,
Señor que nos inspiras fuerzas,
nuestra Roca y Baluarte,
Escudo de nuestra salvación,
Tú eres nuestro Refugio.

El Dios bendito, grande en conocimiento,
preparó e hizo los rayos del sol.
Él, que es Benevolente, dio gloria a Su Nombre,
rodeando Su poder de estrellas radiantes.
Los líderes sagrados de Sus huestes exaltan al Eterno,
proclaman constantemente la gloria de Dios y Su santidad.
Sea el Señor nuestro Dios bendito,
por sobre la magnificencia
de la labor de Tus manos
y por sobre las radiantes luces que has hecho.
Que ellas Te glorifiquen, Sela.

---

al iniciarse el día: la creación de la luz. Existen dos tipos de luz: la luz física proveniente del sol, la luna y las estrellas originada el cuarto día de la Creación y la luz espiritual que fue creada en el primer día ("Sea la luz"). Esta plegaria articula el pasaje del primero al segundo tipo: del universo tal como lo vemos nosotros a la visión mística de Dios sobre Su trono de Gloria rodeado de los ángeles.

הַמֵּאִיר לָאָרֶץ וְלַדָּרִים עָלֶיהָ בְּרַחֲמִים
וּבְטוּבוֹ מְחַדֵּשׁ בְּכָל יוֹם תָּמִיד מַעֲשֵׂה בְרֵאשִׁית.
מָה־רַבּוּ מַעֲשֶׂיךָ יהוה תהלים קד
כֻּלָּם בְּחָכְמָה עָשִׂיתָ
מָלְאָה הָאָרֶץ קִנְיָנֶךָ:
הַמֶּלֶךְ הַמְרוֹמָם לְבַדּוֹ מֵאָז
הַמְשֻׁבָּח וְהַמְפֹאָר וְהַמִּתְנַשֵּׂא מִימוֹת עוֹלָם.
אֱלֹהֵי עוֹלָם
בְּרַחֲמֶיךָ הָרַבִּים רַחֵם עָלֵינוּ
אֲדוֹן עֻזֵּנוּ, צוּר מִשְׂגַּבֵּנוּ
מָגֵן יִשְׁעֵנוּ, מִשְׂגָּב בַּעֲדֵנוּ.
אֵל בָּרוּךְ גְּדוֹל דֵּעָה
הֵכִין וּפָעַל זָהֳרֵי חַמָּה
טוֹב יָצַר כָּבוֹד לִשְׁמוֹ
מְאוֹרוֹת נָתַן סְבִיבוֹת עֻזּוֹ
פִּנּוֹת צְבָאָיו קְדוֹשִׁים, רוֹמְמֵי שַׁדַּי
תָּמִיד מְסַפְּרִים כְּבוֹד אֵל וּקְדֻשָּׁתוֹ.
תִּתְבָּרַךְ יהוה אֱלֹהֵינוּ
עַל שֶׁבַח מַעֲשֵׂה יָדֶיךָ.
וְעַל מְאוֹרֵי אוֹר שֶׁעָשִׂיתָ
יְפָאֲרוּךָ סֶּלָה.

אֵל בָּרוּךְ *El Dios bendito:* se trata de un acróstico en orden alfabético de veintidós letras. Si bien la primera bendición se refiere a la Creación en general, el rezo matinal pone énfasis en el elemento del cual estamos más conscientes

תִּתְבָּרַךְ Que seas bendito,
nuestra Fortaleza, nuestro Rey y Redentor,
Creador de los seres sagrados.
Que Tu nombre sea alabado por siempre,
Rey nuestro, Creador de los ángeles ministeriales,
los cuales se posan en las alturas del universo,
proclamando al unísono
con temor reverencial y en voz alta,
las palabras del Dios viviente, del Rey eterno.
Todos ellos son amados,
todos ellos son puros,
todos ellos son poderosos,
y todos hacen con temor y reverencia la voluntad de su Hacedor.
▸ Y todos abren sus bocas en santidad y pureza,
con cánticos y salmos,
y bendicen, alaban, glorifican,
reverencian, santifican
y declaran la soberanía de –
El Nombre del Dios que es el grande, poderoso
y reverencialmente temido Rey,
Santo es Él.
▸ Y todos aceptan sobre sí, el uno del otro el Yugo Celestial
y se dan unos de otros permiso
para santificar a su Creador, con espíritu sereno
a Quien los formó, mediante habla pura y dulce melodía.
Todos ellos al unísono proclaman Su santidad,
y dicen con temor reverencial:

Todos recitan en voz alta:

Santo, Santo, Santo Señor de las Huestes Celestiales; *Is. 6*
todo el universo está pleno de Su gloria.

---

es el número de lo sagrado. Si desea leer una explicación más extensa de esta sección del rezo vaya a la página 455.

El tema de esta sección del rezo es la *Revelación*: Dios tal como se ha

תִּתְבָּרַךְ
צוּרֵנוּ מַלְכֵּנוּ וְגוֹאֲלֵנוּ, בּוֹרֵא קְדוֹשִׁים
יִשְׁתַּבַּח שִׁמְךָ לָעַד
מַלְכֵּנוּ, יוֹצֵר מְשָׁרְתִים
וַאֲשֶׁר מְשָׁרְתָיו כֻּלָּם עוֹמְדִים בְּרוּם עוֹלָם
וּמַשְׁמִיעִים בְּיִרְאָה יַחַד בְּקוֹל
דִּבְרֵי אֱלֹהִים חַיִּים וּמֶלֶךְ עוֹלָם.
כֻּלָּם אֲהוּבִים, כֻּלָּם בְּרוּרִים, כֻּלָּם גִּבּוֹרִים
וְכֻלָּם עוֹשִׂים בְּאֵימָה וּבְיִרְאָה רְצוֹן קוֹנָם
◂ וְכֻלָּם פּוֹתְחִים אֶת פִּיהֶם בִּקְדֻשָּׁה וּבְטָהֳרָה
בְּשִׁירָה וּבְזִמְרָה
וּמְבָרְכִים וּמְשַׁבְּחִים וּמְפָאֲרִים
וּמַעֲרִיצִים וּמַקְדִּישִׁים וּמַמְלִיכִים ◂
אֶת שֵׁם הָאֵל הַמֶּלֶךְ הַגָּדוֹל, הַגִּבּוֹר וְהַנּוֹרָא
קָדוֹשׁ הוּא.
◂ וְכֻלָּם מְקַבְּלִים עֲלֵיהֶם עֹל מַלְכוּת שָׁמַיִם זֶה מִזֶּה
וְנוֹתְנִים רְשׁוּת זֶה לָזֶה לְהַקְדִּישׁ לְיוֹצְרָם בְּנַחַת רוּחַ
בְּשָׂפָה בְרוּרָה וּבִנְעִימָה
קְדֻשָּׁה כֻּלָּם כְּאֶחָד
עוֹנִים וְאוֹמְרִים בְּיִרְאָה

Todos recitan en voz alta:

קָדוֹשׁ, קָדוֹשׁ, קָדוֹשׁ יהוה צְבָאוֹת ישעיה ו
מְלֹא כָל־הָאָרֶץ כְּבוֹדוֹ:

Las tres bendiciones y los tres párrafos del recitado del Shemá conforman seis pasajes que conducen al séptimo que es la Amidá. En el judaísmo el siete

▸ Entonces, los Ofanim y las Jaiot Sagradas,
con un gran clamor se elevan en dirección a los Serafim
y frente a estos alaban diciendo:

Todos recitan en voz alta:

Bendita es la Gloria del Señor desde Su sitial. *Ezeq. 3*

לְאֵל Ofrendan melodías al Dios bendito.
Al Rey, Dios eterno
y viviente entonan salmos y proclaman alabanzas.
Pues solamente Él
realiza acciones poderosas
y crea cosas nuevas,
domina batallas,
cultiva justicia,
hace crecer la salvación,
crea curaciones,
es reverenciado con alabanzas,
Señor de maravillas,
que en Su bondad renueva a diario la obra de la Creación.
Como está dicho:
"Alabadle por haber hecho las grandes luminarias, *Sal. 136*
porque Su amor es eterno".

▸ Haz brillar una nueva luz sobre Sion
y que pronto seamos merecedores de Su luz.
Bendito eres Tú Señor, que formas las luminarias.

---

tres bendiciones, dos anteriores al recitado del Shemá y una posterior. Al igual que en el rezo de la mañana, sus temas principales son la Creación, la Revelación y la Redención. La primera (continuando con la temática de los *Pesukei DeZimrá*) está vinculada a la Creación, la cual se renueva a diario. La segunda, אַהֲבָה רַבָּה ("Tú nos has amado"), tiene que ver con la Revelación, ya que la Torá fue entregada con amor. La tercera, אֱמֶת וְיַצִּיב, ("verdadero y firme") tiene que ver con la Redención.

◂ וְהָאוֹפַנִּים וְחַיּוֹת הַקֹּדֶשׁ
בְּרַעַשׁ גָּדוֹל מִתְנַשְּׂאִים לְעֻמַּת שְׂרָפִים
לְעֻמָּתָם מְשַׁבְּחִים וְאוֹמְרִים

Todos recitan en voz alta:

בָּרוּךְ כְּבוֹד־יהוה מִמְּקוֹמוֹ: יחזקאל ג

לָאֵל בָּרוּךְ נְעִימוֹת יִתֵּנוּ, לַמֶּלֶךְ אֵל חַי וְקַיָּם
זְמִירוֹת יֹאמֵרוּ וְתִשְׁבָּחוֹת יַשְׁמִיעוּ
כִּי הוּא לְבַדּוֹ
פּוֹעֵל גְּבוּרוֹת
עוֹשֶׂה חֲדָשׁוֹת
בַּעַל מִלְחָמוֹת
זוֹרֵעַ צְדָקוֹת
מַצְמִיחַ יְשׁוּעוֹת
בּוֹרֵא רְפוּאוֹת
נוֹרָא תְהִלּוֹת
אֲדוֹן הַנִּפְלָאוֹת
הַמְחַדֵּשׁ בְּטוּבוֹ בְּכָל יוֹם תָּמִיד מַעֲשֵׂה בְרֵאשִׁית
כָּאָמוּר
לְעֹשֵׂה אוֹרִים גְּדֹלִים, כִּי לְעוֹלָם חַסְדּוֹ: תהלים קלו
◂ אוֹר חָדָשׁ עַל צִיּוֹן תָּאִיר וְנִזְכֶּה כֻלָּנוּ מְהֵרָה לְאוֹרוֹ.
בָּרוּךְ אַתָּה יהוה, יוֹצֵר הַמְּאוֹרוֹת.

manifestado a Sí mismo según las palabras de la Torá. Por ello en el núcleo central del pasaje encontramos tres textos de la Torá, colectivamente conocidos por su primera palabra, *Shemá*. Alrededor de este núcleo encontramos

אַהֲבָה Tú nos has amado con un gran amor,
Señor, nuestro Dios,
has tenido para con nosotros gran compasión.
Padre nuestro, Rey nuestro,
a causa de nuestros ancestros que confiaron en Ti
y a quienes enseñaste las leyes de vida,
agrácianos y enséñanos.
Padre nuestro, Padre compasivo,
que actúas con clemencia,
apiádate de nosotros,
infunde en nuestros corazones entendimiento
para comprender y discernir,
escuchar aprender y enseñar,
cuidar, cumplir y realizar
con amor todas las enseñanzas de Tu Torá.
Ilumina nuestros ojos con Tu Torá
y haz que se aferren nuestros corazones a Tus preceptos,
unifica nuestros corazones para amar
y temer reverencialmente a Tu Nombre,
para que nunca sintamos vergüenza jamás.
Tal como hemos confiado en Tu Nombre
sagrado, grande y reverenciado,
así podamos alegrarnos y regocijarnos en Tu salvación.

En este punto se reúnen los cuatro tzitziot del talit y se los sostienen con la mano izquierda.

Reúnenos en paz de los cuatro confines de la tierra
y condúcenos erguidos a nuestra tierra.
▸ Pues Tú eres un Dios que realiza actos de salvación,
y nos escogiste de entre todas las naciones y todas las lenguas,
acercándonos a Tu Gran Nombre Sela, de verdad,
para agradecerte y proclamar Tu unicidad con amor.
Bendito eres Tú Señor,
que escoge a Su pueblo Israel con amor.

אַהֲבָה רַבָּה אֲהַבְתָּנוּ, יהוה אֱלֹהֵינוּ
חֶמְלָה גְדוֹלָה וִיתֵרָה חָמַלְתָּ עָלֵינוּ.
אָבִינוּ מַלְכֵּנוּ
בַּעֲבוּר אֲבוֹתֵינוּ שֶׁבָּטְחוּ בְךָ
וַתְּלַמְּדֵם חֻקֵּי חַיִּים
כֵּן תְּחָנֵּנוּ וּתְלַמְּדֵנוּ.
אָבִינוּ, הָאָב הָרַחֲמָן, הַמְרַחֵם
רַחֵם עָלֵינוּ
וְתֵן בְּלִבֵּנוּ לְהָבִין וּלְהַשְׂכִּיל
לִשְׁמֹעַ, לִלְמֹד וּלְלַמֵּד, לִשְׁמֹר וְלַעֲשׂוֹת, וּלְקַיֵּם
אֶת כָּל דִּבְרֵי תַלְמוּד תּוֹרָתֶךָ בְּאַהֲבָה.
וְהָאֵר עֵינֵינוּ בְּתוֹרָתֶךָ, וְדַבֵּק לִבֵּנוּ בְּמִצְוֹתֶיךָ
וְיַחֵד לְבָבֵנוּ לְאַהֲבָה וּלְיִרְאָה אֶת שְׁמֶךָ
וְלֹא נֵבוֹשׁ לְעוֹלָם וָעֶד.
כִּי בְשֵׁם קָדְשְׁךָ הַגָּדוֹל וְהַנּוֹרָא בָּטָחְנוּ
נָגִילָה וְנִשְׂמְחָה בִּישׁוּעָתֶךָ.

En este punto se reúnen los cuatro ציציות *del* טלית *y se los sostienen con la mano izquierda.*

וַהֲבִיאֵנוּ לְשָׁלוֹם מֵאַרְבַּע כַּנְפוֹת הָאָרֶץ
וְתוֹלִיכֵנוּ קוֹמְמִיּוּת לְאַרְצֵנוּ.
◄ כִּי אֵל פּוֹעֵל יְשׁוּעוֹת אָתָּה
וּבָנוּ בָחַרְתָּ מִכָּל עַם וְלָשׁוֹן
וְקֵרַבְתָּנוּ לְשִׁמְךָ הַגָּדוֹל סֶלָה, בֶּאֱמֶת
לְהוֹדוֹת לְךָ וּלְיַחֶדְךָ בְּאַהֲבָה.
בָּרוּךְ אַתָּה יהוה, הַבּוֹחֵר בְּעַמּוֹ יִשְׂרָאֵל בְּאַהֲבָה.

El Shemá debe ser recitado con gran concentración. En el primer párrafo se debe aceptar con amor la soberanía de Dios, en el segundo los preceptos como expresión de Su voluntad. El final del tercer párrafo constituye el cumplimiento del precepto de recordar la salida de Egipto de día y de noche. Ver leyes 346–355.

Cuando no se reza con minián se dice:

Dios, ¡Rey fiel!

El siguiente versículo debe ser recitado en voz alta cubriendo los ojos con la mano derecha:

Escucha Israel, el SEÑOR es nuestro Dios, el SEÑOR es Uno. *Deut. 6*

En voz baja: Bendito sea el Nombre de Su glorioso Reino por siempre.

Se toca el tefilín del brazo en ° y el de la cabeza en °°.

וְאָהַבְתָּ Amarás al SEÑOR tu Dios con todo tu corazón, con toda tu alma y con todas tus fuerzas. Estas palabras que te ordeno hoy deben estar sobre tu corazón, se las transmitirás a tus hijos hablando sobre ellas, cuando estés en tu hogar y cuando transites por el camino, al acostarte y al levantarte. °Y las atarás como señal sobre tu brazo °°y serán un emblema entre tus ojos. Y las escribirás en los marcos de tus puertas y sobre tus portones. *Deut. 6*

Se toca el tefilín del brazo en ° y el de la cabeza en °°.

וְהָיָה Y será que, si realmente escucháis Mis preceptos que os ordeno el día de hoy, amando al SEÑOR vuestro Dios y sirviéndole con todo vuestro corazón y toda vuestra alma, entonces daré lluvia en su tiempo sobre vuestra tierra, tanto la primera como la postrera, y recogerás tus cereales, tu mosto y tu aceite de oliva. Proveeré hierba en tu campo para tus animales, y comerás y te saciarás. Tened cuidado de no permitir que vuestro corazón se desvíe, *Deut. 11*

---

trata de una serie de lecturas bíblicas. Es más bien el preludio de un rezo que uno propiamente dicho. Durante la plegaria, nosotros le hablamos a Dios. En el Shemá es Dios quien nos habla a nosotros por intermedio de la Torá. La palabra "Shemá" significa literalmente "escucha" y recitarlo es un acto supremo de fe entendida como prestar atención a la Voz que hizo que el universo adquiera existencia, que nos creó con amor y nos guía a lo largo de nuestras vidas.

El primer párrafo implica *Kabalat Ol Maljut Shamaim*, "la aceptación

El שמע *debe ser recitado con gran concentración. En el primer párrafo se debe aceptar con amor la soberanía de Dios, en el segundo las* מצוות *como expresión de Su voluntad. El final del tercer párrafo constituye el cumplimiento de la* מצוות *de recordar la salida de Egipto de día y de noche. Ver leyes 346–355.*

Cuando no se reza con מנין *se dice:*

אֵל מֶלֶךְ נֶאֱמָן

El siguiente versículo debe ser recitado en voz alta cubriendo los ojos con la mano derecha:

דברים ו שְׁמַע יִשְׂרָאֵל, יְהוָה אֱלֹהֵינוּ, יְהוָה | אֶחָד:

En voz baja בָּרוּךְ שֵׁם כְּבוֹד מַלְכוּתוֹ לְעוֹלָם וָעֶד.

Se toca el תפילין של יד *en* ° *y el* תפילין של ראש *en* °°.

דברים ו וְאָהַבְתָּ אֵת יְהוָה אֱלֹהֶיךָ, בְּכָל־לְבָבְךָ וּבְכָל־נַפְשְׁךָ וּבְכָל־
מְאֹדֶךָ: וְהָיוּ הַדְּבָרִים הָאֵלֶּה, אֲשֶׁר אָנֹכִי מְצַוְּךָ הַיּוֹם, עַל־לְבָבֶךָ:
וְשִׁנַּנְתָּם לְבָנֶיךָ וְדִבַּרְתָּ בָּם, בְּשִׁבְתְּךָ בְּבֵיתֶךָ וּבְלֶכְתְּךָ בַדֶּרֶךְ,
וּבְשָׁכְבְּךָ וּבְקוּמֶךָ: °וּקְשַׁרְתָּם לְאוֹת עַל־יָדֶךָ °°וְהָיוּ לְטֹטָפֹת
בֵּין עֵינֶיךָ: וּכְתַבְתָּם עַל־מְזֻזוֹת בֵּיתֶךָ וּבִשְׁעָרֶיךָ:

Se toca el תפילין של יד *en* ° *y el* תפילין של ראש *en* °°.

דברים יא וְהָיָה אִם־שָׁמֹעַ תִּשְׁמְעוּ אֶל־מִצְוֹתַי אֲשֶׁר אָנֹכִי מְצַוֶּה אֶתְכֶם
הַיּוֹם, לְאַהֲבָה אֶת־יְהוָה אֱלֹהֵיכֶם וּלְעָבְדוֹ, בְּכָל־לְבַבְכֶם וּבְכָל־
נַפְשְׁכֶם: וְנָתַתִּי מְטַר־אַרְצְכֶם בְּעִתּוֹ, יוֹרֶה וּמַלְקוֹשׁ, וְאָסַפְתָּ
דְגָנֶךָ וְתִירֹשְׁךָ וְיִצְהָרֶךָ: וְנָתַתִּי עֵשֶׂב בְּשָׂדְךָ לִבְהֶמְתֶּךָ, וְאָכַלְתָּ
וְשָׂבָעְתָּ: הִשָּׁמְרוּ לָכֶם פֶּן־יִפְתֶּה לְבַבְכֶם, וְסַרְתֶּם וַעֲבַדְתֶּם

EL SHEMÁ

El Shemá es nuestra más antigua e importante plegaria, es parte de la liturgia desde los días del Templo y se recitaba de noche y de día, "al acostarte y al levantarte". Su primera frase es parte de las primeras palabras que todo niño judío aprende a pronunciar, así como también es parte de las últimas que pronunciaban aquellos judíos que marchaban a la muerte por no abjurar de su fe. Es la suprema declaración de la fe judaica.

El Shemá no contiene pedido humano alguno, ni alabanza, ni súplica. Se

sirviendo a dioses extraños y postrándose ante ellos. Entonces se encenderá la ira del Señor con vosotros y bloqueará los cielos para que no haya lluvias, la tierra no dará su cosecha y os perderéis prontamente de la buena tierra que el Señor os ha dado. Y pondrán estas palabras Mías sobre vuestros corazones, °y las atarán sobre vuestros brazos y °°las tendrán por emblema entre vuestros ojos. Y las enseñarán a vuestros hijos hablando de ellas cuando estés en tu hogar y cuando transites por los caminos, al acostarte y al levantarte. Y las escribirás en los marcos de tus puertas y sobre tus portones, para que se prolonguen vuestros días y los de vuestros hijos sobre la tierra que el Señor prometió entregar a vuestros ancestros para que la habiten, mientras los cielos permanezcan sobre la tierra.

Se sostienen también los tzitzit con la mano derecha (algunos los transfieren a la mano derecha) y se los besa en los sitios marcados con °.

וַיֹּאמֶר El Señor habló a Moshé diciéndole: habla a los hijos de *Núm. 15*
Israel y diles que hagan °tzitzit en las esquinas de sus vestimentas por todas sus generaciones. Y pondrán en el °tzitzit de cada esquina de la vestimenta un hilo celeste. Y será para vosotros por °tzitzit y lo veréis y recordaréis así todos los preceptos del Señor y los cumpliréis, sin desviarse tras vuestros corazones y vuestros ojos, en virtud de los cuales os corrompéis. A fin de que recordéis todos Mis preceptos y seáis santos para vuestro Dios, Yo Soy el Señor vuestro Dios, quien os sacó de la tierra de Egipto para ser vuestro Dios, Yo Soy el Señor vuestro Dios.

°Verdadero

El oficiante repite:

▸ El Señor vuestro Dios es verdadero –

---

cubre todo cuanto hacemos, desde las relaciones con nuestros hijos hasta los hogares que construimos.

El segundo párrafo implica *Kabalat Ol Mitzvot*, "la aceptación de los preceptos". Si el primer párrafo se dirige a nosotros como personas individuales, el segundo se dirige a nosotros como pueblo, el cual está definido por el pacto que establecimos con Dios y sus 613 preceptos. Rabí Sa'adiá Gaón dijo que

אֱלֹהִים אֲחֵרִים וְהִשְׁתַּחֲוִיתֶם לָהֶם: וְחָרָה אַף־יהוה בָּכֶם, וְעָצַר
אֶת־הַשָּׁמַיִם וְלֹא־יִהְיֶה מָטָר, וְהָאֲדָמָה לֹא תִתֵּן אֶת־יְבוּלָהּ,
וַאֲבַדְתֶּם מְהֵרָה מֵעַל הָאָרֶץ הַטֹּבָה אֲשֶׁר יהוה נֹתֵן לָכֶם:
וְשַׂמְתֶּם אֶת־דְּבָרַי אֵלֶּה עַל־לְבַבְכֶם וְעַל־נַפְשְׁכֶם, °וּקְשַׁרְתֶּם
אֹתָם לְאוֹת עַל־יֶדְכֶם, °°וְהָיוּ לְטוֹטָפֹת בֵּין עֵינֵיכֶם: וְלִמַּדְתֶּם
אֹתָם אֶת־בְּנֵיכֶם לְדַבֵּר בָּם, בְּשִׁבְתְּךָ בְּבֵיתֶךָ וּבְלֶכְתְּךָ בַדֶּרֶךְ,
וּבְשָׁכְבְּךָ וּבְקוּמֶךָ: וּכְתַבְתָּם עַל־מְזוּזוֹת בֵּיתֶךָ וּבִשְׁעָרֶיךָ: לְמַעַן
יִרְבּוּ יְמֵיכֶם וִימֵי בְנֵיכֶם עַל הָאֲדָמָה אֲשֶׁר נִשְׁבַּע יהוה לַאֲבֹתֵיכֶם
לָתֵת לָהֶם, כִּימֵי הַשָּׁמַיִם עַל־הָאָרֶץ:

Se sostienen también los ציציות *con la mano derecha (algunos los transfieren a la mano derecha) y se los besa en los sitios marcados con °.*

במדבר טו
וַיֹּאמֶר יהוה אֶל־מֹשֶׁה לֵּאמֹר: דַּבֵּר אֶל־בְּנֵי יִשְׂרָאֵל וְאָמַרְתָּ
אֲלֵהֶם, וְעָשׂוּ לָהֶם °צִיצִת עַל־כַּנְפֵי בִגְדֵיהֶם לְדֹרֹתָם, וְנָתְנוּ
°עַל־צִיצִת הַכָּנָף פְּתִיל תְּכֵלֶת: וְהָיָה לָכֶם °לְצִיצִת, וּרְאִיתֶם
אֹתוֹ וּזְכַרְתֶּם אֶת־כָּל־מִצְוֹת יהוה וַעֲשִׂיתֶם אֹתָם, וְלֹא תָתוּרוּ
אַחֲרֵי לְבַבְכֶם וְאַחֲרֵי עֵינֵיכֶם, אֲשֶׁר־אַתֶּם זֹנִים אַחֲרֵיהֶם: לְמַעַן
תִּזְכְּרוּ וַעֲשִׂיתֶם אֶת־כָּל־מִצְוֹתָי, וִהְיִיתֶם קְדֹשִׁים לֵאלֹהֵיכֶם: אֲנִי
יהוה אֱלֹהֵיכֶם, אֲשֶׁר הוֹצֵאתִי אֶתְכֶם מֵאֶרֶץ מִצְרַיִם, לִהְיוֹת לָכֶם
לֵאלֹהִים, אֲנִי יהוה אֱלֹהֵיכֶם:

°אֱמֶת

El שליח ציבור *repite:*

◂ **יהוה אֱלֹהֵיכֶם אֱמֶת**

---

del Yugo Celestial". Nosotros prometemos lealtad al Creador, Soberano del universo, a cuya autoridad responden todos los poderes terrenales. Nosotros hacemos esto no con miedo sino con amor y con la totalidad de nuestro ser, la totalidad de nuestro corazón, nuestra alma y nuestro poder. Este amor

וְיַצִּיב Y firme, estable, duradera, recta,
fiel, amada, querida, placentera, agradable,
reverenciada, poderosa, perfecta, aceptada,
buena y hermosa
es esta fe para nosotros por siempre.

Verdadero es el Dios Eterno, nuestro Rey,
Fortaleza de Ya'akov, Escudo de nuestra redención.
Él existe y Su Nombre existe a lo largo
de todas las generaciones.
Su trono está establecido,
Su reinado y Su fidelidad existen por siempre.

Al llegar a ° se besan los tzitziot y luego se sueltan.

Sus palabras son vivientes y duraderas,
son fidedignas y deseadas
°por siempre y para toda la eternidad.
▸ Para nuestros ancestros,
para nosotros, para nuestros descendientes,
y nuestras generaciones que de nosotros se desarrollen
y por todas las generaciones de la simiente de Israel
Tus Servidores. ◂
Esta fe ha probado ser fidedigna
y por siempre duradera
para las generaciones primeras y para las postreras.
Verdadero, fidedigno e irrevocable es este decreto.

וְיַצִּיב *Y firme:* esta sección del rezo, junto al Shemá y la Amidá, nos devuelve a los días del Templo. Nuestros sabios enfatizaron que no debe mediar interrupción entre las últimas palabras del Shemá "Yo Soy el SEÑOR vuestro Dios" y las primeras de la plegaria "*Verdadero* y firme", o entre las últimas palabras de esta sección "que redimió a Israel" y el inicio de la Amidá (*Berajot* 14B, 9B). La conexión entre ambas es el tema central de esta sección, la *Redención*. El Shemá culmina refiriéndose a la redención pasada. En la Amidá oramos por la redención futura. Conectar el pasado con el futuro es lo "verdadero" – es creer completamente en Dios y el pacto que estableció con nosotros.

וְיַצִּיב, וְנָכוֹן וְקַיָּם, וְיָשָׁר וְנֶאֱמָן
וְאָהוּב וְחָבִיב, וְנֶחְמָד וְנָעִים
וְנוֹרָא וְאַדִּיר, וּמְתֻקָּן וּמְקֻבָּל
וְטוֹב וְיָפֶה
הַדָּבָר הַזֶּה עָלֵינוּ לְעוֹלָם וָעֶד.

אֱמֶת אֱלֹהֵי עוֹלָם מַלְכֵּנוּ
צוּר יַעֲקֹב מָגֵן יִשְׁעֵנוּ
לְדוֹר וָדוֹר הוּא קַיָּם וּשְׁמוֹ קַיָּם
וְכִסְאוֹ נָכוֹן
וּמַלְכוּתוֹ וֶאֱמוּנָתוֹ לָעַד קַיֶּמֶת.

Al llegar a ° se besan los ציציות *y luego se sueltan.*

וּדְבָרָיו חָיִים וְקַיָּמִים
נֶאֱמָנִים וְנֶחֱמָדִים
°לָעַד וּלְעוֹלְמֵי עוֹלָמִים
◂ עַל אֲבוֹתֵינוּ וְעָלֵינוּ
עַל בָּנֵינוּ וְעַל דּוֹרוֹתֵינוּ
וְעַל כָּל דּוֹרוֹת זֶרַע יִשְׂרָאֵל עֲבָדֶיךָ. ◂
עַל הָרִאשׁוֹנִים וְעַל הָאַחֲרוֹנִים
דָּבָר טוֹב וְקַיָּם לְעוֹלָם וָעֶד

אֱמֶת וֶאֱמוּנָה, חֹק וְלֹא יַעֲבֹר.

"nuestra nación es tal en virtud de su Torá", y por lo tanto nuestro destino nacional depende de nuestra fe colectiva.

El tercer párrafo habla del tzitzit que es un recordatorio permanente de los preceptos Divinos. Este pasaje menciona también la salida de Egipto, la cual estamos preceptuados de recordar "todos los días de nuestra vida".

Es verdad Tú eres el Señor Dios nuestro y de nuestros ancestros,
▸ Rey nuestro y de nuestros padres,
redentor nuestro y de nuestros antepasados,
nuestro Hacedor,
Fortaleza de nuestra salvación,
Aquél que nos prodiga y nos rescata:
Tu Nombre es eterno
y no existe ningún Dios excepto Tú.

עֶזְרַת Tú has sido siempre la ayuda de nuestros ancestros,
has sido el Escudo y la Salvación de los hijos
que les sucedieron en todas las generaciones.
Tu morada está en las cúspides del universo,
Tu justicia y Tu rectitud alcanzan todos
los confines de la tierra.
Feliz del hombre que obedece Tus preceptos
y lleva Tus enseñanzas y Tu palabra a su corazón.

Verdaderamente Tu eres el amo de Tu pueblo
y un Rey poderoso que aboga por su causa.

Verdaderamente Tú eres el Primero y el Último
y aparte de Ti no tenemos rey
ni redentor ni salvador.
Tú nos redimiste de Egipto
Señor, nuestro Dios,
nos liberaste de la casa de la esclavitud,
heriste de muerte a todos sus primogénitos mas
a Tu primogénito redimiste.
Partiste el Mar de los Juncos,
ahogaste a los arrogantes
e hiciste cruzar a Tus amados.
Las aguas cubrieron a sus perseguidores, *Sal. 106*
ningunos de ellos quedó.

אֱמֶת שָׁאַתָּה הוּא יהוה אֱלֹהֵינוּ וֵאלֹהֵי אֲבוֹתֵינוּ
◂ מַלְכֵּנוּ מֶלֶךְ אֲבוֹתֵינוּ
גּוֹאֲלֵנוּ גּוֹאֵל אֲבוֹתֵינוּ
יוֹצְרֵנוּ צוּר יְשׁוּעָתֵנוּ
פּוֹדֵנוּ וּמַצִּילֵנוּ מֵעוֹלָם שְׁמֶךָ
אֵין אֱלֹהִים זוּלָתֶךָ.

עֶזְרַת אֲבוֹתֵינוּ אַתָּה הוּא מֵעוֹלָם
מָגֵן וּמוֹשִׁיעַ לִבְנֵיהֶם אַחֲרֵיהֶם בְּכָל דּוֹר וָדוֹר.
בְּרוּם עוֹלָם מוֹשָׁבֶךָ
וּמִשְׁפָּטֶיךָ וְצִדְקָתְךָ עַד אַפְסֵי אָרֶץ.
אַשְׁרֵי אִישׁ שֶׁיִּשְׁמַע לְמִצְוֹתֶיךָ
וְתוֹרָתְךָ וּדְבָרְךָ יָשִׂים עַל לִבּוֹ.
אֱמֶת אַתָּה הוּא אָדוֹן לְעַמֶּךָ
וּמֶלֶךְ גִּבּוֹר לָרִיב רִיבָם.
אֱמֶת אַתָּה הוּא רִאשׁוֹן וְאַתָּה הוּא אַחֲרוֹן
וּמִבַּלְעָדֶיךָ אֵין לָנוּ מֶלֶךְ גּוֹאֵל וּמוֹשִׁיעַ.
מִמִּצְרַיִם גְּאַלְתָּנוּ, יהוה אֱלֹהֵינוּ
וּמִבֵּית עֲבָדִים פְּדִיתָנוּ
כָּל בְּכוֹרֵיהֶם הָרַגְתָּ, וּבְכוֹרְךָ גָּאָלְתָּ
וְיַם סוּף בָּקַעְתָּ
וְזֵדִים טִבַּעְתָּ
וִידִידִים הֶעֱבַרְתָּ
תהלים קו וַיְכַסּוּ־מַיִם צָרֵיהֶם, אֶחָד מֵהֶם לֹא נוֹתָר:

Por ello los amados alabaron y ensalzaron a Dios,
los apreciados entonaron salmos, cánticos y loas,
bendiciendo y agradeciendo al Rey viviente y Eterno.
Elevado y ensalzado, grande y reverencialmente temido,
Él humilla a los soberbios y enaltece a los humildes,
libera prisioneros, salva a los necesitados,
ayuda a los pobres
y responde a Su pueblo cuando claman ante Él.

Ponerse de pie como forma de preparación para la Amidá.
Dar tres pasos hacia atrás antes de iniciar la Amidá.

▸ Alabanzas al Dios Supremo,
el Dios Bendito que es bendecido.
Moshé y los hijos de Israel
entonaron para Ti un cántico con gran algarabía
y todos exclamaron:

"¿Quién es como Tú entre los fuertes Señor? *Éx. 15*
¿Quién como Tú magnificado por la Santidad?
Infinito en alabanzas, Hacedor de maravillas".

▸ Los libertos entonaron a orillas del mar un nuevo cántico
de alabanza a Tu gran Nombre.
Todos juntos agradecieron,
proclamaron Tu reino y declararon:

"El Señor reinará por toda la eternidad". *Éx. 15*

La congregación debe culminar la siguiente bendición junto al oficiante
de modo tal que pueda pasar de las palabras "que redimió a Israel"
directamente a la Amidá sin interrumpir pronunciando "Amén".

▸ צוּר יִשְׂרָאֵל ¡Fortaleza de Israel!
Levántate para ayudar a Israel
y rescata a Yehudá e Israel tal como lo has prometido.

Nuestro Redentor, *Is. 47*
Su nombre es el Señor de las Huestes Celestiales,
Santidad de Israel.

Bendito eres Tú Señor, que redimió a Israel.

עַל זֹאת שִׁבְּחוּ אֲהוּבִים, וְרוֹמְמוּ אֵל
וְנָתְנוּ יְדִידִים זְמִירוֹת, שִׁירוֹת וְתִשְׁבָּחוֹת
בְּרָכוֹת וְהוֹדָאוֹת לְמֶלֶךְ אֵל חַי וְקַיָּם
רָם וְנִשָּׂא, גָּדוֹל וְנוֹרָא
מַשְׁפִּיל גֵּאִים וּמַגְבִּיהַּ שְׁפָלִים
מוֹצִיא אֲסִירִים, וּפוֹדֶה עֲנָוִים וְעוֹזֵר דַּלִּים
וְעוֹנֶה לְעַמּוֹ בְּעֵת שַׁוְּעָם אֵלָיו.

Ponerse de pie como forma de preparación para la עמידה*.*
Dar tres pasos hacia atrás antes de iniciar la עמידה*.*

◂ תְּהִלּוֹת לְאֵל עֶלְיוֹן, בָּרוּךְ הוּא וּמְבֹרָךְ
מֹשֶׁה וּבְנֵי יִשְׂרָאֵל
לְךָ עָנוּ שִׁירָה בְּשִׂמְחָה רַבָּה
וְאָמְרוּ כֻלָּם
שמות טו מִי־כָמֹכָה בָּאֵלִם, יהוה
מִי כָּמֹכָה נֶאְדָּר בַּקֹּדֶשׁ, נוֹרָא תְהִלֹּת, עֹשֵׂה פֶלֶא:
◂ שִׁירָה חֲדָשָׁה שִׁבְּחוּ גְאוּלִים
לְשִׁמְךָ עַל שְׂפַת הַיָּם
יַחַד כֻּלָּם הוֹדוּ וְהִמְלִיכוּ
וְאָמְרוּ
שמות טו יהוה יִמְלֹךְ לְעֹלָם וָעֶד:

El קהל *debe culminar la siguiente bendición junto al* שליח ציבור *de modo tal que pueda pasar de las palabras* גָּאַל יִשְׂרָאֵל *directamente a la* עמידה *sin interrumpir pronunciando* אמן*.*

◂ צוּר יִשְׂרָאֵל, קוּמָה בְּעֶזְרַת יִשְׂרָאֵל
וּפְדֵה כִנְאֻמֶךָ יְהוּדָה וְיִשְׂרָאֵל.
ישעיה מז גֹּאֲלֵנוּ יהוה צְבָאוֹת שְׁמוֹ, קְדוֹשׁ יִשְׂרָאֵל:
בָּרוּךְ אַתָּה יהוה, גָּאַל יִשְׂרָאֵל.

LA AMIDÁ

La siguiente plegaria, hasta el pasaje "años pretéritos" que se encuentra en la página 134 la recitamos parados con los pies juntos imitando así a los ángeles de la visión de la carroza de Ezequiel (Ezeq. 1:7). La Amidá se recita silenciosamente siguiendo así el antecedente de Janá, quien orase de esta forma pidiendo un hijo (1 Samuel 1:13). En caso de haber minián, el oficiante repite la Amidá en voz alta. Se dan tres pasos hacia adelante tal como si formalmente se ingresara al sitio de la Divina Presencia. En los sitios marcados con ▾ *se debe flexionar las rodillas en la primera palabra, inclinarse en la segunda y erguirse nuevamente de inmediato antes de pronunciar el Nombre de Dios.*

SEÑOR, abre mis labios para que mi boca pronuncie Tu alabanza. *Sal. 51*

PATRIARCAS

▾בָּרוּךְ Bendito eres Tú SEÑOR,
Dios nuestro y de nuestros ancestros,
Dios de Abraham, Dios de Ytzjak y Dios de Ya'akov,
Dios grande, poderoso y maravilloso, Señor supremo,
que prodiga generosamente y es El Creador de todo lo existente,
Quien recuerda la gracia de los ancestros
y traerá al Redentor para los hijos de sus hijos
en aras de Su Nombre con amor.

Entre Rosh HaShaná y Yom Kipur: Recuérdanos para la vida, Rey que anhela la vida
e inscríbenos en el libro de la vida
por Ti, oh Dios de vida.

Rey que ayuda, redime y protege.
▾Bendito eres Tú SEÑOR, Escudo de Abraham.

Según la tradición, los orígenes de la forma primaria de la Amidá se remontan a la Gran Asamblea de los tiempos de Ezra, la cual se constituyó con el regreso de los judíos del exilio babilónico. Siglos más tarde, fue canonizada en su forma final por Shimón HaPakuli durante los días de Rabán Gamliel II (*Berajot* 28B).

Usualmente es llamada *Shemoné Esré*, "Dieciocho", pues originalmente consistió en dieciocho bendiciones (hoy diecinueve). Posee una estructura tripartita: (1) *alabanzas* (bendiciones 1–3), (2) *peticiones* (bendiciones 4–16), (3) *agradecimientos* (bendiciones 17–19). Cada una de estas partes posee asimismo una propia estructura tripartita. La primera y tercera sección contienen tres bendiciones cada una. La sección central contiene doce bendiciones (4–15), seis solicitudes personales y seis colectivas. Las primeras

עמידה

La siguiente plegaria, hasta קַדְמֹנִיּוֹת *que se encuentra en la página 135 la recitamos parados con los pies juntos imitando así a los ángeles de la visión de la carroza de Ezequiel* (יחזקאל א, ז)*. La* עמידה *se recita silenciosamente siguiendo así el antecedente de Janá, quien orase de esta forma pidiendo un hijo* (שמואל א׳ א, יג)*. En caso de haber* מנין*, el* שליח ציבור *repite la Amidá en voz alta. Se dan tres pasos hacia adelante tal como si formalmente se ingresara al sitio de la Divina Presencia. En los sitios marcados con* ▾ *se debe flexionar las rodillas en la primera palabra, inclinarse en la segunda y erguirse nuevamente de inmediato antes de pronunciar el Nombre de Dios.*

אֲדֹנָי, שְׂפָתַי תִּפְתָּח, וּפִי יַגִּיד תְּהִלָּתֶךָ: תהלים נא

אבות

▾בָּרוּךְ אַתָּה יהוה, אֱלֹהֵינוּ וֵאלֹהֵי אֲבוֹתֵינוּ
אֱלֹהֵי אַבְרָהָם, אֱלֹהֵי יִצְחָק, וֵאלֹהֵי יַעֲקֹב
הָאֵל הַגָּדוֹל הַגִּבּוֹר וְהַנּוֹרָא, אֵל עֶלְיוֹן
גּוֹמֵל חֲסָדִים טוֹבִים, וְקוֹנֵה הַכֹּל
וְזוֹכֵר חַסְדֵי אָבוֹת
וּמֵבִיא גוֹאֵל לִבְנֵי בְנֵיהֶם לְמַעַן שְׁמוֹ בְּאַהֲבָה.

בעשרת ימי תשובה: זָכְרֵנוּ לְחַיִּים, מֶלֶךְ חָפֵץ בַּחַיִּים
וְכָתְבֵנוּ בְּסֵפֶר הַחַיִּים, לְמַעַנְךָ אֱלֹהִים חַיִּים.

מֶלֶךְ עוֹזֵר וּמוֹשִׁיעַ וּמָגֵן.
▾בָּרוּךְ אַתָּה יהוה, מָגֵן אַבְרָהָם.

LA AMIDÁ: EL REZO DE PIE

La Amidá es el pináculo de la plegaria: allí es cuando ingresamos al Santo Sanctórum de la vivencia religiosa. La recitamos de pie pues somos conscientes que nos encontramos ante la inmediata presencia de Dios. El vocablo “Amidá” se deriva también de las plegarias que recitaban las personas que pertenecían al *Ma'amad*, que eran grupos de laicos o personas no vinculadas al sacerdocio que en días del Segundo Templo acompañaban al *Mishmar* o turno de cohanim de su región que de acuerdo con el cronograma servían en el Templo cada veinticuatro semanas. El *Ma'amad* fue uno de los prototipos o formas tempranas de plegaria comunitaria.

PODER DE DIOS

אַתָּה גִּבּוֹר Señor, Tú eres eternamente poderoso,
Tú revives a los muertos y tienes gran poder de salvación.

La frase "Hace soplar el viento y descender la lluvia" se agrega desde Simjat Torá hasta Pesaj. En Israel, la frase "Hace descender el rocío" se agrega desde Pesaj hasta Sheminí Atzeret. Ver leyes 129–131.

En otoño e invierno de Israel: Hace soplar el viento y descender la lluvia.
En primavera y verano de Israel: Hace descender el rocío.

Sostiene con benevolencia a todos los seres vivos,
revive a los muertos con gran misericordia,
da soporte a quienes se caen, cura a los enfermos,
libera a los prisioneros
y cumple Su promesa con quienes yacen ya en la tierra.
¿Quién es como Tú Todopoderoso?
¿Quién se Te puede asemejar?
Rey que quita la vida y la restaura y hace brotar la Redención.

Entre Rosh HaShaná y Yom Kipur: ¿Quién como Tú Padre misericordioso,
que recuerdas a Tus creaturas con piedad para la vida?

Eres fiel en revivir a los muertos.
Bendito eres Tú Señor, que revive a los muertos.

---

estableció con ellos quienes fueron los primeros en escuchar Su llamado, es el plano supremo sobre el cual nos paramos al dirigirnos a Él para orar. El párrafo concluye con una referencia a Abraham quien fuera la primera persona en atender el llamado Divino. לְמַעַנְךָ אֱלֹהִים חַיִּים *Por Ti, oh Dios de vida:* la traducción literal sería Dios viviente, empero procuramos preservar la estructura poética de esta concisa pero poderosa plegaria: cuatro frases, cada una de las cuales concluye con el vocablo *hayim* "vida".

גבורות *Bendición 2: Poder de Dios.* La quíntuple referencia a la resurrección de los muertos refleja la controversia que existió entre los saduceos y los fariseos en las postrimerías de la era del Segundo Templo. Los saduceos rechazaban la creencia en la resurrección; los fariseos, de quienes provenimos, la afirmaban. La creencia de que quienes han fallecido volverán a vivir algún día es uno de los grandes principios judíos vinculado a la esperanza, y está basado en la visión del profeta Ezequiel del valle de los huesos secos que retornan a la

גבורות

אַתָּה גִּבּוֹר לְעוֹלָם, אֲדֹנָי
מְחַיֵּה מֵתִים אַתָּה, רַב לְהוֹשִׁיעַ

La frase מַשִּׁיב הָרְוּחַ *se agrega desde* שמחת תורה *hasta* פסח.
En ארץ ישראל, *la frase* מוֹרִיד הַטָּל *se agrega desde* פסח *hasta* שמיני עצרת. *Ver leyes 129–131.*

בחורף: מַשִּׁיב הָרְוּחַ וּמוֹרִיד הַגֶּשֶׁם / בארץ ישראל בקיץ: מוֹרִיד הַטָּל

מְכַלְכֵּל חַיִּים בְּחֶסֶד, מְחַיֵּה מֵתִים בְּרַחֲמִים רַבִּים
סוֹמֵךְ נוֹפְלִים, וְרוֹפֵא חוֹלִים, וּמַתִּיר אֲסוּרִים
וּמְקַיֵּם אֱמוּנָתוֹ לִישֵׁנֵי עָפָר.
מִי כָמְוֹךָ, בַּעַל גְּבוּרוֹת, וּמִי דּוֹמֶה לָּךְ
מֶלֶךְ, מֵמִית וּמְחַיֶּה וּמַצְמִיחַ יְשׁוּעָה.

בעשרת ימי תשובה: מִי כָמְוֹךָ אַב הָרַחֲמִים
זוֹכֵר יְצוּרָיו לְחַיִּים בְּרַחֲמִים.

וְנֶאֱמָן אַתָּה לְהַחֲיוֹת מֵתִים.
בָּרוּךְ אַתָּה יהוה, מְחַיֵּה הַמֵּתִים.

---

tres peticiones personales son de tipo espiritual (sabiduría, retorno y perdón). Las otras tres peticiones personales son de índole material (liberación, salud y sustento). Los tres primeros pedidos nacionales se refieren a cuestiones físicas (reunión de los exiliados, justicia y la conclusión de las disputas internas). Las segundas tres peticiones colectivas se refieren a las necesidades espirituales de la nación (los justos y los piadosos, la reconstrucción de Jerusalém y la restauración de la dinastía Davídica). La última de las bendiciones de petición, la décimo sexta ("Escucha nuestra voz"), queda por fuera de esta estructura pues se trata de una plegaria por la plegaria en sí. En este punto los individuos pueden agregar sus pedidos personales.

אבות *Bendición 1: Patriarcas* (página anterior). En estos acordes iniciales nos remontamos a los albores de la historia de nuestro pueblo – los días de los patriarcas, Abraham, Ytzjak y Ya'akov. Al hacerlo, nos hacemos eco de Moshé quien siempre se refería a nuestros ancestros al orar pidiendo el perdón para nuestro pueblo. El amor de Dios para con los patriarcas, amén del pacto que

Durante el rezo en voz baja continúe en "Tú eres santo" en la página siguiente.

KEDUSHÁ

Durante la repetición del rezo por parte del oficiante, se recita aquí de pie el siguiente pasaje. En los sitios marcados con ▲ quien reza debe elevarse levemente en puntas de pie.

La congregación y luego el oficiante:

נְקַדֵּשׁ Santificaremos Tu Nombre en el mundo tal
como lo consagran en las alturas, como ha sido escrito por Tu profeta:
"y un ángel daba voces al otro diciendo: *Is. 6*

La congregación y luego el oficiante:

▲Santo, ▲Santo, ▲Santo, Señor de las Huestes Celestiales,
toda la tierra está llena de Su gloria".
Quienes están frente a ellos dicen: "Bendita".

La congregación y luego el oficiante:

▲"Bendita es la gloria del Señor desde Su sitial". *Ezeq. 3*
Y en Tus escrituras sagradas leemos:

La congregación y luego el oficiante:

▲"El Señor reinará por siempre, tu Dios Sion, *Sal. 146*
de generación en generación, ¡Aleluyá!"

Oficiante:

De generación en generación declararemos Tu grandeza,
y por toda la eternidad proclamaremos Tu Santidad,
y Tu alabanza, Dios nuestro, no se apartará de nuestros labios jamás,
pues Tú eres el Rey grande y sagrado.
Bendito eres Tú Señor,
el Dios santo. / *Entre Rosh HaShaná y Yom Kipur:* el Rey santo./

El oficiante continúa en la siguiente página con "Tú agracias a la humanidad".

En la mañana se recita la *Kedushá* tres veces en diferentes puntos del rezo. Existe la *Kedushat Yotzer* que figura en la primera de las tres bendiciones del recitado del Shemá (página 95), *Kedushá DeAmidá* que se recita durante la repetición de la Amidá por parte del oficiante y la *Kedushá DeSidrá* hacia el final del rezo. La primera y la tercera no requieren de *minián* para ser recitadas y se las dice estando sentados. La segunda requiere de minián y se recita de pie. Esto obedece a que la primera y la tercera son descripciones de los cánticos angelicales mientras que la segunda es una recreación de los mismos. Nos paramos con los pies juntos, nos elevamos en puntas de pie tal como si también nosotros fuéramos ángeles.

Durante el rezo en voz baja continúe en אַתָּה קָדוֹשׁ *en la página siguiente.*

קדושה

Durante la חזרת הש״ץ*, se recita aquí de pie el siguiente pasaje.*
En los sitios marcados con ▲ *quien reza debe elevarse levemente en puntas de pie.*

El קהל *y luego el* שליח ציבור*:*

נְקַדֵּשׁ אֶת שִׁמְךָ בָּעוֹלָם, כְּשֵׁם שֶׁמַּקְדִּישִׁים אוֹתוֹ בִּשְׁמֵי מָרוֹם
כַּכָּתוּב עַל יַד נְבִיאֶךָ, וְקָרָא זֶה אֶל־זֶה וְאָמַר — ישעיה ו

El קהל *y luego el* שליח ציבור*:*

▲קָדוֹשׁ, ▲קָדוֹשׁ, ▲קָדוֹשׁ, יהוה צְבָאוֹת, מְלֹא כָל־הָאָרֶץ כְּבוֹדוֹ:
לְעֻמָּתָם בָּרוּךְ יֹאמֵרוּ

El קהל *y luego el* שליח ציבור*:*

▲בָּרוּךְ כְּבוֹד־יהוה מִמְּקוֹמוֹ: — יחזקאל ג
וּבְדִבְרֵי קָדְשְׁךָ כָּתוּב לֵאמֹר

El קהל *y luego el* שליח ציבור*:*

▲יִמְלֹךְ יהוה לְעוֹלָם, אֱלֹהַיִךְ צִיּוֹן לְדֹר וָדֹר, הַלְלוּיָהּ: — תהלים קמו

שליח ציבור*:*

לְדוֹר וָדוֹר נַגִּיד גָּדְלֶךָ, וּלְנֵצַח נְצָחִים קְדֻשָּׁתְךָ נַקְדִּישׁ
וְשִׁבְחֲךָ אֱלֹהֵינוּ מִפִּינוּ לֹא יָמוּשׁ לְעוֹלָם וָעֶד
כִּי אֵל מֶלֶךְ גָּדוֹל וְקָדוֹשׁ אָתָּה.
בָּרוּךְ אַתָּה יהוה, הָאֵל הַקָּדוֹשׁ./ בעשרת ימי תשובה: הַמֶּלֶךְ הַקָּדוֹשׁ./

El שליח ציבור *continúa en la siguiente página con* אַתָּה חוֹנֵן*.*

---

vida. Los judíos mantuvieron viva a la esperanza; la esperanza mantuvo con vida a los judíos.

קדושה *Kedushá.* La *Kedushá* es la instancia suprema de santidad en el rezo y adquiere diversas formas. Lo común a todas ellas es que se estructuran en torno a dos visiones místicas supremas de la Biblia, la de Isaías (capítulo 6) y la de Ezequiel (capítulos 1–3). El profeta, divisa a Dios en Su trono de gloria rodeado de ángeles que cantan Su alabanza. Isaías los escucha cantar "Santo, Santo, Santo, Señor de las Huestes Celestiales, toda la tierra está llena de Su gloria". Ezequiel (3:12) los escucha cantar "Bendita es la gloria del Señor desde Su sitial". Juntos, constituyen la expresión más sublime de plegaria ante la presencia de Dios.

SANTIDAD

אַתָּה קָדוֹשׁ Tú eres santo y Tu Nombre es santo,
y los santos Te alaban a diario, ¡Sela!
Bendito eres Tú Señor,
el Dios santo. / *Entre Rosh HaShaná y Yom Kipur:* el Rey santo./
(*En caso de olvido se repite la Amidá*).

CONOCIMIENTO

אַתָּה חוֹנֵן Tú agracias a la humanidad con conocimiento
y enseñas a los mortales entendimiento.
Agrácianos con conocimiento, entendimiento
y discernimiento que de Ti provienen.
Bendito eres Tú Señor, que con gracia otorga el conocimiento.

RETORNO

הֲשִׁיבֵנוּ Padre nuestro, haznos retornar a Tu Torá.
Rey nuestro, acércanos a Tu servicio.
Haznos retornar en completo arrepentimiento ante Ti.
Bendito eres Tú Señor, que desea el arrepentimiento.

Los primeros tres párrafos de la Amidá (salvo la *Kedushá*) conforman una unidad. El primero habla del inicio de la era del pacto durante los días de los patriarcas. El segundo se refiere al final de los días: la resurrección. El tercero se refiere a la santidad, más allá del espacio y el tiempo.

דעת *Bendición 4: Conocimiento*. Esta es la primera de las bendiciones en las que elevamos nuestros pedidos. Cuando Dios le preguntó al Rey Salomón qué es aquello que deseaba por sobre todas las cosas (1 Reyes 3:5–15), éste pidió sabiduría y otro tanto hacemos nosotros. El conocimiento es anterior a la emoción, ya que "el corazón es, por sobre todas las cosas, veleidoso" (Jer. 17:9). Una emoción no encaminada puede desviar y hasta resultar destructiva.

Este párrafo replica la estructura de la Amidá en su totalidad. Comienza con alabanza ("Tú agracias a la humanidad con conocimiento), luego efectúa un pedido ("Agrácianos con conocimiento") y concluye con un agradecimiento ("que indulgentemente concede el conocimiento").

תשובה *Bendición 5: Retorno*. El conocimiento y el entendimiento nos permiten ver dónde nos hemos desviado de la senda recta de la vida. Por ello, pedimos a Dios que nos ayude a encontrar el camino al retorno.

קדושת השם

אַתָּה קָדוֹשׁ וְשִׁמְךָ קָדוֹשׁ
וּקְדוֹשִׁים בְּכָל יוֹם יְהַלְלוּךָ סֶּלָה.
בָּרוּךְ אַתָּה יהוה, הָאֵל הַקָּדוֹשׁ./ בעשרת ימי תשובה: הַמֶּלֶךְ הַקָּדוֹשׁ./
(*En caso de olvido se repite la* עמידה.)

דעת

אַתָּה חוֹנֵן לְאָדָם דַּעַת, וּמְלַמֵּד לֶאֱנוֹשׁ בִּינָה.
חָנֵּנוּ מֵאִתְּךָ דֵּעָה בִּינָה וְהַשְׂכֵּל.
בָּרוּךְ אַתָּה יהוה, חוֹנֵן הַדָּעַת.

תשובה

הֲשִׁיבֵנוּ אָבִינוּ לְתוֹרָתֶךָ, וְקָרְבֵנוּ מַלְכֵּנוּ לַעֲבוֹדָתֶךָ
וְהַחֲזִירֵנוּ בִּתְשׁוּבָה שְׁלֵמָה לְפָנֶיךָ.
בָּרוּךְ אַתָּה יהוה, הָרוֹצֶה בִּתְשׁוּבָה.

En la *Kedushá* vamos más allá del rezo sacerdotal semejante al sacrificio y del rezo profético como diálogo, pasando al rezo como una experiencia mística. Esta plegaria es de un carácter tan sagrado, que en Israel, en tiempos antiguos, se recitaba únicamente en Shabat y días festivos. El Zohar interpreta la visión del patriarca Ya'akov de la escalera que conecta la tierra con el cielo con ángeles que ascienden y descienden (Génesis 28:12), como una metáfora que se refiere al rezo, y este es también uno de los sentidos de la *Kedushá*. Hemos ascendido la escalera desde la tierra hasta el cielo. Al repetir el oficiante el rezo en nombre de la totalidad de la comunidad, alcanzamos la cúspide de la experiencia religiosa.

קדושת השם *Bendición 3: Santidad.* La triple referencia a la santidad ("Tú eres santo y Tu Nombre es santo, y los santos Te alaban a diario") es un reflejo de la triple declaración de los ángeles en la visión de Isaías: " Santo, Santo, Santo, Señor de las Huestes Celestiales, toda la tierra está llena de Su gloria". *Kadosh*, "santo", significa "separado, distinto". Cuando se usa el vocablo santo para referirse a Dios se indica Su trascendencia, el hecho de que Él está por fuera de la naturaleza, la crea y la sustenta. Cuando el vocablo se usa en referencia al pueblo de Israel significa que estamos llamados a apartarnos de los ídolos de la época, y en vez de adorarlos vivimos en continua proximidad y cercanía a Dios.

PERDÓN

Golpear el lado izquierdo del pecho al llegar a °.

סְלַח לָנוּ Perdónanos Padre nuestro porque hemos °errado.
Discúlpanos, Rey nuestro porque hemos °pecado intencionalmente;
pues Tú perdonas y disculpas.
Bendito eres Tú Señor,
que perdona reiteradamente con clemencia.

REDENCIÓN

רְאֵה Mira nuestra aflicción, litiga nuestra causa,
redímenos pronto en aras de Tu Nombre,
porque Tú eres un poderoso redentor.
Bendito eres Tú Señor,
redentor de Israel.

En días de ayuno público el oficiante agrega:

עֲנֵנוּ Respóndenos Señor, respóndenos en nuestro día de ayuno, pues nos encontramos en medio de una gran angustia. No mires nuestra maldad. No ocultes Tu rostro de nosotros y no ignores nuestra súplica. Sé próximo a nuestro clamor, que Tu benevolencia nos consuele, respóndenos aún antes de que Te imploremos, tal como está escrito: "Y será que antes de que Me invoquen Yo responderé, mientras ellos todavía hablan Yo ya habré escuchado". Pues Tú Señor, respondes en tiempos de angustia, siempre redimes y rescatas en tiempos de aflicción y desgracia. Bendito eres Tú Señor, que responde en tiempos de aflicción. *Is. 65*

---

que "litiga nuestra causa" se refiere a quienes procuran hacernos daño. Un argumento racional suele ser insuficiente para superar un odio profesado, por ello, depositamos nuestra fe en las manos de Dios y le pedimos que aplaque la hostilidad (Rabino J. H. Hertz). לְמַעַן שְׁמֶךָ *en aras de Tu Nombre:* que podamos ser salvos de sufrir no por nosotros mismos sino para poder servirte a Ti sin distracción alguna (Rabí Ya'akov Tzví Mecklenburg). גּוֹאֵל יִשְׂרָאֵל *Redentor de Israel:* en el presente, como contrapartida a la bendición inmediatamente anterior a la Amidá en la que rememoramos una redención del pasado.

עננו *Respóndenos:* Se trata de una plegaria especial que se recita en los días de ayuno público (*Ta'anit* 11A). El oficiante la recita en este punto durante la repetición de la Amidá.

סליחה

Golpear el lado izquierdo del pecho al llegar a °.

סְלַח לָנוּ אָבִינוּ כִּי °חָטָאנוּ
מְחַל לָנוּ מַלְכֵּנוּ כִּי °פָשָׁעְנוּ
כִּי מוֹחֵל וְסוֹלֵחַ אָתָּה.
בָּרוּךְ אַתָּה יהוה, חַנּוּן הַמַּרְבֶּה לִסְלֹחַ.

גאולה

רְאֵה בְעָנְיֵנוּ, וְרִיבָה רִיבֵנוּ
וּגְאָלֵנוּ מְהֵרָה לְמַעַן שְׁמֶךָ
כִּי גּוֹאֵל חָזָק אָתָּה.
בָּרוּךְ אַתָּה יהוה, גּוֹאֵל יִשְׂרָאֵל.

En días de ayuno público el שליח ציבור *agrega:*

עֲנֵנוּ יהוה עֲנֵנוּ בְּיוֹם צוֹם תַּעֲנִיתֵנוּ, כִּי בְצָרָה גְדוֹלָה אֲנָחְנוּ. אַל תֵּפֶן אֶל רִשְׁעֵנוּ, וְאַל תַּסְתֵּר פָּנֶיךָ מִמֶּנּוּ, וְאַל תִּתְעַלַּם מִתְּחִנָּתֵנוּ. הֱיֵה נָא קָרוֹב לְשַׁוְעָתֵנוּ, יְהִי נָא חַסְדְּךָ לְנַחֲמֵנוּ, טֶרֶם נִקְרָא אֵלֶיךָ עֲנֵנוּ, כַּדָּבָר שֶׁנֶּאֱמַר:
ישעיה סה וְהָיָה טֶרֶם יִקְרָאוּ וַאֲנִי אֶעֱנֶה, עוֹד הֵם מְדַבְּרִים וַאֲנִי אֶשְׁמָע: כִּי אַתָּה יהוה הָעוֹנֶה בְּעֵת צָרָה, פּוֹדֶה וּמַצִּיל בְּכָל עֵת צָרָה וְצוּקָה. בָּרוּךְ אַתָּה יהוה, הָעוֹנֶה בְּעֵת צָרָה.

סליחה *Bendición 6: Perdón.* El retorno nos lleva a pedir a Dios que nos perdone. Esto aplica únicamente a trasgresiones entre el hombre y Dios. En el caso de trasgresiones para con el prójimo el perdón se obtiene solamente si hemos perdonado u obtenido el perdón de la persona a la que afectamos. Conocimiento, retorno y perdón son las tres necesidades primarias de la mente y el alma.

גאולה *Bendición 7: Redención.* Los comentaristas explican que este pedido no se refiere a la redención nacional ya que esta será objeto de otra petición posterior. Aquí el texto se refiere a la redención de una crisis personal: cautiverio, persecución, infortunio, aflicción. Rabí Shimshon Rafael Hirsch hace una distinción entre las primeras dos frases de modo tal que: "Mira nuestra aflicción" se refiere al sufrimiento que no fue causado por otros, al tiempo

CURACIÓN

רְפָאֵנוּ Cúranos Señor, y seremos curados.
Sálvanos y seremos salvos, pues Tú eres nuestra alabanza.
Trae completa recuperación para todas nuestras dolencias,

Aquí se recita la siguiente plegaria por una persona enferma:
Sea Tu voluntad Señor, Dios mío y de mis ancestros, que envíes pronto recuperación completa desde el cielo, tanto para el cuerpo como para el alma de (*nombre*) hijo / hija (*nombre de su madre*) en el seno de los demás enfermos de entre los hijos de Israel.

Pues Tú eres el Rey curador confiable y misericordioso.
Bendito eres Tú Señor,
que cura a los enfermos de Su pueblo Israel.

PROSPERIDAD

La frase "concédenos rocío y lluvia de bendición" se recita desde el 5 de diciembre (6 de diciembre antes de un año civil bisiesto) hasta Pesaj. En Israel se recita desde el 7 de Marjeshván. La frase "concédenos bendición" se dice desde Jol HaMo'ed Pesaj hasta el 4 de diciembre (5 de ese mes antes de un año civil bisiesto). En Israel se dice hasta el 6 de Marjeshván. Ver leyes 147–149.

בָּרֵךְ Bendice para nosotros este año Señor, nuestro Dios,
y todas sus especies de cosechas para bien.

En invierno de Israel: concédenos rocío y lluvia de bendición
En otras estaciones de Israel: concédenos bendición

sobre la faz de la tierra, y satisfácenos de sus bondades,
y bendice nuestros años como a los mejores.
Bendito eres Tú Señor,
que bendice los años.

---

de la lluvia por lo que esta bendición en los meses de invierno incluye un pedido por lluvias. Este país le enseña a la gente la necesidad de rezar. וְתֵן טַל וּמָטָר *Concede rocío y lluvia:* a diferencia de la alabanza "Hace soplar el viento y descender la lluvia" (página 111) que comenzamos a recitar en Sheminí Atzeret, esta plegaria es elevada más tarde para coincidir con la estación de lluvias. Fuera de Israel se recita desde el décimo sexto día de la temporada de Tishrei (*'Tekufat Tishrei'*), el equivalente judío al equinoccio de otoño en el hemisferio norte.

רפואה

רְפָאֵנוּ יהוה וְנֵרָפֵא
הוֹשִׁיעֵנוּ וְנִוָּשֵׁעָה, כִּי תְהִלָּתֵנוּ אָתָּה
וְהַעֲלֵה רְפוּאָה שְׁלֵמָה לְכָל מַכּוֹתֵינוּ

Aquí se recita la siguiente plegaria por una persona enferma:

יְהִי רָצוֹן מִלְּפָנֶיךָ יהוה אֱלֹהַי וֵאלֹהֵי אֲבוֹתַי, שֶׁתִּשְׁלַח מְהֵרָה רְפוּאָה שְׁלֵמָה מִן הַשָּׁמַיִם רְפוּאַת הַנֶּפֶשׁ וּרְפוּאַת הַגּוּף לַחוֹלֶה/לַחוֹלָה *nombre* בֶּן/בַּת *nombre de su madre* בְּתוֹךְ שְׁאָר חוֹלֵי יִשְׂרָאֵל.

כִּי אֵל מֶלֶךְ רוֹפֵא נֶאֱמָן וְרַחֲמָן אָתָּה.
בָּרוּךְ אַתָּה יהוה, רוֹפֵא חוֹלֵי עַמּוֹ יִשְׂרָאֵל.

ברכת השנים

La frase וְתֵן טַל וּמָטָר לִבְרָכָה *se recita desde el 5 de diciembre (6 de diciembre antes de un año civil bisiesto) hasta* פסח. *En* ארץ ישראל *se recita desde el* ז׳ מרחשון. *La frase* וְתֵן בְּרָכָה *se dice desde* חול המועד פסח *hasta el 4 de diciembre (5 de ese mes antes de un año civil bisiesto). En* ארץ ישראל *se dice hasta el* ז׳ מרחשון. *Ver leyes 147–149.*

בָּרֵךְ עָלֵינוּ יהוה אֱלֹהֵינוּ אֶת הַשָּׁנָה הַזֹּאת
וְאֶת כָּל מִינֵי תְבוּאָתָהּ, לְטוֹבָה

En invierno de ארץ ישראל וְתֵן טַל וּמָטָר לִבְרָכָה

En otras estaciones de ארץ ישראל וְתֵן בְּרָכָה

עַל פְּנֵי הָאֲדָמָה, וְשַׂבְּעֵנוּ מִטּוּבָהּ
וּבָרֵךְ שְׁנָתֵנוּ כַּשָּׁנִים הַטּוֹבוֹת.
בָּרוּךְ אַתָּה יהוה, מְבָרֵךְ הַשָּׁנִים.

רפואה *Bendición 8: Curación.* Oramos para que el tratamiento médico sea exitoso y que Dios sea parte del proceso curativo. Nosotros somos tanto cuerpo como alma, la salud de un aspecto incide en la del otro.

ברכת השנים *Bendición 9: Prosperidad.* Oramos para que Dios bendiga nuestro esfuerzo por obtener el sustento. La agricultura en la tierra de Israel depende

REUNIÓN DE LOS EXILIOS

תְּקַע Haz sonar el gran shofar de nuestra liberación,
iza el estanarte de la reunión de nuestros exilios
y reúnenos desde los cuatro confines de la tierra.
Bendito eres Tú SEÑOR,
que reúne a los dispersos de Su pueblo Israel.

JUSTICIA

הָשִׁיבָה Restaura nuestros jueces como en el principio
y nuestros consejeros como al inicio
y quita de entre nosotros penas y suspiros de angustia.
Pues solamente Tú SEÑOR,
reinas sobre nosotros con benevolencia y compasión,
y reivindícanos en el juicio.
Bendito eres Tú SEÑOR,
Rey que ama la rectitud y la justicia.
/*Entre Rosh HaShaná y Yom Kipur la bendición culmina:* el Rey de la justicia./

CONTRA LOS APÓSTATAS Y DELATORES

וְלַמַּלְשִׁינִים Que no haya esperanza para los delatores,
y que toda maldad perezca de inmediato;
que los enemigos de Tu pueblo sean pronto cercenados,
que los maliciosos sean pronto arrancados, quebrados, erradicados
y doblegados pronto en nuestros días.
Bendito eres Tú SEÑOR,
que quiebra a los enemigos y doblega a los maliciosos.

---

populares (Rabí Abraham ben HaRambám). La plegaria por la restauración de los jueces a continuación de la de la reunión de los exilios es entonces una petición por la restauración de la soberanía nacional. וְהָסֵר מִמֶּנּוּ יָגוֹן וַאֲנָחָה *Quita de entre nosotros penas y suspiros de angustia:* se trata del lamento de un pueblo que ha conocido de cerca lo precario que resulta depender de la buena voluntad de los otros.

ברכת המינים *Bendición 12: Contra los apóstatas y delatores.* El texto de este párrafo pasó por numerosos cambios a lo largo de los siglos. Originalmente tuvo como objeto el sectarismo que dividió al mundo judío durante la era del

קיבוץ גלויות

תְּקַע בְּשׁוֹפָר גָּדוֹל לְחֵרוּתֵנוּ, וְשָׂא נֵס לְקַבֵּץ גָּלֻיּוֹתֵינוּ
וְקַבְּצֵנוּ יַחַד מֵאַרְבַּע כַּנְפוֹת הָאָרֶץ.
בָּרוּךְ אַתָּה יהוה, מְקַבֵּץ נִדְחֵי עַמּוֹ יִשְׂרָאֵל.

השבת המשפט

הָשִׁיבָה שׁוֹפְטֵינוּ כְּבָרִאשׁוֹנָה וְיוֹעֲצֵינוּ כְּבַתְּחִלָּה
וְהָסֵר מִמֶּנּוּ יָגוֹן וַאֲנָחָה
וּמְלֹךְ עָלֵינוּ אַתָּה יהוה לְבַדְּךָ בְּחֶסֶד וּבְרַחֲמִים
וְצַדְּקֵנוּ בַּמִּשְׁפָּט.
בָּרוּךְ אַתָּה יהוה
מֶלֶךְ אוֹהֵב צְדָקָה וּמִשְׁפָּט. / בעשרת ימי תשובה: הַמֶּלֶךְ הַמִּשְׁפָּט./

ברכת המינים

וְלַמַּלְשִׁינִים אַל תְּהִי תִקְוָה, וְכָל הָרִשְׁעָה כְּרֶגַע תֹּאבֵד
וְכָל אוֹיְבֵי עַמְּךָ מְהֵרָה יִכָּרֵתוּ
וְהַזֵּדִים מְהֵרָה תְעַקֵּר וּתְשַׁבֵּר וּתְמַגֵּר וְתַכְנִיעַ בִּמְהֵרָה בְיָמֵינוּ.
בָּרוּךְ אַתָּה יהוה, שׁוֹבֵר אוֹיְבִים וּמַכְנִיעַ זֵדִים.

קיבוץ גלויות *Bendición 10: Reunión de los exilios.* En este párrafo el pedido pasa del ámbito personal al colectivo. Esta nueva etapa se inicia con tres pedidos de tenor político-histórico: el retorno de los exilios, la restauración de la independencia y el final del faccionalismo que tanto daño le ha causado al pueblo de Israel desde los tiempos bíblicos y hasta finales del Segundo Templo. תְּקַע בְּשׁוֹפָר גָּדוֹל *Toca el gran shofar:* en referencia a Isaías 27:13, "En ese día sonará un gran shofar". וְשָׂא נֵס *Iza el estandarte:* Isaías 11:12, "E izará una bandera para las naciones y reunirá a los exiliados de Israel, reunirá a los dispersos de Judea de los cuatro confines de la tierra".

משפט *Bendición 11: Justicia.* Se trata de una plegaria que pide el gobierno autónomo. Los "jueces", en el libro bíblico así intitulado, no eran simplemente magistrados en el estricto sentido judicial de la palabra, sino que eran líderes

POR LOS JUSTOS

עַל הַצַּדִּיקִים Que se despierte Tu compasión SEÑOR, nuestro Dios,
por los justos, los piadosos, los ancianos
de Tu pueblo la casa de Israel,
el remanente de sus eruditos, los justos prosélitos y por nosotros.
Concede una generosa recompensa
a todos aquellos que confían de verdad en Tu Nombre,
y que nuestro destino sea con ellos,
y que nunca nos avergoncemos pues en Ti hemos confiado.
Bendito eres Tú SEÑOR, sostén y confianza de los justos.

RECONSTRUCCIÓN DE JERUSALÉM

וְלִירוּשָׁלַיִם Que regreses con compasión a Tu ciudad Jerusalém,
y en ella residas tal como lo prometiste.
Reconstrúyela cual edificación eterna
prontamente en nuestros días,
y establece rápidamente en ella el trono de David.
Bendito eres Tú SEÑOR, que reconstruye a Jerusalém.

---

los piadosos, los ancianos, los eruditos y los prosélitos. פְּלֵיטַת סוֹפְרֵיהֶם *El remanente de sus eruditos* es una referencia a aquellos judíos que sobrevivieron las persecuciones religiosas de los griegos y los romanos, y más tarde sobrevivieron también las cruzadas, así como quienes vivieron durante el Holocausto. El judaísmo ha perdido a muchos de sus máximos eruditos bajo la forma de mártires.

בניין ירושלים *Bendición 14: Reconstrucción de Jerusalém.* Jerusalém es el hogar del alma judía, el lugar hacia el cual nos dirigimos para orar y por cuya restauración los judíos han rezado en cada generación. El libro de los Salmos nos ha dejado una descripción indeleble de cómo se sentían los judíos cuando la ciudad cayó en manos de los babilonios en el siglo VI A.E.C.: "A la orilla de los ríos de Babilonia nos sentábamos y llorábamos al recordar a Sion … que mi lengua se pegue a mi paladar si no te recordase, si no pusiese a Jerusalém por sobre mi mayor alegría" (Salmos 137). Jerusalém es mencionada más de 600 veces en la Biblia.

על הצדיקים

עַל הַצַּדִּיקִים וְעַל הַחֲסִידִים
וְעַל זִקְנֵי עַמְּךָ בֵּית יִשְׂרָאֵל
וְעַל פְּלֵיטַת סוֹפְרֵיהֶם
וְעַל גֵּרֵי הַצֶּדֶק, וְעָלֵינוּ
יֶהֱמוּ רַחֲמֶיךָ יהוה אֱלֹהֵינוּ
וְתֵן שָׂכָר טוֹב לְכָל הַבּוֹטְחִים בְּשִׁמְךָ בֶּאֱמֶת
וְשִׂים חֶלְקֵנוּ עִמָּהֶם, וּלְעוֹלָם לֹא נֵבוֹשׁ כִּי בְךָ בָטָחְנוּ.
בָּרוּךְ אַתָּה יהוה, מִשְׁעָן וּמִבְטָח לַצַּדִּיקִים.

בניין ירושלים

וְלִירוּשָׁלַיִם עִירְךָ בְּרַחֲמִים תָּשׁוּב
וְתִשְׁכֹּן בְּתוֹכָהּ כַּאֲשֶׁר דִּבַּרְתָּ
וּבְנֵה אוֹתָהּ בְּקָרוֹב בְּיָמֵינוּ בִּנְיַן עוֹלָם
וְכִסֵּא דָוִד מְהֵרָה לְתוֹכָהּ תָּכִין.
בָּרוּךְ אַתָּה יהוה, בּוֹנֵה יְרוּשָׁלָיִם.

Segundo Templo. En días del imperio heleno hubo judíos que se volvieron en contra de su propio pueblo. En el judaísmo la idea de la fe incluye también el concepto de la lealtad – al pueblo y a su legado. Esta bendición es una protesta contra la deslealtad.

El Talmud (*Berajot* 28B) dice que para redactar esta bendición Rabán Gamliel recurrió a Shmuel HaKatán. El Rav Kuk señala que Shmuel HaKatán era conocido por su apego al principio de "no te alegrarás ante la caída de tu enemigo" (*Avot* 4:24). Solamente a una persona que ama profundamente a su prójimo se le puede encomendar la labor de redactar semejante plegaria, que debe estar libre de toda animosidad y deleite ante el infortunio ajeno.

על הצדיקים *Bendición 13:* הַצַּדִּיקִים *Los justos.* Tras mencionar a quienes dañan al pueblo judío pasamos a describir a quienes lo dotan de grandeza: los justos,

REINO DE DAVID

אֶת צֶמַח Haz florecer prontamente el retoño de Tu siervo David,
y su magnificencia se eleve hacia lo alto por medio de Tu salvación,
pues esperamos a diario Tu salvación.
Bendito eres Tú Señor, que haces florecer la gloria de la salvación.

RESPUESTA A LA ORACIÓN

שְׁמַע קוֹלֵנוּ Escucha nuestra voz Señor, nuestro Dios.
Apiádate, ten compasión de nosotros
y recibe con misericordia y benevolencia nuestra plegaria,
pues Tú Dios, escuchas las súplicas y las plegarias.
No nos dejes volver de Tu presencia con las manos vacías,*
porque Tú escuchas la plegaria de Tu pueblo Israel con compasión.
Bendito eres Tú Señor, que atiende la plegaria.

**En Israel, en tiempos de sequía se agrega:*

וַעֲנֵנוּ Y respóndenos, Creador del mundo, por medio del atributo de la compasión, que escoge a Su pueblo Israel para dar así a conocer Su grandeza y Su gloria majestuosa. Tú que atiendes las plegarias, concede rocío y lluvia sobre la faz de la tierra satisfaciendo a todo el universo con Tu benevolencia, colma nuestras manos de Tus bendiciones y de la riqueza de Tu generosidad. Resguarda este año y tenlo al margen de todo tipo de destrucción y desgracia, concédele esperanza y un final de quietud y paz. Apiádate y compadécete de nosotros, de nuestra cosecha y de nuestros frutos, y bendícenos con lluvias de bendición para que tengamos el mérito de recibir vida, abundancia y paz como en los años buenos. Aleja de nosotros la plaga, la espada y la hambruna, los animales salvajes, el cautiverio y el saqueo, la mala inclinación, las enfermedades, así como sucesos graves y difíciles. Decreta sobre nosotros dictámenes benignos, que Tu misericordia prevalezca sobre Tus otros atributos y te conduzcas con nosotros mediante el atributo de la compasión, aceptando con misericordia y buena voluntad nuestra plegaria.

Continuar arriba en "porque Tú escuchas".

שומע תפילה *Bendición 16: Respuesta a la oración.* Se trata de una bendición que incluye a los demás pedidos por cuanto que ruega a Dios que todas las

מלכות בית דוד

אֶת צֶמַח דָּוִד עַבְדְּךָ מְהֵרָה תַצְמִיחַ, וְקַרְנוֹ תָּרוּם בִּישׁוּעָתֶךָ
כִּי לִישׁוּעָתְךָ קִוִּינוּ כָּל הַיּוֹם.
בָּרוּךְ אַתָּה יהוה, מַצְמִיחַ קֶרֶן יְשׁוּעָה.

שומע תפילה

שְׁמַע קוֹלֵנוּ יהוה אֱלֹהֵינוּ
חוּס וְרַחֵם עָלֵינוּ, וְקַבֵּל בְּרַחֲמִים וּבְרָצוֹן אֶת תְּפִלָּתֵנוּ
כִּי אֵל שׁוֹמֵעַ תְּפִלּוֹת וְתַחֲנוּנִים אָתָּה
וּמִלְּפָנֶיךָ מַלְכֵּנוּ רֵיקָם אַל תְּשִׁיבֵנוּ*
כִּי אַתָּה שׁוֹמֵעַ תְּפִלַּת עַמְּךָ יִשְׂרָאֵל בְּרַחֲמִים.
בָּרוּךְ אַתָּה יהוה, שׁוֹמֵעַ תְּפִלָּה.

**En ארץ ישראל, en tiempos de sequía se agrega:*

וַעֲנֵנוּ בּוֹרֵא עוֹלָם בְּמִדַּת הָרַחֲמִים, בּוֹחֵר בְּעַמּוֹ יִשְׂרָאֵל לְהוֹדִיעַ גָּדְלוֹ וְהַדְרַת כְּבוֹדוֹ. שׁוֹמֵעַ תְּפִלָּה, תֵּן טַל וּמָטָר עַל פְּנֵי הָאֲדָמָה, וְתַשְׂבִּיעַ אֶת הָעוֹלָם כֻּלּוֹ מִטּוּבֶךָ, וּמַלֵּא יָדֵינוּ מִבִּרְכוֹתֶיךָ וּמֵעֹשֶׁר מַתְּנַת יָדֶךָ. שְׁמֹר וְהַצֵּל שָׁנָה זוֹ מִכָּל דָּבָר רָע, וּמִכָּל מִינֵי מַשְׁחִית וּמִכָּל מִינֵי פֻרְעָנִיּוֹת, וַעֲשֵׂה לָהּ תִּקְוָה וְאַחֲרִית שָׁלוֹם. חוּס וְרַחֵם עָלֵינוּ וְעַל כָּל תְּבוּאָתֵנוּ וּפֵרוֹתֵינוּ, וּבָרְכֵנוּ בְּגִשְׁמֵי בְרָכָה, וְנִזְכֶּה לְחַיִּים וְשֹׂבַע וְשָׁלוֹם כַּשָּׁנִים הַטּוֹבוֹת. וְהָסֵר מִמֶּנּוּ דֶּבֶר וְחֶרֶב וְרָעָב, וְחַיָּה רָעָה וּשְׁבִי וּבִזָּה, וְיֵצֶר הָרָע וָחֳלָיִים רָעִים וְקָשִׁים וּמְאֹרָעוֹת רָעִים וְקָשִׁים. וּגְזֹר עָלֵינוּ גְּזֵרוֹת טוֹבוֹת מִלְּפָנֶיךָ, וְיִגֹּלּוּ רַחֲמֶיךָ עַל מִדּוֹתֶיךָ, וְתִתְנַהֵג עִם בָּנֶיךָ בְּמִדַּת הָרַחֲמִים, וְקַבֵּל בְּרַחֲמִים וּבְרָצוֹן אֶת תְּפִלָּתֵנוּ.

Continuar arriba en כִּי אַתָּה שׁוֹמֵעַ.

מלכות בית דוד *Bendición 15: Reino de David.* Dios le prometió a David que la monarquía estaría siempre en manos de sus descendientes. La dinastía davídica llegó a su fin con la conquista babilónica y será restaurada con la llegada del Mashíaj. La palabra Mashíaj en hebreo significa "ungido" y será un descendiente debidamente designado de la dinastía davídica.

EL SERVICIO DEL TEMPLO

רְצֵה Acepta con benevolencia Señor, nuestro Dios,
a Tu pueblo Israel y sus plegarias.
Restaura el servicio en Tu más sagrada casa
y acepta favorable y amorosamente
las ofrendas ígneas de Israel y sus rezos.
Que siempre recibas con agrado el servicio de Tu pueblo Israel.

En Rosh Jodesh y en Jol HaMo'ed se dice:

אֱלֹהֵינוּ Dios nuestro y de nuestros ancestros, que ascienda, acuda y llegue; sea visible, sea aceptada, sea escuchada, sea considerada y sea recordada delante de Ti nuestra memoria, y la de nuestros patriarcas, y la del Mashíaj hijo de David Tu siervo, y la memoria de Jerusalém Tu ciudad sagrada y la de todo Tu pueblo de Israel – para liberación y bienestar, gracia, benevolencia y compasión, vida y paz en este día de:

En Rosh Jodesh: Rosh Jodesh
En Pesaj: Fiesta de las Matzot
En Sucot: Fiesta de Sucot

Recuérdanos Señor, nuestro Dios para bien, tennos presentes para bendición y redímenos para la vida. Apiádate de nosotros y agrácianos, ten compasión de nosotros y redímenos de acuerdo con Tu promesa de salvación; pues nuestros ojos están puestos en Ti ya que Tú Dios, eres un Rey benevolente y compasivo.

וְתֶחֱזֶינָה Que nuestros ojos contemplen
Tu retorno a Sion con compasión.
Bendito eres Tú Señor, que restaura Su presencia en Sion.

---

fue originalmente una plegaria que pedía que Dios acepte la ofrenda del día. Luego los cohanim recitaban *Modím*, "Te agradecemos a Ti" y bendecían al pueblo. Según las *Tosafot* esto significa que recitaban la triple bendición sacerdotal, empero según Maimónides esto significa que recitaban la bendición que comienza con שִׂים שָׁלוֹם, "Instaura paz".

עבודה

רְצֵה יהוה אֱלֹהֵינוּ בְּעַמְּךָ יִשְׂרָאֵל, וּבִתְפִלָּתָם
וְהָשֵׁב אֶת הָעֲבוֹדָה לִדְבִיר בֵּיתֶךָ
וְאִשֵּׁי יִשְׂרָאֵל וּתְפִלָּתָם בְּאַהֲבָה תְקַבֵּל בְּרָצוֹן
וּתְהִי לְרָצוֹן תָּמִיד עֲבוֹדַת יִשְׂרָאֵל עַמֶּךָ.

En ראש חודש *y en* חול המועד *se dice:*

אֱלֹהֵינוּ וֵאלֹהֵי אֲבוֹתֵינוּ, יַעֲלֶה וְיָבוֹא וְיַגִּיעַ, וְיֵרָאֶה וְיֵרָצֶה וְיִשָּׁמַע, וְיִפָּקֵד וְיִזָּכֵר זִכְרוֹנֵנוּ וּפִקְדוֹנֵנוּ וְזִכְרוֹן אֲבוֹתֵינוּ, וְזִכְרוֹן מָשִׁיחַ בֶּן דָּוִד עַבְדֶּךָ, וְזִכְרוֹן יְרוּשָׁלַיִם עִיר קָדְשֶׁךָ, וְזִכְרוֹן כָּל עַמְּךָ בֵּית יִשְׂרָאֵל, לְפָנֶיךָ, לִפְלֵיטָה לְטוֹבָה, לְחֵן וּלְחֶסֶד וּלְרַחֲמִים, לְחַיִּים וּלְשָׁלוֹם בְּיוֹם

בראש חודש: **רֹאשׁ הַחֹדֶשׁ** / בפסח: **חַג הַמַּצּוֹת** / בסוכות: **חַג הַסֻּכּוֹת**

הַזֶּה. זָכְרֵנוּ יהוה אֱלֹהֵינוּ בּוֹ לְטוֹבָה, וּפָקְדֵנוּ בוֹ לִבְרָכָה, וְהוֹשִׁיעֵנוּ בוֹ לְחַיִּים. וּבִדְבַר יְשׁוּעָה וְרַחֲמִים, חוּס וְחָנֵּנוּ וְרַחֵם עָלֵינוּ וְהוֹשִׁיעֵנוּ, כִּי אֵלֶיךָ עֵינֵינוּ, כִּי אֵל מֶלֶךְ חַנּוּן וְרַחוּם אָתָּה.

וְתֶחֱזֶינָה עֵינֵינוּ בְּשׁוּבְךָ לְצִיּוֹן בְּרַחֲמִים.
בָּרוּךְ אַתָּה יהוה
הַמַּחֲזִיר שְׁכִינָתוֹ לְצִיּוֹן.

---

plegarias sean escuchadas. En este punto de la Amidá silenciosa se pueden incluir cualquier tipo de peticiones personales.

עבודה *Bendición 17: El Servicio del Templo.* Las últimas tres bendiciones que los sabios llaman "de agradecimiento" están entrelazadas pues eran pronunciadas antiguamente por los cohanim en el Templo (*Tamid* 5:1). Este párrafo

AGRADECIMIENTO

Inclinarse al recitar las primeras seis palabras.

מוֹדִים Te agradecemos a Ti,
pues eres el Señor, Dios nuestro
y de nuestros ancestros por siempre.
Eres nuestra Roca
y la de nuestra existencia,
Escudo de nuestra salvación
de generación en generación.
Te agradeceremos, y relataremos
Tu alabanza por nuestras vidas
que están depositadas
en Tus manos,
por nuestras almas
que están a Tu cargo,
por Tus milagros para con nosotros
a diario,
y las bondades y maravillas
que nos prodigas en todo momento,
noche, mañana y tarde.
El Benevolente,
pues Tu compasión nunca concluye,
Tú eres compasivo,
pues no cesan Tus bondades.
Siempre hemos depositado
nuestra esperanza en Ti.

Durante la repetición del oficiante la congregación dice en silencio:

מוֹדִים Te agradecemos a Ti,
pues eres el Señor,
Dios nuestro
y de nuestros ancestros,
Dios de toda carne,
Formador nuestro
y del universo.
Bendiciones
y agradecimientos
a Tu Nombre grandioso
y sagrado,
por habernos preservado
con vida y mantenido.
De igual forma,
danos vida,
sostén y reúne a Tus exiliados
en Tu patio sagrado,
para que cumplan
con Tus leyes
y hagan Tu voluntad
con integridad de corazón,
por ello nos
corresponde agradecerte.
Bendito es el Dios
a Quien debemos agradecer.

---

otro "oculto". Los milagros revelados trascienden las leyes naturales mientras que los ocultos tienen lugar en el marco de las mismas. Dios está presente no sólo mediante señales y maravillas sino también en las leyes mismas que gobiernan el universo. Ver lo milagroso en lo cotidiano es parte de la visión judía que está bellamente expresada en estas líneas.

הודאה

Inclinarse al recitar las primeras cinco palabras.

ימוֹדִים אֲנַחְנוּ לָךְ
שָׁאַתָּה הוּא יהוה אֱלֹהֵינוּ
וֵאלֹהֵי אֲבוֹתֵינוּ לְעוֹלָם וָעֶד.
צוּר חַיֵּינוּ, מָגֵן יִשְׁעֵנוּ
אַתָּה הוּא לְדוֹר וָדוֹר.
נוֹדֶה לְּךָ וּנְסַפֵּר תְּהִלָּתֶךָ
עַל חַיֵּינוּ הַמְּסוּרִים בְּיָדֶךָ
וְעַל נִשְׁמוֹתֵינוּ הַפְּקוּדוֹת לָךְ
וְעַל נִסֶּיךָ שֶׁבְּכָל יוֹם עִמָּנוּ
וְעַל נִפְלְאוֹתֶיךָ וְטוֹבוֹתֶיךָ
שֶׁבְּכָל עֵת
עֶרֶב וָבֹקֶר וְצָהֳרָיִם.
הַטּוֹב, כִּי לֹא כָלוּ רַחֲמֶיךָ
וְהַמְרַחֵם, כִּי לֹא תַמּוּ חֲסָדֶיךָ
מֵעוֹלָם קִוִּינוּ לָךְ.

Durante la חזרת הש״ץ *el* קהל *dice en silencio:*

ימוֹדִים אֲנַחְנוּ לָךְ
שָׁאַתָּה הוּא יהוה אֱלֹהֵינוּ
וֵאלֹהֵי אֲבוֹתֵינוּ
אֱלֹהֵי כָל בָּשָׂר
יוֹצְרֵנוּ, יוֹצֵר בְּרֵאשִׁית.
בְּרָכוֹת וְהוֹדָאוֹת
לְשִׁמְךָ הַגָּדוֹל וְהַקָּדוֹשׁ
עַל שֶׁהֶחֱיִיתָנוּ וְקִיַּמְתָּנוּ.
כֵּן תְּחַיֵּנוּ וּתְקַיְּמֵנוּ
וְתֶאֱסֹף גָּלֻיּוֹתֵינוּ
לְחַצְרוֹת קָדְשֶׁךָ
לִשְׁמֹר חֻקֶּיךָ
וְלַעֲשׂוֹת רְצוֹנֶךָ וּלְעָבְדְּךָ
בְּלֵבָב שָׁלֵם
עַל שֶׁאֲנַחְנוּ מוֹדִים לָךְ.
בָּרוּךְ אֵל הַהוֹדָאוֹת.

הודאה *Bendición 18: Agradecimiento.* La raíz de este vocablo hebreo (י-ד-ה) posee tres significados: (1) inclinarse (ver Targum a II Samuel 16:4) por lo que nos inclinamos al inicio y al final de esta bendición; (2) confesar o profesar; y (3) agradecer. La bendición comienza como una confesión de fe y pasa a agradecer a Dios por las bendiciones que nos rodean constantemente. וְעַל נִסֶּיךָ שֶׁבְּכָל יוֹם עִמָּנוּ *por Tus milagros para con nosotros a diario:* Najmánides explicó la diferencia entre un milagro "revelado o manifiesto" y

En Janucá:

עַל הַנִּסִּים (Te agradecemos también) por los milagros, la redención, los actos poderosos, las salvaciones y las victorias en las batallas que Tú llevaste a cabo en favor de nuestros ancestros en aquellos días en este tiempo.

בִּימֵי מַתִּתְיָהוּ En los días de Matitiahu hijo de Yojanán, el Sumo Sacerdote, el jasmoneo y sus hijos, cuando el malvado reino griego se levantó contra Tu pueblo Israel para hacerles olvidar Tu Torá y forzarlos a transgredir los estatutos de Tu voluntad. Y Tú, con gran compasión, estuviste junto a ellos en el tiempo de su desgracia, luchaste por su causa, juzgaste su reclamo y vengaste su opresión. Entregaste fuertes en manos de débiles, muchos en manos de pocos, impuros en manos de puros, malvados en manos de justos, arrogantes en manos de estudiosos de Tu Torá. Hiciste para Ti un Nombre Grande y Sagrado en Tu mundo, y a Tu pueblo Israel diste gran redención y salvación en un día como este. Luego, Tus hijos ingresaron a Tu recinto sagrado, limpiaron Tu Templo, purificaron Tu santuario, encendieron velas en Tus cortes y establecieron estos ocho días de Janucá para agradecerte y alabar a Tu gran Nombre.

Continúa con "Por todo esto".

En Purim:

עַל הַנִּסִּים (Te agradecemos también) por los milagros, la redención, los actos poderosos, las salvaciones y las victorias en las batallas que Tú llevaste a cabo en favor de nuestros ancestros en aquellos días en este tiempo.

בִּימֵי מָרְדְּכַי En los días de Mordejai y Ester, en la ciudad capital de Shushán,
cuando el malvado Amán se alzó contra Tu pueblo procurando destruir, *Est. 3*
matar y exterminar a todos los judíos, jóvenes y mayores, niños y mujeres en un solo día, el trece del duodécimo mes que es el de Adar y saquear sus posesiones. Entonces Tú, con gran compasión desbarataste su plan, arruinaste su proyecto y le retribuiste por su maldad haciéndolo colgar junto a sus hijos de un cadalso.

Continúa con "Por todo esto".

וְעַל כֻּלָּם Por todo esto, Rey nuestro, que Tu Nombre
sea bendecido y exaltado por siempre.

Entre Rosh HaShaná y Yom Kipur: E inscribe a todos los hijos de Tu pacto para una buena vida.

Que todos los seres vivos Te agradezcan, ¡Sela!,
y alaben Tu Nombre de verdad,
Dios de nuestra redención y nuestro socorro, ¡Sela!
▾Bendito eres Tú Señor,
Tu Nombre es "Bueno" y a Ti corresponde agradecer.

בחנוכה:

עַל הַנִּסִּים וְעַל הַפֻּרְקָן וְעַל הַגְּבוּרוֹת וְעַל הַתְּשׁוּעוֹת וְעַל הַמִּלְחָמוֹת שֶׁעָשִׂיתָ לַאֲבוֹתֵינוּ בַּיָּמִים הָהֵם בַּזְּמַן הַזֶּה.

בִּימֵי מַתִּתְיָהוּ בֶּן יוֹחָנָן כֹּהֵן גָּדוֹל חַשְׁמוֹנַאי וּבָנָיו, כְּשֶׁעָמְדָה מַלְכוּת יָוָן הָרְשָׁעָה עַל עַמְּךָ יִשְׂרָאֵל לְהַשְׁכִּיחָם תּוֹרָתֶךָ וּלְהַעֲבִירָם מֵחֻקֵּי רְצוֹנֶךָ, וְאַתָּה בְּרַחֲמֶיךָ הָרַבִּים עָמַדְתָּ לָהֶם בְּעֵת צָרָתָם, רַבְתָּ אֶת רִיבָם, דַּנְתָּ אֶת דִּינָם, נָקַמְתָּ אֶת נִקְמָתָם, מָסַרְתָּ גִבּוֹרִים בְּיַד חַלָּשִׁים, וְרַבִּים בְּיַד מְעַטִּים, וּטְמֵאִים בְּיַד טְהוֹרִים, וּרְשָׁעִים בְּיַד צַדִּיקִים, וְזֵדִים בְּיַד עוֹסְקֵי תוֹרָתֶךָ, וּלְךָ עָשִׂיתָ שֵׁם גָּדוֹל וְקָדוֹשׁ בְּעוֹלָמֶךָ, וּלְעַמְּךָ יִשְׂרָאֵל עָשִׂיתָ תְּשׁוּעָה גְדוֹלָה וּפֻרְקָן כְּהַיּוֹם הַזֶּה. וְאַחַר כֵּן בָּאוּ בָנֶיךָ לִדְבִיר בֵּיתֶךָ, וּפִנּוּ אֶת הֵיכָלֶךָ, וְטִהֲרוּ אֶת מִקְדָּשֶׁךָ, וְהִדְלִיקוּ נֵרוֹת בְּחַצְרוֹת קָדְשֶׁךָ, וְקָבְעוּ שְׁמוֹנַת יְמֵי חֲנֻכָּה אֵלּוּ, לְהוֹדוֹת וּלְהַלֵּל לְשִׁמְךָ הַגָּדוֹל.

Continúa con וְעַל כֻּלָּם

בפורים:

עַל הַנִּסִּים וְעַל הַפֻּרְקָן וְעַל הַגְּבוּרוֹת וְעַל הַתְּשׁוּעוֹת וְעַל הַמִּלְחָמוֹת שֶׁעָשִׂיתָ לַאֲבוֹתֵינוּ בַּיָּמִים הָהֵם בַּזְּמַן הַזֶּה.

בִּימֵי מָרְדְּכַי וְאֶסְתֵּר בְּשׁוּשַׁן הַבִּירָה, כְּשֶׁעָמַד עֲלֵיהֶם הָמָן הָרָשָׁע,
אסתר ג בִּקֵּשׁ לְהַשְׁמִיד לַהֲרֹג וּלְאַבֵּד אֶת־כָּל־הַיְּהוּדִים מִנַּעַר וְעַד־זָקֵן טַף וְנָשִׁים בְּיוֹם אֶחָד, בִּשְׁלוֹשָׁה עָשָׂר לְחֹדֶשׁ שְׁנֵים־עָשָׂר, הוּא־חֹדֶשׁ אֲדָר, וּשְׁלָלָם לָבוֹז: וְאַתָּה בְּרַחֲמֶיךָ הָרַבִּים הֵפַרְתָּ אֶת עֲצָתוֹ, וְקִלְקַלְתָּ אֶת מַחֲשַׁבְתּוֹ, וַהֲשֵׁבוֹתָ לּוֹ גְּמוּלוֹ בְּרֹאשׁוֹ, וְתָלוּ אוֹתוֹ וְאֶת בָּנָיו עַל הָעֵץ.

Continúa con וְעַל כֻּלָּם

וְעַל כֻּלָּם יִתְבָּרַךְ וְיִתְרוֹמַם שִׁמְךָ מַלְכֵּנוּ תָּמִיד לְעוֹלָם וָעֶד.

בעשרת ימי תשובה: וּכְתֹב לְחַיִּים טוֹבִים כָּל בְּנֵי בְרִיתֶךָ.

וְכֹל הַחַיִּים יוֹדוּךָ סֶּלָה, וִיהַלְלוּ אֶת שִׁמְךָ בֶּאֱמֶת הָאֵל יְשׁוּעָתֵנוּ וְעֶזְרָתֵנוּ סֶלָה.

ׄבָּרוּךְ אַתָּה יהוה, הַטּוֹב שִׁמְךָ וּלְךָ נָאֶה לְהוֹדוֹת.

El siguiente pasaje es recitado por el oficiante durante la repetición de la Amidá salvo en un hogar donde se guarda duelo y el 9 de Av. En Israel, si los cohanim bendicen a la congregación pasar a la página 874. Ver leyes 370–377.

Dios nuestro y de nuestros ancestros, bendícenos con la triple bendición de la Torá, escrita por la mano de Tu siervo Moshé y pronunciada por Aharón y sus hijos los cohanim, Tu pueblo consagrado, como fue dicho:

El Señor te bendiga y te guarde. *Núm. 6*

Congregación: Que así sea Tu voluntad.

El Señor te ilumine con Su Presencia y te agracie.

Congregación: Que así sea Tu voluntad.

El Señor dirija Su Presencia hacia ti y te conceda la paz.

Congregación: Que así sea Tu voluntad.

PAZ

שִׂים שָׁלוֹם Instaura paz, bien y bendición,
gracia, benevolencia y compasión sobre nosotros
y todo Tu pueblo Israel.
Bendícenos Padre nuestro, a todos nosotros como uno,
con la luz de Tu Semblante, pues en la luz de Tu Semblante
nos has dado Señor, nuestro Dios,
una Torá de vida y amor a la benevolencia,
justicia, bendición, compasión, vida y paz.
Que ante Tus ojos sea bueno bendecir a todo Tu pueblo Israel,
en todo momento, a toda hora, con Tu paz.

Entre Rosh HaShaná y Yom Kipur: Que seamos recordados e inscritos nosotros
y todo Tu pueblo la casa de Israel en el libro
de la vida, la bendición, la paz y la prosperidad
para una buena vida y para la paz.*

Bendito eres Tú Señor, que bendice a Su pueblo Israel con la paz.

**Fuera de Israel, entre Rosh HaShaná y Yom Kipur algunos acostumbran finalizar esta bendición de la siguiente forma:*
Bendito eres Tú Señor, que hace la paz.

El siguiente versículo finaliza la repetición de la Amidá por parte del oficiante. Algunos lo recitan aquí, como parte de la Amidá en voz baja. Ver ley 368.

Que las palabras de mi boca y la meditación de mi corazón hallen favor ante Ti *Sal. 19*
Señor, mi Fortaleza y mi Redentor.

El siguiente pasaje es recitado por el שליח ציבור *durante la* חזרת הש״ץ
salvo en un hogar donde se guarda duelo y en תשעה באב. *En* ארץ ישראל,
si los כהנים *bendicen al* קהל *pasar a la página 875. Ver leyes 370–377.*

אֱלֹהֵינוּ וֵאלֹהֵי אֲבוֹתֵינוּ, בָּרְכֵנוּ בַבְּרָכָה הַמְשֻׁלֶּשֶׁת בַּתּוֹרָה, הַכְּתוּבָה עַל יְדֵי מֹשֶׁה עַבְדֶּךָ, הָאֲמוּרָה מִפִּי אַהֲרֹן וּבָנָיו כֹּהֲנִים עַם קְדוֹשֶׁיךָ, כָּאָמוּר

במדבר ו
יְבָרֶכְךָ יהוה וְיִשְׁמְרֶךָ: קהל: כֵּן יְהִי רָצוֹן
יָאֵר יהוה פָּנָיו אֵלֶיךָ וִיחֻנֶּךָּ: קהל: כֵּן יְהִי רָצוֹן
יִשָּׂא יהוה פָּנָיו אֵלֶיךָ וְיָשֵׂם לְךָ שָׁלוֹם: קהל: כֵּן יְהִי רָצוֹן

שלום

שִׂים שָׁלוֹם טוֹבָה וּבְרָכָה
חֵן וָחֶסֶד וְרַחֲמִים עָלֵינוּ וְעַל כָּל יִשְׂרָאֵל עַמֶּךָ.
בָּרְכֵנוּ אָבִינוּ כֻּלָּנוּ כְּאֶחָד בְּאוֹר פָּנֶיךָ
כִּי בְאוֹר פָּנֶיךָ נָתַתָּ לָּנוּ יהוה אֱלֹהֵינוּ
תּוֹרַת חַיִּים וְאַהֲבַת חֶסֶד, וּצְדָקָה וּבְרָכָה וְרַחֲמִים וְחַיִּים וְשָׁלוֹם.
וְטוֹב בְּעֵינֶיךָ לְבָרֵךְ אֶת עַמְּךָ יִשְׂרָאֵל
בְּכָל עֵת וּבְכָל שָׁעָה בִּשְׁלוֹמֶךָ.

בעשרת ימי תשובה: בְּסֵפֶר חַיִּים, בְּרָכָה וְשָׁלוֹם, וּפַרְנָסָה טוֹבָה
נִזָּכֵר וְנִכָּתֵב לְפָנֶיךָ, אֲנַחְנוּ וְכָל עַמְּךָ בֵּית יִשְׂרָאֵל
לְחַיִּים טוֹבִים וּלְשָׁלוֹם.*

בָּרוּךְ אַתָּה יהוה, הַמְבָרֵךְ אֶת עַמּוֹ יִשְׂרָאֵל בַּשָּׁלוֹם.

**En* חוץ לארץ, *entre* עשרת ימי תשובה *algunos acostumbran finalizar esta bendición de la siguiente forma:*

בָּרוּךְ אַתָּה יהוה, עוֹשֶׂה הַשָּׁלוֹם.

El siguiente versículo finaliza la חזרת הש״ץ *por parte del* שליח ציבור.
Algunos lo recitan aquí, como parte de la עמידה *en voz baja. Ver ley 368.*

תהלים יט
יִהְיוּ לְרָצוֹן אִמְרֵי־פִי וְהֶגְיוֹן לִבִּי לְפָנֶיךָ, יהוה צוּרִי וְגֹאֲלִי:

שלום *Bendición 19: Paz. Shalom* significa más que el vocablo español "paz", implica también "completitud, perfección, interacción armónica". Los profetas de Israel fueron los primeros en la historia en concebir la paz como un

El comentario continúa en la página 135.

אֱלֹהַי Dios mío, *Berajot 17A*
preserva mi lengua del mal y mis labios de pronunciar engaño.
Que mi alma calle ante quienes me maldicen,
y sea como el polvo para con todos.
Abre mi corazón a Tu Torá y que mi alma persiga Tus preceptos.
Rápidamente deja sin efecto el consejo
y frustra los planes de quienes conspiran contra mí.
Actúa en pos de Tu Nombre, actúa en pos de Tu diestra,
actúa en pos de Tu santidad, actúa en pos de Tu Torá.
Para que Tus amados sean liberados, *Sal. 60*
redime con Tu diestra y respóndeme.
Que las palabras de mi boca y la meditación de mi corazón *Sal. 19*
hallen favor ante Ti Señor, mi Fortaleza y mi Redentor.

Inclinarse, dar tres pasos hacia atrás, entonces inclinarse primero hacia la izquierda y luego hacia la derecha, luego al centro, mientras se dice:

Quien obra la paz en Sus alturas,
haga la paz para nosotros y todo Israel y decid: Amén.

יְהִי רָצוֹן Sea Tu voluntad Señor, Dios nuestro y de nuestros ancestros que el Templo sea reconstruido pronto en nuestros días, que nos concedas nuestra porción en Tu Torá. Allí Te serviremos con temor reverencial como en los días de antaño y los años pretéritos. Entonces las ofrendas de Yehudá y *Mal. 3* Jerusalém agradarán al Señor como en los días de antaño y los años pretéritos.

Cuando se reza con minián, el oficiante repite la Amidá en voz alta.

En los días en los que se recita Tajanún (ver página 144) este comienza en la página 152. Los lunes y los jueves Tajanún comienza en la página 144. En Israel, los días en que se recita Tajanún algunos incluyen Viduy y los Trece Atributos de la Misericordia Divina en la página 136. Ver ley 478a.

En días de ayuno público (salvo el 9 de Av) la mayoría de las congregaciones recita Selijot en la página 984 antes de Avinu Malkenu en la página 138.

Entre Rosh HaShaná y Yom Kipur (mas no en vísperas de Kipur a menos que caiga un viernes) se recita Avinu Malkenu en la página 138.

En Rosh Jodesh, Janucá, Jol HaMo'ed, Yom Ha'Atzmaut y Yom Yerushalaim se recita Halel en la página 758.

En otros días, cuando no se recita Tajanún (ver página 144) el oficiante dice Medio Kadish en la página 156.

---

es el producto de una única voluntad y no el resultado de la ciega colisión entre elementos en conflicto.

אֱלֹהַי ברכות יז.

נְצֹר לְשׁוֹנִי מֵרָע וּשְׂפָתַי מִדַּבֵּר מִרְמָה

וְלִמְקַלְלַי נַפְשִׁי תִדֹּם, וְנַפְשִׁי כֶּעָפָר לַכֹּל תִּהְיֶה.

פְּתַח לִבִּי בְּתוֹרָתֶךָ, וּבְמִצְוֹתֶיךָ תִּרְדֹּף נַפְשִׁי.

וְכָל הַחוֹשְׁבִים עָלַי רָעָה, מְהֵרָה הָפֵר עֲצָתָם וְקַלְקֵל מַחֲשַׁבְתָּם.

עֲשֵׂה לְמַעַן שְׁמֶךָ, עֲשֵׂה לְמַעַן יְמִינֶךָ

עֲשֵׂה לְמַעַן קְדֻשָּׁתֶךָ, עֲשֵׂה לְמַעַן תּוֹרָתֶךָ.

לְמַעַן יֵחָלְצוּן יְדִידֶיךָ, הוֹשִׁיעָה יְמִינְךָ וַעֲנֵנִי: תהלים ס

יִהְיוּ לְרָצוֹן אִמְרֵי־פִי וְהֶגְיוֹן לִבִּי לְפָנֶיךָ, יהוה צוּרִי וְגֹאֲלִי: תהלים יט

Inclinarse, dar tres pasos hacia atrás, entonces inclinarse primero hacia la izquierda y luego hacia la derecha, luego al centro, mientras se dice:

עֹשֶׂה שָׁלוֹם/ בעשרת ימי תשובה: הַשָּׁלוֹם/ בִּמְרוֹמָיו

הוּא יַעֲשֶׂה שָׁלוֹם עָלֵינוּ וְעַל כָּל יִשְׂרָאֵל, וְאִמְרוּ אָמֵן.

יְהִי רָצוֹן מִלְּפָנֶיךָ יהוה אֱלֹהֵינוּ וֵאלֹהֵי אֲבוֹתֵינוּ, שֶׁיִּבָּנֶה בֵּית הַמִּקְדָּשׁ בִּמְהֵרָה בְיָמֵינוּ, וְתֵן חֶלְקֵנוּ בְּתוֹרָתֶךָ, וְשָׁם נַעֲבָדְךָ בְּיִרְאָה כִּימֵי עוֹלָם וּכְשָׁנִים קַדְמֹנִיּוֹת.

וְעָרְבָה לַיהוה מִנְחַת יְהוּדָה וִירוּשָׁלָםִ כִּימֵי עוֹלָם וּכְשָׁנִים קַדְמֹנִיּוֹת: מלאכי ג

Cuando se reza con מנין, *el* שליח ציבור *repite la* עמידה *en voz alta.*

En los días en los que se recita תחנון (*ver página 145*) *este comienza en la página 153.*
Los lunes y los jueves תחנון *comienza en la página 145.*
En ארץ ישראל, *los días en que se recita* תחנון *algunos incluyen* וידוי
y los י״ג מדות *de la Misericordia Divina en la página 137. Ver ley 478a.*

En días de ayuno público (*salvo el* תשעה באב) *la mayoría de las congregaciones recita* סליחות *en la página 985 antes de* אבינו מלכנו *en la página 139.*

Entre עשרת ימי תשובה (*mas no en vísperas de* ערב יום כיפור *a menos que caiga un viernes*) *se recita* אבינו מלכנו *en la página 139.*

En ראש חודש, חנוכה, חול המועד, יום העצמאות *y* יום ירושלים *se recita* הלל *en la página 759.*

En otros días, cuando no se recita תחנון (*ver página 145*)
el שליח ציבור *dice* חצי קדיש *en la página 157.*

---

ideal, más notoriamente plasmado en las palabras de Isaías: "No izará una nación la espada contra otra; ni aprenderán más el arte de la guerra" (Isaías 2:4). La paz es la esperanza última del monoteísmo, pues cree que el mundo

VIDUY

En Israel, en los días en que se recita Tajanún (ver página 144) algunos recitan también Viduy y los Trece Atributos de la Misericordia Divina. Ver ley 478a. La congregación se pone de pie y dice:

אֱלֹהֵינוּ Dios nuestro y de nuestros ancestros, que nuestra plegaria llegue ante Ti, y no ignores nuestra súplica, pues no somos tan arrogantes ni obstinados como para decir delante de Ti Señor, nuestro Dios y de nuestros antepasados, somos justos y no hemos pecado, mas en verdad, nosotros y nuestros ancestros hemos pecado.

En cada expresión golpear el lado izquierdo del pecho:

אָשַׁמְנוּ Hemos sido culpables, hemos actuado traicioneramente, hemos robado, hemos calumniado. Hemos actuado perversamente, hemos causado maldad, hemos pecado premeditadamente, hemos actuado con violencia, hemos acusado en falso. Dimos malos consejos, mentimos, nos mofamos, nos hemos rebelado, hemos provocado, hemos desobedecido, hemos cometido iniquidad, hemos transgredido, hemos perseguido, hemos sido obstinados. Hemos actuado alevosamente, hemos corrompido, hemos actuado en forma abominable, nos hemos desviado y hemos llevado a otros por mal camino.

Nos hemos apartado de Tus preceptos y de Tus buenas sentencias, pero de nada nos ha servido. Pero Tú eres justo en todo lo que nos ha sobrevenido, pues Tú actuaste con Verdad mientras que nosotros hicimos el mal. *Neh. 9*

Cuando se reza sin minián se continúa en "Él es compasivo" en la página 144.

LOS TRECE ATRIBUTOS DE LA MISERICORDIA DIVINA

אֵל אֶרֶךְ Tú eres Dios que demora en enojarse, Tú eres llamado el Señor de la Compasión, nos has enseñado la senda del arrepentimiento. Hoy y cada día recuerda la grandeza de Tu misericordia para con la simiente de Tus amados. Dirígete hacia nosotros con compasión pues Tú eres el Señor de la Compasión. Venimos ante Ti con súplicas y plegaria, tal como le diste a saber al humilde (Moshé) en tiempos pretéritos. Apártate de Tu ira, tal como está escrito en Tu Torá. Nos resguardaremos y moraremos bajo la sombra de Tus Alas, tal como en el día en el cual el Señor descendió en medio de una nube. ‣ Sé indiferente a la transgresión y borra la culpa, tal como en el día en el cual estuviste parado con él (con Moshé) allí. Escucha nuestro clamor y presta atención a nuestro decir, como aquel día en que Tú proclamaste en el Nombre del Señor, y allí está escrito:

Todos recitan en voz alta:

וַיַּעֲבֹר Y el Señor pasó ante él (Moshé) y proclamó: *Éx. 34*

> Señor, Señor, compasivo y benevolente, tardo en la ira, abundante en generosidad y verdad, prodiga Su benevolencia por miles de generaciones, perdona la iniquidad, la rebelión y el pecado y perdona (a quienes retornan). Perdona nuestra iniquidad y nuestro pecado, tómanos por Tu heredad. Perdónanos, Padre nuestro, pues hemos pecado. Discúlpanos, Rey nuestro por haber transgredido. Pues Tú Señor, eres bueno, perdonas y eres generoso en benevolencia para con todos los que Te invocan. *Sal. 86*

Los lunes y jueves se continúa en la página 144 con el pasaje que comienza diciendo "Él es compasivo", en otros días se continúa en la página 152 con "David dijo".

וידוי

En ארץ ישראל, *en los días en que se recita* תחנון *(ver página 145) algunos recitan también* וידוי *y los* י״ג מדות *de la Misericordia Divina. Ver ley 478a. El* קהל *se pone de pie y dice:*

אֱלֹהֵינוּ וֵאלֹהֵי אֲבוֹתֵינוּ, תָּבוֹא לְפָנֶיךָ תְּפִלָּתֵנוּ, וְאַל תִּתְעַלַּם מִתְּחִנָּתֵנוּ, שֶׁאֵין אֲנַחְנוּ עַזֵּי פָנִים וּקְשֵׁי עֹרֶף לוֹמַר לְפָנֶיךָ, יהוה אֱלֹהֵינוּ וֵאלֹהֵי אֲבוֹתֵינוּ, צַדִּיקִים אֲנַחְנוּ וְלֹא חָטָאנוּ, אֲבָל אֲנַחְנוּ וַאֲבוֹתֵינוּ חָטָאנוּ.

En cada expresión golpear el lado izquierdo del pecho:

אָשַׁמְנוּ, בָּגַדְנוּ, גָּזַלְנוּ, דִּבַּרְנוּ דֹפִי, הֶעֱוִינוּ, וְהִרְשַׁעְנוּ, זַדְנוּ, חָמַסְנוּ, טָפַלְנוּ שֶׁקֶר, יָעַצְנוּ רָע, כִּזַּבְנוּ, לַצְנוּ, מָרַדְנוּ, נִאַצְנוּ, סָרַרְנוּ, עָוִינוּ, פָּשַׁעְנוּ, צָרַרְנוּ, קִשִּׁינוּ עֹרֶף, רָשַׁעְנוּ, שִׁחַתְנוּ, תִּעַבְנוּ, תָּעִינוּ, תִּעְתָּעְנוּ.

סַרְנוּ מִמִּצְוֹתֶיךָ וּמִמִּשְׁפָּטֶיךָ הַטּוֹבִים, וְלֹא שָׁוָה לָנוּ. וְאַתָּה צַדִּיק עַל כָּל־הַבָּא נחמיה ט
עָלֵינוּ, כִּי־אֱמֶת עָשִׂיתָ, וַאֲנַחְנוּ הִרְשָׁעְנוּ:

Cuando se reza sin minián se continúa en "Él es compasivo" en la página 144.

י״ג מדות

אֵל אֶרֶךְ אַפַּיִם אַתָּה, וּבַעַל הָרַחֲמִים נִקְרֵאתָ, וְדֶרֶךְ תְּשׁוּבָה הוֹרֵיתָ. גְּדֻלַּת רַחֲמֶיךָ וַחֲסָדֶיךָ, תִּזְכֹּר הַיּוֹם וּבְכָל יוֹם לְזֶרַע יְדִידֶיךָ. תֵּפֶן אֵלֵינוּ בְּרַחֲמִים, כִּי אַתָּה הוּא בַּעַל הָרַחֲמִים. בְּתַחֲנוּן וּבִתְפִלָּה פָּנֶיךָ נְקַדֵּם, כְּהוֹדַעְתָּ לֶעָנָו מִקֶּדֶם. מֵחֲרוֹן אַפְּךָ שׁוּב, כְּמוֹ בְּתוֹרָתְךָ כָּתוּב. וּבְצֵל כְּנָפֶיךָ נֶחֱסֶה וְנִתְלוֹנָן, כְּיוֹם וַיֵּרֶד יהוה בֶּעָנָן. ◂ תַּעֲבֹר עַל פֶּשַׁע וְתִמְחֶה אָשָׁם, כְּיוֹם וַיִּתְיַצֵּב עִמּוֹ שָׁם. תַּאֲזִין שַׁוְעָתֵנוּ וְתַקְשִׁיב מֶנּוּ מַאֲמָר, כְּיוֹם וַיִּקְרָא בְשֵׁם יהוה, וְשָׁם נֶאֱמַר:

Todos recitan en voz alta:

וַיַּעֲבֹר יהוה עַל־פָּנָיו וַיִּקְרָא שמות לד

יהוה, יהוה, אֵל רַחוּם וְחַנּוּן, אֶרֶךְ אַפַּיִם וְרַב־חֶסֶד וֶאֱמֶת:
נֹצֵר חֶסֶד לָאֲלָפִים, נֹשֵׂא עָוֹן וָפֶשַׁע וְחַטָּאָה, וְנַקֵּה:
וְסָלַחְתָּ לַעֲוֹנֵנוּ וּלְחַטָּאתֵנוּ, וּנְחַלְתָּנוּ:
סְלַח לָנוּ אָבִינוּ כִּי חָטָאנוּ, מְחַל לָנוּ מַלְכֵּנוּ כִּי פָשָׁעְנוּ
כִּי־אַתָּה אֲדֹנָי טוֹב וְסַלָּח וְרַב־חֶסֶד לְכָל־קֹרְאֶיךָ: תהלים פו

Los lunes y jueves se continúa en la página 145 con el pasaje que comienza diciendo וְהוּא רַחוּם*, en otros días se continúa en la página 153 con* וַיֹּאמֶר דָּוִד.

AVINU MALKENU

En días de ayuno (salvo 9 de Av) la mayoría de las congregaciones suele recitar Selijot en la página 984 antes de Avinu Malkenu.
Entre Rosh HaShaná y Yom Kipur (mas no en víspera de Yom Kipur a menos que caiga en viernes) se recita Avinu Malkenu a continuación.
Se abre el Arca Sagrada.

אָבִינוּ מַלְכֵּנוּ Padre nuestro, Rey nuestro, hemos pecado ante Ti.
Padre nuestro, Rey nuestro, no tenemos Rey salvo Tú.
Padre nuestro, Rey nuestro, actúa generosamente con nosotros en aras de Tu Nombre.
Padre nuestro, Rey nuestro, /*bendícenos / con un buen año.
/ **Entre Rosh HaShaná y Yom Kipur:* renueva para nosotros/
Padre nuestro, Rey nuestro, suprime todo veredicto adverso para con nosotros.
Padre nuestro, Rey nuestro, anula los planes de quienes nos odian.
Padre nuestro, Rey nuestro, frustra el consejo de nuestros enemigos.
Padre nuestro, Rey nuestro, haz desaparecer todo opresor y adversario.
Padre nuestro, Rey nuestro, cierra la boca de nuestros adversarios y quienes nos acusan.
Padre nuestro, Rey nuestro, termina con toda pestilencia, espada, hambruna, cautiverio y destrucción, iniquidad y apostasía entre los hijos de Tu pacto.
Padre nuestro, Rey nuestro, evita la epidemia en Tu heredad.
Padre nuestro, Rey nuestro, perdona y disculpa todas nuestras iniquidades.
Padre nuestro, Rey nuestro, borra y quita de Tu vista nuestras trasgresiones y nuestros pecados.
Padre nuestro, Rey nuestro, en tu inmensa compasión borra el registro de nuestros pecados.

Las siguientes nueve frases se recitan alternadamente, primero el oficiante y luego la congregación:
Padre nuestro, Rey nuestro, haznos retornar a Ti en completo arrepentimiento.
Padre nuestro, Rey nuestro, envía cura completa a los enfermos de Tu pueblo.
Padre nuestro, Rey nuestro, deshace los veredictos adversos para con nosotros.
Padre nuestro, Rey nuestro, recuérdanos favorablemente delante de Ti.

---

hijos. El primer tipo de relacionamiento está regido por la justicia, el segundo por el amor, la compasión y el perdón. Al ubicar las palabras en orden inverso, reflejamos tanto nuestra historia como nuestra fe: historia, ya que Dios nos llamó Sus hijos ("Mi hijo primogénito Israel") en el Monte Sinaí antes de que

אבינו מלכנו

En días de ayuno (salvo תשעה באב*) la mayoría de las congregaciones suele recitar* סליחות *en la página 985 antes de* אבינו מלכנו.
Entre עשרת ימי תשובה *(mas no en* ערב יום כיפור *a menos que caiga en viernes) se recita* אבינו מלכנו *a continuación.*

Se abre el ארון קודש.

אָבִינוּ מַלְכֵּנוּ, חָטָאנוּ לְפָנֶיךָ.
אָבִינוּ מַלְכֵּנוּ, אֵין לָנוּ מֶלֶךְ אֶלָּא אָתָּה.
אָבִינוּ מַלְכֵּנוּ, עֲשֵׂה עִמָּנוּ לְמַעַן שְׁמֶךָ.
אָבִינוּ מַלְכֵּנוּ, בָּרֵךְ/ בעשרת ימי תשובה: חַדֵּשׁ/ עָלֵינוּ שָׁנָה טוֹבָה.
אָבִינוּ מַלְכֵּנוּ, בַּטֵּל מֵעָלֵינוּ כָּל גְּזֵרוֹת קָשׁוֹת.
אָבִינוּ מַלְכֵּנוּ, בַּטֵּל מַחְשְׁבוֹת שׂוֹנְאֵינוּ.
אָבִינוּ מַלְכֵּנוּ, הָפֵר עֲצַת אוֹיְבֵינוּ.
אָבִינוּ מַלְכֵּנוּ, כַּלֵּה כָּל צַר וּמַשְׂטִין מֵעָלֵינוּ.
אָבִינוּ מַלְכֵּנוּ, סְתֹם פִּיּוֹת מַשְׂטִינֵנוּ וּמְקַטְרְגֵינוּ.
אָבִינוּ מַלְכֵּנוּ, כַּלֵּה דֶּבֶר וְחֶרֶב וְרָעָב וּשְׁבִי וּמַשְׁחִית וְעָוֹן וּשְׁמַד מִבְּנֵי בְרִיתֶךָ.
אָבִינוּ מַלְכֵּנוּ, מְנַע מַגֵּפָה מִנַּחֲלָתֶךָ.
אָבִינוּ מַלְכֵּנוּ, סְלַח וּמְחַל לְכָל עֲוֹנוֹתֵינוּ.
אָבִינוּ מַלְכֵּנוּ, מְחֵה וְהַעֲבֵר פְּשָׁעֵינוּ וְחַטֹּאתֵינוּ מִנֶּגֶד עֵינֶיךָ.
אָבִינוּ מַלְכֵּנוּ, מְחֹק בְּרַחֲמֶיךָ הָרַבִּים כָּל שִׁטְרֵי חוֹבוֹתֵינוּ.

Las siguientes nueve frases se recitan alternadamente, primero el שליח ציבור *y luego el* קהל:

אָבִינוּ מַלְכֵּנוּ, הַחֲזִירֵנוּ בִּתְשׁוּבָה שְׁלֵמָה לְפָנֶיךָ.
אָבִינוּ מַלְכֵּנוּ, שְׁלַח רְפוּאָה שְׁלֵמָה לְחוֹלֵי עַמֶּךָ.
אָבִינוּ מַלְכֵּנוּ, קְרַע רֹעַ גְּזַר דִּינֵנוּ.
אָבִינוּ מַלְכֵּנוּ, זָכְרֵנוּ בְּזִכָּרוֹן טוֹב לְפָנֶיךָ.

אָבִינוּ מַלְכֵּנוּ *Padre nuestro, Rey nuestro:* Plegaria que en su forma primigenia se le atribuye a Rabí Akiva. Las primeras dos palabras combinan los dos aspectos de nuestra relación con Dios. Él es nuestro Rey y por ende nosotros somos Sus súbditos; Él es nuestro Padre y por lo tanto nosotros somos Sus

Entre Rosh HaShaná y Yom Kipur:

Padre nuestro, Rey nuestro, inscríbenos en el libro de la buena vida.

Padre nuestro, Rey nuestro, inscríbenos en el libro de la redención y la salvación.

Padre nuestro, Rey nuestro, inscríbenos en el libro del sustento y la abundancia.

Padre nuestro, Rey nuestro, inscríbenos en el libro de los méritos.

Padre nuestro, Rey nuestro, inscríbenos en el libro del perdón y la disculpa.

En días de ayuno:

Padre nuestro, Rey nuestro, recuérdanos para una buena vida.

Padre nuestro, Rey nuestro, recuérdanos para la redención y la salvación.

Padre nuestro, Rey nuestro, recuérdanos para el sustento y la abundancia.

Padre nuestro, Rey nuestro, recuérdanos meritoriamente.

Padre nuestro, Rey nuestro, recuérdanos para el perdón y la disculpa.

Final de la lectura alternada.

Padre nuestro, Rey nuestro, haz florecer la salvación pronto para nosotros.

Padre nuestro, Rey nuestro, alza el honor de Tu pueblo Israel.

Padre nuestro, Rey nuestro, eleva el honor de Tu ungido.

Padre nuestro, Rey nuestro, colma nuestras manos de Tus bendiciones.

Padre nuestro, Rey nuestro, llena nuestros graneros con abundancia.

Padre nuestro, Rey nuestro, escucha nuestra voz, apiádate y Se compasivo con nosotros.

Padre nuestro, Rey nuestro, recibe compasivamente y de buena gana nuestras plegarias.

Padre nuestro, Rey nuestro, abre los portales del cielo a nuestras plegarias.

Padre nuestro, Rey nuestro, recuerda que somos tan solo polvo.

Padre nuestro, Rey nuestro, no nos retornes de Ti con las manos vacías.

Padre nuestro, Rey nuestro, que este sea un momento de compasión y un tiempo favorable delante de Ti.

Padre nuestro, Rey nuestro, apiádate de nosotros, nuestros hijos y nuestros infantes.

Padre nuestro, Rey nuestro, obra en pos de quienes fueron asesinados por Tu Sagrado Nombre.

Entre עשרת ימי תשובה*:*

אָבִֽינוּ מַלְכֵּֽנוּ, כָּתְבֵֽנוּ בְּסֵֽפֶר חַיִּים טוֹבִים.
אָבִֽינוּ מַלְכֵּֽנוּ, כָּתְבֵֽנוּ בְּסֵֽפֶר גְּאֻלָּה וִישׁוּעָה.
אָבִֽינוּ מַלְכֵּֽנוּ, כָּתְבֵֽנוּ בְּסֵֽפֶר פַּרְנָסָה וְכַלְכָּלָה.
אָבִֽינוּ מַלְכֵּֽנוּ, כָּתְבֵֽנוּ בְּסֵֽפֶר זְכֻיּוֹת.
אָבִֽינוּ מַלְכֵּֽנוּ, כָּתְבֵֽנוּ בְּסֵֽפֶר סְלִיחָה וּמְחִילָה.

En días de ayuno:

אָבִֽינוּ מַלְכֵּֽנוּ, זָכְרֵֽנוּ לְחַיִּים טוֹבִים.
אָבִֽינוּ מַלְכֵּֽנוּ, זָכְרֵֽנוּ לִגְאֻלָּה וִישׁוּעָה.
אָבִֽינוּ מַלְכֵּֽנוּ, זָכְרֵֽנוּ לְפַרְנָסָה וְכַלְכָּלָה.
אָבִֽינוּ מַלְכֵּֽנוּ, זָכְרֵֽנוּ לִזְכֻיּוֹת.
אָבִֽינוּ מַלְכֵּֽנוּ, זָכְרֵֽנוּ לִסְלִיחָה וּמְחִילָה.

Final de la lectura alternada.

אָבִֽינוּ מַלְכֵּֽנוּ, הַצְמַח לָֽנוּ יְשׁוּעָה בְּקָרוֹב.
אָבִֽינוּ מַלְכֵּֽנוּ, הָרֵם קֶֽרֶן יִשְׂרָאֵל עַמֶּֽךָ.
אָבִֽינוּ מַלְכֵּֽנוּ, הָרֵם קֶֽרֶן מְשִׁיחֶֽךָ.
אָבִֽינוּ מַלְכֵּֽנוּ, מַלֵּא יָדֵֽינוּ מִבִּרְכוֹתֶֽיךָ.
אָבִֽינוּ מַלְכֵּֽנוּ, מַלֵּא אֲסָמֵֽינוּ שָׂבָע.
אָבִֽינוּ מַלְכֵּֽנוּ, שְׁמַע קוֹלֵֽנוּ, חוּס וְרַחֵם עָלֵֽינוּ.
אָבִֽינוּ מַלְכֵּֽנוּ, קַבֵּל בְּרַחֲמִים וּבְרָצוֹן אֶת תְּפִלָּתֵֽנוּ.
אָבִֽינוּ מַלְכֵּֽנוּ, פְּתַח שַׁעֲרֵי שָׁמַֽיִם לִתְפִלָּתֵֽנוּ.
אָבִֽינוּ מַלְכֵּֽנוּ, זְכֹר כִּי עָפָר אֲנָֽחְנוּ.
אָבִֽינוּ מַלְכֵּֽנוּ, נָא אַל תְּשִׁיבֵֽנוּ רֵיקָם מִלְּפָנֶֽיךָ.
אָבִֽינוּ מַלְכֵּֽנוּ, תְּהֵא הַשָּׁעָה הַזֹּאת שְׁעַת רַחֲמִים וְעֵת רָצוֹן מִלְּפָנֶֽיךָ.
אָבִֽינוּ מַלְכֵּֽנוּ, חֲמֹל עָלֵֽינוּ וְעַל עוֹלָלֵֽינוּ וְטַפֵּֽנוּ.
אָבִֽינוּ מַלְכֵּֽנוּ, עֲשֵׂה לְמַֽעַן הֲרוּגִים עַל שֵׁם קָדְשֶֽׁךָ.

Él se hubiera convertido en nuestro Rey; fe porque le pedimos a Dios que permita que Su amor paterno atempere la severidad de la justicia.

Padre nuestro, Rey nuestro, obra en pos de quienes han sido degollados proclamando Tu unicidad.

Padre nuestro, Rey nuestro, obra en pos de quienes pasaron por fuego y agua en aras de santificar Tu Nombre.

Padre nuestro, Rey nuestro, venga ante nuestros ojos la sangre derramada de Tus siervos.

Padre nuestro, Rey nuestro, actúa por Ti, sino por nosotros.

Padre nuestro, Rey nuestro, hazlo por Tu bien y sálvanos.

Padre nuestro, Rey nuestro, actúa en pos de Tu infinita misericordia.

Padre nuestro, Rey nuestro, hazlo en aras de Tu Gran, Poderoso y Reverenciado Nombre, que se proclama sobre nosotros.

▸ Padre nuestro, Rey nuestro se clemente y respóndenos, pues carecemos de buenas acciones en nuestro haber; obra con nosotros con caridad y benevolencia y sálvanos.

Se cierra el Arca Sagrada.
Durante el rezo de Minjá se continúa con Tajanún en la página 250.

---

estaban divididos en tres partes) se tocaba el shofar y el pueblo se prosternaba" (*Tamid* 7:3). Algunas comunidades mantienen la costumbre de prosternase con el rostro hacia el suelo, incluso después de haberse destruido el Templo. Nosotros mantenemos algo de este gesto al inclinar y apoyar nuestras cabezas sobre nuestros brazos y cubrir nuestros rostros al recitar el Salmo 6. La repetición de la Amidá por parte del oficiante viene a sustituir la ofrenda diaria, y por ello después "nos inclinamos sobre nuestros rostros".

La costumbre de adjudicarle un significado especial a los días lunes y jueves posee también un origen sumamente antiguo. En época del Segundo Templo los lunes y jueves eran los días en los que ayunaban los piadosos. De acuerdo con la tradición, un día jueves Moshé emprendió su ascenso al Monte Sinaí para recibir las segundas tablas y descendió un lunes cuarenta días más tarde (10 de Tishrei, Yom Kipur). Las segundas tablas fueron una señal de perdón Divino. Por ello, estos días fueron vistos como días favorables. Además, lunes y jueves eran días de mercado y las personas llegaban a la ciudad provenientes de las diferentes comarcas y aldeas. Las congregaciones eran más numerosas; la Torá era leída, sesionaban los Tribunales de Justicia. El carácter elevado de la atmósfera espiritual de esos días indujo a que la plegaria de tipo penitencial fuera más extensa, por ello, los lunes y los jueves el *Tajanún* es más largo.

Una de las instancias bíblicas clásicas de súplicas es la plegaria de Daniel en nombre de los exiliados en Babilonia (cap. 9). Secciones de esa plegaria junto a otros versículos de libros proféticos y de Salmos conforman el núcleo de

אָבִינוּ מַלְכֵּנוּ, עֲשֵׂה לְמַעַן טְבוּחִים עַל יִחוּדֶךָ.
אָבִינוּ מַלְכֵּנוּ, עֲשֵׂה לְמַעַן בָּאֵי בָאֵשׁ וּבַמַּיִם עַל קִדּוּשׁ שְׁמֶךָ.
אָבִינוּ מַלְכֵּנוּ, נְקֹם לְעֵינֵינוּ נִקְמַת דַּם עֲבָדֶיךָ הַשָּׁפוּךְ.
אָבִינוּ מַלְכֵּנוּ, עֲשֵׂה לְמַעַנְךָ אִם לֹא לְמַעֲנֵנוּ.
אָבִינוּ מַלְכֵּנוּ, עֲשֵׂה לְמַעַנְךָ וְהוֹשִׁיעֵנוּ.
אָבִינוּ מַלְכֵּנוּ, עֲשֵׂה לְמַעַן רַחֲמֶיךָ הָרַבִּים.
אָבִינוּ מַלְכֵּנוּ, עֲשֵׂה לְמַעַן שִׁמְךָ הַגָּדוֹל הַגִּבּוֹר וְהַנּוֹרָא, שֶׁנִּקְרָא עָלֵינוּ.
◂ אָבִינוּ מַלְכֵּנוּ, חָנֵּנוּ וַעֲנֵנוּ, כִּי אֵין בָּנוּ מַעֲשִׂים
עֲשֵׂה עִמָּנוּ צְדָקָה וָחֶסֶד וְהוֹשִׁיעֵנוּ.

Se cierra el ארון קודש.

Durante el rezo de מנחה *se continúa con* סדר תחנון *en la página 251.*

TAJANÚN: SUPLICANDO A DIOS

Esta sección del rezo recibe el nombre de *Tajanún* o "súplica" e implica un regreso a la plegaria individual que se iniciase en la Amidá silenciosa. El Sidur mantiene un delicado equilibrio entre las dos formas de dirigirse a Dios: como individuos mediante nuestros anhelos y temores personales; y como comunidad, cuyo destino y aspiraciones compartimos. Primero rezamos individualmente (la Amidá silenciosa), luego comunitariamente (la repetición del oficiante) y posteriormente retornamos al rezo individual con *Tajanún.*

Sabiendo que nuestro tiempo ante la directa presencia del Supremo Rey de Reyes está llegando a su fin, nos dirigimos a Él de modo directo en busca de lo que sería una suerte de audiencia privada. Nuestras voces se aquietan, susurramos nuestros pensamientos más profundos, expresamos nuestros sentimientos de insuficiencia y vulnerabilidad. Sabemos que somos indignos: no decimos nada en nuestra defensa salvo que poseemos una absoluta fe en Dios.

La palabra *Tajanún* deriva de la raíz *j-n-n* que significa "mostrarse favorable, ser graciable, perdonar". Lo que diferencia el *Tajanún* de otras formas de rezo es el grado en que enfatizamos nuestros errores y nuestra carencia de buenas acciones en el haber. Expresamos nuestra dependencia en la incondicional gracia y compasión Divina. El *Tajanún* se asemeja más a la música de cámara que a una sinfonía del alma, y posee una intensidad tonal única.

Esta práctica de intercalar rezos públicos con intervalos de plegaria personal se remonta a los días del Templo. Tras la ofrenda diaria "los levitas entonaban el Salmo (del día). Al llegar al final de cada sección (los salmos

TAJANÚN

Los lunes y los jueves se recita Tajanún y comienza con "Él es compasivo" que aparece aquí abajo. Otros días en los que se recita Tajanún, este comienza con "Y le dijo David" en la página 152. No se recita Tajanún en Rosh Jodesh, Janucá, Tu BiShvat, 14 y 15 del primer mes de Adar, Purim y Shushán Purim, en el mes de Nisán, Yom Ha'Atzmaut, 14 y 15 de Iyar (Pesaj Shení), Lag Ba'omer, Yom Yerushalaim, desde Rosh Jodesh Siván hasta el día siguiente a Shavu'ot (en Israel hasta el 12 de Siván), Tish'á BeAv, Tu BeAv, víspera de Rosh HaShaná y desde víspera de Yom Kipur hasta el día posterior a Simjat Torá (en Israel hasta Rosh Jodesh Marjeshván). Además, se omite Tajanún: en la mañana de un Brit Milá, se trate del sitio donde se habrá de llevar a cabo o donde se encuentran el padre, el padrino o el mohel (circuncidador) del bebé, o bien si hay presente un novio (algunos dicen que también una novia) en el día del enlace o en la semana de Sheva Berajot, así como tampoco se lo dice en la casa del doliente. En Israel, en los días en que se recita Tajanún se recitan también el Viduy y los Trece Atributos de la Misericordia Divina en la página 136. Ver ley 478a.

El siguiente pasaje hasta "Y le dijo David" en la página 152 se recita de pie.

וְהוּא רַחוּם Él es compasivo, perdonará la iniquidad y no destruirá, suprimirá *Sal. 78*
Su ira y no encenderá Su furia. Tú Señor, no retengas Tu compasión de nosotros, que Tu generosidad y Tu verdad siempre nos protejan. Sálvanos Señor, *Sal. 106*
nuestro Dios y reúnenos de entre las naciones, para que agradezcamos a Tu Nombre Sagrado y nos glorifiquemos en Tu alabanza. Si has de guardar el *Sal. 130*
conteo de nuestros pecados Señor, ¿quién podría mantenerse de pie? Pues Tuyo es el perdón para que puedas ser reverenciado. No Te conduzcas con nosotros de acuerdo con nuestros pecados ni nos retribuyas de acuerdo con nuestras malas acciones. Aunque nuestras iniquidades atestigüen en nuestra *Jer. 14*
contra Señor, actúa en pos de Tu Nombre. Recuerda Señor Tu compasión y *Sal. 25*
Tu benevolencia pues desde siempre han existido. El Señor nos responderá en

---

ser tratado como un pueblo de parias, los judíos nunca se dejaron definir por sus enemigos. Lloraron y manifestaron su pesar: "Dios, contempla cuán escaso es nuestro honor entre las naciones, nos aborrecen como si fuéramos impuros". De todas maneras, se mantuvieron como pueblo del pacto, hijos de la promesa Divina, íntegros e inquebrantables. El rezo sustenta la esperanza y esta derrota la tragedia. En estas profundas y conmovedoras palabras, los judíos hallaron la fuerza para sobrevivir.

Dado su carácter penitencial, *Tajanún* no se recita en días festivos, ni el 9 de Av ni en la casa del doliente.

וְהוּא רַחוּם *Él es compasivo:* Se trata de una plegaria de penitencia compuesta de una variedad de textos bíblicos que van desde Génesis y Éxodo, pasando por los profetas Isaías, Jeremías y Yoel hasta Lamentaciones, Daniel y Salmos en los Hagiógrafos. Careciendo del Templo y los sacrificios, en su lugar

סדר תחנון

Los lunes y los jueves se recita תחנון *y comienza con* וְהוּא רַחוּם *que aparece aquí abajo. Otros días en los que se recita* תחנון*, este comienza con* וַיֹּאמֶר דָּוִד *en la página 153.*

No se recita Tajanún en ראש חודש*,* חנוכה*,* ט״ו בשבט*, 14 y 15 del mes de* אדר א׳*,* פורים*,* ל״ג בעומר*,* (פסח שני) *14 y 15 de* אייר*,* יום העצמאות*, en el mes de* ניסן*,* שושן פורים *y* יום ירושלים*, desde* ראש חודש סיון *hasta el día siguiente a* שבועות *(en* ארץ ישראל *hasta el* י״ב סיון*),* תשעה באב*,* ט״ו באב*,* ערב ראש השנה *y desde* ערב יום כיפור *hasta el día posterior a* שמחת תורה *(en* ארץ ישראל *hasta* ראש חודש מרחשון*).*

Además, se omite תחנון*: en la mañana de un* ברית מילה*, se trate del sitio donde se habrá de llevar a cabo o donde se encuentran el padre, el* סנדק *o el* מוהל *(circuncidador) del bebé, o bien si hay presente un* חתן *(algunos dicen que también una* כלה*) en el día del enlace o en la semana de* שבע ברכות*, así como tampoco se lo dice en la casa del doliente.*

En ארץ ישראל*, en los días en que se recita* תחנון *se recitan también el* וידוי *y los* י״ג מדות *de la Misericordia Divina en la página 137. Ver ley 478a.*

El siguiente pasaje hasta וַיֹּאמֶר דָּוִד *en la página 153 se recita de pie.*

וְהוּא רַחוּם, יְכַפֵּר עָוֹן וְלֹא־יַשְׁחִית, וְהִרְבָּה לְהָשִׁיב אַפּוֹ וְלֹא־יָעִיר כָּל־ תהלים עח
חֲמָתוֹ: אַתָּה יהוה לֹא־תִכְלָא רַחֲמֶיךָ מִמֶּנּוּ, חַסְדְּךָ וַאֲמִתְּךָ תָּמִיד יִצְּרוּנוּ.
הוֹשִׁיעֵנוּ יהוה אֱלֹהֵינוּ וְקַבְּצֵנוּ מִן־הַגּוֹיִם, לְהוֹדוֹת לְשֵׁם קָדְשֶׁךָ, לְהִשְׁתַּבֵּחַ תהלים קו
בִּתְהִלָּתֶךָ: אִם־עֲוֹנוֹת תִּשְׁמָר־יָהּ, אֲדֹנָי מִי יַעֲמֹד: כִּי־עִמְּךָ הַסְּלִיחָה לְמַעַן תהלים קל
תִּוָּרֵא: לֹא כַחֲטָאֵינוּ תַּעֲשֶׂה לָנוּ, וְלֹא כַעֲוֹנוֹתֵינוּ תִּגְמֹל עָלֵינוּ. אִם־עֲוֹנֵינוּ ירמיה יד
עָנוּ בָנוּ, יהוה עֲשֵׂה לְמַעַן שְׁמֶךָ: זְכֹר־רַחֲמֶיךָ יהוה וַחֲסָדֶיךָ, כִּי מֵעוֹלָם תהלים כה

---

esta sección. Hay tres secciones, cada una de las cuales contienen dieciocho menciones del Nombre de Dios, y por ello las recitamos en silencio y de pie como si se tratase de una forma de Amidá.

Una tradición que figura en la literatura gaonítica indica que estas plegarias tuvieron su origen durante las persecuciones perpetradas por los romanos, cuando tres exiliados cruzaron el Mar Mediterráneo encontrando refugio temporario para luego volver a sufrir de persecuciones. Algunos de los pasajes deben haber sido agregados en los tiempos de las persecuciones godas y francas del siglo VII. Estos textos reflejan las lágrimas de los judíos que sufrieron de persecuciones, expulsiones, humillaciones y también derramamiento de sangre por parte de las naciones en el seno de las cuales habitaban. Incluso en tiempos de libertad, continuamos recitando estas plegarias, compartiendo la fe de nuestros ancestros y recordando sus lágrimas.

Un aspecto destacable de estas plegarias es la ausencia de enojo o desesperación. Si alguna vez llegamos a dudar de la capacidad de la oración para transformar una situación humana, aquí hallaremos la respuesta. A pesar de

día de angustia, que el Nombre del Dios de Ya'akov nos proteja. SEÑOR, salva, *Sal. 20*
el Rey nos habrá de responder el día que le clamemos. Padre nuestro, Rey nuestro, agrácianos y respóndenos, si bien carecemos de buenas acciones en nuestro haber, actúa con nosotros caritativamente en pos de Tu Nombre. Señor nuestro, Dios nuestro, escucha la voz de nuestras súplicas y recuerda el pacto que establecieron contigo nuestros ancestros y sálvanos en aras de Tu Nombre.

וְעַתָּה Y ahora SEÑOR, nuestro Dios, que sacaste a Tu pueblo de la tierra de *Dan. 9*
Egipto con mano fuerte haciéndote de un Nombre como en este mismo día: hemos pecado y actuado erradamente. SEÑOR, con toda Tu rectitud, aleja Tu furia y Tu enojo de la ciudad de Jerusalém, Tu monte sagrado. Pues a raíz de nuestras trasgresiones y las de nuestros ancestros, Jerusalém y Tu pueblo se han tornado el oprobio de todos quienes nos rodean. Ahora, escucha Dios nuestro la plegaria y las súplicas de Tu siervo, deja que Tu semblante brille sobre Tu desolado Santuario por Tu bien. Dios, inclina Tu oído y escucha, abre Tus ojos y contempla nuestra desolación, y la ciudad que lleva sobre sí Tu Nombre, pues no es en virtud de nuestra rectitud que te suplicamos sino en virtud de Tu gran compasión. ¡SEÑOR, escucha!, ¡SEÑOR, perdona!, ¡SEÑOR, atiende nuestro pedido, actúa y no Te demores! Hazlo por Ti Dios mío, pues Tu pueblo y Tu ciudad son llamados por Tu Nombre.

אָבִינוּ Padre nuestro, Padre compasivo, muéstranos una señal para el bien y reúne a nuestros dispersos desde los cuatro confines de la tierra. Todas las
naciones reconocerán y sabrán que Tú eres el SEÑOR, nuestro Dios. Y ahora *Is. 64*
SEÑOR, Tú eres nuestro Padre, nosotros somos la arcilla y Tú nuestro alfarero todos somos Tu obra. Sálvanos en pos de Tu Nombre, nuestra Fortaleza,
nuestro Rey y Redentor. Apiádate SEÑOR de Tu pueblo, no permitas el *Yoel 2*
escarnio de Tu heredad mediante el dominio de naciones extranjeras. ¿Por qué habrán de decir las naciones: dónde está su Dios? Sabemos que hemos pecado y que no hay quien pueda interceder por nosotros en tiempos de dificultades. Sabemos que carecemos de buenas acciones en nuestro haber. Que Tu gran Nombre interceda por nosotros en tiempos de aflicción. Sabemos que carecemos de acciones meritorias: obra caritativamente con nosotros en pos de Tu Nombre. Tal como un padre se compadece de sus hijos, apiádate

---

אֲנַחְנוּ הַחֹמֶר *Nosotros somos la arcilla y Tú nuestro alfarero:* Versículo de Isaías (64:7) que se transformó en la base de uno de los poemas litúrgicos que se recitan en la noche de *Kol Nidrei*. Este pasaje entreteje tres llamados a la compasión Divina: (1) somos Tus hijos y Tú nuestro Padre: sé compasivo con nosotros tal como un padre perdona a su hijo; (2) somos Tu creación y Tú nuestro Creador: cuídanos tal como un artista preserva su más preciada

הֵמָּה: יַעֲנֵנוּ יהוה בְּיוֹם צָרָה, יְשַׂגְּבֵנוּ שֵׁם אֱלֹהֵי יַעֲקֹב. יהוה הוֹשִׁיעָה, תהלים כ
הַמֶּלֶךְ יַעֲנֵנוּ בְיוֹם־קָרְאֵנוּ: אָבִינוּ מַלְכֵּנוּ, חָנֵּנוּ וַעֲנֵנוּ, כִּי אֵין בָּנוּ מַעֲשִׂים,
צְדָקָה עֲשֵׂה עִמָּנוּ לְמַעַן שְׁמֶךָ. אֲדוֹנֵינוּ אֱלֹהֵינוּ, שְׁמַע קוֹל תַּחֲנוּנֵינוּ,
וּזְכָר לָנוּ אֶת בְּרִית אֲבוֹתֵינוּ וְהוֹשִׁיעֵנוּ לְמַעַן שְׁמֶךָ.

וְעַתָּה אֲדֹנָי אֱלֹהֵינוּ, אֲשֶׁר הוֹצֵאתָ אֶת־עַמְּךָ מֵאֶרֶץ מִצְרַיִם בְּיָד חֲזָקָה דניאל ט
וַתַּעַשׂ־לְךָ שֵׁם כַּיּוֹם הַזֶּה, חָטָאנוּ רָשָׁעְנוּ: אֲדֹנָי, כְּכָל־צִדְקֹתֶךָ יָשָׁב־נָא
אַפְּךָ וַחֲמָתְךָ, מֵעִירְךָ יְרוּשָׁלַםִ הַר־קָדְשֶׁךָ, כִּי בַחֲטָאֵינוּ וּבַעֲוֹנוֹת אֲבֹתֵינוּ,
יְרוּשָׁלַםִ וְעַמְּךָ לְחֶרְפָּה לְכָל־סְבִיבֹתֵינוּ: וְעַתָּה שְׁמַע אֱלֹהֵינוּ אֶל־תְּפִלַּת
עַבְדְּךָ וְאֶל־תַּחֲנוּנָיו, וְהָאֵר פָּנֶיךָ עַל־מִקְדָּשְׁךָ הַשָּׁמֵם, לְמַעַן אֲדֹנָי: הַטֵּה
אֱלֹהַי אָזְנְךָ וּשֲׁמָע, פְּקַח עֵינֶיךָ וּרְאֵה שֹׁמְמֹתֵינוּ וְהָעִיר אֲשֶׁר־נִקְרָא שִׁמְךָ
עָלֶיהָ, כִּי לֹא עַל־צִדְקֹתֵינוּ אֲנַחְנוּ מַפִּילִים תַּחֲנוּנֵינוּ לְפָנֶיךָ, כִּי עַל־רַחֲמֶיךָ
הָרַבִּים: אֲדֹנָי שְׁמָעָה, אֲדֹנָי סְלָחָה, אֲדֹנָי הַקְשִׁיבָה וַעֲשֵׂה אַל־תְּאַחַר,
לְמַעַנְךָ אֱלֹהַי, כִּי־שִׁמְךָ נִקְרָא עַל־עִירְךָ וְעַל־עַמֶּךָ:

אָבִינוּ הָאָב הָרַחֲמָן, הַרְאֵנוּ אוֹת לְטוֹבָה וְקַבֵּץ נְפוּצוֹתֵינוּ מֵאַרְבַּע כַּנְפוֹת
הָאָרֶץ. יַכִּירוּ וְיֵדְעוּ כָּל הַגּוֹיִם כִּי אַתָּה יהוה אֱלֹהֵינוּ. וְעַתָּה יהוה אָבִינוּ ישעיה סד
אָתָּה, אֲנַחְנוּ הַחֹמֶר וְאַתָּה יֹצְרֵנוּ וּמַעֲשֵׂה יָדְךָ כֻּלָּנוּ: הוֹשִׁיעֵנוּ לְמַעַן
שְׁמֶךָ, צוּרֵנוּ מַלְכֵּנוּ וְגוֹאֲלֵנוּ. חוּסָה יהוה עַל־עַמֶּךָ, וְאַל־תִּתֵּן נַחֲלָתְךָ יואל ב
לְחֶרְפָּה לִמְשָׁל־בָּם גּוֹיִם, לָמָּה יֹאמְרוּ בָעַמִּים אַיֵּה אֱלֹהֵיהֶם: יָדַעְנוּ כִּי
חָטָאנוּ וְאֵין מִי יַעֲמֹד בַּעֲדֵנוּ, שִׁמְךָ הַגָּדוֹל יַעֲמָד לָנוּ בְּעֵת צָרָה. יָדַעְנוּ
כִּי אֵין בָּנוּ מַעֲשִׂים, צְדָקָה עֲשֵׂה עִמָּנוּ לְמַעַן שְׁמֶךָ. כְּרַחֵם אָב עַל בָּנִים

---

ofrendamos a Dios nuestras lágrimas: “Los sacrificios de Dios son un espíritu quebrantado, Señor, Tú no despreciarás un corazón quebrado y humilde” (Salmos 51:19).

וְעַתָּה *Y ahora:* Se trata de una plegaria pronunciada por Daniel (9:15-19) durante el primer año del reinado del Rey Jerjes, cuando visualizó que la desolación de Jerusalém habría de durar setenta años. En ayunas, vistiendo harapos y con cenizas sobre su cabeza le rogó a Dios que perdone al pueblo y ponga punto final a su sufrimiento. Estas palabras tienen un protagonismo central en las Selijot o plegarias de penitencia de los días de ayuno público.

de nosotros SEÑOR, y sálvanos en pos de Tu Nombre. Ten compasión de Tu pueblo, apiádate de Tu heredad, obra con gracia hacia nosotros y respóndenos. Pues tuya es la rectitud, y obras maravillas en todo momento.

הַבֶּט נָא Mira por favor SEÑOR nuestro Dios, por favor compadécete pronto con gran misericordia de Tu pueblo en aras de Tu Nombre. Ten clemencia, compasión y salva a Tu rebaño, no permitas que seamos gobernados por la ira, pues nuestros ojos a Ti se dirigen. Sálvanos en pos de Tu Nombre. Sé compasivo con nosotros en aras de Tu pacto. Observa y respóndenos en tiempos de dificultad, pues Tuya es la salvación, SEÑOR. En Ti depositamos nuestras esperanzas Dios del perdón, por favor discúlpanos buen Dios, pues Tú eres un Dios y Rey de clemencia y compasión.

אָנָּא מֶלֶךְ Por favor, Rey pleno de clemencia y compasión, recuerda y ve el Pacto entre las Partes (con Abraham) y que aparezca ante Ti la atadura de su único hijo (Ytzjak) en aras de Israel. Padre nuestro, Rey nuestro, agrácianos y respóndenos pues somos llamados por Tu gran Nombre. Tú que obras maravillas constantemente, actúa con nosotros conforme a Tu benevolencia. Piadoso y compasivo, contémplanos y respóndenos en tiempos de desagracia, pues Tuya es la salvación. Padre nuestro, Rey nuestro, nuestro refugio, no actúes con nosotros de acuerdo con la maldad de nuestras acciones. Recuerda SEÑOR Tu compasión y Tu benevolencia, y en Tu gran bondad sálvanos. Perdónanos por favor, pues no tenemos otra deidad salvo Tú que eres nuestra fortaleza. SEÑOR, Dios nuestro, no nos abandones ni te alejes de nosotros, pues estamos agobiados por la espada, el cautiverio, la peste y la epidemia. Sálvanos de toda angustia y desgracia, pues en Ti depositamos nuestras esperanzas. No nos avergüences SEÑOR, Dios nuestro. Haz resplandecer Tu semblante sobre nosotros, recuerda el pacto de nuestros antepasados y sálvanos en pos de Tu Nombre. Contempla nuestras desgracias, escucha la voz de nuestra plegaria, pues Tú escuchas la oración de cada boca.

אֵל רַחוּם וְחַנּוּן Dios compasivo y clemente, compadécete de nosotros y de todas Tus obras, pues no hay quien como Tú SEÑOR nuestro Dios. Por favor, perdona nuestros pecados, Padre nuestro, Rey nuestro, nuestra Fortaleza y nuestro Redentor, Dios viviente y eterno, poderoso y fuerte, generoso y bueno con todas Tus creaturas, pues Tú eres el SEÑOR, nuestro Dios. Oh Dios, que demoras en enfurecerte y que estás lleno de compasión, obra con nosotros de acuerdo con Tu gran misericordia y sálvanos en aras de Tu Nombre. Rey nuestro, escucha nuestra plegaria y rescátanos de la mano de nuestros enemigos. Rey nuestro, escucha nuestra plegaria y sálvanos de toda desgracia y angustia. Eres nuestro Padre y nuestro Rey, somos llamados por

כֵּן תְּרַחֵם יהוה עָלֵינוּ, וְהוֹשִׁיעֵנוּ לְמַעַן שְׁמֶךָ. חֲמֹל עַל עַמֶּךָ, רַחֵם עַל נַחֲלָתֶךָ, חוּסָה נָּא כְּרֹב רַחֲמֶיךָ, חָנֵּנוּ וַעֲנֵנוּ. כִּי לְךָ יהוה הַצְּדָקָה, עֹשֵׂה נִפְלָאוֹת בְּכָל עֵת.

הַבֶּט נָא, רַחֵם נָא עַל עַמְּךָ מְהֵרָה לְמַעַן שְׁמֶךָ בְּרַחֲמֶיךָ הָרַבִּים יהוה אֱלֹהֵינוּ. חוּס וְרַחֵם וְהוֹשִׁיעָה צֹאן מַרְעִיתֶךָ, וְאַל יִמְשָׁל בָּנוּ קֶצֶף, כִּי לְךָ עֵינֵינוּ תְלוּיוֹת. הוֹשִׁיעֵנוּ לְמַעַן שְׁמֶךָ. רַחֵם עָלֵינוּ לְמַעַן בְּרִיתֶךָ. הַבִּיטָה וַעֲנֵנוּ בְּעֵת צָרָה, כִּי לְךָ יהוה הַיְשׁוּעָה. בְּךָ תוֹחַלְתֵּנוּ אֱלוֹהַּ סְלִיחוֹת, אָנָּא סְלַח נָא אֵל טוֹב וְסַלָּח, כִּי אֵל מֶלֶךְ חַנּוּן וְרַחוּם אָתָּה.

אָנָּא מֶלֶךְ חַנּוּן וְרַחוּם, זְכֹר וְהַבֵּט לִבְרִית בֵּין הַבְּתָרִים, וְתֵרָאֶה לְפָנֶיךָ עֲקֵדַת יָחִיד לְמַעַן יִשְׂרָאֵל. אָבִינוּ מַלְכֵּנוּ, חָנֵּנוּ וַעֲנֵנוּ, כִּי שִׁמְךָ הַגָּדוֹל נִקְרָא עָלֵינוּ. עֹשֵׂה נִפְלָאוֹת בְּכָל עֵת, עֲשֵׂה עִמָּנוּ כְּחַסְדֶּךָ. חַנּוּן וְרַחוּם, הַבִּיטָה וַעֲנֵנוּ בְּעֵת צָרָה, כִּי לְךָ יהוה הַיְשׁוּעָה. אָבִינוּ מַלְכֵּנוּ מַחֲסֵנוּ, אַל תַּעַשׂ עִמָּנוּ כְּרֹעַ מַעֲלָלֵינוּ. זְכֹר רַחֲמֶיךָ יהוה וַחֲסָדֶיךָ, וּכְרֹב טוּבְךָ הוֹשִׁיעֵנוּ, וַחֲמָל נָא עָלֵינוּ, כִּי אֵין לָנוּ אֱלוֹהַּ אַחֵר מִבַּלְעָדֶיךָ צוּרֵנוּ. אַל תַּעַזְבֵנוּ יהוה אֱלֹהֵינוּ אַל תִּרְחַק מִמֶּנּוּ. כִּי נַפְשֵׁנוּ קְצָרָה, מֵחֶרֶב וּמִשְּׁבִי וּמִדֶּבֶר וּמִמַּגֵּפָה. וּמִכָּל צָרָה וְיָגוֹן הַצִּילֵנוּ, כִּי לְךָ קִוִּינוּ. וְאַל תַּכְלִימֵנוּ יהוה אֱלֹהֵינוּ, וְהָאֵר פָּנֶיךָ בָּנוּ, וּזְכָר לָנוּ אֶת בְּרִית אֲבוֹתֵינוּ וְהוֹשִׁיעֵנוּ לְמַעַן שְׁמֶךָ. רְאֵה בְצָרוֹתֵינוּ, וּשְׁמַע קוֹל תְּפִלָּתֵנוּ, כִּי אַתָּה שׁוֹמֵעַ תְּפִלַּת כָּל פֶּה.

אֵל רַחוּם וְחַנּוּן, רַחֵם עָלֵינוּ וְעַל כָּל מַעֲשֶׂיךָ, כִּי אֵין כָּמוֹךָ יהוה אֱלֹהֵינוּ. אָנָּא שָׂא נָא פְשָׁעֵינוּ, אָבִינוּ מַלְכֵּנוּ צוּרֵנוּ וְגוֹאֲלֵנוּ, אֵל חַי וְקַיָּם הַחֲסִין בַּכֹּחַ, חָסִיד וָטוֹב עַל כָּל מַעֲשֶׂיךָ, כִּי אַתָּה הוּא יהוה אֱלֹהֵינוּ. אֵל אֶרֶךְ אַפַּיִם וּמָלֵא רַחֲמִים, עֲשֵׂה עִמָּנוּ כְּרֹב רַחֲמֶיךָ, וְהוֹשִׁיעֵנוּ לְמַעַן שְׁמֶךָ. שְׁמַע מַלְכֵּנוּ תְּפִלָּתֵנוּ, וּמִיַּד אוֹיְבֵינוּ הַצִּילֵנוּ. שְׁמַע מַלְכֵּנוּ תְּפִלָּתֵנוּ, וּמִכָּל צָרָה וְיָגוֹן הַצִּילֵנוּ. אָבִינוּ מַלְכֵּנוּ אַתָּה, וְשִׁמְךָ עָלֵינוּ נִקְרָא. אַל תַּנִּחֵנוּ,

---

obra maestra; (3) somos Tus testigos, portadores de Tu Nombre: por ello sálvanos en aras de Tu Nombre. No permitas que las naciones, al ver nuestro sufrimiento, digan: ¿dónde está Dios?

Tu Nombre. No nos dejes ni nos abandones, Padre nuestro, no nos dejes desamparados Creador nuestro ni nos olvides hacedor nuestro, pues Tú eres un Rey clemente y compasivo.

אֵין כָּמְוֹךָ No hay clemente y compasivo como Tú Señor, nuestro Dios, no hay quien como Tú lento en iras y que abunde en benevolencia y verdad como Tú. Con Tu gran compasión, sálvanos del tumulto y la furia. Recuerda a Tus siervos Abraham, Ytzjak y Ya'akov, no contemples ni nuestra obstinación, ni nuestra maldad ni nuestras malas acciones. Aplaca Tu furia y retira el mal destinado a Tu pueblo. Quita de nosotros el flagelo de la muerte, pues Tú eres *Éx. 32*
compasivo. Pues así es Tu proceder, prodigando el bien gratuitamente en cada generación. Apiádate Señor de Tu pueblo y sálvanos de Tu ira, quita de nosotros el flagelo de la epidemia y los decretos adversos, pues Tú eres el guardián de Israel. Señor, tuya es la justicia y nuestro el rostro avergonzado. ¿Cómo *Dan. 9*
podríamos quejarnos, qué podemos decir, qué podemos declarar y cómo justificarnos? Investigaremos nuestros caminos y a Ti retornaremos, pues Tu diestra está extendida para aceptar a quienes retornan. Por favor Señor, sál- *Sal. 118*
vanos, por favor, Señor, haznos prosperar. Por favor Señor, respóndenos el día en que Te llamemos. A Ti te esperamos Señor en Ti depositamos nuestras esperanzas, a Ti te anhelamos. No Te mantengas en silencio mientras sufrimos, pues las naciones dicen: "Su esperanza está perdida". Ante Ti solamente se habrá de flexionar toda rodilla e inclinar todos aquellos que se yerguen alto.

הַפּוֹתֵחַ יָד Tú que abres Tu mano para recibir a los transgresores y pecadores que retornan, nuestra alma se siente confundida por nuestra gran pena. No nos olvides para siempre. Álzate y sálvanos porque en Ti procuramos refugio. Padre nuestro, Rey nuestro, si bien carecemos de rectitud y buenas acciones, recuerda para nosotros el pacto de nuestros ancestros y nuestros diarios testimonios de que el Señor es Uno. Contempla nuestra aflicción, pues los pesares de nuestro corazón y las desgracias se han multiplicado. Ten piedad de nosotros Señor, en la tierra de nuestro cautiverio, no derrames sobre nosotros Tu ira pues somos Tu pueblo, el pueblo de Tu pacto. Dios, contempla cuán escaso es nuestro honor entre las naciones, nos aborrecen como si fuéramos impuros. ¿Hasta cuándo Tu poder seguirá cautivo y Tu esplendor permanecerá en la mano de enemigos? Despierta Tu poder y Tu celo contra Tus enemigos. Humíllalos y priválos de poder. Que nuestros sufrimientos no te parezcan insignificantes. Que Tu compasión nos alcance rápidamente en el día de nuestra desgracia. Si no lo haces por nosotros, hazlo por Ti, no destruyas a nuestro remanente. Actúa con gracia para con el pueblo que, en su constante amor, proclama dos veces cada día la unicidad de Tu Nombre, y dicen: Escucha Israel, el Señor es nuestro Dios, el Señor es Uno. *Deut. 6*

אַל תַּעַזְבֵנוּ אָבִינוּ וְאַל תִּטְּשֵׁנוּ בּוֹרְאֵנוּ וְאַל תִּשְׁכָּחֵנוּ יוֹצְרֵנוּ, כִּי אֵל מֶלֶךְ חַנּוּן וְרַחוּם אָתָּה.

אֵין כָּמְוֹךָ חַנּוּן וְרַחוּם יהוה אֱלֹהֵינוּ, אֵין כָּמְוֹךָ אֵל אֶרֶךְ אַפַּיִם וְרַב חֶסֶד וֶאֱמֶת. הוֹשִׁיעֵנוּ בְּרַחֲמֶיךָ הָרַבִּים, מֵרַעַשׁ וּמֵרֹגֶז הַצִּילֵנוּ. זְכֹר לַעֲבָדֶיךָ לְאַבְרָהָם לְיִצְחָק וּלְיַעֲקֹב, אַל תֵּפֶן אֶל קְשְׁיֵנוּ וְאֶל רִשְׁעֵנוּ וְאֶל חַטָּאתֵנוּ.
שׁוּב מֵחֲרוֹן אַפֶּךָ, וְהִנָּחֵם עַל־הָרָעָה לְעַמֶּךָ: וְהָסֵר מִמֶּנּוּ מַכַּת הַמָּוֶת כִּי שמות לב
רַחוּם אָתָּה, כִּי כֵן דַּרְכֶּךָ, עֹשֶׂה חֶסֶד חִנָּם בְּכָל דּוֹר וָדוֹר. חוּסָה יהוה עַל עַמֶּךָ וְהַצִּילֵנוּ מִזַּעְמֶךָ, וְהָסֵר מִמֶּנּוּ מַכַּת הַמַּגֵּפָה וּגְזֵרָה קָשָׁה, כִּי אַתָּה
שׁוֹמֵר יִשְׂרָאֵל. לְךָ אֲדֹנָי הַצְּדָקָה וְלָנוּ בֹּשֶׁת הַפָּנִים: מַה נִּתְאוֹנֵן, מַה נֹּאמַר, דניאל ט
מַה נְּדַבֵּר וּמַה נִּצְטַדָּק. נַחְפְּשָׂה דְרָכֵינוּ וְנַחְקֹרָה וְנָשׁוּבָה אֵלֶיךָ, כִּי יְמִינְךָ
פְּשׁוּטָה לְקַבֵּל שָׁבִים. אָנָּא יהוה הוֹשִׁיעָה נָּא, אָנָּא יהוה הַצְלִיחָה נָא: תהלים קיח
אָנָּא יהוה עֲנֵנוּ בְיוֹם קָרְאֵנוּ. לְךָ יהוה חִכִּינוּ, לְךָ יהוה קִוִּינוּ, לְךָ יהוה נְיַחֵל. אַל תֶּחֱשֶׁה וּתְעַנֵּנוּ, כִּי נָאֲמוּ גוֹיִם, אָבְדָה תִקְוָתָם. כָּל בֶּרֶךְ וְכָל קוֹמָה, לְךָ לְבַד תִּשְׁתַּחֲוֶה.

הַפּוֹתֵחַ יָד בִּתְשׁוּבָה לְקַבֵּל פּוֹשְׁעִים וְחַטָּאִים, נִבְהֲלָה נַפְשֵׁנוּ מֵרֹב עִצְּבוֹנֵנוּ. אַל תִּשְׁכָּחֵנוּ נֶצַח, קוּמָה וְהוֹשִׁיעֵנוּ כִּי חָסִינוּ בָךְ. אָבִינוּ מַלְכֵּנוּ, אִם אֵין בָּנוּ צְדָקָה וּמַעֲשִׂים טוֹבִים, זְכָר לָנוּ אֶת בְּרִית אֲבוֹתֵינוּ וְעֵדוֹתֵנוּ בְּכָל יוֹם יהוה אֶחָד. הַבִּיטָה בְעָנְיֵנוּ, כִּי רַבּוּ מַכְאוֹבֵינוּ וְצָרוֹת לְבָבֵנוּ. חוּסָה יהוה עָלֵינוּ בְּאֶרֶץ שִׁבְיֵנוּ, וְאַל תִּשְׁפֹּךְ חֲרוֹנְךָ עָלֵינוּ, כִּי אֲנַחְנוּ עַמְּךָ בְּנֵי בְרִיתֶךָ. אֵל, הַבִּיטָה, דַּל כְּבוֹדֵנוּ בַּגּוֹיִם וְשִׁקְּצוּנוּ כְּטֻמְאַת הַנִּדָּה. עַד מָתַי עֻזְּךָ בַּשְּׁבִי, וְתִפְאַרְתְּךָ בְּיַד צָר. עוֹרְרָה גְבוּרָתְךָ וְקִנְאָתְךָ עַל אוֹיְבֶיךָ. הֵם יֵבֽשׁוּ וְיֵחַתּוּ מִגְּבוּרָתָם. וְאַל יִמְעֲטוּ לְפָנֶיךָ תְּלָאוֹתֵינוּ. מַהֵר יְקַדְּמוּנוּ רַחֲמֶיךָ בְּיוֹם צָרָתֵנוּ. וְאִם לֹא לְמַעֲנֵנוּ, לְמַעַנְךָ פְעַל, וְאַל תַּשְׁחִית זֵכֶר שְׁאֵרִיתֵנוּ, וְחֹן אֹם הַמְיַחֲדִים שִׁמְךָ פַּעֲמַיִם בְּכָל יוֹם תָּמִיד בְּאַהֲבָה,
וְאוֹמְרִים, שְׁמַע יִשְׂרָאֵל, יהוה אֱלֹהֵינוּ, יהוה אֶחָד: דברים ו

הַפּוֹתֵחַ יָד *Tú que abres Tu mano:* El perdón Divino se extiende más allá de la estricta retribución por las acciones realizadas: "No deseo la muerte de los malvados sino que retornen de sus caminos y vivan" (Ezequiel 33:11).

INCLINACIÓN SOBRE EL ROSTRO

Los domingos, martes, miércoles y viernes Tajanún comienza aquí. El siguiente texto, hasta "Y nosotros no sabemos" en la página 156 se recita sentados. Cuando se reza en un sitio donde se encuentra un rollo de la Torá, uno debe inclinarse hacia adelante apoyando la cabeza sobre el brazo izquierdo (a menos que se haya colocado tefilín en el brazo izquierdo, de ser así, se apoya la cabeza sobre el brazo derecho por respeto al tefilín) hasta "se avergüencen repentinamente".

וַיֹּאמֶר דָּוִד "Y le dijo David a Gad, estoy muy angustiado, *II Sam. 24*
caigamos en manos del Señor pues grande es Su compasión,
mas no caigamos en la mano del hombre".

Dios compasivo y clemente, pequé ante Ti.
Señor que eres pleno de compasión, apiádate de mí y acepta mis súplicas.

Señor, no me reprendas en Tu enojo ni me castigues en Tu ira. Sé clemente conmigo Señor, pues soy débil, cúrame Señor, pues mis huesos están estremecidos. Mi alma está angustiada, y Tú Señor, ¿hasta cuándo? Retorna Señor, libera mi alma, sálvame en pos de Tu benevolencia. Pues nadie Te recuerda estando ya muerto, ¿quién Te habrá de alabar desde la tumba? Me fatigué en mis suspiros, todas las noches empapo mi cama y mi lecho con mis lágrimas. Mis ojos se oscurecen de dolor, se resienten por causa de mis enemigos. Abandonadme vosotros, los malhechores, pues el Señor escuchó el clamor de mi llanto. El Señor escuchó mi súplica, el Señor aceptará mi plegaria. Que todos mis enemigos se avergüencen y se desalienten en gran manera, que se avergüencen repentinamente. *Sal. 6*

Incorporarse y sentarse erguido.

Los lunes y los jueves se recita el texto que viene a continuación. En los demás días se continúa en la página siguiente con "Guardian de Israel".

Señor, Dios de Israel, aplaca Tu ardiente ira y retira el mal destinado a Tu pueblo.

Contempla desde el cielo y percibe que hemos sido la vergüenza y el objeto de escarnio entre las naciones, se nos consideró como rebaño que se llevaba al matadero para ser degollado y exterminado, golpeado y humillado. Y aun así no olvidamos Tu Nombre. Por favor, no nos olvides.

Señor, Dios de Israel, aplaca Tu ardiente ira y retira el mal destinado a Tu pueblo.

Los extranjeros nos dicen: "No tenéis esperanza ni expectativa". Apiádate del pueblo que deposita su confianza en Tu Nombre. Oh Dios puro, acerca

---

cuando la plegaria se transforma en la escalera sobre la cual ascendemos desde el abismo de la desesperación al aire fresco de la esperanza.

הַבֵּט מִשָּׁמַיִם *Contempla desde el cielo:* Estas desgarradoras palabras ya se

נפילת אפיים

Los domingos, martes, miércoles y viernes תחנון *comienza aquí. El siguiente texto, hasta* וַאֲנַחְנוּ לֹא נֵדַע *en la página 157 se recita sentados. Cuando se reza en un sitio donde se encuentra un* ספר תורה*, uno debe inclinarse hacia adelante apoyando la cabeza sobre el brazo izquierdo (a menos que se haya colocado* תפילין *en el brazo izquierdo, de ser así, se apoya la cabeza sobre el brazo derecho por respeto al* תפילין*) hasta* יֵבֹשׁוּ רָגַע*.*

וַיֹּאמֶר דָּוִד אֶל־גָּד, צַר־לִי מְאֹד שמואל ב, כד
נִפְּלָה־נָּא בְיַד־יהוה, כִּי רַבִּים רַחֲמָו, וּבְיַד־אָדָם אַל־אֶפֹּלָה:

רַחוּם וְחַנּוּן, חָטָאתִי לְפָנֶיךָ. יהוה מָלֵא רַחֲמִים, רַחֵם עָלַי וְקַבֵּל תַּחֲנוּנָי.

תהלים ו יהוה, אַל־בְּאַפְּךָ תוֹכִיחֵנִי, וְאַל־בַּחֲמָתְךָ תְיַסְּרֵנִי: חָנֵּנִי יהוה, כִּי אֻמְלַל אָנִי, רְפָאֵנִי יהוה, כִּי נִבְהֲלוּ עֲצָמָי: וְנַפְשִׁי נִבְהֲלָה מְאֹד, וְאַתָּ יהוה, עַד־מָתָי: שׁוּבָה יהוה, חַלְּצָה נַפְשִׁי, הוֹשִׁיעֵנִי לְמַעַן חַסְדֶּךָ: כִּי אֵין בַּמָּוֶת זִכְרֶךָ, בִּשְׁאוֹל מִי יוֹדֶה־לָּךְ: יָגַעְתִּי בְּאַנְחָתִי, אַשְׂחֶה בְכָל־לַיְלָה מִטָּתִי, בְּדִמְעָתִי עַרְשִׂי אַמְסֶה: עָשְׁשָׁה מִכַּעַס עֵינִי, עָתְקָה בְּכָל־צוֹרְרָי: סוּרוּ מִמֶּנִּי כָּל־פֹּעֲלֵי אָוֶן, כִּי שָׁמַע יהוה קוֹל בִּכְיִי: שָׁמַע יהוה תְּחִנָּתִי, יהוה תְּפִלָּתִי יִקָּח: יֵבֹשׁוּ וְיִבָּהֲלוּ מְאֹד כָּל־אֹיְבָי, יָשֻׁבוּ יֵבֹשׁוּ רָגַע:

Incorporarse y sentarse erguido.

Los lunes y los jueves se recita el texto que viene a continuación.
En los demás días se continúa en la página siguiente con שׁוֹמֵר יִשְׂרָאֵל*.*

יהוה אֱלֹהֵי יִשְׂרָאֵל, שׁוּב מֵחֲרוֹן אַפֶּךָ וְהִנָּחֵם עַל הָרָעָה לְעַמֶּךָ.

הַבֵּט מִשָּׁמַיִם וּרְאֵה כִּי הָיִינוּ לַעַג וָקֶלֶס בַּגּוֹיִם, נֶחְשַׁבְנוּ כַּצֹּאן לַטֶּבַח יוּבָל, לַהֲרֹג וּלְאַבֵּד וּלְמַכָּה וּלְחֶרְפָּה. וּבְכָל זֹאת שִׁמְךָ לֹא שָׁכָחְנוּ, נָא אַל תִּשְׁכָּחֵנוּ.

יהוה אֱלֹהֵי יִשְׂרָאֵל, שׁוּב מֵחֲרוֹן אַפֶּךָ וְהִנָּחֵם עַל הָרָעָה לְעַמֶּךָ.

זָרִים אוֹמְרִים אֵין תּוֹחֶלֶת וְתִקְוָה, חֹן אֹם לְשִׁמְךָ מְקַוֶּה, טָהוֹר יְשׁוּעָתֵנוּ

וַיֹּאמֶר דָּוִד *Y le dijo David a Gad:* Estas palabras fueron dichas por el Rey David durante un momento de crisis (II Samuel 24:14). El Rey había pecado al haber censado al pueblo. Dios, por medio del profeta Gad, le dio a escoger entre hambruna, guerra o un castigo directo del cielo. David respondió: es mejor ser castigado por Dios a sufrir la crueldad humana.

יהוה, אַל־בְּאַפְּךָ תוֹכִיחֵנִי *Señor, no me reprendas en Tu enojo:* se trata de un salmo poseedor de un intenso poder emocional, recitado desde las profundidades de un corazón sumido en las penumbras del miedo. שָׁמַע יהוה תְּחִנָּתִי El *Señor escuchó mi súplica:* desde el dolor más profundo nace la fortaleza, nuestra salvación, estamos exhaustos, no tenemos descanso. Que Tu compasión se sobreponga a Tu enojo contra nosotros. ¡Por favor, aplaca Tu furia y se compasivo con el pueblo que escogiste!

SEÑOR, Dios de Israel, aplaca Tu ardiente ira y retira el mal destinado a Tu pueblo.

SEÑOR, en Tu gran compasión apiádate de nosotros y no nos entregues en manos de crueles opresores. Por qué habrían de decir las naciones: ¿dónde está su Dios ahora? Obra benevolentemente con nosotros en pos de Ti y no Te demores. Por favor, aplaca Tu ira y se compasivo con el pueblo que has elegido.

SEÑOR, Dios de Israel, aplaca Tu ardiente ira y retira el mal destinado a Tu pueblo.

Escucha nuestra voz y sé clemente, no nos abandones en manos de nuestros enemigos para que borren nuestro nombre. Recuerda lo que juraste a nuestros ancestros "Yo haré a vuestros descendientes tan numerosos como las estrellas del cielo" mas ahora quedamos unos pocos de muchos. Y aun así no olvidamos Tu Nombre, por favor, no nos olvides.

SEÑOR, Dios de Israel, aplaca Tu ardiente ira y retira el mal destinado a Tu pueblo.

Ayúdanos, Dios de nuestra salvación, por la gloria de Tu Nombre. Sálvanos *Sal. 79*
y expía nuestros pecados en aras de Tu Nombre.

SEÑOR, Dios de Israel, aplaca Tu ardiente ira y retira el mal destinado a Tu pueblo.

Todos los días continúa aquí:

שׁוֹמֵר יִשְׂרָאֵל Guardián de Israel, cuida el remanente de Israel, no dejes que perezca Israel, quienes proclaman la unicidad de Tu Nombre y dicen: "Escucha, Israel".

Protector de esta nación única, protege al remanente de esta nación única, y no dejes que perezca esta nación única, que proclaman la unicidad de Tu Nombre, "El SEÑOR es nuestro Dios, el SEÑOR es Uno".

Guardián de esta nación sagrada, vela por el remanente de esta nación sagrada, no permitas que perezca esta nación sagrada, que repite tres veces la triple declaración de santidad del Dios Santo.

Tú que te concilias por medio de llamados de compasión y aplacas Tu enojo por medio de súplicas, concíliate y aplácate ante esta generación pobre en acciones pues no tenemos otro apoyo.

Padre nuestro, Rey nuestro sé clemente y respóndenos, pues carecemos de buenas acciones en nuestro haber; obra con nosotros con caridad y benevolencia y sálvanos.

Se descubrió una habitación oculta que había servido como sitio de rezo para los prisioneros. En una de las paredes estaban escritas las siguientes palabras: "Y aun así no olvidamos Tu Nombre, por favor, no nos olvides".

קָרְבָה, יָגַעְנוּ וְלֹא הוּנַח לָנוּ, רַחֲמֶיךָ יִכְבְּשׁוּ אֶת כַּעַסְךָ מֵעָלֵינוּ. אָנָּא שׁוּב מֵחֲרוֹנְךָ וְרַחֵם סְגֻלָּה אֲשֶׁר בָּחָרְתָּ.

יהוה אֱלֹהֵי יִשְׂרָאֵל, שׁוּב מֵחֲרוֹן אַפֶּךָ וְהִנָּחֵם עַל הָרָעָה לְעַמֶּךָ.

חוּסָה יהוה עָלֵינוּ בְּרַחֲמֶיךָ, וְאַל תִּתְּנֵנוּ בִּידֵי אַכְזָרִים. לָמָּה יֹאמְרוּ הַגּוֹיִם אַיֵּה נָא אֱלֹהֵיהֶם, לְמַעַנְךָ עֲשֵׂה עִמָּנוּ חֶסֶד וְאַל תְּאַחַר. אָנָּא שׁוּב מֵחֲרוֹנְךָ וְרַחֵם סְגֻלָּה אֲשֶׁר בָּחָרְתָּ.

יהוה אֱלֹהֵי יִשְׂרָאֵל, שׁוּב מֵחֲרוֹן אַפֶּךָ וְהִנָּחֵם עַל הָרָעָה לְעַמֶּךָ.

קוֹלֵנוּ תִשְׁמַע וְתָחֹן, וְאַל תִּטְּשֵׁנוּ בְּיַד אֹיְבֵינוּ לִמְחוֹת אֶת שְׁמֵנוּ. זְכֹר אֲשֶׁר נִשְׁבַּעְתָּ לַאֲבוֹתֵינוּ כְּכוֹכְבֵי הַשָּׁמַיִם אַרְבֶּה אֶת זַרְעֲכֶם, וְעַתָּה נִשְׁאַרְנוּ מְעַט מֵהַרְבֵּה. וּבְכָל זֹאת שִׁמְךָ לֹא שָׁכָחְנוּ, נָא אַל תִּשְׁכָּחֵנוּ.

יהוה אֱלֹהֵי יִשְׂרָאֵל, שׁוּב מֵחֲרוֹן אַפֶּךָ וְהִנָּחֵם עַל הָרָעָה לְעַמֶּךָ.

עָזְרֵנוּ אֱלֹהֵי יִשְׁעֵנוּ עַל־דְּבַר כְּבוֹד־שְׁמֶךָ, וְהַצִּילֵנוּ וְכַפֵּר עַל־חַטֹּאתֵינוּ תהלים עט
לְמַעַן שְׁמֶךָ׃

יהוה אֱלֹהֵי יִשְׂרָאֵל, שׁוּב מֵחֲרוֹן אַפֶּךָ וְהִנָּחֵם עַל הָרָעָה לְעַמֶּךָ.

Todos los días continúa aquí:

שׁוֹמֵר יִשְׂרָאֵל, שְׁמֹר שְׁאֵרִית יִשְׂרָאֵל, וְאַל יֹאבַד יִשְׂרָאֵל
הָאוֹמְרִים שְׁמַע יִשְׂרָאֵל.
שׁוֹמֵר גּוֹי אֶחָד, שְׁמֹר שְׁאֵרִית עַם אֶחָד, וְאַל יֹאבַד גּוֹי אֶחָד
הַמְיַחֲדִים שִׁמְךָ, יהוה אֱלֹהֵינוּ יהוה אֶחָד.
שׁוֹמֵר גּוֹי קָדוֹשׁ, שְׁמֹר שְׁאֵרִית עַם קָדוֹשׁ, וְאַל יֹאבַד גּוֹי קָדוֹשׁ
הַמְשַׁלְּשִׁים בְּשָׁלֹשׁ קְדֻשּׁוֹת לְקָדוֹשׁ.
מִתְרַצֶּה בְּרַחֲמִים וּמִתְפַּיֵּס בְּתַחֲנוּנִים, הִתְרַצֶּה וְהִתְפַּיֵּס לְדוֹר עָנִי
כִּי אֵין עוֹזֵר.
אָבִינוּ מַלְכֵּנוּ, חָנֵּנוּ וַעֲנֵנוּ, כִּי אֵין בָּנוּ מַעֲשִׂים
עֲשֵׂה עִמָּנוּ צְדָקָה וָחֶסֶד וְהוֹשִׁיעֵנוּ.

---

conocían en Europa durante el siglo XI y reflejan las terribles persecuciones sufridas por los judíos durante el medioevo.

וּבְכָל זֹאת *Y aun así:* Una vez finalizado el Holocausto, se llevaron a cabo excavaciones en el que había sido el campo de concentración de Theresienstadt.

Ponerse de pie al llegar a ▲.

וַאֲנַחְנוּ Y nosotros no sabemos ▲qué hacer, mas nuestros ojos están puestos en *II Cró. 12*
Ti. Recuerda SEÑOR Tu compasión y Tu benevolencia pues desde siempre han *Sal. 25*
existido. Que Tu benevolencia SEÑOR, sea sobre nosotros pues en Ti hemos *Sal. 33*
depositado nuestras esperanzas. No nos recuerdes los pecados de quienes nos *Sal. 79*
antecedieron. Que Tu misericordia nos encuentre prontamente, pues hemos
caído muy bajo. Sé clemente con nosotros SEÑOR, pues ya nos hemos saciado *Sal. 123*
de burlas. En Tu ira recuerda Tu misericordia. Pues Él conoce nuestra inclina- *Hab. 3* *Sal. 103*
ción, Él recuerda que estamos hechos de polvo. ▸ Ayúdanos, Dios de nuestra *Sal. 79*
salvación, por la gloria de Tu Nombre. Sálvanos y expía nuestros pecados en
pos de Tu Nombre.

MEDIO KADISH

Oficiante: יִתְגַּדַּל Que Su Gran Nombre sea magnificado y santificado,
en el mundo que creó conforme a Su voluntad.
Que establezca Su reino
durante vuestra vida y en vuestros días
y en la vida de toda la casa de Israel,
pronto y rápidamente y decid: Amén.

Todos: Que Su Gran Nombre sea bendito
por siempre y por toda la eternidad.

Oficiante: Sea bendecido, alabado, glorificado y exaltado, encumbrado
y magnificado, enaltecido y ensalzado
el Nombre del Santo Bendito Él;
más allá de cualquier bendición,
cántico, alabanza y consolación
pronunciados en el mundo y decid: Amén.

וַאֲנַחְנוּ לֹא נֵדַע *Y nosotros no sabemos:* Se trata de una línea extraída de la plegaria del Rey Yehoshafat cuando la nación tuvo que enfrentar una coalición enemiga (II Crónicas 20:12). Acostumbramos a ponernos de pie tras estas palabras. Abudarham explica que esto obedece a que – al igual que Moshé cuando imploró a Dios por el bienestar del pueblo – hemos orado en toda postura posible, sentados (previo a la Amidá), de pie (durante la Amidá) e inclinados sobre nuestros rostros (durante el *Tajanún*). Al haber acabado con el repertorio de rezos y ya no saber qué más hacer, nos ponemos de pie para manifestar que nuestras súplicas personales han concluido.

Ponerse de pie al llegar a ▸.

דברי הימים ב׳ יב וַאֲנַחְנוּ לֹא נֵדַע ▸מַה־נַּעֲשֶׂה, כִּי עָלֶיךָ עֵינֵינוּ: זְכֹר־רַחֲמֶיךָ יהוה וַחֲסָדֶיךָ,
תהלים כה
תהלים לג כִּי מֵעוֹלָם הֵמָּה: יְהִי־חַסְדְּךָ יהוה עָלֵינוּ, כַּאֲשֶׁר יִחַלְנוּ לָךְ: אַל־תִּזְכָּר־
תהלים עט
תהלים קכג לָנוּ עֲוֹנֹת רִאשֹׁנִים, מַהֵר יְקַדְּמוּנוּ רַחֲמֶיךָ, כִּי דַלּוֹנוּ מְאֹד: חָנֵּנוּ יהוה
חבקוק ג חָנֵּנוּ, כִּי־רַב שָׂבַעְנוּ בוּז: בְּרֹגֶז רַחֵם תִּזְכּוֹר: כִּי־הוּא יָדַע יִצְרֵנוּ, זָכוּר כִּי־
תהלים קג
תהלים עט עָפָר אֲנָחְנוּ: ◂ עָזְרֵנוּ אֱלֹהֵי יִשְׁעֵנוּ עַל־דְּבַר כְּבוֹד־שְׁמֶךָ, וְהַצִּילֵנוּ וְכַפֵּר
עַל־חַטֹּאתֵינוּ לְמַעַן שְׁמֶךָ:

חצי קדיש

ש״ץ: יִתְגַּדַּל וְיִתְקַדַּשׁ שְׁמֵהּ רַבָּא (קהל: אָמֵן)
בְּעָלְמָא דִּי בְרָא כִרְעוּתֵהּ, וְיַמְלִיךְ מַלְכוּתֵהּ
בְּחַיֵּיכוֹן וּבְיוֹמֵיכוֹן וּבְחַיֵּי דְכָל בֵּית יִשְׂרָאֵל
בַּעֲגָלָא וּבִזְמַן קָרִיב, וְאִמְרוּ אָמֵן. (קהל: אָמֵן)

קהל וש״ץ: יְהֵא שְׁמֵהּ רַבָּא מְבָרַךְ לְעָלַם וּלְעָלְמֵי עָלְמַיָּא.

ש״ץ: יִתְבָּרַךְ וְיִשְׁתַּבַּח וְיִתְפָּאַר וְיִתְרוֹמַם וְיִתְנַשֵּׂא
וְיִתְהַדָּר וְיִתְעַלֶּה וְיִתְהַלָּל
שְׁמֵהּ דְּקֻדְשָׁא בְּרִיךְ הוּא (קהל: בְּרִיךְ הוּא)
לְעֵלָּא מִן כָּל בִּרְכָתָא / בעשרת ימי תשובה: לְעֵלָּא לְעֵלָּא מִכָּל בִּרְכָתָא/
וְשִׁירָתָא, תֻּשְׁבְּחָתָא וְנֶחֱמָתָא
דַּאֲמִירָן בְּעָלְמָא, וְאִמְרוּ אָמֵן. (קהל: אָמֵן)

שׁוֹמֵר יִשְׂרָאֵל *Guardián de Israel* (página anterior): Esta plegaria compuesta de tres versículos está inspirada por la frase de Salmos 121: "He aquí que el Guardián de Israel no dormita ni duerme". Se trata de un ejemplo de poesía litúrgica antigua, posee la misma estructura que el poema que antecede la Amidá de la mañana: " ¡Fortaleza de Israel! Levántate para ayudar a Israel..." y de aquella que es recitada durante los Diez Días del Retorno: "Recuérdanos para la vida, Rey que amas la vida". En cada uno de estos casos el verso contiene cuatro frases que concluyen con la misma palabra (Rabino Jeffrey Cohen). Esta plegaria fue transferida de los rezos de penitencia más conocidas como Selijot al rezo diario.

EXTRACCIÓN DEL SEFER TORÁ DEL ARCA SAGRADA

Los lunes y los jueves, en Rosh Jodesh, Jol HaMo'ed, Janucá, Purim y días de ayuno público se lee la Torá si hay presente un minián. Los demás días se continúa con "Felices aquellos" ("Ashrei") en la página 170.

Los lunes y los jueves, antes de retirar el rollo de la Torá del Arca, se recita de pie "Dios tardo en ira". Este pasaje no se recita en Rosh Jodesh, Jol HaMo'ed, víspera de Pesaj, Janucá, 14 y 15 del primer mes de Adar, Purim y Shushan Purim, Yom Ha'Atzmaut, Yom Yerushalaim, 9 de Av, el hogar de un doliente y en la tierra de Israel en Isru Jag. La mayoría de las personas recita ambos párrafos y algunas sólo el primero.

Dios tardo en la ira y pleno de compasión,
No ocultes Tu rostro de nosotros.
Apiádate Señor del remanente
de Tu pueblo Y sálvanos de todo mal.
Pecamos ante Ti Señor,
perdónanos por favor conforme
a Tu gran compasión.

Dios tardo en la ira, generoso
en benevolencia y verdad,
Apiádate Señor de Tu pueblo
y sálvanos de todo mal.
Pecamos ante Ti Señor, Dios,
perdónanos conforme
a Tu gran compasión.

Se abre el Arca Sagrada y la congregación se pone de pie. Todos dicen:

וַיְהִי בִּנְסֹעַ Cuando el Arca partía Moshé decía: "Levántate Señor, y *Núm. 10*
Tus enemigos se dispersarán, huyan de delante de Ti todos quienes
Te odian". Pues desde Sion saldrá la Torá y la palabra del Señor de *Is. 2*
Jerusalém. Bendito es Él que en Su santidad entregó la Torá a Su
pueblo Israel.

Jerusalém, los sacerdotes, los levitas y todo el pueblo, jóvenes y ancianos por igual, y les leyó todo el Libro del Pacto que había sido hallado en el Templo del Señor" (II Crónicas 34:30).

El libro de Nehemías (8:1-12) contiene una descripción gráfica del retorno de los exiliados provenientes de Babilonia. Ezra reunió al pueblo en el Templo y les leyó la Torá "desde el amanecer hasta el mediodía", con la asistencia de los levitas que "interpretaban y explicaban el significado para que la gente entendiera los versículos".

Estas eran ocasiones de carácter nacional. A un nivel más local, la tradición nos indica que Moshé instituyó la práctica de leer la Torá en Shabat, Yom Tov, Jol HaMo'ed y Rosh Jodesh. Ezra ordenó que se lea también los lunes y los jueves (días en los que funcionaba el mercado en la antigüedad) y los Shabat por la tarde (Talmud Jerosolimitano *Meguilá* 4:1). La lectura pública de la Torá es una institución de larga data, tal como la del rezo.

הוצאת ספר תורה

Los lunes y los jueves, en ראש חודש, חול המועד, חנוכה, פורים *y días de ayuno público se lee la* תורה *si hay presente un* מנין*. Los demás días se continúa con* אַשְׁרֵי *en la página 171.*

Los lunes y los jueves, antes de retirar el rollo de la תורה *del* ארון קודש*, se recita de pie* אֵל אֶֽרֶךְ אַפַּֽיִם*. Este pasaje no se recita en* ראש חודש, חול המועד, ערב פסח, חנוכה, *14 y 15 del mes de* אדר א׳, פורים *y* שושן, יום העצמאות, יום ירושלים, תשעה באב, *el hogar de un doliente y en la tierra* ארץ ישראל *de* אסרו חג *en* אסרו חג.

La mayoría de las personas recita ambos párrafos y algunas sólo el primero.

אֵל אֶֽרֶךְ אַפַּֽיִם וְרַב חֶֽסֶד וֶאֱמֶת
אַל בְּאַפְּךָ תוֹכִיחֵֽנוּ.
חֽוּסָה יהוה עַל עַמֶּֽךָ
וְהוֹשִׁיעֵֽנוּ מִכָּל רָע.
חָטָֽאנוּ לְךָ אָדוֹן
סְלַח נָא כְּרֹב רַחֲמֶֽיךָ אֵל.

אֵל אֶֽרֶךְ אַפַּֽיִם וּמָלֵא רַחֲמִים
אַל תַּסְתֵּר פָּנֶֽיךָ מִמֶּֽנּוּ.
חֽוּסָה יהוה עַל שְׁאֵרִית יִשְׂרָאֵל עַמֶּֽךָ
וְהַצִּילֵֽנוּ מִכָּל רָע.
חָטָֽאנוּ לְךָ אָדוֹן
סְלַח נָא כְּרֹב רַחֲמֶֽיךָ אֵל.

Se abre el ארון קודש *y el* קהל *se pone de pie. Todos dicen:*

וַיְהִי בִּנְסֹֽעַ הָאָרֹן וַיֹּֽאמֶר מֹשֶׁה, קוּמָה יהוה וְיָפֻֽצוּ אֹיְבֶֽיךָ וְיָנֻֽסוּ במדבר י
מְשַׂנְאֶֽיךָ מִפָּנֶֽיךָ: כִּי מִצִּיּוֹן תֵּצֵא תוֹרָה וּדְבַר־יהוה מִירוּשָׁלָֽםִ: ישעיה ב
בָּרוּךְ שֶׁנָּתַן תּוֹרָה לְעַמּוֹ יִשְׂרָאֵל בִּקְדֻשָּׁתוֹ.

LA LECTURA DE LA TORÁ

Desde tiempos remotos, la lectura pública de la Torá ha sido un elemento constitutivo de la vida espiritual del pueblo de Israel. En el Monte Sinaí cuando tuvo por objetivo confirmar el pacto entre el pueblo de Israel y Dios, Moshé "tomó el Libro del Pacto y lo leyó al pueblo en voz alta" (Éxodo 24:7). El penúltimo mandamiento de la Torá especifica que cada siete años (en la fiesta de Sucot que sigue a la conclusión del año sabático) debe celebrarse una asamblea nacional en la cual "el pueblo, hombres, mujeres, niños y los extranjeros que habitan en tus comunidades deben escuchar y aprender a temer al Señor tu Dios y observar fielmente todas las palabras de esta Torá" (Deut. 31:12).

En momentos críticos durante la era bíblica, cuando el pueblo se apartaba de su fe, la renovación nacional estaba signada por una lectura pública de la Torá. El rey Yehoshafat envió emisarios que "enseñaron por toda Judea y llevaban consigo un rollo de la Torá del Señor. Iban de localidad en localidad por toda Judea y enseñaban al pueblo". (II Crónicas 17:9).

El rey Yoshiahu reunió "a todos los hombres de Judea, a los habitantes de

Bendito es el Nombre del Amo del universo. Bendita es Tu corona y Tu lugar. Que Tu favor esté siempre del lado de Tu pueblo Israel. Revela a Tu pueblo la salvación de Tu diestra en Tu Templo. Concédenos el obsequio de Tu buena luz y acepta nuestros rezos con benevolencia. Ojalá que yo sea contado entre los justos para que Tú tengas compasión de mí y me protejas tanto a mí como a todo lo mío y todo aquello que pertenece a Tu pueblo Israel. Tú alimentas a todos, sustentas a todos, gobiernas todo, diriges reyes, pues Tuya es la soberanía. Yo soy sirviente del Santo Bendito Él y me prosterno en todo momento ante Él y ante Su gloriosa Torá. No confío en el hombre ni me respaldo en un ángel sino en el Dios celestial que es el Dios verdadero, cuya Torá es verdadera, Sus profetas hablan verdad y que abunda en actos de amor y verdad. ▸ En Él confío, y a Su glorioso y sagrado Nombre ofrezco alabanzas. Que sea Tu voluntad que abras mi corazón a Tu Torá, y cumplas los deseos de mi corazón y del corazón de todo Tu pueblo Israel para el bien, para la vida y para la paz. *Zohar Vayakhel*

El oficiante toma el rollo de la Torá con su brazo derecho, se inclina en dirección del Arca y dice:

Exaltad al Señor conmigo, y ensalcemos juntos Su Nombre. *Sal. 34*

El Arca Sagrada se cierra. El oficiante carga el rollo de la Torá hasta la bimá y la congregación dice:

לְךָ Tuyos Señor son la grandeza, el poder, la gloria, la majestad y el esplendor, incluso todo tanto en los cielos como en la tierra es Tuyo. Tuyo Señor es el reinado; eres exaltado como Soberano sobre todo. *1 Cró. 29*

רוֹמְמוּ Ensalzad al Señor nuestro Dios y prosternaos ante Su escabel, Santo es Él. Ensalzad al Señor nuestro Dios y prosternaos en Su monte sagrado, pues el Señor, nuestro Dios, es Santo. *Sal. 99*

אַב הָרַחֲמִים El Padre misericordioso tendrá compasión del pueblo que Él sostiene. Él recordará el pacto que estableciera con los poderosos (patriarcas), y rescatará nuestras almas de los malos tiempos, reprochará la inclinación al mal del pueblo por Él conducido, nos conceda la gracia de convertirnos en un remanente duradero, y colmará con una buena medida nuestros anhelos de salvación y compasión.

---

que además se la explicaba, se transformó en el modelo de actividad educativa de la sinagoga, y una de cuyas variadas formas es la *derashá* ("sermón" o más exactamente "exposición"). El judaísmo es predicado, en un grado sin precedentes, por medio de la alfabetización universal y el estudio a lo largo de toda la vida. La Torá no es solamente un pergamino escrito, debe quedar grabada en el alma del judío.

Keriat HaTorá se traduce como "la lectura de la Torá", también significa "la

זוהר ויקהל
בְּרִיךְ שְׁמֵהּ דְּמָרֵא עָלְמָא, בְּרִיךְ כִּתְרָךְ וְאַתְרָךְ. יְהֵא רְעוּתָךְ עִם עַמָּךְ יִשְׂרָאֵל לְעָלַם, וּפֻרְקַן יְמִינָךְ אַחֲזֵי לְעַמָּךְ בְּבֵית מַקְדְּשָׁךְ, וּלְאַמְטוּיֵי לַנָא מִטּוּב נְהוֹרָךְ, וּלְקַבֵּל צְלוֹתַנָא בְּרַחֲמִין. יְהֵא רַעֲוָא קֳדָמָךְ דְּתוֹרִיךְ לַן חַיִּין בְּטִיבוּ, וְלֶהֱוֵי אֲנָא פְקִידָא בְּגוֹ צַדִּיקַיָּא, לְמִרְחַם עֲלַי וּלְמִנְטַר יָתִי וְיַת כָּל דִּי לִי וְדִי לְעַמָּךְ יִשְׂרָאֵל. אַנְתְּ הוּא זָן לְכֹלָּא וּמְפַרְנֵס לְכֹלָּא, אַנְתְּ הוּא שַׁלִּיט עַל כֹּלָּא, אַנְתְּ הוּא דְשַׁלִּיט עַל מַלְכַיָּא, וּמַלְכוּתָא דִּילָךְ הִיא. אֲנָא עַבְדָּא דְקֻדְשָׁא בְּרִיךְ הוּא, דְּסָגֵדְנָא קַמֵּהּ וּמִקַּמֵּי דִּיקַר אוֹרַיְתֵהּ בְּכָל עִדָּן וְעִדָּן. לָא עַל אֱנָשׁ רָחִיצְנָא וְלָא עַל בַּר אֱלָהִין סָמִיכְנָא, אֶלָּא בֵּאלָהָא דִשְׁמַיָּא, דְּהוּא אֱלָהָא קְשׁוֹט, וְאוֹרַיְתֵהּ קְשׁוֹט, וּנְבִיאוֹהִי קְשׁוֹט, וּמַסְגֵּא לְמֶעְבַּד טַבְוָן וּקְשׁוֹט. ◂ בֵּהּ אֲנָא רָחִיץ, וְלִשְׁמֵהּ קַדִּישָׁא יַקִּירָא אֲנָא אֵמַר תֻּשְׁבְּחָן. יְהֵא רַעֲוָא קֳדָמָךְ דְּתִפְתַּח לִבַּאי בְּאוֹרַיְתָא, וְתַשְׁלִים מִשְׁאֲלִין דְּלִבַּאי וְלִבָּא דְכָל עַמָּךְ יִשְׂרָאֵל לְטָב וּלְחַיִּין וְלִשְׁלָם.

El שליח ציבור *toma el* ספר תורה *con su brazo derecho, se inclina en dirección del* ארון קודש *y dice:*

תהלים לד
גַּדְּלוּ לַיהוה אִתִּי וּנְרוֹמְמָה שְׁמוֹ יַחְדָּו:

El ארון קודש *se cierra. El* שליח ציבור *carga el* ספר תורה *hasta la* בימה *y el* קהל *dice:*

דברי הימים א, כט
לְךָ יהוה הַגְּדֻלָּה וְהַגְּבוּרָה וְהַתִּפְאֶרֶת וְהַנֵּצַח וְהַהוֹד, כִּי־כֹל בַּשָּׁמַיִם וּבָאָרֶץ, לְךָ יהוה הַמַּמְלָכָה וְהַמִּתְנַשֵּׂא לְכֹל לְרֹאשׁ:

תהלים צט
רוֹמְמוּ יהוה אֱלֹהֵינוּ וְהִשְׁתַּחֲווּ לַהֲדֹם רַגְלָיו, קָדוֹשׁ הוּא: רוֹמְמוּ יהוה אֱלֹהֵינוּ וְהִשְׁתַּחֲווּ לְהַר קָדְשׁוֹ, כִּי־קָדוֹשׁ יהוה אֱלֹהֵינוּ:

אַב הָרַחֲמִים הוּא יְרַחֵם עַם עֲמוּסִים, וְיִזְכֹּר בְּרִית אֵיתָנִים, וְיַצִּיל נַפְשׁוֹתֵינוּ מִן הַשָּׁעוֹת הָרָעוֹת, וְיִגְעַר בְּיֵצֶר הָרָע מִן הַנְּשׂוּאִים, וְיָחֹן אוֹתָנוּ לִפְלֵיטַת עוֹלָמִים, וִימַלֵּא מִשְׁאֲלוֹתֵינוּ בְּמִדָּה טוֹבָה יְשׁוּעָה וְרַחֲמִים.

La sinagoga se transformó no sólo en una casa de oración sino también en una de estudio. El resultado es una dinámica tensión entre el habla y la escucha. En el rezo hablamos a Dios. En el estudio escuchamos a Dios hablándonos mediante Su palabra, la cual se mantiene inalterable y sin mengua alguna a lo largo de los siglos.

La asamblea convocada por Ezra, en la cual no sólo se leía la Torá, sino

Se deposita el rollo de la Torá sobre la mesa de la bimá y el gabai llama a un cohen. Ver leyes 383–397.

Que Su reino se revele sobre nosotros y se haga manifiesto, y se apiade de nuestro remanente y el remanente de Su pueblo la casa de Israel, con gracia, benevolencia, compasión y favor y digamos: Amén. Rindamos todos grandeza a nuestro Dios y demos honor a la Torá. *Que se acerque el cohen (*nombre* hijo de *nombre de su padre*).

**De no haber cohen presente se llama a un leví o a un Israel de la siguiente forma:*

/No hay aquí cohen, que suba (*nombre* hijo de *nombre de su padre*) como sustituto de cohen./

Bendito es Él que en Su santidad entregó la Torá a Su pueblo Israel.

La congregación seguida del gabai:

Y vosotros que os adherís al Señor vuestro Dios estáis todos vivos hoy. *Deut. 4*

Las porciones de lectura correspondientes se pueden encontrar a partir de la página 1132; en Jol HaMo'ed a partir de la página 1184.

El lector de la Torá le enseña a quien subió a bendecir (olé) la sección que se habrá de leer, éste toca con el tzitzit de su talit el sitio indicado en el pergamino y lo besa. Luego, sosteniendo los ejes del rollo de la Torá recita:

Olé: Bendecid al Señor el Bendecido.

Congregación: Bendecid al Señor el Bendecido por toda la eternidad.

Olé: Bendecid al Señor el Bendecido por toda la eternidad.
Bendito eres Tú Señor, nuestro Dios, Rey del universo,
que nos ha escogido de entre todas las naciones
y nos entregó Su Torá.
Bendito eres Tú Señor, Dador de la Torá.

Tras finalizar la lectura el olé recita:

Olé: Bendito eres Tú Señor, nuestro Dios, Rey del universo,
que nos ha entregado la Torá verdadera
y plantó en nuestro interior la vida eterna.
Bendito eres Tú Señor, Dador de la Torá.

Alguien que sobrevivió una situación de peligro (ver leyes 398–399) recita:

Bendito eres Tú Señor, nuestro Dios, Rey del universo,
que retribuye bondades a quienes no lo merecen
y me ha prodigado todo el bien.

La congregación responde:

Amén. Quien te ha prodigado todo el bien continúe prodigándote
todo lo bueno, Sela.

---

soberanía de Dios. Se trata de una recreación de la revelación en el Monte Sinaí, cuando el pueblo de Israel se constituyera por primera vez en una

Se deposita el ספר תורה sobre la mesa de la בימה y el גבאי llama a un כהן. Ver leyes 383–397.

וְתִגָּלֶה וְתֵרָאֶה מַלְכוּתוֹ עָלֵינוּ בִּזְמַן קָרוֹב, וְיָחֹן פְּלֵיטָתֵנוּ וּפְלֵיטַת עַמּוֹ בֵּית יִשְׂרָאֵל לְחֵן וּלְחֶסֶד וּלְרַחֲמִים וּלְרָצוֹן וְנֹאמַר אָמֵן. הַכֹּל הָבוּ גֹדֶל לֵאלֹהֵינוּ וּתְנוּ כָבוֹד לַתּוֹרָה. *כֹּהֵן קְרַב, יַעֲמֹד (פלוני בֶּן פלוני) הַכֹּהֵן.

**De no haber כהן presente se llama a un לוי o a un ישראל de la siguiente forma:*

/אֵין כָּאן כֹּהֵן, יַעֲמֹד (פלוני בֶּן פלוני) בִּמְקוֹם כֹּהֵן./

בָּרוּךְ שֶׁנָּתַן תּוֹרָה לְעַמּוֹ יִשְׂרָאֵל בִּקְדֻשָּׁתוֹ.

El קהל seguido del גבאי:

דברים ד וְאַתֶּם הַדְּבֵקִים בַּיהוה אֱלֹהֵיכֶם חַיִּים כֻּלְּכֶם הַיּוֹם:

Las porciones de lectura correspondientes se pueden encontrar a partir de la página 1132; en חול המועד a partir de la página 1184.

El קורא le enseña a quien subió a עולה la sección que se habrá de leer, éste toca con el ציצית de su טלית el sitio indicado en el pergamino y lo besa. Luego, sosteniendo los ejes del rollo del ספר תורה recita:

עולה: בָּרְכוּ אֶת יהוה הַמְבֹרָךְ.

קהל: בָּרוּךְ יהוה הַמְבֹרָךְ לְעוֹלָם וָעֶד.

עולה: בָּרוּךְ יהוה הַמְבֹרָךְ לְעוֹלָם וָעֶד.
בָּרוּךְ אַתָּה יהוה, אֱלֹהֵינוּ מֶלֶךְ הָעוֹלָם
אֲשֶׁר בָּחַר בָּנוּ מִכָּל הָעַמִּים וְנָתַן לָנוּ אֶת תּוֹרָתוֹ.
בָּרוּךְ אַתָּה יהוה, נוֹתֵן הַתּוֹרָה.

Tras finalizar la lectura el עולה recita:

עולה: בָּרוּךְ אַתָּה יהוה אֱלֹהֵינוּ מֶלֶךְ הָעוֹלָם
אֲשֶׁר נָתַן לָנוּ תּוֹרַת אֱמֶת וְחַיֵּי עוֹלָם נָטַע בְּתוֹכֵנוּ.
בָּרוּךְ אַתָּה יהוה, נוֹתֵן הַתּוֹרָה.

Alguien que sobrevivió una situación de peligro (ver leyes 398–399) recita:

בָּרוּךְ אַתָּה יהוה אֱלֹהֵינוּ מֶלֶךְ הָעוֹלָם הַגּוֹמֵל לְחַיָּבִים טוֹבוֹת שֶׁגְּמָלַנִי כָּל טוֹב.

El קהל responde:

אָמֵן. מִי שֶׁגְּמָלְךָ כָּל טוֹב הוּא יִגְמָלְךָ כָּל טוֹב, סֶלָה.

---

proclamación de la Torá". La lectura pública reafirma de un modo simbólico que la Torá es la constitución escrita del pueblo judío como nación bajo la

En este punto se pueden recitar diferentes bendiciones y plegarias in memoriam. Ver páginas 528–530 y 832.

Una vez que el joven Bar Mitzvá finaliza la bendición de la Torá su padre dice en voz alta:
Bendito es Aquel que me ha liberado de la responsabilidad por este niño.

MEDIO KADISH

Tras la lectura, el lector de la Torá recita Medio Kadish:

Lector: יִתְגַּדַּל Que Su Gran Nombre sea magnificado y santificado,
en el mundo que creó conforme a Su voluntad.
Que establezca Su reino
durante vuestra vida y en vuestros días
y en la vida de toda la casa de Israel,
pronto y rápidamente y decid: Amén.

Todos: Que Su Gran Nombre sea bendito
por siempre y por toda la eternidad.

Lector: Sea bendecido, alabado, glorificado
y exaltado, encumbrado
y magnificado, enaltecido y ensalzado
el Nombre del Santo Bendito Él;
más allá de cualquier bendición,
cántico, alabanza y consolación
pronunciados en el mundo y decid: Amén.

Se alza el rollo de la Torá y la congregación recita:

וְזֹאת הַתּוֹרָה Esta es la Torá *Deut. 4*
que colocó Moshé frente al pueblo de Israel,
por orden del Señor, por mano de Moshé. *Núm. 9*

Algunos agregan:
Es el árbol de la vida para quienes se aferran a ella, *Prov. 3*
y quienes la sostienen son felices.
Sus caminos son caminos placenteros,
y todas sus sendas son de paz.
Larga vida en su diestra, y en la izquierda riquezas y honor.
El Señor, en aras del mérito de Israel *Is. 42*
deseó engrandecer la Torá y enaltecerla.

En este punto se pueden recitar diferentes bendiciones y plegarias in memoriam.
Ver páginas 529–531 y 833.

Una vez que el joven בר מצווה *finaliza la bendición de la* תורה *su padre dice en voz alta:*

בָּרוּךְ שֶׁפְּטָרַנִי מֵעָנְשׁוֹ שֶׁלָּזֶה.

חצי קדיש

Tras la קריאת התורה*, el* קורא *recita* חצי קדיש:

קורא: יִתְגַּדַּל וְיִתְקַדַּשׁ שְׁמֵהּ רַבָּא (קהל: אָמֵן)
בְּעָלְמָא דִּי בְרָא כִרְעוּתֵהּ
וְיַמְלִיךְ מַלְכוּתֵהּ
בְּחַיֵּיכוֹן וּבְיוֹמֵיכוֹן וּבְחַיֵּי דְכָל בֵּית יִשְׂרָאֵל
בַּעֲגָלָא וּבִזְמַן קָרִיב, וְאִמְרוּ אָמֵן. (קהל: אָמֵן)

קורא וקהל: יְהֵא שְׁמֵהּ רַבָּא מְבָרַךְ לְעָלַם וּלְעָלְמֵי עָלְמַיָּא.

קורא: יִתְבָּרַךְ וְיִשְׁתַּבַּח וְיִתְפָּאַר וְיִתְרוֹמַם וְיִתְנַשֵּׂא
וְיִתְהַדָּר וְיִתְעַלֶּה וְיִתְהַלָּל
שְׁמֵהּ דְּקֻדְשָׁא בְּרִיךְ הוּא (קהל: בְּרִיךְ הוּא)
לְעֵלָּא מִן כָּל בִּרְכָתָא / בעשרת ימי תשובה: לְעֵלָּא לְעֵלָּא מִכָּל בִּרְכָתָא/
וְשִׁירָתָא, תֻּשְׁבְּחָתָא וְנֶחֱמָתָא
דַּאֲמִירָן בְּעָלְמָא, וְאִמְרוּ אָמֵן. (קהל: אָמֵן)

Se alza el ספר תורה *y el* קהל *recita:*

וְזֹאת הַתּוֹרָה אֲשֶׁר־שָׂם מֹשֶׁה לִפְנֵי בְּנֵי יִשְׂרָאֵל: דברים ד
עַל־פִּי יהוה בְּיַד־מֹשֶׁה: במדבר ט

Algunos agregan:

עֵץ־חַיִּים הִיא לַמַּחֲזִיקִים בָּהּ וְתֹמְכֶיהָ מְאֻשָּׁר: משלי ג
דְּרָכֶיהָ דַרְכֵי־נֹעַם וְכָל־נְתִיבוֹתֶיהָ שָׁלוֹם:
אֹרֶךְ יָמִים בִּימִינָהּ, בִּשְׂמֹאולָהּ עֹשֶׁר וְכָבוֹד:
יהוה חָפֵץ לְמַעַן צִדְקוֹ יַגְדִּיל תּוֹרָה וְיַאְדִּיר: ישעיה מב

---

nación, unido por medio de las leyes de la Torá y convocado a llevar sus ideales a la vida práctica.

En aquellos lunes y jueves en que se recita Tajanún el oficiante dice lo siguiente mientras se ata el rollo de la Torá:

יְהִי רָצוֹן Sea la voluntad de nuestro Padre Celestial
que se erija el Templo, morada de nuestra vida,
y retorne Su presencia a nuestro seno,
prontamente en nuestros días y digamos: Amén.

יְהִי רָצוֹן Sea la voluntad de nuestro Padre Celestial
Que tenga compasión de nosotros y de nuestro remanente,
que aleje de nosotros la destrucción y las epidemias
y de todo Su pueblo, la casa de Israel, y digamos: Amén.

יְהִי רָצוֹן Sea la voluntad de nuestro Padre Celestial
Que preserve entre nosotros a los sabios de Israel,
ellos, sus mujeres, hijos e hijas,
sus discípulos y los discípulos de estos,
donde sea que se encuentren y digamos: Amén.

יְהִי רָצוֹן Sea la voluntad de nuestro Padre Celestial
Que tengamos buenas nuevas de salvación y consolación,
Que nuestros exiliados sean reunidos
desde los cuatro confines de la tierra, y digamos: Amén.

Todos:

אַחֵינוּ En cuanto a nuestros hermanos, toda la casa de Israel, que se encuentran en aflicción o cautiverio, tanto en el mar como en la tierra, que el Eterno se apiade de ellos y los guíe de la estrechez al bienestar, de las tinieblas a la luz, de la servidumbre a la redención, ahora, rápidamente y en época pronta y digamos: Amén.

En algunas congregaciones, durante la semana anterior al yortzait de un familiar se recita "Dios, pleno en compasión" en la página 832.

DEVOLUCIÓN DEL ROLLO DE LA TORÁ

Se abre el Arca Sagrada. El oficiante toma el rollo de la Torá y dice:

יְהַלְלוּ Que alaben el Nombre del Señor, *Sal. 148*
pues solamente Su Nombre es sublime.

La congregación responde:

הוֹדוֹ Su majestuosidad está sobre la tierra y el cielo.
Él elevará el honor de Su pueblo,
la alabanza de todos Sus devotos,
los hijos de Israel, Su pueblo cercano, ¡Aleluya!

En aquellos lunes y jueves en que se recita תחנון
el שליח ציבור *dice lo siguiente mientras se ata el* ספר תורה:

יְהִי רָצוֹן מִלִּפְנֵי אָבִינוּ שֶׁבַּשָּׁמַיִם, לְכוֹנֵן אֶת בֵּית חַיֵּינוּ
וּלְהָשִׁיב אֶת שְׁכִינָתוֹ בְּתוֹכֵנוּ
בִּמְהֵרָה בְיָמֵינוּ, וְנֹאמַר אָמֵן.

יְהִי רָצוֹן מִלִּפְנֵי אָבִינוּ שֶׁבַּשָּׁמַיִם, לְרַחֵם עָלֵינוּ וְעַל פְּלֵיטָתֵנוּ
וְלִמְנֹעַ מַשְׁחִית וּמַגֵּפָה מֵעָלֵינוּ
וּמֵעַל כָּל עַמּוֹ בֵּית יִשְׂרָאֵל, וְנֹאמַר אָמֵן.

יְהִי רָצוֹן מִלִּפְנֵי אָבִינוּ שֶׁבַּשָּׁמַיִם, לְקַיֵּם בָּנוּ חַכְמֵי יִשְׂרָאֵל
הֵם וּנְשֵׁיהֶם וּבְנֵיהֶם וּבְנוֹתֵיהֶם
וְתַלְמִידֵיהֶם וְתַלְמִידֵי תַלְמִידֵיהֶם
בְּכָל מְקוֹמוֹת מוֹשְׁבוֹתֵיהֶם, וְנֹאמַר אָמֵן.

יְהִי רָצוֹן מִלִּפְנֵי אָבִינוּ שֶׁבַּשָּׁמַיִם
שֶׁנִּשְׁמַע וְנִתְבַּשֵּׂר בְּשׂוֹרוֹת טוֹבוֹת, יְשׁוּעוֹת וְנֶחָמוֹת
וִיקַבֵּץ נִדָּחֵינוּ מֵאַרְבַּע כַּנְפוֹת הָאָרֶץ, וְנֹאמַר אָמֵן.

Todos:

אַחֵינוּ כָּל בֵּית יִשְׂרָאֵל, הַנְּתוּנִים בְּצָרָה וּבְשִׁבְיָה, הָעוֹמְדִים בֵּין בַּיָּם וּבֵין בַּיַּבָּשָׁה, הַמָּקוֹם יְרַחֵם עֲלֵיהֶם וְיוֹצִיאֵם מִצָּרָה לִרְוָחָה, וּמֵאֲפֵלָה לְאוֹרָה, וּמִשִּׁעְבּוּד לִגְאֻלָּה, הַשְׁתָּא בַּעֲגָלָא וּבִזְמַן קָרִיב, וְנֹאמַר אָמֵן.

En algunas congregaciones, durante la semana anterior al yortzait de un familiar se recita אֵל מָלֵא רַחֲמִים *en la página 833.*

הכנסת ספר תורה

Se abre el ארון קודש*. El* שליח ציבור *toma el* ספר תורה *y dice:*

יְהַלְלוּ אֶת־שֵׁם יהוה, כִּי נִשְׂגָּב־שְׁמוֹ, לְבַדּוֹ תהלים קמח

El קהל *responde:*

הוֹדוֹ עַל־אֶרֶץ וְשָׁמָיִם:
וַיָּרֶם קֶרֶן לְעַמּוֹ תְּהִלָּה לְכָל־חֲסִידָיו
לִבְנֵי יִשְׂרָאֵל עַם קְרֹבוֹ, הַלְלוּיָהּ:

Cuando se devuelve el rollo de la Torá al Arca Sagrada se dice:

לְדָוִד מִזְמוֹר Salmo de David, la tierra y todo lo que esta contiene, así como *Sal. 24*
el mundo y quienes en él viven, todos pertenecen al SEÑOR. Pues Él lo fundó sobre los mares y lo estableció sobre los ríos. ¿Quién podrá ascender al monte del SEÑOR, y quién podrá permanecer en Su sitial de Santidad? Aquél cuyas manos estén limpias y su corazón sea puro, aquél que no ha tomado Mi Nombre en vano ni juró falsamente. Recibirá bendición de parte del SEÑOR y será recompensado por el Dios de su salvación. Esta es la generación de quienes Lo buscan, los descendientes de Ya'akov que procuran Tu presencia, ¡Sela! Alzad portales, vuestras cabezas, y sed alzadas, puertas eternas, para que el Rey glorioso pueda entrar. ¿Quién es el Rey glorioso? El SEÑOR, fuerte y poderoso; el SEÑOR, poderoso en batalla. Alzad vuestras cabezas, portales; alzadlas, puertas eternas, para que el Rey glorioso pueda entrar. ¿Quién es el Rey glorioso? El SEÑOR de las Huestes Celestiales, Él es el Rey glorioso por toda la eternidad. Sela.

Al colocarse el rollo de la Torá en el Arca Sagrada se dice:

וּבְנֻחֹה יֹאמַר Cuando el Arca reposaba, Moshé decía: "Retorna SEÑOR a las *Núm. 10*
miríadas de millares de Israel". Levántate SEÑOR ante Tu sitial de reposo, *Sal. 132*
Tú y el Arca de Tu fortaleza. Tus cohanim se investirán de justicia y Tus
devotos cantarán con regocijo. En aras de David Tu siervo, no rechaces
a Tu ungido. Pues os he dado una buena instrucción, no abandonéis *Prov. 4*
Mi Torá. Es el árbol de la vida para quienes se aferran a ella, y quienes la *Prov. 3*
sostienen son felices. Sus caminos son caminos placenteros, y todas sus
sendas son de paz. ▸ Haznos retornar a Ti SEÑOR y retornaremos, renueva *Lm. 5*
nuestros días como antaño.

Se cierra el Arca Sagrada.

וּבְנֻחֹה יֹאמַר *Cuando el Arca reposaba:* estas palabras son extraídas de Números 10:36, y rememoran la travesía de los israelitas por el desierto en los días de Moshé. Estas palabras guardan un paralelismo con lo que decimos cuando el rollo es retirado: "Cuando el Arca se ponía en movimiento" (página 159), recitado por los hijos de Israel cuando comenzaban una nueva travesía. A lo largo de los siglos, cada vez que los judíos se trasladaban a otra parte llevaban consigo el rollo de la Torá, transformándose éste en su "patria portátil".
עֵץ־חַיִּים הִיא לַמַּחֲזִיקִים בָּהּ *Es árbol de la vida para quienes se aferran a ella:* si bien a Adám y a Javá se les prohibió comer del fruto del árbol de la vida (Gén. 3:22), la Torá es nuestro contacto con la eternidad en el ámbito temporal. La inmortalidad no es una cuestión relativa a cuánto vivimos sino a cómo lo hacemos.

Cuando se devuelve el ספר תורה *al* ארון קודש *se dice:*

תהלים כד לְדָוִד מִזְמוֹר, לַיהוה הָאָרֶץ וּמְלוֹאָהּ, תֵּבֵל וְיֹשְׁבֵי בָהּ: כִּי־הוּא
עַל־יַמִּים יְסָדָהּ, וְעַל־נְהָרוֹת יְכוֹנְנֶהָ: מִי־יַעֲלֶה בְהַר־יהוה, וּמִי־
יָקוּם בִּמְקוֹם קָדְשׁוֹ: נְקִי כַפַּיִם וּבַר־לֵבָב, אֲשֶׁר לֹא־נָשָׂא לַשָּׁוְא
נַפְשִׁי וְלֹא נִשְׁבַּע לְמִרְמָה: יִשָּׂא בְרָכָה מֵאֵת יהוה, וּצְדָקָה מֵאֱלֹהֵי
יִשְׁעוֹ: זֶה דּוֹר דֹּרְשָׁו, מְבַקְשֵׁי פָנֶיךָ, יַעֲקֹב, סֶלָה: שְׂאוּ שְׁעָרִים
רָאשֵׁיכֶם, וְהִנָּשְׂאוּ פִּתְחֵי עוֹלָם, וְיָבוֹא מֶלֶךְ הַכָּבוֹד: מִי זֶה מֶלֶךְ
הַכָּבוֹד, יהוה עִזּוּז וְגִבּוֹר, יהוה גִּבּוֹר מִלְחָמָה: שְׂאוּ שְׁעָרִים
רָאשֵׁיכֶם, וּשְׂאוּ פִּתְחֵי עוֹלָם, וְיָבֹא מֶלֶךְ הַכָּבוֹד: מִי הוּא זֶה
מֶלֶךְ הַכָּבוֹד, יהוה צְבָאוֹת הוּא מֶלֶךְ הַכָּבוֹד, סֶלָה:

Al colocarse el ספר תורה *en el* ארון קודש *se dice:*

במדבר י / תהלים קלב וּבְנֻחֹה יֹאמַר, שׁוּבָה יהוה רִבְבוֹת אַלְפֵי יִשְׂרָאֵל: קוּמָה יהוה
לִמְנוּחָתֶךָ, אַתָּה וַאֲרוֹן עֻזֶּךָ: כֹּהֲנֶיךָ יִלְבְּשׁוּ־צֶדֶק, וַחֲסִידֶיךָ יְרַנֵּנוּ:
משלי ד בַּעֲבוּר דָּוִד עַבְדֶּךָ אַל־תָּשֵׁב פְּנֵי מְשִׁיחֶךָ: כִּי לֶקַח טוֹב נָתַתִּי
משלי ג לָכֶם, תּוֹרָתִי אַל־תַּעֲזֹבוּ: עֵץ־חַיִּים הִיא לַמַּחֲזִיקִים בָּהּ, וְתֹמְכֶיהָ
איכה ה מְאֻשָּׁר: דְּרָכֶיהָ דַרְכֵי־נֹעַם וְכָל־נְתִיבוֹתֶיהָ שָׁלוֹם: ◂ הֲשִׁיבֵנוּ יהוה
אֵלֶיךָ וְנָשׁוּבָה, חַדֵּשׁ יָמֵינוּ כְּקֶדֶם:

Se cierra el ארון קודש.

לְדָוִד מִזְמוֹר *Salmo de David:* Un salmo de alegre procesión hacia el Templo. Comienza con la Creación, "la tierra y todo lo que esta contiene, así como el mundo y quienes en él viven, todos pertenecen al Señor", y pasa directamente al requerimiento moral de la vida religiosa: "¿Quién podrá ascender al monte del Señor?" Así como Dios creó un mundo ordenado, tenemos el deber de construir una sociedad ordenada. El servicio a Dios en el Templo no puede estar divorciado de la honestidad y la integridad en la vida diaria. La última parte del salmo "Alzad vuestras cabezas, oh pórticos" fue dicha por el rey Salomón cuando el Arca que contenía las Tablas del Pacto fue traída por primera vez al Templo (*Shabat* 30a). Cuando el rollo es devuelto al Arca Sagrada rememoramos esta histórica escena.

FINALIZACIÓN DEL REZO

Algunos acostumbran a tocar el tefilín del brazo al llegar a ° y el de la cabeza al llegar a °°.

אַשְׁרֵי Felices aquellos que residen en Tu morada; *Sal. 84*
continuarán alabándote, ¡Sela!
Feliz del pueblo para el que esto es así, *Sal. 144*
feliz del pueblo que el SEÑOR es su Dios.
Salmo de alabanza de David *Sal. 145*

א Te ensalzaré oh Dios, mi Rey y bendeciré Tu Nombre por siempre. ב Todos los días Te bendeciré y alabaré Tu Nombre por siempre. ג El SEÑOR es grande en sobremanera y Su grandeza es insondable. ד Una generación tras otra alabará Tu labor y contará sobre Tus poderosas acciones. ה Ponderaré el glorioso esplendor de Tu majestad y Tus actos maravillosos. ו Ellos relatarán el poder de Tus venerables acciones y de Tu grandeza. ז Ellos recitarán el recuerdo de Tu gran benevolencia y cantarán con regocijo Tu rectitud. ח El SEÑOR es compasivo y misericordioso, paciente y muy benevolente. ט El SEÑOR es bueno con todos y Su misericordia para con todas Sus creaturas. י Todas Tus Obras Te agradecerán y Tus devotos Te bendecirán. כ Ellos recitarán la gloria de Tu reinado y hablarán de Tus poderosas acciones.

---

primero de los cuales habla de la Redención ("Un redentor llegará a Sion") y el segundo sobre el estudio de la Torá ("Mis palabras que puse en tu boca, no se apartarán de tu boca, ni de la boca de tus hijos..."). De esta forma previo a salir al mundo del trabajo se asocian el estudio, que es la *internalización* de la palabra de Dios, y la redención que es la *externalización* de la misma, procurando así vivir de acuerdo a los mandamientos de la Torá.

אַשְׁרֵי *Felices aquellos:* Así como recitamos *Ashrei previo* a los pasajes de Shemá y la Amidá, lo mismo hacemos con *posterioridad* a estos siguiendo así la costumbre de los "antiguos devotos" o "jasidim rishonim", que destinaban un tiempo antes del rezo a fin de prepararse y con posterioridad al mismo dedicaban tiempo a la meditación. Según el Talmud esta práctica se basa en el primer renglón del *Ashrei*: "Felices aquellos que residen en Tu morada".

סיום התפילה

Algunos acostumbran a tocar el תפילין של יד *al llegar a* ° *y el* תפילין של ראש *al llegar a* °°.

אַשְׁרֵי יוֹשְׁבֵי בֵיתֶךָ, עוֹד יְהַלְלְוּךָ סֶּלָה: תהלים פד

אַשְׁרֵי הָעָם שֶׁכָּכָה לּוֹ, אַשְׁרֵי הָעָם שֶׁיהוה אֱלֹהָיו: תהלים קמד

תְּהִלָּה לְדָוִד תהלים קמה

א אֲרוֹמִמְךָ אֱלוֹהַי הַמֶּלֶךְ, וַאֲבָרְכָה שִׁמְךָ לְעוֹלָם וָעֶד:

ב בְּכָל־יוֹם אֲבָרְכֶךָּ, וַאֲהַלְלָה שִׁמְךָ לְעוֹלָם וָעֶד:

ג גָּדוֹל יהוה וּמְהֻלָּל מְאֹד, וְלִגְדֻלָּתוֹ אֵין חֵקֶר:

ד דּוֹר לְדוֹר יְשַׁבַּח מַעֲשֶׂיךָ, וּגְבוּרֹתֶיךָ יַגִּידוּ:

ה הֲדַר כְּבוֹד הוֹדֶךָ, וְדִבְרֵי נִפְלְאֹתֶיךָ אָשִׂיחָה:

ו וֶעֱזוּז נוֹרְאֹתֶיךָ יֹאמֵרוּ, וּגְדוּלָּתְךָ אֲסַפְּרֶנָּה:

ז זֵכֶר רַב־טוּבְךָ יַבִּיעוּ, וְצִדְקָתְךָ יְרַנֵּנוּ:

ח חַנּוּן וְרַחוּם יהוה, אֶרֶךְ אַפַּיִם וּגְדָל־חָסֶד:

ט טוֹב־יהוה לַכֹּל, וְרַחֲמָיו עַל־כָּל־מַעֲשָׂיו:

י יוֹדְוּךָ יהוה כָּל־מַעֲשֶׂיךָ, וַחֲסִידֶיךָ יְבָרְכוּכָה:

כ כְּבוֹד מַלְכוּתְךָ יֹאמֵרוּ, וּגְבוּרָתְךָ יְדַבֵּרוּ:

FINALIZACIÓN DEL REZO

Aquí comienza la sección final del rezo, la cual conjuga dos elementos distintos: uno es la conclusión formal del rezo de la mañana que incluye *Aleinu* y el *Salmo del Día* con un énfasis en el tema de la Redención; el otro es el estudio. Desde tiempos pretéritos se acostumbra a estudiar tras concluir el rezo y esta práctica sigue siendo muy común. Originalmente, este estudio incluía textos de los libros de los profetas. La conclusión de una sesión de estudio estaba marcada por una serie de plegarias que comenzaban con "Tú eres Dios". El Kadish se origina en esas sesiones.

El nexo entre estas dos ideas, la redención y el estudio de la Torá, se logra por medio de la lectura de dos versículos consecutivos del profeta Isaías, el

ל Darán a conocer a los hombres Sus poderosas acciones, y la gloria de la majestad de Su reino. מ Tu reino es un reino por todos los tiempos y Tu dominio por todas las generaciones. ס El SEÑOR sostiene a los que se caen y yergue a los encorvados. ע Todos alzan su mirada a Ti con esperanza y Tú les provees de su alimento en el momento adecuado. פ °Tú abres Tu mano °°y satisfaces el deseo de cada ser viviente. צ El SEÑOR es justo en todas Sus sendas y magnánimo en todos Sus actos. ק El SEÑOR está cercano a todos quienes Le llaman, de todos aquellos que claman a Él con la verdad. ר Él colmará el deseo de quienes Lo reverencian, escuchará su clamor y los redimirá. ש El SEÑOR protege a todos aquellos que Le aman y destruirá a todos los malvados. ▸ ת Mi boca declarará la alabanza del SEÑOR y todas las creaturas bendecirán Su sagrado Nombre por siempre.

Nosotros bendeciremos a Dios desde ahora y por siempre, ¡Aleluyá! *Sal. 115*

Se omite en Rosh Jodesh, Jol HaMo'ed, víspera de Pesaj, víspera de Yom Kipur, Janucá, el 14 y 15 del primer mes de Adar, Purim y Shushán Purim, Yom Ha'Atzmaut, Yom Yerushalaim, 9 de Av, en la casa del doliente y en Israel se omite también en Isru Jag.

לַמְנַצֵּחַ Para el director de música, salmo de David. Que el SEÑOR te responda en el día de tu angustia, que el Nombre del Dios de Ya'akov te proteja. Que te envíe Su ayuda desde el Santuario y apoyo desde Sion. Que recuerde todas tus ofrendas y acepte todos tus holocaustos, ¡Sela! Que cumpla el deseo de tu corazón y haga cumplir tus planes. Nos regocijaremos en Tu salvación e izaremos un estandarte en el Nombre de nuestro Dios, que el SEÑOR colme todas tus peticiones. Ahora sé que el SEÑOR salva a Su ungido, le responde desde los cielos santos con el poder salvador de Su diestra. Algunos depositan su confianza en los carros de guerra y otros en los caballos, mas nosotros habremos de invocar el Nombre del SEÑOR nuestro Dios. Ellos fueron puestos de rodillas y cayeron, mientras que nosotros nos levantamos y nos mantuvimos fuerte. ▸ SEÑOR, ¡salva! El rey nos responderá el día en que Le invoquemos. *Sal. 20*

---

este salmo se omite en días de fiesta y en la casa del doliente a los efectos de no sustraer la alegría de los primeros ni agregar dolor al segundo.

ל לְהוֹדִיעַ לִבְנֵי הָאָדָם גְּבוּרֹתָיו, וּכְבוֹד הֲדַר מַלְכוּתוֹ:
מ מַלְכוּתְךָ מַלְכוּת כָּל־עֹלָמִים, וּמֶמְשַׁלְתְּךָ בְּכָל־דּוֹר וָדֹר:
ס סוֹמֵךְ יהוה לְכָל־הַנֹּפְלִים, וְזוֹקֵף לְכָל־הַכְּפוּפִים:
ע עֵינֵי־כֹל אֵלֶיךָ יְשַׂבֵּרוּ, וְאַתָּה נוֹתֵן־לָהֶם אֶת־אָכְלָם בְּעִתּוֹ:
פ °פּוֹתֵחַ אֶת־יָדֶךָ, °°וּמַשְׂבִּיעַ לְכָל־חַי רָצוֹן:
צ צַדִּיק יהוה בְּכָל־דְּרָכָיו, וְחָסִיד בְּכָל־מַעֲשָׂיו:
ק קָרוֹב יהוה לְכָל־קֹרְאָיו, לְכֹל אֲשֶׁר יִקְרָאֻהוּ בֶאֱמֶת:
ר רְצוֹן־יְרֵאָיו יַעֲשֶׂה, וְאֶת־שַׁוְעָתָם יִשְׁמַע, וְיוֹשִׁיעֵם:
ש שׁוֹמֵר יהוה אֶת־כָּל־אֹהֲבָיו, וְאֵת כָּל־הָרְשָׁעִים יַשְׁמִיד:
ת ◂ תְּהִלַּת יהוה יְדַבֶּר פִּי, וִיבָרֵךְ כָּל־בָּשָׂר שֵׁם קָדְשׁוֹ לְעוֹלָם וָעֶד:
תהלים קטו וַאֲנַחְנוּ נְבָרֵךְ יָהּ מֵעַתָּה וְעַד־עוֹלָם, הַלְלוּיָהּ:

Se omite en ראש חודש, חול המועד, ערב פסח, ערב יום כיפור, חנוכה, *el 14 y 15 del mes de* אדר א׳, פורים *y* שושן, יום העצמאות, יום ירושלים, תשעה באב, *en la casa del doliente y en* ארץ ישראל *se omite también en* אסרו חג.

תהלים כ לַמְנַצֵּחַ מִזְמוֹר לְדָוִד: יַעַנְךָ יהוה בְּיוֹם צָרָה, יְשַׂגֶּבְךָ שֵׁם אֱלֹהֵי יַעֲקֹב: יִשְׁלַח־עֶזְרְךָ מִקֹּדֶשׁ, וּמִצִּיּוֹן יִסְעָדֶךָּ: יִזְכֹּר כָּל־מִנְחֹתֶיךָ, וְעוֹלָתְךָ יְדַשְּׁנֶה סֶלָה: יִתֶּן־לְךָ כִלְבָבֶךָ וְכָל־עֲצָתְךָ יְמַלֵּא: נְרַנְּנָה בִּישׁוּעָתֶךָ, וּבְשֵׁם־אֱלֹהֵינוּ נִדְגֹּל, יְמַלֵּא יהוה כָּל־מִשְׁאֲלוֹתֶיךָ: עַתָּה יָדַעְתִּי כִּי הוֹשִׁיעַ יהוה מְשִׁיחוֹ, יַעֲנֵהוּ מִשְּׁמֵי קָדְשׁוֹ, בִּגְבֻרוֹת יֵשַׁע יְמִינוֹ: אֵלֶּה בָרֶכֶב וְאֵלֶּה בַסּוּסִים, וַאֲנַחְנוּ בְּשֵׁם־יהוה אֱלֹהֵינוּ נַזְכִּיר: הֵמָּה כָּרְעוּ וְנָפָלוּ, וַאֲנַחְנוּ קַמְנוּ וַנִּתְעוֹדָד: ◂ יהוה הוֹשִׁיעָה, הַמֶּלֶךְ יַעֲנֵנוּ בְיוֹם־קָרְאֵנוּ:

לַמְנַצֵּחַ *Salmo 20:* Se trata de un plegaria que pide protección de todo daño. Al llegar el rezo a su fase final, nos preparamos para volver a salir al mundo exterior que posee riesgos y peligros y por lo tanto pedimos a Dios que nos mantenga alejados de cualquier percance. Dada la solemnidad de su estilo,

En la casa de doliente y el 9 de Av se omite el versículo que comienza con "Y en cuanto a mi" y se continúa con "Y Tú eres Santo".

וּבָא לְצִיּוֹן גּוֹאֵל "Un redentor llegará a Sion, para aquellos de Ya'akov Is. 59
que retornen de sus pecados", declara el Señor.
"Y en cuanto a Mí, este es Mi pacto con ellos" dice el Señor.
"Mi espíritu que está en ti y Mis palabras que puse en tu boca,
no se apartarán de tu boca,
ni de la boca de tus hijos ni de la boca de los hijos de tus hijos
desde ahora y por siempre", dice el Señor.

▸ Y Tú eres Santo, entronado por las alabanzas de Israel. Y un ángel Sal. 22 Is. 6
daba voces al otro diciendo: "Santo, Santo, Santo, Señor de las Huestes Celestiales, toda la tierra está llena de Su gloria".

Y reciben permiso uno del otro, diciendo: Targúm Yonatán a Is. 6
"Santo en los altos cielos, recinto de Su presencia; Santo en la tierra la obra de Su poder, el Señor de las Huestes Celestiales es Santo por siempre en todo tiempo, toda la tierra está plena del resplandor de Su gloria".

▸ Luego un viento me elevó y escuché tras de mí el sonido de un Ezeq. 3
inmenso clamor: "Bendita es la gloria del Señor desde Su sitial".

Luego, un viento me elevó y escuché tras de mí el ruido de una gran Targúm Yonatán a Ezeq. 3
tempestad de aquellos que pronunciaron alabanza, diciendo,
"Bendita es la gloria del Señor desde Su sitial en el recinto de Su presencia".

El Señor reinará por toda la eternidad. Éx. 15

El reino del Señor se ha establecido para siempre y por todos los tiempos. Targúm Onkelos a Éx. 15

יהוה Señor, Dios de nuestros ancestros Abraham, Ytzjak e Israel, 1 Cró. 29
guarda esto por siempre de modo tal que conforme los pensamientos del corazón de Tu pueblo, y orienta su corazón hacia Ti.
Él es compasivo, perdonará la iniquidad y no destruirá, suprimirá Sal. 78
Su ira y no encenderá Su furia. Pues Tú Señor, eres bueno y per- Sal. 86
donas, pleno en benevolencia con todo aquel que Te invoca. Tu Sal. 119

---

mañana y es conocida como *Kedusha DeSidrá.* Aquí se la incorpora en un contexto de estudio, sus versículos son seguidos de su traducción al arameo, así como también de su ampliación (durante mucho tiempo el arameo fue la lengua habitual de estudio).

En la casa de doliente y el תשעה באב *se omite el versículo que comienza con* וַאֲנִי זֹאת בְּרִיתִי *y se continúa con* וְאַתָּה קָדוֹשׁ.

ישעיה נט וּבָא לְצִיּוֹן גּוֹאֵל, וּלְשָׁבֵי פֶשַׁע בְּיַעֲקֹב, נְאֻם יהוה:
וַאֲנִי זֹאת בְּרִיתִי אוֹתָם, אָמַר יהוה
רוּחִי אֲשֶׁר עָלֶיךָ וּדְבָרַי אֲשֶׁר־שַׂמְתִּי בְּפִיךָ
לֹא־יָמוּשׁוּ מִפִּיךָ וּמִפִּי זַרְעֲךָ וּמִפִּי זֶרַע זַרְעֲךָ
אָמַר יהוה, מֵעַתָּה וְעַד־עוֹלָם:

תהלים כב ישעיה ו ◂ וְאַתָּה קָדוֹשׁ יוֹשֵׁב תְּהִלּוֹת יִשְׂרָאֵל: וְקָרָא זֶה אֶל־זֶה וְאָמַר
קָדוֹשׁ, קָדוֹשׁ, קָדוֹשׁ, יהוה צְבָאוֹת, מְלֹא כָל־הָאָרֶץ כְּבוֹדוֹ:

תרגום יונתן ישעיה ו וּמְקַבְּלִין דֵּין מִן דֵּין וְאָמְרִין, קַדִּישׁ בִּשְׁמֵי מְרוֹמָא עִלָּאָה בֵּית שְׁכִינְתֵּהּ
קַדִּישׁ עַל אַרְעָא עוֹבַד גְּבוּרְתֵּהּ, קַדִּישׁ לְעָלַם וּלְעָלְמֵי עָלְמַיָּא
יהוה צְבָאוֹת, מַלְיָא כָל אַרְעָא זִיו יְקָרֵהּ.

יחזקאל ג ◂ וַתִּשָּׂאֵנִי רוּחַ, וָאֶשְׁמַע אַחֲרַי קוֹל רַעַשׁ גָּדוֹל
בָּרוּךְ כְּבוֹד־יהוה מִמְּקוֹמוֹ:

תרגום יונתן יחזקאל ג וּנְטָלַתְנִי רוּחָא, וּשְׁמָעִית בַּתְרַי קָל זִיעַ סַגִּיא, דִּמְשַׁבְּחִין וְאָמְרִין
בְּרִיךְ יְקָרָא דַיהוה מֵאֲתַר בֵּית שְׁכִינְתֵּהּ.

שמות טו יהוה יִמְלֹךְ לְעֹלָם וָעֶד:
תרגום אונקלוס שמות טו יהוה מַלְכוּתֵהּ קָאֵם לְעָלַם וּלְעָלְמֵי עָלְמַיָּא.

דברי הימים א׳ כט יהוה אֱלֹהֵי אַבְרָהָם יִצְחָק וְיִשְׂרָאֵל אֲבֹתֵינוּ, שָׁמְרָה־זֹּאת לְעוֹלָם
לְיֵצֶר מַחְשְׁבוֹת לְבַב עַמֶּךָ, וְהָכֵן לְבָבָם אֵלֶיךָ: וְהוּא רַחוּם יְכַפֵּר
תהלים עח
עָוֹן וְלֹא־יַשְׁחִית, וְהִרְבָּה לְהָשִׁיב אַפּוֹ, וְלֹא־יָעִיר כָּל־חֲמָתוֹ:
תהלים פו תהלים קיט כִּי־אַתָּה אֲדֹנָי טוֹב וְסַלָּח, וְרַב־חֶסֶד לְכָל־קֹרְאֶיךָ: צִדְקָתְךָ

וּבָא לְצִיּוֹן גּוֹאֵל *Un redentor llegará a Sion:* Estos dos versículos (de Isaías) son el único remanente de la antigua costumbre de estudiar textos proféticos después del rezo.

וְאַתָּה קָדוֹשׁ *Y Tú eres Santo:* esta *Kedushá* es la tercera y última del rezo de la

justicia es eternamente recta y Tu Torá es verdad. Concede la verdad *Mic. 7*
a Ya'akov, la benevolencia a Abraham, tal como prometiste a nues-
tros ancestros en tiempos pretéritos. Bendito es el Señor día tras *Sal. 68*
día pues carga con nosotros (nos colma con Sus bendiciones); Dios
de nuestra salvación, ¡Sela! El Señor de las Huestes Celestiales es *Sal. 46*
con nosotros, el Dios de Ya'akov es nuestra fortaleza, ¡Sela! Señor *Sal. 84*
de las Huestes Celestiales, feliz del hombre que confía en Ti. El *Sal. 20*
Señor salva, el Rey nos responderá el día que Le invoquemos.

בָּרוּךְ Bendito es nuestro Dios que nos creó para Su gloria, separándonos de los extraviados, nos entregó la Torá verdadera, plantó en nuestro interior la vida eterna. Él abrirá nuestro corazón con Su Torá imbuyendo nuestro corazón con el amor y el temor reverencial hacia Él, para que podamos cumplir Su voluntad y servirle con corazón integro, para que nuestros esfuerzos no sean en vano ni seamos generadores de confusión.

יְהִי רָצוֹן Sea Tu voluntad Señor, Dios nuestro y de nuestros ances-
tros, que cuidemos Tus leyes en este mundo y tengamos el mérito
de vivir, ver y heredar la bondad y la bendición de los días del
Mashíaj y la vida del Mundo Venidero. Para que mi alma pueda *Sal. 30*
cantar Tu gloria sin callar. El Señor mi Dios, por siempre Te agra-
deceré. Bendito es el hombre que confía en el Señor, y que sólo en *Jer. 17*
el Señor deposita su confianza. Confiad en el Señor por siempre, *Is. 26*
pues Dios, el Señor, es nuestro eterno Baluarte. ▸ Aquellos que *Sal. 9*
conocen Tu Nombre confían en Ti, porque Tú Señor no has
abandonado a quienes Te buscan. El Señor, en aras del mérito de *Is. 42*
Israel deseó engrandecer la Torá y enaltecerla.

En Rosh Jodesh y en Jol HaMo'ed, el oficiante recita medio Kadish en la página 164. Luego, el rezo continúa con Musaf de Rosh Jodesh en la página 772 o de Jol HaMo'ed en la página 838.

En otros días, el oficiante continúa recitando un Kadish Completo en la página siguiente.

Sus preceptos, y en lo colectivo pedimos poder presenciar el arribo de la era mesiánica.

צֶדֶק לְעוֹלָם וְתוֹרָתְךָ אֱמֶת: תִּתֵּן אֱמֶת לְיַעֲקֹב, חֶסֶד לְאַבְרָהָם, מיכה ז
אֲשֶׁר־נִשְׁבַּעְתָּ לַאֲבֹתֵינוּ מִימֵי קֶדֶם: בָּרוּךְ אֲדֹנָי יוֹם יוֹם יַעֲמָס־ תהלים סח
לָנוּ, הָאֵל יְשׁוּעָתֵנוּ סֶלָה: יהוה צְבָאוֹת עִמָּנוּ, מִשְׂגָּב לָנוּ אֱלֹהֵי תהלים מו
יַעֲקֹב סֶלָה: יהוה צְבָאוֹת, אַשְׁרֵי אָדָם בֹּטֵחַ בָּךְ: יהוה הוֹשִׁיעָה, תהלים פד תהלים כ
הַמֶּלֶךְ יַעֲנֵנוּ בְיוֹם־קָרְאֵנוּ:

בָּרוּךְ הוּא אֱלֹהֵינוּ שֶׁבְּרָאָנוּ לִכְבוֹדוֹ, וְהִבְדִּילָנוּ מִן הַתּוֹעִים, וְנָתַן לָנוּ תּוֹרַת אֱמֶת, וְחַיֵּי עוֹלָם נָטַע בְּתוֹכֵנוּ. הוּא יִפְתַּח לִבֵּנוּ בְּתוֹרָתוֹ, וְיָשֵׂם בְּלִבֵּנוּ אַהֲבָתוֹ וְיִרְאָתוֹ וְלַעֲשׂוֹת רְצוֹנוֹ וּלְעָבְדוֹ בְּלֵבָב שָׁלֵם, לְמַעַן לֹא נִיגַע לָרִיק וְלֹא נֵלֵד לַבֶּהָלָה.

יְהִי רָצוֹן מִלְּפָנֶיךָ יהוה אֱלֹהֵינוּ וֵאלֹהֵי אֲבוֹתֵינוּ, שֶׁנִּשְׁמֹר חֻקֶּיךָ
בָּעוֹלָם הַזֶּה, וְנִזְכֶּה וְנִחְיֶה וְנִרְאֶה וְנִירַשׁ טוֹבָה וּבְרָכָה, לִשְׁנֵי
יְמוֹת הַמָּשִׁיחַ וּלְחַיֵּי הָעוֹלָם הַבָּא. לְמַעַן יְזַמֶּרְךָ כָבוֹד וְלֹא יִדֹּם, תהלים ל
יהוה אֱלֹהַי, לְעוֹלָם אוֹדֶךָּ: בָּרוּךְ הַגֶּבֶר אֲשֶׁר יִבְטַח בַּיהוה, ירמיה יז
וְהָיָה יהוה מִבְטַחוֹ: בִּטְחוּ בַיהוה עֲדֵי־עַד, כִּי בְּיָהּ יהוה צוּר ישעיה כו
עוֹלָמִים: ◂ וְיִבְטְחוּ בְךָ יוֹדְעֵי שְׁמֶךָ, כִּי לֹא־עָזַבְתָּ דֹרְשֶׁיךָ, יהוה: תהלים ט
יהוה חָפֵץ לְמַעַן צִדְקוֹ, יַגְדִּיל תּוֹרָה וְיַאְדִּיר: ישעיה מב

En ראש חודש *y en* חול המועד*, el* שליח ציבור *recita* חצי קדיש *en la página 165. Luego, el rezo continúa con* מוסף *de* ראש חודש *en la página 773 o de* חול המועד *en la página 839.*

En otros días, el שליח ציבור *continúa recitando un* קדיש שלם *en la página siguiente.*

בָּרוּךְ הוּא אֱלֹהֵינוּ *Bendito es nuestro Dios:* A continuación tenemos una bendición y una plegaria. La bendición marca el final de la sesión de estudio de la Torá (como contraparte de las dos bendiciones que se recitan al subir a la Torá). Por su parte, la plegaria está enfocada al futuro tanto en lo personal como en lo colectivo: en lo personal pedimos a Dios que nos ayude a cumplir

KADISH COMPLETO

Oficiante: יִתְגַּדַּל Que Su Gran Nombre sea magnificado y santificado,
en el mundo que creó conforme a Su voluntad.
Que establezca Su reino
durante vuestra vida y en vuestros días
y en la vida de toda la casa de Israel,
pronto y rápidamente
y decid: Amén.

Todos: Que Su Gran Nombre sea bendito
por siempre y por toda la eternidad.

Oficiante: Sea bendecido, alabado, glorificado
y exaltado, encumbrado
y magnificado, enaltecido y ensalzado
el Nombre del Santo Bendito Él;
más allá de cualquier bendición,
cántico, alabanza y consolación
pronunciados en el mundo
y decid: Amén.

El 9 de Av se omite el siguiente versículo y se continúa con "Que haya gran paz celestial".

Que nuestras plegarias y las súplicas
de todo el pueblo de Israel
sean aceptadas por su Padre Celestial
y decid: Amén.

Que haya gran paz celestial
y vida para nosotros y para todo Israel
y decid: Amén.

Inclinarse, dar tres pasos hacia atrás como retirándose de la Divina Presencia, luego inclinarse primero hacia la izquierda, luego hacia la derecha y luego al centro mientras se dice:

Quien obra la paz en Sus alturas,
haga la paz
para nosotros y todo Israel
y decid: Amén.

קדיש שלם

ש״ץ: יִתְגַּדַּל וְיִתְקַדַּשׁ שְׁמֵהּ רַבָּא (קהל: אָמֵן)
בְּעָלְמָא דִּי בְרָא כִרְעוּתֵהּ
וְיַמְלִיךְ מַלְכוּתֵהּ
בְּחַיֵּיכוֹן וּבְיוֹמֵיכוֹן וּבְחַיֵּי דְכָל בֵּית יִשְׂרָאֵל
בַּעֲגָלָא וּבִזְמַן קָרִיב, וְאִמְרוּ אָמֵן. (קהל: אָמֵן)

קהל וש״ץ: יְהֵא שְׁמֵהּ רַבָּא מְבָרַךְ לְעָלַם וּלְעָלְמֵי עָלְמַיָּא.

ש״ץ: יִתְבָּרַךְ וְיִשְׁתַּבַּח וְיִתְפָּאַר
וְיִתְרוֹמַם וְיִתְנַשֵּׂא וְיִתְהַדָּר וְיִתְעַלֶּה וְיִתְהַלָּל
שְׁמֵהּ דְּקֻדְשָׁא בְּרִיךְ הוּא (קהל: בְּרִיךְ הוּא)
לְעֵלָּא מִן כָּל בִּרְכָתָא
/בעשרת ימי תשובה: לְעֵלָּא לְעֵלָּא מִכָּל בִּרְכָתָא/
וְשִׁירָתָא, תֻּשְׁבְּחָתָא וְנֶחֱמָתָא
דַּאֲמִירָן בְּעָלְמָא, וְאִמְרוּ אָמֵן. (קהל: אָמֵן)

El תשעה באב *se omite el siguiente versículo y se continúa con* יְהֵא שְׁלָמָא.

תִּתְקַבַּל צְלוֹתְהוֹן וּבָעוּתְהוֹן דְּכָל יִשְׂרָאֵל
קֳדָם אֲבוּהוֹן דִּי בִשְׁמַיָּא, וְאִמְרוּ אָמֵן. (קהל: אָמֵן)

יְהֵא שְׁלָמָא רַבָּא מִן שְׁמַיָּא
וְחַיִּים, עָלֵינוּ וְעַל כָּל יִשְׂרָאֵל, וְאִמְרוּ אָמֵן. (קהל: אָמֵן)

Inclinarse, dar tres pasos hacia atrás como retirándose de la Divina Presencia, luego inclinarse primero hacia la izquierda, luego hacia la derecha y luego al centro mientras se dice:

עֹשֶׂה שָׁלוֹם/ בעשרת ימי תשובה: הַשָּׁלוֹם/ בִּמְרוֹמָיו
הוּא יַעֲשֶׂה שָׁלוֹם
עָלֵינוּ וְעַל כָּל יִשְׂרָאֵל, וְאִמְרוּ אָמֵן. (קהל: אָמֵן)

Se recita Aleinu de pie y se debe inclinar al llegar a ▼.

עָלֵינוּ Es nuestro deber alabar al Amo de todo,
engrandecer al Creador del universo
por no habernos hecho como las naciones de los países
ni habernos puesto entre las familias de la tierra;
que no hizo nuestra porción similar a la de ellos
ni nuestro destino como el de sus multitudes.
(Pues ellos se prosternan a la vanidad y al vacío
y le oran a un dios que no puede salvarlos.)
▼Empero nosotros nos inclinamos y nos prosternamos
y agradecemos ante el Supremo Rey de Reyes, el Santo Bendito
Él, que extiende los cielos y establece la tierra,
y Su trono de gloria se encuentra en los cielos
y el poder de Su Presencia mora en las alturas.
Él es nuestro Dios, no hay otro.
Verdadero es nuestro Rey y no hay ningún otro,
tal como está escrito en Su Torá:
"Has de saber hoy y responder a tu corazón que el Señor es el Dios *Deut. 4*
en las alturas del cielo y abajo en la tierra y no hay otro salvo Él.

Por lo tanto, depositamos en Ti nuestra confianza Señor, Dios nuestro,
que podamos ver pronto el esplendor de Tu poder,
cuando remuevas las abominaciones de la faz de la tierra,
y los ídolos sean completamente destruidos,
cuando el mundo sea perfeccionado
bajo la soberanía del Todopoderoso,
cuando toda la humanidad invoque Tu Nombre
y todos los malvados de la tierra se volverán hacia Ti.
Todos los habitantes de la tierra reconocerán
y sabrán que toda rodilla debe inclinarse ante Ti
y cada lengua debe jurarte fidelidad.
Ante Ti Señor, Dios nuestro, se habrán de arrodillar e inclinar
y darán honor a Tu glorioso Nombre.
Aceptarán el yugo de Tu reino
y pronto reinarás sobre ellos por siempre jamás.

El primer párrafo fue originalmente usado (y aún lo es) como introducción a la bendición de Maljuiot en el rezo de *Musaf* de Rosh HaShaná. Se

Se recita עָלֵינוּ *de pie y se debe inclinar al llegar a* ᐟ.

עָלֵינוּ לְשַׁבֵּחַ לַאֲדוֹן הַכֹּל, לָתֵת גְּדֻלָּה לְיוֹצֵר בְּרֵאשִׁית
שֶׁלֹּא עָשָׂנוּ כְּגוֹיֵי הָאֲרָצוֹת, וְלֹא שָׂמָנוּ כְּמִשְׁפְּחוֹת הָאֲדָמָה
שֶׁלֹּא שָׂם חֶלְקֵנוּ כָּהֶם וְגוֹרָלֵנוּ כְּכָל הֲמוֹנָם.
(שֶׁהֵם מִשְׁתַּחֲוִים לְהֶבֶל וָרִיק וּמִתְפַּלְלִים אֶל אֵל לֹא יוֹשִׁיעַ.)
ᐟוַאֲנַחְנוּ כּוֹרְעִים וּמִשְׁתַּחֲוִים וּמוֹדִים
לִפְנֵי מֶלֶךְ מַלְכֵי הַמְּלָכִים, הַקָּדוֹשׁ בָּרוּךְ הוּא
שֶׁהוּא נוֹטֶה שָׁמַיִם וְיוֹסֵד אָרֶץ, וּמוֹשַׁב יְקָרוֹ בַּשָּׁמַיִם מִמַּעַל
וּשְׁכִינַת עֻזּוֹ בְּגָבְהֵי מְרוֹמִים.
הוּא אֱלֹהֵינוּ, אֵין עוֹד.
אֱמֶת מַלְכֵּנוּ, אֶפֶס זוּלָתוֹ
כַּכָּתוּב בְּתוֹרָתוֹ, וְיָדַעְתָּ הַיּוֹם וַהֲשֵׁבֹתָ אֶל־לְבָבֶךָ דברים ד
כִּי יהוה הוּא הָאֱלֹהִים בַּשָּׁמַיִם מִמַּעַל וְעַל־הָאָרֶץ מִתָּחַת
אֵין עוֹד:

עַל כֵּן נְקַוֶּה לְּךָ יהוה אֱלֹהֵינוּ, לִרְאוֹת מְהֵרָה בְּתִפְאֶרֶת עֻזֶּךָ
לְהַעֲבִיר גִּלּוּלִים מִן הָאָרֶץ, וְהָאֱלִילִים כָּרוֹת יִכָּרֵתוּן
לְתַקֵּן עוֹלָם בְּמַלְכוּת שַׁדַּי.
וְכָל בְּנֵי בָשָׂר יִקְרְאוּ בִשְׁמֶךָ לְהַפְנוֹת אֵלֶיךָ כָּל רִשְׁעֵי אָרֶץ.
יַכִּירוּ וְיֵדְעוּ כָּל יוֹשְׁבֵי תֵבֵל
כִּי לְךָ תִּכְרַע כָּל בֶּרֶךְ, תִּשָּׁבַע כָּל לָשׁוֹן.
לְפָנֶיךָ יהוה אֱלֹהֵינוּ יִכְרְעוּ וְיִפֹּלוּ, וְלִכְבוֹד שִׁמְךָ יְקָר יִתֵּנוּ
וִיקַבְּלוּ כֻלָּם אֶת עֹל מַלְכוּתֶךָ
וְתִמְלֹךְ עֲלֵיהֶם מְהֵרָה לְעוֹלָם וָעֶד.

עָלֵינוּ *Es nuestro deber:* Desde los siglos XII o XIII se tornó costumbre culminar todos los rezos con la magnífica plegaria conocida como Aleinu, un constructo de dos párrafos que conjuntamente afirman vehementemente la singularidad de la fe judía y sus aspiraciones universales para la humanidad toda.

Pues Tuyo es el reino por siempre,
y reinarás gloriosamente por toda la eternidad,
tal como está escrito en Tu Torá:
"El SEÑOR reinará por siempre y por toda la eternidad". *Éx. 15*
▸ Y fue dicho: "Entonces el SEÑOR será el Rey sobre toda la tierra; *Zej. 14*
en ese día el SEÑOR será Uno y Su Nombre Uno".

Algunos agregan:
No temas del terror que sobreviene repentinamente *Prov. 3*
ni por la destrucción de los malvados cuando arribase.
Hagan un proyecto: ¡fracasará! Digan una palabra: ¡no se realizará! *Is. 8*
Porque Dios está con nosotros.
Hasta que envejezcan, Yo seré el Mismo, y hasta que encanezcan, Yo los sostendré, *Is. 46*
Yo he obrado, y Me haré cargo de eso: los sostendré y los libraré.

KADISH DE DUELO

La siguiente plegaria es recitada por quien está en duelo y requiere de la presencia de un minián. La transliteración se encuentra en la página 1360.

Doliente: יִתְגַּדַּל Que Su Gran Nombre sea magnificado y santificado,
en el mundo que creó conforme a Su voluntad.
Que establezca Su reino
durante vuestra vida y en vuestros días
y en la vida de toda la casa de Israel,
pronto y rápidamente y decid: Amén.

Todos: Que Su Gran Nombre sea bendito
por siempre y por toda la eternidad.

Doliente: Sea bendecido, alabado, glorificado
y exaltado, encumbrado
y magnificado, enaltecido y ensalzado
el Nombre del Santo Bendito Él;

---

la plegaria. Este párrafo contiene la frase "cuando el mundo sea perfeccionado bajo la soberanía del Todopoderoso", que se constituyó en tema central del misticismo luriano del siglo XVI (*"tikún olam"*).

Ninguna plegaria expresa más elocuentemente la naturaleza dual del pueblo judío: su historia singular como nación escogida para ser testigos de Dios en la tierra y su aspiración universal de que llegue un tiempo en el cual lo habitantes de la tierra reconocerán al Dios a cuya imagen fueron creados.

כִּי הַמַּלְכוּת שֶׁלְּךָ הִיא וּלְעוֹלְמֵי עַד תִּמְלֹךְ בְּכָבוֹד
כַּכָּתוּב בְּתוֹרָתֶךָ, יהוה יִמְלֹךְ לְעֹלָם וָעֶד: שמות טו
◂ וְנֶאֱמַר, וְהָיָה יהוה לְמֶלֶךְ עַל־כָּל־הָאָרֶץ זכריה יד
בַּיּוֹם הַהוּא יִהְיֶה יהוה אֶחָד וּשְׁמוֹ אֶחָד:

Algunos agregan:

אַל־תִּירָא מִפַּחַד פִּתְאֹם וּמִשֹּׁאַת רְשָׁעִים כִּי תָבֹא: משלי ג
עֻצוּ עֵצָה וְתֻפָר, דַּבְּרוּ דָבָר וְלֹא יָקוּם, כִּי עִמָּנוּ אֵל: ישעיה ח
וְעַד־זִקְנָה אֲנִי הוּא, וְעַד־שֵׂיבָה אֲנִי אֶסְבֹּל ישעיה מו
אֲנִי עָשִׂיתִי וַאֲנִי אֶשָּׂא וַאֲנִי אֶסְבֹּל וַאֲמַלֵּט:

קדיש יתום

La siguiente plegaria es recitada por quien está en duelo y requiere de la presencia de un מנין. *La transliteración se encuentra en la página 1360.*

אבל: יִתְגַּדַּל וְיִתְקַדַּשׁ שְׁמֵהּ רַבָּא (קהל: אָמֵן)
בְּעָלְמָא דִּי בְרָא כִרְעוּתֵהּ
וְיַמְלִיךְ מַלְכוּתֵהּ
בְּחַיֵּיכוֹן וּבְיוֹמֵיכוֹן וּבְחַיֵּי דְכָל בֵּית יִשְׂרָאֵל
בַּעֲגָלָא וּבִזְמַן קָרִיב, וְאִמְרוּ אָמֵן. (קהל: אָמֵן)

קהל ואבל: יְהֵא שְׁמֵהּ רַבָּא מְבָרַךְ לְעָלַם וּלְעָלְמֵי עָלְמַיָּא.

אבל: יִתְבָּרַךְ וְיִשְׁתַּבַּח וְיִתְפָּאַר
וְיִתְרוֹמַם וְיִתְנַשֵּׂא וְיִתְהַדָּר וְיִתְעַלֶּה וְיִתְהַלָּל
שְׁמֵהּ דְּקֻדְשָׁא בְּרִיךְ הוּא (קהל: בְּרִיךְ הוּא)

---

trata de una declaración de fe más que de una plegaria, habla de la vocación particular del pueblo judío como portadores del mensaje monoteísta. En dos oportunidades, esta plegaria recurre a la expresión "no hay otro" que en el idioma hebreo se pronuncia mediante el empleo de los dos monosílabos *"ein od"*.

El segundo párrafo se enfoca en Dios y en el futuro, en un tiempo en el cual toda la humanidad reconocerá al Dios Único, visión elocuentemente transmitida por el profeta Zacarías de cuyo libro se extrae el versículo final de

más allá de cualquier bendición, cántico, alabanza y consolación
pronunciados en el mundo y decid: Amén.

Que haya gran paz celestial y vida para nosotros
y para todo Israel y decid: Amén.

Inclinarse, dar tres pasos hacia atrás como retirándose de la Divina Presencia, luego inclinarse primero hacia la izquierda, luego hacia la derecha y luego al centro mientras se dice:

Quien obra la paz en Sus alturas,
haga la paz para nosotros
y todo Israel y decid: Amén.

EL SALMO DEL DÍA

Uno de los siguientes salmos es recitado en el día de la semana correspondiente tal como se indica abajo. Se recita después del Kadish de Duelo que figura en la página 182.

Tras el Salmo del Día, en Rosh Jodesh se agrega Barjí Nafshí en la página 192 (en Israel algunas personas sólo recitan Barjí Nafshí). En Janucá se agrega el Salmo 30 en la página 58 seguido de un Kadish de Duelo. Desde el segundo día de Rosh Jodesh Elul hasta Sheminí Atzeret (en Israel hasta Hoshaná Rabá) se agrega el Salmo 27 en la página 194. En la casa del doliente el rezo culmina en la página 1120.

Domingo: Hoy es el primer día de la semana, en el cual los levitas acostumbraban recitar el siguiente salmo en el Templo:

לְדָוִד מִזְמוֹר Salmo de David, del Señor es la tierra y todo lo que esta contiene, así como el mundo y quienes en él viven, todos pertenecen al Señor. Pues Él la fundó sobre los mares y la estableció sobre los ríos. ¿Quién podrá ascender al monte del Señor, y quién podrá permanecer en el lugar de Su Santidad? Aquél cuyas manos estén limpias y su corazón sea puro, que no haya usado Mi Nombre en vano ni juró falsamente. Recibirá bendición de parte del Señor y será recompensado por el Dios de su salvación. Esta es la generación de quienes Lo buscan, los descendientes de Ya'akov que procuran Tu presencia, ¡Sela! Alzad portales, vuestras cabezas, y sed alzadas, puertas eternas, para que el Rey glorioso pueda entrar. ¿Quién es el Rey glorioso? El Señor, fuerte y poderoso; el Señor, poderoso en batalla. *Sal. 24*

---

espejo del acto de la creación y nos recuerdan que cada semana es un reflejo de los siete días iniciales de ella. El salmo alude también al Templo, construido sobre el "monte del Señor". La conexión entre ambos se basa en la idea de que el Templo era un microcosmos del universo y su construcción es la contraparte de la creación Divina del cosmos.

לְעֵלָּא מִן כָּל בִּרְכָתָא
/ בעשרת ימי תשובה: לְעֵלָּא לְעֵלָּא מִכָּל בִּרְכָתָא/
וְשִׁירָתָא, תֻּשְׁבְּחָתָא וְנֶחֱמָתָא
דַּאֲמִירָן בְּעָלְמָא, וְאִמְרוּ אָמֵן. (קהל: אָמֵן)

יְהֵא שְׁלָמָא רַבָּא מִן שְׁמַיָּא
וְחַיִּים, עָלֵינוּ וְעַל כָּל יִשְׂרָאֵל, וְאִמְרוּ אָמֵן. (קהל: אָמֵן)

Inclinarse, dar tres pasos hacia atrás como retirándose de la Divina Presencia, luego inclinarse primero hacia la izquierda, luego hacia la derecha y luego al centro mientras se dice:

עֹשֶׂה שָׁלוֹם/ בעשרת ימי תשובה: הַשָּׁלוֹם/ בִּמְרוֹמָיו
הוּא יַעֲשֶׂה שָׁלוֹם עָלֵינוּ וְעַל כָּל יִשְׂרָאֵל, וְאִמְרוּ אָמֵן. (קהל: אָמֵן)

שיר של יום

Uno de los siguientes salmos es recitado en el día de la semana correspondiente tal como se indica abajo. Se recita después del קדיש יתום *que figura en la página 183.*

Tras el שיר של יום, *en* ראש חודש *se agrega* בָּרְכִי נַפְשִׁי *en la página 193 (en* ארץ ישראל *algunas personas sólo recitan* בָּרְכִי נַפְשִׁי). *En* חנוכה *se agrega el Salmo 30 en la página 59 seguido de un* קדיש יתום. *Desde el segundo día de* ראש חודש אלול *hasta* שמיני עצרת *(en* ארץ ישראל *hasta* הושענא רבה) *se agrega el Salmo 27 en la página 195. En la casa del doliente el rezo culmina en la página 1121.*

Domingo הַיּוֹם יוֹם רִאשׁוֹן בְּשַׁבָּת, שֶׁבּוֹ הָיוּ הַלְוִיִּם אוֹמְרִים בְּבֵית הַמִּקְדָּשׁ:

לְדָוִד מִזְמוֹר, לַיהוה הָאָרֶץ וּמְלוֹאָהּ, תֵּבֵל וְיֹשְׁבֵי בָהּ: כִּי־הוּא עַל־יַמִּים תהלים כד
יְסָדָהּ, וְעַל־נְהָרוֹת יְכוֹנְנֶהָ: מִי־יַעֲלֶה בְהַר־יהוה, וּמִי־יָקוּם בִּמְקוֹם קָדְשׁוֹ:
נְקִי כַפַּיִם וּבַר־לֵבָב, אֲשֶׁר לֹא־נָשָׂא לַשָּׁוְא נַפְשִׁי, וְלֹא נִשְׁבַּע לְמִרְמָה:
יִשָּׂא בְרָכָה מֵאֵת יהוה, וּצְדָקָה מֵאֱלֹהֵי יִשְׁעוֹ: זֶה דּוֹר דֹּרְשָׁו, מְבַקְשֵׁי
פָנֶיךָ יַעֲקֹב סֶלָה: שְׂאוּ שְׁעָרִים רָאשֵׁיכֶם, וְהִנָּשְׂאוּ פִּתְחֵי עוֹלָם, וְיָבוֹא
מֶלֶךְ הַכָּבוֹד: מִי זֶה מֶלֶךְ הַכָּבוֹד, יהוה עִזּוּז וְגִבּוֹר, יהוה גִּבּוֹר מִלְחָמָה:

EL SALMO DEL DÍA

Cada uno de los siete días de la semana se recitaba un salmo especial en el Templo. Todavía los recitamos rememorando aquellos días y esperando su futura restauración.

לְדָוִד מִזְמוֹר *Domingo: Salmo 24.* Los versículos iniciales de este salmo son un

Alzad vuestras cabezas, portales; alzadlas, puertas eternas, para que el Rey glorioso pueda entrar. ▸ ¿Quién es el Rey glorioso? El Señor de las Huestes Celestiales, Él es el Rey glorioso por toda la eternidad. Sela.

Kadish de Duelo (página 182)

Lunes: Hoy es el segundo día de la semana, en el cual los levitas acostumbraban recitar el siguiente salmo en el Templo:

שִׁיר מִזְמוֹר Cántico. Un salmo de los hijos de Koraj. Grande es el Señor y *Sal. 48*
sumamente alabado en la ciudad de nuestro Dios, en Su montaña sagrada – hermosa en sus alturas, regocijo de la tierra toda, Monte de Sion en su lado norte, ciudad del Gran Rey. En sus palacios Dios es reconocido como sublime. Ved como los reyes aunaron fuerzas y avanzaron juntos. Ellos vieron, se asombraron, entraron en pánico y huyeron. Allí fueron presa del miedo, con dolores similares a las contracciones de una parturienta, cual barcos de Tarshish que naufragan a causa del viento de oriente. Como hemos oído, así hemos visto, en la ciudad del Señor de las Huestes Celestiales, en la ciudad de nuestro Señor, que Dios la preserve por siempre, ¡Sela! En medio de Tu santuario Señor, hemos meditado sobre Tu amor. Tu alabanza es similar a Tu Nombre, alcanza los confines de la tierra. Tu diestra está llena de justicia. Que se regocije el Monte de Sion, que los poblados de Judea se alegren a causa de Tus sentencias. Caminad alrededor de Sion y bordeadla, contad sus torres, divisad sus ciudadelas para poder contarle a la futura generación ▸ que este es el Señor, nuestro Dios, por siempre y para siempre. Él nos conducirá eternamente.

Kadish de Duelo (página 182)

Martes: Hoy es el tercer día de la semana, en el cual los levitas acostumbraban recitar el siguiente salmo en el Templo:

מִזְמוֹר לְאָסָף Salmo de Asaf. Dios reside en la Asamblea Divina. En el seno *Sal. 82*
de los jueces dicta Su sentencia. ¿Hasta cuándo juzgaréis injustamente favoreciendo a los malvados? Sela. Haced justicia con el necesitado y el huérfano, tratad con rectitud al pobre y al desvalido. Rescatad al débil y al carenciado. Salvadlos de las manos de los pérfidos. Mas ellos no

---

maravillosamente, siempre resurge de sus cenizas a una vida renovada y gloriosa. Es la ciudad eterna del pueblo eterno" (Rabino J. H. Hertz).

מִזְמוֹר לְאָסָף *Martes: Salmo 82.* El salmo del martes se refiere a los jueces y a la justicia. La justicia es la aplicación de la norma que trae orden a la sociedad,

שְׂאוּ שְׁעָרִים רָאשֵׁיכֶם, וּשְׂאוּ פִּתְחֵי עוֹלָם, וְיָבֹא מֶלֶךְ הַכָּבוֹד: › מִי הוּא זֶה מֶלֶךְ הַכָּבוֹד, יהוה צְבָאוֹת הוּא מֶלֶךְ הַכָּבוֹד סֶלָה:

קדיש יתום (*página 183*)

Lunes הַיּוֹם יוֹם שֵׁנִי בְּשַׁבָּת, שֶׁבּוֹ הָיוּ הַלְוִיִּם אוֹמְרִים בְּבֵית הַמִּקְדָּשׁ:

שִׁיר מִזְמוֹר לִבְנֵי־קֹרַח: גָּדוֹל יהוה וּמְהֻלָּל מְאֹד, בְּעִיר אֱלֹהֵינוּ, הַר־קָדְשׁוֹ: יְפֵה נוֹף מְשׂוֹשׂ כָּל־הָאָרֶץ, הַר־צִיּוֹן יַרְכְּתֵי צָפוֹן, קִרְיַת מֶלֶךְ רָב: אֱלֹהִים בְּאַרְמְנוֹתֶיהָ נוֹדַע לְמִשְׂגָּב: כִּי־הִנֵּה הַמְּלָכִים נוֹעֲדוּ, עָבְרוּ יַחְדָּו: הֵמָּה רָאוּ כֵּן תָּמָהוּ, נִבְהֲלוּ נֶחְפָּזוּ: רְעָדָה אֲחָזָתַם שָׁם, חִיל כַּיּוֹלֵדָה: בְּרוּחַ קָדִים תְּשַׁבֵּר אֳנִיּוֹת תַּרְשִׁישׁ: כַּאֲשֶׁר שָׁמַעְנוּ כֵּן רָאִינוּ, בְּעִיר־יהוה צְבָאוֹת, בְּעִיר אֱלֹהֵינוּ, אֱלֹהִים יְכוֹנְנֶהָ עַד־עוֹלָם סֶלָה: דִּמִּינוּ אֱלֹהִים חַסְדֶּךָ, בְּקֶרֶב הֵיכָלֶךָ: כְּשִׁמְךָ אֱלֹהִים כֵּן תְּהִלָּתְךָ עַל־קַצְוֵי־אֶרֶץ, צֶדֶק מָלְאָה יְמִינֶךָ: יִשְׂמַח הַר־צִיּוֹן, תָּגֵלְנָה בְּנוֹת יְהוּדָה, לְמַעַן מִשְׁפָּטֶיךָ: סֹבּוּ צִיּוֹן וְהַקִּיפוּהָ, סִפְרוּ מִגְדָּלֶיהָ: שִׁיתוּ לִבְּכֶם לְחֵילָה, פַּסְּגוּ אַרְמְנוֹתֶיהָ, לְמַעַן תְּסַפְּרוּ לְדוֹר אַחֲרוֹן: › כִּי זֶה אֱלֹהִים אֱלֹהֵינוּ עוֹלָם וָעֶד, הוּא יְנַהֲגֵנוּ עַל־מוּת: תהלים מח

קדיש יתום (*página 183*)

Martes הַיּוֹם יוֹם שְׁלִישִׁי בְּשַׁבָּת, שֶׁבּוֹ הָיוּ הַלְוִיִּם אוֹמְרִים בְּבֵית הַמִּקְדָּשׁ:

מִזְמוֹר לְאָסָף, אֱלֹהִים נִצָּב בַּעֲדַת־אֵל, בְּקֶרֶב אֱלֹהִים יִשְׁפֹּט: עַד־מָתַי תִּשְׁפְּטוּ־עָוֶל, וּפְנֵי רְשָׁעִים תִּשְׂאוּ־סֶלָה: שִׁפְטוּ־דַל וְיָתוֹם, עָנִי וָרָשׁ הַצְדִּיקוּ: פַּלְּטוּ־דַל וְאֶבְיוֹן, מִיַּד רְשָׁעִים הַצִּילוּ: לֹא יָדְעוּ וְלֹא יָבִינוּ, תהלים פב

שִׁיר מִזְמוֹר לִבְנֵי־קֹרַח *Lunes: Salmo 48*. Se trata de un himno de alabanza a la belleza y resistencia de Jerusalém, la ciudad que sobrevivió a todos aquellos que procuraron conquistarla.

"Una veintena de conquistadores la vieron como su premio más selecto y más de una docena de veces fue completamente destruida. Los babilonios la quemaron y deportaron a su población; los romanos asesinaron a un millón de sus habitantes, la arrasaron hasta sus cimientos y pasaron el arado sobre ella y esparcieron sal sobre los surcos; Adriano desterró su mero nombre de los labios de las personas haciéndola llamar *Aelia Capitolina* prohibiendo a los judíos ingresar a su perímetro so pena de muerte. Los persas y los árabes, los bárbaros, los cruzados y los turcos la ocuparon y la volvieron a ocupar, la saquearon y la quemaron y, aun así,

saben, ni comprenden. Caminan por las tinieblas mientras tiemblan los cimientos de la tierra. Dije una vez: "Sois cual dioses, todos vosotros sois hijos del Altísimo". Pero moriréis como simples humanos y caeréis como cualquier príncipe. ▸ Levántate, oh Dios, juzga la tierra, porque Tú posees todas las naciones.

Kadish de Duelo (página 182)

Miércoles: Hoy es el cuarto día de la semana, en el cual los levitas acostumbraban recitar el siguiente salmo en el Templo:

אֵל־נְקָמוֹת Dios de la retribución, Señor, Dios de la retribución, !manifiéstate! Yérguete, Juez de toda la tierra. Retribuye a los arrogantes su merecido. ¿Hasta cuándo han los inicuos, Señor, hasta cuándo han los inicuos de alegrarse? Constantemente hablan con insolencia; todos los inicuos actúan con arrogancia. Reprimen a Tu pueblo, Señor, afligen a Tu heredad. Matan a la viuda y al extranjero. Asesinan al huérfano. Dicen: "El Señor no verá, y el Dios de Ya'akov no prestará atención". Escuchad vosotros, los insensatos del pueblo. Vosotros, necios, ¿cuándo habréis de entender? ¿Acaso quien implantó el oído no habrá de oír? Aquél que dio forma al ojo, ¿no habrá de ver? Quien reprende a las naciones, ¿acaso no habrá de castigar? Él es quien enseña conocimiento al hombre. El Señor sabe que los pensamientos del hombre son vanos. Feliz del hombre que es instruido por Dios y a quien le enseña Su Torá, concediéndole tranquilidad en días difíciles, hasta que sea cavado un pozo para los malvados. Porque el Señor no desamparará a Su pueblo ni abandonará Su heredad. La sentencia volverá a ser acorde con la justicia y la habrán de seguir todos aquellos que tienen un corazón recto. ¿Quién se habrá de levantar para protegerme de los inicuos? ¿Quién habrá de estar junto a mí ante los malhechores? De no ser porque me ayudaste Señor, ya casi me habría sumido en el silencio de la muerte. Cuando pensé que mis pies resbalaban, Tu benevolencia Señor me dio apoyo. Cuando fui presa de la ansiedad, Tu consuelo deleitó a mi alma. ¿Puede acaso un trono corrupto aliarse a Ti? ¿Puede acaso la injusticia transformarse en ley? Ellos unen fuerzas contra la existencia de los justos y condenan a muerte a inocentes. Pero el Señor es mi fortaleza, mi Dios es la Roca de mi refugio. Él habrá de tornar sobre ellos su maldad y destruirlos por sus malas acciones. El Señor nuestro Dios los habrá de destruir.

Sal. 94

Algunas comunidades recitan este salmo en Yom HaShoá, el día de recordación del Holocausto (27 de Nisán).

בַּחֲשֵׁכָה יִתְהַלָּכוּ, יִמּוֹטוּ כָּל־מוֹסְדֵי אָרֶץ: אֲנִי־אָמַרְתִּי אֱלֹהִים אַתֶּם, וּבְנֵי עֶלְיוֹן כֻּלְּכֶם: אָכֵן כְּאָדָם תְּמוּתוּן, וּכְאַחַד הַשָּׂרִים תִּפֹּלוּ: ‹ קוּמָה אֱלֹהִים שָׁפְטָה הָאָרֶץ, כִּי־אַתָּה תִנְחַל בְּכָל־הַגּוֹיִם:

קדיש יתום (*página 183*)

Miércoles הַיּוֹם יוֹם רְבִיעִי בְּשַׁבָּת, שֶׁבּוֹ הָיוּ הַלְוִיִּם אוֹמְרִים בְּבֵית הַמִּקְדָּשׁ:

תהלים צד

אֵל־נְקָמוֹת יהוה, אֵל נְקָמוֹת הוֹפִיעַ: הִנָּשֵׂא שֹׁפֵט הָאָרֶץ, הָשֵׁב גְּמוּל עַל־גֵּאִים: עַד־מָתַי רְשָׁעִים, יהוה, עַד־מָתַי רְשָׁעִים יַעֲלֹזוּ: יַבִּיעוּ יְדַבְּרוּ עָתָק, יִתְאַמְּרוּ כָּל־פֹּעֲלֵי אָוֶן: עַמְּךָ יהוה יְדַכְּאוּ, וְנַחֲלָתְךָ יְעַנּוּ: אַלְמָנָה וְגֵר יַהֲרֹגוּ, וִיתוֹמִים יְרַצֵּחוּ: וַיֹּאמְרוּ לֹא יִרְאֶה־יָּהּ, וְלֹא־יָבִין אֱלֹהֵי יַעֲקֹב: בִּינוּ בֹּעֲרִים בָּעָם, וּכְסִילִים מָתַי תַּשְׂכִּילוּ: הֲנֹטַע אֹזֶן הֲלֹא יִשְׁמָע, אִם־יֹצֵר עַיִן הֲלֹא יַבִּיט: הֲיֹסֵר גּוֹיִם הֲלֹא יוֹכִיחַ, הַמְלַמֵּד אָדָם דָּעַת: יהוה יֹדֵעַ מַחְשְׁבוֹת אָדָם, כִּי־הֵמָּה הָבֶל: אַשְׁרֵי הַגֶּבֶר אֲשֶׁר־תְּיַסְּרֶנּוּ יָּהּ, וּמִתּוֹרָתְךָ תְלַמְּדֶנּוּ: לְהַשְׁקִיט לוֹ מִימֵי רָע, עַד יִכָּרֶה לָרָשָׁע שָׁחַת: כִּי לֹא־יִטֹּשׁ יהוה עַמּוֹ, וְנַחֲלָתוֹ לֹא יַעֲזֹב: כִּי־עַד־צֶדֶק יָשׁוּב מִשְׁפָּט, וְאַחֲרָיו כָּל־יִשְׁרֵי־לֵב: מִי־יָקוּם לִי עִם־מְרֵעִים, מִי־יִתְיַצֵּב לִי עִם־פֹּעֲלֵי אָוֶן: לוּלֵי יהוה עֶזְרָתָה לִּי, כִּמְעַט שָׁכְנָה דוּמָה נַפְשִׁי: אִם־אָמַרְתִּי מָטָה רַגְלִי, חַסְדְּךָ יהוה יִסְעָדֵנִי: בְּרֹב שַׂרְעַפַּי בְּקִרְבִּי, תַּנְחוּמֶיךָ יְשַׁעַשְׁעוּ נַפְשִׁי: הַיְחָבְרְךָ כִּסֵּא הַוּוֹת, יֹצֵר עָמָל עֲלֵי־חֹק: יָגוֹדּוּ עַל־נֶפֶשׁ צַדִּיק, וְדָם נָקִי יַרְשִׁיעוּ: וַיְהִי יהוה לִי לְמִשְׂגָּב, וֵאלֹהַי לְצוּר מַחְסִי: וַיָּשֶׁב עֲלֵיהֶם אֶת־אוֹנָם, וּבְרָעָתָם יַצְמִיתֵם, יַצְמִיתֵם יהוה אֱלֹהֵינוּ:

---

así como las leyes científicas introducen orden en el cosmos. En última instancia, la justicia pertenece a Dios. Por lo tanto, el juez debe actuar con humildad e integridad, trayendo orden Divino al caos humano. "Un juez que sentencia dictámenes verdaderos se transforma en un socio del Santo Bendito Él en el acto de la creación" (*Shabat* 10A).

אֵל־נְקָמוֹת יהוה *Miércoles: Salmo 94.* Este salmo marca la mitad de la semana y posee un intenso poder de conexión entre la fe religiosa y la conducta ética, así como también entre sus opuestos: la falta de fe y el fracaso de la humanidad. Cuando el ser humano comienza a adorarse a sí mismo soñando con transformarse en una deidad termina tornándose más bajo que un animal.

‣ Venid, cantemos al Señor, elevemos nuestras voces con júbilo a la Roca de nuestra salvación. Recibámosle con agradecimiento, aclamémoslo con cánticos. Pues el Señor es un gran Dios y un gran Rey sobre todos los seres supremos. *Sal. 95*

(*Kadish de Duelo página 182*)

Jueves: Hoy es el quinto día de la semana, en el cual los levitas acostumbraban recitar el siguiente salmo en el Templo:

לַמְנַצֵּחַ Al director de la música. Sobre el Guitit. Salmo de Asaf. Cantad con júbilo al Dios de nuestra fortaleza, aclamad al Dios de Ya'akov. Elevad un cántico y percutid el tambor, tocad la dulce arpa y la lira. Tocad el shofar en el novilunio, en el día de nuestra fiesta que es cuando la luna está oculta. Pues se trata de una ley para Israel, una ordenanza del Dios de Ya'akov. Él lo estableció como testimonio para Yosef cuando Él salió hacia la tierra de Egipto, idioma que no conocía oí. Yo alivié el peso de su espalda. Sus manos quedaron libres de la canasta del constructor. Tú clamaste en la desgracia y Yo te rescaté. Yo te respondí desde el sitio oculto del trueno; Yo te puse a prueba en las aguas de Meribá, ¡Sela! Escucha pueblo Mío y te he de advertir. Israel, si tan sólo Me escuchases. Que no haya en tu seno dioses extraños, no te inclines ante deidades extranjeras. Yo Soy el Señor Tu Dios, quien te sacó de la tierra de Egipto. Abre tu boca ampliamente y habré de colmarla. Empero Mi pueblo no me escuchó, Israel nada quiso saber de Mí. Por ello los abandoné a sus necios corazones, les dejé seguir sus propios consejos. Si Mi pueblo Me escuchase, si Israel anduviese por Mis caminos, pronto sometería a todos sus enemigos y alzaría Mi mano contra quienes los acosan. Quienes odian al Señor se acobardarían ante Él y su condena duraría por siempre. ‣ Lo alimentaría a Israel con lo mejor del trigo, y con miel de la peña te saciaría. *Sal. 81*

(*Kadish de Duelo página 182*)

Viernes: Hoy es el sexto día de la semana, en el cual los levitas acostumbraban recitar el siguiente salmo en el Templo:

יהוה מָלָךְ El Señor reina. Él está ataviado en majestad. El Señor está investido, ceñido de fortaleza. El mundo está firmemente establecido, para que no vacile. Tu trono está firme desde entonces, Tú eres Eterno. Los ríos elevaron, Señor, los ríos han alzado sus voces. Ríos, elevad vuestras rompientes olas. Más que el sonido de muchas aguas, más que las poderosas rompientes de mar, el Señor es poderoso en las Alturas. ‣ Tus testimonios son de lo más fidedignos; Tu morada resplandecerá de santidad, Señor, para siempre. *Sal. 93*

(*Kadish de Duelo página 182*)

› לְכוּ נְרַנְּנָה לַיהוה, נָרִיעָה לְצוּר יִשְׁעֵנוּ: נְקַדְּמָה פָנָיו בְּתוֹדָה, בִּזְמִרוֹת נָרִיעַ לוֹ: כִּי אֵל גָּדוֹל יהוה, וּמֶלֶךְ גָּדוֹל עַל־כָּל־אֱלֹהִים: תהלים צה

קדיש יתום (*página 183*)

Jueves הַיּוֹם יוֹם חֲמִישִׁי בְּשַׁבָּת, שֶׁבּוֹ הָיוּ הַלְוִיִּם אוֹמְרִים בְּבֵית הַמִּקְדָּשׁ:

לַמְנַצֵּחַ עַל־הַגִּתִּית לְאָסָף: הַרְנִינוּ לֵאלֹהִים עוּזֵּנוּ, הָרִיעוּ לֵאלֹהֵי יַעֲקֹב: שְׂאוּ־זִמְרָה וּתְנוּ־תֹף, כִּנּוֹר נָעִים עִם־נָבֶל: תִּקְעוּ בַחֹדֶשׁ שׁוֹפָר, בַּכֶּסֶה לְיוֹם חַגֵּנוּ: כִּי חֹק לְיִשְׂרָאֵל הוּא, מִשְׁפָּט לֵאלֹהֵי יַעֲקֹב: עֵדוּת בִּיהוֹסֵף שָׂמוֹ, בְּצֵאתוֹ עַל־אֶרֶץ מִצְרָיִם, שְׂפַת לֹא־יָדַעְתִּי אֶשְׁמָע: הֲסִירוֹתִי מִסֵּבֶל שִׁכְמוֹ, כַּפָּיו מִדּוּד תַּעֲבֹרְנָה: בַּצָּרָה קָרָאתָ וָאֲחַלְּצֶךָּ, אֶעֶנְךָ בְּסֵתֶר רַעַם, אֶבְחָנְךָ עַל־מֵי מְרִיבָה סֶלָה: שְׁמַע עַמִּי וְאָעִידָה בָּךְ, יִשְׂרָאֵל אִם־תִּשְׁמַע־לִי: לֹא־יִהְיֶה בְךָ אֵל זָר, וְלֹא תִשְׁתַּחֲוֶה לְאֵל נֵכָר: אָנֹכִי יהוה אֱלֹהֶיךָ, הַמַּעַלְךָ מֵאֶרֶץ מִצְרָיִם, הַרְחֶב־פִּיךָ וַאֲמַלְאֵהוּ: וְלֹא־שָׁמַע עַמִּי לְקוֹלִי, וְיִשְׂרָאֵל לֹא־אָבָה לִי: וָאֲשַׁלְּחֵהוּ בִּשְׁרִירוּת לִבָּם, יֵלְכוּ בְּמוֹעֲצוֹתֵיהֶם: לוּ עַמִּי שֹׁמֵעַ לִי, יִשְׂרָאֵל בִּדְרָכַי יְהַלֵּכוּ: כִּמְעַט אוֹיְבֵיהֶם אַכְנִיעַ, וְעַל־צָרֵיהֶם אָשִׁיב יָדִי: מְשַׂנְאֵי יהוה יְכַחֲשׁוּ־לוֹ, וִיהִי עִתָּם לְעוֹלָם: › וַיַּאֲכִילֵהוּ מֵחֵלֶב חִטָּה, וּמִצּוּר, דְּבַשׁ אַשְׂבִּיעֶךָ: תהלים פא

קדיש יתום (*página 183*)

Viernes הַיּוֹם יוֹם שִׁשִּׁי בְּשַׁבָּת, שֶׁבּוֹ הָיוּ הַלְוִיִּם אוֹמְרִים בְּבֵית הַמִּקְדָּשׁ

יהוה מָלָךְ, גֵּאוּת לָבֵשׁ, לָבֵשׁ יהוה עֹז הִתְאַזָּר, אַף־תִּכּוֹן תֵּבֵל בַּל־תִּמּוֹט: נָכוֹן כִּסְאֲךָ מֵאָז, מֵעוֹלָם אָתָּה: נָשְׂאוּ נְהָרוֹת יהוה, נָשְׂאוּ נְהָרוֹת קוֹלָם, יִשְׂאוּ נְהָרוֹת דָּכְיָם: מִקֹּלוֹת מַיִם רַבִּים, אַדִּירִים מִשְׁבְּרֵי־יָם, אַדִּיר בַּמָּרוֹם יהוה: › עֵדֹתֶיךָ נֶאֶמְנוּ מְאֹד, לְבֵיתְךָ נַאֲוָה־קֹדֶשׁ, יהוה לְאֹרֶךְ יָמִים: תהלים צג

קדיש יתום (*página 183*)

לַמְנַצֵּחַ *Jueves: Salmo 81.* Dios aboga por Su pueblo: se trata de una expresión clásica de uno de los grandes temas de la literatura profética, el amor de Dios junto a Su exasperación por sus hijos. "Si Mi pueblo Me escuchase, si Israel anduviese por Mis caminos".

יהוה מָלָךְ *Viernes: Salmo 93.* Hablando tal como lo hace sobre la finalización de la Creación ("El mundo está firmemente establecido"), este salmo es

El comentario continúa en la página 193.

En Rosh Jodesh se recita el siguiente salmo:

בָּרְכִי נַפְשִׁי Bendice alma mía, al SEÑOR, Dios mío, Tú eres grandemente ensalzado; Te has vestido de majestad y esplendor. Te envuelves en un vestido de luz, Tú has extendido los cielos cual tienda. Él ha establecido las vigas de sus cámaras superiores con agua; Él hace de las nubes Su carroza, andando sobre las alas del viento. Hace de los vientos Sus mensajeros y a las llamas del fuego Sus ministros. Él fijó la tierra en sus cimientos de modo tal que nunca pueda ser sacudida. La cubriste con el profundo mar cual ropaje, las aguas se posaron sobre las montañas. Ante Tu reprimenda huyeron, de Tu estruendosa voz apresuraron a huir. Ascenderán a las montañas y descenderán a los valles hacia el sitio que Tú les adjudicaste. Les estableciste un límite que nunca habrán de pasar para no volver a cubrir la tierra. Él hace fluir los manantiales en los valles, los hace transitar entre las colinas, dando así de beber a las bestias del campo, saciando la sed a los asnos salvajes. Los pájaros del cielo viven junto a ellos, trinando entre el follaje. Riega las montañas desde sus alturas, la tierra se saciará del fruto de Tu labor. Hace crecer heno para el ganado y las hierbas por la labor del hombre, para sacar el pan de la tierra y vino para alegrar el corazón humano, aceite para hacer brillar su semblante y pan para sustentar el corazón del hombre. Los árboles del SEÑOR beben hasta colmarse, los cedros del Líbano que Él plantó. Allí los pájaros construyen sus nidos, la cigüeña hace su hogar entre los cipreses. Las altas cimas son para las cabras salvajes, las rocas son refugio para los conejos. Hizo la luna para marcar las Festividades e hizo que el sol sepa su ocaso. Tú traes la oscuridad y se hace de noche, y se movilizan todos los animales del bosque. Los cachorros aúllan tras su presa y piden de Dios su alimento. Al salir el sol se reúnen y retornan a sus guaridas para yacer allí. El hombre sale rumbo a su labor, para trabajar hasta el anochecer. Cuán numerosas son Tus obras SEÑOR, todas las hiciste con sabiduría, la tierra está plena de Tus creaciones. Este es el gran y ancho mar con sus incontables creaturas pululantes, seres vivos grandes y pequeños. Allí navegan las embarcaciones. Allí está el Leviatán que Tú creaste para Tu deleite. Todos ellos elevan su mirada a Ti esperando que los alimentes cuando lo necesiten. Lo que Tú les des será lo que habrán de recoger, cuando Tú abres Tu mano se habrán de satisfacer con bien. Si ocultas Tu rostro habrán de aterrorizarse, cuando les quites el aliento habrán de perecer y retornar al polvo. Cuando les devuelvas su espíritu serán creados renovando la vida en la tierra. Que la gloria del

Sal. 104

En ראש חודש *se recita el siguiente salmo:*

בָּרְכִי נַפְשִׁי אֶת־יהוה, יהוה אֱלֹהַי גָּדַלְתָּ מְּאֹד, הוֹד וְהָדָר לָבָשְׁתָּ: תהלים קד
עֹטֶה־אוֹר כַּשַּׂלְמָה, נוֹטֶה שָׁמַיִם כַּיְרִיעָה: הַמְקָרֶה בַמַּיִם עֲלִיּוֹתָיו,
הַשָּׂם־עָבִים רְכוּבוֹ, הַמְהַלֵּךְ עַל־כַּנְפֵי־רוּחַ: עֹשֶׂה מַלְאָכָיו רוּחוֹת,
מְשָׁרְתָיו אֵשׁ לֹהֵט: יָסַד־אֶרֶץ עַל־מְכוֹנֶיהָ, בַּל־תִּמּוֹט עוֹלָם וָעֶד:
תְּהוֹם כַּלְּבוּשׁ כִּסִּיתוֹ, עַל־הָרִים יַעַמְדוּ־מָיִם: מִן־גַּעֲרָתְךָ יְנוּסוּן, מִן־
קוֹל רַעַמְךָ יֵחָפֵזוּן: יַעֲלוּ הָרִים, יֵרְדוּ בְקָעוֹת, אֶל־מְקוֹם זֶה יָסַדְתָּ
לָהֶם: גְּבוּל־שַׂמְתָּ בַּל־יַעֲבֹרוּן, בַּל־יְשׁוּבוּן לְכַסּוֹת הָאָרֶץ: הַמְשַׁלֵּחַ
מַעְיָנִים בַּנְּחָלִים, בֵּין הָרִים יְהַלֵּכוּן: יַשְׁקוּ כָּל־חַיְתוֹ שָׂדָי, יִשְׁבְּרוּ
פְרָאִים צְמָאָם: עֲלֵיהֶם עוֹף־הַשָּׁמַיִם יִשְׁכּוֹן, מִבֵּין עֳפָאיִם יִתְּנוּ־קוֹל:
מַשְׁקֶה הָרִים מֵעֲלִיּוֹתָיו, מִפְּרִי מַעֲשֶׂיךָ תִּשְׂבַּע הָאָרֶץ: מַצְמִיחַ חָצִיר
לַבְּהֵמָה, וְעֵשֶׂב לַעֲבֹדַת הָאָדָם, לְהוֹצִיא לֶחֶם מִן־הָאָרֶץ: וְיַיִן יְשַׂמַּח
לְבַב־אֱנוֹשׁ, לְהַצְהִיל פָּנִים מִשָּׁמֶן, וְלֶחֶם לְבַב־אֱנוֹשׁ יִסְעָד: יִשְׂבְּעוּ
עֲצֵי יהוה, אַרְזֵי לְבָנוֹן אֲשֶׁר נָטָע: אֲשֶׁר־שָׁם צִפֳּרִים יְקַנֵּנוּ, חֲסִידָה
בְּרוֹשִׁים בֵּיתָהּ: הָרִים הַגְּבֹהִים לַיְּעֵלִים, סְלָעִים מַחְסֶה לַשְׁפַנִּים: עָשָׂה
יָרֵחַ לְמוֹעֲדִים, שֶׁמֶשׁ יָדַע מְבוֹאוֹ: תָּשֶׁת־חֹשֶׁךְ וִיהִי לָיְלָה, בּוֹ־תִרְמֹשׂ
כָּל־חַיְתוֹ־יָעַר: הַכְּפִירִים שֹׁאֲגִים לַטָּרֶף, וּלְבַקֵּשׁ מֵאֵל אָכְלָם: תִּזְרַח
הַשֶּׁמֶשׁ יֵאָסֵפוּן, וְאֶל־מְעוֹנֹתָם יִרְבָּצוּן: יֵצֵא אָדָם לְפָעֳלוֹ, וְלַעֲבֹדָתוֹ
עֲדֵי־עָרֶב: מָה־רַבּוּ מַעֲשֶׂיךָ יהוה, כֻּלָּם בְּחָכְמָה עָשִׂיתָ, מָלְאָה הָאָרֶץ
קִנְיָנֶךָ: זֶה הַיָּם גָּדוֹל וּרְחַב יָדָיִם, שָׁם־רֶמֶשׂ וְאֵין מִסְפָּר, חַיּוֹת קְטַנּוֹת
עִם־גְּדֹלוֹת: שָׁם אֳנִיּוֹת יְהַלֵּכוּן, לִוְיָתָן זֶה־יָצַרְתָּ לְשַׂחֶק־בּוֹ: כֻּלָּם
אֵלֶיךָ יְשַׂבֵּרוּן, לָתֵת אָכְלָם בְּעִתּוֹ: תִּתֵּן לָהֶם יִלְקֹטוּן, תִּפְתַּח יָדְךָ
יִשְׂבְּעוּן טוֹב: תַּסְתִּיר פָּנֶיךָ יִבָּהֵלוּן, תֹּסֵף רוּחָם יִגְוָעוּן, וְאֶל־עֲפָרָם
יְשׁוּבוּן: תְּשַׁלַּח רוּחֲךָ יִבָּרֵאוּן, וּתְחַדֵּשׁ פְּנֵי אֲדָמָה: יְהִי כְבוֹד יהוה

---

apropiado para el sexto día en el cual "los cielos, la tierra y todas sus huestes fueron completados".

Señor sea por siempre, que el Señor se regocije en Sus creaturas. Cuando Él dirige Su mirada a la tierra, ésta se estremece. Cuando toca las montañas expiden humo. Cantaré al Señor mientras viva, entonaré cánticos a mi Dios toda mi vida. ‣ Que mis meditaciones sean de Su agrado, yo me regocijaré en el Señor. Que los pecados desparezcan de la tierra y no haya más malvados. Bendice al Señor alma mía. ¡Aleluya!

(*Kadish de Duelo página 182*)

Durante el mes de Elul (salvo en víspera de Rosh HaShaná) se toca el shofar (algunos lo hacen después de recitar el salmo que figura aquí abajo). A partir del segundo día de Rosh Jodesh Elul y hasta Sheminí Atzeret (en Israel hasta Hoshaná Rabá) se recita el siguiente salmo:

לְדָוִד Salmo de David. El Señor es mi luz y mi salvación, ¿a quién habré de temer? El Señor es la fortaleza de mi vida, ¿de quién tendré miedo? Cuando personas malvadas se acercan para devorar mi carne, mis enemigos y mis oponentes fracasarán y caerán. Si un ejército me habrá de sitiar, no temerá mi corazón. Si se declarase una guerra contra mí, me mantendría confiado. Una sola cosa pido al Señor y es aquella que procuro: residir en la morada del Señor todos los días de mi vida, para contemplar la belleza del Señor y rendir culto en Su Templo. Pues Él me habrá de ocultar en Su pabellón en el día de la desgracia, me ocultará en el interior de Su tienda, me elevará sobre una roca. Ahora mi cabeza se yergue por sobre los enemigos que me rodean. Ofrendaré sacrificios de regocijo en Su tienda, cantaré y entonaré melodías al Señor. Escucha Señor mi voz cuando Te llamo, apiádate de mí y respóndeme. En Tu Nombre, mi corazón dice "Procurad Mi rostro". Señor, Tu rostro buscaré. No ocultes Tu rostro de mí, no rechaces en Tu enojo a Tu siervo de delante de Tí. Tú has sido mi ayuda, no me rechaces ni me abandones, Dios de mi salvación. Pues mi padre y mi madre me abandonaron, mas el Señor me recogió. Señor, enséñame Tu senda, guíame por el camino llano por causa de quienes me acechan. No me entregues a la voluntad de mis perseguidores, pues se han levantado contra mí falsos testigos y los que alientan violencia. ‣ Si no fuese porque confié en contemplar la bondad del Señor en la tierra de los vivos. Ten esperanza en el Señor, fortalece y anima tu corazón y ten esperanza en el Señor. *Sal. 27*

Kadish de Duelo página 182

En Israel continúa en la siguiente página.

לְעוֹלָם, יִשְׂמַח יהוה בְּמַעֲשָׂיו: הַמַּבִּיט לָאָרֶץ וַתִּרְעָד, יִגַּע בֶּהָרִים וְיֶעֱשָׁנוּ: אָשִׁירָה לַיהוה בְּחַיָּי, אֲזַמְּרָה לֵאלֹהַי בְּעוֹדִי: › יֶעֱרַב עָלָיו שִׂיחִי, אָנֹכִי אֶשְׂמַח בַּיהוה: יִתַּמּוּ חַטָּאִים מִן־הָאָרֶץ, וּרְשָׁעִים עוֹד אֵינָם, בָּרְכִי נַפְשִׁי אֶת־יהוה, הַלְלוּיָהּ:

קדיש יתום (*página 183*)

Durante el mes de אלול *(salvo en* ערב ראש השנה*) se toca el* שופר *(algunos lo hacen después de recitar el salmo que figura aquí abajo). A partir del segundo día de* ראש חודש אלול *y hasta* שמיני עצרת *(en* ארץ ישראל *hasta* הושענא רבה*) se recita el siguiente salmo:*

תהלים כז

לְדָוִד, יהוה אוֹרִי וְיִשְׁעִי, מִמִּי אִירָא, יהוה מָעוֹז־חַיַּי, מִמִּי אֶפְחָד: בִּקְרֹב עָלַי מְרֵעִים לֶאֱכֹל אֶת־בְּשָׂרִי, צָרַי וְאֹיְבַי לִי, הֵמָּה כָשְׁלוּ וְנָפָלוּ: אִם־תַּחֲנֶה עָלַי מַחֲנֶה, לֹא־יִירָא לִבִּי, אִם־תָּקוּם עָלַי מִלְחָמָה, בְּזֹאת אֲנִי בוֹטֵחַ: אַחַת שָׁאַלְתִּי מֵאֵת־יהוה, אוֹתָהּ אֲבַקֵּשׁ, שִׁבְתִּי בְּבֵית־יהוה כָּל־יְמֵי חַיַּי, לַחֲזוֹת בְּנֹעַם־יהוה, וּלְבַקֵּר בְּהֵיכָלוֹ: כִּי יִצְפְּנֵנִי בְּסֻכֹּה בְּיוֹם רָעָה, יַסְתִּרֵנִי בְּסֵתֶר אָהֳלוֹ, בְּצוּר יְרוֹמְמֵנִי: וְעַתָּה יָרוּם רֹאשִׁי עַל אֹיְבַי סְבִיבוֹתַי, וְאֶזְבְּחָה בְאָהֳלוֹ זִבְחֵי תְרוּעָה, אָשִׁירָה וַאֲזַמְּרָה לַיהוה: שְׁמַע־יהוה קוֹלִי אֶקְרָא, וְחָנֵּנִי וַעֲנֵנִי: לְךָ אָמַר לִבִּי בַּקְּשׁוּ פָנָי, אֶת־פָּנֶיךָ יהוה אֲבַקֵּשׁ: אַל־תַּסְתֵּר פָּנֶיךָ מִמֶּנִּי, אַל תַּט־בְּאַף עַבְדֶּךָ, עֶזְרָתִי הָיִיתָ, אַל־תִּטְּשֵׁנִי וְאַל־תַּעַזְבֵנִי, אֱלֹהֵי יִשְׁעִי: כִּי־אָבִי וְאִמִּי עֲזָבוּנִי, וַיהוה יַאַסְפֵנִי: הוֹרֵנִי יהוה דַּרְכֶּךָ, וּנְחֵנִי בְּאֹרַח מִישׁוֹר, לְמַעַן שׁוֹרְרָי: אַל־תִּתְּנֵנִי בְּנֶפֶשׁ צָרָי, כִּי קָמוּ־בִי עֵדֵי־שֶׁקֶר, וִיפֵחַ חָמָס: › לוּלֵא הֶאֱמַנְתִּי לִרְאוֹת בְּטוּב־יהוה בְּאֶרֶץ חַיִּים: קַוֵּה אֶל־יהוה, חֲזַק וְיַאֲמֵץ לִבֶּךָ, וְקַוֵּה אֶל־יהוה:

קדיש יתום (*página 183*)

En Israel continúa en la siguiente página.

לְדָוִד *Salmo 27:* Magnífica expresión de confianza en la protección de Dios y su amor infalible. Un Midrash antiguo (*Vaikrá Rabá* 21:4) relaciona este salmo con las festividades del mes de Tishrei: "*El Señor es mi luz* – en Rosh HaShaná, *y mi salvación* – en Yom Kipur". La frase "Pues Él me habrá de ocultar en Su pabellón (*"beSucó"*)" se asocia con la festividad de Sucot. Asimismo, este salmo fue adoptado como plegaria para el período de penitencia previo a las festividades el cual también las incluye y que se inicia en Rosh Jodesh Elul.

En Israel se recita lo siguiente hasta "Bendecid" en la página 198.

אֵין כֵּאלֹהֵינוּ No hay como nuestro Dios, no hay como nuestro Señor,
no hay como nuestro Rey, no hay como nuestro Salvador.
¿Quién como nuestro Dios? ¿Quién como nuestro Señor?
¿Quién como nuestro Rey? ¿Quién como nuestro Salvador?
Agradeceremos a nuestro Dios, agradeceremos a nuestro Señor,
agradeceremos a nuestro Rey, agradeceremos a nuestro Salvador.
Bendito es nuestro Dios, bendito es nuestro Señor,
bendito es nuestro Rey, bendito es nuestro Salvador.
Tú eres nuestro Dios, Tú eres nuestro Señor,
Tú eres nuestro Rey, Tú eres nuestro Salvador.
Tú eres aquél a quien nuestros ancestros ofrendaban el fragante incienso.

פִּטּוּם הַקְּטֹרֶת La mezcla del incienso está conformada por bálsamo, uña aromática, *Keritot 6A* gálbano y olíbano, cada una con un peso de 70 "mané"; mirra, casia, nardo y azafrán cada una con un peso de 16 "mané"; doce "mané" de costus, tres de corteza aromática, nueve de canela, nueve "kab" de lejía de Carshina; tres "seá" y tres "kab" de vino de Chipre. Si no se consigue vino de Chipre se puede emplear vino blanco añejo. Un cuarto de "kab" de sal de Sodoma, una pizca de una hierba humeante. Rabí Natán de Babilonia dice: también una pizca de ámbar del Jordán. Si se agrega miel a la mezcla se la transforma en no apta para uso sagrado. Si se omitió alguno de los ingredientes se es pasible de pena de muerte.

Rabán Shim'ón ben Gamliel dice: el "bálsamo" es una savia que gotea del árbol del mismo nombre. Lejía de Carshina era usado para frotar la uña aromática y así mejorarla. El vino de Chipre era usado para remojar la uña aromática y conferirle un olor acre. Si bien la orina es buena para este propósito, no se la podía ingresar en el Templo pues sería una falta de respeto.

Se enseñó en la academia de Eliahu: todo aquél que estudia las leyes de la Torá *Meguilá 28B* (*"halajot"*) a diario se le asegura que alcanzará el Mundo Venidero, tal como fue dicho: "Suyos son los caminos (*"halijot"*) del mundo". No leas "caminos" (*"halijot"*) *Hab. 3* sino "leyes" (*"halajot"*).

Dijo Rabí Elazar en nombre de Rabí Janina: Los discípulos de los sabios incrementan *Berajot 64A* la paz en el mundo, tal como fue dicho "Y todos tus hijos serán estudiosos del Señor, *Is. 54* y grande será la paz de tus hijos (*"banaij"*). No los llames "tus hijos" (*"banaij"*) sino "tus constructores" (*"bonaij"*). Grande es la paz de aquellos que aman Tu Torá y no *Sal. 119* habrán de padecer tropiezos. Haya paz en tus fortalezas, quietud en tus palacios. En *Sal. 122* pos de mis hermanos y amigos diré: "Sea contigo la paz". En pos de la casa del Señor nuestro Dios pediré por el bien por ti. ▸ El Señor dará fuerza a Su pueblo. El Señor *Sal. 29* bendecirá a Su pueblo con la paz.

En ארץ ישראל *se recita lo siguiente hasta* בָּרְכוּ *en la página 199.*

אֵין כֵּאלֹהֵֽינוּ, אֵין כַּאדוֹנֵֽינוּ, אֵין כְּמַלְכֵּֽנוּ, אֵין כְּמוֹשִׁיעֵֽנוּ.
מִי כֵאלֹהֵֽינוּ, מִי כַאדוֹנֵֽינוּ, מִי כְמַלְכֵּֽנוּ, מִי כְמוֹשִׁיעֵֽנוּ.
נוֹדֶה לֵאלֹהֵֽינוּ, נוֹדֶה לַאדוֹנֵֽינוּ, נוֹדֶה לְמַלְכֵּֽנוּ, נוֹדֶה לְמוֹשִׁיעֵֽנוּ.
בָּרוּךְ אֱלֹהֵֽינוּ, בָּרוּךְ אֲדוֹנֵֽינוּ, בָּרוּךְ מַלְכֵּֽנוּ, בָּרוּךְ מוֹשִׁיעֵֽנוּ.
אַתָּה הוּא אֱלֹהֵֽינוּ, אַתָּה הוּא אֲדוֹנֵֽינוּ,
אַתָּה הוּא מַלְכֵּֽנוּ, אַתָּה הוּא מוֹשִׁיעֵֽנוּ.
אַתָּה הוּא שֶׁהִקְטִֽירוּ אֲבוֹתֵֽינוּ לְפָנֶֽיךָ אֶת קְטֹֽרֶת הַסַּמִּים.

פִּטּוּם הַקְּטֹֽרֶת: הַצֳּרִי, וְהַצִּפֹּֽרֶן, וְהַחֶלְבְּנָה, וְהַלְּבוֹנָה מִשְׁקַל שִׁבְעִים שִׁבְעִים כריתות ו.
מָנֶה, מֹר, וּקְצִיעָה, שִׁבֹּֽלֶת נֵרְדְּ, וְכַרְכֹּם מִשְׁקַל שִׁשָּׁה עָשָׂר שִׁשָּׁה עָשָׂר מָנֶה, הַקֹּשְׁטְ שְׁנֵים עָשָׂר, קִלּוּפָה שְׁלֹשָׁה, וְקִנָּמוֹן תִּשְׁעָה, בֹּרִית כַּרְשִׁינָה תִּשְׁעָה קַבִּין, יֵין קַפְרִיסִין סְאִין תְּלָת וְקַבִּין תְּלָתָא, וְאִם אֵין לוֹ יֵין קַפְרִיסִין, מֵבִיא חֲמַר חִוַּרְיָן עַתִּיק. מֶֽלַח סְדוֹמִית רֹֽבַע, מַעֲלֶה עָשָׁן כָּל שֶׁהוּא. רַבִּי נָתָן הַבַּבְלִי אוֹמֵר: אַף כִּפַּת הַיַּרְדֵּן כָּל שֶׁהוּא, וְאִם נָתַן בָּהּ דְּבַשׁ פְּסָלָהּ, וְאִם חִסַּר אֶחָד מִכָּל סַמָּנֶֽיהָ, חַיָּב מִיתָה.

רַבָּן שִׁמְעוֹן בֶּן גַּמְלִיאֵל אוֹמֵר: הַצֳּרִי אֵינוֹ אֶלָּא שְׂרָף הַנּוֹטֵף מֵעֲצֵי הַקְּטָף. בֹּרִית כַּרְשִׁינָה שֶׁשָּׁפִין בָּהּ אֶת הַצִּפֹּֽרֶן כְּדֵי שֶׁתְּהֵא נָאָה, יֵין קַפְרִיסִין שֶׁשּׁוֹרִין בּוֹ אֶת הַצִּפֹּֽרֶן כְּדֵי שֶׁתְּהֵא עַזָּה, וַהֲלֹא מֵי רַגְלַֽיִם יָפִין לָהּ, אֶלָּא שֶׁאֵין מַכְנִיסִין מֵי רַגְלַֽיִם בַּמִּקְדָּשׁ מִפְּנֵי הַכָּבוֹד.

תָּנָא דְבֵי אֵלִיָּהוּ: כָּל הַשּׁוֹנֶה הֲלָכוֹת בְּכָל יוֹם, מֻבְטָח לוֹ שֶׁהוּא בֶּן עוֹלָם הַבָּא, מגילה כח:
שֶׁנֶּאֱמַר הֲלִיכוֹת עוֹלָם לוֹ: אַל תִּקְרֵי הֲלִיכוֹת אֶלָּא הֲלָכוֹת. חבקוק ג

אָמַר רַבִּי אֶלְעָזָר, אָמַר רַבִּי חֲנִינָא: תַּלְמִידֵי חֲכָמִים מַרְבִּים שָׁלוֹם בָּעוֹלָם, שֶׁנֶּאֱמַר ברכות סד.
וְכָל־בָּנַֽיִךְ לִמּוּדֵי יהוה, וְרַב שְׁלוֹם בָּנָֽיִךְ: אַל תִּקְרֵי בָּנָֽיִךְ, אֶלָּא בּוֹנָֽיִךְ. שָׁלוֹם ישעיה נד / תהלים קיט
רָב לְאֹהֲבֵי תוֹרָתֶֽךָ, וְאֵין־לָֽמוֹ מִכְשׁוֹל: יְהִי־שָׁלוֹם בְּחֵילֵךְ, שַׁלְוָה בְּאַרְמְנוֹתָֽיִךְ: תהלים קכב
לְמַֽעַן אַחַי וְרֵעָי אֲדַבְּרָה־נָּא שָׁלוֹם בָּךְ: לְמַֽעַן בֵּית־יהוה אֱלֹהֵֽינוּ אֲבַקְשָׁה טוֹב
לָךְ: ◂ יהוה עֹז לְעַמּוֹ יִתֵּן, יהוה יְבָרֵךְ אֶת־עַמּוֹ בַשָּׁלוֹם: תהלים כט

KADISH DE LOS RABINOS

La siguiente plegaria es recitada por quien está en duelo y requiere de la presencia de un minián. La transliteración se encuentra en la página 1359.

Doliente: יִתְגַּדַּל Que Su Gran Nombre sea magnificado y santificado,
en el mundo que creó conforme a Su voluntad.
Que establezca Su reino
durante vuestra vida y en vuestros días
y en la vida de toda la casa de Israel,
pronto y rápidamente y decid: Amén.

Todos: Que Su Gran Nombre sea bendito
por siempre y por toda la eternidad.

Doliente: Sea bendecido, alabado, glorificado y exaltado, encumbrado
y magnificado, enaltecido y ensalzado
el Nombre del Santo Bendito Él;
más allá de cualquier bendición, cántico, alabanza y consolación
pronunciados en el mundo y decid: Amén.

Para Israel, para los maestros,
sus discípulos y los discípulos de sus discípulos,
para todos quienes se involucran en el estudio de la Torá,
en este sitio (*en Israel se agrega:* sagrado) o en cualquier otra parte,
que vengan a ellos y a vosotros una gran paz,
gracia, benevolencia y compasión, larga vida, abundante sustento
y liberación de su Padre Celestial y decid: Amén.

Que haya gran paz celestial
y (buena) vida para nosotros y para todo Israel y decid: Amén.

Inclinarse, dar tres pasos hacia atrás como retirándose de la Divina Presencia, luego inclinarse primero hacia la izquierda, luego hacia la derecha y luego al centro mientras se dice:

Quien obra la paz en Sus alturas,
con compasión haga la paz
para nosotros y todo Israel y decid: Amén.

En Israel, en los días en los que no se lee la Torá quien recita Kadish agrega:

Bendecid al Señor que es bendito.

La congregación responde:

Bendecid al Señor que es bendito por siempre.

En Israel, durante el mes de Elul algunas congregaciones tocan el shofar y recitan aquí el salmo 27 (página 194). En la casa del doliente, el rezo continúa en la página 1120.

קדיש דרבנן

La siguiente plegaria es recitada por quien está en duelo y requiere de la presencia de un מנין. La transliteración se encuentra en la página 1359.

אבל: יִתְגַּדַּל וְיִתְקַדַּשׁ שְׁמֵהּ רַבָּא (קהל: אָמֵן)
בְּעָלְמָא דִּי בְרָא כִרְעוּתֵהּ
וְיַמְלִיךְ מַלְכוּתֵהּ
בְּחַיֵּיכוֹן וּבְיוֹמֵיכוֹן וּבְחַיֵּי דְכָל בֵּית יִשְׂרָאֵל
בַּעֲגָלָא וּבִזְמַן קָרִיב, וְאִמְרוּ אָמֵן. (קהל: אָמֵן)

קהל ואבל: יְהֵא שְׁמֵהּ רַבָּא מְבָרַךְ לְעָלַם וּלְעָלְמֵי עָלְמַיָּא.

אבל: יִתְבָּרַךְ וְיִשְׁתַּבַּח וְיִתְפָּאַר וְיִתְרוֹמַם וְיִתְנַשֵּׂא
וְיִתְהַדָּר וְיִתְעַלֶּה וְיִתְהַלָּל, שְׁמֵהּ דְּקֻדְשָׁא בְּרִיךְ הוּא (קהל: בְּרִיךְ הוּא)
לְעֵלָּא מִן כָּל בִּרְכָתָא / בעשרת ימי תשובה: לְעֵלָּא לְעֵלָּא מִכָּל בִּרְכָתָא /
וְשִׁירָתָא, תֻּשְׁבְּחָתָא וְנֶחֱמָתָא, דַּאֲמִירָן בְּעָלְמָא, וְאִמְרוּ אָמֵן. (קהל: אָמֵן)
עַל יִשְׂרָאֵל וְעַל רַבָּנָן, וְעַל תַּלְמִידֵיהוֹן וְעַל כָּל תַּלְמִידֵי תַלְמִידֵיהוֹן
וְעַל כָּל מָאן דְּעָסְקִין בְּאוֹרַיְתָא
דִּי בְּאַתְרָא (בארץ ישראל: קַדִּישָׁא) הָדֵין וְדִי בְּכָל אֲתַר וַאֲתַר
יְהֵא לְהוֹן וּלְכוֹן שְׁלָמָא רַבָּא, חִנָּא וְחִסְדָּא, וְרַחֲמֵי, וְחַיֵּי אֲרִיכֵי, וּמְזוֹנֵי רְוִיחֵי
וּפֻרְקָנָא מִן קֳדָם אֲבוּהוֹן דִּי בִשְׁמַיָּא, וְאִמְרוּ אָמֵן. (קהל: אָמֵן)
יְהֵא שְׁלָמָא רַבָּא מִן שְׁמַיָּא
וְחַיִּים (טוֹבִים) עָלֵינוּ וְעַל כָּל יִשְׂרָאֵל, וְאִמְרוּ אָמֵן. (קהל: אָמֵן)

Inclinarse, dar tres pasos hacia atrás como retirándose de la Divina Presencia, luego inclinarse primero hacia la izquierda, luego hacia la derecha y luego al centro mientras se dice:

עֹשֶׂה שָׁלוֹם/ בעשרת ימי תשובה: הַשָּׁלוֹם/ בִּמְרוֹמָיו
הוּא יַעֲשֶׂה בְרַחֲמָיו שָׁלוֹם, עָלֵינוּ וְעַל כָּל יִשְׂרָאֵל, וְאִמְרוּ אָמֵן. (קהל: אָמֵן)

En ארץ ישראל, en los días en los que no se lee la תורה quien recita קדיש agrega:

בָּרְכוּ אֶת יהוה הַמְבֹרָךְ.

El קהל responde:

בָּרוּךְ יהוה הַמְבֹרָךְ לְעוֹלָם וָעֶד.

En ארץ ישראל, durante el mes de אלול algunas congregaciones tocan el שופר y recitan aquí el Salmo 27 (página 195). En la casa del doliente, el rezo continúa en la página 1121.

RECITACIONES POSTERIORES AL REZO

Algunas personas recitan diariamente los textos siguientes tras concluido el rezo matinal.

LOS SEIS RECORDATORIOS

La salida de Egipto

Para que recuerdes el día de tu salida de la tierra de Egipto todos los días de tu vida. *Deut. 16*

La Revelación en el Monte Sinaí

Solamente cuídate y cuida mucho tu alma no sea olvides las cosas que han visto tus ojos, y no sea que se aparten de tu corazón durante todos los días de tu vida, y las harás conocer a tus hijos y a los hijos de tus hijos. El día en que estuviste de pie ante Señor tu Dios en Jorev, cuando Señor me dijo: 'congrega para Mi al pueblo y les voy a hacer escuchar Mis palabras, para que aprendan a reverenciarme todos los días en los que viven sobre la tierra y para que lo enseñen a sus hijos'. *Deut. 4*

Amalek

Recuerda lo que te hizo Amalek en el camino cuando saliste de Egipto. Que te sorprendió en el camino y aniquiló a todos los débiles en tu retaguardia; cuando tú estabas cansado y extenuado y no tuviste temor de Dios. Y será que cuando el Señor tu Dios te conceda reposo de todos los enemigos que te rodean, en la tierra que el Señor tu Dios te concede por heredad para que la poseas – borrarás la memoria de Amalek de bajo los cielos, no lo olvides. *Deut. 25*

El becerro de oro

Recuerda y no olvides cómo provocaste la ira del Señor Tu Dios en el desierto. *Deut. 9*

La acción de Miriam

Recuerda lo que le hizo el Señor tu Dios a Miriam en el camino cuando salíais de Egipto. *Deut. 24*

El Shabat

Recuerda el Shabat para consagrarlo. *Éx. 20*

---

recuerda nuestras transgresiones contra Dios, (2) el episodio ocurrido entre Miriam y Moshé nos recuerda nuestras faltas hacia el prójimo especialmente por medio de las habladurías y (3) el ataque de Amalek contra los hijos de Israel nos muestra cómo la falta de temor a Dios lleva a la crueldad para con los seres humanos.

אמירות לאחר התפילה

Algunas personas recitan diariamente los textos siguientes tras concluido el rezo matinal.

שש זכירות

יציאת מצרים

לְמַעַן תִּזְכֹּר אֶת־יוֹם צֵאתְךָ מֵאֶרֶץ מִצְרַיִם כֹּל יְמֵי חַיֶּיךָ: דברים טז

מעמד הר סיני

רַק הִשָּׁמֶר לְךָ וּשְׁמֹר נַפְשְׁךָ מְאֹד פֶּן־תִּשְׁכַּח אֶת־הַדְּבָרִים אֲשֶׁר־רָאוּ עֵינֶיךָ דברים ד
וּפֶן־יָסוּרוּ מִלְּבָבְךָ כֹּל יְמֵי חַיֶּיךָ וְהוֹדַעְתָּם לְבָנֶיךָ וְלִבְנֵי בָנֶיךָ: יוֹם אֲשֶׁר עָמַדְתָּ
לִפְנֵי יהוה אֱלֹהֶיךָ בְּחֹרֵב בֶּאֱמֹר יהוה אֵלַי הַקְהֶל־לִי אֶת־הָעָם וְאַשְׁמִעֵם
אֶת־דְּבָרָי אֲשֶׁר יִלְמְדוּן לְיִרְאָה אֹתִי כָּל־הַיָּמִים אֲשֶׁר הֵם חַיִּים עַל־הָאֲדָמָה
וְאֶת־בְּנֵיהֶם יְלַמֵּדוּן:

מעשה עמלק ומחייתו

זָכוֹר אֵת אֲשֶׁר־עָשָׂה לְךָ עֲמָלֵק בַּדֶּרֶךְ בְּצֵאתְכֶם מִמִּצְרָיִם: אֲשֶׁר קָרְךָ דברים כה
בַּדֶּרֶךְ וַיְזַנֵּב בְּךָ כָּל־הַנֶּחֱשָׁלִים אַחֲרֶיךָ וְאַתָּה עָיֵף וְיָגֵעַ וְלֹא יָרֵא אֱלֹהִים:
וְהָיָה בְּהָנִיחַ יהוה אֱלֹהֶיךָ ׀ לְךָ מִכָּל־אֹיְבֶיךָ מִסָּבִיב בָּאָרֶץ אֲשֶׁר־יהוה
אֱלֹהֶיךָ נֹתֵן לְךָ נַחֲלָה לְרִשְׁתָּהּ תִּמְחֶה אֶת־זֵכֶר עֲמָלֵק מִתַּחַת הַשָּׁמָיִם
לֹא תִּשְׁכָּח:

מעשי אבותינו במדבר

זְכֹר אַל־תִּשְׁכַּח אֵת אֲשֶׁר־הִקְצַפְתָּ אֶת־יהוה אֱלֹהֶיךָ בַּמִּדְבָּר דברים ט

מעשה מרים

זָכוֹר אֵת אֲשֶׁר־עָשָׂה יהוה אֱלֹהֶיךָ לְמִרְיָם בַּדֶּרֶךְ בְּצֵאתְכֶם מִמִּצְרָיִם: דברים כד

שבת

זָכוֹר אֶת־יוֹם הַשַּׁבָּת לְקַדְּשׁוֹ: שמות כ

LOS SEIS RECORDATORIOS

Estos actos de recordación definen tres momentos positivos y tres negativos de la fe y la vida judías. Entre los positivos, (1) el Éxodo que nos recuerda la Redención Divina, (2) la Revelación en el Sinai y (3) Shabat y la Creación. Entre los negativos encontramos: (1) el incidente del becerro de oro que nos

LOS DIEZ MANDAMIENTOS

Y habló Dios todas estas palabras, diciendo: *Éx. 20*

1. אָנֹכִי Yo soy el Señor, tu Dios, que te he sacado de la tierra de Egipto, de la casa de la esclavitud.
2. לֹא־יִהְיֶה No tendrás otros dioses ante Mí. No harás para ti escultura ni imagen alguna de nada que se encuentre arriba en el cielo, abajo en la tierra, o en las aguas debajo de la tierra. No te prosternarás ante ellos ni los adorarás, porque Yo soy el Señor, tu Dios; Dios celoso que recuerda la iniquidad de los padres sobre los hijos hasta la tercera y la cuarta generación si ellos Me aborrecen. Empero Soy benevolente por miles de generaciones para quienes Me aman y observan Mis preceptos.
3. לֹא תִשָּׂא No jures en Nombre del Señor tu Dios en vano; pues el Señor no eximirá de culpa a aquel que pronuncie Su Nombre en vano.
4. זָכוֹר Recuerda el Shabat para santificarlo. Seis días trabajarás y harás todas tus labores empero el día séptimo es Shabat para el Señor tu Dios – no harás labor alguna ni tú ni tu hijo ni tu hija, ni tu siervo ni tu sierva, ni tu bestia, ni el extranjero que mora en tus portones. Pues en seis días el Señor hizo los cielos y la tierra, el mar y todo lo que ellos contienen y reposó en el séptimo día. Por ello el Señor bendijo el Shabat y lo consagró.
5. כַּבֵּד Honra a tu padre y a tu madre para que se prolonguen tus días sobre la tierra que el Señor tu Dios te otorga.
6. לֹא תִרְצַח No asesines.
7. לֹא תִנְאָף No cometas adulterio.
8. לֹא תִגְנֹב No robes.
9. לֹא־תַעֲנֶה No des falso testimonio contra tu prójimo.
10. לֹא תַחְמֹד No codicies la casa de tu prójimo. No codicies la mujer de tu prójimo, ni su siervo ni su sierva, ni su buey ni su asno, ni nada de lo que pertenece a tu prójimo.

---

fue suspendida cuando miembros de diferentes sectas sostuvieron que solamente los Diez Mandamientos eran de origen Divino (*Berajot* 12a). La conexión de los judíos con "este sumario sublime de los deberes humanos" (Rabino J.H. Hertz) fue tan profunda que se desarrolló la costumbre de recitarlos en privado tras la finalización del rezo matutino.

עשרת הדברות

וידבר אלהים את כל־הדברים האלה לאמר: שמות כ

א אנכי יהוה אלהיך אשר הוצאתיך מארץ מצרים מבית עבדים:

ב לא־יהיה לך אלהים אחרים על־פני: לא־תעשה לך פסל וכל־תמונה
אשר בשמים ממעל ואשר בארץ מתחת ואשר במים מתחת לארץ:
לא־תשתחוה להם ולא תעבדם כי אנכי יהוה אלהיך אל קנא פקד עון
אבת על־בנים על־שלשים ועל־רבעים לשנאי: ועשה חסד לאלפים
לאהבי ולשמרי מצותי:

ג לא תשא את־שם־יהוה אלהיך לשוא כי לא ינקה יהוה את אשר־ישא
את־שמו לשוא:

ד זכור את־יום השבת לקדשו: ששת ימים תעבד ועשית כל־מלאכתך:
ויום השביעי שבת ליהוה אלהיך לא־תעשה כל־מלאכה אתה | ובנך
ובתך עבדך ואמתך ובהמתך וגרך אשר בשעריך: כי ששת־ימים
עשה יהוה את־השמים ואת־הארץ את־הים ואת־כל־אשר־בם וינח
ביום השביעי על־כן ברך יהוה את־יום השבת ויקדשהו:

ה כבד את־אביך ואת־אמך למען יארכון ימיך על האדמה אשר־יהוה
אלהיך נתן לך:

ו לא תרצח

ז לא תנאף

ח לא תגנב

ט לא־תענה ברעך עד שקר:

י לא תחמד בית רעך לא־תחמד אשת רעך ועבדו ואמתו ושורו וחמרו
וכל אשר לרעך:

LOS DIEZ MANDAMIENTOS

En días del Templo de Jerusalém los Diez Mandamientos eran recitados como parte del rezo diario, inmediatamente antes del Shemá. Esta práctica

LOS TRECE PRINCIPIOS DE LA FE JUDÍA

1. Yo creo con fe completa
que el Creador,
bendito sea Su Nombre,
crea y gobierna a todas las creaturas,
y que solamente Él hizo, hace y hará todas las cosas.

2. Yo creo con fe completa
que el Creador,
bendito sea Su Nombre es único
y no existe unicidad como la Suya de modo alguno
y solamente Él es nuestro Dios; fue, es y siempre será.

3. Yo creo con fe completa
que el Creador,
bendito sea Su Nombre no es corpóreo
y no se le pueden aplicar los atributos corporales
y que no existe nada que se Le asemeje.

4. Yo creo con fe completa
que el Creador,
bendito sea Su Nombre es el primero y el último.

5. Yo creo con fe completa
que el Creador,
bendito sea Su Nombre es el Único a quien corresponde orarle
y que es impropio elevarle plegarias a otro.

6. Yo creo con fe completa
que todas las palabras de los profetas son verdaderas.

7. Yo creo con fe completa
que la profecía de nuestro maestro Moshé – la paz sea con él –
fue verdadera,
que él es el padre de todos los profetas
tanto de aquellos que le precedieron
como de quienes le sucedieron.

---

(3) Su incorporeidad, (4) Su eternidad, y (5) la creencia que a Él solamente se le debe rendir culto. Los siguiente cuatro principios se refieren a la Revelación: (6) la creencia en la profecía, (7) el carácter único de Moshé como el

שלושה עשר עיקרים

א אֲנִי מַאֲמִין בֶּאֱמוּנָה שְׁלֵמָה
שֶׁהַבּוֹרֵא יִתְבָּרַךְ שְׁמוֹ הוּא בּוֹרֵא וּמַנְהִיג לְכָל הַבְּרוּאִים
וְהוּא לְבַדּוֹ עָשָׂה וְעוֹשֶׂה וְיַעֲשֶׂה לְכָל הַמַּעֲשִׂים.

ב אֲנִי מַאֲמִין בֶּאֱמוּנָה שְׁלֵמָה
שֶׁהַבּוֹרֵא יִתְבָּרַךְ שְׁמוֹ הוּא יָחִיד
וְאֵין יְחִידוּת כָּמְוֹהוּ בְּשׁוּם פָּנִים
וְהוּא לְבַדּוֹ אֱלֹהֵינוּ, הָיָה הוֶֹה וְיִהְיֶה.

ג אֲנִי מַאֲמִין בֶּאֱמוּנָה שְׁלֵמָה
שֶׁהַבּוֹרֵא יִתְבָּרַךְ שְׁמוֹ אֵינוֹ גוּף
וְלֹא יַשִּׂיגְוּהוּ מַשִּׂיגֵי הַגּוּף
וְאֵין לוֹ שׁוּם דִּמְיוֹן כְּלָל.

ד אֲנִי מַאֲמִין בֶּאֱמוּנָה שְׁלֵמָה
שֶׁהַבּוֹרֵא יִתְבָּרַךְ שְׁמוֹ הוּא רִאשׁוֹן וְהוּא אַחֲרוֹן.

ה אֲנִי מַאֲמִין בֶּאֱמוּנָה שְׁלֵמָה
שֶׁהַבּוֹרֵא יִתְבָּרַךְ שְׁמוֹ לוֹ לְבַדּוֹ רָאוּי לְהִתְפַּלֵּל
וְאֵין רָאוּי לְהִתְפַּלֵּל לְזוּלָתוֹ.

ו אֲנִי מַאֲמִין בֶּאֱמוּנָה שְׁלֵמָה
שֶׁכָּל דִּבְרֵי נְבִיאִים אֱמֶת.

ז אֲנִי מַאֲמִין בֶּאֱמוּנָה שְׁלֵמָה
שֶׁנְּבוּאַת מֹשֶׁה רַבֵּנוּ עָלָיו הַשָּׁלוֹם הָיְתָה אֲמִתִּית
וְשֶׁהוּא הָיָה אָב לַנְּבִיאִים, לַקּוֹדְמִים לְפָנָיו וְלַבָּאִים אַחֲרָיו.

LOS TRECE PRINCIPIOS DE LA FE JUDÍA
Se trata de la contraparte en prosa del poema “Ygdal” (“Engrandecido”). Ambos textos resumen los principios establecidos por Maimónides (1135–1204). Los primeros cinco se refieren a Dios: (1) Su existencia, (2) Su unicidad,

8. Yo creo con fe completa
que toda la Torá
que se encuentra actualmente en nuestras manos
es la que se le entregó a nuestro maestro Moshé –
la paz sea con Él.

9. Yo creo con fe completa
que esta Torá no será cambiada
ni habrá otra Torá procedente del Creador,
bendito sea Su Nombre.

10. Yo creo con fe completa
que el Creador, bendito sea Su Nombre,
conoce todas las acciones y pensamientos humanos,
tal como está escrito:
"Él forma los corazones de todos, *Sal. 33*
comprende todas sus acciones".

11. Yo creo con fe completa
que el Creador, bendito sea Su Nombre
recompensa a quienes observan Sus mandamientos
y castiga a quienes los transgreden.

12. Yo creo con fe completa
en el arribo del Mashíaj,
y aunque pueda demorarse
aguardo a diario su llegada.

13. Yo creo con fe completa
que los muertos volverán a vivir
en el tiempo cuando el Creador lo determine,
bendito sea Su Nombre y exaltado sea Su recuerdo
por siempre y para toda la eternidad.

---

(11) Él premia y castiga; (12) Él enviará al Mashíaj y (13) en el futuro, Dios devolverá la vida a los muertos. La presencia de este pasaje es un recordatorio de que el Sidur no es solamente un libro de rezos sino también un libro de fe.

ח אֲנִי מַאֲמִין בֶּאֱמוּנָה שְׁלֵמָה
שֶׁכָּל הַתּוֹרָה הַמְּצוּיָה עַתָּה בְּיָדֵינוּ
הִיא הַנְּתוּנָה לְמֹשֶׁה רַבֵּנוּ עָלָיו הַשָּׁלוֹם.

ט אֲנִי מַאֲמִין בֶּאֱמוּנָה שְׁלֵמָה
שֶׁזֹּאת הַתּוֹרָה לֹא תְהֵא מֻחְלֶפֶת
וְלֹא תְהֵא תּוֹרָה אַחֶרֶת מֵאֵת הַבּוֹרֵא יִתְבָּרַךְ שְׁמוֹ.

י אֲנִי מַאֲמִין בֶּאֱמוּנָה שְׁלֵמָה
שֶׁהַבּוֹרֵא יִתְבָּרַךְ שְׁמוֹ
יוֹדֵעַ כָּל מַעֲשֵׂה בְנֵי אָדָם וְכָל מַחְשְׁבוֹתָם.
שֶׁנֶּאֱמַר: הַיֹּצֵר יַחַד לִבָּם, הַמֵּבִין אֶל־כָּל־מַעֲשֵׂיהֶם: תהלים לג

יא אֲנִי מַאֲמִין בֶּאֱמוּנָה שְׁלֵמָה
שֶׁהַבּוֹרֵא יִתְבָּרַךְ שְׁמוֹ גּוֹמֵל טוֹב לְשׁוֹמְרֵי מִצְוֹתָיו
וּמַעֲנִישׁ לְעוֹבְרֵי מִצְוֹתָיו.

יב אֲנִי מַאֲמִין בֶּאֱמוּנָה שְׁלֵמָה
בְּבִיאַת הַמָּשִׁיחַ
וְאַף עַל פִּי שֶׁיִּתְמַהְמֵהַּ עִם כָּל זֶה אֲחַכֶּה לּוֹ
בְּכָל יוֹם שֶׁיָּבוֹא.

יג אֲנִי מַאֲמִין בֶּאֱמוּנָה שְׁלֵמָה
שֶׁתִּהְיֶה תְּחִיַּת הַמֵּתִים
בְּעֵת שֶׁיַּעֲלֶה רָצוֹן מֵאֵת הַבּוֹרֵא
יִתְבָּרַךְ שְׁמוֹ וְיִתְעַלֶּה זִכְרוֹ לָעַד וּלְנֵצַח נְצָחִים.

---

mayor de los profetas, (8) el origen Divino de la Torá y (9) la inmutabilidad de la Torá. Los últimos cuatro principios se refieren a la recompensa, el castigo y la justicia: (10) Dios conoce nuestros pensamientos y nuestros actos,

Se recita lo siguiente tras los rezos de Shajarit y Arvit:

יְהִי יהוה Que el Señor nuestro Dios esté con nosotros tal como lo hizo con nuestros ancestros, que no nos deje ni nos abandone. Que vuelque nuestros corazones hacia Él para que andemos por Sus sendas y observemos Sus preceptos, Sus leyes y Sus sentencias que ordenó a nuestros padres. Que todas estas palabras mías con las que supliqué ante el Señor estén próximas al Señor nuestro Dios día y noche, que haga justicia para Su siervo y para todo Su pueblo Israel, día a día. Para que todos los pueblos de la tierra sepan que solamente el Señor es el Dios y ninguno otro. *1 Re. 8*

יהוה נְחֵנִי Señor, guíame en Tu rectitud y mantenme a salvo de mis enemi- *Sal. 5*
gos, endereza Tu camino ante mí. En cuanto a mí, andaré en mi integridad, *Sal. 26*
redímeme y se favorable conmigo. Dirígete a mí con favor pues estoy solo y *Sal. 25*
afligido. Mis pies se paran en el llano, bendeciré al Señor en las asambleas. *Sal. 26*
El Señor es mi guardián, el Señor es la sombra sobre mi diestra. Mi ayuda *Sal. 121*
proviene del Señor, Hacedor del cielo y la tierra. El Señor protegerá mi
salida y mi llegada con vida y en paz, ahora y por siempre. Divisa desde Tu *Deut. 33*
sagrada morada en el cielo y bendice a Tu pueblo, a Israel, y a la tierra que
nos diste tal como juraste a nuestros ancestros, tierra que mana leche y miel.

אֵל הַכָּבוֹד Dios glorioso, traigo ante Ti canción y alabanza, Te serviré día y
noche. Bendito sea el único y especial, que fue, es y será, el Señor Poderoso
Dios de Israel, Rey de Reyes, el Santo Bendito Él. Él es Dios viviente, que
vive y existe por la eternidad. Bendito sea el Nombre de Su glorioso reino por
siempre. Señor, anhelo Tu salvación. Pues cada nación marchará portando *Gén. 49*
el nombre de su dios y yo andaré en Nombre del Señor, el Dios viviente y
Rey del universo. Mi ayuda proviene del Señor, Hacedor del cielo y la tierra. *Sal. 121*
El Señor reinará por siempre. *Éx. 15*

לַמְנַצֵּחַ Para el jefe de los músicos de los instrumentos de cuerda. Un salmo. *Sal. 67*
Que Dios nos conceda gracia y nos bendiga, que Su rostro ilumine con nosotros, Sela. Para que Tu senda sea conocida en la tierra y Tu salvación entre las naciones. Dios, los pueblos Te alabarán, todas las naciones Te agradecerán. Las naciones se habrán de regocijar y prorrumpirán en canto pues habrás de juzgar a los pueblos con rectitud y los guiarás en la tierra, Sela. Dios, los pueblos Te alabarán, todas las naciones Te agradecerán. La tierra ha dado su cosecha, que el Señor nuestro Dios nos bendiga. Que Dios nos bendiga y en todos los confines de la tierra Le teman reverencialmente.

Aquí algunos recitan Adon Olam *(página 22)**.*

Se recita lo siguiente tras los rezos de שחרית *y* ערבית*:*

מלכים א׳ ח יְהִי יהוה אֱלֹהֵינוּ עִמָּנוּ כַּאֲשֶׁר הָיָה עִם־אֲבֹתֵינוּ, אַל־יַעַזְבֵנוּ וְאַל־יִטְּשֵׁנוּ: לְהַטּוֹת לְבָבֵנוּ אֵלָיו, לָלֶכֶת בְּכָל־דְּרָכָיו וְלִשְׁמֹר מִצְוֹתָיו וְחֻקָּיו וּמִשְׁפָּטָיו אֲשֶׁר צִוָּה אֶת־אֲבֹתֵינוּ: וְיִהְיוּ דְבָרַי אֵלֶּה אֲשֶׁר הִתְחַנַּנְתִּי לִפְנֵי יהוה, קְרֹבִים אֶל־יהוה אֱלֹהֵינוּ יוֹמָם וָלָיְלָה, לַעֲשׂוֹת מִשְׁפַּט עַבְדּוֹ וּמִשְׁפַּט עַמּוֹ יִשְׂרָאֵל דְּבַר־יוֹם בְּיוֹמוֹ: לְמַעַן דַּעַת כָּל־עַמֵּי הָאָרֶץ כִּי יהוה הוּא הָאֱלֹהִים, אֵין עוֹד:

תהלים ה יהוה נְחֵנִי בְצִדְקָתֶךָ לְמַעַן שׁוֹרְרָי, הַיְשַׁר לְפָנַי דַּרְכֶּךָ: וַאֲנִי בְּתֻמִּי אֵלֵךְ, פְּדֵנִי
תהלים כו
תהלים כה וְחָנֵּנִי: פְּנֵה־אֵלַי וְחָנֵּנִי כִּי־יָחִיד וְעָנִי אָנִי: רַגְלִי עָמְדָה בְמִישׁוֹר, בְּמַקְהֵלִים
תהלים כו
תהלים קכא אֲבָרֵךְ יהוה: יהוה שֹׁמְרֶךָ, יהוה צִלְּךָ עַל יַד יְמִינֶךָ. עֶזְרִי מֵעִם יהוה, עֹשֵׂה שָׁמַיִם וָאָרֶץ: יהוה יִשְׁמָר צֵאתִי וּבוֹאִי לְחַיִּים וּלְשָׁלוֹם, מֵעַתָּה וְעַד עוֹלָם.
דברים כו הַשְׁקִיפָה מִמְּעוֹן קָדְשְׁךָ מִן־הַשָּׁמַיִם, וּבָרֵךְ אֶת־עַמְּךָ, אֶת־יִשְׂרָאֵל, וְאֵת הָאֲדָמָה אֲשֶׁר נָתַתָּה לָנוּ כַּאֲשֶׁר נִשְׁבַּעְתָּ לַאֲבֹתֵינוּ, אֶרֶץ זָבַת חָלָב וּדְבָשׁ:

אֵל הַכָּבוֹד, אֶתֵּן לְךָ שִׁיר וְהַלֵּל וְאֶעֱבֹד לְךָ יוֹם וָלֵיל. בָּרוּךְ יָחִיד וּמְיֻחָד, הָיָה הֹוֶה וְיִהְיֶה, יהוה אֱלֹהִים אֱלֹהֵי יִשְׂרָאֵל, מֶלֶךְ מַלְכֵי הַמְּלָכִים, הַקָּדוֹשׁ בָּרוּךְ הוּא. הוּא אֱלֹהִים חַיִּים, מֶלֶךְ חַי וְקַיָּם לָעַד וּלְעוֹלְמֵי עַד. בָּרוּךְ שֵׁם
בראשית מט כְּבוֹד מַלְכוּתוֹ לְעוֹלָם וָעֶד. לִישׁוּעָתְךָ קִוִּיתִי יהוה: כִּי כָּל הָעַמִּים יֵלְכוּ
תהלים קכא אִישׁ בְּשֵׁם אֱלֹהָיו, וַאֲנִי אֵלֵךְ בְּשֵׁם יהוה אֱלֹהִים חַיִּים וּמֶלֶךְ עוֹלָם. עֶזְרִי
שמות טו מֵעִם יהוה, עֹשֵׂה שָׁמַיִם וָאָרֶץ: יהוה יִמְלֹךְ לְעֹלָם וָעֶד:

תהלים סז לַמְנַצֵּחַ בִּנְגִינֹת, מִזְמוֹר שִׁיר: אֱלֹהִים יְחָנֵּנוּ וִיבָרְכֵנוּ, יָאֵר פָּנָיו אִתָּנוּ סֶלָה: לָדַעַת בָּאָרֶץ דַּרְכֶּךָ, בְּכָל־גּוֹיִם יְשׁוּעָתֶךָ: יוֹדוּךָ עַמִּים אֱלֹהִים, יוֹדוּךָ עַמִּים כֻּלָּם: יִשְׂמְחוּ וִירַנְּנוּ לְאֻמִּים, כִּי־תִשְׁפֹּט עַמִּים מִישֹׁר, וּלְאֻמִּים בָּאָרֶץ תַּנְחֵם סֶלָה: יוֹדוּךָ עַמִּים אֱלֹהִים, יוֹדוּךָ עַמִּים כֻּלָּם: אֶרֶץ נָתְנָה יְבוּלָהּ, יְבָרְכֵנוּ אֱלֹהִים אֱלֹהֵינוּ: יְבָרְכֵנוּ אֱלֹהִים, וְיִירְאוּ אוֹתוֹ כָּל־אַפְסֵי־אָרֶץ:

Aquí algunos recitan אדון עולם *(página 23).*

PLEGARIA AL SALIR DE LA SINAGOGA

Recitar sentado:

אַךְ Sólo los justos alabarán Tu Nombre, *Sal. 140*
los rectos vivirán en Tu presencia.

Ponerse de pie y recitar:

כִּי Pues cada nación marchará portando el nombre de su dios
y yo andaré en Nombre del Señor, el Dios viviente y Rey del universo.
Mi ayuda proviene del Señor, Hacedor del cielo y la tierra. *Sal. 121*
El Señor reinará por siempre. *Éx. 15*

Caminar respetuosamente en dirección de la puerta de la sinagoga sin dar la espalda al abandonar la Divina Presencia. Al llegar a la puerta inclinarse en dirección del Arca Sagrada y decir:

יהוה נְחֵנִי Señor, guíame en Tu rectitud *Sal. 5*
y mantenme a salvo de mis enemigos.

Al salir recitar los tres versículos siguientes:

גָּד Gad será embestido por hordas, mas él atacará a su retaguardia. *Gén. 49*
David fue sabio en todos sus caminos y el Señor estaba con él. *1 Sam. 18*
Y Noaj halló gracia a los ojos del Señor. *Gén. 6*

Quien habrá de llevar a cabo negocios recita:

עֶזְרִי Mi ayuda proviene del Señor, Hacedor del cielo y la tierra. Pon tu *Sal. 121* *Sal. 55*
esperanza en el Señor que Él te proveerá. Cuida del íntegro y contempla *Sal. 37*
al recto pues hay un destino para el hombre de paz. Confía en el Señor y *Ídem*
haz el bien, habita la tierra y te alimentarás de la fe. He aquí el Dios de mi *Is. 12*
salvación. En Él confiaré y no habré de temer, pues Dios es mi fortaleza, Él es mi alabanza, se ha transformado en mi salvación. Soberano del universo,
en Tus sagradas escrituras está escrito que "quien confía en el Señor se *Sal. 32*
ve rodeado de benevolencia". Y está escrito que "Tú les das vida a todos". *Neh. 9*
Señor, Dios de la verdad, bendice y haz prosperar todo aquello que mis manos realizan, pues en Ti confío; envíame Tu bendición por medio de mi actividad comercial para poder obtener mi sustento y el de mi familia con tranquilidad y sin dificultades, por medios lícitos y no por medios ilícitos,
para la vida y la paz. Que se cumpla en mi aquello que está escrito: "Pon *Sal. 55*
tu esperanza en el Señor que Él te proveerá". Amén.

תפילה כשיוצא מבית הכנסת

Recitar sentado:

תהלים קמ אַךְ צַדִּיקִים יוֹדוּ לִשְׁמֶךָ, יֵשְׁבוּ יְשָׁרִים אֶת־פָּנֶיךָ:

Ponerse de pie y recitar:

כִּי כָּל הָעַמִּים יֵלְכוּ אִישׁ בְּשֵׁם אֱלֹהָיו
וַאֲנִי אֵלֵךְ בְּשֵׁם יהוה אֱלֹהִים חַיִּים וּמֶלֶךְ עוֹלָם.
תהלים קכא עֶזְרִי מֵעִם יהוה, עֹשֵׂה שָׁמַיִם וָאָרֶץ:
שמות טו יהוה יִמְלֹךְ לְעֹלָם וָעֶד:

Caminar respetuosamente en dirección de la puerta de la בית כנסת *sin dar la espalda al abandonar la Divina Presencia.*
Al llegar a la puerta inclinarse en dirección del ארון קודש *y decir:*

תהלים ה יהוה נְחֵנִי בְצִדְקָתֶךָ לְמַעַן שׁוֹרְרָי, הַיְשַׁר לְפָנַי דַּרְכֶּךָ:

Al salir recitar los tres versículos siguientes:

בראשית מט גָּד גְּדוּד יְגוּדֶנּוּ, וְהוּא יָגֻד עָקֵב:
שמואל א׳ יח וַיְהִי דָוִד לְכָל־דְּרָכָו מַשְׂכִּיל, וַיהוה עִמּוֹ:
בראשית ו וְנֹחַ מָצָא חֵן בְּעֵינֵי יהוה:

Quien habrá de llevar a cabo negocios recita:

תהלים קכא תהלים נה עֶזְרִי מֵעִם יהוה, עֹשֵׂה שָׁמַיִם וָאָרֶץ: הַשְׁלֵךְ עַל־יהוה יְהָבְךָ וְהוּא יְכַלְכְּלֶךָ:
תהלים לז שם שְׁמָר־תָּם וּרְאֵה יָשָׁר, כִּי־אַחֲרִית לְאִישׁ שָׁלוֹם: בְּטַח בַּיהוה וַעֲשֵׂה־
ישעיה יב טוֹב, שְׁכָן־אֶרֶץ וּרְעֵה אֱמוּנָה: הִנֵּה אֵל יְשׁוּעָתִי אֶבְטַח וְלֹא אֶפְחָד, כִּי־עָזִּי
וְזִמְרָת יָהּ יהוה וַיְהִי־לִי לִישׁוּעָה: רִבּוֹנוֹ שֶׁל עוֹלָם, בְּדִבְרֵי קָדְשְׁךָ כָּתוּב
תהלים לב נחמיה ט לֵאמֹר, הַבּוֹטֵחַ בַּיהוה חֶסֶד יְסוֹבְבֶנּוּ: וּכְתִיב, וְאַתָּה מְחַיֶּה אֶת־כֻּלָּם:
יהוה אֱלֹהִים אֱמֶת, תֵּן בְּרָכָה וְהַצְלָחָה בְּכָל מַעֲשֵׂה יָדַי, כִּי בְטַחְתִּי
בְךָ שֶׁעַל יְדֵי מַשָּׂא וּמַתָּן וַעֲסָקִים שֶׁלִּי תִּשְׁלַח לִי בְּרָכָה, כְּדֵי שֶׁאוּכַל
לְפַרְנֵס אֶת עַצְמִי וּבְנֵי בֵיתִי בְּנַחַת וְלֹא בְצַעַר, בְּהֶתֵּר וְלֹא בְאִסּוּר,
תהלים נה לְחַיִּים וּלְשָׁלוֹם. וִיקֻיַּם בִּי מִקְרָא שֶׁכָּתוּב: הַשְׁלֵךְ עַל־יהוה יְהָבְךָ וְהוּא
יְכַלְכְּלֶךָ, אָמֵן.

SÚPLICAS PERSONALES

Algunas personas acostumbran leer a diario ciertos pasajes de la Torá tanto como súplica a Dios para que nos provea nuestras necesidades diarias (tanto del ámbito material como espiritual) o como recordatorio de que nuestras bendiciones, en definitiva provienen de Él.

EL CAPÍTULO DEL MANÁ

Tras la salida de Egipto los hijos de Israel dependían cada día del maná para su supervivencia. En la actualidad, nos arriesgamos viviendo bajo la ilusión de la auto suficiencia y nos olvidamos de la verdadera fuente de nuestro sustento. Ya desde el siglo XIII los alumnos del Maharam de Rothemburg recomendaban recitar los versículos que describen el milagro del maná a modo de declaración de fe y como expresión de confianza y gratitud.

יְהִי רָצוֹן Sea Tu voluntad Señor, Dios nuestro y de nuestros ancestros, que proveas sustento a todo Tu pueblo Israel, y entre ellos mi sustento y el de mi familia. Que este venga con tranquilidad y sin sufrimientos, con honor y no con vergüenza, en forma permitida, no prohibida, para que podamos servirte y estudiar Tu Torá, tal como proveíste a nuestros ancestros en el desierto, en tierras áridas y deshabitadas.

וַיֹּאמֶר Dijo el Señor a Moshé: He aquí que Yo voy a hacer llover para vosotros *Éx. 16*
sustento desde el cielo. El pueblo saldrá y recogerá lo necesario, día a día, para que pueda Yo comprobar respecto de si van o no por los caminos en Mi Torá. Y será que en el día sexto habrán de preparar lo que habrán de traer. Ya que será el doble de lo que habrán de recoger día a día. Dijeron Moshé – y Aharon – a todos los hijos de Israel: por la noche vais a saber que el Señor os ha sacado de la tierra de Egipto, y por la mañana veréis la gloria del Señor, Quien ha escuchado vuestras quejas contra Él – mas nosotros, ¿Qué somos como para que os quejéis contra nosotros? Dijo Moshé: cuando el Señor os de carne por la noche para comer y sustento por la mañana hasta saciarse, al oír el Señor vuestras quejas – lo que vosotros os quejáis contra ÉI. Empero nosotros, ¿Qué somos? No contra nosotros son vuestras quejas, pues son contra el Señor. Dijo Moshé a Aharon: Di a toda la congregación de los hijos de Israel: acercaos ante el Señor, ya que Él ha escuchado vuestras quejas. Y ocurrió que cuando hablaba Aharon a toda la congregación de los hijos de Israel, estos se tornaron hacia el desierto y he aquí que la gloria del Señor se manifestó en una nube.
Y habló el Señor a Moshé y le dijo: Yo he escuchado las quejas de los hijos de Israel. Háblales y diles que hacia el crepúsculo vais a comer carne y por la mañana os vais a hartar de comida y sabréis que Yo soy el Señor, vuestro Dios. Y sucedió al anochecer que ascendieron las codornices y cubrieron el campamento, y a la mañana hubo una capa de rocío alrededor de este. Cuando se disipó la capa de rocío y he aquí que estaba sobre la faz del desierto, algo delgado, redondo, tan delgado cual escarcha sobre la tierra. Vieron los hijos

בקשות אישיות

Algunas personas acostumbran leer a diario ciertos pasajes de la תורה *tanto como súplica a Dios para que nos provea nuestras necesidades diarias (tanto del ámbito material como espiritual) o como recordatorio de que nuestras bendiciones, en definitiva provienen de Él.*

פרשת המן

Tras la salida de Egipto los hijos de Israel dependían cada día del maná para su supervivencia. En la actualidad, nos arriesgamos viviendo bajo la ilusión de la auto suficiencia y nos olvidamos de la verdadera fuente de nuestro sustento. Ya desde el siglo XIII los alumnos del Maharam de Rothemburg recomendaban recitar los versículos que describen el milagro del maná a modo de declaración de fe y como expresión de confianza y gratitud.

יְהִי רָצוֹן מִלְּפָנֶיךָ, יהוה אֱלֹהֵינוּ וֵאלֹהֵי אֲבוֹתֵינוּ, שֶׁתַּזְמִין פַּרְנָסָה לְכָל עַמְּךָ בֵּית יִשְׂרָאֵל, וּפַרְנָסָתִי וּפַרְנָסַת אַנְשֵׁי בֵיתִי בִּכְלָלָם, בְּנַחַת וְלֹא בְצַעַר, בְּכָבוֹד וְלֹא בְבִזּוּי, בְּהֶתֵּר וְלֹא בְאִסּוּר, כְּדֵי שֶׁנּוּכַל לַעֲבֹד עֲבוֹדָתֶךָ וְלִלְמֹד תּוֹרָתֶךָ, כְּמוֹ שֶׁזַּנְתָּ לַאֲבוֹתֵינוּ מָן בַּמִּדְבָּר, בְּאֶרֶץ צִיָּה וַעֲרָבָה.

שמות טז

וַיֹּאמֶר יהוה אֶל־מֹשֶׁה, הִנְנִי מַמְטִיר לָכֶם לֶחֶם מִן־הַשָּׁמָיִם, וְיָצָא הָעָם וְלָקְטוּ דְּבַר־יוֹם בְּיוֹמוֹ, לְמַעַן אֲנַסֶּנּוּ הֲיֵלֵךְ בְּתוֹרָתִי אִם־לֹא: וְהָיָה בַּיּוֹם הַשִּׁשִּׁי, וְהֵכִינוּ אֵת אֲשֶׁר־יָבִיאוּ, וְהָיָה מִשְׁנֶה עַל אֲשֶׁר־יִלְקְטוּ יוֹם יוֹם: וַיֹּאמֶר מֹשֶׁה וְאַהֲרֹן אֶל־כָּל־בְּנֵי יִשְׂרָאֵל, עֶרֶב וִידַעְתֶּם כִּי יהוה הוֹצִיא אֶתְכֶם מֵאֶרֶץ מִצְרָיִם: וּבֹקֶר וּרְאִיתֶם אֶת־כְּבוֹד יהוה, בְּשָׁמְעוֹ אֶת־תְּלֻנֹּתֵיכֶם עַל־יהוה, וְנַחְנוּ מָה כִּי תַלִּינוּ עָלֵינוּ: וַיֹּאמֶר מֹשֶׁה, בְּתֵת יהוה לָכֶם בָּעֶרֶב בָּשָׂר לֶאֱכֹל וְלֶחֶם בַּבֹּקֶר לִשְׂבֹּעַ, בִּשְׁמֹעַ יהוה אֶת־תְּלֻנֹּתֵיכֶם אֲשֶׁר־אַתֶּם מַלִּינִם עָלָיו, וְנַחְנוּ מָה, לֹא־עָלֵינוּ תְלֻנֹּתֵיכֶם כִּי עַל־יהוה: וַיֹּאמֶר מֹשֶׁה אֶל־אַהֲרֹן, אֱמֹר אֶל־כָּל־עֲדַת בְּנֵי יִשְׂרָאֵל, קִרְבוּ לִפְנֵי יהוה כִּי שָׁמַע אֵת תְּלֻנֹּתֵיכֶם: וַיְהִי כְּדַבֵּר אַהֲרֹן אֶל־כָּל־עֲדַת בְּנֵי־יִשְׂרָאֵל, וַיִּפְנוּ אֶל־הַמִּדְבָּר, וְהִנֵּה כְּבוֹד יהוה נִרְאָה בֶּעָנָן:

וַיְדַבֵּר יהוה אֶל־מֹשֶׁה לֵּאמֹר: שָׁמַעְתִּי אֶת־תְּלוּנֹּת בְּנֵי יִשְׂרָאֵל, דַּבֵּר אֲלֵהֶם לֵאמֹר בֵּין הָעַרְבַּיִם תֹּאכְלוּ בָשָׂר וּבַבֹּקֶר תִּשְׂבְּעוּ־לָחֶם, וִידַעְתֶּם כִּי אֲנִי יהוה אֱלֹהֵיכֶם: וַיְהִי בָעֶרֶב, וַתַּעַל הַשְּׂלָו וַתְּכַס אֶת־הַמַּחֲנֶה, וּבַבֹּקֶר הָיְתָה שִׁכְבַת הַטַּל סָבִיב לַמַּחֲנֶה: וַתַּעַל שִׁכְבַת הַטָּל, וְהִנֵּה עַל־פְּנֵי הַמִּדְבָּר דַּק מְחֻסְפָּס, דַּק כַּכְּפֹר עַל־הָאָרֶץ: וַיִּרְאוּ בְנֵי־יִשְׂרָאֵל וַיֹּאמְרוּ

de Israel y dijeron uno al otro: ¿Qué es? pues no sabían qué era. Moshé les dijo: este es el alimento que os ha dado el Señor para comer. Esto es lo que el Señor ha ordenado: recoged de ello cada quien de acuerdo a cuanto consume, un Omer por cabeza según el número de vuestras personas, cada cual habrá de tomar para los que están con él en su morada. Los hijos de Israel así lo hicieron y recogieron; algunos mucho y algunos poco. Ellos lo habían medido con el Omer y el que recogió mucho no se excedió y el que recogió poco no le faltó. Cada persona había recogido de acuerdo con su propio consumo. Moshé les dijo: que ninguna persona haga sobrar de ello hasta la mañana siguiente. Empero no escucharon a Moshé y algunas personas sí lo hicieron sobrar hasta la mañana, y he aquí que el sobrante crió gusanos y hedió y Moshé se enfureció con ellos. Ellos lo recogían cada mañana, cada persona de acuerdo con su comer; empero cuando calentaba el sol se derretía. Ocurrió que en el sexto día ellos habían recogido doble cantidad de comida; dos Omer cada uno. Mas vinieron los jefes de la congregación y se lo hicieron saber a Moshé. Él les dijo: es lo que había hablado el Señor, mañana es día de descanso, es Shabat consagrado ante el Señor. Lo que hayáis de cocer, coced y lo que hayáis de guisar, guisad. Mas todo lo que sobre dejadlo para vosotros, que sea guardado hasta la mañana. Lo dejaron hasta la mañana como había ordenado Moshé, mas no hedió ni tampoco hubo en él gusano. Dijo Moshé: comedlo hoy pues hoy es Shabat para el Señor. Hoy no lo vais a encontrar en el campo. Seis días lo recogeréis, empero en el día séptimo por ser Shabat no lo habrá. Ocurrió que en el séptimo día salieron algunos del pueblo para recoger, mas no hallaron. Dijo el Señor a Moshé: ¡hasta cuándo os negareis a observar Mis preceptos y Mis enseñanzas! Ved que el Señor es Quien os ha dado el Shabat, por ello Él os proporciona el sexto día sustento para dos días. Permaneced cada quien, en su morada, que no salga nadie de su lugar en el séptimo día. Y el pueblo descansó el séptimo día. La Casa de Israel lo denominaron "maná". Y era como una semilla de cilantro blanco, y su sabor era cual hojuela en miel. Dijo Moshé: esto es lo que el Señor ha ordenado: llénese un Omer de él, que permanezca en custodia para todas vuestras generaciones, para que vean el alimento que os hice comer en el desierto cuando os saqué de la tierra de Egipto. Y dijo Moshé a Aharon: toma una vasija y pon allí el contenido de un Omer de maná y deposítalo ante el Señor, en custodia para todas vuestras generaciones. Tal como había ordenado el Señor a Moshé, Aharon lo depositó en custodia ante el Arca del Testimonio. Y los hijos de Israel comieron el maná cuarenta años hasta llegar a tierra habitada. Comieron el maná hasta su llegada al límite de la tierra de Canaán. Y el Omer equivale a un décimo de efá.

אִישׁ אֶל־אָחִיו מָן הוּא, כִּי לֹא יָדְעוּ מַה־הוּא, וַיֹּאמֶר מֹשֶׁה אֲלֵהֶם, הוּא הַלֶּחֶם אֲשֶׁר נָתַן יהוה לָכֶם לְאָכְלָה: זֶה הַדָּבָר אֲשֶׁר צִוָּה יהוה, לִקְטוּ מִמֶּנּוּ אִישׁ לְפִי אָכְלוֹ, עֹמֶר לַגֻּלְגֹּלֶת מִסְפַּר נַפְשֹׁתֵיכֶם, אִישׁ לַאֲשֶׁר בְּאָהֳלוֹ תִּקָּחוּ: וַיַּעֲשׂוּ־כֵן בְּנֵי יִשְׂרָאֵל, וַיִּלְקְטוּ הַמַּרְבֶּה וְהַמַּמְעִיט: וַיָּמֹדּוּ בָעֹמֶר, וְלֹא הֶעְדִּיף הַמַּרְבֶּה וְהַמַּמְעִיט לֹא הֶחְסִיר, אִישׁ לְפִי־אָכְלוֹ לָקָטוּ: וַיֹּאמֶר מֹשֶׁה אֲלֵהֶם, אִישׁ אַל־יוֹתֵר מִמֶּנּוּ עַד־בֹּקֶר: וְלֹא־שָׁמְעוּ אֶל־מֹשֶׁה, וַיּוֹתִרוּ אֲנָשִׁים מִמֶּנּוּ עַד־בֹּקֶר, וַיָּרֻם תּוֹלָעִים וַיִּבְאַשׁ, וַיִּקְצֹף עֲלֵהֶם מֹשֶׁה: וַיִּלְקְטוּ אֹתוֹ בַּבֹּקֶר בַּבֹּקֶר אִישׁ כְּפִי אָכְלוֹ, וְחַם הַשֶּׁמֶשׁ וְנָמָס: וַיְהִי בַּיּוֹם הַשִּׁשִּׁי לָקְטוּ לֶחֶם מִשְׁנֶה, שְׁנֵי הָעֹמֶר לָאֶחָד, וַיָּבֹאוּ כָּל־נְשִׂיאֵי הָעֵדָה וַיַּגִּידוּ לְמֹשֶׁה: וַיֹּאמֶר אֲלֵהֶם, הוּא אֲשֶׁר דִּבֶּר יהוה, שַׁבָּתוֹן שַׁבַּת־קֹדֶשׁ לַיהוה מָחָר, אֵת אֲשֶׁר־תֹּאפוּ אֵפוּ וְאֵת אֲשֶׁר־תְּבַשְּׁלוּ בַּשֵּׁלוּ, וְאֵת כָּל־הָעֹדֵף הַנִּיחוּ לָכֶם לְמִשְׁמֶרֶת עַד־הַבֹּקֶר: וַיַּנִּיחוּ אֹתוֹ עַד־הַבֹּקֶר כַּאֲשֶׁר צִוָּה מֹשֶׁה, וְלֹא הִבְאִישׁ וְרִמָּה לֹא־הָיְתָה־בּוֹ: וַיֹּאמֶר מֹשֶׁה אִכְלֻהוּ הַיּוֹם כִּי־שַׁבָּת הַיּוֹם לַיהוה, הַיּוֹם לֹא תִמְצָאֻהוּ בַּשָּׂדֶה: שֵׁשֶׁת יָמִים תִּלְקְטֻהוּ, וּבַיּוֹם הַשְּׁבִיעִי שַׁבָּת לֹא יִהְיֶה־בּוֹ: וַיְהִי בַּיּוֹם הַשְּׁבִיעִי יָצְאוּ מִן־הָעָם לִלְקֹט, וְלֹא מָצָאוּ:

וַיֹּאמֶר יהוה אֶל־מֹשֶׁה, עַד־אָנָה מֵאַנְתֶּם לִשְׁמֹר מִצְוֹתַי וְתוֹרֹתָי: רְאוּ כִּי־יהוה נָתַן לָכֶם הַשַּׁבָּת, עַל־כֵּן הוּא נֹתֵן לָכֶם בַּיּוֹם הַשִּׁשִּׁי לֶחֶם יוֹמָיִם, שְׁבוּ אִישׁ תַּחְתָּיו, אַל־יֵצֵא אִישׁ מִמְּקֹמוֹ בַּיּוֹם הַשְּׁבִיעִי: וַיִּשְׁבְּתוּ הָעָם בַּיּוֹם הַשְּׁבִעִי: וַיִּקְרְאוּ בֵית־יִשְׂרָאֵל אֶת־שְׁמוֹ מָן, וְהוּא כְּזֶרַע גַּד לָבָן, וְטַעְמוֹ כְּצַפִּיחִת בִּדְבָשׁ: וַיֹּאמֶר מֹשֶׁה זֶה הַדָּבָר אֲשֶׁר צִוָּה יהוה, מְלֹא הָעֹמֶר מִמֶּנּוּ לְמִשְׁמֶרֶת לְדֹרֹתֵיכֶם, לְמַעַן יִרְאוּ אֶת־הַלֶּחֶם אֲשֶׁר הֶאֱכַלְתִּי אֶתְכֶם בַּמִּדְבָּר, בְּהוֹצִיאִי אֶתְכֶם מֵאֶרֶץ מִצְרָיִם: וַיֹּאמֶר מֹשֶׁה אֶל־אַהֲרֹן, קַח צִנְצֶנֶת אַחַת וְתֶן־שָׁמָּה מְלֹא־הָעֹמֶר מָן, וְהַנַּח אֹתוֹ לִפְנֵי יהוה לְמִשְׁמֶרֶת לְדֹרֹתֵיכֶם: כַּאֲשֶׁר צִוָּה יהוה אֶל־מֹשֶׁה, וַיַּנִּיחֵהוּ אַהֲרֹן לִפְנֵי הָעֵדֻת לְמִשְׁמָרֶת: וּבְנֵי יִשְׂרָאֵל אָכְלוּ אֶת־הַמָּן אַרְבָּעִים שָׁנָה, עַד־בֹּאָם אֶל־אֶרֶץ נוֹשָׁבֶת, אֶת־הַמָּן אָכְלוּ עַד־בֹּאָם אֶל־קְצֵה אֶרֶץ כְּנָעַן: וְהָעֹמֶר עֲשִׂרִית הָאֵיפָה הוּא:

PLEGARIA POR EL SUSTENTO

אָנָּא Por favor, Dios que dispone de sustento para cada creatura y vestimenta para todo ser creado y les envía alimento, provéeme plenamente, concede sustento y manutención buenos para mí y los miembros de mi familia así como a todos los hijos del pueblo de Israel, sustento honorable, cómodo y sin dificultades, por medio de actividades lícitas y no prohibidas, con dignidad y carente de humillación. Un sustento que carezca de toda vergüenza o escarnio, un sustento que no requiera de dádivas provenientes de seres humanos sino directamente de Tu mano amplia y plena de bien, un sustento que me permita estudiar Tu sagrada, prístina e íntegra Torá, un sustento de carne pura y de fácil preparación; mi pan y el pan de los miembros de mi hogar – todos nuestros menesteres antes de que los lleguemos a requerir – de modo tal que mi corazón pueda estar libre de toda preocupación y dedicarme al estudio de la Torá y cumplir los preceptos y sentarme honrosamente a la mesa junto a todos los miembros de mi familia. Que no tenga puestas mis expectativas en la mesa de otros y que no precie sojuzgarme a hombre alguno, que no recaiga sobre mí ningún yugo humano sino el yugo de Tu reino para servirte con corazón íntegro, vistiendo prendas honorables, permite que nuestros ropajes sean respetables y no humillantes. Sálvanos de la pobreza, la escasez y la bajeza, concédeme el mérito de recibir invitados y conducirme generosamente con todo ser humano. Envíame oportunidades para dar tzedaká a personas que les corresponda recibir y que no caiga en manos de personas deshonestas. Amén.

EL CAPÍTULO DEL TEMOR REVERENCIAL

En su discurso final previo a su fallecimiento, Moshé encomienda al pueblo de Israel que ame a Dios y Le tema reverencialmente, recordándoles la sutil combinación de majestuosidad y humildad con las que el Creador se manifiesta (ver "Que Dios te conceda" en la página 724), y repasando los diferentes milagros que había hecho en beneficio de la congregación.

וְעַתָּה Y ahora Israel: ¿Qué es lo que el Señor tu Dios demanda de ti sino que *Deut. 10*
veneres al Señor tu Dios, andes por todas Sus Sendas, Le ames, y sirvas al Señor tu Dios con todo tu corazón y con todo tu ser? Que observes los mandamientos del Señor y Sus Leyes – las cuales yo te ordeno hoy – en aras de tu bien. He aquí que los cielos, y los cielos de los cielos, la tierra y todo lo que hay en ella son del Señor tu Dios. Pero el Señor solamente Ha deseado a tus patriarcas para amarlos; y eligió a su descendencia tras ellos – a vosotros – de entre todos los pueblos, un día como este. Y habréis de quitar el prepucio de vuestro corazón, y no habréis de endurecer más vuestra cerviz. Pues el Señor vuestro Dios es Dios de los Dioses y Señor de los Señores; es Dios Magno, Poderoso y Temible, ante quien no hay favoritismo, ni acepta soborno. El defiende la causa del huérfano y la viuda, ama al extranjero dándole pan y vestimenta.

תפילה על הפרנסה

אָנָּא הָאֵל הַמֵּכִין פַּרְנָסָה לְכָל בְּרִיָּה, וּמַזְמִין מַלְבּוּשׁ לְכָל נִבְרָא, וְשׁוֹלֵחַ לָהֶם מִחְיָה, שֶׁתִּתֵּן לִי מִחְיָתִי בְּשֶׁפַע, שֶׁתְּכַלְכְּלֵנִי וּתְפַרְנְסֵנִי לִי וּלְכָל אַנְשֵׁי בֵיתִי וּלְכָל יִשְׂרָאֵל פַּרְנָסָה טוֹבָה שֶׁל כָּבוֹד, בְּנַחַת וְלֹא בְּצַעַר, בְּהֶתֵּר וְלֹא בְּאִסּוּר, בְּכָבוֹד וְלֹא בְּבִזּוּי. פַּרְנָסָה שֶׁלֹּא תִהְיֶה בָּהּ שׁוּם בּוּשָׁה וּכְלִמָּה, פַּרְנָסָה שֶׁלֹּא תַּצְרִיכֵנִי בָּהּ לִידֵי מַתְּנַת בָּשָׂר וָדָם, כִּי אִם לְיָדְךָ הַמְּלֵאָה וְהָרְחָבָה, פַּרְנָסָה שֶׁאוּכַל לַעֲסֹק בְּתוֹרָתְךָ הַקְּדוֹשָׁה וְהַטְּהוֹרָה וְהַתְּמִימָה, וְטֶרֶף נָקִי וּמְזֻמָּן וּמְזוֹנוֹתַי וּמְזוֹנוֹת אַנְשֵׁי בֵיתִי וְכָל צְרָכֵינוּ קֹדֶם שֶׁנִּצְטָרֵךְ לָהֶם, כְּדֵי שֶׁיִּהְיֶה לִבִּי פָּנוּי בְּלִי טִרְדָּה לַעֲסֹק בְּדִבְרֵי תוֹרָה וּלְקַיֵּם הַמִּצְוֹת, וְלֵישֵׁב בְּשָׁלוֹם עַל שֻׁלְחָנִי בְּכָבוֹד עִם כָּל בְּנֵי בֵיתִי. וְשֶׁלֹּא אֲצַפֶּה לְשֻׁלְחָן שֶׁל אֲחֵרִים, וְשֶׁלֹּא אֶצְטָרֵךְ לְהִשְׁתַּעְבֵּד לְשׁוּם אָדָם, וְשֶׁלֹּא יְהֵא עָלַי שׁוּם עֹל בָּשָׂר וָדָם, כִּי אִם עֹל מַלְכוּתְךָ לְעָבְדְּךָ בְּלֵבָב שָׁלֵם. וּבִגְדֵי כָבוֹד יִהְיוּ לְבוּשֵׁינוּ, בִּיקָר וְלֹא בְּבֹשֶׁת פָּנִים. וְהַצִּילֵנוּ מִן עֲנִיּוּת וּמִדַּלּוּת וְשִׁפְלוּת, וְאֶזְכֶּה לְהַכְנִיס אוֹרְחִים וְלִגְמֹל חֶסֶד לְכָל אָדָם. וְהַזְמֵן לִי לַעֲשׂוֹת צְדָקָה לְהָרְאוּיִים לָהּ, וְלֹא אֶכָּשֵׁל בִּבְנֵי אָדָם שֶׁאֵינָם הֲגוּנִים, אָמֵן.

פרשת היראה

En su discurso final previo a su fallecimiento, Moshé encomienda al pueblo de Israel que ame a Dios y le tema reverencialmente, recordándoles la sutil combinación de majestuosidad y humildad con las que el Creador se manifiesta (ver וְיִתֶּן־לְךָ *en la página 725), y repasando los diferentes milagros que había hecho en beneficio de la congregación.*

וְעַתָּה יִשְׂרָאֵל, מָה יהוה אֱלֹהֶיךָ שֹׁאֵל מֵעִמָּךְ, כִּי אִם־לְיִרְאָה אֶת־יהוה דברים י
אֱלֹהֶיךָ לָלֶכֶת בְּכָל־דְּרָכָיו וּלְאַהֲבָה אֹתוֹ, וְלַעֲבֹד אֶת־יהוה אֱלֹהֶיךָ בְּכָל־
לְבָבְךָ וּבְכָל־נַפְשֶׁךָ: לִשְׁמֹר אֶת־מִצְוֹת יהוה וְאֶת־חֻקֹּתָיו, אֲשֶׁר אָנֹכִי
מְצַוְּךָ הַיּוֹם, לְטוֹב לָךְ: הֵן לַיהוה אֱלֹהֶיךָ הַשָּׁמַיִם וּשְׁמֵי הַשָּׁמָיִם, הָאָרֶץ
וְכָל־אֲשֶׁר־בָּהּ: רַק בַּאֲבֹתֶיךָ חָשַׁק יהוה לְאַהֲבָה אוֹתָם, וַיִּבְחַר בְּזַרְעָם
אַחֲרֵיהֶם, בָּכֶם מִכָּל־הָעַמִּים, כַּיּוֹם הַזֶּה: וּמַלְתֶּם אֵת עָרְלַת לְבַבְכֶם,
וְעָרְפְּכֶם לֹא תַקְשׁוּ עוֹד: כִּי יהוה אֱלֹהֵיכֶם הוּא אֱלֹהֵי הָאֱלֹהִים וַאֲדֹנֵי
הָאֲדֹנִים, הָאֵל הַגָּדֹל הַגִּבֹּר וְהַנּוֹרָא, אֲשֶׁר לֹא־יִשָּׂא פָנִים וְלֹא יִקַּח שֹׁחַד:
עֹשֶׂה מִשְׁפַּט יָתוֹם וְאַלְמָנָה, וְאֹהֵב גֵּר לָתֶת לוֹ לֶחֶם וְשִׂמְלָה: וַאֲהַבְתֶּם
אֶת־הַגֵּר, כִּי־גֵרִים הֱיִיתֶם בְּאֶרֶץ מִצְרָיִם: אֶת־יהוה אֱלֹהֶיךָ תִּירָא, אֹתוֹ

Amad al extranjero, ya que extranjeros habéis sido en la tierra de Egipto. Al Señor tu Dios habrás de temer reverencialmente, a Él habrás de servir; y a Él habrás de apegarte y por Su Nombre podrás jurar. Él es tu gloria y tu Dios, El que ha hecho para ti estos prodigios y los portentos que tus ojos han visto. Con setenta personas descendieron tus patriarcas a Egipto; empero ahora, el Señor tu Dios te ha convertido en numeroso cual estrellas de los cielos. Habrás de amar al Señor tu Dios y cuidarás Su observancia y Sus fueros, y Sus leyes y Sus mandamientos todos los días. Habréis de saber hoy – ya que no a vuestros hijos quienes no han conocido ni han visto la advertencia que el Señor vuestro Dios os ha enseñado – Su Grandeza, Su mano Fuerte y Su brazo extendido. Y Sus señales y Sus acciones que ha realizado en medio de Egipto a Par'ó rey de Egipto y a todo su país. Y lo que había hecho al ejército de Egipto, a sus caballos y a sus carros cuando anegó las aguas del Mar de los Juncos sobre sus rostros, cuando partían en persecución tras vosotros, el Señor los destruyó hasta este día. Y lo que hizo a vosotros en el desierto hasta que llegasteis a este lugar. Y lo que había hecho a Datán y Abirám, los hijos de Eliav, hijos de Reuben; cuando la tierra abrió su boca y los tragó junto a sus familias, y a sus tiendas; y a todo lo existente lo que estaba sobre sus pies – en medio de todo Israel. Ya que vuestros ojos son aquellos que han visto toda la gran obra que el Señor ha hecho. Y habréis de observar toda la ordenanza – que yo te ordeno hoy; ya que os vais a fortalecer y vendréis y heredareis la tierra a la cual vosotros pasareis allí para poseerla. Para que se prolonguen vuestros días sobre la tierra que el Señor ha prometido entregar a vuestros patriarcas y a su descendencia; tierra que mana leche y miel.

יְהִי רָצוֹן Sea Tu voluntad Señor, Dios mío y de mis ancestros que implantes en mi corazón y el corazón de todo Tu pueblo Israel el amor y el temor reverencial hacia Tu Nombre grande, poderoso y reverenciado con todo nuestro corazón y todo nuestro ser, temor reverencial ante el Infinito Bendito Es. Que Tu Nombre sea elevado, pues Tú eres Grande y Tu Nombre es reverenciado, Amén Sela.

EL CAPÍTULO DEL RETORNO

Este pasaje proviene del final del último discurso que dirigiera Moshé al pueblo previo a fallecer. Tras describir las bendiciones que deben ser recibidas por quienes se adhieren al pacto con Dios y las posibles repercusiones de su quebrantamiento, Moshé promete a la congregación que el castigo adjudicado no es irrevocable, que los portones del arrepentimiento están siempre abiertos y que por medio del retorno a Dios es posible alcanzar la redención. Los siguientes versículos fueron posteriormente intercalados en la plegaria por el Estado de Israel (página 542) a los efectos de expresar el deseo de que esta primera etapa de redención lleve a su completo florecimiento, con la plena reunión de las diásporas y la apertura de nuestro corazón al verdadero amor y reverencia a Dios.

וְהָיָה Y será que cuando vengan sobre ti todas estas palabras: la bendición y la *Deut. 30*

תַּעֲבֹד, וּבוֹ תִדְבָּק וּבִשְׁמוֹ תִּשָּׁבֵעַ: הוּא תְהִלָּתְךָ וְהוּא אֱלֹהֶיךָ, אֲשֶׁר־עָשָׂה
אִתְּךָ אֶת־הַגְּדֹלֹת וְאֶת־הַנּוֹרָאֹת הָאֵלֶּה אֲשֶׁר רָאוּ עֵינֶיךָ: בְּשִׁבְעִים נֶפֶשׁ
יָרְדוּ אֲבֹתֶיךָ מִצְרָיְמָה, וְעַתָּה שָׂמְךָ יהוה אֱלֹהֶיךָ כְּכוֹכְבֵי הַשָּׁמַיִם לָרֹב:
וְאָהַבְתָּ אֵת יהוה אֱלֹהֶיךָ, וְשָׁמַרְתָּ מִשְׁמַרְתּוֹ וְחֻקֹּתָיו וּמִשְׁפָּטָיו וּמִצְוֹתָיו
כָּל־הַיָּמִים: וִידַעְתֶּם הַיּוֹם, כִּי לֹא אֶת־בְּנֵיכֶם אֲשֶׁר לֹא־יָדְעוּ וַאֲשֶׁר לֹא־
רָאוּ אֶת־מוּסַר יהוה אֱלֹהֵיכֶם, אֶת־גָּדְלוֹ אֶת־יָדוֹ הַחֲזָקָה וּזְרֹעוֹ הַנְּטוּיָה:
וְאֶת־אֹתֹתָיו וְאֶת־מַעֲשָׂיו אֲשֶׁר עָשָׂה בְּתוֹךְ מִצְרָיִם, לְפַרְעֹה מֶלֶךְ־מִצְרַיִם
וּלְכָל־אַרְצוֹ: וַאֲשֶׁר עָשָׂה לְחֵיל מִצְרַיִם לְסוּסָיו וּלְרִכְבּוֹ, אֲשֶׁר הֵצִיף אֶת־
מֵי יַם־סוּף עַל־פְּנֵיהֶם בְּרָדְפָם אַחֲרֵיכֶם, וַיְאַבְּדֵם יהוה עַד הַיּוֹם הַזֶּה:
וַאֲשֶׁר עָשָׂה לָכֶם בַּמִּדְבָּר, עַד־בֹּאֲכֶם עַד־הַמָּקוֹם הַזֶּה: וַאֲשֶׁר עָשָׂה לְדָתָן
וְלַאֲבִירָם בְּנֵי אֱלִיאָב בֶּן־רְאוּבֵן, אֲשֶׁר פָּצְתָה הָאָרֶץ אֶת־פִּיהָ וַתִּבְלָעֵם
וְאֶת־בָּתֵּיהֶם וְאֶת־אָהֳלֵיהֶם, וְאֵת כָּל־הַיְקוּם אֲשֶׁר בְּרַגְלֵיהֶם בְּקֶרֶב
כָּל־יִשְׂרָאֵל: כִּי עֵינֵיכֶם הָרֹאֹת אֶת כָּל־מַעֲשֵׂה יהוה הַגָּדֹל, אֲשֶׁר עָשָׂה:
וּשְׁמַרְתֶּם אֶת־כָּל־הַמִּצְוָה אֲשֶׁר אָנֹכִי מְצַוְּךָ הַיּוֹם, לְמַעַן תֶּחֶזְקוּ וּבָאתֶם
וִירִשְׁתֶּם אֶת־הָאָרֶץ אֲשֶׁר אַתֶּם עֹבְרִים שָׁמָּה לְרִשְׁתָּהּ: וּלְמַעַן תַּאֲרִיכוּ
יָמִים עַל־הָאֲדָמָה אֲשֶׁר נִשְׁבַּע יהוה לַאֲבֹתֵיכֶם לָתֵת לָהֶם וּלְזַרְעָם, אֶרֶץ
זָבַת חָלָב וּדְבָשׁ:

יְהִי רָצוֹן מִלְּפָנֶיךָ, יהוה אֱלֹהַי וֵאלֹהֵי אֲבוֹתַי, שֶׁתִּטַּע אַהֲבָתְךָ וְיִרְאָתְךָ בְּלִבִּי וּבְלֵב כָּל יִשְׂרָאֵל עַמֶּךָ, לְיִרְאָה אֶת שִׁמְךָ הַגָּדוֹל הַגִּבּוֹר וְהַנּוֹרָא בְּכָל לְבָבֵנוּ וּבְכָל נַפְשֵׁנוּ, יִרְאַת הָרוֹמְמוּת שֶׁל אֵין סוֹף בָּרוּךְ הוּא, וְיִתְעַלֶּה שִׁמְךָ. כִּי גָדוֹל אַתָּה וְנוֹרָא שְׁמֶךָ, אָמֵן סֶלָה.

פרשת התשובה

Este pasaje proviene del final del último discurso que dirigiera Moshé al pueblo previo a fallecer. Tras describir las bendiciones que deben ser recibidas por quienes se adhieren al pacto con Dios y las posibles repercusiones de su quebrantamiento, Moshé promete a la congregación que el castigo adjudicado no es irrevocable, que los portones del arrepentimiento están siempre abiertos y que por medio del retorno a Dios es posible alcanzar la redención. Los siguientes versículos fueron posteriormente intercalados en la תפילה לשלום מדינת ישראל (*página* 543) *a los efectos de expresar el deseo de que esta primera etapa de redención lleve a su completo florecimiento, con la plena reunión de las diásporas y la apertura de nuestro corazón al verdadero amor y reverencia a Dios.*

וְהָיָה כִי־יָבֹאוּ עָלֶיךָ כָּל־הַדְּבָרִים הָאֵלֶּה, הַבְּרָכָה וְהַקְּלָלָה אֲשֶׁר נָתַתִּי דברים ל

maldición que Yo he puesto delante de ti; y lo establecerás firmemente en tu corazón, entre todas las naciones donde te ha removido el Señor tu Dios. Entonces habrás de retornar hasta el Señor tu Dios. Entonces escucharás Su Voz, como todo lo que yo te ordeno el día de hoy; tú y tus hijos, con todo tu corazón y con todo tu ser. Y el Señor tu Dios hará retornar a tus cautivos y se apiadará de ti; y te reunirá de entre todos los pueblos entre los que el Señor tu Dios te había dispersado. Si estuviere tu exilio en el confín de los cielos, desde allí te reunirá el Señor tu Dios y desde allí te tomará. Y el Señor tu Dios te traerá a la tierra que habían poseído tus padres y la poseerás; y te hará bien y te acrecentará más que a tus padres. Y el Señor tu Dios retirará el prepucio de tu corazón y del corazón de tu descendencia, para así amar al Señor tu Dios con todo tu corazón y con todo tu ser en aras de tu vida. Y el Señor tu Dios enviará todas las maldiciones sobre tus adversarios y tus enemigos que te habían perseguido. Empero tu retornarás y escucharás la Voz del Señor y cumplirás todos Sus Mandamientos que yo te ordeno hoy. Y el Señor tu Dios te recompensará con holgura toda la obra de tu mano, el fruto de tu vientre, el fruto de tu ganado y el fruto de tu tierra para el bien. Ya que el Señor volverá a regocijarse contigo para bien, tal como se había regocijado con tus padres. Porque habrás de obedecer el mandato del Señor tu Dios para cuidar Sus preceptos y Sus leyes escritos en este libro de la Torá, pues habrás de retornar al Señor tu Dios con todo tu corazón y con todo tu ser.

יְהִי רָצוֹן Sea Tu voluntad Señor, Dios mío y de mis ancestros que caves para nosotros un pasaje por debajo de Tu trono de gloria tal que todos los transgresores de Tu pueblo Israel retornen, y entre ellos me permitas retornar en arrepentimiento completo ante Ti, pues Tu diestra está extendida para recibir a quienes retornan y Tú deseas el retorno, Amén Sela.

לְפָנֶיךָ, וַהֲשֵׁבֹתָ אֶל־לְבָבֶךָ בְּכָל־הַגּוֹיִם אֲשֶׁר הִדִּיחֲךָ יהוה אֱלֹהֶיךָ שָׁמָּה: וְשַׁבְתָּ עַד־יהוה אֱלֹהֶיךָ וְשָׁמַעְתָּ בְקֹלוֹ, כְּכֹל אֲשֶׁר־אָנֹכִי מְצַוְּךָ הַיּוֹם, אַתָּה וּבָנֶיךָ בְּכָל־לְבָבְךָ וּבְכָל־נַפְשֶׁךָ: וְשָׁב יהוה אֱלֹהֶיךָ אֶת־שְׁבוּתְךָ וְרִחֲמֶךָ, וְשָׁב וְקִבֶּצְךָ מִכָּל־הָעַמִּים אֲשֶׁר הֱפִיצְךָ יהוה אֱלֹהֶיךָ שָׁמָּה: אִם־יִהְיֶה נִדַּחֲךָ בִּקְצֵה הַשָּׁמָיִם, מִשָּׁם יְקַבֶּצְךָ יהוה אֱלֹהֶיךָ וּמִשָּׁם יִקָּחֶךָ: וֶהֱבִיאֲךָ יהוה אֱלֹהֶיךָ אֶל־הָאָרֶץ אֲשֶׁר־יָרְשׁוּ אֲבֹתֶיךָ וִירִשְׁתָּהּ, וְהֵיטִבְךָ וְהִרְבְּךָ מֵאֲבֹתֶיךָ: וּמָל יהוה אֱלֹהֶיךָ אֶת־לְבָבְךָ וְאֶת־לְבַב זַרְעֶךָ, לְאַהֲבָה אֶת־יהוה אֱלֹהֶיךָ בְּכָל־לְבָבְךָ וּבְכָל־נַפְשְׁךָ, לְמַעַן חַיֶּיךָ: וְנָתַן יהוה אֱלֹהֶיךָ אֵת כָּל־הָאָלוֹת הָאֵלֶּה עַל־אֹיְבֶיךָ וְעַל־שֹׂנְאֶיךָ אֲשֶׁר רְדָפוּךָ: וְאַתָּה תָשׁוּב וְשָׁמַעְתָּ בְּקוֹל יהוה, וְעָשִׂיתָ אֶת־כָּל־מִצְוֹתָיו אֲשֶׁר אָנֹכִי מְצַוְּךָ הַיּוֹם: וְהוֹתִירְךָ יהוה אֱלֹהֶיךָ בְּכֹל מַעֲשֵׂה יָדֶךָ, בִּפְרִי בִטְנְךָ וּבִפְרִי בְהֶמְתְּךָ וּבִפְרִי אַדְמָתְךָ, לְטֹבָה, כִּי יָשׁוּב יהוה לָשׂוּשׂ עָלֶיךָ לְטוֹב כַּאֲשֶׁר־שָׂשׂ עַל־אֲבֹתֶיךָ: כִּי תִשְׁמַע בְּקוֹל יהוה אֱלֹהֶיךָ, לִשְׁמֹר מִצְוֹתָיו וְחֻקֹּתָיו הַכְּתוּבָה בְּסֵפֶר הַתּוֹרָה הַזֶּה, כִּי תָשׁוּב אֶל־יהוה אֱלֹהֶיךָ בְּכָל־לְבָבְךָ וּבְכָל־נַפְשֶׁךָ:

יְהִי רָצוֹן מִלְּפָנֶיךָ, יהוה אֱלֹהַי וֵאלֹהֵי אֲבוֹתַי, שֶׁתַּחְתֹּר חֲתִירָה מִתַּחַת כִּסֵּא כְבוֹדֶךָ לְהַחֲזִיר בִּתְשׁוּבָה שְׁלֵמָה לְכָל פּוֹשְׁעֵי עַמְּךָ בֵּית יִשְׂרָאֵל, וּבִכְלָלָם תַּחֲזִירֵנִי בִּתְשׁוּבָה שְׁלֵמָה לְפָנֶיךָ, כִּי יְמִינְךָ פְּשׁוּטָה לְקַבֵּל שָׁבִים וְרוֹצֶה אַתָּה בִּתְשׁוּבָה, אָמֵן סֶלָה.

POR LA PROTECCIÓN CONTRA EL MAL DE OJO

La siguiente plegaria está basada en el libro Kav HaYashar del Rabino Tzví Hirsch Kaidanover (Frankfurt 1705) e incorpora versículos de la Biblia como forma de invocar la protección Divina.

נֶגַע Cuando se encuentra la afección de tzara'at en una persona debe ser traída al cohen. *Lev. 13*

Nosotros pasaremos primeros a la tierra de Canaán delante de Señor y poseeremos nuestra heredad aquí, en este lado del Rio Jordán. *Núm. 32*

El Señor tu Dios hará surgir un profeta de en medio de ti, uno de tus hermanos, como yo, y a él deberéis escuchar. *Deut. 18*

Hay un río cuyos arroyos traen regocijo a la ciudad de Dios, el sagrado sitio donde reside El Supremo. *Sal. 46*

Condujiste a Tu pueblo cual rebaño de la mano de Moshé y Aharón. *Sal. 77*

Él realizó maravillas frente a sus ancestros, en la tierra de Egipto, en el campo de Tzoán. *Sal. 78*

He perfumado mi cama con mirra, aloes y canela. *Prov. 7*

El alma del hombre es la vela del Señor, que escudriña todos sus espacios interiores. *Prov. 20*

Tus labios gotean néctar, novia mía; hay miel y leche bajo tu lengua, y tu vestido huele a perfume del Líbano. *Can. 4*

¡Emigren de en medio de Babel, salgan del país de los caldeos! Sean como los machos cabríos a la cabeza del rebaño. *Jer. 50*

Ellos estaban armados con arcos y podían usarlos indistintamente con la mano derecha o la izquierda, arrojando piedras con la honda y flechas con sus arcos; ellos eran los hermanos de Shaúl, de Benjamín. *1 Cró. 12*

רִבּוֹנוֹ Amo del universo, salva a Tu pueblo la casa de Israel de toda hechicería y todo mal de ojo, y así como extendiste Tus alas sobre nuestros antepasados en el desierto para que no impere sobre ellos el mal de ojo de Bil'am hijo de Be'or, extiende sobre nosotros Tu protección con Tu gran compasión tal que quedemos cubiertos por Tus Nombres Sagrados y a salvo de todo ojo del mal.

Tú eres mi refugio, Tú me protegerás de todo contratiempo,
Tú me rodearás con cánticos de liberación. Sela. *Sal. 22*

שמירה נגד עין הרע

La siguiente plegaria está basada en el libro קב הישר *del Rabino Tzví Hirsch Kaidanover (Frankfurt 1705) e incorpora versículos de la Biblia como forma de invocar la* סגולה.

נֶגַע צָרַעַת כִּי תִהְיֶה בְּאָדָם וְהוּבָא אֶל־הַכֹּהֵן: ויקרא יג

נַחְנוּ נַעֲבֹר חֲלוּצִים לִפְנֵי יהוה אֶרֶץ כְּנָעַן במדבר לב
וְאִתָּנוּ אֲחֻזַּת נַחֲלָתֵנוּ מֵעֵבֶר לַיַּרְדֵּן:

נָבִיא מִקִּרְבְּךָ מֵאַחֶיךָ כָּמֹנִי יָקִים לְךָ יהוה אֱלֹהֶיךָ דברים יח
אֵלָיו תִּשְׁמָעוּן:

נָהָר פְּלָגָיו יְשַׂמְּחוּ עִיר־אֱלֹהִים, קְדֹשׁ מִשְׁכְּנֵי עֶלְיוֹן: תהלים מו

נָחִיתָ כַצֹּאן עַמֶּךָ בְּיַד־מֹשֶׁה וְאַהֲרֹן: תהלים עז

נֶגֶד אֲבוֹתָם עָשָׂה פֶלֶא בְּאֶרֶץ מִצְרַיִם שְׂדֵה־צֹעַן: תהלים עח

נַפְתִּי מִשְׁכָּבִי מֹר אֲהָלִים וְקִנָּמוֹן: משלי ז

נֵר יהוה נִשְׁמַת אָדָם חֹפֵשׂ כָּל־חַדְרֵי־בָטֶן: משלי כ

נֹפֶת תִּטֹּפְנָה שִׂפְתוֹתַיִךְ כַּלָּה שיר השירים ד
דְּבַשׁ וְחָלָב תַּחַת לְשׁוֹנֵךְ וְרֵיחַ שַׂלְמֹתַיִךְ כְּרֵיחַ לְבָנוֹן:

נֻדוּ מִתּוֹךְ בָּבֶל וּמֵאֶרֶץ כַּשְׂדִּים צֵאוּ, וִהְיוּ כְּעַתּוּדִים לִפְנֵי־צֹאן: ירמיה נ

נֹשְׁקֵי קֶשֶׁת מַיְמִינִים וּמַשְׂמִאלִים בָּאֲבָנִים וּבַחִצִּים בַּקָּשֶׁת דברי הימים א יב
מֵאֲחֵי שָׁאוּל מִבִּנְיָמִן:

רִבּוֹנוֹ שֶׁל עוֹלָם, הַצֵּל עַמְּךָ בֵּית יִשְׂרָאֵל מִכָּל מִינֵי כְשׁוּפִים וּמִכָּל מִינֵי עַיִן הָרָע, וּכְשֵׁם שֶׁפֵּרַשְׂתָּ כְּנָפֶיךָ עַל אֲבוֹתֵינוּ שֶׁבַּמִּדְבָּר, שֶׁלֹּא שָׁלַט עֲלֵיהֶם עֵינָא בִּישָׁא דְּבִלְעָם בֶּן בְּעוֹר, כֵּן תִּפְרֹס כְּנָפֶיךָ עָלֵינוּ בְּרַחֲמֶיךָ הָרַבִּים לִהְיוֹתֵנוּ מְכֻסִּים (בְּמִכְסֶה וּבְהַנְהָגָה) בִּשְׁמוֹתֶיךָ הַקְּדוֹשִׁים מִכָּל עֵינָא בִישָׁא.

אַתָּה סֵתֶר לִי מִצַּר תִּצְּרֵנִי רָנֵּי פַלֵּט תְּסוֹבְבֵנִי סֶלָה: תהלים כב

Minjá para los Días de Semana

אַשְׁרֵי Felices aquellos que residen en Tu morada; *Sal. 84*
continuarán alabándote, ¡Sela!
Feliz del pueblo para el que esto es así, *Sal. 144*
feliz del pueblo que el SEÑOR es su Dios.
Salmo de alabanza de David *Sal. 145*

א Te ensalzaré oh Dios, mi Rey y bendeciré Tu Nombre por siempre. ב Todos los días Te bendeciré y alabaré Tu Nombre por siempre. ג El SEÑOR es grande en sobremanera y Su grandeza es insondable. ד Una generación tras otra alabará Tu labor y contará sobre Tus poderosas acciones. ה Ponderaré el glorioso esplendor de Tu majestad y Tus actos maravillosos. ו Ellos relatarán el poder de Tus venerables acciones y de Tu grandeza. ז Ellos recitarán el recuerdo de Tu gran benevolencia y cantarán con regocijo Tu rectitud. ח El SEÑOR es compasivo y misericordioso, paciente y muy benevolente. ט El SEÑOR es bueno con todos y Su misericordia para con todas Sus creaturas. י Todas Tus Obras Te agradecerán y Tus devotos Te bendecirán. כ Ellos recitarán la gloria de Tu reinado y hablarán de Tus poderosas acciones. ל Darán a conocer a los hombres Sus poderosas acciones, y la

---

Su estructura es simple. Comienza con *Ashrei* a modo de preludio del rezo y se torna la tercera de las tres veces al día que este salmo es recitado. La Amidá es idéntica a la de la mañana salvo por dos variantes. En la repetición en voz alta del oficiante se omite la bendición sacerdotal ya que los cohanim no bendecían a la congregación por la tarde. Asimismo, la bendición final que está asociada a la bendición sacerdotal en el Templo adquiere un formato más breve. En Minjá También se recita *Tajanún* en aquellos días en que es recitado por la mañana, con la excepción de la víspera de Shabat y de Yom Tov y algunas otras ocasiones especiales (ver página 251). El rezo concluye con el recitado de *Aleinu*.

מנחה לחול

אַשְׁרֵי יוֹשְׁבֵי בֵיתֶךָ, עוֹד יְהַלְלְוּךָ סֶּלָה: תהלים פד
אַשְׁרֵי הָעָם שֶׁכָּכָה לּוֹ, אַשְׁרֵי הָעָם שֶׁיהוה אֱלֹהָיו: תהלים קמד
תְּהִלָּה לְדָוִד תהלים קמה

א אֲרוֹמִמְךָ אֱלוֹהַי הַמֶּלֶךְ, וַאֲבָרְכָה שִׁמְךָ לְעוֹלָם וָעֶד:
ב בְּכָל־יוֹם אֲבָרְכֶךָּ, וַאֲהַלְלָה שִׁמְךָ לְעוֹלָם וָעֶד:
ג גָּדוֹל יהוה וּמְהֻלָּל מְאֹד, וְלִגְדֻלָּתוֹ אֵין חֵקֶר:
ד דּוֹר לְדוֹר יְשַׁבַּח מַעֲשֶׂיךָ, וּגְבוּרֹתֶיךָ יַגִּידוּ:
ה הֲדַר כְּבוֹד הוֹדֶךָ, וְדִבְרֵי נִפְלְאֹתֶיךָ אָשִׂיחָה:
ו וֶעֱזוּז נוֹרְאֹתֶיךָ יֹאמֵרוּ, וּגְדוּלָּתְךָ אֲסַפְּרֶנָּה:
ז זֵכֶר רַב־טוּבְךָ יַבִּיעוּ, וְצִדְקָתְךָ יְרַנֵּנוּ:
ח חַנּוּן וְרַחוּם יהוה, אֶרֶךְ אַפַּיִם וּגְדָל־חָסֶד:
ט טוֹב־יהוה לַכֹּל, וְרַחֲמָיו עַל־כָּל־מַעֲשָׂיו:
י יוֹדְוּךָ יהוה כָּל־מַעֲשֶׂיךָ, וַחֲסִידֶיךָ יְבָרְכְוּכָה:
כ כְּבוֹד מַלְכוּתְךָ יֹאמֵרוּ, וּגְבוּרָתְךָ יְדַבֵּרוּ:
ל לְהוֹדִיעַ לִבְנֵי הָאָדָם גְּבוּרֹתָיו, וּכְבוֹד הֲדַר מַלְכוּתוֹ:

EL REZO DE LA TARDE

El rezo de la tarde se corresponde con la ofrenda vespertina (Números 28:4). La "*Minjá*" u "ofenda de harina" no era exclusiva de la tarde. Este rezo debe haber adquirido la denominación de "Minjá" en virtud del versículo de los Salmos (141:2) que reza: "Establézcase mi plegaria ante Ti como incienso, el alzado de mis manos como la ofrenda de la tarde (*minjat arev*)". Los sabios le adjudicaron una especial importancia a este rezo y notaron que el profeta Elías había orado en este momento del día y su plegaria había sido respondida favorablemente (1 Reyes 18:36).

gloria de la majestad de Su reino. מ Tu reino es un reino por todos los tiempos y Tu dominio por todas las generaciones. ס El Señor sostiene a los que se caen y yergue a los encorvados. ע Todos alzan su mirada a Ti con esperanza y Tú les provees de su alimento en el momento adecuado. פ °Tú abres Tu mano °°y satisfaces el deseo de cada ser viviente. צ El Señor es justo en todas Sus sendas y magnánimo en todos Sus actos. ק El Señor está cercano a todos quienes Le llaman, de todos aquellos que claman a Él con la verdad. ר Él colmará el deseo de quienes Lo reverencian, escuchará su clamor y los redimirá. ש El Señor protege a todos aquellos que Le aman y destruirá a todos los malvados. ▸ ת Mi boca declarará la alabanza del Señor y todas las creaturas bendecirán Su sagrado Nombre por siempre.

Nosotros bendeciremos a Dios desde ahora y por siempre, ¡Aleluyá! *Sal. 115*

MEDIO KADISH

Oficiante: יִתְגַּדַּל Que Su Gran Nombre sea magnificado y santificado,
en el mundo que creó conforme a Su voluntad.
Que establezca Su reino
durante vuestra vida y en vuestros días
y en la vida de toda la casa de Israel,
pronto y rápidamente y decid: Amén.

Todos: Que Su Gran Nombre sea bendito
por siempre y por toda la eternidad.

Oficiante: Sea bendecido, alabado, glorificado
y exaltado, encumbrado
y magnificado, enaltecido y ensalzado
el Nombre del Santo Bendito Él;
más allá de cualquier bendición,
cántico, alabanza y consolación
pronunciados en el mundo y decid: Amén.

En días de ayuno público se extrae el rollo de la Torá en la página 158. La lectura de la Torá y de la Haftará para los días de ayuno público está en la página 1172. Tras la lectura, se devuelve el rollo de de la Toráal Arca Sagrada y el oficiante recita Medio Kadish.

מ מַלְכוּתְךָ מַלְכוּת כָּל־עֹלָמִים, וּמֶמְשַׁלְתְּךָ בְּכָל־דּוֹר וָדֹר:
ס סוֹמֵךְ יהוה לְכָל־הַנֹּפְלִים, וְזוֹקֵף לְכָל־הַכְּפוּפִים:
ע עֵינֵי־כֹל אֵלֶיךָ יְשַׂבֵּרוּ, וְאַתָּה נוֹתֵן־לָהֶם אֶת־אָכְלָם בְּעִתּוֹ:
פ פּוֹתֵחַ אֶת־יָדֶךָ, וּמַשְׂבִּיעַ לְכָל־חַי רָצוֹן:
צ צַדִּיק יהוה בְּכָל־דְּרָכָיו, וְחָסִיד בְּכָל־מַעֲשָׂיו:
ק קָרוֹב יהוה לְכָל־קֹרְאָיו, לְכֹל אֲשֶׁר יִקְרָאֻהוּ בֶאֱמֶת:
ר רְצוֹן־יְרֵאָיו יַעֲשֶׂה, וְאֶת־שַׁוְעָתָם יִשְׁמַע, וְיוֹשִׁיעֵם:
ש שׁוֹמֵר יהוה אֶת־כָּל־אֹהֲבָיו, וְאֵת כָּל־הָרְשָׁעִים יַשְׁמִיד:
◂ ת תְּהִלַּת יהוה יְדַבֶּר פִּי, וִיבָרֵךְ כָּל־בָּשָׂר שֵׁם קָדְשׁוֹ לְעוֹלָם וָעֶד:
וַאֲנַחְנוּ נְבָרֵךְ יָהּ מֵעַתָּה וְעַד־עוֹלָם, הַלְלוּיָהּ: תהלים קטו

חצי קדיש

ש״ץ: יִתְגַּדַּל וְיִתְקַדַּשׁ שְׁמֵהּ רַבָּא (קהל: אָמֵן)
בְּעָלְמָא דִּי בְרָא כִרְעוּתֵהּ, וְיַמְלִיךְ מַלְכוּתֵהּ
בְּחַיֵּיכוֹן וּבְיוֹמֵיכוֹן וּבְחַיֵּי דְכָל בֵּית יִשְׂרָאֵל
בַּעֲגָלָא וּבִזְמַן קָרִיב, וְאִמְרוּ אָמֵן. (קהל: אָמֵן)

קהל וש״ץ: יְהֵא שְׁמֵהּ רַבָּא מְבָרַךְ לְעָלַם וּלְעָלְמֵי עָלְמַיָּא.

ש״ץ: יִתְבָּרַךְ וְיִשְׁתַּבַּח וְיִתְפָּאַר וְיִתְרוֹמַם וְיִתְנַשֵּׂא
וְיִתְהַדָּר וְיִתְעַלֶּה וְיִתְהַלָּל
שְׁמֵהּ דְּקֻדְשָׁא בְּרִיךְ הוּא (קהל: בְּרִיךְ הוּא)
לְעֵלָּא מִן כָּל בִּרְכָתָא / בעשרת ימי תשובה: לְעֵלָּא לְעֵלָּא מִכָּל בִּרְכָתָא/
וְשִׁירָתָא, תֻּשְׁבְּחָתָא וְנֶחֱמָתָא
דַּאֲמִירָן בְּעָלְמָא, וְאִמְרוּ אָמֵן. (קהל: אָמֵן)

En días de ayuno público se extrae el ספר תורה *en la página 159. La lectura de la* תורה *y de la* הפטרה *para los días de ayuno público está en la página 1172. Tras la lectura, se devuelve el* ספר תורה *al* ארון קודש *y el oficiante recita* חצי קדיש.

LA AMIDÁ

El siguiente rezo hasta "años pretéritos" en la página 248 la recitamos en silencio parados con los pies juntos. En caso de haber minián, el oficiante repite la Amidá en voz alta. Se dan tres pasos hacia adelante y en los sitios marcados con ▾ se deben flexionar las rodillas en la primera palabra, inclinarse en la segunda y erguirse nuevamente de inmediato antes de pronunciar el Nombre de Dios.

Porque he de invocar el Nombre del SEÑOR, ensalzad a nuestro Dios. *Deut. 32*
SEÑOR, abre mis labios para que mi boca pronuncie Tu alabanza. *Sal. 51*

PATRIARCAS

▾בָּרוּךְ▾ Bendito eres Tú SEÑOR,
Dios nuestro y de nuestros ancestros,
Dios de Abraham, Dios de Ytzjak y Dios de Ya'akov,
Dios grande, poderoso y maravilloso, Señor supremo,
que prodiga generosamente y es El Creador de todo lo existente,
Quien recuerda la gracia de los ancestros
y traerá al Redentor para los hijos de sus hijos
en aras de Su Nombre con amor.

Entre Rosh HaShaná y Yom Kipur: Recuérdanos para la vida, Rey que anhela la vida
e inscríbenos en el libro de la vida
por Ti, oh Dios de vida.

Rey que ayuda, redime y protege.
▾Bendito eres Tú SEÑOR, Escudo de Abraham.

PODER DE DIOS

אַתָּה גִּבּוֹר SEÑOR, Tú eres eternamente poderoso,
Tú revives a los muertos y tienes gran poder de salvación.

La frase "Hace soplar el viento y descender la lluvia" se agrega desde Simjat Torá hasta Pesaj. En Israel, la frase "Hace descender el rocío" se agrega desde Pesaj hasta Sheminí Atzeret. Ver leyes 129–131.

En otoño e invierno de Israel: Hace soplar el viento y descender la lluvia.
En primavera y verano de Israel: Hace descender el rocío.

---

tengo lengua y hablar pesados". Isaías dijo: "Soy una persona de labios impuros". Jeremías dijo: "No puedo hablar pues soy como un niño". Por ello, nuestra primera petición a Dios es que nos ayude en el mismo acto de rezar.

עמידה

El siguiente rezo hasta קַדְמֹנִיּוֹת *en la página 249 la recitamos en silencio parados con los pies juntos. En caso de haber* מנין*, el* שליח ציבור *repite la* עמידה *en voz alta. Se dan tres pasos hacia adelante y en los sitios marcados con* ˈ *se deben flexionar las rodillas en la primera palabra, inclinarse en la segunda y erguirse nuevamente de inmediato antes de pronunciar el Nombre de Dios.*

כִּי שֵׁם יהוה אֶקְרָא, הָבוּ גֹדֶל לֵאלֹהֵינוּ: דברים לב
אֲדֹנָי, שְׂפָתַי תִּפְתָּח, וּפִי יַגִּיד תְּהִלָּתֶךָ: תהלים נא

אבות

ˈבָּרוּךְ אַתָּה יהוה, אֱלֹהֵינוּ וֵאלֹהֵי אֲבוֹתֵינוּ
אֱלֹהֵי אַבְרָהָם, אֱלֹהֵי יִצְחָק, וֵאלֹהֵי יַעֲקֹב
הָאֵל הַגָּדוֹל הַגִּבּוֹר וְהַנּוֹרָא, אֵל עֶלְיוֹן
גּוֹמֵל חֲסָדִים טוֹבִים, וְקוֹנֵה הַכֹּל
וְזוֹכֵר חַסְדֵי אָבוֹת
וּמֵבִיא גוֹאֵל לִבְנֵי בְנֵיהֶם לְמַעַן שְׁמוֹ בְּאַהֲבָה.

בעשרת ימי תשובה: זָכְרֵנוּ לְחַיִּים, מֶלֶךְ חָפֵץ בַּחַיִּים
וְכָתְבֵנוּ בְּסֵפֶר הַחַיִּים, לְמַעַנְךָ אֱלֹהִים חַיִּים.

מֶלֶךְ עוֹזֵר וּמוֹשִׁיעַ וּמָגֵן.
ˈבָּרוּךְ אַתָּה יהוה, מָגֵן אַבְרָהָם.

גבורות

אַתָּה גִּבּוֹר לְעוֹלָם, אֲדֹנָי
מְחַיֵּה מֵתִים אַתָּה, רַב לְהוֹשִׁיעַ

La frase מַשִּׁיב הָרְוּחַ *se agrega desde* שמחת תורה *hasta* פסח.
En ארץ ישראל*, la frase* מוֹרִיד הַטָּל *se agrega desde* פסח *hasta* שמיני עצרת*. Ver leyes 129–131.*

בחורף: מַשִּׁיב הָרְוּחַ וּמוֹרִיד הַגֶּשֶׁם / בארץ ישראל בקיץ: מוֹרִיד הַטָּל

אֲדֹנָי, שְׂפָתַי תִּפְתָּח *Señor, abre mis labios:* al encontrarnos ante la presencia de Dios sentimos nuestra pequeñez. El mayor de los profetas se sentía limitado en su capacidad de expresión. Moshé dijo: "No soy una persona de palabras…

Sostiene con benevolencia a todos los seres vivos,
revive a los muertos con gran misericordia,
da soporte a quienes se caen, cura a los enfermos,
libera a los prisioneros
y cumple Su promesa con quienes yacen ya en la tierra.
¿Quién es como Tú Todopoderoso? ¿Quién se Te puede asemejar?
Rey que quita la vida y la restaura y hace brotar la Redención.

Entre Rosh HaShaná y Yom Kipur: ¿Quién como Tú Padre misericordioso,
que recuerdas a Tus creaturas con piedad para la vida?

Eres fiel en revivir a los muertos.
Bendito eres Tú Señor, que revive a los muertos.

Durante el rezo en voz baja continúe en "Tú eres santo" en la página siguiente.

KEDUSHÁ

Durante la repetición del rezo por parte del oficiante, se recita aquí de pie el siguiente pasaje. En los sitios marcados con ▲ quien reza debe elevarse levemente en puntas de pie.

La congregación y luego el oficiante:

נְקַדֵּשׁ Santificaremos Tu Nombre en el mundo tal como lo consagran en las alturas, como ha sido escrito por Tu profeta: "y un ángel daba voces *Is. 6*
al otro diciendo:

La congregación y luego el oficiante:

▲Santo, ▲Santo, ▲Santo, Señor de las Huestes Celestiales, toda la tierra está llena de Su gloria".
Quienes están frente a ellos dicen: "Bendita".

La congregación y luego el oficiante:

▲"Bendita es la gloria del Señor desde Su sitial". *Ezeq. 3*
Y en Tus escrituras sagradas leemos:

La congregación y luego el oficiante:

▲"El Señor reinará por siempre, tu Dios Sion, de generación en generación, *Sal. 146*
¡Aleluyá!"

Oficiante:

De generación en generación declararemos Tu grandeza, y por toda la eternidad proclamaremos Tu Santidad, y Tu alabanza, Dios nuestro, no se apartará de nuestros labios jamás, pues Tú eres el Rey grande y sagrado. Bendito eres Tú Señor, el Dios santo.

/*Entre Rosh HaShaná y Yom Kipur:* el Rey santo./

El oficiante continúa en la siguiente página con "Tú agracias a la humanidad".

מְכַלְכֵּל חַיִּים בְּחֶסֶד, מְחַיֵּה מֵתִים בְּרַחֲמִים רַבִּים
סוֹמֵךְ נוֹפְלִים, וְרוֹפֵא חוֹלִים, וּמַתִּיר אֲסוּרִים
וּמְקַיֵּם אֱמוּנָתוֹ לִישֵׁנֵי עָפָר.
מִי כָמְוֹךָ, בַּעַל גְּבוּרוֹת, וּמִי דּוֹמֶה לָּךְ
מֶלֶךְ, מֵמִית וּמְחַיֶּה וּמַצְמִיחַ יְשׁוּעָה.

בעשרת ימי תשובה: מִי כָמְוֹךָ אַב הָרַחֲמִים, זוֹכֵר יְצוּרָיו לְחַיִּים בְּרַחֲמִים.

וְנֶאֱמָן אַתָּה לְהַחֲיוֹת מֵתִים.
בָּרוּךְ אַתָּה יהוה, מְחַיֵּה הַמֵּתִים.

Durante el rezo en voz baja continúe en אַתָּה קָדוֹשׁ *en la página siguiente.*

קדושה

Durante la חזרת הש״ץ*, se recita aquí de pie el siguiente pasaje.*
En los sitios marcados con ▲ *quien reza debe elevarse levemente en puntas de pie.*

El קהל *y luego el* שליח ציבור*:*

נְקַדֵּשׁ אֶת שִׁמְךָ בָּעוֹלָם, כְּשֵׁם שֶׁמַּקְדִּישִׁים אוֹתוֹ בִּשְׁמֵי מָרוֹם
כַּכָּתוּב עַל יַד נְבִיאֶךָ, וְקָרָא זֶה אֶל־זֶה וְאָמַר ישעיה ו

El קהל *y luego el* שליח ציבור*:*

▲קָדוֹשׁ, ▲קָדוֹשׁ, ▲קָדוֹשׁ, יהוה צְבָאוֹת, מְלֹא כָל־הָאָרֶץ כְּבוֹדוֹ:
לְעֻמָּתָם בָּרוּךְ יֹאמֵרוּ

El קהל *y luego el* שליח ציבור*:*

▲בָּרוּךְ כְּבוֹד־יהוה מִמְּקוֹמוֹ: יחזקאל ג
וּבְדִבְרֵי קָדְשְׁךָ כָּתוּב לֵאמֹר

El קהל *y luego el* שליח ציבור*:*

▲יִמְלֹךְ יהוה לְעוֹלָם, אֱלֹהַיִךְ צִיּוֹן לְדֹר וָדֹר, הַלְלוּיָהּ: תהלים קמו

:שליח ציבור

לְדוֹר וָדוֹר נַגִּיד גָּדְלֶךָ, וּלְנֵצַח נְצָחִים קְדֻשָּׁתְךָ נַקְדִּישׁ, וְשִׁבְחֲךָ
אֱלֹהֵינוּ מִפִּינוּ לֹא יָמוּשׁ לְעוֹלָם וָעֶד, כִּי אֵל מֶלֶךְ גָּדוֹל וְקָדוֹשׁ אָתָּה.
בָּרוּךְ אַתָּה יהוה, הָאֵל הַקָּדוֹשׁ. / בעשרת ימי תשובה: הַמֶּלֶךְ הַקָּדוֹשׁ./

El שליח ציבור *continúa en la siguiente página con* אַתָּה חוֹנֵן*.*

SANTIDAD

אַתָּה קָדוֹשׁ Tú eres santo y Tu Nombre es santo,
y los santos Te alaban a diario, ¡Sela!
Bendito eres Tú SEÑOR,
el Dios santo. / *Entre Rosh HaShaná y Yom Kipur:* el Rey santo./

(*En caso de olvido se repite la Amidá*).

CONOCIMIENTO

אַתָּה חוֹנֵן Tú agracias a la humanidad con conocimiento
y enseñas a los mortales entendimiento.
Agrácianos con conocimiento, entendimiento
y discernimiento que de Ti provienen.
Bendito eres Tú SEÑOR,
que con gracia otorga el conocimiento.

RETORNO

הֲשִׁיבֵנוּ Padre nuestro, haznos retornar a Tu Torá.
Rey nuestro, acércanos a Tu servicio.
Haznos retornar en completo arrepentimiento ante Ti.
Bendito eres Tú SEÑOR,
que desea el arrepentimiento.

PERDÓN

Golpear el lado izquierdo del pecho al llegar a °.

סְלַח לָנוּ Perdónanos Padre nuestro porque hemos °errado.
Discúlpanos, Rey nuestro porque hemos °pecado intencionalmente;
pues Tú perdonas y disculpas.
Bendito eres Tú SEÑOR,
que perdona reiteradamente con clemencia.

REDENCIÓN

רְאֵה Mira nuestra aflicción, litiga nuestra causa,
redímenos pronto en aras de Tu Nombre,
porque Tú eres un poderoso redentor.
Bendito eres Tú SEÑOR,
redentor de Israel.

קדושת השם

אַתָּה קָדוֹשׁ וְשִׁמְךָ קָדוֹשׁ
וּקְדוֹשִׁים בְּכָל יוֹם יְהַלְלוּךָ סֶּלָה.
בָּרוּךְ אַתָּה יהוה, הָאֵל הַקָּדוֹשׁ. / בעשרת ימי תשובה: הַמֶּלֶךְ הַקָּדוֹשׁ./
(*En caso de olvido se repite la* עמידה.)

דעת

אַתָּה חוֹנֵן לְאָדָם דַּעַת, וּמְלַמֵּד לֶאֱנוֹשׁ בִּינָה.
חָנֵּנוּ מֵאִתְּךָ דֵּעָה בִּינָה וְהַשְׂכֵּל.
בָּרוּךְ אַתָּה יהוה, חוֹנֵן הַדָּעַת.

תשובה

הֲשִׁיבֵנוּ אָבִינוּ לְתוֹרָתֶךָ, וְקָרְבֵנוּ מַלְכֵּנוּ לַעֲבוֹדָתֶךָ
וְהַחֲזִירֵנוּ בִּתְשׁוּבָה שְׁלֵמָה לְפָנֶיךָ.
בָּרוּךְ אַתָּה יהוה, הָרוֹצֶה בִּתְשׁוּבָה.

סליחה

Golpear el lado izquierdo del pecho al llegar a °.

סְלַח לָנוּ אָבִינוּ כִּי °חָטָאנוּ
מְחַל לָנוּ מַלְכֵּנוּ כִּי °פָשָׁעְנוּ
כִּי מוֹחֵל וְסוֹלֵחַ אָתָּה.
בָּרוּךְ אַתָּה יהוה, חַנּוּן הַמַּרְבֶּה לִסְלֹחַ.

גאולה

רְאֵה בְעָנְיֵנוּ, וְרִיבָה רִיבֵנוּ
וּגְאָלֵנוּ מְהֵרָה לְמַעַן שְׁמֶךָ
כִּי גּוֹאֵל חָזָק אָתָּה.
בָּרוּךְ אַתָּה יהוה, גּוֹאֵל יִשְׂרָאֵל.

En días de ayuno público el oficiante agrega:

עֲנֵנוּ Respóndenos Señor, respóndenos en nuestro día de ayuno, pues nos encontramos en medio de una gran angustia. No mires nuestra maldad. No ocultes Tu rostro de nosotros y no ignores nuestra súplica. Sé próximo a nuestro clamor, que Tu benevolencia nos consuele, respóndenos aún antes de que Te imploremos, tal como está escrito: "Y será que antes de que Me invoquen Yo responderé, mientras ellos todavía hablan Yo ya habré escuchado". *Is. 65* Pues Tú Señor, respondes en tiempos de angustia, siempre redimes y rescatas en tiempos de aflicción y desgracia. Bendito eres Tú Señor, que responde en tiempos de aflicción.

CURACIÓN

רְפָאֵנוּ Cúranos Señor, y seremos curados.
Sálvanos y seremos salvos, pues Tú eres nuestra alabanza.
Trae completa recuperación para todas nuestras dolencias,

Aquí se recita la siguiente plegaria por una persona enferma:

Sea Tu voluntad Señor, Dios mío y de mis ancestros, que envíes pronto recuperación completa desde el cielo, tanto para el cuerpo como para el alma de (*nombre*) hijo / hija (*nombre de su madre*) en el seno de los demás enfermos de entre los hijos de Israel.

Pues Tú eres el Rey curador confiable y misericordioso.
Bendito eres Tú Señor,
que cura a los enfermos de Su pueblo Israel.

PROSPERIDAD

La frase "concédenos rocío y lluvia de bendición" se recita desde el 5 de diciembre (6 de diciembre antes de un año civil bisiesto) hasta Pesaj. En Israel se recita desde el 7 de Marjeshván. La frase "concédenos bendición" se dice desde Jol HaMo'ed Pesaj hasta el 4 de diciembre (5 de ese mes antes de un año civil bisiesto). En Israel se dice hasta el 6 de Marjeshván. Ver leyes 147–149.

בָּרֵךְ Bendice para nosotros este año Señor, nuestro Dios,
y todas sus especies de cosechas para bien.

En invierno de Israel: concédenos rocío y lluvia de bendición

En otras estaciones de Israel: concédenos bendición

sobre la faz de la tierra, y satisfácenos de sus bondades,
y bendice nuestros años como a los mejores.
Bendito eres Tú Señor, que bendice los años.

En días de ayuno público el שליח ציבור *agrega:*

עֲנֵנוּ יהוה עֲנֵנוּ בְּיוֹם צוֹם תַּעֲנִיתֵנוּ, כִּי בְצָרָה גְדוֹלָה אֲנָחְנוּ. אַל תֵּפֶן אֶל רִשְׁעֵנוּ, וְאַל תַּסְתֵּר פָּנֶיךָ מִמֶּנּוּ, וְאַל תִּתְעַלַּם מִתְּחִנָּתֵנוּ. הֱיֵה נָא קָרוֹב לְשַׁוְעָתֵנוּ, יְהִי נָא חַסְדְּךָ לְנַחֲמֵנוּ, טֶרֶם נִקְרָא אֵלֶיךָ עֲנֵנוּ, כַּדָּבָר שֶׁנֶּאֱמַר: וְהָיָה טֶרֶם יִקְרָאוּ וַאֲנִי אֶעֱנֶה, עוֹד הֵם מְדַבְּרִים וַאֲנִי אֶשְׁמָע: כִּי אַתָּה יהוה הָעוֹנֶה בְּעֵת צָרָה, פּוֹדֶה וּמַצִּיל בְּכָל עֵת צָרָה וְצוּקָה. בָּרוּךְ אַתָּה יהוה, הָעוֹנֶה בְּעֵת צָרָה. ישעיה סה

רפואה

רְפָאֵנוּ יהוה וְנֵרָפֵא, הוֹשִׁיעֵנוּ וְנִוָּשֵׁעָה, כִּי תְהִלָּתֵנוּ אָתָּה וְהַעֲלֵה רְפוּאָה שְׁלֵמָה לְכָל מַכּוֹתֵינוּ

The following prayer for a sick person may be said here:

יְהִי רָצוֹן מִלְּפָנֶיךָ יהוה אֱלֹהַי וֵאלֹהֵי אֲבוֹתַי, שֶׁתִּשְׁלַח מְהֵרָה רְפוּאָה שְׁלֵמָה מִן הַשָּׁמַיִם רְפוּאַת הַנֶּפֶשׁ וּרְפוּאַת הַגּוּף לַחוֹלֶה/לַחוֹלָה *nombre* בֶּן/בַּת *nombre de su madre* בְּתוֹךְ שְׁאָר חוֹלֵי יִשְׂרָאֵל.

כִּי אֵל מֶלֶךְ רוֹפֵא נֶאֱמָן וְרַחֲמָן אָתָּה.
בָּרוּךְ אַתָּה יהוה, רוֹפֵא חוֹלֵי עַמּוֹ יִשְׂרָאֵל.

ברכת השנים

La frase וְתֵן טַל וּמָטָר לִבְרָכָה *se recita desde el 5 de diciembre (6 de diciembre antes de un año civil bisiesto) hasta* פסח. *En* ארץ ישראל *se recita desde el* ז׳ מרחשון. *La frase* וְתֵן בְּרָכָה *se dice desde* חול המועד פסח *hasta el 4 de diciembre (5 de ese mes antes de un año civil bisiesto). En* ארץ ישראל *se dice hasta el* ו׳ מרחשון. *Ver leyes 147–149.*

בָּרֵךְ עָלֵינוּ יהוה אֱלֹהֵינוּ אֶת הַשָּׁנָה הַזֹּאת
וְאֶת כָּל מִינֵי תְבוּאָתָהּ, לְטוֹבָה

En invierno de ארץ ישראל **וְתֵן טַל וּמָטָר לִבְרָכָה**

En otras estaciones de ארץ ישראל **וְתֵן בְּרָכָה**

עַל פְּנֵי הָאֲדָמָה, וְשַׂבְּעֵנוּ מִטּוּבָהּ
וּבָרֵךְ שְׁנָתֵנוּ כַּשָּׁנִים הַטּוֹבוֹת.
בָּרוּךְ אַתָּה יהוה, מְבָרֵךְ הַשָּׁנִים.

REUNIÓN DE LOS EXILIOS

תְּקַע Haz sonar el gran shofar de nuestra liberación,
iza el estandarte de la reunión de nuestros exilios
y reúnenos desde los cuatro confines de la tierra.
Bendito eres Tú Señor,
que reúne a los dispersos de Su pueblo Israel.

JUSTICIA

הָשִׁיבָה Restaura nuestros jueces como en el principio
y nuestros consejeros como al inicio
y quita de entre nosotros penas y suspiros de angustia.
Pues solamente Tú Señor,
reinas sobre nosotros con benevolencia y compasión,
y reivindícanos en el juicio.
Bendito eres Tú Señor,
Rey que ama la rectitud y la justicia.
/*Entre Rosh HaShaná y Yom Kipur la bendición culmina:* el Rey de la justicia./

CONTRA LOS APÓSTATAS Y DELATORES

וְלַמַּלְשִׁינִים Que no haya esperanza para los delatores,
y que toda maldad perezca de inmediato;
que los enemigos de Tu pueblo sean pronto cercenados,
que los maliciosos sean pronto arrancados, quebrados, erradicados
y doblegados pronto en nuestros días.
Bendito eres Tú Señor,
que quiebra a los enemigos y doblega a los maliciosos.

POR LOS JUSTOS

עַל הַצַּדִּיקִים Que se despierte Tu compasión
Señor, nuestro Dios,
por los justos, los piadosos, los ancianos
de Tu pueblo la casa de Israel,
el remanente de sus eruditos,
los justos prosélitos y por nosotros.

קבוץ גלויות

תְּקַע בְּשׁוֹפָר גָּדוֹל לְחֵרוּתֵנוּ
וְשָׂא נֵס לְקַבֵּץ גָּלֻיּוֹתֵינוּ
וְקַבְּצֵנוּ יַחַד מֵאַרְבַּע כַּנְפוֹת הָאָרֶץ.
בָּרוּךְ אַתָּה יהוה, מְקַבֵּץ נִדְחֵי עַמּוֹ יִשְׂרָאֵל.

השבת המשפט

הָשִׁיבָה שׁוֹפְטֵינוּ כְּבָרִאשׁוֹנָה וְיוֹעֲצֵינוּ כְּבַתְּחִלָּה
וְהָסֵר מִמֶּנּוּ יָגוֹן וַאֲנָחָה
וּמְלֹךְ עָלֵינוּ אַתָּה יהוה לְבַדְּךָ בְּחֶסֶד וּבְרַחֲמִים
וְצַדְּקֵנוּ בַּמִּשְׁפָּט.
בָּרוּךְ אַתָּה יהוה
מֶלֶךְ אוֹהֵב צְדָקָה וּמִשְׁפָּט. / בעשרת ימי תשובה: הַמֶּלֶךְ הַמִּשְׁפָּט./

ברכת המינים

וְלַמַּלְשִׁינִים אַל תְּהִי תִקְוָה
וְכָל הָרִשְׁעָה כְּרֶגַע תֹּאבֵד
וְכָל אוֹיְבֵי עַמְּךָ מְהֵרָה יִכָּרֵתוּ
וְהַזֵּדִים מְהֵרָה תְעַקֵּר וּתְשַׁבֵּר וּתְמַגֵּר וְתַכְנִיעַ בִּמְהֵרָה בְיָמֵינוּ.
בָּרוּךְ אַתָּה יהוה, שׁוֹבֵר אוֹיְבִים וּמַכְנִיעַ זֵדִים.

על הצדיקים

עַל הַצַּדִּיקִים וְעַל הַחֲסִידִים
וְעַל זִקְנֵי עַמְּךָ בֵּית יִשְׂרָאֵל
וְעַל פְּלֵיטַת סוֹפְרֵיהֶם
וְעַל גֵּרֵי הַצֶּדֶק, וְעָלֵינוּ
יֶהֱמוּ רַחֲמֶיךָ יהוה אֱלֹהֵינוּ

Concede una generosa recompensa
a todos aquellos que confían de verdad en Tu Nombre,
y que nuestro destino sea con ellos,
y que nunca nos avergoncemos pues en Ti hemos confiado.
Bendito eres Tú Señor, sostén y confianza de los justos.

RECONSTRUCCIÓN DE JERUSALÉM

וְלִירוּשָׁלַיִם Que regreses con compasión a Tu ciudad Jerusalém,
y en ella residas tal como lo prometiste.
Reconstrúyela cual edificación eterna
prontamente en nuestros días,
y establece rápidamente en ella el trono de David.
*Bendito eres Tú Señor, que reconstruye a Jerusalém.

El día 9 de Av esta bendición concluye de la siguiente manera:

נַחֵם Consuela Señor, Dios nuestro a los dolientes de Sion y Jerusalém, y a la ciudad enlutada y arrasada, humillada y desolada. Enlutada por la pérdida de sus hijos y cuyas moradas fueron arrasadas, humillada al ser zaherida su gloria y desolada de todo habitante. Ella está sentada con su cabeza cubierta cual mujer estéril que no dio a luz. Devorada por legiones y heredada por idólatras, a Tu pueblo Israel masacraron asesinando premeditadamente a hombres piadosos servidores del Altísimo. Por ello Sion llora amargamente y Jerusalém alza su voz. Mi corazón, mi corazón se enluta por sus asesinados, mis entrañas se angustian por sus víctimas, pues Tú Señor, por medio del fuego destruiste la ciudad y por medio del fuego la habrás de reconstruir, tal como está escrito: Y Yo seré para ella, dijo el Señor, cual muralla de fuego *Zej. 2*
que la circunda y Mi gloria se manifestará en ella. Bendito eres Tú Señor, que consuela a Sion y construye a Jerusalém.

Continúa con "Haz florecer".

REINO DE DAVID

אֶת צֶמַח Haz florecer prontamente el retoño de Tu siervo David,
y su magnificencia se eleve hacia lo alto
por medio de Tu salvación,
pues esperamos a diario Tu salvación.
Bendito eres Tú Señor, que haces florecer la gloria de la salvación.

וְתֵן שָׂכָר טוֹב לְכָל הַבּוֹטְחִים בְּשִׁמְךָ בֶּאֱמֶת
וְשִׂים חֶלְקֵנוּ עִמָּהֶם
וּלְעוֹלָם לֹא נֵבוֹשׁ כִּי בְךָ בָּטָחְנוּ.
בָּרוּךְ אַתָּה יהוה, מִשְׁעָן וּמִבְטָח לַצַּדִּיקִים.

בניין ירושלים

וְלִירוּשָׁלַיִם עִירְךָ בְּרַחֲמִים תָּשׁוּב
וְתִשְׁכֹּן בְּתוֹכָהּ כַּאֲשֶׁר דִּבַּרְתָּ
וּבְנֵה אוֹתָהּ בְּקָרוֹב בְּיָמֵינוּ בִּנְיַן עוֹלָם
וְכִסֵּא דָוִד מְהֵרָה לְתוֹכָהּ תָּכִין.
*בָּרוּךְ אַתָּה יהוה, בּוֹנֵה יְרוּשָׁלָיִם.

**El día* תשעה באב *esta bendición concluye de la siguiente manera:*

נַחֵם יהוה אֱלֹהֵינוּ אֶת אֲבֵלֵי צִיּוֹן וְאֶת אֲבֵלֵי יְרוּשָׁלָיִם, וְאֶת הָעִיר הָאֲבֵלָה
וְהַחֲרֵבָה וְהַבְּזוּיָה וְהַשּׁוֹמֵמָה. הָאֲבֵלָה מִבְּלִי בָנֶיהָ, וְהַחֲרֵבָה מִמְּעוֹנוֹתֶיהָ,
וְהַבְּזוּיָה מִכְּבוֹדָהּ, וְהַשּׁוֹמֵמָה מֵאֵין יוֹשֵׁב. וְהִיא יוֹשֶׁבֶת וְרֹאשָׁהּ חָפוּי,
כְּאִשָּׁה עֲקָרָה שֶׁלֹּא יָלָדָה. וַיְבַלְּעוּהָ לִגְיוֹנוֹת, וַיִּירָשׁוּהָ עוֹבְדֵי פְסִילִים, וַיָּטִילוּ
אֶת עַמְּךָ יִשְׂרָאֵל לֶחָרֶב, וַיַּהַרְגוּ בְזָדוֹן חֲסִידֵי עֶלְיוֹן. עַל כֵּן צִיּוֹן בְּמַר תִּבְכֶּה,
וִירוּשָׁלַיִם תִּתֵּן קוֹלָהּ. לִבִּי לִבִּי עַל חַלְלֵיהֶם, מֵעַי מֵעַי עַל חַלְלֵיהֶם, כִּי אַתָּה
יהוה בָּאֵשׁ הִצַּתָּהּ, וּבָאֵשׁ אַתָּה עָתִיד לִבְנוֹתָהּ. כָּאָמוּר: וַאֲנִי אֶהְיֶה־לָּהּ, זכריה ב
נְאֻם־יהוה, חוֹמַת אֵשׁ סָבִיב, וּלְכָבוֹד אֶהְיֶה בְתוֹכָהּ: בָּרוּךְ אַתָּה יהוה,
מְנַחֵם צִיּוֹן וּבוֹנֵה יְרוּשָׁלָיִם.

Continúa con אֶת צֶמַח.

משיח בן דוד

אֶת צֶמַח דָּוִד עַבְדְּךָ מְהֵרָה תַצְמִיחַ
וְקַרְנוֹ תָּרוּם בִּישׁוּעָתֶךָ, כִּי לִישׁוּעָתְךָ קִוִּינוּ כָּל הַיּוֹם.
בָּרוּךְ אַתָּה יהוה, מַצְמִיחַ קֶרֶן יְשׁוּעָה.

RESPUESTA A LA ORACIÓN

שְׁמַע קוֹלֵנוּ Escucha nuestra voz Señor, nuestro Dios.
Apiádate, ten compasión de nosotros
y recibe con misericordia y benevolencia nuestra plegaria,
pues Tú Dios, escuchas las súplicas y las plegarias.
No nos dejes volver de Tu presencia con las manos vacías,*
porque Tú escuchas la plegaria
de Tu pueblo Israel con compasión.
Bendito eres Tú Señor, que atiende la plegaria.

**En este punto, en días de ayuno, la congregación agrega "Respóndenos" como figura aquí abajo. En Israel en tiempos de sequía se agrega "Y respóndenos" en la página 124.*

עֲנֵנוּ Respóndenos Señor, respóndenos en este nuestro día de ayuno pues nos encontramos en medio de una gran angustia. No mires nuestra maldad. No ocultes Tu rostro de nosotros y no ignores nuestra súplica. Sé próximo a nuestro clamor, que Tu benevolencia nos consuele, respóndenos aún antes que Te imploremos, tal como está escrito: "Y será que antes de que Me invoquen Yo responderé, mientras ellos todavía hablan Yo ya habré escuchado" . Pues Tú Señor, respondes en tiempos de angustia, siempre redimes y rescatas en tiempos de aflicción y desgracia. *Is. 65*

Continuar arriba en "porque Tú escuchas".

EL SERVICIO DEL TEMPLO

רְצֵה Acepta con benevolencia Señor, nuestro Dios,
a Tu pueblo Israel y sus plegarias.
Restaura el servicio en Tu más sagrada casa
y acepta favorable y amorosamente
las ofrendas ígneas de Israel y sus rezos.
Que siempre recibas con agrado el servicio de Tu pueblo Israel.

En Rosh Jodesh y en Jol HaMo'ed se dice:

אֱלֹהֵינוּ Dios nuestro y de nuestros ancestros, que ascienda, acuda y llegue; sea visible, sea aceptada, sea escuchada, sea considerada y sea recordada delante de Ti nuestra memoria, y la de nuestros patriarcas, y la del Mashíaj hijo de David Tu siervo, y la memoria de Jerusalém Tu ciudad sagrada y la de todo Tu pueblo de Israel – para liberación y bienestar, gracia, benevolencia y compasión, vida y paz en este día de:

שומע תפילה

שְׁמַע קוֹלֵנוּ יהוה אֱלֹהֵינוּ
חוּס וְרַחֵם עָלֵינוּ
וְקַבֵּל בְּרַחֲמִים וּבְרָצוֹן אֶת תְּפִלָּתֵנוּ
כִּי אֵל שׁוֹמֵעַ תְּפִלּוֹת וְתַחֲנוּנִים אָתָּה
וּמִלְּפָנֶיךָ מַלְכֵּנוּ רֵיקָם אַל תְּשִׁיבֵנוּ*
כִּי אַתָּה שׁוֹמֵעַ תְּפִלַּת עַמְּךָ יִשְׂרָאֵל בְּרַחֲמִים.
בָּרוּךְ אַתָּה יהוה, שׁוֹמֵעַ תְּפִלָּה.

**En este punto, en días de ayuno, el קהל agrega עֲנֵנוּ como figura aquí abajo.*
En ארץ ישראל en tiempos de sequía se agrega וַעֲנֵנוּ en la página 125.

עֲנֵנוּ יהוה עֲנֵנוּ בְּיוֹם צוֹם תַּעֲנִיתֵנוּ, כִּי בְצָרָה גְדוֹלָה אֲנָחְנוּ. אַל תֵּפֶן אֶל
רִשְׁעֵנוּ, וְאַל תַּסְתֵּר פָּנֶיךָ מִמֶּנּוּ, וְאַל תִּתְעַלַּם מִתְּחִנָּתֵנוּ. הֱיֵה נָא קָרוֹב
לְשַׁוְעָתֵנוּ, יְהִי נָא חַסְדְּךָ לְנַחֲמֵנוּ, טֶרֶם נִקְרָא אֵלֶיךָ עֲנֵנוּ, כַּדָּבָר שֶׁנֶּאֱמַר:
וְהָיָה טֶרֶם יִקְרָאוּ וַאֲנִי אֶעֱנֶה, עוֹד הֵם מְדַבְּרִים וַאֲנִי אֶשְׁמָע: כִּי אַתָּה יהוה ישעיה סה
הָעוֹנֶה בְּעֵת צָרָה, פּוֹדֶה וּמַצִּיל בְּכָל עֵת צָרָה וְצוּקָה.

Continuar arriba en כִּי אַתָּה שׁוֹמֵעַ.

עבודה

רְצֵה יהוה אֱלֹהֵינוּ בְּעַמְּךָ יִשְׂרָאֵל, וּבִתְפִלָּתָם
וְהָשֵׁב אֶת הָעֲבוֹדָה לִדְבִיר בֵּיתֶךָ
וְאִשֵּׁי יִשְׂרָאֵל וּתְפִלָּתָם בְּאַהֲבָה תְקַבֵּל בְּרָצוֹן
וּתְהִי לְרָצוֹן תָּמִיד עֲבוֹדַת יִשְׂרָאֵל עַמֶּךָ.

En ראש חודש y en חול המועד se dice:

אֱלֹהֵינוּ וֵאלֹהֵי אֲבוֹתֵינוּ, יַעֲלֶה וְיָבוֹא וְיַגִּיעַ, וְיֵרָאֶה וְיֵרָצֶה וְיִשָּׁמַע, וְיִפָּקֵד וְיִזָּכֵר זִכְרוֹנֵנוּ וּפִקְדוֹנֵנוּ וְזִכְרוֹן אֲבוֹתֵינוּ, וְזִכְרוֹן מָשִׁיחַ בֶּן דָּוִד עַבְדֶּךָ, וְזִכְרוֹן יְרוּשָׁלַיִם עִיר קָדְשֶׁךָ, וְזִכְרוֹן כָּל עַמְּךָ בֵּית יִשְׂרָאֵל, לְפָנֶיךָ, לִפְלֵיטָה לְטוֹבָה, לְחֵן וּלְחֶסֶד וּלְרַחֲמִים, לְחַיִּים וּלְשָׁלוֹם בְּיוֹם

En Rosh Jodesh: Rosh Jodesh
En Pesaj: Fiesta de las Matzot
En Sucot: Fiesta de Sucot

Recuérdanos Señor, nuestro Dios para bien, tennos presentes para bendición y redímenos para la vida. Apiádate de nosotros y agrácianos, ten compasión de nosotros y redímenos de acuerdo con Tu promesa de salvación; pues nuestros ojos están puestos en Ti ya que Tú Dios, eres un Rey benevolente y compasivo.

וְתֶחֱזֶינָה Que nuestros ojos contemplen
Tu retorno a Sion con compasión.
Bendito eres Tú Señor, que restaura Su presencia en Sion.

AGRADECIMIENTO

Inclinarse al recitar las primeras seis palabras.

מוֹדִים Te agradecemos a Ti,
pues eres el Señor, Dios nuestro
y de nuestros ancestros por siempre.
Eres nuestra Roca
y la de nuestra existencia,
Escudo de nuestra salvación
de generación en generación.
Te agradeceremos, y relataremos
Tu alabanza por nuestras vidas
que están depositadas en Tus manos,
por nuestras almas que están a Tu cargo,
por Tus milagros para con nosotros
a diario, y las bondades y maravillas
que nos prodigas en todo momento,
noche, mañana y tarde.
El Benevolente,
pues Tu compasión nunca concluye,
Tú eres compasivo,
pues no cesan Tus bondades.
Siempre hemos depositado
nuestra esperanza en Ti.

Durante la repetición del oficiante la congregación dice en silencio:

מודים Te agradecemos a Ti,
pues eres el Señor,
Dios nuestro
y de nuestros ancestros,
Dios de toda carne,
Formador nuestro
y del universo.
Bendiciones
y agradecimientos
a Tu Nombre grandioso
y sagrado,
por habernos preservado
con vida y mantenido.
De igual forma, danos vida,
sostén y reúne a Tus exiliados
en Tu patio sagrado,
para que cumplan con Tus
leyes y hagan Tu voluntad
con integridad de corazón,
por ello nos
corresponde agradecerte.
Bendito es el Dios
a Quien debemos agradecer.

בראש חודש: רֹאשׁ הַחֹדֶשׁ / בפסח: חַג הַמַּצּוֹת / בסוכות: חַג הַסֻּכּוֹת הַזֶּה. זָכְרֵנוּ יהוה אֱלֹהֵינוּ בּוֹ לְטוֹבָה, וּפָקְדֵנוּ בוֹ לִבְרָכָה, וְהוֹשִׁיעֵנוּ בוֹ לְחַיִּים. וּבִדְבַר יְשׁוּעָה וְרַחֲמִים, חוּס וְחָנֵּנוּ וְרַחֵם עָלֵינוּ וְהוֹשִׁיעֵנוּ, כִּי אֵלֶיךָ עֵינֵינוּ, כִּי אֵל מֶלֶךְ חַנּוּן וְרַחוּם אָתָּה.

וְתֶחֱזֶינָה עֵינֵינוּ בְּשׁוּבְךָ לְצִיּוֹן בְּרַחֲמִים.
בָּרוּךְ אַתָּה יהוה
הַמַּחֲזִיר שְׁכִינָתוֹ לְצִיּוֹן.

הודאה

Inclinarse al recitar las primeras cinco palabras.

מוֹדִים אֲנַחְנוּ לָךְ
שָׁאַתָּה הוּא יהוה אֱלֹהֵינוּ
וֵאלֹהֵי אֲבוֹתֵינוּ לְעוֹלָם וָעֶד.
צוּר חַיֵּינוּ, מָגֵן יִשְׁעֵנוּ
אַתָּה הוּא לְדוֹר וָדוֹר.
נוֹדֶה לְּךָ וּנְסַפֵּר תְּהִלָּתֶךָ
עַל חַיֵּינוּ הַמְּסוּרִים בְּיָדֶךָ
וְעַל נִשְׁמוֹתֵינוּ הַפְּקוּדוֹת לָךְ
וְעַל נִסֶּיךָ שֶׁבְּכָל יוֹם עִמָּנוּ
וְעַל נִפְלְאוֹתֶיךָ וְטוֹבוֹתֶיךָ
שֶׁבְּכָל עֵת
עֶרֶב וָבֹקֶר וְצָהֳרָיִם.
הַטּוֹב, כִּי לֹא כָלוּ רַחֲמֶיךָ
וְהַמְרַחֵם, כִּי לֹא תַמּוּ חֲסָדֶיךָ
מֵעוֹלָם קִוִּינוּ לָךְ.

Durante la חזרת הש״ץ *el* קהל *dice en silencio:*

מוֹדִים אֲנַחְנוּ לָךְ
שָׁאַתָּה הוּא יהוה אֱלֹהֵינוּ
וֵאלֹהֵי אֲבוֹתֵינוּ
אֱלֹהֵי כָל בָּשָׂר
יוֹצְרֵנוּ, יוֹצֵר בְּרֵאשִׁית.
בְּרָכוֹת וְהוֹדָאוֹת
לְשִׁמְךָ הַגָּדוֹל וְהַקָּדוֹשׁ
עַל שֶׁהֶחֱיִיתָנוּ וְקִיַּמְתָּנוּ.
כֵּן תְּחַיֵּנוּ וּתְקַיְּמֵנוּ
וְתֶאֱסֹף גָּלֻיּוֹתֵינוּ
לְחַצְרוֹת קָדְשֶׁךָ
לִשְׁמֹר חֻקֶּיךָ
וְלַעֲשׂוֹת רְצוֹנֶךָ
וּלְעָבְדְּךָ בְּלֵבָב שָׁלֵם
עַל שֶׁאֲנַחְנוּ מוֹדִים לָךְ.
בָּרוּךְ אֵל הַהוֹדָאוֹת.

En Janucá:

עַל הַנִּסִּים (Te agradecemos también) por los milagros, la redención, los actos poderosos, las salvaciones y las victorias en las batallas que Tú llevaste a acabo en favor de nuestros ancestros en aquellos días en este tiempo.

בִּימֵי מַתִּתְיָהוּ En los días de Matitiahu hijo de Yojanán, el Sumo Sacerdote, el jasmoneo y sus hijos, cuando el malvado reino griego se levantó contra Tu pueblo Israel para hacerles olvidar Tu Torá y forzarlos a transgredir los estatutos de Tu voluntad. Y Tú, con gran compasión, estuviste junto a ellos en el tiempo de su desgracia, luchaste por su causa, juzgaste su reclamo y vengaste su opresión. Entregaste fuertes en manos de débiles, muchos en manos de pocos, impuros en manos de puros, malvados en manos de justos, arrogantes en manos de estudiosos de Tu Torá. Hiciste para Ti un Nombre Grande y Sagrado en Tu mundo, y a Tu pueblo Israel diste gran redención salvación en un día como este. Luego, Tus hijos ingresaron a Tu recinto sagrado, limpiaron Tu Templo, purificaron Tu santuario, encendieron velas en Tus cortes y establecieron estos ocho días de Janucá para agradecerte y alabar a Tu gran Nombre. *Continúa con "Por todo esto".*

En Purim:

עַל הַנִּסִּים (Te agradecemos también) por los milagros, la redención, los actos poderosos, las salvaciones y las victorias en las batallas que Tú llevaste a acabo en favor de nuestros ancestros en aquellos días en este tiempo.

בִּימֵי מָרְדְּכַי En los días de Mordejai y Ester, en la ciudad capital de Shushán, cuando el malvado Amán se alzó contra Tu pueblo procurando destruir, *Est. 3* matar y exterminar a todos los judíos, jóvenes y mayores, niños y mujeres en un solo día, el trece del duodécimo mes que es el de Adar y saquear sus posesiones. Entonces Tú, con gran compasión desbarataste su plan, arruinaste su proyecto y le retribuiste por su maldad haciéndolo colgar junto a sus hijos de un cadalso. *Continúa con "Por todo esto".*

וְעַל כֻּלָּם Por todo esto, Rey nuestro, que Tu Nombre
sea bendecido y exaltado por siempre.

Entre Rosh HaShaná y Yom Kipur: E inscribe a todos los hijos de Tu pacto para una buena vida.

Que todos los seres vivos Te agradezcan, ¡Sela!,
y alaben Tu Nombre de verdad,
Dios de nuestra redención y nuestro socorro, ¡Sela!
▾Bendito eres Tú SEÑOR,
Tu Nombre es "Bueno" y a Ti corresponde agradecer.

בחנוכה:

עַל הַנִּסִּים וְעַל הַפֻּרְקָן וְעַל הַגְּבוּרוֹת וְעַל הַתְּשׁוּעוֹת וְעַל הַמִּלְחָמוֹת שֶׁעָשִׂיתָ לַאֲבוֹתֵינוּ בַּיָּמִים הָהֵם בַּזְּמַן הַזֶּה.

בִּימֵי מַתִּתְיָהוּ בֶּן יוֹחָנָן כֹּהֵן גָּדוֹל חַשְׁמוֹנָאִי וּבָנָיו, כְּשֶׁעָמְדָה מַלְכוּת יָוָן הָרְשָׁעָה עַל עַמְּךָ יִשְׂרָאֵל לְהַשְׁכִּיחָם תּוֹרָתֶךָ וּלְהַעֲבִירָם מֵחֻקֵּי רְצוֹנֶךָ, וְאַתָּה בְּרַחֲמֶיךָ הָרַבִּים עָמַדְתָּ לָהֶם בְּעֵת צָרָתָם, רַבְתָּ אֶת רִיבָם, דַּנְתָּ אֶת דִּינָם, נָקַמְתָּ אֶת נִקְמָתָם, מָסַרְתָּ גִבּוֹרִים בְּיַד חַלָּשִׁים, וְרַבִּים בְּיַד מְעַטִּים, וּטְמֵאִים בְּיַד טְהוֹרִים, וּרְשָׁעִים בְּיַד צַדִּיקִים, וְזֵדִים בְּיַד עוֹסְקֵי תוֹרָתֶךָ, וּלְךָ עָשִׂיתָ שֵׁם גָּדוֹל וְקָדוֹשׁ בְּעוֹלָמֶךָ, וּלְעַמְּךָ יִשְׂרָאֵל עָשִׂיתָ תְּשׁוּעָה גְדוֹלָה וּפֻרְקָן כְּהַיּוֹם הַזֶּה. וְאַחַר כֵּן בָּאוּ בָנֶיךָ לִדְבִיר בֵּיתֶךָ, וּפִנּוּ אֶת הֵיכָלֶךָ, וְטִהֲרוּ אֶת מִקְדָּשֶׁךָ, וְהִדְלִיקוּ נֵרוֹת בְּחַצְרוֹת קָדְשֶׁךָ, וְקָבְעוּ שְׁמוֹנַת יְמֵי חֲנֻכָּה אֵלּוּ, לְהוֹדוֹת וּלְהַלֵּל לְשִׁמְךָ הַגָּדוֹל.

Continue with וְעַל כֻּלָּם.

בפורים:

עַל הַנִּסִּים וְעַל הַפֻּרְקָן וְעַל הַגְּבוּרוֹת וְעַל הַתְּשׁוּעוֹת וְעַל הַמִּלְחָמוֹת שֶׁעָשִׂיתָ לַאֲבוֹתֵינוּ בַּיָּמִים הָהֵם בַּזְּמַן הַזֶּה.

בִּימֵי מָרְדְּכַי וְאֶסְתֵּר בְּשׁוּשַׁן הַבִּירָה, כְּשֶׁעָמַד עֲלֵיהֶם הָמָן הָרָשָׁע,
בִּקֵּשׁ לְהַשְׁמִיד לַהֲרֹג וּלְאַבֵּד אֶת־כָּל־הַיְּהוּדִים מִנַּעַר וְעַד־זָקֵן טַף אסתר ג
וְנָשִׁים בְּיוֹם אֶחָד, בִּשְׁלוֹשָׁה עָשָׂר לְחֹדֶשׁ שְׁנֵים־עָשָׂר, הוּא־חֹדֶשׁ אֲדָר,
וּשְׁלָלָם לָבוֹז: וְאַתָּה בְּרַחֲמֶיךָ הָרַבִּים הֵפַרְתָּ אֶת עֲצָתוֹ, וְקִלְקַלְתָּ אֶת
מַחֲשַׁבְתּוֹ, וַהֲשֵׁבוֹתָ לּוֹ גְּמוּלוֹ בְּרֹאשׁוֹ, וְתָלוּ אוֹתוֹ וְאֶת בָּנָיו עַל הָעֵץ.

Continue with וְעַל כֻּלָּם.

וְעַל כֻּלָּם יִתְבָּרַךְ וְיִתְרוֹמַם שִׁמְךָ מַלְכֵּנוּ תָּמִיד לְעוֹלָם וָעֶד.

בעשרת ימי תשובה: וּכְתֹב לְחַיִּים טוֹבִים כָּל בְּנֵי בְרִיתֶךָ.

וְכֹל הַחַיִּים יוֹדוּךָ סֶּלָה, וִיהַלְלוּ אֶת שִׁמְךָ בֶּאֱמֶת הָאֵל יְשׁוּעָתֵנוּ וְעֶזְרָתֵנוּ סֶלָה.

בָּרוּךְ אַתָּה יהוה, הַטּוֹב שִׁמְךָ וּלְךָ נָאֶה לְהוֹדוֹת.

El siguiente pasaje es recitado por el oficiante durante la repetición de la Amidá solamente en días de ayunos públicos a excepción de un hogar donde se guarda duelo. En Israel, en días ayuno, si los cohanim bendicen a la congregación pasar a la página 874. Ver leyes 370–377.

Dios nuestro y de nuestros ancestros, bendícenos con la triple bendición de la Torá, escrita por la mano de Tu siervo Moshé y pronunciada por Aharón y sus hijos los cohanim, Tu pueblo consagrado, como fue dicho:

El Señor te bendiga y te guarde. *Núm. 6*

Congregación: Que así sea Tu voluntad.

El Señor te ilumine con Su Presencia y te agracie.

Congregación: Que así sea Tu voluntad.

El Señor dirija Su Presencia hacia ti y te conceda la paz.

Congregación: Que así sea Tu voluntad.

PAZ

שָׁלוֹם רָב Confiere una gran paz para siempre a Tu pueblo Israel, pues Tú eres el Rey soberano de toda paz; que sea bueno ante Tus ojos bendecir a Tu pueblo Israel en todo momento, y a cada hora con Tu paz.

En días de ayuno se recita:

שִׂים שָׁלוֹם Instaura paz, bien y bendición, gracia, benevolencia y compasión sobre nosotros y todo Tu pueblo Israel. Bendícenos Padre nuestro, a todos nosotros como uno, con la luz de Tu Semblante, pues en la luz de Tu Semblante nos has dado Señor, nuestro Dios, una Torá de vida y amor a la benevolencia, justicia, bendición, compasión, vida y paz. Que ante Tus ojos sea bueno bendecir a todo Tu pueblo Israel, en todo momento, a toda hora, con Tu paz.

Entre Rosh HaShaná y Yom Kipur: Que seamos recordados e inscritos nosotros y todo Tu pueblo la casa de Israel en el libro de la vida, la bendición, la paz y la prosperidad para una buena vida y para la paz.*

Bendito eres Tú Señor, que bendice a Su pueblo Israel con la paz.

**Fuera de Israel, entre Rosh HaShaná y Yom Kipur algunos acostumbran finalizar esta bendición de la siguiente forma:*

Bendito eres Tú Señor, que hace la paz.

El siguiente versículo finaliza la repetición de la Amidá por parte del oficiante. Algunos lo recitan aquí, como parte de la Amidá en voz baja. Ver ley 368.

Que las palabras de mi boca y la meditación de mi corazón *Sal. 19*
hallen favor ante Ti Señor, mi Fortaleza y mi Redentor.

El siguiente pasaje es recitado por el שליח ציבור *durante la* חזרת הש״ץ *solamente en días de ayunos públicos a excepción de un hogar donde se guarda duelo. En* ארץ ישראל*, en días ayuno, si los* כהנים *bendicen al* קהל *pasar a la página 875. Ver leyes 370–377.*

אֱלֹהֵינוּ וֵאלֹהֵי אֲבוֹתֵינוּ, בָּרְכֵנוּ בַבְּרָכָה הַמְשֻׁלֶּשֶׁת בַּתּוֹרָה, הַכְּתוּבָה עַל יְדֵי מֹשֶׁה עַבְדֶּךָ, הָאֲמוּרָה מִפִּי אַהֲרֹן וּבָנָיו כֹּהֲנִים עַם קְדוֹשֶׁךָ, כָּאָמוּר

במדבר ו
יְבָרֶכְךָ יהוה וְיִשְׁמְרֶךָ: קהל: כֵּן יְהִי רָצוֹן
יָאֵר יהוה פָּנָיו אֵלֶיךָ וִיחֻנֶּךָּ: קהל: כֵּן יְהִי רָצוֹן
יִשָּׂא יהוה פָּנָיו אֵלֶיךָ וְיָשֵׂם לְךָ שָׁלוֹם: קהל: כֵּן יְהִי רָצוֹן

ברכת שלום

שָׁלוֹם רָב עַל יִשְׂרָאֵל
עַמְּךָ תָּשִׂים לְעוֹלָם
כִּי אַתָּה הוּא
מֶלֶךְ אָדוֹן לְכָל הַשָּׁלוֹם.
וְטוֹב בְּעֵינֶיךָ
לְבָרֵךְ אֶת עַמְּךָ יִשְׂרָאֵל
בְּכָל עֵת וּבְכָל שָׁעָה
בִּשְׁלוֹמֶךָ.

En días de ayuno se recita:

שִׂים שָׁלוֹם טוֹבָה וּבְרָכָה
חֵן וָחֶסֶד וְרַחֲמִים
עָלֵינוּ וְעַל כָּל יִשְׂרָאֵל עַמֶּךָ.
בָּרְכֵנוּ אָבִינוּ כֻּלָּנוּ כְּאֶחָד בְּאוֹר פָּנֶיךָ
כִּי בְאוֹר פָּנֶיךָ נָתַתָּ לָּנוּ יהוה אֱלֹהֵינוּ
תּוֹרַת חַיִּים וְאַהֲבַת חֶסֶד
וּצְדָקָה וּבְרָכָה וְרַחֲמִים וְחַיִּים וְשָׁלוֹם.
וְטוֹב בְּעֵינֶיךָ לְבָרֵךְ אֶת עַמְּךָ יִשְׂרָאֵל
בְּכָל עֵת וּבְכָל שָׁעָה בִּשְׁלוֹמֶךָ.

בעשרת ימי תשובה: בְּסֵפֶר חַיִּים, בְּרָכָה וְשָׁלוֹם, וּפַרְנָסָה טוֹבָה
נִזָּכֵר וְנִכָּתֵב לְפָנֶיךָ, אֲנַחְנוּ וְכָל עַמְּךָ בֵּית יִשְׂרָאֵל
לְחַיִּים טוֹבִים וּלְשָׁלוֹם.*

בָּרוּךְ אַתָּה יהוה, הַמְבָרֵךְ אֶת עַמּוֹ יִשְׂרָאֵל בַּשָּׁלוֹם.

**En* חוץ לארץ*, entre* עשרת ימי תשובה *algunos acostumbran finalizar esta bendición de la siguiente forma:*

בָּרוּךְ אַתָּה יהוה, עוֹשֶׂה הַשָּׁלוֹם.

El siguiente versículo finaliza la חזרת הש״ץ *por parte del* שליח ציבור*. Algunos lo recitan aquí, como parte de la* עמידה *en voz baja. Ver ley 368.*

תהלים יט
יִהְיוּ לְרָצוֹן אִמְרֵי־פִי וְהֶגְיוֹן לִבִּי לְפָנֶיךָ, יהוה צוּרִי וְגֹאֲלִי:

אֱלֹהַי Dios mío, *Berajot 17A*
preserva mi lengua del mal y mis labios de pronunciar engaño.
Que mi alma calle ante quienes me maldicen,
y sea como el polvo para con todos.
Abre mi corazón a Tu Torá y que mi alma persiga Tus preceptos.
Rápidamente deja sin efecto el consejo
y frustra los planes de quienes conspiran contra mí.

Actúa en pos de Tu Nombre, actúa en pos de Tu diestra,
actúa en pos de Tu santidad, actúa en pos de Tu Torá.

Para que Tus amados sean liberados, *Sal. 60*
redime con Tu diestra y respóndeme.
*Que las palabras de mi boca y la meditación de mi corazón *Sal. 19*
hallen favor ante Ti Señor, mi Fortaleza y mi Redentor.

Inclinarse, dar tres pasos hacia atrás, entonces inclinarse primero hacia la izquierda y luego hacia la derecha, luego al centro, mientras se dice:

Quien obra la paz en Sus alturas,
haga la paz para nosotros y todo Israel y decid: Amén.

יְהִי רָצוֹן Sea Tu voluntad Señor, Dios nuestro y de nuestros ancestros que el Templo sea reconstruido pronto en nuestros días, que nos concedas nuestra porción en Tu Torá. Allí Te serviremos con temor reverencial como en los días de antaño y los años pretéritos. Entonces las ofrendas de Yehudá y *Mal. 3* Jerusalém agradarán al Señor como en los días de antaño y los años pretéritos.

En días en los que no se recita Tajanún el oficiante recita un Kadish Completo en la página 252.

**Una persona que se encuentra realizando un ayuno personal recita lo siguiente durante el rezo de Minjá previo al inicio del mismo:*

Amo de todos los mundos, mañana estaré ayunando ante Ti un ayuno opcional. Sea Tu voluntad Señor, Dios mío y de mis ancestros que me aceptes con amor y con favor, y que mi plegaria llegue delante de Ti, que respondas mi pedido con gran compasión, pues Tú escuchas los rezos de cada boca.

En la tarde del día de ayuno se recita lo siguiente:

Amo de todos los mundos, es manifiesto y sabido por Ti que cuando el Templo estaba en pie una persona que trasgredía podía elevar un sacrificio del cual se ofrendaba únicamente la grasa y la sangre y Tú en Tu inmensa compasión expiabas la falta. Y ahora estuve sumido en un ayuno por lo que mi grasa y mi sangre se vieron disminuidas. Sea Tu voluntad que la disminución de mi grasa y mi sangre en el día de hoy se considere como si las hubiese ofrendado sobre el altar y me agracies.

ברכות יז.

אֱלֹהַי
נְצֹר לְשׁוֹנִי מֵרָע וּשְׂפָתַי מִדַּבֵּר מִרְמָה
וְלִמְקַלְלַי נַפְשִׁי תִדֹּם, וְנַפְשִׁי כֶּעָפָר לַכֹּל תִּהְיֶה.
פְּתַח לִבִּי בְּתוֹרָתֶךָ, וּבְמִצְוֹתֶיךָ תִּרְדֹּף נַפְשִׁי.
וְכָל הַחוֹשְׁבִים עָלַי רָעָה
מְהֵרָה הָפֵר עֲצָתָם וְקַלְקֵל מַחֲשַׁבְתָּם.
עֲשֵׂה לְמַעַן שְׁמֶךָ, עֲשֵׂה לְמַעַן יְמִינֶךָ
עֲשֵׂה לְמַעַן קְדֻשָּׁתֶךָ, עֲשֵׂה לְמַעַן תּוֹרָתֶךָ.
תהלים ס — לְמַעַן יֵחָלְצוּן יְדִידֶיךָ, הוֹשִׁיעָה יְמִינְךָ וַעֲנֵנִי:
תהלים יט — *יִהְיוּ לְרָצוֹן אִמְרֵי־פִי וְהֶגְיוֹן לִבִּי לְפָנֶיךָ, יהוה צוּרִי וְגֹאֲלִי:

Inclinarse, dar tres pasos hacia atrás, entonces inclinarse primero hacia la izquierda y luego hacia la derecha, luego al centro, mientras se dice:

עֹשֶׂה שָׁלוֹם/ בעשרת ימי תשובה: הַשָּׁלוֹם/ בִּמְרוֹמָיו
הוּא יַעֲשֶׂה שָׁלוֹם עָלֵינוּ וְעַל כָּל יִשְׂרָאֵל, וְאִמְרוּ אָמֵן.

יְהִי רָצוֹן מִלְּפָנֶיךָ יהוה אֱלֹהֵינוּ וֵאלֹהֵי אֲבוֹתֵינוּ, שֶׁיִּבָּנֶה בֵּית הַמִּקְדָּשׁ בִּמְהֵרָה בְיָמֵינוּ, וְתֵן חֶלְקֵנוּ בְּתוֹרָתֶךָ, וְשָׁם נַעֲבָדְךָ בְּיִרְאָה כִּימֵי עוֹלָם וּכְשָׁנִים קַדְמֹנִיּוֹת. וְעָרְבָה לַיהוה מִנְחַת יְהוּדָה וִירוּשָׁלָיִם כִּימֵי עוֹלָם וּכְשָׁנִים קַדְמֹנִיּוֹת: מלאכי ג

En días en los que no se recita תחנון
el שליח ציבור *recita un* קדיש שלם *en la página 253.*

**Una persona que se encuentra realizando un ayuno personal recita lo siguiente durante el rezo de* מנחה *previo al inicio del mismo:*

רִבּוֹן כָּל הָעוֹלָמִים, הֲרֵי אֲנִי לְפָנֶיךָ בְּתַעֲנִית נְדָבָה לְמָחָר. יְהִי רָצוֹן מִלְּפָנֶיךָ יהוה אֱלֹהַי וֵאלֹהֵי אֲבוֹתַי, שֶׁתְּקַבְּלֵנִי בְּאַהֲבָה וּבְרָצוֹן, וְתָבֹא לְפָנֶיךָ תְּפִלָּתִי, וְתַעֲנֶה עֲתִירָתִי בְּרַחֲמֶיךָ הָרַבִּים, כִּי אַתָּה שׁוֹמֵעַ תְּפִלַּת כָּל־פֶּה.

En la tarde del día de ayuno se recita lo siguiente:

רִבּוֹן כָּל הָעוֹלָמִים, גָּלוּי וְיָדוּעַ לְפָנֶיךָ, בִּזְמַן שֶׁבֵּית הַמִּקְדָּשׁ קַיָּם, אָדָם חוֹטֵא וּמַקְרִיב קָרְבָּן, וְאֵין מַקְרִיבִין מִמֶּנּוּ אֶלָּא חֶלְבּוֹ וְדָמוֹ, וְאַתָּה בְּרַחֲמֶיךָ הָרַבִּים מְכַפֵּר. וְעַכְשָׁו יָשַׁבְתִּי בְתַעֲנִית, וְנִתְמַעֵט חֶלְבִּי וְדָמִי. יְהִי רָצוֹן מִלְּפָנֶיךָ, שֶׁיְּהֵא מִעוּט חֶלְבִּי וְדָמִי שֶׁנִּתְמַעֵט הַיּוֹם, כְּאִלּוּ הִקְרַבְתִּיו עַל־גַּבֵּי הַמִּזְבֵּחַ, וְתִרְצֵנִי.

Entre Rosh HaShaná y Yom Kipur y en los días de ayuno público se recita aquí Avinu Malkenu (página 138) salvo en aquellos días en los que se omite Tajanún (ver la lista abajo).

TAJANÚN

No se recita Tajanún en víspera de Shabat ni de Yom Tov. Además, se omite en los siguientes días: Rosh Jodesh, Janucá, Tu BiShvat, 14 y 15 del primer mes de Adar, Purim y Shushán Purim, Yom Ha'Atzmaut, Lag Ba'omer, Yom Yerushalaim, Tish'á BeAv, Tu BeAv y sus tardes previas, en el mes de Nisán, el 14 de Yiar (Pesaj Shení), desde Rosh Jodesh Siván hasta el día siguiente a Shavu'ot (en Israel hasta el 12 de Siván), desde víspera de Yom Kipur hasta el día posterior a Simjat Torá (en Israel hasta Rosh Jodesh Marjeshván). El Tajanún se omite también en caso de celebrarse un Brit Milá tanto en el sitio donde la circuncisión se habrá de llevar a cabo como en donde se hacen presentes el padre del niño, el padrino o el mohel; en caso de estar presente un novio (y algunos agregan si una novia) en el día de su enlace o durante la semana de Sheva Berajot; en la casa de los dolientes.

INCLINACIÓN SOBRE EL ROSTRO

Se recita sentados; en presencia de un rollo de la Torá, se recita inclinados hacia adelante apoyando la cabeza sobre el brazo izquierdo, hasta "se avergüencen repentinamente".

וַיֹּאמֶר דָּוִד "Y le dijo David a Gad, estoy muy angustiado, *II Sam. 24*
caigamos en manos del Señor pues grande es Su compasión,
mas no caigamos en la mano del hombre".

Dios compasivo y clemente, pequé ante Ti.
Señor que eres pleno de compasión,
apiádate de mí y acepta mis súplicas.

Señor, no me reprendas en Tu enojo ni me castigues en Tu ira. *Sal. 6*
Sé clemente conmigo Señor, pues soy débil, cúrame Señor,
pues mis huesos están estremecidos.
Mi alma está angustiada, y Tú Señor, ¿hasta cuándo?
Retorna Señor, libera mi alma, sálvame en pos de Tu benevolencia.
Pues nadie Te recuerda estando ya muerto,
¿quién Te habrá de alabar desde la tumba?
Me fatigué en mis suspiros,
todas las noches empapo mi cama y mi lecho con mis lágrimas.
Mis ojos se oscurecen de dolor, se resienten por causa de mis enemigos.
Abandonadme vosotros, los malhechores,
pues el Señor escuchó el clamor de mi llanto.
El Señor escuchó mi súplica, el Señor aceptará mi plegaria.
Que todos mis enemigos se avergüencen y se desalienten en gran manera,
que se avergüencen repentinamente.

Entre עשרת ימי תשובה *y en los días de ayuno público se recita aquí* אבינו מלכנו *(página 139) salvo en aquellos días en los que se omite el* תחנון *(ver la lista abajo).*

סדר תחנון

No se recita תחנון *en* ערב שבת *ni de* ערב יום טוב*. Además, se omite en los siguientes días:* ראש חודש*,* חנוכה*,* ט״ו בשבט*, 14 y 15 del mes de* אדר א׳*,* פורים *y* שושן פורים*,* יום העצמאות*,* ל״ג בעומר*,* יום ירושלים*,* תשעה באב*,* ט״ו באב *y sus tardes previas, en el mes de* ניסן*, el 14 de* אייר *(*פסח שני*), desde* ראש חודש סיון *hasta el día siguiente a* שבועות *(en* ארץ ישראל *hasta el* י״ב סיון*), desde* ערב יום כיפור *hasta el día posterior a* שמחת תורה *(en* ארץ ישראל *hasta* ראש חודש מרחשון*). El* תחנון *se omite también en caso de celebrarse un* ברית מילה *tanto en el sitio donde la* ברית *se habrá de llevar a cabo como en donde se hacen presentes el padre del niño, el* סנדק *o el* מוהל*; en caso de estar presente un* חתן *(y algunos agregan si una* כלה*) en el día de su enlace o durante la semana de* שבע ברכות*; en la casa de los dolientes.*

נפילת אפיים

Se recita sentados; en presencia de un ספר תורה*, se recita inclinados hacia adelante apoyando la cabeza sobre el brazo izquierdo, hasta* יֵבֹשׁוּ רָגַע*.*

וַיֹּאמֶר דָּוִד אֶל־גָּד, צַר־לִי מְאֹד שמואל ב׳ כד
נִפְּלָה־נָּא בְיַד־יהוה, כִּי רַבִּים רַחֲמָו, וּבְיַד־אָדָם אַל־אֶפֹּלָה:

רַחוּם וְחַנּוּן, חָטָאתִי לְפָנֶיךָ.
יהוה מָלֵא רַחֲמִים, רַחֵם עָלַי וְקַבֵּל תַּחֲנוּנָי.

יהוה, אַל־בְּאַפְּךָ תוֹכִיחֵנִי, וְאַל־בַּחֲמָתְךָ תְיַסְּרֵנִי: תהלים ו
חָנֵּנִי יהוה, כִּי אֻמְלַל אָנִי, רְפָאֵנִי יהוה, כִּי נִבְהֲלוּ עֲצָמָי:
וְנַפְשִׁי נִבְהֲלָה מְאֹד, וְאַתְּ יהוה, עַד־מָתָי:
שׁוּבָה יהוה, חַלְּצָה נַפְשִׁי, הוֹשִׁיעֵנִי לְמַעַן חַסְדֶּךָ:
כִּי אֵין בַּמָּוֶת זִכְרֶךָ, בִּשְׁאוֹל מִי יוֹדֶה־לָּךְ:
יָגַעְתִּי בְּאַנְחָתִי, אַשְׂחֶה בְכָל־לַיְלָה מִטָּתִי, בְּדִמְעָתִי עַרְשִׂי אַמְסֶה:
עָשְׁשָׁה מִכַּעַס עֵינִי, עָתְקָה בְּכָל־צוֹרְרָי:
סוּרוּ מִמֶּנִּי כָּל־פֹּעֲלֵי אָוֶן, כִּי־שָׁמַע יהוה קוֹל בִּכְיִי:
שָׁמַע יהוה תְּחִנָּתִי, יהוה תְּפִלָּתִי יִקָּח:
יֵבֹשׁוּ וְיִבָּהֲלוּ מְאֹד כָּל־אֹיְבָי, יָשֻׁבוּ יֵבֹשׁוּ רָגַע:

Incorporarse y sentarse erguido.

שׁוֹמֵר יִשְׂרָאֵל Guardián de Israel, cuida el remanente de Israel, no dejes que perezca Israel, quienes proclaman la unicidad de Tu Nombre y dicen: "Escucha, Israel".

Protector de esta nación única, protege al remanente de esta nación única, y no dejes que perezca esta nación única, que proclaman la unicidad de Tu Nombre, "El Señor es nuestro Dios, el Señor es Uno".

Guardián de esta nación sagrada, vela al remanente de esta nación sagrada, no permitas que perezca esta nación sagrada, que repite tres veces la triple declaración de santidad del Dios Santo.

Tú que te concilias por medio de llamados de compasión y aplacas Tu enojo por medio de súplicas, concíliate y aplácate ante esta generación pobre en acciones pues no tenemos otra ayuda.

Padre nuestro, Rey nuestro, sé clemente y respóndenos, pues carecemos de buenas acciones en nuestro haber; obra con nosotros caridad y benevolencia y sálvanos.

Ponerse de pie al llegar a ▲.

וַאֲנַחְנוּ Y nosotros no sabemos ▲qué hacer, mas nuestros ojos están puestos *II Cró. 12*
en Ti. Recuerda Señor Tu compasión y Tu benevolencia pues desde siempre *Sal. 25*
han existido. Que Tu benevolencia Señor sea sobre nosotros pues en Ti *Sal. 33*
hemos depositado nuestras esperanzas. No nos recuerdes los pecados de *Sal. 79*
quienes nos antecedieron. Que Tu misericordia nos encuentre prontamente,
pues hemos caído muy bajo. Sé clemente con nosotros Señor pues ya nos *Sal. 123*
hemos saciado de burlas. En Tu ira recuerda Tu misericordia. Pues Él conoce *Hab. 3* *Sal. 103*
nuestra inclinación, Él recuerda que estamos hechos de polvo. ▸ Ayúdanos, *Sal. 79*
Dios de nuestra salvación, por la gloria de Tu Nombre. Sálvanos y expía
nuestros pecados en pos de Tu Nombre.

KADISH COMPLETO

Oficiante: יִתְגַּדַּל Que Su Gran Nombre sea magnificado y santificado,
en el mundo que creó conforme a Su voluntad.
Que establezca Su reino
durante vuestra vida y en vuestros días
y en la vida de toda la casa de Israel,
pronto y rápidamente y decid: Amén.

Todos: Que Su Gran Nombre sea bendito
por siempre y por toda la eternidad.

Incorporarse y sentarse erguido.

שׁוֹמֵר יִשְׂרָאֵל, שְׁמֹר שְׁאֵרִית יִשְׂרָאֵל, וְאַל יֹאבַד יִשְׂרָאֵל
הָאוֹמְרִים שְׁמַע יִשְׂרָאֵל.

שׁוֹמֵר גּוֹי אֶחָד, שְׁמֹר שְׁאֵרִית עַם אֶחָד, וְאַל יֹאבַד גּוֹי אֶחָד
הַמְיַחֲדִים שִׁמְךָ, יהוה אֱלֹהֵינוּ יהוה אֶחָד.

שׁוֹמֵר גּוֹי קָדוֹשׁ, שְׁמֹר שְׁאֵרִית עַם קָדוֹשׁ, וְאַל יֹאבַד גּוֹי קָדוֹשׁ
הַמְשַׁלְּשִׁים בְּשָׁלֹשׁ קְדֻשּׁוֹת לְקָדוֹשׁ.

מִתְרַצֶּה בְּרַחֲמִים וּמִתְפַּיֵּס בְּתַחֲנוּנִים, הִתְרַצֵּה וְהִתְפַּיֵּס לְדוֹר עָנִי
כִּי אֵין עוֹזֵר.

אָבִינוּ מַלְכֵּנוּ, חָנֵּנוּ וַעֲנֵנוּ, כִּי אֵין בָּנוּ מַעֲשִׂים
עֲשֵׂה עִמָּנוּ צְדָקָה וָחֶסֶד וְהוֹשִׁיעֵנוּ.

Ponerse de pie al llegar a ˄.

וַאֲנַחְנוּ לֹא נֵדַע ˄מַה־נַּעֲשֶׂה, כִּי עָלֶיךָ עֵינֵינוּ: זְכֹר־רַחֲמֶיךָ יהוה דברי הימים ב׳ יב תהלים כה
וַחֲסָדֶיךָ, כִּי מֵעוֹלָם הֵמָּה: יְהִי־חַסְדְּךָ יהוה עָלֵינוּ, כַּאֲשֶׁר יִחַלְנוּ לָךְ: תהלים לג
אַל־תִּזְכָּר־לָנוּ עֲוֹנֹת רִאשֹׁנִים, מַהֵר יְקַדְּמוּנוּ רַחֲמֶיךָ, כִּי דַלּוֹנוּ מְאֹד: תהלים עט
חָנֵּנוּ יהוה חָנֵּנוּ, כִּי־רַב שָׂבַעְנוּ בוּז: בְּרֹגֶז רַחֵם תִּזְכּוֹר: כִּי־הוּא יָדַע תהלים קכג חבקוק ג תהלים קג
יִצְרֵנוּ, זָכוּר כִּי־עָפָר אֲנָחְנוּ: ˂ עָזְרֵנוּ אֱלֹהֵי יִשְׁעֵנוּ עַל־דְּבַר כְּבוֹד־ תהלים עט
שְׁמֶךָ, וְהַצִּילֵנוּ וְכַפֵּר עַל־חַטֹּאתֵינוּ לְמַעַן שְׁמֶךָ:

קדיש שלם

ש״ץ: יִתְגַּדַּל וְיִתְקַדַּשׁ שְׁמֵהּ רַבָּא (קהל: אָמֵן)
בְּעָלְמָא דִּי בְרָא כִרְעוּתֵהּ
וְיַמְלִיךְ מַלְכוּתֵהּ
בְּחַיֵּיכוֹן וּבְיוֹמֵיכוֹן וּבְחַיֵּי דְכָל בֵּית יִשְׂרָאֵל
בַּעֲגָלָא וּבִזְמַן קָרִיב, וְאִמְרוּ אָמֵן. (קהל: אָמֵן)

קהל וש״ץ: יְהֵא שְׁמֵהּ רַבָּא מְבָרַךְ לְעָלַם וּלְעָלְמֵי עָלְמַיָּא.

Oficiante: Sea bendecido, alabado, glorificado
y exaltado, encumbrado
y magnificado, enaltecido y ensalzado
el Nombre del Santo Bendito Él;
más allá de cualquier bendición,
cántico, alabanza y consolación
pronunciados en el mundo
y decid: Amén.

Que nuestras plegarias y las súplicas
de todo el pueblo de Israel
sean aceptadas por su Padre Celestial
y decid: Amén.

Que haya gran paz celestial
y vida para nosotros y para todo Israel
y decid: Amén.

Inclinarse, dar tres pasos hacia atrás como retirándose de la Divina Presencia, luego inclinarse primero hacia la izquierda, luego hacia la derecha y luego al centro mientras se dice:

Quien obra la paz en Sus alturas,
haga la paz
para nosotros y todo Israel
y decid: Amén.

Se recita Aleinu de pie y se debe inclinar al llegar a ▾.

עָלֵינוּ Es nuestro deber alabar al Amo de todo,
engrandecer al Creador del universo
por no habernos hecho como las naciones de los países
ni habernos puesto entre las familias de la tierra;
que no hizo nuestra porción similar a la de ellos
ni nuestro destino como el de sus multitudes.
(Pues ellos se prosternan a la vanidad y al vacío
y le oran a un dios que no puede salvarlos).
▾ Empero nosotros nos inclinamos y nos prosternamos
y agradecemos ante el Supremo Rey de Reyes, el Santo Bendito

ש״ץ: יִתְבָּרַךְ וְיִשְׁתַּבַּח וְיִתְפָּאַר
וְיִתְרוֹמַם וְיִתְנַשֵּׂא וְיִתְהַדָּר וְיִתְעַלֶּה וְיִתְהַלָּל
שְׁמֵהּ דְּקֻדְשָׁא בְּרִיךְ הוּא (קהל: בְּרִיךְ הוּא)
לְעֵלָּא מִן כָּל בִּרְכָתָא / בעשרת ימי תשובה: לְעֵלָּא לְעֵלָּא מִכָּל בִּרְכָתָא/
וְשִׁירָתָא, תֻּשְׁבְּחָתָא וְנֶחֱמָתָא, דַּאֲמִירָן בְּעָלְמָא
וְאִמְרוּ אָמֵן. (קהל: אָמֵן)

תִּתְקַבַּל צְלוֹתְהוֹן וּבָעוּתְהוֹן דְּכָל יִשְׂרָאֵל
קֳדָם אֲבוּהוֹן דִּי בִשְׁמַיָּא
וְאִמְרוּ אָמֵן. (קהל: אָמֵן)

יְהֵא שְׁלָמָא רַבָּא מִן שְׁמַיָּא
וְחַיִּים, עָלֵינוּ וְעַל כָּל יִשְׂרָאֵל
וְאִמְרוּ אָמֵן. (קהל: אָמֵן)

Inclinarse, dar tres pasos hacia atrás como retirándose de la Divina Presencia, luego inclinarse primero hacia la izquierda, luego hacia la derecha y luego al centro mientras se dice:

עֹשֶׂה שָׁלוֹם/ בעשרת ימי תשובה: הַשָּׁלוֹם/ בִּמְרוֹמָיו
הוּא יַעֲשֶׂה שָׁלוֹם עָלֵינוּ וְעַל כָּל יִשְׂרָאֵל
וְאִמְרוּ אָמֵן. (קהל: אָמֵן)

Se recita עָלֵינוּ *de pie y se debe inclinar al llegar a* ▾.

עָלֵינוּ לְשַׁבֵּחַ לַאֲדוֹן הַכֹּל, לָתֵת גְּדֻלָּה לְיוֹצֵר בְּרֵאשִׁית
שֶׁלֹּא עָשָׂנוּ כְּגוֹיֵי הָאֲרָצוֹת, וְלֹא שָׂמָנוּ כְּמִשְׁפְּחוֹת הָאֲדָמָה
שֶׁלֹּא שָׂם חֶלְקֵנוּ כָּהֶם וְגוֹרָלֵנוּ כְּכָל הֲמוֹנָם.
(שֶׁהֵם מִשְׁתַּחֲוִים לְהֶבֶל וָרִיק וּמִתְפַּלְּלִים אֶל אֵל לֹא יוֹשִׁיעַ.)
▾וַאֲנַחְנוּ כּוֹרְעִים וּמִשְׁתַּחֲוִים וּמוֹדִים
לִפְנֵי מֶלֶךְ מַלְכֵי הַמְּלָכִים, הַקָּדוֹשׁ בָּרוּךְ הוּא

Él, que extiende los cielos y establece la tierra,
y Su trono de gloria se encuentra en los cielos
y el poder de Su mora en las alturas.
Él es nuestro Dios, no hay otro.
Verdadero es nuestro Rey y no hay ningún otro,
tal como está escrito en Su Torá:
"Has de saber hoy y responder a tu corazón *Deut. 4*
que el Señor es el Dios en las alturas del cielo y abajo en la tierra
y no hay otro salvo Él.

Por lo tanto, depositamos en Ti nuestra confianza Señor, Dios nuestro,
que podamos ver pronto el esplendor de Tu poder,
cuando remuevas las abominaciones de la faz de la tierra,
y los ídolos sean completamente destruidos,
cuando el mundo sea perfeccionado
bajo la soberanía del Todopoderoso,
cuando toda la humanidad invoque Tu Nombre
y todos los malvados de la tierra volverán hacia Ti.
Todos los habitantes de la tierra reconocerán
y sabrán que toda rodilla debe inclinarse ante Ti
y cada lengua debe jurarte fidelidad.
Ante Ti Señor, Dios nuestro, se habrán de arrodillar e inclinar
y darán honor a Tu glorioso Nombre.
Aceptarán el yugo de Tu reino
y pronto reinarás sobre ellos por siempre jamás.
Pues Tuyo es el reino por siempre,
y reinarás gloriosamente por toda la eternidad,
tal como está escrito en Tu Torá:
"El Señor reinará por siempre y por toda la eternidad". *Éx. 15*
▸ Y fue dicho: "Entonces el Señor será el Rey sobre toda la tierra; *Zej. 14*
en ese día el Señor será Uno y Su Nombre Uno".

Algunos agregan:

No temas del terror que sobreviene repentinamente *Prov. 3*
ni por la destrucción de los malvados cuando arribase.
Hagan un proyecto: ¡fracasará! Digan una palabra: ¡no se realizará! *Is. 8*
Porque Dios está con nosotros.
Hasta que envejezcan, Yo seré el Mismo, y hasta que encanezcan, Yo los sostendré, *Is. 46*
Yo he obrado, y Me haré cargo de eso: los sostendré y los libraré.

שֶׁהוּא נוֹטֶה שָׁמַיִם וְיוֹסֵד אָרֶץ
וּמוֹשַׁב יְקָרוֹ בַּשָּׁמַיִם מִמַּעַל
וּשְׁכִינַת עֻזּוֹ בְּגָבְהֵי מְרוֹמִים.
הוּא אֱלֹהֵינוּ, אֵין עוֹד.
אֱמֶת מַלְכֵּנוּ, אֶפֶס זוּלָתוֹ
כַּכָּתוּב בְּתוֹרָתוֹ
דברים ד וְיָדַעְתָּ הַיּוֹם וַהֲשֵׁבֹתָ אֶל־לְבָבֶךָ
כִּי יהוה הוּא הָאֱלֹהִים בַּשָּׁמַיִם מִמַּעַל וְעַל־הָאָרֶץ מִתָּחַת
אֵין עוֹד:

עַל כֵּן נְקַוֶּה לְּךָ יהוה אֱלֹהֵינוּ, לִרְאוֹת מְהֵרָה בְּתִפְאֶרֶת עֻזֶּךָ
לְהַעֲבִיר גִּלּוּלִים מִן הָאָרֶץ, וְהָאֱלִילִים כָּרוֹת יִכָּרֵתוּן
לְתַקֵּן עוֹלָם בְּמַלְכוּת שַׁדַּי.
וְכָל בְּנֵי בָשָׂר יִקְרְאוּ בִשְׁמֶךָ לְהַפְנוֹת אֵלֶיךָ כָּל רִשְׁעֵי אָרֶץ.
יַכִּירוּ וְיֵדְעוּ כָּל יוֹשְׁבֵי תֵבֵל
כִּי לְךָ תִּכְרַע כָּל בֶּרֶךְ, תִּשָּׁבַע כָּל לָשׁוֹן.
לְפָנֶיךָ יהוה אֱלֹהֵינוּ יִכְרְעוּ וְיִפֹּלוּ, וְלִכְבוֹד שִׁמְךָ יְקָר יִתֵּנוּ
וִיקַבְּלוּ כֻלָּם אֶת עֹל מַלְכוּתֶךָ
וְתִמְלֹךְ עֲלֵיהֶם מְהֵרָה לְעוֹלָם וָעֶד.
כִּי הַמַּלְכוּת שֶׁלְּךָ הִיא וּלְעוֹלְמֵי עַד תִּמְלֹךְ בְּכָבוֹד
שמות טו כַּכָּתוּב בְּתוֹרָתֶךָ, יהוה יִמְלֹךְ לְעֹלָם וָעֶד:
זכריה יד ◄ וְנֶאֱמַר, וְהָיָה יהוה לְמֶלֶךְ עַל־כָּל־הָאָרֶץ
בַּיּוֹם הַהוּא יִהְיֶה יהוה אֶחָד וּשְׁמוֹ אֶחָד:

Algunos agregan:

משלי ג אַל־תִּירָא מִפַּחַד פִּתְאֹם וּמִשֹּׁאַת רְשָׁעִים כִּי תָבֹא:
ישעיה ח עֻצוּ עֵצָה וְתֻפָר, דַּבְּרוּ דָבָר וְלֹא יָקוּם, כִּי עִמָּנוּ אֵל:
ישעיה מו וְעַד־זִקְנָה אֲנִי הוּא, וְעַד־שֵׂיבָה אֲנִי אֶסְבֹּל
אֲנִי עָשִׂיתִי וַאֲנִי אֶשָּׂא וַאֲנִי אֶסְבֹּל וַאֲמַלֵּט:

KADISH DE DUELO

La siguiente plegaria es recitada por quien está en duelo y requiere de la presencia de un minián. La transliteración se encuentra en la página 1360.

Doliente: יִתְגַּדַּל Que Su Gran Nombre
sea magnificado y santificado,
en el mundo que creó conforme a Su voluntad.
Que establezca Su reino
durante vuestra vida y en vuestros días
y en la vida de toda la casa de Israel,
pronto y rápidamente
y decid: Amén.

Todos: Que Su Gran Nombre sea bendito
por siempre y por toda la eternidad.

Doliente: Sea bendecido, alabado, glorificado
y exaltado, encumbrado
y magnificado, enaltecido y ensalzado
el Nombre del Santo Bendito Él;
más allá de cualquier bendición,
cántico, alabanza y consolación
pronunciados en el mundo
y decid: Amén.

Que haya gran paz celestial
y vida para nosotros
y para todo Israel
y decid: Amén.

Inclinarse, dar tres pasos hacia atrás como retirándose de la Divina Presencia, luego inclinarse primero hacia la izquierda, luego hacia la derecha y luego al centro mientras se dice:

Quien obra la paz en Sus alturas,
haga la paz
para nosotros y todo Israel
y decid: Amén.

קדיש יתום

La siguiente plegaria es recitada por quien está en duelo y requiere de la presencia de un מנין. La transliteración se encuentra en la página 1360.

אבל: יִתְגַּדַּל וְיִתְקַדַּשׁ שְׁמֵהּ רַבָּא (קהל: אָמֵן)
בְּעָלְמָא דִּי בְרָא כִרְעוּתֵהּ
וְיַמְלִיךְ מַלְכוּתֵהּ
בְּחַיֵּיכוֹן וּבְיוֹמֵיכוֹן וּבְחַיֵּי דְכָל בֵּית יִשְׂרָאֵל
בַּעֲגָלָא וּבִזְמַן קָרִיב
וְאִמְרוּ אָמֵן. (קהל: אָמֵן)

קהל ואבל: יְהֵא שְׁמֵהּ רַבָּא מְבָרַךְ לְעָלַם וּלְעָלְמֵי עָלְמַיָּא.

אבל: יִתְבָּרַךְ וְיִשְׁתַּבַּח וְיִתְפָּאַר
וְיִתְרוֹמַם וְיִתְנַשֵּׂא וְיִתְהַדָּר וְיִתְעַלֶּה וְיִתְהַלָּל
שְׁמֵהּ דְּקֻדְשָׁא בְּרִיךְ הוּא (קהל: בְּרִיךְ הוּא)
לְעֵלָּא מִן כָּל בִּרְכָתָא
/בעשרת ימי תשובה: לְעֵלָּא לְעֵלָּא מִכָּל בִּרְכָתָא/
וְשִׁירָתָא, תֻּשְׁבְּחָתָא וְנֶחֱמָתָא, דַּאֲמִירָן בְּעָלְמָא
וְאִמְרוּ אָמֵן. (קהל: אָמֵן)

יְהֵא שְׁלָמָא רַבָּא מִן שְׁמַיָּא
וְחַיִּים, עָלֵינוּ וְעַל כָּל יִשְׂרָאֵל
וְאִמְרוּ אָמֵן. (קהל: אָמֵן)

Inclinarse, dar tres pasos hacia atrás como retirándose de la Divina Presencia, luego inclinarse primero hacia la izquierda, luego hacia la derecha y luego al centro mientras se dice:

עֹשֶׂה שָׁלוֹם/ בעשרת ימי תשובה: הַשָּׁלוֹם/ בִּמְרוֹמָיו
הוּא יַעֲשֶׂה שָׁלוֹם עָלֵינוּ וְעַל כָּל יִשְׂרָאֵל
וְאִמְרוּ אָמֵן. (קהל: אָמֵן)

Ma'ariv para los Días de Semana

Al concluir el Shabat algunas personas acostumbran cantar los Salmos 67 y 144 previo al rezo de Ma'ariv (página 714).

וְהוּא רַחוּם Él es compasivo, perdonará la iniquidad y no destruirá, Sal. 78
suprimirá Su ira y no encenderá Su furia.
El SEÑOR salva, el Rey nos responderá el día que Le invoquemos. Sal. 20

EL RECITADO DEL SHEMÁ Y SUS BENDICIONES

El oficiante recita lo siguiente, se inclina en "Bendecid" y se vuelve a enderezar en "SEÑOR". La congregación responde inclinándose al escuchar "Bendecid" seguida por el oficiante y volviendo a enderezarse en "SEÑOR".

Oficiante: BENDECID
al SEÑOR el Bendecido.

Congregación: Bendecid al SEÑOR el Bendecido
por toda la eternidad.

Oficiante: Bendecid al SEÑOR el Bendecido
por toda la eternidad.

---

la visión que guarda más estrecha relación con el rezo y es la de la escalera que se apoya en la tierra y alcanza los cielos por la que los ángeles ascendían y descendían. Durante esta visión Dios le promete a Ya'akov "te protegeré donde sea que fueres" (Génesis 28:15). El servicio nocturno representa nuestra confianza en Dios en la oscuridad y el peligro de la noche.

וְהוּא רַחוּם *Él es compasivo:* Es un preludio al rezo extraído del libro de los Salmos y que funge como equivalente a los versículos de alabanza del rezo matinal. El versículo (Salmos 78:38) contiene trece palabras que aluden a los "Los Trece Atributos de la Misericordia".

בָּרְכוּ אֶת יהוה *Bendecid al SEÑOR:* Se trata de un llamado al rezo para toda la congregación, similar al del rezo de la mañana y se deriva del versículo (Salmos 34:4) que dice: "Exaltad al SEÑOR conmigo, y ensalcemos juntos Su Nombre".

מעריב לחול

En מוצאי שבת *algunas personas acostumbran cantar* לְדָוִד, בָּרוּךְ יהוה צוּרִי
y מִזְמוֹר שִׁיר לַמְנַצֵּחַ בִּנְגִינֹת *previo a* תפילת ערבית *(página 715).*

וְהוּא רַחוּם, יְכַפֵּר עָוֹן וְלֹא־יַשְׁחִית תהלים עח
וְהִרְבָּה לְהָשִׁיב אַפּוֹ, וְלֹא־יָעִיר כָּל־חֲמָתוֹ:
יהוה הוֹשִׁיעָה, הַמֶּלֶךְ יַעֲנֵנוּ בְיוֹם־קָרְאֵנוּ: תהלים כ

קריאת שמע וברכותיה

El שליח ציבור *recita lo siguiente, se inclina en* בָּרְכוּ *y se vuelve a enderezar en* ה׳*. El* קהל *responde inclinándose al escuchar* בָּרוּךְ *seguida por el* שליח ציבור *y volviendo a enderezarse en* ה׳*.*

ש״ץ: בָּרְכוּ
אֶת יהוה הַמְבֹרָךְ.

קהל: בָּרוּךְ יהוה הַמְבֹרָךְ לְעוֹלָם וָעֶד.

ש״ץ: בָּרוּךְ יהוה הַמְבֹרָךְ לְעוֹלָם וָעֶד.

EL REZO DE LA NOCHE

Recitar el Shemá por la noche (“al acostarte”) es un precepto de la Torá. Al inicio de la era post Santuario de Jerusalém había quienes sostenían que la Amidá de la noche no era obligatoria ya que, a diferencia de los rezos de la mañana y la tarde, no tenía un sacrificio correspondiente en el Templo (*Brajot* 27B–28A). Sin embargo, la observancia del rezo de la noche se tornó tan común y difundida entre las diferentes comunidades que eventualmente se tornó obligatoria. De todas maneras, por cuanto que el rezo de la noche no se corresponde con una ofrenda fija del Templo no es repetido por el oficiante.

La tradición identifica al rezo nocturno con el patriarca Ya’akov quien vivió sus experiencias espirituales más intensas por la noche, especialmente

בָּרוּךְ Bendito eres Tú SEÑOR, nuestro Dios, Rey del universo,
quien por Su palabra trae los anocheceres,
por medio de Su sabiduría abre los portones del cielo,
con entendimiento hace cambiar los tiempos
y rotar las estaciones,
y por efecto de Su voluntad
ordena las estrellas en sus constelaciones en el firmamento.
Él crea el día y la noche,
envolviendo la luz ante el advenimiento de la oscuridad
y la oscuridad ante el advenimiento de la luz.
▸ Él hace pasar el día y trae la noche,
diferencia entre el día y la noche,
Su Nombre es el SEÑOR de las Huestes Celestiales.
Que el Dios viviente y eterno reine sobre nosotros por siempre.
Bendito eres Tú SEÑOR, que hace caer las noches.

אַהֲבַת עוֹלָם Tú has amado a Tu pueblo, la casa de Israel,
con un amor eterno.
Nos has enseñado Torá y preceptos, leyes y ordenanzas.
Por ello SEÑOR, Dios nuestro,
al acostarnos y al levantarnos hablaremos de Tus leyes
y nos regocijaremos por siempre
con las palabras de Tu Torá y Tus preceptos.
▸ Pues ellos son nuestra vida y la extensión de nuestros días
y meditaremos sobre ellos de día y de noche.
Que nunca apartes Tu amor de nosotros.
Bendito eres Tú SEÑOR, que ama a Su pueblo Israel.

---

se refieren al amor Divino en términos de revelación: el obsequio de Dios para el pueblo de Israel de la Torá y sus preceptos. Así como Dios se conecta con el pueblo de Israel por medio de la palabra y la acción nosotros lo hacemos por medio de las palabras de la Torá y la acción del cumplimiento de los preceptos. No existe una frase que exprese más simple y profundamente el amor de los judíos por la existencia de los preceptos que aquella que reza: "Pues ellos son nuestra vida y la extensión de nuestros días".

בָּרוּךְ אַתָּה יהוה אֱלֹהֵינוּ מֶלֶךְ הָעוֹלָם
אֲשֶׁר בִּדְבָרוֹ מַעֲרִיב עֲרָבִים
בְּחָכְמָה פּוֹתֵחַ שְׁעָרִים
וּבִתְבוּנָה מְשַׁנֶּה עִתִּים וּמַחֲלִיף אֶת הַזְּמַנִּים
וּמְסַדֵּר אֶת הַכּוֹכָבִים בְּמִשְׁמְרוֹתֵיהֶם בָּרָקִיעַ כִּרְצוֹנוֹ.
בּוֹרֵא יוֹם וָלָיְלָה
גּוֹלֵל אוֹר מִפְּנֵי חֹשֶׁךְ וְחֹשֶׁךְ מִפְּנֵי אוֹר
◂ וּמַעֲבִיר יוֹם וּמֵבִיא לָיְלָה
וּמַבְדִּיל בֵּין יוֹם וּבֵין לָיְלָה
יהוה צְבָאוֹת שְׁמוֹ.
אֵל חַי וְקַיָּם תָּמִיד, יִמְלֹךְ עָלֵינוּ לְעוֹלָם וָעֶד.
בָּרוּךְ אַתָּה יהוה, הַמַּעֲרִיב עֲרָבִים.

אַהֲבַת עוֹלָם בֵּית יִשְׂרָאֵל עַמְּךָ אָהָבְתָּ
תּוֹרָה וּמִצְוֹת, חֻקִּים וּמִשְׁפָּטִים, אוֹתָנוּ לִמַּדְתָּ
עַל כֵּן יהוה אֱלֹהֵינוּ בְּשָׁכְבֵנוּ וּבְקוּמֵנוּ נָשִׂיחַ בְּחֻקֶּיךָ
וְנִשְׂמַח בְּדִבְרֵי תוֹרָתֶךָ וּבְמִצְוֹתֶיךָ לְעוֹלָם וָעֶד
◂ כִּי הֵם חַיֵּינוּ וְאֹרֶךְ יָמֵינוּ, וּבָהֶם נֶהְגֶּה יוֹמָם וָלָיְלָה.
וְאַהֲבָתְךָ אַל תָּסִיר מִמֶּנּוּ לְעוֹלָמִים.
בָּרוּךְ אַתָּה יהוה, אוֹהֵב עַמּוֹ יִשְׂרָאֵל.

הַמַּעֲרִיב עֲרָבִים *Que hace caer las noches:* Alabanza a Dios en su carácter de Creador del universo y por lo tanto del tiempo mismo. Al igual que en el rezo de la mañana, las dos bendiciones anteriores al recitado del Shemá y la bendición posterior hablan de los tres elementos claves en la fe judía: la Creación, la Revelación y la Redención.

אַהֲבַת עוֹלָם *Con un amor eterno:* La contraparte de la bendición de la mañana, en la que leemos "Tú nos has amado con un gran amor". Ambas expresiones

El Shemá debe recitarse con gran concentración. Véase leyes 349–353.
En caso de no haber minián se dice:

Dios, ¡Rey fiel!

El siguiente versículo debe ser recitado en voz alta cubriendo los ojos con la mano derecha:

Escucha Israel, el SEÑOR es nuestro Dios, el SEÑOR es Uno. Deut. 6

En voz baja: Bendito sea el Nombre de Su glorioso Reino por siempre.

וְאָהַבְתָּ Amarás al SEÑOR tu Dios con todo tu corazón, con toda tu alma y con todas tus fuerzas. Estas palabras que te ordeno hoy deben estar sobre tu corazón, se las transmitirás a tus hijos hablando sobre ellas, cuando estés en tu hogar y cuando transites por el camino, al acostarte y al levantarte. Y las atarás como señal sobre tu brazo y serán un emblema entre tus ojos. Y las escribirás en los marcos de tus puertas y sobre tus portones. Deut. 6

וְהָיָה Y será que, si realmente escucháis Mis preceptos que os ordeno el día de hoy, amando al SEÑOR vuestro Dios y sirviéndole con todo vuestro corazón y toda vuestra alma, entonces daré lluvia en su tiempo sobre vuestra tierra, tanto la primera como la postrera, y recogerás tus cereales, tu mosto y tu aceite de oliva. Proveeré hierba en tu campo para tus animales, y comerás y te saciarás. Tened cuidado de no permitir que vuestro corazón se desvíe sirviendo a dioses extraños y postrándose ante ellos. Entonces se encenderá la ira del SEÑOR con vosotros y bloqueará los cielos para que no haya lluvias, la tierra no dará su cosecha y os perderéis prontamente de la buena tierra que el SEÑOR os ha dado. Y pondrán estas palabras Mías sobre vuestros corazones, y las atarán sobre vuestros brazos y las tendrán por emblema entre vuestros ojos. Y las enseñarán a vuestros hijos hablando de ellas cuando estés sentado en tu hogar y cuando transites por los caminos, al acostarte y al levantarte. Y las escribirás en los marcos de tus puertas y sobre tus portones, para que se prolonguen vuestros días y los de vuestros hijos sobre la tierra que el SEÑOR prometió entregar a vuestros ancestros para que la habiten, mientras los cielos permanezcan sobre la tierra. Deut. 11

El שמע *debe recitarse con gran concentración. Véase leyes 349–353.*
En caso de no haber מנין *se dice:*

אֵל מֶלֶךְ נֶאֱמָן

El siguiente versículo debe ser recitado en voz alta cubriendo los ojos con la mano derecha:

שְׁמַע יִשְׂרָאֵל, יהוה אֱלֹהֵינוּ, יהוה ׀ אֶחָד: דברים ו

En voz baja בָּרוּךְ שֵׁם כְּבוֹד מַלְכוּתוֹ לְעוֹלָם וָעֶד.

וְאָהַבְתָּ אֵת יהוה אֱלֹהֶיךָ, בְּכָל־לְבָבְךָ וּבְכָל־נַפְשְׁךָ וּבְכָל־מְאֹדֶךָ: דברים ו
וְהָיוּ הַדְּבָרִים הָאֵלֶּה, אֲשֶׁר אָנֹכִי מְצַוְּךָ הַיּוֹם, עַל־לְבָבֶךָ: וְשִׁנַּנְתָּם
לְבָנֶיךָ וְדִבַּרְתָּ בָּם, בְּשִׁבְתְּךָ בְּבֵיתֶךָ וּבְלֶכְתְּךָ בַדֶּרֶךְ, וּבְשָׁכְבְּךָ
וּבְקוּמֶךָ: וּקְשַׁרְתָּם לְאוֹת עַל־יָדֶךָ וְהָיוּ לְטֹטָפֹת בֵּין עֵינֶיךָ:
וּכְתַבְתָּם עַל־מְזֻזוֹת בֵּיתֶךָ וּבִשְׁעָרֶיךָ:

וְהָיָה אִם־שָׁמֹעַ תִּשְׁמְעוּ אֶל־מִצְוֹתַי אֲשֶׁר אָנֹכִי מְצַוֶּה אֶתְכֶם דברים יא
הַיּוֹם, לְאַהֲבָה אֶת־יהוה אֱלֹהֵיכֶם וּלְעָבְדוֹ, בְּכָל־לְבַבְכֶם וּבְכָל־
נַפְשְׁכֶם: וְנָתַתִּי מְטַר־אַרְצְכֶם בְּעִתּוֹ, יוֹרֶה וּמַלְקוֹשׁ, וְאָסַפְתָּ דְגָנֶךָ
וְתִירֹשְׁךָ וְיִצְהָרֶךָ: וְנָתַתִּי עֵשֶׂב בְּשָׂדְךָ לִבְהֶמְתֶּךָ, וְאָכַלְתָּ וְשָׂבָעְתָּ:
הִשָּׁמְרוּ לָכֶם פֶּן־יִפְתֶּה לְבַבְכֶם, וְסַרְתֶּם וַעֲבַדְתֶּם אֱלֹהִים אֲחֵרִים
וְהִשְׁתַּחֲוִיתֶם לָהֶם: וְחָרָה אַף־יהוה בָּכֶם, וְעָצַר אֶת־הַשָּׁמַיִם
וְלֹא־יִהְיֶה מָטָר, וְהָאֲדָמָה לֹא תִתֵּן אֶת־יְבוּלָהּ, וַאֲבַדְתֶּם מְהֵרָה
מֵעַל הָאָרֶץ הַטֹּבָה אֲשֶׁר יהוה נֹתֵן לָכֶם: וְשַׂמְתֶּם אֶת־דְּבָרַי
אֵלֶּה עַל־לְבַבְכֶם וְעַל־נַפְשְׁכֶם, וּקְשַׁרְתֶּם אֹתָם לְאוֹת עַל־יֶדְכֶם,
וְהָיוּ לְטוֹטָפֹת בֵּין עֵינֵיכֶם: וְלִמַּדְתֶּם אֹתָם אֶת־בְּנֵיכֶם לְדַבֵּר בָּם,
בְּשִׁבְתְּךָ בְּבֵיתֶךָ וּבְלֶכְתְּךָ בַדֶּרֶךְ, וּבְשָׁכְבְּךָ וּבְקוּמֶךָ: וּכְתַבְתָּם
עַל־מְזוּזוֹת בֵּיתֶךָ וּבִשְׁעָרֶיךָ: לְמַעַן יִרְבּוּ יְמֵיכֶם וִימֵי בְנֵיכֶם עַל
הָאֲדָמָה אֲשֶׁר נִשְׁבַּע יהוה לַאֲבֹתֵיכֶם לָתֵת לָהֶם, כִּימֵי הַשָּׁמַיִם
עַל־הָאָרֶץ:

וַיֹּאמֶר El Señor habló a Moshé diciéndole: habla a los hijos de Israel y diles que hagan tzitzit en las esquinas de sus vestimentas por todas sus generaciones. Y pondrán en el tzitzit de cada esquina de la vestimenta un hilo celeste. Y será para vosotros por tzitzit y lo veréis y recordaréis así todos los preceptos del Señor y los cumpliréis, sin desviarse tras vuestros corazones y vuestros ojos, en virtud de los cuales os corrompéis. A fin de que recordéis todos Mis preceptos y seáis santos para vuestro Dios, Yo Soy el Señor vuestro Dios, quien os sacó de la tierra de Egipto para ser vuestro Dios, Yo Soy el Señor vuestro Dios. *Núm. 15*

Verdadero

El oficiante repite:

▸ El Señor vuestro Dios es verdadero –

וֶאֱמוּנָה y fidedigno y firmemente establecido es todo esto
para nosotros pues Él es el Señor nuestro Dios
y no hay otro fuera de Él,
y nosotros somos Su pueblo Israel.
Él nos rescata de las manos de reyes,
Él es nuestro Rey y nos redime de todos los opresores.
Él da su merecido a quienes nos acosan
y a todos nuestros enemigos mortales.
Él hace grandes acciones
más allá de todo entendimiento y maravillas incontables.
Él nos mantiene con vida *Sal. 66*
y no permite que nuestros pies resbalen.
Él nos guía
sobre los sitios encumbrados de nuestros enemigos
elevando nuestro prestigio
por sobre todos aquellos que nos odian.

El especial énfasis del carácter fidedigno en el rezo de la noche resulta una reminiscencia de la frase del Salmo 92 que dice: “narrar Tu bondad en la mañana y Tu fidelidad en la noche”.

וַיֹּאמֶר יְהוָה אֶל־מֹשֶׁה לֵּאמֹר: דַּבֵּר אֶל־בְּנֵי יִשְׂרָאֵל וְאָמַרְתָּ במדבר טו
אֲלֵהֶם, וְעָשׂוּ לָהֶם צִיצִת עַל־כַּנְפֵי בִגְדֵיהֶם לְדֹרֹתָם, וְנָתְנוּ עַל־
צִיצִת הַכָּנָף פְּתִיל תְּכֵלֶת: וְהָיָה לָכֶם לְצִיצִת, וּרְאִיתֶם אֹתוֹ
וּזְכַרְתֶּם אֶת־כָּל־מִצְוֹת יְהוָה וַעֲשִׂיתֶם אֹתָם, וְלֹא תָתוּרוּ אַחֲרֵי
לְבַבְכֶם וְאַחֲרֵי עֵינֵיכֶם, אֲשֶׁר־אַתֶּם זֹנִים אַחֲרֵיהֶם: לְמַעַן תִּזְכְּרוּ
וַעֲשִׂיתֶם אֶת־כָּל־מִצְוֹתָי, וִהְיִיתֶם קְדֹשִׁים לֵאלֹהֵיכֶם: אֲנִי יְהוָה
אֱלֹהֵיכֶם, אֲשֶׁר הוֹצֵאתִי אֶתְכֶם מֵאֶרֶץ מִצְרַיִם, לִהְיוֹת לָכֶם
לֵאלֹהִים, אֲנִי יְהוָה אֱלֹהֵיכֶם:

אֱמֶת

El שליח ציבור *repite:*

◂ יהוה אֱלֹהֵיכֶם אֱמֶת

וֶאֱמוּנָה כָּל זֹאת וְקַיָּם עָלֵינוּ
כִּי הוּא יהוה אֱלֹהֵינוּ וְאֵין זוּלָתוֹ
וַאֲנַחְנוּ יִשְׂרָאֵל עַמּוֹ.
הַפּוֹדֵנוּ מִיַּד מְלָכִים
מַלְכֵּנוּ הַגּוֹאֲלֵנוּ מִכַּף כָּל הֶעָרִיצִים.
הָאֵל הַנִּפְרָע לָנוּ מִצָּרֵינוּ
וְהַמְשַׁלֵּם גְּמוּל לְכָל אוֹיְבֵי נַפְשֵׁנוּ.
הָעוֹשֶׂה גְדוֹלוֹת עַד אֵין חֵקֶר, וְנִפְלָאוֹת עַד אֵין מִסְפָּר
תהלים סו הַשָּׂם נַפְשֵׁנוּ בַּחַיִּים, וְלֹא־נָתַן לַמּוֹט רַגְלֵנוּ:
הַמַּדְרִיכֵנוּ עַל בָּמוֹת אוֹיְבֵינוּ
וַיָּרֶם קַרְנֵנוּ עַל כָּל שׂוֹנְאֵינוּ.

אֱמֶת וֶאֱמוּנָה *Verdadero y fidedigno:* Se trata de una bendición que versa sobre la Redención, paralela a la matinal que dice אֱמֶת וְיַצִּיב "Verdadero y firme".

Él es quien hace para nosotros milagros y se venga del Faraón,
lleva a cabo señales y maravillas en la tierra de los hijos de Jam.
Quien hirió en Su ira a todos los primogénitos egipcios
y sacó de entre estos a Su pueblo Israel a la libertad eterna.
Él es quien condujo a Sus hijos
por el Mar de los Juncos dividido
y hundió en sus profundidades
a quienes los perseguían y odiaban.
Sus hijos al ver Su poder Lo alabaron y loaron Su Nombre.
‣ Y Su reinado aceptaron sobre sí de buena gana.
Moshé y los hijos de Israel
respondieron entonando cánticos con gran alegría,
exclamando todos:

מִי־כָמֹכָה "¿Quién es como Tú entre los fuertes Señor? *Éx. 15*
¿Quién como Tú magnificado por la Santidad?
Infinito en alabanzas, hacedor de maravillas".

‣ Tus hijos contemplaron Tu majestad
cuando abriste el mar ante Moshé.
Ellos respondieron: "Ese es mi Dios" y dijeron:
"El Señor reinará por toda la eternidad". *Éx. 15*

‣ Y fue dicho:
"Pues el Señor ha redimido a Ya'akov *Jer. 31*
salvándole de un poder superior al suyo".
Bendito eres Tú Señor, que redimió a Israel.

הַשְׁכִּיבֵנוּ Ayúdanos Señor, Dios nuestro, a irnos a dormir en paz
y levantarnos Rey nuestro para la vida.
Extiende sobre nosotros Tu Sucá de paz,
guíanos con Tu buen consejo y sálvanos en pos de Tu Nombre.

הַשְׁכִּיבֵנוּ *Ayúdanos... a irnos a dormir*: Esta bendición que carece de paralelo en el rezo matinal es una plegaria por protección contra los peligros que acechan en la noche.

הָעוֹשֶׂה לָֽנוּ נִסִּים וּנְקָמָה בְּפַרְעֹה
אוֹתוֹת וּמוֹפְתִים בְּאַדְמַת בְּנֵי חָם.
הַמַּכֶּה בְעֶבְרָתוֹ כָּל בְּכוֹרֵי מִצְרָֽיִם
וַיּוֹצֵא אֶת עַמּוֹ יִשְׂרָאֵל מִתּוֹכָם לְחֵרוּת עוֹלָם.
הַמַּעֲבִיר בָּנָיו בֵּין גִּזְרֵי יַם סוּף
אֶת רוֹדְפֵיהֶם וְאֶת שׂוֹנְאֵיהֶם בִּתְהוֹמוֹת טִבַּע
וְרָאוּ בָנָיו גְּבוּרָתוֹ, שִׁבְּחוּ וְהוֹדוּ לִשְׁמוֹ
‹ וּמַלְכוּתוֹ בְּרָצוֹן קִבְּלוּ עֲלֵיהֶם.
מֹשֶׁה וּבְנֵי יִשְׂרָאֵל
לְךָ עָנוּ שִׁירָה בְּשִׂמְחָה רַבָּה
וְאָמְרוּ כֻלָּם

שמות טו
מִי־כָמֹכָה בָּאֵלִם יהוה
מִי כָּמֹכָה נֶאְדָּר בַּקֹּֽדֶשׁ
נוֹרָא תְהִלֹּת עֹשֵׂה פֶֽלֶא:

‹ מַלְכוּתְךָ רָאוּ בָנֶֽיךָ, בּוֹקֵֽעַ יָם לִפְנֵי מֹשֶׁה
זֶה אֵלִי עָנוּ, וְאָמְרוּ

שמות טו
יהוה יִמְלֹךְ לְעֹלָם וָעֶד:

‹ וְנֶאֱמַר

ירמיהו לא
כִּי־פָדָה יהוה אֶת־יַעֲקֹב
וּגְאָלוֹ מִיַּד חָזָק מִמֶּֽנּוּ:
בָּרוּךְ אַתָּה יהוה, גָּאַל יִשְׂרָאֵל.

הַשְׁכִּיבֵֽנוּ יהוה אֱלֹהֵֽינוּ לְשָׁלוֹם
וְהַעֲמִידֵֽנוּ מַלְכֵּֽנוּ לְחַיִּים
וּפְרֹשׂ עָלֵֽינוּ סֻכַּת שְׁלוֹמֶֽךָ, וְתַקְּנֵֽנוּ בְּעֵצָה טוֹבָה מִלְּפָנֶֽיךָ
וְהוֹשִׁיעֵֽנוּ לְמַֽעַן שְׁמֶֽךָ.

Defiéndenos y retira de encima nuestro
todo enemigo, peste, espada, hambruna y dolor.
Aparta a nuestro adversario de ante nosotros y detrás nuestro,
acógenos bajo la sombra de Tus alas
pues Tú eres el Dios que nos cuida y protege
por ser un Dios clemente y compasivo.
▸ Y guarda nuestras salidas y nuestras entradas
para la vida y para la paz ahora y siempre.
Bendito eres Tú Señor, que guarda a Su pueblo Israel por siempre.

En Israel el rezo continúa con Medio Kadish en la página 256.

בָּרוּךְ Bendito sea el Señor por siempre Amén y Amén. *Sal. 89*
Bendito sea el Señor desde Sion, que mora en Jerusalém, ¡Aleluyá! *Sal. 135*
Bendito sea el Señor Dios de Israel *Sal. 72*
pues sólo Él obra maravillas.
Y bendito sea Su Nombre Glorioso por siempre,
que la tierra se vea colmada de Su presencia. Amén y Amén.
Que la Gloria del Señor perdure por siempre *Sal. 104*
y se regocije en Sus obras.
Que el nombre del Señor sea bendito *Sal. 113*
desde ahora y hasta la eternidad.
Pues el Señor no abandonará a Su pueblo *I Samuel 12*
en pos de Su gran Nombre,
pues el Señor prometió haceros Su pueblo.
Y todo el pueblo vio, cayeron sobre sus rostros y dijeron: *I Re. 18*
"El Señor es el Soberano, el Señor es el Soberano".
Entonces el Señor será el Rey sobre toda la tierra; *Zej. 18*
en ese día el Señor será Uno y Su Nombre Uno.
Que Tu benevolencia Señor se deposite sobre nosotros *Sal. 33*
tal como depositamos nuestra esperanza en Ti.

---

recitada como sustituto de la Amidá nocturna, probablemente a los efectos de abreviar el rezo para que los asistentes pudieran regresar a sus hogares antes de que se torne completamente oscuro. Al cambiar las condiciones de vida esta plegaria igualmente fue preservada. Dado que se trataba de un sustituto de la Amidá de día de la semana no se recita ni en Shabat ni en Yom Tov.

וְהָגֵן בַּעֲדֵנוּ, וְהָסֵר מֵעָלֵינוּ אוֹיֵב, דֶּבֶר וְחֶרֶב וְרָעָב וְיָגוֹן
וְהָסֵר שָׂטָן מִלְּפָנֵינוּ וּמֵאַחֲרֵינוּ, וּבְצֵל כְּנָפֶיךָ תַּסְתִּירֵנוּ
כִּי אֵל שׁוֹמְרֵנוּ וּמַצִּילֵנוּ אָתָּה
כִּי אֵל מֶלֶךְ חַנּוּן וְרַחוּם אָתָּה.
‹ וּשְׁמֹר צֵאתֵנוּ וּבוֹאֵנוּ לְחַיִּים וּלְשָׁלוֹם מֵעַתָּה וְעַד עוֹלָם.
בָּרוּךְ אַתָּה יהוה, שׁוֹמֵר עַמּוֹ יִשְׂרָאֵל לָעַד.

En ארץ ישראל *el rezo continúa con* חצי קדיש *en la página 256.*

בָּרוּךְ יהוה לְעוֹלָם, אָמֵן וְאָמֵן: תהלים פט
בָּרוּךְ יהוה מִצִּיּוֹן, שֹׁכֵן יְרוּשָׁלָםִ, הַלְלוּיָהּ: תהלים קלה
בָּרוּךְ יהוה אֱלֹהִים אֱלֹהֵי יִשְׂרָאֵל, עֹשֵׂה נִפְלָאוֹת לְבַדּוֹ: תהלים עב
וּבָרוּךְ שֵׁם כְּבוֹדוֹ לְעוֹלָם
וְיִמָּלֵא כְבוֹדוֹ אֶת־כָּל־הָאָרֶץ, אָמֵן וְאָמֵן:
יְהִי כְבוֹד יהוה לְעוֹלָם, יִשְׂמַח יהוה בְּמַעֲשָׂיו: תהלים קד
יְהִי שֵׁם יהוה מְבֹרָךְ מֵעַתָּה וְעַד־עוֹלָם: תהלים קיג
כִּי לֹא־יִטֹּשׁ יהוה אֶת־עַמּוֹ בַּעֲבוּר שְׁמוֹ הַגָּדוֹל שמואל א, יב
כִּי הוֹאִיל יהוה לַעֲשׂוֹת אֶתְכֶם לוֹ לְעָם:
וַיַּרְא כָּל־הָעָם וַיִּפְּלוּ עַל־פְּנֵיהֶם מלכים א, יח
וַיֹּאמְרוּ, יהוה הוּא הָאֱלֹהִים, יהוה הוּא הָאֱלֹהִים:
וְהָיָה יהוה לְמֶלֶךְ עַל־כָּל־הָאָרֶץ זכריה יד
בַּיּוֹם הַהוּא יִהְיֶה יהוה אֶחָד וּשְׁמוֹ אֶחָד:
יְהִי־חַסְדְּךָ יהוה עָלֵינוּ, כַּאֲשֶׁר יִחַלְנוּ לָךְ: תהלים לג

בָּרוּךְ יהוה לְעוֹלָם *Bendito sea el* Señor *por siempre:* Este pasaje tiene su origen entre los judíos de Babilonia en días en los que no estaba permitido que las sinagogas se encuentren dentro del poblado sino únicamente en las afueras de los mismos. Eso hacía que asistir a la sinagoga por la noche pudiese resultar peligroso. Esta plegaria con sus dieciocho referencias a Dios era originalmente

הוֹשִׁיעֵנוּ Sálvanos Señor, nuestro Redentor *Sal. 106*
y reúnenos de entre las naciones,
para que agradezcamos a Tu Nombre Sagrado
y nos glorifiquemos en Tu alabanza.
Todas las naciones que has hecho *Sal. 86*
vendrán a inclinarse ante Ti Señor, y honrarán Tu Nombre.
Pues Tú eres grande y obras maravillas, Tú eres el único Dios.
Y nosotros somos Tu pueblo y Tu rebaño, *Sal. 79*
Te agradeceremos por siempre y narraremos Tu alabanza
por todas las generaciones.

בָּרוּךְ Bendito sea el Señor de día, Bendito sea el Señor de noche,
Bendito sea al acostarnos y Bendito sea al levantarnos.
Pues las almas de los vivos y de los muertos están en Tus manos.
Pues el alma de todo ser vivo está en Sus manos *Job 12*
y el espíritu de todo ser humano.
En Tu mano depositaré mi espíritu, *Sal. 31*
Señor, Dios de la verdad, me has redimido.
Dios nuestro que resides en los cielos,
confiere unicidad a Tu Nombre,
establece Tu reino permanentemente
y reina sobre nosotros para siempre.

יִרְאוּ Que nuestros ojos contemplen y nuestro corazón se regocije;
y nuestras almas se alegren con Tu salvación verdadera,
cuando se le diga a Sion: "Tu Dios reina".
El Señor es el rey, el Señor fue el rey,
El Señor será el rey por siempre jamás.
▸ Pues Tuya es la soberanía y reinarás gloriosamente por siempre
pues no tenemos rey alguno salvo Tú.
Bendito eres Tú Señor,
el Rey que gobernará sobre nosotros y sobre toda Su creación
por siempre con eterna gloria.

הוֹשִׁיעֵנוּ יהוה אֱלֹהֵינוּ, וְקַבְּצֵנוּ מִן־הַגּוֹיִם תהלים קו
לְהוֹדוֹת לְשֵׁם קָדְשֶׁךָ, לְהִשְׁתַּבֵּחַ בִּתְהִלָּתֶךָ:
כָּל־גּוֹיִם אֲשֶׁר עָשִׂיתָ, יָבוֹאוּ וְיִשְׁתַּחֲווּ לְפָנֶיךָ, אֲדֹנָי תהלים פו
וִיכַבְּדוּ לִשְׁמֶךָ:
כִּי־גָדוֹל אַתָּה וְעֹשֵׂה נִפְלָאוֹת, אַתָּה אֱלֹהִים לְבַדֶּךָ:
וַאֲנַחְנוּ עַמְּךָ וְצֹאן מַרְעִיתֶךָ, נוֹדֶה לְּךָ לְעוֹלָם תהלים עט
לְדוֹר וָדֹר נְסַפֵּר תְּהִלָּתֶךָ:

בָּרוּךְ יהוה בַּיּוֹם, בָּרוּךְ יהוה בַּלָּיְלָה
בָּרוּךְ יהוה בְּשָׁכְבֵנוּ, בָּרוּךְ יהוה בְּקוּמֵנוּ.
כִּי בְיָדְךָ נַפְשׁוֹת הַחַיִּים וְהַמֵּתִים.
אֲשֶׁר בְּיָדוֹ נֶפֶשׁ כָּל־חָי, וְרוּחַ כָּל־בְּשַׂר־אִישׁ: איוב יב
בְּיָדְךָ אַפְקִיד רוּחִי, פָּדִיתָה אוֹתִי יהוה אֵל אֱמֶת: תהלים לא
אֱלֹהֵינוּ שֶׁבַּשָּׁמַיִם, יַחֵד שִׁמְךָ וְקַיֵּם מַלְכוּתְךָ תָּמִיד
וּמְלֹךְ עָלֵינוּ לְעוֹלָם וָעֶד.

יִרְאוּ עֵינֵינוּ וְיִשְׂמַח לִבֵּנוּ
וְתָגֵל נַפְשֵׁנוּ בִּישׁוּעָתְךָ בֶּאֱמֶת
בֶּאֱמֹר לְצִיּוֹן מָלַךְ אֱלֹהָיִךְ.
יהוה מֶלֶךְ, יהוה מָלָךְ, יהוה יִמְלֹךְ לְעֹלָם וָעֶד.
◂ כִּי הַמַּלְכוּת שֶׁלְּךָ הִיא, וּלְעוֹלְמֵי עַד תִּמְלֹךְ בְּכָבוֹד
כִּי אֵין לָנוּ מֶלֶךְ אֶלָּא אָתָּה.
בָּרוּךְ אַתָּה יהוה
הַמֶּלֶךְ בִּכְבוֹדוֹ תָּמִיד, יִמְלֹךְ עָלֵינוּ לְעוֹלָם וָעֶד
וְעַל כָּל מַעֲשָׂיו.

MEDIO KADISH

Oficiante: יִתְגַּדַּל Que Su Gran Nombre
sea magnificado y santificado,
en el mundo que creó conforme a Su voluntad.
Que establezca Su reino
durante vuestra vida y en vuestros días
y en la vida de toda la casa de Israel,
pronto y rápidamente
y decid: Amén.

Todos: Que Su Gran Nombre sea bendito
por siempre y por toda la eternidad.

Oficiante: Sea bendecido, alabado, glorificado
y exaltado, encumbrado
y magnificado, enaltecido y ensalzado
el Nombre del Santo Bendito Él;
más allá de cualquier bendición,
cántico, alabanza y consolación
pronunciados en el mundo
y decid: Amén.

LA AMIDÁ

El siguiente rezo hasta "años pretéritos" en la página 294 la recitamos en silencio parados con los pies juntos. Se dan tres pasos hacia adelante y en los sitios marcados con ▾ se debe flexionar las rodillas en la primera palabra, inclinarse en la segunda y erguirse nuevamente de inmediato antes de pronunciar el Nombre de Dios.

SEÑOR, abre mis labios para que mi boca pronuncie Tu alabanza. *Sal. 51*

PATRIARCAS

▾בָּרוּךְ Bendito eres Tú SEÑOR,
Dios nuestro y de nuestros ancestros,
Dios de Abraham, Dios de Ytzjak y Dios de Ya'akov,
Dios grande, poderoso y maravilloso, Señor supremo,

חצי קדיש

ש״ץ: יִתְגַּדַּל וְיִתְקַדַּשׁ שְׁמֵהּ רַבָּא (קהל: אָמֵן)
בְּעָלְמָא דִּי בְרָא כִרְעוּתֵהּ
וְיַמְלִיךְ מַלְכוּתֵהּ
בְּחַיֵּיכוֹן וּבְיוֹמֵיכוֹן וּבְחַיֵּי דְכָל בֵּית יִשְׂרָאֵל
בַּעֲגָלָא וּבִזְמַן קָרִיב, וְאִמְרוּ אָמֵן. (קהל: אָמֵן)

קהל וש״ץ: יְהֵא שְׁמֵהּ רַבָּא מְבָרַךְ לְעָלַם וּלְעָלְמֵי עָלְמַיָּא.

ש״ץ: יִתְבָּרַךְ וְיִשְׁתַּבַּח וְיִתְפָּאַר וְיִתְרוֹמַם וְיִתְנַשֵּׂא
וְיִתְהַדָּר וְיִתְעַלֶּה וְיִתְהַלָּל
שְׁמֵהּ דְּקֻדְשָׁא בְּרִיךְ הוּא (קהל: בְּרִיךְ הוּא)
לְעֵלָּא מִן כָּל בִּרְכָתָא
/בעשרת ימי תשובה: לְעֵלָּא לְעֵלָּא מִכָּל בִּרְכָתָא/
וְשִׁירָתָא, תֻּשְׁבְּחָתָא וְנֶחֱמָתָא
דַּאֲמִירָן בְּעָלְמָא, וְאִמְרוּ אָמֵן. (קהל: אָמֵן)

עמידה

El siguiente rezo hasta קַדְמֹנִיּוֹת *en la página 295 la recitamos en silencio parados con los pies juntos. Se dan tres pasos hacia adelante y en los sitios marcados con ˅ se debe flexionar las rodillas en la primera palabra, inclinarse en la segunda y erguirse nuevamente de inmediato antes de pronunciar el Nombre de Dios.*

אֲדֹנָי, שְׂפָתַי תִּפְתָּח, וּפִי יַגִּיד תְּהִלָּתֶךָ: תהלים נא

אבות

˅בָּרוּךְ אַתָּה יהוה, אֱלֹהֵינוּ וֵאלֹהֵי אֲבוֹתֵינוּ
אֱלֹהֵי אַבְרָהָם, אֱלֹהֵי יִצְחָק, וֵאלֹהֵי יַעֲקֹב
הָאֵל הַגָּדוֹל הַגִּבּוֹר וְהַנּוֹרָא, אֵל עֶלְיוֹן

que prodiga generosamente
y es El Creador de todo lo existente,
Quien recuerda la gracia de los ancestros
y traerá al Redentor para los hijos de sus hijos
en aras de Su Nombre con amor.

Entre Rosh HaShaná y Yom Kipur: Recuérdanos para la vida, Rey que anhela la vida
e inscríbenos en el libro de la vida
por Ti, oh Dios de vida.

Rey que ayuda, redime y protege.
▾Bendito eres Tú SEÑOR, Escudo de Abraham.

PODER DE DIOS

אַתָּה גִּבּוֹר SEÑOR, Tú eres eternamente poderoso,
Tú revives a los muertos y tienes gran poder de salvación.

La frase "Hace soplar el viento y descender la lluvia" se agrega desde Simjat Torá hasta Pesaj. En Israel, la frase "Hace descender el rocío" se agrega desde Pesaj hasta Sheminí Atzeret. Ver leyes 129–131.

En otoño e invierno de Israel: Hace soplar el viento y descender la lluvia.

En primavera y verano de Israel: Hace descender el rocío.

Sostiene con benevolencia a todos los seres vivos,
revive a los muertos con gran misericordia,
da soporte a quienes se caen, cura a los enfermos,
libera a los prisioneros
y cumple Su promesa con quienes yacen ya en la tierra.
¿Quién es como Tú Todopoderoso?
¿Quién se Te puede asemejar?
Rey que quita la vida y la restaura
y hace brotar la Redención.

Entre Rosh HaShaná y Yom Kipur: ¿Quién como Tú Padre misericordioso,
que recuerdas a Tus creaturas con piedad para la vida?

Eres fiel en revivir a los muertos.
Bendito eres Tú SEÑOR, que revive a los muertos.

גּוֹמֵל חֲסָדִים טוֹבִים, וְקֹנֵה הַכֹּל
וְזוֹכֵר חַסְדֵי אָבוֹת
וּמֵבִיא גוֹאֵל לִבְנֵי בְנֵיהֶם לְמַעַן שְׁמוֹ בְּאַהֲבָה.

בעשרת ימי תשובה: זָכְרֵנוּ לְחַיִּים, מֶלֶךְ חָפֵץ בַּחַיִּים
וְכָתְבֵנוּ בְּסֵפֶר הַחַיִּים, לְמַעַנְךָ אֱלֹהִים חַיִּים.

מֶלֶךְ עוֹזֵר וּמוֹשִׁיעַ וּמָגֵן.
ᐧבָּרוּךְ אַתָּה יהוה, מָגֵן אַבְרָהָם.

גבורות

אַתָּה גִּבּוֹר לְעוֹלָם, אֲדֹנָי
מְחַיֵּה מֵתִים אַתָּה, רַב לְהוֹשִׁיעַ

La frase מַשִּׁיב הָרְוּחַ *se agrega desde* שמחת תורה *hasta* פסח.
En ארץ ישראל, *la frase* מוֹרִיד הַטָּל *se agrega desde* פסח *hasta* שמיני עצרת. *Ver leyes 129–131.*

בחורף: מַשִּׁיב הָרְוּחַ וּמוֹרִיד הַגֶּשֶׁם / בארץ ישראל בקיץ: מוֹרִיד הַטָּל

מְכַלְכֵּל חַיִּים בְּחֶסֶד
מְחַיֵּה מֵתִים בְּרַחֲמִים רַבִּים
סוֹמֵךְ נוֹפְלִים, וְרוֹפֵא חוֹלִים, וּמַתִּיר אֲסוּרִים
וּמְקַיֵּם אֱמוּנָתוֹ לִישֵׁנֵי עָפָר.
מִי כָמְוֹךָ, בַּעַל גְּבוּרוֹת
וּמִי דּוֹמֶה לָּךְ
מֶלֶךְ, מֵמִית וּמְחַיֶּה וּמַצְמִיחַ יְשׁוּעָה.

בעשרת ימי תשובה: מִי כָמְוֹךָ אַב הָרַחֲמִים
זוֹכֵר יְצוּרָיו לְחַיִּים בְּרַחֲמִים.

וְנֶאֱמָן אַתָּה לְהַחֲיוֹת מֵתִים.
בָּרוּךְ אַתָּה יהוה, מְחַיֵּה הַמֵּתִים.

SANTIDAD

אַתָּה קָדוֹשׁ Tú eres santo y Tu Nombre es santo,
y los santos Te alaban a diario, ¡Sela!
Bendito eres Tú SEÑOR,
el Dios santo. / *Entre Rosh HaShaná y Yom Kipur:* el Rey santo./

(*En caso de olvido se repite la Amidá*).

CONOCIMIENTO

אַתָּה חוֹנֵן Tú agracias a la humanidad con conocimiento
y enseñas a los mortales entendimiento.

Al concluir el Shabat y al concluir Yom Tov se agrega:

אַתָּה חוֹנַנְתָּנוּ Tú nos agraciaste con el conocimiento de Tu Torá, y nos enseñaste a cumplir con las leyes de Tu voluntad. SEÑOR, nuestro Dios, Tú distinguiste entre lo santo y lo profano, entre la luz y la oscuridad, entre Israel y las naciones, entre el séptimo día y los seis días de la labor. Padre nuestro, Rey nuestro, haz que los días que se avecinan nos traigan paz; que seamos libres de todo pecado, limpios de toda iniquidad y plenos de temor reverencial a Ti. Y

Agrácianos con conocimiento, entendimiento
y discernimiento que de Ti provienen.
Bendito eres Tú SEÑOR,
que con gracia otorga el conocimiento.

RETORNO

הֲשִׁיבֵנוּ Padre nuestro, haznos retornar a Tu Torá.
Rey nuestro, acércanos a Tu servicio.
Haznos retornar en completo arrepentimiento ante Ti.
Bendito eres Tú SEÑOR,
que desea el arrepentimiento.

En la naturaleza no existen límites claros. El día se desvanece gradualmente tornándose así noche; el invierno se transforma gradualmente en primavera; la vida se torna sensibilidad. Según la Torá, lo que une al ser humano con Dios es nuestra capacidad de separar, clasificar y nombrar, para de esa manera percibir el orden en medio del caos. Al comenzar la semana laboral tomamos consciencia del orden Divino como preludio necesario a los actos humanos de creación.

קדושת השם

אַתָּה קָדוֹשׁ וְשִׁמְךָ קָדוֹשׁ
וּקְדוֹשִׁים בְּכָל יוֹם יְהַלְלוּךָ סֶּלָה.
בָּרוּךְ אַתָּה יהוה
הָאֵל הַקָּדוֹשׁ. / בעשרת ימי תשובה: הַמֶּלֶךְ הַקָּדוֹשׁ./

(*En caso de olvido se repite la* עמידה*.*)

דעת

אַתָּה חוֹנֵן לְאָדָם דַּעַת, וּמְלַמֵּד לֶאֱנוֹשׁ בִּינָה.

En מוצאי שבת *y en* מוצאי יום טוב *se agrega:*

אַתָּה חוֹנַנְתָּנוּ לְמַדַּע תּוֹרָתֶךָ, וַתְּלַמְּדֵנוּ לַעֲשׂוֹת חֻקֵּי רְצוֹנֶךָ, וַתַּבְדֵּל יהוה אֱלֹהֵינוּ בֵּין קֹדֶשׁ לְחֹל, בֵּין אוֹר לְחֹשֶׁךְ, בֵּין יִשְׂרָאֵל לָעַמִּים, בֵּין יוֹם הַשְּׁבִיעִי לְשֵׁשֶׁת יְמֵי הַמַּעֲשֶׂה. אָבִינוּ מַלְכֵּנוּ, הָחֵל עָלֵינוּ הַיָּמִים הַבָּאִים לִקְרָאתֵנוּ לְשָׁלוֹם, חֲשׂוּכִים מִכָּל חֵטְא וּמְנֻקִּים מִכָּל עָוֹן וּמְדֻבָּקִים בְּיִרְאָתֶךָ. וְ

חָנֵּנוּ מֵאִתְּךָ דֵּעָה בִּינָה וְהַשְׂכֵּל.
בָּרוּךְ אַתָּה יהוה, חוֹנֵן הַדָּעַת.

תשובה

הֲשִׁיבֵנוּ אָבִינוּ לְתוֹרָתֶךָ, וְקָרְבֵנוּ מַלְכֵּנוּ לַעֲבוֹדָתֶךָ
וְהַחֲזִירֵנוּ בִּתְשׁוּבָה שְׁלֵמָה לְפָנֶיךָ.
בָּרוּךְ אַתָּה יהוה, הָרוֹצֶה בִּתְשׁוּבָה.

אַתָּה חוֹנַנְתָּנוּ *Tú nos agraciaste:* Desde los tiempos del Talmud este párrafo ha servido para marcar la Havdalá, esto es, la transición del tiempo sacro al profano, dentro de la Amidá. La Havdalá se repite como una ceremonia separada en la sinagoga después del rezo, y luego nuevamente en el hogar. Su ubicación aquí en la bendición que habla del conocimiento indica la conexión esencial existente entre la mente humana y su capacidad de discernimiento (El Talmud dice que "Si no hay conocimiento, ¿cómo puede haber discernimiento?" [*Berajot* 5:2]).

PERDÓN

Golpear el lado izquierdo del pecho al llegar a °.

סְלַח לָנוּ Perdónanos Padre nuestro
porque hemos °errado.
Discúlpanos, Rey nuestro
porque hemos °pecado intencionalmente;
pues Tú perdonas y disculpas.
Bendito eres Tú Señor,
que perdona reiteradamente con clemencia.

REDENCIÓN

רְאֵה Mira nuestra aflicción,
litiga nuestra causa,
redímenos pronto en aras de Tu Nombre,
porque Tú eres un poderoso redentor.
Bendito eres Tú Señor,
redentor de Israel.

CURACIÓN

רְפָאֵנוּ Cúranos Señor, y seremos curados.
Sálvanos y seremos salvos,
pues Tú eres nuestra alabanza.
Trae completa recuperación para todas nuestras dolencias,

Aquí se recita la siguiente plegaria por una persona enferma:
Sea Tu voluntad Señor, Dios mío y de mis ancestros, que envíes pronto recuperación completa desde el cielo, tanto para el cuerpo como para el alma de (*nombre*) hijo / hija (*nombre de su madre*) en el seno de los demás enfermos de entre los hijos de Israel.

Pues Tú eres el Rey curador confiable y misericordioso.
Bendito eres Tú Señor,
que cura a los enfermos de Su pueblo Israel.

סליחה

Golpear el lado izquierdo del pecho al llegar a °.

סְלַח לָנוּ אָבִינוּ כִּי °חָטָאנוּ
מְחַל לָנוּ מַלְכֵּנוּ כִּי °פָשָׁעְנוּ
כִּי מוֹחֵל וְסוֹלֵחַ אָתָּה.
בָּרוּךְ אַתָּה יהוה, חַנּוּן הַמַּרְבֶּה לִסְלֹחַ.

גאולה

רְאֵה בְעָנְיֵנוּ, וְרִיבָה רִיבֵנוּ
וּגְאָלֵנוּ מְהֵרָה לְמַעַן שְׁמֶךָ
כִּי גּוֹאֵל חָזָק אָתָּה.
בָּרוּךְ אַתָּה יהוה, גּוֹאֵל יִשְׂרָאֵל.

רפואה

רְפָאֵנוּ יהוה וְנֵרָפֵא
הוֹשִׁיעֵנוּ וְנִוָּשֵׁעָה
כִּי תְהִלָּתֵנוּ אָתָּה
וְהַעֲלֵה רְפוּאָה שְׁלֵמָה לְכָל מַכּוֹתֵינוּ

Aquí se recita la siguiente plegaria por una persona enferma:

יְהִי רָצוֹן מִלְּפָנֶיךָ יהוה אֱלֹהַי וֵאלֹהֵי אֲבוֹתַי, שֶׁתִּשְׁלַח מְהֵרָה רְפוּאָה שְׁלֵמָה מִן הַשָּׁמַיִם רְפוּאַת הַנֶּפֶשׁ וּרְפוּאַת הַגּוּף לַחוֹלֶה/לַחוֹלָה *nombre* בֶּן/בַּת *nombre de su madre* בְּתוֹךְ שְׁאָר חוֹלֵי יִשְׂרָאֵל.

כִּי אֵל מֶלֶךְ רוֹפֵא נֶאֱמָן וְרַחֲמָן אָתָּה.
בָּרוּךְ אַתָּה יהוה, רוֹפֵא חוֹלֵי עַמּוֹ יִשְׂרָאֵל.

PROSPERIDAD

La frase "concédenos rocío y lluvia de bendición" se recita desde el 5 de diciembre (6 de diciembre antes de un año civil bisiesto) hasta Pesaj. En Israel se recita desde el 7 de Marjeshván. La frase "concédenos bendición" se dice desde Jol HaMo'ed Pesaj hasta el 4 de diciembre (5 de ese mes antes de un año civil bisiesto). En Israel se dice hasta el 6 de Marjeshván. Ver leyes 147–149.

בָּרֵךְ Bendice para nosotros este año Señor, nuestro Dios,
y todas sus especies de cosechas para bien.

En invierno de Israel: concédenos rocío y lluvia de bendición

En otras estaciones de Israel: concédenos bendición

sobre la faz de la tierra, y satisfácenos de Tu bondad,
y bendice nuestros años como a los mejores.
Bendito eres Tú Señor,
que bendice los años.

REUNIÓN DE LOS EXILIOS

תְּקַע Haz sonar el gran shofar de nuestra liberación,
iza el estandarte de la reunión de nuestros exilios
y reúnenos desde los cuatro confines de la tierra.
Bendito eres Tú Señor,
que reúne a los dispersos de Su pueblo Israel.

JUSTICIA

הָשִׁיבָה Restaura nuestros jueces como en el principio
y nuestros consejeros como al inicio
y quita de entre nosotros penas y suspiros de angustia.
Pues solamente Tú Señor,
reinas sobre nosotros con benevolencia y compasión,
y reivindícanos en el juicio.
Bendito eres Tú Señor,
Rey que ama la rectitud y la justicia.
/*Entre Rosh HaShaná y Yom Kipur la bendición culmina:* el Rey de la justicia./

ברכת השנים

La frase וְתֵן טַל וּמָטָר לִבְרָכָה *se recita desde el 5 de diciembre (6 de diciembre antes de un año civil bisiesto) hasta* פסח*. En* ארץ ישראל *se recita desde el* ז׳ מרחשון*. La frase* וְתֵן בְּרָכָה *se dice desde* חול המועד פסח *hasta el 4 de diciembre (5 de ese mes antes de un año civil bisiesto). En* ארץ ישראל *se dice hasta el* ז׳ מרחשון*. Ver leyes 147–149.*

בָּרֵךְ עָלֵינוּ יהוה אֱלֹהֵינוּ אֶת הַשָּׁנָה הַזֹּאת
וְאֶת כָּל מִינֵי תְבוּאָתָהּ, לְטוֹבָה

En invierno de ארץ ישראל: וְתֵן טַל וּמָטָר לִבְרָכָה

En otras estaciones de ארץ ישראל: וְתֵן בְּרָכָה

עַל פְּנֵי הָאֲדָמָה, וְשַׂבְּעֵנוּ מִטּוּבָהּ
וּבָרֵךְ שְׁנָתֵנוּ כַּשָּׁנִים הַטּוֹבוֹת.
בָּרוּךְ אַתָּה יהוה, מְבָרֵךְ הַשָּׁנִים.

קבוץ גלויות

תְּקַע בְּשׁוֹפָר גָּדוֹל לְחֵרוּתֵנוּ
וְשָׂא נֵס לְקַבֵּץ גָּלֻיּוֹתֵינוּ
וְקַבְּצֵנוּ יַחַד מֵאַרְבַּע כַּנְפוֹת הָאָרֶץ.
בָּרוּךְ אַתָּה יהוה, מְקַבֵּץ נִדְחֵי עַמּוֹ יִשְׂרָאֵל.

השבת המשפט

הָשִׁיבָה שׁוֹפְטֵינוּ כְּבָרִאשׁוֹנָה, וְיוֹעֲצֵינוּ כְּבַתְּחִלָּה
וְהָסֵר מִמֶּנּוּ יָגוֹן וַאֲנָחָה
וּמְלֹךְ עָלֵינוּ אַתָּה יהוה לְבַדְּךָ בְּחֶסֶד וּבְרַחֲמִים
וְצַדְּקֵנוּ בַּמִּשְׁפָּט.
בָּרוּךְ אַתָּה יהוה
מֶלֶךְ אוֹהֵב צְדָקָה וּמִשְׁפָּט. / בעשרת ימי תשובה: הַמֶּלֶךְ הַמִּשְׁפָּט./

CONTRA LOS APÓSTATAS Y DELATORES

וְלַמַּלְשִׁינִים Que no haya esperanza para los delatores,
y que toda maldad perezca de inmediato,
que los enemigos de Tu pueblo sean pronto cercenados,
que los maliciosos sean pronto arrancados, quebrados, erradicados
y doblegados pronto en nuestros días.
Bendito eres Tú Señor,
que quiebra a los enemigos y doblega a los maliciosos.

POR LOS JUSTOS

עַל הַצַּדִּיקִים Que se despierte Tu compasión
Señor, nuestro Dios,
por los justos, los piadosos, los ancianos
de Tu pueblo la casa de Israel,
el remanente de sus eruditos,
los justos prosélitos y por nosotros.
Concede una generosa recompensa
a todos aquellos que confían de verdad en Tu Nombre,
y que nuestro destino sea con ellos,
y que nunca nos avergoncemos pues en Ti hemos confiado.
Bendito eres Tú Señor,
sostén y confianza de los justos.

RECONSTRUCCIÓN DE JERUSALÉM

וְלִירוּשָׁלַיִם Que regreses con compasión a Tu ciudad Jerusalém,
y en ella residas tal como lo prometiste.
Reconstrúyela cual edificación eterna
prontamente en nuestros días,
y establece rápidamente en ella el trono de David.
Bendito eres Tú Señor,
que reconstruye a Jerusalém.

ברכת המינים

וְלַמַּלְשִׁינִים אַל תְּהִי תִקְוָה
וְכָל הָרִשְׁעָה כְּרֶגַע תֹּאבֵד
וְכָל אוֹיְבֵי עַמְּךָ מְהֵרָה יִכָּרֵתוּ
וְהַזֵּדִים מְהֵרָה תְעַקֵּר וּתְשַׁבֵּר וּתְמַגֵּר וְתַכְנִיעַ
בִּמְהֵרָה בְיָמֵינוּ.
בָּרוּךְ אַתָּה יהוה, שׁוֹבֵר אוֹיְבִים וּמַכְנִיעַ זֵדִים.

על הצדיקים

עַל הַצַּדִּיקִים וְעַל הַחֲסִידִים
וְעַל זִקְנֵי עַמְּךָ בֵּית יִשְׂרָאֵל
וְעַל פְּלֵיטַת סוֹפְרֵיהֶם
וְעַל גֵּרֵי הַצֶּדֶק, וְעָלֵינוּ
יֶהֱמוּ רַחֲמֶיךָ יהוה אֱלֹהֵינוּ
וְתֵן שָׂכָר טוֹב לְכָל הַבּוֹטְחִים בְּשִׁמְךָ בֶּאֱמֶת
וְשִׂים חֶלְקֵנוּ עִמָּהֶם
וּלְעוֹלָם לֹא נֵבוֹשׁ כִּי בְךָ בָּטָחְנוּ.
בָּרוּךְ אַתָּה יהוה, מִשְׁעָן וּמִבְטָח לַצַּדִּיקִים.

בניין ירושלים

וְלִירוּשָׁלַיִם עִירְךָ בְּרַחֲמִים תָּשׁוּב
וְתִשְׁכֹּן בְּתוֹכָהּ כַּאֲשֶׁר דִּבַּרְתָּ
וּבְנֵה אוֹתָהּ בְּקָרוֹב בְּיָמֵינוּ בִּנְיַן עוֹלָם
וְכִסֵּא דָוִד מְהֵרָה לְתוֹכָהּ תָּכִין.
בָּרוּךְ אַתָּה יהוה, בּוֹנֵה יְרוּשָׁלָיִם.

REINO DE DAVID

אֶת צֶמַח Haz florecer prontamente el retoño de Tu siervo David,
y su magnificencia se eleve hacia lo alto por medio de Tu salvación,
pues esperamos a diario Tu salvación.
Bendito eres Tú Señor,
que haces florecer la gloria de la salvación.

RESPUESTA A LA ORACIÓN

שְׁמַע קוֹלֵנוּ Escucha nuestra voz Señor, nuestro Dios.
Apiádate, ten compasión de nosotros
y recibe con misericordia y benevolencia nuestra plegaria,
pues Tú Dios, escuchas las súplicas y las plegarias.
No nos dejes volver de Tu presencia con las manos vacías,*
porque Tú escuchas la plegaria
de Tu pueblo Israel con compasión.
Bendito eres Tú Señor,
que atiende la plegaria.

Cuando en Israel pasa por temporadas de sequía, en este punto se recita "Respóndenos Señor" en la página 124.

EL SERVICIO DEL TEMPLO

רְצֵה Acepta con benevolencia Señor, nuestro Dios,
a Tu pueblo Israel y sus plegarias.
Restaura el servicio en Tu más sagrada casa
y acepta favorable y amorosamente
las ofrendas ígneas de Israel y sus rezos.
Que siempre recibas con agrado el servicio de Tu pueblo Israel.

En Rosh Jodesh y en Jol HaMo'ed se dice:

אֱלֹהֵינוּ Dios nuestro y de nuestros ancestros, que ascienda, acuda y llegue; sea visible, sea aceptada, sea escuchada, sea considerada y sea recordada delante de Ti nuestra memoria, y la de nuestros patriarcas, y la del Mashíaj hijo de David Tu siervo, y la memoria de Jerusalém Tu ciudad sagrada y la de todo Tu pueblo de Israel – para

משיח בן דוד

אֶת צֶמַח דָּוִד עַבְדְּךָ מְהֵרָה תַצְמִיחַ
וְקַרְנוֹ תָּרוּם בִּישׁוּעָתֶךָ
כִּי לִישׁוּעָתְךָ קִוִּינוּ כָּל הַיּוֹם.
בָּרוּךְ אַתָּה יהוה, מַצְמִיחַ קֶרֶן יְשׁוּעָה.

שומע תפילה

שְׁמַע קוֹלֵנוּ יהוה אֱלֹהֵינוּ
חוּס וְרַחֵם עָלֵינוּ
וְקַבֵּל בְּרַחֲמִים וּבְרָצוֹן אֶת תְּפִלָּתֵנוּ
כִּי אֵל שׁוֹמֵעַ תְּפִלּוֹת וְתַחֲנוּנִים אָתָּה
וּמִלְּפָנֶיךָ מַלְכֵּנוּ רֵיקָם אַל תְּשִׁיבֵנוּ*
כִּי אַתָּה שׁוֹמֵעַ תְּפִלַּת עַמְּךָ יִשְׂרָאֵל בְּרַחֲמִים.
בָּרוּךְ אַתָּה יהוה, שׁוֹמֵעַ תְּפִלָּה.

*Cuando ארץ ישראל *pasa por temporadas de sequía, en este punto se recita* וַעֲנֵנוּ *en la página 125.*

עבודה

רְצֵה יהוה אֱלֹהֵינוּ בְּעַמְּךָ יִשְׂרָאֵל, וּבִתְפִלָּתָם
וְהָשֵׁב אֶת הָעֲבוֹדָה לִדְבִיר בֵּיתֶךָ
וְאִשֵּׁי יִשְׂרָאֵל וּתְפִלָּתָם בְּאַהֲבָה תְקַבֵּל בְּרָצוֹן
וּתְהִי לְרָצוֹן תָּמִיד עֲבוֹדַת יִשְׂרָאֵל עַמֶּךָ.

En ראש חודש *y en* חול המועד *se dice:*

אֱלֹהֵינוּ וֵאלֹהֵי אֲבוֹתֵינוּ, יַעֲלֶה וְיָבוֹא וְיַגִּיעַ, וְיֵרָאֶה וְיֵרָצֶה וְיִשָּׁמַע, וְיִפָּקֵד וְיִזָּכֵר זִכְרוֹנֵנוּ וּפִקְדוֹנֵנוּ וְזִכְרוֹן אֲבוֹתֵינוּ, וְזִכְרוֹן מָשִׁיחַ בֶּן דָּוִד עַבְדֶּךָ, וְזִכְרוֹן יְרוּשָׁלַיִם עִיר קָדְשֶׁךָ, וְזִכְרוֹן כָּל עַמְּךָ

liberación y bienestar, gracia, benevolencia y compasión, vida y paz en este día de:

En Rosh Jodesh: Rosh Jodesh
En Pesaj: Fiesta de las Matzot
En Sucot: Fiesta de Sucot

Recuérdanos Señor, nuestro Dios para bien, tennos presentes para bendición y redímenos para la vida. Apiádate de nosotros y agrácianos, ten compasión de nosotros y redímenos de acuerdo con Tu promesa de salvación; pues nuestros ojos están puestos en Ti ya que Tú Dios, eres un Rey benevolente y compasivo.

וְתֶחֱזֶינָה Que nuestros ojos contemplen
Tu retorno a Sion con compasión.
Bendito eres Tú Señor,
que restaura Su presencia en Sion.

AGRADECIMIENTO

Inclinarse al recitar las primeras seis palabras.

מוֹדִים Te agradecemos a Ti,
pues eres el Señor, Dios nuestro
y Dios de nuestros ancestros por siempre.
Eres nuestra Roca y la de nuestra existencia,
Escudo de nuestra salvación de generación en generación.
Te agradeceremos, y relataremos Tu alabanza
por nuestras vidas que están depositadas en Tus manos,
por nuestras almas que están a Tu cargo,
por Tus milagros para con nosotros a diario,
y las bondades y maravillas
que nos prodigas en todo momento,
noche, mañana y tarde.
El benevolente,
pues Tu compasión nunca concluye,
Tú eres compasivo,
pues no cesan Tus bondades.
Siempre hemos depositado nuestra esperanza en Ti.

בֵּית יִשְׂרָאֵל, לְפָנֶיךָ, לִפְלֵיטָה לְטוֹבָה, לְחֵן וּלְחֶסֶד וּלְרַחֲמִים, לְחַיִּים וּלְשָׁלוֹם בְּיוֹם

בראש חודש: **רֹאשׁ הַחֹדֶשׁ** / בפסח: **חַג הַמַּצּוֹת** / בסוכות: **חַג הַסֻּכּוֹת**

הַזֶּה. זָכְרֵנוּ יהוה אֱלֹהֵינוּ בּוֹ לְטוֹבָה, וּפָקְדֵנוּ בוֹ לִבְרָכָה, וְהוֹשִׁיעֵנוּ בוֹ לְחַיִּים. וּבִדְבַר יְשׁוּעָה וְרַחֲמִים, חוּס וְחָנֵּנוּ וְרַחֵם עָלֵינוּ וְהוֹשִׁיעֵנוּ, כִּי אֵלֶיךָ עֵינֵינוּ, כִּי אֵל מֶלֶךְ חַנּוּן וְרַחוּם אָתָּה.

וְתֶחֱזֶינָה עֵינֵינוּ בְּשׁוּבְךָ לְצִיּוֹן בְּרַחֲמִים.
בָּרוּךְ אַתָּה יהוה
הַמַּחֲזִיר שְׁכִינָתוֹ לְצִיּוֹן.

הודאה

Inclinarse al recitar las primeras cinco palabras.

מוֹדִים אֲנַחְנוּ לָךְ
שָׁאַתָּה הוּא יהוה אֱלֹהֵינוּ וֵאלֹהֵי אֲבוֹתֵינוּ לְעוֹלָם וָעֶד.
צוּר חַיֵּינוּ, מָגֵן יִשְׁעֵנוּ
אַתָּה הוּא לְדוֹר וָדוֹר.
נוֹדֶה לְּךָ וּנְסַפֵּר תְּהִלָּתֶךָ
עַל חַיֵּינוּ הַמְּסוּרִים בְּיָדֶךָ
וְעַל נִשְׁמוֹתֵינוּ הַפְּקוּדוֹת לָךְ
וְעַל נִסֶּיךָ שֶׁבְּכָל יוֹם עִמָּנוּ
וְעַל נִפְלְאוֹתֶיךָ וְטוֹבוֹתֶיךָ שֶׁבְּכָל עֵת
עֶרֶב וָבֹקֶר וְצָהֳרָיִם.
הַטּוֹב, כִּי לֹא כָלוּ רַחֲמֶיךָ
וְהַמְרַחֵם, כִּי לֹא תַמּוּ חֲסָדֶיךָ
מֵעוֹלָם קִוִּינוּ לָךְ.

En Janucá:

עַל הַנִּסִּים (Te agradecemos también) por los milagros, la redención, los actos poderosos, las salvaciones y las victorias en las batallas que Tú llevaste a cabo en favor de nuestros ancestros en aquellos días en este tiempo.

בִּימֵי מַתִּתְיָהוּ En los días de Matitiahu hijo de Yojanán, el Sumo Sacerdote, el jasmoneo y sus hijos, el malvado reino griego se levantó contra Tu pueblo Israel para hacerles olvidar Tu Torá y forzarlos a transgredir los estatutos de Tu voluntad. Y Tú, con gran compasión, estuviste junto a ellos en el tiempo de su desgracia, luchaste por su causa, juzgaste su reclamo y vengaste su opresión. Entregaste fuertes en manos de débiles, muchos en manos de pocos, impuros en manos de puros, malvados en manos de justos, arrogantes en manos de estudiosos de Tu Torá. Hiciste para Ti un Nombre Grande y Sagrado en Tu mundo, y a Tu pueblo Israel diste gran redención y salvación en un día como este. Luego, Tus hijos ingresaron a Tu recinto sagrado, limpiaron Tu Templo, purificaron Tu santuario, encendieron velas en Tus cortes y establecieron estos ocho días de Janucá para agradecerte y alabar a Tu gran Nombre.

Continúa con "Por todo esto"

En Purim:

עַל הַנִּסִּים (Te agradecemos también) por los milagros, la redención, los actos poderosos, las salvaciones y las victorias en las batallas que Tú llevaste a cabo en favor de nuestros ancestros en aquellos días en este tiempo.

בִּימֵי מָרְדְּכַי En los días de Mordejai y Ester, en la ciudad capital de Shushán,
cuando el malvado Amán se alzó contra Tu pueblo procurando destruir, *Est. 3*
matar y exterminar a todos los judíos, jóvenes y mayores, niños y mujeres en un solo día, el trece del duodécimo mes que es el de Adar y saquear sus posesiones. Entonces Tú, con gran compasión desbarataste su plan, arruinaste su proyecto y le retribuiste por su maldad haciéndolo colgar junto a sus hijos de un cadalso.

Continúa con "Por todo esto"

וְעַל כֻּלָּם Por todo esto, Rey nuestro, que Tu Nombre
sea bendecido y exaltado por siempre.

Entre Rosh HaShaná y Yom Kipur: E inscribe a todos los hijos de Tu pacto
para una buena vida.

Que todos los seres vivos Te agradezcan, ¡Sela!,
y alaben Tu Nombre de verdad,
Dios de nuestra redención y nuestro socorro, ¡Sela!
▾Bendito eres Tú Señor,
Tu Nombre es "Bueno" y a Ti corresponde agradecer.

בחנוכה:

עַל הַנִּסִּים וְעַל הַפֻּרְקָן וְעַל הַגְּבוּרוֹת וְעַל הַתְּשׁוּעוֹת וְעַל הַמִּלְחָמוֹת שֶׁעָשִׂיתָ לַאֲבוֹתֵינוּ בַּיָּמִים הָהֵם בַּזְּמַן הַזֶּה.

בִּימֵי מַתִּתְיָהוּ בֶּן יוֹחָנָן כֹּהֵן גָּדוֹל חַשְׁמוֹנָאִי וּבָנָיו, כְּשֶׁעָמְדָה מַלְכוּת יָוָן הָרְשָׁעָה עַל עַמְּךָ יִשְׂרָאֵל לְהַשְׁכִּיחָם תּוֹרָתֶךָ וּלְהַעֲבִירָם מֵחֻקֵּי רְצוֹנֶךָ, וְאַתָּה בְּרַחֲמֶיךָ הָרַבִּים עָמַדְתָּ לָהֶם בְּעֵת צָרָתָם, רַבְתָּ אֶת רִיבָם, דַּנְתָּ אֶת דִּינָם, נָקַמְתָּ אֶת נִקְמָתָם, מָסַרְתָּ גִבּוֹרִים בְּיַד חַלָּשִׁים, וְרַבִּים בְּיַד מְעַטִּים, וּטְמֵאִים בְּיַד טְהוֹרִים, וּרְשָׁעִים בְּיַד צַדִּיקִים, וְזֵדִים בְּיַד עוֹסְקֵי תוֹרָתֶךָ, וּלְךָ עָשִׂיתָ שֵׁם גָּדוֹל וְקָדוֹשׁ בְּעוֹלָמֶךָ, וּלְעַמְּךָ יִשְׂרָאֵל עָשִׂיתָ תְּשׁוּעָה גְדוֹלָה וּפֻרְקָן כְּהַיּוֹם הַזֶּה. וְאַחַר כֵּן בָּאוּ בָנֶיךָ לִדְבִיר בֵּיתֶךָ, וּפִנּוּ אֶת הֵיכָלֶךָ, וְטִהֲרוּ אֶת מִקְדָּשֶׁךָ, וְהִדְלִיקוּ נֵרוֹת בְּחַצְרוֹת קָדְשֶׁךָ, וְקָבְעוּ שְׁמוֹנַת יְמֵי חֲנֻכָּה אֵלּוּ, לְהוֹדוֹת וּלְהַלֵּל לְשִׁמְךָ הַגָּדוֹל.

Continúa con וְעַל כֻּלָּם.

בפורים:

עַל הַנִּסִּים וְעַל הַפֻּרְקָן וְעַל הַגְּבוּרוֹת וְעַל הַתְּשׁוּעוֹת וְעַל הַמִּלְחָמוֹת שֶׁעָשִׂיתָ לַאֲבוֹתֵינוּ בַּיָּמִים הָהֵם בַּזְּמַן הַזֶּה.

בִּימֵי מָרְדְּכַי וְאֶסְתֵּר בְּשׁוּשַׁן הַבִּירָה, כְּשֶׁעָמַד עֲלֵיהֶם הָמָן הָרָשָׁע, בִּקֵּשׁ לְהַשְׁמִיד לַהֲרֹג וּלְאַבֵּד אֶת־כָּל־הַיְּהוּדִים מִנַּעַר וְעַד־זָקֵן טַף וְנָשִׁים בְּיוֹם אֶחָד, בִּשְׁלוֹשָׁה עָשָׂר לְחֹדֶשׁ שְׁנֵים־עָשָׂר, הוּא־חֹדֶשׁ אֲדָר, וּשְׁלָלָם לָבוֹז: וְאַתָּה בְּרַחֲמֶיךָ הָרַבִּים הֵפַרְתָּ אֶת עֲצָתוֹ, וְקִלְקַלְתָּ אֶת מַחֲשַׁבְתּוֹ, וַהֲשֵׁבוֹתָ לּוֹ גְּמוּלוֹ בְּרֹאשׁוֹ, וְתָלוּ אוֹתוֹ וְאֶת בָּנָיו עַל הָעֵץ. אסתר ג

Continúa con וְעַל כֻּלָּם.

וְעַל כֻּלָּם יִתְבָּרַךְ וְיִתְרוֹמַם שִׁמְךָ מַלְכֵּנוּ תָּמִיד לְעוֹלָם וָעֶד.

בעשרת ימי תשובה: וּכְתֹב לְחַיִּים טוֹבִים כָּל בְּנֵי בְרִיתֶךָ.

וְכֹל הַחַיִּים יוֹדוּךָ סֶּלָה, וִיהַלְלוּ אֶת שִׁמְךָ בֶּאֱמֶת הָאֵל יְשׁוּעָתֵנוּ וְעֶזְרָתֵנוּ סֶלָה.

בָּרוּךְ אַתָּה יהוה, הַטּוֹב שִׁמְךָ וּלְךָ נָאֶה לְהוֹדוֹת.

PAZ

שָׁלוֹם רָב Confiere una gran paz para siempre a Tu pueblo Israel,
pues Tú eres el Rey soberano de toda paz;
que sea bueno ante Tus ojos bendecir a Tu pueblo Israel
en todo momento, y a cada hora con Tu paz.

Entre Rosh HaShaná y Yom Kipur: Que seamos recordados e inscritos nosotros
y todo Tu pueblo la casa de Israel en el libro
de la vida, la bendición, la paz y la prosperidad
para una buena vida y para la paz.*

Bendito eres Tú Señor, que bendice a Su pueblo Israel con la paz.

**Fuera de Israel, entre Rosh HaShaná y Yom Kipur algunos acostumbran finalizar esta bendición de la siguiente forma:*
Bendito eres Tú Señor, que hace la paz.

Algunos lo recitan aquí, como parte de la Amidá en voz baja. Ver ley 368.
Que las palabras de mi boca y la meditación de mi corazón hallen favor ante Ti Señor, mi Fortaleza y mi Redentor. *Sal. 19*

אֱלֹהַי Dios mío, *Berajot 17A*
preserva mi lengua del mal y mis labios de pronunciar engaño.
Que mi alma calle ante quienes me maldicen,
y sea como el polvo para con todos.
Abre mi corazón a Tu Torá
y que mi alma persiga Tus preceptos.
Rápidamente deja sin efecto el consejo
y frustra los planes de quienes conspiran contra mí.
Actúa en pos de Tu Nombre, actúa en pos de Tu diestra,
actúa en pos de Tu santidad, actúa en pos de Tu Torá.
Para que Tus amados sean liberados, *Sal. 60*
redime con Tu diestra y respóndeme.
Que las palabras de mi boca y la meditación de mi corazón *Sal. 19*
hallen favor ante Ti Señor, mi Fortaleza y mi Redentor.

Inclinarse, dar tres pasos hacia atrás, entonces inclinarse primero hacia la izquierda y luego hacia la derecha, luego al centro, mientras se dice:
Quien obra la paz en Sus alturas,
haga la paz para nosotros y todo Israel y decid: Amén.

ברכת שלום

שָׁלוֹם רָב עַל יִשְׂרָאֵל עַמְּךָ תָּשִׂים לְעוֹלָם
כִּי אַתָּה הוּא מֶלֶךְ אָדוֹן לְכָל הַשָּׁלוֹם.
וְטוֹב בְּעֵינֶיךָ לְבָרֵךְ אֶת עַמְּךָ יִשְׂרָאֵל
בְּכָל עֵת וּבְכָל שָׁעָה בִּשְׁלוֹמֶךָ.

בעשרת ימי תשובה: בְּסֵפֶר חַיִּים, בְּרָכָה וְשָׁלוֹם, וּפַרְנָסָה טוֹבָה
נִזָּכֵר וְנִכָּתֵב לְפָנֶיךָ, אֲנַחְנוּ וְכָל עַמְּךָ בֵּית יִשְׂרָאֵל
לְחַיִּים טוֹבִים וּלְשָׁלוֹם.*

בָּרוּךְ אַתָּה יהוה, הַמְבָרֵךְ אֶת עַמּוֹ יִשְׂרָאֵל בַּשָּׁלוֹם.

*En חוץ לארץ, entre עשרת ימי תשובה algunos acostumbran finalizar esta bendición de la siguiente forma:

בָּרוּךְ אַתָּה יהוה, עוֹשֶׂה הַשָּׁלוֹם.

Algunos lo recitan aquí, como parte de la עמידה *en voz baja. Ver ley 368.*

יִהְיוּ לְרָצוֹן אִמְרֵי־פִי וְהֶגְיוֹן לִבִּי לְפָנֶיךָ, יהוה צוּרִי וְגֹאֲלִי: תהלים יט

אֱלֹהַי ברכות יז.
נְצֹר לְשׁוֹנִי מֵרָע וּשְׂפָתַי מִדַּבֵּר מִרְמָה
וְלִמְקַלְלַי נַפְשִׁי תִדֹּם, וְנַפְשִׁי כֶּעָפָר לַכֹּל תִּהְיֶה.
פְּתַח לִבִּי בְּתוֹרָתֶךָ, וּבְמִצְוֹתֶיךָ תִּרְדֹּף נַפְשִׁי.
וְכָל הַחוֹשְׁבִים עָלַי רָעָה, מְהֵרָה הָפֵר עֲצָתָם וְקַלְקֵל מַחֲשַׁבְתָּם.
עֲשֵׂה לְמַעַן שְׁמֶךָ, עֲשֵׂה לְמַעַן יְמִינֶךָ
עֲשֵׂה לְמַעַן קְדֻשָּׁתֶךָ, עֲשֵׂה לְמַעַן תּוֹרָתֶךָ.
לְמַעַן יֵחָלְצוּן יְדִידֶיךָ, הוֹשִׁיעָה יְמִינְךָ וַעֲנֵנִי: תהלים ס
יִהְיוּ לְרָצוֹן אִמְרֵי־פִי וְהֶגְיוֹן לִבִּי לְפָנֶיךָ, יהוה צוּרִי וְגֹאֲלִי: תהלים יט

Inclinarse, dar tres pasos hacia atrás, entonces inclinarse primero hacia la izquierda y luego hacia la derecha, luego al centro, mientras se dice:

עֹשֶׂה שָׁלוֹם/ בעשרת ימי תשובה: הַשָּׁלוֹם/ בִּמְרוֹמָיו
הוּא יַעֲשֶׂה שָׁלוֹם עָלֵינוּ וְעַל כָּל יִשְׂרָאֵל, וְאִמְרוּ אָמֵן.

יְהִי רָצוֹן Sea Tu voluntad Señor, Dios nuestro y de nuestros ancestros que el Templo sea reconstruido pronto en nuestros días, que nos concedas nuestra porción en Tu Torá. Allí Te serviremos con temor reverencial como en los días de antaño y los años pretéritos. Entonces las ofrendas de Yehudá y Jerusalém agradarán al Señor como en los días de antaño y los años pretéritos. *Mal. 3*

Al concluir el Shabat (salvo cuando Yom Tov o la víspera de Pesaj caen en la semana entrante) el oficiante continúa con Medio Kadish en la página 274 y luego recita "Que el agrado" en la página 716.

Al concluir el Shabat, si Yom Tov cae en la semana entrante, el rezo continúa en la página 722.

En otras noches el oficiante recita un Kadish Completo:

KADISH COMPLETO

Oficiante: יִתְגַּדַּל Que Su Gran Nombre sea magnificado y santificado,
en el mundo que creó conforme a Su voluntad.
Que establezca Su reino
durante vuestra vida y en vuestros días
y en la vida de toda la casa de Israel,
pronto y rápidamente
y decid: Amén.

Todos: Que Su Gran Nombre sea bendito
por siempre y por toda la eternidad.

Oficiante: Sea bendecido, alabado, glorificado
y exaltado, encumbrado
y magnificado, enaltecido y ensalzado
el Nombre del Santo Bendito Él;
más allá de cualquier bendición,
cántico, alabanza y consolación
pronunciados en el mundo
y decid: Amén.

Que nuestras plegarias y las súplicas
de todo el pueblo de Israel
sean aceptadas por su Padre Celestial
y decid: Amén.

יְהִי רָצוֹן מִלְּפָנֶיךָ יהוה אֱלֹהֵינוּ וֵאלֹהֵי אֲבוֹתֵינוּ
שֶׁיִּבָּנֶה בֵּית הַמִּקְדָּשׁ בִּמְהֵרָה בְיָמֵינוּ, וְתֵן חֶלְקֵנוּ בְּתוֹרָתֶךָ
וְשָׁם נַעֲבָדְךָ בְּיִרְאָה כִּימֵי עוֹלָם וּכְשָׁנִים קַדְמֹנִיּוֹת.
וְעָרְבָה לַיהוה מִנְחַת יְהוּדָה וִירוּשָׁלָםִ כִּימֵי עוֹלָם וּכְשָׁנִים קַדְמֹנִיּוֹת: מלאכי ג

En מוצאי שבת *(salvo cuando* ערב פסח *o* יום טוב *caen en la semana entrante) el* שליח ציבור *continúa con* חצי קדיש *en la página 275 y luego recita* וִיהִי נֹעַם *en la página 717.*

En מוצאי שבת *cuando* יום טוב *cae en la semana entrante, el rezo continúa en la página 723.*

En otras noches el שליח ציבור *recita un* קדיש שלם*:*

קדיש שלם

ש״ץ: **יִתְגַּדַּל וְיִתְקַדַּשׁ שְׁמֵהּ רַבָּא** (קהל: אָמֵן)
בְּעָלְמָא דִּי בְרָא כִרְעוּתֵהּ
וְיַמְלִיךְ מַלְכוּתֵהּ
בְּחַיֵּיכוֹן וּבְיוֹמֵיכוֹן וּבְחַיֵּי דְכָל בֵּית יִשְׂרָאֵל
בַּעֲגָלָא וּבִזְמַן קָרִיב, וְאִמְרוּ אָמֵן. (קהל: אָמֵן)

קהל וש״ץ: **יְהֵא שְׁמֵהּ רַבָּא מְבָרַךְ לְעָלַם וּלְעָלְמֵי עָלְמַיָּא.**

ש״ץ: **יִתְבָּרַךְ וְיִשְׁתַּבַּח וְיִתְפָּאַר וְיִתְרוֹמַם וְיִתְנַשֵּׂא**
וְיִתְהַדָּר וְיִתְעַלֶּה וְיִתְהַלָּל
שְׁמֵהּ דְּקֻדְשָׁא בְּרִיךְ הוּא (קהל: בְּרִיךְ הוּא)
לְעֵלָּא מִן כָּל בִּרְכָתָא
/בעשרת ימי תשובה: **לְעֵלָּא לְעֵלָּא מִכָּל בִּרְכָתָא**/
וְשִׁירָתָא, תֻּשְׁבְּחָתָא וְנֶחֱמָתָא
דַּאֲמִירָן בְּעָלְמָא, וְאִמְרוּ אָמֵן. (קהל: אָמֵן)

תִּתְקַבַּל צְלוֹתְהוֹן וּבָעוּתְהוֹן דְּכָל יִשְׂרָאֵל
קֳדָם אֲבוּהוֹן דִּי בִשְׁמַיָּא, וְאִמְרוּ אָמֵן. (קהל: אָמֵן)

Que haya gran paz celestial
y vida para nosotros y para todo Israel
y decid: Amén.

Inclinarse, dar tres pasos hacia atrás como retirándose de la Divina Presencia, luego inclinarse primero hacia la izquierda, luego hacia la derecha y luego al centro mientras se dice:

Quien obra la paz en Sus alturas,
haga la paz
para nosotros y todo Israel
y decid: Amén.

En Yom Ha'Atzmaut (en Israel y muchas comunidades de la diáspora) el rezo continúa con "Escucha Israel" en la página 976.
Desde la segunda noche de Pesaj hasta la noche anterior a Shavu'ot se cuenta aquí el Omer (página 302).
En Purim se lee aquí Meguilat Ester (página 1259); el 9 de Av aquí se lee Meguilat Eijá (página 1242).

Se recita Aleinu de pie y se debe inclinar al llegar a ▾.

עָלֵינוּ Es nuestro deber alabar al Amo de todo,
engrandecer al Creador del universo
por no habernos hecho como las naciones de los países
ni habernos puesto entre las familias de la tierra;
que no hizo nuestra porción similar a la de ellos
ni nuestro destino como el de sus multitudes.
(Pues ellos se prosternan a la vanidad y al vacío
y le oran a un dios que no puede salvarlos.)
▾Empero nosotros nos inclinamos y nos prosternamos
y agradecemos ante el Supremo Rey de Reyes, el Santo Bendito
Él, que extiende los cielos y establece la tierra,
y Su trono de gloria se encuentra en los cielos
y el poder de Su Presencia mora en las alturas.
Él es nuestro Dios, no hay otro.
Verdadero es nuestro Rey y no hay ningún otro,
tal como está escrito en Su Torá:
"Has de saber hoy y responder a tu corazón que el Señor es el Dios *Deut. 4*
en las alturas del cielo y abajo en la tierra y no hay otro salvo Él.

יְהֵא שְׁלָמָא רַבָּא מִן שְׁמַיָּא
וְחַיִּים, עָלֵינוּ וְעַל כָּל יִשְׂרָאֵל, וְאִמְרוּ אָמֵן. (קהל: אָמֵן)

Inclinarse, dar tres pasos hacia atrás como retirándose de la Divina Presencia, luego inclinarse primero hacia la izquierda, luego hacia la derecha y luego al centro mientras se dice:

עֹשֶׂה שָׁלוֹם/ בעשרת ימי תשובה: הַשָּׁלוֹם/ בִּמְרוֹמָיו
הוּא יַעֲשֶׂה שָׁלוֹם
עָלֵינוּ וְעַל כָּל יִשְׂרָאֵל, וְאִמְרוּ אָמֵן. (קהל: אָמֵן)

En יום העצמאות (*en* ארץ ישראל *y muchas comunidades de* חוץ לארץ) *el rezo continúa con* שְׁמַע יִשְׂרָאֵל *en la página 977.*

Desde la segunda noche de פסח *hasta la noche anterior a* שבועות *se cuenta aquí el* עומר (*página 303*).

En פורים *se lee aquí* מגילת אסתר (*página 1259*); *en* תשעה באב *aquí se lee* מגילת איכה (*página 1242*).

Se recita עָלֵינוּ *de pie y se debe inclinar al llegar a* ״.

עָלֵינוּ לְשַׁבֵּחַ לַאֲדוֹן הַכֹּל, לָתֵת גְּדֻלָּה לְיוֹצֵר בְּרֵאשִׁית
שֶׁלֹּא עָשָׂנוּ כְּגוֹיֵי הָאֲרָצוֹת, וְלֹא שָׂמָנוּ כְּמִשְׁפְּחוֹת הָאֲדָמָה
שֶׁלֹּא שָׂם חֶלְקֵנוּ כָּהֶם וְגוֹרָלֵנוּ כְּכָל הֲמוֹנָם.
(שֶׁהֵם מִשְׁתַּחֲוִים לְהֶבֶל וָרִיק וּמִתְפַּלְלִים אֶל אֵל לֹא יוֹשִׁיעַ.)
״וַאֲנַחְנוּ כּוֹרְעִים וּמִשְׁתַּחֲוִים וּמוֹדִים
לִפְנֵי מֶלֶךְ מַלְכֵי הַמְּלָכִים, הַקָּדוֹשׁ בָּרוּךְ הוּא
שֶׁהוּא נוֹטֶה שָׁמַיִם וְיוֹסֵד אָרֶץ
וּמוֹשַׁב יְקָרוֹ בַּשָּׁמַיִם מִמַּעַל, וּשְׁכִינַת עֻזּוֹ בְּגָבְהֵי מְרוֹמִים.
הוּא אֱלֹהֵינוּ, אֵין עוֹד.
אֱמֶת מַלְכֵּנוּ, אֶפֶס זוּלָתוֹ
כַּכָּתוּב בְּתוֹרָתוֹ, וְיָדַעְתָּ הַיּוֹם וַהֲשֵׁבֹתָ אֶל־לְבָבֶךָ דברים ד
כִּי יהוה הוּא הָאֱלֹהִים בַּשָּׁמַיִם מִמַּעַל וְעַל־הָאָרֶץ מִתָּחַת
אֵין עוֹד:

Por lo tanto, depositamos en Ti nuestra confianza Señor, Dios nuestro,
que podamos ver pronto el esplendor de Tu poder,
cuando remuevas las abominaciones de la faz de la tierra,
y los ídolos sean completamente destruidos,
cuando el mundo sea perfeccionado bajo la soberanía del Todopoderoso,
cuando toda la humanidad invoque Tu Nombre
y todos los malvados de la tierra se volverán hacia Ti.
Todos los habitantes de la tierra reconocerán
y sabrán que toda rodilla debe inclinarse ante Ti
y cada lengua debe jurarte fidelidad.
Ante Ti Señor, Dios nuestro, se habrán de arrodillar e inclinar
y darán honor a Tu glorioso Nombre.
Aceptarán el yugo de Tu reino
y pronto reinarás sobre ellos por siempre jamás.
Pues Tuyo es el reino por siempre,
y reinarás gloriosamente por toda la eternidad,
tal como está escrito en Tu Torá:
"El Señor reinará por siempre y por toda la eternidad". *Éx. 15*
▸ Y fue dicho: "Entonces el Señor será el Rey sobre toda la tierra; *Zej. 14*
en ese día el Señor será Uno y Su Nombre Uno".

Algunos agregan:
No temas del terror que sobreviene repentinamente *Prov. 3*
ni por la destrucción de los malvados cuando arribase.
Hagan un proyecto: ¡fracasará! Digan una palabra: ¡no se realizará! *Is. 8*
Porque Dios está con nosotros.
Hasta que envejezcan, Yo seré el Mismo, y hasta que encanezcan, Yo los sostendré, *Is. 46*
Yo he obrado, y Me haré cargo de eso: los sostendré y los libraré.

KADISH DE DUELO

La siguiente plegaria es recitada por quien está en duelo y requiere de la presencia de un minián. La transliteración se encuentra en la página 1360.

Doliente: יִתְגַּדַּל Que Su Gran Nombre sea magnificado y santificado,
en el mundo que creó conforme a Su voluntad.
Que establezca Su reino durante vuestra vida y en vuestros días
y en la vida de toda la casa de Israel,
pronto y rápidamente y decid: Amén.

Todos: Que Su Gran Nombre sea bendito
por siempre y por toda la eternidad.

עַל כֵּן נְקַוֶּה לְךָ יהוה אֱלֹהֵינוּ, לִרְאוֹת מְהֵרָה בְּתִפְאֶרֶת עֻזֶּךָ
לְהַעֲבִיר גִּלּוּלִים מִן הָאָרֶץ, וְהָאֱלִילִים כָּרוֹת יִכָּרֵתוּן
לְתַקֵּן עוֹלָם בְּמַלְכוּת שַׁדַּי.
וְכָל בְּנֵי בָשָׂר יִקְרְאוּ בִשְׁמֶךָ לְהַפְנוֹת אֵלֶיךָ כָּל רִשְׁעֵי אָרֶץ.
יַכִּירוּ וְיֵדְעוּ כָּל יוֹשְׁבֵי תֵבֵל
כִּי לְךָ תִּכְרַע כָּל בֶּרֶךְ, תִּשָּׁבַע כָּל לָשׁוֹן.
לְפָנֶיךָ יהוה אֱלֹהֵינוּ יִכְרְעוּ וְיִפֹּלוּ, וְלִכְבוֹד שִׁמְךָ יְקָר יִתֵּנוּ
וִיקַבְּלוּ כֻלָּם אֶת עֹל מַלְכוּתֶךָ
וְתִמְלֹךְ עֲלֵיהֶם מְהֵרָה לְעוֹלָם וָעֶד.
כִּי הַמַּלְכוּת שֶׁלְּךָ הִיא וּלְעוֹלְמֵי עַד תִּמְלֹךְ בְּכָבוֹד
כַּכָּתוּב בְּתוֹרָתֶךָ, יהוה יִמְלֹךְ לְעֹלָם וָעֶד: שמות טו
וְנֶאֱמַר, וְהָיָה יהוה לְמֶלֶךְ עַל־כָּל־הָאָרֶץ זכריה יד
בַּיּוֹם הַהוּא יִהְיֶה יהוה אֶחָד וּשְׁמוֹ אֶחָד:

Algunos agregan:

אַל־תִּירָא מִפַּחַד פִּתְאֹם וּמִשֹּׁאַת רְשָׁעִים כִּי תָבֹא: משלי ג
עֻצוּ עֵצָה וְתֻפָר, דַּבְּרוּ דָבָר וְלֹא יָקוּם, כִּי עִמָּנוּ אֵל: ישעיה ח
וְעַד־זִקְנָה אֲנִי הוּא, וְעַד־שֵׂיבָה אֲנִי אֶסְבֹּל ישעיה מו
אֲנִי עָשִׂיתִי וַאֲנִי אֶשָּׂא וַאֲנִי אֶסְבֹּל וַאֲמַלֵּט:

קדיש יתום

La siguiente plegaria es recitada por quien está en duelo y requiere de la presencia de un מנין. *La transliteración se encuentra en la página 1360.*

אבל: יִתְגַּדַּל וְיִתְקַדַּשׁ שְׁמֵהּ רַבָּא (קהל: אָמֵן)
בְּעָלְמָא דִּי בְרָא כִרְעוּתֵהּ
וְיַמְלִיךְ מַלְכוּתֵהּ
בְּחַיֵּיכוֹן וּבְיוֹמֵיכוֹן וּבְחַיֵּי דְכָל בֵּית יִשְׂרָאֵל
בַּעֲגָלָא וּבִזְמַן קָרִיב, וְאִמְרוּ אָמֵן. (קהל: אָמֵן)

קהל ואבל: יְהֵא שְׁמֵהּ רַבָּא מְבָרַךְ לְעָלַם וּלְעָלְמֵי עָלְמַיָּא.

Doliente: Sea bendecido, alabado, glorificado
y exaltado, encumbrado
y magnificado, enaltecido y ensalzado
el Nombre del Santo Bendito Él;
más allá de cualquier bendición, cántico, alabanza y consolación
pronunciados en el mundo y decid: Amén.

Que haya gran paz celestial y vida para nosotros
y para todo Israel y decid: Amén.

Inclinarse, dar tres pasos hacia atrás como retirándose de la Divina Presencia, luego inclinarse primero hacia la izquierda, luego hacia la derecha y luego al centro mientras se dice:

Quien obra la paz en Sus alturas, haga la paz
para nosotros y todo Israel y decid: Amén.

A partir del segundo día de Rosh Jodesh Elul y hasta Sheminí Atzeret (en Israel hasta Hoshaná Rabá) se recita el siguiente salmo:

לְדָוִד Salmo de David. El Señor es mi luz y mi salvación, ¿a quién habré de temer? El Señor es la fortaleza de mi vida, ¿de quién tendré miedo? Cuando personas malvadas se acercan para devorar mi carne, mis enemigos y mis oponentes fracasarán y caerán. Si un ejército me habrá de sitiar, no temerá mi corazón. Si se declarase una guerra contra mí, me mantendría confiado. Una sola cosa pido al Señor y es aquella que procuro: residir en la morada del Señor todos los días de mi vida, para contemplar la belleza del Señor y rendir culto en Su Templo. Pues Él me habrá de ocultar en Su pabellón en el día de la desgracia, me ocultará en el interior de Su tienda, me elevará sobre una roca. Ahora mi cabeza se yergue por sobre los enemigos que me rodean. Ofrendaré sacrificios de regocijo en Su tienda, cantaré y entonaré melodías al Señor. Escucha Señor mi voz cuando Te llamo, apiádate de mí y respóndeme. En Tu Nombre, mi corazón dice "Procurad Mi rostro". Señor, Tu rostro buscaré. No ocultes Tu rostro de mí, no rechaces en Tu enojo a Tu siervo de delante de Ti. Tú has sido mi ayuda, no me rechaces ni me abandones, Dios de mi salvación. Pues mi padre y mi madre me abandonaron, mas el Señor me recogió. Señor, enséñame Tu senda, guíame por el camino llano por causa de quienes me acechan. No me entregues a la voluntad de mis perseguidores, pues se han levantado contra mí falsos testigos y los que alientan violencia. ▸ Si no fuese porque confié en contemplar la bondad del Señor en la tierra de los vivos. Ten esperanza en el Señor, fortalece y anima tu corazón y ten esperanza en el Señor. *Sal. 27*

Kadish de Duelo (en la página anterior)

En la casa de los dolientes el rezo continúa en la página 1120.

אבל: יִתְבָּרַךְ וְיִשְׁתַּבַּח וְיִתְפָּאַר
וְיִתְרוֹמַם וְיִתְנַשֵּׂא וְיִתְהַדָּר וְיִתְעַלֶּה וְיִתְהַלָּל
שְׁמֵהּ דְּקֻדְשָׁא בְּרִיךְ הוּא (קהל: בְּרִיךְ הוּא)
לְעֵלָּא מִן כָּל בִּרְכָתָא / בעשרת ימי תשובה: לְעֵלָּא לְעֵלָּא מִכָּל בִּרְכָתָא/
וְשִׁירָתָא, תֻּשְׁבְּחָתָא וְנֶחֱמָתָא
דַּאֲמִירָן בְּעָלְמָא, וְאִמְרוּ אָמֵן. (קהל: אָמֵן)

יְהֵא שְׁלָמָא רַבָּא מִן שְׁמַיָּא
וְחַיִּים, עָלֵינוּ וְעַל כָּל יִשְׂרָאֵל, וְאִמְרוּ אָמֵן. (קהל: אָמֵן)

Inclinarse, dar tres pasos hacia atrás como retirándose de la Divina Presencia, luego inclinarse primero hacia la izquierda, luego hacia la derecha y luego al centro mientras se dice:

עֹשֶׂה שָׁלוֹם/ בעשרת ימי תשובה: הַשָּׁלוֹם/ בִּמְרוֹמָיו
הוּא יַעֲשֶׂה שָׁלוֹם עָלֵינוּ וְעַל כָּל יִשְׂרָאֵל, וְאִמְרוּ אָמֵן. (קהל: אָמֵן)

A partir del segundo día de ראש חודש אלול *y hasta* שמיני עצרת *(en* ארץ ישראל *hasta* הושענא רבה*) se recita el siguiente salmo:*

לְדָוִד, יהוה אוֹרִי וְיִשְׁעִי, מִמִּי אִירָא, יהוה מָעוֹז־חַיַּי, מִמִּי אֶפְחָד: בִּקְרֹב תהלים כז
עָלַי מְרֵעִים לֶאֱכֹל אֶת־בְּשָׂרִי, צָרַי וְאֹיְבַי לִי, הֵמָּה כָשְׁלוּ וְנָפָלוּ: אִם־תַּחֲנֶה
עָלַי מַחֲנֶה, לֹא־יִירָא לִבִּי, אִם־תָּקוּם עָלַי מִלְחָמָה, בְּזֹאת אֲנִי בוֹטֵחַ: אַחַת
שָׁאַלְתִּי מֵאֵת־יהוה, אוֹתָהּ אֲבַקֵּשׁ, שִׁבְתִּי בְּבֵית־יהוה כָּל־יְמֵי חַיַּי, לַחֲזוֹת
בְּנֹעַם־יהוה, וּלְבַקֵּר בְּהֵיכָלוֹ: כִּי יִצְפְּנֵנִי בְּסֻכֹּה בְּיוֹם רָעָה, יַסְתִּרֵנִי בְּסֵתֶר
אָהֳלוֹ, בְּצוּר יְרוֹמְמֵנִי: וְעַתָּה יָרוּם רֹאשִׁי עַל אֹיְבַי סְבִיבוֹתַי, וְאֶזְבְּחָה בְאָהֳלוֹ
זִבְחֵי תְרוּעָה, אָשִׁירָה וַאֲזַמְּרָה לַיהוה: שְׁמַע־יהוה קוֹלִי אֶקְרָא, וְחָנֵּנִי
וַעֲנֵנִי: לְךָ אָמַר לִבִּי בַּקְּשׁוּ פָנָי, אֶת־פָּנֶיךָ יהוה אֲבַקֵּשׁ: אַל־תַּסְתֵּר פָּנֶיךָ
מִמֶּנִּי, אַל תַּט־בְּאַף עַבְדֶּךָ, עֶזְרָתִי הָיִיתָ, אַל־תִּטְּשֵׁנִי וְאַל־תַּעַזְבֵנִי, אֱלֹהֵי
יִשְׁעִי: כִּי־אָבִי וְאִמִּי עֲזָבוּנִי, וַיהוה יַאַסְפֵנִי: הוֹרֵנִי יהוה דַּרְכֶּךָ, וּנְחֵנִי בְּאֹרַח
מִישׁוֹר, לְמַעַן שׁוֹרְרָי: אַל־תִּתְּנֵנִי בְּנֶפֶשׁ צָרָי, כִּי קָמוּ־בִי עֵדֵי־שֶׁקֶר, וִיפֵחַ
חָמָס: ‹ לוּלֵא הֶאֱמַנְתִּי לִרְאוֹת בְּטוּב־יהוה בְּאֶרֶץ חַיִּים: קַוֵּה אֶל־יהוה,
חֲזַק וְיַאֲמֵץ לִבֶּךָ, וְקַוֵּה אֶל־יהוה: קדיש יתום *(en la página anterior)*

En la casa de los dolientes el rezo continúa en la página 1121.

EL CONTEO DEL OMER

Se cuenta el Omer cada noche desde la segunda noche de Pesaj hasta la noche anterior a Shavu'ot. Ver leyes 221–224.
Algunas personas dicen la siguiente meditación previo al recitado de la bendición.

En aras de la unificación del Santo Bendito Él y Su Divina Presencia, con temor y con amor, para unificar los Nombres *Yud-Heh* y *Vav-Hehen* perfecta unidad en nombre de todo Israel.

הִנְנִי Estoy preparado y listo para cumplir con el precepto positivo del conteo del Omer, tal como está escrito en la Torá: "Y contaréis siete semanas com- *Lev. 23*
pletas desde el día siguiente al día festivo (Pesaj), desde el día en que traéis el Omer que se ofrenda por elevación hasta el día siguiente de la séptima semana habrás de contar cincuenta días. Luego habrás de presentar al Señor una ofrenda de harina del nuevo grano". Que el agrado del Señor nuestro *Sal. 90*
Dios sea sobre nosotros, y la acción de nuestras manos sea establecida para nosotros. Oh, establece la obra de nuestras manos.

בָּרוּךְ Bendito eres Tú Señor, nuestro Dios, Rey del universo, que nos ha santificado con Sus preceptos y nos ordenó el conteo del Omer.

16 de Nisán
1. Hoy es el primer día del Omer.

17 de Nisán
2. Hoy es el segundo día del Omer.

18 de Nisán
3. Hoy es el tercer día del Omer.

19 de Nisán
4. Hoy es el cuarto día del Omer.

20 de Nisán
5. Hoy es el quinto día del Omer.

21 de Nisán
6. Hoy es el sexto día del Omer.

---

recordatorio de esta antigua práctica. Los cuarenta y nueve días conectan el éxodo de Egipto con la entrega de la Torá en el Monte Sinaí y son un tiempo de preparación y crecimiento que consiste en abandonar el mundo de la esclavitud para disponerse a ingresar al mundo de la responsabilidad personal, social y espiritual. La mística judía le confirió especial significación a este periodo del año en su carácter de período de limpieza de los distintos aspectos del alma, uno tras otro.

סדר ספירת העומר

Se cuenta el עומר *cada noche desde la segunda noche de* פסח
hasta la noche anterior a שבועות*. Ver leyes 221–224.*
Algunas personas dicen la siguiente meditación previo al recitado de la bendición.

לְשֵׁם יִחוּד קֻדְשָׁא בְּרִיךְ הוּא וּשְׁכִינְתֵּהּ בִּדְחִילוּ וּרְחִימוּ
לְיַחֵד שֵׁם י״ה בו״ה בְּיִחוּדָא שְׁלִים בְּשֵׁם כָּל יִשְׂרָאֵל.

הִנְנִי מוּכָן וּמְזֻמָּן לְקַיֵּם מִצְוַת עֲשֵׂה שֶׁל סְפִירַת הָעֹמֶר. כְּמוֹ שֶׁכָּתוּב בַּתּוֹרָה,
וּסְפַרְתֶּם לָכֶם מִמָּחֳרַת הַשַּׁבָּת, מִיּוֹם הֲבִיאֲכֶם אֶת־עֹמֶר הַתְּנוּפָה, שֶׁבַע ויקרא כג
שַׁבָּתוֹת תְּמִימֹת תִּהְיֶינָה: עַד מִמָּחֳרַת הַשַּׁבָּת הַשְּׁבִיעִת תִּסְפְּרוּ חֲמִשִּׁים
יוֹם, וְהִקְרַבְתֶּם מִנְחָה חֲדָשָׁה לַיהוה: וִיהִי נֹעַם אֲדֹנָי אֱלֹהֵינוּ עָלֵינוּ, תהלים צ
וּמַעֲשֵׂה יָדֵינוּ כּוֹנְנָה עָלֵינוּ, וּמַעֲשֵׂה יָדֵינוּ כּוֹנְנֵהוּ:

בָּרוּךְ אַתָּה יהוה אֱלֹהֵינוּ מֶלֶךְ הָעוֹלָם
אֲשֶׁר קִדְּשָׁנוּ בְּמִצְוֹתָיו וְצִוָּנוּ עַל סְפִירַת הָעֹמֶר.

טז בניסן

1. **הַיּוֹם יוֹם אֶחָד בָּעֹמֶר.**

חסד שבחסד

יז בניסן

2. **הַיּוֹם שְׁנֵי יָמִים בָּעֹמֶר.**

גבורה שבחסד

יח בניסן

3. **הַיּוֹם שְׁלֹשָׁה יָמִים בָּעֹמֶר.**

תפארת שבחסד

יט בניסן

4. **הַיּוֹם אַרְבָּעָה יָמִים בָּעֹמֶר.**

נצח שבחסד

כ בניסן

5. **הַיּוֹם חֲמִשָּׁה יָמִים בָּעֹמֶר.**

הוד שבחסד

כא בניסן

6. **הַיּוֹם שִׁשָּׁה יָמִים בָּעֹמֶר.**

יסוד שבחסד

CONTEO DEL OMER

En días en los que el Templo estaba en pie, al día siguiente de Pesaj se llevaba a cabo la ofrenda del Omer (entre 2.16 y 4.3 litros dependiendo de la fuente rabínica) de grano de cebada nueva. A partir de ese momento comenzaba un conteo de cuarenta y nueve días – siete semanas completas – y en el día cincuenta se celebraba la fiesta de Shavu'ot. Con la destrucción del Templo los sabios ordenaron que debíamos seguir contando los días como

22 de Nisán

7. Hoy es el séptimo día,
que es una semana
del Omer.

23 de Nisán

8. Hoy es el octavo día,
que es una semana
y un día del Omer.

24 de Nisán

9. Hoy es el noveno día,
que es una semana
y dos días del Omer.

25 de Nisán

10. Hoy es el décimo día,
que es una semana
y tres días del Omer.

26 de Nisán

11. Hoy es el undécimo día,
que es una semana
y cuatro días del Omer.

27 de Nisán

12. Hoy es el duodécimo día,
que es una semana
y cinco días del Omer.

28 de Nisán

13. Hoy es el decimotercer día,
que es una semana
y seis días del Omer.

29 de Nisán

14. Hoy es el decimocuarto día,
que son dos semanas
del Omer.

30 de Nisán, primer día de Rosh Jodesh

15. Hoy es el decimoquinto día,
que son dos semanas
y un día del Omer.

1 de Iyar, segundo día de Rosh Jodesh

16. Hoy es el decimosexto día,
que son dos semanas
y dos días del Omer.

2 de Iyar

17. Hoy es el decimoséptimo día,
que son dos semanas
y tres días del Omer.

3 de Iyar

18. Hoy es el decimoctavo día,
que son dos semanas
y cuatro días del Omer.

4 de Iyar

19. Hoy es el decimonoveno día,
que son dos semanas
y cinco días del Omer.

5 de Iyar, Yom Ha'Atzmaut

20. Hoy es el vigésimo día,
que son dos semanas
y seis días del Omer.

כב בניסן

7. הַיּוֹם שִׁבְעָה יָמִים
שֶׁהֵם שָׁבְוּעַ אֶחָד בָּעְמֶר.
מלכות שבחסד

כג בניסן

8. הַיּוֹם שְׁמוֹנָה יָמִים
שֶׁהֵם שָׁבְוּעַ אֶחָד וְיוֹם אֶחָד
בָּעְמֶר.
חסד שבגבורה

כד בניסן

9. הַיּוֹם תִּשְׁעָה יָמִים
שֶׁהֵם שָׁבְוּעַ אֶחָד וּשְׁנֵי יָמִים
בָּעְמֶר.
גבורה שבגבורה

כה בניסן

10. הַיּוֹם עֲשָׂרָה יָמִים
שֶׁהֵם שָׁבְוּעַ אֶחָד וּשְׁלֹשָׁה
יָמִים בָּעְמֶר.
תפארת שבגבורה

כו בניסן

11. הַיּוֹם אַחַד עָשָׂר יוֹם
שֶׁהֵם שָׁבְוּעַ אֶחָד וְאַרְבָּעָה
יָמִים בָּעְמֶר.
נצח שבגבורה

כז בניסן

12. הַיּוֹם שְׁנֵים עָשָׂר יוֹם
שֶׁהֵם שָׁבְוּעַ אֶחָד וַחֲמִשָּׁה
יָמִים בָּעְמֶר.
הוד שבגבורה

כח בניסן

13. הַיּוֹם שְׁלֹשָׁה עָשָׂר יוֹם
שֶׁהֵם שָׁבְוּעַ אֶחָד וְשִׁשָּׁה יָמִים
בָּעְמֶר.
יסוד שבגבורה

כט בניסן

14. הַיּוֹם אַרְבָּעָה עָשָׂר יוֹם
שֶׁהֵם שְׁנֵי שָׁבוּעוֹת
בָּעְמֶר.
מלכות שבגבורה

ל בניסן, א׳ דראש חודש

15. הַיּוֹם חֲמִשָּׁה עָשָׂר יוֹם
שֶׁהֵם שְׁנֵי שָׁבוּעוֹת וְיוֹם אֶחָד
בָּעְמֶר.
חסד שבתפארת

א באייר, ב׳ דראש חודש

16. הַיּוֹם שִׁשָּׁה עָשָׂר יוֹם
שֶׁהֵם שְׁנֵי שָׁבוּעוֹת וּשְׁנֵי יָמִים
בָּעְמֶר.
גבורה שבתפארת

ב באייר

17. הַיּוֹם שִׁבְעָה עָשָׂר יוֹם
שֶׁהֵם שְׁנֵי שָׁבוּעוֹת וּשְׁלֹשָׁה
יָמִים בָּעְמֶר.
תפארת שבתפארת

ג באייר

18. הַיּוֹם שְׁמוֹנָה עָשָׂר יוֹם
שֶׁהֵם שְׁנֵי שָׁבוּעוֹת וְאַרְבָּעָה
יָמִים בָּעְמֶר.
נצח שבתפארת

ד באייר

19. הַיּוֹם תִּשְׁעָה עָשָׂר יוֹם
שֶׁהֵם שְׁנֵי שָׁבוּעוֹת וַחֲמִשָּׁה
יָמִים בָּעְמֶר.
הוד שבתפארת

ה באייר, יום העצמאות

20. הַיּוֹם עֶשְׂרִים יוֹם
שֶׁהֵם שְׁנֵי שָׁבוּעוֹת וְשִׁשָּׁה
יָמִים בָּעְמֶר.
יסוד שבתפארת

6 de Iyar

21. Hoy es el vigésimo primer día,
que son tres semanas
del Omer.

7 de Iyar

22. Hoy es el vigésimo segundo día,
que son tres semanas
y un día del Omer.

8 de Iyar

23. Hoy es el vigésimo tercer día,
que son tres semanas
y dos días del Omer.

9 de Iyar

24. Hoy es el vigésimo cuarto día,
que son tres semanas
y tres días del Omer.

10 de Iyar

25. Hoy es el vigésimo quinto día,
que son tres semanas
y cuatro días del Omer.

11 de Iyar

26. Hoy es el vigésimo sexto día,
que son tres semanas
y cinco días del Omer.

12 de Iyar

27. Hoy es el vigésimo séptimo día,
que son tres semanas
y seis días del Omer.

13 de Iyar

28. Hoy es el vigésimo octavo día,
que son cuatro semanas
del Omer.

14 de Iyar, Pesaj Shení

29. Hoy es el vigésimo noveno día,
que son cuatro semanas
y un día del Omer.

15 de Iyar

30. Hoy es el trigésimo día,
que son cuatro semanas
y dos días del Omer.

16 de Iyar

31. Hoy es el trigésimo primer día,
que son cuatro semanas
y tres días del Omer.

17 de Iyar

32. Hoy es el trigésimo segundo día,
que son cuatro semanas
y cuatro días del Omer.

18 de Iyar, Lag Ba'Omer

33. Hoy es el trigésimo tercer día,
que son cuatro semanas
y cinco días del Omer.

19 de Iyar

34. Hoy es el trigésimo cuarto día,
que son cuatro semanas
y seis días del Omer.

ו באייר

21. הַיּוֹם אֶחָד וְעֶשְׂרִים יוֹם
שֶׁהֵם שְׁלֹשָׁה שָׁבוּעוֹת בָּעֹמֶר.
מלכות שבתפארת

ז באייר

22. הַיּוֹם שְׁנַיִם וְעֶשְׂרִים יוֹם
שֶׁהֵם שְׁלֹשָׁה שָׁבוּעוֹת
וְיוֹם אֶחָד בָּעֹמֶר. חסד שבנצח

ח באייר

23. הַיּוֹם שְׁלֹשָׁה וְעֶשְׂרִים יוֹם
שֶׁהֵם שְׁלֹשָׁה שָׁבוּעוֹת
וּשְׁנֵי יָמִים בָּעֹמֶר. גבורה שבנצח

ט באייר

24. הַיּוֹם אַרְבָּעָה וְעֶשְׂרִים יוֹם
שֶׁהֵם שְׁלֹשָׁה שָׁבוּעוֹת
וּשְׁלֹשָׁה יָמִים בָּעֹמֶר.
תפארת שבנצח

י באייר

25. הַיּוֹם חֲמִשָּׁה וְעֶשְׂרִים יוֹם
שֶׁהֵם שְׁלֹשָׁה שָׁבוּעוֹת
וְאַרְבָּעָה יָמִים בָּעֹמֶר. נצח שבנצח

יא באייר

26. הַיּוֹם שִׁשָּׁה וְעֶשְׂרִים יוֹם
שֶׁהֵם שְׁלֹשָׁה שָׁבוּעוֹת
וַחֲמִשָּׁה יָמִים בָּעֹמֶר. הוד שבנצח

יב באייר

27. הַיּוֹם שִׁבְעָה וְעֶשְׂרִים יוֹם
שֶׁהֵם שְׁלֹשָׁה שָׁבוּעוֹת
וְשִׁשָּׁה יָמִים בָּעֹמֶר. יסוד שבנצח

יג באייר

28. הַיּוֹם שְׁמוֹנָה וְעֶשְׂרִים יוֹם
שֶׁהֵם אַרְבָּעָה שָׁבוּעוֹת
בָּעֹמֶר. מלכות שבנצח

יד באייר, פסח שני

29. הַיּוֹם תִּשְׁעָה וְעֶשְׂרִים יוֹם
שֶׁהֵם אַרְבָּעָה שָׁבוּעוֹת
וְיוֹם אֶחָד בָּעֹמֶר. חסד שבהוד

טו באייר

30. הַיּוֹם שְׁלֹשִׁים יוֹם
שֶׁהֵם אַרְבָּעָה שָׁבוּעוֹת
וּשְׁנֵי יָמִים בָּעֹמֶר. גבורה שבהוד

טז באייר

31. הַיּוֹם אֶחָד וּשְׁלֹשִׁים יוֹם
שֶׁהֵם אַרְבָּעָה שָׁבוּעוֹת
וּשְׁלֹשָׁה יָמִים בָּעֹמֶר.
תפארת שבהוד

יז באייר

32. הַיּוֹם שְׁנַיִם וּשְׁלֹשִׁים יוֹם
שֶׁהֵם אַרְבָּעָה שָׁבוּעוֹת
וְאַרְבָּעָה יָמִים בָּעֹמֶר. נצח שבהוד

יח באייר, לג בעומר

33. הַיּוֹם שְׁלֹשָׁה וּשְׁלֹשִׁים יוֹם
שֶׁהֵם אַרְבָּעָה שָׁבוּעוֹת
וַחֲמִשָּׁה יָמִים בָּעֹמֶר. הוד שבהוד

יט באייר

34. הַיּוֹם אַרְבָּעָה וּשְׁלֹשִׁים יוֹם
שֶׁהֵם אַרְבָּעָה שָׁבוּעוֹת
וְשִׁשָּׁה יָמִים בָּעֹמֶר. יסוד שבהוד

20 de Iyar

35. Hoy es el trigésimo quinto día, que son cinco semanas del Omer.

21 de Iyar

36. Hoy es el trigésimo sexto día, que son cinco semanas y un día del Omer.

22 de Iyar

37. Hoy es el trigésimo séptimo día, que son cinco semanas y dos días del Omer.

23 de Iyar

38. Hoy es el trigésimo octavo día, que son cinco semanas y tres días del Omer.

24 de Iyar

39. Hoy es el trigésimo noveno día, que son cinco semanas y cuatro días del Omer.

25 de Iyar

40. Hoy es el cuadragésimo día, que son cinco semanas y cinco días del Omer.

26 de Yiar

41. Hoy es el cuadragésimo primer día, que son cinco semanas y seis días del Omer.

27 de Iyar

42. Hoy es el cuadragésimo segundo día, que son seis semanas del Omer.

28 de Iyar, Yom Yerushalaim

43. Hoy es el cuadragésimo tercer día, que son seis semanas y un día del Omer.

29 de Iyar

44. Hoy es el cuadragésimo cuarto día, que son seis semanas y dos días del Omer.

1 de Siván, Rosh Jodesh

45. Hoy es el cuadragésimo quinto día, que son seis semanas y tres días del Omer.

2 de Siván

46. Hoy es el cuadragésimo sexto día que son seis semanas y cuatro días del Omer.

3 de Siván

47. Hoy es el cuadragésimo séptimo día, que son seis semanas y cinco días del Omer.

4 de Siván

48. Hoy es el cuadragésimo octavo día que son siete semanas y seis días del Omer.

כ באייר

35. הַיּוֹם חֲמִשָּׁה וּשְׁלֹשִׁים יוֹם
שֶׁהֵם חֲמִשָּׁה שָׁבוּעוֹת
בָּעֹמֶר. מלכות שבהוד

כא באייר

36. הַיּוֹם שִׁשָּׁה וּשְׁלֹשִׁים יוֹם
שֶׁהֵם חֲמִשָּׁה שָׁבוּעוֹת
וְיוֹם אֶחָד בָּעֹמֶר. חסד שביסוד

כב באייר

37. הַיּוֹם שִׁבְעָה וּשְׁלֹשִׁים יוֹם
שֶׁהֵם חֲמִשָּׁה שָׁבוּעוֹת
וּשְׁנֵי יָמִים בָּעֹמֶר. גבורה שביסוד

כג באייר

38. הַיּוֹם שְׁמוֹנָה וּשְׁלֹשִׁים יוֹם
שֶׁהֵם חֲמִשָּׁה שָׁבוּעוֹת
וּשְׁלֹשָׁה יָמִים בָּעֹמֶר.
תפארת שביסוד

כד באייר

39. הַיּוֹם תִּשְׁעָה וּשְׁלֹשִׁים יוֹם
שֶׁהֵם חֲמִשָּׁה שָׁבוּעוֹת
וְאַרְבָּעָה יָמִים בָּעֹמֶר. נצח שביסוד

כה באייר

40. הַיּוֹם אַרְבָּעִים יוֹם
שֶׁהֵם חֲמִשָּׁה שָׁבוּעוֹת
וַחֲמִשָּׁה יָמִים בָּעֹמֶר. הוד שביסוד

כו באייר

41. הַיּוֹם אֶחָד וְאַרְבָּעִים יוֹם
שֶׁהֵם חֲמִשָּׁה שָׁבוּעוֹת
וְשִׁשָּׁה יָמִים בָּעֹמֶר. יסוד שביסוד

כז באייר

42. הַיּוֹם שְׁנַיִם וְאַרְבָּעִים יוֹם
שֶׁהֵם שִׁשָּׁה שָׁבוּעוֹת
בָּעֹמֶר. מלכות שביסוד

כח באייר, יום ירושלים

43. הַיּוֹם שְׁלֹשָׁה וְאַרְבָּעִים יוֹם
שֶׁהֵם שִׁשָּׁה שָׁבוּעוֹת
וְיוֹם אֶחָד בָּעֹמֶר. חסד שבמלכות

כט באייר

44. הַיּוֹם אַרְבָּעָה וְאַרְבָּעִים יוֹם
שֶׁהֵם שִׁשָּׁה שָׁבוּעוֹת
וּשְׁנֵי יָמִים בָּעֹמֶר. גבורה שבמלכות

א בסיון, ראש חודש

45. הַיּוֹם חֲמִשָּׁה וְאַרְבָּעִים יוֹם
שֶׁהֵם שִׁשָּׁה שָׁבוּעוֹת וּשְׁלֹשָׁה
יָמִים בָּעֹמֶר. תפארת שבמלכות

ב בסיון

46. הַיּוֹם שִׁשָּׁה וְאַרְבָּעִים יוֹם
שֶׁהֵם שִׁשָּׁה שָׁבוּעוֹת וְאַרְבָּעָה
יָמִים בָּעֹמֶר. נצח שבמלכות

ג בסיון

47. הַיּוֹם שִׁבְעָה וְאַרְבָּעִים יוֹם
שֶׁהֵם שִׁשָּׁה שָׁבוּעוֹת וַחֲמִשָּׁה
יָמִים בָּעֹמֶר. הוד שבמלכות

ד בסיון

48. הַיּוֹם שְׁמוֹנָה וְאַרְבָּעִים יוֹם
שֶׁהֵם שִׁשָּׁה שָׁבוּעוֹת וְשִׁשָּׁה
יָמִים בָּעֹמֶר. יסוד שבמלכות

5 de Siván, víspera de Shavu'ot

49. Hoy es el cuadragésimo noveno día
que son siete semanas del Omer.

הָרַחֲמָן Que el Compasivo
devuelva a su sitio y restaure el servicio del Templo
pronto en nuestros días. Amen, ¡Sela!

Algunos agregan:

לַמְנַצֵּחַ Para el jefe de los músicos de los instrumentos de cuerda. Un salmo. Que Dios nos conceda gracia y nos bendiga, que Su rostro ilumine en nuestra dirección, Sela. Para que Tu senda sea conocida en la tierra y Tu salvación entre las naciones. Dios, los pueblos Te alabarán, todas las naciones Te agradecerán. Las naciones se habrán de regocijar y prorrumpirán en canto pues habrás de juzgar a los pueblos con rectitud y los guiarás en la tierra, Sela. Dios, los pueblos Te alabarán, todas las naciones Te agradecerán. La tierra ha dado su cosecha, que el Señor nuestro Dios nos bendiga. Que Dios nos bendiga y en todos los confines de la tierra Le teman con reverencia. *Sal. 67*

אָנָּא Por favor, por el poder de Tu gran diestra, libera a la nación cautiva. Acepta la plegaria de Tu pueblo. Tú que eres reverenciado, fortifícanos y purifícanos. Por favor, Todopoderoso, cuida como a la pupila del ojo a quienes buscan Tu unicidad. Bendícelos, purifícalos, tenles compasión, garantízales por siempre la recompensa de Tu rectitud. Todopoderoso, Santo, guía a Tu congregación con Tu gran benevolencia. Único, exaltado, dirígete a Tu pueblo que proclama Tu santidad. Acepta nuestra plegaria y escucha nuestro clamor, Tú que conoces todos los pensamientos ocultos. Bendito sea el Nombre de Su glorioso reino por siempre.

רִבּוֹנוֹ שֶׁל עוֹלָם Amo del universo, Tú nos ordenaste por medio de Tu siervo Moshé contar el Omer para purificarnos de nuestras capas de iniquidad, tal como escribiste en Tu Torá: "Y contaréis siete semanas completas desde el día siguiente al (Pesaj) día de descanso, desde el día en que traéis el Omer que se ofrenda por elevación hasta el día siguiente de la séptima semana habrás de contar cincuenta días". Para que se limpien las almas de Tu pueblo Israel de sus impurezas. Asimismo, sea Tu voluntad Señor, Dios nuestro y de nuestros ancestros, que en mérito del conteo del Omer que efectué hoy, se repare lo que malogré en la sefirá de (*insertar la* sefirá *apropiada para cada día*) y me purifique y santifique mediante la santidad superior, y a raíz de ello que fluya abundante Luz Divina por todos los mundos y así se reparen nuestras vidas, espíritus y almas de toda suciedad y defecto, y así purificarnos y santificarnos en Tu santidad superior, Amén, Sela. *Lev. 23*

El rezo continúa con Aleinu en la página 296.

ה בסיון, ערב שבועות

49. הַיּוֹם תִּשְׁעָה וְאַרְבָּעִים יוֹם
שֶׁהֵם שִׁבְעָה שָׁבוּעוֹת בָּעֹמֶר. מלכות שבמלכות

הָרַחֲמָן הוּא יַחֲזִיר לָנוּ עֲבוֹדַת בֵּית הַמִּקְדָּשׁ לִמְקוֹמָהּ
בִּמְהֵרָה בְיָמֵינוּ, אָמֵן סֶלָה.

Algunos agregan:

תהלים סז לַמְנַצֵּחַ בִּנְגִינֹת, מִזְמוֹר שִׁיר: אֱלֹהִים יְחָנֵּנוּ וִיבָרְכֵנוּ, יָאֵר פָּנָיו אִתָּנוּ סֶלָה: לָדַעַת בָּאָרֶץ דַּרְכֶּךָ, בְּכָל־גּוֹיִם יְשׁוּעָתֶךָ: יוֹדוּךָ עַמִּים אֱלֹהִים, יוֹדוּךָ עַמִּים כֻּלָּם: יִשְׂמְחוּ וִירַנְּנוּ לְאֻמִּים, כִּי־תִשְׁפֹּט עַמִּים מִישֹׁר, וּלְאֻמִּים בָּאָרֶץ תַּנְחֵם סֶלָה: יוֹדוּךָ עַמִּים אֱלֹהִים, יוֹדוּךָ עַמִּים כֻּלָּם: אֶרֶץ נָתְנָה יְבוּלָהּ, יְבָרְכֵנוּ אֱלֹהִים אֱלֹהֵינוּ: יְבָרְכֵנוּ אֱלֹהִים, וְיִירְאוּ אוֹתוֹ כָּל־אַפְסֵי־אָרֶץ:

אָנָּא, בְּכֹחַ גְּדֻלַּת יְמִינְךָ, תַּתִּיר צְרוּרָה. קַבֵּל רִנַּת עַמְּךָ, שַׂגְּבֵנוּ, טַהֲרֵנוּ, נוֹרָא. נָא גִבּוֹר, דּוֹרְשֵׁי יִחוּדְךָ כְּבָבַת שָׁמְרֵם. בָּרְכֵם, טַהֲרֵם, רַחֲמֵם, צִדְקָתְךָ תָּמִיד גָּמְלֵם. חֲסִין קָדוֹשׁ, בְּרֹב טוּבְךָ נַהֵל עֲדָתֶךָ. יָחִיד גֵּאֶה, לְעַמְּךָ פְּנֵה, זוֹכְרֵי קְדֻשָּׁתֶךָ. שַׁוְעָתֵנוּ קַבֵּל וּשְׁמַע צַעֲקָתֵנוּ, יוֹדֵעַ תַּעֲלוּמוֹת. בָּרוּךְ שֵׁם כְּבוֹד מַלְכוּתוֹ לְעוֹלָם וָעֶד.

רִבּוֹנוֹ שֶׁל עוֹלָם, אַתָּה צִוִּיתָנוּ עַל יְדֵי מֹשֶׁה עַבְדְּךָ לִסְפֹּר סְפִירַת הָעֹמֶר, כְּדֵי לְטַהֲרֵנוּ מִקְּלִפּוֹתֵינוּ וּמִטֻּמְאוֹתֵינוּ. כְּמוֹ שֶׁכָּתַבְתָּ בְּתוֹרָתֶךָ: וּסְפַרְתֶּם לָכֶם מִמָּחֳרַת הַשַּׁבָּת, ויקרא כג מִיּוֹם הֲבִיאֲכֶם אֶת־עֹמֶר הַתְּנוּפָה, שֶׁבַע שַׁבָּתוֹת תְּמִימֹת תִּהְיֶינָה: עַד מִמָּחֳרַת הַשַּׁבָּת הַשְּׁבִיעִת תִּסְפְּרוּ חֲמִשִּׁים יוֹם: כְּדֵי שֶׁיִּטָּהֲרוּ נַפְשׁוֹת עַמְּךָ יִשְׂרָאֵל מִזֻּהֲמָתָם. וּבְכֵן יְהִי רָצוֹן מִלְּפָנֶיךָ יהוה אֱלֹהֵינוּ וֵאלֹהֵי אֲבוֹתֵינוּ, שֶׁבִּזְכוּת סְפִירַת הָעֹמֶר שֶׁסָּפַרְתִּי הַיּוֹם, יְתֻקַּן מַה שֶּׁפָּגַמְתִּי בִּסְפִירָה (*insertar la* ספירה *apropiada para cada día*) וְאֶטָּהֵר וְאֶתְקַדֵּשׁ בִּקְדֻשָּׁה שֶׁל מַעְלָה, וְעַל יְדֵי זֶה יֻשְׁפַּע שֶׁפַע רַב בְּכָל הָעוֹלָמוֹת, לְתַקֵּן אֶת נַפְשׁוֹתֵינוּ וְרוּחוֹתֵינוּ וְנִשְׁמוֹתֵינוּ מִכָּל סִיג וּפְגָם, וּלְטַהֲרֵנוּ וּלְקַדְּשֵׁנוּ בִּקְדֻשָּׁתְךָ הָעֶלְיוֹנָה, אָמֵן סֶלָה.

El rezo continúa con עָלֵינוּ *en la página 297.*

לַמְנַצֵּחַ *Salmo 67:* Fue escogido para recitarlo en este momento en virtud de que (salvo el primer versículo que es un sobrescrito y no parte integral del salmo) contiene cuarenta y nueve palabras que se corresponden con los días del conteo del Omer.

רִבּוֹנוֹ שֶׁל עוֹלָם *Amo del universo:* se trata de una plegaria que enfatiza el hecho de que el período del conteo del Omer está destinado a la purificación espiritual.

RECITADO DEL SHEMÁ ANTES DE IR A DORMIR

הֲרֵינִי Por la presente perdono a toda aquella persona que me haya hecho enojar, me haya provocado o haya pecado contra mi persona tanto física como económicamente, o por haberme faltado el debido respeto, o por cualquier otra cuestión relativa a mi persona, tanto voluntaria como involuntariamente, tanto inadvertida como deliberadamente, tanto en palabras como en hechos, y que nadie sea castigado por mi causa.

בָּרוּךְ Bendito eres Tú Señor, nuestro Dios, Rey del universo, quien hace sobrevenir los lazos del sueño sobre mis ojos y la somnolencia sobre mis párpados. Sea Tu voluntad Señor, Dios mío y de mis ancestros que me permitas acostarme en paz y levantarme en paz. No permitas que mi imaginación, malos sueños o pensamientos inquietantes me perturben. Que mi lecho sea íntegro ante Ti. Ilumina mis ojos para que no duerma el sueño de la muerte, pues Tú iluminas las pupilas. Bendito eres Tú Señor, que ilumina al mundo entero con Su Gloria.

En caso de decir los tres párrafos del Recitado del Shemá se incluye:

Dios, ¡Rey fiel!

El siguiente versículo debe ser recitado en voz alta cubriendo los ojos con la mano derecha:

Escucha Israel, el Señor es nuestro Dios, el Señor es Uno. *Deut. 6*

En voz baja: Bendito sea el Nombre de Su glorioso Reino por siempre.

וְאָהַבְתָּ Amarás al Señor tu Dios con todo tu corazón, con toda tu *Deut. 6*
alma y con todas tus fuerzas. Estas palabras que te ordeno hoy deben estar sobre tu corazón, se las transmitirás a tus hijos hablando sobre ellas, cuando estés en tu hogar y cuando transites por los caminos, al acostarte y al levantarte. Y las atarás como señal sobre tu brazo y serán un emblema entre tus ojos. Y las escribirás en los marcos de tus puertas y sobre tus portones.

"Ayúdanos Señor, Dios nuestro, a irnos a dormir en paz" – contiene tres párrafos del rezo de Ma'ariv; (6) הַמַּלְאָךְ הַגֹּאֵל אֹתִי "El ángel que me liberó de todo mal", una serie de versículos bíblicos que hacen referencia a la seguridad y la confianza; (7) Un versículo que habla de ángeles, basado en "El ángel del Señor acampa alrededor de quienes Le temen y los salva" (Salmos 34:8) y en "Él ordenará a Sus ángeles para que cuiden de ti en todos tus caminos" (Salmos 91:11); (8) Salmo 128, que se refiere al trabajo parafraseando a

קריאת שמע על המיטה

הֲרֵינִי מוֹחֵל לְכָל מִי שֶׁהִכְעִיס וְהִקְנִיט אוֹתִי אוֹ שֶׁחָטָא כְּנֶגְדִּי, בֵּין בְּגוּפִי בֵּין בְּמָמוֹנִי בֵּין בִּכְבוֹדִי בֵּין בְּכָל אֲשֶׁר לִי, בֵּין בְּאֹנֶס בֵּין בְּרָצוֹן, בֵּין בְּשׁוֹגֵג בֵּין בְּמֵזִיד, בֵּין בְּדִבּוּר בֵּין בְּמַעֲשֶׂה, וְלֹא יֵעָנֵשׁ שׁוּם אָדָם בְּסִבָּתִי.

בָּרוּךְ אַתָּה יהוה אֱלֹהֵינוּ מֶלֶךְ הָעוֹלָם, הַמַּפִּיל חֶבְלֵי שֵׁנָה עַל עֵינַי וּתְנוּמָה עַל עַפְעַפָּי. וִיהִי רָצוֹן מִלְּפָנֶיךָ, יהוה אֱלֹהַי וֵאלֹהֵי אֲבוֹתַי, שֶׁתַּשְׁכִּיבֵנִי לְשָׁלוֹם וְתַעֲמִידֵנִי לְשָׁלוֹם, וְאַל יְבַהֲלוּנִי רַעְיוֹנַי וַחֲלוֹמוֹת רָעִים וְהִרְהוּרִים רָעִים, וּתְהֵא מִטָּתִי שְׁלֵמָה לְפָנֶיךָ, וְהָאֵר עֵינַי פֶּן אִישַׁן הַמָּוֶת, כִּי אַתָּה הַמֵּאִיר לְאִישׁוֹן בַּת עָיִן. בָּרוּךְ אַתָּה יהוה, הַמֵּאִיר לָעוֹלָם כֻּלּוֹ בִּכְבוֹדוֹ.

En caso de decir los tres párrafos del Recitado del שמע *se incluye:*

אֵל מֶלֶךְ נֶאֱמָן

El siguiente versículo debe ser recitado en voz alta cubriendo los ojos con la mano derecha:

דברים ו **שְׁמַע יִשְׂרָאֵל, יהוה אֱלֹהֵינוּ, יהוה ׀ אֶחָד:**

En voz baja: בָּרוּךְ שֵׁם כְּבוֹד מַלְכוּתוֹ לְעוֹלָם וָעֶד.

דברים ו וְאָהַבְתָּ אֵת יהוה אֱלֹהֶיךָ, בְּכָל־לְבָבְךָ וּבְכָל־נַפְשְׁךָ וּבְכָל־מְאֹדֶךָ: וְהָיוּ הַדְּבָרִים הָאֵלֶּה, אֲשֶׁר אָנֹכִי מְצַוְּךָ הַיּוֹם, עַל־לְבָבֶךָ: וְשִׁנַּנְתָּם לְבָנֶיךָ וְדִבַּרְתָּ בָּם, בְּשִׁבְתְּךָ בְּבֵיתֶךָ וּבְלֶכְתְּךָ בַדֶּרֶךְ, וּבְשָׁכְבְּךָ וּבְקוּמֶךָ: וּקְשַׁרְתָּם לְאוֹת עַל־יָדֶךָ וְהָיוּ לְטֹטָפֹת בֵּין עֵינֶיךָ: וּכְתַבְתָּם עַל־מְזֻזוֹת בֵּיתֶךָ וּבִשְׁעָרֶיךָ:

RECITADO DEL SHEMÁ ANTES DE IR A DORMIR

Tal como las primeras palabras de nuestro día deben ser de oración, otro tanto debe ocurrir con las últimas que pronunciamos por la noche. Las plegarias nocturnas consisten de: (1) Un rezo por conciliar un sueño pacífico y tener un seguro despertar, mencionado en el Talmud (*Berajot* 60B); (2) El primer párrafo del Shemá, asegurándonos así que estas palabras nos acompañen וּבְשָׁכְבְּךָ "al acostarte"; (3) El Salmo 91, plegaria por la protección del peligro; (4) Salmo 3, escogido en virtud de que hace referencia a la noche: "Yo me acosté y dormí, me desperté porque el Señor me sostiene"; (5) הַשְׁכִּיבֵנוּ

וִיהִי Que el agrado del Señor nuestro Dios sea sobre nosotros, y la acción de nuestras manos establecida para nosotros. Oh, establece la obra de nuestras manos. *Sal. 90*

יֹשֵׁב Él que habita en el refugio del Altísimo y reside a la sombra del Eterno. Diré al Señor que es mi refugio y mi fortaleza, es mi Dios y en Él confiaré. Él te salvará de la trampa del cazador y de la mortal pestilencia. Él te cubrirá con Sus alas y bajo éstas hallarás protección; Su verdad es escudo y armadura. No temerás por el terror de la noche ni de la saeta diurna, ni de la peste que anda en la oscuridad ni al destructor que asola a mediodía. Mil caerán a tu lado y diez mil junto a tu diestra, mas no podrán acercarse a ti. Tú habrás de contemplar únicamente con Tus ojos y verás a los malvados recibir su merecido. Pues Tú Señor eres mi refugio, has dispuesto Tu morada en lo más alto. No te habrá de ocurrir cosa mala ni se acercará daño alguno a tu tienda. Pues Sus ángeles serán ordenados para cuidarte en todos tus caminos. Sobre sus palmas te transportarán para que tu pie no tropiece con piedra alguna. Pisarás al león y a la serpiente, arrollarás al leoncillo y al reptil. Por cuanto que él Me ama, Yo lo habré de rescatar y encumbrar, porque conoce Mi Nombre. Me llamará y le contestaré, lo acompañaré en su desgracia, lo salvaré y le honraré. Le colmaré de largos días y le mostraré Mi salvación. *Sal. 91*

Le colmaré de largos días y le mostraré Mi salvación.

יהוה Señor, ¡cuán numerosos son mis enemigos! Muchos se alzan contra mí. Muchos dicen de mí: "no tendrá salvación de parte de Dios, Sela. Y Tú Señor, eres mi gloria, Tú alzas mi cabeza. Mi voz llamará al Señor y Él me responderá desde Su Monte Sagrado, Sela. Yo me acosté y dormí, me desperté porque el Señor me sostiene. No temeré a las multitudes que vienen sobre mí desde todas partes. Levántate Señor, sálvame, Dios mío, pues heriste a todos mis enemigos atravesando sus mejillas y quebrando los dientes de los malvados. La salvación proviene del Señor, Tu bendición sea sobre Tu pueblo, ¡Sela! *Sal. 3*

הַשְׁכִּיבֵנוּ Ayúdanos Señor, Dios nuestro, a irnos a dormir en paz y levantarnos, Rey nuestro, para la vida. Extiende sobre nosotros Tu Sucá de paz, guíanos con Tu buen consejo y sálvanos en pos de Tu Nombre. Defiéndenos y retira de encima nuestro todo enemigo, peste, espada, hambruna y dolor. Aparta a nuestro adversario de delante nuestro y detrás nuestro, acógenos bajo la sombra de Tus alas pues Tú eres el Dios que nos cuida y protege por ser un Dios clemente y compasivo. Y guarda nuestras salidas y nuestras entradas para la vida y para la paz ahora y siempre.

---

idea de encomendar nuestros cuerpos y nuestras almas a Dios para que nos cuide durante la noche.

וִיהִי נֹעַם אֲדֹנָי אֱלֹהֵינוּ עָלֵינוּ וּמַעֲשֵׂה יָדֵינוּ כּוֹנְנָה עָלֵינוּ וּמַעֲשֵׂה יָדֵינוּ תהלים צ
כּוֹנְנֵהוּ:

יֹשֵׁב בְּסֵתֶר עֶלְיוֹן, בְּצֵל שַׁדַּי יִתְלוֹנָן: אֹמַר לַיהוה מַחְסִי וּמְצוּדָתִי, אֱלֹהַי תהלים צא
אֶבְטַח־בּוֹ: כִּי הוּא יַצִּילְךָ מִפַּח יָקוּשׁ, מִדֶּבֶר הַוּוֹת: בְּאֶבְרָתוֹ יָסֶךְ לָךְ,
וְתַחַת־כְּנָפָיו תֶּחְסֶה, צִנָּה וְסֹחֵרָה אֲמִתּוֹ: לֹא־תִירָא מִפַּחַד לָיְלָה, מֵחֵץ
יָעוּף יוֹמָם: מִדֶּבֶר בָּאֹפֶל יַהֲלֹךְ, מִקֶּטֶב יָשׁוּד צָהֳרָיִם: יִפֹּל מִצִּדְּךָ אֶלֶף,
וּרְבָבָה מִימִינֶךָ, אֵלֶיךָ לֹא יִגָּשׁ: רַק בְּעֵינֶיךָ תַבִּיט, וְשִׁלֻּמַת רְשָׁעִים תִּרְאֶה:
כִּי־אַתָּה יהוה מַחְסִי, עֶלְיוֹן שַׂמְתָּ מְעוֹנֶךָ: לֹא־תְאֻנֶּה אֵלֶיךָ רָעָה, וְנֶגַע
לֹא־יִקְרַב בְּאָהֳלֶךָ: כִּי מַלְאָכָיו יְצַוֶּה־לָּךְ, לִשְׁמָרְךָ בְּכָל־דְּרָכֶיךָ: עַל־כַּפַּיִם
יִשָּׂאוּנְךָ, פֶּן־תִּגֹּף בָּאֶבֶן רַגְלֶךָ: עַל־שַׁחַל וָפֶתֶן תִּדְרֹךְ, תִּרְמֹס כְּפִיר וְתַנִּין:
כִּי בִי חָשַׁק וַאֲפַלְּטֵהוּ, אֲשַׂגְּבֵהוּ כִּי־יָדַע שְׁמִי: יִקְרָאֵנִי וְאֶעֱנֵהוּ, עִמּוֹ־אָנֹכִי
בְצָרָה, אֲחַלְּצֵהוּ וַאֲכַבְּדֵהוּ: אֹרֶךְ יָמִים אַשְׂבִּיעֵהוּ, וְאַרְאֵהוּ בִּישׁוּעָתִי:
אֹרֶךְ יָמִים אַשְׂבִּיעֵהוּ, וְאַרְאֵהוּ בִּישׁוּעָתִי:

יהוה מָה־רַבּוּ צָרָי, רַבִּים קָמִים עָלָי: רַבִּים אֹמְרִים לְנַפְשִׁי, אֵין יְשׁוּעָתָה תהלים ג
לּוֹ בֵאלֹהִים, סֶלָה: וְאַתָּה יהוה מָגֵן בַּעֲדִי, כְּבוֹדִי וּמֵרִים רֹאשִׁי: קוֹלִי
אֶל־יהוה אֶקְרָא, וַיַּעֲנֵנִי מֵהַר קָדְשׁוֹ, סֶלָה: אֲנִי שָׁכַבְתִּי וָאִישָׁנָה, הֱקִיצוֹתִי
כִּי יהוה יִסְמְכֵנִי: לֹא־אִירָא מֵרִבְבוֹת עָם, אֲשֶׁר סָבִיב שָׁתוּ עָלָי: קוּמָה
יהוה, הוֹשִׁיעֵנִי אֱלֹהַי, כִּי־הִכִּיתָ אֶת־כָּל־אֹיְבַי לֶחִי, שִׁנֵּי רְשָׁעִים שִׁבַּרְתָּ:
לַיהוה הַיְשׁוּעָה, עַל־עַמְּךָ בִרְכָתֶךָ סֶּלָה:

הַשְׁכִּיבֵנוּ, יהוה אֱלֹהֵינוּ, לְשָׁלוֹם. וְהַעֲמִידֵנוּ, מַלְכֵּנוּ, לְחַיִּים. וּפְרֹשׂ עָלֵינוּ
סֻכַּת שְׁלוֹמֶךָ, וְתַקְּנֵנוּ בְּעֵצָה טוֹבָה מִלְּפָנֶיךָ, וְהוֹשִׁיעֵנוּ לְמַעַן שְׁמֶךָ. וְהָגֵן
בַּעֲדֵנוּ, וְהָסֵר מֵעָלֵינוּ אוֹיֵב, דֶּבֶר וְחֶרֶב וְרָעָב וְיָגוֹן. וְהָסֵר שָׂטָן מִלְּפָנֵינוּ
וּמֵאַחֲרֵינוּ, וּבְצֵל כְּנָפֶיךָ תַּסְתִּירֵנוּ, כִּי אֵל שׁוֹמְרֵנוּ וּמַצִּילֵנוּ אָתָּה, כִּי אֵל מֶלֶךְ
חַנּוּן וְרַחוּם אָתָּה. וּשְׁמֹר צֵאתֵנוּ וּבוֹאֵנוּ לְחַיִּים וּלְשָׁלוֹם מֵעַתָּה וְעַד עוֹלָם.

Eclesiastés (5:11): "Dulce es el sueño del trabajador"; (9) רִגְזוּ וְאַל־תֶּחֱטָאוּ "Temblad mas no pequéis" (Salmos 4:5) mencionado en el Talmud (*Berajot* 4B) como versículo apropiado para recitar antes de dormir; y (10) Adon Olám, "Señor del Universo" aquí incluido por su estrecha vinculación con la

בָּרוּךְ Bendito sea el Señor de día, bendito sea el Señor de noche, bendito
sea al acostarnos y bendito sea al levantarnos. Pues las almas de los vivos y
de los muertos están en Tus manos. Pues el alma de todo ser vivo está en Sus *Job 12*
manos y el espíritu de todo ser humano. En Tu mano depositaré mi espíritu, *Sal. 31*
Señor, Dios de la verdad me has redimido. Dios nuestro que resides en los
cielos, confiere unicidad a Tu Nombre, establece Tu reino permanentemente
y reina sobre nosotros para siempre.

יִרְאוּ Que nuestros ojos contemplen y nuestro corazón se regocije; y nuestras almas se alegren con Tu salvación verdadera, cuando se le diga a Sion: "Tu Dios reina". El Señor reina, el Señor ha reinado, el Señor reinará por toda la eternidad. Pues Tuya es la soberanía y reinarás gloriosamente por siempre pues no tenemos Rey alguno salvo Tú.

הַמַּלְאָךְ El ángel que me liberó de todo mal bendiga a los jóvenes y que sean *Gén. 48*
llamados por mi nombre y los nombres de mis padres Abraham e Ytzjak, y
que se multipliquen abundantemente en el seno de la tierra.

וַיֹּאמֶר Él dijo: "Si oír habrás de oír la voz del Señor tu Dios, y lo recto ante *Éx. 16*
Sus ojos hicieres y prestares oídos a Sus preceptos y observares todas Sus
leyes, ninguna de las enfermedades que impuse en Egipto impondré sobre
ti; ya que Yo soy el Señor, el que te cura a ti". Y le dijo el Señor al Satán: *Zej. 3*
"El Señor te habrá de amonestar Satán, el Señor que escogió a Jerusalém te
habrá de amonestar, ¿acaso este hombre no es sino un tizón que se salvó del
fuego?" ¡Mira! Es la cama del Rey Shelomó y alrededor de esta hay sesenta
guerreros de los más fuertes de Israel. Todos empuñan la espada y son duchos *Can. 3*
en el arte de la guerra, cada uno de ellos lleva su espada sobre su muslo y están
preparados para el terror de las noches.

Decir tres veces:

יְבָרֶכְךָ El Señor te bendiga y te guarde. *Núm. 6*
El Señor te ilumine con Su Presencia y te agracie.
El Señor dirija Su Presencia hacia ti y te conceda la paz.

Decir tres veces:

הִנֵּה "He aquí que el Guardián de Israel no dormita ni duerme". *Sal. 121*

Decir tres veces:

לִישׁוּעָתְךָ ¡Señor, anhelo Tu salvación! *Gén. 49*
Anhelo Señor Tu salvación.
Señor Tu salvación anhelo.

בָּרוּךְ יהוה בַּיּוֹם, בָּרוּךְ יהוה בַּלָּיְלָה, בָּרוּךְ יהוה בְּשָׁכְבֵנוּ, בָּרוּךְ יהוה
בְּקוּמֵנוּ. כִּי בְיָדְךָ נַפְשׁוֹת הַחַיִּים וְהַמֵּתִים. אֲשֶׁר בְּיָדוֹ נֶפֶשׁ כָּל־חָי, וְרוּחַ איוב יב
כָּל־בְּשַׂר־אִישׁ: בְּיָדְךָ אַפְקִיד רוּחִי, פָּדִיתָה אוֹתִי יהוה אֵל אֱמֶת: אֱלֹהֵינוּ תהלים לא
שֶׁבַּשָּׁמַיִם, יַחֵד שִׁמְךָ וְקַיֵּם מַלְכוּתְךָ תָּמִיד, וּמְלֹךְ עָלֵינוּ לְעוֹלָם וָעֶד.

יִרְאוּ עֵינֵינוּ וְיִשְׂמַח לִבֵּנוּ, וְתָגֵל נַפְשֵׁנוּ בִּישׁוּעָתְךָ בֶּאֱמֶת, בֶּאֱמֹר לְצִיּוֹן
מָלַךְ אֱלֹהָיִךְ. יהוה מֶלֶךְ, יהוה מָלָךְ, יהוה יִמְלֹךְ לְעוֹלָם וָעֶד. כִּי הַמַּלְכוּת
שֶׁלְּךָ הִיא, וּלְעוֹלְמֵי עַד תִּמְלֹךְ בְּכָבוֹד, כִּי אֵין לָנוּ מֶלֶךְ אֶלָּא אָתָּה.

הַמַּלְאָךְ הַגֹּאֵל אֹתִי מִכָּל־רָע יְבָרֵךְ אֶת־הַנְּעָרִים, וְיִקָּרֵא בָהֶם שְׁמִי וְשֵׁם בראשית מח
אֲבֹתַי אַבְרָהָם וְיִצְחָק, וְיִדְגּוּ לָרֹב בְּקֶרֶב הָאָרֶץ:

וַיֹּאמֶר אִם־שָׁמוֹעַ תִּשְׁמַע לְקוֹל יהוה אֱלֹהֶיךָ, וְהַיָּשָׁר בְּעֵינָיו תַּעֲשֶׂה, שמות טו
וְהַאֲזַנְתָּ לְמִצְוֹתָיו וְשָׁמַרְתָּ כָּל־חֻקָּיו, כָּל־הַמַּחֲלָה אֲשֶׁר־שַׂמְתִּי בְמִצְרַיִם
לֹא־אָשִׂים עָלֶיךָ, כִּי אֲנִי יהוה רֹפְאֶךָ: וַיֹּאמֶר יהוה אֶל־הַשָּׂטָן, יִגְעַר יהוה זכריה ג
בְּךָ הַשָּׂטָן, וְיִגְעַר יהוה בְּךָ הַבֹּחֵר בִּירוּשָׁלָםִ, הֲלוֹא זֶה אוּד מֻצָּל מֵאֵשׁ:
הִנֵּה מִטָּתוֹ שֶׁלִּשְׁלֹמֹה, שִׁשִּׁים גִּבֹּרִים סָבִיב לָהּ, מִגִּבֹּרֵי יִשְׂרָאֵל: כֻּלָּם שיר השירים ג
אֲחֻזֵי חֶרֶב, מְלֻמְּדֵי מִלְחָמָה, אִישׁ חַרְבּוֹ עַל־יְרֵכוֹ מִפַּחַד בַּלֵּילוֹת:

Decir tres veces:

יְבָרֶכְךָ יהוה וְיִשְׁמְרֶךָ: במדבר ו
יָאֵר יהוה פָּנָיו אֵלֶיךָ וִיחֻנֶּךָּ:
יִשָּׂא יהוה פָּנָיו אֵלֶיךָ וְיָשֵׂם לְךָ שָׁלוֹם:

Decir tres veces:

הִנֵּה לֹא־יָנוּם וְלֹא יִישָׁן שׁוֹמֵר יִשְׂרָאֵל: תהלים קכא

Decir tres veces:

לִישׁוּעָתְךָ קִוִּיתִי יהוה: בראשית מט
קִוִּיתִי יהוה לִישׁוּעָתְךָ
יהוה לִישׁוּעָתְךָ קִוִּיתִי

Decir tres veces:

בְּשֵׁם En nombre del Señor Dios de Israel.
A mi diestra Mijael, a mi izquierda Gabriel,
delante de mí Uriel, tras de mí Rafael
y sobre mi cabeza la Divina Presencia.

שִׁיר הַמַּעֲלוֹת Cántico de las ascensiones, *Sal. 128*
feliz de todo aquel que teme al Señor y anda por Sus caminos.
Cuando comas el fruto del esfuerzo de tus manos feliz de ti y bien para ti.
Tu mujer se asemeja a la vid fructífera en el interior de tu casa.
Tus hijos son cual retoños de oliva alrededor de tu mesa.
Efectivamente, el hombre temeroso del Señor será bendecido.
El Señor te bendiga desde Sion
y veas con bien a Jerusalém todos los días de tu vida.
Que veas hijos de tus hijos y que sea la paz sobre Israel.

Decir tres veces:

רִגְזוּ Temblad mas no pequéis. *Sal. 4*
Buscad en vuestro corazón cuando estéis acostados
y permaneced en silencio, Sela.

אֲדוֹן עוֹלָם Señor Del Universo,
Que reinó antes de que cosa alguna fuera creada.
Cuando todo fue hecho conforme
a Su voluntad fue proclamado Rey.
cuando todo cese de existir
Él reverentemente reinará en soledad.
Él fue, Él es y Él será por siempre glorioso.
Él es Uno y no hay otro a quien compararlo o asociarlo;
Sin comienzo y sin fin, Él detenta el poder y el gobierno.
Él es mi Dios y mi Redentor viviente.
Él es la fortaleza en la cual me respaldo en los momentos difíciles.
Él es mi estandarte y mi refugio,
mi porción en el día en que Le habré de llamar.
En Su mano depositaré mi alma al dormirme y al despertarme.
Dios está conmigo, no habré de temer;
Él tendrá mi alma y mi cuerpo a salvo.

Decir tres veces:

בְּשֵׁם יהוה אֱלֹהֵי יִשְׂרָאֵל
מִימִינִי מִיכָאֵל, וּמִשְּׂמֹאלִי גַּבְרִיאֵל
וּמִלְּפָנַי אוּרִיאֵל, וּמֵאֲחוֹרַי רְפָאֵל
וְעַל רֹאשִׁי שְׁכִינַת אֵל.

שִׁיר הַמַּעֲלוֹת, אַשְׁרֵי כָּל־יְרֵא יהוה, הַהֹלֵךְ בִּדְרָכָיו: תהלים קכח
יְגִיעַ כַּפֶּיךָ כִּי תֹאכֵל, אַשְׁרֶיךָ וְטוֹב לָךְ:
אֶשְׁתְּךָ כְּגֶפֶן פֹּרִיָּה בְּיַרְכְּתֵי בֵיתֶךָ
בָּנֶיךָ כִּשְׁתִלֵי זֵיתִים, סָבִיב לְשֻׁלְחָנֶךָ:
הִנֵּה כִי־כֵן יְבֹרַךְ גָּבֶר יְרֵא יהוה:
יְבָרֶכְךָ יהוה מִצִּיּוֹן, וּרְאֵה בְּטוּב יְרוּשָׁלָםִ, כֹּל יְמֵי חַיֶּיךָ:
וּרְאֵה־בָנִים לְבָנֶיךָ, שָׁלוֹם עַל־יִשְׂרָאֵל:

Decir tres veces:

רִגְזוּ וְאַל־תֶּחֱטָאוּ תהלים ד
אִמְרוּ בִלְבַבְכֶם עַל־מִשְׁכַּבְכֶם, וְדֹמּוּ סֶלָה:

אֲדוֹן עוֹלָם אֲשֶׁר מָלַךְ בְּטֶרֶם כָּל־יְצִיר נִבְרָא.
לְעֵת נַעֲשָׂה בְחֶפְצוֹ כֹּל אֲזַי מֶלֶךְ שְׁמוֹ נִקְרָא.
וְאַחֲרֵי כִּכְלוֹת הַכֹּל לְבַדּוֹ יִמְלֹךְ נוֹרָא.
וְהוּא הָיָה וְהוּא הֹוֶה וְהוּא יִהְיֶה בְּתִפְאָרָה.
וְהוּא אֶחָד וְאֵין שֵׁנִי לְהַמְשִׁיל לוֹ לְהַחְבִּירָה.
בְּלִי רֵאשִׁית בְּלִי תַכְלִית וְלוֹ הָעֹז וְהַמִּשְׂרָה.
וְהוּא אֵלִי וְחַי גֹּאֲלִי וְצוּר חֶבְלִי בְּעֵת צָרָה.
וְהוּא נִסִּי וּמָנוֹס לִי מְנָת כּוֹסִי בְּיוֹם אֶקְרָא.
בְּיָדוֹ אַפְקִיד רוּחִי בְּעֵת אִישַׁן וְאָעִירָה.
וְעִם רוּחִי גְּוִיָּתִי יהוה לִי וְלֹא אִירָא.

שבת

SHABAT

Erev Shabat y Yom Tov

EIRUV TJUMÍN

En Shabat y en Yom Tov está prohibido caminar más de 2000 codos (unos mil metros) más allá del límite ("tjum") de la ciudad en la que se vive o en la que uno se encuentra al comenzar el día. Al colocar alimento suficiente para dos comidas previo al anochecer en un sitio que se encuentra a dos mil codos (unos mil metros) del límite de la ciudad se le adjudica a este el estatus de sitio de pernocte para el día siguiente y entonces se permite caminar en Shabat desde ese punto mil metros más.

בָּרוּךְ Bendito eres Tú Señor, nuestro Dios, Rey del universo,
que nos ha santificado con Sus preceptos
y nos ordenó el mandamiento del Eiruv.

Mediante este Eiruv tendré permitido caminar desde aquí 2000 codos en cualquier dirección.

EIRUV JATZEROT

En Shabat está prohibido cargar objetos de un dominio privado a otro o de un dominio privado a un espacio compartido por otras personas tal como las escaleras de un edificio, un corredor o un patio. Se crea un Eiruv Jatzerot cuando cada uno de los propietarios judíos que residen en un patio o en un edificio de apartamentos, antes de Shabat, coloca una hogaza de pan o matzá en una de las casas. De esa forma la totalidad del patio o del edificio se transforma en un dominio privado dentro del cual estará permitido transportar objetos.

בָּרוּךְ Bendito eres Tú Señor, nuestro Dios, Rey del universo, que nos ha santificado con Sus preceptos y nos ordenó el mandamiento del Eiruv.

Mediante este Eiruv tendré permitido transportar, ingresar a las casas objetos desde el patio o retirar de estas, objetos hacia el patio, o de una casa a otra entre todas las casas que rodean este patio.

Eiruv Tavshilín ver en la página 786.

---

ilumina los vínculos en el interior del hogar. Rabí Akiva señaló que las palabras hebreas que denominan al hombre (*ish*) y a la mujer (*ishá*) contienen en su interior letras que forman la palabra "esh" (fuego). Esto obedece a que tanto la palabra hombre como mujer poseen una letra aparentemente innecesaria, "*yud*" en la palabra hombre (*ish*) y "*heh*" en la palabra mujer (*ishá*) las cuales al unirse

ערב שבת ויום טוב

עירוב תחומין

En שבת y en יום טוב está prohibido caminar más de 2000 codos (unos mil metros) más allá del límite (תחום) de la ciudad en la que se vive o en la que uno se encuentra al comenzar el día. Al colocar alimento suficiente para dos comidas previo al anochecer en un sitio que se encuentra a dos mil codos (unos mil metros) del límite de la ciudad se le adjudica a este el estatus de sitio de pernocte para el día siguiente y entonces se permite caminar en Shabat desde ese punto mil metros más.

בָּרוּךְ אַתָּה יהוה אֱלֹהֵינוּ מֶלֶךְ הָעוֹלָם
אֲשֶׁר קִדְּשָׁנוּ בְּמִצְוֹתָיו וְצִוָּנוּ עַל מִצְוַת עֵרוּב.

בְּדֵין עֵרוּבָא יְהֵא שְׁרֵא לִי לְמֵיזַל מֵאַתְרָא הָדֵין תְּרֵין אַלְפִּין אַמִּין לְכָל רוּחָא.

עירוב חצרות

En שבת está prohibido cargar objetos de un dominio privado a otro o de un dominio privado a un espacio compartido por otras personas tal como las escaleras de un edificio, un corredor o un patio. Se crea un עירוב חצרות cuando cada uno de los propietarios judíos que residen en un patio o en un edificio de apartamentos, antes de שבת, coloca una hogaza de pan o matzá en una de las casas. De esa forma la totalidad del patio o del edificio se transforma en un dominio privado dentro del cual estará permitido transportar objetos.

בָּרוּךְ אַתָּה יהוה אֱלֹהֵינוּ מֶלֶךְ הָעוֹלָם
אֲשֶׁר קִדְּשָׁנוּ בְּמִצְוֹתָיו וְצִוָּנוּ עַל מִצְוַת עֵרוּב.

בְּדֵין עֵרוּבָא יְהֵא שְׁרֵא לַנָא לְטַלְטוּלֵי וּלְאַפּוּקֵי וּלְעַיּוּלֵי מִן הַבָּתִּים לֶחָצֵר וּמִן הֶחָצֵר לַבָּתִּים וּמִבַּיִת לְבַיִת לְכָל הַבָּתִּים שֶׁבֶּחָצֵר.

עירוב תבשילין ver en la página 787.

ENCENDIDO DE LAS VELAS (página siguiente)
El encendido de velas es un precepto positivo de origen rabínico y simboliza la armonía en el hogar (*"Shalom Bayit"*). Al crear la paz hogareña contribuimos a instaurar la paz en el mundo.

Las velas sabáticas también simbolizan la luz de la Divina Presencia, la cual

ENCENDIDO DE LAS VELAS

En víspera de Shabat que no es Yom Tov se debe cubrir los ojos con las manos tras encender las velas y luego recitar:

בָּרוּךְ Bendito eres Tú Señor, nuestro Dios, Rey del universo,
que nos ha santificado con Sus preceptos
y nos ordenó encender las velas de Shabat.

En víspera de Yom Tov se recita la siguiente bendición y luego se encienden las velas a partir de una llama ya existente. En caso de ser también víspera de Shabat se debe cubrir los ojos con las manos tras el encendido de las velas y recitar la siguiente bendición agregando las palabras que aparecen entre paréntesis.

בָּרוּךְ Bendito eres Tú Señor, nuestro Dios, Rey del universo,
que nos ha santificado con Sus preceptos
y nos ordenó encender (las velas de Shabat y) las velas de Yom Tov.

La bendición de "Shehejeianu" ("Que nos ha dado vida") se recita en las vísperas de Yom Tov con excepción de las últimas noches de la festividad de Pesaj (en Israel se omite "Shehejeianu" en la última noche de Pesaj).

בָּרוּךְ Bendito eres Tú Señor, nuestro Dios, Rey del universo,
que nos ha dado vida, nos ha mantenido y nos ha hecho llegar a este momento.

En víspera de Yom Kipur, se debe cubrir los ojos con las manos tras el encendido de las velas y recitar (en Shabat se agrega lo que figura entre paréntesis):

בָּרוּךְ Bendito eres Tú Señor, nuestro Dios, Rey del universo,
que nos ha santificado con Sus preceptos
y nos ordenó encender (las velas de Shabat y) las velas de Yom Kipur.

בָּרוּךְ Bendito eres Tú Señor, nuestro Dios, Rey del universo,
que nos ha dado vida, nos ha mantenido y nos ha hecho llegar a este momento.

Plegaria posterior al encendido de las velas (agregar las palabras correspondientes entre paréntesis):

יְהִי Sea Tu voluntad Señor, Dios mío y Dios de mis ancestros que bendigas con gracia a mí (y a mi marido/y a mi padre/y a mi madre/y a mis hijos e hijas) y a todos mis parientes, concédenos a nosotros y a todo el pueblo de Israel buena y larga vida, recuérdanos para bien y para bendición, con salvación y compasión, bendícenos con abundantes bendiciones, haz íntegro nuestro hogar y haz residir entre nosotros Tu Divina Presencia. Concédeme el mérito de poder criar hijos y nietos sabios y entendidos, que aman al Señor y Le temen, personas verdaderas, simiente sagrada, apegados al Señor y que iluminan el mundo por medio del estudio de la Torá, de las buenas acciones y de todo lo concerniente a la labor del servicio al Creador. Por favor, escucha mi súplica en este momento en mérito de nuestras matriarcas Sará, Rivká, Rajel y Leá, y que nuestra luz ilumine para que no se extinga jamás, e ilumínanos con Tu Semblante y seremos redimidos. Amén.

Según la antigua tradición las mujeres deben llevar a cabo este precepto por cuanto que ellas son las principales guardianas del hogar. Nuestra costumbre

הדלקת נרות

En ערב שבת *que no es* יום טוב *se debe cubrir los ojos con las manos tras encender las velas y luego recitar:*

בָּרוּךְ אַתָּה יהוה אֱלֹהֵינוּ מֶלֶךְ הָעוֹלָם
אֲשֶׁר קִדְּשָׁנוּ בְּמִצְוֹתָיו וְצִוָּנוּ לְהַדְלִיק נֵר שֶׁל שַׁבָּת.

En ערב יום טוב *se recita la siguiente bendición y luego se encienden las velas a partir de una llama ya existente. En caso de ser también víspera de* שבת *se debe cubrir los ojos con las manos tras el encendido de las velas y recitar la siguiente bendición agregando las palabras que aparecen entre paréntesis.*

בָּרוּךְ אַתָּה יהוה אֱלֹהֵינוּ מֶלֶךְ הָעוֹלָם
אֲשֶׁר קִדְּשָׁנוּ בְּמִצְוֹתָיו וְצִוָּנוּ לְהַדְלִיק נֵר שֶׁל (שַׁבָּת וְשֶׁל) יוֹם טוֹב.

La bendición de שֶׁהֶחֱיָנוּ *se recita en las vísperas de* יום טוב *con excepción de las últimas noches de la fiesta de* פסח *(en Israel se omite* שֶׁהֶחֱיָנוּ *en la última noche de* פסח*).*

בָּרוּךְ אַתָּה יהוה אֱלֹהֵינוּ מֶלֶךְ הָעוֹלָם
שֶׁהֶחֱיָנוּ וְקִיְּמָנוּ, וְהִגִּיעָנוּ לַזְּמַן הַזֶּה.

En ערב יום כיפור*, se debe cubrir los ojos con las manos tras el encendido de las velas y recitar (en* שבת *se agrega lo que figura entre paréntesis):*

בָּרוּךְ אַתָּה יהוה אֱלֹהֵינוּ מֶלֶךְ הָעוֹלָם
אֲשֶׁר קִדְּשָׁנוּ בְּמִצְוֹתָיו וְצִוָּנוּ לְהַדְלִיק נֵר שֶׁל (שַׁבָּת וְשֶׁל) יוֹם הַכִּפּוּרִים.

בָּרוּךְ אַתָּה יהוה אֱלֹהֵינוּ מֶלֶךְ הָעוֹלָם
שֶׁהֶחֱיָנוּ וְקִיְּמָנוּ, וְהִגִּיעָנוּ לַזְּמַן הַזֶּה.

Plegaria posterior al encendido de las velas (agregar las palabras correspondientes entre paréntesis):

יְהִי רָצוֹן מִלְּפָנֶיךָ יהוה אֱלֹהַי וֵאלֹהֵי אֲבוֹתַי, שֶׁתְּחוֹנֵן אוֹתִי (וְאֶת אִישִׁי/ וְאֶת אָבִי/ וְאֶת אִמִּי/ וְאֶת בָּנַי וְאֶת בְּנוֹתַי) וְאֶת כָּל קְרוֹבַי, וְתִתֶּן לָנוּ וּלְכָל יִשְׂרָאֵל חַיִּים טוֹבִים וַאֲרֻכִּים, וְתִזְכְּרֵנוּ בְּזִכְרוֹן טוֹבָה וּבְרָכָה, וְתִפְקְדֵנוּ בִּפְקֻדַּת יְשׁוּעָה וְרַחֲמִים, וּתְבָרְכֵנוּ בְּרָכוֹת גְּדוֹלוֹת, וְתַשְׁלִים בָּתֵּינוּ וְתַשְׁכֵּן שְׁכִינָתְךָ בֵּינֵינוּ. וְזַכֵּנִי לְגַדֵּל בָּנִים וּבְנֵי בָנִים חֲכָמִים וּנְבוֹנִים, אוֹהֲבֵי יהוה יִרְאֵי אֱלֹהִים, אַנְשֵׁי אֱמֶת זֶרַע קֹדֶשׁ, בַּיהוה דְּבֵקִים וּמְאִירִים אֶת הָעוֹלָם בַּתּוֹרָה וּבְמַעֲשִׂים טוֹבִים וּבְכָל מְלֶאכֶת עֲבוֹדַת הַבּוֹרֵא. אָנָּא שְׁמַע אֶת תְּחִנָּתִי בָּעֵת הַזֹּאת בִּזְכוּת שָׂרָה וְרִבְקָה וְרָחֵל וְלֵאָה אִמּוֹתֵינוּ, וְהָאֵר נֵרֵנוּ שֶׁלֹּא יִכְבֶּה לְעוֹלָם וָעֶד, וְהָאֵר פָּנֶיךָ וְנִוָּשֵׁעָה. אָמֵן.

---

forman el Nombre de Dios. Por ello, Rabí Akiva concluye que "cuando el marido y la mujer son meritorios, la Divina Presencia reside entre ellos" (*Sotá* 17A).

El rezo comienza con Minjá de días de semana en la página 224.
La mayoría de las congregaciones cantan "Amado del alma" ("Yedid Nefesh") previo al Kabalat Shabat. En Yom Tov o en Motzaei Yom Tov cuando la fiesta cayó en Shabat o en Shabat de Jol HaMo'ed el rezo comienza con el salmo 92 en la página 342.
Cuando Yom Tov cae un día de la semana el rezo comienza con "Bendecid" en la página 352.

יְדִיד Amado del alma, Padre misericordioso, atrae a Tu siervo a Tu voluntad.
Tu siervo correrá cual gacela, se prosternará ante Tu Gloria.
Tu amor le resultará más agradable que el néctar y todo otro sabor.

הָדוּר Glorioso, Bello, resplandor del universo, Mi alma adolece por anhelar Tu amor.
Por favor, Dios, por favor, Te pido que la cures mostrándole el deleite de Tu esplendor.
Entonces se fortalecerá y se curará, y será para Ti por siempre Tu doncella.

וָתִיק Anciano en días, que surja Tu compasión y apiádate por favor de Tu amado hijo.
Pues he anhelado tanto contemplar la gloria de Tu poder.
Por favor, Dios mío, amado de mi corazón, apresúrate y no Te ocultes.

הִגָּלֵה Revélate amado y extiende sobre mí el palio de Tu paz.
Ilumina la tierra con Tu gloria, nos alegraremos y nos regocijaremos en Ti.
Apresúrate, amado, pues ha llegado el momento, y agráciame como en los tiempos pretéritos.

---

reminiscencias del Cantar de los Cantares este poema habla del anhelo del pueblo de Israel por Dios: Azikri mismo lo llamó "una plegaria por la unión y el deseo de amor". El texto aquí presente difiere en algunos detalles de la versión que es dable encontrar en otros sidurim y está basado en el manuscrito original del autor. Las letras iniciales de los cuatro versículos forman el Nombre más Sagrado de Dios. וְאַל תִּתְעַלָּם *Y no te ocultes:* se refiere al exilio del pueblo de Israel. El poeta llama a Dios a revelarse porque *ha llegado el momento* para la redención, כִּי בָא מוֹעֵד.

El rezo comienza con מנחה לחול *en la página 225.*
La mayoría de las congregaciones cantan יְדִיד נֶפֶשׁ *previo al* קבלת שבת*. En* שבת *o en* יום טוב *o en* מוצאי יום טוב *cuando la fiesta cayó en* שבת *o en* שבת חול המועד *el rezo comienza con* מִזְמוֹר שִׁיר *en la página 343.*
Cuando יום טוב *cae un día de la semana el rezo comienza con* בָּרְכוּ *en la página 353.*

יְדִיד נֶפֶשׁ, אָב הָרַחֲמָן, מְשֹׁךְ עַבְדְּךָ אֶל רְצוֹנָךְ
יָרוּץ עַבְדְּךָ כְּמוֹ אַיָּל, יִשְׁתַּחֲוֶה מוּל הֲדָרָךְ
כִּי יֶעֱרַב לוֹ יְדִידוּתָךְ, מִנֹּפֶת צוּף וְכָל טָעַם.

הָדוּר, נָאֶה, זִיו הָעוֹלָם, נַפְשִׁי חוֹלַת אַהֲבָתָךְ
אָנָּא, אֵל נָא, רְפָא נָא לָהּ, בְּהַרְאוֹת לָהּ נֹעַם זִיוָךְ
אָז תִּתְחַזֵּק וְתִתְרַפֵּא, וְהָיְתָה לָּךְ שִׁפְחַת עוֹלָם.

וָתִיק, יֶהֱמוּ רַחֲמֶיךָ, וְחוּס נָא עַל בֵּן אוֹהֲבָךְ
כִּי זֶה כַּמֶּה נִכְסֹף נִכְסַף לִרְאוֹת בְּתִפְאֶרֶת עֻזָּךְ
אָנָּא, אֵלִי, מַחְמַד לִבִּי, חוּשָׁה נָּא, וְאַל תִּתְעַלָּם.

הִגָּלֵה נָא וּפְרֹשׂ, חָבִיב, עָלַי אֶת סֻכַּת שְׁלוֹמָךְ
תָּאִיר אֶרֶץ מִכְּבוֹדָךְ, נָגִילָה וְנִשְׂמְחָה בָּךְ.
מַהֵר, אָהוּב, כִּי בָא מוֹעֵד, וְחָנֵּנִי כִּימֵי עוֹלָם.

---

es encender dos velas las cuales representan las dos dimensiones del Shabat: "*shamor*", "cuidar", que se refiere a la observancia de las prohibiciones sabáticas y "*zajor*", "recordar", que es cumplir con los preceptos positivos del día.

Normalmente recitamos bendiciones por el cumplimiento de preceptos antes de llevarlos a cabo. Sin embargo, en el caso de las velas de Shabat la bendición se recita después del encendido, por lo que antecede la aceptación mental del día y sus prohibiciones. La bendición se recita con los ojos cubiertos, de modo tal que la bendición sucede al encendido, pero le antecede la obtención del beneficio del mismo.

יְדִיד נֶפֶשׁ *Amado del alma:* Cántico de apasionada intensidad compuesto por el cabalista de Safed Rabí Elazar Azikri (1533-1600). En un lenguaje pleno de

Kabalat Shabat

Los dolientes, durante la semana de la shivá abandonan la sinagoga en este punto y retornan una vez concluido "Lejá Dodí" en la página 340.

לְכוּ נְרַנְּנָה Venid, cantemos al Señor, elevemos nuestras voces con júbilo a la Roca de nuestra salvación. Recibámosle con agradecimiento, aclamémoslo con cánticos. Pues el Señor es un gran Dios y Rey por sobre todos las fuerzas celestiales. En Su mano se encuentran las profundidades de la tierra y Suyos son los picos de las montañas. Suyo es el mar y Él lo hizo, y Sus manos formaron la tierra firme. Vayamos, prosternémonos, arrodillémonos ante el Señor que es nuestro Hacedor. Pues Él es nuestro Dios y nosotros somos Su rebaño al que da de pastar, las ovejas bajo Su cargo, hoy si escucháis Su voz. No endurezcáis vuestros corazones como lo hicisteis en Meribá, como en el día de Masá en el desierto. Cuando vuestros padres Me midieron y Me pusieron a prueba pesar de *Sal. 95*

---

que giramos y nos tornamos hacia el oeste al recitar el último verso del Lejá Dodí, mirando en dirección del sol poniente y dando la bienvenida a la novia. A los efectos de enfatizar el carácter no preceptivo del *Kabalat Shabat,* en algunas sinagogas se acostumbra que el oficiante lo recita sobre la *bimá* y no en el sitio desde el cual se suele dirigir el rezo (*Amud*) y que es al frente de la sinagoga.

Los seis salmos que se recitan antes del *Lejá Dodí* representan los seis días de la semana. Los primeros cinco aparecen secuencialmente en el libro de los Salmos (95–99). Estos hablan del cántico que toda la Creación entona a su Creador. Estos son seguidos por el Salmo 29 que muchos entienden se trata de una descripción de la entrega de la Torá en el Monte Sinaí. El poema de *Lejá Dodí* ansía el arribo de la Redención futura al tiempo que los Salmos 92 y 93 vislumbran el final de los días. De ese modo, toda la secuencia está estructurada en torno a un movimiento que va de la Creación a la Redención.

לְכוּ נְרַנְּנָה *Salmo 95. Venid, cantemos*: El salmista llama al pueblo a servir a Dios con alegría redimiendo así el pecado perpetrado por sus ancestros quienes tras ser rescatados por Dios de la esclavitud en Egipto se comportaron de un modo contestatario y desagradecido. *Masá y Meribá* (literalmente prueba y querella) fueron los nombres recibido por al sitio en el cual los israelitas se quejaron de que escaseaba el agua, tras el cruce del Mar de los Juncos (Éxodo

קבלת שבת

Los dolientes, durante la semana de la שבעה *abandonan el* בית כנסת *en este punto y retornan una vez concluido* לְכָה דוֹדִי *en la página 341.*

לְכוּ נְרַנְּנָה לַיהוה, נָרִיעָה לְצוּר יִשְׁעֵנוּ: נְקַדְּמָה פָנָיו בְּתוֹדָה, תהלים צה
בִּזְמִרוֹת נָרִיעַ לוֹ: כִּי אֵל גָּדוֹל יהוה, וּמֶלֶךְ גָּדוֹל עַל־כָּל־אֱלֹהִים:
אֲשֶׁר בְּיָדוֹ מֶחְקְרֵי־אָרֶץ, וְתוֹעֲפוֹת הָרִים לוֹ: אֲשֶׁר־לוֹ הַיָּם
וְהוּא עָשָׂהוּ, וְיַבֶּשֶׁת יָדָיו יָצָרוּ: בֹּאוּ נִשְׁתַּחֲוֶה וְנִכְרָעָה, נִבְרְכָה
לִפְנֵי־יהוה עֹשֵׂנוּ: כִּי הוּא אֱלֹהֵינוּ, וַאֲנַחְנוּ עַם מַרְעִיתוֹ וְצֹאן
יָדוֹ, הַיּוֹם אִם־בְּקֹלוֹ תִשְׁמָעוּ: אַל־תַּקְשׁוּ לְבַבְכֶם כִּמְרִיבָה, כְּיוֹם
מַסָּה בַּמִּדְבָּר: אֲשֶׁר נִסּוּנִי אֲבוֹתֵיכֶם, בְּחָנוּנִי גַּם רָאוּ פָעֳלִי:

KABALAT SHABAT/ DÁNDOLE LA BIENVENIDA AL SHABAT

Desde tiempos del Talmud el Shabat era visto como una novia y el día considerado como un casamiento. "Rabí Janina se vestía y en víspera de Shabat al caer el sol se paraba y declaraba: 'vayamos a darle la bienvenida al Shabat, a la novia'. Rabí Yanai se vestía en víspera de Shabat y declaraba: 'ven oh novia, ven oh novia' (*Shabat* 119A).

Al final del siglo XVI esta idea fue desarrollada con renovada intensidad por un importante grupo de místicos judíos en la ciudad de Tzfat. Entre ellos se encontraban Rabí Moshé Cordovero quien adoptó la costumbre de recitar una serie de salmos como bienvenida al ingreso del Shabat; su cuñado Rabí Shelomó Alkabetz, el autor del poema "*Lejá Dodí*" ("Ven amado mío"), Rabí Elazar Azikri autor de *Iedid Nefesh* ("Amado del alma") y Rabí Ytzjak Luria (conocido como el Arízal o el Arí) que fue el más grande de los místicos de Tzfat y cuya doctrina aportó nuevas dimensiones de profundidad a nuestra percepción del rezo y la observancia del Shabat como acciones que reparan las fracturas espirituales del universo.

Durante el siglo XII se acostumbraba recitar el salmo 92 entonándolo como cántico de bienvenida del Shabat. Los cabalistas de Tzfat fueron más allá. Vestidos de blanco, salían a los campos a la hora de la puesta del sol entonando cánticos y salmos a la novia, el Shabat. Este es el origen de la costumbre (mencionada por vez primera Rabí Moshé Ben Yehudá Makir, autor del libro *Seder HaYom*) de recitar seis salmos suplementarios (95–99 y 29) previos al *Lejá Dodí*. Un recordatorio adicional de la costumbre original es el hecho

que ya habían visto Mi obra. ▸Durante cuarenta años lidié con esa generación y dije: es un pueblo de personas erradas y ellos no conocieron Mis sendas, por lo que juré en Mi enojo que no entrarían al sitio de Mi reposo.

שִׁירוּ Cantad al Señor un cántico renovado, cante al Señor toda la tierra. Cantad al Señor, bendecid Su Nombre, proclamad Su salvación día tras día. Relatad entre los pueblos Su Gloria y Sus maravillas entre todas las naciones. Pues el Señor es Grande y de sobremanera alabado, reverenciado es Él sobre todas las fuerzas celestiales. Porque los dioses de las naciones son meros ídolos mientras que el Señor hizo el cielo. Gloria y magnificencia delante de Él, poder y esplendor en Su Santuario. Tributad al Señor familias de las naciones, tributad al Señor honor y fortaleza. Tributad al Señor la gloria que amerita Su Nombre, portad una ofrenda y acudid a Sus patios. Prosternaos ante el Señor con resplandeciente santidad, toda la tierra se estremezca ante Su Presencia. Proclamad entre los pueblos que el Señor reina, el mundo está firmemente sostenido y no habrá de caer, con equidad juzgará a las naciones. ▸Alégrense los cielos y regocíjese la tierra, tiemble el mar y todo lo que este contiene. Los campos y todo lo que hay en estos prorrumpid con júbilo, entonces cantarán los árboles en el bosque ante el Señor que viene a juzgar la tierra, juzgará al mundo con rectitud y a los pueblos con fidelidad. *Sal. 96*

יהוה מָלָךְ El Señor reina, regocíjese la tierra, alégrense las numerosas islas. Nubes y tinieblas alrededor Suyo, rectitud y justicia son los fundamentos de Su trono. El fuego irá delante Suyo consumiendo *Sal. 97*

---

como el mundo natural está gobernado por la ley científica el ámbito humano está regido por la ley moral. Es así como el mundo se regocija ante *"el Señor que viene a juzgar la tierra"* כִּי בָא לִשְׁפֹּט הָאָרֶץ, de que el mundo sea regido por la supremacía de lo correcto y no de la fuerza.

יהוה מָלָךְ *Salmo 97. El Señor reina, regocíjese la tierra*: Dios, Hacedor del universo es el soberano último. Por lo tanto, todo gobierno terrenal y todo ejercicio de poder está sujeto a Su autoridad general: "El Señor reina". La historia no está destinado a ser una interminable secuencia de victorias del poder

◂ אַרְבָּעִים שָׁנָה אָקוּט בְּדוֹר, וָאֹמַר עַם תֹּעֵי לֵבָב הֵם, וְהֵם לֹא־יָדְעוּ דְרָכָי: אֲשֶׁר־נִשְׁבַּעְתִּי בְאַפִּי, אִם־יְבֹאוּן אֶל מְנוּחָתִי:

תהלים צו שִׁירוּ לַיהוה שִׁיר חָדָשׁ, שִׁירוּ לַיהוה כָּל־הָאָרֶץ: שִׁירוּ לַיהוה, בָּרְכוּ שְׁמוֹ, בַּשְּׂרוּ מִיּוֹם־לְיוֹם יְשׁוּעָתוֹ: סַפְּרוּ בַגּוֹיִם כְּבוֹדוֹ, בְּכָל־הָעַמִּים נִפְלְאוֹתָיו: כִּי גָדוֹל יהוה וּמְהֻלָּל מְאֹד, נוֹרָא הוּא עַל־כָּל־אֱלֹהִים: כִּי כָּל־אֱלֹהֵי הָעַמִּים אֱלִילִים, וַיהוה שָׁמַיִם עָשָׂה: הוֹד־וְהָדָר לְפָנָיו, עֹז וְתִפְאֶרֶת בְּמִקְדָּשׁוֹ: הָבוּ לַיהוה מִשְׁפְּחוֹת עַמִּים, הָבוּ לַיהוה כָּבוֹד וָעֹז: הָבוּ לַיהוה כְּבוֹד שְׁמוֹ, שְׂאוּ־מִנְחָה וּבֹאוּ לְחַצְרוֹתָיו: הִשְׁתַּחֲווּ לַיהוה בְּהַדְרַת־קֹדֶשׁ, חִילוּ מִפָּנָיו כָּל־הָאָרֶץ: אִמְרוּ בַגּוֹיִם יהוה מָלָךְ, אַף־תִּכּוֹן תֵּבֵל בַּל־תִּמּוֹט, יָדִין עַמִּים בְּמֵישָׁרִים: ◂ יִשְׂמְחוּ הַשָּׁמַיִם וְתָגֵל הָאָרֶץ, יִרְעַם הַיָּם וּמְלֹאוֹ: יַעֲלֹז שָׂדַי וְכָל־אֲשֶׁר־בּוֹ, אָז יְרַנְּנוּ כָּל־עֲצֵי־יָעַר: לִפְנֵי יהוה כִּי בָא, כִּי בָא לִשְׁפֹּט הָאָרֶץ, יִשְׁפֹּט־תֵּבֵל בְּצֶדֶק, וְעַמִּים בֶּאֱמוּנָתוֹ:

תהלים צז יהוה מָלָךְ תָּגֵל הָאָרֶץ, יִשְׂמְחוּ אִיִּים רַבִּים: עָנָן וַעֲרָפֶל סְבִיבָיו, צֶדֶק וּמִשְׁפָּט מְכוֹן כִּסְאוֹ: אֵשׁ לְפָנָיו תֵּלֵךְ, וּתְלַהֵט סָבִיב צָרָיו:

17:1–7). אַרְבָּעִים שָׁנָה *Durante cuarenta años*: Es una referencia al episodio de los espías (Números cap. 13 y 14) cuando el pueblo, desmoralizado por el reporte recibido se rebeló. Esto los llevó a tener que pasar cuarenta años en el desierto. El salmista insta al pueblo a hacer lo contrario, esto es, cantar a Dios con regocijo.

שִׁירוּ לַיהוה *Salmo 96. Cantad al Señor un cántico renovado*: Una de las ideas más difíciles de comprender para la mente contemporánea es que el mundo todo debe cantar alegremente ante el arribo del juicio y la justicia. Nosotros no sólo creemos en un único Dios Creador del cielo y la tierra, sino también en la inseparable conexión entre *cosmos* y *ethos*, entre el mundo tal como es y tal como debería ser. Dios no sólo creó el universo, sino que "Vio que era bueno". Desde su inicio, el mundo tiene una estructura moral objetiva. Así

a Sus enemigos en Su derredor. Sus rayos iluminan el mundo y la tierra al verlo tiembla. Las montañas se derriten ante el Señor cual cera, ante el Señor de toda la tierra. Los cielos proclaman Su rectitud y todos los pueblos vieron Su Gloria. Se avergüenzan todos los idólatras que se vanaglorian en sus deidades, todos los dioses inclinaos ante Él. Sion escucha y se alegra, las hijas de Yehudá se regocijan en virtud de Tus sentencias Señor. Pues Tú Señor eres superior por sobre toda la tierra y Te elevas por sobre todo poder. ‣ Los que amáis al Señor odiad el mal, Él protege la vida de sus fieles y les salva de mano de los malvados. Luz está sembrada para el justo y alegría para el de recto corazón, que se alegren los justos en el Señor y agradezcan a Su Sagrado Nombre.

מִזְמוֹר Cántico, entonad al Señor una nueva canción pues ha obrado maravillas, ha salvado por medio de Su Diestra y Su Sagrado Brazo. El Señor ha hecho conocer Su salvación, reveló su rectitud a ojos de las naciones. Recordó Su amor y Su fidelidad a la casa de Israel, todos los confines de la tierra han contemplado la salvación de nuestro Dios. Toda la tierra aclame al Señor, prorrumpid en cántico, cantad jubilosamente y tocad música. Tocad la lira para el Señor, cantad con la lira. Proclamad ante el Señor, el Rey con trompetas y con la voz del shofar. ‣ Tiemble el mar y todo lo que este contiene, la tierra y todos quienes la habitan, los ríos aplaudirán junto a las montañas que habrán de cantar ante el Señor, porque viene a juzgar la tierra. Juzgará el mundo con justicia y a las naciones con rectitud. *Sal. 98*

יהוה מָלָךְ El Señor reina, que tiemblen las naciones. Él que está entronado entre los querubines, que se estremezca la tierra. El Señor es grande en Sion y es encumbrado por sobre todas las naciones. Que alaben Tu Nombre, pues grande, reverenciado y *Sal. 99*

---

reunido sino de parte del universo mismo: el mar, la tierra, los ríos y las montañas. Todos proclaman Su llegada con alegría pues saben que cuando Él se sienta en el juicio, dirime todas las disputas ecuánimemente.

יהוה מָלָךְ *Salmo 99. El Señor reina, que tiemblen las naciones*: Habiendo declarado la soberanía de Dios, ahora el salmista habla de Su santidad. Las tres

הֵאִירוּ בְרָקָיו תֵּבֵל, רָאֲתָה וַתָּחֵל הָאָרֶץ: הָרִים כַּדּוֹנַג נָמַסּוּ
מִלִּפְנֵי יהוה, מִלִּפְנֵי אֲדוֹן כָּל־הָאָרֶץ: הִגִּידוּ הַשָּׁמַיִם צִדְקוֹ, וְרָאוּ
כָל־הָעַמִּים כְּבוֹדוֹ: יֵבֹשׁוּ כָּל־עֹבְדֵי פֶסֶל הַמִּתְהַלְלִים בָּאֱלִילִים,
הִשְׁתַּחֲווּ־לוֹ כָּל־אֱלֹהִים: שָׁמְעָה וַתִּשְׂמַח צִיּוֹן, וַתָּגֵלְנָה בְּנוֹת
יְהוּדָה, לְמַעַן מִשְׁפָּטֶיךָ יהוה: כִּי־אַתָּה יהוה עֶלְיוֹן עַל־כָּל־
הָאָרֶץ, מְאֹד נַעֲלֵיתָ עַל־כָּל־אֱלֹהִים: ◂ אֹהֲבֵי יהוה שִׂנְאוּ רָע,
שֹׁמֵר נַפְשׁוֹת חֲסִידָיו, מִיַּד רְשָׁעִים יַצִּילֵם: אוֹר זָרֻעַ לַצַּדִּיק,
וּלְיִשְׁרֵי־לֵב שִׂמְחָה: שִׂמְחוּ צַדִּיקִים בַּיהוה, וְהוֹדוּ לְזֵכֶר קָדְשׁוֹ:

תהלים צח
מִזְמוֹר, שִׁירוּ לַיהוה שִׁיר חָדָשׁ כִּי־נִפְלָאוֹת עָשָׂה, הוֹשִׁיעָה־לּוֹ
יְמִינוֹ וּזְרוֹעַ קָדְשׁוֹ: הוֹדִיעַ יהוה יְשׁוּעָתוֹ, לְעֵינֵי הַגּוֹיִם גִּלָּה
צִדְקָתוֹ: זָכַר חַסְדּוֹ וֶאֱמוּנָתוֹ לְבֵית יִשְׂרָאֵל, רָאוּ כָל־אַפְסֵי־אָרֶץ
אֵת יְשׁוּעַת אֱלֹהֵינוּ: הָרִיעוּ לַיהוה כָּל־הָאָרֶץ, פִּצְחוּ וְרַנְּנוּ וְזַמֵּרוּ:
זַמְּרוּ לַיהוה בְּכִנּוֹר, בְּכִנּוֹר וְקוֹל זִמְרָה: בַּחֲצֹצְרוֹת וְקוֹל שׁוֹפָר,
הָרִיעוּ לִפְנֵי הַמֶּלֶךְ יהוה: ◂ יִרְעַם הַיָּם וּמְלֹאוֹ, תֵּבֵל וְיֹשְׁבֵי בָהּ:
נְהָרוֹת יִמְחֲאוּ־כָף, יַחַד הָרִים יְרַנֵּנוּ: לִפְנֵי יהוה כִּי בָא לִשְׁפֹּט
הָאָרֶץ, יִשְׁפֹּט־תֵּבֵל בְּצֶדֶק, וְעַמִּים בְּמֵישָׁרִים:

תהלים צט
יהוה מָלָךְ יִרְגְּזוּ עַמִּים, יֹשֵׁב כְּרוּבִים תָּנוּט הָאָרֶץ: יהוה בְּצִיּוֹן
גָּדוֹל, וְרָם הוּא עַל־כָּל־הָעַמִּים: יוֹדוּ שִׁמְךָ גָּדוֹל וְנוֹרָא קָדוֹשׁ

---

por sobre el derecho, de los poderosos sobre los débiles. En el corazón de la realidad existe una fuerza que brega por la justicia, da fuerzas al débil y coraje al oprimido. “Una luz está sembrada para el justo y alegría para los rectos de corazón”.

מִזְמוֹר *Salmo 98. Cántico, entonad al Señor una nueva canción*: En este salmo celebratorio el autor describe la Redención con la vívida imagen de un arribo real. El rey, que es además juez y libertador está por llegar. El son de las trompetas anuncia Su entrada. Se escucha un rugido no de parte del público

santo Es. El Rey en Su poderío ama la justicia, Tú estableciste la rectitud, Tú has obrado sentencia justa en Ya'akov. Exaltad al Señor nuestro Dios y prosternaos ante Sus pies, Santo Es. Moshé y Aharón estaban entre Sus servidores y Shmuel entre quienes invocaban Su Nombre, llamaban al Señor y Él les respondía. ▸ Hablaba con ellos desde una nube, ellos preservaron Sus testimonios y Él les concedió Sus estatutos. Señor, Dios nuestro, Tú les has respondido, fuiste con ellos un Dios de perdón si bien castigaste sus malas acciones. Ensalzad al Señor nuestro Dios y prosternaos ante el Monte de Su Santidad pues el Señor nuestro Dios es Santo.

El siguiente salmo se recita de pie:

מִזְמוֹר לְדָוִד Cántico de David. Tributad al Señor vosotros los ánge- *Sal. 29*
les, tributad al Señor gloria y fortaleza. Tributad al Señor gloria en virtud de Su Nombre, prosternaos ante el Señor con el esplendor de la santidad. La voz del Señor se escucha sobre las aguas, el Dios de la gloria hace temblar, la voz del Señor está sobre aguas abundantes. La voz del Señor resuena con poder, la voz del Señor resuena con esplendor. La voz del Señor quiebra los cedros y el Señor quebró así los cedros del Líbano. Hizo bailar al Líbano cual ternero y al Monte Sirión cual joven orix. La voz del Señor hace estallar llamas de fuego. La voz del Señor hace temblar al desierto, el Señor aterrará al desierto de Kadesh. ▸ La voz del Señor hace parir a las gacelas y descubre a los bosques, y en Su Santuario todos dicen ¡Gloria! El Señor fue entronado en el diluvio, y permaneció en Su trono por siempre. El Señor dará poder a Su pueblo, el Señor bendecirá a Su pueblo con la paz.

---

anteriores (95–99). Muchos lo interpretan como una descripción poética de la entrega de la Torá. El Talmud Jerosolimitano (*Berajot* 4:3) vincula las siete menciones de la palabra "voz" con las siete bendiciones de la Amidá de Shabat. Su estilo es significativo. Describe una tormenta devastadora que destroza la tierra y cede, de modo tal que la ultima palabra del salmo es el vocablo "paz". Asimismo, algún día la tormenta de la historia humana se transfigurará en paz. La Redención se encuentra al final de la historia tal como el Shabat se encuentra al final de la semana.

הוא: וְעֹז מֶלֶךְ מִשְׁפָּט אָהֵב, אַתָּה כּוֹנַנְתָּ מֵישָׁרִים, מִשְׁפָּט וּצְדָקָה בְּיַעֲקֹב אַתָּה עָשִׂיתָ: רוֹמְמוּ יהוה אֱלֹהֵינוּ, וְהִשְׁתַּחֲווּ לַהֲדֹם רַגְלָיו, קָדוֹשׁ הוּא: מֹשֶׁה וְאַהֲרֹן בְּכֹהֲנָיו, וּשְׁמוּאֵל בְּקֹרְאֵי שְׁמוֹ, קֹרְאִים אֶל־יהוה וְהוּא יַעֲנֵם: ‹ בְּעַמּוּד עָנָן יְדַבֵּר אֲלֵיהֶם, שָׁמְרוּ עֵדֹתָיו וְחֹק נָתַן־לָמוֹ: יהוה אֱלֹהֵינוּ אַתָּה עֲנִיתָם, אֵל נֹשֵׂא הָיִיתָ לָהֶם, וְנֹקֵם עַל־עֲלִילוֹתָם: רוֹמְמוּ יהוה אֱלֹהֵינוּ, וְהִשְׁתַּחֲווּ לְהַר קָדְשׁוֹ, כִּי־קָדוֹשׁ יהוה אֱלֹהֵינוּ:

El siguiente salmo se recita de pie:

מִזְמוֹר לְדָוִד, הָבוּ לַיהוה בְּנֵי אֵלִים, הָבוּ לַיהוה כָּבוֹד וָעֹז: הָבוּ לַיהוה כְּבוֹד שְׁמוֹ, הִשְׁתַּחֲווּ לַיהוה בְּהַדְרַת־קֹדֶשׁ: קוֹל יהוה עַל הַמָּיִם, אֵל־הַכָּבוֹד הִרְעִים, יהוה עַל־מַיִם רַבִּים: קוֹל־יהוה בַּכֹּחַ, קוֹל יהוה בֶּהָדָר: קוֹל יהוה שֹׁבֵר אֲרָזִים, וַיְשַׁבֵּר יהוה אֶת־אַרְזֵי הַלְּבָנוֹן: וַיַּרְקִידֵם כְּמוֹ־עֵגֶל, לְבָנוֹן וְשִׂרְיוֹן כְּמוֹ בֶן־רְאֵמִים: קוֹל־יהוה חֹצֵב לַהֲבוֹת אֵשׁ: קוֹל יהוה יָחִיל מִדְבָּר, יָחִיל יהוה מִדְבַּר קָדֵשׁ: ‹ קוֹל יהוה יְחוֹלֵל אַיָּלוֹת וַיֶּחֱשֹׂף יְעָרוֹת, וּבְהֵיכָלוֹ, כֻּלּוֹ אֹמֵר כָּבוֹד: יהוה לַמַּבּוּל יָשָׁב, וַיֵּשֶׁב יהוה מֶלֶךְ לְעוֹלָם: יהוה עֹז לְעַמּוֹ יִתֵּן, יהוה יְבָרֵךְ אֶת־עַמּוֹ בַשָּׁלוֹם: תהלים כט

---

secciones del salmo se refieren cada una a otro tema. Las primeras dos hablan del reconocimiento de Dios y Su justicia, culminando con la declaración 'Santo Es'. La tercera sección culmina con un doble uso de la palabra: "prosternaos ante el Monte de Su *Santidad* pues el Señor nuestro Dios es *Santo*". *Moshé, Aharón* y *Shmuel* respectivamente representan tres diferentes tipos de corona de liderazgo: la profecía, el sacerdocio y el reino. Moshé fue el mayor de los profetas, Aharón el Sumo Sacerdote y Shmuel fue la persona que ungió los primeros dos reyes de Israel, Shaúl y David.

מִזְמוֹר לְדָוִד *Salmo 29. Cántico de David. Tributad al Señor*: Este salmo es muy rico tanto en imagen como en lenguaje y quiebra la secuencia de los salmos

Algunas congregaciones recitan la siguiente plegaria:

Por favor, por el poder de Tu gran diestra, libera a la nación cautiva.
Acepta la plegaria de Tu pueblo. Tú que eres reverenciado, fortifícanos y purifícanos.
Por favor, Todopoderoso, cuida como a la pupila del ojo a quienes buscan Tu unicidad.
Bendícelos, purifícalos, tenles compasión, garantízales por siempre la recompensa de Tu rectitud.
Todopoderoso, Santo, guía a Tu congregación con Tu gran benevolencia.
Único, exaltado, dirígete a Tu pueblo que proclama Tu santidad.
Acepta nuestra plegaria y escucha nuestro clamor, Tú que conoces todos los pensamientos ocultos.

Bendito sea el Nombre de Su glorioso reino por siempre.

לְכָה דוֹדִי Ven amado mío, vayamos a saludar a la novia,
demos la bienvenida al Shabat.

Ven amado mío, vayamos al encuentro de la novia,
demos la bienvenida al Shabat.

שָׁמוֹר "Cuida" y "Recuerda" en una sola expresión,
nos hizo escuchar el Dios Único.
El Señor es Uno y Su Nombre Uno,
para renombre, esplendor y alabanza.

Ven amado mío, vayamos al encuentro de la novia,
demos la bienvenida al Shabat.

שָׁמוֹר וְזָכוֹר בְּדִבּוּר אֶחָד *"Cuida" y "Recuerda" en una sola expresión:* Esto se refiere a las dos versiones de los Diez Mandamientos. En la primera (Éxodo 20:8) el pueblo de Israel fue preceptuado de "recordar" el Shabat, en la segunda (Deut. 5:12) se le ordenó "cuidarlo". De acuerdo con los sabios ambas expresiones fueron dichas al unísono. "Cuidar se refiere a los preceptos restrictivos del Shabat, que son las prohibiciones relativas a las labores; al tiempo que "recordar" se refiere a los preceptos positivos, esto es, la santificación del Shabat por medio de la palabra y la acción. La idea es que ambos conceptos fueron pronunciados simultáneamente nos enseña que los aspectos restrictivos y positivos del tiempo sagrado son inseparables. Las prohibiciones de realización de labor generan el espacio para el descanso y el deleite.

Algunas congregaciones recitan la siguiente plegaria:

אָנָּא, בְּכֹחַ גְּדֻלַּת יְמִינְךָ, תַּתִּיר צְרוּרָה.
קַבֵּל רִנַּת עַמְּךָ, שַׂגְּבֵנוּ, טַהֲרֵנוּ, נוֹרָא.
נָא גִבּוֹר, דּוֹרְשֵׁי יִחוּדְךָ כְּבָבַת שָׁמְרֵם.
בָּרְכֵם, טַהֲרֵם, רַחֲמֵם, צִדְקָתְךָ תָּמִיד גָּמְלֵם.
חֲסִין קָדוֹשׁ, בְּרֹב טוּבְךָ נַהֵל עֲדָתֶךָ.
יָחִיד גֵּאֶה, לְעַמְּךָ פְּנֵה, זוֹכְרֵי קְדֻשָּׁתֶךָ.
שַׁוְעָתֵנוּ קַבֵּל וּשְׁמַע צַעֲקָתֵנוּ, יוֹדֵעַ תַּעֲלוּמוֹת.
בָּרוּךְ שֵׁם כְּבוֹד מַלְכוּתוֹ לְעוֹלָם וָעֶד.

לְכָה דוֹדִי לִקְרַאת כַּלָּה, פְּנֵי שַׁבָּת נְקַבְּלָה.
לְכָה דוֹדִי לִקְרַאת כַּלָּה, פְּנֵי שַׁבָּת נְקַבְּלָה.

שָׁמוֹר וְזָכוֹר בְּדִבּוּר אֶחָד
הִשְׁמִיעָנוּ אֵל הַמְיֻחָד
יהוה אֶחָד וּשְׁמוֹ אֶחָד
לְשֵׁם וּלְתִפְאֶרֶת וְלִתְהִלָּה.
לְכָה דוֹדִי לִקְרַאת כַּלָּה, פְּנֵי שַׁבָּת נְקַבְּלָה.

אָנָּא, בְּכֹחַ *Por favor, por el poder:* Este himno de siete renglones cada uno de los cuales, en su original hebreo, consta de seis palabras cuyas iniciales conforman un Nombre Divino de 42 letras. Se le atribuye a Rabí Nejuniá Ben Hakaná (segunda mitad del siglo I E.C.).

לְכָה דוֹדִי *Ven amado mío:* Esta canción – la composición original introducida en este rezo por parte de los cabalistas de Tzfat – fue escrita por Rabí Shelomó Alkabetz. Esta es una pieza de trascendente belleza que habla del Shabat, de Jerusalém, del pueblo judío y del Mashíaj antes de retornar al Shabat en su último verso. Este himno está magistralmente tejido de citas bíblicas, muchas de las cuales son profecías de Isaías que hablan sobre la consolación junto con ideas talmúdicas y midráshicas. Sus primeros ocho versos forman un acróstico con el nombre del autor, Shelomó HaLeví.

לִקְרַאת A recibir al Shabat, ¡vayamos!,
Pues es la fuente de la bendición,
Desde el principio, del instante primigenio consagrada.
Final en la creación aunque primera en la concepción.

Ven amado mío, vayamos al encuentro de la novia,
demos la bienvenida al Shabat.

מִקְדַּשׁ Santuario del Rey, ciudad real,
levántate y sal de tu ruinosa situación.
Has pasado mucho tiempo en el valle de las lágrimas.
Y Él tendrá de ti compasión.

Ven amado mío, vayamos al encuentro de la novia,
demos la bienvenida al Shabat.

הִתְנַעֲרִי Sacúdete, ¡levántate de la polvareda!
Inviste las vestiduras del esplendor de Mi pueblo.
Por medio del hijo de Yshai de Beit Lejem,
Acércate a mi alma y redímela.

Ven amado mío, vayamos al encuentro de la novia,
demos la bienvenida al Shabat.

הִתְעוֹרְרִי Despierta, anímate,
pues tu luz llega, ¡levántate e ilumina!
Despierta, anímate, entona una canción,
pues la Gloria del Señor se ha revelado en ti.

Ven amado mío, vayamos al encuentro de la novia,
demos la bienvenida al Shabat.

---

pueblo judío en sus días. Haciendo uso de un lenguaje extraído del libro de Isaías, se dirige primeramente a Jerusalém, luego al pueblo judío y posteriormente a la tierra de Israel, convocándolos a deshacerse del dolor y despertar una renovada gloria. Estos versos irradian la esperanza originada en la fe, la victoria de la alegría por sobre la desesperación.

לִקְרַאת שַׁבָּת לְכוּ וְנֵלְכָה
כִּי הִיא מְקוֹר הַבְּרָכָה
מֵרֹאשׁ מִקֶּדֶם נְסוּכָה
סוֹף מַעֲשֶׂה בְּמַחֲשָׁבָה תְּחִלָּה.
לְכָה דוֹדִי לִקְרַאת כַּלָּה, פְּנֵי שַׁבָּת נְקַבְּלָה.

מִקְדַּשׁ מֶלֶךְ עִיר מְלוּכָה
קוּמִי צְאִי מִתּוֹךְ הַהֲפֵכָה
רַב לָךְ שֶׁבֶת בְּעֵמֶק הַבָּכָא
וְהוּא יַחֲמֹל עָלַיִךְ חֶמְלָה.
לְכָה דוֹדִי לִקְרַאת כַּלָּה, פְּנֵי שַׁבָּת נְקַבְּלָה.

הִתְנַעֲרִי, מֵעָפָר קוּמִי
לִבְשִׁי בִּגְדֵי תִפְאַרְתֵּךְ עַמִּי
עַל יַד בֶּן יִשַׁי בֵּית הַלַּחְמִי
קָרְבָה אֶל נַפְשִׁי, גְאָלָהּ.
לְכָה דוֹדִי לִקְרַאת כַּלָּה, פְּנֵי שַׁבָּת נְקַבְּלָה.

הִתְעוֹרְרִי הִתְעוֹרְרִי
כִּי בָא אוֹרֵךְ קוּמִי אוֹרִי
עוּרִי עוּרִי, שִׁיר דַּבֵּרִי
כְּבוֹד יהוה עָלַיִךְ נִגְלָה.
לְכָה דוֹדִי לִקְרַאת כַּלָּה, פְּנֵי שַׁבָּת נְקַבְּלָה.

מִקְדַּשׁ מֶלֶךְ עִיר מְלוּכָה *Santuario del Rey, ciudad real:* En este y en los próximos cuatro versos el poeta nos relata la condición desolada de Jerusalém y del

לֹא תֵבֹשִׁי No te avergonzarás ni serás humillada.
¿Por qué estás abatida? ¿Por qué penas?
En ti encontrarán refugio los menesterosos de Mi pueblo,
Y !a ciudad será reconstruida sobre su colina.

Ven amado mío, vayamos al encuentro de la novia,
demos la bienvenida al Shabat.

וְהָיוּ Que tus despojadores sean despojados,
y todos tus devoradores se alejarán.
Tu Dios se regocijará contigo
como se regocija el novio con la novia.

Ven amado mío, vayamos al encuentro de la novia,
demos la bienvenida al Shabat.

יָמִין Expándete a la derecha y a la izquierda,
y reverencia al SEÑOR.
A través del descendiente de Peretz,
nos alegraremos y nos regocijaremos.

Ven amado mío, vayamos al encuentro de la novia,
demos la bienvenida al Shabat.

En este momento ponerse de pie y dirigir el rostro en dirección de la puerta de entrada (normalmente ubicada en el lado oeste de la sinagoga), inclinarse al pronunciar las palabras "Ven, oh novia" como si se le estuviese dando la bienvenida. Luego, volver a la postura inicial.

בּוֹאִי Ven en paz, oh diadema de su marido;
ven con regocijo y con júbilo,
en el seno de los fieles del pueblo elegido.
Ven, oh novia, ven, oh novia.

Ven amado mío, vayamos al encuentro de la novia,
demos la bienvenida al Shabat.

Los dolientes durante la semana de la shivá regresan en este punto a la sinagoga y son saludados por mediante las siguientes palabras de consolación:

הַמָּקוֹם Que el Eterno les de consuelo
junto a los demás dolientes de Sion y Jerusalém.

בּוֹאִי בְשָׁלוֹם *Ven en paz:* A esta altura acostumbramos darnos vuelta a los efectos de recibir la llegada de la novia, el Shabat, tal como lo hacían los cabalistas en los campos de Tzfat.

לֹא תֵבֹשִׁי וְלֹא תִכָּלְמִי
מַה תִּשְׁתּוֹחֲחִי וּמַה תֶּהֱמִי
בָּךְ יֶחֱסוּ עֲנִיֵּי עַמִּי
וְנִבְנְתָה עִיר עַל תִּלָּהּ.

לְכָה דוֹדִי לִקְרַאת כַּלָּה, פְּנֵי שַׁבָּת נְקַבְּלָה.

וְהָיוּ לִמְשִׁסָּה שֹׁאסָיִךְ
וְרָחֲקוּ כָּל מְבַלְּעָיִךְ
יָשִׂישׂ עָלַיִךְ אֱלֹהָיִךְ
כִּמְשׂוֹשׂ חָתָן עַל כַּלָּה.

לְכָה דוֹדִי לִקְרַאת כַּלָּה, פְּנֵי שַׁבָּת נְקַבְּלָה.

יָמִין וּשְׂמֹאל תִּפְרֹצִי
וְאֶת יהוה תַּעֲרִיצִי
עַל יַד אִישׁ בֶּן פַּרְצִי
וְנִשְׂמְחָה וְנָגִילָה.

לְכָה דוֹדִי לִקְרַאת כַּלָּה, פְּנֵי שַׁבָּת נְקַבְּלָה.

En este momento ponerse de pie y dirigir el rostro en dirección de la puerta de entrada (normalmente ubicada en el lado oeste del בית כנסת*), inclinarse al pronunciar las palabras* בּוֹאִי כַלָּה *como si se le estuviese dando la bienvenida. Luego, volver a la postura inicial.*

בּוֹאִי בְשָׁלוֹם עֲטֶרֶת בַּעְלָהּ
גַּם בְּשִׂמְחָה וּבְצָהֳלָה
תּוֹךְ אֱמוּנֵי עַם סְגֻלָּה
בּוֹאִי כַלָּה, בּוֹאִי כַלָּה.

לְכָה דוֹדִי לִקְרַאת כַּלָּה, פְּנֵי שַׁבָּת נְקַבְּלָה.

Los dolientes durante la semana de la שבעה *regresan en este punto al* בית כנסת *y son saludados por mediante las siguientes palabras de consolación:*

הַמָּקוֹם יְנַחֵם אֶתְכֶם בְּתוֹךְ שְׁאָר אֲבֵלֵי צִיּוֹן וִירוּשָׁלָיִם.

En Yom Tov, Motzaei Yom Tov o en Shabat Jol HaMo'ed el Kabalat Shabat comienza aquí.

מִזְמוֹר Cántico para el día de Shabat. Es bueno agradecer al Señor *Sal. 92*
y entonar cánticos a Tu Gran Nombre. Narrar Tu bondad en la mañana y Tu fidelidad en la noche con la música de la lira de diez cuerdas, con la melodía del arpa. Porque Tú me has regocijado con Tu obra, por la labor de Tus manos Te he de cantar. Cuán grandes son Tus obras Señor, Tus pensamientos muy profundos; el ignorante no lo conocerá y el necio no lo habrá de comprender. Al brotar los malvados cual hierba, al florecer todos los pecadores, empero serán aniquilados para siempre. Y Tú Señor por siempre serás encumbrado. Pues Tus enemigos Señor serán destruidos, los malhechores dispersados. Tú has elevado mi orgullo tal como se yergue el orix ("reem"), me has ungido con aceite fresco. Mi ojo contemplará triunfante a mis adversarios, mis oídos habrán de oír la caída de mis enemigos. ▸ El justo crecerá como la palma, se erguirá como el cedro del Líbano. Plantados en la casa del Señor, florecerán en los patios de nuestro Dios. Darán su fruto aun en su vejez, vigorosos y lozanos, proclamando la rectitud del Señor, Él es mi Fortaleza y no hay injusticia en Él.

יהוה מָלָךְ El Señor ha reinado. Él se ha revestido de majestad. El *Sal. 93*
Señor está investido de poder, ceñido de fortaleza. También al mundo lo ha establecido firmemente, para que no vacile. Tu trono está firme desde entonces, Tú eres Eterno. Los ríos Señor, los ríos han alzado sus voces. Ríos, elevad vuestras rompientes olas. ▸ Más que el sonido de muchas aguas, más que las poderosas rompientes del mar, el Señor es poderoso en las Alturas. Tus testimonios son de lo más fidedignos; Tu morada resplandecerá de santidad Señor, para siempre.

---

que si bien la maldad brotó cual hierba su existencia fue de corto alcance mientras que el bien, si bien crece lentamente, alcanza la altura de "los cedros del Líbano". Dado que nuestra perspectiva es de corto alcance, nos parece que habitamos un mundo en el cual el mal prevalece. Si tuviésemos la capacidad de percibir la historia en su totalidad sabríamos que el bien finalmente sale victorioso y en el largo plazo la justicia prevalece.

En קבלת שבת *el* שבת חול המועד *o en* מוצאי יום טוב, יום טוב *comienza aquí.*

מִזְמוֹר שִׁיר לְיוֹם הַשַּׁבָּת: טוֹב לְהֹדוֹת לַיהוה, וּלְזַמֵּר לְשִׁמְךָ תהלים צב
עֶלְיוֹן: לְהַגִּיד בַּבֹּקֶר חַסְדֶּךָ, וֶאֱמוּנָתְךָ בַּלֵּילוֹת: עֲלֵי־עָשׂוֹר
וַעֲלֵי־נָבֶל, עֲלֵי הִגָּיוֹן בְּכִנּוֹר: כִּי שִׂמַּחְתַּנִי יהוה בְּפָעֳלֶךָ, בְּמַעֲשֵׂי
יָדֶיךָ אֲרַנֵּן: מַה־גָּדְלוּ מַעֲשֶׂיךָ יהוה, מְאֹד עָמְקוּ מַחְשְׁבֹתֶיךָ:
אִישׁ־בַּעַר לֹא יֵדָע, וּכְסִיל לֹא־יָבִין אֶת־זֹאת: בִּפְרֹחַ רְשָׁעִים
כְּמוֹ עֵשֶׂב, וַיָּצִיצוּ כָּל־פֹּעֲלֵי אָוֶן, לְהִשָּׁמְדָם עֲדֵי־עַד: וְאַתָּה
מָרוֹם לְעֹלָם יהוה: כִּי הִנֵּה אֹיְבֶיךָ יהוה, כִּי־הִנֵּה אֹיְבֶיךָ יֹאבֵדוּ,
יִתְפָּרְדוּ כָּל־פֹּעֲלֵי אָוֶן: וַתָּרֶם כִּרְאֵים קַרְנִי, בַּלֹּתִי בְּשֶׁמֶן רַעֲנָן:
וַתַּבֵּט עֵינִי בְּשׁוּרָי, בַּקָּמִים עָלַי מְרֵעִים תִּשְׁמַעְנָה אָזְנָי: › צַדִּיק
כַּתָּמָר יִפְרָח, כְּאֶרֶז בַּלְּבָנוֹן יִשְׂגֶּה: שְׁתוּלִים בְּבֵית יהוה, בְּחַצְרוֹת
אֱלֹהֵינוּ יַפְרִיחוּ: עוֹד יְנוּבוּן בְּשֵׂיבָה, דְּשֵׁנִים וְרַעֲנַנִּים יִהְיוּ: לְהַגִּיד
כִּי־יָשָׁר יהוה, צוּרִי, וְלֹא־עַוְלָתָה בּוֹ:

יהוה מָלָךְ, גֵּאוּת לָבֵשׁ, לָבֵשׁ יהוה עֹז הִתְאַזָּר, אַף־תִּכּוֹן תֵּבֵל תהלים צג
בַּל־תִּמּוֹט: נָכוֹן כִּסְאֲךָ מֵאָז, מֵעוֹלָם אָתָּה: נָשְׂאוּ נְהָרוֹת יהוה,
נָשְׂאוּ נְהָרוֹת קוֹלָם, יִשְׂאוּ נְהָרוֹת דָּכְיָם: › מִקֹּלוֹת מַיִם רַבִּים,
אַדִּירִים מִשְׁבְּרֵי־יָם, אַדִּיר בַּמָּרוֹם יהוה: עֵדֹתֶיךָ נֶאֶמְנוּ מְאֹד,
לְבֵיתְךָ נַאֲוָה־קֹּדֶשׁ, יהוה לְאֹרֶךְ יָמִים:

מִזְמוֹר שִׁיר לְיוֹם הַשַּׁבָּת *Cántico para el día de Shabat:* Este salmo que era cantado en Shabat por los levitas fue entendido por nuestros sabios como un cántico por "un tiempo que ha de venir, un día que ha de ser completamente Shabat y de descanso permanente". Shabat no es solamente un día de descanso, se trata de un ensayo en el tiempo de una era más allá del tiempo en la cual la humanidad, guiada por el llamado Divino, avanzará allende las contiendas, la maldad y la opresión para crear un mundo de armonía y respeto por la totalidad de la Creación entendida como obra de Dios, y del ser humano como Su imagen.

En ese tiempo, al mirar retrospectivamente la historia, las personas verán

KADISH DE DUELO

La siguiente plegaria es recitada por quien está en duelo y requiere de la presencia de un minián. La transliteración se encuentra en la página 1360.

La transliteración se encuentra en la página 1360.

Doliente: יִתְגַּדַּל Que Su Gran Nombre
sea magnificado y santificado,
en el mundo que creó conforme a Su voluntad.
Que establezca Su reino
durante vuestra vida y en vuestros días
y en la vida de toda la casa de Israel,
pronto y rápidamente
y decid: Amén.

Todos: Que Su Gran Nombre sea bendito
por siempre y por toda la eternidad.

Doliente: Sea bendecido, alabado, glorificado
y exaltado, encumbrado
y magnificado, enaltecido y ensalzado
el Nombre del Santo Bendito Él;
más allá de cualquier bendición,
cántico, alabanza y consolación
pronunciados en el mundo
y decid: Amén.

Que haya gran paz celestial
y vida para nosotros
y para todo Israel
y decid: Amén.

Inclinarse, dar tres pasos hacia atrás como retirándose de la Divina Presencia, luego inclinarse primero hacia la izquierda, luego hacia la derecha y luego al centro mientras se dice:

Quien obra la paz en Sus alturas,
haga la paz
para nosotros y todo Israel
y decid: Amén.

קדיש יתום

La siguiente plegaria es recitada por quien está en duelo y requiere de la presencia de un מנין*. La transliteración se encuentra en la página 1360.*

אבל: יִתְגַּדַּל וְיִתְקַדַּשׁ שְׁמֵהּ רַבָּא (קהל: אָמֵן)
בְּעָלְמָא דִּי בְרָא כִרְעוּתֵהּ
וְיַמְלִיךְ מַלְכוּתֵהּ
בְּחַיֵּיכוֹן וּבְיוֹמֵיכוֹן וּבְחַיֵּי דְכָל בֵּית יִשְׂרָאֵל
בַּעֲגָלָא וּבִזְמַן קָרִיב
וְאִמְרוּ אָמֵן. (קהל: אָמֵן)

קהל ואבל: יְהֵא שְׁמֵהּ רַבָּא מְבָרַךְ לְעָלַם וּלְעָלְמֵי עָלְמַיָּא.

אבל: יִתְבָּרַךְ וְיִשְׁתַּבַּח וְיִתְפָּאַר
וְיִתְרוֹמַם וְיִתְנַשֵּׂא וְיִתְהַדָּר וְיִתְעַלֶּה וְיִתְהַלָּל
שְׁמֵהּ דְּקֻדְשָׁא בְּרִיךְ הוּא (קהל: בְּרִיךְ הוּא)
לְעֵלָּא מִן כָּל בִּרְכָתָא / בשבת שובה: לְעֵלָּא לְעֵלָּא מִכָּל בִּרְכָתָא/
וְשִׁירָתָא, תֻּשְׁבְּחָתָא וְנֶחֱמָתָא, דַּאֲמִירָן בְּעָלְמָא
וְאִמְרוּ אָמֵן. (קהל: אָמֵן)

יְהֵא שְׁלָמָא רַבָּא מִן שְׁמַיָּא
וְחַיִּים, עָלֵינוּ וְעַל כָּל יִשְׂרָאֵל
וְאִמְרוּ אָמֵן. (קהל: אָמֵן)

Inclinarse, dar tres pasos hacia atrás como retirándose de la Divina Presencia, luego inclinarse primero hacia la izquierda, luego hacia la derecha y luego al centro mientras se dice:

עֹשֶׂה שָׁלוֹם/ בשבת שובה: הַשָּׁלוֹם/ בִּמְרוֹמָיו
הוּא יַעֲשֶׂה שָׁלוֹם עָלֵינוּ וְעַל כָּל יִשְׂרָאֵל
וְאִמְרוּ אָמֵן. (קהל: אָמֵן)

El siguiente pasaje no se recita en Yom Tov, en Shabat Jol HaMo'ed ni en Motzaei Yom Tov.

1. בַּמֶּה מַדְלִיקִין ¿Con qué se encienden las velas de Shabat y con qué no? No se enciende con fibra proveniente del cedro, ni proveniente del lino, ni proveniente de la seda, ni con mecha de cáñamo, ni con mecha del desierto, ni con musgo (algas) que crece junto al agua. No se enciende con brea, ni con cera, ni con aceite de ricino, ni con aceite de combustión, ni con grasa de rabo, ni con sebo. Najum de Meda dice: se enciende con sebo cocido y los sabios dicen que no se enciende con sebo ni cocido ni sin cocer. *Mishná Shabat, Cap.2*

2. No se enciende con aceite combustible en Yom Tov. Rabí Ishmael dice que no se enciende con alquitrán por respeto al Shabat, y los sabios permiten todos los tipos de aceite: el aceite de sésamo, el aceite de nueces, el aceite de rábanos, el aceite de pescado, el aceite de calabaza, alquitrán y petróleo. Rabí Tarfón dice que se enciende únicamente con aceite de oliva.

3. De todos los derivados del árbol no se emplea para elaborar mechas salvo el lino, y todo lo que se deriva del árbol no adquiere impureza de la tienda salvo el lino. Si la mecha fue elaborada a partir de una prenda de vestir que está retorcida pero no se chamuscó, Rabí Eliezer dice que es susceptible de impurificarse y por lo tanto no se debe emplear para el encendido. Empero Rabí Akiva dice que no es susceptible de impurificarse y puede ser utilizada para el encendido.

4. No se debe perforar la cáscara de un huevo y llenarla de aceite y colocarla sobre la lámpara a los efectos de que gotee sobre esta, aunque la lámpara sea de arcilla, pero Rabí Yehudá lo permite. Empero, si el artesano que fabricó la lámpara, desde un inicio las unió, estará permitido por considerarse un solo recipiente. No se debe llenar un platón con aceite y colocarlo al costado de la lámpara de modo tal que la mecha ingrese en él y absorba, empero Rabí Yehudá lo permite.

5. Quien apaga la lámpara en virtud de que teme ser divisado por gentiles, ladrones, malos espíritus, o por causa de un enfermo que está durmiendo es libre de culpa. Quien la apaga para economizar vela, aceite o mecha es culpable. Rabí Iosei lo exime de cargo en todos los casos salvo si apaga para economizar mecha pues de ese modo la puede convertir en carbón.

---

posteriormente los caraítas). Estos últimos sostenían que el precepto que reza "No harás arder fuego en tu morada el día de Shabat" (Éxodo 35:3) vedaba e impedía el uso de todo tipo de luminaria, al tiempo que los sabios sostenían que el mandamiento prohibía encenderla mas no prohibía el uso de aquella que fue encendida antes de Shabat. Por lo tanto, se estudia este capítulo de la Mishná que es parte de la Torá Oral y se ocupa de las velas de Shabat (*Sefer HaItim*).

El siguiente pasaje no se recita en יום טוב*, en* שבת חול המועד *ni en* מוצאי יום טוב*.*

משנה שבת פרק שני

א בַּמֶּה מַדְלִיקִין וּבַמָּה אֵין מַדְלִיקִין. אֵין מַדְלִיקִין לֹא בְלֶכֶשׁ, וְלֹא בְחֹסֶן, וְלֹא בְכָלָךְ, וְלֹא בִּפְתִילַת הָאִידָן, וְלֹא בִּפְתִילַת הַמִּדְבָּר, וְלֹא בִירוֹקָה שֶׁעַל פְּנֵי הַמָּיִם. וְלֹא בְזֶפֶת וְלֹא בְשַׁעֲוָה וְלֹא בְשֶׁמֶן קִיק וְלֹא בְשֶׁמֶן שְׂרֵפָה וְלֹא בְאַלְיָה וְלֹא בְחֵלֶב. נַחוּם הַמָּדִי אוֹמֵר: מַדְלִיקִין בְּחֵלֶב מְבֻשָּׁל, וַחֲכָמִים אוֹמְרִים: אֶחָד מְבֻשָּׁל וְאֶחָד שֶׁאֵינוֹ מְבֻשָּׁל, אֵין מַדְלִיקִין בּוֹ.

ב אֵין מַדְלִיקִין בְּשֶׁמֶן שְׂרֵפָה בְּיוֹם טוֹב. רַבִּי יִשְׁמָעֵאל אוֹמֵר: אֵין מַדְלִיקִין בְּעִטְרָן מִפְּנֵי כְּבוֹד הַשַּׁבָּת. וַחֲכָמִים מַתִּירִין בְּכָל הַשְּׁמָנִים, בְּשֶׁמֶן שֻׁמְשְׁמִין, בְּשֶׁמֶן אֱגוֹזִים, בְּשֶׁמֶן צְנוֹנוֹת, בְּשֶׁמֶן דָּגִים, בְּשֶׁמֶן פַּקֻּעוֹת, בְּעִטְרָן וּבְנֵפְטְ. רַבִּי טַרְפוֹן אוֹמֵר: אֵין מַדְלִיקִין אֶלָּא בְּשֶׁמֶן זַיִת בִּלְבָד.

ג כָּל הַיּוֹצֵא מִן הָעֵץ אֵין מַדְלִיקִין בּוֹ, אֶלָּא פִשְׁתָּן. וְכָל הַיּוֹצֵא מִן הָעֵץ אֵינוֹ מִטַּמֵּא טֻמְאַת אֹהָלִים, אֶלָּא פִשְׁתָּן. פְּתִילַת הַבֶּגֶד שֶׁקִּפְּלָהּ וְלֹא הִבְהֲבָהּ, רַבִּי אֱלִיעֶזֶר אוֹמֵר: טְמֵאָה הִיא, וְאֵין מַדְלִיקִין בָּהּ. רַבִּי עֲקִיבָא אוֹמֵר: טְהוֹרָה הִיא, וּמַדְלִיקִין בָּהּ.

ד לֹא יִקֹּב אָדָם שְׁפוֹפֶרֶת שֶׁל בֵּיצָה וִימַלְּאֶנָּה שֶׁמֶן וְיִתְּנֶנָּה עַל פִּי הַנֵּר, בִּשְׁבִיל שֶׁתְּהֵא מְנַטֶּפֶת, וַאֲפִילוּ הִיא שֶׁל חֶרֶס. וְרַבִּי יְהוּדָה מַתִּיר. אֲבָל אִם חִבְּרָהּ הַיּוֹצֵר מִתְּחִלָּה מֻתָּר, מִפְּנֵי שֶׁהוּא כְּלִי אֶחָד. לֹא יְמַלֵּא אָדָם אֶת הַקְּעָרָה שֶׁמֶן וְיִתְּנֶנָּה בְּצַד הַנֵּר וְיִתֵּן רֹאשׁ הַפְּתִילָה בְּתוֹכָהּ, בִּשְׁבִיל שֶׁתְּהֵא שׁוֹאֶבֶת. וְרַבִּי יְהוּדָה מַתִּיר.

ה הַמְכַבֶּה אֶת הַנֵּר מִפְּנֵי שֶׁהוּא מִתְיָרֵא מִפְּנֵי גוֹיִם, מִפְּנֵי לִסְטִים, מִפְּנֵי רוּחַ רָעָה, אוֹ בִשְׁבִיל הַחוֹלֶה שֶׁיִּישַׁן, פָּטוּר. כְּחָס עַל הַנֵּר, כְּחָס עַל הַשֶּׁמֶן, כְּחָס עַל הַפְּתִילָה, חַיָּב. רַבִּי יוֹסֵי פּוֹטֵר בְּכֻלָּן חוּץ מִן הַפְּתִילָה, מִפְּנֵי שֶׁהוּא עוֹשָׂהּ פֶּחָם.

בַּמֶּה מַדְלִיקִין *¿Con qué se encienden las velas de Shabat?* Este segundo capítulo del Tratado de *Shabat* de la Mishná fue agregado a los efectos de prolongar el rezo en beneficio de quienes llegan tarde a la sinagoga. Sin embargo, el texto recitado está vinculado a una antigua controversia entre quienes aceptaban la validez de la Torá Oral y aquellos que la negaban (saduceos y

6. Por tres transgresiones las mujeres fallecen durante el parto: por descuidarse en las leyes de pureza familiar, por no ser cuidadosas en la separación de la jalá y por no ser cuidadosas en el encendido de las velas de Shabat.
7. Un hombre debe pronunciar estas tres cosas en su casa en víspera de Shabat cuando comienza a oscurecer: ¿Habéis separado el diezmo? ¿Habéis dispuesto el Eiruv? ¡Encended la vela! En caso de duda de si oscureció o no que no se separe el diezmo de productos que con seguridad no fueron aun diezmados, no se sumergen los utensilios en la mikve de purificación ni se encienden las velas. Empero se diezma aquello que quizás fue diezmado, se establece el Eiruv y se cubre el Jamín.

Enseñó Rabí Janina: que una persona debe revisar su ropa en víspera de Shabat previo a que oscurezca no sea que por olvido salga portando un objeto en Shabat. Dijo Rabí Yosef: esta es una ley muy importante del Shabat. *Shabat 12A*

Dijo Rabí Elazar en nombre de Rabí Janina: los discípulos de los sabios incrementan la paz en el mundo, tal como fue dicho (Isaías 54) "Y todos tus hijos serán estudiosos del Señor y grande será la paz de tus hijos ("banaij"). No los llames "tus hijos" ("banaij") sino "tus constructores" ("bonaij"). Grande es la paz de aquellos que aman Tu Torá y no habrán de padecer tropiezos. Haya paz en tus fortalezas, quietud en tus palacios. En pos de mis hermanos y amigos diré: "Sea contigo la paz". En pos de la Casa del Señor nuestro Dios pediré por el bien para ti. ▸ El Señor dará fuerzas a Su pueblo. El Señor bendecirá a Su pueblo con la paz. *Berajot 64A* *Is. 54* *Sal. 119* *Sal. 122* *Sal. 29*

KADISH DE LOS RABINOS

La siguiente plegaria es recitada por quien está en duelo y requiere de la presencia de un minián. La transliteración se encuentra en la página 1359..

Doliente: יִתְגַּדַּל Que Su Gran Nombre
sea magnificado y santificado,
en el mundo que creó conforme a Su voluntad.
Que establezca Su reino
durante vuestra vida y en vuestros días
y en la vida de toda la casa de Israel,
pronto y rápidamente y decid: Amén.

Todos: Que Su Gran Nombre sea bendito
por siempre y por toda la eternidad.

ו עַל שָׁלֹשׁ עֲבֵרוֹת נָשִׁים מֵתוֹת בִּשְׁעַת לֵדָתָן, עַל שֶׁאֵינָן זְהִירוֹת בַּנִּדָּה, בְּחַלָּה וּבְהַדְלָקַת הַנֵּר.

ז שְׁלֹשָׁה דְבָרִים צָרִיךְ אָדָם לוֹמַר בְּתוֹךְ בֵּיתוֹ עֶרֶב שַׁבָּת עִם חֲשֵׁכָה: עִשַּׂרְתֶּם, עֵרַבְתֶּם, הַדְלִיקוּ אֶת הַנֵּר. סָפֵק חֲשֵׁכָה סָפֵק אֵינָהּ חֲשֵׁכָה, אֵין מְעַשְּׂרִין אֶת הַוַּדַּאי, וְאֵין מַטְבִּילִין אֶת הַכֵּלִים, וְאֵין מַדְלִיקִין אֶת הַנֵּרוֹת. אֲבָל מְעַשְּׂרִין אֶת הַדְּמַאי, וּמְעָרְבִין וְטוֹמְנִין אֶת הַחַמִּין.

שבת יב. תַּנְיָא, אָמַר רַבִּי חֲנִינָא: חַיָּב אָדָם לְמַשְׁמֵשׁ בְּגָדָיו בְּעֶרֶב שַׁבָּת עִם חֲשֵׁכָה, שֶׁמָּא יִשְׁכַּח וְיֵצֵא. אָמַר רַב יוֹסֵף: הִלְכְתָא רַבְּתָא לְשַׁבְּתָא.

ברכות סד. אָמַר רַבִּי אֶלְעָזָר, אָמַר רַבִּי חֲנִינָא: תַּלְמִידֵי חֲכָמִים מַרְבִּים שָׁלוֹם בָּעוֹלָם,
ישעיה נד שֶׁנֶּאֱמַר: וְכָל־בָּנַיִךְ לִמּוּדֵי יהוה, וְרַב שְׁלוֹם בָּנָיִךְ: אַל תִּקְרֵי בָּנָיִךְ, אֶלָּא
תהלים קיט בּוֹנָיִךְ. שָׁלוֹם רָב לְאֹהֲבֵי תוֹרָתֶךָ, וְאֵין־לָמוֹ מִכְשׁוֹל: יְהִי־שָׁלוֹם בְּחֵילֵךְ,
תהלים קכב שַׁלְוָה בְּאַרְמְנוֹתָיִךְ: לְמַעַן אַחַי וְרֵעָי אֲדַבְּרָה־נָּא שָׁלוֹם בָּךְ: לְמַעַן בֵּית־
תהלים כט יהוה אֱלֹהֵינוּ אֲבַקְשָׁה טוֹב לָךְ: ‹ יהוה עֹז לְעַמּוֹ יִתֵּן, יהוה יְבָרֵךְ אֶת־עַמּוֹ בַשָּׁלוֹם:

קדיש דרבנן

La siguiente plegaria es recitada por quien está en duelo y requiere de la presencia de un מנין*. La transliteración se encuentra en la página 1359..*

אבל: יִתְגַּדַּל וְיִתְקַדַּשׁ שְׁמֵהּ רַבָּא (קהל: אָמֵן)
בְּעָלְמָא דִּי בְרָא כִרְעוּתֵהּ
וְיַמְלִיךְ מַלְכוּתֵהּ
בְּחַיֵּיכוֹן וּבְיוֹמֵיכוֹן וּבְחַיֵּי דְכָל בֵּית יִשְׂרָאֵל
בַּעֲגָלָא וּבִזְמַן קָרִיב
וְאִמְרוּ אָמֵן. (קהל: אָמֵן)

קהל ואבל: יְהֵא שְׁמֵהּ רַבָּא מְבָרַךְ לְעָלַם וּלְעָלְמֵי עָלְמַיָּא.

Doliente: Sea bendecido, alabado, glorificado
y exaltado, encumbrado
y magnificado, enaltecido y ensalzado
el Nombre del Santo Bendito Él;
más allá de cualquier bendición,
cántico, alabanza y consolación
pronunciados en el mundo
y decid: Amén.

Para Israel, para los maestros,
sus discípulos y los discípulos de sus discípulos,
para todos quienes se involucran en el estudio de la Torá,
en este sitio (*en Israel se agrega:* sagrado)
o en cualquier otra parte,
que vengan a ellos y a vosotros una gran paz,
gracia, benevolencia
y compasión, larga vida,
abundante sustento
y liberación de su Padre Celestial
y decid: Amén.

Que haya gran paz celestial
y (buena) vida para nosotros
y para todo Israel
y decid: Amén.

Inclinarse, dar tres pasos hacia atrás como retirándose de la Divina Presencia,
luego inclinarse primero hacia la izquierda, luego hacia la derecha
y luego al centro mientras se dice:

Quien obra la paz en Sus alturas,
con compasión haga la paz
para nosotros y todo Israel
y decid: Amén.

אבל: יִתְבָּרַךְ וְיִשְׁתַּבַּח וְיִתְפָּאַר וְיִתְרוֹמַם וְיִתְנַשֵּׂא
וְיִתְהַדָּר וְיִתְעַלֶּה וְיִתְהַלָּל
שְׁמֵהּ דְּקֻדְשָׁא בְּרִיךְ הוּא (קהל: בְּרִיךְ הוּא)
לְעֵלָּא מִן כָּל בִּרְכָתָא
/ בשבת שובה: לְעֵלָּא לְעֵלָּא מִכָּל בִּרְכָתָא/
וְשִׁירָתָא, תֻּשְׁבְּחָתָא וְנֶחֱמָתָא, דַּאֲמִירָן בְּעָלְמָא
וְאִמְרוּ אָמֵן. (קהל: אָמֵן)

עַל יִשְׂרָאֵל וְעַל רַבָּנָן
וְעַל תַּלְמִידֵיהוֹן וְעַל כָּל תַּלְמִידֵי תַלְמִידֵיהוֹן
וְעַל כָּל מָאן דְּעָסְקִין בְּאוֹרַיְתָא
דִּי בְּאַתְרָא (בארץ ישראל: קַדִּישָׁא) הָדֵין, וְדִי בְּכָל אֲתַר וַאֲתַר
יְהֵא לְהוֹן וּלְכוֹן שְׁלָמָא רַבָּא
חִנָּא וְחִסְדָּא, וְרַחֲמֵי, וְחַיֵּי אֲרִיכֵי, וּמְזוֹנֵי רְוִיחֵי
וּפֻרְקָנָא מִן קֳדָם אֲבוּהוֹן דִּי בִשְׁמַיָּא
וְאִמְרוּ אָמֵן. (קהל: אָמֵן)

יְהֵא שְׁלָמָא רַבָּא מִן שְׁמַיָּא
וְחַיִּים (טוֹבִים) עָלֵינוּ וְעַל כָּל יִשְׂרָאֵל
וְאִמְרוּ אָמֵן. (קהל: אָמֵן)

Bow, take three steps back, as if taking leave of the Divine Presence, then bow, first left, then right, then center, while saying:

עֹשֶׂה שָׁלוֹם/ בשבת שובה: הַשָּׁלוֹם/ בִּמְרוֹמָיו
הוּא יַעֲשֶׂה בְרַחֲמָיו שָׁלוֹם, עָלֵינוּ וְעַל כָּל יִשְׂרָאֵל
וְאִמְרוּ אָמֵן. (קהל: אָמֵן)

Ma'ariv para Shabat y Yom Tov

EL RECITADO DEL SHEMÁ Y SUS BENDICIONES

El oficiante recita lo siguiente, inclinándose al pronunciar la palabra "Bendecid" y volviendo a enderezarse al pronunciar "Señor". La congregación responde inclinándose al escuchar "Bendecid" seguida por el oficiante y volviendo a enderezarse en "Señor".

Oficiante: **BENDECID**
al Señor el Bendecido.

Congregación: Bendecid al Señor el Bendecido
por toda la eternidad.

Oficiante: Bendecid al Señor el Bendecido
por toda la eternidad.

בָּרוּךְ Bendito eres Tú Señor, nuestro Dios, Rey del universo,
quien por Su palabra trae los anocheceres,
por medio de Su sabiduría abre los portones del cielo,
con entendimiento hace cambiar los tiempos
y rotar las estaciones,
y por efecto de Su voluntad
ordena las estrellas en sus constelaciones en el firmamento.
Él crea el día y la noche,
envolviendo la luz ante el advenimiento de la oscuridad
y la oscuridad ante el advenimiento de la luz.
► Él hace pasar el día y trae la noche,
diferencia entre el día y la noche,
Su Nombre es el Señor de las Huestes Celestiales.
Que el Dios viviente y eterno reine sobre nosotros por siempre.
Bendito eres Tú Señor, que hace caer las noches.

---

la Revelación (que Dios habla a la humanidad) y la Redención (que Dios rescata a la humanidad al enseñarnos cómo actuar con justicia y compasión).

מעריב לשבת וליום טוב

קריאת שמע וברכותיה

El שליח ציבור *recita lo siguiente, inclinándose al pronunciar la palabra* בָּרְכוּ *y volviendo a enderezarse al pronunciar* ה׳*. El* קהל *responde inclinándose al escuchar* בָּרוּךְ *seguida por el* שליח ציבור *y volviendo a enderezarse en* ה׳*.*

ש״ץ: **בָּרְכוּ**

אֶת יהוה הַמְבֹרָךְ.

קהל: **בָּרוּךְ יהוה הַמְבֹרָךְ לְעוֹלָם וָעֶד.**

ש״ץ: **בָּרוּךְ יהוה הַמְבֹרָךְ לְעוֹלָם וָעֶד.**

בָּרוּךְ אַתָּה יהוה אֱלֹהֵינוּ מֶלֶךְ הָעוֹלָם
אֲשֶׁר בִּדְבָרוֹ מַעֲרִיב עֲרָבִים
בְּחָכְמָה פּוֹתֵחַ שְׁעָרִים
וּבִתְבוּנָה מְשַׁנֶּה עִתִּים וּמַחֲלִיף אֶת הַזְּמַנִּים
וּמְסַדֵּר אֶת הַכּוֹכָבִים בְּמִשְׁמְרוֹתֵיהֶם בָּרָקִיעַ כִּרְצוֹנוֹ.
בּוֹרֵא יוֹם וָלָיְלָה, גּוֹלֵל אוֹר מִפְּנֵי חֹשֶׁךְ וְחֹשֶׁךְ מִפְּנֵי אוֹר
וּמַעֲבִיר יוֹם וּמֵבִיא לָיְלָה, וּמַבְדִּיל בֵּין יוֹם וּבֵין לָיְלָה
יהוה צְבָאוֹת שְׁמוֹ.
אֵל חַי וְקַיָּם תָּמִיד, יִמְלֹךְ עָלֵינוּ לְעוֹלָם וָעֶד.
בָּרוּךְ אַתָּה יהוה, הַמַּעֲרִיב עֲרָבִים.

אֲשֶׁר בִּדְבָרוֹ מַעֲרִיב עֲרָבִים *Quien por Su palabra trae los anocheceres:* Las tres creencias centrales del judaísmo son la Creación (que Dios hizo el universso),

אַהֲבַת עוֹלָם Tú has amado a Tu pueblo, la casa de Israel,
con un amor eterno.
Nos has enseñado Torá y preceptos, leyes y ordenanzas.
Por ello Señor, Dios nuestro,
al acostarnos y al levantarnos hablaremos de Tus leyes
y nos regocijaremos por siempre
con las palabras de Tu Torá y Tus preceptos.
▸ Pues ellos son nuestra vida y la extensión de nuestros días
y meditaremos sobre ellos de día y de noche.
Que nunca apartes Tu amor de nosotros.
Bendito eres Tú Señor, que ama a Su pueblo Israel.

El Shemá debe recitarse con gran concentración. Véase leyes 349–353.
En caso de no haber minián se dice:

Dios, ¡Rey fiel!

El siguiente versículo debe ser recitado en voz alta cubriendo los ojos con la mano derecha:

Escucha Israel, el Señor es nuestro Dios, el Señor es Uno. *Deut. 6*

En voz baja: Bendito sea el Nombre de Su glorioso Reino por siempre.

וְאָהַבְתָּ Amarás al Señor tu Dios con todo tu corazón, toda tu alma *Deut. 6*
y todas tus fuerzas. Estas palabras que te ordeno hoy deben estar sobre tu corazón, se las transmitirás a tus hijos hablando sobre ellas, cuando estés en tu hogar y cuando transites por el camino, al acostarte y al levantarte. Y las atarás como señal sobre tu brazo y serán un emblema entre tus ojos. Y las escribirás en los marcos de tus puertas y sobre tus portones.

---

en el cual el pueblo de Israel expresa su agradecimiento por haber recibido la Torá y "preceptos, leyes y ordenanzas". Aquí, la ley se transforma en amor y el amor en ley. Dios nos une a Él enseñándonos cómo actuar de acuerdo con Su voluntad, la cual se transforma en "nuestra vida y la extensión de nuestros días".

שְׁמַע יִשְׂרָאֵל *Escucha Israel: Shemá* no solo significa "escucha" sino también "oye, comprende, internaliza, responde y obedece". Aquí se traduce como

אַהֲבַת עוֹלָם בֵּית יִשְׂרָאֵל עַמְּךָ אָהָבְתָּ
תּוֹרָה וּמִצְוֹת, חֻקִּים וּמִשְׁפָּטִים, אוֹתָנוּ לִמַּדְתָּ
עַל כֵּן יהוה אֱלֹהֵינוּ בְּשָׁכְבֵנוּ וּבְקוּמֵנוּ נָשִׂיחַ בְּחֻקֶּיךָ
וְנִשְׂמַח בְּדִבְרֵי תוֹרָתֶךָ וּבְמִצְוֹתֶיךָ לְעוֹלָם וָעֶד
‹ כִּי הֵם חַיֵּינוּ וְאֹרֶךְ יָמֵינוּ, וּבָהֶם נֶהְגֶּה יוֹמָם וָלָיְלָה.
וְאַהֲבָתְךָ אַל תָּסִיר מִמֶּנּוּ לְעוֹלָמִים.
בָּרוּךְ אַתָּה יהוה, אוֹהֵב עַמּוֹ יִשְׂרָאֵל.

El שמע *debe recitarse con gran concentración. Véase leyes 349–353.*

En caso de no haber מנין *se dice:*

אֵל מֶלֶךְ נֶאֱמָן

El siguiente versículo debe ser recitado en voz alta cubriendo los ojos con la mano derecha:

דברים ו שְׁמַע יִשְׂרָאֵל, יהוה אֱלֹהֵינוּ, יהוה ׀ אֶחָד:

En voz baja בָּרוּךְ שֵׁם כְּבוֹד מַלְכוּתוֹ לְעוֹלָם וָעֶד.

דברים ו וְאָהַבְתָּ אֵת יהוה אֱלֹהֶיךָ, בְּכָל־לְבָבְךָ וּבְכָל־נַפְשְׁךָ וּבְכָל־
מְאֹדֶךָ: וְהָיוּ הַדְּבָרִים הָאֵלֶּה, אֲשֶׁר אָנֹכִי מְצַוְּךָ הַיּוֹם, עַל־לְבָבֶךָ:
וְשִׁנַּנְתָּם לְבָנֶיךָ וְדִבַּרְתָּ בָּם, בְּשִׁבְתְּךָ בְּבֵיתֶךָ וּבְלֶכְתְּךָ בַדֶּרֶךְ,
וּבְשָׁכְבְּךָ וּבְקוּמֶךָ: וּקְשַׁרְתָּם לְאוֹת עַל־יָדֶךָ וְהָיוּ לְטֹטָפֹת בֵּין
עֵינֶיךָ: וּכְתַבְתָּם עַל־מְזֻזוֹת בֵּיתֶךָ וּבִשְׁעָרֶיךָ:

Las bendiciones que rodean el recitado del Shemá están conformadas de acuerdo con este patrón. Esta, que es la primera, habla de la Creación – del cielo y la tierra, luz y oscuridad, día y noche. La siguiente bendición habla de Revelación, de la entrega de la Torá a los hijos de Israel por parte de Dios. La tercera, inmediatamente posterior al recitado del Shemá habla de la Redención ("que redimió a Israel"). El sidur es nuestro tutor en materia de creencias, nos enseña a ver el mundo a través de los ojos de la fe.

אַהֲבַת עוֹלָם *Con un amor eterno:* Nada más elocuentemente rechaza la idea de que el judaísmo es una religión rígida y legalista que este magnífico poema

וְהָיָה Y será que, si realmente escucháis Mis preceptos que os ordeno el día de hoy, amando al Señor vuestro Dios y sirviéndole con todo vuestro corazón y toda vuestra alma, entonces daré lluvia en su tiempo sobre vuestra tierra, tanto la primera como la postrera, y recogerás tus cereales, tu mosto y tu aceite de oliva. Proveeré hierba en tu campo para tus animales, y comerás y te saciarás. Tened cuidado de no permitir que vuestro corazón se desvíe sirviendo a dioses extraños y postrándose ante ellos. Entonces se encenderá la ira del Señor con vosotros y bloqueará los cielos para que no haya lluvias, la tierra no dará su cosecha y os perderéis prontamente de la buena tierra que el Señor os ha dado. Y pondrán estas palabras Mías sobre vuestros corazones, y las atarán sobre vuestros brazos y las tendrán por emblema entre vuestros ojos. Y las enseñarán a vuestros hijos hablando de ellas cuando estés sentado en tu hogar y cuando transites por los caminos, al acostarte y al levantarte. Y las escribirás en los marcos de tus puertas y sobre tus portones, para que se prolonguen vuestros días y los de vuestros hijos sobre la tierra que el Señor prometió entregar a vuestros ancestros para que la habiten, mientras los cielos permanezcan sobre la tierra. *Deut. 11*

וַיֹּאמֶר El Señor habló a Moshé diciéndole: habla a los hijos de Israel y diles que hagan tzitzit en las esquinas de sus vestimentas por todas sus generaciones. Y pondrán en el tzitzit de cada esquina de la vestimenta un hilo celeste. Y será para vosotros por tzitzit y lo veréis y recordaréis así todos los preceptos del Señor y los cumpliréis, sin desviarse tras vuestros corazones y vuestros ojos, en *Núm. 15*

Los vocablos mundanos empleados para denotar comprensión están sumamente influidos por el lenguaje vinculado a la vista. Nosotros hablamos de "previsión", "visión", "observación", "perspectiva" y cuando comprendemos algo decimos "lo veo". El judaísmo postula un Dios invisible y trascendente, es una cultura del oído y no del ojo. Los patriarcas y los profetas no veían a Dios, lo escuchaban. A los efectos de enfatizar la naturaleza no visible de la fe judía, acostumbramos cubrir nuestros ojos al recitar estas palabras.

דברים יא וְהָיָה אִם־שָׁמֹעַ תִּשְׁמְעוּ אֶל־מִצְוֺתַי אֲשֶׁר אָנֹכִי מְצַוֶּה אֶתְכֶם
הַיּוֹם, לְאַהֲבָה אֶת־יְהוָה אֱלֹהֵיכֶם וּלְעָבְדוֹ, בְּכָל־לְבַבְכֶם וּבְכָל־
נַפְשְׁכֶם: וְנָתַתִּי מְטַר־אַרְצְכֶם בְּעִתּוֹ, יוֹרֶה וּמַלְקוֹשׁ, וְאָסַפְתָּ
דְגָנֶךָ וְתִירֹשְׁךָ וְיִצְהָרֶךָ: וְנָתַתִּי עֵשֶׂב בְּשָׂדְךָ לִבְהֶמְתֶּךָ, וְאָכַלְתָּ
וְשָׂבָעְתָּ: הִשָּׁמְרוּ לָכֶם פֶּן־יִפְתֶּה לְבַבְכֶם, וְסַרְתֶּם וַעֲבַדְתֶּם
אֱלֹהִים אֲחֵרִים וְהִשְׁתַּחֲוִיתֶם לָהֶם: וְחָרָה אַף־יְהוָה בָּכֶם, וְעָצַר
אֶת־הַשָּׁמַיִם וְלֹא־יִהְיֶה מָטָר, וְהָאֲדָמָה לֹא תִתֵּן אֶת־יְבוּלָהּ,
וַאֲבַדְתֶּם מְהֵרָה מֵעַל הָאָרֶץ הַטֹּבָה אֲשֶׁר יְהוָה נֹתֵן לָכֶם:
וְשַׂמְתֶּם אֶת־דְּבָרַי אֵלֶּה עַל־לְבַבְכֶם וְעַל־נַפְשְׁכֶם, וּקְשַׁרְתֶּם
אֹתָם לְאוֹת עַל־יֶדְכֶם, וְהָיוּ לְטוֹטָפֹת בֵּין עֵינֵיכֶם: וְלִמַּדְתֶּם
אֹתָם אֶת־בְּנֵיכֶם לְדַבֵּר בָּם, בְּשִׁבְתְּךָ בְּבֵיתֶךָ וּבְלֶכְתְּךָ בַדֶּרֶךְ,
וּבְשָׁכְבְּךָ וּבְקוּמֶךָ: וּכְתַבְתָּם עַל־מְזוּזוֹת בֵּיתֶךָ וּבִשְׁעָרֶיךָ: לְמַעַן
יִרְבּוּ יְמֵיכֶם וִימֵי בְנֵיכֶם עַל הָאֲדָמָה אֲשֶׁר נִשְׁבַּע יְהוָה לַאֲבֹתֵיכֶם
לָתֵת לָהֶם, כִּימֵי הַשָּׁמַיִם עַל־הָאָרֶץ:

במדבר טו וַיֹּאמֶר יְהוָה אֶל־מֹשֶׁה לֵּאמֹר: דַּבֵּר אֶל־בְּנֵי יִשְׂרָאֵל וְאָמַרְתָּ
אֲלֵהֶם, וְעָשׂוּ לָהֶם צִיצִת עַל־כַּנְפֵי בִגְדֵיהֶם לְדֹרֹתָם, וְנָתְנוּ
עַל־צִיצִת הַכָּנָף פְּתִיל תְּכֵלֶת: וְהָיָה לָכֶם לְצִיצִת, וּרְאִיתֶם אֹתוֹ
וּזְכַרְתֶּם אֶת־כָּל־מִצְוֺת יְהוָה וַעֲשִׂיתֶם אֹתָם, וְלֹא תָתוּרוּ אַחֲרֵי
לְבַבְכֶם וְאַחֲרֵי עֵינֵיכֶם, אֲשֶׁר־אַתֶּם זֹנִים אַחֲרֵיהֶם: לְמַעַן תִּזְכְּרוּ

"escucha" por cuanto que la escucha es activa mientras que oír es pasivo. Esta es la más famosa plegaria judía y es un llamado a la acción por parte de la mente, la emoción y la voluntad. Nos invita a reflexionar, esforzarnos en entender y afirmar la unicidad de Dios. Dios habla todavía en una "suave y tenue voz" (1 Reyes 19:12) y servirle es escucharle con la totalidad de nuestro ser.

virtud de los cuales os corrompéis. A fin de que recordéis todos Mis preceptos y seáis santos para vuestro Dios, Yo Soy el SEÑOR vuestro Dios, quien os sacó de la tierra de Egipto para ser vuestro Dios, Yo Soy el SEÑOR vuestro Dios.

Verdadero

El oficiante repite:

▸ El SEÑOR vuestro Dios es verdadero –

וֶאֱמוּנָה – y fidedigno y firmemente establecido es todo esto
para nosotros pues Él es el SEÑOR nuestro Dios
y no hay otro fuera de Él,
y nosotros somos Su pueblo Israel.
Él nos rescata de las manos de reyes,
Él es nuestro Rey y nos redime de todos los opresores.
Él da su merecido a quienes nos acosan
y a todos nuestros enemigos mortales.
Él hace grandes acciones
más allá de todo entendimiento y maravillas incontables.
Él nos mantiene con vida *Sal. 66*
y no permite que nuestros pies resbalen.
Él nos guía
sobre los sitios encumbrados de nuestros enemigos
elevando nuestro prestigio
por sobre todos aquellos que nos odian.
Él es quien hace para nosotros milagros
y se venga del Faraón,
lleva a cabo señales y maravillas
en la tierra de los hijos de Jam.
Quien hirió en Su ira a todos los primogénitos egipcios
y sacó de entre estos a Su pueblo Israel a la libertad eterna.
Él es quien condujo a Sus hijos
por el Mar de los Juncos dividido
y hundió en sus profundidades
a quienes los perseguían y odiaban.

וַעֲשִׂיתֶם אֶת־כָּל־מִצְוֺתָי, וִהְיִיתֶם קְדֹשִׁים לֵאלֹהֵיכֶם: אֲנִי יְהוָה אֱלֹהֵיכֶם, אֲשֶׁר הוֹצֵאתִי אֶתְכֶם מֵאֶרֶץ מִצְרַיִם, לִהְיוֹת לָכֶם לֵאלֹהִים, אֲנִי יְהוָה אֱלֹהֵיכֶם:

אֱמֶת

El שליח ציבור *repite:*

‹ יהוה אֱלֹהֵיכֶם אֱמֶת

וֶאֱמוּנָה כָּל זֹאת וְקַיָּם עָלֵינוּ
כִּי הוּא יהוה אֱלֹהֵינוּ וְאֵין זוּלָתוֹ
וַאֲנַחְנוּ יִשְׂרָאֵל עַמּוֹ.
הַפּוֹדֵנוּ מִיַּד מְלָכִים
מַלְכֵּנוּ הַגּוֹאֲלֵנוּ מִכַּף כָּל הֶעָרִיצִים.
הָאֵל הַנִּפְרָע לָנוּ מִצָּרֵינוּ
וְהַמְשַׁלֵּם גְּמוּל לְכָל אוֹיְבֵי נַפְשֵׁנוּ.
הָעוֹשֶׂה גְדוֹלוֹת עַד אֵין חֵקֶר, וְנִפְלָאוֹת עַד אֵין מִסְפָּר
תהלים סו הַשָּׂם נַפְשֵׁנוּ בַּחַיִּים, וְלֹא־נָתַן לַמּוֹט רַגְלֵנוּ:
הַמַּדְרִיכֵנוּ עַל בָּמוֹת אוֹיְבֵינוּ
וַיָּרֶם קַרְנֵנוּ עַל כָּל שׂוֹנְאֵינוּ.
הָעוֹשֶׂה לָּנוּ נִסִּים וּנְקָמָה בְּפַרְעֹה
אוֹתוֹת וּמוֹפְתִים בְּאַדְמַת בְּנֵי חָם.
הַמַּכֶּה בְעֶבְרָתוֹ כָּל בְּכוֹרֵי מִצְרָיִם
וַיּוֹצֵא אֶת עַמּוֹ יִשְׂרָאֵל מִתּוֹכָם לְחֵרוּת עוֹלָם.
הַמַּעֲבִיר בָּנָיו בֵּין גִּזְרֵי יַם סוּף
אֶת רוֹדְפֵיהֶם וְאֶת שׂוֹנְאֵיהֶם בִּתְהוֹמוֹת טִבַּע

Sus hijos al ver Su poder Lo alabaron y loaron Su Nombre.
▸ Y Su reinado aceptaron sobre sí de buena gana.
Moshé y los hijos de Israel
respondieron entonando cánticos con gran alegría
exclamando todos:

מִי־כָמֹכָה "¿Quién es como Tú entre los fuertes SEÑOR? *Éx. 15*
¿Quién como Tú magnificado por la Santidad?
Infinito en alabanzas, hacedor de maravillas".

▸ Tus hijos contemplaron Tu majestad
cuando abriste el mar ante Moshé.
Ellos respondieron: "Ese es mi Dios" y dijeron:

"El SEÑOR reinará por toda la eternidad". *Éx. 15*

▸ Y fue dicho:

"Pues el SEÑOR ha redimido a Ya'akov *Jer. 31*
salvándole de un poder superior al suyo".

Bendito eres Tú SEÑOR, que redimió a Israel.

הַשְׁכִּיבֵנוּ Ayúdanos SEÑOR, Dios nuestro, a irnos a dormir en paz
y levantarnos Rey nuestro para la vida.
Extiende sobre nosotros Tu Sucá de paz,
guíanos con Tu buen consejo y sálvanos en pos de Tu Nombre.
Defiéndenos y retira de encima nuestro
todo enemigo, peste, espada, hambruna y dolor.
Aparta a nuestro adversario de ante nosotros y detrás nuestro,
acógenos bajo la sombra de Tus alas
pues Tú eres el Dios que nos cuida y protege
por ser un Dios clemente y compasivo.
▸ Y guarda nuestras salidas y nuestras entradas
para la vida y para la paz ahora y siempre.
Y extiende sobre nosotros la sucá de Tu paz.
Bendito eres Tú SEÑOR, que extiende una sucá de paz
sobre nosotros y sobre todo el pueblo de Israel y sobre Jerusalém.

וְרָאוּ בָנָיו גְּבוּרָתוֹ, שִׁבְּחוּ וְהוֹדוּ לִשְׁמוֹ

‹ וּמַלְכוּתוֹ בְּרָצוֹן קִבְּלוּ עֲלֵיהֶם.

מֹשֶׁה וּבְנֵי יִשְׂרָאֵל, לְךָ עָנוּ שִׁירָה בְּשִׂמְחָה רַבָּה

וְאָמְרוּ כֻלָּם

מִי־כָמֹכָה בָּאֵלִם יהוה שמות טו

מִי כָּמֹכָה נֶאְדָּר בַּקֹּדֶשׁ

נוֹרָא תְהִלֹּת עֹשֵׂה פֶלֶא:

‹ מַלְכוּתְךָ רָאוּ בָנֶיךָ, בּוֹקֵעַ יָם לִפְנֵי מֹשֶׁה

זֶה אֵלִי עָנוּ, וְאָמְרוּ

יהוה יִמְלֹךְ לְעֹלָם וָעֶד: שמות טו

‹ וְנֶאֱמַר

כִּי־פָדָה יהוה אֶת־יַעֲקֹב, וּגְאָלוֹ מִיַּד חָזָק מִמֶּנּוּ: ירמיהו לא

בָּרוּךְ אַתָּה יהוה, גָּאַל יִשְׂרָאֵל.

הַשְׁכִּיבֵנוּ יהוה אֱלֹהֵינוּ לְשָׁלוֹם, וְהַעֲמִידֵנוּ מַלְכֵּנוּ לְחַיִּים

וּפְרֹשׂ עָלֵינוּ סֻכַּת שְׁלוֹמֶךָ, וְתַקְּנֵנוּ בְּעֵצָה טוֹבָה מִלְּפָנֶיךָ

וְהוֹשִׁיעֵנוּ לְמַעַן שְׁמֶךָ.

וְהָגֵן בַּעֲדֵנוּ, וְהָסֵר מֵעָלֵינוּ אוֹיֵב, דֶּבֶר וְחֶרֶב וְרָעָב וְיָגוֹן

וְהָסֵר שָׂטָן מִלְּפָנֵינוּ וּמֵאַחֲרֵינוּ, וּבְצֵל כְּנָפֶיךָ תַּסְתִּירֵנוּ

כִּי אֵל שׁוֹמְרֵנוּ וּמַצִּילֵנוּ אָתָּה

כִּי אֵל מֶלֶךְ חַנּוּן וְרַחוּם אָתָּה.

‹ וּשְׁמֹר צֵאתֵנוּ וּבוֹאֵנוּ לְחַיִּים וּלְשָׁלוֹם מֵעַתָּה וְעַד עוֹלָם.

וּפְרֹשׂ עָלֵינוּ סֻכַּת שְׁלוֹמֶךָ.

בָּרוּךְ אַתָּה יהוה

הַפּוֹרֵשׂ סֻכַּת שָׁלוֹם עָלֵינוּ וְעַל כָּל עַמּוֹ יִשְׂרָאֵל וְעַל יְרוּשָׁלָיִם.

En Shabat, la congregación se pone de pie y recita junto al oficiante:

וְשָׁמְרוּ Habrán de guardar los hijos de Israel el Shabat, *Éx. 31*
para observar el Shabat por sus generaciones,
por Pacto eterno.
Entre Mí y los hijos de Israel es un signo para la eternidad.
Ya que en seis días el Señor hizo los cielos y la tierra,
mas en el día séptimo cesó de toda labor y reposó.

En Yom Tov de las tres fiestas de peregrinación se dice:

וַיְדַבֵּר Y Moshé proclamó las festividades del Señor *Lev. 23*
a los hijos de Israel.

MEDIO KADISH

Oficiante: יִתְגַּדַּל Que Su Gran Nombre
sea magnificado y santificado,
en el mundo que creó conforme a Su voluntad.
Que establezca Su reino
durante vuestra vida y en vuestros días
y en la vida de toda la casa de Israel,
pronto y rápidamente
y decid: Amén.

Todos: Que Su Gran Nombre sea bendito
por siempre y por toda la eternidad.

Oficiante: Sea bendecido, alabado, glorificado
y exaltado, encumbrado
y magnificado, enaltecido y ensalzado
el Nombre del Santo Bendito Él;
más allá de cualquier bendición,
cántico, alabanza y consolación
pronunciados en el mundo
y decid: Amén.

En שבת*, el* קהל *se pone de pie y recita junto al* שליח ציבור*:*

וְשָׁמְרוּ בְנֵי־יִשְׂרָאֵל אֶת־הַשַּׁבָּת שמות לא
לַעֲשׂוֹת אֶת־הַשַּׁבָּת לְדֹרֹתָם בְּרִית עוֹלָם:
בֵּינִי וּבֵין בְּנֵי יִשְׂרָאֵל, אוֹת הִוא לְעֹלָם
כִּי־שֵׁשֶׁת יָמִים עָשָׂה יהוה אֶת־הַשָּׁמַיִם וְאֶת־הָאָרֶץ
וּבַיּוֹם הַשְּׁבִיעִי שָׁבַת וַיִּנָּפַשׁ:

En יום טוב *de* שלוש רגלים *se dice:*

וַיְדַבֵּר מֹשֶׁה אֶת־מֹעֲדֵי יהוה אֶל־בְּנֵי יִשְׂרָאֵל: ויקרא כג

חצי קדיש

ש״ץ: יִתְגַּדַּל וְיִתְקַדַּשׁ שְׁמֵהּ רַבָּא (קהל: אָמֵן)
בְּעָלְמָא דִּי בְרָא כִרְעוּתֵהּ
וְיַמְלִיךְ מַלְכוּתֵהּ
בְּחַיֵּיכוֹן וּבְיוֹמֵיכוֹן וּבְחַיֵּי דְכָל בֵּית יִשְׂרָאֵל
בַּעֲגָלָא וּבִזְמַן קָרִיב
וְאִמְרוּ אָמֵן. (קהל: אָמֵן)

קהל וש״ץ: יְהֵא שְׁמֵהּ רַבָּא מְבָרַךְ לְעָלַם וּלְעָלְמֵי עָלְמַיָּא.

ש״ץ: יִתְבָּרַךְ וְיִשְׁתַּבַּח וְיִתְפָּאַר וְיִתְרוֹמַם וְיִתְנַשֵּׂא
וְיִתְהַדָּר וְיִתְעַלֶּה וְיִתְהַלָּל
שְׁמֵהּ דְּקֻדְשָׁא בְּרִיךְ הוּא (קהל: בְּרִיךְ הוּא)
לְעֵלָּא מִן כָּל בִּרְכָתָא
/בשבת שובה: לְעֵלָּא לְעֵלָּא מִכָּל בִּרְכָתָא/
וְשִׁירָתָא, תֻּשְׁבְּחָתָא וְנֶחֱמָתָא, דַּאֲמִירָן בְּעָלְמָא
וְאִמְרוּ אָמֵן. (קהל: אָמֵן)

En Yom Tov (incluidos aquellos que caen en Shabat)
se debe recitar la Amidá correspondiente en la página 798.

LA AMIDÁ

El siguiente rezo hasta "años pretéritos" en la página 376 lo recitamos parados con los pies juntos. Se dan tres pasos hacia adelante y en los sitios marcados con ▾ se debe flexionar las rodillas en la primera palabra, inclinarse en la segunda y erguirse nuevamente de inmediato antes de pronunciar el Nombre de Dios.

SEÑOR, abre mis labios para que mi boca pronuncie Tu alabanza. *Sal. 51*

PATRIARCAS

▾בָּרוּךְ Bendito eres Tú SEÑOR,
Dios nuestro y de nuestros ancestros,
Dios de Abraham, Dios de Ytzjak y Dios de Ya'akov,
Dios grande, poderoso y maravilloso, Señor supremo,
que prodiga generosamente
y es El Creador de todo lo existente,
Quien recuerda la gracia de los ancestros
y traerá al Redentor para los hijos de sus hijos
en aras de Su Nombre con amor.

En Shabat Shuvá: Recuérdanos para la vida, Rey que anhela la vida
e inscríbenos en el libro de la vida por Ti, oh Dios de vida.

Rey que ayuda, redime y protege.
▾Bendito eres Tú SEÑOR, Escudo de Abraham.

---

la tarde anhelamos el futuro Shabat de la Redención. Por ello, en la noche, reflexionamos sobre el nacimiento del tiempo; en la mañana sobre el tiempo histórico, del recordado pasado y el actual presente; y por la tarde sobre la culminación del tiempo y sobre el Mundo Venidero del cual el Shabat es una degustación previa. El Shabat se transforma así en un viaje por las tres fases de la fe: la creación Divina del universo, Su revelación ante la humanidad y Sus actos redentorios, los cuales nos convocan colectivamente a construir un mundo en paz consigo mismo en virtud de hallarse en paz con Dios.

Otra interpretación ve en las tres etapas del Shabat las tres partes de una ceremonia nupcial: primeramente el compromiso, *kidushín*; luego el matrimonio propiamente simbolizado por la alegría y luego el *ijud* que es el ingreso del novio y la novia a una misma habitación (Abudarham). Esta idea está

En יום טוב *(incluidos aquellos que caen en* שבת*)*
se debe recitar la עמידה *correspondiente en la página 799.*

עמידה

El siguiente rezo hasta קַדְמֹנִיּוֹת *en la página 377 lo recitamos parados con los pies juntos. Se dan tres pasos hacia adelante y en los sitios marcados con* ˅ *se debe flexionar las rodillas en la primera palabra, inclinarse en la segunda y erguirse nuevamente de inmediato antes de pronunciar el Nombre de Dios.*

אֲדֹנָי, שְׂפָתַי תִּפְתָּח, וּפִי יַגִּיד תְּהִלָּתֶךָ: תהלים נא

אבות

˅בָּרוּךְ אַתָּה יהוה, אֱלֹהֵינוּ וֵאלֹהֵי אֲבוֹתֵינוּ
אֱלֹהֵי אַבְרָהָם, אֱלֹהֵי יִצְחָק, וֵאלֹהֵי יַעֲקֹב
הָאֵל הַגָּדוֹל הַגִּבּוֹר וְהַנּוֹרָא, אֵל עֶלְיוֹן
גּוֹמֵל חֲסָדִים טוֹבִים, וְקוֹנֵה הַכֹּל
וְזוֹכֵר חַסְדֵי אָבוֹת
וּמֵבִיא גוֹאֵל לִבְנֵי בְנֵיהֶם לְמַעַן שְׁמוֹ בְּאַהֲבָה.

בשבת שובה: זָכְרֵנוּ לְחַיִּים, מֶלֶךְ חָפֵץ בַּחַיִּים
וְכָתְבֵנוּ בְּסֵפֶר הַחַיִּים, לְמַעַנְךָ אֱלֹהִים חַיִּים.

מֶלֶךְ עוֹזֵר וּמוֹשִׁיעַ וּמָגֵן.
˅בָּרוּךְ אַתָּה יהוה, מָגֵן אַבְרָהָם.

AMIDÁ DEL VIERNES A LA NOCHE

En Shabat y en Yom Tov, la "Amidá", esto es, la plegaria que se recita de pie, no contiene diecinueve bendiciones sino siete (Musaf de Rosh HaShaná contiene nueve). Las primeras tres y las últimas tres, con variantes menores, son las mismas a lo largo de todo el año. La séptima bendición (la central) está dedicada a la santidad especial del día. Solamente en Shabat esta bendición es diferente en cada uno de los tres rezos, el vespertino, el matutino y el de la tarde (el rezo de Musaf entra en una categoría aparte). La calidad del tiempo en Shabat es diferente de la de otros días: se asemeja a una sinfonía que posee diferentes movimientos.

El viernes por la noche, hablamos del Shabat de la Creación, por la mañana del Shabat de la Revelación, tal como fue ordenado en el Monte Sinaí, y por

PODER DE DIOS

אַתָּה גִּבּוֹר SEÑOR, Tú eres eternamente poderoso,
Tú revives a los muertos y tienes gran poder de salvación.

La frase "Hace soplar el viento y descender la lluvia" se agrega desde Simjat Torá hasta Pesaj. En Israel, la frase "Hace descender el rocío" se agrega desde Pesaj hasta Sheminí Atzeret. Ver leyes 129–131.

En otoño e invierno de Israel: Hace soplar el viento y descender la lluvia.
En primavera y verano de Israel: Hace descender el rocío.

Sostiene con benevolencia a todos los seres vivos,
revive a los muertos con gran misericordia,
da soporte a quienes se caen, cura a los enfermos,
libera a los prisioneros
y cumple Su promesa con quienes yacen ya en la tierra.
¿Quién es como Tú Todopoderoso? ¿Quién se Te puede asemejar?
Rey que quita la vida y la restaura y hace brotar la Redención.

En Shabat Shuvá: ¿Quién como Tú Padre misericordioso,
que recuerdas a Tus creaturas con piedad para la vida?

Eres fiel en revivir a los muertos.
Bendito eres Tú SEÑOR, que revive a los muertos.

SANTIDAD

אַתָּה קָדוֹשׁ Tú eres santo y Tu Nombre es santo,
y los santos Te alaban a diario, ¡Sela!
Bendito eres Tú SEÑOR,
el Dios santo. / *En Shabat Shuvá:* el Rey santo./
(*En caso de olvido se repite la Amidá*).

LA SANTIDAD DEL DÍA

אַתָּה קִדַּשְׁתָּ Tú consagraste el séptimo día en pos de Tu Nombre,
como culminación de la Creación de los cielos y la tierra.
Y lo bendijiste de entre todos los días,
y lo santificaste de entre todos los tiempos,
y así es como está escrito en Tu Torá:

---

del viernes por la noche habla de la Creación: "Tú consagraste el séptimo día en aras de Tu Nombre, como culminación de la Creación de los cielos y la

גבורות

אַתָּה גִּבּוֹר לְעוֹלָם, אֲדֹנָי

מְחַיֵּה מֵתִים אַתָּה, רַב לְהוֹשִׁיעַ

La frase מַשִּׁיב הָרוּחַ *se agrega desde* שמחת תורה *hasta* פסח.
En ארץ ישראל, *la frase* מוֹרִיד הַטָּל *se agrega desde* פסח *hasta* שמיני עצרת. *Ver leyes 129–131.*

בחורף: מַשִּׁיב הָרוּחַ וּמוֹרִיד הַגֶּשֶׁם / בארץ ישראל בקיץ: מוֹרִיד הַטָּל

מְכַלְכֵּל חַיִּים בְּחֶסֶד, מְחַיֵּה מֵתִים בְּרַחֲמִים רַבִּים

סוֹמֵךְ נוֹפְלִים, וְרוֹפֵא חוֹלִים, וּמַתִּיר אֲסוּרִים

וּמְקַיֵּם אֱמוּנָתוֹ לִישֵׁנֵי עָפָר.

מִי כָמוֹךָ, בַּעַל גְּבוּרוֹת, וּמִי דּוֹמֶה לָּךְ

מֶלֶךְ, מֵמִית וּמְחַיֶּה וּמַצְמִיחַ יְשׁוּעָה.

בשבת שובה: מִי כָמוֹךָ אַב הָרַחֲמִים, זוֹכֵר יְצוּרָיו לְחַיִּים בְּרַחֲמִים.

וְנֶאֱמָן אַתָּה לְהַחֲיוֹת מֵתִים.

בָּרוּךְ אַתָּה יהוה, מְחַיֵּה הַמֵּתִים.

קדושת השם

אַתָּה קָדוֹשׁ וְשִׁמְךָ קָדוֹשׁ, וּקְדוֹשִׁים בְּכָל יוֹם יְהַלְלוּךָ סֶּלָה.

בָּרוּךְ אַתָּה יהוה, הָאֵל הַקָּדוֹשׁ. / בשבת שובה: הַמֶּלֶךְ הַקָּדוֹשׁ./

(*En caso de olvido se repite la* עמידה.)

קדושת היום

אַתָּה קִדַּשְׁתָּ אֶת יוֹם הַשְּׁבִיעִי לִשְׁמֶךָ

תַּכְלִית מַעֲשֵׂה שָׁמַיִם וָאָרֶץ

וּבֵרַכְתּוֹ מִכָּל הַיָּמִים, וְקִדַּשְׁתּוֹ מִכָּל הַזְּמַנִּים

וְכֵן כָּתוּב בְּתוֹרָתֶךָ

---

reflejada en el lenguaje de la Amidá y concuerda con la comprensión mística del Shabat como la novia y el día mismo del enlace de tierra y cielo.

אַתָּה קִדַּשְׁתָּ *Tú consagraste:* Tal como señalamos anteriormente, la bendición

וַיְכֻלּוּ Y quedaron concluidos los cielos y la tierra Gén. 2
y todo lo que contienen.
Habiendo concluido Dios en el día séptimo
Su obra que Él había hecho,
cesó en el día séptimo de toda Su Creación que Él había hecho.
Y bendijo Dios al día séptimo y lo consagró,
ya que en él cesó de toda Su obra,
que Dios había creado para hacer.

אֱלֹהֵינוּ Dios nuestro y de nuestros ancestros,
complácete en nuestro descanso.
Santifícanos con Tus preceptos y danos nuestra porción en Tu Torá.
Sácianos de Tu bondad y regocíjanos con Tu salvación
y purifica nuestros corazones para que Te sirvamos con verdad.
Léganos Señor, nuestro Dios,
con amor y favor Tu sagrado Shabat,
tal que reposen en él los hijos de Israel que santifican Tu Nombre.
Bendito eres Tú Señor, que santifica el Shabat.

EL SERVICIO DEL TEMPLO

רְצֵה Acepta con benevolencia Señor, nuestro Dios,
a Tu pueblo Israel y sus plegarias.
Restaura el servicio en Tu más sagrada casa
y acepta favorable y amorosamente
las ofrendas ígneas de Israel y sus rezos.
Que siempre recibas con agrado el servicio de Tu pueblo Israel.

---

mero inicio el número siete predomina, como para señalar desde el principio que el séptimo día es la culminación y el propósito de la creación: "Final en la creación aunque primera en la concepción".

וַיְקַדֵּשׁ אֹתוֹ *Y lo consagró:* Esta es la primera vez que un vocablo relativo a la palabra "sagrado" aparece en la Torá, indicando que el tiempo y no solamente el espacio es sagrado. Los sabios señalaron similitudes entre el Shabat y el Santuario (Tabernáculo) construido por los israelitas en el desierto. Las treinta y nueve categorías de labor realzadas en el edifico del Santuario son las mismas que están prohibidas en Shabat. Así, el Shabat es un "Santuario

בראשית ב

וַיְכֻלּוּ הַשָּׁמַיִם וְהָאָרֶץ וְכָל־צְבָאָם:
וַיְכַל אֱלֹהִים בַּיּוֹם הַשְּׁבִיעִי מְלַאכְתּוֹ אֲשֶׁר עָשָׂה
וַיִּשְׁבֹּת בַּיּוֹם הַשְּׁבִיעִי מִכָּל־מְלַאכְתּוֹ אֲשֶׁר עָשָׂה:
וַיְבָרֶךְ אֱלֹהִים אֶת־יוֹם הַשְּׁבִיעִי, וַיְקַדֵּשׁ אֹתוֹ
כִּי בוֹ שָׁבַת מִכָּל־מְלַאכְתּוֹ, אֲשֶׁר־בָּרָא אֱלֹהִים לַעֲשׂוֹת:

אֱלֹהֵינוּ וֵאלֹהֵי אֲבוֹתֵינוּ, רְצֵה בִמְנוּחָתֵנוּ.
קַדְּשֵׁנוּ בְּמִצְוֹתֶיךָ, וְתֵן חֶלְקֵנוּ בְּתוֹרָתֶךָ
שַׂבְּעֵנוּ מִטּוּבֶךָ, וְשַׂמְּחֵנוּ בִּישׁוּעָתֶךָ
וְטַהֵר לִבֵּנוּ לְעָבְדְּךָ בֶּאֱמֶת.
וְהַנְחִילֵנוּ, יהוה אֱלֹהֵינוּ, בְּאַהֲבָה וּבְרָצוֹן שַׁבַּת קָדְשֶׁךָ
וְיָנוּחוּ בָהּ יִשְׂרָאֵל מְקַדְּשֵׁי שְׁמֶךָ.
בָּרוּךְ אַתָּה יהוה, מְקַדֵּשׁ הַשַּׁבָּת.

עבודה

רְצֵה יהוה אֱלֹהֵינוּ בְּעַמְּךָ יִשְׂרָאֵל, וּבִתְפִלָּתָם
וְהָשֵׁב אֶת הָעֲבוֹדָה לִדְבִיר בֵּיתֶךָ
וְאִשֵּׁי יִשְׂרָאֵל וּתְפִלָּתָם בְּאַהֲבָה תְקַבֵּל בְּרָצוֹן
וּתְהִי לְרָצוֹן תָּמִיד עֲבוֹדַת יִשְׂרָאֵל עַמֶּךָ.

---

tierra". Esto se refiere a los inicios del tiempo: el séptimo día de la Creación en el cual Dios descansó y el universo era joven. Aquí se usa el vocablo "consagró", palabra clave en la ceremonia del compromiso y la declaración que se realiza bajo el palio nupcial.

וַיְכֻלּוּ הַשָּׁמַיִם וְהָאָרֶץ *Y quedaron concluidos los cielos y la tierra:* Estos tres versículos concluyen el relato bíblico de la Creación. Contienen 35 palabras (5 × 7). Todo el narrativo de la Creación (Génesis 1:1–2:3) está construido sobre múltiplos de siete. La palabra "bueno" aparece siete veces, la palabra Dios treinta y cinco y la palabra "tierra" veintiún veces. El versículo inicial contiene siete palabras, el segundo catorce y el texto en su totalidad 469 (7 × 67). Desde el

En Rosh Jodesh y en Jol HaMo'ed se dice:

אֱלֹהֵינוּ Dios nuestro y de nuestros ancestros, que ascienda, acuda y llegue; sea visible, sea aceptada, sea escuchada, sea considerada y sea recordada delante de Ti nuestra memoria y la de nuestros patriarcas, y la del Mashíaj hijo de David Tu siervo, y la memoria de Jerusalém Tu ciudad sagrada y la de todo Tu pueblo de Israel – para liberación y bienestar, gracia, benevolencia y compasión, vida y paz en este día de:

En Rosh Jodesh: Rosh Jodesh
En Pesaj: Fiesta de las Matzot
En Sucot: Fiesta de Sucot

Recuérdanos Señor, nuestro Dios para bien, tennos presentes para bendición y redímenos para la vida. Apiádate de nosotros y agrácianos, ten compasión de nosotros y redímenos de acuerdo con Tu promesa de salvación; pues nuestros ojos están puestos en Ti ya que Tú Dios, eres un Rey benevolente y compasivo.

וְתֶחֱזֶינָה Que nuestros ojos contemplen
Tu retorno a Sion con compasión.
Bendito eres Tú Señor, que restaura Su presencia en Sion.

AGRADECIMIENTO

Inclinarse al recitar las primeras seis palabras.

מוֹדִים Te agradecemos a Ti,
pues eres el Señor, Dios nuestro
y de nuestros ancestros por siempre.
Eres nuestra Roca y la de nuestra existencia,
Escudo de nuestra salvación de generación en generación.
Te agradeceremos, y relataremos Tu alabanza
por nuestras vidas que están depositadas en Tus manos,
por nuestras almas que están a Tu cargo,
por Tus milagros para con nosotros a diario,
y las bondades y maravillas
que nos prodigas en todo momento, noche, mañana y tarde.
El benevolente, pues Tu compasión nunca concluye,
Tú eres compasivo, pues no cesan Tus bondades.
Siempre hemos depositado nuestra esperanza en Ti.

En חול המועד *y en* ראש חודש *se dice:*

אֱלֹהֵינוּ וֵאלֹהֵי אֲבוֹתֵינוּ, יַעֲלֶה וְיָבוֹא וְיַגִּיעַ, וְיֵרָאֶה וְיֵרָצֶה וְיִשָּׁמַע, וְיִפָּקֵד וְיִזָּכֵר זִכְרוֹנֵנוּ וּפִקְדוֹנֵנוּ וְזִכְרוֹן אֲבוֹתֵינוּ, וְזִכְרוֹן מָשִׁיחַ בֶּן דָּוִד עַבְדֶּךָ, וְזִכְרוֹן יְרוּשָׁלַיִם עִיר קָדְשֶׁךָ, וְזִכְרוֹן כָּל עַמְּךָ בֵּית יִשְׂרָאֵל, לְפָנֶיךָ, לִפְלֵיטָה לְטוֹבָה, לְחֵן וּלְחֶסֶד וּלְרַחֲמִים, לְחַיִּים וּלְשָׁלוֹם בְּיוֹם

בראש חודש: רֹאשׁ הַחֹדֶשׁ / בפסח: חַג הַמַּצּוֹת / בסוכות: חַג הַסֻּכּוֹת

הַזֶּה. זָכְרֵנוּ יהוה אֱלֹהֵינוּ בּוֹ לְטוֹבָה, וּפָקְדֵנוּ בוֹ לִבְרָכָה, וְהוֹשִׁיעֵנוּ בוֹ לְחַיִּים. וּבִדְבַר יְשׁוּעָה וְרַחֲמִים, חוּס וְחָנֵּנוּ וְרַחֵם עָלֵינוּ וְהוֹשִׁיעֵנוּ, כִּי אֵלֶיךָ עֵינֵינוּ, כִּי אֵל מֶלֶךְ חַנּוּן וְרַחוּם אָתָּה.

וְתֶחֱזֶינָה עֵינֵינוּ בְּשׁוּבְךָ לְצִיּוֹן בְּרַחֲמִים.
בָּרוּךְ אַתָּה יהוה, הַמַּחֲזִיר שְׁכִינָתוֹ לְצִיּוֹן.

הודאה

Inclinarse al recitar las primeras cinco palabras.

מוֹדִים אֲנַחְנוּ לָךְ
שָׁאַתָּה הוּא יהוה אֱלֹהֵינוּ וֵאלֹהֵי אֲבוֹתֵינוּ לְעוֹלָם וָעֶד.
צוּר חַיֵּינוּ, מָגֵן יִשְׁעֵנוּ, אַתָּה הוּא לְדוֹר וָדוֹר.
נוֹדֶה לְּךָ וּנְסַפֵּר תְּהִלָּתֶךָ
עַל חַיֵּינוּ הַמְּסוּרִים בְּיָדֶךָ, וְעַל נִשְׁמוֹתֵינוּ הַפְּקוּדוֹת לָךְ
וְעַל נִסֶּיךָ שֶׁבְּכָל יוֹם עִמָּנוּ, וְעַל נִפְלְאוֹתֶיךָ וְטוֹבוֹתֶיךָ
שֶׁבְּכָל עֵת, עֶרֶב וָבֹקֶר וְצָהֳרָיִם.
הַטּוֹב, כִּי לֹא כָלוּ רַחֲמֶיךָ
וְהַמְרַחֵם, כִּי לֹא תַמּוּ חֲסָדֶיךָ
מֵעוֹלָם קִוִּינוּ לָךְ.

---

en el tiempo" e Israel, el "pueblo eterno", es la nación llamada a santificar el tiempo.

En Janucá:

עַל הַנִּסִּים (Te agradecemos también) por los milagros, la redención, los actos poderosos, las salvaciones y las victorias en las batallas que Tú llevaste a cabo en favor de nuestros ancestros en aquellos días en este tiempo.

בִּימֵי מַתִּתְיָהוּ En los días de Matitiahu hijo de Yojanán, el Sumo Sacerdote, el jasmoneo y sus hijos, el malvado reino griego se levantó contra Tu pueblo Israel para hacerles olvidar Tu Torá y forzarlos a transgredir los estatutos de Tu voluntad. Y Tú, con gran compasión, estuviste junto a ellos en el tiempo de su desgracia, luchaste por su causa, juzgaste su reclamo y vengaste su opresión. Entregaste fuertes en manos de débiles, muchos en manos de pocos, impuros en manos de puros, malvados en manos de justos, arrogantes en manos de estudiosos de Tu Torá. Hiciste para Ti un Nombre Grande y Sagrado en Tu mundo, y a Tu pueblo Israel diste gran redención y salvación en un día como este. Luego, Tus hijos ingresaron a Tu recinto sagrado, limpiaron Tu Templo, purificaron Tu santuario, encendieron velas en Tus cortes y establecieron estos ocho días de Janucá para agradecerte y alabar a Tu gran Nombre.

Continúa con "Por todo esto"

En Shushan Purim en Jerusalém:

עַל הַנִּסִּים (Te agradecemos también) por los milagros, la redención, los actos poderosos, las salvaciones y las victorias en las batallas que Tú llevaste a cabo en favor de nuestros ancestros en aquellos días en este tiempo.

בִּימֵי מָרְדְּכַי En los días de Mordejai y Ester, en la ciudad capital de Shushán,
el malvado Amán se alzó contra Tu pueblo procurando destruir, matar y *Est. 3*
exterminar a todos los judíos, jóvenes y mayores, niños y mujeres en un solo día, el trece del duodécimo mes que es el mes de Adar y saquear sus posesiones. Entonces Tú, con gran compasión desbarataste su plan, arruinaste su proyecto y le retribuiste por su maldad haciéndolo colgar junto a sus hijos de un cadalso.

Continúa con "Por todo esto"

וְעַל כֻּלָּם Por todo esto, Rey nuestro, que Tu Nombre sea bendecido y exaltado por siempre.

En Shabat Shuvá: E inscribe a todos los hijos de Tu pacto para una buena vida.

Que todos los seres vivos Te agradezcan, ¡Sela!,
y alaben Tu Nombre de verdad,
Dios de nuestra redención y nuestro socorro, ¡Sela!
▾Bendito eres Tú Señor,
Tu Nombre es "Bueno" y a Ti corresponde agradecer.

בחנוכה:

עַל הַנִּסִּים וְעַל הַפֻּרְקָן וְעַל הַגְּבוּרוֹת וְעַל הַתְּשׁוּעוֹת וְעַל הַמִּלְחָמוֹת שֶׁעָשִׂיתָ לַאֲבוֹתֵינוּ בַּיָּמִים הָהֵם בַּזְּמַן הַזֶּה.

בִּימֵי מַתִּתְיָהוּ בֶּן יוֹחָנָן כֹּהֵן גָּדוֹל חַשְׁמוֹנַאי וּבָנָיו, כְּשֶׁעָמְדָה מַלְכוּת יָוָן הָרְשָׁעָה עַל עַמְּךָ יִשְׂרָאֵל לְהַשְׁכִּיחָם תּוֹרָתֶךָ וּלְהַעֲבִירָם מֵחֻקֵּי רְצוֹנֶךָ, וְאַתָּה בְּרַחֲמֶיךָ הָרַבִּים עָמַדְתָּ לָהֶם בְּעֵת צָרָתָם, רַבְתָּ אֶת רִיבָם, דַּנְתָּ אֶת דִּינָם, נָקַמְתָּ אֶת נִקְמָתָם, מָסַרְתָּ גִבּוֹרִים בְּיַד חַלָּשִׁים, וְרַבִּים בְּיַד מְעַטִּים, וּטְמֵאִים בְּיַד טְהוֹרִים, וּרְשָׁעִים בְּיַד צַדִּיקִים, וְזֵדִים בְּיַד עוֹסְקֵי תוֹרָתֶךָ, וּלְךָ עָשִׂיתָ שֵׁם גָּדוֹל וְקָדוֹשׁ בְּעוֹלָמֶךָ, וּלְעַמְּךָ יִשְׂרָאֵל עָשִׂיתָ תְּשׁוּעָה גְדוֹלָה וּפֻרְקָן כְּהַיּוֹם הַזֶּה. וְאַחַר כֵּן בָּאוּ בָנֶיךָ לִדְבִיר בֵּיתֶךָ, וּפִנּוּ אֶת הֵיכָלֶךָ, וְטִהֲרוּ אֶת מִקְדָּשֶׁךָ, וְהִדְלִיקוּ נֵרוֹת בְּחַצְרוֹת קָדְשֶׁךָ, וְקָבְעוּ שְׁמוֹנַת יְמֵי חֲנֻכָּה אֵלּוּ, לְהוֹדוֹת וּלְהַלֵּל לְשִׁמְךָ הַגָּדוֹל.

Continúa con וְעַל כֻּלָּם.

בשושן פורים בירושלים:

עַל הַנִּסִּים וְעַל הַפֻּרְקָן וְעַל הַגְּבוּרוֹת וְעַל הַתְּשׁוּעוֹת וְעַל הַמִּלְחָמוֹת שֶׁעָשִׂיתָ לַאֲבוֹתֵינוּ בַּיָּמִים הָהֵם בַּזְּמַן הַזֶּה.

בִּימֵי מָרְדְּכַי וְאֶסְתֵּר בְּשׁוּשַׁן הַבִּירָה, כְּשֶׁעָמַד עֲלֵיהֶם הָמָן הָרָשָׁע, בִּקֵּשׁ לְהַשְׁמִיד לַהֲרֹג וּלְאַבֵּד אֶת־כָּל־הַיְּהוּדִים מִנַּעַר וְעַד־זָקֵן טַף וְנָשִׁים אסתר ג
בְּיוֹם אֶחָד, בִּשְׁלוֹשָׁה עָשָׂר לְחֹדֶשׁ שְׁנֵים־עָשָׂר, הוּא־חֹדֶשׁ אֲדָר, וּשְׁלָלָם לָבוֹז: וְאַתָּה בְּרַחֲמֶיךָ הָרַבִּים הֵפַרְתָּ אֶת עֲצָתוֹ, וְקִלְקַלְתָּ אֶת מַחֲשַׁבְתּוֹ, וַהֲשֵׁבוֹתָ לּוֹ גְּמוּלוֹ בְּרֹאשׁוֹ, וְתָלוּ אוֹתוֹ וְאֶת בָּנָיו עַל הָעֵץ.

Continúa con וְעַל כֻּלָּם.

וְעַל כֻּלָּם יִתְבָּרַךְ וְיִתְרוֹמַם שִׁמְךָ מַלְכֵּנוּ תָּמִיד לְעוֹלָם וָעֶד.

בשבת שובה: וּכְתֹב לְחַיִּים טוֹבִים כָּל בְּנֵי בְרִיתֶךָ.

וְכֹל הַחַיִּים יוֹדוּךָ סֶּלָה, וִיהַלְלוּ אֶת שִׁמְךָ בֶּאֱמֶת
הָאֵל יְשׁוּעָתֵנוּ וְעֶזְרָתֵנוּ סֶלָה.
·בָּרוּךְ אַתָּה יהוה, הַטּוֹב שִׁמְךָ וּלְךָ נָאֶה לְהוֹדוֹת.

PAZ

שָׁלוֹם רָב Confiere una gran paz para siempre a Tu pueblo Israel,
pues Tú eres el Rey soberano de toda paz;
que sea bueno ante Tus ojos bendecir a Tu pueblo Israel
en todo momento y a cada hora con Tu paz.

En Shabat Shuvá: Que seamos recordados e inscritos nosotros
y todo Tu pueblo la casa de Israel en el libro
de la vida, la bendición, la paz y la prosperidad
para una buena vida y para la paz.*

Bendito eres Tú Señor, que bendice a Su pueblo Israel con la paz.

**Fuera de Israel, en Shabat Shuvá algunos acostumbran finalizar esta bendición de la siguiente forma:*
Bendito eres Tú Señor, que hace la paz.

Algunos recitan el siguiente versículo (ver ley 368):

Que las palabras de mi boca y la meditación de mi corazón *Sal. 19*
hallen favor ante Ti
Señor, mi Fortaleza y mi Redentor.

אֱלֹהַי Dios mío, *Berajot 17A*
preserva mi lengua del mal y mis labios de pronunciar engaño.
Que mi alma calle ante quienes me maldicen,
y sea como el polvo para con todos.
Abre mi corazón a Tu Torá
y que mi alma persiga Tus preceptos.
Rápidamente deja sin efecto el consejo
y frustra los planes de quienes conspiran contra mí.

Actúa en pos de Tu Nombre,
actúa en pos de Tu diestra,
actúa en pos de Tu santidad,
actúa en pos de Tu Torá.

Para que Tus amados sean liberados, *Sal. 60*
redime con Tu diestra y respóndeme.
Que las palabras de mi boca y la meditación de mi corazón *Sal. 19*
hallen favor ante Ti Señor, mi Fortaleza y mi Redentor.

ברכת שלום

שָׁלוֹם רָב עַל יִשְׂרָאֵל עַמְּךָ תָּשִׂים לְעוֹלָם
כִּי אַתָּה הוּא מֶלֶךְ אָדוֹן לְכָל הַשָּׁלוֹם.
וְטוֹב בְּעֵינֶיךָ לְבָרֵךְ אֶת עַמְּךָ יִשְׂרָאֵל
בְּכָל עֵת וּבְכָל שָׁעָה בִּשְׁלוֹמֶךָ.

בשבת שובה: בְּסֵפֶר חַיִּים, בְּרָכָה וְשָׁלוֹם, וּפַרְנָסָה טוֹבָה
נִזָּכֵר וְנִכָּתֵב לְפָנֶיךָ, אֲנַחְנוּ וְכָל עַמְּךָ בֵּית יִשְׂרָאֵל
לְחַיִּים טוֹבִים וּלְשָׁלוֹם.*

בָּרוּךְ אַתָּה יהוה, הַמְבָרֵךְ אֶת עַמּוֹ יִשְׂרָאֵל בַּשָּׁלוֹם.

**En* חוץ לארץ*, en* שבת שובה *algunos acostumbran finalizar esta bendición de la siguiente forma:*

בָּרוּךְ אַתָּה יהוה, עוֹשֶׂה הַשָּׁלוֹם.

Algunos recitan el siguiente versículo (ver ley 368):

תהלים יט יִהְיוּ לְרָצוֹן אִמְרֵי־פִי וְהֶגְיוֹן לִבִּי לְפָנֶיךָ, יהוה צוּרִי וְגֹאֲלִי:

ברכות יז. אֱלֹהַי

נְצֹר לְשׁוֹנִי מֵרָע וּשְׂפָתַי מִדַּבֵּר מִרְמָה
וְלִמְקַלְלַי נַפְשִׁי תִדֹּם, וְנַפְשִׁי כֶּעָפָר לַכֹּל תִּהְיֶה.
פְּתַח לִבִּי בְּתוֹרָתֶךָ, וּבְמִצְוֹתֶיךָ תִּרְדֹּף נַפְשִׁי.
וְכָל הַחוֹשְׁבִים עָלַי רָעָה
מְהֵרָה הָפֵר עֲצָתָם וְקַלְקֵל מַחֲשַׁבְתָּם.
עֲשֵׂה לְמַעַן שְׁמֶךָ
עֲשֵׂה לְמַעַן יְמִינֶךָ
עֲשֵׂה לְמַעַן קְדֻשָּׁתֶךָ
עֲשֵׂה לְמַעַן תּוֹרָתֶךָ.

תהלים ס לְמַעַן יֵחָלְצוּן יְדִידֶיךָ, הוֹשִׁיעָה יְמִינְךָ וַעֲנֵנִי:

תהלים יט יִהְיוּ לְרָצוֹן אִמְרֵי־פִי וְהֶגְיוֹן לִבִּי לְפָנֶיךָ, יהוה צוּרִי וְגֹאֲלִי:

Inclinarse, dar tres pasos hacia atrás, entonces inclinarse primero hacia la izquierda y luego hacia la derecha, luego al centro, mientras se dice:

Quien obra la paz en Sus alturas,
haga la paz para nosotros y todo Israel
y decid: Amén.

יְהִי רָצוֹן Sea Tu voluntad Señor, Dios nuestro y de nuestros ancestros
que el Templo sea reconstruido pronto en nuestros días,
que nos concedas nuestra porción en Tu Torá.
Allí Te serviremos con temor reverencial
como en los días de antaño y los años pretéritos.
Entonces las ofrendas de Yehudá y Jerusalém *Mal. 3*
agradarán al Señor como en los días de antaño y los años pretéritos.

Todos se ponen de pie y recitan:

וַיְכֻלּוּ Y quedaron concluidos los cielos y la tierra *Gén. 2*
y todo lo que contienen.
Habiendo concluido Dios en el día séptimo
Su obra que Él había hecho,
cesó en el día séptimo de toda Su creación que Él había hecho.
Y bendijo Dios al día séptimo y lo consagró,
ya que en él cesó de toda Su obra,
que Dios había creado para hacer.

BRAJÁ ME'EIN SHEVA

Las primeras dos noches de Pesaj (en Israel la primera noche), algunas congregaciones recitan aquí Halel (página 758). El siguiente pasaje hasta "que santificas el Shabat" en la página 378 es omitido cuando se reza en un minián ocasional o en soledad. Ver ley 453. Además, es omitido también la primera noche de Pesaj si esta cae en Shabat.

El oficiante continúa:

בָּרוּךְ Bendito eres Tú Señor,
Dios nuestro y de nuestros ancestros,
Dios de Abraham, Dios de Ytzjak y Dios de Ya'akov,
Dios grande, poderoso y maravilloso,
Señor Supremo, Creador de los cielos y la tierra.

Inclinarse, dar tres pasos hacia atrás, entonces inclinarse primero hacia la izquierda y luego hacia la derecha, luego al centro, mientras se dice:

עֹשֶׂה שָׁלוֹם/ בשבת שובה: הַשָּׁלוֹם/ בִּמְרוֹמָיו
הוּא יַעֲשֶׂה שָׁלוֹם עָלֵינוּ וְעַל כָּל יִשְׂרָאֵל, וְאִמְרוּ אָמֵן.

יְהִי רָצוֹן מִלְּפָנֶיךָ יהוה אֱלֹהֵינוּ וֵאלֹהֵי אֲבוֹתֵינוּ
שֶׁיִּבָּנֶה בֵּית הַמִּקְדָּשׁ בִּמְהֵרָה בְיָמֵינוּ
וְתֵן חֶלְקֵנוּ בְּתוֹרָתֶךָ
וְשָׁם נַעֲבָדְךָ בְּיִרְאָה כִּימֵי עוֹלָם וּכְשָׁנִים קַדְמֹנִיּוֹת.
מלאכי ג וְעָרְבָה לַיהוה מִנְחַת יְהוּדָה וִירוּשָׁלָםִ כִּימֵי עוֹלָם וּכְשָׁנִים קַדְמֹנִיּוֹת:

Todos se ponen de pie y recitan:

בראשית ב וַיְכֻלּוּ הַשָּׁמַיִם וְהָאָרֶץ וְכָל־צְבָאָם:
וַיְכַל אֱלֹהִים בַּיּוֹם הַשְּׁבִיעִי מְלַאכְתּוֹ אֲשֶׁר עָשָׂה
וַיִּשְׁבֹּת בַּיּוֹם הַשְּׁבִיעִי מִכָּל־מְלַאכְתּוֹ אֲשֶׁר עָשָׂה:
וַיְבָרֶךְ אֱלֹהִים אֶת־יוֹם הַשְּׁבִיעִי, וַיְקַדֵּשׁ אֹתוֹ
כִּי בוֹ שָׁבַת מִכָּל־מְלַאכְתּוֹ
אֲשֶׁר־בָּרָא אֱלֹהִים, לַעֲשׂוֹת:

ברכה מעין שבע

Las primeras dos noches de פסח *(en* ארץ ישראל *la primera noche), algunas congregaciones recitan aquí* הלל *(página 759). El siguiente pasaje hasta* מְקַדֵּשׁ הַשַּׁבָּת *en la página 379 es omitido cuando se reza en un* מנין *ocasional o en soledad. Ver ley 453. Además, es omitido también la primera noche de* פסח *si esta cae en* שבת*.*

El שליח ציבור *continúa:*

בָּרוּךְ אַתָּה יהוה, אֱלֹהֵינוּ וֵאלֹהֵי אֲבוֹתֵינוּ
אֱלֹהֵי אַבְרָהָם, אֱלֹהֵי יִצְחָק, וֵאלֹהֵי יַעֲקֹב
הָאֵל הַגָּדוֹל הַגִּבּוֹר וְהַנּוֹרָא
אֵל עֶלְיוֹן, קֹנֵה שָׁמַיִם וָאָרֶץ.

Primero la congregación y luego el oficiante:

מָגֵן אָבוֹת Fue el escudo de nuestros ancestros
por medio de Su palabra,
revivirá a los muertos por Su promesa.
El Dios /*En Shabat Shuvá:* El Rey/ sagrado, no hay nadie como Él.
Que da descanso a Su pueblo en Su sagrado Shabat
por haberlos hallado meritorios de Su favor
para concederles reposo.
Ante Él serviremos con reverencia y con temor
y agradeceremos a Su Nombre todos los días por siempre,
fuente de las bendiciones.
Dios de las alabanzas, Señor de la paz,
que santifica el Shabat y bendice al séptimo día,
y concede reposo con santidad a un pueblo colmado de deleite,
en recuerdo de la obra de la Creación.

El oficiante continúa:

אֱלֹהֵינוּ Dios nuestro y de nuestros ancestros,
complácete en nuestro descanso.
Santifícanos con Tus preceptos
y otórganos nuestra porción en Tu Torá.
Sácianos de Tu bondad
y regocíjanos con Tu salvación
y purifica nuestros corazones para que Te sirvamos con verdad.
Asegúranos Señor, nuestro Dios,
con amor y favor nuestra porción en Tu sagrado Shabat,
tal que reposen en él los hijos de Israel
que santifican Tu Nombre.
Bendito eres Tú Señor, que santificas el Shabat.

---

en el radio suburbano – volver a casa por la noche implicaba un riesgo. Este rezo fue agregado en beneficio de quienes llegaron tarde a él a los efectos de que toda la comunidad pueda retirarse conjuntamente.

Primero el קהל *y luego el* שליח ציבור*:*

מָגֵן אָבוֹת בִּדְבָרוֹ
מְחַיֵּה מֵתִים בְּמַאֲמָרוֹ
הָאֵל/ בשבת שובה: הַמֶּלֶךְ/ הַקָּדוֹשׁ שֶׁאֵין כָּמוֹהוּ
הַמֵּנִיחַ לְעַמּוֹ בְּיוֹם שַׁבַּת קָדְשׁוֹ
כִּי בָם רָצָה לְהָנִיחַ לָהֶם
לְפָנָיו נַעֲבֹד בְּיִרְאָה וָפַחַד
וְנוֹדֶה לִשְׁמוֹ בְּכָל יוֹם תָּמִיד, מֵעֵין הַבְּרָכוֹת
אֵל הַהוֹדָאוֹת, אֲדוֹן הַשָּׁלוֹם
מְקַדֵּשׁ הַשַּׁבָּת וּמְבָרֵךְ שְׁבִיעִי
וּמֵנִיחַ בִּקְדֻשָּׁה לְעַם מְדֻשְּׁנֵי עֹנֶג
זֵכֶר לְמַעֲשֵׂה בְרֵאשִׁית.

El שליח ציבור *continúa:*

אֱלֹהֵינוּ וֵאלֹהֵי אֲבוֹתֵינוּ, רְצֵה בִמְנוּחָתֵנוּ.
קַדְּשֵׁנוּ בְּמִצְוֹתֶיךָ וְתֵן חֶלְקֵנוּ בְּתוֹרָתֶךָ
שַׂבְּעֵנוּ מִטּוּבֶךָ וְשַׂמְּחֵנוּ בִּישׁוּעָתֶךָ
וְטַהֵר לִבֵּנוּ לְעָבְדְּךָ בֶּאֱמֶת.
וְהַנְחִילֵנוּ יהוה אֱלֹהֵינוּ בְּאַהֲבָה וּבְרָצוֹן שַׁבַּת קָדְשֶׁךָ
וְיָנוּחוּ בָהּ יִשְׂרָאֵל מְקַדְּשֵׁי שְׁמֶךָ.
בָּרוּךְ אַתָּה יהוה, מְקַדֵּשׁ הַשַּׁבָּת.

מָגֵן אָבוֹת בִּדְבָרוֹ *"Fue el escudo de nuestros ancestros por medio de Su palabra"*: Se trata de un resumen de las siete bendiciones de la Amidá que es exclusivo del rezo del viernes por la noche. Según la tradición, su aparición obedece al hecho de que en Babilonia – donde las sinagogas se encontraban mayormente

KADISH COMPLETO

Oficiante: יִתְגַּדַּל Que Su Gran Nombre sea magnificado y santificado,
en el mundo que creó conforme a Su voluntad.
Que establezca Su reino
durante vuestra vida y en vuestros días
y en la vida de toda la casa de Israel,
pronto y rápidamente
y decid: Amén.

Todos: Que Su Gran Nombre sea bendito
por siempre y por toda la eternidad.

Oficiante: Sea bendecido, alabado, glorificado
y exaltado, encumbrado
y magnificado, enaltecido y ensalzado
el Nombre del Santo Bendito Él;
más allá de cualquier bendición,
cántico, alabanza y consolación
pronunciados en el mundo
y decid: Amén.

Que nuestras plegarias y las súplicas
de todo el pueblo de Israel
sean aceptadas por su Padre Celestial
y decid: Amén.

Que haya gran paz celestial
y vida para nosotros y para todo Israel
y decid: Amén.

Inclinarse, dar tres pasos hacia atrás como retirándose de la Divina Presencia, luego inclinarse primero hacia la izquierda, luego hacia la derecha y luego al centro mientras se dice:

Quien obra la paz en Sus alturas,
haga la paz
para nosotros y todo Israel
y decid: Amén.

קדיש שלם

ש״ץ: יִתְגַּדַּל וְיִתְקַדַּשׁ שְׁמֵהּ רַבָּא (קהל: אָמֵן)
בְּעָלְמָא דִּי בְרָא כִרְעוּתֵהּ
וְיַמְלִיךְ מַלְכוּתֵהּ
בְּחַיֵּיכוֹן וּבְיוֹמֵיכוֹן וּבְחַיֵּי דְכָל בֵּית יִשְׂרָאֵל
בַּעֲגָלָא וּבִזְמַן קָרִיב, וְאִמְרוּ אָמֵן. (קהל: אָמֵן)

קהל וש״ץ: יְהֵא שְׁמֵהּ רַבָּא מְבָרַךְ לְעָלַם וּלְעָלְמֵי עָלְמַיָּא.

ש״ץ: יִתְבָּרַךְ וְיִשְׁתַּבַּח וְיִתְפָּאַר
וְיִתְרוֹמַם וְיִתְנַשֵּׂא וְיִתְהַדָּר וְיִתְעַלֶּה וְיִתְהַלָּל
שְׁמֵהּ דְּקֻדְשָׁא בְּרִיךְ הוּא (קהל: בְּרִיךְ הוּא)
לְעֵלָּא מִן כָּל בִּרְכָתָא
/ בשבת שובה: לְעֵלָּא לְעֵלָּא מִכָּל בִּרְכָתָא/
וְשִׁירָתָא, תֻּשְׁבְּחָתָא וְנֶחֱמָתָא
דַּאֲמִירָן בְּעָלְמָא, וְאִמְרוּ אָמֵן. (קהל: אָמֵן)

תִּתְקַבַּל צְלוֹתְהוֹן וּבָעוּתְהוֹן דְּכָל יִשְׂרָאֵל
קֳדָם אֲבוּהוֹן דִּי בִשְׁמַיָּא, וְאִמְרוּ אָמֵן. (קהל: אָמֵן)

יְהֵא שְׁלָמָא רַבָּא מִן שְׁמַיָּא
וְחַיִּים, עָלֵינוּ וְעַל כָּל יִשְׂרָאֵל, וְאִמְרוּ אָמֵן. (קהל: אָמֵן)

Inclinarse, dar tres pasos hacia atrás como retirándose de la Divina Presencia, luego inclinarse primero hacia la izquierda, luego hacia la derecha y luego al centro mientras se dice:

עֹשֶׂה שָׁלוֹם/ בשבת שובה: הַשָּׁלוֹם/ בִּמְרוֹמָיו
הוּא יַעֲשֶׂה שָׁלוֹם
עָלֵינוּ וְעַל כָּל יִשְׂרָאֵל, וְאִמְרוּ אָמֵן. (קהל: אָמֵן)

En Yom Tov se recita Kidush en la página 788.

KIDUSH EN LA SINAGOGA

El oficiante levanta una copa de vino y dice:

Prestad atención Señores míos.
בָּרוּךְ Bendito eres Tú Señor, nuestro Dios, Rey del universo
creador del fruto de la vid.

בָּרוּךְ Bendito eres Tú Señor, nuestro Dios, Rey del universo,
que nos ha santificado con Sus preceptos,
y se ha complacido con nosotros,
y nos ha hecho heredar con amor y favor Su sagrado Shabat,
recordatorio de la Obra de la Creación.
Pues este es el primero de los días de sagrada convocatoria,
recordatorio de la salida de Egipto.
Pues nos has escogido y santificado de entre todas las naciones,
y con amor y favor nos concediste el sagrado Shabat en heredad.
Bendito eres Tú Señor, que santifica el Shabat.

El vino debe ser bebido por un niño menor de la edad de Bar/Bat Mitzvá, o en caso de no haber uno en la sinagoga, por parte del oficiante.

Desde la segunda noche de Pesaj y hasta la noche anterior a Shavu'ot aquí se lleva a cabo el conteo del Omer (página 302).

Se recita Aleinu de pie y se debe inclinar al llegar a ▾.

עָלֵינוּ Es nuestro deber alabar al Amo de todo,
engrandecer al Creador del universo
por no habernos hecho como las naciones de los países
ni habernos puesto entre las familias de la tierra;
que no hizo nuestra porción similar a la de ellos
ni nuestro destino como el de sus multitudes.
(Pues ellos se prosternan a la vanidad y al vacío
y le oran a un dios que no puede salvarlos.)
▾Empero nosotros nos inclinamos y nos prosternamos
y agradecemos ante el Supremo Rey de Reyes, el Santo Bendito

---

también un albergue para los viajeros, quienes tenían sus comidas sabáticas en las inmediaciones.

En יום טוב *se recita* קידוש *en la página 789.*

קידוש בבית הכנסת

El שליח ציבור *levanta una copa de vino y dice:*

סַבְרִי מָרָנָן

בָּרוּךְ אַתָּה יהוה אֱלֹהֵינוּ מֶלֶךְ הָעוֹלָם, בּוֹרֵא פְּרִי הַגָּפֶן.

בָּרוּךְ אַתָּה יהוה אֱלֹהֵינוּ מֶלֶךְ הָעוֹלָם
אֲשֶׁר קִדְּשָׁנוּ בְּמִצְוֹתָיו, וְרָצָה בָנוּ
וְשַׁבַּת קָדְשׁוֹ בְּאַהֲבָה וּבְרָצוֹן הִנְחִילָנוּ, זִכָּרוֹן לְמַעֲשֵׂה בְרֵאשִׁית
כִּי הוּא יוֹם תְּחִלָּה לְמִקְרָאֵי קֹדֶשׁ, זֵכֶר לִיצִיאַת מִצְרָיִם
כִּי בָנוּ בָחַרְתָּ וְאוֹתָנוּ קִדַּשְׁתָּ מִכָּל הָעַמִּים
וְשַׁבַּת קָדְשְׁךָ בְּאַהֲבָה וּבְרָצוֹן הִנְחַלְתָּנוּ.
בָּרוּךְ אַתָּה יהוה, מְקַדֵּשׁ הַשַּׁבָּת.

El vino debe ser bebido por un niño menor de la edad de בר/בת מצווה*,*
o en caso de no haber uno en la sinagoga, por parte del שליח ציבור*.*

Desde la segunda noche de פסח *y hasta la noche anterior a* שבועות
aquí se lleva a cabo el conteo del עומר *(página 303).*

Se recita עָלֵינוּ *de pie y se debe inclinar al llegar a* ‧.

עָלֵינוּ לְשַׁבֵּחַ לַאֲדוֹן הַכֹּל, לָתֵת גְּדֻלָּה לְיוֹצֵר בְּרֵאשִׁית
שֶׁלֹּא עָשָׂנוּ כְּגוֹיֵי הָאֲרָצוֹת, וְלֹא שָׂמָנוּ כְּמִשְׁפְּחוֹת הָאֲדָמָה
שֶׁלֹּא שָׂם חֶלְקֵנוּ כָּהֶם וְגוֹרָלֵנוּ כְּכָל הֲמוֹנָם.
(שֶׁהֵם מִשְׁתַּחֲוִים לְהֶבֶל וָרִיק וּמִתְפַּלְלִים אֶל אֵל לֹא יוֹשִׁיעַ.)
‧וַאֲנַחְנוּ כּוֹרְעִים וּמִשְׁתַּחֲוִים וּמוֹדִים
לִפְנֵי מֶלֶךְ מַלְכֵי הַמְּלָכִים, הַקָּדוֹשׁ בָּרוּךְ הוּא

קידוש *Kidush.* Dado que el Kidush es normalmente recitado "donde se habrá de llevar a cabo la comida", a los efectos de evitar decir una bendición en vano, el vino no es bebido por un adulto sino por un niño. La costumbre de recitar Kidush en la sinagoga se remonta al tiempo en el cual esta era

Él, que extiende los cielos y establece la tierra,
y Su trono de gloria se encuentra en los cielos
y el poder de Su Presencia mora en las alturas.
Él es nuestro Dios, no hay otro.
Verdadero es nuestro Rey y no hay ningún otro,
tal como está escrito en Su Torá:
"Has de saber hoy y responder a tu corazón que el Señor es el Dios *Deut. 4*
en las alturas del cielo y abajo en la tierra y no hay otro salvo Él.

Por lo tanto, depositamos en Ti nuestra confianza Señor, Dios nuestro,
que podamos ver pronto el esplendor de Tu poder,
cuando remuevas las abominaciones de la faz de la tierra,
y los ídolos sean completamente destruidos,
cuando el mundo sea perfeccionado
bajo la soberanía del Todopoderoso,
cuando toda la humanidad invoque Tu Nombre
y todos los malvados de la tierra se volverán hacia Ti.
Todos los habitantes de la tierra reconocerán
y sabrán que toda rodilla debe inclinarse ante Ti
y cada lengua debe jurarte fidelidad.
Ante Ti Señor, Dios nuestro, se habrán de arrodillar e inclinar
y darán honor a Tu glorioso Nombre.
Aceptarán el yugo de Tu reino
y pronto reinarás sobre ellos por siempre jamás.
Pues Tuyo es el reino por siempre,
y reinarás gloriosamente por toda la eternidad,
tal como está escrito en Tu Torá:
"El Señor reinará por siempre y por toda la eternidad". *Éx. 15*
► Y fue dicho: "Entonces el Señor será el Rey sobre toda la tierra; *Zej. 14*
en ese día el Señor será Uno y Su Nombre Uno".

Algunos agregan:

No temas del terror que sobreviene repentinamente *Prov. 3*
ni por la destrucción de los malvados cuando arribase.
Hagan un proyecto: ¡fracasará! Digan una palabra: ¡no se realizará! *Is. 8*
Porque Dios está con nosotros.
Hasta que envejezcan, Yo seré el Mismo, y hasta que encanezcan, Yo los sostendré, *Is. 46*
Yo he obrado, y Me haré cargo de eso: los sostendré y los libraré.

שֶׁהוּא נוֹטֶה שָׁמַיִם וְיוֹסֵד אָרֶץ
וּמוֹשַׁב יְקָרוֹ בַּשָּׁמַיִם מִמַּעַל
וּשְׁכִינַת עֻזּוֹ בְּגָבְהֵי מְרוֹמִים.
הוּא אֱלֹהֵינוּ, אֵין עוֹד.
אֱמֶת מַלְכֵּנוּ, אֶפֶס זוּלָתוֹ
כַּכָּתוּב בְּתוֹרָתוֹ, וְיָדַעְתָּ הַיּוֹם וַהֲשֵׁבֹתָ אֶל־לְבָבֶךָ דברים ד
כִּי יהוה הוּא הָאֱלֹהִים בַּשָּׁמַיִם מִמַּעַל וְעַל־הָאָרֶץ מִתָּחַת
אֵין עוֹד:

עַל כֵּן נְקַוֶּה לְּךָ יהוה אֱלֹהֵינוּ, לִרְאוֹת מְהֵרָה בְּתִפְאֶרֶת עֻזֶּךָ
לְהַעֲבִיר גִּלּוּלִים מִן הָאָרֶץ, וְהָאֱלִילִים כָּרוֹת יִכָּרֵתוּן
לְתַקֵּן עוֹלָם בְּמַלְכוּת שַׁדַּי.
וְכָל בְּנֵי בָשָׂר יִקְרְאוּ בִשְׁמֶךָ לְהַפְנוֹת אֵלֶיךָ כָּל רִשְׁעֵי אָרֶץ.
יַכִּירוּ וְיֵדְעוּ כָּל יוֹשְׁבֵי תֵבֵל
כִּי לְךָ תִּכְרַע כָּל בֶּרֶךְ, תִּשָּׁבַע כָּל לָשׁוֹן.
לְפָנֶיךָ יהוה אֱלֹהֵינוּ יִכְרְעוּ וְיִפֹּלוּ, וְלִכְבוֹד שִׁמְךָ יְקָר יִתֵּנוּ
וִיקַבְּלוּ כֻלָּם אֶת עֹל מַלְכוּתֶךָ
וְתִמְלֹךְ עֲלֵיהֶם מְהֵרָה לְעוֹלָם וָעֶד.
כִּי הַמַּלְכוּת שֶׁלְּךָ הִיא וּלְעוֹלְמֵי עַד תִּמְלֹךְ בְּכָבוֹד
כַּכָּתוּב בְּתוֹרָתֶךָ, יהוה יִמְלֹךְ לְעֹלָם וָעֶד: שמות טו
וְנֶאֱמַר, וְהָיָה יהוה לְמֶלֶךְ עַל־כָּל־הָאָרֶץ זכריה יד
בַּיּוֹם הַהוּא יִהְיֶה יהוה אֶחָד וּשְׁמוֹ אֶחָד:

Algunos agregan:

אַל־תִּירָא מִפַּחַד פִּתְאֹם וּמִשֹּׁאַת רְשָׁעִים כִּי תָבֹא: משלי ג
עֻצוּ עֵצָה וְתֻפָר, דַּבְּרוּ דָבָר וְלֹא יָקוּם, כִּי עִמָּנוּ אֵל: ישעיה ח
וְעַד־זִקְנָה אֲנִי הוּא, וְעַד־שֵׂיבָה אֲנִי אֶסְבֹּל ישעיה מו
אֲנִי עָשִׂיתִי וַאֲנִי אֶשָּׂא וַאֲנִי אֶסְבֹּל וַאֲמַלֵּט:

KADISH DE DUELO

La siguiente plegaria es recitada por quien está en duelo y requiere de la presencia de un minián. La transliteración se encuentra en la página 1360.

Doliente: יִתְגַּדַּל Que Su Gran Nombre
sea magnificado y santificado,
en el mundo que creó conforme a Su voluntad.
Que establezca Su reino
durante vuestra vida y en vuestros días
y en la vida de toda la casa de Israel,
pronto y rápidamente
y decid: Amén.

Todos: Que Su Gran Nombre sea bendito
por siempre y por toda la eternidad.

Doliente: Sea bendecido, alabado, glorificado
y exaltado, encumbrado
y magnificado, enaltecido y ensalzado
el Nombre del Santo Bendito Él;
más allá de cualquier bendición,
cántico, alabanza y consolación
pronunciados en el mundo
y decid: Amén.

Que haya gran paz celestial
y vida para nosotros
y para todo Israel
y decid: Amén.

Inclinarse, dar tres pasos hacia atrás como retirándose de la Divina Presencia, luego inclinarse primero hacia la izquierda, luego hacia la derecha y luego al centro mientras se dice:

Quien obra la paz en Sus alturas,
haga la paz
para nosotros y todo Israel
y decid: Amén.

קדיש יתום

La siguiente plegaria es recitada por quien está en duelo y requiere de la presencia de un מנין*. La transliteración se encuentra en la página 1360.*

אבל: יִתְגַּדַּל וְיִתְקַדַּשׁ שְׁמֵהּ רַבָּא (קהל: אָמֵן)
בְּעָלְמָא דִּי בְרָא כִרְעוּתֵהּ
וְיַמְלִיךְ מַלְכוּתֵהּ
בְּחַיֵּיכוֹן וּבְיוֹמֵיכוֹן וּבְחַיֵּי דְכָל בֵּית יִשְׂרָאֵל
בַּעֲגָלָא וּבִזְמַן קָרִיב
וְאִמְרוּ אָמֵן. (קהל: אָמֵן)

קהל ואבל: יְהֵא שְׁמֵהּ רַבָּא מְבָרַךְ לְעָלַם וּלְעָלְמֵי עָלְמַיָּא.

אבל: יִתְבָּרַךְ וְיִשְׁתַּבַּח וְיִתְפָּאַר
וְיִתְרוֹמַם וְיִתְנַשֵּׂא וְיִתְהַדָּר וְיִתְעַלֶּה וְיִתְהַלָּל
שְׁמֵהּ דְּקֻדְשָׁא בְּרִיךְ הוּא (קהל: בְּרִיךְ הוּא)
לְעֵלָּא מִן כָּל בִּרְכָתָא / בשבת שובה: לְעֵלָּא לְעֵלָּא מִכָּל בִּרְכָתָא/
וְשִׁירָתָא, תֻּשְׁבְּחָתָא וְנֶחֱמָתָא
דַּאֲמִירָן בְּעָלְמָא
וְאִמְרוּ אָמֵן. (קהל: אָמֵן)

יְהֵא שְׁלָמָא רַבָּא מִן שְׁמַיָּא
וְחַיִּים, עָלֵינוּ וְעַל כָּל יִשְׂרָאֵל
וְאִמְרוּ אָמֵן. (קהל: אָמֵן)

Inclinarse, dar tres pasos hacia atrás como retirándose de la Divina Presencia, luego inclinarse primero hacia la izquierda, luego hacia la derecha y luego al centro mientras se dice:

עֹשֶׂה שָׁלוֹם/ בשבת שובה: הַשָּׁלוֹם/ בִּמְרוֹמָיו
הוּא יַעֲשֶׂה שָׁלוֹם עָלֵינוּ וְעַל כָּל יִשְׂרָאֵל
וְאִמְרוּ אָמֵן. (קהל: אָמֵן)

A partir del segundo día de Rosh Jodesh Elul y hasta Sheminí Atzeret (en Israel hasta Hoshaná Rabá) se recita el siguiente salmo:

לְדָוִד Salmo de David. El Señor es mi luz y mi salvación, *Sal. 27*
¿a quién habré de temer?
El Señor es la fortaleza de mi vida, ¿de quién tendré miedo?
Cuando personas malvadas se acercan para devorar mi carne,
mis enemigos y mis oponentes fracasarán y caerán.
Si un ejército me habrá de sitiar, no temerá mi corazón.
Si se declarase una guerra contra mí, me mantendría confiado.
Una sola cosa pido al Señor y es aquella que procuro:
residir en la morada del Señor todos los días de mi vida,
para contemplar la belleza del Señor y rendir culto en Su Templo.
Pues Él me habrá de ocultar en Su pabellón en el día de la desgracia,
me ocultará en el interior de Su tienda, me elevará sobre una roca.
Ahora mi cabeza se yergue por sobre los enemigos que me rodean.
Ofrendaré sacrificios de regocijo en Su tienda,
cantaré y entonaré melodías al Señor.
Escucha Señor mi voz cuando Te llamo,
apiádate de mí y respóndeme.
En Tu Nombre, mi corazón dice "Procurad Mi rostro".
Señor, Tu rostro buscaré.
No ocultes Tu rostro de mí,
no rechaces en Tu enojo a Tu siervo de delante de Ti.
Tú has sido mi ayuda, no me rechaces ni me abandones,
Dios de mi salvación.
Pues mi padre y mi madre me abandonaron, mas el Señor me recogió.
Señor, enséñame Tu senda,
guíame por el camino llano por causa de quienes me acechan.
No me entregues a la voluntad de mis perseguidores,
pues se han levantado contra mí falsos testigos
y los que alientan violencia.
▸ Si no fuese porque confié en contemplar la bondad del Señor
en la tierra de los vivos.
Ten esperanza en el Señor,
fortalece y anima tu corazón y ten esperanza en el Señor.

Kadish de Duelo (en la página anterior)

A partir del segundo día de ראש חודש אלול *y hasta* שמיני עצרת
(en ארץ ישראל *hasta* הושענא רבה*) se recita el siguiente salmo:*

לְדָוִד, יהוה אוֹרִי וְיִשְׁעִי, מִמִּי אִירָא תהלים כז
יהוה מָעוֹז־חַיַּי, מִמִּי אֶפְחָד:
בִּקְרֹב עָלַי מְרֵעִים לֶאֱכֹל אֶת־בְּשָׂרִי
צָרַי וְאֹיְבַי לִי, הֵמָּה כָשְׁלוּ וְנָפָלוּ:
אִם־תַּחֲנֶה עָלַי מַחֲנֶה, לֹא־יִירָא לִבִּי
אִם־תָּקוּם עָלַי מִלְחָמָה, בְּזֹאת אֲנִי בוֹטֵחַ:
אַחַת שָׁאַלְתִּי מֵאֵת־יהוה, אוֹתָהּ אֲבַקֵּשׁ
שִׁבְתִּי בְּבֵית־יהוה כָּל־יְמֵי חַיַּי
לַחֲזוֹת בְּנֹעַם־יהוה, וּלְבַקֵּר בְּהֵיכָלוֹ:
כִּי יִצְפְּנֵנִי בְּסֻכֹּה בְּיוֹם רָעָה
יַסְתִּרֵנִי בְּסֵתֶר אָהֳלוֹ, בְּצוּר יְרוֹמְמֵנִי:
וְעַתָּה יָרוּם רֹאשִׁי עַל אֹיְבַי סְבִיבוֹתַי
וְאֶזְבְּחָה בְאָהֳלוֹ זִבְחֵי תְרוּעָה
אָשִׁירָה וַאֲזַמְּרָה לַיהוה:
שְׁמַע־יהוה קוֹלִי אֶקְרָא, וְחָנֵּנִי וַעֲנֵנִי:
לְךָ אָמַר לִבִּי בַּקְּשׁוּ פָנָי, אֶת־פָּנֶיךָ יהוה אֲבַקֵּשׁ:
אַל־תַּסְתֵּר פָּנֶיךָ מִמֶּנִּי, אַל תַּט־בְּאַף עַבְדֶּךָ
עֶזְרָתִי הָיִיתָ, אַל־תִּטְּשֵׁנִי וְאַל־תַּעַזְבֵנִי, אֱלֹהֵי יִשְׁעִי:
כִּי־אָבִי וְאִמִּי עֲזָבוּנִי, וַיהוה יַאַסְפֵנִי:
הוֹרֵנִי יהוה דַּרְכֶּךָ, וּנְחֵנִי בְּאֹרַח מִישׁוֹר, לְמַעַן שׁוֹרְרָי:
אַל־תִּתְּנֵנִי בְּנֶפֶשׁ צָרָי, כִּי קָמוּ־בִי עֵדֵי־שֶׁקֶר, וִיפֵחַ חָמָס:
לוּלֵא הֶאֱמַנְתִּי לִרְאוֹת בְּטוּב־יהוה בְּאֶרֶץ חַיִּים:
קַוֵּה אֶל־יהוה, חֲזַק וְיַאֲמֵץ לִבֶּךָ, וְקַוֵּה אֶל־יהוה:

קדיש יתום *(en la página anterior)*

La mayoría de las congregaciones cantan aquí Ygdal.
En Israel, la mayoría de las congregaciones entonan Adon Olam (página 22).

ENGRANDECIDO

es el Dios viviente y habrá de ser loado.
Él existe y Su existencia trasciende el tiempo.

Es Uno y Único en Su Unicidad,
ésta es insondable e infinita.

No posee forma corporal ni sustancia;
Su santidad está más allá de cualquier comparación.

Es anterior a todo ser creado.
Él fue el primero y no hubo inicio a Su comienzo.

Él es el Amo del mundo;
y todas las creaturas manifiestan Su grandeza y majestad.

Brindó el rico flujo de Su profecía a personas
por Él atesoradas en las cuales se glorificó.

Nunca surgió en el pueblo de Israel un profeta como Moshé,
quien contempló claramente la Imagen Divina.

Dios concedió a Su pueblo una Torá verdadera
de mano de Su profeta, el más fiel de Su Casa.

Dios no alterará ni cambiará Su ley
por ninguna otra, jamás.

Él contempla y percibe nuestros pensamientos más íntimos;
ni bien algo comienza Él prevé su final.

Él recompensa generosamente por los actos de bien,
castiga a los malvados según su iniquidad.

Al final de los días enviará a nuestro ungido (Mashíaj)
para redimir a aquellos que aguardan la salvación final.

Dios revivirá a los muertos con gran generosidad.
¡Bendito Sea por siempre Su glorioso nombre!

---

la fe con desapego académico. Nosotros la cantamos, afirmando nuestra fe con alegría.

La mayoría de las congregaciones cantan aquí יגדל.
En ארץ ישראל, *la mayoría de las congregaciones entonan* אדון עולם *(página 23).*

יִגְדַּל

אֱלֹהִים חַי וְיִשְׁתַּבַּח, נִמְצָא וְאֵין עֵת אֶל מְצִיאוּתוֹ.
אֶחָד וְאֵין יָחִיד כְּיִחוּדוֹ, נֶעְלָם וְגַם אֵין סוֹף לְאַחְדוּתוֹ.
אֵין לוֹ דְּמוּת הַגּוּף וְאֵינוֹ גוּף, לֹא נַעֲרֹךְ אֵלָיו קְדֻשָּׁתוֹ.
קַדְמוֹן לְכָל דָּבָר אֲשֶׁר נִבְרָא, רִאשׁוֹן וְאֵין רֵאשִׁית לְרֵאשִׁיתוֹ.
הִנּוֹ אֲדוֹן עוֹלָם, וְכָל נוֹצָר יוֹרֶה גְדֻלָּתוֹ וּמַלְכוּתוֹ.
שֶׁפַע נְבוּאָתוֹ נְתָנוֹ אֶל־אַנְשֵׁי סְגֻלָּתוֹ וְתִפְאַרְתּוֹ.
לֹא קָם בְּיִשְׂרָאֵל כְּמֹשֶׁה עוֹד נָבִיא וּמַבִּיט אֶת תְּמוּנָתוֹ.
תּוֹרַת אֱמֶת נָתַן לְעַמּוֹ אֵל עַל יַד נְבִיאוֹ נֶאֱמַן בֵּיתוֹ.
לֹא יַחֲלִיף הָאֵל וְלֹא יָמִיר דָּתוֹ לְעוֹלָמִים לְזוּלָתוֹ.
צוֹפֶה וְיוֹדֵעַ סְתָרֵינוּ, מַבִּיט לְסוֹף דָּבָר בְּקַדְמָתוֹ.
גּוֹמֵל לְאִישׁ חֶסֶד כְּמִפְעָלוֹ, נוֹתֵן לְרָשָׁע רָע כְּרִשְׁעָתוֹ.
יִשְׁלַח לְקֵץ יָמִין מְשִׁיחֵנוּ לִפְדּוֹת מְחַכֵּי קֵץ יְשׁוּעָתוֹ.
מֵתִים יְחַיֶּה אֵל בְּרֹב חַסְדּוֹ, בָּרוּךְ עֲדֵי עַד שֵׁם תְּהִלָּתוֹ.

יִגְדַּל אֱלֹהִים חַי *Engrandecido es el Dios viviente:* Se trata de una versión poética de los Trece Principios de la Fe Judía de Maimónides y fue escrita por Rabí Daniel Bar Yehudá (Roma siglo XIV) en la cual cada línea representa uno de los principios. Al igual que en el caso del poema Adon Olam, la presencia de Ygdal en el Sidur es un recordatorio de que éste no es únicamente un libro de rezos sino el libro preponderante de la fe judía. El judaísmo contiene poca teología sistemática. Nosotros hablamos con Dios más de lo que hablamos sobre Dios. Aun así, el judaísmo es una fe cuyas distintas creencias encuentran su morada en el libro de rezos. Nosotros no analizamos

Kidush y Cánticos (Zemirot) para la Noche de Shabat

LA BENDICIÓN DE LOS HIJOS

En la noche para Shabat y Yom Tov muchos acostumbran bendecir a sus hijos.

A los varones se les dice:

יְשִׂמְךָ Que Dios
te haga como Efraim
y como Menashé.

A las hijas se les dice:

יְשִׂמֵךְ Que Dios
te haga como Sará, Rivká,
Rajel y Leá.

יְבָרֶכְךָ El Señor te bendiga y te guarde. *Núm. 6*
El Señor te ilumine con Su Presencia y te agracie.
El Señor dirija Su Presencia hacia ti y te conceda la paz.

---

(3) recibiendo a los ángeles, señales invisibles de la protección de Dios; (4) alabando a la "mujer virtuosa", guardiana del hogar; (5) recitando Kidush, la dimensión de la santidad; (6) recitando la bendición del pan que simboliza el sustento como obsequio Divino; (7) cantando y diciendo palabras de Torá que expresan jubilosamente nuestra fe.

BENDICIÓN DE LOS NIÑOS

La costumbre de que los padres bendicen a los niños se origina en la bendición que Ya'akov dio a sus nietos: "En ti bendecirá Israel, diciendo: Que Dios te haga como Efráim y como Menashé" (Génesis 48:20). La bendición para los niños repite esta frase mientras que la de las niñas invoca a las cuatro matriarcas: Sará, Rivká, Rajel y Leá. En ambos casos esto es seguido de la bendición sacerdotal. Se trata de una costumbre bellísima que simboliza la continuidad de las generaciones de un modo que es a la vez sensible y profundamente espiritual. En el único versículo que explica por qué Abraham fue elegido, Dios dice: "Pues Yo le he escogido para que prescriba a sus hijos y a su descendencia en pos de él para que observen la senda del Señor, practicando justedad y derecho" (Génesis 18:19). El vínculo entre padres e hijos representa la continuidad del pacto a lo largo de las generaciones.

קידוש וזמירות לליל שבת

ברכת הבנים

En ליל שבת *y* ערב יום טוב *muchos acostumbran bendecir a sus hijos.*

A los varones se les dice:

יְשִׂמְךָ אֱלֹהִים
כְּאֶפְרַיִם וְכִמְנַשֶּׁה:

A las hijas se les dice:

יְשִׂימֵךְ אֱלֹהִים בראשית מח
כְּשָׂרָה רִבְקָה רָחֵל וְלֵאָה.

יְבָרֶכְךָ יהוה וְיִשְׁמְרֶךָ: במדבר ו
יָאֵר יהוה פָּנָיו אֵלֶיךָ וִיחֻנֶּךָּ:
יִשָּׂא יהוה פָּנָיו אֵלֶיךָ וְיָשֵׂם לְךָ שָׁלוֹם:

SHABAT EN EL HOGAR

El Shabat es la celebración del hogar judío, y el hogar es la matriz del judaísmo. Los profetas compararon la relación entre Dios y el pueblo de Israel a la existente entre un marido y una mujer, así como también entre un padre y un hijo. La palabra hebrea *"emuná"*, normalmente traducida como "fe", en realidad significa "fidelidad", virtud nacida y mantenida en el interior del hogar. El amor entre un marido y su mujer es la redención humana de la soledad, el amor entre padres e hijos es lo más cercano a la inmortalidad que alcanzamos en este mundo, pues es a través de los hijos que nosotros y aquello por lo que vivimos continúa existiendo.

Es el viernes por la noche cuando liberados de las presiones del trabajo, podemos dedicar tiempo y atención amorosa unos a otros. Es también cuando sentimos más profundamente la Presencia Divina en el hogar. Nuestra relación con Dios y con aquellos más cercanos a nosotros es en ambos casos un pacto; o sea, una promesa mutua de amor y lealtad. A través de la familia y la calidad de sus relaciones la bendición Divina fluye en el mundo.

Previo a la noche del viernes promulgamos los valores sobre los cuales el hogar está construido: (1) encendiendo velas que simbolizan la paz hogareña; (2) bendiciendo a los niños, nuestra responsabilidad y nuestra continuidad;

Muchos acostumbran cantrar tres veces cada uno de los cuatro versos del siguiente cántico.

שָׁלוֹם עֲלֵיכֶם La paz sea con vosotros,
ángeles ministeriales, enviados del Altísimo,
del Supremo Rey de Reyes,
el Santo Bendito Él.

Venid en paz,
ángeles de la paz, enviados del Altísimo,
del Supremo Rey de Reyes,
el Santo Bendito Él.

Bendecidme con paz,
ángeles de la paz, enviados del Altísimo,
del Supremo Rey de Reyes,
el Santo Bendito Él.

Que vuestra salida sea en paz,
ángeles de la paz, enviados del Altísimo,
del Supremo Rey de Reyes,
el Santo Bendito Él.

כִּי מַלְאָכָיו Él ordenará a Sus ángeles *Sal. 91*
para que cuiden de ti en todos tus caminos.
El Señor proteja tu salida y tu retorno *Sal. 121*
de hoy y para siempre.

---

estos ven que el hogar está preparado para el Shabat bendicen a la familia. El autor del poema es anónimo, pero es mencionado por primera vez en los círculos místicos durante el siglo XVII.

Muchos acostumbran cantrar tres veces cada uno de los cuatro versos del siguiente cántico.

שָׁלוֹם עֲלֵיכֶם
מַלְאֲכֵי הַשָּׁרֵת, מַלְאֲכֵי עֶלְיוֹן
מִמֶּלֶךְ מַלְכֵי הַמְּלָכִים, הַקָּדוֹשׁ בָּרוּךְ הוּא.

בּוֹאֲכֶם לְשָׁלוֹם
מַלְאֲכֵי הַשָּׁלוֹם, מַלְאֲכֵי עֶלְיוֹן
מִמֶּלֶךְ מַלְכֵי הַמְּלָכִים, הַקָּדוֹשׁ בָּרוּךְ הוּא.

בָּרְכוּנִי לְשָׁלוֹם
מַלְאֲכֵי הַשָּׁלוֹם, מַלְאֲכֵי עֶלְיוֹן
מִמֶּלֶךְ מַלְכֵי הַמְּלָכִים, הַקָּדוֹשׁ בָּרוּךְ הוּא.

צֵאתְכֶם לְשָׁלוֹם
מַלְאֲכֵי הַשָּׁלוֹם, מַלְאֲכֵי עֶלְיוֹן
מִמֶּלֶךְ מַלְכֵי הַמְּלָכִים, הַקָּדוֹשׁ בָּרוּךְ הוּא.

כִּי מַלְאָכָיו יְצַוֶּה־לָּךְ, לִשְׁמָרְךָ בְּכָל־דְּרָכֶיךָ: תהלים צא
יהוה יִשְׁמָר־צֵאתְךָ וּבוֹאֶךָ, מֵעַתָּה וְעַד־עוֹלָם: תהלים קכא

שָׁלוֹם עֲלֵיכֶם *La paz sea con vosotros:* Poema basado en el pasaje talmúdico (*Shabat* 119B) que nos relata que dos ángeles ministeriales acompañan a la persona el viernes por la noche al regreso de la sinagoga a la casa. Cuando

Algunos dicen:

רִבּוֹן כָּל הָעוֹלָמִים Señor de todos los mundos, Amo de todas las almas, Señor de la paz. Rey poderoso, Rey bendito, Rey grande, Rey que hablas de paz, Rey glorioso, Rey pretérito, Rey puro, Rey que vivifica los mundos, Rey bondadoso que prodiga el bien, Rey único, Rey grande que se inviste de compasión, Rey que reina sobre los demás monarcas, Rey supremo, Rey que sostiene a los que se caen, Rey creador del universo, Rey que rescata y salva, Rey níveo y rubicundo, Rey Santo, Rey elevado y exaltado, Rey que escucha la plegaria, Rey íntegro en Su actuar. Te agradezco Señor, Dios mío y de mis ancestros por toda la generosidad que me has prodigado y por la que nos habrás de prodigar a mi familia, a mí y a todas Tus creaturas que son mis prójimos. Benditos sean Tus ángeles sagrados y puros que obran Tu voluntad. Señor de la paz, Rey a quien la paz Le pertenece, bendíceme con la paz, recuérdame a mí, a toda mi familia y todo Tu pueblo Israel para una buena vida y para la paz. Rey Supremo que está por sobre cualquier hueste celestial, nuestro formador, el formador primigenio, suplicaré ante Tu radiante semblante que me concedas a mí y a mi familia el mérito de hallar gracia y favor ante Tus ojos y ante los ojos de los hombres y de todos aquellos que nos observen al servirte. Concédenos el mérito de poder recibir los Shabatot con alegría, abundancia, honor y pocas transgresiones en nuestro haber. Líbranos a mí, a los miembros de mi familia y a todo el pueblo de Israel de toda enfermedad, afección, escasez, pobreza y miseria. Fortalece en nosotros la inclinación al bien para que podamos servirte con verdad, reverencia y amor. Que hallemos honor ante Tus ojos y ante los ojos de todos quienes nos contemplan, pues Tú eres el Rey de la honra y la gloria; ya que a Ti Te pertenecen y a Ti Te son apropiados. Por favor, Supremo Rey de Reyes ordena a Tus ángeles, ángeles ministeriales, servidores del Altísimo que actúen compasivamente para conmigo y me bendigan al venir a mi hogar en este nuestro día sagrado, pues encendí mis velas, tendí mi cama, cambié mis ropas en honor del Shabat y acudí a Tu morada para verter mi súplica ante Ti, para que apacigües mis suspiros; he atestiguado que en seis días Tú lo has creado todo, lo he dicho por segunda vez y atestiguaré una tercera vez junto a mi copa con regocijo, tal como me has ordenado de recordar el Shabat y deleitarlo con el alma suplementaria que me has dado. En el Shabat cesaré y Te serviré tal como me lo has ordenado, proclamaré Tu grandeza entonando cánticos, pues he puesto al Señor delante de mí, para que seas compasivo conmigo durante mi exilio y me redimas, despertando así en mi corazón el amor a Ti. Entonces, observaré Tus mandamientos y Tus leyes sin mediar tristeza, oraré como corresponde del modo apropiado. Ángeles de la paz, venid en paz, bendecidme con paz, declarad bendita la mesa que he preparado, y partid en paz ahora y siempre. Amén, Sela.

Algunos dicen:

רִבּוֹן כָּל הָעוֹלָמִים, אֲדוֹן כָּל הַנְּשָׁמוֹת, אֲדוֹן הַשָּׁלוֹם. מֶלֶךְ אַבִּיר, מֶלֶךְ בָּרוּךְ, מֶלֶךְ גָּדוֹל, מֶלֶךְ דּוֹבֵר שָׁלוֹם, מֶלֶךְ הָדוּר, מֶלֶךְ וָתִיק, מֶלֶךְ זַךְ, מֶלֶךְ חֵי הָעוֹלָמִים, מֶלֶךְ טוֹב וּמֵטִיב, מֶלֶךְ יָחִיד וּמְיֻחָד, מֶלֶךְ כַּבִּיר, מֶלֶךְ לוֹבֵשׁ רַחֲמִים, מֶלֶךְ מַלְכֵי הַמְּלָכִים, מֶלֶךְ נִשְׂגָּב, מֶלֶךְ סוֹמֵךְ נוֹפְלִים, מֶלֶךְ עֹשֶׂה מַעֲשֵׂה בְרֵאשִׁית, מֶלֶךְ פּוֹדֶה וּמַצִּיל, מֶלֶךְ צַח וְאָדֹם, מֶלֶךְ קָדוֹשׁ, מֶלֶךְ רָם וְנִשָּׂא, מֶלֶךְ שׁוֹמֵעַ תְּפִלָּה, מֶלֶךְ תָּמִים דַּרְכּוֹ. מוֹדֶה אֲנִי לְפָנֶיךָ, יהוה אֱלֹהַי וֵאלֹהֵי אֲבוֹתַי, עַל כָּל הַחֶסֶד אֲשֶׁר עָשִׂיתָ עִמָּדִי וַאֲשֶׁר אַתָּה עָתִיד לַעֲשׂוֹת עִמִּי וְעִם כָּל בְּנֵי בֵיתִי וְעִם כָּל בְּרִיּוֹתֶיךָ, בְּנֵי בְרִיתִי. וּבְרוּכִים הֵם מַלְאָכֶיךָ הַקְּדוֹשִׁים וְהַטְּהוֹרִים שֶׁעוֹשִׂים רְצוֹנֶךָ. אֲדוֹן הַשָּׁלוֹם, מֶלֶךְ שֶׁהַשָּׁלוֹם שֶׁלּוֹ, בָּרְכֵנִי בַשָּׁלוֹם, וְתִפְקֹד אוֹתִי וְאֶת כָּל בְּנֵי בֵיתִי וְכָל עַמְּךָ בֵּית יִשְׂרָאֵל לְחַיִּים טוֹבִים וּלְשָׁלוֹם. מֶלֶךְ עֶלְיוֹן עַל כָּל צְבָא מָרוֹם, יוֹצְרֵנוּ, יוֹצֵר בְּרֵאשִׁית, אֲחַלֶּה פָנֶיךָ הַמְּאִירִים, שֶׁתְּזַכֶּה אוֹתִי וְאֶת כָּל בְּנֵי בֵיתִי לִמְצֹא חֵן וְשֵׂכֶל טוֹב בְּעֵינֶיךָ וּבְעֵינֵי כָּל בְּנֵי אָדָם וּבְעֵינֵי כָל רוֹאֵינוּ לַעֲבוֹדָתֶךָ. וְזַכֵּנוּ לְקַבֵּל שַׁבָּתוֹת מִתּוֹךְ רֹב שִׂמְחָה וּמִתּוֹךְ עֹשֶׁר וְכָבוֹד וּמִתּוֹךְ מִעוּט עֲוֹנוֹת. וְהָסֵר מִמֶּנִּי וּמִכָּל בְּנֵי בֵיתִי וּמִכָּל עַמְּךָ בֵּית יִשְׂרָאֵל כָּל מִינֵי חֹלִי וְכָל מִינֵי מַדְוֶה וְכָל מִינֵי דַלּוּת וַעֲנִיּוּת וְאֶבְיוֹנוּת. וְתֵן בָּנוּ יֵצֶר טוֹב לְעָבְדְּךָ בֶּאֱמֶת וּבְיִרְאָה וּבְאַהֲבָה. וְנִהְיֶה מְכֻבָּדִים בְּעֵינֶיךָ וּבְעֵינֵי כָל רוֹאֵינוּ, כִּי אַתָּה הוּא מֶלֶךְ הַכָּבוֹד, כִּי לְךָ נָאֶה, כִּי לְךָ יָאֶה. אָנָּא, מֶלֶךְ מַלְכֵי הַמְּלָכִים, צַוֵּה לְמַלְאָכֶיךָ, מַלְאֲכֵי הַשָּׁרֵת, מְשָׁרְתֵי עֶלְיוֹן, שֶׁיִּפְקְדוּנִי בְּרַחֲמִים וִיבָרְכוּנִי בְּבוֹאָם לְבֵיתִי בְּיוֹם קָדְשֵׁנוּ, כִּי הִדְלַקְתִּי נֵרוֹתַי וְהִצַּעְתִּי מִטָּתִי וְהֶחֱלַפְתִּי שִׂמְלוֹתַי לִכְבוֹד יוֹם הַשַּׁבָּת וּבָאתִי לְבֵיתְךָ לְהַפִּיל תְּחִנָּתִי לְפָנֶיךָ, שֶׁתַּעֲבִיר אַנְחָתִי, וָאָעִיד אֲשֶׁר בָּרָאתָ בְשִׁשָּׁה יָמִים כָּל הַיְצוּר, וְאֶשְׁנֶה וַאֲשַׁלֵּשׁ עוֹד לְהָעִיד עַל כּוֹסִי בְּתוֹךְ שִׂמְחָתִי, כַּאֲשֶׁר צִוִּיתַנִי לְזָכְרוֹ וּלְהִתְעַנֵּג בְּיֶתֶר נִשְׁמָתִי אֲשֶׁר נָתַתָּ בִּי. בּוֹ אֶשְׁבֹּת כַּאֲשֶׁר צִוִּיתַנִי לְשָׁרְתֶךָ, וְכֵן אַגִּיד גְּדֻלָּתְךָ בְּרִנָּה, וְשִׁוִּיתִי יהוה לִקְרָאתִי שֶׁתְּרַחֲמֵנִי עוֹד בְּגָלוּתִי לְגָאֳלֵנִי לְעוֹרֵר לִבִּי לְאַהֲבָתֶךָ. וְאָז אֶשְׁמֹר פִּקּוּדֶיךָ וְחֻקֶּיךָ בְּלִי עֶצֶב, וְאֶתְפַּלֵּל כַּדָּת כָּרָאוּי וְכַנָּכוֹן. מַלְאֲכֵי הַשָּׁלוֹם, בּוֹאֲכֶם לְשָׁלוֹם, בָּרְכוּנִי לְשָׁלוֹם, וְאִמְרוּ בָּרוּךְ לְשֻׁלְחָנִי הֶעָרוּךְ, וְצֵאתְכֶם לְשָׁלוֹם מֵעַתָּה וְעַד עוֹלָם, אָמֵן סֶלָה.

א אֵשֶׁת־חַיִל Mujer virtuosa, ¿quién la ha de hallar? Su valor es mucho mayor que el de las perlas. *Prov. 31*
ב El corazón de su marido confía en ella y a él nada le faltará.
ג Ella le retribuye con bien y no mal, todos los días de su vida.
ד Ella procura lana y lino y trabaja con manos diligentes.
ה Es cual nave mercante que trae el sustento desde lejos.
ו Se levanta cuando aún es de noche y provee de alimentos para su hogar y porciones para sus criadas.
ז Ella vislumbra un campo y lo compra, de sus ganancias planta una viña.
ח Ciñe su cintura con vigor y fortalece sus brazos.
ט Ve que su faena es exitosa, su lámpara no se apagará por la noche.
י Aplica sus manos en la rueca y sus palmas sostienen el huso.
כ Extiende su palma al menesteroso y sus brazos al pobre.
ל No teme por su familia cuando nieva pues en su hogar todos visten lana carmesí.
מ Hace tapices cobertores bordados, su vestimenta es de fino lino y lana púrpura.
נ Su marido es renombrado en los portones de la ciudad, donde se sienta junto a los ancianos del país.
ס Ella hace sábanas de lino y las vende, abastece a los mercaderes de cinturones.
ע Ella se viste con poder y esplendor y puede reír ante los días por venir.
פ Abre su boca con sabiduría, y la Torá de benevolencia sobre su lengua.
צ Ella contempla la conducta de su familia y jamás come el pan del ocio.
ק Sus hijos se levantan y la hacen feliz, su marido la alaba.
ר "Muchas mujeres han hecho méritos, pero tú las has superado a todas".
ש La gracia es mentirosa y la belleza vana, una mujer temerosa del Señor es aquella que debe ser ensalzada.
ת Dadle del fruto de su esfuerzo y que sus acciones le hagan prestigiosa en los portones.

---

esplendor". La palabra "*jail*" ("virtuosa") que aparece en la frase inicial significa fortaleza tanto moral como física. Varios comentaristas ven en este pasaje a la mujer como símbolo de la Divina Presencia (o al Shabat personificado en una novia). Sin negar el significado alegórico del texto, el poema es asimismo un himno de agradecimiento a la mujer, ama de casa, por las bendiciones que trae a la familia y al hogar.

משלי לא

א אֵשֶׁת־חַיִל מִי יִמְצָא, וְרָחֹק מִפְּנִינִים מִכְרָהּ:
ב בָּטַח בָּהּ לֵב בַּעְלָהּ, וְשָׁלָל לֹא יֶחְסָר:
ג גְּמָלַתְהוּ טוֹב וְלֹא־רָע, כֹּל יְמֵי חַיֶּיהָ:
ד דָּרְשָׁה צֶמֶר וּפִשְׁתִּים, וַתַּעַשׂ בְּחֵפֶץ כַּפֶּיהָ:
ה הָיְתָה כָּאֳנִיּוֹת סוֹחֵר, מִמֶּרְחָק תָּבִיא לַחְמָהּ:
ו וַתָּקָם בְּעוֹד לַיְלָה, וַתִּתֵּן טֶרֶף לְבֵיתָהּ, וְחֹק לְנַעֲרֹתֶיהָ:
ז זָמְמָה שָׂדֶה וַתִּקָּחֵהוּ, מִפְּרִי כַפֶּיהָ נָטְעָ כָּרֶם:
ח חָגְרָה בְעוֹז מָתְנֶיהָ, וַתְּאַמֵּץ זְרוֹעֹתֶיהָ:
ט טָעֲמָה כִּי־טוֹב סַחְרָהּ, לֹא־יִכְבֶּה בַלַּיְלָ נֵרָהּ:
י יָדֶיהָ שִׁלְּחָה בַכִּישׁוֹר, וְכַפֶּיהָ תָּמְכוּ פָלֶךְ:
כ כַּפָּהּ פָּרְשָׂה לֶעָנִי, וְיָדֶיהָ שִׁלְּחָה לָאֶבְיוֹן:
ל לֹא־תִירָא לְבֵיתָהּ מִשָּׁלֶג, כִּי כָל־בֵּיתָהּ לָבֻשׁ שָׁנִים:
מ מַרְבַדִּים עָשְׂתָה־לָּהּ, שֵׁשׁ וְאַרְגָּמָן לְבוּשָׁהּ:
נ נוֹדָע בַּשְּׁעָרִים בַּעְלָהּ, בְּשִׁבְתּוֹ עִם־זִקְנֵי־אָרֶץ:
ס סָדִין עָשְׂתָה וַתִּמְכֹּר, וַחֲגוֹר נָתְנָה לַכְּנַעֲנִי:
ע עוֹז־וְהָדָר לְבוּשָׁהּ, וַתִּשְׂחַק לְיוֹם אַחֲרוֹן:
פ פִּיהָ פָּתְחָה בְחָכְמָה, וְתוֹרַת־חֶסֶד עַל־לְשׁוֹנָהּ:
צ צוֹפִיָּה הֲלִיכוֹת בֵּיתָהּ, וְלֶחֶם עַצְלוּת לֹא תֹאכֵל:
ק קָמוּ בָנֶיהָ וַיְאַשְּׁרוּהָ, בַּעְלָהּ וַיְהַלְלָהּ:
ר רַבּוֹת בָּנוֹת עָשׂוּ חָיִל, וְאַתְּ עָלִית עַל־כֻּלָּנָה:
ש שֶׁקֶר הַחֵן וְהֶבֶל הַיֹּפִי, אִשָּׁה יִרְאַת־יהוה הִיא תִתְהַלָּל:
ת תְּנוּ־לָהּ מִפְּרִי יָדֶיהָ, וִיהַלְלוּהָ בַשְּׁעָרִים מַעֲשֶׂיהָ:

אֵשֶׁת־חַיִל *Mujer virtuosa:* Este texto es un acróstico alfabético extraído del último capítulo del libro de Proverbios. En una serie de escenas nos describe a la mujer ideal: activa, práctica, mujer de negocios así como también directora del hogar, inmiscuida en el bienestar de personas extrañas así como de su familia, mujer de sabiduría y generosidad, “ella se viste con poder y

Algunos dicen:

Preparad el banquete de la fidelidad perfecta, que es el regocijo del sagrado Rey. Preparad el banquete del Rey.

Este es el banquete del "Campo de las Manzanas Sagradas" (*'Jakal Tapujín Kadishín'*), del "Rostro Pequeño" (*'Zeir Anpín'*) y el "Santo Antiguo" (*'Atiká Kadishá'*) (términos místicos para aspectos de lo Divino) que acuden a participar de la comida.

He de podar las fuerzas del mal por medio de cánticos de alabanza
para ingresar a los sagrados pórticos del "campo de las manzanas sagradas".
Invitemos ahora a la Divina Presencia con una mesa renovada
y un fino candelabro que irradia luz sobre nuestras cabezas.
Entre la derecha y la izquierda se encuentra la novia, cubierta de joyas, adornada y vestida.
Su marido la abraza y en el regocijo de su unión las fuerzas del mal son destruidas.
Gritos y pesares cesan, un nuevo rostro asciende por sobre espíritus y almas.
Ella tendrá un grande y doble regocijo, la luz vendrá y con esta, bendiciones benevolentes.
Acercaos, amigos queridos, preparad diferentes tipos de manjares, pescado y aves.
Renovando almas y espíritus por medio de los treinta y dos (senderos del conocimiento) y las tres ramas de las escrituras (Torá, Neviím y Ketuvím).
Ella (la Divina Presencia) posee setenta coronas y por encima el Rey
es coronado con todas estas en el Santo Sanctórum.
Junto a ella están grabados y ocultos todos los mundos, empero el mortero
del "Anciano en Días" libera todo cuanto estaba oculto.
Sea Su voluntad que la Divina Presencia repose sobre Su pueblo, el cual,
en aras de Su Nombre, se deleita con dulces alimentos y miel.
Dispondré hacia el lado sur el candelabro de la sabiduría oculta en el sur
y en el norte colocaré la mesa con el pan.
Con vino en la copa y ramos de mirto en honor al novio y la novia,
el débil recibirá fortaleza.
Hagamos coronas de palabras preciosas, setenta coronas más allá
de las cincuenta (bendiciones patriarcales).
Que la Divina Presencia sea coronada con seis hogazas de pan a cada lado,
tal como los dos juegos de seis panes y demás artículos del Templo.
En Shabat las fuerzas impuras y los ángeles destructores cesan y desisten,
y quienes se encuentran confinados tienen un respiro.
Partir el pan del tamaño de una aceituna o de un huevo, ya que hay dos maneras de interpretar la letra "yod" del Nombre Divino, restrictiva o expansivamente.
Se asemeja al aceite puro de oliva, prensado, el cual fluye cual ríos
que murmullan secretos.
Hablemos de los misterios, secretos no revelados ocultos y sellados.
Coronar a la novia con misterios superiores en esa celebración de matrimonio de los ángeles sagrados.

Algunos dicen:

אַתְקִינוּ סְעוּדְתָא דִמְהֵימְנוּתָא שְׁלִימְתָא
חֶדְוְתָא דְמַלְכָּא קַדִּישָׁא.
אַתְקִינוּ סְעוּדְתָא דְמַלְכָּא.

דָּא הִיא סְעוּדְתָא דַחֲקַל תַּפּוּחִין קַדִּישִׁין
וּזְעֵיר אַנְפִּין וְעַתִּיקָא קַדִּישָׁא אָתַיִן לְסַעֲדָה בַּהֲדַהּ.

אֲזַמֵּר בִּשְׁבָחִין / לְמֵעַל גּוֹ פִתְחִין / דְּבַחֲקַל תַּפּוּחִין / דְּאִנּוּן קַדִּישִׁין.
נְזַמֵּן לַהּ הַשְׁתָּא / בְּפָתוֹרָא חַדְתָּא / וּבִמְנַרְתָּא טָבְתָא / דְּנָהֲרָה עַל רֵישִׁין.
יְמִינָא וּשְׂמָאלָא / וּבֵינֵיהוּ כַלָּה / בְּקִשּׁוּטִין אָזְלָא / וּמָנִין וּלְבוּשִׁין.
יְחַבֵּק לַהּ בַּעְלָהּ / וּבִיסוֹדָא דִי לַהּ / דְּעָבֵד נְיָחָא לַהּ / יְהֵא כָתֵשׁ כְּתִישִׁין.
צְוָחִין אוּף עָקְתִין / בְּטִילִין וּשְׁבִיתִין / בְּרַם אַנְפִּין חַדְתִּין / וְרוּחִין עִם נַפְשִׁין.
חֲדוּ סַגִּי יֵיתֵי / וְעַל חֲדָה תַרְתֵּי / נְהוֹרָא לַהּ יַמְטֵי / וּבִרְכָן דִּנְפִישִׁין.
קְרִיבוּ שׁוֹשְׁבִינִין / עֲבִידוּ תִקּוּנִין / לְאַפָּשָׁה זֵינִין / וְנוּנִין עִם רַחְשִׁין.
לְמֶעְבַּד נִשְׁמָתִין / וְרוּחִין חַדְתִּין / בְּתַרְתֵּי וּתְלָתִין / וּבִתְלָתָא שִׁבְשִׁין.
וְעִטְרִין שַׁבְעִין לַהּ / וּמַלְכָּא דִלְעֵלָּא / דְּיִתְעַטַּר כֹּלָּא / בְּקַדִּישׁ קַדִּישִׁין.
רְשִׁימִין וּסְתִימִין / בְּגַוַּהּ כָּל עָלְמִין / בְּרַם עַתִּיק יוֹמִין / הֲלָא בָטֵשׁ בְּטִישִׁין.
יְהֵא רַעֲוָה קַמֵּהּ / דְּתִשְׁרֵי עַל עַמֵּהּ / דְּיִתְעַנַּג לִשְׁמֵהּ / בְּמִתְקִין וְדֻבְשִׁין.
אֲסַדֵּר לִדְרוֹמָא / מְנַרְתָּא דִסְתִימָא / וְשֻׁלְחָן עִם נַהֲמָא / בִּצְפוֹנָא אַדְשִׁין.
בְּחַמְרָא גוֹ כָסָא / וּמַדָּנֵי אָסָא / לְאָרוּס וַאֲרוּסָה / לְאַתְקָפָא חַלָּשִׁין.
נְעַבֵּד לוֹן כִּתְרִין / בְּמִלִּין יַקִּירִין / בְּשַׁבְעִין עִטּוּרִין / דְּעַל גַּבֵּי חַמְשִׁין.
שְׁכִינְתָא תִתְעַטַּר / בְּשִׁית נַהֲמֵי לִסְטַר / בְּוָוִין תִּתְקַטַּר / וְזֵינִין דִּכְנִישִׁין.
(שְׁבִיתִין וּשְׁבִיקִין / מְסָאְבִין דְּדָחֲקִין / חֲבִילִין דִּמְעִיקִין / וְכָל זֵינֵי חַרְשִׁין.)
לְמִבְצַע עַל רִיפְתָּא / כְּזֵיתָא וּכְבֵיעְתָא / תְּרֵין יוּדִין נָקְטָא / סְתִימִין וּפְרִישִׁין.
מְשַׁח זֵיתָא דָכְיָא / דְּטָחֲנִין רֵיחַיָּא / וְנָגְדִין נַחְלַיָּא / בְּגַוַּהּ בִּלְחִישִׁין.
הֲלָא נֵימָא רָזִין / וּמִלִּין דִּגְנִיזִין / דְּלֵיתֵיהוֹן מִתְחֲזִין / טְמִירִין וּכְבִישִׁין.
לְאַעְטָרָה כַלָּה / בְּרָזִין דִּלְעֵלָּא / בְּגוֹ הַאי הִלּוּלָה / דְּעִירִין קַדִּישִׁין.

KIDUSH PARA LA NOCHE DE SHABAT

El Kidush para Yom Tov se encuentra en la página 788 y el de Rosh HaShaná en la página 938.

En voz baja: Y fue la tarde y fue la mañana *Gén. 1*

יוֹם הַשִּׁשִּׁי El sexto día.

Y quedaron concluidos los cielos y la tierra y todo lo que contienen. *Gén. 2*
Habiendo concluido Dios en el día séptimo
Su obra que Él había hecho,
cesó en el día séptimo de toda Su creación que Él había hecho.
Y bendijo Dios al día séptimo y lo consagró,
ya que en él cesó de toda Su obra, que Dios había creado para hacer.

Cuando se recita Kidush para otras personas se agrega:
Prestad atención Señores míos.

Bendito eres Tú Señor, nuestro Dios Rey del universo,
creador del fruto de la vid.

Bendito eres Tú Señor, nuestro Dios, Rey del universo,
que nos ha santificado con Sus preceptos,
y se ha complacido con nosotros,
y nos ha hecho heredar con amor
y favor Su sagrado Shabat recordatorio de la Obra de la Creación.
Pues este es el primero de los días de sagrada convocatoria,
recordatorio de la salida de Egipto.
Pues nos has escogido y santificado de entre todas las naciones,
y con amor y favor nos concediste Tu sagrado Shabat en heredad.
Bendito eres Tú Señor, que santifica el Shabat.

En Shabat de Jol HaMo'ed Sucot, si se realiza Kidush en la sucá debe agregarse:
Bendito eres Tú Señor, nuestro Dios, Rey del universo,
que nos ha santificado con Sus preceptos
y nos ordenó habitar en la sucá.

Se acostumbra que todas las personas presentes beben del vino.

Acostumbramos comenzar el primer párrafo con las dos últimas palabras del versículo anterior de modo tal que las primeras cuatro letras hebreas del Kidush – *Yom Hashishí Vaijulú Hashamaim* – conformen el Nombre Sagrado de cuatro letras (Tetragrámaton.). Las palabras anteriores se pronuncian en voz baja. La bendición sobre el día menciona las dos creencias fundamentales de las que el Shabat opera como recordatorio: la Creación y el Éxodo.

קידוש לליל שבת

El קידוש *para* יום טוב *se encuentra en la página 789 y el de* ראש השנה *en la página 939.*

En voz baja וַיְהִי־עֶרֶב וַיְהִי־בֹקֶר בראשית א

יוֹם הַשִּׁשִּׁי:

וַיְכֻלּוּ הַשָּׁמַיִם וְהָאָרֶץ וְכָל־צְבָאָם: בראשית ב

וַיְכַל אֱלֹהִים בַּיּוֹם הַשְּׁבִיעִי מְלַאכְתּוֹ אֲשֶׁר עָשָׂה

וַיִּשְׁבֹּת בַּיּוֹם הַשְּׁבִיעִי מִכָּל־מְלַאכְתּוֹ אֲשֶׁר עָשָׂה:

וַיְבָרֶךְ אֱלֹהִים אֶת־יוֹם הַשְּׁבִיעִי, וַיְקַדֵּשׁ אֹתוֹ

כִּי בוֹ שָׁבַת מִכָּל־מְלַאכְתּוֹ, אֲשֶׁר־בָּרָא אֱלֹהִים, לַעֲשׂוֹת:

Cuando se recita קידוש *para otras personas se agrega:*

סַבְרִי מָרָנָן

בָּרוּךְ אַתָּה יהוה אֱלֹהֵינוּ מֶלֶךְ הָעוֹלָם, בּוֹרֵא פְּרִי הַגָּפֶן.

בָּרוּךְ אַתָּה יהוה אֱלֹהֵינוּ מֶלֶךְ הָעוֹלָם

אֲשֶׁר קִדְּשָׁנוּ בְּמִצְוֹתָיו, וְרָצָה בָנוּ

וְשַׁבַּת קָדְשׁוֹ בְּאַהֲבָה וּבְרָצוֹן הִנְחִילָנוּ, זִכָּרוֹן לְמַעֲשֵׂה בְרֵאשִׁית

כִּי הוּא יוֹם תְּחִלָּה לְמִקְרָאֵי קֹדֶשׁ, זֵכֶר לִיצִיאַת מִצְרָיִם

כִּי בָנוּ בָחַרְתָּ וְאוֹתָנוּ קִדַּשְׁתָּ מִכָּל הָעַמִּים

וְשַׁבַּת קָדְשְׁךָ בְּאַהֲבָה וּבְרָצוֹן הִנְחַלְתָּנוּ.

בָּרוּךְ אַתָּה יהוה, מְקַדֵּשׁ הַשַּׁבָּת.

En שבת חול המועד סוכות*, si se realiza* קידוש *en la* סוכה *debe agregarse:*

בָּרוּךְ אַתָּה יהוה אֱלֹהֵינוּ מֶלֶךְ הָעוֹלָם

אֲשֶׁר קִדְּשָׁנוּ בְּמִצְוֹתָיו וְצִוָּנוּ לֵישֵׁב בַּסֻּכָּה.

Se acostumbra que todas las personas presentes beben del vino.

קידוש *Kidush:* En los diez mandamientos se nos ordena recordar el Shabat. Se entendió que esto significa una declaración verbal recitada sobre una copa de vino: o sea, el Kidush. El Kidush del viernes por la noche contiene tres elementos: (1) la lectura de un pasaje bíblico que se refiere al primer Shabat, cuando Dios completó la Creación y reposó durante el séptimo día; (2) una bendición sobre el vino; y (3) una bendición por el día mismo.

CÁNTICOS PARA LA NOCHE DE SHABAT

כָּל מְקַדֵּשׁ Todo aquel que santifica el séptimo día tal como corresponde,
Todo aquel que cuida de no profanar el Shabat,
grande es la recompensa por su actuar.
"Cada quien en su propio campamento y bajo su propio estandarte". *Núm. 1*

Aquellos que aman al Señor, que aguardan la construcción de Ariel (Su Templo),
alegraos y regocijaos en el Shabat como si recibieseis un presente Divino.
Elevad vuestras manos con santidad y decid a Dios:
"Bendito sea el Señor que concedió el reposo a Su pueblo Israel". *1 Re. 8*

Aquellos que buscan al Señor, descendientes de Su amado Abraham,
que demoran en despedirse del Shabat y se apresuran a ingresar en él.
Están felices de observarlo y de establecer su *Eiruv*.
"Este es el día que hizo el Señor, alegrémonos y regocijémonos en él". *Sal. 118*

Recordad la Torá de Moshé de la cual se aprenden las leyes del Shabat.
Grabadas en el séptimo día cual novia engalanada entre sus damas de compañía.
Los puros habrán de heredarlo y lo santificarán con las palabras:
"Toda Su Creación, que Él había hecho…
Habiendo concluido Dios en el día séptimo Su obra, que Él había realizado". *Gén. 2*

Es un día sagrado de principio a fin,
toda la descendencia de Ya'akov lo honrará tal como la palabra y el decreto del Rey;
para descansar en él, y alegrarse deleitándose con sus comidas y bebidas.
"Toda la grey de Israel lo observará". *Éx. 12*

Extiende Tu benevolencia sobre quienes Te conocen, Dios celoso y retributivo.
Aquellos que guardan el séptimo día cumpliendo "Recordar" y "Cuidar".
Alégralos con la construcción de Shalem (Jerusalém) e irrádialos con el resplandor de Tu rostro.
"Cólmalos con la abundancia de Tu Casa, dales de beber de los ríos de Tus deleites". *Sal. 36*

Ayuda a quienes descansan el séptimo día, quienes reposan del arado y la cosecha,
quienes transitan en él con pasos lentos y comen tres comidas para bendecirte.
Que su rectitud brille tal como la luz de los siete días,
Señor, Dios de Israel concédeles la integridad. *1 Sam. 14*

זמירות לליל שבת

כָּל מְקַדֵּשׁ שְׁבִיעִי כָּרָאוּי לוֹ
כָּל שׁוֹמֵר שַׁבָּת כַּדָּת, מֵחַלְּלוֹ
שְׂכָרוֹ הַרְבֵּה מְאֹד עַל פִּי פָעֳלוֹ
אִישׁ עַל־מַחֲנֵהוּ וְאִישׁ עַל־דִּגְלוֹ: במדבר א

אוֹהֲבֵי יהוה הַמְחַכִּים לְבִנְיַן אֲרִיאֵל
בְּיוֹם הַשַּׁבָּת שִׂישׂוּ וְשִׂמְחוּ כִּמְקַבְּלֵי מַתַּן נַחֲלִיאֵל
גַּם שְׂאוּ יְדֵיכֶם קֹדֶשׁ וְאִמְרוּ לָאֵל
בָּרוּךְ יהוה אֲשֶׁר נָתַן מְנוּחָה לְעַמּוֹ יִשְׂרָאֵל: מלכים א, ח

דּוֹרְשֵׁי יהוה זֶרַע אַבְרָהָם אוֹהֲבוֹ
הַמְאַחֲרִים לָצֵאת מִן הַשַּׁבָּת וּמְמַהֲרִים לָבוֹא
וּשְׂמֵחִים לְשָׁמְרוֹ וּלְעָרֵב עֵרוּבוֹ
זֶה־הַיּוֹם עָשָׂה יהוה, נָגִילָה וְנִשְׂמְחָה בוֹ: תהלים קיח

זִכְרוּ תּוֹרַת מֹשֶׁה בְּמִצְוַת שַׁבָּת גְּרוּסָה
חֲרוּתָה לַיּוֹם הַשְּׁבִיעִי, כְּכַלָּה בֵּין רֵעוֹתֶיהָ מְשֻׁבָּצָה
טְהוֹרִים יִירָשׁוּהָ, וִיקַדְּשׁוּהָ בְּמַאֲמַר כָּל אֲשֶׁר עָשָׂה
וַיְכַל אֱלֹהִים בַּיּוֹם הַשְּׁבִיעִי מְלַאכְתּוֹ אֲשֶׁר עָשָׂה: בראשית ב

יוֹם קָדוֹשׁ הוּא, מִבּוֹאוֹ וְעַד צֵאתוֹ
כָּל זֶרַע יַעֲקֹב יְכַבְּדוּהוּ, כִּדְבַר הַמֶּלֶךְ וְדָתוֹ
לָנוּחַ בּוֹ וְלִשְׂמֹחַ בְּתַעֲנוּג אָכוֹל וְשָׁתֹה
כָּל־עֲדַת יִשְׂרָאֵל יַעֲשׂוּ אֹתוֹ: שמות יב

מְשֹׁךְ חַסְדְּךָ לְיוֹדְעֶיךָ, אֵל קַנּוֹא וְנוֹקֵם
נוֹטְרֵי יוֹם הַשְּׁבִיעִי זָכוֹר וְשָׁמוֹר לְהָקֵם
שַׂמְּחֵם בְּבִנְיַן שָׁלֵם, בְּאוֹר פָּנֶיךָ תַּבְהִיקֵם
יִרְוְיֻן מִדֶּשֶׁן בֵּיתֶךָ, וְנַחַל עֲדָנֶיךָ תַשְׁקֵם: תהלים לו

עֲזֹר לַשּׁוֹבְתִים בַּשְּׁבִיעִי, בֶּחָרִישׁ וּבַקָּצִיר עוֹלָמִים
פּוֹסְעִים בּוֹ פְּסִיעָה קְטַנָּה, סוֹעֲדִים בּוֹ, לְבָרֵךְ שָׁלֹשׁ פְּעָמִים
צִדְקָתָם תַּצְהִיר כְּאוֹר שִׁבְעַת הַיָּמִים
יהוה אֱלֹהֵי יִשְׂרָאֵל, הָבָה תָמִים: שמואל א, יד

מְנוּחָה וְשִׂמְחָה Descanso y regocijo, luz para los judíos,
el Shabat es un día de deleites,
quienes lo cuidan y lo recuerdan atestiguan
que en seis días la Creación fue completada y perdura.

Los cielos de los cielos, la tierra y los mares,
todas las huestes celestiales, elevadas y majestuosas.
Monstruos marinos, el hombre y las bestias salvajes,
fueron creadas por el SEÑOR, la Fortaleza
de todos los mundos.

Él es Quien habló a Su pueblo elegido:
"Guárdalo para santificarlo desde que entra hasta que sale",
el sagrado Shabat es Su día de deleite,
pues en él reposó de toda Su labor.

Por medio del precepto del Shabat Dios te dará fuerzas,
levántate, órale y Él te dará vigor de inmediato.
Recita la plegaria de Nishmat Kol Jai y la Kedushá,
come con alegría porque Él está conforme contigo.

Con dos hogazas de pan y vino para el Kidush,
con abundantes manjares y espíritu distendido.
Todos aquellos que se deleitan en el Shabat recibirán
gran recompensa,
con el arribo del Salvador y la vida del Mundo Venidero.

מְנוּחָה וְשִׂמְחָה אוֹר לַיְּהוּדִים
יוֹם שַׁבָּתוֹן, יוֹם מַחֲמַדִּים
שׁוֹמְרָיו וְזוֹכְרָיו הֵמָּה מְעִידִים
כִּי לְשִׁשָּׁה כֹּל בְּרוּאִים וְעוֹמְדִים.

שְׁמֵי שָׁמַיִם, אֶרֶץ וְיַמִּים
כָּל צְבָא מָרוֹם גְּבוֹהִים וְרָמִים
תַּנִּין וְאָדָם וְחַיַּת רְאֵמִים
כִּי בְּיָהּ יהוה צוּר עוֹלָמִים.

הוּא אֲשֶׁר דִּבֶּר לְעַם סְגֻלָּתוֹ
שָׁמוֹר לְקַדְּשׁוֹ מִבּוֹאוֹ עַד צֵאתוֹ
שַׁבַּת קֹדֶשׁ יוֹם חֶמְדָּתוֹ
כִּי בוֹ שָׁבַת אֵל מִכָּל מְלַאכְתּוֹ.

בְּמִצְוַת שַׁבָּת אֵל יַחֲלִיצָךְ
קוּם קְרָא אֵלָיו, יָחִישׁ לְאַמְּצָךְ
נִשְׁמַת כָּל חַי וְגַם נַעֲרִיצָךְ
אֱכֹל בְּשִׂמְחָה כִּי כְבָר רָצָךְ.

בְּמִשְׁנֶה לֶחֶם וְקִדּוּשׁ רַבָּה
בְּרֹב מַטְעַמִּים וְרוּחַ נְדִיבָה
יִזְכּוּ לְרַב טוּב הַמִּתְעַנְּגִים בָּהּ
בְּבִיאַת גּוֹאֵל לְחַיֵּי הָעוֹלָם הַבָּא.

מַה־יְּדִידוּת Cuán amado es tu descanso, oh la Reina el Shabat,
correremos a recibirte, ven novia real,
vestido con finos ropajes, encendiendo velas con bendición,
todos los trabajos cesan, (tal como está escrito) "no haréis labor".
Deleitarse con exquisiteces, pavos, codorniz y pescados.

Desde el día anterior se preparan todo tipo de manjares,
cuando todavía es de día ya están listos los pollos rellenos.
Se sirve una variedad de platillos, se beben vinos embriagantes
y diversas delicias en todas las tres oportunidades.
Deleitarse con exquisiteces, pavos, codorniz y pescados.

Ellos heredarán la porción de Ya'akov, una heredad ilimitada,
el rico y el pobre lo honrarán (el Shabat) y se harán merecedores de la redención.
Si habréis de honrar el Shabat seréis Mi especial tesoro,
seis días trabajareis y en el séptimo os regocijareis.
Deleitarse con exquisiteces, pavos, codorniz y pescados.

Tus asuntos mundanos están prohibidos, así como también sacar cuentas,
está permitido reflexionar y buscar novios para las hijas.
Leer y enseñar un libro al pequeño, cantar cánticos de alabanza
y meditar sobre palabras refinadas en todos los ámbitos y sitios de reunión.
Deleitarse con exquisiteces, pavos, codorniz y pescados.

Debes caminar sin apuro, llamar al Shabat deleite.
Y el sueño es también digno de alabanza por cuanto que reanima el espíritu.
Por ello mi alma te añora, para descansar en ti con amor,
como dentro de un cerco de rosas en el cual descansan el hijo y la hija.
Deleitarse con exquisiteces, pavos, codorniz y pescados.

Un anticipo del Mundo Venidero es el descanso del Shabat,
todos aquellos que se deleiten en él gozarán de gran felicidad.
Serán salvos de los dolores de parto de la era mesiánica.
Haz brotar nuestra redención para que entonces se retiren todo pesar y toda tristeza.
Deleitarse con exquisiteces, pavos, codorniz y pescados.

מַה־יְּדִידוּת מְנוּחָתֵךְ, אַתְּ שַׁבָּת הַמַּלְכָּה
בְּכֵן נָרוּץ לִקְרָאתֵךְ, בּוֹאִי כַלָּה נְסוּכָה
לְבוּשׁ בִּגְדֵי חֲמוּדוֹת, לְהַדְלִיק נֵר בִּבְרָכָה
וַתֵּכֶל כָּל הָעֲבוֹדוֹת, לֹא תַעֲשׂוּ מְלָאכָה.
לְהִתְעַנֵּג בְּתַעֲנוּגִים בַּרְבּוּרִים וּשְׂלָו וְדָגִים.

מֵעֶרֶב מַזְמִינִים כָּל מִינֵי מַטְעַמִּים
מִבְּעוֹד יוֹם מוּכָנִים תַּרְנְגוֹלִים מְפֻטָּמִים
וְלַעֲרֹךְ כַּמָּה מִינִים, שְׁתוֹת יֵינוֹת מְבֻשָּׂמִים
וְתַפְנוּקֵי מַעֲדַנִּים בְּכָל שָׁלֹשׁ פְּעָמִים.
לְהִתְעַנֵּג בְּתַעֲנוּגִים בַּרְבּוּרִים וּשְׂלָו וְדָגִים.

נַחֲלַת יַעֲקֹב יִירָשׁ, בְּלִי מְצָרִים נַחֲלָה
וִיכַבְּדוּהוּ עָשִׁיר וָרָשׁ, וְתִזְכּוּ לִגְאֻלָּה
יוֹם שַׁבָּת אִם תְּכַבְּדוּ וִהְיִיתֶם לִי סְגֻלָּה
שֵׁשֶׁת יָמִים תַּעֲבֹדוּ וּבַשְּׁבִיעִי נָגִילָה.
לְהִתְעַנֵּג בְּתַעֲנוּגִים בַּרְבּוּרִים וּשְׂלָו וְדָגִים.

חֲפָצֶיךָ אֲסוּרִים וְגַם לַחְשֹׁב חֶשְׁבּוֹנוֹת
הִרְהוּרִים מֻתָּרִים וּלְשַׁדֵּךְ הַבָּנוֹת
וְתִינוֹק לְלַמְּדוֹ סֵפֶר, לַמְנַצֵּחַ בִּנְגִינוֹת
וְלַהֲגוֹת בְּאִמְרֵי שֶׁפֶר בְּכָל פִּנּוֹת וּמַחֲנוֹת.
לְהִתְעַנֵּג בְּתַעֲנוּגִים בַּרְבּוּרִים וּשְׂלָו וְדָגִים.

הִלּוּכָךְ יְהֵא בְנַחַת, עֹנֶג קְרָא לַשַּׁבָּת
וְהַשֵּׁנָה מְשֻׁבַּחַת כְּדָת נֶפֶשׁ מְשִׁיבַת
בְּכֵן נַפְשִׁי לְךָ עָרְגָה וְלָנוּחַ בְּחִבַּת
כַּשּׁוֹשַׁנִּים סוּגָה, בּוֹ יָנוּחוּ בֵּן וּבַת.
לְהִתְעַנֵּג בְּתַעֲנוּגִים בַּרְבּוּרִים וּשְׂלָו וְדָגִים.

מֵעֵין עוֹלָם הַבָּא יוֹם שַׁבָּת מְנוּחָה
כָּל הַמִּתְעַנְּגִים בָּהּ יִזְכּוּ לְרֹב שִׂמְחָה
מֵחֶבְלֵי מָשִׁיחַ יֻצָּלוּ לִרְוָחָה
פְּדוּתֵנוּ תַצְמִיחַ, וְנָס יָגוֹן וַאֲנָחָה.
לְהִתְעַנֵּג בְּתַעֲנוּגִים בַּרְבּוּרִים וּשְׂלָו וְדָגִים.

יוֹם זֶה לְיִשְׂרָאֵל Este día es para Israel de luz y alegría,
el Shabat de reposo.
Ordenaste leyes junto al Monte Sinaí,
Shabat y fiestas para observar en todos mis años.
Poniendo ante mí una mesa servida con buenos alimentos,
Shabat de reposo.

Este día es para Israel de luz y alegría, Shabat de reposo.

Delicia para los corazones de una nación quebrantada,
alma suplementaria para los espíritus dolientes.
Retira la angustia del espíritu acongojado,
Shabat de reposo.

Este día es para Israel de luz y alegría, Shabat de reposo.

Lo santificaste y bendijiste por sobre todos los días,
en seis días culminaste la formación de todos los mundos.
En él encontrarán tranquilidad
y seguridad las almas compungidas,
Shabat de reposo.

Este día es para Israel de luz y alegría, Shabat de reposo.

De realizar toda labor nos ordenaste, oh Dios Reverenciado,
obtendré la gloria real si he de cuidar el Shabat.
Traeré un presente dulcemente aromatizado al Todopoderoso,
Shabat de reposo.

Este día es para Israel de luz y alegría, Shabat de reposo.

Renueva nuestro Santuario, recuerda la ciudad en ruinas,
otorga Tu bondad, nuestro salvador, a la afligida.
Ella pasa el Shabat con cánticos y alabanza,
Shabat de reposo.

Este día es para Israel de luz y alegría, Shabat de reposo.

יוֹם זֶה לְיִשְׂרָאֵל אוֹרָה וְשִׂמְחָה, שַׁבַּת מְנוּחָה.
צִוִּיתָ פִּקּוּדִים בְּמַעֲמַד סִינַי
שַׁבָּת וּמוֹעֲדִים לִשְׁמֹר בְּכָל שָׁנַי
לַעֲרֹךְ לְפָנַי מַשְׂאֵת וַאֲרוּחָה שַׁבַּת מְנוּחָה.

יוֹם זֶה לְיִשְׂרָאֵל אוֹרָה וְשִׂמְחָה, שַׁבַּת מְנוּחָה.

חֶמְדַּת הַלְּבָבוֹת לְאֻמָּה שְׁבוּרָה
לִנְפָשׁוֹת נִכְאָבוֹת נְשָׁמָה יְתֵרָה
לְנֶפֶשׁ מְצֵרָה יָסִיר אֲנָחָה שַׁבַּת מְנוּחָה.

יוֹם זֶה לְיִשְׂרָאֵל אוֹרָה וְשִׂמְחָה, שַׁבַּת מְנוּחָה.

קִדַּשְׁתָּ בֵּרַכְתָּ אוֹתוֹ מִכָּל יָמִים
בְּשֵׁשֶׁת כִּלִּיתָ מְלֶאכֶת עוֹלָמִים
בּוֹ מָצְאוּ עֲגוּמִים הַשְׁקֵט וּבִטְחָה שַׁבַּת מְנוּחָה.

יוֹם זֶה לְיִשְׂרָאֵל אוֹרָה וְשִׂמְחָה, שַׁבַּת מְנוּחָה.

לְאִסּוּר מְלָאכָה צִוִּיתָנוּ נוֹרָא
אֶזְכֶּה הוֹד מְלוּכָה אִם שַׁבָּת אֶשְׁמְרָה
אַקְרִיב שַׁי לַמּוֹרָא, מִנְחָה מֶרְקָחָה שַׁבַּת מְנוּחָה.

יוֹם זֶה לְיִשְׂרָאֵל אוֹרָה וְשִׂמְחָה, שַׁבַּת מְנוּחָה.

חַדֵּשׁ מִקְדָּשֵׁנוּ, זָכְרָה נֶחֱרֶבֶת
טוּבְךָ, מוֹשִׁיעֵנוּ, תְּנָה לַנֶּעֱצֶבֶת
בְּשַׁבָּת יוֹשֶׁבֶת בְּזֶמֶר וּשְׁבָחָה שַׁבַּת מְנוּחָה.

יוֹם זֶה לְיִשְׂרָאֵל אוֹרָה וְשִׂמְחָה, שַׁבַּת מְנוּחָה.

יָהּ רִבּוֹן Dios, Amo de todos los mundos,
Tú eres el soberano, Rey de todos los reyes:
Tu poderosa y maravillosa obra
es agradable declarar ante Ti.

Dios, Amo de todos los mundos,
Tú eres el soberano Rey de todos los reyes.

Mi alabanza he de entonar mañana y noche,
A Ti, Dios Santo, que ha creado todo ser viviente:
ángeles sagrados y seres humanos,
bestias del campo y aves del cielo.

Dios, Amo de todos los mundos,
Tú eres el soberano Rey de todos los reyes.

Grandes y poderosas son Tus acciones,
Tú humillas a los soberbios y yergues a los encorvados.
Aunque viva un hombre por mil años
no podría dimensionar Tus portentos.

Dios, Amo de todos los mundos,
Tú eres el soberano Rey de todos los reyes.

Dios al que le pertenecen la gloria y la grandeza,
rescata a Tu rebaño de las fauces de los leones.
Saca a Tu pueblo del exilio,
al pueblo al cual elegiste de entre todas las naciones.

Dios, Amo de todos los mundos,
Tú eres el soberano Rey de todos los reyes.

Retorna a Tu Santuario y al Santo Sanctórum,
Sitio en el cual se regocijarán los espíritus y las almas,
y Te entonarán cánticos y alabanzas
en Jerusalém la ciudad que es el desiderátum de la belleza.

Dios, Amo de todos los mundos,
Tú eres el soberano Rey de todos los reyes.

יָהּ רִבּוֹן עָלַם וְעָלְמַיָּא
אַנְתְּ הוּא מַלְכָּא מֶלֶךְ מַלְכַיָּא
עוֹבַד גְּבוּרְתָּךְ וְתִמְהַיָּא
שְׁפַר קֳדָמָךְ לְהַחֲוָיָא.
יָהּ רִבּוֹן עָלַם וְעָלְמַיָּא, אַנְתְּ הוּא מַלְכָּא מֶלֶךְ מַלְכַיָּא.

שְׁבָחִין אֲסַדֵּר צַפְרָא וְרַמְשָׁא
לָךְ אֱלָהָא קַדִּישָׁא דִּי בְרָא כָּל נַפְשָׁא
עִירִין קַדִּישִׁין וּבְנֵי אֱנָשָׁא
חֵיוַת בָּרָא וְעוֹפֵי שְׁמַיָּא.
יָהּ רִבּוֹן עָלַם וְעָלְמַיָּא, אַנְתְּ הוּא מַלְכָּא מֶלֶךְ מַלְכַיָּא.

רַבְרְבִין עוֹבְדָיךְ וְתַקִּיפִין
מָכֵךְ רָמַיָּא וְזָקֵף כְּפִיפִין
לוּ יְחֵי גְבַר שְׁנִין אַלְפִין
לָא יֵעֹל גְּבוּרְתָּךְ בְּחֻשְׁבְּנַיָּא.
יָהּ רִבּוֹן עָלַם וְעָלְמַיָּא, אַנְתְּ הוּא מַלְכָּא מֶלֶךְ מַלְכַיָּא.

אֱלָהָא דִּי לֵהּ יְקַר וּרְבוּתָא
פְּרֹק יָת עָנָךְ מִפֻּם אַרְיָוָתָא
וְאַפֵּק יָת עַמָּךְ מִגּוֹ גָלוּתָא
עַמָּא דִּי בְחַרְתְּ מִכָּל אֻמַּיָּא.
יָהּ רִבּוֹן עָלַם וְעָלְמַיָּא, אַנְתְּ הוּא מַלְכָּא מֶלֶךְ מַלְכַיָּא.

לְמַקְדְּשָׁךְ תּוּב וּלְקֹדֶשׁ קֻדְשִׁין
אֲתַר דִּי בֵהּ יֶחֱדוּן רוּחִין וְנַפְשִׁין
וִיזַמְּרוּן לָךְ שִׁירִין וְרַחֲשִׁין
בִּירוּשְׁלֵם קַרְתָּא דְשֻׁפְרַיָּא.
יָהּ רִבּוֹן עָלַם וְעָלְמַיָּא, אַנְתְּ הוּא מַלְכָּא מֶלֶךְ מַלְכַיָּא.

צָמְאָה נַפְשִׁי Mi alma está sedienta del Dios viviente. *Sal. 42*
Mi corazón y mi carne cantarán gozosamente al Dios viviente. *Sal. 84*
El Dios Único me ha creado y dijo: "Juro por Mi Nombre,
no Me verá el hombre y vivirá".

Mi alma está sedienta del Dios viviente.
Mi corazón y mi carne cantarán gozosamente al Dios viviente.

Él todo lo ha creado con sabiduría, con un diseño y pensamiento profundo,
el cual está profundamente oculto de los ojos de cualquier ser viviente.
Su gloria está por encima de todo y cada boca da a conocer Su esplendor.
Bendito es Él en cuyas manos está la potencia de todos los seres vivos.

Mi alma está sedienta del Dios viviente.
Mi corazón y mi carne cantarán gozosamente al Dios viviente.

Separó a los descendientes del íntegro para enseñarles leyes,
las cuales cumplirá el hombre y vivirá.
¿Quién puede vindicarse? Se asemeja al polvo fino,
es verdad, ningún ser vivo puede vindicarse ante Ti.

Mi alma está sedienta del Dios viviente.
Mi corazón y mi carne cantarán gozosamente al Dios viviente.

En el corazón, la inclinación al mal se asemeja al veneno de la serpiente.
¿Cómo podrá entonces retornar a Ti el ser de carne?
Quienes se apartaron del buen camino si así lo desearen podrán volver,
antes de yacer en el sitio destinado para todos los seres vivos.

Mi alma está sedienta del Dios viviente.
Mi corazón y mi carne cantarán gozosamente al Dios viviente.

Por todo he de agradecerte, toda boca ha de unificarte,
abres Tus manos y satisfaces a todo ser vivo.
Recuerda el amor pretérito y revive a los dormidos,
Acerca los días en los cuales el hijo de Yshai está vivo.

Mi alma está sedienta del Dios viviente.
Mi corazón y mi carne cantarán gozosamente al Dios viviente.

Contempla a la verdadera dama, cuando la sirvienta dice:
"No, tu hijo está muerto y el mío está vivo".
Me prosternaré y extenderé ante Ti mis brazos,
Cuando abra mi boca para recitar "Nishmat Kol Jai".

Mi alma está sedienta del Dios viviente.
Mi corazón y mi carne cantarán gozosamente al Dios viviente.

צָמְאָה נַפְשִׁי לֵאלֹהִים לְאֵל חָי: לִבִּי וּבְשָׂרִי יְרַנְּנוּ אֶל אֵל־חָי: תהלים מב תהלים פד
אֵל אֶחָד בְּרָאַנִי, וְאָמַר חַי אָנִי כִּי לֹא יִרְאַנִי הָאָדָם וָחָי.
צָמְאָה נַפְשִׁי לֵאלֹהִים לְאֵל חָי, לִבִּי וּבְשָׂרִי יְרַנְּנוּ אֶל אֵל־חָי.

בָּרָא כֹל בְּחָכְמָה, בְּעֵצָה וּבִמְזִמָּה מְאֹד נֶעְלָמָה מֵעֵינֵי כָּל חָי.
רָם עַל כֹּל כְּבוֹדוֹ, כָּל פֶּה יְחַוֶּה הוֹדוֹ בָּרוּךְ אֲשֶׁר בְּיָדוֹ נֶפֶשׁ כָּל חָי.
צָמְאָה נַפְשִׁי לֵאלֹהִים לְאֵל חָי, לִבִּי וּבְשָׂרִי יְרַנְּנוּ אֶל אֵל־חָי.

הִבְדִּיל נִינֵי תָם, חֻקִּים לְהוֹרוֹתָם אֲשֶׁר יַעֲשֶׂה אוֹתָם הָאָדָם וָחָי.
מִי זֶה יִצְטַדָּק, נִמְשַׁל לְאָבָק דָּק אֱמֶת, כִּי לֹא יִצְדַּק לְפָנֶיךָ כָּל חָי.
צָמְאָה נַפְשִׁי לֵאלֹהִים לְאֵל חָי, לִבִּי וּבְשָׂרִי יְרַנְּנוּ אֶל אֵל־חָי.

בְּלֵב יֵצֶר חָשׁוּב כִּדְמוּת חֲמַת עַכְשׁוּב וְאֵיכָכָה יָשׁוּב הַבָּשָׂר הֶחָי.
נְסוֹגִים אִם אָבוּ, וּמִדַּרְכָּם שָׁבוּ טֶרֶם יִשְׁכָּבוּ בֵּית מוֹעֵד לְכָל חָי.
צָמְאָה נַפְשִׁי לֵאלֹהִים לְאֵל חָי, לִבִּי וּבְשָׂרִי יְרַנְּנוּ אֶל אֵל־חָי.

עַל כֹּל אֲהוֹדֶךָ, כָּל פֶּה תְּיַחֲדֶךָ פּוֹתֵחַ אֶת יָדֶךָ וּמַשְׂבִּיעַ לְכָל חָי.
זְכֹר אַהֲבַת קְדוּמִים, וְהַחֲיֵה נִרְדָּמִים וְקָרֵב הַיָּמִים אֲשֶׁר בֶּן יִשַׁי חָי.
צָמְאָה נַפְשִׁי לֵאלֹהִים לְאֵל חָי, לִבִּי וּבְשָׂרִי יְרַנְּנוּ אֶל אֵל־חָי.

רְאֵה לִגְבֶרֶת אֱמֶת, שִׁפְחָה נוֹאֶמֶת לֹא כִי, בְּנֵךְ הַמֵּת וּבְנִי הֶחָי.
אֶקֹּד עַל אַפִּי, וְאֶפְרֹשׂ לְךָ כַּפִּי עֵת אֶפְתַּח פִּי בְּנִשְׁמַת כָּל חָי.
צָמְאָה נַפְשִׁי לֵאלֹהִים לְאֵל חָי, לִבִּי וּבְשָׂרִי יְרַנְּנוּ אֶל אֵל־חָי.

צוּר מִשֶּׁלּוֹ La Fortaleza (Roca) de la cual hemos comido:
Bendecidle, mis fieles amigos,
nos hemos satisfecho y hemos dejado remanente,
tal como lo indica el Señor.

Él alimenta a Su mundo, nuestro Pastor, nuestro Padre,
comimos de Su pan y bebimos de Su vino.
Por ello agradeceremos a Su Nombre y Le alabaremos en nuestra boca,
diciendo, cantando que nadie hay como el Señor.

> La Fortaleza (Roca) de la cual hemos comido:
> Bendecidle, mis fieles amigos,
> nos hemos satisfecho y hemos dejado remanente,
> tal como lo indica el Señor.

Por medio de cánticos y voces de agradecimiento bendeciremos a nuestro Dios,
por la tierra deseada y buena que legó a nuestros ancestros.
Con alimentos y sostén satisfizo a nuestras almas,
Su benevolencia nos supera: el Señor es verdad.

> La Fortaleza (Roca) de la cual hemos comido:
> Bendecidle, mis fieles amigos,
> nos hemos satisfecho y hemos dejado remanentes,
> tal como lo indica el Señor.

En Tu gran bondad, apiádate de Tu pueblo, Fortaleza nuestra,
de Sion el recinto de Tu gloria, Santuario de nuestro esplendor.
El hijo de David Tu siervo vendrá y nos redimirá,
nuestro aliento vital, el ungido del Señor.

> La Fortaleza (Roca) de la cual hemos comido:
> Bendecidle, mis fieles amigos,
> nos hemos satisfecho y hemos dejado remanentes,
> tal como lo indica el Señor.

Que se reconstruya el Templo, la ciudad de Sion vuelva a llenarse (de habitantes),
y allí entonaremos un nuevo cántico y ascenderemos con alegría.
El Santo Misericordioso será bendecido y elevado sobre todo,
sobre una copa llena de vino, señal de la bendición del Señor.

> La Fortaleza (Roca) de la cual hemos comido:
> Bendecidle, mis fieles amigos,
> nos hemos satisfecho y hemos dejado remanentes,
> tal como lo indica el Señor.

צוּר מִשֶּׁלּוֹ אָכַלְנוּ בָּרְכוּ אֱמוּנַי
שָׂבַעְנוּ וְהוֹתַרְנוּ כִּדְבַר יהוה.

הַזָּן אֶת עוֹלָמוֹ רוֹעֵנוּ אָבִינוּ
אָכַלְנוּ אֶת לַחְמוֹ וְיֵינוֹ שָׁתִינוּ
עַל כֵּן נוֹדֶה לִשְׁמוֹ וּנְהַלְלוֹ בְּפִינוּ
אָמַרְנוּ וְעָנִינוּ אֵין קָדוֹשׁ כַּיהוה.

צוּר מִשֶּׁלּוֹ אָכַלְנוּ, בָּרְכוּ אֱמוּנַי, שָׂבַעְנוּ וְהוֹתַרְנוּ כִּדְבַר יהוה.

בְּשִׁיר וְקוֹל תּוֹדָה נְבָרֵךְ אֱלֹהֵינוּ
עַל אֶרֶץ חֶמְדָּה שֶׁהִנְחִיל לַאֲבוֹתֵינוּ
מָזוֹן וְצֵידָה הִשְׂבִּיעַ לְנַפְשֵׁנוּ
חַסְדּוֹ גָּבַר עָלֵינוּ וֶאֱמֶת יהוה.

צוּר מִשֶּׁלּוֹ אָכַלְנוּ, בָּרְכוּ אֱמוּנַי, שָׂבַעְנוּ וְהוֹתַרְנוּ כִּדְבַר יהוה.

רַחֵם בְּחַסְדֶּךָ עַל עַמְּךָ צוּרֵנוּ
עַל צִיּוֹן מִשְׁכַּן כְּבוֹדֶךָ זְבוּל בֵּית תִּפְאַרְתֵּנוּ
בֶּן דָּוִד עַבְדֶּךָ יָבוֹא וְיִגְאָלֵנוּ
רוּחַ אַפֵּינוּ מְשִׁיחַ יהוה.

צוּר מִשֶּׁלּוֹ אָכַלְנוּ, בָּרְכוּ אֱמוּנַי, שָׂבַעְנוּ וְהוֹתַרְנוּ כִּדְבַר יהוה.

יִבָּנֶה הַמִּקְדָּשׁ עִיר צִיּוֹן תְּמַלֵּא
וְשָׁם נָשִׁיר שִׁיר חָדָשׁ וּבִרְנָנָה נַעֲלֶה
הָרַחֲמָן הַנִּקְדָּשׁ יִתְבָּרַךְ וְיִתְעַלֶּה
עַל כּוֹס יַיִן מָלֵא כְּבִרְכַּת יהוה.

צוּר מִשֶּׁלּוֹ אָכַלְנוּ, בָּרְכוּ אֱמוּנַי, שָׂבַעְנוּ וְהוֹתַרְנוּ כִּדְבַר יהוה.

Shajarit para Shabat y Yom Tov

Comienza al igual que en los días de semana desde las páginas 4 a la 58.

SALMO PREVIO A LOS VERSÍCULOS DE ALABANZA

מִזְמוֹר שִׁיר Salmo de David. Cántico para la dedicación de la Casa. *Sal. 30*
Te exaltaré SEÑOR porque me has levantado y no permitiste que mis enemigos se regocijen sobre mí. SEÑOR, mi Dios, clamé a Ti y me curaste. SEÑOR, elevaste mi alma del sepulcro, evitaste que descienda al pozo. Cantad al SEÑOR, vosotros Sus devotos, agradeced a Su Nombre Sagrado. Ya que Su enojo es momentáneo pero Su favor por toda la vida. En la noche pernoctará con llanto, pero por la mañana todo es regocijo. Yo me había dicho en mi tranquilidad: "Jamás vacilaré". SEÑOR, es gracias a Tu Voluntad que me has mantenido en las cumbres de mi vigor; pero si Tu rostro has de ocultar me habría aterrado. A Ti SEÑOR he clamado, a mi Señor supliqué: "¿Qué beneficio puede haber si muero y desciendo al sepulcro? ¿Acaso el polvo puede agradecerte? ¿Podrá declarar Tu verdad? SEÑOR, escúchame con favor, ayúdame". ▸ Transformaste mi pesar en danza, quitaste mis harapos y me ceñiste de regocijo, para que mi alma pueda cantar Tu gloria sin callar. SEÑOR mi Dios, por siempre Te agradeceré.

---

alabanza. El salmista repasa una crisis durante la cual su vida, que hasta ese momento era segura, súbitamente fue puesta en peligro. Fue entonces que le rezó a Dios: "¿Qué beneficio puede haber si muero y desciendo al sepulcro?... ¿Acaso el polvo puede agradecerte?" De igual manera, nosotros despertándonos a la vida de un nuevo día expresamos nuestro sentimiento de alegría: "para que mi alma pueda cantar Tu gloria sin callar".

שחרית לשבת וליום טוב

Comienza al igual que en los días de semana desde las páginas 5 a la 59.

מזמור לפני פסוקי דזמרה

מִזְמוֹר שִׁיר־חֲנֻכַּת הַבַּיִת לְדָוִד: אֲרוֹמִמְךָ יהוה כִּי דִלִּיתָנִי, וְלֹא־ תהלים ל
שִׂמַּחְתָּ אֹיְבַי לִי: יהוה אֱלֹהָי, שִׁוַּעְתִּי אֵלֶיךָ וַתִּרְפָּאֵנִי: יהוה,
הֶעֱלִיתָ מִן־שְׁאוֹל נַפְשִׁי, חִיִּיתַנִי מִיָּרְדִי־בוֹר: זַמְּרוּ לַיהוה חֲסִידָיו,
וְהוֹדוּ לְזֵכֶר קָדְשׁוֹ: כִּי רֶגַע בְּאַפּוֹ, חַיִּים בִּרְצוֹנוֹ, בָּעֶרֶב יָלִין בֶּכִי
וְלַבֹּקֶר רִנָּה: וַאֲנִי אָמַרְתִּי בְשַׁלְוִי, בַּל־אֶמּוֹט לְעוֹלָם: יהוה, בִּרְצוֹנְךָ
הֶעֱמַדְתָּה לְהַרְרִי עֹז, הִסְתַּרְתָּ פָנֶיךָ הָיִיתִי נִבְהָל: אֵלֶיךָ יהוה
אֶקְרָא, וְאֶל־אֲדֹנָי אֶתְחַנָּן: מַה־בֶּצַע בְּדָמִי, בְּרִדְתִּי אֶל שָׁחַת,
הֲיוֹדְךָ עָפָר, הֲיַגִּיד אֲמִתֶּךָ: שְׁמַע־יהוה וְחָנֵּנִי, יהוה הֱיֵה־עֹזֵר לִי:
הָפַכְתָּ מִסְפְּדִי לְמָחוֹל לִי, פִּתַּחְתָּ שַׂקִּי, וַתְּאַזְּרֵנִי שִׂמְחָה: לְמַעַן
יְזַמֶּרְךָ כָבוֹד וְלֹא יִדֹּם, יהוה אֱלֹהַי, לְעוֹלָם אוֹדֶךָּ:

מִזְמוֹר שִׁיר־חֲנֻכַּת הַבַּיִת *Salmo de David. Cántico para la dedicación de la Casa*: Según Rashí, David escribió este salmo a los efectos de que sea entonado durante la inauguración del Templo, a pesar de que sabía que esto ocurriría en los días de su hijo Salomón. En primera instancia el salmo ingresó al Sidur como plegaria a ser recitada en Janucá y más tarde fue incorporado como parte del rezo diario.

Su contenido funge maravillosamente de puente que conecta entre las bendiciones matinales y los Pesukei DeZimrá o versículos de alabanza. El tema central y unificador es la restauración de la vida como motivo de

KADISH DE DUELO

La siguiente plegaria es recitada por quien está en duelo y requiere de la presencia de un minián. La transliteración se encuentra en la página 1360.

Doliente: יִתְגַּדַּל Que Su Gran Nombre sea magnificado y santificado,
en el mundo que creó conforme a Su voluntad.
Que establezca Su reino
durante vuestra vida y en vuestros días
y en la vida de toda la casa de Israel,
pronto y rápidamente y decid: Amén.

Todos: Que Su Gran Nombre sea bendito
por siempre y por toda la eternidad.

Doliente: Sea bendecido, alabado, glorificado
y exaltado, encumbrado
y magnificado, enaltecido y ensalzado
el Nombre del Santo Bendito Él;
más allá de cualquier bendición,
cántico, alabanza y consolación
pronunciados en el mundo y decid: Amén.

Que haya gran paz celestial
y vida para nosotros y para todo Israel y decid: Amén.

Inclinarse, dar tres pasos hacia atrás como retirándose de la Divina Presencia, luego inclinarse primero hacia la izquierda, luego hacia la derecha y luego al centro mientras se dice:

Quien obra la paz en Sus alturas,
haga la paz para nosotros
y todo Israel y decid: Amén.

El mayor obsequio que podemos otorgar a la memoria de quien hemos perdido es el ser una fuente de bendición para el fallecido por medio de las buenas acciones que realizamos en su nombre o en su memoria. Cuando decimos Kadish, somos la causa de que la congregación exclame: "Que Su Gran Nombre sea bendito por siempre y por la toda la eternidad". Según el Talmud, esto es muy placentero para Dios. Al causar que la congregación alabe a Dios demostramos que el deceso de la persona que hemos perdido nos impulsa a realizar buenas acciones y de esa manera su memoria continúa siendo bendita.

קדיש יתום

La siguiente plegaria es recitada por quien está en duelo y requiere de la presencia de un minián. La transliteración se encuentra en la página 1360.

אבל: יִתְגַּדַּל וְיִתְקַדַּשׁ שְׁמֵהּ רַבָּא (קהל: אָמֵן)
בְּעָלְמָא דִּי בְרָא כִרְעוּתֵהּ, וְיַמְלִיךְ מַלְכוּתֵהּ
בְּחַיֵּיכוֹן וּבְיוֹמֵיכוֹן וּבְחַיֵּי דְכָל בֵּית יִשְׂרָאֵל
בַּעֲגָלָא וּבִזְמַן קָרִיב, וְאִמְרוּ אָמֵן. (קהל: אָמֵן)

קהל ואבל: יְהֵא שְׁמֵהּ רַבָּא מְבָרַךְ לְעָלַם וּלְעָלְמֵי עָלְמַיָּא.

אבל: יִתְבָּרַךְ וְיִשְׁתַּבַּח וְיִתְפָּאַר
וְיִתְרוֹמַם וְיִתְנַשֵּׂא וְיִתְהַדָּר וְיִתְעַלֶּה וְיִתְהַלָּל
שְׁמֵהּ דְּקֻדְשָׁא בְּרִיךְ הוּא (קהל: בְּרִיךְ הוּא)
לְעֵלָּא מִן כָּל בִּרְכָתָא / בשבת שובה: לְעֵלָּא לְעֵלָּא מִכָּל בִּרְכָתָא/
וְשִׁירָתָא, תֻּשְׁבְּחָתָא וְנֶחֱמָתָא
דַּאֲמִירָן בְּעָלְמָא, וְאִמְרוּ אָמֵן. (קהל: אָמֵן)

יְהֵא שְׁלָמָא רַבָּא מִן שְׁמַיָּא
וְחַיִּים, עָלֵינוּ וְעַל כָּל יִשְׂרָאֵל, וְאִמְרוּ אָמֵן. (קהל: אָמֵן)

Inclinarse, dar tres pasos hacia atrás como retirándose de la Divina Presencia, luego inclinarse primero hacia la izquierda, luego hacia la derecha y luego al centro mientras se dice:

עֹשֶׂה שָׁלוֹם/ בשבת שובה: הַשָּׁלוֹם/ בִּמְרוֹמָיו
הוּא יַעֲשֶׂה שָׁלוֹם
עָלֵינוּ וְעַל כָּל יִשְׂרָאֵל, וְאִמְרוּ אָמֵן. (קהל: אָמֵן)

KADISH DE DUELO

Se ha notado desde hace mucho lo paradójico del hecho de que en el Kadish de Duelo no haya mención alguna a la muerte, al duelo o al dolor. En el judaísmo emergemos del dolor de la pérdida volviéndonos a sumergir en la vida, y de ese modo en Dios que es la fuente de ésta.

PESUKEI DEZIMRÁ

La siguiente bendición introductoria de Pesukei DeZimrá (versículos de alabanza) se recita de pie sosteniendo los dos tzitziot delanteros del talit, los cuales se besan y sueltan al culminar con las palabras "cánticos de alabanza" (en la siguiente página). Desde el comienzo de esta bendición y hasta el final de la Amidá se prohíbe hablar. Ver las tablas en las páginas 1329–1331 que indican qué está permitido responder en las diferentes etapas.

Algunos dicen:

He aquí que preparo mi boca para agradecer, alabar y loar a mi Creador, en aras de la unificación del Santo Bendito Él y Su Divina Presencia, por medio de Aquél que está oculto y recóndito, en nombre de todo Israel.

BENDITO ES QUIEN HABLÓ

y el mundo cobró existencia, Bendito es.
Bendito es Él Quien mantiene la Creación.
Bendito es Él Quien habla y actúa.
Bendito es Él Quien decreta y cumple.
Bendito es Él Quien muestra compasión por la tierra.
Bendito es Él Quien se apiada de las creaturas.
Bendito es Él Quien recompensa a quienes Le temen.
Bendito es Él Quien vive por siempre
y existe eternamente.
Bendito es Él Quien redime y salva.
Bendito es Su Nombre.

---

despedida o retiro gradual posteriormente. Es imposible pasar directamente de las preocupaciones mundanas a la intensa concentración requerida para experimentar un rezo genuino y viceversa. El versículo citado que respalda esta práctica es "Felices aquellos que residen en Tu morada" (Salmos 84:5) y ocupa un sitial prominente en el corazón de los versículos de alabanza. Además de los seis salmos recitados durante los días de la semana, en Shabat y en Yom Tov se agregan nueve más.

בָּרוּךְ שֶׁאָמַר *Bendito es Quien habló:* Es una bendición introductoria a la sección de Pesukei DeZimrá y consiste de dos secciones. La primera es una letanía de diez partes en la cual se alaba a Dios como Creador. Cada frase es precedida de la palabra "Bendito" (la segunda frase "Bendito es" no se trata

פסוקי דזמרה

La siguiente bendición introductoria de פסוקי דזמרה *(versículos de alabanza) se recita de pie sosteniendo los dos* ציציות *delanteros del* טלית*, los cuales se besan y sueltan al culminar con las palabras* בַּתִּשְׁבָּחוֹת *(en la siguiente página). Desde el comienzo de esta bendición y hasta el final de la* עמידה *se prohíbe hablar. Ver las tablas en las páginas 1329–1331 que indican qué está permitido responder en las diferentes etapas.*

Algunos dicen:

הֲרֵינִי מְזַמֵּן אֶת פִּי לְהוֹדוֹת וּלְהַלֵּל וּלְשַׁבֵּחַ אֶת בּוֹרְאִי, לְשֵׁם יִחוּד קֻדְשָׁא בְּרִיךְ הוּא וּשְׁכִינְתֵּהּ עַל יְדֵי הַהוּא טָמִיר וְנֶעְלָם בְּשֵׁם כָּל יִשְׂרָאֵל.

בָּרוּךְ שֶׁאָמַר
וְהָיָה הָעוֹלָם, בָּרוּךְ הוּא.

בָּרוּךְ עוֹשֶׂה בְרֵאשִׁית
בָּרוּךְ אוֹמֵר וְעוֹשֶׂה
בָּרוּךְ גּוֹזֵר וּמְקַיֵּם
בָּרוּךְ מְרַחֵם עַל הָאָרֶץ
בָּרוּךְ מְרַחֵם עַל הַבְּרִיּוֹת
בָּרוּךְ מְשַׁלֵּם שָׂכָר טוֹב לִירֵאָיו
בָּרוּךְ חַי לָעַד וְקַיָּם לָנֶצַח
בָּרוּךְ פּוֹדֶה וּמַצִּיל
בָּרוּךְ שְׁמוֹ

PESUKEI DEZIMRÁ / VERSÍCULOS DE ALABANZA

Esta sección del rezo está basada en la enseñanza talmúdica (*Berajot* 32A) según la cual "los primeros piadosos acostumbraban a esperar una hora (antes de rezar), rezaban durante una hora y luego esperaban nuevamente una hora". La plegaria requiere de preparación mental previa, así como también de una

Bendito eres Tú Señor, nuestro Dios, Rey del universo,
Dios, Padre compasivo, exaltado por la boca de Su pueblo,
alabado y glorificado por las expresiones de Sus devotos
y Sus siervos.
Con los cánticos de David Tu Servidor
Te loaremos Señor, Dios nuestro.
Con alabanzas y Salmos
Te engrandeceremos, Te alabaremos, Te glorificaremos,
evocaremos Tu Nombre y Te coronaremos,
Rey nuestro, nuestro Dios, ▸ Único, que insuflas vida a los mundos,
Rey cuyo Nombre es alabado, loado
y glorificado por toda la eternidad.
Bendito eres Tú Señor,
Rey exaltado con cánticos de alabanza.

הודו Agradeced al Señor, invocad Su Nombre, difundid Sus actos *1 Cró. 16*
entre las naciones. Cantadle, haced música para Él, relatad todas Sus maravillas. Glorificaos en Su santo Nombre, que se regocijen los corazones de quienes buscan al Señor. Buscad al Señor y Su fortaleza, procurad Su Presencia siempre. Recordad las maravillas que efectuó, sus milagros y los juicios de Su boca. Descendientes de Israel Su siervo, hijos de Ya'akov, Sus elegidos, Él es el Señor nuestro Dios y Sus juicios están en toda la tierra. Recordad por siempre

---

A los efectos de enfatizar la significación de esta declaración, la recitamos de pie y al finalizar esta besamos los dos flecos anteriores del talit.

הודו *Agradeced al Señor:* La Biblia nos ofrece un vívido recuento del momento en el cual este pasaje fue recitado por primera vez (1 Crónicas 15–16): cuando el rey David trajo el Arca del Pacto a Jerusalém que era la flamante capital del estado judío. El Arca, que había sido capturada por los filisteos, fue recuperada por David y colocada en un sitio temporario. Luego fue llevada a Jerusalém en medio de gran algarabía. Al igual que en otras ocasiones especiales de la vida del Israel bíblico, el líder (en este caso David) recuerda al pueblo

בָּרוּךְ אַתָּה יהוה אֱלֹהֵינוּ מֶלֶךְ הָעוֹלָם
הָאֵל הָאָב הָרַחֲמָן הַמְהֻלָּל בְּפִי עַמּוֹ
מְשֻׁבָּח וּמְפֹאָר בִּלְשׁוֹן חֲסִידָיו וַעֲבָדָיו
וּבְשִׁירֵי דָוִד עַבְדֶּךָ
נְהַלֶּלְךָ יהוה אֱלֹהֵינוּ.
בִּשְׁבָחוֹת וּבִזְמִירוֹת
נְגַדֶּלְךָ וּנְשַׁבֵּחֲךָ וּנְפָאֶרְךָ
וְנַזְכִּיר שִׁמְךָ וְנַמְלִיכְךָ
מַלְכֵּנוּ אֱלֹהֵינוּ, ◂ יָחִיד חֵי הָעוֹלָמִים
מֶלֶךְ, מְשֻׁבָּח וּמְפֹאָר עֲדֵי עַד שְׁמוֹ הַגָּדוֹל
בָּרוּךְ אַתָּה יהוה, מֶלֶךְ מְהֻלָּל בַּתִּשְׁבָּחוֹת.

הוֹדוּ לַיהוה קִרְאוּ בִשְׁמוֹ, הוֹדִיעוּ בָעַמִּים עֲלִילֹתָיו: שִׁירוּ לוֹ, דברי הימים א׳ טז
זַמְּרוּ־לוֹ, שִׂיחוּ בְּכָל־נִפְלְאוֹתָיו: הִתְהַלְלוּ בְּשֵׁם קָדְשׁוֹ, יִשְׂמַח
לֵב מְבַקְשֵׁי יהוה: דִּרְשׁוּ יהוה וְעֻזּוֹ, בַּקְּשׁוּ פָנָיו תָּמִיד: זִכְרוּ
נִפְלְאֹתָיו אֲשֶׁר עָשָׂה, מֹפְתָיו וּמִשְׁפְּטֵי־פִיהוּ: זֶרַע יִשְׂרָאֵל עַבְדּוֹ,
בְּנֵי יַעֲקֹב בְּחִירָיו: הוּא יהוה אֱלֹהֵינוּ בְּכָל־הָאָרֶץ מִשְׁפָּטָיו: זִכְרוּ

---

de un versículo separado, sino que originalmente era la respuesta de la congregación). El número diez se corresponde con las diez veces que aparece la palabra "*Vaiomer*", "Y dijo", en el relato de la Creación en el primer capítulo de Génesis. De allí el dicho rabínico de que el mundo fue creado con "diez alocuciones" (*Avot* 5:1).

Bendito eres Tú: La segunda mitad de la bendición es un preludio a los versículos bíblicos que siguen, principalmente provenientes de los Salmos ("Con los cánticos de David Tu Servidor Te loaremos") pero también del libro de Crónicas y del de Nehemías ("Exaltado por la boca de Su pueblo").

Su pacto, la palabra que ordenó por mil generaciones, la cual pactó con Abraham, y Su juramento a Ytzjak y lo estableció como estatuto para Ya'akov, como pacto eterno para Israel, diciendo: "A ti te daré la tierra de Cna'an, la porción de vuestra herencia". Cuando erais pocos en número y casi extranjeros en ella, errando de nación en nación y de un reino a otro pueblo, mas Él no permitió que fuerais oprimidos y por vosotros amonestó a monarcas: "No toquéis a Mis ungidos ni dañéis a Mis profetas". Cantad al Señor la tierra toda, proclamad Su salvación a diario. Relatad Su gloria entre las naciones, Sus maravillas entre los pueblos. Pues el Señor es grande e infinitamente alabado en gran manera, temido y reverenciado por encima de todas las fuerzas celestiales. ▸ Pues todas las deidades de las naciones son meramente ídolos; mientras que el Señor es quien hizo los cielos.

Majestad y esplendor ante Él, fortaleza y júbilo en Su recinto. Rendid al Señor familias de las naciones, tributad al Señor el debido honor y poder. Rendid gloria al Señor por Su Nombre, tomad ofrenda y presentaos ante Él, prosternaos ante el Señor en el esplendor de la Santidad. Temblad ante Él, toda la tierra, Él afirmó la tierra para que no tambalease. Que se regocijen los cielos y alegre la tierra, que declaren entre las naciones: "El Señor es el Rey". Rugirá el mar y todo lo que este contiene, el campo y todo lo que en él se encuentra estarán jubilosos. Entonces cantarán los árboles del bosque ante el Señor, pues viene a juzgar la tierra. Agradeced al Señor que es bueno y por siempre Su benevolencia. Decid: "Sálvanos Dios de nuestra salvación, reúnenos y rescátanos de entre las naciones para que podamos agradecer a Tu sagrado Nombre y glorificarnos en Tu alabanza. Bendito es el Señor Dios de Israel desde este mundo y hasta la eternidad. Y todo el pueblo diga "Amén y alabanza al Señor".

---

la tarde) como acompañamiento de los sacrificios, desde ese día y hasta la inauguración del Templo en los días de Salomón.

לְעוֹלָם בְּרִיתוֹ, דָּבָר צִוָּה לְאֶלֶף דּוֹר: אֲשֶׁר כָּרַת אֶת־אַבְרָהָם,
וּשְׁבוּעָתוֹ לְיִצְחָק: וַיַּעֲמִידֶהָ לְיַעֲקֹב לְחֹק, לְיִשְׂרָאֵל בְּרִית עוֹלָם:
לֵאמֹר, לְךָ אֶתֵּן אֶרֶץ־כְּנָעַן, חֶבֶל נַחֲלַתְכֶם: בִּהְיוֹתְכֶם מְתֵי
מִסְפָּר, כִּמְעַט וְגָרִים בָּהּ: וַיִּתְהַלְּכוּ מִגּוֹי אֶל־גּוֹי, וּמִמַּמְלָכָה
אֶל־עַם אַחֵר: לֹא־הִנִּיחַ לְאִישׁ לְעָשְׁקָם, וַיּוֹכַח עֲלֵיהֶם מְלָכִים:
אַל־תִּגְּעוּ בִּמְשִׁיחָי, וּבִנְבִיאַי אַל־תָּרֵעוּ: שִׁירוּ לַיהוה כָּל־הָאָרֶץ,
בַּשְּׂרוּ מִיּוֹם־אֶל־יוֹם יְשׁוּעָתוֹ: סַפְּרוּ בַגּוֹיִם אֶת־כְּבוֹדוֹ, בְּכָל־
הָעַמִּים נִפְלְאֹתָיו: כִּי גָדוֹל יהוה וּמְהֻלָּל מְאֹד, וְנוֹרָא הוּא
עַל־כָּל־אֱלֹהִים: ◂ כִּי כָּל־אֱלֹהֵי הָעַמִּים אֱלִילִים, וַיהוה שָׁמַיִם
עָשָׂה:

הוֹד וְהָדָר לְפָנָיו, עֹז וְחֶדְוָה בִּמְקֹמוֹ: הָבוּ לַיהוה מִשְׁפְּחוֹת
עַמִּים, הָבוּ לַיהוה כָּבוֹד וָעֹז: הָבוּ לַיהוה כְּבוֹד שְׁמוֹ, שְׂאוּ מִנְחָה
וּבֹאוּ לְפָנָיו, הִשְׁתַּחֲווּ לַיהוה בְּהַדְרַת־קֹדֶשׁ: חִילוּ מִלְּפָנָיו כָּל־
הָאָרֶץ, אַף־תִּכּוֹן תֵּבֵל בַּל־תִּמּוֹט: יִשְׂמְחוּ הַשָּׁמַיִם וְתָגֵל הָאָרֶץ,
וְיֹאמְרוּ בַגּוֹיִם יהוה מָלָךְ: יִרְעַם הַיָּם וּמְלוֹאוֹ, יַעֲלֹץ הַשָּׂדֶה
וְכָל־אֲשֶׁר־בּוֹ: אָז יְרַנְּנוּ עֲצֵי הַיָּעַר, מִלִּפְנֵי יהוה, כִּי־בָא לִשְׁפּוֹט
אֶת־הָאָרֶץ: הוֹדוּ לַיהוה כִּי טוֹב, כִּי לְעוֹלָם חַסְדּוֹ: וְאִמְרוּ,
הוֹשִׁיעֵנוּ אֱלֹהֵי יִשְׁעֵנוּ, וְקַבְּצֵנוּ וְהַצִּילֵנוּ מִן־הַגּוֹיִם, לְהֹדוֹת
לְשֵׁם קָדְשֶׁךָ, לְהִשְׁתַּבֵּחַ בִּתְהִלָּתֶךָ: בָּרוּךְ יהוה אֱלֹהֵי יִשְׂרָאֵל
מִן־הָעוֹלָם וְעַד־הָעֹלָם, וַיֹּאמְרוּ כָל־הָעָם אָמֵן, וְהַלֵּל לַיהוה:

---

la historia de la nación y su dependencia estrecha con la Divina Providencia. El pasaje culmina con la respuesta popular: "Y todo el pueblo dijo "Amén y alabanza al Señor". De acuerdo con el libro *Seder Olam* (capítulo 14) este pasaje era recitado a diario (en dos mitades: una por la mañana y la otra por

▸ Ensalzad al Señor nuestro Dios y prosternaos ante Su escabel, *Sal. 99*
Santo es Él. Ensalzad al Señor nuestro Dios y prosternaos en Su
monte sagrado, pues el Señor nuestro Dios es Santo.

Él es compasivo, perdonará la iniquidad y no destruirá, supri- *Sal. 78*
mirá Su ira y no encenderá Su furia. Tú Señor no retengas Tu *Sal. 40*
compasión para conmigo, Tu benevolencia y Tu verdad siempre
me protegen. Recuerda Señor Tu compasión y Tu benevolencia *Sal. 25*
pues desde siempre han existido. Conferid poder al Señor, Su *Sal. 68*
majestad está sobre Israel y Su poder en el firmamento. Tú eres
reverenciado Señor desde Tus Santuarios. Este es el Dios de Israel
que da poder y fortaleza al pueblo, bendito sea Dios. Dios de la *Sal. 94*
retribución, Señor, Dios de la retribución, !manifiéstate! Yérguete,
Juez de toda la tierra. Retribuye a los arrogantes su merecido. La *Sal. 3*
salvación proviene del Señor, que Tu bendición sea sobre Tu pue-
blo. ¡Sela! ▸ El Señor de las Huestes Celestiales es con nosotros, el *Sal. 46*
Dios de Ya'akov es nuestra fortaleza, ¡Sela! Señor de las Huestes *Sal. 84*
Celestiales, feliz del hombre que confía en Ti. El Señor salva, el *Sal. 20*
Rey nos responderá en el día que Le invoquemos.

Redime a Tu pueblo y bendice a Tu herencia, cuídalos y elévalos *Sal. 28*
por siempre. Nuestra alma anhela al Señor, Él es nuestro socorro *Sal. 33*
y nuestra protección. En Él se regocijará nuestro corazón, pues
confiamos en Su Nombre sagrado. Que Tu benevolencia Señor

---

más tiempo para rezar. Además, en Shabat reflexionamos sobre la Creación Divina que es el tema de muchos de los salmos. La costumbre ashkenazí es recitar nueve. Junto a los seis que se recitan a diario suman quince, el número asociado con los cánticos de las ascensiones (Salmos 120–134) y los quince escalones del Templo sobre los que se paraban los levitas y entonaban sus cánticos.

Hay una característica llamativa en esta secuencia de Salmos suplementarios. Según una interpretación (Meiri) la frase "cántico de las ascensiones" – "*Shir HaMa'alot*" – significa que se comienza cantando suave y luego se va intensificando el volumen de la voz. Los salmos suplementarios comienzan con Salmos 19 en el cual el universo entona una canción silenciosa ("su voz no es escuchada") y culmina con Salmos 93 en un magnífico crescendo ("Más que el sonido de muchas aguas").

◂ רוֹמְמוּ יהוה אֱלֹהֵינוּ וְהִשְׁתַּחֲווּ לַהֲדֹם רַגְלָיו, קָדוֹשׁ הוּא: תהלים צט
רוֹמְמוּ יהוה אֱלֹהֵינוּ וְהִשְׁתַּחֲווּ לְהַר קָדְשׁוֹ, כִּי־קָדוֹשׁ יהוה
אֱלֹהֵינוּ:

וְהוּא רַחוּם, יְכַפֵּר עָוֹן וְלֹא־יַשְׁחִית, וְהִרְבָּה לְהָשִׁיב אַפּוֹ, תהלים עח
וְלֹא־יָעִיר כָּל־חֲמָתוֹ: אַתָּה יהוה לֹא־תִכְלָא רַחֲמֶיךָ מִמֶּנִּי, חַסְדְּךָ תהלים מ
וַאֲמִתְּךָ תָּמִיד יִצְּרוּנִי: זְכֹר־רַחֲמֶיךָ יהוה וַחֲסָדֶיךָ, כִּי מֵעוֹלָם תהלים כה
הֵמָּה: תְּנוּ עֹז לֵאלֹהִים, עַל־יִשְׂרָאֵל גַּאֲוָתוֹ, וְעֻזּוֹ בַּשְּׁחָקִים: תהלים סח
נוֹרָא אֱלֹהִים מִמִּקְדָּשֶׁיךָ, אֵל יִשְׂרָאֵל הוּא נֹתֵן עֹז וְתַעֲצֻמוֹת
לָעָם, בָּרוּךְ אֱלֹהִים: אֵל־נְקָמוֹת יהוה, אֵל נְקָמוֹת הוֹפִיעַ: הִנָּשֵׂא תהלים צד
שֹׁפֵט הָאָרֶץ, הָשֵׁב גְּמוּל עַל־גֵּאִים: לַיהוה הַיְשׁוּעָה, עַל־עַמְּךָ תהלים ג
בִרְכָתֶךָ סֶּלָה: ◂ יהוה צְבָאוֹת עִמָּנוּ, מִשְׂגָּב לָנוּ אֱלֹהֵי יַעֲקֹב תהלים מו
סֶלָה: יהוה צְבָאוֹת, אַשְׁרֵי אָדָם בֹּטֵחַ בָּךְ: יהוה הוֹשִׁיעָה, תהלים פד תהלים כ
הַמֶּלֶךְ יַעֲנֵנוּ בְיוֹם־קָרְאֵנוּ:

הוֹשִׁיעָה אֶת־עַמֶּךָ, וּבָרֵךְ אֶת־נַחֲלָתֶךָ, וּרְעֵם וְנַשְּׂאֵם עַד־ תהלים כח
הָעוֹלָם: נַפְשֵׁנוּ חִכְּתָה לַיהוה, עֶזְרֵנוּ וּמָגִנֵּנוּ הוּא: כִּי־בוֹ יִשְׂמַח תהלים לג
לִבֵּנוּ, כִּי בְשֵׁם קָדְשׁוֹ בָטָחְנוּ: יְהִי־חַסְדְּךָ יהוה עָלֵינוּ, כַּאֲשֶׁר

רוֹמְמוּ *Ensalzad al Señor nuestro Dios:* Esta selección de versículos extraídos del libro de los Salmos expresa la esperanza y la confianza en Dios. La voz en estos versículos es modulada desde el singular al plural, de lo individual a lo nacional. Este pasaje frecuente de lo público a lo privado y luego nuevamente a lo público es una característica distintiva de la sensibilidad judía. Hablamos de Dios como individuos, desde las profundidades de nuestro ser, y al mismo tiempo somos también miembros de una familia extendida, un pueblo, una nación, cuyo destino compartimos y en aras de la cual rezamos.

SALMOS SUPLEMENTARIOS PARA SHABAT Y YOM TOV

En los primeros libros de oración encontramos ya la costumbre sólidamente establecida de recitar salmos suplementarios en Shabat y en Yom Tov. Esto se debe a que está prohibido trabajar y por lo tanto disponemos de

sea sobre nosotros así como hemos depositado en Ti nuestra con-
fianza. Muéstranos Tu generosidad y concédenos Tu redención. *Sal. 85*
Levántate, ayúdanos y sálvanos en pos de Tu benevolencia. Yo Soy *Sal. 44* *Sal. 81*
el SEÑOR tu Dios que te sacó de la tierra de Egipto, abre tu boca y la
llenaré. Feliz del pueblo para el que esto es así, feliz del pueblo que *Sal. 144*
el SEÑOR es su Dios. ▸ En cuanto a mí, he confiado en Tu Bondad, *Sal. 13*
mi corazón se regocija en Tu salvación. Cantaré al SEÑOR pues Él
me ha retribuido generosamente.

En Hoshaná Rabá, Yom Ha'Atzmaut y Yom Yerushalaim se recita el siguiente salmo, el cual se acostumbra a recitar de pie.

מִזְמוֹר Salmo de agradecimiento. Clamad al SEÑOR jubilosa- *Sal. 100*
mente toda la tierra. Servid al SEÑOR con alegría, venid a Él con cánticos. Sabed que el SEÑOR es Dios, Él nos hizo y nosotros somos Suyos, Su pueblo y Su rebaño. Acudid a Sus portales con agradecimiento y a Sus atrios con alabanza, agradecedle y bendecid Su Nombre. ▸ Pues el SEÑOR es benevolente, Su bondad es eterna y Su fidelidad por todas las generaciones.

לַמְנַצֵּחַ Para el director de música, salmo de David. *Sal. 19*
Los cielos declaran la gloria de Dios
y el firmamento proclama la obra de Sus manos.
Un día a otro expresa la palabra
y noche a noche comunica el conocimiento.
No hay discurso, no hay palabras, su voz no es escuchada.
Aun así su música transita por toda la tierra
y sus palabras hasta el fin del mundo.
Puso allí una tienda para el sol.
El cual se asemeja al novio que sale de su palio nupcial,
feliz cual hombre fuerte que está por correr una carrera.

---

mundo tal como debe ser. קַוָּם *Aun así su música*: literalmente significa "su línea o su cuerda", quizás aludiendo a la cuerda de un instrumento musical, o puede significar también la línea que demarca un límite, una referencia al orden y a la conmovedora simetría del universo.

תהלים פה / תהלים מד יְחַלְנוּ לָךְ: הַרְאֵנוּ יהוה חַסְדֶּךָ, וְיֶשְׁעֲךָ תִּתֶּן־לָנוּ: קוּמָה עֶזְרָתָה
תהלים פא לָּנוּ, וּפְדֵנוּ לְמַעַן חַסְדֶּךָ: אָנֹכִי יהוה אֱלֹהֶיךָ הַמַּעַלְךָ מֵאֶרֶץ
תהלים קמד מִצְרָיִם, הַרְחֶב־פִּיךָ וַאֲמַלְאֵהוּ: אַשְׁרֵי הָעָם שֶׁכָּכָה לּוֹ, אַשְׁרֵי
תהלים יג הָעָם שֶׁיהוה אֱלֹהָיו: ◂ וַאֲנִי בְּחַסְדְּךָ בָטַחְתִּי, יָגֵל לִבִּי בִּישׁוּעָתֶךָ,
אָשִׁירָה לַיהוה, כִּי גָמַל עָלָי:

En הושענא רבה, יום העצמאות *y* יום ירושלים *se recita el siguiente salmo, el cual se acostumbra a recitar de pie.*

תהלים ק מִזְמוֹר לְתוֹדָה, הָרִיעוּ לַיהוה כָּל־הָאָרֶץ: עִבְדוּ אֶת־יהוה בְּשִׂמְחָה,
בֹּאוּ לְפָנָיו בִּרְנָנָה: דְּעוּ כִּי־יהוה הוּא אֱלֹהִים, הוּא עָשָׂנוּ וְלוֹ אֲנַחְנוּ,
עַמּוֹ וְצֹאן מַרְעִיתוֹ: בֹּאוּ שְׁעָרָיו בְּתוֹדָה, חֲצֵרֹתָיו בִּתְהִלָּה, הוֹדוּ לוֹ,
בָּרְכוּ שְׁמוֹ: ◂ כִּי־טוֹב יהוה, לְעוֹלָם חַסְדּוֹ, וְעַד־דֹּר וָדֹר אֱמוּנָתוֹ:

תהלים יט לַמְנַצֵּחַ מִזְמוֹר לְדָוִד:
הַשָּׁמַיִם מְסַפְּרִים כְּבוֹד־אֵל, וּמַעֲשֵׂה יָדָיו מַגִּיד הָרָקִיעַ:
יוֹם לְיוֹם יַבִּיעַ אֹמֶר, וְלַיְלָה לְּלַיְלָה יְחַוֶּה־דָּעַת:
אֵין־אֹמֶר וְאֵין דְּבָרִים, בְּלִי נִשְׁמָע קוֹלָם:
בְּכָל־הָאָרֶץ יָצָא קַוָּם, וּבִקְצֵה תֵבֵל מִלֵּיהֶם
לַשֶּׁמֶשׁ שָׂם־אֹהֶל בָּהֶם:
וְהוּא כְּחָתָן יֹצֵא מֵחֻפָּתוֹ, יָשִׂישׂ כְּגִבּוֹר לָרוּץ אֹרַח:

לַמְנַצֵּחַ *Salmos 19: Los cielos declaran la gloria de Dios*: Se trata de un himno de gloria al universo en tanto Creación Divina y la Torá como palabra de Dios. En la primera mitad del poema, el salmista se expresa metafóricamente respecto de la Creación entonando un cántico de alabanza al Creador, un cántico silencioso que sin embargo puede ser escuchado por aquellos cuya audición está orientada a lo trascendente. Empero la palabra de Dios no sólo vivifica al universo natural, sino que instruye al universo humano, al mundo que es producto de nuestras acciones y de nuestras reacciones. El salmista vierte su alabanza sobre la Creación Divina del mundo tal como es y Su revelación del

Se asoma por un extremo del cielo
    y culmina su circuito en el otro.
    Nada se mantiene oculto a su calor.
La Torá del Señor es íntegra y reconforta al alma,
    el testimonio del Señor es fidedigno, da sabiduría al simple.
Los preceptos del Señor son rectos, alegran al corazón.
    El mandamiento del Señor es radiante, ilumina los ojos.
El temor al Señor es puro, perdura para siempre.
    Las sentencias del Señor son verdad
    y conjuntamente son justas.
Más preciosas son que el oro y más abundante que el oro prístino;
    más dulces que la miel y que el néctar.
También Tu siervo es cuidadoso
    en su observancia ya que hacerlo reporta gran recompensa.
¿Quién puede discernir los errores?
    Límpiame de las faltas ocultas.
Protege también a Tu siervo de transgresiones voluntarias,
    que no tengan dominio sobre mí,
    entonces estaré libre de culpa y seré inocente de pecados graves.
‣ Que las palabras de mi boca y la meditación de mi corazón
    hallen favor ante Ti Señor, mi Fortaleza y mi Redentor.

לְדָוִד Salmo de David, cuando fingió estar desquiciado ante Abimelej, *Sal. 34*
quien lo echó de su presencia y este se fue.
Bendeciré al Señor en todo momento,
    Su alabanza estará siempre en mi boca.
Mi alma se glorificará en el Señor,
    los humildes lo escucharán y se alegrarán.
Exaltad al Señor conmigo,
    y ensalcemos juntos Su Nombre.
Procuré al Señor y Él me ha respondido,
    me salvó de todos mis temores.
Quienes Le contemplan se tornan radiantes,
    sus rostros jamás decaen.

מִקְצֵה הַשָּׁמַיִם מוֹצָאוֹ, וּתְקוּפָתוֹ עַל־קְצוֹתָם
וְאֵין נִסְתָּר מֵחַמָּתוֹ:
תּוֹרַת יהוה תְּמִימָה, מְשִׁיבַת נָפֶשׁ
עֵדוּת יהוה נֶאֱמָנָה, מַחְכִּימַת פֶּתִי:
פִּקּוּדֵי יהוה יְשָׁרִים, מְשַׂמְּחֵי־לֵב
מִצְוַת יהוה בָּרָה, מְאִירַת עֵינָיִם:
יִרְאַת יהוה טְהוֹרָה, עוֹמֶדֶת לָעַד
מִשְׁפְּטֵי־יהוה אֱמֶת, צָדְקוּ יַחְדָּו:
הַנֶּחֱמָדִים מִזָּהָב וּמִפַּז רָב, וּמְתוּקִים מִדְּבַשׁ וְנֹפֶת צוּפִים:
גַּם־עַבְדְּךָ נִזְהָר בָּהֶם, בְּשָׁמְרָם עֵקֶב רָב:
שְׁגִיאוֹת מִי־יָבִין, מִנִּסְתָּרוֹת נַקֵּנִי:
גַּם מִזֵּדִים חֲשֹׂךְ עַבְדֶּךָ, אַל־יִמְשְׁלוּ־בִי אָז אֵיתָם
וְנִקֵּיתִי מִפֶּשַׁע רָב:
◂ יִהְיוּ לְרָצוֹן אִמְרֵי־פִי וְהֶגְיוֹן לִבִּי לְפָנֶיךָ, יהוה, צוּרִי וְגֹאֲלִי:

לְדָוִד, בְּשַׁנּוֹתוֹ אֶת־טַעְמוֹ לִפְנֵי אֲבִימֶלֶךְ, וַיְגָרְשֵׁהוּ וַיֵּלַךְ: תהלים לד
אֲבָרְכָה אֶת־יהוה בְּכָל־עֵת, תָּמִיד תְּהִלָּתוֹ בְּפִי:
בַּיהוה תִּתְהַלֵּל נַפְשִׁי, יִשְׁמְעוּ עֲנָוִים וְיִשְׂמָחוּ:
גַּדְּלוּ לַיהוה אִתִּי, וּנְרוֹמְמָה שְׁמוֹ יַחְדָּו:
דָּרַשְׁתִּי אֶת־יהוה וְעָנָנִי, וּמִכָּל־מְגוּרוֹתַי הִצִּילָנִי:
הִבִּיטוּ אֵלָיו וְנָהָרוּ, וּפְנֵיהֶם אַל־יֶחְפָּרוּ:

לְדָוִד *Salmos 34:* Durante el período en el cual David escapaba del rey Shaúl se refugió en la ciudad filistea de Gat. Sin embargo, allí fue reconocido y nuevamente su vida peligró. Fingió locura para parecer inofensivo, fue echado por

Este menesteroso clamó y el Señor escuchó,
y le salvó de todos sus tormentos.
El ángel del Señor acampa alrededor de quienes Le temen
y les rescata.
Probad y ved que el Señor es bueno,
feliz del hombre que en Él se refugia.
Temed al Señor vosotros, Sus hombres santos,
pues no hay carencia para quienes Le reverencian.
Los cachorros del león han crecido débiles y hambrientos,
mas quienes procuran al Señor no les faltará ningún bien.
Venid, hijos, escuchadme,
os enseñaré el temor al Señor.
¿Quién es el hombre que desea la vida,
y ama cada uno de sus días procurando ver en ellos el bien?
Preserva tu lengua del mal
y tus labios de pronunciar engaño.
Aléjate del mal y haz el bien,
pide la paz y persíguela.
Los ojos del Señor están puestos en los justos
y Sus oídos son atentos a sus clamores.
El rostro del Señor está dirigido contra quienes obran mal
para borrar su memoria de la tierra.
Los justos clamaron y el Señor los escuchó
y los salvó de todas sus desgracias.
El Señor está cercano a quienes poseen un corazón quebrado
y salvará a los deprimidos de espíritu.
Muchos problemas acontecen al justo
y de todos ellos el Señor lo salva.
Protege todos sus huesos,
ni uno de estos será fracturado.
El mal hará caer a los malvados,
y quienes odian al justo serán condenados.
El Señor rescata el alma de sus siervos,
y quienes en Él se refugian no serán condenados.

זֶה עָנִי קָרָא, וַיהוה שָׁמֵעַ, וּמִכָּל־צָרוֹתָיו הוֹשִׁיעוֹ:
חֹנֶה מַלְאַךְ־יהוה סָבִיב לִירֵאָיו, וַיְחַלְּצֵם:
טַעֲמוּ וּרְאוּ כִּי־טוֹב יהוה, אַשְׁרֵי הַגֶּבֶר יֶחֱסֶה־בּוֹ:
יְראוּ אֶת־יהוה קְדֹשָׁיו, כִּי־אֵין מַחְסוֹר לִירֵאָיו:
כְּפִירִים רָשׁוּ וְרָעֵבוּ, וְדֹרְשֵׁי יהוה לֹא־יַחְסְרוּ כָל־טוֹב:
לְכוּ־בָנִים שִׁמְעוּ־לִי, יִרְאַת יהוה אֲלַמֶּדְכֶם:
מִי־הָאִישׁ הֶחָפֵץ חַיִּים, אֹהֵב יָמִים לִרְאוֹת טוֹב:
נְצֹר לְשׁוֹנְךָ מֵרָע, וּשְׂפָתֶיךָ מִדַּבֵּר מִרְמָה:
סוּר מֵרָע וַעֲשֵׂה־טוֹב, בַּקֵּשׁ שָׁלוֹם וְרָדְפֵהוּ:
עֵינֵי יהוה אֶל־צַדִּיקִים, וְאָזְנָיו אֶל־שַׁוְעָתָם:
פְּנֵי יהוה בְּעֹשֵׂי רָע, לְהַכְרִית מֵאֶרֶץ זִכְרָם:
צָעֲקוּ וַיהוה שָׁמֵעַ, וּמִכָּל־צָרוֹתָם הִצִּילָם:
קָרוֹב יהוה לְנִשְׁבְּרֵי־לֵב, וְאֶת־דַּכְּאֵי־רוּחַ יוֹשִׁיעַ:
רַבּוֹת רָעוֹת צַדִּיק, וּמִכֻּלָּם יַצִּילֶנּוּ יהוה:
שֹׁמֵר כָּל־עַצְמוֹתָיו, אַחַת מֵהֵנָּה לֹא נִשְׁבָּרָה:
תְּמוֹתֵת רָשָׁע רָעָה, וְשֹׂנְאֵי צַדִּיק יֶאְשָׁמוּ:
פּוֹדֶה יהוה נֶפֶשׁ עֲבָדָיו, וְלֹא יֶאְשְׁמוּ כָּל־הַחֹסִים בּוֹ:

---

el rey y por lo tanto pudo escapar (1 Samuel 21:11–16). El siguiente salmo de agradecimiento está construido como acróstico alfabético. Se le adicionó un versículo extra al final, a los efectos de evitar terminarlo con espíritu negativo. גַּדְּלוּ לַיהוה אִתִּי *Exaltad al Señor conmigo*: este versículo fue tomado por nuestros sabios como fuente del establecimiento de la convocación al rezo, como en la bendición posterior a la ingestión de alimentos (*Birkat HaMazón*). Esto también es recitado cuando se extrae el rollo de la Torá del Arca Sagrada. טַעֲמוּ וּרְאוּ *Probad y ved*: la experiencia religiosa precede al entendimiento religioso. La bondad de Dios debe ser percibida antes de ser pensada. נְצֹר לְשׁוֹנְךָ מֵרָע *Preserva tu lengua del mal*: los sabios dijeron respecto del *"lashón hará"*,

תְּפִלָּה לְמֹשֶׁה Plegaria de Moshé, varón de Dios. SEÑOR, Tú has sido nuestro refugio en todas las generaciones. Antes de que las montañas existiesen, antes de que hubieses formado la tierra y el mundo, desde siempre y hasta siempre Tú eres Dios. Tú transformas a los hombres nuevamente en polvo, diciendo: "Retornad hijos de Adam". Pues mil años son ante Tus ojos como el día de ayer que pasó y cual vigilia en la noche. Tú los haces desaparecer en la corriente, se tornan en un sueño; por la mañana son cual hierba nueva que florece y crece, y por la noche se marchita y es segada. Pues somos consumidos por Tu ira, estremecidos por Tu furor. Tú has colocado nuestras iniquidades delante de Ti, nuestros pecados secretos a la luz de Tu Presencia. Todos nuestros días transcurren en Tu ira, pasamos nuestros años cual pensamiento fugaz. Los años de nuestra vida son setenta, y si somos fuertes ochenta; pero enorgullecerse es vano porque transcurren rápidamente como si volasen. ¿Quién puede conocer el poder de Tu enojo? Tu ira es acorde al temor que se Te tiene. Enséñanos a contar correctamente nuestros días tal que podamos obtener un corazón sabio. Retorna SEÑOR, ¿hasta cuándo? Apiádate de Tus siervos. Cólmanos por la mañana con Tu benevolencia, y entonaremos cánticos y nos alegraremos todos nuestros días. Alégranos la misma cantidad de días que nos afligiste, la misma cantidad de años que vimos nuestra desgracia. Que Tu obra sea visible en Tu siervo, y Tu esplendor sobre sus hijos. ▸ Que el agrado del SEÑOR nuestro Dios sea sobre nosotros, y la acción de nuestras manos sea establecida para nosotros. Oh Eterno, aprueba la obra de nuestras manos. *Sal. 90*

---

días: la moraleja que se encuentra en el quid del salmo: enséñanos a recordar cuán breve es la vida y a invertir nuestro tiempo en aquello que perdura. וִיהִי נֹעַם אֲדֹנָי אֱלֹהֵינוּ עָלֵינוּ *Que el agrado del SEÑOR nuestro Dios sea sobre nosotros*: según nuestros sabios esta es la bendición que dio Moshé al pueblo de Israel cuando culminaron la construcción del Tabernáculo, agregando: "Que la Divina Presencia resida en la obra de vuestras manos" (*Bamidbar Rabá* 12:9; citado por Rashí en Éxodo 39:43).

תהלים צ

תְּפִלָּה לְמשֶׁה אִישׁ־הָאֱלֹהִים, אֲדֹנָי, מָעוֹן אַתָּה הָיִיתָ לָּנוּ בְּדֹר
וָדֹר: בְּטֶרֶם הָרִים יֻלָּדוּ, וַתְּחוֹלֵל אֶרֶץ וְתֵבֵל, וּמֵעוֹלָם עַד־
עוֹלָם אַתָּה אֵל: תָּשֵׁב אֱנוֹשׁ עַד־דַּכָּא, וַתֹּאמֶר שׁוּבוּ בְנֵי־אָדָם:
כִּי אֶלֶף שָׁנִים בְּעֵינֶיךָ, כְּיוֹם אֶתְמוֹל כִּי יַעֲבֹר, וְאַשְׁמוּרָה בַלָּיְלָה:
זְרַמְתָּם, שֵׁנָה יִהְיוּ, בַּבֹּקֶר כֶּחָצִיר יַחֲלֹף: בַּבֹּקֶר יָצִיץ וְחָלָף,
לָעֶרֶב יְמוֹלֵל וְיָבֵשׁ: כִּי־כָלִינוּ בְאַפֶּךָ, וּבַחֲמָתְךָ נִבְהָלְנוּ: שַׁתָּ
עֲוֹנֹתֵינוּ לְנֶגְדֶּךָ, עֲלֻמֵנוּ לִמְאוֹר פָּנֶיךָ: כִּי כָל־יָמֵינוּ פָּנוּ בְעֶבְרָתֶךָ,
כִּלִּינוּ שָׁנֵינוּ כְמוֹ־הֶגֶה: יְמֵי־שְׁנוֹתֵינוּ בָהֶם שִׁבְעִים שָׁנָה, וְאִם
בִּגְבוּרֹת שְׁמוֹנִים שָׁנָה, וְרָהְבָּם עָמָל וָאָוֶן, כִּי־גָז חִישׁ וַנָּעֻפָה:
מִי־יוֹדֵעַ עֹז אַפֶּךָ, וּכְיִרְאָתְךָ עֶבְרָתֶךָ, לִמְנוֹת יָמֵינוּ כֵּן הוֹדַע,
וְנָבִא לְבַב חָכְמָה: שׁוּבָה יהוה עַד־מָתָי, וְהִנָּחֵם עַל־עֲבָדֶיךָ:
שַׂבְּעֵנוּ בַבֹּקֶר חַסְדֶּךָ, וּנְרַנְּנָה וְנִשְׂמְחָה בְּכָל־יָמֵינוּ: שַׂמְּחֵנוּ
כִּימוֹת עִנִּיתָנוּ, שְׁנוֹת רָאִינוּ רָעָה: יֵרָאֶה אֶל־עֲבָדֶיךָ פָעֳלֶךָ,
וַהֲדָרְךָ עַל־בְּנֵיהֶם: ◂ וִיהִי נֹעַם אֲדֹנָי אֱלֹהֵינוּ עָלֵינוּ, וּמַעֲשֵׂה
יָדֵינוּ כּוֹנְנָה עָלֵינוּ, וּמַעֲשֵׂה יָדֵינוּ כּוֹנְנֵהוּ:

---

las malas habladurías, que dañan tanto a quien las dice, como a la persona sobre la que las palabras son dichas y a quien las cree. בַּקֵּשׁ שָׁלוֹם וְרָדְפֵהוּ *"Pide la paz y persíguela*: Busca la paz allí donde estés y persíguela a cualquier parte" (Talmud Jerosolimitano, *Peá* 1:1).

תְּפִלָּה לְמשֶׁה *Salmos 90:* Meditación conmovedora sobre la eternidad de Dios y la brevedad de nuestras vidas. זְרַמְתָּם *Tú los haces desaparecer en la corriente:* Una sucesión de imágenes poéticas concluyen en la brevedad de la vida humana: fluye velozmente como un río turbulento, fugazmente como un sueño o una somnolencia, como el césped en una tierra tórrida que se marchita al final del día, como un suspiro, como un simple aliento, como un ave que se posa brevemente en tierra y enseguida vuelve a volar. La velocidad con la cual las metáforas se suceden refleja la rapidez con la cual los días y los años transcurren. לִמְנוֹת יָמֵינוּ כֵּן הוֹדַע *Enséñanos a contar correctamente nuestros*

יֹשֵׁב בְּסֵתֶר Él que habita en el refugio del Altísimo y reside a la sombra del Eterno. Diré al Señor que es mi refugio y mi fortaleza, es mi Dios y en Él confiaré. Él te salvará de la trampa del cazador y de la mortal pestilencia. Él te cubrirá con Sus alas y bajo éstas hallarás protección; Su verdad es escudo y armadura. No temerás por el terror de la noche ni de la saeta diurna, ni de la peste que anda en la oscuridad ni al destructor que asola a mediodía. Mil caerán a tu lado y diez mil junto a tu diestra, mas no podrán acercarse a ti. Tú habrás de contemplar únicamente con tus ojos y verás a los malvados recibir su merecido. Pues Tú Señor eres mi refugio, has dispuesto Tu morada en lo más alto. No te habrá de ocurrir cosa mala ni se acercará daño alguno a tu tienda. Pues Sus ángeles serán ordenados para cuidarte en todos tus caminos. Sobre sus palmas te transportarán para que tu pie no tropiece con piedra alguna. Pisarás al león y a la serpiente, arrollarás al leoncillo y al reptil. Por cuanto que él Me ama, Yo lo habré de rescatar y encumbrar, porque conoce Mi Nombre. Me llamará y le contestaré, lo acompañaré en su desgracia, lo salvaré y le honraré. *Sal. 91*

▸ Le colmaré de largos días y le mostraré Mi salvación.
Le colmaré de largos días y le mostraré Mi salvación.

הַלְלוּיָהּ ¡Aleluyá! Alabad el Nombre del Señor, alabadle los siervos del Señor. Aquellos presentes en la casa del Señor, en los patios de la Casa de nuestro Dios. Alabad a Dios, pues el Señor es bueno, entonad cánticos a Su Nombre pues es agradable. Porque Dios ha escogido a Ya'akov como Suyo, a Israel como Su tesoro. Pues *Sal. 135*

---

llamados "El Halel egipcio" por contener referencias al Éxodo (otros consideran que entra en esta categoría únicamente el Salmo 136). Es probable que ambos hayan sido redactados a los efectos de usarlos en el servicio del Templo y ambos fueran letanías: una serie de invocaciones recitadas por quien dirige el rezo junto con la congregación en forma responsiva. El Salmo 136 con su estribillo "pues Su benevolencia es eterna" es el único en el cual las respuestas congregacionales se exponen en su totalidad renglón por renglón. En el Salmo 135 las respuestas en la primera sección parecen haber sido "Aleluyá" (alabad a Dios) y en la última "bendecid al Señor" (*Pesajim* 118a).

יֹשֵׁב בְּסֵתֶר עֶלְיוֹן, בְּצֵל שַׁדַּי יִתְלוֹנָן: אֹמַר לַיהוה מַחְסִי וּמְצוּדָתִי, תהלים צא
אֱלֹהַי אֶבְטַח־בּוֹ: כִּי הוּא יַצִּילְךָ מִפַּח יָקוּשׁ, מִדֶּבֶר הַוּוֹת:
בְּאֶבְרָתוֹ יָסֶךְ לָךְ, וְתַחַת־כְּנָפָיו תֶּחְסֶה, צִנָּה וְסֹחֵרָה אֲמִתּוֹ:
לֹא־תִירָא מִפַּחַד לָיְלָה, מֵחֵץ יָעוּף יוֹמָם: מִדֶּבֶר בָּאֹפֶל יַהֲלֹךְ,
מִקֶּטֶב יָשׁוּד צָהֳרָיִם: יִפֹּל מִצִּדְּךָ אֶלֶף, וּרְבָבָה מִימִינֶךָ, אֵלֶיךָ
לֹא יִגָּשׁ: רַק בְּעֵינֶיךָ תַבִּיט, וְשִׁלֻּמַת רְשָׁעִים תִּרְאֶה: כִּי־אַתָּה
יהוה מַחְסִי, עֶלְיוֹן שַׂמְתָּ מְעוֹנֶךָ: לֹא־תְאֻנֶּה אֵלֶיךָ רָעָה, וְנֶגַע
לֹא־יִקְרַב בְּאָהֳלֶךָ: כִּי מַלְאָכָיו יְצַוֶּה־לָּךְ, לִשְׁמָרְךָ בְּכָל־דְּרָכֶיךָ:
עַל־כַּפַּיִם יִשָּׂאוּנְךָ, פֶּן־תִּגֹּף בָּאֶבֶן רַגְלֶךָ: עַל־שַׁחַל וָפֶתֶן תִּדְרֹךְ,
תִּרְמֹס כְּפִיר וְתַנִּין: כִּי בִי חָשַׁק וַאֲפַלְּטֵהוּ, אֲשַׂגְּבֵהוּ כִּי־יָדַע
שְׁמִי: יִקְרָאֵנִי וְאֶעֱנֵהוּ, עִמּוֹ אָנֹכִי בְצָרָה, אֲחַלְּצֵהוּ וַאֲכַבְּדֵהוּ:
‹ אֹרֶךְ יָמִים אַשְׂבִּיעֵהוּ, וְאַרְאֵהוּ בִּישׁוּעָתִי:
אֹרֶךְ יָמִים אַשְׂבִּיעֵהוּ, וְאַרְאֵהוּ בִּישׁוּעָתִי:

הַלְלוּיָהּ, הַלְלוּ אֶת־שֵׁם יהוה, הַלְלוּ עַבְדֵי יהוה: שֶׁעֹמְדִים תהלים קלה
בְּבֵית יהוה, בְּחַצְרוֹת בֵּית אֱלֹהֵינוּ: הַלְלוּיָהּ כִּי־טוֹב יהוה, זַמְּרוּ
לִשְׁמוֹ כִּי נָעִים: כִּי־יַעֲקֹב בָּחַר לוֹ יָהּ, יִשְׂרָאֵל לִסְגֻלָּתוֹ: כִּי אֲנִי

יֹשֵׁב בְּסֵתֶר *Salmos 91:* Se trata de un salmo para la protección de todo peligro y daño. El salmo emplea diferentes imágenes de la protección Divina. Para quienes confían en Él, Dios actúa como refugio, fortaleza. Él nos protege bajo Sus alas y nos rodea como un escudo. En los momentos de angustia Él está con nosotros. Cuando nos encontramos en peligro no estamos solos. La confianza derrota al terror y la fe doblega al miedo. La primera voz en el salmo es humana; la segunda es la de Dios mismo (*Sanhedrín* 103A).

הַלְלוּיָהּ *Salmos 135–136*: Dos salmos que conforman una única composición, similar en su tono, su vocabulario y su estructura literaria al grupo de Salmos 113–118 conocido como el Halel. Algunos sabios (*Pesajim* 118A) llamaron a estos dos salmos "El Gran Halel" para distinguirlo de los Salmos 113–118

yo sé que el SEÑOR es grande, y nuestro Señor es mayor que cualquier deidad. Todo aquello que el SEÑOR desea Él lo hace, en los cielos y en la tierra, en los mares y en los abismos. Eleva nubes desde los confines de la tierra, envía relámpagos junto con la lluvia, trae el viento desde sus depósitos. Él castigó a los primogénitos egipcios, tanto hombres como animales. Envió señales y maravillas al interior de Egipto, al Faraón y a todos sus siervos. Castigó a numerosas naciones y mató a poderosos reyes. A Sijón rey del Emorí, a Og rey del Bashán, a todos los reyes de Cna'an. Dio sus territorios en heredad a Su pueblo Israel. SEÑOR, Tu Nombre es eterno, SEÑOR, Tu recuerdo es por todas las generaciones. Pues el SEÑOR traerá justicia a Su pueblo, y se compadecerá de Sus siervos. Los ídolos de las naciones están hechos de plata y oro, están elaborados por la mano del hombre. Tienen boca mas no hablan, tienen ojos mas no ven, tienen oídos mas no escuchan, no tienen aliento en sus bocas. Tal como estos se tornarán quienes los hicieron, todos quienes en ellos depositaron su confianza. ▸ Casa de Israel, bendecid al SEÑOR, casa de Aharón bendecid al SEÑOR, casa del leví bendecid al SEÑOR, temerosos del SEÑOR bendecid al SEÑOR. Bendito es el SEÑOR desde Sion, Aquél que habita en Jerusalém. ¡Aleluyá!

Se acostumbra ponerse de pie para recitar el siguiente salmo.

הודו Agradeced al SEÑOR porque es bueno; pues Su benevolencia es eterna. *Sal. 136*

Agradeced al Dios de dioses; pues Su benevolencia es eterna.

Agradeced al Señor de los Señores; pues Su benevolencia es eterna.

---

la primera mitad de cada versículo a lo que la congregación respondía con la segunda. Al igual que en muchos otros salmos, el poema abre con una cosmología y finaliza con historia; inicia con Dios como Creador y continúa con Dios como Redentor. Los sabios relacionaron los veintiséis versículos del salmo con las veintiséis generaciones desde Adam hasta la entrega de la Torá, desde la Creación hasta la Revelación. En virtud de que resume los eventos del Éxodo forma parte de la Hagadá de Pesaj.

יָדַעְתִּי כִּי־גָדוֹל יהוה, וַאֲדֹנֵינוּ מִכָּל־אֱלֹהִים: כֹּל אֲשֶׁר־חָפֵץ
יהוה עָשָׂה, בַּשָּׁמַיִם וּבָאָרֶץ, בַּיַּמִּים וְכָל־תְּהֹמוֹת: מַעֲלֶה נְשִׂאִים
מִקְצֵה הָאָרֶץ, בְּרָקִים לַמָּטָר עָשָׂה, מוֹצֵא־רוּחַ מֵאוֹצְרוֹתָיו:
שֶׁהִכָּה בְּכוֹרֵי מִצְרָיִם, מֵאָדָם עַד־בְּהֵמָה: שָׁלַח אוֹתֹת וּמֹפְתִים
בְּתוֹכֵכִי מִצְרָיִם, בְּפַרְעֹה וּבְכָל־עֲבָדָיו: שֶׁהִכָּה גּוֹיִם רַבִּים, וְהָרַג
מְלָכִים עֲצוּמִים: לְסִיחוֹן מֶלֶךְ הָאֱמֹרִי, וּלְעוֹג מֶלֶךְ הַבָּשָׁן, וּלְכֹל
מַמְלְכוֹת כְּנָעַן: וְנָתַן אַרְצָם נַחֲלָה, נַחֲלָה לְיִשְׂרָאֵל עַמּוֹ: יהוה
שִׁמְךָ לְעוֹלָם, יהוה זִכְרְךָ לְדֹר־וָדֹר: כִּי־יָדִין יהוה עַמּוֹ, וְעַל־
עֲבָדָיו יִתְנֶחָם: עֲצַבֵּי הַגּוֹיִם כֶּסֶף וְזָהָב, מַעֲשֵׂה יְדֵי אָדָם: פֶּה־
לָהֶם וְלֹא יְדַבֵּרוּ, עֵינַיִם לָהֶם וְלֹא יִרְאוּ: אָזְנַיִם לָהֶם וְלֹא יַאֲזִינוּ,
אַף אֵין־יֶשׁ־רוּחַ בְּפִיהֶם: כְּמוֹהֶם יִהְיוּ עֹשֵׂיהֶם, כֹּל אֲשֶׁר־בֹּטֵחַ
בָּהֶם: › בֵּית יִשְׂרָאֵל בָּרְכוּ אֶת־יהוה, בֵּית אַהֲרֹן בָּרְכוּ אֶת־
יהוה: בֵּית הַלֵּוִי בָּרְכוּ אֶת־יהוה, יִרְאֵי יהוה בָּרְכוּ אֶת־יהוה:
בָּרוּךְ יהוה מִצִּיּוֹן, שֹׁכֵן יְרוּשָׁלָםִ, הַלְלוּיָהּ:

Se acostumbra ponerse de pie para recitar el siguiente Salmo.

הוֹדוּ לַיהוה כִּי־טוֹב כִּי לְעוֹלָם חַסְדּוֹ: תהלים קלו
הוֹדוּ לֵאלֹהֵי הָאֱלֹהִים כִּי לְעוֹלָם חַסְדּוֹ:
הוֹדוּ לַאֲדֹנֵי הָאֲדֹנִים כִּי לְעוֹלָם חַסְדּוֹ:

El Salmo 135 está estructurado en tres partes: la primera y la última hablan de la verdad de Dios y la falsedad de los ídolos a tiempo que la segunda habla del poder de Dios sobre la naturaleza y la historia. La primera parte consiste de cinco versículos, la segunda de siete y la tercera de nueve. שֶׁהִכָּה בְּכוֹרֵי מִצְרָיִם *Él castigó a los primogénitos egipcios*: estas líneas tienen su paralelo en el siguiente salmo. עֲצַבֵּי הַגּוֹיִם כֶּסֶף וְזָהָב *Los ídolos de las naciones están hechos de plata y oro… temerosos del Señor bendecid al Señor*: casi exactamente paralelo al Halel (Salmos 115:4–11).

הודו *Salmos 136:* Originalmente era recitado en el Templo, el oficiante recitaba

A Quien obra maravillas solo; pues Su benevolencia es eterna.
A Quien creó los cielos con entendimiento; pues Su benevolencia es eterna.
A Quien extiende la tierra sobre el mar; pues Su benevolencia es eterna.
A Quien hace las grandes luminarias; pues Su benevolencia es eterna.
Al sol para que gobierne durante el día; pues Su benevolencia es eterna.
A la luna y las estrellas para que gobiernen durante la noche; pues Su benevolencia es eterna.
A Quien castiga a Egipto y a sus primogénitos; pues Su benevolencia es eterna.
Y sacó a Israel de entre ellos; pues Su benevolencia es eterna.
Con mano fuerte y brazo extendido; pues Su benevolencia es eterna.
A Quien partió el Mar de los Juncos en partes; pues Su benevolencia es eterna.
E hizo pasar a Israel dentro de éste; pues Su benevolencia es eterna.
Y sacudió al Faraón y a su ejército en el Mar de los Juncos; pues Su benevolencia es eterna.
A Quien condujo a Su pueblo por el desierto; pues Su benevolencia es eterna.
A Quien castigó grandes reyes; pues Su benevolencia es eterna.
Y mató a poderosos reyes; pues Su benevolencia es eterna.
A Sijón rey del Emorí; pues Su benevolencia es eterna.
Y a Og rey del Bashán; pues Su benevolencia es eterna.
Y dio sus territorios en heredad; pues Su benevolencia es eterna.
Heredad para Su siervo Israel; pues Su benevolencia es eterna.
Quien nos recordó en nuestra humillación; pues Su benevolencia es eterna.
Y nos libró de nuestros enemigos; pues Su benevolencia es eterna.
▸ Él da alimento a toda carne; pues Su benevolencia es eterna.
Agradeced al Dios de los cielos; pues Su benevolencia es eterna.

לְעֹשֵׂה נִפְלָאוֹת גְּדֹלוֹת לְבַדּוֹ   כִּי לְעוֹלָם חַסְדּוֹ:

לְעֹשֵׂה הַשָּׁמַיִם בִּתְבוּנָה   כִּי לְעוֹלָם חַסְדּוֹ:

לְרֹקַע הָאָרֶץ עַל־הַמָּיִם   כִּי לְעוֹלָם חַסְדּוֹ:

לְעֹשֵׂה אוֹרִים גְּדֹלִים   כִּי לְעוֹלָם חַסְדּוֹ:

אֶת־הַשֶּׁמֶשׁ לְמֶמְשֶׁלֶת בַּיּוֹם   כִּי לְעוֹלָם חַסְדּוֹ:

אֶת־הַיָּרֵחַ וְכוֹכָבִים לְמֶמְשְׁלוֹת בַּלָּיְלָה   כִּי לְעוֹלָם חַסְדּוֹ:

לְמַכֵּה מִצְרַיִם בִּבְכוֹרֵיהֶם   כִּי לְעוֹלָם חַסְדּוֹ:

וַיּוֹצֵא יִשְׂרָאֵל מִתּוֹכָם   כִּי לְעוֹלָם חַסְדּוֹ:

בְּיָד חֲזָקָה וּבִזְרוֹעַ נְטוּיָה   כִּי לְעוֹלָם חַסְדּוֹ:

לְגֹזֵר יַם־סוּף לִגְזָרִים   כִּי לְעוֹלָם חַסְדּוֹ:

וְהֶעֱבִיר יִשְׂרָאֵל בְּתוֹכוֹ   כִּי לְעוֹלָם חַסְדּוֹ:

וְנִעֵר פַּרְעֹה וְחֵילוֹ בְיַם־סוּף   כִּי לְעוֹלָם חַסְדּוֹ:

לְמוֹלִיךְ עַמּוֹ בַּמִּדְבָּר   כִּי לְעוֹלָם חַסְדּוֹ:

לְמַכֵּה מְלָכִים גְּדֹלִים   כִּי לְעוֹלָם חַסְדּוֹ:

וַיַּהֲרֹג מְלָכִים אַדִּירִים   כִּי לְעוֹלָם חַסְדּוֹ:

לְסִיחוֹן מֶלֶךְ הָאֱמֹרִי   כִּי לְעוֹלָם חַסְדּוֹ:

וּלְעוֹג מֶלֶךְ הַבָּשָׁן   כִּי לְעוֹלָם חַסְדּוֹ:

וְנָתַן אַרְצָם לְנַחֲלָה   כִּי לְעוֹלָם חַסְדּוֹ:

נַחֲלָה לְיִשְׂרָאֵל עַבְדּוֹ   כִּי לְעוֹלָם חַסְדּוֹ:

שֶׁבְּשִׁפְלֵנוּ זָכַר לָנוּ   כִּי לְעוֹלָם חַסְדּוֹ:

וַיִּפְרְקֵנוּ מִצָּרֵינוּ   כִּי לְעוֹלָם חַסְדּוֹ:

◂ נֹתֵן לֶחֶם לְכָל־בָּשָׂר   כִּי לְעוֹלָם חַסְדּוֹ:

הוֹדוּ לְאֵל הַשָּׁמָיִם   כִּי לְעוֹלָם חַסְדּוֹ:

רַנְּנוּ Canten los justos al SEÑOR, pues la alabanza de los rectos es bella. *Sal. 33* Agradeced al SEÑOR con el arpa, haced música para Él con la lira de diez cuerdas. Entonadle una nueva canción, tocad hábilmente con exclamaciones de regocijo. Pues la palabra del SEÑOR es recta y todas Sus acciones fidedignas. Ama la rectitud y la justicia, la benevolencia del SEÑOR colma la tierra. Por la palabra del SEÑOR los cielos fueron hechos, y por medio del hálito de Su boca todas sus huestes. Él reunió el agua de los mares cual muro y colocó los abismos en depósitos. Toda la tierra tema al SEÑOR, ante Él temblarán todos los habitantes del mundo. Pues Él habló y la realidad se concretó, Él ordenó y todo fue erigido. El SEÑOR ha desbaratado los planes de las naciones y las tramas de los pueblos. El consejo del SEÑOR siempre persistirá, los designios de Su corazón por todas las generaciones. Feliz de aquella nación que tiene al SEÑOR como su Dios, el pueblo que Él escogió como el Suyo propio. El SEÑOR contempla desde los cielos y ve a todos los seres humanos. Desde el sitio de Su trono observa a todos los habitantes de la tierra. Él forma el corazón de todos conjuntamente y comprende todas sus acciones. Ningún rey es salvo por el tamaño de su ejército ni es poderoso en virtud de su gran vigor. El caballo es una vana esperanza de salvación, y a pesar de su gran poder no tiene escapatoria. El ojo del SEÑOR se dirige sobre aquellos que Le temen, a quienes depositan su confianza en Su benevolencia, que rescatará a sus almas de la muerte y las mantendrá con vida durante la hambruna. Nuestra alma aguarda al SEÑOR, Él es nuestro socorro y nuestra protección. ▸ En Él se regocijará nuestro corazón, pues confiamos en Su Nombre Sagrado. Que Tu benevolencia SEÑOR sea sobre nosotros, así como hemos depositado en Ti nuestra confianza.

מִזְמוֹר שִׁיר Cántico para el día de Shabat. Es bueno agradecer al SEÑOR *Sal. 92* y entonar cánticos a Tu Gran Nombre. Narrar Tu bondad en la mañana y Tu fidelidad en la noche con la música de la lira de diez cuerdas, con la melodía del arpa. Porque Tú me has regocijado con Tu obra, por la labor de Tus manos Te he de cantar. Cuán grandes son Tus obras SEÑOR, Tus pensamientos son muy profundos; el ignorante no lo conocerá y el necio no lo habrá de comprender. Al brotar los malvados cual hierba, al florecer todos los pecadores, empero serán aniquilados para siempre. Y

רַנְּנוּ צַדִּיקִים בַּיהוה, לַיְשָׁרִים נָאוָה תְהִלָּה: הוֹדוּ לַיהוה בְּכִנּוֹר, תהלים לג
בְּנֵבֶל עָשׂוֹר זַמְּרוּ־לוֹ: שִׁירוּ־לוֹ שִׁיר חָדָשׁ, הֵיטִיבוּ נַגֵּן בִּתְרוּעָה:
כִּי־יָשָׁר דְּבַר־יהוה, וְכָל־מַעֲשֵׂהוּ בֶּאֱמוּנָה: אֹהֵב צְדָקָה וּמִשְׁפָּט,
חֶסֶד יהוה מָלְאָה הָאָרֶץ: בִּדְבַר יהוה שָׁמַיִם נַעֲשׂוּ, וּבְרוּחַ פִּיו
כָּל־צְבָאָם: כֹּנֵס כַּנֵּד מֵי הַיָּם, נֹתֵן בְּאוֹצָרוֹת תְּהוֹמוֹת: יִירְאוּ
מֵיהוה כָּל־הָאָרֶץ, מִמֶּנּוּ יָגוּרוּ כָּל־יֹשְׁבֵי תֵבֵל: כִּי הוּא אָמַר
וַיֶּהִי, הוּא־צִוָּה וַיַּעֲמֹד: יהוה הֵפִיר עֲצַת־גּוֹיִם, הֵנִיא מַחְשְׁבוֹת
עַמִּים: עֲצַת יהוה לְעוֹלָם תַּעֲמֹד, מַחְשְׁבוֹת לִבּוֹ לְדֹר וָדֹר:
אַשְׁרֵי הַגּוֹי אֲשֶׁר־יהוה אֱלֹהָיו, הָעָם בָּחַר לְנַחֲלָה לוֹ: מִשָּׁמַיִם
הִבִּיט יהוה, רָאָה אֶת־כָּל־בְּנֵי הָאָדָם: מִמְּכוֹן־שִׁבְתּוֹ הִשְׁגִּיחַ,
אֶל כָּל־יֹשְׁבֵי הָאָרֶץ: הַיֹּצֵר יַחַד לִבָּם, הַמֵּבִין אֶל־כָּל־מַעֲשֵׂיהֶם:
אֵין־הַמֶּלֶךְ נוֹשָׁע בְּרָב־חָיִל, גִּבּוֹר לֹא־יִנָּצֵל בְּרָב־כֹּחַ: שֶׁקֶר
הַסּוּס לִתְשׁוּעָה, וּבְרֹב חֵילוֹ לֹא יְמַלֵּט: הִנֵּה עֵין יהוה אֶל־יְרֵאָיו,
לַמְיַחֲלִים לְחַסְדּוֹ: לְהַצִּיל מִמָּוֶת נַפְשָׁם, וּלְחַיּוֹתָם בָּרָעָב: נַפְשֵׁנוּ
חִכְּתָה לַיהוה, עֶזְרֵנוּ וּמָגִנֵּנוּ הוּא: ◂ כִּי־בוֹ יִשְׂמַח לִבֵּנוּ, כִּי בְשֵׁם
קָדְשׁוֹ בָטָחְנוּ: יְהִי־חַסְדְּךָ יהוה עָלֵינוּ, כַּאֲשֶׁר יִחַלְנוּ לָךְ:

מִזְמוֹר שִׁיר לְיוֹם הַשַּׁבָּת: טוֹב לְהֹדוֹת לַיהוה, וּלְזַמֵּר לְשִׁמְךָ תהלים צב
עֶלְיוֹן: לְהַגִּיד בַּבֹּקֶר חַסְדֶּךָ, וֶאֱמוּנָתְךָ בַּלֵּילוֹת: עֲלֵי־עָשׂוֹר
וַעֲלֵי־נָבֶל, עֲלֵי הִגָּיוֹן בְּכִנּוֹר: כִּי שִׂמַּחְתַּנִי יהוה בְּפָעֳלֶךָ, בְּמַעֲשֵׂי
יָדֶיךָ אֲרַנֵּן: מַה־גָּדְלוּ מַעֲשֶׂיךָ יהוה, מְאֹד עָמְקוּ מַחְשְׁבֹתֶיךָ:
אִישׁ־בַּעַר לֹא יֵדָע, וּכְסִיל לֹא־יָבִין אֶת־זֹאת: בִּפְרֹחַ רְשָׁעִים
כְּמוֹ עֵשֶׂב, וַיָּצִיצוּ כָּל־פֹּעֲלֵי אָוֶן, לְהִשָּׁמְדָם עֲדֵי־עַד: וְאַתָּה
מָרוֹם לְעֹלָם יהוה: כִּי הִנֵּה אֹיְבֶיךָ יהוה, כִּי־הִנֵּה אֹיְבֶיךָ יֹאבֵדוּ,
יִתְפָּרְדוּ כָּל־פֹּעֲלֵי אָוֶן: וַתָּרֶם כִּרְאֵים קַרְנִי, בַּלֹּתִי בְּשֶׁמֶן

Tú Señor por siempre serás encumbrado. Pues Tus enemigos Señor serán destruidos, los malhechores dispersados. Tú has elevado mi orgullo tal como se yergue el orix ("reem"), me has ungido con aceite fresco. Mi ojo contemplará triunfante a mis adversarios, mis oídos habrán de oír la caída de mis enemigos. ▸ El justo crecerá como la palma, se erguirá como el cedro del Líbano. Plantados en la casa del Señor, florecerán en los patios de nuestro Dios. Darán su fruto aun en su vejez, vigorosos y lozanos, proclamando la rectitud del Señor, Él es mi Fortaleza y en Él no hay injusticia.

יהוה מָלָךְ El Señor ha reinado. Él se ha revestido de majestad. El *Sal. 93*
Señor está investido de poder, ceñido de fortaleza. También al mundo lo ha establecido firmemente, para que no vacile. Tu trono está firme desde entonces, Tú eres Eterno. Los ríos Señor, los ríos han alzado sus voces. Ríos, elevad vuestras rompientes olas. ▸ Más que el sonido de muchas aguas, más que las poderosas rompientes del mar, el Señor es poderoso en las Alturas. Tus testimonios son de lo más fidedignos; Tu morada resplandecerá de santidad, Señor, para siempre.

יְהִי כְבוֹד Que la gloria del Señor perdure por siempre y se regocije el *Sal. 104*
Señor en Sus obras. Que el Nombre del Señor sea bendito desde *Sal. 113*
ahora y hasta la eternidad. Desde la salida del sol hasta su ocaso, alabado es el Nombre del Señor. Elevado es el Señor por encima de
todas las naciones y Su gloria por sobre los cielos. Señor, Tu Nombre *Sal. 135*
es por la eternidad, Señor, Tu renombre es por todas las generacio-
nes. El Señor estableció Su trono en los cielos y Su reinado todo lo *Sal. 103*
gobierna. Que se regocijen los cielos y alegre la tierra, que declaren *1 Cró. 16*
entre las naciones: "El Señor es el Rey". El Señor reina, el Señor ha
reinado, el Señor reinará por toda la eternidad. El Señor es el Rey del *Sal. 10*
mundo por siempre, incluso cuando las naciones hayan desaparecido
de Su tierra. El Señor desbarató el plan de las naciones, frustró las *Sal. 33*

Dios escogió un pueblo en particular (Sion, Ya'akov) para que ejemplifique esta verdad, ya que el pueblo de Israel es el único cuya existencia depende de su pacto con Dios. Dado que Israel no reconoce a ningún otro rey más allá de Dios, se dirige a Él mediante la plegaria.

רַעֲנָן: וַתַּבֵּט עֵינִי בְּשׁוּרָי, בַּקָּמִים עָלַי מְרֵעִים תִּשְׁמַעְנָה אָזְנָי:
› צַדִּיק כַּתָּמָר יִפְרָח, כְּאֶרֶז בַּלְּבָנוֹן יִשְׂגֶּה: שְׁתוּלִים בְּבֵית יהוה,
בְּחַצְרוֹת אֱלֹהֵינוּ יַפְרִיחוּ: עוֹד יְנוּבוּן בְּשֵׂיבָה, דְּשֵׁנִים וְרַעֲנַנִּים
יִהְיוּ: לְהַגִּיד כִּי־יָשָׁר יהוה, צוּרִי, וְלֹא־עַוְלָתָה בּוֹ:

יהוה מָלָךְ, גֵּאוּת לָבֵשׁ, לָבֵשׁ יהוה עֹז הִתְאַזָּר, אַף־תִּכּוֹן תֵּבֵל תהלים צג
בַּל־תִּמּוֹט: נָכוֹן כִּסְאֲךָ מֵאָז, מֵעוֹלָם אָתָּה: נָשְׂאוּ נְהָרוֹת יהוה,
נָשְׂאוּ נְהָרוֹת קוֹלָם, יִשְׂאוּ נְהָרוֹת דָּכְיָם: › מִקֹּלוֹת מַיִם רַבִּים,
אַדִּירִים מִשְׁבְּרֵי־יָם, אַדִּיר בַּמָּרוֹם יהוה: עֵדֹתֶיךָ נֶאֶמְנוּ מְאֹד
לְבֵיתְךָ נַאֲוָה־קֹדֶשׁ, יהוה לְאֹרֶךְ יָמִים:

יְהִי כְבוֹד יהוה לְעוֹלָם, יִשְׂמַח יהוה בְּמַעֲשָׂיו: יְהִי שֵׁם יהוה תהלים קד / תהלים קיג
מְבֹרָךְ, מֵעַתָּה וְעַד־עוֹלָם: מִמִּזְרַח־שֶׁמֶשׁ עַד־מְבוֹאוֹ, מְהֻלָּל
שֵׁם יהוה: רָם עַל־כָּל־גּוֹיִם יהוה, עַל הַשָּׁמַיִם כְּבוֹדוֹ: יהוה תהלים קלה
שִׁמְךָ לְעוֹלָם, יהוה זִכְרְךָ לְדֹר־וָדֹר: יהוה בַּשָּׁמַיִם הֵכִין כִּסְאוֹ, תהלים קג
וּמַלְכוּתוֹ בַּכֹּל מָשָׁלָה: יִשְׂמְחוּ הַשָּׁמַיִם וְתָגֵל הָאָרֶץ, וְיֹאמְרוּ דברי הימים א׳ טז
בַגּוֹיִם יהוה מָלָךְ: יהוה מֶלֶךְ, יהוה מָלָךְ, יהוה יִמְלֹךְ לְעוֹלָם
וָעֶד. יהוה מֶלֶךְ עוֹלָם וָעֶד, אָבְדוּ גוֹיִם מֵאַרְצוֹ: יהוה הֵפִיר עֲצַת־ תהלים י / תהלים לג

יְהִי כְבוֹד *Que la gloria de* SEÑOR:* Se trata de una antología de versículos principalmente extraídos de los Salmos pero también de Crónicas y de Proverbios. El versículo "El SEÑOR reina, el SEÑOR ha reinado, el SEÑOR reinará por toda la eternidad" no aparece bajo esta forma en la Biblia, sino que es una combinación de tres diferentes frases bíblicas, dos del libro de los Salmos y una del libro de Éxodo (al final del Cántico en el Mar). Los versículos nos llevan a través de la siguiente secuencia de pensamiento: Dios creó el universo por lo tanto es su Soberano. En el corto plazo puede parecer que los seres humanos deciden su propio destino incluso en contra de la voluntad celestial. Sin embargo, esto no es así: "sólo el consejo del SEÑOR prevalecerá".

intenciones de los pueblos. Numerosos son los pensamientos en el Prov. 19
corazón del hombre, pero sólo el consejo del SEÑOR prevalecerá. El Sal. 33
plan del SEÑOR siempre permanecerá, Sus pensamientos por todas las
generaciones. Pues Él habló y el mundo fue, Él ordenó y se mantuvo
firme. Pues el SEÑOR escogió a Sion, la deseó como sitio de Su Morada. Sal. 132
Pues Dios escogió a Ya'akov como propio y al pueblo de Israel como Sal. 135
Su heredad. Pues el SEÑOR no descuidará a Su pueblo ni abandonará Sal. 94
Su heredad. ▸ Él es compasivo, perdonará la iniquidad y no destruirá, Sal. 78
suprimirá Su ira y no encenderá Su furia. El SEÑOR salva, el Rey nos Sal. 20
responderá en el día que Le invoquemos.

El versículo que reza: "Tú abres Tu mano" debe ser recitado con especial concentración por contener la idea central de este salmo y de los Pesukei DeZimrá en su totalidad, que Dios es el Creador, sostén y proveedor de toda la realidad.

אַשְׁרֵי Felices aquellos que residen en Tu morada; Sal. 84
continuarán alabándote, ¡Sela!

Feliz del pueblo para el que esto es así, Sal. 144
feliz del pueblo que el SEÑOR es su Dios.

Salmo de alabanza de David Sal. 145

א Te ensalzaré oh Dios, mi Rey y bendeciré Tu Nombre por siempre. ב Todos los días Te bendeciré y alabaré Tu Nombre por siempre. ג El SEÑOR es grande en sobremanera y Su grandeza es insondable. ד Una generación tras otra alabará Tu labor y contará sobre Tus poderosas acciones. ה Ponderaré el glorioso esplendor de Tu majestad y Tus actos maravillosos. ו Ellos relatarán el poder de Tus venerables acciones y de Tu grandeza. ז Ellos recitarán el recuerdo de Tu gran benevolencia y cantarán con regocijo Tu

---

diario junto a la vida que este contiene. Los sabios establecieron (*Berajot* 4B) que debe ser recitado tres veces al día (dos en el rezo de la mañana y una vez por la tarde).

Existen otros motivos que explican la preeminencia de este pasaje. Es el único de los 150 salmos que es llamado "*Tehilá LeDavid*", "Salmo de alabanza de David". Contiene la frase que dice "Todos los días Te bendeciré" la cual sugiere que debe ser recitado a diario. Sus 21 renglones están agrupados en tres grupos de siete versículos cada uno: los versículos 1–7 se refieren a la

גּוֹיִם, הֵנִיא מַחְשְׁבוֹת עַמִּים: רַבּוֹת מַחֲשָׁבוֹת בְּלֶב־אִישׁ, וַעֲצַת משלי יט
יהוה הִיא תָקוּם: עֲצַת יהוה לְעוֹלָם תַּעֲמֹד, מַחְשְׁבוֹת לִבּוֹ לְדֹר תהלים לג
וָדֹר: כִּי הוּא אָמַר וַיֶּהִי, הוּא־צִוָּה וַיַּעֲמֹד: כִּי־בָחַר יהוה בְּצִיּוֹן, תהלים קלב
אִוָּהּ לְמוֹשָׁב לוֹ: כִּי־יַעֲקֹב בָּחַר לוֹ יָהּ, יִשְׂרָאֵל לִסְגֻלָּתוֹ: כִּי לֹא־ תהלים קלה תהלים צד
יִטֹּשׁ יהוה עַמּוֹ, וְנַחֲלָתוֹ לֹא יַעֲזֹב: ◂ וְהוּא רַחוּם, יְכַפֵּר עָוֹן וְלֹא־ תהלים עח
יַשְׁחִית, וְהִרְבָּה לְהָשִׁיב אַפּוֹ, וְלֹא־יָעִיר כָּל־חֲמָתוֹ: יהוה הוֹשִׁיעָה, תהלים כ
הַמֶּלֶךְ יַעֲנֵנוּ בְיוֹם־קָרְאֵנוּ:

El versículo que reza: פּוֹתֵחַ אֶת יָדֶךָ *debe ser recitado con especial concentración por contener la idea central de este salmo y de los* פסוקי דזמרה *en su totalidad, que Dios es el Creador, sostén y proveedor de toda la realidad.*

אַשְׁרֵי יוֹשְׁבֵי בֵיתֶךָ, עוֹד יְהַלְלוּךָ סֶּלָה: תהלים פד
אַשְׁרֵי הָעָם שֶׁכָּכָה לּוֹ, אַשְׁרֵי הָעָם שֶׁיהוה אֱלֹהָיו: תהלים קמד
תְּהִלָּה לְדָוִד תהלים קמה

א אֲרוֹמִמְךָ אֱלוֹהַי הַמֶּלֶךְ, וַאֲבָרְכָה שִׁמְךָ לְעוֹלָם וָעֶד:
ב בְּכָל־יוֹם אֲבָרְכֶךָּ, וַאֲהַלְלָה שִׁמְךָ לְעוֹלָם וָעֶד:
ג גָּדוֹל יהוה וּמְהֻלָּל מְאֹד, וְלִגְדֻלָּתוֹ אֵין חֵקֶר:
ד דּוֹר לְדוֹר יְשַׁבַּח מַעֲשֶׂיךָ, וּגְבוּרֹתֶיךָ יַגִּידוּ:
ה הֲדַר כְּבוֹד הוֹדֶךָ, וְדִבְרֵי נִפְלְאֹתֶיךָ אָשִׂיחָה:
ו וֶעֱזוּז נוֹרְאֹתֶיךָ יֹאמֵרוּ, וּגְדוּלָּתְךָ אֲסַפְּרֶנָּה:
ז זֵכֶר רַב־טוּבְךָ יַבִּיעוּ, וְצִדְקָתְךָ יְרַנֵּנוּ:

אַשְׁרֵי *Felices aquellos:* El Salmo 145 es el más importante de los pasajes de los Versículos de Alabanza. Los sabios lo vieron como un paradigma de alabanza, primeramente, porque está construido como acróstico alfabético (con excepción de la letra *nun*), por lo tanto alaba a Dios con todas las letras del alfabeto; en segundo lugar porque contiene el versículo “Tú abres Tu mano y satisfaces el deseo de cada ser viviente”, el cual encierra la idea de que Dios no solamente creó inicialmente el universo sino que además lo sustenta a

rectitud. ח El Señor es compasivo y misericordioso, paciente y muy benevolente. ט El Señor es bueno con todos y Su misericordia para con todas Sus creaturas. י Todas Tus Obras Te agradecerán y Tus devotos Te bendecirán. כ Ellos recitarán la gloria de Tu reinado y hablarán de Tus poderosas acciones. ל Darán a conocer a los hombres Sus poderosas acciones, y la gloria de la majestad de Su reino. מ Tu reino es un reino por todos los tiempos y Tu dominio por todas las generaciones. ס El Señor sostiene a los que se caen y yergue a los encorvados. ע Todos alzan su mirada a Ti con esperanza y Tú les provees de su alimento en el momento adecuado. פ Tú abres Tu mano y satisfaces el deseo de cada ser viviente. צ El Señor es justo en todas Sus sendas y magnánimo en todos Sus actos. ק El Señor está cercano a todos quienes Le llaman, de todos aquellos que claman a Él con la verdad. ר Él colmará el deseo de quienes Lo reverencian, escuchará su clamor y los redimirá. ש El Señor protege a todos aquellos que Le aman y destruirá a todos los malvados. ‣ ת Mi boca declarará la alabanza del Señor y todas las creaturas bendecirán Su sagrado Nombre por siempre.

Nosotros bendeciremos a Dios desde ahora y por siempre, ¡Aleluyá! *Sal. 115*

הַלְלוּיָהּ ¡Aleluyá! Alma mía, alaba al Señor. Alabaré al Señor toda mi vida; Cantaré a mi Dios mientras viva. No depositéis vuestra confianza en príncipes, o en mortales que no pueden salvar. Su hálito de vida expira y retornan a la tierra, en ese día sus planes fenecen. Feliz aquel cuya ayuda es el Dios de Ya'akov y cuya esperanza está depositada en el Señor su Dios, que hizo el cielo y la tierra, el mar y *Sal. 146*

---

totalidad del libro de los Salmos, el cual inicia con el vocablo Ashrei y culmina con la palabra *Aleluyá*.

הַלְלוּיָהּ *Salmos 146:* El contraste entre los roles humano y Divino. Los seres humanos son mortales. Provienen del polvo y a este retornan. Dios es eterno, así como lo son los valores por medio de los cuales gobierna las cuestiones humanas. Trae justicia a los oprimidos, alimento a los hambrientos, libertad a los prisioneros y esperanza a quienes se encuentran en los márgenes de la sociedad. Estos principios de justicia y compasión recorren la historia judía como ideales supremos de una sociedad bajo la soberanía de Dios.

ח חַנּוּן וְרַחוּם יהוה, אֶרֶךְ אַפַּיִם וּגְדׇל־חָסֶד:
ט טוֹב־יהוה לַכֹּל, וְרַחֲמָיו עַל־כׇּל־מַעֲשָׂיו:
י יוֹדוּךָ יהוה כׇּל־מַעֲשֶׂיךָ, וַחֲסִידֶיךָ יְבָרְכוּכָה:
כ כְּבוֹד מַלְכוּתְךָ יֹאמֵרוּ, וּגְבוּרָתְךָ יְדַבֵּרוּ:
ל לְהוֹדִיעַ לִבְנֵי הָאָדָם גְּבוּרֹתָיו, וּכְבוֹד הֲדַר מַלְכוּתוֹ:
מ מַלְכוּתְךָ מַלְכוּת כׇּל־עֹלָמִים, וּמֶמְשַׁלְתְּךָ בְּכׇל־דּוֹר וָדֹר:
ס סוֹמֵךְ יהוה לְכׇל־הַנֹּפְלִים, וְזוֹקֵף לְכׇל־הַכְּפוּפִים:
ע עֵינֵי־כֹל אֵלֶיךָ יְשַׂבֵּרוּ, וְאַתָּה נוֹתֵן־לָהֶם אֶת־אׇכְלָם בְּעִתּוֹ:
פ פּוֹתֵחַ אֶת־יָדֶךָ, וּמַשְׂבִּיעַ לְכׇל־חַי רָצוֹן:
צ צַדִּיק יהוה בְּכׇל־דְּרָכָיו, וְחָסִיד בְּכׇל־מַעֲשָׂיו:
ק קָרוֹב יהוה לְכׇל־קֹרְאָיו, לְכֹל אֲשֶׁר יִקְרָאֻהוּ בֶאֱמֶת:
ר רְצוֹן־יְרֵאָיו יַעֲשֶׂה, וְאֶת־שַׁוְעָתָם יִשְׁמַע, וְיוֹשִׁיעֵם:
ש שׁוֹמֵר יהוה אֶת־כׇּל־אֹהֲבָיו, וְאֵת כׇּל־הָרְשָׁעִים יַשְׁמִיד:
ת תְּהִלַּת יהוה יְדַבֶּר פִּי, וִיבָרֵךְ כׇּל־בָּשָׂר שֵׁם קׇדְשׁוֹ לְעוֹלָם וָעֶד:

תהלים קטו
וַאֲנַחְנוּ נְבָרֵךְ יָהּ מֵעַתָּה וְעַד־עוֹלָם, הַלְלוּיָהּ:

תהלים קמו
הַלְלוּיָהּ, הַלְלִי נַפְשִׁי אֶת־יהוה: אֲהַלְלָה יהוה בְּחַיָּי, אֲזַמְּרָה לֵאלֹהַי בְּעוֹדִי: אַל־תִּבְטְחוּ בִנְדִיבִים, בְּבֶן־אָדָם שֶׁאֵין לוֹ תְשׁוּעָה: תֵּצֵא רוּחוֹ, יָשֻׁב לְאַדְמָתוֹ, בַּיּוֹם הַהוּא אָבְדוּ עֶשְׁתֹּנֹתָיו: אַשְׁרֵי שֶׁאֵל יַעֲקֹב בְּעֶזְרוֹ, שִׂבְרוֹ עַל־יהוה אֱלֹהָיו: עֹשֶׂה שָׁמַיִם

---

alabanza de Dios a lo largo de las generaciones; 8–14 representan el reinado de Dios y Su compasión; y los versículos 15–21 hablan de cómo Dios atiende las plegarias. El salmo está armado en una estructura numérica (3,7,10) que se asemeja mucho a la narrativa de la creación en Génesis 1:1–2:3.

Además del Salmo 145 este pasaje contiene versículos de otros salmos: dos al principio que incluyen el vocablo *"Ashrei"* (Felices) tres veces y uno al final que concluye con el vocablo *Aleluyá*. De este modo este pasaje representa la

todo lo que este contiene; que mantiene Su verdad por siempre. Él asegura la justicia para los oprimidos. Da alimento a los hambrientos. El Señor libera a los prisioneros. El Señor da visión a los ciegos y yergue a los encorvados, el Señor ama a los justos. El Señor protege a los prosélitos, da aliento al huérfano y a la viuda, frustra el camino del malvado. ▸ Que el Señor reine por siempre. Él es Tu Dios, Sion, por todas las generaciones ¡Aleluyá!

הַלְלוּיָהּ ¡Aleluyá! Qué bueno es entonar cánticos a nuestro Dios, qué agradable y apropiado alabarle. El Señor reconstruye Jerusalém, reúne a los exiliados dispersos de Israel. Cura a quienes tienen quebrantados sus corazones y aplica vendaje a sus pesares. Cuenta el número de las estrellas y a cada una llama por su nombre. Grande y poderoso es nuestro Señor y Su entendimiento es ilimitado. El Señor da ánimo a los humildes, humilla a los malvados y los arroja a tierra. Cantad al Señor con agradecimiento, haced música con el arpa a nuestro Dios. Él cubre los cielos con nubes. Provee de lluvia a la tierra y hace que las montañas se cubran de hierbas. Provee alimento a la bestia y a los polluelos del cuervo cuando Le claman. No tiene deleite en la fortaleza de los caballos ni se satisface en las piernas de un hombre. El Señor se complace en quienes Le temen y en aquellos esperanzados en Su benevolencia. Jerusalém, alaba al Señor, Sion loa a tu Dios pues Él ha reforzado los cerrojos de tus portones y bendecido a tus hijos en tu seno. Ha traído la paz a tus fronteras y te saciará con el mejor de los trigos. Él ha enviado Su mandamiento hacia la tierra, Su palabra corre velozmente. Él hace caer nieve cual vellón de lana, esparce la escarcha cual ceniza, arroja el granizo cual migajas. ¿Quién puede sostenerse ante Su frío? Él envía Su palabra y los derrite, hace soplar el viento y fluir el agua. ▸ Él ha declarado Sus palabras a Ya'akov, Sus leyes y estatutos a Israel. Él no ha hecho esto con ninguna otra nación, ni les hizo conocer Sus leyes, ¡Aleluyá! *Sal. 147*

---

es el poder sino la humildad frente a Dios. Él escogió únicamente al pueblo de Israel para que personifique esta verdad en su constitución como nación. Por lo tanto, Él es la fuente de sus leyes y no una legislación humana.

וָאָֽרֶץ, אֶת־הַיָּם וְאֶת־כׇּל־אֲשֶׁר־בָּם, הַשֹּׁמֵר אֱמֶת לְעוֹלָם: עֹשֶׂה
מִשְׁפָּט לַעֲשׁוּקִים, נֹתֵן לֶחֶם לָרְעֵבִים, יהוה מַתִּיר אֲסוּרִים:
יהוה פֹּקֵחַ עִוְרִים, יהוה זֹקֵף כְּפוּפִים, יהוה אֹהֵב צַדִּיקִים: יהוה
שֹׁמֵר אֶת־גֵּרִים, יָתוֹם וְאַלְמָנָה יְעוֹדֵד, וְדֶרֶךְ רְשָׁעִים יְעַוֵּת:
› יִמְלֹךְ יהוה לְעוֹלָם, אֱלֹהַיִךְ צִיּוֹן לְדֹר וָדֹר, הַלְלוּיָהּ:

הַלְלוּיָהּ, כִּי־טוֹב זַמְּרָה אֱלֹהֵינוּ, כִּי־נָעִים נָאוָה תְהִלָּה: בּוֹנֵה תהלים קמז
יְרוּשָׁלַםִ יהוה, נִדְחֵי יִשְׂרָאֵל יְכַנֵּס: הָרוֹפֵא לִשְׁבוּרֵי לֵב, וּמְחַבֵּשׁ
לְעַצְּבוֹתָם: מוֹנֶה מִסְפָּר לַכּוֹכָבִים, לְכֻלָּם שֵׁמוֹת יִקְרָא: גָּדוֹל
אֲדוֹנֵינוּ וְרַב־כֹּחַ, לִתְבוּנָתוֹ אֵין מִסְפָּר: מְעוֹדֵד עֲנָוִים יהוה,
מַשְׁפִּיל רְשָׁעִים עֲדֵי־אָֽרֶץ: עֱנוּ לַיהוה בְּתוֹדָה, זַמְּרוּ לֵאלֹהֵינוּ
בְכִנּוֹר: הַמְכַסֶּה שָׁמַיִם בְּעָבִים, הַמֵּכִין לָאָֽרֶץ מָטָר, הַמַּצְמִיחַ
הָרִים חָצִיר: נוֹתֵן לִבְהֵמָה לַחְמָהּ, לִבְנֵי עֹרֵב אֲשֶׁר יִקְרָֽאוּ: לֹא
בִגְבוּרַת הַסּוּס יֶחְפָּץ, לֹא־בְשׁוֹקֵי הָאִישׁ יִרְצֶה: רוֹצֶה יהוה אֶת־
יְרֵאָיו, אֶת־הַמְיַחֲלִים לְחַסְדּוֹ: שַׁבְּחִי יְרוּשָׁלַםִ אֶת־יהוה, הַלְלִי
אֱלֹהַיִךְ צִיּוֹן: כִּי־חִזַּק בְּרִיחֵי שְׁעָרָיִךְ, בֵּרַךְ בָּנַיִךְ בְּקִרְבֵּךְ: הַשָּׂם־
גְּבוּלֵךְ שָׁלוֹם, חֵלֶב חִטִּים יַשְׂבִּיעֵךְ: הַשֹּׁלֵחַ אִמְרָתוֹ אָֽרֶץ, עַד־
מְהֵרָה יָרוּץ דְּבָרוֹ: הַנֹּתֵן שֶׁלֶג כַּצָּֽמֶר, כְּפוֹר כָּאֵֽפֶר יְפַזֵּר: מַשְׁלִיךְ
קַרְחוֹ כְפִתִּים, לִפְנֵי קָרָתוֹ מִי יַעֲמֹד: יִשְׁלַח דְּבָרוֹ וְיַמְסֵם, יַשֵּׁב
רוּחוֹ יִזְּלוּ־מָיִם: › מַגִּיד דְּבָרָו לְיַעֲקֹב, חֻקָּיו וּמִשְׁפָּטָיו לְיִשְׂרָאֵל:
לֹא עָשָׂה כֵן לְכׇל־גּוֹי, וּמִשְׁפָּטִים בַּל־יְדָעוּם, הַלְלוּיָהּ:

הַלְלוּיָהּ *Salmos 147:* Un magnífico entretejido de temas de la naturaleza, el rol de Dios en la historia de Israel y lo paradójico de la distancia y la cercanía Divina. Dios cuenta las estrellas: gobierna el cosmos. Al mismo tiempo Él también "Cura a quienes tienen quebrantados sus corazones y venda sus heridas": se preocupa por cada uno de nosotros. Lo que en definitiva importa no

הַלְלוּיָהּ ¡Aleluyá! Alabad al Señor desde los cielos, loadle desde las alturas. Alábenlo todos sus ángeles, alábenlo todas Sus huestes. Alábenlo el sol y la luna, alábenlo todas las estrellas luminosas. Alábenlo los cielos de los cielos y las aguas que están por encima de los cielos. Que alaben el Nombre del Señor, pues Él ordenó y fueron creados. Él los estableció para siempre en todo momento, emitió un decreto que no habrá de cambiar. Alabad al Señor desde la tierra: los monstruos marinos y todos los mares profundos; el fuego y el granizo, la nieve y el vapor, el viento tempestuoso que cumple Su palabra. Las montañas y todas las colinas, el árbol frutal y todos los cedros; los animales salvajes y toda bestia, reptiles y aves aladas. Los reyes de la tierra y todas las naciones, príncipes y jueces terrenales, jóvenes y también doncellas, ancianos y mozos. ▸ Alabad el Nombre del Señor, pues es único y encumbrado, Su gloria está sobre la tierra y el cielo. Él ha elevado el honor de Su pueblo, la gloria de Sus devotos, los hijos de Israel que son Su pueblo cercano, ¡Aleluyá! *Sal. 148*

הַלְלוּיָהּ ¡Aleluyá! Entonad al Señor un nuevo cántico, Su alabanza en la congregación de los piadosos. Que se regocije Israel en su Hacedor, que se alegren los hijos de Sion en su Rey. Alabad Su Nombre con danzas, cantadle con tambor y arpa. Pues el Señor se deleita en Su pueblo, dignifica a los humildes con salvación. Que los devotos se deleiten en la gloria, que entonen cánticos de regocijo sobre sus camas. Que las excelsas alabanzas estén en sus gargantas y una espada de doble filo en sus manos: para imponer la retribución entre las naciones, castigos sobre los pueblos, ▸ amarrando a sus reyes con cadenas y a sus nobles con grillos de hierro. Llevando a cabo contra ellos el juicio escrito. Este es el esplendor de todos Sus devotos, ¡Aleluyá! *Sal. 149*

---

también la victoria última de la justicia por sobre la crueldad y la agresión. "Una espada de doble filo en sus manos" puede ser una referencia a la naturaleza dual de la historia: por una parte, la Casa de Israel debe librar sus propias batallas, y por la otra debe siempre estar consciente del patrón providencial de la historia, el rol de Dios en su supervivencia y en su éxito.

הַלְלוּיָהּ, הַלְלוּ אֶת־יהוה מִן־הַשָּׁמַיִם, הַלְלוּהוּ בַּמְּרוֹמִים: תהלים קמח
הַלְלוּהוּ כָל־מַלְאָכָיו, הַלְלוּהוּ כָּל־צְבָאָו: הַלְלוּהוּ שֶׁמֶשׁ וְיָרֵחַ,
הַלְלוּהוּ כָּל־כּוֹכְבֵי אוֹר: הַלְלוּהוּ שְׁמֵי הַשָּׁמָיִם, וְהַמַּיִם אֲשֶׁר
מֵעַל הַשָּׁמָיִם: יְהַלְלוּ אֶת־שֵׁם יהוה, כִּי הוּא צִוָּה וְנִבְרָאוּ:
וַיַּעֲמִידֵם לָעַד לְעוֹלָם, חָק־נָתַן וְלֹא יַעֲבוֹר: הַלְלוּ אֶת־יהוה
מִן־הָאָרֶץ, תַּנִּינִים וְכָל־תְּהֹמוֹת: אֵשׁ וּבָרָד שֶׁלֶג וְקִיטוֹר, רוּחַ
סְעָרָה עֹשָׂה דְבָרוֹ: הֶהָרִים וְכָל־גְּבָעוֹת, עֵץ פְּרִי וְכָל־אֲרָזִים:
הַחַיָּה וְכָל־בְּהֵמָה, רֶמֶשׂ וְצִפּוֹר כָּנָף: מַלְכֵי־אֶרֶץ וְכָל־לְאֻמִּים,
שָׂרִים וְכָל־שֹׁפְטֵי אָרֶץ: בַּחוּרִים וְגַם־בְּתוּלוֹת, זְקֵנִים עִם־נְעָרִים:
◂ יְהַלְלוּ אֶת־שֵׁם יהוה, כִּי־נִשְׂגָּב שְׁמוֹ לְבַדּוֹ, הוֹדוֹ עַל־אֶרֶץ
וְשָׁמָיִם: וַיָּרֶם קֶרֶן לְעַמּוֹ, תְּהִלָּה לְכָל־חֲסִידָיו, לִבְנֵי יִשְׂרָאֵל
עַם קְרֹבוֹ, הַלְלוּיָהּ:

הַלְלוּיָהּ, שִׁירוּ לַיהוה שִׁיר חָדָשׁ, תְּהִלָּתוֹ בִּקְהַל חֲסִידִים: יִשְׂמַח תהלים קמט
יִשְׂרָאֵל בְּעֹשָׂיו, בְּנֵי־צִיּוֹן יָגִילוּ בְמַלְכָּם: יְהַלְלוּ שְׁמוֹ בְמָחוֹל, בְּתֹף
וְכִנּוֹר יְזַמְּרוּ־לוֹ: כִּי־רוֹצֶה יהוה בְּעַמּוֹ, יְפָאֵר עֲנָוִים בִּישׁוּעָה:
יַעְלְזוּ חֲסִידִים בְּכָבוֹד, יְרַנְּנוּ עַל־מִשְׁכְּבוֹתָם: רוֹמְמוֹת אֵל
בִּגְרוֹנָם, וְחֶרֶב פִּיפִיּוֹת בְּיָדָם: לַעֲשׂוֹת נְקָמָה בַּגּוֹיִם, תּוֹכֵחוֹת
בַּלְאֻמִּים: ◂ לֶאְסֹר מַלְכֵיהֶם בְּזִקִּים, וְנִכְבְּדֵיהֶם בְּכַבְלֵי בַרְזֶל:
לַעֲשׂוֹת בָּהֶם מִשְׁפָּט כָּתוּב, הָדָר הוּא לְכָל־חֲסִידָיו, הַלְלוּיָהּ:

הַלְלוּיָהּ *Salmos 148:* Un salmo sobre la Creación. Todo el universo entona un cántico de alabanza a Dios. La primera mitad del salmo se refiere a los cielos, la segunda se refiere a la tierra. Cada una de las voces participa del coro sinfónico de la Creación, en la cual todo lo que existe testifica sobre su Hacedor.

הַלְלוּיָהּ *Salmos 149:* Salmo de agradecimiento a Dios por Su rol en la historia del pueblo de Israel, asegurándoles la victoria en el campo de batalla así como

הַלְלוּיָהּ ¡Aleluyá! *Sal. 150*
Alabad a Dios en Su Santuario;
alabadle en el firmamento de Su poder.
Alabadle por Sus poderosas acciones,
alabadle conforme a Su Grandeza.
Alabadle al son del shofar,
alabadle con el arpa y la lira.
Alabadle con pandero y danza,
alabadle con instrumentos de cuerda y flauta.
‣ Alabadle con platillos resonantes;
con el resonar de los címbalos.
Todas las almas alabarán a Dios ¡Aleluyá!
Todas las almas alabarán a Dios ¡Aleluyá!

בָּרוּךְ Bendito sea el Señor por siempre. Amén y Amén. *Sal. 89*
Bendito sea el Señor desde Sion, *Sal. 135*
que mora en Jerusalém, ¡Aleluyá!
Bendito sea el Señor Dios de Israel, *Sal. 72*
pues solo Él obra maravillas.
‣ Bendito sea Su Nombre Glorioso por siempre,
que la tierra se vea colmada de Su presencia.
Amén y Amén.

Ponerse de pie hasta "El alma" en la página 444.

וַיְבָרֶךְ David bendijo al Señor frente a toda la asamblea. Y David dijo: "Bendito eres Tú Señor, Dios de nuestro patriarca Israel desde siempre y para toda la eternidad. Señor, Tuya es la grandeza, el poder y el esplendor, la eternidad y la gloria, pues todo en los cielos y en la tierra Te pertenece. Señor, Tuyo es el reino y eres Supremo a todo gobernante. La riqueza y el honor proceden *1 Cró. 29*

בָּרוּךְ ה׳ *Bendito sea el Señor:* Este pasaje marca la clausura de los versículos de alabanza. Esta construido a partir de tres versículos del libro de los Salmos que fueron escogidos porque comienzan con la palabra "Bendito".

הַלְלוּיָהּ תהלים קנ
הַלְלוּ־אֵל בְּקָדְשׁוֹ, הַלְלוּהוּ בִּרְקִיעַ עֻזּוֹ:
הַלְלוּהוּ בִגְבוּרֹתָיו, הַלְלוּהוּ כְּרֹב גֻּדְלוֹ:
הַלְלוּהוּ בְּתֵקַע שׁוֹפָר, הַלְלוּהוּ בְּנֵבֶל וְכִנּוֹר:
הַלְלוּהוּ בְתֹף וּמָחוֹל, הַלְלוּהוּ בְּמִנִּים וְעוּגָב:
◂ הַלְלוּהוּ בְצִלְצְלֵי־שָׁמַע, הַלְלוּהוּ בְּצִלְצְלֵי תְרוּעָה:
כֹּל הַנְּשָׁמָה תְּהַלֵּל יָהּ, הַלְלוּיָהּ:
כֹּל הַנְּשָׁמָה תְּהַלֵּל יָהּ, הַלְלוּיָהּ:

בָּרוּךְ יהוה לְעוֹלָם, אָמֵן וְאָמֵן: תהלים פט
בָּרוּךְ יהוה מִצִּיּוֹן, שֹׁכֵן יְרוּשָׁלָםִ, הַלְלוּיָהּ: תהלים קלה
בָּרוּךְ יהוה אֱלֹהִים אֱלֹהֵי יִשְׂרָאֵל, עֹשֵׂה נִפְלָאוֹת לְבַדּוֹ: תהלים עב
◂ וּבָרוּךְ שֵׁם כְּבוֹדוֹ לְעוֹלָם, וְיִמָּלֵא כְבוֹדוֹ אֶת־כֹּל־הָאָרֶץ
אָמֵן וְאָמֵן:

Ponerse de pie hasta נִשְׁמַת *en la página 444.*

דברי הימים א׳ כט
וַיְבָרֶךְ דָּוִיד אֶת־יהוה לְעֵינֵי כָּל־הַקָּהָל, וַיֹּאמֶר דָּוִיד, בָּרוּךְ
אַתָּה יהוה, אֱלֹהֵי יִשְׂרָאֵל אָבִינוּ, מֵעוֹלָם וְעַד־עוֹלָם: לְךָ יהוה
הַגְּדֻלָּה וְהַגְּבוּרָה וְהַתִּפְאֶרֶת וְהַנֵּצַח וְהַהוֹד, כִּי־כֹל בַּשָּׁמַיִם
וּבָאָרֶץ, לְךָ יהוה הַמַּמְלָכָה וְהַמִּתְנַשֵּׂא לְכֹל לְרֹאשׁ: וְהָעֹשֶׁר

הַלְלוּיָהּ *Salmos 150:* El libro de los Salmos alcanza aquí su "crescendo" en un magnífico cántico cuya palabra clave es la palabra alabanza ("*halel*") la cual aparece de una u otra forma trece veces en un mismo breve párrafo. En tiempos pretéritos era recitado al llegar al Monte del Templo por los peregrinos que traían los primeros frutos a Jerusalém (Maimónides *Bikurim* 4:17). La repetición del último versículo es una convención que indica el final de un libro o de un pasaje.

de Tí y Tú todo lo riges, en Tu mano están el poder y la fortaleza. Tienes el poder de engrandecer y fortalecer a todos. Por ello ahora, Dios nuestro, Te agradecemos y alabamos Tu glorioso Nombre". Solamente Tú eres el Señor, Tú hiciste los cielos, los cielos de los cielos y todas sus huestes, la tierra y todo lo que hay sobre ella, los mares y todo lo que contienen, Tú les das vida a todos y las huestes celestiales se prosternan ante Ti. ▸ Tú eres el Señor Dios, que escogiste a Abram, lo sacaste de Ur de los caldeos y cambiaste su nombre a Abraham. Tú encontraste su corazón fiel a Ti, ◂ estableciste con él el pacto para dar a sus descendientes la tierra del Cna'aní, del Jití, del Emorí, del Perizí, del Ievusí y del Guirgashí. Tú cumpliste Tu promesa pues eres justo. Tú viste el sufrimiento de nuestros antepasados en Egipto. Tú escuchaste su clamor en el Mar Rojo. Tú enviaste señales y maravillas contra Par'ó y todos sus siervos y sobre todos los habitantes de la tierra, pues Tú sabías con cuánta saña los habían tratado los egipcios. Tú Te hiciste de renombre que perdura hasta hoy, ▸ dividiste el mar ante ellos, de modo tal que pudieron atravesar el mar sobre tierra seca, y arrojaste a sus perseguidores a las profundidades, cual piedra en aguas turbulentas. *Neh. 9*

וַיּֽוֹשַׁע En aquel día el Señor salvó a Israel de las manos de los egipcios. Israel vio a los egipcios muertos, a la orilla del mar. ▸ Israel presenció el gran poder que el Señor ejerció sobre Egipto. Y el pueblo veneró al Señor, y tuvieron fe en el Señor y en Moshé Su Servidor. *Éx. 14*

Uno de los motivos por los cuales estos pasajes se encuentran aquí es que hasta ahora hemos rezado como individuos. El rezo comunitario está por comenzar. Estos tres pasajes históricos se refieren a la constitución de la comunidad orante.

En el primero de los pasajes David hizo a Jerusalém la capital del reino y trajo a ella el Arca del Pacto. Ahora, al final de sus días David reúne al pueblo y les encarga la misión sagrada de construir el Templo. En el segundo pasaje, tras el exilio babilónico, Ezra y Nehemia reúnen al pueblo para renovar el

וְהַכָּבוֹד מִלְּפָנֶיךָ, וְאַתָּה מוֹשֵׁל בַּכֹּל, וּבְיָדְךָ כֹּחַ וּגְבוּרָה, וּבְיָדְךָ
לְגַדֵּל וּלְחַזֵּק לַכֹּל: וְעַתָּה אֱלֹהֵינוּ מוֹדִים אֲנַחְנוּ לָךְ, וּמְהַלְלִים
לְשֵׁם תִּפְאַרְתֶּךָ: אַתָּה־הוּא יהוה לְבַדֶּךָ, אַתְּ עָשִׂיתָ נחמיה ט
אֶת־הַשָּׁמַיִם, שְׁמֵי הַשָּׁמַיִם וְכָל־צְבָאָם, הָאָרֶץ וְכָל־אֲשֶׁר עָלֶיהָ,
הַיַּמִּים וְכָל־אֲשֶׁר בָּהֶם, וְאַתָּה מְחַיֶּה אֶת־כֻּלָּם, וּצְבָא הַשָּׁמַיִם
לְךָ מִשְׁתַּחֲוִים: ◂ אַתָּה הוּא יהוה הָאֱלֹהִים אֲשֶׁר בָּחַרְתָּ בְּאַבְרָם,
וְהוֹצֵאתוֹ מֵאוּר כַּשְׂדִּים, וְשַׂמְתָּ שְׁמוֹ אַבְרָהָם: וּמָצָאתָ אֶת־
לְבָבוֹ נֶאֱמָן לְפָנֶיךָ, ◂ וְכָרוֹת עִמּוֹ הַבְּרִית לָתֵת אֶת־אֶרֶץ הַכְּנַעֲנִי
הַחִתִּי הָאֱמֹרִי וְהַפְּרִזִּי וְהַיְבוּסִי וְהַגִּרְגָּשִׁי, לָתֵת לְזַרְעוֹ, וַתָּקֶם
אֶת־דְּבָרֶיךָ, כִּי צַדִּיק אָתָּה: וַתֵּרֶא אֶת־עֳנִי אֲבֹתֵינוּ בְּמִצְרָיִם,
וְאֶת־זַעֲקָתָם שָׁמַעְתָּ עַל־יַם־סוּף: וַתִּתֵּן אֹתֹת וּמֹפְתִים בְּפַרְעֹה
וּבְכָל־עֲבָדָיו וּבְכָל־עַם אַרְצוֹ, כִּי יָדַעְתָּ כִּי הֵזִידוּ עֲלֵיהֶם, וַתַּעַשׂ־
לְךָ שֵׁם כְּהַיּוֹם הַזֶּה: ◂ וְהַיָּם בָּקַעְתָּ לִפְנֵיהֶם, וַיַּעַבְרוּ בְתוֹךְ־
הַיָּם בַּיַּבָּשָׁה, וְאֶת־רֹדְפֵיהֶם הִשְׁלַכְתָּ בִמְצוֹלֹת כְּמוֹ־אֶבֶן, בְּמַיִם
עַזִּים:

וַיּוֹשַׁע יהוה בַּיּוֹם הַהוּא אֶת־יִשְׂרָאֵל מִיַּד מִצְרָיִם, וַיַּרְא יִשְׂרָאֵל שמות יד
אֶת־מִצְרַיִם מֵת עַל־שְׂפַת הַיָּם: ◂ וַיַּרְא יִשְׂרָאֵל אֶת־הַיָּד הַגְּדֹלָה
אֲשֶׁר עָשָׂה יהוה בְּמִצְרַיִם, וַיִּירְאוּ הָעָם אֶת־יהוה, וַיַּאֲמִינוּ
בַּיהוה וּבְמֹשֶׁה עַבְדּוֹ:

וַיְבָרֶךְ דָּוִיד *David bendijo* (página anterior)*:* Se trata del primero de tres pasajes que marcan transiciones históricas en los anales del pueblo de Israel: (1) La plegaria del Rey David por la construcción del Templo; (2) La plegaria recitada en la reunión que organizara Ezra tras el retorno del exilio de Babilonia; (3) el cántico que Moshé y los hijos de Israel entonaron al cruzar el Mar de los Juncos una vez que las aguas se dividieron milagrosamente permitiéndoles cruzar con seguridad.

אָז יָשִׁיר־מֹשֶׁה Entonces Moshé y los hijos de Israel entonaron este cántico para el SEÑOR diciendo: Éx. 15
He de cantar para el SEÑOR,
ya que Él ha triunfado gloriosamente;
al caballo y a su jinete arrojó al mar.
Dios es mi fuerza y mi canción, pues Él ha sido para mí, mi salvación.
Este es mi Dios y lo he de glorificar,
el Dios de mi padre y lo habré de exaltar.
El SEÑOR triunfa en las batallas, el SEÑOR es Su nombre.
Los carros de Par'ó y su ejército arrojó al mar,
y los selectos entre sus oficiales fueron ahogados en el Mar de los Juncos.
Los abismos los cubrieron, descendieron a las profundidades cual piedra.
Tu diestra, oh SEÑOR, es majestuosa en poder.
Tu diestra, oh SEÑOR, quebranta al enemigo.
Y con la grandeza de Tu majestad destruiste a quienes se levantaron contra Ti.
Liberaste Tu furia que los consumió cual paja.
Y con el soplo de Tu furor se apilaron las aguas,
se irguieron cual muro.
Los abismos se congelaron en el corazón del mar.
Dijo el enemigo: "Voy a perseguir, alcanzar
y repartir el botín, saciaré mis deseos.
Desenvainaré mi espada, Mi brazo los vaciará".
Soplaste con Tu viento, el mar los cubrió,
se hundieron cual plomo en aguas embravecidas.
¿Quién es como Tú entre los fuertes SEÑOR?
¿Quién como Tú magnificado por la Santidad?
Infinito en alabanzas, Hacedor de maravillas.
¡Extendiste Tu diestra, los tragó la tierra!

---

ya no eran más personas individuales (exiliados que retornaron, esclavos fugitivos) sino un grupo, una nación, una comunidad de fe.

אָז יָשִׁיר־מֹשֶׁה וּבְנֵי יִשְׂרָאֵל אֶת־הַשִּׁירָה הַזֹּאת לַיהוה, וַיֹּאמְרוּ שמות טו
לֵאמֹר, אָשִׁירָה לַיהוה כִּי־גָאֹה גָּאָה, סוּס
וְרֹכְבוֹ רָמָה בַיָּם: עָזִּי וְזִמְרָת יָהּ וַיְהִי־לִי
לִישׁוּעָה, זֶה אֵלִי וְאַנְוֵהוּ, אֱלֹהֵי
אָבִי וַאֲרֹמְמֶנְהוּ: יהוה אִישׁ מִלְחָמָה, יהוה
שְׁמוֹ: מַרְכְּבֹת פַּרְעֹה וְחֵילוֹ יָרָה בַיָּם, וּמִבְחַר
שָׁלִשָׁיו טֻבְּעוּ בְיַם־סוּף: תְּהֹמֹת יְכַסְיֻמוּ, יָרְדוּ בִמְצוֹלֹת כְּמוֹ־
אָבֶן: יְמִינְךָ יהוה נֶאְדָּרִי בַּכֹּחַ, יְמִינְךָ
יהוה תִּרְעַץ אוֹיֵב: וּבְרֹב גְּאוֹנְךָ תַּהֲרֹס
קָמֶיךָ, תְּשַׁלַּח חֲרֹנְךָ יֹאכְלֵמוֹ כַּקַּשׁ: וּבְרוּחַ
אַפֶּיךָ נֶעֶרְמוּ מַיִם, נִצְּבוּ כְמוֹ־נֵד
נֹזְלִים, קָפְאוּ תְהֹמֹת בְּלֶב־יָם: אָמַר
אוֹיֵב אֶרְדֹּף, אַשִּׂיג, אֲחַלֵּק שָׁלָל, תִּמְלָאֵמוֹ
נַפְשִׁי, אָרִיק חַרְבִּי תּוֹרִישֵׁמוֹ יָדִי: נָשַׁפְתָּ
בְרוּחֲךָ כִּסָּמוֹ יָם, צָלְלוּ כַּעוֹפֶרֶת בְּמַיִם
אַדִּירִים: מִי־כָמֹכָה בָּאֵלִם יהוה, מִי
כָּמֹכָה נֶאְדָּר בַּקֹּדֶשׁ, נוֹרָא תְהִלֹּת עֹשֵׂה
פֶלֶא: נָטִיתָ יְמִינְךָ תִּבְלָעֵמוֹ אָרֶץ: נָחִיתָ

---

pacto histórico con Dios. En el tercero, una vez que los hijos de Israel cruzaron el Mar de los Juncos fue el momento en el cual abandonaron definitivamente la tierra gobernada por Par'ó. Ahora ya eran el pueblo de Dios y se encontraban bajo Su solemne dominio. Lo común a los tres pasajes es que fueron pronunciados en momentos históricos en los que el pueblo se comprometió a ser definido como una nación unida por una misión sagrada.

En vez de simplemente pasar del rezo individual al colectivo, el Sidur nos lleva a través de tres momentos transformadores en la historia judía en los que el pueblo se constituyó como nación dedicada al servicio de Dios. Ellos

Condujiste con Tu benevolencia a este pueblo que has redimido;
lo dirigirás con Tu Poder hacia la morada de Tu Santidad.
Los pueblos lo oyeron y temblaron,
el temor se apoderó de los habitantes de tierras filisteas.
Entonces se aterraron los jefes de Edom,
los fuertes de Moab fueron presas del temblor,
se desmoronaron todos los habitantes de Cna'an.
Caerá sobre ellos temor y miedo.
Ante la grandeza de Tu Poder enmudecieron cual piedra.
Hasta que pasó Tu pueblo, Señor,
hasta que pasó este pueblo que adquiriste;
Tú los traerás y los plantarás en la montaña de Tu heredad,
que estableciste para Tu morada. ¡Tú lo has hecho! Señor.
El Santuario del Señor que han establecido Tus manos.
El Señor reinará por toda la eternidad.

El Señor reinará por toda la eternidad.
El reino del Señor está establecido por siempre y por toda la eternidad.

Pues habían entrado los caballos de Par'ó con sus carros y sus
jinetes en el mar, mas el Señor hizo volver sobre ellos
a las aguas del mar.
Empero los hijos de Israel anduvieron por tierra seca en
medio del mar.

Pues el reino pertenece al Señor Y Él gobierna a las naciones. *Sal. 22*
Y ascenderán los salvadores al Monte Sion *Ov. 1*
para juzgar al Monte de Esav,
y el reino será del Señor.
Entonces el Señor será el Rey sobre toda la tierra; *Zej. 14*
en ese día el Señor será Uno y Su Nombre Uno.
(Tal como está escrito en Tu Torá: *Deut. 6*
Escucha Israel, el Señor es nuestro Dios, el Señor es Uno)

En Hoshaná Rabá, Yom Ha'Atzmaut y Yom Yerushalaim se continúa con el servicio semanal desde "Que Tu Nombre sea alabado" en la página 84.

בְחַסְדְּךָ עַם־זוּ גָּאָלְתָּ, נֵהַלְתָּ בְעָזְּךָ אֶל־נְוֵה
קָדְשֶׁךָ: שָׁמְעוּ עַמִּים יִרְגָּזוּן, חִיל
אָחַז יֹשְׁבֵי פְּלָשֶׁת: אָז נִבְהֲלוּ אַלּוּפֵי
אֱדוֹם, אֵילֵי מוֹאָב יֹאחֲזֵמוֹ רָעַד, נָמֹגוּ
כֹּל יֹשְׁבֵי כְנָעַן: תִּפֹּל עֲלֵיהֶם אֵימָתָה
וָפַחַד, בִּגְדֹל זְרוֹעֲךָ יִדְּמוּ כָּאָבֶן, עַד־
יַעֲבֹר עַמְּךָ יהוה, עַד־יַעֲבֹר עַם־זוּ
קָנִיתָ: תְּבִאֵמוֹ וְתִטָּעֵמוֹ בְּהַר נַחֲלָתְךָ, מָכוֹן
לְשִׁבְתְּךָ פָּעַלְתָּ יהוה, מִקְּדָשׁ אֲדֹנָי כּוֹנְנוּ
יָדֶיךָ: יהוה ׀ יִמְלֹךְ לְעֹלָם וָעֶד:

יהוה יִמְלֹךְ לְעֹלָם וָעֶד.
יהוה מַלְכוּתֵהּ קָאֵם לְעָלַם וּלְעָלְמֵי עָלְמַיָּא.

כִּי
בָא סוּס פַּרְעֹה בְּרִכְבּוֹ וּבְפָרָשָׁיו בַּיָּם, וַיָּשֶׁב יהוה עֲלֵהֶם אֶת־מֵי
הַיָּם, וּבְנֵי יִשְׂרָאֵל הָלְכוּ בַיַּבָּשָׁה בְּתוֹךְ הַיָּם:

◂ כִּי לַיהוה הַמְּלוּכָה וּמֹשֵׁל בַּגּוֹיִם: תהלים כב
וְעָלוּ מוֹשִׁעִים בְּהַר צִיּוֹן לִשְׁפֹּט אֶת־הַר עֵשָׂו עובדיה א
וְהָיְתָה לַיהוה הַמְּלוּכָה:
וְהָיָה יהוה לְמֶלֶךְ עַל־כָּל־הָאָרֶץ זכריה יד
בַּיּוֹם הַהוּא יִהְיֶה יהוה אֶחָד וּשְׁמוֹ אֶחָד:
(וּבְתוֹרָתְךָ כָּתוּב לֵאמֹר, שְׁמַע יִשְׂרָאֵל, יהוה אֱלֹהֵינוּ יהוה אֶחָד:) דברים ו

En יום ירושלים *y* יום העצמאות, הושענא רבה *se continúa con el servicio semanal desde* יִשְׁתַּבַּח *en la página 85.*

EL ALMA

de todo ser viviente bendecirá Tu Nombre, SEÑOR, nuestro Dios
y el espíritu de toda carne siempre Te glorificará
y ensalzará Tu recuerdo por siempre Rey nuestro.
De la eternidad a la eternidad Tú eres Dios
y sin Ti carecemos de Rey Redentor y Salvador,
que rescata y salva, que sustenta y actúa compasivamente,
y en todo momento de aflicción y angustia
¡no tenemos rey salvo Tú!
Dios de los primeros y de los últimos, Señor de todas las creaturas,
Amo de todas las generaciones, glorificado con grandes alabanzas,
que conduce Su mundo con benevolencia
y a Sus creaturas con clemencia.
El SEÑOR no duerme ni descansa,
que despierta a quienes duermen y anima a los somnolientos,
hace hablar a los mudos y libera a los prisioneros,
sostiene a quienes desfallecen y yergue a los encorvados.
Solamente a Ti agradecemos.
Si nuestras bocas estuviesen colmadas de cánticos
como agua tiene el mar,
y nuestras lenguas entonasen sin número de melodías
como olas tiene su superficie,
y nuestros labios rebosaran de alabanzas
como los amplios cielos,
y nuestros ojos resplandecieran como el sol y la luna,
nuestros brazos estuviesen extendidos cual alas de águila
y nuestras piernas fuesen ágiles cual gacelas,

---

recitado del Halel en el *Seder* de Pesaj (*Pesajim* 118A). Al igual que allí, también aquí, este pasaje se encuentra al final del recitado de los Salmos. La segunda parte que inicia con "Solamente a Ti agradecemos" es mencionada por el Talmud (*Berajot* 59B) como plegaria de acción de agradecimiento por la lluvia.

La primera sección es una larga meditación sobre las palabras finales del libro de los Salmos "Todas las almas alabarán a Dios". En hebreo hay diferentes vocablos para denotar alma, todas derivadas de verbos vinculados

נִשְׁמַת

כׇּל חַי תְּבָרֵךְ אֶת שִׁמְךָ, יהוה אֱלֹהֵינוּ
וְרוּחַ כׇּל בָּשָׂר תְּפָאֵר וּתְרוֹמֵם זִכְרְךָ מַלְכֵּנוּ תָּמִיד.
מִן הָעוֹלָם וְעַד הָעוֹלָם אַתָּה אֵל
וּמִבַּלְעָדֶיךָ אֵין לָנוּ מֶלֶךְ גּוֹאֵל וּמוֹשִׁיעַ
פּוֹדֶה וּמַצִּיל וּמְפַרְנֵס וּמְרַחֵם
בְּכׇל עֵת צָרָה וְצוּקָה אֵין לָנוּ מֶלֶךְ אֶלָּא אָתָּה.
אֱלֹהֵי הָרִאשׁוֹנִים וְהָאַחֲרוֹנִים, אֱלוֹהַּ כׇּל בְּרִיּוֹת
אֲדוֹן כׇּל תּוֹלָדוֹת, הַמְהֻלָּל בְּרֹב הַתִּשְׁבָּחוֹת
הַמְנַהֵג עוֹלָמוֹ בְּחֶסֶד וּבְרִיּוֹתָיו בְּרַחֲמִים.
וַיהוה לֹא יָנוּם וְלֹא יִישָׁן
הַמְעוֹרֵר יְשֵׁנִים וְהַמֵּקִיץ נִרְדָּמִים
וְהַמֵּשִׂיחַ אִלְּמִים וְהַמַּתִּיר אֲסוּרִים
וְהַסּוֹמֵךְ נוֹפְלִים וְהַזּוֹקֵף כְּפוּפִים.
לְךָ לְבַדְּךָ אֲנַחְנוּ מוֹדִים.
אִלּוּ פִינוּ מָלֵא שִׁירָה כַּיָּם
וּלְשׁוֹנֵנוּ רִנָּה כַּהֲמוֹן גַּלָּיו
וְשִׂפְתוֹתֵינוּ שֶׁבַח כְּמֶרְחֲבֵי רָקִיעַ
וְעֵינֵינוּ מְאִירוֹת כַּשֶּׁמֶשׁ וְכַיָּרֵחַ
וְיָדֵינוּ פְרוּשׂוֹת כְּנִשְׁרֵי שָׁמָיִם
וְרַגְלֵינוּ קַלּוֹת כָּאַיָּלוֹת

נִשְׁמַת כׇּל חַי *El alma de todo ser viviente:* Este magnífico poema está compuesto de dos partes. La primera, según Rabí Yojanán, es la "bendición de la canción" – *Birkat HaShir*" – mencionada en la Mishná como conclusión del

no alcanzaríamos a agradecerte
SEÑOR, Dios nuestro y de nuestros ancestros,
ni a bendecir Tu Nombre
por uno de los miles de miles y decenas de miles
de favores y bondades que obraste
para con nuestro pueblo y con nosotros.
Nos redimiste de Egipto, SEÑOR nuestro Dios,
y de la casa de la esclavitud nos rescataste,
nos alimentaste en la hambruna y nos sustentaste abundantemente,
nos salvaste de la espada y de la peste nos mantuviste a salvo.
Hasta aquí Tu clemencia nos ha ayudado
y Tu benevolencia no nos ha abandonado,
no nos dejes jamás, SEÑOR nuestro Dios.
Por ello, los órganos que dispusiste en nuestro interior,
así como el espíritu y el alma que insuflaste
en nuestras narinas y la lengua que pusiste en nuestra boca
son aquellos que Te agradecerán, bendecirán, ensalzarán,
exaltarán, santificarán y coronarán Tu Nombre, Rey nuestro.
Pues toda boca Te habrá de agradecer,
toda lengua por Ti jurará,
toda rodilla ante Ti se inclinará
y toda estatura ante Ti se prosternará,
y todos los corazones Te temerán
y todas las entrañas y los riñones entonarán Tu Nombre,
tal como está escrito:

"Todos mis huesos dirán: SEÑOR, ¿quién es como Tú? *Sal. 35*
Que salva al débil de manos del poderoso,
al pobre y al menesteroso de quien procura saquearles".

Shabat recibimos un "alma suplementaria". En el silencio inmóvil de un mundo cambiante, es como si escuchásemos a todos esos seres vivos entonando una canción de alabanza a Dios por haber traído el universo a la existencia, sustentarlo y guiar los destinos de todas las cosas.

La segunda sección está compuesta alrededor de la frase de los Salmos "Todos mis huesos dirán: SEÑOR, ¿quién como Tú?" conectando así

אֵין אֲנַחְנוּ מַסְפִּיקִים לְהוֹדוֹת לְךָ
יהוה אֱלֹהֵינוּ וֵאלֹהֵי אֲבוֹתֵינוּ
וּלְבָרֵךְ אֶת שְׁמֶךָ
עַל אַחַת מֵאֶלֶף אֶלֶף אַלְפֵי אֲלָפִים
וְרִבֵּי רְבָבוֹת פְּעָמִים הַטּוֹבוֹת
שֶׁעָשִׂיתָ עִם אֲבוֹתֵינוּ וְעִמָּנוּ.
מִמִּצְרַיִם גְּאַלְתָּנוּ, יהוה אֱלֹהֵינוּ, וּמִבֵּית עֲבָדִים פְּדִיתָנוּ
בְּרָעָב זַנְתָּנוּ וּבְשָׂבָע כִּלְכַּלְתָּנוּ
מֵחֶרֶב הִצַּלְתָּנוּ וּמִדֶּבֶר מִלַּטְתָּנוּ
וּמֵחֳלָיִים רָעִים וְנֶאֱמָנִים דִּלִּיתָנוּ.
עַד הֵנָּה עֲזָרוּנוּ רַחֲמֶיךָ, וְלֹא עֲזָבוּנוּ חֲסָדֶיךָ
וְאַל תִּטְּשֵׁנוּ, יהוה אֱלֹהֵינוּ, לָנֶצַח.
עַל כֵּן אֵבָרִים שֶׁפִּלַּגְתָּ בָּנוּ
וְרוּחַ וּנְשָׁמָה שֶׁנָּפַחְתָּ בְּאַפֵּנוּ, וְלָשׁוֹן אֲשֶׁר שַׂמְתָּ בְּפִינוּ
הֵן הֵם יוֹדוּ וִיבָרְכוּ וִישַׁבְּחוּ וִיפָאֲרוּ
וִירוֹמְמוּ וְיַעֲרִיצוּ וְיַקְדִּישׁוּ וְיַמְלִיכוּ אֶת שִׁמְךָ מַלְכֵּנוּ
כִּי כָל פֶּה לְךָ יוֹדֶה וְכָל לָשׁוֹן לְךָ תִשָּׁבַע
וְכָל בֶּרֶךְ לְךָ תִכְרַע וְכָל קוֹמָה לְפָנֶיךָ תִשְׁתַּחֲוֶה
וְכָל לְבָבוֹת יִירָאוּךָ וְכָל קֶרֶב וּכְלָיוֹת יְזַמְּרוּ לִשְׁמֶךָ
כַּדָּבָר שֶׁכָּתוּב
כָּל עַצְמֹתַי תֹּאמַרְנָה יהוה מִי כָמוֹךָ   תהלים לה
מַצִּיל עָנִי מֵחָזָק מִמֶּנּוּ, וְעָנִי וְאֶבְיוֹן מִגֹּזְלוֹ:

---

a la función de respirar. *Neshamá,* la palabra que vincula el final de los Salmos con este pasaje, significa respirar profundamente, tal como lo podemos hacer en estado de reposo. Asimismo, nuestros sabios nos han dicho que en

¿Quién es como Tú? ¿Quién se Te asemeja?
¿Quién puede ser comparado a Ti?
Dios grande, poderoso y maravilloso, Dios superior,
Hacedor de los cielos y la tierra.
▸ Te alabaremos, Te ensalzaremos
y Te magnificaremos y bendeciremos a Tu Nombre Sagrado
tal como está escrito:

"De David, bendice al SEÑOR alma mía, *Sal. 103*
y todo lo que hay en mi interior bendiga Su Santo Nombre".

En Yom Tov el oficiante comienza aquí:

הָאֵל Dios, en Tu absoluto poder,
Grande en la gloria de Tu Nombre,
Poderoso por siempre
y reverenciado por Sus maravillosas acciones,
El Rey que se sienta sobre el trono.
Alto y encumbrado.

En Shabat el oficiante comienza aquí:

HABITA EN LA ETERNIDAD
Elevado y Santo es Su Nombre
Y está escrito:

Cantad con júbilo los justos al SEÑOR, *Sal. 33*
pues la alabanza de los rectos es bella:

▸ De la boca	de rectos	serás alabado.
Con las palabras	de los justos	serás bendecido.
Con la lengua	de los piadosos	serás enaltecido.
En el seno	de los santos	serás santificado.

שׁוֹכֵן עַד *Habita en la eternidad:* El oficiante comienza en diferentes puntos en los diferentes días sagrados del año. En Shabat comienza con "Habita en la eternidad", lo cual enfatiza la Creación; en Yom Tov comienza con "Dios, en Tu absoluto poder", haciendo hincapié en Dios como actor en la historia; en Rosh HaShaná y en Yom Kipur comienza con "El Rey que se sienta sobre el trono", palabras que evocan las ideas de justicia y juicio.

מִי יִדְמֶה לָּךְ וּמִי יִשְׁוֶה לָּךְ וּמִי יַעֲרָךְ לָךְ.
הָאֵל הַגָּדוֹל, הַגִּבּוֹר וְהַנּוֹרָא, אֵל עֶלְיוֹן, קֹנֵה שָׁמַיִם וָאָרֶץ.
◂ נְהַלֶּלְךָ וּנְשַׁבֵּחֲךָ וּנְפָאֶרְךָ וּנְבָרֵךְ אֶת שֵׁם קָדְשֶׁךָ
כָּאָמוּר
לְדָוִד, בָּרְכִי נַפְשִׁי אֶת־יהוה, וְכָל־קְרָבַי אֶת־שֵׁם קָדְשׁוֹ: תהלים קג

En יום טוב *el* שליח ציבור *comienza aquí:*

הָאֵל בְּתַעֲצוּמוֹת עֻזֶּךָ
הַגָּדוֹל בִּכְבוֹד שְׁמֶךָ
הַגִּבּוֹר לָנֶצַח וְהַנּוֹרָא בְּנוֹרְאוֹתֶיךָ
הַמֶּלֶךְ הַיּוֹשֵׁב עַל כִּסֵּא
רָם וְנִשָּׂא

En שבת *el* שליח ציבור *comienza aquí:*

שׁוֹכֵן עַד

מָרוֹם וְקָדוֹשׁ שְׁמוֹ
וְכָתוּב
רַנְּנוּ צַדִּיקִים בַּיהוה, לַיְשָׁרִים נָאוָה תְהִלָּה: תהלים לג

◂ בְּפִי יְשָׁרִים תִּתְהַלָּל
וּבְדִבְרֵי צַדִּיקִים תִּתְבָּרַךְ
וּבִלְשׁוֹן חֲסִידִים תִּתְרוֹמָם
וּבְקֶרֶב קְדוֹשִׁים תִּתְקַדָּשׁ

---

ingeniosamente los Salmos de alabanza con el "Cántico del Mar" el cual contiene la misma frase, "¿quién como Tú?" A través de una sutil serie de imágenes, el poeta expresa la imposibilidad humana de agradecer a Dios adecuadamente, desglosando cómo los diferentes órganos ("Todos mis huesos") pueden alabarle.

וּבְמַקְהֲלוֹת Y en las asambleas
de decenas de miles de Tu pueblo la Casa de Israel,
será exaltado Tu Nombre con alegres cánticos, nuestro Rey
en todas las generaciones,
‣ pues es deber de todas las creaturas ante Ti
Señor, Dios nuestro y de nuestros ancestros
agradecer, alabar, ensalzar, magnificar, exaltar,
honrar, bendecir, elevar y aclamar
incluso más allá de todas las palabras de alabanza
de David hijo de Yshai, Tu siervo, Tu ungido.

Mantenerse de pie hasta después de "Barjú" en la página 474.

יִשְׁתַּבַּח Que Tu Nombre sea alabado por siempre, Rey nuestro,
Dios, Rey grande y sagrado en el cielo y en la tierra,
pues a Ti Señor, Dios nuestro y de nuestros ancestros,
corresponde elevar cánticos y loas, alabanzas y salmos,
fortaleza y dominio, eternidad, grandeza y poder,
gloria y esplendor, santidad y reinado,
‣ bendiciones y agradecimientos
desde ahora y para siempre.
Bendito eres Tú Señor,
Dios y Rey grande en alabanzas,
Dios de agradecimientos,
Señor de maravillas,
que se deleita en cánticos,
Rey, Dios, Vida de los mundos.

---

se hacen presentes en las sinagogas en los días sagrados, recordándonos el Templo que se encontraba colmado en esas ocasiones.

יִשְׁתַּבַּח שִׁמְךָ *Que Tu Nombre sea alabado por siempre:* La bendición final de la sección de los versículos de alabanza (*Pesukei DeZimrá*) la cual es recitada de pie al igual que la bendición introductoria. Los quince términos de glorificación se corresponden con el número de salmos de la sección de versículos de alabanza de Shabat y de Yom Tov, así como con el número de "Cánticos de las Ascensiones".

וּבְמַקְהֲלוֹת רִבְבוֹת עַמְּךָ בֵּית יִשְׂרָאֵל
בְּרִנָּה יִתְפָּאַר שִׁמְךָ מַלְכֵּנוּ בְּכָל דּוֹר וָדוֹר
◂ שֶׁכֵּן חוֹבַת כָּל הַיְצוּרִים
לְפָנֶיךָ יהוה אֱלֹהֵינוּ וֵאלֹהֵי אֲבוֹתֵינוּ
לְהוֹדוֹת, לְהַלֵּל, לְשַׁבֵּחַ, לְפָאֵר, לְרוֹמֵם
לְהַדֵּר, לְבָרֵךְ, לְעַלֵּה וּלְקַלֵּס
עַל כָּל דִּבְרֵי שִׁירוֹת וְתִשְׁבְּחוֹת
דָּוִד בֶּן יִשַׁי, עַבְדְּךָ מְשִׁיחֶךָ.

Mantenerse de pie hasta después de בָּרְכוּ *en la página 475.*

יִשְׁתַּבַּח שִׁמְךָ לָעַד, מַלְכֵּנוּ
הָאֵל הַמֶּלֶךְ הַגָּדוֹל וְהַקָּדוֹשׁ בַּשָּׁמַיִם וּבָאָרֶץ
כִּי לְךָ נָאֶה, יהוה אֱלֹהֵינוּ וֵאלֹהֵי אֲבוֹתֵינוּ
שִׁיר וּשְׁבָחָה, הַלֵּל וְזִמְרָה
עֹז וּמֶמְשָׁלָה, נֶצַח, גְּדֻלָּה וּגְבוּרָה
תְּהִלָּה וְתִפְאֶרֶת, קְדֻשָּׁה וּמַלְכוּת
◂ בְּרָכוֹת וְהוֹדָאוֹת, מֵעַתָּה וְעַד עוֹלָם.
בָּרוּךְ אַתָּה יהוה
אֵל מֶלֶךְ גָּדוֹל בַּתִּשְׁבָּחוֹת
אֵל הַהוֹדָאוֹת, אֲדוֹן הַנִּפְלָאוֹת
הַבּוֹחֵר בְּשִׁירֵי זִמְרָה
מֶלֶךְ, אֵל, חֵי הָעוֹלָמִים.

וּבְמַקְהֲלוֹת *Y en las asambleas:* La lista de nueve palabras de alabanza se corresponde con los nueve salmos adicionales que se recitan en Shabat y en Yom Tov. La palabra "asambleas" se refiere a las grandes congregaciones que

En Shabat Shuvá muchas congregaciones abren el Arca Sagrada y recitan alternadamente el siguiente salmo, versículo por versículo.

שִׁיר הַמַּעֲלוֹת Cántico de las ascensiones. Desde las profundidades Te invoqué, SEÑOR. SEÑOR, escucha mi voz, que Tus oídos estén atentos a la voz de mis súplicas. Si Tú SEÑOR, has de llevar la cuenta de los pecados, ¿quién podrá sobrevivir? Pero el perdón está contigo para que puedas ser venerado reverencialmente. Mi confianza estuvo puesta en el SEÑOR, mi alma anhela, y cifro mis esperanzas en Su palabra. Mi alma espera al SEÑOR más de lo que los guardianes aguardan la mañana, más que lo que los guardianes aguardan por el alba. Israel, cifra tu esperanza en el SEÑOR pues con el SEÑOR está la benevolencia y Su poder de redención es grande. Y Él redimirá a Israel de todos sus pecados. *Sal. 130*

MEDIO KADISH

Oficiante: יִתְגַּדַּל Que Su Gran Nombre
sea magnificado y santificado,
en el mundo que creó conforme a Su voluntad.
Que establezca Su reino
durante vuestra vida y en vuestros días
y en la vida de toda la casa de Israel,
pronto y rápidamente
y decid: Amén.

Todos: Que Su Gran Nombre sea bendito
por siempre y por toda la eternidad.

Oficiante: Sea bendecido, alabado, glorificado
y exaltado, encumbrado
y magnificado, enaltecido y ensalzado
el Nombre del Santo Bendito Él;
más allá de cualquier bendición,
cántico, alabanza y consolación
pronunciados en el mundo
y decid: Amén.

En שבת שובה *muchas congregaciones abren el* ארון קודש
y recitan alternadamente el siguiente salmo, versículo por versículo.

תהלים קל
שִׁיר הַמַּעֲלוֹת, מִמַּעֲמַקִּים קְרָאתִיךָ יהוה: אֲדֹנָי שִׁמְעָה בְקוֹלִי, תִּהְיֶינָה אָזְנֶיךָ קַשֻּׁבוֹת לְקוֹל תַּחֲנוּנָי: אִם־עֲוֹנוֹת תִּשְׁמָר־יָהּ, אֲדֹנָי מִי יַעֲמֹד: כִּי־עִמְּךָ הַסְּלִיחָה, לְמַעַן תִּוָּרֵא: קִוִּיתִי יהוה קִוְּתָה נַפְשִׁי, וְלִדְבָרוֹ הוֹחָלְתִּי: נַפְשִׁי לַאדֹנָי, מִשֹּׁמְרִים לַבֹּקֶר, שֹׁמְרִים לַבֹּקֶר: יַחֵל יִשְׂרָאֵל אֶל יהוה, כִּי־עִם־יהוה הַחֶסֶד, וְהַרְבֵּה עִמּוֹ פְדוּת: וְהוּא יִפְדֶּה אֶת־יִשְׂרָאֵל, מִכֹּל עֲוֹנוֹתָיו:

חצי קדיש

ש״ץ: יִתְגַּדַּל וְיִתְקַדַּשׁ שְׁמֵהּ רַבָּא (קהל: אָמֵן)
בְּעָלְמָא דִּי בְרָא כִרְעוּתֵהּ
וְיַמְלִיךְ מַלְכוּתֵהּ
בְּחַיֵּיכוֹן וּבְיוֹמֵיכוֹן וּבְחַיֵּי דְכָל בֵּית יִשְׂרָאֵל
בַּעֲגָלָא וּבִזְמַן קָרִיב
וְאִמְרוּ אָמֵן. (קהל: אָמֵן)

קהל וש״ץ: יְהֵא שְׁמֵהּ רַבָּא מְבָרַךְ לְעָלַם וּלְעָלְמֵי עָלְמַיָּא.

ש״ץ: יִתְבָּרַךְ וְיִשְׁתַּבַּח וְיִתְפָּאַר וְיִתְרוֹמַם וְיִתְנַשֵּׂא
וְיִתְהַדָּר וְיִתְעַלֶּה וְיִתְהַלָּל
שְׁמֵהּ דְּקֻדְשָׁא בְּרִיךְ הוּא (קהל: בְּרִיךְ הוּא)
לְעֵלָּא מִן כָּל בִּרְכָתָא
/בשבת שובה: לְעֵלָּא לְעֵלָּא מִכָּל בִּרְכָתָא/
וְשִׁירָתָא, תֻּשְׁבְּחָתָא וְנֶחֱמָתָא, דַּאֲמִירָן בְּעָלְמָא
וְאִמְרוּ אָמֵן. (קהל: אָמֵן)

EL RECITADO DEL SHEMÁ Y SUS BENDICIONES

La siguiente bendición y su respectiva respuesta son recitadas únicamente en presencia de un minián. Se trata de una convocatoria formal a la congregación para involucrarse en una acción de plegaria colectiva. La acción de inclinarse en este punto del rezo se basa en el pasaje de 1 Crónicas 29:20, donde leemos "David dijo a toda la congregación, 'Bendecid ahora al SEÑOR vuestro Dios' Y toda la congregación bendijo al SEÑOR Dios de sus ancestros, inclinándose y prosternándose ante el SEÑOR y ante el Rey".

El oficiante recita lo siguiente, inclinándose al pronunciar "Bendecid" y volviendo a enderezarse al pronunciar "SEÑOR". La congregación responde inclinándose al escuchar "Bendecid" seguida por el oficiante y volviendo a enderezarse en "SEÑOR".

Oficiante: **BENDECID**
al SEÑOR el Bendecido.

Congregación: Bendecid al SEÑOR el Bendecido
por toda la eternidad.

Oficiante: Bendecid al SEÑOR el Bendecido
por toda la eternidad.

Se acostumbra tomar asiento desde este momento y hasta el inicio de la Amidá ya que el sentimiento predominante en esta sección de rezo es el amor y no el temor reverencial.

Está prohibido conversar hasta después de la Amidá. Ver la tabla en las páginas 1355–1357.

בָּרוּךְ Bendito eres Tú SEÑOR, nuestro Dios, Rey del universo,
que forma la luz y crea la oscuridad, *Is. 45*
hace la paz y todo lo crea.

---

personas justas sus méritos alcanzarían para salvarla. Diez es el número mínimo que constituye una comunidad. En días del Templo, los sacrificios eran ofrendados a diario en nombre de todo el pueblo de Israel. Desde entonces, si bien los judíos se han dispersado, donde sea que se reúnan diez judíos para rezar es como si la totalidad del pueblo de Israel estuviera presente. La comunidad es un microcosmos de la nación.

BENDICIONES DEL SHEMÁ

יוֹצֵר אוֹר *Que forma la luz:* Una declaración clara de fe es creer que todas las cosas, tanto las que son aparentemente buenas como las que son aparentemente

קריאת שמע וברכותיה

La siguiente bendición y su respectiva respuesta son recitadas únicamente en presencia de un מנין*. Se trata de una convocatoria formal a el* קהל *para involucrarse en una acción de plegaria colectiva. La acción de inclinarse en este punto del rezo se basa en el pasaje de* דברי הימים א׳ כט, כ*, donde leemos "David dijo a toda la congregación, 'Bendecid ahora al Señor vuestro Dios' Y toda la congregación bendijo al Señor Dios de sus ancestros, inclinándose y prosternándose ante el Señor y ante el Rey".*

El שליח ציבור *recita lo siguiente, se inclina en* בָּרְכוּ *y se vuelve a enderezar en* ה׳*. El* קהל *responde inclinándose al escuchar* בָּרוּךְ *seguida por el* שליח ציבור *y volviendo a enderezarse en* ה׳*.*

ש״ץ: **בָּרְכוּ**

אֶת יהוה הַמְבֹרָךְ.

קהל: בָּרוּךְ יהוה הַמְבֹרָךְ לְעוֹלָם וָעֶד.

ש״ץ: בָּרוּךְ יהוה הַמְבֹרָךְ לְעוֹלָם וָעֶד.

Se acostumbra tomar asiento desde este momento y hasta el inicio de la עמידה *ya que el sentimiento predominante en esta sección de rezo es el amor y no el temor reverencial. Está prohibido conversar hasta después de la* עמידה*. Ver la tabla en las páginas 1355–1357.*

בָּרוּךְ אַתָּה יהוה אֱלֹהֵינוּ מֶלֶךְ הָעוֹלָם
יוֹצֵר אוֹר וּבוֹרֵא חֹשֶׁךְ ישעיה מה
עֹשֶׂה שָׁלוֹם וּבוֹרֵא אֶת הַכֹּל.

CONVOCACIÓN PARA REZAR

בָּרְכוּ *Bendecid al Señor:* Una antigua fórmula (ver Nehemías 9:5) para convocar a la congregación a rezar . Desde este punto y en adelante comienza la plegaria de la comunidad. Rezos de especial santidad requieren de *minián*, un quorum de diez hombres adultos. Los diez espías que trajeron un reporte negativo de la tierra de Israel fueron llamados "congregación". En respuesta al pedido de Abraham de salvar a los habitantes de la ciudad de Sodoma (Génesis capítulo 18) Dios le aseguró que si se encontrasen en la ciudad diez

Si Yom Tov cae en un día de semana continuar con "Ilumina a la tierra" debajo de la línea.

Todos Te agradecerán
y todos Te alabarán
y todos declararán:
No hay santo como el Señor.
Todos Te exaltarán, ¡Sela! Tú todo lo formaste.
El Dios que abre a diario las compuertas de los pórticos de oriente
y parte las ventanas del firmamento.
Hace salir el sol de su sitio y a la luna de su morada
e ilumina al mundo todo y a sus habitantes,
a quienes creó con el atributo de la clemencia.

Si Yom Tov acaece en día de semana continúe aquí:

הַמֵּאִיר Ilumina a la tierra y sus habitantes con misericordia, y en Su bondad renueva continuamente, día tras día, la obra de la Creación. Cuán numerosas *Sal. 104* son Tus obras Señor, todas las hiciste con sabiduría, la tierra está plena de Tus creaciones. Sólo Él es el Rey exaltado desde el inicio de los tiempos - alabado, glorificado y elevado desde que el mundo comenzó. Dios eterno, en Tu gran compasión, apiádate de nosotros, Señor que nos inspiras fuerzas, nuestra Roca y Baluarte, Escudo de nuestra salvación, Tú eres nuestro Refugio. Dios bendito, grande en conocimiento, preparó e hizo los rayos del sol. Él, que es Benevolente, dio gloria a Su Nombre, rodeando Su poder de estrellas radiantes. Los líderes sagrados de Sus huestes exaltan al Eterno, proclaman constantemente la gloria de Dios y Su santidad. ▸ Sea el Señor nuestro Dios bendito, por sobre la magnificencia de la labor de Tus manos y por sobre las radiantes luces que has hecho. Que ellas Te glorifiquen, Sela.

Continuar con "Que seas bendito, nuestra Fortaleza" en la página 482.

---

idea tan profundamente que colocó esta contra afirmación al principio de nuestros rezos colectivos.

הַכֹּל יוֹדוּךָ *Todos Te agradecerán:* Es un breve poema construido en torno a la última palabra del renglón anterior "todos", la cual es repetida cinco veces, cuatro al principio de la frase y una al final. En el monoteísmo, rendir culto a cualquier cosa que sea menos que el "Todo" se considera idolatría, trátese de culto al individuo, a la raza, a la nación, al gobernante o al sistema político.

Los párrafos que siguen son una expansión o desarrollo de la primera

Si יום טוב *cae en un día de semana continuar con* הַמֵּאִיר לָאָרֶץ *debajo de la línea.*

הַכֹּל יוֹדוּךָ וְהַכֹּל יְשַׁבְּחוּךָ
וְהַכֹּל יֹאמְרוּ אֵין קָדוֹשׁ כַּיהוה
הַכֹּל יְרוֹמְמוּךָ סֶּלָה, יוֹצֵר הַכֹּל.
הָאֵל הַפּוֹתֵחַ בְּכָל יוֹם דַּלְתוֹת שַׁעֲרֵי מִזְרָח
וּבוֹקֵעַ חַלּוֹנֵי רָקִיעַ
מוֹצִיא חַמָּה מִמְּקוֹמָהּ וּלְבָנָה מִמְּכוֹן שִׁבְתָּהּ
וּמֵאִיר לָעוֹלָם כֻּלּוֹ וּלְיוֹשְׁבָיו
שֶׁבָּרָא בְּמִדַּת הָרַחֲמִים.

Si יום טוב *acaece en día de semana continúe aquí:*

הַמֵּאִיר לָאָרֶץ וְלַדָּרִים עָלֶיהָ בְּרַחֲמִים, וּבְטוּבוֹ מְחַדֵּשׁ בְּכָל יוֹם תָּמִיד
מַעֲשֵׂה בְרֵאשִׁית. מָה רַבּוּ מַעֲשֶׂיךָ יהוה, כֻּלָּם בְּחָכְמָה עָשִׂיתָ, מָלְאָה תהלים קד
הָאָרֶץ קִנְיָנֶךָ: הַמֶּלֶךְ הַמְרוֹמָם לְבַדּוֹ מֵאָז, הַמְשֻׁבָּח וְהַמְפֹאָר וְהַמִּתְנַשֵּׂא
מִימוֹת עוֹלָם. אֱלֹהֵי עוֹלָם, בְּרַחֲמֶיךָ הָרַבִּים רַחֵם עָלֵינוּ, אֲדוֹן עֻזֵּנוּ,
צוּר מִשְׂגַּבֵּנוּ, מָגֵן יִשְׁעֵנוּ, מִשְׂגָּב בַּעֲדֵנוּ. אֵל בָּרוּךְ גְּדוֹל דֵּעָה, הֵכִין
וּפָעַל זָהֳרֵי חַמָּה, טוֹב יָצַר כָּבוֹד לִשְׁמוֹ, מְאוֹרוֹת נָתַן סְבִיבוֹת עֻזּוֹ,
פִּנּוֹת צְבָאָיו קְדוֹשִׁים, רוֹמְמֵי שַׁדַּי, תָּמִיד מְסַפְּרִים כְּבוֹד אֵל וּקְדֻשָּׁתוֹ.
‹ תִּתְבָּרַךְ יהוה אֱלֹהֵינוּ עַל שֶׁבַח מַעֲשֵׂה יָדֶיךָ, וְעַל מְאוֹרֵי אוֹר שֶׁעָשִׂיתָ
יְפָאֲרוּךָ סֶּלָה.

Continuar con תִּתְבָּרַךְ, צוּרֵנוּ *en la página 483.*

---

malas provienen del mismo Dios Único. Esta plegaria está basada en un versículo de Isaías (45:7). La frase original reza "hace la paz y crea el mal"; esto último fue cambiado por "todo lo crea" a los efectos de evitar hablar del mal en el marco del rezo. El versículo está dirigido contra el *dualismo*: la sempiterna tentación de ver en el sufrimiento de este mundo una fuerza (la oscuridad, el mal, el demonio) independiente de Dios u opuesta a Dios. El dualismo ve en la lucha y la guerra, la competencia y la conquista parte inherente de la estructura de la realidad misma. El judaísmo rechazó esta

Ilumina a la tierra y sus habitantes con misericordia,
y con Su bondad renueva continuamente,
día tras día, la obra de la Creación.
Sólo Él es el Rey exaltado desde el inicio de los tiempos –
alabado, glorificado y elevado desde que el mundo comenzó.
Dios eterno, en Tu gran compasión, apiádate de nosotros,
Señor que nos inspiras fuerzas, nuestra Roca y Baluarte,
Escudo de nuestra salvación, Tú eres nuestro Refugio.

אֵין כְּעֶרְכֶּךָ Nada se compara a Ti,
y nada existe excepto Tú.
Nadie hay sin Ti.
¿Quién es como Tú?

‣ Nada se compara a Ti Señor,
nuestro Dios en este mundo,
y nada existe excepto Tú Rey nuestro
para la vida del Mundo Venidero.
Nadie hay sin Ti, Redentor nuestro,
para los días del Mashíaj,
y no habrá nadie como Tú, nuestro Salvador,
durante la resurrección de los muertos.

אֵין כְּעֶרְכֶּךָ *Nada se compara a Ti:* Se trata de una cuádruple declaración del carácter Único de Dios, cada una de las frases es posteriormente desarrollada en los renglones siguientes. Esta estructura cuádruple de varias plegarias rabínicas antiguas refleja la influencia del misticismo judío, el cual veía la realidad en términos de cuatro dimensiones de creciente espiritualidad: el mundo de la acción, "Asiá"; el mundo de la formación, "Yetzirá"; el mundo de la Creación, "Beriá"; y el mundo de la emanación, "Atzilut".

Este mundo.... del Mundo Venidero: esta plegaria detalla cuatro áreas de tiempo: (1) este mundo que habitamos hoy; (2) el Mundo Venidero que según Maimónides es el ámbito de las almas tras el fallecimiento; (3) los días del Mashíaj cuando el Templo será reconstruido, el reino de David restaurado y entonces la paz y la justicia prevalecerán en todo lo concerniente

הַמֵּאִיר לָאָרֶץ וְלַדָּרִים עָלֶיהָ בְּרַחֲמִים
וּבְטוּבוֹ מְחַדֵּשׁ בְּכָל יוֹם תָּמִיד מַעֲשֵׂה בְרֵאשִׁית.
הַמֶּלֶךְ הַמְרוֹמָם לְבַדּוֹ מֵאָז
הַמְשֻׁבָּח וְהַמְפֹאָר וְהַמִּתְנַשֵּׂא מִימוֹת עוֹלָם.
אֱלֹהֵי עוֹלָם, בְּרַחֲמֶיךָ הָרַבִּים רַחֵם עָלֵינוּ
אֲדוֹן עֻזֵּנוּ, צוּר מִשְׂגַּבֵּנוּ, מָגֵן יִשְׁעֵנוּ, מִשְׂגָּב בַּעֲדֵנוּ.

אֵין כְּעֶרְכֶּךָ
וְאֵין זוּלָתֶךָ
אֶפֶס בִּלְתֶּךָ
וּמִי דּוֹמֶה לָּךְ.

· אֵין כְּעֶרְכְּךָ, יהוה אֱלֹהֵינוּ, בָּעוֹלָם הַזֶּה
וְאֵין זוּלָתְךָ, מַלְכֵּנוּ, לְחַיֵּי הָעוֹלָם הַבָּא
אֶפֶס בִּלְתְּךָ, גּוֹאֲלֵנוּ, לִימוֹת הַמָּשִׁיחַ
וְאֵין דּוֹמֶה לְּךָ, מוֹשִׁיעֵנוּ, לִתְחִיַּת הַמֵּתִים.

---

bendición que suele figurar previo al Shemá. Esta primera bendición (y no las otras) es prolongada en honor al Shabat por cuanto que su tema es la Creación y Shabat es un "recordatorio de la labor de la Creación".

בְּכָל יוֹם תָּמִיד *Renueva continuamente, día tras día, la obra de la Creación:* Rabí Yehudá HaLeví explicó las diferencias entre creación a partir de algo preexistente (*ietzirá*) y la creación a partir de la nada (*beriá*). Cuando un carpintero hace una mesa de madera, esta continúa existiendo una vez concluida la labor creadora. Empero, cuando uno hace algo desde la nada el acto creativo debe ser renovado en forma continua, ya que de otra manera la Creación dejaría de ser tal. La Creación Divina es una creación desde la nada, por ende, es perpetuamente renovada. Esta plegaria nos invita a maravillarnos del mero hecho de la existencia: "El concepto de lo místico no reside en cómo es el mundo, sino en el hecho que sea (exista)" (Wittgenstein).

א אֵל אָדוֹן Dios, Soberano de toda la Creación,
ב Bendito y bendecido por la boca de toda alma
ג Su grandeza y Su bondad colman el mundo,
ד el conocimiento y la sabiduría Lo rodean.

ה Exaltado por sobre las sagradas jaiot,
ו esplendoroso en gloria sobre la Carroza Celestial;
ז mérito y rectitud se encuentran ante Su trono,
ח benevolencia y compasión ante Su gloria.

ט Buenas son las luminarias que creó nuestro Dios,
י las formó con conocimiento, entendimiento y deliberación.
כ Les concedió poder y capacidad
ל para gobernar en la tierra.

מ Plenas de fulgor y radiantes de luz,
נ su brillo es hermoso en todo el mundo.
ס Están contentas al salir y regocijantes al ponerse,
ע cumpliendo con temor la voluntad de su Creador.

פ Gloria y honor dan a Su Nombre,
צ júbilo y cánticos en recordación de Su reinado.
ק Él llamó al sol a aparecer y la luz brilló,
ר Él miró y dispuso la forma de la luna.

ש Todas las huestes superiores Le alaban;
ת los Serafim, los Ofanim y las Sagradas Jaiot
Le atribuyen gloria y grandeza.

---

a la humanidad; (4) la resurrección de los muertos, el desenlace final de la historia cuando aquellos que ya fallecieron volverán a vivir.

אֵל אָדוֹן *Dios, Soberano de toda la Creación:* Himno de alabanza a Dios como Creador de todos los cielos, estrellas y fuerzas celestiales. Este poema está estructurado como acróstico alfabético y es más extenso que su contraparte en los días de la semana (ver אֵל בָּרוּךְ "El Dios bendito, grande en conocimiento" en las páginas 90 y 91) en honor al Shabat. En días de semana cada

א אֵל אָדוֹן עַל כָּל הַמַּעֲשִׂים
ב בָּרוּךְ וּמְבֹרָךְ בְּפִי כָּל נְשָׁמָה
ג גָּדְלוֹ וְטוּבוֹ מָלֵא עוֹלָם
ד דַּעַת וּתְבוּנָה סוֹבְבִים אוֹתוֹ.

ה הַמִּתְגָּאֶה עַל חַיּוֹת הַקֹּדֶשׁ
ו וְנֶהְדָּר בְּכָבוֹד עַל הַמֶּרְכָּבָה
ז זְכוּת וּמִישׁוֹר לִפְנֵי כִסְאוֹ
ח חֶסֶד וְרַחֲמִים לִפְנֵי כְבוֹדוֹ.

ט טוֹבִים מְאוֹרוֹת שֶׁבָּרָא אֱלֹהֵינוּ
י יְצָרָם בְּדַעַת בְּבִינָה וּבְהַשְׂכֵּל
כ כֹּחַ וּגְבוּרָה נָתַן בָּהֶם
ל לִהְיוֹת מוֹשְׁלִים בְּקֶרֶב תֵּבֵל.

מ מְלֵאִים זִיו וּמְפִיקִים נֹגַהּ
נ נָאֶה זִיוָם בְּכָל הָעוֹלָם
ס שְׂמֵחִים בְּצֵאתָם וְשָׂשִׂים בְּבוֹאָם
ע עוֹשִׂים בְּאֵימָה רְצוֹן קוֹנָם.

פ פְּאֵר וְכָבוֹד נוֹתְנִים לִשְׁמוֹ
צ צָהֳלָה וְרִנָּה לְזֵכֶר מַלְכוּתוֹ
ק קָרָא לַשֶּׁמֶשׁ וַיִּזְרַח אוֹר
ר רָאָה וְהִתְקִין צוּרַת הַלְּבָנָה.

ש שֶׁבַח נוֹתְנִים לוֹ כָּל צְבָא מָרוֹם
ת תִּפְאֶרֶת וּגְדֻלָּה, שְׂרָפִים וְאוֹפַנִּים וְחַיּוֹת הַקֹּדֶשׁ.

לָאֵל Al Dios que reposó de toda labor
en el séptimo día ascendió y tomó asiento en Su Trono de Gloria.
Invistió de esplendor al día del descanso,
llamó deleite al Shabat.
Esta es la alabanza del séptimo día,
en el cual Él reposó de toda Su labor,
y el séptimo día alaba y proclama:
"Cántico para el día de Shabat. Es bueno agradecer al Señor" *Sal. 92*
Por ello magnificarán y bendecirán a Dios todas Sus creaturas,
rendirán alabanza, honor y magnificencia
al Rey que todo lo ha formado.
Al que ha conferido el descanso a Su pueblo Israel
por medio de Su santidad en el sagrado día del Shabat.
Tu Nombre Señor, Dios nuestro será santificado,
y Tu recuerdo Rey nuestro será magnificado
en los cielos por lo alto y abajo en la tierra.
Que seas bendito redentor nuestro por las alabanzas
de la obra de Tus manos
y por las resplandecientes luminarias
que hiciste Te glorificarán, ¡Sela!

תִּתְבָּרַךְ Que seas bendito,
nuestra Fortaleza, nuestro Rey y Redentor,
Creador de los seres sagrados.
Que Tu nombre sea alabado por siempre,
Rey nuestro, Creador de los ángeles ministeriales,

---

su primera frase no como "el cántico para el día de Shabat" sino como "el cántico que entonó el Shabat".

El Shabat es una institución única. El año está determinado por el sol, el mes por las fases de la luna, empero el Shabat no está presente en la naturaleza: no hay nada que se corresponda con el ciclo de trabajo y descanso de siete días, creación y cesación, hacer y ser.

Los sabios dicen que tanto la creación del primer hombre y la primera mujer, así como su pecado y su sentencia que los exilió del Jardín del Edén tuvieron lugar en el sexto día. Como acto compasivo, Dios les permitió

לָאֵל אֲשֶׁר שָׁבַת מִכָּל הַמַּעֲשִׂים
בַּיּוֹם הַשְּׁבִיעִי נִתְעַלָּה וְיָשַׁב עַל כִּסֵּא כְבוֹדוֹ.
תִּפְאֶרֶת עָטָה לְיוֹם הַמְּנוּחָה
עֹנֶג קָרָא לְיוֹם הַשַּׁבָּת.
זֶה שֶׁבַח שֶׁלַּיּוֹם הַשְּׁבִיעִי
שֶׁבּוֹ שָׁבַת אֵל מִכָּל מְלַאכְתּוֹ
וְיוֹם הַשְּׁבִיעִי מְשַׁבֵּחַ וְאוֹמֵר
מִזְמוֹר שִׁיר לְיוֹם הַשַּׁבָּת, טוֹב לְהֹדוֹת לַיהוה: תהלים צב
לְפִיכָךְ יְפָאֲרוּ וִיבָרְכוּ לָאֵל כָּל יְצוּרָיו
שֶׁבַח יְקָר וּגְדֻלָּה יִתְּנוּ לָאֵל מֶלֶךְ יוֹצֵר כֹּל
הַמַּנְחִיל מְנוּחָה לְעַמּוֹ יִשְׂרָאֵל בִּקְדֻשָּׁתוֹ בְּיוֹם שַׁבַּת קֹדֶשׁ.
שִׁמְךָ יהוה אֱלֹהֵינוּ יִתְקַדַּשׁ, וְזִכְרְךָ מַלְכֵּנוּ יִתְפָּאַר
בַּשָּׁמַיִם מִמַּעַל וְעַל הָאָרֶץ מִתָּחַת.
תִּתְבָּרַךְ מוֹשִׁיעֵנוּ עַל שֶׁבַח מַעֲשֵׂה יָדֶיךָ
וְעַל מְאוֹרֵי אוֹר שֶׁעָשִׂיתָ, יְפָאֲרוּךָ סֶּלָה.

תִּתְבָּרַךְ
צוּרֵנוּ מַלְכֵּנוּ וְגוֹאֲלֵנוּ, בּוֹרֵא קְדוֹשִׁים
יִשְׁתַּבַּח שִׁמְךָ לָעַד
מַלְכֵּנוּ, יוֹצֵר מְשָׁרְתִים

---

letra corresponde a una palabra mientras que en Shabat se corresponde con una frase entera. El poema contiene huellas de la mística *Merkavá* (carroza celestial), basado en la visión de Ezequiel (capítulo 1) de la carroza celestial.

לָאֵל *Al Dios que reposó:* Plegaria sobre el tema de "Shabat de la Creación" en los albores del tiempo. Aquí el tiempo es personificado. Shabat se transforma en una presencia vívida, "Invistió de esplendor al día del descanso". Este pasaje refleja una tradición midráshica según la cual la Creación cada día entonó un cántico a Dios. El Shabat entonó el Salmo 92, el Midrash entiende

los cuales se posan en las alturas del universo,
proclamando al unísono con temor reverencial y en voz alta,
las palabras del Dios viviente, del Rey eterno.
Todos ellos son amados,
todos ellos son puros,
todos ellos son poderosos,
y todos hacen con temor y reverencia la voluntad de su Hacedor.
▸ Y todos abren sus bocas en santidad y pureza,
con cánticos y salmos,
y bendicen, alaban, glorifican,
reverencian, santifican y declaran la soberanía de –
El Nombre del Dios que es el grande, poderoso
y reverencialmente temido Rey,
Santo es Él.
▸ Y todos aceptan sobre sí, el uno del otro el Yugo Celestial
y se dan unos de otros permiso
para santificar a su Creador, con espíritu sereno,
mediante habla pura y dulce melodía.
Todos ellos al unísono proclaman Su santidad,
y dicen con temor reverencial:

Todos recitan en voz alta:
Santo, Santo, Santo SEÑOR de las Huestes Celestiales; *Is. 6*
todo el universo está pleno de Su gloria.

---

en la de Ezequiel) conforman el corazón de la *Kedushá*, la plegaria de la Santidad. Esta es recitada tres veces en los rezos de la mañana, antes del Shemá, durante la repetición de la Amidá por parte del oficiante y hacia el final del rezo, salvo en Shabat que la tercera es pasada para la tarde.

Esta sección del rezo, la de la visión del Trono Celestial y los ángeles forma parte de la tradición mística del judaísmo. El rezo es la escalera de Ya'akov que conecta tierra con cielo, con "ángeles de Dios" que ascienden y descienden. Las tres *Kedushot* representan respectivamente el ascenso, la cumbre (punto máximo), y el descenso: el derrotero del alma de la tierra al cielo y de regreso, transformada por la experiencia de lo Divino.

נַחַת רוּחַ *Espíritu sereno:* La alabanza de los ángeles contiene tres elementos,

וַאֲשֶׁר מְשָׁרְתָיו כֻּלָּם עוֹמְדִים בְּרוּם עוֹלָם
וּמַשְׁמִיעִים בְּיִרְאָה יַחַד בְּקוֹל
דִּבְרֵי אֱלֹהִים חַיִּים וּמֶלֶךְ עוֹלָם.
כֻּלָּם אֲהוּבִים, כֻּלָּם בְּרוּרִים, כֻּלָּם גִּבּוֹרִים
וְכֻלָּם עוֹשִׂים בְּאֵימָה וּבְיִרְאָה רְצוֹן קוֹנָם
◄ וְכֻלָּם פּוֹתְחִים אֶת פִּיהֶם בִּקְדֻשָּׁה וּבְטָהֳרָה
בְּשִׁירָה וּבְזִמְרָה
וּמְבָרְכִים וּמְשַׁבְּחִים וּמְפָאֲרִים
וּמַעֲרִיצִים וּמַקְדִּישִׁים וּמַמְלִיכִים ◄
אֶת שֵׁם הָאֵל הַמֶּלֶךְ הַגָּדוֹל, הַגִּבּוֹר וְהַנּוֹרָא
קָדוֹשׁ הוּא.
◄ וְכֻלָּם מְקַבְּלִים עֲלֵיהֶם עֹל מַלְכוּת שָׁמַיִם זֶה מִזֶּה
וְנוֹתְנִים רְשׁוּת זֶה לָזֶה
לְהַקְדִּישׁ לְיוֹצְרָם בְּנַחַת רוּחַ
בְּשָׂפָה בְרוּרָה וּבִנְעִימָה
קְדֻשָּׁה כֻּלָּם כְּאֶחָד
עוֹנִים וְאוֹמְרִים בְּיִרְאָה

Todos recitan en voz alta:

ישעיה ו
קָדוֹשׁ, קָדוֹשׁ, קָדוֹשׁ יהוה צְבָאוֹת
מְלֹא כָל־הָאָרֶץ כְּבוֹדוֹ:

---

quedarse un día más en el Edén: el día séptimo. Así, el Shabat se encuentra tan cerca como cuando llegamos al paraíso recuperado.

LA PLEGARIA DE LA SANTIDAD

Dos profetas, Isaías y Ezequiel tuvieron visiones místicas de Dios rodeado de Su séquito celestial, del coro de los ángeles. Estas visiones, junto con las palabras que los profetas escucharon del cántico de los ángeles ("Santo, Santo, Santo" en la visión de Isaías, "Bendita es la gloria del Señor desde Su sitial"

▸ Entonces, los Ofanim y las Jaiot Sagradas,
con un gran clamor
se elevan en dirección a los Serafim
y frente a estos alaban diciendo:

Todos recitan en voz alta:
Bendita es la Gloria del Señor desde Su sitial. *Ezeq. 3*

לְאֵל Ofrendan melodías al Dios bendito.
Al Rey, Dios eterno
y viviente entonan salmos y proclaman alabanzas.
Pues solamente Él
realiza acciones poderosas
y crea cosas nuevas,
domina batallas,
cultiva justicia,
hace crecer la salvación,
crea curaciones,
es reverenciado con alabanzas,
Señor de maravillas,
que en Su bondad
renueva a diario la obra de la Creación,
como está dicho:
"Alabadle por haber hecho las grandes luminarias, *Sal. 136*
porque Su amor es eterno".

▸ Haz brillar una nueva luz sobre Sion
y que pronto seamos merecedores de Su luz.
Bendito eres Tú Señor,
que formas las luminarias.

ángeles de fuego. Las Jaiot son "seres vivientes" rodeados de fuego. Ofanim son "ruedas dentro de ruedas". Ellos conforman el séquito celestial que rodea al Trono Divino, son un coro angelical que canta la alabanza de Dios.

◂ וְהָאוֹפַנִּים וְחַיּוֹת הַקֹּדֶשׁ
בְּרַעַשׁ גָּדוֹל מִתְנַשְּׂאִים לְעֻמַּת שְׂרָפִים
לְעֻמָּתָם מְשַׁבְּחִים וְאוֹמְרִים

All say aloud:

בָּרוּךְ כְּבוֹד־יהוה מִמְּקוֹמוֹ: יחזקאל ג

לָאֵל בָּרוּךְ נְעִימוֹת יִתֵּנוּ
לַמֶּלֶךְ אֵל חַי וְקַיָּם
זְמִירוֹת יֹאמֵרוּ וְתִשְׁבָּחוֹת יַשְׁמִיעוּ
כִּי הוּא לְבַדּוֹ
פּוֹעֵל גְּבוּרוֹת, עוֹשֶׂה חֲדָשׁוֹת
בַּעַל מִלְחָמוֹת, זוֹרֵעַ צְדָקוֹת
מַצְמִיחַ יְשׁוּעוֹת, בּוֹרֵא רְפוּאוֹת
נוֹרָא תְהִלּוֹת, אֲדוֹן הַנִּפְלָאוֹת
הַמְחַדֵּשׁ בְּטוּבוֹ בְּכָל יוֹם תָּמִיד מַעֲשֵׂה בְרֵאשִׁית
כָּאָמוּר
לְעֹשֵׂה אוֹרִים גְּדֹלִים תהלים קלו
כִּי לְעוֹלָם חַסְדּוֹ:
◂ אוֹר חָדָשׁ עַל צִיּוֹן תָּאִיר וְנִזְכֶּה כֻלָּנוּ מְהֵרָה לְאוֹרוֹ.
בָּרוּךְ אַתָּה יהוה, יוֹצֵר הַמְּאוֹרוֹת.

---

y por ende también la nuestra debe incluirlos: espíritu sereno (*najat ruaj*), habla pura (*safá berurá*) y dulce melodía (*ne'imá*). Estas son las tres dimensiones del rezo: tranquilidad espiritual, claridad cognitiva y belleza o estética emocional.

וְהָאוֹפַנִּים וְחַיּוֹת...שְׂרָפִים *Ofanim, Jaiot, Serafim:* Son los tres tipos de ángeles contemplados por Isaías y Ezequiel en sus respectivas visiones. Serafim son

אַהֲבָה Tú nos has amado con un gran amor, Señor, nuestro Dios,
has tenido para con nosotros gran compasión.
Padre nuestro, Rey nuestro,
a causa de nuestros ancestros que confiaron en Ti
y a quienes enseñaste las leyes de vida, agrácianos y enséñanos.
Padre nuestro, Padre compasivo, que actúas con clemencia,
apiádate de nosotros,
infunde en nuestros corazones entendimiento
para comprender y discernir,
escuchar, aprender y enseñar, cuidar, cumplir y realizar
con amor todas las enseñanzas de Tu Torá.
Ilumina nuestros ojos con Tu Torá
y haz que se aferren nuestros corazones a Tus preceptos,
unifica nuestros corazones para amar
y temer reverencialmente a Tu Nombre,
para que nunca sintamos vergüenza jamás.
Tal como hemos confiado en Tu Nombre
sagrado, grande y reverenciado,
así podamos alegrarnos y regocijarnos en Tu salvación.

En este punto se reúnen los cuatro tzitzit del talit y se los sostienen con la mano izquierda.

Reúnenos en paz de los cuatro confines de la tierra
y condúcenos erguidos a nuestra tierra.
▸ Pues Tú eres un Dios que realiza actos de salvación,
y nos escogiste de entre todas las naciones y todas las lenguas,
acercándonos a Tu Gran Nombre Sela, en verdad,
para agradecerte y proclamar Tu unicidad con amor.
Bendito eres Tú Señor, que escoge a Su pueblo Israel con amor.

---

del vocablo "compasión" (que hemos traducido también como clemencia y piedad N. del Editor) en un espacio de seis palabras hebreas, es una de las expresiones más concentradas de amor y confianza que sentimos para con Dios y hacia Dios, aquel Dios que nos llamó "Mi hijo primogénito Israel" (Éxodo 4:22). El conducto a través del cual fluye este amor es la Torá, el Pacto Divino con Su pueblo. La Torá contiene "las leyes de la vida" en un doble sentido: leyes que nos *guían* en la vida y leyes que nos *prodigan* vida.

אַהֲבָה רַבָּה אֲהַבְתָּנוּ, יהוה אֱלֹהֵינוּ
חֶמְלָה גְדוֹלָה וִיתֵרָה חָמַלְתָּ עָלֵינוּ.
אָבִינוּ מַלְכֵּנוּ
בַּעֲבוּר אֲבוֹתֵינוּ שֶׁבָּטְחוּ בְךָ, וַתְּלַמְּדֵם חֻקֵּי חַיִּים
כֵּן תְּחָנֵּנוּ וּתְלַמְּדֵנוּ.
אָבִינוּ, הָאָב הָרַחֲמָן, הַמְרַחֵם
רַחֵם עָלֵינוּ
וְתֵן בְּלִבֵּנוּ לְהָבִין וּלְהַשְׂכִּיל
לִשְׁמֹעַ, לִלְמֹד וּלְלַמֵּד, לִשְׁמֹר וְלַעֲשׂוֹת, וּלְקַיֵּם
אֶת כָּל דִּבְרֵי תַלְמוּד תּוֹרָתֶךָ בְּאַהֲבָה.
וְהָאֵר עֵינֵינוּ בְּתוֹרָתֶךָ, וְדַבֵּק לִבֵּנוּ בְּמִצְוֹתֶיךָ
וְיַחֵד לְבָבֵנוּ לְאַהֲבָה וּלְיִרְאָה אֶת שְׁמֶךָ, וְלֹא נֵבוֹשׁ לְעוֹלָם וָעֶד.
כִּי בְשֵׁם קָדְשְׁךָ הַגָּדוֹל וְהַנּוֹרָא בָּטָחְנוּ
נָגִילָה וְנִשְׂמְחָה בִּישׁוּעָתֶךָ.

En este punto se reúnen los cuatro ציציות *del* טלית *y se los sostienen con la mano izquierda.*

וַהֲבִיאֵנוּ לְשָׁלוֹם מֵאַרְבַּע כַּנְפוֹת הָאָרֶץ
וְתוֹלִיכֵנוּ קוֹמְמִיּוּת לְאַרְצֵנוּ.
כִּי אֵל פּוֹעֵל יְשׁוּעוֹת אָתָּה, וּבָנוּ בָחַרְתָּ מִכָּל עַם וְלָשׁוֹן
וְקֵרַבְתָּנוּ לְשִׁמְךָ הַגָּדוֹל סֶלָה, בֶּאֱמֶת
לְהוֹדוֹת לְךָ וּלְיַחֶדְךָ בְּאַהֲבָה.
בָּרוּךְ אַתָּה יהוה, הַבּוֹחֵר בְּעַמּוֹ יִשְׂרָאֵל בְּאַהֲבָה.

אַהֲבָה רַבָּה *Tú nos has amado:* Esta es una de las supremas expresiones de amor en la liturgia. Habiendo hablado de la relación de Dios con el universo, ahora hablamos de Su vínculo con nosotros, pasando de la grandeza cósmica a la intimidad espiritual.

La frase "*Padre nuestro, Padre compasivo, que actúas con clemencia, apiádate de nosotros*", con su doble repetición del vocablo "Padre" y triple mención

El Shemá debe ser recitado con gran concentración. En el primer párrafo se debe aceptar con amor la soberanía de Dios, en el segundo los preceptos como expresión de Su voluntad. El final del tercer párrafo constituye el cumplimiento del precepto de recordar la salida de Egipto de día y de noche. Ver leyes 349–353.

Cuando no se reza con minián se dice:

Dios, ¡Rey fiel!

El siguiente versículo debe ser recitado en voz alta cubriendo los ojos con la mano derecha:

Escucha Israel, el Señor es nuestro Dios, el Señor es Uno. *Deut. 6*

En voz baja: Bendito sea el Nombre de Su glorioso Reino por siempre.

וְאָהַבְתָּ Amarás al Señor tu Dios con todo tu corazón, con toda *Deut. 6*
tu alma y con todas tus fuerzas. Estas palabras que te ordeno hoy deben estar sobre tu corazón, se las transmitirás a tus hijos hablando sobre ellas, cuando estés en tu hogar y cuando transites por el camino, al acostarte y al levantarte. Y las atarás como señal sobre tu brazo y serán un emblema entre tus ojos. Y las escribirás en los marcos de tus puertas y sobre tus portones.

---

aceptamos a Dios como nuestro Soberano y nuestro pacto con Él como esencia de nuestra existencia como nación. El Señor *es Uno*: entre los muchos significados de esta frase mencionamos: (1) solo hay un Dios; (2) Dios es una unidad, es indivisible; (3) Dios es la única realidad última; (4) Dios es Uno a pesar de Sus muchas manifestaciones a lo largo de la historia; (5) solamente Dios es nuestro Rey. Esta gran frase es la declaración suprema de la fe judía: es de las primeras palabras que aprende un niño y a veces son las últimas palabras que pronuncian los mártires.

בָּרוּךְ שֵׁם *Bendito sea el Nombre:* Esta fue la respuesta de la congregación a la declaración del Tetragrámaton, el Nombre más sagrado de Dios, en el Templo de Jerusalém. Se dice aquí en recordatorio del servicio en el Templo, pero de manera silenciosa (salvo en Yom Kipur) porque no es parte del texto bíblico.

וְשִׁנַּנְתָּם *Se las transmitirás (enseñarás) a tus hijos:* La educación es responsabilidad no sólo de las escuelas sino también de los padres. En el judaísmo los padres son educadores, el hogar es la matriz del aprendizaje y la educación es una conversación a través de las generaciones. Alshij conecta este versículo con el anterior "Amarás al Señor": ¿Cómo educamos a nuestros hijos? Mostrándoles aquello que amamos.

El שמע debe ser recitado con gran concentración. En el primer párrafo se debe aceptar con amor la soberanía de Dios, en el segundo las מצוות como expresión de Su voluntad. El final del tercer párrafo constituye el cumplimiento de la מצווה de recordar la salida de Egipto de día y de noche. Ver leyes 349–353.

Cuando no se reza con מנין se dice:

אֵל מֶלֶךְ נֶאֱמָן

El siguiente versículo debe ser recitado en voz alta cubriendo los ojos con la mano derecha:

דברים ו שְׁמַע יִשְׂרָאֵל, יהוה אֱלֹהֵינוּ, יהוה | אֶחָד:

En voz baja בָּרוּךְ שֵׁם כְּבוֹד מַלְכוּתוֹ לְעוֹלָם וָעֶד.

דברים ו וְאָהַבְתָּ אֵת יהוה אֱלֹהֶיךָ, בְּכָל־לְבָבְךָ וּבְכָל־נַפְשְׁךָ וּבְכָל־
מְאֹדֶךָ: וְהָיוּ הַדְּבָרִים הָאֵלֶּה, אֲשֶׁר אָנֹכִי מְצַוְּךָ הַיּוֹם, עַל־לְבָבֶךָ:
וְשִׁנַּנְתָּם לְבָנֶיךָ וְדִבַּרְתָּ בָּם, בְּשִׁבְתְּךָ בְּבֵיתֶךָ וּבְלֶכְתְּךָ בַדֶּרֶךְ,
וּבְשָׁכְבְּךָ וּבְקוּמֶךָ: וּקְשַׁרְתָּם לְאוֹת עַל־יָדֶךָ וְהָיוּ לְטֹטָפֹת בֵּין
עֵינֶיךָ: וּכְתַבְתָּם עַל־מְזֻזוֹת בֵּיתֶךָ וּבִשְׁעָרֶיךָ:

EL SHEMÁ

שְׁמַע *Escucha Israel:* La palabra Shemá es intraducible en un solo vocablo. Significa (1) escuchar, (2) oír, (3) reflexionar sobre, (4) comprender, (5) internalizar, (6) responder en acto, y por lo tanto (7) obedecer. En hebreo rabínico esta palabra ha desarrollado significados suplementarios tales como "transmitir, saber sobre, inferir, aprender". Aquí lo he traducido como escuchar más que como oír porque la escucha es activa y la audición pasiva. El Shemá es un llamado a una acción de la mente y del alma, a meditar, internalizar y afirmar la Unicidad de Dios.

La mayoría de las civilizaciones han sido culturas de lo visual. El judaísmo, con su creencia en un Dios invisible que trasciende el universo y su prohibición de toda representación visual de Dios es por sobre todo una civilización de lo auditivo. Los patriarcas y los profetas no vieron a Dios, lo escucharon. Por lo tanto, el verbo clave en el judaísmo es "*Shemá*", "escucha". A los efectos de conferir dramatismo a la idea de que Dios es escuchado y no visto, cubrimos nuestros ojos con nuestra mano al recitar estas palabras.

יהוה אֱלֹהֵינוּ *El Señor es nuestro Dios:* Los sabios denominaron a esta declaración "la aceptación del Yugo del Reino Celestial", lo cual implica que

וְהָיָה Y será que, si realmente escucháis Mis preceptos que os ordeno el día de hoy, amando al Señor vuestro Dios y sirviéndole con todo vuestro corazón y toda vuestra alma, entonces daré lluvia en su tiempo sobre vuestra tierra, tanto la primera como la postrera, y recogerás tus cereales, tu mosto y tu aceite de oliva. Proveeré hierba en tu campo para tus animales, y comerás y te saciarás. Tened cuidado de no permitir que vuestro corazón se desvíe, sirviendo a dioses extraños y postrándose ante ellos. Entonces se encenderá la ira del Señor con vosotros y bloqueará los cielos para que no haya lluvias, la tierra no dará su cosecha y os perderéis prontamente de la buena tierra que el Señor os ha dado. Y pondrán estas palabras Mías sobre vuestros corazones, y las atarán sobre vuestros brazos y las tendrán por emblema entre vuestros ojos. Y las enseñarán a vuestros hijos hablando de ellas cuando estés en tu hogar y cuando transites por los caminos, al acostarte y al levantarte. Y las escribirás en los marcos de tus puertas y sobre tus portones, para que se prolonguen vuestros días y los de vuestros hijos sobre la tierra que el Señor prometió entregar a vuestros ancestros para que la habiten, mientras los cielos permanezcan sobre la tierra. *Deut. 11*

Se sostienen también los tzitzit con la mano derecha (algunos los transfieren a la mano derecha) y se los besa en los sitios marcados con °.

וַיֹּאמֶר El Señor habló a Moshé diciéndole: habla a los hijos de Israel y diles que hagan °tzitzit en las esquinas de sus vestimentas por todas sus generaciones. Y pondrán en el °tzitzit de cada esquina de la vestimenta un hilo celeste. Y será para vosotros por °tzitzit y lo veréis y recordaréis así todos los preceptos del Señor y los cumpliréis, sin desviarse tras vuestros corazones y vuestros ojos, en virtud de los cuales os corrompéis. A fin de que recordéis todos Mis *Núm. 15*

וַיֹּאמֶר יהוה *El Señor habló:* Este párrafo fue incluido en el Shemá porque: (1) se ocupa de la tercera señal exterior, el tzitzit, el cual pertenece al grupo de los dos mencionados en los párrafos anteriores, el tefilín y la mezuzá; y (2) menciona el Éxodo que estamos preceptuados de recordarlo "todos los días de tu vida". "*Tras vuestros corazones y vuestros ojos*": uno de los principios tanto del judaísmo como de la sicología cognitiva es que nuestras

דברים יא
וְהָיָה אִם־שָׁמֹעַ תִּשְׁמְעוּ אֶל־מִצְוֹתַי אֲשֶׁר אָנֹכִי מְצַוֶּה אֶתְכֶם
הַיּוֹם, לְאַהֲבָה אֶת־יהוה אֱלֹהֵיכֶם וּלְעָבְדוֹ, בְּכָל־לְבַבְכֶם וּבְכָל־
נַפְשְׁכֶם: וְנָתַתִּי מְטַר־אַרְצְכֶם בְּעִתּוֹ, יוֹרֶה וּמַלְקוֹשׁ, וְאָסַפְתָּ
דְגָנֶךָ וְתִירֹשְׁךָ וְיִצְהָרֶךָ: וְנָתַתִּי עֵשֶׂב בְּשָׂדְךָ לִבְהֶמְתֶּךָ, וְאָכַלְתָּ
וְשָׂבָעְתָּ: הִשָּׁמְרוּ לָכֶם פֶּן־יִפְתֶּה לְבַבְכֶם, וְסַרְתֶּם וַעֲבַדְתֶּם
אֱלֹהִים אֲחֵרִים וְהִשְׁתַּחֲוִיתֶם לָהֶם: וְחָרָה אַף־יהוה בָּכֶם, וְעָצַר
אֶת־הַשָּׁמַיִם וְלֹא־יִהְיֶה מָטָר, וְהָאֲדָמָה לֹא תִתֵּן אֶת־יְבוּלָהּ,
וַאֲבַדְתֶּם מְהֵרָה מֵעַל הָאָרֶץ הַטֹּבָה אֲשֶׁר יהוה נֹתֵן לָכֶם:
וְשַׂמְתֶּם אֶת־דְּבָרַי אֵלֶּה עַל־לְבַבְכֶם וְעַל־נַפְשְׁכֶם, וּקְשַׁרְתֶּם
אֹתָם לְאוֹת עַל־יֶדְכֶם, וְהָיוּ לְטוֹטָפֹת בֵּין עֵינֵיכֶם: וְלִמַּדְתֶּם
אֹתָם אֶת־בְּנֵיכֶם לְדַבֵּר בָּם, בְּשִׁבְתְּךָ בְּבֵיתֶךָ וּבְלֶכְתְּךָ בַדֶּרֶךְ,
וּבְשָׁכְבְּךָ וּבְקוּמֶךָ: וּכְתַבְתָּם עַל־מְזוּזוֹת בֵּיתֶךָ וּבִשְׁעָרֶיךָ: לְמַעַן
יִרְבּוּ יְמֵיכֶם וִימֵי בְנֵיכֶם עַל הָאֲדָמָה אֲשֶׁר נִשְׁבַּע יהוה לַאֲבֹתֵיכֶם
לָתֵת לָהֶם, כִּימֵי הַשָּׁמַיִם עַל־הָאָרֶץ:

Se sostienen también los ציציות *con la mano derecha (algunos los transfieren a la mano derecha) y se los besa en los sitios marcados con °.*

במדבר טו
וַיֹּאמֶר יהוה אֶל־מֹשֶׁה לֵּאמֹר: דַּבֵּר אֶל־בְּנֵי יִשְׂרָאֵל וְאָמַרְתָּ
אֲלֵהֶם, וְעָשׂוּ לָהֶם °צִיצִת עַל־כַּנְפֵי בִגְדֵיהֶם לְדֹרֹתָם, וְנָתְנוּ
°עַל־צִיצִת הַכָּנָף פְּתִיל תְּכֵלֶת: וְהָיָה לָכֶם °לְצִיצִת, וּרְאִיתֶם
אֹתוֹ וּזְכַרְתֶּם אֶת־כָּל־מִצְוֹת יהוה וַעֲשִׂיתֶם אֹתָם, וְלֹא תָתֻרוּ
אַחֲרֵי לְבַבְכֶם וְאַחֲרֵי עֵינֵיכֶם, אֲשֶׁר־אַתֶּם זֹנִים אַחֲרֵיהֶם: לְמַעַן

וְהָיָה אִם־שָׁמֹעַ תִּשְׁמְעוּ *Y será que, si realmente escucháis Mis preceptos:* Los sabios llamaron a esto “la aceptación del Yugo de los Preceptos”. Habiendo declarado a Dios como nuestro Soberano, continuamos aceptando las leyes que Él nos ha entregado, entendiendo que el destino de la nación depende de nuestra fidelidad a estas.

preceptos y seáis santos para vuestro Dios, Yo Soy el SEÑOR vuestro Dios, quien os sacó de la tierra de Egipto para ser vuestro Dios, Yo Soy el SEÑOR vuestro Dios.

°Verdadero

El oficiante repite:

▸ El SEÑOR vuestro Dios es verdadero –

וְיַצִּיב Y firme, estable, duradera, recta, fiel,
amada, querida, placentera, agradable, reverenciada,
poderosa, perfecta, aceptada, buena y hermosa
es esta fe para nosotros por siempre.

Verdadero es el Dios Eterno, nuestro Rey,
Fortaleza de Ya'akov, Escudo de nuestra redención.
Él existe y Su Nombre existe a lo largo
de todas las generaciones.
Su trono está establecido,
Su reinado y Su fidelidad existen por siempre.

Al llegar a ° se besan los tzitziot y luego se sueltan.

Sus palabras son vivientes y duraderas,
son fidedignas y deseadas
°por siempre y para toda la eternidad.
▸ Para nuestros ancestros, para nosotros,
para nuestros descendientes, y nuestras generaciones
que de nosotros se desarrollen
y por todas las generaciones
de la simiente de Israel Tus Servidores.

---

sagrada de las plegarias, tal como los seis días de la semana nos conducen al Shabat, el día más sagrado.

El significado aquí de la palabra "verdadero" es similar al de la palabra "Amén" que se dice después de una bendición. Es un acto de afirmación y ratificación, recordándonos que el Shemá más que una plegaria es una declaración de fe. Este pasaje recapitula las ideas centrales del Shemá. Sin embargo, su principal énfasis está puesto en la Redención. Contiene la palabra "redime" ocho veces y está colmada de términos vinculados a la Redención, tales como

תִּזְכְּרוּ וַעֲשִׂיתֶם אֶת־כָּל־מִצְוֹתָי, וִהְיִיתֶם קְדֹשִׁים לֵאלֹהֵיכֶם: אֲנִי
יהוה אֱלֹהֵיכֶם, אֲשֶׁר הוֹצֵאתִי אֶתְכֶם מֵאֶרֶץ מִצְרַיִם, לִהְיוֹת
לָכֶם לֵאלֹהִים, אֲנִי יהוה אֱלֹהֵיכֶם:

°אֱמֶת

The שליח ציבור *repeats:*

‹ יהוה אֱלֹהֵיכֶם אֱמֶת

וְיַצִּיב, וְנָכוֹן וְקַיָּם, וְיָשָׁר וְנֶאֱמָן
וְאָהוּב וְחָבִיב, וְנֶחְמָד וְנָעִים
וְנוֹרָא וְאַדִּיר, וּמְתֻקָּן וּמְקֻבָּל, וְטוֹב וְיָפֶה
הַדָּבָר הַזֶּה עָלֵינוּ לְעוֹלָם וָעֶד.

אֱמֶת אֱלֹהֵי עוֹלָם מַלְכֵּנוּ
צוּר יַעֲקֹב מָגֵן יִשְׁעֵנוּ
לְדוֹר וָדוֹר הוּא קַיָּם וּשְׁמוֹ קַיָּם
וְכִסְאוֹ נָכוֹן
וּמַלְכוּתוֹ וֶאֱמוּנָתוֹ לָעַד קַיָּמֶת.

Al llegar a ° se besan los ציציות *y luego se sueltan.*

וּדְבָרָיו חָיִים וְקַיָּמִים, נֶאֱמָנִים וְנֶחֱמָדִים
°לָעַד וּלְעוֹלְמֵי עוֹלָמִים
‹ עַל אֲבוֹתֵינוּ וְעָלֵינוּ, עַל בָּנֵינוּ וְעַל דּוֹרוֹתֵינוּ
וְעַל כָּל דּוֹרוֹת זֶרַע יִשְׂרָאֵל עֲבָדֶיךָ.

---

percepciones son filtradas por nuestras creencias y nuestras emociones. Lo que sentimos afecta lo que vemos. El corazón controla a los ojos.

אֱמֶת וְיַצִּיב *Verdadero y firme:* Quince adjetivos que reflejan los quince salmos de las ascensiones y los quince escalones del patio del Templo. El rezo está estructurado en torno a una séxtuple repetición de la palabra "*Emet*": "verdad o verdadero" que refleja una secuencia de tres párrafos del recitado del Shemá y las tres bendiciones que lo rodean y que nos llevan a la Amidá que es la más

Esta fe ha probado ser fidedigna y por siempre duradera
para las generaciones primeras y para las postreras.

Verdadero fidedigno e irrevocable es este decreto.

Es verdad Tú eres el Señor Dios nuestro y de nuestros ancestros,

▸ Rey nuestro y de nuestros padres,
Redentor nuestro y de nuestros antepasados,
nuestro Hacedor, Fortaleza de nuestra salvación,
Aquél que nos prodiga y nos rescata:
Tu Nombre es eterno
y no existe ningún Dios excepto Tú.

עֶזְרַת Tú has sido siempre la ayuda de nuestros ancestros,
has sido el Escudo y la Salvación de los hijos
que les sucedieron en todas las generaciones.
Tu morada está en las cúspides del universo,
Tu justicia y Tu rectitud alcanzan todos
los confines de la tierra.
Feliz del hombre que obedece Tus preceptos
y lleva Tus enseñanzas y Tu palabra a su corazón.

Verdaderamente Tú eres el Amo de Tu pueblo
y un Rey poderoso que aboga por su causa.

Verdaderamente Tú eres el Primero y el Último
y aparte de Ti no tenemos rey ni redentor ni salvador.
Tú nos redimiste de Egipto Señor, nuestro Dios,
nos liberaste de la casa de la esclavitud,
heriste de muerte a todos sus primogénitos mas
a Tu primogénito redimiste.
Partiste el Mar de los Juncos, ahogaste a los arrogantes
e hiciste cruzar a Tus amados.
Las aguas cubrieron a sus perseguidores, *Sal. 106*
ningunos de ellos quedó.

---

ayudar a los pobres. La Redención se refiere a la intervención de Dios en la historia, liberando esclavos, recompensando la fidelidad y asegurando la justicia.

עַל הָרִאשׁוֹנִים וְעַל הָאַחֲרוֹנִים
דָּבָר טוֹב וְקַיָּם לְעוֹלָם וָעֶד
אֱמֶת וֶאֱמוּנָה, חֹק וְלֹא יַעֲבֹר.
אֱמֶת שָׁאַתָּה הוּא יהוה אֱלֹהֵינוּ וֵאלֹהֵי אֲבוֹתֵינוּ
◂ מַלְכֵּנוּ מֶלֶךְ אֲבוֹתֵינוּ
גּוֹאֲלֵנוּ גּוֹאֵל אֲבוֹתֵינוּ
יוֹצְרֵנוּ צוּר יְשׁוּעָתֵנוּ
פּוֹדֵנוּ וּמַצִּילֵנוּ מֵעוֹלָם שְׁמֶךָ
אֵין אֱלֹהִים זוּלָתֶךָ.

עֶזְרַת אֲבוֹתֵינוּ אַתָּה הוּא מֵעוֹלָם
מָגֵן וּמוֹשִׁיעַ לִבְנֵיהֶם אַחֲרֵיהֶם בְּכָל דּוֹר וָדוֹר.
בְּרוּם עוֹלָם מוֹשָׁבֶךָ, וּמִשְׁפָּטֶיךָ וְצִדְקָתְךָ עַד אַפְסֵי אָרֶץ.
אַשְׁרֵי אִישׁ שֶׁיִּשְׁמַע לְמִצְוֹתֶיךָ
וְתוֹרָתְךָ וּדְבָרְךָ יָשִׂים עַל לִבּוֹ.
אֱמֶת אַתָּה הוּא אָדוֹן לְעַמֶּךָ
וּמֶלֶךְ גִּבּוֹר לָרִיב רִיבָם.
אֱמֶת אַתָּה הוּא רִאשׁוֹן וְאַתָּה הוּא אַחֲרוֹן
וּמִבַּלְעָדֶיךָ אֵין לָנוּ מֶלֶךְ גּוֹאֵל וּמוֹשִׁיעַ.
מִמִּצְרַיִם גְּאַלְתָּנוּ, יהוה אֱלֹהֵינוּ
וּמִבֵּית עֲבָדִים פְּדִיתָנוּ
כָּל בְּכוֹרֵיהֶם הָרַגְתָּ, וּבְכוֹרְךָ גָּאָלְתָּ
וְיַם סוּף בָּקַעְתָּ, וְזֵדִים טִבַּעְתָּ, וִידִידִים הֶעֱבַרְתָּ
וַיְכַסּוּ־מַיִם צָרֵיהֶם, אֶחָד מֵהֶם לֹא נוֹתָר: תהלים קו

"ayuda", "escudo", "salvación", así como también de acciones redentoras tales como abogar una causa, enaltecer a los humildes, salvar a los necesitados y

Por ello los amados alabaron y ensalzaron a Dios,
los apreciados entonaron salmos, cánticos y loas,
bendiciendo y agradeciendo al Rey viviente y Eterno.
Elevado y ensalzado, grande y reverencialmente temido,
Él humilla a los soberbios y enaltece a los humildes,
libera prisioneros, salva a los necesitados, ayuda a los pobres
y responde a Su pueblo cuando claman ante Él.

Ponerse de pie como forma de preparación para la Amidá.
Dar tres pasos hacia atrás antes de iniciar la Amidá.

Alabanzas al Dios Supremo, el Dios Bendito que es bendecido.
Moshé y los hijos de Israel entonaron para Ti un cántico
con gran algarabía y todos exclamaron:

"¿Quién es como Tú entre los fuertes SEÑOR? *Éx. 15*
¿Quién como Tú magnificado por la Santidad?
Infinito en alabanzas, Hacedor de maravillas".

Los libertos entonaron a orillas del mar un nuevo cántico
de alabanza a Tu gran Nombre.
Todos juntos agradecieron, proclamaron Tu reino y declararon:

"El SEÑOR reinará por toda la eternidad". *Éx. 15*

La congregación debe culminar la siguiente bendición junto al oficiante
de modo tal que pueda pasar de las palabras "que redimió a Israel"
directamente a la Amidá sin interrumpir pronunciando "Amén".

צוּר יִשְׂרָאֵל ¡Fortaleza de Israel! Levántate para ayudar a Israel
y rescata a Yehudá e Israel tal como lo has prometido.

Nuestro Redentor, Su nombre es el SEÑOR *Is. 47*
de las Huestes Celestiales, Santidad de Israel.

En Pesaj, en algunas congregaciones se recita aquí un piyut antes de la Amidá (página 1272).
Este piyut no se dice en el octavo día de Pesaj salvo que caiga Shabat.

Bendito eres Tú SEÑOR, que redimió a Israel.

---

nuestras vidas y en la vida de nuestro pueblo. El Dios de los filósofos es una dimensión de la realidad mas no una presencia personal, un moldeador de la historia. Podemos meditar sobre semejante ente, mas no podemos hablarle, exponer ante Él nuestros pensamientos más íntimos y poner nuestro destino en Sus manos. El Dios de los profetas – el Dios de la Redención – es dable de encontrar en los eventos, en la historia, en la vida (Yehudá HaLeví, Cuzarí).

עַל זֹאת שִׁבְּחוּ אֲהוּבִים, וְרוֹמְמוּ אֵל
וְנָתְנוּ יְדִידִים זְמִירוֹת, שִׁירוֹת וְתִשְׁבָּחוֹת
בְּרָכוֹת וְהוֹדָאוֹת לְמֶלֶךְ אֵל חַי וְקַיָּם
רָם וְנִשָּׂא, גָּדוֹל וְנוֹרָא
מַשְׁפִּיל גֵּאִים וּמַגְבִּיהַּ שְׁפָלִים
מוֹצִיא אֲסִירִים, וּפוֹדֶה עֲנָוִים וְעוֹזֵר דַּלִּים
וְעוֹנֶה לְעַמּוֹ בְּעֵת שַׁוְּעָם אֵלָיו.

Ponerse de pie como forma de preparación para la עמידה*.*
Dar tres pasos hacia atrás antes de iniciar la עמידה*.*

◂ תְּהִלּוֹת לְאֵל עֶלְיוֹן, בָּרוּךְ הוּא וּמְבֹרָךְ
מֹשֶׁה וּבְנֵי יִשְׂרָאֵל, לְךָ עָנוּ שִׁירָה בְּשִׂמְחָה רַבָּה, וְאָמְרוּ כֻלָּם
מִי־כָמֹכָה בָּאֵלִם, יהוה שמות טו
מִי כָּמֹכָה נֶאְדָּר בַּקֹּדֶשׁ, נוֹרָא תְהִלֹּת, עֹשֵׂה פֶלֶא:
◂ שִׁירָה חֲדָשָׁה שִׁבְּחוּ גְאוּלִים לְשִׁמְךָ עַל שְׂפַת הַיָּם
יַחַד כֻּלָּם הוֹדוּ וְהִמְלִיכוּ, וְאָמְרוּ
יהוה יִמְלֹךְ לְעֹלָם וָעֶד: שמות טו

El קהל *debe culminar la siguiente bendición junto al* שליח ציבור *de modo tal que pueda pasar de las palabras* גָּאַל יִשְׂרָאֵל *directamente a la* עמידה *sin interrumpir pronunciando* אמן*.*

◂ צוּר יִשְׂרָאֵל, קוּמָה בְּעֶזְרַת יִשְׂרָאֵל
וּפְדֵה כִנְאֻמֶךָ יְהוּדָה וְיִשְׂרָאֵל.
גֹּאֲלֵנוּ יהוה צְבָאוֹת שְׁמוֹ, קְדוֹשׁ יִשְׂרָאֵל: ישעיה מז

En פסח*, en algunas congregaciones se recita aquí un piyut antes de la* עמידה *(página 1273). Este piyut no se dice en el octavo día de* פסח *salvo que caiga* שבת*.*

בָּרוּךְ אַתָּה יהוה, גָּאַל יִשְׂרָאֵל.

גָּאַל יִשְׂרָאֵל *Que redimió a Israel:* Los sabios adjudicaron una gran significación al principio de "la yuxtaposición de la Redención y el rezo", insistiendo en que nada debía interrumpir la transición de las palabras "Que redimió a Israel" a la Amidá propiamente dicha (Berajot 9B). El acto de rezar es, en última instancia, una búsqueda de la Redención, una petición de que Dios intervenga en

En Yom Tov (incluso si cae en Shabat) la Amidá a recitar se encuentra en la página 798.

AMIDÁ

La siguiente plegaria, hasta el pasaje "años pretéritos" que se encuentra en la página 514 la recitamos parados con los pies juntos. En caso de haber minián, el oficiante repite la Amidá en voz alta. Se dan tres pasos hacia adelante tal como si formalmente se ingresara al sitio de la Divina Presencia. En los sitios marcados con ˅ se debe flexionar las rodillas en la primera palabra, inclinarse en la segunda y erguirse nuevamente de inmediato antes de pronunciar el Nombre de Dios.

Señor, abre mis labios para que mi boca pronuncie Tu alabanza. *Sal. 51*

PATRIARCAS

˅בָּרוּךְ Bendito eres Tú Señor,
Dios nuestro y de nuestros ancestros,
Dios de Abraham, Dios de Ytzjak y Dios de Ya'akov,
Dios grande, poderoso y maravilloso, Señor supremo,
que prodiga generosamente y es El Creador de todo lo existente,
Quien recuerda la gracia de los ancestros
y traerá al Redentor para los hijos de sus hijos
en aras de Su Nombre con amor.

En Shabat Shuvá: Recuérdanos para la vida, Rey que anhela la vida
e inscríbenos en el libro de la vida por Ti, oh Dios de vida.

Rey que ayuda, redime y protege.
˅Bendito eres Tú Señor, Escudo de Abraham.

PODER DE DIOS

אַתָּה גִּבּוֹר Señor, Tú eres eternamente poderoso,
Tú revives a los muertos y tienes gran poder de salvación.

La frase "Hace soplar el viento y descender la lluvia" se agrega desde Simjat Torá hasta Pesaj. En Israel, la frase "Hace descender el rocío" se agrega desde Pesaj hasta Sheminí Atzeret. Ver leyes 129–131.

En otoño e invierno de Israel: Hace soplar el viento y descender la lluvia.
En primavera y verano de Israel: Hace descender el rocío.

Sostiene con benevolencia a todos los seres vivos,
revive a los muertos con gran misericordia,
da soporte a quienes se caen, cura a los enfermos,
libera a los prisioneros
y cumple Su promesa con quienes yacen ya en la tierra.

En יום טוב *(incluso si cae en* שבת*) la* עמידה *a recitar se encuentraen la página 799.*

עמידה

La siguiente plegaria, hasta קַדְמֹנִיּוֹת *que se encuentra en la página 515 la recitamos parados con los pies juntos. En caso de haber* מנין*, el* שליח ציבור *repite la* עמידה *en voz alta. Se dan tres pasos hacia adelante tal como si formalmente se ingresara al sitio de la Divina Presencia. En los sitios marcados con* ˚ *se debe flexionar las rodillas en la primera palabra, inclinarse en la segunda y erguirse nuevamente de inmediato antes de pronunciar el Nombre de Dios.*

אֲדֹנָי, שְׂפָתַי תִּפְתָּח, וּפִי יַגִּיד תְּהִלָּתֶךָ: תהלים נא

אבות

˚בָּרוּךְ אַתָּה יהוה, אֱלֹהֵינוּ וֵאלֹהֵי אֲבוֹתֵינוּ
אֱלֹהֵי אַבְרָהָם, אֱלֹהֵי יִצְחָק, וֵאלֹהֵי יַעֲקֹב
הָאֵל הַגָּדוֹל הַגִּבּוֹר וְהַנּוֹרָא, אֵל עֶלְיוֹן
גּוֹמֵל חֲסָדִים טוֹבִים, וְקוֹנֵה הַכֹּל
וְזוֹכֵר חַסְדֵי אָבוֹת
וּמֵבִיא גוֹאֵל לִבְנֵי בְנֵיהֶם לְמַעַן שְׁמוֹ בְּאַהֲבָה.

בשבת שובה: זָכְרֵנוּ לְחַיִּים, מֶלֶךְ חָפֵץ בַּחַיִּים
וְכָתְבֵנוּ בְּסֵפֶר הַחַיִּים, לְמַעַנְךָ אֱלֹהִים חַיִּים.

מֶלֶךְ עוֹזֵר וּמוֹשִׁיעַ וּמָגֵן.
˚בָּרוּךְ אַתָּה יהוה, מָגֵן אַבְרָהָם.

גבורות

אַתָּה גִּבּוֹר לְעוֹלָם, אֲדֹנָי, מְחַיֵּה מֵתִים אַתָּה, רַב לְהוֹשִׁיעַ

La frase מַשִּׁיב הָרוּחַ *se agrega desde* שמחת תורה *hasta* פסח*.*
En ארץ ישראל*, la frase* מוֹרִיד הַטָּל *se agrega desde* פסח *hasta* שמיני עצרת*. Ver leyes 129–131.*

בחורף: מַשִּׁיב הָרוּחַ וּמוֹרִיד הַגֶּשֶׁם / בארץ ישראל בקיץ: מוֹרִיד הַטָּל

מְכַלְכֵּל חַיִּים בְּחֶסֶד, מְחַיֵּה מֵתִים בְּרַחֲמִים רַבִּים
סוֹמֵךְ נוֹפְלִים, וְרוֹפֵא חוֹלִים, וּמַתִּיר אֲסוּרִים
וּמְקַיֵּם אֱמוּנָתוֹ לִישֵׁנֵי עָפָר.

¿Quién es como Tú Todopoderoso? ¿Quién se Te puede asemejar?
Rey que quita la vida y la restaura y hace brotar la Redención.

En Shabat Shuvá: ¿Quién como Tú Padre misericordioso,
que recuerdas a Tus creaturas con piedad para la vida?

Eres fiel en revivir a los muertos.
Bendito eres Tú SEÑOR, que revive a los muertos.

Durante el rezo en voz baja continúe en "Tú eres santo" en la página siguiente.

KEDUSHÁ

Durante la repetición del rezo por parte del oficiante, se recita aquí de pie el siguiente pasaje. En los sitios marcados con ▴ quien reza debe elevarse levemente en puntas de pie.

La congregación y luego el oficiante:

נְקַדֵּשׁ Santificaremos Tu Nombre en el mundo tal
como lo consagran en las alturas, como ha sido escrito por Tu profeta:
"y un ángel daba voces al otro diciendo: *Is. 6*

La congregación y luego el oficiante:

▴Santo, ▴Santo, ▴Santo, SEÑOR de las Huestes Celestiales,
toda la tierra está llena de Su gloria".
Entonces con un sonido de un gran estruendo, majestuoso y poderoso,
hacen escuchar una voz, elevándose hacia los Serafim.
Quienes están frente a ellos dicen: "Bendita".

La congregación y luego el oficiante:

▴"Bendita es la gloria del SEÑOR desde Su sitial". *Ezeq. 3*
Desde Tu sitial, Rey nuestro, aparece y reina sobre nosotros
pues Te estamos aguardando.
¿Cuándo reinarás en Sion? Reside allí por siempre pronto en nuestros días.
Serás magnificado y santificado en medio de Tu ciudad Jerusalém,
de generación en generación para siempre.
Que nuestros ojos contemplen Tu reinado, tal como fue expresado
en los cánticos de Tu esplendor, por medio de David Tu justo ungido:

La congregación y luego el oficiante:

▴"El SEÑOR reinará por siempre, tu Dios Sion, de generación en generación, *Sal. 146*
¡Aleluyá!

Oficiante:

De generación en generación declararemos Tu grandeza,
y por toda la eternidad proclamaremos Tu Santidad,
y Tu alabanza Dios nuestro no se apartará de nuestros labios jamás,
pues Tú eres el Rey grande y sagrado.
Bendito eres Tú SEÑOR, el Dios santo. / *En Shabat Shuvá:* el Rey santo./

El oficiante continúa en la siguiente página con "Moshé se regocijó".

מִי כָמוֹךָ, בַּעַל גְּבוּרוֹת, וּמִי דּוֹמֶה לָּךְ
מֶלֶךְ, מֵמִית וּמְחַיֶּה וּמַצְמִיחַ יְשׁוּעָה.

בשבת שובה: מִי כָמוֹךָ אַב הָרַחֲמִים, זוֹכֵר יְצוּרָיו לְחַיִּים בְּרַחֲמִים.

וְנֶאֱמָן אַתָּה לְהַחֲיוֹת מֵתִים. בָּרוּךְ אַתָּה יהוה, מְחַיֵּה הַמֵּתִים.

Durante el rezo en voz baja continúe en אַתָּה קָדוֹשׁ *en la página siguiente.*

קדושה

Durante la חזרת הש״ץ*, se recita aquí de pie el siguiente pasaje.*
En los sitios marcados con ˄ *quien reza debe elevarse levemente en puntas de pie.*

El קהל *y luego el* שליח ציבור*:*

נְקַדֵּשׁ אֶת שִׁמְךָ בָּעוֹלָם, כְּשֵׁם שֶׁמַּקְדִּישִׁים אוֹתוֹ בִּשְׁמֵי מָרוֹם
כַּכָּתוּב עַל יַד נְבִיאֶךָ: וְקָרָא זֶה אֶל־זֶה וְאָמַר — ישעיה ו

El קהל *y luego el* שליח ציבור*:*

˄קָדוֹשׁ, ˄קָדוֹשׁ, ˄קָדוֹשׁ, יהוה צְבָאוֹת, מְלֹא כָל־הָאָרֶץ כְּבוֹדוֹ:
אָז בְּקוֹל רַעַשׁ גָּדוֹל אַדִּיר וְחָזָק, מַשְׁמִיעִים קוֹל
מִתְנַשְּׂאִים לְעֻמַּת שְׂרָפִים, לְעֻמָּתָם בָּרוּךְ יֹאמֵרוּ

El קהל *y luego el* שליח ציבור*:*

˄בָּרוּךְ כְּבוֹד־יהוה מִמְּקוֹמוֹ: — יחזקאל ג
מִמְּקוֹמְךָ מַלְכֵּנוּ תוֹפִיעַ וְתִמְלֹךְ עָלֵינוּ, כִּי מְחַכִּים אֲנַחְנוּ לָךְ
מָתַי תִּמְלֹךְ בְּצִיּוֹן, בְּקָרוֹב בְּיָמֵינוּ לְעוֹלָם וָעֶד תִּשְׁכֹּן
תִּתְגַּדַּל וְתִתְקַדַּשׁ בְּתוֹךְ יְרוּשָׁלַיִם עִירְךָ, לְדוֹר וָדוֹר וּלְנֵצַח נְצָחִים.
וְעֵינֵינוּ תִרְאֶינָה מַלְכוּתֶךָ
כַּדָּבָר הָאָמוּר בְּשִׁירֵי עֻזֶּךָ, עַל יְדֵי דָוִד מְשִׁיחַ צִדְקֶךָ

El קהל *y luego el* שליח ציבור*:*

˄יִמְלֹךְ יהוה לְעוֹלָם, אֱלֹהַיִךְ צִיּוֹן לְדֹר וָדֹר, הַלְלוּיָהּ: — תהלים קמו

שליח ציבור*:*

לְדוֹר וָדוֹר נַגִּיד גָּדְלֶךָ, וּלְנֵצַח נְצָחִים קְדֻשָּׁתְךָ נַקְדִּישׁ
וְשִׁבְחֲךָ אֱלֹהֵינוּ מִפִּינוּ לֹא יָמוּשׁ לְעוֹלָם וָעֶד
כִּי אֵל מֶלֶךְ גָּדוֹל וְקָדוֹשׁ אָתָּה.
בָּרוּךְ אַתָּה יהוה, הָאֵל הַקָּדוֹשׁ./ בשבת שובה: הַמֶּלֶךְ הַקָּדוֹשׁ./

El שליח ציבור *continúa en la siguiente página con* יִשְׂמַח מֹשֶׁה*.*

SANTIDAD

אַתָּה קָדוֹשׁ Tú eres santo y Tu Nombre es santo,
y los santos Te alaban a diario, ¡Sela!
Bendito eres Tú Señor,
el Dios santo. / *En Shabat Shuvá:* el Rey santo./
(*En caso de olvido se repite la Amidá*).

SANTIDAD DEL DÍA

יִשְׂמַח Moshé se regocijó por el obsequio que recibió,
cuando Tú lo denominaste "fiel servidor".
Colocaste en su cabeza una corona de gloria
cuando estuvo parado ante Tí en el Monte Sinaí.
El bajó consigo las dos tablas de piedra en sus manos,
en las que está escrita la observancia del Shabat.
Y así está escrito en Tu Torá:

וְשָׁמְרוּ Habrán de guardar los hijos de Israel el Shabat, *Éx. 31*
para observar el Shabat por sus generaciones,
por Pacto eterno.
Entre Mí y los hijos de Israel es un signo para la eternidad.
Ya que en seis días el Señor hizo los cielos y la tierra,
mas en el día séptimo cesó de toda labor y reposó.

יִשְׂמַח מֹשֶׁה *Moshé se regocijó:* Tal como explicamos en el comentario del viernes por la noche la bendición central del rezo de Shabat tanto por la noche, la mañana como por la tarde es diferente conformando una estructura de tres movimientos. Esto puede ser entendido de tres maneras: (1) en términos de la fe judía, se corresponden con la Creación, la Revelación y la Redención; (2) desde el punto de vista de las eras se corresponde con Shabat en el pasado, en el presente y en el futuro; y (3) en términos de una boda, con sus tres partes: el compromiso, el casamiento (signado por la alegría, "*simjá*") y el ijud, esto es la unión del novio con la novia. La bendición del Shabat por la mañana se acota a los tres patrones mencionados. Habla de revelación – Moshé bajando las tablas de piedra del Monte Sinaí, respecto del tiempo presente – los hijos de Israel "guardan el Shabat por todas las generaciones"; y habla de regocijo – "Moshé se regocijó".

קדושת השם

אַתָּה קָדוֹשׁ וְשִׁמְךָ קָדוֹשׁ, וּקְדוֹשִׁים בְּכָל יוֹם יְהַלְלוּךָ סֶּלָה.
בָּרוּךְ אַתָּה יהוה, הָאֵל הַקָּדוֹשׁ. /בשבת שובה: הַמֶּלֶךְ הַקָּדוֹשׁ./

(*En caso de olvido se repite la* עמידה.)

קדושת היום

יִשְׂמַח מֹשֶׁה בְּמַתְּנַת חֶלְקוֹ
כִּי עֶבֶד נֶאֱמָן קָרֵאתָ לּוֹ
כְּלִיל תִּפְאֶרֶת בְּרֹאשׁוֹ נָתַתָּ לּוֹ
בְּעָמְדוֹ לְפָנֶיךָ עַל הַר סִינַי, וּשְׁנֵי לוּחוֹת אֲבָנִים הוֹרִיד בְּיָדוֹ
וְכָתוּב בָּהֶם שְׁמִירַת שַׁבָּת
וְכֵן כָּתוּב בְּתוֹרָתֶךָ

וְשָׁמְרוּ בְנֵי־יִשְׂרָאֵל אֶת־הַשַּׁבָּת שמות לא
לַעֲשׂוֹת אֶת־הַשַּׁבָּת לְדֹרֹתָם בְּרִית עוֹלָם:
בֵּינִי וּבֵין בְּנֵי יִשְׂרָאֵל אוֹת הִוא לְעֹלָם
כִּי־שֵׁשֶׁת יָמִים עָשָׂה יהוה אֶת־הַשָּׁמַיִם וְאֶת־הָאָרֶץ
וּבַיּוֹם הַשְּׁבִיעִי שָׁבַת וַיִּנָּפַשׁ:

קדושה *Kedushá* (página anterior): Al igual que en los días de semana, el corazón de la Kedushá está conformado por dos frases pronunciadas por los ángeles en las visiones místicas de Isaías (Santo, Santo, Santo) y Ezequiel ("Bendita es la gloria del Señor desde Su sitial") junto con la frase de los Salmos ("El Señor reinará por siempre"). Sin embargo, los pasajes que conectan entre los diferentes versículos son más extensos que en los días de semana.

La *Kedushá* es el momento místico supremo del rezo y probablemente tiene su origen en los círculos místicos de antaño. Es tan sagrada que en la tierra de Israel hasta los días de los gueonitas se recitaba solamente una vez a la semana los Shabat por la mañana. Sin embargo, en Babilonia era recitada en cada repetición de la Amidá por parte del oficiante. Durante el recitado nos mantenemos parados con los pies juntos, poniéndonos en puntas de pie al pronunciar determinadas palabras tal como si fuésemos ángeles que procuran elevarse.

וְלֹא Y no se lo otorgaste Señor, nuestro Dios,
a las naciones de la tierra,
ni lo heredaste Rey nuestro a los que rinden culto a ídolos.
En su descanso no habitarán los incircuncisos,
pues Tú lo entregaste con amor a Tu pueblo Israel,
a la simiente de Ya'akov la cual escogiste.
El pueblo que santifica el séptimo día
encuentre satisfacción y deleite de Tu bondad,
pues Tú viste con favor el séptimo día y lo santificaste,
llamándolo el más preciado de los días, recordatorio de la Creación.

אֱלֹהֵינוּ Dios nuestro y de nuestros ancestros,
complácete en nuestro descanso.
Santifícanos con Tus preceptos y danos nuestra porción en Tu Torá.
Sácianos de Tu bondad y regocíjanos con Tu salvación
y purifica nuestros corazones para que Te sirvamos con la verdad.
Léganos Señor, nuestro Dios,
con amor y favor porción en Tu sagrado Shabat,
tal que reposen en él los hijos de Israel que santifican Tu Nombre.
Bendito eres Tú Señor, que santifica el Shabat.

EL SERVICIO DEL TEMPLO

רְצֵה Acepta con benevolencia Señor, nuestro Dios,
a Tu pueblo Israel y sus plegarias.
Restaura el servicio en Tu más sagrada casa
y acepta favorable y amorosamente
las ofrendas ígneas de Israel y sus rezos.
Que siempre recibas con agrado el servicio de Tu pueblo Israel.

En Rosh Jodesh y en Jol HaMo'ed se dice:

אֱלֹהֵינוּ Dios nuestro y de nuestros ancestros, que ascienda, acuda y llegue; sea visible, sea aceptada, sea escuchada, sea considerada y sea recordada delante de Ti nuestra memoria y la de nuestros patriarcas, y la del Mashíaj hijo de David Tu siervo, y la memoria de Jerusalém

---

cual Dios será el Soberano sobre toda la tierra. Sin embargo, la Revelación es particular – el pacto único de amor entre Dios y Su pueblo – de aquí

וְלֹא נְתַתּוֹ, יהוה אֱלֹהֵינוּ, לְגוֹיֵי הָאֲרָצוֹת
וְלֹא הִנְחַלְתּוֹ, מַלְכֵּנוּ, לְעוֹבְדֵי פְסִילִים
וְגַם בִּמְנוּחָתוֹ לֹא יִשְׁכְּנוּ עֲרֵלִים
כִּי לְיִשְׂרָאֵל עַמְּךָ נְתַתּוֹ בְּאַהֲבָה, לְזֶרַע יַעֲקֹב אֲשֶׁר בָּם בָּחָרְתָּ.
עַם מְקַדְּשֵׁי שְׁבִיעִי
כֻּלָּם יִשְׂבְּעוּ וְיִתְעַנְּגוּ מִטּוּבֶךָ, וּבַשְּׁבִיעִי רָצִיתָ בּוֹ וְקִדַּשְׁתּוֹ
חֶמְדַּת יָמִים אוֹתוֹ קָרָאתָ, זֵכֶר לְמַעֲשֵׂה בְרֵאשִׁית.

אֱלֹהֵינוּ וֵאלֹהֵי אֲבוֹתֵינוּ, רְצֵה בִמְנוּחָתֵנוּ
קַדְּשֵׁנוּ בְּמִצְוֹתֶיךָ וְתֵן חֶלְקֵנוּ בְּתוֹרָתֶךָ
שַׂבְּעֵנוּ מִטּוּבֶךָ וְשַׂמְּחֵנוּ בִּישׁוּעָתֶךָ
וְטַהֵר לִבֵּנוּ לְעָבְדְּךָ בֶּאֱמֶת
וְהַנְחִילֵנוּ, יהוה אֱלֹהֵינוּ, בְּאַהֲבָה וּבְרָצוֹן שַׁבַּת קָדְשֶׁךָ
וְיָנוּחוּ בוֹ יִשְׂרָאֵל מְקַדְּשֵׁי שְׁמֶךָ.
בָּרוּךְ אַתָּה יהוה, מְקַדֵּשׁ הַשַּׁבָּת.

עבודה

רְצֵה יהוה אֱלֹהֵינוּ בְּעַמְּךָ יִשְׂרָאֵל, וּבִתְפִלָּתָם
וְהָשֵׁב אֶת הָעֲבוֹדָה לִדְבִיר בֵּיתֶךָ
וְאִשֵּׁי יִשְׂרָאֵל וּתְפִלָּתָם בְּאַהֲבָה תְקַבֵּל בְּרָצוֹן
וּתְהִי לְרָצוֹן תָּמִיד עֲבוֹדַת יִשְׂרָאֵל עַמֶּךָ.

En ראש חודש *y en* חול המועד *se dice:*

אֱלֹהֵינוּ וֵאלֹהֵי אֲבוֹתֵינוּ, יַעֲלֶה וְיָבוֹא וְיַגִּיעַ, וְיֵרָאֶה וְיֵרָצֶה וְיִשָּׁמַע, וְיִפָּקֵד וְיִזָּכֵר זִכְרוֹנֵנוּ וּפִקְדוֹנֵנוּ וְזִכְרוֹן אֲבוֹתֵינוּ, וְזִכְרוֹן מָשִׁיחַ בֶּן דָּוִד

וְלֹא נְתַתּוֹ *Y no se lo otorgaste SEÑOR, nuestro Dios, a las naciones de la tierra:* La Creación es universal e igualmente lo es la Redención, el tiempo en el

Tu ciudad sagrada y la de todo Tu pueblo de Israel – para liberación y bienestar, gracia, benevolencia y compasión, vida y paz en este día de:

En Rosh Jodesh: Rosh Jodesh

En Pesaj: Fiesta de las Matzot / *En Sucot:* Fiesta de Sucot

Recuérdanos Señor, nuestro Dios para bien, tennos presentes para bendición y redímenos para la vida. Apiádate de nosotros y agrácianos, ten compasión de nosotros y redímenos de acuerdo con Tu promesa de salvación; pues nuestros ojos están puestos en Ti ya que Tú Dios, eres un Rey benevolente y compasivo.

וְתֶחֱזֶינָה Que nuestros ojos contemplen
Tu retorno a Sion con compasión.
Bendito eres Tú Señor, que restaura Su presencia en Sion.

AGRADECIMIENTO

Inclinarse al recitar las primeras seis palabras.

מוֹדִים Te agradecemos a Ti,
pues eres el Señor, Dios nuestro
y de nuestros ancestros por siempre.
Eres nuestra Roca
y la de nuestra existencia,
Escudo de nuestra salvación
de generación en generación.
Te agradeceremos, y relataremos
Tu alabanza por nuestras vidas
que están depositadas en Tus manos,
por nuestras almas que están a Tu cargo,
por Tus milagros para con nosotros
a diario, y las bondades y maravillas
que nos prodigas en todo momento,
noche, mañana y tarde.
El Benevolente,
pues Tu compasión nunca concluye,
Tú eres compasivo,
pues no cesan Tus bondades. Siempre
hemos depositado
nuestra esperanza en Ti.

Durante la repetición del oficiante la congregación dice en silencio:

מוֹדִים Te agradecemos a Ti,
pues eres el Señor,
Dios nuestro
y de nuestros ancestros,
Dios de toda carne, Formador
nuestro y del universo.
Bendiciones
y agradecimientos
a Tu Nombre grandioso
y sagrado,
por habernos preservado
con vida y mantenido.
De igual forma, danos vida,
sostén y reúne a Tus exiliados
en Tu patio sagrado, para que
cumplan con Tus leyes
y hagan Tu voluntad
con integridad de corazón,
por ello nos
corresponde agradecerte.
Bendito es el Dios
a Quien debemos agradecer.

עֲבְדֶּךָ, וְזִכְרוֹן יְרוּשָׁלַיִם עִיר קָדְשֶׁךָ, וְזִכְרוֹן כָּל עַמְּךָ בֵּית יִשְׂרָאֵל, לְפָנֶיךָ, לִפְלֵיטָה לְטוֹבָה, לְחֵן וּלְחֶסֶד וּלְרַחֲמִים, לְחַיִּים וּלְשָׁלוֹם בְּיוֹם
בראש חודש: רֹאשׁ הַחֹדֶשׁ / בפסח: חַג הַמַּצּוֹת / בסוכות: חַג הַסֻּכּוֹת
הַזֶּה. זָכְרֵנוּ יהוה אֱלֹהֵינוּ בּוֹ לְטוֹבָה, וּפָקְדֵנוּ בוֹ לִבְרָכָה, וְהוֹשִׁיעֵנוּ בוֹ לְחַיִּים. וּבִדְבַר יְשׁוּעָה וְרַחֲמִים, חוּס וְחָנֵּנוּ וְרַחֵם עָלֵינוּ וְהוֹשִׁיעֵנוּ, כִּי אֵלֶיךָ עֵינֵינוּ, כִּי אֵל מֶלֶךְ חַנּוּן וְרַחוּם אָתָּה.

וְתֶחֱזֶינָה עֵינֵינוּ בְּשׁוּבְךָ לְצִיּוֹן בְּרַחֲמִים.
בָּרוּךְ אַתָּה יהוה, הַמַּחֲזִיר שְׁכִינָתוֹ לְצִיּוֹן.

הודאה

Inclinarse al recitar las primeras cinco palabras.

מוֹדִים אֲנַחְנוּ לָךְ
שָׁאַתָּה הוּא יהוה אֱלֹהֵינוּ
וֵאלֹהֵי אֲבוֹתֵינוּ לְעוֹלָם וָעֶד.
צוּר חַיֵּינוּ, מָגֵן יִשְׁעֵנוּ
אַתָּה הוּא לְדוֹר וָדוֹר.
נוֹדֶה לְּךָ וּנְסַפֵּר תְּהִלָּתֶךָ
עַל חַיֵּינוּ הַמְּסוּרִים בְּיָדֶךָ
וְעַל נִשְׁמוֹתֵינוּ הַפְּקוּדוֹת לָךְ
וְעַל נִסֶּיךָ שֶׁבְּכָל יוֹם עִמָּנוּ
וְעַל נִפְלְאוֹתֶיךָ וְטוֹבוֹתֶיךָ
שֶׁבְּכָל עֵת, עֶרֶב וָבֹקֶר וְצָהֳרָיִם.
הַטּוֹב, כִּי לֹא כָלוּ רַחֲמֶיךָ
וְהַמְרַחֵם, כִּי לֹא תַמּוּ חֲסָדֶיךָ
מֵעוֹלָם קִוִּינוּ לָךְ.

Durante la חזרת הש״ץ *el* קהל *dice en silencio:*

מוֹדִים אֲנַחְנוּ לָךְ
שָׁאַתָּה הוּא יהוה אֱלֹהֵינוּ
וֵאלֹהֵי אֲבוֹתֵינוּ
אֱלֹהֵי כָל בָּשָׂר
יוֹצְרֵנוּ, יוֹצֵר בְּרֵאשִׁית.
בְּרָכוֹת וְהוֹדָאוֹת
לְשִׁמְךָ הַגָּדוֹל וְהַקָּדוֹשׁ
עַל שֶׁהֶחֱיִיתָנוּ וְקִיַּמְתָּנוּ.
כֵּן תְּחַיֵּנוּ וּתְקַיְּמֵנוּ
וְתֶאֱסֹף גָּלֻיּוֹתֵינוּ
לְחַצְרוֹת קָדְשֶׁךָ
לִשְׁמֹר חֻקֶּיךָ וְלַעֲשׂוֹת רְצוֹנֶךָ
וּלְעָבְדְּךָ בְּלֵבָב שָׁלֵם
עַל שֶׁאֲנַחְנוּ מוֹדִים לָךְ.
בָּרוּךְ אֵל הַהוֹדָאוֹת.

---

el énfasis en la naturaleza especial del vínculo entre el Shabat y el pueblo de Israel.

En Janucá:

עַל הַנִּסִּים (Te agradecemos también) por los milagros, la redención, los actos poderosos, las salvaciones y las victorias en las batallas que Tú llevaste a cabo en favor de nuestros ancestros en aquellos días en este tiempo.

בִּימֵי מַתִּתְיָהוּ En los días de Matitiahu hijo de Yojanán, el Sumo Sacerdote, el jasmoneo y sus hijos, el malvado reino griego se levantó contra Tu pueblo Israel para hacerles olvidar Tu Torá y forzarlos a transgredir los estatutos de Tu voluntad. Y Tú, con gran compasión, estuviste junto a ellos en el tiempo de su desgracia, luchaste por su causa, juzgaste su reclamo y vengaste su opresión. Entregaste fuertes en manos de débiles, muchos en manos de pocos, impuros en manos de puros, malvados en manos de justos, arrogantes en manos de estudiosos de Tu Torá. Hiciste para Ti un Nombre Grande y Sagrado en Tu mundo, y a Tu pueblo Israel diste gran redención y salvación en un día como este. Luego, Tus hijos ingresaron a Tu recinto sagrado, limpiaron Tu Templo, purificaron Tu santuario, encendieron velas en Tus cortes y establecieron estos ocho días de Janucá para agradecerte y alabar a Tu gran Nombre. *Continúa con "Por todo esto"*

En Shushan Purim en Jerusalém:

עַל הַנִּסִּים (Te agradecemos también) por los milagros, la redención, los actos poderosos, las salvaciones y las victorias en las batallas que Tú llevaste a cabo en favor de nuestros ancestros en aquellos días en este tiempo.

בִּימֵי מָרְדְּכַי En los días de Mordejai y Ester, en la ciudad capital de Shushán,
el malvado Amán se alzó contra Tu pueblo procurando destruir, matar y *Est. 3*
exterminar a todos los judíos, jóvenes y mayores, niños y mujeres en un solo día, el trece del duodécimo mes que es el mes de Adar y saquear sus posesiones. Entonces Tú, con gran compasión desbarataste su plan, arruinaste su proyecto y le retribuiste por su maldad haciéndolo colgar junto a sus hijos de un cadalso. *Continúa con "Por todo esto"*

וְעַל כֻּלָּם Por todo esto, Rey nuestro, que Tu Nombre
sea bendecido y exaltado por siempre.

En Shabat Shuvá: E inscribe a todos los hijos de Tu pacto
para una buena vida.

Que todos los seres vivos Te agradezcan, ¡Sela!,
y alaben Tu Nombre de verdad,
Dios de nuestra redención y nuestro socorro, ¡Sela!
▾Bendito eres Tú Señor,
Tu Nombre es "Bueno" y a Ti corresponde agradecer.

בחנוכה:

עַל הַנִּסִּים וְעַל הַפֻּרְקָן וְעַל הַגְּבוּרוֹת וְעַל הַתְּשׁוּעוֹת וְעַל הַמִּלְחָמוֹת שֶׁעָשִׂיתָ לַאֲבוֹתֵינוּ בַּיָּמִים הָהֵם בַּזְּמַן הַזֶּה.

בִּימֵי מַתִּתְיָהוּ בֶּן יוֹחָנָן כֹּהֵן גָּדוֹל חַשְׁמוֹנַאי וּבָנָיו, כְּשֶׁעָמְדָה מַלְכוּת יָוָן הָרְשָׁעָה עַל עַמְּךָ יִשְׂרָאֵל לְהַשְׁכִּיחָם תּוֹרָתֶךָ וּלְהַעֲבִירָם מֵחֻקֵּי רְצוֹנֶךָ, וְאַתָּה בְּרַחֲמֶיךָ הָרַבִּים עָמַדְתָּ לָהֶם בְּעֵת צָרָתָם, רַבְתָּ אֶת רִיבָם, דַּנְתָּ אֶת דִּינָם, נָקַמְתָּ אֶת נִקְמָתָם, מָסַרְתָּ גִבּוֹרִים בְּיַד חַלָּשִׁים, וְרַבִּים בְּיַד מְעַטִּים, וּטְמֵאִים בְּיַד טְהוֹרִים, וּרְשָׁעִים בְּיַד צַדִּיקִים, וְזֵדִים בְּיַד עוֹסְקֵי תוֹרָתֶךָ, וּלְךָ עָשִׂיתָ שֵׁם גָּדוֹל וְקָדוֹשׁ בְּעוֹלָמֶךָ, וּלְעַמְּךָ יִשְׂרָאֵל עָשִׂיתָ תְּשׁוּעָה גְדוֹלָה וּפֻרְקָן כְּהַיּוֹם הַזֶּה. וְאַחַר כֵּן בָּאוּ בָנֶיךָ לִדְבִיר בֵּיתֶךָ, וּפִנּוּ אֶת הֵיכָלֶךָ, וְטִהֲרוּ אֶת מִקְדָּשֶׁךָ, וְהִדְלִיקוּ נֵרוֹת בְּחַצְרוֹת קָדְשֶׁךָ, וְקָבְעוּ שְׁמוֹנַת יְמֵי חֲנֻכָּה אֵלּוּ, לְהוֹדוֹת וּלְהַלֵּל לְשִׁמְךָ הַגָּדוֹל.

Continúa con וְעַל כֻּלָּם.

בשושן פורים בירושלים:

עַל הַנִּסִּים וְעַל הַפֻּרְקָן וְעַל הַגְּבוּרוֹת וְעַל הַתְּשׁוּעוֹת וְעַל הַמִּלְחָמוֹת שֶׁעָשִׂיתָ לַאֲבוֹתֵינוּ בַּיָּמִים הָהֵם בַּזְּמַן הַזֶּה.

בִּימֵי מָרְדְּכַי וְאֶסְתֵּר בְּשׁוּשַׁן הַבִּירָה, כְּשֶׁעָמַד עֲלֵיהֶם הָמָן הָרָשָׁע, בִּקֵּשׁ לְהַשְׁמִיד לַהֲרֹג וּלְאַבֵּד אֶת־כָּל־הַיְּהוּדִים מִנַּעַר וְעַד־זָקֵן טַף וְנָשִׁים בְּיוֹם אֶחָד, בִּשְׁלוֹשָׁה עָשָׂר לְחֹדֶשׁ שְׁנֵים־עָשָׂר, הוּא־חֹדֶשׁ אֲדָר, וּשְׁלָלָם לָבוֹז: (אסתר ג) וְאַתָּה בְּרַחֲמֶיךָ הָרַבִּים הֵפַרְתָּ אֶת עֲצָתוֹ, וְקִלְקַלְתָּ אֶת מַחֲשַׁבְתּוֹ, וַהֲשֵׁבוֹתָ לּוֹ גְּמוּלוֹ בְּרֹאשׁוֹ, וְתָלוּ אוֹתוֹ וְאֶת בָּנָיו עַל הָעֵץ.

Continúa con וְעַל כֻּלָּם.

וְעַל כֻּלָּם יִתְבָּרַךְ וְיִתְרוֹמַם שִׁמְךָ מַלְכֵּנוּ תָּמִיד לְעוֹלָם וָעֶד.

בשבת שובה: וּכְתֹב לְחַיִּים טוֹבִים כָּל בְּנֵי בְרִיתֶךָ.

וְכֹל הַחַיִּים יוֹדְוּךָ סֶּלָה, וִיהַלְלוּ אֶת שִׁמְךָ בֶּאֱמֶת הָאֵל יְשׁוּעָתֵנוּ וְעֶזְרָתֵנוּ סֶלָה.

בָּרוּךְ אַתָּה יהוה, הַטּוֹב שִׁמְךָ וּלְךָ נָאֶה לְהוֹדוֹת.

El siguiente pasaje es recitado por el oficiante durante la repetición de la Amidá. En Israel, si los cohanim bendicen a la congregación pasar a la página 874. Ver leyes 370–377.

Dios nuestro y de nuestros ancestros, bendícenos con la triple bendición de la Torá, escrita por la mano de Tu siervo Moshé y pronunciada por Aharón y sus hijos los cohanim, Tu pueblo consagrado, como fue dicho:

El Señor te bendiga y te guarde. *Núm. 6*

Congregación: Que así sea Tu voluntad.

El Señor te ilumine con Su Presencia y te agracie.

Congregación: Que así sea Tu voluntad.

El Señor dirija Su Presencia hacia ti y te conceda la paz.

Congregación: Que así sea Tu voluntad.

PAZ

שִׂים שָׁלוֹם Instaura paz, bien y bendición,
gracia, benevolencia y compasión sobre nosotros
y todo Tu pueblo Israel.
Bendícenos Padre nuestro, a todos nosotros como uno,
con la luz de Tu Semblante, pues en la luz de Tu Semblante
nos has dado Señor, nuestro Dios,
una Torá de vida y amor a la benevolencia,
justicia, bendición, compasión, vida y paz.
Que ante Tus ojos sea bueno bendecir a todo Tu pueblo Israel,
en todo momento, a toda hora, con Tu paz.

En Shabat Shuvá: Que seamos recordados e inscritos nosotros
y todo Tu pueblo la casa de Israel en el libro
de la vida, la bendición, la paz y la prosperidad
para una buena vida y para la paz.*

Bendito eres Tú Señor, que bendice a Su pueblo Israel con la paz.

**Fuera de Israel, en Shabat Shuvá algunos acostumbran finalizar esta bendición de la siguiente forma:*
Bendito eres Tú Señor, que hace la paz.

El siguiente versículo finaliza la repetición de la Amidá por parte del oficiante. Algunos lo recitan aquí, como parte de la Amidá en voz baja. Ver ley 368.

Que las palabras de mi boca y la meditación de mi corazón hallen favor ante Ti *Sal. 19*
Señor, mi Fortaleza y mi Redentor.

El siguiente pasaje es recitado por el שליח ציבור *durante la* חזרת הש״ץ. *En* ארץ ישראל, *si los* כהנים *bendicen a la congregación pasar a la página 875. Ver leyes 370–377.*

pasar a la página 875

אֱלֹהֵינוּ וֵאלֹהֵי אֲבוֹתֵינוּ, בָּרְכֵנוּ בַבְּרָכָה הַמְשֻׁלֶּשֶׁת בַּתּוֹרָה, הַכְּתוּבָה עַל יְדֵי מֹשֶׁה עַבְדֶּךָ, הָאֲמוּרָה מִפִּי אַהֲרֹן וּבָנָיו כֹּהֲנִים עַם קְדוֹשֶׁיךָ, כָּאָמוּר

במדבר ו

יְבָרֶכְךָ יהוה וְיִשְׁמְרֶךָ: קהל: כֵּן יְהִי רָצוֹן
יָאֵר יהוה פָּנָיו אֵלֶיךָ וִיחֻנֶּךָּ: קהל: כֵּן יְהִי רָצוֹן
יִשָּׂא יהוה פָּנָיו אֵלֶיךָ וְיָשֵׂם לְךָ שָׁלוֹם: קהל: כֵּן יְהִי רָצוֹן

ברכת שלום

שִׂים שָׁלוֹם טוֹבָה וּבְרָכָה
חֵן וָחֶסֶד וְרַחֲמִים
עָלֵינוּ וְעַל כָּל יִשְׂרָאֵל עַמֶּךָ.
בָּרְכֵנוּ אָבִינוּ כֻּלָּנוּ כְּאֶחָד בְּאוֹר פָּנֶיךָ
כִּי בְאוֹר פָּנֶיךָ נָתַתָּ לָּנוּ, יהוה אֱלֹהֵינוּ
תּוֹרַת חַיִּים וְאַהֲבַת חֶסֶד
וּצְדָקָה וּבְרָכָה וְרַחֲמִים וְחַיִּים וְשָׁלוֹם.
וְטוֹב בְּעֵינֶיךָ לְבָרֵךְ אֶת עַמְּךָ יִשְׂרָאֵל
בְּכָל עֵת וּבְכָל שָׁעָה בִּשְׁלוֹמֶךָ.

בשבת שובה: בְּסֵפֶר חַיִּים, בְּרָכָה וְשָׁלוֹם, וּפַרְנָסָה טוֹבָה
נִזָּכֵר וְנִכָּתֵב לְפָנֶיךָ, אֲנַחְנוּ וְכָל עַמְּךָ בֵּית יִשְׂרָאֵל
לְחַיִּים טוֹבִים וּלְשָׁלוֹם.*

בָּרוּךְ אַתָּה יהוה, הַמְבָרֵךְ אֶת עַמּוֹ יִשְׂרָאֵל בַּשָּׁלוֹם.

**En* חוץ לארץ, *en* שבת שובה *algunos acostumbran finalizar esta bendición de la siguiente forma:*

בָּרוּךְ אַתָּה יהוה, עוֹשֶׂה הַשָּׁלוֹם.

El siguiente versículo finaliza la חזרת הש״ץ *por parte del* שליח ציבור. *Algunos lo recitan aquí, como parte de la* עמידה *en voz baja. Ver ley 368.*

תהלים יט

יִהְיוּ לְרָצוֹן אִמְרֵי־פִי וְהֶגְיוֹן לִבִּי לְפָנֶיךָ, יהוה צוּרִי וְגֹאֲלִי:

אֱלֹהַי Dios mío, *Berajot 17A*
preserva mi lengua del mal y mis labios de pronunciar engaño.
Que mi alma calle ante quienes me maldicen,
y sea como el polvo para con todos.
Abre mi corazón a Tu Torá
y que mi alma persiga Tus preceptos.
Rápidamente deja sin efecto el consejo
y frustra los planes de quienes conspiran contra mí.
Actúa en pos de Tu Nombre,
actúa en pos de Tu diestra,
actúa en pos de Tu santidad,
actúa en pos de Tu Torá.
Para que Tus amados sean liberados, *Sal. 60*
redime con Tu diestra y respóndeme.
Que las palabras de mi boca y la meditación de mi corazón *Sal. 19*
hallen favor ante Ti Señor, mi Fortaleza y mi Redentor.

Inclinarse, dar tres pasos hacia atrás, entonces inclinarse primero hacia la izquierda y luego hacia la derecha, luego al centro, mientras se dice:

Quien obra la paz en Sus alturas,
haga la paz para nosotros y todo Israel y decid: Amén.

יְהִי רָצוֹן Sea Tu voluntad Señor, Dios nuestro y de nuestros ancestros
que el Templo sea reconstruido pronto en nuestros días,
que nos concedas nuestra porción en Tu Torá.
Allí Te serviremos con temor reverencial
como en los días de antaño y los años pretéritos.
Entonces las ofrendas de Yehudá y Jerusalém *Mal. 3*
agradarán al Señor como en los días de antaño y los años pretéritos.

En Rosh Jodesh, Jol HaMo'ed y en Janucá el rezo continúa con el recitado del Halel en la página 758.

---

en presencia de otros seres humanos. Pedimos ayuda para no responder inadecuadamente a quienes procuran nuestro perjuicio. "El camino del justo es sufrir humillaciones mas no infligirlas; escuchar cómo es insultado mas no responder" (*Yomá* 23A).

ברכות יז.

אֱלֹהַי

נְצֹר לְשׁוֹנִי מֵרָע, וּשְׂפָתַי מִדַּבֵּר מִרְמָה

וְלִמְקַלְלַי נַפְשִׁי תִדֹּם, וְנַפְשִׁי כֶּעָפָר לַכֹּל תִּהְיֶה.

פְּתַח לִבִּי בְּתוֹרָתֶךָ, וּבְמִצְוֹתֶיךָ תִּרְדֹּף נַפְשִׁי.

וְכָל הַחוֹשְׁבִים עָלַי רָעָה

מְהֵרָה הָפֵר עֲצָתָם וְקַלְקֵל מַחֲשַׁבְתָּם.

עֲשֵׂה לְמַעַן שְׁמֶךָ

עֲשֵׂה לְמַעַן יְמִינֶךָ

עֲשֵׂה לְמַעַן קְדֻשָּׁתֶךָ

עֲשֵׂה לְמַעַן תּוֹרָתֶךָ.

תהלים ס
לְמַעַן יֵחָלְצוּן יְדִידֶיךָ, הוֹשִׁיעָה יְמִינְךָ וַעֲנֵנִי:

תהלים יט
יִהְיוּ לְרָצוֹן אִמְרֵי־פִי וְהֶגְיוֹן לִבִּי לְפָנֶיךָ, יהוה צוּרִי וְגֹאֲלִי:

Inclinarse, dar tres pasos hacia atrás, entonces inclinarse primero hacia la izquierda y luego hacia la derecha, luego al centro, mientras se dice:

עֹשֶׂה שָׁלוֹם/ בשבת שובה: הַשָּׁלוֹם/ בִּמְרוֹמָיו

הוּא יַעֲשֶׂה שָׁלוֹם עָלֵינוּ וְעַל כָּל יִשְׂרָאֵל, וְאִמְרוּ אָמֵן.

יְהִי רָצוֹן מִלְּפָנֶיךָ יהוה אֱלֹהֵינוּ וֵאלֹהֵי אֲבוֹתֵינוּ

שֶׁיִּבָּנֶה בֵּית הַמִּקְדָּשׁ בִּמְהֵרָה בְיָמֵינוּ, וְתֵן חֶלְקֵנוּ בְּתוֹרָתֶךָ

וְשָׁם נַעֲבָדְךָ בְּיִרְאָה כִּימֵי עוֹלָם וּכְשָׁנִים קַדְמֹנִיּוֹת.

מלאכי ג
וְעָרְבָה לַיהוה מִנְחַת יְהוּדָה וִירוּשָׁלָםִ כִּימֵי עוֹלָם וּכְשָׁנִים קַדְמֹנִיּוֹת:

En ראש חודש, חול המועד *y en* חנוכה *el rezo continúa con el recitado del* הלל *en la página 759.*

אֱלֹהַי *Dios mío:* Se trata de una meditación individual compuesta por el erudito del siglo IV Mar hijo de Ravina que refleja hermosamente la meditación inicial "Señor, abre mis labios". Habiendo pedido a Dios que nos enseñe qué decir en Su Presencia, ahora le pedimos que nos enseñe qué evitar decir

KADISH COMPLETO

Oficiante: יִתְגַּדַּל Que Su Gran Nombre sea magnificado y santificado,
en el mundo que creó conforme a Su voluntad.
Que establezca Su reino
durante vuestra vida y en vuestros días
y en la vida de toda la casa de Israel,
pronto y rápidamente
y decid: Amén.

Todos: Que Su Gran Nombre sea bendito
por siempre y por toda la eternidad.

Oficiante: Sea bendecido, alabado, glorificado
y exaltado, encumbrado
y magnificado, enaltecido y ensalzado
el Nombre del Santo Bendito Él;
más allá de cualquier bendición,
cántico, alabanza y consolación
pronunciados en el mundo
y decid: Amén.

Que nuestras plegarias y las súplicas
de todo el pueblo de Israel
sean aceptadas por su Padre Celestial
y decid: Amén.

Que haya gran paz celestial
y vida para nosotros y para todo Israel
y decid: Amén.

Inclinarse, dar tres pasos hacia atrás como retirándose de la Divina Presencia, luego inclinarse primero hacia la izquierda, luego hacia la derecha y luego al centro mientras se dice:

Quien obra la paz en Sus alturas,
haga la paz
para nosotros y todo Israel
y decid: Amén.

קדיש שלם

ש״ץ: יִתְגַּדַּל וְיִתְקַדַּשׁ שְׁמֵהּ רַבָּא (קהל: אָמֵן)
בְּעָלְמָא דִּי בְרָא כִרְעוּתֵהּ
וְיַמְלִיךְ מַלְכוּתֵהּ
בְּחַיֵּיכוֹן וּבְיוֹמֵיכוֹן וּבְחַיֵּי דְכָל בֵּית יִשְׂרָאֵל
בַּעֲגָלָא וּבִזְמַן קָרִיב, וְאִמְרוּ אָמֵן. (קהל: אָמֵן)

קהל וש״ץ: יְהֵא שְׁמֵהּ רַבָּא מְבָרַךְ לְעָלַם וּלְעָלְמֵי עָלְמַיָּא.

ש״ץ: יִתְבָּרַךְ וְיִשְׁתַּבַּח וְיִתְפָּאַר
וְיִתְרוֹמַם וְיִתְנַשֵּׂא וְיִתְהַדָּר וְיִתְעַלֶּה וְיִתְהַלָּל
שְׁמֵהּ דְּקֻדְשָׁא בְּרִיךְ הוּא (קהל: בְּרִיךְ הוּא)
לְעֵלָּא מִן כָּל בִּרְכָתָא
/ בשבת שובה: לְעֵלָּא לְעֵלָּא מִכָּל בִּרְכָתָא/
וְשִׁירָתָא, תֻּשְׁבְּחָתָא וְנֶחֱמָתָא
דַּאֲמִירָן בְּעָלְמָא, וְאִמְרוּ אָמֵן. (קהל: אָמֵן)

תִּתְקַבַּל צְלוֹתְהוֹן וּבָעוּתְהוֹן דְּכָל יִשְׂרָאֵל
קֳדָם אֲבוּהוֹן דִּי בִשְׁמַיָּא, וְאִמְרוּ אָמֵן. (קהל: אָמֵן)

יְהֵא שְׁלָמָא רַבָּא מִן שְׁמַיָּא
וְחַיִּים, עָלֵינוּ וְעַל כָּל יִשְׂרָאֵל, וְאִמְרוּ אָמֵן. (קהל: אָמֵן)

Inclinarse, dar tres pasos hacia atrás como retirándose de la Divina Presencia, luego inclinarse primero hacia la izquierda, luego hacia la derecha y luego al centro mientras se dice:

עֹשֶׂה שָׁלוֹם/ בשבת שובה: הַשָּׁלוֹם/ בִּמְרוֹמָיו
הוּא יַעֲשֶׂה שָׁלוֹם
עָלֵינוּ וְעַל כָּל יִשְׂרָאֵל, וְאִמְרוּ אָמֵן. (קהל: אָמֵן)

EXTRACCIÓN DEL ROLLO DE LA TORÁ

אֵין־כָּמְוֹךָ No hay nadie como Tú entre los poderes celestiales Sal. 86
Señor, ni hay obra como la Tuya.
Tu reino es un reino por todos los tiempos Sal. 145
y Tu dominio por todas las generaciones.

El Señor reina, el Señor ha reinado,
el Señor reinará por toda la eternidad.
El Señor dará poder a Su pueblo, Sal. 29
el Señor bendecirá a Su pueblo con la paz.

Padre de la compasión,
ve con favor a Sion, reconstruye las murallas de Jerusalém. Sal. 51
Pues solamente en Ti hemos confiado, Rey
encumbrado y exaltado, Señor de los mundos.

Se abre el Arca Sagrada y la congregación se pone de pie. Todos dicen:

וַיְהִי בִּנְסֹעַ Cuando el Arca partía Moshé decía: Núm. 10
"Levántate Señor, y Tus enemigos se dispersarán,
huyan de delante de Ti todos quienes Te odian".
Pues desde Sion saldrá la Torá y la palabra del Señor de Jerusalém. Is. 2
Bendito es Él que en Su santidad entregó la Torá a Su pueblo Israel.

En Shabat se continúa con "Bendito es el Nombre" en la página 522.

Ezra, al reestablecer esta práctica, adicionó la lectura de Shabat por la tarde. Es así como desde sus primeros días, la sinagoga fue un sitio de estudio, así como también de rezo. Durante el período del Segundo Templo y en tiempos posteriores, la lectura de la Torá era acompañada de una traducción, versículo por versículo, al idioma arameo de uso popular en aquellos días. Con el correr del tiempo los actos de extraer el rollo de la Torá, así como el de devolverlo al Arca Sagrada se transformaron en instancias ceremoniales por derecho propio.

אֵין־כָּמְוֹךָ *No hay nadie como Tú entre los poderes celestiales:* Extracto de versículos y frases extraídos del libro de los Salmos. וַיְהִי בִּנְסֹעַ הָאָרֹן *Cuando el Arca partía*: Descripción del Arca durante la travesía de los israelitas en el desierto. El versículo paralelo "Cuando el Arca reposaba" se recita cuando se devuelve el rollo de la Torá al Arca Sagrada. De esa manera la extracción del rollo de la Torá del Arca y su devolución a la misma nos recuerdan al Arca del Pacto que acompañaba a los hijos de Israel por el desierto en los días de Moshé.

הוצאת ספר תורה

אֵין־כָּמְוֹךָ בָאֱלֹהִים, אֲדֹנָי, וְאֵין כְּמַעֲשֶׂיךָ: תהלים פו

מַלְכוּתְךָ מַלְכוּת כָּל־עֹלָמִים, וּמֶמְשַׁלְתְּךָ בְּכָל־דּוֹר וָדֹר: תהלים קמה

יהוה מֶלֶךְ, יהוה מָלָךְ, יהוה יִמְלֹךְ לְעֹלָם וָעֶד.

יהוה עֹז לְעַמּוֹ יִתֵּן, יהוה יְבָרֵךְ אֶת־עַמּוֹ בַשָּׁלוֹם: תהלים כט

אַב הָרַחֲמִים, הֵיטִיבָה בִרְצוֹנְךָ אֶת־צִיּוֹן תִּבְנֶה חוֹמוֹת יְרוּשָׁלָםִ: תהלים נא

כִּי בְךָ לְבַד בָּטָחְנוּ, מֶלֶךְ אֵל רָם וְנִשָּׂא, אֲדוֹן עוֹלָמִים.

Se abre el ארון קודש *y el* קהל *se pone de pie. Todos dicen:*

וַיְהִי בִּנְסֹעַ הָאָרֹן וַיֹּאמֶר מֹשֶׁה במדבר י

קוּמָה יהוה וְיָפֻצוּ אֹיְבֶיךָ וְיָנֻסוּ מְשַׂנְאֶיךָ מִפָּנֶיךָ:

כִּי מִצִּיּוֹן תֵּצֵא תוֹרָה וּדְבַר־יהוה מִירוּשָׁלָםִ: ישעיה ב

בָּרוּךְ שֶׁנָּתַן תּוֹרָה לְעַמּוֹ יִשְׂרָאֵל בִּקְדֻשָּׁתוֹ.

En שבת *se continúa con* בְּרִיךְ שְׁמֵהּ *en la página 523.*

LA LECTURA DE LA TORÁ

Desde la revelación del Monte Sinaí, el pueblo judío ha sido una nación definida por un libro: la Torá. Los libros de Moshé son más que literatura sagrada, son la constitución escrita de la Casa de Israel como nación bajo la soberanía de Dios, la base de su memoria colectiva, el registro de su pacto con Dios, el molde de su existencia como "reino de sacerdotes y nación sagrada", así como también la especificación detallada de la labor que está llamado a desempeñar: construir una sociedad sobre la base de la justicia, la compasión y la dignidad inalienable de la persona humana hecha a imagen de Dios. Así como la Torá es central para la vida judía, de igual manera la lectura de ésta es central en el servicio sinagogal.

El Tanaj registra diversos momentos clave de la historia judía cuando la reconstitución nacional fue acompañada de una lectura pública de la Torá, los más famosos casos fueron durante el reinado del Rey Josías (II Reyes cap. 23) y durante los días del Ezra el Escriba (Nehemías cap. 8). Según la tradición, Moshé ordenó que se lea la Torá pública y regularmente, una lectura prolongada los de Shabat por la mañana y lecturas más breves los lunes y los jueves.

En Yom Tov (salvo cuando cae en Shabat) y en Hoshaná Rabá se recitan los siguientes versículos tres veces:

יהוה Señor, Señor, compasivo y benevolente, *Éx. 34*
tardo en la ira, abundante en generosidad y verdad,
prodiga Su benevolencia por miles de generaciones, perdona la iniquidad,
la rebelión y el pecado y absuelve (a quienes retornan).

En Hoshaná Rabá continúa:

Amo del universo, concede mis pedidos para bien, satisfaz mi deseo y otorga mi pedido, perdóname por todas mis trasgresiones y las trasgresiones de los miembros de mi familia, danos Tu perdón benevolente y clemente, purifícanos de nuestros pecados, iniquidades y trasgresiones, recuérdanos con bien delante de Tí y tennos presentes en salvación y compasión. Recuérdanos para una vida buena y para la paz, para un buen vivir y sustento, que tengamos pan para comer y ropa para vestirnos, riqueza y honor, largos días para poder meditar sobre Tu Torá y cumplir sus preceptos, intelecto y entendimiento para comprender sus profundos secretos. Cura todas nuestras dolencias y bendice la obra de nuestras manos, dicta sobre nosotros sentencias benignas, salvaciones y consuelos y deja sin efecto sobre nosotros toda mala sentencia, y haz que el gobierno y sus consejeros (*En Israel se dice:* nuestro gobierno) sean favorables para con nosotros. Amén. Sea esta Tu voluntad.

En Yom Tov (salvo en Shabat) continúe insertando la frase apropiada entre paréntesis:

Amo del universo, concede los pedidos de mi corazón para bien, satisfaz mi deseo y otorga mi pedido y dame el mérito a mí (*nombre*, hijo/hija de *nombre de su padre*), (y a mi esposa/marido mis hijos y mis hijas) y a todos los miembros de mi familia de poder cumplir con Tu voluntad con corazón íntegro, sálvanos de la inclinación al mal, danos nuestra porción en Tu Torá, haznos meritorios de que Tu Divina Presencia resida entre nosotros, manifiesta sobre nosotros espíritu de sabiduría y entendimiento, tal que se cumpla en nosotros
el versículo: "Y reposará sobre él el espíritu del *Is. 11*
Señor, espíritu de sabiduría y entendimiento, espíritu de consejo y superación, espíritu de conocimiento y de temor reverencial al Señor". Por ello, sea Tu voluntad Señor, Dios nuestro y de nuestros ancestros, que nos hagas meritorios de realizar actos buenos a Tus ojos y andar delante de Ti por sendas rectas, santifícanos con Tu Santidad para que gocemos de una vida buena y prolongada, que seamos meritorios de la vida en el Mundo Venidero, y nos mantengas a salvo de malas acciones y de malos momentos que amenazan generar caos en
el mundo, pues todo aquél que confía en el Señor *Sal. 32*
está rodeado de benevolencia y gracia. Amén.

יִהְיוּ Que las palabras de mi boca y la meditación de mi corazón *Sal. 19*
hallen favor ante Ti Señor, mi Fortaleza y mi Redentor.

Recitar tres veces el siguiente versículo:

וַאֲנִי En cuanto a mí, que mi plegaria llegue a Ti Señor, *Sal. 69*
en un momento de Voluntad.
Dios, en Tu grande y amorosa benevolencia
respóndeme con la verdad de Tu salvación.

---

cuando estos dos momentos coinciden recitamos una plegaria especial para que Dios bendiga nuestras vidas y las de nuestra familia, que tengamos un

En יום טוב *(salvo cuando cae en* שבת*) y en* הושענא רבה *se recitan los siguientes versículos tres veces:*

שמות לד **יהוה, יהוה, אֵל רַחוּם וְחַנּוּן, אֶרֶךְ אַפַּיִם וְרַב־חֶסֶד וֶאֱמֶת:**
נֹצֵר חֶסֶד לָאֲלָפִים, נֹשֵׂא עָוֹן וָפֶשַׁע וְחַטָּאָה, וְנַקֵּה:

En הושענא רבה *continúa:*

רִבּוֹנוֹ שֶׁל עוֹלָם, מַלֵּא מִשְׁאֲלוֹתַי לְטוֹבָה, וְהָפֵק רְצוֹנִי וְתֵן שְׁאֵלָתִי, וּמְחֹל לִי עַל כָּל עֲוֹנוֹתַי וְעַל כָּל עֲוֹנוֹת אַנְשֵׁי בֵיתִי, מְחִילָה בְּחֶסֶד מְחִילָה בְּרַחֲמִים, וְטַהֲרֵנוּ מֵחֲטָאֵינוּ וּמֵעֲוֹנוֹתֵינוּ וּמִפְּשָׁעֵינוּ, וְזָכְרֵנוּ בְּזִכָּרוֹן טוֹב לְפָנֶיךָ, וּפָקְדֵנוּ בִּפְקֻדַּת יְשׁוּעָה וְרַחֲמִים. וְזָכְרֵנוּ לְחַיִּים טוֹבִים וּלְשָׁלוֹם, וּפַרְנָסָה וְכַלְכָּלָה, וְלֶחֶם לֶאֱכֹל וּבֶגֶד לִלְבֹּשׁ, וְעֹשֶׁר וְכָבוֹד, וְאֹרֶךְ יָמִים לַהֲגוֹת בְּתוֹרָתֶךָ וּלְקַיֵּם מִצְוֹתֶיהָ, וְשֵׂכֶל וּבִינָה לְהָבִין וּלְהַשְׂכִּיל עִמְקֵי סוֹדוֹתֶיהָ. וְהָפֵק רְפוּאָה לְכָל מַכְאוֹבֵינוּ, וּבָרֵךְ כָּל מַעֲשֵׂה יָדֵינוּ, וּגְזֹר עָלֵינוּ גְּזֵרוֹת טוֹבוֹת יְשׁוּעוֹת וְנֶחָמוֹת, וּבַטֵּל מֵעָלֵינוּ כָּל גְּזֵרוֹת קָשׁוֹת וְרָעוֹת, וְתֵן בְּלֵב הַמַּלְכוּת וְיוֹעֲצֶיהָ וְשָׂרֶיהָ / בארץ ישראל: וְתֵן בְּלֵב שָׂרֵינוּ וְיוֹעֲצֵיהֶם/ עָלֵינוּ לְטוֹבָה. אָמֵן וְכֵן יְהִי רָצוֹן.

En יום טוב *(salvo en* שבת*) continúe insertando la frase apropiada entre paréntesis:*

רִבּוֹנוֹ שֶׁל עוֹלָם, מַלֵּא מִשְׁאֲלוֹת לִבִּי לְטוֹבָה, וְהָפֵק רְצוֹנִי וְתֵן שְׁאֵלָתִי, וְזַכֵּה לִי (פלוני(ת) בֶּן/בַּת פלוני) (וְאִשְׁתִּי/בַּעֲלִי וּבָנַי וּבְנוֹתַי) וְכָל בְּנֵי בֵיתִי, לַעֲשׂוֹת רְצוֹנְךָ בְּלֵבָב שָׁלֵם, וּמַלְּטֵנוּ מִיֵּצֶר הָרָע, וְתֵן חֶלְקֵנוּ בְּתוֹרָתֶךָ, וְזַכֵּנוּ שֶׁתִּשְׁרֶה שְׁכִינָתְךָ עָלֵינוּ, וְהוֹפַע עָלֵינוּ רוּחַ חָכְמָה וּבִינָה. וְיִתְקַיֵּם
ישעיה יא בָּנוּ מִקְרָא שֶׁכָּתוּב: וְנָחָה עָלָיו רוּחַ יהוה, רוּחַ חָכְמָה וּבִינָה, רוּחַ עֵצָה וּגְבוּרָה, רוּחַ דַּעַת וְיִרְאַת יהוה: וּבְכֵן יְהִי רָצוֹן מִלְּפָנֶיךָ יהוה אֱלֹהֵינוּ וֵאלֹהֵי אֲבוֹתֵינוּ, שֶׁתְּזַכֵּנוּ לַעֲשׂוֹת מַעֲשִׂים טוֹבִים בְּעֵינֶיךָ וְלָלֶכֶת בְּדַרְכֵי יְשָׁרִים לְפָנֶיךָ, וְקַדְּשֵׁנוּ בִּקְדֻשָּׁתֶךָ כְּדֵי שֶׁנִּזְכֶּה לְחַיִּים טוֹבִים וַאֲרוּכִים וּלְחַיֵּי הָעוֹלָם הַבָּא, וְתִשְׁמְרֵנוּ מִמַּעֲשִׂים רָעִים וּמִשָּׁעוֹת רָעוֹת הַמִּתְרַגְּשׁוֹת לָבוֹא לָעוֹלָם,
תהלים לב וְהַבּוֹטֵחַ בַּיהוה חֶסֶד יְסוֹבְבֶנּוּ: אָמֵן.

תהלים יט **יִהְיוּ לְרָצוֹן אִמְרֵי־פִי וְהֶגְיוֹן לִבִּי לְפָנֶיךָ, יהוה צוּרִי וְגֹאֲלִי:**

Recitar tres veces el siguiente versículo:

תהלים סט **וַאֲנִי תְפִלָּתִי־לְךָ יהוה, עֵת רָצוֹן, אֱלֹהִים בְּרָב־חַסְדֶּךָ**
עֲנֵנִי בֶּאֱמֶת יִשְׁעֶךָ:

כִּי מִצִּיּוֹן תֵּצֵא תוֹרָה *Pues desde Sion saldrá la Torá* (página anterior): parte de la famosa visión de Isaías (2:2-4) sobre el final de los días.

רִבּוֹנוֹ שֶׁל עוֹלָם *Amo del universo:* Las festividades son encumbrados momentos de santidad y la apertura del Arca Sagrada es el momento en el cual sentimos más intensamente la energía transformadora de la Divina Presencia. Por eso,

En Shabat, Yom Tov y Hoshaná Rabá:

בְּרִיךְ שְׁמֵהּ Bendito es el Nombre del Amo del universo. Bendita es Tu corona y Tu lugar. Que Tu favor esté siempre del lado de Tu pueblo Israel. Revela a Tu pueblo la salvación de Tu diestra en Tu Templo. Concédenos el obsequio de Tu buena luz y acepta nuestros rezos con benevolencia. Ojalá que yo sea contado entre los justos para que Tú tengas compasión de mí y me protejas tanto a mí como a todo lo mío y todo aquello que pertenece a Tu pueblo Israel. Tú alimentas a todos, sustentas a todos, gobiernas todo, diriges reyes pues Tuya es la soberanía. Yo soy sirviente del Santo Bendito Él y me prosterno en todo momento ante Él y ante Su gloriosa Torá. No confío en el hombre ni me respaldo en un ángel sino en el Dios celestial que es el Dios verdadero, cuya Torá es verdadera, Sus profetas hablan verdad y que abunda en actos de amor y verdad. ▸ En Él confío, y a Su glorioso y sagrado Nombre ofrezco alabanzas. Que sea Tu voluntad que abras mi corazón a Tu Torá, y cumplas los deseos de mi corazón y del corazón de todo Tu pueblo Israel para el bien, para la vida y para la paz. *Zohar Vayakhel*

El oficiante toma el rollo de la Torá con su brazo derecho.
Primero el oficiante y luego la congregación:

Escucha Israel, el Señor es nuestro Dios, el Señor es Uno. *Deut. 6*

El oficiante y luego la congregación:

Uno es nuestro Dios, grande es nuestro Señor,
Santo (*En Hoshaná Rabá:* y reverenciado) es Su Nombre.

El oficiante se inclina en dirección del Arca y dice:

Exaltad al Señor conmigo, y ensalcemos juntos Su Nombre. *Sal. 34*

El Arca Sagrada se cierra. El oficiante carga el rollo de la Torá hasta la bimá y la congregación dice:

לְךָ Tuyos Señor son la grandeza, el poder, la gloria, la majestad y el esplendor, incluso todo tanto en los cielos como en la tierra es Tuyo. Tuyo Señor es el reinado; eres exaltado como Soberano, sobre todo. *1 Cró. 29*

רוֹמְמוּ Ensalzad al Señor nuestro Dios y prosternaos ante Su escabel, Santo es Él. Ensalzad al Señor nuestro Dios y prosternaos en Su monte sagrado, pues el Señor, nuestro Dios, es Santo. *Sal. 99*

Divina empleados por Moshé cuando rezó pidiendo compasión y perdón, y según el Talmud, le fue enseñado por Dios mismo.

בְּרִיךְ שְׁמֵהּ *Bendito es el Nombre:* Este pasaje está extraído de un texto místico del Zohar (*Vayakhel* 206a) y en su contexto original está prologado por las palabras: "Rabí Shimón dijo: cuando el rollo de la Torá es extraído para ser

En שבת, יום טוב *y* הושענא רבה:

זוהר ויקהל בְּרִיךְ שְׁמֵהּ דְּמָרֵא עָלְמָא, בְּרִיךְ כִּתְרָךְ וְאַתְרָךְ. יְהֵא רְעוּתָךְ עִם עַמָּךְ יִשְׂרָאֵל לְעָלַם, וּפֻרְקַן יְמִינָךְ אַחֲזֵי לְעַמָּךְ בְּבֵית מַקְדְּשָׁךְ, וּלְאַמְטוּיֵי לַנָא מִטּוּב נְהוֹרָךְ, וּלְקַבֵּל צְלוֹתַנָא בְּרַחֲמִין. יְהֵא רַעֲוָא קֳדָמָךְ דְּתוֹרִיךְ לַן חַיִּין בְּטִיבוּ, וְלֶהֱוֵי אֲנָא פְקִידָא בְּגוֹ צַדִּיקַיָּא, לְמִרְחַם עָלַי וּלְמִנְטַר יָתִי וְיַת כָּל דִּי לִי וְדִי לְעַמָּךְ יִשְׂרָאֵל. אַנְתְּ הוּא זָן לְכֹלָּא וּמְפַרְנֵס לְכֹלָּא, אַנְתְּ הוּא שַׁלִּיט עַל כֹּלָּא, אַנְתְּ הוּא דְּשַׁלִּיט עַל מַלְכַיָּא, וּמַלְכוּתָא דִּילָךְ הִיא. אֲנָא עַבְדָּא דְקֻדְשָׁא בְּרִיךְ הוּא, דְּסָגִידְנָא קַמֵּהּ וּמִקַּמֵּי דִּיקַר אוֹרַיְתֵהּ בְּכָל עִדָּן וְעִדָּן. לָא עַל אֱנָשׁ רָחִיצְנָא וְלָא עַל בַּר אֱלָהִין סָמִיכְנָא, אֶלָּא בֶּאֱלָהָא דִשְׁמַיָּא, דְּהוּא אֱלָהָא קְשׁוֹט, וְאוֹרַיְתֵהּ קְשׁוֹט, וּנְבִיאוֹהִי קְשׁוֹט, וּמַסְגֵּא לְמֶעְבַּד טַבְוָן וּקְשׁוֹט. ‹ בֵּהּ אֲנָא רָחִיץ, וְלִשְׁמֵהּ קַדִּישָׁא יַקִּירָא אֲנָא אֵמַר תֻּשְׁבְּחָן. יְהֵא רַעֲוָא קֳדָמָךְ דְּתִפְתַּח לִבַּאי בְּאוֹרַיְתָא, וְתַשְׁלִים מִשְׁאֲלִין דְּלִבַּאי וְלִבָּא דְכָל עַמָּךְ יִשְׂרָאֵל לְטָב וּלְחַיִּין וְלִשְׁלָם.

El שליח ציבור *toma el* ספר תורה *con su brazo derecho. Primero el* שליח ציבור *y luego el* קהל:

דברים ו שְׁמַע יִשְׂרָאֵל, יהוה אֱלֹהֵינוּ, יהוה אֶחָד:

El שליח ציבור *y luego el* קהל:

אֶחָד אֱלֹהֵינוּ, גָּדוֹל אֲדוֹנֵינוּ, קָדוֹשׁ (בהושענא רבה: וְנוֹרָא) שְׁמוֹ.

El שליח ציבור *se inclina en dirección del* ארון קודש *y dice:*

תהלים לד גַּדְּלוּ לַיהוה אִתִּי וּנְרוֹמְמָה שְׁמוֹ יַחְדָּו:

El ארון קודש *se cierra. El* שליח ציבור *carga el* ספר תורה *hasta la bimá y el* קהל *dice:*

דברי הימים א׳ כט לְךָ יהוה הַגְּדֻלָּה וְהַגְּבוּרָה וְהַתִּפְאֶרֶת וְהַנֵּצַח וְהַהוֹד, כִּי־כֹל בַּשָּׁמַיִם וּבָאָרֶץ, לְךָ יהוה הַמַּמְלָכָה וְהַמִּתְנַשֵּׂא לְכֹל לְרֹאשׁ:

תהלים צט רוֹמְמוּ יהוה אֱלֹהֵינוּ וְהִשְׁתַּחֲווּ לַהֲדֹם רַגְלָיו, קָדוֹשׁ הוּא: רוֹמְמוּ יהוה אֱלֹהֵינוּ וְהִשְׁתַּחֲווּ לְהַר קָדְשׁוֹ, כִּי־קָדוֹשׁ יהוה אֱלֹהֵינוּ:

---

entorno espiritual y material que nos permita servir a Dios sin distracciones ni obstáculos. La versión de la plegaria para Hoshaná Rabá (también recitada en Rosh HaShaná y en Yom Kipur) está más específicamente ligada a los detalles de nuestro destino en el año por comenzar, es inscrito en Rosh HaShaná, sellado en Yom Kipur pero no finaliza hasta Hoshaná Rabá. Ambas plegarias están precedidas por el recitado de los Trece Atributos de la Misericordia

עַל Por todo esto que sea magnificado, santificado, bendecido, alabado, magnificado, elevado y encumbrado el Nombre del Supremo Rey de Reyes el Santo Bendito Él en los mundos que creó, este mundo y el venidero, conforme Su voluntad, la voluntad de quienes Le temen reverencialmente y la voluntad de toda la casa de Israel. Roca de los mundos, Amo de todas las creaturas, Dios de todos los espíritus, que reside en los planos superiores, que habita los altos y antiguos cielos, Su santidad es sobre las Jaiot y sobre el Trono de Gloria. Por ello, que Tu Nombre se santifique en nosotros Señor, nuestro Dios, a ojos de todos los seres
vivos, y entonaremos ante Ti un nuevo cántico, tal como está escrito: "Cantad al *Sal. 68*
Señor, entonad melodías a Su Nombre, abrid paso al jinete que cabalga por las llanuras, cuyo Nombre es el Eterno y manifestad algarabía ante Él". Y veremos
con nuestros propios ojos Su retorno a Su morada, tal como está escrito: "Pues *Is. 52*
verán con sus propios ojos al Eterno retornando a Sion". Y está escrito: "Y la *Is. 40*
gloria del Señor se revelará y toda carne verá conjuntamente que la boca del Señor habló".

אַב הָרַחֲמִים El Padre misericordioso tendrá compasión del pueblo que Él sostiene. Él recordará el pacto que estableciera con los poderosos (patriarcas), y rescatará nuestras almas de los malos tiempos, reprochará la inclinación al mal del pueblo por Él conducido, nos conceda la gracia de convertirnos en un remanente duradero y colmará con una buena medida nuestros anhelos de salvación y compasión.

Se deposita el rollo de la Torá sobre la mesa de la bimá y el gabai llama a un cohen. Ver leyes 383–397.

וְיַעֲזֹר Que Su reino se revele sobre nosotros y se haga manifiesto, y se apiade de nuestro remanente y el remanente de Su pueblo, la casa de Israel, con gracia, benevolencia, compasión y favor y digamos: Amén. Rindamos todos grandeza a nuestro Dios y demos honor a la Torá. *Que se acerque el cohen (*nombre* hijo de *nombre de su padre*).

**De no haber cohen presente se llama a un leví o a un Israel de la siguiente forma:*
/No hay aquí cohen, que suba (*nombre* hijo de *nombre del padre*) en lugar del cohen./

Bendito es Él que en Su santidad entregó la Torá a Su pueblo Israel.

La congregación seguida del gabai:

Y vosotros que os adherís al Señor vuestro Dios estáis todos vivos hoy. *Deut. 4*

Las porciones de lectura correspondientes a Yom Tov se pueden encontrar a partir de la página 1184; ver tabla en la página 1183.

---

calificada (comúnmente, aunque mal llamado, "*ba'al koré*") "para no avergonzar a aquellos que no saben leer" sus propias porciones. En vez de leer, las personas llamadas recitan las bendiciones anterior y posterior a la lectura y leen el texto silenciosamente junto al lector.

עַל הַכֹּל יִתְגַּדַּל וְיִתְקַדַּשׁ וְיִשְׁתַּבַּח וְיִתְפָּאַר וְיִתְרוֹמַם וְיִתְנַשֵּׂא שְׁמוֹ שֶׁל מֶלֶךְ
מַלְכֵי הַמְּלָכִים הַקָּדוֹשׁ בָּרוּךְ הוּא בָּעוֹלָמוֹת שֶׁבָּרָא, הָעוֹלָם הַזֶּה וְהָעוֹלָם הַבָּא,
כִּרְצוֹנוֹ וְכִרְצוֹן יְרֵאָיו וְכִרְצוֹן כָּל בֵּית יִשְׂרָאֵל. צוּר הָעוֹלָמִים, אֲדוֹן כָּל הַבְּרִיּוֹת,
אֱלוֹהַּ כָּל הַנְּפָשׁוֹת, הַיּוֹשֵׁב בְּמֶרְחֲבֵי מָרוֹם, הַשּׁוֹכֵן בִּשְׁמֵי שְׁמֵי קֶדֶם, קְדֻשָּׁתוֹ עַל
הַחַיּוֹת, וּקְדֻשָּׁתוֹ עַל כִּסֵּא הַכָּבוֹד. וּבְכֵן יִתְקַדַּשׁ שִׁמְךָ בָּנוּ יהוה אֱלֹהֵינוּ לְעֵינֵי
כָּל חָי, וְנֹאמַר לְפָנָיו שִׁיר חָדָשׁ, כַּכָּתוּב: שִׁירוּ לֵאלֹהִים זַמְּרוּ שְׁמוֹ, סֹלּוּ לָרֹכֵב תהלים סח
בָּעֲרָבוֹת, בְּיָהּ שְׁמוֹ, וְעִלְזוּ לְפָנָיו: וְנִרְאֵהוּ עַיִן בְּעַיִן בְּשׁוּבוֹ אֶל נָוֵהוּ, כַּכָּתוּב: כִּי ישעיה נב
עַיִן בְּעַיִן יִרְאוּ בְּשׁוּב יהוה צִיּוֹן: וְנֶאֱמַר: וְנִגְלָה כְּבוֹד יהוה, וְרָאוּ כָל־בָּשָׂר יַחְדָּו ישעיה מ
כִּי פִּי יהוה דִּבֵּר:

אַב הָרַחֲמִים הוּא יְרַחֵם עַם עֲמוּסִים, וְיִזְכֹּר בְּרִית אֵיתָנִים, וְיַצִּיל נַפְשׁוֹתֵינוּ מִן הַשָּׁעוֹת הָרָעוֹת, וְיִגְעַר בְּיֵצֶר הָרָע מִן הַנְּשׂוּאִים, וְיָחֹן אוֹתָנוּ לִפְלֵיטַת עוֹלָמִים, וִימַלֵּא מִשְׁאֲלוֹתֵינוּ בְּמִדָּה טוֹבָה יְשׁוּעָה וְרַחֲמִים.

Se deposita el ספר תורה *sobre el* שולחן *de la bimá y el* גבאי *llama a un* כהן. *Ver leyes 383–397.*

וְיַעֲזֹר וְיָגֵן וְיוֹשִׁיעַ לְכָל הַחוֹסִים בּוֹ, וְנֹאמַר אָמֵן. הַכֹּל הָבוּ גֹדֶל לֵאלֹהֵינוּ וּתְנוּ כָבוֹד לַתּוֹרָה. *כֹּהֵן קְרַב, יַעֲמֹד (פלוני בֶּן פלוני) הַכֹּהֵן.

**De no haber* כהן *presente se llama a un* לוי *o a un* ישראל *de la siguiente forma:*

/אֵין כָּאן כֹּהֵן, יַעֲמֹד (פלוני בֶּן פלוני) בִּמְקוֹם כֹּהֵן./

בָּרוּךְ שֶׁנָּתַן תּוֹרָה לְעַמּוֹ יִשְׂרָאֵל בִּקְדֻשָּׁתוֹ.

El קהל *seguido del* גבאי:

וְאַתֶּם הַדְּבֵקִים בַּיהוה אֱלֹהֵיכֶם חַיִּים כֻּלְּכֶם הַיּוֹם: דברים ד

Las porciones de lectura correspondientes a יום טוב *se pueden encontrar a partir de la página 1184; ver tabla en la página 1183.*

---

leído en público, los pórticos de la compasión se abren y el amor se despierta en las alturas. Por ello, uno debe decir (en este momento): …" Entonces, continúa la plegaria "Bendito es el Nombre". La costumbre de recitar este texto tiene su origen en el círculo místico de Safed, asociado a Rabí Isaac Luria.

SUBIR A LA TORÁ

La costumbre original era que cada una de las personas que era llamada a la Torá leía su porción correspondiente. No todos eran capaces de hacerlo, por lo que se desarrolló la práctica de adjudicarle la lectura a una persona

El lector de la Torá le enseña a quien subió a bendecir (olé) la sección que se habrá de leer, éste toca con el tzitzit de su talit el sitio indicado en el pergamino y lo besa. Luego, sosteniendo los ejes del rollo de la Torá recita:

Olé: Bendecid al Señor el Bendecido.

Congregación: Bendecid al Señor el Bendecido por toda la eternidad.

Olé: Bendecid al Señor el Bendecido por toda la eternidad.

Bendito eres Tú Señor, nuestro Dios,
Rey del universo,
que nos ha escogido de entre todas las naciones
y nos entregó Su Torá.
Bendito eres Tú Señor, Dador de la Torá.

Tras finalizar la lectura el olé recita:

Olé: Bendito eres Tú Señor, nuestro Dios,
Rey del universo,
que nos ha entregado la Torá verdadera
y plantó en nuestro interior la vida eterna.
Bendito eres Tú Señor, Dador de la Torá.

Alguien que sobrevivió una situación de peligro (véase comentario) recita:

Bendito eres Tú Señor, nuestro Dios, Rey del universo,
que retribuye bondades a quienes no lo merecen
y me ha prodigado todo el bien.

La congregación responde:

Amén. Quien te ha prodigado todo el bien continúe prodigándote
todo lo bueno, Sela.

הַגּוֹמֵל *Que retribuye bondades a quienes no lo merecen:* Esta bendición, conocida como "*HaGomel*" ("que retribuye") es mencionada por el Talmud (*Berajot* 54B). Se dice en una de las cuatro circunstancias siguientes: (1) liberación del cautiverio, (2) recuperación de una enfermedad de riesgo mortal, (3) tras una travesía peligrosa, (4) tras cruzar el mar (en la actualidad muchos la recitan tras un viaje en avión). Se recita en presencia de un *minián* (diez varones adultos como mínimo), usualmente, aunque no necesariamente, durante la lectura de la Torá y dentro de los tres días de acaecido el evento. הַגּוֹמֵל לְחַיָּבִים טוֹבוֹת *Que retribuye bondades a quienes no lo merecen*: reminiscencia de la plegaria de Ya'akov (Génesis 32:11): "No soy merecedor de la benevolencia ni de la fidelidad que has mostrado a Tu siervo".

El קורא *le enseña al* עולה *la sección que se habrá de leer, éste toca con el* ציצית *de su* טלית *el sitio indicado en el pergamino y lo besa. Luego, sosteniendo los ejes del* ספר תורה *recita:*

עולה: בָּרְכוּ אֶת יהוה הַמְבֹרָךְ.

קהל: בָּרוּךְ יהוה הַמְבֹרָךְ לְעוֹלָם וָעֶד.

עולה: בָּרוּךְ יהוה הַמְבֹרָךְ לְעוֹלָם וָעֶד.
בָּרוּךְ אַתָּה יהוה אֱלֹהֵינוּ מֶלֶךְ הָעוֹלָם
אֲשֶׁר בָּחַר בָּנוּ מִכָּל הָעַמִּים
וְנָתַן לָנוּ אֶת תּוֹרָתוֹ.
בָּרוּךְ אַתָּה יהוה, נוֹתֵן הַתּוֹרָה.

Tras finalizar la lectura el עולה *recita:*

עולה: בָּרוּךְ אַתָּה יהוה אֱלֹהֵינוּ מֶלֶךְ הָעוֹלָם
אֲשֶׁר נָתַן לָנוּ תּוֹרַת אֱמֶת
וְחַיֵּי עוֹלָם נָטַע בְּתוֹכֵנוּ.
בָּרוּךְ אַתָּה יהוה, נוֹתֵן הַתּוֹרָה.

Alguien que sobrevivió una situación de peligro (véase comentario) recita:

בָּרוּךְ אַתָּה יהוה אֱלֹהֵינוּ מֶלֶךְ הָעוֹלָם, הַגּוֹמֵל לְחַיָּבִים טוֹבוֹת שֶׁגְּמָלַנִי כָּל טוֹב.

El קהל *responde:*

אָמֵן. מִי שֶׁגְּמָלְךָ כָּל טוֹב הוּא יִגְמָלְךָ כָּל טוֹב, סֶלָה.

בָּרְכוּ *Bendecid al Señor:* Es una invitación a la congregación para que se sumen en una bendición a Dios, similar a la que precede el rezo comunal tanto en la mañana como en la noche. אֲשֶׁר בָּחַר בָּנוּ מִכָּל הָעַמִּים *Que nos ha escogido de entre todas las naciones*: esta antigua bendición que debe ser recitada antes de estudiar la Torá así como también antes de su lectura pública pone de manifiesto que la elección de Israel no es un derecho sino una responsabilidad. אֲשֶׁר נָתַן לָנוּ תּוֹרַת אֱמֶת *Que nos ha entregado la Torá verdadera*: es un acto de afirmación posterior a la lectura de la Torá. Esta bendición, breve pero hermosa, expresa la idea que, al leer, estudiar y observar el mundo de lo eterno, tocamos la eternidad.

Una vez que el joven Bar Mitzvá finaliza la bendición de la Torá su padre dice en voz alta:

Bendito es Aquél que me ha liberado de la responsabilidad por este niño.

En algunas congregaciones se recita "Dios pleno de misericordia" por un pariente durante la semana anterior al día del aniversario del fallecimiento (página 832).

BENDICION PARA QUIEN SUBIÓ A LA TORÁ

Aquél que bendijo a nuestros ancestros Abraham, Ytzjak y Ya'akov habrá de bendecir a (*nombre* hijo de *nombre de su padre*) por haber subido rindiendo honor a Dios, a la Torá y al Shabat (*En Yom Tov:* a la festividad). En mérito de ello que el Santo Bendito Él le cuide y proteja de toda desgracia y problema, de toda afección y toda enfermedad, y envíe bendición en todo cuanto emprenda (*En Yom Tov:* y tenga el mérito de ascender a Jerusalém en las festividades) junto a sus hermanos del pueblo de Israel y digamos: Amén.

BENDICION PARA UN HOMBRE ENFERMO

Aquél que bendijo a nuestros ancestros Abraham, Ytzjak y Ya'akov, Moshé, Aharón, David y Shelomó, habrá de bendecir y curar al paciente (*el nombre de la persona enferma* hijo de *el nombre de su madre*) en mérito de que (*el nombre de quien pide la bendición* hijo de *nombre de su padre*) hace una contribución caritativa en su favor. En mérito de ello el Santo Bendito Él se colmará de compasión para con él mejorando su situación, curándole, fortaleciéndole y le enviará desde el cielo prontamente completa curación a sus 248 órganos y 365 articulaciones y tendones, junto a las demás personas enfermas del pueblo de Israel, salud espiritual y salud física – si bien en Shabat (*En Yom Tov:* en festividades) se prohíbe clamar – que la sanación llegue rápidamente – ahora, pronto, y digamos: Amén.

BENDICION PARA UNA MUJER ENFERMA

Aquél que bendijo a nuestros ancestros Abraham, Ytzjak y Ya'akov, Moshé, Aharón, David y Shelomó habrá de bendecir y curar a la paciente (*el nombre de la persona enferma* hija de *el nombre de su madre*) en mérito de que (*el nombre de quien pide la bendición* hijo de *nombre de su padre*) hace una contribución caritativa en su favor. En mérito de ello el Santo Bendito Él se colmará de compasión para con ella mejorando su situación, curándole, fortaleciéndole y le enviará desde el cielo prontamente completa curación a sus órganos, articulaciones y tendones, junto a las demás personas enfermas del pueblo de Israel, salud espiritual y salud física – si bien en Shabat (*En Yom Tov:* en festividades) se prohíbe clamar – que la sanación llegue rápidamente – ahora, pronto, y digamos: Amén.

---

niñas) los padres son responsables por sus acciones. Esta bendición expresa la gratitud de los padres por haber vivido para ver a su hijo o hija alcanzar la edad de la responsabilidad individual.

Una vez que el joven בר מצווה *finaliza la bendición de la* תורה *su padre dice en voz alta:*

בָּרוּךְ שֶׁפְּטָרַנִי מֵעָנְשׁוֹ שֶׁלָּזֶה.

En algunas congregaciones se recita אֵל מָלֵא רַחֲמִים *por un pariente durante la semana anterior al día del aniversario del fallecimiento (página 833).*

מי שבירך לעולה לתורה

מִי שֶׁבֵּרַךְ אֲבוֹתֵינוּ אַבְרָהָם יִצְחָק וְיַעֲקֹב, הוּא יְבָרֵךְ אֶת (פלוני בֶּן פלוני), בַּעֲבוּר שֶׁעָלָה לִכְבוֹד הַמָּקוֹם וְלִכְבוֹד הַתּוֹרָה וְלִכְבוֹד הַשַּׁבָּת (ביום טוב: וְלִכְבוֹד הָרֶגֶל). בִּשְׂכַר זֶה הַקָּדוֹשׁ בָּרוּךְ הוּא יִשְׁמְרֵהוּ וְיַצִּילֵהוּ מִכָּל צָרָה וְצוּקָה וּמִכָּל נֶגַע וּמַחֲלָה, וְיִשְׁלַח בְּרָכָה וְהַצְלָחָה בְּכָל מַעֲשֵׂה יָדָיו (ביום טוב: וְיִזְכֶּה לַעֲלוֹת לְרֶגֶל) עִם כָּל יִשְׂרָאֵל אֶחָיו, וְנֹאמַר אָמֵן.

מי שבירך לחולה

מִי שֶׁבֵּרַךְ אֲבוֹתֵינוּ אַבְרָהָם יִצְחָק וְיַעֲקֹב, מֹשֶׁה וְאַהֲרֹן דָּוִד וּשְׁלֹמֹה הוּא יְבָרֵךְ וִירַפֵּא אֶת הַחוֹלֶה (פלוני בֶּן פלונית) בַּעֲבוּר שֶׁ(פלוני בֶּן פלוני) נוֹדֵר צְדָקָה בַּעֲבוּרוֹ. בִּשְׂכַר זֶה הַקָּדוֹשׁ בָּרוּךְ הוּא יִמָּלֵא רַחֲמִים עָלָיו לְהַחֲלִימוֹ וּלְרַפְּאֹתוֹ וּלְהַחֲזִיקוֹ וּלְהַחֲיוֹתוֹ וְיִשְׁלַח לוֹ מְהֵרָה רְפוּאָה שְׁלֵמָה מִן הַשָּׁמַיִם לִרְמַ״ח אֵבָרָיו וּשְׁסָ״ה גִּידָיו בְּתוֹךְ שְׁאָר חוֹלֵי יִשְׂרָאֵל, רְפוּאַת הַנֶּפֶשׁ וּרְפוּאַת הַגּוּף. שַׁבָּת הִיא מִלִּזְעֹק /ביום טוב: יוֹם טוֹב הוּא מִלִּזְעֹק/ וּרְפוּאָה קְרוֹבָה לָבוֹא, הַשְׁתָּא בַּעֲגָלָא וּבִזְמַן קָרִיב, וְנֹאמַר אָמֵן.

מי שבירך לחולָה

מִי שֶׁבֵּרַךְ אֲבוֹתֵינוּ אַבְרָהָם יִצְחָק וְיַעֲקֹב, מֹשֶׁה וְאַהֲרֹן דָּוִד וּשְׁלֹמֹה הוּא יְבָרֵךְ וִירַפֵּא אֶת הַחוֹלָה (פלונית בַּת פלונית) בַּעֲבוּר שֶׁ(פלוני בֶּן פלוני) נוֹדֵר צְדָקָה בַּעֲבוּרָהּ. בִּשְׂכַר זֶה הַקָּדוֹשׁ בָּרוּךְ הוּא יִמָּלֵא רַחֲמִים עָלֶיהָ לְהַחֲלִימָהּ וּלְרַפְּאֹתָהּ וּלְהַחֲזִיקָהּ וּלְהַחֲיוֹתָהּ וְיִשְׁלַח לָהּ מְהֵרָה רְפוּאָה שְׁלֵמָה מִן הַשָּׁמַיִם לְכָל אֵבָרֶיהָ וּלְכָל גִּידֶיהָ בְּתוֹךְ שְׁאָר חוֹלֵי יִשְׂרָאֵל, רְפוּאַת הַנֶּפֶשׁ וּרְפוּאַת הַגּוּף. שַׁבָּת הִיא מִלִּזְעֹק /ביום טוב: יוֹם טוֹב הוּא מִלִּזְעֹק/ וּרְפוּאָה קְרוֹבָה לָבוֹא, הַשְׁתָּא בַּעֲגָלָא וּבִזְמַן קָרִיב, וְנֹאמַר אָמֵן.

בָּרוּךְ שֶׁפְּטָרַנִי *Bendito es Aquél que me ha liberado de la responsabilidad por este niño:* Hasta que un niño alcanza la edad de trece años (doce en el caso de las

BENDICIÓN PARA UNA PARTURIENTA QUE TUVO UN HIJO

Aquél que bendijo a nuestros ancestros Abraham, Ytzjak y Ya'akov, Moshé, Aharón, David y Shelomó, Sará, Rivká, Rajel y Leá, habrá de bendecir a la parturienta (*el nombre de la parturienta* hija de *el nombre de su padre*) y a su hijo que le nació en buena hora en mérito de que su marido y padre de su hijo, promete una contribución caritativa en su favor. En mérito de ello el padre y la madre tendrán el privilegio de ingresar al niño en el pacto de nuestro patriarca Abraham y educarlo para la Torá, el palio nupcial y las buenas acciones, y digamos: Amén.

BENDICIÓN PARA UNA PARTURIENTA QUE TUVO UNA HIJA

Aquél que bendijo a nuestros ancestros Abraham, Ytzjak y Ya'akov, Moshé, Aharón, David y Shelomó, Sará, Rivká, Rajel y Leá habrá de bendecir a la parturienta (*el nombre de la parturienta* hija de *el nombre de su padre*) y a su hija que le nació en buena hora y se llamará en el seno del pueblo de Israel (*el nombre* hija de *el nombre de su padre*) en mérito de que su marido y padre de su hija promete una contribución caritativa en su favor. En mérito de ello el padre y la madre tendrán el privilegio de criarla para la Torá, el palio nupcial y las buenas acciones, y digamos: Amén.

BENDICIÓN PARA EL BAR MITZVÁ

Aquél que bendijo a nuestros ancestros Abraham, Ytzjak y Ya'akov habrá de bendecir a (*nombre* hijo de *nombre de su padre*) por haber alcanzado los trece años y llegar a la edad del cumplimiento de los preceptos, subió a la Torá para alabar y agradecer a Dios por todo el bien recibido. El Santo Bendito Él lo cuide y le otorgue vida y predisponga su corazón para ser íntegro con el Señor, andar por Sus sendas y observar Sus preceptos todos los días de su vida, y digamos: Amén.

BENDICIÓN PARA LA BAT MITZVÁ

Aquél que bendijo a nuestros ancestros Abraham, Ytzjak y Ya'akov, Sará, Rivká, Rajel y Leá habrá de bendecir a (*nombre* hija de *nombre de su padre*) por haber alcanzado los doce años y llegado a la edad del cumplimiento de los preceptos, alaba y agradece a Dios por todo el bien recibido. El Santo Bendito Él la cuide, le otorgue vida y predisponga su corazón para ser íntegra con el Señor, andar por Sus sendas y observar Sus preceptos todos los días de su vida, y digamos: Amén.

מי שבירך ליולדת בן

מִי שֶׁבֵּרַךְ אֲבוֹתֵינוּ אַבְרָהָם יִצְחָק וְיַעֲקֹב, מֹשֶׁה וְאַהֲרֹן דָּוִד וּשְׁלֹמֹה, שָׂרָה רִבְקָה רָחֵל וְלֵאָה הוּא יְבָרֵךְ אֶת הָאִשָּׁה הַיּוֹלֶדֶת (פלונית בַּת פלוני) וְאֶת בְּנָהּ שֶׁנּוֹלַד לָהּ לְמַזָּל טוֹב בַּעֲבוּר שֶׁבַּעְלָהּ וְאָבִיו נוֹדֵר צְדָקָה בַּעֲדָם. בִּשְׂכַר זֶה יִזְכּוּ אָבִיו וְאִמּוֹ לְהַכְנִיסוֹ בִּבְרִיתוֹ שֶׁל אַבְרָהָם אָבִינוּ וּלְגַדְּלוֹ לְתוֹרָה וּלְחֻפָּה וּלְמַעֲשִׂים טוֹבִים, וְנֹאמַר אָמֵן.

מי שבירך ליולדת בת

מִי שֶׁבֵּרַךְ אֲבוֹתֵינוּ אַבְרָהָם יִצְחָק וְיַעֲקֹב, מֹשֶׁה וְאַהֲרֹן דָּוִד וּשְׁלֹמֹה, שָׂרָה רִבְקָה רָחֵל וְלֵאָה הוּא יְבָרֵךְ אֶת הָאִשָּׁה הַיּוֹלֶדֶת (פלונית בַּת פלוני) וְאֶת בִּתָּהּ שֶׁנּוֹלְדָה לָהּ לְמַזָּל טוֹב וְיִקָּרֵא שְׁמָהּ בְּיִשְׂרָאֵל (פלונית בַּת פלוני), בַּעֲבוּר שֶׁבַּעְלָהּ וְאָבִיהָ נוֹדֵר צְדָקָה בַּעֲדָן. בִּשְׂכַר זֶה יִזְכּוּ אָבִיהָ וְאִמָּהּ לְגַדְּלָהּ לְתוֹרָה וּלְחֻפָּה וּלְמַעֲשִׂים טוֹבִים, וְנֹאמַר אָמֵן.

מי שבירך לבר מצווה

מִי שֶׁבֵּרַךְ אֲבוֹתֵינוּ אַבְרָהָם יִצְחָק וְיַעֲקֹב הוּא יְבָרֵךְ אֶת (פלוני בֶּן פלוני) שֶׁמָּלְאוּ לוֹ שְׁלֹשׁ עֶשְׂרֵה שָׁנָה וְהִגִּיעַ לְמִצְוֹת, וְעָלָה לַתּוֹרָה, לָתֵת שֶׁבַח וְהוֹדָיָה לְהַשֵּׁם יִתְבָּרַךְ עַל כָּל הַטּוֹבָה שֶׁגָּמַל אִתּוֹ. יִשְׁמְרֵהוּ הַקָּדוֹשׁ בָּרוּךְ הוּא וִיחַיֵּהוּ, וִיכוֹנֵן אֶת לִבּוֹ לִהְיוֹת שָׁלֵם עִם יהוה וְלָלֶכֶת בִּדְרָכָיו וְלִשְׁמֹר מִצְוֹתָיו כָּל הַיָּמִים, וְנֹאמַר אָמֵן.

מי שבירך לבת מצווה

מִי שֶׁבֵּרַךְ אֲבוֹתֵינוּ אַבְרָהָם יִצְחָק וְיַעֲקֹב, שָׂרָה רִבְקָה רָחֵל וְלֵאָה, הוּא יְבָרֵךְ אֶת (פלונית בַּת פלוני) שֶׁמָּלְאוּ לָהּ שְׁתֵּים עֶשְׂרֵה שָׁנָה וְהִגִּיעָה לְמִצְוֹת, וְנוֹתֶנֶת שֶׁבַח וְהוֹדָיָה לְהַשֵּׁם יִתְבָּרַךְ עַל כָּל הַטּוֹבָה שֶׁגָּמַל אִתָּהּ. יִשְׁמְרֶהָ הַקָּדוֹשׁ בָּרוּךְ הוּא וִיחַיֶּהָ, וִיכוֹנֵן אֶת לִבָּהּ לִהְיוֹת שָׁלֵם עִם יהוה וְלָלֶכֶת בִּדְרָכָיו וְלִשְׁמֹר מִצְוֹתָיו כָּל הַיָּמִים, וְנֹאמַר אָמֵן.

MEDIO KADISH

Antes que el Maftir es leído, el lector de la Torá recita Medio Kadish:

Lector: יִתְגַּדַּל Que Su Gran Nombre
sea magnificado y santificado,
en el mundo que creó conforme a Su voluntad.
Que establezca Su reino
durante vuestra vida y en vuestros días
y en la vida de toda la casa de Israel,
pronto y rápidamente y decid: Amén.

Todos: Que Su Gran Nombre sea bendito
por siempre y por toda la eternidad.

Lector: Sea bendecido, alabado, glorificado
y exaltado, encumbrado
y magnificado, enaltecido y ensalzado
el Nombre del Santo Bendito Él;
más allá de cualquier bendición,
cántico, alabanza y consolación
pronunciados en el mundo y decid: Amén.

HAGBAHÁ Y GLILÁ

Se alza el rollo de la Torá y la congregación recita:

וְזֹאת הַתּוֹרָה Esta es la Torá *Deut. 4*
que colocó Moshé frente al pueblo de Israel,
por orden del Señor, por mano de Moshé. *Núm. 9*

Algunos agregan:

Es el árbol de la vida para quienes se aferran a ella, *Prov. 3*
y quienes la sostienen son felices.
Sus caminos son caminos placenteros, y todas sus sendas son de paz.
Larga vida en su diestra, y en la izquierda riquezas y honor.
El Señor, en aras del mérito de Israel *Is. 42*
deseó engrandecer la Torá y enaltecerla.

Se ata el rollo de la Torá y se cubre.

Dios, "por orden del Señor, por mano de Moshé" (esta declaración es una amalgama de Deuteronomio 4:44 y Números 9:23).

חצי קדיש

Antes que el מפטיר *es leído, el* קורא *recita* חצי קדיש*:*

קורא: **יִתְגַּדַּל וְיִתְקַדַּשׁ שְׁמֵהּ רַבָּא** (קהל: אָמֵן)
בְּעָלְמָא דִּי בְרָא כִרְעוּתֵהּ
וְיַמְלִיךְ מַלְכוּתֵהּ
בְּחַיֵּיכוֹן וּבְיוֹמֵיכוֹן וּבְחַיֵּי דְכָל בֵּית יִשְׂרָאֵל
בַּעֲגָלָא וּבִזְמַן קָרִיב, וְאִמְרוּ אָמֵן. (קהל: אָמֵן)

קהל וקורא: **יְהֵא שְׁמֵהּ רַבָּא מְבָרַךְ לְעָלַם וּלְעָלְמֵי עָלְמַיָּא.**

קורא: **יִתְבָּרַךְ וְיִשְׁתַּבַּח וְיִתְפָּאַר וְיִתְרוֹמַם וְיִתְנַשֵּׂא**
וְיִתְהַדָּר וְיִתְעַלֶּה וְיִתְהַלָּל
שְׁמֵהּ דְּקֻדְשָׁא בְּרִיךְ הוּא (קהל: בְּרִיךְ הוּא)
לְעֵלָּא מִן כָּל בִּרְכָתָא / בשבת שובה: **לְעֵלָּא לְעֵלָּא מִכָּל בִּרְכָתָא**/
וְשִׁירָתָא, תֻּשְׁבְּחָתָא וְנֶחֱמָתָא
דַּאֲמִירָן בְּעָלְמָא, וְאִמְרוּ אָמֵן. (קהל: אָמֵן)

הגבהה וגלילה

Se alza el ספר תורה *y el* קהל *recita:*

וְזֹאת הַתּוֹרָה אֲשֶׁר־שָׂם מֹשֶׁה לִפְנֵי בְּנֵי יִשְׂרָאֵל: דברים ד
עַל־פִּי יהוה בְּיַד מֹשֶׁה: במדבר ט

Algunos agregan:

עֵץ־חַיִּים הִיא לַמַּחֲזִיקִים בָּהּ וְתֹמְכֶיהָ מְאֻשָּׁר: משלי ג
דְּרָכֶיהָ דַרְכֵי־נֹעַם וְכָל־נְתִיבֹתֶיהָ שָׁלוֹם:
אֹרֶךְ יָמִים בִּימִינָהּ, בִּשְׂמֹאולָהּ עֹשֶׁר וְכָבוֹד:
יהוה חָפֵץ לְמַעַן צִדְקוֹ יַגְדִּיל תּוֹרָה וְיַאְדִּיר: ישעיה מב

Se ata el ספר תורה *y se cubre.*

וְזֹאת הַתּוֹרָה *Esta es la Torá.* El alzamiento (*hagbahá*) y enrollamiento (*glilá*) de la Torá – son antiguas costumbres consideradas como un gran honor y son acompañadas por reafirmaciones de la santidad de la Torá como palabra de

BENDICIONES PREVIAS Y POSTERIORES A LA LECTURA DE LA HAFTARÁ

Antes de leer la Haftará, la persona llamada a para el Maftir dice:

בָּרוּךְ Bendito eres Tú SEÑOR, nuestro Dios, Rey del universo, que escogió buenos profetas y se vio gratificado por sus palabras dichas con verdad. Bendito eres Tú SEÑOR, que escoge la Torá y a Su siervo Moshé, y a Su pueblo Israel, y a los profetas de la verdad y la justicia.

Tras la lectura de la Haftará, la persona llamada para el Maftir recita las siguientes bendiciones:

בָּרוּךְ Bendito eres Tú SEÑOR, nuestro Dios, Rey del universo, Fortaleza de todos los mundos, Justo en todas las generaciones, Dios fiel que dice y hace, que habla y cumple, y cuyas palabras son todas verdaderas y justas. Tú eres fiel SEÑOR, nuestro Dios, y fidedignas son Tus palabras y ninguna de estas quedará sin cumplirse pues Tú eres un Rey fiel (y compasivo). Bendito eres Tú SEÑOR, el Dios fidedigno en todas Sus palabras.

רַחֵם Apiádate de Sion pues es la fuente de nuestra vida, y salva a la miserable pronto en nuestros días. Bendito eres Tú SEÑOR, que alegra a Sion con sus hijos.

שַׂמְּחֵנוּ Alégranos SEÑOR, nuestro Dios, por medio de Tu siervo el profeta Eliahu, y por medio del reino de la Casa de David Tu ungido, quien pronto arribará y regocijará a nuestros corazones. Que no se siente extraño alguno sobre su trono ni hereden otros su honor pues le prometiste por medio de Tu Nombre Sagrado que su vela no se extinguirá jamás. Bendito eres Tú SEÑOR, protector de David.

---

temáticamente a la lectura de la Torá. Sin embargo, algunas *haftarot* están vinculadas al momento particular del año, tal como en el caso de las lecturas de Rosh Jodesh cuando el novilunio cae en Shabat o antes y después del 9 de Av. La bendición anterior a la lectura enfatiza nuestra fe en la veracidad de las palabras de los profetas. Las cuatro bendiciones posteriores a la lectura se refieren a: (1) nuestra fe en las promesas Divinas recibidas a través de los profetas; (2) nuestra esperanza en la restauración de Sion; (3) una plegaria por

ברכות ההפטרה

Antes de leer la הפטרה*, la persona llamada para el* מפטיר *dice:*

בָּרוּךְ אַתָּה יהוה אֱלֹהֵינוּ מֶלֶךְ הָעוֹלָם אֲשֶׁר בָּחַר בִּנְבִיאִים טוֹבִים, וְרָצָה בְדִבְרֵיהֶם הַנֶּאֱמָרִים בֶּאֱמֶת. בָּרוּךְ אַתָּה יהוה, הַבּוֹחֵר בַּתּוֹרָה וּבְמֹשֶׁה עַבְדּוֹ וּבְיִשְׂרָאֵל עַמּוֹ וּבִנְבִיאֵי הָאֱמֶת וָצֶדֶק.

Tras la lectura de la הפטרה*, la persona llamada para el* מפטיר *recita las siguientes bendiciones:*

בָּרוּךְ אַתָּה יהוה אֱלֹהֵינוּ מֶלֶךְ הָעוֹלָם, צוּר כָּל הָעוֹלָמִים, צַדִּיק בְּכָל הַדּוֹרוֹת, הָאֵל הַנֶּאֱמָן, הָאוֹמֵר וְעוֹשֶׂה, הַמְדַבֵּר וּמְקַיֵּם, שֶׁכָּל דְּבָרָיו אֱמֶת וָצֶדֶק. נֶאֱמָן אַתָּה הוּא יהוה אֱלֹהֵינוּ וְנֶאֱמָנִים דְּבָרֶיךָ, וְדָבָר אֶחָד מִדְּבָרֶיךָ אָחוֹר לֹא יָשׁוּב רֵיקָם, כִּי אֵל מֶלֶךְ נֶאֱמָן (וְרַחֲמָן) אָתָּה. בָּרוּךְ אַתָּה יהוה, הָאֵל הַנֶּאֱמָן בְּכָל דְּבָרָיו.

רַחֵם עַל צִיּוֹן כִּי הִיא בֵּית חַיֵּינוּ, וְלַעֲלוּבַת נֶפֶשׁ תּוֹשִׁיעַ בִּמְהֵרָה בְיָמֵינוּ. בָּרוּךְ אַתָּה יהוה, מְשַׂמֵּחַ צִיּוֹן בְּבָנֶיהָ.

שַׂמְּחֵנוּ יהוה אֱלֹהֵינוּ בְּאֵלִיָּהוּ הַנָּבִיא עַבְדֶּךָ, וּבְמַלְכוּת בֵּית דָּוִד מְשִׁיחֶךָ, בִּמְהֵרָה יָבוֹא וְיָגֵל לִבֵּנוּ. עַל כִּסְאוֹ לֹא יֵשֶׁב זָר, וְלֹא יִנְחֲלוּ עוֹד אֲחֵרִים אֶת כְּבוֹדוֹ, כִּי בְשֵׁם קָדְשְׁךָ נִשְׁבַּעְתָּ לּוֹ שֶׁלֹּא יִכְבֶּה נֵרוֹ לְעוֹלָם וָעֶד. בָּרוּךְ אַתָּה יהוה, מָגֵן דָּוִד.

LA HAFTARÁ

La lectura del pasaje extraído de la obra de los profetas (la segunda de las secciones del Tanaj) se remonta originalmente al período del Segundo Templo. La palabra "*Haftará*" significa "conclusión" de la lectura de la Torá. La persona que lee la *Haftará* es primeramente llamada a la Torá (*maftir* – relee los últimos versículos de la porción semanal de lectura de la Torá) a los efectos de enfatizar la conexión entre el texto mosaico y los de los demás libros proféticos. Por lo general, la *Haftará* está conectada verbal o

En Shabat, incluyendo Shabat Jol HaMo'ed Pesaj, se dice:

עַל הַתּוֹרָה Por la Torá, por el servicio sagrado, por los profetas y por este Shabat que nos diste Señor, nuestro Dios, para santidad y descanso, honor y esplendor. Por todo esto Señor, nuestro Dios, Te agradecemos y bendecimos, bendito sea Tu Nombre en boca de todo ser vivo por siempre. Bendito eres Tú Señor, que santifica el Shabat.

En Yom Tov y en Shabat Jol HaMo'ed Sucot recitar
(agregando en Shabat lo que figura entre paréntesis):

Por la Torá, por el servicio sagrado, por los profetas (por este Shabat) y por esta

En Pesaj: Festividad de Pesaj
En Shavu'ot: Festividad de Shavu'ot
En Sucot: Festividad de Sucot
En Sheminí Atzeret y en Simjat Torá: Festividad de Sheminí Atzeret

que nos diste Señor, nuestro Dios, (para santidad y descanso), para alegría y regocijo, honor y esplendor. Por todo esto Señor, nuestro Dios, Te agradecemos y bendecimos, bendito sea Tu Nombre en boca de todo ser vivo por siempre. Bendito eres Tú Señor, que santifica (el Shabat) a Israel y las festividades.

Los tres párrafos siguientes no son recitados en un Yom Tov que cae en día de semana. Se recitan únicamente en presencia de un minián (algunos recitan el primer párrafo en ausencia de minián).

יְקוּם פֻּרְקָן Que surja salvación desde el cielo trayendo gracia, amor y compasión, larga vida, cómodo sustento y ayuda celestial, salud física y luminosidad a la mente, con vástagos que vivan y perduren, niños que no cesen ni interrumpan el estudio de las palabras de la Torá. A nuestros maestros y rabinos tanto de Babilonia como de la tierra de Israel, a los líderes de las asambleas periódicas de estudio, a los exilarcas, a quienes detentan un púlpito, a los jueces apostados en

---

Plegarias especiales: Una serie de plegarias por las comunidades judías a través del mundo, las sociedades en las que, o los gobiernos bajo los que viven los judíos. Las diferentes plegarias datan de distintas épocas y lugares y reflejan la diversidad de la vida judía desde tiempos pasados y hasta la fecha.

יְקוּם פֻּרְקָן *Que surja salvación:* Plegaria por los liderazgos tanto religioso como

En שבת*, incluyendo* שבת חול המועד פסח*, se dice:*

עַל הַתּוֹרָה וְעַל הָעֲבוֹדָה וְעַל הַנְּבִיאִים וְעַל יוֹם הַשַּׁבָּת הַזֶּה, שֶׁנָּתַתָּ לָּנוּ יהוה אֱלֹהֵינוּ לִקְדֻשָּׁה וְלִמְנוּחָה, לְכָבוֹד וּלְתִפְאָֽרֶת. עַל הַכֹּל יהוה אֱלֹהֵינוּ אֲנַֽחְנוּ מוֹדִים לָךְ וּמְבָרְכִים אוֹתָךְ, יִתְבָּרַךְ שִׁמְךָ בְּפִי כָּל חַי תָּמִיד לְעוֹלָם וָעֶד. בָּרוּךְ אַתָּה יהוה, מְקַדֵּשׁ הַשַּׁבָּת.

En יום טוב *y en* שבת חול המועד סוכות *recitar (agregando en* שבת *lo que figura entre paréntesis):*

עַל הַתּוֹרָה וְעַל הָעֲבוֹדָה וְעַל הַנְּבִיאִים (וְעַל יוֹם הַשַּׁבָּת הַזֶּה), וְעַל יוֹם

בפסח: חַג הַמַּצּוֹת הַזֶּה

בשבועות: חַג הַשָּׁבוּעוֹת הַזֶּה

בסוכות: חַג הַסֻּכּוֹת הַזֶּה

בשמיני עצרת ובש"ת: הַשְּׁמִינִי חַג הָעֲצֶֽרֶת הַזֶּה

שֶׁנָּתַתָּ לָּנוּ, יהוה אֱלֹהֵינוּ (לִקְדֻשָּׁה וְלִמְנוּחָה) לְשָׂשׂוֹן וּלְשִׂמְחָה, לְכָבוֹד וּלְתִפְאָֽרֶת. עַל הַכֹּל יהוה אֱלֹהֵינוּ אֲנַֽחְנוּ מוֹדִים לָךְ וּמְבָרְכִים אוֹתָךְ. יִתְבָּרַךְ שִׁמְךָ בְּפִי כָּל חַי תָּמִיד לְעוֹלָם וָעֶד. בָּרוּךְ אַתָּה יהוה, מְקַדֵּשׁ (הַשַּׁבָּת וְ)יִשְׂרָאֵל וְהַזְּמַנִּים.

Los tres párrafos siguientes no son recitados en un יום טוב *que cae en día de semana. Se recitan únicamente en presencia de un* מנין *(algunos recitan el primer párrafo en ausencia de* מנין*).*

יְקוּם פֻּרְקָן מִן שְׁמַיָּא, חִנָּא וְחִסְדָּא וְרַחֲמֵי וְחַיֵּי אֲרִיכֵי וּמְזוֹנֵי רְוִיחֵי, וְסִיַּעְתָּא דִשְׁמַיָּא, וּבַרְיוּת גּוּפָא וּנְהוֹרָא מְעַלְיָא, זַרְעָא חַיָּא וְקַיָּמָא, זַרְעָא דִּי לָא יִפְסֻק וְדִי לָא יִבְטֻל מִפִּתְגָּמֵי אוֹרַיְתָא, לְמָרָנָן וְרַבָּנָן חֲבוּרָתָא קַדִּישָׁתָא דִּי בְאַרְעָא דְיִשְׂרָאֵל וְדִי בְבָבֶל, לְרֵישֵׁי כַלָּה, וּלְרֵישֵׁי גַלְוָתָא, וּלְרֵישֵׁי מְתִיבָתָא, וּלְדַיָּנֵי דְבָבָא, לְכָל תַּלְמִידֵיהוֹן,

---

la restauración de la monarquía davídica (encontramos aquí huellas de una polémica contra pretensiones rivales de soberanía tales como la de los reyes hasmoneos durante el período del Segundo Templo los cuales no descendían de la Casa de David); (4) un himno de alabanza por el día: Shabat o Festividad.

los portones de las ciudades, a todos sus discípulos y a los discípulos de sus discípulos y a todas aquellas personas que estudian Torá. Que el Rey del mundo los bendiga, prolongue sus vidas e incremente sus días, agregando años a sus años. Que tengan el mérito de ser redimidos y puestos a salvo de cualquier contratiempo y de todo mal. El Señor de los Cielos les ayude en todo momento y período y digamos Amén.

יְקוּם פֻּרְקָן Que surja salvación desde el cielo trayendo gracia, amor y compasión, larga vida, cómodo sustento y ayuda celestial, salud física y luminosidad a la mente, con vástagos que vivan y perduren, niños que no cesen ni interrumpan el estudio de las palabras de la Torá, a todo este público sagrado, grandes junto a pequeños, mujeres y niños. Que el Rey del mundo los bendiga, prolongue sus vidas e incremente sus días, agregando años a sus años. Que tengan el mérito de ser redimidos y puestos a salvo de cualquier contratiempo y de todo mal. El Señor de los Cielos les ayude en todo momento y período y digamos: Amén.

מִי שֶׁבֵּרַךְ Quien bendijo a nuestros ancestros Abraham, Ytzjak y Ya'akov que bendiga a todo este público sagrado junto a todas las congregaciones sagradas, a ellos, a sus mujeres, sus hijos, sus hijas y todo cuanto poseen. Que Dios bendiga a quienes se unen conformando sinagogas para rezar, y a quienes asisten a estas para orar, a quienes proveen de lámparas para iluminar y vino para Kidush y Havdalá, alimentos para los huéspedes y caridad para los pobres. A todos aquellos que se ocupan de las labores públicas con fidelidad, que el Santo Bendito Él les retribuya su recompensa, aleje de ellos toda enfermedad, cure la totalidad de sus cuerpos y perdone todas sus trasgresiones, y les envíe bendición y éxito en todo cuanto realicen sus manos junto a todos sus hermanos los hijos de Israel y digamos: Amén.

Tabernáculo – la primera casa colectiva de oración judía – que fue construido de donativos voluntarios de los hijos de Israel, de igual manera las comunidades judías en la actualidad se mantienen por contribuciones voluntarias de sus miembros tanto bajo la forma de dinero como de tiempo.

וּלְכָל תַּלְמִידֵי תַלְמִידֵיהוֹן, וּלְכָל מָאן דְּעָסְקִין בְּאוֹרַיְתָא. מַלְכָּא דְעָלְמָא יְבָרֵךְ יָתְהוֹן, יַפֵּשׁ חַיֵּיהוֹן וְיַסְגֵּא יוֹמֵיהוֹן, וְיִתֵּן אַרְכָא לִשְׁנֵיהוֹן, וְיִתְפָּרְקוּן וְיִשְׁתֵּיזְבוּן מִן כָּל עָקָא וּמִן כָּל מַרְעִין בִּישִׁין. מָרַן דִּי בִשְׁמַיָּא יְהֵא בְסַעְדְּהוֹן כָּל זְמַן וְעִדָּן, וְנֹאמַר אָמֵן.

יְקוּם פֻּרְקָן מִן שְׁמַיָּא, חִנָּא וְחִסְדָּא וְרַחֲמֵי וְחַיֵּי אֲרִיכֵי וּמְזוֹנֵי רְוִיחֵי, וְסִיַּעְתָּא דִשְׁמַיָּא, וּבַרְיוּת גּוּפָא וּנְהוֹרָא מְעַלְיָא, זַרְעָא חַיָּא וְקַיָּמָא, זַרְעָא דִּי לָא יִפְסֻק וְדִי לָא יִבְטֻל מִפִּתְגָּמֵי אוֹרַיְתָא, לְכָל קְהָלָא קַדִּישָׁא הָדֵין, רַבְרְבַיָּא עִם זְעֵרַיָּא, טַפְלָא וּנְשַׁיָּא. מַלְכָּא דְעָלְמָא יְבָרֵךְ יָתְכוֹן, יַפֵּשׁ חַיֵּיכוֹן וְיַסְגֵּא יוֹמֵיכוֹן, וְיִתֵּן אַרְכָא לִשְׁנֵיכוֹן, וְתִתְפָּרְקוּן וְתִשְׁתֵּיזְבוּן מִן כָּל עָקָא וּמִן כָּל מַרְעִין בִּישִׁין. מָרַן דִּי בִשְׁמַיָּא יְהֵא בְסַעְדְּכוֹן כָּל זְמַן וְעִדָּן, וְנֹאמַר אָמֵן.

מִי שֶׁבֵּרַךְ אֲבוֹתֵינוּ אַבְרָהָם יִצְחָק וְיַעֲקֹב, הוּא יְבָרֵךְ אֶת כָּל הַקָּהָל הַקָּדוֹשׁ הַזֶּה עִם כָּל קְהִלּוֹת הַקֹּדֶשׁ, הֵם וּנְשֵׁיהֶם וּבְנֵיהֶם וּבְנוֹתֵיהֶם וְכֹל אֲשֶׁר לָהֶם, וּמִי שֶׁמְּיַחֲדִים בָּתֵּי כְנֵסִיּוֹת לִתְפִלָּה, וּמִי שֶׁבָּאִים בְּתוֹכָם לְהִתְפַּלֵּל, וּמִי שֶׁנּוֹתְנִים נֵר לַמָּאוֹר וְיַיִן לְקִדּוּשׁ וּלְהַבְדָּלָה וּפַת לָאוֹרְחִים וּצְדָקָה לָעֲנִיִּים, וְכָל מִי שֶׁעוֹסְקִים בְּצָרְכֵי צִבּוּר בֶּאֱמוּנָה. הַקָּדוֹשׁ בָּרוּךְ הוּא יְשַׁלֵּם שְׂכָרָם, וְיָסִיר מֵהֶם כָּל מַחֲלָה, וְיִרְפָּא לְכָל גּוּפָם, וְיִסְלַח לְכָל עֲוֹנָם, וְיִשְׁלַח בְּרָכָה וְהַצְלָחָה בְּכָל מַעֲשֵׂי יְדֵיהֶם עִם כָּל יִשְׂרָאֵל אֲחֵיהֶם, וְנֹאמַר אָמֵן.

---

laico de la judería babilonia. Data de la era talmúdica y gaonítica cuando la comunidad babilonia era el centro de la vida judía.

יְקוּם פֻּרְקָן *Que surja salvación:* La segunda y tercera plegarias, una en arameo y basada en la plegaria anterior y la otra en hebreo, están dirigidas a todas aquellas personas que trabajan en aras de la congregación. Tal como en el

PLEGARIA POR EL BIENESTAR DEL GOBIERNO DEL PAÍS DE LA DIÁSPORA EN EL QUE SE RESIDE

El oficiante dice lo siguiente:

הַנּוֹתֵן תְּשׁוּעָה Aquél que concede la salvación a los reyes y el dominio a los príncipes, y cuyo reino es eterno. Él, que rescató a Su siervo David de la espada destructiva; Aquél que abre un camino en el mar y una senda en medio de aguas tempestuosas; quiera bendecir, guardar, proteger y encumbrar hacia lo más alto al presidente, al vicepresidente y a todos los ministros del gobierno de este país. El Supremo Rey de Reyes, en Su compasión infinita, infunda en su corazón y en los corazones de todos sus asesores y ministros la benevolencia para con nosotros y con todo el pueblo de Israel. En sus días y en los nuestros que Yehudá sea redimida e Israel habite en seguridad, y que prontamente arribe el Redentor a Sion. Sea esta Su voluntad y digamos: Amén.

PLEGARIA POR LA SEGURIDAD DE LOS SOLDADOS DEL EJÉRCITO DEL PAÍS DE LA DIÁSPORA EN EL QUE SE RESIDE

El oficiante dice lo siguiente:

אַדִּיר בַּמָּרוֹם Dios Todopoderoso que reside en las alturas, Rey a quien Le pertenece la paz, divisa desde Tu morada sagrada y bendice a los soldados de (*nombre del país*) que arriesgan sus vidas al ir a procurar la paz en la tierra. Sé para ellos refugio y fortaleza, no permitas que desfallezcan, refuerza sus brazos y da coraje a sus corazones para que puedan desbaratar las intenciones de sus enemigos y hacer desaparecer su dominio malicioso. Que se esparzan sus enemigos y que quienes les odian se escapen de ante ellos y que se regocijen así en Tu salvación. Hazlos retornar en paz a sus hogares, tal como está escrito en Tus
Sagradas escrituras: "El Señor te salvará de todo mal, salvará tu alma, *Sal. 121*
el Señor cuidará tu entrada y tu salida de hoy y para siempre". Haz que
se cumpla el versículo que reza: "No levantará la espada una nación *Is. 2*
contra otra ni aprenderán más para la guerra". Todos los habitantes de la tierra sabrán que Tuyo es el reino y Tu reverenciado Nombre prevalece por sobre todo aquello que creaste. Y digamos: Amén.

"Rabí Janina, el vice del Supremo Sacerdote dijo: Orad por el bienestar del gobierno ya que de no mediar el temor a éste las personas se devorarían vivas unas a las otras" (*Avot* 3:2).

תפילה לשלום המלכות

El שליח ציבור *dice lo siguiente:*

הַנּוֹתֵן תְּשׁוּעָה לַמְּלָכִים וּמֶמְשָׁלָה לַנְּסִיכִים, מַלְכוּתוֹ מַלְכוּת כָּל
עוֹלָמִים, הַפּוֹצֶה אֶת דָּוִד עַבְדּוֹ מֵחֶרֶב רָעָה, הַנּוֹתֵן בַּיָּם דֶּרֶךְ וּבְמַיִם
עַזִּים נְתִיבָה, הוּא יְבָרֵךְ וְיִשְׁמֹר וְיִנְצֹר וְיַעֲזֹר וִירוֹמֵם וִיגַדֵּל וִינַשֵּׂא
לְמַעְלָה אֶת הַנָּשִׂיא וְאֵת מִשְׁנֵהוּ וְאֵת כָּל שָׂרֵי הָאָרֶץ הַזֹּאת. מֶלֶךְ
מַלְכֵי הַמְּלָכִים, בְּרַחֲמָיו יִתֵּן בְּלִבָּם וּבְלֵב כָּל יוֹעֲצֵיהֶם וְשָׂרֵיהֶם
לַעֲשׂוֹת טוֹבָה עִמָּנוּ וְעִם כָּל יִשְׂרָאֵל. בִּימֵיהֶם וּבְיָמֵינוּ תִּוָּשַׁע יְהוּדָה,
וְיִשְׂרָאֵל יִשְׁכֹּן לָבֶטַח, וּבָא לְצִיּוֹן גּוֹאֵל. וְכֵן יְהִי רָצוֹן, וְנֹאמַר אָמֵן.

תפילה לשלום חיילי צבא המלכות

El שליח ציבור *dice lo siguiente:*

אַדִּיר בַּמָּרוֹם שׁוֹכֵן בִּגְבוּרָה, מֶלֶךְ שֶׁהַשָּׁלוֹם שֶׁלּוֹ, הַשְׁקִיפָה מִמְּעוֹן
קָדְשְׁךָ, וּבָרֵךְ אֶת חַיָּלֵי צְבָא *(nombre del país)*, הַמְחָרְפִים נַפְשָׁם
בְּלֶכְתָּם לָשִׂים שָׁלוֹם בָּאָרֶץ. הֱיֵה נָא לָהֶם מַחֲסֶה וּמָעוֹז, וְאַל תִּתֵּן
לַמּוֹט רַגְלָם, חַזֵּק יְדֵיהֶם וְאַמֵּץ רוּחָם לְהָפֵר עֲצַת אוֹיֵב וּלְהַעֲבִיר
מֶמְשֶׁלֶת זָדוֹן, יָפֽוּצוּ אוֹיְבֵיהֶם וְיָנֽוּסוּ מְשַׂנְאֵיהֶם מִפְּנֵיהֶם, וְיִשְׂמְחוּ
בִּישׁוּעָתֶךָ. הֲשִׁיבֵם בְּשָׁלוֹם אֶל בֵּיתָם, כַּכָּתוּב בְּדִבְרֵי קָדְשֶׁךָ: יהוה תהלים קכא
יִשְׁמָרְךָ מִכָּל־רָע, יִשְׁמֹר אֶת־נַפְשֶׁךָ: יהוה יִשְׁמָר־צֵאתְךָ וּבוֹאֶךָ,
מֵעַתָּה וְעַד־עוֹלָם: וְקַיֵּם בָּנוּ מִקְרָא שֶׁכָּתוּב: לֹא־יִשָּׂא גוֹי אֶל־גּוֹי ישעיה ב
חֶרֶב, וְלֹא־יִלְמְדוּ עוֹד מִלְחָמָה: וְיֵדְעוּ כָּל יוֹשְׁבֵי תֵבֵל כִּי לְךָ מְלוּכָה
יָאֲתָה, וְשִׁמְךָ נוֹרָא עַל כָּל מַה שֶּׁבָּרָאתָ. וְנֹאמַר אָמֵן.

הַנּוֹתֵן תְּשׁוּעָה *Plegaria por el bienestar del gobierno:* Esta plegaria hace eco de la instrucción impartida por el profeta Jeremías (29:7) a los judíos de la dispersión en días del exilio babilónico (siglo VI A.E.C.): "Pedid por la paz de la ciudad a la cual os he enviado en cautiverio y orad al Señor por ella, pues en su paz vosotros tendréis paz". Una instrucción similar fue dada en un período posterior (siglo I A.E.C.) tras la conquista romana de Jerusalém:

PLEGARIA POR EL ESTADO DE ISRAEL

El oficiante recita la siguiente plegaria:

אָבִינוּ שֶׁבַּשָּׁמַיִם Padre Celestial, Fortaleza y Redentor de Israel, bendice al Estado de Israel que es el inicio del florecimiento de nuestra redención. Defiéndelo bajo las alas de Tu benevolencia y extiende sobre éste la sucá de Tu paz, envía Tu luz y Tu verdad a sus gobernantes, ministros y asesores y concédeles juicio atinado delante de Ti.

Fortifica los brazos de los defensores de nuestra tierra sagrada y concédeles, Dios nuestro, redención y corónalos con la corona de la victoria, instaura la paz sobre la tierra y alegría permanente a sus habitantes.

Y a nuestros hermanos, toda la Casa de Israel, recuérdalos en las tierras de su dispersión y condúcenos (*En Israel:* se dice condúcelos pronto) a Sion Tu ciudad y a Jerusalém el sitio de Tu Nombre, tal como está escrito en la Torá de Tu siervo Moshé: "Aunque tus dispersos estén en las tierras más distantes bajo el cielo, desde allí te habrá de reunir el Señor tu Dios y desde allí te traerá. Y te traerá a la tierra que heredaron tus ancestros y la heredarás, y allí te hará prosperar y multiplicarte más que tus antepasados. Y el Señor tu Dios circuncidará el prepucio de tu corazón y el corazón de tu simiente, para que amen al Señor tu Dios con todo tu corazón y toda tu alma en aras de tu vida". *Deut. 30*

Une nuestros corazones para que amen y reverencien Tu Nombre, para cuidar todos los mandamientos de Tu Torá, envíanos pronto al hijo de David Tu justo ungido, para que redima a quienes esperan Tu salvación.

Manifiéstate en Tu gloriosa majestad por sobre todos los habitantes de la tierra y dirá todo ser vivo: El Señor Dios de Israel es el Rey, todo lo gobierna. Amén. Sela.

---

cumplimiento de la visión profética – declarada primeramente por Moshé en el libro de Deuteronomio – que Israel algún día sería reunido "aunque tus dispersos estén en las tierras más distantes bajo el cielo", una predicción increíblemente exacta de lo que está ocurriendo en la actualidad. Según las enseñanzas del maestro babilonio Shmuel del siglo III "La única diferencia entre este mundo y la era mesiánica es el sojuzgamiento a poderes extranjeros" (*Berajot* 34B). Según esta óptica, la independencia de Israel fue un momento

תפילה לשלום מדינת ישראל

El שליח ציבור *recita la siguiente plegaria:*

אָבִֽינוּ שֶׁבַּשָּׁמַֽיִם, צוּר יִשְׂרָאֵל וְגוֹאֲלוֹ, בָּרֵךְ אֶת מְדִינַת יִשְׂרָאֵל,
רֵאשִׁית צְמִיחַת גְּאֻלָּתֵֽנוּ. הָגֵן עָלֶֽיהָ בְּאֶבְרַת חַסְדֶּֽךָ וּפְרֹשׂ עָלֶֽיהָ
סֻכַּת שְׁלוֹמֶֽךָ, וּשְׁלַח אוֹרְךָ וַאֲמִתְּךָ לְרָאשֶֽׁיהָ, שָׂרֶֽיהָ וְיוֹעֲצֶֽיהָ,
וְתַקְּנֵם בְּעֵצָה טוֹבָה מִלְּפָנֶֽיךָ.

חַזֵּק אֶת יְדֵי מְגִנֵּי אֶֽרֶץ קָדְשֵֽׁנוּ, וְהַנְחִילֵם אֱלֹהֵֽינוּ יְשׁוּעָה וַעֲטֶֽרֶת
נִצָּחוֹן תְּעַטְּרֵם, וְנָתַתָּ שָׁלוֹם בָּאָֽרֶץ וְשִׂמְחַת עוֹלָם לְיוֹשְׁבֶֽיהָ.

וְאֶת אַחֵֽינוּ כָּל בֵּית יִשְׂרָאֵל, פְּקָד נָא בְּכָל אַרְצוֹת פְּזוּרֵֽינוּ, וְתוֹלִיכֵֽנוּ
/בארץ ישראל: פְּזוּרֵיהֶם, וְתוֹלִיכֵם/ מְהֵרָה קוֹמְמִיּוּת לְצִיּוֹן עִירֶֽךָ וְלִירוּשָׁלַֽיִם
מִשְׁכַּן שְׁמֶֽךָ, כַּכָּתוּב בְּתוֹרַת מֹשֶׁה עַבְדֶּֽךָ: אִם־יִהְיֶה נִדַּחֲךָ בִּקְצֵה דברים ל
הַשָּׁמָֽיִם, מִשָּׁם יְקַבֶּצְךָ יהוה אֱלֹהֶֽיךָ וּמִשָּׁם יִקָּחֶֽךָ: וֶהֱבִיאֲךָ יהוה
אֱלֹהֶֽיךָ אֶל־הָאָֽרֶץ אֲשֶׁר־יָרְשׁוּ אֲבֹתֶֽיךָ וִירִשְׁתָּהּ, וְהֵיטִבְךָ וְהִרְבְּךָ
מֵאֲבֹתֶֽיךָ: וּמָל יהוה אֱלֹהֶֽיךָ אֶת־לְבָבְךָ וְאֶת־לְבַב זַרְעֶֽךָ, לְאַהֲבָה
אֶת־יהוה אֱלֹהֶֽיךָ בְּכָל־לְבָבְךָ וּבְכָל־נַפְשְׁךָ, לְמַֽעַן חַיֶּֽיךָ:

וְיַחֵד לְבָבֵֽנוּ לְאַהֲבָה וּלְיִרְאָה אֶת שְׁמֶֽךָ, וְלִשְׁמֹר אֶת כָּל דִּבְרֵי
תוֹרָתֶֽךָ, וּשְׁלַח לָֽנוּ מְהֵרָה בֶּן דָּוִד מְשִֽׁיחַ צִדְקֶֽךָ, לִפְדּוֹת מְחַכֵּי
קֵץ יְשׁוּעָתֶֽךָ.

וְהוֹפַע בַּהֲדַר גְּאוֹן עֻזֶּֽךָ עַל כָּל יוֹשְׁבֵי תֵבֵל אַרְצֶֽךָ וְיֹאמַר כֹּל אֲשֶׁר
נְשָׁמָה בְאַפּוֹ, יהוה אֱלֹהֵי יִשְׂרָאֵל מֶֽלֶךְ וּמַלְכוּתוֹ בַּכֹּל מָשָֽׁלָה,
אָמֵן סֶֽלָה.

אָבִֽינוּ שֶׁבַּשָּׁמַֽיִם *Plegaria por el Estado de Israel:* Fue introducida al Sidur tras la creación del moderno Estado de Israel en el año 1948. Un elemento clave de esta plegaria es la frase que reza: "inicio del florecimiento de nuestra redención". Esto significa que la restauración de Israel como nación soberana en su propia tierra no fue solamente un evento en la historia secular sino el

PLEGARIA POR LAS FUERZAS DE DEFENSA DE ISRAEL

El oficiante recita la siguiente plegaria:

מִי שֶׁבֵּרַךְ Aquél que bendijo a nuestros ancestros Abraham, Ytzjak y Ya'akov bendecirá a los soldados del Ejército de Defensa de Israel y a los miembros de las fuerzas de seguridad apostados a la defensa de nuestra tierra y las ciudades de nuestro Dios, desde el límite con el Líbano y hasta el desierto de Egipto, y desde el Mar Mediterráneo hasta la Aravá, en tierra, aire y mar. El Señor haga que nuestros enemigos que se alzan contra nosotros sean golpeados delante suyo. El Santo Bendito Él cuidará y salvará a nuestros soldados de todo problema y toda desgracia, de toda aflicción y toda enfermedad, y enviará bendición y éxito en todas sus acciones. Someterá bajo sus manos a quienes nos odian y los coronará con la corona de la victoria, y se cumpla en ellos lo que
está escrito: "Pues el Señor vuestro Dios va con ustedes a pelear por *Deut. 20*
ustedes contra vuestros enemigos para salvaros". Y digamos: Amén.

PLEGARIA POR LOS QUE SE ENCUENTRAN EN CAUTIVERIO

Si soldados o civiles israelíes se encuentran en cautiverio, el oficiante recita lo siguiente:

מִי שֶׁבֵּרַךְ Aquél que bendijo a nuestros ancestros Abraham, Ytzjak y Ya'akov, Yosef, Moshé y Aharón, David y Shelomó, Él bendecirá, cuidará y protegerá a los desparecidos del Ejército de Defensa de Israel y a sus cautivos, y a todos nuestros hermanos que se encuentran en desgracia o en cautiverio, por el mérito de que toda la santa congregación ora por ellos. El Santo Bendito Él se colmará de compasión por ellos y los sacará de la oscuridad y las tinieblas de la muerte, y quebrará sus cadenas y los redimirá de su desgracia y los devolverá pronto al seno
de sus familias. Agradeced al Señor Su benevolencia y Sus maravillas *Sal. 107*
para con el ser humano. Y que se cumpla en ellos lo que está escrito: "Y *Is. 35*
retornarán los redimidos por el Señor y vendrán a Sion entonando cánticos con eterna alegría sobre sus cabezas, alcanzarán regocijo y alegría y se esfumarán el dolor y la angustia". Y digamos: Amén.

---

culmina esta plegaria está extraído del discurso que el cohen ungido para la guerra dirigiera al pueblo de Israel en tiempos bíblicos antes de salir a la batalla (Deuteronomio 20:4). El pueblo de Israel siempre pequeño, en inferioridad numérica respecto de sus vecinos, deposita su fe en Dios y en la justicia de su causa y no únicamente en el poderío militar.

מי שבירך לחיילי צה״ל

El שליח ציבור *recita la siguiente plegaria:*

מִי שֶׁבֵּרַךְ אֲבוֹתֵינוּ אַבְרָהָם יִצְחָק וְיַעֲקֹב הוּא יְבָרֵךְ אֶת חַיָּלֵי
צְבָא הַהֲגָנָה לְיִשְׂרָאֵל וְאַנְשֵׁי כֹּחוֹת הַבִּטָּחוֹן, הָעוֹמְדִים עַל מִשְׁמַר
אַרְצֵנוּ וְעָרֵי אֱלֹהֵינוּ, מִגְּבוּל הַלְּבָנוֹן וְעַד מִדְבַּר מִצְרַיִם וּמִן הַיָּם
הַגָּדוֹל עַד לְבוֹא הָעֲרָבָה וּבְכָל מָקוֹם שֶׁהֵם, בַּיַּבָּשָׁה, בָּאֲוִיר וּבַיָּם.
יִתֵּן יהוה אֶת אוֹיְבֵינוּ הַקָּמִים עָלֵינוּ נִגָּפִים לִפְנֵיהֶם. הַקָּדוֹשׁ בָּרוּךְ
הוּא יִשְׁמֹר וְיַצִּיל אֶת חַיָּלֵינוּ מִכָּל צָרָה וְצוּקָה וּמִכָּל נֶגַע וּמַחֲלָה,
וְיִשְׁלַח בְּרָכָה וְהַצְלָחָה בְּכָל מַעֲשֵׂי יְדֵיהֶם. יַדְבֵּר שׂוֹנְאֵינוּ תַּחְתֵּיהֶם
וִיעַטְּרֵם בְּכֶתֶר יְשׁוּעָה וּבַעֲטֶרֶת נִצָּחוֹן. וִיקֻיַּם בָּהֶם הַכָּתוּב: כִּי דברים כ
יהוה אֱלֹהֵיכֶם הַהֹלֵךְ עִמָּכֶם לְהִלָּחֵם לָכֶם עִם־אֹיְבֵיכֶם לְהוֹשִׁיעַ
אֶתְכֶם: וְנֹאמַר אָמֵן.

מי שבירך לשבויים

Si soldados o civiles israelíes se encuentran en cautiverio, el שליח ציבור *recita lo siguiente:*

מִי שֶׁבֵּרַךְ אֲבוֹתֵינוּ אַבְרָהָם יִצְחָק וְיַעֲקֹב, יוֹסֵף מֹשֶׁה וְאַהֲרֹן,
דָּוִד וּשְׁלֹמֹה, הוּא יְבָרֵךְ וְיִשְׁמֹר וְיִנְצֹר אֶת נֶעְדְּרֵי צְבָא הַהֲגָנָה
לְיִשְׂרָאֵל וּשְׁבוּיָו, וְאֶת כָּל אַחֵינוּ הַנְּתוּנִים בְּצָרָה וּבְשִׁבְיָה, בַּעֲבוּר
שֶׁכָּל הַקָּהָל הַקָּדוֹשׁ הַזֶּה מִתְפַּלֵּל בַּעֲבוּרָם. הַקָּדוֹשׁ בָּרוּךְ הוּא
יִמָּלֵא רַחֲמִים עֲלֵיהֶם, וְיוֹצִיאֵם מֵחֹשֶׁךְ וְצַלְמָוֶת, וּמוֹסְרוֹתֵיהֶם
יְנַתֵּק, וּמִמְּצוּקוֹתֵיהֶם יוֹשִׁיעֵם, וִישִׁיבֵם מְהֵרָה לְחֵיק מִשְׁפְּחוֹתֵיהֶם.
יוֹדוּ לַיהוה חַסְדּוֹ וְנִפְלְאוֹתָיו לִבְנֵי אָדָם: וִיקֻיַּם בָּהֶם מִקְרָא תהלים קז
שֶׁכָּתוּב: וּפְדוּיֵי יהוה יְשֻׁבוּן, וּבָאוּ צִיּוֹן בְּרִנָּה, וְשִׂמְחַת עוֹלָם ישעיה לה
עַל־רֹאשָׁם, שָׂשׂוֹן וְשִׂמְחָה יַשִּׂיגוּ, וְנָסוּ יָגוֹן וַאֲנָחָה: וְנֹאמַר אָמֵן.

---

de redención, un retorno a la autodeterminación judía, autogobierno y autodefensa bajo la única soberanía de Dios.

מִי שֶׁבֵּרַךְ *Plegaria por las Fuerzas de Defensa de Israel:* El versículo con el cual

BENDICIÓN POR EL NUEVO MES

El Shabat anterior a Rosh Jodesh la congregación recita lo siguiente y es seguida por el oficiante:

יְהִי רָצוֹן Sea voluntad ante Ti Señor, Dios nuestro y de nuestros ancestros, que renueves sobre nosotros este mes para bien y para bendición. Danos larga vida, vida de paz, vida de bien, vida de bendición, vida con sustento, una vida de salud física, una vida de temor al cielo y temor a pecar, una vida libre de vergüenza y escarnio, una vida de riqueza y honor, una vida en la que tengamos amor por la Torá y temor al cielo, una vida en la que se cumplan los buenos deseos de nuestro corazón, Amén. Sela. *Berajot 16B*

Se anuncia el novilunio, luego el oficiante toma el rollo de la Torá en su brazo derecho y dice:

מִי שֶׁעָשָׂה Aquél que hizo milagros a nuestros ancestros y los redimió de la esclavitud a la libertad, pronto nos redimirá y reunirá a nuestras dispersiones desde los cuatro confines de la tierra, tal que los hijos de Israel puedan unirse en amistad y digamos: Amén.

Primero el oficiante y luego la congregación:

El novilunio de (*nombre hebreo del mes*) ocurrirá el (*día de la semana*), el cual sobrevendrá a nosotros y a todo Israel para bien.

Primero la congregación y luego continúa el oficiante:

Fuera de Israel se dice:

Que el Santo Bendito Él
lo renueve
sobre nosotros
y sobre todo Su pueblo Israel
para la vida
y para la paz,
para la alegría
y el regocijo,
para la salvación
y el consuelo
y digamos: Amén.

En Israel se dice:

Que el Santo Bendito Él
lo renueve sobre nosotros
y sobre todo Su pueblo Israel
en todo lugar donde se encuentren
para bien y para bendición,
para alegría y para regocijo,
para salvación y para consuelo,
para sustento y abundancia,
para la vida y para la paz,
que escuchemos buenos rumores
y buenas nuevas (*En invierno:* y para lluvias en su debido tiempo)
para completa curación y pronta redención
y digamos: Amén.

---

del testimonio de la observación. Por cuanto que de esta manera no se podía predecir con exactitud y con tiempo, era necesario comunicar la decisión del tribunal a las diferentes comunidades judías tanto de Israel como del extranjero. En un inicio esto era realizado por medio de señales de fuego en

ברכת החודש

El שבת *anterior a* ראש חודש *el* קהל *recita lo siguiente y es seguido por el* שליח ציבור*:*

ברכות טז: יְהִי רָצוֹן מִלְּפָנֶיךָ, יהוה אֱלֹהֵינוּ וֵאלֹהֵי אֲבוֹתֵינוּ, שֶׁתְּחַדֵּשׁ עָלֵינוּ אֶת הַחֹדֶשׁ הַזֶּה לְטוֹבָה וְלִבְרָכָה. וְתִתֶּן לָנוּ חַיִּים אֲרוּכִים, חַיִּים שֶׁל שָׁלוֹם, חַיִּים שֶׁל טוֹבָה, חַיִּים שֶׁל בְּרָכָה, חַיִּים שֶׁל פַּרְנָסָה, חַיִּים שֶׁל חִלּוּץ עֲצָמוֹת, חַיִּים שֶׁיֵּשׁ בָּהֶם יִרְאַת שָׁמַיִם וְיִרְאַת חֵטְא, חַיִּים שֶׁאֵין בָּהֶם בּוּשָׁה וּכְלִמָּה, חַיִּים שֶׁל עֹשֶׁר וְכָבוֹד, חַיִּים שֶׁתְּהֵא בָנוּ אַהֲבַת תּוֹרָה וְיִרְאַת שָׁמַיִם, חַיִּים שֶׁיִּמָּלְאוּ מִשְׁאֲלוֹת לִבֵּנוּ לְטוֹבָה, אָמֵן סֶלָה.

Se anuncia el מולד*, luego el* שליח ציבור *toma el* ספר תורה *en su brazo derecho y dice:*

מִי שֶׁעָשָׂה נִסִּים לַאֲבוֹתֵינוּ וְגָאַל אוֹתָם מֵעַבְדוּת לְחֵרוּת
הוּא יִגְאַל אוֹתָנוּ בְּקָרוֹב וִיקַבֵּץ נִדָּחֵינוּ מֵאַרְבַּע כַּנְפוֹת הָאָרֶץ
חֲבֵרִים כָּל יִשְׂרָאֵל וְנֹאמַר אָמֵן.

Primero el שליח ציבור *y luego el* קהל*:*

רֹאשׁ חֹדֶשׁ *mes* יִהְיֶה בְּיוֹם *día* (*וּבְיוֹם *y día*)
הַבָּא עָלֵינוּ וְעַל כָּל יִשְׂרָאֵל לְטוֹבָה.

**Si el segundo día cae domingo, substituir por:* וּלְמָחֳרָתוֹ בְּיוֹם

Primero el קהל *y luego continúa el* שליח ציבור*:*

En חוץ לארץ*, se dice:*

יְחַדְּשֵׁהוּ
הַקָּדוֹשׁ בָּרוּךְ הוּא
עָלֵינוּ
וְעַל כָּל עַמּוֹ בֵּית יִשְׂרָאֵל
לְחַיִּים וּלְשָׁלוֹם
לְשָׂשׂוֹן וּלְשִׂמְחָה
לִישׁוּעָה וּלְנֶחָמָה
וְנֹאמַר אָמֵן.

En ארץ ישראל*, se dice:*

יְחַדְּשֵׁהוּ הַקָּדוֹשׁ בָּרוּךְ הוּא
עָלֵינוּ וְעַל כָּל עַמּוֹ בֵּית יִשְׂרָאֵל בְּכָל מָקוֹם שֶׁהֵם
לְטוֹבָה וְלִבְרָכָה, לְשָׂשׂוֹן וּלְשִׂמְחָה
לִישׁוּעָה וּלְנֶחָמָה
לְפַרְנָסָה וּלְכַלְכָּלָה
לְחַיִּים וּלְשָׁלוֹם
לִשְׁמוּעוֹת טוֹבוֹת וְלִבְשׂוֹרוֹת טוֹבוֹת
(בחורף: וְלִגְשָׁמִים בְּעִתָּם)
וְלִרְפוּאָה שְׁלֵמָה, וְלִגְאֻלָּה קְרוֹבָה, וְנֹאמַר אָמֵן.

LA BENDICIÓN DEL NOVILUNIO

Originalmente, el novilunio era determinado por el Sanhedrín por medio

El siguiente párrafo es omitido en días en los que no se recita Tajanún (ver página 144). Asimismo, se omite el Shabat anterior a Rosh Jodesh (salvo los Shabatot anteriores a Rosh Jodesh Yiar y Rosh Jodesh Siván) y en Shabat Shekalim, Zajor, Pará y HaJodesh. El último día de Pesaj, el segundo día de Shavu'ot (primero en Israel) y en Sheminí Atzeret, se recita Yzkor en la página 828. En otras festividades se continúa con "Dios mi Señor" en la página 836.

אַב הָרַחֲמִים Padre compasivo que reside en las alturas, con Su inmensa clemencia recordará con misericordia a los píos, rectos e íntegros, a las comunidades sagradas que entregaron su vida y murieron consagrando el Nombre Divino. Los amados y queridos en vida, al morir no se separaron, más livianos que las águilas y más valientes que los leones a la hora de cumplir con la voluntad de su Creador y el deseo de su Fortaleza. Que nuestro Dios les recuerde para bien junto con los demás justos del mundo y vengue frente a nuestros ojos la sangre derramada de Sus siervos, tal como está escrito en la
Torá de Moshé el varón de Dios: "Oh naciones, aclamad a Su pueblo porque *Deut. 32*
Él vengará la sangre de Sus siervos y devolverá su merecido a Sus enemigos,
y expiará la tierra de Su pueblo". Y por medio de Tus profetas está escrito: "Y *Joel 4*
expiaré su sangre que aún no he expiado, dice el Señor que mora en Sion".
Y en las Santas Escrituras dice: "¿Por qué habrán de decir las naciones dónde *Sal. 79*
está su Dios? Que se manifieste ante nuestros ojos la venganza por la sangre
derramada de Tus siervos". Dice, además: "El vengador de su sangre los re- *Sal. 9*
cuerda, no olvidó el clamor de los humildes". Y dice también: "Él ejecutará *Sal. 110*
el juicio sobre las naciones con muchos cadáveres, destruyendo gobernantes sobre la ancha tierra. Beberá del río que está en el camino y luego erguirá su cabeza por lo alto".

אַשְׁרֵי Felices aquellos que residen en Tu morada; *Sal. 84*
continuarán alabándote, ¡Sela!
Feliz del pueblo para el que esto es así, *Sal. 144*
feliz del pueblo que el Señor es su Dios.
Salmo de alabanza de David *Sal. 145*

א Te ensalzaré oh Dios, mi Rey y bendeciré Tu Nombre por siempre. ב Todos los días Te bendeciré y alabaré Tu Nombre por siempre. ג El Señor es grande en sobremanera y Su grandeza es insondable. ד Una generación tras otra alabará Tu labor y contará sobre Tus poderosas acciones. ה Ponderaré el glorioso esplendor

---

novilunio sea determinado por cálculo astronómico. Nuestra ceremonia, si bien se originó posteriormente, recuerda la costumbre pretérita.

El siguiente párrafo es omitido en días en los que no se recita תחנון *(ver página 145). Asimismo, se omite en* שבת מברכים *(salvo los* שבת *anteriores a* ראש חודש *(*החודש *y* פרה *,*זכור *,*שקלים *,"*ארבע פרשיות *y en las "*(ראש חודש סיון *y* אייר*.*

El último día de פסח*, el segundo día de* שבועות *(primero en* ארץ ישראל*)*
y en שמיני עצרת*, se recita* יזכור *en la página 829.*

En otros חגים *se continúa con* יָהּ אֵלִי *en la página 837.*

אַב הָרַחֲמִים שׁוֹכֵן מְרוֹמִים, בְּרַחֲמָיו הָעֲצוּמִים הוּא יִפְקֹד בְּרַחֲמִים
הַחֲסִידִים וְהַיְשָׁרִים וְהַתְּמִימִים, קְהִלּוֹת הַקֹּדֶשׁ שֶׁמָּסְרוּ נַפְשָׁם עַל קְדֻשַּׁת
הַשֵּׁם, הַנֶּאֱהָבִים וְהַנְּעִימִים בְּחַיֵּיהֶם, וּבְמוֹתָם לֹא נִפְרָדוּ, מִנְּשָׁרִים קַלּוּ
וּמֵאֲרָיוֹת גָּבֵרוּ לַעֲשׂוֹת רְצוֹן קוֹנָם וְחֵפֶץ צוּרָם. יִזְכְּרֵם אֱלֹהֵינוּ לְטוֹבָה
עִם שְׁאָר צַדִּיקֵי עוֹלָם, וְיִנְקֹם לְעֵינֵינוּ נִקְמַת דַּם עֲבָדָיו הַשָּׁפוּךְ, כַּכָּתוּב
בְּתוֹרַת מֹשֶׁה אִישׁ הָאֱלֹהִים: הַרְנִינוּ גוֹיִם עַמּוֹ, כִּי דַם־עֲבָדָיו יִקּוֹם, וְנָקָם דברים לב
יָשִׁיב לְצָרָיו, וְכִפֶּר אַדְמָתוֹ עַמּוֹ: וְעַל יְדֵי עֲבָדֶיךָ הַנְּבִיאִים כָּתוּב לֵאמֹר:
וְנִקֵּיתִי, דָּמָם לֹא־נִקֵּיתִי, וַיהוה שֹׁכֵן בְּצִיּוֹן: וּבְכִתְבֵי הַקֹּדֶשׁ נֶאֱמַר: לָמָּה יואל ד / תהלים עט
יֹאמְרוּ הַגּוֹיִם אַיֵּה אֱלֹהֵיהֶם, יִוָּדַע בַּגּוֹיִם לְעֵינֵינוּ נִקְמַת דַּם־עֲבָדֶיךָ
הַשָּׁפוּךְ: וְאוֹמֵר: כִּי־דֹרֵשׁ דָּמִים אוֹתָם זָכָר, לֹא־שָׁכַח צַעֲקַת עֲנָוִים: תהלים ט
וְאוֹמֵר: יָדִין בַּגּוֹיִם מָלֵא גְוִיּוֹת, מָחַץ רֹאשׁ עַל־אֶרֶץ רַבָּה: מִנַּחַל בַּדֶּרֶךְ תהלים קי
יִשְׁתֶּה, עַל־כֵּן יָרִים רֹאשׁ:

אַשְׁרֵי יוֹשְׁבֵי בֵיתֶךָ, עוֹד יְהַלְלוּךָ סֶּלָה: תהלים פד
אַשְׁרֵי הָעָם שֶׁכָּכָה לּוֹ, אַשְׁרֵי הָעָם שֶׁיהוה אֱלֹהָיו: תהלים קמד
תְּהִלָּה לְדָוִד תהלים קמה
א אֲרוֹמִמְךָ אֱלוֹהַי הַמֶּלֶךְ, וַאֲבָרְכָה שִׁמְךָ לְעוֹלָם וָעֶד:
ב בְּכָל־יוֹם אֲבָרְכֶךָּ, וַאֲהַלְלָה שִׁמְךָ לְעוֹלָם וָעֶד:
ג גָּדוֹל יהוה וּמְהֻלָּל מְאֹד, וְלִגְדֻלָּתוֹ אֵין חֵקֶר:
ד דּוֹר לְדוֹר יְשַׁבַּח מַעֲשֶׂיךָ, וּגְבוּרֹתֶיךָ יַגִּידוּ:
ה הֲדַר כְּבוֹד הוֹדֶךָ, וְדִבְרֵי נִפְלְאֹתֶיךָ אָשִׂיחָה:

---

las cimas de las colinas. Posteriormente se anunciaba por medio del envío de mensajeros y en el siglo IV, cuando buena parte de la población judía de la tierra de Israel había sido forzada a abandonar Israel, Hilel II ordenó que el

de Tu majestad y Tus actos maravillosos. ו Ellos relatarán el poder de Tus venerables acciones y de Tu grandeza. ז Ellos recitarán el recuerdo de Tu gran benevolencia y cantarán con regocijo Tu rectitud. ח El SEÑOR es compasivo y misericordioso, paciente y muy benevolente. ט El SEÑOR es bueno con todos y Su misericordia para con todas Sus creaturas. י Todas Tus Obras Te agradecerán y Tus devotos Te bendecirán. כ Ellos recitarán la gloria de Tu reinado y hablarán de Tus poderosas acciones. ל Darán a conocer a los hombres Sus poderosas acciones, y la gloria de la majestad de Su reino. מ Tu reino es un reino por todos los tiempos y Tu dominio por todas las generaciones. ס El SEÑOR sostiene a los que se caen y yergue a los encorvados. ע Todos alzan su mirada a Ti con esperanza y Tú les provees de su alimento en el momento adecuado. פ Tú abres Tu mano y satisfaces el deseo de cada ser viviente. צ El SEÑOR es justo en todas Sus sendas y magnánimo en todos Sus actos. ק El SEÑOR está cercano a todos quienes Le llaman, de todos aquellos que claman a Él con la verdad. ר Él colmará el deseo de quienes Lo reverencian, escuchará su clamor y los redimirá. ש El SEÑOR protege a todos aquellos que Le aman y destruirá a todos los malvados. ▸ ת Mi boca declarará la alabanza del SEÑOR y todas las creaturas bendecirán Su sagrado Nombre por siempre.

Nosotros bendeciremos a Dios desde ahora y por siempre, ¡Aleluyá! *Sal. 115*

DEVOLUCIÓN DEL ROLLO DE LA TORÁ

Se abre el Arca Sagrada. El oficiante toma el rollo de la Torá y dice:

יְהַלְלוּ Que alaben el Nombre del SEÑOR, *Sal. 148*
pues solamente Su Nombre es sublime.

La congregación responde:

הוֹדוֹ Su majestuosidad está sobre la tierra y el cielo.
Él elevará el honor de Su pueblo,
la alabanza de todos Sus devotos,
los hijos de Israel, Su pueblo cercano, ¡Aleluya!

ו וֶעֱזוּז נוֹרְאֹתֶיךָ יֹאמֵרוּ, וּגְדוּלָּתְךָ אֲסַפְּרֶנָּה:
ז זֵכֶר רַב־טוּבְךָ יַבִּיעוּ, וְצִדְקָתְךָ יְרַנֵּנוּ:
ח חַנּוּן וְרַחוּם יהוה, אֶרֶךְ אַפַּיִם וּגְדָל־חָסֶד:
ט טוֹב־יהוה לַכֹּל, וְרַחֲמָיו עַל־כָּל־מַעֲשָׂיו:
י יוֹדוּךָ יהוה כָּל־מַעֲשֶׂיךָ, וַחֲסִידֶיךָ יְבָרְכוּכָה:
כ כְּבוֹד מַלְכוּתְךָ יֹאמֵרוּ, וּגְבוּרָתְךָ יְדַבֵּרוּ:
ל לְהוֹדִיעַ לִבְנֵי הָאָדָם גְּבוּרֹתָיו, וּכְבוֹד הֲדַר מַלְכוּתוֹ:
מ מַלְכוּתְךָ מַלְכוּת כָּל־עֹלָמִים, וּמֶמְשַׁלְתְּךָ בְּכָל־דּוֹר וָדֹר:
ס סוֹמֵךְ יהוה לְכָל־הַנֹּפְלִים, וְזוֹקֵף לְכָל־הַכְּפוּפִים:
ע עֵינֵי־כֹל אֵלֶיךָ יְשַׂבֵּרוּ, וְאַתָּה נוֹתֵן־לָהֶם אֶת־אָכְלָם בְּעִתּוֹ:
פ פּוֹתֵחַ אֶת־יָדֶךָ, וּמַשְׂבִּיעַ לְכָל־חַי רָצוֹן:
צ צַדִּיק יהוה בְּכָל־דְּרָכָיו, וְחָסִיד בְּכָל־מַעֲשָׂיו:
ק קָרוֹב יהוה לְכָל־קֹרְאָיו, לְכֹל אֲשֶׁר יִקְרָאֻהוּ בֶאֱמֶת:
ר רְצוֹן־יְרֵאָיו יַעֲשֶׂה, וְאֶת־שַׁוְעָתָם יִשְׁמַע, וְיוֹשִׁיעֵם:
ש שׁוֹמֵר יהוה אֶת־כָּל־אֹהֲבָיו, וְאֵת כָּל־הָרְשָׁעִים יַשְׁמִיד:
◂ ת תְּהִלַּת יהוה יְדַבֶּר פִּי, וִיבָרֵךְ כָּל־בָּשָׂר שֵׁם קָדְשׁוֹ לְעוֹלָם וָעֶד:
וַאֲנַחְנוּ נְבָרֵךְ יָהּ מֵעַתָּה וְעַד־עוֹלָם, הַלְלוּיָהּ: תהלים קטו

הכנסת ספר תורה

Se abre el ארון קודש. *El* שליח ציבור *toma el* ספר תורה *y dice:*

יְהַלְלוּ אֶת־שֵׁם יהוה, כִּי־נִשְׂגָּב שְׁמוֹ, לְבַדּוֹ תהלים קמח

El קהל *responde:*

הוֹדוֹ עַל־אֶרֶץ וְשָׁמָיִם:
וַיָּרֶם קֶרֶן לְעַמּוֹ, תְּהִלָּה לְכָל־חֲסִידָיו
לִבְנֵי יִשְׂרָאֵל עַם קְרֹבוֹ, הַלְלוּיָהּ:

Mientras se regresa el rollo de la Torá al Arca Sagrada, en Shabat se dice:

מִזְמוֹר לְדָוִד Cántico de David. Tributad al Señor vosotros los ánge- *Sal. 29*
les, tributad al Señor gloria y fortaleza. Tributad al Señor gloria en virtud de Su Nombre, prosternaos ante el Señor con el esplendor de la santidad. La voz del Señor se escucha sobre las aguas, el Dios de la gloria hace temblar, la voz del Señor está sobre aguas abundantes. La voz del Señor resuena con poder, la voz del Señor resuena con esplendor. La voz del Señor quiebra los cedros y el Señor quebró así los cedros del Líbano. Hizo bailar al Líbano cual ternero y al Monte Sirión cual joven orix. La voz del Señor hace estallar llamas de fuego. La voz del Señor hace temblar al desierto, el Señor aterrará al desierto de Kadesh. La voz del Señor hace parir a las gacelas y descubre a los bosques, y en Su Santuario todos dicen ¡Gloria! El Señor fue entronado en el diluvio, y permaneció en Su trono por siempre. El Señor dará poder a Su pueblo, el Señor bendecirá a Su pueblo con la paz.

En Yom Tov que cae en día de semana se dice:

לְדָוִד מִזְמוֹר Salmo de David, del Señor es la tierra y todo lo que *Sal. 24*
esta contiene, así como el mundo y quienes en él viven, todos pertenecen al Señor. Pues Él la fundó sobre los mares y la estableció sobre los ríos. ¿Quién podrá ascender al monte del Señor, y quién podrá permanecer en el lugar de Su Santidad? Aquél cuyas manos estén limpias y su corazón sea puro, que no haya usado Mi Nombre en vano ni juró falsamente. Recibirá bendición de parte del Señor y será recompensado por el Dios de su salvación. Esta es la generación de quienes Lo buscan, los descendientes de Ya'akov que procuran Tu presencia, ¡Sela! Alzad portales, vuestras cabezas, y sed alzadas, puertas eternas, para que el Rey glorioso pueda entrar. ¿Quién es el Rey glorioso? El Señor, fuerte y poderoso; el Señor, poderoso en batalla. Alzad vuestras cabezas, portales; alzadlas, puertas eternas, para que el Rey glorioso pueda entrar. ¿Quién es el Rey glorioso? El Señor de las Huestes Celestiales, Él es el Rey glorioso por toda la eternidad. ¡Sela!

Mientras se regresa el ספר תורה *al* ארון קודש *en* שבת *se dice:*

מִזְמוֹר לְדָוִד, הָבוּ לַיהוה בְּנֵי אֵלִים, הָבוּ לַיהוה כָּבוֹד וָעֹז: הָבוּ לַיהוה כְּבוֹד שְׁמוֹ, הִשְׁתַּחֲווּ לַיהוה בְּהַדְרַת־קֹדֶשׁ: קוֹל יהוה עַל־הַמָּיִם, אֵל־הַכָּבוֹד הִרְעִים, יהוה עַל־מַיִם רַבִּים: קוֹל־יהוה בַּכֹּחַ, קוֹל יהוה בֶּהָדָר: קוֹל יהוה שֹׁבֵר אֲרָזִים, וַיְשַׁבֵּר יהוה אֶת־אַרְזֵי הַלְּבָנוֹן: וַיַּרְקִידֵם כְּמוֹ־עֵגֶל, לְבָנוֹן וְשִׂרְיוֹן כְּמוֹ בֶן־רְאֵמִים: קוֹל־יהוה חֹצֵב לַהֲבוֹת אֵשׁ: קוֹל יהוה יָחִיל מִדְבָּר, יָחִיל יהוה מִדְבַּר קָדֵשׁ: קוֹל יהוה יְחוֹלֵל אַיָּלוֹת וַיֶּחֱשֹׂף יְעָרוֹת, וּבְהֵיכָלוֹ, כֻּלּוֹ אֹמֵר כָּבוֹד: יהוה לַמַּבּוּל יָשָׁב, וַיֵּשֶׁב יהוה מֶלֶךְ לְעוֹלָם: יהוה עֹז לְעַמּוֹ יִתֵּן, יהוה יְבָרֵךְ אֶת־עַמּוֹ בַשָּׁלוֹם: תהלים כט

En יום טוב *que cae en día de semana se dice:*

לְדָוִד מִזְמוֹר, לַיהוה הָאָרֶץ וּמְלוֹאָהּ, תֵּבֵל וְיֹשְׁבֵי בָהּ: כִּי־הוּא עַל־יַמִּים יְסָדָהּ, וְעַל־נְהָרוֹת יְכוֹנְנֶהָ: מִי־יַעֲלֶה בְהַר־יהוה, וּמִי־יָקוּם בִּמְקוֹם קָדְשׁוֹ: נְקִי כַפַּיִם וּבַר־לֵבָב, אֲשֶׁר לֹא־נָשָׂא לַשָּׁוְא נַפְשִׁי וְלֹא נִשְׁבַּע לְמִרְמָה: יִשָּׂא בְרָכָה מֵאֵת יהוה, וּצְדָקָה מֵאֱלֹהֵי יִשְׁעוֹ: זֶה דּוֹר דֹּרְשָׁו, מְבַקְשֵׁי פָנֶיךָ, יַעֲקֹב, סֶלָה: שְׂאוּ שְׁעָרִים רָאשֵׁיכֶם, וְהִנָּשְׂאוּ פִּתְחֵי עוֹלָם, וְיָבוֹא מֶלֶךְ הַכָּבוֹד: מִי זֶה מֶלֶךְ הַכָּבוֹד, יהוה עִזּוּז וְגִבּוֹר, יהוה גִּבּוֹר מִלְחָמָה: שְׂאוּ שְׁעָרִים רָאשֵׁיכֶם, וּשְׂאוּ פִּתְחֵי עוֹלָם, וְיָבֹא מֶלֶךְ הַכָּבוֹד: מִי הוּא זֶה מֶלֶךְ הַכָּבוֹד, יהוה צְבָאוֹת הוּא מֶלֶךְ הַכָּבוֹד, סֶלָה: תהלים כד

DEVOLUCIÓN DEL ROLLO AL ARCA SAGRADA

Ceremonia paralela a la que acompaña la extracción del rollo.

מִזְמוֹר לְדָוִד *Cántico de David:* Salmos 29, con su séptuple referencia a "la voz del SEÑOR" que hace temblar al mundo, fue tradicionalmente asociado a la entrega de la Torá en el Monte Sinaí, la cual fue acompañada por truenos y relámpagos cuando la montaña "tembló bruscamente" (Éxodo 19:18).

Cuando el rollo de la Torá es colocado dentro del Arca Sagrada, todos recitan:

וּבְנֻחֹה יֹאמַר Cuando el Arca reposaba, Moshé decía: "Retorna *Núm. 10*
Señor a las miríadas de millares de Israel. Levántate Señor, ante *Sal. 132*
Tu sitial de reposo, Tú y el Arca de Tu fortaleza. Tus cohanim se investirán de justicia y Tus devotos cantarán con regocijo. En aras
de David Tu siervo, no rechaces a Tu ungido. Pues os he dado una *Prov. 4*
buena instrucción, no abandonéis Mi Torá. Es el árbol de la vida *Prov. 3*
para quienes se aferran a ella, y quienes la sostienen son felices. Sus caminos son caminos placenteros, y todas sus sendas son de paz.
▸ Haznos retornar a Ti Señor y retornaremos, renueva nuestros *Lm. 5*
días como antaño.

Se cierra el Arca Sagrada.

MEDIO KADISH

Oficiante: יִתְגַּדַּל Que Su Gran Nombre sea magnificado y santificado,
en el mundo que creó conforme a Su voluntad.
Que establezca Su reino
durante vuestra vida y en vuestros días
y en la vida de toda la casa de Israel,
pronto y rápidamente y decid: Amén.

Todos: Que Su Gran Nombre sea bendito
por siempre y por toda la eternidad.

Oficiante: Sea bendecido, alabado, glorificado
y exaltado, encumbrado
y magnificado, enaltecido y ensalzado
el Nombre del Santo Bendito Él;
más allá de cualquier bendición,
cántico, alabanza y consolación
pronunciados en el mundo y decid: Amén.

---

la Ley en todas sus travesías. De ahí la conmoción que provoca la última línea del texto, extraída del libro de Lamentaciones, "renueva nuestros días como antaño". En el judaísmo, la fe monoteísta más antigua del mundo, lo nuevo es antiguo y lo antiguo es nuevo. El símbolo de esta constante renovación es la Torá, la palabra del Eterno que está más allá del tiempo.

Cuando el ספר תורה *es colocado dentro del* ארון קודש*, todos recitan:*

וּבְנֻחֹה יֹאמַר, שׁוּבָה יהוה רִבְבוֹת אַלְפֵי יִשְׂרָאֵל: קוּמָה יהוה במדבר י
לִמְנוּחָתֶךָ, אַתָּה וַאֲרוֹן עֻזֶּךָ: כֹּהֲנֶיךָ יִלְבְּשׁוּ־צֶדֶק, וַחֲסִידֶיךָ יְרַנֵּנוּ: תהלים קלב
בַּעֲבוּר דָּוִד עַבְדֶּךָ אַל־תָּשֵׁב פְּנֵי מְשִׁיחֶךָ: כִּי לֶקַח טוֹב נָתַתִּי משלי ד
לָכֶם, תּוֹרָתִי אַל־תַּעֲזֹבוּ: עֵץ־חַיִּים הִיא לַמַּחֲזִיקִים בָּהּ, וְתֹמְכֶיהָ משלי ג
מְאֻשָּׁר: דְּרָכֶיהָ דַרְכֵי־נֹעַם וְכָל־נְתִיבֹתֶיהָ שָׁלוֹם: › הֲשִׁיבֵנוּ יהוה איכה ה
אֵלֶיךָ וְנָשׁוּבָה, חַדֵּשׁ יָמֵינוּ כְּקֶדֶם:

Se cierra el ארון קודש.

חצי קדיש

ש״ץ: יִתְגַּדַּל וְיִתְקַדַּשׁ שְׁמֵהּ רַבָּא (קהל: אָמֵן)
בְּעָלְמָא דִּי בְרָא כִרְעוּתֵהּ
וְיַמְלִיךְ מַלְכוּתֵהּ
בְּחַיֵּיכוֹן וּבְיוֹמֵיכוֹן וּבְחַיֵּי דְכָל בֵּית יִשְׂרָאֵל
בַּעֲגָלָא וּבִזְמַן קָרִיב, וְאִמְרוּ אָמֵן. (קהל: אָמֵן)

קהל וש״ץ: יְהֵא שְׁמֵהּ רַבָּא מְבָרַךְ לְעָלַם וּלְעָלְמֵי עָלְמַיָּא.

ש״ץ: יִתְבָּרַךְ וְיִשְׁתַּבַּח וְיִתְפָּאַר וְיִתְרוֹמַם וְיִתְנַשֵּׂא
וְיִתְהַדָּר וְיִתְעַלֶּה וְיִתְהַלָּל
שְׁמֵהּ דְּקֻדְשָׁא בְּרִיךְ הוּא (קהל: בְּרִיךְ הוּא)
לְעֵלָּא מִן כָּל בִּרְכָתָא / בשבת שובה: לְעֵלָּא לְעֵלָּא מִכָּל בִּרְכָתָא/
וְשִׁירָתָא, תֻּשְׁבְּחָתָא וְנֶחֱמָתָא
דַּאֲמִירָן בְּעָלְמָא, וְאִמְרוּ אָמֵן. (קהל: אָמֵן)

וּבְנֻחֹה יֹאמַר *Cuando el Arca reposaba:* El versículo (Números 10:36) describe los momentos en el desierto en los que el pueblo de Israel acampaba. Así como la apertura del Arca Sagrada en el presente recuerda el antiguo pasado cuando los hijos de Israel cargaban consigo el Arca que contenía las Tablas de

Musaf para Shabat

En Yom Tov (incluido Shabat Jol HaMo'ed) se reza Musaf para las Festividades en la página 838.

LA AMIDÁ

La siguiente plegaria, hasta el pasaje "años pretéritos" que se encuentra en la página 574 la recitamos en silencio, parados con los pies juntos. En caso de haber minián, el oficiante repite la Amidá en voz alta. Se dan tres pasos hacia adelante tal como si formalmente se ingresara al sitio de la Divina Presencia. En los sitios marcados con ▾ se debe flexionar las rodillas en la primera palabra, inclinarse en la segunda y erguirse nuevamente de inmediato antes de pronunciar el Nombre de Dios.

Porque he de invocar el Nombre del SEÑOR, ensalzad a nuestro Dios. *Deut. 32*
SEÑOR, abre mis labios para que mi boca pronuncie Tu alabanza. *Sal. 51*

PATRIARCAS

▾בָּרוּךְ Bendito eres Tú SEÑOR,
Dios nuestro y de nuestros ancestros,
Dios de Abraham, Dios de Ytzjak y Dios de Ya'akov,
Dios grande, poderoso y maravilloso, Señor supremo,
que prodiga generosamente y es El Creador de todo lo existente,
Quien recuerda la gracia de los ancestros
y traerá al Redentor para los hijos de sus hijos
en aras de Su Nombre con amor.

En Shabat Shuvá: Recuérdanos para la vida, Rey que anhela la vida
e inscríbenos en el libro de la vida por Ti, oh Dios de vida.

Rey que ayuda, redime y protege.
▾Bendito eres Tú SEÑOR, Escudo de Abraham.

---

según el espíritu de las palabras del profeta Oseas (14:3): "Que las palabras de nuestros labios sean sustituto de los bueyes (que no podemos ofrendar)". La palabra hebrea para sacrificio, "*korbán*", se deriva de la raíz *k-r-b* que significa "acercarse o acercar". El acto de acercarse a Dios incluye al sacrificio en el más profundo sentido de la palabra: ceder algo de nosotros mismos a Aquél

מוסף לשבת

En יום טוב *(incluido* שבת חול המועד*) se reza* מוסף לשלוש רגלים *en la página 839.*

עמידה

La siguiente plegaria, hasta קַדְמֹנִיּוֹת *que se encuentra en la página 575 la recitamos en silencio, parados con los pies juntos. En caso de haber* מנין*, el* שליח ציבור *repite la* עמידה *en voz alta. Se dan tres pasos hacia adelante tal como si formalmente se ingresara al sitio de la Divina Presencia. En los sitios marcados con* ˅ *se debe flexionar las rodillas en la primera palabra, inclinarse en la segunda y erguirse nuevamente de inmediato antes de pronunciar el Nombre de Dios.*

דברים לב כִּי שֵׁם יהוה אֶקְרָא, הָבוּ גֹדֶל לֵאלֹהֵינוּ:

תהלים נא אֲדֹנָי, שְׂפָתַי תִּפְתָּח, וּפִי יַגִּיד תְּהִלָּתֶךָ:

אבות

˅בָּרוּךְ אַתָּה יהוה, אֱלֹהֵינוּ וֵאלֹהֵי אֲבוֹתֵינוּ

אֱלֹהֵי אַבְרָהָם, אֱלֹהֵי יִצְחָק, וֵאלֹהֵי יַעֲקֹב

הָאֵל הַגָּדוֹל הַגִּבּוֹר וְהַנּוֹרָא, אֵל עֶלְיוֹן

גּוֹמֵל חֲסָדִים טוֹבִים, וְקוֹנֵה הַכֹּל, וְזוֹכֵר חַסְדֵי אָבוֹת

וּמֵבִיא גוֹאֵל לִבְנֵי בְנֵיהֶם לְמַעַן שְׁמוֹ בְּאַהֲבָה.

בשבת שובה: זָכְרֵנוּ לְחַיִּים, מֶלֶךְ חָפֵץ בַּחַיִּים

וְכָתְבֵנוּ בְּסֵפֶר הַחַיִּים, לְמַעַנְךָ אֱלֹהִים חַיִּים.

מֶלֶךְ עוֹזֵר וּמוֹשִׁיעַ וּמָגֵן.

˅בָּרוּךְ אַתָּה יהוה, מָגֵן אַבְרָהָם.

EL REZO ADICIONAL

En Shabat, festividades y novilunios (Rosh Jodesh) era ofrecido un sacrificio adicional llamado Musaf, el cual era ofrendado además de las ofrendas permanentes de la mañana y la tarde. El rezo de Musaf se corresponde con este sacrificio. Por medio de este rezo, en ausencia del Templo y sus ritos, pedimos a Dios que acepte nuestras plegarias en sustitución de los sacrificios,

PODER DE DIOS

אַתָּה גִּבּוֹר Señor, Tú eres eternamente poderoso,
Tú revives a los muertos
y tienes gran poder de salvación.

La frase "Hace soplar el viento y descender la lluvia" se agrega desde Simjat Torá hasta Pesaj. En Israel, la frase "Hace descender el rocío" se agrega desde Pesaj hasta Sheminí Atzeret. Ver leyes 129–131.

En otoño e invierno de Israel: Hace soplar el viento y descender la lluvia.
En primavera y verano de Israel: Hace descender el rocío.

Sostiene con benevolencia a todos los seres vivos,
revive a los muertos con gran misericordia,
da soporte a quienes se caen,
cura a los enfermos,
libera a los prisioneros
y cumple Su promesa con quienes yacen ya en la tierra.
¿Quién es como Tú Todopoderoso?
¿Quién se Te puede asemejar?
Rey que quita la vida y la restaura y hace brotar la Redención.

En Shabat Shuvá: ¿Quién como Tú Padre misericordioso,
que recuerdas a Tus creaturas con piedad para la vida?

Eres fiel en revivir a los muertos.
Bendito eres Tú Señor,
que revive a los muertos.

Kedushá, los versículos centrales son alabanzas pronunciadas por los ángeles, tal como se describen en las visiones místicas de Isaías y Ezequiel. Los versículos adyacentes en la Kedushá de Musaf son diferentes a los de las demás Amidot, principalmente por la inclusión del primer versículo del recitado del Shemá. Según Rabí Amram Gaón (siglo IX) esto se originó en tiempos de persecución cuando los judíos tenían prohibido declarar su fe públicamente. Entonces, incorporaron el primer versículo del Shemá en la Amidá de Musaf donde permanece hasta el día de hoy.

גבורות

אַתָּה גִּבּוֹר לְעוֹלָם, אֲדֹנָי
מְחַיֵּה מֵתִים אַתָּה, רַב לְהוֹשִׁיעַ

La frase מַשִּׁיב הָרוּחַ *se agrega desde* שמחת תורה *hasta* פסח.
En ארץ ישראל, *la frase* מוֹרִיד הַטָּל *se agrega desde* פסח *hasta* שמיני עצרת. *Ver leyes 129–131.*

בחורף: מַשִּׁיב הָרוּחַ וּמוֹרִיד הַגֶּשֶׁם / בארץ ישראל בקיץ: מוֹרִיד הַטָּל

מְכַלְכֵּל חַיִּים בְּחֶסֶד
מְחַיֵּה מֵתִים בְּרַחֲמִים רַבִּים
סוֹמֵךְ נוֹפְלִים
וְרוֹפֵא חוֹלִים
וּמַתִּיר אֲסוּרִים
וּמְקַיֵּם אֱמוּנָתוֹ לִישֵׁנֵי עָפָר.
מִי כָמְוֹךָ, בַּעַל גְּבוּרוֹת
וּמִי דּוֹמֶה לָּךְ
מֶלֶךְ, מֵמִית וּמְחַיֶּה וּמַצְמִיחַ יְשׁוּעָה.

בשבת שובה: מִי כָמְוֹךָ אַב הָרַחֲמִים
זוֹכֵר יְצוּרָיו לְחַיִּים בְּרַחֲמִים.

וְנֶאֱמָן אַתָּה לְהַחֲיוֹת מֵתִים.
בָּרוּךְ אַתָּה יהוה, מְחַיֵּה הַמֵּתִים.

---

que es mayor que nosotros, Autor y Soberano último de todo lo existente. La plegaria a modo de sacrificio significa que no pedimos a Dios que haga nuestra voluntad sino prometerle que haremos la Suya. Es el acto supremo de reconocimiento de nuestra dependencia de Dios.

קדושה *Kedushá* (siguiente página): Tal como en las diferentes variantes de la

Durante el rezo en voz baja continúe en "Tú eres santo" en la página siguiente.

KEDUSHÁ

Durante la repetición del rezo por parte del oficiante, se recita aquí de pie el siguiente pasaje. En los sitios marcados con ▲ quien reza debe elevarse levemente en puntas de pie.

La congregación y luego el oficiante:

נַעֲרִיצְךָ Te reverenciaremos y santificaremos con las palabras pronunciadas
por los sagrados Serafim que santifican Tu Nombre en el Santuario,
tal cual está escrito por Tu profeta: "y un ángel daba voces al otro diciendo: *Is. 6*

La congregación y luego el oficiante:

▲Santo, ▲Santo, ▲Santo, Señor de las Huestes Celestiales,
toda la tierra está llena de Su gloria".
Su Gloria colma el universo. Sus ángeles ministeriales
se preguntan el uno al otro: "¿Dónde está el sitial de Su Gloria?"
Quienes están frente a ellos dicen: "Bendita…"

La congregación y luego el oficiante:

▲"Bendita es la gloria del Señor desde Su sitial". *Ez. 3*
Desde Su sitial contemplará compasivamente y se apiadará del pueblo
que unifica Su Nombre; al anochecer y al amanecer,
cada día constantemente con amor,
recitan el Shemá dos veces.

La congregación y luego el oficiante:

Escucha Israel, el Señor es nuestro Dios, el Señor es Uno. *Deut. 6*
Él es nuestro Dios, Él es nuestro Padre, Él es nuestro Rey.
Él es nuestro Salvador y Él nos hará escuchar con Su Compasión,
por segunda vez en presencia de todos los seres vivos
Su promesa de ser "vuestro Dios".
"Yo soy el Señor vuestro Dios". *Núm. 15*

Oficiante:

Y en Tus escrituras sagradas leemos:

La congregación y luego el oficiante:

▲"El Señor reinará por siempre, tu Dios Sion, de generación en generación *Sal. 146*
¡Aleluyá!"

Oficiante:

De generación en generación declararemos Tu grandeza
y por toda la eternidad proclamaremos Tu Santidad,
y Tu alabanza, Dios nuestro, no se apartará de nuestros labios jamás,
pues eres el Rey grande y sagrado.
Bendito eres Tú Señor, el Dios santo. / *En Shabat Shuvá:* el Rey santo./

El oficiante continúa en la siguiente página con "Tú instituiste el Shabat" en Shabat y "Tú creaste Tu mundo" en Rosh Jodesh.

Durante el rezo en voz baja continúe en אַתָּה קָדוֹשׁ *en la página siguiente.*

קדושה

Durante la חזרת הש״ץ*, se recita aquí de pie el siguiente pasaje.*
En los sitios marcados con ▲ *quien reza debe elevarse levemente en puntas de pie.*

El קהל *y luego el* שליח ציבור*:*

נַעֲרִיצְךָ וְנַקְדִּישְׁךָ כְּסוֹד שִׂיחַ שַׂרְפֵי קֹדֶשׁ
הַמַּקְדִּישִׁים שִׁמְךָ בַּקֹּדֶשׁ, כַּכָּתוּב עַל יַד נְבִיאֶךָ:
ישעיה ו וְקָרָא זֶה אֶל־זֶה וְאָמַר

El קהל *y luego el* שליח ציבור*:*

▲קָדוֹשׁ, ▲קָדוֹשׁ, ▲קָדוֹשׁ, יהוה צְבָאוֹת, מְלֹא כָל הָאָרֶץ כְּבוֹדוֹ:
כְּבוֹדוֹ מָלֵא עוֹלָם, מְשָׁרְתָיו שׁוֹאֲלִים זֶה לָזֶה, אַיֵּה מְקוֹם כְּבוֹדוֹ
לְעֻמָּתָם בָּרוּךְ יֹאמֵרוּ

El קהל *y luego el* שליח ציבור*:*

יחזקאל ג ▲בָּרוּךְ כְּבוֹד־יהוה מִמְּקוֹמוֹ:
מִמְּקוֹמוֹ הוּא יִפֶן בְּרַחֲמִים
וְיָחֹן עַם הַמְיַחֲדִים שְׁמוֹ, עֶרֶב וָבֹקֶר בְּכָל יוֹם תָּמִיד
פַּעֲמַיִם בְּאַהֲבָה שְׁמַע אוֹמְרִים

El קהל *y luego el* שליח ציבור*:*

דברים ו שְׁמַע יִשְׂרָאֵל, יהוה אֱלֹהֵינוּ, יהוה אֶחָד:
הוּא אֱלֹהֵינוּ, הוּא אָבִינוּ, הוּא מַלְכֵּנוּ, הוּא מוֹשִׁיעֵנוּ
במדבר טו וְהוּא יַשְׁמִיעֵנוּ בְּרַחֲמָיו שֵׁנִית לְעֵינֵי כָּל חָי, לִהְיוֹת לָכֶם לֵאלֹהִים
אֲנִי יהוה אֱלֹהֵיכֶם:

שליח ציבור:

וּבְדִבְרֵי קָדְשְׁךָ כָּתוּב לֵאמֹר

El קהל *y luego el* שליח ציבור*:*

תהלים קמו ▲יִמְלֹךְ יהוה לְעוֹלָם, אֱלֹהַיִךְ צִיּוֹן לְדֹר וָדֹר, הַלְלוּיָהּ:

שליח ציבור:

לְדוֹר וָדוֹר נַגִּיד גָּדְלֶךָ, וּלְנֵצַח נְצָחִים קְדֻשָּׁתְךָ נַקְדִּישׁ
וְשִׁבְחֲךָ אֱלֹהֵינוּ מִפִּינוּ לֹא יָמוּשׁ לְעוֹלָם וָעֶד
כִּי אֵל מֶלֶךְ גָּדוֹל וְקָדוֹשׁ אָתָּה.
בָּרוּךְ אַתָּה יהוה, הָאֵל הַקָּדוֹשׁ./ בשבת שובה: הַמֶּלֶךְ הַקָּדוֹשׁ./

El שליח ציבור *continúa en la siguiente página con* תִּכַּנְתָּ שַׁבָּת *en* שבת
y אַתָּה יָצַרְתָּ *en* ראש חודש.

SANTIDAD

אַתָּה קָדוֹשׁ Tú eres santo y Tu Nombre es santo,
y los santos Te alaban a diario, ¡Sela!
Bendito eres Tú Señor,
el Dios santo. / *En Shabat Shuvá:* el Rey santo./

(*En caso de olvido se repite la Amidá*).

En Shabat Rosh Jodesh se dice "Tú creaste Tu mundo" debajo de la línea.

SANTIDAD DEL DÍA

תִּכַּנְתָּ שַׁבָּת Tú instituiste el Shabat, viste con favor sus ofrendas.
Ordenaste sus leyes específicas junto
con el orden de sus libaciones.
Quienes se deleitan en ellas por siempre heredarán gloria,
quienes las degustan serán meritorios de vida
y quienes aman sus enseñanzas habrán escogido la grandeza.
Incluso antes de Sinaí fueron ordenados en su cumplimiento.
Entonces, el Señor nuestro Dios nos ordenó sacrificar
las ofrendas adicionales de Shabat en el modo apropiado.

En Shabat Rosh Jodesh:

אַתָּה יָצַרְתָּ Tú creaste Tu mundo en tiempos pretéritos,
culminaste Tu obra en el séptimo día, nos amaste, nos favoreciste,
nos elevaste por sobre las demás lenguas (naciones),
nos santificaste con Tus preceptos y nos acercaste nuestro Rey a Tu servicio
y Tu Grande y Sagrado Nombre invocaste sobre nosotros.
Y nos has concedido Señor nuestro Dios con amor,
Shabatot para el reposo y novilunios para la expiación.
Y dado que nosotros y nuestros ancestros pecamos ante Ti,
nuestra ciudad fue destruida, nuestro Templo fue desolado
y nuestro esplendor fue exilado,
fue retirada la gloria de la Casa de nuestra Vida,
y no podemos cumplir nuestros deberes en la Morada que escogiste,
en el gran y sagrado Templo llamado por Tu Nombre
a causa de la mano que se alzó contra Tu Santuario.

Continuar en la siguiente página debajo de la línea.

---

restauración del servicio en el Templo. La segunda, "Quienes observan el Shabat y lo llaman deleite", se refiere al carácter placentero del día de descanso.

קדושת השם

אַתָּה קָדוֹשׁ וְשִׁמְךָ קָדוֹשׁ, וּקְדוֹשִׁים בְּכָל יוֹם יְהַלְלוּךָ סֶּלָה.
בָּרוּךְ אַתָּה יהוה, הָאֵל הַקָּדוֹשׁ. / בשבת שובה: **הַמֶּלֶךְ הַקָּדוֹשׁ.**/

(*En caso de olvido se repite la* עמידה.)

En שבת ראש חודש *se dice* אַתָּה יָצַרְתָּ *debajo de la línea.*

קדושת היום

תִּכַּנְתָּ שַׁבָּת, רָצִיתָ קָרְבְּנוֹתֶיהָ
צִוִּיתָ פֵּרוּשֶׁיהָ עִם סִדּוּרֵי נְסָכֶיהָ
מְעַנְּגֶיהָ לְעוֹלָם כָּבוֹד יִנְחָלוּ, טוֹעֲמֶיהָ חַיִּים זָכוּ
וְגַם הָאוֹהֲבִים דְּבָרֶיהָ גְּדֻלָּה בָּחָרוּ.
אָז מִסִּינַי נִצְטַוּוּ עָלֶיהָ
וַתְּצַוֵּנוּ יהוה אֱלֹהֵינוּ לְהַקְרִיב בָּהּ קָרְבַּן מוּסַף שַׁבָּת כָּרָאוּי.

בשבת ראש חודש:

אַתָּה יָצַרְתָּ עוֹלָמְךָ מִקֶּדֶם, כִּלִּיתָ מְלַאכְתְּךָ בַּיּוֹם הַשְּׁבִיעִי
אָהַבְתָּ אוֹתָנוּ וְרָצִיתָ בָּנוּ, וְרוֹמַמְתָּנוּ מִכָּל הַלְּשׁוֹנוֹת
וְקִדַּשְׁתָּנוּ בְּמִצְוֹתֶיךָ, וְקֵרַבְתָּנוּ מַלְכֵּנוּ לַעֲבוֹדָתֶךָ
וְשִׁמְךָ הַגָּדוֹל וְהַקָּדוֹשׁ עָלֵינוּ קָרָאתָ.
וַתִּתֶּן לָנוּ יהוה אֱלֹהֵינוּ בְּאַהֲבָה, שַׁבָּתוֹת לִמְנוּחָה וְרָאשֵׁי חֳדָשִׁים לְכַפָּרָה.
וּלְפִי שֶׁחָטָאנוּ לְפָנֶיךָ אֲנַחְנוּ וַאֲבוֹתֵינוּ
חָרְבָה עִירֵנוּ, וְשָׁמֵם בֵּית מִקְדָּשֵׁנוּ, וְגָלָה יְקָרֵנוּ, וְנִטַּל כָּבוֹד מִבֵּית חַיֵּינוּ
וְאֵין אֲנַחְנוּ יְכוֹלִים לַעֲשׂוֹת חוֹבוֹתֵינוּ בְּבֵית בְּחִירָתֶךָ
בַּבַּיִת הַגָּדוֹל וְהַקָּדוֹשׁ שֶׁנִּקְרָא שִׁמְךָ עָלָיו, מִפְּנֵי הַיָּד שֶׁנִּשְׁתַּלְּחָה בְּמִקְדָּשֶׁךָ.

Continuar en la siguiente página debajo de la línea.

תִּכַּנְתָּ שַׁבָּת *Tú instituiste el Shabat:* La bendición central de la Amidá se enfoca en el pasaje bíblico que describe las ofrendas suplementarias de Shabat (Números 28:9-10). Alrededor de este encontramos dos plegarias. La primera, "Tú instituiste el Shabat" que comienza con un acróstico: las iniciales de las primeras veintidós palabras deletrean el alfabeto hebreo en orden inverso. Continúa con una plegaria por el retorno de los judíos a Israel y la

En Shabat se continúa aquí:

יְהִי רָצוֹן Sea voluntad ante Ti
Señor, Dios nuestro y de nuestros ancestros,
que nos hagas ascender a nuestra tierra
con alegría y nos afirmes dentro de nuestros límites,
y allí prepararemos para Ti nuestras ofrendas obligatorias,
las ofrendas diarias perpetuas según su orden
y la suplementarias según la norma.

וְאֶת מוּסַף Y la ofrenda adicional de Shabat prepararemos
y sacrificaremos delante de Tí con amor,
tal como lo ordenó Tu voluntad, así como lo escribiste en Tu Torá
por medio de Tu siervo Moshé, por Tu propia palabra,
tal como está dicho:

"Y el día del Shabat *Núm. 28*
ofrendarás dos corderos de un año sin defecto,
y dos ofrendas de un décimo de efá de harina de flor
amasada con aceite de oliva y su libación.
Este es el holocausto de cada Shabat,
además del holocausto perpetuo diario y su libación".

En Shabat Rosh Jodesh continuar aquí:

Sea voluntad ante Ti Señor, Dios nuestro y de nuestros ancestros,
que nos hagas ascender a nuestra tierra con alegría y nos afirmes dentro
de nuestros límites, y allí prepararemos para Ti nuestras ofrendas obligatorias,
las ofrendas diarias perpetuas según su orden y la suplementarias según la norma.
Y las ofrendas suplementarias de este día de Shabat y este día de Rosh Jodesh
las sacrificaremos y realizaremos delante de Ti con amor,
conforme lo has preceptuado según Tu voluntad.
Tal como lo has escrito para nosotros en Tu Torá
por medio de Tu siervo Moshé por Tu propia palabra, tal como está dicho:

"Y el día del Shabat ofrendarás dos corderos de un año sin defecto, y dos ofrendas de un décimo de efá de harina de flor amasada con aceite de oliva y su libación. Este es el holocausto de cada Shabat, además del holocausto perpetuo diario y su libación". *Núm. 28*

"Y en los días de vuestros novilunios, ofreceréis holocausto ante el Señor: dos novillos jóvenes y un camero, siete corderos de un año sin defecto". *Núm. 28*

Continuar en la siguiente página debajo de la línea.

בשבת:

יְהִי רָצוֹן מִלְּפָנֶיךָ, יהוה אֱלֹהֵינוּ וֵאלֹהֵי אֲבוֹתֵינוּ
שֶׁתַּעֲלֵנוּ בְשִׂמְחָה לְאַרְצֵנוּ וְתִטָּעֵנוּ בִּגְבוּלֵנוּ
וְשָׁם נַעֲשֶׂה לְפָנֶיךָ אֶת קָרְבְּנוֹת חוֹבוֹתֵינוּ
תְּמִידִים כְּסִדְרָם וּמוּסָפִים כְּהִלְכָתָם.

וְאֶת מוּסַף יוֹם הַשַּׁבָּת הַזֶּה
נַעֲשֶׂה וְנַקְרִיב לְפָנֶיךָ בְּאַהֲבָה כְּמִצְוַת רְצוֹנֶךָ
כְּמוֹ שֶׁכָּתַבְתָּ עָלֵינוּ בְּתוֹרָתֶךָ
עַל יְדֵי מֹשֶׁה עַבְדֶּךָ מִפִּי כְבוֹדֶךָ
כָּאָמוּר

וּבְיוֹם הַשַּׁבָּת שְׁנֵי־כְבָשִׂים בְּנֵי־שָׁנָה תְּמִימִם במדבר כח
וּשְׁנֵי עֶשְׂרֹנִים סֹלֶת מִנְחָה בְּלוּלָה בַשֶּׁמֶן וְנִסְכּוֹ:
עֹלַת שַׁבַּת בְּשַׁבַּתּוֹ, עַל־עֹלַת הַתָּמִיד וְנִסְכָּהּ:

בשבת ראש חודש:

יְהִי רָצוֹן מִלְּפָנֶיךָ, יהוה אֱלֹהֵינוּ וֵאלֹהֵי אֲבוֹתֵינוּ
שֶׁתַּעֲלֵנוּ בְשִׂמְחָה לְאַרְצֵנוּ וְתִטָּעֵנוּ בִּגְבוּלֵנוּ
וְשָׁם נַעֲשֶׂה לְפָנֶיךָ אֶת קָרְבְּנוֹת חוֹבוֹתֵינוּ
תְּמִידִים כְּסִדְרָם וּמוּסָפִים כְּהִלְכָתָם.
וְאֶת מוּסְפֵי יוֹם הַשַּׁבָּת הַזֶּה וְיוֹם רֹאשׁ הַחֹדֶשׁ הַזֶּה
נַעֲשֶׂה וְנַקְרִיב לְפָנֶיךָ בְּאַהֲבָה כְּמִצְוַת רְצוֹנֶךָ
כְּמוֹ שֶׁכָּתַבְתָּ עָלֵינוּ בְּתוֹרָתֶךָ עַל יְדֵי מֹשֶׁה עַבְדֶּךָ מִפִּי כְבוֹדֶךָ, כָּאָמוּר

וּבְיוֹם הַשַּׁבָּת שְׁנֵי־כְבָשִׂים בְּנֵי־שָׁנָה תְּמִימִם, וּשְׁנֵי עֶשְׂרֹנִים סֹלֶת מִנְחָה בְּלוּלָה במדבר כח
בַשֶּׁמֶן וְנִסְכּוֹ: עֹלַת שַׁבַּת בְּשַׁבַּתּוֹ, עַל־עֹלַת הַתָּמִיד וְנִסְכָּהּ:

וּבְרָאשֵׁי חָדְשֵׁיכֶם תַּקְרִיבוּ עֹלָה לַיהוה, פָּרִים בְּנֵי־בָקָר שְׁנַיִם, וְאַיִל אֶחָד, במדבר כח
כְּבָשִׂים בְּנֵי־שָׁנָה שִׁבְעָה, תְּמִימִם:

Continuar en la siguiente página debajo de la línea.

En Shabat se continúa aquí:

יִשְׂמְחוּ Quienes observan el Shabat y lo llaman deleite
se habrán de regocijar en Tu reinado.
El pueblo que santifica el séptimo día se verá satisfecho
en su totalidad y se deleitarán en Tu bondad,
pues Tú viste con beneplácito el séptimo día y lo santificaste.
Lo declaraste el más preciado de los días,
recordatorio de la obra de la Creación.

אֱלֹהֵינוּ Dios nuestro y de nuestros ancestros,
complácete en nuestro descanso.
Santifícanos con Tus preceptos y danos nuestra porción en Tu Torá.
Sácianos de Tu bondad y regocíjanos con Tu salvación
y purifica nuestros corazones para que Te sirvamos con verdad.
Léganos Señor nuestro Dios,
con amor y favor Tu sagrado Shabat,
tal que reposen en él los hijos de Israel que santifican Tu Nombre.
Bendito eres Tú Señor, que santifica el Shabat.

En Shabat Rosh Jodesh continuar aquí:

Y sus ofrendas y sus libaciones tal como fue dicho, tres décimos de efá por cada novillo y dos décimas de efá por el carnero y un décimo de efá por cordero, acompañado de una libación de vino y un chivo para expiar y dos ofrendas permanentes conforme a sus reglas.

Quienes observan el Shabat y lo llaman deleite se habrán de regocijar en Tu reinado.
El pueblo que santifica el séptimo día se verá satisfecho en su totalidad
y se deleitarán en Tu bondad,
pues Tú viste con beneplácito el séptimo día y lo santificaste.
Lo declaraste el más preciado de los días, recordatorio de la obra de la Creación.

Dios nuestro y de nuestros ancestros, complácete en nuestro descanso y renueva sobre nosotros en este Shabat este nuevo mes para el bien y la bendición, para alegría y regocijo, para salvación y consuelo, para sustento y manutención, para la vida y para la paz, para perdonar los pecados y condonar las iniquidades (*entre Marjeshván y el segundo mes de Adar en un año hebreo embolismal* (*ver en página 1358*): para expiar trasgresiones). Pues has escogido a Tu pueblo Israel de entre todas las naciones y Tu sagrado Shabat les hiciste conocer y les fijaste las leyes del novilunio. Bendito eres Tú Señor, que santifica el Shabat, a Israel y a los novilunios.

Continuar con "Acepta con benevolencia" en la página siguiente.

בשבת:

יִשְׂמְחוּ בְמַלְכוּתְךָ שׁוֹמְרֵי שַׁבָּת וְקוֹרְאֵי עֹנֶג
עַם מְקַדְּשֵׁי שְׁבִיעִי, כֻּלָּם יִשְׂבְּעוּ וְיִתְעַנְּגוּ מִטּוּבֶךָ
וּבַשְּׁבִיעִי רָצִיתָ בּוֹ וְקִדַּשְׁתּוֹ
חֶמְדַּת יָמִים אוֹתוֹ קָרָאתָ, זֵכֶר לְמַעֲשֵׂה בְרֵאשִׁית.

אֱלֹהֵינוּ וֵאלֹהֵי אֲבוֹתֵינוּ, רְצֵה בִמְנוּחָתֵנוּ
קַדְּשֵׁנוּ בְּמִצְוֹתֶיךָ וְתֵן חֶלְקֵנוּ בְּתוֹרָתֶךָ
שַׂבְּעֵנוּ מִטּוּבֶךָ, וְשַׂמְּחֵנוּ בִּישׁוּעָתֶךָ
וְטַהֵר לִבֵּנוּ לְעָבְדְּךָ בֶּאֱמֶת
וְהַנְחִילֵנוּ יהוה אֱלֹהֵינוּ בְּאַהֲבָה וּבְרָצוֹן שַׁבַּת קָדְשֶׁךָ
וְיָנוּחוּ בוֹ יִשְׂרָאֵל מְקַדְּשֵׁי שְׁמֶךָ.
בָּרוּךְ אַתָּה יהוה, מְקַדֵּשׁ הַשַּׁבָּת.

בשבת ראש חודש:

וּמִנְחָתָם וְנִסְכֵּיהֶם כִּמְדֻבָּר, שְׁלֹשָׁה עֶשְׂרֹנִים לַפָּר, וּשְׁנֵי עֶשְׂרֹנִים לָאָיִל, וְעִשָּׂרוֹן לַכֶּבֶשׂ, וְיַיִן כְּנִסְכּוֹ, וְשָׂעִיר לְכַפֵּר, וּשְׁנֵי תְמִידִים כְּהִלְכָתָם.

יִשְׂמְחוּ בְמַלְכוּתְךָ שׁוֹמְרֵי שַׁבָּת וְקוֹרְאֵי עֹנֶג
עַם מְקַדְּשֵׁי שְׁבִיעִי, כֻּלָּם יִשְׂבְּעוּ וְיִתְעַנְּגוּ מִטּוּבֶךָ
וּבַשְּׁבִיעִי רָצִיתָ בּוֹ וְקִדַּשְׁתּוֹ
חֶמְדַּת יָמִים אוֹתוֹ קָרָאתָ, זֵכֶר לְמַעֲשֵׂה בְרֵאשִׁית.

אֱלֹהֵינוּ וֵאלֹהֵי אֲבוֹתֵינוּ, רְצֵה בִמְנוּחָתֵנוּ, וְחַדֵּשׁ עָלֵינוּ בְּיוֹם הַשַּׁבָּת הַזֶּה אֶת הַחֹדֶשׁ הַזֶּה, לְטוֹבָה וְלִבְרָכָה, לְשָׂשׂוֹן וּלְשִׂמְחָה, לִישׁוּעָה וּלְנֶחָמָה, לְפַרְנָסָה וּלְכַלְכָּלָה, לְחַיִּים וּלְשָׁלוֹם, לִמְחִילַת חֵטְא וְלִסְלִיחַת עָוֹן (*Desde* מרחשון *hasta* אדר שני *en un año embolismal* (*ver en página 1358*) וּלְכַפָּרַת פָּשַׁע), כִּי בְעַמְּךָ יִשְׂרָאֵל בָּחַרְתָּ מִכָּל הָאֻמּוֹת, וְשַׁבַּת קָדְשְׁךָ לָהֶם הוֹדַעְתָּ וְחֻקֵּי רָאשֵׁי חֳדָשִׁים לָהֶם קָבָעְתָּ.
בָּרוּךְ אַתָּה יהוה, מְקַדֵּשׁ הַשַּׁבָּת וְיִשְׂרָאֵל וְרָאשֵׁי חֳדָשִׁים.

Continuar con רְצֵה *en la página siguiente.*

Todos los días continuar aquí:

EL SERVICIO DEL TEMPLO

רְצֵה Acepta con benevolencia Señor, nuestro Dios,
a Tu pueblo Israel y sus plegarias.
Restaura el servicio en Tu más sagrada casa
y acepta favorable y amorosamente
las ofrendas ígneas de Israel y sus rezos.
Que siempre recibas con agrado el servicio de Tu pueblo Israel.
Que nuestros ojos contemplen Tu retorno a Sion con compasión.
Bendito eres Tú Señor, que restaura Su presencia en Sion.

AGRADECIMIENTO

Inclinarse al recitar las primeras seis palabras.

מוֹדִים Te agradecemos a Ti,
pues eres el Señor, Dios nuestro
y de nuestros ancestros por siempre.
Eres nuestra Roca
y la de nuestra existencia,
Escudo de nuestra salvación
de generación en generación.
Te agradeceremos, y relataremos
Tu alabanza por nuestras vidas
que están depositadas en Tus manos,
por nuestras almas que están a Tu cargo,
por Tus milagros para con nosotros
a diario, y las bondades y maravillas
que nos prodigas en todo momento,
noche, mañana y tarde.
El Benevolente,
pues Tu compasión nunca concluye,
Tú eres compasivo,
pues no cesan Tus bondades.
Siempre hemos depositado
nuestra esperanza en Ti.

Durante la repetición del oficiante la congregación dice en silencio:

מוֹדִים Te agradecemos a Ti,
pues eres el Señor,
Dios nuestro
y de nuestros ancestros,
Dios de toda carne,
Formador nuestro
y del universo.
Bendiciones
y agradecimientos
a Tu Nombre grandioso
y sagrado,
por habernos preservado
con vida y mantenido.
De igual forma, danos vida,
sostén y reúne a Tus exiliados
en Tu patio sagrado,
para que cumplan con Tus
leyes y hagan Tu voluntad
con integridad de corazón,
por ello nos
corresponde agradecerte.
Bendito es el Dios
a Quien debemos agradecer.

Todos los días continuar aquí:

עבודה

רְצֵה יהוה אֱלֹהֵינוּ בְּעַמְּךָ יִשְׂרָאֵל, וּבִתְפִלָּתָם
וְהָשֵׁב אֶת הָעֲבוֹדָה לִדְבִיר בֵּיתֶךָ
וְאִשֵּׁי יִשְׂרָאֵל וּתְפִלָּתָם בְּאַהֲבָה תְקַבֵּל בְּרָצוֹן
וּתְהִי לְרָצוֹן תָּמִיד עֲבוֹדַת יִשְׂרָאֵל עַמֶּךָ.
וְתֶחֱזֶינָה עֵינֵינוּ בְּשׁוּבְךָ לְצִיּוֹן בְּרַחֲמִים.
בָּרוּךְ אַתָּה יהוה, הַמַּחֲזִיר שְׁכִינָתוֹ לְצִיּוֹן.

הודאה

Inclinarse al recitar las primeras cinco palabras.

מוֹדִים אֲנַחְנוּ לָךְ
שָׁאַתָּה הוּא יהוה אֱלֹהֵינוּ
וֵאלֹהֵי אֲבוֹתֵינוּ לְעוֹלָם וָעֶד.
צוּר חַיֵּינוּ, מָגֵן יִשְׁעֵנוּ
אַתָּה הוּא לְדוֹר וָדוֹר.
נוֹדֶה לְּךָ וּנְסַפֵּר תְּהִלָּתֶךָ
עַל חַיֵּינוּ הַמְּסוּרִים בְּיָדֶךָ
וְעַל נִשְׁמוֹתֵינוּ הַפְּקוּדוֹת לָךְ
וְעַל נִסֶּיךָ שֶׁבְּכָל יוֹם עִמָּנוּ
וְעַל נִפְלְאוֹתֶיךָ וְטוֹבוֹתֶיךָ
שֶׁבְּכָל עֵת
עֶרֶב וָבֹקֶר וְצָהֳרָיִם.
הַטּוֹב, כִּי לֹא כָלוּ רַחֲמֶיךָ
וְהַמְרַחֵם, כִּי לֹא תַמּוּ חֲסָדֶיךָ
מֵעוֹלָם קִוִּינוּ לָךְ.

Durante la חזרת הש״ץ *el* קהל *dice en silencio:*

מוֹדִים אֲנַחְנוּ לָךְ
שָׁאַתָּה הוּא יהוה אֱלֹהֵינוּ
וֵאלֹהֵי אֲבוֹתֵינוּ
אֱלֹהֵי כָל בָּשָׂר
יוֹצְרֵנוּ, יוֹצֵר בְּרֵאשִׁית.
בְּרָכוֹת וְהוֹדָאוֹת
לְשִׁמְךָ הַגָּדוֹל וְהַקָּדוֹשׁ
עַל שֶׁהֶחֱיִיתָנוּ וְקִיַּמְתָּנוּ.
כֵּן תְּחַיֵּנוּ וּתְקַיְּמֵנוּ
וְתֶאֱסֹף גָּלֻיּוֹתֵינוּ
לְחַצְרוֹת קָדְשֶׁךָ
לִשְׁמֹר חֻקֶּיךָ
וְלַעֲשׂוֹת רְצוֹנֶךָ וּלְעָבְדְּךָ
בְּלֵבָב שָׁלֵם
עַל שֶׁאֲנַחְנוּ מוֹדִים לָךְ.
בָּרוּךְ אֵל הַהוֹדָאוֹת.

En Janucá:

עַל הַנִּסִּים (Te agradecemos también) por los milagros, la redención, los actos poderosos, las salvaciones y las victorias en las batallas que Tú llevaste a cabo en favor de nuestros ancestros en aquellos días en este tiempo.

בִּימֵי מַתִּתְיָהוּ En los días de Matitiahu hijo de Yojanán, el Sumo Sacerdote, el jasmoneo y sus hijos, el malvado reino griego se levantó contra Tu pueblo Israel para hacerles olvidar Tu Torá y forzarlos a transgredir los estatutos de Tu voluntad. Y Tú, con gran compasión, estuviste junto a ellos en el tiempo de su desgracia, luchaste por su causa, juzgaste su reclamo y vengaste su opresión. Entregaste fuertes en manos de débiles, muchos en manos de pocos, impuros en manos de puros, malvados en manos de justos, arrogantes en manos de estudiosos de Tu Torá. Hiciste para Ti un Nombre Grande y Sagrado en Tu mundo, y a Tu pueblo Israel diste gran redención y salvación en un día como este. Luego, Tus hijos ingresaron a Tu recinto sagrado, limpiaron Tu Templo, purificaron Tu santuario, encendieron velas en Tus cortes y establecieron estos ocho días de Janucá para agradecerte y alabar a Tu gran Nombre.

Continúa con "Por todo esto"

En Shushan Purim en Jerusalém:

עַל הַנִּסִּים (Te agradecemos también) por los milagros, la redención, los actos poderosos, las salvaciones y las victorias en las batallas que Tú llevaste a cabo en favor de nuestros ancestros en aquellos días en este tiempo.

בִּימֵי מָרְדְּכַי En los días de Mordejai y Ester, en la ciudad capital de Shushán,
el malvado Amán se alzó contra Tu pueblo procurando destruir, matar y *Est. 3*
exterminar a todos los judíos, jóvenes y mayores, niños y mujeres en un solo día, el trece del duodécimo mes que es el mes de Adar y saquear sus posesiones. Entonces Tú, con gran compasión desbarataste su plan, arruinaste su proyecto y le retribuiste por su maldad haciéndolo colgar junto a sus hijos de un cadalso.

Continúa con "Por todo esto"

וְעַל כֻּלָּם Por todo esto, Rey nuestro, que Tu Nombre sea bendecido y exaltado por siempre.

En Shabat Shuvá: E inscribe a todos los hijos de Tu pacto para una buena vida.

Que todos los seres vivos Te agradezcan, ¡Sela!,
y alaben Tu Nombre de verdad,
Dios de nuestra redención y nuestro socorro, ¡Sela!
▾Bendito eres Tú Señor,
Tu Nombre es "Bueno" y a Ti corresponde agradecer.

בחנוכה:

עַל הַנִּסִּים וְעַל הַפֻּרְקָן וְעַל הַגְּבוּרוֹת וְעַל הַתְּשׁוּעוֹת וְעַל הַמִּלְחָמוֹת שֶׁעָשִׂיתָ לַאֲבוֹתֵינוּ בַּיָּמִים הָהֵם בַּזְּמַן הַזֶּה.

בִּימֵי מַתִּתְיָהוּ בֶּן יוֹחָנָן כֹּהֵן גָּדוֹל חַשְׁמוֹנַאי וּבָנָיו, כְּשֶׁעָמְדָה מַלְכוּת יָוָן הָרְשָׁעָה עַל עַמְּךָ יִשְׂרָאֵל לְהַשְׁכִּיחָם תּוֹרָתֶךָ וּלְהַעֲבִירָם מֵחֻקֵּי רְצוֹנֶךָ, וְאַתָּה בְּרַחֲמֶיךָ הָרַבִּים עָמַדְתָּ לָהֶם בְּעֵת צָרָתָם, רַבְתָּ אֶת רִיבָם, דַּנְתָּ אֶת דִּינָם, נָקַמְתָּ אֶת נִקְמָתָם, מָסַרְתָּ גִבּוֹרִים בְּיַד חַלָּשִׁים, וְרַבִּים בְּיַד מְעַטִּים, וּטְמֵאִים בְּיַד טְהוֹרִים, וּרְשָׁעִים בְּיַד צַדִּיקִים, וְזֵדִים בְּיַד עוֹסְקֵי תוֹרָתֶךָ, וּלְךָ עָשִׂיתָ שֵׁם גָּדוֹל וְקָדוֹשׁ בְּעוֹלָמֶךָ, וּלְעַמְּךָ יִשְׂרָאֵל עָשִׂיתָ תְּשׁוּעָה גְדוֹלָה וּפֻרְקָן כְּהַיּוֹם הַזֶּה. וְאַחַר כֵּן בָּאוּ בָנֶיךָ לִדְבִיר בֵּיתֶךָ, וּפִנּוּ אֶת הֵיכָלֶךָ, וְטִהֲרוּ אֶת מִקְדָּשֶׁךָ, וְהִדְלִיקוּ נֵרוֹת בְּחַצְרוֹת קָדְשֶׁךָ, וְקָבְעוּ שְׁמוֹנַת יְמֵי חֲנֻכָּה אֵלּוּ, לְהוֹדוֹת וּלְהַלֵּל לְשִׁמְךָ הַגָּדוֹל.

Continúa con וְעַל כֻּלָּם.

בשושן פורים בירושלים:

עַל הַנִּסִּים וְעַל הַפֻּרְקָן וְעַל הַגְּבוּרוֹת וְעַל הַתְּשׁוּעוֹת וְעַל הַמִּלְחָמוֹת שֶׁעָשִׂיתָ לַאֲבוֹתֵינוּ בַּיָּמִים הָהֵם בַּזְּמַן הַזֶּה.

בִּימֵי מָרְדְּכַי וְאֶסְתֵּר בְּשׁוּשַׁן הַבִּירָה, כְּשֶׁעָמַד עֲלֵיהֶם הָמָן הָרָשָׁע,
בִּקֵּשׁ לְהַשְׁמִיד לַהֲרֹג וּלְאַבֵּד אֶת־כָּל־הַיְּהוּדִים מִנַּעַר וְעַד־זָקֵן טַף אסתר ג
וְנָשִׁים בְּיוֹם אֶחָד, בִּשְׁלוֹשָׁה עָשָׂר לְחֹדֶשׁ שְׁנֵים־עָשָׂר, הוּא־חֹדֶשׁ אֲדָר,
וּשְׁלָלָם לָבוֹז: וְאַתָּה בְּרַחֲמֶיךָ הָרַבִּים הֵפַרְתָּ אֶת עֲצָתוֹ, וְקִלְקַלְתָּ אֶת
מַחֲשַׁבְתּוֹ, וַהֲשֵׁבוֹתָ לּוֹ גְּמוּלוֹ בְּרֹאשׁוֹ, וְתָלוּ אוֹתוֹ וְאֶת בָּנָיו עַל הָעֵץ.

Continúa con וְעַל כֻּלָּם.

וְעַל כֻּלָּם יִתְבָּרַךְ וְיִתְרוֹמַם שִׁמְךָ מַלְכֵּנוּ תָּמִיד לְעוֹלָם וָעֶד.

בשבת שובה: וּכְתֹב לְחַיִּים טוֹבִים כָּל בְּנֵי בְרִיתֶךָ.

וְכֹל הַחַיִּים יוֹדוּךָ סֶּלָה, וִיהַלְלוּ אֶת שִׁמְךָ בֶּאֱמֶת הָאֵל יְשׁוּעָתֵנוּ וְעֶזְרָתֵנוּ סֶלָה.

בָּרוּךְ אַתָּה יהוה, הַטּוֹב שִׁמְךָ וּלְךָ נָאֶה לְהוֹדוֹת.

El siguiente pasaje es recitado por el oficiante durante la repetición de la Amidá. En Israel, si los cohanim bendicen a la congregación pasar a la página 875. Ver leyes 370–377.

Dios nuestro y de nuestros ancestros, bendícenos con la triple bendición de la Torá, escrita por la mano de Tu siervo Moshé y pronunciada por Aharón y sus hijos los cohanim, Tu pueblo consagrado, como fue dicho:

El Señor te bendiga y te guarde. *Núm. 6*

Congregación: Que así sea Tu voluntad.

El Señor te ilumine con Su Presencia y te agracie.

Congregación: Que así sea Tu voluntad.

El Señor dirija Su Presencia hacia ti y te conceda la paz.

Congregación: Que así sea Tu voluntad.

PAZ

שִׂים שָׁלוֹם Instaura paz, bien y bendición,
gracia, benevolencia y compasión sobre nosotros
y todo Tu pueblo Israel.
Bendícenos Padre nuestro, a todos nosotros como uno,
con la luz de Tu Semblante, pues en la luz de Tu Semblante
nos has dado Señor, nuestro Dios,
una Torá de vida y amor a la benevolencia,
justicia, bendición, compasión, vida y paz.
Que ante Tus ojos sea bueno bendecir a todo Tu pueblo Israel,
en todo momento, a toda hora, con Tu paz.

En Shabat Shuvá: Que seamos recordados e inscritos nosotros
y todo Tu pueblo la casa de Israel en el libro
de la vida, la bendición, la paz y la prosperidad
para una buena vida y para la paz.*

Bendito eres Tú Señor, que bendice a Su pueblo Israel con la paz.

**Fuera de Israel, en Shabat Shuvá algunos acostumbran finalizar esta bendición de la siguiente forma:*
Bendito eres Tú Señor, que hace la paz.

El siguiente versículo finaliza la repetición de la Amidá por parte del oficiante. Algunos lo recitan aquí, como parte de la Amidá en voz baja. Ver ley 368.

Que las palabras de mi boca y la meditación de mi corazón hallen favor ante Ti Señor, mi Fortaleza y mi Redentor. *Sal. 19*

El siguiente pasaje es recitado por el שליח ציבור *durante la* חזרת הש״ץ. *En* ארץ ישראל, *si los* כהנים *bendicen a la congregación pasar a la página 875. Ver leyes 370–377.*

אֱלֹהֵינוּ וֵאלֹהֵי אֲבוֹתֵינוּ, בָּרְכֵנוּ בַבְּרָכָה הַמְשֻׁלֶּשֶׁת בַּתּוֹרָה, הַכְּתוּבָה עַל יְדֵי מֹשֶׁה עַבְדֶּךָ, הָאֲמוּרָה מִפִּי אַהֲרֹן וּבָנָיו כֹּהֲנִים עַם קְדוֹשֶׁיךָ, כָּאָמוּר

יְבָרֶכְךָ יהוה וְיִשְׁמְרֶךָ: קהל: כֵּן יְהִי רָצוֹן במדבר ו

יָאֵר יהוה פָּנָיו אֵלֶיךָ וִיחֻנֶּךָּ: קהל: כֵּן יְהִי רָצוֹן

יִשָּׂא יהוה פָּנָיו אֵלֶיךָ וְיָשֵׂם לְךָ שָׁלוֹם: קהל: כֵּן יְהִי רָצוֹן

ברכת שלום

שִׂים שָׁלוֹם טוֹבָה וּבְרָכָה
חֵן וָחֶסֶד וְרַחֲמִים עָלֵינוּ וְעַל כָּל יִשְׂרָאֵל עַמֶּךָ.
בָּרְכֵנוּ אָבִינוּ כֻּלָּנוּ כְּאֶחָד בְּאוֹר פָּנֶיךָ
כִּי בְאוֹר פָּנֶיךָ נָתַתָּ לָּנוּ, יהוה אֱלֹהֵינוּ
תּוֹרַת חַיִּים וְאַהֲבַת חֶסֶד
וּצְדָקָה וּבְרָכָה וְרַחֲמִים וְחַיִּים וְשָׁלוֹם.
וְטוֹב בְּעֵינֶיךָ לְבָרֵךְ אֶת עַמְּךָ יִשְׂרָאֵל
בְּכָל עֵת וּבְכָל שָׁעָה בִּשְׁלוֹמֶךָ.

בשבת שובה: בְּסֵפֶר חַיִּים, בְּרָכָה וְשָׁלוֹם, וּפַרְנָסָה טוֹבָה
נִזָּכֵר וְנִכָּתֵב לְפָנֶיךָ, אֲנַחְנוּ וְכָל עַמְּךָ בֵּית יִשְׂרָאֵל
לְחַיִּים טוֹבִים וּלְשָׁלוֹם.*

בָּרוּךְ אַתָּה יהוה, הַמְבָרֵךְ אֶת עַמּוֹ יִשְׂרָאֵל בַּשָּׁלוֹם.

**En* חוץ לארץ, *en* שבת שובה *algunos acostumbran finalizar esta bendición de la siguiente forma:*

בָּרוּךְ אַתָּה יהוה, עוֹשֶׂה הַשָּׁלוֹם.

El siguiente versículo finaliza la חזרת הש״ץ *por parte del* שליח ציבור. *Algunos lo recitan aquí, como parte de la* עמידה *en voz baja. Ver ley 368.*

יִהְיוּ לְרָצוֹן אִמְרֵי־פִי וְהֶגְיוֹן לִבִּי לְפָנֶיךָ, יהוה צוּרִי וְגֹאֲלִי: תהלים יט

אֱלֹהַי Dios mío, *Berajot 17A*
preserva mi lengua del mal
y mis labios de pronunciar engaño.
Que mi alma calle ante quienes me maldicen,
y sea como el polvo para con todos.
Abre mi corazón a Tu Torá y que mi alma persiga Tus preceptos.
Rápidamente deja sin efecto el consejo
y frustra los planes de quienes conspiran contra mí.
Actúa en pos de Tu Nombre, actúa en pos de Tu diestra,
actúa en pos de Tu santidad, actúa en pos de Tu Torá.
Para que Tus amados sean liberados, *Sal. 60*
redime con Tu diestra y respóndeme.
Que las palabras de mi boca y la meditación de mi corazón *Sal. 19*
hallen favor ante Ti Señor, mi Fortaleza y mi Redentor.

Inclinarse, dar tres pasos hacia atrás, entonces inclinarse primero hacia la izquierda y luego hacia la derecha, luego al centro, mientras se dice:

Quien obra la paz en Sus alturas,
haga la paz para nosotros y todo Israel y decid: Amén.

יְהִי רָצוֹן Sea Tu voluntad Señor, Dios nuestro y de nuestros ancestros
que el Templo sea reconstruido pronto en nuestros días,
que nos concedas nuestra porción en Tu Torá.
Allí Te serviremos con temor reverencial
como en los días de antaño y los años pretéritos.
Entonces las ofrendas de Yehudá y Jerusalém *Mal. 3*
agradarán al Señor como en los días de antaño y los años pretéritos.

KADISH COMPLETO

Oficiante: יִתְגַּדַּל Que Su Gran Nombre sea magnificado y santificado,
en el mundo que creó conforme a Su voluntad.
Que establezca Su reino
durante vuestra vida y en vuestros días
y en la vida de toda la casa de Israel,
pronto y rápidamente y decid: Amén.

Todos: Que Su Gran Nombre sea bendito
por siempre y por toda la eternidad.

אֱלֹהַי ברכות יז.

נְצֹר לְשׁוֹנִי מֵרָע וּשְׂפָתַי מִדַּבֵּר מִרְמָה

וְלִמְקַלְלַי נַפְשִׁי תִדֹּם, וְנַפְשִׁי כֶּעָפָר לַכֹּל תִּהְיֶה.

פְּתַח לִבִּי בְּתוֹרָתֶךָ, וּבְמִצְוֹתֶיךָ תִּרְדֹּף נַפְשִׁי.

וְכָל הַחוֹשְׁבִים עָלַי רָעָה

מְהֵרָה הָפֵר עֲצָתָם וְקַלְקֵל מַחֲשַׁבְתָּם.

עֲשֵׂה לְמַעַן שְׁמֶךָ, עֲשֵׂה לְמַעַן יְמִינֶךָ

עֲשֵׂה לְמַעַן קְדֻשָּׁתֶךָ, עֲשֵׂה לְמַעַן תּוֹרָתֶךָ.

לְמַעַן יֵחָלְצוּן יְדִידֶיךָ, הוֹשִׁיעָה יְמִינְךָ וַעֲנֵנִי: תהלים ס

יִהְיוּ לְרָצוֹן אִמְרֵי־פִי וְהֶגְיוֹן לִבִּי לְפָנֶיךָ, יהוה צוּרִי וְגֹאֲלִי: תהלים יט

Inclinarse, dar tres pasos hacia atrás, entonces inclinarse primero hacia la izquierda y luego hacia la derecha, luego al centro, mientras se dice:

עֹשֶׂה שָׁלוֹם/ בשבת שובה: הַשָּׁלוֹם/ בִּמְרוֹמָיו

הוּא יַעֲשֶׂה שָׁלוֹם עָלֵינוּ וְעַל כָּל יִשְׂרָאֵל, וְאִמְרוּ אָמֵן.

יְהִי רָצוֹן מִלְּפָנֶיךָ יהוה אֱלֹהֵינוּ וֵאלֹהֵי אֲבוֹתֵינוּ

שֶׁיִּבָּנֶה בֵּית הַמִּקְדָּשׁ בִּמְהֵרָה בְיָמֵינוּ, וְתֵן חֶלְקֵנוּ בְּתוֹרָתֶךָ

וְשָׁם נַעֲבָדְךָ בְּיִרְאָה כִּימֵי עוֹלָם וּכְשָׁנִים קַדְמֹנִיּוֹת.

וְעָרְבָה לַיהוה מִנְחַת יְהוּדָה וִירוּשָׁלָםִ כִּימֵי עוֹלָם וּכְשָׁנִים קַדְמֹנִיּוֹת: מלאכי ג

קדיש שלם

ש״ץ: יִתְגַּדַּל וְיִתְקַדַּשׁ שְׁמֵהּ רַבָּא (קהל: אָמֵן)

בְּעָלְמָא דִּי בְרָא כִרְעוּתֵהּ

וְיַמְלִיךְ מַלְכוּתֵהּ

בְּחַיֵּיכוֹן וּבְיוֹמֵיכוֹן וּבְחַיֵּי דְכָל בֵּית יִשְׂרָאֵל

בַּעֲגָלָא וּבִזְמַן קָרִיב, וְאִמְרוּ אָמֵן. (קהל: אָמֵן)

קהל וש״ץ: יְהֵא שְׁמֵהּ רַבָּא מְבָרַךְ לְעָלַם וּלְעָלְמֵי עָלְמַיָּא.

Oficiante: Sea bendecido, alabado, glorificado
y exaltado, encumbrado
y magnificado, enaltecido y ensalzado
el Nombre del Santo Bendito Él;
más allá de cualquier bendición,
cántico, alabanza y consolación
pronunciados en el mundo y decid: Amén.

Que nuestras plegarias y las súplicas
de todo el pueblo de Israel
sean aceptadas por su Padre Celestial y decid: Amén.

Que haya gran paz celestial
y vida para nosotros
y para todo Israel y decid: Amén.

Inclinarse, dar tres pasos hacia atrás como retirándose de la Divina Presencia, luego inclinarse primero hacia la izquierda, luego hacia la derecha y luego al centro mientras se dice:

Quien obra la paz en Sus alturas,
haga la paz para nosotros
y todo Israel y decid: Amén.

אֵין כֵּאלֹהֵינוּ No hay como nuestro Dios, no hay como nuestro Señor,
no hay como nuestro Rey, no hay como nuestro Salvador.
¿Quién cómo nuestro Dios? ¿Quién cómo nuestro Señor?
¿Quién cómo nuestro Rey? ¿Quién cómo nuestro Salvador?
Agradeceremos a nuestro Dios, agradeceremos a nuestro Señor,
agradeceremos a nuestro Rey, agradeceremos a nuestro Salvador.
Bendito es nuestro Dios, bendito es nuestro Señor,
bendito es nuestro Rey, bendito es nuestro Salvador.
Tú eres nuestro Dios, Tú eres nuestro Señor,
Tú eres nuestro Rey, Tú eres nuestro Salvador.
Tú eres Aquél a quien nuestros ancestros ofrendaban
el fragante incienso.

---

ofrenda del incienso en el Templo. Las iniciales de las tres primeras líneas forman la palabra "Amén"; las primeras palabras de las dos líneas siguientes

ש״ץ: יִתְבָּרַךְ וְיִשְׁתַּבַּח וְיִתְפָּאַר
וְיִתְרוֹמַם וְיִתְנַשֵּׂא וְיִתְהַדָּר וְיִתְעַלֶּה וְיִתְהַלָּל
שְׁמֵהּ דְּקֻדְשָׁא בְּרִיךְ הוּא (קהל: בְּרִיךְ הוּא)
לְעֵלָּא מִן כָּל בִּרְכָתָא / בשבת שובה: לְעֵלָּא לְעֵלָּא מִכָּל בִּרְכָתָא/
וְשִׁירָתָא, תֻּשְׁבְּחָתָא וְנֶחֱמָתָא
דַּאֲמִירָן בְּעָלְמָא, וְאִמְרוּ אָמֵן. (קהל: אָמֵן)

תִּתְקַבַּל צְלוֹתְהוֹן וּבָעוּתְהוֹן דְּכָל יִשְׂרָאֵל
קֳדָם אֲבוּהוֹן דִּי בִשְׁמַיָּא, וְאִמְרוּ אָמֵן. (קהל: אָמֵן)

יְהֵא שְׁלָמָא רַבָּא מִן שְׁמַיָּא
וְחַיִּים, עָלֵינוּ וְעַל כָּל יִשְׂרָאֵל, וְאִמְרוּ אָמֵן. (קהל: אָמֵן)

Inclinarse, dar tres pasos hacia atrás como retirándose de la Divina Presencia, luego inclinarse primero hacia la izquierda, luego hacia la derecha y luego al centro mientras se dice:

עֹשֶׂה שָׁלוֹם/ בשבת שובה: הַשָּׁלוֹם/ בִּמְרוֹמָיו
הוּא יַעֲשֶׂה שָׁלוֹם
עָלֵינוּ וְעַל כָּל יִשְׂרָאֵל, וְאִמְרוּ אָמֵן. (קהל: אָמֵן)

אֵין כֵּאלֹהֵינוּ, אֵין כַּאדוֹנֵינוּ, אֵין כְּמַלְכֵּנוּ, אֵין כְּמוֹשִׁיעֵנוּ.
מִי כֵאלֹהֵינוּ, מִי כַאדוֹנֵינוּ, מִי כְמַלְכֵּנוּ, מִי כְמוֹשִׁיעֵנוּ.
נוֹדֶה לֵאלֹהֵינוּ, נוֹדֶה לַאדוֹנֵינוּ, נוֹדֶה לְמַלְכֵּנוּ, נוֹדֶה לְמוֹשִׁיעֵנוּ.
בָּרוּךְ אֱלֹהֵינוּ, בָּרוּךְ אֲדוֹנֵינוּ, בָּרוּךְ מַלְכֵּנוּ, בָּרוּךְ מוֹשִׁיעֵנוּ.
אַתָּה הוּא אֱלֹהֵינוּ, אַתָּה הוּא אֲדוֹנֵינוּ,
אַתָּה הוּא מַלְכֵּנוּ, אַתָּה הוּא מוֹשִׁיעֵנוּ.
אַתָּה הוּא שֶׁהִקְטִירוּ אֲבוֹתֵינוּ לְפָנֶיךָ אֶת קְטֹרֶת הַסַּמִּים.

אֵין כֵּאלֹהֵינוּ *No hay como nuestro Dios:* Este párrafo, usualmente cantado en la sinagoga, es una introducción poética a la lectura del pasaje referido a la

פִּטּוּם הַקְּטֹרֶת La mezcla del incienso está conformada por bálsamo, uña aromática, gálbano y olíbano, cada una con un peso de 70 "mané", mirra, casia, nardo y azafrán cada una con un peso de 16 "mané", doce "mané" de costus, tres de corteza aromática, nueve de canela, nueve "kab" de lejía de Carshina, tres "seá" y tres "kab" de vino de Chipre. Si no se consigue vino de Chipre se puede emplear vino blanco añejo. Un cuarto de "kab" de sal de Sodoma, una pizca de una hierba humeante. Rabí Natán de Babilonia dice: también una pizca de ámbar del Jordán. Si se agrega miel a la mezcla se la transforma en no apta para uso sagrado. Si se omitió alguno de los ingredientes se es pasible de pena de muerte. *Keritot 6A*

Rabán Shim'ón ben Gamliel dice: el "bálsamo" es una savia que gotea del árbol del mismo nombre. Lejía de Carshina era usado para frotar la uña aromática y así mejorarla. El vino de Chipre era usado para remojar la uña aromática para conferirle un olor acre. Si bien la orina es buena para este propósito, no se la podía ingresar en el Templo pues sería una falta de respeto.

Estos eran los salmos que los levitas acostumbraban recitar en el Templo: *Mishna, Tamid 7*

El primer día de la semana acostumbraban recitar: "Del Señor es la tierra y todo lo que esta contiene, así como el mundo y quienes en él viven". *Sal. 24*

El segundo día acostumbraban recitar: "Grande es el Señor y sumamente alabado en la ciudad de nuestro Dios, en Su montaña sagrada". *Sal. 48*

El tercer día acostumbraban recitar: "Dios reside en la Asamblea Divina. En el seno de los jueces dicta Su sentencia". *Sal. 82*

El cuarto día acostumbraban recitar: "Dios de la retribución, Señor, Dios de la retribución, ¡manifiéstate!". *Sal. 94*

El quinto día acostumbraban recitar: "Cantad con júbilo al Dios de nuestra fortaleza, aclamad al Dios de Ya'akov". *Sal. 81*

El sexto día acostumbraban recitar: "El Señor reina. Él está ataviado en majestad. El Señor está investido, ceñido de fortaleza. El mundo está firmemente establecido, para que no vacile". *Sal. 93*

El Shabat acostumbraban recitar: "Cántico para el día de Shabat". Cántico para un día que está por venir en el futuro, un día que será completamente Shabat y reposo eterno. *Sal. 92*

---

acostumbraban recitar en el Templo: Cada día de la semana, después de las ofrendas regulares en el Templo, los levitas entonaban un salmo especial, lo cual indicaba que cada día de la semana tiene su carácter particular, sus propios cometidos, su propia tonalidad en la sinfonía del tiempo. Nosotros recitamos aún estos salmos, por lo general al final del rezo. De este modo, se genera una conexión más entre quienes rezan y el servicio del Templo.

פִּטּוּם הַקְּטֹרֶת. הַצֳּרִי, וְהַצִּפֹּרֶן, וְהַחֶלְבְּנָה, וְהַלְּבוֹנָה מִשְׁקַל שִׁבְעִים שִׁבְעִים מָנֶה, מֹר, וּקְצִיעָה, שִׁבֹּלֶת נֵרְדְּ, וְכַרְכֹּם מִשְׁקַל שִׁשָּׁה עָשָׂר שִׁשָּׁה עָשָׂר מָנֶה, הַקֹּשְׁטְ שְׁנֵים עָשָׂר, קִלּוּפָה שְׁלֹשָׁה, וְקִנָּמוֹן תִּשְׁעָה, בֹּרִית כַּרְשִׁינָה תִּשְׁעָה קַבִּין, יֵין קַפְרִיסִין סְאִין תְּלָת וְקַבִּין תְּלָתָא, וְאִם אֵין לוֹ יֵין קַפְרִיסִין, מֵבִיא חֲמַר חִוַּרְיָן עַתִּיק. מֶלַח סְדוֹמִית רֹבַע, מַעֲלֶה עָשָׁן כָּל שֶׁהוּא. רַבִּי נָתָן הַבַּבְלִי אוֹמֵר: אַף כִּפַּת הַיַּרְדֵּן כָּל שֶׁהוּא, וְאִם נָתַן בָּהּ דְּבַשׁ פְּסָלָהּ, וְאִם חִסַּר אֶחָד מִכָּל סַמָּנֶיהָ, חַיָּב מִיתָה. כריתות ו.

רַבָּן שִׁמְעוֹן בֶּן גַּמְלִיאֵל אוֹמֵר: הַצֳּרִי אֵינוֹ אֶלָּא שְׂרָף הַנּוֹטֵף מֵעֲצֵי הַקְּטָף. בֹּרִית כַּרְשִׁינָה שֶׁשָּׁפִין בָּהּ אֶת הַצִּפֹּרֶן כְּדֵי שֶׁתְּהֵא נָאָה, יֵין קַפְרִיסִין שֶׁשּׁוֹרִין בּוֹ אֶת הַצִּפֹּרֶן כְּדֵי שֶׁתְּהֵא עַזָּה, וַהֲלֹא מֵי רַגְלַיִם יָפִין לָהּ, אֶלָּא שֶׁאֵין מַכְנִיסִין מֵי רַגְלַיִם בַּמִּקְדָּשׁ מִפְּנֵי הַכָּבוֹד.

הַשִּׁיר שֶׁהַלְוִיִּם הָיוּ אוֹמְרִים בְּבֵית הַמִּקְדָּשׁ: משנה תמיד ז

בַּיּוֹם הָרִאשׁוֹן הָיוּ אוֹמְרִים, לַיהוה הָאָרֶץ וּמְלוֹאָהּ, תֵּבֵל וְיֹשְׁבֵי בָהּ: תהלים כד

בַּשֵּׁנִי הָיוּ אוֹמְרִים, גָּדוֹל יהוה וּמְהֻלָּל מְאֹד, בְּעִיר אֱלֹהֵינוּ הַר־קָדְשׁוֹ: תהלים מח

בַּשְּׁלִישִׁי הָיוּ אוֹמְרִים, אֱלֹהִים נִצָּב בַּעֲדַת־אֵל, בְּקֶרֶב אֱלֹהִים יִשְׁפֹּט: תהלים פב

בָּרְבִיעִי הָיוּ אוֹמְרִים, אֵל־נְקָמוֹת יהוה, אֵל נְקָמוֹת הוֹפִיעַ: תהלים צד

בַּחֲמִישִׁי הָיוּ אוֹמְרִים, הַרְנִינוּ לֵאלֹהִים עוּזֵּנוּ, הָרִיעוּ לֵאלֹהֵי יַעֲקֹב: תהלים פא

בַּשִּׁשִּׁי הָיוּ אוֹמְרִים, יהוה מָלָךְ גֵּאוּת לָבֵשׁ תהלים צג

לָבֵשׁ יהוה עֹז הִתְאַזָּר, אַף־תִּכּוֹן תֵּבֵל בַּל־תִּמּוֹט:

בַּשַּׁבָּת הָיוּ אוֹמְרִים, מִזְמוֹר שִׁיר לְיוֹם הַשַּׁבָּת: תהלים צב

מִזְמוֹר שִׁיר לֶעָתִיד לָבוֹא, לְיוֹם שֶׁכֻּלּוֹ שַׁבָּת וּמְנוּחָה לְחַיֵּי הָעוֹלָמִים.

---

forman "Bendito eres Tú". Este poema es una manera de reafirmar los rezos anteriores bajo la forma de un código que abarca el rezo en su totalidad. Algunos sugieren que el pasaje tiene por cometido el completar las "cien bendiciones" que deben ser recitadas diariamente, ya que las Amidot de Shabat poseen menor cantidad de bendiciones que sus contrapartes de día de semana (Kol Bo).

פִּטּוּם הַקְּטֹרֶת *La mezcla del incienso:* Este párrafo es un pasaje talmúdico (*Keritot* 6A) que describe la composición del sahumerio que era quemado en el Templo cada mañana y cada tarde (Éxodo 30:7-9).

הַשִּׁיר שֶׁהַלְוִיִּם הָיוּ אוֹמְרִים בְּבֵית הַמִּקְדָּשׁ *Estos eran los salmos que los levitas*

Se enseñó en la academia de Eliahu: todo aquél que estudia las leyes de la Torá (*"halajot"*) a diario se le asegura que alcanzará el Mundo Venidero, tal como fue dicho: "Suyos son los caminos (*"halijot"*) del mundo". No leas "caminos" (*"halijot"*) sino "leyes" (*"halajot"*). *Meguilá 28B* *Hab. 3*

Dijo Rabí Elazar en nombre de Rabí Janina: Los discípulos de los sabios incrementan la paz en el mundo, tal como fue dicho "Y todos tus hijos serán estudiosos del Señor y grande será la paz de tus hijos (*"banaij"*). No los llames "tus hijos" (*"banaij"*) sino "tus constructores" (*"bonaij"*). Grande es la paz de aquellos que aman Tu Torá y no habrán de padecer tropiezos. Haya paz en tus fortalezas, quietud en tus palacios. Por causa de mis hermanos y amigos diré: "Sea contigo la paz". En pos de la casa del Señor, nuestro Dios, pediré el bien por ti. ▸ El Señor dará fuerza a Su pueblo. El Señor bendecirá a Su pueblo con la paz. *Berajot 64A* *Is. 54* *Sal. 119* *Sal. 122* *Sal. 29*

KADISH DE LOS RABINOS

La siguiente plegaria es recitada por quien está en duelo y requiere de la presencia de un minián. La transliteración se encuentra en la página 1359.

Doliente: יִתְגַּדַּל Que Su Gran Nombre sea magnificado y santificado,
en el mundo que creó conforme a Su voluntad.
Que establezca Su reino
durante vuestra vida y en vuestros días
y en la vida de toda la casa de Israel,
pronto y rápidamente y decid: Amén.

Todos: Que Su Gran Nombre sea bendito
por siempre y por toda la eternidad.

Doliente: Sea bendecido, alabado, glorificado
y exaltado, encumbrado
y magnificado, enaltecido y ensalzado
el Nombre del Santo Bendito Él;
más allá de cualquier bendición,
cántico, alabanza y consolación
pronunciados en el mundo y decid: Amén.

Para Israel, para los maestros,
sus discípulos y los discípulos de sus discípulos,
para todos quienes se involucran en el estudio de la Torá,
en este sitio (*en Israel se agrega:* sagrado)
o en cualquier otra parte,

תָּנָא דְבֵי אֵלִיָּהוּ: כָּל הַשּׁוֹנֶה הֲלָכוֹת בְּכָל יוֹם, מֻבְטָח לוֹ שֶׁהוּא בֶּן עוֹלָם מגילה כח:
הַבָּא, שֶׁנֶּאֱמַר, הֲלִיכוֹת עוֹלָם לוֹ: אַל תִּקְרֵי הֲלִיכוֹת אֶלָּא הֲלָכוֹת. חבקוק ג

אָמַר רַבִּי אֶלְעָזָר, אָמַר רַבִּי חֲנִינָא: תַּלְמִידֵי חֲכָמִים מַרְבִּים שָׁלוֹם בָּעוֹלָם, ברכות סד.
שֶׁנֶּאֱמַר, וְכָל־בָּנַיִךְ לִמּוּדֵי יהוה, וְרַב שְׁלוֹם בָּנָיִךְ: אַל תִּקְרֵי בָּנָיִךְ, אֶלָּא ישעיה נד
בּוֹנָיִךְ. שָׁלוֹם רָב לְאֹהֲבֵי תוֹרָתֶךָ, וְאֵין־לָמוֹ מִכְשׁוֹל: יְהִי־שָׁלוֹם בְּחֵילֵךְ, תהלים קיט תהלים קכב
שַׁלְוָה בְּאַרְמְנוֹתָיִךְ: לְמַעַן אַחַי וְרֵעָי אֲדַבְּרָה־נָּא שָׁלוֹם בָּךְ: לְמַעַן בֵּית־יהוה
אֱלֹהֵינוּ אֲבַקְשָׁה טוֹב לָךְ: ◂ יהוה עֹז לְעַמּוֹ יִתֵּן, יהוה יְבָרֵךְ אֶת־עַמּוֹ בַשָּׁלוֹם: תהלים כט

קדיש דרבנן

La siguiente plegaria es recitada por quien está en duelo y requiere de la presencia de un מנין*. La transliteración se encuentra en la página 1359.*

אבל: יִתְגַּדַּל וְיִתְקַדַּשׁ שְׁמֵהּ רַבָּא (קהל: אָמֵן)
בְּעָלְמָא דִּי בְרָא כִרְעוּתֵהּ
וְיַמְלִיךְ מַלְכוּתֵהּ
בְּחַיֵּיכוֹן וּבְיוֹמֵיכוֹן וּבְחַיֵּי דְכָל בֵּית יִשְׂרָאֵל
בַּעֲגָלָא וּבִזְמַן קָרִיב, וְאִמְרוּ אָמֵן. (קהל: אָמֵן)

קהל ואבל: יְהֵא שְׁמֵהּ רַבָּא מְבָרַךְ לְעָלַם וּלְעָלְמֵי עָלְמַיָּא.

אבל: יִתְבָּרַךְ וְיִשְׁתַּבַּח וְיִתְפָּאַר וְיִתְרוֹמַם וְיִתְנַשֵּׂא
וְיִתְהַדָּר וְיִתְעַלֶּה וְיִתְהַלָּל
שְׁמֵהּ דְּקֻדְשָׁא בְּרִיךְ הוּא (קהל: בְּרִיךְ הוּא)
לְעֵלָּא מִן כָּל בִּרְכָתָא / בשבת שובה: לְעֵלָּא לְעֵלָּא מִכָּל בִּרְכָתָא/
וְשִׁירָתָא, תֻּשְׁבְּחָתָא וְנֶחֱמָתָא
דַּאֲמִירָן בְּעָלְמָא, וְאִמְרוּ אָמֵן. (קהל: אָמֵן)

עַל יִשְׂרָאֵל וְעַל רַבָּנָן
וְעַל תַּלְמִידֵיהוֹן וְעַל כָּל תַּלְמִידֵי תַלְמִידֵיהוֹן
וְעַל כָּל מָאן דְּעָסְקִין בְּאוֹרַיְתָא
דִּי בְאַתְרָא (בארץ ישראל: קַדִּישָׁא) הָדֵין, וְדִי בְכָל אֲתַר וַאֲתַר

que vengan a ellos y a vosotros una gran paz,
gracia, benevolencia y compasión,
larga vida, abundante sustento
y liberación de su Padre Celestial
y decid: Amén.

Que haya gran paz celestial
y (buena) vida para nosotros y para todo Israel
y decid: Amén.

Inclinarse, dar tres pasos hacia atrás como retirándose de la Divina Presencia, luego inclinarse primero hacia la izquierda, luego hacia la derecha y luego al centro mientras se dice:

Quien obra la paz en Sus alturas,
con compasión haga la paz para nosotros y todo Israel
y decid: Amén.

Se recita Aleinu de pie y se debe inclinar al llegar a ▼.

עָלֵינוּ Es nuestro deber alabar al Amo de todo,
engrandecer al Creador del universo
por no habernos hecho como las naciones de los países
ni habernos puesto entre las familias de la tierra;
que no hizo nuestra porción similar a la de ellos
ni nuestro destino como el de sus multitudes.
(Pues ellos se prosternan a la vanidad y al vacío
y le oran a un dios que no puede salvarlos).
▼ Empero nosotros nos inclinamos y nos prosternamos
y agradecemos ante el Supremo Rey de Reyes, el Santo Bendito
Él, que extiende los cielos y establece la tierra,
y Su trono de gloria se encuentra en los cielos
y el poder de Su Presencia mora en las alturas.
Él es nuestro Dios, no hay otro.
Verdadero es nuestro Rey y no hay ningún otro,
tal como está escrito en Su Torá:
"Has de saber hoy y responder a tu corazón que el Señor es el Dios *Deut. 4*
en las alturas del cielo y abajo en la tierra
y no hay otro salvo Él.

יְהֵא לְהוֹן וּלְכוֹן שְׁלָמָא רַבָּא
חִנָּא וְחִסְדָּא, וְרַחֲמֵי, וְחַיֵּי אֲרִיכֵי, וּמְזוֹנֵי רְוִיחֵי
וּפֻרְקָנָא מִן קֳדָם אֲבוּהוֹן דִּי בִשְׁמַיָּא, וְאִמְרוּ אָמֵן. (קהל: אָמֵן)

יְהֵא שְׁלָמָא רַבָּא מִן שְׁמַיָּא
וְחַיִּים (טוֹבִים) עָלֵינוּ וְעַל כָּל יִשְׂרָאֵל, וְאִמְרוּ אָמֵן. (קהל: אָמֵן)

Inclinarse, dar tres pasos hacia atrás como retirándose de la Divina Presencia, luego inclinarse primero hacia la izquierda, luego hacia la derecha y luego al centro mientras se dice:

עֹשֶׂה שָׁלוֹם/ בשבת שובה: הַשָּׁלוֹם/ בִּמְרוֹמָיו
הוּא יַעֲשֶׂה בְרַחֲמָיו שָׁלוֹם
עָלֵינוּ וְעַל כָּל יִשְׂרָאֵל, וְאִמְרוּ אָמֵן. (קהל: אָמֵן)

Se recita עָלֵינוּ *de pie y se debe inclinar al llegar a* ٭.

עָלֵינוּ לְשַׁבֵּחַ לַאֲדוֹן הַכֹּל, לָתֵת גְּדֻלָּה לְיוֹצֵר בְּרֵאשִׁית
שֶׁלֹּא עָשָׂנוּ כְּגוֹיֵי הָאֲרָצוֹת, וְלֹא שָׂמָנוּ כְּמִשְׁפְּחוֹת הָאֲדָמָה
שֶׁלֹּא שָׂם חֶלְקֵנוּ כָּהֶם וְגוֹרָלֵנוּ כְּכָל הֲמוֹנָם.
(שֶׁהֵם מִשְׁתַּחֲוִים לְהֶבֶל וָרִיק וּמִתְפַּלְלִים אֶל אֵל לֹא יוֹשִׁיעַ.)
٭וַאֲנַחְנוּ כּוֹרְעִים וּמִשְׁתַּחֲוִים וּמוֹדִים
לִפְנֵי מֶלֶךְ מַלְכֵי הַמְּלָכִים, הַקָּדוֹשׁ בָּרוּךְ הוּא
שֶׁהוּא נוֹטֶה שָׁמַיִם וְיוֹסֵד אָרֶץ
וּמוֹשַׁב יְקָרוֹ בַּשָּׁמַיִם מִמַּעַל
וּשְׁכִינַת עֻזּוֹ בְּגָבְהֵי מְרוֹמִים.
הוּא אֱלֹהֵינוּ, אֵין עוֹד.
אֱמֶת מַלְכֵּנוּ, אֶפֶס זוּלָתוֹ, כַּכָּתוּב בְּתוֹרָתוֹ
וְיָדַעְתָּ הַיּוֹם וַהֲשֵׁבֹתָ אֶל־לְבָבֶךָ דברים ד
כִּי יהוה הוּא הָאֱלֹהִים בַּשָּׁמַיִם מִמַּעַל וְעַל־הָאָרֶץ מִתָּחַת
אֵין עוֹד:

Por lo tanto, depositamos en Ti nuestra confianza SEÑOR, Dios nuestro,
que podamos ver pronto el esplendor de Tu poder,
cuando remuevas las abominaciones de la faz de la tierra,
y los ídolos sean completamente destruidos,
cuando el mundo sea perfeccionado bajo la soberanía del Todopoderoso,
cuando toda la humanidad invoque Tu Nombre
y todos los malvados de la tierra se volverán hacia Ti.
Todos los habitantes de la tierra reconocerán
y sabrán que toda rodilla debe inclinarse ante Ti
y cada lengua debe jurarte fidelidad.
Ante Ti SEÑOR, Dios nuestro, se habrán de arrodillar e inclinar
y darán honor a Tu glorioso Nombre.
Aceptarán el yugo de Tu reino
y pronto reinarás sobre ellos por siempre jamás.
Pues Tuyo es el reino por siempre,
y reinarás gloriosamente por toda la eternidad,
tal como está escrito en Tu Torá:
"El SEÑOR reinará por siempre y por toda la eternidad". *Éx. 15*
▸ Y fue dicho: "Entonces el SEÑOR será el Rey sobre toda la tierra; *Zej. 14*
en ese día el SEÑOR será Uno y Su Nombre Uno".

Algunos agregan:

No temas del terror que sobreviene repentinamente *Prov. 3*
ni por la destrucción de los malvados cuando arribase.
Hagan un proyecto: ¡fracasará! Digan una palabra: ¡no se realizará! *Is. 8*
Porque Dios está con nosotros.
Hasta que envejezcan, Yo seré el Mismo, y hasta que encanezcan, Yo los sostendré, *Is. 46*
Yo he obrado, y Me haré cargo de eso: los sostendré y los libraré.

KADISH DE DUELO

La siguiente plegaria es recitada por quien está en duelo y requiere de la presencia de un minián. La transliteración se encuentra en la página 1360.

Doliente: יִתְגַּדַּל Que Su Gran Nombre sea magnificado y santificado,
en el mundo que creó conforme a Su voluntad.
Que establezca Su reino durante vuestra vida y en vuestros días
y en la vida de toda la casa de Israel,
pronto y rápidamente y decid: Amén.

Todos: Que Su Gran Nombre sea bendito
por siempre y por toda la eternidad.

עַל כֵּן נְקַוֶּה לְּךָ יהוה אֱלֹהֵינוּ, לִרְאוֹת מְהֵרָה בְּתִפְאֶרֶת עֻזֶּךָ
לְהַעֲבִיר גִּלּוּלִים מִן הָאָרֶץ, וְהָאֱלִילִים כָּרוֹת יִכָּרֵתוּן
לְתַקֵּן עוֹלָם בְּמַלְכוּת שַׁדַּי.
וְכָל בְּנֵי בָשָׂר יִקְרְאוּ בִשְׁמֶךָ לְהַפְנוֹת אֵלֶיךָ כָּל רִשְׁעֵי אָרֶץ.
יַכִּירוּ וְיֵדְעוּ כָּל יוֹשְׁבֵי תֵבֵל
כִּי לְךָ תִּכְרַע כָּל בֶּרֶךְ, תִּשָּׁבַע כָּל לָשׁוֹן.
לְפָנֶיךָ יהוה אֱלֹהֵינוּ יִכְרְעוּ וְיִפֹּלוּ, וְלִכְבוֹד שִׁמְךָ יְקָר יִתֵּנוּ
וִיקַבְּלוּ כֻלָּם אֶת עֹל מַלְכוּתֶךָ
וְתִמְלֹךְ עֲלֵיהֶם מְהֵרָה לְעוֹלָם וָעֶד.
כִּי הַמַּלְכוּת שֶׁלְּךָ הִיא וּלְעוֹלְמֵי עַד תִּמְלֹךְ בְּכָבוֹד
כַּכָּתוּב בְּתוֹרָתֶךָ, יהוה יִמְלֹךְ לְעֹלָם וָעֶד: שמות טו
וְנֶאֱמַר, וְהָיָה יהוה לְמֶלֶךְ עַל־כָּל־הָאָרֶץ זכריה יד
בַּיּוֹם הַהוּא יִהְיֶה יהוה אֶחָד וּשְׁמוֹ אֶחָד:

Algunos agregan:

אַל־תִּירָא מִפַּחַד פִּתְאֹם וּמִשֹּׁאַת רְשָׁעִים כִּי תָבֹא: משלי ג
עֻצוּ עֵצָה וְתֻפָר, דַּבְּרוּ דָבָר וְלֹא יָקוּם, כִּי עִמָּנוּ אֵל: ישעיה ח
וְעַד־זִקְנָה אֲנִי הוּא, וְעַד־שֵׂיבָה אֲנִי אֶסְבֹּל ישעיה מו
אֲנִי עָשִׂיתִי וַאֲנִי אֶשָּׂא וַאֲנִי אֶסְבֹּל וַאֲמַלֵּט:

קדיש יתום

La siguiente plegaria es recitada por quien está en duelo y requiere de la presencia de un מנין*. La transliteración se encuentra en la página 1360.*

אבל: יִתְגַּדַּל וְיִתְקַדַּשׁ שְׁמֵהּ רַבָּא (קהל: אָמֵן)
בְּעָלְמָא דִּי בְרָא כִרְעוּתֵהּ
וְיַמְלִיךְ מַלְכוּתֵהּ
בְּחַיֵּיכוֹן וּבְיוֹמֵיכוֹן וּבְחַיֵּי דְכָל בֵּית יִשְׂרָאֵל
בַּעֲגָלָא וּבִזְמַן קָרִיב, וְאִמְרוּ אָמֵן. (קהל: אָמֵן)

קהל ואבל: יְהֵא שְׁמֵהּ רַבָּא מְבָרַךְ לְעָלַם וּלְעָלְמֵי עָלְמַיָּא.

Doliente: Sea bendecido, alabado, glorificado
y exaltado, encumbrado
y magnificado, enaltecido y ensalzado
el Nombre del Santo Bendito Él;
más allá de cualquier bendición,
cántico, alabanza y consolación
pronunciados en el mundo y decid: Amén.

Que haya gran paz celestial
y vida para nosotros
y para todo Israel y decid: Amén.

Inclinarse, dar tres pasos hacia atrás como retirándose de la Divina Presencia, luego inclinarse primero hacia la izquierda, luego hacia la derecha y luego al centro mientras se dice:

Quien obra la paz en Sus alturas,
haga la paz para nosotros
y todo Israel y decid: Amén.

En un Yom Tov que cae en día de semana se recita el Salmo del Día correspondiente a la fecha (página 184).

En Shabat se continúa con el Salmo del Día que aparece abajo. Muchas congregaciones recitan el Salmo del Día después del Himno de la Gloria Celestial (Shir HaKavod) en la página 590.
(En Israel, en un Shabat que cae en Rosh Jodesh algunos recitan Barjí Nafshí en la página 192 a modo de Salmo del Día.

Hoy es el Shabat sagrado, en el cual los levitas acostumbraban recitar el siguiente salmo en el Templo:

מִזְמוֹר Cántico para el día de Shabat. Es bueno agradecer al Señor y entonar cánticos a Tu Gran Nombre. Narrar Tu bondad en la mañana y Tu fidelidad en la noche con la música de la lira de diez cuerdas, con la melodía del arpa. Porque Tú me has regocijado con Tu obra, con la labor de Tus manos he de cantar. Cuán grandes son Tus obras Señor, Tus pensamientos muy profundos; el necio no lo conocerá y el tonto no lo habrá de comprender. Al brotar los malvados cual hierba, al florecer todos los pecadores, empero serán aniquilados para siempre. Y Tú Señor por siempre serás encumbrado. Pues Tus enemigos Señor serán destruidos, los malhechores dispersados. Tú has alzado mi dignidad tal como se yergue el orix, me has ungido con *Sal. 92*

אבל: יִתְבָּרַךְ וְיִשְׁתַּבַּח וְיִתְפָּאַר
וְיִתְרוֹמַם וְיִתְנַשֵּׂא וְיִתְהַדָּר וְיִתְעַלֶּה וְיִתְהַלָּל
שְׁמֵהּ דְּקֻדְשָׁא בְּרִיךְ הוּא (קהל: בְּרִיךְ הוּא)
לְעֵלָּא מִן כָּל בִּרְכָתָא
/בשבת שובה: לְעֵלָּא לְעֵלָּא מִכָּל בִּרְכָתָא/
וְשִׁירָתָא, תֻּשְׁבְּחָתָא וְנֶחֱמָתָא
דַּאֲמִירָן בְּעָלְמָא, וְאִמְרוּ אָמֵן. (קהל: אָמֵן)

יְהֵא שְׁלָמָא רַבָּא מִן שְׁמַיָּא
וְחַיִּים, עָלֵינוּ וְעַל כָּל יִשְׂרָאֵל, וְאִמְרוּ אָמֵן. (קהל: אָמֵן)

Inclinarse, dar tres pasos hacia atrás como retirándose de la Divina Presencia, luego inclinarse primero hacia la izquierda, luego hacia la derecha y luego al centro mientras se dice:

עֹשֶׂה שָׁלוֹם/ בשבת שובה: הַשָּׁלוֹם/ בִּמְרוֹמָיו
הוּא יַעֲשֶׂה שָׁלוֹם עָלֵינוּ
וְעַל כָּל יִשְׂרָאֵל, וְאִמְרוּ אָמֵן. (קהל: אָמֵן)

En un יום טוב *que cae en día de semana se recita el* שיר של יום *correspondiente a la fecha (página 185).*

En שבת *se continúa con el* שיר של יום *que aparece abajo.*
Muchas congregaciones recitan el שיר של יום *después del* שיר הכבוד *en la página 591.*

(En ארץ ישראל*, en un* שבת ראש חודש *algunos recitan* בָּרְכִי נַפְשִׁי *en la página 193 a modo de* שיר של יום*.)*

הַיּוֹם יוֹם שַׁבַּת קֹדֶשׁ, שֶׁבּוֹ הָיוּ הַלְוִיִּם אוֹמְרִים בְּבֵית הַמִּקְדָּשׁ:

מִזְמוֹר שִׁיר לְיוֹם הַשַּׁבָּת: טוֹב לְהֹדוֹת לַיהוה, וּלְזַמֵּר לְשִׁמְךָ תהלים צב
עֶלְיוֹן: לְהַגִּיד בַּבֹּקֶר חַסְדֶּךָ, וֶאֱמוּנָתְךָ בַּלֵּילוֹת: עֲלֵי־עָשׂוֹר וַעֲלֵי־
נָבֶל, עֲלֵי הִגָּיוֹן בְּכִנּוֹר: כִּי שִׂמַּחְתַּנִי יהוה בְּפָעֳלֶךָ, בְּמַעֲשֵׂי יָדֶיךָ
אֲרַנֵּן: מַה־גָּדְלוּ מַעֲשֶׂיךָ יהוה, מְאֹד עָמְקוּ מַחְשְׁבֹתֶיךָ: אִישׁ־בַּעַר
לֹא יֵדָע, וּכְסִיל לֹא־יָבִין אֶת־זֹאת: בִּפְרֹחַ רְשָׁעִים כְּמוֹ־עֵשֶׂב,
וַיָּצִיצוּ כָּל־פֹּעֲלֵי אָוֶן, לְהִשָּׁמְדָם עֲדֵי־עַד: וְאַתָּה מָרוֹם לְעֹלָם

aceite fresco. Mi ojo contemplará triunfante a mis adversarios, mis oídos habrán de oír la caída de mis enemigos. El justo crecerá como la palma, se erguirá como el cedro del Líbano. Plantados en la casa del Señor, florecerán en los patios de nuestro Dios. ‣ Darán su fruto aun en su vejez, vigorosos y frescos, proclamando la rectitud del Señor, Él es mi Fortaleza y no hay injusticia en Él. *Kadish de Duelo (página 584)*

En Rosh Jodesh se recita Barjí Nafshí en la página 192 seguido de un Kadsh de Duelo.
En Janucá muchas congregaciones agregan el Salmo 30 en la página 418 seguido de un Kadish de Duelo.

Desde el segundo día Rosh Jodesh Elul y hasta Sheminí Atzeret (en Israel hasta Hoshaná Rabá) se recita el siguiente salmo:

לְדָוִד Salmo de David. El Señor es mi luz y mi salvación, ¿a quién *Sal. 27*
habré de temer? El Señor es la fortaleza de mi vida, ¿de quién tendré miedo? Cuando personas malvadas se acercan para devorar mi carne, mis enemigos y mis oponentes fracasarán y caerán. Si un ejército me habrá de sitiar, no temerá mi corazón. Si se declarase una guerra contra mí, me mantendría confiado. Una sola cosa pido al Señor y es aquella que procuro: residir en la morada del Señor todos los días de mi vida, para contemplar la belleza del Señor y rendir culto en Su Templo. Pues Él me habrá de ocultar en Su pabellón en el día de la desgracia, me ocultará en el interior de Su tienda, me elevará sobre una roca. Ahora mi cabeza se yergue por sobre los enemigos que me rodean. Ofrendaré sacrificios de regocijo en Su tienda, cantaré y entonaré melodías al Señor. Escucha Señor mi voz cuando Te llamo, apiádate de mí y respóndeme. En Tu Nombre, mi corazón dice "Procurad Mi rostro". Señor, Tu rostro buscaré. No ocultes Tu rostro de mí, no rechaces en Tu enojo a Tu siervo de delante de Ti. Tú has sido mi ayuda, no me rechaces ni me abandones, Dios de mi salvación. Pues mi padre y mi madre me abandonaron, mas el Señor me recogió. Señor, enséñame Tu senda, guíame por el camino llano por causa de quienes me acechan. No me entregues a la voluntad de mis perseguidores, pues se han levantado contra mí falsos testigos y los que alientan violencia. ‣ Si no fuese porque confié en contemplar la bondad del Señor en la tierra de los vivos. Ten esperanza en el Señor, fortalece y anima tu corazón y ten esperanza en el Señor. *Kadish de duelo (página 584)*

יהוה: כִּי הִנֵּה אֹיְבֶיךָ יהוה, כִּי־הִנֵּה אֹיְבֶיךָ יֹאבֵדוּ, יִתְפָּרְדוּ כָּל־פֹּעֲלֵי אָוֶן: וַתָּרֶם כִּרְאֵים קַרְנִי, בַּלֹּתִי בְּשֶׁמֶן רַעֲנָן: וַתַּבֵּט עֵינִי בְּשׁוּרָי, בַּקָּמִים עָלַי מְרֵעִים תִּשְׁמַעְנָה אָזְנָי: צַדִּיק כַּתָּמָר יִפְרָח, כְּאֶרֶז בַּלְּבָנוֹן יִשְׂגֶּה: שְׁתוּלִים בְּבֵית יהוה, בְּחַצְרוֹת אֱלֹהֵינוּ יַפְרִיחוּ: › עוֹד יְנוּבוּן בְּשֵׂיבָה, דְּשֵׁנִים וְרַעֲנַנִּים יִהְיוּ: לְהַגִּיד כִּי־יָשָׁר יהוה, צוּרִי, וְלֹא־עַוְלָתָה בּוֹ:

קדיש יתום (*página 585*)

En ראש חודש *se recita* בָּרְכִי נַפְשִׁי *en la página 193 seguido de un* קדיש יתום*. En* חנוכה *muchas congregaciones agregan el Salmo 30 en la página 419 seguido de un* קדיש יתום*.*

Desde el segundo día ראש חודש אלול *y hasta* שמיני עצרת *(en* ארץ ישראל *hasta* הושענא רבה*) se recita el siguiente salmo:*

לְדָוִד, יהוה אוֹרִי וְיִשְׁעִי, מִמִּי אִירָא, יהוה מָעוֹז־חַיַּי, מִמִּי אֶפְחָד: בִּקְרֹב עָלַי מְרֵעִים לֶאֱכֹל אֶת־בְּשָׂרִי, צָרַי וְאֹיְבַי לִי, הֵמָּה כָשְׁלוּ וְנָפָלוּ: אִם־תַּחֲנֶה עָלַי מַחֲנֶה, לֹא־יִירָא לִבִּי, אִם־תָּקוּם עָלַי מִלְחָמָה, בְּזֹאת אֲנִי בוֹטֵחַ: אַחַת שָׁאַלְתִּי מֵאֵת־יהוה, אוֹתָהּ אֲבַקֵּשׁ, שִׁבְתִּי בְּבֵית־יהוה כָּל־יְמֵי חַיַּי, לַחֲזוֹת בְּנֹעַם־יהוה, וּלְבַקֵּר בְּהֵיכָלוֹ: כִּי יִצְפְּנֵנִי בְּסֻכֹּה בְּיוֹם רָעָה, יַסְתִּרֵנִי בְּסֵתֶר אָהֳלוֹ, בְּצוּר יְרוֹמְמֵנִי: וְעַתָּה יָרוּם רֹאשִׁי עַל אֹיְבַי סְבִיבוֹתַי, וְאֶזְבְּחָה בְאָהֳלוֹ זִבְחֵי תְרוּעָה, אָשִׁירָה וַאֲזַמְּרָה לַיהוה: שְׁמַע־יהוה קוֹלִי אֶקְרָא, וְחָנֵּנִי וַעֲנֵנִי: לְךָ אָמַר לִבִּי בַּקְּשׁוּ פָנָי, אֶת־פָּנֶיךָ יהוה אֲבַקֵּשׁ: אַל־תַּסְתֵּר פָּנֶיךָ מִמֶּנִּי, אַל תַּט־בְּאַף עַבְדֶּךָ, עֶזְרָתִי הָיִיתָ, אַל־תִּטְּשֵׁנִי וְאַל־תַּעַזְבֵנִי, אֱלֹהֵי יִשְׁעִי: כִּי־אָבִי וְאִמִּי עֲזָבוּנִי, וַיהוה יַאַסְפֵנִי: הוֹרֵנִי יהוה דַּרְכֶּךָ, וּנְחֵנִי בְּאֹרַח מִישׁוֹר, לְמַעַן שׁוֹרְרָי: אַל־תִּתְּנֵנִי בְּנֶפֶשׁ צָרָי, כִּי קָמוּ־בִי עֵדֵי־שֶׁקֶר, וִיפֵחַ חָמָס: › לוּלֵא הֶאֱמַנְתִּי לִרְאוֹת בְּטוּב־יהוה בְּאֶרֶץ חַיִּים: קַוֵּה אֶל־יהוה, חֲזַק וְיַאֲמֵץ לִבֶּךָ, וְקַוֵּה אֶל־יהוה: תהלים כז

קדיש יתום (*página 585*)

HIMNO DE LA GLORIA CELESTIAL

Se abre el Arca Sagrada y todos se ponen de pie.

Oficiante: Entonaré dulces melodías e hilvanaré cánticos
pues mi alma a Ti anhela.

Cong.: Mi alma desea la protección de Tu brazo,
para conocer todos los secretos de Tu misterio.

Oficiante: Cuando sea que hable de Tu Gloria Superior,
mi corazón palpita Tu amor.

Cong.: Por ello proclamaré Tus glorias
y honraré Tu Nombre con cánticos de amor.

Oficiante: Relataré Tu gloria pese a no haberte visto,
Te he imaginado, Te he descrito y no Te he conocido.

Cong.: Por medio de Tus profetas, en el secreto de Tus siervos
entregaste un destello de Tu esplendorosa majestuosidad.

Oficiante: Tu grandeza y Tu poder relatan
la imponencia de Tus acciones.

Cong.: Te han imaginado no conforme a Tu realidad,
Te han equiparado en función de Tus acciones.

Oficiante: Te han representado en numerosas visiones,
eres Uno solo en todas las imaginaciones.

Cong.: Has sido contemplado tanto como anciano y como joven,
Tu cabello fue contemplado tanto canoso como negro.

Oficiante: Anciano en el día del juicio y joven en día de batalla,
cual guerrero plenipotenciario.

Cong.: Vistiendo el sombrero de la salvación sobre Su cabeza,
Su diestra y Su brazo sagrado llevaron a la salvación.

Oficiante: Sus rizos se colman de rocío luminoso
y Sus mechones con fragmentos de la noche.

Cong.: Se glorificará en mí pues se deleita en mí
y será para mí una diadema de belleza.

Oficiante: La figura de Su cabeza es cual mancha de oro puro,
y grabado en Su frente Su Sagrado Nombre.

Cong.: Para gracia, gloria, belleza y esplendor,
Su nación Le ha ornamentado con una corona.

שיר הכבוד

Se abre el ארון קודש *y todos se ponen de pie.*

ש״ץ: אַנְעִים זְמִירוֹת וְשִׁירִים אֶאֱרֹג, כִּי אֵלֶיךָ נַפְשִׁי תַעֲרֹג.
קהל: נַפְשִׁי חִמְּדָה בְּצֵל יָדֶךָ, לָדַעַת כָּל רָז סוֹדֶךָ.

ש״ץ: מִדֵּי דַבְּרִי בִּכְבוֹדֶךָ, הוֹמֶה לִבִּי אֶל דּוֹדֶיךָ.
קהל: עַל כֵּן אֲדַבֵּר בְּךָ נִכְבָּדוֹת, וְשִׁמְךָ אֲכַבֵּד בְּשִׁירֵי יְדִידוֹת.

ש״ץ: אֲסַפְּרָה כְבוֹדְךָ וְלֹא רְאִיתִיךָ, אֲדַמְּךָ אֲכַנְּךָ וְלֹא יְדַעְתִּיךָ.
קהל: בְּיַד נְבִיאֶיךָ בְּסוֹד עֲבָדֶיךָ, דִּמִּיתָ הֲדַר כְּבוֹד הוֹדֶךָ.

ש״ץ: גְּדֻלָּתְךָ וּגְבוּרָתֶךָ, כִּנּוּ לְתֹקֶף פְּעֻלָּתֶךָ.
קהל: דִּמּוּ אוֹתְךָ וְלֹא כְּפִי יֶשְׁךָ, וַיְשַׁוּוּךָ לְפִי מַעֲשֶׂיךָ.

ש״ץ: הִמְשִׁילוּךָ בְּרֹב חֶזְיוֹנוֹת, הִנְּךָ אֶחָד בְּכָל דִּמְיוֹנוֹת.
קהל: וַיֶּחֱזוּ בְךָ זִקְנָה וּבַחֲרוּת, וּשְׂעַר רֹאשְׁךָ בְּשֵׂיבָה וְשַׁחֲרוּת.

ש״ץ: זִקְנָה בְּיוֹם דִּין וּבַחֲרוּת בְּיוֹם קְרָב, כְּאִישׁ מִלְחָמוֹת יָדָיו לוֹ רָב.
קהל: חָבַשׁ כּוֹבַע יְשׁוּעָה בְּרֹאשׁוֹ, הוֹשִׁיעָה לּוֹ יְמִינוֹ וּזְרוֹעַ קָדְשׁוֹ.

ש״ץ: טַלְלֵי אוֹרוֹת רֹאשׁוֹ נִמְלָא, קְוֻצּוֹתָיו רְסִיסֵי לָיְלָה.
קהל: יִתְפָּאֵר בִּי כִּי חָפֵץ בִּי, וְהוּא יִהְיֶה לִּי לַעֲטֶרֶת צְבִי.

ש״ץ: כֶּתֶם טָהוֹר פָּז דְּמוּת רֹאשׁוֹ, וְחַק עַל מֵצַח כְּבוֹד שֵׁם קָדְשׁוֹ.
קהל: לְחֵן וּלְכָבוֹד צְבִי תִפְאָרָה, אֻמָּתוֹ לוֹ עִטְּרָה עֲטָרָה.

אַנְעִים זְמִירוֹת *Himno de la Gloria Celestial:* Este poema que se le atribuye tanto a Rabí Yehudá HaJasid (fallecido 1217) como a su padre Rabí Shmuel está estructurado en orden alfabético con cuatro líneas introductorias y tres concluyentes (no acrósticas) seguidas de versículos bíblicos. Este poema, tan sensible y profundo, nos refiere a lo limitado del lenguaje a la hora de describir la experiencia de lo Divino. Por una parte, Dios es infinito, eterno, invisible y trascendente a toda percepción o lenguaje. Por la otra, solamente podemos dirigirnos a Él por medio del habla. De aquí las diversas formas literarias,

Oficiante: Sus mechones se despliegan como la cabellera de un joven,
Sus rizos son negros.

Cong.: La belleza de Su esplendor se contempla en la morada
de la justicia (Jerusalém), la elevará por sobre todas Sus alegrías.

Oficiante: Su pueblo atesorado será cual corona en Su mano,
turbante de belleza y majestad.

Cong.: Él los cargó, los llevó, los adornó con una corona,
ellos eran preciosos a Sus ojos y los colmó de honores.

Oficiante: Su gloria es sobre mí, mi gloria es sobre Él.
Está próximo a mí cuando Le invoco.

Cong.: Él es brillante y rosado, y roja es Su vestimenta,
cuando se abre camino desde Edom, pisando el lagar.

Oficiante: Mostró al humilde (Moshé) el nudo del tefilín,
la imagen del Señor ante sus ojos.

Cong.: Él se deleita en Su pueblo, al humilde habrá de encumbrar –
Se glorifica en ellos; Se sienta sobre el Trono de Sus alabanzas.

Oficiante: Tu primera Palabra, Tu llamado en cada generación
es verdadero, Procura a la nación que Te busca.

Cong.: Toma por favor y escucha mis múltiples cánticos
que a Ti entono, y acerca a Ti mis melodías.

Oficiante: Mi alabanza sea para Ti cual corona,
y mi plegaria tal como la quema de incienso.

Cong.: Que el cántico del pobre sea ante Tus ojos preciado,
como una canción entonada sobre Tus ofrendas.

Oficiante: Que mi bendición ascienda hasta donde se encuentra Quien
todo lo prodiga; Creador, dador de la vida, justo y poderoso.

Cong.: Y al ofrendar mi bendición que Tu cabeza se incline en señal
de aceptación, y la tomes para Ti cual especies fragantes.

Oficiante: Que mi plegaria sea para Ti agradable,
pues mi alma Te anhela.

Se cierra el Arca Sagrada.

Señor, Tuya es la grandeza, el poder y el esplendor, la eternidad y la gloria, pues *I Cró. 29*
todo en el cielo y en la tierra Te pertenece. Señor, Tuyo es el reino y eres Supremo
a todo gobernante. ▸ ¿Quién puede narrar las poderosas acciones del Señor y hacer *Sal. 106*
oír toda Su alabanza?

ש״ץ: מַחְלְפוֹת רֹאשׁוֹ כְּבִימֵי בְחוּרוֹת, קְוֻצּוֹתָיו תַּלְתַּלִּים שְׁחוֹרוֹת.

קהל: נְוֵה הַצֶּדֶק צְבִי תִפְאַרְתּוֹ, יַעֲלֶה נָּא עַל רֹאשׁ שִׂמְחָתוֹ.

ש״ץ: סְגֻלָּתוֹ תְּהִי בְיָדוֹ עֲטֶרֶת, וּצְנִיף מְלוּכָה צְבִי תִפְאֶרֶת.

קהל: עֲמוּסִים נְשָׂאָם, עֲטֶרֶת עִנְּדָם, מֵאֲשֶׁר יָקְרוּ בְעֵינָיו כִּבְּדָם.

ש״ץ: פְּאֵרוֹ עָלַי וּפְאֵרִי עָלָיו, וְקָרוֹב אֵלַי בְּקָרְאִי אֵלָיו.

קהל: צַח וְאָדֹם לִלְבוּשׁוֹ אָדֹם, פּוּרָה בְדָרְכוֹ בְּבוֹאוֹ מֵאֱדוֹם.

ש״ץ: קֶשֶׁר תְּפִלִּין הֶרְאָה לֶעָנָו, תְּמוּנַת יהוה לְנֶגֶד עֵינָיו.

קהל: רוֹצֶה בְעַמּוֹ עֲנָוִים יְפָאֵר, יוֹשֵׁב תְּהִלּוֹת בָּם לְהִתְפָּאֵר.

ש״ץ: רֹאשׁ דְּבָרְךָ אֱמֶת קוֹרֵא מֵרֹאשׁ דּוֹר וָדוֹר, עַם דּוֹרֶשְׁךָ דְּרֹשׁ.

קהל: שִׁית הֲמוֹן שִׁירַי נָא עָלֶיךָ, וְרִנָּתִי תִּקְרַב אֵלֶיךָ.

ש״ץ: תְּהִלָּתִי תְּהִי לְרֹאשְׁךָ עֲטֶרֶת, וּתְפִלָּתִי תִּכּוֹן קְטֹרֶת.

קהל: תִּיקַר שִׁירַת רָשׁ בְּעֵינֶיךָ, כַּשִּׁיר יוּשַׁר עַל קָרְבָּנֶיךָ.

ש״ץ: בִּרְכָתִי תַעֲלֶה לְרֹאשׁ מַשְׁבִּיר, מְחוֹלֵל וּמוֹלִיד, צַדִּיק כַּבִּיר.

קהל: וּבְבִרְכָתִי תְנַעַנַע לִי רֹאשׁ, וְאוֹתָהּ קַח לְךָ כִּבְשָׂמִים רֹאשׁ.

ש״ץ: יֶעֱרַב נָא שִׂיחִי עָלֶיךָ, כִּי נַפְשִׁי תַעֲרֹג אֵלֶיךָ.

Se cierra el ארון קודש.

לְךָ יהוה הַגְּדֻלָּה וְהַגְּבוּרָה וְהַתִּפְאֶרֶת וְהַנֵּצַח וְהַהוֹד, כִּי־כֹל בַּשָּׁמַיִם דברי הימים א׳ כט
וּבָאָרֶץ, לְךָ יהוה הַמַּמְלָכָה וְהַמִּתְנַשֵּׂא לְכֹל לְרֹאשׁ: › מִי יְמַלֵּל גְּבוּרוֹת תהלים קו
יהוה, יַשְׁמִיעַ כָּל־תְּהִלָּתוֹ:

---

metáforas, imágenes, visiones místicas, empleadas por los profetas y los poetas y sus sucesores, a los efectos de revelar por medio de palabras aquello que está más allá de todo verbo. Las imágenes son múltiples, mas Dios es Uno.

En algunas comunidades este himno se recita a diario. Sin embargo, varias autoridades halájicas sostienen que el carácter de este cántico es demasiado sublime como para decirlo a diario, por lo que se limita su recitado a Shabat y Yom Tov.

KADISH DE DUELO

La siguiente plegaria es recitada por quien está en duelo y requiere de la presencia de un minián. La transliteración se encuentra en la página 1360.

Doliente: יִתְגַּדַּל Que Su Gran Nombre
sea magnificado y santificado,
en el mundo que creó conforme a Su voluntad.
Que establezca Su reino
durante vuestra vida y en vuestros días
y en la vida de toda la casa de Israel,
pronto y rápidamente
y decid: Amén.

Todos: Que Su Gran Nombre sea bendito
por siempre y por toda la eternidad.

Doliente: Sea bendecido, alabado, glorificado
y exaltado, encumbrado
y magnificado, enaltecido y ensalzado
el Nombre del Santo Bendito Él;
más allá de cualquier bendición,
cántico, alabanza y consolación
pronunciados en el mundo
y decid: Amén.

Que haya gran paz celestial
y vida para nosotros
y para todo Israel
y decid: Amén.

Inclinarse, dar tres pasos hacia atrás como retirándose de la Divina Presencia, luego inclinarse primero hacia la izquierda, luego hacia la derecha y luego al centro mientras se dice:

Quien obra la paz en Sus alturas,
haga la paz
para nosotros y todo Israel
y decid: Amén.

קדיש יתום

La siguiente plegaria es recitada por quien está en duelo y requiere de la presencia de un מנין. La transliteración se encuentra en la página 1360.

אבל: יִתְגַּדַּל וְיִתְקַדַּשׁ שְׁמֵהּ רַבָּא (קהל: אָמֵן)
בְּעָלְמָא דִּי בְרָא כִרְעוּתֵהּ
וְיַמְלִיךְ מַלְכוּתֵהּ
בְּחַיֵּיכוֹן וּבְיוֹמֵיכוֹן וּבְחַיֵּי דְכָל בֵּית יִשְׂרָאֵל
בַּעֲגָלָא וּבִזְמַן קָרִיב
וְאִמְרוּ אָמֵן. (קהל: אָמֵן)

קהל ואבל: יְהֵא שְׁמֵהּ רַבָּא מְבָרַךְ לְעָלַם וּלְעָלְמֵי עָלְמַיָּא.

אבל: יִתְבָּרַךְ וְיִשְׁתַּבַּח וְיִתְפָּאַר
וְיִתְרוֹמַם וְיִתְנַשֵּׂא וְיִתְהַדָּר וְיִתְעַלֶּה וְיִתְהַלָּל
שְׁמֵהּ דְּקֻדְשָׁא בְּרִיךְ הוּא (קהל: בְּרִיךְ הוּא)
לְעֵלָּא מִן כָּל בִּרְכָתָא / בשבת שובה: לְעֵלָּא לְעֵלָּא מִכָּל בִּרְכָתָא/
וְשִׁירָתָא, תֻּשְׁבְּחָתָא וְנֶחֱמָתָא, דַּאֲמִירָן בְּעָלְמָא
וְאִמְרוּ אָמֵן. (קהל: אָמֵן)

יְהֵא שְׁלָמָא רַבָּא מִן שְׁמַיָּא
וְחַיִּים, עָלֵינוּ וְעַל כָּל יִשְׂרָאֵל
וְאִמְרוּ אָמֵן. (קהל: אָמֵן)

Inclinarse, dar tres pasos hacia atrás como retirándose de la Divina Presencia, luego inclinarse primero hacia la izquierda, luego hacia la derecha y luego al centro mientras se dice:

עֹשֶׂה שָׁלוֹם/ בשבת שובה: הַשָּׁלוֹם/ בִּמְרוֹמָיו
הוּא יַעֲשֶׂה שָׁלוֹם עָלֵינוּ וְעַל כָּל יִשְׂרָאֵל
וְאִמְרוּ אָמֵן. (קהל: אָמֵן)

SEÑOR DEL UNIVERSO,
Que reinó antes de que cosa alguna fuera creada.

Cuando todo fue hecho conforme
a Su voluntad fue proclamado Rey.

Cuando todo cese de existir
Él reverentemente reinará en soledad.

Él fue, Él es y Él será
por siempre glorioso.

Él es Uno y no hay otro
a quien compararlo o asociarlo;

Sin comienzo y sin fin,
Él detenta el poder y el gobierno.

Él es mi Dios y mi Redentor viviente.
Él es la fortaleza en la cual me respaldo
en los momentos difíciles.

Él es mi estandarte y mi refugio,
mi porción en el día en que Le habré de llamar.

En Su mano depositaré mi alma
al dormirme y al despertarme.

Dios está conmigo, no habré de temer;
Él tendrá mi alma y mi cuerpo a salvo.

---

cuatro últimas se dirigen a Dios como a una Presencia personal. Si bien Él es insondablemente vasto, es a la vez intensamente cercano. Enfrento el mundo sin temor porque reposo en Sus eternos brazos.

אֲדוֹן עוֹלָם

אֲשֶׁר מָלַךְ בְּטֶרֶם כָּל־יְצִיר נִבְרָא.
לְעֵת נַעֲשָׂה בְחֶפְצוֹ כֹּל אֲזַי מֶלֶךְ שְׁמוֹ נִקְרָא.
וְאַחֲרֵי כִּכְלוֹת הַכֹּל לְבַדּוֹ יִמְלֹךְ נוֹרָא.
וְהוּא הָיָה וְהוּא הֹוֶה וְהוּא יִהְיֶה בְּתִפְאָרָה.
וְהוּא אֶחָד וְאֵין שֵׁנִי לְהַמְשִׁיל לוֹ לְהַחְבִּירָה.
בְּלִי רֵאשִׁית בְּלִי תַכְלִית וְלוֹ הָעֹז וְהַמִּשְׂרָה.
וְהוּא אֵלִי וְחַי גֹּאֲלִי וְצוּר חֶבְלִי בְּעֵת צָרָה.
וְהוּא נִסִּי וּמָנוֹס לִי מְנָת כּוֹסִי בְּיוֹם אֶקְרָא.
בְּיָדוֹ אַפְקִיד רוּחִי בְּעֵת אִישַׁן וְאָעִירָה.
וְעִם רוּחִי גְּוִיָּתִי יהוה לִי וְלֹא אִירָא.

אֲדוֹן עוֹלָם *Señor del universo:* Magnífico poema que muchos atribuyen al poeta judío sefaradí Salomón Ibn Gvirol (1021–1070). Su impacto reside en su pasaje de la teología abstracta a la experiencia personal sin que medie esfuerzo alguno. Las primeras seis líneas hablan de Dios en términos cósmicos; las

Kidush y Cánticos para la Mañana de Shabat

Algunos dicen:

אַתְקִינוּ Preparad el banquete de la fe perfecta, que es el regocijo del sagrado Rey. Preparad el banquete del Rey. Este es el banquete del "Santo antiguo" (*'Atiká Kadishá'*) y del "Rostro Pequeño" (*'Zeir Anpín'*) y del "Campo de las Manzanas Sagradas" (*'Jakal Tapujín Kadishín'*) (términos místicos para aspectos de lo Divino) que acuden a participar de la comida.

אֲסַדֵּר Prepararé el banquete del Shabat por la mañana, al cual invitaré al "Santo Antiguo". Que Su radiante resplandor recaiga sobre el gran Kidush y el buen vino que alegra al alma. Que nos envíe Su resplandor, que veamos Su gloria, que nos revele Sus musitados secretos. Que nos revele significado de los doce panes que son (las doce combinaciones de las letras de) Su Nombre y (los doce hijos de Ya'akov), y el más joven de los patriarcas. Que podamos unificarnos con el Supremo que todo lo vivifica, que nuestro vigor se intensifique y que nuestras plegarias alcancen la cabeza (de Dios). Labriegos en el campo de la Torá, regocijaos por medio de la palabra y la voz, pronunciando palabras dulces como la miel. Delante del Soberano del universo, por medio de palabras ocultas, revelad significados y ofreced nuevas interpretaciones. Para adornar la mesa con preciados secretos, profundos, esotéricos, que no admiten una difusión extendida. Que estas palabras se transformen en cielo, en un nuevo firmamento, en el cual el sol sea el mismo. Él será elevado a un grado más elevado, y (Dios) tomará (a Israel), de quien se había separado, por Su novia.

חַי יהוה El Señor, vive, bendita sea mi Fortaleza. Mi alma se glorifica en el Señor, pues el Señor ilumina mi candela. Su resplandor radiante recae sobre mi cabeza. El Señor es mi pastor nada me habrá de faltar, me conducirá por aguas calmas, provee de sustento a todo ser vivo, Él me provee de mi pan a diario. Sea Tu voluntad ante Ti, Tú mi Dios sagrado, que prepares ante mí Tu mesa, que unjas mi cabeza con aceite. Quién me habrá de conceder reposo ante el Señor de la paz, y asegurar que mis descendientes permanezcan fieles y sean bendecidos con la vida y la paz. Él enviará Su ángel delante de mí para que me acompañe. Elevaré mi rostro con una copa de redención, mi copa rebosará. Mi alma está sedienta del Señor, que llene mis graneros de plenitud, elevaré mis ojos en dirección de las montañas (sabios) (y celebraré el Shabat) como Hilel y no como Shamai. Delicia de los días y eternidad de los años, despierta alma mía, despierta, que sobre mi cabeza estén siempre encendidas la candela del precepto y la luz de la Torá. Avanza Señor hacia el sitio de mi reposo, Tú y Tu poderosa Arca. Dios, lleva mi bendición y refuerza el escudo de quien Te contempla.

מִזְמוֹר לְדָוִד Salmo de David. El Señor es mi pastor nada me habrá de faltar. Él *Sal. 23*
me hará retozar en verdes pasturas, me conducirá por plácidas aguas. Él revive mi alma, me conducirá por sendas justas en aras de Su Nombre. Aunque me encuentre en un valle de sombra de la muerte no habré de temer, pues Tú estás conmigo. Tu vara y Tu cayado me han de consolar. Prepara ante mí una mesa en presencia de mis enemigos, ungiste mi cabeza con aceite mi copa rebosa. Sólo el bien y la generosidad me habrán de perseguir todos los días de mi vida. Y moraré en la Casa del Señor por siempre.

קידוש וזמירות ליום שבת

Algunos dicen:

אַתְקִינוּ סְעוּדְתָא דִמְהֵימְנוּתָא שְׁלִימְתָא, חֶדְוְתָא דְמַלְכָּא קַדִּישָׁא. אַתְקִֽינוּ סְעוּדְתָא דְמַלְכָּא. דָּא הִיא סְעוּדְתָא דְעַתִּיקָא קַדִּישָׁא, וּזְעֵיר אַנְפִּין וַחֲקַל תַּפּוּחִין קַדִּישִׁין אָתַיִן לְסַעֲדָה בַּהֲדֵהּ.

אֲסַדֵּר לִסְעוּדְתָא בְּצַפְרָא דְשַׁבַּתָּא   וְאַזְמִין בַּהּ הַשְׁתָּא עַתִּיקָא קַדִּישָׁא.
נְהוֹרֵהּ יִשְׁרֵי בַהּ בְּקִדּוּשָׁא רַבָּה   וּמֵחַמְרָא טָבָא דְבֵהּ תֶּחְדֵי נַפְשָׁא.
יְשַׁדַּר לַן שְׁפְרֵהּ וְנֶחְזֵי בִּיקָרֵהּ   וְיַחֲוֵי לָן סִתְרֵהּ דְּמִתְמַר בִּלְחִישָׁה.
יְגַלֵּה לַן טַעֲמֵי דְבִתְרֵיסַר נַהֲמֵי   דְאִנּוּן אָת בִּשְׁמֵהּ כְּפִילָה וּקְלִישָׁא.
צְרוֹרָא דִלְעֵלָּא דְבֵהּ חַיֵּי כֹלָּא   וְיִתְרַבֵּי חֵילָא וְתִסַּק עַד רֵישָׁא.
חֲדוּ חַצְדֵי חַקְלָא בְּדִבּוּר וּבְקָלָא   וּמַלְּלוּ מִלָּה מְתִיקָא כְּדֻבְשָׁא.
קֳדָם רִבּוֹן עָלְמִין בְּמִלִּין סְתִימִין   תְּגַלּוּן פִּתְגָמִין וְתֵימְרוּן חִדּוּשָׁא.
לְעַטֵּר פָּתוֹרָא בְּרָזָא יַקִּירָא   עֲמִיקָא וּטְמִירָא וְלָאו מִלְּתָא אֲוְשָׁא.
וְאִלֵּין מִלַּיָּא יְהוֹן לִרְקִיעַיָּא   חֲדְתִּין וּשְׁמַיָּא בְּכֵן הַהוּא שִׁמְשָׁא.
רְבוּ יַתִּיר יַסְגֵּי לְעֵילָּא מִן דַּרְגֵּהּ   וְיִסַּב בַּת זוּגֵהּ דַּהֲוָת פְּרִישָׁא.

חַי יהוה וּבָרוּךְ צוּרִי, בַּיהוה תִּתְהַלֵּל נַפְשִׁי, כִּי יהוה יָאִיר נֵרִי, בְּהִלּוֹ נֵרוֹ עֲלֵי רֹאשִׁי.
יהוה רוֹעִי לֹא אֶחְסָר, עַל מֵי מְנוּחוֹת יְנַהֲלֵנִי, נוֹתֵן לֶחֶם לְכָל בָּשָׂר, לֶחֶם חֻקִּי הַטְרִיפֵנִי.
יְהִי רָצוֹן מִלְּפָנֶיךָ, אַתָּה אֱלֹהַי קְדוֹשִׁי, תַּעֲרֹךְ לְפָנַי שֻׁלְחָנֶךָ, תְּדַשֵּׁן בַּשֶּׁמֶן רֹאשִׁי.
מִי יִתֵּן מְנוּחָתִי, לִפְנֵי אֲדוֹן הַשָּׁלוֹם, וְהָיְתָה שְׁלֵמָה מִטָּתִי, הַחַיִּים וְהַשָּׁלוֹם.
יִשְׁלַח מַלְאָכוֹ לְפָנַי, לְלַוּוֹתִי לְוָיָה, בְּכוֹס יְשׁוּעוֹת אֶשָּׂא פָנַי, מְנָת כּוֹסִי רְוָיָה.
צָמְאָה נַפְשִׁי אֶל יהוה, יְמַלֵּא שֹׂבַע אֲסָמַי, אֶל הֶהָרִים אֶשָּׂא עֵינַי, כְּהִלֵּל וְלֹא כְשַׁמַּאי.
חֶדְוַת יָמִים וּשְׁנוֹת עוֹלָמִים, עוּרָה כְבוֹדִי עוּרָה, וְעַל רֹאשִׁי יִהְיוּ תַמִּים,
נֵר מִצְוָה וְאוֹר תּוֹרָה.
קוּמָה יהוה לִמְנוּחָתִי, אַתָּה וַאֲרוֹן עֻזֶּךָ, קַח נָא אֵל אֶת בִּרְכָתִי, וְהַחֲזֵק מָגֵן חוֹזֶךָ.

מִזְמוֹר לְדָוִד, יהוה רֹעִי לֹא אֶחְסָר: בִּנְאוֹת דֶּשֶׁא יַרְבִּיצֵנִי, עַל־מֵי מְנֻחוֹת תהלים כג
יְנַהֲלֵנִי: נַפְשִׁי יְשׁוֹבֵב, יַנְחֵנִי בְמַעְגְּלֵי־צֶדֶק לְמַעַן שְׁמוֹ: גַּם כִּי־אֵלֵךְ בְּגֵיא
צַלְמָוֶת לֹא־אִירָא רָע, כִּי־אַתָּה עִמָּדִי, שִׁבְטְךָ וּמִשְׁעַנְתֶּךָ הֵמָּה יְנַחֲמֻנִי:
תַּעֲרֹךְ לְפָנַי שֻׁלְחָן נֶגֶד צֹרְרָי, דִּשַּׁנְתָּ בַשֶּׁמֶן רֹאשִׁי, כּוֹסִי רְוָיָה: אַךְ טוֹב
וָחֶסֶד יִרְדְּפוּנִי כָּל־יְמֵי חַיָּי, וְשַׁבְתִּי בְּבֵית־יהוה לְאֹרֶךְ יָמִים:

KIDUSH DE SHABAT POR LA MAÑANA

El Kidush del Shabat por la mañana es conocido bajo el nombre de *Kidusha*

KIDUSH PARA LA MAÑANA DE SHABAT

Algunos dicen:

אִם־תָּשִׁיב Si por causa del Shabat abstienes tus pies (de profanarlo), procurando tus intereses en mi día sagrado, y habrás de llamar al Shabat día de deleite y al día sagrado del SEÑOR honorable, honrándolo evitando de ir por tus caminos, procurar tus intereses y hablar de cosas profanas. Entonces te deleitarás en el SEÑOR y Yo te haré montar por las alturas de la tierra y te alimentaré de la heredad de tu padre Ya'akov, porque la boca del SEÑOR así ha proclamado. *Is. 58*

Muchos comienzan el Kidush aquí.
En Yom Tov que cae en Shabat, se recita el Kidush en la página 796

וְשָׁמְרוּ Habrán de guardar los hijos de Israel el Shabat, para observar el Shabat por sus generaciones, por Pacto eterno. Entre Mí y los hijos de Israel es un signo para la eternidad. Ya que en seis días el SEÑOR hizo los cielos y la tierra, mas en el día séptimo cesó de toda labor y reposó. *Éx. 31*

זָכוֹר Recuerda el día de Shabat, para consagrarlo. Seis días trabajarás y harás todas tus tareas. Empero el día séptimo es Shabat, para el SEÑOR tu Dios; no harás trabajo alguno, ni tú ni tu hijo ni tu hija, ni tu siervo ni tu sierva, ni tu bestia, ni el extranjero que mora en tus ciudades. Pues en seis días hizo el SEÑOR los cielos y la tierra, el mar y todo lo que ellos contienen y reposó en el día séptimo. Por eso bendijo el SEÑOR el día de Shabat y lo consagró. *Éx. 20*

Al recitar Kidush para otras personas agregar:

Prestad atención Señores míos.

בָּרוּךְ Bendito eres Tú SEÑOR, nuestro Dios, Rey del universo, creador del fruto de la vid.

En Shabat de Jol HaMo'ed Sucot, si el Kidush se realiza en la sucá agregar:

Bendito eres Tú SEÑOR, nuestro Dios, Rey del universo,
que nos ha santificado con Sus preceptos y nos ordenó habitar en la sucá.

---

forman un acróstico basado en el nombre del autor. חַי יהוה *El SEÑOR vive*: Poema originado en el siglo XVII cuyos versos forman el nombre Jaím Ytzjak. אִם־תָּשִׁיב מִשַּׁבָּת רַגְלֶךָ *Si por causa del Shabat abstienes:* pasaje extraído de Isaías que es el origen del concepto de "*Oneg Shabat*", hacer del día un deleite. וְשָׁמְרוּ בְנֵי־יִשְׂרָאֵל *Los hijos de Israel*: Shabat como memorial de la Creación. זָכוֹר אֶת־יוֹם הַשַּׁבָּת *Recuerda el día de Shabat*: Shabat como memoria de la salida de Egipto. La libertad del Shabat es la antítesis de la esclavitud egipcia.

קידושא רבה

Algunos dicen:

אִם־תָּשִׁיב מִשַּׁבָּת רַגְלֶךָ עֲשׂוֹת חֲפָצֶךָ בְּיוֹם קָדְשִׁי, וְקָרָאתָ לַשַּׁבָּת עֹנֶג לִקְדוֹשׁ ישעיה נח
יהוה מְכֻבָּד, וְכִבַּדְתּוֹ מֵעֲשׂוֹת דְּרָכֶיךָ מִמְּצוֹא חֶפְצְךָ וְדַבֵּר דָּבָר: אָז תִּתְעַנַּג
עַל־יהוה, וְהִרְכַּבְתִּיךָ עַל־בָּמֳתֵי אָרֶץ, וְהַאֲכַלְתִּיךָ נַחֲלַת יַעֲקֹב אָבִיךָ, כִּי פִּי
יהוה דִּבֵּר:

Muchos comienzan el קידוש *aquí. En* יום טוב *que cae en* שבת*, se recita el* קידוש *en la página 797.*

וְשָׁמְרוּ בְנֵי־יִשְׂרָאֵל אֶת־הַשַּׁבָּת, לַעֲשׂוֹת אֶת־הַשַּׁבָּת לְדֹרֹתָם שמות לא
בְּרִית עוֹלָם: בֵּינִי וּבֵין בְּנֵי יִשְׂרָאֵל אוֹת הִוא לְעֹלָם, כִּי־שֵׁשֶׁת יָמִים
עָשָׂה יהוה אֶת־הַשָּׁמַיִם וְאֶת־הָאָרֶץ וּבַיּוֹם הַשְּׁבִיעִי שָׁבַת וַיִּנָּפַשׁ:

זָכוֹר אֶת־יוֹם הַשַּׁבָּת לְקַדְּשׁוֹ: שֵׁשֶׁת יָמִים תַּעֲבֹד, וְעָשִׂיתָ כָּל־ שמות כ
מְלַאכְתֶּךָ: וְיוֹם הַשְּׁבִיעִי שַׁבָּת לַיהוה אֱלֹהֶיךָ, לֹא־תַעֲשֶׂה כָל־
מְלָאכָה אַתָּה וּבִנְךָ וּבִתֶּךָ, עַבְדְּךָ וַאֲמָתְךָ וּבְהֶמְתֶּךָ, וְגֵרְךָ אֲשֶׁר
בִּשְׁעָרֶיךָ: כִּי שֵׁשֶׁת־יָמִים עָשָׂה יהוה אֶת־הַשָּׁמַיִם וְאֶת־הָאָרֶץ
אֶת־הַיָּם וְאֶת־כָּל־אֲשֶׁר־בָּם, וַיָּנַח בַּיּוֹם הַשְּׁבִיעִי, עַל־כֵּן בֵּרַךְ יהוה
אֶת־יוֹם הַשַּׁבָּת וַיְקַדְּשֵׁהוּ:

Al recitar קידוש *para otras personas agregar:*

סַבְרִי מָרָנָן

בָּרוּךְ אַתָּה יהוה אֱלֹהֵינוּ מֶלֶךְ הָעוֹלָם, בּוֹרֵא פְּרִי הַגָּפֶן.

En שבת חול המועד סוכות *si el* קידוש *se realiza en la* סוכה *agregar:*

בָּרוּךְ אַתָּה יהוה אֱלֹהֵינוּ מֶלֶךְ הָעוֹלָם
אֲשֶׁר קִדְּשָׁנוּ בְּמִצְוֹתָיו וְצִוָּנוּ לֵישֵׁב בַּסֻּכָּה.

Raba, "el gran Kidush", a pesar o posiblemente en virtud de su brevedad: básicamente implica solamente el recitado de la bendición por el vino. Con el correr del tiempo se le agregaron textos suplementarios los cuales son reflejo de las diferentes costumbres de las diversas comunidades. **אַתְקִינוּ סְעוּדְתָא** *Preparad el banquete* (en la página anterior): pasaje místico basado en el *Zohar*. **אֲסַדֵּר** *Prepararé*: Poema escrito por Rabí Ytzjak Luria. Los versos

CÁNTICOS PARA LA MAÑANA DE SHABAT

בָּרוּךְ Bendito sea el Señor quien día tras día sobrelleva nuestra existencia con salvación y redención. Nos regocijaremos en Su Nombre todo el día y en Su redención elevaremos nuestra cabeza a lo alto, pues Él es el baluarte del pobre y refugio del indigente.

Las tribus de Dios son el testimonio de Israel. En su sufrimiento Él también sufre en la opresión y en la servidumbre. Mostró a ellos el poder de Su amor al enseñarles el bloque de zafiro y reveló que los levantaría de las profundidades del abismo. Pues con el Señor es *Sal. 130*
la benevolencia, y en Él abunda la salvación.

Cuán preciado es Su amor benevolente, bajo cuya sombra les da refugio. En pos de ellos los acompañó al exilio en Babilonia. Cuando fueron amontonados en barcos Él estuvo como uno más entre ellos. Se preocupó que sus captores les tratasen compasivamente, porque el Señor no habrá de abandonar a Su pueblo, en aras de Su gran Nombre.

En Eilam ubicó Su trono para salvar a Sus amados, para destruir de allí a los baluartes de quienes se rebelan contra Él. Salvó a Sus siervos de ser pasados por la espada. Elevó el orgullo de Su pueblo para gloria de Sus devotos. Porque si bien Él aflige, demuestra también *Lm. 3*
compasión y generosidad.

Cuando el chivo (Grecia) extendió su poder y la visión de los cuatro ascendió a las alturas, y en su interior tenían la intención de destruir a quienes Él amaba. Por medio de Sus sacerdotes humilló a quienes se levantaban contra Él. La benevolencia del Señor no ha terminado *Lm. 3*
pues Su compasión no se ha acabado.

Fui entregado a Edom (Roma) por medio de mis contenciosos amigos, que día tras día satisfacían su apetito con mis tesoros. Su ayuda fue para conmigo, apoyando mis cimientos. Él no me abandonará todos los días de mi vida, pues el Señor jamás me rechazará. *Lm. 3*

Al llegar desde Edom con vestimentas manchadas, habrá matanza en Batzra y masacre de traidores, su sangre tornará rojas Sus vestimentas, con gran poder humillará el espíritu de sus líderes. Por medio de un estallido similar al del viento del Este. *Is. 27*

Cuando el edomita opresor vea qué habrá de ocurrir, pensará que Botzra es un refugio similar a Betzer, que puede proteger a ángeles y hombres, a pecadores involuntarios y premeditados por igual. Amad al Señor todos Sus devotos, Él protegerá a Sus fieles. *Sal. 31*

La fortaleza de Su generosidad ordenará a Sus comunidades que se reúnan desde los cuatro confines de la tierra. Él los establecerá sobre altas montañas. Él retornará con nosotros reuniendo a los dispersos, por cuanto que no está escrito "los devolverá" sino "volverá y reunirá".

Bendito Es nuestro Dios que nos retribuyó con bien, en Su compasión y benevolencia ha obrado grandes cosas para nosotros. Como a estos y a aquellos, que Dios continúe haciendo grandes obras para con nosotros, en aras de engrandecer Su Nombre poderoso y reverenciado por el cual somos llamados.

Bendito es nuestro Dios que nos ha creado en Su honor, para que Le alabemos, le agradezcamos y relatemos Su gloria. Su benevolencia es sobre nosotros más que sobre cualquier otra nación. Por ello, habremos de proclamar Su soberanía y Su unicidad con todo nuestro corazón, toda nuestra alma y todo nuestro poder.

Aquel que es dueño de la paz, que nos envíe bendición y paz, por derecha e izquierda haya paz sobre Israel. El Compasivo bendecirá a Su pueblo con la paz, y que tengan el mérito de ver hijos, e hijos de los hijos que se dedican a la Torá y a los preceptos. Paz sobre el pueblo de Israel. Consejero maravilloso, Dios poderoso, Padre eterno, Príncipe de la paz. *Is. 9*

זמירות ליום שבת

בָּרוּךְ אֲדֹנָי יוֹם יוֹם, יַעֲמָס לָנוּ יֶשַׁע וּפִדְיוֹם, וּבִשְׁמוֹ נָגִיל כָּל הַיּוֹם, וּבִישׁוּעָתוֹ נָרִים רֹאשׁ עֶלְיוֹן. כִּי הוּא מָעוֹז לַדָּל וּמַחְסֶה לָאֶבְיוֹן.

שִׁבְטֵי יָהּ לְיִשְׂרָאֵל עֵדוּת, בְּצָרָתָם לוֹ צָר בְּסִבְלוּת וּבְעַבְדוּת, בְּלִבְנַת הַסַּפִּיר הֶרְאָם עֹז יְדִידוּת, וְנִגְלָה לְהַעֲלוֹתָם מֵעֹמֶק בּוֹר וָדוּת. כִּי־עִם־יהוה הַחֶסֶד, וְהַרְבֵּה עִמּוֹ פְדוּת: תהלים קל

מַה יָּקָר חַסְדּוֹ בְּצִלּוֹ לְגוֹנְנֵמוֹ, בְּגָלוּת בָּבֶלָה שֻׁלַּח לְמַעַנְמוֹ, לְהוֹרִיד בָּרִיחִים נִמְנָה בֵינֵימוֹ, וַיִּתְּנֵם לְרַחֲמִים לִפְנֵי שׁוֹבֵימוֹ. כִּי לֹא יִטֹּשׁ יהוה אֶת עַמּוֹ, בַּעֲבוּר הַגָּדוֹל שְׁמוֹ.

עֵילָם שָׁת כִּסְאוֹ לְהַצִּיל יְדִידָיו, לְהַאֲבִיד מִשָּׁם מָעֻזְנֵי מוֹרְדָיו, מֵעֲבוֹר בַּשֶּׁלַח פָּדָה אֶת עֲבָדָיו, קֶרֶן לְעַמּוֹ יָרִים, תְּהִלָּה לְכָל חֲסִידָיו. כִּי אִם־הוֹגָה, וְרִחַם כְּרֹב חֲסָדָו: איכה ג

וּצְפִיר הָעִזִּים הִגְדִּיל עֲצוּמָיו, וְגַם חָזוּת אַרְבַּע עָלוּ לִמְרוֹמָיו, וּבְלִבָּם דִּמּוּ לְהַשְׁחִית אֶת רְחוּמָיו, עַל יְדֵי כֹהֲנָיו מִגֵּר מִתְקוֹמְמָיו. חַסְדֵי יהוה כִּי לֹא־תָמְנוּ, כִּי לֹא כָלוּ רַחֲמָיו: איכה ג

נִסְגַּרְתִּי לֶאֱדוֹם בְּיַד רֵעַי מְדָנַי, שֶׁבְּכָל יוֹם מְמַלְּאִים כְּרֵסָם מֵעֲדָנַי, עֶזְרָתוֹ עִמִּי לִסְמֹךְ אֶת אֲדָנַי, וְלֹא נְטַשְׁתַּנִי כָּל יְמֵי עִדָּנַי. כִּי לֹא יִזְנַח לְעוֹלָם אֲדֹנָי: איכה ג

בְּבוֹאוֹ מֵאֱדוֹם חֲמוּץ בְּגָדִים, זֶבַח לוֹ בְּבָצְרָה וְטֶבַח לוֹ בְּבוֹגְדִים, וְיֵז נִצְחָם מַלְבּוּשָׁיו לְהַאְדִּים, בְּכֹחוֹ הַגָּדוֹל יִבְצֹר רוּחַ נְגִידִים. הָגָה בְּרוּחוֹ הַקָּשָׁה בְּיוֹם קָדִים: ישעיה כז

רְאוֹתוֹ כִּי כֵן אֲדוֹמִי הָעוֹצֵר, יַחְשָׁב לוֹ בָּצְרָה תִּקְלֹט כְּבֶצֶר, וּמַלְאָךְ כְּאָדָם בְּתוֹכָהּ יִנָּצֵר, וּמֵזִיד כַּשּׁוֹגֵג בְּמִקְלָט יֵעָצֵר. אֶהֱבוּ אֶת־יהוה כָּל־חֲסִידָיו, אֱמוּנִים נֹצֵר: תהלים לא

יְצַוֶּה צוּר חַסְדּוֹ קְהִלּוֹתָיו לְקַבֵּץ, מֵאַרְבַּע רוּחוֹת עָדָיו לְהִקָּבֵץ, וּבְהַר מְרוֹם הָרִים אוֹתָנוּ לְהַרְבֵּץ, וְאִתָּנוּ יָשׁוּב נִדָּחִים קוֹבֵץ. יָשִׁיב לֹא נֶאֱמַר, כִּי אִם וְשָׁב וְקִבֵּץ.

בָּרוּךְ הוּא אֱלֹהֵינוּ אֲשֶׁר טוֹב גְּמָלָנוּ, כְּרַחֲמָיו וּכְרֹב חֲסָדָיו הִגְדִּיל לָנוּ, אֵלֶּה וְכָאֵלֶּה יוֹסֵף עִמָּנוּ, לְהַגְדִּיל שְׁמוֹ הַגָּדוֹל הַגִּבּוֹר וְהַנּוֹרָא, שֶׁנִּקְרָא עָלֵינוּ.

בָּרוּךְ הוּא אֱלֹהֵינוּ שֶׁבְּרָאָנוּ לִכְבוֹדוֹ, לְהַלְלוֹ וּלְשַׁבְּחוֹ וּלְסַפֵּר הוֹדוֹ, מִכָּל אֹם גָּבַר עָלֵינוּ חַסְדּוֹ, לָכֵן בְּכָל לֵב וּבְכָל נֶפֶשׁ וּבְכָל מְאוֹדוֹ, נַמְלִיכוֹ וּנְיַחֲדוֹ.

שֶׁהַשָּׁלוֹם שֶׁלּוֹ יָשִׂים עָלֵינוּ בְּרָכָה וְשָׁלוֹם, מִשְּׂמֹאל וּמִיָּמִין עַל יִשְׂרָאֵל שָׁלוֹם, הָרַחֲמָן הוּא יְבָרֵךְ אֶת עַמּוֹ בַשָּׁלוֹם, וְיִזְכּוּ לִרְאוֹת בָּנִים וּבְנֵי בָנִים, עוֹסְקִים, בַּתּוֹרָה וּבְמִצְוֹת, עַל יִשְׂרָאֵל שָׁלוֹם. פֶּלֶא יוֹעֵץ אֵל גִּבּוֹר אֲבִי־עַד שַׂר־שָׁלוֹם: ישעיה ט

בָּרוּךְ אֵל עֶלְיוֹן Bendito sea el Dios Supremo que concedió reposo,
para aliviar a nuestras almas de la carga de la angustia y la pena.
Él procurará el bien para Sion, la ciudad abandonada.
Hasta cuándo tendrá ella que penar con espíritu deprimido.
Quienes guardan el Shabat, hombre y mujer por igual,
hallarán favor ante Dios como una ofrenda elevada en altar.

El que cabalga por los cielos recónditos, Rey de los mundos,
comunicó con dulzura a Su pueblo que descanse.
Con alimentos sabrosos y delicias de todo tipo,
con vestimentas honorables como en un banquete familiar.
Quienes guardan el Shabat, hombre y mujer por igual,
hallarán favor ante Dios como una ofrenda elevada en el altar.

Felices aquellos a quienes espera una doble recompensa,
por parte de Él que todo lo ve, Quien habita en las tinieblas.
Les asegurará heredad en la montaña y en el llano,
heredad y sitio de reposo como aquél sobre quien brilló el sol (Ya'akov).
Quienes guardan el Shabat, hombre y mujer por igual,
hallarán favor ante Dios como una ofrenda elevada en el altar.

Todo aquel que guarda el Shabat completamente y no lo profana,
demuestra ser merecedor de la amada santidad.
Si cumple con los deberes del día, feliz será él,
pues el hacerlo se asemeja a presentar una ofrenda al Dios que lo creó.
Quienes guardan el Shabat, hombre y mujer por igual,
hallarán favor ante Dios como una ofrenda elevada en el altar.

La Fortaleza, mi Dios, llamó al Shabat el más preciado de los días,
y felices de las personas íntegras si a éste han de atesorar.
Él colocará sobre ellos una corona a medida.
El espíritu de la fortaleza de los mundos reposará sobre ellos.
Quienes guardan el Shabat, hombre y mujer por igual,
hallarán favor ante Dios como una ofrenda elevada en el altar.

Recuerda el día de Shabat para consagrarlo,
su honor se elevará cual diadema sobre su cabeza.
Por ello, que cada persona conceda deleite y alegría
a su alma, por unción eterna.
Quienes guardan el Shabat, hombre y mujer por igual,
hallarán favor ante Dios como una ofrenda elevada en el altar.

Que la reina, el Shabat, sea sagrada para ustedes,
para que traiga la bendición al interior de vuestros hogares.
En todos los sitios que habitéis no realicéis labores,
ni vuestros hijos, ni vuestras hijas, ni vuestros siervos ni vuestras siervas.
Quienes guardan el Shabat, hombre y mujer por igual,
hallarán favor ante Dios como una ofrenda elevada en el altar.

בָּרוּךְ אֵל עֶלְיוֹן
אֲשֶׁר נָתַן מְנוּחָה, לְנַפְשֵׁנוּ פִדְיוֹן מִשֵּׁאת וַאֲנָחָה
וְהוּא יִדְרֹשׁ לְצִיּוֹן, עִיר הַנִּדָּחָה, עַד אָנָה תּוּגְיוֹן נֶפֶשׁ נֶאֱנָחָה.

הַשּׁוֹמֵר שַׁבָּת הַבֵּן עִם הַבַּת, לָאֵל יֵרָצוּ כְּמִנְחָה עַל מַחֲבַת.

רוֹכֵב בָּעֲרָבוֹת, מֶלֶךְ עוֹלָמִים, אֶת עַמּוֹ לִשְׁבֹּת אִזֵּן בַּנְּעִימִים
בְּמַאֲכָלוֹת עֲרֵבוֹת בְּמִינֵי מַטְעַמִּים, בְּמַלְבּוּשֵׁי כָבוֹד זֶבַח מִשְׁפָּחָה.

הַשּׁוֹמֵר שַׁבָּת הַבֵּן עִם הַבַּת, לָאֵל יֵרָצוּ כְּמִנְחָה עַל מַחֲבַת.

וְאַשְׁרֵי כָּל חוֹכֶה לְתַשְׁלוּמֵי כֵפֶל, מֵאֵת כֹּל סוֹכֶה, שׁוֹכֵן בָּעֲרָפֶל
נַחֲלָה לוֹ יִזְכֶּה בָּהָר וּבַשָּׁפֶל, נַחֲלָה וּמְנוּחָה כַּשֶּׁמֶשׁ לוֹ זָרְחָה.

הַשּׁוֹמֵר שַׁבָּת הַבֵּן עִם הַבַּת, לָאֵל יֵרָצוּ כְּמִנְחָה עַל מַחֲבַת.

כָּל שׁוֹמֵר שַׁבָּת כַּדָּת מֵחַלְּלוֹ, הֵן הֻכְשַׁר חִבַּת קֹדֶשׁ גּוֹרָלוֹ
וְאִם יֵצֵא חוֹבַת הַיּוֹם, אַשְׁרֵי לוֹ, אֶל אֵל אָדוֹן מְחוֹלְלוֹ מִנְחָה הִיא שְׁלוּחָה.

הַשּׁוֹמֵר שַׁבָּת הַבֵּן עִם הַבַּת, לָאֵל יֵרָצוּ כְּמִנְחָה עַל מַחֲבַת.

חֶמְדַּת הַיָּמִים קְרָאוֹ אֵלִי צוּר, וְאַשְׁרֵי לִתְמִימִים אִם יִהְיֶה נָצוּר
כֶּתֶר הִלּוּמִים עַל רֹאשָׁם יָצוּר, צוּר הָעוֹלָמִים, רוּחוֹ בָּם נָחָה.

הַשּׁוֹמֵר שַׁבָּת הַבֵּן עִם הַבַּת, לָאֵל יֵרָצוּ כְּמִנְחָה עַל מַחֲבַת.

זָכוֹר אֶת יוֹם הַשַּׁבָּת לְקַדְּשׁוֹ, קַרְנוֹ כִּי גָבְהָה נֵזֶר עַל רֹאשׁוֹ
עַל כֵּן יִתֵּן הָאָדָם לְנַפְשׁוֹ, עֹנֶג וְגַם שִׂמְחָה בָּהֶם לְמָשְׁחָה.

הַשּׁוֹמֵר שַׁבָּת הַבֵּן עִם הַבַּת, לָאֵל יֵרָצוּ כְּמִנְחָה עַל מַחֲבַת.

קֹדֶשׁ הִיא לָכֶם שַׁבָּת הַמַּלְכָּה, אֶל תּוֹךְ בָּתֵּיכֶם לְהָנִיחַ בְּרָכָה
בְּכָל מוֹשְׁבוֹתֵיכֶם לֹא תַעֲשׂוּ מְלָאכָה, בְּנֵיכֶם וּבְנוֹתֵיכֶם עֶבֶד וְגַם שִׁפְחָה.

הַשּׁוֹמֵר שַׁבָּת הַבֵּן עִם הַבַּת, לָאֵל יֵרָצוּ כְּמִנְחָה עַל מַחֲבַת.

יוֹם זֶה מְכֻבָּד Este día es el más honorable de todos,
pues en él descansó el Formador del Universo.

Seis días harás todas tus labores
y el séptimo será para tu Dios,
en Shabat no realizarás labores
ya que Él todo lo hizo en seis días.

Este día es el más honorable de todos,
pues en él descansó el Formador del Universo.

Es la primera de las sagradas convocatorias.
Día de reposo completo, el sagrado Shabat.
Por ello cada persona deberá recitar el Kidush con vino
y trozar dos hogazas completas de pan.

Este día es el más honorable de todos,
porque en él descansó el Formador del Universo.

Come delicias y bebe vino y bebidas dulces,
pues Dios habrá de otorgar a quienes a Él se apegan
prendas para vestir, raciones de pan,
carne y pescado y todo tipo de manjares.

Este día es el más honorable de todos,
pues en él descansó el Formador del Universo.

Nada te faltará en este día, por lo que habrás de comer,
satisfacerte y bendecir al Señor tu Dios
a quien amas, pues Él te ha bendecido
por sobre todas las naciones.

Este día es el más honorable de todos,
pues en él descansó el Formador del Universo.

Los cielos relatan Su gloria
y la tierra está colmada de Su generosidad.
Observad que todo esto fue creado por Su mano.
Porque Él es la Fortaleza que todo lo hace perfecto.

Este día es el más honorable de todos,
pues en él descansó el Formador del Universo.

יוֹם זֶה מְכֻבָּד מִכָּל יָמִים, כִּי בוֹ שָׁבַת צוּר עוֹלָמִים.

שֵׁשֶׁת יָמִים תַּעֲשֶׂה מְלַאכְתֶּךָ
וְיוֹם הַשְּׁבִיעִי לֵאלֹהֶיךָ
שַׁבָּת לֹא תַעֲשֶׂה בוֹ מְלָאכָה
כִּי כֹל עָשָׂה שֵׁשֶׁת יָמִים.

יוֹם זֶה מְכֻבָּד מִכָּל יָמִים, כִּי בוֹ שָׁבַת צוּר עוֹלָמִים.

רִאשׁוֹן הוּא לְמִקְרָאֵי קֹדֶשׁ
יוֹם שַׁבָּתוֹן יוֹם שַׁבַּת קֹדֶשׁ
עַל כֵּן כָּל אִישׁ בְּיֵינוֹ יְקַדֵּשׁ
עַל שְׁתֵּי לֶחֶם יִבְצְעוּ תְמִימִים.

יוֹם זֶה מְכֻבָּד מִכָּל יָמִים, כִּי בוֹ שָׁבַת צוּר עוֹלָמִים.

אֱכֹל מַשְׁמַנִּים, שְׁתֵה מַמְתַּקִּים
כִּי אֵל יִתֵּן לְכֹל בּוֹ דְבֵקִים
בֶּגֶד לִלְבֹּשׁ, לֶחֶם חֻקִּים
בָּשָׂר וְדָגִים וְכָל מַטְעַמִּים.

יוֹם זֶה מְכֻבָּד מִכָּל יָמִים, כִּי בוֹ שָׁבַת צוּר עוֹלָמִים.

לֹא תֶחְסַר כֹּל בּוֹ, וְאָכַלְתָּ
וְשָׂבָעְתָּ וּבֵרַכְתָּ
אֶת יהוה אֱלֹהֶיךָ אֲשֶׁר אָהַבְתָּ
כִּי בֵרַכְךָ מִכָּל הָעַמִּים.

יוֹם זֶה מְכֻבָּד מִכָּל יָמִים, כִּי בוֹ שָׁבַת צוּר עוֹלָמִים.

הַשָּׁמַיִם מְסַפְּרִים כְּבוֹדוֹ
וְגַם הָאָרֶץ מָלְאָה חַסְדּוֹ
רְאוּ כִּי כָל אֵלֶּה עָשְׂתָה יָדוֹ
כִּי הוּא הַצּוּר פָּעֳלוֹ תָמִים.

יוֹם זֶה מְכֻבָּד מִכָּל יָמִים, כִּי בוֹ שָׁבַת צוּר עוֹלָמִים.

יוֹם שַׁבָּתוֹן El día de descanso no debe ser olvidado,
su recuerdo se asemeja a una dulce fragancia.
En este día la paloma halló descanso, y en él reposarán los exhaustos.

Este día es honrado por el pueblo de los creyentes,
que son cuidadosos en cuidarlo tanto padres como hijos.
Fue grabado en dos tablas de piedra,
por medio de Su gran poder y permanente vigor.
En este día la paloma encontró reposo, y en él reposarán los exhaustos.

Entonces todos entraron conjuntamente en el Pacto,
"cumpliremos y entenderemos" dijeron al unísono.
Luego respondieron proclamando: "¡El Señor es Uno!" –
Bendito Aquél que da bríos al agotado.
En este día la paloma encontró reposo, y en él reposarán los exhaustos.

En Su santidad habló en el Monte de la Mirra (Sinaí):
"Recordad y cuidad el séptimo día".
Y estudien juntos todas Sus ordenanzas, ceñid vuestras cinturas y reunid fuerzas.
En este día la paloma encontró reposo, y en él reposarán los exhaustos.

El pueblo que ha errado cual rebaño extraviado,
que recuerde el pacto y el juramento.
Para que no sobrevenga sobre ellos mal alguno, tal como lo juraste tras el diluvio.
En este día la paloma encontró reposo, y en él reposarán los exhaustos.

שַׁבָּת הַיּוֹם Hoy es Shabat para el Señor, alegraos grandemente con mis cánticos
y abundad en delicias. Cumplidlo tal como lo ordenó el Señor.
Hoy es Shabat para el Señor.

No viajes más allá de los límites, ni trabajes en este día.
Come, bebe, alégrate, este es el día que hizo el Señor.
Hoy es Shabat para el Señor.

Si tú lo observas Dios te cuidará como a la pupila de Su ojo.
Tú, tu hijo y tu hija también.
Si llamas al Shabat deleite, hallarás el goce delante del Señor.
Hoy es Shabat para el Señor.

Come alimentos ricos y sabrosos, delicias de diferente tipo, nueces de cáscara
blanda y granadas, comerás, te saciarás y bendecirás al Señor.
Hoy es Shabat para el Señor.

Preparar sobre la mesa pan delicioso, y en este día hacer tres comidas.
Bendice y agradece a Su glorioso Nombre.
Esmeraos en cuidarlo y hacerlo hijos míos. Hoy es Shabat para el Señor.

יוֹם שַׁבָּתוֹן אֵין לִשְׁכֹּחַ, זִכְרוֹ כְּרֵיחַ הַנִּיחֹחַ
יוֹנָה מָצְאָה בוֹ מָנוֹחַ וְשָׁם יָנוּחוּ יְגִיעֵי כֹחַ.

הַיּוֹם נִכְבָּד לִבְנֵי אֱמוּנִים, זְהִירִים לְשָׁמְרוֹ אָבוֹת וּבָנִים
חָקוּק בִּשְׁנֵי לוּחוֹת אֲבָנִים, מֵרֹב אוֹנִים וְאַמִּיץ כֹּחַ.

יוֹנָה מָצְאָה בוֹ מָנוֹחַ וְשָׁם יָנוּחוּ יְגִיעֵי כֹחַ.

וּבָאוּ כֻלָּם בִּבְרִית יַחַד, נַעֲשֶׂה וְנִשְׁמַע אָמְרוּ כְּאֶחָד
וּפָתְחוּ וְעָנוּ יהוה אֶחָד, בָּרוּךְ נֹתֵן לַיָּעֵף כֹּחַ.

יוֹנָה מָצְאָה בוֹ מָנוֹחַ וְשָׁם יָנוּחוּ יְגִיעֵי כֹחַ.

דִּבֶּר בְּקָדְשׁוֹ בְּהַר הַמֹּר, יוֹם הַשְּׁבִיעִי זָכוֹר וְשָׁמוֹר
וְכָל פִּקּוּדָיו יַחַד לִגְמֹר, חַזֵּק מָתְנַיִם וְאַמֵּץ כֹּחַ.

יוֹנָה מָצְאָה בוֹ מָנוֹחַ וְשָׁם יָנוּחוּ יְגִיעֵי כֹחַ.

הָעָם אֲשֶׁר נָע, כַּצֹּאן תָּעָה, יִזְכֹּר לְפָקְדוֹ בְּרִית וּשְׁבוּעָה
לְבַל יַעֲבָר בָּם מִקְרֵה רָעָה, כַּאֲשֶׁר נִשְׁבַּעְתָּ עַל מֵי נֹחַ.

יוֹנָה מָצְאָה בוֹ מָנוֹחַ וְשָׁם יָנוּחוּ יְגִיעֵי כֹחַ.

שַׁבָּת הַיּוֹם לַיהוה, מְאֹד צַהֲלוּ בְּרִנּוּנַי
וְגַם הַרְבּוּ מַעֲדַנַּי, אוֹתוֹ לִשְׁמֹר כְּמִצְוַת יהוה. שַׁבָּת הַיּוֹם לַיהוה.

מֵעֲבֹר דֶּרֶךְ וּגְבוּלִים, מֵעֲשׂוֹת הַיּוֹם פְּעָלִים
לֶאֱכֹל וְלִשְׁתּוֹת בְּהִלּוּלִים, זֶה הַיּוֹם עָשָׂה יהוה. שַׁבָּת הַיּוֹם לַיהוה.

וְאִם תִּשְׁמְרֶנּוּ, יָהּ יִנְצָרְךָ כְּבָבַת, אַתָּה וּבִנְךָ וְגַם הַבַּת
וְקָרָאתָ עֹנֶג לַשַּׁבָּת, אָז תִּתְעַנַּג עַל יהוה. שַׁבָּת הַיּוֹם לַיהוה.

אֱכֹל מַשְׁמַנִּים וּמַעֲדַנִּים, וּמַטְעַמִּים הַרְבֵּה מִינִים
אֱגוֹזֵי פֶרֶךְ וְרִמּוֹנִים, וְאָכַלְתָּ וְשָׂבָעְתָּ וּבֵרַכְתָּ אֶת יהוה. שַׁבָּת הַיּוֹם לַיהוה.

לַעֲרֹךְ בְּשֻׁלְחָן לֶחֶם חֲמוּדוֹת, לַעֲשׂוֹת הַיּוֹם שָׁלֹשׁ סְעוּדוֹת
אֶת הַשֵּׁם הַנִּכְבָּד לְבָרֵךְ וּלְהוֹדוֹת, שִׁקְדוּ וְשִׁמְרוּ וַעֲשׂוּ בָנַי. שַׁבָּת הַיּוֹם לַיהוה.

שִׁמְרוּ שַׁבְּתוֹתַי Observad Mis Shabatot,
para que abreváis y estéis satisfechos
del resplandor de Mis bendiciones cuando llegáis a descansar.
Hijos míos, tomad prestado a Mi cuenta y deleitaos con manjares.
Hoy es Shabat para el Señor.

Hijos míos, tomad prestado a Mi cuenta
y deleitaos con manjares. Hoy es Shabat para el Señor.

Proclamad la libertad al atareado, y Yo he de prodigar Mi bendición
uniendo una a otra, trayendo alegría en Mi día de regocijo.
Vestid prendas de fino lino y de lana.
Y aprended de los ancianos. Hoy es Shabat para el Señor.

Hijos míos, tomad prestado a Mi cuenta
y deleitaos con manjares. Hoy es Shabat para el Señor.

Traed la porción diligentemente cumpliendo la orden de Ester,
arreglad las cuentas con el Soberano.
Él te pagará por todo el alimento y más también.
Confiad en Mí, devotos Míos. Bebed vino y comed exquisiteces.
Hoy es Shabat para el Señor.

Hijos míos, tomad prestado a Mi cuenta
y deleitaos con manjares. Hoy es Shabat para el Señor.

Hoy es el día de la redención, si observáis el Shabat.
Entonces seréis Mi tesoro especial.
Dormid primero (en la noche del exilio) y luego continuad vuestro camino,
y entonces viviréis ante Mí y seréis colmados de Mis acopios más ocultos.
Hoy es Shabat para el Señor.

Hijos míos, tomad prestado a Mi cuenta
y deleitaos con manjares. Hoy es Shabat para el Señor.

Fortalece mi ciudad, Dios Supremo,
y reestablece mi Santuario con alegría y palabras melodiosas.
Allí entonarán mis cantores, mis levitas y mis cohanim.
Entonces te deleitarás en el Señor. Hoy es Shabat para el Señor.

Hijos míos, tomad prestado a Mi cuenta
y deleitaos con manjares. Hoy es Shabat para el Señor.

שִׁמְרוּ שַׁבְּתוֹתַי, לְמַעַן תִּינְקוּ וּשְׂבַעְתֶּם, מִזִּיו בִּרְכוֹתַי
אֶל הַמְּנוּחָה כִּי בָאתֶם, וּלְווּ עָלַי בָּנַי, וְעִדְנוּ מַעֲדָנַי
שַׁבָּת הַיּוֹם לַיהוה.
וּלְווּ עָלַי בָּנַי, וְעִדְנוּ מַעֲדָנַי, שַׁבָּת הַיּוֹם לַיהוה.

לְעָמֵל קִרְאוּ דְרוֹר, וְנָתַתִּי אֶת בִּרְכָתִי, אִשָּׁה אֶל אֲחוֹתָהּ לִצְרוֹר
לְגַלּוֹת עַל יוֹם שִׂמְחָתִי, בִּגְדֵי שֵׁשׁ עִם שָׁנִי, וְהִתְבּוֹנְנוּ מִזְּקֵנַי
שַׁבָּת הַיּוֹם לַיהוה.
וּלְווּ עָלַי בָּנַי, וְעִדְנוּ מַעֲדָנַי, שַׁבָּת הַיּוֹם לַיהוה.

מַהֲרוּ אֶת הַמָּנֶה, לַעֲשׂוֹת אֶת דְּבַר אֶסְתֵּר, וְחִשְׁבוּ עִם הַקּוֹנֶה
לְשַׁלֵּם אָכוֹל וְהוֹתֵר, בִּטְחוּ בִי אֱמוּנַי, וּשְׁתוּ יֵין מִשְׁמַנַּי
שַׁבָּת הַיּוֹם לַיהוה.
וּלְווּ עָלַי בָּנַי, וְעִדְנוּ מַעֲדָנַי, שַׁבָּת הַיּוֹם לַיהוה.

הִנֵּה יוֹם גְּאֻלָּה, יוֹם שַׁבָּת אִם תִּשְׁמֹרוּ, וִהְיִיתֶם לִי סְגֻלָּה
לִינוּ וְאַחַר תַּעֲבֹרוּ, וְאָז תִּחְיוּ לְפָנַי, וּתְמַלְאוּ צְפוּנַי
שַׁבָּת הַיּוֹם לַיהוה.
וּלְווּ עָלַי בָּנַי, וְעִדְנוּ מַעֲדָנַי, שַׁבָּת הַיּוֹם לַיהוה.

חַזֵּק קִרְיָתִי, אֵל אֱלֹהִים עֶלְיוֹן, וְהָשֵׁב אֶת נְוָתִי
בְּשִׂמְחָה וּבְהִגָּיוֹן, יְשׁוֹרְרוּ שָׁם רְנָנַי, לְוִיַּי וְכֹהֲנַי, אָז תִּתְעַנַּג עַל יהוה
שַׁבָּת הַיּוֹם לַיהוה.
וּלְווּ עָלַי בָּנַי, וְעִדְנוּ מַעֲדָנַי, שַׁבָּת הַיּוֹם לַיהוה.

כִּי אֶשְׁמְרָה Si he de guardar el Shabat, Dios me cuidará;
es una señal eterna entre Él y yo. Es una señal eterna entre Él y yo.

Está prohibido involucrarse en negocios, o realizar viajes; así como de hablar de nuestras necesidades, de temas vinculados a mercadería o asuntos de estado. A cambio, estudiaré la Torá de Dios y esta me hará sabio.
Es una señal eterna entre Él y yo.

En él hallaré siempre solaz para mi alma. Mi Sagrado Dios hizo prodigios a la primera generación, dándoles una doble porción el día sexto. De igual modo, cada día sexto, Él duplicará mi sustento. Es una señal eterna entre Él y yo.

Grabada está en la ley de Dios la orden consignada a Sus sacerdotes. Preparar la ofrenda del Pan de la Proposición ("*Lejem HaPanim*") delante Suyo. Por ello Sus sabios establecieron que en este día está prohibido ayunar, salvo que sea el día de expiación de los pecados (*Kipur*). Es una señal eterna entre Él y yo.

Este es un día honorable, día de deleites, con pan y buen vino, carne y pescados. Quienes están de duelo, en este día se abstienen de sus costumbres luctuosas, pues es un día de alegrías y me traerá regocijo. Es una señal eterna entre Él y yo.

Quienes lo profanan realizando labores al final serán truncados. Por ello limpiaré mi corazón como con lejía. Por la noche y la mañana habré de rezar a Dios, también Musaf y así Minjá (rezo vespertino) y Él me habrá de responder.
Es una señal eterna entre Él y yo.

דְּרוֹר יִקְרָא Dios proclamará la libertad para el hombre y la mujer, y os protegerá cual pupila de Su ojo. Vuestro nombre es agradable y no cesará de existir. Descansad y reposad en el día del Shabat.

Busca mi Templo y mi residencia, y envíame una señal de salvación. Planta un retoño en mi viña, escucha el clamor de los hijos de mi pueblo.

Pisa la prensa del vino en Botzra, y también en Babilonia que se ha fortalecido. Quiebra a mis enemigos con furia e ira, escucha mi voz el día que Te invoque.

Dios, haz que en el desierto haya una montaña, mirto, acacia, ciprés y parra. A quienes advierten y a quienes son advertidos, que la paz fluya como las aguas de un río.

Destruye a quienes se alzan contra mí, Dios celoso, fundiendo sus corazones en pena. Entonces abriremos nuestra boca y la colmaremos con cánticos de alabanza a Ti.

Haz de saber cuál es la sabiduría para tu alma, pues ella es cual corona sobre tu cabeza. Cuida el mandato de tu Dios Sagrado, observa el día santo del Shabat.

כִּי אֶשְׁמְרָה שַׁבָּת אֵל יִשְׁמְרֵנִי. אוֹת הִיא לְעוֹלְמֵי עַד בֵּינוֹ וּבֵינִי.

אוֹת הִיא לְעוֹלְמֵי עַד בֵּינוֹ וּבֵינִי.

אָסוּר מְצֹא חֵפֶץ, עֲשׂוֹת דְּרָכִים, גַּם מִלְּדַבֵּר בּוֹ דִּבְרֵי צְרָכִים
דִּבְרֵי סְחוֹרָה אַף דִּבְרֵי מְלָכִים, אֶהְגֶּה בְּתוֹרַת אֵל וּתְחַכְּמֵנִי.

אוֹת הִיא לְעוֹלְמֵי עַד בֵּינוֹ וּבֵינִי.

בּוֹ אֶמְצָא תָמִיד נֹפֶשׁ לְנַפְשִׁי, הִנֵּה לְדוֹר רִאשׁוֹן נָתַן קְדוֹשִׁי
מוֹפֵת, בְּתֵת לֶחֶם מִשְׁנֶה בַּשִּׁשִּׁי, כָּכָה בְּכָל שִׁשִּׁי יַכְפִּיל מְזוֹנִי.

אוֹת הִיא לְעוֹלְמֵי עַד בֵּינוֹ וּבֵינִי.

רָשַׁם בְּדַת הָאֵל חֹק אֶל סְגָנָיו, בּוֹ לַעֲרֹךְ לֶחֶם פָּנִים בְּפָנָיו
עַל כֵּן לְהִתְעַנּוֹת בּוֹ עַל פִּי נְבוֹנָיו, אָסוּר, לְבַד מִיּוֹם כִּפּוּר עֲוֹנִי.

אוֹת הִיא לְעוֹלְמֵי עַד בֵּינוֹ וּבֵינִי.

הוּא יוֹם מְכֻבָּד, הוּא יוֹם תַּעֲנוּגִים, לֶחֶם וְיַיִן טוֹב, בָּשָׂר וְדָגִים
הַמִּתְאַבְּלִים בּוֹ אָחוֹר נְסוֹגִים, כִּי יוֹם שְׂמָחוֹת הוּא וּתְשַׂמְּחֵנִי.

אוֹת הִיא לְעוֹלְמֵי עַד בֵּינוֹ וּבֵינִי.

מֵחֵל מְלָאכָה בּוֹ סוֹפוֹ לְהַכְרִית, עַל כֵּן אֲכַבֵּס בּוֹ לִבִּי כְּבוֹרִית
וְאֶתְפַּלְּלָה אֶל אֵל עַרְבִית וְשַׁחְרִית, מוּסָף וְגַם מִנְחָה הוּא יַעֲנֵנִי.

אוֹת הִיא לְעוֹלְמֵי עַד בֵּינוֹ וּבֵינִי.

דְּרוֹר יִקְרָא לְבֵן עִם בַּת, וְיִנְצָרְכֶם כְּמוֹ בָבַת
נְעִים שִׁמְכֶם וְלֹא יֻשְׁבַּת, שְׁבוּ נוּחוּ בְּיוֹם שַׁבָּת

דְּרֹשׁ נָוִי וְאוּלַמִּי, וְאוֹת יֶשַׁע עֲשֵׂה עִמִּי
נְטַע שׂוֹרֵק בְּתוֹךְ כַּרְמִי, שְׁעֵה שַׁוְעַת בְּנֵי עַמִּי.

דְּרֹךְ פּוּרָה בְּתוֹךְ בָּצְרָה, וְגַם בָּבֶל אֲשֶׁר גָּבְרָה
נְתֹץ צָרַי בְּאַף עֶבְרָה, שְׁמַע קוֹלִי בְּיוֹם אֶקְרָא.

אֱלֹהִים תֵּן בְּמִדְבָּר הָר, הֲדַס שִׁטָּה בְּרוֹשׁ תִּדְהָר
וְלַמַּזְהִיר וְלַנִּזְהָר, שְׁלוֹמִים תֵּן כְּמֵי נָהָר.

הֲדֹךְ קָמַי, אֵל קַנָּא, בְּמוֹג לֵבָב וּבִמְגִנָּה
וְנַרְחִיב פֶּה וּנְמַלְאֶנָּה, לְשׁוֹנֵנוּ לְךָ רִנָּה.

דְּעֵה חָכְמָה לְנַפְשֶׁךָ, וְהִיא כֶתֶר לְרֹאשֶׁךָ
נְצֹר מִצְוַת קְדוֹשֶׁךָ, שְׁמֹר שַׁבַּת קָדְשֶׁךָ.

Minjá para Shabat y Yom Tov

אַשְׁרֵי Felices aquellos que residen en Tu morada; *Sal. 84*
continuarán alabándote, ¡Sela!
Feliz del pueblo para el que esto es así, *Sal. 144*
feliz del pueblo que el SEÑOR es su Dios.
Salmo de alabanza de David *Sal. 145*

א Te ensalzaré oh Dios, mi Rey y bendeciré Tu Nombre por siempre. ב Todos los días Te bendeciré y alabaré Tu Nombre por siempre. ג El SEÑOR es grande en sobremanera y Su grandeza es insondable. ד Una generación tras otra alabará Tu labor y contará sobre Tus poderosas acciones. ה Ponderaré el glorioso esplendor de Tu majestad y Tus actos maravillosos. ו Ellos relatarán el poder de Tus venerables acciones y de Tu grandeza. ז Ellos recitarán el recuerdo de Tu gran benevolencia y cantarán con regocijo Tu rectitud. ח El SEÑOR es compasivo y misericordioso, paciente y muy benevolente. ט El SEÑOR es bueno con todos y Su misericordia para con todas Sus creaturas. י Todas Tus Obras Te agradecerán y Tus devotos Te bendecirán. כ Ellos recitarán la gloria de Tu reinado y hablarán de Tus poderosas acciones. ל Darán a conocer a los hombres Sus poderosas acciones, y la gloria de la majestad de Su reino. מ Tu reino es un reino por todos los tiempos y Tu dominio por todas las generaciones. ס El SEÑOR sostiene a los que se caen y yergue a los encorvados. ע Todos alzan su mirada a Ti con esperanza y Tú les provees de su alimento en el momento adecuado. פ Tú abres Tu mano y satisfaces el deseo de cada ser viviente. צ El SEÑOR es justo en todas Sus

---

dos versículos procedentes de otros salmos y otro más al final hace que el conjunto de la plegaria inicie con la palabra "*Ashrei*" y culmine con la palabra "*Aleluyá*". De esta forma el texto resultante es una miniatura o síntesis de la totalidad del libro de los Salmos al iniciar y finalizar de igual manera que este.

מנחה לשבת וליום טוב

אַשְׁרֵי יוֹשְׁבֵי בֵיתֶךָ, עוֹד יְהַלְלְוּךָ סֶּלָה: תהלים פד

אַשְׁרֵי הָעָם שֶׁכָּכָה לּוֹ, אַשְׁרֵי הָעָם שֶׁיהוה אֱלֹהָיו: תהלים קמד

תְּהִלָּה לְדָוִד תהלים קמה

א אֲרוֹמִמְךָ אֱלוֹהַי הַמֶּלֶךְ, וַאֲבָרְכָה שִׁמְךָ לְעוֹלָם וָעֶד:

ב בְּכָל־יוֹם אֲבָרְכֶךָּ, וַאֲהַלְלָה שִׁמְךָ לְעוֹלָם וָעֶד:

ג גָּדוֹל יהוה וּמְהֻלָּל מְאֹד, וְלִגְדֻלָּתוֹ אֵין חֵקֶר:

ד דּוֹר לְדוֹר יְשַׁבַּח מַעֲשֶׂיךָ, וּגְבוּרֹתֶיךָ יַגִּידוּ:

ה הֲדַר כְּבוֹד הוֹדֶךָ, וְדִבְרֵי נִפְלְאֹתֶיךָ אָשִׂיחָה:

ו וֶעֱזוּז נוֹרְאֹתֶיךָ יֹאמֵרוּ, וּגְדוּלָּתְךָ אֲסַפְּרֶנָּה:

ז זֵכֶר רַב־טוּבְךָ יַבִּיעוּ, וְצִדְקָתְךָ יְרַנֵּנוּ:

ח חַנּוּן וְרַחוּם יהוה, אֶרֶךְ אַפַּיִם וּגְדָל־חָסֶד:

ט טוֹב־יהוה לַכֹּל, וְרַחֲמָיו עַל־כָּל־מַעֲשָׂיו:

י יוֹדְוּךָ יהוה כָּל־מַעֲשֶׂיךָ, וַחֲסִידֶיךָ יְבָרְכְוּכָה:

כ כְּבוֹד מַלְכוּתְךָ יֹאמֵרוּ, וּגְבוּרָתְךָ יְדַבֵּרוּ:

ל לְהוֹדִיעַ לִבְנֵי הָאָדָם גְּבוּרֹתָיו, וּכְבוֹד הֲדַר מַלְכוּתוֹ:

מ מַלְכוּתְךָ מַלְכוּת כָּל־עֹלָמִים, וּמֶמְשַׁלְתְּךָ בְּכָל־דּוֹר וָדֹר:

ס סוֹמֵךְ יהוה לְכָל־הַנֹּפְלִים, וְזוֹקֵף לְכָל־הַכְּפוּפִים:

ע עֵינֵי־כֹל אֵלֶיךָ יְשַׂבֵּרוּ, וְאַתָּה נוֹתֵן־לָהֶם אֶת־אָכְלָם בְּעִתּוֹ:

פ פּוֹתֵחַ אֶת־יָדֶךָ, וּמַשְׂבִּיעַ לְכָל־חַי רָצוֹן:

צ צַדִּיק יהוה בְּכָל־דְּרָכָיו, וְחָסִיד בְּכָל־מַעֲשָׂיו:

אשרי *Felices aquellos:* Al igual que en los días de semana, el rezo de Minjá de Shabat comienza con Ashrei a modo de preludio. La adición al inicio de

sendas y magnánimo en todos Sus actos. ק El SEÑOR está cercano a todos quienes Le llaman, de todos aquellos que claman a Él con la verdad. ר Él colmará el deseo de quienes Lo reverencian, escuchará su clamor y los redimirá. ש El SEÑOR protege a todos aquellos que Le aman y destruirá a todos los malvados. ‣ ת Mi boca declarará la alabanza del SEÑOR y todas las creaturas bendecirán Su sagrado Nombre por siempre.

Nosotros bendeciremos a Dios desde ahora y por siempre, ¡Aleluyá! *Sal. 115*

וּבָא לְצִיּוֹן גּוֹאֵל "Un redentor llegará a Sion, para aquellos de Ya'akov *Is. 59*
que retornen de sus pecados", declara el SEÑOR.
"Y en cuanto a Mí, este es Mi pacto con ellos" dice el SEÑOR.
"Mi espíritu que está en ti y Mis palabras que puse en tu boca,
no se apartarán de tu boca,
ni de la boca de tus hijos, ni de la boca de los hijos de tus hijos
desde ahora y por siempre", dice el SEÑOR.

‣ Y Tú eres Santo, entronado por las alabanzas de Israel. *Sal. 22*
Y un ángel daba voces al otro diciendo: ◂ *Is. 6*
"Santo, Santo, Santo, SEÑOR de las Huestes Celestiales,
toda la tierra está llena de Su gloria".

Y reciben permiso uno del otro, diciendo: *Targúm Yonatán a Is. 6*
"Santo en los altos cielos, recinto de Su presencia;
Santo en la tierra la obra de Su poder,
el SEÑOR de las Huestes Celestiales es Santo por siempre en todo tiempo,
toda la tierra está plena del resplandor de Su gloria".

‣ Luego un viento me elevó y escuché tras de mí el sonido de un *Ezeq. 22*
inmenso clamor: ◂ "Bendita es la gloria del SEÑOR desde Su sitial".

Luego, un viento me elevó y escuché tras de mí el ruido *Targúm Yonatán a Ezeq. 3*
de una gran tempestad de aquellos que pronunciaron alabanza, diciendo,
"Bendita es la gloria del SEÑOR desde Su sitial en el recinto de Su presencia".

---

de Isaías que se refieren a la Redención; (2) La *Kedushá* acompañada de su traducción al arameo; (3) Una serie de versículos que se refieren a la fidelidad a Dios; (4) Una bendición en la cual se le agradece a Dios por la Torá y el pedido de ser capaces de cumplir con los preceptos; (5) Una subsiguiente serie de versículos que se refieren a la confianza en Dios.

ק קָרוֹב יהוה לְכָל־קֹרְאָיו, לְכֹל אֲשֶׁר יִקְרָאֻהוּ בֶאֱמֶת:
ר רְצוֹן־יְרֵאָיו יַעֲשֶׂה, וְאֶת־שַׁוְעָתָם יִשְׁמַע, וְיוֹשִׁיעֵם:
ש שׁוֹמֵר יהוה אֶת־כָּל־אֹהֲבָיו, וְאֵת כָּל־הָרְשָׁעִים יַשְׁמִיד:
◂ ת תְּהִלַּת יהוה יְדַבֶּר פִּי, וִיבָרֵךְ כָּל־בָּשָׂר שֵׁם קָדְשׁוֹ לְעוֹלָם וָעֶד:
וַאֲנַחְנוּ נְבָרֵךְ יָהּ מֵעַתָּה וְעַד־עוֹלָם, הַלְלוּיָהּ: תהלים קטו

וּבָא לְצִיּוֹן גּוֹאֵל, וּלְשָׁבֵי פֶשַׁע בְּיַעֲקֹב, נְאֻם יהוה: ישעיה נט
וַאֲנִי זֹאת בְּרִיתִי אוֹתָם, אָמַר יהוה
רוּחִי אֲשֶׁר עָלֶיךָ וּדְבָרַי אֲשֶׁר־שַׂמְתִּי בְּפִיךָ
לֹא־יָמוּשׁוּ מִפִּיךָ וּמִפִּי זַרְעֲךָ וּמִפִּי זֶרַע זַרְעֲךָ
אָמַר יהוה, מֵעַתָּה וְעַד־עוֹלָם:

וְאַתָּה קָדוֹשׁ יוֹשֵׁב תְּהִלּוֹת יִשְׂרָאֵל: וְקָרָא זֶה אֶל־זֶה וְאָמַר ◂ תהלים כב ישעיה ו
קָדוֹשׁ, קָדוֹשׁ, קָדוֹשׁ, יהוה צְבָאוֹת, מְלֹא כָל־הָאָרֶץ כְּבוֹדוֹ:
וּמְקַבְּלִין דֵּין מִן דֵּין וְאָמְרִין, קַדִּישׁ בִּשְׁמֵי מְרוֹמָא עִלָּאָה בֵּית שְׁכִינְתֵּהּ תרגום יונתן ישעיה ו
קַדִּישׁ עַל אַרְעָא עוֹבַד גְּבוּרְתֵּהּ, קַדִּישׁ לְעָלַם וּלְעָלְמֵי עָלְמַיָּא
יהוה צְבָאוֹת, מַלְיָא כָל אַרְעָא זִיו יְקָרֵהּ.

וַתִּשָּׂאֵנִי רוּחַ, וָאֶשְׁמַע אַחֲרַי קוֹל רַעַשׁ גָּדוֹל ◂ יחזקאל ג
בָּרוּךְ כְּבוֹד־יהוה מִמְּקוֹמוֹ:
וּנְטָלַתְנִי רוּחָא, וּשְׁמָעִית בַּתְרַי קָל זִיעַ סַגִּיא, דִּמְשַׁבְּחִין וְאָמְרִין תרגום יונתן יחזקאל ג
בְּרִיךְ יְקָרָא דַיהוה מֵאֲתַר בֵּית שְׁכִינְתֵּהּ.

וּבָא לְצִיּוֹן גּוֹאֵל *Un redentor llegará a Sion:* El sitio correcto para esta plegaria es, al igual que en los días de la semana, en el rezo de la mañana. Sin embargo, dado que los rezos matinales sabáticos son ya bastante prolongados se movió el recitado del presente pasaje para el rezo de la tarde. Otra posible explicación radica en que como antiguamente se solía recitarlo tras una sesión de estudio, su actual ubicación resulta un testimonio de que se acostumbraba estudiar Torá comunitariamente previo al rezo de Minjá. Esta plegaria está compuesta de las siguientes partes: (1) Dos versículos consecutivos extraídos

El Señor reinará por toda la eternidad. *Éx. 15*
El reino del Señor se ha establecido para siempre y por todos los tiempos. *Targúm Onkelos a Éx. 15*

יהוה Señor, Dios de nuestros ancestros Abraham, Ytzjak e Israel, *1 Chr. 29*
guarda esto por siempre de modo tal que conforme los pensamientos del corazón de Tu pueblo, y orienta su corazón hacia Ti. Él es *Sal. 78*
compasivo, perdonará la iniquidad y no destruirá, suprimirá Su ira
y no encenderá Su furia. Pues Tú Señor, eres bueno y perdonas, *Sal. 86*
pleno en benevolencia con todo aquel que Te invoca. Tu justicia es *Sal. 119*
eternamente recta y Tu Torá es verdad. Concede la verdad a Ya'akov, *Mic. 7*
la benevolencia a Abraham, tal como prometiste a nuestros ancestros
en tiempos pretéritos. Bendito es el Señor día tras día pues carga *Sal. 68*
con nosotros (nos colma con Sus bendiciones); Dios de nuestra
salvación, ¡Sela! El Señor de las Huestes Celestiales es con nosotros, *Sal. 46*
el Dios de Ya'akov es nuestra fortaleza, ¡Sela! Señor de las Huestes *Sal. 84*
Celestiales, feliz del hombre que confía en Ti. El Señor salva, el Rey *Sal. 20*
nos responderá el día que Le invoquemos.

בָּרוּךְ Bendito es nuestro Dios que nos creó para Su gloria, separándonos de los extraviados, nos entregó la Torá verdadera, y plantó en nuestro interior la vida eterna. Él abrirá nuestro corazón con Su Torá imbuyendo nuestro corazón con el amor y el temor reverencial hacia Él, para que podamos cumplir Su voluntad y servirle con corazón íntegro, para que nuestros esfuerzos no sean en vano ni seamos generadores de confusión.

יְהִי רָצוֹן Sea Tu voluntad Señor, Dios nuestro y de nuestros ancestros, que cuidemos Tus leyes en este mundo y tengamos el mérito de vivir, ver y heredar la bondad y la bendición de los días del Mashíaj y la vida
del Mundo Venidero. Para que mi alma pueda cantar Tu gloria sin callar. *Sal. 30*
El Señor mi Dios, por siempre Te agradeceré. Bendito es el hombre *Jer. 17*
que confía en el Señor, y que sólo en el Señor deposita su confianza.
Confiad en el Señor por siempre, pues Dios, el Señor, es nuestro *Is. 26*
eterno Baluarte. ▸ Aquellos que conocen Tu Nombre confían en Ti, *Sal. 9*
porque Tú Señor, no has abandonado a quienes Te buscan. El Señor, *Is. 42*
en aras del mérito de Israel deseó engrandecer la Torá y enaltecerla.

יהוה יִמְלֹךְ לְעֹלָם וָעֶד: שמות טו

יהוה מַלְכוּתֵהּ קָאֵם לְעָלַם וּלְעָלְמֵי עָלְמַיָּא. תרגום אונקלוס שמות טו

יהוה אֱלֹהֵי אַבְרָהָם יִצְחָק וְיִשְׂרָאֵל אֲבֹתֵינוּ, שָׁמְרָה־זֹּאת דברי הימים א, כט
לְעוֹלָם לְיֵצֶר מַחְשְׁבוֹת לְבַב עַמֶּךָ, וְהָכֵן לְבָבָם אֵלֶיךָ: וְהוּא תהלים עח
רַחוּם יְכַפֵּר עָוֹן וְלֹא־יַשְׁחִית, וְהִרְבָּה לְהָשִׁיב אַפּוֹ, וְלֹא־יָעִיר
כָּל־חֲמָתוֹ: כִּי־אַתָּה אֲדֹנָי טוֹב וְסַלָּח, וְרַב־חֶסֶד לְכָל־קֹרְאֶיךָ: תהלים פו
צִדְקָתְךָ צֶדֶק לְעוֹלָם וְתוֹרָתְךָ אֱמֶת: תִּתֵּן אֱמֶת לְיַעֲקֹב, חֶסֶד תהלים קיט מיכה ז
לְאַבְרָהָם, אֲשֶׁר־נִשְׁבַּעְתָּ לַאֲבֹתֵינוּ מִימֵי קֶדֶם: בָּרוּךְ אֲדֹנָי תהלים סח
יוֹם יוֹם יַעֲמָס־לָנוּ, הָאֵל יְשׁוּעָתֵנוּ סֶלָה: יהוה צְבָאוֹת עִמָּנוּ, תהלים מו
מִשְׂגָּב לָנוּ אֱלֹהֵי יַעֲקֹב סֶלָה: יהוה צְבָאוֹת, אַשְׁרֵי אָדָם בֹּטֵחַ תהלים פד
בָּךְ: יהוה הוֹשִׁיעָה, הַמֶּלֶךְ יַעֲנֵנוּ בְיוֹם־קָרְאֵנוּ: תהלים כ

בָּרוּךְ הוּא אֱלֹהֵינוּ שֶׁבְּרָאָנוּ לִכְבוֹדוֹ, וְהִבְדִּילָנוּ מִן הַתּוֹעִים, וְנָתַן לָנוּ תּוֹרַת אֱמֶת, וְחַיֵּי עוֹלָם נָטַע בְּתוֹכֵנוּ. הוּא יִפְתַּח לִבֵּנוּ בְּתוֹרָתוֹ, וְיָשֵׂם בְּלִבֵּנוּ אַהֲבָתוֹ וְיִרְאָתוֹ וְלַעֲשׂוֹת רְצוֹנוֹ וּלְעָבְדוֹ בְּלֵבָב שָׁלֵם, לְמַעַן לֹא נִיגַע לָרִיק וְלֹא נֵלֵד לַבֶּהָלָה.

יְהִי רָצוֹן מִלְּפָנֶיךָ יהוה אֱלֹהֵינוּ וֵאלֹהֵי אֲבוֹתֵינוּ, שֶׁנִּשְׁמֹר חֻקֶּיךָ
בָּעוֹלָם הַזֶּה, וְנִזְכֶּה וְנִחְיֶה וְנִרְאֶה וְנִירַשׁ טוֹבָה וּבְרָכָה, לִשְׁנֵי
יְמוֹת הַמָּשִׁיחַ וּלְחַיֵּי הָעוֹלָם הַבָּא. לְמַעַן יְזַמֶּרְךָ כָבוֹד וְלֹא יִדֹּם, תהלים ל
יהוה אֱלֹהַי, לְעוֹלָם אוֹדֶךָּ: בָּרוּךְ הַגֶּבֶר אֲשֶׁר יִבְטַח בַּיהוה, ירמיה יז
וְהָיָה יהוה מִבְטַחוֹ: בִּטְחוּ בַיהוה עֲדֵי־עַד, כִּי בְּיָהּ יהוה צוּר ישעיה כו
עוֹלָמִים: ◂ וְיִבְטְחוּ בְךָ יוֹדְעֵי שְׁמֶךָ, כִּי לֹא־עָזַבְתָּ דֹרְשֶׁיךָ, יהוה: תהלים ט
יהוה חָפֵץ לְמַעַן צִדְקוֹ, יַגְדִּיל תּוֹרָה וְיַאְדִּיר: ישעיה מב

MEDIO KADISH

Oficiante: יִתְגַּדַּל Que Su Gran Nombre sea magnificado y santificado,
en el mundo que creó conforme a Su voluntad.
Que establezca Su reino
durante vuestra vida y en vuestros días
y en la vida de toda la casa de Israel,
pronto y rápidamente y decid: Amén.

Todos: Que Su Gran Nombre sea bendito
por siempre y por toda la eternidad.

Oficiante: Sea bendecido, alabado, glorificado
y exaltado, encumbrado
y magnificado, enaltecido y ensalzado
el Nombre del Santo Bendito Él;
más allá de cualquier bendición,
cántico, alabanza y consolación
pronunciados en el mundo y decid: Amén.

En Shabat continuar abajo.
En Yom Tov que cae en día de semana se recita la Amidá en la página 628.

וַאֲנִי En cuanto a mí, que mi plegaria llegue a Ti Señor, *Sal. 69*
en un momento de Voluntad.
Dios, en Tu grande y amorosa benevolencia
respóndeme con la verdad de Tu salvación.

Se abre el Arca Sagrada y la congregación se pone de pie:

וַיְהִי בִּנְסֹעַ Cuando el Arca partía Moshé decía: *Núm. 10*
"Levántate Señor, y Tus enemigos se dispersarán,
huyan de delante de Ti todos quienes Te odian".
Pues desde Sion saldrá la Torá y la palabra del Señor de Jerusalém. *Is. 2*
Bendito es Él que en Su santidad entregó la Torá a Su pueblo Israel.

LA LECTURA DE LA TORÁ

La costumbre de leer en Shabat por la tarde el principio de la porción de la semana siguiente sin duda que se remonta a tiempos remotos. En el Talmud (*Baba Kama* 82a) esta práctica se le atribuye a Ezra el escriba, tras el retorno del exilio babilónico.

חצי קדיש

ש״ץ: יִתְגַּדַּל וְיִתְקַדַּשׁ שְׁמֵהּ רַבָּא (קהל: אָמֵן)
בְּעָלְמָא דִּי בְרָא כִרְעוּתֵהּ
וְיַמְלִיךְ מַלְכוּתֵהּ
בְּחַיֵּיכוֹן וּבְיוֹמֵיכוֹן וּבְחַיֵּי דְכָל בֵּית יִשְׂרָאֵל
בַּעֲגָלָא וּבִזְמַן קָרִיב, וְאִמְרוּ אָמֵן. (קהל: אָמֵן)

קהל וש״ץ: יְהֵא שְׁמֵהּ רַבָּא מְבָרַךְ לְעָלַם וּלְעָלְמֵי עָלְמַיָּא.

ש״ץ: יִתְבָּרַךְ וְיִשְׁתַּבַּח וְיִתְפָּאַר וְיִתְרוֹמַם וְיִתְנַשֵּׂא
וְיִתְהַדָּר וְיִתְעַלֶּה וְיִתְהַלָּל
שְׁמֵהּ דְּקֻדְשָׁא בְּרִיךְ הוּא (קהל: בְּרִיךְ הוּא)
לְעֵלָּא מִן כָּל בִּרְכָתָא / בשבת שובה: לְעֵלָּא לְעֵלָּא מִכָּל בִּרְכָתָא/
וְשִׁירָתָא, תֻּשְׁבְּחָתָא וְנֶחֱמָתָא
דַּאֲמִירָן בְּעָלְמָא, וְאִמְרוּ אָמֵן. (קהל: אָמֵן)

En שבת *continuar abajo.*
En יום טוב *que cae en día de semana se recita la* עמידה *en la página 629.*

תהלים סט
וַאֲנִי תְפִלָּתִי־לְךָ יהוה, עֵת רָצוֹן, אֱלֹהִים בְּרָב־חַסְדֶּךָ
עֲנֵנִי בֶּאֱמֶת יִשְׁעֶךָ:

Se abre el ארון קודש *y el* קהל *se pone de pie:*

במדבר י
וַיְהִי בִּנְסֹעַ הָאָרֹן וַיֹּאמֶר מֹשֶׁה
קוּמָה יהוה וְיָפֻצוּ אֹיְבֶיךָ וְיָנֻסוּ מְשַׂנְאֶיךָ מִפָּנֶיךָ:

ישעיה ב
כִּי מִצִּיּוֹן תֵּצֵא תוֹרָה וּדְבַר־יהוה מִירוּשָׁלָםִ:
בָּרוּךְ שֶׁנָּתַן תּוֹרָה לְעַמּוֹ יִשְׂרָאֵל בִּקְדֻשָּׁתוֹ.

וַאֲנִי תְפִלָּתִי־לְךָ *En cuanto a mí, que mi plegaria llegue a Ti:* En el versículo anterior del Salmo 69 el Rey David dice: "… soy la melodía de los ebrios". El Midrash interpreta esto como un contraste entre aquellos que beben y se van de parranda y aquellos que en medio de sus celebraciones recuerdan a Dios. Por ello recitamos esta frase el Shabat por la tarde, al salir de nuestra comida celebratoria para ir a rezar (Abudarham).

Bendito es el Nombre del Amo del universo. Bendita es Tu corona y Tu lugar. Que Tu benevolencia esté siempre del lado de Tu pueblo Israel. Revela a Tu pueblo la salvación de Tu diestra en Tu Templo. Concédenos el obsequio de Tu buena luz y acepta nuestros rezos con benevolencia. Ojalá que yo sea contado entre los justos para que Tú tengas compasión de mí y me protejas tanto a mí como a todo lo mío y todo aquello que pertenece a Tu pueblo Israel. Tú alimentas a todos, sustentas a todos, gobiernas todo, diriges reyes pues Tuya es la soberanía. Yo soy sirviente del Santo Bendito Él y me prosterno en todo momento ante Él y ante Su gloriosa Torá. No confío en el hombre ni me respaldo en un ángel sino en el Dios celestial que es el Dios verdadero, cuya Torá es verdadera, Sus profetas hablan verdad y que abunda en actos de amor y verdad. ‣ En Él confío, y a Su glorioso y sagrado Nombre ofrezco alabanzas. Que sea Tu voluntad que abras mi corazón a Tu Torá, y cumplas los deseos de mi corazón y del corazón de todo Tu pueblo Israel para el bien, para la vida y para la paz. *Zohar Vayakhel*

El oficiante toma el rollo de la Torá con su brazo derecho, se inclina en dirección del Arca y dice:

Exaltad al Señor conmigo, y ensalcemos juntos Su Nombre. *Sal. 34*

El Arca Sagrada se cierra. El oficiante carga el rollo de la Torá hasta la bimá y la congregación dice:

לְךָ Tuyos Señor son la grandeza, el poder, la gloria, la majestad y el esplendor, incluso todo tanto en los cielos como en la tierra es Tuyo. Tuyo Señor es el reinado; eres exaltado como Soberano, sobre todo. *1 Cró. 29*

רוֹמְמוּ Ensalzad al Señor nuestro Dios y prosternaos ante Su escabel, Santo es Él. Ensalzad al Señor nuestro Dios y prosternaos en Su monte sagrado, pues el Señor, nuestro Dios, es Santo. *Sal. 99*

אַב הָרַחֲמִים El Padre misericordioso tendrá compasión del pueblo que Él sostiene. Él recordará el pacto que estableciera con los poderosos (patriarcas), y rescatará nuestras almas de los malos tiempos, reprochará la inclinación al mal del pueblo por Él conducido, nos conceda la gracia de convertirnos en un remanente duradero, y colmará con una buena medida nuestros anhelos de salvación y compasión.

Se deposita el rollo de la Torá sobre la mesa de la bimá y el gabai llama a un cohen. Ver leyes 383–397.

וְתִגָּלֶה Que Su reino se revele sobre nosotros y se haga manifiesto, y se apiade de nuestro remanente y el remanente de Su pueblo la casa de Israel, con gracia, benevolencia, compasión y favor y digamos: Amén. Rindamos todos grandeza a nuestro Dios y demos honor a la Torá. *Que se acerque el cohen (*nombre* hijo de *nombre de su padre*).

**De no haber cohen presente se llama a un leví o a un Israel de la siguiente forma:*

/No hay aquí cohen, que suba (*nombre* hijo de *nombre de su padre*) en lugar del cohen./

Bendito es Él que en Su santidad entregó la Torá a Su pueblo Israel.

La congregación seguida del gabai:

Y vosotros que os adherís al Señor vuestro Dios estáis todos vivos hoy. *Deut. 4*

זוהר ויקהל
בְּרִיךְ שְׁמֵהּ דְּמָרֵא עָלְמָא, בְּרִיךְ כִּתְרָךְ וְאַתְרָךְ. יְהֵא רְעוּתָךְ עִם עַמָּךְ יִשְׂרָאֵל לְעָלַם, וּפֻרְקַן יְמִינָךְ אַחֲזֵי לְעַמָּךְ בְּבֵית מַקְדְּשָׁךְ, וּלְאַמְטוּיֵי לַנָא מִטּוּב נְהוֹרָךְ, וּלְקַבֵּל צְלוֹתַנָא בְּרַחֲמִין. יְהֵא רַעֲוָא קֳדָמָךְ דְּתוֹרִיךְ לַן חַיִּין בְּטִיבוּ, וְלֶהֱוֵי אֲנָא פְקִידָא בְּגוֹ צַדִּיקַיָּא, לְמִרְחַם עָלַי וּלְמִנְטַר יָתִי וְיַת כָּל דִּי לִי וְדִי לְעַמָּךְ יִשְׂרָאֵל. אַנְתְּ הוּא זָן לְכֹלָּא וּמְפַרְנֵס לְכֹלָּא, אַנְתְּ הוּא שַׁלִּיט עַל כֹּלָּא, אַנְתְּ הוּא דְּשַׁלִּיט עַל מַלְכַיָּא, וּמַלְכוּתָא דִּילָךְ הִיא. אֲנָא עַבְדָּא דְקֻדְשָׁא בְּרִיךְ הוּא, דְּסָגֵדְנָא קַמֵּהּ וּמִקַּמֵּי דִּיקָר אוֹרַיְתֵהּ בְּכָל עִדָּן וְעִדָּן. לָא עַל אֱנָשׁ רָחִיצְנָא וְלָא עַל בַּר אֱלָהִין סָמִיכְנָא, אֶלָּא בֶּאֱלָהָא דִשְׁמַיָּא, דְּהוּא אֱלָהָא קְשׁוֹט, וְאוֹרַיְתֵהּ קְשׁוֹט, וּנְבִיאוֹהִי קְשׁוֹט, וּמַסְגֵּא לְמֶעְבַּד טַבְוָן וּקְשׁוֹט. ◂ בֵּהּ אֲנָא רָחִיץ, וְלִשְׁמֵהּ קַדִּישָׁא יַקִּירָא אֲנָא אֵמַר תֻּשְׁבְּחָן. יְהֵא רַעֲוָא קֳדָמָךְ דְּתִפְתַּח לִבַּאי בְּאוֹרַיְתָא, וְתַשְׁלִים מִשְׁאֲלִין דְּלִבַּאי וְלִבָּא דְכָל עַמָּךְ יִשְׂרָאֵל לְטָב וּלְחַיִּין וְלִשְׁלָם.

El שליח ציבור *toma el* ספר תורה *con su brazo derecho, se inclina en dirección del* ארון קודש *y dice:*

תהלים לד
גַּדְּלוּ לַיהוה אִתִּי וּנְרוֹמְמָה שְׁמוֹ יַחְדָּו:

El ארון קודש *se cierra. El* שליח ציבור *carga el* ספר תורה *hasta la* בימה *y el* קהל *dice:*

דברי הימים א׳ כט
לְךָ יהוה הַגְּדֻלָּה וְהַגְּבוּרָה וְהַתִּפְאֶרֶת וְהַנֵּצַח וְהַהוֹד, כִּי־כֹל בַּשָּׁמַיִם וּבָאָרֶץ: לְךָ יהוה הַמַּמְלָכָה וְהַמִּתְנַשֵּׂא לְכֹל לְרֹאשׁ:

תהלים צט
רוֹמְמוּ יהוה אֱלֹהֵינוּ וְהִשְׁתַּחֲווּ לַהֲדֹם רַגְלָיו, קָדוֹשׁ הוּא: רוֹמְמוּ יהוה אֱלֹהֵינוּ וְהִשְׁתַּחֲווּ לְהַר קָדְשׁוֹ, כִּי־קָדוֹשׁ יהוה אֱלֹהֵינוּ:

אַב הָרַחֲמִים הוּא יְרַחֵם עַם עֲמוּסִים, וְיִזְכֹּר בְּרִית אֵיתָנִים, וְיַצִּיל נַפְשׁוֹתֵינוּ מִן הַשָּׁעוֹת הָרָעוֹת, וְיִגְעַר בְּיֵצֶר הָרָע מִן הַנְּשׂוּאִים, וְיָחֹן אוֹתָנוּ לִפְלֵיטַת עוֹלָמִים, וִימַלֵּא מִשְׁאֲלוֹתֵינוּ בְּמִדָּה טוֹבָה יְשׁוּעָה וְרַחֲמִים.

Se deposita el ספר תורה *sobre la mesa de la* בימה *y el* גבאי *llama a un* כהן*. Ver leyes 383–397.*

וְתִגָּלֶה וְתֵרָאֶה מַלְכוּתוֹ עָלֵינוּ בִּזְמַן קָרוֹב, וְיָחֹן פְּלֵיטָתֵנוּ וּפְלֵיטַת עַמּוֹ בֵּית יִשְׂרָאֵל לְחֵן וּלְחֶסֶד וּלְרַחֲמִים וּלְרָצוֹן וְנֹאמַר אָמֵן. הַכֹּל הָבוּ גֹדֶל לֵאלֹהֵינוּ וּתְנוּ כָבוֹד לַתּוֹרָה. *כֹּהֵן קְרַב, יַעֲמֹד (פלוני בֶּן פלוני) הַכֹּהֵן.

**De no haber* כהן *presente se llama a un* לוי *o a un* ישראל *de la siguiente forma:*

/אֵין כָּאן כֹּהֵן, יַעֲמֹד (פלוני בֶּן פלוני) בִּמְקוֹם כֹּהֵן./

בָּרוּךְ שֶׁנָּתַן תּוֹרָה לְעַמּוֹ יִשְׂרָאֵל בִּקְדֻשָּׁתוֹ.

El קהל *seguido del* גבאי*:*

דברים ד
וְאַתֶּם הַדְּבֵקִים בַּיהוה אֱלֹהֵיכֶם חַיִּים כֻּלְּכֶם הַיּוֹם:

Las porciones de lectura correspondientes se pueden encontrar a partir de la página 1132.

El lector de la Torá le enseña a quien subió a bendecir (olé) la sección que se habrá de leer, éste toca con el tzitzit de su talit el sitio indicado en el pergamino y lo besa. Luego, sosteniendo los ejes del rollo de la Torá recita:

Olé: Bendecid al Señor el Bendecido.

Congregación: Bendecid al Señor el Bendecido por toda la eternidad.

Olé: Bendecid al Señor el Bendecido por toda la eternidad. Bendito eres Tú Señor, nuestro Dios, Rey del universo, que nos ha escogido de entre todas las naciones y nos entregó Su Torá. Bendito eres Tú Señor, Dador de la Torá.

Tras finalizar la lectura el olé recita:

Olé: Bendito eres Tú Señor, nuestro Dios, Rey del universo, que nos ha entregado la Torá verdadera y plantó en nuestro interior la vida eterna. Bendito eres Tú Señor, Dador de la Torá.

Se alza el rollo de la Torá y la congregación recita:

וְזֹאת הַתּוֹרָה Esta es la Torá que colocó Moshé frente al pueblo de Israel, *Deut. 4*
por orden del Señor, por mano de Moshé. *Núm. 9*

Algunos agregan: Es el árbol de la vida para quienes se aferran a ella, y quienes la sostienen *Prov. 3*
son felices. Sus caminos son caminos placenteros, y todas sus sendas son de
paz. Larga vida en su diestra, y en la izquierda riquezas y honor. El Señor, *Is. 42*
en aras del mérito de Israel deseó engrandecer la Torá y enaltecerla.

Se ata el rollo de la Torá y se cubre.

En algunas congregaciones se recita "Dios pleno de compasión" en la página 832 durante la semana anterior al aniversario del fallecimiento.

Se abre el Arca Sagrada. El oficiante toma el rollo de la Torá y dice:

יְהַלְלוּ Que alaben el Nombre del Señor, pues solamente Su Nombre es sublime. *Sal. 148*

La congregación responde:

הודו Su majestuosidad está sobre la tierra y el cielo. Él elevará el honor de Su pueblo, la alabanza de todos Sus devotos, los hijos de Israel, Su pueblo cercano, ¡Aleluya!

Mientras se regresa el rollo de la Torá al Arca Sagrada se dice:

לְדָוִד מִזְמוֹר Salmo de David, del Señor es la tierra y todo lo que esta contiene, así como el mundo y quienes en él viven, todos pertenecen al Señor. Pues Él la fundó sobre los mares y la estableció sobre los ríos. ¿Quién podrá ascender al monte del Señor, y quién podrá permanecer en el lugar de Su Santidad? Aquél cuyas manos estén limpias y su *Sal. 24*

Las porciones de lectura correspondientes se pueden encontrar a partir de la página 1132.

El קורא *le enseña al* עולה *la sección que se habrá de leer, éste toca con el* ציצית *de su* טלית *el sitio indicado en el pergamino y lo besa. Luego, sosteniendo los ejes del* ספר תורה *recita:*

עולה: **בָּרְכוּ אֶת יהוה הַמְבֹרָךְ.**

קהל: **בָּרוּךְ יהוה הַמְבֹרָךְ לְעוֹלָם וָעֶד.**

עולה: **בָּרוּךְ יהוה הַמְבֹרָךְ לְעוֹלָם וָעֶד.**

בָּרוּךְ אַתָּה יהוה אֱלֹהֵינוּ מֶלֶךְ הָעוֹלָם, אֲשֶׁר בָּחַר בָּנוּ מִכָּל הָעַמִּים וְנָתַן לָנוּ אֶת תּוֹרָתוֹ. בָּרוּךְ אַתָּה יהוה, נוֹתֵן הַתּוֹרָה.

Tras finalizar la lectura el עולה *recita:*

עולה: **בָּרוּךְ אַתָּה יהוה אֱלֹהֵינוּ מֶלֶךְ הָעוֹלָם, אֲשֶׁר נָתַן לָנוּ תּוֹרַת אֱמֶת וְחַיֵּי עוֹלָם נָטַע בְּתוֹכֵנוּ. בָּרוּךְ אַתָּה יהוה, נוֹתֵן הַתּוֹרָה.**

Se alza el ספר תורה *y el* קהל *recita:*

וְזֹאת הַתּוֹרָה אֲשֶׁר־שָׂם מֹשֶׁה לִפְנֵי בְּנֵי יִשְׂרָאֵל: דברים ד

עַל־פִּי יהוה בְּיַד מֹשֶׁה: במדבר ט

Algunos agregan עֵץ־חַיִּים הִיא לַמַּחֲזִיקִים בָּהּ וְתֹמְכֶיהָ מְאֻשָּׁר: דְּרָכֶיהָ דַרְכֵי־נֹעַם וְכָל־נְתִיבֹתֶיהָ שָׁלוֹם: אֹרֶךְ יָמִים בִּימִינָהּ, בִּשְׂמֹאולָהּ עֹשֶׁר וְכָבוֹד: משלי ג
יהוה חָפֵץ לְמַעַן צִדְקוֹ יַגְדִּיל תּוֹרָה וְיַאְדִּיר: ישעיה מב

Se ata el ספר תורה *y se cubre.*

En algunas congregaciones se recita אֵל מָלֵא רַחֲמִים *en la página 833 durante la semana anterior al aniversario del fallecimiento.*

Se abre el ארון קודש*. El* שליח ציבור *toma el* ספר תורה *y dice:*

יְהַלְלוּ אֶת־שֵׁם יהוה, כִּי־נִשְׂגָּב שְׁמוֹ, לְבַדּוֹ תהלים קמח

El קהל *responde:*

הוֹדוֹ עַל־אֶרֶץ וְשָׁמָיִם: וַיָּרֶם קֶרֶן לְעַמּוֹ, תְּהִלָּה לְכָל־חֲסִידָיו, לִבְנֵי יִשְׂרָאֵל עַם קְרֹבוֹ, הַלְלוּיָהּ:

Mientras se regresa el ספר תורה *al* ארון קודש *se dice:*

לְדָוִד מִזְמוֹר, לַיהוה הָאָרֶץ וּמְלוֹאָהּ, תֵּבֵל וְיֹשְׁבֵי בָהּ: כִּי־הוּא עַל־יַמִּים יְסָדָהּ, וְעַל־נְהָרוֹת יְכוֹנְנֶהָ: מִי־יַעֲלֶה בְהַר־יהוה, וּמִי־יָקוּם בִּמְקוֹם קָדְשׁוֹ: נְקִי כַפַּיִם וּבַר־לֵבָב, אֲשֶׁר לֹא־נָשָׂא לַשָּׁוְא נַפְשִׁי תהלים כד

corazón sea puro, que no haya usado Mi Nombre en vano ni juró falsamente. Recibirá bendición de parte del Señor y será recompensado por el Dios de su salvación. Esta es la generación de quienes Lo buscan, los descendientes de Ya'akov que procuran Tu presencia, ¡Sela! Alzad portales, vuestras cabezas, y sed alzadas, puertas eternas, para que el Rey glorioso pueda entrar. ¿Quién es el Rey glorioso? El Señor, fuerte y poderoso; el Señor, poderoso en batalla. Alzad vuestras cabezas, portales; alzadlas, puertas eternas, para que el Rey glorioso pueda entrar. ¿Quién es el Rey glorioso? El Señor de las Huestes Celestiales, Él es el Rey glorioso por toda la eternidad. Sela.

Mientras el rollo de la Torá es colocado dentro del Arca Sagrada se recita:

וּבְנֻחֹה יֹאמַר Cuando el Arca reposaba, Moshé decía: "Retorna Señor *Núm. 10*
a las miríadas de millares de Israel". Levántate Señor ante Tu sitial de *Sal. 132*
reposo, Tú y el Arca de Tu fortaleza. Tus cohanim se investirán de justicia y Tus devotos cantarán con regocijo. En aras de David Tu siervo,
no rechaces a Tu ungido. Pues os he dado una buena instrucción, no *Prov. 4*
abandonéis Mi Torá. Es el árbol de la vida para quienes se aferran a *Prov. 3*
ella, y quienes la sostienen son felices. Sus caminos son caminos placenteros, y todas sus sendas son de paz. ▸ Haznos retornar a Ti Señor *Lm. 5*
y retornaremos, renueva nuestros días como antaño.

Se cierra el Arca Sagrada.

MEDIO KADISH

Oficiante: **יִתְגַּדַּל** Que Su Gran Nombre sea magnificado y santificado,
en el mundo que creó conforme a Su voluntad.
Que establezca Su reino durante vuestra vida y en vuestros días
y en la vida de toda la casa de Israel,
pronto y rápidamente y decid: Amén.

Todos: Que Su Gran Nombre sea bendito
por siempre y por toda la eternidad.

Oficiante: Sea bendecido, alabado, glorificado
y exaltado, encumbrado
y magnificado, enaltecido y ensalzado
el Nombre del Santo Bendito Él;
más allá de cualquier bendición, cántico, alabanza y consolación
pronunciados en el mundo y decid: Amén.

וְלֹא נִשְׁבַּע לְמִרְמָה: יִשָּׂא בְרָכָה מֵאֵת יהוה, וּצְדָקָה מֵאֱלֹהֵי יִשְׁעוֹ: זֶה דּוֹר דֹּרְשָׁו, מְבַקְשֵׁי פָנֶיךָ, יַעֲקֹב, סֶלָה: שְׂאוּ שְׁעָרִים רָאשֵׁיכֶם, וְהִנָּשְׂאוּ פִּתְחֵי עוֹלָם, וְיָבוֹא מֶלֶךְ הַכָּבוֹד: מִי זֶה מֶלֶךְ הַכָּבוֹד, יהוה עִזּוּז וְגִבּוֹר, יהוה גִּבּוֹר מִלְחָמָה: שְׂאוּ שְׁעָרִים רָאשֵׁיכֶם, וּשְׂאוּ פִּתְחֵי עוֹלָם, וְיָבֹא מֶלֶךְ הַכָּבוֹד: מִי הוּא זֶה מֶלֶךְ הַכָּבוֹד, יהוה צְבָאוֹת הוּא מֶלֶךְ הַכָּבוֹד, סֶלָה:

Mientras el ספר תורה *es colocado dentro del* ארון קודש *se recita:*

וּבְנֻחֹה יֹאמַר, שׁוּבָה יהוה רִבְבוֹת אַלְפֵי יִשְׂרָאֵל: קוּמָה יהוה לִמְנוּחָתֶךָ, אַתָּה וַאֲרוֹן עֻזֶּךָ: כֹּהֲנֶיךָ יִלְבְּשׁוּ־צֶדֶק, וַחֲסִידֶיךָ יְרַנֵּנוּ: בַּעֲבוּר דָּוִד עַבְדֶּךָ אַל־תָּשֵׁב פְּנֵי מְשִׁיחֶךָ: כִּי לֶקַח טוֹב נָתַתִּי לָכֶם, תּוֹרָתִי אַל־תַּעֲזֹבוּ: עֵץ־חַיִּים הִיא לַמַּחֲזִיקִים בָּהּ, וְתֹמְכֶיהָ מְאֻשָּׁר: דְּרָכֶיהָ דַרְכֵי־נֹעַם וְכָל־נְתִיבֹתֶיהָ שָׁלוֹם: ‹ הֲשִׁיבֵנוּ יהוה אֵלֶיךָ וְנָשׁוּבָה, חַדֵּשׁ יָמֵינוּ כְּקֶדֶם:

(במדבר י; תהלים קלב; משלי ד; משלי ג; איכה ה)

Se cierra el ארון קודש*.*

חצי קדיש

ש״ץ: יִתְגַּדַּל וְיִתְקַדַּשׁ שְׁמֵהּ רַבָּא (קהל: אָמֵן)
בְּעָלְמָא דִּי בְרָא כִרְעוּתֵהּ
וְיַמְלִיךְ מַלְכוּתֵהּ
בְּחַיֵּיכוֹן וּבְיוֹמֵיכוֹן, וּבְחַיֵּי דְכָל בֵּית יִשְׂרָאֵל
בַּעֲגָלָא וּבִזְמַן קָרִיב, וְאִמְרוּ אָמֵן. (קהל: אָמֵן)

קהל וש״ץ: יְהֵא שְׁמֵהּ רַבָּא מְבָרַךְ לְעָלַם וּלְעָלְמֵי עָלְמַיָּא.

ש״ץ: יִתְבָּרַךְ וְיִשְׁתַּבַּח וְיִתְפָּאַר וְיִתְרוֹמַם וְיִתְנַשֵּׂא
וְיִתְהַדָּר וְיִתְעַלֶּה וְיִתְהַלָּל
שְׁמֵהּ דְּקֻדְשָׁא בְּרִיךְ הוּא (קהל: בְּרִיךְ הוּא)
לְעֵלָּא מִן כָּל בִּרְכָתָא / בשבת שובה: לְעֵלָּא לְעֵלָּא מִכָּל בִּרְכָתָא/
וְשִׁירָתָא, תֻּשְׁבְּחָתָא וְנֶחֱמָתָא
דַּאֲמִירָן בְּעָלְמָא, וְאִמְרוּ אָמֵן. (קהל: אָמֵן)

En Yom Tov (incluidos aquellos que caen en Shabat) se recita la Amidá en la página 798.

LA AMIDÁ

El siguiente rezo hasta "años pretéritos" en la página 640 la recitamos en silencio parados con los pies juntos. En caso de haber minián, el oficiante repite la Amidá en voz alta. Se dan tres pasos hacia adelante y en los sitios marcados con ▾ se debe flexionar las rodillas en la primera palabra, inclinarse en la segunda y erguirse nuevamente de inmediato antes de pronunciar el Nombre de Dios.

Porque he de invocar el Nombre del Señor, ensalzad a nuestro Dios. *Deut. 32*
Señor, abre mis labios para que mi boca pronuncie Tu alabanza. *Sal. 51*

PATRIARCAS

▾בָּרוּךְ Bendito eres Tú Señor,
Dios nuestro y de nuestros ancestros,
Dios de Abraham, Dios de Ytzjak y Dios de Ya'akov,
Dios grande, poderoso y maravilloso, Señor supremo,
que prodiga generosamente y es El Creador de todo lo existente,
Quien recuerda la gracia de los ancestros
y traerá al Redentor para los hijos de sus hijos
en aras de Su Nombre con amor.

En Shabat Shuvá: Recuérdanos para la vida, Rey que anhela la vida
e inscríbenos en el libro de la vida por Ti, oh Dios de vida.

Rey que ayuda, redime y protege.
▾Bendito eres Tú Señor, Escudo de Abraham.

PODER DE DIOS

אַתָּה גִּבּוֹר Señor, Tú eres eternamente poderoso,
Tú revives a los muertos y tienes gran poder de salvación.

La frase "Hace soplar el viento y descender la lluvia" se agrega desde Simjat Torá hasta Pesaj. En Israel, la frase "Hace descender el rocío" se agrega desde Pesaj hasta Sheminí Atzeret. Ver leyes 129–131.

En otoño e invierno de Israel: Hace soplar el viento y descender la lluvia.
En primavera y verano de Israel: Hace descender el rocío.

Sostiene con benevolencia a todos los seres vivos,
revive a los muertos con gran misericordia,
da soporte a quienes se caen, cura a los enfermos,
libera a los prisioneros
y cumple Su promesa con quienes yacen ya en la tierra.

En יום טוב *(incluidos aquellos que caen en* שבת*) se recita la* עמידה *en la página 799.*

עמידה

El siguiente rezo hasta קַדְמֹנִיּוֹת *en la página 641 la recitamos en silencio parados con los pies juntos. En caso de haber* מנין*, el* שליח ציבור *repite la* עמידה *en voz alta. Se dan tres pasos hacia adelante y en los sitios marcados con* ˅ *se debe flexionar las rodillas en la primera palabra, inclinarse en la segunda y erguirse nuevamente de inmediato antes de pronunciar el Nombre de Dios.*

כִּי שֵׁם יהוה אֶקְרָא, הָבוּ גֹדֶל לֵאלֹהֵינוּ: דברים לב
אֲדֹנָי, שְׂפָתַי תִּפְתָּח, וּפִי יַגִּיד תְּהִלָּתֶךָ: תהלים נא

אבות

˅בָּרוּךְ אַתָּה יהוה, אֱלֹהֵינוּ וֵאלֹהֵי אֲבוֹתֵינוּ
אֱלֹהֵי אַבְרָהָם, אֱלֹהֵי יִצְחָק, וֵאלֹהֵי יַעֲקֹב
הָאֵל הַגָּדוֹל הַגִּבּוֹר וְהַנּוֹרָא, אֵל עֶלְיוֹן
גּוֹמֵל חֲסָדִים טוֹבִים, וְקוֹנֵה הַכֹּל, וְזוֹכֵר חַסְדֵי אָבוֹת
וּמֵבִיא גוֹאֵל לִבְנֵי בְנֵיהֶם לְמַעַן שְׁמוֹ בְּאַהֲבָה.

בשבת שובה: זָכְרֵנוּ לְחַיִּים, מֶלֶךְ חָפֵץ בַּחַיִּים
וְכָתְבֵנוּ בְּסֵפֶר הַחַיִּים, לְמַעַנְךָ אֱלֹהִים חַיִּים.

מֶלֶךְ עוֹזֵר וּמוֹשִׁיעַ וּמָגֵן.
˅בָּרוּךְ אַתָּה יהוה, מָגֵן אַבְרָהָם.

גבורות

אַתָּה גִּבּוֹר לְעוֹלָם, אֲדֹנָי
מְחַיֵּה מֵתִים אַתָּה, רַב לְהוֹשִׁיעַ

La frase מַשִּׁיב הָרְוּחַ *se agrega desde* שמחת תורה *hasta* פסח*.*
En ארץ ישראל*, la frase* מוֹרִיד הַטָּל *se agrega desde* פסח *hasta* שמיני עצרת*. Ver leyes 129–131.*

בחורף: מַשִּׁיב הָרְוּחַ וּמוֹרִיד הַגֶּשֶׁם / בארץ ישראל בקיץ: מוֹרִיד הַטָּל

מְכַלְכֵּל חַיִּים בְּחֶסֶד, מְחַיֵּה מֵתִים בְּרַחֲמִים רַבִּים
סוֹמֵךְ נוֹפְלִים, וְרוֹפֵא חוֹלִים, וּמַתִּיר אֲסוּרִים
וּמְקַיֵּם אֱמוּנָתוֹ לִישֵׁנֵי עָפָר.

¿Quién es como Tú Todopoderoso?
¿Quién se Te puede asemejar?
Rey que quita la vida y la restaura y hace brotar la Redención.

En Shabat Shuvá: ¿Quién como Tú Padre misericordioso,
que recuerdas a Tus creaturas con piedad para la vida?

Eres fiel en revivir a los muertos.
Bendito eres Tú Señor, que revive a los muertos.

Durante el rezo en voz baja continúe en "Tú eres santo" en la página siguiente.

KEDUSHÁ

Durante la repetición del rezo por parte del oficiante, se recita aquí de pie el siguiente pasaje. En los sitios marcados con ▲ quien reza debe elevarse levemente en puntas de pie.

La congregación y luego el oficiante:

נְקַדֵּשׁ Santificaremos Tu Nombre en el mundo tal
como lo consagran en las alturas,
como ha sido escrito por Tu profeta:
"y un ángel daba voces al otro diciendo: *Is. 6*

La congregación y luego el oficiante:

▲Santo, ▲Santo, ▲Santo, Señor de las Huestes Celestiales,
toda la tierra está llena de Su gloria".
Quienes están frente a ellos dicen: "Bendita".

La congregación y luego el oficiante:

▲"Bendita es la gloria del Señor desde Su sitial". *Ezeq. 3*
Y en Tus escrituras sagradas leemos:

La congregación y luego el oficiante:

▲"El Señor reinará por siempre, tu Dios Sion, *Sal. 146*
de generación en generación, ¡Aleluyá!"

Oficiante:

De generación en generación declararemos Tu grandeza,
y por toda la eternidad proclamaremos Tu Santidad,
y Tu alabanza Dios nuestro no se apartará de nuestros labios jamás,
pues Tú eres el Rey grande y sagrado.
Bendito eres Tú Señor,
el Dios santo./ *En Shabat Shuvá:* el Rey santo./

El oficiante continúa en la siguiente página con "Tú Eres Uno".

מִי כָמְוֹךָ, בַּעַל גְּבוּרוֹת
וּמִי דְּוֹמֶה לָּךְ
מֶלֶךְ, מֵמִית וּמְחַיֶּה וּמַצְמְיחַ יְשׁוּעָה.

בשבת שובה: מִי כָמְוֹךָ אַב הָרַחֲמִים
זוֹכֵר יְצוּרָיו לְחַיִּים בְּרַחֲמִים.

וְנֶאֱמָן אַתָּה לְהַחֲיוֹת מֵתִים.
בָּרוּךְ אַתָּה יהוה, מְחַיֵּה הַמֵּתִים.

Durante el rezo en voz baja continúe en אַתָּה קָדוֹשׁ *en la página siguiente.*

קדושה

Durante la חזרת הש״ץ*, se recita aquí de pie el siguiente pasaje.*
En los sitios marcados con ▴ *quien reza debe elevarse levemente en puntas de pie.*

El קהל *y luego el* שליח ציבור*:*

נְקַדֵּשׁ אֶת שִׁמְךָ בָּעוֹלָם, כְּשֵׁם שֶׁמַּקְדִּישִׁים אוֹתוֹ בִּשְׁמֵי מָרוֹם
כַּכָּתוּב עַל יַד נְבִיאֶךָ: וְקָרָא זֶה אֶל־זֶה וְאָמַר ישעיה ו

El קהל *y luego el* שליח ציבור*:*

▴קָדוֹשׁ, ▴קָדוֹשׁ, ▴קָדוֹשׁ, יהוה צְבָאוֹת, מְלֹא כָל־הָאָרֶץ כְּבוֹדוֹ:
לְעֻמָּתָם בָּרוּךְ יֹאמֵרוּ

El קהל *y luego el* שליח ציבור*:*

▴בָּרוּךְ כְּבוֹד־יהוה מִמְּקוֹמוֹ: יחזקאל ג
וּבְדִבְרֵי קָדְשְׁךָ כָּתוּב לֵאמֹר

El קהל *y luego el* שליח ציבור*:*

▴יִמְלֹךְ יהוה לְעוֹלָם, אֱלֹהַיִךְ צִיּוֹן לְדֹר וָדֹר, הַלְלוּיָהּ: תהלים קמו

שליח ציבור:

לְדוֹר וָדוֹר נַגִּיד גָּדְלֶךָ, וּלְנֵצַח נְצָחִים קְדֻשָּׁתְךָ נַקְדִּישׁ
וְשִׁבְחֲךָ אֱלֹהֵינוּ מִפִּינוּ לֹא יָמוּשׁ לְעוֹלָם וָעֶד
כִּי אֵל מֶלֶךְ גָּדוֹל וְקָדוֹשׁ אָתָּה.
בָּרוּךְ אַתָּה יהוה, הָאֵל הַקָּדוֹשׁ. / בשבת שובה: הַמֶּלֶךְ הַקָּדוֹשׁ./

El שליח ציבור *continúa en la siguiente página con* אַתָּה אֶחָד.

SANTIDAD

אַתָּה קָדוֹשׁ Tú eres santo y Tu Nombre es santo,
y los santos Te alaban a diario, ¡Sela!
Bendito eres Tú Señor,
el Dios santo. / *En Shabat Shuvá:* el Rey santo./
(*En caso de olvido se repite la Amidá*).

SANTIDAD DEL DÍA

אַתָּה Tú eres Uno y Tu Nombre es Uno,
y ¿quién se asemeja a Tu pueblo Israel,
una nación única sobre la tierra?
Esplendor de grandeza y diadema de salvación
es el día de reposo y santidad que has otorgado a Tu pueblo.
Abraham se regocijará, Ytzjak cantará con alegría,
Ya'akov y sus hijos reposarán en él –
reposo de amor y generosidad,
reposo de verdad y fe,
reposo de paz y tranquilidad, calma y confianza;
un reposo completo el cual Tú viste con favor.
Que tus hijos reconozcan y sepan que de Ti proviene su reposo
y en este reposo santifiquen Tu Nombre.

(*ijud*), cuando la unicidad de Dios se una perfectamente con la particularidad única del pueblo judío. Un Midrash nos enseña: "Dios, Israel y el Shabat se testifican mutuamente; Dios e Israel dan testimonio de la santidad del Shabat; Israel y el Shabat dan testimonio del poder creativo y redentor de Dios; Dios y el Shabat dan testimonio de la particularidad única de Israel".

תִּפְאֶרֶת גְּדֻלָּה *Esplendor de grandeza:* Al alcanzar el día su máxima intensidad, el énfasis se traslada a la calidad vivencial del Shabat. La palabra "*menujá*", (reposo, descanso) aparece siete veces en este párrafo junto a una idílica descripción de un mundo en paz consigo mismo: "reposo de amor y generosidad, reposo de verdad y fe, reposo de paz y tranquilidad, calma y confianza". אַבְרָהָם יָגֵל *Abraham se regocijará*: Hace referencia al futuro cuando los patriarcas se habrán de regocijar de que sus descendientes hayan encontrado la paz y "un día que será completamente sabático".

קדושת השם

אַתָּה קָדוֹשׁ וְשִׁמְךָ קָדוֹשׁ
וּקְדוֹשִׁים בְּכָל יוֹם יְהַלְלוּךָ סֶּלָה.
בָּרוּךְ אַתָּה יהוה
הָאֵל הַקָּדוֹשׁ. / בשבת שובה: הַמֶּלֶךְ הַקָּדוֹשׁ./

(*En caso de olvido se repite la* עמידה.)

קדושת היום

אַתָּה אֶחָד וְשִׁמְךָ אֶחָד
וּמִי כְּעַמְּךָ יִשְׂרָאֵל גּוֹי אֶחָד בָּאָרֶץ.
תִּפְאֶרֶת גְּדֻלָּה וַעֲטֶרֶת יְשׁוּעָה
יוֹם מְנוּחָה וּקְדֻשָּׁה לְעַמְּךָ נָתָתָּ.
אַבְרָהָם יָגֵל, יִצְחָק יְרַנֵּן, יַעֲקֹב וּבָנָיו יָנוּחוּ בוֹ
מְנוּחַת אַהֲבָה וּנְדָבָה
מְנוּחַת אֱמֶת וֶאֱמוּנָה
מְנוּחַת שָׁלוֹם וְשַׁלְוָה וְהַשְׁקֵט וָבֶטַח
מְנוּחָה שְׁלֵמָה שֶׁאַתָּה רוֹצֶה בָּהּ.
יַכִּירוּ בָנֶיךָ וְיֵדְעוּ, כִּי מֵאִתְּךָ הִיא מְנוּחָתָם
וְעַל מְנוּחָתָם יַקְדִּישׁוּ אֶת שְׁמֶךָ.

אַתָּה אֶחָד וְשִׁמְךָ אֶחָד *Tú eres Uno y Tu Nombre es Uno:* Tal como ya mencioné anteriormente, el Shabat es único en cuanto a que la bendición central de la Amidá en cada uno de los rezos, noche, mañana y tarde, es diferente. A esto se le han dado tres explicaciones: (1) Los rezos trazan el movimiento de Creación, a la Revelación y posteriormente a la Redención; (2) Nos hablan de pasado, presente y futuro; (3) Nos describen tres etapas en el casamiento: el compromiso, la alegría nupcial y la unión de la pareja (*ijud*). El rezo de la tarde se apega claramente a este patrón. Nos habla de Redención y de futuro cuando "El Señor será Uno y Su Nombre Uno" así como también de la unión

אֱלֹהֵינוּ Dios nuestro y de nuestros ancestros,
complácete en nuestro descanso.
Santifícanos con Tus preceptos y danos nuestra porción en Tu Torá.
Sácianos de Tu bondad, regocíjanos con Tu salvación
y purifica nuestros corazones para que Te sirvamos con la verdad.
Léganos Señor nuestro Dios,
con amor y favor Tus sagrados Shabatot,
tal que reposen en estos los hijos de Israel que santifican Tu Nombre.
Bendito eres Tú Señor, que santifica el Shabat.

EL SERVICIO DEL TEMPLO

רְצֵה Acepta con benevolencia Señor, nuestro Dios,
a Tu pueblo Israel y sus plegarias.
Restaura el servicio en Tu más sagrada casa
y acepta favorable y amorosamente
las ofrendas ígneas de Israel y sus rezos.
Que siempre recibas con agrado el servicio de Tu pueblo Israel.

En Rosh Jodesh y en Jol HaMo'ed se dice:

אֱלֹהֵינוּ Dios nuestro y de nuestros ancestros, que ascienda, acuda y llegue; sea visible, sea aceptada, sea escuchada, sea considerada y sea recordada delante de Ti nuestra memoria y la de nuestros patriarcas, y la del Mashíaj hijo de David Tu siervo, y la memoria de Jerusalém Tu ciudad sagrada y la de todo Tu pueblo de Israel – para liberación y bienestar, gracia, benevolencia y compasión, vida y paz en este día de:

En Rosh Jodesh:	Rosh Jodesh
En Pesaj:	Fiesta de las Matzot
En Sucot:	Fiesta de Sucot

Recuérdanos Señor, nuestro Dios para bien, tennos presentes para bendición y redímenos para la vida. Apiádate de nosotros y agrácianos, ten compasión de nosotros y redímenos de acuerdo con Tu promesa de salvación; pues nuestros ojos están puestos en Ti ya que Tú Dios, eres un Rey benevolente y compasivo.

וְתֶחֱזֶינָה Que nuestros ojos contemplen
Tu retorno a Sion con compasión.
Bendito eres Tú Señor, que restaura Su presencia en Sion.

אֱלֹהֵינוּ וֵאלֹהֵי אֲבוֹתֵינוּ
רְצֵה בִמְנוּחָתֵנוּ
קַדְּשֵׁנוּ בְּמִצְוֹתֶיךָ וְתֵן חֶלְקֵנוּ בְּתוֹרָתֶךָ
שַׂבְּעֵנוּ מִטּוּבֶךָ וְשַׂמְּחֵנוּ בִּישׁוּעָתֶךָ
וְטַהֵר לִבֵּנוּ לְעָבְדְּךָ בֶּאֱמֶת.
וְהַנְחִילֵנוּ, יהוה אֱלֹהֵינוּ, בְּאַהֲבָה וּבְרָצוֹן שַׁבְּתוֹת קָדְשֶׁךָ
וְיָנוּחוּ בָם יִשְׂרָאֵל מְקַדְּשֵׁי שְׁמֶךָ.
בָּרוּךְ אַתָּה יהוה, מְקַדֵּשׁ הַשַּׁבָּת.

עבודה

רְצֵה יהוה אֱלֹהֵינוּ בְּעַמְּךָ יִשְׂרָאֵל, וּבִתְפִלָּתָם
וְהָשֵׁב אֶת הָעֲבוֹדָה לִדְבִיר בֵּיתֶךָ
וְאִשֵּׁי יִשְׂרָאֵל וּתְפִלָּתָם בְּאַהֲבָה תְקַבֵּל בְּרָצוֹן
וּתְהִי לְרָצוֹן תָּמִיד עֲבוֹדַת יִשְׂרָאֵל עַמֶּךָ.

En חול המועד *y en* ראש חודש *se dice:*

אֱלֹהֵינוּ וֵאלֹהֵי אֲבוֹתֵינוּ, יַעֲלֶה וְיָבוֹא וְיַגִּיעַ, וְיֵרָאֶה וְיֵרָצֶה וְיִשָּׁמַע, וְיִפָּקֵד וְיִזָּכֵר זִכְרוֹנֵנוּ וּפִקְדוֹנֵנוּ וְזִכְרוֹן אֲבוֹתֵינוּ, וְזִכְרוֹן מָשִׁיחַ בֶּן דָּוִד עַבְדֶּךָ, וְזִכְרוֹן יְרוּשָׁלַיִם עִיר קָדְשֶׁךָ, וְזִכְרוֹן כָּל עַמְּךָ בֵּית יִשְׂרָאֵל, לְפָנֶיךָ, לִפְלֵיטָה לְטוֹבָה, לְחֵן וּלְחֶסֶד וּלְרַחֲמִים, לְחַיִּים וּלְשָׁלוֹם בְּיוֹם

בראש חודש: **רֹאשׁ הַחֹדֶשׁ** / בפסח: **חַג הַמַּצּוֹת** / בסוכות: **חַג הַסֻּכּוֹת**

הַזֶּה. זָכְרֵנוּ יהוה אֱלֹהֵינוּ בּוֹ לְטוֹבָה, וּפָקְדֵנוּ בוֹ לִבְרָכָה, וְהוֹשִׁיעֵנוּ בוֹ לְחַיִּים. וּבִדְבַר יְשׁוּעָה וְרַחֲמִים, חוּס וְחָנֵּנוּ וְרַחֵם עָלֵינוּ וְהוֹשִׁיעֵנוּ, כִּי אֵלֶיךָ עֵינֵינוּ, כִּי אֵל מֶלֶךְ חַנּוּן וְרַחוּם אָתָּה.

וְתֶחֱזֶינָה עֵינֵינוּ בְּשׁוּבְךָ לְצִיּוֹן בְּרַחֲמִים.
בָּרוּךְ אַתָּה יהוה, הַמַּחֲזִיר שְׁכִינָתוֹ לְצִיּוֹן.

AGRADECIMIENTO

Inclinarse al recitar las primeras seis palabras.

מוֹדִים Te agradecemos a Ti,
pues eres el Señor, Dios nuestro
y de nuestros ancestros por siempre.
Eres nuestra Roca
y la de nuestra existencia,
Escudo de nuestra salvación
de generación en generación.
Te agradeceremos, y relataremos
Tu alabanza por nuestras vidas
que están depositadas en Tus manos,
por nuestras almas que están a Tu cargo,
por Tus milagros para con nosotros
a diario, y las bondades y maravillas
que nos prodigas en todo momento,
noche, mañana y tarde.
El Benevolente,
pues Tu compasión nunca concluye,
Tú eres compasivo,
pues no cesan Tus bondades. Siempre
hemos depositado
nuestra esperanza en Ti.

Durante la repetición del oficiante la congregación dice en silencio:

מוֹדִים Te agradecemos a Ti,
pues eres el Señor,
Dios nuestro
y de nuestros ancestros,
Dios de toda carne, Formador
nuestro y del universo.
Bendiciones y
agradecimientos
a Tu Nombre grandioso
y sagrado,
por habernos preservado
con vida y mantenido.
De igual forma, danos vida,
sostén y reúne a Tus exiliados
en Tu patio sagrado, para que
cumplan con Tus leyes
y hagan Tu voluntad
con integridad de corazón,
por ello nos
corresponde agradecerte.
Bendito es el Dios
a Quien debemos agradecer.

En Janucá:

עַל הַנִּסִּים (Te agradecemos también) por los milagros, la redención, los actos poderosos, las salvaciones y las victorias en las batallas que Tú llevaste a cabo en favor de nuestros ancestros en aquellos días en este tiempo.

בִּימֵי מַתִּתְיָהוּ En los días de Matitiahu hijo de Yojanán, el Sumo Sacerdote, el jasmoneo y sus hijos, el malvado reino griego se levantó contra Tu pueblo Israel para hacerles olvidar Tu Torá y forzarlos a transgredir los estatutos de Tu voluntad. Y Tú, con gran compasión, estuviste junto a ellos en el tiempo de su desgracia, luchaste por su causa, juzgaste su reclamo y vengaste su opresión. Entregaste fuertes en manos de débiles, muchos en manos de pocos, impuros en manos de puros, malvados en manos de justos, arrogantes en manos de estudiosos de Tu Torá. Hiciste para Ti un Nombre Grande y Sagrado en Tu mundo, y a Tu pueblo Israel diste gran redención y salvación en un día como

הודאה

Inclinarse al recitar las primeras cinco palabras.

ימוֹדִים אֲנַחְנוּ לָךְ
שָׁאַתָּה הוּא יהוה אֱלֹהֵינוּ
וֵאלֹהֵי אֲבוֹתֵינוּ לְעוֹלָם וָעֶד.
צוּר חַיֵּינוּ, מָגֵן יִשְׁעֵנוּ
אַתָּה הוּא לְדוֹר וָדוֹר.
נוֹדֶה לְּךָ וּנְסַפֵּר תְּהִלָּתֶךָ
עַל חַיֵּינוּ הַמְּסוּרִים בְּיָדֶךָ
וְעַל נִשְׁמוֹתֵינוּ הַפְּקוּדוֹת לָךְ
וְעַל נִסֶּיךָ שֶׁבְּכָל יוֹם עִמָּנוּ
וְעַל נִפְלְאוֹתֶיךָ וְטוֹבוֹתֶיךָ
שֶׁבְּכָל עֵת
עֶרֶב וָבֹקֶר וְצָהֳרָיִם.
הַטּוֹב, כִּי לֹא כָלוּ רַחֲמֶיךָ
וְהַמְרַחֵם, כִּי לֹא תַמּוּ חֲסָדֶיךָ
מֵעוֹלָם קִוִּינוּ לָךְ.

Durante la חזרת הש״ץ *el* קהל *dice en silencio:*

ימוֹדִים אֲנַחְנוּ לָךְ
שָׁאַתָּה הוּא יהוה אֱלֹהֵינוּ
וֵאלֹהֵי אֲבוֹתֵינוּ
אֱלֹהֵי כָל בָּשָׂר
יוֹצְרֵנוּ, יוֹצֵר בְּרֵאשִׁית.
בְּרָכוֹת וְהוֹדָאוֹת
לְשִׁמְךָ הַגָּדוֹל וְהַקָּדוֹשׁ
עַל שֶׁהֶחֱיִיתָנוּ וְקִיַּמְתָּנוּ.
כֵּן תְּחַיֵּנוּ וּתְקַיְּמֵנוּ
וְתֶאֱסֹף גָּלֻיּוֹתֵינוּ
לְחַצְרוֹת קָדְשֶׁךָ
לִשְׁמֹר חֻקֶּיךָ
וְלַעֲשׂוֹת רְצוֹנֶךָ וּלְעָבְדְּךָ
בְּלֵבָב שָׁלֵם
עַל שֶׁאֲנַחְנוּ מוֹדִים לָךְ.
בָּרוּךְ אֵל הַהוֹדָאוֹת.

בחנוכה:

עַל הַנִּסִּים וְעַל הַפֻּרְקָן וְעַל הַגְּבוּרוֹת וְעַל הַתְּשׁוּעוֹת וְעַל הַמִּלְחָמוֹת שֶׁעָשִׂיתָ לַאֲבוֹתֵינוּ בַּיָּמִים הָהֵם בַּזְּמַן הַזֶּה.

בִּימֵי מַתִּתְיָהוּ בֶּן יוֹחָנָן כֹּהֵן גָּדוֹל חַשְׁמוֹנַאי וּבָנָיו, כְּשֶׁעָמְדָה מַלְכוּת יָוָן הָרְשָׁעָה עַל עַמְּךָ יִשְׂרָאֵל לְהַשְׁכִּיחָם תּוֹרָתֶךָ וּלְהַעֲבִירָם מֵחֻקֵּי רְצוֹנֶךָ, וְאַתָּה בְּרַחֲמֶיךָ הָרַבִּים עָמַדְתָּ לָהֶם בְּעֵת צָרָתָם, רַבְתָּ אֶת רִיבָם, דַּנְתָּ אֶת דִּינָם, נָקַמְתָּ אֶת נִקְמָתָם, מָסַרְתָּ גִבּוֹרִים בְּיַד חַלָּשִׁים, וְרַבִּים בְּיַד מְעַטִּים, וּטְמֵאִים בְּיַד טְהוֹרִים, וּרְשָׁעִים בְּיַד צַדִּיקִים, וְזֵדִים בְּיַד עוֹסְקֵי תוֹרָתֶךָ, וּלְךָ עָשִׂיתָ שֵׁם גָּדוֹל וְקָדוֹשׁ בְּעוֹלָמֶךָ, וּלְעַמְּךָ יִשְׂרָאֵל עָשִׂיתָ תְּשׁוּעָה גְדוֹלָה וּפֻרְקָן כְּהַיּוֹם הַזֶּה. וְאַחַר כֵּן בָּאוּ בָנֶיךָ לִדְבִיר בֵּיתֶךָ, וּפִנּוּ

este. Luego, Tus hijos ingresaron a Tu recinto sagrado, limpiaron Tu Templo, purificaron Tu santuario, encendieron velas en Tus cortes y establecieron estos ocho días de Janucá para agradecerte y alabar a Tu gran Nombre.

Continúa con "Por todo esto"

En Shushan Purim en Jerusalém:

עַל הַנִּסִּים (Te agradecemos también) por los milagros, la redención, los actos poderosos, las salvaciones y las victorias en las batallas que Tú llevaste a cabo en favor de nuestros ancestros en aquellos días en este tiempo.

בִּימֵי מָרְדְּכַי En los días de Mordejai y Ester, en la ciudad capital de Shushán, el malvado Amán se alzó contra Tu pueblo procurando destruir, matar y exterminar a todos los judíos, jóvenes y mayores, niños y mujeres en un solo día, el trece del duodécimo mes que es el mes de Adar y saquear sus posesiones. Entonces Tú, con gran compasión desbarataste su plan, arruinaste su proyecto y le retribuiste por su maldad haciéndolo colgar junto a sus hijos de un cadalso. *Est. 3*

Continúa con "Por todo esto"

וְעַל כֻּלָּם Por todo esto, Rey nuestro, que Tu Nombre sea bendecido y exaltado por siempre.

En Shabat Shuvá: E inscribe a todos los hijos de Tu pacto para una buena vida.

Que todos los seres vivos Te agradezcan, ¡Sela!,
y alaben Tu Nombre de verdad,
Dios de nuestra redención y nuestro socorro, ¡Sela!
▾Bendito eres Tú Señor,
Tu Nombre es "Bueno" y a Ti corresponde agradecer.

PAZ

שָׁלוֹם רָב Confiere
una gran paz
para siempre
a Tu pueblo Israel,
pues Tú eres el Rey
soberano de toda paz;
que sea bueno
ante Tus ojos
bendecir a
Tu pueblo Israel
en todo momento,
y a cada hora con Tu paz.

En Israel:

שִׂים שָׁלוֹם Instaura paz, bien y bendición, gracia,
benevolencia y compasión sobre nosotros
y todo Tu pueblo Israel.
Bendícenos Padre nuestro,
a todos nosotros como uno,
con la luz de Tu Semblante,
pues en la luz de Tu Semblante nos has dado
Señor, Dios nuestro,
una Torá de vida amor y amor a la benevolencia,
justicia, bendición, compasión, vida y paz.
Que ante Tus ojos sea bueno bendecir
a todo Tu pueblo Israel,
en todo momento, a toda hora, con Tu paz.

אֶת הֵיכָלֶךָ, וְטִהֲרוּ אֶת מִקְדָּשֶׁךָ, וְהִדְלִיקוּ נֵרוֹת בְּחַצְרוֹת קָדְשֶׁךָ, וְקָבְעוּ
שְׁמוֹנַת יְמֵי חֲנֻכָּה אֵלּוּ, לְהוֹדוֹת וּלְהַלֵּל לְשִׁמְךָ הַגָּדוֹל.

Continúa con וְעַל כֻּלָּם.

בשושן פורים בירושלים:

עַל הַנִּסִּים וְעַל הַפֻּרְקָן וְעַל הַגְּבוּרוֹת וְעַל הַתְּשׁוּעוֹת וְעַל הַמִּלְחָמוֹת
שֶׁעָשִׂיתָ לַאֲבוֹתֵינוּ בַּיָּמִים הָהֵם בַּזְּמַן הַזֶּה.

בִּימֵי מָרְדְּכַי וְאֶסְתֵּר בְּשׁוּשַׁן הַבִּירָה, כְּשֶׁעָמַד עֲלֵיהֶם הָמָן הָרָשָׁע, בִּקֵּשׁ
לְהַשְׁמִיד לַהֲרֹג וּלְאַבֵּד אֶת־כָּל־הַיְּהוּדִים מִנַּעַר וְעַד־זָקֵן טַף וְנָשִׁים בְּיוֹם אסתר ג
אֶחָד, בִּשְׁלוֹשָׁה עָשָׂר לְחֹדֶשׁ שְׁנֵים־עָשָׂר, הוּא־חֹדֶשׁ אֲדָר, וּשְׁלָלָם לָבוֹז:
וְאַתָּה בְּרַחֲמֶיךָ הָרַבִּים הֵפַרְתָּ אֶת עֲצָתוֹ, וְקִלְקַלְתָּ אֶת מַחֲשַׁבְתּוֹ, וַהֲשֵׁבוֹתָ
לּוֹ גְּמוּלוֹ בְּרֹאשׁוֹ, וְתָלוּ אוֹתוֹ וְאֶת בָּנָיו עַל הָעֵץ.

Continúa con וְעַל כֻּלָּם.

וְעַל כֻּלָּם יִתְבָּרַךְ וְיִתְרוֹמַם שִׁמְךָ מַלְכֵּנוּ תָּמִיד לְעוֹלָם וָעֶד.

בשבת שובה: וּכְתֹב לְחַיִּים טוֹבִים כָּל בְּנֵי בְרִיתֶךָ.

וְכֹל הַחַיִּים יוֹדוּךָ סֶּלָה, וִיהַלְלוּ אֶת שִׁמְךָ בֶּאֱמֶת
הָאֵל יְשׁוּעָתֵנוּ וְעֶזְרָתֵנוּ סֶלָה.
בָּרוּךְ אַתָּה יהוה, הַטּוֹב שִׁמְךָ וּלְךָ נָאֶה לְהוֹדוֹת.

ברכת שלום

שָׁלוֹם רָב עַל יִשְׂרָאֵל עַמְּךָ
תָּשִׂים לְעוֹלָם
כִּי אַתָּה הוּא
מֶלֶךְ אָדוֹן לְכָל הַשָּׁלוֹם.
וְטוֹב בְּעֵינֶיךָ
לְבָרֵךְ אֶת עַמְּךָ יִשְׂרָאֵל
בְּכָל עֵת וּבְכָל שָׁעָה
בִּשְׁלוֹמֶךָ.

En ארץ ישראל:

שִׂים שָׁלוֹם טוֹבָה וּבְרָכָה
חֵן וָחֶסֶד וְרַחֲמִים
עָלֵינוּ וְעַל כָּל יִשְׂרָאֵל עַמֶּךָ.
בָּרְכֵנוּ אָבִינוּ כֻּלָּנוּ כְּאֶחָד בְּאוֹר פָּנֶיךָ
כִּי בְאוֹר פָּנֶיךָ נָתַתָּ לָּנוּ יהוה אֱלֹהֵינוּ
תּוֹרַת חַיִּים וְאַהֲבַת חֶסֶד
וּצְדָקָה וּבְרָכָה וְרַחֲמִים וְחַיִּים וְשָׁלוֹם.
וְטוֹב בְּעֵינֶיךָ לְבָרֵךְ אֶת עַמְּךָ יִשְׂרָאֵל
בְּכָל עֵת וּבְכָל שָׁעָה בִּשְׁלוֹמֶךָ.

En Shabat Shuvá: Que seamos recordados e inscritos nosotros
y todo Tu pueblo la casa de Israel en el libro
de la vida, la bendición, la paz y la prosperidad
para una buena vida y para la paz.*

Bendito eres Tú Señor, que bendice a Su pueblo Israel con la paz.

**Fuera de Israel, en Shabat Shuvá algunos acostumbran finalizar esta bendición de la siguiente forma:*
Bendito eres Tú Señor, que hace la paz.

El siguiente versículo finaliza la repetición de la Amidá por parte del oficiante. Algunos lo recitan aquí, como parte de la Amidá en voz baja. Ver ley 368.

Que las palabras de mi boca y la meditación de mi corazón hallen favor ante Ti Señor, mi Fortaleza y mi Redentor. *Sal. 19*

אֱלֹהַי Dios mío, *Berajot 17A*
preserva mi lengua del mal y mis labios de pronunciar engaño.
Que mi alma calle ante quienes me maldicen,
y sea como el polvo para con todos.
Abre mi corazón a Tu Torá y que mi alma persiga Tus preceptos.
Rápidamente deja sin efecto el consejo
y frustra los planes de quienes conspiran contra mí.
Actúa en pos de Tu Nombre, actúa en pos de Tu diestra,
actúa en pos de Tu santidad, actúa en pos de Tu Torá.
Para que Tus amados sean liberados, *Sal. 60*
redime con Tu diestra y respóndeme.
Que las palabras de mi boca y la meditación de mi corazón *Sal. 19*
hallen favor ante Ti Señor, mi Fortaleza y mi Redentor.

Inclinarse, dar tres pasos hacia atrás, entonces inclinarse primero hacia la izquierda y luego hacia la derecha, luego al centro, mientras se dice:

Quien obra la paz en Sus alturas,
haga la paz para nosotros y todo Israel y decid: Amén.

יְהִי רָצוֹן Sea Tu voluntad Señor, Dios nuestro y de nuestros ancestros
que el Templo sea reconstruido pronto en nuestros días,
que nos concedas nuestra porción en Tu Torá.
Allí Te serviremos con temor reverencial
como en los días de antaño y los años pretéritos.
Entonces las ofrendas de Yehudá y Jerusalém *Mal. 3*
agradarán al Señor como en los días de antaño y los años pretéritos.

בשבת שובה: בְּסֵפֶר חַיִּים, בְּרָכָה וְשָׁלוֹם, וּפַרְנָסָה טוֹבָה
נִזָּכֵר וְנִכָּתֵב לְפָנֶיךָ, אֲנַחְנוּ וְכָל עַמְּךָ בֵּית יִשְׂרָאֵל
לְחַיִּים טוֹבִים וּלְשָׁלוֹם.*

בָּרוּךְ אַתָּה יהוה, הַמְבָרֵךְ אֶת עַמּוֹ יִשְׂרָאֵל בַּשָּׁלוֹם.

En חוץ לארץ, en שבת שובה algunos acostumbran finalizar esta bendición de la siguiente forma:

בָּרוּךְ אַתָּה יהוה, עוֹשֵׂה הַשָּׁלוֹם.

El siguiente versículo finaliza la חזרת הש״ץ por parte del שליח ציבור. Algunos lo recitan aquí, como parte de la עמידה en voz baja. Ver ley 368.

תהלים יט יִהְיוּ לְרָצוֹן אִמְרֵי־פִי וְהֶגְיוֹן לִבִּי לְפָנֶיךָ, יהוה צוּרִי וְגֹאֲלִי:

ברכות יז. אֱלֹהַי

נְצֹר לְשׁוֹנִי מֵרָע וּשְׂפָתַי מִדַּבֵּר מִרְמָה
וְלִמְקַלְלַי נַפְשִׁי תִדֹּם, וְנַפְשִׁי כֶּעָפָר לַכֹּל תִּהְיֶה.
פְּתַח לִבִּי בְּתוֹרָתֶךָ, וּבְמִצְוֹתֶיךָ תִּרְדֹּף נַפְשִׁי.
וְכָל הַחוֹשְׁבִים עָלַי רָעָה
מְהֵרָה הָפֵר עֲצָתָם וְקַלְקֵל מַחֲשַׁבְתָּם.
עֲשֵׂה לְמַעַן שְׁמֶךָ, עֲשֵׂה לְמַעַן יְמִינֶךָ
עֲשֵׂה לְמַעַן קְדֻשָּׁתֶךָ, עֲשֵׂה לְמַעַן תּוֹרָתֶךָ.
תהלים ס לְמַעַן יֵחָלְצוּן יְדִידֶיךָ, הוֹשִׁיעָה יְמִינְךָ וַעֲנֵנִי:
תהלים יט יִהְיוּ לְרָצוֹן אִמְרֵי־פִי וְהֶגְיוֹן לִבִּי לְפָנֶיךָ, יהוה צוּרִי וְגֹאֲלִי:

Inclinarse, dar tres pasos hacia atrás, entonces inclinarse primero hacia la izquierda y luego hacia la derecha, luego al centro, mientras se dice:

עֹשֶׂה שָׁלוֹם/ בשבת שובה: הַשָּׁלוֹם/ בִּמְרוֹמָיו
הוּא יַעֲשֶׂה שָׁלוֹם עָלֵינוּ וְעַל כָּל יִשְׂרָאֵל, וְאִמְרוּ אָמֵן.

יְהִי רָצוֹן מִלְּפָנֶיךָ יהוה אֱלֹהֵינוּ וֵאלֹהֵי אֲבוֹתֵינוּ
שֶׁיִּבָּנֶה בֵּית הַמִּקְדָּשׁ בִּמְהֵרָה בְיָמֵינוּ, וְתֵן חֶלְקֵנוּ בְּתוֹרָתֶךָ
וְשָׁם נַעֲבָדְךָ בְּיִרְאָה כִּימֵי עוֹלָם וּכְשָׁנִים קַדְמֹנִיּוֹת.
מלאכי ג וְעָרְבָה לַיהוה מִנְחַת יְהוּדָה וִירוּשָׁלָםִ כִּימֵי עוֹלָם וּכְשָׁנִים קַדְמֹנִיּוֹת:

El siguiente pasaje es omitido en días en los que no se recita Tajanún (ver página 250).

צִדְקָתְךָ Tu justicia es de una rectitud eterna y Tu Torá es verdad. *Sal. 119*
Y Tu Justicia, oh Eterno, alcanza las máximas altitudes, *Sal. 71*
pues Tú has obrado grandemente Señor,
¿quién puede asemejarse a Ti?
Tu Justicia se asemeja a las majestuosas montañas, *Sal. 36*
Tu sentencia es profunda como los abismos.
El Señor salvará tanto al hombre como a la bestia.

KADISH COMPLETO

Oficiante: יִתְגַּדַּל Que Su Gran Nombre
sea magnificado y santificado,
en el mundo que creó conforme a Su voluntad.
Que establezca Su reino
durante vuestra vida y en vuestros días
y en la vida de toda la casa de Israel,
pronto y rápidamente
y decid: Amén.

Todos: Que Su Gran Nombre sea bendito
por siempre y por toda la eternidad.

Oficiante: Sea bendecido, alabado, glorificado
y exaltado, encumbrado
y magnificado, enaltecido y ensalzado
el Nombre del Santo Bendito Él;
más allá de cualquier bendición,
cántico, alabanza y consolación
pronunciados en el mundo
y decid: Amén.

---

del Shabat. Al igual que las palabras que pronunciamos en funerales, este pasaje alude a la aceptación de la pérdida por tratarse de un decreto Divino. En virtud de esta triste asociación, estos versículos no se recitan en tiempos de celebración a lo largo del año en los que no se recita *Tajanún*.

El siguiente pasaje es omitido en días en los que no se recita תחנון (*ver página 251*).

צִדְקָתְךָ צֶדֶק לְעוֹלָם וְתוֹרָתְךָ אֱמֶת: תהלים קיט

וְצִדְקָתְךָ אֱלֹהִים עַד־מָרוֹם, אֲשֶׁר־עָשִׂיתָ גְדֹלוֹת תהלים עא
אֱלֹהִים, מִי כָמוֹךָ:

צִדְקָתְךָ כְּהַרְרֵי־אֵל, מִשְׁפָּטֶיךָ תְּהוֹם רַבָּה תהלים לו
אָדָם וּבְהֵמָה תוֹשִׁיעַ יהוה:

קדיש שלם

ש״ץ: יִתְגַּדַּל וְיִתְקַדַּשׁ שְׁמֵהּ רַבָּא (קהל: אָמֵן)
בְּעָלְמָא דִּי בְרָא כִרְעוּתֵהּ
וְיַמְלִיךְ מַלְכוּתֵהּ
בְּחַיֵּיכוֹן וּבְיוֹמֵיכוֹן וּבְחַיֵּי דְכָל בֵּית יִשְׂרָאֵל
בַּעֲגָלָא וּבִזְמַן קָרִיב, וְאִמְרוּ אָמֵן. (קהל: אָמֵן)

קהל וש״ץ: יְהֵא שְׁמֵהּ רַבָּא מְבָרַךְ לְעָלַם וּלְעָלְמֵי עָלְמַיָּא.

ש״ץ: יִתְבָּרַךְ וְיִשְׁתַּבַּח וְיִתְפָּאַר
וְיִתְרוֹמַם וְיִתְנַשֵּׂא וְיִתְהַדָּר וְיִתְעַלֶּה וְיִתְהַלָּל
שְׁמֵהּ דְּקֻדְשָׁא בְּרִיךְ הוּא (קהל: בְּרִיךְ הוּא)
לְעֵלָּא מִן כָּל בִּרְכָתָא
/ בשבת שובה: לְעֵלָּא לְעֵלָּא מִכָּל בִּרְכָתָא/
וְשִׁירָתָא, תֻּשְׁבְּחָתָא וְנֶחֱמָתָא
דַּאֲמִירָן בְּעָלְמָא, וְאִמְרוּ אָמֵן. (קהל: אָמֵן)

צִדְקָתְךָ צֶדֶק לְעוֹלָם *Tu justicia es de una rectitud eterna:* Estos versículos hacen una apología de la justicia Divina. El motivo de su recitado aquí se remonta al período de los gaonitas quienes los explicaron en referencia a las figuras de Yosef, Moshé y David, quienes según la tradición fallecieron durante la tarde

Que nuestras plegarias y las súplicas
de todo el pueblo de Israel
sean aceptadas por su Padre Celestial
y decid: Amén.

Que haya gran paz celestial
y vida para nosotros y para todo Israel
y decid: Amén.

Inclinarse, dar tres pasos hacia atrás como retirándose de la Divina Presencia, luego inclinarse primero hacia la izquierda, luego hacia la derecha y luego al centro mientras se dice:

Quien obra la paz en Sus alturas,
haga la paz para nosotros y todo Israel
y decid: Amén.

Entre Sucot y Pesaj algunos recitan aquí Barjí Nafshí (página 648).
Entre Pesaj y Rosh HaShaná algunos recitan aquí Pirkei Avot (La Ética de los Patriarcas) en la página 660.

Se recita Aleinu de pie y se debe inclinar al llegar a ▾.

עָלֵינוּ Es nuestro deber alabar al Amo de todo,
engrandecer al Creador del universo
por no habernos hecho como las naciones de los países
ni habernos puesto entre las familias de la tierra;
que no hizo nuestra porción similar a la de ellos
ni nuestro destino como el de sus multitudes.
(Pues ellos se prosternan a la vanidad y al vacío
y le oran a un dios que no puede salvarlos).
▾Empero nosotros nos inclinamos y nos prosternamos
y agradecemos ante el Supremo Rey de Reyes, el Santo Bendito
Él, que extiende los cielos y establece la tierra,
y Su trono de gloria se encuentra en los cielos
y el poder de Su Presencia mora en las alturas.
Él es nuestro Dios, no hay otro.
Verdadero es nuestro Rey y no hay ningún otro,
tal como está escrito en Su Torá:
"Has de saber hoy y responder a tu corazón que el Señor es el Dios Deut. 4
en las alturas del cielo y abajo en la tierra y no hay otro salvo Él.

תִּתְקַבַּל צְלוֹתְהוֹן וּבָעוּתְהוֹן דְּכָל יִשְׂרָאֵל
קֳדָם אֲבוּהוֹן דִּי בִשְׁמַיָּא, וְאִמְרוּ אָמֵן. (קהל: אָמֵן)

יְהֵא שְׁלָמָא רַבָּא מִן שְׁמַיָּא
וְחַיִּים, עָלֵינוּ וְעַל כָּל יִשְׂרָאֵל, וְאִמְרוּ אָמֵן. (קהל: אָמֵן)

Inclinarse, dar tres pasos hacia atrás como retirándose de la Divina Presencia, luego inclinarse primero hacia la izquierda, luego hacia la derecha y luego al centro mientras se dice:

עֹשֶׂה שָׁלוֹם/ בשבת שובה: הַשָּׁלוֹם/ בִּמְרוֹמָיו
הוּא יַעֲשֶׂה שָׁלוֹם
עָלֵינוּ וְעַל כָּל יִשְׂרָאֵל, וְאִמְרוּ אָמֵן. (קהל: אָמֵן)

Entre סוכות *y* פסח *algunos recitan aquí* ברכי נפשי *(página 649).*
Entre פסח *y* ראש השנה *algunos recitan aquí* פרקי אבות *en la página 661.*

Se recita עָלֵינוּ *de pie y se debe inclinar al llegar a* ".

עָלֵינוּ לְשַׁבֵּחַ לַאֲדוֹן הַכֹּל, לָתֵת גְּדֻלָּה לְיוֹצֵר בְּרֵאשִׁית
שֶׁלֹּא עָשָׂנוּ כְּגוֹיֵי הָאֲרָצוֹת, וְלֹא שָׂמָנוּ כְּמִשְׁפְּחוֹת הָאֲדָמָה
שֶׁלֹּא שָׂם חֶלְקֵנוּ כָּהֶם וְגוֹרָלֵנוּ כְּכָל הֲמוֹנָם.
(שֶׁהֵם מִשְׁתַּחֲוִים לְהֶבֶל וָרִיק וּמִתְפַּלְּלִים אֶל אֵל לֹא יוֹשִׁיעַ.)
"וַאֲנַחְנוּ כּוֹרְעִים וּמִשְׁתַּחֲוִים וּמוֹדִים
לִפְנֵי מֶלֶךְ מַלְכֵי הַמְּלָכִים, הַקָּדוֹשׁ בָּרוּךְ הוּא
שֶׁהוּא נוֹטֶה שָׁמַיִם וְיוֹסֵד אָרֶץ
וּמוֹשַׁב יְקָרוֹ בַּשָּׁמַיִם מִמַּעַל, וּשְׁכִינַת עֻזּוֹ בְּגָבְהֵי מְרוֹמִים.
הוּא אֱלֹהֵינוּ, אֵין עוֹד.
אֱמֶת מַלְכֵּנוּ, אֶפֶס זוּלָתוֹ
כַּכָּתוּב בְּתוֹרָתוֹ
דברים ד וְיָדַעְתָּ הַיּוֹם וַהֲשֵׁבֹתָ אֶל־לְבָבֶךָ
כִּי יהוה הוּא הָאֱלֹהִים בַּשָּׁמַיִם מִמַּעַל וְעַל־הָאָרֶץ מִתָּחַת
אֵין עוֹד:

Por lo tanto, depositamos en Ti nuestra confianza Señor, Dios nuestro,
que podamos ver pronto el esplendor de Tu poder,
cuando remuevas las abominaciones de la faz de la tierra,
y los ídolos sean completamente destruidos,
cuando el mundo sea perfeccionado bajo la soberanía del Todopoderoso,
cuando toda la humanidad invoque Tu Nombre
y todos los malvados de la tierra se volverán hacia Ti.
Todos los habitantes de la tierra reconocerán
y sabrán que toda rodilla debe inclinarse ante Ti
y cada lengua debe jurarte fidelidad.
Ante Ti Señor, Dios nuestro, se habrán de arrodillar e inclinar
y darán honor a Tu glorioso Nombre.
Aceptarán el yugo de Tu reino
y pronto reinarás sobre ellos por siempre jamás.
Pues Tuyo es el reino por siempre,
y reinarás gloriosamente por toda la eternidad,
tal como está escrito en Tu Torá:
"El Señor reinará por siempre y por toda la eternidad" *Éx. 15*
Y fue dicho: "Entonces el Señor será el Rey sobre toda la tierra; *Zej. 14*
En ese día el Señor será Uno y Su Nombre Uno".

Algunos agregan:
No temas del terror que sobreviene repentinamente *Prov. 3*
ni por la destrucción de los malvados cuando arribase.
Hagan un proyecto: ¡fracasará! Digan una palabra: ¡no se realizará! *Is. 8*
Porque Dios está con nosotros.
Hasta que envejezcan, Yo seré el Mismo, y hasta que encanezcan, Yo los sostendré, *Is. 46*
Yo he obrado, y Me haré cargo de eso: los sostendré y los libraré.

KADISH DE DUELO

La siguiente plegaria es recitada por quien está en duelo y requiere de la presencia de un minián. La transliteración se encuentra en la página 1360.

Doliente: יִתְגַּדַּל Que Su Gran Nombre sea magnificado y santificado,
en el mundo que creó conforme a Su voluntad.
Que establezca Su reino durante vuestra vida y en vuestros días
y en la vida de toda la casa de Israel,
pronto y rápidamente y decid: Amén.

Todos: Que Su Gran Nombre sea bendito
por siempre y por toda la eternidad.

עַל כֵּן נְקַוֶּה לְּךָ יהוה אֱלֹהֵינוּ, לִרְאוֹת מְהֵרָה בְּתִפְאֶרֶת עֻזֶּךָ
לְהַעֲבִיר גִּלּוּלִים מִן הָאָרֶץ, וְהָאֱלִילִים כָּרוֹת יִכָּרֵתוּן
לְתַקֵּן עוֹלָם בְּמַלְכוּת שַׁדַּי.
וְכָל בְּנֵי בָשָׂר יִקְרְאוּ בִשְׁמֶךָ לְהַפְנוֹת אֵלֶיךָ כָּל רִשְׁעֵי אָרֶץ.
יַכִּירוּ וְיֵדְעוּ כָּל יוֹשְׁבֵי תֵבֵל
כִּי לְךָ תִּכְרַע כָּל בֶּרֶךְ, תִּשָּׁבַע כָּל לָשׁוֹן.
לְפָנֶיךָ יהוה אֱלֹהֵינוּ יִכְרְעוּ וְיִפֹּלוּ, וְלִכְבוֹד שִׁמְךָ יְקָר יִתֵּנוּ
וִיקַבְּלוּ כֻלָּם אֶת עֹל מַלְכוּתֶךָ
וְתִמְלֹךְ עֲלֵיהֶם מְהֵרָה לְעוֹלָם וָעֶד.
כִּי הַמַּלְכוּת שֶׁלְּךָ הִיא וּלְעוֹלְמֵי עַד תִּמְלֹךְ בְּכָבוֹד
כַּכָּתוּב בְּתוֹרָתֶךָ, יהוה יִמְלֹךְ לְעֹלָם וָעֶד: שמות טו
וְנֶאֱמַר, וְהָיָה יהוה לְמֶלֶךְ עַל־כָּל־הָאָרֶץ זכריה יד
בַּיּוֹם הַהוּא יִהְיֶה יהוה אֶחָד וּשְׁמוֹ אֶחָד:

Algunos agregan:

אַל־תִּירָא מִפַּחַד פִּתְאֹם וּמִשֹּׁאַת רְשָׁעִים כִּי תָבֹא: משלי ג
עֻצוּ עֵצָה וְתֻפָר, דַּבְּרוּ דָבָר וְלֹא יָקוּם, כִּי עִמָּנוּ אֵל: ישעיה ח
וְעַד־זִקְנָה אֲנִי הוּא, וְעַד־שֵׂיבָה אֲנִי אֶסְבֹּל ישעיה מו
אֲנִי עָשִׂיתִי וַאֲנִי אֶשָּׂא וַאֲנִי אֶסְבֹּל וַאֲמַלֵּט:

קדיש יתום

La siguiente plegaria es recitada por quien está en duelo y requiere de la presencia de un מנין*. La transliteración se encuentra en la página 1360.*

אבל: יִתְגַּדַּל וְיִתְקַדַּשׁ שְׁמֵהּ רַבָּא (קהל: אָמֵן)
בְּעָלְמָא דִּי בְרָא כִרְעוּתֵהּ
וְיַמְלִיךְ מַלְכוּתֵהּ
בְּחַיֵּיכוֹן וּבְיוֹמֵיכוֹן וּבְחַיֵּי דְכָל בֵּית יִשְׂרָאֵל
בַּעֲגָלָא וּבִזְמַן קָרִיב, וְאִמְרוּ אָמֵן. (קהל: אָמֵן)

קהל ואבל: יְהֵא שְׁמֵהּ רַבָּא מְבָרַךְ לְעָלַם וּלְעָלְמֵי עָלְמַיָּא.

Doliente: Sea bendecido, alabado, glorificado
y exaltado, encumbrado
y magnificado, enaltecido y ensalzado
el Nombre del Santo Bendito Él;
más allá de cualquier bendición,
cántico, alabanza y consolación
pronunciados en el mundo
y decid: Amén.

Que haya gran paz celestial y vida para nosotros
y para todo Israel
y decid: Amén.

Inclinarse, dar tres pasos hacia atrás como retirándose de la Divina Presencia, luego inclinarse primero hacia la izquierda, luego hacia la derecha y luego al centro mientras se dice:

Quien obra la paz en Sus alturas,
haga la paz para nosotros y todo Israel
y decid: Amén.

BARJÍ NAFSHÍ

El siguiente salmo es recitado desde el Shabat posterior a Simjat Torá hasta (sin incluir) el Shabat previo a Pesaj.

בָּרְכִי נַפְשִׁי Bendice alma mía, al Señor Dios mío, Tú eres grandemente en- *Sal. 104*
salzado; Te has vestido de majestad y esplendor. Te envuelves en un vestido de luz, Tú has extendido los cielos cual tienda. Él ha establecido las vigas de sus cámaras superiores con agua; Él hace de las nubes Su carroza, andando sobre las alas del viento. Hace de los vientos Sus mensajeros y a las llamas del

---

estos salmos durante los meses del invierno se condice con la tradición según la cual la Creación tuvo lugar en el mes de Tishrei mientras que el Éxodo ocurrió en el mes de Nisán (*Rosh HaShaná* 10b). Por lo tanto, los meses de invierno se corresponden con el período en el cual Dios fue conocido más por la Creación que por la Redención (éxodo) o la Revelación (la entrega de la Torá en el Monte Sinaí).

Salmo 104: Conjuntamente con el primer capítulo del libro de Génesis y los capítulos 38–41 del libro de Job, este salmo es una de las supremas

אבל: יִתְבָּרַךְ וְיִשְׁתַּבַּח וְיִתְפָּאַר
וְיִתְרוֹמַם וְיִתְנַשֵּׂא וְיִתְהַדָּר וְיִתְעַלֶּה וְיִתְהַלָּל
שְׁמֵהּ דְּקֻדְשָׁא בְּרִיךְ הוּא (קהל: בְּרִיךְ הוּא)
לְעֵלָּא מִן כָּל בִּרְכָתָא
/בשבת שובה: לְעֵלָּא לְעֵלָּא מִכָּל בִּרְכָתָא/
וְשִׁירָתָא, תֻּשְׁבְּחָתָא וְנֶחֱמָתָא
דַּאֲמִירָן בְּעָלְמָא, וְאִמְרוּ אָמֵן. (קהל: אָמֵן)

יְהֵא שְׁלָמָא רַבָּא מִן שְׁמַיָּא
וְחַיִּים, עָלֵינוּ וְעַל כָּל יִשְׂרָאֵל, וְאִמְרוּ אָמֵן. (קהל: אָמֵן)

Inclinarse, dar tres pasos hacia atrás como retirándose de la Divina Presencia, luego inclinarse primero hacia la izquierda, luego hacia la derecha y luego al centro mientras se dice:

עֹשֶׂה שָׁלוֹם/בשבת שובה: הַשָּׁלוֹם/ בִּמְרוֹמָיו
הוּא יַעֲשֶׂה שָׁלוֹם עָלֵינוּ וְעַל כָּל יִשְׂרָאֵל, וְאִמְרוּ אָמֵן. (קהל: אָמֵן)

ברכי נפשי

El siguiente salmo es recitado desde el שבת *posterior a* שמחת תורה *hasta (sin incluir) el* שבת *previo a* פסח.

בָּרְכִי נַפְשִׁי אֶת־יהוה, יהוה אֱלֹהַי גָּדַלְתָּ מְּאֹד, הוֹד וְהָדָר לָבָשְׁתָּ: עֹטֶה־אוֹר תהלים קד
כַּשַּׂלְמָה, נוֹטֶה שָׁמַיִם כַּיְרִיעָה: הַמְקָרֶה בַמַּיִם עֲלִיּוֹתָיו, הַשָּׂם־עָבִים רְכוּבוֹ,
הַמְהַלֵּךְ עַל־כַּנְפֵי־רוּחַ: עֹשֶׂה מַלְאָכָיו רוּחוֹת, מְשָׁרְתָיו אֵשׁ לֹהֵט: יָסַד־אֶרֶץ

BARJÍ NAFSHÍ / SALMOS DE SHABAT POR LA TARDE

Existen diferentes usanzas respecto de qué hacer entre los rezos de la tarde y los de la noche. En algunas comunidades se suele recitar "La Ética de los Patriarcas" a lo largo de todo el año; otras lo hacen solamente entre Pesaj y el Shabat anterior a Rosh HaShaná. Entre Shabat Bereshit y la semana anterior a Pesaj recitamos el Salmo 104 y los quince salmos conocidos como "cánticos de las ascensiones". La conexión entre el Shabat Bereshit y el Salmo 104 se debe a que ambos están vinculados a la Creación. En general, el recitado de

fuego Sus ministros. Él fijó la tierra en sus cimientos de modo tal que nunca pueda ser sacudida. La cubriste con el profundo mar cual ropaje, las aguas se posaron sobre las montañas. Ante Tu reprimenda huyeron, de Tu estruendosa voz apresuraron a huir. Ascenderán a las montañas y descenderán a los valles hacia el sitio que Tú les adjudicaste. Les estableciste un límite que nunca habrán de pasar para no volver a cubrir la tierra. Él hace fluir los manantiales en los valles, los hace transitar entre las colinas, dando así de beber a las bestias del campo, saciando la sed a los asnos salvajes. Los pájaros del cielo viven junto a ellos, trinando entre el follaje. Riega las montañas desde sus alturas, la tierra se saciará del fruto de Tu labor. Hace crecer heno para el ganado y las hierbas por la labor del hombre, para sacar el pan de la tierra y vino para alegrar el corazón humano, aceite para hacer brillar su semblante y pan para sustentar el corazón del hombre. Los árboles del SEÑOR beben hasta colmarse, los cedros del Líbano que Él plantó. Allí los pájaros construyen sus nidos, la cigüeña hace su hogar entre los cipreses. Las altas cimas son para las cabras salvajes, las rocas son refugio para los conejos. Hizo la luna para marcar las Festividades e hizo que el sol sepa su ocaso. Tú traes la oscuridad y se hace de noche, y se movilizan todos los animales del bosque. Los cachorros aúllan tras su presa y piden de Dios su alimento. Al salir el sol se reúnen y retornan a sus guaridas para yacer allí. El hombre sale rumbo a su labor, para trabajar hasta el anochecer. Cuán numerosas son Tus obras SEÑOR, todas las hiciste con sabiduría, la tierra está plena de Tus creaciones. Este es el gran y ancho mar con sus incontables creaturas pululantes, seres vivos grandes y pequeños. Allí navegan las embarcaciones. Allí está el Leviatán que Tú creaste para Tu deleite. Todos ellos elevan su mirada a Ti esperando que los alimentes cuando lo necesiten. Lo que Tú les des será lo que habrán de recoger, cuando Tú abres Tu mano se habrán de satisfacer con bien. Si ocultas Tu rostro habrán de aterrorizarse, cuando les quites el aliento habrán de perecer y retornar al polvo. Cuando les devuelvas su espíritu serán creados renovando la vida en la tierra. Que la gloria del SEÑOR sea por siempre, que el SEÑOR se regocije en Sus creaturas. Cuando Él dirige Su mirada a la tierra, ésta se estremece. Cuando toca las montañas expiden humo. Cantaré al SEÑOR mientras viva, entonaré cánticos a mi Dios toda mi vida. Que mis meditaciones sean de Su agrado, yo me regocijaré en el SEÑOR. Que los pecados desparezcan de la tierra y no haya más malvados. Bendice al SEÑOR alma mía. ¡Aleluya!

---

escucha las plegarias. Él presta atención a las voces humanas. Este es el cántico de alguien que se siente en su casa en este mundo, se maravilla de su belleza y confía en la bondad de la existencia a la que ve como un obsequio Divino.

עַל־מְכוֹנֶיהָ, בַּל־תִּמּוֹט עוֹלָם וָעֶד: תְּהוֹם כַּלְּבוּשׁ כִּסִּיתוֹ, עַל־הָרִים יַעַמְדוּ־
מָיִם: מִן־גַּעֲרָתְךָ יְנוּסוּן, מִן־קוֹל רַעַמְךָ יֵחָפֵזוּן: יַעֲלוּ הָרִים, יֵרְדוּ בְקָעוֹת,
אֶל־מְקוֹם זֶה יָסַדְתָּ לָהֶם: גְּבוּל־שַׂמְתָּ בַּל־יַעֲבֹרוּן, בַּל־יְשׁוּבוּן לְכַסּוֹת הָאָרֶץ:
הַמְשַׁלֵּחַ מַעְיָנִים בַּנְּחָלִים, בֵּין הָרִים יְהַלֵּכוּן: יַשְׁקוּ כָּל־חַיְתוֹ שָׂדָי, יִשְׁבְּרוּ
פְרָאִים צְמָאָם: עֲלֵיהֶם עוֹף־הַשָּׁמַיִם יִשְׁכּוֹן, מִבֵּין עֳפָאיִם יִתְּנוּ־קוֹל: מַשְׁקֶה
הָרִים מֵעֲלִיּוֹתָיו, מִפְּרִי מַעֲשֶׂיךָ תִּשְׂבַּע הָאָרֶץ: מַצְמִיחַ חָצִיר לַבְּהֵמָה, וְעֵשֶׂב
לַעֲבֹדַת הָאָדָם, לְהוֹצִיא לֶחֶם מִן־הָאָרֶץ: וְיַיִן יְשַׂמַּח לְבַב־אֱנוֹשׁ, לְהַצְהִיל
פָּנִים מִשָּׁמֶן, וְלֶחֶם לְבַב־אֱנוֹשׁ יִסְעָד: יִשְׂבְּעוּ עֲצֵי יהוה, אַרְזֵי לְבָנוֹן אֲשֶׁר
נָטָע: אֲשֶׁר־שָׁם צִפֳּרִים יְקַנֵּנוּ, חֲסִידָה בְּרוֹשִׁים בֵּיתָהּ: הָרִים הַגְּבֹהִים
לַיְּעֵלִים, סְלָעִים מַחְסֶה לַשְׁפַנִּים: עָשָׂה יָרֵחַ לְמוֹעֲדִים, שֶׁמֶשׁ יָדַע מְבוֹאוֹ:
תָּשֶׁת־חֹשֶׁךְ וִיהִי לָיְלָה, בּוֹ־תִרְמֹשׂ כָּל־חַיְתוֹ־יָעַר: הַכְּפִירִים שֹׁאֲגִים לַטָּרֶף,
וּלְבַקֵּשׁ מֵאֵל אָכְלָם: תִּזְרַח הַשֶּׁמֶשׁ יֵאָסֵפוּן, וְאֶל־מְעוֹנֹתָם יִרְבָּצוּן: יֵצֵא אָדָם
לְפָעֳלוֹ, וְלַעֲבֹדָתוֹ עֲדֵי־עָרֶב: מָה־רַבּוּ מַעֲשֶׂיךָ יהוה, כֻּלָּם בְּחָכְמָה עָשִׂיתָ,
מָלְאָה הָאָרֶץ קִנְיָנֶךָ: זֶה הַיָּם גָּדוֹל וּרְחַב יָדָיִם, שָׁם־רֶמֶשׂ וְאֵין מִסְפָּר, חַיּוֹת
קְטַנּוֹת עִם־גְּדֹלוֹת: שָׁם אֳנִיּוֹת יְהַלֵּכוּן, לִוְיָתָן זֶה־יָצַרְתָּ לְשַׂחֶק־בּוֹ: כֻּלָּם
אֵלֶיךָ יְשַׂבֵּרוּן, לָתֵת אָכְלָם בְּעִתּוֹ: תִּתֵּן לָהֶם יִלְקֹטוּן, תִּפְתַּח יָדְךָ יִשְׂבְּעוּן
טוֹב: תַּסְתִּיר פָּנֶיךָ יִבָּהֵלוּן, תֹּסֵף רוּחָם יִגְוָעוּן, וְאֶל־עֲפָרָם יְשׁוּבוּן: תְּשַׁלַּח
רוּחֲךָ יִבָּרֵאוּן, וּתְחַדֵּשׁ פְּנֵי אֲדָמָה: יְהִי כְבוֹד יהוה לְעוֹלָם, יִשְׂמַח יהוה
בְּמַעֲשָׂיו: הַמַּבִּיט לָאָרֶץ וַתִּרְעָד, יִגַּע בֶּהָרִים וְיֶעֱשָׁנוּ: אָשִׁירָה לַיהוה בְּחַיָּי,
אֲזַמְּרָה לֵאלֹהַי בְּעוֹדִי: יֶעֱרַב עָלָיו שִׂיחִי, אָנֹכִי אֶשְׂמַח בַּיהוה: יִתַּמּוּ חַטָּאִים
מִן־הָאָרֶץ, וּרְשָׁעִים עוֹד אֵינָם, בָּרְכִי נַפְשִׁי אֶת־יהוה, הַלְלוּיָהּ:

---

celebraciones de la creación en todo el Tanaj. Nótese la profunda diferencia entre estos textos religiosos y los escritos científicos cosmológicos. Aquí el lenguaje es poético y no prosa, expresa el deslumbramiento y la fascinación más que explicaciones causales y dan testimonio de la bondad del mundo y de su Creador más que de fuerzas ciegas e indiferentes. La descripción del Salmo 104 es consistente con la de Génesis 1, si bien su estructura es diferente ya que el salmista desea poner énfasis en la belleza y la grandeza de la Creación más que en el orden en el cual la realidad emergió. Por encima de todo, lo que emerge es el sentir del salmista en cuanto a que, a pesar de la vastedad del universo y la infinidad de su Creador, éste último se encuentra cercano. Él

Cántico de las ascensiones. Clamé al Señor en mi angustia, lo invoqué y me respondió. Señor, salva mi alma del labio engañoso, de la lengua mentirosa. ¿Qué Te dará, y que aumentará para Ti una lengua engañosa? (Te asemejas a) flechas filosas de un poderoso, y carbones de (madera de) retama. ¡Ay de mí que me he alojado entre Méshej, que he morado junto a las tiendas de Kedar! Demasiado tiempo ha resistido mi alma entre aquellos que odian la paz. Estoy para la paz; mas cuando hablo, ellos están para la guerra. *Sal. 120*

Cántico de las ascensiones. Elevaré mis ojos hacia las montañas, ¿de dónde vendrá mi ayuda? Mi ayuda proviene del Señor que creó los cielos y la tierra. Él no permitirá que resbale tu pie; tu guardián no dormita. El Guardián de Israel no descansa ni duerme. El Señor te cuidará, será la protección a tu diestra. El sol no te abrasará de día ni la luna te afectará por la noche. El Señor te cuidará de todo mal, cuidará tu alma. El Señor resguardará tu salida y tu retorno desde hoy y para siempre. *Sal. 121*

Cántico de las ascensiones de David. Me regocijé cuando me dijeron vayamos a la casa del Señor. Nuestros pies estuvieron parados frente a tus portales, Jerusalém. Jerusalém, la que está edificada cual ciudad en la que está junto y unida. Allí ascendían las tribus del Eterno, testimonio de Israel, para agradecer al Nombre del Señor. Pues allí estaban los asientos de la justicia, los tronos de la Casa de David. Orad por la paz de Jerusalém: Que quienes te aman prosperen. Haya paz en tus fortalezas y tranquilidad en tus palacios. En aras de mis hermanos y amigos diré: "Haya paz en ti". En aras de la Casa del Señor nuestro Dios pediré por tu bien. *Sal. 122*

(Génesis 25:12–13, 1 Crónicas 1:29); es un término genérico para describir a las tribus árabes del norte de la península arábiga. Si bien ambos sitios eran sumamente distantes de Israel, figuran en el salmo como ejemplos de pueblos belicosos.

Salmo 121: Una de las grandes expresiones de confianza en la protección de Dios, a veces recitado en tiempos convulsionados. La raíz hebrea *sh-m-r* "guardar o proteger" aparece seis veces en este breve salmo.

Salmo 122: Cantico entonado por los peregrinos durante su camino a Jerusalém. El hebreo está inundado de aliteraciones del sonido "sh" como lo son "*Shaalú shelom Yerushalaim ishlaiu*", haciéndose eco del sonido de la segunda mitad del nombre "Jerusalém", "*shalaim*" en hebreo, lo cual se vincula al vocablo "*shalom*" que significa paz. Aquí, el estilo literario refleja la sustancia: los sonidos amables y dulces evocan una Jerusalém en paz.

שִׁיר הַמַּעֲלוֹת, אֶל־יהוה בַּצָּרָֽתָה לִּי, קָרָֽאתִי וַיַּעֲנֵֽנִי: יהוה הַצִּֽילָה נַפְשִׁי תהלים קכ
מִשְּׂפַת־שֶֽׁקֶר, מִלָּשׁוֹן רְמִיָּה: מַה־יִּתֵּן לְךָ וּמַה־יֹּסִיף לָךְ, לָשׁוֹן רְמִיָּה: חִצֵּי
גִבּוֹר שְׁנוּנִים, עִם גַּחֲלֵי רְתָמִים: אֽוֹיָה־לִי כִּי־גַֽרְתִּי מֶשֶׁךְ, שָׁכַֽנְתִּי עִם־אָהֳלֵי
קֵדָר: רַבַּת שָֽׁכְנָה־לָּהּ נַפְשִׁי, עִם שׂוֹנֵא שָׁלוֹם: אֲנִי־שָׁלוֹם וְכִי אֲדַבֵּר, הֵֽמָּה
לַמִּלְחָמָה:

שִׁיר לַמַּעֲלוֹת, אֶשָּׂא עֵינַי אֶל־הֶהָרִים, מֵאַֽיִן יָבֹא עֶזְרִי: עֶזְרִי מֵעִם יהוה, תהלים קכא
עֹשֵׂה שָׁמַֽיִם וָאָֽרֶץ: אַל־יִתֵּן לַמּוֹט רַגְלֶֽךָ, אַל־יָנוּם שֹׁמְרֶֽךָ: הִנֵּה לֹא־יָנוּם וְלֹא
יִישָׁן, שׁוֹמֵר יִשְׂרָאֵל: יהוה שֹׁמְרֶֽךָ, יהוה צִלְּךָ עַל־יַד יְמִינֶֽךָ: יוֹמָם הַשֶּֽׁמֶשׁ
לֹא־יַכֶּֽכָּה, וְיָרֵֽחַ בַּלָּֽיְלָה: יהוה יִשְׁמָרְךָ מִכָּל־רָע, יִשְׁמֹר אֶת־נַפְשֶֽׁךָ: יהוה
יִשְׁמָר־צֵאתְךָ וּבוֹאֶֽךָ, מֵעַתָּה וְעַד־עוֹלָם:

שִׁיר הַמַּעֲלוֹת לְדָוִד, שָׂמַֽחְתִּי בְּאֹמְרִים לִי בֵּית יהוה נֵלֵךְ: עֹמְדוֹת הָיוּ תהלים קכב
רַגְלֵֽינוּ, בִּשְׁעָרַֽיִךְ יְרוּשָׁלָֽםִ: יְרוּשָׁלַֽםִ הַבְּנוּיָה, כְּעִיר שֶׁחֻבְּרָה־לָּהּ יַחְדָּו: שֶׁשָּׁם
עָלוּ שְׁבָטִים שִׁבְטֵי־יָהּ, עֵדוּת לְיִשְׂרָאֵל, לְהֹדוֹת לְשֵׁם יהוה: כִּי שָֽׁמָּה יָשְׁבוּ
כִסְאוֹת לְמִשְׁפָּט, כִּסְאוֹת לְבֵית דָּוִד: שַׁאֲלוּ שְׁלוֹם יְרוּשָׁלָֽםִ, יִשְׁלָֽיוּ אֹהֲבָֽיִךְ:
יְהִי־שָׁלוֹם בְּחֵילֵךְ, שַׁלְוָה בְּאַרְמְנוֹתָֽיִךְ: לְמַֽעַן אַחַי וְרֵעָי, אֲדַבְּרָה־נָּא שָׁלוֹם
בָּךְ: לְמַֽעַן בֵּית־יהוה אֱלֹהֵֽינוּ, אֲבַקְשָׁה טוֹב לָךְ:

Salmos 120–134: Es una secuencia de 15 salmos, todos los cuales comienzan con las palabras “cántico de las ascensiones”. Existen diversas opiniones respecto del origen de esta frase. Algunos comentaristas lo asocian a los quince escalones que separaban los patios de los hombres y de las mujeres, sobre los cuales los levitas podían pararse y desde allí cantar. Otros sugieren que estos eran salmos cantados por los exiliados que retornaban de Babilonia (ascendiendo a la tierra de Israel). Radak sostiene que estos salmos eran recitados por los peregrinos que ascendían a Jerusalém en las festividades. Meiri entiende que se trata de directivas musicales, esto es, cánticos que comienzan suavemente y luego van incrementando su volumen. Otros especulan con que puede tratarse de una referencia a un estilo poético particular en el cual los salmos fueron escritos, y en los que una frase que se repite hace de peldaño sobre el cual el poema asciende en dirección a su tema final.

Salmo 120: Meshej: Descendientes de Iafet hijo de Noaj (Génesis 10:2) que habitaban un área cercana al Mar Caspio. Kedar: Descendientes de Ishma’el

Cántico de las ascensiones. Elevé mis ojos a Ti que habitas en el Cielo. Así como los siervos dirigen su mirada a sus amos, así como la sierva dirige su mirada a su ama, así nuestros ojos están vueltos al Señor nuestro Dios, hasta que Él se apiade de nosotros. Agrácianos Señor, agrácianos, pues hemos pasado ya excesiva humillación, nuestra alma ha sufrido prolongadamente el escarnio, la burla de los complacientes, la humillación de los arrogantes. *Sal. 123*

Cántico de las ascensiones de David. De no haber estado el Señor con nosotros – que Israel lo diga – de no haber estado el Señor de nuestro lado al alzarse los hombres contra nosotros en su furia hacia nosotros nos habrían tragado vivos. Las aguas nos habrían anegado y el torrente arrasado nuestra alma. Las aguas maliciosas nos habrían arrastrado. Bendito sea el Señor que no permitió que seamos presas de sus dientes. Nos liberamos cual ave que huye de la trampa. La trampa se rompió y escapamos. Nuestra ayuda está en el Nombre del Señor, Hacedor de los cielos y la tierra. *Sal. 124*

Cántico de las ascensiones. Quienes confían en el Señor se asemejan al Monte Sion pues nunca serán derribados y por siempre permanecerán en su lugar. Jerusalém está rodeada por montañas, y el Señor rodea a Su pueblo desde hoy y para siempre. Pues la vara de la maldad no hallará reposo sobre el destino de los justos, así, los justos no precisan tender su mano a la iniquidad. Señor, prodiga el bien a los buenos y bendice el corazón de los de recto obrar. Aquellos que se desvían por caminos sinuosos e inicuos, Señor, condúcelos por los caminos de los malvados. Sea la paz sobre Israel. *Sal. 125*

Cántico de las ascensiones. Cuando el Señor hizo retornar a los exilados de Sion parecíamos estar soñando. Entonces nuestras bocas se llenaron de alegría y nuestras lenguas de cánticos. Entonces dijeron las naciones: el Señor ha obrado grandemente con ellos, ¡El Señor ha obrado grandemente con nosotros! Y nos regocijamos. Haz retornar, Señor, a nuestros exilados como torrentes en el desierto del Neguev. Los que siembran con lágrimas cosecharán con cantos de alegría. Quien va cargando sus semillas con sollozos sostenga con cánticos sus gavillas. *Sal. 126*

Salmo 126: Este salmo es cantado como prólogo del *Birkat HaMazón* en Shabat y días festivos. Es de difícil interpretación en virtud de los cambios de tiempo de pasado (versículos 1–3) al futuro (4–6). Puede que esté completamente orientado hacia el futuro anticipando la reunión de los exiliados y la restauración de la soberanía nacional, o puede ser que el salmista ore por el futuro retorno de los judíos a Sion por medio de un recuento de eventos del pasado. El estado actual de las personas es descrito en los

שִׁיר הַמַּעֲלוֹת, אֵלֶיךָ נָשָׂאתִי אֶת־עֵינַי, הַיֹּשְׁבִי בַּשָּׁמָיִם: הִנֵּה כְעֵינֵי עֲבָדִים תהלים קכג
אֶל־יַד אֲדוֹנֵיהֶם, כְּעֵינֵי שִׁפְחָה אֶל־יַד גְּבִרְתָּהּ, כֵּן עֵינֵינוּ אֶל־יהוה אֱלֹהֵינוּ,
עַד שֶׁיְּחָנֵּנוּ: חָנֵּנוּ יהוה חָנֵּנוּ, כִּי־רַב שָׂבַעְנוּ בוּז: רַבַּת שָׂבְעָה־לָּהּ נַפְשֵׁנוּ,
הַלַּעַג הַשַּׁאֲנַנִּים, הַבּוּז לִגְאֵי יוֹנִים:

שִׁיר הַמַּעֲלוֹת לְדָוִד, לוּלֵי יהוה שֶׁהָיָה לָנוּ, יֹאמַר־נָא יִשְׂרָאֵל: לוּלֵי יהוה תהלים קכד
שֶׁהָיָה לָנוּ, בְּקוּם עָלֵינוּ אָדָם: אֲזַי חַיִּים בְּלָעוּנוּ, בַּחֲרוֹת אַפָּם בָּנוּ: אֲזַי הַמַּיִם
שְׁטָפוּנוּ, נַחְלָה עָבַר עַל־נַפְשֵׁנוּ: אֲזַי עָבַר עַל־נַפְשֵׁנוּ, הַמַּיִם הַזֵּידוֹנִים: בָּרוּךְ
יהוה, שֶׁלֹּא נְתָנָנוּ טֶרֶף לְשִׁנֵּיהֶם: נַפְשֵׁנוּ כְּצִפּוֹר נִמְלְטָה מִפַּח יוֹקְשִׁים, הַפַּח
נִשְׁבָּר וַאֲנַחְנוּ נִמְלָטְנוּ: עֶזְרֵנוּ בְּשֵׁם יהוה, עֹשֵׂה שָׁמַיִם וָאָרֶץ:

שִׁיר הַמַּעֲלוֹת, הַבֹּטְחִים בַּיהוה, כְּהַר־צִיּוֹן לֹא־יִמּוֹט, לְעוֹלָם יֵשֵׁב: יְרוּשָׁלַםִ, תהלים קכה
הָרִים סָבִיב לָהּ, וַיהוה סָבִיב לְעַמּוֹ, מֵעַתָּה וְעַד־עוֹלָם: כִּי לֹא יָנוּחַ שֵׁבֶט
הָרֶשַׁע עַל גּוֹרַל הַצַּדִּיקִים, לְמַעַן לֹא־יִשְׁלְחוּ הַצַּדִּיקִים בְּעַוְלָתָה יְדֵיהֶם:
הֵיטִיבָה יהוה לַטּוֹבִים, וְלִישָׁרִים בְּלִבּוֹתָם: וְהַמַּטִּים עֲקַלְקַלּוֹתָם יוֹלִיכֵם
יהוה אֶת־פֹּעֲלֵי הָאָוֶן, שָׁלוֹם עַל־יִשְׂרָאֵל:

שִׁיר הַמַּעֲלוֹת, בְּשׁוּב יהוה אֶת־שִׁיבַת צִיּוֹן, הָיִינוּ כְּחֹלְמִים: אָז יִמָּלֵא שְׂחוֹק תהלים קכו
פִּינוּ וּלְשׁוֹנֵנוּ רִנָּה, אָז יֹאמְרוּ בַגּוֹיִם הִגְדִּיל יהוה לַעֲשׂוֹת עִם־אֵלֶּה: הִגְדִּיל
יהוה לַעֲשׂוֹת עִמָּנוּ, הָיִינוּ שְׂמֵחִים: שׁוּבָה יהוה אֶת־שְׁבִיתֵנוּ, כַּאֲפִיקִים
בַּנֶּגֶב: הַזֹּרְעִים בְּדִמְעָה בְּרִנָּה יִקְצֹרוּ: הָלוֹךְ יֵלֵךְ וּבָכֹה נֹשֵׂא מֶשֶׁךְ־הַזָּרַע,
בֹּא־יָבֹא בְרִנָּה נֹשֵׂא אֲלֻמֹּתָיו:

Salmo 124: Salmo de agradecimiento por la liberación que emplea, tal como es habitual en los Salmos, una rápida sucesión de diferentes imágenes: el pueblo ha estado en peligro de ser devorado y barrido como por una inundación, de ser presa de los colmillos enemigos o ser capturado por las trampas del adversario. Las imágenes no se fusionan en una misma metáfora. Más bien, se combinan entre sí para expresar un estado de ánimo, en este caso, el sentimiento de haberse salvado repentinamente del peligro.

Salmo 125: Plegaria que expresa confianza en Dios comparando la Divina protección con los montes que rodean Jerusalém. La frase final: "Sea la paz sobre Israel" posteriormente se tornó popular y se encuentra como parte de un mosaico sinagogal de la era bizantina en la localidad de Yerijó (siglo VI de la era común).

Cántico de las ascensiones de Shelomó. Si el Señor no edifica la casa, en *Sal. 127*
vano se han esforzado sus constructores; si el Señor no protege la ciudad los guardias se esforzaron vanamente. Es en vano para vosotros, quienes os levantáis temprano, permanecéis hasta tarde, y coméis el pan de la aflicción, pues de hecho Él brinda sueño a Su amado. Los hijos son herencia del Señor, Su recompensa es el fruto del vientre. Cual saetas en manos del guerrero así son los hijos de la juventud. Feliz del hombre que llenó con estos su carcaj, no se avergonzarán al hablar con el enemigo en los portones.

Cántico de las ascensiones. Feliz de todo aquel que teme al Señor y anda por *Sal. 128*
Sus caminos. Feliz de ti y bien para ti cuando comas el fruto del esfuerzo de tus manos. Tu mujer se asemeja a una vid fructífera en los aposentos de tu hogar. Tus hijos son cual retoños de oliva alrededor de tu mesa. Efectivamente, el hombre temeroso del Señor así será bendecido. El Señor te bendiga desde Sion y veas la bondad de Jerusalém todos los días de tu vida. Que veas hijos de tus hijos, paz sobre Israel.

Cántico de las ascensiones. Desde que soy joven, que proclame Israel, desde *Sal. 129*
que soy joven he sido asiduamente atacado mas no pudieron prevalecer sobre mí. Sobre mi espalda araron largos surcos. Mas el Señor es justo y cortó las amarras de los malvados. Que se avergüencen y retrocedan todos los enemigos de Sion. Que sean como el heno sobre el techo que se marchita antes de poder ser arrancado. El cual nunca llenará la mano de quien lo cosecha ni al brazo de quien recolecta las gavillas. Nadie que pase por allí habrá de decirles: "La bendición del Señor sea sobre vosotros. Nosotros os bendecimos en Nombre del Señor".

Cántico de las ascensiones. Desde las profundidades Te invoqué, Señor. *Sal. 130*
Señor, escucha mi voz, que Tus oídos estén atentos a la voz de mis súplicas. Si Tú, Señor, has de llevar la cuenta de los pecados, ¿quién podrá sobrevivir? Pues el perdón está contigo para que puedas ser venerado reverencialmente. Mi confianza estuvo puesta en el Señor, mi alma anhela, y cifro mis esperanzas en Su palabra. Mi alma espera al Señor más de lo que los guardianes aguardan la mañana, más que lo que los guardianes aguardan por el alba. Israel, cifra tu esperanza en el Señor pues con el Señor está la benevolencia y Su poder de redención es grande. Y Él redimirá a Israel de todos sus pecados.

Cántico de las ascensiones de David. Señor, mi corazón no se vanaglorió ni *Sal. 131*
mis ojos se tornaron altivos. No me ocupo de cuestiones grandes ni de cosas que están más allá de mi alcance. En cambio, he tornado mi alma en quieta y tranquila, cual niño destetado en el regazo de su madre, cual niño destetado está mi alma en mi interior. Israel, deposita tu confianza en el Señor, de hoy y para siempre.

שִׁיר הַמַּעֲלוֹת לִשְׁלֹמֹה, אִם־יהוה לֹא־יִבְנֶה בַיִת, שָׁוְא עָמְלוּ בוֹנָיו בּוֹ, אִם־ תהלים קכז
יהוה לֹא־יִשְׁמָר־עִיר, שָׁוְא שָׁקַד שׁוֹמֵר: שָׁוְא לָכֶם מַשְׁכִּימֵי קוּם מְאַחֲרֵי־
שֶׁבֶת, אֹכְלֵי לֶחֶם הָעֲצָבִים, כֵּן יִתֵּן לִידִידוֹ שֵׁנָא: הִנֵּה נַחֲלַת יהוה בָּנִים,
שָׂכָר פְּרִי הַבָּטֶן: כְּחִצִּים בְּיַד־גִּבּוֹר כֵּן בְּנֵי הַנְּעוּרִים: אַשְׁרֵי הַגֶּבֶר אֲשֶׁר מִלֵּא
אֶת־אַשְׁפָּתוֹ מֵהֶם, לֹא־יֵבֹשׁוּ כִּי־יְדַבְּרוּ אֶת־אוֹיְבִים בַּשָּׁעַר:

שִׁיר הַמַּעֲלוֹת, אַשְׁרֵי כָּל־יְרֵא יהוה, הַהֹלֵךְ בִּדְרָכָיו: יְגִיעַ כַּפֶּיךָ כִּי תֹאכֵל, תהלים קכח
אַשְׁרֶיךָ וְטוֹב לָךְ: אֶשְׁתְּךָ כְּגֶפֶן פֹּרִיָּה בְּיַרְכְּתֵי בֵיתֶךָ, בָּנֶיךָ כִּשְׁתִלֵי זֵיתִים,
סָבִיב לְשֻׁלְחָנֶךָ: הִנֵּה כִי־כֵן יְבֹרַךְ גָּבֶר יְרֵא יהוה: יְבָרֶכְךָ יהוה מִצִּיּוֹן, וּרְאֵה
בְּטוּב יְרוּשָׁלָםִ, כֹּל יְמֵי חַיֶּיךָ: וּרְאֵה־בָנִים לְבָנֶיךָ, שָׁלוֹם עַל־יִשְׂרָאֵל:

שִׁיר הַמַּעֲלוֹת, רַבַּת צְרָרוּנִי מִנְּעוּרָי, יֹאמַר־נָא יִשְׂרָאֵל: רַבַּת צְרָרוּנִי מִנְּעוּרָי, תהלים קכט
גַּם לֹא־יָכְלוּ לִי: עַל־גַּבִּי חָרְשׁוּ חֹרְשִׁים, הֶאֱרִיכוּ לְמַעֲנִיתָם: יהוה צַדִּיק, קִצֵּץ
עֲבוֹת רְשָׁעִים: יֵבֹשׁוּ וְיִסֹּגוּ אָחוֹר כֹּל שֹׂנְאֵי צִיּוֹן: יִהְיוּ כַּחֲצִיר גַּגּוֹת שֶׁקַּדְמַת
שָׁלַף יָבֵשׁ: שֶׁלֹּא מִלֵּא כַפּוֹ קוֹצֵר, וְחִצְנוֹ מְעַמֵּר: וְלֹא אָמְרוּ הָעֹבְרִים, בִּרְכַּת־
יהוה אֲלֵיכֶם, בֵּרַכְנוּ אֶתְכֶם בְּשֵׁם יהוה:

שִׁיר הַמַּעֲלוֹת, מִמַּעֲמַקִּים קְרָאתִיךָ יהוה: אֲדֹנָי שִׁמְעָה בְקוֹלִי, תִּהְיֶינָה תהלים קל
אָזְנֶיךָ קַשֻּׁבוֹת לְקוֹל תַּחֲנוּנָי: אִם־עֲוֹנוֹת תִּשְׁמָר־יָהּ, אֲדֹנָי מִי יַעֲמֹד: כִּי־עִמְּךָ
הַסְּלִיחָה, לְמַעַן תִּוָּרֵא: קִוִּיתִי יהוה קִוְּתָה נַפְשִׁי, וְלִדְבָרוֹ הוֹחָלְתִּי: נַפְשִׁי
לַאדֹנָי, מִשֹּׁמְרִים לַבֹּקֶר, שֹׁמְרִים לַבֹּקֶר: יַחֵל יִשְׂרָאֵל אֶל־יהוה, כִּי־עִם־יהוה
הַחֶסֶד, וְהַרְבֵּה עִמּוֹ פְדוּת: וְהוּא יִפְדֶּה אֶת־יִשְׂרָאֵל, מִכֹּל עֲוֹנוֹתָיו:

שִׁיר הַמַּעֲלוֹת לְדָוִד, יהוה לֹא־גָבַהּ לִבִּי, וְלֹא־רָמוּ עֵינַי, וְלֹא־הִלַּכְתִּי בִּגְדֹלוֹת תהלים קלא
וּבְנִפְלָאוֹת מִמֶּנִּי: אִם־לֹא שִׁוִּיתִי וְדוֹמַמְתִּי נַפְשִׁי, כְּגָמֻל עֲלֵי אִמּוֹ, כַּגָּמֻל עָלַי
נַפְשִׁי: יַחֵל יִשְׂרָאֵל אֶל־יהוה, מֵעַתָּה וְעַד־עוֹלָם:

últimos dos versículos como el grano sembrado previo a la primavera: si bien ahora parece enterrado, eventualmente habrá de crecer y proveer de una rica cosecha.

Salmo 130: Salmo de penitencia recitado durante los diez días de retorno. מִמַּעֲמַקִּים *Desde las profundidades*: Frase de tenor descriptivo que señala la cercana desesperación o muerte, y que se emplea únicamente en otro salmo más (69). כִּי־עִמְּךָ הַסְּלִיחָה *Pero el perdón está contigo*: el salmista señala un

El comentario continúa en la página 659.

Cántico de las ascensiones. SEÑOR, recuerda para David todo su sufrimiento. *Sal. 132*
Él pronunció un juramento al SEÑOR y una promesa al Todopoderoso de Ya'akov: "No entraré a mi casa ni iré a la cama, no daré descanso a mis ojos ni somnolencia a mis párpados hasta encontrar un sitio para el SEÑOR, una morada para el Todopoderoso de Ya'akov". Esto lo escuchamos en Efrata, lo encontramos en los campos de Ya'ar. Entremos a Su morada, prosternémonos ante Sus pies. Avanza SEÑOR hacia el sitial de Tu reposo, Tú y el Arca de Tu Torá. Tus sacerdotes vestirán justicia y Tus piadosos entonarán cánticos. En mérito de Tu siervo David, no rechaces a Tu ungido. El SEÑOR le juró a David un juramento verdadero e irrevocable: "Colocaré a uno de tus propios descendientes sobre tu trono. Si tus hijos mantienen Mi Pacto y los decretos que les enseño, entonces sus hijos se sentarán sobre este torno por siempre". Pues el SEÑOR escogió a Sion, la quiso por morada. Este el sitio de Mi descanso para siempre, aquí residiré porque lo he deseado. Bendeciré abundantemente sus depósitos de alimento y a sus pobres saciaré de pan. Y a sus sacerdotes investiré de salvación y sus piadosos habrán de entonar alegres cánticos. Allí haré florecer la dinastía de David, allí prepararé una candela para mi ungido. A sus enemigos investiré de escarnio y sobre él habré de colocar su diadema.

Cántico de las ascensiones de David. Cuán bueno y placentero es cuando *Sal. 133*
los hermanos moran juntos. Es cual aceite perfumado sobre la cabeza que desciende sobre la barba, como la barba de Aharón que descansa sobre sus vestidos. Cual rocío del Monte Hermón que desciende sobre los montes de Sion, pues allí el SEÑOR ordenó Su bendición, la vida hasta la eternidad.

Cántico de las ascensiones. Bendigan al SEÑOR todos los siervos del SEÑOR *Sal. 134*
que se encuentran en la Casa del SEÑOR por las noches. Elevad vuestras manos en dirección al Santuario y bendecid al SEÑOR. El SEÑOR te bendiga desde Sion, el Hacedor de los cielos y la tierra.

Yehudá en el sur – expresando el anhelo por la reunificación. Cuando Aharón fue ordenado Sumo Sacerdote, fue ungido con aceite sobre su cabeza (Éxodo 29:7). El norteño Monte Hermón era la más alta de las montañas en Israel. Ambas imágenes, la del aceite sobre la cabeza del Sumo Sacerdote y la del rocío que desciende sobre la montaña son metáforas que aluden a la plenitud.

Salmo 134: El último de los salmos de la ascensión cierra la secuencia de cánticos convocando al pueblo a bendecir a Dios y a Dios a bendecir al pueblo. La yuxtaposición en el último versículo de "los cielos y la tierra" y Sion encapsulan a las dos dimensiones del judaísmo – la universal y la particular. Dios es omnipresente, pero es en Sion donde Su presencia se hace aparente.

תהלים קלב שִׁיר הַמַּעֲלוֹת, זְכוֹר־יהוה לְדָוִד אֵת כָּל־עֻנּוֹתוֹ: אֲשֶׁר נִשְׁבַּע לַיהוה, נָדַר לַאֲבִיר יַעֲקֹב: אִם־אָבֹא בְּאֹהֶל בֵּיתִי, אִם־אֶעֱלֶה עַל־עֶרֶשׂ יְצוּעָי: אִם־אֶתֵּן שְׁנָת לְעֵינָי, לְעַפְעַפַּי תְּנוּמָה: עַד־אֶמְצָא מָקוֹם לַיהוה, מִשְׁכָּנוֹת לַאֲבִיר יַעֲקֹב: הִנֵּה־שְׁמַעֲנוּהָ בְאֶפְרָתָה, מְצָאנוּהָ בִּשְׂדֵי־יָעַר: נָבוֹאָה לְמִשְׁכְּנוֹתָיו, נִשְׁתַּחֲוֶה לַהֲדֹם רַגְלָיו: קוּמָה יהוה לִמְנוּחָתֶךָ, אַתָּה וַאֲרוֹן עֻזֶּךָ: כֹּהֲנֶיךָ יִלְבְּשׁוּ־צֶדֶק, וַחֲסִידֶיךָ יְרַנֵּנוּ: בַּעֲבוּר דָּוִד עַבְדֶּךָ, אַל־תָּשֵׁב פְּנֵי מְשִׁיחֶךָ: נִשְׁבַּע־יהוה לְדָוִד, אֱמֶת לֹא־יָשׁוּב מִמֶּנָּה, מִפְּרִי בִטְנְךָ אָשִׁית לְכִסֵּא־לָךְ: אִם־יִשְׁמְרוּ בָנֶיךָ בְּרִיתִי, וְעֵדֹתִי זוֹ אֲלַמְּדֵם, גַּם־בְּנֵיהֶם עֲדֵי־עַד, יֵשְׁבוּ לְכִסֵּא־לָךְ: כִּי־בָחַר יהוה בְּצִיּוֹן, אִוָּהּ לְמוֹשָׁב לוֹ: זֹאת־מְנוּחָתִי עֲדֵי־עַד, פֹּה אֵשֵׁב כִּי אִוִּתִיהָ: צֵידָהּ בָּרֵךְ אֲבָרֵךְ, אֶבְיוֹנֶיהָ אַשְׂבִּיעַ לָחֶם: וְכֹהֲנֶיהָ אַלְבִּישׁ יֶשַׁע, וַחֲסִידֶיהָ רַנֵּן יְרַנֵּנוּ: שָׁם אַצְמִיחַ קֶרֶן לְדָוִד, עָרַכְתִּי נֵר לִמְשִׁיחִי: אוֹיְבָיו אַלְבִּישׁ בֹּשֶׁת, וְעָלָיו יָצִיץ נִזְרוֹ:

תהלים קלג שִׁיר הַמַּעֲלוֹת לְדָוִד, הִנֵּה מַה־טּוֹב וּמַה־נָּעִים, שֶׁבֶת אַחִים גַּם־יָחַד: כַּשֶּׁמֶן הַטּוֹב עַל־הָרֹאשׁ, יֹרֵד עַל־הַזָּקָן, זְקַן־אַהֲרֹן שֶׁיֹּרֵד עַל־פִּי מִדּוֹתָיו: כְּטַל־חֶרְמוֹן שֶׁיֹּרֵד עַל־הַרְרֵי צִיּוֹן, כִּי שָׁם צִוָּה יהוה אֶת־הַבְּרָכָה, חַיִּים עַד־הָעוֹלָם:

תהלים קלד שִׁיר הַמַּעֲלוֹת, הִנֵּה בָּרְכוּ אֶת־יהוה כָּל־עַבְדֵי יהוה, הָעֹמְדִים בְּבֵית־יהוה בַּלֵּילוֹת: שְׂאוּ־יְדֵכֶם קֹדֶשׁ, וּבָרְכוּ אֶת־יהוה: יְבָרֶכְךָ יהוה מִצִּיּוֹן, עֹשֵׂה שָׁמַיִם וָאָרֶץ:

---

punto sumamente poderoso y paradójico en cuanto que Dios debe ser reverenciado no porque castiga sino porque perdona.

Salmo 132: Salmo que se refiere al Templo y sus sacerdotes. Los primeros cinco versículos describen la determinación de David de construir una Casa para Dios: "He aquí que yo vivo en una casa de cedros mientras que el Arca del SEÑOR se encuentra en una tienda" (II Samuel 7:2). Los versículos 10–12 describen la promesa Divina a David de que la monarquía sería un obsequio eterno para sus descendientes: "Tu familia y tu reino serán establecidos por siempre ante mi vista, tu trono perdurará por siempre" (II Samuel 7:16).

Salmo 133: Breve poema que bendice la armonía entre hermanos – posible referencia a la división imperante entonces en el reino entre Israel en el norte y

ÉTICA DE LOS PATRIARCAS – PIRKEI AVOT

Desde que termina Pesaj y hasta el Shabat anterior a Rosh HaShaná, cada de Shabat se lee uno de los siguientes capítulos. Durante los tres Shabatot anteriores a Rosh HaShaná se leen dos capítulos por vez.

Todo Israel tiene una porción en el Mundo Venidero, *Sanhedrin 90A*
tal como fue dicho:
"Tu pueblo será todo de justos, heredarán por siempre la tierra, *Is. 60*
retoño de Mi plantío, la obra de Mis propias manos
de la cual Me he de vanagloriar".

CAPÍTULO 1

1. Moshé recibió la Torá en el Sinaí y la trasmitió a Yehoshúa, Yehoshúa a los ancianos, los ancianos a los profetas y los profetas la transmitieron a los miembros de la Gran Asamblea. Estos (los miembros de la Gran Asamblea) dijeron tres cosas: Sed moderados en el juicio; formad muchos discípulos y levantad una cerca en torno a la Torá.
2. Shimón HaTzadik (el justo) fue uno de los últimos integrantes de la Gran Asamblea. Él solía decir: Sobre tres pilares el mundo se sostiene: sobre la Torá, sobre el Servicio a Dios y sobre los actos de bondad.

---

dos primeros capítulos están organizados cronológicamente, los capítulos 3 y 4 son colecciones de dichos o refranes, el capítulo cinco enumera enseñanzas que tienen en común el estar asociadas a listas numéricas, y el sexto capítulo es un himno de alabanza a la vida de Torá y a las virtudes que esta requiere.

No existe un recuento más sutil que este del estilo de vida personalizado por nuestros sabios, el cual es calmo, erudito, profundamente impulsado por un sentido de justicia e integridad, escéptico en cuanto a la política y a los políticos, dedicado a la vida de la consciencia y al drama espiritual del estudio como la más alta conexión entre la mente humana y la voluntad de Dios.

CAPÍTULO 1

1:1 *Los ancianos:* Los líderes del pueblo en los días de los Jueces (ver Jueces 2:7). *Los miembros de la Gran Asamblea*: un consejo de sabios establecido en los días de Ezra o poco después, durante el período del Segundo Templo. *Levantad una cerca*: Decretos rabínicos diseñados a los efectos de salvaguardar la observancia de los preceptos de la Torá.

פרקי אבות

Desde que termina פסח *y hasta el* שבת *anterior a* ראש השנה*, cada* שבת *se lee uno de los siguientes capítulos. Durante los tres* שבתות *anteriores a* ראש השנה *se leen dos capítulos por vez.*

כָּל יִשְׂרָאֵל יֵשׁ לָהֶם חֵלֶק לָעוֹלָם הַבָּא. שֶׁנֶּאֱמַר: סנהדרין צ.
וְעַמֵּךְ כֻּלָּם צַדִּיקִים, לְעוֹלָם יִירְשׁוּ אָרֶץ ישעיה ס
נֵצֶר מַטָּעַי, מַעֲשֵׂה יָדַי לְהִתְפָּאֵר:

פרק ראשון

א מֹשֶׁה קִבֵּל תּוֹרָה מִסִּינַי וּמְסָרָהּ לִיהוֹשֻׁעַ, וִיהוֹשֻׁעַ לִזְקֵנִים, וּזְקֵנִים לִנְבִיאִים, וּנְבִיאִים מְסָרוּהָ לְאַנְשֵׁי כְנֶסֶת הַגְּדוֹלָה. הֵם אָמְרוּ שְׁלֹשָׁה דְבָרִים: הֱווּ מְתוּנִים בַּדִּין, וְהַעֲמִידוּ תַלְמִידִים הַרְבֵּה, וַעֲשׂוּ סְיָג לַתּוֹרָה.

ב שִׁמְעוֹן הַצַּדִּיק הָיָה מִשְּׁיָרֵי כְנֶסֶת הַגְּדוֹלָה. הוּא הָיָה אוֹמֵר: עַל שְׁלֹשָׁה דְבָרִים הָעוֹלָם עוֹמֵד, עַל הַתּוֹרָה, וְעַל הָעֲבוֹדָה, וְעַל גְּמִילוּת חֲסָדִים.

ÉTICA DE LOS PATRIARCAS

"Ética de los Patriarcas" (*Pirkei Avot*) es el nombre dado al tratado de la Mishná que reúne conjuntamente muchas de las enseñanzas éticas de los sabios. La palabra "Avot" puede significar "principios fundamentales", sin embargo, es más probable que signifique los "padres" de la tradición oral, los maestros de la Mishná y sus predecesores. A los cinco capítulos de la presente Mishná se le agregó posteriormente un sexto, exterior a la Mishná aunque similar en contenido y estilo. La necesidad de agregar un sexto capítulo surgió en círculos en los cuales se acostumbraba estudiar un capítulo en cada Shabat entre Pesaj y Shavu'ot. Sin embargo, nuestra costumbre es estudiar Pirkei Avot desde Pesaj y hasta el Shabat anterior a Rosh HaShaná.

El tratado comienza describiendo la continuidad inalterada de la Ley Oral desde Moshé hasta los sabios. Es interesante notar que nuestros sabios refieren su procedencia a los profetas y no a los sacerdotes (*cohanim*), los cuales no son aquí mencionados en la cadena de transmisión de la Torá. El tratado se ocupa ampliamente de temas referidos a la conducta y las creencias, empero su preocupación primordial es establecer los valores y las cualidades de una vida dedicada al estudio y el cumplimiento de la Torá. Su estilo es aforístico, sus declaraciones breves, punzantes y a veces hasta crípticas. Los

3. Antígonos hombre de (la ciudad de) Sojó recibió la tradición de Shimón HaTzadik. Él solía decir: No seáis como los esclavos que sirven a su amo para recibir una recompensa, sino como siervos que sirven a su amo sin la intención de recibir una recompensa; y que el temor reverente al Cielo repose sobre vosotros.

4. Yosé ben Ioezer, hombre de (la ciudad de) Tzreidá, y Yosé ben Yojanán, hombre de Yerushalaim, recibieron la tradición de ellos (los Sabios mencionados anteriormente). Yosé ben Ioezer de Tzreidá, dijo: Sea tu casa un lugar de reunión para los eruditos, cúbrete con el polvo de sus pies y bebe sus palabras con avidez.

5. Yosé ben Yojanán de Yerushalaim dijo: Sea tu casa abierta en amplitud, y que los pobres sean parte de tu familia. No te excedas en la conversación necia con la mujer. Esto fue dicho aun respecto de su propia esposa, con cuanta más razón se aplica entonces a la esposa del prójimo. En concordancia, los Sabios dijeron: Quienquiera que mantiene conversaciones vanas con mujeres, se perjudica a sí mismo, desatiende el estudio de la Torá y finalmente hereda el Guehinom (Pena Celestial).

6. Yehoshúa ben Perajiá y Nitai de Arbel recibieron la tradición de ellos (Yosé ben Ioezer de Tzreida y Yosé ben Yojanán de Yerushalaim). Yehoshúa ben Perajiá dijo: Procúrate un maestro, hazte de un compañero y juzga a todas las personas favorablemente.

7. Nitai de Arbel dijo: Aléjate de un mal vecino, no te asocies con un malvado y no pierdas la fe en la Justicia Divina.

8. Yehudá ben Tabai y Shimón ben Shetaj recibieron la tradición de ellos (de Yehoshúa ben Perajiá y Nitai de Arbel). Yehudá ben Tabai dijo: (Cuando seas juez) no actúes como consejero de querellantes; y mientras ambos litigantes estén ante tu presencia, considéralos culpables a tus ojos, pero cuando se retiren de delante de ti, considéralos inocentes – una vez que se han sometido al veredicto.

9. Shimón ben Shetaj dijo: Sé muy minucioso al examinar a los testigos, y sé precavido con tus palabras, no sea que en virtud de ellas (los testigos) aprendan a mentir.

10. Shemaiá y Avtalión recibieron de ellos la tradición (de Yehudá ben Tabai y Shimón ben Shetaj). Shemaiá dijo: Ama el trabajo y aborrece ocupar cargos altos, y no entables amistad íntima con las autoridades gubernamentales.

11. Avtalión dijo: ¡Sabios! Sed cautelosos con vuestras palabras, pues podéis ser sancionados con el destierro y ser exiliados a lugares de aguas nocivas, y los discípulos que andan tras de vosotros podrían beberlas y morir, con lo que el Nombre Celestial sería profanado.

ג אַנְטִיגְנוֹס אִישׁ סוֹכוֹ קִבֵּל מִשִּׁמְעוֹן הַצַּדִּיק. הוּא הָיָה אוֹמֵר: אַל תִּהְיוּ כַּעֲבָדִים הַמְשַׁמְּשִׁים אֶת הָרַב עַל מְנָת לְקַבֵּל פְּרָס, אֶלָּא הֱווּ כַּעֲבָדִים הַמְשַׁמְּשִׁים אֶת הָרַב שֶׁלֹּא עַל מְנָת לְקַבֵּל פְּרָס, וִיהִי מוֹרָא שָׁמַיִם עֲלֵיכֶם.

ד יוֹסֵי בֶּן יוֹעֶזֶר אִישׁ צְרֵדָה וְיוֹסֵי בֶּן יוֹחָנָן אִישׁ יְרוּשָׁלַיִם קִבְּלוּ מֵהֶם. יוֹסֵי בֶּן יוֹעֶזֶר אִישׁ צְרֵדָה אוֹמֵר: יְהִי בֵיתְךָ בֵּית וַעַד לַחֲכָמִים, וֶהֱוֵי מִתְאַבֵּק בַּעֲפַר רַגְלֵיהֶם, וֶהֱוֵי שׁוֹתֶה בַצָּמָא אֶת דִּבְרֵיהֶם.

ה יוֹסֵי בֶּן יוֹחָנָן אִישׁ יְרוּשָׁלַיִם אוֹמֵר: יְהִי בֵיתְךָ פָּתוּחַ לִרְוָחָה, וְיִהְיוּ עֲנִיִּים בְּנֵי בֵיתֶךָ, וְאַל תַּרְבֶּה שִׂיחָה עִם הָאִשָּׁה. בְּאִשְׁתּוֹ אָמְרוּ, קַל וָחֹמֶר בְּאֵשֶׁת חֲבֵרוֹ. מִכָּאן אָמְרוּ חֲכָמִים: כָּל הַמַּרְבֶּה שִׂיחָה עִם הָאִשָּׁה, גּוֹרֵם רָעָה לְעַצְמוֹ, וּבוֹטֵל מִדִּבְרֵי תוֹרָה, וְסוֹפוֹ יוֹרֵשׁ גֵּיהִנָּם.

ו יְהוֹשֻׁעַ בֶּן פְּרַחְיָה וְנִתַּאי הָאַרְבֵּלִי קִבְּלוּ מֵהֶם. יְהוֹשֻׁעַ בֶּן פְּרַחְיָה אוֹמֵר: עֲשֵׂה לְךָ רַב, וּקְנֵה לְךָ חָבֵר, וֶהֱוֵי דָן אֶת כָּל הָאָדָם לְכַף זְכוּת.

ז נִתַּאי הָאַרְבֵּלִי אוֹמֵר: הַרְחֵק מִשָּׁכֵן רָע, וְאַל תִּתְחַבֵּר לָרָשָׁע, וְאַל תִּתְיָאֵשׁ מִן הַפֻּרְעָנוּת.

ח יְהוּדָה בֶּן טַבַּאי וְשִׁמְעוֹן בֶּן שָׁטָח קִבְּלוּ מֵהֶם. יְהוּדָה בֶּן טַבַּאי אוֹמֵר: אַל תַּעַשׂ עַצְמְךָ כְּעוֹרְכֵי הַדַּיָּנִין, וּכְשֶׁיִּהְיוּ בַּעֲלֵי הַדִּין עוֹמְדִים לְפָנֶיךָ יִהְיוּ בְעֵינֶיךָ כִּרְשָׁעִים, וּכְשֶׁנִּפְטָרִים מִלְּפָנֶיךָ יִהְיוּ בְעֵינֶיךָ כְּזַכָּאִין, כְּשֶׁקִּבְּלוּ עֲלֵיהֶם אֶת הַדִּין.

ט שִׁמְעוֹן בֶּן שָׁטָח אוֹמֵר: הֱוֵי מַרְבֶּה לַחְקֹר אֶת הָעֵדִים, וֶהֱוֵי זָהִיר בִּדְבָרֶיךָ, שֶׁמָּא מִתּוֹכָם יִלְמְדוּ לְשַׁקֵּר.

י שְׁמַעְיָה וְאַבְטַלְיוֹן קִבְּלוּ מֵהֶם. שְׁמַעְיָה אוֹמֵר: אֱהֹב אֶת הַמְּלָאכָה, וּשְׂנָא אֶת הָרַבָּנוּת, וְאַל תִּתְוַדַּע לָרָשׁוּת.

יא אַבְטַלְיוֹן אוֹמֵר: חֲכָמִים הִזָּהֲרוּ בְדִבְרֵיכֶם, שֶׁמָּא תָחוּבוּ חוֹבַת גָּלוּת, וְתִגְלוּ לִמְקוֹם מַיִם הָרָעִים, וְיִשְׁתּוּ הַתַּלְמִידִים הַבָּאִים אַחֲרֵיכֶם וְיָמוּתוּ, וְנִמְצָא שֵׁם שָׁמַיִם מִתְחַלֵּל.

1:8 *No actúes como consejero de querellantes:* Un juez debe mantener una estricta neutralidad. Mientras el caso es expuesto el juez debe ejercitar el escepticismo adecuado. Una vez que el veredicto fue dado y aceptado, no debe haber mala voluntad o animosidad alguna en ninguna de las partes.

12. Hilel y Shamai recibieron de ellos la tradición (de Shemaiá y Avtalión). Hilel dijo: Sé de los discípulos de Aharón: ama la paz y procúrala, ama a las criaturas y acércalas a la Torá.
13. Él solía decir: Quien busca ensalzar su renombre – finalmente lo habrá de perder; quien no incrementa (su conocimiento) – lo disminuye; quien no estudia – merece la muerte y quien se beneficia incorrectamente de la corona (de la Torá) desaparecerá.
14. Él solía decir: Si no me ocupo de mí mismo – ¿quién lo hará? Y si sólo me ocupo de mí – ¿qué soy?, y si no es ahora – ¿cuándo?
15. Shamai dijo: Haz del estudio de la Torá tu actividad regular, promete poco y haz mucho y recibe a toda persona con gesto amable.
16. Rabán Gamliel dijo: Procúrate un maestro y aléjate de la duda, y sé meticuloso y exacto en el cálculo de tus diezmos.
17. Su hijo Shimón dijo: Todos mis días he crecido entre Sabios y no he hallado nada mejor que el silencio; y lo principal no es el estudio sino la práctica, y quien se excede en conversaciones provoca el error.
18. Rabán Shimón ben Gamliel dijo: En mérito a tres cosas el mundo se mantiene: la verdad, la justicia y la paz, como está dicho: "Verdad y juicio de paz juzgad en vuestros pórticos". *Zej. 8*

Rabí Jananiá Ben Akashiá dice: El Santo Bendito Él quiso dar méritos a Israel y por ello les incrementó el estudio de la Torá y el cumplimiento de preceptos, tal como está escrito: "El SEÑOR, en aras del mérito de Israel deseó engrandecer la Torá y enaltecerla". *Macot 23B* *Is. 42*

De haber minián los dolientes recitan aquí el Kadish de los Rabinos (página 580).

* * *

Rabí Jananiá Ben Akashiá: Este párrafo no es parte de *Pirkei Avot* sino que se trata de un agregado litúrgico. Según Maimónides este pasaje implica: "Un principio fundamental de la fe judía. Consiste en que si una persona cumple correctamente aunque sea uno sólo de los 613 preceptos de la Torá, sin que medie ningún móvil ulterior sino simplemente en aras de cumplir con amor lo ordenado – le corresponde una porción en el Mundo Venidero. Por ello, Rabí Jananiá nos enseña que en razón de la abundancia de preceptos es imposible que una persona no haya cumplido, aunque tan sólo sea uno de ellos a lo largo de su vida, lo cual le hace meritorio de vida eterna" (Comentario a la Mishná en *Macot* 3:17). Esta declaración de Rabí Jananiá complementa la enseñanza recitada al inicio, en cuanto a que "Todo Israel tiene una porción en el Mundo Venidero".

יב הִלֵּל וְשַׁמַּאי קִבְּלוּ מֵהֶם. הִלֵּל אוֹמֵר: הֱוֵי מִתַּלְמִידָיו שֶׁל אַהֲרֹן, אוֹהֵב שָׁלוֹם
וְרוֹדֵף שָׁלוֹם, אוֹהֵב אֶת הַבְּרִיּוֹת וּמְקָרְבָן לַתּוֹרָה.

יג הוּא הָיָה אוֹמֵר: נְגַד שְׁמָא אֲבַד שְׁמֵהּ, וּדְלָא מוֹסִיף יָסוּף, וּדְלָא יָלֵף קְטָלָא
חַיָּב, וּדְאִשְׁתַּמַּשׁ בְּתָגָא חֲלָף.

יד הוּא הָיָה אוֹמֵר: אִם אֵין אֲנִי לִי מִי לִי, וּכְשֶׁאֲנִי לְעַצְמִי מָה אֲנִי, וְאִם לֹא
עַכְשָׁו אֵימָתָי.

טו שַׁמַּאי אוֹמֵר: עֲשֵׂה תוֹרָתְךָ קֶבַע, אֱמֹר מְעַט וַעֲשֵׂה הַרְבֵּה, וֶהֱוֵי מְקַבֵּל אֶת
כָּל הָאָדָם בְּסֵבֶר פָּנִים יָפוֹת.

טז רַבָּן גַּמְלִיאֵל אוֹמֵר: עֲשֵׂה לְךָ רַב, וְהִסְתַּלֵּק מִן הַסָּפֵק, וְאַל תַּרְבֶּה לְעַשֵּׂר
אֻמָּדוֹת.

יז שִׁמְעוֹן בְּנוֹ אוֹמֵר: כָּל יָמַי גָּדַלְתִּי בֵּין הַחֲכָמִים, וְלֹא מָצָאתִי לַגּוּף טוֹב
מִשְּׁתִיקָה, וְלֹא הַמִּדְרָשׁ עִקָּר אֶלָּא הַמַּעֲשֶׂה, וְכָל הַמַּרְבֶּה דְבָרִים מֵבִיא חֵטְא.

יח רַבָּן שִׁמְעוֹן בֶּן גַּמְלִיאֵל אוֹמֵר: עַל שְׁלֹשָׁה דְבָרִים הָעוֹלָם קַיָּם, עַל הַדִּין,
וְעַל הָאֱמֶת, וְעַל הַשָּׁלוֹם. שֶׁנֶּאֱמַר: אֱמֶת וּמִשְׁפַּט שָׁלוֹם שִׁפְטוּ בְּשַׁעֲרֵיכֶם: זכריה ח

רַבִּי חֲנַנְיָא בֶּן עֲקַשְׁיָא אוֹמֵר: רָצָה הַקָּדוֹשׁ בָּרוּךְ הוּא לְזַכּוֹת אֶת יִשְׂרָאֵל, לְפִיכָךְ מכות כג:
הִרְבָּה לָהֶם תּוֹרָה וּמִצְוֹת. שֶׁנֶּאֱמַר: יהוה חָפֵץ לְמַעַן צִדְקוֹ, יַגְדִּיל תּוֹרָה וְיַאְדִּיר: ישעיה מב

De haber מנין *los dolientes recitan aquí* קדיש דרבנן *(página 581).*

* * *

1:13 *Quien busca ensalzar su renombre:* Quienes se vanaglorian en virtud de la fama habrán de perderla eventualmente. *Quien no estudia*: La vida es estudio y el estudio es vida. *Quien se beneficia incorrectamente de la corona*: La erudición en la Torá no debe ser nunca usada para obtener ventajas personales. Debe ser empleada por nosotros para honrar la Torá y no utilizar la Torá para honrarnos.

1:14 *Si no me ocupo de mí mismo:* Estamos aquí ante un sucinto sumario de la filosofía judía combinado con responsabilidad social. *Y si no es ahora – ¿cuándo?*: una oportunidad momentánea no aprovechada puede que nunca regrese.

1:16 *Procúrate un maestro:* Al igual que en las enseñanzas de Yehoshúa Ben Perajiá (arriba 1:6) se enfatiza aquí el poseer un maestro en particular como mentor principal y modelo de conducta. La erudición depende del discipulado. *Aléjate de la duda*: mantente al margen de situaciones que requieren que tomes decisiones cuando los hechos no son del todo claros.

Todo Israel tiene una porción en el Mundo Venidero, *Sanhedrin 90A*
tal como fue dicho:
"Tu pueblo será todo de justos, heredarán por siempre la tierra, *Is. 60*
retoño de Mi plantío, la obra de Mis propias manos
de la cual Me he de vanagloriar".

CAPÍTULO 2

1. Rabí dijo: ¿Cuál es el camino recto que debe elegir el hombre? Todo aquel que lo dignifica ante sí mismo y lo enaltece ante sus semejantes. Sé cuidadoso tanto con un precepto menor como con uno mayor, pues ignoras su retribución por observarlos. Asimismo, considera la pérdida que ocasiona la no observancia de una mitzvá frente a su recompensa, y el provecho obtenido por un pecado, comparado con el perjuicio que te ha de ocasionar. Considera estas tres cosas y no caerás en manos del error: Ten conciencia qué hay encima de ti: un ojo que ve, un oído que oye y El Libro en el que son registrados todos tus actos.
2. Rabán Gamliel, el hijo de Rabí Yehudá HaNasí, dijo: Es bueno que el estudio de la Torá vaya acompañado de una ocupación, pues la dedicación a ambos logra distanciar a la persona de la transgresión; mientras que todo estudio de la Torá que no vaya acompañado de un trabajo fracasará y conducirá al pecado. Que todos los que se ocupan de las necesidades de la comunidad lo hagan por amor al Cielo, ya que el mérito de sus antepasados los sostendrá, y la devoción a la tarea perdurará eternamente. "Y en cuanto a vosotros, Yo (El Todopoderoso) los consideraré dignos de gran recompensa, como si la hubiesen logrado solos (la meta)".
3. Sed prudentes en vuestra relación con los gobernantes, pues ellos se acercan a la persona para su propio beneficio; se muestran amistosos cuando les conviene, mas no dispensan ayuda al prójimo en su hora de necesidad.
4. Él solía decir: cumple con Su voluntad como si fuera la tuya, de modo que Él haga de tu voluntad como si fuera la Suya. Somete tu voluntad ante la de Él, para que Él anule la voluntad de los demás ante la tuya.
5. Hilel dijo: No te apartes de la comunidad ni confíes en ti mismo hasta el día de tu muerte. No juzgues a tu prójimo hasta que te hayas encontrado en su misma situación. No digas algo que no deba ser escuchado, pues finalmente sí lo será. Y nunca digas "cuando tenga tiempo libre habré de estudiar", pues tal vez nunca lo tengas.
6. Él solía decir: Un ignorante no puede ser temeroso del pecado, ni un hombre falto de instrucción puede ser piadoso; el tímido no podrá aprender ni el exigente podrá enseñar; aquél que se dedica de lleno al comercio no podrá crecer en conocimiento y en el lugar donde no haya hombres – intenta serlo tú.

כָּל יִשְׂרָאֵל יֵשׁ לָהֶם חֵלֶק לָעוֹלָם הַבָּא. שֶׁנֶּאֱמַר: סנהדרין צ.
וְעַמֵּךְ כֻּלָּם צַדִּיקִים, לְעוֹלָם יִירְשׁוּ אָרֶץ ישעיה ס
נֵצֶר מַטָּעַי, מַעֲשֵׂה יָדַי לְהִתְפָּאֵר:

פרק שני

א רַבִּי אוֹמֵר: אֵיזוֹ הִיא דֶרֶךְ יְשָׁרָה שֶׁיָּבֹר לוֹ הָאָדָם, כָּל שֶׁהִיא תִּפְאֶרֶת לְעֹשֶׂיהָ וְתִפְאֶרֶת לוֹ מִן הָאָדָם. וֶהֱוֵי זָהִיר בְּמִצְוָה קַלָּה כְּבַחֲמוּרָה, שֶׁאֵין אַתָּה יוֹדֵעַ מַתַּן שְׂכָרָן שֶׁל מִצְוֹת. וֶהֱוֵי מְחַשֵּׁב הֶפְסֵד מִצְוָה כְּנֶגֶד שְׂכָרָהּ, וּשְׂכַר עֲבֵרָה כְּנֶגֶד הֶפְסֵדָהּ. הִסְתַּכֵּל בִּשְׁלֹשָׁה דְבָרִים, וְאֵין אַתָּה בָא לִידֵי עֲבֵרָה. דַּע מַה לְּמַעְלָה מִמְּךָ, עַיִן רוֹאָה, וְאֹזֶן שׁוֹמַעַת, וְכָל מַעֲשֶׂיךָ בַּסֵּפֶר נִכְתָּבִים.

ב רַבָּן גַּמְלִיאֵל בְּנוֹ שֶׁל רַבִּי יְהוּדָה הַנָּשִׂיא אוֹמֵר: יָפֶה תַּלְמוּד תּוֹרָה עִם דֶּרֶךְ אֶרֶץ, שֶׁיְּגִיעַת שְׁנֵיהֶם מְשַׁכַּחַת עָוֹן. וְכָל תּוֹרָה שֶׁאֵין עִמָּהּ מְלָאכָה, סוֹפָהּ בְּטֵלָה וְגוֹרֶרֶת עָוֹן. וְכָל הָעוֹסְקִים עִם הַצִּבּוּר, יִהְיוּ עוֹסְקִים עִמָּהֶם לְשֵׁם שָׁמַיִם, שֶׁזְּכוּת אֲבוֹתָם מְסַיַּעְתָּם, וְצִדְקָתָם עוֹמֶדֶת לָעַד. וְאַתֶּם, מַעֲלֶה אֲנִי עֲלֵיכֶם שָׂכָר הַרְבֵּה כְּאִלּוּ עֲשִׂיתֶם.

ג הֱווּ זְהִירִין בָּרָשׁוּת, שֶׁאֵין מְקָרְבִין לוֹ לָאָדָם אֶלָּא לְצֹרֶךְ עַצְמָן. נִרְאִין כְּאוֹהֲבִין בִּשְׁעַת הֲנָאָתָן, וְאֵין עוֹמְדִין לוֹ לָאָדָם בִּשְׁעַת דָּחְקוֹ.

ד הוּא הָיָה אוֹמֵר: עֲשֵׂה רְצוֹנוֹ כִּרְצוֹנְךָ, כְּדֵי שֶׁיַּעֲשֶׂה רְצוֹנְךָ כִּרְצוֹנוֹ. בַּטֵּל רְצוֹנְךָ מִפְּנֵי רְצוֹנוֹ, כְּדֵי שֶׁיְּבַטֵּל רְצוֹן אֲחֵרִים מִפְּנֵי רְצוֹנֶךָ.

ה הִלֵּל אוֹמֵר: אַל תִּפְרֹשׁ מִן הַצִּבּוּר, וְאַל תַּאֲמִין בְּעַצְמְךָ עַד יוֹם מוֹתְךָ, וְאַל תָּדִין אֶת חֲבֵרְךָ עַד שֶׁתַּגִּיעַ לִמְקוֹמוֹ. וְאַל תֹּאמַר דָּבָר שֶׁאִי אֶפְשַׁר לִשְׁמֹעַ, שֶׁסּוֹפוֹ לְהִשָּׁמַע. וְאַל תֹּאמַר לִכְשֶׁאֶפָּנֶה אֶשְׁנֶה, שֶׁמָּא לֹא תִפָּנֶה.

ו הוּא הָיָה אוֹמֵר: אֵין בּוּר יְרֵא חֵטְא, וְלֹא עַם הָאָרֶץ חָסִיד, וְלֹא הַבַּיְשָׁן לָמֵד, וְלֹא הַקַּפְּדָן מְלַמֵּד, וְלֹא כָל הַמַּרְבֶּה בִסְחוֹרָה מַחְכִּים. וּבְמָקוֹם שֶׁאֵין אֲנָשִׁים, הִשְׁתַּדֵּל לִהְיוֹת אִישׁ.

CAPÍTULO 2

Este capítulo continúa la secuencia cronológica del capítulo anterior, comenzando por Rabí (Yehudá HaNasí) y su hijo Rabán Gamliel, previo a retrotraerse a las enseñanzas de sabios anteriores comenzando por Hilel.

2:5 *No digas algo que no deba ser escuchado (o comprendido):* Una traducción alternativa podría ser: "No digas de algo que no has sido capaz de comprender

El comentario continúa en la página 669.

7. Asimismo, vio una calavera flotando sobre la superficie de las aguas y le dijo: Porque ahogaste a otros, te ahogaron a ti; y finalmente, aquellos que te ahogaron serán ahogados.
8. Él solía decir: A mayor abundancia de carne – mayor podredumbre (después de la muerte), a mayor patrimonio – mayor preocupación, a más mujeres – más superstición, a más siervas – más promiscuidad, a más siervos – más robo. A más Torá – más vida. Cuanto más estudio – más sabiduría. A mayor consejo – más inteligencia. Cuanta más dedicación a la justicia – más paz. Quien ha adquirido un buen nombre – lo ha hecho para sí. Quien ha adquirido conocimiento de la Torá ha adquirido para sí vida en el Mundo Venidero.
9. Rabán Yojanán ben Zacai recibió la tradición de Hilel y Shamai. Él solía decir: si has estudiado mucha Torá no te lo tomes como mérito, ya que para eso fuiste creado (para estudiarla y transmitirla).
10. Rabán Yojanán ben Zacai tenía cinco discípulos, a saber: Rabí Eliezer ben Hurkenos, Rabí Yehoshúa ben Janania, Rabí Yosé HaCohén (el sacerdote), Rabí Shimón ben Netanel y Rabí Elazar ben Araj.
11. Él solía enumerar sus cualidades: Eliezer ben Hurkenos es una cisterna encalada que no pierde una sola gota. Yehoshúa Ben Janania: bienaventurada la (madre) que lo dio a luz. Yosé HaCohén es piadoso. Shimón ben Netanel es temeroso del pecado. Elazar ben Araj es un manantial que incrementa continuamente su fluir.
12. Él solía decir: Si todos los sabios de Israel estuviesen colocados sobre un platillo de la balanza y Eliezer ben Hurkenos sobre el otro, él pesaría más que todos ellos. Aba Shaúl dijo en su nombre: si todos los sabios de Israel – incluyendo a Eliezer ben Hurkenos – estuviesen colocados sobre un platillo de la balanza y Elazar ben Araj sobre el otro, él pesaría más que todos ellos.
13. Él (Rabán Yojanán Ben Zacai) les dijo: Salid y ved cuál es el camino recto al cual debe adherirse el hombre. Rabí Eliezer dijo: un buen ojo; Rabí Yehoshúa dijo: un buen compañero; Rabí Yosé dijo: un buen vecino; Rabí Shimón dijo: aquel que prevé las consecuencias de sus acciones; Rabí Elazar dijo: un buen corazón. Les dijo: Apruebo las palabras de Elazar ben Araj por sobre las de ustedes pues ellas comprenden todas las vuestras.
14. Les dijo: Salid y ved cuál es el mal sendero del cual el hombre debe distanciarse. Rabí Eliezer dijo: un ojo malo; Rabí Yehoshúa dijo: un mal compañero;

---

primer principio es el del altruismo: No hagas a otros aquello que no quieres que te hagan a ti. El segundo es el principio de la justicia retributiva: Lo que haces a los demás, otros te lo harán a ti.

2:10–11 *Rabán Yojanán ben Zacai:* Rabán Yojanán era capaz de formar distinguidos discípulos porque "solía enumerar sus cualidades". Un gran maestro es

ז אַף הוּא רָאָה גֻּלְגֹּלֶת אַחַת שֶׁצָּפָה עַל פְּנֵי הַמָּיִם. אָמַר לָהּ: עַל דַּאֲטֵפְתְּ אַטְיפוּךְ, וְסוֹף מְטַיְּפַיִךְ יְטוּפוּן.

ח הוּא הָיָה אוֹמֵר: מַרְבֶּה בָשָׂר, מַרְבֶּה רִמָּה. מַרְבֶּה נְכָסִים, מַרְבֶּה דְאָגָה. מַרְבֶּה נָשִׁים, מַרְבֶּה כְשָׁפִים. מַרְבֶּה שְׁפָחוֹת, מַרְבֶּה זִמָּה. מַרְבֶּה עֲבָדִים, מַרְבֶּה גָזֵל. מַרְבֶּה תוֹרָה, מַרְבֶּה חַיִּים. מַרְבֶּה יְשִׁיבָה, מַרְבֶּה חָכְמָה. מַרְבֶּה עֵצָה, מַרְבֶּה תְבוּנָה. מַרְבֶּה צְדָקָה, מַרְבֶּה שָׁלוֹם. קָנָה שֵׁם טוֹב, קָנָה לְעַצְמוֹ. קָנָה לוֹ דִבְרֵי תוֹרָה, קָנָה לוֹ חַיֵּי הָעוֹלָם הַבָּא.

ט רַבָּן יוֹחָנָן בֶּן זַכַּאי קִבֵּל מֵהִלֵּל וּמִשַּׁמַּאי. הוּא הָיָה אוֹמֵר: אִם לָמַדְתָּ תּוֹרָה הַרְבֵּה, אַל תַּחֲזִיק טוֹבָה לְעַצְמְךָ, כִּי לְכָךְ נוֹצָרְתָּ.

י חֲמִשָּׁה תַלְמִידִים הָיוּ לְרַבָּן יוֹחָנָן בֶּן זַכַּאי. וְאֵלּוּ הֵן: רַבִּי אֱלִיעֶזֶר בֶּן הוֹרְקְנוֹס, רַבִּי יְהוֹשֻׁעַ בֶּן חֲנַנְיָה, רַבִּי יוֹסֵי הַכֹּהֵן, רַבִּי שִׁמְעוֹן בֶּן נְתַנְאֵל, רַבִּי אֶלְעָזָר בֶּן עֲרָךְ.

יא הוּא הָיָה מוֹנֶה שִׁבְחָם: אֱלִיעֶזֶר בֶּן הוֹרְקְנוֹס, בּוֹר סוּד שֶׁאֵינוֹ מְאַבֵּד טִפָּה. יְהוֹשֻׁעַ בֶּן חֲנַנְיָה, אַשְׁרֵי יוֹלַדְתּוֹ. יוֹסֵי הַכֹּהֵן, חָסִיד. שִׁמְעוֹן בֶּן נְתַנְאֵל, יְרֵא חֵטְא. אֶלְעָזָר בֶּן עֲרָךְ, כְּמַעְיָן הַמִּתְגַּבֵּר.

יב הוּא הָיָה אוֹמֵר: אִם יִהְיוּ כָּל חַכְמֵי יִשְׂרָאֵל בְּכַף מֹאזְנַיִם, וֶאֱלִיעֶזֶר בֶּן הוֹרְקְנוֹס בְּכַף שְׁנִיָּה, מַכְרִיעַ אֶת כֻּלָּם. אַבָּא שָׁאוּל אוֹמֵר מִשְּׁמוֹ: אִם יִהְיוּ כָּל חַכְמֵי יִשְׂרָאֵל בְּכַף מֹאזְנַיִם, וֶאֱלִיעֶזֶר בֶּן הוֹרְקְנוֹס אַף עִמָּהֶם, וְאֶלְעָזָר בֶּן עֲרָךְ בְּכַף שְׁנִיָּה, מַכְרִיעַ אֶת כֻּלָּם.

יג אָמַר לָהֶם: צְאוּ וּרְאוּ אֵיזוֹ הִיא דֶּרֶךְ טוֹבָה, שֶׁיִּדְבַּק בָּהּ הָאָדָם. רַבִּי אֱלִיעֶזֶר אוֹמֵר: עַיִן טוֹבָה. רַבִּי יְהוֹשֻׁעַ אוֹמֵר: חָבֵר טוֹב. רַבִּי יוֹסֵי אוֹמֵר: שָׁכֵן טוֹב. רַבִּי שִׁמְעוֹן אוֹמֵר: הָרוֹאֶה אֶת הַנּוֹלָד. רַבִּי אֶלְעָזָר אוֹמֵר: לֵב טוֹב. אָמַר לָהֶם, רוֹאֶה אֲנִי אֶת דִּבְרֵי אֶלְעָזָר בֶּן עֲרָךְ מִדִּבְרֵיכֶם, שֶׁבִּכְלַל דְּבָרָיו דִּבְרֵיכֶם.

יד אָמַר לָהֶם: צְאוּ וּרְאוּ, אֵיזוֹ הִיא דֶּרֶךְ רָעָה, שֶׁיִּתְרַחֵק מִמֶּנָּה הָאָדָם. רַבִּי אֱלִיעֶזֶר אוֹמֵר: עַיִן רָעָה. רַבִּי יְהוֹשֻׁעַ אוֹמֵר: חָבֵר רָע. רַבִּי יוֹסֵי אוֹמֵר: שָׁכֵן

---

que resulta ininteligible. Eventualmente – por medio del repetido estudio con tus compañeros – encontrarás que lo puedes comprender".

2:7 *Una calavera flotando sobre la superficie de las aguas:* El principio de la reciprocidad. Esta es una de las mitades de la ética básica del judaísmo. El

Rabí Yosé dijo: un mal vecino; Rabí Shimón dijo: aquél que toma prestado y no paga, tanto quien toma prestado de personas como si lo tomara prestado del Omnipresente, tal como está escrito: "El malvado recibe prestado y no lo devuelve, mas el justo actúa compasivamente y brinda de sí". Rabí Elazar dijo: un corazón malo. Les dijo, entonces (Rabán lojanán): Apruebo las palabras de Elazar ben Araj a las de ustedes, pues ellas compendían todas las vuestras. *Sal. 37*

15. Cada uno de ellos dijo tres cosas. Rabí Eliezer dijo: Que la honra de tu prójimo te sea tan valiosa como la tuya propia y no te enojes fácilmente. Arrepiéntete un día antes de tu muerte. Caliéntate con el fuego de los sabios pero cuídate de no quemarte con sus brasas ardientes, porque su mordedura es como la del zorro, su picadura es como la del escorpión, su silbido es como el siseo de la serpiente y todas sus palabras son como brasas ardientes.

16. Rabí Yehoshúa dijo: el ojo malo, la pasión por el mal y el odio a las criaturas sacan al hombre del mundo.

17. Rabí Yosé dijo: Que sea para ti el patrimonio de tu prójimo tan caro como el tuyo propio; prepárate para estudiar la Torá pues no te es dada como una heredad. Y que todas tus acciones sean realizadas por amor a Dios.

18. Rabí Shimón dijo: Sé cuidadoso en la lectura del Shemá y La Plegaria ('Amidá'). Cuando reces, no hagas de tu plegaria algo rutinario sino como apelación por la compasión (Divina) y una súplica por el favor del Omnipresente, pues está escrito que "Él es bondadoso y compasivo, lento en iras y grande en compasión, y condescendiente ante el mal (que amenaza traer)". Y no te consideres a ti mismo malvado. *Yoel 2*

19. Rabí Elazar dijo: Sé diligente en el estudio de la Torá. Sabe qué le habrás de responder a quien se refiere a la Torá con desprecio (lit. epicúreo) y ten conciencia ante Quién trabajas y Quién es tu Empleador, que habrá de retribuirte conforme a tu trabajo.

20. Rabí Tarfón dijo: El día es corto y la tarea es cuantiosa, los trabajadores son perezosos, la retribución es grande y el Empleador apremia.

21. Él solía decir: No te corresponde a ti completar el trabajo, pero tampoco eres libre de sustraerte del mismo; si has estudiado mucha Torá se te retribuirá ampliamente y tu Empleador es digno de confianza para retribuirte por tu trabajo. Y debes saber que la retribución que le es dada a los virtuosos será en el Mundo Venidero.

---

se esmeran la adquieren. *Que todas tus acciones sean realizadas en honor a Dios:* Incluso aquellas acciones que no son de un carácter específicamente religioso.

2:21 *No te corresponde a ti completar el trabajo:* La labor de construir una sociedad basada en la justicia y la compasión, la libertad y el respeto de la

רָע. רַבִּי שִׁמְעוֹן אוֹמֵר: הַלֹּוֶה וְאֵינוֹ מְשַׁלֵּם, אֶחָד הַלֹּוֶה מִן הָאָדָם כְּלֹוֶה
מִן הַמָּקוֹם, שֶׁנֶּאֱמַר: לֹוֶה רָשָׁע וְלֹא יְשַׁלֵּם, וְצַדִּיק חוֹנֵן וְנוֹתֵן: רַבִּי אֶלְעָזָר תהלים לז
אוֹמֵר: לֵב רָע. אָמַר לָהֶם: רוֹאֶה אֲנִי אֶת דִּבְרֵי אֶלְעָזָר בֶּן עֲרָךְ מִדִּבְרֵיכֶם,
שֶׁבִּכְלַל דְּבָרָיו דִּבְרֵיכֶם.

טו הֵם אָמְרוּ שְׁלֹשָׁה דְבָרִים. רַבִּי אֱלִיעֶזֶר אוֹמֵר: יְהִי כְבוֹד חֲבֵרְךָ חָבִיב עָלֶיךָ
כְּשֶׁלָּךְ, וְאַל תְּהִי נוֹחַ לִכְעֹס. וְשׁוּב יוֹם אֶחָד לִפְנֵי מִיתָתְךָ. וֶהֱוֵי מִתְחַמֵּם כְּנֶגֶד
אוּרָן שֶׁל חֲכָמִים, וֶהֱוֵי זָהִיר בְּגַחַלְתָּן שֶׁלֹּא תִכָּוֶה, שֶׁנְּשִׁיכָתָן נְשִׁיכַת שׁוּעָל,
וַעֲקִיצָתָן עֲקִיצַת עַקְרָב, וּלְחִישָׁתָן לְחִישַׁת שָׂרָף, וְכָל דִּבְרֵיהֶם כְּגַחֲלֵי אֵשׁ.

טז רַבִּי יְהוֹשֻׁעַ אוֹמֵר: עַיִן הָרָע וְיֵצֶר הָרָע וְשִׂנְאַת הַבְּרִיּוֹת, מוֹצִיאִין אֶת הָאָדָם
מִן הָעוֹלָם.

יז רַבִּי יוֹסֵי אוֹמֵר: יְהִי מָמוֹן חֲבֵרְךָ חָבִיב עָלֶיךָ כְּשֶׁלָּךְ. וְהַתְקֵן עַצְמְךָ לִלְמֹד
תּוֹרָה, שֶׁאֵינָהּ יְרֻשָּׁה לָךְ. וְכָל מַעֲשֶׂיךָ יִהְיוּ לְשֵׁם שָׁמָיִם.

יח רַבִּי שִׁמְעוֹן אוֹמֵר: הֱוֵי זָהִיר בִּקְרִיאַת שְׁמַע וּבִתְפִלָּה. וּכְשֶׁאַתָּה מִתְפַּלֵּל
אַל תַּעַשׂ תְּפִלָּתְךָ קֶבַע, אֶלָּא רַחֲמִים וְתַחֲנוּנִים לִפְנֵי הַמָּקוֹם, שֶׁנֶּאֱמַר: כִּי יואל ב
חַנּוּן וְרַחוּם הוּא, אֶרֶךְ אַפַּיִם וְרַב־חֶסֶד וְנִחָם עַל־הָרָעָה: וְאַל תְּהִי רָשָׁע
בִּפְנֵי עַצְמֶךָ.

יט רַבִּי אֶלְעָזָר אוֹמֵר: הֱוֵי שָׁקוּד לִלְמֹד תּוֹרָה. וְדַע מַה שֶּׁתָּשִׁיב לְאֶפִּיקוֹרוֹס.
וְדַע לִפְנֵי מִי אַתָּה עָמֵל, וּמִי הוּא בַּעַל מְלַאכְתְּךָ, שֶׁיְּשַׁלֶּם לְךָ שְׂכַר פְּעֻלָּתֶךָ.

כ רַבִּי טַרְפוֹן אוֹמֵר: הַיּוֹם קָצָר, וְהַמְּלָאכָה מְרֻבָּה, וְהַפּוֹעֲלִים עֲצֵלִים, וְהַשָּׂכָר
הַרְבֵּה, וּבַעַל הַבַּיִת דּוֹחֵק.

כא הוּא הָיָה אוֹמֵר: לֹא עָלֶיךָ הַמְּלָאכָה לִגְמֹר, וְלֹא אַתָּה בֶן חוֹרִין לִבָּטֵל מִמֶּנָּה.
אִם לָמַדְתָּ תּוֹרָה הַרְבֵּה, נוֹתְנִין לְךָ שָׂכָר הַרְבֵּה. וְנֶאֱמָן הוּא בַּעַל מְלַאכְתְּךָ,
שֶׁיְּשַׁלֶּם לְךָ שְׂכַר פְּעֻלָּתֶךָ. וְדַע, שֶׁמַּתַּן שְׂכָרָן שֶׁל צַדִּיקִים לֶעָתִיד לָבוֹא.

---

quien logra reconocer el potencial particular de cada uno de sus estudiantes, y entonces, por medio de la alabanza y el aliento logra efectivizarlo.

2:16 *Rabí Yehoshúa dijo:* La vida se acorta a raíz de emociones negativas. Esto ha sido confirmado por numerosas investigaciones médicas.

2:17 *Prepárate para estudiar la Torá:* Si bien la Torá es descrita como “la herencia de la congregación de Ya’akov” (Deuteronomio 33:4), esta no pasa automáticamente de una generación a la siguiente. Solo aquellas personas que

Rabí Jananiá Ben Akashiá dice: El Santo Bendito Él quiso dar méritos a Israel y por ello les incrementó el estudio de la Torá y el cumplimiento de preceptos, tal como está escrito: "El SEÑOR, en aras del mérito de Israel deseó engrandecer la Torá y enaltecerla". *Macot 23B* *Is. 42*

De haber minián los dolientes recitan aquí el Kadish de los Rabinos (página 580).

* * *

Todo Israel tiene una porción en el Mundo Venidero, *Sanhedrin 90A*
tal como fue dicho:
"Tu pueblo será todo de justos, heredarán por siempre la tierra, *Is. 60*
retoño de Mi plantío, la obra de Mis propias manos
de la cual Me he de vanagloriar".

CAPITULO 3

1. Akaviá ben Mahalalel dijo: Medita acerca de tres cosas y no caerás en manos del pecado: Sabe de dónde has venido, hacia dónde vas y ante Quién habrás de rendir cuentas. ¿De dónde has venido? – de una gota fétida. ¿Hacia dónde vas? – a un sitio de polvo, gusanos y larvas. ¿Y ante Quién habrás de rendir cuentas y balance? – ante el Supremo Rey de los Reyes El Santo Bendito Él.
2. Rabí Janina – asistente de Cohen Gadol – dijo: Ruega por el bienestar del gobierno porque si no fuese por temor a él los hombres se comerían vivos unos a otros.
3. Rabí Janiná ben Teradión dijo: Si dos están sentados juntos y no hay entre ellos palabras de Torá, la suya es una "reunión de burlones" acerca de la cual se ha dicho: "en reunión de burlones no se ha sentado." Pero si dos personas están sentadas juntas y median entre ellas palabras de Torá, la Divina "Shejiná" (Divina Presencia) mora entre ellos, porque fue dicho: "los temerosos de Dios hablaron entre ellos; y Dios escuchó y oyó, y fue escrito un libro de memoria delante de Él para los que temen a Dios y para quienes ponderan *Sal. 1* *Mal. 3*

---

anticipación de dieciséis siglos del argumento político del clásico de Tomás Hobbes intitulado "*El Leviatán*". En ausencia de un poder central, encargado de aplicar la autoridad y el imperio de la ley la sociedad puede degenerarse en "una guerra de todos contra todos" en la cual la vida sería "solitaria, pobre, desagradable, brutal y breve".

3:3 *Rabí Janiná Ben Teradión:* Se trata de una reformulación del argumento del Salmo 1:1–2 "En reunión de burlones no se ha sentado. Mas su deleite es en la Torá del SEÑOR y en Sus enseñanzas medita día y noche". Compartir palabras de la Torá en la mesa transforma el acto físico en uno espiritual y a los presentes los transforma en compañeros de estudio.

רַבִּי חֲנַנְיָא בֶּן עֲקַשְׁיָא אוֹמֵר: רָצָה הַקָּדוֹשׁ בָּרוּךְ הוּא לְזַכּוֹת אֶת יִשְׂרָאֵל, לְפִיכָךְ הִרְבָּה לָהֶם תּוֹרָה וּמִצְוֹת. שֶׁנֶּאֱמַר: יהוה חָפֵץ לְמַעַן צִדְקוֹ, יַגְדִּיל תּוֹרָה וְיַאְדִּיר: מכות כג: ישעיה מב

De haber מנין *los dolientes recitan aquí* קדיש דרבנן *(página 581).*

* * *

כָּל יִשְׂרָאֵל יֵשׁ לָהֶם חֵלֶק לָעוֹלָם הַבָּא. שֶׁנֶּאֱמַר: סנהדרין צ.
וְעַמֵּךְ כֻּלָּם צַדִּיקִים, לְעוֹלָם יִירְשׁוּ אָרֶץ ישעיה ס
נֵצֶר מַטָּעַי, מַעֲשֵׂה יָדַי לְהִתְפָּאֵר:

פרק שלישי

א עֲקַבְיָא בֶּן מַהֲלַלְאֵל אוֹמֵר: הִסְתַּכֵּל בִּשְׁלֹשָׁה דְבָרִים, וְאֵין אַתָּה בָא לִידֵי עֲבֵרָה. דַּע מֵאַיִן בָּאתָ, וּלְאָן אַתָּה הוֹלֵךְ, וְלִפְנֵי מִי אַתָּה עָתִיד לִתֵּן דִּין וְחֶשְׁבּוֹן. מֵאַיִן בָּאתָ, מִטִּפָּה סְרוּחָה. וּלְאָן אַתָּה הוֹלֵךְ, לִמְקוֹם עָפָר, רִמָּה וְתוֹלֵעָה. וְלִפְנֵי מִי אַתָּה עָתִיד לִתֵּן דִּין וְחֶשְׁבּוֹן, לִפְנֵי מֶלֶךְ מַלְכֵי הַמְּלָכִים, הַקָּדוֹשׁ בָּרוּךְ הוּא.

ב רַבִּי חֲנִינָא סְגַן הַכֹּהֲנִים אוֹמֵר: הֱוֵי מִתְפַּלֵּל בִּשְׁלוֹמָהּ שֶׁל מַלְכוּת, שֶׁאִלְמָלֵא מוֹרָאָהּ, אִישׁ אֶת רֵעֵהוּ חַיִּים בְּלָעוֹ.

ג רַבִּי חֲנִינָא בֶּן תְּרַדְיוֹן אוֹמֵר: שְׁנַיִם שֶׁיּוֹשְׁבִין, וְאֵין בֵּינֵיהֶם דִּבְרֵי תוֹרָה, הֲרֵי זֶה מוֹשַׁב לֵצִים, שֶׁנֶּאֱמַר: וּבְמוֹשַׁב לֵצִים לֹא יָשָׁב: אֲבָל שְׁנַיִם שֶׁיּוֹשְׁבִין, וְיֵשׁ בֵּינֵיהֶם דִּבְרֵי תוֹרָה, שְׁכִינָה שְׁרוּיָה בֵינֵיהֶם, שֶׁנֶּאֱמַר: אָז נִדְבְּרוּ יִרְאֵי יהוה אִישׁ אֶל־רֵעֵהוּ, וַיַּקְשֵׁב יהוה וַיִּשְׁמָע, וַיִּכָּתֵב סֵפֶר זִכָּרוֹן לְפָנָיו לְיִרְאֵי יהוה תהלים א מלאכי ג

---

dignidad humana no puede ser completada en una sola generación. Se trata de una lucha permanente en la cual cada uno de nosotros debe participar. Por lo tanto, la idea de un pacto entendido como un desafío extendido en el tiempo, en el cual construimos sobre los logros obtenidos por nuestros ancestros y entrega nuestros ideales a quienes vienen tras nosotros.

CAPÍTULO 3

3:1 *Akaviá ben Mahalalel:* Si nos consideramos seres materiales provenimos del polvo y a este retornamos. Solamente en cuestiones espirituales logramos tocar las alas de la eternidad.

3:2. *Rabí Janina – asistente de Cohen Gadol (Sumo Sacerdote)*: Se trata de una

Su Nombre". Ahora bien, en este versículo nuestra enseñanza se refiere a dos personas; ¿de dónde podemos deducir que incluso si sólo una persona se dedica al estudio de la Torá el Santo Bendito Él le asigna una recompensa? Del versículo: "aunque se siente solo, que medite en tranquilidad, pues ha *Lm. 3*
recibido lo que le está adjudicado".

4. Rabí Shimón dijo: Si tres han comido en una mesa y no han pronunciado en ella palabras de Torá, es como si hubieran comido de los sacrificios de los muertos, tal como fue dicho: "Porque todas sus mesas están llenas de vómito *Is. 283*
e inmundicia". Pero si tres han comido en una mesa y han hablado entre ellos palabras de Torá, es como si hubieran comido de la mesa del Omnipresente, pues está escrito: "...y me dijo: esta es la mesa que está ante la Presencia de *Ezeq. 41*
Dios".

5. Rabí Janina ben Jajinai dijo: Si alguien permanece despierto durante la noche, y camina solitario por los caminos y dirige su corazón a cosas vanas, pone en riesgo su vida.

6. Rabí Nejuniá ben Hakaná dijo: Quienquiera que acepte sobre sí el yugo de la Torá se librará del yugo del gobierno y de las preocupaciones mundanas, pero todo aquel que desecha el yugo de la Torá se le impondrá el yugo del gobierno y de las preocupaciones mundanas.

7. Rabí Jalafta ben Dosa, de Kfar Janania, dijo: Cuando diez personas se reúnen y se ocupan del estudio de la Torá, la Divina Presencia mora entre ellos, tal como fue dicho: "Dios está en medio de la congregación Divina". ¿Y de dónde *Sal. 82*
deducimos que lo mismo se aplica incluso a cinco? Porque fue dicho: "Él *Amós 9*
fundó Su grupo (bóveda celeste) sobre la Tierra"('Agudató', 'Su grupo', presupone un haz de cinco elementos). ¿Y de dónde sabemos que lo mismo se aplica incluso a tres? Porque fue dicho: "(Dios) juzga en medio de los jueces *Sal. 82*
(de la Tierra)". ¿Y de dónde se infiere que lo mismo se aplica incluso cuando son dos? Porque fue dicho: "Entonces los temerosos de Dios hablaron cada *Mal. 3*
uno a su compañero; y el Señor escuchó y oyó". ¿Y de dónde se infiere que lo mismo se aplica incluso cuando se trata de uno solo? Porque fue dicho: "...en *Éx. 20*
todo lugar donde Yo hiciere recordar Mi Nombre, vendré a ti y te bendeciré".

8. Rabi Elazar de Bartota dijo: Dale a Dios lo que es Suyo, ya que tú y todo lo tuyo son de Él. Y así también lo dijo David (en sus plegarias): "Pues todo *1 Cró. 29*
proviene de Ti, y por Tu mano – Te lo entregamos".

9. Rabí Ya'akov dijo: Si alguien transita por un camino repasando su estudio de Torá e interrumpe su estudio para decir: "¡Qué bello es ese árbol!", "¡qué hermoso es este campo arado!" – pone en riesgo su vida.

---

en los fenómenos naturales, en el judaísmo Dios no puede ser visto sino escuchado. Por lo tanto, una de las palabras claves de la Biblia es "*Shemá*"

וְלַחֲשָׁבֵי שְׁמוֹ: אֵין לִי אֶלָּא שְׁנַיִם, מִנַּיִן אֲפִלּוּ אֶחָד שֶׁיּוֹשֵׁב וְעוֹסֵק בַּתּוֹרָה
שֶׁהַקָּדוֹשׁ בָּרוּךְ הוּא קוֹבֵעַ לוֹ שָׂכָר, שֶׁנֶּאֱמַר: יֵשֵׁב בָּדָד וְיִדֹּם כִּי נָטַל עָלָיו: איכה ג

ד רַבִּי שִׁמְעוֹן אוֹמֵר: שְׁלֹשָׁה שֶׁאָכְלוּ עַל שֻׁלְחָן אֶחָד וְלֹא אָמְרוּ עָלָיו דִּבְרֵי
תוֹרָה, כְּאִלּוּ אָכְלוּ מִזִּבְחֵי מֵתִים, שֶׁנֶּאֱמַר: כִּי כָּל־שֻׁלְחָנוֹת מָלְאוּ קִיא ישעיה כח
צֹאָה בְּלִי מָקוֹם: אֲבָל שְׁלֹשָׁה שֶׁאָכְלוּ עַל שֻׁלְחָן אֶחָד, וְאָמְרוּ עָלָיו דִּבְרֵי
תוֹרָה, כְּאִלּוּ אָכְלוּ מִשֻּׁלְחָנוֹ שֶׁל מָקוֹם, שֶׁנֶּאֱמַר: וַיְדַבֵּר אֵלַי, זֶה הַשֻּׁלְחָן יחזקאל מא
אֲשֶׁר לִפְנֵי יהוה:

ה רַבִּי חֲנִינָא בֶּן חֲכִינַאי אוֹמֵר: הַנֵּעוֹר בַּלַּיְלָה, וְהַמְהַלֵּךְ בַּדֶּרֶךְ יְחִידִי, וְהַמְפַנֶּה
לִבּוֹ לְבַטָּלָה, הֲרֵי זֶה מִתְחַיֵּב בְּנַפְשׁוֹ.

ו רַבִּי נְחוּנְיָא בֶּן הַקָּנָה אוֹמֵר: כָּל הַמְקַבֵּל עָלָיו עֹל תּוֹרָה, מַעֲבִירִין מִמֶּנּוּ עֹל
מַלְכוּת וְעֹל דֶּרֶךְ אֶרֶץ. וְכָל הַפּוֹרֵק מִמֶּנּוּ עֹל תּוֹרָה, נוֹתְנִין עָלָיו עֹל מַלְכוּת
וְעֹל דֶּרֶךְ אֶרֶץ.

ז רַבִּי חֲלַפְתָּא בֶּן דּוֹסָא אִישׁ כְּפַר חֲנַנְיָה אוֹמֵר: עֲשָׂרָה שֶׁיּוֹשְׁבִין וְעוֹסְקִין
בַּתּוֹרָה שְׁכִינָה שְׁרוּיָה בֵינֵיהֶם, שֶׁנֶּאֱמַר: אֱלֹהִים נִצָּב בַּעֲדַת־אֵל: וּמִנַּיִן אֲפִלּוּ תהלים פב
חֲמִשָּׁה, שֶׁנֶּאֱמַר: וַאֲגֻדָּתוֹ עַל־אֶרֶץ יְסָדָהּ: וּמִנַּיִן אֲפִלּוּ שְׁלֹשָׁה, שֶׁנֶּאֱמַר: עמוס ט
בְּקֶרֶב אֱלֹהִים יִשְׁפֹּט: וּמִנַּיִן אֲפִלּוּ שְׁנַיִם, שֶׁנֶּאֱמַר: אָז נִדְבְּרוּ יִרְאֵי יהוה אִישׁ תהלים פב מלאכי ג
אֶל־רֵעֵהוּ, וַיַּקְשֵׁב יהוה וַיִּשְׁמָע: וּמִנַּיִן אֲפִלּוּ אֶחָד, שֶׁנֶּאֱמַר: בְּכָל־הַמָּקוֹם שמות כ
אֲשֶׁר אַזְכִּיר אֶת־שְׁמִי, אָבוֹא אֵלֶיךָ וּבֵרַכְתִּיךָ:

ח רַבִּי אֶלְעָזָר אִישׁ בַּרְתּוֹתָא אוֹמֵר: תֶּן לוֹ מִשֶּׁלּוֹ, שֶׁאַתָּה וְשֶׁלְּךָ שֶׁלּוֹ. וְכֵן בְּדָוִד
הוּא אוֹמֵר: כִּי־מִמְּךָ הַכֹּל, וּמִיָּדְךָ נָתַנּוּ לָךְ: דברי הימים א׳ כט

ט רַבִּי יַעֲקֹב אוֹמֵר: הַמְהַלֵּךְ בַּדֶּרֶךְ וְשׁוֹנֶה, וּמַפְסִיק מִמִּשְׁנָתוֹ וְאוֹמֵר, מַה
נָּאֶה אִילָן זֶה, מַה נָּאֶה נִיר זֶה, מַעֲלֶה עָלָיו הַכָּתוּב כְּאִלּוּ מִתְחַיֵּב בְּנַפְשׁוֹ.

3:5 *Pone en riesgo su vida:* Literalmente, "es pasible de pena de muerte". Los sabios emplearon esta frase para enfatizar un peligro espiritual serio y no para indicar que alguien ha cometido un crimen capital.

3:7 *Diez, cinco:* "congregación" ("*edá*") significa diez personas tal como en el relato de los espías que trajeron un reporte negativo de la tierra de Israel (Números 14:27). "Grupo" ("*agudá*") se refiere a aquello que puede ser mantenido unido por medio de los cinco dedos de la mano: por lo tanto, significa cinco.

3:9 *Si alguien transita por un camino repasando su estudio de Torá:* El judaísmo es una religión más del oído que de la vista. Los paganos veían a los dioses

10. Rabí Dostai bar Yanai dijo en nombre de Rabí Meír: Quien olvida tan siquiera una sola palabra de su estudio de la Torá, está calificado en el versículo como quien pone su vida en riesgo, por cuanto está escrito: "Solamente cuídate y cuida mucho tu alma; no sea que vayas a olvidar las cosas que han visto tus ojos". ¿Podríamos suponer que esto es aplicable aun cuando el aprendizaje fue duro? Por eso, el versículo agrega explícitamente: "y no sea que se aparten de tu corazón – todos los días de tu vida". O sea, uno no pone en riesgo su vida salvo cuando aparta los estudios de su corazón deliberadamente. *Deut. 4* *Deut. 4*

11. Rabí Janina ben Dosa dijo: Todo aquel que antepone su temor al pecado a la sabiduría – esta perdurará; pero aquel cuya sabiduría precede al temor al pecado – su sabiduría no perdurará.

12. Él solía decir: Todo aquel cuyas acciones superan a su sabiduría – esta habrá de mantenerse; pero en aquel cuya sabiduría es más numerosa que sus acciones – su sabiduría no perdurará.

13. Él solía decir: Todo aquel en el que los hombres se complacen, se complace también Dios; y todo aquel que es desapacible para con sus semejantes también lo es para el Omnipresente.

14. Rabí Dosa ben Harkinas dijo: El sueño de la mañana, el vino del mediodía, mantener conversaciones infantiles y la frecuentación de lugares concurridos por personas incultas apartan al hombre del mundo.

15. Rabí Elazar HaModaí dijo: El que profana las cosas sagradas, desprecia las festividades, avergüenza a su semejante en público, viola el pacto de nuestro patriarca Abraham o interpreta la Torá contrariando la Halajá – no tendrá parte en el Mundo Venidero – a pesar de que disponga a su favor el conocimiento de la Torá y acredite buenas acciones.

16. Rabí Ishmael dijo: Sé amable en extremo con un anciano eminente y complaciente con los jóvenes, y recibe a toda persona con regocijo.

17. Rabí Akiva dijo: Las risas y la frivolidad conducen al hombre hacia la inmoralidad. La transmisión ("*mesorá*") es una valla para proteger la Torá; el diezmo es una cerca para proteger las riquezas; las promesas son una cerca para proteger la abstinencia; el silencio es una cerca para proteger la sabiduría.

18. Él solía decir: Amado es el hombre, pues fue creado a Su imagen; le fue manifestado un gran amor, por cuanto fue creado a imagen de Dios, tal como está escrito: "porque a Imagen de Dios creó al hombre". Amado es el pueblo de Israel, pues fue llamado hijo del Omnipresente; un extraordinario amor le fue manifestado por cuanto que son llamados hijos de Dios, tal como está escrito: "hijos sois del SEÑOR vuestro Dios". Israel es querido, por cuanto le *Gén. 9* *Deut. 14*

---

dando sentido alegórico a los preceptos arguyendo que no se trata de leyes a ser practicadas sino declaraciones de índole filosófica a las cuales contemplar.

י רַבִּי דוֹסְתַּאי בְּרַבִּי יַנַּאי מִשּׁוּם רַבִּי מֵאִיר אוֹמֵר: כָּל הַשּׁוֹכֵחַ דָּבָר אֶחָד
מִמִּשְׁנָתוֹ, מַעֲלֶה עָלָיו הַכָּתוּב כְּאִלּוּ מִתְחַיֵּב בְּנַפְשׁוֹ, שֶׁנֶּאֱמַר: רַק הִשָּׁמֶר דברים ד
לְךָ וּשְׁמֹר נַפְשְׁךָ מְאֹד, פֶּן־תִּשְׁכַּח אֶת־הַדְּבָרִים אֲשֶׁר־רָאוּ עֵינֶיךָ: יָכוֹל אֲפִלּוּ
תָּקְפָה עָלָיו מִשְׁנָתוֹ, תַּלְמוּד לוֹמַר: וּפֶן יָסוּרוּ מִלְּבָבְךָ כֹּל יְמֵי חַיֶּיךָ: הָא אֵינוֹ דברים ד
מִתְחַיֵּב בְּנַפְשׁוֹ, עַד שֶׁיֵּשֵׁב וִיסִירֵם מִלִּבּוֹ.

יא רַבִּי חֲנִינָא בֶּן דּוֹסָא אוֹמֵר: כָּל שֶׁיִּרְאַת חֶטְאוֹ קוֹדֶמֶת לְחָכְמָתוֹ, חָכְמָתוֹ
מִתְקַיֶּמֶת. וְכָל שֶׁחָכְמָתוֹ קוֹדֶמֶת לְיִרְאַת חֶטְאוֹ, אֵין חָכְמָתוֹ מִתְקַיֶּמֶת.

יב הוּא הָיָה אוֹמֵר: כָּל שֶׁמַּעֲשָׂיו מְרֻבִּין מֵחָכְמָתוֹ, חָכְמָתוֹ מִתְקַיֶּמֶת. וְכָל
שֶׁחָכְמָתוֹ מְרֻבָּה מִמַּעֲשָׂיו, אֵין חָכְמָתוֹ מִתְקַיֶּמֶת.

יג הוּא הָיָה אוֹמֵר: כָּל שֶׁרוּחַ הַבְּרִיּוֹת נוֹחָה הֵימֶנּוּ, רוּחַ הַמָּקוֹם נוֹחָה הֵימֶנּוּ.
וְכָל שֶׁאֵין רוּחַ הַבְּרִיּוֹת נוֹחָה הֵימֶנּוּ, אֵין רוּחַ הַמָּקוֹם נוֹחָה הֵימֶנּוּ.

יד רַבִּי דוֹסָא בֶּן הַרְכִּינַס אוֹמֵר: שֵׁנָה שֶׁל שַׁחֲרִית, וְיַיִן שֶׁל צָהֳרַיִם, וְשִׂיחַת
הַיְלָדִים, וִישִׁיבַת בָּתֵּי כְנֵסִיּוֹת שֶׁל עַמֵּי הָאָרֶץ, מוֹצִיאִין אֶת הָאָדָם מִן הָעוֹלָם.

טו רַבִּי אֶלְעָזָר הַמּוֹדָעִי אוֹמֵר: הַמְחַלֵּל אֶת הַקֳּדָשִׁים, וְהַמְבַזֶּה אֶת הַמּוֹעֲדוֹת,
וְהַמַּלְבִּין פְּנֵי חֲבֵרוֹ בָּרַבִּים, וְהַמֵּפֵר בְּרִיתוֹ שֶׁל אַבְרָהָם אָבִינוּ, וְהַמְגַלֶּה פָנִים
בַּתּוֹרָה שֶׁלֹּא כַהֲלָכָה, אַף עַל פִּי שֶׁיֵּשׁ בְּיָדוֹ תּוֹרָה וּמַעֲשִׂים טוֹבִים, אֵין לוֹ
חֵלֶק לָעוֹלָם הַבָּא.

טז רַבִּי יִשְׁמָעֵאל אוֹמֵר: הֱוֵי קַל לְרֹאשׁ וְנוֹחַ לְתִשְׁחֹרֶת, וֶהֱוֵי מְקַבֵּל אֶת כָּל
הָאָדָם בְּשִׂמְחָה.

יז רַבִּי עֲקִיבָא אוֹמֵר: שְׂחוֹק וְקַלּוּת רֹאשׁ מַרְגִּילִין אֶת הָאָדָם לְעֶרְוָה. מַסֹּרֶת
סְיָג לַתּוֹרָה, מַעַשְׂרוֹת סְיָג לָעֹשֶׁר, נְדָרִים סְיָג לַפְּרִישׁוּת, סְיָג לַחָכְמָה שְׁתִיקָה.

יח הוּא הָיָה אוֹמֵר, חָבִיב אָדָם שֶׁנִּבְרָא בְצֶלֶם, חִבָּה יְתֵרָה נוֹדַעַת לוֹ שֶׁנִּבְרָא
בְּצֶלֶם, שֶׁנֶּאֱמַר: כִּי בְּצֶלֶם אֱלֹהִים עָשָׂה אֶת־הָאָדָם: חֲבִיבִין יִשְׂרָאֵל שֶׁנִּקְרְאוּ בראשית ט
בָנִים לַמָּקוֹם, חִבָּה יְתֵרָה נוֹדַעַת לָהֶם שֶׁנִּקְרְאוּ בָנִים לַמָּקוֹם, שֶׁנֶּאֱמַר: בָּנִים דברים יד
אַתֶּם לַיהוה אֱלֹהֵיכֶם: חֲבִיבִין יִשְׂרָאֵל שֶׁנִּתַּן לָהֶם כְּלִי חֶמְדָּה, חִבָּה יְתֵרָה

("escucha"). Quien da preminencia a la vista por sobre el oído ha comenzado a alejarse de la senda de los valores judíos.

3:15 *El que ... viola el pacto de nuestro patriarca Abraham:* Esto se refiere a quienes bajo influencia del helenismo intentaron quitarse la marca o señal de la circuncisión. Quien ... *interpreta la Torá contrariando la Halajá:* por ejemplo,

fue dado un precioso instrumento. Un enorme amor le fue manifestado por cuanto le fue dado un instrumento precioso por medio del cual fue creado el mundo, tal como está escrito: "pues Os he dado una buena enseñanza; no abandonéis Mi Torá". *Prov. 4*

19. Todo está a la vista (o previsto) y nos fue dada la libertad de elección, y el mundo es juzgado con benevolencia, y todo será conforme a la cuantía de las acciones.

20. Él solía decir: Todo ha sido dado en prenda y una red está extendida sobre todos los vivientes. La tienda está abierta y el tendero concede a crédito, el libro de registro está abierto y la mano escribe (en él). Quien quiera tomar prestado que venga y lo haga; los cobradores hacen regularmente sus rondas todos los días y cobran el pago al deudor, voluntaria o forzosamente; tienen a mano aquello en lo que pueden apoyarse; el procedimiento legal es correcto; y todo está dispuesto para el banquete.

21. Rabí Elazar ben Azariá dijo: Sin Torá – no hay moral social ("*Derej Eretz*") y sin moral social no hay Torá. Sin sabiduría – no hay temor reverente a Dios, y sin temor reverente a Dios – no hay sabiduría. Sin conocimiento no hay comprensión y sin comprensión no hay conocimiento. Sin sustento – no hay Torá y sin Torá no hay sustento.

22. Él solía decir: cualquier hombre cuya sabiduría supera sus acciones, ¿a qué se asemeja? A un árbol de hojas frondosas pero sus raíces son escasas por lo que el viento llega, lo arranca y lo vuelca. Sobre tal persona fue dicho: "Pues *Jer. 17* será como un hombre solitario en el desierto, no verá cuando viene el bien, habitará en los sequedales del desierto, en una tierra saturada de sal e inhabitable". Pero aquel cuyas acciones superan su sabiduría: ¿a qué se parece? A un árbol cuyas ramas son escasas pero sus raíces muchas. Aun cuando todos los vientos del mundo soplaran contra él, no podrían moverlo de su lugar. Sobre tal persona fue dicho: "Será como árbol plantado junto a las aguas, que *Jer. 17* extiende sus raíces hacia la corriente; no percibirá cuando llegue el calor, sino que será verde su follaje; y no se preocupará en el año de sequía, ni deja de dar fruto".

23. Rabí Elazar ben Jisma dijo: Los preceptos a los nidos del pájaro (Tratado de Kinim) y el inicio de la cuenta de días impuros de la mujer pertenecen al cuerpo de la halajá. La astronomía y la geometría son condimentos de la sabiduría.

---

vida bajo la justicia Divina. Dado que no somos inmediatamente castigados por nuestras malas acciones podemos llegar a pensar que la mala conducta carece de consecuencias. Sin embargo, la realidad es que Dios simplemente extiende un crédito. Él toma cuenta de nuestras acciones y en última instancia deberemos pagar el precio. El banquete se refiere al Mundo Venidero.

נוֹדַעַת לָהֶם שֶׁנִּתַּן לָהֶם כְּלִי חֶמְדָּה שֶׁבּוֹ נִבְרָא הָעוֹלָם, שֶׁנֶּאֱמַר: כִּי לֶקַח טוֹב נָתַתִּי לָכֶם, תּוֹרָתִי אַל־תַּעֲזֹבוּ: משלי ד

יט הַכֹּל צָפוּי, וְהָרְשׁוּת נְתוּנָה, וּבְטוּב הָעוֹלָם נִדּוֹן, וְהַכֹּל לְפִי רֹב הַמַּעֲשֶׂה.

כ הוּא הָיָה אוֹמֵר: הַכֹּל נָתוּן בְּעֵרָבוֹן, וּמְצוּדָה פְרוּסָה עַל כָּל הַחַיִּים. הֶחָנוּת פְּתוּחָה, וְהַחֶנְוָנִי מַקִּיף, וְהַפִּנְקָס פָּתוּחַ, וְהַיָּד כּוֹתֶבֶת, וְכָל הָרוֹצֶה לִלְווֹת יָבֹא וְיִלְוֶה. וְהַגַּבָּאִין מַחֲזִירִין תָּדִיר בְּכָל יוֹם, וְנִפְרָעִין מִן הָאָדָם מִדַּעְתּוֹ וְשֶׁלֹּא מִדַּעְתּוֹ, וְיֵשׁ לָהֶם עַל מַה שֶּׁיִּסְמֹכוּ. וְהַדִּין, דִּין אֱמֶת. וְהַכֹּל מְתֻקָּן לִסְעוּדָה.

כא רַבִּי אֶלְעָזָר בֶּן עֲזַרְיָה אוֹמֵר: אִם אֵין תּוֹרָה אֵין דֶּרֶךְ אֶרֶץ, אִם אֵין דֶּרֶךְ אֶרֶץ אֵין תּוֹרָה. אִם אֵין חָכְמָה אֵין יִרְאָה, אִם אֵין יִרְאָה אֵין חָכְמָה. אִם אֵין דַּעַת אֵין בִּינָה, אִם אֵין בִּינָה אֵין דַּעַת. אִם אֵין קֶמַח אֵין תּוֹרָה, אִם אֵין תּוֹרָה אֵין קֶמַח.

כב הוּא הָיָה אוֹמֵר: כֹּל שֶׁחָכְמָתוֹ מְרֻבָּה מִמַּעֲשָׂיו, לְמָה הוּא דוֹמֶה, לְאִילָן שֶׁעֲנָפָיו מְרֻבִּין וְשָׁרָשָׁיו מֻעָטִין, וְהָרוּחַ בָּאָה וְעוֹקַרְתּוֹ וְהוֹפַכְתּוֹ עַל פָּנָיו.
שֶׁנֶּאֱמַר, וְהָיָה כְּעַרְעָר בָּעֲרָבָה, וְלֹא יִרְאֶה כִּי־יָבוֹא טוֹב, וְשָׁכַן חֲרֵרִים ירמיה יז
בַּמִּדְבָּר, אֶרֶץ מְלֵחָה וְלֹא תֵשֵׁב: אֲבָל כֹּל שֶׁמַּעֲשָׂיו מְרֻבִּין מֵחָכְמָתוֹ, לְמָה הוּא דוֹמֶה, לְאִילָן שֶׁעֲנָפָיו מֻעָטִין וְשָׁרָשָׁיו מְרֻבִּין, שֶׁאֲפִלּוּ כָּל הָרוּחוֹת
שֶׁבָּעוֹלָם בָּאוֹת וְנוֹשְׁבוֹת בּוֹ, אֵין מְזִיזִין אוֹתוֹ מִמְּקוֹמוֹ. שֶׁנֶּאֱמַר: וְהָיָה כְּעֵץ ירמיה יז
שָׁתוּל עַל־מַיִם, וְעַל־יוּבַל יְשַׁלַּח שָׁרָשָׁיו, וְלֹא יִרָא כִּי־יָבֹא חֹם, וְהָיָה עָלֵהוּ רַעֲנָן, וּבִשְׁנַת בַּצֹּרֶת לֹא יִדְאָג, וְלֹא יָמִישׁ מֵעֲשׂוֹת פֶּרִי:

כג רַבִּי אֶלְעָזָר בֶּן חִסְמָא אוֹמֵר: קִנִּין וּפִתְחֵי נִדָּה הֵן הֵן גּוּפֵי הֲלָכוֹת, תְּקוּפוֹת וְגִימַטְרִיָּאוֹת פַּרְפְּרָאוֹת לַחָכְמָה.

3:19 *Todo está a la vista (o previsto):* La traducción estándar suele ser "previsto", según la cual Rabí Akiva se asoma a la paradoja existente entre el conocimiento previo de Dios de lo que haremos y el libre albedrío humano. Dios sabe de antemano qué habremos de hacer mas ello no niega nuestra libertad de elección. Otra traducción posible es "Todo está a la vista y nos fue dada la libertad de elección". Según esto Rabí Akiva no está hablando de omnisciencia Divina, sino que nos está enseñando que si bien somos libres de elegir no podemos escapar a la responsabilidad de las consecuencias de nuestras decisiones porque Dios las ve.

3:20 *Todo ha sido dado en prenda:* Se trata de una extensa metáfora sobre la

Rabí Jananiá Ben Akashiá dice: El Santo Bendito Él quiso dar méritos a Israel y por ello les incrementó el estudio de la Torá y el cumplimiento de preceptos, tal como está escrito: "El SEÑOR, en aras del mérito de Israel deseó engrandecer la Torá y enaltecerla". *Macot 23B* *Is. 42*

De haber minián los dolientes recitan aquí el Kadish de los Rabinos (página 580).

* * *

Todo Israel tiene una porción en el Mundo Venidero, *Sanhedrin 90A*
tal como fue dicho:
"Tu pueblo será todo de justos, heredarán por siempre la tierra, *Is. 60*
retoño de Mi plantío, la obra de Mis propias manos
de la cual Me he de vanagloriar".

CAPÍTULO 4

1. Ben Zomá decía: ¿Quién es sabio? El que aprende de todos sus semejantes, tal como fue dicho: "De todos los que me enseñaron adquirí entendimiento, pues Tus testimonios son mi meditación". ¿Quién es fuerte? El que reduce sus pasiones, tal como fue dicho: "El que tarda en enojarse vale más que un héroe, y el dueño de sí mismo – más que un conquistador". ¿Quién es rico? El que se contenta con su parte, tal como fue dicho: "Cuando disfrutes el trabajo de tus manos prosperarás y te irá bien": "prosperarás" – en este mundo; y "te irá bien" en el Mundo Venidero. ¿Quién es honorable? El que honra a los demás, pues fue dicho: "A quienes Me honraren – Yo honraré, y los que Me menospreciaren – serán despreciados". *Sal. 119* *Prov. 16* *Sal. 128* *1 Sam. 2*
2. Ben Azai dijo: Apresúrate en pos del precepto menor como del mayor y huye de la trasgresión, porque una mitzvá conduce hacia otra mitzvá, y una trasgresión a otra trasgresión; porque la recompensa de la mitzvá es otra mitzvá, mientras que la retribución del pecado es otro pecado.
3. Él solía decir: No desprecies a ningún hombre y no consideres nada falto de valor, porque no hay hombre que no tenga su momento ni cosa que no tenga su lugar.
4. Rabí Levitas de Yavne dijo: Sé extraordinariamente humilde de espíritu, ya que la expectativa del hombre terrenal es la putrefacción (en su sepultura).
5. Rabí Yojanán ben Beroka dijo: Aquel que profana el Nombre de Dios en secreto, será castigado públicamente. Esto es así, tanto si la profanación del Nombre Divino fue perpetrada por error o intencionalmente.

---

disfruta de lo que tiene. Los mayores honores no son aquellos que recibimos sino aquellos que brindamos.

רַבִּי חֲנַנְיָא בֶּן עֲקַשְׁיָא אוֹמֵר: רָצָה הַקָּדוֹשׁ בָּרוּךְ הוּא לְזַכּוֹת אֶת יִשְׂרָאֵל, לְפִיכָךְ מכות כג:
הִרְבָּה לָהֶם תּוֹרָה וּמִצְוֹת. שֶׁנֶּאֱמַר: יהוה חָפֵץ לְמַעַן צִדְקוֹ, יַגְדִּיל תּוֹרָה וְיַאְדִּיר: ישעיה מב

De haber מנין *los dolientes recitan aquí* קדיש דרבנן *(página 581).*

* * *

כָּל יִשְׂרָאֵל יֵשׁ לָהֶם חֵלֶק לָעוֹלָם הַבָּא. שֶׁנֶּאֱמַר: סנהדרין צ.
וְעַמֵּךְ כֻּלָּם צַדִּיקִים, לְעוֹלָם יִירְשׁוּ אָרֶץ ישעיה ס
נֵצֶר מַטָּעַי, מַעֲשֵׂה יָדַי לְהִתְפָּאֵר:

פרק רביעי

א בֶּן זוֹמָא אוֹמֵר: אֵיזֶהוּ חָכָם, הַלּוֹמֵד מִכָּל אָדָם, שֶׁנֶּאֱמַר: מִכָּל־מְלַמְּדַי תהלים קיט
הִשְׂכַּלְתִּי, כִּי עֵדְוֹתֶיךָ שִׂיחָה לִי: אֵיזֶהוּ גִבּוֹר, הַכּוֹבֵשׁ אֶת יִצְרוֹ, שֶׁנֶּאֱמַר: טוֹב משלי טז
אֶרֶךְ אַפַּיִם מִגִּבּוֹר וּמֹשֵׁל בְּרוּחוֹ מִלֹּכֵד עִיר: אֵיזֶהוּ עָשִׁיר, הַשָּׂמֵחַ בְּחֶלְקוֹ,
שֶׁנֶּאֱמַר: יְגִיעַ כַּפֶּיךָ כִּי תֹאכֵל אַשְׁרֶיךָ וְטוֹב לָךְ: אַשְׁרֶיךָ בָּעוֹלָם הַזֶּה וְטוֹב תהלים קכח
לָךְ לָעוֹלָם הַבָּא. אֵיזֶהוּ מְכֻבָּד, הַמְכַבֵּד אֶת הַבְּרִיּוֹת, שֶׁנֶּאֱמַר: כִּי־מְכַבְּדַי שמואל א׳ ב
אֲכַבֵּד, וּבֹזַי יֵקָלּוּ:

ב בֶּן עַזַּאי אוֹמֵר: הֱוֵי רָץ לְמִצְוָה קַלָּה וּבוֹרֵחַ מִן הָעֲבֵרָה. שֶׁמִּצְוָה גוֹרֶרֶת מִצְוָה,
וַעֲבֵרָה גוֹרֶרֶת עֲבֵרָה. שֶׁשְּׂכַר מִצְוָה מִצְוָה, וּשְׂכַר עֲבֵרָה עֲבֵרָה.

ג הוּא הָיָה אוֹמֵר: אַל תְּהִי בָז לְכָל אָדָם, וְאַל תְּהִי מַפְלִיג לְכָל דָּבָר. שֶׁאֵין
לְךָ אָדָם שֶׁאֵין לוֹ שָׁעָה, וְאֵין לְךָ דָבָר שֶׁאֵין לוֹ מָקוֹם.

ד רַבִּי לְוִיטַס אִישׁ יַבְנֶה אוֹמֵר: מְאֹד מְאֹד הֱוֵי שְׁפַל רוּחַ, שֶׁתִּקְוַת אֱנוֹשׁ רִמָּה.

ה רַבִּי יוֹחָנָן בֶּן בְּרוֹקָא אוֹמֵר: כָּל הַמְחַלֵּל שֵׁם שָׁמַיִם בַּסֵּתֶר, נִפְרָעִין מִמֶּנּוּ
בַּגָּלוּי. אֶחָד שׁוֹגֵג וְאֶחָד מֵזִיד בְּחִלּוּל הַשֵּׁם.

CAPÍTULO 4

4:1 *Ben Zomá decía:* La verdad, sostenía Ben Zomá es a veces lo opuesto a la sabiduría convencional. ¿Quién es sabio? No alguien que enseña sino aquel que procura constantemente aprender. ¿Quién es fuerte? No aquel que derrota a sus enemigos sino quien supera sus propios malos impulsos (*Avot DeRabí Natán* agrega: ¿Quién es fuerte? Aquel que transforma a un enemigo en amigo). ¿Quién es rico? No aquel que posee todo cuanto desea sino quien

6. Rabí Ishmael, su hijo dijo: Aquel que aprende para poder enseñar, se le proporcionará desde el Cielo la oportunidad de aprender y enseñar; mas el que aprende para llevarlo a la práctica, se le proporcionará desde el Cielo la oportunidad de aprender y enseñar, observar y cumplir.

7. Rabí Tzadok dijo: No te separes de la comunidad. No actúes como consejero de querellantes (cuando estás en un juicio). No conviertas las palabras de la Torá en una corona para vanagloriarte, ni en azada para cavar con ellas (para conseguir beneficios temporales). Y así solía decir Hilel: "quien hace uso personal de la corona (de la Torá) desaparecerá". De esto se infiere que todo aquel que obtiene beneficio personal de las palabras de la Torá, arranca su vida de este mundo.

8. Rabí Yosé dijo: Todo aquel que honra la Torá, será honrado por las criaturas; pero quien profana la Torá, será desdeñado por las criaturas.

9. Rabí Ishmael, su hijo, dijo: El que se abstiene de emitir juicio, aparta de sí la enemistad, el fraude y el perjurio. En tanto que quien dictamina leyes presuntuosamente – es tonto, malvado y arrogante.

10. Él solía decir: No juzgues en soledad (para dictaminar en el juicio), porque solamente hay Uno que puede juzgar solo, y no digas: "Aceptad mi opinión" porque ellos (la mayoría) tienen la autoridad y no tú.

11. Rabí Yonatán dijo: Todo aquel que observa la Torá en la pobreza la observará finalmente en la riqueza; y todo el que descuida la Torá en la riqueza, al final la descuidará en la pobreza.

12. Rabí Meir dijo: Disminuye tu dedicación a los negocios y en su lugar ocúpate de la Torá. Sé humilde frente a toda persona. Si descuidas el estudio de la Torá, tendrás muchas otras razones para descuidarla, mas si te esfuerzas en la Torá, Él tiene abundante recompensa para brindarte.

13. Rabí Eliezer ben Ya'akov dijo: Aquel que cumple una mitzvá adquiere un defensor, mientras que el que comete una trasgresión se gana para sí un acusador. El arrepentimiento y las buenas acciones son un escudo frente al infortunio.

---

fuerces a concordar contigo. Ellos tienen el derecho de aceptar tu punto de vista si tus argumentos son convincentes, tú no tienes el derecho de presionarlos para que lo hagan.

4:12 *Sé humilde frente a toda persona:* No solamente ante aquellos que son más encumbrados que tú, compórtate con todas las personas como si fuesen tus superiores. Grandeza es humildad y humildad es grandeza.

ו רַבִּי יִשְׁמָעֵאל בְּנוֹ אוֹמֵר: הַלּוֹמֵד עַל מְנָת לְלַמֵּד, מַסְפִּיקִין בְּיָדוֹ לִלְמֹד וּלְלַמֵּד. וְהַלּוֹמֵד עַל מְנָת לַעֲשׂוֹת, מַסְפִּיקִין בְּיָדוֹ לִלְמֹד וּלְלַמֵּד, לִשְׁמֹר וְלַעֲשׂוֹת.

ז רַבִּי צָדוֹק אוֹמֵר: אַל תִּפְרֹשׁ מִן הַצִּבּוּר, וְאַל תַּעַשׂ עַצְמְךָ כְּעוֹרְכֵי הַדַּיָּנִין, וְאַל תַּעֲשֶׂה עֲטָרָה לְהִתְגַּדֵּל בָּהּ, וְלֹא קַרְדֹּם לַחְפֹּר בָּהּ. וְכָךְ הָיָה הִלֵּל אוֹמֵר: וּדְאִשְׁתַּמֵּשׁ בְּתָגָא חֲלַף. הָא לָמַדְתָּ, כָּל הַנֶּהֱנֶה מִדִּבְרֵי תוֹרָה, נוֹטֵל חַיָּיו מִן הָעוֹלָם.

ח רַבִּי יוֹסֵי אוֹמֵר: כָּל הַמְכַבֵּד אֶת הַתּוֹרָה, גּוּפוֹ מְכֻבָּד עַל הַבְּרִיּוֹת. וְכָל הַמְחַלֵּל אֶת הַתּוֹרָה, גּוּפוֹ מְחֻלָּל עַל הַבְּרִיּוֹת.

ט רַבִּי יִשְׁמָעֵאל בְּנוֹ אוֹמֵר: הַחוֹשֵׂךְ עַצְמוֹ מִן הַדִּין, פּוֹרֵק מִמֶּנּוּ אֵיבָה וְגָזֵל וּשְׁבוּעַת שָׁוְא. וְהַגַּס לִבּוֹ בְּהוֹרָאָה, שׁוֹטֶה, רָשָׁע וְגַס רוּחַ.

י הוּא הָיָה אוֹמֵר: אַל תְּהִי דָן יְחִידִי, שֶׁאֵין דָּן יְחִידִי אֶלָּא אֶחָד. וְאַל תֹּאמַר קַבְּלוּ דַעְתִּי, שֶׁהֵן רַשָּׁאִין וְלֹא אָתָּה.

יא רַבִּי יוֹנָתָן אוֹמֵר: כָּל הַמְקַיֵּם אֶת הַתּוֹרָה מֵעֹנִי, סוֹפוֹ לְקַיְּמָהּ מֵעֹשֶׁר. וְכָל הַמְבַטֵּל אֶת הַתּוֹרָה מֵעֹשֶׁר, סוֹפוֹ לְבַטְּלָהּ מֵעֹנִי.

יב רַבִּי מֵאִיר אוֹמֵר: הֱוֵי מְמַעֵט בְּעֵסֶק וַעֲסֹק בַּתּוֹרָה, וֶהֱוֵי שְׁפַל רוּחַ בִּפְנֵי כָל אָדָם. וְאִם בָּטַלְתָּ מִן הַתּוֹרָה, יֶשׁ לְךָ בְּטֵלִים הַרְבֵּה כְּנֶגְדֶּךָ. וְאִם עָמַלְתָּ בַּתּוֹרָה, יֶשׁ לוֹ שָׂכָר הַרְבֵּה לִתֶּן לָךְ.

יג רַבִּי אֱלִיעֶזֶר בֶּן יַעֲקֹב אוֹמֵר: הָעוֹשֶׂה מִצְוָה אַחַת, קוֹנֶה לּוֹ פְּרַקְלִיט אֶחָד. וְהָעוֹבֵר עֲבֵרָה אַחַת, קוֹנֶה לּוֹ קַטֵּגוֹר אֶחָד. תְּשׁוּבָה וּמַעֲשִׂים טוֹבִים, כִּתְרִיס בִּפְנֵי הַפֻּרְעָנוּת.

4:6 *Aquel que aprende para poder enseñar:* La mejor manera de aprender es enseñar. La mejor manera de enseñar es practicar lo que se predica.

4:8 *Todo aquel que honra la Torá:* Nadie adquiere honor traicionando su fe.

4:9 *Aparta de sí la enemistad, el fraude y el perjurio: La enemistad* de los litigantes; *fraude,* si un juez dicta una sentencia errada en un caso civil con el resultado de que el dinero es erróneamente transferido de una parte a la otra; *perjurio,* si un juez exige que uno de los litigantes pronuncie un juramento y luego brinda falso testimonio.

4:10 *No digas: "Aceptad mi opinión"*: Si tus colegas están en desacuerdo no los

14. Rabí Yojanán HaSandlar dijo: Toda asamblea realizada con motivos puros para promover propósitos nobles (en honor a Dios), finalmente habrá de perdurar; y la que no es realizada por motivos puros para promover propósitos nobles, finalmente no habrá de perdurar.
15. Rabí Elazar ben Shamúa dijo: Que el honor de tu discípulo te sea tan querido como el tuyo propio; y el honor de tu colega como el respeto debido a tu maestro; y la reverencia por tu maestro como la reverencia que se debe al Cielo.
16. Rabí Yehudá dice: Sé cuidadoso en el estudio, pues un error inadvertido equivale a una transgresión intencional.
17. Rabí Shimón dice: Hay tres coronas: la corona de la Torá, la corona del sacerdocio y la corona de la realeza. Pero la corona del buen nombre las supera a todas.
18. Rabí Nehorai dijo: Emigra (o exíliate) hacia un lugar en el que haya sabiduría de Torá, no digas que ella irá en pos de ti, pues sólo se mantendrá contigo en colaboración con tus compañeros de estudio, "y no te fíes de tu entendimiento". *Prov. 3*
19. Rabí Yanai dijo: No está en nuestro poder el explicar la quietud de los malvados, ni el porqué de los sufrimientos de los justos.
20. Rabí Matiá ben Jarash dijo: Adelántate al saludo de toda persona, y mejor sé cola de leones que cabeza de zorros.
21. Rabi Ya'akov dijo: Este mundo es como una antesala que precede al Mundo Venidero. Prepárate en la antesala para que puedas ingresar al salón principal.
22. Él solía decir: Tiene más valor una hora de arrepentimiento y buenas acciones en este mundo que toda la vida en el Mundo Venidero; y tiene más valor una hora de placer espiritual en el Mundo Venidero que toda la vida en este mundo.

---

de los libros sino esencialmente de las personas, de su conducta y de la comunidad de estudio y debate.

4:19 *No está en nuestro poder el explicar:* Vista desde abajo, una alfombra turca se ve como un cúmulo de hilos carente de sentido. Solamente cuando se la contempla desde el otro lado vemos su exquisito e intrincado diseño. Lo mismo ocurre con la justicia de los eventos ocurridos, en la tierra nos parece ver a los justos sufrir y a los malvados prosperar. Solamente desde el otro lado – desde la perspectiva celestial – es posible entender la lógica de lo acaecido, el diseño. Empero esta perspectiva es una ventaja que no podemos adquirir durante esta vida.

4:20 *Sé cola de leones:* Los grandes buscan la compañía de aquellos que son aun más grandes que ellos.

יד רַבִּי יוֹחָנָן הַסַּנְדְּלָר אוֹמֵר: כָּל כְּנֵסִיָּה שֶׁהִיא לְשֵׁם שָׁמַיִם, סוֹפָהּ לְהִתְקַיֵּם.
וְשֶׁאֵינָהּ לְשֵׁם שָׁמַיִם, אֵין סוֹפָהּ לְהִתְקַיֵּם.

טו רַבִּי אֶלְעָזָר בֶּן שַׁמּוּעַ אוֹמֵר: יְהִי כְבוֹד תַּלְמִידְךָ חָבִיב עָלֶיךָ כְּשֶׁלָּךְ, וּכְבוֹד
חֲבֵרְךָ כְּמוֹרָא רַבְּךָ, וּמוֹרָא רַבְּךָ כְּמוֹרָא שָׁמָיִם.

טז רַבִּי יְהוּדָה אוֹמֵר: הֱוֵי זָהִיר בְּתַלְמוּד, שֶׁשִּׁגְגַת תַּלְמוּד עוֹלָה זָדוֹן.

יז רַבִּי שִׁמְעוֹן אוֹמֵר: שְׁלֹשָׁה כְתָרִים הֵן, כֶּתֶר תּוֹרָה וְכֶתֶר כְּהֻנָּה וְכֶתֶר מַלְכוּת,
וְכֶתֶר שֵׁם טוֹב עוֹלֶה עַל גַּבֵּיהֶן.

יח רַבִּי נְהוֹרַאי אוֹמֵר: הֱוֵי גוֹלֶה לִמְקוֹם תּוֹרָה. וְאַל תֹּאמַר שֶׁהִיא תָבוֹא אַחֲרֶיךָ,
שֶׁחֲבֵרֶיךָ יְקַיְּמוּהָ בְיָדֶךָ. וְאֶל־בִּינָתְךָ אַל־תִּשָּׁעֵן: משלי ג

יט רַבִּי יַנַּאי אוֹמֵר: אֵין בְּיָדֵינוּ לֹא מִשַּׁלְוַת הָרְשָׁעִים וְאַף לֹא מִיִּסּוּרֵי הַצַּדִּיקִים.

כ רַבִּי מַתְיָא בֶּן חָרָשׁ אוֹמֵר: הֱוֵי מַקְדִּים בִּשְׁלוֹם כָּל אָדָם, וֶהֱוֵי זָנָב לָאֲרָיוֹת,
וְאַל תְּהִי רֹאשׁ לַשּׁוּעָלִים.

כא רַבִּי יַעֲקֹב אוֹמֵר: הָעוֹלָם הַזֶּה דּוֹמֶה לִפְרוֹזְדוֹר בִּפְנֵי הָעוֹלָם הַבָּא. הַתְקֵן
עַצְמְךָ בִּפְרוֹזְדוֹר, כְּדֵי שֶׁתִּכָּנֵס לַטְּרַקְלִין.

כב הוּא הָיָה אוֹמֵר: יָפָה שָׁעָה אַחַת בִּתְשׁוּבָה וּמַעֲשִׂים טוֹבִים בָּעוֹלָם הַזֶּה,
מִכָּל חַיֵּי הָעוֹלָם הַבָּא. וְיָפָה שָׁעָה אַחַת שֶׁל קוֹרַת רוּחַ בָּעוֹלָם הַבָּא, מִכָּל
חַיֵּי הָעוֹלָם הַזֶּה.

4:17 *Hay tres coronas:* El principio judío de la separación de poderes. La realeza es la corona del gobierno, el sacerdocio es la corona del servicio religioso y la Torá es la corona del estudio y la educación judía. Los sabios criticaron a los reyes hasmoneos algunos de los cuales se nombraron a sí mismos Sumos Sacerdotes y de esa manera alteraron la separación entre la corona de la realeza y la del sacerdocio. *La corona del buen nombre*: Una traducción alternativa puede ser "Mas la corona del buen nombre de acompañarlas a todas". A diferencia de las demás coronas que existen en virtud del ejercicio de la función o en virtud de un logro, el buen nombre es adquirido por el individuo mismo sin importar su puesto o sus logros, en razón de la integridad y la amabilidad con la que se relaciona con los demás.

4:18 *Emigra (o exíliate) hacia un lugar en el que haya sabiduría de Torá:* Estate preparado para viajar a un centro de Torá y estudiar allí donde se encuentran los mejores maestros y mayores eruditos. La Torá se aprende no solamente

23. Rabí Shimón ben Elazar dijo: No intentes aplacar a tu compañero en su hora de ira, ni pretendas consolarlo cuando su muerto yace ante él; no procures hacerlo recapacitar en el momento que formula su promesa, y no trates de verlo en su hora de desgracia.

24. Shmuel, el pequeño, dijo: "No te regocijes cuando cae tu enemigo, ni se alegre tu corazón cuando él se tropieza, no sea que Dios vea eso y Le desagrade, y aparte de él Su ira y la dirija hacia ti". *Prov. 24*

25. Elishá ben Avuiá dijo: El que aprende de niño, ¿a qué se asemeja? A tinta escrita sobre papel nuevo. El que aprende de anciano, ¿a qué se asemeja? A tinta escrita sobre papel ya borrado.

26. Rabí Yosef ben Yehudá de Kfar HaBavlí dijo: Aquel que aprende de los jóvenes, se parece al que come uvas agrias o bebe vino del lagar. Y aquel que aprende de los ancianos, se parece al que come uvas maduras y bebe vino añejo.

27. Rabí solía decir: No te fijes en el cántaro sino lo que hay en su interior. Puede haber un cántaro nuevo lleno de vino añejo, y otro viejo que ni siquiera contiene vino nuevo.

28. Rabí Elazar Hakapar dijo: la ambición desmedida y el ansia por los honores, alejan al hombre del mundo.

29. El solía decir: Los que nacen están destinados a morir, los muertos están destinados a la resurrección, y los vivientes – a ser juzgados; para saber, enseñar y sea reconocido que Dios es el Modelador, Él es el Creador, Él es Omnisciente, Él es el Juez, Él es el Testigo, Él es el Querellante y Él dictará la sentencia. Bendito sea, en cuya presencia no hay injusticia, ni olvido, ni parcialidad, ni soborno. Sabe entonces que todo sucederá de acuerdo con el cálculo (de las acciones del ser humano). Y no permitas que tu mala inclinación te haga confiar que la tumba será un refugio para ti, pues contra tu voluntad fuiste creado, contra tu voluntad naciste, contra tu voluntad es que vives y contra tu voluntad has de morir; y contra tu voluntad tendrás que rendir cuentas ante el Supremo Rey de los Reyes, el Santo Bendito Él.

Rabí Jananiá Ben Akashiá dice: El Santo Bendito Él quiso dar méritos a Israel y por ello les incrementó el estudio de la Torá y el cumplimiento de preceptos, tal como está escrito: "El Señor, en aras del mérito de Israel deseó engrandecer la Torá y enaltecerla". *Macot 23b* *Is. 42*

De haber minián los dolientes recitan aquí el Kadish de los Rabinos (página 580).

* * *

---

todo, especialmente para las palabras. Una palabra apropiada en un momento equivocado sólo empeora las cosas.

כג רַבִּי שִׁמְעוֹן בֶּן אֶלְעָזָר אוֹמֵר: אַל תְּרַצֶּה אֶת חֲבֵרְךָ בִּשְׁעַת כַּעְסוֹ, וְאַל
תְּנַחֲמֵהוּ בְּשָׁעָה שֶׁמֵּתוֹ מֻטָּל לְפָנָיו, וְאַל תִּשְׁאַל לוֹ בִּשְׁעַת נִדְרוֹ, וְאַל
תִּשְׁתַּדֵּל לִרְאוֹתוֹ בִּשְׁעַת קַלְקָלָתוֹ.

כד שְׁמוּאֵל הַקָּטָן אוֹמֵר: בִּנְפֹל אוֹיִבְךָ אַל־תִּשְׂמָח, וּבִכָּשְׁלוֹ אַל־יָגֵל לִבֶּךָ: פֶּן־ משלי כד
יִרְאֶה יהוה וְרַע בְּעֵינָיו, וְהֵשִׁיב מֵעָלָיו אַפּוֹ:

כה אֱלִישָׁע בֶּן אֲבוּיָה אוֹמֵר: הַלּוֹמֵד יֶלֶד, לְמָה הוּא דוֹמֶה, לִדְיוֹ כְתוּבָה עַל נְיָר
חָדָשׁ. וְהַלּוֹמֵד זָקֵן, לְמָה הוּא דוֹמֶה, לִדְיוֹ כְתוּבָה עַל נְיָר מָחוּק.

כו רַבִּי יוֹסֵי בַּר יְהוּדָה אִישׁ כְּפַר הַבַּבְלִי אוֹמֵר: הַלּוֹמֵד מִן הַקְּטַנִּים, לְמָה הוּא
דוֹמֶה, לְאוֹכֵל עֲנָבִים קֵהוֹת וְשׁוֹתֶה יַיִן מִגִּתּוֹ. וְהַלּוֹמֵד מִן הַזְּקֵנִים, לְמָה הוּא
דוֹמֶה, לְאוֹכֵל עֲנָבִים בְּשׁוּלוֹת וְשׁוֹתֶה יַיִן יָשָׁן.

כז רַבִּי מֵאִיר אוֹמֵר: אַל תִּסְתַּכֵּל בַּקַּנְקַן, אֶלָּא בְּמַה שֶׁיֵּשׁ בּוֹ. יֵשׁ קַנְקַן חָדָשׁ
מָלֵא יָשָׁן, וְיָשָׁן שֶׁאֲפִלּוּ חָדָשׁ אֵין בּוֹ.

כח רַבִּי אֶלְעָזָר הַקַּפָּר אוֹמֵר: הַקִּנְאָה וְהַתַּאֲוָה וְהַכָּבוֹד, מוֹצִיאִין אֶת הָאָדָם
מִן הָעוֹלָם.

כט הוּא הָיָה אוֹמֵר: הַיִּלּוֹדִים לָמוּת, וְהַמֵּתִים לְחִיוֹת, וְהַחַיִּים לִדּוֹן, לֵידַע
וּלְהוֹדִיעַ וּלְהִוָּדַע, שֶׁהוּא אֵל, הוּא הַיּוֹצֵר, הוּא הַבּוֹרֵא, הוּא הַמֵּבִין, הוּא
הַדַּיָּן, הוּא הָעֵד, הוּא בַּעַל דִּין, הוּא עָתִיד לָדוּן. בָּרוּךְ הוּא, שֶׁאֵין לְפָנָיו
לֹא עַוְלָה וְלֹא שִׁכְחָה, וְלֹא מַשּׂוֹא פָנִים וְלֹא מִקַּח שֹׁחַד, שֶׁהַכֹּל שֶׁלּוֹ. וְדַע,
שֶׁהַכֹּל לְפִי הַחֶשְׁבּוֹן. וְאַל יַבְטִיחֲךָ יִצְרְךָ שֶׁהַשְּׁאוֹל בֵּית מָנוֹס לָךְ, שֶׁעַל
כָּרְחֲךָ אַתָּה נוֹצָר, וְעַל כָּרְחֲךָ אַתָּה נוֹלָד, וְעַל כָּרְחֲךָ אַתָּה חַי, וְעַל כָּרְחֲךָ
אַתָּה מֵת, וְעַל כָּרְחֲךָ אַתָּה עָתִיד לִתֵּן דִּין וְחֶשְׁבּוֹן לִפְנֵי מֶלֶךְ מַלְכֵי הַמְּלָכִים
הַקָּדוֹשׁ בָּרוּךְ הוּא.

רַבִּי חֲנַנְיָא בֶּן עֲקַשְׁיָא אוֹמֵר: רָצָה הַקָּדוֹשׁ בָּרוּךְ הוּא לְזַכּוֹת אֶת יִשְׂרָאֵל, מכות כג:
לְפִיכָךְ הִרְבָּה לָהֶם תּוֹרָה וּמִצְוֹת. שֶׁנֶּאֱמַר: יהוה חָפֵץ לְמַעַן צִדְקוֹ, יַגְדִּיל תּוֹרָה ישעיה מב
וְיַאְדִּיר:

De haber מנין *los dolientes recitan aquí* קדיש דרבנן (*página 581*).

* * *

4:23 *No intentes aplacar a tu compañero:* Existe un tiempo y un lugar para

Todo Israel tiene una porción en el Mundo Venidero, *Sanhedrin 90A*
tal como fue dicho:
"Tu pueblo será todo de justos, heredarán por siempre la tierra, *Is. 60*
retoño de Mi plantío, la obra de Mis propias manos
de la cual Me he de vanagloriar".

CAPÍTULO 5

1. El mundo fue creado con diez alocuciones. ¿Y qué podemos aprender de esto? ¿Acaso no podía haber sido creado con una sola? Esto fue dicho para castigar a los impíos que destruyen el mundo creado mediante diez alocuciones y para retribuir con gran recompensa a los justos que sostienen el mundo creado con diez mandatos.
2. Diez generaciones transcurrieron desde Adam hasta Noaj, para demostrarnos cuán Paciente es el Creador, al ver que todas esas generaciones actuaban en contra de Su voluntad hasta que trajo sobre ellas las aguas del diluvio.
3. Diez generaciones transcurrieron desde Noaj hasta Abraham para manifestar cuán grande es Su paciencia, porque todas aquellas generaciones Le estaban incitando a la ira, hasta que llegó nuestro patriarca Abraham y recibió la retribución de todas ellas.
4. A diez pruebas fue sometido nuestro patriarca Abraham – la paz sea sobre él – y se mantuvo firme en todas ellas, para demostrarnos cuán grande era el amor de nuestro patriarca Abraham para con Dios.
5. Diez milagros fueron realizados a favor de nuestros antepasados en Egipto y otros diez en el mar. Diez plagas envió el Santo Bendito Él sobre los egipcios en Egipto y otras diez en el mar.
6. En diez oportunidades probaron nuestros antepasados al Santo Bendito Él, en el desierto, tal como está escrito: "Me han probado ya diez veces y no han obedecido Mi voz". *Núm. 14*
7. Diez milagros fueron hechos a nuestros antepasados en el Templo Sagrado: (1) Ninguna mujer abortó jamás a causa del olor de la carne ofrendada; (2) La carne ofrendada jamás se pudrió; (3) Nunca fue vista una mosca en el lugar de sacrificio; (4) El Cohen Gadol (Sumo Sacerdote) nunca tuvo una polución nocturna en Yom Kipur; (5) Las lluvias jamás apagaron el fuego de la leña

---

Ytzjak. Existen diferentes tradiciones exegéticas respecto de la enumeración de las diferentes pruebas.

5:6 *En diez oportunidades probaron nuestros antepasados al Santo Bendito Él en el desierto:* la rebelión en el Mar Rojo, sus quejas ante la falta de comida y de agua, el becerro de oro, el informe de los espías al volver de Eretz Cna'an y otras provocaciones.

כָּל יִשְׂרָאֵל יֵשׁ לָהֶם חֵלֶק לָעוֹלָם הַבָּא. שֶׁנֶּאֱמַר: סנהדרין צ.
וְעַמֵּךְ כֻּלָּם צַדִּיקִים, לְעוֹלָם יִירְשׁוּ אָרֶץ ישעיה ס
נֵצֶר מַטָּעַי, מַעֲשֵׂה יָדַי לְהִתְפָּאֵר:

פרק חמישי

א בַּעֲשָׂרָה מַאֲמָרוֹת נִבְרָא הָעוֹלָם. וּמַה תַּלְמוּד לוֹמַר, וַהֲלֹא בְּמַאֲמָר אֶחָד יָכוֹל לְהִבָּרְאוֹת, אֶלָּא לְהִפָּרַע מִן הָרְשָׁעִים, שֶׁמְּאַבְּדִין אֶת הָעוֹלָם שֶׁנִּבְרָא בַּעֲשָׂרָה מַאֲמָרוֹת, וְלִתֵּן שָׂכָר טוֹב לַצַּדִּיקִים, שֶׁמְּקַיְּמִין אֶת הָעוֹלָם שֶׁנִּבְרָא בַּעֲשָׂרָה מַאֲמָרוֹת.

ב עֲשָׂרָה דוֹרוֹת מֵאָדָם וְעַד נֹחַ, לְהוֹדִיעַ כַּמָּה אֶרֶךְ אַפַּיִם לְפָנָיו, שֶׁכָּל הַדּוֹרוֹת הָיוּ מַכְעִיסִין וּבָאִין, עַד שֶׁהֵבִיא עֲלֵיהֶם אֶת מֵי הַמַּבּוּל.

ג עֲשָׂרָה דוֹרוֹת מִנֹּחַ וְעַד אַבְרָהָם, לְהוֹדִיעַ כַּמָּה אֶרֶךְ אַפַּיִם לְפָנָיו, שֶׁכָּל הַדּוֹרוֹת הָיוּ מַכְעִיסִין וּבָאִין, עַד שֶׁבָּא אַבְרָהָם אָבִינוּ וְקִבֵּל שְׂכַר כֻּלָּם.

ד עֲשָׂרָה נִסְיוֹנוֹת נִתְנַסָּה אַבְרָהָם אָבִינוּ וְעָמַד בְּכֻלָּם, לְהוֹדִיעַ כַּמָּה חִבָּתוֹ שֶׁל אַבְרָהָם אָבִינוּ.

ה עֲשָׂרָה נִסִּים נַעֲשׂוּ לַאֲבוֹתֵינוּ בְּמִצְרַיִם, וַעֲשָׂרָה עַל הַיָּם. עֶשֶׂר מַכּוֹת הֵבִיא הַקָּדוֹשׁ בָּרוּךְ הוּא עַל הַמִּצְרִיִּים בְּמִצְרַיִם, וְעֶשֶׂר עַל הַיָּם.

ו עֲשָׂרָה נִסְיוֹנוֹת נִסּוּ אֲבוֹתֵינוּ אֶת הַקָּדוֹשׁ בָּרוּךְ הוּא בַּמִּדְבָּר, שֶׁנֶּאֱמַר: וַיְנַסּוּ אֹתִי זֶה עֶשֶׂר פְּעָמִים, וְלֹא שָׁמְעוּ בְּקוֹלִי: במדבר יד

ז עֲשָׂרָה נִסִּים נַעֲשׂוּ לַאֲבוֹתֵינוּ בְּבֵית הַמִּקְדָּשׁ. לֹא הִפִּילָה אִשָּׁה מֵרֵיחַ בְּשַׂר הַקֹּדֶשׁ, וְלֹא הִסְרִיחַ בְּשַׂר הַקֹּדֶשׁ מֵעוֹלָם, וְלֹא נִרְאָה זְבוּב בְּבֵית הַמִּטְבְּחַיִם, וְלֹא אֵרַע קֶרִי לְכֹהֵן גָּדוֹל בְּיוֹם הַכִּפּוּרִים, וְלֹא כִבּוּ הַגְּשָׁמִים

CAPÍTULO 5

A diferencia de los capítulos anteriores en los que se pone énfasis en los autores, así como en sus enseñanzas, la mayoría de los pasajes en este capítulo final del tratado de Avot son de procedencia anónima. Comienzan con series de listas numéricas.

5:1 *El mundo fue creado con diez alocuciones:* La palabra "Vayomer" ("Y Él dijo) aparece diez veces en el capítulo primero del libro de Génesis.

5:4 *A diez pruebas fue sometido nuestro patriarca Abraham:* Al igual que el mandato de abandonar la casa de su padre, ser forzado a descender a Egipto en virtud de la hambruna que azotaba la tierra de Israel y el amarrado de su hijo en el altar; (6) El viento nunca logró desviar la columna de humo del fuego del altar; (7) Jamás se encontró una imperfección que descalifique el Omer, los dos panes de Shavu'ot o el Lejem HaPanim; (8) La gente estaba apiñada al permanecer de pie en el Templo Sagrado, sin embargo podían inclinarse y prosternarse con holgura; (9) Jamás ninguna serpiente o escorpión dañó a nadie en Jerusalém; (10) Ningún hombre le dijo alguna vez a su compañero: "No hay suficiente lugar para que me quede a pernoctar en Jerusalém".

8. Diez cosas fueron creadas en la víspera del primer Shabat a la hora del crepúsculo. Ellas son: (1) La boca de la tierra (cuando se hundió Koraj); (2) La boca del pozo de agua (que dio agua en el desierto); (3) La boca del asno (del hechicero Bil'am); (4) El arco iris; (5) El maná; (6) El bastón (con que Moshé realizó las señales); (7) El shamir; (8) Los caracteres de escritura; (9) La escritura; (10) Las Tablas. Y algunos dicen: (a) También los espíritus del mal; (b) y la tumba de Moshé; (c) y el carnero de nuestro patriarca Abraham. Y hay quienes agregan: (d) también las tenazas hechas con otras tenazas.

9. Siete son las características de un necio, y siete las de un sabio: El sabio: (1) No habla delante de aquel cuya sabiduría y experiencia superan la propia; (2) No interrumpe las palabras de su compañero; (3) No se apresura a contestar; (4) Pregunta lo adecuado y responde como es debido; (5) Trata primero lo que es primero, y al final lo que es último; (6) De lo que no aprendió dice: "No lo he aprendido"; (7) Reconoce la verdad. Todo lo contrario, se da en el necio.

10. Siete clases de aflicciones arrecian sobre el mundo por siete tipos principales de transgresiones: (1) Cuando algunos apartan sus diezmos y otros no, sobreviene hambre por sequía: de modo que algunos padecerán hambre y otros estarán sumidos en la abundancia. (2) Si todos han decidido no apartar sus diezmos, sobreviene hambre por la rebelión y la sequía. (3) Y si nadie separa la Jalá, sobreviene hambre de destrucción.

11. (4) La peste viene al mundo por las penas de muerte prescriptas por la Torá que no son aplicadas por la Corte de Justicia, y debido al uso prohibido de

---

también las tenazas hechas con otras tenazas en infinita regresión, ¿qué sostuvo al primer objeto forjado en fuego sino otro objeto también forjado en fuego?

5:10 *Siete clases de aflicciones:* Como herederos de la tradición profética, los sabios procuraron entender las calamidades nacionales como castigo Divino sobre la base de la reciprocidad ante desviaciones de tipo religioso, ético o social. De este modo la respuesta apropiada a eventos trágicos era la penitencia colectiva y el retorno de la nación a los valores sobre los cuales había sido fundada.

אֵשׁ שֶׁל עֲצֵי הַמַּעֲרָכָה, וְלֹא נִצְּחָה הָרְוּחַ אֶת עַמּוּד הֶעָשָׁן, וְלֹא נִמְצָא פְּסוּל
בָּעֹמֶר וּבִשְׁתֵּי הַלֶּחֶם וּבְלֶחֶם הַפָּנִים, עוֹמְדִים צְפוּפִים וּמִשְׁתַּחֲוִים רְוָחִים,
וְלֹא הִזִּיק נָחָשׁ וְעַקְרָב בִּירוּשָׁלַיִם מֵעוֹלָם, וְלֹא אָמַר אָדָם לַחֲבֵרוֹ: צַר לִי
הַמָּקוֹם שֶׁאָלִין בִּירוּשָׁלָיִם.

ח עֲשָׂרָה דְבָרִים נִבְרְאוּ בְּעֶרֶב שַׁבָּת בֵּין הַשְּׁמָשׁוֹת. וְאֵלּוּ הֵן, פִּי הָאָרֶץ, פִּי
הַבְּאֵר, פִּי הָאָתוֹן, הַקֶּשֶׁת, וְהַמָּן, וְהַמַּטֶּה, וְהַשָּׁמִיר, הַכְּתָב, וְהַמִּכְתָּב,
וְהַלּוּחוֹת. וְיֵשׁ אוֹמְרִים, אַף הַמַּזִּיקִין, וּקְבוּרָתוֹ שֶׁל מֹשֶׁה, וְאֵילוֹ שֶׁל אַבְרָהָם
אָבִינוּ. וְיֵשׁ אוֹמְרִים, אַף צְבָת בִּצְבָת עֲשׂוּיָה.

ט שִׁבְעָה דְבָרִים בְּגֹלֶם, וְשִׁבְעָה בְּחָכָם. חָכָם אֵינוֹ מְדַבֵּר לִפְנֵי מִי שֶׁגָּדוֹל מִמֶּנּוּ
בְּחָכְמָה, וְאֵינוֹ נִכְנָס לְתוֹךְ דִּבְרֵי חֲבֵרוֹ, וְאֵינוֹ נִבְהָל לְהָשִׁיב, שׁוֹאֵל כְּעִנְיָן
וּמֵשִׁיב כַּהֲלָכָה, וְאוֹמֵר עַל רִאשׁוֹן רִאשׁוֹן וְעַל אַחֲרוֹן אַחֲרוֹן, וְעַל מַה שֶּׁלֹּא
שָׁמַע אוֹמֵר לֹא שָׁמַעְתִּי, וּמוֹדֶה עַל הָאֱמֶת. וְחִלּוּפֵיהֶן בְּגֹלֶם.

י שִׁבְעָה מִינֵי פֻרְעָנִיּוֹת בָּאִין לָעוֹלָם עַל שִׁבְעָה גוּפֵי עֲבֵרָה. מִקְצָתָן מְעַשְּׂרִין
וּמִקְצָתָן אֵינָן מְעַשְּׂרִין, רָעָב שֶׁל בַּצֹּרֶת בָּא, מִקְצָתָן רְעֵבִים וּמִקְצָתָן שְׂבֵעִים.
גָּמְרוּ שֶׁלֹּא לְעַשֵּׂר, רָעָב שֶׁל מְהוּמָה וְשֶׁל בַּצֹּרֶת בָּא. וְשֶׁלֹּא לִטּוֹל אֶת
הַחַלָּה, רָעָב שֶׁל כְּלָיָה בָּא.

יא דֶּבֶר בָּא לָעוֹלָם עַל מִיתוֹת הָאֲמוּרוֹת בַּתּוֹרָה שֶׁלֹּא נִמְסְרוּ לְבֵית דִּין, וְעַל

5:8 *Diez cosas fueron creadas:* Se trata de eventos milagrosos que implican la suspensión temporal de las leyes científicas. La Mishná nos enseña que estos eventos fueron programados en la naturaleza desde el inicio. En general, el judaísmo pone énfasis en la estructura sistemática – sujeta a leyes naturales – del universo, tal como reza Eclesiastés: "No hay nada nuevo bajo el Sol" (1:9). *En la víspera del primer Shabat a la hora del crepúsculo*: Entre los seis días de la naturaleza y el séptimo que pertenece a Dios y trasciende lo natural. *La boca de la tierra*: que se abrió y tragó a Koraj; *la boca del pozo de agua*: que acompañó a los israelitas en su travesía por el desierto; *la boca del asno* (de Bil'ám) que habló (Números 22:28); *el arco iris* que apareció tras el diluvio; *el maná* que descendió como "pan del cielo"; *el bastón* con el cual Moshé llevó a cabo señales y maravillas; *el Shamir,* maravilloso gusano que según la tradición cortó las piedras de las cuales el Templo fue construido; *la escritura* (sobre las Tablas de la Ley) que podía ser vistas de ambos lados y las propias *Tablas de la Ley* grabadas e inscritas por Dios. *Y hay quienes agregan:*

los productos agrícolas del año sabático. (5) La espada viene al mundo por la dilación y la perversión de la justicia, y por quienes enseñan la Torá apartándose de la interpretación transmitida.

12. (6) Bestias feroces vienen al mundo por juramentos falsos y la profanación del Nombre Divino. (7) El destierro viene al mundo por la adoración de ídolos, el incesto y el adulterio, el homicidio y la falta de observancia del año sabático de la tierra.

13. En cuatro períodos la peste se incrementa: en el cuarto año de Shemitá, en el séptimo año de Shemitá, luego de la conclusión del séptimo, y hacia la finalización de la festividad de Sucot de cada año. Aumenta en el cuarto año, por no haber dado el diezmo a los pobres durante el tercer año; en el séptimo, por no haber dado el diezmo a los pobres durante el sexto año; la peste aumenta luego de la conclusión del séptimo a causa de las violaciones de la santidad de los frutos del año sabático; aumenta hacia la finalización de la festividad de Sucot de cada año como consecuencia del robo de los obsequios que se les debe a los pobres.

14. Existen cuatro actitudes entre los hombres: (1) El que dice: "lo mío es mío, y lo tuyo es tuyo" adopta una actitud intermedia (normal) y algunos dicen que es el carácter de Sdom (Sodoma). (2) El que dice "lo mío es tuyo y lo tuyo es mío" es propio del ignorante. (3) El que dice "lo mío es tuyo y lo tuyo es tuyo" es propio del hombre piadoso. (4) Y el que dice: "lo tuyo es mío y lo mío es mío", es un malvado.

15. Existen cuatro tipos de temperamento: (1) El que es fácil a la ira y fácil al aplacamiento, su ganancia se desvanece con su pérdida. (2) Aquel que difícilmente es irritable pero también es difícil de aplacar, su pérdida se desvanece con su ganancia. (3) El que es difícil para enojarse y fácil de reconciliarse, es un hombre piadoso. (4) En cambio, aquel que es fácilmente irritable pero difícil de apaciguar, es un malvado.

16. Existen cuatro tipos de discípulos: (1) Aquel que entiende rápidamente y olvida del mismo modo, su ganancia se anula en su pérdida. (2) Aquel al que le resulta difícil comprender y difícil olvidar, su pérdida se anula en su ganancia. (3) Aquel que comprende rápidamente, y difícilmente ha de olvidar lo aprendido – es el sabio. (4) Aquel al que le resulta difícil entender y muy fácil olvidar – es la peor situación.

17. Existen cuatro clases de personas caritativas ('*notnei tzedaká*' – 'los que dan tzedaká'): (1) El que quiere dar, pero no quiere que los demás lo hagan, su ojo es malo para con los otros; (2) El que quiere que den los demás, pero no él, es desconsiderado con lo propio. (3) El que desea dar y que los demás también den, tal es el hombre piadoso, un jasid. (4) Él que no da, ni quiere que los demás den, es un malvado.

פֵּרוֹת שְׁבִיעִית. חֶרֶב בָּאָה לָעוֹלָם עַל עִנּוּי הַדִּין, וְעַל עִוּוּת הַדִּין, וְעַל הַמּוֹרִים בַּתּוֹרָה שֶׁלֹּא כַהֲלָכָה.

יב חַיָּה רָעָה בָּאָה לָעוֹלָם עַל שְׁבוּעַת שָׁוְא וְעַל חִלּוּל הַשֵּׁם. גָּלוּת בָּאָה לָעוֹלָם עַל עֲבוֹדָה זָרָה, וְעַל גִּלּוּי עֲרָיוֹת, וְעַל שְׁפִיכוּת דָּמִים, וְעַל שְׁמִטַּת הָאָרֶץ.

יג בְּאַרְבָּעָה פְּרָקִים הַדֶּבֶר מִתְרַבֶּה, בָּרְבִיעִית, וּבַשְּׁבִיעִית, וּבְמוֹצָאֵי שְׁבִיעִית, וּבְמוֹצָאֵי הֶחָג שֶׁבְּכָל שָׁנָה וְשָׁנָה. בָּרְבִיעִית, מִפְּנֵי מַעְשַׂר עָנִי שֶׁבַּשְּׁלִישִׁית. בַּשְּׁבִיעִית, מִפְּנֵי מַעְשַׂר עָנִי שֶׁבַּשִּׁשִּׁית. בְּמוֹצָאֵי שְׁבִיעִית, מִפְּנֵי פֵּרוֹת שְׁבִיעִית. בְּמוֹצָאֵי הֶחָג שֶׁבְּכָל שָׁנָה וְשָׁנָה, מִפְּנֵי גֶזֶל מַתְּנוֹת עֲנִיִּים.

יד אַרְבַּע מִדּוֹת בָּאָדָם. הָאוֹמֵר שֶׁלִּי שֶׁלִּי וְשֶׁלְּךָ שֶׁלָּךְ, זוֹ מִדָּה בֵינוֹנִית, וְיֵשׁ אוֹמְרִים, זוֹ מִדַּת סְדוֹם. שֶׁלִּי שֶׁלָּךְ וְשֶׁלְּךָ שֶׁלִּי, עַם הָאָרֶץ. שֶׁלִּי שֶׁלָּךְ וְשֶׁלְּךָ שֶׁלָּךְ, חָסִיד. שֶׁלְּךָ שֶׁלִּי וְשֶׁלִּי שֶׁלִּי, רָשָׁע.

טו אַרְבַּע מִדּוֹת בַּדֵּעוֹת. נוֹחַ לִכְעֹס וְנוֹחַ לִרְצוֹת, יָצָא הֶפְסֵדוֹ בִּשְׂכָרוֹ. קָשֶׁה לִכְעֹס וְקָשֶׁה לִרְצוֹת, יָצָא שְׂכָרוֹ בְּהֶפְסֵדוֹ. קָשֶׁה לִכְעֹס וְנוֹחַ לִרְצוֹת, חָסִיד. נוֹחַ לִכְעֹס וְקָשֶׁה לִרְצוֹת, רָשָׁע.

טז אַרְבַּע מִדּוֹת בַּתַּלְמִידִים. מָהִיר לִשְׁמֹעַ וּמָהִיר לְאַבֵּד, יָצָא שְׂכָרוֹ בְּהֶפְסֵדוֹ. קָשֶׁה לִשְׁמֹעַ וְקָשֶׁה לְאַבֵּד, יָצָא הֶפְסֵדוֹ בִּשְׂכָרוֹ. מָהִיר לִשְׁמֹעַ וְקָשֶׁה לְאַבֵּד, זֶה חֵלֶק טוֹב. קָשֶׁה לִשְׁמֹעַ וּמָהִיר לְאַבֵּד, זֶה חֵלֶק רָע.

יז אַרְבַּע מִדּוֹת בְּנוֹתְנֵי צְדָקָה. הָרוֹצֶה שֶׁיִּתֵּן וְלֹא יִתְּנוּ אֲחֵרִים, עֵינוֹ רָעָה בְּשֶׁל אֲחֵרִים. יִתְּנוּ אֲחֵרִים וְהוּא לֹא יִתֵּן, עֵינוֹ רָעָה בְּשֶׁלּוֹ. יִתֵּן וְיִתְּנוּ אֲחֵרִים, חָסִיד. לֹא יִתֵּן וְלֹא יִתְּנוּ אֲחֵרִים, רָשָׁע.

5:13 *Como consecuencia del robo de los obsequios que se les debe a los pobres:* Lo que se cae de la colecta de la cosecha, las esquinas de la parcela y las gavillas olvidadas. Todo esto debía ser dejado para que lo recoja el pobre durante el tiempo de la cosecha, por lo tanto, está asociado a la festividad de Sucot que es la fiesta de la cosecha.

5:14 *Algunos dicen que es el carácter de Sdom (Sodoma):* Según Ezequiel 16:49, el pecado de Sodoma fue "el no haber ayudado a los pobres y a los necesitados". Basándose en los derechos de propiedad, veían con malos ojos la caridad. *Es propio del ignorante*: según algunos eruditos se trata de una crítica a las comunas que compartían la propiedad asociadas a la secta de los esenios.

18. Existen cuatro tipos de conductas entre aquellos que frecuentan el Bet Midrash: (1) El que asiste mas no practica las enseñanzas, obtiene una recompensa por asistir. (2) El que practica pero no asiste, obtiene una recompensa por su obrar. (3) El que asiste y practica es piadoso. (4) El que no asiste ni practica es un malvado.

19. Existen cuatro tipos entre aquellos que se sientan delante de los eruditos: Aquel que es como una esponja, o como un embudo, o como un colador, o como un tamiz. La esponja absorbe todo. El embudo recibe por un extremo y pierde por el otro. El tipo colador permite el paso del vino, pero retiene la borra. El tipo tamiz deja pasar el afrecho molido y retiene la harina fina.

20. Todo amor que depende de un interés, desaparecido este el amor desaparece. Mas el amor que no depende de cosa alguna, no desaparece nunca. ¿Cuál es el amor que depende de un interés? El de Amnón por Tamar. ¿Y el que no depende de nada en particular? El amor de David y Yonatán.

21. Toda controversia surgida con un propósito noble (*'LeShem Shamaim'*), habrá de perdurar. Mas aquella que no fuere con un propósito noble, no habrá de perdurar. ¿Cuál es la controversia con un propósito noble? La disputa entre Hilel y Shamai. ¿Y la que no es con un propósito noble? Es la controversia de Koraj y toda su congregación.

22. Todo aquel que orienta a la multitud por el camino del bien, no habrá de incurrir en pecado, mas el que induce a la gente a pecar, no tendrá éxito en su arrepentimiento. Moshé alcanzó el mérito e hizo que el pueblo sea merecedor también, de modo que el mérito de la multitud le fue atribuido a él, pues está escrito: "Lo justo ante el Señor, él obró, y sus normas con Israel". Yerovam *Deut. 23*
hijo de Nevat pecó e indujo a pecar a la multitud; por lo tanto, la iniquidad del pueblo le es atribuible, tal como está escrito: "Con motivo de los pecados *1 Re. 15*
que cometió Yerovam e indujo a pecar a Israel".

23. Todo aquel que posee estas tres cualidades está entre los discípulos de nuestro patriarca Abraham, pero si posee estas otras tres, es discípulo del malvado Bil'am. Poseer un "buen ojo", un espíritu sencillo y un alma humilde, son las características de los discípulos de nuestro patriarca Abraham. En cambio, un "ojo malvado", un espíritu altanero y un alma ambiciosa, caracterizan a los discípulos de Bil'am el perverso. ¿Cuál es la diferencia entre los discípulos de nuestro patriarca Abraham y los del malvado Bil'am? Los discípulos de nuestro patriarca Abraham disfrutan este mundo y heredan el Mundo Venidero, pues está escrito: "para repartir posesiones a los que me aman y para colmar *Prov. 8*

---

de ser recompensado por mi retracción (*Bejorot* 6B). En una discusión en aras de obtener una victoria ambos bandos pierden, incluido aquel que salió victorioso, porque al disminuir a otros él mismo resulta disminuido.

יח אַרְבַּע מִדּוֹת בְּהוֹלְכֵי בֵית הַמִּדְרָשׁ. הוֹלֵךְ וְאֵינוֹ עוֹשֶׂה, שְׂכַר הֲלִיכָה בְּיָדוֹ. עוֹשֶׂה וְאֵינוֹ הוֹלֵךְ, שְׂכַר מַעֲשֶׂה בְּיָדוֹ. הוֹלֵךְ וְעוֹשֶׂה, חָסִיד. לֹא הוֹלֵךְ וְלֹא עוֹשֶׂה, רָשָׁע.

יט אַרְבַּע מִדּוֹת בְּיוֹשְׁבִים לִפְנֵי חֲכָמִים, סְפוֹג, וּמַשְׁפֵּךְ, מְשַׁמֶּרֶת, וְנָפָה. סְפוֹג, שֶׁהוּא סוֹפֵג אֶת הַכֹּל. וּמַשְׁפֵּךְ, שֶׁמַּכְנִיס בְּזוֹ וּמוֹצִיא בְזוֹ. מְשַׁמֶּרֶת, שֶׁמּוֹצִיאָה אֶת הַיַּיִן וְקוֹלֶטֶת אֶת הַשְּׁמָרִים. וְנָפָה, שֶׁמּוֹצִיאָה אֶת הַקֶּמַח וְקוֹלֶטֶת אֶת הַסֹּלֶת.

כ כָּל אַהֲבָה שֶׁהִיא תְלוּיָה בְדָבָר, בָּטֵל דָּבָר, בְּטֵלָה אַהֲבָה. וְשֶׁאֵינָהּ תְּלוּיָה בְדָבָר, אֵינָהּ בְּטֵלָה לְעוֹלָם. אֵיזוֹ הִיא אַהֲבָה שֶׁהִיא תְלוּיָה בְדָבָר, זוֹ אַהֲבַת אַמְנוֹן וְתָמָר. וְשֶׁאֵינָהּ תְּלוּיָה בְדָבָר, זוֹ אַהֲבַת דָּוִד וִיהוֹנָתָן.

כא כָּל מַחֲלֹקֶת שֶׁהִיא לְשֵׁם שָׁמַיִם, סוֹפָהּ לְהִתְקַיֵּם. וְשֶׁאֵינָהּ לְשֵׁם שָׁמַיִם, אֵין סוֹפָהּ לְהִתְקַיֵּם. אֵיזוֹ הִיא מַחֲלֹקֶת שֶׁהִיא לְשֵׁם שָׁמַיִם, זוֹ מַחֲלֹקֶת הִלֵּל וְשַׁמַּאי. וְשֶׁאֵינָהּ לְשֵׁם שָׁמַיִם, זוֹ מַחֲלֹקֶת קֹרַח וְכָל עֲדָתוֹ.

כב כָּל הַמְזַכֶּה אֶת הָרַבִּים, אֵין חֵטְא בָּא עַל יָדוֹ. וְכָל הַמַּחֲטִיא אֶת הָרַבִּים, אֵין מַסְפִּיקִין בְּיָדוֹ לַעֲשׂוֹת תְּשׁוּבָה. מֹשֶׁה זָכָה וְזִכָּה אֶת הָרַבִּים, זְכוּת הָרַבִּים
תָּלוּי בוֹ, שֶׁנֶּאֱמַר: צִדְקַת יהוה עָשָׂה וּמִשְׁפָּטָיו עִם־יִשְׂרָאֵל: יָרָבְעָם בֶּן נְבָט, דברים לג
חָטָא וְהֶחֱטִיא אֶת הָרַבִּים, חֵטְא הָרַבִּים תָּלוּי בוֹ, שֶׁנֶּאֱמַר: עַל־חַטֹּאות מלכים א׳ טו
יָרָבְעָם אֲשֶׁר חָטָא וַאֲשֶׁר הֶחֱטִיא אֶת־יִשְׂרָאֵל:

כג כָּל מִי שֶׁיֵּשׁ בּוֹ שְׁלֹשָׁה דְבָרִים הַלָּלוּ, הוּא מִתַּלְמִידָיו שֶׁל אַבְרָהָם אָבִינוּ, וּשְׁלֹשָׁה דְבָרִים אֲחֵרִים, הוּא מִתַּלְמִידָיו שֶׁל בִּלְעָם הָרָשָׁע. עַיִן טוֹבָה, וְרוּחַ נְמוּכָה, וְנֶפֶשׁ שְׁפָלָה, תַּלְמִידָיו שֶׁל אַבְרָהָם אָבִינוּ. עַיִן רָעָה, וְרוּחַ גְּבוֹהָה וְנֶפֶשׁ רְחָבָה, תַּלְמִידָיו שֶׁל בִּלְעָם הָרָשָׁע. מַה בֵּין תַּלְמִידָיו שֶׁל אַבְרָהָם אָבִינוּ לְתַלְמִידָיו שֶׁל בִּלְעָם הָרָשָׁע. תַּלְמִידָיו שֶׁל אַבְרָהָם אָבִינוּ אוֹכְלִין
בָּעוֹלָם הַזֶּה וְנוֹחֲלִין הָעוֹלָם הַבָּא, שֶׁנֶּאֱמַר: לְהַנְחִיל אֹהֲבַי יֵשׁ וְאֹצְרֹתֵיהֶם משלי ח

5:21 *Toda controversia surgida con un propósito noble* es una discusión en aras de alcanzar la verdad. *Mas aquella que no fuere con un propósito noble* es únicamente en aras de obtener una victoria. En una discusión con un propósito noble ambos bandos ganan, uno porque su posición es aceptada y el otro porque aprendió algo nuevo. Ser derrotado por la verdad es la única pérdida que reporta ganancia pues por su intermedio logramos crecer. "Así como recibí recompensa por esta exposición" – dijo Rabí Shim'ón HaAmsoni – habré

sus tesoros". Pero los discípulos de Bil'am el malvado heredan el Guehinom (Pena Celestial) y descienden a la fosa de la perdición, pues está escrito: "Tú, empero, Dios, harás que ellos desciendan a la fosa: hombres sanguinarios y engañosos no llegarán siquiera a la mitad de sus días, mas yo confiaré en Ti". *Sal. 55*

24. Yehudá Ben Teima dijo: Sé valiente como el leopardo, ligero como el águila, ágil como el ciervo y valeroso como el león para cumplir la voluntad de tu Padre Celestial. El solía decir: El desvergonzado habrá de ir al Guehinom (Pena Celestial); el pudoroso al Gan Eden. Sea Tu voluntad SEÑOR, Dios nuestro y de nuestros ancestros, que el Santuario sea reconstruido pronto, en nuestros días, y concédenos nuestra porción en Tu Torá.

25. Él solía decir: A la edad de cinco años el niño alcanza la edad para estudiar la Torá; a los diez años el estudio de la Mishná; a los trece años para el cumplimiento de los preceptos; a los quince años para el estudio del Talmud; a los dieciocho años se está en edad de contraer matrimonio; a los veinte años para perseguir el sustento; a los treinta años se desarrolla el vigor; a los cuarenta años se alcanza el discernimiento; a los cincuenta años se alcanza el consejo; a los sesenta años comienza la vejez; a los setenta la ancianidad; a los ochenta llegan los poseedores de fortaleza; a los noventa años se declina; a los cien años es como si hubiera muerto y partido de este mundo.

26. Ben Bag Bag decía: Vuelve sobre la Torá una y otra vez, porque todo está contenido en ella; estúdiala, envejece y encanece con ella y de esta no te apartes, pues no hay mejor aspiración ni mejor cualidad que la Torá. Ben He He decía: Según la medida del esfuerzo, así será la retribución.

Rabí Janániá Ben Akashiá dice: El Santo Bendito Él quiso dar méritos a Israel y por ello les incrementó el estudio de la Torá y el cumplimiento de preceptos, tal como está escrito: "El SEÑOR, en aras del mérito de Israel deseó engrandecer la Torá y enaltecerla". *Macot 23B* *Is. 42*

De haber minián los dolientes recitan aquí el Kadish de los Rabinos (página 580).

* * *

Todo Israel tiene una porción en el Mundo Venidero, *Sanhedrin 90A*
tal como fue dicho:
"Tu pueblo será todo de justos, heredarán por siempre la tierra, *Is. 60*
retoño de Mi plantío, la obra de Mis propias manos
de la cual Me he de vanagloriar".

CAPÍTULO 6

Los Sabios enseñaron lo que sigue, en el estilo de la Mishná; Bendito Aquel que eligió a ellos y sus enseñanzas.

1. Rabí Meír dijo: Aquel que se dedica al estudio de la Torá por amor a la Torá misma, se hace merecedor de muchas cosas; pero no sólo eso, sino que el

אֲמַלֵּא: אֲבָל תַּלְמִידָיו שֶׁל בִּלְעָם הָרָשָׁע יוֹרְשִׁין גֵּיהִנָּם וְיוֹרְדִין לִבְאֵר שַׁחַת,
שֶׁנֶּאֱמַר: וְאַתָּה אֱלֹהִים תּוֹרִדֵם לִבְאֵר שַׁחַת, אַנְשֵׁי דָמִים וּמִרְמָה לֹא־יֶחֱצוּ יְמֵיהֶם, וַאֲנִי אֶבְטַח־בָּךְ: תהלים נה

כד יְהוּדָה בֶּן תֵּימָא אוֹמֵר: הֱוֵי עַז כַּנָּמֵר וְקַל כַּנֶּשֶׁר, רָץ כַּצְּבִי וְגִבּוֹר כָּאֲרִי, לַעֲשׂוֹת רְצוֹן אָבִיךָ שֶׁבַּשָּׁמָיִם. הוּא הָיָה אוֹמֵר: עַז פָּנִים לְגֵיהִנָּם, וּבֹשֶׁת פָּנִים לְגַן עֵדֶן. יְהִי רָצוֹן מִלְּפָנֶיךָ, יהוה אֱלֹהֵינוּ וֵאלֹהֵי אֲבוֹתֵינוּ, שֶׁיִּבָּנֶה בֵּית הַמִּקְדָּשׁ בִּמְהֵרָה בְיָמֵינוּ, וְתֵן חֶלְקֵנוּ בְּתוֹרָתֶךָ.

כה הוּא הָיָה אוֹמֵר: בֶּן חָמֵשׁ שָׁנִים לַמִּקְרָא, בֶּן עֶשֶׂר שָׁנִים לַמִּשְׁנָה, בֶּן שְׁלֹשׁ עֶשְׂרֵה לַמִּצְוֹת, בֶּן חֲמֵשׁ עֶשְׂרֵה לַגְּמָרָא, בֶּן שְׁמוֹנֶה עֶשְׂרֵה לַחֻפָּה, בֶּן עֶשְׂרִים לִרְדֹּף, בֶּן שְׁלֹשִׁים לַכֹּחַ, בֶּן אַרְבָּעִים לַבִּינָה, בֶּן חֲמִשִּׁים לָעֵצָה, בֶּן שִׁשִּׁים לַזִּקְנָה, בֶּן שִׁבְעִים לַשֵּׂיבָה, בֶּן שְׁמוֹנִים לַגְּבוּרָה, בֶּן תִּשְׁעִים לָשׁוּחַ, בֶּן מֵאָה כְּאִלּוּ מֵת וְעָבַר וּבָטֵל מִן הָעוֹלָם.

כו בֶּן בַּג בַּג אוֹמֵר: הֲפָךְ בָּהּ וַהֲפָךְ בָּהּ דְּכֹלָּא בָהּ, וּבַהּ תֶּחֱזֵי, וְסִיב וּבְלֵה בַהּ, וּמִנַּהּ לָא תְזוּעַ, שֶׁאֵין לְךָ מִדָּה טוֹבָה הֵימֶנָּה. בֶּן הֵא הֵא אוֹמֵר: לְפוּם צַעֲרָא אַגְרָא.

רַבִּי חֲנַנְיָא בֶּן עֲקַשְׁיָא אוֹמֵר: רָצָה הַקָּדוֹשׁ בָּרוּךְ הוּא לְזַכּוֹת אֶת יִשְׂרָאֵל, לְפִיכָךְ הִרְבָּה לָהֶם תּוֹרָה וּמִצְוֹת. שֶׁנֶּאֱמַר: יהוה חָפֵץ לְמַעַן צִדְקוֹ, יַגְדִּיל תּוֹרָה וְיַאְדִּיר: מכות כג: ישעיה מב

De haber מנין *los dolientes recitan aquí* קדיש דרבנן *(página 581).*

* * *

כָּל יִשְׂרָאֵל יֵשׁ לָהֶם חֵלֶק לָעוֹלָם הַבָּא. שֶׁנֶּאֱמַר: סנהדרין צ.
וְעַמֵּךְ כֻּלָּם צַדִּיקִים, לְעוֹלָם יִירְשׁוּ אָרֶץ ישעיה ס
נֵצֶר מַטָּעַי, מַעֲשֵׂה יָדַי לְהִתְפָּאֵר:

פרק שישי

שָׁנוּ חֲכָמִים בִּלְשׁוֹן הַמִּשְׁנָה, בָּרוּךְ שֶׁבָּחַר בָּהֶם וּבְמִשְׁנָתָם.

א רַבִּי מֵאִיר אוֹמֵר: כָּל הָעוֹסֵק בַּתּוֹרָה לִשְׁמָהּ, זוֹכֶה לִדְבָרִים הַרְבֵּה. וְלֹא עוֹד, אֶלָּא שֶׁכָּל הָעוֹלָם כֻּלּוֹ כְּדַאי הוּא לוֹ. נִקְרָא רֵעַ, אָהוּב, אוֹהֵב אֶת הַמָּקוֹם,

---

5:24 *Sea Tu voluntad:* Originalmente este pasaje marcaba el final del capítulo y del tratado todo, de aquí su carácter formular.

CAPÍTULO 6

Tal como lo explica el texto, este capítulo no es parte del Tratado de *Avot* sino

El comentario continúa en la página 699.

mundo entero sería digno de existir sólo para él. Él es llamado amigo, amado, ama a Dios, ama a Sus creaturas, regocija a Dios y regocija a las creaturas (de Dios); lo inviste (la Torá) con humildad y temor reverente; lo apresta para ser justo, piadoso, recto y fiel; lo aleja del error y lo acercará a la virtud. Por medio de él, la gente se beneficia del consejo y sabiduría competente, comprensión y fortaleza, tal como dice: "Mío es el consejo y la inteligencia, sabiduría compe- *Prov. 8*
tente, Yo soy la comprensión y Mía es la fortaleza". Le proporciona soberanía, dominio y juicio sagaz. Le son revelados los secretos de la Torá y se convierte en una fuente inagotable y como un río que permanentemente aumenta su caudal; se mantiene modesto, paciente e indulgente ante la ofensa, y esto lo engrandece y lo exalta por encima de todas las obras (de Dios).

2. Dijo Rabí Yehoshúa ben Leví: Día tras día, un eco celestial proveniente del Monte Jorev proclama estas palabras: "¡Ay! de ellos, de la humanidad, que desprecian y ofenden la Torá", pues todo aquel que no se ocupa de la Torá se lo llama indigno, tal como está escrito: "Anillo de oro en el hocico de cerdo, *Prov. 11*
es la mujer hermosa pero insensata". Y está escrito: "Y las Tablas eran obra de *Éx. 32*
Dios, y la escritura, era escritura de Dios grabada sobre las Tablas"; no leas 'Jarut' (grabado), sino 'Jerut', que significa "libertad", pues no tienes hombre verdaderamente libre sino aquél que se ocupa de estudiar la Torá. Y aquel que se dedica a estudiar la Torá permanentemente, será enaltecido, pues dice: "Y *Núm. 21*
de Matanรก (significa "obsequio de Dios") a Najaliel (significa "herencia de Dios"); y de Najaliel a Bamot (significa "sitio alto")".

3. Quien aprende de su compañero un capítulo, una sentencia, un versículo, un dicho, o tan siquiera una sola letra, debe dispensarle honor. Así encontramos el caso de David, rey de Israel, que aprendió solamente dos cosas de Ajitófel, y sin embargo, lo llamó su maestro, su mentor y su confidente. Es así que está escrito: "Y tú eres mi par, tú eres mi guía y mi mentor". De ahí se puede argu- *Sal. 55*
mentar 'a fortiori' ("*Kal Vajomer*"): Si David, el rey de Israel, que aprendió de Ajitófel solamente dos cosas, lo llamó su maestro, mentor y amigo cercano con

---

la Torá. *Y de Mataná (significa "obsequio de Dios") a Najaliel (significa "herencia de Dios"); y de Najaliel a Bamot (significa "sitio alto")*, esta frase puede leerse de la siguiente manera: "A partir del obsequio de la Torá ("*Matanā*") uno alcanza la herencia de Dios ("*Najaliel*") y desde allí los sitios altos ("*Bamot*")".

6:3 *O tan siquiera una sola letra:* Al igual que el texto correcto de un versículo que puede depender de una sola letra. *David y Ajitófel*: El patetismo de este pasaje obedece a que Ajitófel fue la persona que incitó al hijo del Rey David – Abshalom – a que se rebelase contra su padre (II Samuel cap. 16), por lo tanto, se trató de un traidor al rey. Sin embargo, los sabios poseían una tradición

אוֹהֵב אֶת הַבְּרִיּוֹת, מְשַׂמֵּחַ אֶת הַמָּקוֹם, מְשַׂמֵּחַ אֶת הַבְּרִיּוֹת, וּמַלְבַּשְׁתּוֹ
עֲנָוָה וְיִרְאָה, וּמַכְשַׁרְתּוֹ לִהְיוֹת צַדִּיק, חָסִיד, יָשָׁר, וְנֶאֱמָן, וּמְרַחַקְתּוֹ מִן
הַחֵטְא, וּמְקָרַבְתּוֹ לִידֵי זְכוּת, וְנֶהֱנִין מִמֶּנּוּ עֵצָה וְתוּשִׁיָּה, בִּינָה וּגְבוּרָה,
שֶׁנֶּאֱמַר: לִי־עֵצָה וְתוּשִׁיָּה, אֲנִי בִינָה, לִי גְבוּרָה: וְנוֹתֶנֶת לוֹ מַלְכוּת וּמֶמְשָׁלָה, משלי ח
וְחִקּוּר דִּין, וּמְגַלִּין לוֹ רָזֵי תוֹרָה, וְנַעֲשֶׂה כְּמַעְיָן הַמִּתְגַּבֵּר וּכְנָהָר שֶׁאֵינוֹ פוֹסֵק,
וְהֹוֶה צָנוּעַ, וְאֶרֶךְ רוּחַ, וּמוֹחֵל עַל עֶלְבּוֹנוֹ, וּמְגַדַּלְתּוֹ וּמְרוֹמַמְתּוֹ עַל כָּל
הַמַּעֲשִׂים.

ב אָמַר רַבִּי יְהוֹשֻׁעַ בֶּן לֵוִי: בְּכָל יוֹם וָיוֹם, בַּת קוֹל יוֹצֵאת מֵהַר חוֹרֵב וּמַכְרֶזֶת
וְאוֹמֶרֶת, אוֹי לָהֶם לַבְּרִיּוֹת מֵעֶלְבּוֹנָהּ שֶׁל תּוֹרָה, שֶׁכָּל מִי שֶׁאֵינוֹ עוֹסֵק
בַּתּוֹרָה נִקְרָא נָזוּף, שֶׁנֶּאֱמַר: נֶזֶם זָהָב בְּאַף חֲזִיר, אִשָּׁה יָפָה וְסָרַת טָעַם: משלי יא
וְאוֹמֵר: וְהַלֻּחֹת מַעֲשֵׂה אֱלֹהִים הֵמָּה, וְהַמִּכְתָּב מִכְתַּב אֱלֹהִים הוּא, חָרוּת שמות לב
עַל־הַלֻּחֹת: אַל תִּקְרָא חָרוּת אֶלָּא חֵרוּת, שֶׁאֵין לְךָ בֶּן חוֹרִין אֶלָּא מִי שֶׁעוֹסֵק
בְּתַלְמוּד תּוֹרָה. וְכָל מִי שֶׁעוֹסֵק בְּתַלְמוּד תּוֹרָה, הֲרֵי זֶה מִתְעַלֶּה, שֶׁנֶּאֱמַר:
וּמִמַּתָּנָה נַחֲלִיאֵל, וּמִנַּחֲלִיאֵל בָּמוֹת: במדבר כא

ג הַלּוֹמֵד מֵחֲבֵרוֹ פֶּרֶק אֶחָד, אוֹ הֲלָכָה אַחַת, אוֹ פָּסוּק אֶחָד, אוֹ דִבּוּר אֶחָד,
אוֹ אֲפִלּוּ אוֹת אַחַת, צָרִיךְ לִנְהָג בּוֹ כָּבוֹד. שֶׁכֵּן מָצִינוּ בְּדָוִד מֶלֶךְ יִשְׂרָאֵל,
שֶׁלֹּא לָמַד מֵאֲחִיתֹפֶל אֶלָּא שְׁנֵי דְבָרִים בִּלְבָד, קְרָאוֹ רַבּוֹ אַלּוּפוֹ וּמְיֻדָּעוֹ,
שֶׁנֶּאֱמַר: וְאַתָּה אֱנוֹשׁ כְּעֶרְכִּי, אַלּוּפִי וּמְיֻדָּעִי: וַהֲלֹא דְבָרִים קַל וָחֹמֶר. וּמַה תהלים נה
דָּוִד מֶלֶךְ יִשְׂרָאֵל, שֶׁלֹּא לָמַד מֵאֲחִיתֹפֶל אֶלָּא שְׁנֵי דְבָרִים בִּלְבָד, קְרָאוֹ

---

que se trata de una compilación posterior. Es conocido como "*El capítulo de Rabí Meir*" en virtud de quien diserta en su primer pasaje, o el "*Capítulo de la adquisición de la Torá*" que es su tema principal. Al igual que en el capítulo 119 del libro de Salmos, se trata de una expresión poética de amor de un pueblo por un libro, el Libro de los Libros, amén de ser una declaración de fe rabínica por excelencia.

6:2 *Pues no tienes hombre verdaderamente libre sino aquel ("ben jorín") que se ocupa de estudiar la Torá:* El idioma hebreo distingue dos tipos de libertad, "*jofesh*" y "*jerut*". "*Jofesh*" es una libertad negativa, la ausencia de coerción, mientras que "*jerut*" es una libertad positiva, una libertad que honra la libertad de los demás. Libertad positiva requiere de hábitos de autocontrol y por lo tanto pertenece únicamente a quienes han internalizado las enseñanzas de

mayor razón aun cuando alguien aprende de su compañero un capítulo, una regla, un pasaje, una expresión o tan siquiera una letra, ¿con cuánta no menos razón ha de rendirle honor? Y honor es solamente aquel inherente a la Torá, pues está escrito: "Los Sabios heredarán el honor" y "los íntegros (observan- *Prov. 3* *Prov. 28*
tes de la Torá) heredarán aquello que es bueno"; y solamente la Torá se intitula "bien", pues dice: "Os he dado una buena enseñanza; no abandonéis Mi *Prov. 4*
Torá".

4. Éste es el sendero de la Torá: aunque sólo pan con sal comas, y bebas agua de forma mesurada, y te recuestes a dormir sobre la tierra, viviendo una vida de privaciones, y así todo, en la Torá te habrás de esforzar; si así lo hicieres, serás feliz y te irá bien: "feliz" en este mundo, y "te irá bien" en el Mundo Venidero.

5. No busques para ti grandezas y no ambiciones honores; permite que tus actos superen a tu estudio y no anheles la mesa de los reyes; pues tu mesa es más grande que la de ellos, y tu corona es más grande que la de ellos; y tu Amo es fiel, de modo que te dará la retribución por tu obra.

6. La Torá es más importante que el sacerdocio y la realeza: pues mientras que la realeza se adquiere por medio de treinta atributos, el sacerdocio por medio de veinticuatro, la Torá es adquirida por medio de cuarenta y ocho cualidades. Y estas son: con el estudio, atendiendo adecuadamente, hablando de modo ordenado, por la comprensión del corazón, con la prudencia en el corazón, mediante el temor, mediante la reverencia, por medio de la humildad, con alegría, sirviendo a los sabios, con el examen minucioso en compañía de otros colegas, con las discusiones de los alumnos, con la reflexión, por el conocimiento de las Escrituras (la Ley Escrita) y la Mishná (la Ley Oral), con moderación en los negocios, con moderación en cuestiones cívicas, con moderación en el placer físico, con moderación en el sueño, con moderación en la charla, con moderación en la risa, con paciencia, con carácter afable, confiando en los sabios, por medio de la aceptación del sufrimiento. Siendo una persona que reconoce su lugar, que está alegre con su porción, que levanta una valla alrededor de sus propias palabras, que no se atribuye mérito por sus logros; que es amado, ama a Dios, ama a las personas, ama la bondad, ama la rectitud, ama las reprensiones, se mantiene distante de los honores, no se siente arrogante por su saber, no se deleita en tomar decisiones (en establecer la halajá), conlleva el yugo con su prójimo, tiende a juzgarlo favorablemente, le enseña la visión de la verdad y la posición de la paz; reflexiona con madurez

---

6:6 *La realeza se adquiere por medio de treinta atributos,* detalladas en la Mishná *Tratado de Sanhedrín 2:2–5. El sacerdocio por medio de veinticuatro (prerrogativas u obsequios),* derivado de Números 18:8–32.

רַבּוֹ אַלּוּפוֹ וּמְיֻדָּעוֹ. הַלּוֹמֵד מֵחֲבֵרוֹ פֶּרֶק אֶחָד, אוֹ הֲלָכָה אַחַת, אוֹ פָּסוּק אֶחָד, אוֹ דִּבּוּר אֶחָד, אוֹ אֲפִלּוּ אוֹת אַחַת, עַל אַחַת כַּמָּה וְכַמָּה שֶׁצָּרִיךְ
משלי ג לִנְהָג בּוֹ כָּבוֹד. וְאֵין כָּבוֹד אֶלָּא תוֹרָה, שֶׁנֶּאֱמַר: כָּבוֹד חֲכָמִים יִנְחָלוּ:
משלי כח / משלי ד וּתְמִימִים יִנְחֲלוּ־טוֹב: וְאֵין טוֹב אֶלָּא תוֹרָה, שֶׁנֶּאֱמַר: כִּי לֶקַח טוֹב נָתַתִּי לָכֶם, תּוֹרָתִי אַל־תַּעֲזֹבוּ:

ד כָּךְ הִיא דַּרְכָּהּ שֶׁל תּוֹרָה. פַּת בַּמֶּלַח תֹּאכֵל, וּמַיִם בַּמְּשׂוּרָה תִּשְׁתֶּה, וְעַל הָאָרֶץ תִּישַׁן, וְחַיֵּי צַעַר תִּחְיֶה, וּבַתּוֹרָה אַתָּה עָמֵל. אִם אַתָּה עוֹשֶׂה כֵּן, אַשְׁרֶיךָ וְטוֹב לָךְ, אַשְׁרֶיךָ בָּעוֹלָם הַזֶּה, וְטוֹב לָךְ לָעוֹלָם הַבָּא.

ה אַל תְּבַקֵּשׁ גְּדֻלָּה לְעַצְמְךָ, וְאַל תַּחְמֹד כָּבוֹד. יוֹתֵר מִלִּמּוּדְךָ עֲשֵׂה. וְאַל תִּתְאַוֶּה לְשֻׁלְחָנָם שֶׁל מְלָכִים, שֶׁשֻּׁלְחָנְךָ גָּדוֹל מִשֻּׁלְחָנָם, וְכִתְרְךָ גָּדוֹל מִכִּתְרָם. וְנֶאֱמָן הוּא בַּעַל מְלַאכְתְּךָ, שֶׁיְּשַׁלֶּם לְךָ שְׂכַר פְּעֻלָּתֶךָ.

ו גְּדוֹלָה תוֹרָה יוֹתֵר מִן הַכְּהֻנָּה וּמִן הַמַּלְכוּת. שֶׁהַמַּלְכוּת נִקְנֵית בִּשְׁלֹשִׁים מַעֲלוֹת, וְהַכְּהֻנָּה בְּעֶשְׂרִים וְאַרְבַּע, וְהַתּוֹרָה נִקְנֵית בְּאַרְבָּעִים וּשְׁמוֹנָה דְבָרִים. וְאֵלּוּ הֵן, בְּתַלְמוּד, בִּשְׁמִיעַת הָאֹזֶן, בַּעֲרִיכַת שְׂפָתַיִם, בְּבִינַת הַלֵּב, בְּאֵימָה, בְּיִרְאָה, בַּעֲנָוָה, בְּשִׂמְחָה, בְּטָהֳרָה, בְּשִׁמּוּשׁ חֲכָמִים, בְּדִקְדּוּק חֲבֵרִים, בְּפִלְפּוּל הַתַּלְמִידִים, בְּיִשּׁוּב, בְּמִקְרָא, בְּמִשְׁנָה, בְּמִעוּט סְחוֹרָה, בְּמִעוּט דֶּרֶךְ אֶרֶץ, בְּמִעוּט תַּעֲנוּג, בְּמִעוּט שֵׁנָה, בְּמִעוּט שִׂיחָה, בְּמִעוּט שְׂחוֹק, בְּאֶרֶךְ אַפַּיִם, בְּלֵב טוֹב, בֶּאֱמוּנַת חֲכָמִים, בְּקַבָּלַת הַיִּסּוּרִין, הַמַּכִּיר אֶת מְקוֹמוֹ, וְהַשָּׂמֵחַ בְּחֶלְקוֹ, וְהָעוֹשֶׂה סְיָג לִדְבָרָיו, וְאֵינוֹ מַחֲזִיק טוֹבָה לְעַצְמוֹ, אָהוּב, אוֹהֵב אֶת הַמָּקוֹם, אוֹהֵב אֶת הַבְּרִיּוֹת, אוֹהֵב אֶת הַצְּדָקוֹת, אוֹהֵב אֶת הַמֵּישָׁרִים, אוֹהֵב אֶת הַתּוֹכָחוֹת, וּמִתְרַחֵק מִן הַכָּבוֹד, וְלֹא מֵגִיס לִבּוֹ בְּתַלְמוּדוֹ, וְאֵינוֹ שָׂמֵחַ בְּהוֹרָאָה, נוֹשֵׂא בְעֹל עִם חֲבֵרוֹ, וּמַכְרִיעוֹ לְכַף זְכוּת, וּמַעֲמִידוֹ עַל הָאֱמֶת, וּמַעֲמִידוֹ עַל הַשָּׁלוֹם, וּמִתְיַשֵּׁב לִבּוֹ בְּתַלְמוּדוֹ,

---

según la cual el Salmo 55 fue compuesto por David durante la rebelión de su hijo Abshalom y entendían que los siguientes versículos se referían a Ajitófel: "Porque no fue un enemigo el que me insultó, ya que entonces podría haberlo tolerado, no fue mi adversario el que se levantó contra mí pues entonces podría haberme ocultado de este, sino que fuiste tú, tú eres mi par, mi mentor y mi confidente. Nos asesorábamos el uno con el otro confiadamente, deambulábamos juntos por la Morada de Dios".

en el estudio, pregunta y responde, escucha y acrecienta su estudio; estudia para enseñar, aprende para llevar las enseñanzas a la práctica, torna más sabio a su maestro, es preciso en transmitir lo que ha escuchado, y aquello que escuchó de terceros, lo cita en nombre de quien lo ha escuchado. Pues así hemos aprendido: aquel que cita algo en nombre de quien lo dijo, trae redención al mundo. Pues está escrito: "Y dijo Ester al rey en nombre de Mordejai". *Est. 2*

7. Grande es la Torá, pues da, a quienes la cumplen, vida en este mundo y en el Mundo Venidero, como está dicho: "Porque es vida para aquellos que la *Prov. 4* alcanzan y cura para sus cuerpos"; y dice: "Será salud para tu cuerpo y dará *Prov. 3* savia para tus huesos"; y dice: "Es un árbol de vida para los que se aferran a ella, y quien la sostiene ¡es feliz!, conforman una comunidad que avanzará en salvación"; igualmente dice: "será guirnalda de gracia en torno a tu cabeza, y *Prov. 1* collar alrededor de tu cuello"; y dice: "Dará a tu cabeza una corona preciosa *Prov. 4* y una guirnalda maravillosa te entregará"; y dice: "Por Mi se multiplicarán tus *Prov. 9* días, y los años de tu vida se incrementarán"; y dice: "Prolongación de los días *Prov. 3* hay en su diestra, en su izquierda, riqueza y honor"; y dice: "Longevidad, años *Prov. 3* de vida y paz te habrán de agregar".

8. Rabí Shimón ben Menasia dijo en nombre de Rabí Shimón Ben Iojai: La belleza, la fuerza, la riqueza, el honor, la sabiduría, la vejez, la ancianidad, y los hijos, son un adorno agradable para los justos como para el mundo, tal como está escrito: "Corona de gloria es la ancianidad, se hallará en el camino de la *Prov. 16* justicia"; y dice: "La gloria de los sabios es su riqueza"; y dice: "La gloria de los *Prov. 14* *Prov. 17* ancianos son los hijos de sus hijos y el esplendor de los hijos son sus padres"; y dice: "El esplendor de los jóvenes es su vigor y la gloria de los mayores su *Prov. 20* ancianidad"; y agrega: "La luna se avergonzará, y el sol se confundirá, pues *Is. 24* el SEÑOR de las Huestes Celestiales ha comenzado a reinar en el monte de Sion y en Jerusalém y delante de los ancianos habrá honor". Dijo Rabí Shimón ben Menasia: estas siete cualidades, atribuidas por Sabios a los virtuosos, se encuentran todas en Rabí Yehuda HaNasí y sus hijos.

9. Dijo Rabí Yosé ben Kisma: "En una ocasión iba yo de camino, cuando me encontró un hombre y me saludó. Yo retribuí su saludo. Él me dijo: 'Rabí, ¿de qué lugar eres tú'? Le dije: 'Soy de una gran ciudad de sabios y estudiosos'. Me dijo: "Rabí, ¿desearías vivir con nosotros en nuestro lugar? Entonces, te daría millones de dinares de oro y piedras preciosas y perlas". Le respondí: "Hijo mío, aunque me dieras toda la plata y el oro, y todas las piedras preciosas y perlas que hay en este mundo, sólo residiría en un lugar de Torá". Así escribió David, rey de Israel en los Salmos: "Es mejor para mí la ley de Tu boca que *Sal. 119* millares de oro y plata". Además, en la hora de la partida final de un hombre, ni la plata ni el oro, ni las piedras preciosas ni las perlas lo acompañarán, sino

שׁוֹאֵל וּמֵשִׁיב, שׁוֹמֵעַ וּמוֹסִיף, הַלּוֹמֵד עַל מְנָת לְלַמֵּד, וְהַלּוֹמֵד עַל מְנָת
לַעֲשׂוֹת, הַמַּחְכִּים אֶת רַבּוֹ, וְהַמְכַוֵּן אֶת שְׁמוּעָתוֹ, וְהָאוֹמֵר דָּבָר בְּשֵׁם אוֹמְרוֹ.
הָא לָמַדְתָּ, כָּל הָאוֹמֵר דָּבָר בְּשֵׁם אוֹמְרוֹ, מֵבִיא גְאֻלָּה לָעוֹלָם, שֶׁנֶּאֱמַר:
וַתֹּאמֶר אֶסְתֵּר לַמֶּלֶךְ בְּשֵׁם מָרְדֳּכָי: אסתר ב

ז גְּדוֹלָה תוֹרָה, שֶׁהִיא נוֹתֶנֶת חַיִּים לְעוֹשֶׂיהָ בָּעוֹלָם הַזֶּה וּבָעוֹלָם הַבָּא,
שֶׁנֶּאֱמַר: כִּי־חַיִּים הֵם לְמֹצְאֵיהֶם, וּלְכָל־בְּשָׂרוֹ מַרְפֵּא: וְאוֹמֵר: רִפְאוּת משלי ד משלי ג
תְּהִי לְשָׁרֶךָ, וְשִׁקּוּי לְעַצְמוֹתֶיךָ: וְאוֹמֵר: עֵץ־חַיִּים הִיא לַמַּחֲזִיקִים בָּהּ,
וְתֹמְכֶיהָ מְאֻשָּׁר: וְאוֹמֵר: כִּי לִוְיַת חֵן הֵם לְרֹאשֶׁךָ, וַעֲנָקִים לְגַרְגְּרֹתֶיךָ: משלי א
וְאוֹמֵר: תִּתֵּן לְרֹאשְׁךָ לִוְיַת־חֵן, עֲטֶרֶת תִּפְאֶרֶת תְּמַגְּנֶךָּ: וְאוֹמֵר: כִּי־בִי יִרְבּוּ משלי ד משלי ט
יָמֶיךָ, וְיוֹסִיפוּ לְּךָ שְׁנוֹת חַיִּים: וְאוֹמֵר: אֹרֶךְ יָמִים בִּימִינָהּ, בִּשְׂמֹאולָהּ עֹשֶׁר משלי ג
וְכָבוֹד: וְאוֹמֵר: כִּי אֹרֶךְ יָמִים וּשְׁנוֹת חַיִּים וְשָׁלוֹם יוֹסִיפוּ לָךְ: משלי ג

ח רַבִּי שִׁמְעוֹן בֶּן מְנַסְיָא מִשּׁוּם רַבִּי שִׁמְעוֹן בֶּן יוֹחַאי אוֹמֵר: הַנּוֹי, וְהַכֹּחַ,
וְהָעֹשֶׁר, וְהַכָּבוֹד, וְהַחָכְמָה, וְהַזִּקְנָה, וְהַשֵּׂיבָה, וְהַבָּנִים, נָאֶה לַצַּדִּיקִים וְנָאֶה
לָעוֹלָם, שֶׁנֶּאֱמַר: עֲטֶרֶת תִּפְאֶרֶת שֵׂיבָה, בְּדֶרֶךְ צְדָקָה תִּמָּצֵא: וְאוֹמֵר: עֲטֶרֶת משלי טז משלי יד
חֲכָמִים עָשְׁרָם: וְאוֹמֵר: עֲטֶרֶת זְקֵנִים בְּנֵי בָנִים, וְתִפְאֶרֶת בָּנִים אֲבוֹתָם: משלי יז
וְאוֹמֵר: תִּפְאֶרֶת בַּחוּרִים כֹּחָם, וַהֲדַר זְקֵנִים שֵׂיבָה: וְאוֹמֵר: וְחָפְרָה הַלְּבָנָה משלי כ ישעיה כד
וּבוֹשָׁה הַחַמָּה, כִּי־מָלַךְ יהוה צְבָאוֹת בְּהַר צִיּוֹן וּבִירוּשָׁלַ͏ִם, וְנֶגֶד זְקֵנָיו כָּבוֹד:
רַבִּי שִׁמְעוֹן בֶּן מְנַסְיָא אוֹמֵר: אֵלּוּ שֶׁבַע מִדּוֹת שֶׁמָּנוּ חֲכָמִים לַצַּדִּיקִים, כֻּלָּם
נִתְקַיְּמוּ בְּרַבִּי וּבְבָנָיו.

ט אָמַר רַבִּי יוֹסֵי בֶּן קִסְמָא: פַּעַם אַחַת הָיִיתִי מְהַלֵּךְ בַּדֶּרֶךְ, וּפָגַע בִּי אָדָם
אֶחָד, וְנָתַן לִי שָׁלוֹם וְהֶחֱזַרְתִּי לוֹ שָׁלוֹם. אָמַר לִי, רַבִּי, מֵאֵיזֶה מָקוֹם אַתָּה.
אָמַרְתִּי לוֹ, מֵעִיר גְּדוֹלָה שֶׁל חֲכָמִים וְשֶׁל סוֹפְרִים אָנִי. אָמַר לִי, רַבִּי, רְצוֹנְךָ
שֶׁתָּדוּר עִמָּנוּ בִּמְקוֹמֵנוּ, וַאֲנִי אֶתֵּן לְךָ אֶלֶף אֲלָפִים דִּינְרֵי זָהָב וַאֲבָנִים
טוֹבוֹת וּמַרְגָּלִיּוֹת. אָמַרְתִּי לוֹ, אִם אַתָּה נוֹתֵן לִי כָּל כֶּסֶף וְזָהָב וַאֲבָנִים
טוֹבוֹת וּמַרְגָּלִיּוֹת שֶׁבָּעוֹלָם, אֵינִי דָר אֶלָּא בִּמְקוֹם תּוֹרָה, וְכֵן כָּתוּב בְּסֵפֶר
תְּהִלִּים עַל יְדֵי דָוִד מֶלֶךְ יִשְׂרָאֵל: טוֹב־לִי תוֹרַת־פִּיךָ מֵאַלְפֵי זָהָב וָכָסֶף: תהלים קיט
וְלֹא עוֹד, אֶלָּא שֶׁבִּשְׁעַת פְּטִירָתוֹ שֶׁל אָדָם, אֵין מְלַוִּין לוֹ לְאָדָם לֹא כֶסֶף
וְלֹא זָהָב וְלֹא אֲבָנִים טוֹבוֹת וּמַרְגָּלִיּוֹת, אֶלָּא תוֹרָה וּמַעֲשִׂים טוֹבִים בִּלְבַד,

sólo la Torá y las buenas acciones, como está escrito: "Que ellas te guíen *Prov. 6*
mientras caminas, que velen sobre ti cuando estás acostado, y sean tu diálogo cuando despiertas". "Te guíen mientras caminas" – en este mundo; "que velen sobre ti cuando estás acostado" – en la tumba; y "y sean tu diálogo cuando
despiertas" – en el Mundo Venidero. También está escrito: "Mía es la plata, y *Hag. 2*
Mío es el oro, dice el Señor de las Huestes Celestiales".

10. Cinco adquisiciones ha declarado propios el Santo Bendito Él, en Su mundo y ellas son: La Torá es una adquisición especial; el cielo y la tierra son una posesión especial, Abraham es una posesión especial, el pueblo de Israel es una adquisición especial y el Bet HaMikdash es una posesión especial. ¿Cómo
lo sabemos acerca de la Torá? Porque está escrito: "El Señor me hizo Suya al *Prov. 8*
principio de Su camino, antes de Sus obras, desde antiguo". ¿Cómo lo sabe-
mos acerca del Cielo y la Tierra? Porque está escrito: "Así ha dicho el Señor: *Is. 66*
El cielo es Mi trono y la Tierra es el escabel de Mis pies, ¿Cuál es la Casa
que Me habréis de edificar, y cuál el lugar de Mi residencia?" Y dice: "¡Cuán *Sal. 119*
numerosas son Tus obras, ¡Señor! – Todas las hiciste con sabiduría. Llena está la tierra de Tus posesiones!". ¿Cómo lo sabemos acerca de Abraham?
Porque está escrito: "Y lo bendijo, y dijo: Bendito sea Abram al Dios Altísimo, *Gén. 14*
Creador de los Cielos y la Tierra". ¿Dónde consta que el pueblo de Israel es
una adquisición? Porque está escrito: "Hasta que haya pasado Tu pueblo *Éx. 15*
Señor, hasta que haya pasado este pueblo que Tú adquiriste"; y dice: "(Mas *Sal. 16*
en aras) de los santos que yacen en la tierra y de los poderosos (en temor a Dios); todos mis deseos se cumplen (en mérito a ellos)". ¿Dónde consta que
el sagrado Templo de Jerusalém es una adquisición? Porque está escrito: "El *Éx. 15*
Santuario del Señor que han establecido Tus manos"; y nuevamente: "Y Él *Sal. 78*
los llevó al sitio de Su Santidad, esa montaña que Su diestra adquirió".

11. Todo lo que el Santo Bendito Él creó en Su mundo lo ha creado sólo para Su
gloria, tal como fue dicho: "A todos los que son llamados con Mi Nombre, a *Is. 43*
los que he creado para Mi gloria, a los que hice y formé". Y añade: "El Señor *Éx. 15*
reinará por toda la Eternidad".

Rabí Jananiá Ben Akashiá dice: El Santo Bendito Él quiso dar méritos a Israel y *Macot 23B*
por ello les incrementó el estudio de la Torá y el cumplimiento de preceptos, tal
como está escrito: "El Señor, en aras del mérito de Israel deseó engrandecer la *Is. 42*
Torá y enaltecerla".

De haber minián los dolientes recitan aquí el Kadish de los Rabinos (página 580).

שֶׁנֶּאֱמַר: בְּהִתְהַלֶּכְךָ תַּנְחֶה אֹתָךְ, בְּשָׁכְבְּךָ תִּשְׁמֹר עָלֶיךָ, וַהֲקִיצוֹתָ הִיא משלי ו
תְשִׂיחֶךָ: בְּהִתְהַלֶּכְךָ תַּנְחֶה אֹתָךְ, בָּעוֹלָם הַזֶּה. בְּשָׁכְבְּךָ תִּשְׁמֹר עָלֶיךָ,
בַּקֶּבֶר. וַהֲקִיצוֹתָ הִיא תְשִׂיחֶךָ, לָעוֹלָם הַבָּא. וְאוֹמֵר: לִי הַכֶּסֶף וְלִי הַזָּהָב, חגי ב
נְאֻם יהוה צְבָאוֹת:

י חֲמִשָּׁה קִנְיָנִים קָנָה הַקָּדוֹשׁ בָּרוּךְ הוּא בְּעוֹלָמוֹ. וְאֵלּוּ הֵן, תּוֹרָה קִנְיָן אֶחָד,
שָׁמַיִם וָאָרֶץ קִנְיָן אֶחָד, אַבְרָהָם קִנְיָן אֶחָד, יִשְׂרָאֵל קִנְיָן אֶחָד, בֵּית הַמִּקְדָּשׁ
קִנְיָן אֶחָד. תּוֹרָה מִנַּיִן, דִּכְתִיב: יהוה קָנָנִי רֵאשִׁית דַּרְכּוֹ, קֶדֶם מִפְעָלָיו מֵאָז: משלי ח
שָׁמַיִם וָאָרֶץ מִנַּיִן, דִּכְתִיב: כֹּה אָמַר יהוה הַשָּׁמַיִם כִּסְאִי וְהָאָרֶץ הֲדֹם רַגְלָי, ישעיה סו
אֵי־זֶה בַיִת אֲשֶׁר תִּבְנוּ־לִי, וְאֵי־זֶה מָקוֹם מְנוּחָתִי: וְאוֹמֵר: מָה־רַבּוּ מַעֲשֶׂיךָ תהלים קד
יהוה, כֻּלָּם בְּחָכְמָה עָשִׂיתָ, מָלְאָה הָאָרֶץ קִנְיָנֶךָ: אַבְרָהָם מִנַּיִן, דִּכְתִיב:
וַיְבָרְכֵהוּ וַיֹּאמַר, בָּרוּךְ אַבְרָם לְאֵל עֶלְיוֹן, קֹנֵה שָׁמַיִם וָאָרֶץ: יִשְׂרָאֵל מִנַּיִן, בראשית יד
דִּכְתִיב: עַד־יַעֲבֹר עַמְּךָ יהוה, עַד־יַעֲבֹר עַם־זוּ קָנִיתָ: וְאוֹמֵר: לִקְדוֹשִׁים שמות טו תהלים טז
אֲשֶׁר־בָּאָרֶץ הֵמָּה, וְאַדִּירֵי כָּל־חֶפְצִי־בָם: בֵּית הַמִּקְדָּשׁ מִנַּיִן, דִּכְתִיב: מָכוֹן שמות טו
לְשִׁבְתְּךָ פָּעַלְתָּ יהוה, מִקְּדָשׁ אֲדֹנָי כּוֹנְנוּ יָדֶיךָ: וְאוֹמֵר: וַיְבִיאֵם אֶל־גְּבוּל תהלים עח
קָדְשׁוֹ, הַר־זֶה קָנְתָה יְמִינוֹ:

יא כָּל מַה שֶּׁבָּרָא הַקָּדוֹשׁ בָּרוּךְ הוּא בְּעוֹלָמוֹ, לֹא בְרָאוֹ אֶלָּא לִכְבוֹדוֹ, שֶׁנֶּאֱמַר:
כֹּל הַנִּקְרָא בִשְׁמִי וְלִכְבוֹדִי בְּרָאתִיו, יְצַרְתִּיו אַף־עֲשִׂיתִיו: וְאוֹמֵר: יהוה ישעיה מג שמות טו
יִמְלֹךְ לְעֹלָם וָעֶד:

רַבִּי חֲנַנְיָא בֶּן עֲקַשְׁיָא אוֹמֵר: רָצָה הַקָּדוֹשׁ בָּרוּךְ הוּא לְזַכּוֹת אֶת יִשְׂרָאֵל, לְפִיכָךְ מכות כג:
הִרְבָּה לָהֶם תּוֹרָה וּמִצְוֹת. שֶׁנֶּאֱמַר: יהוה חָפֵץ לְמַעַן צִדְקוֹ, יַגְדִּיל תּוֹרָה וְיַאְדִּיר: ישעיה מב

De haber מנין *los dolientes recitan aquí* קדיש דרבנן (*página 581*).

Se'udá Shelishit de Shabat

אַתְקִינוּ Preparad el banquete de la fe perfecta, que es el regocijo del sagrado Rey.
Preparad el banquete del Rey.
Este es el banquete (místicamente conocido como)
del "Rostro Pequeño" ('*Zeir Anpín*') y del "Santo Antiguo" ('*Atiká Kadishá*')
y del "Campo de las Manzanas Sagradas" ('*Jakal Tapujín Kadishín*')
(términos místicos para denotar aspectos de lo Divino)
que acuden a participar de la comida.

Hijos del palacio
que anhelan contemplar el brillo del "Rostro Pequeño",
que estén aquí en esta mesa
en la cual el Rey marca Su huella,
añorando sumarse a esta reunión
junto con los ángeles alados.
Regocijaos en este momento favorable
en el cual no hay disgusto o enojo alguno.
Acercaos a mí, contemplad mi poder,
pues en esta hora no hay juicios severos:
los perros insolentes (metáfora que simboliza a las fuerzas del mal)
están afuera imposibilitados de entrar.
Por ello, invito al "Antiguo de los Días" para que en este momento
propicio de la Minjá, el momento en que ellos se desvanecen;
y Su Voluntad se revelará
para así anular las fuerzas de la impureza.
Él las arrojará a los profundos abismos
y ellos se ocultarán entre las hendiduras de las rocas.
Porque ahora, en tiempo de la Minjá,
es el momento de la Presencia del "Rostro Pequeño"

---

paisaje de oro rojizo. Las melodías de la tercera comida son más meditativas, y las palabras de Torá que se dicen en la mesa son más interiores y profundas. Además, está la consciencia de que este momento mágico es el final de algo y que la semana de trabajo con sus tensiones y riesgos está por comenzar. Los jasídicos son quienes procuran especialmente prolongar lo más posible este momento, como si fuese posible enlentecer su transcurrir y suspenderlo en el tiempo. Este es un momento de anhelo espiritual mientras nos preparamos a regañadientes para abandonar el mundo que debería ser por la probatoria y desafiante realidad del mundo tal cual es.

סעודה שלישית של שבת

אַתְקִינוּ סְעוּדְתָא דִמְהֵימְנוּתָא שְׁלִימְתָא, חֶדְוְתָא דְמַלְכָּא קַדִּישָׁא.
אַתְקִינוּ סְעוּדְתָא דְמַלְכָּא.
דָּא הִיא סְעוּדְתָא דִזְעֵיר אַנְפִּין
וְעַתִּיקָא קַדִּישָׁא וַחֲקַל תַּפּוּחִין קַדִּישִׁין אָתַיִן לְסַעֲדָה בַּהֲדֵהּ.

בְּנֵי הֵיכְלָא, דִּכְסִיפִין לְמֶחֱזֵי זִיו זְעֵיר אַנְפִּין
יְהוֹן הָכָא, בְּהַאי תַּכָא, דְּבֵהּ מַלְכָּא בְּגִלּוּפִין.
צְבוּ לַחֲדָא, בְּהַאי וַעֲדָא, בְּגוֹ עִירִין וְכָל גַּדְפִּין.
חֲדוּ הַשְׁתָּא, בְּהַאי שַׁעְתָּא, דְּבֵהּ רַעֲוָא וְלֵית זַעֲפִין.
קְרִיבוּ לִי, חֲזוּ חֵילִי, דְּלֵית דִּינִין דִּתְקִיפִין.
לְבַר נָטְלִין, וְלָא עָלִין, הָנֵי כַּלְבִין דַּחֲצִיפִין.
וְהָא אַזְמִין עַתִּיק יוֹמִין, לְמִצְחֵהּ עַד יְהוֹן חָלְפִין.
רְעוּ דִי לֵהּ, דְּגַלֵּי לֵהּ, לְבַטָּלָה בְּכָל קְלִיפִין.
יְשַׁוֵּי לוֹן, בְּנִקְבֵּהוֹן, וְיִטַּמְרוּן בְּגוֹ כֵּפִין.
אֲרֵי הַשְׁתָּא, בְּמִנְחֲתָא, בְּחֶדְוְתָא דִזְעֵיר אַנְפִּין.

SE'UDA SHELISHIT / LA TERCERA COMIDA DE SHABAT

Una de las formas en la que se honra el Shabat es por medio de la ingestión de una tercera comida, la *Se'udá Shelishit*: en los tiempos del Talmud durante los días de la semana se ingerían únicamente dos comidas; esta tercera comida que se come sólo en Shabat y que, muy a menudo y especialmente en el verano es ingerida junto a toda la congregación – es un momento de gran intensidad espiritual. La atmósfera especial del Shabat alcanza aquí su punto álgido. Hemos pasado a través del Shabat por la Creación que es el tema central del viernes por la noche, y por la Revelación que es el tema central del rezo de la mañana. Ahora ingresamos en el Shabat de la Redención, momento en el que se vislumbra en lejanía un mundo en el cual la soberanía de Dios será reconocida por todos los seres humanos y la vida en la tierra recuperará la armonía que supo tener en los albores de los tiempos.

Algo de esta serenidad inunda a la tercera comida mientras el sol va cayendo en el horizonte, enviando sus oblicuos rayos entre las hojas, tiñendo el

מִזְמוֹר לְדָוִד Salmo de David. *Sal. 23*
El Señor es mi pastor,
nada me habrá de faltar.
Él me hará retozar en verdes pasturas,
me conducirá por plácidas aguas.
Él refresca mi alma,
me conducirá por sendas justas
en aras de Su Nombre.
Aunque me encuentre en un valle
de sombra de muerte
no habré de temer,
pues Tú estás conmigo.
Tu vara y Tu cayado me han de consolar.
Preparas ante mí una mesa
en presencia de mis enemigos;
ungiste mi cabeza con aceite,
mi copa rebosa.
Sólo el bien y la generosidad
me habrán de perseguir todos los días de mi vida.
Y viviré en la Casa del Señor
por siempre.

Dios, su copa de vino está llena hasta rebasar y su pan está embebido de aceite (el aceite era libado o vertido sobre las cabezas de los invitados importantes a los banquetes: ver Eclesiastés 9:8, Salmos 92:11).

Si bien sus enemigos están cercanos, ellos no pueden provocar daño alguno ya que se encuentra bajo la protección de su anfitrión. La última línea nos ofrece un desenlace inesperado: el sitio en el cual el poeta experimenta estos ricos sentimientos de seguridad es el Templo de Jerusalém, "la Casa del Señor".

Siendo entonado aquí, de cara a la finalización del Shabat, el salmo adquiere una fuerza particular. A menudo, también los judíos eran conscientes de los peligros que acechaban al abandonar el refugio del Shabat y prepararse para reincorporarse al mundo exterior. Sin embargo, se armaban de un gran coraje originado en la fe, "no habré de temer, pues Tú estás conmigo".

תהלים כג

מִזְמוֹר לְדָוִד

יהוה רֹעִי לֹא אֶחְסָר׃
בִּנְאוֹת דֶּשֶׁא יַרְבִּיצֵנִי
עַל־מֵי מְנֻחוֹת יְנַהֲלֵנִי׃
נַפְשִׁי יְשׁוֹבֵב
יַנְחֵנִי בְמַעְגְּלֵי־צֶדֶק לְמַעַן שְׁמוֹ׃
גַּם כִּי־אֵלֵךְ בְּגֵיא צַלְמָוֶת לֹא־אִירָא רָע
כִּי־אַתָּה עִמָּדִי
שִׁבְטְךָ וּמִשְׁעַנְתֶּךָ הֵמָּה יְנַחֲמֻנִי׃
תַּעֲרֹךְ לְפָנַי שֻׁלְחָן נֶגֶד צֹרְרָי
דִּשַּׁנְתָּ בַשֶּׁמֶן רֹאשִׁי
כּוֹסִי רְוָיָה׃
אַךְ טוֹב וָחֶסֶד יִרְדְּפוּנִי כָּל־יְמֵי חַיָּי
וְשַׁבְתִּי בְּבֵית־יהוה לְאֹרֶךְ יָמִים׃

Salmo 23: Se trata de uno de los pasajes más sublimes de toda la literatura religiosa: una obra de arte poética de solamente cincuenta y siete palabras de extensión que expresa confianza en el amoroso cuidado y protección Divinos. En su primera mitad el salmista se ve a sí mismo como una oveja del rebaño de Dios, vulnerable pero segura bajo el ojo protector del pastor. El tono de serenidad es transmitido por una serie de imágenes pastoriles: "verdes pasturas", "plácidas aguas" y "*ma'aglei tzedek*" o "sendas justas".

Luego el estilo se ve acelerado. El salmista habla de "un valle de sombra de muerte" (o "valle de profunda oscuridad"), quizás una grieta en la roca donde los rayos solares no alcanzan a iluminar y donde puede acechar peligro por parte de los predadores. En este punto el salmo pasa de la tercera a la segunda persona y el autor se dirige directamente a Dios, pronunciando en seis simples vocablos hebreos una de las grandes declaraciones de la fe: "no habré de temer mal alguno, pues Tú estás conmigo".

Luego la metáfora cambia. El salmista pasa a ser un convidado a la mesa de

יְדִיד Amado del alma, Padre misericordioso, atrae a Tu siervo a Tu voluntad.
Tu siervo correrá cual gacela, se prosternará ante Tu Gloria.
Tu amor le resultará más agradable que el néctar y todo otro sabor.

הָדוּר Glorioso, Bello, resplandor del universo, Mi alma adolece por anhelar Tu amor.
Por favor, Dios, por favor, Te pido que la cures mostrándole el deleite de Tu esplendor.
Entonces se fortalecerá y se curará, y será para Ti por siempre Tu doncella.

וָתִיק Anciano en días, que surja Tu compasión y apiádate por favor de Tu amado hijo.
Pues he anhelado tanto contemplar la gloria de Tu poder.
Por favor, Dios mío, amado de mi corazón, apresúrate y no Te ocultes.

הִגָּלֵה Revélate amado y extiende sobre mí el palio de Tu paz.
Ilumina la tierra con Tu gloria, nos alegraremos y nos regocijaremos en Ti.
Apresúrate, amado, pues ha llegado el momento, y agráciame como en los tiempos pretéritos.

---

hermana Miriam (Números 12:13). כִּי בָא מוֹעֵד *Pues ha llegado el momento*: Salmos 102:14 reza "Con seguridad Tú Te levantarás y Te compadecerás de Sion porque es tiempo de perdonarla, pues ha llegado el momento" – en este contexto se trata de una referencia al tiempo mesiánico.

יְדִיד נֶפֶשׁ, אָב הָרַחֲמָן, מְשֹׁךְ עַבְדְּךָ אֶל רְצוֹנָךְ
יָרוּץ עַבְדְּךָ כְּמוֹ אַיָּל, יִשְׁתַּחֲוֶה מוּל הֲדָרָךְ
כִּי יֶעֱרַב לוֹ יְדִידוּתָךְ, מִנֹּפֶת צוּף וְכָל טָעַם.

הָדוּר, נָאֶה, זִיו הָעוֹלָם, נַפְשִׁי חוֹלַת אַהֲבָתָךְ
אָנָּא, אֵל נָא, רְפָא נָא לָהּ, בְּהַרְאוֹת לָהּ נֹעַם זִיוָךְ
אָז תִּתְחַזֵּק וְתִתְרַפֵּא, וְהָיְתָה לָךְ שִׁפְחַת עוֹלָם.

וָתִיק, יֶהֱמוּ רַחֲמֶיךָ, וְחוּס נָא עַל בֵּן אוֹהֲבָךְ
כִּי זֶה כַּמָּה נִכְסֹף נִכְסַף לִרְאוֹת בְּתִפְאֶרֶת עֻזָּךְ
אָנָּא, אֵלִי, מַחְמַד לִבִּי, חוּשָׁה נָּא, וְאַל תִּתְעַלָּם.

הִגָּלֵה נָא וּפְרֹשׂ, חָבִיב, עָלַי אֶת סֻכַּת שְׁלוֹמָךְ
תָּאִיר אֶרֶץ מִכְּבוֹדָךְ, נָגִילָה וְנִשְׂמְחָה בָךְ.
מַהֵר, אָהוּב, כִּי בָא מוֹעֵד, וְחָנֵּנִי כִּימֵי עוֹלָם.

יְדִיד נֶפֶשׁ *Amado del alma:* Poema de apasionado amor por Dios escrito en la ciudad de Safed por el cabalista Rabí Elazar ben Moshé Azikri (1533–1600). Azikri fue miembro de un círculo cabalístico cuyos miembros se retiraron de toda ocupación mundanal y dedicaron todo su tiempo exclusivamente al estudio, la oración y la meditación. Él escribió el poema "Amado del alma" que fue denominado "plegaria por la unión y el deseo de amor" en 1584. Es una de las expresiones más audaces de amor de la literatura judía, reminiscente del Cantar de los Cantares. **יְדִיד נֶפֶשׁ** *Amado del alma*: en Jeremías 12:7 Dios llama al pueblo de Israel "el amado de Mi alma". **מְשֹׁךְ עַבְדְּךָ** *Atrae a Tu siervo*: Cantar de los Cantares 1:4, "¡Atráeme a ti, corramos juntos!" **אֵל נָא, רְפָא נָא לָהּ** *Por favor, Dios, por favor, Te pido que la cures*: Plegaria de Moshé por su

אֵל מִסְתַּתֵּר Dios que se esconde en la belleza del ocultamiento. Su sabiduría opaca el pensamiento humano. / Causa de las causas, investido con la Corona Superior, los ángeles, SEÑOR, Te otorgarán una diadema.

En el principio fue Tu Torá primordial, en la cual está inscrita Tu sabiduría críptica. / ¿Dónde podrá ser hallada? Ella está oculta. El temor al SEÑOR es el principio de toda sabiduría.

Ríos caudalosos, arroyos que nunca paran de fluir, aguas profundas que solamente podrán ser abrevadas por el hombre entendido y sabio. / Aguas que salen por los cincuenta pórticos del entendimiento. Los fieles son protegidos por el SEÑOR.

Dios grande, los ojos de todos están puestos en Ti, Tu gran generosidad es más encumbrada que los cielos. / Dios de Abraham, recuerda las acciones de Tu siervo, he de relatar la bondad del SEÑOR y a Él entonaré alabanzas.

Sublime y majestuoso en poder y fortaleza, que nos trae una luz incomparable, / "Temor de Ytzjak", ilumina nuestras sentencias, SEÑOR, Tú por siempre eres poderoso.

Quién como Tú Dios, que obra grandes proezas, poderoso protector de Ya'akov, infinito en alabanzas. / Esplendor de Israel que escucha las plegarias, pues el SEÑOR es un Dios que está atento a los pedidos de los menesterosos.

Dios, que el mérito de nuestros ancestros nos proteja, Eterno de Israel, redímenos de nuestras desgracias, / extráenos y elévanos del pozo del exilio para que podamos por siempre entonar fuertes cánticos de alabanza durante el servicio en la Casa del SEÑOR.

Los profetas fueron inspirados (sorbieron) desde la derecha y desde la izquierda, hallando la profecía entre las sefirot de Netzaj (eternidad) y Hod (gloria). / Reciben los nombres de Yajín y Boaz, y todos Tus hijos son estudiosos en el conocimiento del SEÑOR.

El fundamento (la sefirá de iesod) se ocultó entre siete, es la eterna señal del pacto, / el justo es el manantial de la bendición y su fundamento es eterno. Tú eres justo, SEÑOR.

Por favor, erige el reino de David y Shelomó, corónalo con la diadema con la cual su madre lo coronó. / La congregación de Israel fue dulcemente denominada novia, coronada con esplendor de la mano del SEÑOR.

Poderoso Dios, une a las diez sefirot como si fuesen una sola. Aquellos que las separan del Eterno no contemplarán las luminarias. / Juntas brillan como el zafiro (que está bajo el trono celestial). Acerca mi cántico a Ti, SEÑOR.

Birkat HaMazón está en la página 1034.

אֵל מִסְתַּתֵּר בְּשַׁפְרִיר חֶבְיוֹן, הַשֵּׂכֶל הַנֶּעְלָם מִכָּל רַעְיוֹן
עִלַּת הָעִלּוֹת מֻכְתָּר בְּכֶתֶר עֶלְיוֹן, כֶּתֶר יִתְּנוּ לְךָ יהוה.

בְּרֵאשִׁית תּוֹרָתְךָ הַקְּדוּמָה, רְשׁוּמָה חָכְמָתְךָ הַסְּתוּמָה
מֵאַיִן תִּמָּצֵא וְהִיא נֶעְלָמָה, רֵאשִׁית חָכְמָה יִרְאַת יהוה.

רְחוֹבוֹת הַנָּהָר נַחֲלֵי אֱמוּנָה, מַיִם עֲמֻקִּים יִדְלֵם אִישׁ תְּבוּנָה
תּוֹצְאוֹתֶיהָ חֲמִשִּׁים שַׁעֲרֵי בִינָה, אֱמוּנִים נוֹצֵר יהוה.

הָאֵל הַגָּדוֹל עֵינֵי כֹל נֶגְדֶּךָ, רַב חֶסֶד גָּדוֹל עַל הַשָּׁמַיִם חַסְדֶּךָ
אֱלֹהֵי אַבְרָהָם זְכֹר לְעַבְדֶּךָ, חַסְדֵי יהוה אַזְכִּיר תְּהִלּוֹת יהוה.

מָרוֹם נֶאְדָּר בְּכֹחַ וּגְבוּרָה, מוֹצִיא אוֹרָה מֵאֵין תְּמוּרָה
פַּחַד יִצְחָק מִשְׁפָּטֵנוּ הָאִירָה, אַתָּה גִּבּוֹר לְעוֹלָם יהוה.

מִי אֵל כָּמוֹךָ עוֹשֶׂה גְדוֹלוֹת, אֲבִיר יַעֲקֹב נוֹרָא תְהִלּוֹת
תִּפְאֶרֶת יִשְׂרָאֵל שׁוֹמֵעַ תְּפִלּוֹת, כִּי שׁוֹמֵעַ אֶל אֶבְיוֹנִים יהוה.

יָהּ, זְכוּת אָבוֹת יָגֵן עָלֵינוּ, נֵצַח יִשְׂרָאֵל, מִצָּרוֹתֵינוּ גְּאָלֵנוּ
וּמִבּוֹר גָּלוּת דְּלֵנוּ וְהַעֲלֵנוּ, לְנַצֵּחַ עַל מְלֶאכֶת בֵּית יהוה.

מִיָּמִין וּמִשְּׂמֹאל יְנִיקַת הַנְּבִיאִים, נֵצַח וָהוֹד מֵהֶם נִמְצָאִים
יָכִין וּבֹעַז בְּשֵׁם נִקְרָאִים, וְכָל בָּנַיִךְ לִמּוּדֵי יהוה.

יְסוֹד צַדִּיק בְּשִׁבְעָה נֶעְלָם, אוֹת בְּרִית הוּא לְעוֹלָם
מַעְיַן הַבְּרָכָה צַדִּיק יְסוֹד עוֹלָם, צַדִּיק אַתָּה יהוה.

נָא הָקֵם מַלְכוּת דָּוִד וּשְׁלֹמֹה, בָּעֲטָרָה שֶׁעִטְּרָה לּוֹ אִמּוֹ
כְּנֶסֶת יִשְׂרָאֵל כַּלָּה קְרוּאָה בִּנְעִימָה, עֲטֶרֶת תִּפְאֶרֶת בְּיַד יהוה.

חָזָק מְיַחֵד כְּאֶחָד עֶשֶׂר סְפִירוֹת, וּמַפְרִיד אַלּוּף לֹא יִרְאֶה מְאוֹרוֹת
סַפִּיר גִּזְרָתָם יַחַד מְאִירוֹת, תִּקְרַב רִנָּתִי לְפָנֶיךָ יהוה.

ברכת המזון *está en la página 1035.*

Ma'ariv para Motzaei Shabat

En varias congregaciones se entonan los siguientes dos salmos antes del rezo de Ma'ariv que concluye al Shabat.

לְדָוִד De David, Bendito es el SEÑOR, mi Roca, que adiestra mis manos para el combate y mis dedos para la guerra. Él es mi Benefactor, mi Fortaleza, mi Baluarte y mi Refugio, mi Escudo en el cual confío, quien somete a las naciones bajo mi mando. SEÑOR, ¿qué es el ser humano como para que Tú lo reconozcas? ¿Qué es el hijo del hombre para que lo tomes en cuenta? El hombre se asemeja al hálito de la boca y sus días son como una sombra que se esfuma. SEÑOR, inclina Tus cielos y desciende, toca las montañas tal que humeen. Envía un rayo y dispérsalos, dispara Tus flechas e infunde en ellos el pánico. Envía Tu mano desde las alturas, líbrame y sálvame de aguas poderosas, de manos de extraños, cuyas bocas hablan vanidades y su diestra es mentirosa. Dios, habré de entonar para Ti una nueva canción, con arpa de diez cuerdas Te cantaré. Aquél que salva a los reyes y a Su siervo David de la espada inicua. Líbrame y sálvame de mano de los extraños cuyas bocas hablan vanidades y su diestra es mentirosa. Entonces nuestros hijos se asemejarán a retoños bien alimentados en su mocedad y nuestras hijas serán como pilares esculpidos para un palacio. Nuestros graneros están repletos con todo tipo de provisión. Nuestras ovejas aumentarán por miles y por decenas de miles sobre nuestros campos. *Sal. 144*

---

retorno semanal a la armonía y serenidad del Edén. Al concluir el día, al igual que Adám y Javá nos disponemos a retornar al mundo, el cual a veces encierra peligros. Rezamos a Dios para que esté con nosotros en los días por venir y nos proteja de todo daño y bendiga la labor de nuestras manos.

לְדָוִד *Salmos 144:* Así como la llegada del Shabat es acompañada del recitado de salmos, de igual manera lo hacemos al arribar a su conclusión. El Salmo 144 nos habla confiadamente sobre enfrentar las luchas que puedan esperarnos, así como de las bendiciones tanto humanas como materiales que resultan del arduo trabajo. Este es un cántico de personas que, al confiar en Dios, enfrentan el futuro sin temor.

מעריב למוצאי שבת

En varias congregaciones se entonan los siguientes dos salmos antes del rezo de מעריב *de* מוצאי שבת*.*

לְדָוִד, בָּרוּךְ יהוה צוּרִי, הַמְלַמֵּד יָדַי לַקְרָב, אֶצְבְּעוֹתַי לַמִּלְחָמָה: תהלים קמד
חַסְדִּי וּמְצוּדָתִי מִשְׂגַּבִּי וּמְפַלְטִי לִי, מָגִנִּי וּבוֹ חָסִיתִי, הָרוֹדֵד
עַמִּי תַחְתָּי: יהוה מָה־אָדָם וַתֵּדָעֵהוּ, בֶּן־אֱנוֹשׁ וַתְּחַשְּׁבֵהוּ:
אָדָם לַהֶבֶל דָּמָה, יָמָיו כְּצֵל עוֹבֵר: יהוה הַט־שָׁמֶיךָ וְתֵרֵד,
גַּע בֶּהָרִים וְיֶעֱשָׁנוּ: בְּרוֹק בָּרָק וּתְפִיצֵם, שְׁלַח חִצֶּיךָ וּתְהֻמֵּם:
שְׁלַח יָדֶיךָ מִמָּרוֹם, פְּצֵנִי וְהַצִּילֵנִי מִמַּיִם רַבִּים, מִיַּד בְּנֵי נֵכָר:
אֲשֶׁר פִּיהֶם דִּבֶּר־שָׁוְא, וִימִינָם יְמִין שָׁקֶר: אֱלֹהִים שִׁיר חָדָשׁ
אָשִׁירָה לָּךְ, בְּנֵבֶל עָשׂוֹר אֲזַמְּרָה־לָּךְ: הַנּוֹתֵן תְּשׁוּעָה לַמְּלָכִים,
הַפּוֹצֶה אֶת־דָּוִד עַבְדּוֹ מֵחֶרֶב רָעָה: פְּצֵנִי וְהַצִּילֵנִי מִיַּד בְּנֵי נֵכָר,
אֲשֶׁר פִּיהֶם דִּבֶּר־שָׁוְא, וִימִינָם יְמִין שָׁקֶר: אֲשֶׁר בָּנֵינוּ כִּנְטִעִים,
מְגֻדָּלִים בִּנְעוּרֵיהֶם, בְּנוֹתֵינוּ כְזָוִיֹּת, מְחֻטָּבוֹת תַּבְנִית הֵיכָל:
מְזָוֵינוּ מְלֵאִים, מְפִיקִים מִזַּן אֶל־זַן, צֹאונֵנוּ מַאֲלִיפוֹת מְרֻבָּבוֹת

FINALIZACIÓN DEL SHABAT

El final del Shabat es una de las más intensas experiencias judías del tiempo. Según la tradición rabínica (*Pirkei DeRabí Eliezer* capítulo 20) Adám y Javá fueron creados, pecaron y fueron condenados a exilarse del Jardín del Edén durante el sexto día. Dios les concedió una prórroga en la ejecución de la sentencia permitiéndoles pasar un día, el mismísimo Shabat, en el Edén. Dicen los sabios que durante ese día el sol no se ocultó. Al concluir el Shabat y sobrevenir la oscuridad los primeros seres humanos se dispusieron a abandonar el paraíso e ingresar al mundo exterior con sus conflictos y sus desafíos, peligros y temores. Asegurándoles que estaría con ellos, Dios les entregó un presente: la habilidad de encender fuego. Por ello acostumbramos recitar una bendición por la luz ígnea durante la Havdalá.

Esta historia es una parábola de espiritualidad judía, Shabat es nuestro

Nuestros bueyes llevarán pesadas cargas. No habrá brechas en las murallas ni nadie caerá prisionero, no se escucharán llantos de dolor en nuestras calles. Feliz del pueblo para el que esto es así, feliz del pueblo que el Señor es su Dios.

לַמְנַצֵּחַ Para el jefe de los músicos de los instrumentos de cuerda. Un salmo – una canción. Que Dios nos conceda gracia y nos bendiga, que Su rostro ilumine hacia nosotros, Sela. Para que Tu senda sea conocida en la tierra y Tu salvación entre las naciones. Dios, los pueblos Te alabarán, todas las naciones Te agradecerán. Las naciones se habrán de regocijar y prorrumpirán en canto, pues habrás de juzgar a los pueblos con rectitud y los guiarás en la tierra, Sela. Dios, los pueblos Te alabarán, todas las naciones Te agradecerán. La tierra ha dado su cosecha, que el Señor nuestro Dios nos bendiga. Que Dios nos bendiga y en todos los confines de la tierra Le teman con reverencia. *Sal. 67*

El rezo continúa con Ma'ariv para los días de semana en la página 260.
Tras la Amidá, el oficiante recita Medio Kadish y la congregación continúa abajo.

וִיהִי נֹעַם Que el agrado del Señor nuestro Dios sea sobre nosotros, y la acción de nuestras manos sea establecida para nosotros. Oh Eterno, aprueba la obra de nuestras manos. *Sal. 90*

יֹשֵׁב Él que habita en el refugio del Altísimo y reside a la sombra del Todopoderoso. Diré al Señor que es mi refugio y mi fortaleza, es mi Dios y en Él confiaré. Él te salvará de la trampa del cazador y de la mortal pestilencia. Él te cubrirá con Sus alas y bajo éstas hallarás protección; Su verdad es escudo y armadura. No temerás *Sal. 91*

---

daño o percance. Se recita al concluir el Shabat como oración que implora por la protección Divina contra todos los peligros que puedan acecharnos en la semana entrante. Este pasaje tiene por prefacio al último versículo del salmo anterior. Según la tradición (Rashí Éxodo 39:43) esta fue la bendición que Moshé dio a quienes ayudaron a erigir el Santuario, agregando: "Que la Divina Presencia repose en la labor de vuestras manos". Al ser recitada aquí, en el inicio de la semana laboral, se trata de una plegaria que pide que Dios envíe Su bendición a nuestras labores.

בְּחוּצוֹתֵינוּ: אַלּוּפֵינוּ מְסֻבָּלִים, אֵין פֶּרֶץ וְאֵין יוֹצֵאת, וְאֵין צְוָחָה בִּרְחוֹבֹתֵינוּ: אַשְׁרֵי הָעָם שֶׁכָּכָה לּוֹ, אַשְׁרֵי הָעָם שֶׁיהוה אֱלֹהָיו:

לַמְנַצֵּחַ בִּנְגִינֹת, מִזְמוֹר שִׁיר: אֱלֹהִים יְחָנֵּנוּ וִיבָרְכֵנוּ, יָאֵר פָּנָיו אִתָּנוּ סֶלָה: לָדַעַת בָּאָרֶץ דַּרְכֶּךָ, בְּכָל־גּוֹיִם יְשׁוּעָתֶךָ: יוֹדוּךָ עַמִּים אֱלֹהִים, יוֹדוּךָ עַמִּים כֻּלָּם: יִשְׂמְחוּ וִירַנְּנוּ לְאֻמִּים, כִּי־תִשְׁפֹּט עַמִּים מִישֹׁר, וּלְאֻמִּים בָּאָרֶץ תַּנְחֵם סֶלָה: יוֹדוּךָ עַמִּים אֱלֹהִים, יוֹדוּךָ עַמִּים כֻּלָּם: אֶרֶץ נָתְנָה יְבוּלָהּ, יְבָרְכֵנוּ אֱלֹהִים אֱלֹהֵינוּ: יְבָרְכֵנוּ אֱלֹהִים, וְיִירְאוּ אוֹתוֹ כָּל־אַפְסֵי־אָרֶץ: תהלים סז

El rezo continúa con מעריב לחול *en la página 261.*
Tras la עמידה*, el* שליח ציבור *recita* חצי קדיש *y el* קהל *continúa abajo.*

וִיהִי נֹעַם אֲדֹנָי אֱלֹהֵינוּ עָלֵינוּ וּמַעֲשֵׂה יָדֵינוּ כּוֹנְנָה עָלֵינוּ וּמַעֲשֵׂה יָדֵינוּ כּוֹנְנֵהוּ: תהלים צ

יֹשֵׁב בְּסֵתֶר עֶלְיוֹן, בְּצֵל שַׁדַּי יִתְלוֹנָן: אֹמַר לַיהוה מַחְסִי וּמְצוּדָתִי, אֱלֹהַי אֶבְטַח־בּוֹ: כִּי הוּא יַצִּילְךָ מִפַּח יָקוּשׁ, מִדֶּבֶר הַוּוֹת: בְּאֶבְרָתוֹ יָסֶךְ לָךְ, וְתַחַת־כְּנָפָיו תֶּחְסֶה, צִנָּה וְסֹחֵרָה אֲמִתּוֹ: תהלים צא

לַמְנַצֵּחַ *Salmos 67:* Salmo de acción de gracias cuya frase central es "La tierra ha dado su cosecha". El segundo versículo emplea un lenguaje reminiscente de la bendición sacerdotal. El vocablo "tierra" aparece cuatro veces en una variedad de sentidos, sugiriendo que cuando hacemos la voluntad de Dios, la tierra da su bendición por efecto de lo cual Dios es reconocido por todas las naciones del planeta. Al prepararnos para ir al encuentro del tiempo que recuerda el exilio de Adám del Edén, lo hacemos con un espíritu totalmente opuesto al que prevaleció entonces. Al sobrevenir la expulsión fue dicho: "maldita será la tierra por tu causa" (Génesis 3:17). Ahora rezamos para que esta sea bendecida.

וִיהִי נֹעַם *Que el agrado del Señor nuestro Dios sea sobre nosotros:* El Salmo 91 que le sigue inmediatamente es conocido como el Salmo de las Bendiciones y es la más famosa de las plegarias que piden por mantenerse a salvo de todo

por el terror de la noche ni de la saeta diurna, ni de la peste que anda en la oscuridad, ni al destructor que asola a mediodía. Mil caerán a tu lado y diez mil junto a tu diestra, mas no podrán acercarse a ti. Tú habrás de contemplar únicamente con tus ojos y verás a los malvados recibir su merecido. Pues Tú Señor eres mi refugio, has dispuesto Tu morada en lo más alto. No te habrá de ocurrir cosa mala ni se acercará daño alguno a tu tienda. Pues Sus ángeles serán ordenados para cuidarte en todos tus caminos. Sobre sus palmas te transportarán para que tu pie no tropiece con piedra alguna. Pisarás al león y a la serpiente, arrollarás al leoncillo y al reptil. Por cuanto que él Me ama, Yo lo habré de rescatar y encumbrar, porque conoce Mi Nombre. Me llamará y le contestaré, lo acompañaré en su desgracia, lo salvaré y le honraré.
▸ Le colmaré de largos días y le mostraré Mi salvación.
Le colmaré de largos días y le mostraré Mi salvación.

▸ **וְאַתָּה קָדוֹשׁ** Y Tú eres Santo, entronado por las alabanzas de Israel. *Sal. 22*
Y un ángel daba voces al otro diciendo: "Santo, Santo, Santo, Señor *Is. 6*
de las Huestes Celestiales, toda la tierra está llena de Su gloria".

Y reciben permiso uno del otro, diciendo: "Santo en los altos cielos, *Targúm Yonatán a Is. 6*
recinto de Su presencia; Santo en la tierra la obra de Su poder,
el Señor de las Huestes Celestiales es Santo por siempre en todo tiempo,
toda la tierra está plena del resplandor de Su gloria".

▸ Luego un viento me elevó y escuché tras de mí el sonido de un *Ezeq. 3*
inmenso clamor: "Bendita es la gloria del Señor desde Su sitial".

Luego, un viento me elevó y escuché tras de mí el ruido de una gran *Targúm Yonatán a Ezeq. 3*
tempestad de aquellos que pronunciaron alabanza, diciendo,
"Bendita es la gloria del Señor desde Su sitial en el recinto de Su presencia".

El Señor reinará por toda la eternidad. *Éx. 15*

El reino del Señor se ha establecido para siempre y por todos los tiempos. *Targúm Onkelos a Éx. 15*

וְאַתָּה קָדוֹשׁ *Y Tú eres Santo:* Esta plegaria con su paralelo en los rezos matutinos de la semana laboral y vespertinos de Shabat fue generalmente asociada

לֹא־תִירָא מִפַּחַד לָיְלָה, מֵחֵץ יָעוּף יוֹמָם: מִדֶּבֶר בָּאֹפֶל יַהֲלֹךְ, מִקֶּטֶב יָשׁוּד צָהֳרָיִם: יִפֹּל מִצִּדְּךָ אֶלֶף, וּרְבָבָה מִימִינֶךָ, אֵלֶיךָ לֹא יִגָּשׁ: רַק בְּעֵינֶיךָ תַבִּיט, וְשִׁלֻּמַת רְשָׁעִים תִּרְאֶה: כִּי־אַתָּה יהוה מַחְסִי, עֶלְיוֹן שַׂמְתָּ מְעוֹנֶךָ: לֹא־תְאֻנֶּה אֵלֶיךָ רָעָה, וְנֶגַע לֹא־יִקְרַב בְּאָהֳלֶךָ: כִּי מַלְאָכָיו יְצַוֶּה־לָּךְ, לִשְׁמָרְךָ בְּכָל־דְּרָכֶיךָ: עַל־כַּפַּיִם יִשָּׂאוּנְךָ, פֶּן־תִּגֹּף בָּאֶבֶן רַגְלֶךָ: עַל־שַׁחַל וָפֶתֶן תִּדְרֹךְ, תִּרְמֹס כְּפִיר וְתַנִּין: כִּי בִי חָשַׁק וַאֲפַלְּטֵהוּ, אֲשַׂגְּבֵהוּ כִּי־יָדַע שְׁמִי: יִקְרָאֵנִי וְאֶעֱנֵהוּ, עִמּוֹ אָנֹכִי בְצָרָה, אֲחַלְּצֵהוּ וַאֲכַבְּדֵהוּ:

◂ אֹרֶךְ יָמִים אַשְׂבִּיעֵהוּ, וְאַרְאֵהוּ בִּישׁוּעָתִי:
אֹרֶךְ יָמִים אַשְׂבִּיעֵהוּ, וְאַרְאֵהוּ בִּישׁוּעָתִי:

◂ וְאַתָּה קָדוֹשׁ יוֹשֵׁב תְּהִלּוֹת יִשְׂרָאֵל: וְקָרָא זֶה אֶל־זֶה וְאָמַר קָדוֹשׁ, קָדוֹשׁ, קָדוֹשׁ, יהוה צְבָאוֹת, מְלֹא כָל־הָאָרֶץ כְּבוֹדוֹ: תהלים כב / ישעיה ו

וּמְקַבְּלִין דֵּין מִן דֵּין וְאָמְרִין, קַדִּישׁ בִּשְׁמֵי מְרוֹמָא עִלָּאָה בֵּית שְׁכִינְתֵּהּ קַדִּישׁ עַל אַרְעָא עוֹבַד גְּבוּרְתֵּהּ, קַדִּישׁ לְעָלַם וּלְעָלְמֵי עָלְמַיָּא יהוה צְבָאוֹת, מַלְיָא כָל אַרְעָא זִיו יְקָרֵהּ. תרגום יונתן / ישעיה ו

◂ וַתִּשָּׂאֵנִי רוּחַ, וָאֶשְׁמַע אַחֲרַי קוֹל רַעַשׁ גָּדוֹל בָּרוּךְ כְּבוֹד־יהוה מִמְּקוֹמוֹ: יחזקאל ג

וּנְטָלַתְנִי רוּחָא, וּשְׁמָעִית בַּתְרַי קָל זִיעַ סַגִּיא, דִּמְשַׁבְּחִין וְאָמְרִין בְּרִיךְ יְקָרָא דַיהוה מֵאֲתַר בֵּית שְׁכִינְתֵּהּ. תרגום יונתן / יחזקאל ג

יהוה יִמְלֹךְ לְעֹלָם וָעֶד: שמות טו

יהוה מַלְכוּתֵהּ קָאֵם לְעָלַם וּלְעָלְמֵי עָלְמַיָּא. תרגום אונקלוס / שמות טו

Esta y la próxima sección no son recitadas en una semana en la que cae una festividad porque no nos espera una semana laboral completa y porque el mérito de la festividad entrante es en sí un augurio de protección Divina.

יהוה Señor, Dios de nuestros ancestros Abraham, Ytzjak e Israel, *1 Cró. 29*
guarda esto por siempre de modo tal que conforme los pensamien-
tos del corazón de Tu pueblo, y orienta su corazón hacia Ti. Él es *Sal. 78*
compasivo, perdonará la iniquidad y no destruirá, suprimirá Su ira
y no encenderá Su furia. Pues Tú Señor, eres bueno y perdonas, *Sal. 86*
pleno en benevolencia con todo aquél que Te invoca. Tu justicia *Sal. 119*
es eternamente recta y Tu Torá es verdad. Concede la verdad a *Mic. 7*
Ya'akov, la benevolencia a Abraham, tal como prometiste a nuestros
ancestros en tiempos pretéritos. Bendito es el Señor día tras día, *Sal. 68*
pues carga con nosotros (nos colma con Sus bendiciones); Dios de
nuestra salvación, ¡Sela! El Señor de las Huestes Celestiales es con *Sal. 46*
nosotros, el Dios de Ya'akov es nuestra Fortaleza, ¡Sela! Señor de *Sal. 84*
las Huestes Celestiales, feliz del hombre que confía en Ti. El Señor *Sal. 20*
salva, el Rey nos responderá el día que Le invoquemos.

בָּרוּךְ Bendito es nuestro Dios que nos creó para Su gloria, separándonos de los extraviados, nos entregó la Torá verdadera, y plantó en nuestro interior la vida eterna. Él abrirá nuestro corazón con Su Torá, imbuyendo nuestro corazón con el amor y el temor reverencial hacia Él, para que podamos cumplir Su voluntad y servirle con corazón íntegro, para que nuestros esfuerzos no sean en vano ni seamos generadores de confusión.

יְהִי רָצוֹן Sea Tu voluntad, Señor, Dios nuestro y de nuestros ances-
tros, que cuidemos Tus leyes en este mundo y tengamos el mérito
de vivir, ver y heredar la bondad y la bendición de los días del
Mashíaj y la vida del Mundo Venidero. Para que mi alma pueda *Sal. 30*
cantar Tu gloria sin callar. Señor, mi Dios, por siempre Te agrade-
ceré. Bendito es el hombre que confía en el Señor, y que sólo en *Jer. 17*
el Señor deposita su confianza. Confiad en el Señor por siempre, *Is. 26*
pues Dios, el Señor, es nuestro eterno Baluarte. ▸ Aquellos que *Sal. 9*
conocen Tu Nombre confían en Ti, porque Tú Señor, no has
abandonado a quienes Te buscan. El Señor, en aras del mérito de *Is. 42*
Israel deseó engrandecer la Torá y enaltecerla.

יהוה אֱלֹהֵי אַבְרָהָם יִצְחָק וְיִשְׂרָאֵל אֲבֹתֵינוּ, שָׁמְרָה־זֹּאת דברי הימים א׳ כט
לְעוֹלָם לְיֵצֶר מַחְשְׁבוֹת לְבַב עַמֶּךָ, וְהָכֵן לְבָבָם אֵלֶיךָ: וְהוּא תהלים עח
רַחוּם יְכַפֵּר עָוֹן וְלֹא־יַשְׁחִית, וְהִרְבָּה לְהָשִׁיב אַפּוֹ, וְלֹא־יָעִיר
כָּל־חֲמָתוֹ: כִּי־אַתָּה אֲדֹנָי טוֹב וְסַלָּח, וְרַב־חֶסֶד לְכָל־קֹרְאֶיךָ: תהלים פו
צִדְקָתְךָ צֶדֶק לְעוֹלָם וְתוֹרָתְךָ אֱמֶת: תִּתֵּן אֱמֶת לְיַעֲקֹב, חֶסֶד תהלים קיט / מיכה ז
לְאַבְרָהָם, אֲשֶׁר־נִשְׁבַּעְתָּ לַאֲבֹתֵינוּ מִימֵי קֶדֶם: בָּרוּךְ אֲדֹנָי תהלים סח
יוֹם יוֹם יַעֲמָס־לָנוּ, הָאֵל יְשׁוּעָתֵנוּ סֶלָה: יהוה צְבָאוֹת עִמָּנוּ, תהלים מו
מִשְׂגָּב לָנוּ אֱלֹהֵי יַעֲקֹב סֶלָה: יהוה צְבָאוֹת, אַשְׁרֵי אָדָם בֹּטֵחַ תהלים פד
בָּךְ: יהוה הוֹשִׁיעָה, הַמֶּלֶךְ יַעֲנֵנוּ בְיוֹם־קָרְאֵנוּ: תהלים כ

בָּרוּךְ הוּא אֱלֹהֵינוּ שֶׁבְּרָאָנוּ לִכְבוֹדוֹ, וְהִבְדִּילָנוּ מִן הַתּוֹעִים, וְנָתַן לָנוּ תּוֹרַת אֱמֶת, וְחַיֵּי עוֹלָם נָטַע בְּתוֹכֵנוּ. הוּא יִפְתַּח לִבֵּנוּ בְּתוֹרָתוֹ, וְיָשֵׂם בְּלִבֵּנוּ אַהֲבָתוֹ וְיִרְאָתוֹ וְלַעֲשׂוֹת רְצוֹנוֹ וּלְעָבְדוֹ בְּלֵבָב שָׁלֵם, לְמַעַן לֹא נִיגַע לָרִיק וְלֹא נֵלֵד לַבֶּהָלָה.

יְהִי רָצוֹן מִלְּפָנֶיךָ יהוה אֱלֹהֵינוּ וֵאלֹהֵי אֲבוֹתֵינוּ, שֶׁנִּשְׁמֹר חֻקֶּיךָ
בָּעוֹלָם הַזֶּה, וְנִזְכֶּה וְנִחְיֶה וְנִרְאֶה וְנִירַשׁ טוֹבָה וּבְרָכָה, לִשְׁנֵי
יְמוֹת הַמָּשִׁיחַ וּלְחַיֵּי הָעוֹלָם הַבָּא. לְמַעַן יְזַמֶּרְךָ כָבוֹד וְלֹא יִדֹּם, תהלים ל
יהוה אֱלֹהַי, לְעוֹלָם אוֹדֶךָּ: בָּרוּךְ הַגֶּבֶר אֲשֶׁר יִבְטַח בַּיהוה, ירמיה יז
וְהָיָה יהוה מִבְטַחוֹ: בִּטְחוּ בַיהוה עֲדֵי־עַד, כִּי בְּיָהּ יהוה צוּר ישעיה כו
עוֹלָמִים: ‹ וְיִבְטְחוּ בְךָ יוֹדְעֵי שְׁמֶךָ, כִּי לֹא־עָזַבְתָּ דֹרְשֶׁיךָ, יהוה: תהלים ט
יהוה חָפֵץ לְמַעַן צִדְקוֹ, יַגְדִּיל תּוֹרָה וְיַאְדִּיר: ישעיה מב

---

a períodos de estudio comunitario. Su presencia aquí puede retrotraernos a un período en el cual se acostumbraba dedicar tiempo al estudio de la Torá al concluir el Shabat.

KADISH COMPLETO

Oficiante: יִתְגַּדַּל Que Su Gran Nombre sea magnificado y santificado,
en el mundo que creó conforme a Su voluntad.
Que establezca Su reino
durante vuestra vida y en vuestros días
y en la vida de toda la casa de Israel,
pronto y rápidamente
y decid: Amén.

Todos: Que Su Gran Nombre sea bendito
por siempre y por toda la eternidad.

Oficiante: Sea bendecido, alabado, glorificado
y exaltado, encumbrado
y magnificado, enaltecido y ensalzado
el Nombre del Santo Bendito Él;
más allá de cualquier bendición,
cántico, alabanza y consolación
pronunciados en el mundo
y decid: Amén.

En Purim y el 9 de Av se omite el siguiente versículo y se continúa con "Que haya gran paz celestial".

Que nuestras plegarias y las súplicas
de todo el pueblo de Israel
sean aceptadas por su Padre Celestial
y decid: Amén.

Que haya gran paz celestial
y vida para nosotros y para todo Israel
y decid: Amén.

Inclinarse, dar tres pasos hacia atrás como retirándose de la Divina Presencia, luego inclinarse primero hacia la izquierda, luego hacia la derecha y luego al centro mientras se dice:

Quien obra la paz en Sus alturas,
haga la paz
para nosotros y todo Israel
y decid: Amén.

קדיש שלם

ש״ץ: יִתְגַּדַּל וְיִתְקַדַּשׁ שְׁמֵהּ רַבָּא (קהל: אָמֵן)
בְּעָלְמָא דִּי בְרָא כִרְעוּתֵהּ
וְיַמְלִיךְ מַלְכוּתֵהּ
בְּחַיֵּיכוֹן וּבְיוֹמֵיכוֹן וּבְחַיֵּי דְכָל בֵּית יִשְׂרָאֵל
בַּעֲגָלָא וּבִזְמַן קָרִיב, וְאִמְרוּ אָמֵן. (קהל: אָמֵן)

קהל וש״ץ: יְהֵא שְׁמֵהּ רַבָּא מְבָרַךְ לְעָלַם וּלְעָלְמֵי עָלְמַיָּא.

ש״ץ: יִתְבָּרַךְ וְיִשְׁתַּבַּח וְיִתְפָּאַר
וְיִתְרוֹמַם וְיִתְנַשֵּׂא וְיִתְהַדָּר וְיִתְעַלֶּה וְיִתְהַלָּל
שְׁמֵהּ דְּקֻדְשָׁא בְּרִיךְ הוּא (קהל: בְּרִיךְ הוּא)
לְעֵלָּא מִן כָּל בִּרְכָתָא
/בעשרת ימי תשובה: לְעֵלָּא לְעֵלָּא מִכָּל בִּרְכָתָא/
וְשִׁירָתָא, תֻּשְׁבְּחָתָא וְנֶחֱמָתָא
דַּאֲמִירָן בְּעָלְמָא, וְאִמְרוּ אָמֵן. (קהל: אָמֵן)

En פורים *y en* תשעה באב *se omite el siguiente versículo y se continúa con* יְהֵא שְׁלָמָא.

תִּתְקַבַּל צְלוֹתְהוֹן וּבָעוּתְהוֹן דְּכָל יִשְׂרָאֵל
קֳדָם אֲבוּהוֹן דִּי בִשְׁמַיָּא, וְאִמְרוּ אָמֵן. (קהל: אָמֵן)
יְהֵא שְׁלָמָא רַבָּא מִן שְׁמַיָּא
וְחַיִּים, עָלֵינוּ וְעַל כָּל יִשְׂרָאֵל, וְאִמְרוּ אָמֵן. (קהל: אָמֵן)

Inclinarse, dar tres pasos hacia atrás como retirándose de la Divina Presencia, luego inclinarse primero hacia la izquierda, luego hacia la derecha y luego al centro mientras se dice:

עֹשֶׂה שָׁלוֹם/ בעשרת ימי תשובה: הַשָּׁלוֹם/ בִּמְרוֹמָיו
הוּא יַעֲשֶׂה שָׁלוֹם
עָלֵינוּ וְעַל כָּל יִשְׂרָאֵל, וְאִמְרוּ אָמֵן. (קהל: אָמֵן)

Entre Pesaj y Shavu'ot se cuenta aquí el Omer en la página 302.
En Janucá, en este punto se encienden las velas en la página 956.
El 9 de Av se omiten las siguientes plegarias
y el rezo continúa con Aleinu en la página 732.

VERSÍCULOS BÍBLICOS DE BENDICIÓN

וְיִתֶּן־לְךָ Y el Señor te conceda del rocío del cielo y de la grosura de la tierra *Gén. 27*
con abundancia de cereal y mosto. Sírvante pueblos y prosternénse ante ti naciones; sé Señor para tus hermanos e inclínense ante ti los hijos de tu madre. Los que te maldigan serán maldecidos, y los que te bendigan serán bendecidos.

וְאֵל שַׁדַּי Y el Todopoderoso te bendiga: Te haga fructificar y te acreciente y *Gén. 28*
serás congregación de pueblos. Y te conceda la bendición de Abraham a ti y a tu descendencia contigo, para que poseas la tierra de tu morada que ha
concedido el Señor a Abraham. ¡Del Dios de tu padre, Él te habrá de ayudar! *Gén. 49*
Y el Todopoderoso habrá de bendecirte, bendiciones de los cielos desde lo alto y bendiciones desde el abismo que yace en lo bajo. Bendiciones de pechos y matriz. Las bendiciones de tu padre han superado a las bendiciones de mis progenitores, hasta la altura de las colinas eternas. ¡Recaigan sobre la
cabeza de Yosef y sobre la frente del elegido entre sus hermanos! Te amará, *Deut. 7*
te bendecirá y te multiplicará; bendecirá el fruto de tu vientre y el fruto de tu tierra, tu cereal, tu mosto y tu aceite; la cría de tus vacas y los rebaños de tus ovejas, sobre la tierra que ha prometido a tus patriarcas, para darte a ti. Bendito serás más que todos los pueblos: no habrá en ti hombre o mujer estéril ni en tus animales. El Señor apartará de ti toda enfermedad y ninguna de las graves dolencias de Egipto que has conocido traerá sobre ti, sino las infligirá sobre todos tus adversarios.

הַמַּלְאָךְ El ángel de Dios que me ha redimido de todo mal, bendiga a los *Gén. 48*
mozos y sea invocado sobre ellos mi nombre y el nombre de mis padres,
Abraham e Ytzjak y que proliferen en multitud en medio de la tierra. El *Deut. 1*
Señor, vuestro Dios os ha multiplicado y he aquí que vosotros sois hoy cual estrellas del cielo en profusión. El Señor, Dios de vuestros ancestros añada sobre vosotros, tanto como vosotros – mil veces; y os bendiga a vosotros tal como ha hablado a vuestro respecto.

---

los desafíos que nos esperan. Por lo tanto, se adjunta aquí una larga serie de versículos del Tanaj que incluyen muchas de las bendiciones mencionadas

Entre פסח *y* שבועות *se cuenta aquí el* עומר *en la página 303.*
En חנוכה*, en este punto se encienden las velas en la página 959.*
En תשעה באב *se omiten las siguientes plegarias*
y el rezo continúa con עָלֵינוּ *en la página 733.*

פסוקי ברכה

וְיִתֶּן־לְךָ הָאֱלֹהִים מִטַּל הַשָּׁמַיִם וּמִשְׁמַנֵּי הָאָרֶץ, וְרֹב דָּגָן וְתִירֹשׁ: בראשית כז
יַעַבְדוּךָ עַמִּים וְיִשְׁתַּחֲוֻ לְךָ לְאֻמִּים, הֱוֵה גְבִיר לְאַחֶיךָ וְיִשְׁתַּחֲווּ לְךָ
בְּנֵי אִמֶּךָ, אֹרְרֶיךָ אָרוּר וּמְבָרְכֶיךָ בָּרוּךְ:

וְאֵל שַׁדַּי יְבָרֵךְ אֹתְךָ וְיַפְרְךָ וְיַרְבֶּךָ, וְהָיִיתָ לִקְהַל עַמִּים: וְיִתֶּן־לְךָ בראשית כח
אֶת־בִּרְכַּת אַבְרָהָם, לְךָ וּלְזַרְעֲךָ אִתָּךְ, לְרִשְׁתְּךָ אֶת־אֶרֶץ מְגֻרֶיךָ
אֲשֶׁר־נָתַן אֱלֹהִים לְאַבְרָהָם: מֵאֵל אָבִיךָ וְיַעְזְרֶךָּ וְאֵת שַׁדַּי וִיבָרְכֶךָּ, בראשית מט
בִּרְכֹת שָׁמַיִם מֵעָל בִּרְכֹת תְּהוֹם רֹבֶצֶת תָּחַת, בִּרְכֹת שָׁדַיִם וָרָחַם:
בִּרְכֹת אָבִיךָ גָּבְרוּ עַל־בִּרְכֹת הוֹרַי עַד־תַּאֲוַת גִּבְעֹת עוֹלָם, תִּהְיֶיןָ
לְרֹאשׁ יוֹסֵף וּלְקָדְקֹד נְזִיר אֶחָיו: וַאֲהֵבְךָ וּבֵרַכְךָ וְהִרְבֶּךָ, וּבֵרַךְ פְּרִי־ דברים ז
בִטְנְךָ וּפְרִי־אַדְמָתֶךָ, דְּגָנְךָ וְתִירֹשְׁךָ וְיִצְהָרֶךָ, שְׁגַר־אֲלָפֶיךָ וְעַשְׁתְּרֹת
צֹאנֶךָ, עַל הָאֲדָמָה אֲשֶׁר־נִשְׁבַּע לַאֲבֹתֶיךָ לָתֶת לָךְ: בָּרוּךְ תִּהְיֶה
מִכָּל־הָעַמִּים, לֹא־יִהְיֶה בְךָ עָקָר וַעֲקָרָה וּבִבְהֶמְתֶּךָ: וְהֵסִיר יהוה
מִמְּךָ כָּל־חֹלִי, וְכָל־מַדְוֵי מִצְרַיִם הָרָעִים אֲשֶׁר יָדַעְתָּ, לֹא יְשִׂימָם
בָּךְ, וּנְתָנָם בְּכָל־שֹׂנְאֶיךָ:

הַמַּלְאָךְ הַגֹּאֵל אֹתִי מִכָּל־רָע יְבָרֵךְ אֶת־הַנְּעָרִים, וְיִקָּרֵא בָהֶם בראשית מח
שְׁמִי וְשֵׁם אֲבֹתַי אַבְרָהָם וְיִצְחָק, וְיִדְגּוּ לָרֹב בְּקֶרֶב הָאָרֶץ: יהוה דברים א
אֱלֹהֵיכֶם הִרְבָּה אֶתְכֶם, וְהִנְּכֶם הַיּוֹם כְּכוֹכְבֵי הַשָּׁמַיִם לָרֹב: יהוה
אֱלֹהֵי אֲבוֹתֵיכֶם יֹסֵף עֲלֵיכֶם כָּכֶם אֶלֶף פְּעָמִים, וִיבָרֵךְ אֶתְכֶם כַּאֲשֶׁר
דִּבֶּר לָכֶם:

פסוקי ברכה *Versículos bíblicos de bendición:* Al emprender un viaje es momento adecuado para invocar la bendición y la ayuda Divina en vistas de

בָּרוּךְ Bendito seas en la ciudad y bendito seas en el campo. Bendito seas en tu venir y bendito seas en tu salir. Benditas sean tu canasta y tu artesa. Bendito sea el fruto de tu vientre, y el fruto de tu tierra, y el fruto de tu ganado; la cría de tus vacas y los rebaños de tus ovejas. Ordenará el SEÑOR que esté contigo la bendición, en tus graneros y en todo lo que emprendiere tu mano; y te bendecirá en la tierra que el SEÑOR tu Dios te concede a ti. El SEÑOR abrirá para ti Su tesoro bueno – los cielos – para dar la lluvia de tu tierra en su debido tiempo y para bendecir toda la obra de tu mano. Prestarás a gente numerosa, empero tú no tendrás que pedir prestado. Pues el SEÑOR tu Dios te ha bendecido, tal como Él ha prometido y podrás dar prestado, a naciones numerosas empero tú no tomarás prestado, y regirás a naciones numerosas empero a ti no te regirán. Bienaventurado tú Israel. ¿Quién como tú? Pueblo salvado por el SEÑOR, Él es Escudo, tu ayuda. Él es la Espada de tu gloria. Se confabularán tus enemigos contra ti, empero tú pisarás en sus sitios encumbrados. *Deut. 28* *Deut. 15* *Deut. 33*

מָחִיתִי Borré tus pecados cual nube y tu transgresión cual bruma matinal. Retorna a Mí pues te he redimido. Cantad cielos, pues el SEÑOR ha hecho esto, elevad vuestra voz abismos de la tierra, prorrumpid en canto montañas, el bosque y cada uno de sus árboles, pues el SEÑOR ha redimido a Ya'akov y se glorifica con Israel. Nuestro Redentor, SEÑOR de las Huestes Celestiales es Su Nombre, Santidad de Israel. *Is. 44* *Is. 47*

יִשְׂרָאֵל Israel es librado por el SEÑOR en eterna salvación, no os avergonzaréis ni seréis humillados jamás. Y comeréis hasta saciaros y alabaréis el Nombre del SEÑOR vuestro Dios que ha obrado con vosotros maravillas, y Mi pueblo no será objeto de afrenta jamás. Y sabréis que me encuentro en el seno de Israel, Yo el SEÑOR vuestro Dios y no hay otro, y Mi pueblo no será objeto de escarnio jamás. Pues saldréis con alegría y seréis guiados con regocijo, las montañas y las colinas prorrumpirán en canto ante vosotros y todos los árboles del campo batirán palmas. He aquí este es el Dios de mi salvación, en Él confiaré y no habré de temer, pues el SEÑOR es mi Fuerza y mi cántico. Él se ha tornado mi Salvación. Y extraeréis agua con júbilo de los manantiales de la salvación. En ese día dirás, alabad al SEÑOR, invocad *Is. 45* *Yoel 2* *Is. 55* *Is. 12*

---

consolación. Todos juntos ponen énfasis en que el tiempo es una suerte de viaje y que estamos por iniciar una nueva etapa, confiados en saber que Dios está con nosotros. Estos comienzan con las bendiciones de Ytzjak a Ya'akov,

בָּרוּךְ אַתָּה בָּעִיר, וּבָרוּךְ אַתָּה בַּשָּׂדֶה: בָּרוּךְ אַתָּה בְּבֹאֶךָ, וּבָרוּךְ דברים כח
אַתָּה בְּצֵאתֶךָ: בָּרוּךְ טַנְאֲךָ וּמִשְׁאַרְתֶּךָ: בָּרוּךְ פְּרִי־בִטְנְךָ וּפְרִי
אַדְמָתְךָ וּפְרִי בְהֶמְתֶּךָ, שְׁגַר אֲלָפֶיךָ וְעַשְׁתְּרוֹת צֹאנֶךָ: יְצַו יהוה אִתְּךָ
אֶת־הַבְּרָכָה בַּאֲסָמֶיךָ וּבְכֹל מִשְׁלַח יָדֶךָ, וּבֵרַכְךָ בָּאָרֶץ אֲשֶׁר־יהוה
אֱלֹהֶיךָ נֹתֵן לָךְ: יִפְתַּח יהוה לְךָ אֶת־אוֹצָרוֹ הַטּוֹב אֶת־הַשָּׁמַיִם, לָתֵת
מְטַר־אַרְצְךָ בְּעִתּוֹ, וּלְבָרֵךְ אֵת כָּל־מַעֲשֵׂה יָדֶךָ, וְהִלְוִיתָ גּוֹיִם רַבִּים
וְאַתָּה לֹא תִלְוֶה: כִּי־יהוה אֱלֹהֶיךָ בֵּרַכְךָ כַּאֲשֶׁר דִּבֶּר־לָךְ, וְהַעֲבַטְתָּ דברים טו
גּוֹיִם רַבִּים וְאַתָּה לֹא תַעֲבֹט, וּמָשַׁלְתָּ בְּגוֹיִם רַבִּים וּבְךָ לֹא יִמְשֹׁלוּ:
אַשְׁרֶיךָ יִשְׂרָאֵל, מִי כָמוֹךָ, עַם נוֹשַׁע בַּיהוה, מָגֵן עֶזְרֶךָ וַאֲשֶׁר־חֶרֶב דברים לג
גַּאֲוָתֶךָ, וְיִכָּחֲשׁוּ אֹיְבֶיךָ לָךְ, וְאַתָּה עַל־בָּמוֹתֵימוֹ תִדְרֹךְ:

מָחִיתִי כָעָב פְּשָׁעֶיךָ וְכֶעָנָן חַטֹּאותֶיךָ, שׁוּבָה אֵלַי כִּי גְאַלְתִּיךָ: רָנּוּ ישעיה מד
שָׁמַיִם כִּי־עָשָׂה יהוה, הָרִיעוּ תַּחְתִּיּוֹת אָרֶץ, פִּצְחוּ הָרִים רִנָּה, יַעַר
וְכָל־עֵץ בּוֹ, כִּי־גָאַל יהוה יַעֲקֹב וּבְיִשְׂרָאֵל יִתְפָּאָר: גֹּאֲלֵנוּ, יהוה ישעיה מז
צְבָאוֹת שְׁמוֹ, קְדוֹשׁ יִשְׂרָאֵל:

יִשְׂרָאֵל נוֹשַׁע בַּיהוה תְּשׁוּעַת עוֹלָמִים, לֹא־תֵבֹשׁוּ וְלֹא־תִכָּלְמוּ עַד־ ישעיה מה
עוֹלְמֵי עַד: וַאֲכַלְתֶּם אָכוֹל וְשָׂבוֹעַ, וְהִלַּלְתֶּם אֶת־שֵׁם יהוה אֱלֹהֵיכֶם יואל ב
אֲשֶׁר־עָשָׂה עִמָּכֶם לְהַפְלִיא, וְלֹא־יֵבֹשׁוּ עַמִּי לְעוֹלָם: וִידַעְתֶּם כִּי
בְקֶרֶב יִשְׂרָאֵל אָנִי, וַאֲנִי יהוה אֱלֹהֵיכֶם וְאֵין עוֹד, וְלֹא־יֵבֹשׁוּ עַמִּי
לְעוֹלָם: כִּי־בְשִׂמְחָה תֵצֵאוּ וּבְשָׁלוֹם תּוּבָלוּן, הֶהָרִים וְהַגְּבָעוֹת יִפְצְחוּ ישעיה נה
לִפְנֵיכֶם רִנָּה, וְכָל־עֲצֵי הַשָּׂדֶה יִמְחֲאוּ־כָף: הִנֵּה אֵל יְשׁוּעָתִי אֶבְטַח, ישעיה יב
וְלֹא אֶפְחָד, כִּי־עָזִּי וְזִמְרָת יָהּ יהוה, וַיְהִי־לִי לִישׁוּעָה: וּשְׁאַבְתֶּם־מַיִם
בְּשָׂשׂוֹן, מִמַּעַיְנֵי הַיְשׁוּעָה: וַאֲמַרְתֶּם בַּיּוֹם הַהוּא, הוֹדוּ לַיהוה קִרְאוּ

---

en los libros de la Torá. Estos están agrupados alrededor del tema de la bendición, la redención y la salvación, el rescate y la transformación, la paz y la

Su Nombre, declaren Su gloria entre las naciones, recordad que Su Nombre es exaltado. Cantad al Señor, pues ha realizado acciones gloriosas, haced que se sepa en toda la tierra. Alza tu voz con alegría y canta residente de
Sion, pues la Santidad de Israel es grande en tu seno. En ese día dirá: ese es *Is. 25*
nuestro Dios en el cual depositamos nuestras esperanzas, alegrémonos y regocijémonos con Su salvación.

Is. 2
בֵּית Venid Casa de Ya'akov, vayamos a la luz del Señor. Él será el seguro fun- *Is. 32*
damento de tus tiempos, la fuerza de tu salvación sabiduría y conocimiento,
el temor del Señor es su tesoro. Y David fue exitoso en todo cuanto hizo, *1 Sam. 18*
pues el Señor estaba con él.

פָּדָה Redimió en paz mi alma de la batalla librada contra mí, en aras de los *Sal. 55*
muchos que estuvieron conmigo. Y dijo el pueblo a Shaúl: ¿acaso habrá de *1 Sam. 14*
morir Yonatán tras haber realizado tan grande salvación por el pueblo de Israel? ¡Dios no lo permita! Tan cierto como que el Señor existe, no habrá de caer ni uno de los cabellos de su cabeza al suelo pues lo que ha hecho hoy
fue con la ayuda de Dios. Y el pueblo rescató a Yonatán y este no murió. Y *Is. 35*
los rescatados del Señor retornarán y llegarán a Sion entonando cánticos, y sobre sus cabezas habrá alegría eterna; algarabía y regocijo habrán de colmarlos y la angustia y la pena se habrán de esfumar.

הָפַכְתָּ Transformaste mi pesar en danza, quitaste mis harapos y me ceñiste *Sal. 30*
de algarabía. Empero no consintió el Señor tu Dios escuchar a Bil'ám, mas *Deut. 23*
te trocó el Señor tu Dios la maldición por bendición, porque el Señor tu
Dios te ha amado. Entonces se alegrará la doncella y danzará junto a los *Jer. 33*
mozos y a los ancianos, y transformaré su duelo en alegría y los consolaré y los alegraré y quitaré su tristeza.

בּוֹרֵא Yo creo el habla de los labios, paz, paz a los distantes y a los cercanos *Is. 57*
dijo el Señor y Yo lo habré de curar. Entonces, el espíritu sobrevino sobre *1 Cró. 12*
Amasai jefe de los capitanes y dijo: "¡Somos tuyos, David! ¡Estamos contigo hijo de Yshai! Paz, paz, para ti y para quienes te ayudan, pues tu Dios te habrá de socorrer. Y David los recibió y los hizo comandantes de sus tropas.
Y diréis: "¡Por la vida! ¡La paz sea contigo, la paz sea para con tu hogar y la *1 Sam. 25*
paz sea para cuanto tu posees!" El Señor dará poder a Su pueblo, el Señor *Sal. 29*
bendecirá a Su pueblo con la paz.

פָּדָה *Redimió en paz mi alma:* A continuación tenemos aquí tres versículos que se refieren al tema de la Redención, tres a la transformación de la suerte de

בִשְׁמוֹ, הוֹדִיעוּ בָעַמִּים עֲלִילֹתָיו, הַזְכִּירוּ כִּי נִשְׂגָּב שְׁמוֹ: זַמְּרוּ יהוה
כִּי גֵאוּת עָשָׂה, מוּדַעַת זֹאת בְּכָל־הָאָרֶץ: צַהֲלִי וָרֹנִּי יוֹשֶׁבֶת צִיּוֹן,
כִּי־גָדוֹל בְּקִרְבֵּךְ קְדוֹשׁ יִשְׂרָאֵל: וְאָמַר בַּיּוֹם הַהוּא, הִנֵּה אֱלֹהֵינוּ ישעיה כה
זֶה קִוִּינוּ לוֹ וְיוֹשִׁיעֵנוּ, זֶה יהוה קִוִּינוּ לוֹ, נָגִילָה וְנִשְׂמְחָה בִּישׁוּעָתוֹ:

בֵּית יַעֲקֹב לְכוּ וְנֵלְכָה בְּאוֹר יהוה: וְהָיָה אֱמוּנַת עִתֶּיךָ, חֹסֶן יְשׁוּעֹת ישעיה ב / ישעיה לג
חָכְמַת וָדָעַת, יִרְאַת יהוה הִיא אוֹצָרוֹ: וַיְהִי דָוִד לְכָל־דְּרָכָו מַשְׂכִּיל, שמואל א׳ יח
וַיהוה עִמּוֹ:

פָּדָה בְשָׁלוֹם נַפְשִׁי מִקְּרָב־לִי, כִּי־בְרַבִּים הָיוּ עִמָּדִי: וַיֹּאמֶר הָעָם אֶל־ תהלים נה / שמואל א׳ יד
שָׁאוּל, הֲיוֹנָתָן יָמוּת אֲשֶׁר עָשָׂה הַיְשׁוּעָה הַגְּדוֹלָה הַזֹּאת בְּיִשְׂרָאֵל,
חָלִילָה, חַי־יהוה אִם־יִפֹּל מִשַּׂעֲרַת רֹאשׁוֹ אַרְצָה, כִּי־עִם־אֱלֹהִים
עָשָׂה הַיּוֹם הַזֶּה, וַיִּפְדּוּ הָעָם אֶת־יוֹנָתָן וְלֹא־מֵת: וּפְדוּיֵי יהוה יְשֻׁבוּן ישעיה לה
וּבָאוּ צִיּוֹן בְּרִנָּה, וְשִׂמְחַת עוֹלָם עַל־רֹאשָׁם, שָׂשׂוֹן וְשִׂמְחָה יַשִּׂיגוּ,
וְנָסוּ יָגוֹן וַאֲנָחָה:

הָפַכְתָּ מִסְפְּדִי לְמָחוֹל לִי, פִּתַּחְתָּ שַׂקִּי, וַתְּאַזְּרֵנִי שִׂמְחָה: וְלֹא־אָבָה תהלים ל / דברים כג
יהוה אֱלֹהֶיךָ לִשְׁמֹעַ אֶל־בִּלְעָם, וַיַּהֲפֹךְ יהוה אֱלֹהֶיךָ לְּךָ אֶת־הַקְּלָלָה
לִבְרָכָה, כִּי אֲהֵבְךָ יהוה אֱלֹהֶיךָ: אָז תִּשְׂמַח בְּתוּלָה בְּמָחוֹל, וּבַחֻרִים ירמיה לא
וּזְקֵנִים יַחְדָּו, וְהָפַכְתִּי אֶבְלָם לְשָׂשׂוֹן, וְנִחַמְתִּים, וְשִׂמַּחְתִּים מִיגוֹנָם:

בּוֹרֵא נִיב שְׂפָתָיִם, שָׁלוֹם שָׁלוֹם לָרָחוֹק וְלַקָּרוֹב אָמַר יהוה, וּרְפָאתִיו: ישעיה נז
וְרוּחַ לָבְשָׁה אֶת־עֲמָשַׂי רֹאשׁ הַשָּׁלִישִׁים, לְךָ דָוִיד וְעִמְּךָ בֶן־יִשַׁי, דברי הימים א׳ יב
שָׁלוֹם שָׁלוֹם לְךָ וְשָׁלוֹם לְעֹזְרֶךָ, כִּי עֲזָרְךָ אֱלֹהֶיךָ, וַיְקַבְּלֵם דָּוִיד וַיִּתְּנֵם
בְּרָאשֵׁי הַגְּדוּד: וַאֲמַרְתֶּם כֹּה לֶחָי, וְאַתָּה שָׁלוֹם וּבֵיתְךָ שָׁלוֹם וְכֹל שמואל א׳ כה
אֲשֶׁר־לְךָ שָׁלוֹם: יהוה עֹז לְעַמּוֹ יִתֵּן, יהוה יְבָרֵךְ אֶת־עַמּוֹ בַשָּׁלוֹם: תהלים כט

---

de Ya'akov a Yosef y a sus hermanos, y los discursos finales de Moshé a los hijos de Israel en el libro de Deuteronomio.

אָמַר Dijo Rabí Yojanán, en todo sitio donde encuentras la grandeza del Santo Bendito Él encuentras también Su humildad. Esto está escrito en la Torá, reiterado en los profetas y traído por tercera vez en los hagiógrafos. En la Torá está escrito: "Pues el Señor vuestro Dios es el Dios de los dioses y el Señor de Señores, Dios grande, poderoso y maravilloso, que no habrá de hacer favoritismos ni tomará cohecho". Y luego está escrito: "Hace justicia para el huérfano y para la viuda, ama al extranjero (o prosélito) para proveerle pan y vestido". Esto está repetido en los profetas, tal como está escrito: "Pues así ha dicho el Altísimo que habita la eternidad y Su Nombre es sagrado: Resido en un sitio alto y encumbrado mas también habito junto al oprimido y el humilde, para revivir el espíritu de los humildes y el de los oprimidos". Está mencionado una tercera vez en los hagiógrafos, tal como está escrito: "Cantad al Señor, tocad música a Su Nombre, ensalzad a quien cabalga sobre las nubes y exultad ante Él", luego está escrito: "Padre de los huérfanos y juez que reclama la justicia por las viudas, el Señor, desde su Sagrada Morada".

Meguilá 31A *Deut. 10* *Is. 57* *Sal. 68*

יְהִי Que el Señor nuestro Dios esté con nosotros tal como estuvo con nuestros ancestros. Que nunca nos deje ni nos abandone. Y vosotros que os aferráis al Señor vuestro Dios estáis todos vivos hoy. Pues el Señor ya ha consolado a Sion, ha consolado a sus ruinas, hizo de su desierto un Edén y de su estepa un vergel del Señor, alegría y regocijo se hallarán en ella, agradecimiento y cántico. El Señor, en aras del mérito de Israel deseó engrandecer la Torá y enaltecerla.

1 Re. 8 *Deut. 4* *Is. 51* *Is. 42*

שִׁיר הַמַּעֲלוֹת Cántico de las ascensiones, feliz de todo aquél que teme al Señor y anda por Sus caminos. Cuando comas el fruto del esfuerzo de tus manos, feliz de ti y bien para ti. Tu mujer se asemeja a la vid fructífera en el interior de tu casa. Tus hijos son cual retoños de oliva alrededor de tu mesa. Efectivamente, el hombre temeroso del Señor será bendecido. El Señor te bendiga desde Sion y veas con bien a Jerusalém todos los días de tu vida. Que veas hijos de tus hijos y que sea la paz sobre Israel.

Sal. 128

---

en el cual se nos dice que aprendamos de Dios, para Quien la grandeza es humildad y la humildad es grandeza. El Creador de todo cuanto existe se preocupa por todos, el Todopoderoso se preocupa por los desvalidos. Cuanto más profunda sea nuestra compasión, más elevados nos encontraremos.

מגילה לא. אָמַר רַבִּי יוֹחָנָן: בְּכָל מָקוֹם שֶׁאַתָּה מוֹצֵא גְּדֻלָּתוֹ שֶׁל הַקָּדוֹשׁ בָּרוּךְ
הוּא, שָׁם אַתָּה מוֹצֵא עַנְוְתָנוּתוֹ. דָּבָר זֶה כָּתוּב בַּתּוֹרָה, וְשָׁנוּי
דברים י בַּנְּבִיאִים, וּמְשֻׁלָּשׁ בַּכְּתוּבִים. כָּתוּב בַּתּוֹרָה: כִּי יהוה אֱלֹהֵיכֶם הוּא
אֱלֹהֵי הָאֱלֹהִים וַאֲדֹנֵי הָאֲדֹנִים, הָאֵל הַגָּדֹל הַגִּבֹּר וְהַנּוֹרָא, אֲשֶׁר
לֹא־יִשָּׂא פָנִים וְלֹא יִקַּח שֹׁחַד: וּכְתִיב בָּתְרֵהּ: עֹשֶׂה מִשְׁפַּט יָתוֹם
וְאַלְמָנָה, וְאֹהֵב גֵּר לָתֶת לוֹ לֶחֶם וְשִׂמְלָה: שָׁנוּי בַּנְּבִיאִים, דִּכְתִיב:
ישעיה נז כִּי כֹה אָמַר רָם וְנִשָּׂא שֹׁכֵן עַד וְקָדוֹשׁ שְׁמוֹ, מָרוֹם וְקָדוֹשׁ אֶשְׁכּוֹן,
וְאֶת־דַּכָּא וּשְׁפַל־רוּחַ, לְהַחֲיוֹת רוּחַ שְׁפָלִים וּלְהַחֲיוֹת לֵב נִדְכָּאִים:
תהלים סח מְשֻׁלָּשׁ בַּכְּתוּבִים, דִּכְתִיב: שִׁירוּ לֵאלֹהִים, זַמְּרוּ שְׁמוֹ, סֹלּוּ לָרֹכֵב
בָּעֲרָבוֹת בְּיָהּ שְׁמוֹ, וְעִלְזוּ לְפָנָיו: וּכְתִיב בָּתְרֵהּ: אֲבִי יְתוֹמִים וְדַיַּן
אַלְמָנוֹת, אֱלֹהִים בִּמְעוֹן קָדְשׁוֹ:

מלכים א׳ ח יְהִי יהוה אֱלֹהֵינוּ עִמָּנוּ כַּאֲשֶׁר הָיָה עִם־אֲבֹתֵינוּ, אַל־יַעַזְבֵנוּ וְאַל־
דברים ד ישעיה נא יִטְּשֵׁנוּ: וְאַתֶּם הַדְּבֵקִים בַּיהוה אֱלֹהֵיכֶם, חַיִּים כֻּלְּכֶם הַיּוֹם: כִּי־
נִחַם יהוה צִיּוֹן, נִחַם כָּל־חָרְבֹתֶיהָ, וַיָּשֶׂם מִדְבָּרָהּ כְּעֵדֶן וְעַרְבָתָהּ
ישעיה מב כְּגַן־יהוה, שָׂשׂוֹן וְשִׂמְחָה יִמָּצֵא בָהּ, תּוֹדָה וְקוֹל זִמְרָה: יהוה חָפֵץ
לְמַעַן צִדְקוֹ, יַגְדִּיל תּוֹרָה וְיַאְדִּיר:

תהלים קכח שִׁיר הַמַּעֲלוֹת, אַשְׁרֵי כָּל־יְרֵא יהוה, הַהֹלֵךְ בִּדְרָכָיו: יְגִיעַ כַּפֶּיךָ כִּי
תֹאכֵל, אַשְׁרֶיךָ וְטוֹב לָךְ: אֶשְׁתְּךָ כְּגֶפֶן פֹּרִיָּה בְּיַרְכְּתֵי בֵיתֶךָ, בָּנֶיךָ
כִּשְׁתִלֵי זֵיתִים, סָבִיב לְשֻׁלְחָנֶךָ: הִנֵּה כִי־כֵן יְבֹרַךְ גָּבֶר יְרֵא יהוה:
יְבָרֶכְךָ יהוה מִצִּיּוֹן, וּרְאֵה בְּטוּב יְרוּשָׁלָםִ, כֹּל יְמֵי חַיֶּיךָ: וּרְאֵה־בָנִים
לְבָנֶיךָ, שָׁלוֹם עַל־יִשְׂרָאֵל:

---

adversa en favorable y tres que se refieren a la paz. Según el Talmud (*Berajot* 55B) estos versículos deben ser recitados para alejar temores de mala fortuna.

אָמַר רַבִּי יוֹחָנָן *Dijo Rabí Yojanán:* Magnífico pasaje del Talmud (*Meguilá* 31A)

HAVDALÁ EN LA SINAGOGA

Algunos recitan la Havdalá completa en la página 748.
En Motzaei Yom Tov que no es Motzaei Shabat, las bendiciones por las especies y por el fuego son omitidas. Al finalizar Yom Kipur se omite únicamente la bendición por las especias. Ver leyes 469, 471.

El oficiante toma una copa de vino con su mano derecha y recita:

Prestad atención Señores míos.
Bendito eres Tú Señor, nuestro Dios, Rey del universo, creador del fruto de la vid.

El oficiante sostiene una caja con especie aromáticas y recita:

Bendito eres Tú Señor, nuestro Dios, Rey del universo, creador de las especies aromáticas.

El oficiante huele las especias y coloca sobre la mesa la caja que las contiene.

El oficiante eleva sus manos en dirección de la llama de fuego de la vela de la Havdalá y recita:

Bendito eres Tú Señor, nuestro Dios, Rey del universo, creador de las luminarias del fuego.

El oficiante eleva la copa de vino con su mano derecha y recita:

Bendito eres Tú Señor, nuestro Dios, Rey del universo, que diferencia entre lo santo y lo profano, entre la luz y la oscuridad, entre Israel y las naciones, entre el séptimo día y los seis días del quehacer. Bendito eres Tú Señor, que diferencia lo santo de lo profano.

Se recita Aleinu de pie y se debe inclinar al llegar a ▾.

עָלֵינוּ Es nuestro deber alabar al Amo de todo,
engrandecer al Creador del universo
por no habernos hecho como las naciones de los países
ni habernos puesto entre las familias de la tierra;
que no hizo nuestra porción similar a la de ellos
ni nuestro destino como el de sus multitudes.
(Pues ellos se prosternan a la vanidad y al vacío
y le oran a un dios que no puede salvarlos).
▾Empero nosotros nos inclinamos y nos prosternamos
y agradecemos ante el Supremo Rey de Reyes, el Santo Bendito
Él, que extiende los cielos y establece la tierra, y Su trono de gloria
se encuentra en los cielos y el poder de Su mora en las alturas.
Él es nuestro Dios, no hay otro.
Verdadero es nuestro Rey y no hay ningún otro,
tal como está escrito en Su Torá:
"Has de saber hoy y responder a tu corazón que el Señor es el Dios *Deut. 4*
en las alturas del cielo y abajo en la tierra y no hay otro salvo Él.

הבדלה בבית הכנסת

Algunos recitan la הבדלה *completa en la página 749.*

En מוצאי יום טוב *que no es* מוצאי שבת*, las bendiciones por las especies y por el fuego son omitidas. Al finalizar* יום כפור *se omite únicamente la bendición por las especias. Ver leyes 469, 471.*

El שליח ציבור *toma una copa de vino con su mano derecha y recita:*

סַבְרִי מָרָנָן

בָּרוּךְ אַתָּה יהוה אֱלֹהֵינוּ מֶלֶךְ הָעוֹלָם, בּוֹרֵא פְּרִי הַגָּפֶן.

El שליח ציבור *sostiene una caja con especie aromáticas y recita:*

בָּרוּךְ אַתָּה יהוה אֱלֹהֵינוּ מֶלֶךְ הָעוֹלָם, בּוֹרֵא מִינֵי בְשָׂמִים.

El שליח ציבור *huele las especias y coloca sobre la mesa la caja que las contiene.*

El שליח ציבור *eleva sus manos en dirección de la llama de fuego de la vela de la* הבדלה *y recita:*

בָּרוּךְ אַתָּה יהוה אֱלֹהֵינוּ מֶלֶךְ הָעוֹלָם, בּוֹרֵא מְאוֹרֵי הָאֵשׁ.

El שליח ציבור *eleva la copa de vino con su mano derecha y recita:*

בָּרוּךְ אַתָּה יהוה אֱלֹהֵינוּ מֶלֶךְ הָעוֹלָם, הַמַּבְדִּיל בֵּין קֹדֶשׁ לְחוֹל, בֵּין אוֹר לְחֹשֶׁךְ, בֵּין יִשְׂרָאֵל לָעַמִּים, בֵּין יוֹם הַשְּׁבִיעִי לְשֵׁשֶׁת יְמֵי הַמַּעֲשֶׂה. בָּרוּךְ אַתָּה יהוה, הַמַּבְדִּיל בֵּין קֹדֶשׁ לְחוֹל.

Se recita עָלֵינוּ *de pie y se debe inclinar al llegar a* ▾.

עָלֵינוּ לְשַׁבֵּחַ לַאֲדוֹן הַכֹּל, לָתֵת גְּדֻלָּה לְיוֹצֵר בְּרֵאשִׁית\
שֶׁלֹּא עָשָׂנוּ כְּגוֹיֵי הָאֲרָצוֹת, וְלֹא שָׂמָנוּ כְּמִשְׁפְּחוֹת הָאֲדָמָה\
שֶׁלֹּא שָׂם חֶלְקֵנוּ כָּהֶם וְגוֹרָלֵנוּ כְּכָל הֲמוֹנָם.\
(שֶׁהֵם מִשְׁתַּחֲוִים לְהֶבֶל וָרִיק וּמִתְפַּלְּלִים אֶל אֵל לֹא יוֹשִׁיעַ.)\
▾וַאֲנַחְנוּ כּוֹרְעִים וּמִשְׁתַּחֲוִים וּמוֹדִים\
לִפְנֵי מֶלֶךְ מַלְכֵי הַמְּלָכִים, הַקָּדוֹשׁ בָּרוּךְ הוּא\
שֶׁהוּא נוֹטֶה שָׁמַיִם וְיוֹסֵד אָרֶץ\
וּמוֹשַׁב יְקָרוֹ בַּשָּׁמַיִם מִמַּעַל, וּשְׁכִינַת עֻזּוֹ בְּגָבְהֵי מְרוֹמִים.\
הוּא אֱלֹהֵינוּ, אֵין עוֹד.\
אֱמֶת מַלְכֵּנוּ, אֶפֶס זוּלָתוֹ\
כַּכָּתוּב בְּתוֹרָתוֹ, וְיָדַעְתָּ הַיּוֹם וַהֲשֵׁבֹתָ אֶל־לְבָבֶךָ דברים ד\
כִּי יהוה הוּא הָאֱלֹהִים בַּשָּׁמַיִם מִמַּעַל וְעַל־הָאָרֶץ מִתָּחַת, אֵין עוֹד:

Por lo tanto, depositamos en Ti nuestra confianza SEÑOR, Dios nuestro,
que podamos ver pronto el esplendor de Tu poder,
cuando remuevas las abominaciones de la faz de la tierra,
y los ídolos sean completamente destruidos,
cuando el mundo sea perfeccionado bajo la soberanía del Todopoderoso,
cuando toda la humanidad invoque Tu Nombre
y todos los malvados de la tierra volverán hacia Ti.
Todos los habitantes de la tierra reconocerán
y sabrán que toda rodilla debe inclinarse ante Ti
y cada lengua debe jurarte fidelidad.
Ante Ti SEÑOR, Dios nuestro, se habrán de arrodillar e inclinar
y darán honor a Tu glorioso Nombre.
Aceptarán el yugo de Tu reino
y pronto reinarás sobre ellos por siempre jamás.
Pues Tuyo es el reino por siempre,
y reinarás gloriosamente por toda la eternidad,
tal como está escrito en Tu Torá:
"El SEÑOR reinará por siempre y por toda la eternidad". *Éx. 15*
► Y fue dicho: "Entonces el SEÑOR será el Rey sobre toda la tierra; *Zej. 14*
en ese día el SEÑOR será Uno y Su Nombre Uno"

Algunos agregan:
No temas del terror que sobreviene repentinamente *Prov. 3*
ni por la destrucción de los malvados cuando arribase.
Hagan un proyecto: ¡fracasará! Digan una palabra: ¡no se realizará! *Is. 8*
Porque Dios está con nosotros.
Hasta que envejezcan, Yo seré el Mismo, y hasta que encanezcan, Yo los sostendré, *Is. 46*
Yo he obrado, y Me haré cargo de eso: los sostendré y los libraré.

KADISH DE DUELO

La siguiente plegaria es recitada por quien está en duelo y requiere de la presencia de un minián. La transliteración se encuentra en la página 1360.

Doliente: יִתְגַּדַּל Que Su Gran Nombre sea magnificado y santificado,
en el mundo que creó conforme a Su voluntad.
Que establezca Su reino durante vuestra vida y en vuestros días
y en la vida de toda la casa de Israel,
pronto y rápidamente y decid: Amén.

Todos: Que Su Gran Nombre sea bendito
por siempre y por toda la eternidad.

עַל כֵּן נְקַוֶּה לְּךָ יהוה אֱלֹהֵינוּ, לִרְאוֹת מְהֵרָה בְּתִפְאֶרֶת עֻזֶּךָ
לְהַעֲבִיר גִּלּוּלִים מִן הָאָרֶץ, וְהָאֱלִילִים כָּרוֹת יִכָּרֵתוּן
לְתַקֵּן עוֹלָם בְּמַלְכוּת שַׁדַּי.
וְכָל בְּנֵי בָשָׂר יִקְרְאוּ בִשְׁמֶךָ לְהַפְנוֹת אֵלֶיךָ כָּל רִשְׁעֵי אָרֶץ.
יַכִּירוּ וְיֵדְעוּ כָּל יוֹשְׁבֵי תֵבֵל
כִּי לְךָ תִּכְרַע כָּל בֶּרֶךְ, תִּשָּׁבַע כָּל לָשׁוֹן.
לְפָנֶיךָ יהוה אֱלֹהֵינוּ יִכְרְעוּ וְיִפֹּלוּ
וְלִכְבוֹד שִׁמְךָ יְקָר יִתֵּנוּ
וִיקַבְּלוּ כֻלָּם אֶת עֹל מַלְכוּתֶךָ וְתִמְלֹךְ עֲלֵיהֶם מְהֵרָה לְעוֹלָם וָעֶד.
כִּי הַמַּלְכוּת שֶׁלְּךָ הִיא וּלְעוֹלְמֵי עַד תִּמְלֹךְ בְּכָבוֹד
כַּכָּתוּב בְּתוֹרָתֶךָ
יהוה יִמְלֹךְ לְעֹלָם וָעֶד: שמות טו
וְנֶאֱמַר, וְהָיָה יהוה לְמֶלֶךְ עַל־כָּל־הָאָרֶץ זכריה יד
בַּיּוֹם הַהוּא יִהְיֶה יהוה אֶחָד וּשְׁמוֹ אֶחָד:

Algunos agregan:

אַל־תִּירָא מִפַּחַד פִּתְאֹם וּמִשֹּׁאַת רְשָׁעִים כִּי תָבֹא: משלי ג
עֻצוּ עֵצָה וְתֻפָר, דַּבְּרוּ דָבָר וְלֹא יָקוּם, כִּי עִמָּנוּ אֵל: ישעיה ח
וְעַד־זִקְנָה אֲנִי הוּא, וְעַד־שֵׂיבָה אֲנִי אֶסְבֹּל ישעיה מו
אֲנִי עָשִׂיתִי וַאֲנִי אֶשָּׂא וַאֲנִי אֶסְבֹּל וַאֲמַלֵּט:

קדיש יתום

La siguiente plegaria es recitada por quien está en duelo y requiere de la presencia de un מנין. *La transliteración se encuentra en la página 1360.*

אבל: יִתְגַּדַּל וְיִתְקַדַּשׁ שְׁמֵהּ רַבָּא (קהל: אָמֵן)
בְּעָלְמָא דִּי בְרָא כִרְעוּתֵהּ
וְיַמְלִיךְ מַלְכוּתֵהּ
בְּחַיֵּיכוֹן וּבְיוֹמֵיכוֹן וּבְחַיֵּי דְכָל בֵּית יִשְׂרָאֵל
בַּעֲגָלָא וּבִזְמַן קָרִיב, וְאִמְרוּ אָמֵן. (קהל: אָמֵן)

קהל ואבל: יְהֵא שְׁמֵהּ רַבָּא מְבָרַךְ לְעָלַם וּלְעָלְמֵי עָלְמַיָּא.

Doliente: Sea bendecido, alabado, glorificado y exaltado, encumbrado
y magnificado, enaltecido y ensalzado
el Nombre del Santo Bendito Él;
más allá de cualquier bendición,
cántico, alabanza y consolación
pronunciados en el mundo y decid: Amén.

Que haya gran paz celestial y vida para nosotros
y para todo Israel y decid: Amén.

Inclinarse, dar tres pasos hacia atrás como retirándose de la Divina Presencia, luego inclinarse primero hacia la izquierda, luego hacia la derecha y luego al centro mientras se dice:

Quien obra la paz en Sus alturas, haga la paz
para nosotros y todo Israel y decid: Amén.

From the second day of ראש חודש אלול *through* שמיני עצרת
(*in* ארץ ישראל *through* הושענא רבה), *the following psalm is said:*

לְדָוִד Salmo de David. El Señor es mi luz y mi salvación, ¿a quién habré de temer? El Señor es la fortaleza de mi vida, ¿de quién tendré miedo? Cuando personas malvadas se acercan para devorar mi carne, mis enemigos y mis oponentes fracasarán y caerán. Si un ejército me habrá de sitiar, no temerá mi corazón. Si se declarase una guerra contra mí, me mantendría confiado. Una sola cosa pido al Señor y es aquella que procuro: residir en la morada del Señor todos los días de mi vida, para contemplar la belleza del Señor y rendir culto en Su Templo. Pues Él me habrá de ocultar en Su pabellón en el día de la desgracia, me ocultará en el interior de Su tienda, me elevará sobre una roca. Ahora mi cabeza se yergue por sobre los enemigos que me rodean. Ofrendaré sacrificios de regocijo en Su tienda, cantaré y entonaré melodías al Señor. Señor, escucha mi voz cuando Te llamo, apiádate de mí y respóndeme. En Tu Nombre, mi corazón dice "Procurad Mi rostro". Señor, Tu rostro buscaré. No ocultes Tu rostro de mí, no rechaces en Tu enojo a Tu siervo de delante de Ti. Tú has sido mi ayuda, no me rechaces ni me abandones, Dios de mi salvación. Pues mi padre y mi madre me abandonaron, mas el Señor me recogió. Señor, enséñame Tu senda, guíame por el camino llano por causa de quienes me acechan. No me entregues a la voluntad de mis perseguidores, pues se han levantado contra mí falsos testigos y los que alientan violencia. ▸ Si no fuese porque confié en contemplar la bondad del Señor en la tierra de los vivos. Ten esperanza en el Señor, fortalece y anima tu corazón y ten esperanza en el Señor. *Sal. 27*

Kadish de Duelo (en la página anterior)

En la casa de los dolientes el rezo continúa en la página 1120.

אבל: יִתְבָּרַךְ וְיִשְׁתַּבַּח וְיִתְפָּאַר
וְיִתְרוֹמַם וְיִתְנַשֵּׂא וְיִתְהַדָּר וְיִתְעַלֶּה וְיִתְהַלָּל
שְׁמֵהּ דְּקֻדְשָׁא בְּרִיךְ הוּא (קהל: בְּרִיךְ הוּא)
לְעֵלָּא מִן כָּל בִּרְכָתָא / בעשרת ימי תשובה: לְעֵלָּא לְעֵלָּא מִכָּל בִּרְכָתָא/
וְשִׁירָתָא, תֻּשְׁבְּחָתָא וְנֶחֱמָתָא
דַּאֲמִירָן בְּעָלְמָא, וְאִמְרוּ אָמֵן. (קהל: אָמֵן)

יְהֵא שְׁלָמָא רַבָּא מִן שְׁמַיָּא
וְחַיִּים, עָלֵינוּ וְעַל כָּל יִשְׂרָאֵל, וְאִמְרוּ אָמֵן. (קהל: אָמֵן)

Inclinarse, dar tres pasos hacia atrás como retirándose de la Divina Presencia, luego inclinarse primero hacia la izquierda, luego hacia la derecha y luego al centro mientras se dice:

עֹשֶׂה שָׁלוֹם/ בעשרת ימי תשובה: הַשָּׁלוֹם/ בִּמְרוֹמָיו
הוּא יַעֲשֶׂה שָׁלוֹם עָלֵינוּ וְעַל כָּל יִשְׂרָאֵל, וְאִמְרוּ אָמֵן. (קהל: אָמֵן)

A partir del segundo día de ראש חודש אלול *y hasta* שמיני עצרת *(en* ארץ ישראל *hasta* הושענא רבה*) se recita el siguiente salmo:*

תהלים כז
לְדָוִד, יהוה אוֹרִי וְיִשְׁעִי, מִמִּי אִירָא, יהוה מָעוֹז־חַיַּי, מִמִּי אֶפְחָד: בִּקְרֹב עָלַי מְרֵעִים לֶאֱכֹל אֶת־בְּשָׂרִי, צָרַי וְאֹיְבַי לִי, הֵמָּה כָשְׁלוּ וְנָפָלוּ: אִם־תַּחֲנֶה עָלַי מַחֲנֶה, לֹא־יִירָא לִבִּי, אִם־תָּקוּם עָלַי מִלְחָמָה, בְּזֹאת אֲנִי בוֹטֵחַ: אַחַת שָׁאַלְתִּי מֵאֵת־יהוה, אוֹתָהּ אֲבַקֵּשׁ, שִׁבְתִּי בְּבֵית־יהוה כָּל־יְמֵי חַיַּי, לַחֲזוֹת בְּנֹעַם־יהוה, וּלְבַקֵּר בְּהֵיכָלוֹ: כִּי יִצְפְּנֵנִי בְּסֻכֹּה בְּיוֹם רָעָה, יַסְתִּרֵנִי בְּסֵתֶר אָהֳלוֹ, בְּצוּר יְרוֹמְמֵנִי: וְעַתָּה יָרוּם רֹאשִׁי עַל אֹיְבַי סְבִיבוֹתַי, וְאֶזְבְּחָה בְאָהֳלוֹ זִבְחֵי תְרוּעָה, אָשִׁירָה וַאֲזַמְּרָה לַיהוה: שְׁמַע־יהוה קוֹלִי אֶקְרָא, וְחָנֵּנִי וַעֲנֵנִי: לְךָ אָמַר לִבִּי בַּקְּשׁוּ פָנָי, אֶת־פָּנֶיךָ יהוה אֲבַקֵּשׁ: אַל־תַּסְתֵּר פָּנֶיךָ מִמֶּנִּי, אַל תַּט־בְּאַף עַבְדֶּךָ, עֶזְרָתִי הָיִיתָ, אַל־תִּטְּשֵׁנִי וְאַל־תַּעַזְבֵנִי, אֱלֹהֵי יִשְׁעִי: כִּי־אָבִי וְאִמִּי עֲזָבוּנִי, וַיהוה יַאַסְפֵנִי: הוֹרֵנִי יהוה דַּרְכֶּךָ, וּנְחֵנִי בְּאֹרַח מִישׁוֹר, לְמַעַן שׁוֹרְרָי: אַל־תִּתְּנֵנִי בְּנֶפֶשׁ צָרָי, כִּי קָמוּ־בִי עֵדֵי־שֶׁקֶר, וִיפֵחַ חָמָס: ‹ לוּלֵא הֶאֱמַנְתִּי לִרְאוֹת בְּטוּב־יהוה בְּאֶרֶץ חַיִּים: קַוֵּה אֶל־יהוה, חֲזַק וְיַאֲמֵץ לִבֶּךָ, וְקַוֵּה אֶל־יהוה:

קדיש יתום *(en la página anterior)*

En la casa de los dolientes el rezo continúa en la página 1121.

BENDICIÓN POR LA LUNA NUEVA

Kidush Levaná, la bendición por la luna nueva es recitada entre el tercer día y la mitad de cada mes (plenilunio). De ser posible, debe ser recitada al concluir el Shabat bajo cielo descubierto y en presencia de un minián. Ver ley 470.

הַלְלוּיָהּ ¡Aleluyá! *Sal. 148*
Alabad al Señor desde los cielos, alabadlo en las alturas.
Alábenlo todos Sus ángeles, alábenlo todas Sus huestes.
Alábenlo el sol y la luna, alábenlo las estrellas fulgurantes.
Alábenlo los cielos de los cielos
y las aguas que se encuentran por sobre los cielos.
Alabarán el Nombre del Señor pues Él ordenó y fueron creados,
y los estableció eternamente, fijando un decreto inamovible.

כִּי־אֶרְאֶה Cuando veo Tus cielos, obra de Tus dedos, la luna y las estrellas que has establecido, ¿Qué es el ser humano para que lo recuerdes? ¿Qué es el hombre para que lo tengas en cuenta? *Sal. 8*

Se mira en dirección de la luna y se recita:

בָּרוּךְ Bendito eres Tú Señor, nuestro Dios, Rey del universo, que por medio de Su palabra creó el firmamento y con el hálito de Su boca a todas sus huestes. Les estableció una ley y un tiempo para que no alteren su funcionamiento. Dichosos y felices de poder cumplir con la voluntad de su Creador, Obrador de la verdad cuya labor es Verdadera. Y a la luna le dijo que se renueve a sí misma como una corona de esplendor para aquellos que El Eterno cargó desde la matriz (Israel), pues ellos están destinados a renovarse tal como ella y alabar a su Creador en aras de Su gloriosa majestad. Bendito eres Tú Señor, que renuevas los meses.

---

del pueblo de Israel que en determinadas épocas pareció pasar por un eclipse, empero siempre se ha recuperado e irradiado luz en tiempos oscuros. Ambas temáticas están presentes tanto en los salmos como en la bendición que los acompaña. El acto físico de elevarse en puntas de pie en dirección a la luna es un gesto de fe en que, así como la luna está allende del alcance humano resultando indestructible, lo mismo ocurre con la nación que esta simboliza.

קידוש לבנה

קידוש לבנה, la bendición por la luna nueva es recitada entre el tercer día y la mitad de cada mes (plenilunio). De ser posible, debe ser recitada al concluir el שבת bajo cielo descubierto y en presencia de un מנין. Ver ley 470.

הַלְלוּיָהּ, הַלְלוּ אֶת־יהוה מִן־הַשָּׁמַיִם, הַלְלוּהוּ בַּמְּרוֹמִים: תהלים קמח
הַלְלוּהוּ כָל־מַלְאָכָיו, הַלְלוּהוּ כָּל־צְבָאָו:
הַלְלוּהוּ שֶׁמֶשׁ וְיָרֵחַ, הַלְלוּהוּ כָּל־כּוֹכְבֵי אוֹר:
הַלְלוּהוּ שְׁמֵי הַשָּׁמָיִם, וְהַמַּיִם אֲשֶׁר מֵעַל הַשָּׁמָיִם:
יְהַלְלוּ אֶת־שֵׁם יהוה, כִּי הוּא צִוָּה וְנִבְרָאוּ:
וַיַּעֲמִידֵם לָעַד לְעוֹלָם, חָק־נָתַן וְלֹא יַעֲבוֹר:

כִּי־אֶרְאֶה שָׁמֶיךָ מַעֲשֵׂה אֶצְבְּעֹתֶיךָ, יָרֵחַ וְכוֹכָבִים אֲשֶׁר כּוֹנָנְתָּה: תהלים ח
מָה־אֱנוֹשׁ כִּי־תִזְכְּרֶנּוּ, וּבֶן־אָדָם כִּי תִפְקְדֶנּוּ:

Se mira en dirección de la luna y se recita:

בָּרוּךְ אַתָּה יהוה אֱלֹהֵינוּ מֶלֶךְ הָעוֹלָם, אֲשֶׁר בְּמַאֲמָרוֹ בָּרָא שְׁחָקִים, וּבְרוּחַ פִּיו כָּל צְבָאָם, חֹק וּזְמַן נָתַן לָהֶם שֶׁלֹּא יְשַׁנּוּ אֶת תַּפְקִידָם. שָׂשִׂים וּשְׂמֵחִים לַעֲשׂוֹת רְצוֹן קוֹנָם, פּוֹעֵל אֱמֶת שֶׁפְּעֻלָּתוֹ אֱמֶת. וְלַלְּבָנָה אָמַר שֶׁתִּתְחַדֵּשׁ, עֲטֶרֶת תִּפְאֶרֶת לַעֲמוּסֵי בָטֶן, שֶׁהֵם עֲתִידִים לְהִתְחַדֵּשׁ כְּמוֹתָהּ וּלְפָאֵר לְיוֹצְרָם עַל שֵׁם כְּבוֹד מַלְכוּתוֹ. בָּרוּךְ אַתָּה יהוה, מְחַדֵּשׁ חֳדָשִׁים.

BENDICIÓN POR LA LUNA NUEVA
Estas plegarias que se recitan al divisar la luna nueva poseen una dimensión dual. Primeramente, dan testimonio de la presencia de Dios en la Creación, la regularidad de los ciclos menguante y creciente de la luna son un recordatorio visible del hecho de que el universo está regido por leyes naturales y de la presencia subyacente de un orden que todo lo incluye (Rabenu Yoná). En segundo lugar, la luna que renace sin fin tras parecer que declina es un símbolo

Cada uno de los siguientes cinco versículos son recitados tres veces:

Bendito es Quien te formó, bendito es Quien te hizo,
bendito es Quien te posee, bendito es Quien te creó.

El siguiente versículo se recita poniéndose en puntas de pie.

Así como yo bailo ante ti y no puedo tocarte,
de igual manera mis enemigos
no puedan alcanzarme para causarme daño.

Que sobrevengan sobre ellos el miedo y el terror, *Éx. 15*
por el poder de Tu brazo se silencien como piedras.

Cual piedras se silencien, por el poder de Tu brazo,
terror y miedo sobre ellos sobrevengan.

David Rey de Israel vive y perdura.

Dirigirse a tres personas y decir a cada una de estas:

La paz sea sobre vosotros.

Ellos responden:

Sobre vosotros sea la paz.

Decir tres veces:

Que sea una buena señal y un buen presagio para nosotros
y todo el pueblo de Israel, Amén.

קוֹל La voz de mi amado, ¡He aquí está llegando! Brincando las montañas y saltando sobre las colinas. Mi amado se asemeja a la gacela, a un joven cervatillo. He aquí que está tras nuestro muro, observando por entre las ventanas, mirando desde las celosías. *Can. 2*

שִׁיר לַמַּעֲלוֹת Cántico de las ascensiones, elevaré mis ojos hacia las montañas, ¿de dónde vendrá mi socorro? Mi socorro proviene del Señor que creó los cielos y la tierra. No dejes sucumbir tu pierna, no dejes que se duerman tus guardianes. El Guardián de Israel no descansa ni duerme. El Señor te cuidará, será tu protección a tu derecha. El sol no te abrasará de día ni la luna te afectará por la noche. El Señor te cuidará de todo mal, cuidará tu alma. El Señor resguardará tu salida y tu entrada desde hoy y para siempre. *Sal. 121*

Cada uno de los siguientes cinco versículos son recitados tres veces:

בָּרוּךְ יוֹצְרֵךְ, בָּרוּךְ עוֹשֵׂךְ, בָּרוּךְ קוֹנֵךְ, בָּרוּךְ בּוֹרְאֵךְ.

El siguiente versículo se recita poniéndose en puntas de pie.

כְּשֵׁם שֶׁאֲנִי רוֹקֵד כְּנֶגְדֵּךְ וְאֵינִי יָכוֹל לִנְגֹּעַ בָּךְ
כָּךְ לֹא יוּכְלוּ כָּל אוֹיְבַי לִנְגֹּעַ בִּי לְרָעָה.

תִּפֹּל עֲלֵיהֶם אֵימָתָה וָפַחַד, בִּגְדֹל זְרוֹעֲךָ יִדְּמוּ כָּאָבֶן: שמות טו
כָּאָבֶן יִדְּמוּ זְרוֹעֲךָ בִּגְדֹל, וָפַחַד אֵימָתָה עֲלֵיהֶם תִּפֹּל.
דָּוִד מֶלֶךְ יִשְׂרָאֵל חַי וְקַיָּם.

Dirigirse a tres personas y decir a cada una de estas:

שָׁלוֹם עֲלֵיכֶם.

Ellos responden:

עֲלֵיכֶם שָׁלוֹם.

Decir tres veces:

סִימָן טוֹב וּמַזָּל טוֹב יְהֵא לָנוּ וּלְכָל יִשְׂרָאֵל, אָמֵן.

קוֹל דּוֹדִי הִנֵּה־זֶה בָּא, מְדַלֵּג עַל־הֶהָרִים, מְקַפֵּץ עַל־הַגְּבָעוֹת: שיר השירים ב
דּוֹמֶה דוֹדִי לִצְבִי אוֹ לְעֹפֶר הָאַיָּלִים, הִנֵּה־זֶה עוֹמֵד אַחַר כָּתְלֵנוּ, מַשְׁגִּיחַ מִן־הַחַלֹּנוֹת, מֵצִיץ מִן־הַחֲרַכִּים:

שִׁיר לַמַּעֲלוֹת, אֶשָּׂא עֵינַי אֶל־הֶהָרִים, מֵאַיִן יָבֹא עֶזְרִי: עֶזְרִי מֵעִם יהוה, עֹשֵׂה שָׁמַיִם וָאָרֶץ: אַל־יִתֵּן לַמּוֹט רַגְלֶךָ, אַל־יָנוּם שֹׁמְרֶךָ: הִנֵּה לֹא־יָנוּם וְלֹא יִישָׁן, שׁוֹמֵר יִשְׂרָאֵל: יהוה שֹׁמְרֶךָ, יהוה צִלְּךָ עַל־יַד יְמִינֶךָ: יוֹמָם הַשֶּׁמֶשׁ לֹא־יַכֶּכָּה, וְיָרֵחַ בַּלָּיְלָה: יהוה יִשְׁמָרְךָ מִכָּל־רָע, יִשְׁמֹר אֶת־נַפְשֶׁךָ: יהוה יִשְׁמָר־צֵאתְךָ וּבוֹאֶךָ, מֵעַתָּה וְעַד־עוֹלָם: תהלים קכא

הַלְלוּיָהּ ¡Aleluyá! Alabad a Dios en Su Santuario; alabadle en el firmamento de Su poder. Alabadle por Sus poderosas acciones, alabadle conforme a Su Grandeza. Alabadle al son del shofar, alabadle con el arpa y la lira. Alabadle con pandero y danza, alabadle con instrumentos de cuerda y flauta. Alabadle con platillos resonantes; con el resonar de los címbalos. Todas las almas alabarán a Dios ¡Aleluyá! Todas las almas alabarán a Dios ¡Aleluyá! *Sal. 150*

תָּנָא Se enseñó en la academia de Rabí Ishmael: Si el pueblo de Israel pudiese contemplar el rostro de su Padre Celestial una vez al mes esto les habría bastado. Dijo Abaié: Por lo tanto, (la bendición por la luna nueva) debe ser recitada de pie. ¿Quién es esta que llega desde el desierto aferrándose a su Amado? *Sanhedrín 42A* *Can. 2*

וִיהִי Sea Tu voluntad Señor, Dios nuestro y de nuestros ancestros, que completes la deficiencia de la luna tal que no vuelva a estar en modo menguado. Y que la luz de la luna equivalga a la del sol y como la luz de los siete primeros días de la Creación, tal como estaba previo a su disminución, tal como está escrito: "Las dos grandes luminarias", y se cumpla aquello que está escrito: "y buscarán al Señor su Dios y a David su rey". Amén. *Gén. 1* *Oseas 3*

לַמְנַצֵּחַ Para el jefe de los músicos de los instrumentos de cuerda. Un salmo. Que Dios nos conceda gracia y nos bendiga, que Su rostro ilumine hacia nosotros, Sela. Para que Tu senda sea conocida en la tierra y Tu salvación entre las naciones. Dios, los pueblos Te alabarán, todas las naciones Te agradecerán. Las naciones se habrán de regocijar y prorrumpirán en canto pues habrás de juzgar a los pueblos con rectitud y los guiarás en la tierra, Sela. Dios, los pueblos Te alabarán, todas las naciones Te agradecerán. La tierra ha dado su cosecha, que el Señor nuestro Dios nos bendiga. Que Dios nos bendiga y en todos los confines de la tierra Le teman con reverencia. *Sal. 67*

Se recita Aleinu de pie y se debe inclinar al llegar a ▾.

עָלֵינוּ Es nuestro deber alabar al Amo de todo,
engrandecer al Creador del universo
por no habernos hecho como las naciones de los países
ni habernos puesto entre las familias de la tierra;
que no hizo nuestra porción similar a la de ellos
ni nuestro destino como el de sus multitudes.
(Pues ellos se prosternan a la vanidad y al vacío
y le oran a un dios que no puede salvarlos).
▾Empero nosotros nos inclinamos y nos prosternamos
y agradecemos ante el Supremo Rey de Reyes, el Santo Bendito

הַלְלוּיָהּ, הַלְלוּ־אֵל בְּקָדְשׁוֹ, הַלְלוּהוּ בִּרְקִיעַ עֻזּוֹ: הַלְלוּהוּ בִגְבוּרֹתָיו, הַלְלוּהוּ כְּרֹב גֻּדְלוֹ: הַלְלוּהוּ בְּתֵקַע שׁוֹפָר, הַלְלוּהוּ בְּנֵבֶל וְכִנּוֹר: הַלְלוּהוּ בְתֹף וּמָחוֹל, הַלְלוּהוּ בְּמִנִּים וְעוּגָב: הַלְלוּהוּ בְצִלְצְלֵי־שָׁמַע, הַלְלוּהוּ בְּצִלְצְלֵי תְרוּעָה: כֹּל הַנְּשָׁמָה תְּהַלֵּל יָהּ, הַלְלוּיָהּ: תהלים קנ

תָּנָא דְבֵי רַבִּי יִשְׁמָעֵאל: אִלְמָלֵי לֹא זָכוּ יִשְׂרָאֵל אֶלָּא לְהַקְבִּיל פְּנֵי אֲבִיהֶם שֶׁבַּשָּׁמַיִם פַּעַם אַחַת בַּחֹדֶשׁ, דַּיָּם. אָמַר אַבַּיֵּי: הִלְכָּךְ צָרִיךְ לְמֵימְרָא מְעֻמָּד. מִי זֹאת עֹלָה מִן־הַמִּדְבָּר, מִתְרַפֶּקֶת עַל־דּוֹדָהּ: סנהדרין מב. שיר השירים ח

וִיהִי רָצוֹן מִלְּפָנֶיךָ יהוה אֱלֹהַי וֵאלֹהֵי אֲבוֹתַי, לְמַלֹּאת פְּגִימַת הַלְּבָנָה וְלֹא יִהְיֶה בָּהּ שׁוּם מִעוּט. וִיהִי אוֹר הַלְּבָנָה כְּאוֹר הַחַמָּה וּכְאוֹר שִׁבְעַת יְמֵי בְרֵאשִׁית, כְּמוֹ שֶׁהָיְתָה קֹדֶם מִעוּטָהּ, שֶׁנֶּאֱמַר: אֶת־שְׁנֵי הַמְּאֹרֹת הַגְּדֹלִים: וְיִתְקַיֵּם בָּנוּ מִקְרָא שֶׁכָּתוּב: וּבִקְשׁוּ אֶת־יהוה אֱלֹהֵיהֶם וְאֵת דָּוִיד מַלְכָּם: אָמֵן. בראשית א הושע ג

לַמְנַצֵּחַ בִּנְגִינֹת, מִזְמוֹר שִׁיר: אֱלֹהִים יְחָנֵּנוּ וִיבָרְכֵנוּ, יָאֵר פָּנָיו אִתָּנוּ סֶלָה: לָדַעַת בָּאָרֶץ דַּרְכֶּךָ, בְּכָל־גּוֹיִם יְשׁוּעָתֶךָ: יוֹדוּךָ עַמִּים אֱלֹהִים, יוֹדוּךָ עַמִּים כֻּלָּם: יִשְׂמְחוּ וִירַנְּנוּ לְאֻמִּים, כִּי־תִשְׁפֹּט עַמִּים מִישֹׁר, וּלְאֻמִּים בָּאָרֶץ תַּנְחֵם סֶלָה: יוֹדוּךָ עַמִּים אֱלֹהִים, יוֹדוּךָ עַמִּים כֻּלָּם: אֶרֶץ נָתְנָה יְבוּלָהּ, יְבָרְכֵנוּ אֱלֹהִים אֱלֹהֵינוּ: יְבָרְכֵנוּ אֱלֹהִים, וְיִירְאוּ אוֹתוֹ כָּל־אַפְסֵי־אָרֶץ: תהלים סז

Se recita עָלֵינוּ *de pie y se debe inclinar al llegar a* ▾.

עָלֵינוּ לְשַׁבֵּחַ לַאֲדוֹן הַכֹּל, לָתֵת גְּדֻלָּה לְיוֹצֵר בְּרֵאשִׁית\
שֶׁלֹּא עָשָׂנוּ כְּגוֹיֵי הָאֲרָצוֹת, וְלֹא שָׂמָנוּ כְּמִשְׁפְּחוֹת הָאֲדָמָה\
שֶׁלֹּא שָׂם חֶלְקֵנוּ כָּהֶם וְגוֹרָלֵנוּ כְּכָל הֲמוֹנָם.\
(שֶׁהֵם מִשְׁתַּחֲוִים לְהֶבֶל וָרִיק וּמִתְפַּלְלִים אֶל אֵל לֹא יוֹשִׁיעַ.)\
▾וַאֲנַחְנוּ כּוֹרְעִים וּמִשְׁתַּחֲוִים וּמוֹדִים\
לִפְנֵי מֶלֶךְ מַלְכֵי הַמְּלָכִים, הַקָּדוֹשׁ בָּרוּךְ הוּא

Él, que extiende los cielos y establece la tierra,
y Su trono de gloria se encuentra en los cielos
y el poder de Su mora en las alturas.
Él es nuestro Dios, no hay otro.
Verdadero es nuestro Rey y no hay ningún otro,
tal como está escrito en Su Torá:
"Has de saber hoy y responder a tu corazón que el Señor es el Soberano *Deut. 4*
en las alturas del cielo y abajo en la tierra y no hay otro salvo Él.

Por lo tanto, depositamos en Ti nuestra confianza Señor, Dios nuestro,
que podamos ver pronto el esplendor de Tu poder,
cuando remuevas las abominaciones de la faz de la tierra,
y los ídolos sean completamente destruidos,
cuando el mundo sea perfeccionado
bajo la soberanía del Todopoderoso,
cuando toda la humanidad invoque Tu Nombre
y todos los malvados de la tierra volverán hacia Ti.
Todos los habitantes de la tierra reconocerán
y sabrán que toda rodilla debe inclinarse ante Ti
y cada lengua debe jurarte fidelidad.
Ante Ti Señor, Dios nuestro, se habrán de arrodillar e inclinar
y darán honor a Tu glorioso Nombre.
Aceptarán el yugo de Tu reino
y pronto reinarás sobre ellos por siempre jamás.
Pues Tuyo es el reino por siempre,
y reinarás gloriosamente por toda la eternidad,
tal como está escrito en Tu Torá:
"El Señor reinará por siempre y por toda la eternidad". *Éx. 15*
▸ Y fue dicho: "Entonces el Señor será el Rey sobre toda la tierra; *Zej. 14*
en ese día el Señor será Uno y Su Nombre Uno"

Algunos agregan:

No temas del terror que sobreviene repentinamente *Prov. 3*
ni por la destrucción de los malvados cuando arribase.
Hagan un proyecto: ¡fracasará! Digan una palabra: ¡no se realizará! *Is. 8*
Porque Dios está con nosotros.
Hasta que envejezcan, Yo seré el Mismo, y hasta que encanezcan, Yo los sostendré, *Is. 46*
Yo he obrado, y Me haré cargo de eso: los sostendré y los libraré.

שֶׁהוּא נוֹטֶה שָׁמַיִם וְיוֹסֵד אָרֶץ
וּמוֹשַׁב יְקָרוֹ בַּשָּׁמַיִם מִמַּעַל, וּשְׁכִינַת עֻזּוֹ בְּגָבְהֵי מְרוֹמִים.
הוּא אֱלֹהֵינוּ, אֵין עוֹד.
אֱמֶת מַלְכֵּנוּ, אֶפֶס זוּלָתוֹ
כַּכָּתוּב בְּתוֹרָתוֹ, וְיָדַעְתָּ הַיּוֹם וַהֲשֵׁבֹתָ אֶל־לְבָבֶךָ דברים ד
כִּי יהוה הוּא הָאֱלֹהִים בַּשָּׁמַיִם מִמַּעַל וְעַל־הָאָרֶץ מִתָּחַת
אֵין עוֹד:

עַל כֵּן נְקַוֶּה לְּךָ יהוה אֱלֹהֵינוּ, לִרְאוֹת מְהֵרָה בְּתִפְאֶרֶת עֻזֶּךָ
לְהַעֲבִיר גִּלּוּלִים מִן הָאָרֶץ, וְהָאֱלִילִים כָּרוֹת יִכָּרֵתוּן
לְתַקֵּן עוֹלָם בְּמַלְכוּת שַׁדַּי.
וְכָל בְּנֵי בָשָׂר יִקְרְאוּ בִשְׁמֶךָ לְהַפְנוֹת אֵלֶיךָ כָּל רִשְׁעֵי אָרֶץ.
יַכִּירוּ וְיֵדְעוּ כָּל יוֹשְׁבֵי תֵבֵל
כִּי לְךָ תִּכְרַע כָּל בֶּרֶךְ, תִּשָּׁבַע כָּל לָשׁוֹן.
לְפָנֶיךָ יהוה אֱלֹהֵינוּ יִכְרְעוּ וְיִפֹּלוּ
וְלִכְבוֹד שִׁמְךָ יְקָר יִתֵּנוּ
וִיקַבְּלוּ כֻלָּם אֶת עֹל מַלְכוּתֶךָ וְתִמְלֹךְ עֲלֵיהֶם מְהֵרָה לְעוֹלָם וָעֶד.
כִּי הַמַּלְכוּת שֶׁלְּךָ הִיא וּלְעוֹלְמֵי עַד תִּמְלֹךְ בְּכָבוֹד
כַּכָּתוּב בְּתוֹרָתֶךָ
יהוה יִמְלֹךְ לְעֹלָם וָעֶד: שמות טו
וְנֶאֱמַר, וְהָיָה יהוה לְמֶלֶךְ עַל־כָּל־הָאָרֶץ זכריה יד
בַּיּוֹם הַהוּא יִהְיֶה יהוה אֶחָד וּשְׁמוֹ אֶחָד:

Algunos agregan:

אַל־תִּירָא מִפַּחַד פִּתְאֹם וּמִשֹּׁאַת רְשָׁעִים כִּי תָבֹא: משלי ג
עֻצוּ עֵצָה וְתֻפָר, דַּבְּרוּ דָבָר וְלֹא יָקוּם, כִּי עִמָּנוּ אֵל: ישעיה ח
וְעַד־זִקְנָה אֲנִי הוּא, וְעַד־שֵׂיבָה אֲנִי אֶסְבֹּל ישעיה מו
אֲנִי עָשִׂיתִי וַאֲנִי אֶשָּׂא וַאֲנִי אֶסְבֹּל וַאֲמַלֵּט:

KADISH DE DUELO

La siguiente plegaria es recitada por quien está en duelo y requiere de la presencia de un minián. La transliteración se encuentra en la página 1360.

Doliente: יִתְגַּדַּל Que Su Gran Nombre sea magnificado y santificado,
en el mundo que creó conforme a Su voluntad.
Que establezca Su reino
durante vuestra vida y en vuestros días
y en la vida de toda la casa de Israel,
pronto y rápidamente y decid: Amén.

Todos: Que Su Gran Nombre sea bendito
por siempre y por toda la eternidad.

Doliente: Sea bendecido, alabado, glorificado y exaltado, encumbrado
y magnificado, enaltecido y ensalzado
el Nombre del Santo Bendito Él;
más allá de cualquier bendición,
cántico, alabanza y consolación
pronunciados en el mundo y decid: Amén.

Que haya gran paz celestial y vida para nosotros
y para todo Israel y decid: Amén.

Inclinarse, dar tres pasos hacia atrás como retirándose de la Divina Presencia, luego inclinarse primero hacia la izquierda, luego hacia la derecha y luego al centro mientras se dice:

Quien obra la paz en Sus alturas, haga la paz
para nosotros y todo Israel y decid: Amén.

Todos cantan:

טוֹבִים Buenas son las luminarias que creó nuestro Dios,
las formó con conocimiento, entendimiento y deliberación.
Les concedió fuerza y poder para que gobiernen la tierra.

Plenos de brillo y radiantes de luz, su resplandor es hermoso
en todo el mundo. Felices al salir y dichosas al retornar,
cumplen con temor reverencial la voluntad de su Creador.

Magnificencia y honor dan a Su Nombre,
júbilo y cánticos en mención de Su reinado,
llamó al sol y este irradió luz, vio y estableció la forma de la luna.

קדיש יתום

La siguiente plegaria es recitada por quien está en duelo y requiere de la presencia de un מנין. La transliteración se encuentra en la página 1360.

אבל: יִתְגַּדַּל וְיִתְקַדַּשׁ שְׁמֵהּ רַבָּא (קהל: אָמֵן)
בְּעָלְמָא דִּי בְרָא כִרְעוּתֵהּ, וְיַמְלִיךְ מַלְכוּתֵהּ
בְּחַיֵּיכוֹן וּבְיוֹמֵיכוֹן וּבְחַיֵּי דְכָל בֵּית יִשְׂרָאֵל
בַּעֲגָלָא וּבִזְמַן קָרִיב, וְאִמְרוּ אָמֵן. (קהל: אָמֵן)

קהל ואבל: יְהֵא שְׁמֵהּ רַבָּא מְבָרַךְ לְעָלַם וּלְעָלְמֵי עָלְמַיָּא.

אבל: יִתְבָּרַךְ וְיִשְׁתַּבַּח וְיִתְפָּאַר
וְיִתְרוֹמַם וְיִתְנַשֵּׂא וְיִתְהַדָּר וְיִתְעַלֶּה וְיִתְהַלָּל
שְׁמֵהּ דְּקֻדְשָׁא בְּרִיךְ הוּא (קהל: בְּרִיךְ הוּא)
לְעֵלָּא מִן כָּל בִּרְכָתָא / בעשרת ימי תשובה: לְעֵלָּא לְעֵלָּא מִכָּל בִּרְכָתָא/
וְשִׁירָתָא, תֻּשְׁבְּחָתָא וְנֶחֱמָתָא
דַּאֲמִירָן בְּעָלְמָא, וְאִמְרוּ אָמֵן. (קהל: אָמֵן)

יְהֵא שְׁלָמָא רַבָּא מִן שְׁמַיָּא
וְחַיִּים, עָלֵינוּ וְעַל כָּל יִשְׂרָאֵל, וְאִמְרוּ אָמֵן. (קהל: אָמֵן)

Inclinarse, dar tres pasos hacia atrás como retirándose de la Divina Presencia, luego inclinarse primero hacia la izquierda, luego hacia la derecha y luego al centro mientras se dice:

עֹשֶׂה שָׁלוֹם/ בעשרת ימי תשובה: הַשָּׁלוֹם/ בִּמְרוֹמָיו
הוּא יַעֲשֶׂה שָׁלוֹם עָלֵינוּ וְעַל כָּל יִשְׂרָאֵל, וְאִמְרוּ אָמֵן. (קהל: אָמֵן)

Todos cantan:

טוֹבִים מְאוֹרוֹת שֶׁבָּרָא אֱלֹהֵינוּ, יְצָרָם בְּדַעַת בְּבִינָה וּבְהַשְׂכֵּל
כֹּחַ וּגְבוּרָה נָתַן בָּהֶם, לִהְיוֹת מוֹשְׁלִים בְּקֶרֶב תֵּבֵל.

מְלֵאִים זִיו וּמְפִיקִים נֹגַהּ, נָאֶה זִיוָם בְּכָל הָעוֹלָם
שְׂמֵחִים בְּצֵאתָם וְשָׂשִׂים בְּבוֹאָם, עוֹשִׂים בְּאֵימָה רְצוֹן קוֹנָם.

פְּאֵר וְכָבוֹד נוֹתְנִים לִשְׁמוֹ, צָהֳלָה וְרִנָּה לְזֵכֶר מַלְכוּתוֹ
קָרָא לַשֶּׁמֶשׁ וַיִּזְרַח אוֹר, רָאָה וְהִתְקִין צוּרַת הַלְּבָנָה.

HAVDALÁ EN LA CASA

En Motzaei Yom Tov que no es Motzaei Shabat, se omite tanto el primer párrafo como las bendiciones por las especies y por el fuego. Al finalizar Yom Kipur se omite únicamente la bendición por las especies. Ver ley 471.

Se toma una copa de vino con la mano derecha y se recita:

הִנֵּה He aquí este es el Dios de mi salvación, en Él confiaré *Is. 12*
y no habré de temer, pues el Señor es mi fortaleza y mi cántico.
Él se ha tornado mi salvación.
Y extraeréis agua con alegría de los manantiales de la salvación.
La salvación proviene del Señor, *Sal. 3*
que Tu bendición sea sobre Tu pueblo Sela.
El Señor de las Huestes Celestiales está con nosotros, *Sal. 46*
el Dios de Ya'akov es nuestra fortaleza, ¡Sela!
Señor de las Huestes Celestiales, feliz del hombre que confía en Ti. *Sal. 84*
El Señor salva, el Rey nos responderá el día que Le invoquemos. *Sal. 20*
Para los judíos hubo luz, alegría, regocijo y honor – *Est. 8*
que así sea con nosotros.
Alzaré una copa de salvación e invocaré el Nombre del Señor. *Sal. 116*

Cuando se realiza la Havdalá para otras personas se agrega:

Prestad atención Señores míos.

Bendito eres Tú Señor, nuestro Dios, Rey del universo,
creador del fruto de la vid.

Se sostiene una caja con especies aromáticas y recita:

Bendito eres Tú Señor, nuestro Dios, Rey del universo,
creador de las especies aromáticas.

Se huele las especies y se coloca sobre la mesa la caja que las contiene.

Se elevan las manos en dirección de la llama de fuego de la vela de la Havdalá y se recita:

Bendito eres Tú Señor, nuestro Dios, Rey del universo,
creador de los fulgores del fuego.

Se eleva la copa de vino con la mano derecha y se recita:

Bendito eres Tú Señor, nuestro Dios, Rey del universo, que diferencia entre lo santo y lo profano, entre la luz y la oscuridad, entre Israel y las naciones, entre el séptimo día y los seis días del quehacer. Bendito eres Tú Señor, que diferencia lo sagrado de lo profano.

En Sucot, si la Havdalá se lleva a cabo en la Sucá se agrega:

Bendito eres Tú Señor, nuestro Dios, Rey del universo,
que nos ha santificado con Sus preceptos y nos ordenó habitar en la sucá.

סדר הבדלה בבית

En מוצאי יום טוב que no es מוצאי שבת, se omite tanto el primer párrafo como las bendiciones por las especies y por el fuego. Al finalizar יום כפור se omite únicamente la bendición por las especies. Ver ley 471.

Se toma una copa de vino con la mano derecha y se recita:

הִנֵּה אֵל יְשׁוּעָתִי אֶבְטַח, וְלֹא אֶפְחָד ישעיה יב
כִּי־עָזִּי וְזִמְרָת יָהּ יהוה, וַיְהִי־לִי לִישׁוּעָה:
וּשְׁאַבְתֶּם־מַיִם בְּשָׂשׂוֹן, מִמַּעַיְנֵי הַיְשׁוּעָה:
לַיהוה הַיְשׁוּעָה, עַל־עַמְּךָ בִרְכָתֶךָ סֶּלָה: תהלים ג
יהוה צְבָאוֹת עִמָּנוּ, מִשְׂגָּב לָנוּ אֱלֹהֵי יַעֲקֹב סֶלָה: תהלים מו
יהוה צְבָאוֹת, אַשְׁרֵי אָדָם בֹּטֵחַ בָּךְ: תהלים פד
יהוה הוֹשִׁיעָה, הַמֶּלֶךְ יַעֲנֵנוּ בְיוֹם־קָרְאֵנוּ: תהלים כ
לַיְּהוּדִים הָיְתָה אוֹרָה וְשִׂמְחָה וְשָׂשֹׂן וִיקָר: כֵּן תִּהְיֶה לָּנוּ. אסתר ח
כּוֹס־יְשׁוּעוֹת אֶשָּׂא, וּבְשֵׁם יהוה אֶקְרָא: תהלים קטז

Cuando se realiza la הבדלה para otras personas se agrega:

סַבְרִי מָרָנָן

בָּרוּךְ אַתָּה יהוה אֱלֹהֵינוּ מֶלֶךְ הָעוֹלָם, בּוֹרֵא פְּרִי הַגָּפֶן.

Se sostiene una caja con especies aromáticas y recita:

בָּרוּךְ אַתָּה יהוה אֱלֹהֵינוּ מֶלֶךְ הָעוֹלָם, בּוֹרֵא מִינֵי בְשָׂמִים.

Se huele las especies y se coloca sobre la mesa la caja que las contiene.

Se elevan las manos en dirección de la llama de fuego de la vela de la הבדלה y se recita:

בָּרוּךְ אַתָּה יהוה אֱלֹהֵינוּ מֶלֶךְ הָעוֹלָם, בּוֹרֵא מְאוֹרֵי הָאֵשׁ.

Se eleva la copa de vino con la mano derecha y se recita:

בָּרוּךְ אַתָּה יהוה אֱלֹהֵינוּ מֶלֶךְ הָעוֹלָם, הַמַּבְדִּיל בֵּין קֹדֶשׁ לְחוֹל, בֵּין אוֹר לְחֹשֶׁךְ, בֵּין יִשְׂרָאֵל לָעַמִּים, בֵּין יוֹם הַשְּׁבִיעִי לְשֵׁשֶׁת יְמֵי הַמַּעֲשֶׂה. בָּרוּךְ אַתָּה יהוה, הַמַּבְדִּיל בֵּין קֹדֶשׁ לְחוֹל.

En סוכות, si la הבדלה se lleva a cabo en la סוכה se agrega:

בָּרוּךְ אַתָּה יהוה אֱלֹהֵינוּ מֶלֶךְ הָעוֹלָם
אֲשֶׁר קִדְּשָׁנוּ בְּמִצְוֹתָיו וְצִוָּנוּ לֵישֵׁב בַּסֻּכָּה.

הַמַּבְדִּיל Aquél que diferencia lo santo de lo profano
habrá de condonar nuestros pecados,
multiplicará nuestra descendencia y nuestro patrimonio
cual granos de arena y cual estrellas que brillan en la noche.

El día pasó como la sombra de una palmera,
llamaré a Dios para que cumpla lo
que dijo el Vigía: "Llega la mañana y de nuevo la noche". *Is. 21*

Tu justicia es encumbrada como el Monte Tabor,
espero pases por alto mis pecados,
que sean como el día de ayer que ya pasó, *Sal. 90*
como una vigilia en la noche.

Pasó el tiempo de mi ofrenda,
quién me concediese descanso.
Estoy cansado de tanto gemir empapado en lágrimas. *Sal. 6*

---

a los humanos cómo generarla invitándolos a transformarse en socios de la labor de la Creación.

Uno de los verbos clave en el capítulo primero del libro de Génesis se deriva de la raíz *b-d-l* que significa "separar, distinguir, dividir" de la cual se deriva la palabra *Havdalá*. Este verbo aparece cinco veces en el capítulo. Al invitar a las personas a participar de la ceremonia de Havdalá al concluir el Shabat Dios nos está invitando a crear mundos. Creación implica la capacidad de hacer distinciones, rescatar el orden a partir del caos, respetar la integridad del universo. Por lo tanto, la Havdalá no es solamente una bendición pronunciada por los seres humanos al concluir el día de descanso sino también una bendición pronunciada por Dios a los días de labor. El Creador nos invita a ser creativos – mas siempre y exclusivamente en un modo que respete las diferencias y las distinciones, las leyes naturales y morales. El mensaje de la Havdalá es el siguiente: si respetamos la integridad de los límites podremos transformar el caos en orden, la oscuridad en luz.

הַמַּבְדִּיל *Aquél que diferencia:* Así como damos la bienvenida al arribo del Shabat por medio de canciones, de igual forma lo despedimos cantando. Este bellísimo himno, originalmente parte del rezo de Ne'ilá de Yom Kipur, fue compuesto por Ytzjak Ibn Jaiat (1030–1089).

הַמַּבְדִּיל בֵּין קֹדֶשׁ לְחֹל
חַטֹּאתֵינוּ הוּא יִמְחֹל
זַרְעֵנוּ וְכַסְפֵּנוּ יַרְבֶּה כַחוֹל וְכַכּוֹכָבִים בַּלָּיְלָה.

יוֹם פָּנָה כְּצֵל תֹּמֶר
אֶקְרָא לָאֵל עָלַי גּוֹמֵר
ישעיה כא אָמַר שֹׁמֵר, אָתָא בֹקֶר וְגַם־לָיְלָה:

צִדְקָתְךָ כְּהַר תָּבוֹר
עַל חֲטָאַי עָבוֹר תַּעֲבֹר
תהלים צ כְּיוֹם אֶתְמוֹל כִּי יַעֲבֹר, וְאַשְׁמוּרָה בַלָּיְלָה:

חָלְפָה עוֹנַת מִנְחָתִי
מִי יִתֵּן מְנוּחָתִי
תהלים ו יָגַעְתִּי בְּאַנְחָתִי, אַשְׂחֶה בְכָל־לָיְלָה:

HAVDALÁ (página anterior)
La Havdalá es al final del Shabat lo que el Kidush es a su inicio: el punto de transición del tiempo secular al sagrado y viceversa. Esta es nuestra forma de cumplir con el precepto "Recuerda el día del Shabat", entendido por nuestros sabios como "recuérdalo en su inicio y en su conclusión" (*Pesajim* 106A) – en ambos casos sobre una copa de vino.

Su significado más profundo recuerda el momento en el cual Adám y Javá, exiliados del Jardín del Edén por causa de su pecado, se aprestaban a salir por primera vez al mundo exterior con su oscuridad y peligros. A modo de obsequio, Dios les mostró cómo se enciende la lumbre. De aquí la luz de la Havdalá.

Esta profunda parábola es el reverso del mito griego de Prometeo, aquél que robó el fuego de los dioses y fue sentenciado a un tormento eterno. El judaísmo enseñó que Dios desea y bendice la creatividad humana. Para los seres humanos, el octavo día fue la contraparte del día primero para Dios. Así como Dios comenzó la Creación haciendo la luz, de igual forma enseñó

Escucha mi voz, que no sea desechada,
ábreme el elevado pórtico,
que mi cabeza y mi cabello se colmen del rocío nocturno. *Can. 5*

Escucha mi plegaria Dios Terrible y Reverenciado,
al invocarte concédeme liberación en el crepúsculo,
al desvanecerse el día *Prov. 7*
o en la oscuridad de la noche.

Dios, Te he llamado, sálvame;
hazme saber el camino de la vida,
rescátame de la miseria antes
que la noche se haga día.

Purifica la inmundicia de mis acciones,
para que quienes me atormentan no digan:
¿Dónde está el Dios que me creó, *Job 35*
que me motiva a cantar por la noche?

Nosotros estamos en Tus manos cual arcilla,
perdona nuestros pecados tanto los leves como los graves.
Día tras día derraman su decir *Sal. 19*
y noche tras noche comunican su sabiduría.

קוֹלִי בַּל יֻנְטַל
פְּתַח לִי שַׁעַר הַמְנֻטָּל
שֶׁרֹּאשִׁי נִמְלָא טָל, קְוֻצּוֹתַי רְסִיסֵי לָיְלָה: שיר השירים ה

הֵעָתֵר נוֹרָא וְאָיֹם
אֲשַׁוֵּעַ, תְּנָה פִדְיוֹם
בְּנֶשֶׁף־בְּעֶרֶב יוֹם, בְּאִישׁוֹן לָיְלָה: משלי ז

קְרָאתִיךָ יָהּ, הוֹשִׁיעֵנִי
אֹרַח חַיִּים תּוֹדִיעֵנִי
מִדַּלָּה תְבַצְּעֵנִי, מִיּוֹם עַד לָיְלָה.

טַהֵר טִנּוּף מַעֲשַׂי
פֶּן יֹאמְרוּ מַכְעִיסַי
אַיֵּה אֱלוֹהַּ עֹשָׂי, נֹתֵן זְמִרוֹת בַּלָּיְלָה: איוב לה

נַחְנוּ בְיָדְךָ כַּחֹמֶר
סְלַח נָא עַל קַל וָחֹמֶר
יוֹם לְיוֹם יַבִּיעַ אֹמֶר, וְלַיְלָה לְּלָיְלָה: תהלים יט

חגים ומועדים

FESTIVIDADES

La Bendición Sobre el Lulav

En Sucot, salvo en Shabat, se toman el lulav y el etrog previo al inicio del Halel.

Algunos dicen lo siguiente:

יְהִי רָצוֹן Sea Tu voluntad Señor, Dios mío y de mis ancestros que por medio del fruto del árbol hermoso ("etrog"), las hojas de palma ("lulav"), las ramas de mirto (hadas) y las hojas de sauce ("aravá"), las letras de Tu Único Nombre se acerquen unas a otras para unificarse en mi mano. Y para dar a saber que Tu Nombre se inviste en mí y para que las fuerzas negativas teman acercárseme. Y que al sostenerlas y agitarlas influyas abundantes bendiciones provenientes de la Sabiduría del Altísimo al lugar del Tabernáculo y al sitio de la Casa de Nuestro Dios. Y sea ante Tus ojos este precepto de las cuatro especies considerado como si lo hubiese cumplido en todos sus detalles y fundamentos así como los seiscientos trece preceptos que de este dependen, pues mi intención es la unificación del Santo Bendito Él y Su Presencia con temor y con amor, para unificar el Nombre *Y-H* con *V-H* en perfecta unicidad en nombre de todo el pueblo de Israel, Amén. Bendito sea el Señor por *Sal. 89*
siempre. Amén y Amén.

Se toma el lulav en la mano derecha con ramas de mirto a su derecha y hojas de sauce en su izquierda. El etrog es tomado con la mano izquierda con su pedículo apuntando haca el suelo. Luego, se recita la siguiente bendición:

בָּרוּךְ Bendito eres Tú Señor, nuestro Dios, Rey del universo,
que nos ha santificado con Sus preceptos
y nos ordenó en lo concerniente a tomar el lulav.

El primer día que se toma el lulav, se agrega:

בָּרוּךְ Bendito eres Tú Señor, nuestro Dios, Rey del universo
que nos ha dado vida, nos sostuvo
y nos ha permitido llegar a este momento.

Dar vuelta el etrog de modo tal que su pedículo apunte hacia arriba. Pararse mirando al frente de la sinagoga (Arca Sagrada) y sacudir el lulav y el etrog en la siguiente secuencia, tres veces en cada dirección: hacia adelante, a la derecha, hacia atrás, a la izquierda, arriba y abajo. Continuar sosteniendo las cuatro especies durante todo el Halel.

---

con la esperanza de que Él continuará enviando lluvias en el año entrante. La meditación habla de los preceptos en términos espirituales: tal como nosotros en la tierra dedicamos esta acción a los Cielos, de igual forma que de allí nos provean del flujo descendente de la bendición Divina sobre la tierra.

סדר נטילת לולב

En סוכות*, salvo en* שבת*, se toman el* לולב *y el* אתרוג *previo al inicio del* הלל*.*

Algunos dicen lo siguiente:

יְהִי רָצוֹן מִלְּפָנֶיךָ יהוה אֱלֹהַי וֵאלֹהֵי אֲבוֹתַי, בִּפְרִי עֵץ הָדָר וְכַפֹּת תְּמָרִים וַעֲנַף עֵץ עָבוֹת וְעַרְבֵי נַחַל, אוֹתִיּוֹת שִׁמְךָ הַמְיֻחָד תְּקָרֵב אֶחָד אֶל אֶחָד וְהָיוּ לַאֲחָדִים בְּיָדִי, וְלֵידַע אֵיךְ שִׁמְךָ נִקְרָא עָלַי וְיִירְאוּ מִגֶּשֶׁת אֵלַי. וּבְנַעֲנוּעִי אוֹתָם תַּשְׁפִּיעַ שֶׁפַע בְּרָכוֹת מִדַּעַת עֶלְיוֹן לִנְוֵה אַפִּרְיוֹן לִמְכוֹן בֵּית אֱלֹהֵינוּ. וּתְהֵא חֲשׁוּבָה לְפָנֶיךָ מִצְוַת אַרְבָּעָה מִינִים אֵלּוּ כְּאִלּוּ קִיַּמְתִּיהָ בְּכָל פְּרָטוֹתֶיהָ וְשָׁרָשֶׁיהָ וְתַרְיַ"ג מִצְוֹת הַתְּלוּיוֹת בָּהּ, כִּי כַוָּנָתִי לְיַחֲדָא שְׁמָא דְקֻדְשָׁא בְּרִיךְ הוּא וּשְׁכִינְתֵּהּ בִּדְחִילוּ וּרְחִימוּ, לְיַחֵד שֵׁם י"ה בו"ה בְּיִחוּדָא שְׁלִים בְּשֵׁם כָּל יִשְׂרָאֵל, אָמֵן. בָּרוּךְ יהוה לְעוֹלָם, אָמֵן וְאָמֵן: תהלים פט

Se toma el לולב *en la mano derecha con ramas de mirto a su derecha y hojas de sauce en su izquierda. El* אתרוג *es tomado con la mano izquierda con su pedículo apuntando haca el suelo. Luego, se recita la siguiente bendición:*

בָּרוּךְ אַתָּה יהוה אֱלֹהֵינוּ מֶלֶךְ הָעוֹלָם
אֲשֶׁר קִדְּשָׁנוּ בְּמִצְוֹתָיו וְצִוָּנוּ עַל נְטִילַת לוּלָב.

El primer día que se toma el לולב*, se agrega:*

בָּרוּךְ אַתָּה יהוה אֱלֹהֵינוּ מֶלֶךְ הָעוֹלָם
שֶׁהֶחֱיָנוּ וְקִיְּמָנוּ וְהִגִּיעָנוּ לַזְּמַן הַזֶּה.

Dar vuelta el אתרוג *de modo tal que su pedículo apunte hacia arriba. Pararse mirando al frente del* בית כנסת *(Arca Sagrada) y sacudir el* לולב *y el* אתרוג *en la siguiente secuencia, tres veces en cada dirección: hacia adelante, a la derecha, hacia atrás, a la izquierda, arriba y abajo. Continuar sosteniendo las cuatro especies durante todo el* הלל*.*

MEDITACIÓN Y BENDICIÓN AL TOMAR EL LULAV

Las meditaciones previas al cumplimiento de un precepto son la forma de focalizar nuestra atención en el carácter religioso específico del acto que estamos por realizar. Se trata de una declaración consciente de la *kavaná,* la intención sagrada. Esta meditación apareció por primera vez en el libro *Sha'arei Tzión* del Rabino Natán Hanover, publicado en Praga en 1662. El lulav, el etrog, la rama de mirto y las hojas de sauce dan testimonio del poder de la lluvia de dar vida a la tierra y lo que de esta crece. Los ofrecemos a Dios

Halel

En los primeros dos días de Pesaj (en Israel en la primera noche y el primer día); Shavu'ot, toda la festividad de Sucot, Sheminí Atzeret y Simjat Torá, Janucá, Yom Ha'Atzmaut y Yom Yerushalaim, se recita Halel Completo. En Rosh Jodesh y los últimos seis días de Pesaj se recita Medio Halel. Ver leyes 438–439.

בָּרוּךְ Bendito eres Tú SEÑOR, nuestro Dios, Rey del universo,
que nos ha santificado con Sus preceptos
y nos ordenó recitar el Halel.

הַלְלוּיָהּ ¡Aleluya! Alabad siervos del SEÑOR, alabad el Nombre del Sal. 113
SEÑOR. Sea el Nombre del SEÑOR bendecido desde ahora y hasta la eternidad. Desde que sale el sol y hasta que se pone, sea alabado el Nombre del SEÑOR. El SEÑOR es encumbrado por sobre todas las naciones, Su gloria trasciende los cielos. ¿Quién es como el SEÑOR nuestro Dios, que mora en lo alto (y sin embargo) mira hacia abajo al cielo y la tierra? ▸ Eleva al pobre del polvo y al menesteroso del muladar, sentándolos junto a los nobles, los dignos de Su pueblo. Transforma a la mujer estéril en una familia, en una jubilosa madre de hijos, ¡Aleluya!

---

debían recitarlo en toda época y ante cualquier dificultad que sobrevenga – ¡Dios no lo permita! – y al ser redimidos lo entonan como acción de gracias por la salvación" (*Pesajim* 117A). Es por ello por lo que lo entonamos en Yom Ha'Atzmaut y en Yom Yerushalaim, dos de los eventos transformativos más importantes de la historia judía en los tiempos modernos, impulsados por la fe de que no solamente las acciones humanas impulsan el devenir histórico, sino que también influye la acción Divina en y a través de Sus hijos.

A raíz de su asociación a los eventos históricos, el Halel no se recita en Rosh HaShaná o en Yom Kipur, días que son dedicados en menor medida a la memoria nacional y en los que se pone énfasis en el juicio, el arrepentimiento y el perdón.

מְקִימִי מֵעָפָר דָּל *Eleva al pobre del polvo:* Versículo con reminiscencias a la plegaria de Janá tras el nacimiento de su hijo (1 Samuel 2:8). Las religiones del mundo antiguo eran profundamente conservadoras, estaban diseñadas y tenían por cometido vindicar y perpetuar jerarquías de poder. El judaísmo, en la creencia de que la dignidad humana es prerrogativa de todas las personas, protestó constantemente en contra de esas desigualdades. La grandeza Divina se hace evidente en el hecho de que puede elevar al pobre y al necesitado a un sitial de honor junto a príncipes.

סדר הלל

En los primeros dos días de פסח *(en* ארץ ישראל *en la primera noche y el primer día);* שבועות*, toda la festividad de* סוכות*,* שמיני עצרת *y* שמחת תורה*,* חנוכה*,* יום ירושלים *y* יום העצמאות *se recita* הלל שלם*. En* ראש חודש *y los últimos seis días de* פסח *se recita* הלל בדילוג*. Ver leyes 438–439.*

בָּרוּךְ אַתָּה יהוה אֱלֹהֵינוּ מֶלֶךְ הָעוֹלָם
אֲשֶׁר קִדְּשָׁנוּ בְּמִצְוֹתָיו וְצִוָּנוּ לִקְרֹא אֶת הַהַלֵּל.

הַלְלוּיָהּ, הַלְלוּ עַבְדֵי יהוה, הַלְלוּ אֶת־שֵׁם יהוה: יְהִי שֵׁם יהוה תהלים קיג
מְבֹרָךְ, מֵעַתָּה וְעַד־עוֹלָם: מִמִּזְרַח־שֶׁמֶשׁ עַד־מְבוֹאוֹ, מְהֻלָּל שֵׁם
יהוה: רָם עַל־כָּל־גּוֹיִם יהוה, עַל הַשָּׁמַיִם כְּבוֹדוֹ: מִי כַּיהוה אֱלֹהֵינוּ,
הַמַּגְבִּיהִי לָשָׁבֶת: הַמַּשְׁפִּילִי לִרְאוֹת, בַּשָּׁמַיִם וּבָאָרֶץ: ◂ מְקִימִי
מֵעָפָר דָּל, מֵאַשְׁפֹּת יָרִים אֶבְיוֹן: לְהוֹשִׁיבִי עִם־נְדִיבִים, עִם נְדִיבֵי
עַמּוֹ: מוֹשִׁיבִי עֲקֶרֶת הַבַּיִת, אֵם־הַבָּנִים שְׂמֵחָה, הַלְלוּיָהּ:

HALEL

Los Salmos 113-118, conocidos como el Halel de Egipto en virtud de que el segundo párrafo hace referencia al Éxodo – se consideran una de las primeras plegarias escritas a los efectos de ser recitadas en el Templo en días de celebración nacional. Estos salmos eran cantados como acompañamiento al sacrificio de Pesaj y fuentes rabínicas antiguas sugieren que se recitaban en las Festividades de peregrinación: Pesaj, Shavu'ot y Sucot.

Durante el período talmúdico, una versión abreviada de esta plegaria (Medio Halel) se comenzó a usar en Rosh Jodesh y durante los seis últimos días de Pesaj. El Halel completo no se recitaba en Rosh Jodesh, ya que no se trata de una festividad en el cabal sentido de la palabra, ni en los últimos seis días de Pesaj en virtud de que: (1) El Éxodo tuvo lugar el primer día de la festividad, (2) El milagro del día séptimo, la división de las aguas del Mar de los Juncos implicó el sufrimiento de los egipcios. Según el Talmud (*Meguilá* 10B, *Sanhedrín* 39B), cuando los ángeles se dispusieron a cantar el Cántico del Mar, Dios se los denegó, diciéndoles: "¿Pueden acaso cantar mientras Mis creaturas se ahogan en el mar?"

El Halel es una sinfonía coral de fe en la presencia de Dios en la historia. Los sabios dijeron que los profetas "establecieron que los hijos de Israel

בְּצֵאת Cuando Israel salió de Egipto, la casa de Ya'akov de una nación que habla una lengua extraña, Yehudá se transformó en Su Santuario e Israel Su dominio. El mar vio y huyó, el Río Jordán se dio vuelta. Las montañas danzaron cual carneros, las colinas cual corderos. ▸ Qué te ocurre oh mar, ¿por qué escapas? ¿Por qué el Jordán se da vuelta? ¿Por qué vosotras, las montañas, saltáis cual carneros y las colinas cual corderos? Es ante la presencia del Señor Creador de la tierra, ante la presencia del Dios de Ya'akov. Aquél que tornó al peñasco en una laguna, al pedernal en un manantial que fluye. *Sal. 114*

En Rosh Jodesh (exceptuando Janucá) y los últimos seis días de Pesaj se omite lo siguiente:

לֹא לָנוּ No por nosotros, Señor, no por nosotros sino en aras de Tu Nombre has de glorificar, por Tu generosidad y Tu fidelidad. ¿Por qué habrán de decir las naciones: "dónde está ahora su Dios"? Nuestro Dios se encuentra en los cielos, cuanto Él desea, Él hace. Los ídolos de las naciones son de plata y oro, hechos por manos humanas. Poseen boca mas no pueden hablar, poseen ojos mas no pueden ver. Poseen orejas mas no pueden oír, poseen nariz mas no pueden oler. Sus manos carecen de tacto, sus piernas no caminan, sus gargantas no emiten sonido. Tal como ellos habrán de ser quienes los elaboraron y todos quienes en ellos confían. ▸ Israel confía en el Señor – Él es su Ayuda y su Escudo defensor. La casa de Aharón confía en el Señor, Él es su Ayuda y su Escudo defensor. Temerosos del Señor confíen en el Señor, Él es su Ayuda y su Escudo defensor. *Sal. 115*

יהוה זְכָרָנוּ El Señor nos recuerda y nos bendecirá. Él bendecirá a la casa de Israel, bendecirá a la casa de Aharón, bendecirá a los temerosos del Señor, a los pequeños y a los grandes conjuntamente. El Señor incremente bendición sobre vosotros y sobre vuestros hijos. Benditos sois para el Señor, Hacedor de los cielos y la tierra. ▸ Los cielos son para el Señor, y la tierra fue entregada a los hombres. Los muertos no pueden alabar a Dios ni tampoco aquellos que descienden al silencio del sepulcro. Empero nosotros habremos de bendecir a Dios, desde ahora y por toda la eternidad, ¡Aleluyá!

---

ideales. La idolatría es la adoración de una parte en vez del todo, de un aspecto del universo en lugar del Creador que los trasciende a todos.

יִרְאֵי יהוה *Temerosos del Señor:* Esto puede referirse a los conversos al judaísmo (Rashí), o a los temerosos de Dios de entre las naciones (Ibn Ezra).

וְהָאָרֶץ נָתַן לִבְנֵי־אָדָם *Y la tierra fue entregada a los hombres:* "Entregada" y no

בְּצֵאת יִשְׂרָאֵל מִמִּצְרָיִם, בֵּית יַעֲקֹב מֵעַם לֹעֵז: הָיְתָה יְהוּדָה תהלים קיד
לְקָדְשׁוֹ, יִשְׂרָאֵל מַמְשְׁלוֹתָיו: הַיָּם רָאָה וַיָּנֹס, הַיַּרְדֵּן יִסֹּב לְאָחוֹר:
הֶהָרִים רָקְדוּ כְאֵילִים, גְּבָעוֹת כִּבְנֵי־צֹאן: · מַה־לְּךָ הַיָּם כִּי תָנוּס,
הַיַּרְדֵּן תִּסֹּב לְאָחוֹר: הֶהָרִים תִּרְקְדוּ כְאֵילִים, גְּבָעוֹת כִּבְנֵי־צֹאן:
מִלִּפְנֵי אָדוֹן חוּלִי אָרֶץ, מִלִּפְנֵי אֱלוֹהַּ יַעֲקֹב: הַהֹפְכִי הַצּוּר אֲגַם־
מָיִם, חַלָּמִישׁ לְמַעְיְנוֹ־מָיִם:

En ראש חודש *(exceptuando* חנוכה*) y los últimos seis días de* פסח *se omite lo siguiente:*

לֹא לָנוּ יהוה לֹא לָנוּ, כִּי־לְשִׁמְךָ תֵּן כָּבוֹד, עַל־חַסְדְּךָ עַל־אֲמִתֶּךָ: לָמָּה תהלים קטו
יֹאמְרוּ הַגּוֹיִם אַיֵּה־נָא אֱלֹהֵיהֶם: וֵאלֹהֵינוּ בַשָּׁמָיִם, כֹּל אֲשֶׁר־חָפֵץ עָשָׂה:
עֲצַבֵּיהֶם כֶּסֶף וְזָהָב, מַעֲשֵׂה יְדֵי אָדָם: פֶּה־לָהֶם וְלֹא יְדַבֵּרוּ, עֵינַיִם לָהֶם
וְלֹא יִרְאוּ: אָזְנַיִם לָהֶם וְלֹא יִשְׁמָעוּ, אַף לָהֶם וְלֹא יְרִיחוּן: יְדֵיהֶם וְלֹא
יְמִישׁוּן, רַגְלֵיהֶם וְלֹא יְהַלֵּכוּ, לֹא־יֶהְגּוּ בִּגְרוֹנָם: כְּמוֹהֶם יִהְיוּ עֹשֵׂיהֶם,
כֹּל אֲשֶׁר־בֹּטֵחַ בָּהֶם: · יִשְׂרָאֵל בְּטַח בַּיהוה, עֶזְרָם וּמָגִנָּם הוּא: בֵּית
אַהֲרֹן בִּטְחוּ בַיהוה, עֶזְרָם וּמָגִנָּם הוּא: יִרְאֵי יהוה בִּטְחוּ בַיהוה, עֶזְרָם
וּמָגִנָּם הוּא:

יהוה זְכָרָנוּ יְבָרֵךְ, יְבָרֵךְ אֶת־בֵּית יִשְׂרָאֵל, יְבָרֵךְ אֶת־בֵּית אַהֲרֹן:
יְבָרֵךְ יִרְאֵי יהוה, הַקְּטַנִּים עִם־הַגְּדֹלִים: יֹסֵף יהוה עֲלֵיכֶם, עֲלֵיכֶם
וְעַל־בְּנֵיכֶם: בְּרוּכִים אַתֶּם לַיהוה, עֹשֵׂה שָׁמַיִם וָאָרֶץ: · הַשָּׁמַיִם
שָׁמַיִם לַיהוה, וְהָאָרֶץ נָתַן לִבְנֵי־אָדָם: לֹא הַמֵּתִים יְהַלְלוּ־יָהּ, וְלֹא
כָּל־יֹרְדֵי דוּמָה: וַאֲנַחְנוּ נְבָרֵךְ יָהּ, מֵעַתָּה וְעַד־עוֹלָם, הַלְלוּיָהּ:

בְּצֵאת יִשְׂרָאֵל מִמִּצְרָיִם *Cuando Israel salió de Egipto:* Recuento lírico de cómo la misma naturaleza tembló y se regocijó durante el Éxodo, cuando el Poder Supremo intervino para rescatar a los desvalidos.

כְּמוֹהֶם יִהְיוּ עֹשֵׂיהֶם *Tal como ellos habrán de ser quienes los elaboraron:* Adorar objetos impersonales o fuerzas, eventualmente deshumaniza una cultura y a aquellos que son parte de ella. Se trate el objeto adorado de un ícono, un gobernante, una raza o una ideología política, el resultado final habrá de ser el sacrificio de vidas humanas en el altar de elevados, aunque imperfectos

En Rosh Jodesh (exceptuando Janucá) y los últimos seis días de Pesaj se omite lo siguiente:

אָהַבְתִּי Amo al Señor pues Él escucha la voz de mis súplicas. Pues dirige Su oído en mi dirección cada vez que Lo invoco. Los lazos de la muerte me han envuelto, y las penurias de la tumba me han encontrado, hallé aflicción y dolor. Entonces clamé el Nombre del Señor: 'Señor, por favor, salva mi alma'. El Señor es benevolente y justo, nuestro Dios es compasivo. El Señor protege a las personas de corazón simple, cuando caí muy bajo me salvó. Regresa, alma mía, a tu tranquilidad, pues el Señor te ha concedido bien. Pues Tú has librado mi alma de la muerte, a mis ojos de las lágrimas, a mis pies de tropezar. ‣ Andaré delante del Señor en la tierra de los vivientes. Tuve fe, aun cuando dije 'estoy muy afligido', incluso cuando en mi arrebato manifesté: 'Todos los seres humanos son engañosos'. *Sal. 116*

מָה־אָשִׁיב ¿Cómo puedo retribuir al Señor por toda la bondad que me ha dispensado? Alzaré una copa de salvación e invocaré el Nombre del Señor. Cumpliré mis votos al Señor frente a todo Su pueblo. Es dolorosa a ojos del Señor la muerte de Sus devotos. Por favor, Señor, yo soy Tu siervo, soy Tu siervo hijo de Tu sierva, Tú me liberaste de las cadenas de la opresión. ‣ A Ti habré de sacrificar una ofrenda de agradecimiento e invocaré el Nombre del Señor. Cumpliré mis votos al Señor en presencia de todo Su pueblo. En los patios de la Casa del Señor, en el interior de Jerusalém, ¡Aleluyá!

---

quien al verse forzado a huir del Rey Shaúl se sintió por todos traicionado. Otra explicación: "Incluso cuando huía para salvar mi vida, sabía que aquellos que predicaban la desesperanza hablaban con falsedad" (Radak).

מָה־אָשִׁיב *¿Cómo puedo retribuir al Señor?*: Pregunta retórica: nunca podemos devolverle al Señor Su generosidad para con nosotros. Todo lo que poseemos es Suyo. El mero hecho que existimos se debe a Su amor creativo. Lo único que podemos hacer es expresar nuestra gratitud.

כּוֹס־יְשׁוּעוֹת אֶשָּׂא *Alzaré una copa de salvación:* Referencia a la libación de vino que acompañaba las ofrendas de acción de gracias (Rashí). Otra explicación: llevaré a cabo una fiesta de agradecimiento a Dios en la cual alzaré una copa de vino.

יָקָר בְּעֵינֵי יהוה, הַמָּוְתָה לַחֲסִידָיו *Es dolorosa a ojos del Señor la muerte de Sus devotos:* Esta traducción es la explicación de Rashí del contenido del texto, otros comentaristas lo traducen como "Preciada es a ojos del Señor la muerte de

En ראש חודש *(exceptuando* חנוכה*) y los últimos seis días de* פסח *se omite lo siguiente:*

תהלים קטז אָהַבְתִּי, כִּי־יִשְׁמַע יהוה, אֶת־קוֹלִי תַּחֲנוּנָי: כִּי־הִטָּה אָזְנוֹ לִי, וּבְיָמַי אֶקְרָא: אֲפָפוּנִי חֶבְלֵי־מָוֶת, וּמְצָרֵי שְׁאוֹל מְצָאוּנִי, צָרָה וְיָגוֹן אֶמְצָא: וּבְשֵׁם־יהוה אֶקְרָא, אָנָּה יהוה מַלְּטָה נַפְשִׁי: חַנּוּן יהוה וְצַדִּיק, וֵאלֹהֵינוּ מְרַחֵם: שֹׁמֵר פְּתָאיִם יהוה, דַּלּוֹתִי וְלִי יְהוֹשִׁיעַ: שׁוּבִי נַפְשִׁי לִמְנוּחָיְכִי, כִּי־יהוה גָּמַל עָלָיְכִי: כִּי חִלַּצְתָּ נַפְשִׁי מִמָּוֶת, אֶת־עֵינִי מִן־דִּמְעָה, אֶת־רַגְלִי מִדֶּחִי: › אֶתְהַלֵּךְ לִפְנֵי יהוה, בְּאַרְצוֹת הַחַיִּים: הֶאֱמַנְתִּי כִּי אֲדַבֵּר, אֲנִי עָנִיתִי מְאֹד: אֲנִי אָמַרְתִּי בְחָפְזִי, כָּל־הָאָדָם כֹּזֵב:

מָה־אָשִׁיב לַיהוה, כָּל־תַּגְמוּלוֹהִי עָלָי: כּוֹס־יְשׁוּעוֹת אֶשָּׂא, וּבְשֵׁם יהוה אֶקְרָא: נְדָרַי לַיהוה אֲשַׁלֵּם, נֶגְדָה־נָּא לְכָל־עַמּוֹ: יָקָר בְּעֵינֵי יהוה, הַמָּוְתָה לַחֲסִידָיו: אָנָּה יהוה כִּי־אֲנִי עַבְדֶּךָ, אֲנִי־עַבְדְּךָ בֶּן־אֲמָתֶךָ, פִּתַּחְתָּ לְמוֹסֵרָי: › לְךָ־אֶזְבַּח זֶבַח תּוֹדָה, וּבְשֵׁם יהוה אֶקְרָא: נְדָרַי לַיהוה אֲשַׁלֵּם, נֶגְדָה־נָּא לְכָל־עַמּוֹ: בְּחַצְרוֹת בֵּית יהוה, בְּתוֹכֵכִי יְרוּשָׁלָםִ, הַלְלוּיָהּ:

solamente dada: la tierra fue colocada bajo la custodia de los seres humanos. Nosotros no la poseemos, sino que la recibimos en depósito por parte de Dios quien tiene una serie de condiciones para efectivizarlo, que seamos respetuosos de la integridad de la tierra y de la dignidad de la persona humana; en resumen, que honremos la Ley Divina.

אָהַבְתִּי *Amo al Señor:* Este y el siguiente párrafo forman un único salmo. El salmista pasa de lo colectivo a lo individual. Dios lo ha salvado de una crisis y por ello hace público su agradecimiento. Esta plegaria fue incluida en el Halel pues habla a los muchos peregrinos a la ciudad de Jerusalém, los cuales habían prometido traer ofrendas de acción de gracias, tal como resulta claro del texto del siguiente párrafo. La yuxtaposición de lo individual y lo colectivo suele ser una característica significativa del texto bíblico. Los profetas y poetas hebreos nunca vieron a la nación como una cuestión abstracta y a la gente cual masa amorfa. El individuo nunca pierde su significado, incluso en presencia de grandes aglutinamientos.

אֲנִי אָמַרְתִּי בְחָפְזִי, כָּל־הָאָדָם כֹּזֵב *En mi arrebato manifesté: 'Todos los seres humanos son engañosos'*: Los comentaristas asocian este pasaje con el Rey David,

הַלְלוּ Alaben al SEÑOR todos los pueblos, aclamadle todas las naciones. Sal. 117
Pues Su bondad es muy poderosa y Su fidelidad eterna, ¡Aleluyá!

Los siguientes versículos son cantados por el oficiante.
Al finalizar cada uno de los versículos la congregación responde:
"Agradeced al SEÑOR porque es bueno; Su benevolencia es eterna". Ver ley 439.
En Sucot se sacude el lulav y el etrog tres veces por cada palabra del versículo (salvo al pronunciar el Nombre Divino). En la primera palabra se sacude hacia adelante, en las subsiguientes se lo hace hacia la derecha, hacia atrás, hacia la izquierda, hacia arriba y hacia abajo respectivamente. El oficiante sacude únicamente en los primeros dos versículos, la congregación lo hace cada vez que el primer versículo es recitado responsivamente.

הודו Agradeced al SEÑOR porque es bueno; Su benevolencia es eterna. Sal. 118
Que diga Israel — Su benevolencia es eterna.
Que diga la casa de Aharón — Su benevolencia es eterna.
Que digan aquellos que temen al SEÑOR — Su benevolencia es eterna.

מִן־הַמֵּצַר Desde la estrechez clamé al Eterno, Él me respondió con amplitud. El SEÑOR está conmigo, no he de temer. ¿Qué puede hacerme un ser humano? El SEÑOR está conmigo. Él es mi Ayuda y yo veré la caída de mis enemigos. Es mejor cobijarse en el SEÑOR que confiar en los nobles. Todos los pueblos me rodearon, pero en el Nombre del SEÑOR los reduciré. Me rodearon, me cercaron, pero en el Nombre del SEÑOR los reduciré. Me rodearon como abejas, sin embargo, serán extinguidos cual espinas en el fuego; en el Nombre del

---

sino que todas las naciones verán en el devenir de nuestro pueblo algo que trasciende la mera historia. "El judío es el emblema de la eternidad. Aquél que ni la masacre ni la tortura por miles de años pudo destruirlo, aquél que ni el fuego ni la espada ni la inquisición pudieron borrarlo de la faz de la tierra, aquél que fue el primero en producir los oráculos de Dios, que fue por tanto tiempo el guardián de la profecía y la transmitió al resto del mundo – semejante nación no puede ser destruida. El judío es eterno como la misma eternidad" (Tolstoi).

הודו לַיהוה כִּי־טוֹב *Agradeced al SEÑOR porque es bueno:* Este versículo fue recitado primeramente por el Rey David cuando trajo el Arca Sagrada a Jerusalém (I Crónicas 16:34).

מִן־הַמֵּצַר *Desde la estrechez clamé ... me respondió con amplitud:* Estos términos significan respectivamente "espacios confinados" y "espacios amplios, extensos". El salmista escribe que se sintió acorralado por sus enemigos; su eventual victoria genera una sensación de espaciosidad y libertad.

תהלים קיז הַלְלוּ אֶת־יהוה כָּל־גּוֹיִם, שַׁבְּחוּהוּ כָּל־הָאֻמִּים:
כִּי גָבַר עָלֵינוּ חַסְדּוֹ, וֶאֱמֶת־יהוה לְעוֹלָם, הַלְלוּיָהּ:

Los siguientes versículos son cantados por el שליח ציבור.
Al finalizar cada uno de los versículos el קהל *responde:*
הוֹדוּ לַיהוה כִּי־טוֹב, כִּי לְעוֹלָם חַסְדּוֹ. *Ver ley 439.*

En סוכות *se sacude el* לולב *y el* אתרוג *tres veces por cada palabra del versículo (salvo al pronunciar el Nombre Divino). En la primera palabra se sacude hacia adelante, en las subsiguientes se lo hace hacia la derecha, hacia atrás, hacia la izquierda, hacia arriba y hacia abajo respectivamente. El* שליח ציבור *sacude únicamente en los primeros dos versículos, el* קהל *lo hace cada vez que el primer versículo es recitado responsivamente.*

תהלים קיח הוֹדוּ לַיהוה כִּי־טוֹב כִּי לְעוֹלָם חַסְדּוֹ:
יֹאמַר־נָא יִשְׂרָאֵל כִּי לְעוֹלָם חַסְדּוֹ:
יֹאמְרוּ־נָא בֵית־אַהֲרֹן כִּי לְעוֹלָם חַסְדּוֹ:
יֹאמְרוּ־נָא יִרְאֵי יהוה כִּי לְעוֹלָם חַסְדּוֹ:

מִן־הַמֵּצַר קָרָאתִי יָּהּ, עָנָנִי בַמֶּרְחָב יָהּ: יהוה לִי לֹא אִירָא, מַה־יַּעֲשֶׂה לִי אָדָם: יהוה לִי בְּעֹזְרָי, וַאֲנִי אֶרְאֶה בְשֹׂנְאָי: טוֹב לַחֲסוֹת בַּיהוה, מִבְּטֹחַ בָּאָדָם: טוֹב לַחֲסוֹת בַּיהוה, מִבְּטֹחַ בִּנְדִיבִים: כָּל־גּוֹיִם סְבָבוּנִי, בְּשֵׁם יהוה כִּי אֲמִילַם: סַבּוּנִי גַם־סְבָבוּנִי, בְּשֵׁם יהוה כִּי אֲמִילַם: סַבּוּנִי כִדְבֹרִים, דֹּעֲכוּ כְּאֵשׁ קוֹצִים, בְּשֵׁם יהוה

Sus devotos". Dios no desea que Sus devotos mueran. Al igual que en los dos párrafos anteriores, queda claro que HaShem es el Dios de la vida, y sólo las culturas idólatras adoran la muerte.

בֶּן־אֲמָתֶךָ *Soy Tu siervo hijo de Tu sierva* (página anterior): Servirte a Ti me resulta natural porque mi madre hizo otro tanto (Radak). Un padre nos enseña "tanto la disciplina del pensamiento como la disciplina de la acción"; una madre nos enseña "la experiencia vital" de los preceptos, su "sabor, aroma y calidez". De ella aprendemos a "sentir la Presencia del Todopoderoso". "Los padres sabían mucho sobre el Shabat, las madres lo vivían, experimentaban su presencia y percibían su belleza y esplendor" (Rabino Yosef Soloveitchik).

הַלְלוּ אֶת־יהוה כָּל־גּוֹיִם *Alaben al Señor todos los pueblos:* El más breve de todos los Salmos, consta únicamente de dos versículos. El salmista habla aquí de la significado universal de la historia judía. No es solamente el pueblo de Israel,

Señor los reduciré. Ellos me empujaron tan fuerte que casi caigo, mas el Señor me ayudó. Dios es mi fortaleza y mi canto; Él se ha tornado mi salvación. Voces de canto y salvación resuenan en las tiendas de los justos. "La diestra del Señor ha realizado proezas. La diestra del Señor es exaltada, la diestra del Señor ha realizado proezas". No moriré, sino que habré de vivir y relataré lo que Dios Ha hecho. Dios me ha castigado mas no me ha entregado a la muerte. ▸ Abrid para mí los pórticos de la justicia, para que entre en ellos y agradezca a Dios. Este es el portal que conduce al Señor, que los justos ingresen por él.

אוֹדְךָ Te agradeceré pues me has respondido y Te tornaste mi salvación.
Te agradeceré pues me has respondido y Te tornaste mi salvación.

La piedra que desecharon los constructores
se tornó en la piedra angular.
La piedra que desecharon los constructores se tornó en la piedra angular.

Esto ha sido obra del Señor, es maravilloso a nuestros ojos.
Esto ha sido obra del Señor, es maravilloso a nuestros ojos.

Este es el día que hizo el Señor, alegrémonos y regocijémonos en él.
Este es el día que hizo el Señor, alegrémonos y regocijémonos en él.

En Sucot se sacuden el lulav y el etrog mientras se recita: "Señor, por favor, sálvanos", tres veces en cada palabra del versículo (salvo al pronunciar el Nombre Divino). En la primera palabra se sacude hacia adelante y hacia la derecha, en la tercera palabra hacia atrás y hacia la izquierda, en la cuarta palabra hacia arriba y hacia abajo.

El oficiante seguido por la congregación:

אָנָּא Señor, por favor, sálvanos.
Señor, por favor, sálvanos.
Señor, por favor, haznos prosperar.
Señor, por favor, haznos prosperar.

אוֹדְךָ *Te agradeceré:* Este y los próximos ocho versículos, los últimos de Salmos 118, están repetidos. Letanía – plegaria en la cual el oficiante recita un versículo frase y la congregación responde – era un aspecto del servicio del Templo y fue desarrollado más plenamente en las *Hakafot,* las procesiones que van alrededor de la sinagoga durante la fiesta de Sucot.

אֶבֶן מָאֲסוּ הַבּוֹנִים *La piedra que desecharon los constructores:* Esta es una referencia al pueblo de Israel. Dos de las primeras referencias a Israel en fuentes

כִּי אֲמִילַם: דָּחֹה דְחִיתַנִי לִנְפֹּל, וַיהוה עֲזָרָנִי: עָזִּי וְזִמְרָת יָהּ, וַיְהִי־לִי לִישׁוּעָה: קוֹל רִנָּה וִישׁוּעָה בְּאָהֳלֵי צַדִּיקִים, יְמִין יהוה עֹשָׂה חָיִל: יְמִין יהוה רוֹמֵמָה, יְמִין יהוה עֹשָׂה חָיִל: לֹא־אָמוּת כִּי־אֶחְיֶה, וַאֲסַפֵּר מַעֲשֵׂי יָהּ: יַסֹּר יִסְּרַנִּי יָּהּ, וְלַמָּוֶת לֹא נְתָנָנִי: ◂ פִּתְחוּ־לִי שַׁעֲרֵי־צֶדֶק, אָבֹא־בָם אוֹדֶה יָהּ: זֶה־הַשַּׁעַר לַיהוה, צַדִּיקִים יָבֹאוּ בוֹ:

אוֹדְךָ כִּי עֲנִיתָנִי, וַתְּהִי־לִי לִישׁוּעָה:
אוֹדְךָ כִּי עֲנִיתָנִי, וַתְּהִי־לִי לִישׁוּעָה:

אֶבֶן מָאֲסוּ הַבּוֹנִים, הָיְתָה לְרֹאשׁ פִּנָּה:
אֶבֶן מָאֲסוּ הַבּוֹנִים, הָיְתָה לְרֹאשׁ פִּנָּה:

מֵאֵת יהוה הָיְתָה זֹּאת, הִיא נִפְלָאת בְּעֵינֵינוּ:
מֵאֵת יהוה הָיְתָה זֹּאת, הִיא נִפְלָאת בְּעֵינֵינוּ:

זֶה־הַיּוֹם עָשָׂה יהוה, נָגִילָה וְנִשְׂמְחָה בוֹ:
זֶה־הַיּוֹם עָשָׂה יהוה, נָגִילָה וְנִשְׂמְחָה בוֹ:

En סוכות *se sacuden el* לולב *y el* אתרוג *mientras se recita:* אָנָּא יהוה הוֹשִׁיעָה נָּא*, tres veces en cada palabra del versículo (salvo al pronunciar el Nombre Divino). En la primera palabra se sacude hacia adelante y hacia la derecha, en la tercera palabra hacia atrás y hacia la izquierda, en la cuarta palabra hacia arriba y hacia abajo.*

El שליח ציבור *seguido por el* קהל*:*

אָנָּא יהוה הוֹשִׁיעָה נָּא:
אָנָּא יהוה הוֹשִׁיעָה נָּא:
אָנָּא יהוה הַצְלִיחָה נָּא:
אָנָּא יהוה הַצְלִיחָה נָּא:

עָזִּי וְזִמְרָת יָהּ *Dios es mi fortaleza y mi canto:* cita del Cántico del Mar (Éxodo 15:2); aparece también en Isaías 12:2.

פִּתְחוּ־לִי שַׁעֲרֵי־צֶדֶק *Abrid para mí los pórticos de la justicia:* Una referencia a los portones del Templo.

En Sucot se sacude el lulav y el etrog tres veces por cada palabra del versículo "Agradeced al Señor..." (salvo al pronunciar el Nombre Divino). En la primera palabra se sacude hacia adelante, en las subsiguientes se lo hace hacia la derecha, hacia atrás, hacia la izquierda, hacia arriba y hacia abajo respectivamente.

בָּרוּךְ Bendito es quien llega en nombre del Señor;
os bendecimos desde la Casa del Señor.
Bendito es quien llega en nombre del Señor;
os bendecimos desde la Casa del Señor.

El Señor Dios nos ha iluminado.
Amarrad la ofrenda festiva con cuerdas gruesas
a las esquinas del altar.
El Señor Dios nos ha iluminado.
Amarrad la ofrenda festiva a las esquinas del altar.

Tú eres mi Dios y Te agradeceré, eres mi Señor y Te exaltaré.
Tú eres mi Dios y Te agradeceré, eres mi Señor y Te exaltaré.

Agradeced al Señor porque es bueno; Su benevolencia es eterna.
Agradeced al Señor porque es bueno; Su benevolencia es eterna.

יְהַלְלוּךָ Todas Tus obras Te alabarán, Señor, nuestro Dios, y Tus piadosos, los justos que cumplen Tu Voluntad, y todo Tu pueblo la casa de Israel Te agradecerán con cánticos y Te bendecirán, y Te alabarán, Te engrandecerán y exaltarán, reverenciarán, santificarán y proclamarán el reinado de Tu Nombre, nuestro Rey. ▸ Pues a Ti es bueno agradecer y a Tu Nombre es agradable entonar cánticos, pues desde la eternidad y hasta la eternidad Tú eres Dios. Bendito eres Tú Señor, Rey exaltado con cánticos de alabanza.

En Sucot, en este punto, algunos recitan Hoshanot en la página 890. En los días de semana de Janucá (salvo en Rosh Jodesh Tevet), Yom Ha'Atzmaut y Yom Yerushalaim, el rezo continúa con Medio Kadish en la página 156.

אֵלִי אַתָּה *Tú eres mi Dios:* Las palabras de quien está trayendo la ofrenda.

וְאוֹדֶךָּ *Y Te agradeceré:* Otra posible traducción sería: "Y Te reconoceré". Se trata de palabras de dedicación que significan: Esta ofrenda que traigo es una expresión de agradecimiento y reconocimiento a Dios por Su generosidad conmigo.

יְהַלְלוּךָ *Todas Tus obras Te alabarán:* Bendición concluyente, tal como al finalizar los versículos de alabanza ("*Pesukei DeZimrá*").

En סוכות *se sacude el* לולב *y el* אתרוג *tres veces por cada palabra del versículo* הודו לַיהוה כִּי־טוֹב, כִּי לְעוֹלָם חַסְדּוֹ *(salvo al pronunciar el Nombre Divino). En la primera palabra se sacude hacia adelante, en las subsiguientes se lo hace hacia la derecha, hacia atrás, hacia la izquierda, hacia arriba y hacia abajo respectivamente.*

בָּרוּךְ הַבָּא בְּשֵׁם יהוה, בֵּרַכְנוּכֶם מִבֵּית יהוה:
בָּרוּךְ הַבָּא בְּשֵׁם יהוה, בֵּרַכְנוּכֶם מִבֵּית יהוה:

אֵל יהוה וַיָּאֶר לָנוּ, אִסְרוּ־חַג בַּעֲבֹתִים עַד־קַרְנוֹת הַמִּזְבֵּחַ:
אֵל יהוה וַיָּאֶר לָנוּ, אִסְרוּ־חַג בַּעֲבֹתִים עַד־קַרְנוֹת הַמִּזְבֵּחַ:

אֵלִי אַתָּה וְאוֹדֶךָּ, אֱלֹהַי אֲרוֹמְמֶךָּ:
אֵלִי אַתָּה וְאוֹדֶךָּ, אֱלֹהַי אֲרוֹמְמֶךָּ:

הוֹדוּ לַיהוה כִּי־טוֹב, כִּי לְעוֹלָם חַסְדּוֹ:
הוֹדוּ לַיהוה כִּי־טוֹב, כִּי לְעוֹלָם חַסְדּוֹ:

יְהַלְלוּךָ יהוה אֱלֹהֵינוּ כָּל מַעֲשֶׂיךָ, וַחֲסִידֶיךָ צַדִּיקִים עוֹשֵׂי רְצוֹנֶךָ, וְכָל עַמְּךָ בֵּית יִשְׂרָאֵל בְּרִנָּה יוֹדוּ וִיבָרְכוּ וִישַׁבְּחוּ וִיפָאֲרוּ וִירוֹמְמוּ וְיַעֲרִיצוּ וְיַקְדִּישׁוּ וְיַמְלִיכוּ אֶת שִׁמְךָ מַלְכֵּנוּ, ◂ כִּי לְךָ טוֹב לְהוֹדוֹת וּלְשִׁמְךָ נָאֶה לְזַמֵּר, כִּי מֵעוֹלָם וְעַד עוֹלָם אַתָּה אֵל. בָּרוּךְ אַתָּה יהוה, מֶלֶךְ מְהֻלָּל בַּתִּשְׁבָּחוֹת.

En סוכות*, en este punto, algunos recitan* הושענות *en la página 891.*
En los días de semana de חנוכה *(salvo en* ראש חודש טבת*),* יום העצמאות
y יום ירושלים*, el rezo continúa con* חצי קדיש *en la página 157.*

---

no judías – la Estela de Merneptah (Egipto, siglo XIII A.E.C.) y la Estela de Mishá (Moab, siglo IX A.E.C.) – declaran ambas que Israel ha sido destruido. Israel es el pueblo que sobrevive a los obituarios.

בָּרוּךְ הַבָּא *Bendito es quien llega:* Una bendición pronunciada por los cohanim a quienes llegaban al Templo (Rashí, Radak). Una de las labores sacerdotales era bendecir al pueblo que peregrinaba al Templo para traer sus ofrendas.

אִסְרוּ־חַג בַּעֲבֹתִים *Amarrad la ofrenda festiva con cuerdas gruesas:* Otra posible traducción sería: "Ordena la procesión festiva con ramas, hasta las esquinas del altar", en referencia a la procesión que rodea el altar con el lulav durante la festividad de Sucot (*Sucá* 45A).

KADISH COMPLETO

Oficiante: יִתְגַּדַּל Que Su Gran Nombre sea magnificado y santificado,
en el mundo que creó conforme a Su voluntad.
Que establezca Su reino
durante vuestra vida y en vuestros días
y en la vida de toda la casa de Israel,
pronto y rápidamente y decid: Amén.

Todos: Que Su Gran Nombre sea bendito
por siempre y por toda la eternidad.

Oficiante: Sea bendecido, alabado, glorificado
y exaltado, encumbrado
y magnificado, enaltecido y ensalzado
el Nombre del Santo Bendito Él;
más allá de cualquier bendición,
cántico, alabanza y consolación
pronunciados en el mundo y decid: Amén.

Que nuestras plegarias y las súplicas de todo el pueblo de Israel
sean aceptadas por su Padre Celestial y decid: Amén.

Que haya gran paz celestial
y vida para nosotros y para todo Israel y decid: Amén.

Inclinarse, dar tres pasos hacia atrás como retirándose de la Divina Presencia, luego inclinarse primero hacia la izquierda, luego hacia la derecha y luego al centro mientras se dice:

Quien obra la paz en Sus alturas,
haga la paz para nosotros
y todo Israel y decid: Amén.

En Rosh Jodesh y Jol HaMo'ed el rezo continúa con la lectura de la Torá en la página 158.

En Shabat, Yom Tov y Hoshaná Rabá el rezo continúa con la lectura de la Torá en la página 518.

En Shabat de Jol HaMo'ed aquí se lee la Meguilá correspondiente previo a la lectura de la Torá (en Pesaj Shir HaShirim en la página 1232; en Sucot se lee Kohelet en la página 1248).

En el caso de que el primer día de Yom Tov haya caído en Shabat la Meguilá se lee en el último día de Pesaj o en Shemini Atzeret (en Israel, en el primer día de Yom Tov).

El segundo día de Shavu'ot se lee Meguilat Rut (página 1237) previo a la lectura de la Torá (en Israel se lee en el primer día).

En Simjat Torá se continúa con las Hakafot en la página 816.

קדיש שלם

ש״ץ: יִתְגַּדַּל וְיִתְקַדַּשׁ שְׁמֵהּ רַבָּא (קהל: אָמֵן)
בְּעָלְמָא דִּי בְרָא כִרְעוּתֵהּ, וְיַמְלִיךְ מַלְכוּתֵהּ
בְּחַיֵּיכוֹן וּבְיוֹמֵיכוֹן וּבְחַיֵּי דְכָל בֵּית יִשְׂרָאֵל
בַּעֲגָלָא וּבִזְמַן קָרִיב, וְאִמְרוּ אָמֵן. (קהל: אָמֵן)

קהל וש״ץ: יְהֵא שְׁמֵהּ רַבָּא מְבָרַךְ לְעָלַם וּלְעָלְמֵי עָלְמַיָּא.

ש״ץ: יִתְבָּרַךְ וְיִשְׁתַּבַּח וְיִתְפָּאַר
וְיִתְרוֹמַם וְיִתְנַשֵּׂא וְיִתְהַדָּר וְיִתְעַלֶּה וְיִתְהַלָּל
שְׁמֵהּ דְּקֻדְשָׁא בְּרִיךְ הוּא (קהל: בְּרִיךְ הוּא)
לְעֵלָּא מִן כָּל בִּרְכָתָא וְשִׁירָתָא, תֻּשְׁבְּחָתָא וְנֶחֱמָתָא
דַּאֲמִירָן בְּעָלְמָא, וְאִמְרוּ אָמֵן. (קהל: אָמֵן)

תִּתְקַבַּל צְלוֹתְהוֹן וּבָעוּתְהוֹן דְּכָל יִשְׂרָאֵל
קֳדָם אֲבוּהוֹן דִּי בִשְׁמַיָּא, וְאִמְרוּ אָמֵן. (קהל: אָמֵן)

יְהֵא שְׁלָמָא רַבָּא מִן שְׁמַיָּא
וְחַיִּים, עָלֵינוּ וְעַל כָּל יִשְׂרָאֵל, וְאִמְרוּ אָמֵן. (קהל: אָמֵן)

Inclinarse, dar tres pasos hacia atrás como retirándose de la Divina Presencia, luego inclinarse primero hacia la izquierda, luego hacia la derecha y luego al centro mientras se dice:

עֹשֶׂה שָׁלוֹם בִּמְרוֹמָיו
הוּא יַעֲשֶׂה שָׁלוֹם עָלֵינוּ וְעַל כָּל יִשְׂרָאֵל, וְאִמְרוּ אָמֵן. (קהל: אָמֵן)

En ראש חודש *y* חול המועד *el rezo continúa con* קריאת התורה *en la página 159.*

En שבת, יום טוב *y* הושענא רבה *el rezo continúa con* קריאת התורה *en la página 519.*

En שבת חול המועד *aquí se lee la* מגילה *correspondiente previo a* קריאת התורה *(en* פסח, שיר השירים *en la página 1232; en* סוכות *se lee* קהלת *en la página 1248). En el caso de que el primer día de* יום טוב *haya caído en* שבת *la* מגילה *se lee en el último día de* פסח *o en* שמיני עצרת *(en Israel, en el primer día de* יום טוב*).*

El segundo día de שבועות *se lee* מגילת רות *(página 1237) previo a* קריאת התורה *(en* ארץ ישראל *se lee en el primer día).*

En שמחת תורה *se continúa con las* הקפות *en la página 817.*

Musaf para Rosh Jodesh

LA AMIDÁ

El siguiente rezo hasta "años pretéritos" en la página 784 lo recitamos en silencio y parados con los pies juntos. En caso de haber minián, el oficiante repite la Amidá en voz alta. Se dan tres pasos hacia adelante y en los sitios marcados con ▾ se deben flexionar las rodillas en la primera palabra, inclinarse en la segunda y erguirse nuevamente de inmediato antes de pronunciar el Nombre de Dios.

Porque he de invocar el Nombre del Señor, ensalzad a nuestro Dios. *Deut. 32*
Señor, abre mis labios para que mi boca pronuncie Tu alabanza. *Sal. 51*

PATRIARCAS

▾בָּרוּךְ▾ Bendito eres Tú Señor,
Dios nuestro y de nuestros ancestros,
Dios de Abraham, Dios de Ytzjak y Dios de Ya'akov,
Dios grande, poderoso y maravilloso, Señor supremo,
que prodiga generosamente y es El Creador de todo lo existente,
Quien recuerda la gracia de los ancestros
y traerá al Redentor para los hijos de sus hijos
en aras de Su Nombre con amor.
Rey que ayuda, redime y protege.
▾Bendito eres Tú Señor, Escudo de Abraham.

PODER DE DIOS

אַתָּה גִּבּוֹר Señor, Tú eres eternamente poderoso,
Tú revives a los muertos y tienes gran poder de salvación.

La frase "Hace soplar el viento y descender la lluvia" se agrega desde Simjat Torá hasta Pesaj. En Israel, la frase "Hace descender el rocío" se agrega desde Pesaj hasta Sheminí Atzeret. Ver leyes 129–131.

En otoño e invierno de Israel: Hace soplar el viento y descender la lluvia.
En primavera y verano de Israel: Hace descender el rocío.

---

de la naturaleza del día, seguido por una plegaria por la restauración del Templo y sus sacrificios, un pasaje bíblico que describe la ofrenda de Rosh Jodesh y un pedido para que el nuevo mes sea bendecido con bien.

Una tradición midráshica asocia a Rosh Jodesh con la mujer judía, como recompensa por su fidelidad y generosidad al obsequiar presentes para la

מוסף לראש חודש

עמידה

El siguiente rezo hasta קַדְמֹנִיּוֹת en la página 785 lo recitamos en silencio y parados con los pies juntos. En caso de haber מנין, el שליח ציבור repite la עמידה en voz alta. Se dan tres pasos hacia adelante y en los sitios marcados con ˅ se deben flexionar las rodillas en la primera palabra, inclinarse en la segunda y erguirse nuevamente de inmediato antes de pronunciar el Nombre de Dios.

כִּי שֵׁם יהוה אֶקְרָא, הָבוּ גֹדֶל לֵאלֹהֵינוּ׃ דברים לב

אֲדֹנָי, שְׂפָתַי תִּפְתָּח, וּפִי יַגִּיד תְּהִלָּתֶךָ׃ תהלים נא

אבות

˅בָּרוּךְ אַתָּה יהוה, אֱלֹהֵינוּ וֵאלֹהֵי אֲבוֹתֵינוּ
אֱלֹהֵי אַבְרָהָם, אֱלֹהֵי יִצְחָק, וֵאלֹהֵי יַעֲקֹב
הָאֵל הַגָּדוֹל הַגִּבּוֹר וְהַנּוֹרָא, אֵל עֶלְיוֹן
גּוֹמֵל חֲסָדִים טוֹבִים, וְקוֹנֵה הַכֹּל, וְזוֹכֵר חַסְדֵי אָבוֹת
וּמֵבִיא גוֹאֵל לִבְנֵי בְנֵיהֶם לְמַעַן שְׁמוֹ בְּאַהֲבָה.
מֶלֶךְ עוֹזֵר וּמוֹשִׁיעַ וּמָגֵן.
˅בָּרוּךְ אַתָּה יהוה, מָגֵן אַבְרָהָם.

גבורות

אַתָּה גִּבּוֹר לְעוֹלָם, אֲדֹנָי
מְחַיֵּה מֵתִים אַתָּה, רַב לְהוֹשִׁיעַ

La frase מַשִּׁיב הָרְוּחַ *se agrega desde* שמחת תורה *hasta* פסח*.*
En ארץ ישראל*, la frase* מוֹרִיד הַטָּל *se agrega desde* פסח *hasta* שמיני עצרת*. Ver leyes 129–131.*

בחורף: מַשִּׁיב הָרְוּחַ וּמוֹרִיד הַגֶּשֶׁם / בארץ ישראל בקיץ: מוֹרִיד הַטָּל

EL REZO ADICIONAL POR EL NOVILUNIO

El novilunio, al igual que el año nuevo, es visto en el judaísmo como un momento de renovación y re-dedicación, en el cual rezamos pidiendo perdón y expiación procurando volver a comenzar. En días del Templo de Jerusalém se ofrendaba un sacrificio especial del cual el rezo de Musaf es un recordatorio. La bendición central de la Amidá comienza con la breve afirmación respecto

Sostiene con benevolencia a todos los seres vivos,
revive a los muertos con gran misericordia,
da soporte a quienes se caen, cura a los enfermos,
libera a los prisioneros
y cumple Su promesa con quienes yacen ya en la tierra.
¿Quién es como Tú Todopoderoso?
¿Quién se Te puede asemejar?
Rey que quita la vida y la restaura y hace brotar la Redención.
Eres fiel en revivir a los muertos.
Bendito eres Tú SEÑOR, que revive a los muertos.

Durante el rezo en voz baja continúe en "Tú eres santo" en la página siguiente.

KEDUSHÁ

Durante la repetición del rezo por parte del oficiante, se recita aquí de pie el siguiente pasaje.. En los sitios marcados con ▲ quien reza debe elevarse levemente en puntas de pie.

La congregación y luego el oficiante:

נְקַדֵּשׁ Santificaremos Tu Nombre en el mundo tal como lo consagran en las alturas, como ha sido está escrito por Tu profeta: "y un ángel daba voces al otro diciendo: *Is. 6*

La congregación y luego el oficiante:

▲Santo, ▲Santo, ▲Santo, SEÑOR de las Huestes Celestiales, toda la tierra está llena de Su gloria".
Quienes están frente a ellos dicen: "Bendita".

La congregación y luego el oficiante:

▲"Bendita es la gloria del SEÑOR desde Su sitial". *Ezeq. 3*
Y en Tus escrituras sagradas leemos:

La congregación y luego el oficiante:

▲"El SEÑOR reinará por siempre, tu Dios Sion, de generación en generación, ¡Aleluyá!" *Sal. 146*

Oficiante:

De generación en generación declararemos Tu grandeza, y por toda la eternidad proclamaremos Tu Santidad, y Tu alabanza Dios nuestro no se apartará de nuestros labios jamás, pues Tú eres el Rey grande y sagrado. Bendito eres Tú SEÑOR, el Dios santo.

El oficiante continúa en la siguiente página con "Tú otorgaste los novilunios".

---

el novilunio se transformó en una festividad femenina (Rashí, *Meguilá* 22B, *Shulján Aruj Oraj Jaím* 417:1).

מְכַלְכֵּל חַיִּים בְּחֶסֶד, מְחַיֵּה מֵתִים בְּרַחֲמִים רַבִּים
סוֹמֵךְ נוֹפְלִים, וְרוֹפֵא חוֹלִים, וּמַתִּיר אֲסוּרִים
וּמְקַיֵּם אֱמוּנָתוֹ לִישֵׁנֵי עָפָר.
מִי כָמְוֹךָ, בַּעַל גְּבוּרוֹת, וּמִי דְּוֹמֶה לָּךְ
מֶלֶךְ, מֵמִית וּמְחַיֶּה וּמַצְמִיחַ יְשׁוּעָה.
וְנֶאֱמָן אַתָּה לְהַחֲיוֹת מֵתִים.
בָּרוּךְ אַתָּה יהוה, מְחַיֵּה הַמֵּתִים.

Durante el rezo en voz baja continúe en אַתָּה קָדוֹשׁ *en la página siguiente.*

קדושה

Durante la חזרת הש״ץ*, se recita aquí de pie el siguiente pasaje. En los sitios marcados con* ˄ *quien reza debe elevarse levemente en puntas de pie.*

El קהל *y luego el* שליח ציבור*:*

נְקַדֵּשׁ אֶת שִׁמְךָ בָּעוֹלָם, כְּשֵׁם שֶׁמַּקְדִּישִׁים אוֹתוֹ בִּשְׁמֵי מָרוֹם
כַּכָּתוּב עַל יַד נְבִיאֶךָ: וְקָרָא זֶה אֶל־זֶה וְאָמַר ישעיה ו

El קהל *y luego el* שליח ציבור*:*

˄קָדוֹשׁ, ˄קָדוֹשׁ, ˄קָדוֹשׁ, יהוה צְבָאוֹת, מְלֹא כָל־הָאָרֶץ כְּבוֹדוֹ:
לְעֻמָּתָם בָּרוּךְ יֹאמֵרוּ

El קהל *y luego el* שליח ציבור*:*

˄בָּרוּךְ כְּבוֹד־יהוה מִמְּקוֹמוֹ: יחזקאל ג
וּבְדִבְרֵי קָדְשְׁךָ כָּתוּב לֵאמֹר

El קהל *y luego el* שליח ציבור*:*

˄יִמְלֹךְ יהוה לְעוֹלָם, אֱלֹהַיִךְ צִיּוֹן לְדֹר וָדֹר, הַלְלוּיָהּ: תהלים קמו

שליח ציבור*:*

לְדוֹר וָדוֹר נַגִּיד גָּדְלֶךָ, וּלְנֵצַח נְצָחִים קְדֻשָּׁתְךָ נַקְדִּישׁ, וְשִׁבְחֲךָ אֱלֹהֵינוּ מִפִּינוּ לֹא יָמוּשׁ לְעוֹלָם וָעֶד, כִּי אֵל מֶלֶךְ גָּדוֹל וְקָדוֹשׁ אָתָּה. בָּרוּךְ אַתָּה יהוה, הָאֵל הַקָּדוֹשׁ.

El שליח ציבור *continúa en la siguiente página con* רָאשֵׁי חֳדָשִׁים.

---

construcción del Tabernáculo. Desde el primer mes del segundo año tras la salida de Egipto, o sea, el día en que el Tabernáculo había sido dedicado

SANTIDAD

אַתָּה קָדוֹשׁ Tú eres santo y Tu Nombre es santo,
y los santos Te alaban a diario, ¡Sela!
Bendito eres Tú SEÑOR, el Dios santo.

SANTIDAD DEL DÍA

רָאשֵׁי חֳדָשִׁים Tú otorgaste los novilunios a Tu pueblo
como tiempo de expiación para todos sus descendientes.
Ellos elevaban ante Ti ofrendas de buena voluntad,
y machos cabríos que eran sacrificados
como expiación por las transgresiones.
Que sirvan para todos como recordatorio
y salvación de las manos del enemigo.
Establece un nuevo altar en Sion
sobre el cual ofrendaremos el holocausto del novilunio,
y allí sacrificaremos con favor
los machos cabríos con buena voluntad,
nos regocijaremos todos en el servicio del Templo
y con los cánticos de Tu siervo David
que se escuchan en Tu ciudad y se entonan delante de Tu altar.
Concédeles amor eterno
y recuerda el pacto de los padres para con los hijos.

וַהֲבִיאֵנוּ Devuélvenos a Sion Tu ciudad con cánticos
y a Jerusalém Tu Santuario con eterna alegría.
Allí prepararemos ante Ti nuestras ofrendas obligatorias:
las ofrendas continuas conforme su orden,
y las ofrendas adicionales de acuerdo con sus leyes.

וְאֶת מוּסַף Y la ofrenda adicional de este día de novilunio
prepararemos y ofrendaremos ante Ti con amor,
tal como lo indica el precepto de Tu voluntad,
tal como lo has escrito en Tu Torá por medio de Tu siervo Moshé,
como está dicho:

---

con la que brillamos no proviene de nosotros mismos sino de Dios, de cuya gloria no somos más que un reflejo (Seforno a Números 28:11).

קדושת השם

אַתָּה קָדוֹשׁ וְשִׁמְךָ קָדוֹשׁ, וּקְדוֹשִׁים בְּכָל יוֹם יְהַלְלוּךָ סֶּלָה.
בָּרוּךְ אַתָּה יהוה, הָאֵל הַקָּדוֹשׁ.

קדושת היום

רָאשֵׁי חֳדָשִׁים לְעַמְּךָ נָתַתָּ, זְמַן כַּפָּרָה לְכָל תּוֹלְדוֹתָם
בִּהְיוֹתָם מַקְרִיבִים לְפָנֶיךָ זִבְחֵי רָצוֹן
וּשְׂעִירֵי חַטָּאת לְכַפֵּר בַּעֲדָם.
זִכָּרוֹן לְכֻלָּם יִהְיוּ, וּתְשׁוּעַת נַפְשָׁם מִיַּד שׂוֹנֵא.
מִזְבֵּחַ חָדָשׁ בְּצִיּוֹן תָּכִין
וְעוֹלַת רֹאשׁ חֹדֶשׁ נַעֲלֶה עָלָיו, וּשְׂעִירֵי עִזִּים נַעֲשֶׂה בְרָצוֹן
וּבַעֲבוֹדַת בֵּית הַמִּקְדָּשׁ נִשְׂמַח כֻּלָּנוּ
וּבְשִׁירֵי דָוִד עַבְדְּךָ הַנִּשְׁמָעִים בְּעִירֶךָ, הָאֲמוּרִים לִפְנֵי מִזְבְּחֶךָ.
אַהֲבַת עוֹלָם תָּבִיא לָהֶם, וּבְרִית אָבוֹת לַבָּנִים תִּזְכֹּר.

וַהֲבִיאֵנוּ לְצִיּוֹן עִירְךָ בְּרִנָּה
וְלִירוּשָׁלַיִם בֵּית מִקְדָּשְׁךָ בְּשִׂמְחַת עוֹלָם
וְשָׁם נַעֲשֶׂה לְפָנֶיךָ אֶת קָרְבְּנוֹת חוֹבוֹתֵינוּ
תְּמִידִים כְּסִדְרָם וּמוּסָפִים כְּהִלְכָתָם.

וְאֶת מוּסַף יוֹם רֹאשׁ הַחֹדֶשׁ הַזֶּה
נַעֲשֶׂה וְנַקְרִיב לְפָנֶיךָ בְּאַהֲבָה כְּמִצְוַת רְצוֹנֶךָ
כְּמוֹ שֶׁכָּתַבְתָּ עָלֵינוּ בְּתוֹרָתֶךָ, עַל יְדֵי מֹשֶׁה עַבְדֶּךָ מִפִּי כְבוֹדֶךָ
כָּאָמוּר

רָאשֵׁי חֳדָשִׁים *Tú otorgaste los novilunios a Tu pueblo:* El pueblo judío es comparado a la luna porque, mientras el sol brilla con luz propia la luna lo hace con el reflejo de la luz solar. Lo mismo ocurre con el pueblo de Israel: la luz

Y en los días de vuestros novilunios, *Núm. 28*
ofreceréis holocausto ante el Señor:
dos novillos jóvenes y un camero,
siete corderos de un año sin defecto.

וּמִנְחָתָם Y sus oblaciones de harina flor
y sus libaciones de vino tal como fueron ordenadas:
Tres décimos de efá de harina fina por cada novillo,
dos décimas de efá de harina fina por el camero,
un décimo de efá de harina fina por el cordero
y el vino de su libación, un macho cabrío para expiar
y dos ofrendas diarias conforme a su ley.

אֱלֹהֵינוּ Dios nuestro y de nuestros ancestros,
renueva sobre nosotros este mes para bien y para bendición,
para regocijo y alegría, para salvación y para consuelo,
para sustento y abundancia, para la vida y para la paz,
para que sean perdonadas las malas acciones
y perdonada la iniquidad
(*Desde Marjeshvan hasta el segundo mes de Adar en un año hebreo embolismal se agrega* (*página 1358*)*:* y expiación por las transgresiones).
Pues Tú has elegido a Tu pueblo Israel de entre todas las naciones
y les estableciste ovilunio.
Bendito eres Tú Señor, que santifica a Israel y a los novilunios.

EL SERVICIO DEL TEMPLO

רְצֵה Acepta con benevolencia Señor, nuestro Dios,
a Tu pueblo Israel y sus plegarias.
Restaura el servicio en Tu más Sagrada Casa
y acepta favorable y amorosamente
las ofrendas ígneas de Israel y sus rezos.
Que siempre recibas con agrado el servicio de Tu pueblo Israel.

En un año hebreo embolismal hay siete meses anteriores a Nisán, por lo tanto, se agrega una séptima expresión desde Marjeshván hasta el segundo mes de Adar.

וּבְרָאשֵׁי חָדְשֵׁיכֶם תַּקְרִיבוּ עֹלָה לַיהוה במדבר כח
פָּרִים בְּנֵי־בָקָר שְׁנַיִם וְאַיִל אֶחָד
כְּבָשִׂים בְּנֵי־שָׁנָה שִׁבְעָה, תְּמִימִם:

וּמִנְחָתָם וְנִסְכֵּיהֶם כִּמְדֻבָּר
שְׁלֹשָׁה עֶשְׂרֹנִים לַפָּר, וּשְׁנֵי עֶשְׂרֹנִים לָאָיִל
וְעִשָּׂרוֹן לַכֶּבֶשׂ, וְיַיִן כְּנִסְכּוֹ, וְשָׂעִיר לְכַפֵּר
וּשְׁנֵי תְמִידִים כְּהִלְכָתָם.

אֱלֹהֵינוּ וֵאלֹהֵי אֲבוֹתֵינוּ
חַדֵּשׁ עָלֵינוּ אֶת הַחֹדֶשׁ הַזֶּה לְטוֹבָה וְלִבְרָכָה
לְשָׂשׂוֹן וּלְשִׂמְחָה, לִישׁוּעָה וּלְנֶחָמָה
לְפַרְנָסָה וּלְכַלְכָּלָה, לְחַיִּים וּלְשָׁלוֹם
לִמְחִילַת חֵטְא וְלִסְלִיחַת עָוֹן
(*Desde* מרחשון *hasta el* אדר שני *en un año hebreo embolismal se agrega (página 1358)* וּלְכַפָּרַת פָּשַׁע)
כִּי בְעַמְּךָ יִשְׂרָאֵל בָּחַרְתָּ מִכָּל הָאֻמּוֹת
וְחֻקֵּי רָאשֵׁי חֳדָשִׁים לָהֶם קָבָעְתָּ.
בָּרוּךְ אַתָּה יהוה, מְקַדֵּשׁ יִשְׂרָאֵל וְרָאשֵׁי חֳדָשִׁים.

עבודה
רְצֵה יהוה אֱלֹהֵינוּ בְּעַמְּךָ יִשְׂרָאֵל, וּבִתְפִלָּתָם
וְהָשֵׁב אֶת הָעֲבוֹדָה לִדְבִיר בֵּיתֶךָ
וְאִשֵּׁי יִשְׂרָאֵל וּתְפִלָּתָם בְּאַהֲבָה תְקַבֵּל בְּרָצוֹן
וּתְהִי לְרָצוֹן תָּמִיד עֲבוֹדַת יִשְׂרָאֵל עַמֶּךָ.

וּלְכַפָּרַת פָּשַׁע *Y expiación por las transgresiones:* Seis meses transcurren desde Tishrei (Rosh HaShaná, el inicio del año) hasta Nisán (el primero de los meses; Éxodo 12:2), de aquí que se mencionan seis expresiones de bendición.

Que nuestros ojos contemplen Tu retorno a Sion con compasión. Bendito eres Tú Señor, que restaura Su presencia en Sion.

AGRADECIMIENTO

Inclinarse al recitar las primeras seis palabras.

מוֹדִים Te agradecemos a Ti,
pues eres el Señor, Dios nuestro
y de nuestros ancestros por siempre.
Eres nuestra Roca
y la de nuestra existencia,
Escudo de nuestra salvación
de generación en generación.
Te agradeceremos, y relataremos
Tu alabanza por nuestras vidas
que están depositadas en Tus manos,
por nuestras almas que están a Tu cargo,
por Tus milagros para con nosotros
a diario, y las bondades y maravillas
que nos prodigas en todo momento,
noche, mañana y tarde.
El Benevolente,
pues Tu compasión nunca concluye,
Tú eres compasivo,
pues no cesan Tus bondades.
Siempre hemos depositado
nuestra esperanza en Ti.

Durante la repetición del oficiante la congregación dice en silencio:

מוֹדִים Te agradecemos a Ti,
pues eres el Señor,
Dios nuestro
y de nuestros ancestros,
Dios de toda carne,
Formador nuestro
y del universo.
Bendiciones
y agradecimientos
a Tu Nombre grandioso
y sagrado,
por habernos preservado
con vida y mantenido.
De igual forma, danos vida,
sostén y reúne a Tus exiliados
en Tu patio sagrado,
para que cumplan con Tus
leyes y hagan Tu voluntad
con integridad de corazón,
por ello nos
corresponde agradecerte.
Bendito es el Dios
a Quien debemos agradecer.

En Janucá:

עַל הַנִּסִּים (Te agradecemos también) por los milagros, la redención, los actos poderosos, las salvaciones y las victorias en las batallas que Tú llevaste a acabo en favor de nuestros ancestros en aquellos días en este tiempo.

בִּימֵי מַתִּתְיָהוּ En los días de Matitiahu hijo de Yojanán, el Sumo Sacerdote, el jasmoneo y sus hijos, el malvado reino griego se levantó contra Tu pueblo Israel para hacerles olvidar Tu Torá y forzarlos a transgredir los

וְתֶחֱזֶינָה עֵינֵינוּ בְּשׁוּבְךָ לְצִיּוֹן בְּרַחֲמִים.
בָּרוּךְ אַתָּה יהוה, הַמַּחֲזִיר שְׁכִינָתוֹ לְצִיּוֹן.

הודאה

Inclinarse al recitar las primeras cinco palabras.

ᵞמוֹדִים אֲנַחְנוּ לָךְ
שָׁאַתָּה הוּא יהוה אֱלֹהֵינוּ
וֵאלֹהֵי אֲבוֹתֵינוּ לְעוֹלָם וָעֶד.
צוּר חַיֵּינוּ, מָגֵן יִשְׁעֵנוּ
אַתָּה הוּא לְדוֹר וָדוֹר.
נוֹדֶה לְּךָ וּנְסַפֵּר תְּהִלָּתֶךָ
עַל חַיֵּינוּ הַמְּסוּרִים בְּיָדֶךָ
וְעַל נִשְׁמוֹתֵינוּ הַפְּקוּדוֹת לָךְ
וְעַל נִסֶּיךָ שֶׁבְּכָל יוֹם עִמָּנוּ
וְעַל נִפְלְאוֹתֶיךָ וְטוֹבוֹתֶיךָ
שֶׁבְּכָל עֵת
עֶרֶב וָבֹקֶר וְצָהֳרָיִם.
הַטּוֹב, כִּי לֹא כָלוּ רַחֲמֶיךָ
וְהַמְרַחֵם, כִּי לֹא תַמּוּ חֲסָדֶיךָ
מֵעוֹלָם קִוִּינוּ לָךְ.

Durante la חזרת הש״ץ *el* קהל *dice en silencio:*

ᵞמוֹדִים אֲנַחְנוּ לָךְ
שָׁאַתָּה הוּא יהוה אֱלֹהֵינוּ
וֵאלֹהֵי אֲבוֹתֵינוּ
אֱלֹהֵי כָל בָּשָׂר
יוֹצְרֵנוּ, יוֹצֵר בְּרֵאשִׁית.
בְּרָכוֹת וְהוֹדָאוֹת
לְשִׁמְךָ הַגָּדוֹל וְהַקָּדוֹשׁ
עַל שֶׁהֶחֱיִיתָנוּ וְקִיַּמְתָּנוּ.
כֵּן תְּחַיֵּנוּ וּתְקַיְּמֵנוּ
וְתֶאֱסֹף גָּלֻיּוֹתֵינוּ
לְחַצְרוֹת קָדְשֶׁךָ
לִשְׁמֹר חֻקֶּיךָ
וְלַעֲשׂוֹת רְצוֹנֶךָ וּלְעָבְדְּךָ
בְּלֵבָב שָׁלֵם
עַל שֶׁאֲנַחְנוּ מוֹדִים לָךְ.
בָּרוּךְ אֵל הַהוֹדָאוֹת.

בחנוכה:

עַל הַנִּסִּים וְעַל הַפֻּרְקָן וְעַל הַגְּבוּרוֹת וְעַל הַתְּשׁוּעוֹת וְעַל הַמִּלְחָמוֹת שֶׁעָשִׂיתָ לַאֲבוֹתֵינוּ בַּיָּמִים הָהֵם בַּזְּמַן הַזֶּה.

בִּימֵי מַתִּתְיָהוּ בֶּן יוֹחָנָן כֹּהֵן גָּדוֹל חַשְׁמוֹנַאי וּבָנָיו, כְּשֶׁעָמְדָה מַלְכוּת יָוָן הָרְשָׁעָה עַל עַמְּךָ יִשְׂרָאֵל לְהַשְׁכִּיחָם תּוֹרָתֶךָ וּלְהַעֲבִירָם מֵחֻקֵּי

estatutos de Tu voluntad. Y Tú, con gran compasión, estuviste junto a ellos en el tiempo de su desgracia, luchaste por su causa, juzgaste su reclamo y vengaste su opresión. Entregaste fuertes en manos de débiles, muchos en manos de pocos, impuros en manos de puros, malvados en manos de justos, arrogantes en manos de estudiosos de Tu Torá. Hiciste para Ti un Nombre Grande y Sagrado en Tu mundo, y a Tu pueblo Israel diste gran redención y salvación en un día como este. Luego, Tus hijos ingresaron a Tu recinto sagrado, limpiaron Tu Templo, purificaron Tu santuario, encendieron velas en Tus cortes y establecieron estos ocho días de Janucá para agradecerte y alabar a Tu gran Nombre. *Continúa con "Por todo esto"*

וְעַל כֻּלָּם Por todo esto, Rey nuestro, que Tu Nombre
sea bendecido y exaltado por siempre.
Que todos los seres vivos Te agradezcan, ¡Sela!,
y alaben Tu Nombre de verdad,
Dios de nuestra redención y nuestro socorro, ¡Sela!
▼Bendito eres Tú Señor,
Tu Nombre es "Bueno" y a Ti corresponde agradecer.

Cuando se recita la Amidá silenciosa se continúa abajo con "Instaura paz".

El siguiente pasaje es recitado por el oficiante durante la repetición de la Amidá. En Israel, si los cohanim bendicen a la congregación pasar a la página 875. Ver leyes 370–377.

Dios nuestro y de nuestros ancestros, bendícenos con la triple bendición de la Torá, escrita por la mano de Tu siervo Moshé y pronunciada por Aharón y sus hijos los cohanim, Tu pueblo consagrado, como fue dicho:

El Señor te bendiga y te guarde. *Núm. 6*
Congregación: Que así sea Tu voluntad.
El Señor te ilumine con Su Presencia y te agracie.
Congregación: Que así sea Tu voluntad.
El Señor dirija Su Presencia hacia ti y te conceda la paz.
Congregación: Que así sea Tu voluntad.

El oficiante continúa abajo con "Instaura paz".

PAZ

שִׂים שָׁלוֹם Instaura paz, bien y bendición,
gracia, benevolencia y compasión sobre nosotros
y todo Tu pueblo Israel.

רְצוֹנֶךָ, וְאַתָּה בְּרַחֲמֶיךָ הָרַבִּים עָמַדְתָּ לָהֶם בְּעֵת צָרָתָם, רַבְתָּ אֶת רִיבָם, דַּנְתָּ אֶת דִּינָם, נָקַמְתָּ אֶת נִקְמָתָם, מָסַרְתָּ גִבּוֹרִים בְּיַד חַלָּשִׁים, וְרַבִּים בְּיַד מְעַטִּים, וּטְמֵאִים בְּיַד טְהוֹרִים, וּרְשָׁעִים בְּיַד צַדִּיקִים, וְזֵדִים בְּיַד עוֹסְקֵי תוֹרָתֶךָ, וּלְךָ עָשִׂיתָ שֵׁם גָּדוֹל וְקָדוֹשׁ בְּעוֹלָמֶךָ, וּלְעַמְּךָ יִשְׂרָאֵל עָשִׂיתָ תְּשׁוּעָה גְדוֹלָה וּפֻרְקָן כְּהַיּוֹם הַזֶּה. וְאַחַר כֵּן בָּאוּ בָנֶיךָ לִדְבִיר בֵּיתֶךָ, וּפִנּוּ אֶת הֵיכָלֶךָ, וְטִהֲרוּ אֶת מִקְדָּשֶׁךָ, וְהִדְלִיקוּ נֵרוֹת בְּחַצְרוֹת קָדְשֶׁךָ, וְקָבְעוּ שְׁמוֹנַת יְמֵי חֲנֻכָּה אֵלּוּ, לְהוֹדוֹת וּלְהַלֵּל לְשִׁמְךָ הַגָּדוֹל.

Continúa con וְעַל כֻּלָּם.

וְעַל כֻּלָּם יִתְבָּרַךְ וְיִתְרוֹמַם שִׁמְךָ מַלְכֵּנוּ תָּמִיד לְעוֹלָם וָעֶד.
וְכֹל הַחַיִּים יוֹדוּךָ סֶּלָה, וִיהַלְלוּ אֶת שִׁמְךָ בֶּאֱמֶת
הָאֵל יְשׁוּעָתֵנוּ וְעֶזְרָתֵנוּ סֶלָה.
בָּרוּךְ אַתָּה יהוה, הַטּוֹב שִׁמְךָ וּלְךָ נָאֶה לְהוֹדוֹת.

Cuando se recita la עמידה *silenciosa se continúa abajo con* שִׂים שָׁלוֹם.

El siguiente pasaje es recitado por el שליח ציבור *durante la* חזרת הש״ץ. *En* ארץ ישראל, *si los* כהנים *bendicen a la congregación pasar a la página 875. Ver leyes 370–377.*

אֱלֹהֵינוּ וֵאלֹהֵי אֲבוֹתֵינוּ, בָּרְכֵנוּ בַּבְּרָכָה הַמְשֻׁלֶּשֶׁת בַּתּוֹרָה, הַכְּתוּבָה עַל יְדֵי מֹשֶׁה עַבְדֶּךָ, הָאֲמוּרָה מִפִּי אַהֲרֹן וּבָנָיו כֹּהֲנִים עַם קְדוֹשֶׁיךָ, כָּאָמוּר

במדבר ו
יְבָרֶכְךָ יהוה וְיִשְׁמְרֶךָ: קהל: כֵּן יְהִי רָצוֹן
יָאֵר יהוה פָּנָיו אֵלֶיךָ וִיחֻנֶּךָּ: קהל: כֵּן יְהִי רָצוֹן
יִשָּׂא יהוה פָּנָיו אֵלֶיךָ וְיָשֵׂם לְךָ שָׁלוֹם: קהל: כֵּן יְהִי רָצוֹן

El שליח ציבור *continúa abajo con* שִׂים שָׁלוֹם.

ברכת שלום

שִׂים שָׁלוֹם טוֹבָה וּבְרָכָה
חֵן וָחֶסֶד וְרַחֲמִים עָלֵינוּ וְעַל כָּל יִשְׂרָאֵל עַמֶּךָ.

Bendícenos Padre nuestro, a todos nosotros como uno,
con la luz de Tu Semblante, pues en la luz de Tu Semblante
nos has dado Señor, nuestro Dios,
una Torá de vida y amor a la benevolencia,
justicia, bendición, compasión, vida y paz.
Que ante Tus ojos sea bueno bendecir a todo Tu pueblo Israel,
en todo momento, a toda hora, con Tu paz.
Bendito eres Tú Señor, que bendice a Su pueblo Israel con la paz.

El siguiente versículo finaliza la repetición de la Amidá por parte del oficiante.
Algunos lo recitan como parte de la Amidá silenciosa. Ver ley 368.

Que las palabras de mi boca y la meditación de mi corazón hallen favor ante Ti Señor, mi Fortaleza y mi Redentor. *Sal. 19*

אֱלֹהַי Dios mío, *Berajot 17A*
preserva mi lengua del mal y mis labios de pronunciar engaño.
Que mi alma calle ante quienes me maldicen,
y sea como el polvo para con todos.
Abre mi corazón a Tu Torá y que mi alma persiga Tus preceptos.
Rápidamente deja sin efecto el consejo
y frustra los planes de quienes conspiran contra mí.
Actúa en pos de Tu Nombre, actúa en pos de Tu diestra,
actúa en pos de Tu santidad, actúa en pos de Tu Torá.
Para que Tus amados sean liberados, *Sal. 60*
redime con Tu diestra y respóndeme.
Que las palabras de mi boca y la meditación de mi corazón *Sal. 19*
hallen favor ante Ti Señor, mi Fortaleza y mi Redentor.

Inclinarse, dar tres pasos hacia atrás, entonces inclinarse primero hacia la izquierda y luego hacia la derecha, luego al centro, mientras se dice:

Quien obra la paz en Sus alturas,
haga la paz para nosotros y todo Israel y decid: Amén.

יְהִי רָצוֹן Sea Tu voluntad Señor, Dios nuestro y de nuestros ancestros que el Templo sea reconstruido pronto en nuestros días, que nos concedas nuestra porción en Tu Torá. Allí Te serviremos con temor reverencial como en los días de antaño y los años pretéritos. Entonces las ofrendas de Yehudá y Jerusalém agradarán al Señor como en los días de antaño y los años pretéritos. *Mal. 3*

Tras la repetición de la Amidá por parte del oficiante, el rezo continúa con un Kadish Completo (página 178) seguido por Aleinu (página 180), el Salmo del Día (página 184) y Barjí Nafshí (página 192).

בָּרְכֵנוּ אָבִינוּ כֻּלָּנוּ כְּאֶחָד בְּאוֹר פָּנֶיךָ
כִּי בְאוֹר פָּנֶיךָ נָתַתָּ לָּנוּ יהוה אֱלֹהֵינוּ
תּוֹרַת חַיִּים וְאַהֲבַת חֶסֶד
וּצְדָקָה וּבְרָכָה וְרַחֲמִים וְחַיִּים וְשָׁלוֹם.
וְטוֹב בְּעֵינֶיךָ לְבָרֵךְ אֶת עַמְּךָ יִשְׂרָאֵל
בְּכָל עֵת וּבְכָל שָׁעָה בִּשְׁלוֹמֶךָ.
בָּרוּךְ אַתָּה יהוה, הַמְבָרֵךְ אֶת עַמּוֹ יִשְׂרָאֵל בַּשָּׁלוֹם.

El siguiente versículo finaliza la חזרת הש״ץ *por parte del oficiante. Algunos lo recitan como parte de la* עמידה *silenciosa. Ver ley 368.*

תהלים יט יִהְיוּ לְרָצוֹן אִמְרֵי־פִי וְהֶגְיוֹן לִבִּי לְפָנֶיךָ, יהוה צוּרִי וְגֹאֲלִי:

ברכות יז. אֱלֹהַי
נְצֹר לְשׁוֹנִי מֵרָע וּשְׂפָתַי מִדַּבֵּר מִרְמָה
וְלִמְקַלְלַי נַפְשִׁי תִדֹּם, וְנַפְשִׁי כֶּעָפָר לַכֹּל תִּהְיֶה.
פְּתַח לִבִּי בְּתוֹרָתֶךָ, וּבְמִצְוֹתֶיךָ תִּרְדֹּף נַפְשִׁי.
וְכָל הַחוֹשְׁבִים עָלַי רָעָה מְהֵרָה הָפֵר עֲצָתָם וְקַלְקֵל מַחֲשַׁבְתָּם.
עֲשֵׂה לְמַעַן שְׁמֶךָ, עֲשֵׂה לְמַעַן יְמִינֶךָ
עֲשֵׂה לְמַעַן קְדֻשָּׁתֶךָ, עֲשֵׂה לְמַעַן תּוֹרָתֶךָ.
תהלים ס לְמַעַן יֵחָלְצוּן יְדִידֶיךָ, הוֹשִׁיעָה יְמִינְךָ וַעֲנֵנִי:
תהלים יט יִהְיוּ לְרָצוֹן אִמְרֵי־פִי וְהֶגְיוֹן לִבִּי לְפָנֶיךָ, יהוה צוּרִי וְגֹאֲלִי:

Inclinarse, dar tres pasos hacia atrás, entonces inclinarse primero hacia la izquierda y luego hacia la derecha, luego al centro, mientras se dice:

עֹשֶׂה שָׁלוֹם בִּמְרוֹמָיו
הוּא יַעֲשֶׂה שָׁלוֹם עָלֵינוּ וְעַל כָּל יִשְׂרָאֵל, וְאִמְרוּ אָמֵן.

יְהִי רָצוֹן מִלְּפָנֶיךָ יהוה אֱלֹהֵינוּ וֵאלֹהֵי אֲבוֹתֵינוּ, שֶׁיִּבָּנֶה בֵּית הַמִּקְדָּשׁ בִּמְהֵרָה בְיָמֵינוּ, וְתֵן חֶלְקֵנוּ בְּתוֹרָתֶךָ, וְשָׁם נַעֲבָדְךָ בְּיִרְאָה כִּימֵי עוֹלָם וּכְשָׁנִים קַדְמֹנִיּוֹת.
מלאכי ג וְעָרְבָה לַיהוה מִנְחַת יְהוּדָה וִירוּשָׁלָםִ כִּימֵי עוֹלָם וּכְשָׁנִים קַדְמֹנִיּוֹת:

Tras la חזרת הש״ץ *por parte del* שליח ציבור*, el rezo continúa con* קדיש שלם *(página 179) seguido por* עָלֵינוּ *(página 181),* שיר של יום *(página 185) y* בָּרְכִי נַפְשִׁי *(página 193).*

LA ELIMINACIÓN DEL JAMETZ

En la noche anterior a Pesaj se lleva a cabo en el hogar la búsqueda del jametz, esto es, se revisa para cerciorarse que no se encuentran en la casa productos tales como migas de pan, productos que contienen levadura o alcohol proveniente de la destilación de cereales. Se acostumbra realizar esta búsqueda a la luz de una vela, empero se puede emplear también la de una linterna. Si Pesaj cae en la salida del Shabat, esta búsqueda se lleva a cabo el jueves por la noche. Quienes planean estar fuera de la casa durante la festividad pueden realizar la búsqueda la noche anterior a su partida, pero sin recitar la bendición correspondiente. Antes de iniciar la búsqueda se debe recitar la siguiente bendición:

בָּרוּךְ Bendito eres Tú Señor, nuestro Dios, Rey del universo,
que nos ha santificado con Sus preceptos
y nos ordenó la eliminación del jametz.

Tras la búsqueda se dice:

כָּל חֲמִירָא Que todo jametz o levadura que esté en mi posesión,
que no lo haya visto o eliminado
quede anulado y sea considerado como polvo de la tierra.

A la mañana siguiente, tras la quema del jametz se dice:

כָּל חֲמִירָא Que todo jametz o levadura que esté en mi posesión,
si lo he visto o no, si lo he eliminado o no,
quede anulado y sea considerado como polvo de la tierra.

EIRUV TAVSHILÍN

No se permite cocinar para Shabat cuando un Yom Tov acaece un jueves o viernes a menos que se realice un Eiruv Tavshilín con anterioridad al inicio de la festividad. Este se lleva a cabo tomando un pan o un trozo de matzá junto con un huevo hervido o un trozo de carne o pescado cocidos que habrán de ser consumidos en Shabat. Mientras se sostienen se recita lo siguiente:

בָּרוּךְ Bendito eres Tú Señor, nuestro Dios, Rey del universo,
que nos ha santificado con Sus preceptos
y nos ordenó el precepto del Eiruv.

Por medio de este Eiruv nos sea permitido
hornear, cocinar, aislar alimentos para su cocción, encender la lumbre
y hacer todo lo necesario durante Yom Tov en aras del Shabat,
para nosotros y todos los judíos residentes en esta ciudad.

Para Eiruv Tjumín ver página 322. Por encendido de velas ver página 324.

---

anterior a la búsqueda se refiere a la eliminación mientras que la búsqueda en sí es un medio para alcanzar ese fin. Las dos declaraciones, una realizada por la noche tras la conclusión de la búsqueda y la otra por la mañana tras la

ביעור חמץ

En la noche anterior a פסח *se lleva a cabo en el hogar la búsqueda del* חמץ*, esto es, se revisa para cerciorarse que no se encuentran en la casa productos tales como migas de pan, productos que contienen levadura o alcohol proveniente de la destilación de cereales. Se acostumbra realizar esta búsqueda a la luz de una vela, empero se puede emplear también la de una linterna. Si* פסח *cae en* מוצאי שבת*, esta búsqueda se lleva a cabo el jueves por la noche. Quienes planean estar fuera de la casa durante la festividad pueden realizar la búsqueda la noche anterior a su partida, pero sin recitar la bendición correspondiente. Antes de iniciar la búsqueda se debe recitar la siguiente bendición:*

בָּרוּךְ אַתָּה יהוה אֱלֹהֵינוּ מֶלֶךְ הָעוֹלָם
אֲשֶׁר קִדְּשָׁנוּ בְּמִצְוֹתָיו וְצִוָּנוּ עַל בִּעוּר חָמֵץ.

Tras la búsqueda se dice:

כָּל חֲמִירָא וַחֲמִיעָא דְּאִכָּא בִרְשׁוּתִי, דְּלָא חֲמִתֵּהּ וּדְלָא בִעַרְתֵּהּ לִבְטִיל וְלֶהֱוֵי הֶפְקֵר כְּעַפְרָא דְאַרְעָא.

A la mañana siguiente, tras la quema del חמץ *se dice:*

כָּל חֲמִירָא וַחֲמִיעָא דְּאִכָּא בִרְשׁוּתִי, דַּחֲמִתֵּהּ וּדְלָא חֲמִתֵּהּ דְּבִעַרְתֵּהּ וּדְלָא בִעַרְתֵּהּ, לִבְטִיל וְלֶהֱוֵי הֶפְקֵר כְּעַפְרָא דְאַרְעָא.

עירוב תבשילין

No se permite cocinar para שבת *cuando un* יום טוב *acaece un jueves o viernes a menos que se realice un* עירוב תבשלין *con anterioridad al inicio de la* יום טוב*. Este se lleva a cabo tomando un pan o un trozo de matzá junto con un huevo hervido o un trozo de carne o pescado cocidos que habrán de ser consumidos en* שבת*. Mientras se sostienen se recita lo siguiente:*

בָּרוּךְ אַתָּה יהוה אֱלֹהֵינוּ מֶלֶךְ הָעוֹלָם
אֲשֶׁר קִדְּשָׁנוּ בְּמִצְוֹתָיו וְצִוָּנוּ עַל מִצְוַת עֵרוּב.

בְּדֵין עֵרוּבָא יְהֵא שָׁרֵא לָנָא לְמֵיפָא וּלְבַשָּׁלָא וּלְאַטְמָנָא וּלְאַדְלָקָא שְׁרָגָא וּלְמֶעְבַּד כָּל צָרְכָּנָא מִיּוֹמָא טָבָא לְשַׁבְּתָא, לָנוּ וּלְכָל יִשְׂרָאֵל הַדָּרִים בָּעִיר הַזֹּאת.

Para עירוב תחומין *ver página 323. Por* הדלקת נרות *ver página 325.*

LA BÚSQUEDA DEL JAMETZ

En Pesaj no sólo está prohibido comer productos que hayan leudado, sino que también está prohibido poseerlos (Éxodo 12:29, 13:7). Por esa razón se estableció la búsqueda del jametz la noche anterior al inicio de la festividad. Todos los productos leudados deben ser retirados del hogar (generalmente son eliminados por medio de la quema) a la mañana siguiente. La bendición

Kidush para la Noche de Yom Tov

En Shabat se agrega:

En voz baja: Y fue la tarde y fue la mañana *Gén. 1*

יוֹם הַשִּׁשִּׁי El sexto día

Y quedaron concluidos los cielos y la tierra y todo lo que contienen. *Gén. 2*
Habiendo concluido Dios en el día séptimo
Su obra, que Él había hecho,
cesó en el día séptimo de toda Su creación, que Él había hecho.
Y bendijo Dios al día séptimo y lo consagró,
ya que en él cesó de toda Su obra, que Dios había creado para hacer.

En otras noches el Kidush comienza aquí:

Cuando se recita Kidush para otras personas se agrega:

Prestad atención, Señores míos.

בָּרוּךְ Bendito eres Tú Señor, nuestro Dios, Rey del universo,
creador del fruto de la vid.

En Shabat se debe agregar las palabras que aparecen entre paréntesis.

בָּרוּךְ Bendito eres Tú Señor, nuestro Dios, Rey del universo,
que nos ha escogido entre las naciones,
nos ha encumbrado por sobre toda lengua
y nos ha santificado con Sus preceptos.
Tú nos has dado Señor, nuestro Dios, con amor
(Shabatot para el descanso), festividades y tiempos de regocijo,
(este día de Shabat y) este día de:

Torá y los cuarenta años de travesía por el desierto – que Dios se manifiesta en la historia.

Las bendiciones en la sucá: La bendición de "nos ordenó habitar en la sucá" se recita durante los siete días de la festividad cada vez que comemos en la sucá. La bendición "que nos ha dado vida" se refiere a dos cuestiones: (1) la santidad misma del día en cuestión, y (2) la primera vez que nos sentamos en la sucá. En la primer anoche de la fiesta "que nos ha dado vida" se recita al final de modo tal que puede referirse a ambas cuestiones. En la segunda noche ya no aplica al acto de habitar la sucá ya que no es la primera vez que esto se hace. Por ello, se recita inmediatamente después del Kidush ya que aplica únicamente a la santidad del día.

קידוש לליל שלוש רגלים

En שבת *se agrega:*

בראשית א

En voz baja וַיְהִי־עֶרֶב וַיְהִי־בֹקֶר

יוֹם הַשִּׁשִּׁי:

בראשית ב

וַיְכֻלּוּ הַשָּׁמַיִם וְהָאָרֶץ וְכָל־צְבָאָם:

וַיְכַל אֱלֹהִים בַּיּוֹם הַשְּׁבִיעִי מְלַאכְתּוֹ אֲשֶׁר עָשָׂה

וַיִּשְׁבֹּת בַּיּוֹם הַשְּׁבִיעִי מִכָּל־מְלַאכְתּוֹ אֲשֶׁר עָשָׂה:

וַיְבָרֶךְ אֱלֹהִים אֶת־יוֹם הַשְּׁבִיעִי, וַיְקַדֵּשׁ אֹתוֹ

כִּי בוֹ שָׁבַת מִכָּל־מְלַאכְתּוֹ, אֲשֶׁר־בָּרָא אֱלֹהִים, לַעֲשׂוֹת:

En otras noches el קידוש *comienza aquí:*

Cuando se recita קידוש *para otras personas se agrega:*

סַבְרִי מָרָנָן

בָּרוּךְ אַתָּה יהוה אֱלֹהֵינוּ מֶלֶךְ הָעוֹלָם, בּוֹרֵא פְּרִי הַגָּפֶן.

En שבת *se debe agregar las palabras que aparecen entre paréntesis.*

בָּרוּךְ אַתָּה יהוה אֱלֹהֵינוּ מֶלֶךְ הָעוֹלָם

אֲשֶׁר בָּחַר בָּנוּ מִכָּל עָם

וְרוֹמְמָנוּ מִכָּל לָשׁוֹן, וְקִדְּשָׁנוּ בְּמִצְוֹתָיו

וַתִּתֶּן לָנוּ יהוה אֱלֹהֵינוּ בְּאַהֲבָה

(שַׁבָּתוֹת לִמְנוּחָה וּ) מוֹעֲדִים לְשִׂמְחָה

חַגִּים וּזְמַנִּים לְשָׂשׂוֹן, אֶת יוֹם (הַשַּׁבָּת הַזֶּה וְאֶת יוֹם)

---

eliminación, constituyen la anulación legal y el renunciamiento a la propiedad de cualquier resto de *jametz*.

KIDUSH PARA YOM TOV

Al igual que en la Amidá (el rezo que se realiza de pie y en silencio), el énfasis en la idea del pueblo elegido significa que fue a través de los eventos épicos de la historia judía evocados en las festividades – el éxodo, la entrega de la

En Pesaj: Fiesta de las Matzot, tiempo de nuestra libertad

En Shavu'ot Fiesta de Shavu'ot, tiempo de la entrega de nuestra Torá

En Sucot: Fiesta de Sucot, tiempo de nuestra alegría

En Sheminí Atzeret & Simjat Torá: Fiesta de Sheminí Atzeret, tiempo de nuestra alegría

(con amor), sagrada convocatoria,
recordatorio de la salida de Egipto.
Pues nos has escogido y santificado de entre todas las naciones,
y nos concediste en heredad
(Tu sagrado Shabat con amor y benevolencia y) Tus sagradas festividades
para la alegría y el regocijo.
Bendito eres Tú SEÑOR,
que santifica (el Shabat,) a Israel y las festividades.

En Motzaei Shabat se agrega la siguiente Havdalá:

בָּרוּךְ Bendito eres Tú SEÑOR, nuestro Dios, Rey del universo,
creador de los fulgores del fuego.

Bendito eres Tú SEÑOR, nuestro Dios, Rey del universo que diferencia entre lo santo y lo profano, entre la luz y la oscuridad, entre Israel y las naciones, entre el séptimo día y los seis días del quehacer. Entre la santidad del Shabat y la de las festividades, y santificaste el séptimo día por sobre los seis días de trabajo, distinguiste y santificaste a Tu pueblo Israel con Tu Santidad. Bendito eres Tú SEÑOR, que diferencia lo sagrado de lo sagrado.

En Sucot se recita la siguiente bendición. En la primera noche de la festividad se recita antes de la bendición de "Shehejeianu" o "que nos ha dado vida", en la segunda noche tras esta (algunas personas la recitan después ambas noches).

בָּרוּךְ Bendito eres Tú SEÑOR, nuestro Dios, Rey del universo,
que nos ha santificado con Sus preceptos
y nos ordenó habitar en la sucá.

La siguiente bendición es omitida en las últimas dos noches de Pesaj (en Israel la última noche).

בָּרוּךְ Bendito eres Tú SEÑOR, nuestro Dios, Rey del universo
que nos ha dado vida, nos sostuvo
y nos ha permitido llegar a este momento.

Se acostumbra que todos los presentes beban del vino.

בפסח: חַג הַמַּצּוֹת הַזֶּה, זְמַן חֵרוּתֵנוּ

בשבועות: חַג הַשָּׁבוּעוֹת הַזֶּה, זְמַן מַתַּן תּוֹרָתֵנוּ

בסוכות: חַג הַסֻּכּוֹת הַזֶּה, זְמַן שִׂמְחָתֵנוּ

בשמע״צ ובש״ת: הַשְּׁמִינִי חַג הָעֲצֶרֶת הַזֶּה, זְמַן שִׂמְחָתֵנוּ

(בְּאַהֲבָה) מִקְרָא קֹדֶשׁ, זֵכֶר לִיצִיאַת מִצְרָיִם
כִּי בָנוּ בָחַרְתָּ וְאוֹתָנוּ קִדַּשְׁתָּ מִכָּל הָעַמִּים (וְשַׁבָּת)
וּמוֹעֲדֵי קָדְשְׁךָ (בְּאַהֲבָה וּבְרָצוֹן)
בְּשִׂמְחָה וּבְשָׂשׂוֹן הִנְחַלְתָּנוּ.
בָּרוּךְ אַתָּה יהוה, מְקַדֵּשׁ (הַשַּׁבָּת וְ) יִשְׂרָאֵל וְהַזְּמַנִּים.

En מוצאי שבת *se agrega la siguiente* הבדלה*:*

בָּרוּךְ אַתָּה יהוה אֱלֹהֵינוּ מֶלֶךְ הָעוֹלָם
בּוֹרֵא מְאוֹרֵי הָאֵשׁ.

בָּרוּךְ אַתָּה יהוה אֱלֹהֵינוּ מֶלֶךְ הָעוֹלָם, הַמַּבְדִּיל בֵּין קֹדֶשׁ לְחֹל, בֵּין אוֹר לְחֹשֶׁךְ, בֵּין יִשְׂרָאֵל לָעַמִּים, בֵּין יוֹם הַשְּׁבִיעִי לְשֵׁשֶׁת יְמֵי הַמַּעֲשֶׂה. בֵּין קְדֻשַּׁת שַׁבָּת לִקְדֻשַּׁת יוֹם טוֹב הִבְדַּלְתָּ, וְאֶת יוֹם הַשְּׁבִיעִי מִשֵּׁשֶׁת יְמֵי הַמַּעֲשֶׂה קִדַּשְׁתָּ, הִבְדַּלְתָּ וְקִדַּשְׁתָּ אֶת עַמְּךָ יִשְׂרָאֵל בִּקְדֻשָּׁתֶךָ. בָּרוּךְ אַתָּה יהוה, הַמַּבְדִּיל בֵּין קֹדֶשׁ לְקֹדֶשׁ.

En סוכות *se recita la siguiente bendición.*
En la primera noche de la festividad se recita antes de la bendición de שֶׁהֶחֱיָנוּ*,*
en la segunda noche tras esta (algunas personas la recitan después ambas noches).

בָּרוּךְ אַתָּה יהוה אֱלֹהֵינוּ מֶלֶךְ הָעוֹלָם
אֲשֶׁר קִדְּשָׁנוּ בְּמִצְוֹתָיו וְצִוָּנוּ לֵישֵׁב בַּסֻּכָּה.

La siguiente bendición es omitida en las últimas dos noches
de פסח *(en* ארץ ישראל *la última noche).*

בָּרוּךְ אַתָּה יהוה אֱלֹהֵינוּ מֶלֶךְ הָעוֹלָם
שֶׁהֶחֱיָנוּ וְקִיְּמָנוּ וְהִגִּיעָנוּ לַזְּמַן הַזֶּה.

Se acostumbra que todos los presentes beban del vino.

Plegaria al ingresar a la Sucá

הֲרֵינִי He aquí que estoy preparado y listo para cumplir el precepto de la sucá, tal como me lo ordenó el Creador Bendito Es Su Nombre. "En las cabañas habitaréis siete días, todos los nativos de Israel, habrán de habitar en las cabañas. A fin de que tengan conocimiento vuestras generaciones que, en cabañas Yo he hecho habitar a los hijos de Israel cuando Yo los saqué de la tierra de Egipto". *Lev. 23*

Sentaos, sentaos elevados invitados. Sentaos, sentaos sagrados invitados. Sentaos, sentaos fidedignos invitados. Meritoria es la porción de Israel, tal como está escrito: "Ya que la parte del SEÑOR es Su pueblo, Ya´akov es la porción de Su heredad". *Deut. 32*

Sea Tu voluntad SEÑOR, Dios mío y de mis ancestros que Tu Divina Presencia repose entre nosotros, y extiendas sobre nosotros Tu sucá de paz, por el mérito de este precepto que nosotros cumplimos para unificar el Nombre del Santo Bendito Él y Su Divina Presencia, con temor y con amor, para unificar el Nombre *Yud-Heh* y *Vav-Heh* en perfecta unidad en nombre de todo Israel. Que Tú la rodees con el resplandor de Tu gloria sagrada y pura, que penda sobre las cabezas cual águila que aletea sobre su nido, y de allí que fluya vida abundante sobre Tu siervo (*nombre del hijo*, hijo de *el nombre de la madre* Tu sierva) y en mérito de haber salido de mi casa y correr tras Tus preceptos que se me considere como si hubiese deambulado largamente. Límpiame completamente de mis transgresiones y purifícame de mis pecados. Que Tus oídos estén atentos a la abundante bendición de los elevados y fidedignos invitados, y dispensa Tu pan y Tu agua genuinos a los hambrientos y sedientos, concédeme el mérito de sentarme a la sombra de Tu protección el día que fallezca, protegido de la corriente y la lluvia, cuando hagas llover carbones ardientes sobre los malvados. Que este precepto de la sucá que cumplo lo consideres como si lo hubiese realizado con todos sus detalles y condiciones junto a todos los mandamientos a este vinculados, que Tu sellado final sea benevolente para con nosotros y nos concedas el mérito de sentarnos numerosos días sobre la tierra sagrada, sirviéndote y temiéndote. Bendito sea el SEÑOR por siempre. Amén y Amén. *Sal. 89*

Israel cuando Yo los saqué de la tierra de Egipto; Yo soy el SEÑOR vuestro Dios" (Lev. 23:43). Esta meditación, que es recitada en la primera noche de Sucot, pone énfasis en la naturaleza de la sucá como símbolo de la presencia protectora de Dios.

תפילה כשנכנסין לסוכה

ויקרא כג הֲרֵינִי מוּכָן וּמְזֻמָּן לְקַיֵּם מִצְוַת סֻכָּה, כַּאֲשֶׁר צִוַּנִי הַבּוֹרֵא יִתְבָּרַךְ שְׁמוֹ: בַּסֻּכֹּת תֵּשְׁבוּ שִׁבְעַת יָמִים, כָּל־הָאֶזְרָח בְּיִשְׂרָאֵל יֵשְׁבוּ בַּסֻּכֹּת: לְמַעַן יֵדְעוּ דֹרֹתֵיכֶם, כִּי בַסֻּכּוֹת הוֹשַׁבְתִּי אֶת־בְּנֵי יִשְׂרָאֵל, בְּהוֹצִיאִי אוֹתָם מֵאֶרֶץ מִצְרָיִם:

תִּיבוּ תִּיבוּ אֻשְׁפִּיזִין עִלָּאִין, תִּיבוּ תִּיבוּ אֻשְׁפִּיזִין קַדִּישִׁין, תִּיבוּ תִּיבוּ
דברים לב אֻשְׁפִּיזִין דִּמְהֵימְנוּתָא. זַכָּאָה חֻלְקְהוֹן דְּיִשְׂרָאֵל, דִּכְתִיב: כִּי חֵלֶק יהוה עַמּוֹ, יַעֲקֹב חֶבֶל נַחֲלָתוֹ:

יְהִי רָצוֹן מִלְּפָנֶיךָ יהוה אֱלֹהַי וֵאלֹהֵי אֲבוֹתַי, שֶׁתַּשְׁרֶה שְׁכִינָתְךָ בֵּינֵינוּ, וְתִפְרֹס עָלֵינוּ סֻכַּת שְׁלוֹמֶךָ, בִּזְכוּת מִצְוַת סֻכָּה שֶׁאֲנַחְנוּ מְקַיְּמִין לְיַחֲדָא שְׁמָא דְקֻדְשָׁא בְּרִיךְ הוּא וּשְׁכִינְתֵּהּ בִּדְחִילוּ וּרְחִימוּ, לְיַחֲדָא שֵׁם י״ה בו״ה בְּיִחוּדָא שְׁלִים בְּשֵׁם כָּל יִשְׂרָאֵל, וּלְהַקִּיף אוֹתָהּ מִזִּיו כְּבוֹדְךָ הַקָּדוֹשׁ וְהַטָּהוֹר, נָטוּי עַל רָאשֵׁיהֶם מִלְמַעְלָה כְּנֶשֶׁר יָעִיר קִנּוֹ, וּמִשָּׁם יַשְׁפִּיעַ שֶׁפַע הַחַיִּים לְעַבְדְּךָ (פלוני בֶּן פלונית) אֲמָתֶךָ. וּבִזְכוּת צֵאתִי מִבֵּיתִי הַחוּצָה וְדֶרֶךְ מִצְוֹתֶיךָ אָרוּצָה, יֵחָשֵׁב לִי זֹאת כְּאִלּוּ הִרְחַקְתִּי נְדוֹד, וְהֶרֶב כַּבְּסֵנִי מֵעֲוֹנִי וּמֵחַטָּאתִי טַהֲרֵנִי, וּמֵאֻשְׁפִּיזִין עִלָּאִין אֻשְׁפִּיזִין דִּמְהֵימְנוּתָא תִּהְיֶינָה אָזְנֶיךָ קַשֻּׁבוֹת רַב בְּרָכוֹת, וְלָרְעֵבִים גַּם צְמֵאִים תֵּן לַחְמָם וּמֵימָם הַנֶּאֱמָנִים, וְתִתֶּן לִי זְכוּת לָשֶׁבֶת וְלַחֲסוֹת בְּסֵתֶר צֵל כְּנָפֶיךָ בְּעֵת פְּטִירָתִי מִן הָעוֹלָם, וְלַחֲסוֹת מִזֶּרֶם וּמִמָּטָר, כִּי תַמְטִיר עַל רְשָׁעִים פַּחִים. וּתְהֵא חֲשׁוּבָה מִצְוַת סֻכָּה זוֹ שֶׁאֲנִי מְקַיֵּם, כְּאִלּוּ קִיַּמְתִּיהָ בְּכָל פְּרָטֶיהָ וְדִקְדּוּקֶיהָ וּתְנָאֶיהָ וְכָל מִצְוֹת הַתְּלוּיוֹת בָּהּ. וְתֵיטִיב לָנוּ הַחֲתִימָה, וּתְזַכֵּנוּ לֵישֵׁב יָמִים רַבִּים עַל הָאֲדָמָה אַדְמַת קֹדֶשׁ, בַּעֲבוֹדָתְךָ
תהלים פט וּבְיִרְאָתֶךָ. בָּרוּךְ יהוה לְעוֹלָם אָמֵן וְאָמֵן:

PLEGARIA AL INGRESAR A LA SUCÁ

Las meditaciones previas al cumplimiento de preceptos son especialmente importantes cuando uno de los componentes esenciales de la mitzvá es su contenido simbólico (por ejemplo, el tzitzit sirve como recordatorio de la totalidad de la vida de cumplimiento de preceptos, y el tefilín nos recuerda el vínculo de amor existente entre nosotros y Dios). La Torá menciona el simbolismo de la sucá de manera explícita: "A fin de que tengan conocimiento vuestras generaciones que en cabañas Yo he hecho habitar a los hijos de

Al ingresar a la sucá y antes de recitar el Kidush, muchos acostumbran dar la bienvenida a los "invitados" del pasado bíblico, quienes habrán de sumarse cuando nos sentamos en la sucá.

אֻזְמִין Invito a mi comida a los enaltecidos invitados
Abraham, Ytzjak, Ya'akov, Yosef, Moshé Aharón y David.

En el primer día se dice Te ruego, Abraham, sublime invitado,
que se sienten conmigo y contigo todos los excelsos huéspedes
Ytzjak, Ya'akov, Yosef, Moshé, Aharón y David.

En el segundo día se dice Te ruego, Ytzjak, sublime invitado,
que se sienten conmigo y contigo todos los excelsos huéspedes
Abraham, Ya'akov, Yosef, Moshé, Aharón y David.

En el tercer día se dice Te ruego, Ya'akov, sublime invitado,
que se sienten conmigo y contigo todos los excelsos huéspedes
Abraham, Ytzjak, Yosef, Moshé, Aharón y David.

En el cuarto día se dice Te ruego, Yosef, sublime invitado,
que se sienten conmigo y contigo todos los excelsos huéspedes
Abraham, Ytzjak, Ya'akov, Moshé, Aharón y David.

En el quinto día se dice Te ruego, Moshé, sublime invitado,
que se sienten conmigo y contigo todos los excelsos huéspedes
Abraham, Ytzjak, Ya'akov, Yosef, Aharón y David.

En el sexto día se dice Te ruego, Aharón, sublime invitado,
que se sienten conmigo y contigo todos los excelsos huéspedes
Abraham, Ytzjak, Ya'akov, Yosef, Moshé y David.

En Hoshaná Rabá se dice Te ruego, David, sublime invitado,
que se sienten conmigo y contigo todos los excelsos huéspedes
Abraham, Ytzjak, Ya'akov, Yosef, Moshé y Aharón.

El último día de Sucot, al abandonar la sucá se dice:

Sea Tu voluntad SEÑOR, Dios nuestro y de nuestros ancestros,
que así como cumplí el precepto y habité en esta sucá,
que tenga el año próximo el mérito de habitar una sucá
hecha con la piel de Leviatán.

Presencia" (Shabat 127A). Es preceptivo invitar huéspedes a la sucá, especialmente a personas pobres o solitarias, cumpliendo así con el mandato de la Torá de regocijarse en las festividades junto "al extranjero, el huérfano y la viuda que se encuentran en tu seno" (Deuteronomio 16:14, ver Maimónides, Leyes de las Festividades 6:18). *Piel de Leviatán*: Es una referencia a lo dicho por el Talmud que, en el final de los días, Dios erigirá para los justos una sucá de piel de Leviatán (*Bava Batra* 75A).

Al ingresar a la סוכה *y antes de recitar el* קידוש*, muchos acostumbran dar la bienvenida a los "invitados" del pasado bíblico, quienes habrán de sumarse cuando nos sentamos en la* סוכה*.*

אֲזַמִּין לִסְעוּדָתִי אֻשְׁפִּיזִין עִלָּאִין
אַבְרָהָם יִצְחָק יַעֲקֹב יוֹסֵף מֹשֶׁה אַהֲרֹן וְדָוִד.

On the first day
בְּמָטוּ מִנָּךְ אַבְרָהָם אֻשְׁפִּיזִי עִלָּאִי דְּיֵתְבוּ עִמִּי
וְעִמָּךְ כָּל אֻשְׁפִּיזֵי עִלָּאֵי: יִצְחָק יַעֲקֹב יוֹסֵף מֹשֶׁה אַהֲרֹן וְדָוִד.

On the second day
בְּמָטוּ מִנָּךְ יִצְחָק אֻשְׁפִּיזִי עִלָּאִי דְּיֵתְבוּ עִמִּי
וְעִמָּךְ כָּל אֻשְׁפִּיזֵי עִלָּאֵי: אַבְרָהָם יַעֲקֹב יוֹסֵף מֹשֶׁה אַהֲרֹן וְדָוִד.

On the third day
בְּמָטוּ מִנָּךְ יַעֲקֹב אֻשְׁפִּיזִי עִלָּאִי דְּיֵתְבוּ עִמִּי
וְעִמָּךְ כָּל אֻשְׁפִּיזֵי עִלָּאֵי: אַבְרָהָם יִצְחָק יוֹסֵף מֹשֶׁה אַהֲרֹן וְדָוִד.

On the fourth day
בְּמָטוּ מִנָּךְ יוֹסֵף אֻשְׁפִּיזִי עִלָּאִי דְּיֵתְבוּ עִמִּי
וְעִמָּךְ כָּל אֻשְׁפִּיזֵי עִלָּאֵי: אַבְרָהָם יִצְחָק יַעֲקֹב מֹשֶׁה אַהֲרֹן וְדָוִד.

On the fifth day
בְּמָטוּ מִנָּךְ מֹשֶׁה אֻשְׁפִּיזִי עִלָּאִי דְּיֵתְבוּ עִמִּי
וְעִמָּךְ כָּל אֻשְׁפִּיזֵי עִלָּאֵי: אַבְרָהָם יִצְחָק יַעֲקֹב יוֹסֵף אַהֲרֹן וְדָוִד.

On the sixth day
בְּמָטוּ מִנָּךְ אַהֲרֹן אֻשְׁפִּיזִי עִלָּאִי דְּיֵתְבוּ עִמִּי
וְעִמָּךְ כָּל אֻשְׁפִּיזֵי עִלָּאֵי: אַבְרָהָם יִצְחָק יַעֲקֹב יוֹסֵף מֹשֶׁה וְדָוִד.

On הושענא רבה
בְּמָטוּ מִנָּךְ דָּוִד אֻשְׁפִּיזִי עִלָּאִי דְּיֵתְבוּ עִמִּי
וְעִמָּךְ כָּל אֻשְׁפִּיזֵי עִלָּאֵי: אַבְרָהָם יִצְחָק יַעֲקֹב יוֹסֵף מֹשֶׁה וְאַהֲרֹן.

El último día de סוכות*, al abandonar la* סוכה *se dice:*

יְהִי רָצוֹן מִלְּפָנֶיךָ יהוה אֱלֹהֵינוּ וֵאלֹהֵי אֲבוֹתֵינוּ
כְּשֵׁם שֶׁקִּיַּמְתִּי וְיָשַׁבְתִּי בְּסֻכָּה זוֹ
כֵּן אֶזְכֶּה לַשָּׁנָה הַבָּאָה לֵישֵׁב בְּסֻכַּת עוֹרוֹ שֶׁל לִוְיָתָן.

Ushpizín, es la palabra aramea para huésped o invitado y refleja la tradición mística según la cual en Sucot visitan la sucá siete grandes personajes bíblicos desde Abraham hasta David y se sientan junto a nosotros, un huésped diferente cada noche. Cada una de estas figuras bíblicas sufrió algún tipo de exilio pasando de su casa a un alojamiento temporario. Al habitar la sucá recordamos su suerte, su fe y la continuidad de la travesía judía. Además, nos recordamos a nosotros mismos la importancia de la hospitalidad, tal como dijeran nuestros sabios, que "es más importante que acudir a la Divina

Kidush para la Mañana de Yom Tov

En Shabat Jol HaMo'ed pasar a la página 600.

Cuando Yom Tov cae en Shabat el Kidush comienza aquí:

וְשָׁמְרוּ Habrán de guardar los hijos de Israel el Shabat, para observar el Shabat por sus generaciones, por Pacto eterno. Entre Mí y los hijos de Israel es un signo para la eternidad. Ya que en seis días el SEÑOR hizo los cielos y la tierra, mas en el día séptimo cesó de toda labor y reposó. *Éx. 31*

זָכוֹר Recuerda el día de Shabat, para consagrarlo. Seis días trabajarás y harás todas tus tareas. Empero el día séptimo es Shabat, para el SEÑOR tu Dios; no harás trabajo alguno, ni tú ni tu hijo ni tu hija, ni tu siervo ni tu sierva, ni tu bestia, ni el extranjero que mora en tus ciudades. Pues en seis días hizo el SEÑOR los cielos y la tierra, el mar y todo lo que ellos contienen y reposó en el día séptimo. *Éx. 20*

Cuando Yom Tov cae en Shabat algunos comienzan el Kidush aquí:

Por eso bendijo el SEÑOR el día de Shabat y lo consagró.

Cuando Yom Tov cae en días de semana se comienza aquí:

אֵלֶּה Estos son las festividades señaladas por el SEÑOR, *Lev. 23*
días de convocatorias sagradas,
las que habréis de proclamar en su tiempo indicado.
Y Moshé declaró las festividades del SEÑOR a los hijos de Israel.

Al recitar Kidush para otras personas agregar:
Prestad atención, Señores míos.

בָּרוּךְ Bendito eres Tú SEÑOR, nuestro Dios, Rey del universo,
creador del fruto de la vid.

En Sucot: בָּרוּךְ Bendito eres Tú SEÑOR, nuestro Dios, Rey del universo,
que nos ha santificado con Sus preceptos
y nos ordenó habitar en la sucá.

---

(2) Tiempos en los cuales la comunidad es convocada a reunirse en oración y celebración (Najmánides). (3) Días sagrados cuya fecha es determinada por la proclamación de una corte terrenal (Rashbam). (4) Tiempos cuya fecha es dada a conocer a toda la nación por medio de mensajeros u otras señales establecidas por las cortes (Abrabanel). (5) Días en los que es como si nuestra alma nos convocase a la santidad (Rabí Ya'akov Tzví Mecklenburg).

קידושא רבה לשלוש רגלים

En שבת חול המועד *pasar a la página 601.*

Cuando יום טוב *cae en* שבת *el* קידוש *comienza aquí:*

שמות לא וְשָׁמְרוּ בְנֵי־יִשְׂרָאֵל אֶת־הַשַּׁבָּת, לַעֲשׂוֹת אֶת־הַשַּׁבָּת לְדֹרֹתָם בְּרִית
עוֹלָם: בֵּינִי וּבֵין בְּנֵי יִשְׂרָאֵל אוֹת הִוא לְעֹלָם, כִּי־שֵׁשֶׁת יָמִים עָשָׂה
יהוה אֶת־הַשָּׁמַיִם וְאֶת־הָאָרֶץ וּבַיּוֹם הַשְּׁבִיעִי שָׁבַת וַיִּנָּפַשׁ:

שמות כ זָכוֹר אֶת־יוֹם הַשַּׁבָּת לְקַדְּשׁוֹ: שֵׁשֶׁת יָמִים תַּעֲבֹד, וְעָשִׂיתָ כָּל־מְלַאכְתֶּךָ:
וְיוֹם הַשְּׁבִיעִי שַׁבָּת לַיהוה אֱלֹהֶיךָ, לֹא־תַעֲשֶׂה כָל־מְלָאכָה אַתָּה
וּבִנְךָ וּבִתֶּךָ, עַבְדְּךָ וַאֲמָתְךָ וּבְהֶמְתֶּךָ, וְגֵרְךָ אֲשֶׁר בִּשְׁעָרֶיךָ: כִּי שֵׁשֶׁת־
יָמִים עָשָׂה יהוה אֶת־הַשָּׁמַיִם וְאֶת־הָאָרֶץ אֶת־הַיָּם וְאֶת־כָּל־אֲשֶׁר־בָּם,
וַיָּנַח בַּיּוֹם הַשְּׁבִיעִי

Cuando יום טוב *cae en* שבת *algunos comienzan el* קידוש *aquí:*

עַל־כֵּן בֵּרַךְ יהוה אֶת־יוֹם הַשַּׁבָּת וַיְקַדְּשֵׁהוּ:

Cuando יום טוב *cae en días de semana se comienza aquí:*

ויקרא כג אֵלֶּה מוֹעֲדֵי יהוה מִקְרָאֵי קֹדֶשׁ אֲשֶׁר־תִּקְרְאוּ אֹתָם בְּמוֹעֲדָם:
וַיְדַבֵּר מֹשֶׁה אֶת־מֹעֲדֵי יהוה אֶל־בְּנֵי יִשְׂרָאֵל:

Al recitar קידוש *para otras personas agregar:*

סַבְרִי מָרָנָן

בָּרוּךְ אַתָּה יהוה אֱלֹהֵינוּ מֶלֶךְ הָעוֹלָם, בּוֹרֵא פְּרִי הַגָּפֶן.

בסוכות: בָּרוּךְ אַתָּה יהוה אֱלֹהֵינוּ מֶלֶךְ הָעוֹלָם
אֲשֶׁר קִדְּשָׁנוּ בְּמִצְוֹתָיו וְצִוָּנוּ לֵישֵׁב בַּסֻּכָּה.

Al igual que en Shabat, el Kidush matutino de Yom Tov esencialmente consiste únicamente en la bendición por el vino ya que la bendición por el día se realizó la noche anterior. A modo de prefacio, se emplean dos versículos extraídos del comienzo y del final del pasaje que menciona las festividades en el capítulo 23 del Levítico. El concepto "Mikraei Kodesh" o "convocatorias sagradas" pueden significar: (1) Tiempos cuya santidad es proclamada por la ingesta festiva de bebida, alimento o la vestimenta del día (Sifra).

Las Tres Festividades

En víspera de Yom Tov el rezo de Minjá comienza en la página 224. En Shabat de Jol HaMo'ed o cuando Yom Tov cae en Shabat, Ma'ariv comienza con Salmos 92 en la página 342.

Cuando Yom Tov cae en día de semana, Ma'ariv comienza con Barjú en la página 352; cuando Jol HaMo'ed cae en día de semana Ma'ariv comienza con "Él es compasivo" en la página 260.

La siguiente Amidá se recita en Shajarit, Minjá y Ma'ariv de los Yamim Tovim de Pesaj, Shavu'ot, Sucot, Sheminí Atzeret y Simjat Torá mas no en Jol HaMo'ed.

AMIDÁ PARA SHAJARIT, MINJÁ Y MA'ARIV

El siguiente rezo hasta "años pretéritos" en la página 814 lo recitamos en silencio, parados con los pies juntos. Si hubiera minián, el oficiante repite en voz alta la Amidá, salvo en la oración de Ma'ariv. Se dan tres pasos hacia adelante y en los sitios marcados con ▾ se debe flexionar las rodillas en la primera palabra, inclinarse en la segunda y erguirse nuevamente de inmediato antes de pronunciar el Nombre de Dios.

En Minjá: Porque he de invocar el Nombre del Señor, ensalzad a nuestro Dios. *Deut. 32*

Señor, abre mis labios para que mi boca pronuncie Tu alabanza. *Sal. 51*

PATRIARCAS

▾בָּרוּךְ Bendito eres Tú Señor,
Dios nuestro y de nuestros ancestros,
Dios de Abraham, Dios de Ytzjak y Dios de Ya'akov,
Dios grande, poderoso y maravilloso, Señor supremo,
que prodiga generosamente y es El Creador de todo lo existente,
Quien recuerda la gracia de los ancestros
y traerá al Redentor para los hijos de sus hijos
en aras de Su Nombre con amor.
Rey que ayuda, redime y protege.
▾Bendito eres Tú Señor, Escudo de Abraham.

PODER DE DIOS

אַתָּה גִּבּוֹר Señor, Tú eres eternamente poderoso,
Tú revives a los muertos y tienes gran poder de salvación.

Desde Minjá de Sheminí Atzeret hasta Shajarit del primer día de Pesaj (Ver leyes 129–131):

Hace soplar el viento y descender la lluvia.

En Israel, en otras festividades:

Hace descender el rocío.

שלוש רגלים

En ערב יום טוב *el rezo de* מנחה *comienza en la página 225. En* שבת חול המועד *o cuando* יום טוב *cae en* שבת, מעריב *comienza con* מִזְמוֹר שִׁיר *en la página 343.*

Cuando יום טוב *cae en día de semana,* מעריב *comienza con* בָּרְכוּ *en la página 353; cuando* חול המועד *cae en día de semana* מעריב *comienza con* וְהוּא רַחוּם *en la página 261.*

La siguiente עמידה *se recita en* שחרית, מנחה *y* מעריב *de los* ימים טובים *de* פסח, שבועות, סוכות, שמיני עצרת *y* שמחת תורה *mas no en* חול המועד.

עמידה לשחרית, מנחה ומעריב

El siguiente rezo hasta קַדְמֹנִיּוֹת *en la página 815 lo recitamos en silencio, parados con los pies juntos. Si hubiera* מנין, *el* שליח ציבור *repite en voz alta la* עמידה, *salvo en la oración de* מעריב. *Se dan tres pasos hacia adelante y en los sitios marcados con* ▾ *se debe flexionar las rodillas en la primera palabra, inclinarse en la segunda y erguirse nuevamente de inmediato antes de pronunciar el Nombre de Dios.*

דברים לב — למנחה: כִּי שֵׁם יהוה אֶקְרָא, הָבוּ גֹדֶל לֵאלֹהֵינוּ:

תהלים נא — אֲדֹנָי, שְׂפָתַי תִּפְתָּח, וּפִי יַגִּיד תְּהִלָּתֶךָ:

אבות

▾בָּרוּךְ אַתָּה יהוה, אֱלֹהֵינוּ וֵאלֹהֵי אֲבוֹתֵינוּ
אֱלֹהֵי אַבְרָהָם, אֱלֹהֵי יִצְחָק, וֵאלֹהֵי יַעֲקֹב
הָאֵל הַגָּדוֹל הַגִּבּוֹר וְהַנּוֹרָא, אֵל עֶלְיוֹן
גּוֹמֵל חֲסָדִים טוֹבִים, וְקוֹנֵה הַכֹּל, וְזוֹכֵר חַסְדֵי אָבוֹת
וּמֵבִיא גוֹאֵל לִבְנֵי בְנֵיהֶם לְמַעַן שְׁמוֹ בְּאַהֲבָה.
מֶלֶךְ עוֹזֵר וּמוֹשִׁיעַ וּמָגֵן.
▾בָּרוּךְ אַתָּה יהוה, מָגֵן אַבְרָהָם.

גבורות

אַתָּה גִּבּוֹר לְעוֹלָם, אֲדֹנָי
מְחַיֵּה מֵתִים אַתָּה, רַב לְהוֹשִׁיעַ

Desde מנחה *de* שמיני עצרת *hasta Shajarit del primer día de* פסח *(Ver leyes 129–131):*

מַשִּׁיב הָרוּחַ וּמוֹרִיד הַגֶּשֶׁם

En ארץ ישראל, *en otros* חגים:

מוֹרִיד הַטָּל

Sostiene con benevolencia a todos los seres vivos,
revive a los muertos con gran misericordia,
da soporte a quienes se caen, cura a los enfermos,
libera a los prisioneros
y cumple Su promesa con quienes yacen ya en la tierra.
¿Quién es como Tú Todopoderoso? ¿Quién se Te puede asemejar?
Rey que quita la vida y la restaura y hace brotar la Redención.
Eres fiel en revivir a los muertos.
Bendito eres Tú Señor, que revive a los muertos.

Durante el rezo en voz baja continúe en "Tú eres santo" en la página siguiente.
Durante la repetición de Minjá por parte del oficiante
continúe con la Kedushá en la página siguiente.

KEDUSHÁ DE SHAJARIT

Durante la repetición del rezo por parte del oficiante, se recita aquí de pie el siguiente pasaje. En los sitios marcados con ▴ quien reza debe elevarse levemente en puntas de pie.

La congregación y luego el oficiante:

נְקַדֵּשׁ Santificaremos Tu Nombre en el mundo tal como lo consagran en las alturas, como ha sido escrito por Tu profeta: "y un ángel daba voces al otro diciendo: *Is. 6*

La congregación y luego el oficiante:

▴Santo, ▴Santo, ▴Santo, Señor de las Huestes Celestiales, toda la tierra está llena de Su gloria". Entonces con un sonido de un gran estruendo, majestuoso y poderoso, hacen escuchar una voz, elevándose hacia los Serafim. Quienes están frente a ellos dicen: "Bendita".

La congregación y luego el oficiante:

▴"Bendita es la gloria del Señor desde Su sitial". *Ezeq. 3*

Desde Tu sitial, Rey nuestro, aparece y reina sobre nosotros pues Te estamos aguardando. ¿Cuándo reinarás en Sion? Reside allí por siempre prontamente en nuestros días. Serás magnificado y santificado en medio de Tu ciudad Jerusalém, de generación en generación para siempre. Que nuestros ojos contemplen Tu reinado, tal como fue expresado en los cánticos de Tu esplendor, por medio de David Tu justo ungido:

La congregación y luego el oficiante:

▴"El Señor reinará por siempre, tu Dios Sion, de generación en generación, ¡Aleluyá!" *Sal. 146*

Oficiante:

De generación en generación declararemos Tu grandeza, y por toda la eternidad proclamaremos Tu Santidad, y Tu alabanza Dios nuestro no se apartará de nuestros labios jamás, pues Tú eres el Rey grande y sagrado. Bendito eres Tú Señor, el Dios santo.

El oficiante continúa en la página siguiente con "Tú nos has escogido".

מְכַלְכֵּל חַיִּים בְּחֶסֶד, מְחַיֵּה מֵתִים בְּרַחֲמִים רַבִּים
סוֹמֵךְ נוֹפְלִים, וְרוֹפֵא חוֹלִים, וּמַתִּיר אֲסוּרִים
וּמְקַיֵּם אֱמוּנָתוֹ לִישֵׁנֵי עָפָר.
מִי כָמוֹךָ, בַּעַל גְּבוּרוֹת, וּמִי דּוֹמֶה לָּךְ
מֶלֶךְ, מֵמִית וּמְחַיֶּה וּמַצְמִיחַ יְשׁוּעָה.
וְנֶאֱמָן אַתָּה לְהַחֲיוֹת מֵתִים.
בָּרוּךְ אַתָּה יהוה, מְחַיֵּה הַמֵּתִים.

Durante el rezo en voz baja continúe en אַתָּה קָדוֹשׁ *en la página siguiente.*
Durante la חזרת הש״ץ *de* מנחה *por parte del* שליח ציבור *continúe con la* קדושה *en la página siguiente.*

קדושה לשחרית

Durante la חזרת הש״ץ, *se recita aquí de pie el siguiente pasaje.*
En los sitios marcados con ˄ *quien reza debe elevarse levemente en puntas de pie.*

El קהל *y luego el* שליח ציבור:

נְקַדֵּשׁ אֶת שִׁמְךָ בָּעוֹלָם, כְּשֵׁם שֶׁמַּקְדִּישִׁים אוֹתוֹ בִּשְׁמֵי מָרוֹם, כַּכָּתוּב
עַל יַד נְבִיאֶךָ: וְקָרָא זֶה אֶל־זֶה וְאָמַר ישעיה ו

El קהל *y luego el* שליח ציבור:

˄קָדוֹשׁ, ˄קָדוֹשׁ, ˄קָדוֹשׁ, יהוה צְבָאוֹת, מְלֹא כָל־הָאָרֶץ כְּבוֹדוֹ:
אָז בְּקוֹל רַעַשׁ גָּדוֹל אַדִּיר וְחָזָק, מַשְׁמִיעִים קוֹל, מִתְנַשְּׂאִים לְעֻמַּת שְׂרָפִים,
לְעֻמָּתָם בָּרוּךְ יֹאמֵרוּ

El קהל *y luego el* שליח ציבור:

˄בָּרוּךְ כְּבוֹד־יהוה מִמְּקוֹמוֹ: יחזקאל ג

מִמְּקוֹמְךָ מַלְכֵּנוּ תוֹפִיעַ וְתִמְלֹךְ עָלֵינוּ, כִּי מְחַכִּים אֲנַחְנוּ לָךְ, מָתַי תִּמְלֹךְ בְּצִיּוֹן, בְּקָרוֹב בְּיָמֵינוּ לְעוֹלָם וָעֶד תִּשְׁכֹּן, תִּתְגַּדַּל וְתִתְקַדַּשׁ בְּתוֹךְ יְרוּשָׁלַיִם עִירְךָ לְדוֹר וָדוֹר וּלְנֵצַח נְצָחִים. וְעֵינֵינוּ תִרְאֶינָה מַלְכוּתֶךָ, כַּדָּבָר הָאָמוּר בְּשִׁירֵי עֻזֶּךָ עַל יְדֵי דָוִד מְשִׁיחַ צִדְקֶךָ

El קהל *y luego el* שליח ציבור:

˄יִמְלֹךְ יהוה לְעוֹלָם, אֱלֹהַיִךְ צִיּוֹן לְדֹר וָדֹר, הַלְלוּיָהּ: תהלים קמו

שליח ציבור:

לְדוֹר וָדוֹר נַגִּיד גָּדְלֶךָ, וּלְנֵצַח נְצָחִים קְדֻשָּׁתְךָ נַקְדִּישׁ, וְשִׁבְחֲךָ אֱלֹהֵינוּ מִפִּינוּ לֹא יָמוּשׁ לְעוֹלָם וָעֶד, כִּי אֵל מֶלֶךְ גָּדוֹל וְקָדוֹשׁ אָתָּה. בָּרוּךְ אַתָּה יהוה, הָאֵל הַקָּדוֹשׁ.

El שליח ציבור *continúa en la página siguiente con* אַתָּה בְחַרְתָּנוּ.

KEDUSHÁ DE MINJÁ

Durante la repetición del rezo por parte del oficiante, se recita aquí de pie el siguiente pasaje. En los sitios marcados con ▲ quien reza debe elevarse levemente en puntas de pie.

La congregación y luego el oficiante:

נְקַדֵּשׁ Santificaremos Tu Nombre en el mundo tal como lo consagran en las alturas, como ha sido escrito por Tu profeta: "y un ángel daba voces al otro diciendo: *Is. 6*

La congregación y luego el oficiante:

▲Santo, ▲Santo, ▲Santo, SEÑOR de las Huestes Celestiales, toda la tierra está llena de Su gloria". Quienes están frente a ellos dicen: "Bendita".

La congregación y luego el oficiante:

▲"Bendita es la gloria del SEÑOR desde Su sitial".

Y en Tus escrituras sagradas leemos:

La congregación y luego el oficiante:

▲"El SEÑOR reinará por siempre, tu Dios Sion, de generación en generación, ¡Aleluyá!" *Sal. 146*

Oficiante:

De generación en generación declararemos Tu grandeza, y por toda la eternidad proclamaremos Tu Santidad, y Tu alabanza Dios nuestro no se apartará de nuestros labios jamás, pues Tú eres el Rey grande y sagrado. Bendito eres Tú SEÑOR, el Dios santo.

El oficiante continúa abajo con "Tú nos has escogido".

Durante el recitado de la Amidá en voz baja, continúe aquí:

SANTIDAD

אַתָּה קָדוֹשׁ Tú eres santo y Tu Nombre es santo,
y los santos Te alaban a diario, ¡Sela!
Bendito eres Tú SEÑOR, el Dios santo.

SANTIDAD DEL DÍA

אַתָּה בְחַרְתָּנוּ Tú nos has escogido de entre todas las naciones.
No has amado y nos has visto con benevolencia.
Nos has elevado por sobre todas las lenguas.
Nos santificaste con Tus preceptos.
Nos acercaste, Rey nuestro, a Tu servicio,
Y proclamaste Tu grande y Santo Nombre sobre nosotros.

EL REZO FESTIVO

Al igual que en Shabat, la Amidá de Yom Tov consiste de siete bendiciones y la central de estas habla de la santidad del día.

אַתָּה בְחַרְתָּנוּ *Tú nos has escogido:* A diferencia del Shabat que recuerda la

קדושה למנחה

Durante la חזרת הש״ץ*, se recita aquí de pie el siguiente pasaje.*
En los sitios marcados con ˄ quien reza debe elevarse levemente en puntas de pie.

El קהל *y luego el* שליח ציבור*:*

נְקַדֵּשׁ אֶת שִׁמְךָ בָּעוֹלָם, כְּשֵׁם שֶׁמַּקְדִּישִׁים אוֹתוֹ בִּשְׁמֵי מָרוֹם, כַּכָּתוּב
ישעיה ו עַל יַד נְבִיאֶךָ: וְקָרָא זֶה אֶל־זֶה וְאָמַר

El קהל *y luego el* שליח ציבור*:*

˄קָדוֹשׁ, ˄קָדוֹשׁ, ˄קָדוֹשׁ, יהוה צְבָאוֹת, מְלֹא כָל־הָאָרֶץ כְּבוֹדוֹ:
לְעֻמָּתָם בָּרוּךְ יֹאמֵרוּ

El קהל *y luego el* שליח ציבור*:*

יחזקאל ג ˄בָּרוּךְ כְּבוֹד־יהוה מִמְּקוֹמוֹ:
וּבְדִבְרֵי קָדְשְׁךָ כָּתוּב לֵאמֹר

El קהל *y luego el* שליח ציבור*:*

תהלים קמו ˄יִמְלֹךְ יהוה לְעוֹלָם, אֱלֹהַיִךְ צִיּוֹן לְדֹר וָדֹר, הַלְלוּיָהּ:

שליח ציבור*:*

לְדוֹר וָדוֹר נַגִּיד גָּדְלֶךָ, וּלְנֵצַח נְצָחִים קְדֻשָּׁתְךָ נַקְדִּישׁ, וְשִׁבְחֲךָ אֱלֹהֵינוּ מִפִּינוּ לֹא יָמוּשׁ לְעוֹלָם וָעֶד, כִּי אֵל מֶלֶךְ גָּדוֹל וְקָדוֹשׁ אָתָּה. בָּרוּךְ אַתָּה יהוה, הָאֵל הַקָּדוֹשׁ.

El שליח ציבור *continúa abajo con* אַתָּה בְחַרְתָּנוּ*.*

Durante el recitado de la עמידה *en voz baja, continúe aquí:*

קדושת השם

אַתָּה קָדוֹשׁ וְשִׁמְךָ קָדוֹשׁ, וּקְדוֹשִׁים בְּכָל יוֹם יְהַלְלוּךָ סֶּלָה.
בָּרוּךְ אַתָּה יהוה, הָאֵל הַקָּדוֹשׁ.

קדושת היום

אַתָּה בְחַרְתָּנוּ מִכָּל הָעַמִּים
אָהַבְתָּ אוֹתָנוּ וְרָצִיתָ בָּנוּ
וְרוֹמַמְתָּנוּ מִכָּל הַלְּשׁוֹנוֹת
וְקִדַּשְׁתָּנוּ בְּמִצְוֹתֶיךָ
וְקֵרַבְתָּנוּ מַלְכֵּנוּ לַעֲבוֹדָתֶךָ
וְשִׁמְךָ הַגָּדוֹל וְהַקָּדוֹשׁ עָלֵינוּ קָרָאתָ.

En Motzaei Shabat:

וַתּוֹדִיעֵנוּ Tú nos diste a conocer Tus justas sentencias SEÑOR, nuestro Dios, y nos has enseñado a cumplir los decretos de Tu voluntad. SEÑOR, nuestro Dios, nos has dado sentencias justas y enseñanzas verdaderas, leyes y preceptos buenos. Nos legaste tiempos de júbilo, fiestas sagradas y ofrenda festivas v voluntarias. Nos diste por herencia la santidad del Shabat, la gloria de las festividades y la celebración de las fiestas de peregrinación. Y el SEÑOR nuestro Dios diferenció entre lo santo y lo profano, entre la luz y la oscuridad, entre Israel y las naciones, entre el séptimo día y los seis días de trabajo. Diferenciaste entre la santidad del Shabat y la santidad de Yom Tov, y santificaste al séptimo día por sobre los seis días de la acción. Distinguiste y santificaste a Tu pueblo Israel en Tu santidad.

En Shabat se agrega lo que aparece entre paréntesis:

וַתִּתֶּן לָנוּ Tú nos has dado SEÑOR, nuestro Dios, con amor (Shabatot para el descanso), festividades y tiempos de regocijo, (este día de Shabat y) este día de:

En Pesaj: Fiesta de las Matzot,
tiempo de nuestra libertad

En Shavu'ot Fiesta de Shavu'ot,
tiempo de la entrega de nuestra Torá

En Sucot: Fiesta de Sucot,
tiempo de nuestra alegría

En Sheminí Atzeret & Simjat Torá: Fiesta de Sheminí Atzeret,
tiempo de nuestra alegría

(con amor), sagrada convocatoria,
recordatorio de la salida de Egipto.

LOS NOMBRES DE LAS FESTIVIDADES

La conexión entre Pesaj – la "Fiesta de las Matzot (panes ácimos)" – y el "tiempo de nuestra libertad" resulta obvia. Nos recuerda la liberación de Egipto y de la esclavitud. La conexión entre Shavu'ot y la entrega de la Torá no está explícitamente mencionada en la Torá, pero es parte de la tradición

En מוצאי שבת:

וַתּוֹדִיעֵנוּ יהוה אֱלֹהֵינוּ אֶת מִשְׁפְּטֵי צִדְקֶךָ, וַתְּלַמְּדֵנוּ לַעֲשׂוֹת חֻקֵּי רְצוֹנֶךָ, וַתִּתֶּן לָנוּ יהוה אֱלֹהֵינוּ מִשְׁפָּטִים יְשָׁרִים וְתוֹרוֹת אֱמֶת, חֻקִּים וּמִצְוֹת טוֹבִים, וַתַּנְחִילֵנוּ זְמַנֵּי שָׂשׂוֹן וּמוֹעֲדֵי קֹדֶשׁ וְחַגֵּי נְדָבָה, וַתּוֹרִישֵׁנוּ קְדֻשַּׁת שַׁבָּת וּכְבוֹד מוֹעֵד וַחֲגִיגַת הָרֶגֶל. וַתַּבְדֵּל יהוה אֱלֹהֵינוּ בֵּין קֹדֶשׁ לְחֹל, בֵּין אוֹר לְחֹשֶׁךְ, בֵּין יִשְׂרָאֵל לָעַמִּים, בֵּין יוֹם הַשְּׁבִיעִי לְשֵׁשֶׁת יְמֵי הַמַּעֲשֶׂה. בֵּין קְדֻשַּׁת שַׁבָּת לִקְדֻשַּׁת יוֹם טוֹב הִבְדַּלְתָּ, וְאֶת יוֹם הַשְּׁבִיעִי מִשֵּׁשֶׁת יְמֵי הַמַּעֲשֶׂה קִדַּשְׁתָּ, הִבְדַּלְתָּ וְקִדַּשְׁתָּ אֶת עַמְּךָ יִשְׂרָאֵל בִּקְדֻשָּׁתֶךָ.

En שבת *se agrega lo que aparece entre paréntesis:*

וַתִּתֶּן לָנוּ יהוה אֱלֹהֵינוּ בְּאַהֲבָה
(שַׁבָּתוֹת לִמְנוּחָה וּ) מוֹעֲדִים לְשִׂמְחָה
חַגִּים וּזְמַנִּים לְשָׂשׂוֹן
אֶת יוֹם (הַשַּׁבָּת הַזֶּה וְאֶת יוֹם)

בפסח: חַג הַמַּצּוֹת הַזֶּה, זְמַן חֵרוּתֵנוּ

בשבועות: חַג הַשָּׁבוּעוֹת הַזֶּה, זְמַן מַתַּן תּוֹרָתֵנוּ

בסוכות: חַג הַסֻּכּוֹת הַזֶּה, זְמַן שִׂמְחָתֵנוּ

בשמע״צ ובש״ת: הַשְּׁמִינִי חַג הָעֲצֶרֶת הַזֶּה, זְמַן שִׂמְחָתֵנוּ

(בְּאַהֲבָה) מִקְרָא קֹדֶשׁ, זֵכֶר לִיצִיאַת מִצְרָיִם.

prehistoria (la Creación) y el final de la historia (la Redención final), las festividades nos recuerdan momentos específicos en la historia: Pesaj nos recuerda la salida de Egipto, Shavu'ot rememora la entrega de la Torá en el Monte Sinaí y Sucot hace mención de los cuarenta años de travesía en el desierto. Por lo tanto, la referencia a la elección Divina de Israel por medio de su singular devenir da testimonio del rol de Dios en la historia.

אֱלֹהֵינוּ Dios nuestro y de nuestros ancestros,
que ascienda, acuda y llegue;
sea visible, sea aceptada, sea escuchada,
sea considerada y sea recordada delante de Ti nuestra memoria,
y la de nuestros patriarcas,
y la del Mashíaj hijo de David Tu siervo,
y la memoria de Jerusalém Tu ciudad sagrada
y la de todo Tu pueblo de Israel –
para liberación y bienestar,
gracia, benevolencia y compasión,
vida y paz en este día de:

En Pesaj: Fiesta de las Matzot.

En Shavu'ot Fiesta de Shavu'ot.

En Sucot: Fiesta de Sucot

En Sheminí Atzeret & Simjat Torá: Fiesta de Sheminí Atzeret..

Recuérdanos Señor, nuestro Dios, para bien,
tennos presentes para bendición
y redímenos para la vida.
Apiádate de nosotros y agrácianos,
ten compasión de nosotros y redímenos
de acuerdo con Tu promesa de salvación;
pues nuestros ojos están puestos en Ti ya
que Tú Dios, eres un Rey benevolente y compasivo.

---

días del Segundo Templo e inmediatamente después por parte de sectas tales como la de los saduceos, quienes no aceptaban la autoridad de la tradición oral. La festividad de Sucot es llamada "tiempo de nuestra alegría" porque el vocablo "alegría" es mencionado tres veces por la Torá en relación con Sucot (Levítico 23:40, Deuteronomio 16:14,15), más que en cualquier otra festividad. En el caso de Sheminí Atzeret, si bien comparte la alegría de Sucot, en algunos aspectos se trata de una festividad por mérito propio y por lo tanto se la recuerda como tal.

אֱלֹהֵינוּ וֵאלֹהֵי אֲבוֹתֵינוּ
יַעֲלֶה וְיָבוֹא וְיַגִּיעַ
וְיֵרָאֶה וְיֵרָצֶה וְיִשָּׁמַע
וְיִפָּקֵד וְיִזָּכֵר זִכְרוֹנֵנוּ וּפִקְדוֹנֵנוּ
וְזִכְרוֹן אֲבוֹתֵינוּ
וְזִכְרוֹן מָשִׁיחַ בֶּן דָּוִד עַבְדֶּךָ
וְזִכְרוֹן יְרוּשָׁלַיִם עִיר קָדְשֶׁךָ
וְזִכְרוֹן כָּל עַמְּךָ בֵּית יִשְׂרָאֵל, לְפָנֶיךָ
לִפְלֵיטָה, לְטוֹבָה
לְחֵן וּלְחֶסֶד וּלְרַחֲמִים
לְחַיִּים וּלְשָׁלוֹם בְּיוֹם

בפסח: חַג הַמַּצּוֹת הַזֶּה.
בשבועות: חַג הַשָּׁבוּעוֹת הַזֶּה.
בסוכות: חַג הַסֻּכּוֹת הַזֶּה.
בשמע״צ ובש״ת: הַשְּׁמִינִי חַג הָעֲצֶרֶת הַזֶּה.

זָכְרֵנוּ יהוה אֱלֹהֵינוּ בּוֹ לְטוֹבָה
וּפָקְדֵנוּ בוֹ לִבְרָכָה
וְהוֹשִׁיעֵנוּ בוֹ לְחַיִּים.
וּבִדְבַר יְשׁוּעָה וְרַחֲמִים
חוּס וְחָנֵּנוּ, וְרַחֵם עָלֵינוּ וְהוֹשִׁיעֵנוּ
כִּי אֵלֶיךָ עֵינֵינוּ
כִּי אֵל מֶלֶךְ חַנּוּן וְרַחוּם אָתָּה.

---

oral al igual que el cálculo de las fechas por parte de los sabios (*Shabat* 86B–88A). A raíz de esto, la fecha de Shavu'ot fue objeto de debate durante los

En Shabat se agrega lo que aparece entre paréntesis:

וְהַשִּׂיאֵנוּ Otórganos Señor, nuestro Dios,
la bendiciones de Tus festividades
para la vida y la paz, para la alegría y el regocijo,
tal como deseaste y prometiste bendecirnos.
(Dios nuestro y de nuestros ancestros,
complácete en nuestro descanso)
Santifícanos con Tus preceptos
y concédenos nuestra porción en Tu Torá.
Sácianos de Tu bondad
regocíjanos con Tu salvación
y purifica nuestros corazones para que Te sirvamos con la verdad.
Léganos Señor, nuestro Dios, (con amor y benevolencia)
con alegría y regocijo (el Shabat y) Tus sagradas festividades,
tal que reposen en él los hijos de Israel
que santifican Tu Nombre.
Bendito eres Tú Señor,
que santifica (el Shabat y) a Israel y a las festividades.

EL SERVICIO DEL TEMPLO

רְצֵה Acepta con benevolencia Señor, nuestro Dios,
a Tu pueblo Israel y sus plegarias.
Restaura el servicio en Tu más sagrada casa
y acepta favorable y amorosamente
las ofrendas ígneas de Israel y sus rezos.
Que siempre recibas con agrado el servicio de Tu pueblo Israel.
Que nuestros ojos contemplen Tu retorno a Sion con compasión.
Bendito eres Tú Señor,
que restaura Su presencia en Sion.

---

es anterior a la de las festividades. Sin embargo, el Shabat fue determinado por Dios en el séptimo día de la creación y por lo tanto su santidad antecede a las dos anteriores.

En שבת se agrega lo que aparece entre paréntesis:

וְהַשִּׂיאֵנוּ יהוה אֱלֹהֵינוּ אֶת בִּרְכַּת מוֹעֲדֶיךָ
לְחַיִּים וּלְשָׁלוֹם, לְשִׂמְחָה וּלְשָׂשׂוֹן
כַּאֲשֶׁר רָצִיתָ וְאָמַרְתָּ לְבָרְכֵנוּ.
(אֱלֹהֵינוּ וֵאלֹהֵי אֲבוֹתֵינוּ, רְצֵה בִמְנוּחָתֵנוּ)
קַדְּשֵׁנוּ בְּמִצְוֹתֶיךָ
וְתֵן חֶלְקֵנוּ בְּתוֹרָתֶךָ
שַׂבְּעֵנוּ מִטּוּבֶךָ, וְשַׂמְּחֵנוּ בִּישׁוּעָתֶךָ
וְטַהֵר לִבֵּנוּ לְעָבְדְּךָ בֶּאֱמֶת.
וְהַנְחִילֵנוּ יהוה אֱלֹהֵינוּ (בְּאַהֲבָה וּבְרָצוֹן)
בְּשִׂמְחָה וּבְשָׂשׂוֹן (שַׁבַּת וּ) מוֹעֲדֵי קָדְשֶׁךָ
וְיִשְׂמְחוּ בְךָ יִשְׂרָאֵל מְקַדְּשֵׁי שְׁמֶךָ.
בָּרוּךְ אַתָּה יהוה, מְקַדֵּשׁ (הַשַּׁבָּת וְ) יִשְׂרָאֵל וְהַזְּמַנִּים.

עבודה

רְצֵה יהוה אֱלֹהֵינוּ בְּעַמְּךָ יִשְׂרָאֵל, וּבִתְפִלָּתָם
וְהָשֵׁב אֶת הָעֲבוֹדָה לִדְבִיר בֵּיתֶךָ
וְאִשֵּׁי יִשְׂרָאֵל וּתְפִלָּתָם בְּאַהֲבָה תְקַבֵּל בְּרָצוֹן
וּתְהִי לְרָצוֹן תָּמִיד עֲבוֹדַת יִשְׂרָאֵל עַמֶּךָ.
וְתֶחֱזֶינָה עֵינֵינוּ בְּשׁוּבְךָ לְצִיּוֹן בְּרַחֲמִים.
בָּרוּךְ אַתָּה יהוה, הַמַּחֲזִיר שְׁכִינָתוֹ לְצִיּוֹן.

מְקַדֵּשׁ (הַשַּׁבָּת וְ)יִשְׂרָאֵל וְהַזְּמַנִּים *Que santifica (el Shabat y) a Israel y a las festividades:* El orden exacto de las palabras resulta significativo. Los hijos de Israel tenían el deber de determinar los calendarios mensuales y anuales de los cuales dependen las festividades, y por lo tanto, la santidad del pueblo de Israel

AGRADECIMIENTO

Inclinarse al recitar las primeras seis palabras.

מוֹדִים* Te agradecemos a Ti,
pues eres el Señor, Dios nuestro
y de nuestros ancestros por siempre.
Eres nuestra Roca
y la de nuestra existencia,
Escudo de nuestra salvación
de generación en generación.
Te agradeceremos, y relataremos
Tu alabanza por nuestras vidas
que están depositadas
en Tus manos,
por nuestras almas
que están a Tu cargo,
por Tus milagros para con nosotros
a diario,
y las bondades y maravillas
que nos prodigas en todo momento,
noche, mañana y tarde.
El Benevolente, pues Tu compasión
nunca concluye, Tú eres compasivo,
pues no cesan Tus bondades.
Siempre hemos depositado
nuestra esperanza en Ti.

Durante la repetición del oficiante la congregación dice en silencio:

מוֹדִים* Te agradecemos a Ti,
pues eres el Señor,
Dios nuestro
y de nuestros ancestros,
Dios de toda carne,
Formador nuestro
y del universo.
Bendiciones
y agradecimientos
a Tu Nombre grandioso
y sagrado,
por habernos preservado
con vida y mantenido.
De igual forma, danos vida,
sostén y reúne a Tus exiliados
en Tu patio sagrado,
para que cumplan
con Tus leyes
y hagan Tu voluntad
con integridad de corazón,
por ello nos
corresponde agradecerte.
Bendito es el Dios
a Quien debemos agradecer.

וְעַל כֻּלָּם Por todo esto, Rey nuestro, que Tu Nombre
sea bendecido y exaltado por siempre.
Que todos los seres vivos Te agradezcan, ¡Sela!,
y alaben Tu Nombre de verdad,
Dios de nuestra redención y nuestro socorro, ¡Sela!
Bendito eres Tú Señor,
Tu Nombre es "Bueno" y a Ti corresponde agradecer.

הודאה

Inclinarse al recitar las primeras cinco palabras.

מוֹדִים אֲנַחְנוּ לָךְ
שָׁאַתָּה הוּא יהוה אֱלֹהֵינוּ
וֵאלֹהֵי אֲבוֹתֵינוּ לְעוֹלָם וָעֶד.
צוּר חַיֵּינוּ, מָגֵן יִשְׁעֵנוּ
אַתָּה הוּא לְדוֹר וָדוֹר.
נוֹדֶה לְּךָ וּנְסַפֵּר תְּהִלָּתֶךָ
עַל חַיֵּינוּ הַמְּסוּרִים בְּיָדֶךָ
וְעַל נִשְׁמוֹתֵינוּ הַפְּקוּדוֹת לָךְ
וְעַל נִסֶּיךָ שֶׁבְּכָל יוֹם עִמָּנוּ
וְעַל נִפְלְאוֹתֶיךָ וְטוֹבוֹתֶיךָ
שֶׁבְּכָל עֵת
עֶרֶב וָבֹקֶר וְצָהֳרָיִם.
הַטּוֹב, כִּי לֹא כָלוּ רַחֲמֶיךָ
וְהַמְרַחֵם, כִּי לֹא תַמּוּ חֲסָדֶיךָ
מֵעוֹלָם קִוִּינוּ לָךְ.

Durante la חזרת הש״ץ *el* קהל *dice en silencio:*

מוֹדִים אֲנַחְנוּ לָךְ
שָׁאַתָּה הוּא יהוה אֱלֹהֵינוּ
וֵאלֹהֵי אֲבוֹתֵינוּ
אֱלֹהֵי כָל בָּשָׂר
יוֹצְרֵנוּ, יוֹצֵר בְּרֵאשִׁית.
בְּרָכוֹת וְהוֹדָאוֹת
לְשִׁמְךָ הַגָּדוֹל וְהַקָּדוֹשׁ
עַל שֶׁהֶחֱיִיתָנוּ וְקִיַּמְתָּנוּ.
כֵּן תְּחַיֵּנוּ וּתְקַיְּמֵנוּ
וְתֶאֱסֹף גָּלֻיּוֹתֵינוּ
לְחַצְרוֹת קָדְשֶׁךָ
לִשְׁמֹר חֻקֶּיךָ
וְלַעֲשׂוֹת רְצוֹנֶךָ וּלְעָבְדְךָ
בְּלֵבָב שָׁלֵם
עַל שֶׁאֲנַחְנוּ מוֹדִים לָךְ.
בָּרוּךְ אֵל הַהוֹדָאוֹת.

וְעַל כֻּלָּם יִתְבָּרַךְ וְיִתְרוֹמַם שִׁמְךָ מַלְכֵּנוּ תָּמִיד לְעוֹלָם וָעֶד.
וְכֹל הַחַיִּים יוֹדְוּךָ סֶּלָה, וִיהַלְלוּ אֶת שִׁמְךָ בֶּאֱמֶת
הָאֵל יְשׁוּעָתֵנוּ וְעֶזְרָתֵנוּ סֶלָה.
בָּרוּךְ אַתָּה יהוה
הַטּוֹב שִׁמְךָ וּלְךָ נָאֶה לְהוֹדוֹת.

En Israel, la bendición de los cohanim se encuentra en la página 875..
El siguiente pasaje es recitado por el oficiante durante la repetición de la Amidá de Shajarit. En Israel se recita cuando no hay cohanim que bendigan a la congregación. Ver leyes 370–377.

Dios nuestro y de nuestros ancestros, bendícenos con la triple bendición de la Torá, escrita por la mano de Tu siervo Moshé y pronunciada por Aharón y sus hijos los cohanim, Tu pueblo consagrado, como fue dicho:

El SEÑOR te bendiga y te guarde. *Núm. 6*

Congregación: Que así sea Tu voluntad.

El SEÑOR te ilumine con Su Presencia y te agracie.

Congregación: Que así sea Tu voluntad.

El SEÑOR dirija Su Presencia hacia ti y te conceda la paz.

Congregación: Que así sea Tu voluntad.

PAZ

En Minjá y en Ma'ariv:

שָׁלוֹם רָב Confiere
una gran paz
para siempre
a Tu pueblo Israel,
pues Tú
eres el Rey soberano
de toda paz;
que sea bueno
ante Tus ojos
bendecir
a Tu pueblo Israel
en todo momento,
y a cada hora
con Tu paz.

En Shajarit, y en Israel en Minjá de Shabat:

שִׂים שָׁלוֹם Instaura paz, bien y bendición,
gracia, benevolencia y compasión
sobre nosotros y todo Tu pueblo Israel.
Bendícenos, Padre nuestro,
a todos nosotros como uno,
con la luz de Tu Semblante,
pues en la luz de Tu Semblante
nos has dado SEÑOR, nuestro Dios,
una Torá de vida y amor a la benevolencia,
justicia, bendición, compasión, vida y paz.
Que ante Tus ojos sea bueno bendecir
a todo Tu pueblo Israel,
en todo momento, a toda hora,
con Tu paz.

Bendito eres Tú SEÑOR, que bendice a Su pueblo Israel con la paz.

El siguiente versículo finaliza la repetición de la Amidá por parte del oficiante.
Algunos lo recitan aquí, como parte de la Amidá en voz baja. Ver ley 368.

Que las palabras de mi boca y la meditación de mi corazón hallen favor ante Ti *Sal. 19*
SEÑOR, mi Fortaleza y mi Redentor.

En ארץ ישראל, *la bendición de los* כהנים *se encuentra en la página 875.*
El siguiente pasaje es recitado por el שליח ציבור *durante la* חזרת הש״ץ *de* שחרית.
En ארץ ישראל *se recita cuando no hay* כהנים *que bendigan a la congregación. Ver leyes 370–377.*

אֱלֹהֵינוּ וֵאלֹהֵי אֲבוֹתֵינוּ, בָּרְכֵנוּ בַּבְּרָכָה הַמְשֻׁלֶּשֶׁת בַּתּוֹרָה, הַכְּתוּבָה עַל יְדֵי מֹשֶׁה עַבְדֶּךָ, הָאֲמוּרָה מִפִּי אַהֲרֹן וּבָנָיו כֹּהֲנִים עַם קְדוֹשֶׁיךָ, כָּאָמוּר

יְבָרֶכְךָ יהוה וְיִשְׁמְרֶךָ: קהל: כֵּן יְהִי רָצוֹן — במדבר ו

יָאֵר יהוה פָּנָיו אֵלֶיךָ וִיחֻנֶּךָּ: קהל: כֵּן יְהִי רָצוֹן

יִשָּׂא יהוה פָּנָיו אֵלֶיךָ וְיָשֵׂם לְךָ שָׁלוֹם: קהל: כֵּן יְהִי רָצוֹן

ברכת שלום

En מנחה *y en* מעריב	*En* שחרית, *y en* ארץ ישראל *en* מנחה *de* שבת:
שָׁלוֹם רָב	שִׂים שָׁלוֹם טוֹבָה וּבְרָכָה
עַל יִשְׂרָאֵל עַמְּךָ	חֵן וָחֶסֶד וְרַחֲמִים
תָּשִׂים לְעוֹלָם	עָלֵינוּ וְעַל כָּל יִשְׂרָאֵל עַמֶּךָ.
כִּי אַתָּה הוּא	בָּרְכֵנוּ אָבִינוּ כֻּלָּנוּ כְּאֶחָד בְּאוֹר פָּנֶיךָ
מֶלֶךְ אָדוֹן	כִּי בְאוֹר פָּנֶיךָ
לְכָל הַשָּׁלוֹם.	נָתַתָּ לָּנוּ יהוה אֱלֹהֵינוּ
וְטוֹב בְּעֵינֶיךָ	תּוֹרַת חַיִּים וְאַהֲבַת חֶסֶד
לְבָרֵךְ	וּצְדָקָה וּבְרָכָה וְרַחֲמִים וְחַיִּים וְשָׁלוֹם.
אֶת עַמְּךָ יִשְׂרָאֵל	וְטוֹב בְּעֵינֶיךָ לְבָרֵךְ אֶת עַמְּךָ יִשְׂרָאֵל
בְּכָל עֵת וּבְכָל שָׁעָה	בְּכָל עֵת וּבְכָל שָׁעָה
בִּשְׁלוֹמֶךָ.	בִּשְׁלוֹמֶךָ.

בָּרוּךְ אַתָּה יהוה, הַמְבָרֵךְ אֶת עַמּוֹ יִשְׂרָאֵל בַּשָּׁלוֹם.

El siguiente versículo finaliza la חזרת הש״ץ *por parte del* שליח ציבור.
Algunos lo recitan aquí, como parte de la עמידה *en voz baja. Ver ley 368.*

יִהְיוּ לְרָצוֹן אִמְרֵי־פִי וְהֶגְיוֹן לִבִּי לְפָנֶיךָ, יהוה צוּרִי וְגֹאֲלִי: — תהלים יט

אֱלֹהַי Dios mío, Berajot 17A
preserva mi lengua del mal y mis labios de pronunciar engaño.
Que mi alma calle ante quienes me maldicen,
y sea como el polvo para con todos.
Abre mi corazón a Tu Torá y que mi alma persiga Tus preceptos.
Rápidamente deja sin efecto el consejo
y frustra los planes de quienes conspiran contra mí.
Actúa en pos de Tu Nombre, actúa en pos de Tu diestra,
actúa en pos de Tu santidad, actúa en pos de Tu Torá.
Para que Tus amados sean liberados, redime con Tu diestra y respóndeme. Sal. 60
Que las palabras de mi boca y la meditación de mi corazón Sal. 19
hallen favor ante Ti SEÑOR, mi Fortaleza y mi Redentor.

Inclinarse, dar tres pasos hacia atrás, entonces inclinarse primero hacia la izquierda y luego hacia la derecha, luego al centro, mientras se dice:

Quien obra la paz en Sus alturas,
haga la paz para nosotros y todo Israel y decid: Amén.

יְהִי רָצוֹן Sea Tu voluntad SEÑOR, Dios nuestro y de nuestros ancestros que el Templo sea reconstruido pronto en nuestros días, que nos concedas nuestra porción en Tu Torá. Allí Te serviremos con temor reverencial como en los días de antaño y los años pretéritos. Entonces las ofrendas de Yehudá y Jerusalém agradarán al SEÑOR como Mal. 3
en los días de antaño y los años pretéritos.

El viernes por la noche el rezo continúa con "Y quedaron concluidos los cielos y la tierra" en la página 376. Si la primera noche de Pesaj cae en Shabat, se recita únicamente el primer párrafo.

En la noche del Seder muchos dicen Halel Completo (página 758) seguido de un Kadish Completo (página 380).

En otros Yamim Tovim, tanto en Minjá como en Ma'ariv se continúa con un Kadish Completo (página 380).

En las últimas noches de Pesaj, se cuenta el Omer (página 302) tras un Kadish Completo (página 380).

En Simjat Torá, tanto en Ma'ariv como en Shajarit se recita un Kadish Completo (página 380), y luego se continúa con "A ti te fue manifestado" y Hakafot en la página siguiente.

En Shajarit, se continúa con Halel Completo (página 758), Kadish Completo (página 516), lectura de la Torá (página 518) y Musaf (página 838).

Si el primer día de Pesaj cae en Shabat, se lee Shir HaShirim (página 1232) previo a la lectura de la Torá de Shajarit del último día (en Israel del primer día). De no ser así se lee en Shabat Jol HaMo'ed.

El segundo día de Shavu'ot se lee Meguilat Rut (página 1237) previo a la lectura de la Torá de Shajarit (en Israel en el primer día).

Si el primer día de Sucot cae en Shabat, se lee Kohelet (página 1248) previo a la lectura de la Torá de Shajarit de Sheminí Atzeret (en Israel, el primer día de Sucot). De no ser así se lee en Shabat de Jol HaMo'ed.

ברכות יז.

אֱלֹהַי

נְצֹר לְשׁוֹנִי מֵרָע וּשְׂפָתַי מִדַּבֵּר מִרְמָה

וְלִמְקַלְלַי נַפְשִׁי תִדֹּם, וְנַפְשִׁי כֶּעָפָר לַכֹּל תִּהְיֶה.

פְּתַח לִבִּי בְּתוֹרָתֶךָ, וּבְמִצְוֹתֶיךָ תִּרְדֹּף נַפְשִׁי.

וְכָל הַחוֹשְׁבִים עָלַי רָעָה, מְהֵרָה הָפֵר עֲצָתָם וְקַלְקֵל מַחֲשַׁבְתָּם.

עֲשֵׂה לְמַעַן שְׁמֶךָ, עֲשֵׂה לְמַעַן יְמִינֶךָ

עֲשֵׂה לְמַעַן קְדֻשָּׁתֶךָ, עֲשֵׂה לְמַעַן תּוֹרָתֶךָ.

תהלים ס לְמַעַן יֵחָלְצוּן יְדִידֶיךָ, הוֹשִׁיעָה יְמִינְךָ וַעֲנֵנִי:

תהלים יט יִהְיוּ לְרָצוֹן אִמְרֵי־פִי וְהֶגְיוֹן לִבִּי לְפָנֶיךָ, יהוה צוּרִי וְגֹאֲלִי:

Inclinarse, dar tres pasos hacia atrás, entonces inclinarse primero hacia la izquierda y luego hacia la derecha, luego al centro, mientras se dice:

עֹשֶׂה שָׁלוֹם בִּמְרוֹמָיו

הוּא יַעֲשֶׂה שָׁלוֹם עָלֵינוּ וְעַל כָּל יִשְׂרָאֵל, וְאִמְרוּ אָמֵן.

יְהִי רָצוֹן מִלְּפָנֶיךָ יהוה אֱלֹהֵינוּ וֵאלֹהֵי אֲבוֹתֵינוּ, שֶׁיִּבָּנֶה בֵּית הַמִּקְדָּשׁ בִּמְהֵרָה בְיָמֵינוּ, וְתֵן חֶלְקֵנוּ בְּתוֹרָתֶךָ, וְשָׁם נַעֲבָדְךָ בְּיִרְאָה כִּימֵי עוֹלָם וּכְשָׁנִים קַדְמֹנִיּוֹת.

מלאכי ג וְעָרְבָה לַיהוה מִנְחַת יְהוּדָה וִירוּשָׁלָםִ כִּימֵי עוֹלָם וּכְשָׁנִים קַדְמֹנִיּוֹת:

El viernes por la noche el rezo continúa con וַיְכֻלּוּ *y* מעין שבע *en la página 377.*
Si la primera noche de פסח *cae en* שבת*, se recita únicamente el primer párrafo.*

En ליל הסדר *muchos dicen* הלל שלם *(página 759) seguido de un* קדיש שלם *(página 381).*

En otros ימים טובים*, tanto en* מנחה *como en* מעריב *se continúa con un* קדיש שלם *(página 381).*

En las últimas noches de פסח*, se cuenta el* עומר *(página 303) tras un* קדיש שלם *(página 381).*

En שמחת תורה*, tanto en* מעריב *como en* שחרית *se recita un* קדיש שלם *(página 381), y luego se continúa con* אַתָּה הָרְאֵתָ *y* הקפות *en la página siguiente.*

En שחרית*, se continúa con* הלל שלם *(página 759),* קדיש שלם *(página 517),* קריאת התורה *(página 519) y* מוסף *(página 839).*

Si el primer día de פסח *cae en* שבת*, se lee* שיר השירים *(página 1232) previo a la* קריאת התורה *de* שחרית *del último día (en* ארץ ישראל *del primer día). De no ser así se lee en* שבת חול המועד*.*

El segundo día de שבועות *se lee* מגילת רות *(página 1237) previo a la* קריאת התורה *de* שחרית *(en* ארץ ישראל *en el primer día).*

Si el primer día de סוכות *cae en* שבת*, se lee* קהלת *(página 1248) previo a la* קריאת התורה *de* שחרית *de* שמיני עצרת *(en* ארץ ישראל*, el primer día de* סוכות*). De no ser así se lee en* שבת חול המועד*.*

HAKAFOT

En Ma'ariv y Shajarit de Simjat Torá se recita lo siguiente tras el Kadish Completo (página 516).

אַתָּה הָרְאֵתָ A ti te fue manifestado para que sepas que el SEÑOR es Dios, *Deut. 4*
fuera de Él no hay otro.
A Aquél que obra maravillas solo, pues Su benevolencia es eterna. *Sal. 136*
No hay nadie como Tú SEÑOR, entre los poderes celestiales, *Sal. 86*
ni hay obras como las Tuyas.
Que la Gloria del SEÑOR sea por siempre, *Sal. 104*
que el SEÑOR se regocije en Sus creaturas.
Que el Nombre del SEÑOR sea bendito desde ahora y para siempre. *Sal. 113*
Que el SEÑOR nuestro Dios sea con nosotros, *1 Re. 8*
tal como lo fue con nuestros ancestros.
Que nunca nos deje ni nos abandone.
Decid, "sálvanos, Dios de nuestra salvación, *1 Cró. 16*
reúnenos y sálvanos de entre las naciones
para agradecer a Tu Nombre Sagrado y glorificarnos en Tu gloria.
El SEÑOR reina, el SEÑOR ha reinado,
el SEÑOR reinará por toda la eternidad.
El SEÑOR dará poder a Su pueblo, *Sal. 29*
el SEÑOR bendecirá a Su pueblo con la paz.
Que nuestras palabras sean agradables ante el Señor de todo cuanto existe.

Se abre el Arca Sagrada.

Cuando el Arca partía Moshé decía: *Núm. 10*
"Levántate SEÑOR, y Tus enemigos se dispersarán,
huyan de delante de Ti todos quienes Te odian".
Avanza SEÑOR hacia el sitial de Tu reposo, Tú y el Arca de Tu Torá.
Tus sacerdotes se revestirán de justicia y Tus piadosos entonarán cánticos. *Sal. 132*
En mérito de Tu siervo David, no rechaces a Tu ungido.
En ese día dirá: ese es nuestro Dios, en Él confiamos y Él nos salvó. *Is. 25*
Él es nuestro Dios, en Quien depositamos nuestras esperanzas,
alegrémonos y regocijémonos con Su salvación.
Tu reino es un reino por todos los tiempos *Sal. 145*
y Tu dominio perdura por todas las generaciones.
Pues desde Sion saldrá la Torá y la palabra del SEÑOR desde Jerusalém. *Is. 2*

Padre de la compasión, ve con favor a Sion, reconstruye las murallas de Jerusalém. *Sal. 51*
Pues solamente en Ti hemos confiado, Rey enaltecido y exaltado,
Señor de los mundos.

סדר הקפות

En מעריב *y* שחרית *de* שמחת תורה *se recita lo siguiente tras el* קדיש שלם *(página 517).*

אַתָּה הָרְאֵתָ לָדַעַת, כִּי יהוה הוּא הָאֱלֹהִים, אֵין עוֹד מִלְּבַדּוֹ: דברים ד

לְעֹשֵׂה נִפְלָאוֹת גְּדֹלוֹת לְבַדּוֹ, כִּי לְעוֹלָם חַסְדּוֹ: תהלים קלו

אֵין־כָּמְוֹךָ בָאֱלֹהִים, אֲדֹנָי, וְאֵין כְּמַעֲשֶׂיךָ: תהלים פו

יְהִי כְבוֹד יהוה לְעוֹלָם, יִשְׂמַח יהוה בְּמַעֲשָׂיו: תהלים קד

יְהִי שֵׁם יהוה מְבֹרָךְ, מֵעַתָּה וְעַד־עוֹלָם: תהלים קיג

יְהִי יהוה אֱלֹהֵינוּ עִמָּנוּ, כַּאֲשֶׁר הָיָה עִם־אֲבֹתֵינוּ מלכים א׳ ח

אַל־יַעַזְבֵנוּ וְאַל־יִטְּשֵׁנוּ:

וְאִמְרוּ, הוֹשִׁיעֵנוּ אֱלֹהֵי יִשְׁעֵנוּ, וְקַבְּצֵנוּ וְהַצִּילֵנוּ מִן־הַגּוֹיִם דברי הימים א׳ טז

לְהֹדוֹת לְשֵׁם קָדְשֶׁךָ, לְהִשְׁתַּבֵּחַ בִּתְהִלָּתֶךָ:

יהוה מֶלֶךְ, יהוה מָלָךְ, יהוה יִמְלֹךְ לְעֹלָם וָעֶד.

יהוה עֹז לְעַמּוֹ יִתֵּן, יהוה יְבָרֵךְ אֶת־עַמּוֹ בַשָּׁלוֹם: תהלים כט

וְיִהְיוּ נָא אֲמָרֵינוּ לְרָצוֹן, לִפְנֵי אֲדוֹן כֹּל.

Se abre el ארון קודש.

וַיְהִי בִּנְסֹעַ הָאָרֹן וַיֹּאמֶר מֹשֶׁה במדבר י

קוּמָה יהוה וְיָפֻצוּ אֹיְבֶיךָ, וְיָנֻסוּ מְשַׂנְאֶיךָ מִפָּנֶיךָ:

קוּמָה יהוה לִמְנוּחָתֶךָ, אַתָּה וַאֲרוֹן עֻזֶּךָ: תהלים קלב

כֹּהֲנֶיךָ יִלְבְּשׁוּ־צֶדֶק, וַחֲסִידֶיךָ יְרַנֵּנוּ:

בַּעֲבוּר דָּוִד עַבְדֶּךָ, אַל־תָּשֵׁב פְּנֵי מְשִׁיחֶךָ:

וְאָמַר בַּיּוֹם הַהוּא ישעיה כה

הִנֵּה אֱלֹהֵינוּ זֶה קִוִּינוּ לוֹ, וְיוֹשִׁיעֵנוּ

זֶה יהוה קִוִּינוּ לוֹ, נָגִילָה וְנִשְׂמְחָה בִּישׁוּעָתוֹ:

מַלְכוּתְךָ מַלְכוּת כָּל־עֹלָמִים, וּמֶמְשַׁלְתְּךָ בְּכָל־דּוֹר וָדֹר: תהלים קמה

כִּי מִצִּיּוֹן תֵּצֵא תוֹרָה, וּדְבַר־יהוה מִירוּשָׁלָםִ: ישעיה ב

אַב הָרַחֲמִים, הֵיטִיבָה בִרְצוֹנְךָ אֶת־צִיּוֹן, תִּבְנֶה חוֹמוֹת יְרוּשָׁלָםִ: תהלים נא

כִּי בְךָ לְבַד בָּטָחְנוּ, מֶלֶךְ אֵל רָם וְנִשָּׂא, אֲדוֹן עוֹלָמִים.

Se extraen todos los rollos de la Torá del Arca Sagrada.

Primera hakafá

Por favor, SEÑOR, sálvanos. Por favor, SEÑOR, haznos prosperar. *Sal. 118*
Por favor, SEÑOR, respóndenos el día que Te invoquemos.

Dios de los espíritus, sálvanos,
examinador de corazones, haznos prosperar.
Redentor poderoso, respóndenos el día en que Te invoquemos.

Segunda hakafá

Tú que hablas con justicia, sálvanos.
Investido con esplendor, haznos prosperar.
Antiguo (Fiel) y generoso, respóndenos el día en que Te invoquemos.

Tercera hakafá

Puro y recto, sálvanos.
Compasivo y piadoso, haznos prosperar.
Bondadoso y Benefactor, respóndenos el día en que Te invoquemos.

Cuarta hakafá

Conocedor de los pensamientos, sálvanos.
Poderoso, haznos prosperar.
Tú que invistes justicia, respóndenos el día en que Te invoquemos.

Quinta hakafá

Rey eterno, sálvanos.
Resplandeciente y potente, haznos prosperar.
Tú que apoyas y sostienes, respóndenos el día en que Te invoquemos.

Sexta hakafá

Tú que ayudas a los pobres, sálvanos.
Tú que rescatas y proteges, haznos prosperar.
Eterna fortaleza, respóndenos el día que Te invoquemos.

Séptima hakafá

Santo y reverenciado, sálvanos.
Piadoso y Compasivo, haznos prosperar.
Tú que resides en los cielos, respóndenos el día que Te invoquemos.

Tú que sostienes a los íntegros, sálvanos.
Eternamente Poderoso, haznos prosperar.
Perfecto en todas Sus acciones, respóndenos el día que Te invoquemos.

Los rollos de la Torá son devueltos al Arca Sagrada excepto aquellos que van a ser usados durante la lectura. En Ma'ariv, tres personas son llamadas a la Torá (en algunas congregaciones cinco) para leer la porción de "Vezot Haberajá" (páginas 1223–1224). Ver ley 136. Durante Shajarit la costumbre mayoritaria es llamar a cada adulto varón a la Torá. Ver ley 139.

Se extraen todos los ספרי תורה *del* ארון קודש.

הקפה *Primera*

תהלים קיח

אָנָּא יהוה הוֹשִׁיעָה נָּא, אָנָּא יהוה הַצְלִיחָה נָא:

אָנָּא יהוה עֲנֵנוּ בְיוֹם קָרְאֵנוּ.

אֱלֹהֵי הָרוּחוֹת הוֹשִׁיעָה נָּא, בּוֹחֵן לְבָבוֹת הַצְלִיחָה נָא

גּוֹאֵל חָזָק עֲנֵנוּ בְיוֹם קָרְאֵנוּ.

הקפה *Segunda*

דּוֹבֵר צְדָקוֹת הוֹשִׁיעָה נָּא, הָדוּר בִּלְבוּשׁוֹ הַצְלִיחָה נָא

וָתִיק וְחָסִיד עֲנֵנוּ בְיוֹם קָרְאֵנוּ.

הקפה *Tercera*

זַךְ וְיָשָׁר הוֹשִׁיעָה נָּא, חַנּוּן וְרַחוּם הַצְלִיחָה נָא

טוֹב וּמֵיטִיב עֲנֵנוּ בְיוֹם קָרְאֵנוּ.

הקפה *Cuarta*

יוֹדֵעַ מַחֲשָׁבוֹת הוֹשִׁיעָה נָּא, כַּבִּיר כֹּחַ הַצְלִיחָה נָא

לוֹבֵשׁ צְדָקוֹת עֲנֵנוּ בְיוֹם קָרְאֵנוּ.

הקפה *Quinta*

מֶלֶךְ עוֹלָמִים הוֹשִׁיעָה נָּא, נָאוֹר וְאַדִּיר הַצְלִיחָה נָא

סוֹמֵךְ וְסוֹעֵד עֲנֵנוּ בְיוֹם קָרְאֵנוּ.

הקפה *Sexta*

עוֹזֵר דַּלִּים הוֹשִׁיעָה נָּא, פּוֹדֶה וּמַצִּיל הַצְלִיחָה נָא

צוּר עוֹלָמִים עֲנֵנוּ בְיוֹם קָרְאֵנוּ.

הקפה *Séptima*

קָדוֹשׁ וְנוֹרָא הוֹשִׁיעָה נָּא, רַחוּם וְחַנּוּן הַצְלִיחָה נָא

שׁוֹכֵן שְׁחָקִים עֲנֵנוּ בְיוֹם קָרְאֵנוּ.

תּוֹמֵךְ תְּמִימִים הוֹשִׁיעָה נָּא, תַּקִּיף לָעַד הַצְלִיחָה נָא

תָּמִים בְּמַעֲשָׂיו עֲנֵנוּ בְיוֹם קָרְאֵנוּ.

Los ספרי תורה *son devueltos al* ארון קודש *excepto aquellos que van a ser usados durante la* קריאת התורה*. En* מעריב*, tres personas son llamadas a la* תורה *(en algunas congregaciones cinco) para leer la porción de* וְזֹאת הַבְּרָכָה *(páginas 1223–1224). Ver ley 136. Durante* שחרית *la costumbre mayoritaria es llamar a cada adulto varón a la* תורה*. Ver ley 139.*

AKDAMUT

En Shavu'ot, luego de que el cohen es llamado a la Torá y antes de que bendiga se recita el siguiente poema en forma alternada por el oficiante y la congregación.

Oficiante: En mis primeras palabras y en el inicio de mi alocución
habré de pedir asentimiento y permiso.

Congregación: Comenzaré con dos o tres secciones las cuales recitaré con temblor,
con el permiso del Creador del mundo y quien nos sostiene hasta la vejez.

Oficiante: Sus eternos poderes no son descriptibles con palabras.
Si todos los cielos fuesen un pergamino y todos los bosques plumas fuente;

Congregación: si todos los mares y todos los lagos fuesen tinta,
y si todos los habitantes de la tierra fuesen escribas y anotadores.

Oficiante: La gloria del Amo de los cielos y el Gobernante de la tierra,
que Él solo estableció el mundo y tomó control de éste.

Congregación: Lo perfeccionó sin fatiga ni cansancio,
por medio de letra sutil carente de sustancia.

Oficiante: Realizó toda Su labor en estos seis días,
y la lumbrera de Su Gloria se erigió en un trono de fuego.

Congregación: Dispuso de una hueste de mil, miles y decenas de miles de servidores,
de estos surgen nuevos cada mañana, grande es Su fidelidad.

Oficiante: Además, serafines ígneos de seis alas, hasta se les concede permiso,
se mantuvieron quietos y en silencio.

Congregación: Reciben permiso unos de otros y al unísono, sin demora, sin pausa,
exclaman: toda la tierra está llena de Su gloria y proclaman "Santo" tres veces.

אקדמות

En שבועות, luego de que el כהן es llamado a la תורה y antes de que bendiga, se recita el siguiente poema en forma alternada por el שליח ציבור y el קהל

ש״צ: אַקְדָּמוּת מִלִּין וְשָׁרָיוּת שׁוּתָא
אַוְלָא שָׁקֵלְנָא הַרְמָן וּרְשׁוּתָא.

קהל: בְּבָבֵי תְּרֵי וּתְלָת דְּאֶפְתַּח בְּנַקְשׁוּתָא
בְּבָרֵי דְּבָרֵי וְטָרֵי עֲדֵי לְקַשִּׁישׁוּתָא.

ש״צ: גְּבוּרָן עָלְמִין לֵהּ, וְלָא סָפֵק פְּרִישׁוּתָא
גְּוִיל אִלּוּ רְקִיעֵי, קְנֵי כָּל חֻרְשָׁתָא.

קהל: דְּיוֹ אִלּוּ יַמֵּי וְכָל מֵי כְנִישׁוּתָא
דָּיְרֵי אַרְעָא סָפְרֵי וְרָשְׁמֵי רַשְׁוָתָא.

ש״צ: הֲדַר מָרֵי שְׁמַיָּא וְשַׁלִּיט בְּיַבֶּשְׁתָּא
הֲקֵים עָלְמָא יְחִידָאי, וְכַבְּשֵׁהּ בְּכַבְּשׁוּתָא.

קהל: וּבְלָא לֵאוּ שַׁכְלְלֵהּ, וּבְלָא תְשָׁשׁוּתָא
וּבְאָתָא קַלִּילָא דְּלֵית בַּהּ מְשָׁשׁוּתָא.

ש״צ: זַמֵּן כָּל עֲבִידְתֵּהּ בְּהַךְ יוֹמֵי שִׁתָּא
זְהוֹר יְקָרֵהּ עַלִּי, עֲלֵי כָּרְסְיֵהּ דְּאֶשָּׁתָא.

קהל: חֵיַל אֶלֶף אַלְפִין וְרִבּוֹא לְשַׁמָּשׁוּתָא
חַדְתִּין נְבוֹט לְצַפְרִין, סַגִּיאָה טָרְשׁוּתָא.

ש״צ: טְפֵי יְקִידִין שְׂרָפִין, כְּלוּל גַּפֵּי שִׁתָּא
טְעֵם עַד יִתְיְהֵב לְהוֹן, שְׁתִיקִין בְּאַדִּישְׁתָּא.

קהל: יְקַבְּלוּן דֵּין מִן דֵּין שָׁוֵי דְּלָא בְשַׁשְׁתָּא
יְקָר מְלֵי כָל אַרְעָא לְתַלּוּתֵי קְדֻשְׁתָּא.

Oficiante: Su voz es como aquella que emana del Todopoderoso,
semejante al sonido de las aguas torrentosas,
elevan sus voces con alborozo, los Querubines delante de los Ofanim.

Congregación: Para contemplar cara a cara la visión que se asemeja a un arco iris,
a todo sitio que son enviados llegan velozmente.

Oficiante: Bendicen: "Bendita es la gloria del Señor desde Su sitial".
susurrando desde el sitial de Su Presencia que no es necesario buscarlo.

Congregación: La multitud de todas las huestes celestiales alaban con temor:
"la Gloria de Su reino se revelará por todas las generaciones".

Oficiante: Ellos alaban Su santidad ordenadamente. Y una vez que pasó el momento de esta alabanza,
se habrá desvanecido para siempre y no se volverá a recitar ni en siete años.

Congregación: Empero el pueblo de Israel que son la porción de Su Gloria,
son más queridos que los ángeles pues permanentemente recitan la alabanza por la mañana y por la noche.

Oficiante: (Los hijos de Israel) fueron designados a ser Su porción,
para cumplir Su Voluntad,
Sus maravillosas alabanzas recitan a cada hora.

Congregación: Dios quiso y deseó que los hijos de Israel se esfuercen en la Torá,
por ello aceptará sus rezos y atenderá sus pedidos.

Oficiante: La plegaria está ligada a Quien vivifica todos los mundos por medio de una corona y un juramento,
que se asienta permanentemente frente al esplendor de las filacterias del Santo Bendito Él.

Congregación: Estas están inscritas con sabiduría y conocimiento,
con la grandeza de Israel que recitan el Shemá.

Oficiante: Los hijos de Israel alaban a Dios con palabras prístinas,
es agradable relatar Su Gloria delante de reyes.

Congregación: Los inicuos acuden y se reúnen cual olas del mar,
sorprendidos se preguntan
por qué (los hijos de Israel) se dedican a las letras de la Torá.

ש״ץ: כְּקָל מִן קֳדָם שַׁדַּי, כְּקָל מֵי נְפִישׁוּתָא
כְּרוּבִין קֳבֵל גַּלְגְּלִין מְרוֹמְמִין בְּאַוְשָׁתָא.

קהל: לְמֶחֱזֵי בְּאַנְפָּא עֵין כְּוָת גִּירֵי קַשְׁתָּא
לְכָל אֲתַר דְּמִשְׁתַּלְּחִין, זְרִיזִין בְּאַשְׁוָתָא.

ש״ץ: מְבָרְכִין בְּרִיךְ יְקָרֵהּ בְּכָל לִשַּׁן לְחִישׁוּתָא
מֵאֲתַר בֵּית שְׁכִינְתֵּהּ, דְּלָא צְרִיךְ בְּחִישׁוּתָא.

קהל: נְהֵם כָּל חֵיל מְרוֹמָא, מְקַלְּסִין בַּחֲשַׁשְׁתָּא
נְהִירָא מַלְכוּתֵהּ לְדָר וְדָר לְאַפְרַשְׁתָּא.

ש״ץ: סְדִירָא בְהוֹן קְדֻשְׁתָּא, וְכַד חָלְפָא שַׁעְתָּא
סִיּוּמָא דִלְעָלַם, וְאוֹף לָא לְשִׁבְוּעֲתָא.

קהל: עֲדַב יְקַר אַחְסַנְתֵּהּ חֲבִיבִין, דִּבְקַבַּעְתָּא
עֲבִידִין לֵהּ חֲטִיבָא בְּדְנַח וּשְׁקַעְתָּא.

ש״ץ: פְּרִישָׁן לְמָנָתֵהּ לְמֶעְבַּד לֵהּ רְעוּתָא
פְּרִישָׁתֵי שְׁבָחֵהּ יְחַוּוֹן בְּשָׁעוּתָא.

קהל: צְבִי וְחָמֵד וְרָגֵג דְּיִלְאוּן בְּלָעוּתָא
צְלוֹתְהוֹן בְּכֵן מְקַבֵּל, וְהָנְיָא בָעוּתָא.

ש״ץ: קְטִירָא לְחַי עָלְמָא בְּתָגָא בִּשְׁבוּעֲתָא
קֳבֵל יְקַר טוֹטֶפְתָּא יְתִיבָא בִּקְבִיעֲתָא.

קהל: רְשִׁימָא הִיא גּוּפָא בְּחָכְמְתָא וּבְדַעְתָּא
רְבוּתְהוֹן דְּיִשְׂרָאֵל, קָרְאֵי בִשְׁמַעְתָּא.

ש״ץ: שְׁבַח רִבּוֹן עָלְמָא, אֲמִירָא דַּכְוָתָא
שְׁפַר עֲלֵי לְחַוּוֹיֵהּ בְּאַפֵּי מַלְכְּוָתָא.

קהל: תָּאִין וּמִתְכַּנְּשִׁין כְּחֵזוּ אַדְוָתָא
תְּמֵהִין וְשָׁיְלִין לֵהּ בְּעֵסֶק אָתְוָתָא.

Oficiante: ¿Quién es tu amado de bello aspecto?
Aquel por Quien estás dispuesto a sufrir en guaridas de leones.

Congregación: Serás preciada y hermosa si pasas a nuestro dominio,
haremos tu voluntad en todos nuestros ámbitos.

Oficiante: Con sabiduría les responde para hacerles saber:
si fueseis sabios sabríais y conoceríais,

Congregación: cuál es vuestra importancia respecto a esa grandeza.
Los portentos que obrará sobre mí cuando arribe la redención.

Oficiante: "Cuando llegue para mí la luz a vosotros os cubrirá el escarnio,
cuando Su esplendor sea revelado, fuerte y magnífico".

Congregación: Retribuirá adversamente a Sus enemigos y a los pueblos de las islas distantes,
y hará justicia en aras de Su amado pueblo abundante en méritos.

Oficiante: Cuando traiga los puros instrumentos del Templo a la ciudad de Jerusalém,
al reunirse los exiliados, cundirá una gran alegría.

Congregación: Extenderá sobre esta ciudad Su Gloria día y noche,
cual palio nupcial acompañado de alabanzas.

Oficiante: Su sucá será de esplendorosas nubes de Gloria Celestial,
y hará sucot conforme los méritos de las acciones humanas.

Congregación: En asientos de oro de siete peldaños,
los justos se sentarán ante el hacedor de múltiples obras.

Oficiante: Y en sus rostros percibiremos saciedad de alegrías,
brillarán cual firmamento y con el resplandor de las estrellas.

Congregación: Esta es una Gloria que no se puede describir con los labios,
y sobre la cual no escucharon hablar los profetas en sus visiones.

ש״ץ: מְנָן וּמַאן הוּא רְחִימָךְ, שַׁפִּירָא בְּרֵוְתָא
אֲרוּם בְּגִינֵהּ סְפֵית מְדוֹר אַרְיָוָתָא.

קהל: יְקָרָא וְיָאָה אַתְּ, אִין תְּעָרְבִי לְמָרְוָתָא
רְעוּתֵךְ נַעֲבֵד לִיךְ בְּכָל אַתְרְוָתָא.

ש״ץ: בְּחָכְמְתָא מְתִיבְתָא לְהוֹן, קְצָת לְהוֹדָעוּתָא
יְדַעְתּוּן חַכְמִין לֵהּ בְּאִשְׁתְּמוֹדָעוּתָא.

קהל: רְבוּתְכוֹן מָה חֲשִׁיבָא קֳבֵל הַהִיא שְׁבַחְתָּא
רְבוּתָא דְיַעְבֵד לִי, כַּד מָטְיָא יְשׁוּעֲתָא.

ש״ץ: בְּמֵיתֵי לִי נְהוֹרָא, וְתַחֲפֵי לְכוֹן בַּהֲתָא
יְקָרֵהּ כַּד אִתְגְּלֵי בְּתָקְפָּא וּבְגֵיוְתָא.

קהל: יְשַׁלֵּם גְּמֻלַיָּא לְשָׂנְאֵי וְנַגְוָתָא
צִדְקָתָא לְעַם חָבִיב וְסַגִּי זַכְוָתָא.

ש״ץ: חֲדוּ שְׁלֵמָא בְּמֵיתֵי, וּמָנָא דִכְוָתָא
קִרְיְתָא דִירוּשְׁלֵם כַּד יְכַנֵּשׁ גָּלְוָתָא.

קהל: יְקָרֵהּ מַטֵּל עֲלַהּ בְּיוֹמֵי וְלֵילְוָתָא
גְּנוּנֵהּ לְמֶעְבַּד בַּהּ בְּתֻשְׁבְּחָן כְּלִילָתָא.

ש״ץ: דְּזֵהוֹר עֲנָנַיָּא לְמִשְׁפַּר כִּילָתָא
לְפֻמֵּהּ דַעֲבִידְתָּא עֲבִידָן מְטַלַּלְתָּא.

קהל: בְּתַכְתְּקֵי דְהַב פִּזָּא, וְשִׁבְעָא מַעֲלָתָא
תְּחִימִין צַדִּיקֵי קֳדָם רַב פָּעֳלָתָא.

ש״ץ: וְרֵוֵיהוֹן דָּמֵי לְשָׂבְעָא חֶדְוָתָא
רְקִיעָא בְּזֵהוֹרֵהּ וְכוֹכְבֵי זִיוָתָא.

קהל: הַדְרָא דְּלָא אֶפְשָׁר לְמִפְרַט שִׂפְוָתָא
וְלָא אִשְׁתְּמַע וַחֲמֵי נְבִיאָן חֶזְוָתָא.

Oficiante: Ojo alguno logró contemplar al interior del Jardín del Edén,
cómo en su interior los justos se pasean danzando junto a la Divina Presencia.

Congregación: Ellos, envueltos en temor reverencial, Lo señalan (al Eterno) y proclaman: "Es Él",
Aquél en cuya gran fidelidad depositamos nuestras esperanzas durante el cautiverio.

Oficiante: Los mundos se asemejarán a jóvenes danzantes,
esta es nuestra parcela por haber sido separados cual ofrenda desde el principio del universo.

Congregación: Él juega con el Leviatán, con el Behemot de la alta montaña,
y cuando estos luchan el uno contra el otro en gran duelo,

Oficiante: los cuernos del gran Behemot embestirán,
y el Leviatán saltará contra él con sus poderosas aletas.

Congregación: El Creador irá hacia él con Su gran espada,
y preparará de esta carne una gran comida para los justos.

Oficiante: Estos se sentarán a la mesa, engarzada con rubíes y gemas,
y ríos de bálsamos fluyendo ante ellos.

Congregación: Se deleitan y sacian con copas colmadas de vino dulce,
que desde la Creación ha resguardado en las prensas.

Oficiante: Justos, tal como habéis escuchado en este cántico de alabanza,
podréis vosotros también residir permanentemente en estos ámbitos.

Congregación: Y tendréis el mérito de habitar estos altos niveles, por escuchar Sus palabras, pronunciadas con magnificencia.

Oficiante: Sublime es nuestro Dios desde el Génesis hasta los días postreros,
nos quiso grandemente y deseó entregarnos la Torá.

El rezo continúa con la lectura de la Torá en la página 1208.

ש״ץ: בְּלָא שָׁלְטָא בֵהּ עֵין, בְּגוֹ עֵדֶן גִּנְּתָא
מְטַיְּלֵי בֵהּ חִנְגָּא לְבַהֲדֵי דְשְׁכִינְתָּא.

קהל: עֲלֵהּ רָמְזֵי דֵּין הוּא, בְּרַם בְּאֵימְתָנוּתָא
שַׁבַּרְנָא לֵהּ בְּשִׁבְיַן, תְּקוֹף הֵמָנוּתָא.

ש״ץ: יַדְבֵּר לַן עָלְמִין, עָלְמִין מְדַמּוּתָא
מְנָת דִּילַן דְּמִלְּקַדְמִין פְּרֵשׁ בַּאֲרָמוּתָא.

קהל: טְלוּלָא דְלִוְיָתָן וְתוֹר טוּר רָמוּתָא
וְחַד בְּחַד כִּי סָבִיךְ וְעָבֵד קְרָבוּתָא.

ש״ץ: בְּקַרְנוֹהִי מְנַגַּח בְּהֵמוֹת בִּרְבוּתָא
יְקַרְטַע נוּן לְקִבְלֵהּ בְּצִיצוֹי בִּגְבוּרְתָּא.

קהל: מְקָרֵב לֵהּ בָּרְיֵהּ בְּחַרְבֵּהּ בְּרַבְרְבוּתָא
אֲרִסְטוֹן לְצַדִּיקֵי יְתַקֵּן, וְשֵׁרוּתָא.

ש״ץ: מְסַחֲרִין עֲלֵי תַכֵּי דְּכַדְכֹּד וְגוּמַרְתָּא
נְגִידִין קָמֵיהוֹן אֲפַרְסְמוֹן נַהֲרָתָא.

קהל: וּמִתְפַּנְּקִין וְרָווּ בְּכַסֵּי רְוָיָתָא
חֲמַר מְרַת דְּמִבְּרֵאשִׁית נְטִיר בֵּי נַעֲוָתָא.

ש״ץ: זַכָּאִין, כַּד שְׁמַעְתּוּן שְׁבַח דָּא שִׁירָתָא
קְבִיעִין כֵּן תֶּהֱווּן בְּהַנְהוּ חֲבוּרָתָא.

קהל: וְתִזְכּוּן דִּי תֵיתְבוּן בְּעֵלָּא דָּרָתָא
אֲרֵי תְצִיתוּן לְמִלּוֹי, דְּנָפְקִין בְּהַדְרָתָא.

ש״ץ: מְרוֹמַם הוּא אֱלָהִין בְּקַדְמְתָא וּבַתְרַיְתָא
צְבִי וְאִתְרְעִי בַן, וּמְסַר לַן אוֹרַיְתָא.

El rezo continúa con קריאת התורה *en la página 1208.*

YZKOR

El Yzkor es recitado el último día de Pesaj, el segundo día de Shavu'ot (en Israel en el primer día), en Yom Kipur y Sheminí Atzeret. En algunas congregaciones quienes no han perdido aún a uno de los padres o pariente cercano no participan de la plegaria, sino que se retiran y retornan una vez concluida esta.

יהוה Señor, ¿qué es el ser humano como para que Tú lo reconozcas? *Sal. 144*
¿Qué es el hijo del hombre para que lo tomes en cuenta?
El hombre se asemeja al hálito de la boca
y sus días son como una sombra que se esfuma.
Por la mañana brota y florece, al atardecer se marchita y se seca. *Sal. 90*
Enséñanos a contar nuestros días, para que podamos adquirir un corazón sabio.
Cuida del íntegro y contempla al recto actuar, *Sal. 37*
pues el destino de esa persona es la paz.
Solamente Dios habrá de redimir mi alma de la tumba, *Sal. 49*
pues Él me habrá de acoger, Sela.
Mi carne y mi corazón anhelan; *Sal. 73*
Dios es la roca de mi corazón y mi porción por siempre.
El polvo volverá a la tierra de donde provino, *Ecl. 12*
y el espíritu retornará a Dios que lo concedió.

יֹשֵׁב Él que habita en el refugio del Altísimo y reside a la sombra del Todopoderoso. Diré al Señor que es mi Refugio y mi Fortaleza, es mi Dios y en Él confiaré. Él te salvará de la trampa del cazador y de la mortal pestilencia. Él te cubrirá con Sus alas y bajo éstas hallarás protección; Su verdad es escudo y armadura. No temerás por el terror de la noche ni de la saeta diurna, ni de la peste que anda en la oscuridad ni del destructor que asola a mediodía. Mil caerán a tu lado y diez mil junto a tu diestra, mas no podrán acercarse a ti. Tú habrás de contemplar únicamente con tus ojos y verás a los malvados recibir su merecido. Pues Tú Señor eres mi Refugio, has dispuesto Tu morada en lo más alto. No te habrá de ocurrir cosa mala ni se acercará daño alguno a tu tienda. Pues Sus ángeles serán ordenados para cuidarte en todos tus caminos. Sobre sus palmas te transportarán para que tu pie no tropiece con piedra alguna. Pisarás al león y a la serpiente, arrollarás al leoncillo y al reptil. Por cuanto que él Me ama, Yo lo habré de rescatar y encumbrar, porque conoce Mi Nombre. Me llamará y le contestaré, lo acompañaré en su desgracia, lo salvaré y le honraré. Le colmaré de largos días y le mostraré Mi salvación. *Sal. 91*
Le colmaré de largos días y le mostraré Mi salvación.

---

las festividades: el último día de Pesaj, el segundo día de Shavu'ot (en Israel el primer día) y en Sheminí Atzeret.

El recordar es fundamental para el judaísmo. La palabra "*zajor*", "recuerda",

סדר הזכרת נשמות

El יזכור *es recitado el último día de* פסח*, el segundo día de* שבועות *(en* ארץ ישראל *en el primer día), en* שמיני עצרת *y* יום כיפור*. En algunas congregaciones quienes no han perdido aún a uno de los padres o pariente cercano no participan de la plegaria, sino que se retiran y retornan una vez concluida esta.*

יהוה מָה־אָדָם וַתֵּדָעֵהוּ, בֶּן־אֱנוֹשׁ וַתְּחַשְּׁבֵהוּ: תהלים קמד
אָדָם לַהֶבֶל דָּמָה, יָמָיו כְּצֵל עוֹבֵר:
בַּבֹּקֶר יָצִיץ וְחָלָף, לָעֶרֶב יְמוֹלֵל וְיָבֵשׁ: תהלים צ
לִמְנוֹת יָמֵינוּ כֵּן הוֹדַע, וְנָבִא לְבַב חָכְמָה:
שְׁמָר־תָּם וּרְאֵה יָשָׁר, כִּי־אַחֲרִית לְאִישׁ שָׁלוֹם: תהלים לז
אַךְ־אֱלֹהִים יִפְדֶּה נַפְשִׁי מִיַּד שְׁאוֹל, כִּי יִקָּחֵנִי סֶלָה: תהלים מט
כָּלָה שְׁאֵרִי וּלְבָבִי, צוּר־לְבָבִי וְחֶלְקִי אֱלֹהִים לְעוֹלָם: תהלים עג
וְיָשֹׁב הֶעָפָר עַל־הָאָרֶץ כְּשֶׁהָיָה, וְהָרְוּחַ תָּשׁוּב אֶל־הָאֱלֹהִים אֲשֶׁר נְתָנָהּ: קהלת יב

יֹשֵׁב בְּסֵתֶר עֶלְיוֹן, בְּצֵל שַׁדַּי יִתְלוֹנָן: אֹמַר לַיהוה מַחְסִי וּמְצוּדָתִי, תהלים צא
אֱלֹהַי אֶבְטַח־בּוֹ: כִּי הוּא יַצִּילְךָ מִפַּח יָקוּשׁ, מִדֶּבֶר הַוּוֹת: בְּאֶבְרָתוֹ
יָסֶךְ לָךְ, וְתַחַת־כְּנָפָיו תֶּחְסֶה, צִנָּה וְסֹחֵרָה אֲמִתּוֹ: לֹא־תִירָא מִפַּחַד
לָיְלָה, מֵחֵץ יָעוּף יוֹמָם: מִדֶּבֶר בָּאֹפֶל יַהֲלֹךְ, מִקֶּטֶב יָשׁוּד צָהֳרָיִם:
יִפֹּל מִצִּדְּךָ אֶלֶף, וּרְבָבָה מִימִינֶךָ, אֵלֶיךָ לֹא יִגָּשׁ: רַק בְּעֵינֶיךָ תַבִּיט,
וְשִׁלֻּמַת רְשָׁעִים תִּרְאֶה: כִּי־אַתָּה יהוה מַחְסִי, עֶלְיוֹן שַׂמְתָּ מְעוֹנֶךָ:
לֹא־תְאֻנֶּה אֵלֶיךָ רָעָה, וְנֶגַע לֹא־יִקְרַב בְּאָהֳלֶךָ: כִּי מַלְאָכָיו יְצַוֶּה־לָּךְ,
לִשְׁמָרְךָ בְּכָל־דְּרָכֶיךָ: עַל־כַּפַּיִם יִשָּׂאוּנְךָ, פֶּן־תִּגֹּף בָּאֶבֶן רַגְלֶךָ: עַל־
שַׁחַל וָפֶתֶן תִּדְרֹךְ, תִּרְמֹס כְּפִיר וְתַנִּין: כִּי בִי חָשַׁק וַאֲפַלְּטֵהוּ, אֲשַׂגְּבֵהוּ
כִּי־יָדַע שְׁמִי: יִקְרָאֵנִי וְאֶעֱנֵהוּ, עִמּוֹ־אָנֹכִי בְצָרָה, אֲחַלְּצֵהוּ וַאֲכַבְּדֵהוּ:
אֹרֶךְ יָמִים אַשְׂבִּיעֵהוּ, וְאַרְאֵהוּ בִּישׁוּעָתִי:
אֹרֶךְ יָמִים אַשְׂבִּיעֵהוּ, וְאַרְאֵהוּ בִּישׁוּעָתִי:

YZKOR: PLEGARIA EN MEMORIA DE LOS DIFUNTOS

A partir del siglo once y en adelante se tornó costumbre rezar por las almas de los difuntos en los momentos especiales. Inicialmente, el Yzkor se recitaba únicamente en Yom Kipur mas rápidamente se extendió a los últimos días de

Quien no tiene padre dice lo siguiente:

יִזְכֹּר Que Dios recuerde el alma de mi padre, mi maestro (*nombre* hijo de *nombre de su padre*) que partió rumbo a su morada eterna, por lo cual me comprometo (sin un voto formal) a dar caridad en su nombre. En mérito de esto que su alma sea ligada en los lazos de la vida eterna, junto a las almas de Abraham, Ytzjak y Ya'akov, Sará, Rivká, Rajel y Leá y junto a los demás justos y justas que habitan el Jardín del Edén, y digamos Amén.

Quien no tiene madre dice lo siguiente:

יִזְכֹּר Que Dios recuerde el alma de mi madre, mi maestra (*nombre* hija de *nombre de su padre*) que partió rumbo a su morada eterna, por lo cual me comprometo (sin un voto formal) a dar caridad en su nombre. En mérito de esto que su alma sea ligada en los lazos de la vida eterna, junto a las almas de Abraham, Ytzjak y Ya'akov, Sará, Rivká, Rajel y Leá y junto a los demás justos y justas que habitan el Jardín del Edén, y digamos Amén.

Por quienes murieron martirizados por su condición judía:

יִזְכֹּר Que Dios recuerde el alma de (*nombre*, hijo/hija de *nombre de su padre*) y las almas de mis parientes tanto del lado de mi padre como del lado de mi madre que fueron muertos, asesinados, degollados, quemados, ahogados y estrangulados santificando el Nombre Divino, por lo cual me comprometo (sin un voto formal) a dar caridad por la recordación de sus almas. En mérito de esto que sus almas sean ligadas en los lazos de la vida eterna junto a las almas de Abraham, Ytzjak y Ya'akov, Sará, Rivká, Rajel y Leá y junto a los demás justos y justas que habitan el Jardín del Edén, y digamos Amén.

---

partieron), ya que es en virtud de la influencia sobre nosotros de quienes fallecieron, que hoy nos encontramos en la sinagoga, rezamos y tratamos de hacer el bien en esta vida. Es por esto por lo que se realiza esta conexión entre los vivos y los muertos. Los recordamos, y con la ayuda de Dios sus virtudes viven en nosotros. Este es el grado de inmortalidad que podemos conocer en la tierra de los seres vivientes.

Durante el Yzkor, se acostumbra recordar a los mártires judíos, incluidas las víctimas del Holocausto ya que somos los guardianes de su memoria. Los fallecidos no pueden ser devueltos a la vida, pero podemos actuar de un modo tal que asegure que su muerte no haya sido en vano, demostrando que la fe por la cual murieron sigue viva. Al *Yzkor* se le han agregado una serie de versículos bíblicos que se refieren a la vida y la muerte, junto con una plegaria en la que declaramos que habremos de actuar en una forma que honre la memoria de aquellos que ya no están aquí, especialmente la de nuestros padres.

Quien no tiene padre dice lo siguiente:

יִזְכֹּר אֱלֹהִים נִשְׁמַת אָבִי מוֹרִי (פלוני בֶּן פלוני) שֶׁהָלַךְ לְעוֹלָמוֹ, בַּעֲבוּר שֶׁבְּלִי נֶדֶר אֶתֵּן צְדָקָה בַּעֲדוֹ. בִּשְׂכַר זֶה תְּהֵא נַפְשׁוֹ צְרוּרָה בִּצְרוֹר הַחַיִּים עִם נִשְׁמוֹת אַבְרָהָם יִצְחָק וְיַעֲקֹב, שָׂרָה רִבְקָה רָחֵל וְלֵאָה, וְעִם שְׁאָר צַדִּיקִים וְצִדְקָנִיּוֹת שֶׁבְּגַן עֵדֶן, וְנֹאמַר אָמֵן.

Quien no tiene madre dice lo siguiente:

יִזְכֹּר אֱלֹהִים נִשְׁמַת אִמִּי מוֹרָתִי (פלונית בַּת פלוני) שֶׁהָלְכָה לְעוֹלָמָהּ, בַּעֲבוּר שֶׁבְּלִי נֶדֶר אֶתֵּן צְדָקָה בַּעֲדָהּ. בִּשְׂכַר זֶה תְּהֵא נַפְשָׁהּ צְרוּרָה בִּצְרוֹר הַחַיִּים עִם נִשְׁמוֹת אַבְרָהָם יִצְחָק וְיַעֲקֹב, שָׂרָה רִבְקָה רָחֵל וְלֵאָה, וְעִם שְׁאָר צַדִּיקִים וְצִדְקָנִיּוֹת שֶׁבְּגַן עֵדֶן, וְנֹאמַר אָמֵן.

Por quienes murieron martirizados por su condición judía:

יִזְכֹּר אֱלֹהִים נִשְׁמַת (*Hombre* פלוני בֶּן פלוני / *Mujer* פלונית בַּת פלוני) וְנִשְׁמוֹת כָּל קְרוֹבַי וּקְרוֹבוֹתַי, הֵן מִצַּד אָבִי הֵן מִצַּד אִמִּי, שֶׁהוּמְתוּ וְשֶׁנֶּהֶרְגוּ וְשֶׁנִּשְׁחֲטוּ וְשֶׁנִּשְׂרְפוּ וְשֶׁנִּטְבְּעוּ וְשֶׁנֶּחְנְקוּ עַל קִדּוּשׁ הַשֵּׁם, בַּעֲבוּר שֶׁבְּלִי נֶדֶר אֶתֵּן צְדָקָה בְּעַד הַזְכָּרַת נִשְׁמוֹתֵיהֶם. בִּשְׂכַר זֶה תִּהְיֶינָה נַפְשׁוֹתֵיהֶם צְרוּרוֹת בִּצְרוֹר הַחַיִּים עִם נִשְׁמוֹת אַבְרָהָם יִצְחָק וְיַעֲקֹב, שָׂרָה רִבְקָה רָחֵל וְלֵאָה, וְעִם שְׁאָר צַדִּיקִים וְצִדְקָנִיּוֹת שֶׁבְּגַן עֵדֶן, וְנֹאמַר אָמֵן.

---

bajo diferentes formas, aparece no menos de 169 veces en todo el Tanaj. El pasado no está perdido: nos mantenemos conectados a este en la medida que lo recordamos, lo honramos y nos mantenemos fieles a él. Nosotros somos sus herederos, nuestras vidas son parte de una historia que comenzó mucho antes de que naciéramos y continuará mucho después que cesemos de existir físicamente. Por sobre todo, Dios recuerda, tal como decimos en cada Amidá: "recuerda la bondad amorosa de los ancestros". Para Él no existe el olvido.

En el Yzkor, nuestra memoria alcanza la de Dios. Le pedimos que recuerde a aquellos de nuestra familia que ya no están más aquí. Le pedimos que contemple las obras de bien que realizamos (en estas ocasiones se acostumbra donar una suma de dinero para la caridad y atribuirlo a las almas de quienes

Por un pariente cercano:

אֵל מָלֵא רַחֲמִים Dios pleno de compasión que habitas en las alturas, concede merecido reposo ante las alas de La Presencia Divina, en los sitiales encumbrados de las personas santas y puras que brillan cual resplandor celestial, al alma de (*nombre* hijo de *nombre de su padre*) que partió rumbo a su morada eterna, por lo cual me comprometo (sin un voto formal) a dar caridad por la recordación de su alma, que repose en el Jardín del Edén. Por ello, Tú que eres compasivo, resguárdalo para siempre a la sombra de Tus alas y liga su alma en los lazos de la vida eterna, el Señor es su heredad, que descanse en paz y digamos Amén.

Por una pariente cercana:

אֵל מָלֵא רַחֲמִים Dios pleno de compasión que habitas en las alturas, concede merecido reposo ante las alas de La Presencia Divina, en los sitiales encumbrados de las personas santas y puras que brillan cual resplandor celestial, al alma de (*nombre* hija de *nombre de su padre*) que partió rumbo a su morada eterna, por lo cual me comprometo (sin prometerlo formalmente) a dar caridad por la recordación de su alma, que repose en el Jardín del Edén. Por ello, Tú que eres compasivo, resguárdala para siempre a la sombra de Tus alas y liga su alma en los lazos de la vida eterna, el Señor es su heredad, que descanse en paz y digamos Amén.

Por soldados israelíes:

אֵל מָלֵא רַחֲמִים Dios pleno de compasión que habitas en las alturas, concede merecido reposo ante las alas de La Presencia Divina, en los sitiales encumbrados de las personas santas y puras que brillan cual resplandor celestial, a las almas sagradas que lucharon en todas las guerras de Israel, en la clandestinidad y en el Ejército de Defensa de Israel, que cayeron en batalla entregando sus vidas santificando el Nombre Divino, al pueblo y a la tierra de Israel, por lo cual rezamos para la elevación de sus almas. Por ello, Tú que eres compasivo, resguárdalos para siempre a la sombra de Tus alas y liga sus almas en los lazos de la vida eterna, el Señor es su heredad, su reposo sea en el Jardín del Edén, que descansen en paz, su mérito proteja al pueblo de Israel, que se levanten a recibir su recompensa en el final de los días y digamos Amén.

Por un pariente cercano:

אֵל מָלֵא רַחֲמִים, שׁוֹכֵן בַּמְּרוֹמִים, הַמְצֵא מְנוּחָה נְכוֹנָה עַל כַּנְפֵי הַשְּׁכִינָה, בְּמַעֲלוֹת קְדוֹשִׁים וּטְהוֹרִים, כְּזֹהַר הָרָקִיעַ מַזְהִירִים, לְנִשְׁמַת (פלוני בֶּן פלוני) שֶׁהָלַךְ לְעוֹלָמוֹ, בַּעֲבוּר שֶׁבְּלִי נֶדֶר אֶתֵּן צְדָקָה בְּעַד הַזְכָּרַת נִשְׁמָתוֹ, בְּגַן עֵדֶן תְּהֵא מְנוּחָתוֹ. לָכֵן, בַּעַל הָרַחֲמִים יַסְתִּירֵהוּ בְּסֵתֶר כְּנָפָיו לְעוֹלָמִים, וְיִצְרֹר בִּצְרוֹר הַחַיִּים אֶת נִשְׁמָתוֹ, יהוה הוּא נַחֲלָתוֹ, וְיָנוּחַ בְּשָׁלוֹם עַל מִשְׁכָּבוֹ, וְנֹאמַר אָמֵן.

Por una pariente cercana:

אֵל מָלֵא רַחֲמִים, שׁוֹכֵן בַּמְּרוֹמִים, הַמְצֵא מְנוּחָה נְכוֹנָה עַל כַּנְפֵי הַשְּׁכִינָה, בְּמַעֲלוֹת קְדוֹשִׁים וּטְהוֹרִים, כְּזֹהַר הָרָקִיעַ מַזְהִירִים, לְנִשְׁמַת (פלונית בַּת פלוני) שֶׁהָלְכָה לְעוֹלָמָהּ, בַּעֲבוּר שֶׁבְּלִי נֶדֶר אֶתֵּן צְדָקָה בְּעַד הַזְכָּרַת נִשְׁמָתָהּ, בְּגַן עֵדֶן תְּהֵא מְנוּחָתָהּ. לָכֵן, בַּעַל הָרַחֲמִים יַסְתִּירֶהָ בְּסֵתֶר כְּנָפָיו לְעוֹלָמִים, וְיִצְרֹר בִּצְרוֹר הַחַיִּים אֶת נִשְׁמָתָהּ, יהוה הוּא נַחֲלָתָהּ, וְתָנוּחַ בְּשָׁלוֹם עַל מִשְׁכָּבָהּ, וְנֹאמַר אָמֵן.

Por soldados israelíes:

אֵל מָלֵא רַחֲמִים, שׁוֹכֵן בַּמְּרוֹמִים, הַמְצֵא מְנוּחָה נְכוֹנָה עַל כַּנְפֵי הַשְּׁכִינָה, בְּמַעֲלוֹת קְדוֹשִׁים טְהוֹרִים וְגִבּוֹרִים, כְּזֹהַר הָרָקִיעַ מַזְהִירִים, לְנִשְׁמוֹת הַקְּדוֹשִׁים שֶׁנִּלְחֲמוּ בְּכָל מַעַרְכוֹת יִשְׂרָאֵל, בַּמַּחְתֶּרֶת וּבִצְבָא הַהֲגָנָה לְיִשְׂרָאֵל, וְשֶׁנָּפְלוּ בְּמִלְחַמְתָּם וּמָסְרוּ נַפְשָׁם עַל קְדֻשַּׁת הַשֵּׁם, הָעָם וְהָאָרֶץ, בַּעֲבוּר שֶׁאָנוּ מִתְפַּלְּלִים לְעִלּוּי נִשְׁמוֹתֵיהֶם. לָכֵן, בַּעַל הָרַחֲמִים יַסְתִּירֵם בְּסֵתֶר כְּנָפָיו לְעוֹלָמִים, וְיִצְרֹר בִּצְרוֹר הַחַיִּים אֶת נִשְׁמוֹתֵיהֶם, יהוה הוּא נַחֲלָתָם, בְּגַן עֵדֶן תְּהֵא מְנוּחָתָם, וְיָנוּחוּ בְּשָׁלוֹם עַל מִשְׁכְּבוֹתֵיהֶם וְתַעֲמֹד לְכָל יִשְׂרָאֵל זְכוּתָם, וְיַעַמְדוּ לְגוֹרָלָם לְקֵץ הַיָּמִין, וְנֹאמַר אָמֵן.

Por las víctimas del Holocausto:

אֵל מָלֵא רַחֲמִים Dios pleno de compasión, juez que defiende a las viudas y padre de los huérfanos, no calles ni te contengas ante la sangre judía que se derramó cual agua. Concede merecido reposo ante las alas de La Presencia Divina, en los sitiales encumbrados de las personas santas y puras que brillan cual resplandor celestial, a las almas de las multitudes de Israel, hombres y mujeres, niños y niñas, que fueron asesinados, degollados, quemados, asfixiados y enterrados vivos en las tierras sobre las que se posó la mano del tirano alemán y sus colaboradores. Todos ellos son santos y puros, entre ellos grandes eminencias y grandes justos, gigantes de la Torá cual frondosos cedros del Líbano. Que reposen en el Jardín del Edén. Por ello, Tú que eres compasivo resguárdalos para siempre bajo la sombra de Tus alas y liga sus almas en los lazos de la vida eterna, el Señor es su heredad, que descansen en paz y digamos Amén.

La congregación junto al oficiante:

אַב הָרַחֲמִים Padre compasivo que reside en las alturas, con Su inmensa clemencia recordará con misericordia a los píos, rectos e íntegros, a las comunidades sagradas que entregaron su vida y murieron consagrando el Nombre Divino. Los amados y queridos en vida, al morir no se separaron, más livianos que las águilas y más valientes que los leones a la hora de cumplir con la voluntad de su Creador y el deseo de su Fortaleza. Que nuestro Dios les recuerde para bien junto con los demás justos del mundo y vengue frente a nuestros ojos la sangre derramada de Sus
siervos, tal como está escrito en la Torá de Moshé el varón de Dios: "Oh *Deut. 32*
naciones, aclamad a Su pueblo porque Él vengará la sangre de Sus siervos y devolverá su merecido a Sus enemigos, y expiará la tierra de Su pueblo.
Y por medio de Tus profetas está escrito: "Y expiaré su sangre que aún no *Joel 4*
he expiado, dice el Señor que mora en Sion". Y en las Santas Escrituras
dice: "¿Por qué habrán de decir las naciones donde está su Dios? Que *Sal. 79*
se manifieste ante nuestros ojos la venganza por la sangre derramada de
Tus siervos". Dice, además: "El vengador de su sangre los recuerda, no *Sal. 9*
olvidó el clamor de los humildes". Y dice también: "Él ejecutará el juicio *Sal. 110*
sobre las naciones con muchos cadáveres, destruyendo gobernantes sobre la ancha tierra. Beberá del río que está en el camino y luego erguirá su cabeza por lo alto".

Por las víctimas del Holocausto:

אֵל מָלֵא רַחֲמִים, דַּיַּן אַלְמָנוֹת וַאֲבִי יְתוֹמִים, אַל נָא תֶחֱשֶׁה וְתִתְאַפַּק לְדַם יִשְׂרָאֵל שֶׁנִּשְׁפַּךְ כַּמַּיִם. הַמְצֵא מְנוּחָה נְכוֹנָה עַל כַּנְפֵי הַשְּׁכִינָה, בְּמַעֲלוֹת קְדוֹשִׁים וּטְהוֹרִים, כְּזֹהַר הָרָקִיעַ מְאִירִים וּמַזְהִירִים, לְנִשְׁמוֹתֵיהֶם שֶׁל רִבְבוֹת אַלְפֵי יִשְׂרָאֵל, אֲנָשִׁים וְנָשִׁים, יְלָדִים וִילָדוֹת, שֶׁנֶּהֶרְגוּ וְנִשְׁחֲטוּ וְנִשְׂרְפוּ וְנֶחְנְקוּ וְנִקְבְּרוּ חַיִּים, בַּאֲרָצוֹת אֲשֶׁר נָגְעָה בָּהֶן יַד הַצּוֹרֵר הַגֶּרְמָנִי וּגְרוּרָיו. כֻּלָּם קְדוֹשִׁים וּטְהוֹרִים, וּבָהֶם גְּאוֹנִים וְצַדִּיקִים, אַרְזֵי הַלְּבָנוֹן אַדִּירֵי הַתּוֹרָה. בְּגַן עֵדֶן תְּהֵא מְנוּחָתָם. לָכֵן, בַּעַל הָרַחֲמִים יַסְתִּירֵם בְּסֵתֶר כְּנָפָיו לְעוֹלָמִים, וְיִצְרוֹר בִּצְרוֹר הַחַיִּים אֶת נִשְׁמָתָם, יהוה הוּא נַחֲלָתָם, וְיָנוּחוּ בְשָׁלוֹם עַל מִשְׁכְּבָם, וְנֹאמַר אָמֵן.

קהל ושליח ציבור:

אַב הָרַחֲמִים שׁוֹכֵן מְרוֹמִים, בְּרַחֲמָיו הָעֲצוּמִים הוּא יִפְקֹד בְּרַחֲמִים הַחֲסִידִים וְהַיְשָׁרִים וְהַתְּמִימִים, קְהִלּוֹת הַקֹּדֶשׁ שֶׁמָּסְרוּ נַפְשָׁם עַל קְדֻשַּׁת הַשֵּׁם, הַנֶּאֱהָבִים וְהַנְּעִימִים בְּחַיֵּיהֶם, וּבְמוֹתָם לֹא נִפְרָדוּ, מִנְּשָׁרִים קַלּוּ וּמֵאֲרָיוֹת גָּבֵרוּ לַעֲשׂוֹת רְצוֹן קוֹנָם וְחֵפֶץ צוּרָם. יִזְכְּרֵם אֱלֹהֵינוּ לְטוֹבָה עִם שְׁאָר צַדִּיקֵי עוֹלָם, וְיִנְקֹם לְעֵינֵינוּ נִקְמַת
דַּם עֲבָדָיו הַשָּׁפוּךְ, כַּכָּתוּב בְּתוֹרַת מֹשֶׁה אִישׁ הָאֱלֹהִים, הַרְנִינוּ דברים לב
גוֹיִם עַמּוֹ, כִּי דַם־עֲבָדָיו יִקּוֹם, וְנָקָם יָשִׁיב לְצָרָיו, וְכִפֶּר אַדְמָתוֹ עַמּוֹ:
וְעַל יְדֵי עֲבָדֶיךָ הַנְּבִיאִים כָּתוּב לֵאמֹר, וְנִקֵּיתִי, דָּמָם לֹא־נִקֵּיתִי, יואל ד
וַיהוה שֹׁכֵן בְּצִיּוֹן: וּבְכִתְבֵי הַקֹּדֶשׁ נֶאֱמַר, לָמָּה יֹאמְרוּ הַגּוֹיִם אַיֵּה תהלים עט
אֱלֹהֵיהֶם, יִוָּדַע בַּגּוֹיִם לְעֵינֵינוּ נִקְמַת דַּם־עֲבָדֶיךָ הַשָּׁפוּךְ: וְאוֹמֵר,
כִּי־דֹרֵשׁ דָּמִים אוֹתָם זָכָר, לֹא־שָׁכַח צַעֲקַת עֲנָוִים: וְאוֹמֵר, יָדִין תהלים ט תהלים קי
בַּגּוֹיִם מָלֵא גְוִיּוֹת, מָחַץ רֹאשׁ עַל־אֶרֶץ רַבָּה: מִנַּחַל בַּדֶּרֶךְ יִשְׁתֶּה,
עַל־כֵּן יָרִים רֹאשׁ:

La mayoría de las comunidades omiten el siguiente texto cuando se recita Yzkor. Algunas también la omiten en Shabat.

יָהּ אֵלִי Señor, mi Dios y mi Redentor, me presento ante Ti,
Dios que fue y será, fue y es, la tierra de toda nación Te pertenece.

Todas las ofrendas, las de acción de gracias, el holocausto, la ofrenda de harina, la expiatoria y la culposa, la de paz y la de inauguración – son para Ti.
Recuerda la nación exhausta que obtuvo Tu favor y regrésala a Tu tierra.
Siempre Te alabaré recitando "Felices aquellos que residen en Tu morada".

Sutil más allá de toda sutileza, indescifrable,
Su entendimiento es insondable. Dios reverenciado
que distingue entre el bien y el mal con una simple mirada.

Todas las ofrendas, las de acción de gracias, el holocausto, la ofrenda de harina, la expiatoria y la culposa, la de paz y la de inauguración – son para Ti.
Recuerda la nación exhausta que obtuvo Tu favor y regrésala a Tu tierra.
Siempre Te alabaré recitando "Felices aquellos que residen en Tu morada".

Señor de las Huestes Celestiales, con grandes maravillas
reunió a todos en Su tienda, haciendo a todos florecer
en las sendas del corazón: la Fortaleza, perfecto Es en Su labor.

Todas las ofrendas, las de acción de gracias, el holocausto, la ofrenda de harina, la expiatoria y la culposa, la de paz y la de inauguración – todas son para Ti.
Recuerda la nación cansada que mucho ha cargado y devuélvelo a Tu tierra.
Siempre Te alabaré recitando "Felices aquellos que residen en Tu morada".

---

nación exhausta: Punzante recordatorio de que el pueblo judío, sufriente y exilado, no puede encontrarse entre aquellos "que residen en Tu morada", o sea, en el Templo de Jerusalém.

דַּק עַל דַּק *Sutil más allá de toda sutileza:* más allá del alcance de los sentidos humanos y su entendimiento. בֵּין טוֹב לָרַע יְבַקֵּר *Que distingue entre el bien y el mal*: Nosotros no podemos ver a Dios pero Él puede vernos a nosotros, nosotros no podemos entender a Dios pero Él puede entendernos a nosotros y saber inmediatamente cuáles son nuestros artilugios y nuestros deseos.

חִבֵּר כָּל אָהֳלוֹ *Reunió a todos en Su tienda:* Dios construyó y conectó todo lo que existe bajo el palio de los cielos. בִּנְתִיבוֹת לֵב לְבָלֵב *Las sendas del corazón*: La palabra hebrea para decir corazón, "*lev*", vale numéricamente treinta y dos el cual según el místico *Sefer Yetzirá* representa las treinta y dos caminos de la sabiduría por medio de los cuales el mundo fue creado (la palabra *Elohim* aparece treinta y dos veces en el primer capítulo de la Torá)

La mayoría de las comunidades omiten el siguiente texto cuando se recita יזכור*.*
Algunas también la omiten en שבת*.*

יָהּ אֵלִי וְגוֹאֲלִי, אֶתְיַצְּבָה לִקְרָאתֶךָ
הָיָה וְיִהְיֶה, הָיָה וְהֹוֶה, כָּל גּוֹי אַדְמָתֶךָ.
וְתוֹדָה וְלָעוֹלָה וְלַמִּנְחָה וְלַחַטָּאת וְלָאָשָׁם
וְלַשְּׁלָמִים וְלַמִּלּוּאִים כָּל קָרְבָּנֶךָ.
זְכֹר נִלְאָה אֲשֶׁר נָשְׂאָה וְהָשִׁיבָה לְאַדְמָתֶךָ
סֶלָה אֲהַלְלֶךָ בְּאַשְׁרֵי יוֹשְׁבֵי בֵיתֶךָ.

דַּק עַל דַּק, עַד אֵין נִבְדָּק, וְלִתְבוּנָתוֹ אֵין חֵקֶר
הָאֵל נוֹרָא, בְּאַחַת סְקִירָה, בֵּין טוֹב לְרַע יְבַקֵּר.
וְתוֹדָה וְלָעוֹלָה וְלַמִּנְחָה וְלַחַטָּאת וְלָאָשָׁם
וְלַשְּׁלָמִים וְלַמִּלּוּאִים כָּל קָרְבָּנֶךָ.
זְכֹר נִלְאָה אֲשֶׁר נָשְׂאָה וְהָשִׁיבָה לְאַדְמָתֶךָ
סֶלָה אֲהַלְלֶךָ בְּאַשְׁרֵי יוֹשְׁבֵי בֵיתֶךָ.

אֲדוֹן צְבָאוֹת, בְּרֹב פְּלָאוֹת, חִבֵּר כָּל אֶהָלוֹ
בִּנְתִיבוֹת לֵב לִבְלֵב, הַצּוּר תָּמִים פָּעֳלוֹ.
וְתוֹדָה וְלָעוֹלָה וְלַמִּנְחָה וְלַחַטָּאת וְלָאָשָׁם
וְלַשְּׁלָמִים וְלַמִּלּוּאִים כָּל קָרְבָּנֶךָ.
זְכֹר נִלְאָה אֲשֶׁר נָשְׂאָה וְהָשִׁיבָה לְאַדְמָתֶךָ
סֶלָה אֲהַלְלֶךָ בְּאַשְׁרֵי יוֹשְׁבֵי בֵיתֶךָ.

יָהּ אֵלִי *Señor, mi Dios:* poema escrito a modo de preludio del *Ashrei* ("Felices aquellos que residen en Tu morada") que apareció por primera vez en el Sidur *Sha'ar HaShamaim* del Rabino Ishaiahu Horowitz (publicado inicialmente por su nieto en Amsterdam en 1717). Quienes lo recitan, lo hacen en días festivos antes del *Ashrei* que precede a Musaf. Se suele omitir en los días en los que se recita *Yzkor* y hay quienes lo omiten cuando Yom Tov cae en Shabat.

כָּל גּוֹי אַדְמָתֶךָ *La tierra de toda nación,* que es el mundo entero – Te pertenece.

וְתוֹדָה *La ofrenda de acción de gracias:* se trata de una lista de sacrificios que estamos preceptuados de ofrendar, mas de momento no podemos hacerlo ya que el Templo de Jerusalém no se encuentra en pie. זְכֹר נִלְאָה *Recuerda la*

Musaf para las Fiestas

La siguiente Amidá se recita en Yom Tov y en Jol HaMo'ed (incluido Shabat de Jol HaMo'ed).

El primer día de Pesaj, el oficiante comienza la repetición de la Amidá con la "Plegaria por el Rocío" en la página 876; en Sheminí Atzeret con la "Plegaria por la Lluvia" en la página 882. En Israel, estas plegarias se dicen previo al recitado silencioso de la Amidá.

La siguiente plegaria, hasta el pasaje "años pretéritos" que se encuentra en la página 864 la recitamos parados con los pies juntos. En caso de haber minián, el oficiante repite la Amidá en voz alta. Se dan tres pasos hacia adelante tal como si formalmente se ingresara al sitio de la Divina Presencia. En los sitios marcados con ▾ se debe flexionar las rodillas en la primera palabra, inclinarse en la segunda y erguirse nuevamente de inmediato antes de pronunciar el Nombre de Dios.

Porque he de invocar el Nombre del SEÑOR, ensalzad a nuestro Dios. *Deut. 32*
SEÑOR, abre mis labios para que mi boca pronuncie Tu alabanza. *Sal. 51*

PATRIARCAS

▾בָּרוּךְ Bendito eres Tú SEÑOR,
Dios nuestro y de nuestros ancestros,
Dios de Abraham, Dios de Ytzjak y Dios de Ya'akov,
Dios grande, poderoso y maravilloso, Señor supremo,
que prodiga generosamente
y es El Creador de todo lo existente,
Quien recuerda la gracia de los ancestros
y traerá al Redentor para los hijos de sus hijos
en aras de Su Nombre con amor.
Rey que ayuda, redime y protege.
▾Bendito eres Tú SEÑOR, Escudo de Abraham.

PODER DE DIOS

אַתָּה גִּבּוֹר SEÑOR, Tú eres eternamente poderoso,
Tú revives a los muertos y tienes gran poder de salvación.

En Sheminí Atzeret si se anuncia (ver ley 128), Simjat Torá y el primer día de Pesaj (ver leyes 129–131):

Hace soplar el viento y descender la lluvia.

En Israel, en otras festividades:

Hace descender el rocío.

מוסף לשלוש רגלים

La siguiente עמידה *se recita en* יום טוב *y en* חול המועד (*incluido* שבת חול המועד).
El primer día de פסח*, el* שליח ציבור *comienza la* חזרת הש״ץ *con* תפילת טל
en la página 877; en שמיני עצרת *con* תפילת גשם *en la página 883.*
En ארץ ישראל*, estas plegarias se dicen previo al recitado silencioso de la* עמידה.

La siguiente plegaria, hasta קַדְמֹנִיּוֹת *que se encuentra en la página 865 la recitamos parados con los pies juntos. En caso de haber* מנין*, el* שליח ציבור *repite la* עמידה *en voz alta. Se dan tres pasos hacia adelante tal como si formalmente se ingresara al sitio de la Divina Presencia. En los sitios marcados con* ˚ *se debe flexionar las rodillas en la primera palabra, inclinarse en la segunda y erguirse nuevamente de inmediato antes de pronunciar el Nombre de Dios.*

כִּי שֵׁם יהוה אֶקְרָא, הָבוּ גֹדֶל לֵאלֹהֵינוּ: דברים לב
אֲדֹנָי, שְׂפָתַי תִּפְתָּח, וּפִי יַגִּיד תְּהִלָּתֶךָ: תהלים נא

אבות

˚בָּרוּךְ אַתָּה יהוה, אֱלֹהֵינוּ וֵאלֹהֵי אֲבוֹתֵינוּ
אֱלֹהֵי אַבְרָהָם, אֱלֹהֵי יִצְחָק, וֵאלֹהֵי יַעֲקֹב
הָאֵל הַגָּדוֹל הַגִּבּוֹר וְהַנּוֹרָא, אֵל עֶלְיוֹן
גּוֹמֵל חֲסָדִים טוֹבִים, וְקוֹנֵה הַכֹּל
וְזוֹכֵר חַסְדֵי אָבוֹת
וּמֵבִיא גוֹאֵל לִבְנֵי בְנֵיהֶם לְמַעַן שְׁמוֹ בְּאַהֲבָה.
מֶלֶךְ עוֹזֵר וּמוֹשִׁיעַ וּמָגֵן.
˚בָּרוּךְ אַתָּה יהוה, מָגֵן אַבְרָהָם.

גבורות

אַתָּה גִּבּוֹר לְעוֹלָם, אֲדֹנָי
מְחַיֵּה מֵתִים אַתָּה, רַב לְהוֹשִׁיעַ

En שמיני עצרת*,* שמחת תורה *si se anuncia (ver ley 128), y el primer día de* פסח *(ver leyes 129–131):*

מַשִּׁיב הָרוּחַ וּמוֹרִיד הַגֶּשֶׁם

En ארץ ישראל*, en otros* חגים*:*

מוֹרִיד הַטָּל

Sostiene con benevolencia a todos los seres vivos,
revive a los muertos con gran misericordia,
da soporte a quienes se caen, cura a los enfermos,
libera a los prisioneros
y cumple Su promesa con quienes yacen ya en la tierra.
¿Quién es como Tú Todopoderoso?
¿Quién se Te puede asemejar?
Rey que quita la vida y la restaura y hace brotar la Redención.
Eres fiel en revivir a los muertos.
Bendito eres Tú SEÑOR, que revive a los muertos.

Durante el rezo en voz baja continúe en "Tú eres santo" en la página 844.

KEDUSHÁ

En Jol HaMo'ed dirigirse a la Kedushá en la página siguiente. En Yom Tov, Shabat Jol HaMo'ed y Hoshaná Rabá durante la repetición del rezo por parte del oficiante, se recita aquí de pie el siguiente pasaje. En los sitios marcados con ▲ quien reza debe elevarse levemente en puntas de pie.

La congregación y luego el oficiante:

נַעֲרִיצְךָ Te reverenciaremos y santificaremos con las palabras pronunciadas por los sagrados Serafim que santifican Tu Nombre en el Santuario, tal cual está escrito por Tu profeta: "y un ángel daba voces al otro diciendo: *Is. 6*

La congregación y luego el oficiante:

▲Santo, ▲Santo, ▲Santo, SEÑOR de las Huestes Celestiales, toda la tierra está llena de Su gloria".

Su Gloria colma el universo. Sus ángeles ministeriales se preguntan el uno al otro: "¿Dónde está el sitial de Su Gloria?" Quienes están frente a ellos dicen: "Bendita…"

La congregación y luego el oficiante:

▲"Bendita es la gloria del SEÑOR desde Su sitial". *Ezeq. 3*

Desde Su sitial contemplará compasivamente y se apiadará del pueblo que unifica Su Nombre; al anochecer y al amanecer, cada día constantemente con amor, recitan el Shemá dos veces.

La congregación y luego el oficiante:

Escucha Israel, el SEÑOR es nuestro Dios, el SEÑOR es Uno. *Deut. 6*

Él es nuestro Dios, Él es nuestro Padre, Él es nuestro Rey. Él es nuestro Salvador y Él nos hará escuchar con Su Compasión, por segunda vez en presencia de todos los seres vivos Su promesa de ser "vuestro Dios". "Yo *Núm. 15*
soy el SEÑOR vuestro Dios".

מְכַלְכֵּל חַיִּים בְּחֶסֶד, מְחַיֵּה מֵתִים בְּרַחֲמִים רַבִּים
סוֹמֵךְ נוֹפְלִים, וְרוֹפֵא חוֹלִים, וּמַתִּיר אֲסוּרִים
וּמְקַיֵּם אֱמוּנָתוֹ לִישֵׁנֵי עָפָר.
מִי כָמְוֹךָ, בַּעַל גְּבוּרוֹת
וּמִי דּוֹמֶה לָּךְ
מֶלֶךְ, מֵמִית וּמְחַיֶּה וּמַצְמִיחַ יְשׁוּעָה.
וְנֶאֱמָן אַתָּה לְהַחֲיוֹת מֵתִים.
בָּרוּךְ אַתָּה יהוה, מְחַיֵּה הַמֵּתִים.

Durante el rezo en voz baja continúe en אַתָּה קָדוֹשׁ *en la página 845.*

קדושה

En שבת חול ,יום טוב חול המועד *dirigirse a la* קדושה *en la página siguiente. En* חזרת הש״ץ, *durante la* הושענא רבה *y* המועד*, se recita aquí de pie el siguiente pasaje.*
En los sitios marcados con ▲ quien reza debe elevarse levemente en puntas de pie.

El קהל *y luego el* שליח ציבור:

נַעֲרִיצְךָ וְנַקְדִּישְׁךָ כְּסוֹד שִׂיחַ שַׂרְפֵי קֹדֶשׁ, הַמַּקְדִּישִׁים שִׁמְךָ בַּקֹּדֶשׁ,
ישעיה ו כַּכָּתוּב עַל יַד נְבִיאֶךָ: וְקָרָא זֶה אֶל־זֶה וְאָמַר

El קהל *y luego el* שליח ציבור:

▲קָדוֹשׁ, ▲קָדוֹשׁ, ▲קָדוֹשׁ, יהוה צְבָאוֹת, מְלֹא כָל הָאָרֶץ כְּבוֹדוֹ:
כְּבוֹדוֹ מָלֵא עוֹלָם, מְשָׁרְתָיו שׁוֹאֲלִים זֶה לָזֶה, אַיֵּה מְקוֹם כְּבוֹדוֹ,
לְעֻמָּתָם בָּרוּךְ יֹאמֵרוּ

El קהל *y luego el* שליח ציבור:

יחזקאל ג ▲בָּרוּךְ כְּבוֹד־יהוה מִמְּקוֹמוֹ:
מִמְּקוֹמוֹ הוּא יִפֶן בְּרַחֲמִים, וְיָחֹן עַם הַמְיַחֲדִים שְׁמוֹ, עֶרֶב וָבֹקֶר בְּכָל
יוֹם תָּמִיד, פַּעֲמַיִם בְּאַהֲבָה שְׁמַע אוֹמְרִים

El קהל *y luego el* שליח ציבור:

דברים ו שְׁמַע יִשְׂרָאֵל, יהוה אֱלֹהֵינוּ, יהוה אֶחָד:
הוּא אֱלֹהֵינוּ, הוּא אָבִינוּ, הוּא מַלְכֵּנוּ, הוּא מוֹשִׁיעֵנוּ, וְהוּא יַשְׁמִיעֵנוּ
בְּרַחֲמָיו שֵׁנִית לְעֵינֵי כָּל חָי, לִהְיוֹת לָכֶם לֵאלֹהִים, אֲנִי יהוה אֱלֹהֵיכֶם: במדבר טו

En Shabat Jol HaMo'ed se omite el siguiente pasaje. La congregación y luego el oficiante:

Glorioso es nuestro Dios Majestuoso el SEÑOR es nuestro Soberano, cuán exaltado es Tu Nombre en toda la tierra. Entonces el SEÑOR será el Rey sobre toda la tierra; en ese día el SEÑOR será Uno y Su Nombre Uno. *Sal. 8* *Zej. 14*

Oficiante:

Y en Tus escrituras sagradas leemos:

La congregación y luego el oficiante:

▲"El SEÑOR reinará por siempre, tu Dios Sion, de generación en generación ¡Aleluyá!" *Sal. 146*

Oficiante:

De generación en generación declararemos Tu grandeza y por toda la eternidad proclamaremos Tu Santidad, y Tu alabanza, Dios nuestro, no se apartará de nuestros labios jamás, pues eres el Rey grande y sagrado. Bendito eres Tú SEÑOR, el Dios santo.

El oficiante continúa con "Tú nos has escogido" en la página siguiente.

KEDUSHÁ PARA JOL HAMO'ED

Durante la repetición del rezo por parte del oficiante, se recita aquí de pie el siguiente pasaje. En los sitios marcados con ▲ quien reza debe elevarse levemente en puntas de pie.

La congregación y luego el oficiante:

נְקַדֵּשׁ Santificaremos Tu Nombre en el mundo tal como lo consagran en las alturas, como ha sido escrito por Tu profeta: "y un ángel daba voces al otro diciendo: *Is. 6*

La congregación y luego el oficiante:

▲Santo, ▲Santo, ▲Santo, SEÑOR de las Huestes Celestiales, toda la tierra está llena de Su gloria".

Quienes están frente a ellos dicen: "Bendita".

La congregación y luego el oficiante:

▲"Bendita es la gloria del SEÑOR desde Su sitial". *Ezeq. 3*

Y en Tus escrituras sagradas leemos:

La congregación y luego el oficiante:

▲El SEÑOR reinará por siempre, tu Dios Sion, de generación en generación, ¡Aleluyá! *Sal. 146*

Oficiante:

De generación en generación declararemos Tu grandeza, y por toda la eternidad proclamaremos Tu Santidad, y Tu alabanza Dios nuestro no se apartará de nuestros labios jamás, pues Tú eres el Rey grande y sagrado. Bendito eres Tú SEÑOR, el Dios santo.

El oficiante continúa con "Tú nos has escogido" en la página siguiente.

En שבת חול המועד *se omite el siguiente pasaje. El* קהל *y luego el* שליח ציבור*:*

תהלים ח זכריה יד **אַדִּיר אַדִּירֵנוּ, יהוה אֲדֹנֵינוּ, מָה־אַדִּיר שִׁמְךָ בְּכָל־הָאָרֶץ: וְהָיָה יהוה לְמֶלֶךְ עַל־כָּל־הָאָרֶץ, בַּיּוֹם הַהוּא יִהְיֶה יהוה אֶחָד וּשְׁמוֹ אֶחָד:**

שליח ציבור*:*

וּבְדִבְרֵי קָדְשְׁךָ כָּתוּב לֵאמֹר

El קהל *y luego el* שליח ציבור*:*

תהלים קמו **▴יִמְלֹךְ יהוה לְעוֹלָם, אֱלֹהַיִךְ צִיּוֹן לְדֹר וָדֹר, הַלְלוּיָהּ:**

שליח ציבור*:*

לְדוֹר וָדוֹר נַגִּיד גָּדְלֶךָ, וּלְנֵצַח נְצָחִים קְדֻשָּׁתְךָ נַקְדִּישׁ, וְשִׁבְחֲךָ אֱלֹהֵינוּ מִפִּינוּ לֹא יָמוּשׁ לְעוֹלָם וָעֶד, כִּי אֵל מֶלֶךְ גָּדוֹל וְקָדוֹשׁ אָתָּה. בָּרוּךְ אַתָּה יהוה, הָאֵל הַקָּדוֹשׁ.

El שליח ציבור *continúa con* אַתָּה בְחַרְתָּנוּ *en la página siguiente.*

קדושה לחול המועד

Durante la חזרת הש״ץ*, se recita aquí de pie el siguiente pasaje. En los sitios marcados con ▴ quien reza debe elevarse levemente en puntas de pie.*

El קהל *y luego el* שליח ציבור*:*

נְקַדֵּשׁ אֶת שִׁמְךָ בָּעוֹלָם, כְּשֵׁם שֶׁמַּקְדִּישִׁים אוֹתוֹ בִּשְׁמֵי מָרוֹם
ישעיה ו **כַּכָּתוּב עַל יַד נְבִיאֶךָ: וְקָרָא זֶה אֶל־זֶה וְאָמַר**

El קהל *y luego el* שליח ציבור*:*

▴קָדוֹשׁ, ▴קָדוֹשׁ, ▴קָדוֹשׁ, יהוה צְבָאוֹת, מְלֹא כָל־הָאָרֶץ כְּבוֹדוֹ: לְעֻמָּתָם בָּרוּךְ יֹאמֵרוּ

El קהל *y luego el* שליח ציבור*:*

יחזקאל ג **▴בָּרוּךְ כְּבוֹד־יהוה מִמְּקוֹמוֹ:**

וּבְדִבְרֵי קָדְשְׁךָ כָּתוּב לֵאמֹר

El קהל *y luego el* שליח ציבור*:*

תהלים קמו **▴יִמְלֹךְ יהוה לְעוֹלָם, אֱלֹהַיִךְ צִיּוֹן לְדֹר וָדֹר, הַלְלוּיָהּ:**

שליח ציבור*:*

לְדוֹר וָדוֹר נַגִּיד גָּדְלֶךָ, וּלְנֵצַח נְצָחִים קְדֻשָּׁתְךָ נַקְדִּישׁ, וְשִׁבְחֲךָ אֱלֹהֵינוּ מִפִּינוּ לֹא יָמוּשׁ לְעוֹלָם וָעֶד, כִּי אֵל מֶלֶךְ גָּדוֹל וְקָדוֹשׁ אָתָּה. בָּרוּךְ אַתָּה יהוה, הָאֵל הַקָּדוֹשׁ.

El שליח ציבור *continúa con* אַתָּה בְחַרְתָּנוּ *en la página siguiente.*

Durante el rezo en voz baja continúe en "Tú eres santo".

SANTIDAD

אַתָּה קָדוֹשׁ Tú eres santo y Tu Nombre es santo,
y los santos Te alaban a diario, ¡Sela!
Bendito eres Tú SEÑOR, el Dios santo.

SANTIDAD DEL DÍA

אַתָּה בְחַרְתָּנוּ Tú nos has escogido de entre todas las naciones.
No has amado y nos has visto con benevolencia.
Nos has elevado por sobre todas las lenguas.
Nos santificaste con Tus preceptos.
Nos acercaste Rey nuestro a Tu servicio,
y proclamaste Tu grande y Santo Nombre sobre nosotros.

En Shabat se agrega lo que aparece entre paréntesis:

וַתִּתֶּן לָנוּ Tú nos has dado SEÑOR, nuestro Dios, con amor
(Shabatot para el descanso), festividades y tiempos de regocijo,
(este día de Shabat y) este día de:

En Pesaj:	Fiesta de las Matzot, tiempo de nuestra libertad
En Shavu'ot	Fiesta de Shavu'ot, tiempo de la entrega de nuestra Torá
En Sucot:	Fiesta de Sucot, tiempo de nuestra alegría
En Sheminí Atzeret & Simjat Torá:	Fiesta de Sheminí Atzeret, tiempo de nuestra alegría

(con amor), sagrada convocatoria,
recordatorio de la salida de Egipto.

---

días. La Amidá mantiene la forma normal del rezo de los días sagrados: las primeras y las últimas tres bendiciones son las mismas que en los demás días del año y la del medio se refiere a la "santidad del día". En las festividades se pone especial énfasis en la alegría, la cual es mencionada en la Torá (Deuteronomio 16:11–15) en relación a estas.

Durante el rezo en voz baja continúe en אַתָּה קָדוֹשׁ*:*

קדושת השם

אַתָּה קָדוֹשׁ וְשִׁמְךָ קָדוֹשׁ
וּקְדוֹשִׁים בְּכָל יוֹם יְהַלְלְוּךָ סֶּלָה.
בָּרוּךְ אַתָּה יהוה, הָאֵל הַקָּדוֹשׁ.

קדושת היום

אַתָּה בְחַרְתָּנוּ מִכָּל הָעַמִּים
אָהַבְתָּ אוֹתָנוּ וְרָצִיתָ בָּנוּ
וְרוֹמַמְתָּנוּ מִכָּל הַלְּשׁוֹנוֹת
וְקִדַּשְׁתָּנוּ בְּמִצְוֹתֶיךָ
וְקֵרַבְתָּנוּ מַלְכֵּנוּ לַעֲבוֹדָתֶךָ
וְשִׁמְךָ הַגָּדוֹל וְהַקָּדוֹשׁ עָלֵינוּ קָרָאתָ.

En שבת *se agrega lo que aparece entre paréntesis:*

וַתִּתֶּן לָנוּ יהוה אֱלֹהֵינוּ בְּאַהֲבָה
(שַׁבָּתוֹת לִמְנוּחָה וּ) מוֹעֲדִים לְשִׂמְחָה, חַגִּים וּזְמַנִּים לְשָׂשׂוֹן
אֶת יוֹם (הַשַּׁבָּת הַזֶּה וְאֶת יוֹם)

בפסח: חַג הַמַּצּוֹת הַזֶּה, זְמַן חֵרוּתֵנוּ
בשבועות: חַג הַשָּׁבוּעוֹת הַזֶּה, זְמַן מַתַּן תּוֹרָתֵנוּ
בסוכות: חַג הַסֻּכּוֹת הַזֶּה, זְמַן שִׂמְחָתֵנוּ
בשמע״צ ובש״ת: הַשְּׁמִינִי חַג הָעֲצֶרֶת הַזֶּה, זְמַן שִׂמְחָתֵנוּ

(בְּאַהֲבָה) מִקְרָא קֹדֶשׁ, זֵכֶר לִיצִיאַת מִצְרָיִם.

REZO SUPLEMENTARIO PARA LAS FESTIVIDADES

El rezo de Musaf para las festividades, al igual que el de Shabat, se corresponde con el sacrificio suplementario que se ofrendaba en el Templo en aquellos

וּמִפְּנֵי חֲטָאֵינוּ Por causa de nuestras transgresiones
fuimos exiliados de nuestro país
y alejados de nuestra tierra
y ya no podemos ascender
para presentarnos y prosternarnos ante Ti,
ni cumplir con nuestras obligaciones en el Sitio de Tu elección,
en la Grande y Sagrada Casa sobre la cual se invoca Tu Nombre,
debido a la mano enemiga que se arrojó sobre Tu Santuario.
Sea Tu voluntad Señor, Dios nuestro y de nuestros ancestros,
Rey compasivo,
que vuelvas a apiadarte de nosotros
y de Tu Santuario con Tu gran piedad,
que lo reconstruyas prontamente
y le restituyas su gloria.
Padre nuestro, Rey nuestro,
revela la gloria de Tu reinado sobre nosotros prontamente,
Manifiéstate y encúmbrate sobre nosotros
ante los ojos de todos los seres vivientes,
y reúne a nuestros dispersos de entre las naciones
y congrega a nuestras diásporas desde los confines de la tierra.
Devuélvenos a Sion Tu ciudad
con cánticos y a Jerusalém Tu Santuario con eterna alegría.
Allí prepararemos ante Ti nuestras ofrendas obligatorias:
Las ofrendas continuas conforme su orden,
Y las ofrendas adicionales de acuerdo con sus leyes.

---

exilio es la situación opuesta, este no solamente implica la dispersión física y geográfica sino además la metafísica: el "ocultamiento del rostro" de Dios (Deuteronomio 31:18). Por lo tanto, las plegarias por el perdón, por el retorno a la tierra de Israel, por la reconstrucción del Templo y la reaparición de Dios en la historia están íntimamente ligadas y se sienten de un modo especial en estos días en los cuales recordamos los actos de liberación y salvación del pasado del pueblo de Israel.

וּמִפְּנֵי חֲטָאֵינוּ גָּלִינוּ מֵאַרְצֵנוּ
וְנִתְרַחַקְנוּ מֵעַל אַדְמָתֵנוּ
וְאֵין אֲנַחְנוּ יְכוֹלִים לַעֲלוֹת וְלֵרָאוֹת וּלְהִשְׁתַּחֲווֹת לְפָנֶיךָ
וְלַעֲשׂוֹת חוֹבוֹתֵינוּ בְּבֵית בְּחִירָתֶךָ
בַּבַּיִת הַגָּדוֹל וְהַקָּדוֹשׁ שֶׁנִּקְרָא שִׁמְךָ עָלָיו
מִפְּנֵי הַיָּד שֶׁנִּשְׁתַּלְּחָה בְּמִקְדָּשֶׁךָ.
יְהִי רָצוֹן מִלְּפָנֶיךָ יהוה אֱלֹהֵינוּ וֵאלֹהֵי אֲבוֹתֵינוּ
מֶלֶךְ רַחֲמָן
שֶׁתָּשׁוּב וּתְרַחֵם עָלֵינוּ וְעַל מִקְדָּשְׁךָ בְּרַחֲמֶיךָ הָרַבִּים
וְתִבְנֵהוּ מְהֵרָה וּתְגַדֵּל כְּבוֹדוֹ.
אָבִינוּ מַלְכֵּנוּ, גַּלֵּה כְּבוֹד מַלְכוּתְךָ עָלֵינוּ מְהֵרָה
וְהוֹפַע וְהִנָּשֵׂא עָלֵינוּ לְעֵינֵי כָּל חָי
וְקָרֵב פְּזוּרֵינוּ מִבֵּין הַגּוֹיִם
וּנְפוּצוֹתֵינוּ כַּנֵּס מִיַּרְכְּתֵי אָרֶץ.
וַהֲבִיאֵנוּ לְצִיּוֹן עִירְךָ בְּרִנָּה
וְלִירוּשָׁלַיִם בֵּית מִקְדָּשְׁךָ בְּשִׂמְחַת עוֹלָם
וְשָׁם נַעֲשֶׂה לְפָנֶיךָ אֶת קָרְבְּנוֹת חוֹבוֹתֵינוּ
תְּמִידִים כְּסִדְרָם וּמוּסָפִים כְּהִלְכָתָם

וּמִפְּנֵי חֲטָאֵינוּ גָּלִינוּ מֵאַרְצֵנוּ *Por causa de nuestras transgresiones fuimos exiliados de nuestro país:* La idea del exilio es enfatizada en las festividades por dos motivos. En primer lugar, porque las tres fiestas de peregrinación eran ocasiones en las cuales la gente de todo el país se congregaba en Jerusalém para tomar parte de las celebraciones en el Templo, y por ello, estos son los momentos en los cuales sentimos más agudamente su ausencia. En segundo lugar, las festividades dan testimonio de la presencia de Dios en la historia. El

Y la ofrenda adicional de este día de
/ Shabat: y las ofrendas adicionales de este día de Shabat y de esta/
En Pesaj: Fiesta de las Matzot.
En Shavu'ot: Fiesta de Shavu'ot.
En Sucot: Fiesta de Sucot
En Sheminí Atzeret & Simjat Torá: Fiesta de Sheminí Atzeret.
prepararemos y ofrendaremos ante Ti con amor,
tal como lo indica el precepto de Tu voluntad,
tal como lo has escrito en Tu Torá
por medio de Tu siervo Moshé, como está dicho:

En Shabat agregar:

וּבְיוֹם הַשַּׁבָּת "Y el día del Shabat ofrendarás dos corderos de un año sin defecto, y dos ofrendas de un décimo de efá de harina de flor amasada con aceite de oliva y su libación. Este es el holocausto de cada Shabat, además del holocausto perpetuo diario y su libación". *Núm. 28*

En los primeros dos días de Pesaj se dice (en Israel únicamente el primer día):

וּבַחֹדֶשׁ הָרִאשׁוֹן Y en el mes primero, en el día catorce del mes, Pésaj es ante el Señor. Y en el día quince de este mes, sacrificio festivo; siete días panes ázimos se habrá de comer. El primer día será de sagrada convocación; ninguna obra de trabajo habréis de hacer, y ofreceréis holocausto ante el Señor: novillos jóvenes dos, y un camero; y siete corderos de un año sin defecto habrán de ser para vosotros. Y su oblación: tres décimos de efá de harina flor por cada novillo y dos décimos para el carnero habréis de ofrecer. Un décimo habrás de ofrecer por cada cordero, y su libación de vino, y un macho cabrío para expiar y dos ofrendas diarias conforme a su ley. *Núm. 28*

En días de semana continuar con "Dios nuestro y de nuestros ancestros" en la página 856.
En Shabat continuar con "Quienes observan el Shabat" al final de la página 854.

En los últimos seis días de Pesaj se dice:

וְהִקְרַבְתֶּם Y ofreceréis holocausto ante el Señor: novillos jóvenes dos, y un camero; y siete corderos de un año sin defecto habrán de ser para vosotros. Y su oblación: tres décimos de efá de harina flor por cada novillo y dos décimos para el carnero habréis de ofrecer. Un décimo habrás de ofrecer por cada cordero, y su libación de vino, y un macho cabrío para expiar y dos ofrendas diarias conforme a su ley. *Núm. 28*

En días de semana continuar con "Dios nuestro y de nuestros ancestros" en la página 856.
En Shabat continuar con "Quienes observan el Shabat" al final de la página 854.

וְאֶת מוּסַף יוֹם / שבת: וְאֶת מוּסְפֵי יוֹם הַשַּׁבָּת הַזֶּה וְיוֹם/

בפסח: חַג הַמַּצּוֹת הַזֶּה

בשבועות: חַג הַשָּׁבוּעוֹת הַזֶּה

בסוכות: חַג הַסֻּכּוֹת הַזֶּה

בשמע״צ ובש״ת: הַשְּׁמִינִי חַג הָעֲצֶרֶת הַזֶּה

נַעֲשֶׂה וְנַקְרִיב לְפָנֶיךָ בְּאַהֲבָה כְּמִצְוַת רְצוֹנֶךָ
כְּמוֹ שֶׁכָּתַבְתָּ עָלֵינוּ בְּתוֹרָתֶךָ
עַל יְדֵי מֹשֶׁה עַבְדֶּךָ מִפִּי כְבוֹדֶךָ, כָּאָמוּר

En שבת *agregar:*

וּבְיוֹם הַשַּׁבָּת, שְׁנֵי־כְבָשִׂים בְּנֵי־שָׁנָה תְּמִימִם, וּשְׁנֵי עֶשְׂרֹנִים סֹלֶת מִנְחָה בְּלוּלָה בַשֶּׁמֶן וְנִסְכּוֹ: עֹלַת שַׁבַּת בְּשַׁבַּתּוֹ, עַל־עֹלַת הַתָּמִיד וְנִסְכָּהּ: במדבר כח

En los primeros dos días de פסח *se dice (en* ארץ ישראל *únicamente el primer día):*

וּבַחֹדֶשׁ הָרִאשׁוֹן בְּאַרְבָּעָה עָשָׂר יוֹם לַחֹדֶשׁ, פֶּסַח לַיהוה: וּבַחֲמִשָּׁה עָשָׂר יוֹם לַחֹדֶשׁ הַזֶּה חָג, שִׁבְעַת יָמִים מַצּוֹת יֵאָכֵל: בַּיּוֹם הָרִאשׁוֹן מִקְרָא־קֹדֶשׁ, כָּל־מְלֶאכֶת עֲבֹדָה לֹא תַעֲשׂוּ: וְהִקְרַבְתֶּם אִשֶּׁה עֹלָה לַיהוה, פָּרִים בְּנֵי־בָקָר שְׁנַיִם וְאַיִל אֶחָד, וְשִׁבְעָה כְבָשִׂים בְּנֵי שָׁנָה תְּמִימִם יִהְיוּ לָכֶם: וּמִנְחָתָם וְנִסְכֵּיהֶם כִּמְדֻבָּר, שְׁלֹשָׁה עֶשְׂרֹנִים לַפָּר וּשְׁנֵי עֶשְׂרֹנִים לָאָיִל, וְעִשָּׂרוֹן לַכֶּבֶשׂ, וְיַיִן כְּנִסְכּוֹ, וְשָׂעִיר לְכַפֵּר, וּשְׁנֵי תְמִידִים כְּהִלְכָתָם. במדבר כח

En días de semana continuar con אֱלֹהֵינוּ וֵאלֹהֵי אֲבוֹתֵינוּ *en la página 857.*
En שבת *continuar con* יִשְׂמְחוּ בְמַלְכוּתְךָ *al final de la página 855.*

En los últimos seis días de פסח *se dice:*

וְהִקְרַבְתֶּם אִשֶּׁה עֹלָה לַיהוה, פָּרִים בְּנֵי־בָקָר שְׁנַיִם וְאַיִל אֶחָד, וְשִׁבְעָה כְבָשִׂים בְּנֵי שָׁנָה, תְּמִימִם יִהְיוּ לָכֶם: וּמִנְחָתָם וְנִסְכֵּיהֶם כִּמְדֻבָּר, שְׁלֹשָׁה עֶשְׂרֹנִים לַפָּר וּשְׁנֵי עֶשְׂרֹנִים לָאָיִל, וְעִשָּׂרוֹן לַכֶּבֶשׂ, וְיַיִן כְּנִסְכּוֹ, וְשָׂעִיר לְכַפֵּר, וּשְׁנֵי תְמִידִים כְּהִלְכָתָם. במדבר כח

En días de semana continuar con אֱלֹהֵינוּ וֵאלֹהֵי אֲבוֹתֵינוּ *en la página 857.*
En שבת *continuar con* יִשְׂמְחוּ בְמַלְכוּתְךָ *al final de la página 855.*

En Shavu'ot se dice:

וּבְיוֹם הַבִּכּוּרִים Y en el día de las primicias, al ofrecer vosotros una oblación nueva ante el Señor, en vuestra festividad de las semanas, sagrada convocación será para vosotros, ninguna obra de trabajo habréis de hacer. Ofreceréis holocausto – aroma grato – ante el Señor: novillos jóvenes dos, un carnero, siete corderos de un año. Y su oblación: tres décimos de efá de harina flor para cada novillo y dos décimos para el carnero. Un décimo habrás de ofrecer por cada cordero, y su libación de vino, y un macho cabrío para expiar y dos ofrendas diarias conforme a su ley. *Núm. 28*

En días de semana continuar con "Dios nuestro y de nuestros ancestros" en la página 856.
En Shabat continuar con "Quienes observan el Shabat" al final de la página 854.

Los primeros dos días de Sucot se dice (en Israel únicamente el primer día):

וּבַחֲמִשָּׁה עָשָׂר Y en el día quince, del mes séptimo, sagrada convocación será para vosotros, ninguna obra de trabajo habréis de hacer. Y habréis de celebrarlo – sacrificio festivo ante el Señor – siete días. Y ofreceréis holocausto, sacrificio de aroma grato ante el Señor, novillos jóvenes, trece; carneros, dos; corderos de un año, catorce, sin defecto habrán de ser Y su oblación y sus libaciones, tres décimos de efá de harina flor para cada novillo, para los trece novillos; dos décimos por carnero, para los dos carneros y un décimo de efá para cada cordero, para los catorce corderos y su libación de vino, y un macho cabrío para expiar y dos ofrendas diarias conforme a su ley. *Núm. 29*

En días de semana continuar con "Dios nuestro y de nuestros ancestros" en la página 856.
En Shabat continuar con "Quienes observan el Shabat" al final de la página 854.

El primer día de Jol HaMo'ed Sucot se dicen los dos párrafos siguientes
(en Israel se recita únicamente el primero):

וּבַיּוֹם הַשֵּׁנִי Y en el día segundo, novillos jóvenes, doce; cameros dos; corderos de un año, catorce, sin defecto. Y su oblación y sus libaciones, tres décimos de efá de harina flor para los novillos, y dos para los cameros y un décimo para los corderos, y su libación de vino, y un macho cabrío para expiar y dos ofrendas diarias conforme a su ley. *Núm. 29*

וּבַיּוֹם הַשְּׁלִישִׁי Y en el día tercero, novillos jóvenes, once; cameros dos; corderos de un año, catorce, sin defecto. Y su oblación y sus libaciones, tres décimos de efá de harina flor para los novillos, y dos para los cameros y un décimo para los corderos, y su libación de vino, y un macho cabrío para expiar y dos ofrendas diarias conforme a su ley. *Núm. 29*

En días de semana continuar con "Dios nuestro y de nuestros ancestros" en la página 856.
En Shabat continuar con "Quienes observan el Shabat" al final de la página 854.

En שבועות *se dice:*

במדבר כח
וּבְיוֹם הַבִּכּוּרִים, בְּהַקְרִיבְכֶם מִנְחָה חֲדָשָׁה לַיהוה בְּשָׁבֻעֹתֵיכֶם, מִקְרָא־קֹדֶשׁ יִהְיֶה לָכֶם, כָּל־מְלֶאכֶת עֲבֹדָה לֹא תַעֲשׂוּ: וְהִקְרַבְתֶּם עוֹלָה לְרֵיחַ נִיחֹחַ לַיהוה, פָּרִים בְּנֵי־בָקָר שְׁנַיִם, אַיִל אֶחָד, שִׁבְעָה כְבָשִׂים בְּנֵי שָׁנָה: וּמִנְחָתָם וְנִסְכֵּיהֶם כִּמְדֻבָּר, שְׁלֹשָׁה עֶשְׂרֹנִים לַפָּר וּשְׁנֵי עֶשְׂרֹנִים לָאָיִל, וְעִשָּׂרוֹן לַכֶּבֶשׂ, וְיַיִן כְּנִסְכּוֹ, וְשָׂעִיר לְכַפֵּר, וּשְׁנֵי תְמִידִים כְּהִלְכָתָם.

En días de semana continuar con אֱלֹהֵינוּ וֵאלֹהֵי אֲבוֹתֵינוּ *en la página 857.*
En שבת *continuar con* יִשְׂמְחוּ בְמַלְכוּתְךָ *al final de la página 855.*

Los primeros dos días de סוכות *se dice (en* ארץ ישראל *únicamente el primer día):*

במדבר כט
וּבַחֲמִשָּׁה עָשָׂר יוֹם לַחֹדֶשׁ הַשְּׁבִיעִי, מִקְרָא־קֹדֶשׁ יִהְיֶה לָכֶם, כָּל־מְלֶאכֶת עֲבֹדָה לֹא תַעֲשׂוּ, וְחַגֹּתֶם חַג לַיהוה שִׁבְעַת יָמִים: וְהִקְרַבְתֶּם עֹלָה אִשֵּׁה רֵיחַ נִיחֹחַ לַיהוה, פָּרִים בְּנֵי־בָקָר שְׁלֹשָׁה עָשָׂר, אֵילִם שְׁנָיִם, כְּבָשִׂים בְּנֵי־שָׁנָה אַרְבָּעָה עָשָׂר, תְּמִימִם יִהְיוּ: וּמִנְחָתָם וְנִסְכֵּיהֶם כִּמְדֻבָּר, שְׁלֹשָׁה עֶשְׂרֹנִים לַפָּר וּשְׁנֵי עֶשְׂרֹנִים לָאָיִל, וְעִשָּׂרוֹן לַכֶּבֶשׂ, וְיַיִן כְּנִסְכּוֹ, וְשָׂעִיר לְכַפֵּר, וּשְׁנֵי תְמִידִים כְּהִלְכָתָם.

En días de semana continuar con אֱלֹהֵינוּ וֵאלֹהֵי אֲבוֹתֵינוּ *en la página 857.*
En שבת *continuar con* יִשְׂמְחוּ בְמַלְכוּתְךָ *al final de la página 855.*

El primer día de חול המועד סוכות *se dicen los dos párrafos siguientes (en* ארץ ישראל *se recita únicamente el primero):*

במדבר כט
וּבַיּוֹם הַשֵּׁנִי, פָּרִים בְּנֵי־בָקָר שְׁנֵים עָשָׂר, אֵילִם שְׁנָיִם, כְּבָשִׂים בְּנֵי־שָׁנָה אַרְבָּעָה עָשָׂר, תְּמִימִם: וּמִנְחָתָם וְנִסְכֵּיהֶם כִּמְדֻבָּר, שְׁלֹשָׁה עֶשְׂרֹנִים לַפָּר, וּשְׁנֵי עֶשְׂרֹנִים לָאָיִל, וְעִשָּׂרוֹן לַכֶּבֶשׂ, וְיַיִן כְּנִסְכּוֹ, וְשָׂעִיר לְכַפֵּר, וּשְׁנֵי תְמִידִים כְּהִלְכָתָם.

במדבר כט
וּבַיּוֹם הַשְּׁלִישִׁי, פָּרִים עַשְׁתֵּי־עָשָׂר, אֵילִם שְׁנָיִם, כְּבָשִׂים בְּנֵי־שָׁנָה אַרְבָּעָה עָשָׂר, תְּמִימִם: וּמִנְחָתָם וְנִסְכֵּיהֶם כִּמְדֻבָּר, שְׁלֹשָׁה עֶשְׂרֹנִים לַפָּר, וּשְׁנֵי עֶשְׂרֹנִים לָאָיִל, וְעִשָּׂרוֹן לַכֶּבֶשׂ, וְיַיִן כְּנִסְכּוֹ, וְשָׂעִיר לְכַפֵּר, וּשְׁנֵי תְמִידִים כְּהִלְכָתָם.

En días de semana continuar con אֱלֹהֵינוּ וֵאלֹהֵי אֲבוֹתֵינוּ *en la página 857.*
En שבת *continuar con* יִשְׂמְחוּ בְמַלְכוּתְךָ *al final de la página 855.*

El segundo día de Jol HaMo'ed Sucot se dicen los dos párrafos siguientes (en Israel se recita únicamente el primero):

וּבַיּוֹם הַשְּׁלִישִׁי Y en el día tercero, novillos jóvenes, once; cameros dos; corderos de un año, catorce, sin defecto. Y su oblación y sus libaciones, tres décimos de efá de harina flor para los novillos, y dos para los cameros y un décimo para los corderos, y su libación de vino, y un macho cabrío para expiar y dos ofrendas diarias conforme a su ley. *Núm. 29*

וּבַיּוֹם הָרְבִיעִי Y en el día cuarto, novillos jóvenes, diez; cameros dos; corderos de un año, catorce, sin defecto. Y su oblación y sus libaciones, tres décimos de efá de harina flor para los novillos, y dos para los cameros y un décimo para los corderos, y su libación de vino, y un macho cabrío para expiar y dos ofrendas diarias conforme a su ley. *Núm. 29*

En días de semana continuar con "Dios nuestro y de nuestros ancestros" en la página 856.
En Shabat continuar con "Quienes observan el Shabat" al final de la página siguiente.

El tercer día de Jol HaMo'ed Sucot se dicen los dos párrafos siguientes (en Israel se recita únicamente el primero):

וּבַיּוֹם הָרְבִיעִי Y en el día cuarto, novillos jóvenes, diez; cameros dos; corderos de un año, catorce, sin defecto. Y su oblación y sus libaciones, tres décimos de efá de harina flor para los novillos, y dos para los cameros y un décimo para los corderos, y su libación de vino, y un macho cabrío para expiar y dos ofrendas diarias conforme a su ley. *Núm. 29*

וּבַיּוֹם הַחֲמִישִׁי Y en el día quinto, novillos jóvenes, nueve; cameros dos; corderos de un año, catorce, sin defecto. Y su oblación y sus libaciones, tres décimos de efá de harina flor para los novillos, y dos para los cameros y un décimo para los corderos, y su libación de vino, y un macho cabrío para expiar y dos ofrendas diarias conforme a su ley. *Núm. 29*

En días de semana continuar con "Dios nuestro y de nuestros ancestros" en la página 856.
En Shabat continuar con "Quienes observan el Shabat" al final de la página siguiente.

El cuarto día de Jol HaMo'ed Sucot se dicen los dos párrafos siguientes (en Israel se recita únicamente el primero):

וּבַיּוֹם הַחֲמִישִׁי Y en el día quinto, novillos jóvenes, nueve; cameros dos; corderos de un año, catorce, sin defecto. Y su oblación y sus libaciones, tres décimos de efá de harina flor para los novillos, y dos para los cameros y un décimo para los corderos, y su libación de vino, y un macho cabrío para expiar y dos ofrendas diarias conforme a su ley. *Núm. 29*

Continuar en la página siguiente con "Y en el día sexto".

El segundo día de חול המועד סוכות *se dicen los dos párrafos siguientes (en* ארץ ישראל *se recita únicamente el primero):*

במדבר כט וּבַיּוֹם הַשְּׁלִישִׁי, פָּרִים עַשְׁתֵּי־עָשָׂר, אֵילִם שְׁנָיִם, כְּבָשִׂים בְּנֵי־שָׁנָה אַרְבָּעָה עָשָׂר, תְּמִימִם: וּמִנְחָתָם וְנִסְכֵּיהֶם כִּמְדֻבָּר, שְׁלֹשָׁה עֶשְׂרֹנִים לַפָּר, וּשְׁנֵי עֶשְׂרֹנִים לָאָיִל, וְעִשָּׂרוֹן לַכֶּבֶשׂ, וְיַיִן כְּנִסְכּוֹ, וְשָׂעִיר לְכַפֵּר, וּשְׁנֵי תְמִידִים כְּהִלְכָתָם.

במדבר כט וּבַיּוֹם הָרְבִיעִי, פָּרִים עֲשָׂרָה, אֵילִם שְׁנָיִם, כְּבָשִׂים בְּנֵי־שָׁנָה אַרְבָּעָה עָשָׂר, תְּמִימִם: וּמִנְחָתָם וְנִסְכֵּיהֶם כִּמְדֻבָּר, שְׁלֹשָׁה עֶשְׂרֹנִים לַפָּר, וּשְׁנֵי עֶשְׂרֹנִים לָאָיִל, וְעִשָּׂרוֹן לַכֶּבֶשׂ, וְיַיִן כְּנִסְכּוֹ, וְשָׂעִיר לְכַפֵּר, וּשְׁנֵי תְמִידִים כְּהִלְכָתָם.

En días de semana continuar con אֱלֹהֵינוּ וֵאלֹהֵי אֲבוֹתֵינוּ *en la página 857.*
En שבת *continuar con* יִשְׂמְחוּ בְמַלְכוּתְךָ *al final de la página siguiente.*

El tercer día de חול המועד סוכות *se dicen los dos párrafos siguientes (en* ארץ ישראל *se recita únicamente el primero):*

במדבר כט וּבַיּוֹם הָרְבִיעִי, פָּרִים עֲשָׂרָה, אֵילִם שְׁנָיִם, כְּבָשִׂים בְּנֵי־שָׁנָה אַרְבָּעָה עָשָׂר, תְּמִימִם: וּמִנְחָתָם וְנִסְכֵּיהֶם כִּמְדֻבָּר, שְׁלֹשָׁה עֶשְׂרֹנִים לַפָּר, וּשְׁנֵי עֶשְׂרֹנִים לָאָיִל, וְעִשָּׂרוֹן לַכֶּבֶשׂ, וְיַיִן כְּנִסְכּוֹ, וְשָׂעִיר לְכַפֵּר, וּשְׁנֵי תְמִידִים כְּהִלְכָתָם.

במדבר כט וּבַיּוֹם הַחֲמִישִׁי, פָּרִים תִּשְׁעָה, אֵילִם שְׁנָיִם, כְּבָשִׂים בְּנֵי־שָׁנָה אַרְבָּעָה עָשָׂר, תְּמִימִם: וּמִנְחָתָם וְנִסְכֵּיהֶם כִּמְדֻבָּר, שְׁלֹשָׁה עֶשְׂרֹנִים לַפָּר, וּשְׁנֵי עֶשְׂרֹנִים לָאָיִל, וְעִשָּׂרוֹן לַכֶּבֶשׂ, וְיַיִן כְּנִסְכּוֹ, וְשָׂעִיר לְכַפֵּר, וּשְׁנֵי תְמִידִים כְּהִלְכָתָם.

En días de semana continuar con אֱלֹהֵינוּ וֵאלֹהֵי אֲבוֹתֵינוּ *en la página 857.*
En שבת *continuar con* יִשְׂמְחוּ בְמַלְכוּתְךָ *al final de la página siguiente.*

El cuarto día de חול המועד סוכות *se dicen los dos párrafos siguientes (en* ארץ ישראל *se recita únicamente el primero):*

במדבר כט וּבַיּוֹם הַחֲמִישִׁי, פָּרִים תִּשְׁעָה, אֵילִם שְׁנָיִם, כְּבָשִׂים בְּנֵי־שָׁנָה אַרְבָּעָה עָשָׂר, תְּמִימִם: וּמִנְחָתָם וְנִסְכֵּיהֶם כִּמְדֻבָּר, שְׁלֹשָׁה עֶשְׂרֹנִים לַפָּר, וּשְׁנֵי עֶשְׂרֹנִים לָאָיִל, וְעִשָּׂרוֹן לַכֶּבֶשׂ, וְיַיִן כְּנִסְכּוֹ, וְשָׂעִיר לְכַפֵּר, וּשְׁנֵי תְמִידִים כְּהִלְכָתָם.

Continuar en la página siguiente con וּבַיּוֹם הַשִּׁשִּׁי.

וּבַיּוֹם הַשִּׁשִּׁי Y en el día sexto, novillos jóvenes, ocho; cameros dos; corderos de un año, catorce, sin defecto. Y su oblación y sus libaciones, tres décimos de efá de harina flor para los novillos, y dos para los cameros y un décimo para los corderos, y su libación de vino, y un macho cabrío para expiar y dos ofrendas diarias conforme a su ley. *Núm. 29*

En días de semana continuar con "Dios nuestro y de nuestros ancestros" en la página siguiente. En Shabat continuar abajo con "Quienes observan el Shabat".

En Hoshaná Rabá se dicen los dos párrafos siguientes
En Israel se dice el primer párrafo el quinto día de Jol HaMo'ed y el segundo en Hoshaná Rabá:

וּבַיּוֹם הַשִּׁשִּׁי Y en el día sexto, novillos jóvenes, ocho; cameros dos; corderos de un año, catorce, sin defecto. Y su oblación y sus libaciones, tres décimos de efá de harina flor para los novillos, y dos para los cameros y un décimo para los corderos, y su libación de vino, y un macho cabrío para expiar y dos ofrendas diarias conforme a su ley. *Núm. 29*

וּבַיּוֹם הַשְּׁבִיעִי Y en el día séptimo, novillos jóvenes, siete; cameros dos; corderos de un año, catorce, sin defecto. Y su oblación y sus libaciones, tres décimos de efá de harina flor para los novillos, y dos para los cameros y un décimo para los corderos, y su libación de vino, y un macho cabrío para expiar y dos ofrendas diarias conforme a su ley. *Núm. 29*

Continuar con "Dios nuestro y de nuestros ancestros" en la página siguiente.

En Sheminí Atzeret y en Simjat Torá se dice:

בַּיּוֹם הַשְּׁמִינִי Y en el día octavo, sagrada convocación será para vosotros, ninguna obra de trabajo habréis de hacer. Y ofreceréis holocausto, sacrificio de aroma grato ante Señor, un novillo joven; un carnero; corderos de un año, siete, sin defecto habrán de ser. Y su oblación y sus libaciones, tres décimos de efá de harina flor para el novillo, dos décimos por el carnero, y un décimo de efá para cada cordero, y su libación de vino, y un macho cabrío para expiar y dos ofrendas diarias conforme a su ley. *Núm. 29*

En días de semana continuar con "Dios nuestro y de nuestros ancestros" en la página siguiente. En Shabat continuar abajo con "Quienes observan el Shabat".

En Shabat agregar:

יִשְׂמְחוּ Quienes observan el Shabat y lo llaman deleite se habrán de regocijar en Tu reinado. El pueblo que santifica el séptimo día se verá satisfecho en su totalidad y se deleitarán en Tu bondad, pues Tú viste con beneplácito el séptimo día y lo santificaste. Lo declaraste el más preciado de los días, recordatorio de la obra de la Creación.

וּבַיּוֹם הַשִּׁשִּׁי, פָּרִים שְׁמֹנָה, אֵילִם שְׁנָיִם, כְּבָשִׂים בְּנֵי־שָׁנָה אַרְבָּעָה עָשָׂר, תְּמִימִם: וּמִנְחָתָם וְנִסְכֵּיהֶם כִּמְדֻבָּר, שְׁלֹשָׁה עֶשְׂרֹנִים לַפָּר, וּשְׁנֵי עֶשְׂרֹנִים לָאָיִל, וְעִשָּׂרוֹן לַכֶּבֶשׂ, וְיַיִן כְּנִסְכּוֹ, וְשָׂעִיר לְכַפֵּר, וּשְׁנֵי תְמִידִים כְּהִלְכָתָם. במדבר כט

En días de semana continuar con אֱלֹהֵינוּ וֵאלֹהֵי אֲבוֹתֵינוּ *en la página siguiente.*
En שבת *continuar abajo con* יִשְׂמְחוּ בְמַלְכוּתְךָ.

En הושענא רבה *se dicen los dos párrafos siguientes*
En ארץ ישראל *se dice el primer párrafo el quinto día de* חול המועד
y el segundo en הושענא רבה:

וּבַיּוֹם הַשִּׁשִּׁי, פָּרִים שְׁמֹנָה, אֵילִם שְׁנָיִם, כְּבָשִׂים בְּנֵי־שָׁנָה אַרְבָּעָה עָשָׂר, תְּמִימִם: וּמִנְחָתָם וְנִסְכֵּיהֶם כִּמְדֻבָּר, שְׁלֹשָׁה עֶשְׂרֹנִים לַפָּר, וּשְׁנֵי עֶשְׂרֹנִים לָאָיִל, וְעִשָּׂרוֹן לַכֶּבֶשׂ, וְיַיִן כְּנִסְכּוֹ, וְשָׂעִיר לְכַפֵּר, וּשְׁנֵי תְמִידִים כְּהִלְכָתָם. במדבר כט

וּבַיּוֹם הַשְּׁבִיעִי, פָּרִים שִׁבְעָה, אֵילִם שְׁנָיִם, כְּבָשִׂים בְּנֵי־שָׁנָה אַרְבָּעָה עָשָׂר, תְּמִימִם: וּמִנְחָתָם וְנִסְכֵּיהֶם כִּמְדֻבָּר, שְׁלֹשָׁה עֶשְׂרֹנִים לַפָּר, וּשְׁנֵי עֶשְׂרֹנִים לָאָיִל, וְעִשָּׂרוֹן לַכֶּבֶשׂ, וְיַיִן כְּנִסְכּוֹ, וְשָׂעִיר לְכַפֵּר, וּשְׁנֵי תְמִידִים כְּהִלְכָתָם. במדבר כט

Continuar con אֱלֹהֵינוּ וֵאלֹהֵי אֲבוֹתֵינוּ *en la página siguiente.*

En שמיני עצרת *y en* שמחת תורה *se dice:*

בַּיּוֹם הַשְּׁמִינִי, עֲצֶרֶת תִּהְיֶה לָכֶם, כָּל־מְלֶאכֶת עֲבֹדָה לֹא תַעֲשׂוּ: וְהִקְרַבְתֶּם עֹלָה אִשֵּׁה רֵיחַ נִיחֹחַ לַיהוה, פַּר אֶחָד, אַיִל אֶחָד, כְּבָשִׂים בְּנֵי־שָׁנָה שִׁבְעָה, תְּמִימִם: וּמִנְחָתָם וְנִסְכֵּיהֶם כִּמְדֻבָּר, שְׁלֹשָׁה עֶשְׂרֹנִים לַפָּר וּשְׁנֵי עֶשְׂרֹנִים לָאָיִל, וְעִשָּׂרוֹן לַכֶּבֶשׂ, וְיַיִן כְּנִסְכּוֹ, וְשָׂעִיר לְכַפֵּר, וּשְׁנֵי תְמִידִים כְּהִלְכָתָם. במדבר כט

En días de semana continuar con אֱלֹהֵינוּ וֵאלֹהֵי אֲבוֹתֵינוּ *en la página siguiente.*
En שבת *continuar abajo con* יִשְׂמְחוּ בְמַלְכוּתְךָ.

En שבת *agregar:*

יִשְׂמְחוּ בְמַלְכוּתְךָ שׁוֹמְרֵי שַׁבָּת וְקוֹרְאֵי עֹנֶג. עַם מְקַדְּשֵׁי שְׁבִיעִי כֻּלָּם יִשְׂבְּעוּ וְיִתְעַנְּגוּ מִטּוּבֶךָ, וּבַשְּׁבִיעִי רָצִיתָ בּוֹ וְקִדַּשְׁתּוֹ, חֶמְדַּת יָמִים אוֹתוֹ קָרָאתָ, זֵכֶר לְמַעֲשֵׂה בְרֵאשִׁית.

אֱלֹהֵינוּ Dios nuestro y de nuestros ancestros,
Rey compasivo, apiádate de nosotros,
Bondadoso y que obra el bien,
retorna a nosotros con Tu gran piedad
por el mérito de los patriarcas que realizaron Tu voluntad.
Reconstruye Tu Casa como al principio
y establece Tu Santuario en su sitio.
Permítenos contemplar su reconstrucción,
regocíjanos con su restauración,
haz retornar a los cohanim a sus labores,
a los levitas a sus cánticos y a su música
y devuelve a Israel a sus moradas.

וְשָׁם נַעֲלֶה Y hacia allí ascenderemos, nos presentaremos
y nos prosternaremos ante Ti
en las tres festividades de peregrinaje,
tal como está escrito en Tu Torá:

Tres veces en el año habrán de presentarse todos tus varones *Deut. 16*
ante el SEÑOR tu Dios,
en el lugar que habrá de elegir:
en la festividad de las Matzot,
en la festividad de Shavu'ot
y en la festividad de Sucot.
Empero no se habrá de comparecer ante la Presencia del SEÑOR
con las manos vacías.
Cada hombre, según el donativo de su mano;
de acuerdo a la bendición que el SEÑOR tu Dios te ha dado a ti.

En Shabat se agrega lo escrito entre paréntesis:

וְהַשִּׂיאֵנוּ Otórganos SEÑOR, nuestro Dios,
la bendiciones de tus festividades
para la vida y la paz,
para la alegría y el regocijo,
tal como deseaste y prometiste bendecirnos.

אֱלֹהֵינוּ וֵאלֹהֵי אֲבוֹתֵינוּ
מֶלֶךְ רַחֲמָן רַחֵם עָלֵינוּ, טוֹב וּמֵטִיב הִדָּרֶשׁ לָנוּ
שׁוּבָה אֵלֵינוּ בַּהֲמוֹן רַחֲמֶיךָ
בִּגְלַל אָבוֹת שֶׁעָשׂוּ רְצוֹנֶךָ.
בְּנֵה בֵיתְךָ כְּבַתְּחִלָּה
וְכוֹנֵן מִקְדָּשְׁךָ עַל מְכוֹנוֹ
וְהַרְאֵנוּ בְּבִנְיָנוֹ, וְשַׂמְּחֵנוּ בְּתִקּוּנוֹ
וְהָשֵׁב כֹּהֲנִים לַעֲבוֹדָתָם
וּלְוִיִּם לְשִׁירָם וּלְזִמְרָם
וְהָשֵׁב יִשְׂרָאֵל לִנְוֵיהֶם.

וְשָׁם נַעֲלֶה וְנֵרָאֶה וְנִשְׁתַּחֲוֶה לְפָנֶיךָ בְּשָׁלֹשׁ פַּעֲמֵי רְגָלֵינוּ
כַּכָּתוּב בְּתוֹרָתֶךָ
שָׁלוֹשׁ פְּעָמִים בַּשָּׁנָה יֵרָאֶה כָל־זְכוּרְךָ אֶת־פְּנֵי יהוה אֱלֹהֶיךָ דברים טז
בַּמָּקוֹם אֲשֶׁר יִבְחָר
בְּחַג הַמַּצּוֹת, וּבְחַג הַשָּׁבֻעוֹת, וּבְחַג הַסֻּכּוֹת
וְלֹא יֵרָאֶה אֶת־פְּנֵי יהוה רֵיקָם:
אִישׁ כְּמַתְּנַת יָדוֹ
כְּבִרְכַּת יהוה אֱלֹהֶיךָ אֲשֶׁר נָתַן־לָךְ:

En שבת *se agrega lo escrito entre paréntesis:*

וְהַשִּׂיאֵנוּ יהוה אֱלֹהֵינוּ אֶת בִּרְכַּת מוֹעֲדֶיךָ
לְחַיִּים וּלְשָׁלוֹם
לְשִׂמְחָה וּלְשָׂשׂוֹן
כַּאֲשֶׁר רָצִיתָ וְאָמַרְתָּ לְבָרְכֵנוּ.

(Dios nuestro y de nuestros ancestros, complácete en nuestro descanso)
Santifícanos con Tus preceptos
y danos nuestra porción en Tu Torá.
Sácianos de Tu bondad y regocíjanos con Tu salvación
y purifica nuestros corazones para que Te sirvamos con la verdad.
Léganos SEÑOR, nuestro Dios, (con amor y benevolencia)
con alegría y regocijo (el Shabat y) Tus sagradas festividades,
tal que se regocijen en Ti Israel que santifican Tu Nombre.
Bendito eres Tú SEÑOR,
que santifica (el Shabat y) a Israel y a las festividades.

EL SERVICIO DEL TEMPLO

רְצֵה Acepta con benevolencia SEÑOR, nuestro Dios,
a Tu pueblo Israel y sus plegarias.
Restaura el servicio en Tu más sagrada casa
y acepta favorable y amorosamente
las ofrendas ígneas de Israel y sus rezos.
Que siempre recibas con agrado el servicio de Tu pueblo Israel.

Si los cohanim bendicen a la congregación durante la repetición del rezo por parte del oficiante, se recita el siguiente pasaje. Esto no se dice ni en Jol HaMo'ed ni en Shabat de Jol HaMo'ed.

Todos: וְתֶעֱרַב Que nuestra plegaria sea agradable ante Ti cual holocausto y cual sacrificio. Por favor Compasivo, con Tu gran piedad devuelve Tu Divina Presencia y el orden del servicio del Templo a Jerusalém. Que nuestros ojos contemplen Tu retorno a Sion con compasión y allí Te serviremos con temor reverencial como en los días de antaño y los años pretéritos.

Oficiante: Bendito eres Tú SEÑOR, que solamente a Ti serviremos con temor reverencial. *Continuar con "Te agradecemos a Ti" en la página siguiente.*

En Israel:

Todos: וְתֶעֱרַב Que nuestra plegaria sea agradable ante Ti cual holocausto y cual sacrificio. Por favor Compasivo, con Tu gran piedad devuelve Tu Divina Presencia y el orden del servicio del Templo a Jerusalém. Y allí Te serviremos con temor reverencial como en los días de antaño y los años pretéritos.

Continuar con "Que nuestros ojos contemplen" al comienzo de la página siguiente.

(אֱלֹהֵינוּ וֵאלֹהֵי אֲבוֹתֵינוּ, רְצֵה בִמְנוּחָתֵנוּ)
קַדְּשֵׁנוּ בְּמִצְוֹתֶיךָ, וְתֵן חֶלְקֵנוּ בְּתוֹרָתֶךָ
שַׂבְּעֵנוּ מִטּוּבֶךָ, וְשַׂמְּחֵנוּ בִּישׁוּעָתֶךָ
וְטַהֵר לִבֵּנוּ לְעָבְדְּךָ בֶּאֱמֶת
וְהַנְחִילֵנוּ יהוה אֱלֹהֵינוּ (בְּאַהֲבָה וּבְרָצוֹן)
בְּשִׂמְחָה וּבְשָׂשׂוֹן (שַׁבַּת וּ) מוֹעֲדֵי קָדְשֶׁךָ
וְיִשְׂמְחוּ בְךָ יִשְׂרָאֵל מְקַדְּשֵׁי שְׁמֶךָ.
בָּרוּךְ אַתָּה יהוה, מְקַדֵּשׁ (הַשַּׁבָּת וְ) יִשְׂרָאֵל וְהַזְּמַנִּים.

עבודה
רְצֵה יהוה אֱלֹהֵינוּ בְּעַמְּךָ יִשְׂרָאֵל, וּבִתְפִלָּתָם
וְהָשֵׁב אֶת הָעֲבוֹדָה לִדְבִיר בֵּיתֶךָ
וְאִשֵּׁי יִשְׂרָאֵל וּתְפִלָּתָם בְּאַהֲבָה תְקַבֵּל בְּרָצוֹן
וּתְהִי לְרָצוֹן תָּמִיד עֲבוֹדַת יִשְׂרָאֵל עַמֶּךָ.

Si los כהנים *bendicen a la congregación durante la* חזרת הש״ץ, *se recita el siguiente pasaje. Esto no se dice ni en* שבת *ni en* חול המועד.

קהל וש״ץ: וְתֶעֱרַב עָלֶיךָ עֲתִירָתֵנוּ כְּעוֹלָה וּכְקָרְבָּן. אָנָּא רַחוּם, בְּרַחֲמֶיךָ הָרַבִּים הָשֵׁב שְׁכִינָתְךָ לְצִיּוֹן עִירֶךָ, וְסֵדֶר הָעֲבוֹדָה לִירוּשָׁלָיִם. וְתֶחֱזֶינָה עֵינֵינוּ בְּשׁוּבְךָ לְצִיּוֹן בְּרַחֲמִים. וְשָׁם נַעֲבָדְךָ בְּיִרְאָה כִּימֵי עוֹלָם וּכְשָׁנִים קַדְמוֹנִיּוֹת.

ש״ץ: בָּרוּךְ אַתָּה יהוה, שֶׁאוֹתְךָ לְבַדְּךָ בְּיִרְאָה נַעֲבֹד.

Continuar con מוֹדִים *en la página siguiente*

בארץ ישראל:

קהל וש״ץ: וְתֶעֱרַב עָלֶיךָ עֲתִירָתֵנוּ כְּעוֹלָה וּכְקָרְבָּן. אָנָּא רַחוּם, בְּרַחֲמֶיךָ הָרַבִּים הָשֵׁב שְׁכִינָתְךָ לְצִיּוֹן עִירֶךָ, וְסֵדֶר הָעֲבוֹדָה לִירוּשָׁלָיִם. וְשָׁם נַעֲבָדְךָ בְּיִרְאָה כִּימֵי עוֹלָם וּכְשָׁנִים קַדְמוֹנִיּוֹת.

Continuar con וְתֶחֱזֶינָה *al comienzo de la página siguiente.*

וְתֶחֱזֶינָה Que nuestros ojos contemplen
Tu retorno a Sion con compasión.
Bendito eres Tú Señor, que restaura Su presencia en Sion.

AGRADECIMIENTO

Inclinarse al recitar las primeras seis palabras.

מוֹדִים▾ Te agradecemos a Ti,
pues eres el Señor, Dios nuestro
y de nuestros ancestros por siempre.
Eres nuestra Roca
y la de nuestra existencia,
Escudo de nuestra salvación
de generación en generación.
Te agradeceremos, y relataremos
Tu alabanza por nuestras vidas
que están depositadas en Tus manos,
por nuestras almas
que están a Tu cargo,
por Tus milagros para con nosotros
a diario,
y las bondades y maravillas
que nos prodigas en todo momento,
noche, mañana y tarde.
El Benevolente,
pues Tu compasión nunca concluye,
Tú eres compasivo,
pues no cesan Tus bondades. Siempre
hemos depositado
nuestra esperanza en Ti.

Durante la repetición del oficiante la congregación dice en silencio:

מוֹדִים▾ Te agradecemos a Ti,
pues eres el Señor,
Dios nuestro
y de nuestros ancestros,
Dios de toda carne,
Formador nuestro
y del universo.
Bendiciones y agradecimientos
a Tu Nombre grandioso
y sagrado,
por habernos preservado
con vida y mantenido.
De igual forma,
danos vida,
sostén y reúne a Tus exiliados
en Tu patio sagrado,
para que cumplan
con Tus leyes
y hagan Tu voluntad
con integridad de corazón,
por ello nos
corresponde agradecerte.
Bendito es el Dios
a Quien debemos agradecer.

וְעַל כֻּלָּם Por todo esto, Rey nuestro, que Tu Nombre
sea bendecido y exaltado por siempre.
Que todos los seres vivos Te agradezcan, ¡Sela!,
y alaben Tu Nombre de verdad,
Dios de nuestra redención y nuestro socorro, ¡Sela!
▾Bendito eres Tú Señor,
Tu Nombre es "Bueno" y a Ti corresponde agradecer.

וְתֶחֱזֶינָה עֵינֵינוּ בְּשׁוּבְךָ לְצִיּוֹן בְּרַחֲמִים.
בָּרוּךְ אַתָּה יהוה
הַמַּחֲזִיר שְׁכִינָתוֹ לְצִיּוֹן.

הודאה

Inclinarse al recitar las primeras cinco palabras.

מוֹדִים אֲנַחְנוּ לָךְ
שָׁאַתָּה הוּא יהוה אֱלֹהֵינוּ
וֵאלֹהֵי אֲבוֹתֵינוּ לְעוֹלָם וָעֶד.
צוּר חַיֵּינוּ, מָגֵן יִשְׁעֵנוּ
אַתָּה הוּא לְדוֹר וָדוֹר.
נוֹדֶה לְּךָ וּנְסַפֵּר תְּהִלָּתֶךָ
עַל חַיֵּינוּ הַמְּסוּרִים בְּיָדֶךָ
וְעַל נִשְׁמוֹתֵינוּ הַפְּקוּדוֹת לָךְ
וְעַל נִסֶּיךָ שֶׁבְּכָל יוֹם עִמָּנוּ
וְעַל נִפְלְאוֹתֶיךָ וְטוֹבוֹתֶיךָ
שֶׁבְּכָל עֵת, עֶרֶב וָבֹקֶר וְצָהֳרָיִם.
הַטּוֹב, כִּי לֹא כָלוּ רַחֲמֶיךָ
וְהַמְרַחֵם, כִּי לֹא תַמּוּ חֲסָדֶיךָ
מֵעוֹלָם קִוִּינוּ לָךְ.

Durante la חזרת הש״ץ *el* קהל *dice en silencio:*

מוֹדִים אֲנַחְנוּ לָךְ
שָׁאַתָּה הוּא יהוה אֱלֹהֵינוּ
וֵאלֹהֵי אֲבוֹתֵינוּ
אֱלֹהֵי כָל בָּשָׂר
יוֹצְרֵנוּ, יוֹצֵר בְּרֵאשִׁית.
בְּרָכוֹת וְהוֹדָאוֹת
לְשִׁמְךָ הַגָּדוֹל וְהַקָּדוֹשׁ
עַל שֶׁהֶחֱיִיתָנוּ וְקִיַּמְתָּנוּ.
כֵּן תְּחַיֵּנוּ וּתְקַיְּמֵנוּ
וְתֶאֱסֹף גָּלֻיּוֹתֵינוּ
לְחַצְרוֹת קָדְשֶׁךָ, לִשְׁמֹר חֻקֶּיךָ
וְלַעֲשׂוֹת רְצוֹנֶךָ וּלְעָבְדְּךָ
בְּלֵבָב שָׁלֵם
עַל שֶׁאֲנַחְנוּ מוֹדִים לָךְ.
בָּרוּךְ אֵל הַהוֹדָאוֹת.

וְעַל כֻּלָּם יִתְבָּרַךְ וְיִתְרוֹמַם שִׁמְךָ מַלְכֵּנוּ תָּמִיד לְעוֹלָם וָעֶד.
וְכֹל הַחַיִּים יוֹדוּךָ סֶּלָה, וִיהַלְלוּ אֶת שִׁמְךָ בֶּאֱמֶת
הָאֵל יְשׁוּעָתֵנוּ וְעֶזְרָתֵנוּ סֶלָה.
בָּרוּךְ אַתָּה יהוה
הַטּוֹב שִׁמְךָ וּלְךָ נָאֶה לְהוֹדוֹת.

Fuera de Israel, si los cohanim bendicen a la congregación durante la repetición de la Amidá por parte del oficiante se continúa en la página 866. En Israel la bendición habitual de los cohanim se encuentra en la página 875. Si los cohanim no ascienden a la tarima se recita lo siguiente. Ver leyes 370–377.

Dios nuestro y de nuestros ancestros, bendícenos con la triple bendición de la Torá, escrita por la mano de Tu siervo Moshé y pronunciada por Aharón y sus hijos los cohanim, Tu pueblo consagrado, como fue dicho:

El Señor te bendiga y te guarde. *Núm. 6*

Congregación: Que así sea Tu voluntad.

El Señor te ilumine con Su Presencia y te agracie.

Congregación: Que así sea Tu voluntad.

El Señor dirija Su Presencia hacia ti y te conceda la paz.

Congregación: Que así sea Tu voluntad.

PAZ

שִׂים שָׁלוֹם Instaura paz, bien y bendición,
gracia, benevolencia y compasión sobre nosotros
y todo Tu pueblo Israel.
Bendícenos Padre nuestro, a todos nosotros como uno,
con la luz de Tu Semblante, pues en la luz de Tu Semblante
nos has dado Señor, nuestro Dios,
una Torá de vida y amor a la benevolencia,
justicia, bendición, compasión, vida y paz.
Que ante Tus ojos sea bueno bendecir a todo Tu pueblo Israel,
en todo momento, a toda hora, con Tu paz.
Bendito eres Tú Señor,
que bendice a Su pueblo Israel con la paz.

El siguiente versículo finaliza la repetición de la Amidá por parte del oficiante. Algunos lo recitan aquí, como parte de la Amidá en voz baja. Ver ley 368.

Que las palabras de mi boca y la meditación de mi corazón hallen favor ante Ti Señor, mi Fortaleza y mi Redentor. *Sal. 19*

אֱלֹהַי Dios mío, *Berajot 17A*
preserva mi lengua del mal y mis labios de pronunciar engaño.
Que mi alma calle ante quienes me maldicen,
y sea como el polvo para con todos.

En חוץ לארץ, *si los* כהנים *bendicen a la congregación durante la* חזרת הש״ץ *se continúa en la página 867. En* ארץ ישראל *la bendición habitual de los* כהנים *se encuentra en la página 875. Si los* כהנים *no ascienden a la tarima se recita lo siguiente. Ver leyes 370–377.*

אֱלֹהֵֽינוּ וֵאלֹהֵי אֲבוֹתֵֽינוּ, בָּרְכֵֽנוּ בַּבְּרָכָה הַמְשֻׁלֶּֽשֶׁת בַּתּוֹרָה, הַכְּתוּבָה עַל יְדֵי מֹשֶׁה עַבְדֶּֽךָ, הָאֲמוּרָה מִפִּי אַהֲרֹן וּבָנָיו כֹּהֲנִים עַם קְדוֹשֶֽׁיךָ, כָּאָמוּר

יְבָרֶכְךָ יהוה וְיִשְׁמְרֶֽךָ: קהל: כֵּן יְהִי רָצוֹן במדבר ו

יָאֵר יהוה פָּנָיו אֵלֶֽיךָ וִיחֻנֶּֽךָּ: קהל: כֵּן יְהִי רָצוֹן

יִשָּׂא יהוה פָּנָיו אֵלֶֽיךָ וְיָשֵׂם לְךָ שָׁלוֹם: קהל: כֵּן יְהִי רָצוֹן

ברכת שלום

שִׂים שָׁלוֹם טוֹבָה וּבְרָכָה
חֵן וָחֶֽסֶד וְרַחֲמִים, עָלֵֽינוּ וְעַל כָּל יִשְׂרָאֵל עַמֶּֽךָ.
בָּרְכֵֽנוּ אָבִֽינוּ כֻּלָּֽנוּ כְּאֶחָד בְּאוֹר פָּנֶֽיךָ
כִּי בְאוֹר פָּנֶֽיךָ נָתַֽתָּ לָּֽנוּ יהוה אֱלֹהֵֽינוּ
תּוֹרַת חַיִּים וְאַהֲבַת חֶֽסֶד
וּצְדָקָה וּבְרָכָה וְרַחֲמִים וְחַיִּים וְשָׁלוֹם.
וְטוֹב בְּעֵינֶֽיךָ לְבָרֵךְ אֶת עַמְּךָ יִשְׂרָאֵל
בְּכָל עֵת וּבְכָל שָׁעָה בִּשְׁלוֹמֶֽךָ.
בָּרוּךְ אַתָּה יהוה, הַמְבָרֵךְ אֶת עַמּוֹ יִשְׂרָאֵל בַּשָּׁלוֹם.

El siguiente versículo finaliza la חזרת הש״ץ.
Algunos lo recitan aquí, como parte de la עמידה *en voz baja. Ver ley 368.*

יִהְיוּ לְרָצוֹן אִמְרֵי־פִי וְהֶגְיוֹן לִבִּי לְפָנֶֽיךָ, יהוה צוּרִי וְגֹאֲלִי: תהלים יט

אֱלֹהַי ברכות יז.
נְצֹר לְשׁוֹנִי מֵרָע וּשְׂפָתַי מִדַּבֵּר מִרְמָה
וְלִמְקַלְלַי נַפְשִׁי תִדֹּם, וְנַפְשִׁי כֶּעָפָר לַכֹּל תִּהְיֶה.

Abre mi corazón a Tu Torá
y que mi alma persiga Tus preceptos.
Rápidamente deja sin efecto el consejo
y frustra los planes de quienes conspiran contra mí.
Actúa en pos de Tu Nombre,
actúa en pos de Tu diestra,
actúa en pos de Tu santidad,
actúa en pos de Tu Torá.
Para que Tus amados sean liberados, *Sal. 60*
redime con Tu diestra y respóndeme.
Que las palabras de mi boca y la meditación de mi corazón *Sal. 19*
hallen favor ante Ti Señor, mi Fortaleza y mi Redentor.

Inclinarse, dar tres pasos hacia atrás, entonces inclinarse primero hacia la izquierda y luego hacia la derecha, luego al centro, mientras se dice:

Quien obra la paz en Sus alturas,
haga la paz para nosotros y todo Israel y decid: Amén.

יְהִי רָצוֹן Sea Tu voluntad Señor, Dios nuestro y de nuestros ancestros
que el Templo sea reconstruido pronto en nuestros días,
que nos concedas nuestra porción en Tu Torá.
Allí Te serviremos con temor reverencial
como en los días de antaño y los años pretéritos.
Entonces las ofrendas de Yehudá y Jerusalém agradarán al Señor *Mal. 3*
como en los días de antaño y los años pretéritos.

En Sucot, en este punto se recitan las Hoshanot (página 890).
Otros días de Yom Tov y en Shabat Jol HaMo'ed se recita un Kadish Completo (página 574) y el rezo continúa con "No hay como nuestro Dios" en la página 576.
En Jol HaMo'ed Pesaj se recita Kadish Completo (en la página 178) y el rezo continúa con Aleinu (página 180).

פְּתַח לִבִּי בְּתוֹרָתֶךָ, וּבְמִצְוֹתֶיךָ תִּרְדֹּף נַפְשִׁי.
וְכָל הַחוֹשְׁבִים עָלַי רָעָה
מְהֵרָה הָפֵר עֲצָתָם וְקַלְקֵל מַחֲשַׁבְתָּם.
עֲשֵׂה לְמַעַן שְׁמֶךָ
עֲשֵׂה לְמַעַן יְמִינֶךָ
עֲשֵׂה לְמַעַן קְדֻשָּׁתֶךָ
עֲשֵׂה לְמַעַן תּוֹרָתֶךָ.
לְמַעַן יֵחָלְצוּן יְדִידֶיךָ, הוֹשִׁיעָה יְמִינְךָ וַעֲנֵנִי: תהלים ס
יִהְיוּ לְרָצוֹן אִמְרֵי־פִי וְהֶגְיוֹן לִבִּי לְפָנֶיךָ, יהוה צוּרִי וְגֹאֲלִי: תהלים יט

Inclinarse, dar tres pasos hacia atrás, entonces inclinarse primero hacia la izquierda y luego hacia la derecha, luego al centro, mientras se dice:

עֹשֶׂה שָׁלוֹם בִּמְרוֹמָיו
הוּא יַעֲשֶׂה שָׁלוֹם עָלֵינוּ וְעַל כָּל יִשְׂרָאֵל, וְאִמְרוּ אָמֵן.

יְהִי רָצוֹן מִלְּפָנֶיךָ יהוה אֱלֹהֵינוּ וֵאלֹהֵי אֲבוֹתֵינוּ
שֶׁיִּבָּנֶה בֵּית הַמִּקְדָּשׁ בִּמְהֵרָה בְיָמֵינוּ, וְתֵן חֶלְקֵנוּ בְּתוֹרָתֶךָ
וְשָׁם נַעֲבָדְךָ בְּיִרְאָה כִּימֵי עוֹלָם וּכְשָׁנִים קַדְמֹנִיּוֹת.
וְעָרְבָה לַיהוה מִנְחַת יְהוּדָה וִירוּשָׁלָםִ כִּימֵי עוֹלָם וּכְשָׁנִים קַדְמֹנִיּוֹת: מלאכי ג

En סוכות*, en este punto se recitan las* הושענות (*página 891*).

Otros días de יום טוב *y en* שבת חול המועד *se recita un* קדיש שלם (*página 575*) *y el rezo continúa con* אֵין כֵּאלֹהֵינוּ *en la página 577.*

En חול המועד פסח *se recita* קדיש שלם (*en la página 179*) *y el rezo continúa con* עָלֵינוּ (*página 181*).

Birkat Cohanim

El siguiente pedido se recita silenciosamente mientras el oficiante dice "Que todos los seres vivos" (página 860).

En algunas congregaciones el público dice:

יְהִי רָצוֹן Sea Tu voluntad Señor, Dios nuestro y de nuestros ancestros, que esta bendición con la cual ordenaste bendecir a Tu pueblo de Israel sea completa, y carezca de todo impedimento o transgresión desde hoy y para siempre.

Los cohanim dicen:

יְהִי רָצוֹן Sea Tu voluntad Señor, Dios nuestro y de nuestros ancestros, que esta bendición con la cual nos ordenaste bendecir a Tu pueblo de Israel sea completa, y carezca de todo impedimento o transgresión desde hoy y para siempre.

El siguiente pasaje es recitado silenciosamente por el oficiante:

אֱלֹהֵינוּ Dios nuestro y de nuestros ancestros, bendícenos con la triple bendición de la Torá, escrita por mano de Tu siervo Moshé y pronunciada por Aharón y sus hijos:

El oficiante exclama en voz alta:

¡Cohanim!

En la mayoría de los lugares la congregación suele responder:

Tu pueblo consagrado, como fue dicho:

Los cohanim recitan la siguiente bendición al unísono:

בָּרוּךְ Bendito eres Tú Señor, nuestro Dios, Rey del universo, que nos santificó con la santidad de Aharón y nos ordenó bendecir a Su pueblo Israel con amor.

La primera palabra de cada frase es recitada por el oficiante y seguido por los cohanim. Algunos leen silenciosamente los versículos que acompañan. Es necesario mantenerse en silencio y no mirar a los cohanim mientras dicen las bendiciones.

Te bendiga — El Señor, Hacedor de los cielos y la tierra te bendiga desde Sion. *Sal. 134*

el Señor — Señor, nuestro Soberano, cuán majestuoso es Tu Nombre sobre toda la tierra. *Sal. 8*

y te guarde. — Protégeme Dios, pues en Ti encontré refugio. *Sal. 16*

---

plegarias: no solamente está preceptuada por la misma Torá sino que además también lo es su redacción precisa (Números 6:24–26). Por lo tanto, se trata de nuestro rezo más antiguo. La bendición está bellamente estructurada. Es

ברכת כהנים

El siguiente pedido se recita silenciosamente mientras el שליח ציבור *dice* וְכֹל הַחַיִּים *(página 861).*

En algunas congregaciones el קהל *dice:*

יְהִי רָצוֹן מִלְּפָנֶיךָ, יהוה אֱלֹהֵינוּ וֵאלֹהֵי אֲבוֹתֵינוּ, שֶׁתְּהֵא הַבְּרָכָה הַזֹּאת שֶׁצִּוִּיתָ לְבָרֵךְ אֶת עַמְּךָ יִשְׂרָאֵל בְּרָכָה שְׁלֵמָה, וְלֹא יִהְיֶה בָּהּ שׁוּם מִכְשׁוֹל וְעָוֹן מֵעַתָּה וְעַד עוֹלָם.

Los כהנים *dicen:*

יְהִי רָצוֹן מִלְּפָנֶיךָ, יהוה אֱלֹהֵינוּ וֵאלֹהֵי אֲבוֹתֵינוּ, שֶׁתְּהֵא הַבְּרָכָה הַזֹּאת שֶׁצִּוִּיתָנוּ לְבָרֵךְ אֶת עַמְּךָ יִשְׂרָאֵל בְּרָכָה שְׁלֵמָה, וְלֹא יִהְיֶה בָּהּ שׁוּם מִכְשׁוֹל וְעָוֹן מֵעַתָּה וְעַד עוֹלָם.

El siguiente pasaje es recitado silenciosamente por el שליח ציבור*:*

אֱלֹהֵינוּ וֵאלֹהֵי אֲבוֹתֵינוּ, בָּרְכֵנוּ בַּבְּרָכָה הַמְשֻׁלֶּשֶׁת בַּתּוֹרָה הַכְּתוּבָה עַל יְדֵי מֹשֶׁה עַבְדֶּךָ, הָאֲמוּרָה מִפִּי אַהֲרֹן וּבָנָיו

El שליח ציבור *exclama en voz alta:*

כֹּהֲנִים

En la mayoría de los lugares el קהל *suele responder:*

עַם קְדוֹשֶׁךָ, כָּאָמוּר:

Los כהנים *recitan la siguiente bendición al unísono:*

בָּרוּךְ אַתָּה יהוה אֱלֹהֵינוּ מֶלֶךְ הָעוֹלָם, אֲשֶׁר קִדְּשָׁנוּ בִּקְדֻשָּׁתוֹ שֶׁל אַהֲרֹן, וְצִוָּנוּ לְבָרֵךְ אֶת עַמּוֹ יִשְׂרָאֵל בְּאַהֲבָה.

La primera palabra de cada frase es recitada por el שליח ציבור *y seguido por los* כהנים*. Algunos leen silenciosamente los versículos que acompañan. Es necesario mantenerse en silencio y no mirar a los* כהנים *mientras dicen las bendiciones.*

יְבָרֶכְךָ יְבָרֶכְךָ יהוה מִצִּיּוֹן, עֹשֵׂה שָׁמַיִם וָאָרֶץ: תהלים קלד

יהוה יהוה אֲדֹנֵינוּ, מָה־אַדִּיר שִׁמְךָ בְּכָל־הָאָרֶץ: תהלים ח

וְיִשְׁמְרֶךָ: שָׁמְרֵנִי אֵל, כִּי־חָסִיתִי בָךְ: תהלים טז

LA BENDICIÓN SACERDOTAL

La bendición sacerdotal posee una especial singularidad entre nuestras

Leer el siguiente pasaje en silencio mientras los cohanim cantan. En Shabat se omite.

Soberano del Universo, tuyo soy y tuyos son mis sueños. He soñado un sueño y desconozco su significado. Sea Tu voluntad Señor, Dios mío y de mis ancestros que todos los sueños míos y de todo el pueblo de Israel sean para bien, tanto sea si soñé sobre mí, sobre otras personas o si estas soñaron conmigo. Si son buenos, fortifícalos, refuérzalos y que se cumplan tanto en mí como en ellos como los sueños de Yosef el justo. En cambio, si estos sueños requieren ser sanados, cúralos como a Jizkiáhu Rey de Yehudá de su enfermedad, o a la profetisa Miriam de su lepra, o a Na'aman de su lepra, o como Moshé curó a las aguas de Mará, o como Elishá curó las aguas de Yerijó. Así como transformaste la maldición del malvado Bil'am en bendición, de igual forma transforma a todos mis sueños y los de todo Tu pueblo Israel para bien. Cuídame y agráciame y tórnate hacia mí con benevolencia. Amén.

Te ilumine	Que Dios nos conceda gracia y nos bendiga, que Su rostro ilumine hacia nosotros, Sela.	*Sal. 67*
el Señor,	Señor, Señor, compasivo y benevolente, tardo en la ira, abundante en generosidad y verdad.	*Éx. 34*
con Su Presencia	Dirige Tu Presencia a mí y agráciame, pues solitario y pobre soy.	*Sal. 25*
a ti	A Ti Señor elevaré mi alma.	*Sal. 25*
y te agracie.	He aquí que cual ojos de siervos contemplan la mano de su amo, cual ojos de sierva que observan la mano de su ama, así se dirigen nuestros ojos al Señor nuestro Dios esperando Su generosidad.	*Sal. 123*

Leer el siguiente pasaje en silencio mientras los cohanim cantan. En Shabat se omite.

Soberano del Universo, tuyo soy y tuyos son mis sueños. He soñado un sueño y desconozco su significado. Sea Tu voluntad Señor, Dios mío y de mis ancestros que todos los sueños míos y de todo el pueblo de Israel sean para bien, tanto sea si soñé sobre mí, sobre otras personas o si estas soñaron conmigo. Si son buenos, fortifícalos, refuérzalos y que se cumplan tanto en mí como en ellos como los sueños de Yosef el justo. En cambio, si estos sueños requieren ser sanados, cúralos como a Jizkiáhu Rey de Yehudá de su enfermedad, o a la profetisa Miriam de su lepra, o a Na'aman de su

---

La Torá es sumamente cuidadosa al postular: Y pondrán (los cohanim) Mi Nombre sobre el pueblo de Israel y Yo los bendeciré (Números 6:27). De esa manera, no son los cohanim quienes bendicen al pueblo de Israel sino Dios. Los sacerdotes – aquellos que dedicaron su vida entera al servicio Divino – actuaban como vehículos a través de los cuales fluía la bendición. En días del

Leer el siguiente pasaje en silencio mientras los כהנים *cantan. En* שבת *se omite.*

רִבּוֹנוֹ שֶׁל עוֹלָם, אֲנִי שֶׁלָּךְ וַחֲלוֹמוֹתַי שֶׁלָּךְ. חֲלוֹם חָלַמְתִּי וְאֵינִי יוֹדֵעַ מַה הוּא. יְהִי
רָצוֹן מִלְּפָנֶיךָ, יהוה אֱלֹהַי וֵאלֹהֵי אֲבוֹתַי, שֶׁיִּהְיוּ כָּל חֲלוֹמוֹתַי עָלַי וְעַל כָּל יִשְׂרָאֵל
לְטוֹבָה, בֵּין שֶׁחָלַמְתִּי עַל עַצְמִי, וּבֵין שֶׁחָלַמְתִּי עַל אֲחֵרִים, וּבֵין שֶׁחָלְמוּ אֲחֵרִים עָלָי.
אִם טוֹבִים הֵם, חַזְּקֵם וְאַמְּצֵם, וְיִתְקַיְּמוּ בִי וּבָהֶם, כַּחֲלוֹמוֹתָיו שֶׁל יוֹסֵף הַצַּדִּיק. וְאִם
צְרִיכִים רְפוּאָה, רְפָאֵם כְּחִזְקִיָּהוּ מֶלֶךְ יְהוּדָה מֵחָלְיוֹ, וּכְמִרְיָם הַנְּבִיאָה מִצָּרַעְתָּהּ,
וּכְנַעֲמָן מִצָּרַעְתּוֹ, וּכְמֵי מָרָה עַל יְדֵי מֹשֶׁה רַבֵּנוּ, וּכְמֵי יְרִיחוֹ עַל יְדֵי אֱלִישָׁע. וּכְשֵׁם
שֶׁהָפַכְתָּ אֶת קִלְלַת בִּלְעָם הָרָשָׁע מִקְּלָלָה לִבְרָכָה, כֵּן תַּהֲפֹךְ כָּל חֲלוֹמוֹתַי עָלַי וְעַל
כָּל יִשְׂרָאֵל לְטוֹבָה, וְתִשְׁמְרֵנִי וּתְחָנֵּנִי וְתִרְצֵנִי. אָמֵן.

יָאֵר אֱלֹהִים יְחָנֵּנוּ וִיבָרְכֵנוּ, יָאֵר פָּנָיו אִתָּנוּ סֶלָה: תהלים סז

יהוה יהוה, יהוה, אֵל רַחוּם וְחַנּוּן, אֶרֶךְ אַפַּיִם וְרַב־חֶסֶד וֶאֱמֶת: שמות לד

פָּנָיו פְּנֵה־אֵלַי וְחָנֵּנִי, כִּי־יָחִיד וְעָנִי אָנִי: תהלים כה

אֵלֶיךָ אֵלֶיךָ יהוה נַפְשִׁי אֶשָּׂא: תהלים כה

וִיחֻנֶּךָּ: הִנֵּה כְעֵינֵי עֲבָדִים אֶל־יַד אֲדוֹנֵיהֶם תהלים קכג
כְּעֵינֵי שִׁפְחָה אֶל־יַד גְּבִרְתָּהּ, כֵּן עֵינֵינוּ אֶל־יהוה אֱלֹהֵינוּ
עַד שֶׁיְּחָנֵּנוּ:

Leer el siguiente pasaje en silencio mientras los כהנים *cantan. En* שבת *se omite.*

רִבּוֹנוֹ שֶׁל עוֹלָם, אֲנִי שֶׁלָּךְ וַחֲלוֹמוֹתַי שֶׁלָּךְ. חֲלוֹם חָלַמְתִּי וְאֵינִי יוֹדֵעַ מַה הוּא. יְהִי
רָצוֹן מִלְּפָנֶיךָ, יהוה אֱלֹהַי וֵאלֹהֵי אֲבוֹתַי, שֶׁיִּהְיוּ כָּל חֲלוֹמוֹתַי עָלַי וְעַל כָּל יִשְׂרָאֵל
לְטוֹבָה, בֵּין שֶׁחָלַמְתִּי עַל עַצְמִי, וּבֵין שֶׁחָלַמְתִּי עַל אֲחֵרִים, וּבֵין שֶׁחָלְמוּ אֲחֵרִים עָלָי.
אִם טוֹבִים הֵם, חַזְּקֵם וְאַמְּצֵם, וְיִתְקַיְּמוּ בִי וּבָהֶם, כַּחֲלוֹמוֹתָיו שֶׁל יוֹסֵף הַצַּדִּיק. וְאִם
צְרִיכִים רְפוּאָה, רְפָאֵם כְּחִזְקִיָּהוּ מֶלֶךְ יְהוּדָה מֵחָלְיוֹ, וּכְמִרְיָם הַנְּבִיאָה מִצָּרַעְתָּהּ,

---

de extensión creciente: la primera línea contiene tres palabras; la segunda, cinco; y la tercera, siete.

En cada una de estas el Nombre más sagrado de Dios funge como segunda palabra. La triple bendición va ascendiendo temáticamente: la primera parte se refiere a la bendición material, la segunda a la bendición espiritual y la tercera se refiere a la paz, sin la cual ninguna bendición puede ser disfrutada.

lepra, o como Moshé curó a las aguas de Mará, o como Elishá curó las aguas de Yerijó. Así como transformaste la maldición del malvado Bil'am en bendición, de igual forma transforma a todos mis sueños y los de todo Tu pueblo Israel para bien. Cuídame y agráciame y tórnate hacia mí con benevolencia. Amén.

Dirija	Recibirá bendición del Señor y recompensa del Dios de su salvación. Y hallará favor y buena comprensión ante los ojos de Dios y del hombre.	*Sal. 24* *Prov. 3*
el Señor,	Señor, agrácianos, a Ti Te anhelamos. Sé su fuerte brazo cada mañana y nuestra salvación en tiempos de dificultad.	*Is. 33*
Su Presencia	No ocultes Tu Presencia de mi en el día de mi desgracia, inclina hacia mi Tu oído, en el día en que Te invoque respóndeme con premura.	*Sal. 102*
hacia ti	A Ti elevé mis ojos, Tú que habitas en los cielos.	*Sal. 123*
y te conceda	Y pondrán (los cohanim) Mi Nombre sobre el pueblo de Israel y Yo los bendeciré.	*Núm. 6*
a ti	Señor, Tuya es la grandezael poder y el esplendor, la eternidad y la gloria, pues todo en los cielos y en la tierra Te pertenece. Señor, Tuyo es el reino y eres Supremo a todo gobernante.	*1 Cró. 29*
la paz.	Paz, paz, al lejano y al cercano dice el Señor, y lo habré de curar.	*Is. 57*

Leer el siguiente pasaje en silencio mientras los cohanim cantan. En Shabat se omite.

Sea Tu voluntad, Señor, Dios mío y de mis ancestros que obres en pos de la Santidad de Tu generosidad y la grandeza de Tu compasión expandidas y manifiestas, para así mantener puro e incólume Tu Nombre grande, poderoso y reverenciado conformado por las veintidós letras que se desprenden de la bendición sacerdotal, pronunciada por Aharón y sus hijos los cohanim, a Tu pueblo consagrado. Que Te encuentres cerca de mí cuando a Ti Te clame, y siempre escuches mi plegaria, mi alegato y mi llanto, tal como escuchaste el llanto de Ya'akov, Tu íntegro varón, que es llamado "hombre íntegro". Concédeme a mí y a todos los miembros de mi familia alimentos y sustento en abundancia y no en forma exigua, con honestidad y no por medio de acciones prohibidas, de manera plácida y no por medio de sufrimientos, proveniente de Tu generosa mano. Tal como brindaste a nuestro patriarca Ya'akov, aquél llamado hombre

---

sienten a diario. Durante la repetición de la Amidá y previo a la Bendición Sacerdotal, los cohanim lavan sus manos con agua vertida por los levitas con

וּכְנַעֲמָן מִצָּרַעְתּוֹ, וּכְמֵי מָרָה עַל יְדֵי מֹשֶׁה רַבֵּנוּ, וּכְמֵי יְרִיחוֹ עַל יְדֵי אֱלִישָׁע. וּכְשֵׁם שֶׁהָפַכְתָּ אֶת קִלְלַת בִּלְעָם הָרָשָׁע מִקְּלָלָה לִבְרָכָה, כֵּן תַּהֲפֹךְ כָּל חֲלוֹמוֹתַי עָלַי וְעַל כָּל יִשְׂרָאֵל לְטוֹבָה, וְתִשְׁמְרֵנִי וּתְחָנֵּנִי וְתִרְצֵנִי. אָמֵן.

יִשָּׂא יִשָּׂא בְרָכָה מֵאֵת יהוה, וּצְדָקָה מֵאֱלֹהֵי יִשְׁעוֹ: — תהלים כד
וּמְצָא־חֵן וְשֵׂכֶל־טוֹב בְּעֵינֵי אֱלֹהִים וְאָדָם: — משלי ג

יהוה יהוה חָנֵּנוּ, לְךָ קִוִּינוּ, הֱיֵה זְרֹעָם לַבְּקָרִים — ישעיה לג
אַף־יְשׁוּעָתֵנוּ בְּעֵת צָרָה:

פָּנָיו אַל־תַּסְתֵּר פָּנֶיךָ מִמֶּנִּי בְּיוֹם צַר לִי, הַטֵּה־אֵלַי אָזְנֶךָ — תהלים קב
בְּיוֹם אֶקְרָא מַהֵר עֲנֵנִי:

אֵלֶיךָ אֵלֶיךָ נָשָׂאתִי אֶת־עֵינַי, הַיֹּשְׁבִי בַּשָּׁמָיִם: — תהלים קכג

וְיָשֵׂם וְשָׂמוּ אֶת־שְׁמִי עַל־בְּנֵי יִשְׂרָאֵל, וַאֲנִי אֲבָרְכֵם: — במדבר ו

לְךָ לְךָ יהוה הַגְּדֻלָּה וְהַגְּבוּרָה וְהַתִּפְאֶרֶת וְהַנֵּצַח וְהַהוֹד — דברי הימים א׳ כט
כִּי־כֹל בַּשָּׁמַיִם וּבָאָרֶץ, לְךָ יהוה הַמַּמְלָכָה
וְהַמִּתְנַשֵּׂא לְכֹל לְרֹאשׁ:

שָׁלוֹם: שָׁלוֹם שָׁלוֹם לָרָחוֹק וְלַקָּרוֹב, אָמַר יהוה, וּרְפָאתִיו: — ישעיה נז

Leer el siguiente pasaje en silencio mientras los כהנים *cantan. En* שבת *se omite.*

יְהִי רָצוֹן מִלְּפָנֶיךָ, יהוה אֱלֹהַי וֵאלֹהֵי אֲבוֹתַי, שֶׁתַּעֲשֶׂה לְמַעַן קְדֻשַּׁת חֲסָדֶיךָ וְגֹדֶל רַחֲמֶיךָ הַפְּשׁוּטִים, וּלְמַעַן טָהֳרַת שִׁמְךָ הַגָּדוֹל הַגִּבּוֹר וְהַנּוֹרָא, בֶּן עֶשְׂרִים וּשְׁתַּיִם אוֹתִיּוֹת הַיּוֹצֵא מִפְּסוּקִים שֶׁל בִּרְכַּת כֹּהֲנִים הָאֲמוּרָה מִפִּי אַהֲרֹן וּבָנָיו עַם קְדוֹשֶׁךָ, שֶׁתִּהְיֶה קָרוֹב לִי בְּקָרְאִי לָךְ, וְתִשְׁמַע תְּפִלָּתִי נַאֲקָתִי וְאֶנְקָתִי תָּמִיד, כְּשֵׁם שֶׁשָּׁמַעְתָּ אֶנְקַת יַעֲקֹב תְּמִימֶךָ הַנִּקְרָא אִישׁ תָּם. וְתִתֶּן לִי וּלְכָל נַפְשׁוֹת בֵּיתִי מְזוֹנוֹתֵינוּ וּפַרְנָסָתֵנוּ בְּרֶוַח וְלֹא בְצִמְצוּם, בְּהֶתֵּר וְלֹא בְאִסּוּר, בְּנַחַת וְלֹא בְצַעַר, מִתַּחַת יָדְךָ הָרְחָבָה, כְּשֵׁם שֶׁנָּתַתָּ פִּסַּת לֶחֶם לֶאֱכֹל וּבֶגֶד לִלְבֹּשׁ לְיַעֲקֹב אָבִינוּ הַנִּקְרָא אִישׁ תָּם. וְתִתְּנֵנוּ

Templo los cohanim bendecían al pueblo a diario, habiendo quedado esta práctica como costumbre establecida. Fuera de Israel se acostumbra que esta bendición se recite únicamente en las festividades, pues solamente en estas experimentamos algo de la alegría que aquellos que viven en la tierra de Dios

íntegro, pan para comer y ropa para vestir. Prodíganos amor, gracia, benevolencia y compasión ante Tus ojos y los de aquellos que nos ven, tal como Yosef halló gracia, benevolencia y compasión ante Tus ojos y los ojos de todos cuantos le veían en el momento en que su padre lo vistió con la túnica a rayas. Obra conmigo maravillas y milagros, envíame una señal de bien, concede éxito en mi camino, dale a mi corazón entendimiento para comprender, profundizar y cumplir todas las palabras de la enseñanza de Tu Torá junto a sus secretos, sálvame de incurrir en errores, purifica mis pensamientos y mi corazón para Tu servicio, prolonga mis días (*agregar lo que corresponda:* y los días de mi padre/y mi madre/y mi mujer/y mi marido/ y mis hijos e hijas) con bien y con dulzura, plenos de vigor y de paz, Amén, Sela.

El oficiante continúa abajo con "Instaura paz".

La congregación dice:
אַדִּיר Majestuoso en lo alto, que reposa en el Poder, Tú eres Paz y Tu Nombre es Paz. Sea Tu voluntad que prodigues sobre nosotros y sobre todo Tu pueblo la Casa de Israel vida y bendición y resguardo para la paz.

Los cohanim dicen:
רִבּוֹנוֹ Soberano del Universo, hemos cumplido aquello que nos ordenaste, por ello obra Tú de acuerdo a lo que nos prometiste. Divisa desde Tu santo aposento, desde el cielo, y bendice a Tu pueblo, a Israel, y a la tierra que nos has entregado, tal como lo habías jurado a nuestros ancestros, una tierra que mana leche y miel. *Deut. 26*

El oficiante continúa:

שִׂים שָׁלוֹם Instaura paz, bien y bendición, gracia, benevolencia y compasión sobre nosotros y todo Tu pueblo Israel. Bendícenos Padre nuestro, a todos nosotros como uno, con la luz de Tu Semblante, pues en la luz de Tu Semblante nos has dado Señor, nuestro Dios, una Torá de vida y amor a la benevolencia, justicia, bendición, compasión, vida y paz. Que ante Tus ojos sea bueno bendecir a todo Tu pueblo Israel, en todo momento, a toda hora, con Tu paz. Bendito eres Tú Señor, que bendice a Su pueblo Israel con la paz.

El siguiente versículo concluye la repetición del oficiante (ver ley 368).

Que las palabras de mi boca y la meditación de mi corazón hallen favor ante Ti Señor, mi Fortaleza y mi Redentor. *Sal. 19*

---

ese momento delante de estos. Los rostros de la congregación deben estar dirigidos a los cohanim mas no deberán contemplarlos durante el recitado de la bendición. אַדִּיר בַּמָּרוֹם *Majestuoso en lo alto*: plegaria recitada por la congregación que se hace eco tres veces de la última palabra de la Bendición Sacerdotal: "paz".

לְאַהֲבָה, לְחֵן וּלְחֶסֶד וּלְרַחֲמִים בְּעֵינֶיךָ וּבְעֵינֵי כָל רוֹאֵינוּ, וְיִהְיוּ דְבָרַי נִשְׁמָעִים לַעֲבוֹדָתֶךָ, כְּשֵׁם שֶׁנָּתַתָּ אֶת יוֹסֵף צַדִּיקֶךָ בְּשָׁעָה שֶׁהִלְבִּישׁוֹ אָבִיו כְּתֹנֶת פַּסִּים לְחֵן וּלְחֶסֶד וּלְרַחֲמִים בְּעֵינֶיךָ וּבְעֵינֵי כָל רוֹאָיו. וְתַעֲשֶׂה עִמִּי נִפְלָאוֹת וְנִסִּים, וּלְטוֹבָה אוֹת, וְתַצְלִיחֵנִי בִּדְרָכַי, וְתֵן בְּלִבִּי בִּינָה לְהָבִין וּלְהַשְׂכִּיל וּלְקַיֵּם אֶת כָּל דִּבְרֵי תַלְמוּד תּוֹרָתֶךָ וְסוֹדוֹתֶיהָ, וְתַצִּילֵנִי מִשְּׁגִיאוֹת, וּתְטַהֵר רַעְיוֹנַי וְלִבִּי לַעֲבוֹדָתֶךָ, וְתַאֲרִיךְ יָמַי (וִימֵי אָבִי וְאִמִּי / וְאִשְׁתִּי / וּבַעְלִי / וּבָנַי וּבְנוֹתַי) בְּטוֹב וּבִנְעִימוּת, בְּרֹב עֹז וְשָׁלוֹם, אָמֵן סֶלָה.

El שליח ציבור *continúa abajo con* שִׂים שָׁלוֹם*.*

El קהל *dice:*

אַדִּיר בַּמָּרוֹם שׁוֹכֵן בִּגְבוּרָה, אַתָּה שָׁלוֹם וְשִׁמְךָ שָׁלוֹם. יְהִי רָצוֹן שֶׁתָּשִׂים עָלֵינוּ וְעַל כָּל עַמְּךָ בֵּית יִשְׂרָאֵל חַיִּים וּבְרָכָה לְמִשְׁמֶרֶת שָׁלוֹם.

Los כהנים *dicen:*

רִבּוֹנוֹ שֶׁל עוֹלָם, עָשִׂינוּ מַה שֶּׁגָּזַרְתָּ עָלֵינוּ, אַף אַתָּה עֲשֵׂה עִמָּנוּ כְּמוֹ שֶׁהִבְטַחְתָּנוּ. הַשְׁקִיפָה מִמְּעוֹן קָדְשְׁךָ מִן־הַשָּׁמַיִם, וּבָרֵךְ אֶת־עַמְּךָ אֶת־יִשְׂרָאֵל, וְאֵת הָאֲדָמָה אֲשֶׁר נָתַתָּה לָנוּ, כַּאֲשֶׁר נִשְׁבַּעְתָּ לַאֲבֹתֵינוּ, אֶרֶץ זָבַת חָלָב וּדְבָשׁ: דברים כו

El שליח ציבור *continúa:*

שִׂים שָׁלוֹם טוֹבָה וּבְרָכָה, חֵן וָחֶסֶד וְרַחֲמִים, עָלֵינוּ וְעַל כָּל יִשְׂרָאֵל עַמֶּךָ. בָּרְכֵנוּ אָבִינוּ כֻּלָּנוּ כְּאֶחָד בְּאוֹר פָּנֶיךָ, כִּי בְאוֹר פָּנֶיךָ נָתַתָּ לָּנוּ יהוה אֱלֹהֵינוּ, תּוֹרַת חַיִּים וְאַהֲבַת חֶסֶד, וּצְדָקָה וּבְרָכָה וְרַחֲמִים וְחַיִּים וְשָׁלוֹם. וְטוֹב בְּעֵינֶיךָ לְבָרֵךְ אֶת עַמְּךָ יִשְׂרָאֵל, בְּכָל עֵת וּבְכָל שָׁעָה בִּשְׁלוֹמֶךָ. בָּרוּךְ אַתָּה יהוה, הַמְבָרֵךְ אֶת עַמּוֹ יִשְׂרָאֵל בַּשָּׁלוֹם.

El siguiente versículo concluye la repetición del הש״ץ (*ver ley 368*)*.*

תהלים יט יִהְיוּ לְרָצוֹן אִמְרֵי־פִי וְהֶגְיוֹן לִבִּי לְפָנֶיךָ, יהוה צוּרִי וְגֹאֲלִי:

---

una vasija especial. Se quitan los zapatos. Cuando el oficiante dice “Acepta con benevolencia” ascienden a la tarima frente al Arca Sagrada. Cubren sus cabezas y parte superior del cuerpo con un talit, elevan sus brazos de un modo especial durante el recitado de la bendición. Al bendecir a la congregación, repiten palabra por palabra lo recitado por el oficiante y los demás miembros de la congregación deben estar de pie frente a ellos. Aquellas personas que están sentadas por detrás de los cohanim deberán colocarse en

BIRKAT COHANIM EN ISRAEL

En Israel, el oficiante recita el siguiente pasaje durante la repetición de la Amidá cuando los cohanim bendicen a la congregación. En caso de haber más de un cohen un miembro de la congregación exclama: (*ver leyes 370–377*)

¡Cohanim!

Los cohanim responden:

בָּרוּךְ Bendito eres Tú Señor, nuestro Dios, Rey del universo, que nos santificó con la santidad de Aharón y nos ordenó bendecir a Su pueblo de Israel con amor.

El oficiante recita palabra por palabra y es seguido por los cohanim:

יְבָרֶכְךָ El Señor te bendiga y te guarde. *Congregación:* Amén. *Núm. 6*
El Señor te ilumine con Su Presencia y te agracie.
Congregación: Amén
El Señor dirija Su Presencia hacia ti y te conceda la paz.
Congregación: Amén

El oficiante continúa abajo con "Instaura paz".

La congregación dice:

אַדִּיר Majestuoso en lo alto, que reposa en el Poder, Tú eres Paz y Tu Nombre es Paz. Sea Tu voluntad que prodigues sobre nosotros y sobre todo Tu pueblo la Casa de Israel vida y bendición y resguardo para la paz.

Los cohanim dicen:

רִבּוֹנוֹ Soberano del Universo, hemos cumplido aquello que nos ordenaste, por ello obra Tú de acuerdo a lo que nos prometiste. Divisa desde Tu santo aposento, desde el cielo, y bendice a Tu pueblo, a Israel, y a la tierra que nos has entregado, tal como lo habías jurado a nuestros ancestros, una tierra que mana leche y miel. *Deut. 26*

El oficiante continúa:

שִׂים שָׁלוֹם Instaura paz, bien y bendición, gracia, benevolencia y compasión sobre nosotros y todo Tu pueblo Israel. Bendícenos Padre nuestro, a todos nosotros como uno, con la luz de Tu Semblante, pues en la luz de Tu Semblante nos has dado Señor, nuestro Dios, una Torá de vida y amor a la benevolencia, justicia, bendición, compasión, vida y paz. Que ante Tus ojos sea bueno bendecir a todo Tu pueblo Israel, en todo momento, a toda hora, con Tu paz.

Entre Rosh HaShaná y Yom Kipur: Que seamos recordados e inscritos nosotros y todo Tu pueblo la casa de Israel en el libro de la vida, la bendición, la paz y la prosperidad para una buena vida y para la paz.

Bendito eres Tú Señor, que bendice a Su pueblo Israel con la paz.

El siguiente versículo concluye la repetición del oficiante (*ver ley 368*).

Que las palabras de mi boca y la meditación de mi corazón hallen favor ante Ti Señor, mi Fortaleza y mi Redentor. *Sal. 19*

ברכת כהנים בארץ ישראל

En ארץ ישראל*, el* שליח ציבור *recita el siguiente pasaje durante la* חזרת הש״ץ *cuando los* כהנים *bendicen al* קהל*. En caso de haber más de un* כהן *un miembro del* קהל *exclama:* (*ver leyes 370–377*)

כֹּהֲנִים

Los כהנים *responden:*

בָּרוּךְ אַתָּה יהוה אֱלֹהֵינוּ מֶלֶךְ הָעוֹלָם, אֲשֶׁר קִדְּשָׁנוּ בִּקְדֻשָּׁתוֹ שֶׁל אַהֲרֹן
וְצִוָּנוּ לְבָרֵךְ אֶת עַמּוֹ יִשְׂרָאֵל בְּאַהֲבָה.

El שליח ציבור *recita palabra por palabra y es seguido por los* כהנים*:*

במדבר ו יְבָרֶכְךָ יהוה וְיִשְׁמְרֶךָ: קהל: אָמֵן
יָאֵר יהוה פָּנָיו אֵלֶיךָ וִיחֻנֶּךָּ: קהל: אָמֵן
יִשָּׂא יהוה פָּנָיו אֵלֶיךָ וְיָשֵׂם לְךָ שָׁלוֹם: קהל: אָמֵן

El שליח ציבור *continúa abajo con* שִׂים שָׁלוֹם*.*

El קהל *dice:*

אַדִּיר בַּמָּרוֹם שׁוֹכֵן בִּגְבוּרָה, אַתָּה שָׁלוֹם וְשִׁמְךָ שָׁלוֹם. יְהִי רָצוֹן שֶׁתָּשִׂים עָלֵינוּ וְעַל כָּל עַמְּךָ בֵּית יִשְׂרָאֵל חַיִּים וּבְרָכָה לְמִשְׁמֶרֶת שָׁלוֹם.

Los כהנים *dicen:*

רִבּוֹנוֹ שֶׁל עוֹלָם, עָשִׂינוּ מַה שֶּׁגָּזַרְתָּ עָלֵינוּ, אַף אַתָּה
דברים כו עֲשֵׂה עִמָּנוּ כְּמוֹ שֶׁהִבְטַחְתָּנוּ. הַשְׁקִיפָה מִמְּעוֹן קָדְשְׁךָ מִן־הַשָּׁמַיִם, וּבָרֵךְ אֶת־עַמְּךָ אֶת־יִשְׂרָאֵל, וְאֵת הָאֲדָמָה אֲשֶׁר נָתַתָּה לָנוּ, כַּאֲשֶׁר נִשְׁבַּעְתָּ לַאֲבֹתֵינוּ, אֶרֶץ זָבַת חָלָב וּדְבָשׁ:

El שליח ציבור *continúa:*

שִׂים שָׁלוֹם טוֹבָה וּבְרָכָה, חֵן וָחֶסֶד וְרַחֲמִים עָלֵינוּ וְעַל כָּל יִשְׂרָאֵל עַמֶּךָ. בָּרְכֵנוּ אָבִינוּ כֻּלָּנוּ כְּאֶחָד בְּאוֹר פָּנֶיךָ, כִּי בְאוֹר פָּנֶיךָ נָתַתָּ לָּנוּ יהוה אֱלֹהֵינוּ, תּוֹרַת חַיִּים וְאַהֲבַת חֶסֶד, וּצְדָקָה וּבְרָכָה וְרַחֲמִים וְחַיִּים וְשָׁלוֹם. וְטוֹב בְּעֵינֶיךָ לְבָרֵךְ אֶת עַמְּךָ יִשְׂרָאֵל, בְּכָל עֵת וּבְכָל שָׁעָה בִּשְׁלוֹמֶךָ.

בעשרת ימי תשובה: בְּסֵפֶר חַיִּים, בְּרָכָה וְשָׁלוֹם, וּפַרְנָסָה טוֹבָה, נִזָּכֵר וְנִכָּתֵב לְפָנֶיךָ, אֲנַחְנוּ וְכָל עַמְּךָ בֵּית יִשְׂרָאֵל, לְחַיִּים טוֹבִים וּלְשָׁלוֹם.

בָּרוּךְ אַתָּה יהוה, הַמְבָרֵךְ אֶת עַמּוֹ יִשְׂרָאֵל בַּשָּׁלוֹם.

El siguiente versículo concluye la חזרת הש״ץ (*ver ley 368*)*.*

תהלים יט יִהְיוּ לְרָצוֹן אִמְרֵי־פִי וְהֶגְיוֹן לִבִּי לְפָנֶיךָ, יהוה צוּרִי וְגֹאֲלִי:

Plegaria por el Rocío

El primer día de Pesaj se abre el Arca Sagrada durante la repetición de la Amidá de Musaf. Todos se ponen de pie. En Israel, se recita la plegaria por el rocío en la página siguiente antes de que la Amidá silenciosa comience.

Porque he de invocar el Nombre del Señor, ensalzad a nuestro Dios. *Deut. 32*
Señor, abre mis labios para que mi boca pronuncie Tu alabanza. *Sal. 51*

PATRIARCAS

בָּרוּךְ Bendito eres Tú Señor, Dios nuestro y de nuestros ancestros, Dios de Abraham, Dios de Ytzjak y Dios de Ya'akov, Dios grande, poderoso y maravilloso, Señor supremo, que prodiga generosamente y es El Creador de todo lo existente, Quien recuerda la gracia de los ancestros y traerá al Redentor para los hijos de sus hijos en aras de Su Nombre con amor. Rey que ayuda, redime y protege.

בְּדַעְתּוֹ Con Su consentimiento me referiré a cuestiones ocultas,
para que este pueblo,
por medio de esta plegaria reciba el rocío con regocijo.
Que el valle y su vegetación
se vean renovados por efecto del rocío,
y broten nuevamente bajo Su sombra.
Señal de regeneración,
protección para las futuras generaciones – el rocío.

Bendito eres Tú Señor, Escudo de Abraham.

---

otros lo ubican en el siglo VI. Su creación está llena de alusiones a tradiciones rabínicas, acuñó numerosos términos nuevos en la lengua hebrea, y su estilo – intricado, erudito, lleno de juegos de palabras y sutiles acrósticos – influenció a numerosos poetas litúrgicos posteriores.

בְּדַעְתּוֹ *Con Su consentimiento:* El preámbulo de la plegaria incluye un intraducible juego con las palabras de igual sonido "*jidot*" ("cuestiones ocultas"), "*lehajadot*" ("regocijarse") y "*lejadot*" ("renovarse", una forma aramea del vocablo hebreo "*jadash*"). La cuarta línea es una alusión compleja a una boda. Emplea dos palabras que aparecen juntas en la séptima de las bendiciones nupciales ("*ditzá*" y "*jedvá*"). La palabra "sombra" (que significa tanto nube

תפילת טל

El primer día de פסח *se abre el* ארון קודש *durante la* חזרת הש״ץ *de la* עמידה *de* מוסף*.*
Todos se ponen de pie. En ארץ ישראל*, se recita* תפילת טל *en la página*
siguiente antes de que la עמידה *silenciosa comience.*

דברים לב כִּי שֵׁם יהוה אֶקְרָא, הָבוּ גֹדֶל לֵאלֹהֵינוּ:
תהלים נא אֲדֹנָי, שְׂפָתַי תִּפְתָּח, וּפִי יַגִּיד תְּהִלָּתֶךָ:

אבות

ּבָּרוּךְ אַתָּה יהוה, אֱלֹהֵינוּ וֵאלֹהֵי אֲבוֹתֵינוּ, אֱלֹהֵי אַבְרָהָם, אֱלֹהֵי יִצְחָק, וֵאלֹהֵי יַעֲקֹב, הָאֵל הַגָּדוֹל הַגִּבּוֹר וְהַנּוֹרָא, אֵל עֶלְיוֹן, גּוֹמֵל חֲסָדִים טוֹבִים, וְקֹנֵה הַכֹּל, וְזוֹכֵר חַסְדֵי אָבוֹת, וּמֵבִיא גוֹאֵל לִבְנֵי בְנֵיהֶם לְמַעַן שְׁמוֹ בְּאַהֲבָה. מֶלֶךְ עוֹזֵר וּמוֹשִׁיעַ וּמָגֵן.

בְּדַעְתּוֹ אַבִּיעָה חִידוֹת
בְּעַם זוּ בְּזוּ בְּטַל לְהַחֲדוֹת.
טַל גַּיְא וּדְשָׁאֶיהָ לַחֲדוֹת
דָּצִים בְּצִלּוֹ לְהֵחָדוֹת.
אוֹת יַלְדוּת טַל, לְהָגֵן לְתוֹלָדוֹת

ּבָּרוּךְ אַתָּה יהוה, מָגֵן אַבְרָהָם.

PLEGARIA POR EL ROCÍO

Pesaj es la "fiesta de la primavera" y marca el final de la temporada de las lluvias. Es así como durante el rezo de Musaf del primer día dejamos de decir "hace soplar el viento y descender la lluvia" en el segundo párrafo de la Amidá. Según la usanza sefaradí e israelí se sustituye esta frase por "hace descender el rocío", empero no es esta nuestra costumbre. A los efectos de marcar la transición recitamos un poema litúrgico especial (*piyut*).

El autor de este poema es el mayor de los poetas litúrgicos judíos, Elazar Kalir. A pesar de su gran genio y el enorme número de obras compuestas (muchas de las cuales eran desconocidas hasta que fueron descubiertas en la "guenizá" de El Cairo) hasta la fecha no sabemos con certeza cuándo ni dónde vivió. Muchos consideran que vivió durante el período de la Mishná,

PODER DE DIOS

אַתָּה גִּבּוֹר Señor, Tú eres eternamente poderoso, Tú revives a los muertos y tienes gran poder de salvación.

תְּהוֹמוֹת Los abismos de la tierra anhelan recibir gotas de rocío,
y todas las verdes praderas las añoran.
La mención del rocío magnifica Su poder,
grabado al acercarnos al rezo de Musaf.
Rocío, para revivir a aquellos
que yacen en las hendiduras de las rocas.

En Israel se comienza aquí:

Dios nuestro y de nuestros ancestros:

טַל Rocío – Concede rocío y sé generoso con Tu tierra,
en Tu alegría establece para nosotros la bendición.
Incrementa para nosotros el grano de cereal y el vino.
Establece a la ciudad que amas, con rocío.

טַל Rocío – Decrétalo para que tengamos un año bueno y resplandeciente,
para que el fruto de la tierra sea espléndido y motivo de orgullo.
A la ciudad que se encuentra ahora desierta cual choza,
colócale con Tu propia mano una corona, con rocío.

טַל Rocío – Que el rocío se agite abundantemente sobre la tierra bendita,
sácianos con la bendición de los deleites celestiales.
Para alumbrar en medio de la tiniebla,
a la rama de la viña de (Israel) que va tras de Ti, con rocío.

---

que también significa "El rocío es mencionado en el (segundo párrafo de la Amidá conocido como) "Poder de Dios".

טַל תֵּן לִרְצוֹת אַרְצָךְ *Concede rocío y se generoso con Tu tierra:* Los seis versos del poema comienzan y finalizan con la palabra "rocío" y la totalidad de la obra está armada como un acróstico alfabético inverso. Las últimas dos letras (*bet* y *alef*) reciben cada una dos líneas (es de notar que en este tipo de *piyut*

גבורות

אַתָּה גִּבּוֹר לְעוֹלָם אֲדֹנָי, מְחַיֵּה מֵתִים אַתָּה, רַב לְהוֹשִׁיעַ

תְּהוֹמוֹת הֲדוֹם לִרְסִיסוֹ כְסוּפִים
וְכָל נְאוֹת דֶּשֶׁא לוֹ נִכְסָפִים.
טַל זִכְרוֹ גְּבוּרוֹת מוֹסִיפִים
חָקוּק בְּגִישַׁת מוּסָפִים
טַל, לְהַחֲיוֹת בּוֹ נְקוּקֵי סְעִיפִים.

En ארץ ישראל *se comienza aquí:*

אֱלֹהֵינוּ וֵאלֹהֵי אֲבוֹתֵינוּ

טַל תֵּן לִרְצוֹת אַרְצָךְ · שִׁיתֵנוּ בְרָכָה בְּדִיצָךְ
רֹב דָּגָן וְתִירוֹשׁ בְּהַפְרִיצָךְ · קוֹמֵם עִיר בָּהּ חֶפְצָךְ · בְּטָל.

טַל צַוֵּה שָׁנָה טוֹבָה וּמְעֻטֶּרֶת · פְּרִי הָאָרֶץ לְגָאוֹן וּלְתִפְאֶרֶת
עִיר כַּסֻּכָּה נוֹתֶרֶת · שִׂימָהּ בְּיָדְךָ עֲטֶרֶת · בְּטָל.

טַל נוֹפֵף עֲלֵי אֶרֶץ בְּרוּכָה · מִמֶּגֶד שָׁמַיִם שַׂבְּעֵנוּ בְרָכָה
לְהָאִיר מִתּוֹךְ חֲשֵׁכָה · כַּנָּה אַחֲרֶיךָ מְשׁוּכָה · בְּטָל.

---

como la Divina Protección), puede que se trate de otra alusión al palio nupcial. Es así como Kalir, por medio de complejas resonancias verbales, nos ingresa en un estado de ánimo de regocijo como si la primavera fuese el casamiento entre el cielo y la tierra.

תְּהוֹמוֹת *Los abismos de la tierra:* Una meditación sobre el hecho de que el rocío (y la lluvia) son mencionados en el segundo párrafo de la Amidá, conocido como *Guevurot*, "Poder de Dios" cuyo tema dominante es la resurrección de los muertos. Así como en el final de los tiempos Dios habrá de revivir a los muertos ("aquellos que yacen en las hendiduras de las rocas"), de igual manera el rocío revivirá a la tierra y la reverdecerá.

טַל זִכְרוֹ גְּבוּרוֹת מוֹסִיפִים *La mención del rocío magnifica Su poder:* Frase ambigua

טַל Rocío – El rocío endulzará el néctar de las montañas,
que los elegidos saboreen Tu magnanimidad.
Libera a Tus amados del cautiverio,
entonces alzaremos nuestras voces en cántico con
dulces melodías, con rocío.

טַל Rocío – Colma nuestros graneros de rocío y abundancia,
renueva ahora nuestros buenos días.
Amado, permite que nuestro nombre perdure
como el Tuyo,
colócanos en un jardín bien anegado, con rocío.

טַל Rocío – Rocío con el cual habrás de bendecir el alimento,
que en nuestras fértiles tierras no haya escasez.
A la nación que alguna vez condujiste cual rebaño,
renuévale Tu benevolencia, con rocío.

Oficiante:

Pues Tú eres el Señor, nuestro Dios,
que hace soplar el viento y descender el rocío.

La congregación y luego el oficiante responsivamente:

Para bendición y no para maldición. *Congregación:* Amén.
Para la vida y no para la muerte. *Congregación:* Amén.
Para la saciedad y no para la escasez. *Congregación:* Amén.

Se cierra el arca. Fuera de Israel el oficiante continúa la repetición con "Sostiene con benevolencia" en la página 840. En Israel el oficiante dice Medio Kadish y se recita la Amidá de Musaf agregando "Hace descender el rocío".

Deuteronomio 28:10). בְּמַשְׁמַנֵּינוּ *En nuestras fértiles tierras:* literalmente, "que en nuestras tierras gordas no haya flacura".

לִבְרָכָה וְלֹא לִקְלָלָה *Para bendición y no para maldición:* En estas tres líneas de in crescendo que alcanzan un punto álgido (que encuentran su paralelo en la plegaria por la lluvia) el oficiante y la congregación se unen en ferviente rezo para que las fuerzas naturales, bajo el cuidado del Hacedor de la naturaleza, traigan bendición a la tierra y a su pueblo.

טַל יַעֲסִיס צוּף הָרִים טְעַם בִּמְאוֹדֶיךָ מֻבְחָרִים
חֲנוּנֶיךָ חַלֵּץ מִמַּסְגֵּרִים זִמְרָה נַנְעִים וְקוֹל נָרִים בְּטָל.

טַל וְשֹׂבַע מַלֵּא אֲסָמֵינוּ הֲכָעֵת תְּחַדֵּשׁ יָמֵינוּ
דּוֹד, כְּעֶרְכְּךָ הַעֲמֵד שְׁמֵנוּ גַּן רָוֶה שִׂימֵנוּ בְּטָל.

טַל בּוֹ תְּבָרֵךְ מָזוֹן בְּמַשְׁמַנֵּינוּ אַל יְהִי רָזוֹן
אֲיֻמָּה אֲשֶׁר הִסַּעְתָּ כַּצֹּאן אָנָּא תָּפֵק לָהּ רָצוֹן בְּטָל.

שליח ציבור:

שָׁאַתָּה הוּא יהוה אֱלֹהֵינוּ
מַשִּׁיב הָרוּחַ וּמוֹרִיד הַטָּל

El קהל *y luego el* שליח ציבור *responsivamente:*

לִבְרָכָה וְלֹא לִקְלָלָה קהל: אָמֵן
לְחַיִּים וְלֹא לְמָוֶת קהל: אָמֵן
לְשֹׂבַע וְלֹא לְרָזוֹן קהל: אָמֵן

Se cierra el ארון קודש. *En* חוץ לארץ *el* שליח ציבור *continúa la* חזרת הש״ץ *con* מְכַלְכֵּל חַיִּים *en la página 841. En* ארץ ישראל *el* שליח ציבור *dice* חצי קדיש *y se recita la* עמידה *de* מוסף *agregando* מוֹרִיד הַטָּל.

---

o poema litúrgico la *sin* y la *samej* son intercambiables). El poema combina las temáticas de la naturaleza (renovación primaveral) y la historia (pedido a Dios de que retorne a Su pueblo del invierno del exilio a la primavera de la renovación nacional). **כַּנָּה** *A la rama de la viña* (página anterior): La raíz o el tallo de una vid, es una metáfora sobre el pueblo de Israel (ver Salmos 80:16 y los comentarios allí). Al comparar al pueblo de Israel con una viña el poeta puede extender la metáfora del rocío a las fortunas de la nación. **כְּעֶרְכְּךָ הַעֲמֵד שְׁמֵנוּ** *Que nuestro nombre perdure como el Tuyo:* Así como Dios es eterno, que así también lo sea el pueblo de Israel que porta Su Nombre ("Entonces, todos los pueblos de la tierra verán que eres llamado por el Nombre del Señor"

Plegaria por la Lluvia

En Sheminí Atzeret se abre el Arca Sagrada en la repetición de la Amidá de Musaf. Todos se ponen de pie. En Israel, se recita la plegaria por la lluvia en la página siguiente antes de que la Amidá silenciosa comience.

Porque he de invocar el Nombre del Señor, ensalzad a nuestro Dios. *Deut. 32*
Señor, abre mis labios para que mi boca pronuncie Tu alabanza. *Sal. 51*

PATRIARCAS

ᵛבָּרוּךְ Bendito eres Tú Señor, Dios nuestro y de nuestros ancestros, Dios de Abraham, Dios de Ytzjak y Dios de Ya'akov, Dios grande, poderoso y maravilloso, Señor supremo, que prodiga generosamente y es El Creador de todo lo existente, Quien recuerda la gracia de los ancestros y traerá al Redentor para los hijos de sus hijos en aras de Su Nombre con amor. Rey que ayuda, redime y protege.

אַף־בְּרִי Af-Bri es el nombre asignado al ángel
encargado de la lluvia,
que forma las nubes y las precipita haciéndolas llover.
Agua para coronar de verde al valle.
Que no se detengan las lluvias
en virtud de nuestras deudas impagas,
que el mérito de los fidedignos patriarcas nos proteja,
a quienes rezamos por lluvia.

ᵛBendito eres Tú Señor, Escudo de Abraham.

La letra inicial de cada línea forma un acróstico alfabético y las líneas finalizan siempre con la palabra "agua". Los seis versos enumeran eventos relacionados al agua en la vida de seis personas: los patriarcas Abraham Ytzjak y Ya'akov; los líderes del pueblo de Israel en el desierto, Moshé y Aharón; y finalmente el pueblo de Israel en su totalidad.

אַף־בְּרִי *Af-Bri es el nombre asignado al ángel encargado de la lluvia:* En Job 37:11 leemos: ""Incluso cuando está claro (o disipado) (*Af-Bri*), Él otorga a las densas nubes su carga y estas diseminan su niebla". Rashí entiende que la expresión "*Af-Bri*" se refiere "al ángel de la lluvia", una personificación de los dos aspectos de la lluvia. A veces, esta es torrencial y se asemeja al enojo (*Af*); otras, es suave, apaciguando o sanando (*Bri*) así la sed de la tierra.

תפילת גשם

En שמיני עצרת *se abre el* ארון קודש *en la* חזרת הש״ץ *de la* עמידה *de* מוסף. *Todos se ponen de pie. En* ארץ ישראל *se recita* תפילת גשם *en la página siguiente antes de que la* עמידה *silenciosa comience.*

כִּי שֵׁם יהוה אֶקְרָא, הָבוּ גֹדֶל לֵאלֹהֵינוּ: דברים לב

אֲדֹנָי, שְׂפָתַי תִּפְתָּח, וּפִי יַגִּיד תְּהִלָּתֶךָ: תהלים נא

אבות

בָּרוּךְ אַתָּה יהוה, אֱלֹהֵינוּ וֵאלֹהֵי אֲבוֹתֵינוּ, אֱלֹהֵי אַבְרָהָם, אֱלֹהֵי יִצְחָק, וֵאלֹהֵי יַעֲקֹב, הָאֵל הַגָּדוֹל הַגִּבּוֹר וְהַנּוֹרָא, אֵל עֶלְיוֹן, גּוֹמֵל חֲסָדִים טוֹבִים, וְקוֹנֵה הַכֹּל, וְזוֹכֵר חַסְדֵי אָבוֹת, וּמֵבִיא גוֹאֵל לִבְנֵי בְנֵיהֶם לְמַעַן שְׁמוֹ בְּאַהֲבָה. מֶלֶךְ עוֹזֵר וּמוֹשִׁיעַ וּמָגֵן.

אַף־בְּרִי אֻתַּת שֵׁם שַׂר מָטָר

לְהַעֲבִיב וּלְהַעֲנִין לְהָרִיק וּלְהַמְטַר

מַיִם אִבִּים בָּם גַּיְא לַעֲטַר

לְבַל יֵעָצְרוּ בְּנִשְׁיוֹן שְׁטָר

אֱמוּנִים גְּנוֹן בָּם, שׁוֹאֲלֵי מָטָר.

בָּרוּךְ אַתָּה יהוה, מָגֵן אַבְרָהָם.

PLEGARIA POR LA LLUVIA

"En la festividad de Sucot el mundo es juzgado por las aguas de las lluvias" (Mishná *Rosh HaShaná* 1:2). Israel depende especialmente de las lluvias, tal como Moshé dijera a los hijos de Israel: "La tierra por la cual tú cruzas el Jordán para poseerla es una tierra de montañas y valles que bebe agua del cielo. Es una tierra que el Señor tu Dios siempre la observa, y los ojos del Señor tu Dios están siempre sobre ella desde el principio hasta el final del año" (Deuteronomio 11:11–12). Sucot es la festividad más cercana al inicio de la temporada de lluvias. En teoría, la plegaria por la lluvia debería ser recitada al inicio de Sucot, empero, dado que las precipitaciones habrían de interferir en el normal cumplimiento del precepto de comer en la Sucá, se pospone el recitado hasta Sheminí Atzeret. El poema litúrgico que precede al rezo, al igual que en el caso de la plegaria por el rocío, fue compuesto por Elazar Kalir.

PODER DE DIOS

אַתָּה גִּבּוֹר Señor, Tú eres eternamente poderoso, Tú revives a los muertos y tienes gran poder de salvación.

יַטְרִיחַ Que Él haga distribuir
las debidas porciones de lluvia,
humedeciendo la faz de la tierra
con una pureza semejante a la del ópalo.
En Tu Torá simbolizaste Tu poder por medio del agua.
Sus gotas refrescan a aquellos
en quienes se respira el aliento de vida,
reviviendo a quienes hacen mención del poder de la lluvia.

En Israel se comienza aquí:

Dios nuestro y de nuestros ancestros.

זְכוֹר Recuerda al patriarca que fue tras de Ti como agua,
bendícelo cual árbol plantado junto a corrientes de agua.
Tú lo protegiste y salvaste tanto del fuego como del agua,
lo procuraste ya que él sembró la justicia sobre las aguas.
Congregación: En su mérito no retengas el agua.

זְכוֹר Recuerda a quien nació
del anuncio pronunciado cuando Abraham dijo
"que se traiga ahora un poco de agua", *Gén. 18*
y ordenaste sacrificarlo y derramar su sangre como agua.
Él (Ytzjak) se ofreció también
a derramar su corazón cual agua,
cavó y halló pozos de agua.
Congregación: En mérito de su rectitud otorga abundante agua.

זְכוֹר הַנּוֹלָד *Recuerda a quien nació del anuncio pronunciado* cuando los tres ángeles visitaron a Abraham y este los instó a quedarse, descansar, comer y beber agua.

חָפַר *Cavó y halló pozos de agua:* Ytzjak reabrió los pozos que Abraham había excavado y habían sido tapados por los filisteos (Génesis 26:18).

גבורות

אַתָּה גִּבּוֹר לְעוֹלָם אֲדֹנָי, מְחַיֵּה מֵתִים אַתָּה, רַב לְהוֹשִׁיעַ

יַטְרִיחַ לְפַלֵּג מִפֶּלֶג גֶּשֶׁם
לְמוֹגֵג פְּנֵי נֶשִׁי בְּצַחוּת לֶשֶׁם
מַיִם לְאַדְּרָךְ כִּנִּיתָ בְּרֶשֶׁם
לְהַרְגִּיעַ בְּרַעֲפָם לְנִפּוּחֵי נֶשֶׁם
לְהַחֲיוֹת מַזְכִּירִים גְּבוּרוֹת הַגָּשֶׁם.

En ארץ ישראל *se comienza aquí:*

אֱלֹהֵינוּ וֵאלֹהֵי אֲבוֹתֵינוּ

זְכוֹר אָב נִמְשַׁךְ אַחֲרֶיךָ כַּמַּיִם
בֵּרַכְתּוֹ כְּעֵץ שָׁתוּל עַל פַּלְגֵי מַיִם
גְּנַנְתּוֹ, הִצַּלְתּוֹ מֵאֵשׁ וּמִמַּיִם
דְּרַשְׁתּוֹ בְּזָרְעוֹ עַל כָּל מַיִם.
קהל: בַּעֲבוּרוֹ אַל תִּמְנַע מָיִם.

בראשית יח
זְכוֹר הַנּוֹלָד בִּבְשׂוֹרַת יֻקַּח־נָא מְעַט־מַיִם
וְשַׂחְתָּ לְהוֹרוֹ לְשָׁחֲטוֹ לִשְׁפֹּךְ דָּמוֹ כַּמַּיִם
זְהֵר גַּם הוּא לִשְׁפֹּךְ לֵב כַּמַּיִם
חָפַר וּמָצָא בְּאֵרוֹת מָיִם.
קהל: בְּצִדְקוֹ חֹן חַשְׁרַת מָיִם.

גְּנַנְתּוֹ, הִצַּלְתּוֹ מֵאֵשׁ וּמִמַּיִם *Tú lo protegiste y salvaste tanto del fuego como del agua:* Según la tradición rabínica Abraham fue arrojado a un horno ardiente por Nimrod y fue salvado por Dios. Satán creó un río a los efectos de bloquear el pasaje de Abraham en su camino hacia la Akedá de Ytzjak. Abraham avanzó imperturbable en dirección del agua hasta que esta alcanzó su cuello. Dios reprendió a Satán y el río desapareció.

זְכוֹר Recuerda a quien bastón en mano
cruzó las aguas del Jordán (Ya'akov),
con firme corazón retiró la piedra
de la boca del pozo de agua.
Luchó con un ángel compuesto de fuego y de agua.
Por ello le prometiste
estar con él bajo fuego y bajo agua.

Congregación: En su mérito no retengas el agua.

זְכוֹר Recuerda a quien fue rescatado
del agua de una cesta de mimbre.
Ellos dijeron: "él extrajo para nosotros agua
y abrevó a nuestro rebaño".
Cuando Tu pueblo
escogido sufrió de sed y anheló agua,
golpeó sobre la piedra y salió agua.

Congregación: En mérito de su rectitud otorga abundante agua.

זְכוֹר Recuerda al sacerdote
que realizaba cinco inmersiones en agua,
fue y abluyó sus manos en el agua purificadora.
Exclamó y salpicó sangre
purificando al pueblo como si se tratase de agua.
Se mantuvo apartado
de un pueblo alborotado como agua.

Congregación: En su mérito no retengas el agua.

עַל הַסֶּלַע הָךְ *Golpeó sobre la piedra:* Referencia a Éxodo 17:6, episodio acaecido inmediatamente después de haber cruzado el Mar Rojo (o Mar de Juncos) y no en el segundo que es mencionado en Números 20 en el cual Dios le ordena a Moshé hablarle a la piedra.

טוֹבֵל חָמֵשׁ טְבִילוֹת בַּמַּיִם *Que realizaba cinco inmersiones en agua:* Como parte del ritual de Yom Kipur.

זְכוֹר טָעַן מַקְלוֹ וְעָבַר יַרְדֵּן מַיִם
יִחַד לֵב וְגָל אֶבֶן מִפִּי בְּאֵר מַיִם
כְּנֶאֱבַק לוֹ שַׂר בָּלוּל מֵאֵשׁ וּמִמַּיִם
לָכֵן הִבְטַחְתּוֹ הֱיוֹת עִמּוֹ בָּאֵשׁ וּבַמָּיִם.
קהל: בַּעֲבוּרוֹ אַל תִּמְנַע מָיִם.

זְכוֹר מָשׁוּי בְּתֵבַת גֹּמֶא מִן הַמַּיִם
נָמוּ דָּלֹה דָלָה וְהִשְׁקָה צֹאן מַיִם
סְגוּלֶיךָ עֵת צָמְאוּ לַמַּיִם
עַל הַסֶּלַע הָךְ, וַיֵּצְאוּ מָיִם.
קהל: בְּצִדְקוֹ חֹן חַשְׁרַת מָיִם.

זְכוֹר פְּקִיד שָׁתוֹת, טוֹבֵל חָמֵשׁ טְבִילוֹת בַּמַּיִם
צוֹעֶה וּמַרְחִיץ כַּפָּיו בְּקִדּוּשׁ מַיִם
קוֹרֵא וּמַזֶּה טָהֳרַת מַיִם
רְחַק מֵעַם פַּחַז כַּמָּיִם.
קהל: בַּעֲבוּרוֹ אַל תִּמְנַע מָיִם.

וְגָל אֶבֶן מִפִּי בְּאֵר מַיִם *Retiró la piedra de la boca del pozo de agua:* Cuando Ya'akov llegó a Harán vio a Rajel que llegaba a abrevar a las ovejas y retiró la piedra que cubría el pozo (Génesis 29:10).

שַׂר בָּלוּל מֵאֵשׁ וּמִמַּיִם *Luchó con un ángel compuesto de fuego y de agua:* El Talmud Jerosolimitano (*Rosh HaShaná* 2:4) describe al ángel con el cual luchó Ya'akov como "mitad agua y mitad fuego".

נָמוּ דָּלֹה דָלָה *Ellos dijeron: "él extrajo para nosotros agua"*: Las hijas de Ytró dijeron esto sobre Moshé (Éxodo 2:19).

זְכוֹר Recuerda a las doce tribus
que hiciste atravesar entre segmentos de agua,
para quienes endulzaste la amargura del agua.
Durante su historia derramaron su sangre
en aras de Tu Nombre como agua.
Contempla cómo los problemas nos envuelven como agua.
Vuélvete hacia nosotros,
pues nuestras almas invadidas están por el agua.

Congregación: En mérito de su rectitud otorga abundante agua.

Oficiante:

Porque Tú eres el Señor, nuestro Dios,
que hace soplar el viento y descender la lluvia.

La congregación y luego el oficiante responsivamente:

Para bendición y no para maldición. *Congregación:* Amén.
Para la vida y no para la muerte. *Congregación:* Amén.
Para la saciedad y no para la escasez. *Congregación:* Amén.

Se cierra el Arca. Fuera de Israel el oficiante continúa la repetición con "Sostiene con benevolencia" en la página 840. En Israel el oficiante dice Medio Kadish y se recita la Amidá de Musaf agregando "Hace soplar el viento y descender la lluvia".

זְכוֹר שְׁנֵים עָשָׂר שְׁבָטִים, שֶׁהֶעֱבַרְתָּ בְּגִזְרַת מַיִם
שֶׁהִמְתַּקְתָּ לָמוֹ מְרִירוּת מַיִם
תּוֹלְדוֹתָם נִשְׁפַּךְ דָּמָם עָלֶיךָ כַּמַּיִם
תֵּפֶן, כִּי נַפְשֵׁנוּ אָפְפוּ מָיִם.

קהל: בְּצִדְקָם חֹן חַשְׁרַת מָיִם.

שליח ציבור:

שָׁאַתָּה הוּא יהוה אֱלֹהֵינוּ
מַשִּׁיב הָרְוּחַ וּמוֹרִיד הַגֶּשֶׁם

El קהל *y luego el* שליח ציבור *responsivamente:*

לִבְרָכָה וְלֹא לִקְלָלָה קהל: אָמֵן
לְחַיִּים וְלֹא לְמָוֶת קהל: אָמֵן
לְשֹׂבַע וְלֹא לְרָזוֹן קהל: אָמֵן

Se cierra el ארון קודש*. Fuera de* ארץ ישראל *el* שליח ציבור *continúa la* חזרת הש״ץ *con* מְכַלְכֵּל חַיִּים *en la página 841. En* ארץ ישראל *el* שליח ציבור *dice* חצי קדיש *y se recita la* עמידה *de* מוסף *agregando* מַשִּׁיב הָרְוּחַ וּמוֹרִיד הַגֶּשֶׁם.

Hoshanot

Las Hoshanot son recitadas tras la repetición de la Amidá de Musaf por parte del oficiante, (en algunas congregaciones después del Halel), durante cada uno de los días de la festividad de Sucot.

En días de semana se abre el Arca Sagrada, se extrae un rollo de la Torá que es llevado a la bimá. Los miembros de la congregación que poseen "lulav" y "etrog" dan un rodeo en torno a la bimá y recitan Hoshanot. Personas que están de duelo no participan de esta vuelta.

Al concluir las Hoshanot, el rollo de la Torá es devuelto al Arca Sagrada la cual es cerrada.

En Shabat, pasar a la página 898. En Hoshaná Rabá pasar a la página 904.

Si el primer día de Sucot cae en	*El primer día*	*El segundo día*	*El tercer día*	*El cuarto día*	*El quinto día*	*El sexto día*
Lunes	En aras de Tu verdad	La piedra fundamental	Dispondré mi plegaria	Nación (que declara) Soy una muralla	Dios de todas las salvaciones	Una nación protegida
Martes	En aras de Tu verdad	La piedra fundamental	Dispondré mi plegaria	Dios de todas las salvaciones	Una nación protegida	Señor y Salvador
Jueves	En aras de Tu verdad	La piedra fundamental	Nación protegida	Dispondré mi plegaria	Dios de todas las salvaciones	Señor y Salvador
Shabat	Nación protegida	En aras de Tu verdad	Dispondré mi plegaria	La piedra fundamental	Dios de todas las salvaciones	Señor y Salvador

El oficiante y luego la congregación:

הוֹשַׁע נָא Sálvanos, por favor por Tu causa Dios nuestro sálvanos, por favor.

El oficiante y luego la congregación:

Sálvanos, por favor por Tu causa nuestro Creador sálvanos, por favor.

El oficiante y luego la congregación:

Sálvanos, por favor por Tu causa nuestro Redentor sálvanos, por favor.

El oficiante y luego la congregación:

Sálvanos, por favor, por Tu causa, Tú que nos buscas sálvanos, por favor.

Sálvanos, por favor

לְמַעַן אֲמִתָּךְ En aras de Tu verdad – en aras de Tu pacto – en aras de Tu grandeza y Tu esplendor – en aras de Tu ley – en aras de Tu gloria – en aras de Tu promesa – en aras de Tu recuerdo – en aras de Tu generosidad – en aras de Tu

הושענות

Las הושענות *son recitadas tras la* חזרת הש״ץ *de la* עמידה *de* מוסף *por parte del oficiante, (en algunas congregaciones después del* הלל*), durante cada uno de los días de la festividad de* סוכות.

En días de semana se abre el ארון קודש*, se extrae un* ספר תורה *que es llevado a la* בימה. *Los miembros del* קהל *que poseen* לולב *y* אתרוג *dan un rodeo en torno a la* בימה *y recitan* הושענות. *Personas que están de duelo no participan de esta vuelta.*

Al concluir las הושענות*, el* ספר תורה *es devuelto al* ארון קודש *el cual es cerrado.*

En שבת*, pasar a la página 899. En* הושענא רבה *pasar a la página 905.*

Si el primer día de סוכות *cae en*	*El primer día*	*El segundo día*	*El tercer día*	*El cuarto día*	*El quinto día*	*El sexto día*
Lunes	לְמַעַן אֲמִתָּךְ	אֶבֶן שְׁתִיָּה	אֶעֱרֹךְ שׁוּעִי	אֹם אֲנִי חוֹמָה	אֵל לְמוֹשָׁעוֹת	אֹם נְצוּרָה
Martes	לְמַעַן אֲמִתָּךְ	אֶבֶן שְׁתִיָּה	אֶעֱרֹךְ שׁוּעִי	אֵל לְמוֹשָׁעוֹת	אֹם נְצוּרָה	אָדוֹן הַמּוֹשִׁיעַ
Jueves	לְמַעַן אֲמִתָּךְ	אֶבֶן שְׁתִיָּה	אֹם נְצוּרָה	אֶעֱרֹךְ שׁוּעִי	אֵל לְמוֹשָׁעוֹת	אָדוֹן הַמּוֹשִׁיעַ
שבת	אֹם נְצוּרָה	לְמַעַן אֲמִתָּךְ	אֶעֱרֹךְ שׁוּעִי	אֶבֶן שְׁתִיָּה	אֵל לְמוֹשָׁעוֹת	אָדוֹן הַמּוֹשִׁיעַ

El שליח ציבור *y luego el* קהל:

הוֹשַׁע נָא לְמַעַנְךָ אֱלֹהֵינוּ הוֹשַׁע נָא.

El שליח ציבור *y luego el* קהל:

הוֹשַׁע נָא לְמַעַנְךָ בּוֹרְאֵנוּ הוֹשַׁע נָא.

El שליח ציבור *y luego el* קהל:

הוֹשַׁע נָא לְמַעַנְךָ גּוֹאֲלֵנוּ הוֹשַׁע נָא.

El שליח ציבור *y luego el* קהל:

הוֹשַׁע נָא לְמַעַנְךָ דּוֹרְשֵׁנוּ הוֹשַׁע נָא.

הוֹשַׁע נָא

לְמַעַן אֲמִתָּךְ. לְמַעַן בְּרִיתָךְ. לְמַעַן גָּדְלָךְ וְתִפְאַרְתָּךְ. לְמַעַן דָּתָךְ. לְמַעַן הוֹדָךְ. לְמַעַן וִעוּדָךְ. לְמַעַן זִכְרָךְ. לְמַעַן חַסְדָּךְ. לְמַעַן טוּבָךְ. לְמַעַן יִחוּדָךְ.

bondad – en aras de Tu unicidad – en aras de Tu honor – en aras de Tu sabiduría – en aras de Tu reino – en aras de Tu eternidad – en aras de Tu misterio – en aras de Tu poder – en aras de Tu esplendor – en aras de Tu justicia – en aras de Tu santidad – en aras de Tu abundante compasión – en aras de Tu Divina Presencia – en aras de Tu Alabanza. Sálvanos, por favor.

Continuar con "YO y ÉL: sálvanos, por favor" en la siguiente página.

Sálvanos, por favor

אֶבֶן שְׁתִיָּה La piedra fundamental – la Casa que Tú has elegido – el granero de Ornán – el Santuario oculto – el Monte Moriá – el Monte donde Dios habrá de ser visto – Templo de Tu esplendor – sitio donde acampó David – lo bueno del Líbano – bello paisaje regocijo de toda la tierra – perfección en la belleza – sitio donde reside la justicia – lugar de Tu asiento – Morada del remanso – sucá de completitud – sitio de peregrinación de las tribus – rincón precioso – Sion brillante – Santo Sanctórum – cubierto de amor – sitio de residencia de Tu gloria – colina hacia la que todas las bocas oran. Sálvanos, por favor.

Continuar con "YO y ÉL: sálvanos, por favor" en la siguiente página.

Sálvanos, por favor

אֶעֱרֹךְ שׁוּעִי Dispondré mi plegaria – en mi casa de oración – ayunando descubrí mi pecado – Te busco desde allí para salvarme – escucha el sonido de mi plegaria – Levántate y sálvame – recuerda con compasión mi Redentor – haciendo para mí de la vida un deleite – Mi Benefactor, escucha mis gemidos – Trae rápidamente a mi Salvador – pone fin a mi acusador – para que no me vuelva a inculpar – pronto, Dios de mi salvación – haz eterna mi salvación – carga con la culpa de mis trasgresiones perversas – pasa por alto mi inconducta – Dirígete a mí para salvarme – Fortaleza, mi justo Salvador – recibe Te ruego mi plegaria – eleva el cuerno de mi salvación – Todopoderoso, mi Salvador – aparece y sálvame. Sálvanos, por favor.

Continuar con "YO y ÉL: sálvanos, por favor" en la siguiente página.

Sálvanos, por favor

אֹם אֲנִי חוֹמָה "Soy una muralla", dijo el pueblo – claro como el sol – exiliado y vilipendiado – justo como una palmera datilera – asesinado por Tu Causa – considerado como rebaño destinado al matadero – disperso entre sus torturadores – abrazado y aferrado a Ti – cargando Tu yugo – único en conocer Tu Unidad – derrotado en el exilio – que aprende a temerte – con su mejillas rasguñadas – a disposición de los violentos – sufre Tu pesar – oprimido en medio de la confusión – redimido por (Moshé) Tuviá – rebaño sagrado – congregaciones de Ya'akov – marcados por Tu Nombre – como emitiendo rugido ¡sálvanos, por favor! – apoyados en Ti. Sálvanos, por favor.

Continuar con "YO y ÉL: sálvanos, por favor" en la siguiente página.

לְמַעַן כְּבוֹדָךְ. לְמַעַן לִמּוּדָךְ. לְמַעַן מַלְכוּתָךְ. לְמַעַן נִצְחָךְ. לְמַעַן סוֹדָךְ. לְמַעַן עֻזָּךְ. לְמַעַן פְּאֵרָךְ. לְמַעַן צִדְקָתָךְ. לְמַעַן קְדֻשָּׁתָךְ. לְמַעַן רַחֲמֶיךָ הָרַבִּים. לְמַעַן שְׁכִינָתָךְ. לְמַעַן תְּהִלָּתָךְ. הוֹשַׁע נָא.

Continuar con אֲנִי וָהוֹ הוֹשִׁיעָה נָּא *en la siguiente página.*

הוֹשַׁע נָא

אֶבֶן שְׁתִיָּה. בֵּית הַבְּחִירָה. גֹּרֶן אָרְנָן. דְּבִיר הַמֻּצְנָע. הַר הַמּוֹרִיָּה. וְהַר יֵרָאֶה. זְבוּל תִּפְאַרְתֶּךָ. חָנָה דָוִד. טוֹב הַלְּבָנוֹן. יְפֵה נוֹף מְשׂוֹשׂ כָּל הָאָרֶץ. כְּלִילַת יֹפִי. לִינַת הַצֶּדֶק. מָכוֹן לְשִׁבְתֶּךָ. נָוֶה שַׁאֲנָן. סֻכַּת שָׁלֵם. עֲלִיַּת שְׁבָטִים. פִּנַּת יִקְרַת. צִיּוֹן הַמְצֻיֶּנֶת. קֹדֶשׁ הַקֳּדָשִׁים. רָצוּף אַהֲבָה. שְׁכִינַת כְּבוֹדֶךָ. תֵּל תַּלְפִּיּוֹת. הוֹשַׁע נָא.

Continuar con אֲנִי וָהוֹ הוֹשִׁיעָה נָּא *en la siguiente página.*

הוֹשַׁע נָא

אֶעֱרֹךְ שׁוּעִי. בְּבֵית שַׁוְעִי. גִּלִּיתִי בַצּוֹם פִּשְׁעִי. דְּרַשְׁתִּיךָ בּוֹ לְהוֹשִׁיעִי. הַקְשִׁיבָה לְקוֹל שַׁוְעִי. וְקוּמָה וְהוֹשִׁיעִי. זְכֹר וְרַחֵם מוֹשִׁיעִי. חַי כֵּן תְּשַׁעַשְׁעִי. טוֹב בְּאֶנֶק שְׁעִי. יוּחַשׁ מוֹשִׁיעִי. כַּלֵּה מַרְשִׁיעִי. לְבַל עוֹד יַרְשִׁיעִי. מַהֵר אֱלֹהֵי יִשְׁעִי. נֶצַח לְהוֹשִׁיעִי. שָׂא נָא עֲוֹן רִשְׁעִי. עֲבֹר עַל פִּשְׁעִי. פְּנֵה נָא לְהוֹשִׁיעִי. צוּר צַדִּיק מוֹשִׁיעִי. קַבֵּל נָא שַׁוְעִי. רוֹמֵם קֶרֶן יִשְׁעִי. שַׁדַּי מוֹשִׁיעִי. תּוֹפִיעַ וְתוֹשִׁיעִי. הוֹשַׁע נָא.

Continuar con אֲנִי וָהוֹ הוֹשִׁיעָה נָּא *en la siguiente página.*

הוֹשַׁע נָא

אֹם אֲנִי חוֹמָה. בָּרָה כַּחַמָּה. גּוֹלָה וְסוּרָה. דָּמְתָה לְתָמָר. הַהֲרוּגָה עָלֶיךָ. וְנֶחְשֶׁבֶת כְּצֹאן טִבְחָה. זְרוּיָה בֵּין מַכְעִיסֶיהָ. חֲבוּקָה וּדְבוּקָה בָךְ. טוֹעֶנֶת עֻלָּךְ. יְחִידָה לְיַחֲדָךְ. כְּבוּשָׁה בַגּוֹלָה. לוֹמֶדֶת יִרְאָתָךְ. מְרוּטַת לֶחִי. נְתוּנָה לְמַכִּים. סוֹבֶלֶת סִבְלָךְ. עֲנִיָּה סוֹעֲרָה. פְּדוּיַת טוֹבִיָּה. צֹאן קָדָשִׁים. קְהִלּוֹת יַעֲקֹב. רְשׁוּמִים בִּשְׁמֶךָ. שׁוֹאֲגִים הוֹשַׁע נָא. תְּמוּכִים עָלֶיךָ. הוֹשַׁע נָא.

Continuar con אֲנִי וָהוֹ הוֹשִׁיעָה נָּא *en la siguiente página.*

Sálvanos por favor

אֵל לְמוֹשָׁעוֹת Dios de todas las salvaciones – por mantener nuestros cuatro juramentos – nosotros que nos acercamos en nuestra plegaria – que llegamos golpeando a los pórticos para presentar nuestro rezo – que nos deleitamos reflexionando en Tus palabras – y resolviendo Tus adivinanzas – clamando por ser escuchados – esperando para ser redimidos – escucha a quienes a Ti se aferran – aquellos que entienden los secretos del calendario – que se prosternan ante Ti y oran – para comprender el mensaje – que de Tu boca escuchan – Tú que concedes salvaciones – relatando sus historias – haciendo saber Tu testimonio – Tú que obras salvaciones – trae un líder justo para los salvos – acerca nuestra salvación – en medio de aclamaciones – en tres breves horas – apresura nuestra salvación. Sálvanos, por favor.

Continuar abajo con "YO y ÉL: sálvanos, por favor".

Sálvanos por favor.

אָדוֹן הַמּוֹשִׁיעַ Señor y Salvador – salvo Tú no hay salvador – Poderoso con gran potestad para salvar – cuando caí en lo más bajo, Él me salvó – Dios Redentor – protege y salva – salva a quienes Te imploran – redime a quienes Te esperan – nutre a tus jóvenes corderos – prodígales abundante cosecha – haz reverdecer todo arbusto y salva – no condenes a este valle – endulza las buenas frutas y sálvanos – trae a nosotros las nubes – sacude las lluvias torrenciales – no retengas las nubes – Tú que abres Tu mano y satisfaces – aplaca la sed de Tus sedientos – salva a quienes Te invocan – salva a quienes Tú amas – rescata a los que se levantan para buscarte – salva a Tus íntegros devotos. Sálvanos, por favor.

Continuar abajo con "YO y ÉL: sálvanos, por favor".

YO y ÉL: sálvanos, por favor.

כְּהוֹשַׁעְתָּ Tal como salvaste a los poderosos en Lud junto a Ti,
descendiendo para salvar a Tu pueblo – sálvanos, por favor.

Tal como salvaste a una nación y sus dirigentes,
que buscaron la Salvación Divina – sálvanos, por favor.

Tal como salvaste a multitudinarias huestes,
y ejércitos celestiales los acompañaban – sálvanos, por favor.

Tal como salvaste a puros de la casa de la esclavitud,
¡Compasivo! De manos de sus esclavizadores –
sálvanos, por favor.

הוֹשַׁע נָא

אֵל לְמוֹשָׁעוֹת. בְּאַרְבַּע שְׁבוּעוֹת. גָּשִׁים בְּשַׁוְעוֹת. דּוֹפְקֵי עֶרֶךְ שׁוּעוֹת. הוֹגֵי שַׁעֲשׁוּעוֹת. וְחִידוֹת מִשְׁתַּעַשְׁעוֹת. זוֹעֲקִים לְהַשְׁעוֹת. חוֹכֵי יְשׁוּעוֹת. טְפוּלִים בְּךָ שְׁעוֹת. יוֹדְעֵי בִּין שָׁעוֹת. כּוֹרְעֶיךָ בְּשַׁוְעוֹת. לְהָבִין שְׁמוּעוֹת. מִפִּיךָ נִשְׁמָעוֹת. נוֹתֵן תְּשׁוּעוֹת. סְפוּרוֹת מַשְׁמָעוֹת. עֵדוֹת מַשְׁמִיעוֹת. פּוֹעֵל יְשׁוּעוֹת. צַדִּיק נוֹשָׁעוֹת. קִרְיַת תְּשׁוּעוֹת. רֶגֶשׁ תְּשׁוּאוֹת. שָׁלֹשׁ שָׁעוֹת. תָּחִישׁ לִתְשׁוּעוֹת. הוֹשַׁע נָא.

Continuar abajo con אֲנִי וָהוֹ הוֹשִׁיעָה נָּא.

הוֹשַׁע נָא

אָדוֹן הַמּוֹשִׁיעַ. בִּלְתְּךָ אֵין לְהוֹשִׁיעַ. גִּבּוֹר וְרַב לְהוֹשִׁיעַ. דַּלּוֹתִי וְלִי יְהוֹשִׁיעַ. הָאֵל הַמּוֹשִׁיעַ. וּמַצִּיל וּמוֹשִׁיעַ. זוֹעֲקֶיךָ תּוֹשִׁיעַ. חוֹכֶיךָ הוֹשִׁיעַ. טְלָאֶיךָ תַּשְׂבִּיעַ. יְבוּל לְהַשְׁפִּיעַ. כָּל שִׂיחַ תַּדְשֵׁא וְתוֹשִׁיעַ. לְגֵיא בַּל תַּרְשִׁיעַ. מְגָדִים תַּמְתִּיק וְתוֹשִׁיעַ. נְשִׂיאִים לְהַסִּיעַ. שְׂעִירִים לְהָנִיעַ. עֲנָנִים מִלְּהַמְנִיעַ. פּוֹתֵחַ יָד וּמַשְׂבִּיעַ. צְמֵאֶיךָ תַּשְׂבִּיעַ. קוֹרְאֶיךָ תּוֹשִׁיעַ. רְחוּמֶיךָ תּוֹשִׁיעַ. שׁוֹחֲרֶיךָ הוֹשִׁיעַ. תְּמִימֶיךָ תּוֹשִׁיעַ. הוֹשַׁע נָא.

Continuar abajo con אֲנִי וָהוֹ הוֹשִׁיעָה נָּא.

אֲנִי וָהוֹ הוֹשִׁיעָה נָּא.

כְּהוֹשַׁעְתָּ אֵלִים בְּלוּד עִמָּךְ.
בְּצֵאתְךָ לְיֵשַׁע עַמָּךְ. כֵּן הוֹשַׁע נָא.

כְּהוֹשַׁעְתָּ גּוֹי וֵאלֹהִים.
דְּרוּשִׁים לְיֵשַׁע אֱלֹהִים. כֵּן הוֹשַׁע נָא.

כְּהוֹשַׁעְתָּ הֲמוֹן צְבָאוֹת.
וְעִמָּם מַלְאֲכֵי צְבָאוֹת. כֵּן הוֹשַׁע נָא.

כְּהוֹשַׁעְתָּ זַכִּים מִבֵּית עֲבָדִים.
חַנּוּן בְּיָדָם מַעֲבִידִים. כֵּן הוֹשַׁע נָא.

Tal como salvaste a los hundidos entre los abismos de las profundidades,
y Tu honor estuvo con ellos cuando cruzaron –
sálvanos, por favor.

Tal como salvaste al vástago mientras entonaba el cántico "Y Dios salvó",
pero el Libertador lo lee como "Dios fue salvado" –
sálvanos, por favor.

Tal como salvaste por medio de la expresión "Y os sacaré",
puntualizando que "Yo seré sacado con vosotros" –
sálvanos, por favor.

Tal como salvaste a quienes marcharon en torno al altar,
cargando sus ramas de sauce para completar el rodeo al altar–
sálvanos, por favor.

Tal como salvaste con prodigios al Arca del Pacto que fue mancillada,
castigando a los filisteos con gran furia y fue salvada –
sálvanos, por favor.

Tal como salvaste a las congregaciones que enviaste a Babilonia,
y en acto de compasión Tú mismo al exilio Te enviaste –
sálvanos, por favor.

Tal como salvaste a los que retornaban del exilio de Ya'akov,
haz retornar nuevamente a los exiliados de la tienda de Ya'akov –
y sálvanos, por favor.

Tal como salvaste a quienes cumplen los preceptos y esperan la salvación,
Dios de todas las salvaciones – y sálvanos, por favor.

YO Y ÉL: sálvanos, por favor.

Se devuelve el rollo de la Torá al Arca Sagrada.

הוֹשִׁיעָה Salva a Tu pueblo y bendice a Tu herencia, cuídalos y enalté- *Sal. 28*
celos por siempre. Que estas palabras mías de súplica ante el SEÑOR *1 Re. 8*
estén cercanas al SEÑOR nuestro Dios día y noche, para cumplir con la ley de Su siervo y con la sentencia de Su pueblo Israel, día tras día. Para que todas las naciones de la tierra sepan que el SEÑOR es el Dios y no hay ninguno otro.

Se cierra el Arca Sagrada. En Yom Tov el oficiante continúa recitando un Kadish Completo en la página 574, en Jol HaMo'ed continúa con un Kadish Completo en la página 178.

כְּהוֹשַׁעְתָּ טְבוּעִים בְּצוּל גְּזָרִים.
יְקָרְךָ עִמָּם מַעֲבִירִים. כֵּן הוֹשַׁע נָא.

כְּהוֹשַׁעְתָּ כַּנָּה מְשׁוֹרֶרֶת וַיּוֹשַׁע.
לְגוֹחָה מְצַיֶּנֶת וַיִּוָּשַׁע. כֵּן הוֹשַׁע נָא.

כְּהוֹשַׁעְתָּ מַאֲמַר וְהוֹצֵאתִי אֶתְכֶם.
נָקוּב וְהוּצֵאתִי אִתְּכֶם. כֵּן הוֹשַׁע נָא.

כְּהוֹשַׁעְתָּ סוֹבְבֵי מִזְבֵּחַ.
עוֹמְסֵי עֲרָבָה לְהַקִּיף מִזְבֵּחַ. כֵּן הוֹשַׁע נָא.

כְּהוֹשַׁעְתָּ פִּלְאֵי אָרוֹן כְּהֻפְשַׁע.
צִעֵר פְּלֶשֶׁת בַּחֲרוֹן אַף, וְנוֹשַׁע. כֵּן הוֹשַׁע נָא.

כְּהוֹשַׁעְתָּ קְהִלּוֹת בָּבֶלָה שִׁלַּחְתָּ.
רַחוּם לְמַעֲנָם שֻׁלַּחְתָּ. כֵּן הוֹשַׁע נָא.

כְּהוֹשַׁעְתָּ שְׁבוּת שִׁבְטֵי יַעֲקֹב.
תָּשׁוּב וְתָשִׁיב שְׁבוּת אָהֳלֵי יַעֲקֹב. וְהוֹשִׁיעָה נָּא.

כְּהוֹשַׁעְתָּ שׁוֹמְרֵי מִצְוֹת וְחוֹכֵי יְשׁוּעוֹת.
אֵל לְמוֹשָׁעוֹת. וְהוֹשִׁיעָה נָּא.

אֲנִי וָהוּ הוֹשִׁיעָה נָּא.

Se devuelve el ספר תורה *al* ארון קודש.

הוֹשִׁיעָה אֶת־עַמֶּךָ, וּבָרֵךְ אֶת־נַחֲלָתֶךָ, וּרְעֵם וְנַשְּׂאֵם עַד־הָעוֹלָם: תהלים כח
וְיִהְיוּ דְבָרַי אֵלֶּה, אֲשֶׁר הִתְחַנַּנְתִּי לִפְנֵי יהוה, קְרֹבִים אֶל־ מלכים א׳ ח
יהוה אֱלֹהֵינוּ יוֹמָם וָלָיְלָה, לַעֲשׂוֹת מִשְׁפַּט עַבְדּוֹ וּמִשְׁפַּט עַמּוֹ
יִשְׂרָאֵל, דְּבַר־יוֹם בְּיוֹמוֹ: לְמַעַן דַּעַת כָּל־עַמֵּי הָאָרֶץ כִּי יהוה
הוּא הָאֱלֹהִים, אֵין עוֹד:

Se cierra el ארון קודש. *En* יום טוב *el* שליח ציבור *continúa recitando un* קדיש שלם *en la página 575*, *en* חול המועד *continúa con un* קדיש שלם *en la página 179*.

HOSHANOT PARA SHABAT

Se abre el Arca Sagrada pero no se extrae rollo alguno de la Torá. La congregación no marcha alrededor de la bimá.

El oficiante y luego la congregación:

הוֹשַׁע נָא Sálvanos, por favor por Tu causa Dios nuestro sálvanos, por favor.

El oficiante y luego la congregación:

Sálvanos, por favor por Tu causa nuestro Creador sálvanos, por favor.

El oficiante y luego la congregación:

Sálvanos, por favor por Tu causa nuestro Redentor sálvanos, por favor.

El oficiante y luego la congregación:

Sálvanos, por favor, por Tu causa, Tú que nos buscas sálvanos, por favor.

Sálvanos, por favor

אוֹם נְצוּרָה כְּבָבַת Una nación protegida como la pupila de Tu ojo – que comprende la ley que vivifica al espíritu – que estudia las leyes del Shabat – que despliega las reglas del transporte de objetos en Shabat – que estableció el ámbito del Shabat en dos mil codos – y abstiene su pie de profanar el Shabat – que cumple con "recordar" y "cuidar" el Shabat – se apresura en recibir el Shabat – se esfuerza durante los seis días de la semana en preparar el Shabat – espera sin realizar labores hasta que concluye el Shabat – llama al Shabat "honorable" y "deleite" – cambia sus vestimentas y su ropa de cama en honor al Shabat – prepara alimentos y bebidas para Shabat – deleita el Shabat con deliciosos dulces – lleva a cabo tres comidas en Shabat – parte dos panes en Shabat – diferenció cuatro dominios en Shabat – cumple con el deber de encender velas antes del Shabat – lleva a cabo el Kidush diurno del Shabat – entona siete bendiciones en la Amidá del Shabat – suben siete personas a la Torá en Shabat – haznos heredar un día que sea solamente Shabat – Sálvanos, por favor.

YO Y ÉL: sálvanos, por favor.

כְּהוֹשַׁעְתָּ Tal como salvaste a Adam, al cual formaste con Tus manos
y lo protegiste, / haciendo del sagrado Shabat su expiación
y su perdón – sálvanos, por favor.

הושענות לשבת

Se abre el ארון קודש *pero no se extrae ningún* ספר תורה.
El קהל *no marcha alrededor de la* בימה.

El שליח ציבור *y luego el* קהל:

הוֹשַׁע נָא   לְמַעַנְךָ אֱלֹהֵינוּ   הוֹשַׁע נָא.

El שליח ציבור *y luego el* קהל:

הוֹשַׁע נָא   לְמַעַנְךָ בּוֹרְאֵנוּ   הוֹשַׁע נָא.

El שליח ציבור *y luego el* קהל:

הוֹשַׁע נָא   לְמַעַנְךָ גּוֹאֲלֵנוּ   הוֹשַׁע נָא.

El שליח ציבור *y luego el* קהל:

הוֹשַׁע נָא   לְמַעַנְךָ דּוֹרְשֵׁנוּ   הוֹשַׁע נָא.

הוֹשַׁע נָא

אֹם נְצוּרָה כְּבָבַת. בּוֹנֶנֶת בְּדָת נֶפֶשׁ מְשִׁיבַת. גּוֹמֶרֶת הִלְכוֹת שַׁבָּת. דּוֹרֶשֶׁת מַשְׂאַת שַׁבָּת. הַקּוֹבַעַת אַלְפַּיִם תְּחוּם שַׁבָּת. וּמְשִׁיבַת רֶגֶל מִשַּׁבָּת. זָכוֹר וְשָׁמוֹר מְקַיֶּמֶת בַּשַּׁבָּת. חָשָׁה לְמַהֵר בִּיאַת שַׁבָּת. טוֹרַחַת כָּל מִשִּׁשָּׁה לַשַּׁבָּת. יוֹשֶׁבֶת וּמַמְתֶּנֶת עַד כְּלוֹת שַׁבָּת. כָּבוֹד וָעֹנֶג קוֹרְאָה לַשַּׁבָּת. לְבוּשׁ וּכְסוּת מְחַלֶּפֶת בַּשַּׁבָּת. מַאֲכָל וּמִשְׁתֶּה מְכִינָה לַשַּׁבָּת. נֹעַם מְגָדִים מַנְעֶמֶת לַשַּׁבָּת. סְעוּדוֹת שָׁלֹשׁ מְקַיֶּמֶת בַּשַּׁבָּת. עַל שְׁתֵּי כִכָּרוֹת בּוֹצַעַת בַּשַּׁבָּת. פּוֹרֶטֶת אַרְבַּע רְשֻׁיּוֹת שַׁבָּת. צִוּוּי הַדְלָקַת נֵר מַדְלֶקֶת בַּשַּׁבָּת. קִדּוּשׁ הַיּוֹם מְקַדֶּשֶׁת בַּשַּׁבָּת. רֹן שֶׁבַע מְפַלֶּלֶת בַּשַּׁבָּת. שִׁבְעָה בְּדָת קוֹרְאָה בַּשַּׁבָּת. תַּנְחִילֶנָּה לְיוֹם שֶׁכֻּלּוֹ שַׁבָּת. הוֹשַׁע נָא.

אֲנִי וָהוּ הוֹשִׁיעָה נָּא.

כְּהוֹשַׁעְתָּ אָדָם יְצִיר כַּפֶּיךָ לְגוֹנְנָה.
בְּשַׁבַּת קֹדֶשׁ הִמְצֵאתוֹ כֹּפֶר וַחֲנִינָה.   כֵּן הוֹשַׁע נָא.

Tal como salvaste a un pueblo que se mantuvo distinto y anhelaba la libertad, que en su pensamiento ya destinaba el séptimo día para descansar – sálvanos, por favor.

Tal como salvaste al pueblo que dirigiste y guiaste como Tu rebaño, y le enseñaste la ley en Mará junto a las tranquilas aguas – sálvanos, por favor.

Tal como salvaste a los receptores de Tu obsequio que acamparon en el desierto de Sin, / a quienes se les enseñó y recolectaban el viernes doble porción de pan – sálvanos, por favor.

Tal como salvaste a quienes a Ti se aferraron y aprendieron por sí mismos a prepararse para el Shabat, / y su pastor (Moshé) bendijo su fuerza y concordó con ellos – sálvanos, por favor.

Tal como salvaste a quienes fueron deleitados en Shabat con el maná atesorado, / y su aspecto ni su aroma fueron alterados – sálvanos, por favor.

Tal como salvaste a quienes estudiaron las leyes del traslado en Shabat, se detuvieron y descansaron cuidando de los diferentes dominios sabáticos – sálvanos, por favor.

Tal como salvaste a quienes escucharon en Sinaí el cuarto mandamiento, y aprendieron sobre "recordarás" y "cuidarás" para santificar el Shabat – sálvanos, por favor.

Tal como salvaste a quienes recibieron la orden de rodear Yerijó siete veces, sitiándola hasta que claudicó en Shabat – sálvanos, por favor.

Tal como salvaste a Eclesiastés (el Rey Shelomó) y a su pueblo en la Casa Eterna, / cuando asistían por siete días y otros siete para complacerte – sálvanos, por favor.

Tal como salvaste y redimiste a quienes retornaron del exilio, y leían la Torá a diario en esta festividad – sálvanos, por favor.

Tal como salvaste a quienes se regocijaron por Ti al construir la renovada segunda Casa, / y portaban el lulav durante los siete días en el Templo – sálvanos, por favor.

Tal como salvaste a quienes dejaban sin efecto el golpear de las ramas de sauce durante el Shabat, / las traían de Motza y las colocaban al pie del altar – sálvanos, por favor.

כְּהוֹשַׁעְתָּ גּוֹי מְצֻיָּן מְקַוִּים חֹפֶשׁ.
דֵּעָה כִּוְּנוּ לָבוּר שְׁבִיעִי לְנֹפֶשׁ. כֵּן הוֹשַׁע נָא.

כְּהוֹשַׁעְתָּ הָעָם נִהַגְתָּ כַּצֹּאן לְהַנְחוֹת.
וְחֹק שַׂמְתָּ בְּמָרָה עַל מֵי מְנוּחוֹת. כֵּן הוֹשַׁע נָא.

כְּהוֹשַׁעְתָּ זְבוּדֶיךָ בְּמִדְבַּר סִין בַּמַּחֲנֶה.
חָכְמוּ וְלָקְטוּ בַּשִּׁשִּׁי לֶחֶם מִשְׁנֶה. כֵּן הוֹשַׁע נָא.

כְּהוֹשַׁעְתָּ טְפוּלֶיךָ הוֹרוּ הֲכָנָה בְּמַדָּעָם.
יִשַּׁר כֹּחָם, וְהוֹדָה לָמוֹ רוֹעָם. כֵּן הוֹשַׁע נָא.

כְּהוֹשַׁעְתָּ כָּלְכְּלוּ בְּעֹנֶג מָן הַמְּשֻׁמָּר.
לֹא הָפַךְ עֵינוֹ וְרֵיחוֹ לֹא נָמָר. כֵּן הוֹשַׁע נָא.

כְּהוֹשַׁעְתָּ מִשְׁפְּטֵי מַשָּׂאוֹת שַׁבָּת גָּמָרוּ.
נָחוּ וְשָׁבְתוּ, רְשֻׁיּוֹת וּתְחוּמִים שָׁמָרוּ. כֵּן הוֹשַׁע נָא.

כְּהוֹשַׁעְתָּ סִינַי הָשְׁמְעוּ בְּדִבּוּר רְבִיעִי.
עִנְיַן זָכוֹר וְשָׁמוֹר לְקַדֵּשׁ שְׁבִיעִי. כֵּן הוֹשַׁע נָא.

כְּהוֹשַׁעְתָּ פְּקֻדוּ יְרִיחוֹ שֶׁבַע לְהַקֵּף.
צָרוּ עַד רִדְתָּהּ בַּשַּׁבָּת לְתַקֵּף. כֵּן הוֹשַׁע נָא.

כְּהוֹשַׁעְתָּ קֹהֶלֶת וְעַמּוֹ בְּבֵית עוֹלָמִים.
רִצּוּךָ בְּחָגְגָם שִׁבְעָה וְשִׁבְעָה יָמִים. כֵּן הוֹשַׁע נָא.

כְּהוֹשַׁעְתָּ שָׁבִים עוֹלֵי גוֹלָה לְפִדְיוֹם.
תּוֹרָתְךָ בְּקָרְאָם בֶּחָג יוֹם יוֹם. כֵּן הוֹשַׁע נָא.

כְּהוֹשַׁעְתָּ מְשַׂמְּחֶיךָ בְּבִנְיַן שֵׁנִי הַמְחֻדָּשׁ.
נוֹטְלִין לוּלָב כָּל שִׁבְעָה בַּמִּקְדָּשׁ. כֵּן הוֹשַׁע נָא.

כְּהוֹשַׁעְתָּ חִבּוּט עֲרָבָה שַׁבָּת מַדְחִים.
מֻרְבִּיּוֹת מוֹצָא לִיסוֹד מִזְבֵּחַ מַנִּיחִים. כֵּן הוֹשַׁע נָא.

Tal como salvaste a quienes portaban ramas de sauce flexibles, largas y altas,
y al retirarse del lugar alaban al altar diciendo ¡Alabado seas
Altar! – sálvanos, por favor.

Tal como salvaste a quienes agradecían y rezaban con palabras fidedignas,
y todos ellos repiten: "todos somos del Señor y a Él dirigimos
nuestros ojos – sálvanos, por favor.

Tal como salvaste a quienes rodeaban (el altar) con la tina de vino que
Tú labraste con frescas ramas de sauce, / mientras entonaban:
"yo y Él: sálvanos, por favor" – sálvanos, por favor.

Tal como salvaste a la diligente legión de cohanim que servían en el
Templo en el día de descanso, / presentando el doble sacrificio
sabático: el holocausto y la oblación de harina flor –
sálvanos, por favor.

Tal como salvaste a Tus levitas que en gran número se paraban sobre la
tarima, / entonando el (Salmo) cántico del Shabat –
sálvanos, por favor.

Tal como salvaste a quienes consolaste, deleitándolos siempre con Tus
preceptos, / los viste con benevolencia y liberaste, salvándolos
y otorgándoles seguridad y tranquilidad – sálvanos, por favor.

Tal como salvaste a las tribus de Ya'akov que retornaban del cautiverio,
regresa nuevamente a los prisioneros de las tiendas de Ya'akov –
y sálvanos, por favor.

Tal como salvaste a quienes cumplieron Tus preceptos y esperaron la
salvación, / Dios de todas las salvaciones – y sálvanos, por favor.

yo y Él: sálvanos, por favor.

הוֹשִׁיעָה Salva a Tu pueblo y bendice a Tu herencia, cuídalos y enalté- *Sal. 28*
celos por siempre. Que estas palabras mías de súplica ante el Señor *1 Re. 8*
estén cercanas al Señor nuestro Dios día y noche, para cumplir con la ley de Su siervo y con la sentencia de Su pueblo Israel, día tras día. Para que todas las naciones de la tierra sepan que el Señor es el Dios y no hay ninguno otro.

Se cierra el Arca Sagrada y el oficiante continúa el rezo recitando un Kadish Completo en la página 574.

כְּהוֹשַׁעְתָּ בְּרַכּוֹת וַאֲרֻכּוֹת וּגְבוֹהוֹת מְעֻלְּסִים.
בְּפִטִירָתָן יֹפִי לְךָ מִזְבֵּחַ מְקַלְּסִים. כֵּן הוֹשַׁע נָא.

כְּהוֹשַׁעְתָּ מוֹדִים וּמְיַחֲלִים וְלֹא מְשַׁנִּים.
כֻּלָּנוּ אָנוּ לְיָהּ וְעֵינֵינוּ לְיָהּ שׁוֹנִים. כֵּן הוֹשַׁע נָא.

כְּהוֹשַׁעְתָּ יֶקֶב מֵחַצָבֶיךָ סוֹבְבִים בְּרַעֲנָנָה.
רוֹנְנִים אֲנִי וָהוֹ הוֹשִׁיעָה נָּא. כֵּן הוֹשַׁע נָא.

כְּהוֹשַׁעְתָּ חֵיל זְרִיזִים מְשָׁרְתִים בִּמְנוּחָה.
קָרְבַּן שַׁבָּת כָּפוּל, עוֹלָה וּמִנְחָה. כֵּן הוֹשַׁע נָא.

כְּהוֹשַׁעְתָּ לְוִיֶּיךָ עַל דּוּכָנָם לְהַרְבָּת.
אוֹמְרִים מִזְמוֹר שִׁיר לְיוֹם הַשַּׁבָּת. כֵּן הוֹשַׁע נָא.

כְּהוֹשַׁעְתָּ נְחוּמֶיךָ בְּמִצְוֹתֶיךָ תָּמִיד יִשְׁתַּעַשְׁעוּן.
וּרְצֵם וְהַחֲלִיצֵם בְּשׁוּבָה וָנַחַת יִוָּשֵׁעוּן. כֵּן הוֹשַׁע נָא.

כְּהוֹשַׁעְתָּ שְׁבוּת שִׁבְטֵי יַעֲקֹב.
תָּשׁוּב וְתָשִׁיב שְׁבוּת אָהֳלֵי יַעֲקֹב. וְהוֹשִׁיעָה נָּא.

כְּהוֹשַׁעְתָּ שׁוֹמְרֵי מִצְוֹת וְחוֹכֵי יְשׁוּעוֹת.
אֵל לְמוֹשָׁעוֹת. וְהוֹשִׁיעָה נָּא.

אֲנִי וָהוֹ הוֹשִׁיעָה נָּא.

תהלים כח הוֹשִׁיעָה אֶת־עַמֶּךָ, וּבָרֵךְ אֶת־נַחֲלָתֶךָ, וּרְעֵם וְנַשְּׂאֵם עַד־הָעוֹלָם:
מלכים א׳ ח וְיִהְיוּ דְבָרַי אֵלֶּה, אֲשֶׁר הִתְחַנַּנְתִּי לִפְנֵי יהוה, קְרֹבִים אֶל־
יהוה אֱלֹהֵינוּ יוֹמָם וָלָיְלָה, לַעֲשׂוֹת מִשְׁפַּט עַבְדּוֹ וּמִשְׁפַּט עַמּוֹ
יִשְׂרָאֵל, דְּבַר־יוֹם בְּיוֹמוֹ: לְמַעַן דַּעַת כָּל־עַמֵּי הָאָרֶץ כִּי יהוה
הוּא הָאֱלֹהִים, אֵין עוֹד:

Se cierra el ארון קודש *y el* שליח ציבור *continúa el rezo recitando un* קדיש שלם *en la página 575.*

HOSHANOT PARA HOSHANÁ RABÁ

Se acostumbra dejar el Arca Sagrada abierta hasta el final del recitado de las Hoshanot. Se sostienen todos los rollos de la Torá en la bimá. Los miembros de la congregación que poseen lulav y etrog rodean la bimá siete veces mientras se leen las Hoshanot. Tras finalizar la primera vuelta se dice: "Pues he dicho" e inmediatamente después se procede a dar otra vuelta recitando "La piedra fundamental", etc.

El oficiante y luego la congregación:

הוֹשַׁע נָא Sálvanos, por favor por Tu causa Dios nuestro
sálvanos, por favor.

El oficiante y luego la congregación:

Sálvanos, por favor por Tu causa nuestro Creador
sálvanos, por favor.

El oficiante y luego la congregación:

Sálvanos, por favor por Tu causa nuestro Redentor
sálvanos, por favor.

El oficiante y luego la congregación:

Sálvanos, por favor, por Tu causa, Tú que nos buscas
sálvanos, por favor.

Sálvanos, por favor.

Primera Hakafá:

לְמַעַן אֲמִתָּךְ En aras de Tu verdad – en aras de Tu pacto – en aras de Tu grandeza y Tu esplendor – en aras de Tu ley – en aras de Tu gloria – en aras de Tu promesa – en aras de Tu recuerdo – en aras de Tu generosidad – en aras de Tu bondad – en aras de Tu unicidad – en aras de Tu honor – en aras de Tu sabiduría – en aras de Tu reino – en aras de Tu eternidad – en aras de Tu misterio – en aras de Tu poder – en aras de Tu esplendor – en aras de Tu justicia – en aras de Tu santidad – en aras de Tu abundante compasión – en aras de Tu Divina Presencia – en aras de Tu alabanza. Sálvanos, por favor.

Tras dar la primera vuelta alrededor de la bimá se dice:

Pues he dicho: "El mundo está construido con benevolencia". *Sal. 89*

Sálvanos, por favor.

Segunda Hakafá:

אֶבֶן שְׁתִיָּה La piedra fundamental – la Casa que Tú has elegido – el granero de Ornán – el Santuario oculto – el Monte Moriá – el Monte donde Dios habrá de ser visto – Templo de Tu esplendor – sitio donde acampó David –

הושענות להושענא רבה

Se acostumbra dejar el ארון קודש *abierto hasta el final del recitado de las* הושענות*. Se sostienen todos los* ספרי תורה *en la* בימה*. Los miembros de la congregación que poseen* לולב *y* אתרוג *rodean la* בימה *siete veces mientras se leen las* הושענות*. Tras finalizar la primera vuelta se dice:* כִּי־אָמַרְתִּי *e inmediatamente después se procede a dar otra vuelta recitando* אֶבֶן שְׁתִיָּה*, etc.*

קהל *then* שליח ציבור*:*

הוֹשַׁע נָא לְמַעַנְךָ אֱלֹהֵינוּ הוֹשַׁע נָא.

קהל *then* שליח ציבור*:*

הוֹשַׁע נָא לְמַעַנְךָ בּוֹרְאֵנוּ הוֹשַׁע נָא.

קהל *then* שליח ציבור*:*

הוֹשַׁע נָא לְמַעַנְךָ גּוֹאֲלֵנוּ הוֹשַׁע נָא.

קהל *then* שליח ציבור*:*

הוֹשַׁע נָא לְמַעַנְךָ דּוֹרְשֵׁנוּ הוֹשַׁע נָא.

הוֹשַׁע נָא

Primera הקפה*:*

לְמַעַן אֲמִתָּךְ. לְמַעַן בְּרִיתָךְ. לְמַעַן גָּדְלָךְ וְתִפְאַרְתָּךְ. לְמַעַן דָּתָךְ. לְמַעַן הוֹדָךְ. לְמַעַן וְעוּדָךְ. לְמַעַן זִכְרָךְ. לְמַעַן חַסְדָּךְ. לְמַעַן טוּבָךְ. לְמַעַן יִחוּדָךְ. לְמַעַן כְּבוֹדָךְ. לְמַעַן לִמּוּדָךְ. לְמַעַן מַלְכוּתָךְ. לְמַעַן נִצְחָךְ. לְמַעַן סוֹדָךְ. לְמַעַן עֻזָּךְ. לְמַעַן פְּאֵרָךְ. לְמַעַן צִדְקָתָךְ. לְמַעַן קְדֻשָּׁתָךְ. לְמַעַן רַחֲמֶיךָ הָרַבִּים. לְמַעַן שְׁכִינָתָךְ. לְמַעַן תְּהִלָּתָךְ. הוֹשַׁע נָא.

Tras dar la primera vuelta alrededor de la בימה *se dice:*

תהלים פט

כִּי־אָמַרְתִּי עוֹלָם חֶסֶד יִבָּנֶה:

הוֹשַׁע נָא

Segunda הקפה*:*

אֶבֶן שְׁתִיָּה. בֵּית הַבְּחִירָה. גֹּרֶן אָרְנָן. דְּבִיר הַמֻּצְנָע. הַר הַמּוֹרִיָּה. וְהַר יֵרָאֶה. זְבוּל תִּפְאַרְתֶּךָ. חָנָה דָוִד. טוֹב הַלְּבָנוֹן. יְפֵה נוֹף מְשׂוֹשׂ כָּל

lo bueno del Líbano – bello paisaje regocijo de toda la tierra – perfección en la belleza – sitio donde reside la justicia – lugar de Tu asiento – Morada del remanso – sucá de completitud – sitio de peregrinación de las tribus – rincón precioso – Sion brillante – Santo Sanctórum – cubierto de amor – sitio de residencia de Tu gloria – colina hacia la que todas las bocas oran. Sálvanos, por favor.

Tras dar la segunda vuelta alrededor de la bimá se dice:

Tuyo es el brazo que tiene el poderío; *Sal. 89*
fortalece Tu mano, eleva en alto Tu diestra.

Sálvanos, por favor.

Tercera Hakafá:

אוֹם אֲנִי חוֹמָה "Soy una muralla", dijo el pueblo – claro como el sol – exiliado y vilipendiado – justo como una palmera datilera – asesinado por Tu Causa – considerado como rebaño destinado al matadero – disperso entre sus torturadores – abrazado y aferrado a Ti – cargando Tu yugo – único en conocer Tu Unidad – derrotado en el exilio – que aprende a temerte – con su mejillas rasguñadas – a disposición de los violentos – sufre Tu pesar – oprimido en medio de la confusión – redimido por (Moshé) Tuviá – rebaño sagrado – congregaciones de Ya'akov – marcados por Tu Nombre – aullando ¡sálvanos, por favor! – apoyados en Ti. Sálvanos, por favor.

Tras dar la tercera vuelta alrededor de la bimá se dice:

Darás verdad a Ya'akov, generosidad a Abraham. *Mic. 7*

Sálvanos, por favor.

Cuarta Hakafá:

אָדוֹן הַמּוֹשִׁיעַ Señor y Salvador – salvo Tú no hay otro – Poderoso con gran potestad para salvar – cuando caí en lo más bajo, Él me salvó – Dios Redentor – protege y salva – salva a quienes Te imploran – redime a quienes Te esperan – nutre a tus jóvenes corderos – prodígales abundante cosecha – haz reverdecer todo arbusto y salva – no condenes a este valle – endulza las buenas frutas y sálvanos – trae a nosotros las nubes – sacude las lluvias torrenciales – no retengas las nubes – Tú que abres Tu mano y satisfaces – aplaca la sed de Tus sedientos – salva a quienes Te invocan – salva a quienes Tú amas – rescata a los que se levantan para buscarte – salva a Tus íntegros devotos. Sálvanos, por favor.

Tras dar la cuarta vuelta alrededor de la bimá se dice:

Con el deleite de Tu diestra para siempre. *Sal. 16*

הָאָרֶץ. כְּלִילַת יֹפִי. לִינַת הַצֶּדֶק. מָכוֹן לְשִׁבְתֶּךָ. נָוֶה שַׁאֲנָן. סֻכַּת שָׁלֵם. עֲלִיַּת שְׁבָטִים. פִּנַּת יִקְרַת. צִיּוֹן הַמְצֻיֶּנֶת. קֹדֶשׁ הַקֳּדָשִׁים. רָצוּף אַהֲבָה. שְׁכִינַת כְּבוֹדֶךָ. תֵּל תַּלְפִּיּוֹת. הוֹשַׁע נָא.

Tras dar la segunda vuelta alrededor de la בימה *se dice:*

תהלים פט לְךָ זְרוֹעַ עִם־גְּבוּרָה, תָּעֹז יָדְךָ תָּרוּם יְמִינֶךָ:

הוֹשַׁע נָא

Tercera הקפה:

אֹם אֲנִי חוֹמָה. בָּרָה כַּחַמָּה. גּוֹלָה וְסוּרָה. דָּמְתָה לְתָמָר. הַהֲרוּגָה עָלֶיךָ. וְנֶחֱשֶׁבֶת כְּצֹאן טִבְחָה. זְרוּיָה בֵּין מַכְעִיסֶיהָ. חֲבוּקָה וּדְבוּקָה בָּךְ. טוֹעֶנֶת עֻלָּךְ. יְחִידָה לְיַחֲדָךְ. כְּבוּשָׁה בַּגּוֹלָה. לוֹמֶדֶת יִרְאָתָךְ. מְרוּטַת לֶחִי. נְתוּנָה לְמַכִּים. סוֹבֶלֶת סִבְלָךְ. עֲנִיָּה סוֹעֲרָה. פְּדוּיַת טוֹבִיָּה. צֹאן קָדָשִׁים. קְהִלּוֹת יַעֲקֹב. רְשׁוּמִים בִּשְׁמֶךָ. שׁוֹאֲגִים הוֹשַׁע נָא. תְּמוּכִים עָלֶיךָ. הוֹשַׁע נָא.

Tras dar la tercera vuelta alrededor de la בימה *se dice:*

מיכה ז תִּתֵּן אֱמֶת לְיַעֲקֹב, חֶסֶד לְאַבְרָהָם:

הוֹשַׁע נָא

Cuarta הקפה:

אָדוֹן הַמּוֹשִׁיעַ. בִּלְתְּךָ אֵין לְהוֹשִׁיעַ. גִּבּוֹר וְרַב לְהוֹשִׁיעַ. דַּלּוֹתִי וְלִי יְהוֹשִׁיעַ. הָאֵל הַמּוֹשִׁיעַ. וּמַצִּיל וּמוֹשִׁיעַ. זוֹעֲקֶיךָ תּוֹשִׁיעַ. חוֹכֶיךָ הוֹשִׁיעַ. טְלָאֶיךָ תַּשְׂבִּיעַ. יְבוּל לְהַשְׁפִּיעַ. כָּל שִׂיחַ תַּדְשֵׁא וְתוֹשִׁיעַ. לְגֵיא בַּל תַּרְשִׁיעַ. מְגָדִים תַּמְתִּיק וְתוֹשִׁיעַ. נְשִׂיאִים לְהַסִּיעַ. שְׂעִירִים לְהָנִיעַ. עֲנָנִים מִלְּהַמְנִיעַ. פּוֹתֵחַ יָד וּמַשְׂבִּיעַ. צְמֵאֶיךָ תַּשְׂבִּיעַ. קוֹרְאֶיךָ תּוֹשִׁיעַ. רְחוּמֶיךָ תּוֹשִׁיעַ. שׁוֹחֲרֶיךָ הוֹשִׁיעַ. תְּמִימֶיךָ תּוֹשִׁיעַ. הוֹשַׁע נָא.

Tras dar la cuarta vuelta alrededor de la בימה *se dice:*

תהלים טז נְעִמוֹת בִּימִינְךָ נֶצַח:

Sálvanos, por favor.

Quinta Hakafá:

אָדָם וּבְהֵמָה Hombre y bestia. Carne, espíritu y alma – tendón, hueso y piel – semejanza, imagen y tejido – gloria reducida a un mero hálito – comparable a un animal mudo – resplandor, apariencia y estatura – renueva la faz de la tierra – planta árboles en páramos desolados – bodegas y prados – viñedos y sicómoros –a una tierra demarcada – fuertes precipitaciones para curarla – para recuperar el sitio devastado – para que crezcan arbustos – y fortificar los frutos – y empoderar las flores – y refrescar las plantas con lluvia – y que las frescas aguas fluyan – y saciarse de suaves gotas de lluvia – para elevar la tierra – que pende sobre la nada. Sálvanos, por favor.

Tras dar la quinta vuelta alrededor de la bimá se dice:

Señor, nuestro Dios, *Sal. 8*
cuán majestuoso es Tu Nombre en toda la tierra.
Tú que has establecido Tu majestad sobre los cielos.

Sálvanos, por favor.

Sexta Hakafá:

אֲדָמָה מֵאֵרֶר Salva la tierra de la maldición – al ganado de perder su preñez – la trilla de manos del podador – al grano de la peste – a la abundancia de la maldición – al alimento de la confusión – al olivo de que su fruta caiga – al trigo del salta monte – a los animales de las alimañas – a la bodega de la larva – al viñedo del gusano – a la cosecha de la langosta – al cereal del grillo – al alma del pánico – a la abundancia de los insectos – a los rebaños de enfermar – a las frutas de los vendavales – al ganado de la exterminación – a la siega de ser maldecida – a la plenitud de la pobreza – a las espigas del marchitarse – a la cosecha de la pestilencia – Sálvanos, por favor.

Tras dar la sexta vuelta alrededor de la bimá se dice:

El Señor es justo en todas Sus sendas *Sal. 145*
y magnánimo en todos Sus actos.

Sálvanos por favor.

Séptima Hakafá:

לְמַעַן אֵיתָן Por la causa del poderoso (Abraham) que fue arrojado a las llamas del fuego.
El mérito del hijo (Isaac) que fue amarrado sobre leños y fuego.
Por la causa del valiente (Jacob) que luchó con un ángel ígneo.
En mérito de las banderas (tribus) que condujiste por la luz y la nube de fuego.

הוֹשַׁע נָא

Quinta הקפה*:*

אָדָם וּבְהֵמָה. בָּשָׂר וְרוּחַ וּנְשָׁמָה. גִּיד וְעֶצֶם וְקָרְמָה. דְּמוּת וְצֶלֶם וְרִקְמָה. הוֹד לַהֶבֶל דָּמָה. וְנִמְשַׁל כַּבְּהֵמוֹת נִדְמָה. זִיו וְתֹאַר וְקוֹמָה. חִדּוּשׁ פְּנֵי אֲדָמָה. טִיעַת עֲצֵי נְשַׁמָּה. יְקָבִים וְקָמָה. כְּרָמִים וְשִׁקְמָה. לְתֵבֵל הַמְסֻיָּמָה. מִטְרוֹת עֹז לְסַמְּמָה. נְשִׁיָּה לְקַיְּמָה. שִׂיחִים לְקוֹמְמָה. עֲדָנִים לְעָצְמָה. פְּרָחִים לְהַעֲצִימָה. צְמָחִים לְגָשְׁמָה. קָרִים לְזָרְמָה. רְבִיבִים לְשַׁלְּמָה. שְׁתִיָּה לְרוֹמְמָה. תְּלוּיָה עַל בְּלִימָה. הוֹשַׁע נָא.

Tras dar la quinta vuelta alrededor de la בימה *se dice:*

יהוה אֲדֹנֵינוּ מָה־אַדִּיר שִׁמְךָ בְּכָל־הָאָרֶץ
אֲשֶׁר־תְּנָה הוֹדְךָ עַל־הַשָּׁמָיִם: תהלים ח

הוֹשַׁע נָא

Sexta הקפה*:*

אֲדָמָה מֵאֶרֶר. בְּהֵמָה מִמְּשַׁכֶּלֶת. גֹּרֶן מִגָּזָם. דָּגָן מִדַּלֶּקֶת. הוֹן מִמְּאֵרָה. וְאֹכֶל מִמְּהוּמָה. זַיִת מִנֶּשֶׁל. חִטָּה מֵחָגָב. טֶרֶף מִגּוֹבַי. יֶקֶב מִיֶּלֶק. כֶּרֶם מִתּוֹלַעַת. לֶקֶשׁ מֵאַרְבֶּה. מֶגֶד מִצְּלָצַל. נֶפֶשׁ מִבֶּהָלָה. שֹׂבַע מִסָּלְעָם. עֲדָרִים מִדַּלּוּת. פֵּרוֹת מִשִּׁדָּפוֹן. צֹאן מִצְּמִיתוּת. קָצִיר מִקְּלָלָה. רֹב מֵרָזוֹן. שִׁבֹּלֶת מִצִּנָּמוֹן. תְּבוּאָה מֵחָסִיל. הוֹשַׁע נָא.

Tras dar la sexta vuelta alrededor de la בימה *se dice:*

צַדִּיק יהוה בְּכָל־דְּרָכָיו, וְחָסִיד בְּכָל־מַעֲשָׂיו: תהלים קמה

הוֹשַׁע נָא

Séptima הקפה*:*

לְמַעַן אֵיתָן הַנִּזְרָק בְּלַהַב אֵשׁ.
לְמַעַן בֵּן הַנֶּעֱקַד עַל עֵצִים וָאֵשׁ.
לְמַעַן גִּבּוֹר הַנֶּאֱבַק עִם שַׂר אֵשׁ.
לְמַעַן דְּגָלִים נָחִיתָ בְּאוֹר וַעֲנַן אֵשׁ.

Por la causa de quien ascendió a las alturas y se elevó hasta parecer uno de los ángeles ígneos.
En mérito de uno que es para Ti como un vice entre ángeles ígneos.
Por la causa del obsequio de los Mandamientos que fueron entregados del fuego.
En mérito de la tienda cubierta de telas y su nube de fuego.
Por la causa de aquella escena en las montañas en la que descendiste sobre esta bajo la forma de fuego.
En mérito de la amistad de aquella Casa a la cual amaste más que a cielos de fuego.
Por la causa de aquél (Moshé) que aguardó con ansias hasta que el fuego se extinguió.
En mérito de aquél (Aharón) que tomó la pala con brasas ardientes y dejó sin efecto una furia semejante al fuego.
Por la causa de aquél (Pinjás) que tuvo por Ti un celo más intenso que el fuego.
En mérito de aquél (Yehoshúa) que elevó sus manos y descendieron del cielo piedras ígneas.
Por la causa de aquél (Samuel) que elevó un cabrito lactante como ofrenda ígnea.
En mérito de aquél (David) que se paró en el sitio de la trilla y volvió a hallar gracia ante Tus ojos por medio del fuego.
Por la causa de aquél (Shelomó) que oró en el patio del Templo e hizo descender fuego.
En mérito de Tu enviado (Eliahu) que se elevó al cielo sobre una carroza ígnea tirada por caballos de fuego.
Por la causa de los santos que fueron arrojados al fuego (Jananiá, Mishael y Azariá).
En mérito de aquél (Daniel) que contempló miríadas de decenas de miles de ángeles ígneos.
Por la causa de las ruinas de Tu ciudad que fue pasada por fuego.
En mérito de la historia de los clanes de Judea a los que habrás de convertir en una pileta de fuego. Sálvanos, por favor.

Tras dar la séptima vuelta alrededor de la bimá se dice:

לְךָ Tuya Señor es la grandeza, el poder y el esplendor, *I Cró. 29*
la eternidad y la gloria, pues todo en los cielos y en la tierra Te pertenece.
Señor, Tuyo es el reino y eres Supremo a todo gobernante.
"Entonces el Señor será el Rey sobre toda la tierra; *Zej. 14*
en ese día el Señor será Uno y Su Nombre Uno".
Y en Tu Torá está escrito:
Escucha Israel, el Señor es nuestro Dios, el Señor es Uno. *Deut. 6*
Bendito sea el Nombre de Su glorioso Reino por siempre.

לְמַעַן הֹעֲלָה לַמָּרוֹם, וְנִתְעַלָּה כְּמַלְאֲכֵי אֵשׁ.
לְמַעַן וְהוּא לְךָ כְּסֶגֶן בְּאֶרְאֶלֵּי אֵשׁ.
לְמַעַן זֶבֶד דִּבְּרוֹת הַנְּתוּנוֹת מֵאֵשׁ.
לְמַעַן חִפּוּי יְרִיעוֹת וַעֲנַן אֵשׁ.
לְמַעַן טֶכֶס הַר יָרַדְתָּ עָלָיו בָּאֵשׁ.
לְמַעַן יְדִידוּת בַּיִת אֲשֶׁר אָהַבְתָּ מִשְּׁמֵי אֵשׁ.
לְמַעַן כָּמַהּ עַד שָׁקְעָה הָאֵשׁ.
לְמַעַן לָקַח מַחְתַּת אֵשׁ וְהֵסִיר חֲרוֹן אֵשׁ.
לְמַעַן מְקַנֵּא קִנְאָה גְדוֹלָה בָּאֵשׁ.
לְמַעַן נָף יָדוֹ וְיָרְדוּ אַבְנֵי אֵשׁ.
לְמַעַן שָׂם טְלֵה חָלָב כְּלִיל אֵשׁ.
לְמַעַן עָמַד בַּגֹּרֶן וְנִתְרַצָּה בָּאֵשׁ.
לְמַעַן פִּלֵּל בָּעֲזָרָה וְיָרְדָה הָאֵשׁ.
לְמַעַן צִיר עָלָה וְנִתְעַלָּה בְּרֶכֶב וְסוּסֵי אֵשׁ.
לְמַעַן קְדוֹשִׁים מֻשְׁלָכִים בָּאֵשׁ.
לְמַעַן רִבּוֹ רִבְבָן חָז וְנַהֲרֵי אֵשׁ.
לְמַעַן שִׁמְמוֹת עִירְךָ הַשְּׂרוּפָה בָּאֵשׁ.
לְמַעַן תּוֹלְדוֹת אַלּוּפֵי יְהוּדָה, תָּשִׂים כְּכִיּוֹר אֵשׁ. הוֹשַׁע נָא.

Tras dar la séptima vuelta alrededor de la בימה *se dice:*

לְךָ יהוה הַגְּדֻלָּה וְהַגְּבוּרָה וְהַתִּפְאֶרֶת וְהַנֵּצַח וְהַהוֹד   דברי הימים א׳ כט
כִּי־כֹל בַּשָּׁמַיִם וּבָאָרֶץ
לְךָ יהוה הַמַּמְלָכָה וְהַמִּתְנַשֵּׂא לְכֹל לְרֹאשׁ:
וְהָיָה יהוה לְמֶלֶךְ עַל־כָּל־הָאָרֶץ   זכריה יד
בַּיּוֹם הַהוּא יִהְיֶה יהוה אֶחָד וּשְׁמוֹ אֶחָד:
וּבְתוֹרָתְךָ כָּתוּב לֵאמֹר: שְׁמַע יִשְׂרָאֵל, יהוה אֱלֹהֵינוּ, יהוה אֶחָד: דברים ו
בָּרוּךְ שֵׁם כְּבוֹד מַלְכוּתוֹ לְעוֹלָם וָעֶד.

YO y ÉL: sálvanos, por favor.

כְּהוֹשַׁעְתָּ Tal como salvaste a los poderosos en Lud junto a Ti,
descendiendo para salvar a Tu pueblo – sálvanos, por favor.

Tal como salvaste a una nación y a sus dirigentes,
Que buscaron la Salvación Divina – sálvanos, por favor.

Tal como salvaste a multitudinarias huestes,
y ejércitos celestiales los acompañaban – sálvanos, por favor.

Tal como salvaste a puros de la casa de la esclavitud,
¡Compasivo! De manos de sus esclavizadores – sálvanos, por favor.

Tal como salvaste a los hundidos de entre los abismos de las profundidades, / y Tu honor estuvo con ellos cuando cruzaron – sálvanos, por favor.

Tal como salvaste al vástago mientras entonaba el cántico "Y Dios salvó", / pero el Libertador lo lee como "Dios fue salvado" – sálvanos, por favor.

Tal como salvaste por medio de la expresión "Y os sacaré", puntualizando que "Yo seré sacado con vosotros" – sálvanos, por favor.

Tal como salvaste a quienes marcharon en torno al altar, cargando sus ramas de sauce para completar el rodeo al altar – sálvanos, por favor.

Tal como salvaste con prodigios al Arca del Pacto que fue mancillada, / castigando a los filisteos con gran furia y fue salvada – sálvanos, por favor.

Tal como salvaste a las congregaciones que enviaste a Babilonia, / y en acto de compasión Tú mismo al exilio Te enviaste – sálvanos, por favor.

Tal como salvaste a los que retornaban del exilio de Ya'akov, haz retornar nuevamente a los exiliados de la tienda de Ya'akov – y sálvanos, por favor.

Tal como salvaste a quienes cumplen los preceptos y esperan la salvación, / Dios de todas las salvaciones – y sálvanos, por favor.

אֲנִי וָהוֹ הוֹשִׁיעָה נָּא.

כְּהוֹשַׁעְתָּ אֵלִים בְּלוּד עִמָּךְ.
בְּצֵאתְךָ לְיֵשַׁע עַמָּךְ. כֵּן הוֹשַׁע נָא.

כְּהוֹשַׁעְתָּ גּוֹי וֵאלֹהִים.
דְּרוּשִׁים לְיֵשַׁע אֱלֹהִים. כֵּן הוֹשַׁע נָא.

כְּהוֹשַׁעְתָּ הֲמוֹן צְבָאוֹת.
וְעִמָּם מַלְאֲכֵי צְבָאוֹת. כֵּן הוֹשַׁע נָא.

כְּהוֹשַׁעְתָּ זַכִּים מִבֵּית עֲבָדִים.
חַנּוּן בְּיָדָם מַעֲבִידִים. כֵּן הוֹשַׁע נָא.

כְּהוֹשַׁעְתָּ טְבוּעִים בְּצוּל גְּזָרִים.
יְקָרְךָ עִמָּם מַעֲבִירִים. כֵּן הוֹשַׁע נָא.

כְּהוֹשַׁעְתָּ כַּנָּה מְשׁוֹרֶרֶת וַיּוֹשַׁע.
לְגוֹחָהּ מְצֻיֶּנֶת וַיִּוָּשַׁע. כֵּן הוֹשַׁע נָא.

כְּהוֹשַׁעְתָּ מַאֲמַר וְהוֹצֵאתִי אֶתְכֶם.
נָקוּב וְהוּצֵאתִי אִתְּכֶם. כֵּן הוֹשַׁע נָא.

כְּהוֹשַׁעְתָּ סוֹבְבֵי מִזְבֵּחַ.
עוֹמְסֵי עֲרָבָה לְהַקִּיף מִזְבֵּחַ. כֵּן הוֹשַׁע נָא.

כְּהוֹשַׁעְתָּ פִּלְאֵי אָרוֹן כְּהֻפְשַׁע.
צִעֵר פְּלֶשֶׁת בַּחֲרוֹן אַף, וְנוֹשַׁע. כֵּן הוֹשַׁע נָא.

כְּהוֹשַׁעְתָּ קְהִלּוֹת בָּבֶלָה שִׁלַּחְתָּ.
רַחוּם לְמַעֲנָם שֻׁלַּחְתָּ. כֵּן הוֹשַׁע נָא.

כְּהוֹשַׁעְתָּ שְׁבוּת שִׁבְטֵי יַעֲקֹב.
תָּשׁוּב וְתָשִׁיב שְׁבוּת אָהֳלֵי יַעֲקֹב. וְהוֹשִׁיעָה נָּא.

כְּהוֹשַׁעְתָּ שׁוֹמְרֵי מִצְוֹת וְחוֹכֵי יְשׁוּעוֹת.
אֵל לְמוֹשָׁעוֹת. וְהוֹשִׁיעָה נָּא.

Yo y Él: sálvanos, por favor.

תִּתְּנֵנוּ לְשֵׁם Concédenos renombre y honor / devuélvenos a nuestro hogar, nuestra herencia / elévanos hacia lo alto / reúnenos en la Casa de la oración / establécenos cual árbol plantado junto a corrientes de agua / líbranos de toda afección o enfermedad / corónanos con amor cual novia / alégranos en la Casa de la Plegaria / condúcenos siempre por aguas tranquilas / cólmanos de sabiduría y entendimiento / invístenos con majestad / corónanos con la más fina de las coronas / guíanos con rectitud por caminos llanos / establécenos en una senda recta / compadécete de nosotros con misericordia y piedad / recuérdanos con la expresión "¿quién es ésta que asciende?" / sálvanos con la redención definitiva / haznos resplandecer con el fulgor de la multitud / aférranos a Ti cual túnica ajustada / engrandécenos con Tu Poderosa mano / tráenos a Tu morada con cánticos y alegría / haznos majestuosos con salvación y alegría / fortifícanos con alivio y rescate / enaltécenos con la roca en lo alto / emociónanos con la reconstrucción de Tu ciudad / despiértanos con la compleción de Sion / concédenos el mérito de que la ciudad quede íntegramente construida / haznos reposar con alegría y regocijo / fortalécenos, Dios de Ya'akov, Sela –

Sálvanos, por favor.

Primero el oficiante y luego la congregación:

Por favor, sálvanos, por favor.

אָנָּא Por favor – escucha la súplica de aquellos que anhelan por Tu salvación, / mientras traen ramas de sauce para deleitarte – y sálvanos, por favor.

Por favor – salva a este retoño que has plantado, arrasa con la nación malvada – y sálvanos, por favor.

Por favor – contempla el pacto que has sellado en nosotros, / mientras eliminas los sitios oscuros de esta tierra – y sálvanos por favor.

אֲנִי וָהוּ הוֹשִׁיעָה נָּא.

תְּתְנֵנוּ לְשֵׁם וְלִתְהִלָּה. | תְּחָנֵּנוּ בְּרַחֲמִים וּבְחֶמְלָה.
תְּשִׁיבֵנוּ אֶל הַחֶבֶל וְאֶל הַנַּחֲלָה. | תְּזַכִּירֵנוּ בְּמִי זֹאת עוֹלָה.
תְּרוֹמְמֵנוּ לְמַעְלָה לְמָעְלָה. | תּוֹשִׁיעֵנוּ לְקֵץ הַגְּאֻלָּה.
תְּקַבְּצֵנוּ לְבֵית הַתְּפִלָּה. | תְּהַדְּרֵנוּ בְּזִיו הַמְּלָה.
תַּצִּיבֵנוּ כְּעֵץ עַל פַּלְגֵי מַיִם שְׁתוּלָה. | תַּדְבִּיקֵנוּ כְּאֵזוֹר חֲתוּלָה.
תִּפְדֵּנוּ מִכָּל נֶגַע וּמַחֲלָה. | תְּגַדְּלֵנוּ בְּיָד הַגְּדוֹלָה.
תְּעַטְּרֵנוּ בְּאַהֲבָה כְלוּלָה. | תְּבִיאֵנוּ לְבֵיתְךָ בְּרִנָּה וְצָהֳלָה.
תְּשַׂמְּחֵנוּ בְּבֵית הַתְּפִלָּה. | תְּאַדְּרֵנוּ בְּיֶשַׁע וְגִילָה.
תְּנַהֲלֵנוּ עַל מֵי מְנוּחוֹת סֶלָה. | תְּאַמְּצֵנוּ בְּרֶוַח וְהַצָּלָה.
תְּמַלְּאֵנוּ חָכְמָה וְשִׂכְלָה. | תְּלַבְּבֵנוּ בְּבִנְיַן עִירְךָ כְּבַתְּחִלָּה.
תַּלְבִּישֵׁנוּ עֹז וּגְדֻלָּה. | תְּעוֹרְרֵנוּ לְצִיּוֹן בְּשִׁכְלוּלָה.
תַּכְתִּירֵנוּ בְּכֶתֶר כְּלוּלָה. | תְּזַכֵּנוּ בְּנִבְנְתָה הָעִיר עַל תִּלָּהּ.
תְּיַשְּׁרֵנוּ בְּאֹרַח סְלוּלָה. | תַּרְבִּיצֵנוּ בְּשָׂשׂוֹן וְגִילָה.
תִּטָּעֵנוּ בְּיֹשֶׁר מְסִלָּה. | תְּחַזְּקֵנוּ אֱלֹהֵי יַעֲקֹב סֶלָה.

הוֹשַׁע נָא.

Primero el שליח ציבור *y luego el* קהל*:*

אָנָּא, הוֹשִׁיעָה נָּא.

אָנָּא אֵזֶן חִין תְּאֵבֵי יִשְׁעָךְ.
בְּעַרְבֵי נַחַל לְשַׁעְשְׁעָךְ. וְהוֹשִׁיעָה נָּא.

אָנָּא גְּאַל כַּנַּת נִטְעָךְ.
דּוּמָה בְּטַאטְאָךְ. וְהוֹשִׁיעָה נָּא.

אָנָּא הַבֵּט לַבְּרִית טִבְעָךְ.
וּמַחֲשַׁכֵּי אֶרֶץ בְּהַטְבִּיעָךְ. וְהוֹשִׁיעָה נָּא.

Por favor – recuerda por nuestra causa al patriarca (Abraham) que Te conoció, / sé bondadoso con sus hijos por cuanto que Él te dio a conocer – y sálvanos, por favor.

Por favor – mientras obras maravillas para los de puro corazón, / haz que se sepa que estas maravillas en Ti se originan – y sálvanos, por favor.

Por favor – Tu que eres Todopoderoso, concédenos Tu salvación, / tal como lo juraste a nuestros patriarcas – y sálvanos, por favor.

Por favor – atiende los pedidos del pueblo que Te implora, como atendiste la plegaria de Ytzjak cuando estaba amarrado en el Monte de la Mirra – y sálvanos, por favor.

Por favor – fortalece a los tamariscos que has plantado (el pueblo de Israel), / mientras apartas de ellos a los opresores – y sálvanos, por favor.

Por favor – abre para nosotros Tus depósitos de lluvia, riega con estos la tierra árida – y sálvanos, por favor.

Por favor – cuando traigas desolación en la tierra, cuida a quienes Te invocan para que pasten en lo mejor de Tus praderas – y sálvanos, por favor.

Por favor – alza los portones de Tu Morada después de su destrucción, / mientras elevas las ruinas hacia las cuales todas las bocas oran – y sálvanos, por favor.

Primero el oficiante y luego la congregación:

Por favor; Dios, por favor; salva por favor; rescátanos por favor.

אֵל נָא Dios, por favor, nos hemos descarriado cual ovejas extraviadas, / no borres nuestros nombres de Tu libro salva por favor; rescátanos por favor.

Dios, por favor, conduce al rebaño hacia la matanza, víctimas de la furia y muriendo en Tu Nombre salva por favor; rescátanos por favor.

Dios, por favor, mira a Tu rebaño, el rebaño que Tú conduces, / Tu creación y Tu amado salva por favor; rescátanos por favor.

אָנָּא זְכָר לָנוּ אָב יְדָעֲךָ.
חַסְדְּךָ לָמוֹ בְּהוֹדִיעָךְ. וְהוֹשִׁיעָה נָּא.

אָנָּא טְהוֹרֵי לֵב בְּהַפְלִיאָךְ.
יוֹדֵעַ כִּי הוּא פִלְאָךְ. וְהוֹשִׁיעָה נָּא.

אָנָּא כַּבִּיר כֹּחַ תֶּן לָנוּ יִשְׁעָךְ.
לַאֲבוֹתֵינוּ כְּהִשָּׁבְעָךְ. וְהוֹשִׁיעָה נָּא.

אָנָּא מַלֵּא מִשְׁאֲלוֹת עַם מְשַׁוְּעָךְ.
נֶעֱקַד בְּהַר מוֹר כְּמוֹ שִׁוְּעָךְ. וְהוֹשִׁיעָה נָּא.

אָנָּא סַגֵּב אֶשְׁלֵי נִטְעָךְ.
עָרִיצִים בְּהַכְנִיעָךְ. וְהוֹשִׁיעָה נָּא.

אָנָּא פְּתַח לָנוּ אוֹצְרוֹת רִבְעָךְ.
צִיָּה מֵהֶם בְּהַרְבִּיעָךְ. וְהוֹשִׁיעָה נָּא.

אָנָּא קוֹרְאֶיךָ אֶרֶץ בְּרוֹעֲעָךְ.
רְעֵם בְּטוּב מִרְעָךְ. וְהוֹשִׁיעָה נָּא.

אָנָּא שְׁעָרֶיךָ תַּעַל מִמְּשׁוֹאָךְ.
תֵּל תַּלְפִּיּוֹת בְּהַשִּׂיאָךְ. וְהוֹשִׁיעָה נָּא.

Primero el שליח ציבור *y luego el* קהל*:*

אָנָּא, אֵל נָא, הוֹשַׁע נָא וְהוֹשִׁיעָה נָּא.

אֵל נָא תָּעִינוּ כְּשֶׂה אוֹבֵד
שְׁמֵנוּ מִסִּפְרְךָ אַל תְּאַבֵּד הוֹשַׁע נָא וְהוֹשִׁיעָה נָּא.

אֵל נָא רְעֵה אֶת צֹאן הַהֲרֵגָה
קְצוּפָה, וְעָלֶיךָ הֲרוּגָה הוֹשַׁע נָא וְהוֹשִׁיעָה נָּא.

אֵל נָא צֹאנְךָ וְצֹאן מַרְעִיתֶךָ
פְּעֻלָּתְךָ וְרַעְיָתֶךָ הוֹשַׁע נָא וְהוֹשִׁיעָה נָּא.

Dios, por favor, mira a los más pobres del rebaño,
respóndeles su clamor en un momento de buena voluntad
salva por favor; rescátanos por favor.

Dios, por favor, mira a aquellos que alzan hacia Ti su mirada,
y quienes se levantan contra ellos sean como la nada
salva por favor; rescátanos por favor.

Dios, por favor, mira a aquellos que liban agua ante Ti,
que extraigan agua de los manantiales de la salvación,
permíteles extraer agua salva por favor; rescátanos por favor.

Dios, por favor, permite que asciendan a Sion los redentores,
apoyados en Ti y salvos en Tu Nombre
salva por favor; rescátanos por favor.

Dios, por favor, Tus vestimentas están rojas de sangre,
arroja Tu furia y sacude a los traidores
salva por favor; rescátanos por favor.

Dios, por favor, recuerda ciertamente a quienes fueron
vendidos por el precio de un "letekh" o un "kor"
de granos de cebada salva por favor; rescátanos por favor.

Dios, por favor, mira a quienes Te buscan mientras sostienen
ramas de sauce, / escucha su clamor desde los más
altos cielos salva por favor; rescátanos por favor.

Dios, por favor, corona este año con bendición,
escucha la voz de mi súplica en este día de Hoshaná
salva por favor; rescátanos por favor.

Primero el oficiante y luego la congregación:

Por favor; Dios, por favor;
salva por favor; rescátanos por favor.
Tú eres nuestro Padre.

לְמַעַן Por el mérito del justo íntegro en su generación,
que logró escapar en mérito de su rectitud,
se salvó de la inundación cuando llegó el diluvio –
por el mérito de un pueblo que proclama "soy una muralla" –
salva por favor; rescátanos por favor. Tú eres nuestro Padre.

אֵל נָא עֲנִיֵּי הַצֹּאן
שִׂיחָם עֲנֵה בְּעֵת רָצוֹן הוֹשַׁע נָא וְהוֹשִׁיעָה נָּא.

אֵל נָא נוֹשְׂאֵי לְךָ עַיִן
מִתְקוֹמְמֶיךָ יִהְיוּ כְאַיִן הוֹשַׁע נָא וְהוֹשִׁיעָה נָּא.

אֵל נָא לִמְנַסְּכֵי לְךָ מַיִם
כְּמִמַּעַיְנֵי הַיְשׁוּעָה
יִשְׁאֲבוּן מַיִם הוֹשַׁע נָא וְהוֹשִׁיעָה נָּא.

אֵל נָא יַעֲלוּ לְצִיּוֹן מוֹשִׁיעִים
טְפוּלִים בְּךָ וּבְשִׁמְךָ נוֹשָׁעִים הוֹשַׁע נָא וְהוֹשִׁיעָה נָּא.

אֵל נָא חֲמוּץ בְּגָדִים
זְעֹם לְנַעֵר כָּל בּוֹגְדִים הוֹשַׁע נָא וְהוֹשִׁיעָה נָּא.

אֵל נָא וְזָכוֹר תִּזְכֹּר
הַנִּכּוּרִים בְּלֶתֶךְ וָכֹר הוֹשַׁע נָא וְהוֹשִׁיעָה נָּא.

אֵל נָא דּוֹרְשֶׁיךָ בְּעַנְפֵי עֲרָבוֹת
גַּעְיָם שְׁעֵה מֵעֲרָבוֹת הוֹשַׁע נָא וְהוֹשִׁיעָה נָּא.

אֵל נָא בָּרֵךְ בְּעִטּוּר שָׁנָה
אֲמָרֵי רְצֵה בְּפִלּוּלִי
בְּיוֹם הוֹשַׁעְנָא הוֹשַׁע נָא וְהוֹשִׁיעָה נָּא.

Primero el שליח ציבור *y luego el* קהל*:*

אָנָּא, אֵל נָא, הוֹשַׁע נָא וְהוֹשִׁיעָה נָּא, אָבִינוּ אָתָּה.

לְמַעַן תָּמִים בְּדוֹרוֹתָיו, הַנִּמְלָט בְּרֹב צִדְקוֹתָיו
מֻצָּל מִשֶּׁטֶף בְּבוֹא מַבּוּל מַיִם.
לְאֹם אֲנִי חוֹמָה הוֹשַׁע נָא וְהוֹשִׁיעָה נָּא, אָבִינוּ אָתָּה.

Por el mérito de aquél que fue íntegro en todas sus acciones,
que fue probado en diez ocasiones,
y al divisar a los ángeles dijo: "por favor, tráigase un poco de agua" –
por el mérito de un pueblo que brilla como el sol –
salva por favor; rescátanos por favor. Tú eres nuestro Padre.

Por el mérito del tierno y único hijo que fue dado a luz cuando (su padre)
alcanzó los cien años, y exclamó: "¿dónde está el carnero para el sacrificio?"
A quien sus sirvientes avisaron: "hallamos agua" –
por el mérito de un pueblo exiliado y alejado –
salva por favor; rescátanos por favor. Tú eres nuestro Padre.

Por el mérito de aquél que llegó primero para recibir la bendición,
odiado por un enemigo y esperó la salvación de Tu Nombre,
hizo fértiles a las cabras con ramas colocadas junto a los abrevaderos (de agua) –
por el mérito del pueblo que se asemeja a la palma –
salva por favor; rescátanos por favor. Tú eres nuestro Padre.

Por el mérito de aquél que fue suficientemente justo
como para que lo nombraras Tu servidor (cohen),
que fungía ante Ti vestido majestuosamente como un novio,
que fue puesto a prueba en Masá con las aguas de Meribá –
por la causa de la buena montaña –
salva por favor; rescátanos por favor. Tú eres nuestro Padre.

Por el mérito de aquél que fue criado para ser líder entre sus hermanos,
Yehudá, sobresalió entre ellos, numerosos como el polvo de la tierra,
su cubo desborda agua – no por nuestra causa sino por la Tuya –
salva por favor; rescátanos por favor. Tú eres nuestro Padre.

Por el mérito de aquél que fue el más fidedigno y humilde entre los hombres,
que en mérito de su rectitud abasteció al pueblo con el Maná,
fue ungido como redentor y rescatado de las aguas –
por la causa de este pueblo que contempla –
salva por favor; rescátanos por favor. Tú eres nuestro Padre.

Por el mérito de aquél al que elevaste a los cielos como a los ángeles,
investido de los "urim" y los "tumim" está preceptuado de ingresar al Templo
con sus manos y sus pies purificados tras haberse sumergido en agua –
en mérito del pueblo que está "enfermo de amor" por Ti –
salva por favor; rescátanos por favor. Tú eres nuestro Padre.

Por el mérito de la profetisa que danzó ante los campamentos,
que brindó inspiración a los de corazón sediento,
por su bondad se movilizó, ascendió y reposó el pozo de las aguas –
en mérito del pueblo que habita las buenas tiendas –
salva por favor; rescátanos por favor. Tú eres nuestro Padre.

לְמַעַן שָׁלֵם בְּכָל מַעֲשִׂים, הַמְנֻסֶּה בַּעֲשָׂרָה נִסִּים
כְּשַׂר מַלְאָכִים, נָם יֻקַּח נָא מְעַט מַיִם.
לְבָרָה כַּחַמָּה הוֹשַׁע נָא וְהוֹשִׁיעָה נָּא, אָבִינוּ אָתָּה.

לְמַעַן רַךְ וְיָחִיד נֶחֱנַט פְּרִי לְמֵאָה, זָעַק אַיֵּה הַשֶּׂה לְעֹלָה
בִּשְּׂרוּהוּ עֲבָדָיו מָצָאנוּ מָיִם.
לְגוֹלָה וְסוּרָה הוֹשַׁע נָא וְהוֹשִׁיעָה נָּא, אָבִינוּ אָתָּה.

לְמַעַן קִדֵּם שְׂאֵת בְּרָכָה, הַנִּשְׂטָם וּלְשִׁמְךָ חִכָּה
מְיַחֵם בְּמַקְלוֹת בְּשִׁקְתוֹת הַמָּיִם.
לְדָמְתָה לְתָמָר הוֹשַׁע נָא וְהוֹשִׁיעָה נָּא, אָבִינוּ אָתָּה.

לְמַעַן צַדִּיק הֱיוֹת לְךָ לְכֹהֵן, כְּחָתָן פְּאֵר יְכַהֵן
מְנֻסֶּה בְּמַסָּה בְּמֵי מְרִיבַת מַיִם.
לְהָהָר הַטּוֹב הוֹשַׁע נָא וְהוֹשִׁיעָה נָּא, אָבִינוּ אָתָּה.

לְמַעַן פְּאֵר הֱיוֹת גְּבִיר לְאֶחָיו, יְהוּדָה אֲשֶׁר גָּבַר בְּאֶחָיו
מִסְפַּר רֹבַע מִדָּלְיָו יִזַּל מַיִם.
לֹא לָנוּ כִּי אִם לְמַעַנְךָ הוֹשַׁע נָא וְהוֹשִׁיעָה נָּא, אָבִינוּ אָתָּה.

לְמַעַן עָנָו מִכֹּל וְנֶאֱמָן, אֲשֶׁר בְּצִדְקוֹ כִּלְכֵּל הַמָּן
מָשׁוּךְ לְגוֹאֵל וּמָשׁוּי מִמַּיִם.
לְזֹאת הַנִּשְׁקָפָה הוֹשַׁע נָא וְהוֹשִׁיעָה נָּא, אָבִינוּ אָתָּה.

לְמַעַן שַׂמְתּוֹ כְּמַלְאֲכֵי מְרוֹמִים, הַלּוֹבֵשׁ אוּרִים וְתֻמִּים
מְצֻוֶּה לָבוֹא בְּמִקְדָּשׁ בְּקִדּוּשׁ יָדַיִם וְרַגְלַיִם וּרְחִיצַת מַיִם.
לְחוֹלַת אַהֲבָה הוֹשַׁע נָא וְהוֹשִׁיעָה נָּא, אָבִינוּ אָתָּה.

לְמַעַן נְבִיאָה מְחוֹלַת מַחֲנַיִם, לְכַמְהֵי לֵב הוּשְׂמָה עֵינַיִם
לְרַגְלָהּ רָצָה עָלוֹת וָרֶדֶת בְּאֵר מַיִם.
לְטוֹבוּ אֹהָלָיו הוֹשַׁע נָא וְהוֹשִׁיעָה נָּא, אָבִינוּ אָתָּה.

Por el mérito del servidor que no se apartó de la tienda,
y el espíritu de santidad se cernía sobre él cual techo,
y al cruzar el Jordán se abrieron las aguas –
en mérito de un pueblo bello y resplandeciente –
salva por favor; rescátanos por favor. Tú eres nuestro Padre.

Por el mérito de aquél que enseñó a percibir buenas señales, clamó
¿dónde están ahora Sus maravillas?
Pero luego extrajo una taza llena de agua del vellón de lana –
por el mérito de la nación llamada novia del Líbano –
salva por favor; rescátanos por favor. Tú eres nuestro Padre.

Por el mérito de aquellos que pertenecen a Tu ejército y libran Tus guerras,
en manos de quienes entregaste Tu salvación,
marcados por el pueblo mientras lamían de sus manos agua –
por el mérito de quienes nunca Te traicionaron –
salva por favor; rescátanos por favor. Tú eres nuestro Padre.

Por el mérito de aquél que solitariamente castigó a sus enemigos,
dedicado como Nazareo desde la matriz,
le proveíste de agua del hueco de una quijada –
por la causa de Tu Sagrado Nombre –
salva por favor; rescátanos por favor. Tú eres nuestro Padre.

Por el mérito del buen niño que fue creciendo
y que nunca tomó nada propiedad de la congregación,
haciendo retornar al pueblo de su trasgresión ordenó que se extraiga agua –
por el mérito de una nación bella como Jerusalém –
salva por favor; rescátanos por favor. Tú eres nuestro Padre.

Por el mérito de aquél que rió y danzó mientras cantaba,
enseñando la Torá por medio de todo instrumento musical,
vertió libaciones ante Ti si bien estaba sediento –
por el mérito de quienes depositaron en Ti su confianza –
salva por favor; rescátanos por favor. Tú eres nuestro Padre.

Por el mérito de aquél que ascendió al cielo en pureza envuelto en una nube
tormentosa, / que fue celoso de Tu mandamiento y aplacó Tu ira,
ante cuya palabra descendió el fuego y quemó la tierra y el agua –
por el mérito del pueblo cuyos ojos se asemejan a manantiales –
salva por favor; rescátanos por favor. Tú eres nuestro Padre.

Por el mérito de aquél que sirvió a su maestro fielmente,
y le fue emanado un espíritu doble.
Cuando llamaba al músico para que toque las cisternas se llenaban de agua –
por el mérito de quienes dijeron "quién como Tú" –
salva por favor; rescátanos por favor. Tú eres nuestro Padre.

לְמַעַן מְשָׁרֶת לֹא מָשׁ מֵאֹהֶל, וְרוּחַ הַקֹּדֶשׁ עָלָיו אֹהֵל
בְּעָבְרוֹ בַּיַּרְדֵּן נִכְרְתוּ הַמַּיִם.
לְיָפָה וּבָרָה הוֹשַׁע נָא וְהוֹשִׁיעָה נָּא, אָבִֽינוּ אָֽתָּה.

לְמַעַן לָמַד רְאוֹת לְטוֹבָה אוֹת, זָעַק אַיֵּה נִפְלָאוֹת
מִצָּה טַל מִגִּזָּה מְלֹא הַסֵּפֶל מַֽיִם.
לְכַלַּת לְבָנוֹן הוֹשַׁע נָא וְהוֹשִׁיעָה נָּא, אָבִֽינוּ אָֽתָּה.

לְמַעַן כְּלוּלֵי עֲשׂוֹת מִלְחַמְתֶּֽךָ, אֲשֶׁר בְּיָדָם תַּתָּה יְשׁוּעָתֶֽךָ
צְרוּפֵי מִגּוֹי בְּלָקְקָם בְּיָדָם מַֽיִם.
לְלֹא בָגְדוּ בָךְ הוֹשַׁע נָא וְהוֹשִׁיעָה נָּא, אָבִֽינוּ אָֽתָּה.

לְמַעַן יָחִיד צוֹרְרִים דָּשׁ, אֲשֶׁר מֵרֶחֶם לְנָזִיר הֻקְדָּשׁ
מִמַּכְתֵּשׁ לֶחִי הִבְקַעְתָּ לוֹ מַֽיִם.
לְמַעַן שֵׁם קָדְשֶֽׁךָ הוֹשַׁע נָא וְהוֹשִׁיעָה נָּא, אָבִֽינוּ אָֽתָּה.

לְמַעַן טוֹב הוֹלֵךְ וְגָדֵל, אֲשֶׁר מֵעֹשֶׁק עֵדָה חִדֵּל
בְּשׁוּב עָם מֵחֵטְא צִוָּה שְׁאֹב מַֽיִם.
לְנָאוָה כִּירוּשָׁלָֽיִם הוֹשַׁע נָא וְהוֹשִׁיעָה נָּא, אָבִֽינוּ אָֽתָּה.

לְמַעַן חִכֵּךְ מְכַרְכֵּר בְּשִׁיר, הַמְלַמֵּד תּוֹרָה בְּכָל כְּלֵי שִׁיר
מְנַסֵּךְ לְפָנֶֽיךָ כְּתָאֵב שְׁתוֹת מַֽיִם.
לְשָׂמוּ בְךָ סִבְרָם הוֹשַׁע נָא וְהוֹשִׁיעָה נָּא, אָבִֽינוּ אָֽתָּה.

לְמַעַן זָךְ עָלָה בַּסְּעָרָה, הַמְקַנֵּא וּמֵשִׁיב עֶבְרָה
לִפְלוּלוֹ יָרְדָה אֵשׁ וְלִחֲכָה עָפָר וּמַֽיִם.
לְעֵינֶֽיהָ בְּרֵכוֹת הוֹשַׁע נָא וְהוֹשִׁיעָה נָּא, אָבִֽינוּ אָֽתָּה.

לְמַעַן וְשֵׁרֵת בֶּאֱמֶת לְרַבּוֹ, פִּי שְׁנַֽיִם בְּרוּחוֹ נֶאֱצַל בּוֹ
בְּקַחְתּוֹ מְנַגֵּן נִתְמַלְּאוּ גֵּבִים מַֽיִם.
לְפָצוּ מִי כָמֹֽכָה הוֹשַׁע נָא וְהוֹשִׁיעָה נָּא, אָבִֽינוּ אָֽתָּה.

Por el mérito de aquél que pensó hacer Tu voluntad,
y proclamó el arrepentimiento para Tu rebaño,
luego, cuando el blasfemo llegó tapó todos los pozos de agua –
por la causa de Sion cuya belleza es completa –
salva por favor; rescátanos por favor. Tú eres nuestro Padre.

Por el mérito de aquellos que Te buscaron desde el exilio,
y Tu secreto se reveló ante ellos,
y sin caer en tentación pidieron ingerir leguminosas y agua, –
por el mérito de quienes claman a Ti desde la dificultad –
salva por favor; rescátanos por favor. Tú eres nuestro Padre.

Por el mérito de quien estudió sabiduría y entendimiento,
el agudo escriba que estableció una promesa, / aquél que nos hizo más sabios
con palabras más profundas que las aguas del océano –
por la causa de la ciudad colmada de gente –
salva por favor; rescátanos por favor. Tú eres nuestro Padre.

Por el mérito de quienes acuden a Ti hoy de todo corazón,
derraman ante Ti sus plegarias sin dualidad en su intención,
y Te piden por favor les concedas con vigor torrentes de agua –
por el mérito de quienes cantaron en el mar –
salva por favor; rescátanos por favor. Tú eres nuestro Padre.

Por el mérito de quienes dicen "que Tu Nombre sea exaltado",
y son Tu heredad, Tu pueblo,
que están sedientos por Tu salvación como una tierra que clama por agua –
por el mérito de aquellos para quienes buscaste un sitio de reposo –
salva por favor; rescátanos por favor. Tú eres nuestro Padre.

Primero el oficiante y luego la congregación:

Salva, por favor,
Dios, por favor,
Sálvanos, por favor,
Salva, por favor, perdona por favor
y haznos prosperar, por favor.
Sálvanos, Dios, nuestro Refugio.

Se baja el "lulav" y el "etrog" y se toma las Hoshanot.

לְמַעַן הִרְהֵר עֲשׂוֹת רְצוֹנֶךָ, הַמַּכְרִיז תְּשׁוּבָה לְצֹאנֶךָ
אָז בְּבוֹא מְחָרֵף סָתַם עֵינוֹת מַיִם.
לְצִיּוֹן מִכְלַל יֹפִי הוֹשַׁע נָא וְהוֹשִׁיעָה נָּא, אָבִינוּ אָתָּה.

לְמַעַן דְּרָשׁוּךָ בְּתוֹךְ הַגּוֹלָה, וְסוֹדְךָ לָמוֹ נִגְלָה
בִּלִי לְהִתְגָּאֵל דָּרְשׁוּ זֵרְעוֹנִים וּמַיִם.
לְקוֹרְאֶיךָ בַּצָּר הוֹשַׁע נָא וְהוֹשִׁיעָה נָּא, אָבִינוּ אָתָּה.

לְמַעַן גָּמַר חָכְמָה וּבִינָה, סוֹפֵר מָהִיר מְפַלֵּשׁ אֲמָנָה
מְחַכְּמֵנוּ אֲמָרִים הַמְּשׁוּלִים בְּרַחֲבֵי מַיִם.
לְרַבָּתִי עָם הוֹשַׁע נָא וְהוֹשִׁיעָה נָּא, אָבִינוּ אָתָּה.

לְמַעַן בָּאֵי לְךָ הַיּוֹם בְּכָל לֵב, שׁוֹפְכִים לְךָ שִׂיחַ בְּלֹא לֵב וָלֵב
שׁוֹאֲלִים מִמְּךָ עֹז מִטְרוֹת מַיִם.
לְשׁוֹרְרוּ בַיָּם הוֹשַׁע נָא וְהוֹשִׁיעָה נָּא, אָבִינוּ אָתָּה.

לְמַעַן אוֹמְרֵי יִגְדַּל שְׁמֶךָ, וְהֵם נַחֲלָתְךָ וְעַמֶּךָ
צְמֵאִים לְיֶשְׁעֲךָ כְּאֶרֶץ עֲיֵפָה לַמַּיִם.
לְתַרְתָּ לָמוֹ מְנוּחָה הוֹשַׁע נָא וְהוֹשִׁיעָה נָּא, אָבִינוּ אָתָּה.

Primero el שליח ציבור *y luego el* קהל*:*

הוֹשַׁע נָא, אֵל נָא

אָנָּא הוֹשִׁיעָה נָּא.

הוֹשַׁע נָא, סְלַח נָא

וְהַצְלִיחָה נָא

וְהוֹשִׁיעֵנוּ אֵל מָעֻזֵּנוּ.

Se baja el לולב *y el* אתרוג *y se toma las* הושענות*.*

תַּעֲנֶה Responde a aquellos fieles que derraman su corazón
ante Ti cual agua – y sálvanos, por favor.
Por el mérito de Abraham que atravesó
fuego y agua – y haznos prosperar, por favor.
Dio la orden que se traiga
un poco de agua – y sálvanos, Dios, nuestro Refugio.

Responde las tribus ordenadas según banderas
que atravesaron el mar partido en franjas – y sálvanos por favor.
Por el mérito de (Ytzjak) quien fue amarrado
en el pórtico de los cielos – y haznos prosperar, por favor.
Quien luego volvió
a excavar pozos de agua – y sálvanos, Dios, nuestro Refugio.

Responde los puros que acampan junto al agua – y sálvanos, por favor.
Por el mérito de aquél de piel tersa (Ya'akov)
que cepilló las varas que colocó junto
a los canales de agua – y haznos prosperar, por favor.
Levantó una piedra
y descubrió un pozo de agua – y sálvanos, Dios, nuestro Refugio.

Responde los amados que heredaron una ley
que se compara con el agua – y sálvanos por favor.
Por el mérito de los príncipes que cavaron
en el desierto con sus varas – y haznos prosperar, por favor.
Para que ellos y sus descendientes
puedan disfrutar del agua – y sálvanos, Dios, nuestro Refugio.

Responde los que suplican por agua en el desolado desierto – y sálvanos, por favor.
Por el mérito del fiel en Tu Casa (Moishé)
que proveyó al pueblo de agua – y haznos prosperar, por favor.
Golpeó la piedra y manó agua – y sálvanos, Dios, nuestro Refugio.

Responde quienes cantan en el desierto "asciende, pozo de agua" – y sálvanos, por favor.
Por el mérito de Aharón que designado
ante las aguas en Meribá – y haznos prosperar, por favor.
Y ordenó abrevar a los sedientos con agua – y sálvanos, Dios, nuestro Refugio.

Responde los santos que liban para Ti agua – y sálvanos, por favor.
Por el mérito del padre de todos los poetas (David)
que deseaba beber agua – y haznos prosperar, por favor.
Mas se contuvo y la libó ante Ti – y sálvanos, Dios, nuestro Refugio.

Responde quienes vienen a implorarte sosteniendo
las cuatro especies que crecen cerca del agua – y sálvanos, por favor.
Por el mérito de la colina en ruinas hacia la
que todas las bocas oran – y haznos prosperar, por favor.
Abre la tierra y haz
que los cielos precipiten lluvias – y sálvanos, Dios, nuestro Refugio.

תַּעֲנֶה אֱמוּנִים שׁוֹפְכִים לְךָ לֵב כַּמַּיִם וְהוֹשִׁיעָה נָּא.
לְמַעַן בָּא בָאֵשׁ וּבַמַּיִם וְהַצְלִיחָה נָא.
גָּזַר וְנָם יֻקַּח נָא מְעַט מַיִם וְהוֹשִׁיעֵנוּ אֵל מָעֻזֵּנוּ.

תַּעֲנֶה דְגָלִים גָּזוּ גִּזְרֵי מַיִם וְהוֹשִׁיעָה נָּא.
לְמַעַן הַנֶּעֱקַד בְּשַׁעַר הַשָּׁמַיִם וְהַצְלִיחָה נָא.
וְשָׁב וְחָפַר בְּאֵרוֹת מַיִם וְהוֹשִׁיעֵנוּ אֵל מָעֻזֵּנוּ.

תַּעֲנֶה זַכִּים חוֹנִים עֲלֵי מַיִם וְהוֹשִׁיעָה נָּא.
לְמַעַן חָלָק מְפַצֵּל מַקְלוֹת בְּשִׁקְתוֹת הַמַּיִם וְהַצְלִיחָה נָא.
טָעַן וְגָל אֶבֶן מִבְּאֵר מַיִם וְהוֹשִׁיעֵנוּ אֵל מָעֻזֵּנוּ.

תַּעֲנֶה יְדִידִים נוֹחֲלֵי דָת מְשׁוּלַת מַיִם וְהוֹשִׁיעָה נָּא.
לְמַעַן כָּרוּ בְּמִשְׁעֲנוֹתָם מַיִם וְהַצְלִיחָה נָא.
לְהָכִין לָמוֹ וּלְצֶאֱצָאֵימוֹ מַיִם וְהוֹשִׁיעֵנוּ אֵל מָעֻזֵּנוּ.

תַּעֲנֶה מִתְחַנְּנִים כְּבִישִׁימוֹן עֲלֵי מַיִם וְהוֹשִׁיעָה נָּא.
לְמַעַן נֶאֱמַן בַּיִת מַסְפִּיק לָעָם מַיִם וְהַצְלִיחָה נָא.
סֶלַע הָךְ וַיָּזוּבוּ מַיִם וְהוֹשִׁיעֵנוּ אֵל מָעֻזֵּנוּ.

תַּעֲנֶה עוֹנִים עֲלֵי בְאֵר מַיִם וְהוֹשִׁיעָה נָּא.
לְמַעַן פֻּקַּד בְּמֵי מְרִיבַת מַיִם וְהַצְלִיחָה נָא.
צְמֵאִים לְהַשְׁקוֹת מַיִם וְהוֹשִׁיעֵנוּ אֵל מָעֻזֵּנוּ.

תַּעֲנֶה קְדוֹשִׁים מְנַסְּכִים לְךָ מַיִם וְהוֹשִׁיעָה נָּא.
לְמַעַן רֹאשׁ מְשׁוֹרְרִים כְּתָאַב שְׁתוֹת מַיִם וְהַצְלִיחָה נָא.
שָׁב וְנָסַךְ לְךָ מַיִם וְהוֹשִׁיעֵנוּ אֵל מָעֻזֵּנוּ.

תַּעֲנֶה שׁוֹאֲלִים בְּרִבּוּעַ אֶשְׁלֵי מַיִם וְהוֹשִׁיעָה נָּא.
לְמַעַן תֵּל תַּלְפִּיּוֹת מוֹצָא מַיִם וְהַצְלִיחָה נָא.
תִּפְתַּח אֶרֶץ וְתַרְעִיף שָׁמַיִם וְהוֹשִׁיעֵנוּ אֵל מָעֻזֵּנוּ.

Primero el oficiante y luego la congregación:

Ten compasión, por favor, de la congregación de Yeshurún;
perdona y condona sus iniquidades,
y sálvanos, Dios de nuestra salvación.

אָז Tal como los ojos de los esclavos / se dirigen hacia las manos de sus amos, / hemos venido ante Ti como quienes se presentan a juicio
y sálvanos, Dios de nuestra salvación.

Glorioso Señor Supremo, / nos han impuesto conflictos, / otros poderosos se han enSeñoreado y nos han oprimido
y sálvanos, Dios de nuestra salvación.

Hemos acudido hoy para suplicar, / ante Ti que eres Compasivo y Benevolente, / recitando y repitiendo las maravillas que Tú obras
y sálvanos, Dios de nuestra salvación.

No permitas que se reseque, / la tierra que mana leche y miel, / alivia el pesar de la tierra con nubes plenas de lluvia
y sálvanos, Dios de nuestra salvación.

Plántanos en la tierra fértil y fecunda, / de la mano de los siete pastores y los ocho príncipes, / Dios recto, justo y fidedigno
y sálvanos, Dios de nuestra salvación.

Tú estableciste un pacto con la tierra, / mientras el mundo exista, / para no destruirla ya más y sálvanos, Dios de nuestra salvación.

Te suplicamos por agua, / como sauces que se inclinan sobre flujos de agua, / por favor, recuerda al pueblo de Israel y sus libaciones de agua
y sálvanos, Dios de nuestra salvación.

Portando las plantas de las cuatro especies del modo como crecen, / el pueblo de Israel abunda en su clamor a Ti, / atiende por favor la voz de su súplica
y sálvanos, Dios de nuestra salvación.

Tú que obras salvaciones, / dirige Tu atención a sus plegarias, absuélvelos de culpas, / Dios de todas las salvaciones y sálvanos, Dios de nuestra salvación.

Atiende la voz de su clamor, / abre la tierra para que florezca la salvación, / Tú que obras numerosas salvaciones y no deseas mal alguno
y sálvanos, Dios de nuestra salvación.

Primero el oficiante y luego la congregación:

Abre los portones del cielo, y abre para nosotros Tu abundante tesoro.
Sálvanos y no apliques sobre nosotros juicio severo –
y sálvanos, Dios de nuestra salvación.

Primero el שליח ציבור *y luego el* קהל*:*

רַחֵם נָא קְהַל עֲדַת יְשׁוּרוּן, סְלַח וּמְחַל עֲוֹנָם וְהוֹשִׁיעֵנוּ אֱלֹהֵי יִשְׁעֵנוּ.

אָז כְּעֵינֵי עֲבָדִים אֶל יַד אֲדוֹנִים
בָּאנוּ לְפָנֶיךָ נְדוֹנִים. וְהוֹשִׁיעֵנוּ אֱלֹהֵי יִשְׁעֵנוּ.

גֵּאֶה אֲדוֹנֵי הָאֲדוֹנִים, נִתְגָּרוּ בָנוּ מְדָנִים
דְּשָׁוּנוּ וּבְעָלוּנוּ זוּלָתְךָ אֲדוֹנִים. וְהוֹשִׁיעֵנוּ אֱלֹהֵי יִשְׁעֵנוּ.

הֵן גַּשְׁנוּ הַיּוֹם בְּתַחֲנוּן, עָדֶיךָ רַחוּם וְחַנּוּן
וְסִפַּרְנוּ נִפְלְאוֹתֶיךָ בְּשִׁנּוּן. וְהוֹשִׁיעֵנוּ אֱלֹהֵי יִשְׁעֵנוּ.

זָבַת חָלָב וּדְבַשׁ, נָא אַל תִּיבַשׁ
חֲשְׁרַת מַיִם כְּאֵבֶה תֶּחְבָּשׁ. וְהוֹשִׁיעֵנוּ אֱלֹהֵי יִשְׁעֵנוּ.

טְעֵנוּ בִשְׁמֹנָה, בְּיַד שִׁבְעָה וּשְׁמוֹנָה
יָשָׁר צַדִּיק אֵל אֱמוּנָה. וְהוֹשִׁיעֵנוּ אֱלֹהֵי יִשְׁעֵנוּ.

כָּרַתָּ בְּרִית לָאָרֶץ, עוֹד כָּל יְמֵי הָאָרֶץ
לְבִלְתִּי פְּרָץ בָּהּ פָּרֶץ. וְהוֹשִׁיעֵנוּ אֱלֹהֵי יִשְׁעֵנוּ.

מִתְחַנְּנִים עֲלֵי מַיִם, כַּעֲרָבִים עַל יִבְלֵי מַיִם
נָא זְכָר לָמוֹ נִסּוּךְ הַמַּיִם. וְהוֹשִׁיעֵנוּ אֱלֹהֵי יִשְׁעֵנוּ.

שִׂיחִים בְּדֶרֶךְ מַטָּעָתָם, עוֹמְסִים בְּשַׁוְעָתָם
עֲנֵם בְּקוֹל פְּגִיעָתָם. וְהוֹשִׁיעֵנוּ אֱלֹהֵי יִשְׁעֵנוּ.

פּוֹעֵל יְשׁוּעוֹת, פְּנֵה לְפִלּוּלָם שְׁעוֹת
צַדְּקֵם אֵל לְמוֹשָׁעוֹת. וְהוֹשִׁיעֵנוּ אֱלֹהֵי יִשְׁעֵנוּ.

קוֹל רִגְשָׁם תִּשַׁע, תִּפְתַּח אֶרֶץ וְיִפְרוּ יֶשַׁע
רַב לְהוֹשִׁיעַ וְלֹא חָפֵץ רֶשַׁע. וְהוֹשִׁיעֵנוּ אֱלֹהֵי יִשְׁעֵנוּ.

Primero el שליח ציבור *y luego el* קהל*:*

שַׁעֲרֵי שָׁמַיִם פְּתַח, וְאוֹצָרְךָ הַטּוֹב לָנוּ תִפְתַּח. תּוֹשִׁיעֵנוּ וְרִיב אַל תִּמְתַּח. וְהוֹשִׁיעֵנוּ אֱלֹהֵי יִשְׁעֵנוּ.

Primero el oficiante y luego la congregación:

La voz del heraldo trae buenas nuevas y anuncia –

אֹמֶן Tu verdadera salvación está llegando / la voz de mi amado he aquí que
está llegando – trae buenas nuevas y anuncia. / Llega con huestes celestiales /
para posarse sobre el Monte de los Olivos – trae buenas nuevas y anuncia. / Se
aproxima al son del shofar / bajo él, el monte se habrá de partir en dos – trae
buenas nuevas y anuncia. / Golpea, atisba y resplandece / y media montaña
se desplaza desde el Este – trae buenas nuevas y anuncia. / Cumple las pa-
labras que enunció / y llega junto a todos Sus santos – trae buenas nuevas
y anuncia. / Todos los seres de la tierra / escucharán la Voz Celestial – trae
buenas nuevas y anuncia. / Los niños nacidos de Su vientre / lo harán cual
niños que en un día nacen de sus madres – trae buenas nuevas y anuncia. /
Antes de que le vinieran los dolores de parto dio a luz / ¿quién escuchó cosa *Is. 66*
semejante? – trae buenas nuevas y anuncia. / Solamente alguien Puro (Dios) *Is. 66*
ha obrado todo esto / ¿quién vio cosa semejante? – trae buenas nuevas y anun-
cia. / La salvación tiene ya un momento establecido / ¿puede la tierra dar a *Is. 66*
luz todo en un día? – trae buenas nuevas y anuncia. / El Todopoderoso en los *Is. 66*
mundos superiores e inferiores / ¿puede una nación entera nacer de una sola
vez? – trae buenas nuevas y anuncia. / Cuando el Señor esplendoroso redima *Zej. 14*
a Su pueblo / será entonces que por la noche habrá luz – trae buenas nuevas y
anuncia. / Los redimidos ascenderán al Monte de Sion / porque Sión dará a *Is. 66*
luz – trae buenas nuevas y anuncia. / Una voz se escuchará por todos tus con- *Is. 54*
fines / "extiende la cobertura de tus tiendas" – trae buenas nuevas y anuncia. /
Extiende Tu morada hasta Damasco / recibe a Tus hijos e hijas – trae buenas
nuevas y anuncia. / Regocíjate lirio del Sharón / pues se han despertado los
que dormían en Jevrón – trae buenas nuevas y anuncia. / Dirigíos hacia Mí y
os salvaréis – hoy, si es que escucháis Mi voz – trae buenas nuevas y anuncia. /
Un redentor llamado Tzemaj brotará y crecerá / se trata del mismísimo Rey
David – trae buenas nuevas y anuncia. / Levantaos vosotros que vivís entre *Is. 26*
las cenizas / despertad y entonad cánticos vosotros los que dormís en el pol-
vo – trae buenas nuevas y anuncia. / La ciudad rebosante de gente en el día *II Sam. 66*
de su coronación / torre de salvación es Él para Su rey – trae buenas nuevas y
anuncia. / Destruye el prestigio de los malvados / es generoso con Su ungido *II Sam. 22*
David – trae buenas nuevas y anuncia. / Otorga salvación al pueblo eterno / *II Sam. 22*
a David y su simiente por siempre – trae buenas nuevas y anuncia.

Primero el oficiante y luego la congregación (tres veces):

La voz del heraldo trae buenas nuevas y anuncia –

Primero el שליח ציבור *y luego el* קהל:

קוֹל מְבַשֵּׂר מְבַשֵּׂר וְאוֹמֵר.

אָמֵן יֶשְׁעֲךָ בָּא, קוֹל דּוֹדִי הִנֵּה זֶה בָּא. מְבַשֵּׂר וְאוֹמֵר.
בָּא בְּרִבְבוֹת כִּתִּים, לַעֲמֹד עַל הַר הַזֵּיתִים. מְבַשֵּׂר וְאוֹמֵר.
גִּשְׁתּוֹ בַּשּׁוֹפָר לִתְקֹעַ, תַּחְתָּיו הַר יִבָּקֵעַ. מְבַשֵּׂר וְאוֹמֵר.
דָּפַק וְהֵצִיץ וְזָרַח, וּמָשׁ חֲצִי הָהָר מִמִּזְרָח. מְבַשֵּׂר וְאוֹמֵר.
הֵקִים מִלּוּל נְאֻמוֹ, וּבָא הוּא וְכָל קְדוֹשָׁיו עִמּוֹ. מְבַשֵּׂר וְאוֹמֵר.
וּלְכָל בָּאֵי הָעוֹלָם, בַּת קוֹל יִשָּׁמַע בָּעוֹלָם. מְבַשֵּׂר וְאוֹמֵר.
זֶרַע עֲמוּסֵי רַחְמוֹ, נוֹלְדוּ כְּיֶלֶד מִמְּעֵי אִמּוֹ. מְבַשֵּׂר וְאוֹמֵר.
חָלָה וְיָלְדָה מִי זֹאת, מִי־שָׁמַע כָּזֹאת. מְבַשֵּׂר וְאוֹמֵר. ישעיה סו
טָהוֹר פָּעַל כָּל אֵלֶּה, מִי רָאָה כָּאֵלֶּה. מְבַשֵּׂר וְאוֹמֵר. ישעיה סו
יֶשַׁע וּזְמַן הוּחַד, הֲיוּחַל אֶרֶץ בְּיוֹם אֶחָד. מְבַשֵּׂר וְאוֹמֵר. ישעיה סו
כַּבִּיר רוּם וָתַחַת, אִם־יִוָּלֵד גּוֹי פַּעַם אֶחָת. מְבַשֵּׂר וְאוֹמֵר. ישעיה סו
לְעֵת יִגְאַל עַמּוֹ נָאוֹר, וְהָיָה לְעֵת־עֶרֶב יִהְיֶה־אוֹר. מְבַשֵּׂר וְאוֹמֵר. זכריה יד
מוֹשִׁיעִים יַעֲלוּ לְהַר צִיּוֹן, כִּי־חָלָה גַּם־יָלְדָה צִיּוֹן. מְבַשֵּׂר וְאוֹמֵר. ישעיה סו
נִשְׁמַע בְּכָל גְּבוּלֵךְ, הַרְחִיבִי מְקוֹם אָהֳלֵךְ. מְבַשֵּׂר וְאוֹמֵר. ישעיה נד
שִׂימִי עַד דַּמֶּשֶׂק מִשְׁכְּנוֹתַיִךְ, קַבְּלִי בָנַיִךְ וּבְנוֹתַיִךְ. מְבַשֵּׂר וְאוֹמֵר.
עִלְזִי חֲבַצֶּלֶת הַשָּׁרוֹן, כִּי קָמוּ יְשֵׁנֵי חֶבְרוֹן. מְבַשֵּׂר וְאוֹמֵר.
פְּנוּ אֵלַי וְהִוָּשְׁעוּ, הַיּוֹם אִם בְּקוֹלִי תִשְׁמָעוּ. מְבַשֵּׂר וְאוֹמֵר.
צָמַח אִישׁ צֶמַח שְׁמוֹ, הוּא דָוִד בְּעַצְמוֹ. מְבַשֵּׂר וְאוֹמֵר.
קוּמוּ כְּפוּשֵׁי עָפָר, הָקִיצוּ וְרַנְּנוּ שֹׁכְנֵי עָפָר. מְבַשֵּׂר וְאוֹמֵר. ישעיה כו
רַבָּתִי עָם בְּהַמְלִיכוֹ, מִגְדּוֹל יְשׁוּעוֹת מַלְכּוֹ. מְבַשֵּׂר וְאוֹמֵר. שמואל ב׳ כב
שֵׁם רְשָׁעִים לְהַאֲבִיד, עֹשֶׂה־חֶסֶד לִמְשִׁיחוֹ לְדָוִד. מְבַשֵּׂר וְאוֹמֵר. שמואל ב׳ כב
תְּנָה יְשׁוּעוֹת לְעַם עוֹלָם, לְדָוִד וּלְזַרְעוֹ עַד־עוֹלָם. מְבַשֵּׂר וְאוֹמֵר. שמואל ב׳ כב

Primero el שליח ציבור *y luego el* קהל *(tres veces):*

קוֹל מְבַשֵּׂר מְבַשֵּׂר וְאוֹמֵר.

Golpear las Hoshanot contra una silla o el suelo cinco veces y luego recitar el siguiente pasaje (ver ley 118):

הוֹשִׁיעָה Salva a Tu pueblo y bendice a Tu herencia, *Sal. 28*
cuídalos y enaltécelos por siempre.
Que estas palabras mías de súplica ante el Señor *1 Re. 8*
estén cercanas al Señor nuestro Dios día y noche,
para cumplir con la ley de Su siervo
y con la sentencia de Su pueblo Israel, día tras día.
Para que todas las naciones de la tierra
sepan que el Señor es el Dios
y no hay ningún otro.

Se regresan los rollos de la Torá al Arca Sagrada y se cierra.

Sea Tu voluntad Señor, Dios nuestro y de nuestros ancestros, que escoge buenos profetas y sus buenas costumbres, que aceptes con compasión y buena voluntad nuestra plegaria y nuestras hakafot. Recuerda en nuestro favor la memoria de Tus siete hombres íntegros, retira el tabique de hierro que separa entre Tú y nosotros, escucha nuestra plegaria y otórganos un sellado favorable. Tú que sostienes la tierra sobre el vacío, séllanos en el libro de la buena vida.

En este día incorpora ante Tu Presencia los cinco rigores atenuados por medio de la práctica de Tus sagrados profetas, el azote de las ramas de sauce, y despierta el amor entre estos cinco. Y bésanos con besos de Tu boca, que atenúan todos los rigores y todas las severidades. Ilumina Tu poderosa Presencia con el Nombre *Yud-Heh-Vav,* que son todas las luces de Tu rocío y desde allí haz fluir abundante luz sobre Tu siervo que ora delante de Ti, prolonga sus días y perdona todas sus trasgresiones, iniquidades e inconductas. Juzga con Tu diestra y extiende Tu mano para recibir a quien retorna con corazón íntegro. Abre Tus buenos tesoros para saciar de agua a las almas sedientas, tal
como está escrito: "El Señor abrirá para Ti Su buen tesoro, abrirá los *Deut. 28*
cielos para dar lluvia sobre tu tierra en su momento, y bendecir toda la obra de tus manos:" Amén.

El oficiante continúa con un Kadish Completo en la página 575.

Golpear las הושענות *contra una silla o el suelo cinco veces y luego recitar el siguiente pasaje (ver ley 118):*

הוֹשִׁיעָה אֶת־עַמֶּךָ, וּבָרֵךְ אֶת־נַחֲלָתֶךָ תהלים כח
וּרְעֵם וְנַשְּׂאֵם עַד־הָעוֹלָם:
וְיִהְיוּ דְבָרַי אֵלֶּה, אֲשֶׁר הִתְחַנַּנְתִּי לִפְנֵי יהוה מלכים א׳ ח
קְרֹבִים אֶל־יהוה אֱלֹהֵינוּ יוֹמָם וָלָיְלָה
לַעֲשׂוֹת מִשְׁפַּט עַבְדּוֹ וּמִשְׁפַּט עַמּוֹ יִשְׂרָאֵל
דְּבַר־יוֹם בְּיוֹמוֹ:
לְמַעַן דַּעַת כָּל־עַמֵּי הָאָרֶץ כִּי יהוה הוּא הָאֱלֹהִים
אֵין עוֹד:

Se regresan los ספרי תורה *al* ארון קודש *y se cierra.*

יְהִי רָצוֹן מִלְּפָנֶיךָ יהוה אֱלֹהֵינוּ וֵאלֹהֵי אֲבוֹתֵינוּ, הַבּוֹחֵר בִּנְבִיאִים טוֹבִים וּבְמִנְהֲגֵיהֶם הַטּוֹבִים, שֶׁתְּקַבֵּל בְּרַחֲמִים וּבְרָצוֹן אֶת תְּפִלָּתֵנוּ וְהַקָּפוֹתֵינוּ. וּזְכָר לָנוּ זְכוּת שִׁבְעַת תְּמִימֶיךָ, וְתָסִיר מְחִצַּת הַבַּרְזֶל הַמַּפְסֶקֶת בֵּינֵינוּ וּבֵינֶיךָ, וְתַאֲזִין שַׁוְעָתֵנוּ, וְתֵיטִיב לָנוּ הַחֲתִימָה, תּוֹלֶה אֶרֶץ עַל בְּלִימָה, וְחָתְמֵנוּ בְּסֵפֶר חַיִּים טוֹבִים.

וְהַיּוֹם הַזֶּה תִּתֵּן בִּשְׁכִינַת עֻזְּךָ חָמֵשׁ גְּבוּרוֹת מְמֻתָּקוֹת, עַל יְדֵי חֲבִיטַת עֲרָבָה מִנְהַג נְבִיאֶיךָ הַקְּדוֹשִׁים, וְתִתְעוֹרֵר הָאַהֲבָה בֵּינֵיהֶם. וּתְנַשְּׁקֶנּוּ מִנְּשִׁיקוֹת פִּיךָ, מַמְתֶּקֶת כָּל הַגְּבוּרוֹת וְכָל הַדִּינִין. וְתָאִיר לִשְׁכִינַת עֻזְּךָ בְּשֵׁם יו״ד הֵ״א וָא״ו שֶׁהוּא טַל אוֹרוֹת טַלֶּךָ, וּמִשָּׁם תַּשְׁפִּיעַ שֶׁפַע לְעַבְדְּךָ הַמִּתְפַּלֵּל לְפָנֶיךָ, שֶׁתַּאֲרִיךְ יָמָיו וְתִמְחֹל לוֹ חֲטָאָיו וַעֲוֹנוֹתָיו וּפְשָׁעָיו. וְתִפְשֹׁט יְמִינְךָ וְיָדְךָ לְקַבְּלוֹ בִּתְשׁוּבָה שְׁלֵמָה לְפָנֶיךָ. וְאוֹצָרְךָ הַטּוֹב תִּפְתַּח לְהַשְׂבִּיעַ מַיִם נֶפֶשׁ שׁוֹקֵקָה, כְּמוֹ שֶׁכָּתוּב: יִפְתַּח יהוה דברים כח
לְךָ אֶת־אוֹצָרוֹ הַטּוֹב אֶת־הַשָּׁמַיִם לָתֵת מְטַר־אַרְצְךָ בְּעִתּוֹ, וּלְבָרֵךְ אֵת כָּל־מַעֲשֵׂה יָדֶךָ: אָמֵן.

El שליח ציבור *continúa con un* קדיש שלם *en la página 575.*

LA ANULACIÓN DE PROMESAS

En la mañana previa a Rosh HaShaná se deben anular las promesas ante tres hombres que fungen como jueces, y se recita:

שִׁמְעוּ נָא Escuchad por favor Señores míos, jueces expertos, toda promesa o juramento o prohibición o restricción o limitación que he jurado o he prometido tanto en estado de vigilia como en sueños, o que he jurado por algunos de los Nombres Sagrados que no pueden ser borrados, o por el Nombre Sagrado de Dios - Bendito Es - de cuatro letras, o cualquier tipo de nazireato que haya asumido, incluido el nazireato de Sansón, o cualquier prohibición, incluso la de disfrutar que haya impuesto sobre mi persona o sobre terceros por medio de cualquier expresión, tanto sea empleando un lenguaje de prohibición, restricción o limitación, o cualquier tipo de compromiso – incluso de un precepto positivo – que haya aceptado sobre mí, incluso respecto de preceptos no obligatorios que asumí bajo la forma de una promesa o compromiso voluntario o como juramento o voto de nazireato o cualquiera de estas expresiones, y también la que haya sido hecha por medio de estrechar las manos. Ya sea se trate de una promesa o cualquier acción voluntaria asumida o cualquier costumbre preceptiva que haya adoptado para mi persona, así como cualquier pronunciamiento que haya salido de mi boca o que haya prometido o decidido para mis adentros el realizar alguno de los preceptos o una buena costumbre, o cualquier buena práctica que haya realizado tres veces, sin condicionar que lo hacía sin prometer continuarla. Tanto se trate de cosas que hice para con mi persona o para con los demás, tanto aquellas que me son conocidas como aquellas que ya olvidé, de todas me arrepiento retroactivamente, y solicito y pido de vuestras excelencias la anulación de estas pues temo tropezar y quedar atrapado - Dios no lo permita - en la trasgresión de votos, promesas, juramentos, nazireato, prohibiciones, restricciones y acuerdos. No me arrepiento, Dios no lo quiera, de la realización de los buenos actos que he llevado a cabo; mas bien me arrepiento tan sólo de haberlos aceptado sobre mi persona mediante una expresión que denota promesa, juramento, nazireato, prohibición, limitaciones y restricciones, acuerdo aceptación en mi corazón. Y me arrepiento de no haber dicho 'He aquí que realizo esto sin asumirlo en términos de una promesa, juramento, nazireato, prohibición, limitaciones y restricciones, acuerdo o aceptación en mi corazón'.

Por lo tanto, solicito la anulación de todos ellos.

El judaísmo pone énfasis en la santidad del lenguaje, especialmente cuando es empleado para aceptar o imponer obligaciones sobre sí mismo. Se le adjudica una gran significación a las promesas y otros compromisos de tipo verbal: "Si una persona realiza una promesa a Dios, o un juramento que lo obliga, no deberá quebrar su palabra y deberá realizar todo cuanto declaró"

התרת נדרים

En la mañana previa a ראש השנה *se deben anular las promesas ante tres hombres que fungen como jueces, y se recita:*

שִׁמְעוּ נָא רַבּוֹתַי (דַּיָּנִים מֻמְחִים), כָּל נֶדֶר אוֹ שְׁבוּעָה אוֹ אִסָּר אוֹ קוֹנָם אוֹ חֵרֶם שֶׁנָּדַרְתִּי אוֹ נִשְׁבַּעְתִּי בְּהָקִיץ אוֹ בַחֲלוֹם, אוֹ נִשְׁבַּעְתִּי בְּשֵׁמוֹת הַקְּדוֹשִׁים שֶׁאֵינָם נִמְחָקִים וּבְשֵׁם הוי״ה בָּרוּךְ הוּא, וְכָל מִינֵי נְזִירוּת שֶׁקִּבַּלְתִּי עָלַי וַאֲפִלּוּ נְזִירוּת שִׁמְשׁוֹן, וְכָל שׁוּם אִסּוּר וַאֲפִלּוּ אִסּוּר הֲנָאָה שֶׁאָסַרְתִּי עָלַי אוֹ עַל אֲחֵרִים בְּכָל לָשׁוֹן שֶׁל אִסּוּר בֵּין בִּלְשׁוֹן אִסּוּר אוֹ חֵרֶם אוֹ קוֹנָם, וְכָל שׁוּם קַבָּלָה אֲפִלּוּ שֶׁל מִצְוָה שֶׁקִּבַּלְתִּי עָלַי בֵּין בִּלְשׁוֹן נֶדֶר בֵּין בִּלְשׁוֹן נְדָבָה בֵּין בִּלְשׁוֹן שְׁבוּעָה בֵּין בִּלְשׁוֹן נְזִירוּת בֵּין בְּכָל לָשׁוֹן, וְגַם הַנַּעֲשֶׂה בִּתְקִיעַת כָּף. בֵּין כָּל נֶדֶר וּבֵין כָּל נְדָבָה וּבֵין שׁוּם מִנְהָג שֶׁל מִצְוָה שֶׁנָּהַגְתִּי אֶת עַצְמִי, וְכָל מוֹצָא שְׂפָתַי שֶׁיָּצָא מִפִּי אוֹ שֶׁנָּדַרְתִּי וְגָמַרְתִּי בְלִבִּי לַעֲשׂוֹת שׁוּם מִצְוָה מֵהַמִּצְוֹת אוֹ אֵיזוֹ הַנְהָגָה טוֹבָה אוֹ אֵיזֶה דָבָר טוֹב שֶׁנָּהַגְתִּי שָׁלֹשׁ פְּעָמִים, וְלֹא הִתְנֵיתִי שֶׁיְּהֵא בְּלִי נֶדֶר. הֵן דָּבָר שֶׁעָשִׂיתִי, הֵן עַל עַצְמִי הֵן עַל אֲחֵרִים, הֵן אוֹתָן הַיְדוּעִים לִי הֵן אוֹתָן שֶׁכְּבָר שָׁכַחְתִּי. בְּכֻלְּהוֹן אִתְחֲרַטְנָא בְהוֹן מֵעִקָּרָא, וְשׁוֹאֵל וּמְבַקֵּשׁ אֲנִי מִמַּעֲלַתְכֶם הַתָּרָה עֲלֵיהֶם, כִּי יָרֵאתִי פֶּן אֶכָּשֵׁל וְנִלְכַּדְתִּי, חַס וְשָׁלוֹם, בַּעֲוֹן נְדָרִים וּשְׁבוּעוֹת וּנְזִירוֹת וַחֲרָמוֹת וְאִסּוּרִין וְקוֹנָמוֹת וְהַסְכָּמוֹת. וְאֵין אֲנִי תוֹהֵא, חַס וְשָׁלוֹם, עַל קִיּוּם הַמַּעֲשִׂים הַטּוֹבִים הָהֵם שֶׁעָשִׂיתִי, רַק אֲנִי מִתְחָרֵט עַל קַבָּלַת הָעִנְיָנִים בִּלְשׁוֹן נֶדֶר אוֹ שְׁבוּעָה אוֹ נְזִירוּת אוֹ אִסּוּר אוֹ חֵרֶם אוֹ קוֹנָם אוֹ הַסְכָּמָה אוֹ קַבָּלָה בְלֵב, וּמִתְחָרֵט אֲנִי עַל זֶה שֶׁלֹּא אָמַרְתִּי הִנְנִי עוֹשֶׂה דָבָר זֶה בְּלִי נֶדֶר וּשְׁבוּעָה וּנְזִירוּת וְחֵרֶם וְאִסּוּר וְקוֹנָם וְקַבָּלָה בְלֵב.

לָכֵן אֲנִי שׁוֹאֵל הַתָּרָה בְּכֻלְּהוֹן.

LA ANULACIÓN DE PROMESAS

A los efectos de evitar llegar a las fiestas solemnes bajo la presión de compromisos asumidos ante Dios e incumplidos, acostumbramos anular o "liberar" las promesas en la mañana previa a Rosh HaShaná. Una ceremonia similar, aunque más solemne, tiene lugar inmediatamente antes del inicio de Yom Kipur bajo la forma de la plegaria de *Kol Nidrei*.

Me arrepiento por todo lo arriba mencionado, tanto sea si se refiere a cuestiones económicas, corporales o espirituales.

Respecto a todas estas, me arrepiento por toda expresión de promesa o juramento o nazireato o prohibición, limitación, penalidad o aceptación para mis adentros que pueda haber realizado.

He aquí que, conforme a la ley, quien se arrepiente y pide la anulación debe especificar la promesa realizada. Empero, debéis saber Señores míos que es imposible detallarlas en virtud de su gran número; y no pido anulación de aquellas promesas que no pueden ser dejadas sin efecto, y por ello, os ruego que ante vuestros ojos resulten como si las hubiese detallado.

Los jueces dicen lo siguiente tres veces:

Todas quedan anuladas para ti, todas quedan perdonadas para ti, todas quedan permitidas para ti. No hay aquí promesa ni juramento ni nazireato ni limitación ni prohibición ni penalidad ni ostracismo ni excomunión ni maldición. Hay aquí ahora absolución, perdón y expiación. Y así como se te anulan en el tribunal terrenal, que sean también anuladas en el Tribunal Celestial.

Quien procura la anulación de las promesas dice:

Por la presente hago la siguiente declaración formal antes ustedes por efecto de la cual cancelo de aquí en más todas las promesas y juramentos, nazireatos, prohibiciones, penalidades, limitaciones, acuerdos y aceptaciones para mis adentros que pueda tomar sobre mi persona tanto en vigilia como durante el sueño, salvo los votos de ayuno que se realizan a la hora del rezo de Minjá. En caso de olvidar las condiciones de la presente declaración, y si a partir de hoy vuelvo a prometer, me arrepiento anticipadamente por ello y condiciono que mis promesas sean nulas y carentes de validez y de existencia, sin efecto ni vigencia. Respecto de todas estas expresiones me arrepiento desde ahora y para siempre.

El *jérem* hace que un objeto esté prohibido al declararlo propiedad sagrada, el *konam* lo designa como si fuera un sacrificio. *Nezirut* es la aceptación – que por lo normal se extiende a treinta días – del nazireato (Números 6:1–21) e implica principalmente la abstención del consumo de vino o uvas, del corte de cabello o el contacto con un cadáver.

La liberación se basa en el arrepentimiento: de haber uno sabido lo que se sabe ahora, no habría asumido el compromiso en cuestión. La liberación o anulación es llevada a cabo por tres adultos que se sientan conformando una corte y su efecto es retroactivo, o sea, por su efecto es como si el voto jamás hubiera sido realizado. Todo este procedimiento pone énfasis en la solemnidad del compromiso verbal. Debemos ser fieles a nuestras palabras y jamás prometer a la ligera cosas que probablemente no podamos finalmente cumplir.

אֲנִי מִתְחָרֵט עַל כָּל הַנִּזְכָּר, בֵּין אִם הָיוּ הַמַּעֲשִׂים מִדְּבָרִים הַנּוֹגְעִים בְּמָמוֹן, בֵּין מֵהַדְּבָרִים הַנּוֹגְעִים בְּגוּף, בֵּין מֵהַדְּבָרִים הַנּוֹגְעִים אֶל הַנְּשָׁמָה.

בְּכֻלְּהוֹן אֲנִי מִתְחָרֵט עַל לְשׁוֹן נֶדֶר וּשְׁבוּעָה וּנְזִירוּת וְאִסּוּר וְחֵרֶם וְקוֹנָם וְקַבָּלָה בְּלֵב.

וְהִנֵּה מִצַּד הַדִּין הַמִּתְחָרֵט וְהַמְבַקֵּשׁ הַתָּרָה צָרִיךְ לִפְרֹט הַנֶּדֶר, אַךְ דְּעוּ נָא רַבּוֹתַי, כִּי אִי אֶפְשָׁר לְפָרְטָם, כִּי רַבִּים הֵם. וְאֵין אֲנִי מְבַקֵּשׁ הַתָּרָה עַל אוֹתָם הַנְּדָרִים שֶׁאֵין לְהַתִּיר אוֹתָם, עַל כֵּן יִהְיוּ נָא בְעֵינֵיכֶם כְּאִלּוּ הָיִיתִי פוֹרְטָם.

Los jueces dicen lo siguiente tres veces:

הַכֹּל יִהְיוּ מֻתָּרִים לָךְ, הַכֹּל מְחוּלִים לָךְ, הַכֹּל שְׁרוּיִים לָךְ. אֵין כָּאן לֹא נֶדֶר וְלֹא שְׁבוּעָה וְלֹא נְזִירוּת וְלֹא חֵרֶם וְלֹא אִסּוּר וְלֹא קוֹנָם וְלֹא נִדּוּי וְלֹא שַׁמְתָּא וְלֹא אָרוּר. אֲבָל יֵשׁ כָּאן מְחִילָה וּסְלִיחָה וְכַפָּרָה. וּכְשֵׁם שֶׁמַּתִּירִים בְּבֵית דִּין שֶׁל מַטָּה, כָּךְ יִהְיוּ מֻתָּרִים מִבֵּית דִּין שֶׁל מַעְלָה.

Quien procura la anulación de las promesas dice:

הֲרֵי אֲנִי מוֹסֵר מוֹדָעָה לִפְנֵיכֶם, וַאֲנִי מְבַטֵּל מִכָּאן וּלְהַבָּא כָּל הַנְּדָרִים וְכָל שְׁבוּעוֹת וּנְזִירוּת וְאִסּוּרִין וְקוֹנָמוֹת וַחֲרָמוֹת וְהַסְכָּמוֹת וְקַבָּלָה בְּלֵב שֶׁאֲקַבֵּל עָלַי בְּעַצְמִי, הֵן בְּהָקִיץ הֵן בַּחֲלוֹם, חוּץ מִנִּדְרֵי תַעֲנִית בִּשְׁעַת מִנְחָה. וּבְאִם אֶשְׁכַּח לִתְנַאי מוֹדָעָה הַזֹּאת וְאֶדֹּר מֵהַיּוֹם עוֹד, מֵעַתָּה אֲנִי מִתְחָרֵט עֲלֵיהֶם וּמַתְנֶה עֲלֵיהֶם שֶׁיִּהְיוּ כֻּלָּן בְּטֵלִין וּמְבֻטָּלִין, לָא שְׁרִירִין וְלָא קַיָּמִין, וְלָא יְהוֹן חָלִין כְּלָל וּכְלָל. בְּכֻלָּן אִתְחֲרַטְנָא בְּהוֹן מֵעַתָּה וְעַד עוֹלָם.

(Números 30:3). En general, es preferible no adjudicar a un compromiso voluntario el estatus sagrado de voto. "Si te abstienes de realizar una promesa, no serás culpable" (Deuteronomio 23:23). "Es mejor no realizar una promesa, que hacerlo y no cumplirla" (Eclesiastés 5:4).

Los compromisos aquí mencionados se refieren a votos realizados a Dios respecto a una determinada conducta que no es expresamente preceptiva o prohibida por la ley judía. La declaración cubre una gama de compromisos. El *néder* es un voto que prohíbe algo a la persona misma, el *isar* es una categoría más general de prohibición auto impuesta. *Shevuá* es un juramento más relacionado a una acción que a un objeto, esto es, hacer o no un determinado acto.

KIDUSH PARA LA NOCHE DE ROSH HASHANÁ

En Shabat se agrega:

En voz baja: Y fue la tarde y fue la mañana Gén. 1

יוֹם הַשִּׁשִּׁי El sexto día

Y quedaron concluidos los cielos y la tierra y todo lo que contienen. Gén. 2
Habiendo concluido Dios en el día séptimo
Su obra, que Él había hecho,
cesó en el día séptimo de toda Su creación, que Él había hecho.
Y bendijo Dios al día séptimo y lo consagró,
ya que en él cesó de toda Su obra,
que Dios había creado para hacer.

En otras noches el Kidush comienza aquí:

Cuando se recita Kidush para otras personas se agrega:
Prestad atención, Señores míos.

בָּרוּךְ Bendito eres Tú Señor, nuestro Dios, Rey del universo,
creador del fruto de la vid.

En Shabat se debe agregar las palabras que aparecen entre paréntesis.

בָּרוּךְ Bendito eres Tú Señor, nuestro Dios, Rey del universo,
que nos ha escogido entre las naciones,
nos ha encumbrado por sobre toda lengua
y nos ha santificado con Sus preceptos.
Tú nos has dado, Señor, nuestro Dios, con amor
(este día de Shabat y) este Día de la Recordación,
día (de recuerdo) del toque del shofar
(con amor) sagrada convocatoria,
recordatorio de la salida de Egipto.
Pues nos has escogido y santificado de entre todas las naciones,
y Tu palabra es verdadera y perdura por siempre.
Bendito eres Tú Señor,
Rey sobre toda la tierra
que santifica (el Shabat,) a Israel y el Día de la Recordación.

קידוש לליל ראש השנה

En שבת *se agrega*

En voz baja וַיְהִי־עֶרֶב וַיְהִי־בֹקֶר — בראשית א

יוֹם הַשִּׁשִּׁי:

וַיְכֻלּוּ הַשָּׁמַיִם וְהָאָרֶץ וְכָל־צְבָאָם: — בראשית ב

וַיְכַל אֱלֹהִים בַּיּוֹם הַשְּׁבִיעִי מְלַאכְתּוֹ אֲשֶׁר עָשָׂה

וַיִּשְׁבֹּת בַּיּוֹם הַשְּׁבִיעִי מִכָּל־מְלַאכְתּוֹ אֲשֶׁר עָשָׂה:

וַיְבָרֶךְ אֱלֹהִים אֶת־יוֹם הַשְּׁבִיעִי, וַיְקַדֵּשׁ אֹתוֹ

כִּי בוֹ שָׁבַת מִכָּל־מְלַאכְתּוֹ, אֲשֶׁר־בָּרָא אֱלֹהִים, לַעֲשׂוֹת:

En otras noches el קידוש *comienza aquí:*

Cuando se recita קידוש *para otras personas se agrega:*

סַבְרִי מָרָנָן

בָּרוּךְ אַתָּה יהוה אֱלֹהֵינוּ מֶלֶךְ הָעוֹלָם, בּוֹרֵא פְּרִי הַגָּפֶן.

En שבת *se debe agregar las palabras que aparecen entre paréntesis.*

בָּרוּךְ אַתָּה יהוה אֱלֹהֵינוּ מֶלֶךְ הָעוֹלָם
אֲשֶׁר בָּחַר בָּנוּ מִכָּל עָם
וְרוֹמְמָנוּ מִכָּל לָשׁוֹן, וְקִדְּשָׁנוּ בְּמִצְוֹתָיו
וַתִּתֶּן לָנוּ יהוה אֱלֹהֵינוּ בְּאַהֲבָה
אֶת יוֹם (הַשַּׁבָּת הַזֶּה וְאֶת יוֹם)
הַזִּכָּרוֹן הַזֶּה, יוֹם (זִכְרוֹן) תְּרוּעָה
(בְּאַהֲבָה) מִקְרָא קֹדֶשׁ, זֵכֶר לִיצִיאַת מִצְרָיִם
כִּי בָנוּ בָחַרְתָּ וְאוֹתָנוּ קִדַּשְׁתָּ מִכָּל הָעַמִּים
וּדְבָרְךָ אֱמֶת וְקַיָּם לָעַד.
בָּרוּךְ אַתָּה יהוה, מֶלֶךְ עַל כָּל הָאָרֶץ
מְקַדֵּשׁ (הַשַּׁבָּת וְ) יִשְׂרָאֵל וְיוֹם הַזִּכָּרוֹן.

En Motzaei Shabat se agrega la siguiente Havdalá:

בָּרוּךְ Bendito eres Tú Señor, nuestro Dios, Rey del universo, creador de los fulgores del fuego.

Bendito eres Tú nuestro Dios, Rey del universo, que diferencia entre lo santo y lo profano, entre la luz y la oscuridad, entre Israel y las naciones, entre el séptimo día y los seis días del quehacer. Entre la santidad del Shabat y la de las festividades, y santificaste el séptimo día por sobre los seis días de trabajo, distinguiste y santificaste a Tu pueblo Israel con Tu Santidad. Bendito eres Tú Señor, que diferencia lo sagrado de lo sagrado.

La siguiente bendición es recitada en las dos noches de Rosh HaShaná. En la segunda noche se coloca sobre la mesa una nueva fruta y al recitar la bendición se la debe también tener en mente.

בָּרוּךְ Bendito eres Tú Señor, nuestro Dios, Rey del universo,
que nos ha dado vida, nos sostuvo
y nos ha permitido llegar a este momento.

Se acostumbra que todos los presentes beban del vino.

En la primera noche, tras el recitado del Kidush y de "HaMotzí" se sumerge un trozo de manzana en miel y se dice lo siguiente:

בָּרוּךְ Bendito eres Tú Señor, nuestro Dios, Rey del universo,
que crea el fruto del árbol.

Tras comer algo del trozo de manzana con miel se dice:

יְהִי רָצוֹן Sea Tu voluntad Señor, Dios nuestro y de nuestros ancestros,
que renueves para nosotros un año bueno y dulce.

KIDUSH PARA LA MAÑANA DE ROSH HASHANÁ

En Shabat se dice primero "Habrán de guardar los hijos de Israel" y "Recuerda el día de Shabat" en la página 600.

Cuando Yom Tov cae en días de semana algunos comienzan aquí:

אֵלֶּה Estos son las festividades señaladas por el Señor, días de convocatorias sagradas, las que habréis de proclamar en su tiempo indicado. Y Moshé declaró las festividades del Señor a los hijos de Israel. *Lev. 23*

Cuando Yom Tov cae en días de semana se comienza aquí:

תִּקְעוּ Tocad el shofar en el novilunio, *Sal. 81*
en nuestro día festivo cuando la luna está oculta,
pues es una ley para Israel, ordenanza del Dios de Ya'akov.

Cuando se recita el Kidush para otros, incluir: Prestad atención, Señores míos.

בָּרוּךְ Bendito eres Tú Señor, nuestro Dios, Rey del universo,
creador del fruto de la vid.

En מוצאי שבת *se agrega la siguiente* הבדלה*:*

בָּרוּךְ אַתָּה יהוה אֱלֹהֵינוּ מֶלֶךְ הָעוֹלָם, בּוֹרֵא מְאוֹרֵי הָאֵשׁ.

בָּרוּךְ אַתָּה יהוה אֱלֹהֵינוּ מֶלֶךְ הָעוֹלָם, הַמַּבְדִּיל בֵּין קֹדֶשׁ לְחֹל, בֵּין אוֹר לְחֹשֶׁךְ, בֵּין יִשְׂרָאֵל לָעַמִּים, בֵּין יוֹם הַשְּׁבִיעִי לְשֵׁשֶׁת יְמֵי הַמַּעֲשֶׂה. בֵּין קְדֻשַּׁת שַׁבָּת לִקְדֻשַּׁת יוֹם טוֹב הִבְדַּלְתָּ, וְאֶת יוֹם הַשְּׁבִיעִי מִשֵּׁשֶׁת יְמֵי הַמַּעֲשֶׂה קִדַּשְׁתָּ, הִבְדַּלְתָּ וְקִדַּשְׁתָּ אֶת עַמְּךָ יִשְׂרָאֵל בִּקְדֻשָּׁתֶךָ. בָּרוּךְ אַתָּה יהוה, הַמַּבְדִּיל בֵּין קֹדֶשׁ לְקֹדֶשׁ.

La siguiente bendición es recitada en las dos noches de ראש השנה*. En la segunda noche se coloca sobre la mesa una nueva fruta y al recitar la bendición se la debe también tener en mente.*

בָּרוּךְ אַתָּה יהוה אֱלֹהֵינוּ מֶלֶךְ הָעוֹלָם
שֶׁהֶחֱיָנוּ וְקִיְּמָנוּ וְהִגִּיעָנוּ לַזְּמַן הַזֶּה.

Se acostumbra que todos los presentes beban del vino.

En la primera noche, tras el recitado del קידוש *y de* המוציא *se sumerge un trozo de manzana en miel y se dice lo siguiente:*

בָּרוּךְ אַתָּה יהוה אֱלֹהֵינוּ מֶלֶךְ הָעוֹלָם, בּוֹרֵא פְּרִי הָעֵץ.

Tras comer algo del trozo de manzana con miel se dice:

יְהִי רָצוֹן מִלְּפָנֶיךָ יהוה אֱלֹהֵינוּ וֵאלֹהֵי אֲבוֹתֵינוּ
שֶׁתְּחַדֵּשׁ עָלֵינוּ שָׁנָה טוֹבָה וּמְתוּקָה.

קידושא רבה לראש השנה

En שבת *se dice primero* זָכוֹר *y* וְשָׁמְרוּ *en la página 601.*

Cuando Yom Tov cae en días de semana algunos comienzan aquí:

אֵלֶּה מוֹעֲדֵי יהוה מִקְרָאֵי קֹדֶשׁ אֲשֶׁר־תִּקְרְאוּ אֹתָם בְּמוֹעֲדָם: ויקרא כג
וַיְדַבֵּר מֹשֶׁה אֶת־מֹעֲדֵי יהוה אֶל־בְּנֵי יִשְׂרָאֵל:

Cuando יום טוב *cae en días de semana se comienza aquí:*

תִּקְעוּ בַחֹדֶשׁ שׁוֹפָר, בַּכֶּסֶה לְיוֹם חַגֵּנוּ: תהלים פא
כִּי חֹק לְיִשְׂרָאֵל הוּא, מִשְׁפָּט לֵאלֹהֵי יַעֲקֹב:

Cuando se recita el קידוש *para otros, incluir* סַבְרִי מָרָנָן

בָּרוּךְ אַתָּה יהוה אֱלֹהֵינוּ מֶלֶךְ הָעוֹלָם, בּוֹרֵא פְּרִי הַגָּפֶן.

TASHLIJ

El primer día de Rosh HaShaná (si cae en Shabat entonces el segundo día) se acostumbra por la tarde, tras el rezo de Minjá, ir a la orilla de un río o cualquier otra corriente de agua y recitar lo siguiente (ver ley 36):

מִי־אֵל כָּמְוֹךָ Quien es como Tú, *Mic. 7*
Dios que perdona la iniquidad y pasa por alto la trasgresión
para el remanente de Su heredad.
No mantiene por siempre Su enojo,
pues Él desea la benevolencia.
Él volverá a tener compasión de nosotros
y suprimirá nuestras iniquidades,
y arrojará a las profundidades del mar todos sus pecados.
Concede la verdad a Ya'akov, la generosidad a Abraham,
tal como lo juraste a nuestros ancestros en días pretéritos.

מִן־הַמֵּצַר Desde la estrechez invoqué al Señor, *Sal. 118*
el Señor me respondió con amplitud.
El Señor está conmigo, no he de temer,
¿qué podrá hacerme el hombre?
El Señor es mi ayuda, y yo veré la caída de mis enemigos.
Es mejor hallar refugio en el Señor que confiar en el hombre.
Es mejor hallar refugio en el Señor que confiar en príncipes.

Asimismo, el agua simboliza la Torá, aquel conocimiento que conduce a la virtud y a la paz: "Ellos ya no dañarán ni destruirán en Mi Montaña Sagrada pues la tierra estará colmada de sabiduría del Señor como las aguas que cubren el mar" (Isaías 11:9).

Los ríos simbolizan lágrimas (*Avot DeRabí Natán* capítulo 31) y por ello son señal de arrepentimiento y remordimiento. "Junto a los ríos de Babilonia, allí nos sentábamos y llorábamos al recordar a Sion" (Salmos 137:1). El agua que fluye simboliza también el correr del tiempo, la mortalidad y la brevedad de la vida: "una generación viene y otra se va … todos los ríos fluyen hacia la mar y esta nunca se llena". La consciencia de la mortalidad es un tema fundamental en Rosh HaShaná ("inscríbenos en el libro de la vida").

Algunos acostumbran sacudir los bolsillos o pliegues de su ropa, según lo escrito en el libro de Nehemías (5:13): "Luego sacudí el pliegue de mi manto y dije: Así sacuda Dios a cada hombre…" (*Majzor Ohalei Ya'akov*).

סדר תשליך

El primer día de ראש השנה *(si cae en* שבת *entonces el segundo día) se acostumbra por la tarde, tras el rezo de* מנחה*, ir a la orilla de un río o cualquier otra corriente de agua y recitar lo siguiente (ver ley 36):*

מיכה ז

מִי־אֵל כָּמְוֹךָ
נֹשֵׂא עָוֹן וְעֹבֵר עַל־פֶּשַׁע לִשְׁאֵרִית נַחֲלָתוֹ
לֹא־הֶחֱזִיק לָעַד אַפּוֹ, כִּי־חָפֵץ חֶסֶד הוּא:
יָשׁוּב יְרַחֲמֵנוּ, יִכְבֹּשׁ עֲוֺנֹתֵינוּ
וְתַשְׁלִיךְ בִּמְצֻלוֹת יָם כָּל־חַטֹּאתָם:
תִּתֵּן אֱמֶת לְיַעֲקֹב, חֶסֶד לְאַבְרָהָם
אֲשֶׁר־נִשְׁבַּעְתָּ לַאֲבֹתֵינוּ מִימֵי קֶדֶם:

תהלים קיח

מִן־הַמֵּצַר קָרָאתִי יָּהּ, עָנָנִי בַמֶּרְחָב יָהּ:
יהוה לִי לֹא אִירָא, מַה־יַּעֲשֶׂה לִי אָדָם:
יהוה לִי בְּעֹזְרָי, וַאֲנִי אֶרְאֶה בְשֹׂנְאָי:
טוֹב לַחֲסוֹת בַּיהוה, מִבְּטֹחַ בָּאָדָם:
טוֹב לַחֲסוֹת בַּיהוה, מִבְּטֹחַ בִּנְדִיבִים:

TASHLIJ: ARROJANDO A LAS AGUAS

Se acostumbra en la tarde del primer día de Rosh HaShaná (o el segundo si el primero cae en Shabat) ir a la orilla del mar, la ribera de un río u otra corriente de agua como forma simbólica de representar o materializar las palabras del profeta Miqueas: "y arrojarás a las profundidades del mar todos sus pecados" (7:19).

La primera mención de esta costumbre la encontramos en el *Séfer Maharil* de Rabí Ya'akov Moellin (fallecido en 1425). Se le han dado varias explicaciones a esta práctica. El mismo Rabí Moellin la asocia a una tradición midráshica relativa a la atadura de Ytzjak (según el Talmud, en Rosh HaShaná tocamos el cuerno de un carnero en memoria de aquel que Abraham ofrendó en lugar de su hijo Ytzjak). En el camino, el ángel acusador colocó un río delante de Abraham, mas este, decidido, lo atravesó (*Tanjuma Vaierá* 22). Por lo tanto, al tocar el shofar le pedimos a Dios que nos perdone por el mérito de Abraham.

KAPAROT

Se toma un gallo (los hombres) o una gallina (las mujeres) con la mano derecha (en su defecto se puede emplear dinero) y se recita el siguiente texto tres veces:

בְּנֵי אָדָם Hijos del hombre,
que tienen asiento en la oscuridad y las penumbras de la muerte, cruelmente aprisionados con cadenas de hierro, *Sal. 107*
Él los sacó de la oscuridad y la sombra de la muerte y quebró sus cadenas.
Algunos fueron necios yendo por sus caminos de iniquidades,
sufriendo aflicciones a causa de ellas.
Hallaron todo alimento repulsivo arribando hasta los portales de la muerte.
Entonces, en su tribulación, clamaron al Señor y Él los salvó de su angustia.
Él envió Su palabra, los curó y los rescató de su destrucción.
Alabad la benevolencia del Señor,
y las maravillas que obra con los seres humanos.
Si hubiese un ángel entre mil que actuara en su defensa, *Job 33*
para declarar rectitud en nombre de un ser humano,
Él será compasivo con este y dirá:
"Salvadle de caer en la perdición, pues He hallado expiación".

El hombre gira el gallo alrededor de su cabeza y dice:

זֶה חֲלִיפָתִי Sea este mi recambio, sea este mi sustituto, sea este mi expiación.
Este gallo irá a la muerte
y yo ingresaré a una vida buena, larga y en paz.

La mujer gira la gallina alrededor de su cabeza y dice:

זֹאת חֲלִיפָתִי Sea esta mi recambio, sea esta mi sustituto, sea esta mi expiación.
Esta gallina irá a la muerte
y yo ingresaré a una vida buena, larga y en paz.

En caso de usarse dinero, se lo gira alrededor de la cabeza y se dice:

אֵלּוּ חֲלִיפָתִי Sean estas mi recambio, sean estas mi sustituto,
sean estas mi expiación.
Estas monedas irán a la beneficencia
y yo ingresaré a una vida buena, larga y en paz.

---

eran ofrendados en el Templo (esta ave no era sacrificada en el Templo). La transferencia simbólica de pecados nos recuerda el ritual del chivo expiatorio en que el Sumo Sacerdote confesaba los pecados del pueblo de Israel en Yom Kipur (Levítico capítulo 16). Maimónides explica que, si bien los pecados no pueden ser transferidos, el rito en cuestión tenía un poderoso efecto psicológico que marcaba un distanciamiento de los errores del pasado. Muchos acostumbran dar dinero para la beneficencia en lugar de realizar esta práctica.

סדר כפרות

Se toma un gallo (los hombres) o una gallina (las mujeres) con la mano derecha (en su defecto se puede emplear dinero) y se recita el siguiente texto tres veces:

בְּנֵי אָדָם

יֹשְׁבֵי חֹשֶׁךְ וְצַלְמָוֶת, אֲסִירֵי עֳנִי וּבַרְזֶל: תהלים קז

יוֹצִיאֵם מֵחֹשֶׁךְ וְצַלְמָוֶת, וּמוֹסְרוֹתֵיהֶם יְנַתֵּק:

אֱוִלִים מִדֶּרֶךְ פִּשְׁעָם, וּמֵעֲוֹנֹתֵיהֶם יִתְעַנּוּ:

כָּל־אֹכֶל תְּתַעֵב נַפְשָׁם, וַיַּגִּיעוּ עַד־שַׁעֲרֵי מָוֶת:

וַיִּזְעֲקוּ אֶל־יהוה בַּצַּר לָהֶם, מִמְּצֻקוֹתֵיהֶם יוֹשִׁיעֵם:

יִשְׁלַח דְּבָרוֹ וְיִרְפָּאֵם, וִימַלֵּט מִשְּׁחִיתוֹתָם:

יוֹדוּ לַיהוה חַסְדּוֹ, וְנִפְלְאוֹתָיו לִבְנֵי אָדָם:

אִם־יֵשׁ עָלָיו מַלְאָךְ מֵלִיץ אֶחָד מִנִּי־אָלֶף, לְהַגִּיד לְאָדָם יָשְׁרוֹ: איוב לג

וַיְחֻנֶּנּוּ, וַיֹּאמֶר פְּדָעֵהוּ מֵרֶדֶת שַׁחַת, מָצָאתִי כֹפֶר:

El hombre gira el gallo alrededor de su cabeza y dice:

זֶה חֲלִיפָתִי, זֶה תְּמוּרָתִי, זֶה כַּפָּרָתִי.

זֶה הַתַּרְנְגוֹל יֵלֵךְ לְמִיתָה

וַאֲנִי אֵלֵךְ וְאֶכָּנֵס לְחַיִּים טוֹבִים אֲרֻכִּים וּלְשָׁלוֹם.

La mujer gira la gallina alrededor de su cabeza y dice:

זֹאת חֲלִיפָתִי, זֹאת תְּמוּרָתִי, זֹאת כַּפָּרָתִי.

זֹאת הַתַּרְנְגֹלֶת תֵּלֵךְ לְמִיתָה

וַאֲנִי אֵלֵךְ וְאֶכָּנֵס לְחַיִּים טוֹבִים אֲרֻכִּים וּלְשָׁלוֹם.

En caso de usarse dinero, se lo gira alrededor de la cabeza y se dice:

אֵלּוּ חֲלִיפָתִי, אֵלּוּ תְּמוּרָתִי, אֵלּוּ כַּפָּרָתִי.

אֵלּוּ הַמָּעוֹת יֵלְכוּ לִצְדָקָה

וַאֲנִי אֵלֵךְ וְאֶכָּנֵס לְחַיִּים טוֹבִים אֲרֻכִּים וּלְשָׁלוֹם.

Kaparot: Literalmente, "expiaciones", este ritual es mencionado por primera vez como una costumbre en el siglo IX. Varias autoridades halájicas se opusieron a esta práctica, al tiempo que otras la adoptaron, especialmente en el seno de los místicos judíos. Tradicionalmente se empleaba un pollo a los efectos de que la ceremonia no fuese confundida con uno de los sacrificios que

VIDUY PARA MINJÁ DE LA VÍSPERA DE YOM KIPUR

Se recita lo siguiente en la víspera de Yom Kipur (también lo hacen todo novio y toda novia en la víspera de su enlace) durante la Amidá antes de llegar a "Dios mío, preserva".

אֱלֹהֵינוּ Dios nuestro y de nuestros ancestros,
que nuestra plegaria llegue ante Ti, y no ignores nuestra súplica,
pues no somos tan arrogantes ni obstinados como para decir delante de Ti
Señor, Dios nuestro y de nuestros antepasados,
somos justos y no hemos pecado,
mas en verdad, nosotros y nuestros ancestros hemos pecado.

En cada expresión golpear el lado izquierdo del pecho:

אָשַׁמְנוּ Hemos sido culpables, hemos actuado traicioneramente,
hemos robado, hemos calumniado.
Hemos actuado perversamente, hemos causado maldad,
hemos pecado premeditadamente, hemos actuado con violencia,
hemos acusado en falso.
Dimos malos consejos, mentimos, nos mofamos, nos hemos rebelado,
hemos provocado, hemos desobedecido, hemos cometido iniquidad,
hemos transgredido, hemos perseguido, hemos sido obstinados.
Hemos actuado alevosamente, hemos corrompido,
hemos actuado en forma abominable, nos hemos desviado
y hemos llevado a otros por mal camino.

סַרְנוּ Nos hemos apartado de Tus preceptos y de Tus buenas sentencias,
pero de nada nos ha servido.
Pero Tú eres justo en todo lo que nos ha sobrevenido,
pues Tú actuaste con Verdad mientras que nosotros hicimos el mal.

מַה נֹּאמַר Qué podemos decir ante Ti, a Ti que moras en las alturas;
y qué podemos contar ante de Ti, a Ti que habitas en los firmamentos,
¿acaso no conoces todo lo oculto y lo revelado por igual?

אַתָּה יוֹדֵעַ Tú conoces todos los secretos del mundo
y los misterios de todo ser vivo,
Tú buscas en el interior de la persona examinando sus riñones y su corazón.
Nada hay oculto ante Ti ni hay secreto ante Tus ojos.
Por ello, sea Tu voluntad Señor, Dios nuestro y de nuestros ancestros,
que perdones todos nuestros pecados,
disculpes todas nuestras iniquidades
y expíes todas nuestras trasgresiones.

וידוי למנחה בערב יום הכיפורים

Se recita lo siguiente en la ערב יום הכיפורים *(también lo hacen todo* חתן *y toda* כלה *en la víspera de su enlace) durante la Amidá antes de llegar a* אֱלֹהַי, נְצֹר.

אֱלֹהֵינוּ וֵאלֹהֵי אֲבוֹתֵינוּ
תָּבוֹא לְפָנֶיךָ תְּפִלָּתֵנוּ, וְאַל תִּתְעַלַּם מִתְּחִנָּתֵנוּ.
שֶׁאֵין אֲנַחְנוּ עַזֵּי פָנִים וּקְשֵׁי עֹרֶף לוֹמַר לְפָנֶיךָ
יהוה אֱלֹהֵינוּ וֵאלֹהֵי אֲבוֹתֵינוּ
צַדִּיקִים אֲנַחְנוּ וְלֹא חָטָאנוּ. אֲבָל אֲנַחְנוּ וַאֲבוֹתֵינוּ חָטָאנוּ.

En cada expresión golpear el lado izquierdo del pecho:

אָשַׁמְנוּ, בָּגַדְנוּ, גָּזַלְנוּ, דִּבַּרְנוּ דֹפִי
הֶעֱוִינוּ, וְהִרְשַׁעְנוּ, זַדְנוּ, חָמַסְנוּ, טָפַלְנוּ שֶׁקֶר
יָעַצְנוּ רָע, כִּזַּבְנוּ, לַצְנוּ, מָרַדְנוּ, נִאַצְנוּ, סָרַרְנוּ
עָוִינוּ, פָּשַׁעְנוּ, צָרַרְנוּ, קִשִּׁינוּ עֹרֶף
רָשַׁעְנוּ, שִׁחַתְנוּ, תִּעַבְנוּ, תָּעִינוּ, תִּעְתָּעְנוּ.

סַרְנוּ מִמִּצְוֹתֶיךָ וּמִמִּשְׁפָּטֶיךָ הַטּוֹבִים, וְלֹא שָׁוָה לָנוּ.
וְאַתָּה צַדִּיק עַל כָּל הַבָּא עָלֵינוּ
כִּי אֱמֶת עָשִׂיתָ, וַאֲנַחְנוּ הִרְשָׁעְנוּ.

מַה נֹּאמַר לְפָנֶיךָ יוֹשֵׁב מָרוֹם, וּמַה נְּסַפֵּר לְפָנֶיךָ שׁוֹכֵן שְׁחָקִים
הֲלֹא כָּל הַנִּסְתָּרוֹת וְהַנִּגְלוֹת אַתָּה יוֹדֵעַ.

אַתָּה יוֹדֵעַ רָזֵי עוֹלָם וְתַעֲלוּמוֹת סִתְרֵי כָּל חָי.
אַתָּה חוֹפֵשׂ כָּל חַדְרֵי בָטֶן וּבוֹחֵן כְּלָיוֹת וָלֵב.
אֵין דָּבָר נֶעְלָם מִמָּךְ וְאֵין נִסְתָּר מִנֶּגֶד עֵינֶיךָ.
וּבְכֵן, יְהִי רָצוֹן מִלְּפָנֶיךָ, יהוה אֱלֹהֵינוּ וֵאלֹהֵי אֲבוֹתֵינוּ
שֶׁתִּסְלַח לָנוּ עַל כָּל חַטֹּאתֵינוּ
וְתִמְחַל לָנוּ עַל כָּל עֲוֹנוֹתֵינוּ
וּתְכַפֵּר לָנוּ עַל כָּל פְּשָׁעֵינוּ.

Se golpea el lado izquierdo del pecho con el puño derecho mientras se recita cada uno de los pecados.

עַל חֵטְא Por el pecado que hemos cometido ante Ti forzados o por libre elección,
y por el pecado que hemos cometido ante Ti por la dureza del corazón.

Por el pecado que hemos cometido ante Ti inadvertidamente,
y por el pecado que hemos cometido ante Ti mediante la expresión de nuestros labios.

Por el pecado que hemos cometido ante Ti por relaciones indebidas,
y por el pecado que hemos cometido ante Ti tanto pública como secretamente.

Por el pecado que hemos cometido ante Ti a sabiendas y engañosamente,
y por el pecado que hemos cometido ante Ti con las palabras de nuestra boca.

Por el pecado que hemos cometido ante Ti injuriando al prójimo,
y por el pecado que hemos cometido ante Ti con el pensamiento.

Por el pecado que hemos cometido ante Ti en reuniones inmorales,
y por el pecado que hemos cometido ante Ti por confesiones insinceras.

Por el pecado que hemos cometido ante Ti despreciando a padres y maestros,
y por el pecado que hemos cometido ante Ti tanto intencional como inintencionalmente.

Por el pecado que hemos cometido ante Ti por la fuerza,
y por el pecado que hemos cometido ante Ti profanando el Nombre Divino.

Por el pecado que hemos cometido ante Ti impurificando nuestros labios,
y por el pecado que hemos cometido ante Ti hablando necedades.

Por el pecado que hemos cometido ante Ti con la inclinación al mal,
y por el pecado que hemos cometido ante Ti a sabiendas o inadvertidamente.

Por todos ellos, Dios del perdón,
perdónanos, discúlpanos, expíanos.

עַל חֵטְא *Por el pecado:* Se acostumbra confesar los pecados como parte del rezo de la tarde previa a Yom Kipur para ingresar al tiempo judío más sagrado de un modo penitente y apropiado. La confesión es un elemento esencial de la *teshuvá*, "arrepentimiento", y según Maimónides tiene origen en la Biblia.

Se golpea el lado izquierdo del pecho con el puño derecho mientras se recita cada uno de los pecados.

עַל חֵטְא שֶׁחָטָאנוּ לְפָנֶיךָ בְּאֹנֶס וּבְרָצוֹן
וְעַל חֵטְא שֶׁחָטָאנוּ לְפָנֶיךָ בְּאִמּוּץ הַלֵּב

עַל חֵטְא שֶׁחָטָאנוּ לְפָנֶיךָ בִּבְלִי דָעַת
וְעַל חֵטְא שֶׁחָטָאנוּ לְפָנֶיךָ בְּבִטּוּי שְׂפָתָיִם

עַל חֵטְא שֶׁחָטָאנוּ לְפָנֶיךָ בְּגִלּוּי עֲרָיוֹת
וְעַל חֵטְא שֶׁחָטָאנוּ לְפָנֶיךָ בְּגָלוּי וּבַסָּתֶר

עַל חֵטְא שֶׁחָטָאנוּ לְפָנֶיךָ בְּדַעַת וּבְמִרְמָה
וְעַל חֵטְא שֶׁחָטָאנוּ לְפָנֶיךָ בְּדִבּוּר פֶּה

עַל חֵטְא שֶׁחָטָאנוּ לְפָנֶיךָ בְּהוֹנָאַת רֵעַ
וְעַל חֵטְא שֶׁחָטָאנוּ לְפָנֶיךָ בְּהַרְהוֹר הַלֵּב

עַל חֵטְא שֶׁחָטָאנוּ לְפָנֶיךָ בִּוְעִידַת זְנוּת
וְעַל חֵטְא שֶׁחָטָאנוּ לְפָנֶיךָ בְּוִדּוּי פֶּה

עַל חֵטְא שֶׁחָטָאנוּ לְפָנֶיךָ בְּזִלְזוּל הוֹרִים וּמוֹרִים
וְעַל חֵטְא שֶׁחָטָאנוּ לְפָנֶיךָ בְּזָדוֹן וּבִשְׁגָגָה

עַל חֵטְא שֶׁחָטָאנוּ לְפָנֶיךָ בְּחֹזֶק יָד
וְעַל חֵטְא שֶׁחָטָאנוּ לְפָנֶיךָ בְּחִלּוּל הַשֵּׁם

עַל חֵטְא שֶׁחָטָאנוּ לְפָנֶיךָ בְּטֻמְאַת שְׂפָתָיִם
וְעַל חֵטְא שֶׁחָטָאנוּ לְפָנֶיךָ בְּטִפְּשׁוּת פֶּה

עַל חֵטְא שֶׁחָטָאנוּ לְפָנֶיךָ בְּיֵצֶר הָרָע
וְעַל חֵטְא שֶׁחָטָאנוּ לְפָנֶיךָ בְּיוֹדְעִים וּבְלֹא יוֹדְעִים

וְעַל כֻּלָּם אֱלוֹהַּ סְלִיחוֹת סְלַח לָנוּ, מְחַל לָנוּ, כַּפֶּר לָנוּ.

Por el pecado que hemos cometido ante Ti mediante negaciones y mentiras,
y por lo pecados que hemos cometido ante Ti mediante el soborno.

Por el pecado que hemos cometido ante Ti mediante escarnio,
y por el pecado que hemos cometido ante Ti por hablar mal del prójimo.

Por el pecado que hemos cometido ante Ti en nuestros negocios,
y por el pecado que hemos cometido ante Ti comiendo y bebiendo.

Por el pecado que hemos cometido ante Ti prestando a interés,
y por el pecado que hemos cometido ante Ti por altanería.

Por el pecado que hemos cometido ante Ti por el hablar de nuestros labios,
y por el pecado que hemos cometido ante Ti al mirar indiscretamente.

Por el pecado que hemos cometido ante Ti con arrogancia,
y por el pecado que hemos cometido ante Ti con insolencia.

Por todos ellos, Dios del perdón,
perdónanos, discúlpanos, expíanos.

Por el pecado que hemos cometido ante Ti quitando de encima nuestro el yugo de Tus preceptos,
y por el pecado que hemos cometido ante Ti por juicio perverso.

Por el pecado que hemos cometido ante Ti trampeando al prójimo,
y por el pecado que hemos cometido ante Ti por envidia.

Por el pecado que hemos cometido ante Ti por falta de seriedad,
y por el pecado que hemos cometido ante Ti por porfía.

Por el pecado que hemos cometido ante Ti al correr nuestros pies en pos del mal,
y por el pecado que hemos cometido ante Ti por chismosear.

Dios perdona nuestros errores, mas únicamente si los percibimos como tales. Las dos formas de confesión, "*Ashamnu*", "hemos sido culpables" y "*Al jet*", "Por el pecado que hemos cometido", están ordenadas bajo la forma de acróstico alfabético como diciendo que nos confesamos con cada letra del alfabeto por toda trasgresión posible. El perdón Divino nos permite admitir nuestras faltas e involucrarnos en un proceso de crecimiento espiritual y

El comentario continúa en la página 954.

עַל חֵטְא שֶׁחָטָאנוּ לְפָנֶיךָ בְּכַחַשׁ וּבְכָזָב
וְעַל חֵטְא שֶׁחָטָאנוּ לְפָנֶיךָ בְּכַפַּת שֹׁחַד

עַל חֵטְא שֶׁחָטָאנוּ לְפָנֶיךָ בְּלָצוֹן
וְעַל חֵטְא שֶׁחָטָאנוּ לְפָנֶיךָ בְּלָשׁוֹן הָרָע

עַל חֵטְא שֶׁחָטָאנוּ לְפָנֶיךָ בְּמַשָּׂא וּבְמַתָּן
וְעַל חֵטְא שֶׁחָטָאנוּ לְפָנֶיךָ בְּמַאֲכָל וּבְמִשְׁתֶּה

עַל חֵטְא שֶׁחָטָאנוּ לְפָנֶיךָ בְּנֶשֶׁךְ וּבְמַרְבִּית
וְעַל חֵטְא שֶׁחָטָאנוּ לְפָנֶיךָ בִּנְטִיַּת גָּרוֹן

עַל חֵטְא שֶׁחָטָאנוּ לְפָנֶיךָ בְּשִׂיחַ שִׂפְתוֹתֵינוּ
וְעַל חֵטְא שֶׁחָטָאנוּ לְפָנֶיךָ בְּשִׂקּוּר עָיִן

עַל חֵטְא שֶׁחָטָאנוּ לְפָנֶיךָ בְּעֵינַיִם רָמוֹת
וְעַל חֵטְא שֶׁחָטָאנוּ לְפָנֶיךָ בְּעַזּוּת מֶצַח

וְעַל כֻּלָּם אֱלוֹהַּ סְלִיחוֹת סְלַח לָנוּ, מְחַל לָנוּ, כַּפֶּר לָנוּ.

עַל חֵטְא שֶׁחָטָאנוּ לְפָנֶיךָ בִּפְרִיקַת עֹל
וְעַל חֵטְא שֶׁחָטָאנוּ לְפָנֶיךָ בִּפְלִילוּת

עַל חֵטְא שֶׁחָטָאנוּ לְפָנֶיךָ בִּצְדִיַּת רֵעַ
וְעַל חֵטְא שֶׁחָטָאנוּ לְפָנֶיךָ בְּצָרוּת עָיִן

עַל חֵטְא שֶׁחָטָאנוּ לְפָנֶיךָ בְּקַלּוּת רֹאשׁ
וְעַל חֵטְא שֶׁחָטָאנוּ לְפָנֶיךָ בְּקַשְׁיוּת עֹרֶף

עַל חֵטְא שֶׁחָטָאנוּ לְפָנֶיךָ בְּרִיצַת רַגְלַיִם לְהָרַע
וְעַל חֵטְא שֶׁחָטָאנוּ לְפָנֶיךָ בִּרְכִילוּת

Por el pecado que hemos cometido ante Ti por medio de un falso juramento,
y por el pecado que hemos cometido ante Ti por odio gratuito.

Por el pecado que hemos cometido ante Ti por abuso de confianza,
y por el pecado que hemos cometido ante Ti por la confusión del corazón.

Por todos ellos, Dios del perdón,
perdónanos, discúlpanos, expíanos.

וְעַל חֲטָאִים Por aquellos pecados por los que debemos traer un holocausto,

y por aquellos pecados por los cuales debemos traer una ofrenda expiatoria,

y por aquellos pecados por los cuales debemos traer una ofrenda acorde a nuestras posibilidades,

y por aquellos pecados por los cuales podemos traer una ofrenda culposa por una posible trasgresión,

y por aquellos pecados por los cuales merecemos azotes por rebeldía,

y por aquellos pecados por los cuales merecemos recibir cuarenta azotes,

y por aquellos pecados por los cuales merecemos recibir muerte a manos del Cielo,

y por aquellos pecados por los cuales merecemos ser castigados con separación de nuestra raíz espiritual ("caret") y carecer de descendencia,

y por aquellos pecados por los cuales merecemos las cuatro penas de muerte del tribunal: lapidación, quema, decapitación y estrangulación.

Tanto por preceptos positivos como restrictivos,
tanto si se puede o no remediar por medio de una acción,
por pecados que conocemos y por aquellos que desconocemos.
Los pecados que conocemos ya los hemos detallado
y nos hemos confesado ante Ti,
aquellos que desconocemos para Ti son manifiestos y conocidos,
tal como está escrito:
"Las cuestiones ocultas pertenecen al Señor nuestro Dios *Deut. 29*
y las reveladas nos corresponden a nosotros y a nuestros hijos para siempre;
ello es cumplir con todas las palabras de esta Torá".
Pues Tú eres quien perdona a Israel y disculpa a Yeshurún en cada generación,
y fuera de Ti carecemos de rey que disculpe y perdone salvo Tú.

עַל חֵטְא שֶׁחָטָאנוּ לְפָנֶיךָ בִּשְׁבוּעַת שָׁוְא
וְעַל חֵטְא שֶׁחָטָאנוּ לְפָנֶיךָ בְּשִׂנְאַת חִנָּם

עַל חֵטְא שֶׁחָטָאנוּ לְפָנֶיךָ בִּתְשׂוּמֶת יָד
וְעַל חֵטְא שֶׁחָטָאנוּ לְפָנֶיךָ בְּתִמְהוֹן לֵבָב

וְעַל כֻּלָּם אֱלוֹהַּ סְלִיחוֹת סְלַח לָנוּ, מְחַל לָנוּ, כַּפֶּר לָנוּ.

וְעַל חֲטָאִים שֶׁאָנוּ חַיָּבִים עֲלֵיהֶם עוֹלָה
וְעַל חֲטָאִים שֶׁאָנוּ חַיָּבִים עֲלֵיהֶם חַטָּאת
וְעַל חֲטָאִים שֶׁאָנוּ חַיָּבִים עֲלֵיהֶם קָרְבָּן עוֹלֶה וְיוֹרֵד
וְעַל חֲטָאִים שֶׁאָנוּ חַיָּבִים עֲלֵיהֶם אָשָׁם וַדַּאי וְתָלוּי
וְעַל חֲטָאִים שֶׁאָנוּ חַיָּבִים עֲלֵיהֶם מַכַּת מַרְדּוּת
וְעַל חֲטָאִים שֶׁאָנוּ חַיָּבִים עֲלֵיהֶם מַלְקוּת אַרְבָּעִים
וְעַל חֲטָאִים שֶׁאָנוּ חַיָּבִים עֲלֵיהֶם מִיתָה בִּידֵי שָׁמָיִם
וְעַל חֲטָאִים שֶׁאָנוּ חַיָּבִים עֲלֵיהֶם כָּרֵת וַעֲרִירִי
וְעַל חֲטָאִים שֶׁאָנוּ חַיָּבִים עֲלֵיהֶם אַרְבַּע מִיתוֹת בֵּית דִּין
סְקִילָה, שְׂרֵפָה, הֶרֶג, וְחֶנֶק.

עַל מִצְוַת עֲשֵׂה וְעַל מִצְוַת לֹא תַעֲשֶׂה.
בֵּין שֶׁיֵּשׁ בָּהּ קוּם עֲשֵׂה וּבֵין שֶׁאֵין בָּהּ קוּם עֲשֵׂה.
אֶת הַגְּלוּיִים לָנוּ וְאֶת שֶׁאֵינָם גְּלוּיִים לָנוּ
אֶת הַגְּלוּיִים לָנוּ, כְּבָר אֲמַרְנוּם לְפָנֶיךָ, וְהוֹדִינוּ לְךָ עֲלֵיהֶם
וְאֶת שֶׁאֵינָם גְּלוּיִים לָנוּ, לְפָנֶיךָ הֵם גְּלוּיִים וִידוּעִים
כַּדָּבָר שֶׁנֶּאֱמַר
הַנִּסְתָּרֹת לַיהוה אֱלֹהֵינוּ דברים כט
וְהַנִּגְלֹת לָנוּ וּלְבָנֵינוּ עַד־עוֹלָם, לַעֲשׂוֹת אֶת־כָּל־דִּבְרֵי הַתּוֹרָה הַזֹּאת:
כִּי אַתָּה סָלְחָן לְיִשְׂרָאֵל וּמָחֳלָן לְשִׁבְטֵי יְשֻׁרוּן בְּכָל דּוֹר וָדוֹר
וּמִבַּלְעָדֶיךָ אֵין לָנוּ מֶלֶךְ מוֹחֵל וְסוֹלֵחַ אֶלָּא אָתָּה.

אֱלֹהַי Dios mío,
antes de ser formado era indigno,
y ahora que fui formado, es como si no lo hubiera sido.
Mientras vivo no soy más que polvo, cuánto más aún al morir.
Contempla, heme aquí ante Ti cual vasija llena de vergüenza y deshonra.
Sea Tu voluntad Señor, Dios mío y de mis ancestros
que no vuelva a pecar,
y respecto de aquellas trasgresiones que he cometido ante Ti,
bórralas con Tu gran compasión,
mas no por medio de sufrimiento y enfermedades dolorosas.

אֱלֹהַי Dios mío, *Berajot 17A*
preserva mi lengua del mal y mis labios de pronunciar engaño.
Que mi alma calle ante quienes me maldicen,
y sea como el polvo para con todos.
Abre mi corazón a Tu Torá y que mi alma persiga Tus preceptos.
Rápidamente deja sin efecto el consejo
y frustra los planes de quienes conspiran contra mí.
Actúa en pos de Tu Nombre, actúa en pos de Tu diestra,
actúa en pos de Tu santidad, actúa en pos de Tu Torá.
Para que Tus amados sean liberados, *Sal. 60*
redime con Tu diestra y respóndeme.
Que las palabras de mi boca y la meditación de mi corazón *Sal. 19*
hallen favor ante Ti Señor, mi Fortaleza y mi Redentor.

Inclinarse, dar tres pasos hacia atrás, entonces inclinarse primero hacia la izquierda y luego hacia la derecha, luego al centro, mientras se dice:

Quien obra la paz en Sus alturas,
haga la paz para nosotros y todo Israel y decid: Amén.

יְהִי רָצוֹן Sea Tu voluntad Señor, Dios nuestro y de nuestros ancestros, que el Templo sea reconstruido prontamente en nuestros días, que nos concedas una porción en Tu Torá. Allí Te serviremos con temor reverencial como en los días de antaño y los años pretéritos. Entonces las ofrendas de Yehudá y *Mal. 3* Jerusalém agradarán al Señor como en los días de antaño y los años pretéritos.

---

moral, superando así la racionalización y autojustificación que de otra manera aprisiona a las personas en su pasado y en sus deficiencias.

אֱלֹהַי
עַד שֶׁלֹּא נוֹצַרְתִּי אֵינִי כְדַאי
וְעַכְשָׁיו שֶׁנּוֹצַרְתִּי, כְּאִלּוּ לֹא נוֹצַרְתִּי
עָפָר אֲנִי בְּחַיָּי, קַל וָחֹמֶר בְּמִיתָתִי.
הֲרֵי אֲנִי לְפָנֶיךָ כִּכְלִי מָלֵא בוּשָׁה וּכְלִמָּה.
יְהִי רָצוֹן מִלְּפָנֶיךָ, יהוה אֱלֹהַי וֵאלֹהֵי אֲבוֹתַי
שֶׁלֹּא אֶחֱטָא עוֹד.
וּמַה שֶּׁחָטָאתִי לְפָנֶיךָ, מְחֹק בְּרַחֲמֶיךָ הָרַבִּים
אֲבָל לֹא עַל יְדֵי יִסּוּרִים וָחֳלָיִם רָעִים.

ברכות יז. אֱלֹהַי
נְצֹר לְשׁוֹנִי מֵרָע וּשְׂפָתַי מִדַּבֵּר מִרְמָה
וְלִמְקַלְלַי נַפְשִׁי תִדֹּם, וְנַפְשִׁי כֶּעָפָר לַכֹּל תִּהְיֶה.
פְּתַח לִבִּי בְּתוֹרָתֶךָ, וּבְמִצְוֹתֶיךָ תִּרְדֹּף נַפְשִׁי.
וְכָל הַחוֹשְׁבִים עָלַי רָעָה
מְהֵרָה הָפֵר עֲצָתָם וְקַלְקֵל מַחֲשַׁבְתָּם.
עֲשֵׂה לְמַעַן שְׁמֶךָ, עֲשֵׂה לְמַעַן יְמִינֶךָ
עֲשֵׂה לְמַעַן קְדֻשָּׁתֶךָ, עֲשֵׂה לְמַעַן תּוֹרָתֶךָ.
תהלים ס לְמַעַן יֵחָלְצוּן יְדִידֶיךָ, הוֹשִׁיעָה יְמִינְךָ וַעֲנֵנִי:
תהלים יט יִהְיוּ לְרָצוֹן אִמְרֵי פִי וְהֶגְיוֹן לִבִּי לְפָנֶיךָ, יהוה צוּרִי וְגֹאֲלִי:

Inclinarse, dar tres pasos hacia atrás, entonces inclinarse primero hacia la izquierda y luego hacia la derecha, luego al centro, mientras se dice:

עֹשֶׂה שָׁלוֹם/ בעשרת ימי תשובה: הַשָּׁלוֹם/ בִּמְרוֹמָיו
הוּא יַעֲשֶׂה שָׁלוֹם עָלֵינוּ וְעַל כָּל יִשְׂרָאֵל וְאִמְרוּ אָמֵן.

יְהִי רָצוֹן מִלְּפָנֶיךָ יהוה אֱלֹהֵינוּ וֵאלֹהֵי אֲבוֹתֵינוּ, שֶׁיִּבָּנֶה בֵּית הַמִּקְדָּשׁ בִּמְהֵרָה בְיָמֵינוּ, וְתֵן חֶלְקֵנוּ בְּתוֹרָתֶךָ, וְשָׁם נַעֲבָדְךָ בְּיִרְאָה כִּימֵי עוֹלָם וּכְשָׁנִים קַדְמֹנִיּוֹת.
מלאכי ג וְעָרְבָה לַיהוה מִנְחַת יְהוּדָה וִירוּשָׁלָיִם כִּימֵי עוֹלָם וּכְשָׁנִים קַדְמֹנִיּוֹת:

ENCENDIDO DE VELAS DE JANUCÁ

En cada una de las ocho noches de Janucá se encienden velas en el candelabro o "janukiá": una vela la primera noche, dos en la segunda y así sucesivamente. En la primera noche se comienza por el extremo derecho de la janukiá y cada noche siguiente se va agregando una vela hacia la izquierda. Cada noche se enciende en primer lugar la nueva vela y luego las demás de izquierda a derecha. De ser posible, la janukiá debe ser colocada cerca de la ventana de modo tal que sea visible desde la calle. Las luces se encienden por medio de una llama separada denominada "shamash". El encendido debe ser llevado a cabo lo más rápido posible ni bien anochece. El viernes por la noche, las velas de Janucá deben ser encendidas antes que las de Shabat. Ver leyes 151–157. Antes de encender las velas de Janucá se recita:

בָּרוּךְ Bendito eres Tú SEÑOR, nuestro Dios, Rey del universo,
que nos ha santificado con Sus preceptos
y nos ordenó encender la vela de Janucá.

בָּרוּךְ Bendito eres Tú SEÑOR, nuestro Dios, Rey del universo,
que hizo milagros a nuestros ancestros
en aquellos días en este tiempo.

En la primera noche se agrega:

בָּרוּךְ Bendito eres Tú SEÑOR, nuestro Dios, Rey del universo
que nos ha dado vida, nos sostuvo
y nos ha permitido llegar a este momento.

---

fue posible reinaugurar el profanado Templo. Janucá es el aniversario de aquella ceremonia de reinauguración que celebra no sólo la victoria militar y la restauración del gobierno judío, sino también la victoria espiritual de la fe judía sobre la asimilación forzada. Poco después se decidió instaurar una celebración anual de ocho días en recordación de aquellos eventos, incluida la recitación del Halel.

Un incidente cobró una inmensa significación simbólica: el hecho de que entre los escombros del Templo se encontró una vasija de aceite con su sellado intacto con el cual el candelabro del Templo, la Menorá, pudo ser encendida. El aceite que normalmente debió haber alcanzado para un día ardió durante ocho, esto es, todo el tiempo que duró la ceremonia de reinauguración. Incluso después de que el Templo fuera destruido a manos de los romanos más de dos siglos después, las velas de Janucá dieron testimonio de que aún después de la peor profanación subsiste algo puro y logra iluminar

סדר הדלקת נרות חנוכה

En cada una de las ocho noches de חנוכה *se encienden velas en el candelabro o "*חנוכיה*": una vela la primera noche, dos en la segunda y así sucesivamente. En la primera noche se comienza por el extremo derecho de la* חנוכיה *y cada noche siguiente se va agregando una vela hacia la izquierda. Cada noche se enciende en primer lugar la nueva vela y luego las demás de izquierda a derecha. De ser posible, la* חנוכיה *debe ser colocada cerca de la ventana de modo tal que sea visible desde la calle.*

*Las luces se encienden por medio de una llama separada denominada "*שמש*". El encendido debe ser llevado a cabo lo más rápido posible ni bien anochece. El viernes por la noche, las velas de Janucá deben ser encendidas antes que las de* שבת*. Ver leyes 151–157. Antes de encender las velas de* חנוכה *se recita:*

בָּרוּךְ אַתָּה יהוה אֱלֹהֵינוּ מֶלֶךְ הָעוֹלָם
אֲשֶׁר קִדְּשָׁנוּ בְּמִצְוֹתָיו וְצִוָּנוּ לְהַדְלִיק נֵר שֶׁל חֲנֻכָּה.

בָּרוּךְ אַתָּה יהוה אֱלֹהֵינוּ מֶלֶךְ הָעוֹלָם
שֶׁעָשָׂה נִסִּים לַאֲבוֹתֵינוּ בַּיָּמִים הָהֵם בַּזְּמַן הַזֶּה.

En la primera noche se agrega:

בָּרוּךְ אַתָּה יהוה אֱלֹהֵינוּ מֶלֶךְ הָעוֹלָם
שֶׁהֶחֱיָנוּ וְקִיְּמָנוּ וְהִגִּיעָנוּ לַזְּמַן הַזֶּה.

JANUCÁ

Tras la conquista de Alejandro Magno, Israel pasó a estar bajo el dominio de los griegos; durante el siglo III A.E.C. bajo gobierno ptolemaico con asiento en Egipto y luego en el siglo II A.E.C. bajo gobierno seléucida con asiento en Siria. A partir del 175 A.E.C. uno de los gobernantes seléucidas, Antíoco Epifanes decidió embarcarse en una campaña de helenización compulsiva de los judíos en Israel. Se construyó un gimnasio a los pies del Monte del Templo. Los fondos del Santuario fueron desviados hacia actividades atléticas y culturales. Eventualmente, en el año 167 A.E.C. la práctica pública del judaísmo fue prohibida y se erigió una estatua de Zeus en el Templo. Muchos judíos fueron martirizados por no querer abandonar su fe.

Un grupo de judíos piadosos liderados por un anciano cohen llamado Matitiahu y sus hijos – incluido el famoso Yehudá, conocido como "el macabeo" – se rebelaron. Durante los siguientes tres años condujeron una exitosa campaña que obligó a las fuerzas griegas a retirarse de Jerusalém con lo que

Tras encender la primera vela, se recita:

Sofrim ch. 20

הַנֵּרוֹת הַלָּלוּ Estas velas las encendemos
por los milagros, las maravillas, las salvaciones y las guerras
que libraste por nuestros ancestros
en aquellos días en este tiempo
por medio de Tus sagrados cohanim.

Y todos los ocho días de Janucá estas velas son sagradas
y no tenemos permiso de usarlas
sino únicamente verlas
para agradecer y alabar a Tu Gran Nombre por Tus milagros,
por Tus maravillas y Tus salvaciones.

Una vez que las velas son encendidas:

מָעוֹז צוּר Fortaleza Roca de mi salvación,
a Ti es adecuado alabar.
Establece la casa de mi plegaria,
y allí un sacrificio de agradecimiento ofrendaremos.
Para el momento que establezcas el degüello
del opresor que ladra,
entonces completaré
con una canción de los salmos
la inauguración del altar.

---

un tratado rabínico, Masejet Sofrim, si bien a lo largo de los siglos pasó por ciertos cambios. וְאֵין לָנוּ רְשׁוּת לְהִשְׁתַּמֵּשׁ בָּהֶם *Y no tenemos permiso de usarlas*: A diferencia de las velas de Shabat, las de Janucá no son encendidas a los efectos de que iluminen, sino para "publicitar o difundir el milagro". Una vela separada, el *shamash,* es empleada para encender las demás velas y es colocada levemente más arriba tal que si nos beneficiamos de la luz, será de la del *shamash* y no de aquellas que forman parte del cumplimiento del precepto.

מָעוֹז צוּר יְשׁוּעָתִי *Fortaleza Roca de mi salvación:* Compuesto en Alemania en el siglo XIII. Las letras iniciales de los versículos conforman el nombre Mordejai, más allá esto no podemos identificar a su autor. El primer versículo

Tras encender la primera vela, se recita:

מסכת סופרים פרק כ

הַנֵּרוֹת הַלָּלוּ אֲנוּ מַדְלִיקִים
עַל הַנִּסִּים וְעַל הַנִּפְלָאוֹת וְעַל הַתְּשׁוּעוֹת וְעַל הַמִּלְחָמוֹת
שֶׁעָשִׂיתָ לַאֲבוֹתֵינוּ בַּיָּמִים הָהֵם בַּזְּמַן הַזֶּה
עַל יְדֵי כֹּהֲנֶיךָ הַקְּדוֹשִׁים.

וְכָל שְׁמוֹנַת יְמֵי חֲנֻכָּה
הַנֵּרוֹת הַלָּלוּ קֹדֶשׁ הֵם
וְאֵין לָנוּ רְשׁוּת לְהִשְׁתַּמֵּשׁ בָּהֶם
אֶלָּא לִרְאוֹתָם בִּלְבָד
כְּדֵי לְהוֹדוֹת וּלְהַלֵּל לְשִׁמְךָ הַגָּדוֹל
עַל נִסֶּיךָ וְעַל נִפְלְאוֹתֶיךָ וְעַל יְשׁוּעָתֶךָ.

Una vez que las velas son encendidas:

מָעוֹז צוּר יְשׁוּעָתִי לְךָ נָאֶה לְשַׁבֵּחַ
תִּכּוֹן בֵּית תְּפִלָּתִי וְשָׁם תּוֹדָה נְזַבֵּחַ
לְעֵת תָּכִין מַטְבֵּחַ מִצָּר הַמְנַבֵּחַ
אָז אֶגְמֹר בְּשִׁיר מִזְמוֹר חֲנֻכַּת הַמִּזְבֵּחַ.

---

el camino hacia el futuro. Las velas de Janucá se transformaron en uno de los mayores símbolos de esperanza judía.

Las velas son encendidas en el hogar, al anochecer o después, preferentemente en un sitio donde pueden ser vistas por los transeúntes. Nuestra costumbre es encender una vela (o una lámpara de aceite de oliva) en la primera noche, dos en la segunda y así sucesivamente. La primera vela se coloca del lado derecho del candelabro, y cada noche la primera vela que va a ser encendida se coloca en la izquierda.

הַנֵּרוֹת הַלָּלוּ *Estas velas las encendemos:* Se trata de un himno sobre la santidad de las velas y el por qué de su encendido. Este texto es conocido de

רָעוֹת De males se sació mi alma, con la angustia mi fuerza se agotó,
mi vida amargaron con dureza,
en la esclavitud del reinado del becerro (Egipto).
Y con Su mano, la grande, sacó a la atesorada (Israel),
el ejército del faraón y toda su descendencia
bajaron como una piedra al abismo (Mar Rojo).

דְּבִיר Al palacio de Su santidad me trajo
y también allí no estuve tranquila
y vino el hostigador (Nabucodonosor)
y me exilió porque a extraños (dioses) serví.
Y un vino envenenado (idólatra) vertí, por poco casi pasé (desaparecí).
El fin de babilonia (fue con) Zerubabel
al fin de setenta (años) fui salvada.

כְּרֹת Cortar la estatura (cabeza) del ciprés (Mordejai) procuró,
el Agaguita (Amán) hijo de Hamdatá,
y se hizo (convirtió) para él
como trampa y tropiezo y su orgullo fue cesado.
La cabeza del Biniamita (Mordejai) alzaste
y el enemigo su nombre borraste
La numeroso de sus hijos y sus pertenencias sobre el árbol colgaste.

יְוָנִים Griegos se reunieron sobre (contra) mí,
entonces en los días de los Jashmonaím (Macabim)
y derrumbaron las murallas de mis torres,
e impurificaron todos los aceites;
y de lo que quedó de las botellas
se hizo un milagro a los "rosales" (los tzadikim)
y los hijos entendedores (rabinos de la época), ocho días,
establecieron cánticos y alegrías.

חֲשׂף Descubre el brazo de Tu santidad y acerca el fin de la salvación,
venga la venganza de Tus siervos de aquella nación, la malvada;
porque se prolongó la hora y no hay fin a los días de la maldad:
desplaza al Rojo (Esav), en la sombra de la oscuridad,
levanta para nosotros los pastores, que son siete
(Abraham, Ytzjak, Ya'akov, Moshé, Aharón, Yosef y David).

רָעוֹת שָׂבְעָה נַפְשִׁי בְּיָגוֹן כֹּחִי כָּלָה
חַיַּי מֵרְרוּ בְקֹשִׁי בְּשִׁעְבּוּד מַלְכוּת עֶגְלָה
וּבְיָדוֹ הַגְּדוֹלָה הוֹצִיא אֶת הַסְּגֻלָּה
חֵיל פַּרְעֹה וְכָל זַרְעוֹ יָרְדוּ כְּאֶבֶן מְצוּלָה.

דְּבִיר קָדְשׁוֹ הֱבִיאַנִי וְגַם שָׁם לֹא שָׁקַטְתִּי
וּבָא נוֹגֵשׂ וְהִגְלַנִי כִּי זָרִים עָבַדְתִּי
וְיֵין רַעַל מָסַכְתִּי כִּמְעַט שֶׁעָבַרְתִּי
קֵץ בָּבֶל זְרֻבָּבֶל לְקֵץ שִׁבְעִים נוֹשַׁעְתִּי.

כְּרֹת קוֹמַת בְּרוֹשׁ בִּקֵּשׁ אֲגָגִי בֶּן הַמְּדָתָא
וְנִהְיָתָה לוֹ לְפַח וּלְמוֹקֵשׁ וְגַאֲוָתוֹ נִשְׁבָּתָה
רֹאשׁ יְמִינִי נִשֵּׂאתָ וְאוֹיֵב שְׁמוֹ מָחִיתָ
רֹב בָּנָיו וְקִנְיָנָיו עַל הָעֵץ תָּלִיתָ.

יְוָנִים נִקְבְּצוּ עָלַי אֲזַי בִּימֵי חַשְׁמַנִּים
וּפָרְצוּ חוֹמוֹת מִגְדָּלַי וְטִמְּאוּ כָּל הַשְּׁמָנִים
וּמִנּוֹתַר קַנְקַנִּים נַעֲשָׂה נֵס לַשּׁוֹשַׁנִּים
בְּנֵי בִינָה יְמֵי שְׁמוֹנָה קָבְעוּ שִׁיר וּרְנָנִים.

חֲשׂוֹף זְרוֹעַ קָדְשֶׁךָ וְקָרֵב קֵץ הַיְשׁוּעָה
נְקֹם נִקְמַת עֲבָדֶיךָ מֵאֻמָּה הָרְשָׁעָה
כִּי אָרְכָה לָנוּ הַשָּׁעָה וְאֵין קֵץ לִימֵי הָרָעָה
דְּחֵה אַדְמוֹן בְּצֵל צַלְמוֹן הָקֵם לָנוּ רוֹעִים שִׁבְעָה.

---

recuerda la reinauguración del Templo y espera su pronta restauración. Los siguientes cuatro describen secuencialmente cuatro crisis y salvaciones de la historia judía – la esclavitud en Egipto, el exilio babilonio, Purim y Janucá. La última estrofa falta en algunos manuscritos por lo que puede haber sido una adición ulterior; o bien, pudo ser parte del texto original pero censurado por las autoridades gentiles.

LECTURA DE LA MEGUILÁ EN PURIM

Previo a la lectura de Meguilat Ester la congregación se pone de pie y el lector recita las siguientes tres bendiciones:

בָּרוּךְ Bendito eres Tú Señor, nuestro Dios, Rey del universo,
que nos ha santificado con Sus preceptos y nos ordenó leer la Meguilá.

בָּרוּךְ Bendito eres Tú Señor, nuestro Dios, Rey del universo,
que hizo milagros a nuestros ancestros en aquellos días en este tiempo.

בָּרוּךְ Bendito eres Tú Señor, nuestro Dios, Rey del universo
que nos ha dado vida, nos sostuvo
y nos ha permitido llegar a este momento.

Se lee la Meguilá en la página 1259. Cuando la lectura finaliza, se enrolla el pergamino y de haber presente un minián el lector continúa recitando lo siguiente:

בָּרוּךְ Bendito eres Tú Señor, nuestro Dios, Rey del universo
que libra nuestra lucha, juzga nuestro reclamo y venga nuestra venganza;
que da su merecido a nuestros enemigos
y se desquita de nuestros opresores.
Bendito eres Tú Señor,
que se desquita de todos los opresores del pueblo de Israel:
el Dios que trae salvación.

Tras la lectura nocturna de la Meguilá se recita lo siguiente:

אֲשֶׁר הֵנִיא Dios frustró el plan de las naciones
y desbarató los planes de los arteros.
Un hombre malvado se alzó contra nosotros,
una rama perversa del árbol de Amalek,
arrogante por su riqueza cavó su propio pozo y su orgullo le sirvió de trampa.
Pensó que atraparía, mas fue atrapado,
quiso exterminar y fue rápidamente eliminado.
Amán compartía el odio de sus ancestros
e incitó al odio fratricida en los hijos.
No recordó la compasión de Shaúl,
que al apiadarse de Agag permitió que nazca un enemigo.
El pérfido planeó cortar la vida del justo,
mas el impuro cayó en manos del puro.
La benevolencia se sobrepuso al error del ancestro (Shaúl),
y el malvado (Amán) acumuló pecado tras pecado.
Ocultó en su corazón sus arteros planes, y se entregó a las malas acciones.

סדר קריאת המגילה בפורים

Previo a la lectura de מגילת אסתר *el* קהל *se pone de pie y el* קורא *recita las siguientes tres bendiciones:*

בָּרוּךְ אַתָּה יהוה אֱלֹהֵינוּ מֶלֶךְ הָעוֹלָם
אֲשֶׁר קִדְּשָׁנוּ בְּמִצְוֹתָיו וְצִוָּנוּ עַל מִקְרָא מְגִלָּה.

בָּרוּךְ אַתָּה יהוה אֱלֹהֵינוּ מֶלֶךְ הָעוֹלָם
שֶׁעָשָׂה נִסִּים לַאֲבוֹתֵינוּ בַּיָּמִים הָהֵם בַּזְּמַן הַזֶּה.

בָּרוּךְ אַתָּה יהוה אֱלֹהֵינוּ מֶלֶךְ הָעוֹלָם
שֶׁהֶחֱיָנוּ וְקִיְּמָנוּ וְהִגִּיעָנוּ לַזְּמַן הַזֶּה.

Se lee la מגילה *en la página 1259. Cuando la lectura finaliza, se enrolla el pergamino y de haber presente un* מנין *el* קורא *continúa recitando lo siguiente:*

בָּרוּךְ אַתָּה יהוה אֱלֹהֵינוּ מֶלֶךְ הָעוֹלָם
הָרָב אֶת רִיבֵנוּ, וְהַדָּן אֶת דִּינֵנוּ, וְהַנּוֹקֵם אֶת נִקְמָתֵנוּ
וְהַמְשַׁלֵּם גְּמוּל לְכָל אוֹיְבֵי נַפְשֵׁנוּ, וְהַנִּפְרָע לָנוּ מִצָּרֵינוּ.
בָּרוּךְ אַתָּה יהוה, הַנִּפְרָע לְעַמּוֹ יִשְׂרָאֵל מִכָּל צָרֵיהֶם, הָאֵל הַמּוֹשִׁיעַ.

Tras la lectura nocturna de la Meguilá se recita lo siguiente:

אֲשֶׁר הֵנִיא עֲצַת גּוֹיִם, וַיָּפֶר מַחְשְׁבוֹת עֲרוּמִים.
בְּקוּם עָלֵינוּ אָדָם רָשָׁע, נֵצֶר זָדוֹן מִזֶּרַע עֲמָלֵק.
גָּאָה בְעָשְׁרוֹ וְכָרָה לוֹ בּוֹר, וּגְדֻלָּתוֹ יָקְשָׁה לּוֹ לָכֶד.
דִּמָּה בְנַפְשׁוֹ לִלְכֹּד וְנִלְכַּד, בִּקֵּשׁ לְהַשְׁמִיד וְנִשְׁמַד מְהֵרָה.
הָמָן הוֹדִיעַ אֵיבַת אֲבוֹתָיו, וְעוֹרֵר שִׂנְאַת אַחִים לַבָּנִים.
וְלֹא זָכַר רַחֲמֵי שָׁאוּל, כִּי בְחֶמְלָתוֹ עַל אֲגָג נוֹלַד אוֹיֵב.
זָמַם רָשָׁע לְהַכְרִית צַדִּיק, וְנִלְכַּד טָמֵא בִּידֵי טָהוֹר.
חֶסֶד גָּבַר עַל שִׁגְגַת אָב, וְרָשָׁע הוֹסִיף חֵטְא עַל חֲטָאָיו.
טָמַן בְּלִבּוֹ מַחְשְׁבוֹת עֲרוּמָיו, וַיִּתְמַכֵּר לַעֲשׂוֹת רָעָה.

PURIM

Purim es la recordación y celebración anual de los eventos descritos en el libro de Ester. Durante el reino de Ajashverosh de Persia, uno de sus

Extendió su mano contra los sagrados de Dios,
y gastó su dinero en eliminar su memoria.
Al ver Mordejai que se desató la furia
y que las órdenes de Amán fueron impartidas en Shushán,
vistió de luto, se sumió en duelo, decretó un ayuno y sobre cenizas se sentó.
¿Quién habrá de levantarse para expiar por el error
y hacer que sea perdonado el pecado de nuestros ancestros?
Una flor creció de una palmera (de lulav),
Hadasa se levantó para despertar a los adormecidos.
Sus sirvientes fueron a llamar a Amán para que viniese,
para servirle vino con veneno de serpientes.
Se alzó en su riqueza, mas cayó en su maldad:
preparó un cadalso en el que fue ahorcado.
Todos los habitantes de la tierra abrieron sus bocas cuando el sorteo
(la estratagema) de Amán se transformó en nuestro venturoso destino.
Un justo se salvó de las manos de un malvado:
el enemigo sufrió el destino que planeaba depararle a su víctima.
Los judíos aceptaron sobre sí celebrar Purim y alegrarse cada año.
Tú escuchaste la plegaria de Mordejai y Ester
y ahorcaste en el cadalso a Amán y a sus hijos.

Tras la lectura tanto nocturna como matutina de la Meguilá se recita lo siguiente:

שׁוֹשַׁנַּת יַעֲקֹב El lirio de Ya'akov (los hijos de Israel) se alegró y regocijó
cuando vieron juntos a Mordejai vestido con prendas del color azul de la realeza.
Tú has sido su eterna salvación y su esperanza en cada generación.
Para hacer saber que todos
quienes depositan en Ti sus esperanzas no serán avergonzados,
y quienes en Ti se refugian no serán humillados.
Maldito sea Amán, que procuró hacerme desparecer,
bendito sea Mordejai el judío.
Maldita sea Zeresh, la mujer que me infundió temor;
bendita sea Ester, quien se sacrificó por mí.
Malditos sean todos los malvados,
benditos todos los hijos de Israel, y también Jarbona sea recordado para el bien.

Tras la lectura nocturna, se continúa el rezo de Ma'ariv con "Y Tú eres Santo" hasta "y enaltecerla" en las páginas 718–720 (en Motzaei Shabat se continúa con "Que el agrado del Señor" en la página 716). Luego, el oficiante continúa con un Kadish Completo en la página 722 (omitiendo el renglón que dice "Que nuestras plegarias y las súplicas"). (En Motzaei Shabat se continúa con "Y el Señor te conceda" en la página 724). El rezo continúa con Aleinu en la página 732 y con Kadish de Duelo en la página 734.

En la mañana se continúa con Ashrei en la página 170 y "Un Redentor llegará a Sion" en la página 174.

יָדוֹ שָׁלַח בִּקְדוֹשֵׁי אֵל, כַּסְפּוֹ נָתַן לְהַכְרִית זִכְרָם.
כִּרְאוֹת מָרְדֳּכַי כִּי יָצָא קֶצֶף, וְדָתֵי הָמָן נִתְּנוּ בְשׁוּשָׁן.
לָבַשׁ שַׂק וְקָשַׁר מִסְפֵּד וְגָזַר צוֹם וַיֵּשֶׁב עַל הָאֵפֶר.
מִי זֶה יַעֲמֹד לְכַפֵּר שְׁגָגָה, וְלִמְחֹל חַטַּאת עֲוֹן אֲבוֹתֵינוּ.
נֵץ פָּרַח מִלּוּלָב, הֵן הֲדַסָּה עָמְדָה לְעוֹרֵר יְשֵׁנִים.
סָרִיסֶיהָ הִבְהִילוּ לְהָמָן, לְהַשְׁקוֹתוֹ יֵין חֲמַת תַּנִּינִים.
עָמַד בְּעָשְׁרוֹ וְנָפַל בְּרִשְׁעוֹ, עָשָׂה לוֹ עֵץ וְנִתְלָה עָלָיו.
פִּיהֶם פָּתְחוּ כָּל יוֹשְׁבֵי תֵבֵל, כִּי פוּר הָמָן נֶהְפַּךְ לְפוּרֵנוּ.
צַדִּיק נֶחֱלַץ מִיַּד רָשָׁע, אוֹיֵב נִתַּן תַּחַת נַפְשׁוֹ.
קִיְּמוּ עֲלֵיהֶם לַעֲשׂוֹת פּוּרִים וְלִשְׂמֹחַ בְּכָל שָׁנָה וְשָׁנָה.
רָאִיתָ אֶת תְּפִלַּת מָרְדֳּכַי וְאֶסְתֵּר, הָמָן וּבָנָיו עַל הָעֵץ תָּלִיתָ.

Tras la lectura tanto nocturna como matutina de la מגילה *se recita lo siguiente:*

שׁוֹשַׁנַּת יַעֲקֹב צָהֲלָה וְשָׂמֵחָה בִּרְאוֹתָם יַחַד תְּכֵלֶת מָרְדֳּכָי.
תְּשׁוּעָתָם הָיִיתָ לָנֶצַח, וְתִקְוָתָם בְּכָל דּוֹר וָדוֹר.
לְהוֹדִיעַ שֶׁכָּל קֹוֶיךָ לֹא יֵבֹשׁוּ, וְלֹא יִכָּלְמוּ לָנֶצַח כָּל הַחוֹסִים בָּךְ.
אָרוּר הָמָן אֲשֶׁר בִּקֵּשׁ לְאַבְּדִי, בָּרוּךְ מָרְדֳּכַי הַיְּהוּדִי.
אֲרוּרָה זֶרֶשׁ אֵשֶׁת מַפְחִידִי, בְּרוּכָה אֶסְתֵּר בַּעֲדִי.
אֲרוּרִים כָּל הָרְשָׁעִים, בְּרוּכִים כָּל יִשְׂרָאֵל, וְגַם חַרְבוֹנָה זָכוּר לַטּוֹב.

Tras la lectura nocturna, se continúa el rezo de מעריב *con* וְאַתָּה קָדוֹשׁ *hasta* וַיַּאְדִּיר *en las páginas 719–721 (en* מוצאי שבת *se continúa con* וִיהִי נֹעַם *en la página 717). Luego, el* שליח ציבור *continúa con un* קדיש שלם *en la página 723 (omitiendo el renglón que dice* תִּתְקַבַּל*). (En* מוצאי שבת *se continúa con* וְיִתֶּן־לְךָ *en la página 725). El rezo continúa con* עָלֵינוּ *en la página 733 y con* קדיש יתום *en la página 735.*

En la mañana se continúa con אַשְׁרֵי *en la página 171 y* וּבָא לְצִיּוֹן *en la página 175.*

---

ministros conspiró para “destruir, matar y hacer desparecer a todos los judíos, jóvenes y ancianos, mujeres y niños, en un mismo día” (Ester 3:13), el día sorteado (*pur* es sorteo) que confiere su nombre a la festividad. Los judíos fueron salvados por medio de una combinación de la resistencia y desafío de Mordejai y la súplica de su sobrina Ester, quien había sido llevada al harén real y era la favorita del rey. El plan de Amán fue desbaratado y tanto él como sus hijos fueron colgados en los cadalsos que habían preparado para Mordejai.

Shajarit para Yom HaZikarón

Al finalizar Shajarit tras el Kadish Completo se abre el Arca Sagrada y algunas congregaciones recitan lo siguiente:

לַמְנַצֵּחַ Para el Director del Coro, a raíz de la muerte de Labén, un Salmo por David. *Sal. 9*
Te agradezco SEÑOR con todo mi corazón, narraré todas Tus maravillas.
Me regocijaré y exultaré en Ti, entonaré cánticos a Tu Supremo Nombre.
Al replegarse mis enemigos, fracasarán y perecerán ante Ti.
Pues apoyaste mi juicio y mi causa, Tú ocupaste el sitial de recto juez.
Tú has reprendido naciones y has hecho perecer a malvados, borraste sus nombres para siempre.
El enemigo está acabado, arruinado para siempre, sus ciudades asolaste y destruiste su memoria.
En cambio, el SEÑOR por siempre permanece, Él ha establecido Su Trono para juzgar.
Juzgará el mundo con justicia, sentenciará a las naciones con rectitud.
El SEÑOR es el refugio para los oprimidos, apoyo en tiempos de desgracia.
Aquellos que conocen Tu Nombre confían en Ti, porque Tú SEÑOR, no has abandonado a aquellos que Te buscan.
Entonad cánticos de alabanza al SEÑOR que mora en Sion, narrad Sus actos entre las naciones.
El Vengador del derramamiento de sangre los recuerda, no olvidó el clamor de los humildes.
Ten piedad de mí SEÑOR, contempla cómo mis enemigos me infligen suplicios, elévame por sobre los portales de la muerte.
Para poder narrar todas Tus glorias, en los portones de la hija de Sion me regocijaré en Tu salvación.
Las naciones se hundieron en el foso que ellas mismas excavaron, en la trampa que tendieron quedaron aprisionados sus pies.
El SEÑOR es conocido por Su justicia, el malvado queda atrapado por la labor de sus propias manos. Reflexiona sobre esto, Sela.
Los malvados habrán de retornar a la tumba, todas las naciones que olvidan a Dios.
Pues el necesitado no será olvidado para siempre, ni tampoco la esperanza del menesteroso se perderá.
Levántate SEÑOR, no permitas que ser humano alguno detente el poder, que las naciones sean juzgadas ante Ti.
Haz descender sobre ellos el temor SEÑOR, que las naciones sepan que no son más que seres humanos, Sela.

Se cierra el Arca Sagrada.

סדר תפילת שחרית ליום הזיכרון

Al finalizar שחרית *tras el* קדיש שלם *se abre el* ארון קודש
y algunas congregaciones recitan lo siguiente:

תהלים ט

לַמְנַצֵּחַ עַל־מוּת לַבֵּן מִזְמוֹר לְדָוִד׃
אוֹדֶה יהוה בְּכָל־לִבִּי, אֲסַפְּרָה כָּל־נִפְלְאוֹתֶיךָ׃
אֶשְׂמְחָה וְאֶעֶלְצָה בָךְ, אֲזַמְּרָה שִׁמְךָ עֶלְיוֹן׃
בְּשׁוּב־אוֹיְבַי אָחוֹר, יִכָּשְׁלוּ וְיֹאבְדוּ מִפָּנֶיךָ׃
כִּי־עָשִׂיתָ מִשְׁפָּטִי וְדִינִי, יָשַׁבְתָּ לְכִסֵּא שׁוֹפֵט צֶדֶק׃
גָּעַרְתָּ גוֹיִם אִבַּדְתָּ רָשָׁע, שְׁמָם מָחִיתָ לְעוֹלָם וָעֶד׃
הָאוֹיֵב תַּמּוּ חֳרָבוֹת לָנֶצַח, וְעָרִים נָתַשְׁתָּ, אָבַד זִכְרָם הֵמָּה׃
וַיהוה לְעוֹלָם יֵשֵׁב, כּוֹנֵן לַמִּשְׁפָּט כִּסְאוֹ׃
וְהוּא יִשְׁפֹּט־תֵּבֵל בְּצֶדֶק, יָדִין לְאֻמִּים בְּמֵישָׁרִים׃
וִיהִי יהוה מִשְׂגָּב לַדָּךְ, מִשְׂגָּב לְעִתּוֹת בַּצָּרָה׃
וְיִבְטְחוּ בְךָ יוֹדְעֵי שְׁמֶךָ, כִּי לֹא־עָזַבְתָּ דֹרְשֶׁיךָ, יהוה׃
זַמְּרוּ לַיהוה יֹשֵׁב צִיּוֹן, הַגִּידוּ בָעַמִּים עֲלִילוֹתָיו׃
כִּי־דֹרֵשׁ דָּמִים אוֹתָם זָכָר, לֹא־שָׁכַח צַעֲקַת עֲנָוִים׃
חָנְנֵנִי יהוה רְאֵה עָנְיִי מִשֹּׂנְאָי, מְרוֹמְמִי מִשַּׁעֲרֵי־מָוֶת׃
לְמַעַן אֲסַפְּרָה כָּל־תְּהִלָּתֶיךָ, בְּשַׁעֲרֵי בַת־צִיּוֹן אָגִילָה בִּישׁוּעָתֶךָ׃
טָבְעוּ גוֹיִם בְּשַׁחַת עָשׂוּ, בְּרֶשֶׁת־זוּ טָמָנוּ נִלְכְּדָה רַגְלָם׃
נוֹדַע יהוה מִשְׁפָּט עָשָׂה, בְּפֹעַל כַּפָּיו נוֹקֵשׁ רָשָׁע, הִגָּיוֹן סֶלָה׃
יָשׁוּבוּ רְשָׁעִים לִשְׁאוֹלָה, כָּל־גּוֹיִם שְׁכֵחֵי אֱלֹהִים׃
כִּי לֹא לָנֶצַח יִשָּׁכַח אֶבְיוֹן, תִּקְוַת עֲנִיִּים תֹּאבַד לָעַד׃
קוּמָה יהוה אַל־יָעֹז אֱנוֹשׁ, יִשָּׁפְטוּ גוֹיִם עַל־פָּנֶיךָ׃
שִׁיתָה יהוה מוֹרָה לָהֶם, יֵדְעוּ גוֹיִם, אֱנוֹשׁ הֵמָּה סֶּלָה׃

Se cierra el ארון קודש.

Plegaria recordatoria por los soldados israelíes caídos

אָבִינוּ שֶׁבַּשָּׁמַיִם Padre Celestial, Dios, Señor de los espíritus de toda carne,
recuerda por favor las almas diáfanas y puras de nuestros hijos e hijas
que heroicamente dieron sus vidas para defender al pueblo y a la tierra.
Fueron más livianos que las águilas y más valientes que los leones
en su lucha en aras de la liberación de su pueblo y de su patria.
Al ascender al altar del resurgimiento de Israel en su tierra sagrada,
infundieron un espíritu de valentía
y heroísmo en toda la Casa de Israel, tanto en Israel como en la diáspora,
inspirándolos en marchar hacia su redención y su liberación.
Dios nuestro, recuérdalos para bien
junto a las decenas de miles de mártires
del pueblo de Israel y todos sus héroes de todos los tiempos.
Engarza sus almas en la cadena de la vida.
Que su descanso sea en el Jardín del Edén, descansen en paz
y reciban su recompensa al final de los días.
Amén.

לְדָוִד De David, Bendito es el Señor, mi Roca, que entrena mis manos para el combate y mis dedos para la guerra. Él es mi Benefactor, mi Fortaleza, mi Baluarte y mi Refugio, mi Escudo en el cual confío, quien somete a las naciones bajo mi mando. Señor, ¿qué es el ser humano como para que Tú lo reconozcas? ¿Qué es el hijo del hombre para que lo tomes en cuenta? El hombre se asemeja al hálito de la boca y sus días son como una sombra que se esfuma. Señor, inclina Tus cielos y desciende, toca las montañas tal que humeen. Envía un rayo y dispérsalos, dispara Tus flechas e infunde en ellos el pánico. Envía Tu mano desde las alturas, líbrame y sálvame de aguas poderosas, de manos de extraños, cuyas bocas hablan vanidades y su diestra es mentirosa. Dios, habré de entonar para Ti una nueva canción, con arpa de diez cuerdas Te cantaré. Aquél que salva a los reyes y a Su siervo David de la espada inicua. Libérame y sálvame de mano de los extraños cuyas bocas hablan vanidades y su diestra es mentirosa. Entonces nuestros hijos se asemejarán a retoños bien alimentados en su mocedad y nuestras hijas serán como pilares esculpidos para un palacio. Nuestros graneros estarán repletos con todo tipo de provisión. Nuestras ovejas aumentarán por miles y por decenas de miles sobre nuestros campos. Nuestros bueyes llevarán pesadas cargas. No habrá brechas en las murallas ni nadie caerá prisionero; no se escucharán llantos de dolor en nuestras calles. Feliz del pueblo para el que esto es así, feliz del pueblo que el Señor es su Dios. *Sal. 144*

Plegaria recordatoria por los soldados israelíes caídos

אָבִינוּ שֶׁבַּשָּׁמַיִם, אֵל אֱלֹהֵי הָרוּחוֹת לְכָל בָּשָׂר
זְכֹר נָא אֶת הַנְּשָׁמוֹת הַזַּכּוֹת וְהַטְּהוֹרוֹת שֶׁל בָּנֵינוּ וּבְנוֹתֵינוּ
אֲשֶׁר הֶעֱרוּ אֶת נַפְשָׁם לָמוּת מוֹת גִּבּוֹרִים
בְּהֵחָלְצָם לְעֶזְרַת הָעָם וְהָאָרֶץ.
מִנְּשָׁרִים קַלּוּ מֵאֲרָיוֹת גָּבֵרוּ
בְּמִלְחַמְתָּם לְמַעַן שִׁחְרוּר עַמָּם וּמוֹלַדְתָּם.
בַּעֲלוֹתָם עַל מִזְבַּח תְּקוּמַת יִשְׂרָאֵל בְּאֶרֶץ קָדְשׁוֹ
הֵפִיחוּ רוּחַ עֹז וּגְבוּרָה בְּכָל בֵּית יִשְׂרָאֵל בָּאָרֶץ וּבַתְּפוּצוֹת
וַיִּתְעוֹרֵר לִקְרַאת גְּאֻלָּתוֹ וּפְדוּת נַפְשׁוֹ.
יִזְכְּרֵם אֱלֹהֵינוּ לְטוֹבָה
עִם רִבְבוֹת אַלְפֵי קְדוֹשֵׁי יִשְׂרָאֵל וְגִבּוֹרָיו מִימֵי עוֹלָם
בִּצְרוֹר הַחַיִּים יִצְרֹר אֶת נִשְׁמָתָם
בְּגַן עֵדֶן תְּהֵא מְנוּחָתָם
וְיָנוּחוּ בְּשָׁלוֹם עַל מִשְׁכָּבָם
וְיַעַמְדוּ לְגוֹרָלָם לְקֵץ הַיָּמִין
אָמֵן.

תהלים קמד
לְדָוִד בָּרוּךְ יהוה צוּרִי הַמְלַמֵּד יָדַי לַקְרָב, אֶצְבְּעוֹתַי לַמִּלְחָמָה: חַסְדִּי וּמְצוּדָתִי
מִשְׂגַּבִּי וּמְפַלְטִי לִי מָגִנִּי וּבוֹ חָסִיתִי הָרוֹדֵד עַמִּי תַחְתָּי: יהוה מָה־אָדָם וַתֵּדָעֵהוּ,
בֶּן־אֱנוֹשׁ וַתְּחַשְּׁבֵהוּ: אָדָם לַהֶבֶל דָּמָה יָמָיו כְּצֵל עוֹבֵר: יהוה הַט־שָׁמֶיךָ וְתֵרֵד
גַּע בֶּהָרִים וְיֶעֱשָׁנוּ: בְּרוֹק בָּרָק וּתְפִיצֵם, שְׁלַח חִצֶּיךָ וּתְהֻמֵּם: שְׁלַח יָדֶיךָ מִמָּרוֹם
פְּצֵנִי וְהַצִּילֵנִי מִמַּיִם רַבִּים מִיַּד בְּנֵי נֵכָר: אֲשֶׁר פִּיהֶם דִּבֶּר־שָׁוְא, וִימִינָם יְמִין
שָׁקֶר: אֱלֹהִים שִׁיר חָדָשׁ אָשִׁירָה לָּךְ, בְּנֵבֶל עָשׂוֹר אֲזַמְּרָה־לָּךְ: הַנּוֹתֵן תְּשׁוּעָה
לַמְּלָכִים הַפּוֹצֶה אֶת־דָּוִד עַבְדּוֹ מֵחֶרֶב רָעָה: פְּצֵנִי וְהַצִּילֵנִי מִיַּד בְּנֵי־נֵכָר אֲשֶׁר־
פִּיהֶם דִּבֶּר־שָׁוְא וִימִינָם יְמִין שָׁקֶר: אֲשֶׁר בָּנֵינוּ כִּנְטִעִים מְגֻדָּלִים בִּנְעוּרֵיהֶם
בְּנוֹתֵינוּ כְזָוִיֹּת מְחֻטָּבוֹת תַּבְנִית הֵיכָל: מְזָוֵינוּ מְלֵאִים מְפִיקִים מִזַּן אֶל־זַן
צֹאונֵנוּ מַאֲלִיפוֹת מְרֻבָּבוֹת בְּחוּצוֹתֵינוּ: אַלּוּפֵינוּ מְסֻבָּלִים אֵין פֶּרֶץ וְאֵין יוֹצֵאת
וְאֵין צְוָחָה בִּרְחֹבֹתֵינוּ: אַשְׁרֵי הָעָם שֶׁכָּכָה לּוֹ אַשְׁרֵי הָעָם שֶׁיהוה אֱלֹהָיו:

Ma'ariv para Yom Ha'Atzmaut

En Israel y muchas congregaciones de la diáspora se recita lo siguiente previo a Ma'ariv:

הודו Agradeced al Señor porque es bueno; pues Su benevolencia es eterna. Los redimidos del Señor dirán esto – aquellos que Él redimió de la mano del enemigo. Él los reunió desde los países, del oriente y el occidente, del norte y del sur. Se perdieron en el desierto, perdieron dirección en el páramo sin encontrar localidad habitada. Estaban hambrientos y sedientos y su alma desfallecía dentro de ellos. Entonces, en su angustia, clamaron al Señor y Él los salvó de sus aflicciones. Los guio por el camino recto, en dirección de una ciudad habitada. Alabad la benevolencia del Señor, y las maravillas que obra con los seres humanos. Pues sació al alma sedienta y colmó de bien al hambriento. Algunos residen en la oscuridad y las sombras de la muerte, amarrados cruelmente a cadenas de hierro por haberse rebelado contra la palabra de Dios y haber despreciado el consejo Supremo. Él doblegó sus corazones por medio del trabajo pesado, tropezaron y nadie acudió en su ayuda. En su angustia clamaron al Señor y Él los salvó de sus aflicciones. Los sacó de las tinieblas y la penumbra mortal y los liberó de sus cadenas. Alabad la benevolencia del Señor, y las maravillas que obra con los seres humanos. Pues quebró las puertas de bronce y rompió sus barras de hierro. Algunos fueron necios yendo por el camino de la trasgresión sufriendo aflicción por sus iniquidades. Hallaron todo alimento repulsivo arribando hasta los portales de la muerte. Entonces, en su tribulación, clamaron al Señor y Él los salvó de su desgracia. Él envió Su palabra, los curó y los rescató de su destrucción. Alabad la benevolencia del Señor, y las maravillas que obra *Sal. 107*

La significancia de Israel para el judaísmo es más que geográfica, histórica y política – es espiritual. Israel fue y es la Tierra Santa a la cual Abraham y sus descendientes fueron convocados para crear un nuevo tipo de sociedad, basada en la santidad de la vida humana y la igualdad de la dignidad para todos, donde estarían sujetos únicamente a la soberanía de Dios, permanentemente conscientes de la Presencia Divina, y esforzándose por ser fieles al pacto que les encomendó ser "un reino de sacerdotes y un pueblo consagrado".

Najmánides (en su comentario a Levítico 18:25) dice que el cumplimiento

מעריב ליום העצמאות

En ארץ ישראל *y muchas congregaciones de la* חוץ לארץ *se recita lo siguiente previo a* מעריב*:*

הֹדוּ לַיהוה כִּי־טוֹב, כִּי לְעוֹלָם חַסְדּוֹ: יֹאמְרוּ גְּאוּלֵי יהוה, אֲשֶׁר תהלים קז
גְּאָלָם מִיַּד־צָר: וּמֵאֲרָצוֹת קִבְּצָם, מִמִּזְרָח וּמִמַּעֲרָב, מִצָּפוֹן
וּמִיָּם: תָּעוּ בַמִּדְבָּר, בִּישִׁימוֹן דָּרֶךְ, עִיר מוֹשָׁב לֹא מָצָאוּ: רְעֵבִים
גַּם־צְמֵאִים, נַפְשָׁם בָּהֶם תִּתְעַטָּף: וַיִּצְעֲקוּ אֶל־יהוה בַּצַּר לָהֶם,
מִמְּצוּקוֹתֵיהֶם יַצִּילֵם: וַיַּדְרִיכֵם בְּדֶרֶךְ יְשָׁרָה, לָלֶכֶת אֶל־עִיר
מוֹשָׁב: יוֹדוּ לַיהוה חַסְדּוֹ, וְנִפְלְאוֹתָיו לִבְנֵי אָדָם: כִּי־הִשְׂבִּיעַ
נֶפֶשׁ שֹׁקֵקָה, וְנֶפֶשׁ רְעֵבָה מִלֵּא־טוֹב: יֹשְׁבֵי חֹשֶׁךְ וְצַלְמָוֶת,
אֲסִירֵי עֳנִי וּבַרְזֶל: כִּי־הִמְרוּ אִמְרֵי־אֵל, וַעֲצַת עֶלְיוֹן נָאָצוּ:
וַיַּכְנַע בֶּעָמָל לִבָּם, כָּשְׁלוּ וְאֵין עֹזֵר: וַיִּזְעֲקוּ אֶל־יהוה בַּצַּר לָהֶם,
מִמְּצֻקוֹתֵיהֶם יוֹשִׁיעֵם: יוֹצִיאֵם מֵחֹשֶׁךְ וְצַלְמָוֶת, וּמוֹסְרוֹתֵיהֶם
יְנַתֵּק: יוֹדוּ לַיהוה חַסְדּוֹ, וְנִפְלְאוֹתָיו לִבְנֵי אָדָם: כִּי־שִׁבַּר דַּלְתוֹת
נְחֹשֶׁת, וּבְרִיחֵי בַרְזֶל גִּדֵּעַ: אֱוִלִים מִדֶּרֶךְ פִּשְׁעָם, וּמֵעֲוֹנֹתֵיהֶם
יִתְעַנּוּ: כָּל־אֹכֶל תְּתַעֵב נַפְשָׁם, וַיַּגִּיעוּ עַד־שַׁעֲרֵי מָוֶת: וַיִּזְעֲקוּ
אֶל־יהוה בַּצַּר לָהֶם, מִמְּצֻקוֹתֵיהֶם יוֹשִׁיעֵם: יִשְׁלַח דְּבָרוֹ וְיִרְפָּאֵם,
וִימַלֵּט מִשְּׁחִיתוֹתָם: יוֹדוּ לַיהוה חַסְדּוֹ, וְנִפְלְאוֹתָיו לִבְנֵי אָדָם:

YOM HA'ATZMAUT

Yom Ha'Atzmaut, el día de la independencia de Israel, el 5 de Iyar del 5708, marca el momento cuando el pueblo judío recuperó la soberanía tras un lapso de unos dos mil años. El más largo exilio que haya sufrido nación alguna llegaba a su fin. Por primera vez en dos milenios, los judíos poseían un hogar, en el sentido que le adjudicara el poeta Robert Frost, un lugar en el cual "cuando tienes que ir allí tienen que llevarte". Los judíos habían regresado nuevamente a la arena de la historia como una nación que se autodetermina en la tierra hacia la cual Abraham había marchado en su momento, y Moshé y los hijos de Israel en el suyo.

con los seres humanos. Entonces elevaron ofrendas de agradecimiento y relataron cuanto les aconteció con cánticos. Los marinos en los barcos, aquellos que navegan en aguas poderosas, vieron las acciones del SEÑOR y sus maravillas en las profundidades. Él habló y desató un viento tempestuoso provocando altas olas. Estas se elevaron hasta los cielos y descendieron hasta los abismos y sus almas se deshicieron de dolor. Giraron y anduvieron a la deriva cual ebrios y toda su habilidad resultó en vano. Entonces, en su tribulación, clamaron al SEÑOR y Él los salvó de su desgracia. Calmó la tormenta y se detuvieron sus olas. Se regocijaron al ver que todo estaba calmo y entonces los condujo hacia su deseado destino. Alabad la benevolencia del SEÑOR, y las maravillas que obra con los seres humanos. Exultadlo ante la multitud del público y alabadle en la reunión de sabios. Él transforma los ríos en desierto, los manantiales en tierra reseca, la tierra fructífera en un salar por la maldad de sus habitantes. Transforma el desierto en un lago, y la tierra yerma en sitio de manantiales. Asienta allí hambrientos y los establece en poblados. Entonces ellos cultivan campos, plantan viñas y tienen una cosecha fructífera. Son bendecidos, se multiplican y su ganado no decrece en número a pesar de que habían sido pocos y sufrieron opresión. Él vierte desprecio sobre los príncipes y les hace perderse por un camino inconducente. ‣ Él alza al menesteroso de la miseria y agranda su familia cual rebaños. Los rectos ven esto y se alegran, mas la boca de los malvados es detenida. Que aquel que es sabio tenga esto presente y entonces habrán de comprenderse los actos de bondad del SEÑOR.

יהוה מָלָךְ El SEÑOR reina, regocíjese la tierra, alégrense las numerosas islas. Nubes y tinieblas alrededor Suyo, rectitud y justicia son los fundamentos de Su Trono. El fuego irá delante Suyo consumiendo a Sus *Sal. 97*

---

la forma de un orden social justo, benevolente y compasivo. Tal como lo definiera el Rabino Aharón Lichtenstein, se trata de un código para la "bienaventuranza social" predicado en una nación libre y que se autogobierna en su propia tierra.

Si bien los judíos durante los largos siglos de su exilio fueron dispersados sobre la faz de la tierra, solamente en Israel han conformado una mayoría y han sido capaces de autogobernarse y autodefenderse. Solamente en Israel

וְיִזְבְּחוּ זִבְחֵי תוֹדָה וִיסַפְּרוּ מַעֲשָׂיו בְּרִנָּה: יוֹרְדֵי הַיָּם בָּאֳנִיּוֹת,
עֹשֵׂי מְלָאכָה בְּמַיִם רַבִּים: הֵמָּה רָאוּ מַעֲשֵׂי יהוה, וְנִפְלְאוֹתָיו
בִּמְצוּלָה: וַיֹּאמֶר, וַיַּעֲמֵד רוּחַ סְעָרָה, וַתְּרוֹמֵם גַּלָּיו: יַעֲלוּ שָׁמַיִם,
יֵרְדוּ תְהוֹמוֹת, נַפְשָׁם בְּרָעָה תִתְמוֹגָג: יָחוֹגּוּ וְיָנוּעוּ כַּשִּׁכּוֹר, וְכָל־
חָכְמָתָם תִּתְבַּלָּע: וַיִּצְעֲקוּ אֶל־יהוה בַּצַּר לָהֶם, וּמִמְּצוּקֹתֵיהֶם
יוֹצִיאֵם: יָקֵם סְעָרָה לִדְמָמָה, וַיֶּחֱשׁוּ גַּלֵּיהֶם: וַיִּשְׂמְחוּ כִי־יִשְׁתֹּקוּ,
וַיַּנְחֵם אֶל־מְחוֹז חֶפְצָם: יוֹדוּ לַיהוה חַסְדּוֹ, וְנִפְלְאוֹתָיו לִבְנֵי
אָדָם: וִירוֹמְמוּהוּ בִּקְהַל־עָם, וּבְמוֹשַׁב זְקֵנִים יְהַלְלוּהוּ: יָשֵׂם
נְהָרוֹת לְמִדְבָּר, וּמֹצָאֵי מַיִם לְצִמָּאוֹן: אֶרֶץ פְּרִי לִמְלֵחָה, מֵרָעַת
יוֹשְׁבֵי בָהּ: יָשֵׂם מִדְבָּר לַאֲגַם־מַיִם, וְאֶרֶץ צִיָּה לְמֹצָאֵי מָיִם:
וַיּוֹשֶׁב שָׁם רְעֵבִים, וַיְכוֹנְנוּ עִיר מוֹשָׁב: וַיִּזְרְעוּ שָׂדוֹת, וַיִּטְּעוּ
כְרָמִים, וַיַּעֲשׂוּ פְּרִי תְבוּאָה: וַיְבָרְכֵם וַיִּרְבּוּ מְאֹד, וּבְהֶמְתָּם
לֹא יַמְעִיט: וַיִּמְעֲטוּ וַיָּשֹׁחוּ, מֵעֹצֶר רָעָה וְיָגוֹן: שֹׁפֵךְ בּוּז עַל־
נְדִיבִים, וַיַּתְעֵם בְּתֹהוּ לֹא־דָרֶךְ: ◂ וַיְשַׂגֵּב אֶבְיוֹן מֵעוֹנִי, וַיָּשֶׂם
כַּצֹּאן מִשְׁפָּחוֹת: יִרְאוּ יְשָׁרִים וְיִשְׂמָחוּ, וְכָל־עַוְלָה קָפְצָה פִּיהָ:
מִי־חָכָם וְיִשְׁמָר־אֵלֶּה, וְיִתְבּוֹנְנוּ חַסְדֵי יהוה:

יהוה מָלָךְ תָּגֵל הָאָרֶץ, יִשְׂמְחוּ אִיִּים רַבִּים: עָנָן וַעֲרָפֶל סְבִיבָיו, תהלים צז
צֶדֶק וּמִשְׁפָּט מְכוֹן כִּסְאוֹ: אֵשׁ לְפָנָיו תֵּלֵךְ, וּתְלַהֵט סָבִיב צָרָיו:

---

primario de todos los mandamientos, no solamente aquellos relacionados con la tierra, ocurre únicamente cuando "se habita en la tierra de Dios". Interpretado desde una perspectiva no mística, esto significa que la Torá representa la arquitectura de una sociedad, no es simplemente un código para la salvación del alma. La Torá incluye leyes referentes al bienestar, el medioambiente, a la administración de justicia, a las relaciones entre empleador y empleado y otros tópicos que generalmente no son considerados parte de la esfera religiosa. Se trata en menor medida de cómo elevar el alma a los cielos y en mayor medida de hacer descender los cielos a la tierra bajo

enemigos en Su derredor. Sus rayos iluminan el mundo y la tierra al verlo tiembla. Las montañas se derriten ante el Señor cual cera, ante el Señor de toda la tierra. Los cielos proclaman Su rectitud y todos los pueblos vieron Su Gloria. Se avergüenzan todos los idólatras que se vanaglorian en sus deidades, todos los dioses inclinaos ante Él. Sion escucha y se alegra, las hijas de Yehudá se regocijan en virtud de Tus sentencias, Señor. Pues Tú Señor, eres superior por sobre toda la tierra y Te elevas por sobre todo poder. ▸ Los que amáis al Señor odiad el mal, Él protege la vida de sus fieles y les salva de mano de los malvados. Luz está sembrada para el justo y alegría para el de recto corazón, que se alegren los justos en el Señor y agradezcan a Su Sagrado Nombre.

מִזְמוֹר Cántico, entonad al Señor una nueva canción pues ha obrado maravillas, ha salvado por medio de Su Diestra y Su Sagrado Brazo. El Señor ha hecho conocer Su salvación, reveló Su rectitud a ojos de las naciones. Recordó Su amor y Su fidelidad a la casa de Israel, todos los confines de la tierra han contemplado la salvación de nuestro Dios. Toda la tierra aclame al Señor, prorrumpid en cántico, cantad jubilosamente y tocad música. Tocad la lira para el Señor, cantad con la lira. Proclamad ante el Rey, el Señor, con trompetas y con la voz del shofar. ▸ Tiemble el mar y todo lo que este contiene, la tierra y todos quienes la habitan, los ríos aplaudirán junto a las montañas que habrán de cantar ante el Señor, porque viene a juzgar la tierra. Juzgará el mundo con justicia y a las naciones con rectitud. *Sal. 98*

---

no conoció la soberanía durante dos milenios la recuperó, devastada por el Holocausto tan sólo tres años antes. La declaración de independencia de Israel fue un notable acto de fe, un símbolo eterno de la victoria de la vida sobre la muerte, de la esperanza por sobre la desesperación.

Unos treinta tres siglos atrás Moshé profetizó: "Si estuviere tu exilio en el confín de los cielos, desde allí te reunirá el Señor tu Dios y desde allí te tomará" (Deuteronomio 30:4), y así ocurrió. Si tal como nosotros creemos existen eventos que llevan la firma de los cielos, sin duda que este es uno de ellos. Por lo tanto, agradecemos a Dios por haber regresado la tierra a la nación y la nación a la tierra – aquella donde nació nuestro pueblo en tiempos pretéritos y donde renació en los nuestros.

הֵאִירוּ בְרָקָיו תֵּבֵל, רָאֲתָה וַתָּחֵל הָאָרֶץ: הָרִים כַּדּוֹנַג נָמַסּוּ מִלִּפְנֵי יהוה, מִלִּפְנֵי אֲדוֹן כָּל־הָאָרֶץ: הִגִּידוּ הַשָּׁמַיִם צִדְקוֹ, וְרָאוּ כָל־הָעַמִּים כְּבוֹדוֹ: יֵבֹשׁוּ כָּל־עֹבְדֵי פֶסֶל הַמִּתְהַלְלִים בָּאֱלִילִים, הִשְׁתַּחֲווּ־לוֹ כָּל־אֱלֹהִים: שָׁמְעָה וַתִּשְׂמַח צִיּוֹן, וַתָּגֵלְנָה בְּנוֹת יְהוּדָה, לְמַעַן מִשְׁפָּטֶיךָ יהוה: כִּי־אַתָּה יהוה עֶלְיוֹן עַל־כָּל־הָאָרֶץ, מְאֹד נַעֲלֵיתָ עַל־כָּל־אֱלֹהִים: אֹהֲבֵי יהוה שִׂנְאוּ רָע, שֹׁמֵר נַפְשׁוֹת חֲסִידָיו, מִיַּד רְשָׁעִים יַצִּילֵם: ◂ אוֹר זָרֻעַ לַצַּדִּיק, וּלְיִשְׁרֵי־לֵב שִׂמְחָה: שִׂמְחוּ צַדִּיקִים בַּיהוה, וְהוֹדוּ לְזֵכֶר קָדְשׁוֹ:

מִזְמוֹר, שִׁירוּ לַיהוה שִׁיר חָדָשׁ כִּי־נִפְלָאוֹת עָשָׂה, הוֹשִׁיעָה־לּוֹ יְמִינוֹ וּזְרוֹעַ קָדְשׁוֹ: הוֹדִיעַ יהוה יְשׁוּעָתוֹ, לְעֵינֵי הַגּוֹיִם גִּלָּה צִדְקָתוֹ: זָכַר חַסְדּוֹ וֶאֱמוּנָתוֹ לְבֵית יִשְׂרָאֵל, רָאוּ כָל־אַפְסֵי־אָרֶץ אֵת יְשׁוּעַת אֱלֹהֵינוּ: הָרִיעוּ לַיהוה כָּל־הָאָרֶץ, פִּצְחוּ וְרַנְּנוּ וְזַמֵּרוּ: זַמְּרוּ לַיהוה בְּכִנּוֹר, בְּכִנּוֹר וְקוֹל זִמְרָה: בַּחֲצֹצְרוֹת וְקוֹל שׁוֹפָר, הָרִיעוּ לִפְנֵי הַמֶּלֶךְ יהוה: ◂ יִרְעַם הַיָּם וּמְלֹאוֹ, תֵּבֵל וְיֹשְׁבֵי בָהּ: נְהָרוֹת יִמְחֲאוּ־כָף, יַחַד הָרִים יְרַנֵּנוּ: לִפְנֵי־יהוה כִּי בָא לִשְׁפֹּט הָאָרֶץ, יִשְׁפֹּט־תֵּבֵל בְּצֶדֶק, וְעַמִּים בְּמֵישָׁרִים: תהלים צח

---

un judío puede hablar en el lenguaje judío, contemplar un paisaje judío, caminar por donde marcharon nuestros ancestros y continuar la historia que estos iniciaron. Solamente en Israel, los judíos han podido vivir como nación moldeando su propio destino, construyendo una sociedad acorde a sus propios principios y leyes.

Los judíos fueron los primeros en ver a Dios en la historia, en percibir el desenlace de los eventos como una narración significativa, el desarrollo del pacto entre Dios y Su pueblo. La celebración de Yom Ha'Atzmaut como festividad religiosa es parte de esta fe. Nunca un pueblo había sobrevivido un exilio tan prolongado con su identidad intacta. Nunca una nación que

Se acostumbra cantar:

הִתְעוֹרְרִי Despierta, anímate,
pues tu luz llega, ¡levántate e ilumina!
Despierta, anímate, entona una canción,
pues la Gloria del Señor se ha revelado en ti.

Este es el día que hizo el Señor, *Sal. 118*
alegrémonos y regocijémonos en él.

לֹא תֵבֹשִׁי No te avergonzarás ni serás humillada.
¿Por qué estás abatida? ¿Por qué penas?
En ti encontrarán refugio los menesterosos de Mi pueblo,
y la ciudad será reconstruida sobre su colina.

Este es el día que hizo el Señor,
alegrémonos y regocijémonos en él.

יָמִין Expándete a la derecha y a la izquierda,
y reverencia al Señor.
A través del descendiente de Peretz,
nos alegraremos y nos regocijaremos.

Este es el día que hizo el Señor,
alegrémonos y regocijémonos en él.

En este punto se recita Ma'ariv para los días de semana con melodía de Yom Tov. Tras un Kadish Completo se abre el Arca Sagrada y se recita lo siguiente por parte del oficiante y la congregación de manera alternada:

Escucha Israel, el Señor es nuestro Dios, el Señor es Uno *Deut. 6*

Se recita lo siguiente tres veces de manera alternada:

El Señor es Dios.

El oficiante recita lo siguiente y luego esto es repetido por la congregación.

מִי שֶׁעָשָׂה Aquél que obró milagros a nuestros ancestros
y los redimió de la esclavitud a la libertad,
pronto nos redimirá y reunirá a nuestros dispersos
desde los cuatro confines de la tierra,
tal que los hijos de Israel puedan unirse en amistad
y digamos: Amén.

Se cierra el Arca Sagrada.

Se acostumbra cantar:

הִתְעוֹרְרִי הִתְעוֹרְרִי
כִּי בָא אוֹרֵךְ קוּמִי אוֹרִי
עוּרִי עוּרִי, שִׁיר דַּבֵּרִי
כְּבוֹד יהוה עָלַיִךְ נִגְלָה.
זֶה־הַיּוֹם עָשָׂה יהוה, נָגִילָה וְנִשְׂמְחָה בוֹ: תהלים קיח

לֹא תֵבֹשִׁי וְלֹא תִכָּלְמִי
מַה תִּשְׁתּוֹחֲחִי וּמַה תֶּהֱמִי
בָּךְ יֶחֱסוּ עֲנִיֵּי עַמִּי
וְנִבְנְתָה עִיר עַל תִּלָּהּ.
זֶה־הַיּוֹם עָשָׂה יהוה, נָגִילָה וְנִשְׂמְחָה בוֹ:

יָמִין וּשְׂמֹאל תִּפְרֹצִי
וְאֶת יהוה תַּעֲרִיצִי
עַל יַד אִישׁ בֶּן פַּרְצִי
וְנִשְׂמְחָה וְנָגִילָה.
זֶה־הַיּוֹם עָשָׂה יהוה, נָגִילָה וְנִשְׂמְחָה בוֹ:

En este punto se recita מעריב לחול *con melodía de* יום טוב. *Tras un* קדיש שלם *se abre el* ארון קודש *y se recita lo siguiente por parte del* שליח ציבור *y el* קהל *de manera alternada:*

שְׁמַע יִשְׂרָאֵל, יהוה אֱלֹהֵינוּ, יהוה אֶחָד: דברים ו

Se recita lo siguiente tres veces de manera alternada:

יהוה הוּא הָאֱלֹהִים.

El שליח ציבור *recita lo siguiente y luego esto es repetido por el* קהל.

מִי שֶׁעָשָׂה נִסִּים לַאֲבוֹתֵינוּ וְלָנוּ
וּגְאָלָנוּ מֵעַבְדוּת לְחֵרוּת
הוּא יִגְאָלֵנוּ גְּאֻלָּה שְׁלֵמָה בְּקָרוֹב
וִיקַבֵּץ נִדָּחֵינוּ מֵאַרְבַּע כַּנְפוֹת הָאָרֶץ
חֲבֵרִים כָּל יִשְׂרָאֵל, וְנֹאמַר אָמֵן.

Se cierra el ארון קודש.

El oficiante continúa:

וְכִי־תָבֹאוּ Y cuando os allegareis a la guerra - en vuestra tierra - contra el enemigo que hostiliza a vosotros, tocaréis con las trompetas, seréis recordados ante el SEÑOR, vuestro Dios y seréis salvados de vuestros enemigos. Y en el día de vuestro regocijo y de vuestros plazos festivos, y de vuestros novilunios, tocaréis con las trompetas sobre vuestros holocaustos y sobre vuestras ofrendas de paz; y serán para vosotros como rememoración ante vuestro Dios. Yo soy el SEÑOR, vuestro Dios". *Núm. 10*

Se toca una tekiá guedolá en el shofar y se recita lo siguiente en voz alta:

El año próximo en Jerusalém reconstruida.

Todos:

Sea Tu voluntad SEÑOR, Dios nuestro y de nuestros ancestros,
que así como hemos tenido el mérito
de presenciar el principio de la redención,
que tengamos también el mérito
de escuchar el sonido del shofar del Mashíaj
prontamente en nuestros días.

Todos cantan:

שִׁיר הַמַּעֲלוֹת Cántico de las ascensiones. Cuando el SEÑOR hizo retornar a los exilados de Sion parecíamos estar soñando. Entonces nuestras bocas se llenaron de alegría y nuestras lenguas de cánticos. Entonces dijeron las naciones: El SEÑOR ha obrado grandemente con ellos. ¡El SEÑOR ha obrado grandemente con nosotros! Y nos regocijamos. Haz retornar SEÑOR, a nuestros exilados como torrentes en el desierto del Neguev. Los que siembran con lágrimas cosecharán con cantos de alegría. Quien va cargando sus semillas con sollozos sostenga con cánticos sus gavillas. *Sal. 126*

Se cuenta el Ómer (página 302) seguido de Aleinu (página 296).

Todos cantan:

אֲנִי מַאֲמִין Yo creo con fe completa en el arribo del Mashíaj,
y aunque pueda demorarse,
aguardo a diario su llegada.

Se acostumbra saludar uno a otro con la siguiente frase:

Festividades para la alegría, por una redención completa.

El שליח ציבור *continúa:*

וְכִי־תָבֹאוּ מִלְחָמָה בְּאַרְצְכֶם עַל־הַצַּר הַצֹּרֵר אֶתְכֶם, וַהֲרֵעֹתֶם בַּחֲצֹצְרֹת, וְנִזְכַּרְתֶּם לִפְנֵי יהוה אֱלֹהֵיכֶם, וְנוֹשַׁעְתֶּם מֵאֹיְבֵיכֶם: וּבְיוֹם שִׂמְחַתְכֶם וּבְמוֹעֲדֵיכֶם וּבְרָאשֵׁי חָדְשֵׁכֶם, וּתְקַעְתֶּם בַּחֲצֹצְרֹת עַל עֹלֹתֵיכֶם וְעַל זִבְחֵי שַׁלְמֵיכֶם, וְהָיוּ לָכֶם לְזִכָּרוֹן לִפְנֵי אֱלֹהֵיכֶם, אֲנִי יהוה אֱלֹהֵיכֶם: במדבר י

Se toca una תקיעה גדולה *en el* שופר *y se recita lo siguiente en voz alta:*

לַשָּׁנָה הַבָּאָה בִּירוּשָׁלַיִם הַבְּנוּיָה.

Todos:

יְהִי רָצוֹן מִלְּפָנֶיךָ יהוה אֱלֹהֵינוּ וֵאלֹהֵי אֲבוֹתֵינוּ
שֶׁכְּשֵׁם שֶׁזָּכִינוּ לְאַתְחַלְתָּא דִגְאֻלָּה
כֵּן נִזְכֶּה לִשְׁמֹעַ קוֹל שׁוֹפָרוֹ שֶׁל מְשִׁיחַ צִדְקֵנוּ בִּמְהֵרָה בְיָמֵינוּ.

Todos cantan:

שִׁיר הַמַּעֲלוֹת, בְּשׁוּב יהוה אֶת־שִׁיבַת צִיּוֹן, הָיִינוּ כְּחֹלְמִים: אָז יִמָּלֵא שְׂחוֹק פִּינוּ וּלְשׁוֹנֵנוּ רִנָּה, אָז יֹאמְרוּ בַגּוֹיִם הִגְדִּיל יהוה לַעֲשׂוֹת עִם־אֵלֶּה: הִגְדִּיל יהוה לַעֲשׂוֹת עִמָּנוּ, הָיִינוּ שְׂמֵחִים: שׁוּבָה יהוה אֶת־שְׁבִיתֵנוּ, כַּאֲפִיקִים בַּנֶּגֶב: הַזֹּרְעִים בְּדִמְעָה בְּרִנָּה יִקְצֹרוּ: הָלוֹךְ יֵלֵךְ וּבָכֹה נֹשֵׂא מֶשֶׁךְ־הַזָּרַע, בֹּא־יָבֹא בְרִנָּה נֹשֵׂא אֲלֻמֹּתָיו: תהלים קכו

Se cuenta el עומר *(página 303) seguido de* עָלֵינוּ *(página 297).*

Todos cantan:

אֲנִי מַאֲמִין בֶּאֱמוּנָה שְׁלֵמָה בְּבִיאַת הַמָּשִׁיחַ
וְאַף עַל פִּי שֶׁיִּתְמַהְמֵהַּ
עִם כָּל זֶה אֲחַכֶּה לּוֹ בְּכָל יוֹם שֶׁיָּבוֹא.

Se acostumbra saludar uno a otro con la siguiente frase:

מוֹעֲדִים לְשִׂמְחָה לִגְאֻלָּה שְׁלֵמָה

Shajarit para Yom Ha'Atzmaut

En Israel y en varias congregaciones de la diáspora se recitan los Pesukei Dezimrá de Yom Tov en la página 418, Shirat HaYam (página 460) se dice verso por verso. Tras la repetición de la Amidá por parte del oficiante se dice Halel Completo (página 758) seguido de Medio Kadish (página 156). Los jueves se lee la Torá (página 158). En todos los días se lee la siguiente Haftará. Ver ley 261.

עוֹד הַיּוֹם En este día habrá un alto en Nov y alzará su mano sobre el Monte de la hija de Sion, sobre la colina de Jerusalém. He aquí que el Señor Dios de las Huestes Celestiales talará la fronda con gran fuerza, los encumbrados serán cortados y los altivos serán humillados. Y Él derribará las espesuras del bosque con hierro y el Líbano por el Poderoso caerá. Entonces surgirá un retoño del tronco de Yshai y un vástago crecerá de sus raíces. Y se posará sobre él el espíritu del Señor, espíritu de sabiduría y entendimiento, espíritu de consejo y de poder, espíritu de conocimiento y temor del Señor. Él se deleitará en el temor al Señor, no juzgará por lo que sus ojos verán ni decidirá por lo que sus oídos escuchen. Juzgará rectamente a los pobres y reprenderá con equidad a los humildes de la tierra, golpeará la tierra con el hálito de su boca y con el espíritu de sus labios eliminará al malvado. La justicia será un cinturón ajustado a su cintura y la fe amarrada a su cadera. Y morará el lobo con el cordero, y el tigre se recostará con el cabrito, el becerro, el león y el animal doméstico andarán juntos y un pequeño mozalbete los conducirá. La vaca y el oso pastarán, sus crías se recostarán juntos, y el león comerá heno junto al rebaño. El niño de pecho jugará en la madriguera de la serpiente y el recientemente destetado lo hará en la cueva de la víbora. No causarán daño ni harán mal en Mi Monte Sagrado porque la tierra se llenará de conocimiento del Señor como aguas que cubren el mar. Y en ese día la raíz de Yshai se alzará como estandarte para las naciones, será buscada por los pueblos y su descanso será glorioso. En ese día el Señor extenderá Su mano por segunda vez para reclamar al remanente de Su pueblo que habrá de quedar aun en Asiria, en Egipto, Patros, Cush, Shinar, Hamat y las islas del mar. Izará una insignia para las naciones, reunirá a los relegados de Israel y a los dispersos de Yehudá reuniéndolos desde los cuatro confines de la tierra. Efraím no celará a Yehudá ni

Jer. 10:32–12:6

שחרית ליום העצמאות

En ארץ ישראל *y en varias congregaciones de la* חוץ לארץ *se recitan los* פסוקי דזמרה *de* יום טוב *en la página 419,* שירת הים *(página 461) se dice verso por verso. Tras la* חזרת הש״ץ *por parte del oficiante se dice* הלל שלם *(página 759) seguido de* חצי קדיש *(página 157). Los jueves se lee la* תורה *(página 159). En todos los días se lee la siguiente* הפטרה*. Ver ley 261.*

ישעיה י:לב–יב:ו

עוֹד הַיּוֹם בְּנֹב לַעֲמֹד יְנֹפֵף יָדוֹ הַר בַּת־צִיּוֹן גִּבְעַת
יְרוּשָׁלָם׃ הִנֵּה הָאָדוֹן יהוה צְבָאוֹת מְסָעֵף פֻּארָה
בְּמַעֲרָצָה וְרָמֵי הַקּוֹמָה גְּדֻעִים וְהַגְּבֹהִים יִשְׁפָּלוּ׃ וְנִקַּף סִבְכֵי
הַיַּעַר בַּבַּרְזֶל וְהַלְּבָנוֹן בְּאַדִּיר יִפּוֹל׃ וְיָצָא חֹטֶר מִגֵּזַע
יִשָׁי וְנֵצֶר מִשָּׁרָשָׁיו יִפְרֶה׃ וְנָחָה עָלָיו רוּחַ יהוה רוּחַ חָכְמָה וּבִינָה
רוּחַ עֵצָה וּגְבוּרָה רוּחַ דַּעַת וְיִרְאַת יהוה׃ וַהֲרִיחוֹ בְּיִרְאַת יהוה
וְלֹא־לְמַרְאֵה עֵינָיו יִשְׁפּוֹט וְלֹא־לְמִשְׁמַע אָזְנָיו יוֹכִיחַ׃ וְשָׁפַט
בְּצֶדֶק דַּלִּים וְהוֹכִיחַ בְּמִישׁוֹר לְעַנְוֵי־אָרֶץ וְהִכָּה־אֶרֶץ בְּשֵׁבֶט
פִּיו וּבְרוּחַ שְׂפָתָיו יָמִית רָשָׁע׃ וְהָיָה צֶדֶק אֵזוֹר מָתְנָיו וְהָאֱמוּנָה
אֵזוֹר חֲלָצָיו׃ וְגָר זְאֵב עִם־כֶּבֶשׂ וְנָמֵר עִם־גְּדִי יִרְבָּץ וְעֵגֶל וּכְפִיר
וּמְרִיא יַחְדָּו וְנַעַר קָטֹן נֹהֵג בָּם׃ וּפָרָה וָדֹב תִּרְעֶינָה יַחְדָּו יִרְבְּצוּ
יַלְדֵיהֶן וְאַרְיֵה כַּבָּקָר יֹאכַל־תֶּבֶן׃ וְשִׁעֲשַׁע יוֹנֵק עַל־חֻר פָּתֶן
וְעַל מְאוּרַת צִפְעוֹנִי גָּמוּל יָדוֹ הָדָה׃ לֹא־יָרֵעוּ וְלֹא־יַשְׁחִיתוּ
בְּכָל־הַר קָדְשִׁי כִּי־מָלְאָה הָאָרֶץ דֵּעָה אֶת־יהוה כַּמַּיִם לַיָּם
מְכַסִּים׃ וְהָיָה בַּיּוֹם הַהוּא שֹׁרֶשׁ יִשַׁי אֲשֶׁר עֹמֵד לְנֵס
עַמִּים אֵלָיו גּוֹיִם יִדְרֹשׁוּ וְהָיְתָה מְנֻחָתוֹ כָּבוֹד׃ וְהָיָה ׀
בַּיּוֹם הַהוּא יוֹסִיף אֲדֹנָי ׀ שֵׁנִית יָדוֹ לִקְנוֹת אֶת־שְׁאָר עַמּוֹ אֲשֶׁר
יִשָּׁאֵר מֵאַשּׁוּר וּמִמִּצְרַיִם וּמִפַּתְרוֹס וּמִכּוּשׁ וּמֵעֵילָם וּמִשִּׁנְעָר
וּמֵחֲמָת וּמֵאִיֵּי הַיָּם׃ וְנָשָׂא נֵס לַגּוֹיִם וְאָסַף נִדְחֵי יִשְׂרָאֵל וּנְפֻצוֹת
יְהוּדָה יְקַבֵּץ מֵאַרְבַּע כַּנְפוֹת הָאָרֶץ׃ וְסָרָה קִנְאַת אֶפְרַיִם וְצֹרְרֵי

Yehudá será hostil con Efraím. Se lanzarán contra los rincones de los filisteos hacia occidente y saquearán también a los de oriente. Edom y Moab estarán a su servicio y Amón los obedecerá. Y el Señor secará la lengua del mar de Egipto y alzará Su mano sobre el río con el poder de Su espíritu y lo partirá en siete brazos para que las personas lo puedan cruzar con calzados. Y habrá un camino despejado para el remanente de Su pueblo que quedó en Asiria, tal como lo hubo para Israel cuando ascendió desde la tierra de Egipto. Y en ese día dirás: "Te he de agradecer oh, Señor, pues si bien Te enojaste conmigo, luego cambiaste de parecer y Te compadeciste de mí". He aquí, este es el Dios de mi salvación, en Él confiaré y no habré de temer, pues el Señor es mi fortaleza y mi cántico. Él se ha tornado mi salvación. Y extraeréis agua con alegría de los manantiales de la salvación. Y en ese día diréis: "Agradeced al Señor, invocad Su Nombre, difundid Sus actos entre las naciones, proclamad que Su Nombre es exaltado". Cantad al Señor pues Él ha obrado acciones gloriosas, que se sepa esto en toda la tierra. Regocíjate y canta tú que habitas en Sion, pues el Sagrado Dios de Israel es Grande en tu seno.

Tras la lectura de la Haftará se recita la plegaria por el Estado de Israel (página 542) seguido de la plegaria en memoria de los soldados israelíes caídos en las guerras (página 968). Luego, el rezo continúa con Ashrei y "Un redentor llegará a Sion" hasta el final de Shajarit. Tras la finalización del rezo se canta:

אֲנִי מַאֲמִין Yo creo con fe completa
en el arribo del Mashíaj,
y aunque pueda demorarse,
aguardo a diario su llegada.

YOM YERUSHALAIM

En el rezo de Minjá previo a Yom Yerushalaim se omite el recitado de Tajanún (en caso de caer en Shabat se omite Tzidkateja en la página 642). En la noche, se recita Ma'ariv para los días de la semana con melodía de Yom Tov. Se cuenta el Omer. Muchos acostumbran agregar plegarias de agradecimiento al concluir Ma'ariv.

En Shajarit muchas congregaciones de la diáspora y en Israel recitan los Pesukei Dezimrá de Yom Tov (página 418). Tras la repetición del rezo por parte del oficiante se recita Halel Completo (página 758) y continúa el rezo habitual.

יְהוּדָה יִכָּרֵתוּ אֶפְרַיִם לֹא־יְקַנֵּא אֶת־יְהוּדָה וִיהוּדָה לֹא־יָצֹר
אֶת־אֶפְרָיִם׃ וְעָפוּ בְכָתֵף פְּלִשְׁתִּים יָמָּה יַחְדָּו יָבֹזּוּ אֶת־בְּנֵי־
קֶדֶם אֱדוֹם וּמוֹאָב מִשְׁלוֹח יָדָם וּבְנֵי עַמּוֹן מִשְׁמַעְתָּם׃ וְהֶחֱרִים
יהוה אֵת לְשׁוֹן יָם־מִצְרַיִם וְהֵנִיף יָדוֹ עַל־הַנָּהָר בַּעְיָם רוּחוֹ
וְהִכָּהוּ לְשִׁבְעָה נְחָלִים וְהִדְרִיךְ בַּנְּעָלִים׃ וְהָיְתָה מְסִלָּה לִשְׁאָר
עַמּוֹ אֲשֶׁר יִשָּׁאֵר מֵאַשּׁוּר כַּאֲשֶׁר הָיְתָה לְיִשְׂרָאֵל בְּיוֹם עֲלֹתוֹ
מֵאֶרֶץ מִצְרָיִם׃ וְאָמַרְתָּ בַּיּוֹם הַהוּא אוֹדְךָ יהוה כִּי אָנַפְתָּ בִּי
יָשֹׁב אַפְּךָ וּתְנַחֲמֵנִי׃ הִנֵּה אֵל יְשׁוּעָתִי אֶבְטַח וְלֹא אֶפְחָד כִּי־
עָזִּי וְזִמְרָת יָהּ יהוה וַיְהִי־לִי לִישׁוּעָה׃ וּשְׁאַבְתֶּם־מַיִם בְּשָׂשׂוֹן
מִמַּעַיְנֵי הַיְשׁוּעָה׃ וַאֲמַרְתֶּם בַּיּוֹם הַהוּא הוֹדוּ לַיהוה קִרְאוּ
בִשְׁמוֹ הוֹדִיעוּ בָעַמִּים עֲלִילֹתָיו הַזְכִּירוּ כִּי נִשְׂגָּב שְׁמוֹ׃ זַמְּרוּ יהוה
כִּי גֵאוּת עָשָׂה מוּדַעַת זֹאת בְּכָל־הָאָרֶץ׃ צַהֲלִי וָרֹנִּי יוֹשֶׁבֶת צִיּוֹן
כִּי־גָדוֹל בְּקִרְבֵּךְ קְדוֹשׁ יִשְׂרָאֵל׃

Tras la lectura de la הפטרה *se recita la plegaria por el Estado de Israel (página 543) seguido de la plegaria en* אזכרה *de los soldados israelíes caídos en las guerras (página 969). Luego, el rezo continúa con* וּבָא לְצִיּוֹן *y* אַשְׁרֵי *hasta el final de* שחרית*. Tras la finalización del rezo se canta:*

אֲנִי מַאֲמִין בֶּאֱמוּנָה שְׁלֵמָה, בְּבִיאַת הַמָּשִׁיחַ
וְאַף עַל פִּי שֶׁיִּתְמַהְמֵהַּ
עִם כָּל זֶה אֲחַכֶּה לּוֹ בְּכָל יוֹם שֶׁיָּבוֹא.

יום חירות ירושלים

En el rezo de מנחה *previo a* יום ירושלים *se omite el recitado de* תחנון *(en caso de caer en* שבת *se omite* צִדְקָתְךָ *en la página 643). En la noche, se recita* מעריב לחול *con melodía de* יום טוב*. Se cuenta el* עומר*. Muchos acostumbran agregar plegarias de agradecimiento al concluir* מעריב*.*

En ארץ ישראל *y en* חוץ לארץ *muchas congregaciones de* שחרית *recitan los* פסוקי דזמרה *de* יום טוב *(página 419). Tras la* חזרת הש״ץ *se recita* הלל שלם *(página 759) y continúa el rezo habitual.*

Selijot

Las Selijot son recitadas en los días de ayuno público. En Tish'á BeAv son sustituidas por las Kinot. En el Ayuno de Guedalia se recitan las Selijot para los Diez días de Retorno.

SELIJOT PARA EL DIEZ DE TEVET

סְלַח לָנוּ Perdónanos, Padre nuestro,
pues en virtud de nuestra gran necedad nos hemos equivocado.
Discúlpanos, Rey nuestro, por nuestras muchas iniquidades.

אֵל אֶרֶךְ Tú eres Dios que demora en enojarse, Tú eres llamado el Señor de la Compasión, nos has enseñado la senda del arrepentimiento. Hoy y cada día recuerda la grandeza de Tu misericordia para con la simiente de Tus amados. Dirígete hacia nosotros con compasión pues Tú eres el Señor de la Compasión. Venimos ante Ti con súplicas y plegaria, tal como le diste a saber al humilde (Moshé) en tiempos pretéritos. Apártate de Tu ira, tal como está escrito en Tu Torá. Nos resguardaremos y moraremos bajo la sombra de Tus Alas, tal como en el día en el cual el Señor descendió en medio de una nube. ▸ Sé indiferente a la transgresión y borra la culpa, tal como en el día en "y se irguió junto a Él allí". Escucha nuestro clamor y presta atención a nuestro decir, como aquel día cuando "invocó el Nombre del Señor", y allí está escrito:

Primero la congregación y luego el oficiante:

Y el Señor pasó ante él (Moshé) y proclamó: *Éx. 34*

Todos recitan en voz alta:

יהוה Señor, Señor, compasivo y benevolente, tardo en la ira, abundante en generosidad y verdad, prodiga Su benevolencia por miles de generaciones, perdona la iniquidad, la rebelión y el pecado y perdona (a quienes retornan). Perdona nuestra iniquidad y nuestro pecado, tómanos por Tu heredad.

Continúa:

סְלַח לָנוּ Perdónanos, Padre nuestro, pues hemos pecado. Discúlpanos, Rey
nuestro por haber transgredido. Pues Tú Señor, eres bueno, perdonas y eres *Sal. 86*
generoso en benevolencia para con todos los que Te invocan.

Pues con el Señor está la benevolencia y Su poder de redención es grande. *Sal. 130*
Señor, salva a Israel de todas sus angustias. Y Él redimirá a Israel de todos sus *Sal. 25* *Sal. 130*
pecados. El Señor rescata el alma de sus siervos, y quienes en Él se refugian *Sal. 34*
no serán condenados.

סליחות

Las סליחות son recitadas en los días de ayuno público. En תשעה באב son sustituidas por las קינות. En צום גדליה se recitan las סליחות para los עשרת ימי תשובה.

סליחות לעשרה בטבת

סְלַח לָנוּ, אָבִינוּ, כִּי בְרֹב אִוַּלְתֵּנוּ שָׁגִינוּ.
מְחַל לָנוּ, מַלְכֵּנוּ, כִּי רַבּוּ עֲוֹנֵינוּ.

אֵל אֶרֶךְ אַפַּיִם אַתָּה, וּבַעַל הָרַחֲמִים נִקְרֵאתָ, וְדֶרֶךְ תְּשׁוּבָה הוֹרֵיתָ. גְּדֻלַּת רַחֲמֶיךָ וַחֲסָדֶיךָ, תִּזְכֹּר הַיּוֹם וּבְכָל יוֹם לְזֶרַע יְדִידֶיךָ. תֵּפֶן אֵלֵינוּ בְּרַחֲמִים, כִּי אַתָּה הוּא בַּעַל הָרַחֲמִים. בְּתַחֲנוּן וּבִתְפִלָּה פָּנֶיךָ נְקַדֵּם, כְּהוֹדַעְתָּ לֶעָנָו מִקֶּדֶם. מֵחֲרוֹן אַפְּךָ שׁוּב, כְּמוֹ בְּתוֹרָתְךָ כָּתוּב. וּבְצֵל כְּנָפֶיךָ נֶחֱסֶה וְנִתְלוֹנָן, כְּיוֹם וַיֵּרֶד יהוה בֶּעָנָן. ‹ תַּעֲבֹר עַל פֶּשַׁע וְתִמְחֶה אָשָׁם, כְּיוֹם וַיִּתְיַצֵּב עִמּוֹ שָׁם. תַּאֲזִין שַׁוְעָתֵנוּ וְתַקְשִׁיב מֶנּוּ מַאֲמָר, כְּיוֹם וַיִּקְרָא בְשֵׁם יהוה, וְשָׁם נֶאֱמַר

Primero el קהל y luego el שליח ציבור:

וַיַּעֲבֹר יהוה עַל־פָּנָיו וַיִּקְרָא שמות לד

Todos recitan en voz alta:

יהוה, יהוה, אֵל רַחוּם וְחַנּוּן, אֶרֶךְ אַפַּיִם, וְרַב־חֶסֶד וֶאֱמֶת: נֹצֵר חֶסֶד לָאֲלָפִים, נֹשֵׂא עָוֹן וָפֶשַׁע וְחַטָּאָה, וְנַקֵּה: וְסָלַחְתָּ לַעֲוֹנֵנוּ וּלְחַטָּאתֵנוּ, וּנְחַלְתָּנוּ:

Continúa:

סְלַח לָנוּ אָבִינוּ כִּי חָטָאנוּ, מְחַל לָנוּ מַלְכֵּנוּ כִּי פָשָׁעְנוּ. כִּי־אַתָּה אֲדֹנָי טוֹב תהלים פו
וְסַלָּח, וְרַב־חֶסֶד לְכָל־קֹרְאֶיךָ:

כִּי־עִם־יהוה הַחֶסֶד, וְהַרְבֵּה עִמּוֹ פְדוּת: פְּדֵה אֱלֹהִים אֶת־יִשְׂרָאֵל מִכֹּל תהלים קל תהלים כה
צָרוֹתָיו: וְהוּא יִפְדֶּה אֶת־יִשְׂרָאֵל מִכֹּל עֲוֹנֹתָיו: פּוֹדֶה יהוה נֶפֶשׁ עֲבָדָיו, תהלים קל תהלים לד
וְלֹא יֶאְשְׁמוּ כָּל־הַחֹסִים בּוֹ:

כְּרַחֵם Tal como un padre se apiada de sus hijos,
de igual manera apiádate SEÑOR de nosotros.
La salvación proviene del SEÑOR, que Tu bendición sea sobre Tu pueblo. ¡Sela! *Sal. 3*
El SEÑOR de las Huestes Celestiales es con nosotros, *Sal. 46*
el Dios de Ya'akov es nuestra fortaleza, ¡Sela!
SEÑOR de las Huestes Celestiales, feliz del hombre que confía en Ti. *Sal. 84*
El SEÑOR salva, el Rey nos responderá en el día que Le invoquemos. *Sal. 20*

▸ Absuelve ahora la iniquidad de este pueblo *Núm. 14*
de acuerdo con la grandeza de Tu benevolencia,
así como has perdonado al pueblo éste, desde Egipto y hasta ahora,
y allí está escrito:

Primero la congregación y luego el oficiante:

Y dijo el SEÑOR, he absuelto según tu palabra.

Continúa:

הַטֵּה Dios mío, inclina Tu oído y escucha, abre Tus ojos y contempla nuestra desolación y la ciudad que lleva sobre sí Tu Nombre, pues no es en virtud de nuestra rectitud que Te suplicamos, sino en virtud de Tu gran compasión. ¡SEÑOR, escucha!, ¡SEÑOR, perdona!, ¡SEÑOR, atiende nuestro pedido, actúa y no Te demores! Hazlo por Ti, Dios mío, pues Tu pueblo y Tu ciudad son llamados por Tu Nombre. *Dan. 9*

Dios nuestro y de nuestros ancestros:

אֶזְכְּרָה Recuerdo la angustia que me ha sobrevenido. Él me infligió tres golpes en este mes. Me mutiló, me desvió y me golpeó – y ahora me ha debilitado. El día octavo *Jb 16* del mes ha oscurecido mi mano derecha y la izquierda. Por los tres he establecido un ayuno. El rey de Grecia me obligó a escribir la Torá en su idioma. Los labriegos han arado sobre mi espalda haciendo largos surcos. El día noveno me enfurecí, me sumí en la vergüenza y la desgracia. Me fueron quitados mi manto de gloria y mi corona. Nos fue quitado el hombre que nos traía palabras Celestiales, Ezra el escriba. En el día décimo, al profeta hijo de Buzí (Ezequiel) le fue ordenado: "Escribe este acontecimiento en el pergamino de las profecías como recordatorio de un pueblo disuelto y humillado, escríbelo hoy mismo". El décimo fue el último en el orden de los ayunos para enseñar la secuencia de los meses. Mi propia boca permanece abierta de llantos y lamentos. La crónica de estas desgracias arde en mi corazón. Al llegar fugitivo diciéndome que la ciudad fue destruida. Por sobre estas desgracias esparcí polvo sobre mi rostro. He hablado ahora de las cuatro, quisiera poder disparar una flecha que atraviese mi corazón. Por estos duros tormentos he cavado mi propia tumba. "El SEÑOR es justo ya que me he rebelado contra Su Palabra". Invoqué Tu *Lm. 1* Nombre pues me he arrepentido de mis malas acciones. Contempla mi sufrimiento y escucha la voz de mi plegaria. Escucha mi súplica, acelera mi salvación. No cierres Tu oído a mi suspiro y a mi clamor. ▸ En el mes de Tevet fui severamente afectado. En *Lm. 3* él, para mí el mundo cambió su curso. Me rebelé, pequé, y aún espero que Él revele Su bondad hacia mí. Aquél que le dijo a la mar: "Este es tu límite".

כְּרַחֵם אָב עַל בָּנִים, כֵּן תְּרַחֵם יהוה עָלֵינוּ.
לַיהוה הַיְשׁוּעָה, עַל־עַמְּךָ בִרְכָתֶךָ סֶּלָה: תהלים ג
יהוה צְבָאוֹת עִמָּנוּ, מִשְׂגָּב לָנוּ אֱלֹהֵי יַעֲקֹב סֶלָה: תהלים מו
יהוה צְבָאוֹת, אַשְׁרֵי אָדָם בֹּטֵחַ בָּךְ: תהלים פד
יהוה הוֹשִׁיעָה, הַמֶּלֶךְ יַעֲנֵנוּ בְיוֹם־קָרְאֵנוּ: תהלים כ

› סְלַח־נָא לַעֲוֹן הָעָם הַזֶּה כְּגֹדֶל חַסְדֶּךָ במדבר יד
וְכַאֲשֶׁר נָשָׂאתָה לָעָם הַזֶּה מִמִּצְרַיִם וְעַד־הֵנָּה:
וְשָׁם נֶאֱמַר

Primero el קהל *y luego el* שליח ציבור*:*

וַיֹּאמֶר יהוה, סָלַחְתִּי כִּדְבָרֶךָ:

Continúa:

הַטֵּה אֱלֹהַי אָזְנְךָ וּשְׁמָע, פְּקַח עֵינֶיךָ וּרְאֵה שֹׁמְמֹתֵינוּ וְהָעִיר אֲשֶׁר־נִקְרָא דניאל ט
שִׁמְךָ עָלֶיהָ, כִּי לֹא עַל־צִדְקֹתֵינוּ אֲנַחְנוּ מַפִּילִים תַּחֲנוּנֵינוּ לְפָנֶיךָ, כִּי עַל־
רַחֲמֶיךָ הָרַבִּים: אֲדֹנָי שְׁמָעָה, אֲדֹנָי סְלָחָה, אֲדֹנָי הַקְשִׁיבָה וַעֲשֵׂה אַל־תְּאַחַר,
לְמַעַנְךָ אֱלֹהַי, כִּי־שִׁמְךָ נִקְרָא עַל־עִירְךָ וְעַל־עַמֶּךָ:

אֱלֹהֵינוּ וֵאלֹהֵי אֲבוֹתֵינוּ

אֶזְכְּרָה מָצוֹק אֲשֶׁר קְרָאַנִי. בְּשָׁלֹשׁ מַכּוֹת בְּחֹדֶשׁ הַזֶּה הִכַּנִי. גְּדָעַנִי הֱנִיאַנִי
הִכְאַנִי. אַךְ־עַתָּה הֶלְאָנִי: דְּחָפַנִי בִּשְׁמוֹנָה בּוֹ שְׂמָאלִית וִימָנִית. הֲלֹא שְׁלָשְׁתָּן איוב טז
קָבַעְתִּי תַעֲנִית. וּמֶלֶךְ יָוָן אֲנָסַנִי לִכְתֹּב דָּת, יְוָנִית. עַל גַּבִּי חָרְשׁוּ חוֹרְשִׁים,
הֶאֱרִיכוּ מַעֲנִית. זֹעַמְתִּי בְּתִשְׁעָה בּוֹ בִּכְלִמָּה וָחֵפֶר. חָשַׂךְ מֵעָלַי מְעִיל הוֹד
וָצֶפֶר. טָרֹף טֹרַף בּוֹ הַנּוֹתֵן אִמְרֵי שֶׁפֶר. הוּא עֶזְרָא הַסּוֹפֵר. יוֹם עֲשִׂירִי, צֻוָּה
בֶן בּוּזִי הַחוֹזֶה. כְּתָב לְךָ בַּסֵּפֶר הַמַּחֲזֶה. לְזִכָּרוֹן לְעַם נָמֵס וְנִבְזֶה. אֶת־עֶצֶם יחזקאל כד
הַיּוֹם הַזֶּה: מִנְיַן סֵדֶר חֳדָשִׁים בַּעֲשָׂרָה בּוֹ הָעִיר. נְהִי וִילֵל בָּמוֹ פִּי אַפְעִיר.
סֵדֶר פַּרְעָנִיּוֹת בְּתוֹךְ לְבָבִי יַבְעִיר. בְּבֹא אֵלַי הַפָּלִיט לֵאמֹר הֻכְּתָה הָעִיר. עַל
אֵלֶּה, עַל פָּנַי אָבָק זֵרִיתִי. פַּצְתִּי עַל אַרְבַּעְתָּן, לוּ חֵץ בְּלִבִּי יָרִיתִי. צָרוֹת עַל
אֵלֶּה, קֶבֶר לִי כָּרִיתִי. צַדִּיק הוּא יהוה, כִּי פִיהוּ מָרִיתִי: קָרָאתִי שִׁמְךָ, מִתְנַחֵם איכה א
עַל רָעָתִי. רְאֵה עָנְיִי וּשְׁמַע קוֹל פְּגִיעָתִי. שְׁמַע תְּחִנָּתִי, חִישׁ נָא יְשׁוּעָתִי.
אַל־תַּעְלֵם אָזְנְךָ לְרַוְחָתִי לְשַׁוְעָתִי: › יֶרַח טֵבֵת, מְאֹד לָקִיתִי בּוֹ. וְנִשְׁתַּנּוּ איכה ג
עָלַי סִדְרֵי נְתִיבוֹ. סָרוֹתִי, פָּשַׁעְתִּי, יְגַלֶּה לִי טוּבוֹ. הָאוֹמֵר לַיָּם עַד פֹּה תָבוֹא.

אֵל מֶלֶךְ Dios, Rey que se sienta sobre el trono de la compasión y actúa con benevolencia. Perdona las iniquidades de Su pueblo haciéndolos pasar ante Él en orden. Es abundante en perdón para con los pecadores y los trasgresores. Hace justicia con toda carne y espíritu, no retribuyéndoles de acuerdo con sus malas acciones. ▸ Dios, Tú nos enseñaste a recitar los trece atributos, recuerda hoy para nosotros el pacto de los trece atributos, tal como en tiempos pretéritos revelaste al humilde (Moshé), como está escrito: "Y el Señor descendió en una *Éx. 34*
nube y se paró allí junto a él, y proclamó el Nombre del Señor:

Primero la congregación y luego el oficiante:

Y el Señor pasó ante él (Moshé) y proclamó: *Éx. 34*

Todos recitan en voz alta:

יהוה Señor, Señor, compasivo y benevolente, tardo en la ira, abundante en generosidad y verdad, prodiga Su benevolencia por miles de generaciones, perdona la iniquidad, la rebelión y el pecado y perdona (a quienes retornan). Perdona nuestra iniquidad y nuestro pecado, tómanos por Tu heredad.

Continúa:

סְלַח לָנוּ Perdónanos, Padre nuestro, pues hemos pecado. Discúlpanos, Rey
nuestro por haber transgredido. Pues Tú Señor, eres bueno, perdonas y eres *Sal. 86*
generoso en benevolencia para con todos los que Te invocan.

Dios, las naciones han prorrumpido en Tu heredad impurificando Tu sagrado *Sal. 79*
Santuario y reduciendo Jerusalém a cenizas. Dios, enemigos perversos se han alzado contra nosotros, una banda de opresores procura nuestras vidas, y no Te han considerado delante de ellos.

כְּרַחֵם Tal como un padre se apiada de sus hijos,
de igual manera apiádate Señor de nosotros.
La salvación proviene del Señor, que Tu bendición sea sobre Tu pueblo. ¡Sela! *Sal. 3*
El Señor de las Huestes Celestiales es con nosotros, *Sal. 46*
el Dios de Ya'akov es nuestra fortaleza, ¡Sela!
Señor de las Huestes Celestiales, feliz del hombre que confía en Ti. *Sal. 84*
El Señor salva, el Rey nos responderá en el día que Le invoquemos. *Sal. 20*

Dios nuestro y de nuestros ancestros:

אֶבֶן הָרֹאשָׁה El Templo, la piedra angular, fue dejada en ruinas y luego arada, y los herederos de la Torá, Israel, una burla entre las naciones. Mi corazón me duele en mi seno, está enfermo y acongojado, nos hemos quedado sin padre, cual huérfanos. Israel, delicado y refinado, protegido por la cerca de lirios de la Torá, está ahora de duelo por haber sido entregado a manos de los asaltantes.

אֵל מֶלֶךְ יוֹשֵׁב עַל כִּסֵּא רַחֲמִים, מִתְנַהֵג בַּחֲסִידוּת. מוֹחֵל עֲוֹנוֹת עַמּוֹ, מַעֲבִיר רִאשׁוֹן רִאשׁוֹן. מַרְבֶּה מְחִילָה לְחַטָּאִים, וּסְלִיחָה לְפוֹשְׁעִים. עֹשֶׂה צְדָקוֹת עִם כָּל בָּשָׂר וָרוּחַ, לֹא כְרָעָתָם תִּגְמֹל. ◂ אֵל, הוֹרֵיתָ לָּנוּ לוֹמַר שְׁלֹשׁ עֶשְׂרֵה, וּזְכָר לָנוּ הַיּוֹם בְּרִית שְׁלֹשׁ עֶשְׂרֵה, כְּמוֹ שֶׁהוֹדַעְתָּ לֶעָנָו מִקֶּדֶם, כְּמוֹ שֶׁכָּתוּב: וַיֵּרֶד יהוה בֶּעָנָן, וַיִּתְיַצֵּב עִמּוֹ שָׁם, וַיִּקְרָא בְשֵׁם, יהוה: שמות לד

Primero el קהל *y luego el* שליח ציבור:

וַיַּעֲבֹר יהוה עַל־פָּנָיו וַיִּקְרָא שמות לד

Todos recitan en voz alta:

יהוה, יהוה, אֵל רַחוּם וְחַנּוּן, אֶרֶךְ אַפַּיִם, וְרַב־חֶסֶד וֶאֱמֶת: נֹצֵר חֶסֶד לָאֲלָפִים, נֹשֵׂא עָוֹן וָפֶשַׁע וְחַטָּאָה, וְנַקֵּה: וְסָלַחְתָּ לַעֲוֹנֵנוּ וּלְחַטָּאתֵנוּ, וּנְחַלְתָּנוּ:

Continúa:

סְלַח לָנוּ אָבִינוּ כִּי חָטָאנוּ, מְחַל לָנוּ מַלְכֵּנוּ כִּי פָשָׁעְנוּ. כִּי־אַתָּה אֲדֹנָי טוֹב וְסַלָּח, וְרַב־חֶסֶד לְכָל־קֹרְאֶיךָ: תהלים פו

אֱלֹהִים בָּאוּ גוֹיִם בְּנַחֲלָתֶךָ, טִמְּאוּ אֶת־הֵיכַל קָדְשֶׁךָ, שָׂמוּ אֶת־יְרוּשָׁלַםִ לְעִיִּים: אֱלֹהִים, זֵדִים קָמוּ עָלֵינוּ, וַעֲדַת עָרִיצִים בִּקְשׁוּ נַפְשֵׁנוּ, וְלֹא שָׂמוּךָ לְנֶגְדָּם. תהלים עט

כְּרַחֵם אָב עַל בָּנִים, כֵּן תְּרַחֵם יהוה עָלֵינוּ.
לַיהוה הַיְשׁוּעָה, עַל־עַמְּךָ בִרְכָתֶךָ סֶּלָה: תהלים ג
יהוה צְבָאוֹת עִמָּנוּ, מִשְׂגָּב לָנוּ אֱלֹהֵי יַעֲקֹב סֶלָה: תהלים מו
יהוה צְבָאוֹת, אַשְׁרֵי אָדָם בֹּטֵחַ בָּךְ: תהלים פד
יהוה הוֹשִׁיעָה, הַמֶּלֶךְ יַעֲנֵנוּ בְיוֹם־קָרְאֵנוּ: תהלים כ

אֱלֹהֵינוּ וֵאלֹהֵי אֲבוֹתֵינוּ

אֶבֶן הָרֹאשָׁה, לְעִיִּים וְלַחֲרִישָׁה, וְנוֹחֲלֵי מוֹרָשָׁה, מְנוֹד רֹאשׁ בַּלְאֻמִּים. בְּקִרְבִּי לֵב נִכְאָב, נִדְוֶה וְנִדְאָב, נִשְׁאַרְנוּ כְּאֵין אָב, וְהָיִינוּ כִּיתוֹמִים. רַכָּה וַעֲנֻגָּה, בַּשּׁוֹשַׁנִּים סוּגָה, וְעַתָּה הִיא נוּגָה, מְסוּרָה בְּיַד קָמִים. הָיְתָה

La ciudad fiel, incontable por populosa, se tornó cual viuda y sus hijos fueron vendidos gratuitamente. Refinada y delicada, digna de la realeza, fue afligida largamente durante días y años. La Casa de Ya'akov fue saqueada y puesta en ridículo y la ciudad feliz fue transformada en viñedos. El pueblo que otrora fuera amado por el Eterno cual ofrenda y cual incienso, está hoy colmado del elixir de la muerte de manos de los hijos de los malvados. Han despreciado y negado la Torá de Moshé (Aví Zanoaj) y no pueden hallar descanso ni en la noche ni en el día. Dios Supremo, Reverenciado, sea Tu voluntad que en mérito de la lucha de Sion actúes para conferirnos un año de compensaciones. Renueva nuestros días como antaño, recinto pretérito de Dios, lava nuestros pecados carmesíes y tórnalos blancos cual nieve. ▸ Refuérzanos en nuestro temor hacia Ti y en el cumplimiento de Tu Torá, recuérdanos para Tu salvación, Dios pleno de compasión.

אֵל מֶלֶךְ Dios, Rey que se sienta sobre el trono de la compasión y actúa con benevolencia. Perdona las iniquidades de Su pueblo haciéndolos pasar ante Él en orden. Es abundante en perdón para con los pecadores y los trasgresores. Hace justicia con toda carne y espíritu, no retribuyéndoles de acuerdo con sus malas acciones. ▸ Dios, Tú nos enseñaste a recitar los trece atributos, recuerda hoy para nosotros el pacto de los trece atributos, tal como en tiempos pretéritos revelaste al humilde (Moshé), como está escrito: "Y el Señor descendió en una *Éx. 34*
nube y se paró allí junto a él, y proclamó el Nombre del Señor:

Primero la congregación y luego el oficiante:

Y el Señor pasó ante él (Moshé) y proclamó: *Éx. 34*

Todos recitan en voz alta:

יהוה Señor, Señor, compasivo y benevolente, tardo en la ira, abundante en generosidad y verdad, prodiga Su benevolencia por miles de generaciones, perdona la iniquidad, la rebelión y el pecado y perdona (a quienes retornan). Perdona nuestra iniquidad y nuestro pecado, tómanos por Tu heredad.

Continúa:

סְלַח לָנוּ Perdónanos, Padre nuestro, pues hemos pecado. Discúlpanos, Rey
nuestro por haber transgredido. Pues Tú Señor, eres bueno, perdonas y eres *Sal. 86*
generoso en benevolencia para con todos los que Te invocan.

El siguiente pasaje se recita alternadamente:

אֲבוֹתַי Cuando mis ancestros confiaron en el Nombre de Dios, mi Fortaleza,
se incrementaron, tuvieron éxito y fueron fecundos.
Empero desde el momento en que se desviaron
y se encaminaron delante de Él en enemistad,
disminuyeron y decrecieron hasta el mes décimo. *Gén. 8*

כְּאַלְמָנָה, קִרְיָה נֶאֱמָנָה, וְזֶרַע מִי מָנָה, נִמְכְּרוּ בְּלֹא דָמִים. מְעֻנָּגָה וְרַכָּה, צְלֵחָה לִמְלוּכָה, וּמַעֲנִיתָהּ אֲרֻכָּה, זֶה כַּמָּה שָׁנִים וְיָמִים. בֵּית יַעֲקֹב לְבִזָּה, לְלַעַג וּלְעִזָּה, וְהָעִיר הָעַלִּיזָה, לְמַטְּעֵי כְרָמִים. רְווּיָה תַרְעֵלָה, בְּיַד בְּנֵי עַוְלָה, הָרְצוּיָה כְּעוֹלָה, וְכִקְטֹרֶת הַסַּמִּים. מָאֲסָה לִזְנֹחַ, תּוֹרַת אֲבִי זָנוֹחַ, וְלֹא מָצְאָה מָנוֹחַ, לֵילוֹת וְגַם יָמִים. נוֹרָא אֵל עֶלְיוֹן, מִמְּךָ יְהִי צִבְיוֹן, לְהָשִׁיב לְרִיב צִיּוֹן, שְׁנַת שִׁלּוּמִים. חַדֵּשׁ יָמֵינוּ כְּקֶדֶם, מְעוֹנָה אֱלֹהֵי קֶדֶם, וְלַבֵּן כְּצֶמֶר אֹדֶם, וְכַשֶּׁלֶג כְּתָמִים. ‹ חַזְּקֵנוּ בְּיִרְאָתֶךָ, וּבְקִיּוּם תּוֹרָתֶךָ, וּפָקְדֵנוּ בִּישׁוּעָתֶךָ, אֵל מָלֵא רַחֲמִים.

אֵל מֶלֶךְ יוֹשֵׁב עַל כִּסֵּא רַחֲמִים, מִתְנַהֵג בַּחֲסִידוּת. מוֹחֵל עֲוֹנוֹת עַמּוֹ, מַעֲבִיר רִאשׁוֹן רִאשׁוֹן. מַרְבֶּה מְחִילָה לְחַטָּאִים, וּסְלִיחָה לְפוֹשְׁעִים. עֹשֶׂה צְדָקוֹת עִם כָּל בָּשָׂר וָרוּחַ, לֹא כְרָעָתָם תִּגְמֹל. ‹ אֵל, הוֹרֵיתָ לָּנוּ לוֹמַר שְׁלֹשׁ עֶשְׂרֵה, וּזְכָר לָנוּ הַיּוֹם בְּרִית שְׁלֹשׁ עֶשְׂרֵה, כְּמוֹ שֶׁהוֹדַעְתָּ לֶעָנָו מִקֶּדֶם,
כְּמוֹ שֶׁכָּתוּב: וַיֵּרֶד יהוה בֶּעָנָן, וַיִּתְיַצֵּב עִמּוֹ שָׁם, וַיִּקְרָא בְשֵׁם, יהוה: שמות לד

Primero el קהל *y luego el* שליח ציבור:

וַיַּעֲבֹר יהוה עַל־פָּנָיו וַיִּקְרָא שמות לד

Todos recitan en voz alta:

יהוה, יהוה, אֵל רַחוּם וְחַנּוּן, אֶרֶךְ אַפַּיִם, וְרַב־חֶסֶד וֶאֱמֶת: נֹצֵר חֶסֶד לָאֲלָפִים, נֹשֵׂא עָוֹן וָפֶשַׁע וְחַטָּאָה, וְנַקֵּה: וְסָלַחְתָּ לַעֲוֹנֵנוּ וּלְחַטָּאתֵנוּ, וּנְחַלְתָּנוּ:

Continúa:

סְלַח לָנוּ אָבִינוּ כִּי חָטָאנוּ, מְחַל לָנוּ מַלְכֵּנוּ כִּי פָשָׁעְנוּ. כִּי־אַתָּה אֲדֹנָי טוֹב תהלים פו
וְסַלָּח, וְרַב־חֶסֶד לְכָל־קֹרְאֶיךָ:

El siguiente pasaje se recita alternadamente:

אֲבוֹתַי כִּי בָטְחוּ בְּשֵׁם אֱלֹהֵי צוּרִי
גָּדְלוּ וְהִצְלִיחוּ וְגַם עָשׂוּ פֶרִי
וּמֵעֵת הֻדְּחוּ וְהָלְכוּ עִמּוֹ קֶרִי
הָיוּ הָלוֹךְ וְחָסוֹר עַד הַחֹדֶשׁ הָעֲשִׂירִי. בראשית ח

En el décimo, el rey de Babilonia
puso sitio a la ciudad sagrada.
Se acercó el comandante del ejército,
fui entregado ante este para ser pisoteado y atormentado con grillos,
y mes tras mes mi arpa se tornó luctuosa.

Tal como una vez fueron los primeros frutos de una higuera,
ahora fueron los primeros, pero en ser destruidos.
Recordaron nombres de otros, el pecado ocluyó su destino.
No reconocieron el semblante de Dios
y fueron arrastrados por la corriente,
una agonía como la de un primer parto se eleva tan alto como el cielo.

Dios nos trajo un día funesto y de sitio,
ordenó a los enemigos a mi alrededor que cosechen mis últimos frutos.
El día en que mi corazón se sofocó
y ya no tuvo más fuerzas para resistir,
y entonces Él le dijo al profeta:
"Predica esto a la casa de la rebeldía".

Despojó el manto de la autoridad de los jueces apostados en los portales,
Su furia ardía como el fuego, elevó Su corona,
y derribó el esplendor del Templo, bosque del Líbano,
y el fuerte viento y la tormenta hacen que mi carne se erice y tiemble.

Alguna vez fuiste llamada la más bonita, ahora te has oscurecido,
por haber incurrido en la iniquidad, tu corazón ha retrocedido.
Has sido atacada por la retaguardia,
has sido debilitada, una primera y una segunda vez,
y no te fue ofrecido el más mínimo ropaje o bálsamo.

El Justo, la íntegra Roca, Aquél que perdona una iniquidad,
demasiado grande para soportar.
Voló desde los querubines hasta el umbral,
y de allí a un rincón en el techo;
en virtud de la mancha del pecado, sus gritos se elevaron,
y su maldad es tan abundante como la cosecha de un árbol frutal.

Él, que sopesa las acciones humanas,
fortaleció a quienes contra mí se alzaron,
pues mis días se colmaron de malas acciones.

בָּעֲשִׂירִי לַחֹדֶשׁ סָמַךְ מֶלֶךְ בָּבֶל
וְצָר עַל עִיר הַקֹּדֶשׁ, וְנִקְרַב רַב הַחוֹבֵל
נְתָתַנִי הָדֵשׁ וְעִנֵּיתִי בַכֶּבֶל
וְהָיָה מִדֵּי חֹדֶשׁ לְאֵבֶל כִּנּוֹרִי.

רֵאשִׁית בִּכּוּרָה לְרֵאשִׁית הַחֵרֶם
שֵׁם אֲחֵרִים הִזְכִּירָה, וְהֶעָוֹן גּוֹרֵם
פְּנֵי אֵל לֹא הִכִּירָה, וְשֻׁטְּפָה בְזֶרֶם
צָרָה כְּמַבְכִּירָה כָּעֵת בַּמָּרוֹם תַּמְרִיא.

הָאֱלֹהִים הֵבִיא יוֹם רָעָה וּמָצוֹר
צִוָּה צָרֵי סְבִיבַי עוֹלָלַי לִבְצֹר
יוֹם הֵרַךְ לְבָבִי וְאֵין כֹּחַ לַעֲצֹר
וְדִבֶּר אֶל נָבִיא, מְשֹׁל אֶל בֵּית הַמֶּרִי.

מִיּוֹשְׁבֵי שַׁעַר הֶעֱבִיר אַדֶּרֶת
חֲמָתוֹ כָּאֵשׁ בָּעַר, וְהֵרִים עֲטֶרֶת
וּמִלְּבָנוֹן יַעַר הִשְׁלִיךְ תִּפְאֶרֶת
וְרוּחַ סוֹעָה וָסַעַר תְּסַמֵּר שַׂעֲרַת בְּשָׂרִי.

יְפֵיפִית נִמְשַׁלְתְּ, וְעַתָּה קְדוֹרַנִּית
בְּעָוֹן כִּי כָשַׁלְתְּ, וְלִבֵּךְ אֲחוֹרַנִּית
זְנִבוּךְ וְנֶחֱשַׁלְתְּ רִאשׁוֹנָה וְשֵׁנִית
וְהָחְתֵּל לֹא חֻתָּלְתְּ מִעַט צֳרִי.

צַדִּיק הַצּוּר תָּם, נָשָׂא עָוֹן נִלְאָה
מִכְּרוּב לְמִפְתָּן, לְפִנַּת גַּג דָּאָה
מֵעֲוֹן הַנִּכְתָּם, וְצַעֲקָתָם בָּאָה
רַבָּה רָעָתָם כְּעֵץ עֹשֶׂה פֶּרִי.

חִזֵּק כָּל קָמַי, תּוֹכֵן הָעֲלִילוֹת
כִּי מָלְאוּ יָמַי בְּרֹעַ מִפְעָלוֹת

Y por la vergüenza de mis días de mocedad
olvidé el bien que me había prodigado,
olvidé a quien otorgó mi pan, mi agua, mi lino y mi lana.

Los que contra mí se alzaron, abrieron sus fauces y tragaron mi heredad.
Me superaron ampliamente, bebieron y tragaron mi sangre.
Extraños se tornaron mis enemigos e hirieron a mis hermanos,
extranjeros que aclamaban: "Destruid, destruid",
descendientes de Seir el Horita.

Ellos dijeron: "Vayamos, acabemos con ellos
y no dejemos de ellos memoria".
Dios celoso y vengativo, dales su merecido,
que carguen con su propia destrucción.
Retribúyeles según sus acciones
y que se avergüencen de su desgracia,
tal como el panadero que soñó
con tres canastas de pan blanco.

Mi herida no se alivió y mi contusión es letal,
mi vista se ha oscurecido
contemplando el brillante semblante de mi amado.
¿Acaso Su enojo no será jamás olvidado?
¿Por qué actúa de esta forma? ¿Por qué tal furia?

Mi Dios es compasivo, Él no abandonará para siempre.
Mis días de duelo se han prolongado, y mi corazón aún suspira.
Retorna Dios a mi tienda, no dejes Tu sitial.
Termina con mis días de luto, otórgame mi recompensa.

Señor, mi porción asignada, apresúrate y ven en mi socorro.
Desata mi harapo luctuoso, envuélveme en regocijo,
ilumina mi penumbra con Tu luz,
ese crepúsculo que siempre deseé,
pues Tú eres mi lumbrera.

Redime mi alma de angustia y suspiros,
alivia a Tu pueblo, mi Rey Sagrado,
y convierte en alivio el ayuno de Av,
en alegría y regocijo el ayuno de Tamuz y el ayuno de Tevet.

Continúa con "Dios, Rey que se sienta ... " en la página 1018.

וּמִבֹּשֶׁת עֲלוּמַי שָׁכַחְתִּי גְמוּלוֹת
נוֹתֵן לַחְמִי וּמֵימַי, פִּשְׁתִּי וְצַמְרִי.

קָמַי פִּיהֶם פָּעֲרוּ וְנַחֲלָתִי בִּלֵּעוּ
מְאֹד עָלַי גָּבְרוּ וְדָמִי שָׁתוּ וְלָעוּ
נָכְרִים עָלַי צָרוּ וְאֶת אַחַי הֵרֵעוּ
הָאוֹמְרִים עָרוּ עָרוּ, בְּנֵי שֵׂעִיר הַחֹרִי.

אָמְרוּ לְכוּ נְכַלֵּם, וְנַשְׁבִּיתָה זִכְרָם
אֵל קַנּוֹא וְנוֹקֵם, גָּמְלֵם, יִשְׂאוּ אֶת שִׁבְרָם
כְּמַעֲשֵׂיהֶם שַׁלֵּם וְיֵבוֹשׁוּ מִשִּׁבְרָם
כְּאִישׁ חֲלוֹם חוֹלֵם שְׁלֹשָׁה סַלֵּי חֹרִי.

פִּצְעִי לֹא רֻכְּכָה וְחַבּוּרוֹתַי רֶצַח
וְעֵינִי הַכְהָתָה, צוֹפָה לְדוֹדִי צַח
הַעוֹד לֹא שָׁכְכָה חֲמָתוֹ לָנֶצַח
עַל מֶה עָשָׂה כָּכָה וּמֶה חָרִי.

רַחוּם זֶה אֵלִי, אַל לָעַד תִּזְנַח
אָרְכוּ יְמֵי אֶבְלִי וְעוֹד לִבִּי נֶאֱנָח
שׁוּבָה אֶל לְאָהֳלִי, מְקוֹמְךָ אַל תַּנַּח
שַׁלֵּם יְמֵי אֶבְלִי כִּי תָבוֹא עַל שְׂכָרִי.

יהוה מְנָת חֶלְקִי, חוּשָׁה לִּי לְעֶזְרָה
וּפִתַּחְתָּ שַׂקִּי, שִׂמְחָה לִי לְאַזְּרָה
וְתַגִּיהַּ אֶת חָשְׁכִּי בְּאוֹרְךָ לְהָאִירָה
אֶת נֶשֶׁף חִשְׁקִי, כִּי אַתָּה נֵרִי.

מִיָּגוֹן וַאֲנָחָה, פְּדֵה אֵל אֶת נַפְשִׁי
עֲשֵׂה לְעַמְּךָ הֲנָחָה, מַלְכִּי וּקְדוֹשִׁי
תַּהֲפוֹךְ לִרְוָחָה אֶת צוֹם הַחֲמִישִׁי
לְשָׂשׂוֹן וּלְשִׂמְחָה, צוֹם הָרְבִיעִי וְצוֹם הָעֲשִׂירִי.

Continúa con אֵל מֶלֶךְ יוֹשֵׁב *en la página 1019.*

SELIJOT PARA EL AYUNO DE ESTER

סְלַח לָנוּ Perdónanos, Padre nuestro,
pues en virtud de nuestra gran necedad nos hemos equivocado.
Discúlpanos, Rey nuestro, por nuestras muchas iniquidades.

אֵל אֶרֶךְ Tú eres Dios que demora en enojarse, Tú eres llamado el Señor de la Compasión, nos has enseñado la senda del arrepentimiento. Hoy y cada día recuerda la grandeza de Tu misericordia para con la simiente de Tus amados. Dirígete hacia nosotros con compasión pues Tú eres el Señor de la Compasión. Venimos ante Ti con súplicas y plegaria, tal como le diste a saber al humilde (Moshé) en tiempos pretéritos. Apártate de Tu ira, tal como está escrito en Tu Torá. Nos resguardaremos y moraremos bajo la sombra de Tus Alas, tal como en el día en el cual el Señor descendió en medio de una nube. ▸ Sé indiferente a la transgresión y borra la culpa, tal como en el día en "y se irguió junto a Él allí". Escucha nuestro clamor y presta atención a nuestro decir, como aquel día cuando "invocó el Nombre del Señor", y allí está escrito:

Primero la congregación y luego el oficiante:

Y el Señor pasó ante él (Moshé) y proclamó: *Éx. 34*

Todos recitan en voz alta:

יהוה Señor, Señor, compasivo y benevolente, tardo en la ira, abundante en generosidad y verdad, prodiga Su benevolencia por miles de generaciones, perdona la iniquidad, la rebelión y el pecado y perdona (a quienes retornan). Perdona nuestra iniquidad y nuestro pecado, tómanos por Tu heredad.

Continúa:

סְלַח לָנוּ Perdónanos, Padre nuestro, pues hemos pecado. Discúlpanos, Rey nuestro por haber transgredido. Pues Tú Señor, eres bueno, perdonas y eres *Sal. 86* generoso en benevolencia para con todos los que Te invocan.

Hemos esperado pacientemente al Señor, y Él se ha dirigido hacia nosotros *Is. 26* y escuchó nuestro clamor. En la senda de Tus juicios Te hemos esperado, Tu Nombre y Tu memoria son el deseo de nuestra alma.

כְּרַחֵם Tal como un padre se apiada de sus hijos,
de igual manera apiádate Señor de nosotros.
La salvación proviene del Señor, que Tu bendición sea sobre Tu pueblo. ¡Sela! *Sal. 3*
El Señor de las Huestes Celestiales es con nosotros,
el Dios de Ya'akov es nuestra fortaleza, ¡Sela!
Señor de las Huestes Celestiales, feliz del hombre que confía en Ti. *Sal. 84*
El Señor salva, el Rey nos responderá en el día que Le invoquemos. *Sal. 20*

סליחות לתעניות אסתר

סְלַח לָנוּ, אָבִינוּ, כִּי בְּרֹב אִוַּלְתֵּנוּ שָׁגִינוּ.
מְחַל לָנוּ, מַלְכֵּנוּ, כִּי רַבּוּ עֲוֹנֵינוּ.

אֵל אֶרֶךְ אַפַּיִם אַתָּה, וּבַעַל הָרַחֲמִים נִקְרֵאתָ, וְדֶרֶךְ תְּשׁוּבָה הוֹרֵיתָ. גְּדֻלַּת רַחֲמֶיךָ וַחֲסָדֶיךָ, תִּזְכֹּר הַיּוֹם וּבְכָל יוֹם לְזֶרַע יְדִידֶיךָ. תֵּפֶן אֵלֵינוּ בְּרַחֲמִים, כִּי אַתָּה הוּא בַּעַל הָרַחֲמִים. בְּתַחֲנוּן וּבִתְפִלָּה פָּנֶיךָ נְקַדֵּם, כְּהוֹדַעְתָּ לֶעָנָו מִקֶּדֶם. מֵחֲרוֹן אַפְּךָ שׁוּב, כְּמוֹ בְּתוֹרָתְךָ כָּתוּב. וּבְצֵל כְּנָפֶיךָ נֶחֱסֶה וְנִתְלוֹנָן, כְּיוֹם וַיֵּרֶד יהוה בֶּעָנָן. › תַּעֲבֹר עַל פֶּשַׁע וְתִמְחֶה אָשָׁם, כְּיוֹם וַיִּתְיַצֵּב עִמּוֹ שָׁם. תַּאֲזִין שַׁוְעָתֵנוּ וְתַקְשִׁיב מֶנּוּ מַאֲמָר, כְּיוֹם וַיִּקְרָא בְשֵׁם יהוה, וְשָׁם נֶאֱמַר

Primero el קהל *y luego el* שליח ציבור*:*

וַיַּעֲבֹר יהוה עַל־פָּנָיו וַיִּקְרָא שמות לד

Todos recitan en voz alta:

יהוה, יהוה, אֵל רַחוּם וְחַנּוּן, אֶרֶךְ אַפַּיִם, וְרַב־חֶסֶד וֶאֱמֶת: נֹצֵר חֶסֶד לָאֲלָפִים, נֹשֵׂא עָוֹן וָפֶשַׁע וְחַטָּאָה, וְנַקֵּה: וְסָלַחְתָּ לַעֲוֹנֵנוּ וּלְחַטָּאתֵנוּ, וּנְחַלְתָּנוּ:

Continúa:

סְלַח לָנוּ אָבִינוּ כִּי חָטָאנוּ, מְחַל לָנוּ מַלְכֵּנוּ כִּי פָשָׁעְנוּ. כִּי־אַתָּה אֲדֹנָי טוֹב וְסַלָּח, וְרַב־חֶסֶד לְכָל־קֹרְאֶיךָ: תהלים פו

קַוֵּה קִוִּינוּ יהוה, וַיֵּט אֵלֵינוּ וַיִּשְׁמַע שַׁוְעָתֵנוּ. אַף אֹרַח מִשְׁפָּטֶיךָ יהוה קִוִּינוּךָ, לְשִׁמְךָ וּלְזִכְרְךָ תַּאֲוַת־נָפֶשׁ: ישעיה כו

כְּרַחֵם אָב עַל בָּנִים, כֵּן תְּרַחֵם יהוה עָלֵינוּ.
לַיהוה הַיְשׁוּעָה, עַל־עַמְּךָ בִרְכָתֶךָ סֶּלָה: תהלים ג
יהוה צְבָאוֹת עִמָּנוּ, מִשְׂגָּב לָנוּ אֱלֹהֵי יַעֲקֹב סֶלָה: תהלים מו
יהוה צְבָאוֹת, אַשְׁרֵי אָדָם בֹּטֵחַ בָּךְ: תהלים פד
יהוה הוֹשִׁיעָה, הַמֶּלֶךְ יַעֲנֵנוּ בְיוֹם־קָרְאֵנוּ: תהלים כ

‣ Absuelve ahora la iniquidad de este pueblo Núm. 14
de acuerdo con la grandeza de Tu benevolencia,
y así como has perdonado al pueblo éste, desde Egipto y hasta ahora,
y allí está escrito:

Primero la congregación y luego el oficiante:

Y dijo el SEÑOR, he absuelto según tu palabra.

Continúa:

הַטֵּה Dios mío, inclina Tu oído y escucha, abre Tus ojos y contempla nuestra desola- Dan. 9
ción, y la ciudad que lleva sobre sí Tu Nombre, pues no es en virtud de nuestra rectitud que Te suplicamos, sino en virtud de Tu gran compasión. ¡SEÑOR, escucha!, ¡SEÑOR, perdona!, ¡SEÑOR atiende nuestro pedido, actúa y no Te demores! Hazlo por Ti, Dios mío, pues Tu pueblo y Tu ciudad son llamados por Tu Nombre.

Dios nuestro y de nuestros ancestros:

אָדָם Cuando un hombre se alzó contra nosotros, conmociones de pavor se apodera-
ron de nosotros. Cuando él se unió a un gobierno de lisonjería, casi tropezamos y nos
caímos. Decidieron vendernos, cual persona que posee un montículo indeseado se lo
entrega libremente a quien posee un pozo indeseado sin que mediara defensa alguna.
Ellos dijeron: "Vayamos y exterminémoslos de entre las naciones y el nombre Israel Sal. 83
ya no será más recordado". Mis ojos se volvieron hacia las alturas y Te clamé para que
maldigas a mis enemigos: "Corta su nombre y su memoria, borra su nombre, deja que
se eche a perder. Sé enemigo de mis enemigos, derríbalos con los mismos engaños con
los que ellos embaucaron al pueblo de Ya'akov". Y ellos dijeron: "El SEÑOR no verá ni Sal. 94
comprenderá, el Dios de Ya'akov. Dios aflige a los dispersos y los tornó angustiosos,
mas no tuvo la intención de eliminarlos por completo. Ellos eran culpables en lo su-
perficial y por ello Él los aterró. Al quitar un anillo, los hizo temblar. Mas Dios cumplió
con Su palabra elevándolos a ojos de las naciones. "En la tierra de sus enemigos no los Lev. 26
he despreciado ni los he repudiado para exterminarlos". Reveló los eventos futuros
a un pueblo apesadumbrado y malherido. Él escribió: "Ocultar Me ocultaré" ("Aster
Astir") para insinuar la llegada de Ester y "Aroma de mirra pura" ("Mor Dror") para
insinuar el arribo de Mordejai; todo para poner fin a Amán al día siguiente, a partir de
la frase "acaso de este ("Hamín) árbol", aquel que insinúa su futuro ahorcamiento. "En Is. 26
vez del espino se alzará el ciprés y en vez de la ortiga se alzará el mirto". El rey que prestó
atención a palabras falsas dictó acusaciones y pesar. Se envolvió en vestimentas reales,
Ajashverosh, había errado en el cálculo del final del exilio. Ordenó utilizar "otros
vasos" extraídos de la cantera de la cual el mundo entero fue tallado, y el ángel fiscal Job 2
asistió entonces entre los presentes. Cuando el pueblo de Israel presente en Shushán
comió de la comida preparada por su enemigo, el rey abrió su boca para acusarlos
y entregarlos en manos de aquel que estaba listo para pagar su precio. La Roca (el
Eterno) accedió a escribir una carta que les quitaba toda esperanza. "Dije: los voy a Deut. 32
arrinconar, voy a cesar de entre los hombres su recuerdo". Los ángeles mensajeros de
la paz clamaron y lloraron amargamente. "¡Compasivo! Contempla el pacto y no lo
dejes sin efecto poniéndolo de lado". La Torá lo escuchó e inmediatamente vistió ropas
de luto y pesar. Y poniéndose las manos sobre la cabeza, se fue gritando. El Tishbita II Sam. 13

• סְלַח־נָא לַעֲוֹן הָעָם הַזֶּה כְּגֹדֶל חַסְדֶּךָ במדבר יד
וְכַאֲשֶׁר נָשָׂאתָה לָעָם הַזֶּה מִמִּצְרַיִם וְעַד־הֵנָּה:
וְשָׁם נֶאֱמַר

Primero el קהל *y luego el* שליח ציבור*:*

וַיֹּאמֶר יהוה, סָלַחְתִּי כִּדְבָרֶךָ:

Continúa:

הַטֵּה אֱלֹהַי אָזְנְךָ וּשְׁמָע, פְּקַח עֵינֶיךָ וּרְאֵה שֹׁמְמֹתֵינוּ וְהָעִיר אֲשֶׁר־נִקְרָא דניאל ט
שִׁמְךָ עָלֶיהָ, כִּי לֹא עַל־צִדְקֹתֵינוּ אֲנַחְנוּ מַפִּילִים תַּחֲנוּנֵינוּ לְפָנֶיךָ, כִּי
עַל־רַחֲמֶיךָ הָרַבִּים: אֲדֹנָי שְׁמָעָה, אֲדֹנָי סְלָחָה, אֲדֹנָי הַקְשִׁיבָה וַעֲשֵׂה
אַל־תְּאַחַר, לְמַעַנְךָ אֱלֹהַי, כִּי־שִׁמְךָ נִקְרָא עַל־עִירְךָ וְעַל־עַמֶּךָ:

אֱלֹהֵינוּ וֵאלֹהֵי אֲבוֹתֵינוּ

אָדָם בְּקוּם עָלֵינוּ, חִיל אֲחָזַתְנוּ לִרְעֹד. בְּהִסְתַּפְּחוֹ לְמַלְכוּת חָנֵף, כִּמְעַט
תהלים פג כָּשַׁלְנוּ לִמְעֹד. גָּמְרוּ לְמָכְרֵנוּ כְּתֵל וְחָרִיץ בְּלִי מִסְעוֹד. אָמְרוּ לְכוּ וְנַכְחִידֵם
מִגּוֹי, וְלֹא־יִזָּכֵר שֵׁם־יִשְׂרָאֵל עוֹד: דַּלּוּ עֵינַי לַמָּרוֹם, קְרָאתִיךָ אוֹיְבַי לָקֹב.
הַכְרֵת שֵׁם וּשְׁאָר, וּמְחֵה שֵׁם לִרְקֹב. וְצֹר צוֹרְרֵי בְּנִכְלֵיהֶם אֲשֶׁר נִכְּלוּ
תהלים צד לַעֲקֹב. וַיֹּאמְרוּ, לֹא יִרְאֶה־יָּהּ, וְלֹא־יָבִין אֱלֹהֵי יַעֲקֹב: זְרוּיִים עָנָה וַיַּגָּה,
וְלֹא מִלֵּב לְכַלּוֹתָם. חָבוּ לְפָנִים, וְרֹדִים בַּהֲסָרַת טַבַּעַת לְהַחֲלוֹתָם. טוֹב
ויקרא כו דְּבָרוֹ הֵקִים לְעֵינֵי הַגּוֹיִם לְהַעֲלוֹתָם. בְּאֶרֶץ אֹיְבֵיהֶם לֹא־מְאַסְתִּים וְלֹא־
גְעַלְתִּים לְכַלֹּתָם: יָדַע רֶמֶז הַקּוֹרוֹת לְעַם מְעֻפָּר וּמְהֻדָּס. כְּתַב הַסְתֵּר
ישעיה נה אַסְתִּיר וּמָר דְּרוֹר מְפֻרְדָּס. לְשַׁבֹּת הָמָן מִמָּחֳרָת, הֵמַן הָעֵץ קָנְדָּס. תַּחַת
הַנַּעֲצוּץ יַעֲלֶה בְרוֹשׁ וְתַחַת הַסִּרְפַּד יַעֲלֶה הֲדַס: מַקְשִׁיב דְּבַר שֶׁקֶר כָּתַב
שִׂטְנָה וָעֶצֶב. נִתְעַטֵּף בְּבִגְדֵי שְׂרָד כְּטָעָה בְּמִנְיַן קֶצֶב. סִדֵּר לְהִשְׁתַּמֵּשׁ
איוב ב בְּשׁוֹנִים כְּלֵי הַמַּחְצֵב. וַיָּבוֹא גַם־הַשָּׂטָן בְּתֹכָם לְהִתְיַצֵּב: עִם הַנִּמְצָאִים
בְּשׁוּשָׁן, בְּאָכְלָם מִזֶּבַח עוֹכְרָם. פָּעַר פִּיו לְהַשְׂטִינָם, וּלְהַסְגִּירָם בְּיַד
דברים לב נוֹתֵן מִכְרָם. צוּר הִסְכִּים לִכְתֹּב אִגֶּרֶת לְאַבֵּד שִׁבְרָם. אָמַרְתִּי אַפְאֵיהֶם,
אַשְׁבִּיתָה מֵאֱנוֹשׁ זִכְרָם: קְדוֹשִׁים מַלְאֲכֵי שָׁלוֹם מַר יִבְכָּיוּן בִּצְעָקָה.
רַחוּם הַבֵּט לַבְּרִית וְאַל תָּפֵר לְהַרְחִיקָה. שָׁמְעָה מוֹרָשָׁה, וַתִּלְבַּשׁ בִּגְדֵי
שמואל ב׳ יג אַלְמְנוּת וּמוּעָקָה. וַתָּשֶׂם יָדָהּ עַל־רֹאשָׁהּ, וַתֵּלֶךְ הָלוֹךְ וְזָעָקָה: תִּשְׁבִּי שָׁם

(Eliahu) se envolvió un vestido de duelo a su cintura. Se apresuró en relatar a los Tres Patriarcas que en paz descansan en la Cueva de Majpelá, y luego se apresuró donde el Pastor (Moshé) y le dijo: "¿Por qué duermes? ¡Levántate! Clama a tu Dios – tal vez *Jo. 1* cambie de parecer". Le dijo a Bilshán (Mordejai) del decreto que había sido sellado con arcilla mas no con sangre. Del ejemplo de Nínive, quienes habían aprendido que la furia Divina podía ser aplacada. El hijo de Kish golpeó la puerta de la escuela, vistió *Jo. 3* ropa de luto y se sentó sobre cenizas. Reunió ante sí durante tres días niños pequeños, sedientos y escondidos de ante la Presencia de Dios, para intentar por medio de la voz de Ya'akov debilitar al cruel rey. Sus brazos se alzaron hacia Dios, y Mordejai suplicó: Por favor, sálvanos del insulto, "no sea que venga a matar a las madres junto con los *Gén. 32* niños". Estos y aquellos, todos hijos de mis ancestros y maestros, todos oraron y su clamor ascendió al Señor. Y Dios, al ser alcanzado por esos llamados preguntó: "¿Qué *1 Sam. 15* es ese balido de ovejas que escuchan mis oídos?" El pastor (Moshé) respondió: "Son los niños de la descendencia sagrada, Dios, salva a los condenados a morir de manos de este enemigo malvado". El Compasivo se apiadó y se sintió conmovido por lo acontecido. Y así fue cuando el Rey de Israel leyó la carta que la rompió en pedazos. El *1 Re. 5* judío condenó hijos abajo y a padre arriba. Cada hombre cubría tres codos y el cuarto era espacio vacío. Mordejai vio la doble venganza, se regocijó y alabó al Eterno: "A mí *Gén. 41* me restituyó a mi puesto, mas a él le colgó". ‣ Ester escribió enfáticamente que en ese día debía recitarse un Halel (cántico de alabanza), y lo que abajo fue aceptado por los amados, arriba fue instituido. Una bandera deberá ser izada para publicitar el milagro tal como lo fue en su momento. En este preciso momento, el alivio y la liberación les *Est. 4* vendrán a los judíos.

אֵל מֶלֶךְ Dios, Rey que se sienta sobre el trono de la compasión y actúa con benevolencia. Perdona las iniquidades de Su pueblo haciéndolos pasar ante Él en orden. Es abundante en perdón para con los pecadores y los trasgresores. Hace justicia con toda carne y espíritu, no retribuyéndoles de acuerdo con sus malas acciones. ‣ Dios, Tú nos enseñaste a recitar los trece atributos, recuerda hoy para nosotros el pacto de los trece atributos, tal como en tiempos pretéritos revelaste al humilde (Moshé), como está escrito: "Y el Señor descendió en una *Éx. 34* nube y se paró allí junto a él, y proclamó el Nombre del Señor:

Primero la congregación y luego el oficiante:

Y el Señor pasó ante él (Moshé) y proclamó: *Éx. 34*

Todos recitan en voz alta:

יהוה Señor, Señor, compasivo y benevolente, tardo en la ira, abundante en generosidad y verdad, prodiga Su benevolencia por miles de generaciones, perdona la iniquidad, la rebelión y el pecado y perdona (a quienes retornan). Perdona nuestra iniquidad y nuestro pecado, tómanos por Tu heredad.

אֵזוֹר שַׂק בְּמׇתְנָיו תַּחְבֹּשֶׁת. מַהֵר וְהוֹדִיעַ יְשֵׁנֵי מַכְפֵּל, אָבוֹת שְׁלֹשֶׁת. נָחַץ
לְרוֹעֶה, מַה לְּךָ נִרְדָּם לְהִתְעַשֵּׁת. קוּם קְרָא אֶל־אֱלֹהֶיךָ, אוּלַי יִתְעַשֵּׁת: יונה א
חוֹתָם טִיט אֲשֶׁר נַעֲשָׂה, לְבִלְשָׁן סִפֵּר. מְנִינֵיהּ לָמְדוּ לְאַחֵר גְּזֵרָה כַּעַס
לְהָפֵר. בֶּן קִישׁ הִקִּישׁ דַּלְתוֹת בֵּית הַסֵּפֶר. וַיְכַס שַׂק, וַיֵּשֶׁב עַל־הָאֵפֶר: יונה ג
רִבֵּץ תִּינוֹקוֹת לְפָנָיו יָמִים שְׁלֹשָׁה, צְמֵאִים וּמְכֻפָּנִים. בְּקוֹל יַעֲקֹב לַחֲלֹשׁ
יְדֵי עַז פָּנִים. יָדָיו אֱמוּנָה לָאֵל, הַצִּילֵנִי נָא מֵעֶלְבּוֹנִים. פֶּן־יָבוֹא וְהִכַּנִי בראשית לב
אֵם עַל־בָּנִים: מִזֶּה אֵלֶּה וּמִזֶּה אֵלֶּה, בְּנֵי אֵיתָנֵי וְרַבָּנָי. כֻּלָּם צָעֲקוּ, וַתַּעַל
שַׁוְעָתָם אֶל יהוה. יָהּ, לְקוֹל רִנּוּן כְּבוֹא, שָׁאַל לְפָנָי. וּמֶה קוֹל־הַצֹּאן הַזֶּה שמואל א׳ טו
בְּאׇזְנָי: רוֹעֶה הֱשִׁיבוֹ, הֵם קְטַנֵּי קֹדֶשׁ זֶרַע. יָהּ, הַצֵּל לְקוּחִים לַמָּוֶת מֵאוֹיֵב
הָרַע. חַנּוּן נִכְמְרוּ רַחֲמָיו וַיְבַקֵּשׁ לִבְכּוֹת הַמְּאֹרָע. וַיְהִי כִּקְרֹא מֶלֶךְ־יִשְׂרָאֵל מלכים ב׳ ה
אֶת־הַסֵּפֶר, וַיִּקְרַע: יְהוּדִי הוֹקִיעַ, יְלָדָיו לְמַטָּה וַאֲבִיהֶם לְמַעְלָה. אִישׁ
אִישׁ בְּשָׁלֹשׁ אַמּוֹת, וְהָרְבִיעִית אֲוִיר מְגֻלָּה. מִשְׁנֶה נָקַם חָזָה, וְשָׂמַח וְשָׁח
תְּהִלָּה. אֹתִי הֵשִׁיב עַל־כַּנִּי וְאֹתוֹ תָלָה: ‹ וַתִּכְתֹּב אֶסְתֵּר תֹּקֶף, לִקְרֹא בראשית מא
כְּבְהַלֵּל מְהוֹדִים. מִלְמַעְלָה קִיְּמוּ מַה שֶּׁקִּבְּלוּ לְמַטָּה דוֹדִים. נֵס יְנוֹסֵס
לְפַרְסֵם כְּאָז פִּלְאוֹ מַסְהִידִים. בָּעֵת הַזֹּאת רֶוַח וְהַצָּלָה יַעֲמוֹד לַיְּהוּדִים: אסתר ד

אֵל מֶלֶךְ יוֹשֵׁב עַל כִּסֵּא רַחֲמִים, מִתְנַהֵג בַּחֲסִידוּת. מוֹחֵל עֲוֹנוֹת עַמּוֹ,
מַעֲבִיר רִאשׁוֹן רִאשׁוֹן. מַרְבֶּה מְחִילָה לְחַטָּאִים, וּסְלִיחָה לְפוֹשְׁעִים. עֹשֶׂה
צְדָקוֹת עִם כׇּל בָּשָׂר וָרוּחַ, לֹא כְרָעָתָם תִּגְמֹל. ‹ אֵל, הוֹרֵיתָ לָּנוּ לוֹמַר שְׁלֹשׁ
עֶשְׂרֵה, וּזְכׇר לָנוּ הַיּוֹם בְּרִית שְׁלֹשׁ עֶשְׂרֵה, כְּמוֹ שֶׁהוֹדַעְתָּ לֶעָנָו מִקֶּדֶם,
כְּמוֹ שֶׁכָּתוּב: וַיֵּרֶד יהוה בֶּעָנָן, וַיִּתְיַצֵּב עִמּוֹ שָׁם, וַיִּקְרָא בְשֵׁם, יהוה: שמות לד

Primero el קהל *y luego el* שליח ציבור*:*

וַיַּעֲבֹר יהוה עַל־פָּנָיו וַיִּקְרָא שמות לד

Todos recitan en voz alta:

יהוה, יהוה, אֵל רַחוּם וְחַנּוּן, אֶרֶךְ אַפַּיִם, וְרַב־חֶסֶד וֶאֱמֶת: נֹצֵר חֶסֶד לָאֲלָפִים, נֹשֵׂא עָוֹן וָפֶשַׁע וְחַטָּאָה, וְנַקֵּה: וְסָלַחְתָּ לַעֲוֹנֵנוּ וּלְחַטָּאתֵנוּ, וּנְחַלְתָּנוּ:

Continúa:

סְלַח לָנוּ Perdónanos, Padre nuestro, pues hemos pecado. Discúlpanos, Rey nuestro por haber transgredido. Pues Tú Señor, eres bueno, perdonas y eres generoso en benevolencia para con todos los que Te invocan. *Sal. 86*

כִּי־עִמְּךָ Pues en Ti está la fuente de la vida, en Tu luz veremos luz. Al llamarte, respóndenos, nuestro Dios justo; en la estrechez nos has abierto un horizonte, apiádate de nosotros y escucha nuestra plegaria. Y ahora, que el poder del Señor aumente, tal como lo has dicho. *Sal. 36* *Núm. 14*

כְּרַחֵם Tal como un padre se apiada de sus hijos,
de igual manera apiádate Señor de nosotros.
La salvación proviene del Señor, *Sal. 3*
que Tu bendición sea sobre Tu pueblo. ¡Sela!
El Señor de las Huestes Celestiales es con nosotros, *Sal. 46*
el Dios de Ya'akov es nuestra fortaleza, ¡Sela!
El Señor de las Huestes Celestiales, feliz del hombre que confía en Ti. *Sal. 84*
El Señor salva, el Rey nos responderá en el día que Le invoquemos. *Sal. 20*

Dios nuestro y de nuestros ancestros:

אַתָּה הָאֵל Tú eres el Dios que obra maravillas, has hecho conocer Tu inmenso poder entre las naciones. Por medio de Tu brazo salvaste a Tu pueblo de contingencias, abatiste a su enemigo con pestilencias mortales. Cuando el enemigo se irguió buscando despertar pleitos, e imaginó que habría de cortar las exquisitas flores, tramó gravar para el erario real cien talentos de plata de las bases del Tabernáculo. Tú advertiste a Tus corderos que se anticiparan a pesar los siclos de plata, previste los eventos futuros, nos advertiste seamos presurosos y encontremos un modo de aplacar el fuego de aquellos que procuran quemarnos, de modo tal que aquellos condenados a muerte, fueron recordados para revivir. Cuando adoraban una imagen deshonrosa, todos los retoños y vides fueron entregados para ser cortados. Trampas los rodearon por todas direcciones, dirigieron sus ojos hacia Ti y fueron atesorados en Tu misterio. La suerte se dio vuelta y dominaron a sus enemigos, la horca fue preparada para recibir al Hagaguita, Dios golpeó y devoró la fachada que cubría lo oculto, sepultando a los enemigos de Su pueblo en las tinieblas. Paz y verdad fueron escritas en cada lado: poder de salvación, Roca y Fortaleza, el saqueador resultó saqueado y en su propia trampa fue atrapado, aquél que habló contra mí resultó arrastrado, destruido y humillado. Establecieron fiestas para todas las generaciones, Amalek apareció en las Escrituras tres veces, ¿cómo podría hacerlo una cuarta? Abajo lo aceptaron y arriba lo establecieron, lo fijado fue grabado en el libro. Grande es Tu mano para perdonar a los trasgresores, al judío (Mordejai) y a Hadasa (Ester) estableciste como salvadores, su rectitud nos deleita por siempre, y el

Continúa:

סְלַח לָנוּ אָבִינוּ כִּי חָטָאנוּ, מְחַל לָנוּ מַלְכֵּנוּ כִּי פָשָׁעְנוּ. כִּי־אַתָּה אֲדֹנָי טוֹב תהלים פו
וְסַלָּח, וְרַב־חֶסֶד לְכָל־קֹרְאֶיךָ:

כִּי־עִמְּךָ מְקוֹר חַיִּים, בְּאוֹרְךָ נִרְאֶה־אוֹר: בְּקָרְאֵנוּ עֲנֵנוּ אֱלֹהֵי צִדְקֵנוּ, תהלים לו
בַּצָּר הִרְחַבְתָּ לָנוּ, חָנֵּנוּ וּשְׁמַע תְּפִלָּתֵנוּ. וְעַתָּה יִגְדַּל־נָא כֹּחַ אֲדֹנָי, כַּאֲשֶׁר במדבר יד
דִּבַּרְתָּ לֵאמֹר:

כְּרַחֵם אָב עַל בָּנִים, כֵּן תְּרַחֵם יהוה עָלֵינוּ.
לַיהוה הַיְשׁוּעָה, עַל־עַמְּךָ בִרְכָתֶךָ סֶּלָה: תהלים ג
יהוה צְבָאוֹת עִמָּנוּ, מִשְׂגָּב לָנוּ אֱלֹהֵי יַעֲקֹב סֶלָה: תהלים מו
יהוה צְבָאוֹת, אַשְׁרֵי אָדָם בֹּטֵחַ בָּךְ: תהלים פד
יהוה הוֹשִׁיעָה, הַמֶּלֶךְ יַעֲנֵנוּ בְיוֹם־קָרְאֵנוּ: תהלים כ

אֱלֹהֵינוּ וֵאלֹהֵי אֲבוֹתֵינוּ

אַתָּה הָאֵל עוֹשֵׂה פְלָאוֹת, בָּעַמִּים הוֹדַעְתָּ עֹז נוֹרָאוֹת, גָּאַלְתָּ בִּזְרוֹעַ עַמְּךָ מִתְּלָאוֹת, דִּכִּיתָ צָרֵיהֶם בְּמוֹתֵי תַחֲלוּאוֹת. הָאוֹיֵב בְּקוּמוֹ לְעוֹרֵר מְדָנִים, וְדִמָּה לְהַכְרִית פִּרְחֵי עֲדָנִים, זָמַם לִשְׁקֹל לְגִנְזֵי אֲדוֹנִים, חֲלִיפֵי מְאַת כִּכְּרֵי אֲדָנִים. טְלָאֶיךָ הִזְהַרְתָּ שִׁקְלֵיהֶם לְהַקְדִּים, יָדַעְתָּ הָעֲתִידוֹת וְדָרַשְׁתָּ נִשְׁקָדִים, כְּבוֹי לְהַמְצִיא לַלַּהַב יוֹקְדִים, לְקוּחִים לַמָּוֶת לְתֶחִי נִפְקָדִים. מַסֵּכָה צָרָה בְּעָבְדָם לְפָנִים, נִמְסְרוּ לְהָתֵז קְנוּקְנוֹת וּגְפָנִים, סְבָבוּם מוֹקְשִׁים בְּכָל דְּפָנִים, עֵינֵיהֶם לְךָ תּוֹלִים וּבְסִתְרְךָ נִצְפָּנִים. פּוּר נֶהְפַּךְ בְּאוֹיְבִים לִשְׁלֹט, צְלִיבָה הוּכַן אֲגָגִי לִקְלֹט, קִלַּע וּבִלַּע פְּנֵי הַלּוֹט הַלּוֹט, רִיבֵי עָם בְּאַשְׁמַנִּים לַעֲלֹט. שָׁלוֹם וֶאֱמֶת נִכְתַּב מִכָּל צַד, תְּקֹף יֶשַׁע סֶלַע וּמְצָד, שׁוֹדֵד הֻשַּׁד וּבְרִשְׁתּוֹ נוּצַד, מְלָשְׁנִי נִסְחַף נִצְמַת וְנִרְצַד. עָשׂוּ שְׂמָחוֹת וְלַדּוֹרוֹת קְבָעוּם, וּמִקְרָאוֹת שִׁלְּשׁוּם וְלֹא רִבְּעוּם, נִסְכְּמוּ מִמַּעַל וּלְמַטָּה טְבָעוּם, בְּסֵפֶר נֶחֱקַק עַל מָה קְבָעוּם. רָמָה יָדְךָ לִסְלֹחַ לַפּוֹשְׁעִים, יְהוּדִי וַהֲדַסָּה הֵקַמְתָּ מוֹשִׁיעִים, צִדְקָתָם עוֹמֶדֶת לָעַד לְשַׁעֲשׁוּעִים, חֵקֶר כְּבוֹדָם לְהַזְכִּיר לְנוֹשָׁעִים. קַנֵּא לְשִׁמְךָ נוֹרָא וְנִקְדָּשׁ, חֲזֵה כַּרְמְךָ נֶהֱרַס

estudio de su honor asegurará que los salvos no los olvidemos. Cela Tu Nombre, Dios Santo y Reverenciado, mira como Tu vid es destruida y pisoteada, reúne a nuestros dispersos y volverá a escucharse Tu cántico, sostenlos y mantenlos con vida con la construcción del Templo. ▸ Tal como obraste maravillas en aquellos días, maravíllanos con la salvación para siempre, halla ante Ti expiación y consuelo, Rey que se sienta sobre el trono de la compasión.

אֵל מֶלֶךְ Dios, Rey que se sienta sobre el trono de la compasión y actúa con benevolencia. Perdona las iniquidades de Su pueblo haciéndolos pasar ante Él en orden. Es abundante en perdón para con los pecadores y los trasgresores. Hace justicia con toda carne y espíritu, no retribuyéndoles de acuerdo con sus malas acciones. ▸ Dios, Tú nos enseñaste a recitar los trece atributos, recuerda hoy para nosotros el pacto de los trece atributos, tal como en tiempos pretéritos revelaste al humilde (Moshé), como está escrito: "Y el *Éx. 34*
Señor descendió en una nube y se paró allí junto a él, y proclamó el Nombre del Señor:

Primero la congregación y luego el oficiante:

Y el Señor pasó ante él (Moshé) y proclamó: *Éx. 34*

Todos recitan en voz alta:

יהוה Señor, Señor, compasivo y benevolente, tardo en la ira, abundante en generosidad y verdad, prodiga Su benevolencia por miles de generaciones, perdona la iniquidad, la rebelión y el pecado y perdona (a quienes retornan). Perdona nuestra iniquidad y nuestro pecado, tómanos por Tu heredad.

Continúa:

סְלַח לָנוּ Perdónanos, Padre nuestro, pues hemos pecado. Discúlpanos, Rey
nuestro por haber transgredido. Pues Tú Señor, eres bueno, perdonas y eres *Sal. 86*
generoso en benevolencia para con todos los que Te invocan.

El siguiente pasaje se recita alternadamente:

En pequeño número nos presentamos ante Ti para rogar,
no cierres Tu oído al clamor de los abrumados.
Escucha sus súplicas desde Tu morada Celestial.
Salva a Tus hijos como en los días de la Mirra y el Mirto (Mordejai y Ester).

Tú Te sientas sobre el trono de las alabanzas de Israel,
escuchas su plegaria y atiendes a su cántico.
Tú anticipas la curación antes del golpe,
para actuar bondadosamente con aquellos a quienes adquiriste
y devolverlos a sus hogares.

וְנִדָּשׁ, זְרוּיֵינוּ קַבֵּץ וְשִׁיר לְךָ יְחֻדָּשׁ, קַיְּמֵם וְהַחֲיֵם בְּבִנְיַן בֵּית הַמִּקְדָּשׁ.
· וְכַעֲשׂוֹתְךָ נוֹרָאוֹת בְּאוֹתָן הַיָּמִים, אִתָּנוּ הַפְלֵא תְּשׁוּעַת עוֹלָמִים, מְצוֹא לְפָנֶיךָ כֹּפֶר וְתַנְחוּמִים, אֵל מֶלֶךְ יוֹשֵׁב עַל כִּסֵּא רַחֲמִים.

אֵל מֶלֶךְ יוֹשֵׁב עַל כִּסֵּא רַחֲמִים, מִתְנַהֵג בַּחֲסִידוּת. מוֹחֵל עֲוֹנוֹת עַמּוֹ, מַעֲבִיר רִאשׁוֹן רִאשׁוֹן. מַרְבֶּה מְחִילָה לְחַטָּאִים, וּסְלִיחָה לְפוֹשְׁעִים. עֹשֶׂה צְדָקוֹת עִם כָּל בָּשָׂר וָרוּחַ, לֹא כְרָעָתָם תִּגְמֹל. · אֵל, הוֹרֵיתָ לָּנוּ לוֹמַר שְׁלֹשׁ עֶשְׂרֵה, וּזְכָר לָנוּ הַיּוֹם בְּרִית שְׁלֹשׁ עֶשְׂרֵה, כְּמוֹ שֶׁהוֹדַעְתָּ לֶעָנָו מִקֶּדֶם, כְּמוֹ שֶׁכָּתוּב: וַיֵּרֶד יהוה בֶּעָנָן, וַיִּתְיַצֵּב עִמּוֹ שָׁם, וַיִּקְרָא בְשֵׁם, יהוה: שמות לד

Primero el קהל *y luego el* שליח ציבור*:*

וַיַּעֲבֹר יהוה עַל־פָּנָיו וַיִּקְרָא שמות לד

Todos recitan en voz alta:

יהוה, יהוה, אֵל רַחוּם וְחַנּוּן, אֶרֶךְ אַפַּיִם, וְרַב־חֶסֶד וֶאֱמֶת: נֹצֵר חֶסֶד לָאֲלָפִים, נֹשֵׂא עָוֹן וָפֶשַׁע וְחַטָּאָה, וְנַקֵּה: וְסָלַחְתָּ לַעֲוֹנֵנוּ וּלְחַטָּאתֵנוּ, וּנְחַלְתָּנוּ:

Continúa:

סְלַח לָנוּ אָבִינוּ כִּי חָטָאנוּ, מְחַל לָנוּ מַלְכֵּנוּ כִּי פָשָׁעְנוּ. כִּי־אַתָּה אֲדֹנָי טוֹב וְסַלָּח, וְרַב־חֶסֶד לְכָל־קֹרְאֶיךָ: תהלים פו

El siguiente pasaje se recita alternadamente:

בִּמְתֵי מִסְפָּר חִלִּינוּ פָנֶיךָ.
לְשַׁוְעַת נְכֵאִים אַל תַּעְלֵם אָזְנֶךָ.
הַקְשֵׁב תְּחִנָּתָם מִשְּׁמֵי מְעוֹנֶךָ.
כְּבִימֵי מֹר וַהֲדַס הוֹשַׁעְתָּ בָנֶיךָ.

תְּהִלּוֹת יִשְׂרָאֵל אַתָּה יוֹשֵׁב.
שַׁוְעָתָם מַאֲזִין וְרִנָּתָם קוֹשֵׁב.
רְפָאוּת לְמַחַץ מַקְדִּים וּמְחַשֵּׁב.
קְנוּיֶיךָ לְהֵיטִיב וּנְוִיהֶם לְיַשֵּׁב.

Un enemigo malvado
puso sus ojos perversos como puñales sobre Israel,
abrió sus fauces con la intención de engullir al hombre humilde.
Pensó para sí eliminar a la multitud de su pueblo,
en la misiva grabó su intento de destruir al pueblo elegido.

Tú Te vengas de los malvados
y persistes en Tu demanda sobre los enemigos,
Tú los mediste con la misma vara
que ellos emplearon para medir a Tus amados.
El luchador y sus descendientes fueron colgados en la horca,
colgados cual pescados en una ristra.

Este es el día en el que los enemigos
esperaban masacrar al pueblo que Tú proteges,
la regla fue revocada
y se tornaron en cuerpos muertos,
soportaron el peso y la furia de Tu ira,
fueron pisoteados y arrastrados.

Por lo tanto, elévese y encúmbrese Tu Nombre,
Tu gloria cubre los más altos firmamentos.
Has levantado a los oprimidos y a los sujetos al saqueo.
Tu alabanza llena los valles hasta su confín.

Escucha ahora nuestros pensamientos
y contempla nuestro sufrimiento.
Levántate en Tu furia contra el malvado enemigo.
¡Señor! Te hemos invocado desde nuestra estrechez.
Por favor, llévanos a un sitio de amplitud
y líbranos de angustia.

Concédenos abundante perdón,
escucha nuestra plegaria
y pasa por alto nuestras vanidades.
Aturde a nuestros enemigos e infunde en ellos pavor,
y a nosotros nunca nos prives de Tu compasión.

Continúa con "Dios, Rey que se sienta" en la página 1018.

צַר וְאוֹיֵב הִלְטִישׁ עֵינָיו.
פִּיהוּ פָּעַר לִשְׁאֹף עָנָו.
עָשָׂה בִּשְׁלוֹ לְהַשְׁמִיד קְהַל הֲמוֹנָיו.
סֶגֶל לְאַבֵּד חָרַת בִּנְשְׁתְּוָנָיו.

נוֹקֵם לְצָרִים וְנוֹטֵר לְאוֹיְבִים.
מִדָּתוֹ מִדָּתָם כְּזָדוּ לַאֲהוּבִים.
לוֹחֵם וּבָנָיו הָתְלוּ מְצֻלָּבִים.
כְּבַחֲרֹזֶת דָּגִים חֹרְזוּ תְּחוּבִים.

יוֹם אֲשֶׁר שִׁבְּרוּ צוֹרְרִים.
טִבְחָה לָשִׁית בְּעַם נְצוּרִים.
חֻלְּפָה הַדָּת וְנָפְלוּ פְגָרִים.
זָלְעֲפוּ זְעָמוּ מוּבָסִים מְגֻרִים.

וּבְכֵן יִתְעַלֶּה שִׁמְךָ וְיִתְנַשָּׂא.
הוֹדְךָ שְׁמֵי שָׁמַיִם כִּסָּה.
דַּכִּים בְּרוֹמְמָךְ נְתוּנִים לִמְשִׁסָּה.
גֵּיא וַאֲפָסֶיהָ תְּהִלָּתְךָ מְכַסָּה.

בִּינָה הֲגִיגֵנוּ עַתָּה, וּרְאֵה בְּצַר.
בְּאַפְּךָ קוּמָה עַל צוֹרֵר הַצָּר.
אָדוֹן, קְרָאנוּךָ מִן הַמֵּצַר.
אָנָּא הוֹצִיאֵנוּ לַמֶּרְחָב וְחַלְּצֵנוּ מִצָּר.

מְאֹד תַּרְבֶּה לָנוּ מְחִילָה.
שְׁמַע תְּפִלָּה, וְהַעֲבֵר תִּפְלָה.
לוֹחֲצֵינוּ הַמְעֵד וּמַלְאֵם חַלְחָלָה.
מִמֶּנּוּ רַחֲמֶיךָ לָעַד לֹא תִכְלָא.

Continúa con אֵל מֶלֶךְ יוֹשֵׁב *en la página 1019.*

SELIJOT PARA EL DIECISIETE DE TAMUZ

סְלַח לָנוּ Perdónanos, Padre nuestro,
pues en virtud de nuestra gran necedad nos hemos equivocado.
Discúlpanos, Rey nuestro, por nuestras muchas iniquidades.

אֵל אֶרֶךְ Tú eres Dios que demora en enojarse, Tú eres llamado el Señor de la Compasión, nos has enseñado la senda del arrepentimiento. Hoy y cada día recuerda la grandeza de Tu misericordia para con la simiente de Tus amados. Dirígete hacia nosotros con compasión pues Tú eres el Señor de la Compasión. Venimos ante Ti con súplicas y plegaria, tal como le diste a saber al humilde (Moshé) en tiempos pretéritos. Apártate de Tu ira, tal como está escrito en Tu Torá. Nos resguardaremos y moraremos bajo la sombra de Tus Alas, tal como en el día en el cual el Señor descendió en medio de una nube. ▸ Sé indiferente a la transgresión y borra la culpa, tal como en el día en "y se irguió junto a Él allí". Escucha nuestro clamor y presta atención a nuestro decir, como aquel día cuando "invocó el Nombre del Señor", y allí está escrito:

Primero la congregación y luego el oficiante:

Y el Señor pasó ante él (Moshé) y proclamó: *Éx. 34*

Todos recitan en voz alta:

יהוה Señor, Señor, compasivo y benevolente, tardo en la ira, abundante en generosidad y verdad, prodiga Su benevolencia por miles de generaciones, perdona la iniquidad, la rebelión y el pecado y perdona (a quienes retornan). Perdona nuestra iniquidad y nuestro pecado, tómanos por Tu heredad.

Continúa:

סְלַח לָנוּ Perdónanos, Padre nuestro, pues hemos pecado. Discúlpanos, Rey nuestro por haber transgredido. Pues Tú Señor, eres bueno, perdonas y eres generoso en benevolencia para con todos los que Te invocan. *Sal. 86*

No Le deis descanso descanso hasta que establezca a Jerusalém y haga de ella una alabanza en la tierra. Pues Tú eres la fuente de la vida, en Tu luz veremos la luz. Dios nuestro, nos avergonzamos de nuestras acciones, nos angustian nuestras iniquidades.

כְּרַחֵם Tal como un padre se apiada de sus hijos,
de igual manera apiádate Señor de nosotros.
La salvación proviene del Señor, que Tu bendición sea sobre Tu pueblo. ¡Sela! *Sal. 3*
El Señor de las Huestes Celestiales es con nosotros, *Sal. 46*
el Dios de Ya'akov es nuestra fortaleza, ¡Sela!

סליחות לשבעה עשר בתמוז

סְלַח לָנוּ, אָבִינוּ, כִּי בְּרֹב אִוַּלְתֵּנוּ שָׁגִינוּ.
מְחַל לָנוּ, מַלְכֵּנוּ, כִּי רַבּוּ עֲוֹנֵינוּ.

אֵל אֶרֶךְ אַפַּיִם אַתָּה, וּבַעַל הָרַחֲמִים נִקְרֵאתָ, וְדֶרֶךְ תְּשׁוּבָה הוֹרֵיתָ. גְּדֻלַּת רַחֲמֶיךָ וַחֲסָדֶיךָ, תִּזְכֹּר הַיּוֹם וּבְכָל יוֹם לְזֶרַע יְדִידֶיךָ. תֵּפֶן אֵלֵינוּ בְּרַחֲמִים, כִּי אַתָּה הוּא בַּעַל הָרַחֲמִים. בְּתַחֲנוּן וּבִתְפִלָּה פָּנֶיךָ נְקַדֵּם, כְּהוֹדַעְתָּ לֶעָנָו מִקֶּדֶם. מֵחֲרוֹן אַפְּךָ שׁוּב, כְּמוֹ בְּתוֹרָתְךָ כָּתוּב. וּבְצֵל כְּנָפֶיךָ נֶחֱסֶה וְנִתְלוֹנָן, כְּיוֹם וַיֵּרֶד יהוה בֶּעָנָן. ‹ תַּעֲבֹר עַל פֶּשַׁע וְתִמְחֶה אָשָׁם, כְּיוֹם וַיִּתְיַצֵּב עִמּוֹ שָׁם. תַּאֲזִין שַׁוְעָתֵנוּ וְתַקְשִׁיב מֶנּוּ מַאֲמָר, כְּיוֹם וַיִּקְרָא בְשֵׁם יהוה, וְשָׁם נֶאֱמַר

Primero el קהל *y luego el* שליח ציבור*:*

וַיַּעֲבֹר יהוה עַל־פָּנָיו וַיִּקְרָא — שמות לד

Todos recitan en voz alta:

יהוה, יהוה, אֵל רַחוּם וְחַנּוּן, אֶרֶךְ אַפַּיִם, וְרַב־חֶסֶד וֶאֱמֶת: נֹצֵר חֶסֶד לָאֲלָפִים, נֹשֵׂא עָוֹן וָפֶשַׁע וְחַטָּאָה, וְנַקֵּה: וְסָלַחְתָּ לַעֲוֹנֵנוּ וּלְחַטָּאתֵנוּ, וּנְחַלְתָּנוּ:

Continúa:

תהלים פו — סְלַח לָנוּ אָבִינוּ כִּי חָטָאנוּ, מְחַל לָנוּ מַלְכֵּנוּ כִּי פָשָׁעְנוּ. כִּי־אַתָּה אֲדֹנָי טוֹב וְסַלָּח, וְרַב־חֶסֶד לְכָל־קֹרְאֶיךָ:

ישעיה סב / תהלים לו — וְאַל־תִּתְּנוּ דֳמִי לוֹ, עַד־יְכוֹנֵן וְעַד־יָשִׂים אֶת־יְרוּשָׁלַ͏ִם תְּהִלָּה בָּאָרֶץ: כִּי־עִמְּךָ מְקוֹר חַיִּים, בְּאוֹרְךָ נִרְאֶה־אוֹר: אֱלֹהֵינוּ, בֹּשְׁנוּ בְּמַעֲשֵׂינוּ וְנִכְלַמְנוּ בַּעֲוֹנֵינוּ.

כְּרַחֵם אָב עַל בָּנִים, כֵּן תְּרַחֵם יהוה עָלֵינוּ.
תהלים ג — לַיהוה הַיְשׁוּעָה, עַל־עַמְּךָ בִרְכָתֶךָ סֶּלָה:
תהלים מו — יהוה צְבָאוֹת עִמָּנוּ, מִשְׂגָּב לָנוּ אֱלֹהֵי יַעֲקֹב סֶלָה:

Señor de las Huestes Celestiales, feliz del hombre que confía en Ti. *Sal. 84*
El Señor salva, el Rey nos responderá en el día que Le invoquemos. *Sal. 20*

▸ Absuelve ahora la iniquidad de este pueblo *Núm. 14*
de acuerdo con la grandeza de Tu benevolencia,
así como has perdonado al pueblo éste, desde Egipto y hasta ahora,
y allí está escrito:

Primero la congregación y luego el oficiante:

Y dijo el Señor, he absuelto según tu palabra.

Continúa:

הַטֵּה Dios mío, inclina Tu oído y escucha, abre Tus ojos y contempla nuestra desolación, y la ciudad que lleva sobre sí Tu Nombre, pues no es en virtud de nuestra rectitud que Te suplicamos sino en virtud de Tu gran compasión. ¡Señor, escucha!, ¡Señor, perdona!, ¡Señor, atiende nuestro pedido, actúa y no Te demores! Hazlo por Ti Dios mío, pues Tu pueblo y Tu ciudad son llamados por Tu Nombre. *Dan. 9*

Dios nuestro y de nuestros ancestros:

אָתָאנוּ Hemos venido ante Ti, Creador de los vientos, por causa de nuestros numerosos pecados nuestros suspiros se han tornado pesados, los decretos adversos se han intensificado y los clamores se han multiplicado, pues el diecisiete de Tamuz fueron quebradas las Tablas de la Ley. Fuimos exiliados de la Casa que Tú has elegido, nuestra sentencia fue sellada y aplicada sobre nosotros, la luz se apagó sobre nosotros, pues un diecisiete de Tamuz fue quemada la Torá. Nuestros enemigos destruyeron el Templo, y la Divina Presencia huyó de Su rincón apartado, fuimos entregados a las fauces enemigas para ser devorados, pues un diecisiete de Tamuz fue colocado un ídolo en el Lugar Santo. Fuimos dispersados de ciudad en ciudad, fueron aprisionados tanto adultos como jóvenes, fue destruido el objeto de nuestro deleite y ardió en este el fuego, pues un diecisiete de Tamuz fue abierta una brecha en la muralla de la ciudad. Un enemigo que procuraba exterminarnos se apoderó del Templo, y tanto novio como novia fueron privados de todo ornamento, por haberte enfurecido fuimos entregados para la destrucción, porque un diecisiete de Tamuz fue suspendida la ofrenda permanente en el Templo. Quedamos sumidos sin gloria ni alabanza, el enemigo blandió su espada para degollarnos, nuestros tiernos infantes quedaron expuestos a la masacre, porque un diecisiete de Tamuz se suspendieron el holocausto y la ofrenda. Nos rebelamos contra Quien reside en las alturas, por ello fuimos diseminados por todos los confines, nuestra danza fue sustituida por elegías, pues un diecisiete de Tamuz fueron suspendidos los sacrificios. Te desobedecimos con palabras discordantes, por ello nuestra lengua aprendió a recitar lamentaciones, fuimos abandonados sin ser tomados en cuenta, pues un diecisiete de Tamuz las trasgresiones decidieron nuestro destino. Fuimos dispersados sin hallar alivio, por ello nuestros suspiros

יהוה צְבָאוֹת, אַשְׁרֵי אָדָם בֹּטֵחַ בָּךְ: תהלים פד
יהוה הוֹשִׁיעָה, הַמֶּלֶךְ יַעֲנֵנוּ בְיוֹם־קָרְאֵנוּ: תהלים כ

• סְלַח־נָא לַעֲוֹן הָעָם הַזֶּה כְּגֹדֶל חַסְדֶּךָ במדבר יד
וְכַאֲשֶׁר נָשָׂאתָה לָעָם הַזֶּה מִמִּצְרַיִם וְעַד־הֵנָּה:
וְשָׁם נֶאֱמַר

Primero el קהל *y luego el* שליח ציבור*:*

וַיֹּאמֶר יהוה, סָלַחְתִּי כִּדְבָרֶךָ:

Continúa:

דניאל ט הַטֵּה אֱלֹהַי אָזְנְךָ וּשְׁמָע, פְּקַח עֵינֶיךָ וּרְאֵה שֹׁמְמֹתֵינוּ וְהָעִיר אֲשֶׁר־נִקְרָא שִׁמְךָ עָלֶיהָ, כִּי לֹא עַל־צִדְקֹתֵינוּ אֲנַחְנוּ מַפִּילִים תַּחֲנוּנֵינוּ לְפָנֶיךָ, כִּי עַל־רַחֲמֶיךָ הָרַבִּים: אֲדֹנָי שְׁמָעָה, אֲדֹנָי סְלָחָה, אֲדֹנָי הַקְשִׁיבָה וַעֲשֵׂה אַל־תְּאַחַר, לְמַעַנְךָ אֱלֹהַי, כִּי־שִׁמְךָ נִקְרָא עַל־עִירְךָ וְעַל־עַמֶּךָ:

אֱלֹהֵינוּ וֵאלֹהֵי אֲבוֹתֵינוּ

אֶתָּנוּ לְךָ יוֹצֵר רוּחוֹת, בְּרוֹב עֲוֹנֵינוּ כָּבְדוּ אֲנָחוֹת, גְּזֵרוֹת עָצְמוּ וְרַבּוּ צְרִיחוֹת, כִּי בְּשִׁבְעָה עָשָׂר בְּתַמּוּז נִשְׁתַּבְּרוּ הַלֻּחוֹת. גָּלִינוּ מִבֵּית הַבְּחִירָה, דִּינֵנוּ נֶחְתַּם וְנִגְזְרָה גְּזֵרָה, וְחָשַׁךְ בַּעֲדֵנוּ אוֹרָה, כִּי בְּשִׁבְעָה עָשָׂר בְּתַמּוּז נִשְׂרְפָה הַתּוֹרָה. הָרְסוּ אוֹיְבֵינוּ הַהֵיכָל, וּבָרְחָה שְׁכִינָה מִזָּוִית הֵיכָל, וְנִמְסַרְנוּ בִּידֵי זֵדִים לְהִתְאַכָּל, כִּי בְּשִׁבְעָה עָשָׂר בְּתַמּוּז הָעֳמַד צֶלֶם בַּהֵיכָל. זֹרְנוּ מֵעִיר אֶל עִיר, וְנִלְכַּד מִמֶּנּוּ רַב וְצָעִיר, חָרְבָה מְשׂוֹשֵׂנוּ וְאֵשׁ בָּהּ הִבְעִיר, כִּי בְּשִׁבְעָה עָשָׂר בְּתַמּוּז הָבְקְעָה הָעִיר. טָפַשׁ מִקְדָּשֵׁנוּ צַר הַמַּשְׁמִיד, וְנָטַל מֵחָתָן וְכַלָּה אֶצְעָדָה וְצָמִיד, יַעַן כְּעַסְנוּךָ נִתַּנּוּ לְהַשְׁמִיד, כִּי בְּשִׁבְעָה עָשָׂר בְּתַמּוּז בָּטֵל הַתָּמִיד. כָּלָה מֶנּוּ כָּל הוֹד וָשֶׁבַח, חָרְבוּ שָׁלַף אוֹיֵב עָלֵינוּ לָאֶבַח, לִהְיוֹת עוֹלָלִים וְיוֹנְקִים מוּכָנִים לַטֶּבַח, כִּי בְּשִׁבְעָה עָשָׂר בְּתַמּוּז בָּטְלוּ עוֹלָה וָזֶבַח. מָרַדְנוּ לְשׁוֹכֵן מְעוֹנוֹת, לָכֵן נִתְפַּזַּרְנוּ בְּכָל פִּנּוֹת, נֶהְפַּךְ מְחוֹלֵנוּ לְקִינוֹת, כִּי בְּשִׁבְעָה עָשָׂר בְּתַמּוּז בָּטְלוּ קָרְבָּנוֹת. סָרַרְנוּ לְפָנֶיךָ מֵרִיב לְשׁוֹנוֹת, לָכֵן לָמְדָה לְשׁוֹנֵנוּ לוֹמַר קִינוֹת, עֻזַּבְנוּ בְּלִי לְהִמָּנוֹת, כִּי בְּשִׁבְעָה עָשָׂר בְּתַמּוּז גָּרְמוּ לָנוּ עֲוֹנוֹת. פֻּזַּרְנוּ בְּלִי מְצוֹא רְוָחָה, לָכֵן רָבְתָה

se intensificaron, ¡Roca! Contempla cómo nuestras almas se postran a tierra, transfórmanos el diecisiete de Tamuz en un día de alegría y regocijo. Nos condujimos contigo con dura cerviz y por ello nuestras desgracias se multiplicaron, por ello fuimos entregados a la destrucción y la descomposición, contempla Señor y rescátanos de la desgracia, transfórmanos el diecisiete de Tamuz en un día de regocijo y alegría. ▸ Dirígete a nosotros, Tú que resides en lo alto, reúne a nuestros dispersos de los confines de la tierra, di a Sion que se levante, y el diecisiete de Tamuz se transformará para nosotros en día de salvación y consuelo.

אֵל מֶלֶךְ Dios, Rey que se sienta sobre el trono de la compasión y actúa con benevolencia. Perdona las iniquidades de Su pueblo haciéndolos pasar ante Él en orden. Es abundante en perdón para con los pecadores y los trasgresores. Hace justicia con toda carne y espíritu, no retribuyéndoles de acuerdo con sus malas acciones. ▸ Dios, Tú nos enseñaste a recitar los trece atributos, recuerda hoy para nosotros el pacto de los trece atributos, tal como en tiempos pretéritos revelaste al humilde (Moshé), como está escrito: "Y el Señor descendió en una *Éx. 34*
nube y se paró allí junto a él, y proclamó el Nombre del Señor:

Primero la congregación y luego el oficiante:

Y el Señor pasó ante él (Moshé) y proclamó: *Éx. 34*

Todos recitan en voz alta:

יהוה Señor, Señor, compasivo y benevolente, tardo en la ira, abundante en generosidad y verdad, prodiga Su benevolencia por miles de generaciones, perdona la iniquidad, la rebelión y el pecado y perdona (a quienes retornan). Perdona nuestra iniquidad y nuestro pecado, tómanos por Tu heredad.

Continúa:

סְלַח לָנוּ Perdónanos, Padre nuestro, pues hemos pecado. Discúlpanos, Rey nuestro por haber transgredido. Pues Tú Señor, eres bueno, perdonas y eres *Sal. 86*
generoso en benevolencia para con todos los que Te invocan.

Dios, no guardes silencio, no estés callado ni quedo, Dios. Pues Tus enemigos *Sal. 83*
braman, quienes Te odian han alzado su cabeza. Dios de la retribución, Señor, *Sal. 94*
Dios de la retribución, ¡manifiéstate!

כְּרַחֵם Tal como un padre se apiada de sus hijos,
de igual manera apiádate Señor de nosotros.
La salvación proviene del Señor, que Tu bendición sea sobre Tu pueblo. ¡Sela! *Sal. 3*
El Señor de las Huestes Celestiales es con nosotros, *Sal. 46*
el Dios de Ya'akov es nuestra fortaleza, ¡Sela!
Señor de las Huestes Celestiales, feliz del hombre que confía en Ti. *Sal. 84*
El Señor salva, el Rey nos responderá en el día que Le invoquemos. *Sal. 20*

בָּנוּ אֲנָחָה, צוּר רְאֵה נַפְשֵׁנוּ כִּי שָׁחָה, וְשִׁבְעָה עָשָׂר בְּתַמּוּז הֲפָךְ לָנוּ לְשָׂשׂוֹן וּלְשִׂמְחָה. קִשִּׁינוּ עֹרֶף וְרָבְתָה בָּנוּ אָסוֹן, לָכֵן נִתַּנּוּ לִמְשִׁסָּה וְרִפְשׁוֹן, רְאֵה יהוה וְחַלְּצֵנוּ מֵאָסוֹן, וְשִׁבְעָה עָשָׂר בְּתַמּוּז הֲפָךְ לָנוּ לְשִׂמְחָה וּלְשָׂשׂוֹן. ‹ שְׁעֵנוּ שׁוֹכֵן רוּמָה, וְקַבֵּץ נְפוּצוֹתֵינוּ מִקַּצְווֹת אֲדָמָה, תֹּאמַר לְצִיּוֹן קוּמָה, וְשִׁבְעָה עָשָׂר בְּתַמּוּז הֲפָךְ לָנוּ לְיוֹם יְשׁוּעָה וְנֶחָמָה.

אֵל מֶלֶךְ יוֹשֵׁב עַל כִּסֵּא רַחֲמִים, מִתְנַהֵג בַּחֲסִידוּת. מוֹחֵל עֲוֹנוֹת עַמּוֹ, מַעֲבִיר רִאשׁוֹן רִאשׁוֹן. מַרְבֶּה מְחִילָה לְחַטָּאִים, וּסְלִיחָה לְפוֹשְׁעִים. עֹשֶׂה צְדָקוֹת עִם כָּל בָּשָׂר וָרוּחַ, לֹא כְרָעָתָם תִּגְמֹל. ‹ אֵל, הוֹרֵיתָ לָּנוּ לוֹמַר שְׁלֹשׁ עֶשְׂרֵה, וּזְכֹר לָנוּ הַיּוֹם בְּרִית שְׁלֹשׁ עֶשְׂרֵה, כְּמוֹ שֶׁהוֹדַעְתָּ לֶעָנָו מִקֶּדֶם, כְּמוֹ שֶׁכָּתוּב: וַיֵּרֶד יהוה בֶּעָנָן, וַיִּתְיַצֵּב עִמּוֹ שָׁם, וַיִּקְרָא בְשֵׁם, יהוה: שמות לד

Primero el קהל *y luego el* שליח ציבור*:*

וַיַּעֲבֹר יהוה עַל־פָּנָיו וַיִּקְרָא שמות לד

Todos recitan en voz alta:

יהוה, יהוה, אֵל רַחוּם וְחַנּוּן, אֶרֶךְ אַפַּיִם, וְרַב־חֶסֶד וֶאֱמֶת: נֹצֵר חֶסֶד לָאֲלָפִים, נֹשֵׂא עָוֺן וָפֶשַׁע וְחַטָּאָה, וְנַקֵּה: וְסָלַחְתָּ לַעֲוֹנֵנוּ וּלְחַטָּאתֵנוּ, וּנְחַלְתָּנוּ:

Continúa:

סְלַח לָנוּ אָבִינוּ כִּי חָטָאנוּ, מְחַל לָנוּ מַלְכֵּנוּ כִּי פָשָׁעְנוּ. כִּי־אַתָּה אֲדֹנָי טוֹב וְסַלָּח, וְרַב־חֶסֶד לְכָל־קֹרְאֶיךָ: תהלים פו

אֱלֹהִים אַל־דֳּמִי־לָךְ, אַל־תֶּחֱרַשׁ וְאַל־תִּשְׁקֹט אֵל: כִּי־הִנֵּה אוֹיְבֶיךָ יֶהֱמָיוּן, תהלים פג
וּמְשַׂנְאֶיךָ נָשְׂאוּ רֹאשׁ: אֵל־נְקָמוֹת יהוה, אֵל נְקָמוֹת הוֹפִיעַ: תהלים צד

כְּרַחֵם אָב עַל בָּנִים, כֵּן תְּרַחֵם יהוה עָלֵינוּ.
לַיהוה הַיְשׁוּעָה, עַל־עַמְּךָ בִרְכָתֶךָ סֶּלָה: תהלים ג
יהוה צְבָאוֹת עִמָּנוּ, מִשְׂגָּב לָנוּ אֱלֹהֵי יַעֲקֹב סֶלָה: תהלים מו
יהוה צְבָאוֹת, אַשְׁרֵי אָדָם בֹּטֵחַ בָּךְ: תהלים פד
יהוה הוֹשִׁיעָה, הַמֶּלֶךְ יַעֲנֵנוּ בְיוֹם־קָרְאֵנוּ: תהלים כ

Dios nuestro y de nuestros ancestros:

אֶמְרַר Lloro amargamente por la Mano que se alzó dejando a Jerusalém en ruinas. Blasfemé en Su Casa, y traicioné a Dios con mis inacciones. La Divina Presencia se fugó y viajó diez tramos y ascendió al séptimo cielo. Dios me truncó, atormentó y me quemó en el mes cuarto (Tamuz). Cerró el tiempo por Él establecido, para quebrar a esos jóvenes, que eran como ramas que aún podían brotar. Nos disparó con Sus flechas sendas veces, nos derritió y nos debilitó, mientras las mujeres despreocupadas lloraban por Tamuz en el Templo. Me condenó y se tornó en mi enemigo, entonces, en el mes de Tamuz. Cinco trampas fueron colocadas ante mí, se anunció que las desgracias serían enviadas hacia mí. Esas personas me vencieron por mi impureza en el diecisiete de ese mes. Porque estaba atrapada como una novia miserable, infiel debajo de un plácido y próspero dosel nupcial de paz. No esperé a mi pastor seis horas y las Tablas de la Ley fueron quebradas. Fui alhajado de Su mano con joyas de fino oro las cuales fueron arrojadas por Su ira cuando me conduje inicuamente rumbo a mi propia ruina, y denunciaron mi fe. Me harté de continuar el servicio en Su Templo y de ofrendar sobre Su Altar y por ello se interrumpió el sacrificio proveniente de la sala de los corderos. El pueblo de Israel está deshecho, disperso, alterado y despreciable. Se asemeja a un barco sin capitán, a un bote a punto de hundirse. La has tomado por la cabeza por sus pecados, la has expuesto dos veces a lamentos y gemidos. Sus enemigos le hicieron la guerra en este día, y la ciudad fue destruida nuevamente. Fue enviada al exilio cual antílope al que nadie quiere dar refugio. Ellos afilaron sus lenguas, la tornaron una oveja y permitieron a todos tomar de su leche y su lana. Llora por los objetos preciosos con los cuales fue coronada: el Amado de sus ojos la eludió al quemar Apostomus la Torá. El necio maldijo a los oprimidos y quebrados y los hostigó; en este pueblo se cumplieron los castigos bíblicos de "serán devorados" y "ocultar ocultaré Mi Rostro". Cuando los ídolos fueron colocados en el Templo, Dios vengó la mano de uno de la mano del otro, un objeto desagradable consumido. Esto, en el momento en que se angustió por nosotros; porque fue puesta una imagen en el Santuario de Dios. Los hijos que otrora fueran los primeros y los privilegiados están hoy afligidos y torturados. Sus desgracias se sucedieron en cuestión de unos años, como si fuesen víctimas de las picaduras de las abejas y los escorpiones, y las naciones proclaman que perdimos toda esperanza en la profunda oscuridad de la noche del exilio. ▸ Dios celoso, en virtud de que contienes Tu ira para con aquellos que Te incitan, los has tornado satisfechos y suculentos. Eleva a quienes aún Te aguardan, permíteles pararse firmes por siempre, como si hubiesen sido plantados, o amorosamente tallados. En los días de ayuno la paz y la verdad son labradas, que se transformen para siempre en tiempos de alegría y regocijo, que se tornen festividades.

אֵל מֶלֶךְ Dios, Rey que se sienta sobre el trono de la compasión y actúa con benevolencia. Perdona las iniquidades de Su pueblo haciéndolos pasar ante Él en orden. Es abundante en perdón para con los pecadores y los trasgresores. Hace justicia con toda carne y espíritu, no retribuyéndoles de acuerdo con sus malas acciones. ▸ Dios, Tú nos enseñaste a recitar los trece atributos, recuerda hoy para nosotros el pacto de los trece atributos, tal como en tiempos pretéritos revelaste al humilde (Moshé), como está escrito: "Y el Señor descendió en una nube y se paró allí junto a él, y proclamó el Nombre del Señor: *Éx. 34*

Primero la congregación y luego el oficiante:

Y el Señor pasó ante él (Moshé) y proclamó: *Éx. 34*

אֱלֹהֵינוּ וֵאלֹהֵי אֲבוֹתֵינוּ

אֱמֹרֵר בִּבְכִי מִפְּנֵי יַד שְׁלוּחָה בִּעִי. בְּנֹאֲצִי בְּתוֹךְ בֵּיתוֹ בְּבִגְדֵי וְקָבְעִי. גָּח וּבָרַח וְנָסַע עֶשֶׂר וְעָלָה לַשְּׁבִיעִי. דִּמַּנִי הֶצִּיקַנִי הִשִּׁיקַנִי בְּחֹדֶשׁ הָרְבִיעִי. הֵבִיא מוֹעֵד בִּמְלֹאתוֹ לִשְׁבֹּר בַּחוּרֵי גִּמּוּז. וְרִבָּה בוֹ פְּעָמִים בְּמִסְמוּס וּמִזְמוּז. זְבוּלוֹ כְּשֶׁר שֶׁאֲנָנוֹת מְבַכּוֹת אֶת הַתַּמּוּז. חִיבְּנִי וְאִיבְּנִי אֲזַי בְּיֶרַח תַּמּוּז. טָמְנוּ פַּחִים חֲמִשָּׁה בְּמִקְרָא תְּלָאוֹת מְשֻׁלָּחוֹת. יְכָלוּ לִי בְּשִׁבְעָה עָשָׂר בּוֹ בַּאֲלִיחוֹת. כִּי נוֹקַשְׁתִּי כְּכַלָּה עֲלוּבָה בְּחֻפַּת שַׁלְוָה וְהַצְלָחוֹת. לְרוֹעִי לֹא הִמְתַּנְתִּי שֵׁשׁ, וְנִשְׁתַּבְּרוּ הַלֻּחוֹת. מִיָּדוֹ עֲדִיתִי חֲלִי כֶתֶם, אֶצְעָדָה וְצָמִיד. נִגְּרוֹת בְּיוֹם אַפּוֹ, כְּשִׁחַתִּי דְּרָכַי לְהַשְׁמִיד. סֵדֶר עֲבוֹדָתוֹ וְקִיץ מִזְבְּחוֹ קָצְתִּי לְהַעֲמִיד. עַל כֵּן מִלִּשְׁכַּת הַטְּלָאִים בֻּטַּל הַתָּמִיד. פּוֹר הִתְפּוֹרְרָה וְנִתְפַּזְּרָה סֹעֲרָה עֲנִיָּה. צִי נִמְשְׁלָה מִבְּלִי חוֹבֵל, וְנִטְרְפָה כָּאֳנִיָּה. קַחְתָּהּ בְּחַטָּאתָהּ בְּרֹאשָׁהּ, וּבְכֶפֶל תַּאֲנִיָּה וַאֲנִיָּה. רִיבּוּהָ צָרֶיהָ כְּהַיּוֹם, וְהָבְקְעָה הָעִיר בַּשְּׁנִיָּה. שִׁלְּחָה כִּצְבִי מֻדָּח מֵאֵין דּוֹרֵשׁ לְהַסְתִּירָה. שָׁנְנוּ לְשׁוֹנָם וּנְתָנוּהָ כְּשֶׁה, צְמֵרָהּ וַחֲלָבָהּ לְהַתִּירָה. תִּצְעַק עַל כְּלִי חֶמְדָּה שֶׁבּוֹ נִכְתָּרָה. תַּחְמוּד עֵינֶיהָ נִצַּל כְּשָׂרַף אַפּוֹסְטְמוּס הַתּוֹרָה. חֵרֵף עֲשׁוּקִים וּרְצוּצִים בַּעֲבוּר הַרְעִימָם סָכָל. יְרוּדִים בּוֹהֲיָה לֶאֱכֹל וּבְהַסְתֵּר פָּנִים מִלְּהִסְתַּכֵּל. יַד הִשְׁלִים מִכְּנַף שִׁקּוּצִים נֶאֱכָל. עֵת צָרָה כְּהִתְכַּנֵּס וְהָעֳמַד צֶלֶם בְּהֵיכָל. דְּוּוּיִם סְגוּפִים בָּנִים הֱיוּ מִקֶּדֶם רִאשׁוֹנִים. סְמוּכוֹת צָרוֹתֵיהֶם זוֹ לְזוֹ כַּמָּה שָׁנִים. לוֹקִים כַּאֲשֶׁר תַּעֲשֶׂינָה הַדְּבוֹרִים, וְהָעַקְרַבִּים שׁוֹנִים. הוֹגִים אָבַד שִׁבְרָם וּבָטֵל סִכּוּיִם בְּאִישׁוֹנִים. ‹ אֵל קַנָּא, בְּהִתְאַפֵּק בִּמְקַנְאֶיךָ דְּשֵׁנִים וְרַטֻבִּים. מְחַכִּים תְּקִים עוֹמְדִים לְעוֹלָמִים, כִּנְטִיעִים מְחֻטָּבִים בַּאֲהָבִים. הָאֱמֶת וְהַשָּׁלוֹם בְּצוֹמוֹת חֲטוּבִים. נֶצַח הֱיוֹתָם לְשִׂמְחָה וּלְשָׂשׂוֹן וּלְמוֹעֲדִים טוֹבִים.

אֵל מֶלֶךְ יוֹשֵׁב עַל כִּסֵּא רַחֲמִים, מִתְנַהֵג בַּחֲסִידוּת. מוֹחֵל עֲוֹנוֹת עַמּוֹ, מַעֲבִיר רִאשׁוֹן רִאשׁוֹן. מַרְבֶּה מְחִילָה לְחַטָּאִים, וּסְלִיחָה לְפוֹשְׁעִים. עֹשֶׂה צְדָקוֹת עִם כָּל בָּשָׂר וָרוּחַ, לֹא כְרָעָתָם תִּגְמֹל. ‹ אֵל, הוֹרֵיתָ לָּנוּ לוֹמַר שְׁלֹשׁ עֶשְׂרֵה, וּזְכָר לָנוּ הַיּוֹם בְּרִית שְׁלֹשׁ עֶשְׂרֵה, כְּמוֹ שֶׁהוֹדַעְתָּ לֶעָנָו מִקֶּדֶם, כְּמוֹ שֶׁכָּתוּב:

שמות לד וַיֵּרֶד יהוה בֶּעָנָן, וַיִּתְיַצֵּב עִמּוֹ שָׁם, וַיִּקְרָא בְשֵׁם, יהוה:

Primero el קהל *y luego el* שליח ציבור*:*

שמות לד וַיַּעֲבֹר יהוה עַל־פָּנָיו וַיִּקְרָא

Todos recitan en voz alta:

יהוה Señor, Señor, compasivo y benevolente, tardo en la ira, abundante en generosidad y verdad, prodiga Su benevolencia por miles de generaciones, perdona la iniquidad, la rebelión y el pecado y perdona (a quienes retornan). Perdona nuestra iniquidad y nuestro pecado, tómanos por Tu heredad.

Continúa:

סְלַח לָנוּ Perdónanos, Padre nuestro, pues hemos pecado. Discúlpanos, Rey
nuestro por haber transgredido. Pues Tú Señor, eres bueno, perdonas y eres *Sal. 86*
generoso en benevolencia para con todos los que Te invocan.

Lo siguiente se recita alternadamente:

Dirígete a este prisionero que fue entregado a manos de Babilonia y de Seir,
a Ti ha clamado todos estos años y suplicado como niño pequeño,
en el día en que el enemigo prevaleció y la muralla de la ciudad fue derribada.

Es así que me inclino y golpeo mis manos una con la otra
por el día en que las cinco calamidades me llevaron a la dispersión.
Por causa del becerro de oro las Tablas de la Ley me abandonaron.
La ofrenda permanente fue anulada y el enemigo me trajo encadenado.
Fue colocado un ídolo en el hermoso Santuario y fui privado de Su consejo,
cesó la ofrenda vegetal y el opresor incineró Tu Ley,
en el día en que el enemigo prevaleció y la muralla de la ciudad fue derribada.

Tiemblo tremendamente, estoy horrorizado,
a causa del día en el cual el Señor me empujó de Su lado,
y la serpiente del norte me barrió cual espiga.
La luz languideció y Sheshaj (Babilonia) me sacudió como a una bola,
el cazador extendió su mano, y también la cabra de Grecia y el velludo de Roma,
en el día en que el enemigo prevaleció y la muralla de la ciudad fue derribada.

Gloria de mi corazón y Fortaleza mía,
¿acaso Tu furia seguirá humeante para siempre?
¿Acaso no habrás de contemplar a este pueblo exhausto
que fue ennegrecido cual horno?
Repara la brecha de mi muralla por medio del hijo de Peretz (Mashíaj)
y de entre las espinas recoge el lirio.
Construye el Templo y devuélvenos a los límites del Monte Carmel y el Bashán.
Abre Tus ojos y véngate de Etzer y de Dishán.
Juzga a un pueblo que se ha tornado mudo,
y entonces aquél que destruyó y quemó pagará su merecido,
en el día en que el enemigo prevaleció y la muralla de la ciudad fue derribada.

Todos recitan en voz alta:

יהוה, יהוה, אֵל רַחוּם וְחַנּוּן, אֶרֶךְ אַפַּיִם, וְרַב־חֶסֶד וֶאֱמֶת: נֹצֵר חֶסֶד לָאֲלָפִים, נֹשֵׂא עָוֹן וָפֶשַׁע וְחַטָּאָה, וְנַקֵּה: וְסָלַחְתָּ לַעֲוֹנֵנוּ וּלְחַטָּאתֵנוּ, וּנְחַלְתָּנוּ:

Continúa:

סְלַח לָנוּ אָבִינוּ כִּי חָטָאנוּ, מְחַל לָנוּ מַלְכֵּנוּ כִּי פָשָׁעְנוּ. כִּי־אַתָּה אֲדֹנָי טוֹב תהלים פו
וְסַלָּח, וְרַב־חֶסֶד לְכָל־קֹרְאֶיךָ:

Lo siguiente se recita alternadamente:

שְׁעֵה נֶאֱסָר, אֲשֶׁר נִמְסַר, בְּיַד בָּבֶל וְגַם שֵׂעִיר.
לְךָ יֶהֱמֶה, זֶה כַּמֶּה, וְיִתְחַנֵּן כְּבֶן צָעִיר.
יוֹם גָּבַר הָאוֹיֵב וַתִּבָּקַע הָעִיר.

לְזֹאת אִכַּף, וְאֶסְפֹּק כַּף, בְּיוֹם חֲמִשָּׁה פִּזְרוּנִי.
וְעַל רֶגֶל הָעֵגֶל, הַלֻּחוֹת יְצָאוּנִי.
וְגַם הִשְׁמִיד הַתָּמִיד, וּבַסּוּגַר הֱבִיאָנִי.
וְהוּשַׂם אֱלִיל בְּהֵיכַל כְּלִיל, וּמֵעֲצָתוֹ כְּלָאָנִי.
וְהַמִּנְחָה הוּנָחָה, וְדָתְךָ, צָר בָּאֵשׁ הִבְעִיר.
יוֹם גָּבַר הָאוֹיֵב וַתִּבָּקַע הָעִיר.

מְאֹד אֶתְחַל, וְאֶתְחַלְחַל, בְּיוֹם שַׁדַּי דְּחָפָנִי.
וְהַשְּׁפִיפוֹן מִצָּפוֹן, כְּשִׁבֹּלֶת שְׁטָפָנִי.
מְאוֹר חָשַׁךְ, וְגַם שֵׁשַׁךְ, כְּמוֹ כַדּוּר צְנָפָנִי.
וְהַצַּיָּד שָׁלַח יָד, וְהַצָּפִיר וְהַשָּׂעִיר.
יוֹם גָּבַר הָאוֹיֵב וַתִּבָּקַע הָעִיר.

הוֹד לִבִּי וּמִשְׂגַּבִּי, הֲלָעַד אַפְּךָ יֶעְשַׁן.
הֲלֹא תִרְאֶה עַם נִלְאֶה, אֲשֶׁר הָשְׁחַר כְּמוֹ כִבְשָׁן.
גְּדֹר פִּרְצִי בְּבֶן פַּרְצִי, וּמֵחֶדֶק לְקֹט שׁוֹשָׁן.
בְּנֵה בֵּית זְבוּל, וְהָשֵׁב גְּבוּל הַכַּרְמֶל וְהַבָּשָׁן.
וְעַיִן פְּקַח, וְנָקָם קַח מֵאֵצֶר וּמִדִּישָׁן.
שְׁפֹט אִלֵּם, וְאָז יְשַׁלֵּם הַמַּבְעֶה וְהַמַּבְעִיר.
יוֹם גָּבַר הָאוֹיֵב וַתִּבָּקַע הָעִיר.

Todos los días continúa:

אֵל מֶלֶךְ Dios, Rey que se sienta sobre el trono de la compasión y actúa con benevolencia. Perdona las iniquidades de Su pueblo haciéndolos pasar ante Él en orden. Es abundante en perdón para con los pecadores y los trasgresores. Hace justicia con toda carne y espíritu, no retribuyéndoles de acuerdo con sus malas acciones. ▸ Dios, Tú nos enseñaste a recitar los trece atributos, recuerda hoy para nosotros el pacto de los trece atributos, tal como en tiempos pretéritos revelaste al humilde (Moshé), como está escrito: "Y el Señor descendió en una nube y se paró allí junto a él, y proclamó el Nombre del Señor: *Éx. 34*

Primero la congregación y luego el oficiante:

Y el Señor pasó ante él (Moshé) y proclamó: *Éx. 34*

Todos recitan en voz alta:

יהוה Señor, Señor, compasivo y benevolente, tardo en la ira, abundante en generosidad y verdad, prodiga Su benevolencia por miles de generaciones, perdona la iniquidad, la rebelión y el pecado y perdona (a quienes retornan). Perdona nuestra iniquidad y nuestro pecado, tómanos por Tu heredad.

Continúa:

סְלַח לָנוּ Perdónanos, Padre nuestro, pues hemos pecado. Discúlpanos, Rey nuestro por haber transgredido. Pues Tú Señor, eres bueno, perdonas y eres generoso en benevolencia para con todos los que Te invocan. *Sal. 86*

זְכֹר Recuerda Señor Tu compasión y Tu benevolencia pues desde siempre han existido. Recuérdanos Señor para el bien de Tu pueblo, redímenos con Tu salvación. *Sal. 25*

זְכֹר Recuerda a Tu congregación, aquella que has adquirido hace ya mucho tiempo, la tribu de Tu heredad que has redimido y el Monte de Sion en el cual has residido. *Sal. 74*

זְכֹר Recuerda Señor el cariño a Jerusalém, el amor a Sion no olvides jamás. Tú te alzarás y tendrás compasión de Sion pues el momento ha llegado. *Sal. 102*

זְכֹר Recuerda Señor lo que hicieron los edomitas, el día que cayó Jerusalém, cuando decían: "Derribadla, derribadla hasta los cimientos". *Sal. 137*

זְכֹר Recuerda a Tus siervos Abraham, Ytzjak e Israel, a quienes juraste en Tu Nombre y les dijiste: "Multiplicaré vuestra simiente como las estrellas del firmamento, y toda esta tierra que os dije entregaré a vuestros descendientes y la heredarán por siempre". *Éx. 32*

זְכֹר Recuerdas a Tus siervos Abraham, Ytzjak y Ya'akov, no te fijes en la necedad de este pueblo, ni su maldad ni su iniquidad. *Deut. 9*

Todos los días continúa:

אֵל מֶלֶךְ יוֹשֵׁב עַל כִּסֵּא רַחֲמִים, מִתְנַהֵג בַּחֲסִידוּת. מוֹחֵל עֲוֹנוֹת עַמּוֹ, מַעֲבִיר רִאשׁוֹן רִאשׁוֹן. מַרְבֶּה מְחִילָה לְחַטָּאִים, וּסְלִיחָה לְפוֹשְׁעִים. עֹשֶׂה צְדָקוֹת עִם כָּל בָּשָׂר וָרְוּחַ, לֹא כְרָעָתָם תִּגְמֹל. ‹ אֵל, הוֹרֵיתָ לָּנוּ לוֹמַר שְׁלֹשׁ עֶשְׂרֵה, וּזְכָר לָנוּ הַיּוֹם בְּרִית שְׁלֹשׁ עֶשְׂרֵה, כְּמוֹ שֶׁהוֹדַעְתָּ לֶעָנָו מִקֶּדֶם, כְּמוֹ שֶׁכָּתוּב: וַיֵּרֶד יהוה בֶּעָנָן, וַיִּתְיַצֵּב עִמּוֹ שָׁם, וַיִּקְרָא בְשֵׁם, יהוה: שמות לד

Primero el קהל *y luego el* שליח ציבור*:*

וַיַּעֲבֹר יהוה עַל־פָּנָיו וַיִּקְרָא שמות לד

Todos recitan en voz alta:

יהוה, יהוה, אֵל רַחוּם וְחַנּוּן, אֶרֶךְ אַפַּיִם, וְרַב־חֶסֶד וֶאֱמֶת: נֹצֵר חֶסֶד לָאֲלָפִים, נֹשֵׂא עָוֹן וָפֶשַׁע וְחַטָּאָה, וְנַקֵּה: וְסָלַחְתָּ לַעֲוֹנֵנוּ וּלְחַטָּאתֵנוּ, וּנְחַלְתָּנוּ:

Continúa:

סְלַח לָנוּ אָבִינוּ כִּי חָטָאנוּ, מְחַל לָנוּ מַלְכֵּנוּ כִּי פָשָׁעְנוּ. כִּי־אַתָּה אֲדֹנָי טוֹב וְסַלָּח, וְרַב־חֶסֶד לְכָל־קֹרְאֶיךָ: תהלים פו

זְכֹר־רַחֲמֶיךָ יהוה וַחֲסָדֶיךָ, כִּי מֵעוֹלָם הֵמָּה: תהלים כה

זָכְרֵנוּ יהוה בִּרְצוֹן עַמֶּךָ, פָּקְדֵנוּ בִּישׁוּעָתֶךָ.

זְכֹר עֲדָתְךָ קָנִיתָ קֶּדֶם, גָּאַלְתָּ שֵׁבֶט נַחֲלָתֶךָ תהלים עד

הַר־צִיּוֹן זֶה שָׁכַנְתָּ בּוֹ:

זְכֹר יהוה חִבַּת יְרוּשָׁלָיִם, אַהֲבַת צִיּוֹן אַל תִּשְׁכַּח לָנֶצַח.

אַתָּה תָקוּם תְּרַחֵם צִיּוֹן, כִּי־עֵת לְחֶנְנָהּ, כִּי־בָא מוֹעֵד: תהלים קב

זְכֹר יהוה לִבְנֵי אֱדוֹם אֵת יוֹם יְרוּשָׁלָיִם תהלים קלז

הָאוֹמְרִים עָרוּ עָרוּ, עַד הַיְסוֹד בָּהּ:

זְכֹר לְאַבְרָהָם לְיִצְחָק וּלְיִשְׂרָאֵל עֲבָדֶיךָ, אֲשֶׁר נִשְׁבַּעְתָּ לָהֶם בָּךְ שמות לב

וַתְּדַבֵּר אֲלֵהֶם, אַרְבֶּה אֶת־זַרְעֲכֶם כְּכוֹכְבֵי הַשָּׁמָיִם

וְכָל־הָאָרֶץ הַזֹּאת אֲשֶׁר אָמַרְתִּי אֶתֵּן לְזַרְעֲכֶם, וְנָחֲלוּ לְעֹלָם:

זְכֹר לַעֲבָדֶיךָ לְאַבְרָהָם לְיִצְחָק וּלְיַעֲקֹב דברים ט

אַל־תֵּפֶן אֶל־קְשִׁי הָעָם הַזֶּה וְאֶל־רִשְׁעוֹ וְאֶל־חַטָּאתוֹ:

אַל־נָא Por favor, no sostengas en nuestra contra las trasgresiones que hemos cometido tan neciamente y los pecado cometidos. *Núm. 12*

Hemos pecado nuestra Roca, perdónanos nuestro Creador.

Algunos suelen recitar lo siguiente alternadamente
(todos continúan en "Recuerda el pacto" en la página siguiente).

אֵל נָא Dios, por favor, cura la enfermedad de esta vid productiva,
que se avergüenza profundamente y su fruto es miserable.
Redímela de la destrucción y de cualquier herida expuesta.
Respóndenos tal como le respondiste a Abraham nuestro patriarca
en el Monte Moriá.

Hemos pecado nuestra Roca, perdónanos nuestro Creador.

Que las banderas del pueblo redimido por medio de Tu brazo manifiesto,
puedan librarse de toda pestilencia y no sean cercenadas.
Responde a nuestro llamado y anhela la obra de Tus manos,
respóndenos tal como le respondiste a nuestros ancestros
en el Mar de los Juncos.

Hemos pecado nuestra Roca, perdónanos nuestro Creador.

Revela hoy el mérito de Abraham y Sará,
la roca de la cual fuimos tallados,
Sálvanos de la furia y condúcenos por una senda recta.
Limpia nuestras impurezas
y abre nuestros ojos a la luminaria de Tu Torá,
respóndenos tal como le respondiste a Yehoshúa en Guilgal.

Hemos pecado nuestra Roca, perdónanos nuestro Creador.

Señor, contempla las cenizas del amarrado (Ytzjak),
y haz florecer para nosotros un remedio.
Pon fin al saqueo y al quebrantamiento, a la tempestad y a la tormenta,
enséñanos y haznos más sabios con Tu Palabra Pura y Perfecta.
Respóndenos tal como le respondiste a Shmuel en Mitzpá.

Hemos pecado nuestra Roca, perdónanos nuestro Creador.

No permitas que se sequen las raíces de aquél
que nació íntegro desde el vientre materno.
Límpianos de toda mancha e impureza y no permitas que marchitemos.
Ayúdanos y nos redimiremos y recibiremos Tus sendas de bondad.
Respóndenos como le respondiste a Eliahu en el Monte Carmel.

Hemos pecado nuestra Roca, perdónanos nuestro Creador.

אַל־נָא תָשֵׁת עָלֵינוּ חַטָּאת אֲשֶׁר נוֹאַלְנוּ וַאֲשֶׁר חָטָאנוּ: במדבר יב
חָטָאנוּ צוּרֵנוּ, סְלַח לָנוּ יוֹצְרֵנוּ.

Algunos suelen recitar lo siguiente alternadamente
(todos continúan en זְכָר לָנוּ בְּרִית *en la página siguiente).*

אֵל נָא, רְפָא נָא תַּחֲלוּאֵי גֶּפֶן פּוֹרִיָּה
בּוֹשָׁה וְחָפְרָה, וְאֻמְלַל פִּרְיָהּ
גְּאָלֶנָּה מִשַּׁחַת וּמִמַּכָּה טְרִיָּה.
עֲנֵנוּ כְּשֶׁעָנִיתָ לְאַבְרָהָם אָבִינוּ בְּהַר הַמּוֹרִיָּה.
חָטָאנוּ צוּרֵנוּ, סְלַח לָנוּ יוֹצְרֵנוּ.

דְּגָלֵי עָם, פְּדוּיֵי בִּזְרוֹעַ חָשׂוּף
הַצֵּל מִנֶּגֶף וְאַל יִהְיוּ לִשְׁסּוּף
וְתַעֲנֶה קְרִיאָתֵנוּ וּלְמַעֲשֵׂה יָדֶיךָ תִּכְסֹף
עֲנֵנוּ כְּשֶׁעָנִיתָ לַאֲבוֹתֵינוּ עַל יַם סוּף.
חָטָאנוּ צוּרֵנוּ, סְלַח לָנוּ יוֹצְרֵנוּ.

זְכוּת צוּר חֻצַּב הַיּוֹם לָנוּ תְגַל
חָשְׂכֵנוּ מֵאֶנֶף וּנְחֵנוּ בְּיֹשֶׁר מַעְגָּל
טַהֵר טֻמְאָתֵנוּ וְלִמְאוֹר תּוֹרָתְךָ עֵינֵינוּ גַל
עֲנֵנוּ כְּשֶׁעָנִיתָ לִיהוֹשֻׁעַ בַּגִּלְגָּל.
חָטָאנוּ צוּרֵנוּ, סְלַח לָנוּ יוֹצְרֵנוּ.

יָהּ, רְאֵה דֶשֶׁן עָקוּד, וְהַצְמַח לָנוּ תְרוּפָה
כַּלֵּה שֹׁד וָשֶׁבֶר, סַעַר וְסוּפָה
לַמְּדֵנוּ וְחַכְּמֵנוּ אִמְרָתְךָ הַצְּרוּפָה
עֲנֵנוּ כְּשֶׁעָנִיתָ לִשְׁמוּאֵל בַּמִּצְפָּה.
חָטָאנוּ צוּרֵנוּ, סְלַח לָנוּ יוֹצְרֵנוּ.

מְתַמֵּם מְרַחֵם, שָׁרָשָׁיו אַל תְּקַמֵּל
נַקֵּנוּ מִכֶּתֶם וְשֶׁמֶץ, וְלֹא נֶאֱמַל
סְעָדֵנוּ וְנִוָּשֵׁעָה, וְאָרְחוֹת חֲסָדֶיךָ נִגָּמֵל
עֲנֵנוּ כְּשֶׁעָנִיתָ לְאֵלִיָּהוּ בְּהַר הַכַּרְמֶל.
חָטָאנוּ צוּרֵנוּ, סְלַח לָנוּ יוֹצְרֵנוּ.

Aliéntanos por medio del justo que fue extraído del agua
y expió nuestras iniquidades y necedades.
Redímenos del pavor de la muerte y no habremos de retroceder.
Ordena nuestra salvación y no permitas
que nos consumamos en nuestras iniquidades.
Respóndenos tal como le respondiste a Jonás en el interior del pez.
Hemos pecado nuestra Roca, perdónanos nuestro Creador.

Recuerda la santidad de uno de Tus piadosos de bello andar,
despierta Tu compasión porque estamos doblemente afectados.
Haznos volver a temerte reverencialmente y no nos dejes expuestos.
Respóndenos tal como le respondiste a David y Shelomó en Jerusalém.
Hemos pecado nuestra Roca, perdónanos nuestro Creador.

En el ayuno de Ester se agrega:
Responde a quienes Te llaman, escucha desde Tu morada.
Oye el clamor de quienes Te imploran,
Tú que estás atento a los menesterosos.
Compadécete de Tus hijos como lo hace un padre.
Respóndenos tal como lo hiciste con Mordejai y Ester,
y colgaron en un cadalso de cincuenta codos de altura
al padre junto con los hijos.
Hemos pecado nuestra Roca, perdónanos nuestro Creador.

Todos continúan:

זְכֹר Recuerda el pacto de nuestros ancestros cuando dijiste:
"Yo les recordaré Mi pacto con Ya'akov, *Lev. 26*
y Mi pacto con Ytzjak y hasta Mi pacto con Abraham habré de recordar
y la tierra habrá de recordar".

זְכֹר Recuerda el pacto que estableciste con los precursores, cuando dijiste:
"Y les recordaré el pacto que establecí con los primeros, *Lev. 26*
a quienes saqué de la tierra de Egipto ante los ojos de las naciones
para ser su Dios, Yo Soy el Señor".

עֲשֵׂה Actúa con nosotros tal como nos has prometido: "Incluso estando en tierra de sus enemigos no los rechacé ni los detesté al punto de destruirlos, ni anulé Mi pacto con ellos, pues Yo Soy el Señor su Dios. Regresa a nuestros dispersos y ten compasión de nosotros, tal como está escrito: "Y el Señor regresará a tus dispersos y tendrá compasión de ti, y volverá a reunirte de todos *Lev. 26* *Deut. 30*

עוֹדְדֵנוּ בְּצֶדֶק מָשׁוּי מִמַּיִם, וְכַפֵּר זָדוֹן וּמְשׁוּגָה
פְּדֵנוּ מִמְּהוּמַת מָוֶת, וְאָחוֹר בַּל נִסּוֹגָה
צַוֵּה יְשׁוּעָתֵנוּ, וּבַעֲוֹנוֹתֵינוּ אַל נִתְמוֹגְגָה
עֲנֵנוּ כְּשֶׁעָנִיתָ לְיוֹנָה בִּמְעֵי הַדָּגָה.
חָטָאנוּ צוּרֵנוּ, סְלַח לָנוּ יוֹצְרֵנוּ.

קִדַּשְׁתָּ אִישׁ חֲסִידֶךָ זְכֹר לְיִפַת פַּעֲמַיִם
רַחֲמֶיךָ תְּעוֹרֵר כִּי לָקִינוּ בְּכִפְלַיִם
שׁוּבֵנוּ תֹּקֶף לְיִרְאָתֶךָ וְלֹא נֶחְשַׁף שׁוּלַיִם
עֲנֵנוּ כְּשֶׁעָנִיתָ לְדָוִד וְלִשְׁלֹמֹה בְנוֹ בִּירוּשָׁלָיִם.
חָטָאנוּ צוּרֵנוּ, סְלַח לָנוּ יוֹצְרֵנוּ.

En el תענית אסתר *se agrega:*

תַּעֲנֶה לְקוֹרְאֶיךָ, וְהַסְכֵּת מִמְּעוֹנִים
תִּשְׁמַע שַׁוְעַת צוֹעֲקֶיךָ, שׁוֹמֵעַ אֶל אֶבְיוֹנִים
תְּרַחֵם עַל בָּנֶיךָ כְּרַחֵם אָב עַל בָּנִים
עֲנֵנוּ כְּמוֹ שֶׁעָנִיתָ לְמָרְדֳּכַי וְאֶסְתֵּר
וְתָלוּ עַל עֵץ־חֲמִשִּׁים הָאָב עִם בָּנִים.
חָטָאנוּ צוּרֵנוּ, סְלַח לָנוּ יוֹצְרֵנוּ.

Todos continúan:

זְכָר לָנוּ בְּרִית אָבוֹת כַּאֲשֶׁר אָמַרְתָּ: וְזָכַרְתִּי אֶת־בְּרִיתִי יַעֲקוֹב ויקרא כו
וְאַף אֶת־בְּרִיתִי יִצְחָק וְאַף אֶת־בְּרִיתִי אַבְרָהָם אֶזְכֹּר
וְהָאָרֶץ אֶזְכֹּר:
זְכָר לָנוּ בְּרִית רִאשׁוֹנִים כַּאֲשֶׁר אָמַרְתָּ: וְזָכַרְתִּי לָהֶם בְּרִית רִאשֹׁנִים ויקרא כו
אֲשֶׁר הוֹצֵאתִי־אֹתָם מֵאֶרֶץ מִצְרַיִם לְעֵינֵי הַגּוֹיִם
לִהְיוֹת לָהֶם לֵאלֹהִים, אֲנִי יהוה:

עֲשֵׂה עִמָּנוּ כְּמָה שֶׁהִבְטַחְתָּנוּ: וְאַף גַּם־זֹאת בִּהְיוֹתָם בְּאֶרֶץ אֹיְבֵיהֶם, ויקרא כו
לֹא־מְאַסְתִּים וְלֹא־גְעַלְתִּים לְכַלֹּתָם, לְהָפֵר בְּרִיתִי אִתָּם, כִּי אֲנִי יהוה
אֱלֹהֵיהֶם: הָשֵׁב שְׁבוּתֵנוּ וְרַחֲמֵנוּ כְּמָה שֶׁכָּתוּב: וְשָׁב יהוה אֱלֹהֶיךָ אֶת־ דברים ל

los pueblos entre los que te dispersó. Reúne a nuestras dispersiones, tal como está escrito: "Si tus dispersos se encuentran al final del cielo de allí te reunirá *Deut. 30* el Señor y de allí te tomará". Borra nuestras trasgresiones tal cual se disipan las nubes, tal como está escrito: "Borré tus trasgresiones y tus pecados cual *Is. 44* nube. Retorna a Mí porque te he redimido". Borra nuestras trasgresiones por Tu causa, tal como dijiste: "Yo, Yo Soy aquél que borra tus trasgresiones por Mi *Is. 43* causa, y no recordaré tus pecados". Blanquea nuestros pecados como la nieve y como la lana, tal como está escrito: "Id y cercioraos, dijo el Señor, si vuestros *Is. 1* pecados serán rojos como la escarlata, se tornarán blancos como la nieve; si habrán de enrojecerse como el carmesí, serán como la lana". Derrama sobre nosotros aguas puras y purifícanos tal como está escrito: "Y derramaré sobre *Ezeq. 43* vosotros aguas puras y os purificaré, de todas vuestras impurezas y toda vuestra idolatría os purificaré". Ten compasión de nosotros y no nos destruyas, tal como está escrito: "Pues el Señor tu Dios es compasivo, no dejará de sostenerte ni *Deut. 4* te destruirá y no habrá de olvidar el pacto que estableció con tus ancestros tal como les juró a ellos". Circuncida nuestros corazones para que amemos Tu Nombre, tal como está escrito: "Y el Señor tu Dios quitará el prepucio de tu *Deut. 30* corazón y del corazón de tu simiente, para que ames al Señor tu Dios con todo tu corazón y toda tu alma en pos de tu vida". Permítenos encontrarte cuando Te busquemos, tal como está escrito: "Y buscaréis allí al Señor tu Dios y lo *Deut. 4* encontrarás, pues lo habrás de procurar con todo tu corazón y todo toda tu alma". Tráenos a Tu Monte Sagrado, tal como está escrito: "Y los traeré a Mi *Is. 56* Monte Sagrado y los regocijaré en Mi Casa de Oración, sus ofrendas y sus sacrificios serán aceptados sobre Mi altar, pues Mi Casa será Casa de Oración para todas las naciones".

Se abre el Arca Sagrada. Lo que sigue hasta ▸ se recita alternadamente versículo por versículo:

שְׁמַע קוֹלֵנוּ Escucha nuestra voz Señor, Dios nuestro, perdónanos y apiádate de nosotros y acepta con compasión y buena Voluntad nuestra plegaria. Señor, haznos retornar a Ti y retornaremos, renueva nuestros días como *Lam. 5* antaño. No nos arrojes de delante de Ti y no nos quites Tu espíritu de Santidad. No nos abandones en tiempos de la vejez, cuando desfallezcan nuestras fuerzas no nos abandones. ◂ No nos abandones Señor, Dios nuestro, no te alejes de nosotros. Danos una buena señal y los que nos odian lo verán y se avergonzarán, pues Tú Señor nos has ayudado y consolado. Escucha nuestro decir, presta atención a nuestras palabras. Que las palabras de nuestras bocas y la meditación de nuestros corazones hallen favor ante Ti Señor, nuestra Fortaleza y nuestro Redentor. Porque a Ti Señor Te hemos anhelado, Tú nos responderás Señor Dios nuestro.

Se cierra el Arca Sagrada.

שְׁבוּתְךָ וְרִחֲמֶךָ, וְשָׁב וְקִבֶּצְךָ מִכָּל־הָעַמִּים אֲשֶׁר הֱפִיצְךָ יהוה אֱלֹהֶיךָ
שָׁמָּה: קַבֵּץ נִדָּחֵינוּ כְּמָה שֶׁכָּתוּב: אִם־יִהְיֶה נִדַּחֲךָ בִּקְצֵה הַשָּׁמָיִם, מִשָּׁם דברים ל
יְקַבֶּצְךָ יהוה אֱלֹהֶיךָ וּמִשָּׁם יִקָּחֶךָ: מְחֵה פְשָׁעֵינוּ כָּעָב וְכֶעָנָן כְּמָה
שֶׁכָּתוּב: מָחִיתִי כָעָב פְּשָׁעֶיךָ וְכֶעָנָן חַטֹּאותֶיךָ, שׁוּבָה אֵלַי כִּי גְאַלְתִּיךָ: ישעיה מד
מְחֵה פְשָׁעֵינוּ לְמַעַנְךָ כַּאֲשֶׁר אָמַרְתָּ: אָנֹכִי אָנֹכִי הוּא מֹחֶה פְשָׁעֶיךָ ישעיה מג
לְמַעֲנִי, וְחַטֹּאתֶיךָ לֹא אֶזְכֹּר: הַלְבֵּן חֲטָאֵינוּ כַּשֶּׁלֶג וְכַצֶּמֶר כְּמָה שֶׁכָּתוּב:
לְכוּ־נָא וְנִוָּכְחָה יֹאמַר יהוה, אִם־יִהְיוּ חֲטָאֵיכֶם כַּשָּׁנִים כַּשֶּׁלֶג יַלְבִּינוּ, ישעיה א
אִם־יַאְדִּימוּ כַתּוֹלָע כַּצֶּמֶר יִהְיוּ: זְרֹק עָלֵינוּ מַיִם טְהוֹרִים וְטַהֲרֵנוּ כְּמָה
שֶׁכָּתוּב: וְזָרַקְתִּי עֲלֵיכֶם מַיִם טְהוֹרִים וּטְהַרְתֶּם, מִכֹּל טֻמְאוֹתֵיכֶם וּמִכָּל־ יחזקאל לו
גִּלּוּלֵיכֶם אֲטַהֵר אֶתְכֶם: רַחֵם עָלֵינוּ וְאַל תַּשְׁחִיתֵנוּ כְּמָה שֶׁכָּתוּב: כִּי דברים ד
אֵל רַחוּם יהוה אֱלֹהֶיךָ, לֹא יַרְפְּךָ וְלֹא יַשְׁחִיתֶךָ, וְלֹא יִשְׁכַּח אֶת־בְּרִית
אֲבוֹתֶיךָ אֲשֶׁר נִשְׁבַּע לָהֶם: מוֹל אֶת לְבָבֵנוּ לְאַהֲבָה אֶת שְׁמֶךָ כְּמָה
שֶׁכָּתוּב: וּמָל יהוה אֱלֹהֶיךָ אֶת־לְבָבְךָ וְאֶת־לְבַב זַרְעֶךָ, לְאַהֲבָה אֶת־ דברים ל
יהוה אֱלֹהֶיךָ בְּכָל־לְבָבְךָ וּבְכָל־נַפְשְׁךָ, לְמַעַן חַיֶּיךָ: הִמָּצֵא לָנוּ בְּבַקָּשָׁתֵנוּ
כְּמָה שֶׁכָּתוּב: וּבִקַּשְׁתֶּם מִשָּׁם אֶת־יהוה אֱלֹהֶיךָ וּמָצָאתָ, כִּי תִדְרְשֶׁנּוּ דברים ד
בְּכָל־לְבָבְךָ וּבְכָל־נַפְשֶׁךָ: תְּבִיאֵנוּ אֶל הַר קָדְשֶׁךָ וְשַׂמְּחֵנוּ בְּבֵית תְּפִלָּתֶךָ
כְּמָה שֶׁכָּתוּב: וַהֲבִיאוֹתִים אֶל־הַר קָדְשִׁי וְשִׂמַּחְתִּים בְּבֵית תְּפִלָּתִי, ישעיה נו
עוֹלֹתֵיהֶם וְזִבְחֵיהֶם לְרָצוֹן עַל־מִזְבְּחִי, כִּי בֵיתִי בֵּית־תְּפִלָּה יִקָּרֵא לְכָל־
הָעַמִּים:

Se abre el ארון קודש*. Lo que sigue hasta ‣ se recita alternadamente versículo por versículo:*

שְׁמַע קוֹלֵנוּ, יהוה אֱלֹהֵינוּ, חוּס וְרַחֵם עָלֵינוּ וְקַבֵּל בְּרַחֲמִים וּבְרָצוֹן אֶת
תְּפִלָּתֵנוּ. הֲשִׁיבֵנוּ יהוה אֵלֶיךָ וְנָשׁוּבָה, חַדֵּשׁ יָמֵינוּ כְּקֶדֶם: אַל תַּשְׁלִיכֵנוּ איכה ה
מִלְּפָנֶיךָ, וְרוּחַ קָדְשְׁךָ אַל תִּקַּח מִמֶּנּוּ. אַל תַּשְׁלִיכֵנוּ לְעֵת זִקְנָה, כִּכְלוֹת
כֹּחֵנוּ אַל תַּעַזְבֵנוּ. ‣ אַל תַּעַזְבֵנוּ יהוה, אֱלֹהֵינוּ אַל תִּרְחַק מִמֶּנּוּ. עֲשֵׂה
עִמָּנוּ אוֹת לְטוֹבָה, וְיִרְאוּ שׂוֹנְאֵינוּ וְיֵבֹשׁוּ, כִּי אַתָּה יהוה עֲזַרְתָּנוּ וְנִחַמְתָּנוּ.
אֲמָרֵינוּ הַאֲזִינָה יהוה, בִּינָה הֲגִיגֵנוּ. יִהְיוּ לְרָצוֹן אִמְרֵי פִינוּ וְהֶגְיוֹן לִבֵּנוּ
לְפָנֶיךָ, יהוה צוּרֵנוּ וְגוֹאֲלֵנוּ. כִּי לְךָ יהוה הוֹחָלְנוּ, אַתָּה תַעֲנֶה אֲדֹנָי אֱלֹהֵינוּ.

Se cierra el ארון קודש.

CONFESIÓN

אֱלֹהֵינוּ Dios nuestro y de nuestros ancestros,
que nuestra plegaria llegue ante Ti, y no ignores nuestra súplica,
pues no somos tan arrogantes ni obstinados como para decir delante de Ti
SEÑOR, nuestro Dios y de nuestros antepasados,
somos justos y no hemos pecado,
mas en verdad, nosotros y nuestros ancestros hemos pecado.

En cada expresión golpear el lado izquierdo del pecho:

אָשַׁמְנוּ Hemos sido culpables, hemos actuado traicioneramente, hemos robado, hemos calumniado. Hemos actuado perversamente, hemos causado maldad, hemos pecado premeditadamente, hemos actuado con violencia, hemos acusado en falso. Dimos malos consejos, mentimos, nos mofamos, nos hemos rebelado, hemos provocado, hemos desobedecido, hemos cometido iniquidad, hemos transgredido, hemos perseguido, hemos sido obstinados. Hemos actuado alevosamente, hemos corrompido, hemos actuado en forma abominable, nos hemos desviado y hemos llevado a otros por mal camino.

סַרְנוּ Nos hemos apartado de Tus preceptos y de Tus buenas sentencias, pero *Neh. 9*
de nada nos ha servido. Pero Tú eres justo en todo lo que nos ha sobrevenido, pues Tú actuaste con Verdad mientras que nosotros hicimos el mal.

הִרְשַׁעְנוּ Hemos causado maldad y hemos transgredido por ello no fuimos salvados. Concede a nuestros corazones el abandonar el camino del mal, envíanos
prontamente la salvación, como ha sido escrito por Tu profeta: "Abandone el *Is. 55*
malvado su camino y el inicuo sus planes, y retorne al SEÑOR que lo habrá de perdonar en abundancia".

מְשִׁיחַ Tu justo ungido dijo ante Ti: ¿Quién puede discernir los errores? *Sal. 19*
Límpiame de los yerros ocultos. Límpianos SEÑOR, nuestro Dios de todas nuestras transgresiones y purifícanos de todas nuestras impurezas y arroja sobre nosotros aguas puras y purifícanos, tal como fue escrito por Tus profe-
tas: "Y arrojaré sobre vosotros aguas puras y os purificaré, de todas vuestras *Ezeq. 36*
impurezas y toda vuestra idolatría os purificaré". Tu pueblo y Tu heredad están hambrientos de Tu bien, sedientos de Tu benevolencia, deseosos de Tu salvación. Reconocerán y sabrán que la compasión y el perdón pertenecen al SEÑOR nuestro Dios.

En días en los que no se recita Tajanún (tales como la mañana de un Brit Milá o cuando un novio está presente) se continúa con Avinu Malkenu en la página 138 seguido de Medio Kadish (página 156).

וידוי

אֱלֹהֵֽינוּ וֵאלֹהֵי אֲבוֹתֵֽינוּ

תָּבֹא לְפָנֶֽיךָ תְּפִלָּתֵֽנוּ, וְאַל תִּתְעַלַּם מִתְּחִנָּתֵֽנוּ.

שֶׁאֵין אָֽנוּ עַזֵּי פָנִים וּקְשֵׁי עֹֽרֶף לוֹמַר לְפָנֶֽיךָ

יהוה אֱלֹהֵֽינוּ וֵאלֹהֵי אֲבוֹתֵֽינוּ, צַדִּיקִים אֲנַֽחְנוּ וְלֹא חָטָֽאנוּ.

אֲבָל אֲנַֽחְנוּ וַאֲבוֹתֵֽינוּ חָטָֽאנוּ.

En cada expresión golpear el lado izquierdo del pecho:

אָשַֽׁמְנוּ, בָּגַֽדְנוּ, גָּזַֽלְנוּ, דִּבַּֽרְנוּ דֹֽפִי. הֶעֱוִֽינוּ, וְהִרְשַֽׁעְנוּ, זַֽדְנוּ, חָמַֽסְנוּ, טָפַֽלְנוּ שֶֽׁקֶר. יָעַֽצְנוּ רָע, כִּזַּֽבְנוּ, לַֽצְנוּ, מָרַֽדְנוּ, נִאַֽצְנוּ, סָרַֽרְנוּ, עָוִֽינוּ, פָּשַֽׁעְנוּ, צָרַֽרְנוּ, קִשִּֽׁינוּ עֹֽרֶף. רָשַֽׁעְנוּ, שִׁחַֽתְנוּ, תִּעַֽבְנוּ, תָּעִֽינוּ, תִּעְתָּֽעְנוּ.

סַֽרְנוּ מִמִּצְוֹתֶֽיךָ וּמִמִּשְׁפָּטֶֽיךָ הַטּוֹבִים, וְלֹא שָֽׁוָה לָֽנוּ. וְאַתָּה צַדִּיק עַל נחמיה ט
כָּל־הַבָּא עָלֵֽינוּ, כִּי־אֱמֶת עָשִֽׂיתָ וַאֲנַֽחְנוּ הִרְשָֽׁעְנוּ.

הִרְשַֽׁעְנוּ וּפָשַֽׁעְנוּ לָכֵן לֹא נוֹשָֽׁעְנוּ. וְתֵן בְּלִבֵּֽנוּ לַעֲזֹב דֶּֽרֶךְ רֶֽשַׁע, וְחִישׁ לָֽנוּ יֶֽשַׁע, כַּכָּתוּב עַל יַד נְבִיאֶֽךָ: יַעֲזֹב רָשָׁע דַּרְכּוֹ וְאִישׁ אָֽוֶן מַחְשְׁבֹתָיו, ישעיה נה
וְיָשֹׁב אֶל־יהוה וִירַחֲמֵֽהוּ וְאֶל־אֱלֹהֵֽינוּ כִּי־יַרְבֶּה לִסְלֽוֹחַ:

מְשִֽׁיחַ צִדְקֶֽךָ אָמַר לְפָנֶֽיךָ: שְׁגִיאוֹת מִי־יָבִין, מִנִּסְתָּרוֹת נַקֵּֽנִי: נַקֵּֽנוּ תהלים יט
יהוה אֱלֹהֵֽינוּ מִכָּל פְּשָׁעֵֽינוּ וְטַהֲרֵֽנוּ מִכָּל טֻמְאוֹתֵֽינוּ וּזְרֹק עָלֵֽינוּ מַֽיִם
טְהוֹרִים וְטַהֲרֵֽנוּ, כַּכָּתוּב עַל יַד נְבִיאֶֽךָ: וְזָרַקְתִּי עֲלֵיכֶם מַֽיִם טְהוֹרִים יחזקאל לו
וּטְהַרְתֶּם, מִכֹּל טֻמְאוֹתֵיכֶם וּמִכָּל־גִּלּוּלֵיכֶם אֲטַהֵר אֶתְכֶם: עַמְּךָ וְנַחֲלָתְךָ רְעֵבֵי טוּבְךָ, צְמֵאֵי חַסְדְּךָ, תְּאֵבֵי יִשְׁעֶֽךָ. יַכִּֽירוּ וְיֵדְעוּ, כִּי לַיהוה אֱלֹהֵֽינוּ הָרַחֲמִים וְהַסְּלִיחוֹת.

En días en los que no se recita תחנון *(tales como la mañana de un* ברית מילה *o cuando un* חתן *está presente) se continúa con* אבינו מלכנו *en la página 139 seguido de* חצי קדיש *(página 157).*

אֵל רַחוּם Dios Compasivo es Tu Nombre. Dios Piadoso es Tu Nombre. Somos llamados en Tu Nombre. Señor, obra en aras de Tu Nombre. Obra en aras de Tu verdad. Obra en aras de Tu pacto. Obra en aras de Tu grandeza y Tu esplendor. Obra en aras de Tu ley. Obra en aras de Tu majestad. Obra en aras de Tu promesa. Obra en aras de Tu recuerdo. Obra en aras de Tu generosidad. Obran en aras de Tu bondad. Obra en aras de Tu unicidad. Obra en aras de Tu gloria. Obra en aras de Tu sabiduría. Obra en aras de Tu reino. Obra en aras de Tu eternidad. Obra en aras de Tu misterio. Obra en aras de Tu poder. Obra en aras de Tu magnificencia. Obra en aras de Tu justicia. Obra en aras de Tu santidad. Obra en aras de Tu abundante compasión. Obra en aras de Tu Divina Presencia. Obra en aras de Tu alabanza. Obra en aras de aquellos que Te aman y yacen en la tierra. Obran en aras de Abraham, Ytzjak y Ya'akov. Obra en aras de Moshé y Aharón. Obra en aras de David y Shelomó. Obra en aras de Jersualém la ciudad de Tu santidad. Obra en aras de Sion el recinto de Tu Gloria. Obra en aras de las ruinas de Tu Santuario. Obra en aras de las ruinas de Tu altar. Obra en aras de aquellos que murieron santificando Tu Nombre. Obra en aras de aquellos asesinados por Tu unicidad. Obra en aras de aquellos que pasaron por fuego y por agua para santificar Tu Nombre. Obra en aras de los lactantes que no han pecado. Obra en aras de los destetados que no han trasgredido. Obra en aras de los niños en edad escolar. Obra en aras de Ti si no en aras de nosotros. Obra en aras de Ti y sálvanos.

עֲנֵנוּ Respóndenos, Señor, respóndenos. Respóndenos, Dios nuestro, respóndenos. Respóndenos, padre nuestro, respóndenos. Respóndenos, nuestro Creador, respóndenos. Respóndenos, nuestro redentor, respóndenos. Respóndenos, Tú que nos procuras, respóndenos. Respóndenos, Dios fidedigno, respóndenos. Respóndenos, Tú que eres pretérito y bondadoso, respóndenos. Respóndenos prístino y recto, respóndenos. Respóndenos Tú que vives y existes, respóndenos. Respóndenos Tú que eres bueno y prodigas el bien, respóndenos. Respóndenos Tú que conoces el instinto, respóndenos. Respóndenos Tú que aplacas la ira, respóndenos. Respóndenos Tú que invistes justicia, respóndenos. Respóndenos, Rey de Reyes, respóndenos. Respóndenos, Tú que eres reverenciado y sublime, respóndenos. Respóndenos, Tú que perdonas y disculpas, respóndenos. Respóndenos, Tú que atiendes a quien a Ti acude en momento de desgracia, respóndenos. Respóndenos, Tú que liberas y salvas, respóndenos. Respóndenos Tú que eres justo y recto, respóndenos. Respóndenos, Tú que estás próximo a quien te clama, respóndenos. Respóndenos, Tú que eres compasivo y piadoso, respóndenos. Respóndenos, Tú que escuchas a los menesterosos, respóndenos. Respóndenos, Tú que apoyas a los íntegros, respóndenos. Respóndenos, Dios de nuestros ancestros, respóndenos. Respóndenos, Dios de Abraham, respóndenos. Respóndenos, Temor de Ytzjak, respóndenos. Respóndenos, Divinidad de Ya'akov, respóndenos. Respóndenos, Tú que ayudas a las tribus de Israel, respóndenos. Respóndenos, Fortaleza de las matriarcas, respóndenos. Respóndenos, Tú que eres lento en enojar, respóndenos. Respóndenos, Tú que eres rápido en apaciguarte, respóndenos. Respóndenos, Tú que respondes en los momentos de buena voluntad, respóndenos. Respóndenos, Padre de los Huérfanos, respóndenos. Respóndenos, Defensor de las Viudas, respóndenos.

אֵל רַחוּם שְׁמֶךָ. אֵל חַנּוּן שְׁמֶךָ. בָּנוּ נִקְרָא שְׁמֶךָ. יהוה עֲשֵׂה לְמַעַן שְׁמֶךָ. עֲשֵׂה לְמַעַן אֲמִתָּךְ. עֲשֵׂה לְמַעַן בְּרִיתָךְ. עֲשֵׂה לְמַעַן גָּדְלָךְ וְתִפְאַרְתָּךְ. עֲשֵׂה לְמַעַן דָּתָךְ. עֲשֵׂה לְמַעַן הוֹדָךְ. עֲשֵׂה לְמַעַן וְעוּדָךְ. עֲשֵׂה לְמַעַן זִכְרָךְ. עֲשֵׂה לְמַעַן חַסְדָּךְ. עֲשֵׂה לְמַעַן טוּבָךְ. עֲשֵׂה לְמַעַן יִחוּדָךְ. עֲשֵׂה לְמַעַן כְּבוֹדָךְ. עֲשֵׂה לְמַעַן לִמּוּדָךְ. עֲשֵׂה לְמַעַן מַלְכוּתָךְ. עֲשֵׂה לְמַעַן נִצְחָךְ. עֲשֵׂה לְמַעַן סוֹדָךְ. עֲשֵׂה לְמַעַן עֻזָּךְ. עֲשֵׂה לְמַעַן פְּאֵרָךְ. עֲשֵׂה לְמַעַן צִדְקָתָךְ. עֲשֵׂה לְמַעַן קְדֻשָּׁתָךְ. עֲשֵׂה לְמַעַן רַחֲמֶיךָ הָרַבִּים. עֲשֵׂה לְמַעַן שְׁכִינָתָךְ. עֲשֵׂה לְמַעַן תְּהִלָּתָךְ. עֲשֵׂה לְמַעַן אוֹהֲבֶיךָ שׁוֹכְנֵי עָפָר. עֲשֵׂה לְמַעַן אַבְרָהָם יִצְחָק וְיַעֲקֹב. עֲשֵׂה לְמַעַן מֹשֶׁה וְאַהֲרֹן. עֲשֵׂה לְמַעַן דָּוִד וּשְׁלֹמֹה. עֲשֵׂה לְמַעַן יְרוּשָׁלַיִם עִיר קָדְשֶׁךָ. עֲשֵׂה לְמַעַן צִיּוֹן מִשְׁכַּן כְּבוֹדֶךָ. עֲשֵׂה לְמַעַן שִׁמְמוֹת הֵיכָלֶךָ. עֲשֵׂה לְמַעַן הֲרִיסוּת מִזְבְּחֶךָ. עֲשֵׂה לְמַעַן הֲרוּגִים עַל שֵׁם קָדְשֶׁךָ. עֲשֵׂה לְמַעַן טְבוּחִים עַל יִחוּדֶךָ. עֲשֵׂה לְמַעַן בָּאֵי בָאֵשׁ וּבַמַּיִם עַל קִדּוּשׁ שְׁמֶךָ. עֲשֵׂה לְמַעַן יוֹנְקֵי שָׁדַיִם שֶׁלֹּא חָטְאוּ. עֲשֵׂה לְמַעַן גְּמוּלֵי חָלָב שֶׁלֹּא פָשְׁעוּ. עֲשֵׂה לְמַעַן תִּינוֹקוֹת שֶׁל בֵּית רַבָּן. עֲשֵׂה לְמַעַנְךָ אִם לֹא לְמַעֲנֵנוּ. עֲשֵׂה לְמַעַנְךָ וְהוֹשִׁיעֵנוּ.

עֲנֵנוּ יהוה עֲנֵנוּ. עֲנֵנוּ אֱלֹהֵינוּ עֲנֵנוּ. עֲנֵנוּ אָבִינוּ עֲנֵנוּ. עֲנֵנוּ בּוֹרְאֵנוּ עֲנֵנוּ. עֲנֵנוּ גּוֹאֲלֵנוּ עֲנֵנוּ. עֲנֵנוּ דּוֹרְשֵׁנוּ עֲנֵנוּ. עֲנֵנוּ הָאֵל הַנֶּאֱמָן עֲנֵנוּ. עֲנֵנוּ וָתִיק וְחָסִיד עֲנֵנוּ. עֲנֵנוּ זַךְ וְיָשָׁר עֲנֵנוּ. עֲנֵנוּ חַי וְקַיָּם עֲנֵנוּ. עֲנֵנוּ טוֹב וּמֵטִיב עֲנֵנוּ. עֲנֵנוּ יוֹדֵעַ יֵצֶר עֲנֵנוּ. עֲנֵנוּ כּוֹבֵשׁ כְּעָסִים עֲנֵנוּ. עֲנֵנוּ לוֹבֵשׁ צְדָקוֹת עֲנֵנוּ. עֲנֵנוּ מֶלֶךְ מַלְכֵי הַמְּלָכִים עֲנֵנוּ. עֲנֵנוּ נוֹרָא וְנִשְׂגָּב עֲנֵנוּ. עֲנֵנוּ סוֹלֵחַ וּמוֹחֵל עֲנֵנוּ. עֲנֵנוּ עוֹנֶה בְּעֵת צָרָה עֲנֵנוּ. עֲנֵנוּ פּוֹדֶה וּמַצִּיל עֲנֵנוּ. עֲנֵנוּ צַדִּיק וְיָשָׁר עֲנֵנוּ. עֲנֵנוּ קָרוֹב לְקוֹרְאָיו עֲנֵנוּ. עֲנֵנוּ רַחוּם וְחַנּוּן עֲנֵנוּ. עֲנֵנוּ שׁוֹמֵעַ אֶל אֶבְיוֹנִים עֲנֵנוּ. עֲנֵנוּ תּוֹמֵךְ תְּמִימִים עֲנֵנוּ. עֲנֵנוּ אֱלֹהֵי אֲבוֹתֵינוּ עֲנֵנוּ. עֲנֵנוּ אֱלֹהֵי אַבְרָהָם עֲנֵנוּ. עֲנֵנוּ פַּחַד יִצְחָק עֲנֵנוּ. עֲנֵנוּ אֲבִיר יַעֲקֹב עֲנֵנוּ. עֲנֵנוּ עֶזְרַת הַשְּׁבָטִים עֲנֵנוּ. עֲנֵנוּ מִשְׂגַּב אִמָּהוֹת עֲנֵנוּ. עֲנֵנוּ קָשֶׁה לִכְעֹס עֲנֵנוּ. עֲנֵנוּ רַךְ לִרְצוֹת עֲנֵנוּ. עֲנֵנוּ עוֹנֶה בְּעֵת רָצוֹן עֲנֵנוּ. עֲנֵנוּ אֲבִי יְתוֹמִים עֲנֵנוּ. עֲנֵנוּ דַּיַּן אַלְמָנוֹת עֲנֵנוּ.

מִי שֶׁעָנָה Aquél que le respondió a Abraham en el Monte Moriá,
Él nos responderá.
Aquél que le respondió a Ytzjak cuando fue amarrado sobre el altar,
Él nos responderá.
Aquél que le respondió a Ya'akov en Beit El, Él nos responderá.
Aquél que le respondió a Yosef en la prisión, Él nos responderá.
Aquél que le respondió a nuestros ancestros en el Mar de los Juncos,
Él nos responderá.
Aquél que le respondió a Moshé en Jorev, Él nos responderá.
Aquél que le respondió a Aharón en el incidente de la pala de incienso,
Él nos responderá.
Aquél que le respondió a Pinjás al alzarse en el seno de la congregación,
Él nos responderá.
Aquél que le respondió a Yehoshúa en Guilgal, Él nos responderá.
Aquél que le respondió a Shmuel en Mitzpá, Él nos responderá.
Aquél que le respondió a David y a su hijo Shelomó en Jerusalém,
Él nos responderá.
Aquél que le respondió a Elías en el Monte Carmel, Él nos responderá.
Aquél que le respondió a Eliseo en Yerijó, Él nos responderá.
Aquél que le respondió a Jonás en las entrañas del pez, Él nos responderá.
Aquél que le respondió a Ezequías Rey de Yehudá, Él nos responderá.
Aquél que le respondió a Jananiá, Mishael y Azariá en el interior del horno,
Él nos responderá.
Aquél que le respondió a Mordejai y a Ester en Shushán la ciudad capital,
Él nos responderá.
Aquél que le respondió a Ezra en el exilio, Él nos responderá.
Aquél que les respondió a todos los justos, piadosos, íntegros y rectos,
Él nos responderá.

רַחֲמָנָא Dios compasivo, Tú que les respondes a los oprimidos, respóndenos.
Dios compasivo, Tú que les respondes a los corazones quebrados,
respóndenos.
Dios compasivo, Tú que le respondes a los de espíritu humilde,
respóndenos.
Dios compasivo, respóndenos.
Dios compasivo, apiádate; Dios compasivo, libera; Dios compasivo,
sálvanos.
Dios compasivo, ten compasión de nosotros, rápida y prontamente.

Continúa con "Avinu Malkenu" en la página 138.

מִי שֶׁעָנָה לְאַבְרָהָם אָבִינוּ בְּהַר הַמּוֹרִיָּה, הוּא יַעֲנֵנוּ.
מִי שֶׁעָנָה לְיִצְחָק בְּנוֹ כְּשֶׁנֶּעֱקַד עַל גַּבֵּי הַמִּזְבֵּחַ, הוּא יַעֲנֵנוּ.
מִי שֶׁעָנָה לְיַעֲקֹב בְּבֵית אֵל, הוּא יַעֲנֵנוּ.
מִי שֶׁעָנָה לְיוֹסֵף בְּבֵית הָאֲסוּרִים, הוּא יַעֲנֵנוּ.
מִי שֶׁעָנָה לַאֲבוֹתֵינוּ עַל יַם סוּף, הוּא יַעֲנֵנוּ.
מִי שֶׁעָנָה לְמשֶׁה בְּחוֹרֵב, הוּא יַעֲנֵנוּ.
מִי שֶׁעָנָה לְאַהֲרֹן בַּמַּחְתָּה, הוּא יַעֲנֵנוּ.
מִי שֶׁעָנָה לְפִינְחָס בְּקוּמוֹ מִתּוֹךְ הָעֵדָה, הוּא יַעֲנֵנוּ.
מִי שֶׁעָנָה לִיהוֹשֻׁעַ בַּגִּלְגָּל, הוּא יַעֲנֵנוּ.
מִי שֶׁעָנָה לִשְׁמוּאֵל בַּמִּצְפָּה, הוּא יַעֲנֵנוּ.
מִי שֶׁעָנָה לְדָוִד וּשְׁלֹמֹה בְנוֹ בִּירוּשָׁלָיִם, הוּא יַעֲנֵנוּ.
מִי שֶׁעָנָה לְאֵלִיָּהוּ בְּהַר הַכַּרְמֶל, הוּא יַעֲנֵנוּ.
מִי שֶׁעָנָה לֶאֱלִישָׁע בִּירִיחוֹ, הוּא יַעֲנֵנוּ.
מִי שֶׁעָנָה לְיוֹנָה בִּמְעֵי הַדָּגָה, הוּא יַעֲנֵנוּ.
מִי שֶׁעָנָה לְחִזְקִיָּהוּ מֶלֶךְ יְהוּדָה בְּחָלְיוֹ, הוּא יַעֲנֵנוּ.
מִי שֶׁעָנָה לַחֲנַנְיָה מִישָׁאֵל וַעֲזַרְיָה בְּתוֹךְ כִּבְשַׁן הָאֵשׁ, הוּא יַעֲנֵנוּ.
מִי שֶׁעָנָה לְדָנִיֵּאל בְּגוֹב הָאֲרָיוֹת, הוּא יַעֲנֵנוּ.
מִי שֶׁעָנָה לְמָרְדְּכַי וְאֶסְתֵּר בְּשׁוּשַׁן הַבִּירָה, הוּא יַעֲנֵנוּ.
מִי שֶׁעָנָה לְעֶזְרָא בַּגּוֹלָה, הוּא יַעֲנֵנוּ.
מִי שֶׁעָנָה לְכָל הַצַּדִּיקִים וְהַחֲסִידִים וְהַתְּמִימִים וְהַיְשָׁרִים, הוּא יַעֲנֵנוּ.

רַחֲמָנָא דְּעָנֵי לַעֲנִיֵּי עֲנֵינָן.
רַחֲמָנָא דְּעָנֵי לִתְבִירֵי לִבָּא עֲנֵינָן.
רַחֲמָנָא דְּעָנֵי לְמַכִּיכֵי רוּחָא עֲנֵינָן.
רַחֲמָנָא עֲנֵינָן.
רַחֲמָנָא חוּס, רַחֲמָנָא פְּרֽק, רַחֲמָנָא שֵׁיזִב.
רַחֲמָנָא רַחֵם עֲלָן, הַשְׁתָּא בַּעֲגָלָא וּבִזְמַן קָרִיב.

Continúa con אבינו מלכנו *en la página 139.*

ברכות

BENDICIONES

LA COMIDA Y SUS BENDICIONES

Respecto del lavado de manos previo a la ingestión de pan (ver leyes 409–413):

Bendito eres Tú Señor, nuestro Dios, Rey del universo,
que nos ha santificado con Sus preceptos
y nos ordenó el lavado de manos.

Antes de ingerir el pan:

Bendito eres Tú Señor, nuestro Dios, Rey del universo,
que extrae el pan de la tierra.

BIRKAT HAMAZÓN / EL AGRADECIMIENTO DESPUÉS DE LAS COMIDAS

En días en los que se recita Tajanún:

עַל־נַהֲרוֹת Junto a los ríos de Babilonia, allí nos sentábamos y allí llorábamos al recordar a Sion. Sobre los árboles de sauce colgábamos nuestras arpas. Pues allí nuestros captores nos exigían cantar y quienes nos afligían nos demandaban alegría: "Cantadnos alguno de los cánticos de Sion". ¿Cómo habremos de cantar el cántico del Señor sobre tierra extraña? Si te olvidare oh Jerusalém que mi diestra sea olvidada, se adhiera mi lengua a mi paladar si no te recordare, si no habré de elevar a Jerusalém por sobre toda mi alegría. Recuerda Señor a los hijos de Edom el día de Jerusalém, cuando decían: "Destruidla, destruidla hasta sus cimientos". Oh, hija de Babilonia (que serás) desolada, dichoso Aquel que te retribuya por lo que nos has infligido. Dichoso Aquel que tome y estrelle a tus infantes contra el peñasco. *Sal. 137*

En días en los cuales se omite el recitado del Tajanún (tales como Shabat o Yom Tov, ver lista completa en página 144):

שִׁיר הַמַּעֲלוֹת Cántico de las ascensiones. Cuando el Señor hizo retornar a los exilados de Sion parecíamos estar soñando. Entonces nuestras bocas se llenaron de alegría y nuestras lenguas de cánticos. Entonces dijeron las naciones: El Señor ha obrado grandemente con ellos. ¡El Señor ha obrado grandemente con nosotros! Y nos regocijamos. Haz retornar Señor a nuestros exilados como torrentes en el desierto del Neguev. Los que siembran con lágrimas cosecharán con cantos de alegría. Quien va cargando sus semillas con sollozos portará con cánticos sus gavillas. *Sal. 126*

---

de percibir un poder trascendente, las naciones, al igual que los individuos, finalmente decaen.

La forma original de agradecimiento consistía en tres bendiciones que secuencialmente van de lo universal a lo particular. En la primera agradecemos a Dios por dar sustento al mundo y a todos los seres vivos. La segunda es nacional: agradecemos a Dios por la tierra de Israel, así como por las demás

סדר סעודה וברכותיה

Respecto del lavado de manos previo a la ingestión de pan (ver leyes 409–413):

בָּרוּךְ אַתָּה יהוה אֱלֹהֵינוּ מֶלֶךְ הָעוֹלָם
אֲשֶׁר קִדְּשָׁנוּ בְּמִצְוֹתָיו וְצִוָּנוּ עַל נְטִילַת יָדָיִם.

Antes de ingerir el pan:

בָּרוּךְ אַתָּה יהוה אֱלֹהֵינוּ מֶלֶךְ הָעוֹלָם, הַמּוֹצִיא לֶחֶם מִן הָאָרֶץ.

ברכת המזון

En días en los que se recita תחנון*:*

עַל־נַהֲרוֹת בָּבֶל, שָׁם יָשַׁבְנוּ גַּם־בָּכִינוּ, בְּזָכְרֵנוּ אֶת־צִיּוֹן: עַל־עֲרָבִים בְּתוֹכָהּ תָּלִינוּ כִּנֹּרוֹתֵינוּ: כִּי שָׁם שְׁאֵלוּנוּ שׁוֹבֵינוּ דִּבְרֵי־שִׁיר וְתוֹלָלֵינוּ שִׂמְחָה, שִׁירוּ לָנוּ מִשִּׁיר צִיּוֹן: אֵיךְ נָשִׁיר אֶת־שִׁיר־יהוה עַל אַדְמַת נֵכָר: אִם־אֶשְׁכָּחֵךְ יְרוּשָׁלָםִ, תִּשְׁכַּח יְמִינִי: תִּדְבַּק לְשׁוֹנִי לְחִכִּי אִם־לֹא אֶזְכְּרֵכִי, אִם־לֹא אַעֲלֶה אֶת־יְרוּשָׁלַםִ עַל רֹאשׁ שִׂמְחָתִי: זְכֹר יהוה לִבְנֵי אֱדוֹם אֵת יוֹם יְרוּשָׁלָםִ, הָאֹמְרִים עָרוּ עָרוּ עַד הַיְסוֹד בָּהּ: בַּת־בָּבֶל הַשְּׁדוּדָה, אַשְׁרֵי שֶׁיְשַׁלֶּם־לָךְ אֶת־גְּמוּלֵךְ שֶׁגָּמַלְתְּ לָנוּ: אַשְׁרֵי שֶׁיֹּאחֵז, וְנִפֵּץ אֶת־עֹלָלַיִךְ אֶל־הַסָּלַע: תהלים קלז

En días en los cuales se omite el recitado de תחנון
(tales como שבת *o* יום טוב*, ver lista completa en página 145):*

שִׁיר הַמַּעֲלוֹת, בְּשׁוּב יהוה אֶת־שִׁיבַת צִיּוֹן, הָיִינוּ כְּחֹלְמִים: אָז יִמָּלֵא שְׂחוֹק פִּינוּ וּלְשׁוֹנֵנוּ רִנָּה, אָז יֹאמְרוּ בַגּוֹיִם הִגְדִּיל יהוה לַעֲשׂוֹת עִם־אֵלֶּה: הִגְדִּיל יהוה לַעֲשׂוֹת עִמָּנוּ, הָיִינוּ שְׂמֵחִים: שׁוּבָה יהוה אֶת־שְׁבִיתֵנוּ, כַּאֲפִיקִים בַּנֶּגֶב: הַזֹּרְעִים בְּדִמְעָה בְּרִנָּה יִקְצֹרוּ: הָלוֹךְ יֵלֵךְ וּבָכֹה נֹשֵׂא מֶשֶׁךְ־הַזָּרַע, בֹּא־יָבֹא בְרִנָּה נֹשֵׂא אֲלֻמֹּתָיו: תהלים קכו

BIRKAT HAMAZÓN / EL AGRADECIMIENTO DESPUÉS DE LAS COMIDAS

El agradecimiento tras haber comido fue específicamente preceptuado por la Torá: "Y comerás y te saciarás y bendecirás al Señor tu Dios sobre la tierra buena que te concedió" (Deuteronomio 8:10). Moshé enseñó a los hijos de Israel que el agradecimiento es una institución central en la vida judía, "no sea que se enorgullezca tu corazón, y te olvides del Señor tu Dios… y digas en tu corazón: 'Mi poder y la fuerza de mi mano me han traído esta riqueza'" (ibid. 14-17). En caso de estar privados de un sentido de gratitud y

Algunos dicen:

תְּהִלַּת Mi boca recitará la alabanza del Señor y todas las creaturas bendecirán *Sal. 125*
Su sagrado Nombre por siempre. Nosotros bendeciremos a Dios desde ahora *Sal. 115*
y por siempre, ¡Aleluyá! Agradeced al Señor porque es bueno, pues Su be- *Sal. 136*
nevolencia es eterna. ¿Quién puede relatar los poderosos actos del Señor y *Sal. 106*
hacer oír Su alabanza?

ZIMÚN / INVITACIÓN

Para el zimún que se recita en una boda o durante la semana de las Sheva Berajot, ver página 1102. En un Brit Milá ver página 1080. En la casa de un doliente cuando hay tres o más hombres, ver página 1128.

Cuando tres o más hombres recitan juntos Birkat HaMazón se recita el siguiente zimún. Cuando tres o más mujeres recitan Birkat HaMazón se dice "Amigas mías" en vez de "Señores míos". Quien dirige el recitado del Birkat HaMazón debe pedir permiso de quienes tienen precedencia sobre él para hacerlo.

Oficiante: Señores míos, bendigamos.

Los demás: Que el Nombre del Señor sea bendito desde hoy y para siempre. *Sal. 113*

Oficiante: Que el Nombre del Señor sea bendito desde hoy y para siempre.
Con el permiso (de mi padre y maestro / mi madre y maestra /
de los cohanim presentes / nuestro maestro el Rabino /
el dueño de esta casa / la dueña de esa casa)
de mis Señores y maestros,
bendigamos (*en presencia de minián:* a nuestro Dios)
que comimos de lo Suyo.

Los demás: Bendito es (*en presencia de minián:* nuestro Dios)
que comimos de lo Suyo y de Su bondad vivimos.

**Personas presentes que no participaron de la comida dicen:*
*Bendito es (*en presencia de minián:* nuestro Dios) Su Nombre
por siempre y por toda la eternidad.

Oficiante: Bendito es (*en presencia de minián:* nuestro Dios)
que comimos de lo Suyo y de Su bondad vivimos.
Bendito Él y bendito Su Nombre.

---

invitación formal para agradecer, el zimún. El Talmud lo deriva del versículo: "Exaltad al Señor conmigo, y ensalcemos juntos Su Nombre" (Salmos 34:4). Una versión levemente más extensa se emplea cuando hay al menos diez personas presentes. El acto de invitar a sumarse al agradecimiento es similar al de la recitación del "Barjú", "Bendecid al Señor", con el cual inician los servicios tanto matutino como nocturno. El zimún pone énfasis en el carácter

Algunos dicen:

תְּהִלַּת יהוה יְדַבֶּר פִּי, וִיבָרֵךְ כׇּל־בָּשָׂר שֵׁם קׇדְשׁוֹ לְעוֹלָם וָעֶד: וַאֲנַחְנוּ תהלים קמה תהלים קטו
נְבָרֵךְ יָהּ מֵעַתָּה וְעַד־עוֹלָם, הַלְלוּיָהּ: הוֹדוּ לַיהוה כִּי־טוֹב, כִּי לְעוֹלָם תהלים קלו
חַסְדּוֹ: מִי יְמַלֵּל גְּבוּרוֹת יהוה, יַשְׁמִיעַ כׇּל־תְּהִלָּתוֹ: תהלים קו

סדר הזימון

Para el זימון *que se recita en una boda o durante la semana de las* שבע ברכות*, ver página 1101.*
En un ברית *ver página 1081. En la* בית אבל *cuando hay tres o más hombres, ver página 1129.*

Cuando tres o más hombres recitan juntos ברכת המזון *se recita el siguiente* זימון*.*
Cuando tres o más mujeres recitan ברכת המזון *se dice* חֲבֵרוֹתַי *en vez de* רַבּוֹתַי*.*
Quien dirige el recitado del ברכת המזון *debe pedir permiso de quienes tienen precedencia sobre él para hacerlo.*

Oficiante רַבּוֹתַי, נְבָרֵךְ.

Los demás יְהִי שֵׁם יהוה מְבֹרָךְ מֵעַתָּה וְעַד־עוֹלָם: תהלים קיג

Oficiante יְהִי שֵׁם יהוה מְבֹרָךְ מֵעַתָּה וְעַד־עוֹלָם:
בִּרְשׁוּת (אָבִי מוֹרִי / אִמִּי מוֹרָתִי / כֹּהֲנִים / מוֹרֵנוּ הָרַב / בַּעַל הַבַּיִת הַזֶּה / בַּעֲלַת הַבַּיִת הַזֶּה)
מָרָנָן וְרַבָּנָן וְרַבּוֹתַי
נְבָרֵךְ (במנין: אֱלֹהֵינוּ) שֶׁאָכַלְנוּ מִשֶּׁלּוֹ.

Los demás בָּרוּךְ (במנין: אֱלֹהֵינוּ) שֶׁאָכַלְנוּ מִשֶּׁלּוֹ וּבְטוּבוֹ חָיִינוּ.

**Personas presentes que no participaron de la comida dicen:*
*בָּרוּךְ (במנין: אֱלֹהֵינוּ) וּמְבֹרָךְ שְׁמוֹ תָּמִיד לְעוֹלָם וָעֶד.

Oficiante בָּרוּךְ (במנין: אֱלֹהֵינוּ) שֶׁאָכַלְנוּ מִשֶּׁלּוֹ וּבְטוּבוֹ חָיִינוּ.
בָּרוּךְ הוּא וּבָרוּךְ שְׁמוֹ.

---

bendiciones de la vida judía: el pacto y su señal, la circuncisión, y la Torá. La tercera se dirige a Jerusalém. El cuarto párrafo es una adición posterior: según el Talmud (*Berajot* 48B) se agregó tras la rebelión de Bar Kojba en el año 135 e.c. Con el correr del tiempo se ha extendido considerablemente.

ZIMÚN / INVITACIÓN

Una comida de la que participan tres varones adultos requiere de una

BENDICIÓN POR EL ALIMENTO

בָּרוּךְ Bendito eres Tú Señor, nuestro Dios, Rey del universo,
que alimenta al mundo todo con Su bondad,
con gracia, generosidad y compasión.
Él da alimento a todo ser vivo
pues Su benevolencia es eterna.
Y en Su gran bondad nunca nos faltó
y que nunca nos falte alimento en aras de Su gran Nombre,
pues Él nutre y da sustento a todos, y beneficia a todos
y prepara alimento para todas Sus creaturas.
Bendito eres Tú Señor que alimentas a todos.

BENDICIÓN POR LA TIERRA

נוֹדֶה Te agradecemos Señor, nuestro Dios,
por haber dado en heredad a nuestros ancestros
una tierra deseable, buena y espaciosa;
y por habernos sacado de la tierra de Egipto,
y habernos liberado de la casa de la esclavitud,
y por Tu pacto que sellaste en nuestra carne
y por Tu Torá que nos has enseñado
y por Tus leyes que nos has hecho conocer
y por la vida, la gracia y la bondad con la que nos has prodigado
y por la ingestión del alimento con el cual Tú nos nutres
y mantienes siempre,
todos los días, en todo instante y a toda hora.

---

banquete nupcial, (2) un banquete posterior a una circuncisión, y (3) una comida en la casa de un doliente.

נוֹדֶה *Te agradecemos:* Tras agradecer a Dios por la tierra, el párrafo continúa agradeciendo por otras bondades que dispensó el Eterno a Israel: el éxodo de Egipto, el pacto y su señal, la circuncisión, la entrega de la Torá y los preceptos. En Janucá y Purim se dice aquí *Al Hanisim* (["Te agradecemos también] por los milagros"), tal como en la Amidá en el párrafo paralelo de *Modim* ("Te agradecemos").

ברכת הזן

בָּרוּךְ אַתָּה יהוה אֱלֹהֵינוּ מֶלֶךְ הָעוֹלָם
הַזָּן אֶת הָעוֹלָם כֻּלּוֹ בְּטוּבוֹ
בְּחֵן בְּחֶסֶד וּבְרַחֲמִים
הוּא נוֹתֵן לֶחֶם לְכָל בָּשָׂר
כִּי לְעוֹלָם חַסְדּוֹ.
וּבְטוּבוֹ הַגָּדוֹל, תָּמִיד לֹא חָסַר לָנוּ
וְאַל יֶחְסַר לָנוּ מָזוֹן לְעוֹלָם וָעֶד
בַּעֲבוּר שְׁמוֹ הַגָּדוֹל.
כִּי הוּא אֵל זָן וּמְפַרְנֵס לַכֹּל וּמֵטִיב לַכֹּל
וּמֵכִין מָזוֹן לְכָל בְּרִיּוֹתָיו אֲשֶׁר בָּרָא.
בָּרוּךְ אַתָּה יהוה, הַזָּן אֶת הַכֹּל.

ברכת הארץ

נוֹדֶה לְךָ, יהוה אֱלֹהֵינוּ
עַל שֶׁהִנְחַלְתָּ לַאֲבוֹתֵינוּ אֶרֶץ חֶמְדָּה טוֹבָה וּרְחָבָה
וְעַל שֶׁהוֹצֵאתָנוּ יהוה אֱלֹהֵינוּ מֵאֶרֶץ מִצְרַיִם
וּפְדִיתָנוּ מִבֵּית עֲבָדִים
וְעַל בְּרִיתְךָ שֶׁחָתַמְתָּ בִּבְשָׂרֵנוּ
וְעַל תּוֹרָתְךָ שֶׁלִּמַּדְתָּנוּ
וְעַל חֻקֶּיךָ שֶׁהוֹדַעְתָּנוּ
וְעַל חַיִּים חֵן וָחֶסֶד שֶׁחוֹנַנְתָּנוּ
וְעַל אֲכִילַת מָזוֹן שָׁאַתָּה זָן וּמְפַרְנֵס אוֹתָנוּ תָּמִיד
בְּכָל יוֹם וּבְכָל עֵת וּבְכָל שָׁעָה.

---

eminentemente comunal de la plegaria en el judaísmo. Además del zimún común que aparece aquí, existen formas especiales del mismo para (1) un

En Janucá:

עַל הַנִּסִּים (Te agradecemos también) por los milagros, la redención, los actos poderosos, las salvaciones y las victorias en las batallas que Tú llevaste a cabo en favor de nuestros ancestros en aquellos días en este tiempo.

בִּימֵי מַתִּתְיָהוּ En los días de Matitiahu hijo de Yojanán, el Sumo Sacerdote, el jasmoneo y sus hijos, el malvado reino griego se levantó contra Tu pueblo Israel para hacerles olvidar Tu Torá y forzarlos a transgredir los estatutos de Tu voluntad. Y Tú, con gran compasión, estuviste junto a ellos en el tiempo de su desgracia, luchaste por su causa, juzgaste su reclamo y vengaste su opresión. Entregaste fuertes en manos de débiles, muchos en manos de pocos, impuros en manos de puros, malvados en manos de justos, arrogantes en manos estudiosos de Tu Torá. Hiciste para Ti un Nombre Grande y Sagrado en Tu mundo, y a Tu pueblo Israel diste gran redención y salvación en un día como este. Luego, Tus hijos ingresaron a Tu recinto sagrado, limpiaron Tu Templo, purificaron Tu santuario, encendieron velas en Tus patios sagrados y establecieron estos ocho días de Janucá para agradecerte y alabar a Tu gran Nombre.

Continúa con "Por todo esto"

En Purim:

עַל הַנִּסִּים (Te agradecemos también) por los milagros, la redención, los actos poderosos, las salvaciones y las victorias en las batallas que Tú llevaste a cabo en favor de nuestros ancestros en aquellos días en este tiempo.

בִּימֵי מָרְדְּכַי En los días de Mordejai y Ester, en la ciudad capital de Shushán, cuando el malvado Amán se alzó contra Tu pueblo procurando destruir, *Est. 3* matar y exterminar a todos los judíos, jóvenes y mayores, niños y mujeres en un solo día, el trece del duodécimo mes que es el de Adar y saquear sus posesiones, entonces Tú, con gran compasión desbarataste su plan, arruinaste su proyecto y le retribuiste por su maldad haciéndolo colgar junto a sus hijos de un cadalso.

Continúa con "Por todo esto"

וְעַל הַכֹּל Por todo esto Señor, Dios nuestro,
Te agradecemos y bendecimos.
Que Tu Nombre sea por siempre bendecido
de boca de todo ser viviente,
tal como está escrito: "Y comerás y te saciarás y bendecirás *Deut. 8*
al Señor tu Dios sobre la tierra buena que te concedió".
Bendito eres Tú Señor, por la tierra y por el alimento.

בחנוכה:

עַל הַנִּסִּים וְעַל הַפֻּרְקָן וְעַל הַגְּבוּרוֹת וְעַל הַתְּשׁוּעוֹת וְעַל הַמִּלְחָמוֹת שֶׁעָשִׂיתָ לַאֲבוֹתֵינוּ בַּיָּמִים הָהֵם בַּזְּמַן הַזֶּה.

בִּימֵי מַתִּתְיָהוּ בֶּן יוֹחָנָן כֹּהֵן גָּדוֹל חַשְׁמוֹנָאי וּבָנָיו, כְּשֶׁעָמְדָה מַלְכוּת יָוָן הָרְשָׁעָה עַל עַמְּךָ יִשְׂרָאֵל לְהַשְׁכִּיחָם תּוֹרָתֶךָ וּלְהַעֲבִירָם מֵחֻקֵּי רְצוֹנֶךָ, וְאַתָּה בְּרַחֲמֶיךָ הָרַבִּים עָמַדְתָּ לָהֶם בְּעֵת צָרָתָם, רַבְתָּ אֶת רִיבָם, דַּנְתָּ אֶת דִּינָם, נָקַמְתָּ אֶת נִקְמָתָם, מָסַרְתָּ גִבּוֹרִים בְּיַד חַלָּשִׁים, וְרַבִּים בְּיַד מְעַטִּים, וּטְמֵאִים בְּיַד טְהוֹרִים, וּרְשָׁעִים בְּיַד צַדִּיקִים, וְזֵדִים בְּיַד עוֹסְקֵי תוֹרָתֶךָ, וּלְךָ עָשִׂיתָ שֵׁם גָּדוֹל וְקָדוֹשׁ בְּעוֹלָמֶךָ, וּלְעַמְּךָ יִשְׂרָאֵל עָשִׂיתָ תְּשׁוּעָה גְדוֹלָה וּפֻרְקָן כְּהַיּוֹם הַזֶּה. וְאַחַר כֵּן בָּאוּ בָנֶיךָ לִדְבִיר בֵּיתֶךָ, וּפִנּוּ אֶת הֵיכָלֶךָ, וְטִהֲרוּ אֶת מִקְדָּשֶׁךָ, וְהִדְלִיקוּ נֵרוֹת בְּחַצְרוֹת קָדְשֶׁךָ, וְקָבְעוּ שְׁמוֹנַת יְמֵי חֲנֻכָּה אֵלּוּ, לְהוֹדוֹת וּלְהַלֵּל לְשִׁמְךָ הַגָּדוֹל.

Continúa con וְעַל הַכֹּל.

בפורים:

עַל הַנִּסִּים וְעַל הַפֻּרְקָן וְעַל הַגְּבוּרוֹת וְעַל הַתְּשׁוּעוֹת וְעַל הַמִּלְחָמוֹת שֶׁעָשִׂיתָ לַאֲבוֹתֵינוּ בַּיָּמִים הָהֵם בַּזְּמַן הַזֶּה.

בִּימֵי מָרְדְּכַי וְאֶסְתֵּר בְּשׁוּשַׁן הַבִּירָה, כְּשֶׁעָמַד עֲלֵיהֶם הָמָן הָרָשָׁע,
בִּקֵּשׁ לְהַשְׁמִיד לַהֲרֹג וּלְאַבֵּד אֶת־כָּל־הַיְּהוּדִים מִנַּעַר וְעַד־זָקֵן טַף אסתר ג
וְנָשִׁים בְּיוֹם אֶחָד, בִּשְׁלוֹשָׁה עָשָׂר לְחֹדֶשׁ שְׁנֵים־עָשָׂר, הוּא־חֹדֶשׁ אֲדָר,
וּשְׁלָלָם לָבוֹז: וְאַתָּה בְּרַחֲמֶיךָ הָרַבִּים הֵפַרְתָּ אֶת עֲצָתוֹ, וְקִלְקַלְתָּ אֶת
מַחֲשַׁבְתּוֹ, וַהֲשֵׁבוֹתָ לּוֹ גְּמוּלוֹ בְּרֹאשׁוֹ, וְתָלוּ אוֹתוֹ וְאֶת בָּנָיו עַל הָעֵץ.

Continúa con וְעַל הַכֹּל.

וְעַל הַכֹּל, יהוה אֱלֹהֵינוּ
אֲנַחְנוּ מוֹדִים לָךְ וּמְבָרְכִים אוֹתָךְ
יִתְבָּרַךְ שִׁמְךָ בְּפִי כָּל חַי תָּמִיד לְעוֹלָם וָעֶד
כַּכָּתוּב: וְאָכַלְתָּ וְשָׂבָעְתָּ, וּבֵרַכְתָּ אֶת־יהוה אֱלֹהֶיךָ דברים ח
עַל־הָאָרֶץ הַטֹּבָה אֲשֶׁר נָתַן־לָךְ:
בָּרוּךְ אַתָּה יהוה, עַל הָאָרֶץ וְעַל הַמָּזוֹן.

BENDICIÓN POR JERUSALÉM

רַחֵם נָא Ten compasión, por favor,
Señor, nuestro Dios,
por Tu pueblo Israel,
por Tu ciudad Jerusalém
y por Sion el recinto de Tu Gloria
y por el reino de la Casa de Tu ungido David,
y por la Casa grande y sagrada que lleva Tu Nombre.
Nuestro Dios, nuestro Padre,
nuestro Amigo, nuestro Proveedor,
Quien nos prodiga sustento y nos mantiene,
Señor, nuestro Dios,
socórrenos y envíanos pronto alivio
de todos nuestros opresores.
Y por favor, no permitas
que precisemos recibir las dádivas o los préstamos de los mortales,
solamente por medio de Tu mano llena, abierta, sagrada y amplia;
que no nos avergoncemos ni suframos escarnio jamás.

En Shabat se dice:

רְצֵה Tórnate con benevolencia y fortalécenos,
Señor, nuestro Dios,
por medio de Tus preceptos
y por medio del precepto del séptimo día,
este grande y sagrado Shabat.
Pues este día es grande y sagrado ante Ti
para cesar en él, reposar en
él con amor tal como lo preceptuó Tu Voluntad,
y que sea Tu voluntad, Señor, nuestro Dios,
que no suframos de pesar, angustia o lamento
en nuestro día de descanso,
y muéstranos Señor, nuestro Dios,
el consuelo de Tu ciudad Sion
y la reconstrucción de Jerusalém la ciudad de Tu santidad,
pues Tú eres el dueño de la consolación y de la salvación.

ברכת ירושלים

רַחֶם נָא, יהוה אֱלֹהֵינוּ
עַל יִשְׂרָאֵל עַמֶּךָ
וְעַל יְרוּשָׁלַיִם עִירֶךָ
וְעַל צִיּוֹן מִשְׁכַּן כְּבוֹדֶךָ
וְעַל מַלְכוּת בֵּית דָּוִד מְשִׁיחֶךָ
וְעַל הַבַּיִת הַגָּדוֹל וְהַקָּדוֹשׁ שֶׁנִּקְרָא שִׁמְךָ עָלָיו.
אֱלֹהֵינוּ, אָבִינוּ
רְעֵנוּ, זוּנֵנוּ, פַּרְנְסֵנוּ וְכַלְכְּלֵנוּ
וְהַרְוִיחֵנוּ, וְהַרְוַח לָנוּ יהוה אֱלֹהֵינוּ מְהֵרָה מִכָּל צָרוֹתֵינוּ.
וְנָא אַל תַּצְרִיכֵנוּ, יהוה אֱלֹהֵינוּ
לֹא לִידֵי מַתְּנַת בָּשָׂר וָדָם
וְלֹא לִידֵי הַלְוָאָתָם
כִּי אִם לְיָדְךָ הַמְּלֵאָה, הַפְּתוּחָה, הַקְּדוֹשָׁה וְהָרְחָבָה
שֶׁלֹּא נֵבוֹשׁ וְלֹא נִכָּלֵם לְעוֹלָם וָעֶד.

En שבת *se dice:*

רְצֵה וְהַחֲלִיצֵנוּ, יהוה אֱלֹהֵינוּ, בְּמִצְוֹתֶיךָ
וּבְמִצְוַת יוֹם הַשְּׁבִיעִי הַשַּׁבָּת הַגָּדוֹל וְהַקָּדוֹשׁ הַזֶּה
כִּי יוֹם זֶה גָּדוֹל וְקָדוֹשׁ הוּא לְפָנֶיךָ
לִשְׁבָּת בּוֹ, וְלָנוּחַ בּוֹ בְּאַהֲבָה כְּמִצְוַת רְצוֹנֶךָ
וּבִרְצוֹנְךָ הָנִיחַ לָנוּ, יהוה אֱלֹהֵינוּ
שֶׁלֹּא תְהֵא צָרָה וְיָגוֹן וַאֲנָחָה בְּיוֹם מְנוּחָתֵנוּ
וְהַרְאֵנוּ, יהוה אֱלֹהֵינוּ, בְּנֶחָמַת צִיּוֹן עִירֶךָ
וּבְבִנְיַן יְרוּשָׁלַיִם עִיר קָדְשֶׁךָ
כִּי אַתָּה הוּא בַּעַל הַיְשׁוּעוֹת וּבַעַל הַנֶּחָמוֹת.

En Rosh Jodesh y en las festividades se dice:

אֱלֹהֵינוּ Dios nuestro y de nuestros ancestros,
que ascienda, acuda y llegue;
sea visible, sea aceptada, sea escuchada,
sea considerada y sea recordada delante de Ti nuestra memoria,
y la de nuestros patriarcas,
y la del Mashíaj hijo de David Tu siervo,
y la memoria de Jerusalém Tu ciudad sagrada
y la de todo Tu pueblo de Israel -
para liberación y bienestar, gracia, benevolencia y compasión,
vida y paz en este día de:

En Rosh Jodesh:	Rosh Jodesh
En Rosh HaShaná:	Recordación
En Pésaj:	Fiesta de las Matzot
En Shavu'ot	Fiesta de Shavu'ot
En Sucot:	Fiesta de Sucot
En Sheminí Atzeret & Simjat Torá:	Fiesta de Sheminí Atzeret

Recuérdanos Señor, nuestro Dios, para bien,
tennos presentes para bendición
y redímenos para la vida.
Apiádate de nosotros y agrácianos,
ten compasión de nosotros ten compasión de nosotros
con Tu promesa de salvación;
pues nuestros ojos están puestos en Ti
ya que Tú Dios, eres (*en Rosh Hashaná:* un Rey) benevolente y compasivo.

En la casa del doliente se sustituye "Consuela" en la página 1128 por los dos próximos párrafos.

וּבְנֵה Reconstruye a Jerusalém la ciudad sagrada
pronto en nuestros días.
Bendito eres Tú Señor,
Quien reconstruirá compasivamente a Jerusalém. Amén.

---

tradición, la Divina Presencia nunca abandonó Jerusalém, incluso cuando la ciudad yacía en ruinas. בּוֹנֵה בְרַחֲמָיו יְרוּשָׁלָיִם, אָמֵן *Quien reconstruirá compasivamente a Jerusalém. Amén*: la inusual aparición del vocablo Amén en este pasaje (normalmente no decimos amén por nuestras propias bendiciones) señala que originalmente este era el final del agradecimiento.

En ראש חודש *y en los* חגים *se dice:*

אֱלֹהֵינוּ וֵאלֹהֵי אֲבוֹתֵינוּ
יַעֲלֶה וְיָבוֹא וְיַגִּיעַ, וְיֵרָאֶה וְיֵרָצֶה וְיִשָּׁמַע
וְיִפָּקֵד וְיִזָּכֵר זִכְרוֹנֵנוּ וּפִקְדוֹנֵנוּ, וְזִכְרוֹן אֲבוֹתֵינוּ
וְזִכְרוֹן מָשִׁיחַ בֶּן דָּוִד עַבְדֶּךָ
וְזִכְרוֹן יְרוּשָׁלַיִם עִיר קָדְשֶׁךָ
וְזִכְרוֹן כָּל עַמְּךָ בֵּית יִשְׂרָאֵל
לְפָנֶיךָ, לִפְלֵיטָה לְטוֹבָה, לְחֵן וּלְחֶסֶד וּלְרַחֲמִים
לְחַיִּים וּלְשָׁלוֹם בְּיוֹם

בראש חודש: רֹאשׁ הַחֹדֶשׁ הַזֶּה.
בראש השנה: הַזִּכָּרוֹן הַזֶּה.
בפסח: חַג הַמַּצּוֹת הַזֶּה.
בשבועות: חַג הַשָּׁבוּעוֹת הַזֶּה.
בסוכות: חַג הַסֻּכּוֹת הַזֶּה.
בשמיני עצרת ושמחת תורה: הַשְּׁמִינִי חַג הָעֲצֶרֶת הַזֶּה.

זָכְרֵנוּ יהוה אֱלֹהֵינוּ בּוֹ לְטוֹבָה
וּפָקְדֵנוּ בוֹ לִבְרָכָה
וְהוֹשִׁיעֵנוּ בוֹ לְחַיִּים.
וּבִדְבַר יְשׁוּעָה וְרַחֲמִים, חוּס וְחָנֵּנוּ וְרַחֵם עָלֵינוּ, וְהוֹשִׁיעֵנוּ
כִּי אֵלֶיךָ עֵינֵינוּ, כִּי אֵל (בראש השנה: מֶלֶךְ) חַנּוּן וְרַחוּם אָתָּה.

En la casa del doliente se sustituye נַחֵם *en la página 1129 por los dos próximos párrafos.*

וּבְנֵה יְרוּשָׁלַיִם עִיר הַקֹּדֶשׁ בִּמְהֵרָה בְיָמֵינוּ.
בָּרוּךְ אַתָּה יהוה, בּוֹנֵה בְרַחֲמָיו יְרוּשָׁלָיִם, אָמֵן.

וּבְנֵה יְרוּשָׁלַיִם *Reconstruye a Jerusalém.* La tercera bendición habla de Jerusalém, sitio de la Gloria Divina, así como también asiento de la monarquía davídica y el Templo, por cuya restauración oramos. Tal como es común en el Sidur, Jerusalém es asociada con el atributo Divino de la compasión reflejando las palabras de Zacarías: "Por ello, esto es lo que dice el Señor: Retornaré a Jerusalém con compasión allí será reconstruida Mi morada" (1:16). Según la

BENDICIÓN POR LA BONDAD DIVINA

בָּרוּךְ Bendito eres Tú SEÑOR, nuestro Dios, Rey del universo,
el Dios, nuestro Padre, nuestro Rey, nuestro Soberano,
nuestro Creador, nuestro Redentor, nuestro Hacedor,
nuestro Sagrado, el Sagrado Dios de Ya'akov.
Nuestro Pastor, Pastor de Israel,
el Rey Bueno que es bondadoso con todos,
y que cada día fue benevolente, es benevolente y será benevolente con nosotros,
Él actuó, actúa y actuará generosamente con nosotros por siempre,
concediéndonos gracia, bondad y compasión, alivio, rescate, éxito
y bendición, salvación, consuelo, sustento y manutención,
compasión, vida, paz y todo lo bueno,
y de todas las bondades que nunca estemos carentes.

PEDIDOS ADICIONALES

הָרַחֲמָן El Dios Compasivo reine sobre nosotros por siempre.
El Dios Compasivo sea bendito en el cielo como en la tierra.
El Dios Compasivo sea alabado por todas las generaciones,
glorificado por nosotros por toda la eternidad
y honrado entre nosotros para siempre.
El Dios Compasivo nos provea de sustento con dignidad.
El Dios Compasivo quiebre el yugo de la opresión
que pende sobre nosotros
y nos guíe erguidos hacia nuestra tierra.
El Dios compasivo nos envíe abundante bendición en esta casa
y sobre esta la mesa en la cual hemos comido.

Jerusalém fue totalmente destruida y arada hasta los cimientos y reconstruida como ciudad romana bajo el nombre de Aelia Capitolina. El hecho de que los sabios pudieron extraer un fragmento de consolación del hecho de que a los muertos no se les denegó la dignidad del entierro es testimonio de la extraordinaria capacidad de sobrevivir catástrofes y preservar la esperanza. El pasaje está elaborado en torno a una triple referencia al reinado de Dios, Su bondad y Su generosidad.

ברכת הטוב והמטיב

בָּרוּךְ אַתָּה יהוה אֱלֹהֵינוּ מֶלֶךְ הָעוֹלָם
הָאֵל אָבִינוּ, מַלְכֵּנוּ, אַדִּירֵנוּ
בּוֹרְאֵנוּ, גּוֹאֲלֵנוּ, יוֹצְרֵנוּ, קְדוֹשֵׁנוּ, קְדוֹשׁ יַעֲקֹב
רוֹעֵנוּ, רוֹעֵה יִשְׂרָאֵל, הַמֶּלֶךְ הַטּוֹב וְהַמֵּטִיב לַכֹּל, שֶׁבְּכָל יוֹם וָיוֹם
הוּא הֵיטִיב, הוּא מֵטִיב, הוּא יֵיטִיב לָנוּ
הוּא גְמָלָנוּ, הוּא גוֹמְלֵנוּ, הוּא יִגְמְלֵנוּ לָעַד
לְחֵן וּלְחֶסֶד וּלְרַחֲמִים, וּלְרֶוַח, הַצָּלָה וְהַצְלָחָה
בְּרָכָה וִישׁוּעָה, נֶחָמָה, פַּרְנָסָה וְכַלְכָּלָה
וְרַחֲמִים וְחַיִּים וְשָׁלוֹם וְכָל טוֹב, וּמִכָּל טוּב לְעוֹלָם אַל יְחַסְּרֵנוּ.

בקשות נוספות

הָרַחֲמָן הוּא יִמְלֹךְ עָלֵינוּ לְעוֹלָם וָעֶד.
הָרַחֲמָן הוּא יִתְבָּרַךְ בַּשָּׁמַיִם וּבָאָרֶץ.
הָרַחֲמָן הוּא יִשְׁתַּבַּח לְדוֹר דּוֹרִים, וְיִתְפָּאַר בָּנוּ לָעַד וּלְנֵצַח נְצָחִים
וְיִתְהַדַּר בָּנוּ לָעַד וּלְעוֹלְמֵי עוֹלָמִים.
הָרַחֲמָן הוּא יְפַרְנְסֵנוּ בְּכָבוֹד.
הָרַחֲמָן הוּא יִשְׁבֹּר עֻלֵּנוּ מֵעַל צַוָּארֵנוּ
וְהוּא יוֹלִיכֵנוּ קוֹמְמִיּוּת לְאַרְצֵנוּ.
הָרַחֲמָן הוּא יִשְׁלַח לָנוּ בְּרָכָה מְרֻבָּה בַּבַּיִת הַזֶּה
וְעַל שֻׁלְחָן זֶה שֶׁאָכַלְנוּ עָלָיו.

בָּרוּךְ *Bendito:* Una adición tardía, la cual según el Talmud (*Berajot* 48B) data del período posterior a la rebelión de Bar Kojba cuando tras una larga demora los romanos autorizaron a los judíos a enterrar a sus muertos. El fracaso de la rebelión de Bar Kojba fue uno de los puntos más bajos de la historia judía. Según el historiador romano Dion, unos 580.000 judíos perecieron en los combates y muchos otros a consecuencia de la inanición. Novecientos ochenta y cinco ciudades, poblados y asentamientos fueron destruidos.

El Dios compasivo nos envíe al bien recordado profeta Elías
para que nos anuncie buenas nuevas,
salvaciones y consuelos.
El Dios Compasivo bendiga al Estado de Israel,
principio del florecimiento de nuestra redención.
El Dios Compasivo bendiga a los soldados del Ejército
de Defensa de Israel que cuidan de nuestra tierra.

El huésped dice:

יְהִי רָצוֹן Sea Tu voluntad que el dueño de esta casa no sea avergonzado en este mundo ni sufra del escarnio en el Mundo Venidero, que todas sus bienes prosperen, y tanto sus propiedades como las nuestras sean exitosas y cercanas a la ciudad. Que Satán no prevalezca ni en sus acciones ni en las nuestras. Que no entre en él ni en nosotros ningún pensamiento pecaminoso, iniquidad o transgresión desde ahora y para siempre.

הָרַחֲמָן El Dios compasivo bendiga –

Cuando se come en la mesa propia se dice
(incluyendo lo que aparece entre paréntesis y sea relevante):

A mí, (mi esposa/marido, /mi padre, mi maestro /mi madre, mi maestra / mis hijos) y todo cuanto es mío,

Un invitado a la mesa de otro dice
(incluyendo lo que aparece entre paréntesis y sea relevante):

El dueño de esta casa, él (y su mujer, la dueña de esta casa / y sus hijos) y todo cuanto es suyo,

Hijos sentados a la mesa de la casa de sus padres dicen
(incluyendo lo que parece entre paréntesis y sea relevante):

Mi padre, mi maestro, (dueño de esta casa) y mi madre, mi maestra, (dueña de esta casa) ellos, su hogar, su descendencia y todo cuanto es suyo.

Por los demás comensales se dice:

Y todos los huéspedes aquí presentes

---

invitado invoca la bendición para los anfitriones y sus familias. Este pasaje está inmediatamente precedido por una plegaria en la cual Elías habrá de

הָרַחֲמָן הוּא יִשְׁלַח לָנוּ אֶת אֵלִיָּהוּ הַנָּבִיא זָכוּר לַטּוֹב
וִיבַשֶּׂר לָנוּ בְּשׂוֹרוֹת טוֹבוֹת יְשׁוּעוֹת וְנֶחָמוֹת.
הָרַחֲמָן הוּא יְבָרֵךְ אֶת מְדִינַת יִשְׂרָאֵל, רֵאשִׁית צְמִיחַת גְּאֻלָּתֵנוּ.
הָרַחֲמָן הוּא יְבָרֵךְ אֶת חַיָּלֵי צְבָא הַהֲגָנָה לְיִשְׂרָאֵל
הָעוֹמְדִים עַל מִשְׁמַר אַרְצֵנוּ.

El huésped dice:

יְהִי רָצוֹן שֶׁלֹּא יֵבוֹשׁ בַּעַל הַבַּיִת בָּעוֹלָם הַזֶּה, וְלֹא יִכָּלֵם לָעוֹלָם הַבָּא, וְיִצְלַח מְאֹד בְּכָל נְכָסָיו, וְיִהְיוּ נְכָסָיו וּנְכָסֵינוּ מֻצְלָחִים וּקְרוֹבִים לָעִיר, וְאַל יִשְׁלֹט שָׂטָן לֹא בְּמַעֲשֵׂה יָדָיו וְלֹא בְּמַעֲשֵׂה יָדֵינוּ. וְאַל יִזְדַּקֵּק לֹא לְפָנָיו וְלֹא לְפָנֵינוּ שׁוּם דְּבַר הִרְהוּר חֵטְא, עֲבֵרָה וְעָוֹן, מֵעַתָּה וְעַד עוֹלָם.

הָרַחֲמָן הוּא יְבָרֵךְ

Cuando se come en la mesa propia se dice (incluyendo lo que aparece entre paréntesis y sea relevante):

אוֹתִי (וְאֶת אִשְׁתִּי / וְאֶת בַּעְלִי / וְאֶת אָבִי מוֹרִי / וְאֶת אִמִּי מוֹרָתִי / וְאֶת זַרְעִי) וְאֶת כָּל אֲשֶׁר לִי.

Un invitado a la mesa de otro dice (incluyendo lo que aparece entre paréntesis y sea relevante):

אֶת בַּעַל הַבַּיִת הַזֶּה, אוֹתוֹ (וְאֶת אִשְׁתּוֹ בַּעֲלַת הַבַּיִת הַזֶּה / וְאֶת זַרְעוֹ) וְאֶת כָּל אֲשֶׁר לוֹ.

Hijos sentados a la mesa de la casa de sus padres dicen (incluyendo lo que parece entre paréntesis y sea relevante):

אֶת אָבִי מוֹרִי (בַּעַל הַבַּיִת הַזֶּה), וְאֶת אִמִּי מוֹרָתִי (בַּעֲלַת הַבַּיִת הַזֶּה), אוֹתָם וְאֶת בֵּיתָם וְאֶת זַרְעָם וְאֶת כָּל אֲשֶׁר לָהֶם

Por los demás comensales se dice:

וְאֶת כָּל הַמְּסֻבִּין כָּאן

הָרַחֲמָן *El Dios Compasivo:* una serie de plegarias adicionales que datan del período gaonítico. La más antigua de estas es aquella en la cual el

אוֹתָנוּ a nosotros y todo cuanto es nuestro
Tal como fueron bendecidos nuestros patriarcas
Abraham, Ytzjak y Ya'akov en todo, de todo, con todo,
así habrá de bendecirnos a nosotros todos juntos
con una bendición completa y digamos: Amén.

בַּמָּרוֹם En las alturas, que se invoque la gracia para ellos y para nosotros, como salvaguarda de la paz, y recibamos la bendición del SEÑOR y una justa recompensa del Dios de nuestra salvación, y podamos hallar gracias a ojos de Dios y de los humanos.

En la comida festiva de una circuncisión aquí se agrega "El Dios Compasivo bendiga al padre" en la página 1082.

En Shabat: El Dios Compasivo nos hará heredar un día
que sea todo Shabat y descanso eterno.

En Rosh Jodesh: El Dios Compasivo nos renovará este mes
para bien y para bendición.

En Rosh HaShaná: El Dios Compasivo nos renovará este año
para el bien y la bendición.

En Yom Tov: El Dios Compasivo nos hará heredar un día
que sea todo bueno.

En Sucot: El Dios Compasivo nos erigirá la sucá caída de David.

הָרַחֲמָן El Dios Compasivo nos hará meritorios
de los días del Mashíaj y de la vida del Mundo Venidero.
Él hace grandes / *en Shabat, Festividades y Rosh Jodesh:* Él es torre de / *II Sam. 22*
salvaciones para Su rey y actúa benevolentemente con Su ungido,
con David y su descendencia por siempre.
Quien obra la paz en Sus alturas,
haga la paz para nosotros y todo Israel
y decid: Amén.

---

venir y anunciar la llegada del Mashíaj. La yuxtaposición es sorprendente: traemos la redención por medio de actos de hospitalidad. De acuerdo con los sabios este era el modo por medio del cual Abraham y Sará trajeron el

אוֹתָנוּ וְאֶת כׇּל אֲשֶׁר לָנוּ
כְּמוֹ שֶׁנִּתְבָּרְכוּ אֲבוֹתֵינוּ
אַבְרָהָם יִצְחָק וְיַעֲקֹב, בַּכֹּל, מִכֹּל, כֹּל
כֵּן יְבָרֵךְ אוֹתָנוּ כֻּלָּנוּ יַחַד בִּבְרָכָה שְׁלֵמָה, וְנֹאמַר אָמֵן.

בַּמָּרוֹם יְלַמְּדוּ עֲלֵיהֶם וְעָלֵינוּ זְכוּת שֶׁתְּהֵא לְמִשְׁמֶרֶת שָׁלוֹם
וְנִשָּׂא בְרָכָה מֵאֵת יהוה וּצְדָקָה מֵאֱלֹהֵי יִשְׁעֵנוּ
וְנִמְצָא חֵן וְשֵׂכֶל טוֹב בְּעֵינֵי אֱלֹהִים וְאָדָם.

En la comida festiva de un ברית *aquí se agrega*
הָרַחֲמָן הוּא יְבָרֵךְ אֲבִי הַיֶּלֶד *en la página 1083.*

בשבת: הָרַחֲמָן הוּא יַנְחִילֵנוּ
יוֹם שֶׁכֻּלּוֹ שַׁבָּת וּמְנוּחָה לְחַיֵּי הָעוֹלָמִים.

בראש חודש: הָרַחֲמָן הוּא יְחַדֵּשׁ עָלֵינוּ
אֶת הַחֹדֶשׁ הַזֶּה לְטוֹבָה וְלִבְרָכָה.

בראש השנה: הָרַחֲמָן הוּא יְחַדֵּשׁ עָלֵינוּ
אֶת הַשָּׁנָה הַזֹּאת לְטוֹבָה וְלִבְרָכָה.

ביום טוב: הָרַחֲמָן הוּא יַנְחִילֵנוּ יוֹם שֶׁכֻּלּוֹ טוֹב.

בסוכות: הָרַחֲמָן הוּא יָקִים לָנוּ אֶת סֻכַּת דָּוִד הַנּוֹפֶלֶת.

הָרַחֲמָן הוּא יְזַכֵּנוּ לִימוֹת הַמָּשִׁיחַ וּלְחַיֵּי הָעוֹלָם הַבָּא
שמואל ב׳ כב מַגְדִּל / *En* שבת, חגים *y* ראש חודש מִגְדּוֹל / יְשׁוּעוֹת מַלְכּוֹ
וְעֹשֶׂה־חֶסֶד לִמְשִׁיחוֹ, לְדָוִד וּלְזַרְעוֹ עַד־עוֹלָם:
עֹשֶׂה שָׁלוֹם בִּמְרוֹמָיו
הוּא יַעֲשֶׂה שָׁלוֹם עָלֵינוּ וְעַל כׇּל יִשְׂרָאֵל
וְאִמְרוּ אָמֵן.

יִרְאוּ Temed al Señor, vosotros Sus santos varones, *Sal. 34*
pues nada le falta a quienes Le temen.
Cachorros de león crecieron débiles y hambrientos,
pero a quienes procuran al Señor
no ha faltado nada de lo bueno.
Agradeced al Señor porque es bueno; *Sal. 118*
pues Su benevolencia es eterna.
Tú abres Tu mano *Sal. 145*
y satisfaces cada ser vivo con favor.
Bendito es el hombre que confía en el Señor, *Jer. 145*
y que sólo en el Señor deposita su confianza.
Fui joven y ahora soy anciano *Sal. 37*
y nunca vi un justo abandonado
y a su descendencia mendigando pan.
El Señor dará poder a Su pueblo, *Sal. 29*
el Señor bendecirá a Su pueblo con la paz.

Si el Birkat HaMazón fue realizado con una copa de vino, se recita la bendición por el vino y se bebe la mayor parte del contenido tras lo cual se recita la bendición Al HaMijiá en la página siguiente.

En una boda o en un Sheva Berajot pasar a la página 1100.

---

sentido tal como aparece en el libro de Ester cuando ella, suplicando por su pueblo, dice: "¿Cómo podría contemplar el mal que ha de sobrevenir sobre mi pueblo? O, ¿cómo podría contemplar la destrucción de mi parentela?" (8:6). Aquí el verbo significa "ser un testigo pasivo de". Tomado el verbo en este sentido, el pasaje de Salmos 37:25 debería ser entendido de la siguiente forma: "Cuando los justos fueron abandonados o sus hijos forzados a procurar pan, yo nunca simplemente me paré y contemplé". Entendido de este modo, se trata de una advertencia contra la contemplación pasiva mientras alguien sufre. De esta manera trae al agradecimiento a una cercanía simétrica: comienza hablando de la bondad de Dios en alimentar a los hambrientos y finaliza con un llamado para que obremos de igual manera. Esta es también parte de "andar los caminos del Señor".

תהלים לד
יִרְאוּ אֶת־יהוה קְדֹשָׁיו
כִּי־אֵין מַחְסוֹר לִירֵאָיו:
כְּפִירִים רָשׁוּ וְרָעֵבוּ
וְדֹרְשֵׁי יהוה לֹא־יַחְסְרוּ כָל־טוֹב:

תהלים קיח
הוֹדוּ לַיהוה כִּי־טוֹב
כִּי לְעוֹלָם חַסְדּוֹ:

תהלים קמה
פּוֹתֵחַ אֶת־יָדֶךָ
וּמַשְׂבִּיעַ לְכָל־חַי רָצוֹן:

ירמיה יז
בָּרוּךְ הַגֶּבֶר אֲשֶׁר יִבְטַח בַּיהוה
וְהָיָה יהוה מִבְטַחוֹ:

תהלים לז
נַעַר הָיִיתִי גַּם־זָקַנְתִּי
וְלֹא־רָאִיתִי צַדִּיק נֶעֱזָב וְזַרְעוֹ מְבַקֶּשׁ־לָחֶם:

תהלים כט
יהוה עֹז לְעַמּוֹ יִתֵּן
יהוה יְבָרֵךְ אֶת־עַמּוֹ בַשָּׁלוֹם:

Si el ברכת המזון *fue realizado con una copa de vino, se recita la bendición por el vino y se bebe la mayor parte del contenido tras lo cual se recita la bendición* מעין שלוש *en la página siguiente.*

En una boda o en un שבע ברכות *pasar a la página 1101.*

---

monoteísmo al mundo, proveyendo hospitalidad a los extranjeros. Cuando terminaba la comida y los huéspedes comenzaban a agradecerle, Abraham les respondía: "Agradeced al Eterno de quien proviene todo cuanto hemos comido".

נַעַר הָיִיתִי *Fui joven:* La traducción estándar de este versículo (Salmos 37:25) es "Fui joven y ahora soy anciano y no he visto a los justos abandonados o a sus hijos buscando pan". Yo lo he traducido de acuerdo con una sutil perspectiva de autoría anónima que sugiere que el verbo "raiti" debe ser entendido en el

Previo a ingerir alimentos que no sean pan o matzá, elaborados a partir de las cinco especies de cereales (trigo, cebada, centeno, avena y espelta) o arroz se bendice:

Bendito eres Tú Señor, nuestro Dios, Rey del universo
que crea diferentes tipos de alimentos.

Previo a beber vino o jugo de uva:

Bendito eres Tú Señor, nuestro Dios, Rey del universo
que crea el fruto de la vid.

Previo a ingerir frutas que crecieron sobre árboles:

Bendito eres Tú Señor, nuestro Dios, Rey del universo
que crea el fruto del árbol.

Previo a ingerir verduras o frutas que no crecieron sobre árboles:

Bendito eres Tú Señor, nuestro Dios, Rey del universo,
que crea el fruto de la tierra.

Previo a ingerir otras comidas o beber otros líquidos:

Bendito eres Tú Señor, nuestro Dios, Rey del universo,
que todo fue por efecto de Su palabra.

Previo a ingerir una fruta por primera vez en la temporada, se recita lo siguiente. Esta bendición también se recita cuando se adquiere o se viste una prenda nueva de valor significativo (por ejemplo, un traje o un vestido); o al entrar a un nuevo hogar por primera vez, o al escuchar buenas nuevas de índole personal.

Bendito eres Tú Señor, nuestro Dios, Rey del universo,
que nos ha dado vida, nos sostuvo y nos ha permitido llegar a este momento.

BENDICIÓN TRAS HABER INGERIDO UN ALIMENTO – AL HAMIJIÁ

Es el agradecimiento tras haber ingerido de las "siete especies" con las cuales la tierra de Israel fue bendecida: alimentos elaborados de los cinco cereales (que no sean pan), vino o jugo de uva, uvas, higos, granadas, olivos o dátiles.

בָּרוּךְ Bendito eres Tú Señor, nuestro Dios, Rey del universo

Tras haber consumido productos elaborados con cereales (que no sean pan o matzá):

por el alimento y el sustento,

Tras haber consumido vino o jugo de uva:

por la vid y por el fruto de la vid,

Tras haber consumido uvas, higos, olivas, granadas o dátiles:

por el árbol y el fruto del árbol,

Tras haber consumido productos elaborados con cereales (que no sean pan o matzá) y vino o jugo de uva:

por el alimento y el sustento y por la vid y el fruto de la vid,

---

cebada, centeno, avena; (2) vino o jugo de uva; o (3) uvas, higos, granadas, aceitunas o dátiles.

Previo a ingerir alimentos que no sean pan o מצה*, elaborados a partir de las cinco especies de cereales (trigo, cebada, centeno, avena y espelta) o arroz se bendice:*

בָּרוּךְ אַתָּה יהוה אֱלֹהֵינוּ מֶלֶךְ הָעוֹלָם, בּוֹרֵא מִינֵי מְזוֹנוֹת.

Previo a beber vino o jugo de uva:

בָּרוּךְ אַתָּה יהוה אֱלֹהֵינוּ מֶלֶךְ הָעוֹלָם, בּוֹרֵא פְּרִי הַגָּפֶן.

Previo a ingerir frutas que crecieron sobre árboles:

בָּרוּךְ אַתָּה יהוה אֱלֹהֵינוּ מֶלֶךְ הָעוֹלָם, בּוֹרֵא פְּרִי הָעֵץ.

Previo a ingerir verduras o frutas que no crecieron sobre árboles:

בָּרוּךְ אַתָּה יהוה אֱלֹהֵינוּ מֶלֶךְ הָעוֹלָם, בּוֹרֵא פְּרִי הָאֲדָמָה.

Previo a ingerir otras comidas o beber otros líquidos:

בָּרוּךְ אַתָּה יהוה אֱלֹהֵינוּ מֶלֶךְ הָעוֹלָם, שֶׁהַכֹּל נִהְיָה בִּדְבָרוֹ.

Previo a ingerir una fruta por primera vez en la temporada, se recita lo siguiente. Esta bendición también se recita cuando se adquiere o se viste una prenda nueva de valor significativo (por ejemplo, un traje o un vestido); o al entrar a un nuevo hogar por primera vez, o al escuchar buenas nuevas de índole personal.

בָּרוּךְ אַתָּה יהוה אֱלֹהֵינוּ מֶלֶךְ הָעוֹלָם, שֶׁהֶחֱיָנוּ וְקִיְּמָנוּ וְהִגִּיעָנוּ לַזְּמַן הַזֶּה.

ברכה מעין שלוש

Es el agradecimiento tras haber ingerido de las "siete especies" con las cuales ארץ ישראל *fue bendecida: alimentos elaborados de los cinco cereales (que no sean pan), vino o jugo de uva, uvas, higos, granadas, olivos o dátiles.*

בָּרוּךְ אַתָּה יהוה אֱלֹהֵינוּ מֶלֶךְ הָעוֹלָם, עַל

Tras haber consumido productos elaborados con cereales (que no sean pan o מצה*):*

הַמִּחְיָה וְעַל הַכַּלְכָּלָה

Tras haber consumido vino o jugo de uva:

הַגֶּפֶן וְעַל פְּרִי הַגֶּפֶן

Tras haber consumido uvas, higos, olivas, granadas o dátiles:

הָעֵץ וְעַל פְּרִי הָעֵץ

Tras haber consumido productos elaborados con cereales (que no sean pan o מצה*) y vino o jugo de uva:*

הַמִּחְיָה וְעַל הַכַּלְכָּלָה וְעַל הַגֶּפֶן וְעַל פְּרִי הַגֶּפֶן

עַל הַמִּחְיָה *Una bendición por otro alimento o bebida:* Conocida como la "Bendición Triple", esta plegaria resume los tres primeros párrafos del Birkat HaMazón y es recitada tras haber consumido cualquiera de las siete especies con las cuales la tierra de Israel es alabada en la Torá (Deuteronomio 8:8) salvo pan o matzá, a saber: (1) alimentos elaborados a partir de trigo,

y por la producción de la tierra y por la tierra deseable, buena y espaciosa que Tú quisiste y diste a nuestros ancestros en heredad para que coman de su fruto y se sacien de su bondad. Ten compasión, por favor, SEÑOR, nuestro Dios, de Tu pueblo Israel, de Tu ciudad Jerusalém, de Sion el recinto de Tu gloria, y por Tu altar y Tu santuario, y reconstruye a la ciudad sagrada de Jerusalém prontamente en nuestros días, y haznos ascender a ella, y alégranos en su construcción y allí comeremos de su fruto y nos saciaremos de su bondad, y te bendeciremos por esto con santidad y pureza.

En Shabat: Tórnate con benevolencia y fortalécenos en este día del Shabat.

En Rosh Jodesh: Recuérdanos para bien en este día de Rosh Jodesh.

En Rosh HaShaná: Recuérdanos para bien en este Día de Recordación.

En Pésaj: Alégranos en esta Fiesta de las Matzot.

En Shavu'ot: Alégranos en esta Fiesta de Shavu'ot.

En Sucot: Alégranos en esta Fiesta de Sucot.

En Sheminí Atzéret y Simjat Torá: Alégranos en esta Fiesta de Sheminí Atzeret.

Porque Tú SEÑOR eres bondadoso y haces el bien para todos y Te agradecemos por la tierra

Por alimentos de las cinco especies de cereales (que no sean pan o matzá):	*Por vino o jugo de uva:*	*Por uvas, higos, aceitunas, granadas o dátiles:*
y por el alimento. Bendito eres Tú SEÑOR, por la tierra y por el alimento.	y por el fruto de la vid.* Bendito eres Tú SEÑOR, por la tierra y por el fruto de la vid.*	y por las frutas.** Bendito eres Tú SEÑOR, por la tierra y por las frutas.**

Tras haber consumido productos elaborados con cereales (que no sean pan o matzá) y vino o jugo de uva:

y por el alimento y por el fruto de la vid.*
Bendito eres Tú SEÑOR, por la tierra y por el alimento y por el fruto de la vid.*

**Si el vino proviene de Israel sustituir "el fruto de la vid" por "el fruto de su vid".*
***Si la fruta proviene de Israel sustituir "las frutas" por "sus frutas".*

BENDICIÓN TRAS HABER INGERIDO ALIMENTOS – BORÉ NEFASHOT

Por alimentos o bebidas tales como carne, pescado, productos lácteos, vegetales, bebidas o frutas que no sean uvas, higos, granadas, aceitunas o dátiles y que no requieren de Birkat HaMazón o Al HaMijiá, – se recita:

בָּרוּךְ Bendito eres Tú SEÑOR, nuestro Dios, Rey del universo que ha creado diferentes seres vivientes y sus necesidades. Por todo lo que has creado para sostener la vida de todo lo que vive, bendito es Él que vivifica los mundos.

וְעַל תְּנוּבַת הַשָּׂדֶה וְעַל אֶרֶץ חֶמְדָּה טוֹבָה וּרְחָבָה, שֶׁרָצִיתָ וְהִנְחַלְתָּ לַאֲבוֹתֵינוּ לֶאֱכֹל מִפִּרְיָהּ וְלִשְׂבֹּעַ מִטּוּבָהּ. רַחֶם נָא יהוה אֱלֹהֵינוּ עַל יִשְׂרָאֵל עַמֶּךָ וְעַל יְרוּשָׁלַיִם עִירֶךָ וְעַל צִיּוֹן מִשְׁכַּן כְּבוֹדֶךָ וְעַל מִזְבְּחֶךָ וְעַל הֵיכָלֶךָ. וּבְנֵה יְרוּשָׁלַיִם עִיר הַקֹּדֶשׁ בִּמְהֵרָה בְיָמֵינוּ, וְהַעֲלֵנוּ לְתוֹכָהּ וְשַׂמְּחֵנוּ בְּבִנְיָנָהּ וְנֹאכַל מִפִּרְיָהּ וְנִשְׂבַּע מִטּוּבָהּ, וּנְבָרֶכְךָ עָלֶיהָ בִּקְדֻשָּׁה וּבְטָהֳרָה.

בשבת: וּרְצֵה וְהַחֲלִיצֵנוּ בְּיוֹם הַשַּׁבָּת הַזֶּה

בראש חודש: וְזָכְרֵנוּ לְטוֹבָה בְּיוֹם רֹאשׁ הַחֹדֶשׁ הַזֶּה

בראש השנה: וְזָכְרֵנוּ לְטוֹבָה בְּיוֹם הַזִּכָּרוֹן הַזֶּה

בפסח: וְשַׂמְּחֵנוּ בְּיוֹם חַג הַמַּצּוֹת הַזֶּה

בשבועות: וְשַׂמְּחֵנוּ בְּיוֹם חַג הַשָּׁבוּעוֹת הַזֶּה

בסוכות: וְשַׂמְּחֵנוּ בְּיוֹם חַג הַסֻּכּוֹת הַזֶּה

בשמיני עצרת ושמחת תורה: וְשַׂמְּחֵנוּ בְּיוֹם הַשְּׁמִינִי חַג הָעֲצֶרֶת הַזֶּה

כִּי אַתָּה יהוה טוֹב וּמֵטִיב לַכֹּל, וְנוֹדֶה לְּךָ עַל הָאָרֶץ

Por alimentos de las cinco especies de cereales (que no sean pan o מצה):

וְעַל הַמִּחְיָה.

בָּרוּךְ אַתָּה יהוה, עַל הָאָרֶץ וְעַל הַמִּחְיָה.

Por vino o jugo de uva:

וְעַל פְּרִי הַגָּפֶן.*

בָּרוּךְ אַתָּה יהוה, עַל הָאָרֶץ וְעַל פְּרִי הַגָּפֶן.*

Por uvas, higos, aceitunas, granadas o dátiles:

וְעַל הַפֵּרוֹת.**

בָּרוּךְ אַתָּה יהוה, עַל הָאָרֶץ וְעַל הַפֵּרוֹת.**

Por alimentos de las cinco especies de cereales (que no sean pan o מצה) y por vino o jugo de uvas:

וְעַל הַמִּחְיָה וְעַל פְּרִי הַגָּפֶן.*

בָּרוּךְ אַתָּה יהוה, עַל הָאָרֶץ וְעַל הַמִּחְיָה וְעַל פְּרִי הַגָּפֶן.*

**Si el vino proviene de ארץ ישראל decir גַּפְנָהּ en vez de הַגָּפֶן.*
***Si la fruta proviene de ארץ ישראל decir פֵּרוֹתֶיהָ en vez de הַפֵּרוֹת.*

בורא נפשות

Por alimentos o bebidas tales como carne, pescado, productos lácteos, vegetales, bebidas o frutas que no sean uvas, higos, granadas, aceitunas o dátiles y que no requieren de מעין שלוש o ברכת המזון, – se recita:

בָּרוּךְ אַתָּה יהוה אֱלֹהֵינוּ מֶלֶךְ הָעוֹלָם, בּוֹרֵא נְפָשׁוֹת רַבּוֹת וְחֶסְרוֹנָן עַל כָּל מַה שֶּׁבָּרָאתָ לְהַחֲיוֹת בָּהֶם נֶפֶשׁ כָּל חָי. בָּרוּךְ חֵי הָעוֹלָמִים.

BENDICIONES

BENDICIONES POR MITZVOT

En la tierra de Israel al separar la Terumá y el Primer Diezmo (en caso de duda respecto de si la Terumá o el diezmo ya han sido separados no se recita la siguiente bendición, pero sí la declaración subsiguiente):

Bendito eres Tú Señor, nuestro Dios, Rey del universo,
que nos ha santificado con Sus preceptos
y nos ordenó separar terumot y diezmos.

Aquello que represente más de uno en cien de todo lo que hay aquí por la presente declarado como terumá guedolá (la porción del cohen) y está en la sección norte. El uno en cien que aquí queda junto a nueve partes idénticas a este en la parte superior de este producto son declarados el primer diezmo (correspondiente al levita). Este uno en cien que he apartado como primer diezmo, es por la presente declarado como terumat maaser (el diezmo del diezmo es apartado para los cohanim). Las otras nueve porciones idénticas en la parte inferior de este producto son declaradas como segundo diezmo, pero si a este producto se le debe separar el diezmo del pobre, se declara entonces como diezmo del pobre.

En Israel al separar y redimir el segundo diezmo (en caso de duda respecto de si fue separado el segundo diezmo, no se recita la siguiente bendición, pero sí la subsiguiente declaración):

Bendito eres Tú Señor, nuestro Dios, Rey del universo,
que nos ha santificado con Sus preceptos
y nos ordenó lo referente a la redención del segundo diezmo.

Este segundo diezmo, junto con su quinto adicional es redimido por la presente por una perutá de las monedas que yo he apartado para la redención del segundo diezmo.

Al separa la jalá:

Bendito eres Tú Señor, nuestro Dios, Rey del universo,
que nos ha santificado con Sus preceptos
y nos ordenó apartar la Jalá de la masa.

Al Redimir el Fruto del Cuarto Año ("Neta Revái")

Bendito eres Tú Señor, nuestro Dios, Rey del universo,
que nos ha santificado con Sus preceptos
y nos ordenó lo referente a la redención del fruto del cuarto año.

Al colocar una mezuzá en el marco de la puerta:

Bendito eres Tú Señor, nuestro Dios, Rey del universo,
que nos ha santificado con Sus preceptos y nos ordenó fijar la mezuzá.

---

más común es que si bien existen excepciones, el primer formato es empleado cuando cumplo un precepto que es un deber personal mientras que el segundo se aplica cuando se cumple un precepto en nombre de otros (por ejemplo, cuando el *mohel* circuncida al bebé en representación de sus padres).

ברכות

ברכות המצוות

En ארץ ישראל *al separar la* תרומה *y el* מעשר ראשון *(en caso de duda respecto de si la* תרומה *o el* מעשר *ya han sido separados no se recita la siguiente bendición, pero sí la declaración subsiguiente):*

בָּרוּךְ אַתָּה יהוה אֱלֹהֵינוּ מֶלֶךְ הָעוֹלָם, אֲשֶׁר קִדְּשָׁנוּ בְּמִצְוֹתָיו וְצִוָּנוּ לְהַפְרִישׁ תְּרוּמוֹת וּמַעַשְׂרוֹת.

מַה שֶּׁהוּא יוֹתֵר מֵאֶחָד מִמֵּאָה מִן הַכֹּל שֶׁיֵּשׁ כָּאן, הֲרֵי הוּא תְּרוּמָה גְדוֹלָה בִּצְפוֹנוֹ, וְהָאֶחָד מִמֵּאָה שֶׁנִּשְׁאַר כָּאן עִם תִּשְׁעָה חֲלָקִים כָּמוֹהוּ בַּצַּד הָעֶלְיוֹן שֶׁל הַפֵּרוֹת הַלָּלוּ, הֲרֵי הֵם מַעֲשֵׂר רִאשׁוֹן. אוֹתוֹ הָאֶחָד מִמֵּאָה שֶׁעֲשִׂיתִיו מַעֲשֵׂר רִאשׁוֹן הֲרֵי הוּא תְּרוּמַת מַעֲשֵׂר. עוֹד תִּשְׁעָה חֲלָקִים כָּאֵלֶּה בַּצַּד הַתַּחְתּוֹן שֶׁל הַפֵּרוֹת הֲרֵי הֵם מַעֲשֵׂר שֵׁנִי, וְאִם הֵם חַיָּבִים בְּמַעֲשַׂר עָנִי, הֲרֵי הֵם מַעֲשַׂר עָנִי.

En ארץ ישראל *al separar y redimir el* מעשר שני *(en caso de duda respecto de si fue separado el* מעשר שני*, no se recita la siguiente bendición, pero sí la subsiguiente declaración):*

בָּרוּךְ אַתָּה יהוה אֱלֹהֵינוּ מֶלֶךְ הָעוֹלָם, אֲשֶׁר קִדְּשָׁנוּ בְּמִצְוֹתָיו וְצִוָּנוּ עַל פִּדְיוֹן מַעֲשֵׂר שֵׁנִי.

מַעֲשֵׂר שֵׁנִי זֶה, הוּא וְחֻמְשׁוֹ, הֲרֵי הוּא מְחֻלָּל עַל פְּרוּטָה אַחַת מִן הַמַּטְבֵּעַ שֶׁיִּחַדְתִּי לְפִדְיוֹן מַעֲשֵׂר שֵׁנִי.

Al separa la חלה*:*

בָּרוּךְ אַתָּה יהוה אֱלֹהֵינוּ מֶלֶךְ הָעוֹלָם, אֲשֶׁר קִדְּשָׁנוּ בְּמִצְוֹתָיו וְצִוָּנוּ לְהַפְרִישׁ חַלָּה מִן הָעִסָּה.

Al Redimir el Fruto del Cuarto Año (נטע רבעי)

בָּרוּךְ אַתָּה יהוה אֱלֹהֵינוּ מֶלֶךְ הָעוֹלָם, אֲשֶׁר קִדְּשָׁנוּ בְּמִצְוֹתָיו וְצִוָּנוּ עַל פִּדְיוֹן נֶטַע רְבָעִי.

Al colocar una מזוזה *en el marco de la puerta:*

בָּרוּךְ אַתָּה יהוה אֱלֹהֵינוּ מֶלֶךְ הָעוֹלָם, אֲשֶׁר קִדְּשָׁנוּ בְּמִצְוֹתָיו וְצִוָּנוּ לִקְבֹּעַ מְזוּזָה.

BENDICIONES POR MITZVOT

La mayoría de los preceptos, salvo aquellos que se cumplen "entre el hombre y su prójimo", requieren del recitado de una bendición previo a su ejecución. La bendición es, en efecto, la declaración de la intención de cumplir con el precepto, una expresión de *kavaná*, de intención sagrada. Existen dos formatos básicos, "que nos ordenó…" "y que nos ordenó lo referente a…". La explicación

Al colocar una baranda alrededor de un techo o una cerca alrededor de un pozo:
Bendito eres Tú Señor, nuestro Dios, Rey del universo,
que nos ha santificado con sus preceptos y nos ordenó colocar una baranda.

Una mujer al realizar la inmersión ritual:
Bendito eres Tú Señor, nuestro Dios, Rey del universo,
que nos ha santificado con Sus preceptos
y nos ordenó lo referente a la inmersión ritual.

Al sumergir en la mikve utensilios hechos o comprados a un gentil:
Bendito eres Tú Señor, nuestro Dios, Rey del universo,
que nos ha santificado con Sus preceptos
y nos ordenó lo referente a la inmersión del (los) utensilio(s).

BENDICIONES POR EL DISFRUTE, POR VISTAS ESPECIALES Y POR SONIDOS

Al vestir una prenda nueva:
Bendito eres Tú Señor, nuestro Dios, Rey del universo,
que viste a los desnudos.

Al oler un arbusto o árbol aromático:
Bendito eres Tú Señor, nuestro Dios, Rey del universo,
creador de los árboles aromáticos.

Al oler hierba, césped o flores aromáticas:
Bendito eres Tú Señor, nuestro Dios, Rey del universo,
creador de las hierbas aromáticas.

Al oler fruta aromática:
Bendito eres Tú Señor, nuestro Dios, Rey del universo,
que otorga buen aroma a las frutas.

Al oler aceite de Persimon:
Bendito eres Tú Señor, nuestro Dios, Rey del universo,
creador del aceite agradable.

Al oler otras esencias aromáticas:
Bendito eres Tú Señor, nuestro Dios, Rey del universo,
creador de las especies aromáticas

Al contemplar maravillas naturales tales como el relámpago y el ciclo del sol de veintiocho años:
Bendito eres Tú Señor, nuestro Dios, Rey del universo,
autor de la Obra de la Creación.

Al escuchar un trueno o experimentar un huracán:
Bendito eres Tú Señor, nuestro Dios, Rey del universo
cuya fuerza y poder colman el mundo.

Al contemplar un arcoíris:
Bendito eres Tú Señor, nuestro Dios, Rey del universo,
que recuerda el pacto, es fiel a Su pacto y cumple Su palabra.

Al colocar una baranda alrededor de un techo o una cerca alrededor de un pozo:

בָּרוּךְ אַתָּה יהוה אֱלֹהֵינוּ מֶלֶךְ הָעוֹלָם, אֲשֶׁר קִדְּשָׁנוּ בְּמִצְוֹתָיו וְצִוָּנוּ לַעֲשׂוֹת מַעֲקֶה.

Una mujer al realizar la inmersión ritual:

בָּרוּךְ אַתָּה יהוה אֱלֹהֵינוּ מֶלֶךְ הָעוֹלָם, אֲשֶׁר קִדְּשָׁנוּ בְּמִצְוֹתָיו וְצִוָּנוּ עַל הַטְּבִילָה.

Al sumergir en la mikve utensilios hechos o comprados a un gentil:

בָּרוּךְ אַתָּה יהוה אֱלֹהֵינוּ מֶלֶךְ הָעוֹלָם, אֲשֶׁר קִדְּשָׁנוּ בְּמִצְוֹתָיו וְצִוָּנוּ עַל טְבִילַת כֶּלִי (כֵּלִים).

ברכות הנהנין, הראייה והשמיעה

Al vestir una prenda nueva:

בָּרוּךְ אַתָּה יהוה אֱלֹהֵינוּ מֶלֶךְ הָעוֹלָם, מַלְבִּישׁ עֲרֻמִּים.

Al oler un arbusto o árbol aromático:

בָּרוּךְ אַתָּה יהוה אֱלֹהֵינוּ מֶלֶךְ הָעוֹלָם, בּוֹרֵא עֲצֵי בְשָׂמִים.

Al oler hierba, césped o flores aromáticas:

בָּרוּךְ אַתָּה יהוה אֱלֹהֵינוּ מֶלֶךְ הָעוֹלָם, בּוֹרֵא עִשְׂבֵי בְשָׂמִים.

Al oler fruta aromática:

בָּרוּךְ אַתָּה יהוה אֱלֹהֵינוּ מֶלֶךְ הָעוֹלָם, הַנּוֹתֵן רֵיחַ טוֹב בַּפֵּרוֹת.

Al oler aceite de Persimon:

בָּרוּךְ אַתָּה יהוה אֱלֹהֵינוּ מֶלֶךְ הָעוֹלָם, בּוֹרֵא שֶׁמֶן עָרֵב.

Al oler otras esencias aromáticas:

בָּרוּךְ אַתָּה יהוה אֱלֹהֵינוּ מֶלֶךְ הָעוֹלָם, בּוֹרֵא מִינֵי בְשָׂמִים.

Al contemplar maravillas naturales tales como el relámpago y el ciclo del sol de veintiocho años:

בָּרוּךְ אַתָּה יהוה אֱלֹהֵינוּ מֶלֶךְ הָעוֹלָם, עוֹשֶׂה מַעֲשֵׂה בְרֵאשִׁית.

Al escuchar un trueno o experimentar un huracán:

בָּרוּךְ אַתָּה יהוה אֱלֹהֵינוּ מֶלֶךְ הָעוֹלָם, שֶׁכֹּחוֹ וּגְבוּרָתוֹ מָלֵא עוֹלָם.

Al contemplar un arcoíris:

בָּרוּךְ אַתָּה יהוה אֱלֹהֵינוּ מֶלֶךְ הָעוֹלָם
זוֹכֵר הַבְּרִית וְנֶאֱמָן בִּבְרִיתוֹ וְקַיָּם בְּמַאֲמָרוֹ.

Al contemplar el océano o el Mar Mediterráneo por primera vez en treinta días:
Bendito eres Tú Señor, nuestro Dios, Rey del universo, que ha hecho el gran mar.

Al contemplar árboles que florecen por primera vez en el año:
Bendito eres Tú Señor, nuestro Dios, Rey del universo,
que no permitió que falte nada en Su mundo y creó en este creaturas bellas
y árboles hermosos para el disfrute del ser humano.

Al contemplar escenarios naturales admirables:
Bendito eres Tú Señor, nuestro Dios, Rey del universo,
que ha creado semejantes cosas en Su mundo.

Al contemplar personas o animales inusuales:
Bendito eres Tú Señor, nuestro Dios, Rey del universo,
que hace creaturas diferentes.

Al escuchar buenas nuevas de las cuales tanto los demás como uno mismo se habrán de ver beneficiados:
Bendito eres Tú Señor, nuestro Dios, Rey del universo,
que es bueno y hace el bien.

Al escuchar malas noticias, recitada por el doliente previo al rasgado ritual de sus ropas:
Bendito eres Tú Señor, nuestro Dios, Rey del universo, juez verdadero.

Al contemplar a un notable estudioso de la Torá:
Bendito eres Tú Señor, nuestro Dios, Rey del universo,
que ha dotado de Su sabiduría a quienes con temor Le reverencian.

Al contemplar a un notable erudito secular:
Bendito eres Tú Señor, nuestro Dios, Rey del universo,
que ha compartido de Su sabiduría a los seres humanos.

Al contemplar un monarca o un jefe de estado:
Bendito eres Tú Señor, nuestro Dios, Rey del universo,
que ha compartido de Su gloria a los seres humanos.

Al contemplar 600.000 judíos juntos en Israel:
Bendito eres Tú Señor, nuestro Dios, Rey del universo,
conocedor de todos los ocultos secretos.

Al contemplar un poblado judío en Israel:
Bendito eres Tú Señor, nuestro Dios, Rey del universo,
que afirma la frontera a la viuda.

Al contemplar el sitio en el cual le ocurrió un milagro al pueblo judío:
Bendito eres Tú Señor, nuestro Dios, Rey del universo,
que obró milagros a nuestros ancestros en este sitio.

Al contemplar el sitio en el cual le ocurrió un milagro a uno mismo o bien algún familiar (debe agregar la palabra correspondiente):
Bendito eres Tú Señor, nuestro Dios, Rey del universo,
que obró para mí (o mi padre/ mi madre/ mis padres) un milagro en este sitio.

Al contemplar el océano o el Mar Mediterráneo por primera vez en treinta días:

בָּרוּךְ אַתָּה יהוה אֱלֹהֵינוּ מֶלֶךְ הָעוֹלָם, שֶׁעָשָׂה אֶת הַיָּם הַגָּדוֹל.

Al contemplar árboles que florecen por primera vez en el año:

בָּרוּךְ אַתָּה יהוה אֱלֹהֵינוּ מֶלֶךְ הָעוֹלָם, שֶׁלֹּא חִסַּר בְּעוֹלָמוֹ כְּלוּם וּבָרָא בוֹ בְּרִיּוֹת טוֹבוֹת וְאִילָנוֹת טוֹבִים לְהַנּוֹת בָּהֶם בְּנֵי אָדָם.

Al contemplar escenarios naturales admirables:

בָּרוּךְ אַתָּה יהוה אֱלֹהֵינוּ מֶלֶךְ הָעוֹלָם, שֶׁכָּכָה לּוֹ בְּעוֹלָמוֹ.

Al contemplar personas o animales inusuales:

בָּרוּךְ אַתָּה יהוה אֱלֹהֵינוּ מֶלֶךְ הָעוֹלָם, מְשַׁנֶּה הַבְּרִיּוֹת.

Al escuchar buenas nuevas de las cuales tanto los demás como uno mismo se habrán de ver beneficiados:

בָּרוּךְ אַתָּה יהוה אֱלֹהֵינוּ מֶלֶךְ הָעוֹלָם, הַטּוֹב וְהַמֵּטִיב.

Al escuchar malas noticias, recitada por el doliente previo al rasgado ritual de sus ropas:

בָּרוּךְ אַתָּה יהוה אֱלֹהֵינוּ מֶלֶךְ הָעוֹלָם, דַּיַּן הָאֱמֶת.

Al contemplar a un notable estudioso de la Torá:

בָּרוּךְ אַתָּה יהוה אֱלֹהֵינוּ מֶלֶךְ הָעוֹלָם, שֶׁחָלַק מֵחָכְמָתוֹ לִירֵאָיו.

Al contemplar a un notable erudito secular:

בָּרוּךְ אַתָּה יהוה אֱלֹהֵינוּ מֶלֶךְ הָעוֹלָם, שֶׁנָּתַן מֵחָכְמָתוֹ לְבָשָׂר וָדָם.

Al contemplar un monarca o un jefe de estado:

בָּרוּךְ אַתָּה יהוה אֱלֹהֵינוּ מֶלֶךְ הָעוֹלָם, שֶׁנָּתַן מִכְּבוֹדוֹ לְבָשָׂר וָדָם.

Al contemplar 600.000 judíos juntos en ארץ ישראל*:*

בָּרוּךְ אַתָּה יהוה אֱלֹהֵינוּ מֶלֶךְ הָעוֹלָם, חֲכַם הָרָזִים.

Al contemplar un poblado judío en ארץ ישראל*:*

בָּרוּךְ אַתָּה יהוה אֱלֹהֵינוּ מֶלֶךְ הָעוֹלָם
מַצִּיב גְּבוּל אַלְמָנָה.

Al contemplar el sitio en el cual le ocurrió un milagro al pueblo judío:

בָּרוּךְ אַתָּה יהוה אֱלֹהֵינוּ מֶלֶךְ הָעוֹלָם
שֶׁעָשָׂה נִסִּים לַאֲבוֹתֵינוּ בַּמָּקוֹם הַזֶּה.

Al contemplar el sitio en el cual le ocurrió un milagro a uno mismo o bien algún familiar (debe agregar la palabra correspondiente):

בָּרוּךְ אַתָּה יהוה אֱלֹהֵינוּ מֶלֶךְ הָעוֹלָם
שֶׁעָשָׂה לִי (לְאָבִי/לְאִמִּי/לַאֲבוֹתַי) נֵס בַּמָּקוֹם הַזֶּה.

BENDICIONES ADICIONALES

Tras haber evacuado y haberse lavado las manos se dice:

Bendito eres Tú SEÑOR,nuestro Dios, Rey del universo, que formó al hombre con sabiduría y creó en él numerosos orificios y cavidades. Es revelado y sabido ante el Trono de Tu gloria que, si uno de estos se desobturase o bloquease, sería imposible sobrevivir y permanecer ante Ti. Bendito eres Tú SEÑOR, que curas toda carne y obras maravillas.

Al visitar el cementerio o divisar una tumba judía por primera vez en treinta días:

Bendito eres Tú SEÑOR, nuestro Dios, Rey del universo que os ha creado con justicia, os ha alimentado y sustentado con justicia, y os ha hecho fallecer con justicia, y conoce el número de todos vosotros con justicia, y en el futuro os habrá de devolver a la vida con justicia. Bendito eres Tú SEÑOR, que revive a los muertos.

SEÑOR, Tú eres eternamente poderoso, Tú revives a los muertos y tienes gran poder de salvación. Sostiene con benevolencia a todos los seres vivos, revive a los muertos con gran misericordia, da soporte a quienes se caen, cura a los enfermos, libera a los prisioneros y cumple Su promesa con quienes yacen ya en la tierra. ¿Quién es como Tú Todopoderoso? ¿Quién se Te puede asemejar? Rey que quita la vida y la restaura y hace brotar la Redención. Eres fiel en revivir a los muertos.

Únicamente en casos de especial urgencia (ver ley 363) se recita la siguiente versión abreviada de la Amidá. Primeramente, se recitan las tres primeras bendiciones de la Amidá desde "SEÑOR, abre mis labios" en la página 108 hasta "el Dios santo" en la página 114, y luego se dice:

הֲבִינֵנוּ Concédenos entendimiento SEÑOR, nuestro Dios, para que conozcamos Tus caminos. Sensibiliza nuestros corazones para que Te reverenciemos y perdónanos para que podamos ser redimidos, y aléjanos de todo dolor y sácianos con las pasturas de Tu tierra, reúne a nuestros dispersos de los cuatro confines de la tierra. Que aquellos que se extravíen sean juzgados conforme a Tu voluntad y alces Tu mano contra los malvados, y los justos se regocijarán en la reconstrucción de Tu ciudad y la reparación de Tu Santuario y en el florecimiento de la gloria de Tu siervo David y en la radiante luz del hijo de Yshai Tu ungido. Que antes que te invoquemos ya nos respondas. Bendito eres Tú SEÑOR, que atiende la plegaria.

Continuar con las tres bendiciones finales de la Amidá desde "Acepta con benevolencia" en la página 126 hasta el final.

En casos extremos en los cuales no hay tiempo para recitar la versión abreviada que se encuentra arriba, se debe recitar el siguiente pasaje. Sin embargo, si más tarde es posible rezar, se debe recitar la Amidá completa.

צָרְכֵי Las necesidades de Tu pueblo Israel son numerosas y su paciencia es escasa. Sea Tu voluntad SEÑOR, Dios nuestro y de nuestros ancestros, que otorgues a cada uno su sustento y a cada cuerpo su faltante y hagas lo que consideras correcto ante Tus ojos. Bendito eres Tú SEÑOR, que escucha la plegaria.

ברכות נוספות

Tras haber evacuado y haberse lavado las manos se dice:

בָּרוּךְ אַתָּה יהוה אֱלֹהֵינוּ מֶלֶךְ הָעוֹלָם, אֲשֶׁר יָצַר אֶת הָאָדָם בְּחָכְמָה, וּבָרָא בוֹ נְקָבִים נְקָבִים, חֲלוּלִים חֲלוּלִים. גָּלוּי וְיָדוּעַ לִפְנֵי כִסֵּא כְבוֹדֶךָ, שֶׁאִם יִפָּתֵחַ אֶחָד מֵהֶם אוֹ יִסָּתֵם אֶחָד מֵהֶם, אִי אֶפְשָׁר לְהִתְקַיֵּם וְלַעֲמֹד לְפָנֶיךָ. בָּרוּךְ אַתָּה יהוה, רוֹפֵא כָל בָּשָׂר וּמַפְלִיא לַעֲשׂוֹת.

Al visitar el cementerio o divisar una tumba judía por primera vez en treinta días:

בָּרוּךְ אַתָּה יהוה אֱלֹהֵינוּ מֶלֶךְ הָעוֹלָם, אֲשֶׁר יָצַר אֶתְכֶם בַּדִּין, וְזָן וְכִלְכֵּל אֶתְכֶם בַּדִּין, וְהֵמִית אֶתְכֶם בַּדִּין, וְיוֹדֵעַ מִסְפַּר כֻּלְּכֶם בַּדִּין, וְהוּא עָתִיד לְהַחֲיוֹתְכֶם וּלְקַיֵּם אֶתְכֶם בַּדִּין. בָּרוּךְ אַתָּה יהוה, מְחַיֵּה הַמֵּתִים.

אַתָּה גִּבּוֹר לְעוֹלָם אֲדֹנָי, מְחַיֵּה מֵתִים אַתָּה, רַב לְהוֹשִׁיעַ, מְכַלְכֵּל חַיִּים בְּחֶסֶד, מְחַיֵּה מֵתִים בְּרַחֲמִים רַבִּים, סוֹמֵךְ נוֹפְלִים, וְרוֹפֵא חוֹלִים, וּמַתִּיר אֲסוּרִים, וּמְקַיֵּם אֱמוּנָתוֹ לִישֵׁנֵי עָפָר. מִי כָמוֹךָ בַּעַל גְּבוּרוֹת וּמִי דּוֹמֶה לָּךְ, מֶלֶךְ מֵמִית וּמְחַיֶּה וּמַצְמִיחַ יְשׁוּעָה, וְנֶאֱמָן אַתָּה לְהַחֲיוֹת מֵתִים.

Únicamente en casos de especial urgencia (ver ley 363) se recita la siguiente versión abreviada de la עמידה*. Primeramente, se recitan las tres primeras* ברכות *de la* עמידה *desde* אֲדֹנָי, שְׂפָתַי תִּפְתָּח *en la página 109 hasta* הַקָּדוֹשׁ *en la página 115, y luego se dice:*

הֲבִינֵנוּ יהוה אֱלֹהֵינוּ לָדַעַת דְּרָכֶיךָ, וּמוֹל אֶת לְבָבֵנוּ לְיִרְאָתֶךָ, וְתִסְלַח לָנוּ לִהְיוֹת גְּאוּלִים, וְרַחֲקֵנוּ מִמַּכְאוֹב, וְדַשְּׁנֵנוּ בִּנְאוֹת אַרְצֶךָ, וּנְפוּצוֹתֵינוּ מֵאַרְבַּע תְּקַבֵּץ, וְהַתּוֹעִים עַל דַּעְתְּךָ יִשָּׁפֵטוּ, וְעַל הָרְשָׁעִים תָּנִיף יָדֶךָ, וְיִשְׂמְחוּ צַדִּיקִים בְּבִנְיַן עִירֶךָ וּבְתִקּוּן הֵיכָלֶךָ, וּבִצְמִיחַת קֶרֶן לְדָוִד עַבְדֶּךָ וּבַעֲרִיכַת נֵר לְבֶן יִשַׁי מְשִׁיחֶךָ, טֶרֶם נִקְרָא אַתָּה תַעֲנֶה. בָּרוּךְ אַתָּה יהוה, שׁוֹמֵעַ תְּפִלָּה.

Continuar con las tres ברכות *finales de la Amidá desde* רְצֵה *en la página 127 hasta el final.*

En casos extremos en los cuales no hay tiempo para recitar la versión abreviada que se encuentra arriba, se debe recitar el siguiente pasaje. Sin embargo, si más tarde es posible rezar, se debe recitar la עמידה *completa.*

צָרְכֵי עַמְּךָ יִשְׂרָאֵל מְרֻבִּים וְדַעְתָּם קְצָרָה. יְהִי רָצוֹן מִלְּפָנֶיךָ יהוה אֱלֹהֵינוּ וֵאלֹהֵי אֲבוֹתֵינוּ, שֶׁתִּתֵּן לְכָל אֶחָד וְאֶחָד כְּדֵי פַּרְנָסָתוֹ, וּלְכָל גְּוִיָּה וּגְוִיָּה דֵּי מַחְסוֹרָהּ, וְהַטּוֹב בְּעֵינֶיךָ עֲשֵׂה. בָּרוּךְ אַתָּה יהוה, שׁוֹמֵעַ תְּפִלָּה.

CEREMONIA CON MOTIVO DE LA INAUGURACIÓN DE UNA CASA

מִזְמוֹר Salmo de David. Cántico para la dedicación de la Casa. Te exaltaré Señor porque me has levantado y no permitiste que mis enemigos se regocijen sobre mí. Señor, mi Dios, clamé a Ti y me curaste. Señor, elevaste mi alma del sepulcro, evitaste que descienda al pozo. Cantad al Señor, vosotros Sus devotos, agradeced a Su Nombre Sagrado. Ya que Su enojo es momentáneo pero Su favor por toda la vida. En la noche pernoctará con llanto, pero por la mañana todo es regocijo. Yo me había dicho en mi tranquilidad: jamás vacilaré. Señor, es gracias a Tu Voluntad que me has mantenido en las cumbres de mi vigor; pero si Tu rostro has de ocultar me habría aterrado. A Ti Señor he clamado, a mi Señor supliqué: "¿Qué beneficio puede haber si muero y desciendo al sepulcro? ¿Acaso el polvo podrá agradecerte? ¿Podrá declarar Tu verdad? Señor, escúchame con favor, ayúdame". Transformaste mi pesar en danza, quitaste mis harapos y me ceñiste de regocijo, para que mi alma pueda cantar Tu gloria sin callar. Señor, mi Dios, por siempre Te agradeceré. *Sal. 30*

מִזְמוֹר Salmo de David, Señor: ¿Quién habrá de morar en Tu tienda? ¿Quién habitará en Tu monte sagrado? Aquel que anda con integridad, actúa con justicia y habla verdad en su corazón. Aquel que no tiene calumnia sobre la lengua ni ha infligido el mal a su prójimo ni ha causado oprobio a su pariente; aquel que detesta la vileza, honra a los temerosos del Señor, aquel que no altera su promesa, aunque ello sea en su propio perjuicio: No presta su dinero a usura ni acepta sobornos para afectar a un inocente. Aquel que proceda de esta forma, jamás sucumbirá. *Sal. 15*

Allí donde corresponda, la ceremonia debería comenzar con la fijación de las mezuzot y el recitado de la bendición correspondiente junto con la de *Shehejeianu* (páginas 999 y 995).

Luego, se recita Salmos 30, ya que se trata de un "Cántico para la dedicación de la Casa". Salmos 15 habla de las cualidades requeridas para "morar en la tienda" de Dios, cuando el vocablo "tienda" es entendido por nuestros sabios como una metáfora del hogar judío (como en el caso de "Qué buenas son tus tiendas Ya'akov, tus lugares de residencia, Israel").

סדר חנוכת הבית

מִזְמוֹר שִׁיר־חֲנֻכַּת הַבַּיִת לְדָוִד: אֲרוֹמִמְךָ יהוה כִּי דִלִּיתָנִי, וְלֹא־ תהלים ל
שִׂמַּחְתָּ אֹיְבַי לִי: יהוה אֱלֹהָי, שִׁוַּעְתִּי אֵלֶיךָ וַתִּרְפָּאֵנִי: יהוה, הֶעֱלִיתָ
מִן־שְׁאוֹל נַפְשִׁי, חִיִּיתַנִי מִיָּרְדִי־בוֹר: זַמְּרוּ לַיהוה חֲסִידָיו, וְהוֹדוּ
לְזֵכֶר קָדְשׁוֹ: כִּי רֶגַע בְּאַפּוֹ, חַיִּים בִּרְצוֹנוֹ, בָּעֶרֶב יָלִין בֶּכִי וְלַבֹּקֶר
רִנָּה: וַאֲנִי אָמַרְתִּי בְשַׁלְוִי, בַּל־אֶמּוֹט לְעוֹלָם: יהוה, בִּרְצוֹנְךָ
הֶעֱמַדְתָּה לְהַרְרִי עֹז, הִסְתַּרְתָּ פָנֶיךָ הָיִיתִי נִבְהָל: אֵלֶיךָ יהוה
אֶקְרָא, וְאֶל־אֲדֹנָי אֶתְחַנָּן: מַה־בֶּצַע בְּדָמִי, בְּרִדְתִּי אֶל שָׁחַת,
הֲיוֹדְךָ עָפָר, הֲיַגִּיד אֲמִתֶּךָ: שְׁמַע־יהוה וְחָנֵּנִי, יהוה הֱיֵה־עֹזֵר לִי:
הָפַכְתָּ מִסְפְּדִי לְמָחוֹל לִי, פִּתַּחְתָּ שַׂקִּי, וַתְּאַזְּרֵנִי שִׂמְחָה: לְמַעַן
יְזַמֶּרְךָ כָבוֹד וְלֹא יִדֹּם, יהוה אֱלֹהַי, לְעוֹלָם אוֹדֶךָּ:

מִזְמוֹר לְדָוִד, יהוה מִי־יָגוּר בְּאָהֳלֶךָ, מִי־יִשְׁכֹּן בְּהַר קָדְשֶׁךָ: הוֹלֵךְ תהלים טו
תָּמִים וּפֹעֵל צֶדֶק, וְדֹבֵר אֱמֶת בִּלְבָבוֹ: לֹא־רָגַל עַל־לְשֹׁנוֹ, לֹא־
עָשָׂה לְרֵעֵהוּ רָעָה, וְחֶרְפָּה לֹא־נָשָׂא עַל־קְרֹבוֹ: נִבְזֶה בְּעֵינָיו
נִמְאָס, וְאֶת־יִרְאֵי יהוה יְכַבֵּד, נִשְׁבַּע לְהָרַע וְלֹא יָמִר: כַּסְפּוֹ לֹא־נָתַן
בְּנֶשֶׁךְ, וְשֹׁחַד עַל־נָקִי לֹא־לָקָח, עֹשֵׂה אֵלֶּה, לֹא יִמּוֹט לְעוֹלָם:

CEREMONIA CON MOTIVO DE LA INAUGURACIÓN DE UNA CASA

La Torá menciona la inauguración de una casa: "Y hablarán los oficiales al pueblo diciendo: "aquel que haya edificado una casa y no la haya inaugurado que vuelva a su casa, no sea que muera en la batalla y otro hombre la inaugure". (Deuteronomio 20:5). Además, existen también descripciones de la inauguración del altar (Números, cap. 7) así como del Templo (1 Reyes, cap. 8).

La literatura rabínica temprana no menciona la inauguración de una casa más allá del recitado de la bendición de *Shehejeianu* (que nos ha dado vida, nos sostuvo y nos ha permitido llegar a este momento) al momento de fijar la mezuzá. La actual ceremonia es parte de una costumbre anglo-judía de larga data compilada por el Gran Rabino Solomon Hirschell; otra fue compilada por el Gran Rabino Dr. Hermann Adler, que representa la base del presente texto.

רִבּוֹן הָעוֹלָם Soberano del universo, contempla desde Tu sagrada morada y acepta con compasión y benevolencia la plegaria de Tus hijos y sus súplicas, que se han reunido aquí para inaugurar esta casa y elevar ante Ti sus agradecimientos por toda la generosidad y a verdad que has obrado para con ellos. Por favor, no apartes de ellos Tu Bondad ni dejes sin efecto el pacto de Tu paz. Defiende este su hogar para que no les acontezca desgracia alguna, no se les acerque afección alguna o dolor ni se escuche en su interior grito desgarrador alguno. Permite que los habitantes de esta casa moren en ella en hermandad y amistad, que puedan amarte, reverenciarte y apegarse a Ti, estudiar Tu Torá y cumplir sus preceptos.

Agregar las palabras entre paréntesis que resulten oportunas:

הָרֵק Derrama Tus bendiciones sobre el dueño de casa. El Señor *Deut. 33*
bendiga sus recursos y sea aceptada la obra de sus manos. Mantenlo alejado de todo pecado y transgresión, y Tu beneplácito repose sobre él, estableciendo así la obra de sus manos. Que Tu benevo- *Prov. 31*
lencia anide sobre su esposa, aquella que contempla y vela por la conducta de su familia. Haz de saber, que una mujer temerosa del Señor es aquella que debe ser ensalzada. (Haz descender sobre sus hijos e hijas espíritu de sabiduría y entendimiento, guíalos por la senda de Tus preceptos de modo tal que todos aquellos que los *Is. 61*
vean reconozcan en ellos a la simiente bendecida por el Señor, bendecidos con Torá y temor reverente al cielo). Protégelos de todo mal, guarda sus almas, para que se cumpla en ellos Tu promesa: "Bendito serás al venir y bendito serás al partir". Tal como *Deut. 33*
tuvimos el mérito de poder inaugurar esta casa, que ahora también el mérito de presenciar la inauguración de la Casa Grande y Sagrada en Jerusalém Tu ciudad, sitio de reunión de santas convocaciones, prontamente en nuestros días. Amén.

Divina Presencia. Y es allí donde generamos *Shalom Bait*, "paz en el hogar", de la cual, según creemos, fluye la paz al mundo entero (ver Maimónides, Leyes de Janucá 4:14).

רִבּוֹן הָעוֹלָם, הַשְׁקִיפָה מִמְּעוֹן קָדְשְׁךָ, וְקַבֵּל בְּרַחֲמִים וּבְרָצוֹן אֶת תְּפִלַּת בָּנֶיךָ וְתַחֲנוּנָם, אֲשֶׁר הִתְאַסְּפוּ פֹּה לַחֲנֹךְ אֶת הַבַּיִת הַזֶּה וּלְהַקְרִיב לְפָנֶיךָ אֶת תּוֹדָתָם עַל כָּל הַחֶסֶד וְהָאֱמֶת אֲשֶׁר עָשִׂיתָ אִתָּם. אָנָּא חַסְדְּךָ מֵאִתָּם אַל יָמוּשׁ, וּבְרִית שְׁלוֹמְךָ אַל תָּמוּט. הָגֵן בְּעַד בֵּית מְגוּרֵיהֶם, לֹא תְאֻנֶּה אֵלָיו רָעָה, וְנֶגַע וְצַעַר לֹא יִקְרְבוּ אֵלָיו, וְלֹא יִשָּׁמַע קוֹל צְוָחָה בְּתוֹכוֹ. זַכֵּה אֶת בְּנֵי הַבַּיִת לָשֶׁבֶת בְּמִשְׁכְּנָם בְּאַחֲוָה וְרֵעוּת, לְאַהֲבָה וּלְיִרְאָה אוֹתְךָ וּלְדָבְקָה בָךְ, לַהֲגוֹת בְּתוֹרָתְךָ וּלְקַיֵּם מִצְוֹתֶיהָ.

Agregar las palabras entre paréntesis que resulten oportunas:

דברים לג הָרֵק בִּרְכוֹתֶיךָ עַל בַּעַל הַבַּיִת. בָּרֵךְ יהוה חֵילוֹ, וּפֹעַל יָדָיו תִּרְצֶה:
הַרְחִיקֵהוּ מִידֵי עֲבֵרָה וְעָוֹן, וִיהִי נֹעַם עָלָיו, וּמַעֲשֵׂה יָדָיו כּוֹנְנֵהוּ.
משלי לא יְהִי נָא חַסְדְּךָ אֶת אִשְׁתּוֹ, צוֹפִיָּה הֲלִיכוֹת בֵּיתָהּ: וְתֵדַע כִּי, אִשָּׁה
יִרְאַת־יהוה הִיא תִתְהַלָּל: (הוֹפַע עַל בְּנֵיהֶם וּבְנוֹתֵיהֶם רוּחַ
ישעיה סא חָכְמָה וּבִינָה, הַדְרִיכֵם בִּנְתִיב מִצְוֹתֶיךָ, וְכָל־רוֹאֵיהֶם יַכִּירוּם
כִּי הֵם זֶרַע בֵּרַךְ יהוה, בְּרוּכִים בַּתּוֹרָה וּבְיִרְאַת שָׁמָיִם.) שָׁמְרֵם
דברים כח מִכָּל רָע, שְׁמֹר אֶת נַפְשָׁם, וִיקַיֵּם בָּהֶם: בָּרוּךְ אַתָּה בְּבֹאֶךָ, וּבָרוּךְ
אַתָּה בְּצֵאתֶךָ: וְכַאֲשֶׁר זָכִינוּ לַחֲנֹךְ אֶת הַבַּיִת הַזֶּה עַתָּה, כֵּן
נִזְכֶּה גַם יַחַד לִרְאוֹת חֲנֻכַּת הַבַּיִת הַגָּדוֹל וְהַקָּדוֹשׁ בִּירוּשָׁלַיִם
עִירְךָ, קִרְיַת מוֹעֲדֵינוּ, בִּמְהֵרָה בְיָמֵינוּ, אָמֵן.

רִבּוֹן הָעוֹלָם *Soberano del universo:* Plegaria de acción de gracias seguida de pedidos por el bienestar de quienes habitan la casa. La santidad del hogar es fundamental para el judaísmo. Esa allí donde se celebran el amor entre marido y mujer - el cual simboliza el amor entre Dios y el pueblo de Israel. Es allí donde, bendición de Dios mediante, los padres transmiten su fe y sus enseñanzas a sus hijos. Es allí donde practicamos la hospitalidad, la cual, según nuestros sabios, es más trascendente que el mismo recibimiento de la

LA PLEGARIA DEL VIAJERO

Si se tiene la intención de regresar a la casa el mismo día se agregan las palabras entre paréntesis:

יְהִי רָצוֹן Sea Tu voluntad SEÑOR,
Dios nuestro y de nuestros ancestros,
que nos conduzcas hacia la paz,
dirijas nuestros pasos hacia la paz,
nos guíes hacia la paz
y nos lleves a nuestro destino deseado con vida, felicidad y en paz
(y nos devuelvas a nuestro hogar en paz),
y nos salves de mano de todo enemigo
que pueda emboscarnos en el camino
y de todo tipo de desgracias que pudiesen sobrevenir al mundo.
Envía bendición a la obra de nuestras manos,
y permítenos hallar gracia, benevolencia y compasión ante Tus ojos
y los ojos de todos aquellos que nos ven
y escucha la voz de nuestras súplicas,
pues Tú Dios escuchas la plegaria y la súplica.
Bendito eres Tú SEÑOR, que atiendes las plegarias.

El SEÑOR resguardará tu salida y tu retorno *Sal. 121*
desde hoy y para siempre.

Repetir tres veces:

וַיַּעֲקֹב Y Ya'akov emprendió su camino y ángeles de Dios lo hallaron. *Gén. 32*
Y dijo Ya'akov al contemplarlos: "Se trata de un campamento de Dios",
y llamó a ese sitio Majanaim (dos campamentos).

Repetir tres veces:

יְבָרֶכְךָ El SEÑOR te bendiga y te guarde. *Núm. 6*
El SEÑOR te ilumine con Su Presencia y te agracie.
El SEÑOR dirija Su Presencia hacia ti y te conceda la paz.

שִׁיר לַמַּעֲלוֹת Cántico de las ascensiones. Elevaré mis ojos hacia las montañas, ¿de dónde vendrá mi ayuda? Mi ayuda proviene del SEÑOR que creó los cielos y la tierra. Él no permitirá que resbale tu pie; tu guardián no dormita. El Guardián de Israel no descansa ni duerme. El SEÑOR te cuidará, será la protección a tu diestra. El sol no te abrasará de día ni la luna te afectará por la noche. El SEÑOR te cuidará de todo mal, cuidará tu alma. El SEÑOR resguardará tu salida y tu retorno desde hoy y para siempre. *Sal. 121*

תפילת הדרך

Si se tiene la intención de regresar a la casa el mismo día se agregan las palabras entre paréntesis:

יְהִי רָצוֹן מִלְּפָנֶיךָ, יהוה אֱלֹהֵינוּ וֵאלֹהֵי אֲבוֹתֵינוּ
שֶׁתּוֹלִיכֵנוּ לְשָׁלוֹם, וְתַצְעִידֵנוּ לְשָׁלוֹם, וְתַדְרִיכֵנוּ לְשָׁלוֹם
וְתַגִּיעֵנוּ לִמְחוֹז חֶפְצֵנוּ לְחַיִּים וּלְשִׂמְחָה וּלְשָׁלוֹם
(וְתַחֲזִירֵנוּ לְבֵיתֵנוּ לְשָׁלוֹם)
וְתַצִּילֵנוּ מִכַּף כָּל אוֹיֵב וְאוֹרֵב בַּדֶּרֶךְ
וּמִכָּל מִינֵי פֻּרְעָנֻיּוֹת הַמִּתְרַגְּשׁוֹת לָבוֹא לָעוֹלָם
וְתִשְׁלַח בְּרָכָה בְּמַעֲשֵׂה יָדֵינוּ
וְתִתְּנֵנוּ לְחֵן וּלְחֶסֶד וּלְרַחֲמִים בְּעֵינֶיךָ וּבְעֵינֵי כָל רוֹאֵינוּ
וְתִשְׁמַע קוֹל תַּחֲנוּנֵינוּ
כִּי אֵל שׁוֹמֵעַ תְּפִלָּה וְתַחֲנוּן אָתָּה.
בָּרוּךְ אַתָּה יהוה, שׁוֹמֵעַ תְּפִלָּה.

יהוה יִשְׁמָר־צֵאתְךָ וּבוֹאֶךָ, מֵעַתָּה וְעַד־עוֹלָם: תהלים קכא

Repetir tres veces:

וְיַעֲקֹב הָלַךְ לְדַרְכּוֹ, וַיִּפְגְּעוּ־בוֹ מַלְאֲכֵי אֱלֹהִים: בראשית לב
וַיֹּאמֶר יַעֲקֹב כַּאֲשֶׁר רָאָם, מַחֲנֵה אֱלֹהִים זֶה
וַיִּקְרָא שֵׁם־הַמָּקוֹם הַהוּא מַחֲנָיִם:

Repetir tres veces:

יְבָרֶכְךָ יהוה וְיִשְׁמְרֶךָ: במדבר ו
יָאֵר יהוה פָּנָיו אֵלֶיךָ וִיחֻנֶּךָּ:
יִשָּׂא יהוה פָּנָיו אֵלֶיךָ וְיָשֵׂם לְךָ שָׁלוֹם:

שִׁיר לַמַּעֲלוֹת, אֶשָּׂא עֵינַי אֶל־הֶהָרִים, מֵאַיִן יָבֹא עֶזְרִי: עֶזְרִי מֵעִם יהוה, תהלים קכא
עֹשֵׂה שָׁמַיִם וָאָרֶץ: אַל־יִתֵּן לַמּוֹט רַגְלֶךָ, אַל־יָנוּם שֹׁמְרֶךָ: הִנֵּה לֹא־יָנוּם
וְלֹא יִישָׁן, שׁוֹמֵר יִשְׂרָאֵל: יהוה שֹׁמְרֶךָ, יהוה צִלְּךָ עַל־יַד יְמִינֶךָ: יוֹמָם
הַשֶּׁמֶשׁ לֹא־יַכֶּכָּה, וְיָרֵחַ בַּלָּיְלָה: יהוה יִשְׁמָרְךָ מִכָּל־רָע, יִשְׁמֹר אֶת־נַפְשֶׁךָ:
יהוה יִשְׁמָר־צֵאתְךָ וּבוֹאֶךָ, מֵעַתָּה וְעַד־עוֹלָם:

מעגל החיים
EL CICLO DE LA VIDA

BRIT MILÁ

Cuando el bebé es traído todos se ponen de pie y dicen:

¡Bienvenido!

El mohel (en algunas congregaciones todos los presentes) dice (en Israel se omite):

וַיְדַבֵּר Entonces el SEÑOR habló a Moishé, diciendo: Pinjás hijo de Eleazar, hijo de Aharón HaCohén ha hecho apartar mi furor de los hijos de Israel, al celar mi celo en el seno de ellos; por lo cual yo no he consumido en mi celo a los hijos de Israel. Por lo tanto, diles: He aquí Yo establezco Mi pacto de paz con él. *Núm. 25*

Los siguientes versículos hasta "Por favor, SEÑOR, haznos prosperar" sólo se dicen en Israel.

Mohel: Dichoso aquel a quien Tú eliges y acercas para morar en Tus atrios. *Sal. 65*

Todos: Que seamos saciados del bien de Tu Casa, de Tu sagrado Templo.

El padre toma al bebé en sus manos y dice en voz baja:

אִם אֶשְׁכָּחֵךְ Si te olvidare oh Jerusalém que mi diestra sea olvidada, se adhiera mi lengua a mi paladar si no te recordare, si no habré de elevar a Jerusalém por sobre toda mi alegría. *Sal. 137*

El padre dice en voz alta y es seguido por la congregación:

Escucha Israel, el SEÑOR es nuestro Dios, el SEÑOR es Uno. *Deut. 6*

El mohel, seguido por la congregación recita cada una de las siguientes tres frases:

El SEÑOR reina, el SEÑOR ha reinado,
el SEÑOR reinará por toda la eternidad.
Por favor, SEÑOR, sálvanos. *Sal. 118*
Por favor, SEÑOR, haznos prosperar.

El bebé es colocado sobre la silla de Eliahu y el mohel dice:

Esta es la silla del profeta Eliahu, que sea recordado con bien.

El mohel continúa:

לִישׁוּעָתְךָ Tu salvación he anhelado SEÑOR. Aguardo Tu liberación SEÑOR, y Tus mandamientos he cumplido. Eliahu, ángel del pacto, contempla, lo que te pertenece está ante ti, párate a mi diestra y *Gén. 49 Sal. 119*

סדר ברית מילה

Cuando el bebé es traído todos se ponen de pie y dicen:

בָּרוּךְ הַבָּא.

El מוהל *(en algunas congregaciones todos los presentes) dice (en* ארץ ישראל *se omite):*

במדבר כה וַיְדַבֵּר יהוה אֶל־מֹשֶׁה לֵּאמֹר: פִּינְחָס בֶּן־אֶלְעָזָר בֶּן־אַהֲרֹן הַכֹּהֵן הֵשִׁיב אֶת־חֲמָתִי מֵעַל בְּנֵי־יִשְׂרָאֵל, בְּקַנְאוֹ אֶת־קִנְאָתִי בְּתוֹכָם, וְלֹא־כִלִּיתִי אֶת־בְּנֵי־יִשְׂרָאֵל בְּקִנְאָתִי: לָכֵן אֱמֹר, הִנְנִי נֹתֵן לוֹ אֶת־בְּרִיתִי שָׁלוֹם:

Los siguientes versículos hasta אָנָּא יהוה הַצְלִיחָה נָּא *sólo se dicen en Israel.*

תהלים סה המוהל: אַשְׁרֵי תִּבְחַר וּתְקָרֵב, יִשְׁכֹּן חֲצֵרֶיךָ

הקהל: נִשְׂבְּעָה בְּטוּב בֵּיתֶךָ, קְדֹשׁ הֵיכָלֶךָ:

El padre toma al bebé en sus manos y dice en voz baja:

תהלים קלז אִם־אֶשְׁכָּחֵךְ יְרוּשָׁלָםִ, תִּשְׁכַּח יְמִינִי: תִּדְבַּק לְשׁוֹנִי לְחִכִּי
אִם־לֹא אֶזְכְּרֵכִי, אִם־לֹא אַעֲלֶה אֶת־יְרוּשָׁלַםִ עַל רֹאשׁ שִׂמְחָתִי:

El padre dice en voz alta y es seguido por el קהל*:*

דברים ו שְׁמַע יִשְׂרָאֵל, יהוה אֱלֹהֵינוּ, יהוה אֶחָד:

El מוהל*, seguido por el* קהל *recita cada una de las siguientes tres frases:*

יהוה מֶלֶךְ, יהוה מָלָךְ, יהוה יִמְלֹךְ לְעוֹלָם וָעֶד.
תהלים קיח אָנָּא יהוה הוֹשִׁיעָה נָּא
אָנָּא יהוה הַצְלִיחָה נָא:

El bebé es colocado sobre el כסא של אליהו *y el* מוהל *dice:*

זֶה הַכִּסֵּא שֶׁל אֵלִיָּהוּ הַנָּבִיא זָכוּר לַטּוֹב.

El מוהל *continúa:*

בראשית מט / תהלים קיט לִישׁוּעָתְךָ קִוִּיתִי יהוה: שִׂבַּרְתִּי לִישׁוּעָתְךָ יהוה, וּמִצְוֹתֶיךָ עָשִׂיתִי: אֵלִיָּהוּ מַלְאַךְ הַבְּרִית, הִנֵּה שֶׁלְּךָ לְפָנֶיךָ, עֲמֹד עַל יְמִינִי וְסָמְכֵנִי.

mantente cerca mío. Aguardo Tu liberación Señor. Me regocijo en Sal. 119
Tu palabra como quien halla un gran tesoro. Haya abundante paz para
aquellos que aman Tu Torá y no conocerán obstáculo. Feliz de aquel Sal. 65
a quien Tú eliges y acercas para morar en Tus atrios.

Todos responden:

Que seamos saciados del bien de Tu Casa, de Tu sagrado Templo.

El bebé es colocado sobre las rodillas del sandak y el mohel dice:

בָּרוּךְ Bendito eres Tú Señor, nuestro Dios, Rey del universo,
que nos ha santificado con Sus preceptos
y nos ordenó lo concerniente a la circuncisión.

Inmediatamente después de la circuncisión el padre dice:

בָּרוּךְ Bendito eres Tú Señor, nuestro Dios, Rey del universo,
que nos ha santificado con Sus preceptos
y nos ordenó ingresarlo (a nuestro hijo)
al pacto de nuestro patriarca Abraham.

En Israel el padre agrega (fuera de Israel algunos también lo hacen):

בָּרוּךְ Bendito eres Tú Señor, nuestro Dios, Rey del universo,
que nos ha dado vida, nos sostuvo
y nos ha permitido llegar a este momento.

Todos responden:

אָמֵן Amén. Así como ingresó al pacto, de igual forma que ingrese
al estudio de la Torá, a la jupá y a la realización de buenas acciones.

---

de una bendición separada que no alude a la circuncisión en sí sino a aquello que representa, esto es, el ingreso a la vida del pacto bajo las alas protectoras de la Divina Presencia (*Aruj HaShulján, Ioré Deá* 365:2). (3) *Que ha consagrado al amado (Ytzjak) desde el vientre materno* – se trata de una bendición de reconocimiento - Ytzjak fue el primer niño en pasar circuncisión a la edad de ocho días. Él fue consagrado previo a su nacimiento pues a Abraham le fue dicho que Ytzjak es quien continuaría el pacto (Génesis 17:19-21).

כְּשֵׁם שֶׁנִּכְנַס לַבְּרִית *Así como ingresó al pacto:* Esta respuesta por parte de los presentes ha sido ya mencionada en la temprana literatura rabínica. Estas tres frases aluden a los deberes del padre para con un hijo: (1) Enseñarle Torá. (2) Asegurar que se case. (3) Educarlo en la realización de buenas acciones,

שִׂבַּרְתִּי לִישׁוּעָתְךָ יהוה: שָׂשׂ אָנֹכִי עַל־אִמְרָתֶךָ, כְּמוֹצֵא שָׁלָל רָב: תהלים קיט
שָׁלוֹם רָב לְאֹהֲבֵי תוֹרָתֶךָ, וְאֵין־לָמוֹ מִכְשׁוֹל: אַשְׁרֵי תִּבְחַר וּתְקָרֵב, תהלים סה
יִשְׁכֹּן חֲצֵרֶיךָ

Todos responden:

נִשְׂבְּעָה בְּטוּב בֵּיתֶךָ, קְדֹשׁ הֵיכָלֶךָ:

El bebé es colocado sobre las rodillas del סנדק *y el* מוהל *dice:*

בָּרוּךְ אַתָּה יהוה אֱלֹהֵינוּ מֶלֶךְ הָעוֹלָם
אֲשֶׁר קִדְּשָׁנוּ בְּמִצְוֹתָיו וְצִוָּנוּ עַל הַמִּילָה.

Inmediatamente después de la circuncisión el padre dice:

בָּרוּךְ אַתָּה יהוה אֱלֹהֵינוּ מֶלֶךְ הָעוֹלָם, אֲשֶׁר קִדְּשָׁנוּ בְּמִצְוֹתָיו
וְצִוָּנוּ לְהַכְנִיסוֹ בִּבְרִיתוֹ שֶׁל אַבְרָהָם אָבִינוּ.

En ארץ ישראל *el padre agrega (En* חוץ לארץ *algunos también lo hacen):*

בָּרוּךְ אַתָּה יהוה אֱלֹהֵינוּ מֶלֶךְ הָעוֹלָם
שֶׁהֶחֱיָנוּ וְקִיְּמָנוּ וְהִגִּיעָנוּ לַזְּמַן הַזֶּה.

Todos responden:

אָמֵן. כְּשֵׁם שֶׁנִּכְנַס לַבְּרִית, כֵּן יִכָּנֵס לְתוֹרָה וּלְחֻפָּה וּלְמַעֲשִׂים טוֹבִים.

LA CEREMONA DE LA CIRCUNCISIÓN

Desde los días de Abraham (Génesis 17:4-14) la circuncisión ha sido para los varones judíos la señal del pacto entre Dios y Su pueblo. A pesar del hecho de que la norma fue reestablecida por Moshé (Levítico 12:3), sigue siendo conocida como "el pacto de Abraham". La ceremonia es realizada siempre el octavo día - incluso en Shabat, a menos de que medien impedimentos de tipo médico que justifiquen la demora –, marca el ingreso del niño al pacto del destino judío. El deber de circuncidar recae en principio sobre el padre del niño, en la práctica, la circuncisión es realizada únicamente por un *mohel* calificado.

בָּרוּךְ *Bendito eres Tú:* Tres bendiciones deben ser recitadas en una circuncisión: (1) *Y nos ordenó lo concerniente a la circuncisión* – se trata de una bendición por el precepto mismo, la expresión "lo concerniente a" del recitado alude al hecho de que el mohel está realizando el precepto en lugar del padre. (2) *Ingresarlo (a nuestro hijo) al pacto de nuestro patriarca Abraham* – se trata

Una vez completada la circuncisión, el mohel (u otra persona honrada con la función) toma una copa de vino y recita:

בָּרוּךְ Bendito eres Tú Señor, nuestro Dios, Rey del universo, creador del fruto de la vid.

בָּרוּךְ Bendito eres Tú Señor, nuestro Dios, Rey del universo, que ha consagrado al amado (Ytzjak) desde el vientre materno, marcó el precepto de la circuncisión en su carne y selló en sus descendientes la señal del pacto sagrado. En recompensa por ello, oh Dios viviente, nuestra Porción y Fortaleza, nos ordenó liberar de la destrucción a nuestra amada descendencia en aras de Su pacto que estableció en nuestra carne. Bendito eres Tú Señor, que estableces el pacto.

אֱלֹהֵינוּ Dios nuestro y de nuestros ancestros, preserva a este niño para su padre y su madre, y su nombre en Israel será (*nombre del bebé* hijo de *nombre de su padre*). Se alegre el padre de su descendencia y se regocije
la madre del fruto de su vientre, tal como está escrito: "Alégrense tu Prov. 23
padre y tu madre y sea dichosa la que te dio a luz". Y está escrito: Y Ezeq. 16
pasaré sobre ti y te veré sumida en tu sangre y te diré: "Por tu sangre habrás de vivir, por tu sangre habrás de vivir".

וְנֶאֱמַר Y está escrito: Recordó por siempre Su pacto, la palabra que Sal. 105
ordenó por mil generaciones, la cual pactó con Abraham, y Su juramento a Ytzjak y lo estableció como estatuto para Ya'akov, como pacto
eterno para Israel. Y está escrito: Y Abraham circuncidó a Ytzjak su Gén. 21
hijo a los ocho días tal como lo ordenó Dios. Agradeced al Señor Sal. 118
porque es bueno; pues Su benevolencia es eterna.

Todos responden:

Agradeced al Señor porque es bueno; pues Su benevolencia es eterna.

El mohel (u otra persona honrada con la función) continúa:

(*el nombre del bebé* hijo de *el nombre de su padre*), este pequeño será grande, así como ingresó al pacto de igual manera que ingrese al estudio de la Torá, a la jupá y a la realización de buenas acciones.

El sandak bebe también del vino y le da unas gotas del mismo al bebé. Luego se envía la copa a la madre, quien también bebe de la misma.
Todos recitan Aleinu en la página 180 y Kadish de Duelo en la página 182.

Una vez completada la circuncisión, el מוהל *(u otra persona honrada con la función) toma una copa de vino y recita:*

בָּרוּךְ אַתָּה יהוה אֱלֹהֵינוּ מֶלֶךְ הָעוֹלָם, בּוֹרֵא פְּרִי הַגָּפֶן.

בָּרוּךְ אַתָּה יהוה אֱלֹהֵינוּ מֶלֶךְ הָעוֹלָם, אֲשֶׁר קִדֵּשׁ יְדִיד מִבֶּטֶן, וְחֹק בִּשְׁאֵרוֹ שָׂם, וְצֶאֱצָאָיו חָתַם בְּאוֹת בְּרִית קֹדֶשׁ. עַל כֵּן בִּשְׂכַר זֹאת, אֵל חַי חֶלְקֵנוּ צוּרֵנוּ צַוֵּה לְהַצִּיל יְדִידוּת שְׁאֵרֵנוּ מִשַּׁחַת, לְמַעַן בְּרִיתוֹ אֲשֶׁר שָׂם בִּבְשָׂרֵנוּ. בָּרוּךְ אַתָּה יהוה, כּוֹרֵת הַבְּרִית.

אֱלֹהֵינוּ וֵאלֹהֵי אֲבוֹתֵינוּ, קַיֵּם אֶת הַיֶּלֶד הַזֶּה לְאָבִיו וּלְאִמּוֹ, וְיִקָּרֵא שְׁמוֹ בְּיִשְׂרָאֵל (פלוני בֶּן פלוני). יִשְׂמַח הָאָב בְּיוֹצֵא חֲלָצָיו וְתָגֵל אִמּוֹ
משלי כג בִּפְרִי בִטְנָהּ, כַּכָּתוּב: יִשְׂמַח־אָבִיךָ וְאִמֶּךָ, וְתָגֵל יוֹלַדְתֶּךָ: וְנֶאֱמַר:
יחזקאל טז וָאֶעֱבֹר עָלַיִךְ וָאֶרְאֵךְ מִתְבּוֹסֶסֶת בְּדָמָיִךְ, וָאֹמַר לָךְ בְּדָמַיִךְ חֲיִי, וָאֹמַר לָךְ בְּדָמַיִךְ חֲיִי:

תהלים קה וְנֶאֱמַר: זָכַר לְעוֹלָם בְּרִיתוֹ, דָּבָר צִוָּה לְאֶלֶף דּוֹר: אֲשֶׁר כָּרַת אֶת־אַבְרָהָם, וּשְׁבוּעָתוֹ לְיִשְׂחָק: וַיַּעֲמִידֶהָ לְיַעֲקֹב לְחֹק, לְיִשְׂרָאֵל בְּרִית
בראשית כא עוֹלָם: וְנֶאֱמַר: וַיָּמָל אַבְרָהָם אֶת־יִצְחָק בְּנוֹ בֶּן־שְׁמֹנַת יָמִים, כַּאֲשֶׁר
תהלים קיח צִוָּה אֹתוֹ אֱלֹהִים: הוֹדוּ לַיהוה כִּי־טוֹב, כִּי לְעוֹלָם חַסְדּוֹ:

Todos responden:

הוֹדוּ לַיהוה כִּי־טוֹב, כִּי לְעוֹלָם חַסְדּוֹ:

El מוהל *(u otra persona honrada con la función) continúa:*

(פלוני בֶּן פלוני) זֶה הַקָּטָן גָּדוֹל יִהְיֶה, כְּשֵׁם שֶׁנִּכְנַס לַבְּרִית, כֵּן יִכָּנֵס לְתוֹרָה וּלְחֻפָּה וּלְמַעֲשִׂים טוֹבִים.

El סנדק *bebe también del vino y le da unas gotas del mismo al bebé. Luego se envía la copa a la madre, quien también bebe de la misma.*

Todos recitan עָלֵינוּ*, en la página 181 y* קדיש יתום *en la página 183.*

---

tal como lo menciona la Torá en el caso de Abraham: “Pues Yo le he escogido para que prescriba a sus hijos y a su descendencia en pos de él para que observen la senda del Señor haciendo lo justo y lo recto” (Génesis 18:19).

BIRKAT HAMAZÓN EN UN BRIT MILÁ

Oficiante: Señores míos, bendigamos.

Los demás: Que el Nombre del Señor sea bendito
desde hoy y para siempre. *Sal. 113*

Oficiante: Que el Nombre del Señor sea bendito
desde hoy y para siempre.

Primero el oficiante y luego los demás: Agradecemos a Tu Nombre en el seno de los fieles,
benditos sois para el Señor.

Oficiante: Con el permiso del Dios maravilloso y reverenciado,
que es refugio en tiempos de desgracia,
Dios ceñido en fortaleza,
Señor majestuoso en las alturas.

Los demás: Agradecemos a Tu Nombre en el seno de los fieles,
benditos sois para el Señor.

Oficiante: Con el permiso de la sagrada Torá,
la cual es pura y trascendente,
y nos fue ordenada a modo de heredad
por Moshé el siervo del Señor.

Los demás: Agradecemos a Tu Nombre en el seno de los fieles,
benditos sois para el Señor.

Oficiante: Con el permiso de los cohanim y de los leviím
llamaré al Dios de los hebreos,
lo glorificaré hasta las más remotas islas,
bendeciré al Señor.

Los demás: Agradecemos a Tu Nombre en el seno de los fieles,
benditos sois para el Señor.

---

comida, pidiendo permiso tanto de Dios, de la Torá, de los cohanim y leviím así como de la gente reunida, data desde el medioevo. Originalmente recitada en otras ocasiones festivas, en el correr de los años esta invitación se tornó específicamente asociada a la celebración de la circuncisión.

ברכת המזון לברית מילה

Oficiante רַבּוֹתַי, נְבָרֵךְ.

Los demás יְהִי שֵׁם יהוה מְבֹרָךְ מֵעַתָּה וְעַד־עוֹלָם: תהלים קיג

Oficiante יְהִי שֵׁם יהוה מְבֹרָךְ מֵעַתָּה וְעַד־עוֹלָם:

Primero el oficiante y luego los demás: נוֹדֶה לְשִׁמְךָ בְּתוֹךְ אֱמוּנַי, בְּרוּכִים אַתֶּם לַיהוה.

Oficiante בִּרְשׁוּת אֵל אָיֹם וְנוֹרָא
מִשְׂגָּב לְעִתּוֹת בַּצָּרָה
אֵל נֶאְזָר בִּגְבוּרָה
אַדִּיר בַּמָּרוֹם יהוה.

Los demás נוֹדֶה לְשִׁמְךָ בְּתוֹךְ אֱמוּנַי, בְּרוּכִים אַתֶּם לַיהוה.

Oficiante בִּרְשׁוּת הַתּוֹרָה הַקְּדוֹשָׁה
טְהוֹרָה הִיא וְגַם פְּרוּשָׁה
צִוָּה לָנוּ מוֹרָשָׁה
מֹשֶׁה עֶבֶד יהוה.

Los demás נוֹדֶה לְשִׁמְךָ בְּתוֹךְ אֱמוּנַי, בְּרוּכִים אַתֶּם לַיהוה.

Oficiante בִּרְשׁוּת הַכֹּהֲנִים וְהַלְוִיִּם
אֶקְרָא לֵאלֹהֵי הָעִבְרִיִּים
אֲהוֹדֶנּוּ בְּכָל אִיִּים
אֲבָרְכָה אֶת יהוה.

Los demás נוֹדֶה לְשִׁמְךָ בְּתוֹךְ אֱמוּנַי, בְּרוּכִים אַתֶּם לַיהוה.

BIRKAT HAMAZÓN EN UN BRIT MILÁ

נוֹדֶה לְשִׁמְךָ בְּתוֹךְ אֱמוּנַי *Agradecemos a Tu Nombre en el seno de los fieles:* Esta forma sumamente estilizada de invitar a recitar el agradecimiento por la

Oficiante: Con el permiso de mis Señores y maestros
abriré mis labios entonando un canto,
y diré desde mi ser interior:
"Bienvenido en nombre del SEÑOR".

Los demás: Agradecemos a Tu Nombre en el seno de los fieles,
benditos sois para el SEÑOR.

Oficiante: Con el permiso de mis Señores y maestros,
bendigamos (*en presencia de minián:* a nuestro Dios),
que comimos de lo Suyo.

Los demás: Bendito es (*en presencia de minián:* nuestro Dios),
que comimos de lo Suyo y de Su bondad vivimos.

Oficiante: Bendito es (*en presencia de minián:* nuestro Dios),
que comimos de lo Suyo y de Su bondad vivimos.
Bendito Él y bendito Su Nombre.

Continúa con Birkat HaMazón en la página 1038 hasta "a ojos de Dios y de los humanos" en la página 1050. Luego continúa:

Alguien que no sea el padre dice:

הָרַחֲמָן El Dios compasivo
bendiga al padre del niño y a su madre
y que tengan el mérito de educarlo
e iniciarlo en la sabiduría.
Desde el octavo día y en adelante
que su sangre sea aceptada
y el SEÑOR su Dios esté con él.

Alguien que no sea el sandak dice:

הָרַחֲמָן El Dios compasivo
bendiga al sandak,
que asistió en el pacto de la circuncisión,
y se regocijó en la realización de una acción piadosa.
Que Dios lo recompense doblemente por su obrar
y lo haga siempre encumbrarse.

Oficiante בִּרְשׁוּת מָרָנָן וְרַבָּנָן וְרַבּוֹתַי
אֶפְתְּחָה בְּשִׁיר פִּי וּשְׂפָתַי
וְתֹאמַרְנָה עַצְמוֹתַי
בָּרוּךְ הַבָּא בְּשֵׁם יהוה.

Los demás נוֹדֶה לְשִׁמְךָ בְּתוֹךְ אֱמוּנַי, בְּרוּכִים אַתֶּם לַיהוה.

Oficiante בִּרְשׁוּת מָרָנָן וְרַבָּנָן וְרַבּוֹתַי
נְבָרֵךְ (במנין: אֱלֹהֵינוּ) שֶׁאָכַלְנוּ מִשֶּׁלּוֹ.

Los demás בָּרוּךְ (במנין: אֱלֹהֵינוּ) שֶׁאָכַלְנוּ מִשֶּׁלּוֹ וּבְטוּבוֹ חָיִינוּ.

Oficiante בָּרוּךְ (במנין: אֱלֹהֵינוּ) שֶׁאָכַלְנוּ מִשֶּׁלּוֹ וּבְטוּבוֹ חָיִינוּ.
בָּרוּךְ הוּא וּבָרוּךְ שְׁמוֹ.

Continúa con ברכת המזון *en la página 1039 hasta* בְּעֵינֵי אֱלֹהִים וְאָדָם *en la página 1051.*
Luego continúa:

Alguien que no sea el padre dice:

הָרַחֲמָן הוּא יְבָרֵךְ אֲבִי הַיֶּלֶד וְאִמּוֹ
וְיִזְכּוּ לְגַדְּלוֹ וּלְחַנְּכוֹ וּלְחַכְּמוֹ
מִיּוֹם הַשְּׁמִינִי וָהָלְאָה יֵרָצֶה דָמוֹ
וִיהִי יהוה אֱלֹהָיו עִמּוֹ.

Alguien que no sea el סנדק *dice:*

הָרַחֲמָן הוּא יְבָרֵךְ בַּעַל בְּרִית הַמִּילָה
אֲשֶׁר שָׂשׂ לַעֲשׂוֹת צֶדֶק בְּגִילָה
וִישַׁלֵּם פָּעֳלוֹ וּמַשְׂכֻּרְתּוֹ כְּפוּלָה
וְיִתְּנֵהוּ לְמַעְלָה לְמָעְלָה.

הָרַחֲמָן *El Dios compasivo bendiga:* Se trata de una serie de bendiciones especiales para los padres del niño, el *sandak,* el niño y el *mohel.* La quinta y la

הָרַחֲמָן El Dios compasivo
bendiga al tierno niño circuncidado a los ocho días.
Que sus manos y su corazón
estén orientados fielmente a Dios,
que tenga el mérito de contemplar la Divina Presencia
tres veces al año.

Alguien que no sea el mohel dice:

הָרַחֲמָן El Dios compasivo
bendiga a quien circuncidó
y cumplimentó cada parte del precepto
(circuncidó, descubrió el glande y succionó).
La labor del temeroso y tierno de corazón
resultaría inválida
si alguna de estas tres cosas no se hubiese realizado.

הָרַחֲמָן El Dios compasivo
nos envíe a Su Mashíaj, quien se encamina en integridad,
por el mérito de este niño homenajeado
debido a la sangre de la circuncisión,
para que nos anuncie buenas nuevas y consolaciones
a este pueblo único disperso y dividido entre las naciones.

הָרַחֲמָן El Dios compasivo
nos enviará al justo cohen que fuera ocultado
hasta que hubiere sido preparado su trono
brillante cual sol y cual diamantes.
El profeta cubrió su rostro con su manto,
se envolvió en este
y lo habrá de revelar cuando Dios indique,
Mi pacto es con él para la vida y para la paz.

Continuar con "El Dios Compasivo nos hará meritorios de los días del Mashíaj" en la página 1050.

En Shabat, Rosh Jodesh o Yom Tov se continúa con "El Dios compasivo" correspondiente en la página 1050.

הָרַחֲמָן הוּא יְבָרֵךְ רַךְ הַנִּמּוֹל לִשְׁמוֹנָה
וְיִהְיוּ יָדָיו וְלִבּוֹ לָאֵל אֱמוּנָה
וְיִזְכֶּה לִרְאוֹת פְּנֵי הַשְּׁכִינָה
שָׁלֹשׁ פְּעָמִים בַּשָּׁנָה.

Alguien que no sea el מוהל *dice:*

הָרַחֲמָן הוּא יְבָרֵךְ הַמָּל בְּשַׂר הָעָרְלָה
וּפָרַע וּמָצַץ דְּמֵי הַמִּילָה
אִישׁ הַיָּרֵא וְרַךְ הַלֵּבָב עֲבוֹדָתוֹ פְּסוּלָה
אִם שְׁלָשׁ אֵלֶּה לֹא יַעֲשֶׂה לָהּ.

הָרַחֲמָן הוּא יִשְׁלַח לָנוּ מְשִׁיחוֹ הוֹלֵךְ תָּמִים
בִּזְכוּת חֲתַן לַמּוּלוֹת דָּמִים
לְבַשֵּׂר בְּשׂוֹרוֹת טוֹבוֹת וְנִחוּמִים
לְעַם אֶחָד מְפֻזָּר וּמְפֹרָד בֵּין הָעַמִּים.

הָרַחֲמָן הוּא יִשְׁלַח לָנוּ כֹּהֵן צֶדֶק אֲשֶׁר לֻקַּח לְעֵילוֹם
עַד הוּכַן כִּסְאוֹ כַּשֶּׁמֶשׁ וְיַהֲלוֹם
וַיָּלֶט פָּנָיו בְּאַדַּרְתּוֹ וַיִּגְלֹם
בְּרִיתִי הָיְתָה אִתּוֹ הַחַיִּים וְהַשָּׁלוֹם.

Continuar con הָרַחֲמָן הוּא יְזַכֵּנוּ לִימוֹת הַמָּשִׁיחַ *en la página 1051.*

En שבת, יום טוב *o* ראש חודש *se continúa con* הָרַחֲמָן *correspondiente en la página 1051.*

---

sexta son plegarias por el arribo del Mashíaj y de Eliahu, quien se cree está presente durante la circuncisión. El autor ha dejado su nombre, Abraham, en un acróstico formado por las letras iniciales de la tercera hasta la última palabra en la primera línea de las cinco primeras bendiciones.

LA REDENCIÓN DEL PRIMOGÉNITO

Un primogénito varón debe ser redimido en su trigésimo primer día de vida a menos que su padre sea cohen o leví, o su madre sea hija de cohen o de leví. Si el trigésimo primer día cae en Shabat o Yom Tov la ceremonia es pospuesta para el siguiente día de semana.

El padre del niño, al presentarlo ante el cohen, declara:

זֶה Este es mi hijo primogénito,
el primero en salir del vientre de su madre.
El Santo Bendito Él ordenó rescatarlo,
tal como fue dicho:
"En cuanto a sus redimidos, de edad de un mes *Núm. 18*
los habrás de redimir, según la evaluación:
cinco shekalim de plata del shekel del Santuario -
de veinte guerá es".
Y fue dicho:
"Consagra para Mí todo primogénito: *Éx. 13*
todo el que abre matriz, entre los hijos de Israel,
en el hombre y en la bestia; Mío es".

El cohen confirma con la madre que se trata de su primogénito y luego pregunta si ella ha abortado antes de este niño. Si su respuesta es negativa pregunta al padre:

מַאי ¿Qué prefieres?
¿Entregarme a tu hijo primogénito
que abrió la matriz de su madre
o rescatarlo a cambio de cinco "selas",
tal como estás preceptuado a hacer por la Torá?

---

que no había participado en ese grave pecado (Números 3:11-13). Sin embargo, en recuerdo de su pretérita santidad la Torá ordena una ceremonia de rescate o redención en la cual el padre del niño hace una ofrenda monetaria al cohen cambiando así simbólicamente las monedas por su hijo. La esencia de la ceremonia no ha cambiado desde los tiempos bíblicos, si bien el texto recitado es mencionado por primera vez en el Talmud.

מַאי בָּעִית טְפֵי *¿Qué prefieres?*: Una pregunta nocional. De hecho, el padre

סדר פדיון הבן

Un primogénito varón debe ser redimido en su trigésimo primer día de vida a menos que su padre sea כהן o לוי, o su madre sea hija de כהן o de לוי. Si el trigésimo primer día cae en שבת o יום טוב la ceremonia es pospuesta para el siguiente día de semana.

El padre del niño, al presentarlo ante el כהן, declara:

זֶה בְּנִי בְּכוֹרִי הוּא פֶּטֶר רֶחֶם לְאִמּוֹ
וְהַקָּדוֹשׁ בָּרוּךְ הוּא צִוָּה לִפְדּוֹתוֹ
שֶׁנֶּאֱמַר
במדבר יח וּפְדוּיָו מִבֶּן־חֹדֶשׁ תִּפְדֶּה
בְּעֶרְכְּךָ כֶּסֶף חֲמֵשֶׁת שְׁקָלִים בְּשֶׁקֶל הַקֹּדֶשׁ
עֶשְׂרִים גֵּרָה הוּא:
וְנֶאֱמַר
שמות יג קַדֶּשׁ־לִי כָל־בְּכוֹר פֶּטֶר כָּל־רֶחֶם בִּבְנֵי יִשְׂרָאֵל
בָּאָדָם וּבַבְּהֵמָה, לִי הוּא:

El כהן confirma con la madre que se trata de su primogénito y luego pregunta si ella ha abortado antes de este niño. Si su respuesta es negativa pregunta al padre:

מַאי בָּעֵית טְפֵי
לִתֵּן לִי בִּנְךָ בְּכוֹרְךָ שֶׁהוּא פֶּטֶר רֶחֶם לְאִמּוֹ
אוֹ בָּעֵית לִפְדּוֹתוֹ בְּעַד חָמֵשׁ סְלָעִים
כְּדִמְחֻיַּבְתְּ מִדְּאוֹרַיְתָא.

EL RESCATE O REDENCIÓN DEL PRIMOGÉNITO

Según la Torá, los primogénitos varones poseían una determinada santidad. Sus vidas fueron salvadas durante la última de las diez plagas, los primogénitos debían tornarse ministros especiales de Dios y debían dedicarse a Su servicio. (El ejemplo patente de esta idea la encontramos en Samuel, quien fuera dedicado a Dios por su madre Janá, 1 Samuel, 1:11). Tras el pecado del becerro de oro esta responsabilidad fue transferida a los levitas, la única tribu

El padre responde:

חָפֵץ Deseo rescatar a mi hijo.
Te obsequio el importe del rescate
tal como lo preceptúa la Torá.

Mientras sostiene el dinero del rescate el padre recita:

בָּרוּךְ Bendito eres Tú SEÑOR, nuestro Dios, Rey del universo,
que nos ha santificado con Sus preceptos
y nos ordenó lo referente al rescate del hijo.

בָּרוּךְ Bendito eres Tú SEÑOR, nuestro Dios, Rey del universo,
que nos ha dado vida, nos sostuvo
y nos ordenó llegar a este momento.

El dinero del rescate es entregado al cohen, quien acto seguido regresa al niño a su padre.
El cohen toma una copa de vino y recita:

בָּרוּךְ Bendito eres Tú SEÑOR, nuestro Dios, Rey del universo,
creador del fruto de la vid.

El cohen coloca su mano derecha sobre la cabeza del niño
y lo bendice tal como sigue:

יְשִׂמְךָ Que Dios te haga como Efraím y como Manashé. *Gén. 48*
El SEÑOR te bendiga y te guarde. *Núm. 6*
El SEÑOR te ilumine con Su Presencia
y te agracie.
El SEÑOR dirija Su Presencia hacia ti
y te conceda la paz.
El SEÑOR te cuidará, será la protección a tu diestra. *Sal. 121*
El SEÑOR te cuidará de todo mal, cuidará tu alma.
Pues Él te incrementará la longitud *Prov. 3*
de tus días, los años de vida y paz.

El presente texto está en arameo, pero puede ser recitado en cualquier idioma.

El padre responde:

חָפֵץ אֲנִי לִפְדּוֹת אֶת בְּנִי
וְהֵילָךְ דְּמֵי פִדְיוֹנוֹ כִּדְמִחַיַּבְנָא מִדְּאוֹרַיְתָא.

Mientras sostiene el dinero del rescate el padre recita:

בָּרוּךְ אַתָּה יהוה אֱלֹהֵינוּ מֶלֶךְ הָעוֹלָם
אֲשֶׁר קִדְּשָׁנוּ בְּמִצְוֹתָיו וְצִוָּנוּ עַל פִּדְיוֹן הַבֵּן.

בָּרוּךְ אַתָּה יהוה אֱלֹהֵינוּ מֶלֶךְ הָעוֹלָם
שֶׁהֶחֱיָנוּ וְקִיְּמָנוּ וְהִגִּיעָנוּ לַזְּמַן הַזֶּה.

El dinero del rescate es entregado al כהן*, quien acto seguido regresa al niño a su padre.*
El כהן *toma una copa de vino y recita:*

בָּרוּךְ אַתָּה יהוה אֱלֹהֵינוּ מֶלֶךְ הָעוֹלָם, בּוֹרֵא פְּרִי הַגָּפֶן.

El כהן *coloca su mano derecha sobre la cabeza del niño*
y lo bendice tal como sigue:

בראשית מח יְשִׂמְךָ אֱלֹהִים כְּאֶפְרַיִם וְכִמְנַשֶּׁה:
במדבר ו יְבָרֶכְךָ יהוה וְיִשְׁמְרֶךָ:
יָאֵר יהוה פָּנָיו אֵלֶיךָ וִיחֻנֶּךָּ:
יִשָּׂא יהוה פָּנָיו אֵלֶיךָ וְיָשֵׂם לְךָ שָׁלוֹם:
תהלים קכא יהוה שֹׁמְרֶךָ, יהוה צִלְּךָ עַל־יַד יְמִינֶךָ:
יהוה יִשְׁמָרְךָ מִכָּל־רָע, יִשְׁמֹר אֶת־נַפְשֶׁךָ:
משלי ג כִּי אֹרֶךְ יָמִים וּשְׁנוֹת חַיִּים וְשָׁלוֹם יוֹסִיפוּ לָךְ:

---

no tiene otra alternativa que rescatar al niño. La pregunta es realizada a los efectos de asegurar que el padre entiende el tenor de la ceremonia.

PLEGARIA DE AGRADECIMIENTO PARA LAS PARTURIENTAS

Al ingresar a la sinagoga, se dice:

וַאֲנִי En cuanto a mí, merced a Tu abundante benevolencia, *Sal. 5*
vendré a Tu Casa.
Me prosternaré hacia Tu Sagrado Templo con temor reverencial.

אָהַבְתִּי Amaría que el Señor escuchara la voz de mis súplicas. *Sal. 116*
Si volviera Su oído hacia mí cada vez que Le invoco.
Los lazos de la muerte me han envuelto, y las penurias de la tumba me han encontrado, hallé aflicción y dolor.
Entonces clamé el Nombre del Señor:
"Señor, por favor, salva mi alma".
El Señor es benevolente y justo, nuestro Dios es compasivo.
El Señor protege a las personas de corazón simple,
cuando caí muy bajo me salvó.
Regresa, alma mía, a tu tranquilidad,
pues el Señor te ha concedido bien.
Pues Tú has librado mi alma de la muerte,
a mis ojos de las lágrimas, a mis pies de tropezar.
Andaré delante del Señor en la tierra de los vivientes.
Tuve fe, aun cuando dije: 'estoy muy afligido', incluso cuando en mi arrebato manifesté: 'Todos los seres humanos son engañosos'.

מָה־אָשִׁיב ¿Cómo puedo retribuir al Señor *Sal. 116*
por toda la bondad que me ha dispensado?
A Ti habré de sacrificar una ofrenda de agradecimiento
e invocaré el Nombre del Señor.
Cumpliré mis votos al Señor en presencia de todo Su pueblo.
En los patios de la Casa del Señor, en el interior de Jerusalém, ¡Aleluyá!

---

de agradecimiento. La plegaria que vemos arriba está compuesta de los siguientes elementos: (1) una plegaria al ingresar a la sinagoga; (2) versículos de agradecimiento extraídos del Halel; (3) la bendición "por la retribución" (*Birkat HaGomel*) acompañada de la respuesta de la congregación; y (4) plegarias por la recuperación de los dolores experimentados durante el parto y por el éxito en la crianza de la criatura.

סדר תפילה ליולדת

Al ingresar al בית כנסת*, se dice:*

תהלים ה

וַאֲנִי בְּרֹב חַסְדְּךָ אָבוֹא בֵיתֶךָ
אֶשְׁתַּחֲוֶה אֶל־הֵיכַל־קָדְשְׁךָ בְּיִרְאָתֶךָ:

תהלים קטז

אָהַבְתִּי, כִּי־יִשְׁמַע יהוה, אֶת־קוֹלִי תַּחֲנוּנָי:
כִּי־הִטָּה אָזְנוֹ לִי, וּבְיָמַי אֶקְרָא:
אֲפָפוּנִי חֶבְלֵי־מָוֶת, וּמְצָרֵי שְׁאוֹל מְצָאוּנִי, צָרָה וְיָגוֹן אֶמְצָא:
וּבְשֵׁם־יהוה אֶקְרָא, אָנָּה יהוה מַלְּטָה נַפְשִׁי:
חַנּוּן יהוה וְצַדִּיק, וֵאלֹהֵינוּ מְרַחֵם:
שֹׁמֵר פְּתָאִים יהוה, דַּלּוֹתִי וְלִי יְהוֹשִׁיעַ:
שׁוּבִי נַפְשִׁי לִמְנוּחָיְכִי, כִּי־יהוה גָּמַל עָלָיְכִי:
כִּי חִלַּצְתָּ נַפְשִׁי מִמָּוֶת, אֶת־עֵינִי מִן־דִּמְעָה, אֶת־רַגְלִי מִדֶּחִי:
אֶתְהַלֵּךְ לִפְנֵי יהוה, בְּאַרְצוֹת הַחַיִּים:
הֶאֱמַנְתִּי כִּי אֲדַבֵּר, אֲנִי עָנִיתִי מְאֹד:
אֲנִי אָמַרְתִּי בְחָפְזִי, כָּל־הָאָדָם כֹּזֵב:

תהלים קטז

מָה־אָשִׁיב לַיהוה, כָּל־תַּגְמוּלוֹהִי עָלָי:
לְךָ־אֶזְבַּח זֶבַח תּוֹדָה, וּבְשֵׁם יהוה אֶקְרָא:
נְדָרַי לַיהוה אֲשַׁלֵּם, נֶגְדָה־נָּא לְכָל־עַמּוֹ:
בְּחַצְרוֹת בֵּית יהוה, בְּתוֹכֵכִי יְרוּשָׁלָםִ, הַלְלוּיָהּ:

PLEGARIA DE AGRADECIMIENTO PARA LAS PARTURIENTAS

En tiempos del Templo las madres ofrecían sacrificios tras el nacimiento de un hijo (Lev. 12:6-8). No tenemos registro de ninguna plegaria formal que se elevase en tales ocasiones, por lo que probablemente no existía un texto fijo para este menester. Sin embargo, la plegaria de Jana tras el nacimiento de Shmuel (1 Sam. 2:1-10) es un poderoso ejemplo de este tipo de cántico

La madre dice:

Bendito eres Tú Señor, nuestro Dios, Rey del universo,
que retribuye bondades a quienes no lo merecen
y me ha prodigado todo el bien.

La congregación responde:

Amén. Quien te ha prodigado todo el bien
continúe prodigándote todo lo bueno, Sela.

אָנָּא Por favor, Dios Grande, Poderoso y Reverenciado, merced a Tu abundante benevolencia, vendré a Tu Casa para ofrendarte un sacrificio de agradecimiento por todo lo bueno que me has retribuido. Me envolvieron dolores y me asieron contracciones, en mi angustia Te invoqué y escuchaste mi voz desde Tu Santuario y me socorriste, curaste todas mis afecciones, me coronaste con benevolencia y compasión. Hasta este momento Tu compasión me ha sido de ayuda, Dios, por favor, nunca me abandones. Dios, bendice a Tu criada, concédeme fuerzas y sostenme tanto a mí como a mi marido para que criemos a

Por un niño:

הַיֶּלֶד Este niño que nos ha nacido para reverenciarte, servirte con verdad y andar por caminos de rectitud. Cuida a este tierno niño en todos sus caminos, concédele conocimiento, entendimiento y discernimiento; otórgale su porción en Tu Torá para que santifique Tu Gran Nombre y nos reconforte en nuestra vejez. En cuanto a mí, que mi plegaria llegue *Sal. 69* a Ti Señor, en un momento de Voluntad. Dios, en Tu gran y amorosa benevolencia respóndeme con la verdad de Tu salvación.

Por una niña:

הַיַּלְדָּה Esta niña que nos ha nacido para reverenciarte, servirte con verdad y andar por caminos de rectitud. Cuida a esta tierna niña en todos sus caminos, concédele conocimiento, entendimiento y discernimiento; otórgale su porción en Tu Torá para que santifique Tu Gran Nombre y nos reconforte en nuestra vejez. En cuanto a mí, que *Sal. 69* mi plegaria llegue a Ti Señor, en un momento de Voluntad. Dios, en Tu gran y amorosa benevolencia respóndeme con la verdad de Tu salvación.

Si el niño ha sido traído a la sinagoga el rabino recita sobre él/ella la siguiente bendición:

יְבָרֶכְךָ El Señor te bendiga y te guarde. *Núm. 6*
El Señor te ilumine con Su Presencia y te agracie.
El Señor dirija Su Presencia hacia ti y te conceda la paz.

La madre dice:

בָּרוּךְ אַתָּה יהוה אֱלֹהֵינוּ מֶלֶךְ הָעוֹלָם
הַגּוֹמֵל לְחַיָּבִים טוֹבוֹת, שֶׁגְּמָלַנִי כָּל טוֹב.

La congregación responde:

אָמֵן. מִי שֶׁגְּמָלֵךְ כָּל טוֹב, הוּא יִגְמְלֵךְ כָּל טוֹב, סֶלָה.

אָנָּא הָאֵל הַגָּדוֹל הַגִּבּוֹר וְהַנּוֹרָא, בְּרֹב חַסְדְּךָ אָבוֹא בֵיתֶךָ, לִזְבֹּחַ לְךָ זֶבַח תּוֹדָה עַל כָּל הַטּוֹבוֹת אֲשֶׁר גָּמַלְתָּ עָלָי. אֲפָפוּנִי חֲבָלִים וְצִירִים אֲחָזוּנִי, בַּצַּר לִי קָרָאתִי אֵלֶיךָ, וְשָׁמַעְתָּ מֵהֵיכָלְךָ קוֹלִי וְהָיִיתָ בְּעוֹזְרִי, רִפֵּאתָ לְכָל תַּחֲלוּאַי, עִטַּרְתַּנִי חֶסֶד וְרַחֲמִים, עַד הֵנָּה עֲזָרוּנִי רַחֲמֶיךָ, אָנָּא אַל תִּטְּשֵׁנִי לָנֶצַח. הוֹאֵל אֱלוֹהַּ, וּבָרֵךְ אֶת אֲמָתֶךָ, חַזְּקֵנִי וְאַמְּצֵנִי, אוֹתִי וְאֶת בַּעְלִי, וּנְגַדֵּל אֶת

Por un niño:

הַיֶּלֶד אֲשֶׁר יֻלַּד לָנוּ, לְיִרְאָתְךָ וּלְעָבְדְךָ בֶּאֱמֶת, וְלָלֶכֶת אֹרַח מֵישָׁרִים. שְׁמֹר אֶת הַיֶּלֶד הָרַךְ בְּכָל דְּרָכָיו, חָנֵּהוּ דֵּעָה בִּינָה וְהַשְׂכֵּל, וְתֵן חֶלְקוֹ בְּתוֹרָתֶךָ, וִיקַדֵּשׁ אֶת שִׁמְךָ הַגָּדוֹל, וְהָיָה לָנוּ
תהלים סט לְמֵשִׁיב נֶפֶשׁ בִּימֵי שֵׂיבָתֵנוּ. וַאֲנִי תְפִלָּתִי־לְךָ יהוה עֵת רָצוֹן, אֱלֹהִים בְּרָב־חַסְדֶּךָ, עֲנֵנִי בֶּאֱמֶת יִשְׁעֶךָ:

Por una niña:

הַיַּלְדָּה אֲשֶׁר יֻלְּדָה לָנוּ, לְיִרְאָתְךָ וּלְעָבְדְךָ בֶּאֱמֶת, וְלָלֶכֶת אֹרַח מֵישָׁרִים. שְׁמֹר אֶת הַיַּלְדָּה הָרַכָּה בְּכָל דְּרָכֶיהָ, חָנֵּהָ דֵּעָה בִּינָה וְהַשְׂכֵּל, וְתֵן חֶלְקָהּ בְּתוֹרָתֶךָ, וּתְקַדֵּשׁ אֶת שִׁמְךָ הַגָּדוֹל, וְהָיְתָה
תהלים סט לָנוּ לְמְשִׁיבַת נֶפֶשׁ בִּימֵי שֵׂיבָתֵנוּ. וַאֲנִי תְפִלָּתִי־לְךָ יהוה עֵת רָצוֹן, אֱלֹהִים בְּרָב־חַסְדֶּךָ, עֲנֵנִי בֶּאֱמֶת יִשְׁעֶךָ:

Si el niño ha sido traído al בית כנסת *el rabino recita sobre él/ella la siguiente bendición:*

במדבר ו יְבָרֶכְךָ יהוה וְיִשְׁמְרֶךָ:
יָאֵר יהוה פָּנָיו אֵלֶיךָ וִיחֻנֶּךָּ:
יִשָּׂא יהוה פָּנָיו אֵלֶיךָ, וְיָשֵׂם לְךָ שָׁלוֹם:

ZEVED HABAT

La madre o el padre dice:

יוֹנָתִי Paloma mía, en las grietas de la roca, *Can. 2*
en el escondrijo escarpado,
muéstrame tu semblante, hazme oír tu voz,
ya que dulce es tu voz y tu semblante hermoso.

En caso de tratarse de su primera hija agregan:

אַחַת Mas una es solamente la paloma mía, la perfecta mía, *Can. 6*
única es para su madre, pura es para su progenitora.
La vieron las doncellas y la han elogiado,
reinas y concubinas la han loado.

El rabino dice:

מִי שֶׁבֵּרַךְ Aquél que bendijo a nuestros ancestros
Abraham, Ytzjak y Ya'akov, Moshé, Aharón, David y Shelomó,
Sará Rivká, Rajel y Leá
habrá de bendecir a la mujer parturienta
(*nombre de la madre* hija de *nombre de su madre*)

Si la niña ya recibió nombre en la sinagoga:

y a su hija (*nombre de la niña* hija de *nombre de su padre*)
que le nació en buena hora.

Si la niña no recibió aún su nombre en la sinagoga:

y a su hija que le nació en buena hora
y será su nombre en Israel
(*nombre de la niña* hija de *nombre de su padre*).

Bendice por favor a su padre y a su madre,
y que tengan el mérito de criarla para el estudio de la Torá,
la jupá y la realización de buenas acciones y digamos Amén.

---

todo el curso de su vida. En caso de servirse comida durante la ceremonia esta adquiere significación religiosa (seudat mitzvá) y debe ser acompañada con palabras de Torá.

יוֹנָתִי *Paloma mía, en las grietas de la roca:* Cantar de los Cantares 2:14. אַחַת הִיא *Mas una es solamente*: Cantar de los Cantares 6:9.

סדר זבד הבת

La madre o el padre dice:

שיר השירים ב

יוֹנָתִי בְּחַגְוֵי הַסֶּלַע, בְּסֵתֶר הַמַּדְרֵגָה
הַרְאִינִי אֶת־מַרְאַיִךְ, הַשְׁמִיעִנִי אֶת־קוֹלֵךְ
כִּי־קוֹלֵךְ עָרֵב וּמַרְאֵיךְ נָאוֶה׃

En caso de tratarse de su primera hija agregan:

שיר השירים ו

אַחַת הִיא יוֹנָתִי תַמָּתִי
אַחַת הִיא לְאִמָּהּ, בָּרָה הִיא לְיוֹלַדְתָּהּ
רָאוּהָ בָנוֹת וַיְאַשְּׁרוּהָ, מְלָכוֹת וּפִילַגְשִׁים וַיְהַלְלוּהָ׃

El rabino dice:

מִי שֶׁבֵּרַךְ אֲבוֹתֵינוּ אַבְרָהָם יִצְחָק וְיַעֲקֹב
מֹשֶׁה וְאַהֲרֹן דָּוִד וּשְׁלֹמֹה, שָׂרָה רִבְקָה רָחֵל וְלֵאָה
הוּא יְבָרֵךְ אֶת הָאִשָּׁה הַיּוֹלֶדֶת (פלונית בַּת פלונית)

Si la niña ya recibió nombre en la בית כנסת:

וְאֶת בִּתָּהּ (פלונית בַּת פלוני) שֶׁנּוֹלְדָה לָהּ בְּמַזָּל טוֹב.

Si la niña no recibió aún su nombre en la בית כנסת:

וְאֶת בִּתָּהּ שֶׁנּוֹלְדָה לָהּ בְּמַזָּל טוֹב
וְיִקָּרֵא שְׁמָהּ בְּיִשְׂרָאֵל (פלונית בַּת פלוני).

אָנָּא בָּרֵךְ אֶת אָבִיהָ וְאֶת אִמָּהּ
וְיִזְכּוּ לְגַדְּלָהּ לְתוֹרָה וּלְחֻפָּה וּלְמַעֲשִׂים טוֹבִים, וְנֹאמַר אָמֵן.

ZEVED HABAT

Hace ya mucho tiempo que existe entre los sefaradíes la costumbre – crecientemente adoptada también por los ashkenazíes – de señalar el nacimiento de una hija por medio de una ceremonia especial conocida como Zeved HaBat ("el obsequio de una hija"), durante la cual la bebé recibe nombre y es bendecida. Expresamos nuestro agradecimiento a Dios por el milagro de una nueva vida y oramos para que Su bendición la acompañe a lo largo de

Los padres bendicen a la niña:

יְשִׂמֵךְ Que Dios te haga como Sará, Rivká, Rajel y Leá.
El Señor te bendiga y te guarde. *Núm. 6*
El Señor te ilumine con Su Presencia y te agracie.
El Señor dirija Su Presencia hacia ti y te conceda la paz.

וִיהִי רָצוֹן Sea la voluntad de nuestro Padre Celestial
que ponga en tu corazón el amor y a la reverencia a Él,
y el temor al Señor esté sobre tu semblante todos los días
para que no peques.
Que tu deseo esté puesto en la Torá y sus preceptos.
Que tus ojos miren acertadamente,
tu boca hable palabras sabias
y tu corazón reflexione con temor reverencial,
tus manos se ocupen de los preceptos
y tus pies corran para realizar la voluntad de tu Padre Celestial.

Si los abuelos están presentes recitan la siguiente bendición:

הָאֱלֹהִים Que el Dios delante de Quien mis ancestros anduvieron, *Gén. 48*
Abraham e Ytzjak,
el Dios que me guio toda mi vida hasta el día de hoy.
El ángel que me liberó de todo mal
bendiga a los jóvenes
y que sean llamados por mi nombre
y los nombres de mis padres Abraham e Ytzjak,
y que se multipliquen abundantemente en el seno de la tierra.

Todos dicen:

Hermana nuestra, puedas tú ser millares de miríadas. *Gén. 24*

הָאֱלֹהִים אֲשֶׁר הִתְהַלְּכוּ אֲבֹתַי לְפָנָיו *Que el Dios delante de Quien mis ancestros anduvieron:* Es la bendición dada por Ya'akov a los hijos de Yosef (Gén. 48:15-16), única instancia de la Torá en la que un abuelo bendice a nietos. אֲחֹתֵנוּ *Hermana nuestra*: Bendición dada a Rivká por su familia (Gén. 24:60).

Los padres bendicen a la niña:

יְשִׂמֵךְ אֱלֹהִים כְּשָׂרָה רִבְקָה רָחֵל וְלֵאָה.

במדבר ו יְבָרֶכְךָ יהוה וְיִשְׁמְרֶךָ:

יָאֵר יהוה פָּנָיו אֵלֶיךָ וִיחֻנֶּךָּ:

יִשָּׂא יהוה פָּנָיו אֵלֶיךָ, וְיָשֵׂם לְךָ שָׁלוֹם:

וִיהִי רָצוֹן מִלִּפְנֵי אָבִינוּ שֶׁבַּשָּׁמַיִם, שֶׁיִּתֵּן בְּלִבֵּךְ אַהֲבָתוֹ וְיִרְאָתוֹ
וּתְהִיֶה יִרְאַת יהוה עַל פָּנַיִךְ כָּל יָמַיִךְ שֶׁלֹּא תֶחֱטָאִי
וִיהִי חֶשְׁקֵךְ בַּתּוֹרָה וּבַמִּצְוֹת.
עֵינַיִךְ לְנֹכַח יַבִּיטוּ, פִּיךְ יְדַבֵּר חָכְמוֹת וְלִבֵּךְ יֶהְגֶּה אֵימוֹת
יָדַיִךְ יַעַסְקוּ בְּמִצְוֹת
וְרַגְלַיִךְ יָרוּצוּ לַעֲשׂוֹת רְצוֹן אָבִיךְ שֶׁבַּשָּׁמַיִם.

Si los abuelos están presentes recitan la siguiente bendición:

בראשית מח הָאֱלֹהִים אֲשֶׁר הִתְהַלְּכוּ אֲבֹתַי לְפָנָיו, אַבְרָהָם וְיִצְחָק
הָאֱלֹהִים הָרֹעֶה אֹתִי, מֵעוֹדִי עַד־הַיּוֹם הַזֶּה:
הַמַּלְאָךְ הַגֹּאֵל אֹתִי מִכָּל־רָע, יְבָרֵךְ אֶת־הַנְּעָרִים
וְיִקָּרֵא בָהֶם שְׁמִי, וְשֵׁם אֲבֹתַי אַבְרָהָם וְיִצְחָק
וְיִדְגּוּ לָרֹב בְּקֶרֶב הָאָרֶץ:

Todos dicen:

בראשית כד אֲחֹתֵנוּ, אַתְּ הֲיִי לְאַלְפֵי רְבָבָה:

יְשִׂמֵךְ *Que Dios te haga como:* La bendición tradicional dada por los padres a las hijas. יְבָרֶכְךָ יהוה *El Señor te bendiga:* la bendición sacerdotal (Núm. 6:24-26).

וִיהִי רָצוֹן *Sea la voluntad:* Extraído de la bendición tradicional dada por los padres a los hijos en la víspera de Yom Kipur.

CEREMONIA NUPCIAL

LA BENDICIÓN DEL COMPROMISO

El rabino que oficia la ceremonia toma una copa de vino y dice:

בָּרוּךְ Bendito eres Tú SEÑOR, nuestro Dios, Rey del universo, creador del fruto de la vid.

בָּרוּךְ Bendito eres Tú SEÑOR, nuestro Dios, Rey del universo, que nos ha santificado con Sus preceptos y nos ordenó lo referente a las uniones prohibidas, prohibiéndonos aquellas mujeres que están comprometidas y permitiéndonos aquellas casadas con nosotros por medio de la ceremonia del palio nupcial y el sagrado pacto del matrimonio. Bendito eres Tú SEÑOR, que santifica a Su pueblo Israel por medio de la ceremonia del palio nupcial y el sagrado pacto del matrimonio.

El novio y la novia beben ambos del vino. El novio toma el anillo, sosteniéndolo listo para ser colocado en el dedo índice derecho de la novia, y dice:

הֲרֵי Quedas consagrada para mí como mi esposa
por medio de este anillo de acuerdo a la ley de Moshé e Israel.

Coloca entonces el anillo en el dedo índice derecho de la novia. Se lee la Ketuvá y el novio se la entrega a la novia. Se llena una segunda copa de vino y se recitan las Sheva Berajot en la siguiente página. Preferentemente, la misma persona habrá de recitar las primeras dos.

---

existencia judía las dos ceremonias fueron unidas. Cada una de estas incluye bendiciones que se recitan sobre una copa de vino y en la actualidad son separadas por la lectura del contrato matrimonial (*"la Ketuvá"*). La bendición del compromiso explica el hecho que ambas ceremonias deben ser cumplidas para que el matrimonio se complete.

הֲרֵי אַתְּ מְקֻדֶּשֶׁת לִי *Quedas consagrada para mí:* La declaración que acompaña la entrega del anillo por parte del novio a la novia. El uso del vocablo "consagrada" en el contexto del matrimonio señala el carácter sagrado del vínculo entre las partes. כְּדַת מֹשֶׁה וְיִשְׂרָאֵל *La ley de Moshé e Israel:* el novio acepta honrar sus obligaciones tanto según la ley bíblica (Moshé) como rabínica (Israel).

EL CONTRATO MATRIMONIAL

Es leído en su versión original en el idioma arameo y detalla el deber de un marido judío para con su esposa en cuanto a "trabajar, respetarla, apoyarla y mantenerla" y cumplir con todas las obligaciones financieras que se desprenden del matrimonio. El origen de la Ketuvá se remonta a unos dos mil años atrás y tuvo como intención asegurar los derechos legales de la novia en el marco del matrimonio. Este documento entra en efecto al alzar el novio un

סדר קידושין ונישואין

ברכות האירוסין

El rabino que מסדר קידושין *toma una copa de vino y dice:*

בָּרוּךְ אַתָּה יהוה אֱלֹהֵינוּ מֶלֶךְ הָעוֹלָם, בּוֹרֵא פְּרִי הַגָּפֶן.

בָּרוּךְ אַתָּה יהוה אֱלֹהֵינוּ מֶלֶךְ הָעוֹלָם, אֲשֶׁר קִדְּשָׁנוּ בְּמִצְוֹתָיו וְצִוָּנוּ עַל הָעֲרָיוֹת, וְאָסַר לָנוּ אֶת הָאֲרוּסוֹת, וְהִתִּיר לָנוּ אֶת הַנְּשׂוּאוֹת לָנוּ עַל יְדֵי חֻפָּה וְקִדּוּשִׁין. בָּרוּךְ אַתָּה יהוה, מְקַדֵּשׁ עַמּוֹ יִשְׂרָאֵל עַל יְדֵי חֻפָּה וְקִדּוּשִׁין.

El חתן *y la* כלה *beben ambos del vino. El* חתן *toma el anillo, sosteniéndolo listo para ser colocado en el dedo índice derecho de la* כלה, *y dice:*

הֲרֵי אַתְּ מְקֻדֶּשֶׁת לִי בְּטַבַּעַת זוֹ כְּדַת מֹשֶׁה וְיִשְׂרָאֵל.

Coloca entonces el anillo en el dedo índice derecho de la כלה. *Se lee la* כתובה *y el* חתן *se la entrega a la* כלה. *Se llena una segunda copa de vino y se recitan las* שבע ברכות *en la siguiente página. Preferentemente, la misma persona habrá de recitar las primeras dos.*

CEREMONIA NUPCIAL

"Dijo el Señor Dios: No es bueno que el hombre esté solo, haré para él una ayuda, frente a él… Por ello, el hombre deja a su padre y a su madre y se adhiere a su mujer y se tornan en una sola carne" (Gén. 2:18-2:24). El matrimonio es una de las instituciones supremas del judaísmo, la primera en ser mencionada bíblicamente y aquella de la que hablan los profetas en sus momentos más profundos como la metáfora más convincente de la relación entre Dios y Su pueblo. En la boda, el novio y la novia se comprometen mutuamente en un vínculo de lealtad y amor, cada uno respetando la integridad del otro al tiempo que uniendo sus destinos para alcanzar juntos lo que nunca podrían lograr estando solos. La misma palabra hebrea *"jaím"*, vida, es plural, lo cual sugiere que la vida en su más pleno sentido debe ser compartida. El matrimonio es la moralización de la pasión, amor traducido en un pacto de mutua responsabilidad a través del cual, al compartir nuestras vulnerabilidades, redimimos nuestra soledad y descubrimos nuestras fuerzas.

בָּרוּךְ *Bendito eres Tú:* Originalmente, el matrimonio adoptaba la forma de dos momentos distintos. El primero era el *Erusín* o *Kidushín*, "el compromiso", compartido por la pareja como promesa mutua. Luego, la novia y el novio regresaban a sus respectivos hogares. Pasado un año de este momento la novia podía ser traída al novio bajo el palio nupcial y podían comenzar su vida juntos. Esto era llamado *Nisuín* y era acompañado de sus propias bendiciones. En la Edad Media, a raíz de las convulsiones que aquejaron a la

LAS SIETE BENDICIONES NUPCIALES

בָּרוּךְ Bendito eres Tú SEÑOR, nuestro Dios, Rey del universo,
creador del fruto de la vid.

בָּרוּךְ Bendito eres Tú SEÑOR, nuestro Dios, Rey del universo,
que todo lo ha creado para Su gloria.

בָּרוּךְ Bendito eres Tú SEÑOR, nuestro Dios, Rey del universo,
Creador del ser humano.

בָּרוּךְ Bendito eres Tú SEÑOR, nuestro Dios, Rey del universo,
que creó al Hombre a Su imagen, la imagen de Su semejanza
y de Su propio Ser le confirió una construcción eterna.
Bendito eres Tú SEÑOR, Creador de la humanidad.

שׂוֹשׂ Alégrese y regocíjese la mujer estéril
al reunirse sus hijos en su seno con regocijo.
Bendito eres Tú SEÑOR, que alegra a Sion con sus hijos.

שַׂמֵּחַ Alegra a los amigos amantes tal como regocijaste
a Tus creaturas en el Jardín del Edén.
Bendito eres Tú SEÑOR, que alegra al novio y a la novia.

בָּרוּךְ Bendito eres Tú SEÑOR, nuestro Dios, Rey del universo,
que creó regocijo y alegría, novio y novia,
el gozo, el cántico, el alborozo y la satisfacción,
el amor, la hermandad, la paz y la amistad.
Prontamente, SEÑOR nuestro Dios,
se escuchen en las ciudades de Judea y en las afueras de Jerusalém
voces de regocijo y alegría, voces de novio y de novia,
la voz de júbilo de los novios bajo su palio nupcial
y de los jóvenes en las canciones del banquete.
Bendito eres Tú SEÑOR, que alegra al novio con la novia.

---

de Génesis en el cual Dios, al ver que el hombre estaba solo, formó a partir "de Su propio Ser" una compañera para que pueda transformarse en "una construcción eterna" por medio de sus descendientes. La quinta habla emotivamente del pueblo judío (Sion) como un todo que se renueva por medio del matrimonio de sus hijos. La sexta bendición pide que la novia y el novio puedan hallar juntos la felicidad y hacer feliz a Dios. La séptima bendición es la más extensa y trae todos estos temas conjuntamente invocando las palabras del profeta Jeremías (33:10-11) que en el futuro serán escuchadas "de regocijo y alegría, voces de novio y de novia".

שבע ברכות הנשואין

בָּרוּךְ אַתָּה יהוה אֱלֹהֵינוּ מֶלֶךְ הָעוֹלָם, בּוֹרֵא פְּרִי הַגָּפֶן.

בָּרוּךְ אַתָּה יהוה אֱלֹהֵינוּ מֶלֶךְ הָעוֹלָם, שֶׁהַכֹּל בָּרָא לִכְבוֹדוֹ.

בָּרוּךְ אַתָּה יהוה אֱלֹהֵינוּ מֶלֶךְ הָעוֹלָם, יוֹצֵר הָאָדָם.

בָּרוּךְ אַתָּה יהוה אֱלֹהֵינוּ מֶלֶךְ הָעוֹלָם
אֲשֶׁר יָצַר אֶת הָאָדָם בְּצַלְמוֹ, בְּצֶלֶם דְּמוּת תַּבְנִיתוֹ
וְהִתְקִין לוֹ מִמֶּנּוּ בִּנְיַן עֲדֵי עַד.
בָּרוּךְ אַתָּה יהוה, יוֹצֵר הָאָדָם.

שׂוֹשׂ תָּשִׂישׂ וְתָגֵל הָעֲקָרָה בְּקִבּוּץ בָּנֶיהָ לְתוֹכָהּ בְּשִׂמְחָה.
בָּרוּךְ אַתָּה יהוה, מְשַׂמֵּחַ צִיּוֹן בְּבָנֶיהָ.

שַׂמֵּחַ תְּשַׂמַּח רֵעִים הָאֲהוּבִים כְּשַׂמֵּחֲךָ יְצִירְךָ בְּגַן עֵדֶן מִקֶּדֶם.
בָּרוּךְ אַתָּה יהוה, מְשַׂמֵּחַ חָתָן וְכַלָּה.

בָּרוּךְ אַתָּה יהוה אֱלֹהֵינוּ מֶלֶךְ הָעוֹלָם
אֲשֶׁר בָּרָא שָׂשׂוֹן וְשִׂמְחָה, חָתָן וְכַלָּה
גִּילָה, רִנָּה, דִּיצָה וְחֶדְוָה, אַהֲבָה וְאַחֲוָה וְשָׁלוֹם וְרֵעוּת.
מְהֵרָה יהוה אֱלֹהֵינוּ, יִשָּׁמַע בְּעָרֵי יְהוּדָה וּבְחוּצוֹת יְרוּשָׁלָיִם
קוֹל שָׂשׂוֹן וְקוֹל שִׂמְחָה, קוֹל חָתָן וְקוֹל כַּלָּה
קוֹל מִצְהֲלוֹת חֲתָנִים מֵחֻפָּתָם וּנְעָרִים מִמִּשְׁתֵּה נְגִינָתָם.
בָּרוּךְ אַתָּה יהוה, מְשַׂמֵּחַ הֶחָתָן עִם הַכַּלָּה.

---

objeto, comúnmente un pañuelo en presencia de dos testigos. Estos testigos firman el documento, el cual suele ser también firmado por el novio.

SHEVA BERAJOT / LAS SIETE BENDICIONES
Estas bendiciones acompañan a la segunda etapa del matrimonio y se remontan a los primeros tiempos rabínicos. Tras la bendición por el vino, las seis bendiciones restantes van secuencialmente de lo universal a lo particular. La segunda alaba a Dios como Creador de todo cuanto existe. La tercera habla de Su creación del ser humano. La cuarta alude al segundo capítulo del libro

El novio y la novia beben ambos del vino.
El novio quiebra una copa en memoria de la destrucción del Templo.
Algunos dicen lo siguiente previo a quebrarla.

אִם־אֶשְׁכָּחֵךְ Si te olvidare oh Jerusalém que mi diestra sea olvidada, *Sal. 137*
se adhiera mi lengua a mi paladar si no te recordare,
si no habré de elevar a Jerusalém por sobre todas mis alegrías.

ZIMÚN POSTERIOR A UN CASAMIENTO O A UN BANQUETE DE SHEVA BERAJOT

El oficiante toma una copa de vino en su mano y dice:

Oficiante: Señores míos, bendigamos.

Los demás: Que el Nombre del Señor sea bendito desde hoy y para siempre. *Sal. 113*

Oficiante: Que el Nombre del Señor sea bendito desde hoy y para siempre.

Retira el dolor y también la ira, y entonces el que
permanece en mudez prorrumpirá en cántico.
Guíanos en las sendas de la rectitud,
atiende la bendición de los hijos de Aharón.

Agregar las palabras que correspondan entre paréntesis (ver página 1036)
Con el permiso (de mi padre y maestro / mi madre y maestra / de los cohanim presentes / nuestro maestro el Rabino / el dueño de esta casa / la dueña de esa casa) de mis Señores y maestros, bendigamos a nuestro Dios que la alegría está en Su morada, que comimos de lo Suyo.

Oficiante: Bendito es nuestro Dios que la alegría está en Su morada, que comimos de lo Suyo, y de Su bondad vivimos.

Los demás: Bendito es nuestro Dios que la alegría está en Su morada, que comimos de lo Suyo, y de Su bondad vivimos.
Bendito es, y bendito sea Su Nombre.

Continuar con Birkat HaMazón en la página 1038, al final de la cual se recitan las Sheva Berajot (en la página anterior) con una copa de vino comenzando de la segunda bendición "que todo lo ha creado para Su gloria" y culminando con la primera que es por el vino.

AGRADECIMIENTO POR LA COMIDA TRAS EL BANQUETE NUPCIAL
La invocación especial, con su frase que reza "que la alegría está en Su morada" es mencionada en el Talmud (*Ketuvot* 8a). דְּוַי הָסֵר וְגַם חָרוֹן *Retira el dolor y también la ira*: Poema escrito por el lingüista y poeta del siglo x Dunash ben Labrat. Las letras iniciales de estas cuatro frases forman su nombre.

El חתן *y la* כלה *beben ambos del vino.*
El חתן *quiebra una copa en memoria de la destrucción del* בית המקדש*. Algunos dicen lo siguiente previo a quebrarla.*

תהלים קלז אִם־אֶשְׁכָּחֵךְ יְרוּשָׁלָםִ, תִּשְׁכַּח יְמִינִי:
תִּדְבַּק לְשׁוֹנִי לְחִכִּי אִם־לֹא אֶזְכְּרֵכִי
אִם־לֹא אַעֲלֶה אֶת־יְרוּשָׁלַםִ עַל רֹאשׁ שִׂמְחָתִי:

זימון לסעודת שבע ברכות

El oficiante toma una copa de vino en su mano y dice:

Leader רַבּוֹתַי, נְבָרֵךְ.

תהלים קיג *Others* יְהִי שֵׁם יהוה מְבֹרָךְ מֵעַתָּה וְעַד־עוֹלָם:

Leader יְהִי שֵׁם יהוה מְבֹרָךְ מֵעַתָּה וְעַד־עוֹלָם:

דְּוַי הָסֵר וְגַם חָרוֹן וְאָז אִלֵּם בְּשִׁיר יָרֹן.
נְחֵנוּ בְּמַעְגְּלֵי צֶדֶק שְׁעֵה בִּרְכַּת בְּנֵי אַהֲרֹן.

Agregar las palabras que correspondan entre paréntesis (ver página 1037)

בִּרְשׁוּת (אָבִי מוֹרִי / אִמִּי מוֹרָתִי / כֹּהֲנִים / מוֹרֵנוּ הָרַב / בַּעַל הַבַּיִת הַזֶּה / בַּעֲלַת הַבַּיִת הַזֶּה) מָרָנָן וְרַבָּנָן וְרַבּוֹתַי
נְבָרֵךְ אֱלֹהֵינוּ שֶׁהַשִּׂמְחָה בִּמְעוֹנוֹ וְשֶׁאָכַלְנוּ מִשֶּׁלּוֹ.

Others בָּרוּךְ אֱלֹהֵינוּ שֶׁהַשִּׂמְחָה בִּמְעוֹנוֹ, שֶׁאָכַלְנוּ מִשֶּׁלּוֹ וּבְטוּבוֹ חָיִינוּ.

Leader בָּרוּךְ אֱלֹהֵינוּ שֶׁהַשִּׂמְחָה בִּמְעוֹנוֹ, שֶׁאָכַלְנוּ מִשֶּׁלּוֹ וּבְטוּבוֹ חָיִינוּ.
בָּרוּךְ הוּא וּבָרוּךְ שְׁמוֹ.

Continuar con ברכת המזון *en la página 1039, al final de la cual se recitan las* שבע ברכות *(en la página anterior) con una copa de vino comenzando de la segunda bendición* שֶׁהַכֹּל בָּרָא לִכְבוֹדוֹ*, y culminando con la primera que es* בּוֹרֵא פְּרִי הַגָּפֶן.

LA RUPTURA DE LA COPA

Se trata de una antigua costumbre que nos recuerda que mientras el Templo permanezca sin ser construido nuestra alegría no puede ser completa. Se ha tornado costumbre recitar previo al quiebre de la copa el versículo de Salmos 137 que reza "Si te olvidare oh Jerusalém", el cual fuera dicho por los exiliados en Babilonia tras la destrucción del Primer Templo.

PLEGARIA PARA LA RECUPERACIÓN DE UNA PERSONA ENFERMA

מִזְמוֹר לְדָוִד Salmo de David. El Señor es mi pastor nada me habrá de faltar. Él me hará retozar en verdes pasturas, me conducirá por plácidas aguas. Él revive mi alma, me conducirá por sendas justas en aras de Su Nombre. Aunque me encuentre en un valle de sombras de la muerte no habré de temer, pues Tú estás conmigo. Tu vara y Tu cayado me han de consolar. Prepara ante mí una mesa en presencia de mis enemigos, ungiste mi cabeza con aceite mi copa rebosa. Sólo el bien y la generosidad me habrán de perseguir todos los días de mi vida. Y moraré en la Casa del Señor por siempre. *Sal. 23*

לְדָוִד De David, bendice al Señor alma mía, y todo lo que hay en mi interior bendiga Su Santo Nombre. Bendice al Señor alma mía y no olvides todos Sus favores. Él perdona todos tus pecados, Él cura todas tus afecciones. Él redime tu vida de la tumba, coronándote con generosidad y compasión. Satisface tu alma con cosas buenas para que tu juventud se renueve cual águila. El Señor es recto en todas Sus obras y trae justicia a los oprimidos. Hizo conocer Sus caminos a Moshé y Sus acciones al pueblo de Israel. El Señor es compasivo y clemente, tardo en la ira y abundante en benevolencia. No acusará ni guardará rencor para siempre. No se conduce con nosotros conforme a nuestros pecados ni nos retribuye según nuestra iniquidad. Pues como la altura de los cielos sobre la tierra, así es Su amor para aquellos que Le temen. Así como el oriente dista del occidente, de igual manera hizo apartar nuestras transgresiones de nosotros. Tal como un padre se compadece de su hijo, el Señor se compadece de quienes Le temen. Pues Él conoce nuestro instinto, recuerda que sólo somos polvo. Los días del ser humano son como el pasto y florece cual flor silvestre. Al soplar un viento sobre él desaparece y su lugar ya no se conoce más. Empero la benevolencia del Señor es para toda la eternidad, para aquellos que Le temen y Su rectitud continúa con los hijos de los hijos, con aquellos que guardan el pacto y recuerdan Sus órdenes para efectuarlas. El Señor estableció Su trono en el cielo y Su reino todo lo domina. Bendecid al Señor vosotros Sus ángeles, poderosos en fortaleza, quienes cumplen Su ordenanza para obedecer la voz de Su palabra. Bendecid al Señor todas Sus huestes, en todos los sitios de Su dominio, mi alma bendiga al Señor. *Sal. 103*

לַמְנַצֵּחַ Para el director de música, salmo de David. Señor, Tú me has examinado y me conoces. Conociste mi estar sentado y mi estar de pie, entiendes mis pensamientos desde lejos. Tú circundas mi andar y mi yacer y conoces todos mis caminos. Antes de que una palabra llegue a mi lengua Tú Señor la sabes. Tú me rodeaste por detrás y por adelante, has depositado Tu mano *Sal. 139*

תפילה לחולה

תהלים כג

מִזְמוֹר לְדָוִד, יהוה רֹעִי לֹא אֶחְסָר: בִּנְאוֹת דֶּשֶׁא יַרְבִּיצֵנִי, עַל־מֵי מְנֻחוֹת יְנַהֲלֵנִי: נַפְשִׁי יְשׁוֹבֵב, יַנְחֵנִי בְמַעְגְּלֵי־צֶדֶק לְמַעַן שְׁמוֹ: גַּם כִּי־אֵלֵךְ בְּגֵיא צַלְמָוֶת לֹא־אִירָא רָע, כִּי־אַתָּה עִמָּדִי, שִׁבְטְךָ וּמִשְׁעַנְתֶּךָ הֵמָּה יְנַחֲמֻנִי: תַּעֲרֹךְ לְפָנַי שֻׁלְחָן נֶגֶד צֹרְרָי, דִּשַּׁנְתָּ בַשֶּׁמֶן רֹאשִׁי, כּוֹסִי רְוָיָה: אַךְ טוֹב וָחֶסֶד יִרְדְּפוּנִי כָּל־יְמֵי חַיָּי, וְשַׁבְתִּי בְּבֵית־יהוה לְאֹרֶךְ יָמִים:

תהלים קג

לְדָוִד, בָּרְכִי נַפְשִׁי אֶת־יהוה, וְכָל־קְרָבַי אֶת־שֵׁם קָדְשׁוֹ: בָּרְכִי נַפְשִׁי אֶת־יהוה, וְאַל־תִּשְׁכְּחִי כָּל־גְּמוּלָיו: הַסֹּלֵחַ לְכָל־עֲוֺנֵכִי, הָרֹפֵא לְכָל־תַּחֲלוּאָיְכִי: הַגּוֹאֵל מִשַּׁחַת חַיָּיְכִי, הַמְעַטְּרֵכִי חֶסֶד וְרַחֲמִים: הַמַּשְׂבִּיעַ בַּטּוֹב עֶדְיֵךְ, תִּתְחַדֵּשׁ כַּנֶּשֶׁר נְעוּרָיְכִי: עֹשֵׂה צְדָקוֹת יהוה, וּמִשְׁפָּטִים לְכָל־עֲשׁוּקִים: יוֹדִיעַ דְּרָכָיו לְמֹשֶׁה, לִבְנֵי יִשְׂרָאֵל עֲלִילוֹתָיו: רַחוּם וְחַנּוּן יהוה, אֶרֶךְ אַפַּיִם וְרַב־חָסֶד: לֹא־לָנֶצַח יָרִיב, וְלֹא לְעוֹלָם יִטּוֹר: לֹא כַחֲטָאֵינוּ עָשָׂה לָנוּ, וְלֹא כַעֲוֺנֹתֵינוּ גָּמַל עָלֵינוּ: כִּי כִגְבֹהַּ שָׁמַיִם עַל־הָאָרֶץ, גָּבַר חַסְדּוֹ עַל־יְרֵאָיו: כִּרְחֹק מִזְרָח מִמַּעֲרָב, הִרְחִיק מִמֶּנּוּ אֶת־פְּשָׁעֵינוּ: כְּרַחֵם אָב עַל־בָּנִים, רִחַם יהוה עַל־יְרֵאָיו: כִּי־הוּא יָדַע יִצְרֵנוּ, זָכוּר כִּי־עָפָר אֲנָחְנוּ: אֱנוֹשׁ כֶּחָצִיר יָמָיו, כְּצִיץ הַשָּׂדֶה כֵּן יָצִיץ: כִּי רוּחַ עָבְרָה־בּוֹ וְאֵינֶנּוּ, וְלֹא־יַכִּירֶנּוּ עוֹד מְקוֹמוֹ: וְחֶסֶד יהוה מֵעוֹלָם וְעַד־עוֹלָם עַל־יְרֵאָיו, וְצִדְקָתוֹ לִבְנֵי בָנִים: לְשֹׁמְרֵי בְרִיתוֹ, וּלְזֹכְרֵי פִקֻּדָיו לַעֲשׂוֹתָם: יהוה בַּשָּׁמַיִם הֵכִין כִּסְאוֹ, וּמַלְכוּתוֹ בַּכֹּל מָשָׁלָה: בָּרְכוּ יהוה מַלְאָכָיו, גִּבֹּרֵי כֹחַ עֹשֵׂי דְבָרוֹ, לִשְׁמֹעַ בְּקוֹל דְּבָרוֹ: בָּרְכוּ יהוה כָּל־צְבָאָיו, מְשָׁרְתָיו עֹשֵׂי רְצוֹנוֹ: בָּרְכוּ יהוה כָּל־מַעֲשָׂיו, בְּכָל־מְקֹמוֹת מֶמְשַׁלְתּוֹ, בָּרְכִי נַפְשִׁי אֶת־יהוה:

תהלים קלט

לַמְנַצֵּחַ לְדָוִד מִזְמוֹר, יהוה חֲקַרְתַּנִי וַתֵּדָע: אַתָּה יָדַעְתָּ שִׁבְתִּי וְקוּמִי, בַּנְתָּה לְרֵעִי מֵרָחוֹק: אָרְחִי וְרִבְעִי זֵרִיתָ, וְכָל־דְּרָכַי הִסְכַּנְתָּה: כִּי אֵין מִלָּה בִּלְשׁוֹנִי, הֵן יהוה יָדַעְתָּ כֻלָּהּ: אָחוֹר וָקֶדֶם צַרְתָּנִי, וַתָּשֶׁת עָלַי

PLEGARIA PARA LA RECUPERACIÓN DE UNA PERSONA ENFERMA

Desde el nacimiento de la fe, las personas se han dirigido a Dios, “quien cura los corazones quebrados y venda sus heridas”, pidiendo fortaleza y recuperación en tiempos de enfermedad. Muchos de los Salmos son ejemplos

sobre mí. Tanto conocimiento me resulta prodigioso, trasciende mis capacidades. ¿Adónde puedo escapar de Tu espíritu y adónde habré de huir de Tu Presencia? Si he de ascender al cielo allí Te encuentras, si he de hacer mi cama en el averno allí estás. De tomar yo alas como el amanecer y morar en lo más remoto del mar, también allí Tu mano me guiará y Tu diestra me aferrará. Si he de decir: "Seguramente la oscuridad me habrá de esconder y la luz a mi alrededor será como la noche" – tampoco la oscuridad me habrá de ocultar de Ti, y la noche iluminará como el día y la oscuridad será luminaria. Pues Tú formaste mis entrañas, me cubriste en la matriz de mi madre. Te alabaré por cuanto que he sido maravillosamente creado, prodigiosas son Tus obras, yo lo sé muy bien. Mi esencia no Te era oculta cuando era formado secretamente, cuando fui tejido en los abismos de la tierra. Tus ojos contemplaron mi cuerpo aún informe. Todos los días que me fueron adjudicados estaban ya escritos en Tu libro antes que cualquiera de estos cobrara existencia. Cuán preciados son para mí Tus pensamientos, cuán numerosos son. Si los he de contar, son más que los granos de la arena. Me despierto y aún estoy contigo. Dios, si tan sólo ajusticiaras a los malvados. ¡Alejaos de mí hombres sanguinarios! Ellos hablan de Ti con malvada intención, Tus adversarios juran en vano por Tu Nombre. ¿Acaso no habré de odiar a quienes Te odian, no habré de combatir a quienes se rebelan contra Ti? Los odio absolutamente, los considero mis enemigos. Obsérvame Dios y aprecia mi corazón, examíname y conoce mis pensamientos más profundos (mi diafragma). Mira si hay en mí algún sendero de perversión y condúceme por el camino de la eternidad.

תְּפִלָּה לְעָנִי Plegaria del menesteroso cuando desfallece y derrama su oración ante el Señor. Señor, escucha mi plegaria, y que mi súplica acuda a Ti. No ocultes Tu rostro de mí en el día de mi desgracia, dirige Tu oído a mí, respóndeme rápidamente en el día en que Te invoco. *Sal. 102*

אָנָּא Por favor, Señor que cura toda carne, apiádate de mí, atiéndeme con Tu gran benevolencia en este mi lecho de enfermedad pues estoy muy débil. Envíame curación y alivio junto a todos los enfermos del pueblo de Israel. Cura mis afecciones, renueva mi juventud cual águila, concede entendimiento al médico para que cure mi enfermedad y mi recuperación florezca pronto. Escucha mi plegaria y agrega días a mi vida para que complete mis años con alegría y pueda así servirte y observar Tus mandamientos con plenitud de corazón. Concédeme entendimiento para que sepa que esta amarga prueba es por mi bien, y no aborrezca Tu moral ni rechace Tu represión.

---

mucho tiempo han sido asociados con la salvación de un daño, junto a dos plegarias, una que pide por la curación y la otra por el perdón, ya que según

כָּמֹכָה: פְּלִיאָה דַעַת מִמֶּנִּי, נִשְׂגְּבָה לֹא־אוּכַל לָהּ: אָנָה אֵלֵךְ מֵרוּחֶךָ, וְאָנָה מִפָּנֶיךָ אֶבְרָח: אִם־אֶסַּק שָׁמַיִם שָׁם אָתָּה, וְאַצִּיעָה שְּׁאוֹל הִנֶּךָּ: אֶשָּׂא כַנְפֵי־שָׁחַר, אֶשְׁכְּנָה בְּאַחֲרִית יָם: גַּם־שָׁם יָדְךָ תַנְחֵנִי, וְתֹאחֲזֵנִי יְמִינֶךָ: וָאֹמַר אַךְ־חֹשֶׁךְ יְשׁוּפֵנִי, וְלַיְלָה אוֹר בַּעֲדֵנִי: גַּם־חֹשֶׁךְ לֹא־יַחְשִׁיךְ מִמֶּךָּ, וְלַיְלָה כַּיּוֹם יָאִיר, כַּחֲשֵׁיכָה כָּאוֹרָה: כִּי־אַתָּה קָנִיתָ כִלְיֹתָי, תְּסֻכֵּנִי בְּבֶטֶן אִמִּי: אוֹדְךָ עַל כִּי נוֹרָאוֹת נִפְלֵיתִי, נִפְלָאִים מַעֲשֶׂיךָ, וְנַפְשִׁי יֹדַעַת מְאֹד: לֹא־נִכְחַד עָצְמִי מִמֶּךָּ, אֲשֶׁר־עֻשֵּׂיתִי בַסֵּתֶר, רֻקַּמְתִּי בְּתַחְתִּיּוֹת אָרֶץ: גָּלְמִי רָאוּ עֵינֶיךָ, וְעַל־סִפְרְךָ כֻּלָּם יִכָּתֵבוּ, יָמִים יֻצָּרוּ, וְלוֹ אֶחָד בָּהֶם: וְלִי מַה־יָּקְרוּ רֵעֶיךָ אֵל, מֶה עָצְמוּ רָאשֵׁיהֶם: אֶסְפְּרֵם מֵחוֹל יִרְבּוּן, הֱקִיצֹתִי וְעוֹדִי עִמָּךְ: אִם־תִּקְטֹל אֱלוֹהַּ רָשָׁע, וְאַנְשֵׁי דָמִים סוּרוּ מֶנִּי: אֲשֶׁר יֹמְרוּךָ לִמְזִמָּה, נָשׂוּא לַשָּׁוְא עָרֶיךָ: הֲלוֹא־מְשַׂנְאֶיךָ יהוה אֶשְׂנָא, וּבִתְקוֹמְמֶיךָ אֶתְקוֹטָט: תַּכְלִית שִׂנְאָה שְׂנֵאתִים, לְאוֹיְבִים הָיוּ לִי: חָקְרֵנִי אֵל וְדַע לְבָבִי, בְּחָנֵנִי וְדַע שַׂרְעַפָּי: וּרְאֵה אִם־דֶּרֶךְ־עֹצֶב בִּי, וּנְחֵנִי בְּדֶרֶךְ עוֹלָם:

תְּפִלָּה לְעָנִי כִי־יַעֲטֹף, וְלִפְנֵי יהוה יִשְׁפֹּךְ שִׂיחוֹ: יהוה שִׁמְעָה תְפִלָּתִי, וְשַׁוְעָתִי אֵלֶיךָ תָבוֹא: אַל־תַּסְתֵּר פָּנֶיךָ מִמֶּנִּי בְּיוֹם צַר לִי, הַטֵּה־אֵלַי אָזְנֶךָ, בְּיוֹם אֶקְרָא מַהֵר עֲנֵנִי: תהלים קב

אָנָּא יהוה רוֹפֵא כָל בָּשָׂר, רַחֵם עָלַי, וּסְעָדֵנִי בְּחַסְדְּךָ הַגָּדוֹל עַל עֶרֶשׂ דְּוָי, כִּי אֻמְלַל אָנִי. שְׁלַח לִי תְּרוּפָה וּתְעָלָה, בְּתוֹךְ שְׁאָר חוֹלֵי יִשְׂרָאֵל. וְרַפֵּא אֶת מַכְאוֹבִי, וְחַדֵּשׁ כַּנֶּשֶׁר נְעוּרָי. תֵּן בִּינָה לָרוֹפֵא, וְיִגְהֶה מִמֶּנִּי מְזוֹרִי, וַאֲרוּכָתִי מְהֵרָה תִצְמַח. שְׁמַע תְּפִלָּתִי, וְהוֹסֵף יָמִים עַל יָמַי, וַאֲכַלֶּה שְׁנוֹתַי בַּנְּעִימִים, לְמַעַן אוּכַל לַעֲבֹד אוֹתְךָ, וְלִשְׁמֹר פִּקּוּדֶיךָ בְּלֵב שָׁלֵם. הֲבִינֵנִי וְאֵדְעָה, כִּי לְשְׁלוֹמִי מַר לִי מָר. וְאַל אֶמְאַס אֶת מוּסָרֶךָ, וּבְתוֹכַחְתְּךָ אַל אָקוּץ.

---

supremos de este tipo de plegarias. Existe una profunda conexión, aún no del todo comprendida por la ciencia médica, entre "la cura del espíritu y la cura del cuerpo". La plegaria, dijeron nuestros sabios, no es un sustituto de la medicina, pero tampoco esta última sustituye a la primera: ambas tienen un rol a desempeñar en el proceso de curación. La plegaria otorga vigor, así como lo hace el conocimiento de que Dios está cercano a todo aquel que Lo invoca de verdad. El pasaje que figura arriba consiste en tres salmos, que por

אֱלוֹהַּ סְלִיחוֹת Dios del perdón, piadoso y compasivo, tardo en enojarse y abundante en benevolencia, reconozco ante Ti con corazón quebrado y compungido que he pecado e hice lo malo ante Tus ojos. Me arrepiento de mi mal obrar y retornaré por completo a Ti. Ayúdame, Dios de mi salvación, y no habré de retornar a mi necia conducta y andaré delante de Ti con verdad. Alegra el alma de Tu siervo, pues a Ti Señor esta se dirige. Cúrame, SEÑOR, *Sal. 86* *Jer. 17*
y seré curado, sálvame y seré salvo, pues Tú eres mi alabanza. Amén y Amén.

PLEGARIA DE AGRADECIMIENTO PARA QUIEN SE CURA DE SU ENFERMEDAD

Recitar Salmos 23 y 103 en la página 1104. Luego, continuar con:

אָנָּא Por favor, Dios Grande, Poderoso y Maravilloso, por Tu gran benevolencia vengo ante Ti para agradecerte por todas las bondades con las que me has retribuido. Te clamé desde la estrechez y me respondiste, Te imploré desde mi lecho de enfermedad y escuchaste la voz de mi súplica. Dios me ha castigado mas no me ha entregado a la muerte. En Tu amor y Tu compasión has elevado mi alma desde la tumba, ya que Tu enojo es momentáneo pero Tu favor es por toda la vida. En la noche pernoctará con llanto, pero por la mañana todo es regocijo. Los vivientes, solamente los vivientes Te alaban *Is. 38*
como yo en este momento. Mi alma que has rescatado relatará Tus maravillas a los seres humanos. Bendito eres Tú curador fidedigno de toda carne.

Dios compasivo y piadoso, que retribuyes bondades a quienes Te deben, no soy meritorio de toda la generosidad que hiciste conmigo hasta ahora. Por favor, purifica mi corazón y concédeme el mérito de andar ante Ti por Tus rectas sendas. Extiende Tu ayuda a Tu siervo. Concédeme fortaleza y decisión para superar mi debilidad y bendíceme con salud. Aleja de mí toda angustia o dolor, cuídame de todo mal y guíame según Tu consejo. Que el sol de la rectitud brille para mí trayendo cura en sus alas. Que las palabras *Sal. 19*
de mi boca y la meditación de mi corazón hallen favor ante Ti SEÑOR, mi Fortaleza y mi Redentor. Amén.

---

que comparten este tema, dos son aquí sugeridos junto con una plegaria de agradecimiento. Si la enfermedad se percibe como una que puso la vida en peligro se debe entonces recitar *Birkat HaGomel* (página 527) en la primera ocasión en la que se tiene la posibilidad de asistir a una sinagoga, tanto sea en día de semana, Shabat o festividad.

אֱלוֹהַּ סְלִיחוֹת, חַנּוּן וְרַחוּם אֶרֶךְ אַפַּיִם וְרַב חֶסֶד, מוֹדֶה אֲנִי לְפָנֶיךָ בְּלֵב נִשְׁבָּר וְנִדְכֶּה כִּי חָטָאתִי, וְהָרַע בְּעֵינֶיךָ עָשִׂיתִי. הִנֵּה נִחַמְתִּי עַל רָעָתִי, וְאָשׁוּב בִּתְשׁוּבָה שְׁלֵמָה לְפָנֶיךָ. עָזְרֵנִי אֱלֹהֵי יִשְׁעִי, וְלֹא אָשׁוּב לְכִסְלָה,
וְאֶתְהַלֵּךְ לְפָנֶיךָ בֶּאֱמֶת וּבְתָמִים. שַׂמֵּחַ נֶפֶשׁ עַבְדֶּךָ, כִּי־אֵלֶיךָ אֲדֹנָי, תהלים פו
נַפְשִׁי אֶשָּׂא: רְפָאֵנִי יהוה וְאֵרָפֵא, הוֹשִׁיעֵנִי וְאִוָּשֵׁעָה, כִּי תְהִלָּתִי אָתָּה: ירמיה יז
אָמֵן וְאָמֵן.

תפילה לעומד מחליו

Recitar תהלים כג *y* קג *en la página 1105. Luego, continuar con:*

אָנָּא הָאֵל הַגָּדוֹל הַגִּבּוֹר וְהַנּוֹרָא, בְּרֹב חַסְדְּךָ אָבוֹא לְפָנֶיךָ לְהוֹדוֹת לְךָ עַל כָּל הַטּוֹבוֹת אֲשֶׁר גָּמַלְתָּ עָלָי. מִן הַמֵּצַר קְרָאתִיךָ וַתַּעֲנֵנִי, מֵעֶרֶשׂ דְּוָי שִׁוַּעְתִּי אֵלֶיךָ, וַתִּשְׁמַע אֶת קוֹלִי תַּחֲנוּנָי. יַסֹּר יִסְּרַנִּי יָּהּ, וְלַמָּוֶת לֹא נְתָנָנִי. בְּאַהֲבָתְךָ וּבְחֶמְלָתְךָ הֶעֱלִיתָ מִן שְׁאוֹל נַפְשִׁי. כִּי רֶגַע בְּאַפְּךָ,
חַיִּים בִּרְצוֹנְךָ, בָּעֶרֶב יָלִין בֶּכִי וְלַבֹּקֶר רִנָּה. חַי חַי הוּא יוֹדֶךָ, כָּמוֹנִי הַיּוֹם: ישעיה לח
וְנַפְשִׁי אֲשֶׁר פָּדִיתָ, תְּסַפֵּר נִפְלְאוֹתֶיךָ לִבְנֵי אָדָם. בָּרוּךְ אַתָּה, רוֹפֵא נֶאֱמָן לְכָל בָּשָׂר.

אֵל רַחוּם וְחַנּוּן, הַגּוֹמֵל לְחַיָּבִים טוֹבוֹת, קָטֹנְתִּי מִכֹּל הַחֲסָדִים אֲשֶׁר עָשִׂיתָ עִמָּדִי עַד הֵנָּה. אָנָּא טַהֵר לְבָבִי, וְזַכֵּנִי לָלֶכֶת בְּדֶרֶךְ יְשָׁרִים לְפָנֶיךָ, וּמְשֹׁךְ עֶזְרְךָ לְעַבְדְּךָ. חַזְּקֵנִי וְאַמְּצֵנִי מֵרִפְיוֹן, וּבְחִלּוּץ עֲצָמוֹת תְּבָרְכֵנִי. הַרְחֵק מֵעָלַי כָּל צָרָה וְתוּגָה, שָׁמְרֵנִי מִכָּל רָע, וּבַעֲצָתְךָ תַנְחֵנִי. וְזָרְחָה לִי
שֶׁמֶשׁ צְדָקָה, וּמַרְפֵּא בִּכְנָפֶיהָ. יִהְיוּ לְרָצוֹן אִמְרֵי־פִי וְהֶגְיוֹן לִבִּי לְפָנֶיךָ, תהלים יט
יהוה צוּרִי וְגֹאֲלִי: אָמֵן.

---

nuestra tradición la enfermedad es un momento propicio para la introspección y el cambio.

PLEGARIA DE AGRADECIMIENTO PARA QUIEN SE CURA DE SU ENFERMEDAD

No menos importante que la plegaria *para* la recuperación de una persona enferma es agradecer una vez que el paciente se *cura*. Existen varios salmos

CONFESIÓN PREVIA AL FALLECIMIENTO

La siguiente confesión es recitada por una persona que está próxima a la muerte. Tanto a él como a ella se les debe decir: "No temas, muchos confesaron sus pecados y luego se recuperaron. Todo aquel que se confiesa es retribuido en el Mundo Venidero" (Shabat 32A).

מוֹדֶה אֲנִי Reconozco ante Ti, SEÑOR, Dios mío y de mis ancestros, que tanto mi curación como mi muerte están en Tus manos. Sea Tu voluntad que me cures completamente, y en caso de fallecer, que mi deceso sea expiación por todos mis pecados y transgresiones que cometí ante Ti. Concédeme el mérito de acceder al Mundo Venidero reservado para los justos. Enséñame el *Sal. 16* camino de la vida, Tu presencia colma de regocijo, en Tu diestra está la dicha eterna.

אֲבִי יְתוֹמִים Padre de los huérfanos y hacedor de justicia para las viudas, protege a mi querida familia ya que mi alma está conectada a la suya, en Tu mano *Sal. 31* deposito mi alma, redímeme SEÑOR, Dios de la Verdad. Amén y Amén.

Cuando se acerca el final, se debe recitar lo siguiente.

Repetir tres veces:

El SEÑOR reina, el SEÑOR ha reinado,
el SEÑOR reinará por toda la eternidad.

Repetir tres veces:

Bendito sea el Nombre de Su glorioso Reino por siempre.

Repetir siete veces:

El SEÑOR es Dios.

Una vez:

Escucha Israel, el SEÑOR es nuestro Dios, el SEÑOR es Uno. *Deut. 6*

---

se le dice tanto a él como a ella: confiésate" (Shabat 32A). Estas plegarias son testimonios supremos de fe en el momento en que el alma asciende al mundo superior.

וידוי שכיב מרע

La siguiente confesión es recitada por una persona que está próxima a la muerte. Tanto a él como a ella se les debe decir: "No temas, muchos confesaron sus pecados y luego se recuperaron. Todo aquel que se confiesa es retribuido en el Mundo Venidero" (Shabat 32a).

מוֹדֶה אֲנִי לְפָנֶיךָ, יהוה אֱלֹהַי וֵאלֹהֵי אֲבוֹתַי, שֶׁרְפוּאָתִי וּמִיתָתִי בְּיָדֶךָ. יְהִי
רָצוֹן מִלְּפָנֶיךָ, שֶׁתִּרְפָּאֵנִי רְפוּאָה שְׁלֵמָה, וְאִם אָמוּת, תְּהִי מִיתָתִי כַּפָּרָה
עַל כָּל חֲטָאִים וַעֲוֹנוֹת וּפְשָׁעִים שֶׁחָטָאתִי וְשֶׁעָוִיתִי וְשֶׁפָּשַׁעְתִּי לְפָנֶיךָ.
וְזַכֵּנִי לָעוֹלָם הַבָּא הַצָּפוּן לַצַּדִּיקִים. תּוֹדִיעֵנִי אֹרַח חַיִּים, שֹׂבַע שְׂמָחוֹת תהלים טז
אֶת־פָּנֶיךָ, נְעִימוֹת בִּימִינְךָ נֶצַח:

אֲבִי יְתוֹמִים וְדַיַּן אַלְמָנוֹת, הָגֵן בְּעַד קְרוֹבַי הַיְקָרִים, אֲשֶׁר נַפְשִׁי קְשׁוּרָה
בְּנַפְשָׁם. בְּיָדְךָ אַפְקִיד רוּחִי, פָּדִיתָה אוֹתִי יהוה אֵל אֱמֶת: אָמֵן וְאָמֵן. תהלים לא

Cuando se acerca el final, se debe recitar lo siguiente.

Repetir tres veces:

יהוה מֶלֶךְ, יהוה מָלָךְ, יהוה יִמְלֹךְ לְעוֹלָם וָעֶד.

Repetir tres veces:

בָּרוּךְ שֵׁם כְּבוֹד מַלְכוּתוֹ לְעוֹלָם וָעֶד.

Repetir siete veces:

יהוה הוּא הָאֱלֹהִים.

Una vez:

שְׁמַע יִשְׂרָאֵל, יהוה אֱלֹהֵינוּ, יהוה אֶחָד: דברים ו

CONFESIÓN PREVIA AL FALLECIMIENTO

"Aquél que confiesa sus pecados y renuncia a ellos encuentra compasión" (Prov. 28:13). "Cuando una persona está enferma y próxima a la muerte,

FUNERAL

עֲקַבְיָא Akaviá ben Mahalalel dijo: Medita acerca de tres cosas y no caerás en manos del pecado: Sabe de dónde has venido, hacia dónde vas y ante Quién habrás de rendir cuentas. ¿De dónde has venido? - De una gota fétida. ¿Hacia dónde vas? - A un sitio de polvo, gusanos y larvas. ¿Y ante Quién habrás de rendir cuentas y balance? - Ante el Supremo Rey de los Reyes el Santo Bendito Él. *Mishná Avot 3:1*

Durante el camino hacia la tumba se dice:

יֹשֵׁב בְּסֵתֶר Él que habita en el refugio del Altísimo y reside a la sombra del Todopoderoso. Diré al Señor que es mi refugio y mi fortaleza, es mi Dios y en Él confiaré. Él te salvará de la trampa del cazador y de la mortal pestilencia. Él te cubrirá con Sus alas y bajo éstas hallarás protección; Su verdad es escudo y armadura. No temerás del terror de la noche ni de la saeta diurna, ni de la peste que anda en la oscuridad, ni al destructor que asola a mediodía. Mil caerán a tu lado y diez mil junto a tu diestra, mas no podrán acercarse a ti. Tú habrás de contemplar únicamente con tus ojos y verás a los malvados recibir su merecido. Pues Tú Señor eres mi refugio, has dispuesto Tu morada en lo más alto. No te habrá de ocurrir cosa mala ni se acercará daño alguno a tu tienda. Pues Sus ángeles serán ordenados para cuidarte en todos tus caminos. Sobre sus palmas te transportarán para que tu pie no tropiece con piedra alguna. Pisarás al león y a la serpiente, arrollarás al leoncillo y al reptil. Por cuanto que él Me ama, Yo lo habré de rescatar y encumbrar, porque conoce Mi Nombre. Me llamará y le contestaré, lo acompañaré en su desgracia, lo salvaré y le honraré. Le colmaré de largos días y le mostraré Mi salvación. Le colmaré de largos días y le mostraré Mi salvación. *Sal. 91*

---

acto último de humildad frente a la pérdida. Si bien no podemos entender por qué existen el sufrimiento y la muerte, reafirmamos nuestra fe probada y examinada como haya sido – de que existe un orden último y justicia en el universo. הַצּוּר *La Roca*: Símbolo extraído del cántico de Moshé (Deut. 32) que significa la eternidad de Dios frente a la fugacidad de la vida.

לוויית המת

משנה אבות ג:א
עֲקַבְיָא בֶּן מַהֲלַלְאֵל אוֹמֵר: הִסְתַּכֵּל בִּשְׁלֹשָׁה דְבָרִים, וְאֵין אַתָּה בָא לִידֵי עֲבֵרָה. דַּע מֵאַיִן בָּאתָ, וּלְאָן אַתָּה הוֹלֵךְ, וְלִפְנֵי מִי אַתָּה עָתִיד לִתֵּן דִּין וְחֶשְׁבּוֹן. מֵאַיִן בָּאתָ, מִטִּפָּה סְרוּחָה. וּלְאָן אַתָּה הוֹלֵךְ, לִמְקוֹם עָפָר, רִמָּה וְתוֹלֵעָה. וְלִפְנֵי מִי אַתָּה עָתִיד לִתֵּן דִּין וְחֶשְׁבּוֹן, לִפְנֵי מֶלֶךְ מַלְכֵי הַמְּלָכִים, הַקָּדוֹשׁ בָּרוּךְ הוּא.

Durante el camino hacia la tumba se dice:

תהלים צא
יֹשֵׁב בְּסֵתֶר עֶלְיוֹן, בְּצֵל שַׁדַּי יִתְלוֹנָן: אֹמַר לַיהוה מַחְסִי וּמְצוּדָתִי, אֱלֹהַי אֶבְטַח־בּוֹ: כִּי הוּא יַצִּילְךָ מִפַּח יָקוּשׁ, מִדֶּבֶר הַוּוֹת: בְּאֶבְרָתוֹ יָסֶךְ לָךְ, וְתַחַת־כְּנָפָיו תֶּחְסֶה, צִנָּה וְסֹחֵרָה אֲמִתּוֹ: לֹא־תִירָא מִפַּחַד לָיְלָה, מֵחֵץ יָעוּף יוֹמָם: מִדֶּבֶר בָּאֹפֶל יַהֲלֹךְ, מִקֶּטֶב יָשׁוּד צָהֳרָיִם: יִפֹּל מִצִּדְּךָ אֶלֶף, וּרְבָבָה מִימִינֶךָ, אֵלֶיךָ לֹא יִגָּשׁ: רַק בְּעֵינֶיךָ תַבִּיט, וְשִׁלֻּמַת רְשָׁעִים תִּרְאֶה: כִּי־אַתָּה יהוה מַחְסִי, עֶלְיוֹן שַׂמְתָּ מְעוֹנֶךָ: לֹא־תְאֻנֶּה אֵלֶיךָ רָעָה, וְנֶגַע לֹא־יִקְרַב בְּאָהֳלֶךָ: כִּי מַלְאָכָיו יְצַוֶּה־לָּךְ, לִשְׁמָרְךָ בְּכָל־דְּרָכֶיךָ: עַל־כַּפַּיִם יִשָּׂאוּנְךָ, פֶּן־תִּגֹּף בָּאֶבֶן רַגְלֶךָ: עַל־שַׁחַל וָפֶתֶן תִּדְרֹךְ, תִּרְמֹס כְּפִיר וְתַנִּין: כִּי בִי חָשַׁק וַאֲפַלְּטֵהוּ, אֲשַׂגְּבֵהוּ כִּי־יָדַע שְׁמִי: יִקְרָאֵנִי וְאֶעֱנֵהוּ, עִמּוֹ אָנֹכִי בְצָרָה, אֲחַלְּצֵהוּ וַאֲכַבְּדֵהוּ: אֹרֶךְ יָמִים אַשְׂבִּיעֵהוּ, וְאַרְאֵהוּ בִּישׁוּעָתִי:
אֹרֶךְ יָמִים אַשְׂבִּיעֵהוּ, וְאַרְאֵהוּ בִּישׁוּעָתִי:

El duelo es doblemente devastador. Una persona que era parte de nuestra vida ya no está más y nuestro mundo amenaza con derrumbarse. Nos enfrentamos cara a cara con la mortalidad, con el conocimiento de que todo ser vivo ha de morir. En dichos momentos rezar nos ayuda a efectuar la transición entre *aninut,* la conmoción de dolor inarticulada, y la *avelut,* que es la labor del duelo y la recuperación de la fe en la vida (R. Joseph Soloveitchik). *Tziduk Hadin,* la "Aceptación del Juicio Divino" (en la página siguiente) es el

Tras el funeral se recita lo siguiente, salvo en aquellos días en los que se omite el Tajanún o después de caída la noche. Algunos recitan lo siguiente previo al funeral.

ACEPTACIÓN DEL JUICIO DIVINO

הַצּוּר La Roca, Su obra es perfecta pues todas Sus sendas son justas; *Deut. 32*
Dios fidedigno que no comete iniquidad, justo y recto es.

La Roca, en todo Su accionar es perfecto,
quién Te habrá de decir: ¿cómo has actuado?
Él gobierna abajo y arriba.
Hace morir y da vida, *1 Sam. 2*
hace descender a la tumba y subir nuevamente.

La Roca, perfecto en toda acción,
quién Te habrá de decir: ¿qué has hecho?
Tú que dices y haces, obra actos de benevolencia gratuita con nosotros.
En mérito de aquel que fue amarrado al altar cual oveja, escucha y obra.

Justo en todas Sus sendas, la Roca, perfecto,
tardo en enojarte y pleno de compasión.
Compadécete y apiádate por favor de padres e hijos,
pues Tuyos son, Señor, el perdón y la compasión.

Señor, eres justo tanto al quitar la vida como al concederla,
en Tus manos están depositados todos los espíritus vivientes,
ay de nosotros si borras nuestro recuerdo.
Que Tus ojos nos contemplen siempre con compasión,
pues Tuyos son Señor la compasión y el perdón.

Si un hombre tiene un año de edad o vive mil,
qué beneficio obtiene, al final será como si nunca hubiese existido.
Bendito es el Juez Verdadero, que hace morir y da la vida.

Bendito es, pues Su juicio es verdadero,
Su mirada todo lo abarca, retribuye al hombre Su justa cuenta,
y todos habrán de alabar Su Nombre.

Sabemos Señor que Tu sentencia es justa.
Justicia hay en Tus palabras y absolverás al juzgar.
No nos corresponde criticar Tu modo de hacer justicia.
Tú eres justo, Señor, y justa es Tu sentencia.

Tras el funeral se recita lo siguiente, salvo en aquellos días en los que se omite el תחנון *o después de caída la noche. Algunos recitan lo siguiente previo al funeral.*

צדוק הדין

הַצּוּר תָּמִים פָּעֳלוֹ, כִּי כָל־דְּרָכָיו מִשְׁפָּט דברים לב
אֵל אֱמוּנָה וְאֵין עָוֶל, צַדִּיק וְיָשָׁר הוּא:

הַצּוּר תָּמִים בְּכָל פֹּעַל, מִי יֹאמַר לוֹ מַה תִּפְעַל
הַשַּׁלִּיט בְּמַטָּה וּבְמַעַל. מֵמִית וּמְחַיֶּה, מוֹרִיד שְׁאוֹל וַיָּעַל: שמואל א׳ ב

הַצּוּר תָּמִים בְּכָל מַעֲשֶׂה, מִי יֹאמַר לוֹ מַה תַּעֲשֶׂה
הָאוֹמֵר וְעוֹשֶׂה, חֶסֶד חִנָּם לָנוּ תַעֲשֶׂה
וּבִזְכוּת הַנֶּעֱקַד כְּשֶׂה, הַקְשִׁיבָה וַעֲשֵׂה.

צַדִּיק בְּכָל דְּרָכָיו הַצּוּר תָּמִים, אֶרֶךְ אַפַּיִם וּמָלֵא רַחֲמִים
חֲמָל נָא וְחוּס נָא עַל אָבוֹת וּבָנִים
כִּי לְךָ אָדוֹן הַסְּלִיחוֹת וְהָרַחֲמִים.

צַדִּיק אַתָּה יהוה לְהָמִית וּלְהַחֲיוֹת
אֲשֶׁר בְּיָדְךָ פִּקְדוֹן כָּל רוּחוֹת, חָלִילָה לְּךָ זִכְרוֹנֵנוּ לִמְחוֹת
וְיִהְיוּ נָא עֵינֶיךָ בְּרַחֲמִים עָלֵינוּ פְקוּחוֹת
כִּי לְךָ אָדוֹן הָרַחֲמִים וְהַסְּלִיחוֹת.

אָדָם אִם בֶּן שָׁנָה יִהְיֶה, אוֹ אֶלֶף שָׁנִים יִחְיֶה
מַה יִּתְרוֹן לוֹ, כְּלֹא הָיָה יִהְיֶה
בָּרוּךְ דַּיַּן הָאֱמֶת, מֵמִית וּמְחַיֶּה.

בָּרוּךְ הוּא כִּי אֱמֶת דִּינוֹ, וּמְשׁוֹטֵט הַכֹּל בְּעֵינוֹ
וּמְשַׁלֵּם לְאָדָם חֶשְׁבּוֹנוֹ וְדִינוֹ, וְהַכֹּל לִשְׁמוֹ הוֹדָיָה יִתֵּנוּ.

יָדַעְנוּ יהוה כִּי צֶדֶק מִשְׁפָּטֶךָ, תִּצְדַּק בְּדָבְרֶךָ וְתִזְכֶּה בְּשָׁפְטֶךָ
וְאֵין לְהַרְהֵר אַחַר מִדַּת שָׁפְטֶךָ. צַדִּיק אַתָּה יהוה, וְיָשָׁר מִשְׁפָּטֶיךָ: תהלים קיט

Juzgas con justicia, Juez justo y verdadero.
Bendito es el Juez Verdadero,
que todas Sus sentencias son justas y verdaderas.

Todas las almas vivientes están en Tus manos,
la justicia colma Tu diestra y Tu mano.
Compadécete del remanente del rebaño de Tus servidores
y di al ángel: "Detén tu mano".

Grande en consejo y de poderoso obrar, *Jer. 32*
Tus ojos están atentos a todas las sendas
por las que los hombres transitan,
para retribuir a cada persona conforme a sus caminos
y como fruto de su accionar.

Proclamando la rectitud del Señor, *Sal. 92*
Él es mi Fortaleza y no hay injusticia en Él.

El Señor dio y el Señor quitó, *Job 1*
que el Nombre del Señor sea bendito por siempre.

Él es compasivo, perdonará la iniquidad y no destruirá, *Sal. 78*
suprimirá Su ira y no encenderá Su furia.

El siguiente Kadish es recitado por los dolientes y requiere de la presencia de un minián.

Doliente: יִתְגַּדַּל Que Su Gran Nombre sea magnificado y santificado,
en el mundo que en un futuro será renovado
y en el que revivirán los muertos alzándolos a la vida eterna.
Él reconstruirá la ciudad de Jerusalém
y reestablecerá en ella Su Templo.
Él eliminará la idolatría de la faz de la tierra
y devolverá a su sitio el servicio Celestial.
Entonces, el Santo Bendito
Él reinará en Su dominio con esplendor
durante vuestra vida y en vuestros días
y en la vida de la casa de Israel,
pronto y rápidamente y decid: Amén.

Todos: Que Su Gran Nombre sea bendito
por siempre y por toda la eternidad.

דַּיַּן אֱמֶת, שׁוֹפֵט צֶדֶק וֶאֱמֶת
בָּרוּךְ דַּיַּן הָאֱמֶת, שֶׁכָּל מִשְׁפָּטָיו צֶדֶק וֶאֱמֶת.
נֶפֶשׁ כָּל חַי בְּיָדֶךָ, צֶדֶק מָלְאָה יְמִינְךָ וְיָדֶךָ
רַחֵם עַל פְּלֵטַת צֹאן עֲבָדֶיךָ, וְתֹאמַר לַמַּלְאָךְ הֶרֶף יָדֶךָ.

ירמיה לב גְּדֹל הָעֵצָה וְרַב הָעֲלִילִיָּה
אֲשֶׁר־עֵינֶיךָ פְקֻחוֹת עַל־כָּל־דַּרְכֵי בְּנֵי אָדָם
לָתֵת לְאִישׁ כִּדְרָכָיו, וְכִפְרִי מַעֲלָלָיו:

תהלים צב לְהַגִּיד כִּי־יָשָׁר יהוה, צוּרִי וְלֹא־עַוְלָתָה בּוֹ:

איוב א יהוה נָתַן וַיהוה לָקָח, יְהִי שֵׁם יהוה מְבֹרָךְ:

תהלים עח וְהוּא רַחוּם, יְכַפֵּר עָוֹן וְלֹא־יַשְׁחִית
וְהִרְבָּה לְהָשִׁיב אַפּוֹ, וְלֹא־יָעִיר כָּל־חֲמָתוֹ:

El siguiente קדיש *es recitado por los dolientes y requiere de la presencia de un* מנין.

אבל: יִתְגַּדַּל וְיִתְקַדַּשׁ שְׁמֵהּ רַבָּא (קהל: אָמֵן)
בְּעָלְמָא דְּהוּא עָתִיד לְאִתְחַדָּתָא
וּלְאַחֲיָאָה מֵתַיָּא, וּלְאַסָּקָא יָתְהוֹן לְחַיֵּי עָלְמָא
וּלְמִבְנֵא קַרְתָּא דִירוּשְׁלֵם, וּלְשַׁכְלָלָא הֵיכְלֵהּ בְּגַוַּהּ
וּלְמֶעְקַר פָּלְחָנָא נֻכְרָאָה מֵאַרְעָא
וּלְאֲתָבָא פָּלְחָנָא דִשְׁמַיָּא לְאַתְרֵהּ
וְיַמְלִיךְ קֻדְשָׁא בְּרִיךְ הוּא בְּמַלְכוּתֵהּ וִיקָרֵהּ
בְּחַיֵּיכוֹן וּבְיוֹמֵיכוֹן וּבְחַיֵּי דְכָל בֵּית יִשְׂרָאֵל
בַּעֲגָלָא וּבִזְמַן קָרִיב, וְאִמְרוּ אָמֵן. (קהל: אָמֵן)

קהל ואבל: יְהֵא שְׁמֵהּ רַבָּא מְבָרַךְ לְעָלַם וּלְעָלְמֵי עָלְמַיָּא.

El Kadish largo es recitado únicamente por el doliente tras el funeral y por alguien que completa el estudio de un tratado de la Ley Oral; es único en

Doliente: Sea bendecido, alabado, glorificado y exaltado, encumbrado
y magnificado, enaltecido y ensalzado
el Nombre del Santo Bendito Él;
más allá de cualquier bendición,
cántico, alabanza y consolación
pronunciados en el mundo y decid: Amén.

Que haya gran paz celestial y vida para nosotros
y para todo Israel y decid: Amén.

Inclinarse, dar tres pasos hacia atrás como retirándose de la Divina Presencia, luego inclinarse primero hacia la izquierda, luego hacia la derecha y luego al centro mientras se dice:

Quien obra la paz en Sus alturas,
haga la paz para nosotros
y todo Israel - y decid: Amén.

Tras el funeral los presentes forman dos filas, los dolientes pasan por el medio de estas y se les dice:

Que el Eterno os/te consuele
junto con los demás dolientes de Sion y Jerusalém.

Algunos culminan diciendo:

Y que no sepáis más de dolor.

Algunos acostumbran arrancar unas briznas de pasto y arrojarlas por sobre el hombre mientras dicen:

Que los habitantes de la ciudad crezcan como la hierba sobre la tierra. *Sal. 72*

O:

Recuerda que polvo somos. *Sal. 103*

Tras abandonar el cementerio se acostumbra abluir las manos y decir:

Él suprimirá la muerte para siempre, y el Señor Dios enjugará las lágri- *Is. 52*
mas de todos los rostros, eliminará el escarnio de Su pueblo de toda la
tierra, pues el Señor ha dicho.

---

cuanto a su referencia a la resurrección de los muertos. La muerte no es definitiva: es el preludio de la vida eterna y el eventual renacimiento.

הַמָּקוֹם יְנַחֵם *Que el Eterno los consuele:* Al consolar a los deudos, los ayudamos a reincorporarse a la comunidad de los vivos, y a la gran esperanza de que así como Jerusalém habrá de ser reconstruida, de igual manera se recompondrán nuestras vidas fracturadas.

אבל: יִתְבָּרַךְ וְיִשְׁתַּבַּח וְיִתְפָּאַר
וְיִתְרוֹמַם וְיִתְנַשֵּׂא וְיִתְהַדָּר וְיִתְעַלֶּה וְיִתְהַלָּל
שְׁמֵהּ דְּקֻדְשָׁא בְּרִיךְ הוּא (קהל: בְּרִיךְ הוּא)
לְעֵלָּא מִן כָּל בִּרְכָתָא / בעשרת ימי תשובה: לְעֵלָּא לְעֵלָּא מִכָּל בִּרְכָתָא/
וְשִׁירָתָא, תֻּשְׁבְּחָתָא וְנֶחֱמָתָא
דַּאֲמִירָן בְּעָלְמָא, וְאִמְרוּ אָמֵן. (קהל: אָמֵן)

יְהֵא שְׁלָמָא רַבָּא מִן שְׁמַיָּא
וְחַיִּים, עָלֵינוּ וְעַל כָּל יִשְׂרָאֵל, וְאִמְרוּ אָמֵן. (קהל: אָמֵן)

Inclinarse, dar tres pasos hacia atrás como retirándose de la Divina Presencia, luego inclinarse primero hacia la izquierda, luego hacia la derecha y luego al centro mientras se dice:

עֹשֶׂה שָׁלוֹם/ בעשרת ימי תשובה: הַשָּׁלוֹם/ בִּמְרוֹמָיו
הוּא יַעֲשֶׂה שָׁלוֹם
עָלֵינוּ וְעַל כָּל יִשְׂרָאֵל, וְאִמְרוּ אָמֵן. (קהל: אָמֵן)

Tras el funeral los presentes forman dos filas, los dolientes pasan por el medio de estas y se les dice:

הַמָּקוֹם יְנַחֵם אוֹתְךָ/אוֹתָךְ/אֶתְכֶם
בְּתוֹךְ שְׁאָר אֲבֵלֵי צִיּוֹן וִירוּשָׁלָיִם.

Algunos culminan diciendo:

וְלֹא תוֹסִיפוּ לְדַאֲבָה עוֹד.

Algunos acostumbran arrancar unas briznas de pasto y arrojarlas por sobre el hombre mientras dicen:

תהלים עב וְיָצִיצוּ מֵעִיר כְּעֵשֶׂב הָאָרֶץ:

O:

תהלים קג זָכוּר כִּי־עָפָר אֲנָחְנוּ:

Tras abandonar el cementerio se acostumbra abluir las manos y decir:

ישעיה כה בִּלַּע הַמָּוֶת לָנֶצַח, וּמָחָה אֲדֹנָי יֱהוִה דִּמְעָה מֵעַל כָּל־פָּנִים, וְחֶרְפַּת
עַמּוֹ יָסִיר מֵעַל כָּל־הָאָרֶץ, כִּי יהוה דִּבֵּר:

PLEGARIA PARA RECITAR EN LA CASA DEL DOLIENTE

Tras el rezo habitual, en la casa del doliente se recitan los siguientes salmos durante la semana de la Shivá. En aquellos días en los que se omite el recitado del Tajanún se sustituye por el Salmo 16 (abajo).

לַמְנַצֵּחַ Para el director de música. Salmo de los hijos de Kóraj. Escuchad esto *Sal. 49*
todas las naciones, prestad atención todos los habitantes del mundo, los humildes y los encumbrados, juntos los ricos y los pobres. Mi boca hablará palabras de sabiduría y la meditación de mi corazón entendimiento. Escucharé atentamente una parábola y expondré mi misterio al son de la lira. ¿Por qué habré de temer en los días de desgracia, cuando la maldad de mis enemigos me rodee, confiados en su poder y vanagloriados en su riqueza? Ningún hombre puede redimir a su hermano o dar a Dios un rescate por él, pues la redención es muy costosa, y ningún importe es lo suficientemente alto como para permitirle vivir para siempre sin jamás ver la tumba. Pues él ve a los hombres sabios morir, junto con el necio y el ignorante perecen y dejan sus fortunas a otros. Piensan que sus casas perdurarán para siempre y sus moradas por todas las generaciones, llamando a sus tierras con sus nombres. Empero, el hombre no perdura en su honor y se asemeja a las bestias por cuanto que perece. Este es el camino que siguen los necios y de aquellos que corren tras ellos aprobando sus palabras. Sela. Están destinados a la tumba tal como las ovejas, la muerte será su pastor y los íntegros gobernarán sobre ellos en la aurora. Su forma será consumida en el abismo, que no será refugio para ellos. Mas Dios redimirá mi alma del sepulcro, pues me tomará, Sela. No temas cuando veas a alguien enriquecerse y colmar de gloria su casa. Pues nada habrá de llevarse al morir. Su honor no descenderá con él a la tumba. Aunque se haya bendecido a sí mismo en vida - y los hombres siempre te alaban cuando prosperas – igualmente se reunirá con la generación de sus ancestros que no verán jamás la luz. Un hombre que a pesar de su esplendor carece de entendimiento, se asemeja a las bestias que perecen.

En aquellos días en los que no se dice Tajanún, se recita el siguiente salmo:

מִכְתָּם לְדָוִד Composición musical de David. Protégeme, Dios pues en Ti encon- *Sal. 16*
tré refugio. Dije al Señor: Señor, no tengo bien fuera de Ti. Mas es en aras de los santos que yacen en la tierra y de los poderosos en el temor a Dios, todos mis deseos se cumplen (en mérito a ellos). Aquellos que van tras dioses extraños

---

מִכְתָּם לְדָוִד *Salmos 16.* En días en los cuales no se dice Tajanún recitamos este salmo, bastante diferente en su estilo respecto del 49. Este salmo refleja que a pesar de nuestra pérdida estamos aquí y tenemos mucho para agradecerle a Dios. Es este un poema de reafirmación.

תפילה בבית האבל

Tras el rezo habitual, en la casa del doliente se recitan los siguientes salmos durante la semana de la שבעה*. En aquellos días en los que se omite el recitado de* תחנון *se sustituye por* תהלים טז *(abajo).*

תהלים מט
לַמְנַצֵּחַ לִבְנֵי־קֹרַח מִזְמוֹר: שִׁמְעוּ־זֹאת כָּל־הָעַמִּים, הַאֲזִינוּ כָּל־יֹשְׁבֵי חָלֶד:
גַּם־בְּנֵי אָדָם, גַּם־בְּנֵי־אִישׁ, יַחַד עָשִׁיר וְאֶבְיוֹן: פִּי יְדַבֵּר חָכְמוֹת, וְהָגוּת
לִבִּי תְבוּנוֹת: אַטֶּה לְמָשָׁל אָזְנִי, אֶפְתַּח בְּכִנּוֹר חִידָתִי: לָמָּה אִירָא בִּימֵי
רָע, עֲוֹן עֲקֵבַי יְסֻבֵּנִי: הַבֹּטְחִים עַל־חֵילָם, וּבְרֹב עָשְׁרָם יִתְהַלָּלוּ: אָח לֹא־
פָדֹה יִפְדֶּה אִישׁ, לֹא־יִתֵּן לֵאלֹהִים כָּפְרוֹ: וְיֵקַר פִּדְיוֹן נַפְשָׁם, וְחָדַל לְעוֹלָם:
וִיחִי־עוֹד לָנֶצַח, לֹא יִרְאֶה הַשָּׁחַת: כִּי יִרְאֶה חֲכָמִים יָמוּתוּ, יַחַד כְּסִיל
וָבַעַר יֹאבֵדוּ, וְעָזְבוּ לַאֲחֵרִים חֵילָם: קִרְבָּם בָּתֵּימוֹ לְעוֹלָם, מִשְׁכְּנֹתָם לְדוֹר
וָדֹר, קָרְאוּ בִשְׁמוֹתָם עֲלֵי אֲדָמוֹת: וְאָדָם בִּיקָר בַּל־יָלִין, נִמְשַׁל כַּבְּהֵמוֹת
נִדְמוּ: זֶה דַרְכָּם, כֵּסֶל לָמוֹ, וְאַחֲרֵיהֶם בְּפִיהֶם יִרְצוּ סֶלָה: כַּצֹּאן לִשְׁאוֹל
שַׁתּוּ, מָוֶת יִרְעֵם, וַיִּרְדּוּ בָם יְשָׁרִים לַבֹּקֶר, וְצוּרָם לְבַלּוֹת שְׁאוֹל מִזְּבֻל לוֹ:
אַךְ־אֱלֹהִים יִפְדֶּה נַפְשִׁי מִיַּד שְׁאוֹל, כִּי יִקָּחֵנִי סֶלָה: אַל־תִּירָא כִּי־יַעֲשִׁר
אִישׁ, כִּי־יִרְבֶּה כְּבוֹד בֵּיתוֹ: כִּי לֹא בְמוֹתוֹ יִקַּח הַכֹּל, לֹא־יֵרֵד אַחֲרָיו כְּבוֹדוֹ:
כִּי־נַפְשׁוֹ בְּחַיָּיו יְבָרֵךְ, וְיוֹדֻךָ כִּי־תֵיטִיב לָךְ: תָּבוֹא עַד־דּוֹר אֲבוֹתָיו, עַד־נֵצַח
לֹא יִרְאוּ־אוֹר: אָדָם בִּיקָר וְלֹא יָבִין, נִמְשַׁל כַּבְּהֵמוֹת נִדְמוּ:

En aquellos días en los que no se dice תחנון*, se recita el siguiente salmo:*

תהלים טז
מִכְתָּם לְדָוִד, שָׁמְרֵנִי אֵל כִּי־חָסִיתִי בָךְ: אָמַרְתְּ לַיהוה, אֲדֹנָי אָתָּה, טוֹבָתִי
בַּל־עָלֶיךָ: לִקְדוֹשִׁים אֲשֶׁר־בָּאָרֶץ הֵמָּה, וְאַדִּירֵי כָּל־חֶפְצִי־בָם: יִרְבּוּ
עַצְּבוֹתָם אַחֵר מָהָרוּ, בַּל־אַסִּיךְ נִסְכֵּיהֶם מִדָּם, וּבַל־אֶשָּׂא אֶת־שְׁמוֹתָם

PLEGARIA PARA RECITAR EN LA CASA DEL DOLIENTE

לַמְנַצֵּחַ *Salmos 49.* El arrepentimiento es parte del proceso del duelo (Maimónides). Al confrontarnos con la consciencia de nuestra finitud comenzamos a repensar nuestras prioridades, sabiendo que aquello que ocupa nuestra energía y nuestros pensamientos buena parte del tiempo resulta ser muchas veces relativamente de menor significancia si las sopesamos juntamente con la plenitud de la eternidad y la brevedad de nuestras vidas sobre la tierra. El Salmo 49 es la expresión más poderosa de esta idea. Lo que nos sobrevive no es nuestra riqueza sino los ideales por los que vivimos y el bien realizado.

aumentan sus penas, nunca les ofreceré libaciones de sangre ni sus nombres serán pronunciados por mis labios. SEÑOR, Tú eres mi porción y mi copa, Tú sostienes mi destino. Porciones han recaído sobre mí en lugares agradables, y la herencia que me tocó en suerte es hermosa. Bendeciré al SEÑOR que me ha aconsejado, incluso por las noches todo mi interior me reprende. He puesto al SEÑOR siempre delante de mí, Él está siempre a mi diestra. Por ello se alegra mi corazón y se regocija mi espíritu, incluso mi cuerpo reposará tranquilo. Pues no me abandonarás en la tumba, no permitirás a tu piadoso que contemple descomposición. Hazme conocer el camino de la vida, Tu presencia colma de regocijo, en Tu diestra está la dicha eterna.

PLEGARIA RECORDATORIA

אָנָּא Por favor, SEÑOR, Rey pleno de compasión, Dios de los espíritus de toda carne, en cuya mano están las almas de los vivos y de los muertos, por favor, recibe con Tu gran benevolencia el alma de

Para un hombre se dice:

(*nombre* hijo de *nombre de su padre*) se ha reunido con su pueblo. Apiádate y compadécete de él, perdona y disculpa todas sus transgresiones ya que no hay justo sobre la tierra que haga solamente el bien y no peque. *Ecl. 7*
Recuérdale sus buenas acciones realizadas, que su recompensa esté con él, su retribución delante suyo. Por favor, cobija su alma a la sombra de Tus Alas, hazle conocer el camino de la vida, Tu presencia colma de regocijo, en Tu diestra está la dicha eterna, concédele del gran bien que está reservado para los justos.

Para una mujer se dice:

(*nombre* hija de *nombre de su padre*) se ha reunido con su pueblo. Apiádate y compadécete de ella, perdona y disculpa todas sus transgresiones ya que no hay justo sobre la tierra que haga solamente el bien y no peque. *Ecl. 7*
Recuérdale sus buenas acciones realizadas, que su recompensa esté con ella, su retribución delante suyo. Por favor, cobija su alma a la sombra de Tus alas, hazle conocer el camino de la vida, Tu presencia colma de regocijo, en Tu diestra está la dicha eterna, concédele del gran bien que está reservado para los justos.

Por un niño se dice:

(*nombre* hijo de *nombre de su padre*) se ha reunido con su pueblo. Recuérdale sus buenas acciones realizadas, que su recompensa esté con él, su retribución delante suyo. Por favor, acoge su alma a la sombra de Tus Alas, hazle conocer el camino de la vida, Tu presencia colma de regocijo, en Tu diestra está la dicha eterna, concédele del gran bien que está reservado para los justos.

עַל־שְׂפָתָי: יהוה, מְנָת־חֶלְקִי וְכוֹסִי, אַתָּה תּוֹמִיךְ גּוֹרָלִי: חֲבָלִים נָפְלוּ־לִי בַּנְּעִמִים, אַף־נַחֲלָת שָׁפְרָה עָלָי: אֲבָרֵךְ אֶת־יהוה אֲשֶׁר יְעָצָנִי, אַף־לֵילוֹת יִסְּרוּנִי כִלְיוֹתָי: שִׁוִּיתִי יהוה לְנֶגְדִּי תָמִיד, כִּי מִימִינִי בַּל־אֶמּוֹט: לָכֵן שָׂמַח לִבִּי וַיָּגֶל כְּבוֹדִי, אַף־בְּשָׂרִי יִשְׁכֹּן לָבֶטַח: כִּי לֹא־תַעֲזֹב נַפְשִׁי לִשְׁאוֹל, לֹא־תִתֵּן חֲסִידְךָ לִרְאוֹת שָׁחַת: תּוֹדִיעֵנִי אֹרַח חַיִּים, שֹׂבַע שְׂמָחוֹת אֶת־פָּנֶיךָ, נְעִמוֹת בִּימִינְךָ נֶצַח:

אזכרה

אָנָּא יהוה מֶלֶךְ מָלֵא רַחֲמִים, אֱלֹהֵי הָרוּחוֹת לְכָל בָּשָׂר, אֲשֶׁר בְּיָדְךָ נַפְשׁוֹת הַחַיִּים וְהַמֵּתִים, אָנָּא קַבֵּל בְּחַסְדְּךָ הַגָּדוֹל אֶת נִשְׁמַת

Para un hombre se dice:

(פלוני בֶּן פלוני) אֲשֶׁר נֶאֱסַף אֶל עַמָּיו. חוּס וַחֲמֹל עָלָיו, סְלַח וּמְחַל
לְכָל פְּשָׁעָיו. כִּי אָדָם אֵין צַדִּיק בָּאָרֶץ, אֲשֶׁר יַעֲשֶׂה־טּוֹב וְלֹא קהלת ז
יֶחֱטָא: זְכֹר לוֹ צִדְקָתוֹ אֲשֶׁר עָשָׂה, וִיהִי שְׂכָרוֹ אִתּוֹ, וּפְעֻלָּתוֹ לְפָנָיו. אָנָּא הַסְתֵּר אֶת נִשְׁמָתוֹ בְּצֵל כְּנָפֶיךָ, הוֹדִיעֵהוּ אֹרַח חַיִּים, שֹׂבַע שְׂמָחוֹת אֶת פָּנֶיךָ, נְעִימוֹת בִּימִינְךָ נֶצַח, וְתַשְׁפִּיעַ לוֹ מֵרֹב טוּב הַצָּפוּן לַצַּדִּיקִים.

Para una mujer se dice:

(פלונית בַּת פלוני) אֲשֶׁר נֶאֶסְפָה אֶל עַמֶּיהָ. חוּס וַחֲמֹל עָלֶיהָ, סְלַח
וּמְחַל לְכָל פְּשָׁעֶיהָ. כִּי אָדָם אֵין צַדִּיק בָּאָרֶץ, אֲשֶׁר יַעֲשֶׂה־טּוֹב וְלֹא קהלת ז
יֶחֱטָא: זְכֹר לָהּ צִדְקָתָהּ אֲשֶׁר עָשְׂתָה, וִיהִי שְׂכָרָהּ אִתָּהּ, וּפְעֻלָּתָהּ לְפָנֶיהָ. אָנָּא הַסְתֵּר אֶת נִשְׁמָתָהּ בְּצֵל כְּנָפֶיךָ, הוֹדִיעֶהָ אֹרַח חַיִּים, שֹׂבַע שְׂמָחוֹת אֶת פָּנֶיךָ, נְעִימוֹת בִּימִינְךָ נֶצַח, וְתַשְׁפִּיעַ לָהּ מֵרֹב טוּב הַצָּפוּן לַצַּדִּיקִים.

Por un niño se dice:

(פלוני בֶּן פלוני) אֲשֶׁר נֶאֱסַף אֶל עַמָּיו. זְכֹר לוֹ צִדְקָתוֹ אֲשֶׁר עָשָׂה, וִיהִי שְׂכָרוֹ אִתּוֹ, וּפְעֻלָּתוֹ לְפָנָיו. אָנָּא הַסְתֵּר אֶת נִשְׁמָתוֹ בְּצֵל כְּנָפֶיךָ, הוֹדִיעֵהוּ אֹרַח חַיִּים, שֹׂבַע שְׂמָחוֹת אֶת פָּנֶיךָ, נְעִימוֹת בִּימִינְךָ נֶצַח, וְתַשְׁפִּיעַ לוֹ מֵרֹב טוּב הַצָּפוּן לַצַּדִּיקִים.

Por una niña se dice:

(*nombre* hija de *nombre de su padre*) se ha reunido con su pueblo. Recuérdale sus buenas acciones realizadas, que su recompensa esté con ella, su retribución delante suyo. Por favor, acoge su alma a la sombra de Tus Alas, hazle conocer el camino de la vida, Tu presencia colma de regocijo, en Tu diestra está la dicha eterna, concédele del gran bien que está reservado para los justos.

Tal como está escrito: "Cuán grande es Tu bondad que reservaste para quienes Te temen y guardaste para quienes en Ti se refugian ante la presencia de los hombres". *Sal. 31*

אָנָּא Por favor Señor, Quien cura a quienes tienen el corazón quebrado y venda sus heridas, concede consuelo a los dolientes.

Por un niño pequeño se agrega:

Que el fallecimiento de este niño sea el final de toda angustia y dolor para su padre y para su madre.

Por una niña pequeña se dice:

Que el fallecimiento de esta niña sea el final de toda angustia y dolor para su padre y para su madre.

Si los dolientes tienen hijos, agregar lo que figura entre paréntesis:

חַזְּקֵם Fortifícales y refuérzalos en este día de su duelo y su dolor, y recuérdalos (y a sus hijos) para una vida buena y prolongada. Pon en sus corazones amor y temor a Ti para que Te sirvan con un corazón íntegro, y permite que sus días finalicen en paz. Amén.

כְּאִישׁ Tal como una madre consuela a su hijo *Is. 66*
así Yo os habré de consolar
y en Jerusalém hallaréis consuelo.
Tu sol ya no se pondrá y tu luna ya no se retirará *Is. 60*
pues el Señor será para Ti luz eterna
y tus días de duelo llegarán a su fin.
Él suprimirá la muerte para siempre, *Is. 25*
y el Señor Dios enjugará las lágrimas de todos los rostros,
eliminará el escarnio de Su pueblo de toda la tierra,
pues el Señor ha dicho.

Por una niña se dice:

(פלונית בַּת פלוני) אֲשֶׁר נֶאֶסְפָה אֶל עַמֶּיהָ. זְכֹר לָהּ צִדְקָתָהּ אֲשֶׁר עָשְׂתָה, וִיהִי שְׂכָרָהּ אִתָּהּ, וּפְעֻלָּתָהּ לְפָנֶיהָ. אָנָּא הַסְתֵּר אֶת נִשְׁמָתָהּ בְּצֵל כְּנָפֶיךָ, הוֹדִיעֶהָ אֹרַח חַיִּים, שֹׂבַע שְׂמָחוֹת אֶת פָּנֶיךָ, נְעִימוֹת בִּימִינְךָ נֶצַח, וְתַשְׁפִּיעַ לָהּ מֵרֹב טוּב הַצָּפוּן לַצַּדִּיקִים.

כְּמוֹ שֶׁכָּתוּב: מָה רַב טוּבְךָ אֲשֶׁר־צָפַנְתָּ לִּירֵאֶיךָ, פָּעַלְתָּ לַחוֹסִים בָּךְ נֶגֶד תהלים לא
בְּנֵי אָדָם:

אָנָּא יהוה, הָרוֹפֵא לִשְׁבוּרֵי לֵב וּמְחַבֵּשׁ לְעַצְּבוֹתָם, שַׁלֵּם נִחוּמִים לָאֲבֵלִים.

Por un niño pequeño se agrega:

וּתְהִי פְּטִירַת הַיֶּלֶד הַזֶּה קֵץ לְכָל צָרָה וְצוּקָה לְאָבִיו וּלְאִמּוֹ.

Por una niña pequeña se dice:

וּתְהִי פְּטִירַת הַיַּלְדָּה הַזֹּאת קֵץ לְכָל צָרָה וְצוּקָה לְאָבִיהָ וּלְאִמָּהּ.

Si los dolientes tienen hijos, agregar lo que figura entre paréntesis:

חַזְּקֵם וְאַמְּצֵם בְּיוֹם אֶבְלָם וִיגוֹנָם, וְזָכְרֵם (וּזְכֹר אֶת בְּנֵי בֵיתָם) לְחַיִּים טוֹבִים וַאֲרֻכִּים. תֵּן בְּלִבָּם יִרְאָתְךָ וְאַהֲבָתְךָ לְעָבְדְךָ בְּלֵבָב שָׁלֵם, וּתְהִי אַחֲרִיתָם שָׁלוֹם, אָמֵן.

כְּאִישׁ אֲשֶׁר אִמּוֹ תְּנַחֲמֶנּוּ ישעיה סו
כֵּן אָנֹכִי אֲנַחֶמְכֶם
וּבִירוּשָׁלַםִ תְּנֻחָמוּ:
לֹא־יָבוֹא עוֹד שִׁמְשֵׁךְ, וִירֵחֵךְ לֹא יֵאָסֵף ישעיה ס
כִּי יהוה יִהְיֶה־לָּךְ לְאוֹר עוֹלָם
וְשָׁלְמוּ יְמֵי אֶבְלֵךְ:
בִּלַּע הַמָּוֶת לָנֶצַח ישעיה כה
וּמָחָה אֲדֹנָי יֱהֹוִה דִּמְעָה מֵעַל כָּל־פָּנִים
וְחֶרְפַּת עַמּוֹ יָסִיר מֵעַל כָּל־הָאָרֶץ
כִּי יהוה דִּבֵּר:

KADISH DE DUELO

La siguiente plegaria es recitada por quien está en duelo y requiere de la presencia de un minián. La transliteración se encuentra en la página 1360.

Doliente: יִתְגַּדַּל Que Su Gran Nombre
sea magnificado y santificado,
en el mundo que creó conforme a Su voluntad.
Que establezca Su reino
durante vuestra vida y en vuestros días
y en la vida de toda la casa de Israel,
pronto y rápidamente
y decid: Amén.

Todos: Que Su Gran Nombre sea bendito
por siempre y por toda la eternidad.

Doliente: Sea bendecido, alabado, glorificado
y exaltado, encumbrado
y magnificado, enaltecido y ensalzado
el Nombre del Santo Bendito Él;
más allá de cualquier bendición,
cántico, alabanza y consolación
pronunciados en el mundo
y decid: Amén.

Que haya gran paz celestial
y vida para nosotros
y para todo Israel
y decid: Amén

Inclinarse, dar tres pasos hacia atrás como retirándose de la Divina Presencia, luego inclinarse primero hacia la izquierda, luego hacia la derecha y luego al centro mientras se dice:

Quien obra la paz en Sus alturas,
haga la paz
para nosotros y todo Israel,
y decid: Amén.

קדיש יתום

La siguiente plegaria es recitada por quien está en duelo y requiere de la presencia de un מנין. La transliteración se encuentra en la página 1360.

אבל: יִתְגַּדַּל וְיִתְקַדַּשׁ שְׁמֵהּ רַבָּא (קהל: אָמֵן)
בְּעָלְמָא דִּי בְרָא כִרְעוּתֵהּ
וְיַמְלִיךְ מַלְכוּתֵהּ
בְּחַיֵּיכוֹן וּבְיוֹמֵיכוֹן וּבְחַיֵּי דְכָל בֵּית יִשְׂרָאֵל
בַּעֲגָלָא וּבִזְמַן קָרִיב
וְאִמְרוּ אָמֵן. (קהל: אָמֵן)

קהל ואבל: יְהֵא שְׁמֵהּ רַבָּא מְבָרַךְ לְעָלַם וּלְעָלְמֵי עָלְמַיָּא.

אבל: יִתְבָּרַךְ וְיִשְׁתַּבַּח וְיִתְפָּאַר
וְיִתְרוֹמַם וְיִתְנַשֵּׂא וְיִתְהַדָּר וְיִתְעַלֶּה וְיִתְהַלָּל
שְׁמֵהּ דְּקֻדְשָׁא בְּרִיךְ הוּא (קהל: בְּרִיךְ הוּא)
לְעֵלָּא מִן כָּל בִּרְכָתָא
/ בעשרת ימי תשובה: לְעֵלָּא לְעֵלָּא מִכָּל בִּרְכָתָא/
וְשִׁירָתָא, תֻּשְׁבְּחָתָא וְנֶחֱמָתָא, דַּאֲמִירָן בְּעָלְמָא
וְאִמְרוּ אָמֵן. (קהל: אָמֵן)

יְהֵא שְׁלָמָא רַבָּא מִן שְׁמַיָּא
וְחַיִּים, עָלֵינוּ וְעַל כָּל יִשְׂרָאֵל
וְאִמְרוּ אָמֵן. (קהל: אָמֵן)

Inclinarse, dar tres pasos hacia atrás como retirándose de la Divina Presencia, luego inclinarse primero hacia la izquierda, luego hacia la derecha y luego al centro mientras se dice:

עֹשֶׂה שָׁלוֹם/ בעשרת ימי תשובה: הַשָּׁלוֹם/ בִּמְרוֹמָיו
הוּא יַעֲשֶׂה שָׁלוֹם עָלֵינוּ וְעַל כָּל יִשְׂרָאֵל
וְאִמְרוּ אָמֵן. (קהל: אָמֵן)

BIRKAT HAMAZÓN EN LA CASA DEL DOLIENTE

Oficiante: Señores míos, bendigamos.

Los demás: Que el Nombre del Señor sea bendito desde hoy y para siempre. *Sal. 113*

Oficiante: Que el Nombre del Señor sea bendito desde hoy y para siempre.
Con vuestro permiso,
bendigamos a Quien consuela a los dolientes,
que de lo Suyo comimos.

Los demás: Bendito es Quien consuela a los dolientes,
que de lo Suyo comimos y de Su bondad vivimos.

**Personas presentes que no han participado de la comida dicen:*
Bendito es Quien consuela a los dolientes,
Su Nombre sea bendito siempre y por toda la eternidad.

Oficiante: Bendito es Quien consuela a los dolientes,
que de lo Suyo comimos y de Su bondad vivimos.
Bendito Él y bendito Su Nombre.

Continuar con Birkat HaMazón en la página 1038 hasta "Reconstruye Jerusalém" en la página 1044. Luego se dice:

נַחֵם Consuela Señor nuestro Dios a los dolientes de Jerusalém y a aquellos que se enlutan en este duelo. Consuélalos de su duelo y anímalos en su dolor, como está escrito: "Tal como una madre consuela a su hijo, así *Is. 113*
Yo os habré de consolar y en Jerusalém hallaréis consuelo". Bendito eres Tú Señor, que consuela a Sion con la reconstrucción de Jerusalém. Amén.

בָּרוּךְ Bendito eres Tú Señor, nuestro Dios, Rey del universo, el Dios, nuestro Padre, nuestro Rey, nuestro Soberano, nuestro Creador, nuestro Redentor, nuestro Hacedor, nuestro Sagrado, el Sagrado Dios de Ya'akov. Nuestro Pastor, Pastor de Israel, el Rey Viviente que es bondadoso. Dios verdadero, Juez verdadero, que juzga rectamente y regresa las almas con justicia, y nosotros somos Su pueblo y Sus servidores, y por todo debemos agradecerle y bendecirle. Aquél que repara las brechas en los muros de Israel, Él reparará esta brecha para la vida y para la paz. Él nos retribuirá por siempre gracia, benevolencia y compasión y todo lo bueno, y de todo lo que es bueno, que nunca nos deje faltar.

Continúa con "El Dios Compasivo reine" en la página 1046.

ברכת המזון בבית האבל

Oficiante רַבּוֹתַי, נְבָרֵךְ.

Los demás יְהִי שֵׁם יהוה מְבֹרָךְ מֵעַתָּה וְעַד־עוֹלָם: תהלים קיג

Oficiante יְהִי שֵׁם יהוה מְבֹרָךְ מֵעַתָּה וְעַד־עוֹלָם:
בִּרְשׁוּת רַבּוֹתַי, נְבָרֵךְ מְנַחֵם אֲבֵלִים שֶׁאָכַלְנוּ מִשֶּׁלּוֹ.

Los demás בָּרוּךְ מְנַחֵם אֲבֵלִים, שֶׁאָכַלְנוּ מִשֶּׁלּוֹ וּבְטוּבוֹ חָיִינוּ.

**Personas presentes que no han participado de la comida dicen:*

*בָּרוּךְ מְנַחֵם אֲבֵלִים, וּמְבֹרָךְ שְׁמוֹ תָּמִיד לְעוֹלָם וָעֶד.

Oficiante בָּרוּךְ מְנַחֵם אֲבֵלִים, שֶׁאָכַלְנוּ מִשֶּׁלּוֹ וּבְטוּבוֹ חָיִינוּ.
בָּרוּךְ הוּא וּבָרוּךְ שְׁמוֹ.

Continuar con בִּרְכַּת הַמָּזוֹן *en la página 1039 hasta* וּבְנֵה יְרוּשָׁלַיִם *en la página 1045.*
Luego se dice:

נַחֵם יהוה אֱלֹהֵינוּ אֶת אֲבֵלֵי יְרוּשָׁלַיִם, וְאֶת הָאֲבֵלִים הַמִּתְאַבְּלִים בָּאֵבֶל הַזֶּה. נַחֲמֵם מֵאֶבְלָם וְשַׂמְּחֵם מִיגוֹנָם, כָּאָמוּר: כְּאִישׁ אֲשֶׁר אִמּוֹ תְּנַחֲמֶנּוּ, כֵּן אָנֹכִי אֲנַחֶמְכֶם וּבִירוּשָׁלַםִ תְּנֻחָמוּ: בָּרוּךְ אַתָּה יהוה, מְנַחֵם צִיּוֹן בְּבִנְיַן יְרוּשָׁלָיִם. אָמֵן. ישעיה סו

בָּרוּךְ אַתָּה יהוה אֱלֹהֵינוּ מֶלֶךְ הָעוֹלָם, הָאֵל אָבִינוּ מַלְכֵּנוּ אַדִּירֵנוּ בּוֹרְאֵנוּ גּוֹאֲלֵנוּ יוֹצְרֵנוּ קְדוֹשֵׁנוּ קְדוֹשׁ יַעֲקֹב, רוֹעֵנוּ רוֹעֵה יִשְׂרָאֵל, הַמֶּלֶךְ הַחַי, הַטּוֹב וְהַמֵּטִיב. אֵל אֱמֶת, דַּיַּן אֱמֶת, שׁוֹפֵט צֶדֶק, לוֹקֵחַ נְפָשׁוֹת בְּמִשְׁפָּט, וְשַׁלִּיט בְּעוֹלָמוֹ לַעֲשׂוֹת בּוֹ כִּרְצוֹנוֹ, כִּי כָל דְּרָכָיו מִשְׁפָּט, וַאֲנַחְנוּ עַמּוֹ וַעֲבָדָיו, וְעַל הַכֹּל אֲנַחְנוּ חַיָּבִים לְהוֹדוֹת לוֹ וּלְבָרְכוֹ. גּוֹדֵר פִּרְצוֹת יִשְׂרָאֵל, הוּא יִגְדֹּר אֶת הַפִּרְצָה הַזֹּאת מֵעָלֵינוּ לְחַיִּים וּלְשָׁלוֹם. הוּא יִגְמְלֵנוּ לָעַד חֵן וָחֶסֶד וְרַחֲמִים וְכָל טוֹב, וּמִכָּל טוּב לְעוֹלָם אַל יְחַסְּרֵנוּ.

Continúa con הָרַחֲמָן הוּא יִמְלֹךְ *en la página 1047.*

קריאת התורה
LECTURA DE LA TORÁ

קריאת התורה לימי שני וחמישי ובמנחה של שבת

LECTURA DE LA TORÁ PARA LUNES, JUEVES Y MINJÁ DE SHABAT

BERESHIT — בראשית

בראשית א: א–כג
בְּרֵאשִׁית בָּרָא אֱלֹהִים אֵת הַשָּׁמַיִם וְאֵת הָאָרֶץ: וְהָאָרֶץ הָיְתָה תֹהוּ וָבֹהוּ
וְחֹשֶׁךְ עַל־פְּנֵי תְהוֹם וְרוּחַ אֱלֹהִים מְרַחֶפֶת עַל־פְּנֵי הַמָּיִם: וַיֹּאמֶר אֱלֹהִים
יְהִי־אוֹר וַיְהִי־אוֹר: וַיַּרְא אֱלֹהִים אֶת־הָאוֹר כִּי־טוֹב וַיַּבְדֵּל אֱלֹהִים בֵּין הָאוֹר
וּבֵין הַחֹשֶׁךְ: וַיִּקְרָא אֱלֹהִים ׀ לָאוֹר יוֹם וְלַחֹשֶׁךְ קָרָא לָיְלָה וַיְהִי־עֶרֶב וַיְהִי־
בֹקֶר יוֹם אֶחָד:

לוי
וַיֹּאמֶר אֱלֹהִים יְהִי רָקִיעַ בְּתוֹךְ הַמָּיִם וִיהִי מַבְדִּיל בֵּין מַיִם לָמָיִם: וַיַּעַשׂ
אֱלֹהִים אֶת־הָרָקִיעַ וַיַּבְדֵּל בֵּין הַמַּיִם אֲשֶׁר מִתַּחַת לָרָקִיעַ וּבֵין הַמַּיִם אֲשֶׁר
מֵעַל לָרָקִיעַ וַיְהִי־כֵן: וַיִּקְרָא אֱלֹהִים לָרָקִיעַ שָׁמָיִם וַיְהִי־עֶרֶב וַיְהִי־בֹקֶר
יוֹם שֵׁנִי:

ישראל
וַיֹּאמֶר אֱלֹהִים יִקָּווּ הַמַּיִם מִתַּחַת הַשָּׁמַיִם אֶל־מָקוֹם אֶחָד וְתֵרָאֶה הַיַּבָּשָׁה
וַיְהִי־כֵן: וַיִּקְרָא אֱלֹהִים ׀ לַיַּבָּשָׁה אֶרֶץ וּלְמִקְוֵה הַמַּיִם קָרָא יַמִּים וַיַּרְא
אֱלֹהִים כִּי־טוֹב: וַיֹּאמֶר אֱלֹהִים תַּדְשֵׁא הָאָרֶץ דֶּשֶׁא עֵשֶׂב מַזְרִיעַ זֶרַע עֵץ
פְּרִי עֹשֶׂה פְּרִי לְמִינוֹ אֲשֶׁר זַרְעוֹ־בוֹ עַל־הָאָרֶץ וַיְהִי־כֵן: וַתּוֹצֵא הָאָרֶץ דֶּשֶׁא
עֵשֶׂב מַזְרִיעַ זֶרַע לְמִינֵהוּ וְעֵץ עֹשֶׂה־פְּרִי אֲשֶׁר זַרְעוֹ־בוֹ לְמִינֵהוּ וַיַּרְא אֱלֹהִים
כִּי־טוֹב: וַיְהִי־עֶרֶב וַיְהִי־בֹקֶר יוֹם שְׁלִישִׁי:

Algunos prolongan la porción de ישראל *en la lectura del jueves:*

וַיֹּאמֶר אֱלֹהִים יְהִי מְאֹרֹת בִּרְקִיעַ הַשָּׁמַיִם לְהַבְדִּיל בֵּין הַיּוֹם וּבֵין הַלָּיְלָה
וְהָיוּ לְאֹתֹת וּלְמוֹעֲדִים וּלְיָמִים וְשָׁנִים: וְהָיוּ לִמְאוֹרֹת בִּרְקִיעַ הַשָּׁמַיִם לְהָאִיר
עַל־הָאָרֶץ וַיְהִי־כֵן: וַיַּעַשׂ אֱלֹהִים אֶת־שְׁנֵי הַמְּאֹרֹת הַגְּדֹלִים אֶת־הַמָּאוֹר
הַגָּדֹל לְמֶמְשֶׁלֶת הַיּוֹם וְאֶת־הַמָּאוֹר הַקָּטֹן לְמֶמְשֶׁלֶת הַלַּיְלָה וְאֵת הַכּוֹכָבִים:
וַיִּתֵּן אֹתָם אֱלֹהִים בִּרְקִיעַ הַשָּׁמָיִם לְהָאִיר עַל־הָאָרֶץ: וְלִמְשֹׁל בַּיּוֹם וּבַלַּיְלָה

ולהבדיל בין האור ובין החשך וירא אלהים כי־טוב: ויהי־ערב ויהי־בקר
יום רביעי:
ויאמר אלהים ישרצו המים שרץ נפש חיה ועוף יעופף על־הארץ על־פני
רקיע השמים: ויברא אלהים את־התנינם הגדלים ואת כל־נפש החיה
הרמשת אשר שרצו המים למינהם ואת כל־עוף כנף למינהו וירא אלהים
כי־טוב: ויברך אתם אלהים לאמר פרו ורבו ומלאו את־המים בימים והעוף
ירב בארץ: ויהי־ערב ויהי־בקר יום חמישי:

NOAJ — נח

בראשית ו: ט–כב אלה תולדת נח נח איש צדיק תמים היה בדרתיו את־האלהים התהלך־
נח: ויולד נח שלשה בנים את־שם את־חם ואת־יפת: ותשחת הארץ
לפני האלהים ותמלא הארץ חמס: וירא אלהים את־הארץ והנה נשחתה
כי־השחית כל־בשר את־דרכו על־הארץ: ויאמר אלהים
לנח קץ כל־בשר בא לפני כי־מלאה הארץ חמס מפניהם והנני משחיתם
את־הארץ: עשה לך תבת עצי־גפר קנים תעשה את־התבה וכפרת אתה
מבית ומחוץ בכפר: וזה אשר תעשה אתה שלש מאות אמה ארך התבה
חמשים אמה רחבה ושלשים אמה קומתה: צהר | תעשה לתבה ואל־אמה
תכלנה מלמעלה ופתח התבה בצדה תשים תחתים שנים ושלשים תעשה:
לוי *ואני הנני מביא את־המבול מים על־הארץ לשחת כל־בשר אשר־בו
רוח חיים מתחת השמים כל אשר־בארץ יגוע: והקמתי את־בריתי אתך
ובאת אל־התבה אתה ובניך ואשתך ונשי־בניך אתך: ומכל־החי מכל־
ישראל בשר שנים מכל תביא אל־התבה להחית אתך זכר ונקבה יהיו: *מהעוף
למינהו ומן־הבהמה למינה מכל רמש האדמה למינהו שנים מכל יבאו
אליך להחיות: ואתה קח־לך מכל־מאכל אשר יאכל ואספת אליך והיה
לך ולהם לאכלה: ויעש נח ככל אשר צוה אתו אלהים כן עשה:

LEJ LEJÁ — לך לך

בראשית יב: א–יג ויאמר יהוה אל־אברם לך־לך מארצך וממולדתך ומבית אביך אל־הארץ
אשר אראך: ואעשך לגוי גדול ואברכך ואגדלה שמך והיה ברכה: ואברכה

לוי מְבָרְכֶיךָ וּמְקַלֶּלְךָ אָאֹר וְנִבְרְכוּ בְךָ כֹּל מִשְׁפְּחֹת הָאֲדָמָה׃ *וַיֵּלֶךְ אַבְרָם כַּאֲשֶׁר
דִּבֶּר אֵלָיו יהוה וַיֵּלֶךְ אִתּוֹ לוֹט וְאַבְרָם בֶּן־חָמֵשׁ שָׁנִים וְשִׁבְעִים שָׁנָה בְּצֵאתוֹ
מֵחָרָן׃ וַיִּקַּח אַבְרָם אֶת־שָׂרַי אִשְׁתּוֹ וְאֶת־לוֹט בֶּן־אָחִיו וְאֶת־כָּל־רְכוּשָׁם
אֲשֶׁר רָכָשׁוּ וְאֶת־הַנֶּפֶשׁ אֲשֶׁר־עָשׂוּ בְחָרָן וַיֵּצְאוּ לָלֶכֶת אַרְצָה כְּנַעַן וַיָּבֹאוּ
אַרְצָה כְּנָעַן׃ וַיַּעֲבֹר אַבְרָם בָּאָרֶץ עַד מְקוֹם שְׁכֶם עַד אֵלוֹן מוֹרֶה וְהַכְּנַעֲנִי
אָז בָּאָרֶץ׃ וַיֵּרָא יהוה אֶל־אַבְרָם וַיֹּאמֶר לְזַרְעֲךָ אֶתֵּן אֶת־הָאָרֶץ הַזֹּאת וַיִּבֶן
שָׁם מִזְבֵּחַ לַיהוה הַנִּרְאֶה אֵלָיו׃ וַיַּעְתֵּק מִשָּׁם הָהָרָה מִקֶּדֶם לְבֵית־אֵל וַיֵּט
אָהֳלֹה בֵּית־אֵל מִיָּם וְהָעַי מִקֶּדֶם וַיִּבֶן־שָׁם מִזְבֵּחַ לַיהוה וַיִּקְרָא בְּשֵׁם יהוה׃
וַיִּסַּע אַבְרָם הָלוֹךְ וְנָסוֹעַ הַנֶּגְבָּה׃

ישראל וַיְהִי רָעָב בָּאָרֶץ וַיֵּרֶד אַבְרָם מִצְרַיְמָה לָגוּר שָׁם כִּי־כָבֵד הָרָעָב בָּאָרֶץ׃
וַיְהִי כַּאֲשֶׁר הִקְרִיב לָבוֹא מִצְרָיְמָה וַיֹּאמֶר אֶל־שָׂרַי אִשְׁתּוֹ הִנֵּה־נָא יָדַעְתִּי
כִּי אִשָּׁה יְפַת־מַרְאֶה אָתְּ׃ וְהָיָה כִּי־יִרְאוּ אֹתָךְ הַמִּצְרִים וְאָמְרוּ אִשְׁתּוֹ זֹאת
וְהָרְגוּ אֹתִי וְאֹתָךְ יְחַיּוּ׃ אִמְרִי־נָא אֲחֹתִי אָתְּ לְמַעַן יִיטַב־לִי בַעֲבוּרֵךְ וְחָיְתָה
נַפְשִׁי בִּגְלָלֵךְ׃

VAIERÁ — וירא

בראשית יח: א–יד וַיֵּרָא אֵלָיו יהוה בְּאֵלֹנֵי מַמְרֵא וְהוּא יֹשֵׁב פֶּתַח־הָאֹהֶל כְּחֹם הַיּוֹם׃ וַיִּשָּׂא
עֵינָיו וַיַּרְא וְהִנֵּה שְׁלֹשָׁה אֲנָשִׁים נִצָּבִים עָלָיו וַיַּרְא וַיָּרָץ לִקְרָאתָם מִפֶּתַח
הָאֹהֶל וַיִּשְׁתַּחוּ אָרְצָה׃ וַיֹּאמַר אֲדֹנָי אִם־נָא מָצָאתִי חֵן בְּעֵינֶיךָ אַל־נָא
תַעֲבֹר מֵעַל עַבְדֶּךָ׃ יֻקַּח־נָא מְעַט־מַיִם וְרַחֲצוּ רַגְלֵיכֶם וְהִשָּׁעֲנוּ תַּחַת הָעֵץ׃
וְאֶקְחָה פַת־לֶחֶם וְסַעֲדוּ לִבְּכֶם אַחַר תַּעֲבֹרוּ כִּי־עַל־כֵּן עֲבַרְתֶּם עַל־עַבְדְּכֶם

לוי וַיֹּאמְרוּ כֵּן תַּעֲשֶׂה כַּאֲשֶׁר דִּבַּרְתָּ׃ *וַיְמַהֵר אַבְרָהָם הָאֹהֱלָה אֶל־שָׂרָה וַיֹּאמֶר
מַהֲרִי שְׁלֹשׁ סְאִים קֶמַח סֹלֶת לוּשִׁי וַעֲשִׂי עֻגוֹת׃ וְאֶל־הַבָּקָר רָץ אַבְרָהָם
וַיִּקַּח בֶּן־בָּקָר רַךְ וָטוֹב וַיִּתֵּן אֶל־הַנַּעַר וַיְמַהֵר לַעֲשׂוֹת אֹתוֹ׃ וַיִּקַּח חֶמְאָה
וְחָלָב וּבֶן־הַבָּקָר אֲשֶׁר עָשָׂה וַיִּתֵּן לִפְנֵיהֶם וְהוּא עֹמֵד עֲלֵיהֶם תַּחַת הָעֵץ

ישראל וַיֹּאכֵלוּ׃ *וַיֹּאמְרוּ אֵלָיו אַיֵּה שָׂרָה אִשְׁתֶּךָ וַיֹּאמֶר הִנֵּה בָאֹהֶל׃ וַיֹּאמֶר שׁוֹב
אָשׁוּב אֵלֶיךָ כָּעֵת חַיָּה וְהִנֵּה־בֵן לְשָׂרָה אִשְׁתֶּךָ וְשָׂרָה שֹׁמַעַת פֶּתַח הָאֹהֶל
וְהוּא אַחֲרָיו׃ וְאַבְרָהָם וְשָׂרָה זְקֵנִים בָּאִים בַּיָּמִים חָדַל לִהְיוֹת לְשָׂרָה אֹרַח
כַּנָּשִׁים׃ וַתִּצְחַק שָׂרָה בְּקִרְבָּהּ לֵאמֹר אַחֲרֵי בְלֹתִי הָיְתָה־לִּי עֶדְנָה וַאדֹנִי

זָקַנְתִּי: וַיֹּאמֶר יְהוָה אֶל־אַבְרָהָם לָמָּה זֶּה צָחֲקָה שָׂרָה לֵאמֹר הַאַף אֻמְנָם אֵלֵד
וַאֲנִי זָקַנְתִּי: הֲיִפָּלֵא מֵיְהוָה דָּבָר לַמּוֹעֵד אָשׁוּב אֵלֶיךָ כָּעֵת חַיָּה וּלְשָׂרָה בֵן:

חיי שרה — JAIEI SARÁ

וַיִּהְיוּ חַיֵּי שָׂרָה מֵאָה שָׁנָה וְעֶשְׂרִים שָׁנָה וְשֶׁבַע שָׁנִים שְׁנֵי חַיֵּי שָׂרָה: וַתָּמָת בראשית כג: א–טז
שָׂרָה בְּקִרְיַת אַרְבַּע הִוא חֶבְרוֹן בְּאֶרֶץ כְּנָעַן וַיָּבֹא אַבְרָהָם לִסְפֹּד לְשָׂרָה
וְלִבְכֹּתָהּ: וַיָּקָם אַבְרָהָם מֵעַל פְּנֵי מֵתוֹ וַיְדַבֵּר אֶל־בְּנֵי־חֵת לֵאמֹר: גֵּר־וְתוֹשָׁב
אָנֹכִי עִמָּכֶם תְּנוּ לִי אֲחֻזַּת־קֶבֶר עִמָּכֶם וְאֶקְבְּרָה מֵתִי מִלְּפָנָי: וַיַּעֲנוּ בְנֵי־חֵת
אֶת־אַבְרָהָם לֵאמֹר לוֹ: שְׁמָעֵנוּ | אֲדֹנִי נְשִׂיא אֱלֹהִים אַתָּה בְּתוֹכֵנוּ בְּמִבְחַר
קְבָרֵינוּ קְבֹר אֶת־מֵתֶךָ אִישׁ מִמֶּנּוּ אֶת־קִבְרוֹ לֹא־יִכְלֶה מִמְּךָ מִקְּבֹר מֵתֶךָ:
וַיָּקָם אַבְרָהָם וַיִּשְׁתַּחוּ לְעַם־הָאָרֶץ לִבְנֵי־חֵת: *וַיְדַבֵּר אִתָּם לֵאמֹר אִם־יֵשׁ לוי
אֶת־נַפְשְׁכֶם לִקְבֹּר אֶת־מֵתִי מִלְּפָנַי שְׁמָעוּנִי וּפִגְעוּ־לִי בְּעֶפְרוֹן בֶּן־צֹחַר:
וְיִתֶּן־לִי אֶת־מְעָרַת הַמַּכְפֵּלָה אֲשֶׁר־לוֹ אֲשֶׁר בִּקְצֵה שָׂדֵהוּ בְּכֶסֶף מָלֵא יִתְּנֶנָּה
לִּי בְּתוֹכְכֶם לַאֲחֻזַּת־קָבֶר: וְעֶפְרוֹן יֹשֵׁב בְּתוֹךְ בְּנֵי־חֵת וַיַּעַן עֶפְרוֹן הַחִתִּי
אֶת־אַבְרָהָם בְּאָזְנֵי בְנֵי־חֵת לְכֹל בָּאֵי שַׁעַר־עִירוֹ לֵאמֹר: לֹא־אֲדֹנִי שְׁמָעֵנִי
הַשָּׂדֶה נָתַתִּי לָךְ וְהַמְּעָרָה אֲשֶׁר־בּוֹ לְךָ נְתַתִּיהָ לְעֵינֵי בְנֵי־עַמִּי נְתַתִּיהָ לָּךְ
קְבֹר מֵתֶךָ: וַיִּשְׁתַּחוּ אַבְרָהָם לִפְנֵי עַם־הָאָרֶץ: *וַיְדַבֵּר אֶל־עֶפְרוֹן בְּאָזְנֵי עַם־ ישראל
הָאָרֶץ לֵאמֹר אַךְ אִם־אַתָּה לוּ שְׁמָעֵנִי נָתַתִּי כֶּסֶף הַשָּׂדֶה קַח מִמֶּנִּי וְאֶקְבְּרָה
אֶת־מֵתִי שָׁמָּה: וַיַּעַן עֶפְרוֹן אֶת־אַבְרָהָם לֵאמֹר לוֹ: אֲדֹנִי שְׁמָעֵנִי אֶרֶץ אַרְבַּע
מֵאֹת שֶׁקֶל־כֶּסֶף בֵּינִי וּבֵינְךָ מַה־הִוא וְאֶת־מֵתְךָ קְבֹר: וַיִּשְׁמַע אַבְרָהָם אֶל־
עֶפְרוֹן וַיִּשְׁקֹל אַבְרָהָם לְעֶפְרֹן אֶת־הַכֶּסֶף אֲשֶׁר דִּבֶּר בְּאָזְנֵי בְנֵי־חֵת אַרְבַּע
מֵאוֹת שֶׁקֶל כֶּסֶף עֹבֵר לַסֹּחֵר:

תולדות — TOLDOT

וְאֵלֶּה תּוֹלְדֹת יִצְחָק בֶּן־אַבְרָהָם אַבְרָהָם הוֹלִיד אֶת־יִצְחָק: וַיְהִי יִצְחָק בֶּן־ בראשית כה: יט–כו: ה
אַרְבָּעִים שָׁנָה בְּקַחְתּוֹ אֶת־רִבְקָה בַּת־בְּתוּאֵל הָאֲרַמִּי מִפַּדַּן אֲרָם אֲחוֹת לָבָן
הָאֲרַמִּי לוֹ לְאִשָּׁה: וַיֶּעְתַּר יִצְחָק לַיהוָה לְנֹכַח אִשְׁתּוֹ כִּי עֲקָרָה הִוא וַיֵּעָתֶר
לוֹ יְהוָה וַתַּהַר רִבְקָה אִשְׁתּוֹ: וַיִּתְרֹצְצוּ הַבָּנִים בְּקִרְבָּהּ וַתֹּאמֶר אִם־כֵּן לָמָּה
זֶּה אָנֹכִי וַתֵּלֶךְ לִדְרֹשׁ אֶת־יְהוָה: *וַיֹּאמֶר יְהוָה לָהּ שְׁנֵי גיים בְּבִטְנֵךְ וּשְׁנֵי לוי **גוֹיִם**

לאמים ממעיך יפרדו ולאם מלאם יאמץ ורב יעבד צעיר: וימלאו ימיה
ללדת והנה תומם בבטנה: ויצא הראשון אדמוני כלו כאדרת שער ויקראו
שמו עשו: ואחרי־כן יצא אחיו וידו אחזת בעקב עשו ויקרא שמו יעקב
ישראל ויצחק בן־ששים שנה בלדת אתם: *ויגדלו הנערים ויהי עשו איש ידע ציד
איש שדה ויעקב איש תם ישב אהלים: ויאהב יצחק את־עשו כי־ציד בפיו
ורבקה אהבת את־יעקב: ויזד יעקב נזיד ויבא עשו מן־השדה והוא עיף:
ויאמר עשו אל־יעקב הלעיטני נא מן־האדם האדם הזה כי עיף אנכי על־
כן קרא־שמו אדום: ויאמר יעקב מכרה כיום את־בכרתך לי: ויאמר עשו
הנה אנכי הולך למות ולמה־זה לי בכרה: ויאמר יעקב השבעה לי כיום
וישבע לו וימכר את־בכרתו ליעקב: ויעקב נתן לעשו לחם ונזיד עדשים
ויאכל וישת ויקם וילך ויבז עשו את־הבכרה:
ויהי רעב בארץ מלבד הרעב הראשון אשר היה בימי אברהם וילך יצחק
אל־אבימלך מלך־פלשתים גררה: וירא אליו יהוה ויאמר אל־תרד מצרימה
שכן בארץ אשר אמר אליך: גור בארץ הזאת ואהיה עמך ואברכך כי־לך
ולזרעך אתן את־כל־הארצת האל והקמתי את־השבעה אשר נשבעתי
לאברהם אביך: והרביתי את־זרעך ככוכבי השמים ונתתי לזרעך את כל־
הארצת האל והתברכו בזרעך כל גויי הארץ: עקב אשר־שמע אברהם
בקלי וישמר משמרתי מצותי חקותי ותורתי:

VAIETZÉ ויצא

בראשית כח:י־כב ויצא יעקב מבאר שבע וילך חרנה: ויפגע במקום וילן שם כי־בא השמש
ויקח מאבני המקום וישם מראשתיו וישכב במקום ההוא: ויחלם והנה
סלם מצב ארצה וראשו מגיע השמימה והנה מלאכי אלהים עלים וירדים
לוי בו: *והנה יהוה נצב עליו ויאמר אני יהוה אלהי אברהם אביך ואלהי יצחק
הארץ אשר אתה שכב עליה לך אתננה ולזרעך: והיה זרעך כעפר הארץ
ופרצת ימה וקדמה וצפנה ונגבה ונברכו בך כל־משפחת האדמה ובזרעך:
והנה אנכי עמך ושמרתיך בכל אשר־תלך והשבתיך אל־האדמה הזאת כי
לא אעזבך עד אשר אם־עשיתי את אשר־דברתי לך: וייקץ יעקב משנתו

וַיֹּאמֶר אָכֵן יֵשׁ יְהוָה בַּמָּקוֹם הַזֶּה וְאָנֹכִי לֹא יָדָעְתִּי׃ וַיִּירָא וַיֹּאמַר מַה־נּוֹרָא
הַמָּקוֹם הַזֶּה אֵין זֶה כִּי אִם־בֵּית אֱלֹהִים וְזֶה שַׁעַר הַשָּׁמָיִם׃ *וַיַּשְׁכֵּם יַעֲקֹב ישראל
בַּבֹּקֶר וַיִּקַּח אֶת־הָאֶבֶן אֲשֶׁר־שָׂם מְרַאֲשֹׁתָיו וַיָּשֶׂם אֹתָהּ מַצֵּבָה וַיִּצֹק שֶׁמֶן
עַל־רֹאשָׁהּ׃ וַיִּקְרָא אֶת־שֵׁם־הַמָּקוֹם הַהוּא בֵּית־אֵל וְאוּלָם לוּז שֵׁם־הָעִיר
לָרִאשֹׁנָה׃ וַיִּדַּר יַעֲקֹב נֶדֶר לֵאמֹר אִם־יִהְיֶה אֱלֹהִים עִמָּדִי וּשְׁמָרַנִי בַּדֶּרֶךְ הַזֶּה
אֲשֶׁר אָנֹכִי הוֹלֵךְ וְנָתַן־לִי לֶחֶם לֶאֱכֹל וּבֶגֶד לִלְבֹּשׁ׃ וְשַׁבְתִּי בְשָׁלוֹם אֶל־בֵּית
אָבִי וְהָיָה יְהוָה לִי לֵאלֹהִים׃ וְהָאֶבֶן הַזֹּאת אֲשֶׁר־שַׂמְתִּי מַצֵּבָה יִהְיֶה בֵּית
אֱלֹהִים וְכֹל אֲשֶׁר תִּתֶּן־לִי עַשֵּׂר אֲעַשְּׂרֶנּוּ לָךְ׃

וישלח VAISHLAJ

וַיִּשְׁלַח יַעֲקֹב מַלְאָכִים לְפָנָיו אֶל־עֵשָׂו אָחִיו אַרְצָה שֵׂעִיר שְׂדֵה אֱדוֹם׃ וַיְצַו בראשית לב:ג-יב
אֹתָם לֵאמֹר כֹּה תֹאמְרוּן לַאדֹנִי לְעֵשָׂו כֹּה אָמַר עַבְדְּךָ יַעֲקֹב עִם־לָבָן גַּרְתִּי
וָאֵחַר עַד־עָתָּה׃ וַיְהִי־לִי שׁוֹר וַחֲמוֹר צֹאן וְעֶבֶד וְשִׁפְחָה וָאֶשְׁלְחָה לְהַגִּיד
לַאדֹנִי לִמְצֹא־חֵן בְּעֵינֶיךָ׃ *וַיָּשֻׁבוּ הַמַּלְאָכִים אֶל־יַעֲקֹב לֵאמֹר בָּאנוּ אֶל־ לוי
אָחִיךָ אֶל־עֵשָׂו וְגַם הֹלֵךְ לִקְרָאתְךָ וְאַרְבַּע־מֵאוֹת אִישׁ עִמּוֹ׃ וַיִּירָא יַעֲקֹב
מְאֹד וַיֵּצֶר לוֹ וַיַּחַץ אֶת־הָעָם אֲשֶׁר־אִתּוֹ וְאֶת־הַצֹּאן וְאֶת־הַבָּקָר וְהַגְּמַלִּים
לִשְׁנֵי מַחֲנוֹת׃ וַיֹּאמֶר אִם־יָבוֹא עֵשָׂו אֶל־הַמַּחֲנֶה הָאַחַת וְהִכָּהוּ וְהָיָה הַמַּחֲנֶה
הַנִּשְׁאָר לִפְלֵיטָה׃ *וַיֹּאמֶר יַעֲקֹב אֱלֹהֵי אָבִי אַבְרָהָם וֵאלֹהֵי אָבִי יִצְחָק יְהוָה ישראל
הָאֹמֵר אֵלַי שׁוּב לְאַרְצְךָ וּלְמוֹלַדְתְּךָ וְאֵיטִיבָה עִמָּךְ׃ קָטֹנְתִּי מִכֹּל הַחֲסָדִים
וּמִכָּל־הָאֱמֶת אֲשֶׁר עָשִׂיתָ אֶת־עַבְדֶּךָ כִּי בְמַקְלִי עָבַרְתִּי אֶת־הַיַּרְדֵּן הַזֶּה
וְעַתָּה הָיִיתִי לִשְׁנֵי מַחֲנוֹת׃ הַצִּילֵנִי נָא מִיַּד אָחִי מִיַּד עֵשָׂו כִּי־יָרֵא אָנֹכִי
אֹתוֹ פֶּן־יָבוֹא וְהִכַּנִי אֵם עַל־בָּנִים׃ וְאַתָּה אָמַרְתָּ הֵיטֵב אֵיטִיב עִמָּךְ וְשַׂמְתִּי
אֶת־זַרְעֲךָ כְּחוֹל הַיָּם אֲשֶׁר לֹא־יִסָּפֵר מֵרֹב׃

וישב VAIESHEV

וַיֵּשֶׁב יַעֲקֹב בְּאֶרֶץ מְגוּרֵי אָבִיו בְּאֶרֶץ כְּנָעַן׃ אֵלֶּה ׀ תֹּלְדוֹת יַעֲקֹב יוֹסֵף בראשית לז:א-יא
בֶּן־שְׁבַע־עֶשְׂרֵה שָׁנָה הָיָה רֹעֶה אֶת־אֶחָיו בַּצֹּאן וְהוּא נַעַר אֶת־בְּנֵי בִלְהָה
וְאֶת־בְּנֵי זִלְפָּה נְשֵׁי אָבִיו וַיָּבֵא יוֹסֵף אֶת־דִּבָּתָם רָעָה אֶל־אֲבִיהֶם׃ וְיִשְׂרָאֵל

לוי אָהַב אֶת־יוֹסֵף מִכָּל־בָּנָיו כִּי־בֶן־זְקֻנִים הוּא לוֹ וְעָשָׂה לוֹ כְּתֹנֶת פַּסִּים: *וַיִּרְאוּ
אֶחָיו כִּי־אֹתוֹ אָהַב אֲבִיהֶם מִכָּל־אֶחָיו וַיִּשְׂנְאוּ אֹתוֹ וְלֹא יָכְלוּ דַּבְּרוֹ לְשָׁלֹם:
וַיַּחֲלֹם יוֹסֵף חֲלוֹם וַיַּגֵּד לְאֶחָיו וַיּוֹסִפוּ עוֹד שְׂנֹא אֹתוֹ: וַיֹּאמֶר אֲלֵיהֶם שִׁמְעוּ־
נָא הַחֲלוֹם הַזֶּה אֲשֶׁר חָלָמְתִּי: וְהִנֵּה אֲנַחְנוּ מְאַלְּמִים אֲלֻמִּים בְּתוֹךְ הַשָּׂדֶה
וְהִנֵּה קָמָה אֲלֻמָּתִי וְגַם־נִצָּבָה וְהִנֵּה תְסֻבֶּינָה אֲלֻמֹּתֵיכֶם וַתִּשְׁתַּחֲוֶיןָ לַאֲלֻמָּתִי:
ישראל *וַיֹּאמְרוּ לוֹ אֶחָיו הֲמָלֹךְ תִּמְלֹךְ עָלֵינוּ אִם־מָשׁוֹל תִּמְשֹׁל בָּנוּ וַיּוֹסִפוּ עוֹד
שְׂנֹא אֹתוֹ עַל־חֲלֹמֹתָיו וְעַל־דְּבָרָיו: וַיַּחֲלֹם עוֹד חֲלוֹם אַחֵר וַיְסַפֵּר אֹתוֹ
לְאֶחָיו וַיֹּאמֶר הִנֵּה חָלַמְתִּי חֲלוֹם עוֹד וְהִנֵּה הַשֶּׁמֶשׁ וְהַיָּרֵחַ וְאַחַד עָשָׂר
כּוֹכָבִים מִשְׁתַּחֲוִים לִי: וַיְסַפֵּר אֶל־אָבִיו וְאֶל־אֶחָיו וַיִּגְעַר־בּוֹ אָבִיו וַיֹּאמֶר לוֹ
מָה הַחֲלוֹם הַזֶּה אֲשֶׁר חָלָמְתָּ הֲבוֹא נָבוֹא אֲנִי וְאִמְּךָ וְאַחֶיךָ לְהִשְׁתַּחֲוֺת לְךָ
אָרְצָה: וַיְקַנְאוּ־בוֹ אֶחָיו וְאָבִיו שָׁמַר אֶת־הַדָּבָר:

מקץ MIKETZ

בראשית מא:א-יד וַיְהִי מִקֵּץ שְׁנָתַיִם יָמִים וּפַרְעֹה חֹלֵם וְהִנֵּה עֹמֵד עַל־הַיְאֹר: וְהִנֵּה מִן־הַיְאֹר
עֹלֹת שֶׁבַע פָּרוֹת יְפוֹת מַרְאֶה וּבְרִיאֹת בָּשָׂר וַתִּרְעֶינָה בָּאָחוּ: וְהִנֵּה שֶׁבַע
פָּרוֹת אֲחֵרוֹת עֹלוֹת אַחֲרֵיהֶן מִן־הַיְאֹר רָעוֹת מַרְאֶה וְדַקּוֹת בָּשָׂר וַתַּעֲמֹדְנָה
אֵצֶל הַפָּרוֹת עַל־שְׂפַת הַיְאֹר: וַתֹּאכַלְנָה הַפָּרוֹת רָעוֹת הַמַּרְאֶה וְדַקֹּת הַבָּשָׂר
לוי אֵת שֶׁבַע הַפָּרוֹת יְפֹת הַמַּרְאֶה וְהַבְּרִיאֹת וַיִּיקַץ פַּרְעֹה: *וַיִּישָׁן וַיַּחֲלֹם שֵׁנִית
וְהִנֵּה | שֶׁבַע שִׁבֳּלִים עֹלוֹת בְּקָנֶה אֶחָד בְּרִיאוֹת וְטֹבוֹת: וְהִנֵּה שֶׁבַע שִׁבֳּלִים
דַּקּוֹת וּשְׁדוּפֹת קָדִים צֹמְחוֹת אַחֲרֵיהֶן: וַתִּבְלַעְנָה הַשִּׁבֳּלִים הַדַּקּוֹת אֵת
ישראל שֶׁבַע הַשִּׁבֳּלִים הַבְּרִיאוֹת וְהַמְּלֵאוֹת וַיִּיקַץ פַּרְעֹה וְהִנֵּה חֲלוֹם: *וַיְהִי בַבֹּקֶר
וַתִּפָּעֶם רוּחוֹ וַיִּשְׁלַח וַיִּקְרָא אֶת־כָּל־חַרְטֻמֵּי מִצְרַיִם וְאֶת־כָּל־חֲכָמֶיהָ וַיְסַפֵּר
פַּרְעֹה לָהֶם אֶת־חֲלֹמוֹ וְאֵין־פּוֹתֵר אוֹתָם לְפַרְעֹה: וַיְדַבֵּר שַׂר הַמַּשְׁקִים אֶת־
פַּרְעֹה לֵאמֹר אֶת־חֲטָאַי אֲנִי מַזְכִּיר הַיּוֹם: פַּרְעֹה קָצַף עַל־עֲבָדָיו וַיִּתֵּן אֹתִי
בְּמִשְׁמַר בֵּית שַׂר הַטַּבָּחִים אֹתִי וְאֵת שַׂר הָאֹפִים: וַנַּחַלְמָה חֲלוֹם בְּלַיְלָה
אֶחָד אֲנִי וָהוּא אִישׁ כְּפִתְרוֹן חֲלֹמוֹ חָלָמְנוּ: וְשָׁם אִתָּנוּ נַעַר עִבְרִי עֶבֶד לְשַׂר
הַטַּבָּחִים וַנְּסַפֶּר־לוֹ וַיִּפְתָּר־לָנוּ אֶת־חֲלֹמֹתֵינוּ אִישׁ כַּחֲלֹמוֹ פָּתָר: וַיְהִי כַּאֲשֶׁר
פָּתַר־לָנוּ כֵּן הָיָה אֹתִי הֵשִׁיב עַל־כַּנִּי וְאֹתוֹ תָלָה: וַיִּשְׁלַח פַּרְעֹה וַיִּקְרָא אֶת־
יוֹסֵף וַיְרִיצֻהוּ מִן־הַבּוֹר וַיְגַלַּח וַיְחַלֵּף שִׂמְלֹתָיו וַיָּבֹא אֶל־פַּרְעֹה:

VAIGASH
ויגש

בראשית מד:יח–ל

ויגש אליו יהודה ויאמר בי אדני ידבר־נא עבדך דבר באזני אדני ואל־יחר
אפך בעבדך כי כמוך כפרעה׃ אדני שאל את־עבדיו לאמר היש־לכם אב
או־אח׃ ונאמר אל־אדני יש־לנו אב זקן וילד זקנים קטן ואחיו מת ויותר הוא
לוי — לבדו לאמו ואביו אהבו׃ *ותאמר אל־עבדיך הורדהו אלי ואשימה עיני
עליו׃ ונאמר אל־אדני לא־יוכל הנער לעזב את־אביו ועזב את־אביו ומת׃
ותאמר אל־עבדיך אם־לא ירד אחיכם הקטן אתכם לא תספון לראות פני׃
ישראל — ויהי כי עלינו אל־עבדך אבי ונגד־לו את דברי אדני׃ *ויאמר אבינו שבו
שברו־לנו מעט־אכל׃ ונאמר לא נוכל לרדת אם־יש אחינו הקטן אתנו
וירדנו כי־לא נוכל לראות פני האיש ואחינו הקטן איננו אתנו׃ ויאמר
עבדך אבי אלינו אתם ידעתם כי שנים ילדה־לי אשתי׃ ויצא האחד מאתי
ואמר אך טרף טרף ולא ראיתיו עד־הנה׃ ולקחתם גם־את־זה מעם פני
וקרהו אסון והורדתם את־שיבתי ברעה שאלה׃ ועתה כבאי אל־עבדך
אבי והנער איננו אתנו ונפשו קשורה בנפשו׃

VAIEJÍ
ויחי

בראשית מז:כח–מח:ט

ויחי יעקב בארץ מצרים שבע עשרה שנה ויהי ימי־יעקב שני חייו שבע
שנים וארבעים ומאת שנה׃ ויקרבו ימי־ישראל למות ויקרא ׀ לבנו ליוסף
ויאמר לו אם־נא מצאתי חן בעיניך שים־נא ידך תחת ירכי ועשית עמדי
חסד ואמת אל־נא תקברני במצרים׃ ושכבתי עם־אבתי ונשאתני ממצרים
וקברתני בקברתם ויאמר אנכי אעשה כדברך׃ ויאמר השבעה לי וישבע
לו וישתחו ישראל על־ראש המטה׃
לוי — ויהי אחרי הדברים האלה ויאמר ליוסף הנה אביך חלה ויקח את־שני בניו
עמו את־מנשה ואת־אפרים׃ ויגד ליעקב ויאמר הנה בנך יוסף בא אליך
ויתחזק ישראל וישב על־המטה׃ ויאמר יעקב אל־יוסף אל שדי נראה־אלי
ישראל — בלוז בארץ כנען ויברך אתי׃ *ויאמר אלי הנני מפרך והרביתך ונתתיך
לקהל עמים ונתתי את־הארץ הזאת לזרעך אחריך אחזת עולם׃ ועתה
שני־בניך הנולדים לך בארץ מצרים עד־באי אליך מצרימה לי־הם אפרים
ומנשה כראובן ושמעון יהיו־לי׃ ומולדתך אשר־הולדת אחריהם לך יהיו

עַל שֵׁם אֲחֵיהֶם יִקָּרְאוּ בְּנַחֲלָתָם: וַאֲנִי ׀ בְּבֹאִי מִפַּדָּן מֵתָה עָלַי רָחֵל בְּאֶרֶץ
כְּנַעַן בַּדֶּרֶךְ בְּעוֹד כִּבְרַת־אֶרֶץ לָבֹא אֶפְרָתָה וָאֶקְבְּרֶהָ שָּׁם בְּדֶרֶךְ אֶפְרָת
הִוא בֵּית לָחֶם: וַיַּרְא יִשְׂרָאֵל אֶת־בְּנֵי יוֹסֵף וַיֹּאמֶר מִי־אֵלֶּה: וַיֹּאמֶר יוֹסֵף
אֶל־אָבִיו בָּנַי הֵם אֲשֶׁר־נָתַן־לִי אֱלֹהִים בָּזֶה וַיֹּאמַר קָחֶם־נָא אֵלַי וַאֲבָרְכֵם:

SHEMOT שמות

שמות א:א–יז וְאֵלֶּה שְׁמוֹת בְּנֵי יִשְׂרָאֵל הַבָּאִים מִצְרָיְמָה אֵת יַעֲקֹב אִישׁ וּבֵיתוֹ בָּאוּ:
רְאוּבֵן שִׁמְעוֹן לֵוִי וִיהוּדָה: יִשָּׂשכָר זְבוּלֻן וּבִנְיָמִן: דָּן וְנַפְתָּלִי גָּד וְאָשֵׁר:
וַיְהִי כָּל־נֶפֶשׁ יֹצְאֵי יֶרֶךְ־יַעֲקֹב שִׁבְעִים נָפֶשׁ וְיוֹסֵף הָיָה בְמִצְרָיִם: וַיָּמָת יוֹסֵף
וְכָל־אֶחָיו וְכֹל הַדּוֹר הַהוּא: וּבְנֵי יִשְׂרָאֵל פָּרוּ וַיִּשְׁרְצוּ וַיִּרְבּוּ וַיַּעַצְמוּ בִּמְאֹד
מְאֹד וַתִּמָּלֵא הָאָרֶץ אֹתָם:

לוי וַיָּקָם מֶלֶךְ־חָדָשׁ עַל־מִצְרָיִם אֲשֶׁר לֹא־יָדַע אֶת־יוֹסֵף: וַיֹּאמֶר אֶל־עַמּוֹ הִנֵּה עַם
בְּנֵי יִשְׂרָאֵל רַב וְעָצוּם מִמֶּנּוּ: הָבָה נִתְחַכְּמָה לוֹ פֶּן־יִרְבֶּה וְהָיָה כִּי־תִקְרֶאנָה
מִלְחָמָה וְנוֹסַף גַּם־הוּא עַל־שֹׂנְאֵינוּ וְנִלְחַם־בָּנוּ וְעָלָה מִן־הָאָרֶץ: וַיָּשִׂימוּ
עָלָיו שָׂרֵי מִסִּים לְמַעַן עַנֹּתוֹ בְּסִבְלֹתָם וַיִּבֶן עָרֵי מִסְכְּנוֹת לְפַרְעֹה אֶת־פִּתֹם
וְאֶת־רַעַמְסֵס: וְכַאֲשֶׁר יְעַנּוּ אֹתוֹ כֵּן יִרְבֶּה וְכֵן יִפְרֹץ וַיָּקֻצוּ מִפְּנֵי בְּנֵי יִשְׂרָאֵל:

ישראל *וַיַּעֲבִדוּ מִצְרַיִם אֶת־בְּנֵי יִשְׂרָאֵל בְּפָרֶךְ: וַיְמָרְרוּ אֶת־חַיֵּיהֶם בַּעֲבֹדָה קָשָׁה
בְּחֹמֶר וּבִלְבֵנִים וּבְכָל־עֲבֹדָה בַּשָּׂדֶה אֵת כָּל־עֲבֹדָתָם אֲשֶׁר־עָבְדוּ בָהֶם
בְּפָרֶךְ: וַיֹּאמֶר מֶלֶךְ מִצְרַיִם לַמְיַלְּדֹת הָעִבְרִיֹּת אֲשֶׁר שֵׁם הָאַחַת שִׁפְרָה וְשֵׁם
הַשֵּׁנִית פּוּעָה: וַיֹּאמֶר בְּיַלֶּדְכֶן אֶת־הָעִבְרִיּוֹת וּרְאִיתֶן עַל־הָאָבְנָיִם אִם־בֵּן
הוּא וַהֲמִתֶּן אֹתוֹ וְאִם־בַּת הִוא וָחָיָה: וַתִּירֶאןָ הַמְיַלְּדֹת אֶת־הָאֱלֹהִים וְלֹא
עָשׂוּ כַּאֲשֶׁר דִּבֶּר אֲלֵיהֶן מֶלֶךְ מִצְרָיִם וַתְּחַיֶּיןָ אֶת־הַיְלָדִים:

VAERÁ וארא

שמות ו:ב–יג וַיְדַבֵּר אֱלֹהִים אֶל־מֹשֶׁה וַיֹּאמֶר אֵלָיו אֲנִי יְהוָה: וָאֵרָא אֶל־אַבְרָהָם אֶל־יִצְחָק
וְאֶל־יַעֲקֹב בְּאֵל שַׁדָּי וּשְׁמִי יְהוָה לֹא נוֹדַעְתִּי לָהֶם: וְגַם הֲקִמֹתִי אֶת־בְּרִיתִי
אִתָּם לָתֵת לָהֶם אֶת־אֶרֶץ כְּנָעַן אֵת אֶרֶץ מְגֻרֵיהֶם אֲשֶׁר־גָּרוּ בָהּ: וְגַם ׀ אֲנִי
שָׁמַעְתִּי אֶת־נַאֲקַת בְּנֵי יִשְׂרָאֵל אֲשֶׁר מִצְרַיִם מַעֲבִדִים אֹתָם וָאֶזְכֹּר אֶת־

בְּרִיתִי׃ *לָכֵן אֱמֹר לִבְנֵי־יִשְׂרָאֵל אֲנִי יהוה וְהוֹצֵאתִי אֶתְכֶם מִתַּחַת סִבְלֹת לוי
מִצְרַיִם וְהִצַּלְתִּי אֶתְכֶם מֵעֲבֹדָתָם וְגָאַלְתִּי אֶתְכֶם בִּזְרוֹעַ נְטוּיָה וּבִשְׁפָטִים
גְּדֹלִים׃ וְלָקַחְתִּי אֶתְכֶם לִי לְעָם וְהָיִיתִי לָכֶם לֵאלֹהִים וִידַעְתֶּם כִּי אֲנִי יהוה
אֱלֹהֵיכֶם הַמּוֹצִיא אֶתְכֶם מִתַּחַת סִבְלוֹת מִצְרָיִם׃ וְהֵבֵאתִי אֶתְכֶם אֶל־הָאָרֶץ
אֲשֶׁר נָשָׂאתִי אֶת־יָדִי לָתֵת אֹתָהּ לְאַבְרָהָם לְיִצְחָק וּלְיַעֲקֹב וְנָתַתִּי אֹתָהּ לָכֶם
מוֹרָשָׁה אֲנִי יהוה׃ וַיְדַבֵּר מֹשֶׁה כֵּן אֶל־בְּנֵי יִשְׂרָאֵל וְלֹא שָׁמְעוּ אֶל־מֹשֶׁה
מִקֹּצֶר רוּחַ וּמֵעֲבֹדָה קָשָׁה׃
וַיְדַבֵּר יהוה אֶל־מֹשֶׁה לֵּאמֹר׃ בֹּא דַבֵּר אֶל־פַּרְעֹה מֶלֶךְ מִצְרָיִם וִישַׁלַּח אֶת־ ישראל
בְּנֵי־יִשְׂרָאֵל מֵאַרְצוֹ׃ וַיְדַבֵּר מֹשֶׁה לִפְנֵי יהוה לֵאמֹר הֵן בְּנֵי־יִשְׂרָאֵל לֹא־שָׁמְעוּ
אֵלַי וְאֵיךְ יִשְׁמָעֵנִי פַרְעֹה וַאֲנִי עֲרַל שְׂפָתָיִם׃
וַיְדַבֵּר יהוה אֶל־מֹשֶׁה וְאֶל־אַהֲרֹן וַיְצַוֵּם אֶל־בְּנֵי יִשְׂרָאֵל וְאֶל־פַּרְעֹה מֶלֶךְ
מִצְרָיִם לְהוֹצִיא אֶת־בְּנֵי־יִשְׂרָאֵל מֵאֶרֶץ מִצְרָיִם׃

בא BÓ

וַיֹּאמֶר יהוה אֶל־מֹשֶׁה בֹּא אֶל־פַּרְעֹה כִּי־אֲנִי הִכְבַּדְתִּי אֶת־לִבּוֹ וְאֶת־לֵב שמות
עֲבָדָיו לְמַעַן שִׁתִי אֹתֹתַי אֵלֶּה בְּקִרְבּוֹ׃ וּלְמַעַן תְּסַפֵּר בְּאָזְנֵי בִנְךָ וּבֶן־בִּנְךָ אֵת י:א-יא
אֲשֶׁר הִתְעַלַּלְתִּי בְּמִצְרַיִם וְאֶת־אֹתֹתַי אֲשֶׁר־שַׂמְתִּי בָם וִידַעְתֶּם כִּי־אֲנִי יהוה׃
וַיָּבֹא מֹשֶׁה וְאַהֲרֹן אֶל־פַּרְעֹה וַיֹּאמְרוּ אֵלָיו כֹּה־אָמַר יהוה אֱלֹהֵי הָעִבְרִים
עַד־מָתַי מֵאַנְתָּ לֵעָנֹת מִפָּנָי שַׁלַּח עַמִּי וְיַעַבְדֻנִי׃ *כִּי אִם־מָאֵן אַתָּה לְשַׁלֵּחַ לוי
אֶת־עַמִּי הִנְנִי מֵבִיא מָחָר אַרְבֶּה בִּגְבֻלֶךָ׃ וְכִסָּה אֶת־עֵין הָאָרֶץ וְלֹא יוּכַל
לִרְאֹת אֶת־הָאָרֶץ וְאָכַל ׀ אֶת־יֶתֶר הַפְּלֵטָה הַנִּשְׁאֶרֶת לָכֶם מִן־הַבָּרָד וְאָכַל
אֶת־כָּל־הָעֵץ הַצֹּמֵחַ לָכֶם מִן־הַשָּׂדֶה׃ וּמָלְאוּ בָתֶּיךָ וּבָתֵּי כָל־עֲבָדֶיךָ וּבָתֵּי
כָל־מִצְרַיִם אֲשֶׁר לֹא־רָאוּ אֲבֹתֶיךָ וַאֲבוֹת אֲבֹתֶיךָ מִיּוֹם הֱיוֹתָם עַל־הָאֲדָמָה
עַד הַיּוֹם הַזֶּה וַיִּפֶן וַיֵּצֵא מֵעִם פַּרְעֹה׃ *וַיֹּאמְרוּ עַבְדֵי פַרְעֹה אֵלָיו עַד־מָתַי ישראל
יִהְיֶה זֶה לָנוּ לְמוֹקֵשׁ שַׁלַּח אֶת־הָאֲנָשִׁים וְיַעַבְדוּ אֶת־יהוה אֱלֹהֵיהֶם הֲטֶרֶם
תֵּדַע כִּי אָבְדָה מִצְרָיִם׃ וַיּוּשַׁב אֶת־מֹשֶׁה וְאֶת־אַהֲרֹן אֶל־פַּרְעֹה וַיֹּאמֶר
אֲלֵהֶם לְכוּ עִבְדוּ אֶת־יהוה אֱלֹהֵיכֶם מִי וָמִי הַהֹלְכִים׃ וַיֹּאמֶר מֹשֶׁה בִּנְעָרֵינוּ
וּבִזְקֵנֵינוּ נֵלֵךְ בְּבָנֵינוּ וּבִבְנוֹתֵנוּ בְּצֹאנֵנוּ וּבִבְקָרֵנוּ נֵלֵךְ כִּי חַג־יהוה לָנוּ׃ וַיֹּאמֶר

אֲלֵהֶם יְהִי כֵן יְהוָה עִמָּכֶם כַּאֲשֶׁר אֲשַׁלַּח אֶתְכֶם וְאֶת־טַפְּכֶם רְאוּ כִּי רָעָה
נֶגֶד פְּנֵיכֶם: לֹא כֵן לְכוּ־נָא הַגְּבָרִים וְעִבְדוּ אֶת־יְהוָה כִּי אֹתָהּ אַתֶּם מְבַקְשִׁים
וַיְגָרֶשׁ אֹתָם מֵאֵת פְּנֵי פַרְעֹה:

בשלח BESHALAJ

וַיְהִי בְּשַׁלַּח פַּרְעֹה אֶת־הָעָם וְלֹא־נָחָם אֱלֹהִים דֶּרֶךְ אֶרֶץ פְּלִשְׁתִּים כִּי קָרוֹב שמות יג:יז–יד:ח
הוּא כִּי ׀ אָמַר אֱלֹהִים פֶּן־יִנָּחֵם הָעָם בִּרְאֹתָם מִלְחָמָה וְשָׁבוּ מִצְרָיְמָה: וַיַּסֵּב
אֱלֹהִים ׀ אֶת־הָעָם דֶּרֶךְ הַמִּדְבָּר יַם־סוּף וַחֲמֻשִׁים עָלוּ בְנֵי־יִשְׂרָאֵל מֵאֶרֶץ
מִצְרָיִם: וַיִּקַּח מֹשֶׁה אֶת־עַצְמוֹת יוֹסֵף עִמּוֹ כִּי הַשְׁבֵּעַ הִשְׁבִּיעַ אֶת־בְּנֵי יִשְׂרָאֵל
לֵאמֹר פָּקֹד יִפְקֹד אֱלֹהִים אֶתְכֶם וְהַעֲלִיתֶם אֶת־עַצְמֹתַי מִזֶּה אִתְּכֶם: וַיִּסְעוּ
מִסֻּכֹּת וַיַּחֲנוּ בְאֵתָם בִּקְצֵה הַמִּדְבָּר: וַיהוָה הֹלֵךְ לִפְנֵיהֶם יוֹמָם בְּעַמּוּד עָנָן
לַנְחֹתָם הַדֶּרֶךְ וְלַיְלָה בְּעַמּוּד אֵשׁ לְהָאִיר לָהֶם לָלֶכֶת יוֹמָם וָלָיְלָה: לֹא־יָמִישׁ
עַמּוּד הֶעָנָן יוֹמָם וְעַמּוּד הָאֵשׁ לָיְלָה לִפְנֵי הָעָם:
וַיְדַבֵּר יְהוָה אֶל־מֹשֶׁה לֵּאמֹר: דַּבֵּר אֶל־בְּנֵי יִשְׂרָאֵל וְיָשֻׁבוּ וְיַחֲנוּ לִפְנֵי פִּי לוי
הַחִירֹת בֵּין מִגְדֹּל וּבֵין הַיָּם לִפְנֵי בַּעַל צְפֹן נִכְחוֹ תַחֲנוּ עַל־הַיָּם: וְאָמַר פַּרְעֹה
לִבְנֵי יִשְׂרָאֵל נְבֻכִים הֵם בָּאָרֶץ סָגַר עֲלֵיהֶם הַמִּדְבָּר: וְחִזַּקְתִּי אֶת־לֵב־פַּרְעֹה
וְרָדַף אַחֲרֵיהֶם וְאִכָּבְדָה בְּפַרְעֹה וּבְכָל־חֵילוֹ וְיָדְעוּ מִצְרַיִם כִּי־אֲנִי יְהוָה וַיַּעֲשׂוּ־
כֵן: *וַיֻּגַּד לְמֶלֶךְ מִצְרַיִם כִּי בָרַח הָעָם וַיֵּהָפֵךְ לְבַב פַּרְעֹה וַעֲבָדָיו אֶל־הָעָם ישראל
וַיֹּאמְרוּ מַה־זֹּאת עָשִׂינוּ כִּי־שִׁלַּחְנוּ אֶת־יִשְׂרָאֵל מֵעָבְדֵנוּ: וַיֶּאְסֹר אֶת־רִכְבּוֹ
וְאֶת־עַמּוֹ לָקַח עִמּוֹ: וַיִּקַּח שֵׁשׁ־מֵאוֹת רֶכֶב בָּחוּר וְכֹל רֶכֶב מִצְרָיִם וְשָׁלִשִׁם
עַל־כֻּלּוֹ: וַיְחַזֵּק יְהוָה אֶת־לֵב פַּרְעֹה מֶלֶךְ מִצְרַיִם וַיִּרְדֹּף אַחֲרֵי בְּנֵי יִשְׂרָאֵל
וּבְנֵי יִשְׂרָאֵל יֹצְאִים בְּיָד רָמָה:

יתרו YTRÓ

וַיִּשְׁמַע יִתְרוֹ כֹהֵן מִדְיָן חֹתֵן מֹשֶׁה אֵת כָּל־אֲשֶׁר עָשָׂה אֱלֹהִים לְמֹשֶׁה שמות יח:א-יב
וּלְיִשְׂרָאֵל עַמּוֹ כִּי־הוֹצִיא יְהוָה אֶת־יִשְׂרָאֵל מִמִּצְרָיִם: וַיִּקַּח יִתְרוֹ חֹתֵן
מֹשֶׁה אֶת־צִפֹּרָה אֵשֶׁת מֹשֶׁה אַחַר שִׁלּוּחֶיהָ: וְאֵת שְׁנֵי בָנֶיהָ אֲשֶׁר שֵׁם הָאֶחָד
גֵּרְשֹׁם כִּי אָמַר גֵּר הָיִיתִי בְּאֶרֶץ נָכְרִיָּה: וְשֵׁם הָאֶחָד אֱלִיעֶזֶר כִּי־אֱלֹהֵי אָבִי

בְּעֶזְרִי וַיַּצִּלֵנִי מֵחֶרֶב פַּרְעֹה׃ *וַיָּבֹא יִתְרוֹ חֹתֵן מֹשֶׁה וּבָנָיו וְאִשְׁתּוֹ אֶל־מֹשֶׁה לוי
אֶל־הַמִּדְבָּר אֲשֶׁר־הוּא חֹנֶה שָׁם הַר הָאֱלֹהִים׃ וַיֹּאמֶר אֶל־מֹשֶׁה אֲנִי חֹתֶנְךָ
יִתְרוֹ בָּא אֵלֶיךָ וְאִשְׁתְּךָ וּשְׁנֵי בָנֶיהָ עִמָּהּ׃ וַיֵּצֵא מֹשֶׁה לִקְרַאת חֹתְנוֹ וַיִּשְׁתַּחוּ
וַיִּשַּׁק־לוֹ וַיִּשְׁאֲלוּ אִישׁ־לְרֵעֵהוּ לְשָׁלוֹם וַיָּבֹאוּ הָאֹהֱלָה׃ וַיְסַפֵּר מֹשֶׁה לְחֹתְנוֹ
אֵת כָּל־אֲשֶׁר עָשָׂה יְהוָה לְפַרְעֹה וּלְמִצְרַיִם עַל אוֹדֹת יִשְׂרָאֵל אֵת כָּל־הַתְּלָאָה
אֲשֶׁר מְצָאָתַם בַּדֶּרֶךְ וַיַּצִּלֵם יְהוָה׃ *וַיִּחַדְּ יִתְרוֹ עַל כָּל־הַטּוֹבָה אֲשֶׁר־עָשָׂה ישראל
יְהוָה לְיִשְׂרָאֵל אֲשֶׁר הִצִּילוֹ מִיַּד מִצְרָיִם׃ וַיֹּאמֶר יִתְרוֹ בָּרוּךְ יְהוָה אֲשֶׁר הִצִּיל
אֶתְכֶם מִיַּד מִצְרַיִם וּמִיַּד פַּרְעֹה אֲשֶׁר הִצִּיל אֶת־הָעָם מִתַּחַת יַד־מִצְרָיִם׃
עַתָּה יָדַעְתִּי כִּי־גָדוֹל יְהוָה מִכָּל־הָאֱלֹהִים כִּי בַדָּבָר אֲשֶׁר זָדוּ עֲלֵיהֶם׃ וַיִּקַּח
יִתְרוֹ חֹתֵן מֹשֶׁה עֹלָה וּזְבָחִים לֵאלֹהִים וַיָּבֹא אַהֲרֹן וְכֹל ׀ זִקְנֵי יִשְׂרָאֵל לֶאֱכָל־
לֶחֶם עִם־חֹתֵן מֹשֶׁה לִפְנֵי הָאֱלֹהִים׃

משפטים MISHPATIM

וְאֵלֶּה הַמִּשְׁפָּטִים אֲשֶׁר תָּשִׂים לִפְנֵיהֶם׃ כִּי תִקְנֶה עֶבֶד עִבְרִי שֵׁשׁ שָׁנִים שמות כא:א-יט
יַעֲבֹד וּבַשְּׁבִעִת יֵצֵא לַחָפְשִׁי חִנָּם׃ אִם־בְּגַפּוֹ יָבֹא בְּגַפּוֹ יֵצֵא אִם־בַּעַל אִשָּׁה
הוּא וְיָצְאָה אִשְׁתּוֹ עִמּוֹ׃ אִם־אֲדֹנָיו יִתֶּן־לוֹ אִשָּׁה וְיָלְדָה־לוֹ בָנִים אוֹ בָנוֹת
הָאִשָּׁה וִילָדֶיהָ תִּהְיֶה לַאדֹנֶיהָ וְהוּא יֵצֵא בְגַפּוֹ׃ וְאִם־אָמֹר יֹאמַר הָעֶבֶד
אָהַבְתִּי אֶת־אֲדֹנִי אֶת־אִשְׁתִּי וְאֶת־בָּנָי לֹא אֵצֵא חָפְשִׁי׃ וְהִגִּישׁוֹ אֲדֹנָיו
אֶל־הָאֱלֹהִים וְהִגִּישׁוֹ אֶל־הַדֶּלֶת אוֹ אֶל־הַמְּזוּזָה וְרָצַע אֲדֹנָיו אֶת־אָזְנוֹ
בַּמַּרְצֵעַ וַעֲבָדוֹ לְעֹלָם׃ *וְכִי־יִמְכֹּר אִישׁ אֶת־בִּתּוֹ לְאָמָה לֹא לוי
תֵצֵא כְּצֵאת הָעֲבָדִים׃ אִם־רָעָה בְּעֵינֵי אֲדֹנֶיהָ אֲשֶׁר־לא יְעָדָהּ וְהֶפְדָּהּ לְעַם לו
נָכְרִי לֹא־יִמְשֹׁל לְמָכְרָהּ בְּבִגְדוֹ־בָהּ׃ וְאִם־לִבְנוֹ יִיעָדֶנָּה כְּמִשְׁפַּט הַבָּנוֹת
יַעֲשֶׂה־לָּהּ׃ אִם־אַחֶרֶת יִקַּח־לוֹ שְׁאֵרָהּ כְּסוּתָהּ וְעֹנָתָהּ לֹא יִגְרָע׃ וְאִם־שְׁלָשׁ־
אֵלֶּה לֹא יַעֲשֶׂה לָהּ וְיָצְאָה חִנָּם אֵין כָּסֶף׃ *מַכֵּה אִישׁ וָמֵת מוֹת ישראל
יוּמָת׃ וַאֲשֶׁר לֹא צָדָה וְהָאֱלֹהִים אִנָּה לְיָדוֹ וְשַׂמְתִּי לְךָ מָקוֹם אֲשֶׁר יָנוּס
שָׁמָּה׃ וְכִי־יָזִד אִישׁ עַל־רֵעֵהוּ לְהָרְגוֹ בְעָרְמָה מֵעִם מִזְבְּחִי
תִּקָּחֶנּוּ לָמוּת׃ וּמַכֵּה אָבִיו וְאִמּוֹ מוֹת יוּמָת׃ וְגֹנֵב
אִישׁ וּמְכָרוֹ וְנִמְצָא בְיָדוֹ מוֹת יוּמָת׃ וּמְקַלֵּל אָבִיו וְאִמּוֹ מוֹת

יוּמָת׃ וְכִֽי־יְרִיבֻ֣ן אֲנָשִׁ֔ים וְהִכָּה־אִישׁ֙ אֶת־רֵעֵ֔הוּ בְּאֶ֖בֶן א֣וֹ בְאֶגְרֹ֑ף
וְלֹ֥א יָמ֖וּת וְנָפַ֥ל לְמִשְׁכָּֽב׃ אִם־יָק֞וּם וְהִתְהַלֵּ֥ךְ בַּח֛וּץ עַל־מִשְׁעַנְתּ֖וֹ וְנִקָּ֣ה הַמַּכֶּ֑ה
רַ֥ק שִׁבְתּ֛וֹ יִתֵּ֖ן וְרַפֹּ֥א יְרַפֵּֽא׃

תרומה TERUMÁ

וַיְדַבֵּ֥ר יְהוָ֖ה אֶל־מֹשֶׁ֥ה לֵּאמֹֽר׃ דַּבֵּר֙ אֶל־בְּנֵ֣י יִשְׂרָאֵ֔ל וְיִקְחוּ־לִ֖י תְּרוּמָ֑ה מֵאֵ֤ת שמות כה:א–טז
כָּל־אִישׁ֙ אֲשֶׁ֣ר יִדְּבֶ֣נּוּ לִבּ֔וֹ תִּקְח֖וּ אֶת־תְּרוּמָתִֽי׃ וְזֹאת֙ הַתְּרוּמָ֔ה אֲשֶׁ֥ר תִּקְח֖וּ
מֵאִתָּ֑ם זָהָ֥ב וָכֶ֖סֶף וּנְחֹֽשֶׁת׃ וּתְכֵ֧לֶת וְאַרְגָּמָ֛ן וְתוֹלַ֥עַת שָׁנִ֖י וְשֵׁ֥שׁ וְעִזִּֽים׃ וְעֹרֹ֨ת
אֵילִ֧ם מְאָדָּמִ֛ים וְעֹרֹ֥ת תְּחָשִׁ֖ים וַעֲצֵ֥י שִׁטִּֽים׃ *שֶׁ֖מֶן לַמָּאֹ֑ר בְּשָׂמִים֙ לְשֶׁ֣מֶן לוי
הַמִּשְׁחָ֔ה וְלִקְטֹ֖רֶת הַסַּמִּֽים׃ אַבְנֵי־שֹׁ֕הַם וְאַבְנֵ֖י מִלֻּאִ֑ים לָאֵפֹ֖ד וְלַחֹֽשֶׁן׃ וְעָ֥שׂוּ
לִ֖י מִקְדָּ֑שׁ וְשָׁכַנְתִּ֖י בְּתוֹכָֽם׃ כְּכֹ֗ל אֲשֶׁ֤ר אֲנִי֙ מַרְאֶ֣ה אוֹתְךָ֔ אֵ֚ת תַּבְנִ֣ית הַמִּשְׁכָּ֔ן
וְאֵ֖ת תַּבְנִ֣ית כָּל־כֵּלָ֑יו וְכֵ֖ן תַּעֲשֽׂוּ׃ *וְעָשׂ֖וּ אֲר֣וֹן עֲצֵ֣י שִׁטִּ֑ים אַמָּתַ֨יִם ישראל
וָחֵ֜צִי אָרְכּ֗וֹ וְאַמָּ֤ה וָחֵ֙צִי֙ רָחְבּ֔וֹ וְאַמָּ֥ה וָחֵ֖צִי קֹמָתֽוֹ׃ וְצִפִּיתָ֤ אֹתוֹ֙ זָהָ֣ב טָה֔וֹר
מִבַּ֥יִת וּמִח֖וּץ תְּצַפֶּ֑נּוּ וְעָשִׂ֧יתָ עָלָ֛יו זֵ֥ר זָהָ֖ב סָבִֽיב׃ וְיָצַ֣קְתָּ לּ֗וֹ אַרְבַּע֙ טַבְּעֹ֣ת
זָהָ֔ב וְנָ֣תַתָּ֔ה עַ֖ל אַרְבַּ֣ע פַּעֲמֹתָ֑יו וּשְׁתֵּ֣י טַבָּעֹ֗ת עַל־צַלְעוֹ֙ הָֽאֶחָ֔ת וּשְׁתֵּי֙ טַבָּעֹ֔ת
עַל־צַלְע֖וֹ הַשֵּׁנִֽית׃ וְעָשִׂ֥יתָ בַדֵּ֖י עֲצֵ֣י שִׁטִּ֑ים וְצִפִּיתָ֥ אֹתָ֖ם זָהָֽב׃ וְהֵבֵאתָ֤ אֶת־
הַבַּדִּים֙ בַּטַּבָּעֹ֔ת עַ֖ל צַלְעֹ֣ת הָאָרֹ֑ן לָשֵׂ֥את אֶת־הָאָרֹ֖ן בָּהֶֽם׃ בְּטַבְּעֹת֙ הָֽאָרֹ֔ן
יִהְי֖וּ הַבַּדִּ֑ים לֹ֥א יָסֻ֖רוּ מִמֶּֽנּוּ׃ וְנָתַתָּ֖ אֶל־הָאָרֹ֑ן אֵ֚ת הָעֵדֻ֔ת אֲשֶׁ֥ר אֶתֵּ֖ן אֵלֶֽיךָ׃

תצוה TETZAVÉ

וְאַתָּ֞ה תְּצַוֶּ֣ה ׀ אֶת־בְּנֵ֣י יִשְׂרָאֵ֗ל וְיִקְח֨וּ אֵלֶ֜יךָ שֶׁ֣מֶן זַ֥יִת זָ֛ךְ כָּתִ֖ית לַמָּא֑וֹר שמות כז:כ–כח:יב
לְהַעֲלֹ֥ת נֵ֖ר תָּמִֽיד׃ בְּאֹ֨הֶל מוֹעֵ֜ד מִח֣וּץ לַפָּרֹ֗כֶת אֲשֶׁ֤ר עַל־הָעֵדֻת֙ יַעֲרֹךְ֩
אֹת֨וֹ אַהֲרֹ֧ן וּבָנָ֛יו מֵעֶ֥רֶב עַד־בֹּ֖קֶר לִפְנֵ֣י יְהוָ֑ה חֻקַּ֤ת עוֹלָם֙ לְדֹ֣רֹתָ֔ם מֵאֵ֖ת בְּנֵ֥י
יִשְׂרָאֵֽל׃ וְאַתָּ֡ה הַקְרֵ֣ב אֵלֶ֩יךָ֩ אֶת־אַהֲרֹ֨ן אָחִ֜יךָ וְאֶת־בָּנָ֣יו אִתּ֗וֹ מִתּ֛וֹךְ
בְּנֵ֥י יִשְׂרָאֵ֖ל לְכַהֲנוֹ־לִ֑י אַהֲרֹ֕ן נָדָ֧ב וַאֲבִיה֛וּא אֶלְעָזָ֥ר וְאִיתָמָ֖ר בְּנֵ֥י אַהֲרֹֽן׃ וְעָשִׂ֥יתָ
בִגְדֵי־קֹ֖דֶשׁ לְאַהֲרֹ֣ן אָחִ֑יךָ לְכָב֖וֹד וּלְתִפְאָֽרֶת׃ וְאַתָּ֗ה תְּדַבֵּר֙ אֶל־כָּל־חַכְמֵי־לֵ֔ב
אֲשֶׁ֥ר מִלֵּאתִ֖יו ר֣וּחַ חָכְמָ֑ה וְעָשׂ֞וּ אֶת־בִּגְדֵ֧י אַהֲרֹ֛ן לְקַדְּשׁ֖וֹ לְכַהֲנוֹ־לִֽי׃ וְאֵ֨לֶּה
הַבְּגָדִ֜ים אֲשֶׁ֣ר יַעֲשׂ֗וּ חֹ֤שֶׁן וְאֵפוֹד֙ וּמְעִ֔יל וּכְתֹ֥נֶת תַּשְׁבֵּ֖ץ מִצְנֶ֣פֶת וְאַבְנֵ֑ט וְעָשׂ֨וּ
בִגְדֵי־קֹ֜דֶשׁ לְאַהֲרֹ֥ן אָחִ֛יךָ וּלְבָנָ֖יו לְכַהֲנוֹ־לִֽי׃ וְהֵם֙ יִקְח֣וּ אֶת־הַזָּהָ֔ב וְאֶת־הַתְּכֵ֖לֶת

ואת־הארגמן ואת־תולעת השני ואת־השש:
לוי ועשו את־האפד זהב תכלת וארגמן תולעת שני ושש משזר מעשה חשב:
שתי כתפת חברת יהיה־לו אל־שני קצותיו וחבר: וחשב אפדתו אשר עליו
כמעשהו ממנו יהיה זהב תכלת וארגמן ותולעת שני ושש משזר: ולקחת
ישראל את־שתי אבני־שהם ופתחת עליהם שמות בני ישראל: *ששה משמתם על
האבן האחת ואת־שמות הששה הנותרים על־האבן השנית כתולדתם:
מעשה חרש אבן פתוחי חתם תפתח את־שתי האבנים על־שמת בני
ישראל מסבת משבצות זהב תעשה אתם: ושמת את־שתי האבנים על
כתפת האפד אבני זכרן לבני ישראל ונשא אהרן את־שמותם לפני יהוה
על־שתי כתפיו לזכרן:

KI TISÁ — כי תשא

שמות ל:יא-כא וידבר יהוה אל־משה לאמר: כי תשא את־ראש בני־ישראל לפקדיהם
ונתנו איש כפר נפשו ליהוה בפקד אתם ולא־יהיה בהם נגף בפקד אתם:
זה ׀ יתנו כל־העבר על־הפקדים מחצית השקל בשקל הקדש עשרים
לוי גרה השקל מחצית השקל תרומה ליהוה: *כל העבר על־הפקדים מבן
עשרים שנה ומעלה יתן תרומת יהוה: העשיר לא־ירבה והדל לא ימעיט
ממחצית השקל לתת את־תרומת יהוה לכפר על־נפשתיכם: ולקחת
את־כסף הכפרים מאת בני ישראל ונתת אתו על־עבדת אהל מועד והיה
לבני ישראל לזכרון לפני יהוה לכפר על־נפשתיכם:
ישראל וידבר יהוה אל־משה לאמר: ועשית כיור נחשת וכנו נחשת לרחצה ונתת
אתו בין־אהל מועד ובין המזבח ונתת שמה מים: ורחצו אהרן ובניו ממנו
את־ידיהם ואת־רגליהם: בבאם אל־אהל מועד ירחצו־מים ולא ימתו או
בגשתם אל־המזבח לשרת להקטיר אשה ליהוה: ורחצו ידיהם ורגליהם
ולא ימתו והיתה להם חק־עולם לו ולזרעו לדרתם:

VAIAKHEL — ויקהל

שמות לה:א-ב ויקהל משה את־כל־עדת בני ישראל ויאמר אלהם אלה הדברים אשר־
צוה יהוה לעשת אתם: ששת ימים תעשה מלאכה וביום השביעי יהיה

לָכֶם קֹדֶשׁ שַׁבַּת שַׁבָּתוֹן לַיהוָה כָּל־הָעֹשֶׂה בוֹ מְלָאכָה יוּמָת׃ לֹא־תְבַעֲרוּ
אֵשׁ בְּכֹל מֹשְׁבֹתֵיכֶם בְּיוֹם הַשַּׁבָּת׃
לוי וַיֹּאמֶר מֹשֶׁה אֶל־כָּל־עֲדַת בְּנֵי־יִשְׂרָאֵל לֵאמֹר זֶה הַדָּבָר אֲשֶׁר־צִוָּה יְהוָה
לֵאמֹר׃ קְחוּ מֵאִתְּכֶם תְּרוּמָה לַיהוָה כֹּל נְדִיב לִבּוֹ יְבִיאֶהָ אֵת תְּרוּמַת יְהוָה
זָהָב וָכֶסֶף וּנְחֹשֶׁת׃ וּתְכֵלֶת וְאַרְגָּמָן וְתוֹלַעַת שָׁנִי וְשֵׁשׁ וְעִזִּים׃ וְעֹרֹת אֵילִם
מְאָדָּמִים וְעֹרֹת תְּחָשִׁים וַעֲצֵי שִׁטִּים׃ וְשֶׁמֶן לַמָּאוֹר וּבְשָׂמִים לְשֶׁמֶן הַמִּשְׁחָה
וְלִקְטֹרֶת הַסַּמִּים׃ וְאַבְנֵי־שֹׁהַם וְאַבְנֵי מִלֻּאִים לָאֵפוֹד וְלַחֹשֶׁן׃ וְכָל־חֲכַם־לֵב
ישראל בָּכֶם יָבֹאוּ וְיַעֲשׂוּ אֵת כָּל־אֲשֶׁר צִוָּה יְהוָה׃ *אֶת־הַמִּשְׁכָּן אֶת־אָהֳלוֹ וְאֶת־
מִכְסֵהוּ אֶת־קְרָסָיו וְאֶת־קְרָשָׁיו אֶת־בְּרִיחָו אֶת־עַמֻּדָיו וְאֶת־אֲדָנָיו׃ אֶת־
הָאָרֹן וְאֶת־בַּדָּיו אֶת־הַכַּפֹּרֶת וְאֵת פָּרֹכֶת הַמָּסָךְ׃ אֶת־הַשֻּׁלְחָן וְאֶת־בַּדָּיו
וְאֶת־כָּל־כֵּלָיו וְאֵת לֶחֶם הַפָּנִים׃ וְאֶת־מְנֹרַת הַמָּאוֹר וְאֶת־כֵּלֶיהָ וְאֶת־נֵרֹתֶיהָ
וְאֵת שֶׁמֶן הַמָּאוֹר׃ וְאֶת־מִזְבַּח הַקְּטֹרֶת וְאֶת־בַּדָּיו וְאֵת שֶׁמֶן הַמִּשְׁחָה וְאֵת
קְטֹרֶת הַסַּמִּים וְאֶת־מָסַךְ הַפֶּתַח לְפֶתַח הַמִּשְׁכָּן׃ אֵת ׀ מִזְבַּח הָעֹלָה וְאֶת־
מִכְבַּר הַנְּחֹשֶׁת אֲשֶׁר־לוֹ אֶת־בַּדָּיו וְאֶת־כָּל־כֵּלָיו אֶת־הַכִּיֹּר וְאֶת־כַּנּוֹ׃ אֵת
קַלְעֵי הֶחָצֵר אֶת־עַמֻּדָיו וְאֶת־אֲדָנֶיהָ וְאֵת מָסַךְ שַׁעַר הֶחָצֵר׃ אֶת־יִתְדֹת
הַמִּשְׁכָּן וְאֶת־יִתְדֹת הֶחָצֵר וְאֶת־מֵיתְרֵיהֶם׃ אֶת־בִּגְדֵי הַשְּׂרָד לְשָׁרֵת בַּקֹּדֶשׁ
אֶת־בִּגְדֵי הַקֹּדֶשׁ לְאַהֲרֹן הַכֹּהֵן וְאֶת־בִּגְדֵי בָנָיו לְכַהֵן׃ וַיֵּצְאוּ כָּל־עֲדַת בְּנֵי־
יִשְׂרָאֵל מִלִּפְנֵי מֹשֶׁה׃

פקודי PEKUDEI

שמות לח:כא-לט:א אֵלֶּה פְקוּדֵי הַמִּשְׁכָּן מִשְׁכַּן הָעֵדֻת אֲשֶׁר פֻּקַּד עַל־פִּי מֹשֶׁה עֲבֹדַת הַלְוִיִּם בְּיַד
אִיתָמָר בֶּן־אַהֲרֹן הַכֹּהֵן׃ וּבְצַלְאֵל בֶּן־אוּרִי בֶן־חוּר לְמַטֵּה יְהוּדָה עָשָׂה אֵת
כָּל־אֲשֶׁר־צִוָּה יְהוָה אֶת־מֹשֶׁה׃ וְאִתּוֹ אָהֳלִיאָב בֶּן־אֲחִיסָמָךְ לְמַטֵּה־דָן חָרָשׁ
לוי וְחֹשֵׁב וְרֹקֵם בַּתְּכֵלֶת וּבָאַרְגָּמָן וּבְתוֹלַעַת הַשָּׁנִי וּבַשֵּׁשׁ׃ *כָּל־הַזָּהָב
הֶעָשׂוּי לַמְּלָאכָה בְּכֹל מְלֶאכֶת הַקֹּדֶשׁ וַיְהִי ׀ זְהַב הַתְּנוּפָה תֵּשַׁע וְעֶשְׂרִים
כִּכָּר וּשְׁבַע מֵאוֹת וּשְׁלֹשִׁים שֶׁקֶל בְּשֶׁקֶל הַקֹּדֶשׁ׃ וְכֶסֶף פְּקוּדֵי הָעֵדָה מְאַת
כִּכָּר וְאֶלֶף וּשְׁבַע מֵאוֹת וַחֲמִשָּׁה וְשִׁבְעִים שֶׁקֶל בְּשֶׁקֶל הַקֹּדֶשׁ׃ בֶּקַע לַגֻּלְגֹּלֶת
מַחֲצִית הַשֶּׁקֶל בְּשֶׁקֶל הַקֹּדֶשׁ לְכֹל הָעֹבֵר עַל־הַפְּקֻדִים מִבֶּן עֶשְׂרִים שָׁנָה

וּמַעְלָה לְשֵׁשׁ־מֵאוֹת אֶלֶף וּשְׁלֹשֶׁת אֲלָפִים וַחֲמֵשׁ מֵאוֹת וַחֲמִשִּׁים: וַיְהִי
מְאַת כִּכַּר הַכֶּסֶף לָצֶקֶת אֵת אַדְנֵי הַקֹּדֶשׁ וְאֵת אַדְנֵי הַפָּרֹכֶת מְאַת אֲדָנִים
לִמְאַת הַכִּכָּר כִּכָּר לָאָדֶן: *וְאֶת־הָאֶלֶף וּשְׁבַע הַמֵּאוֹת וַחֲמִשָּׁה וְשִׁבְעִים ישראל
עָשָׂה וָוִים לָעַמּוּדִים וְצִפָּה רָאשֵׁיהֶם וְחִשַּׁק אֹתָם: וּנְחֹשֶׁת הַתְּנוּפָה שִׁבְעִים
כִּכָּר וְאַלְפַּיִם וְאַרְבַּע־מֵאוֹת שָׁקֶל: וַיַּעַשׂ בָּהּ אֶת־אַדְנֵי פֶּתַח אֹהֶל מוֹעֵד
וְאֵת מִזְבַּח הַנְּחֹשֶׁת וְאֶת־מִכְבַּר הַנְּחֹשֶׁת אֲשֶׁר־לוֹ וְאֵת כָּל־כְּלֵי הַמִּזְבֵּחַ:
וְאֶת־אַדְנֵי הֶחָצֵר סָבִיב וְאֶת־אַדְנֵי שַׁעַר הֶחָצֵר וְאֵת כָּל־יִתְדֹת הַמִּשְׁכָּן
וְאֶת־כָּל־יִתְדֹת הֶחָצֵר סָבִיב: וּמִן־הַתְּכֵלֶת וְהָאַרְגָּמָן וְתוֹלַעַת הַשָּׁנִי עָשׂוּ
בִגְדֵי־שְׂרָד לְשָׁרֵת בַּקֹּדֶשׁ וַיַּעֲשׂוּ אֶת־בִּגְדֵי הַקֹּדֶשׁ אֲשֶׁר לְאַהֲרֹן כַּאֲשֶׁר צִוָּה
יהוה אֶת־מֹשֶׁה:

VAIKRÁ — ויקרא

וַיִּקְרָא אֶל־מֹשֶׁה וַיְדַבֵּר יהוה אֵלָיו מֵאֹהֶל מוֹעֵד לֵאמֹר: דַּבֵּר אֶל־בְּנֵי יִשְׂרָאֵל ויקרא א:א–יג
וְאָמַרְתָּ אֲלֵהֶם אָדָם כִּי־יַקְרִיב מִכֶּם קָרְבָּן לַיהוה מִן־הַבְּהֵמָה מִן־הַבָּקָר
וּמִן־הַצֹּאן תַּקְרִיבוּ אֶת־קָרְבַּנְכֶם: אִם־עֹלָה קָרְבָּנוֹ מִן־הַבָּקָר זָכָר תָּמִים
יַקְרִיבֶנּוּ אֶל־פֶּתַח אֹהֶל מוֹעֵד יַקְרִיב אֹתוֹ לִרְצֹנוֹ לִפְנֵי יהוה: וְסָמַךְ יָדוֹ עַל
רֹאשׁ הָעֹלָה וְנִרְצָה לוֹ לְכַפֵּר עָלָיו: *וְשָׁחַט אֶת־בֶּן הַבָּקָר לִפְנֵי יהוה וְהִקְרִיבוּ לוי
בְּנֵי אַהֲרֹן הַכֹּהֲנִים אֶת־הַדָּם וְזָרְקוּ אֶת־הַדָּם עַל־הַמִּזְבֵּחַ סָבִיב אֲשֶׁר־פֶּתַח
אֹהֶל מוֹעֵד: וְהִפְשִׁיט אֶת־הָעֹלָה וְנִתַּח אֹתָהּ לִנְתָחֶיהָ: וְנָתְנוּ בְּנֵי אַהֲרֹן
הַכֹּהֵן אֵשׁ עַל־הַמִּזְבֵּחַ וְעָרְכוּ עֵצִים עַל־הָאֵשׁ: וְעָרְכוּ בְּנֵי אַהֲרֹן הַכֹּהֲנִים
אֵת הַנְּתָחִים אֶת־הָרֹאשׁ וְאֶת־הַפָּדֶר עַל־הָעֵצִים אֲשֶׁר עַל־הָאֵשׁ אֲשֶׁר עַל־
הַמִּזְבֵּחַ: וְקִרְבּוֹ וּכְרָעָיו יִרְחַץ בַּמָּיִם וְהִקְטִיר הַכֹּהֵן אֶת־הַכֹּל הַמִּזְבֵּחָה עֹלָה
אִשֵּׁה רֵיחַ־נִיחוֹחַ לַיהוה: *וְאִם־מִן־הַצֹּאן קָרְבָּנוֹ מִן־הַכְּשָׂבִים ישראל
אוֹ מִן־הָעִזִּים לְעֹלָה זָכָר תָּמִים יַקְרִיבֶנּוּ: וְשָׁחַט אֹתוֹ עַל יֶרֶךְ הַמִּזְבֵּחַ צָפֹנָה
לִפְנֵי יהוה וְזָרְקוּ בְּנֵי אַהֲרֹן הַכֹּהֲנִים אֶת־דָּמוֹ עַל־הַמִּזְבֵּחַ סָבִיב: וְנִתַּח אֹתוֹ
לִנְתָחָיו וְאֶת־רֹאשׁוֹ וְאֶת־פִּדְרוֹ וְעָרַךְ הַכֹּהֵן אֹתָם עַל־הָעֵצִים אֲשֶׁר עַל־הָאֵשׁ
אֲשֶׁר עַל־הַמִּזְבֵּחַ: וְהַקֶּרֶב וְהַכְּרָעַיִם יִרְחַץ בַּמָּיִם וְהִקְרִיב הַכֹּהֵן אֶת־הַכֹּל
וְהִקְטִיר הַמִּזְבֵּחָה עֹלָה הוּא אִשֵּׁה רֵיחַ נִיחֹחַ לַיהוה:

צו TZAV

ויקרא ו:א–יא וידבר יהוה אל־משה לאמר: צו את־אהרן ואת־בניו לאמר זאת תורת
העלה הוא העלה על מוקדה על־המזבח כל־הלילה עד־הבקר ואש המזבח
תוקד בו: ולבש הכהן מדו בד ומכנסי־בד ילבש על־בשרו והרים את־הדשן
לוי אשר תאכל האש את־העלה על־המזבח ושמו אצל המזבח: *ופשט את־
בגדיו ולבש בגדים אחרים והוציא את־הדשן אל־מחוץ למחנה אל־מקום
טהור: והאש על־המזבח תוקד־בו לא תכבה ובער עליה הכהן עצים בבקר
בבקר וערך עליה העלה והקטיר עליה חלבי השלמים: אש תמיד תוקד
ישראל על־המזבח לא תכבה: *וזאת תורת המנחה הקרב אתה
בני־אהרן לפני יהוה אל־פני המזבח: והרים ממנו בקמצו מסלת המנחה
ומשמנה ואת כל־הלבנה אשר על־המנחה והקטיר המזבח ריח ניחח
אזכרתה ליהוה: והנותרת ממנה יאכלו אהרן ובניו מצות תאכל במקום
קדש בחצר אהל־מועד יאכלוה: לא תאפה חמץ חלקם נתתי אתה מאשי
קדש קדשים הוא כחטאת וכאשם: כל־זכר בבני אהרן יאכלנה חק־עולם
לדרתיכם מאשי יהוה כל אשר־יגע בהם יקדש:

שמיני SHEMINI

ויקרא ט:א–טז ויהי ביום השמיני קרא משה לאהרן ולבניו ולזקני ישראל: ויאמר אל־
אהרן קח־לך עגל בן־בקר לחטאת ואיל לעלה תמימם והקרב לפני יהוה:
ואל־בני ישראל תדבר לאמר קחו שעיר־עזים לחטאת ועגל וכבש בני־
שנה תמימם לעלה: ושור ואיל לשלמים לזבח לפני יהוה ומנחה בלולה
בשמן כי היום יהוה נראה אליכם: ויקחו את אשר צוה משה אל־פני אהל
מועד ויקרבו כל־העדה ויעמדו לפני יהוה: ויאמר משה זה הדבר אשר־
לוי צוה יהוה תעשו וירא אליכם כבוד יהוה: *ויאמר משה אל־אהרן קרב
אל־המזבח ועשה את־חטאתך ואת־עלתך וכפר בעדך ובעד העם ועשה
את־קרבן העם וכפר בעדם כאשר צוה יהוה: ויקרב אהרן אל־המזבח
וישחט את־עגל החטאת אשר־לו: ויקרבו בני אהרן את־הדם אליו ויטבל
אצבעו בדם ויתן על־קרנות המזבח ואת־הדם יצק אל־יסוד המזבח:
ואת־החלב ואת־הכלית ואת־היתרת מן־הכבד מן־החטאת הקטיר

ישראל המזבחה כאשר צוה יהוה את־משה: *ואת־הבשר ואת־העור שרף באש
מחוץ למחנה: וישחט את־העלה וימצאו בני אהרן אליו את־הדם ויזרקהו
על־המזבח סביב: ואת־העלה המציאו אליו לנתחיה ואת־הראש ויקטר
על־המזבח: וירחץ את־הקרב ואת־הכרעים ויקטר על־העלה המזבחה:
ויקרב את קרבן העם ויקח את־שעיר החטאת אשר לעם וישחטהו
ויחטאהו כראשון: ויקרב את־העלה ויעשה כמשפט:

תזריע TAZRÍA

ויקרא יב:א-יג:ה וידבר יהוה אל־משה לאמר: דבר אל־בני ישראל לאמר אשה כי תזריע
וילדה זכר וטמאה שבעת ימים כימי נדת דותה תטמא: וביום השמיני
ימול בשר ערלתו: ושלשים יום ושלשת ימים תשב בדמי טהרה בכל־
לוי קדש לא־תגע ואל־המקדש לא תבא עד־מלאת ימי טהרה: *ואם־נקבה
תלד וטמאה שבעים כנדתה וששים יום וששת ימים תשב על־דמי טהרה:
ובמלאת ׀ ימי טהרה לבן או לבת תביא כבש בן־שנתו לעלה ובן־יונה
או־תר לחטאת אל־פתח אהל־מועד אל־הכהן: והקריבו לפני יהוה וכפר
עליה וטהרה ממקר דמיה זאת תורת הילדת לזכר או לנקבה: ואם־לא
תמצא ידה די שה ולקחה שתי־תרים או שני בני יונה אחד לעלה ואחד
לחטאת וכפר עליה הכהן וטהרה:
ישראל וידבר יהוה אל־משה ואל־אהרן לאמר: אדם כי־יהיה בעור־בשרו שאת
או־ספחת או בהרת והיה בעור־בשרו לנגע צרעת והובא אל־אהרן הכהן
או אל־אחד מבניו הכהנים: וראה הכהן את־הנגע בעור־הבשר ושער בנגע
הפך ׀ לבן ומראה הנגע עמק מעור בשרו נגע צרעת הוא וראהו הכהן
וטמא אתו: ואם־בהרת לבנה הוא בעור בשרו ועמק אין־מראה מן־העור
ושערה לא־הפך לבן והסגיר הכהן את־הנגע שבעת ימים: וראהו הכהן
ביום השביעי והנה הנגע עמד בעיניו לא־פשה הנגע בעור והסגירו הכהן
שבעת ימים שנית:

מצורע METZORÁ

ויקרא יד:א-יב וידבר יהוה אל־משה לאמר: זאת תהיה תורת המצרע ביום טהרתו

והובא אל־הכהן: ויצא הכהן אל־מחוץ למחנה וראה הכהן והנה נרפא
נגע־הצרעת מן־הצרוע: וצוה הכהן ולקח למטהר שתי־צפרים חיות
טהרות ועץ ארז ושני תולעת ואזב: וצוה הכהן ושחט את־הצפור האחת
לוי אל־כלי־חרש על־מים חיים: *את־הצפר החיה יקח אתה ואת־עץ הארז
ואת־שני התולעת ואת־האזב וטבל אותם ואת ׀ הצפר החיה בדם הצפר
השחטה על המים החיים: והזה על המטהר מן־הצרעת שבע פעמים
וטהרו ושלח את־הצפר החיה על־פני השדה: וכבס המטהר את־בגדיו
וגלח את־כל־שערו ורחץ במים וטהר ואחר יבוא אל־המחנה וישב מחוץ
לאהלו שבעת ימים: והיה ביום השביעי יגלח את־כל־שערו את־ראשו
ואת־זקנו ואת גבת עיניו ואת־כל־שערו יגלח וכבס את־בגדיו ורחץ את־
ישראל בשרו במים וטהר: *וביום השמיני יקח שני־כבשים תמימם וכבשה אחת
בת־שנתה תמימה ושלשה עשרנים סלת מנחה בלולה בשמן ולג אחד
שמן: והעמיד הכהן המטהר את האיש המטהר ואתם לפני יהוה פתח
אהל מועד: ולקח הכהן את־הכבש האחד והקריב אתו לאשם ואת־לג
השמן והניף אתם תנופה לפני יהוה:

אחרי מות AJAREI MOT

ויקרא טז:א-יז וידבר יהוה אל־משה אחרי מות שני בני אהרן בקרבתם לפני־יהוה וימתו:
ויאמר יהוה אל־משה דבר אל־אהרן אחיך ואל־יבא בכל־עת אל־הקדש
מבית לפרכת אל־פני הכפרת אשר על־הארן ולא ימות כי בענן אראה
על־הכפרת: בזאת יבא אהרן אל־הקדש בפר בן־בקר לחטאת ואיל
לעלה: כתנת־בד קדש ילבש ומכנסי־בד יהיו על־בשרו ובאבנט בד
יחגר ובמצנפת בד יצנף בגדי־קדש הם ורחץ במים את־בשרו ולבשם:
ומאת עדת בני ישראל יקח שני־שעירי עזים לחטאת ואיל אחד לעלה:
לוי והקריב אהרן את־פר החטאת אשר־לו וכפר בעדו ובעד ביתו: *ולקח
את־שני השעירם והעמיד אתם לפני יהוה פתח אהל מועד: ונתן אהרן
על־שני השעירם גרלות גורל אחד ליהוה וגורל אחד לעזאזל: והקריב
אהרן את־השעיר אשר עלה עליו הגורל ליהוה ועשהו חטאת: והשעיר
אשר עלה עליו הגורל לעזאזל יעמד־חי לפני יהוה לכפר עליו לשלח

אתו לעזאזל המדברה: והקריב אהרן את־פר החטאת אשר־לו וכפר
ישראל בעדו ובעד ביתו ושחט את־פר החטאת אשר־לו: *ולקח מלא־המחתה
גחלי־אש מעל המזבח מלפני יהוה ומלא חפניו קטרת סמים דקה והביא
מבית לפרכת: ונתן את־הקטרת על־האש לפני יהוה וכסה | ענן הקטרת
את־הכפרת אשר על־העדות ולא ימות: ולקח מדם הפר והזה באצבעו
על־פני הכפרת קדמה ולפני הכפרת יזה שבע־פעמים מן־הדם באצבעו:
ושחט את־שעיר החטאת אשר לעם והביא את־דמו אל־מבית לפרכת
ועשה את־דמו כאשר עשה לדם הפר והזה אתו על־הכפרת ולפני הכפרת:
וכפר על־הקדש מטמאת בני ישראל ומפשעיהם לכל־חטאתם וכן יעשה
לאהל מועד השכן אתם בתוך טמאתם: וכל־אדם לא־יהיה | באהל מועד
בבאו לכפר בקדש עד־צאתו וכפר בעדו ובעד ביתו ובעד כל־קהל ישראל:

קדושים KEDOSHIM

ויקרא יט:א-יד וידבר יהוה אל־משה לאמר: דבר אל־כל־עדת בני־ישראל ואמרת אלהם
קדשים תהיו כי קדוש אני יהוה אלהיכם: איש אמו ואביו תיראו ואת־
שבתתי תשמרו אני יהוה אלהיכם: אל־תפנו אל־האלילם ואלהי מסכה
לוי לא תעשו לכם אני יהוה אלהיכם: *וכי תזבחו זבח שלמים ליהוה לרצנכם
תזבחהו: ביום זבחכם יאכל וממחרת והנותר עד־יום השלישי באש ישרף:
ואם האכל יאכל ביום השלישי פגול הוא לא ירצה: ואכליו עונו ישא כי־
את־קדש יהוה חלל ונכרתה הנפש ההוא מעמיה: ובקצרכם את־קציר
ארצכם לא תכלה פאת שדך לקצר ולקט קצירך לא תלקט: וכרמך לא
תעולל ופרט כרמך לא תלקט לעני ולגר תעזב אתם אני יהוה אלהיכם:
ישראל *לא תגנבו ולא־תכחשו ולא־תשקרו איש בעמיתו: ולא־תשבעו בשמי
לשקר וחללת את־שם אלהיך אני יהוה: לא־תעשק את־רעך ולא תגזל
לא־תלין פעלת שכיר אתך עד־בקר: לא־תקלל חרש ולפני עור לא תתן
מכשל ויראת מאלהיך אני יהוה:

אמור EMOR

ויקרא כא:א-טו ויאמר יהוה אל־משה אמר אל־הכהנים בני אהרן ואמרת אלהם לנפש

לֹא־יִטַּמָּא בְּעַמָּיו׃ כִּי אִם־לִשְׁאֵרוֹ הַקָּרֹב אֵלָיו לְאִמּוֹ וּלְאָבִיו וְלִבְנוֹ וּלְבִתּוֹ
וּלְאָחִיו׃ וְלַאֲחֹתוֹ הַבְּתוּלָה הַקְּרוֹבָה אֵלָיו אֲשֶׁר לֹא־הָיְתָה לְאִישׁ לָהּ יִטַּמָּא׃
יִקְרְחוּ לֹא יִטַּמָּא בַּעַל בְּעַמָּיו לְהֵחַלּוֹ׃ לֹא־יקרחה קָרְחָה בְּרֹאשָׁם וּפְאַת זְקָנָם
לֹא יְגַלֵּחוּ וּבִבְשָׂרָם לֹא יִשְׂרְטוּ שָׂרָטֶת׃ קְדֹשִׁים יִהְיוּ לֵאלֹהֵיהֶם וְלֹא יְחַלְּלוּ
שֵׁם אֱלֹהֵיהֶם כִּי אֶת־אִשֵּׁי יְהוָה לֶחֶם אֱלֹהֵיהֶם הֵם מַקְרִיבִם וְהָיוּ קֹדֶשׁ׃
לוי *אִשָּׁה זֹנָה וַחֲלָלָה לֹא יִקָּחוּ וְאִשָּׁה גְּרוּשָׁה מֵאִישָׁהּ לֹא יִקָּחוּ כִּי־קָדֹשׁ הוּא
לֵאלֹהָיו׃ וְקִדַּשְׁתּוֹ כִּי־אֶת־לֶחֶם אֱלֹהֶיךָ הוּא מַקְרִיב קָדֹשׁ יִהְיֶה־לָּךְ כִּי קָדוֹשׁ
אֲנִי יְהוָה מְקַדִּשְׁכֶם׃ וּבַת אִישׁ כֹּהֵן כִּי תֵחֵל לִזְנוֹת אֶת־אָבִיהָ הִיא מְחַלֶּלֶת
בָּאֵשׁ תִּשָּׂרֵף׃ וְהַכֹּהֵן הַגָּדוֹל מֵאֶחָיו אֲשֶׁר־יוּצַק עַל־רֹאשׁוֹ ׀ שֶׁמֶן
הַמִּשְׁחָה וּמִלֵּא אֶת־יָדוֹ לִלְבֹּשׁ אֶת־הַבְּגָדִים אֶת־רֹאשׁוֹ לֹא יִפְרָע וּבְגָדָיו לֹא
יִפְרֹם׃ וְעַל כָּל־נַפְשֹׁת מֵת לֹא יָבֹא לְאָבִיו וּלְאִמּוֹ לֹא יִטַּמָּא׃ וּמִן־הַמִּקְדָּשׁ
לֹא יֵצֵא וְלֹא יְחַלֵּל אֵת מִקְדַּשׁ אֱלֹהָיו כִּי נֵזֶר שֶׁמֶן מִשְׁחַת אֱלֹהָיו עָלָיו אֲנִי
ישראל יְהוָה׃ *וְהוּא אִשָּׁה בִבְתוּלֶיהָ יִקָּח׃ אַלְמָנָה וּגְרוּשָׁה וַחֲלָלָה זֹנָה אֶת־אֵלֶּה
לֹא יִקָּח כִּי אִם־בְּתוּלָה מֵעַמָּיו יִקַּח אִשָּׁה׃ וְלֹא־יְחַלֵּל זַרְעוֹ בְּעַמָּיו כִּי אֲנִי
יְהוָה מְקַדְּשׁוֹ׃

בהר BAHAR

ויקרא וַיְדַבֵּר יְהוָה אֶל־מֹשֶׁה בְּהַר סִינַי לֵאמֹר׃ דַּבֵּר אֶל־בְּנֵי יִשְׂרָאֵל וְאָמַרְתָּ
כה:א-יג אֲלֵהֶם כִּי תָבֹאוּ אֶל־הָאָרֶץ אֲשֶׁר אֲנִי נֹתֵן לָכֶם וְשָׁבְתָה הָאָרֶץ שַׁבָּת לַיהוָה׃
שֵׁשׁ שָׁנִים תִּזְרַע שָׂדֶךָ וְשֵׁשׁ שָׁנִים תִּזְמֹר כַּרְמֶךָ וְאָסַפְתָּ אֶת־תְּבוּאָתָהּ׃
לוי *וּבַשָּׁנָה הַשְּׁבִיעִת שַׁבַּת שַׁבָּתוֹן יִהְיֶה לָאָרֶץ שַׁבָּת לַיהוָה שָׂדְךָ לֹא תִזְרָע
וְכַרְמְךָ לֹא תִזְמֹר׃ אֵת סְפִיחַ קְצִירְךָ לֹא תִקְצוֹר וְאֶת־עִנְּבֵי נְזִירֶךָ לֹא תִבְצֹר
שְׁנַת שַׁבָּתוֹן יִהְיֶה לָאָרֶץ׃ וְהָיְתָה שַׁבַּת הָאָרֶץ לָכֶם לְאָכְלָה לְךָ וּלְעַבְדְּךָ
וְלַאֲמָתֶךָ וְלִשְׂכִירְךָ וּלְתוֹשָׁבְךָ הַגָּרִים עִמָּךְ׃ וְלִבְהֶמְתְּךָ וְלַחַיָּה אֲשֶׁר בְּאַרְצֶךָ
ישראל תִּהְיֶה כָל־תְּבוּאָתָהּ לֶאֱכֹל׃ *וְסָפַרְתָּ לְךָ שֶׁבַע שַׁבְּתֹת שָׁנִים
שֶׁבַע שָׁנִים שֶׁבַע פְּעָמִים וְהָיוּ לְךָ יְמֵי שֶׁבַע שַׁבְּתֹת הַשָּׁנִים תֵּשַׁע וְאַרְבָּעִים
שָׁנָה׃ וְהַעֲבַרְתָּ שׁוֹפַר תְּרוּעָה בַּחֹדֶשׁ הַשְּׁבִעִי בֶּעָשׂוֹר לַחֹדֶשׁ בְּיוֹם הַכִּפֻּרִים
תַּעֲבִירוּ שׁוֹפָר בְּכָל־אַרְצְכֶם׃ וְקִדַּשְׁתֶּם אֵת שְׁנַת הַחֲמִשִּׁים שָׁנָה וּקְרָאתֶם
דְּרוֹר בָּאָרֶץ לְכָל־יֹשְׁבֶיהָ יוֹבֵל הִוא תִּהְיֶה לָכֶם וְשַׁבְתֶּם אִישׁ אֶל־אֲחֻזָּתוֹ

וְאִישׁ אֶל־מִשְׁפַּחְתּוֹ תָּשֻׁבוּ: יוֹבֵל הִוא שְׁנַת הַחֲמִשִּׁים שָׁנָה תִּהְיֶה לָכֶם לֹא
תִזְרָעוּ וְלֹא תִקְצְרוּ אֶת־סְפִיחֶיהָ וְלֹא תִבְצְרוּ אֶת־נְזִרֶיהָ: כִּי יוֹבֵל הִוא קֹדֶשׁ
תִּהְיֶה לָכֶם מִן־הַשָּׂדֶה תֹּאכְלוּ אֶת־תְּבוּאָתָהּ: בִּשְׁנַת הַיּוֹבֵל הַזֹּאת תָּשֻׁבוּ
אִישׁ אֶל־אֲחֻזָּתוֹ:

BEJUKOTAI בחוקותי

אִם־בְּחֻקֹּתַי תֵּלֵכוּ וְאֶת־מִצְוֹתַי תִּשְׁמְרוּ וַעֲשִׂיתֶם אֹתָם: וְנָתַתִּי גִשְׁמֵיכֶם בְּעִתָּם ויקרא
וְנָתְנָה הָאָרֶץ יְבוּלָהּ וְעֵץ הַשָּׂדֶה יִתֵּן פִּרְיוֹ: וְהִשִּׂיג לָכֶם דַּיִשׁ אֶת־בָּצִיר וּבָצִיר כו:ג-יג
יַשִּׂיג אֶת־זָרַע וַאֲכַלְתֶּם לַחְמְכֶם לָשֹׂבַע וִישַׁבְתֶּם לָבֶטַח בְּאַרְצְכֶם: *וְנָתַתִּי לוי
שָׁלוֹם בָּאָרֶץ וּשְׁכַבְתֶּם וְאֵין מַחֲרִיד וְהִשְׁבַּתִּי חַיָּה רָעָה מִן־הָאָרֶץ וְחֶרֶב
לֹא־תַעֲבֹר בְּאַרְצְכֶם: וּרְדַפְתֶּם אֶת־אֹיְבֵיכֶם וְנָפְלוּ לִפְנֵיכֶם לֶחָרֶב: וְרָדְפוּ
מִכֶּם חֲמִשָּׁה מֵאָה וּמֵאָה מִכֶּם רְבָבָה יִרְדֹּפוּ וְנָפְלוּ אֹיְבֵיכֶם לִפְנֵיכֶם לֶחָרֶב:
וּפָנִיתִי אֲלֵיכֶם וְהִפְרֵיתִי אֶתְכֶם וְהִרְבֵּיתִי אֶתְכֶם וַהֲקִימֹתִי אֶת־בְּרִיתִי אִתְּכֶם:
*וַאֲכַלְתֶּם יָשָׁן נוֹשָׁן וְיָשָׁן מִפְּנֵי חָדָשׁ תּוֹצִיאוּ: וְנָתַתִּי מִשְׁכָּנִי בְּתוֹכְכֶם וְלֹא־ ישראל
תִגְעַל נַפְשִׁי אֶתְכֶם: וְהִתְהַלַּכְתִּי בְּתוֹכְכֶם וְהָיִיתִי לָכֶם לֵאלֹהִים וְאַתֶּם תִּהְיוּ־לִי
לְעָם: אֲנִי יְהוָה אֱלֹהֵיכֶם אֲשֶׁר הוֹצֵאתִי אֶתְכֶם מֵאֶרֶץ מִצְרַיִם מִהְיֹת לָהֶם
עֲבָדִים וָאֶשְׁבֹּר מֹטֹת עֻלְּכֶם וָאוֹלֵךְ אֶתְכֶם קוֹמְמִיּוּת:

BAMIDBAR במדבר

וַיְדַבֵּר יְהוָה אֶל־מֹשֶׁה בְּמִדְבַּר סִינַי בְּאֹהֶל מוֹעֵד בְּאֶחָד לַחֹדֶשׁ הַשֵּׁנִי בַּשָּׁנָה במדבר
הַשֵּׁנִית לְצֵאתָם מֵאֶרֶץ מִצְרַיִם לֵאמֹר: שְׂאוּ אֶת־רֹאשׁ כָּל־עֲדַת בְּנֵי־יִשְׂרָאֵל א:א-יט
לְמִשְׁפְּחֹתָם לְבֵית אֲבֹתָם בְּמִסְפַּר שֵׁמוֹת כָּל־זָכָר לְגֻלְגְּלֹתָם: מִבֶּן עֶשְׂרִים
שָׁנָה וָמַעְלָה כָּל־יֹצֵא צָבָא בְּיִשְׂרָאֵל תִּפְקְדוּ אֹתָם לְצִבְאֹתָם אַתָּה וְאַהֲרֹן:
וְאִתְּכֶם יִהְיוּ אִישׁ אִישׁ לַמַּטֶּה אִישׁ רֹאשׁ לְבֵית־אֲבֹתָיו הוּא: *וְאֵלֶּה שְׁמוֹת לוי
הָאֲנָשִׁים אֲשֶׁר יַעַמְדוּ אִתְּכֶם לִרְאוּבֵן אֱלִיצוּר בֶּן־שְׁדֵיאוּר: לְשִׁמְעוֹן שְׁלֻמִיאֵל
בֶּן־צוּרִישַׁדָּי: לִיהוּדָה נַחְשׁוֹן בֶּן־עַמִּינָדָב: לְיִשָּׂשכָר נְתַנְאֵל בֶּן־צוּעָר:
לִזְבוּלֻן אֱלִיאָב בֶּן־חֵלֹן: לִבְנֵי יוֹסֵף לְאֶפְרַיִם אֱלִישָׁמָע בֶּן־עַמִּיהוּד לִמְנַשֶּׁה
גַּמְלִיאֵל בֶּן־פְּדָהצוּר: לְבִנְיָמִן אֲבִידָן בֶּן־גִּדְעֹנִי: לְדָן אֲחִיעֶזֶר בֶּן־עַמִּישַׁדָּי:
לְאָשֵׁר פַּגְעִיאֵל בֶּן־עָכְרָן: לְגָד אֶלְיָסָף בֶּן־דְּעוּאֵל: לְנַפְתָּלִי אֲחִירַע בֶּן־

קרואי עֵינָן׃ אֵלֶּה קְרִיאֵי הָעֵדָה נְשִׂיאֵי מַטּוֹת אֲבוֹתָם רָאשֵׁי אַלְפֵי יִשְׂרָאֵל הֵם׃
ישראל *וַיִּקַּח מֹשֶׁה וְאַהֲרֹן אֵת הָאֲנָשִׁים הָאֵלֶּה אֲשֶׁר נִקְּבוּ בְּשֵׁמוֹת׃ וְאֵת כָּל־הָעֵדָה
הִקְהִילוּ בְּאֶחָד לַחֹדֶשׁ הַשֵּׁנִי וַיִּתְיַלְדוּ עַל־מִשְׁפְּחֹתָם לְבֵית אֲבֹתָם בְּמִסְפַּר
שֵׁמוֹת מִבֶּן עֶשְׂרִים שָׁנָה וָמַעְלָה לְגֻלְגְּלֹתָם׃ כַּאֲשֶׁר צִוָּה יְהוָה אֶת־מֹשֶׁה
וַיִּפְקְדֵם בְּמִדְבַּר סִינָי׃

נשא NASÓ

במדבר ד:כא-לז וַיְדַבֵּר יְהוָה אֶל־מֹשֶׁה לֵּאמֹר׃ נָשֹׂא אֶת־רֹאשׁ בְּנֵי גֵרְשׁוֹן גַּם־הֵם לְבֵית אֲבֹתָם
לְמִשְׁפְּחֹתָם׃ מִבֶּן שְׁלֹשִׁים שָׁנָה וָמַעְלָה עַד בֶּן־חֲמִשִּׁים שָׁנָה תִּפְקֹד אוֹתָם
כָּל־הַבָּא לִצְבֹא צָבָא לַעֲבֹד עֲבֹדָה בְּאֹהֶל מוֹעֵד׃ זֹאת עֲבֹדַת מִשְׁפְּחֹת
לוי הַגֵּרְשֻׁנִּי לַעֲבֹד וּלְמַשָּׂא׃ *וְנָשְׂאוּ אֶת־יְרִיעֹת הַמִּשְׁכָּן וְאֶת־אֹהֶל מוֹעֵד מִכְסֵהוּ
וּמִכְסֵה הַתַּחַשׁ אֲשֶׁר־עָלָיו מִלְמָעְלָה וְאֶת־מָסַךְ פֶּתַח אֹהֶל מוֹעֵד׃ וְאֵת קַלְעֵי
הֶחָצֵר וְאֶת־מָסַךְ ׀ פֶּתַח ׀ שַׁעַר הֶחָצֵר אֲשֶׁר עַל־הַמִּשְׁכָּן וְעַל־הַמִּזְבֵּחַ סָבִיב
וְאֵת מֵיתְרֵיהֶם וְאֶת־כָּל־כְּלֵי עֲבֹדָתָם וְאֵת כָּל־אֲשֶׁר יֵעָשֶׂה לָהֶם וְעָבָדוּ׃
עַל־פִּי אַהֲרֹן וּבָנָיו תִּהְיֶה כָּל־עֲבֹדַת בְּנֵי הַגֵּרְשֻׁנִּי לְכָל־מַשָּׂאָם וּלְכֹל עֲבֹדָתָם
וּפְקַדְתֶּם עֲלֵהֶם בְּמִשְׁמֶרֶת אֵת כָּל־מַשָּׂאָם׃ זֹאת עֲבֹדַת מִשְׁפְּחֹת בְּנֵי הַגֵּרְשֻׁנִּי
ישראל בְּאֹהֶל מוֹעֵד וּמִשְׁמַרְתָּם בְּיַד אִיתָמָר בֶּן־אַהֲרֹן הַכֹּהֵן׃ *בְּנֵי מְרָרִי
לְמִשְׁפְּחֹתָם לְבֵית־אֲבֹתָם תִּפְקֹד אֹתָם׃ מִבֶּן שְׁלֹשִׁים שָׁנָה וָמַעְלָה וְעַד בֶּן־
חֲמִשִּׁים שָׁנָה תִּפְקְדֵם כָּל־הַבָּא לַצָּבָא לַעֲבֹד אֶת־עֲבֹדַת אֹהֶל מוֹעֵד׃ וְזֹאת
מִשְׁמֶרֶת מַשָּׂאָם לְכָל־עֲבֹדָתָם בְּאֹהֶל מוֹעֵד קַרְשֵׁי הַמִּשְׁכָּן וּבְרִיחָיו וְעַמּוּדָיו
וַאֲדָנָיו׃ וְעַמּוּדֵי הֶחָצֵר סָבִיב וְאַדְנֵיהֶם וִיתֵדֹתָם וּמֵיתְרֵיהֶם לְכָל־כְּלֵיהֶם וּלְכֹל
עֲבֹדָתָם וּבְשֵׁמֹת תִּפְקְדוּ אֶת־כְּלֵי מִשְׁמֶרֶת מַשָּׂאָם׃ זֹאת עֲבֹדַת מִשְׁפְּחֹת בְּנֵי
מְרָרִי לְכָל־עֲבֹדָתָם בְּאֹהֶל מוֹעֵד בְּיַד אִיתָמָר בֶּן־אַהֲרֹן הַכֹּהֵן׃

Algunos prolongan la porción de ישראל:

וַיִּפְקֹד מֹשֶׁה וְאַהֲרֹן וּנְשִׂיאֵי הָעֵדָה אֶת־בְּנֵי הַקְּהָתִי לְמִשְׁפְּחֹתָם וּלְבֵית
אֲבֹתָם׃ מִבֶּן שְׁלֹשִׁים שָׁנָה וָמַעְלָה וְעַד בֶּן־חֲמִשִּׁים שָׁנָה כָּל־הַבָּא לַצָּבָא
לַעֲבֹדָה בְּאֹהֶל מוֹעֵד׃ וַיִּהְיוּ פְקֻדֵיהֶם לְמִשְׁפְּחֹתָם אַלְפַּיִם שְׁבַע מֵאוֹת
וַחֲמִשִּׁים׃ אֵלֶּה פְקוּדֵי מִשְׁפְּחֹת הַקְּהָתִי כָּל־הָעֹבֵד בְּאֹהֶל מוֹעֵד אֲשֶׁר פָּקַד
מֹשֶׁה וְאַהֲרֹן עַל־פִּי יְהוָה בְּיַד־מֹשֶׁה׃

בהעלותך — BEHA'ALOTEJÁ

במדבר ח:א-יד וַיְדַבֵּ֥ר יְהֹוָ֖ה אֶל־מֹשֶׁ֥ה לֵּאמֹֽר׃ דַּבֵּר֙ אֶֽל־אַהֲרֹ֔ן וְאָמַרְתָּ֖ אֵלָ֑יו בְּהַעֲלֹֽתְךָ֙ אֶת־
הַנֵּרֹ֔ת אֶל־מוּל֙ פְּנֵ֣י הַמְּנוֹרָ֔ה יָאִ֖ירוּ שִׁבְעַ֥ת הַנֵּרֽוֹת׃ וַיַּ֤עַשׂ כֵּן֙ אַהֲרֹ֔ן אֶל־מוּל֙
פְּנֵ֣י הַמְּנוֹרָ֔ה הֶעֱלָ֖ה נֵרֹתֶ֑יהָ כַּאֲשֶׁ֛ר צִוָּ֥ה יְהֹוָ֖ה אֶת־מֹשֶֽׁה׃ וְזֶ֨ה מַעֲשֵׂ֤ה הַמְּנֹרָה֙
מִקְשָׁ֣ה זָהָ֔ב עַד־יְרֵכָ֥הּ עַד־פִּרְחָ֖הּ מִקְשָׁ֣ה הִ֑וא כַּמַּרְאֶ֗ה אֲשֶׁ֨ר הֶרְאָ֤ה יְהֹוָה֙
אֶת־מֹשֶׁ֔ה כֵּ֥ן עָשָׂ֖ה אֶת־הַמְּנֹרָֽה׃

לוי וַיְדַבֵּ֥ר יְהֹוָ֖ה אֶל־מֹשֶׁ֥ה לֵּאמֹֽר׃ קַ֚ח אֶת־הַלְוִיִּ֔ם מִתּ֖וֹךְ בְּנֵ֣י יִשְׂרָאֵ֑ל וְטִהַרְתָּ֖
אֹתָֽם׃ וְכֹה־תַעֲשֶׂ֤ה לָהֶם֙ לְטַֽהֲרָ֔ם הַזֵּ֥ה עֲלֵיהֶ֖ם מֵ֣י חַטָּ֑את וְהֶֽעֱבִ֤ירוּ תַ֙עַר֙ עַל־
כָּל־בְּשָׂרָ֔ם וְכִבְּס֥וּ בִגְדֵיהֶ֖ם וְהִטֶּהָֽרוּ׃ וְלָֽקְחוּ֙ פַּ֣ר בֶּן־בָּקָ֔ר וּמִנְחָת֕וֹ סֹ֖לֶת בְּלוּלָ֣ה
בַשָּׁ֑מֶן וּפַר־שֵׁנִ֥י בֶן־בָּקָ֖ר תִּקַּ֥ח לְחַטָּֽאת׃ וְהִקְרַבְתָּ֙ אֶת־הַלְוִיִּ֔ם לִפְנֵ֖י אֹ֣הֶל
ישראל מוֹעֵ֑ד וְהִ֨קְהַלְתָּ֔ אֶֽת־כָּל־עֲדַ֖ת בְּנֵ֥י יִשְׂרָאֵֽל׃ *וְהִקְרַבְתָּ֥ אֶת־הַלְוִיִּ֖ם לִפְנֵ֣י יְהֹוָ֑ה
וְסָמְכ֧וּ בְנֵֽי־יִשְׂרָאֵ֛ל אֶת־יְדֵיהֶ֖ם עַל־הַלְוִיִּֽם׃ וְהֵנִיף֩ אַהֲרֹ֨ן אֶת־הַלְוִיִּ֤ם תְּנוּפָה֙
לִפְנֵ֣י יְהֹוָ֔ה מֵאֵ֖ת בְּנֵ֣י יִשְׂרָאֵ֑ל וְהָי֕וּ לַעֲבֹ֖ד אֶת־עֲבֹדַ֥ת יְהֹוָֽה׃ וְהַלְוִיִּם֙ יִסְמְכ֣וּ
אֶת־יְדֵיהֶ֔ם עַ֖ל רֹ֣אשׁ הַפָּרִ֑ים וַעֲשֵׂ֞ה אֶת־הָאֶחָ֣ד חַטָּ֗את וְאֶת־הָאֶחָ֤ד עֹלָה֙
לַֽיהֹוָ֔ה לְכַפֵּ֖ר עַל־הַלְוִיִּֽם׃ וְהַֽעֲמַדְתָּ֙ אֶת־הַלְוִיִּ֔ם לִפְנֵ֥י אַהֲרֹ֖ן וְלִפְנֵ֣י בָנָ֑יו וְהֵנַפְתָּ֥
אֹתָ֛ם תְּנוּפָ֖ה לַֽיהֹוָֽה׃ וְהִבְדַּלְתָּ֙ אֶת־הַלְוִיִּ֔ם מִתּ֖וֹךְ בְּנֵ֣י יִשְׂרָאֵ֑ל וְהָ֥יוּ לִ֖י הַלְוִיִּֽם׃

שלח — SHELAJ

במדבר יג:א-כ וַיְדַבֵּ֥ר יְהֹוָ֖ה אֶל־מֹשֶׁ֥ה לֵּאמֹֽר׃ שְׁלַח־לְךָ֣ אֲנָשִׁ֗ים וְיָתֻ֙רוּ֙ אֶת־אֶ֣רֶץ כְּנַ֔עַן אֲשֶׁר־
אֲנִ֥י נֹתֵ֖ן לִבְנֵ֣י יִשְׂרָאֵ֑ל אִ֣ישׁ אֶחָ֜ד אִ֣ישׁ אֶחָ֨ד לְמַטֵּ֤ה אֲבֹתָיו֙ תִּשְׁלָ֔חוּ כֹּ֖ל נָשִׂ֥יא
בָהֶֽם׃ וַיִּשְׁלַ֨ח אֹתָ֥ם מֹשֶׁ֛ה מִמִּדְבַּ֥ר פָּארָ֖ן עַל־פִּ֣י יְהֹוָ֑ה כֻּלָּ֣ם אֲנָשִׁ֔ים רָאשֵׁ֥י
לוי בְנֵֽי־יִשְׂרָאֵ֖ל הֵֽמָּה׃ *וְאֵ֖לֶּה שְׁמוֹתָ֑ם לְמַטֵּ֣ה רְאוּבֵ֔ן שַׁמּ֖וּעַ בֶּן־זַכּֽוּר׃ לְמַטֵּ֣ה
שִׁמְע֔וֹן שָׁפָ֖ט בֶּן־חוֹרִֽי׃ לְמַטֵּ֣ה יְהוּדָ֔ה כָּלֵ֖ב בֶּן־יְפֻנֶּֽה׃ לְמַטֵּ֣ה יִשָּׂשכָ֔ר יִגְאָ֖ל
בֶּן־יוֹסֵֽף׃ לְמַטֵּ֥ה אֶפְרָ֖יִם הוֹשֵׁ֥עַ בִּן־נֽוּן׃ לְמַטֵּ֣ה בִנְיָמִ֔ן פַּלְטִ֖י בֶּן־רָפֽוּא׃ לְמַטֵּ֣ה
זְבוּלֻ֔ן גַּדִּיאֵ֖ל בֶּן־סוֹדִֽי׃ לְמַטֵּ֥ה יוֹסֵ֖ף לְמַטֵּ֣ה מְנַשֶּׁ֑ה גַּדִּ֖י בֶּן־סוּסִֽי׃ לְמַטֵּ֣ה דָ֔ן
עַמִּיאֵ֖ל בֶּן־גְּמַלִּֽי׃ לְמַטֵּ֣ה אָשֵׁ֔ר סְת֖וּר בֶּן־מִיכָאֵֽל׃ לְמַטֵּ֣ה נַפְתָּלִ֔י נַחְבִּ֖י בֶּן־
וָפְסִֽי׃ לְמַטֵּ֣ה גָ֔ד גְּאוּאֵ֖ל בֶּן־מָכִֽי׃ אֵ֚לֶּה שְׁמ֣וֹת הָֽאֲנָשִׁ֔ים אֲשֶׁר־שָׁלַ֥ח מֹשֶׁ֖ה
ישראל לָת֣וּר אֶת־הָאָ֑רֶץ וַיִּקְרָ֥א מֹשֶׁ֛ה לְהוֹשֵׁ֥עַ בִּן־נ֖וּן יְהוֹשֻֽׁעַ׃ *וַיִּשְׁלַ֤ח אֹתָם֙ מֹשֶׁ֔ה
לָת֖וּר אֶת־אֶ֣רֶץ כְּנָ֑עַן וַיֹּ֣אמֶר אֲלֵהֶ֗ם עֲל֥וּ זֶה֙ בַּנֶּ֔גֶב וַעֲלִיתֶ֖ם אֶת־הָהָֽר׃ וּרְאִיתֶ֥ם

אֶת־הָאָרֶץ מַה־הִוא וְאֶת־הָעָם הַיֹּשֵׁב עָלֶיהָ הֶחָזָק הוּא הֲרָפֶה הַמְעַט הוּא
אִם־רָב׃ וּמָה הָאָרֶץ אֲשֶׁר־הוּא יֹשֵׁב בָּהּ הֲטוֹבָה הִוא אִם־רָעָה וּמָה הֶעָרִים
אֲשֶׁר־הוּא יוֹשֵׁב בָּהֵנָּה הַבְּמַחֲנִים אִם בְּמִבְצָרִים׃ וּמָה הָאָרֶץ הַשְּׁמֵנָה הִוא
אִם־רָזָה הֲיֵשׁ־בָּהּ עֵץ אִם־אַיִן וְהִתְחַזַּקְתֶּם וּלְקַחְתֶּם מִפְּרִי הָאָרֶץ וְהַיָּמִים
יְמֵי בִּכּוּרֵי עֲנָבִים׃

קורח — KORAJ

במדבר טז:א–יג וַיִּקַּח קֹרַח בֶּן־יִצְהָר בֶּן־קְהָת בֶּן־לֵוִי וְדָתָן וַאֲבִירָם בְּנֵי אֱלִיאָב וְאוֹן בֶּן־
פֶּלֶת בְּנֵי רְאוּבֵן׃ וַיָּקֻמוּ לִפְנֵי מֹשֶׁה וַאֲנָשִׁים מִבְּנֵי־יִשְׂרָאֵל חֲמִשִּׁים וּמָאתָיִם
נְשִׂיאֵי עֵדָה קְרִאֵי מוֹעֵד אַנְשֵׁי־שֵׁם׃ וַיִּקָּהֲלוּ עַל־מֹשֶׁה וְעַל־אַהֲרֹן וַיֹּאמְרוּ
אֲלֵהֶם רַב־לָכֶם כִּי כָל־הָעֵדָה כֻּלָּם קְדֹשִׁים וּבְתוֹכָם יְהוָה וּמַדּוּעַ תִּתְנַשְּׂאוּ
לוי עַל־קְהַל יְהוָה׃ *וַיִּשְׁמַע מֹשֶׁה וַיִּפֹּל עַל־פָּנָיו׃ וַיְדַבֵּר אֶל־קֹרַח וְאֶל־כָּל־עֲדָתוֹ
לֵאמֹר בֹּקֶר וְיֹדַע יְהוָה אֶת־אֲשֶׁר־לוֹ וְאֶת־הַקָּדוֹשׁ וְהִקְרִיב אֵלָיו וְאֵת אֲשֶׁר
יִבְחַר־בּוֹ יַקְרִיב אֵלָיו׃ זֹאת עֲשׂוּ קְחוּ־לָכֶם מַחְתּוֹת קֹרַח וְכָל־עֲדָתוֹ׃ וּתְנוּ־
בָהֵן ׀ אֵשׁ וְשִׂימוּ עֲלֵיהֶן ׀ קְטֹרֶת לִפְנֵי יְהוָה מָחָר וְהָיָה הָאִישׁ אֲשֶׁר־יִבְחַר
ישראל יְהוָה הוּא הַקָּדוֹשׁ רַב־לָכֶם בְּנֵי לֵוִי׃ *וַיֹּאמֶר מֹשֶׁה אֶל־קֹרַח שִׁמְעוּ־נָא בְּנֵי
לֵוִי׃ הַמְעַט מִכֶּם כִּי־הִבְדִּיל אֱלֹהֵי יִשְׂרָאֵל אֶתְכֶם מֵעֲדַת יִשְׂרָאֵל לְהַקְרִיב
אֶתְכֶם אֵלָיו לַעֲבֹד אֶת־עֲבֹדַת מִשְׁכַּן יְהוָה וְלַעֲמֹד לִפְנֵי הָעֵדָה לְשָׁרְתָם׃
וַיַּקְרֵב אֹתְךָ וְאֶת־כָּל־אַחֶיךָ בְנֵי־לֵוִי אִתָּךְ וּבִקַּשְׁתֶּם גַּם־כְּהֻנָּה׃ לָכֵן אַתָּה
תַּלִּינוּ וְכָל־עֲדָתְךָ הַנֹּעָדִים עַל־יְהוָה וְאַהֲרֹן מַה־הוּא כִּי תלונו עָלָיו׃ וַיִּשְׁלַח מֹשֶׁה
לִקְרֹא לְדָתָן וְלַאֲבִירָם בְּנֵי אֱלִיאָב וַיֹּאמְרוּ לֹא נַעֲלֶה׃ הַמְעַט כִּי הֶעֱלִיתָנוּ
מֵאֶרֶץ זָבַת חָלָב וּדְבַשׁ לַהֲמִיתֵנוּ בַּמִּדְבָּר כִּי־תִשְׂתָּרֵר עָלֵינוּ גַּם־הִשְׂתָּרֵר׃

חוקת — JUKAT

במדבר יט:א–ה וַיְדַבֵּר יְהוָה אֶל־מֹשֶׁה וְאֶל־אַהֲרֹן לֵאמֹר׃ זֹאת חֻקַּת הַתּוֹרָה אֲשֶׁר־צִוָּה יְהוָה
לֵאמֹר דַּבֵּר ׀ אֶל־בְּנֵי יִשְׂרָאֵל וְיִקְחוּ אֵלֶיךָ פָרָה אֲדֻמָּה תְּמִימָה אֲשֶׁר אֵין־בָּהּ
מוּם אֲשֶׁר לֹא־עָלָה עָלֶיהָ עֹל׃ וּנְתַתֶּם אֹתָהּ אֶל־אֶלְעָזָר הַכֹּהֵן וְהוֹצִיא אֹתָהּ
אֶל־מִחוּץ לַמַּחֲנֶה וְשָׁחַט אֹתָהּ לְפָנָיו׃ וְלָקַח אֶלְעָזָר הַכֹּהֵן מִדָּמָהּ בְּאֶצְבָּעוֹ
וְהִזָּה אֶל־נֹכַח פְּנֵי אֹהֶל־מוֹעֵד מִדָּמָהּ שֶׁבַע פְּעָמִים׃ וְשָׂרַף אֶת־הַפָּרָה לְעֵינָיו

אֶת־עֹרָהּ וְאֶת־בְּשָׂרָהּ וְאֶת־דָּמָהּ עַל־פִּרְשָׁהּ יִשְׂרֹף: וְלָקַח הַכֹּהֵן עֵץ אֶרֶז
וְאֵזוֹב וּשְׁנִי תוֹלָעַת וְהִשְׁלִיךְ אֶל־תּוֹךְ שְׂרֵפַת הַפָּרָה: *וְכִבֶּס בְּגָדָיו הַכֹּהֵן לוי
וְרָחַץ בְּשָׂרוֹ בַּמַּיִם וְאַחַר יָבֹא אֶל־הַמַּחֲנֶה וְטָמֵא הַכֹּהֵן עַד־הָעָרֶב: וְהַשֹּׂרֵף
אֹתָהּ יְכַבֵּס בְּגָדָיו בַּמַּיִם וְרָחַץ בְּשָׂרוֹ בַּמָּיִם וְטָמֵא עַד־הָעָרֶב: וְאָסַף ׀ אִישׁ
טָהוֹר אֵת אֵפֶר הַפָּרָה וְהִנִּיחַ מִחוּץ לַמַּחֲנֶה בְּמָקוֹם טָהוֹר וְהָיְתָה לַעֲדַת
בְּנֵי־יִשְׂרָאֵל לְמִשְׁמֶרֶת לְמֵי נִדָּה חַטָּאת הִוא: *וְכִבֶּס הָאֹסֵף אֶת־אֵפֶר הַפָּרָה ישראל
אֶת־בְּגָדָיו וְטָמֵא עַד־הָעָרֶב וְהָיְתָה לִבְנֵי יִשְׂרָאֵל וְלַגֵּר הַגָּר בְּתוֹכָם לְחֻקַּת
עוֹלָם: הַנֹּגֵעַ בְּמֵת לְכָל־נֶפֶשׁ אָדָם וְטָמֵא שִׁבְעַת יָמִים: הוּא יִתְחַטָּא־בוֹ
בַּיּוֹם הַשְּׁלִישִׁי וּבַיּוֹם הַשְּׁבִיעִי יִטְהָר וְאִם־לֹא יִתְחַטָּא בַּיּוֹם הַשְּׁלִישִׁי וּבַיּוֹם
הַשְּׁבִיעִי לֹא יִטְהָר: כָּל־הַנֹּגֵעַ בְּמֵת בְּנֶפֶשׁ הָאָדָם אֲשֶׁר־יָמוּת וְלֹא יִתְחַטָּא
אֶת־מִשְׁכַּן יהוה טִמֵּא וְנִכְרְתָה הַנֶּפֶשׁ הַהִוא מִיִּשְׂרָאֵל כִּי מֵי נִדָּה לֹא־זֹרַק
עָלָיו טָמֵא יִהְיֶה עוֹד טֻמְאָתוֹ בוֹ: זֹאת הַתּוֹרָה אָדָם כִּי־יָמוּת בְּאֹהֶל כָּל־
הַבָּא אֶל־הָאֹהֶל וְכָל־אֲשֶׁר בָּאֹהֶל יִטְמָא שִׁבְעַת יָמִים: וְכֹל כְּלִי פָתוּחַ אֲשֶׁר
אֵין־צָמִיד פָּתִיל עָלָיו טָמֵא הוּא: וְכֹל אֲשֶׁר־יִגַּע עַל־פְּנֵי הַשָּׂדֶה בַּחֲלַל־חֶרֶב
אוֹ בְמֵת אוֹ־בְעֶצֶם אָדָם אוֹ בְקָבֶר יִטְמָא שִׁבְעַת יָמִים: וְלָקְחוּ לַטָּמֵא מֵעֲפַר
שְׂרֵפַת הַחַטָּאת וְנָתַן עָלָיו מַיִם חַיִּים אֶל־כֶּלִי:

בלק BALAK

וַיַּרְא בָּלָק בֶּן־צִפּוֹר אֵת כָּל־אֲשֶׁר־עָשָׂה יִשְׂרָאֵל לָאֱמֹרִי: וַיָּגָר מוֹאָב מִפְּנֵי במדבר כב:ב–יב
הָעָם מְאֹד כִּי רַב־הוּא וַיָּקָץ מוֹאָב מִפְּנֵי בְּנֵי יִשְׂרָאֵל: וַיֹּאמֶר מוֹאָב אֶל־זִקְנֵי
מִדְיָן עַתָּה יְלַחֲכוּ הַקָּהָל אֶת־כָּל־סְבִיבֹתֵינוּ כִּלְחֹךְ הַשּׁוֹר אֵת יֶרֶק הַשָּׂדֶה
וּבָלָק בֶּן־צִפּוֹר מֶלֶךְ לְמוֹאָב בָּעֵת הַהִוא: *וַיִּשְׁלַח מַלְאָכִים אֶל־בִּלְעָם לוי
בֶּן־בְּעוֹר פְּתוֹרָה אֲשֶׁר עַל־הַנָּהָר אֶרֶץ בְּנֵי־עַמּוֹ לִקְרֹא־לוֹ לֵאמֹר הִנֵּה עַם
יָצָא מִמִּצְרַיִם הִנֵּה כִסָּה אֶת־עֵין הָאָרֶץ וְהוּא יֹשֵׁב מִמֻּלִי: וְעַתָּה לְכָה־נָּא
אָרָה־לִּי אֶת־הָעָם הַזֶּה כִּי־עָצוּם הוּא מִמֶּנִּי אוּלַי אוּכַל נַכֶּה־בּוֹ וַאֲגָרְשֶׁנּוּ
מִן־הָאָרֶץ כִּי יָדַעְתִּי אֵת אֲשֶׁר־תְּבָרֵךְ מְבֹרָךְ וַאֲשֶׁר תָּאֹר יוּאָר: וַיֵּלְכוּ זִקְנֵי
מוֹאָב וְזִקְנֵי מִדְיָן וּקְסָמִים בְּיָדָם וַיָּבֹאוּ אֶל־בִּלְעָם וַיְדַבְּרוּ אֵלָיו דִּבְרֵי בָלָק:
*וַיֹּאמֶר אֲלֵיהֶם לִינוּ פֹה הַלַּיְלָה וַהֲשִׁבֹתִי אֶתְכֶם דָּבָר כַּאֲשֶׁר יְדַבֵּר יהוה אֵלָי ישראל
וַיֵּשְׁבוּ שָׂרֵי־מוֹאָב עִם־בִּלְעָם: וַיָּבֹא אֱלֹהִים אֶל־בִּלְעָם וַיֹּאמֶר מִי הָאֲנָשִׁים

הָאֵלֶּה עִמָּךְ: וַיֹּאמֶר בִּלְעָם אֶל־הָאֱלֹהִים בָּלָק בֶּן־צִפֹּר מֶלֶךְ מוֹאָב שָׁלַח
אֵלָי: הִנֵּה הָעָם הַיֹּצֵא מִמִּצְרַיִם וַיְכַס אֶת־עֵין הָאָרֶץ עַתָּה לְכָה קָבָה־לִּי אֹתוֹ
אוּלַי אוּכַל לְהִלָּחֶם בּוֹ וְגֵרַשְׁתִּיו: וַיֹּאמֶר אֱלֹהִים אֶל־בִּלְעָם לֹא תֵלֵךְ עִמָּהֶם
לֹא תָאֹר אֶת־הָעָם כִּי בָרוּךְ הוּא:

פינחס PINJÁS

במדבר כה:י–כו:ד וַיְדַבֵּר יְהוָה אֶל־מֹשֶׁה לֵּאמֹר: פִּינְחָס בֶּן־אֶלְעָזָר בֶּן־אַהֲרֹן הַכֹּהֵן הֵשִׁיב
אֶת־חֲמָתִי מֵעַל בְּנֵי־יִשְׂרָאֵל בְּקַנְאוֹ אֶת־קִנְאָתִי בְּתוֹכָם וְלֹא־כִלִּיתִי אֶת־
לוי בְּנֵי־יִשְׂרָאֵל בְּקִנְאָתִי: לָכֵן אֱמֹר הִנְנִי נֹתֵן לוֹ אֶת־בְּרִיתִי שָׁלוֹם: *וְהָיְתָה לּוֹ
וּלְזַרְעוֹ אַחֲרָיו בְּרִית כְּהֻנַּת עוֹלָם תַּחַת אֲשֶׁר קִנֵּא לֵאלֹהָיו וַיְכַפֵּר עַל־בְּנֵי
יִשְׂרָאֵל: וְשֵׁם אִישׁ יִשְׂרָאֵל הַמֻּכֶּה אֲשֶׁר הֻכָּה אֶת־הַמִּדְיָנִית זִמְרִי בֶּן־סָלוּא
נְשִׂיא בֵית־אָב לַשִּׁמְעֹנִי: וְשֵׁם הָאִשָּׁה הַמֻּכָּה הַמִּדְיָנִית כָּזְבִּי בַת־צוּר רֹאשׁ
אֻמּוֹת בֵּית־אָב בְּמִדְיָן הוּא:

ישראל וַיְדַבֵּר יְהוָה אֶל־מֹשֶׁה לֵּאמֹר: צָרוֹר אֶת־הַמִּדְיָנִים וְהִכִּיתֶם אוֹתָם: כִּי
צֹרְרִים הֵם לָכֶם בְּנִכְלֵיהֶם אֲשֶׁר־נִכְּלוּ לָכֶם עַל־דְּבַר פְּעוֹר וְעַל־דְּבַר כָּזְבִּי
בַת־נְשִׂיא מִדְיָן אֲחֹתָם הַמֻּכָּה בְיוֹם־הַמַּגֵּפָה עַל־דְּבַר פְּעוֹר: וַיְהִי אַחֲרֵי
הַמַּגֵּפָה

וַיֹּאמֶר יְהוָה אֶל־מֹשֶׁה וְאֶל אֶלְעָזָר בֶּן־אַהֲרֹן הַכֹּהֵן לֵאמֹר: שְׂאוּ אֶת־רֹאשׁ ׀
כָּל־עֲדַת בְּנֵי־יִשְׂרָאֵל מִבֶּן עֶשְׂרִים שָׁנָה וָמַעְלָה לְבֵית אֲבֹתָם כָּל־יֹצֵא צָבָא
בְּיִשְׂרָאֵל: וַיְדַבֵּר מֹשֶׁה וְאֶלְעָזָר הַכֹּהֵן אֹתָם בְּעַרְבֹת מוֹאָב עַל־יַרְדֵּן יְרֵחוֹ
לֵאמֹר: מִבֶּן עֶשְׂרִים שָׁנָה וָמָעְלָה כַּאֲשֶׁר צִוָּה יְהוָה אֶת־מֹשֶׁה וּבְנֵי יִשְׂרָאֵל
הַיֹּצְאִים מֵאֶרֶץ מִצְרָיִם:

מטות MATOT

במדבר ל:ב–ז וַיְדַבֵּר מֹשֶׁה אֶל־רָאשֵׁי הַמַּטּוֹת לִבְנֵי יִשְׂרָאֵל לֵאמֹר זֶה הַדָּבָר אֲשֶׁר צִוָּה
יְהוָה: אִישׁ כִּי־יִדֹּר נֶדֶר לַיהוָה אוֹ־הִשָּׁבַע שְׁבֻעָה לֶאְסֹר אִסָּר עַל־נַפְשׁוֹ
לֹא יַחֵל דְּבָרוֹ כְּכָל־הַיֹּצֵא מִפִּיו יַעֲשֶׂה: וְאִשָּׁה כִּי־תִדֹּר נֶדֶר לַיהוָה וְאָסְרָה
אִסָּר בְּבֵית אָבִיהָ בִּנְעֻרֶיהָ: וְשָׁמַע אָבִיהָ אֶת־נִדְרָהּ וֶאֱסָרָהּ אֲשֶׁר אָסְרָה
עַל־נַפְשָׁהּ וְהֶחֱרִישׁ לָהּ אָבִיהָ וְקָמוּ כָּל־נְדָרֶיהָ וְכָל־אִסָּר אֲשֶׁר־אָסְרָה

עַל־נַפְשָׁהּ יָקוּם׃ וְאִם־הֵנִיא אָבִיהָ אֹתָהּ בְּיוֹם שָׁמְעוֹ כָּל־נְדָרֶיהָ וֶאֱסָרֶיהָ
אֲשֶׁר־אָסְרָה עַל־נַפְשָׁהּ לֹא יָקוּם וַיהוָה יִסְלַח־לָהּ כִּי־הֵנִיא אָבִיהָ אֹתָהּ׃
וְאִם־הָיוֹ תִהְיֶה לְאִישׁ וּנְדָרֶיהָ עָלֶיהָ אוֹ מִבְטָא שְׂפָתֶיהָ אֲשֶׁר אָסְרָה עַל־
נַפְשָׁהּ׃ וְשָׁמַע אִישָׁהּ בְּיוֹם שָׁמְעוֹ וְהֶחֱרִישׁ לָהּ וְקָמוּ נְדָרֶיהָ וֶאֱסָרֶהָ אֲשֶׁר־
אָסְרָה עַל־נַפְשָׁהּ יָקֻמוּ׃ וְאִם בְּיוֹם שְׁמֹעַ אִישָׁהּ יָנִיא אוֹתָהּ וְהֵפֵר אֶת־נִדְרָהּ
אֲשֶׁר עָלֶיהָ וְאֵת מִבְטָא שְׂפָתֶיהָ אֲשֶׁר אָסְרָה עַל־נַפְשָׁהּ וַיהוָה יִסְלַח־לָהּ׃
*וְנֵדֶר אַלְמָנָה וּגְרוּשָׁה כֹּל אֲשֶׁר־אָסְרָה עַל־נַפְשָׁהּ יָקוּם עָלֶיהָ׃ וְאִם־בֵּית לוי
אִישָׁהּ נָדָרָה אוֹ־אָסְרָה אִסָּר עַל־נַפְשָׁהּ בִּשְׁבֻעָה׃ וְשָׁמַע אִישָׁהּ וְהֶחֱרִשׁ לָהּ
לֹא הֵנִיא אֹתָהּ וְקָמוּ כָּל־נְדָרֶיהָ וְכָל־אִסָּר אֲשֶׁר־אָסְרָה עַל־נַפְשָׁהּ יָקוּם׃
וְאִם־הָפֵר יָפֵר אֹתָם ׀ אִישָׁהּ בְּיוֹם שָׁמְעוֹ כָּל־מוֹצָא שְׂפָתֶיהָ לִנְדָרֶיהָ וּלְאִסַּר
נַפְשָׁהּ לֹא יָקוּם אִישָׁהּ הֲפֵרָם וַיהוָה יִסְלַח־לָהּ׃ *כָּל־נֵדֶר וְכָל־שְׁבֻעַת אִסָּר ישראל
לְעַנֹּת נָפֶשׁ אִישָׁהּ יְקִימֶנּוּ וְאִישָׁהּ יְפֵרֶנּוּ׃ וְאִם־הַחֲרֵשׁ יַחֲרִישׁ לָהּ אִישָׁהּ
מִיּוֹם אֶל־יוֹם וְהֵקִים אֶת־כָּל־נְדָרֶיהָ אוֹ אֶת־כָּל־אֱסָרֶיהָ אֲשֶׁר עָלֶיהָ הֵקִים
אֹתָם כִּי־הֶחֱרִשׁ לָהּ בְּיוֹם שָׁמְעוֹ׃ וְאִם־הָפֵר יָפֵר אֹתָם אַחֲרֵי שָׁמְעוֹ וְנָשָׂא
אֶת־עֲוֺנָהּ׃ אֵלֶּה הַחֻקִּים אֲשֶׁר צִוָּה יהוָה אֶת־מֹשֶׁה בֵּין אִישׁ לְאִשְׁתּוֹ בֵּין־
אָב לְבִתּוֹ בִּנְעֻרֶיהָ בֵּית אָבִיהָ׃

מסעי MAS'EI

אֵלֶּה מַסְעֵי בְנֵי־יִשְׂרָאֵל אֲשֶׁר יָצְאוּ מֵאֶרֶץ מִצְרַיִם לְצִבְאֹתָם בְּיַד־מֹשֶׁה במדבר לג:א–נג
וְאַהֲרֹן׃ וַיִּכְתֹּב מֹשֶׁה אֶת־מוֹצָאֵיהֶם לְמַסְעֵיהֶם עַל־פִּי יהוָה וְאֵלֶּה מַסְעֵיהֶם
לְמוֹצָאֵיהֶם׃ וַיִּסְעוּ מֵרַעְמְסֵס בַּחֹדֶשׁ הָרִאשׁוֹן בַּחֲמִשָּׁה עָשָׂר יוֹם לַחֹדֶשׁ
הָרִאשׁוֹן מִמָּחֳרַת הַפֶּסַח יָצְאוּ בְנֵי־יִשְׂרָאֵל בְּיָד רָמָה לְעֵינֵי כָּל־מִצְרָיִם׃
*וּמִצְרַיִם מְקַבְּרִים אֵת אֲשֶׁר הִכָּה יהוָה בָּהֶם כָּל־בְּכוֹר וּבֵאלֹהֵיהֶם עָשָׂה לוי
יהוָה שְׁפָטִים׃ וַיִּסְעוּ בְנֵי־יִשְׂרָאֵל מֵרַעְמְסֵס וַיַּחֲנוּ בְּסֻכֹּת׃ וַיִּסְעוּ מִסֻּכֹּת
וַיַּחֲנוּ בְאֵתָם אֲשֶׁר בִּקְצֵה הַמִּדְבָּר׃ *וַיִּסְעוּ מֵאֵתָם וַיָּשָׁב עַל־פִּי הַחִירֹת אֲשֶׁר ישראל
עַל־פְּנֵי בַּעַל צְפוֹן וַיַּחֲנוּ לִפְנֵי מִגְדֹּל׃ וַיִּסְעוּ מִפְּנֵי הַחִירֹת וַיַּעַבְרוּ בְתוֹךְ־הַיָּם
הַמִּדְבָּרָה וַיֵּלְכוּ דֶּרֶךְ שְׁלֹשֶׁת יָמִים בְּמִדְבַּר אֵתָם וַיַּחֲנוּ בְּמָרָה׃ וַיִּסְעוּ מִמָּרָה
וַיָּבֹאוּ אֵילִמָה וּבְאֵילִם שְׁתֵּים עֶשְׂרֵה עֵינֹת מַיִם וְשִׁבְעִים תְּמָרִים וַיַּחֲנוּ־שָׁם׃
וַיִּסְעוּ מֵאֵילִם וַיַּחֲנוּ עַל־יַם־סוּף׃

Algunos prolongan la porción del לוי:

ויסעו מים־סוף ויחנו במדבר־סין: ויסעו ממדבר־סין ויחנו בדפקה: ויסעו
מדפקה ויחנו באלוש: ויסעו מאלוש ויחנו ברפידם ולא־היה שם מים
לעם לשתות: ויסעו מרפידם ויחנו במדבר סיני: ויסעו ממדבר סיני ויחנו
בקברת התאוה: ויסעו מקברת התאוה ויחנו בחצרת: ויסעו מחצרת ויחנו
ברתמה: ויסעו מרתמה ויחנו ברמן פרץ: ויסעו מרמן פרץ ויחנו בלבנה:
ויסעו מלבנה ויחנו ברסה: ויסעו מרסה ויחנו בקהלתה: ויסעו מקהלתה
ויחנו בהר־שפר: ויסעו מהר־שפר ויחנו בחרדה: ויסעו מחרדה ויחנו
במקהלת: ויסעו ממקהלת ויחנו בתחת: ויסעו מתחת ויחנו בתרח: ויסעו
מתרח ויחנו במתקה: ויסעו ממתקה ויחנו בחשמנה: ויסעו מחשמנה ויחנו
במסרות: ויסעו ממסרות ויחנו בבני יעקן: ויסעו מבני יעקן ויחנו בחר
הגדגד: ויסעו מחר הגדגד ויחנו ביטבתה: ויסעו מיטבתה ויחנו בעברנה:
ויסעו מעברנה ויחנו בעצין גבר: ויסעו מעצין גבר ויחנו במדבר־צן הוא
קדש: ויסעו מקדש ויחנו בהר ההר בקצה ארץ אדום: ויעל אהרן הכהן
אל־הר ההר על־פי יהוה וימת שם בשנת הארבעים לצאת בני־ישראל
מארץ מצרים בחדש החמישי באחד לחדש: ואהרן בן־שלש ועשרים
ומאת שנה במתו בהר ההר: וישמע הכנעני מלך ערד והוא־
ישב בנגב בארץ כנען בבא בני ישראל: ויסעו מהר ההר ויחנו בצלמנה:
ויסעו מצלמנה ויחנו בפונן: ויסעו מפונן ויחנו באבת: ויסעו מאבת ויחנו
בעיי העברים בגבול מואב: ויסעו מעיים ויחנו בדיבן גד: ויסעו מדיבן
גד ויחנו בעלמן דבלתימה: ויסעו מעלמן דבלתימה ויחנו בהרי העברים
לפני נבו: ויסעו מהרי העברים ויחנו בערבת מואב על ירדן ירחו: ויחנו על־
הירדן מבית הישמת עד אבל השטים בערבת מואב: *וידבר ישראל
יהוה אל־משה בערבת מואב על־ירדן ירחו לאמר: דבר אל־בני ישראל
ואמרת אלהם כי אתם עברים את־הירדן אל־ארץ כנען: והורשתם את־
כל־ישבי הארץ מפניכם ואבדתם את כל־משכיתם ואת כל־צלמי מסכתם
תאבדו ואת כל־במותם תשמידו: והורשתם את־הארץ וישבתם־בה כי
לכם נתתי את־הארץ לרשת אתה:

DEVARIM — דברים

אֵלֶּה הַדְּבָרִים אֲשֶׁר דִּבֶּר מֹשֶׁה אֶל־כָּל־יִשְׂרָאֵל בְּעֵבֶר הַיַּרְדֵּן בַּמִּדְבָּר בָּעֲרָבָה דברים א:א-יא
מוֹל סוּף בֵּין־פָּארָן וּבֵין־תֹּפֶל וְלָבָן וַחֲצֵרֹת וְדִי זָהָב׃ אַחַד עָשָׂר יוֹם מֵחֹרֵב
דֶּרֶךְ הַר־שֵׂעִיר עַד קָדֵשׁ בַּרְנֵעַ׃ וַיְהִי בְּאַרְבָּעִים שָׁנָה בְּעַשְׁתֵּי־עָשָׂר חֹדֶשׁ
בְּאֶחָד לַחֹדֶשׁ דִּבֶּר מֹשֶׁה אֶל־בְּנֵי יִשְׂרָאֵל כְּכֹל אֲשֶׁר צִוָּה יְהוָה אֹתוֹ אֲלֵהֶם׃
*אַחֲרֵי הַכֹּתוֹ אֵת סִיחֹן מֶלֶךְ הָאֱמֹרִי אֲשֶׁר יוֹשֵׁב בְּחֶשְׁבּוֹן וְאֵת עוֹג מֶלֶךְ לוי
הַבָּשָׁן אֲשֶׁר־יוֹשֵׁב בְּעַשְׁתָּרֹת בְּאֶדְרֶעִי׃ בְּעֵבֶר הַיַּרְדֵּן בְּאֶרֶץ מוֹאָב הוֹאִיל
מֹשֶׁה בֵּאֵר אֶת־הַתּוֹרָה הַזֹּאת לֵאמֹר׃ יְהוָה אֱלֹהֵינוּ דִּבֶּר אֵלֵינוּ בְּחֹרֵב לֵאמֹר
רַב־לָכֶם שֶׁבֶת בָּהָר הַזֶּה׃ פְּנוּ ׀ וּסְעוּ לָכֶם וּבֹאוּ הַר הָאֱמֹרִי וְאֶל־כָּל־שְׁכֵנָיו
בָּעֲרָבָה בָהָר וּבַשְּׁפֵלָה וּבַנֶּגֶב וּבְחוֹף הַיָּם אֶרֶץ הַכְּנַעֲנִי וְהַלְּבָנוֹן עַד־הַנָּהָר
הַגָּדֹל נְהַר־פְּרָת׃ *רְאֵה נָתַתִּי לִפְנֵיכֶם אֶת־הָאָרֶץ בֹּאוּ וּרְשׁוּ אֶת־הָאָרֶץ ישראל
אֲשֶׁר נִשְׁבַּע יְהוָה לַאֲבֹתֵיכֶם לְאַבְרָהָם לְיִצְחָק וּלְיַעֲקֹב לָתֵת לָהֶם וּלְזַרְעָם
אַחֲרֵיהֶם׃ וָאֹמַר אֲלֵכֶם בָּעֵת הַהִוא לֵאמֹר לֹא־אוּכַל לְבַדִּי שְׂאֵת אֶתְכֶם׃
יְהוָה אֱלֹהֵיכֶם הִרְבָּה אֶתְכֶם וְהִנְּכֶם הַיּוֹם כְּכוֹכְבֵי הַשָּׁמַיִם לָרֹב׃ יְהוָה אֱלֹהֵי
אֲבוֹתֵכֶם יֹסֵף עֲלֵיכֶם כָּכֶם אֶלֶף פְּעָמִים וִיבָרֵךְ אֶתְכֶם כַּאֲשֶׁר דִּבֶּר לָכֶם׃

VAETJANÁN — ואתחנן

וָאֶתְחַנַּן אֶל־יְהוָה בָּעֵת הַהִוא לֵאמֹר׃ אֲדֹנָי יְהוִה אַתָּה הַחִלּוֹתָ לְהַרְאוֹת דברים ג:כג-ד:ח
אֶת־עַבְדְּךָ אֶת־גָּדְלְךָ וְאֶת־יָדְךָ הַחֲזָקָה אֲשֶׁר מִי־אֵל בַּשָּׁמַיִם וּבָאָרֶץ אֲשֶׁר־
יַעֲשֶׂה כְמַעֲשֶׂיךָ וְכִגְבוּרֹתֶךָ׃ אֶעְבְּרָה־נָּא וְאֶרְאֶה אֶת־הָאָרֶץ הַטּוֹבָה אֲשֶׁר
בְּעֵבֶר הַיַּרְדֵּן הָהָר הַטּוֹב הַזֶּה וְהַלְּבָנֹן׃ *וַיִּתְעַבֵּר יְהוָה בִּי לְמַעַנְכֶם וְלֹא לוי
שָׁמַע אֵלָי וַיֹּאמֶר יְהוָה אֵלַי רַב־לָךְ אַל־תּוֹסֶף דַּבֵּר אֵלַי עוֹד בַּדָּבָר הַזֶּה׃
עֲלֵה ׀ רֹאשׁ הַפִּסְגָּה וְשָׂא עֵינֶיךָ יָמָּה וְצָפֹנָה וְתֵימָנָה וּמִזְרָחָה וּרְאֵה בְעֵינֶיךָ
כִּי־לֹא תַעֲבֹר אֶת־הַיַּרְדֵּן הַזֶּה׃ וְצַו אֶת־יְהוֹשֻׁעַ וְחַזְּקֵהוּ וְאַמְּצֵהוּ כִּי־הוּא
יַעֲבֹר לִפְנֵי הָעָם הַזֶּה וְהוּא יַנְחִיל אוֹתָם אֶת־הָאָרֶץ אֲשֶׁר תִּרְאֶה׃ וַנֵּשֶׁב
בַּגָּיְא מוּל בֵּית פְּעוֹר׃
וְעַתָּה יִשְׂרָאֵל שְׁמַע אֶל־הַחֻקִּים וְאֶל־הַמִּשְׁפָּטִים אֲשֶׁר אָנֹכִי מְלַמֵּד אֶתְכֶם
לַעֲשׂוֹת לְמַעַן תִּחְיוּ וּבָאתֶם וִירִשְׁתֶּם אֶת־הָאָרֶץ אֲשֶׁר יְהוָה אֱלֹהֵי אֲבֹתֵיכֶם

נֹתֵן לָכֶם׃ לֹא תֹסִפוּ עַל־הַדָּבָר אֲשֶׁר אָנֹכִי מְצַוֶּה אֶתְכֶם וְלֹא תִגְרְעוּ מִמֶּנּוּ
לִשְׁמֹר אֶת־מִצְוֺת יְהוָה אֱלֹהֵיכֶם אֲשֶׁר אָנֹכִי מְצַוֶּה אֶתְכֶם׃ עֵינֵיכֶם הָרֹאוֹת
אֵת אֲשֶׁר־עָשָׂה יְהוָה בְּבַעַל פְּעוֹר כִּי כָל־הָאִישׁ אֲשֶׁר הָלַךְ אַחֲרֵי בַעַל־
פְּעוֹר הִשְׁמִידוֹ יְהוָה אֱלֹהֶיךָ מִקִּרְבֶּךָ׃ וְאַתֶּם הַדְּבֵקִים בַּיהוָה אֱלֹהֵיכֶם חַיִּים
כֻּלְּכֶם הַיּוֹם׃ ★רְאֵה ׀ לִמַּדְתִּי אֶתְכֶם חֻקִּים וּמִשְׁפָּטִים כַּאֲשֶׁר צִוַּנִי יְהוָה ישראל
אֱלֹהָי לַעֲשׂוֹת כֵּן בְּקֶרֶב הָאָרֶץ אֲשֶׁר אַתֶּם בָּאִים שָׁמָּה לְרִשְׁתָּהּ׃ וּשְׁמַרְתֶּם
וַעֲשִׂיתֶם כִּי הִוא חָכְמַתְכֶם וּבִינַתְכֶם לְעֵינֵי הָעַמִּים אֲשֶׁר יִשְׁמְעוּן אֵת כָּל־
הַחֻקִּים הָאֵלֶּה וְאָמְרוּ רַק עַם־חָכָם וְנָבוֹן הַגּוֹי הַגָּדוֹל הַזֶּה׃ כִּי מִי־גוֹי גָּדוֹל
אֲשֶׁר־לוֹ אֱלֹהִים קְרֹבִים אֵלָיו כַּיהוָה אֱלֹהֵינוּ בְּכָל־קָרְאֵנוּ אֵלָיו׃ וּמִי גּוֹי גָּדוֹל
אֲשֶׁר־לוֹ חֻקִּים וּמִשְׁפָּטִים צַדִּיקִם כְּכֹל הַתּוֹרָה הַזֹּאת אֲשֶׁר אָנֹכִי נֹתֵן לִפְנֵיכֶם
הַיּוֹם׃

עקב EKEV

וְהָיָה ׀ עֵקֶב תִּשְׁמְעוּן אֵת הַמִּשְׁפָּטִים הָאֵלֶּה וּשְׁמַרְתֶּם וַעֲשִׂיתֶם אֹתָם וְשָׁמַר דברים ז:יב–ח:י
יְהוָה אֱלֹהֶיךָ לְךָ אֶת־הַבְּרִית וְאֶת־הַחֶסֶד אֲשֶׁר נִשְׁבַּע לַאֲבֹתֶיךָ׃ וַאֲהֵבְךָ
וּבֵרַכְךָ וְהִרְבֶּךָ וּבֵרַךְ פְּרִי־בִטְנְךָ וּפְרִי־אַדְמָתֶךָ דְּגָנְךָ וְתִירֹשְׁךָ וְיִצְהָרֶךָ שְׁגַר־
אֲלָפֶיךָ וְעַשְׁתְּרֹת צֹאנֶךָ עַל הָאֲדָמָה אֲשֶׁר־נִשְׁבַּע לַאֲבֹתֶיךָ לָתֶת לָךְ׃ בָּרוּךְ
תִּהְיֶה מִכָּל־הָעַמִּים לֹא־יִהְיֶה בְךָ עָקָר וַעֲקָרָה וּבִבְהֶמְתֶּךָ׃ וְהֵסִיר יְהוָה
מִמְּךָ כָּל־חֹלִי וְכָל־מַדְוֵי מִצְרַיִם הָרָעִים אֲשֶׁר יָדַעְתָּ לֹא יְשִׂימָם בָּךְ וּנְתָנָם
בְּכָל־שֹׂנְאֶיךָ׃ וְאָכַלְתָּ אֶת־כָּל־הָעַמִּים אֲשֶׁר יְהוָה אֱלֹהֶיךָ נֹתֵן לָךְ לֹא־תָחוֹס
עֵינְךָ עֲלֵיהֶם וְלֹא תַעֲבֹד אֶת־אֱלֹהֵיהֶם כִּי־מוֹקֵשׁ הוּא לָךְ׃ כִּי
תֹאמַר בִּלְבָבְךָ רַבִּים הַגּוֹיִם הָאֵלֶּה מִמֶּנִּי אֵיכָה אוּכַל לְהוֹרִישָׁם׃ לֹא תִירָא
מֵהֶם זָכֹר תִּזְכֹּר אֵת אֲשֶׁר־עָשָׂה יְהוָה אֱלֹהֶיךָ לְפַרְעֹה וּלְכָל־מִצְרָיִם׃ הַמַּסֹּת
הַגְּדֹלֹת אֲשֶׁר־רָאוּ עֵינֶיךָ וְהָאֹתֹת וְהַמֹּפְתִים וְהַיָּד הַחֲזָקָה וְהַזְּרֹעַ הַנְּטוּיָה
אֲשֶׁר הוֹצִאֲךָ יְהוָה אֱלֹהֶיךָ כֵּן־יַעֲשֶׂה יְהוָה אֱלֹהֶיךָ לְכָל־הָעַמִּים אֲשֶׁר־אַתָּה
יָרֵא מִפְּנֵיהֶם׃ וְגַם אֶת־הַצִּרְעָה יְשַׁלַּח יְהוָה אֱלֹהֶיךָ בָּם עַד־אֲבֹד הַנִּשְׁאָרִים
וְהַנִּסְתָּרִים מִפָּנֶיךָ׃ לֹא תַעֲרֹץ מִפְּנֵיהֶם כִּי־יְהוָה אֱלֹהֶיךָ בְּקִרְבֶּךָ אֵל גָּדוֹל
וְנוֹרָא׃ ★וְנָשַׁל יְהוָה אֱלֹהֶיךָ אֶת־הַגּוֹיִם הָאֵל מִפָּנֶיךָ מְעַט מְעָט לֹא תוּכַל לוי
כַּלֹּתָם מַהֵר פֶּן־תִּרְבֶּה עָלֶיךָ חַיַּת הַשָּׂדֶה׃ וּנְתָנָם יְהוָה אֱלֹהֶיךָ לְפָנֶיךָ וְהָמָם

מְהוּמָה גְדֹלָה עַד הִשָּׁמְדָם׃ וְנָתַן מַלְכֵיהֶם בְּיָדֶךָ וְהַאֲבַדְתָּ אֶת־שְׁמָם מִתַּחַת
הַשָּׁמָיִם לֹא־יִתְיַצֵּב אִישׁ בְּפָנֶיךָ עַד הִשְׁמִדְךָ אֹתָם׃ פְּסִילֵי אֱלֹהֵיהֶם תִּשְׂרְפוּן
בָּאֵשׁ לֹא־תַחְמֹד כֶּסֶף וְזָהָב עֲלֵיהֶם וְלָקַחְתָּ לָךְ פֶּן תִּוָּקֵשׁ בּוֹ כִּי תוֹעֲבַת
יְהוָה אֱלֹהֶיךָ הוּא׃ וְלֹא־תָבִיא תוֹעֵבָה אֶל־בֵּיתֶךָ וְהָיִיתָ חֵרֶם כָּמֹהוּ שַׁקֵּץ ׀
תְּשַׁקְּצֶנּוּ וְתַעֵב ׀ תְּתַעֲבֶנּוּ כִּי־חֵרֶם הוּא׃
כָּל־הַמִּצְוָה אֲשֶׁר אָנֹכִי מְצַוְּךָ הַיּוֹם תִּשְׁמְרוּן לַעֲשׂוֹת לְמַעַן תִּחְיוּן וּרְבִיתֶם
וּבָאתֶם וִירִשְׁתֶּם אֶת־הָאָרֶץ אֲשֶׁר־נִשְׁבַּע יְהוָה לַאֲבֹתֵיכֶם׃ וְזָכַרְתָּ אֶת־כָּל־
הַדֶּרֶךְ אֲשֶׁר הוֹלִיכְךָ יְהוָה אֱלֹהֶיךָ זֶה אַרְבָּעִים שָׁנָה בַּמִּדְבָּר לְמַעַן עַנֹּתְךָ
לְנַסֹּתְךָ לָדַעַת אֶת־אֲשֶׁר בִּלְבָבְךָ הֲתִשְׁמֹר מִצְוֺתָו אִם־לֹא׃ וַיְעַנְּךָ וַיַּרְעִבֶךָ
וַיַּאֲכִלְךָ אֶת־הַמָּן אֲשֶׁר לֹא־יָדַעְתָּ וְלֹא יָדְעוּן אֲבֹתֶיךָ לְמַעַן הוֹדִיעֲךָ כִּי
לֹא עַל־הַלֶּחֶם לְבַדּוֹ יִחְיֶה הָאָדָם כִּי עַל־כָּל־מוֹצָא פִי־יְהוָה יִחְיֶה הָאָדָם׃
*שִׂמְלָתְךָ לֹא בָלְתָה מֵעָלֶיךָ וְרַגְלְךָ לֹא בָצֵקָה זֶה אַרְבָּעִים שָׁנָה׃ וְיָדַעְתָּ עִם־ ישראל
לְבָבֶךָ כִּי כַּאֲשֶׁר יְיַסֵּר אִישׁ אֶת־בְּנוֹ יְהוָה אֱלֹהֶיךָ מְיַסְּרֶךָּ׃ וְשָׁמַרְתָּ אֶת־מִצְוֺת
יְהוָה אֱלֹהֶיךָ לָלֶכֶת בִּדְרָכָיו וּלְיִרְאָה אֹתוֹ׃ כִּי יְהוָה אֱלֹהֶיךָ מְבִיאֲךָ אֶל־אֶרֶץ
טוֹבָה אֶרֶץ נַחֲלֵי מָיִם עֲיָנֹת וּתְהֹמֹת יֹצְאִים בַּבִּקְעָה וּבָהָר׃ אֶרֶץ חִטָּה
וּשְׂעֹרָה וְגֶפֶן וּתְאֵנָה וְרִמּוֹן אֶרֶץ־זֵית שֶׁמֶן וּדְבָשׁ׃ אֶרֶץ אֲשֶׁר לֹא בְמִסְכֵּנֻת
תֹּאכַל־בָּהּ לֶחֶם לֹא־תֶחְסַר כֹּל בָּהּ אֶרֶץ אֲשֶׁר אֲבָנֶיהָ בַרְזֶל וּמֵהֲרָרֶיהָ תַּחְצֹב
נְחֹשֶׁת׃ וְאָכַלְתָּ וְשָׂבָעְתָּ וּבֵרַכְתָּ אֶת־יְהוָה אֱלֹהֶיךָ עַל־הָאָרֶץ הַטֹּבָה אֲשֶׁר
נָתַן־לָךְ׃

ראה — REÉ

רְאֵה אָנֹכִי נֹתֵן לִפְנֵיכֶם הַיּוֹם בְּרָכָה וּקְלָלָה׃ אֶת־הַבְּרָכָה אֲשֶׁר תִּשְׁמְעוּ דברים יא:כו–יב:י
אֶל־מִצְוֺת יְהוָה אֱלֹהֵיכֶם אֲשֶׁר אָנֹכִי מְצַוֶּה אֶתְכֶם הַיּוֹם׃ וְהַקְּלָלָה אִם־לֹא
תִשְׁמְעוּ אֶל־מִצְוֺת יְהוָה אֱלֹהֵיכֶם וְסַרְתֶּם מִן־הַדֶּרֶךְ אֲשֶׁר אָנֹכִי מְצַוֶּה אֶתְכֶם
הַיּוֹם לָלֶכֶת אַחֲרֵי אֱלֹהִים אֲחֵרִים אֲשֶׁר לֹא־יְדַעְתֶּם׃ וְהָיָה
כִּי יְבִיאֲךָ יְהוָה אֱלֹהֶיךָ אֶל־הָאָרֶץ אֲשֶׁר־אַתָּה בָא־שָׁמָּה לְרִשְׁתָּהּ וְנָתַתָּה
אֶת־הַבְּרָכָה עַל־הַר גְּרִזִים וְאֶת־הַקְּלָלָה עַל־הַר עֵיבָל׃ הֲלֹא־הֵמָּה בְּעֵבֶר
הַיַּרְדֵּן אַחֲרֵי דֶּרֶךְ מְבוֹא הַשֶּׁמֶשׁ בְּאֶרֶץ הַכְּנַעֲנִי הַיֹּשֵׁב בָּעֲרָבָה מוּל הַגִּלְגָּל
אֵצֶל אֵלוֹנֵי מֹרֶה׃ כִּי אַתֶּם עֹבְרִים אֶת־הַיַּרְדֵּן לָבֹא לָרֶשֶׁת אֶת־הָאָרֶץ

לוי אֲשֶׁר־יְהוָה אֱלֹהֵיכֶם נֹתֵן לָכֶם וִירִשְׁתֶּם אֹתָהּ וִישַׁבְתֶּם־בָּהּ: *וּשְׁמַרְתֶּם
לַעֲשׂוֹת אֵת כָּל־הַחֻקִּים וְאֶת־הַמִּשְׁפָּטִים אֲשֶׁר אָנֹכִי נֹתֵן לִפְנֵיכֶם הַיּוֹם:
אֵלֶּה הַחֻקִּים וְהַמִּשְׁפָּטִים אֲשֶׁר תִּשְׁמְרוּן לַעֲשׂוֹת בָּאָרֶץ אֲשֶׁר נָתַן יְהוָה
אֱלֹהֵי אֲבֹתֶיךָ לְךָ לְרִשְׁתָּהּ כָּל־הַיָּמִים אֲשֶׁר־אַתֶּם חַיִּים עַל־הָאֲדָמָה: אַבֵּד
תְּאַבְּדוּן אֶת־כָּל־הַמְּקֹמוֹת אֲשֶׁר עָבְדוּ־שָׁם הַגּוֹיִם אֲשֶׁר אַתֶּם יֹרְשִׁים אֹתָם
אֶת־אֱלֹהֵיהֶם עַל־הֶהָרִים הָרָמִים וְעַל־הַגְּבָעוֹת וְתַחַת כָּל־עֵץ רַעֲנָן: וְנִתַּצְתֶּם
אֶת־מִזְבְּחֹתָם וְשִׁבַּרְתֶּם אֶת־מַצֵּבֹתָם וַאֲשֵׁרֵיהֶם תִּשְׂרְפוּן בָּאֵשׁ וּפְסִילֵי
אֱלֹהֵיהֶם תְּגַדֵּעוּן וְאִבַּדְתֶּם אֶת־שְׁמָם מִן־הַמָּקוֹם הַהוּא: לֹא־תַעֲשׂוּן כֵּן
לַיהוָה אֱלֹהֵיכֶם: כִּי אִם־אֶל־הַמָּקוֹם אֲשֶׁר־יִבְחַר יְהוָה אֱלֹהֵיכֶם מִכָּל־
ישראל שִׁבְטֵיכֶם לָשׂוּם אֶת־שְׁמוֹ שָׁם לְשִׁכְנוֹ תִדְרְשׁוּ וּבָאתָ שָׁמָּה: *וַהֲבֵאתֶם שָׁמָּה
עֹלֹתֵיכֶם וְזִבְחֵיכֶם וְאֵת מַעְשְׂרֹתֵיכֶם וְאֵת תְּרוּמַת יֶדְכֶם וְנִדְרֵיכֶם וְנִדְבֹתֵיכֶם
וּבְכֹרֹת בְּקַרְכֶם וְצֹאנְכֶם: וַאֲכַלְתֶּם־שָׁם לִפְנֵי יְהוָה אֱלֹהֵיכֶם וּשְׂמַחְתֶּם בְּכֹל
מִשְׁלַח יֶדְכֶם אַתֶּם וּבָתֵּיכֶם אֲשֶׁר בֵּרַכְךָ יְהוָה אֱלֹהֶיךָ: לֹא תַעֲשׂוּן כְּכֹל אֲשֶׁר
אֲנַחְנוּ עֹשִׂים פֹּה הַיּוֹם אִישׁ כָּל־הַיָּשָׁר בְּעֵינָיו: כִּי לֹא־בָאתֶם עַד־עָתָּה אֶל־
הַמְּנוּחָה וְאֶל־הַנַּחֲלָה אֲשֶׁר־יְהוָה אֱלֹהֶיךָ נֹתֵן לָךְ: וַעֲבַרְתֶּם אֶת־הַיַּרְדֵּן
וִישַׁבְתֶּם בָּאָרֶץ אֲשֶׁר־יְהוָה אֱלֹהֵיכֶם מַנְחִיל אֶתְכֶם וְהֵנִיחַ לָכֶם מִכָּל־אֹיְבֵיכֶם
מִסָּבִיב וִישַׁבְתֶּם־בֶּטַח:

SHOFTIM שופטים

דברים טז:יח–יז:יג שֹׁפְטִים וְשֹׁטְרִים תִּתֶּן־לְךָ בְּכָל־שְׁעָרֶיךָ אֲשֶׁר יְהוָה אֱלֹהֶיךָ נֹתֵן לְךָ לִשְׁבָטֶיךָ
וְשָׁפְטוּ אֶת־הָעָם מִשְׁפַּט־צֶדֶק: לֹא־תַטֶּה מִשְׁפָּט לֹא תַכִּיר פָּנִים וְלֹא־תִקַּח
שֹׁחַד כִּי הַשֹּׁחַד יְעַוֵּר עֵינֵי חֲכָמִים וִיסַלֵּף דִּבְרֵי צַדִּיקִם: צֶדֶק צֶדֶק תִּרְדֹּף לְמַעַן
לוי תִּחְיֶה וְיָרַשְׁתָּ אֶת־הָאָרֶץ אֲשֶׁר־יְהוָה אֱלֹהֶיךָ נֹתֵן לָךְ: *לֹא־
תִטַּע לְךָ אֲשֵׁרָה כָּל־עֵץ אֵצֶל מִזְבַּח יְהוָה אֱלֹהֶיךָ אֲשֶׁר תַּעֲשֶׂה־לָּךְ: וְלֹא־
תָקִים לְךָ מַצֵּבָה אֲשֶׁר שָׂנֵא יְהוָה אֱלֹהֶיךָ: לֹא־תִזְבַּח לַיהוָה
אֱלֹהֶיךָ שׁוֹר וָשֶׂה אֲשֶׁר יִהְיֶה בוֹ מוּם כֹּל דָּבָר רָע כִּי תוֹעֲבַת יְהוָה אֱלֹהֶיךָ
הוּא: כִּי־יִמָּצֵא בְקִרְבְּךָ בְּאַחַד שְׁעָרֶיךָ אֲשֶׁר־יְהוָה אֱלֹהֶיךָ נֹתֵן
לָךְ אִישׁ אוֹ־אִשָּׁה אֲשֶׁר יַעֲשֶׂה אֶת־הָרַע בְּעֵינֵי יְהוָה־אֱלֹהֶיךָ לַעֲבֹר בְּרִיתוֹ:
וַיֵּלֶךְ וַיַּעֲבֹד אֱלֹהִים אֲחֵרִים וַיִּשְׁתַּחוּ לָהֶם וְלַשֶּׁמֶשׁ ׀ אוֹ לַיָּרֵחַ אוֹ לְכָל־צְבָא

השמים אשר לא־צויתי: והגד־לך ושמעת ודרשת היטב והנה אמת נכון
הדבר נעשתה התועבה הזאת בישראל: והוצאת את־האיש ההוא או
את־האשה ההוא אשר עשו את־הדבר הרע הזה אל־שעריך את־האיש
או את־האשה וסקלתם באבנים ומתו: על־פי ׀ שנים עדים או שלשה
עדים יומת המת לא יומת על־פי עד אחד: יד העדים תהיה־בו בראשנה
להמיתו ויד כל־העם באחרנה ובערת הרע מקרבך:
כי יפלא ממך דבר למשפט בין־דם ׀ לדם בין־דין לדין ובין נגע לנגע דברי
ריבת בשעריך וקמת ועלית אל־המקום אשר יבחר יהוה אלהיך בו: ובאת
אל־הכהנים הלוים ואל־השפט אשר יהיה בימים ההם ודרשת והגידו לך
את דבר המשפט: ועשית על־פי הדבר אשר יגידו לך מן־המקום ההוא
אשר יבחר יהוה ושמרת לעשות ככל אשר יורוך: *על־פי התורה אשר ישראל
יורוך ועל־המשפט אשר־יאמרו לך תעשה לא תסור מן־הדבר אשר־יגידו
לך ימין ושמאל: והאיש אשר־יעשה בזדון לבלתי שמע אל־הכהן העמד
לשרת שם את־יהוה אלהיך או אל־השפט ומת האיש ההוא ובערת הרע
מישראל: וכל־העם ישמעו ויראו ולא יזידון עוד:

כי תצא KI TETZÉ

כי־תצא למלחמה על־איביך ונתנו יהוה אלהיך בידך ושבית שביו: וראית דברים כא:י–כא
בשביה אשת יפת־תאר וחשקת בה ולקחת לך לאשה: והבאתה אל־
תוך ביתך וגלחה את־ראשה ועשתה את־צפרניה: והסירה את־שמלת
שביה מעליה וישבה בביתך ובכתה את־אביה ואת־אמה ירח ימים
ואחר כן תבוא אליה ובעלתה והיתה לך לאשה: והיה אם־לא חפצת בה
ושלחתה לנפשה ומכר לא־תמכרנה בכסף לא־תתעמר בה תחת אשר
עניתה: *כי־תהיין לאיש שתי נשים האחת אהובה והאחת לוי
שנואה וילדו־לו בנים האהובה והשנואה והיה הבן הבכר לשניאה: והיה
ביום הנחילו את־בניו את אשר־יהיה לו לא יוכל לבכר את־בן־האהובה
על־פני בן־השנואה הבכר: כי את־הבכר בן־השנואה יכיר לתת לו פי שנים
בכל אשר־ימצא לו כי־הוא ראשית אנו לו משפט הבכרה: *כי־ ישראל
יהיה לאיש בן סורר ומורה איננו שמע בקול אביו ובקול אמו ויסרו אתו

ולא ישמע אליהם: ותפשו בו אביו ואמו והוציאו אתו אל־זקני עירו ואל־
שער מקמו: ואמרו אל־זקני עירו בננו זה סורר ומרה איננו שמע בקלנו
זולל וסבא: ורגמהו כל־אנשי עירו באבנים ומת ובערת הרע מקרבך
וכל־ישראל ישמעו ויראו:

כי תבוא
KI TAVÓ

והיה כי־תבוא אל־הארץ אשר יהוה אלהיך נתן לך נחלה וירשתה דברים כו:א-טו
וישבת בה: ולקחת מראשית ׀ כל־פרי האדמה אשר תביא מארצך אשר
יהוה אלהיך נתן לך ושמת בטנא והלכת אל־המקום אשר יבחר יהוה
אלהיך לשכן שמו שם: ובאת אל־הכהן אשר יהיה בימים ההם ואמרת
אליו הגדתי היום ליהוה אלהיך כי־באתי אל־הארץ אשר נשבע יהוה
לאבתינו לתת לנו: *ולקח הכהן הטנא מידך והניחו לפני מזבח יהוה לוי
אלהיך: וענית ואמרת לפני ׀ יהוה אלהיך ארמי אבד אבי וירד מצרימה
ויגר שם במתי מעט ויהי־שם לגוי גדול עצום ורב: וירעו אתנו המצרים
ויענונו ויתנו עלינו עבדה קשה: ונצעק אל־יהוה אלהי אבתינו וישמע
יהוה את־קלנו וירא את־ענינו ואת־עמלנו ואת־לחצנו: ויוצאנו יהוה
ממצרים ביד חזקה ובזרע נטויה ובמרא גדל ובאתות ובמפתים: ויבאנו
אל־המקום הזה ויתן־לנו את־הארץ הזאת ארץ זבת חלב ודבש: ועתה
הנה הבאתי את־ראשית פרי האדמה אשר־נתתה לי יהוה והנחתו לפני
יהוה אלהיך והשתחוית לפני יהוה אלהיך: ושמחת בכל־הטוב אשר נתן־
לך יהוה אלהיך ולביתך אתה והלוי והגר אשר בקרבך: *כי ישראל
תכלה לעשר את־כל־מעשר תבואתך בשנה השלישת שנת המעשר
ונתתה ללוי לגר ליתום ולאלמנה ואכלו בשעריך ושבעו: ואמרת לפני
יהוה אלהיך בערתי הקדש מן־הבית וגם נתתיו ללוי ולגר ליתום ולאלמנה
ככל־מצותך אשר צויתני לא־עברתי ממצותיך ולא שכחתי: לא־אכלתי
באני ממנו ולא־בערתי ממנו בטמא ולא־נתתי ממנו למת שמעתי בקול
יהוה אלהי עשיתי ככל אשר צויתני: השקיפה ממעון קדשך מן־השמים
וברך את־עמך את־ישראל ואת האדמה אשר נתתה לנו כאשר נשבעת
לאבתינו ארץ זבת חלב ודבש:

NITZAVIM

נצבים

אַתֶּם נִצָּבִים הַיּוֹם כֻּלְּכֶם לִפְנֵי יְהוָה אֱלֹהֵיכֶם רָאשֵׁיכֶם שִׁבְטֵיכֶם זִקְנֵיכֶם דברים כט:ט-כח
וְשֹׁטְרֵיכֶם כֹּל אִישׁ יִשְׂרָאֵל׃ טַפְּכֶם נְשֵׁיכֶם וְגֵרְךָ אֲשֶׁר בְּקֶרֶב מַחֲנֶיךָ מֵחֹטֵב
עֵצֶיךָ עַד שֹׁאֵב מֵימֶיךָ׃ לְעָבְרְךָ בִּבְרִית יְהוָה אֱלֹהֶיךָ וּבְאָלָתוֹ אֲשֶׁר יְהוָה
אֱלֹהֶיךָ כֹּרֵת עִמְּךָ הַיּוֹם׃ *לְמַעַן הָקִים־אֹתְךָ הַיּוֹם ׀ לוֹ לְעָם וְהוּא יִהְיֶה־לְּךָ לוי
לֵאלֹהִים כַּאֲשֶׁר דִּבֶּר־לָךְ וְכַאֲשֶׁר נִשְׁבַּע לַאֲבֹתֶיךָ לְאַבְרָהָם לְיִצְחָק וּלְיַעֲקֹב׃
וְלֹא אִתְּכֶם לְבַדְּכֶם אָנֹכִי כֹּרֵת אֶת־הַבְּרִית הַזֹּאת וְאֶת־הָאָלָה הַזֹּאת׃ כִּי
אֶת־אֲשֶׁר יֶשְׁנוֹ פֹּה עִמָּנוּ עֹמֵד הַיּוֹם לִפְנֵי יְהוָה אֱלֹהֵינוּ וְאֵת אֲשֶׁר אֵינֶנּוּ פֹּה
עִמָּנוּ הַיּוֹם׃ *כִּי־אַתֶּם יְדַעְתֶּם אֵת אֲשֶׁר־יָשַׁבְנוּ בְּאֶרֶץ מִצְרָיִם וְאֵת אֲשֶׁר־ ישראל
עָבַרְנוּ בְּקֶרֶב הַגּוֹיִם אֲשֶׁר עֲבַרְתֶּם׃ וַתִּרְאוּ אֶת־שִׁקּוּצֵיהֶם וְאֵת גִּלֻּלֵיהֶם
עֵץ וָאֶבֶן כֶּסֶף וְזָהָב אֲשֶׁר עִמָּהֶם׃ פֶּן־יֵשׁ בָּכֶם אִישׁ אוֹ־אִשָּׁה אוֹ מִשְׁפָּחָה
אוֹ־שֵׁבֶט אֲשֶׁר לְבָבוֹ פֹנֶה הַיּוֹם מֵעִם יְהוָה אֱלֹהֵינוּ לָלֶכֶת לַעֲבֹד אֶת־אֱלֹהֵי
הַגּוֹיִם הָהֵם פֶּן־יֵשׁ בָּכֶם שֹׁרֶשׁ פֹּרֶה רֹאשׁ וְלַעֲנָה׃ וְהָיָה בְּשָׁמְעוֹ אֶת־דִּבְרֵי
הָאָלָה הַזֹּאת וְהִתְבָּרֵךְ בִּלְבָבוֹ לֵאמֹר שָׁלוֹם יִהְיֶה־לִּי כִּי בִּשְׁרִרוּת לִבִּי אֵלֵךְ
לְמַעַן סְפוֹת הָרָוָה אֶת־הַצְּמֵאָה׃ לֹא־יֹאבֶה יְהוָה סְלֹחַ לוֹ כִּי אָז יֶעְשַׁן אַף־
יְהוָה וְקִנְאָתוֹ בָּאִישׁ הַהוּא וְרָבְצָה בּוֹ כָּל־הָאָלָה הַכְּתוּבָה בַּסֵּפֶר הַזֶּה וּמָחָה
יְהוָה אֶת־שְׁמוֹ מִתַּחַת הַשָּׁמָיִם׃ וְהִבְדִּילוֹ יְהוָה לְרָעָה מִכֹּל שִׁבְטֵי יִשְׂרָאֵל
כְּכֹל אָלוֹת הַבְּרִית הַכְּתוּבָה בְּסֵפֶר הַתּוֹרָה הַזֶּה׃ וְאָמַר הַדּוֹר הָאַחֲרוֹן בְּנֵיכֶם
אֲשֶׁר יָקוּמוּ מֵאַחֲרֵיכֶם וְהַנָּכְרִי אֲשֶׁר יָבֹא מֵאֶרֶץ רְחוֹקָה וְרָאוּ אֶת־מַכּוֹת
הָאָרֶץ הַהִוא וְאֶת־תַּחֲלֻאֶיהָ אֲשֶׁר־חִלָּה יְהוָה בָּהּ׃ גָּפְרִית וָמֶלַח שְׂרֵפָה כָל־
אַרְצָהּ לֹא תִזָּרַע וְלֹא תַצְמִחַ וְלֹא־יַעֲלֶה בָהּ כָּל־עֵשֶׂב כְּמַהְפֵּכַת סְדֹם וַעֲמֹרָה
אַדְמָה וצביים (וּצְבוֹיִם) אֲשֶׁר הָפַךְ יְהוָה בְּאַפּוֹ וּבַחֲמָתוֹ׃ וְאָמְרוּ כָּל־הַגּוֹיִם עַל־מֶה
עָשָׂה יְהוָה כָּכָה לָאָרֶץ הַזֹּאת מֶה חֳרִי הָאַף הַגָּדוֹל הַזֶּה׃ וְאָמְרוּ עַל אֲשֶׁר
עָזְבוּ אֶת־בְּרִית יְהוָה אֱלֹהֵי אֲבֹתָם אֲשֶׁר כָּרַת עִמָּם בְּהוֹצִיאוֹ אֹתָם מֵאֶרֶץ
מִצְרָיִם׃ וַיֵּלְכוּ וַיַּעַבְדוּ אֱלֹהִים אֲחֵרִים וַיִּשְׁתַּחֲווּ לָהֶם אֱלֹהִים אֲשֶׁר לֹא־יְדָעוּם
וְלֹא חָלַק לָהֶם׃ וַיִּחַר־אַף יְהוָה בָּאָרֶץ הַהִוא לְהָבִיא עָלֶיהָ אֶת־כָּל־הַקְּלָלָה
הַכְּתוּבָה בַּסֵּפֶר הַזֶּה׃ וַיִּתְּשֵׁם יְהוָה מֵעַל אַדְמָתָם בְּאַף וּבְחֵמָה וּבְקֶצֶף גָּדוֹל
וַיַּשְׁלִכֵם אֶל־אֶרֶץ אַחֶרֶת כַּיּוֹם הַזֶּה׃ הַנִּסְתָּרֹת לַיהוָה אֱלֹהֵינוּ וְהַנִּגְלֹת לָנוּ
וּלְבָנֵינוּ עַד־עוֹלָם לַעֲשׂוֹת אֶת־כָּל־דִּבְרֵי הַתּוֹרָה הַזֹּאת׃

וילך
VAIELEJ

דברים לא:א-יג וַיֵּלֶךְ מֹשֶׁה וַיְדַבֵּר אֶת־הַדְּבָרִים הָאֵלֶּה אֶל־כָּל־יִשְׂרָאֵל: וַיֹּאמֶר אֲלֵהֶם בֶּן־
מֵאָה וְעֶשְׂרִים שָׁנָה אָנֹכִי הַיּוֹם לֹא־אוּכַל עוֹד לָצֵאת וְלָבוֹא וַיהוה אָמַר אֵלַי
לֹא תַעֲבֹר אֶת־הַיַּרְדֵּן הַזֶּה: יהוה אֱלֹהֶיךָ הוּא ׀ עֹבֵר לְפָנֶיךָ הוּא־יַשְׁמִיד
אֶת־הַגּוֹיִם הָאֵלֶּה מִלְּפָנֶיךָ וִירִשְׁתָּם יְהוֹשֻׁעַ הוּא עֹבֵר לְפָנֶיךָ כַּאֲשֶׁר דִּבֶּר
לוי יהוה: *וְעָשָׂה יהוה לָהֶם כַּאֲשֶׁר עָשָׂה לְסִיחוֹן וּלְעוֹג מַלְכֵי הָאֱמֹרִי וּלְאַרְצָם
אֲשֶׁר הִשְׁמִיד אֹתָם: וּנְתָנָם יהוה לִפְנֵיכֶם וַעֲשִׂיתֶם לָהֶם כְּכָל־הַמִּצְוָה אֲשֶׁר
צִוִּיתִי אֶתְכֶם: חִזְקוּ וְאִמְצוּ אַל־תִּירְאוּ וְאַל־תַּעַרְצוּ מִפְּנֵיהֶם כִּי ׀ יהוה אֱלֹהֶיךָ
ישראל הוּא הַהֹלֵךְ עִמָּךְ לֹא יַרְפְּךָ וְלֹא יַעַזְבֶךָּ: *וַיִּקְרָא מֹשֶׁה לִיהוֹשֻׁעַ
וַיֹּאמֶר אֵלָיו לְעֵינֵי כָל־יִשְׂרָאֵל חֲזַק וֶאֱמָץ כִּי אַתָּה תָּבוֹא אֶת־הָעָם הַזֶּה
אֶל־הָאָרֶץ אֲשֶׁר נִשְׁבַּע יהוה לַאֲבֹתָם לָתֵת לָהֶם וְאַתָּה תַּנְחִילֶנָּה אוֹתָם:
וַיהוה הוּא ׀ הַהֹלֵךְ לְפָנֶיךָ הוּא יִהְיֶה עִמָּךְ לֹא יַרְפְּךָ וְלֹא יַעַזְבֶךָּ לֹא תִירָא וְלֹא
תֵחָת: וַיִּכְתֹּב מֹשֶׁה אֶת־הַתּוֹרָה הַזֹּאת וַיִּתְּנָהּ אֶל־הַכֹּהֲנִים בְּנֵי לֵוִי הַנֹּשְׂאִים
אֶת־אֲרוֹן בְּרִית יהוה וְאֶל־כָּל־זִקְנֵי יִשְׂרָאֵל: וַיְצַו מֹשֶׁה אוֹתָם לֵאמֹר מִקֵּץ ׀
שֶׁבַע שָׁנִים בְּמֹעֵד שְׁנַת הַשְּׁמִטָּה בְּחַג הַסֻּכּוֹת: בְּבוֹא כָל־יִשְׂרָאֵל לֵרָאוֹת
אֶת־פְּנֵי יהוה אֱלֹהֶיךָ בַּמָּקוֹם אֲשֶׁר יִבְחָר תִּקְרָא אֶת־הַתּוֹרָה הַזֹּאת נֶגֶד
כָּל־יִשְׂרָאֵל בְּאָזְנֵיהֶם: הַקְהֵל אֶת־הָעָם הָאֲנָשִׁים וְהַנָּשִׁים וְהַטַּף וְגֵרְךָ אֲשֶׁר
בִּשְׁעָרֶיךָ לְמַעַן יִשְׁמְעוּ וּלְמַעַן יִלְמְדוּ וְיָרְאוּ אֶת־יהוה אֱלֹהֵיכֶם וְשָׁמְרוּ
לַעֲשׂוֹת אֶת־כָּל־דִּבְרֵי הַתּוֹרָה הַזֹּאת: וּבְנֵיהֶם אֲשֶׁר לֹא־יָדְעוּ יִשְׁמְעוּ וְלָמְדוּ
לְיִרְאָה אֶת־יהוה אֱלֹהֵיכֶם כָּל־הַיָּמִים אֲשֶׁר אַתֶּם חַיִּים עַל־הָאֲדָמָה אֲשֶׁר
אַתֶּם עֹבְרִים אֶת־הַיַּרְדֵּן שָׁמָּה לְרִשְׁתָּהּ:

האזינו
HAAZINU

דברים לב:א-יח הַאֲזִינוּ הַשָּׁמַיִם וַאֲדַבֵּרָה וְתִשְׁמַע הָאָרֶץ אִמְרֵי־פִי:
יַעֲרֹף כַּמָּטָר לִקְחִי תִּזַּל כַּטַּל אִמְרָתִי
כִּשְׂעִירִם עֲלֵי־דֶשֶׁא וְכִרְבִיבִים עֲלֵי־עֵשֶׂב:
כִּי שֵׁם יהוה אֶקְרָא הָבוּ גֹדֶל לֵאלֹהֵינוּ:

*הַצּוּר תָּמִים פָּעֳלוֹ　　כִּי כָל־דְּרָכָיו מִשְׁפָּט לוי
אֵל אֱמוּנָה וְאֵין עָוֶל　　צַדִּיק וְיָשָׁר הוּא:
שִׁחֵת לוֹ לֹא בָּנָיו מוּמָם　　דּוֹר עִקֵּשׁ וּפְתַלְתֹּל:
הַ לְיהוה תִּגְמְלוּ־זֹאת　　עַם נָבָל וְלֹא חָכָם
הֲלוֹא־הוּא אָבִיךָ קָּנֶךָ　　הוּא עָשְׂךָ וַיְכֹנְנֶךָ:

Algunos comienzan aquí la porción del לוי:

*זְכֹר יְמוֹת עוֹלָם　　בִּינוּ שְׁנוֹת דֹּר־וָדֹר ישראל
שְׁאַל אָבִיךָ וְיַגֵּדְךָ　　זְקֵנֶיךָ וְיֹאמְרוּ לָךְ:
בְּהַנְחֵל עֶלְיוֹן גּוֹיִם　　בְּהַפְרִידוֹ בְּנֵי אָדָם
יַצֵּב גְּבֻלֹת עַמִּים　　לְמִסְפַּר בְּנֵי יִשְׂרָאֵל:
כִּי חֵלֶק יהוה עַמּוֹ　　יַעֲקֹב חֶבֶל נַחֲלָתוֹ:
יִמְצָאֵהוּ בְּאֶרֶץ מִדְבָּר　　וּבְתֹהוּ יְלֵל יְשִׁמֹן
יְסֹבְבֶנְהוּ יְבוֹנְנֵהוּ　　יִצְּרֶנְהוּ כְּאִישׁוֹן עֵינוֹ:
כְּנֶשֶׁר יָעִיר קִנּוֹ　　עַל־גּוֹזָלָיו יְרַחֵף
יִפְרֹשׂ כְּנָפָיו יִקָּחֵהוּ　　יִשָּׂאֵהוּ עַל־אֶבְרָתוֹ:
יהוה בָּדָד יַנְחֶנּוּ　　וְאֵין עִמּוֹ אֵל נֵכָר:

La mayoría finalizan aquí, algunos comienzan aquí la porción de ישראל:

*יַרְכִּבֵהוּ עַל־בָּמֳותֵי אָרֶץ　　וַיֹּאכַל תְּנוּבֹת שָׂדָי בָּמֳתֵי
וַיֵּנִקֵהוּ דְבַשׁ מִסֶּלַע　　וְשֶׁמֶן מֵחַלְמִישׁ צוּר:
חֶמְאַת בָּקָר וַחֲלֵב צֹאן　　עִם־חֵלֶב כָּרִים
וְאֵילִים בְּנֵי־בָשָׁן וְעַתּוּדִים　　עִם־חֵלֶב כִּלְיוֹת חִטָּה
וְדַם־עֵנָב תִּשְׁתֶּה־חָמֶר:　　וַיִּשְׁמַן יְשֻׁרוּן וַיִּבְעָט
שָׁמַנְתָּ עָבִיתָ כָּשִׂיתָ　　וַיִּטֹּשׁ אֱלוֹהַ עָשָׂהוּ
וַיְנַבֵּל צוּר יְשֻׁעָתוֹ:　　יַקְנִאֻהוּ בְּזָרִים
בְּתוֹעֵבֹת יַכְעִיסֻהוּ:　　יִזְבְּחוּ לַשֵּׁדִים לֹא אֱלֹהַ
אֱלֹהִים לֹא יְדָעוּם　　חֲדָשִׁים מִקָּרֹב בָּאוּ
לֹא שְׂעָרוּם אֲבֹתֵיכֶם:　　צוּר יְלָדְךָ תֶּשִׁי
וַתִּשְׁכַּח אֵל מְחֹלְלֶךָ:

VEZOT HABERAJÁ

וזאת הברכה

דברים לג:א-יז וזאת הברכה אשר ברך משה איש האלהים את־בני ישראל לפני מותו:
ויאמר יהוה מסיני בא וזרח משעיר למו הופיע מהר פארן ואתה מרבבת
אש דת קדש מימינו אשדת למו: אף חבב עמים כל־קדשיו בידך והם תכו לרגלך
ישא מדברתיך: תורה צוה־לנו משה מורשה קהלת יעקב: ויהי בישרון
מלך בהתאסף ראשי עם יחד שבטי ישראל: יחי ראובן ואל־ימת ויהי מתיו
מספר: וזאת ליהודה ויאמר שמע יהוה קול יהודה ואל־עמו
תביאנו ידיו רב לו ועזר מצריו תהיה:
לוי וללוי אמר תמיך ואוריך לאיש חסידך אשר נסיתו במסה תריבהו על־מי
מריבה: האמר לאביו ולאמו לא ראיתיו ואת־אחיו לא הכיר ואת־בנו לא
ידע כי שמרו אמרתך ובריתך ינצרו: יורו משפטיך ליעקב ותורתך לישראל
ישימו קטורה באפך וכליל על־מזבחך: ברך יהוה חילו ופעל ידיו תרצה
מחץ מתנים קמיו ומשנאיו מן־יקומון: לבנימן אמר ידיד יהוה
ישראל ישכן לבטח עליו חפף עליו כל־היום ובין כתפיו שכן: *וליוסף
אמר מברכת יהוה ארצו ממגד שמים מטל ומתהום רבצת תחת: וממגד
תבואת שמש וממגד גרש ירחים: ומראש הררי־קדם וממגד גבעות עולם:
וממגד ארץ ומלאה ורצון שכני סנה תבואתה לראש יוסף ולקדקד נזיר
אחיו: בכור שורו הדר לו וקרני ראם קרניו בהם עמים ינגח יחדו אפסי־
ארץ והם רבבות אפרים והם אלפי מנשה:

קריאת התורה לראש חודש,
לתעניות ציבור, לחנוכה ולפורים

LECTURA DE LA TORÁ PARA ROSH JODESH, DÍAS DE AYUNO, JANUCÁ Y PURIM

LECTURA PARA ROSH JODESH — קריאה לראש חודש

El כהן *lee los primeros tres versículos hasta* עֹלָה תָּמִיד. *El* לוי *repite el tercer versículo y comienza con* וְאָמַרְתָּ לָהֶם. *El* שלישי *continúa desde* עֹלַת תָּמִיד *hasta* וְנִסְכָּהּ. *El* רביעי *lee desde* וּבְרָאשֵׁי חָדְשֵׁיכֶם *hasta el final. En* ארץ ישראל *algunos leen de la siguiente manera: El* כהן *lee hasta* רְבִיעִת הַהִין, *el* לוי *lee desde* אֶת־הַכֶּבֶשׂ *hasta* רֵיחַ נִיחֹחַ לַה׳, *el* שלישי *repite el último versículo y comienza en* עֹלַת תָּמִיד *hasta* וְנִסְכָּהּ, *el* רביעי *lee desde* וּבְרָאשֵׁי חָדְשֵׁיכֶם *hasta el final. En* ראש חודש טבת *el* כהן *lee hasta* רְבִיעִת הַהִין, *el* לוי *lee la porción del* שלישי *y el* שלישי *la porción del* רביעי, *el* רביעי *lee la porción del día correspondiente de* חנוכה *en la página 1179.*

וַיְדַבֵּר יְהֹוָה אֶל־מֹשֶׁה לֵּאמֹר׃ צַו אֶת־בְּנֵי יִשְׂרָאֵל וְאָמַרְתָּ אֲלֵהֶם אֶת־ (במדבר כח:א–טו)
קָרְבָּנִי לַחְמִי לְאִשַּׁי רֵיחַ נִיחֹחִי תִּשְׁמְרוּ לְהַקְרִיב לִי בְּמוֹעֲדוֹ׃ *וְאָמַרְתָּ (לוי)
לָהֶם זֶה הָאִשֶּׁה אֲשֶׁר תַּקְרִיבוּ לַיהֹוָה כְּבָשִׂים בְּנֵי־שָׁנָה תְמִימִם שְׁנַיִם לַיּוֹם
עֹלָה תָמִיד׃* אֶת־הַכֶּבֶשׂ אֶחָד תַּעֲשֶׂה בַבֹּקֶר וְאֵת הַכֶּבֶשׂ הַשֵּׁנִי תַּעֲשֶׂה (עד כאן לכהן)
בֵּין הָעַרְבָּיִם׃ וַעֲשִׂירִית הָאֵיפָה סֹלֶת לְמִנְחָה בְּלוּלָה בְּשֶׁמֶן כָּתִית רְבִיעִת
הַהִין׃ *עֹלַת תָּמִיד הָעֲשֻׂיָה בְּהַר סִינַי לְרֵיחַ נִיחֹחַ אִשֶּׁה לַיהֹוָה׃ וְנִסְכּוֹ (שלישי)
רְבִיעִת הַהִין לַכֶּבֶשׂ הָאֶחָד בַּקֹּדֶשׁ הַסֵּךְ נֶסֶךְ שֵׁכָר לַיהֹוָה׃ וְאֵת הַכֶּבֶשׂ
הַשֵּׁנִי תַּעֲשֶׂה בֵּין הָעַרְבָּיִם כְּמִנְחַת הַבֹּקֶר וּכְנִסְכּוֹ תַּעֲשֶׂה אִשֵּׁה רֵיחַ נִיחֹחַ
לַיהֹוָה׃

וּבְיוֹם הַשַּׁבָּת שְׁנֵי־כְבָשִׂים בְּנֵי־שָׁנָה תְּמִימִם וּשְׁנֵי עֶשְׂרֹנִים סֹלֶת מִנְחָה בְּלוּלָה
בַשֶּׁמֶן וְנִסְכּוֹ׃ עֹלַת שַׁבַּת בְּשַׁבַּתּוֹ עַל־עֹלַת הַתָּמִיד וְנִסְכָּהּ׃

וּבְרָאשֵׁי חָדְשֵׁיכֶם תַּקְרִיבוּ עֹלָה לַיהֹוָה פָּרִים בְּנֵי־בָקָר שְׁנַיִם וְאַיִל אֶחָד (רביעי)
כְּבָשִׂים בְּנֵי־שָׁנָה שִׁבְעָה תְּמִימִם׃ וּשְׁלֹשָׁה עֶשְׂרֹנִים סֹלֶת מִנְחָה בְּלוּלָה
בַשֶּׁמֶן לַפָּר הָאֶחָד וּשְׁנֵי עֶשְׂרֹנִים סֹלֶת מִנְחָה בְּלוּלָה בַשֶּׁמֶן לָאַיִל הָאֶחָד׃
וְעִשָּׂרֹן עִשָּׂרוֹן סֹלֶת מִנְחָה בְּלוּלָה בַשֶּׁמֶן לַכֶּבֶשׂ הָאֶחָד עֹלָה רֵיחַ נִיחֹחַ
אִשֶּׁה לַיהֹוָה׃ וְנִסְכֵּיהֶם חֲצִי הַהִין יִהְיֶה לַפָּר וּשְׁלִישִׁת הַהִין לָאַיִל וּרְבִיעִת
הַהִין לַכֶּבֶשׂ יָיִן זֹאת עֹלַת חֹדֶשׁ בְּחָדְשׁוֹ לְחָדְשֵׁי הַשָּׁנָה׃ וּשְׂעִיר עִזִּים אֶחָד
לְחַטָּאת לַיהֹוָה עַל־עֹלַת הַתָּמִיד יֵעָשֶׂה וְנִסְכּוֹ׃

LECTURA PARA LOS DÍAS DE AYUNO קריאה לתענית ציבור

Se lee lo siguiente durante un תענית ציבור (*salvo en* תשעה באב) *tanto en* שחרית *como en* מנחה. *En* מנחה *la persona llamada como* שלישי *lee también la* הפטרה.

Se acostumbra que el קהל *recite en voz alta los pasajes marcados con flechas seguidos del* קורא (*ver ley 51*).

שמות לב: יא–יד
וַיְחַל מֹשֶׁה אֶת־פְּנֵי יְהוָה אֱלֹהָיו וַיֹּאמֶר לָמָה יְהוָה יֶחֱרֶה אַפְּךָ בְּעַמֶּךָ אֲשֶׁר
הוֹצֵאתָ מֵאֶרֶץ מִצְרַיִם בְּכֹחַ גָּדוֹל וּבְיָד חֲזָקָה׃ לָמָּה יֹאמְרוּ מִצְרַיִם לֵאמֹר
בְּרָעָה הוֹצִיאָם לַהֲרֹג אֹתָם בֶּהָרִים וּלְכַלֹּתָם מֵעַל פְּנֵי הָאֲדָמָה ◂ שׁוּב מֵחֲרוֹן
אַפֶּךָ וְהִנָּחֵם עַל־הָרָעָה לְעַמֶּךָ׃ ◂ זְכֹר לְאַבְרָהָם לְיִצְחָק וּלְיִשְׂרָאֵל עֲבָדֶיךָ
אֲשֶׁר נִשְׁבַּעְתָּ לָהֶם בָּךְ וַתְּדַבֵּר אֲלֵהֶם אַרְבֶּה אֶת־זַרְעֲכֶם כְּכוֹכְבֵי הַשָּׁמָיִם
וְכָל־הָאָרֶץ הַזֹּאת אֲשֶׁר אָמַרְתִּי אֶתֵּן לְזַרְעֲכֶם וְנָחֲלוּ לְעֹלָם׃ וַיִּנָּחֶם יְהוָה
עַל־הָרָעָה אֲשֶׁר דִּבֶּר לַעֲשׂוֹת לְעַמּוֹ׃

שמות לד:א–י
לוי
וַיֹּאמֶר יְהוָה אֶל־מֹשֶׁה פְּסָל־לְךָ שְׁנֵי־לֻחֹת אֲבָנִים כָּרִאשֹׁנִים וְכָתַבְתִּי עַל־
הַלֻּחֹת אֶת־הַדְּבָרִים אֲשֶׁר הָיוּ עַל־הַלֻּחֹת הָרִאשֹׁנִים אֲשֶׁר שִׁבַּרְתָּ׃ וֶהְיֵה נָכוֹן
לַבֹּקֶר וְעָלִיתָ בַבֹּקֶר אֶל־הַר סִינַי וְנִצַּבְתָּ לִי שָׁם עַל־רֹאשׁ הָהָר׃ וְאִישׁ לֹא־
יַעֲלֶה עִמָּךְ וְגַם־אִישׁ אַל־יֵרָא בְּכָל־הָהָר גַּם־הַצֹּאן וְהַבָּקָר אַל־יִרְעוּ אֶל־מוּל
ישראל
הָהָר הַהוּא׃ *וַיִּפְסֹל שְׁנֵי־לֻחֹת אֲבָנִים כָּרִאשֹׁנִים וַיַּשְׁכֵּם מֹשֶׁה בַבֹּקֶר וַיַּעַל
אֶל־הַר סִינַי כַּאֲשֶׁר צִוָּה יְהוָה אֹתוֹ וַיִּקַּח בְּיָדוֹ שְׁנֵי לֻחֹת אֲבָנִים׃ וַיֵּרֶד יְהוָה
בֶּעָנָן וַיִּתְיַצֵּב עִמּוֹ שָׁם וַיִּקְרָא בְשֵׁם יְהוָה׃ וַיַּעֲבֹר יְהוָה ׀ עַל־פָּנָיו וַיִּקְרָא ◂ יְהוָה ׀
יְהוָה אֵל רַחוּם וְחַנּוּן אֶרֶךְ אַפַּיִם וְרַב־חֶסֶד וֶאֱמֶת׃ נֹצֵר חֶסֶד לָאֲלָפִים נֹשֵׂא
עָוֹן וָפֶשַׁע וְחַטָּאָה וְנַקֵּה ◂ לֹא יְנַקֶּה פֹּקֵד ׀ עֲוֹן אָבוֹת עַל־בָּנִים וְעַל־בְּנֵי בָנִים
עַל־שִׁלֵּשִׁים וְעַל־רִבֵּעִים׃ וַיְמַהֵר מֹשֶׁה וַיִּקֹּד אַרְצָה וַיִּשְׁתָּחוּ׃ וַיֹּאמֶר אִם־נָא
מָצָאתִי חֵן בְּעֵינֶיךָ אֲדֹנָי יֵלֶךְ־נָא אֲדֹנָי בְּקִרְבֵּנוּ כִּי עַם־קְשֵׁה־עֹרֶף הוּא ◂ וְסָלַחְתָּ
לַעֲוֹנֵנוּ וּלְחַטָּאתֵנוּ וּנְחַלְתָּנוּ׃ ◂ וַיֹּאמֶר הִנֵּה אָנֹכִי כֹּרֵת בְּרִית נֶגֶד כָּל־עַמְּךָ
אֶעֱשֶׂה נִפְלָאֹת אֲשֶׁר לֹא־נִבְרְאוּ בְכָל־הָאָרֶץ וּבְכָל־הַגּוֹיִם וְרָאָה כָל־הָעָם
אֲשֶׁר־אַתָּה בְקִרְבּוֹ אֶת־מַעֲשֵׂה יְהוָה כִּי־נוֹרָא הוּא אֲשֶׁר אֲנִי עֹשֶׂה עִמָּךְ׃

HAFTARÁ PARA LOS DÍAS DE AYUNO הפטרה לתענית ציבור

La bendición para la הפטרה *se puede encontrar en la página 535.*

ישעיה נה:ו–נו:ח
דִּרְשׁוּ יְהוָה בְּהִמָּצְאוֹ קְרָאֻהוּ בִּהְיוֹתוֹ קָרוֹב׃ יַעֲזֹב רָשָׁע דַּרְכּוֹ וְאִישׁ אָוֶן
מַחְשְׁבֹתָיו וְיָשֹׁב אֶל־יְהוָה וִירַחֲמֵהוּ וְאֶל־אֱלֹהֵינוּ כִּי־יַרְבֶּה לִסְלוֹחַ׃ כִּי לֹא

מַחְשְׁבוֹתַי֙ מַחְשְׁב֣וֹתֵיכֶ֔ם וְלֹ֥א דַרְכֵיכֶ֖ם דְּרָכָ֑י נְאֻ֖ם יְהֹוָֽה׃ כִּֽי־גָבְה֥וּ שָׁמַ֖יִם
מֵאָ֑רֶץ כֵּ֣ן גָּבְה֤וּ דְרָכַי֙ מִדַּרְכֵיכֶ֔ם וּמַחְשְׁבֹתַ֖י מִמַּחְשְׁבֹתֵיכֶֽם׃ כִּ֡י כַּאֲשֶׁר֩ יֵרֵ֨ד
הַגֶּ֜שֶׁם וְהַשֶּׁ֣לֶג מִן־הַשָּׁמַ֗יִם וְשָׁ֙מָּה֙ לֹ֣א יָשׁ֔וּב כִּ֚י אִם־הִרְוָ֣ה אֶת־הָאָ֔רֶץ וְהוֹלִידָ֖הּ
וְהִצְמִיחָ֑הּ וְנָ֤תַן זֶ֙רַע֙ לַזֹּרֵ֔עַ וְלֶ֖חֶם לָאֹכֵֽל׃ כֵּ֣ן יִהְיֶ֤ה דְבָרִי֙ אֲשֶׁ֣ר יֵצֵ֣א מִפִּ֔י לֹֽא־
יָשׁ֥וּב אֵלַ֖י רֵיקָ֑ם כִּ֤י אִם־עָשָׂה֙ אֶת־אֲשֶׁ֣ר חָפַ֔צְתִּי וְהִצְלִ֖יחַ אֲשֶׁ֥ר שְׁלַחְתִּֽיו׃
כִּֽי־בְשִׂמְחָ֣ה תֵצֵ֔אוּ וּבְשָׁל֖וֹם תּֽוּבָל֑וּן הֶהָרִ֣ים וְהַגְּבָע֗וֹת יִפְצְח֤וּ לִפְנֵיכֶם֙ רִנָּ֔ה
וְכָל־עֲצֵ֥י הַשָּׂדֶ֖ה יִמְחֲאוּ־כָֽף׃ תַּ֤חַת הַנַּֽעֲצוּץ֙ יַעֲלֶ֣ה בְר֔וֹשׁ תחת הַסִּרְפַּ֖ד וְתַ֣חַת
יַעֲלֶ֣ה הֲדַ֑ס וְהָיָ֤ה לַֽיהֹוָה֙ לְשֵׁ֔ם לְא֥וֹת עוֹלָ֖ם לֹ֥א יִכָּרֵֽת׃ כֹּ֚ה אָמַ֣ר
יְהֹוָ֔ה שִׁמְר֥וּ מִשְׁפָּ֖ט וַעֲשׂ֣וּ צְדָקָ֑ה כִּֽי־קְרוֹבָ֤ה יְשׁוּעָתִי֙ לָב֔וֹא וְצִדְקָתִ֖י לְהִגָּלֽוֹת׃
אַשְׁרֵ֤י אֱנוֹשׁ֙ יַעֲשֶׂה־זֹּ֔את וּבֶן־אָדָ֖ם יַחֲזִ֣יק בָּ֑הּ שֹׁמֵ֤ר שַׁבָּת֙ מֵֽחַלְּל֔וֹ וְשֹׁמֵ֥ר
יָד֖וֹ מֵעֲשׂ֥וֹת כָּל־רָֽע׃ וְאַל־יֹאמַ֣ר בֶּן־הַנֵּכָ֗ר הַנִּלְוָ֤ה אֶל־יְהֹוָה֙ לֵאמֹ֔ר הַבְדֵּ֧ל
יַבְדִּילַ֛נִי יְהֹוָ֖ה מֵעַ֣ל עַמּ֑וֹ וְאַל־יֹאמַר֙ הַסָּרִ֔יס הֵ֥ן אֲנִ֖י עֵ֥ץ יָבֵֽשׁ׃ כִּי־
כֹ֣ה ׀ אָמַ֣ר יְהֹוָ֗ה לַסָּֽרִיסִים֙ אֲשֶׁ֣ר יִשְׁמְרוּ֙ אֶת־שַׁבְּתוֹתַ֔י וּבָֽחֲר֖וּ בַּאֲשֶׁ֣ר חָפָ֑צְתִּי
וּמַחֲזִיקִ֖ים בִּבְרִיתִֽי׃ וְנָתַתִּ֨י לָהֶ֜ם בְּבֵיתִ֤י וּבְחוֹמֹתַי֙ יָ֣ד וָשֵׁ֔ם ט֖וֹב מִבָּנִ֣ים
וּמִבָּנ֑וֹת שֵׁ֤ם עוֹלָם֙ אֶתֶּן־ל֔וֹ אֲשֶׁ֖ר לֹ֥א יִכָּרֵֽת׃ וּבְנֵ֣י הַנֵּכָ֗ר הַנִּלְוִ֤ים
עַל־יְהֹוָה֙ לְשָׁ֣רְת֔וֹ וּֽלְאַהֲבָה֙ אֶת־שֵׁ֣ם יְהֹוָ֔ה לִהְי֥וֹת ל֖וֹ לַעֲבָדִ֑ים כָּל־שֹׁמֵ֤ר
שַׁבָּת֙ מֵֽחַלְּל֔וֹ וּמַחֲזִיקִ֖ים בִּבְרִיתִֽי׃ וַהֲבִיאוֹתִ֞ים אֶל־הַ֣ר קָדְשִׁ֗י וְשִׂמַּחְתִּים֙
בְּבֵ֣ית תְּפִלָּתִ֔י עוֹלֹתֵיהֶ֧ם וְזִבְחֵיהֶ֛ם לְרָצ֖וֹן עַל־מִזְבְּחִ֑י כִּ֣י בֵיתִ֔י בֵּית־תְּפִלָּ֥ה
יִקָּרֵ֖א לְכָל־הָעַמִּֽים׃ נְאֻם֙ אֲדֹנָ֣י יֱהֹוִ֔ה מְקַבֵּ֖ץ נִדְחֵ֣י יִשְׂרָאֵ֑ל ע֛וֹד אֲקַבֵּ֥ץ עָלָ֖יו
לְנִקְבָּצָֽיו׃

LECTURA PARA TISH'Á BEAV — קריאה לתשעה באב

Se lee lo siguiente durante שחרית *de* תשעה באב. *La persona llamada para* שלישי *lee también la* הפטרה. *En* מנחה, *tanto la* קריאת התורה *como la* הפטרה *son la de los días comunes de ayuno.*

כִּֽי־תוֹלִ֤יד בָּנִים֙ וּבְנֵ֣י בָנִ֔ים וְנוֹשַׁנְתֶּ֖ם בָּאָ֑רֶץ וְהִשְׁחַתֶּ֗ם וַעֲשִׂ֤יתֶם פֶּ֙סֶל֙ תְּמ֣וּנַת דברים ד:כה–מ
כֹּ֔ל וַעֲשִׂיתֶ֥ם הָרַ֛ע בְּעֵינֵֽי־יְהֹוָ֥ה אֱלֹהֶ֖יךָ לְהַכְעִיסֽוֹ׃ הַעִידֹ֨תִי בָכֶ֜ם הַיּ֗וֹם אֶת־
הַשָּׁמַ֣יִם וְאֶת־הָאָ֒רֶץ֒ כִּֽי־אָבֹ֣ד תֹּאבֵדוּן֮ מַהֵר֒ מֵעַ֣ל הָאָ֔רֶץ אֲשֶׁ֨ר אַתֶּ֜ם עֹבְרִ֧ים
אֶת־הַיַּרְדֵּ֛ן שָׁ֖מָּה לְרִשְׁתָּ֑הּ לֹא־תַאֲרִיכֻ֤ן יָמִים֙ עָלֶ֔יהָ כִּ֥י הִשָּׁמֵ֖ד תִּשָּׁמֵדֽוּן׃
וְהֵפִ֧יץ יְהֹוָ֛ה אֶתְכֶ֖ם בָּעַמִּ֑ים וְנִשְׁאַרְתֶּם֙ מְתֵ֣י מִסְפָּ֔ר בַּגּוֹיִ֕ם אֲשֶׁ֨ר יְנַהֵ֧ג יְהֹוָ֛ה
אֶתְכֶ֖ם שָֽׁמָּה׃ וַעֲבַדְתֶּם־שָׁ֣ם אֱלֹהִ֔ים מַעֲשֵׂ֖ה יְדֵ֣י אָדָ֑ם עֵ֣ץ וָאֶ֔בֶן אֲשֶׁ֤ר לֹא־

יִרְאוּן וְלֹא יִשְׁמְעוּן וְלֹא יֹאכְלוּן וְלֹא יְרִיחֻן׃ וּבִקַּשְׁתֶּם מִשָּׁם אֶת־יְהוָה אֱלֹהֶיךָ
לוי וּמָצָאתָ כִּי תִדְרְשֶׁנּוּ בְּכָל־לְבָבְךָ וּבְכָל־נַפְשֶׁךָ׃ *בַּצַּר לְךָ וּמְצָאוּךָ כֹּל הַדְּבָרִים
הָאֵלֶּה בְּאַחֲרִית הַיָּמִים וְשַׁבְתָּ עַד־יְהוָה אֱלֹהֶיךָ וְשָׁמַעְתָּ בְּקֹלוֹ׃ כִּי אֵל
רַחוּם יְהוָה אֱלֹהֶיךָ לֹא יַרְפְּךָ וְלֹא יַשְׁחִיתֶךָ וְלֹא יִשְׁכַּח אֶת־בְּרִית אֲבֹתֶיךָ
אֲשֶׁר נִשְׁבַּע לָהֶם׃ כִּי שְׁאַל־נָא לְיָמִים רִאשֹׁנִים אֲשֶׁר־הָיוּ לְפָנֶיךָ לְמִן־הַיּוֹם
אֲשֶׁר בָּרָא אֱלֹהִים ׀ אָדָם עַל־הָאָרֶץ וּלְמִקְצֵה הַשָּׁמַיִם וְעַד־קְצֵה הַשָּׁמָיִם
הֲנִהְיָה כַּדָּבָר הַגָּדוֹל הַזֶּה אוֹ הֲנִשְׁמַע כָּמֹהוּ׃ הֲשָׁמַע עָם קוֹל אֱלֹהִים מְדַבֵּר
מִתּוֹךְ־הָאֵשׁ כַּאֲשֶׁר־שָׁמַעְתָּ אַתָּה וַיֶּחִי׃ אוֹ ׀ הֲנִסָּה אֱלֹהִים לָבוֹא לָקַחַת לוֹ
גוֹי מִקֶּרֶב גּוֹי בְּמַסֹּת בְּאֹתֹת וּבְמוֹפְתִים וּבְמִלְחָמָה וּבְיָד חֲזָקָה וּבִזְרוֹעַ נְטוּיָה
וּבְמוֹרָאִים גְּדֹלִים כְּכֹל אֲשֶׁר־עָשָׂה לָכֶם יְהוָה אֱלֹהֵיכֶם בְּמִצְרַיִם לְעֵינֶיךָ׃
ישראל אַתָּה הָרְאֵתָ לָדַעַת כִּי יְהוָה הוּא הָאֱלֹהִים אֵין עוֹד מִלְבַדּוֹ׃ *מִן־הַשָּׁמַיִם
הִשְׁמִיעֲךָ אֶת־קֹלוֹ לְיַסְּרֶךָּ וְעַל־הָאָרֶץ הֶרְאֲךָ אֶת־אִשּׁוֹ הַגְּדוֹלָה וּדְבָרָיו
שָׁמַעְתָּ מִתּוֹךְ הָאֵשׁ׃ וְתַחַת כִּי אָהַב אֶת־אֲבֹתֶיךָ וַיִּבְחַר בְּזַרְעוֹ אַחֲרָיו
וַיּוֹצִאֲךָ בְּפָנָיו בְּכֹחוֹ הַגָּדֹל מִמִּצְרָיִם׃ לְהוֹרִישׁ גּוֹיִם גְּדֹלִים וַעֲצֻמִים מִמְּךָ
מִפָּנֶיךָ לַהֲבִיאֲךָ לָתֶת־לְךָ אֶת־אַרְצָם נַחֲלָה כַּיּוֹם הַזֶּה׃ וְיָדַעְתָּ הַיּוֹם וַהֲשֵׁבֹתָ
אֶל־לְבָבֶךָ כִּי יְהוָה הוּא הָאֱלֹהִים בַּשָּׁמַיִם מִמַּעַל וְעַל־הָאָרֶץ מִתָּחַת אֵין
עוֹד׃ וְשָׁמַרְתָּ אֶת־חֻקָּיו וְאֶת־מִצְוֹתָיו אֲשֶׁר אָנֹכִי מְצַוְּךָ הַיּוֹם אֲשֶׁר יִיטַב לְךָ
וּלְבָנֶיךָ אַחֲרֶיךָ וּלְמַעַן תַּאֲרִיךְ יָמִים עַל־הָאֲדָמָה אֲשֶׁר יְהוָה אֱלֹהֶיךָ נֹתֵן לְךָ
כָּל־הַיָּמִים׃

הפטרה לתשעה באב — HAFTARÁ PARA TISH’Á BEAV

ירמיהו ח:יג-ט:כג אָסֹף אֲסִיפֵם נְאֻם־יְהוָה אֵין עֲנָבִים בַּגֶּפֶן וְאֵין תְּאֵנִים בַּתְּאֵנָה וְהֶעָלֶה נָבֵל
וָאֶתֵּן לָהֶם יַעַבְרוּם׃ עַל־מָה אֲנַחְנוּ יֹשְׁבִים הֵאָסְפוּ וְנָבוֹא אֶל־עָרֵי הַמִּבְצָר
וְנִדְּמָה־שָּׁם כִּי יְהוָה אֱלֹהֵינוּ הֲדִמָּנוּ וַיַּשְׁקֵנוּ מֵי־רֹאשׁ כִּי חָטָאנוּ לַיהוָה׃ קַוֵּה
לְשָׁלוֹם וְאֵין טוֹב לְעֵת מַרְפֵּה וְהִנֵּה בְעָתָה׃ מִדָּן נִשְׁמַע נַחְרַת סוּסָיו מִקּוֹל
מִצְהֲלוֹת אַבִּירָיו רָעֲשָׁה כָּל־הָאָרֶץ וַיָּבוֹאוּ וַיֹּאכְלוּ אֶרֶץ וּמְלוֹאָהּ עִיר וְיֹשְׁבֵי
בָהּ׃ כִּי הִנְנִי מְשַׁלֵּחַ בָּכֶם נְחָשִׁים צִפְעֹנִים אֲשֶׁר אֵין־לָהֶם לָחַשׁ וְנִשְּׁכוּ אֶתְכֶם
נְאֻם־יְהוָה׃ מַבְלִיגִיתִי עֲלֵי יָגוֹן עָלַי לִבִּי דַוָּי׃ הִנֵּה־קוֹל שַׁוְעַת

בַּת־עַמִּי מֵאֶרֶץ מַרְחַקִּים הַיהוָה אֵין בְּצִיּוֹן אִם־מַלְכָּהּ אֵין בָּהּ מַדּוּעַ הִכְעִסוּנִי
בִּפְסִלֵיהֶם בְּהַבְלֵי נֵכָר׃ עָבַר קָצִיר כָּלָה קָיִץ וַאֲנַחְנוּ לוֹא נוֹשָׁעְנוּ׃ עַל־שֶׁבֶר
בַּת־עַמִּי הָשְׁבָּרְתִּי קָדַרְתִּי שַׁמָּה הֶחֱזִקָתְנִי׃ הַצֳרִי אֵין בְּגִלְעָד אִם־רֹפֵא אֵין
שָׁם כִּי מַדּוּעַ לֹא עָלְתָה אֲרֻכַת בַּת־עַמִּי׃ מִי־יִתֵּן רֹאשִׁי מַיִם וְעֵינִי
מְקוֹר דִּמְעָה וְאֶבְכֶּה יוֹמָם וָלַיְלָה אֵת חַלְלֵי בַת־עַמִּי׃ מִי־יִתְּנֵנִי בַמִּדְבָּר מְלוֹן
אֹרְחִים וְאֶעֶזְבָה אֶת־עַמִּי וְאֵלְכָה מֵאִתָּם כִּי כֻלָּם מְנָאֲפִים עֲצֶרֶת בֹּגְדִים׃
וַיַּדְרְכוּ אֶת־לְשׁוֹנָם קַשְׁתָּם שֶׁקֶר וְלֹא לֶאֱמוּנָה גָּבְרוּ בָאָרֶץ כִּי מֵרָעָה אֶל־
רָעָה ׀ יָצָאוּ וְאֹתִי לֹא־יָדָעוּ נְאֻם־יְהוָה׃ אִישׁ מֵרֵעֵהוּ הִשָּׁמֵרוּ וְעַל־כָּל־אָח
אַל־תִּבְטָחוּ כִּי כָל־אָח עָקוֹב יַעְקֹב וְכָל־רֵעַ רָכִיל יַהֲלֹךְ׃ וְאִישׁ בְּרֵעֵהוּ יְהָתֵלּוּ
וֶאֱמֶת לֹא יְדַבֵּרוּ לִמְּדוּ לְשׁוֹנָם דַּבֶּר־שֶׁקֶר הַעֲוֵה נִלְאוּ׃ שִׁבְתְּךָ בְּתוֹךְ מִרְמָה
בְּמִרְמָה מֵאֲנוּ דַעַת־אוֹתִי נְאֻם־יְהוָה׃ לָכֵן כֹּה אָמַר יְהוָה צְבָאוֹת
הִנְנִי צוֹרְפָם וּבְחַנְתִּים כִּי־אֵיךְ אֶעֱשֶׂה מִפְּנֵי בַּת־עַמִּי׃ חֵץ שׁוֹחֵט לְשׁוֹנָם מִרְמָה שָׁחוּט
דִּבֵּר בְּפִיו שָׁלוֹם אֶת־רֵעֵהוּ יְדַבֵּר וּבְקִרְבּוֹ יָשִׂים אָרְבּוֹ׃ הַעַל־אֵלֶּה לֹא־אֶפְקָד־
בָּם נְאֻם־יְהוָה אִם בְּגוֹי אֲשֶׁר־כָּזֶה לֹא תִתְנַקֵּם נַפְשִׁי׃ עַל־הֶהָרִים
אֶשָּׂא בְכִי וָנֶהִי וְעַל־נְאוֹת מִדְבָּר קִינָה כִּי נִצְּתוּ מִבְּלִי־אִישׁ עֹבֵר וְלֹא שָׁמְעוּ
קוֹל מִקְנֶה מֵעוֹף הַשָּׁמַיִם וְעַד־בְּהֵמָה נָדְדוּ הָלָכוּ׃ וְנָתַתִּי אֶת־יְרוּשָׁלִַם
לְגַלִּים מְעוֹן תַּנִּים וְאֶת־עָרֵי יְהוּדָה אֶתֵּן שְׁמָמָה מִבְּלִי יוֹשֵׁב׃ מִי־
הָאִישׁ הֶחָכָם וְיָבֵן אֶת־זֹאת וַאֲשֶׁר דִּבֶּר פִּי־יְהוָה אֵלָיו וְיַגִּדָהּ עַל־מָה אָבְדָה
הָאָרֶץ נִצְּתָה כַמִּדְבָּר מִבְּלִי עֹבֵר׃ וַיֹּאמֶר יְהוָה עַל־עָזְבָם
אֶת־תּוֹרָתִי אֲשֶׁר נָתַתִּי לִפְנֵיהֶם וְלֹא־שָׁמְעוּ בְקוֹלִי וְלֹא־הָלְכוּ בָהּ׃ וַיֵּלְכוּ
אַחֲרֵי שְׁרִרוּת לִבָּם וְאַחֲרֵי הַבְּעָלִים אֲשֶׁר לִמְּדוּם אֲבוֹתָם׃ לָכֵן
כֹּה־אָמַר יְהוָה צְבָאוֹת אֱלֹהֵי יִשְׂרָאֵל הִנְנִי מַאֲכִילָם אֶת־הָעָם הַזֶּה לַעֲנָה
וְהִשְׁקִיתִים מֵי־רֹאשׁ׃ וַהֲפִצוֹתִים בַּגּוֹיִם אֲשֶׁר לֹא יָדְעוּ הֵמָּה וַאֲבוֹתָם וְשִׁלַּחְתִּי
אַחֲרֵיהֶם אֶת־הַחֶרֶב עַד כַּלּוֹתִי אוֹתָם׃ כֹּה אָמַר יְהוָה צְבָאוֹת
הִתְבּוֹנְנוּ וְקִרְאוּ לַמְקוֹנְנוֹת וּתְבוֹאֶינָה וְאֶל־הַחֲכָמוֹת שִׁלְחוּ וְתָבוֹאנָה׃
וּתְמַהֵרְנָה וְתִשֶּׂנָה עָלֵינוּ נֶהִי וְתֵרַדְנָה עֵינֵינוּ דִּמְעָה וְעַפְעַפֵּינוּ יִזְּלוּ־מָיִם׃
כִּי קוֹל נְהִי נִשְׁמַע מִצִּיּוֹן אֵיךְ שֻׁדָּדְנוּ בֹּשְׁנוּ מְאֹד כִּי־עָזַבְנוּ אָרֶץ כִּי הִשְׁלִיכוּ
מִשְׁכְּנוֹתֵינוּ׃ כִּי־שְׁמַעְנָה נָשִׁים דְּבַר־יְהוָה וְתִקַּח אָזְנְכֶם דְּבַר־

פִּיו וְלַמֵּדְנָה בְנוֹתֵיכֶם נֶהִי וְאִשָּׁה רְעוּתָהּ קִינָה׃ כִּי־עָלָה מָוֶת בְּחַלּוֹנֵינוּ בָּא בְּאַרְמְנוֹתֵינוּ לְהַכְרִית עוֹלָל מִחוּץ בַּחוּרִים מֵרְחֹבוֹת׃ דַּבֵּר כֹּה נְאֻם־יְהוָֹה וְנָפְלָה נִבְלַת הָאָדָם כְּדֹמֶן עַל־פְּנֵי הַשָּׂדֶה וּכְעָמִיר מֵאַחֲרֵי הַקֹּצֵר וְאֵין מְאַסֵּף׃ כֹּה ׀ אָמַר יְהוָֹה אַל־יִתְהַלֵּל חָכָם בְּחָכְמָתוֹ וְאַל־יִתְהַלֵּל הַגִּבּוֹר בִּגְבוּרָתוֹ אַל־יִתְהַלֵּל עָשִׁיר בְּעָשְׁרוֹ׃ כִּי אִם־בְּזֹאת יִתְהַלֵּל הַמִּתְהַלֵּל הַשְׂכֵּל וְיָדֹעַ אוֹתִי כִּי אֲנִי יְהוָֹה עֹשֶׂה חֶסֶד מִשְׁפָּט וּצְדָקָה בָּאָרֶץ כִּי־בְאֵלֶּה חָפַצְתִּי נְאֻם־יְהוָֹה׃

קריאה ליום הראשון של חנוכה — PRIMER DÍA DE JANUCÁ

במדבר ז:א-יז וַיְהִי בְּיוֹם כַּלּוֹת מֹשֶׁה לְהָקִים אֶת־הַמִּשְׁכָּן וַיִּמְשַׁח אֹתוֹ וַיְקַדֵּשׁ אֹתוֹ וְאֶת־
כָּל־כֵּלָיו וְאֶת־הַמִּזְבֵּחַ וְאֶת־כָּל־כֵּלָיו וַיִּמְשָׁחֵם וַיְקַדֵּשׁ אֹתָם׃ וַיַּקְרִיבוּ נְשִׂיאֵי
יִשְׂרָאֵל רָאשֵׁי בֵּית אֲבֹתָם הֵם נְשִׂיאֵי הַמַּטֹּת הֵם הָעֹמְדִים עַל־הַפְּקֻדִים׃
וַיָּבִיאוּ אֶת־קָרְבָּנָם לִפְנֵי יְהוָֹה שֵׁשׁ־עֶגְלֹת צָב וּשְׁנֵי־עָשָׂר בָּקָר עֲגָלָה עַל־שְׁנֵי
הַנְּשִׂאִים וְשׁוֹר לְאֶחָד וַיַּקְרִיבוּ אוֹתָם לִפְנֵי הַמִּשְׁכָּן׃ וַיֹּאמֶר יְהוָֹה אֶל־מֹשֶׁה
לֵּאמֹר׃ קַח מֵאִתָּם וְהָיוּ לַעֲבֹד אֶת־עֲבֹדַת אֹהֶל מוֹעֵד וְנָתַתָּה אוֹתָם אֶל־
הַלְוִיִּם אִישׁ כְּפִי עֲבֹדָתוֹ׃ וַיִּקַּח מֹשֶׁה אֶת־הָעֲגָלֹת וְאֶת־הַבָּקָר וַיִּתֵּן אוֹתָם
אֶל־הַלְוִיִּם׃ אֵת ׀ שְׁתֵּי הָעֲגָלוֹת וְאֵת אַרְבַּעַת הַבָּקָר נָתַן לִבְנֵי גֵרְשׁוֹן כְּפִי
עֲבֹדָתָם׃ וְאֵת ׀ אַרְבַּע הָעֲגָלֹת וְאֵת שְׁמֹנַת הַבָּקָר נָתַן לִבְנֵי מְרָרִי כְּפִי עֲבֹדָתָם
בְּיַד אִיתָמָר בֶּן־אַהֲרֹן הַכֹּהֵן׃ וְלִבְנֵי קְהָת לֹא נָתָן כִּי־עֲבֹדַת הַקֹּדֶשׁ עֲלֵהֶם
בַּכָּתֵף יִשָּׂאוּ׃ וַיַּקְרִיבוּ הַנְּשִׂאִים אֵת חֲנֻכַּת הַמִּזְבֵּחַ בְּיוֹם הִמָּשַׁח אֹתוֹ וַיַּקְרִיבוּ
הַנְּשִׂיאִם אֶת־קָרְבָּנָם לִפְנֵי הַמִּזְבֵּחַ׃ וַיֹּאמֶר יְהוָֹה אֶל־מֹשֶׁה נָשִׂיא אֶחָד לַיּוֹם
לוי נָשִׂיא אֶחָד לַיּוֹם יַקְרִיבוּ אֶת־קָרְבָּנָם לַחֲנֻכַּת הַמִּזְבֵּחַ׃ *וַיְהִי
הַמַּקְרִיב בַּיּוֹם הָרִאשׁוֹן אֶת־קָרְבָּנוֹ נַחְשׁוֹן בֶּן־עַמִּינָדָב לְמַטֵּה יְהוּדָה׃ וְקָרְבָּנוֹ
קַעֲרַת־כֶּסֶף אַחַת שְׁלֹשִׁים וּמֵאָה מִשְׁקָלָהּ מִזְרָק אֶחָד כֶּסֶף שִׁבְעִים שֶׁקֶל
בְּשֶׁקֶל הַקֹּדֶשׁ שְׁנֵיהֶם ׀ מְלֵאִים סֹלֶת בְּלוּלָה בַשֶּׁמֶן לְמִנְחָה׃ כַּף אַחַת
ישראל עֲשָׂרָה זָהָב מְלֵאָה קְטֹרֶת׃ *פַּר אֶחָד בֶּן־בָּקָר אַיִל אֶחָד כֶּבֶשׂ־אֶחָד בֶּן־
שְׁנָתוֹ לְעֹלָה׃ שְׂעִיר־עִזִּים אֶחָד לְחַטָּאת׃ וּלְזֶבַח הַשְּׁלָמִים בָּקָר שְׁנַיִם
אֵילִם חֲמִשָּׁה עַתֻּדִים חֲמִשָּׁה כְּבָשִׂים בְּנֵי־שָׁנָה חֲמִשָּׁה זֶה קָרְבַּן נַחְשׁוֹן
בֶּן־עַמִּינָדָב׃

SEGUNDO DÍA DE JANUCÁ — קריאה ליום השני של חנוכה

En ארץ ישראל *el* שלישי *repite el primer párrafo: desde* בַּיּוֹם הַשֵּׁנִי *hasta* נְתַנְאֵל בֶּן־צוּעָר*.*

בַּיּוֹם הַשֵּׁנִי הִקְרִיב נְתַנְאֵל בֶּן־צוּעָר נְשִׂיא יִשָּׂשכָר: הִקְרִב אֶת־קָרְבָּנוֹ קַעֲרַת־ במדבר ז:יח-כט
כֶּסֶף אַחַת שְׁלֹשִׁים וּמֵאָה מִשְׁקָלָהּ מִזְרָק אֶחָד כֶּסֶף שִׁבְעִים שֶׁקֶל בְּשֶׁקֶל
הַקֹּדֶשׁ שְׁנֵיהֶם ׀ מְלֵאִים סֹלֶת בְּלוּלָה בַשֶּׁמֶן לְמִנְחָה: כַּף אַחַת עֲשָׂרָה זָהָב
מְלֵאָה קְטֹרֶת: *פַּר אֶחָד בֶּן־בָּקָר אַיִל אֶחָד כֶּבֶשׂ־אֶחָד בֶּן־שְׁנָתוֹ לְעֹלָה: לוי
שְׂעִיר־עִזִּים אֶחָד לְחַטָּאת: וּלְזֶבַח הַשְּׁלָמִים בָּקָר שְׁנַיִם אֵילִם חֲמִשָּׁה עַתֻּדִים
חֲמִשָּׁה כְּבָשִׂים בְּנֵי־שָׁנָה חֲמִשָּׁה זֶה קָרְבַּן נְתַנְאֵל בֶּן־צוּעָר:
בַּיּוֹם הַשְּׁלִישִׁי נָשִׂיא לִבְנֵי זְבוּלֻן אֱלִיאָב בֶּן־חֵלֹן: קָרְבָּנוֹ קַעֲרַת־כֶּסֶף אַחַת ישראל
שְׁלֹשִׁים וּמֵאָה מִשְׁקָלָהּ מִזְרָק אֶחָד כֶּסֶף שִׁבְעִים שֶׁקֶל בְּשֶׁקֶל הַקֹּדֶשׁ שְׁנֵיהֶם ׀
מְלֵאִים סֹלֶת בְּלוּלָה בַשֶּׁמֶן לְמִנְחָה: כַּף אַחַת עֲשָׂרָה זָהָב מְלֵאָה קְטֹרֶת:
פַּר אֶחָד בֶּן־בָּקָר אַיִל אֶחָד כֶּבֶשׂ־אֶחָד בֶּן־שְׁנָתוֹ לְעֹלָה: שְׂעִיר־עִזִּים אֶחָד
לְחַטָּאת: וּלְזֶבַח הַשְּׁלָמִים בָּקָר שְׁנַיִם אֵילִם חֲמִשָּׁה עַתֻּדִים חֲמִשָּׁה כְּבָשִׂים
בְּנֵי־שָׁנָה חֲמִשָּׁה זֶה קָרְבַּן אֱלִיאָב בֶּן־חֵלֹן:

TERCER DÍA DE JANUCÁ — קריאה ליום השלישי של חנוכה

En ארץ ישראל *el* שלישי *repite el primer párrafo: desde* בַּיּוֹם הַשְּׁלִישִׁי *hasta* אֱלִיאָב בֶּן־חֵלֹן*.*

בַּיּוֹם הַשְּׁלִישִׁי נָשִׂיא לִבְנֵי זְבוּלֻן אֱלִיאָב בֶּן־חֵלֹן: קָרְבָּנוֹ קַעֲרַת־כֶּסֶף אַחַת במדבר ז:כד-לה
שְׁלֹשִׁים וּמֵאָה מִשְׁקָלָהּ מִזְרָק אֶחָד כֶּסֶף שִׁבְעִים שֶׁקֶל בְּשֶׁקֶל הַקֹּדֶשׁ שְׁנֵיהֶם ׀
מְלֵאִים סֹלֶת בְּלוּלָה בַשֶּׁמֶן לְמִנְחָה: כַּף אַחַת עֲשָׂרָה זָהָב מְלֵאָה קְטֹרֶת:
*פַּר אֶחָד בֶּן־בָּקָר אַיִל אֶחָד כֶּבֶשׂ־אֶחָד בֶּן־שְׁנָתוֹ לְעֹלָה: שְׂעִיר־עִזִּים אֶחָד לוי
לְחַטָּאת: וּלְזֶבַח הַשְּׁלָמִים בָּקָר שְׁנַיִם אֵילִם חֲמִשָּׁה עַתֻּדִים חֲמִשָּׁה כְּבָשִׂים
בְּנֵי־שָׁנָה חֲמִשָּׁה זֶה קָרְבַּן אֱלִיאָב בֶּן־חֵלֹן:
בַּיּוֹם הָרְבִיעִי נָשִׂיא לִבְנֵי רְאוּבֵן אֱלִיצוּר בֶּן־שְׁדֵיאוּר: קָרְבָּנוֹ קַעֲרַת־כֶּסֶף ישראל
אַחַת שְׁלֹשִׁים וּמֵאָה מִשְׁקָלָהּ מִזְרָק אֶחָד כֶּסֶף שִׁבְעִים שֶׁקֶל בְּשֶׁקֶל הַקֹּדֶשׁ
שְׁנֵיהֶם ׀ מְלֵאִים סֹלֶת בְּלוּלָה בַשֶּׁמֶן לְמִנְחָה: כַּף אַחַת עֲשָׂרָה זָהָב מְלֵאָה
קְטֹרֶת: פַּר אֶחָד בֶּן־בָּקָר אַיִל אֶחָד כֶּבֶשׂ־אֶחָד בֶּן־שְׁנָתוֹ לְעֹלָה: שְׂעִיר־עִזִּים
אֶחָד לְחַטָּאת: וּלְזֶבַח הַשְּׁלָמִים בָּקָר שְׁנַיִם אֵילִם חֲמִשָּׁה עַתֻּדִים חֲמִשָּׁה
כְּבָשִׂים בְּנֵי־שָׁנָה חֲמִשָּׁה זֶה קָרְבַּן אֱלִיצוּר בֶּן־שְׁדֵיאוּר:

CUARTO DÍA DE JANUCÁ — קריאה ליום הרביעי של חנוכה

En ארץ ישראל *el* שלישי *repite el primer párrafo: desde* בַּיּוֹם הָרְבִיעִי *hasta* אֱלִיצוּר בֶּן־שְׁדֵיאוּר.

במדבר ז:ל–מא בַּיּוֹם הָרְבִיעִי נָשִׂיא לִבְנֵי רְאוּבֵן אֱלִיצוּר בֶּן־שְׁדֵיאוּר׃ קָרְבָּנוֹ קַעֲרַת־כֶּסֶף
אַחַת שְׁלֹשִׁים וּמֵאָה מִשְׁקָלָהּ מִזְרָק אֶחָד כֶּסֶף שִׁבְעִים שֶׁקֶל בְּשֶׁקֶל הַקֹּדֶשׁ
שְׁנֵיהֶם ׀ מְלֵאִים סֹלֶת בְּלוּלָה בַשֶּׁמֶן לְמִנְחָה׃ כַּף אַחַת עֲשָׂרָה זָהָב מְלֵאָה
לוי קְטֹרֶת׃ *פַּר אֶחָד בֶּן־בָּקָר אַיִל אֶחָד כֶּבֶשׂ־אֶחָד בֶּן־שְׁנָתוֹ לְעֹלָה׃ שְׂעִיר־
עִזִּים אֶחָד לְחַטָּאת׃ וּלְזֶבַח הַשְּׁלָמִים בָּקָר שְׁנַיִם אֵילִם חֲמִשָּׁה עַתֻּדִים חֲמִשָּׁה
כְּבָשִׂים בְּנֵי־שָׁנָה חֲמִשָּׁה זֶה קָרְבַּן אֱלִיצוּר בֶּן־שְׁדֵיאוּר׃

ישראל בַּיּוֹם הַחֲמִישִׁי נָשִׂיא לִבְנֵי שִׁמְעוֹן שְׁלֻמִיאֵל בֶּן־צוּרִישַׁדָּי׃ קָרְבָּנוֹ קַעֲרַת־כֶּסֶף
אַחַת שְׁלֹשִׁים וּמֵאָה מִשְׁקָלָהּ מִזְרָק אֶחָד כֶּסֶף שִׁבְעִים שֶׁקֶל בְּשֶׁקֶל הַקֹּדֶשׁ
שְׁנֵיהֶם ׀ מְלֵאִים סֹלֶת בְּלוּלָה בַשֶּׁמֶן לְמִנְחָה׃ כַּף אַחַת עֲשָׂרָה זָהָב מְלֵאָה
קְטֹרֶת׃ פַּר אֶחָד בֶּן־בָּקָר אַיִל אֶחָד כֶּבֶשׂ־אֶחָד בֶּן־שְׁנָתוֹ לְעֹלָה׃ שְׂעִיר־עִזִּים
אֶחָד לְחַטָּאת׃ וּלְזֶבַח הַשְּׁלָמִים בָּקָר שְׁנַיִם אֵילִם חֲמִשָּׁה עַתֻּדִים חֲמִשָּׁה
כְּבָשִׂים בְּנֵי־שָׁנָה חֲמִשָּׁה זֶה קָרְבַּן שְׁלֻמִיאֵל בֶּן־צוּרִישַׁדָּי׃

QUINTO DÍA DE JANUCÁ — קריאה ליום החמישי של חנוכה

En ארץ ישראל *el* שלישי *repite el primer párrafo: desde* בַּיּוֹם הַחֲמִישִׁי *hasta* שְׁלֻמִיאֵל בֶּן־צוּרִישַׁדָּי.

במדבר ז:לו–מז בַּיּוֹם הַחֲמִישִׁי נָשִׂיא לִבְנֵי שִׁמְעוֹן שְׁלֻמִיאֵל בֶּן־צוּרִישַׁדָּי׃ קָרְבָּנוֹ קַעֲרַת־
כֶּסֶף אַחַת שְׁלֹשִׁים וּמֵאָה מִשְׁקָלָהּ מִזְרָק אֶחָד כֶּסֶף שִׁבְעִים שֶׁקֶל בְּשֶׁקֶל
הַקֹּדֶשׁ שְׁנֵיהֶם ׀ מְלֵאִים סֹלֶת בְּלוּלָה בַשֶּׁמֶן לְמִנְחָה׃ כַּף אַחַת עֲשָׂרָה זָהָב
לוי מְלֵאָה קְטֹרֶת׃ *פַּר אֶחָד בֶּן־בָּקָר אַיִל אֶחָד כֶּבֶשׂ־אֶחָד בֶּן־שְׁנָתוֹ לְעֹלָה׃
שְׂעִיר־עִזִּים אֶחָד לְחַטָּאת׃ וּלְזֶבַח הַשְּׁלָמִים בָּקָר שְׁנַיִם אֵילִם חֲמִשָּׁה עַתֻּדִים
חֲמִשָּׁה כְּבָשִׂים בְּנֵי־שָׁנָה חֲמִשָּׁה זֶה קָרְבַּן שְׁלֻמִיאֵל בֶּן־צוּרִישַׁדָּי׃

ישראל בַּיּוֹם הַשִּׁשִּׁי נָשִׂיא לִבְנֵי גָד אֶלְיָסָף בֶּן־דְּעוּאֵל׃ קָרְבָּנוֹ קַעֲרַת־כֶּסֶף אַחַת
שְׁלֹשִׁים וּמֵאָה מִשְׁקָלָהּ מִזְרָק אֶחָד כֶּסֶף שִׁבְעִים שֶׁקֶל בְּשֶׁקֶל הַקֹּדֶשׁ שְׁנֵיהֶם ׀
מְלֵאִים סֹלֶת בְּלוּלָה בַשֶּׁמֶן לְמִנְחָה׃ כַּף אַחַת עֲשָׂרָה זָהָב מְלֵאָה קְטֹרֶת׃
פַּר אֶחָד בֶּן־בָּקָר אַיִל אֶחָד כֶּבֶשׂ־אֶחָד בֶּן־שְׁנָתוֹ לְעֹלָה׃ שְׂעִיר־עִזִּים אֶחָד
לְחַטָּאת׃ וּלְזֶבַח הַשְּׁלָמִים בָּקָר שְׁנַיִם אֵילִם חֲמִשָּׁה עַתֻּדִים חֲמִשָּׁה כְּבָשִׂים
בְּנֵי־שָׁנָה חֲמִשָּׁה זֶה קָרְבַּן אֶלְיָסָף בֶּן־דְּעוּאֵל׃

קריאה ליום השישי של חנוכה וראש חודש

SEXTO DÍA DE JANUCÁ Y ROSH JODESH

El sexto día es ראש חודש טבת. *Se extraen dos* ספרי תורה *del* ארון קודש. *En el primero se lee la* קריאת התורה *de* ראש חודש *(página 1171) y en el segundo se lee* בַּיּוֹם הַשִּׁשִּׁי.

במדבר ז:מב–מז בַּיּוֹם הַשִּׁשִּׁי נָשִׂיא לִבְנֵי גָד אֶלְיָסָף בֶּן־דְּעוּאֵל׃ קָרְבָּנוֹ קַעֲרַת־כֶּסֶף אַחַת
שְׁלֹשִׁים וּמֵאָה מִשְׁקָלָהּ מִזְרָק אֶחָד כֶּסֶף שִׁבְעִים שֶׁקֶל בְּשֶׁקֶל הַקֹּדֶשׁ שְׁנֵיהֶם ׀
מְלֵאִים סֹלֶת בְּלוּלָה בַשֶּׁמֶן לְמִנְחָה׃ כַּף אַחַת עֲשָׂרָה זָהָב מְלֵאָה קְטֹרֶת׃
פַּר אֶחָד בֶּן־בָּקָר אַיִל אֶחָד כֶּבֶשׂ־אֶחָד בֶּן־שְׁנָתוֹ לְעֹלָה׃ שְׂעִיר־עִזִּים אֶחָד
לְחַטָּאת׃ וּלְזֶבַח הַשְּׁלָמִים בָּקָר שְׁנַיִם אֵילִם חֲמִשָּׁה עַתֻּדִים חֲמִשָּׁה כְּבָשִׂים
בְּנֵי־שָׁנָה חֲמִשָּׁה זֶה קָרְבַּן אֶלְיָסָף בֶּן־דְּעוּאֵל׃

קריאה ליום השביעי של חנוכה וראש חודש

SÉPTIMO DÍA DE JANUCÁ Y ROSH JODESH

Si el séptimo día es también ראש חודש*, entonces se extraen dos* ספרי תורה *del* ארון קודש. *En el primero se lee el* קריאת התורה *de* ראש חודש *(página 1171) y en el segundo se lee* בַּיּוֹם הַשְּׁבִיעִי.

במדבר ז:מח–נג בַּיּוֹם הַשְּׁבִיעִי נָשִׂיא לִבְנֵי אֶפְרָיִם אֱלִישָׁמָע בֶּן־עַמִּיהוּד׃ קָרְבָּנוֹ קַעֲרַת־כֶּסֶף
אַחַת שְׁלֹשִׁים וּמֵאָה מִשְׁקָלָהּ מִזְרָק אֶחָד כֶּסֶף שִׁבְעִים שֶׁקֶל בְּשֶׁקֶל הַקֹּדֶשׁ
שְׁנֵיהֶם ׀ מְלֵאִים סֹלֶת בְּלוּלָה בַשֶּׁמֶן לְמִנְחָה׃ כַּף אַחַת עֲשָׂרָה זָהָב מְלֵאָה
קְטֹרֶת׃ פַּר אֶחָד בֶּן־בָּקָר אַיִל אֶחָד כֶּבֶשׂ־אֶחָד בֶּן־שְׁנָתוֹ לְעֹלָה׃ שְׂעִיר־עִזִּים
אֶחָד לְחַטָּאת׃ וּלְזֶבַח הַשְּׁלָמִים בָּקָר שְׁנַיִם אֵילִם חֲמִשָּׁה עַתֻּדִים חֲמִשָּׁה
כְּבָשִׂים בְּנֵי־שָׁנָה חֲמִשָּׁה זֶה קָרְבַּן אֱלִישָׁמָע בֶּן־עַמִּיהוּד׃

קריאה ליום השביעי של חנוכה — SÉPTIMO DÍA DE JANUCÁ

Si el séptimo día no es ראש חודש *entonces se lee lo de abajo. En* ארץ ישראל *el* שלישי *repite el primer párrafo:* בַּיּוֹם הַשְּׁבִיעִי *hasta* אֱלִישָׁמָע בֶּן־עַמִּיהוּד.

במדבר ז:מח–נט בַּיּוֹם הַשְּׁבִיעִי נָשִׂיא לִבְנֵי אֶפְרָיִם אֱלִישָׁמָע בֶּן־עַמִּיהוּד׃ קָרְבָּנוֹ קַעֲרַת־כֶּסֶף
אַחַת שְׁלֹשִׁים וּמֵאָה מִשְׁקָלָהּ מִזְרָק אֶחָד כֶּסֶף שִׁבְעִים שֶׁקֶל בְּשֶׁקֶל הַקֹּדֶשׁ
שְׁנֵיהֶם ׀ מְלֵאִים סֹלֶת בְּלוּלָה בַשֶּׁמֶן לְמִנְחָה׃ כַּף אַחַת עֲשָׂרָה זָהָב מְלֵאָה
קְטֹרֶת׃ *פַּר אֶחָד בֶּן־בָּקָר אַיִל אֶחָד כֶּבֶשׂ־אֶחָד בֶּן־שְׁנָתוֹ לְעֹלָה׃ שְׂעִיר־ לוי

עִזִּים אֶחָד לְחַטָּאת: וּלְזֶבַח הַשְּׁלָמִים בָּקָר שְׁנַיִם אֵילִם חֲמִשָּׁה עַתֻּדִים
חֲמִשָּׁה כְּבָשִׂים בְּנֵי־שָׁנָה חֲמִשָּׁה זֶה קָרְבַּן אֱלִישָׁמָע בֶּן־עַמִּיהוּד:

ישראל בַּיּוֹם הַשְּׁמִינִי נָשִׂיא לִבְנֵי מְנַשֶּׁה גַּמְלִיאֵל בֶּן־פְּדָהצוּר: קָרְבָּנוֹ קַעֲרַת־כֶּסֶף
אַחַת שְׁלֹשִׁים וּמֵאָה מִשְׁקָלָהּ מִזְרָק אֶחָד כֶּסֶף שִׁבְעִים שֶׁקֶל בְּשֶׁקֶל הַקֹּדֶשׁ
שְׁנֵיהֶם ׀ מְלֵאִים סֹלֶת בְּלוּלָה בַשֶּׁמֶן לְמִנְחָה: כַּף אַחַת עֲשָׂרָה זָהָב מְלֵאָה
קְטֹרֶת: פַּר אֶחָד בֶּן־בָּקָר אַיִל אֶחָד כֶּבֶשׂ־אֶחָד בֶּן־שְׁנָתוֹ לְעֹלָה: שְׂעִיר־עִזִּים
אֶחָד לְחַטָּאת: וּלְזֶבַח הַשְּׁלָמִים בָּקָר שְׁנַיִם אֵילִם חֲמִשָּׁה עַתֻּדִים חֲמִשָּׁה
כְּבָשִׂים בְּנֵי־שָׁנָה חֲמִשָּׁה זֶה קָרְבַּן גַּמְלִיאֵל בֶּן־פְּדָהצוּר:

קריאה ליום השמיני של חנוכה — OCTAVO DÍA DE JANUCÁ

במדבר ז:נד–ח:ד בַּיּוֹם הַשְּׁמִינִי נָשִׂיא לִבְנֵי מְנַשֶּׁה גַּמְלִיאֵל בֶּן־פְּדָהצוּר: קָרְבָּנוֹ קַעֲרַת־כֶּסֶף
אַחַת שְׁלֹשִׁים וּמֵאָה מִשְׁקָלָהּ מִזְרָק אֶחָד כֶּסֶף שִׁבְעִים שֶׁקֶל בְּשֶׁקֶל הַקֹּדֶשׁ
שְׁנֵיהֶם ׀ מְלֵאִים סֹלֶת בְּלוּלָה בַשֶּׁמֶן לְמִנְחָה: כַּף אַחַת עֲשָׂרָה זָהָב מְלֵאָה
לוי קְטֹרֶת: *פַּר אֶחָד בֶּן־בָּקָר אַיִל אֶחָד כֶּבֶשׂ־אֶחָד בֶּן־שְׁנָתוֹ לְעֹלָה: שְׂעִיר־עִזִּים
אֶחָד לְחַטָּאת: וּלְזֶבַח הַשְּׁלָמִים בָּקָר שְׁנַיִם אֵילִם חֲמִשָּׁה עַתֻּדִים חֲמִשָּׁה
כְּבָשִׂים בְּנֵי־שָׁנָה חֲמִשָּׁה זֶה קָרְבַּן גַּמְלִיאֵל בֶּן־פְּדָהצוּר:

ישראל בַּיּוֹם הַתְּשִׁיעִי נָשִׂיא לִבְנֵי בִנְיָמִן אֲבִידָן בֶּן־גִּדְעֹנִי: קָרְבָּנוֹ קַעֲרַת־כֶּסֶף אַחַת
שְׁלֹשִׁים וּמֵאָה מִשְׁקָלָהּ מִזְרָק אֶחָד כֶּסֶף שִׁבְעִים שֶׁקֶל בְּשֶׁקֶל הַקֹּדֶשׁ שְׁנֵיהֶם ׀
מְלֵאִים סֹלֶת בְּלוּלָה בַשֶּׁמֶן לְמִנְחָה: כַּף אַחַת עֲשָׂרָה זָהָב מְלֵאָה קְטֹרֶת:
פַּר אֶחָד בֶּן־בָּקָר אַיִל אֶחָד כֶּבֶשׂ־אֶחָד בֶּן־שְׁנָתוֹ לְעֹלָה: שְׂעִיר־עִזִּים אֶחָד
לְחַטָּאת: וּלְזֶבַח הַשְּׁלָמִים בָּקָר שְׁנַיִם אֵילִם חֲמִשָּׁה עַתֻּדִים חֲמִשָּׁה כְּבָשִׂים
בְּנֵי־שָׁנָה חֲמִשָּׁה זֶה קָרְבַּן אֲבִידָן בֶּן־גִּדְעֹנִי:

בַּיּוֹם הָעֲשִׂירִי נָשִׂיא לִבְנֵי דָן אֲחִיעֶזֶר בֶּן־עַמִּישַׁדָּי: קָרְבָּנוֹ קַעֲרַת־כֶּסֶף אַחַת
שְׁלֹשִׁים וּמֵאָה מִשְׁקָלָהּ מִזְרָק אֶחָד כֶּסֶף שִׁבְעִים שֶׁקֶל בְּשֶׁקֶל הַקֹּדֶשׁ שְׁנֵיהֶם ׀
מְלֵאִים סֹלֶת בְּלוּלָה בַשֶּׁמֶן לְמִנְחָה: כַּף אַחַת עֲשָׂרָה זָהָב מְלֵאָה קְטֹרֶת:
פַּר אֶחָד בֶּן־בָּקָר אַיִל אֶחָד כֶּבֶשׂ־אֶחָד בֶּן־שְׁנָתוֹ לְעֹלָה: שְׂעִיר־עִזִּים אֶחָד
לְחַטָּאת: וּלְזֶבַח הַשְּׁלָמִים בָּקָר שְׁנַיִם אֵילִם חֲמִשָּׁה עַתֻּדִים חֲמִשָּׁה כְּבָשִׂים
בְּנֵי־שָׁנָה חֲמִשָּׁה זֶה קָרְבַּן אֲחִיעֶזֶר בֶּן־עַמִּישַׁדָּי:

בְּיוֹם עַשְׁתֵּי עָשָׂר יוֹם נָשִׂיא לִבְנֵי אָשֵׁר פַּגְעִיאֵל בֶּן־עָכְרָן׃ קָרְבָּנוֹ קַעֲרַת־כֶּסֶף אַחַת שְׁלֹשִׁים וּמֵאָה מִשְׁקָלָהּ מִזְרָק אֶחָד כֶּסֶף שִׁבְעִים שֶׁקֶל בְּשֶׁקֶל הַקֹּדֶשׁ שְׁנֵיהֶם ׀ מְלֵאִים סֹלֶת בְּלוּלָה בַשֶּׁמֶן לְמִנְחָה׃ כַּף אַחַת עֲשָׂרָה זָהָב מְלֵאָה קְטֹרֶת׃ פַּר אֶחָד בֶּן־בָּקָר אַיִל אֶחָד כֶּבֶשׂ־אֶחָד בֶּן־שְׁנָתוֹ לְעֹלָה׃ שְׂעִיר־עִזִּים אֶחָד לְחַטָּאת׃ וּלְזֶבַח הַשְּׁלָמִים בָּקָר שְׁנַיִם אֵילִם חֲמִשָּׁה עַתֻּדִים חֲמִשָּׁה כְּבָשִׂים בְּנֵי־שָׁנָה חֲמִשָּׁה זֶה קָרְבַּן פַּגְעִיאֵל בֶּן־עָכְרָן׃

בְּיוֹם שְׁנֵים עָשָׂר יוֹם נָשִׂיא לִבְנֵי נַפְתָּלִי אֲחִירַע בֶּן־עֵינָן׃ קָרְבָּנוֹ קַעֲרַת־כֶּסֶף אַחַת שְׁלֹשִׁים וּמֵאָה מִשְׁקָלָהּ מִזְרָק אֶחָד כֶּסֶף שִׁבְעִים שֶׁקֶל בְּשֶׁקֶל הַקֹּדֶשׁ שְׁנֵיהֶם ׀ מְלֵאִים סֹלֶת בְּלוּלָה בַשֶּׁמֶן לְמִנְחָה׃ כַּף אַחַת עֲשָׂרָה זָהָב מְלֵאָה קְטֹרֶת׃ פַּר אֶחָד בֶּן־בָּקָר אַיִל אֶחָד כֶּבֶשׂ־אֶחָד בֶּן־שְׁנָתוֹ לְעֹלָה׃ שְׂעִיר־עִזִּים אֶחָד לְחַטָּאת׃ וּלְזֶבַח הַשְּׁלָמִים בָּקָר שְׁנַיִם אֵילִם חֲמִשָּׁה עַתֻּדִים חֲמִשָּׁה כְּבָשִׂים בְּנֵי־שָׁנָה חֲמִשָּׁה זֶה קָרְבַּן אֲחִירַע בֶּן־עֵינָן׃

זֹאת ׀ חֲנֻכַּת הַמִּזְבֵּחַ בְּיוֹם הִמָּשַׁח אֹתוֹ מֵאֵת נְשִׂיאֵי יִשְׂרָאֵל קַעֲרֹת כֶּסֶף שְׁתֵּים עֶשְׂרֵה מִזְרְקֵי־כֶסֶף שְׁנֵים עָשָׂר כַּפּוֹת זָהָב שְׁתֵּים עֶשְׂרֵה׃ שְׁלֹשִׁים וּמֵאָה הַקְּעָרָה הָאַחַת כֶּסֶף וְשִׁבְעִים הַמִּזְרָק הָאֶחָד כֹּל כֶּסֶף הַכֵּלִים אַלְפַּיִם וְאַרְבַּע־מֵאוֹת בְּשֶׁקֶל הַקֹּדֶשׁ׃ כַּפּוֹת זָהָב שְׁתֵּים־עֶשְׂרֵה מְלֵאֹת קְטֹרֶת עֲשָׂרָה עֲשָׂרָה הַכַּף בְּשֶׁקֶל הַקֹּדֶשׁ כָּל־זְהַב הַכַּפּוֹת עֶשְׂרִים וּמֵאָה׃ כָּל־הַבָּקָר לָעֹלָה שְׁנֵים עָשָׂר פָּרִים אֵילִם שְׁנֵים־עָשָׂר כְּבָשִׂים בְּנֵי־שָׁנָה שְׁנֵים עָשָׂר וּמִנְחָתָם וּשְׂעִירֵי עִזִּים שְׁנֵים עָשָׂר לְחַטָּאת׃ וְכֹל בְּקַר ׀ זֶבַח הַשְּׁלָמִים עֶשְׂרִים וְאַרְבָּעָה פָּרִים אֵילִם שִׁשִּׁים עַתֻּדִים שִׁשִּׁים כְּבָשִׂים בְּנֵי־שָׁנָה שִׁשִּׁים זֹאת חֲנֻכַּת הַמִּזְבֵּחַ אַחֲרֵי הִמָּשַׁח אֹתוֹ׃ וּבְבֹא מֹשֶׁה אֶל־אֹהֶל מוֹעֵד לְדַבֵּר אִתּוֹ וַיִּשְׁמַע אֶת־הַקּוֹל מִדַּבֵּר אֵלָיו מֵעַל הַכַּפֹּרֶת אֲשֶׁר עַל־אֲרֹן הָעֵדֻת מִבֵּין שְׁנֵי הַכְּרֻבִים וַיְדַבֵּר אֵלָיו׃

וַיְדַבֵּר יהוה אֶל־מֹשֶׁה לֵּאמֹר׃ דַּבֵּר אֶל־אַהֲרֹן וְאָמַרְתָּ אֵלָיו בְּהַעֲלֹתְךָ אֶת־הַנֵּרֹת אֶל־מוּל פְּנֵי הַמְּנוֹרָה יָאִירוּ שִׁבְעַת הַנֵּרוֹת׃ וַיַּעַשׂ כֵּן אַהֲרֹן אֶל־מוּל פְּנֵי הַמְּנוֹרָה הֶעֱלָה נֵרֹתֶיהָ כַּאֲשֶׁר צִוָּה יהוה אֶת־מֹשֶׁה׃ וְזֶה מַעֲשֵׂה הַמְּנֹרָה מִקְשָׁה זָהָב עַד־יְרֵכָהּ עַד־פִּרְחָהּ מִקְשָׁה הִוא כַּמַּרְאֶה אֲשֶׁר הֶרְאָה יהוה אֶת־מֹשֶׁה כֵּן עָשָׂה אֶת־הַמְּנֹרָה׃

קריאה לפורים

PURIM

שמות יז:ח–טז וַיָּבֹא עֲמָלֵק וַיִּלָּחֶם עִם־יִשְׂרָאֵל בִּרְפִידִם׃ וַיֹּאמֶר מֹשֶׁה אֶל־יְהוֹשֻׁעַ בְּחַר־
לָנוּ אֲנָשִׁים וְצֵא הִלָּחֵם בַּעֲמָלֵק מָחָר אָנֹכִי נִצָּב עַל־רֹאשׁ הַגִּבְעָה וּמַטֵּה
הָאֱלֹהִים בְּיָדִי׃ וַיַּעַשׂ יְהוֹשֻׁעַ כַּאֲשֶׁר אָמַר־לוֹ מֹשֶׁה לְהִלָּחֵם בַּעֲמָלֵק
לוי וּמֹשֶׁה אַהֲרֹן וְחוּר עָלוּ רֹאשׁ הַגִּבְעָה׃ *וְהָיָה כַּאֲשֶׁר יָרִים מֹשֶׁה יָדוֹ וְגָבַר
יִשְׂרָאֵל וְכַאֲשֶׁר יָנִיחַ יָדוֹ וְגָבַר עֲמָלֵק׃ וִידֵי מֹשֶׁה כְּבֵדִים וַיִּקְחוּ־אֶבֶן וַיָּשִׂימוּ
תַחְתָּיו וַיֵּשֶׁב עָלֶיהָ וְאַהֲרֹן וְחוּר תָּמְכוּ בְיָדָיו מִזֶּה אֶחָד וּמִזֶּה אֶחָד וַיְהִי
יָדָיו אֱמוּנָה עַד־בֹּא הַשָּׁמֶשׁ׃ וַיַּחֲלֹשׁ יְהוֹשֻׁעַ אֶת־עֲמָלֵק וְאֶת־עַמּוֹ לְפִי־
חָרֶב׃
ישראל וַיֹּאמֶר יְהוָֹה אֶל־מֹשֶׁה כְּתֹב זֹאת זִכָּרוֹן בַּסֵּפֶר וְשִׂים בְּאָזְנֵי יְהוֹשֻׁעַ כִּי־מָחֹה
אֶמְחֶה אֶת־זֵכֶר עֲמָלֵק מִתַּחַת הַשָּׁמָיִם׃ וַיִּבֶן מֹשֶׁה מִזְבֵּחַ וַיִּקְרָא שְׁמוֹ יְהוָֹה ׀
נִסִּי׃ וַיֹּאמֶר כִּי־יָד עַל־כֵּס יָהּ מִלְחָמָה לַיהוָֹה בַּעֲמָלֵק מִדֹּר דֹּר׃

קריאת התורה לשלוש רגלים

GUÍA DE LAS PORCIONES DE LECTURA DE LA TORÁ PARA PESAJ, SHAVU'OT Y SUCOT

Día	*Porción de la Torá*	*Maftir*	*Haftará*
Primer día de Pesaj	1184	1185	1185
Segundo día de Pesaj (fuera de Israel)	1187	1185	1189
Primer día de Jol HaMo'ed Pesaj	1190		
Segundo día de Jol HaMo'ed Pesaj	1192		
Tercer día de Jol HaMo'ed Pesaj	1193		
Cuarto día de Jol HaMo'ed Pesaj	1195		
Shabat Jol HaMo'ed Pesaj	1196	1195	1198
Séptimo día de Pesaj	1198	1202	1202
Último día de Pesaj (fuera de Israel)	1205	1202	1207
Primer día de Shavu'ot	1208	1211	1211
Segundo día de Shavu'ot (fuera de Israel)	1205	1211	1213
Primer día de Sucot	1187	1214	1214
Segundo día de Sucot (fuera de Israel)	1187	1214	1216
Primer día de Jol HaMo'ed Sucot	1217		
Segundo día de Jol HaMo'ed Sucot	1217		
Tercer día de Jol HaMo'ed Sucot	1218		
Cuarto día de Jol HaMo'ed Sucot	1219		
Quinto día de Jol HaMo'ed Sucot (en Israel)	1220		
Shabat Jol HaMo'ed Sucot	1196	1217–1219	1221
Hoshaná Rabá	1220		
Sheminí Atzeret (fuera de Israel)	1205	1222	1222
Simjat Torá	1223	1219	1228

קריאה ליום הראשון של פסח

LECTURA DE LA TORÁ PARA EL PRIMER DÍA DE PESAJ

שמות יב:כא–נא וַיִּקְרָא מֹשֶׁה לְכָל־זִקְנֵי יִשְׂרָאֵל וַיֹּאמֶר אֲלֵהֶם מִשְׁכוּ וּקְחוּ לָכֶם צֹאן
לְמִשְׁפְּחֹתֵיכֶם וְשַׁחֲטוּ הַפָּסַח: וּלְקַחְתֶּם אֲגֻדַּת אֵזוֹב וּטְבַלְתֶּם בַּדָּם אֲשֶׁר־
בַּסַּף וְהִגַּעְתֶּם אֶל־הַמַּשְׁקוֹף וְאֶל־שְׁתֵּי הַמְּזוּזֹת מִן־הַדָּם אֲשֶׁר בַּסָּף וְאַתֶּם
לֹא תֵצְאוּ אִישׁ מִפֶּתַח־בֵּיתוֹ עַד־בֹּקֶר: וְעָבַר יהוה לִנְגֹּף אֶת־מִצְרַיִם וְרָאָה
אֶת־הַדָּם עַל־הַמַּשְׁקוֹף וְעַל שְׁתֵּי הַמְּזוּזֹת וּפָסַח יהוה עַל־הַפֶּתַח וְלֹא
יִתֵּן הַמַּשְׁחִית לָבֹא אֶל־בָּתֵּיכֶם לִנְגֹּף: וּשְׁמַרְתֶּם אֶת־הַדָּבָר הַזֶּה לְחָק־
לוי לְךָ וּלְבָנֶיךָ עַד־עוֹלָם: *וְהָיָה כִּי־תָבֹאוּ אֶל־הָאָרֶץ אֲשֶׁר יִתֵּן יהוה לָכֶם
כַּאֲשֶׁר דִּבֵּר וּשְׁמַרְתֶּם אֶת־הָעֲבֹדָה הַזֹּאת: וְהָיָה כִּי־יֹאמְרוּ אֲלֵיכֶם בְּנֵיכֶם
מָה הָעֲבֹדָה הַזֹּאת לָכֶם: וַאֲמַרְתֶּם זֶבַח־פֶּסַח הוּא לַיהוה אֲשֶׁר פָּסַח עַל־
בָּתֵּי בְנֵי־יִשְׂרָאֵל בְּמִצְרַיִם בְּנָגְפּוֹ אֶת־מִצְרַיִם וְאֶת־בָּתֵּינוּ הִצִּיל וַיִּקֹּד הָעָם
וַיִּשְׁתַּחֲווּ: וַיֵּלְכוּ וַיַּעֲשׂוּ בְּנֵי יִשְׂרָאֵל כַּאֲשֶׁר צִוָּה יהוה אֶת־מֹשֶׁה וְאַהֲרֹן כֵּן
שלישי עָשׂוּ: *וַיְהִי ׀ בַּחֲצִי הַלַּיְלָה וַיהוה הִכָּה כָל־בְּכוֹר בְּאֶרֶץ מִצְרַיִם
מִבְּכֹר פַּרְעֹה הַיֹּשֵׁב עַל־כִּסְאוֹ עַד בְּכוֹר הַשְּׁבִי אֲשֶׁר בְּבֵית הַבּוֹר וְכֹל בְּכוֹר
בְּהֵמָה: וַיָּקָם פַּרְעֹה לַיְלָה הוּא וְכָל־עֲבָדָיו וְכָל־מִצְרַיִם וַתְּהִי צְעָקָה גְדֹלָה
בְּמִצְרָיִם כִּי־אֵין בַּיִת אֲשֶׁר אֵין־שָׁם מֵת: וַיִּקְרָא לְמֹשֶׁה וּלְאַהֲרֹן לַיְלָה
וַיֹּאמֶר קוּמוּ צְּאוּ מִתּוֹךְ עַמִּי גַּם־אַתֶּם גַּם־בְּנֵי יִשְׂרָאֵל וּלְכוּ עִבְדוּ אֶת־
יהוה כְּדַבֶּרְכֶם: גַּם־צֹאנְכֶם גַּם־בְּקַרְכֶם קְחוּ כַּאֲשֶׁר דִּבַּרְתֶּם וָלֵכוּ וּבֵרַכְתֶּם
(בשבת רביעי) גַּם־אֹתִי: *וַתֶּחֱזַק מִצְרַיִם עַל־הָעָם לְמַהֵר לְשַׁלְּחָם מִן־הָאָרֶץ כִּי אָמְרוּ
כֻּלָּנוּ מֵתִים: וַיִּשָּׂא הָעָם אֶת־בְּצֵקוֹ טֶרֶם יֶחְמָץ מִשְׁאֲרֹתָם צְרֻרֹת בְּשִׂמְלֹתָם
עַל־שִׁכְמָם: וּבְנֵי־יִשְׂרָאֵל עָשׂוּ כִּדְבַר מֹשֶׁה וַיִּשְׁאֲלוּ מִמִּצְרַיִם כְּלֵי־כֶסֶף וּכְלֵי
זָהָב וּשְׂמָלֹת: וַיהוה נָתַן אֶת־חֵן הָעָם בְּעֵינֵי מִצְרַיִם וַיַּשְׁאִלוּם וַיְנַצְּלוּ אֶת־
מִצְרָיִם:

רביעי (בשבת חמישי) וַיִּסְעוּ בְנֵי־יִשְׂרָאֵל מֵרַעְמְסֵס סֻכֹּתָה כְּשֵׁשׁ־מֵאוֹת אֶלֶף רַגְלִי הַגְּבָרִים לְבַד
מִטָּף: וְגַם־עֵרֶב רַב עָלָה אִתָּם וְצֹאן וּבָקָר מִקְנֶה כָּבֵד מְאֹד: וַיֹּאפוּ אֶת־
הַבָּצֵק אֲשֶׁר הוֹצִיאוּ מִמִּצְרַיִם עֻגֹת מַצּוֹת כִּי לֹא חָמֵץ כִּי־גֹרְשׁוּ מִמִּצְרַיִם וְלֹא
יָכְלוּ לְהִתְמַהְמֵהַּ וְגַם־צֵדָה לֹא־עָשׂוּ לָהֶם: וּמוֹשַׁב בְּנֵי יִשְׂרָאֵל אֲשֶׁר יָשְׁבוּ
בְּמִצְרָיִם שְׁלֹשִׁים שָׁנָה וְאַרְבַּע מֵאוֹת שָׁנָה: וַיְהִי מִקֵּץ שְׁלֹשִׁים שָׁנָה וְאַרְבַּע
מֵאוֹת שָׁנָה וַיְהִי בְּעֶצֶם הַיּוֹם הַזֶּה יָצְאוּ כָּל־צִבְאוֹת יהוה מֵאֶרֶץ מִצְרָיִם:

לֵיל שִׁמֻּרִים הוּא לַיהוָה לְהוֹצִיאָם מֵאֶרֶץ מִצְרָיִם הוּא־הַלַּיְלָה הַזֶּה לַיהוָה
שִׁמֻּרִים לְכָל־בְּנֵי יִשְׂרָאֵל לְדֹרֹתָם׃
וַיֹּאמֶר יְהוָה אֶל־מֹשֶׁה וְאַהֲרֹן זֹאת חֻקַּת הַפָּסַח כָּל־בֶּן־נֵכָר לֹא־יֹאכַל בּוֹ׃ חמישי (בשבת
וְכָל־עֶבֶד אִישׁ מִקְנַת־כָּסֶף וּמַלְתָּה אֹתוֹ אָז יֹאכַל בּוֹ׃ תּוֹשָׁב וְשָׂכִיר לֹא־ שישי)
יֹאכַל בּוֹ׃ בְּבַיִת אֶחָד יֵאָכֵל לֹא־תוֹצִיא מִן־הַבַּיִת מִן־הַבָּשָׂר חוּצָה וְעֶצֶם
לֹא תִשְׁבְּרוּ־בוֹ׃ כָּל־עֲדַת יִשְׂרָאֵל יַעֲשׂוּ אֹתוֹ׃ *וְכִי־יָגוּר אִתְּךָ גֵּר וְעָשָׂה פֶסַח (בשבת
לַיהוָה הִמּוֹל לוֹ כָל־זָכָר וְאָז יִקְרַב לַעֲשֹׂתוֹ וְהָיָה כְּאֶזְרַח הָאָרֶץ וְכָל־עָרֵל שביעי)
לֹא־יֹאכַל בּוֹ׃ תּוֹרָה אַחַת יִהְיֶה לָאֶזְרָח וְלַגֵּר הַגָּר בְּתוֹכְכֶם׃ וַיַּעֲשׂוּ כָּל־בְּנֵי
יִשְׂרָאֵל כַּאֲשֶׁר צִוָּה יְהוָה אֶת־מֹשֶׁה וְאֶת־אַהֲרֹן כֵּן עָשׂוּ׃ וַיְהִי בְּעֶצֶם
הַיּוֹם הַזֶּה הוֹצִיא יְהוָה אֶת־בְּנֵי יִשְׂרָאֵל מֵאֶרֶץ מִצְרַיִם עַל־צִבְאֹתָם׃

מפטיר ליום הראשון והשני של פסח

MAFTIR PARA EL PRIMER Y SEGUNDO DÍA DE PESAJ

Tras חצי קדיש *(página 533) el* מפטיר *es leído del segundo* ספר תורה *tanto en el primero como en el segundo día de* פסח.

וּבַחֹדֶשׁ הָרִאשׁוֹן בְּאַרְבָּעָה עָשָׂר יוֹם לַחֹדֶשׁ פֶּסַח לַיהוָה׃ וּבַחֲמִשָּׁה עָשָׂר במדבר כח:טז-כה
יוֹם לַחֹדֶשׁ הַזֶּה חָג שִׁבְעַת יָמִים מַצּוֹת יֵאָכֵל׃ בַּיּוֹם הָרִאשׁוֹן מִקְרָא־קֹדֶשׁ
כָּל־מְלֶאכֶת עֲבֹדָה לֹא תַעֲשׂוּ׃ וְהִקְרַבְתֶּם אִשֶּׁה עֹלָה לַיהוָה פָּרִים בְּנֵי־בָקָר
שְׁנַיִם וְאַיִל אֶחָד וְשִׁבְעָה כְבָשִׂים בְּנֵי שָׁנָה תְּמִימִם יִהְיוּ לָכֶם׃ וּמִנְחָתָם
סֹלֶת בְּלוּלָה בַשָּׁמֶן שְׁלֹשָׁה עֶשְׂרֹנִים לַפָּר וּשְׁנֵי עֶשְׂרֹנִים לָאַיִל תַּעֲשׂוּ׃ עִשָּׂרוֹן
עִשָּׂרוֹן תַּעֲשֶׂה לַכֶּבֶשׂ הָאֶחָד לְשִׁבְעַת הַכְּבָשִׂים׃ וּשְׂעִיר חַטָּאת אֶחָד לְכַפֵּר
עֲלֵיכֶם׃ מִלְּבַד עֹלַת הַבֹּקֶר אֲשֶׁר לְעֹלַת הַתָּמִיד תַּעֲשׂוּ אֶת־אֵלֶּה׃ כָּאֵלֶּה
תַּעֲשׂוּ לַיּוֹם שִׁבְעַת יָמִים לֶחֶם אִשֵּׁה רֵיחַ־נִיחֹחַ לַיהוָה עַל־עוֹלַת הַתָּמִיד
יֵעָשֶׂה וְנִסְכּוֹ׃ וּבַיּוֹם הַשְּׁבִיעִי מִקְרָא־קֹדֶשׁ יִהְיֶה לָכֶם כָּל־מְלֶאכֶת עֲבֹדָה
לֹא תַעֲשׂוּ׃

הפטרה ליום הראשון של פסח

HAFTARÁ PARA EL PRIMER DÍA DE PESAJ

En algunas comunidades la הפטרה *comienza con* בָּעֵת הַהִיא *abajo (marcado con *).*

וַיֹּאמֶר יְהוֹשֻׁעַ אֶל־הָעָם הִתְקַדָּשׁוּ כִּי מָחָר יַעֲשֶׂה יְהוָה בְּקִרְבְּכֶם נִפְלָאוֹת׃ יהושע ג:ה-ו
וַיֹּאמֶר יְהוֹשֻׁעַ אֶל־הַכֹּהֲנִים לֵאמֹר שְׂאוּ אֶת־אֲרוֹן הַבְּרִית וְעִבְרוּ לִפְנֵי הָעָם

וישאו את־ארון הברית וילכו לפני העם: ויאמר יהוה אל־
יהושע היום הזה אחל גדלך בעיני כל־ישראל אשר ידעון כי כאשר הייתי
עם־משה אהיה עמך:

יהושע ה:ב–ו:א *בעת ההיא אמר יהוה אל־יהושע עשה לך חרבות צרים ושוב מל את־
בני־ישראל שנית: ויעש־לו יהושע חרבות צרים וימל את־בני ישראל
אל־גבעת הערלות: וזה הדבר אשר־מל יהושע כל־העם היצא ממצרים
הזכרים כל ו אנשי המלחמה מתו במדבר בדרך בצאתם ממצרים: כי־
מלים היו כל־העם היצאים וכל־העם הילדים במדבר בדרך בצאתם
ממצרים לא־מלו: כי ו ארבעים שנה הלכו בני־ישראל במדבר עד־תם
כל־הגוי אנשי המלחמה היצאים ממצרים אשר לא־שמעו בקול יהוה
אשר נשבע יהוה להם לבלתי הראותם את־הארץ אשר נשבע יהוה
לאבותם לתת לנו ארץ זבת חלב ודבש: ואת־בניהם הקים תחתם אתם
מל יהושע כי־ערלים היו כי לא־מלו אותם בדרך: ויהי כאשר־תמו כל־
הגוי להמול וישבו תחתם במחנה עד חיותם: ויאמר יהוה
אל־יהושע היום גלותי את־חרפת מצרים מעליכם ויקרא שם המקום
ההוא גלגל עד היום הזה: ויחנו בני־ישראל בגלגל ויעשו את־הפסח
בארבעה עשר יום לחדש בערב בערבות יריחו: ויאכלו מעבור הארץ
ממחרת הפסח מצות וקלוי בעצם היום הזה: וישבת המן ממחרת באכלם
מעבור הארץ ולא־היה עוד לבני ישראל מן ויאכלו מתבואת ארץ כנען
בשנה ההיא: ויהי בהיות יהושע ביריחו וישא עיניו וירא
והנה־איש עמד לנגדו וחרבו שלופה בידו וילך יהושע אליו ויאמר לו
הלנו אתה אם־לצרינו: ויאמר ו לא כי אני שר־צבא־יהוה עתה באתי
ויפל יהושע אל־פניו ארצה וישתחו ויאמר לו מה אדני מדבר אל־עבדו:
ויאמר שר־צבא יהוה אל־יהושע של־נעלך מעל רגלך כי המקום אשר
אתה עמד עליו קדש הוא ויעש יהושע כן: ויריחו סגרת ומסגרת מפני בני
ישראל אין יוצא ואין בא:

Algunos agregan:

יהושע ו:כז ויהי יהוה את־יהושע ויהי שמעו בכל־הארץ:

Continuar con las bendiciones posteriores a la הפטרה *en la página 535.*

קריאה ליום השני של פסח,
וכן ליום הראשון של סוכות ויום טוב שני בחוץ לארץ

LECTURA DE LA TORÁ PARA EL SEGUNDO DÍA DE PESAJ, EL PRIMER DÍA DE SUCOT Y SU SEGUNDO DÍA FUERA DE ISRAEL

El primer día de חול המועד פסח *en* ארץ ישראל*, el* לוי *comienza donde lo debería hacer el* רביעי *en* שבת*, el* שלישי *lee hasta el final y el* רביעי *lee del segundo* ספר תורה.

(ויקרא כב: כו–כג: מד) וַיְדַבֵּר יְהוָה אֶל־מֹשֶׁה לֵּאמֹר׃ שׁוֹר אוֹ־כֶשֶׂב אוֹ־עֵז כִּי יִוָּלֵד וְהָיָה שִׁבְעַת יָמִים
תַּחַת אִמּוֹ וּמִיּוֹם הַשְּׁמִינִי וָהָלְאָה יֵרָצֶה לְקָרְבַּן אִשֶּׁה לַיהוָה׃ וְשׁוֹר אוֹ־שֶׂה
אֹתוֹ וְאֶת־בְּנוֹ לֹא תִשְׁחֲטוּ בְּיוֹם אֶחָד׃ וְכִי־תִזְבְּחוּ זֶבַח־תּוֹדָה לַיהוָה לִרְצֹנְכֶם
תִּזְבָּחוּ׃ בַּיּוֹם הַהוּא יֵאָכֵל לֹא־תוֹתִירוּ מִמֶּנּוּ עַד־בֹּקֶר אֲנִי יְהוָה׃ וּשְׁמַרְתֶּם
מִצְוֹתַי וַעֲשִׂיתֶם אֹתָם אֲנִי יְהוָה׃ וְלֹא תְחַלְּלוּ אֶת־שֵׁם קָדְשִׁי וְנִקְדַּשְׁתִּי בְּתוֹךְ
בְּנֵי יִשְׂרָאֵל אֲנִי יְהוָה מְקַדִּשְׁכֶם׃ הַמּוֹצִיא אֶתְכֶם מֵאֶרֶץ מִצְרַיִם לִהְיוֹת לָכֶם
לֵאלֹהִים אֲנִי יְהוָה׃

(בשבת לוי) וַיְדַבֵּר יְהוָה אֶל־מֹשֶׁה לֵּאמֹר׃ דַּבֵּר אֶל־בְּנֵי יִשְׂרָאֵל וְאָמַרְתָּ אֲלֵהֶם מוֹעֲדֵי
יְהוָה אֲשֶׁר־תִּקְרְאוּ אֹתָם מִקְרָאֵי קֹדֶשׁ אֵלֶּה הֵם מוֹעֲדָי׃ שֵׁשֶׁת יָמִים תֵּעָשֶׂה
מְלָאכָה וּבַיּוֹם הַשְּׁבִיעִי שַׁבַּת שַׁבָּתוֹן מִקְרָא־קֹדֶשׁ כָּל־מְלָאכָה לֹא תַעֲשׂוּ
שַׁבָּת הִוא לַיהוָה בְּכֹל מוֹשְׁבֹתֵיכֶם׃

לוי (בשבת שלישי) אֵלֶּה מוֹעֲדֵי יְהוָה מִקְרָאֵי קֹדֶשׁ אֲשֶׁר־תִּקְרְאוּ אֹתָם בְּמוֹעֲדָם׃ בַּחֹדֶשׁ
הָרִאשׁוֹן בְּאַרְבָּעָה עָשָׂר לַחֹדֶשׁ בֵּין הָעַרְבָּיִם פֶּסַח לַיהוָה׃ וּבַחֲמִשָּׁה עָשָׂר
יוֹם לַחֹדֶשׁ הַזֶּה חַג הַמַּצּוֹת לַיהוָה שִׁבְעַת יָמִים מַצּוֹת תֹּאכֵלוּ׃ בַּיּוֹם הָרִאשׁוֹן
מִקְרָא־קֹדֶשׁ יִהְיֶה לָכֶם כָּל־מְלֶאכֶת עֲבֹדָה לֹא תַעֲשׂוּ׃ וְהִקְרַבְתֶּם אִשֶּׁה
לַיהוָה שִׁבְעַת יָמִים בַּיּוֹם הַשְּׁבִיעִי מִקְרָא־קֹדֶשׁ כָּל־מְלֶאכֶת עֲבֹדָה לֹא
תַעֲשׂוּ׃

(בשבת רביעי לוי בחוה"מ פסח) וַיְדַבֵּר יְהוָה אֶל־מֹשֶׁה לֵּאמֹר׃ דַּבֵּר אֶל־בְּנֵי יִשְׂרָאֵל וְאָמַרְתָּ אֲלֵהֶם כִּי־
תָבֹאוּ אֶל־הָאָרֶץ אֲשֶׁר אֲנִי נֹתֵן לָכֶם וּקְצַרְתֶּם אֶת־קְצִירָהּ וַהֲבֵאתֶם אֶת־
עֹמֶר רֵאשִׁית קְצִירְכֶם אֶל־הַכֹּהֵן׃ וְהֵנִיף אֶת־הָעֹמֶר לִפְנֵי יְהוָה לִרְצֹנְכֶם
מִמָּחֳרַת הַשַּׁבָּת יְנִיפֶנּוּ הַכֹּהֵן׃ וַעֲשִׂיתֶם בְּיוֹם הֲנִיפְכֶם אֶת־הָעֹמֶר כֶּבֶשׂ
תָּמִים בֶּן־שְׁנָתוֹ לְעֹלָה לַיהוָה׃ וּמִנְחָתוֹ שְׁנֵי עֶשְׂרֹנִים סֹלֶת בְּלוּלָה בַשֶּׁמֶן
אִשֶּׁה לַיהוָה רֵיחַ נִיחֹחַ וְנִסְכֹּה יַיִן רְבִיעִת הַהִין׃ וְלֶחֶם וְקָלִי וְכַרְמֶל לֹא

תֹּאכְלוּ עַד־עֶצֶם הַיּוֹם הַזֶּה עַד הֲבִיאֲכֶם אֶת־קָרְבַּן אֱלֹהֵיכֶם חֻקַּת עוֹלָם לְדֹרֹתֵיכֶם בְּכֹל מֹשְׁבֹתֵיכֶם׃

שלישי ביו"ט ובחוה"מ (בשבת חמישי) *וּסְפַרְתֶּם לָכֶם מִמָּחֳרַת הַשַּׁבָּת מִיּוֹם הֲבִיאֲכֶם אֶת־עֹמֶר הַתְּנוּפָה שֶׁבַע שַׁבָּתוֹת תְּמִימֹת תִּהְיֶינָה׃ עַד מִמָּחֳרַת הַשַּׁבָּת הַשְּׁבִיעִת תִּסְפְּרוּ חֲמִשִּׁים יוֹם וְהִקְרַבְתֶּם מִנְחָה חֲדָשָׁה לַיהוָה׃ מִמּוֹשְׁבֹתֵיכֶם תָּבִיאּוּ ׀ לֶחֶם תְּנוּפָה שְׁתַּיִם שְׁנֵי עֶשְׂרֹנִים סֹלֶת תִּהְיֶינָה חָמֵץ תֵּאָפֶינָה בִּכּוּרִים לַיהוָה׃ וְהִקְרַבְתֶּם עַל־הַלֶּחֶם שִׁבְעַת כְּבָשִׂים תְּמִימִם בְּנֵי שָׁנָה וּפַר בֶּן־בָּקָר אֶחָד וְאֵילִם שְׁנָיִם יִהְיוּ עֹלָה לַיהוָה וּמִנְחָתָם וְנִסְכֵּיהֶם אִשֵּׁה רֵיחַ־נִיחֹחַ לַיהוָה׃ וַעֲשִׂיתֶם שְׂעִיר־עִזִּים אֶחָד לְחַטָּאת וּשְׁנֵי כְבָשִׂים בְּנֵי שָׁנָה לְזֶבַח שְׁלָמִים׃ וְהֵנִיף הַכֹּהֵן ׀ אֹתָם עַל לֶחֶם הַבִּכֻּרִים תְּנוּפָה לִפְנֵי יְהוָה עַל־שְׁנֵי כְּבָשִׂים קֹדֶשׁ יִהְיוּ לַיהוָה לַכֹּהֵן׃ וּקְרָאתֶם בְּעֶצֶם ׀ הַיּוֹם הַזֶּה מִקְרָא־קֹדֶשׁ יִהְיֶה לָכֶם כָּל־מְלֶאכֶת עֲבֹדָה לֹא תַעֲשׂוּ חֻקַּת עוֹלָם בְּכָל־מוֹשְׁבֹתֵיכֶם לְדֹרֹתֵיכֶם׃ וּבְקֻצְרְכֶם אֶת־קְצִיר אַרְצְכֶם לֹא־תְכַלֶּה פְּאַת שָׂדְךָ בְּקֻצְרֶךָ וְלֶקֶט קְצִירְךָ לֹא תְלַקֵּט לֶעָנִי וְלַגֵּר תַּעֲזֹב אֹתָם אֲנִי יְהוָה אֱלֹהֵיכֶם׃

רביעי (בשבת שישי) וַיְדַבֵּר יְהוָה אֶל־מֹשֶׁה לֵּאמֹר׃ דַּבֵּר אֶל־בְּנֵי יִשְׂרָאֵל לֵאמֹר בַּחֹדֶשׁ הַשְּׁבִיעִי בְּאֶחָד לַחֹדֶשׁ יִהְיֶה לָכֶם שַׁבָּתוֹן זִכְרוֹן תְּרוּעָה מִקְרָא־קֹדֶשׁ׃ כָּל־מְלֶאכֶת עֲבֹדָה לֹא תַעֲשׂוּ וְהִקְרַבְתֶּם אִשֶּׁה לַיהוָה׃ וַיְדַבֵּר יְהוָה אֶל־מֹשֶׁה לֵּאמֹר׃ אַךְ בֶּעָשׂוֹר לַחֹדֶשׁ הַשְּׁבִיעִי הַזֶּה יוֹם הַכִּפֻּרִים הוּא מִקְרָא־קֹדֶשׁ יִהְיֶה לָכֶם וְעִנִּיתֶם אֶת־נַפְשֹׁתֵיכֶם וְהִקְרַבְתֶּם אִשֶּׁה לַיהוָה׃ וְכָל־מְלָאכָה לֹא תַעֲשׂוּ בְּעֶצֶם הַיּוֹם הַזֶּה כִּי יוֹם כִּפֻּרִים הוּא לְכַפֵּר עֲלֵיכֶם לִפְנֵי יְהוָה אֱלֹהֵיכֶם׃ כִּי כָל־הַנֶּפֶשׁ אֲשֶׁר לֹא־תְעֻנֶּה בְּעֶצֶם הַיּוֹם הַזֶּה וְנִכְרְתָה מֵעַמֶּיהָ׃ וְכָל־הַנֶּפֶשׁ אֲשֶׁר תַּעֲשֶׂה כָּל־מְלָאכָה בְּעֶצֶם הַיּוֹם הַזֶּה וְהַאֲבַדְתִּי אֶת־הַנֶּפֶשׁ הַהִוא מִקֶּרֶב עַמָּהּ׃ כָּל־מְלָאכָה לֹא תַעֲשׂוּ חֻקַּת עוֹלָם לְדֹרֹתֵיכֶם בְּכֹל מֹשְׁבֹתֵיכֶם׃ שַׁבַּת שַׁבָּתוֹן הוּא לָכֶם וְעִנִּיתֶם אֶת־נַפְשֹׁתֵיכֶם בְּתִשְׁעָה לַחֹדֶשׁ בָּעֶרֶב מֵעֶרֶב עַד־עֶרֶב תִּשְׁבְּתוּ שַׁבַּתְּכֶם׃

חמישי (בשבת שביעי) וַיְדַבֵּר יְהוָה אֶל־מֹשֶׁה לֵּאמֹר׃ דַּבֵּר אֶל־בְּנֵי יִשְׂרָאֵל לֵאמֹר בַּחֲמִשָּׁה עָשָׂר יוֹם לַחֹדֶשׁ הַשְּׁבִיעִי הַזֶּה חַג הַסֻּכּוֹת שִׁבְעַת יָמִים לַיהוָה׃ בַּיּוֹם הָרִאשׁוֹן מִקְרָא־קֹדֶשׁ כָּל־מְלֶאכֶת עֲבֹדָה לֹא תַעֲשׂוּ׃ שִׁבְעַת יָמִים תַּקְרִיבוּ אִשֶּׁה לַיהוָה בַּיּוֹם הַשְּׁמִינִי מִקְרָא־קֹדֶשׁ יִהְיֶה לָכֶם וְהִקְרַבְתֶּם אִשֶּׁה לַיהוָה עֲצֶרֶת

הִוא כָּל־מְלֶאכֶת עֲבֹדָה לֹא תַעֲשׂוּ: אֵלֶּה מוֹעֲדֵי יְהוָה אֲשֶׁר־תִּקְרְאוּ אֹתָם
מִקְרָאֵי קֹדֶשׁ לְהַקְרִיב אִשֶּׁה לַיהוָה עֹלָה וּמִנְחָה זֶבַח וּנְסָכִים דְּבַר־יוֹם
בְּיוֹמוֹ: מִלְּבַד שַׁבְּתֹת יְהוָה וּמִלְּבַד מַתְּנוֹתֵיכֶם וּמִלְּבַד כָּל־נִדְרֵיכֶם וּמִלְּבַד
כָּל־נִדְבֹתֵיכֶם אֲשֶׁר תִּתְּנוּ לַיהוָה: אַךְ בַּחֲמִשָּׁה עָשָׂר יוֹם לַחֹדֶשׁ הַשְּׁבִיעִי
בְּאָסְפְּכֶם אֶת־תְּבוּאַת הָאָרֶץ תָּחֹגּוּ אֶת־חַג־יְהוָה שִׁבְעַת יָמִים בַּיּוֹם הָרִאשׁוֹן
שַׁבָּתוֹן וּבַיּוֹם הַשְּׁמִינִי שַׁבָּתוֹן: וּלְקַחְתֶּם לָכֶם בַּיּוֹם הָרִאשׁוֹן פְּרִי עֵץ הָדָר כַּפֹּת
תְּמָרִים וַעֲנַף עֵץ־עָבֹת וְעַרְבֵי־נָחַל וּשְׂמַחְתֶּם לִפְנֵי יְהוָה אֱלֹהֵיכֶם שִׁבְעַת
יָמִים: וְחַגֹּתֶם אֹתוֹ חַג לַיהוָה שִׁבְעַת יָמִים בַּשָּׁנָה חֻקַּת עוֹלָם לְדֹרֹתֵיכֶם
בַּחֹדֶשׁ הַשְּׁבִיעִי תָּחֹגּוּ אֹתוֹ: בַּסֻּכֹּת תֵּשְׁבוּ שִׁבְעַת יָמִים כָּל־הָאֶזְרָח בְּיִשְׂרָאֵל
יֵשְׁבוּ בַּסֻּכֹּת: לְמַעַן יֵדְעוּ דֹרֹתֵיכֶם כִּי בַסֻּכּוֹת הוֹשַׁבְתִּי אֶת־בְּנֵי יִשְׂרָאֵל
בְּהוֹצִיאִי אוֹתָם מֵאֶרֶץ מִצְרָיִם אֲנִי יְהוָה אֱלֹהֵיכֶם: וַיְדַבֵּר מֹשֶׁה אֶת־מֹעֲדֵי
יְהוָה אֶל־בְּנֵי יִשְׂרָאֵל:

Se recita חצי קדיש *(página 533).*
Se lee el מפטיר *del segundo* ספר תורה:
para el segundo día de פסח *esto está en la página 1185*
y el para los dos primeros días de סוכות *en la página 1214.*

הפטרה ליום טוב שני של פסח בחוץ לארץ

HAFTARÁ PARA EL SEGUNDO DÍA DE PESAJ (FUERA DE ISRAEL)

En algunas congregaciones la הפטרה *comienza en* וַיְצַו הַמֶּלֶךְ *abajo (señalado con *).*

מלכים ב׳ כג:א–ט וַיִּשְׁלַח הַמֶּלֶךְ וַיַּאַסְפוּ אֵלָיו כָּל־זִקְנֵי יְהוּדָה וִירוּשָׁלִָם: וַיַּעַל הַמֶּלֶךְ בֵּית־יְהוָה
וְכָל־אִישׁ יְהוּדָה וְכָל־יֹשְׁבֵי יְרוּשָׁלִַם אִתּוֹ וְהַכֹּהֲנִים וְהַנְּבִיאִים וְכָל־הָעָם
לְמִקָּטֹן וְעַד־גָּדוֹל וַיִּקְרָא בְאָזְנֵיהֶם אֶת־כָּל־דִּבְרֵי סֵפֶר הַבְּרִית הַנִּמְצָא בְּבֵית
יְהוָה: וַיַּעֲמֹד הַמֶּלֶךְ עַל־הָעַמּוּד וַיִּכְרֹת אֶת־הַבְּרִית ׀ לִפְנֵי יְהוָה לָלֶכֶת אַחַר
יְהוָה וְלִשְׁמֹר מִצְוֺתָיו וְאֶת־עֵדְוֺתָיו וְאֶת־חֻקֹּתָיו בְּכָל־לֵב וּבְכָל־נֶפֶשׁ לְהָקִים
אֶת־דִּבְרֵי הַבְּרִית הַזֹּאת הַכְּתֻבִים עַל־הַסֵּפֶר הַזֶּה וַיַּעֲמֹד כָּל־הָעָם בַּבְּרִית:
Algunos comienzan aquí *וַיְצַו הַמֶּלֶךְ אֶת־חִלְקִיָּהוּ הַכֹּהֵן הַגָּדוֹל וְאֶת־כֹּהֲנֵי הַמִּשְׁנֶה וְאֶת־שֹׁמְרֵי הַסַּף
לְהוֹצִיא מֵהֵיכַל יְהוָה אֵת כָּל־הַכֵּלִים הָעֲשׂוּיִם לַבַּעַל וְלָאֲשֵׁרָה וּלְכֹל צְבָא
הַשָּׁמָיִם וַיִּשְׂרְפֵם מִחוּץ לִירוּשָׁלִַם בְּשַׁדְמוֹת קִדְרוֹן וְנָשָׂא אֶת־עֲפָרָם בֵּית־

אֶל׃ וְהִשְׁבִּית אֶת־הַכְּמָרִים אֲשֶׁר נָתְנוּ מַלְכֵי יְהוּדָה וַיְקַטֵּר בַּבָּמוֹת בְּעָרֵי
יְהוּדָה וּמְסִבֵּי יְרוּשָׁלָ͏ִם וְאֶת־הַמְקַטְּרִים לַבַּעַל לַשֶּׁמֶשׁ וְלַיָּרֵחַ וְלַמַּזָּלוֹת וּלְכֹל
צְבָא הַשָּׁמָיִם׃ וַיֹּצֵא אֶת־הָאֲשֵׁרָה מִבֵּית יהוה מִחוּץ לִירוּשָׁלַ͏ִם אֶל־נַחַל
קִדְרוֹן וַיִּשְׂרֹף אֹתָהּ בְּנַחַל קִדְרוֹן וַיָּדֶק לְעָפָר וַיַּשְׁלֵךְ אֶת־עֲפָרָהּ עַל־קֶבֶר
בְּנֵי הָעָם׃ וַיִּתֹּץ אֶת־בָּתֵּי הַקְּדֵשִׁים אֲשֶׁר בְּבֵית יהוה אֲשֶׁר הַנָּשִׁים אֹרְגוֹת
שָׁם בָּתִּים לָאֲשֵׁרָה׃ וַיָּבֵא אֶת־כָּל־הַכֹּהֲנִים מֵעָרֵי יְהוּדָה וַיְטַמֵּא אֶת־הַבָּמוֹת
אֲשֶׁר קִטְּרוּ־שָׁמָּה הַכֹּהֲנִים מִגֶּבַע עַד־בְּאֵר שָׁבַע וְנָתַץ אֶת־בָּמוֹת הַשְּׁעָרִים
אֲשֶׁר־פֶּתַח שַׁעַר יְהוֹשֻׁעַ שַׂר־הָעִיר אֲשֶׁר־עַל־שְׂמֹאול אִישׁ בְּשַׁעַר הָעִיר׃
אַךְ לֹא יַעֲלוּ כֹּהֲנֵי הַבָּמוֹת אֶל־מִזְבַּח יהוה בִּירוּשָׁלָ͏ִם כִּי אִם־אָכְלוּ מַצּוֹת
בְּתוֹךְ אֲחֵיהֶם׃

*וַיְצַו הַמֶּלֶךְ אֶת־כָּל־הָעָם לֵאמֹר עֲשׂוּ פֶסַח לַיהוה אֱלֹהֵיכֶם כַּכָּתוּב עַל סֵפֶר מלכים ב׳
הַבְּרִית הַזֶּה׃ כִּי לֹא נַעֲשָׂה כַּפֶּסַח הַזֶּה מִימֵי הַשֹּׁפְטִים אֲשֶׁר שָׁפְטוּ אֶת־ כג:כא–כה
יִשְׂרָאֵל וְכֹל יְמֵי מַלְכֵי יִשְׂרָאֵל וּמַלְכֵי יְהוּדָה׃ כִּי אִם־בִּשְׁמֹנֶה עֶשְׂרֵה שָׁנָה
לַמֶּלֶךְ יֹאשִׁיָּהוּ נַעֲשָׂה הַפֶּסַח הַזֶּה לַיהוה בִּירוּשָׁלָ͏ִם׃ וְגַם אֶת־הָאֹבוֹת וְאֶת־
הַיִּדְּעֹנִים וְאֶת־הַתְּרָפִים וְאֶת־הַגִּלֻּלִים וְאֵת כָּל־הַשִּׁקֻּצִים אֲשֶׁר נִרְאוּ בְּאֶרֶץ
יְהוּדָה וּבִירוּשָׁלַ͏ִם בִּעֵר יֹאשִׁיָּהוּ לְמַעַן הָקִים אֶת־דִּבְרֵי הַתּוֹרָה הַכְּתֻבִים
עַל־הַסֵּפֶר אֲשֶׁר מָצָא חִלְקִיָּהוּ הַכֹּהֵן בֵּית יהוה׃ וְכָמֹהוּ לֹא־הָיָה לְפָנָיו מֶלֶךְ
אֲשֶׁר־שָׁב אֶל־יהוה בְּכָל־לְבָבוֹ וּבְכָל־נַפְשׁוֹ וּבְכָל־מְאֹדוֹ כְּכֹל תּוֹרַת מֹשֶׁה
וְאַחֲרָיו לֹא־קָם כָּמֹהוּ׃

Continúa con las bendiciones posteriores a la הפטרה *en la página 535.*

קריאה ליום א׳ דחול המועד פסח

LECTURA DE LA TORÁ PARA EL PRIMER DÍA DE JOL HAMO'ED PESAJ

Si el tercer día de פסח *cae en* שבת, *la lectura para* שבת חול המועד *se encuentra en la página 1196. En* ארץ ישראל, *la* קריאת התורה *para el primer día de* חול המועד *es la del segundo día de* יום טוב *(página 1187).*

וַיְדַבֵּר יהוה אֶל־מֹשֶׁה לֵּאמֹר׃ קַדֶּשׁ־לִי כָל־בְּכוֹר פֶּטֶר כָּל־רֶחֶם בִּבְנֵי יִשְׂרָאֵל שמות
בָּאָדָם וּבַבְּהֵמָה לִי הוּא׃ וַיֹּאמֶר מֹשֶׁה אֶל־הָעָם זָכוֹר אֶת־הַיּוֹם הַזֶּה אֲשֶׁר יג:א–טז
יְצָאתֶם מִמִּצְרַיִם מִבֵּית עֲבָדִים כִּי בְּחֹזֶק יָד הוֹצִיא יהוה אֶתְכֶם מִזֶּה וְלֹא

יֵאָכֵל חָמֵץ׃ הַיּוֹם אַתֶּם יֹצְאִים בְּחֹדֶשׁ הָאָבִיב׃ *וְהָיָה כִי־יְבִיאֲךָ יְהוָה לוי
אֶל־אֶרֶץ הַכְּנַעֲנִי וְהַחִתִּי וְהָאֱמֹרִי וְהַחִוִּי וְהַיְבוּסִי אֲשֶׁר נִשְׁבַּע לַאֲבֹתֶיךָ
לָתֶת לָךְ אֶרֶץ זָבַת חָלָב וּדְבָשׁ וְעָבַדְתָּ אֶת־הָעֲבֹדָה הַזֹּאת בַּחֹדֶשׁ הַזֶּה׃
שִׁבְעַת יָמִים תֹּאכַל מַצֹּת וּבַיּוֹם הַשְּׁבִיעִי חַג לַיהוָה׃ מַצּוֹת יֵאָכֵל אֵת שִׁבְעַת
הַיָּמִים וְלֹא־יֵרָאֶה לְךָ חָמֵץ וְלֹא־יֵרָאֶה לְךָ שְׂאֹר בְּכָל־גְּבֻלֶךָ׃ וְהִגַּדְתָּ לְבִנְךָ
בַּיּוֹם הַהוּא לֵאמֹר בַּעֲבוּר זֶה עָשָׂה יְהוָה לִי בְּצֵאתִי מִמִּצְרָיִם׃ וְהָיָה לְךָ
לְאוֹת עַל־יָדְךָ וּלְזִכָּרוֹן בֵּין עֵינֶיךָ לְמַעַן תִּהְיֶה תּוֹרַת יְהוָה בְּפִיךָ כִּי בְּיָד
חֲזָקָה הוֹצִאֲךָ יְהוָה מִמִּצְרָיִם׃ וְשָׁמַרְתָּ אֶת־הַחֻקָּה הַזֹּאת לְמוֹעֲדָהּ מִיָּמִים
יָמִימָה׃

וְהָיָה כִּי־יְבִאֲךָ יְהוָה אֶל־אֶרֶץ הַכְּנַעֲנִי כַּאֲשֶׁר נִשְׁבַּע לְךָ וְלַאֲבֹתֶיךָ וּנְתָנָהּ שלישי
לָךְ׃ וְהַעֲבַרְתָּ כָל־פֶּטֶר־רֶחֶם לַיהוָה וְכָל־פֶּטֶר ׀ שֶׁגֶר בְּהֵמָה אֲשֶׁר יִהְיֶה
לְךָ הַזְּכָרִים לַיהוָה׃ וְכָל־פֶּטֶר חֲמֹר תִּפְדֶּה בְשֶׂה וְאִם־לֹא תִפְדֶּה וַעֲרַפְתּוֹ
וְכֹל בְּכוֹר אָדָם בְּבָנֶיךָ תִּפְדֶּה׃ וְהָיָה כִּי־יִשְׁאָלְךָ בִנְךָ מָחָר לֵאמֹר מַה־זֹּאת
וְאָמַרְתָּ אֵלָיו בְּחֹזֶק יָד הוֹצִיאָנוּ יְהוָה מִמִּצְרַיִם מִבֵּית עֲבָדִים׃ וַיְהִי כִּי־
הִקְשָׁה פַרְעֹה לְשַׁלְּחֵנוּ וַיַּהֲרֹג יְהוָה כָּל־בְּכוֹר בְּאֶרֶץ מִצְרַיִם מִבְּכֹר אָדָם
וְעַד־בְּכוֹר בְּהֵמָה עַל־כֵּן אֲנִי זֹבֵחַ לַיהוָה כָּל־פֶּטֶר רֶחֶם הַזְּכָרִים וְכָל־בְּכוֹר בָּנַי
אֶפְדֶּה׃ וְהָיָה לְאוֹת עַל־יָדְכָה וּלְטוֹטָפֹת בֵּין עֵינֶיךָ כִּי בְּחֹזֶק יָד הוֹצִיאָנוּ יְהוָה
מִמִּצְרָיִם׃

Se alza el primer ספר תורה (*página 164*) *y se lee el* רביעי *del segundo* ספר תורה:

וְהִקְרַבְתֶּם אִשֶּׁה עֹלָה לַיהוָה פָּרִים בְּנֵי־בָקָר שְׁנַיִם וְאַיִל אֶחָד וְשִׁבְעָה כְבָשִׂים במדבר כח: יט–כה
בְּנֵי שָׁנָה תְּמִימִם יִהְיוּ לָכֶם׃ וּמִנְחָתָם סֹלֶת בְּלוּלָה בַשָּׁמֶן שְׁלֹשָׁה עֶשְׂרֹנִים
לַפָּר וּשְׁנֵי עֶשְׂרֹנִים לָאַיִל תַּעֲשׂוּ׃ עִשָּׂרוֹן עִשָּׂרוֹן תַּעֲשֶׂה לַכֶּבֶשׂ הָאֶחָד לְשִׁבְעַת
הַכְּבָשִׂים׃ וּשְׂעִיר חַטָּאת אֶחָד לְכַפֵּר עֲלֵיכֶם׃ מִלְּבַד עֹלַת הַבֹּקֶר אֲשֶׁר לְעֹלַת
הַתָּמִיד תַּעֲשׂוּ אֶת־אֵלֶּה׃ כָּאֵלֶּה תַּעֲשׂוּ לַיּוֹם שִׁבְעַת יָמִים לֶחֶם אִשֵּׁה רֵיחַ־
נִיחֹחַ לַיהוָה עַל־עוֹלַת הַתָּמִיד יֵעָשֶׂה וְנִסְכּוֹ׃ וּבַיּוֹם הַשְּׁבִיעִי מִקְרָא־קֹדֶשׁ
יִהְיֶה לָכֶם כָּל־מְלֶאכֶת עֲבֹדָה לֹא תַעֲשׂוּ׃

Se recita חצי קדיש *y se alza el segundo* ספר תורה (*página 165*).
Ambos ספרי תורה *son regresados al* ארון קודש (*página 167*).

קריאה ליום ב׳ דחול המועד פסח (יום ג׳ בארץ ישראל)

LECTURA DE LA TORÁ PARA EL SEGUNDO DÍA DE JOL HAMO'ED PESAJ (TERCER DÍA DE JOL HAMO'ED EN ISRAEL)

Si el cuarto día de פסח *cae en domingo se lee la* קריאת התורה *del tercer día (página 1190).*

שמות כב:כד-כג:יט אִם־כֶּסֶף ׀ תַּלְוֶה אֶת־עַמִּי אֶת־הֶעָנִי עִמָּךְ לֹא־תִהְיֶה לוֹ כְּנֹשֶׁה לֹא־תְשִׂימוּן
עָלָיו נֶשֶׁךְ׃ אִם־חָבֹל תַּחְבֹּל שַׂלְמַת רֵעֶךָ עַד־בֹּא הַשֶּׁמֶשׁ תְּשִׁיבֶנּוּ לוֹ׃ כִּי הִוא
כְסוּתֹה לְבַדָּהּ הִוא שִׂמְלָתוֹ לְעֹרוֹ בַּמֶּה יִשְׁכָּב וְהָיָה כִּי־יִצְעַק אֵלַי וְשָׁמַעְתִּי
לוי כִּי־חַנּוּן אָנִי׃ *אֱלֹהִים לֹא תְקַלֵּל וְנָשִׂיא בְעַמְּךָ לֹא תָאֹר׃ מְלֵאָתְךָ
וְדִמְעֲךָ לֹא תְאַחֵר בְּכוֹר בָּנֶיךָ תִּתֶּן־לִּי׃ כֵּן־תַּעֲשֶׂה לְשֹׁרְךָ לְצֹאנֶךָ שִׁבְעַת יָמִים
יִהְיֶה עִם־אִמּוֹ בַּיּוֹם הַשְּׁמִינִי תִּתְּנוֹ־לִי׃ וְאַנְשֵׁי־קֹדֶשׁ תִּהְיוּן לִי וּבָשָׂר בַּשָּׂדֶה
טְרֵפָה לֹא תֹאכֵלוּ לַכֶּלֶב תַּשְׁלִכוּן אֹתוֹ׃ לֹא תִשָּׂא שֵׁמַע שָׁוְא
אַל־תָּשֶׁת יָדְךָ עִם־רָשָׁע לִהְיֹת עֵד חָמָס׃ לֹא־תִהְיֶה אַחֲרֵי־רַבִּים לְרָעֹת וְלֹא־
תַעֲנֶה עַל־רִב לִנְטֹת אַחֲרֵי רַבִּים לְהַטֹּת׃ וְדָל לֹא תֶהְדַּר בְּרִיבוֹ׃ כִּי
תִפְגַּע שׁוֹר אֹיִבְךָ אוֹ חֲמֹרוֹ תֹּעֶה הָשֵׁב תְּשִׁיבֶנּוּ לוֹ׃ כִּי־תִרְאֶה חֲמוֹר
שלישי שֹׂנַאֲךָ רֹבֵץ תַּחַת מַשָּׂאוֹ וְחָדַלְתָּ מֵעֲזֹב לוֹ עָזֹב תַּעֲזֹב עִמּוֹ׃ *לֹא
תַטֶּה מִשְׁפַּט אֶבְיֹנְךָ בְּרִיבוֹ׃ מִדְּבַר־שֶׁקֶר תִּרְחָק וְנָקִי וְצַדִּיק אַל־תַּהֲרֹג
כִּי לֹא־אַצְדִּיק רָשָׁע׃ וְשֹׁחַד לֹא תִקָּח כִּי הַשֹּׁחַד יְעַוֵּר פִּקְחִים וִיסַלֵּף דִּבְרֵי
צַדִּיקִים׃ וְגֵר לֹא תִלְחָץ וְאַתֶּם יְדַעְתֶּם אֶת־נֶפֶשׁ הַגֵּר כִּי־גֵרִים הֱיִיתֶם בְּאֶרֶץ
מִצְרָיִם׃ וְשֵׁשׁ שָׁנִים תִּזְרַע אֶת־אַרְצֶךָ וְאָסַפְתָּ אֶת־תְּבוּאָתָהּ׃ וְהַשְּׁבִיעִת
תִּשְׁמְטֶנָּה וּנְטַשְׁתָּהּ וְאָכְלוּ אֶבְיֹנֵי עַמֶּךָ וְיִתְרָם תֹּאכַל חַיַּת הַשָּׂדֶה כֵּן־תַּעֲשֶׂה
לְכַרְמְךָ לְזֵיתֶךָ׃ שֵׁשֶׁת יָמִים תַּעֲשֶׂה מַעֲשֶׂיךָ וּבַיּוֹם הַשְּׁבִיעִי תִּשְׁבֹּת לְמַעַן
יָנוּחַ שׁוֹרְךָ וַחֲמֹרֶךָ וְיִנָּפֵשׁ בֶּן־אֲמָתְךָ וְהַגֵּר׃ וּבְכֹל אֲשֶׁר־אָמַרְתִּי אֲלֵיכֶם
תִּשָּׁמֵרוּ וְשֵׁם אֱלֹהִים אֲחֵרִים לֹא תַזְכִּירוּ לֹא יִשָּׁמַע עַל־פִּיךָ׃ שָׁלֹשׁ רְגָלִים
תָּחֹג לִי בַּשָּׁנָה׃ אֶת־חַג הַמַּצּוֹת תִּשְׁמֹר שִׁבְעַת יָמִים תֹּאכַל מַצּוֹת כַּאֲשֶׁר
צִוִּיתִךָ לְמוֹעֵד חֹדֶשׁ הָאָבִיב כִּי־בוֹ יָצָאתָ מִמִּצְרָיִם וְלֹא־יֵרָאוּ פָנַי רֵיקָם׃
וְחַג הַקָּצִיר בִּכּוּרֵי מַעֲשֶׂיךָ אֲשֶׁר תִּזְרַע בַּשָּׂדֶה וְחַג הָאָסִף בְּצֵאת הַשָּׁנָה
בְּאָסְפְּךָ אֶת־מַעֲשֶׂיךָ מִן־הַשָּׂדֶה׃ שָׁלֹשׁ פְּעָמִים בַּשָּׁנָה יֵרָאֶה כָּל־זְכוּרְךָ
אֶל־פְּנֵי הָאָדֹן ׀ יהוה׃ לֹא־תִזְבַּח עַל־חָמֵץ דַּם־זִבְחִי וְלֹא־יָלִין חֵלֶב־חַגִּי
עַד־בֹּקֶר׃ רֵאשִׁית בִּכּוּרֵי אַדְמָתְךָ תָּבִיא בֵּית יהוה אֱלֹהֶיךָ לֹא־תְבַשֵּׁל גְּדִי
בַּחֲלֵב אִמּוֹ׃

Se alza el primer ספר תורה *(página 164) y se lee el* רביעי *del segundo* ספר תורה*:*

במדבר כח: יט–כה והקרבתם אשה עלה ליהוה פרים בני־בקר שנים ואיל אחד ושבעה כבשים
בני שנה תמימם יהיו לכם: ומנחתם סלת בלולה בשמן שלשה עשרנים
לפר ושני עשרנים לאיל תעשו: עשרון עשרון תעשה לכבש האחד לשבעת
הכבשים: ושעיר חטאת אחד לכפר עליכם: מלבד עלת הבקר אשר לעלת
התמיד תעשו את־אלה: כאלה תעשו ליום שבעת ימים לחם אשה ריח־
ניחח ליהוה על־עולת התמיד יעשה ונסכו: וביום השביעי מקרא־קדש
יהיה לכם כל־מלאכת עבדה לא תעשו:

Se recita חצי קדיש *y se alza el segundo* ספר תורה *(página 165).*
Ambos ספרי תורה *son regresados al* ארון קודש *(página 167).*

קריאה ליום ג׳ דחול המועד פסח (יום ד׳ בארץ ישראל)

LECTURA DE LA TORÁ PARA EL TERCER DÍA DE JOL HAMO'ED PESAJ (CUARTO DÍA DE JOL HAMO'ED EN ISRAEL)

Si el quinto día de פסח *cae en* שבת*, se lee la* קריאת התורה *de* שבת חול המועד *(página 1196), si cae un lunes, se lee la* קריאת התורה *del cuarto día (página 1192).*

שמות לד:א–כו ויאמר יהוה אל־משה פסל־לך שני־לחת אבנים כראשנים וכתבתי על־
הלחת את־הדברים אשר היו על־הלחת הראשנים אשר שברת: והיה
נכון לבקר ועלית בבקר אל־הר סיני ונצבת לי שם על־ראש ההר: ואיש
לא־יעלה עמך וגם־איש אל־ירא בכל־ההר גם־הצאן והבקר אל־ירעו אל־
לוי מול ההר ההוא: *ויפסל שני־לחת אבנים כראשנים וישכם משה בבקר
ויעל אל־הר סיני כאשר צוה יהוה אתו ויקח בידו שני לחת אבנים: וירד
יהוה בענן ויתיצב עמו שם ויקרא בשם יהוה: ויעבר יהוה | על־פניו ויקרא
יהוה | יהוה אל רחום וחנון ארך אפים ורב־חסד ואמת: נצר חסד לאלפים
נשא עון ופשע וחטאה ונקה לא ינקה פקד | עון אבות על־בנים ועל־בני
בנים על־שלשים ועל־רבעים: וימהר משה ויקד ארצה וישתחו: ויאמר
אם־נא מצאתי חן בעיניך אדני ילך־נא אדני בקרבנו כי עם־קשה־ערף
הוא וסלחת לעוננו ולחטאתנו ונחלתנו: ויאמר הנה אנכי כרת ברית נגד
כל־עמך אעשה נפלאת אשר לא־נבראו בכל־הארץ ובכל־הגוים וראה
כל־העם אשר־אתה בקרבו את־מעשה יהוה כי־נורא הוא אשר אני עשה

שלישי עִמָּךְ: *שְׁמָר־לְךָ אֵת אֲשֶׁר אָנֹכִי מְצַוְּךָ הַיּוֹם הִנְנִי גֹרֵשׁ מִפָּנֶיךָ אֶת־הָאֱמֹרִי
וְהַכְּנַעֲנִי וְהַחִתִּי וְהַפְּרִזִּי וְהַחִוִּי וְהַיְבוּסִי: הִשָּׁמֶר לְךָ פֶּן־תִּכְרֹת בְּרִית לְיוֹשֵׁב
הָאָרֶץ אֲשֶׁר אַתָּה בָּא עָלֶיהָ פֶּן־יִהְיֶה לְמוֹקֵשׁ בְּקִרְבֶּךָ: כִּי אֶת־מִזְבְּחֹתָם
תִּתֹּצוּן וְאֶת־מַצֵּבֹתָם תְּשַׁבֵּרוּן וְאֶת־אֲשֵׁרָיו תִּכְרֹתוּן: כִּי לֹא תִשְׁתַּחֲוֶה לְאֵל
אַחֵר כִּי יהוה קַנָּא שְׁמוֹ אֵל קַנָּא הוּא: פֶּן־תִּכְרֹת בְּרִית לְיוֹשֵׁב הָאָרֶץ וְזָנוּ ׀
אַחֲרֵי אֱלֹהֵיהֶם וְזָבְחוּ לֵאלֹהֵיהֶם וְקָרָא לְךָ וְאָכַלְתָּ מִזִּבְחוֹ: וְלָקַחְתָּ מִבְּנֹתָיו
לְבָנֶיךָ וְזָנוּ בְנֹתָיו אַחֲרֵי אֱלֹהֵיהֶן וְהִזְנוּ אֶת־בָּנֶיךָ אַחֲרֵי אֱלֹהֵיהֶן: אֱלֹהֵי מַסֵּכָה
לֹא תַעֲשֶׂה־לָּךְ: אֶת־חַג הַמַּצּוֹת תִּשְׁמֹר שִׁבְעַת יָמִים תֹּאכַל מַצּוֹת אֲשֶׁר
צִוִּיתִךָ לְמוֹעֵד חֹדֶשׁ הָאָבִיב כִּי בְּחֹדֶשׁ הָאָבִיב יָצָאתָ מִמִּצְרָיִם: כָּל־פֶּטֶר
רֶחֶם לִי וְכָל־מִקְנְךָ תִּזָּכָר פֶּטֶר שׁוֹר וָשֶׂה: וּפֶטֶר חֲמוֹר תִּפְדֶּה בְשֶׂה וְאִם־
לֹא תִפְדֶּה וַעֲרַפְתּוֹ כֹּל בְּכוֹר בָּנֶיךָ תִּפְדֶּה וְלֹא־יֵרָאוּ פָנַי רֵיקָם: שֵׁשֶׁת יָמִים
תַּעֲבֹד וּבַיּוֹם הַשְּׁבִיעִי תִּשְׁבֹּת בֶּחָרִישׁ וּבַקָּצִיר תִּשְׁבֹּת: וְחַג שָׁבֻעֹת תַּעֲשֶׂה
לְךָ בִּכּוּרֵי קְצִיר חִטִּים וְחַג הָאָסִיף תְּקוּפַת הַשָּׁנָה: שָׁלֹשׁ פְּעָמִים בַּשָּׁנָה
יֵרָאֶה כָּל־זְכוּרְךָ אֶת־פְּנֵי הָאָדֹן ׀ יהוה אֱלֹהֵי יִשְׂרָאֵל: כִּי־אוֹרִישׁ גּוֹיִם מִפָּנֶיךָ
וְהִרְחַבְתִּי אֶת־גְּבֻלֶךָ וְלֹא־יַחְמֹד אִישׁ אֶת־אַרְצְךָ בַּעֲלֹתְךָ לֵרָאוֹת אֶת־פְּנֵי
יהוה אֱלֹהֶיךָ שָׁלֹשׁ פְּעָמִים בַּשָּׁנָה: לֹא־תִשְׁחַט עַל־חָמֵץ דַּם־זִבְחִי וְלֹא־יָלִין
לַבֹּקֶר זֶבַח חַג הַפָּסַח: רֵאשִׁית בִּכּוּרֵי אַדְמָתְךָ תָּבִיא בֵּית יהוה אֱלֹהֶיךָ
לֹא־תְבַשֵּׁל גְּדִי בַּחֲלֵב אִמּוֹ:

Se alza el primer ספר תורה *(página 165) y se lee el* רביעי *del segundo* ספר תורה*:*

במדבר כח:יט–כה
וְהִקְרַבְתֶּם אִשֶּׁה עֹלָה לַיהוה פָּרִים בְּנֵי־בָקָר שְׁנַיִם וְאַיִל אֶחָד וְשִׁבְעָה כְבָשִׂים
בְּנֵי שָׁנָה תְּמִימִם יִהְיוּ לָכֶם: וּמִנְחָתָם סֹלֶת בְּלוּלָה בַשָּׁמֶן שְׁלֹשָׁה עֶשְׂרֹנִים
לַפָּר וּשְׁנֵי עֶשְׂרֹנִים לָאַיִל תַּעֲשׂוּ: עִשָּׂרוֹן עִשָּׂרוֹן תַּעֲשֶׂה לַכֶּבֶשׂ הָאֶחָד לְשִׁבְעַת
הַכְּבָשִׂים: וּשְׂעִיר חַטָּאת אֶחָד לְכַפֵּר עֲלֵיכֶם: מִלְּבַד עֹלַת הַבֹּקֶר אֲשֶׁר לְעֹלַת
הַתָּמִיד תַּעֲשׂוּ אֶת־אֵלֶּה: כָּאֵלֶּה תַּעֲשׂוּ לַיּוֹם שִׁבְעַת יָמִים לֶחֶם אִשֵּׁה רֵיחַ־
נִיחֹחַ לַיהוה עַל־עוֹלַת הַתָּמִיד יֵעָשֶׂה וְנִסְכּוֹ: וּבַיּוֹם הַשְּׁבִיעִי מִקְרָא־קֹדֶשׁ
יִהְיֶה לָכֶם כָּל־מְלֶאכֶת עֲבֹדָה לֹא תַעֲשׂוּ:

Se recita חצי קדיש *y se alza el segundo* ספר תורה *(página 165).*
Ambos ספרי תורה *son regresados al* ארון קודש *(página 167).*

קריאה ליום ד׳ דחול המועד פסח (יום ה׳ בארץ ישראל)

LECTURA DE LA TORÁ PARA EL CUARTO DÍA DE JOL HAMO'ED PESAJ (QUINTO DÍA DE JOL HAMO'ED EN ISRAEL)

במדבר ט:א–יד וידבר יהוה אל־משה במדבר־סיני בשנה השנית לצאתם מארץ מצרים
בחדש הראשון לאמר: ויעשו בני־ישראל את־הפסח במועדו: בארבעה
עשר־יום בחדש הזה בין הערבים תעשו אתו במעדו ככל־חקתיו וככל־
משפטיו תעשו אתו: וידבר משה אל־בני ישראל לעשת הפסח: ויעשו
את־הפסח בראשון בארבעה עשר יום לחדש בין הערבים במדבר סיני
לוי ככל אשר צוה יהוה את־משה כן עשו בני ישראל: *ויהי אנשים אשר
היו טמאים לנפש אדם ולא־יכלו לעשת־הפסח ביום ההוא ויקרבו
לפני משה ולפני אהרן ביום ההוא: ויאמרו האנשים ההמה אליו אנחנו
טמאים לנפש אדם למה נגרע לבלתי הקריב את־קרבן יהוה במעדו
בתוך בני ישראל: ויאמר אלהם משה עמדו ואשמעה מה־יצוה יהוה
לכם:

שלישי וידבר יהוה אל־משה לאמר: דבר אל־בני ישראל לאמר איש איש כי־
יהיה טמא | לנפש או בדרך רחקה לכם או לדרתיכם ועשה פסח ליהוה:
בחדש השני בארבעה עשר יום בין הערבים יעשו אתו על־מצות ומררים
יאכלהו: לא־ישאירו ממנו עד־בקר ועצם לא ישברו־בו ככל־חקת הפסח
יעשו אתו: והאיש אשר־הוא טהור ובדרך לא־היה וחדל לעשות הפסח
ונכרתה הנפש ההוא מעמיה כי | קרבן יהוה לא הקריב במעדו חטאו
ישא האיש ההוא: וכי־יגור אתכם גר ועשה פסח ליהוה כחקת הפסח
וכמשפטו כן יעשה חקה אחת יהיה לכם ולגר ולאזרח הארץ:

Se alza el primer ספר תורה *(página 165) y se lee el* רביעי *del segundo* ספר תורה*:*

במדבר כח:יט–כה והקרבתם אשה עלה ליהוה פרים בני־בקר שנים ואיל אחד ושבעה כבשים
בני שנה תמימם יהיו לכם: ומנחתם סלת בלולה בשמן שלשה עשרנים
לפר ושני עשרנים לאיל תעשו: עשרון עשרון תעשה לכבש האחד לשבעת
הכבשים: ושעיר חטאת אחד לכפר עליכם: מלבד עלת הבקר אשר לעלת
התמיד תעשו את־אלה: כאלה תעשו ליום שבעת ימים לחם אשה ריח־

נִיחֹחַ לַיהוָה עַל־עוֹלַת הַתָּמִיד יֵעָשֶׂה וְנִסְכּוֹ׃ וּבַיּוֹם הַשְּׁבִיעִי מִקְרָא־קֹדֶשׁ
יִהְיֶה לָכֶם כָּל־מְלֶאכֶת עֲבֹדָה לֹא תַעֲשׂוּ׃

Se recita חצי קדיש *y se alza el segundo* ספר תורה *(página 165).*
Ambos ספרי תורה *son regresados al* ארון קודש *(página 167).*

קריאה לשבת חול המועד

LECTURA DE LA TORÁ PARA SHABAT JOL HAMO'ED

שמות לג:יב–לד:כו וַיֹּאמֶר מֹשֶׁה אֶל־יְהוָה רְאֵה אַתָּה אֹמֵר אֵלַי הַעַל אֶת־הָעָם הַזֶּה וְאַתָּה לֹא
הוֹדַעְתַּנִי אֵת אֲשֶׁר־תִּשְׁלַח עִמִּי וְאַתָּה אָמַרְתָּ יְדַעְתִּיךָ בְשֵׁם וְגַם־מָצָאתָ
חֵן בְּעֵינָי׃ וְעַתָּה אִם־נָא מָצָאתִי חֵן בְּעֵינֶיךָ הוֹדִעֵנִי נָא אֶת־דְּרָכֶךָ וְאֵדָעֲךָ
לְמַעַן אֶמְצָא־חֵן בְּעֵינֶיךָ וּרְאֵה כִּי עַמְּךָ הַגּוֹי הַזֶּה׃ וַיֹּאמַר פָּנַי יֵלֵכוּ וַהֲנִחֹתִי
לָךְ׃ וַיֹּאמֶר אֵלָיו אִם־אֵין פָּנֶיךָ הֹלְכִים אַל־תַּעֲלֵנוּ מִזֶּה׃ וּבַמֶּה ׀ יִוָּדַע אֵפוֹא
כִּי־מָצָאתִי חֵן בְּעֵינֶיךָ אֲנִי וְעַמֶּךָ הֲלוֹא בְּלֶכְתְּךָ עִמָּנוּ וְנִפְלֵינוּ אֲנִי וְעַמְּךָ
מִכָּל־הָעָם אֲשֶׁר עַל־פְּנֵי הָאֲדָמָה׃

לוי וַיֹּאמֶר יְהוָה אֶל־מֹשֶׁה גַּם אֶת־הַדָּבָר הַזֶּה אֲשֶׁר דִּבַּרְתָּ אֶעֱשֶׂה כִּי־מָצָאתָ
חֵן בְּעֵינַי וָאֵדָעֲךָ בְּשֵׁם׃ וַיֹּאמַר הַרְאֵנִי נָא אֶת־כְּבֹדֶךָ׃ וַיֹּאמֶר אֲנִי אַעֲבִיר
כָּל־טוּבִי עַל־פָּנֶיךָ וְקָרָאתִי בְשֵׁם יְהוָה לְפָנֶיךָ וְחַנֹּתִי אֶת־אֲשֶׁר אָחֹן וְרִחַמְתִּי
שלישי אֶת־אֲשֶׁר אֲרַחֵם׃ *וַיֹּאמֶר לֹא תוּכַל לִרְאֹת אֶת־פָּנָי כִּי לֹא־יִרְאַנִי הָאָדָם וָחָי׃
וַיֹּאמֶר יְהוָה הִנֵּה מָקוֹם אִתִּי וְנִצַּבְתָּ עַל־הַצּוּר׃ וְהָיָה בַּעֲבֹר כְּבֹדִי וְשַׂמְתִּיךָ
בְּנִקְרַת הַצּוּר וְשַׂכֹּתִי כַפִּי עָלֶיךָ עַד־עָבְרִי׃ וַהֲסִרֹתִי אֶת־כַּפִּי וְרָאִיתָ אֶת־
אֲחֹרָי וּפָנַי לֹא יֵרָאוּ׃

רביעי וַיֹּאמֶר יְהוָה אֶל־מֹשֶׁה פְּסָל־לְךָ שְׁנֵי־לֻחֹת אֲבָנִים כָּרִאשֹׁנִים וְכָתַבְתִּי עַל־
הַלֻּחֹת אֶת־הַדְּבָרִים אֲשֶׁר הָיוּ עַל־הַלֻּחֹת הָרִאשֹׁנִים אֲשֶׁר שִׁבַּרְתָּ׃ וֶהְיֵה
נָכוֹן לַבֹּקֶר וְעָלִיתָ בַבֹּקֶר אֶל־הַר סִינַי וְנִצַּבְתָּ לִי שָׁם עַל־רֹאשׁ הָהָר׃ וְאִישׁ
לֹא־יַעֲלֶה עִמָּךְ וְגַם־אִישׁ אַל־יֵרָא בְּכָל־הָהָר גַּם־הַצֹּאן וְהַבָּקָר אַל־יִרְעוּ
חמישי אֶל־מוּל הָהָר הַהוּא׃ *וַיִּפְסֹל שְׁנֵי־לֻחֹת אֲבָנִים כָּרִאשֹׁנִים וַיַּשְׁכֵּם מֹשֶׁה
בַבֹּקֶר וַיַּעַל אֶל־הַר סִינַי כַּאֲשֶׁר צִוָּה יְהוָה אֹתוֹ וַיִּקַּח בְּיָדוֹ שְׁנֵי לֻחֹת אֲבָנִים׃
וַיֵּרֶד יְהוָה בֶּעָנָן וַיִּתְיַצֵּב עִמּוֹ שָׁם וַיִּקְרָא בְשֵׁם יְהוָה׃ וַיַּעֲבֹר יְהוָה ׀ עַל־
פָּנָיו וַיִּקְרָא יְהוָה ׀ יְהוָה אֵל רַחוּם וְחַנּוּן אֶרֶךְ אַפַּיִם וְרַב־חֶסֶד וֶאֱמֶת׃ נֹצֵר

חֶסֶד לָאֲלָפִים נֹשֵׂא עָוֺן וָפֶשַׁע וְחַטָּאָה וְנַקֵּה לֹא יְנַקֶּה פֹּקֵד ׀ עֲוֺן אָבוֹת
עַל־בָּנִים וְעַל־בְּנֵי בָנִים עַל־שִׁלֵּשִׁים וְעַל־רִבֵּעִים׃ וַיְמַהֵר מֹשֶׁה וַיִּקֹּד אַרְצָה
וַיִּשְׁתָּחוּ׃ וַיֹּאמֶר אִם־נָא מָצָאתִי חֵן בְּעֵינֶיךָ אֲדֹנָי יֵלֶךְ־נָא אֲדֹנָי בְּקִרְבֵּנוּ
כִּי עַם־קְשֵׁה־עֹרֶף הוּא וְסָלַחְתָּ לַעֲוֺנֵנוּ וּלְחַטָּאתֵנוּ וּנְחַלְתָּנוּ׃ וַיֹּאמֶר הִנֵּה
אָנֹכִי כֹּרֵת בְּרִית נֶגֶד כָּל־עַמְּךָ אֶעֱשֶׂה נִפְלָאֹת אֲשֶׁר לֹא־נִבְרְאוּ בְכָל־הָאָרֶץ
וּבְכָל־הַגּוֹיִם וְרָאָה כָל־הָעָם אֲשֶׁר־אַתָּה בְקִרְבּוֹ אֶת־מַעֲשֵׂה יהוה כִּי־
נוֹרָא הוּא אֲשֶׁר אֲנִי עֹשֶׂה עִמָּךְ׃ *שְׁמָר־לְךָ אֵת אֲשֶׁר אָנֹכִי מְצַוְּךָ הַיּוֹם הִנְנִי שישי
גֹרֵשׁ מִפָּנֶיךָ אֶת־הָאֱמֹרִי וְהַכְּנַעֲנִי וְהַחִתִּי וְהַפְּרִזִּי וְהַחִוִּי וְהַיְבוּסִי׃ הִשָּׁמֶר
לְךָ פֶּן־תִּכְרֹת בְּרִית לְיוֹשֵׁב הָאָרֶץ אֲשֶׁר אַתָּה בָּא עָלֶיהָ פֶּן־יִהְיֶה לְמוֹקֵשׁ
בְּקִרְבֶּךָ׃ כִּי אֶת־מִזְבְּחֹתָם תִּתֹּצוּן וְאֶת־מַצֵּבֹתָם תְּשַׁבֵּרוּן וְאֶת־אֲשֵׁרָיו
תִּכְרֹתוּן׃ כִּי לֹא תִשְׁתַּחֲוֶה לְאֵל אַחֵר כִּי יהוה קַנָּא שְׁמוֹ אֵל קַנָּא הוּא׃
פֶּן־תִּכְרֹת בְּרִית לְיוֹשֵׁב הָאָרֶץ וְזָנוּ ׀ אַחֲרֵי אֱלֹהֵיהֶם וְזָבְחוּ לֵאלֹהֵיהֶם וְקָרָא
לְךָ וְאָכַלְתָּ מִזִּבְחוֹ׃ וְלָקַחְתָּ מִבְּנֹתָיו לְבָנֶיךָ וְזָנוּ בְנֹתָיו אַחֲרֵי אֱלֹהֵיהֶן וְהִזְנוּ
אֶת־בָּנֶיךָ אַחֲרֵי אֱלֹהֵיהֶן׃ אֱלֹהֵי מַסֵּכָה לֹא תַעֲשֶׂה־לָּךְ׃ *אֶת־חַג הַמַּצּוֹת שביעי
תִּשְׁמֹר שִׁבְעַת יָמִים תֹּאכַל מַצּוֹת אֲשֶׁר צִוִּיתִךָ לְמוֹעֵד חֹדֶשׁ הָאָבִיב כִּי
בְּחֹדֶשׁ הָאָבִיב יָצָאתָ מִמִּצְרָיִם׃ כָּל־פֶּטֶר רֶחֶם לִי וְכָל־מִקְנְךָ תִּזָּכָר פֶּטֶר
שׁוֹר וָשֶׂה׃ וּפֶטֶר חֲמוֹר תִּפְדֶּה בְשֶׂה וְאִם־לֹא תִפְדֶּה וַעֲרַפְתּוֹ כֹּל בְּכוֹר
בָּנֶיךָ תִּפְדֶּה וְלֹא־יֵרָאוּ פָנַי רֵיקָם׃ שֵׁשֶׁת יָמִים תַּעֲבֹד וּבַיּוֹם הַשְּׁבִיעִי תִּשְׁבֹּת
בֶּחָרִישׁ וּבַקָּצִיר תִּשְׁבֹּת׃ וְחַג שָׁבֻעֹת תַּעֲשֶׂה לְךָ בִּכּוּרֵי קְצִיר חִטִּים וְחַג
הָאָסִיף תְּקוּפַת הַשָּׁנָה׃ שָׁלֹשׁ פְּעָמִים בַּשָּׁנָה יֵרָאֶה כָּל־זְכוּרְךָ אֶת־פְּנֵי
הָאָדֹן ׀ יהוה אֱלֹהֵי יִשְׂרָאֵל׃ כִּי־אוֹרִישׁ גּוֹיִם מִפָּנֶיךָ וְהִרְחַבְתִּי אֶת־גְּבֻלֶךָ
וְלֹא־יַחְמֹד אִישׁ אֶת־אַרְצְךָ בַּעֲלֹתְךָ לֵרָאוֹת אֶת־פְּנֵי יהוה אֱלֹהֶיךָ שָׁלֹשׁ
פְּעָמִים בַּשָּׁנָה׃ לֹא־תִשְׁחַט עַל־חָמֵץ דַּם־זִבְחִי וְלֹא־יָלִין לַבֹּקֶר זֶבַח חַג
הַפָּסַח׃ רֵאשִׁית בִּכּוּרֵי אַדְמָתְךָ תָּבִיא בֵּית יהוה אֱלֹהֶיךָ לֹא־תְבַשֵּׁל גְּדִי
בַּחֲלֵב אִמּוֹ׃

Continúa con חצי קדיש *en la página 533. El* מפטיר *se lee del segundo* ספר תורה*.*
El מפטיר *para* שבת חול המועד פסח *(página 1195) es el mismo que los demás días de* חול המועד פסח*. El* מפטיר *de* שבת חול המועד סוכות *es la* קריאת התורה *del día de* חול המועד סוכות *en el que haya caído el* שבת *(páginas 1217–1219).*

הפטרה לשבת חול המועד פסח

HAFTARÁ PARA SHABAT JOL HAMO'ED PESAJ

יחזקאל לז:א–יד

היתה עלי יד־יהוה ויוצאני ברוח יהוה ויניחני בתוך הבקעה והיא מלאה
עצמות: והעבירני עליהם סביב | סביב והנה רבות מאד על־פני הבקעה
והנה יבשות מאד: ויאמר אלי בן־אדם התחיינה העצמות האלה ואמר
אדני יהוה אתה ידעת: ויאמר אלי הנבא על־העצמות האלה ואמרת
אליהם העצמות היבשות שמעו דבר־יהוה: כה אמר אדני יהוה לעצמות
האלה הנה אני מביא בכם רוח וחייתם: ונתתי עליכם גידים והעלתי
עליכם בשר וקרמתי עליכם עור ונתתי בכם רוח וחייתם וידעתם כי־אני
יהוה: ונבאתי כאשר צויתי ויהי־קול כהנבאי והנה־רעש ותקרבו עצמות
עצם אל־עצמו: וראיתי והנה־עליהם גדים ובשר עלה ויקרם עליהם עור
מלמעלה ורוח אין בהם: ויאמר אלי הנבא אל־הרוח הנבא בן־אדם
ואמרת אל־הרוח כה־אמר | אדני יהוה מארבע רוחות באי הרוח ופחי
בהרוגים האלה ויחיו: והנבאתי כאשר צוני ותבוא בהם הרוח ויחיו ויעמדו
על־רגליהם חיל גדול מאד מאד: ויאמר אלי בן־אדם העצמות האלה
כל־בית ישראל המה הנה אמרים יבשו עצמותינו ואבדה תקותנו נגזרנו
לנו: לכן הנבא ואמרת אליהם כה־אמר אדני יהוה הנה אני פתח את־
קברותיכם והעליתי אתכם מקברותיכם עמי והבאתי אתכם אל־אדמת
ישראל: וידעתם כי־אני יהוה בפתחי את־קברותיכם ובהעלותי אתכם
מקברותיכם עמי: ונתתי רוחי בכם וחייתם והנחתי אתכם על־אדמתכם
וידעתם כי אני יהוה דברתי ועשיתי נאם־יהוה:

Continúa con las bendiciones posteriores a la הפטרה *en la página 535.*

קריאה לשביעי של פסח

LECTURA DE LA TORÁ PARA EL SÉPTIMO DÍA DE PESAJ

שמות יג:יז–טו:כו

ויהי בשלח פרעה את־העם ולא־נחם אלהים דרך ארץ פלשתים כי קרוב
הוא כי | אמר אלהים פן־ינחם העם בראתם מלחמה ושבו מצרימה: ויסב
אלהים | את־העם דרך המדבר ים־סוף וחמשים עלו בני־ישראל מארץ

מִצְרָיִם׃ וַיִּקַּח מֹשֶׁה אֶת־עַצְמוֹת יוֹסֵף עִמּוֹ כִּי הַשְׁבֵּעַ הִשְׁבִּיעַ אֶת־בְּנֵי יִשְׂרָאֵל
(בשבת לוי) לֵאמֹר פָּקֹד יִפְקֹד אֱלֹהִים אֶתְכֶם וְהַעֲלִיתֶם אֶת־עַצְמֹתַי מִזֶּה אִתְּכֶם׃ *וַיִּסְעוּ
מִסֻּכֹּת וַיַּחֲנוּ בְאֵתָם בִּקְצֵה הַמִּדְבָּר׃ וַיהוָה הֹלֵךְ לִפְנֵיהֶם יוֹמָם בְּעַמּוּד עָנָן
לַנְחֹתָם הַדֶּרֶךְ וְלַיְלָה בְּעַמּוּד אֵשׁ לְהָאִיר לָהֶם לָלֶכֶת יוֹמָם וָלָיְלָה׃ לֹא־יָמִישׁ
עַמּוּד הֶעָנָן יוֹמָם וְעַמּוּד הָאֵשׁ לָיְלָה לִפְנֵי הָעָם׃

לוי וַיְדַבֵּר יהוה אֶל־מֹשֶׁה לֵּאמֹר׃ דַּבֵּר אֶל־בְּנֵי יִשְׂרָאֵל וְיָשֻׁבוּ וְיַחֲנוּ לִפְנֵי פִּי
(בשבת שלישי) הַחִירֹת בֵּין מִגְדֹּל וּבֵין הַיָּם לִפְנֵי בַּעַל צְפֹן נִכְחוֹ תַחֲנוּ עַל־הַיָּם׃ וְאָמַר פַּרְעֹה
לִבְנֵי יִשְׂרָאֵל נְבֻכִים הֵם בָּאָרֶץ סָגַר עֲלֵיהֶם הַמִּדְבָּר׃ וְחִזַּקְתִּי אֶת־לֵב־פַּרְעֹה
וְרָדַף אַחֲרֵיהֶם וְאִכָּבְדָה בְּפַרְעֹה וּבְכָל־חֵילוֹ וְיָדְעוּ מִצְרַיִם כִּי־אֲנִי יהוה
(בשבת רביעי) וַיַּעֲשׂוּ־כֵן׃ *וַיֻּגַּד לְמֶלֶךְ מִצְרַיִם כִּי בָרַח הָעָם וַיֵּהָפֵךְ לְבַב פַּרְעֹה וַעֲבָדָיו
אֶל־הָעָם וַיֹּאמְרוּ מַה־זֹּאת עָשִׂינוּ כִּי־שִׁלַּחְנוּ אֶת־יִשְׂרָאֵל מֵעָבְדֵנוּ׃ וַיֶּאְסֹר
אֶת־רִכְבּוֹ וְאֶת־עַמּוֹ לָקַח עִמּוֹ׃ וַיִּקַּח שֵׁשׁ־מֵאוֹת רֶכֶב בָּחוּר וְכֹל רֶכֶב מִצְרָיִם
וְשָׁלִשִׁם עַל־כֻּלּוֹ׃ וַיְחַזֵּק יהוה אֶת־לֵב פַּרְעֹה מֶלֶךְ מִצְרַיִם וַיִּרְדֹּף אַחֲרֵי בְּנֵי
שלישי יִשְׂרָאֵל וּבְנֵי יִשְׂרָאֵל יֹצְאִים בְּיָד רָמָה׃ *וַיִּרְדְּפוּ מִצְרַיִם אַחֲרֵיהֶם וַיַּשִּׂיגוּ
(בשבת חמישי) אוֹתָם חֹנִים עַל־הַיָּם כָּל־סוּס רֶכֶב פַּרְעֹה וּפָרָשָׁיו וְחֵילוֹ עַל־פִּי הַחִירֹת לִפְנֵי
בַּעַל צְפֹן׃ וּפַרְעֹה הִקְרִיב וַיִּשְׂאוּ בְנֵי־יִשְׂרָאֵל אֶת־עֵינֵיהֶם וְהִנֵּה מִצְרַיִם ׀
נֹסֵעַ אַחֲרֵיהֶם וַיִּירְאוּ מְאֹד וַיִּצְעֲקוּ בְנֵי־יִשְׂרָאֵל אֶל־יהוה׃ וַיֹּאמְרוּ אֶל־מֹשֶׁה
הֲמִבְּלִי אֵין־קְבָרִים בְּמִצְרַיִם לְקַחְתָּנוּ לָמוּת בַּמִּדְבָּר מַה־זֹּאת עָשִׂיתָ לָּנוּ
לְהוֹצִיאָנוּ מִמִּצְרָיִם׃ הֲלֹא־זֶה הַדָּבָר אֲשֶׁר דִּבַּרְנוּ אֵלֶיךָ בְמִצְרַיִם לֵאמֹר חֲדַל
מִמֶּנּוּ וְנַעַבְדָה אֶת־מִצְרָיִם כִּי טוֹב לָנוּ עֲבֹד אֶת־מִצְרַיִם מִמֻּתֵנוּ בַּמִּדְבָּר׃
וַיֹּאמֶר מֹשֶׁה אֶל־הָעָם אַל־תִּירָאוּ הִתְיַצְּבוּ וּרְאוּ אֶת־יְשׁוּעַת יהוה אֲשֶׁר־
יַעֲשֶׂה לָכֶם הַיּוֹם כִּי אֲשֶׁר רְאִיתֶם אֶת־מִצְרַיִם הַיּוֹם לֹא תֹסִפוּ לִרְאֹתָם עוֹד
עַד־עוֹלָם׃ יהוה יִלָּחֵם לָכֶם וְאַתֶּם תַּחֲרִשׁוּן׃

רביעי וַיֹּאמֶר יהוה אֶל־מֹשֶׁה מַה־תִּצְעַק אֵלָי דַּבֵּר אֶל־בְּנֵי־יִשְׂרָאֵל וְיִסָּעוּ׃ וְאַתָּה
(בשבת שישי) הָרֵם אֶת־מַטְּךָ וּנְטֵה אֶת־יָדְךָ עַל־הַיָּם וּבְקָעֵהוּ וְיָבֹאוּ בְנֵי־יִשְׂרָאֵל בְּתוֹךְ הַיָּם
בַּיַּבָּשָׁה׃ וַאֲנִי הִנְנִי מְחַזֵּק אֶת־לֵב מִצְרַיִם וְיָבֹאוּ אַחֲרֵיהֶם וְאִכָּבְדָה בְּפַרְעֹה
וּבְכָל־חֵילוֹ בְּרִכְבּוֹ וּבְפָרָשָׁיו׃ וְיָדְעוּ מִצְרַיִם כִּי־אֲנִי יהוה בְּהִכָּבְדִי בְּפַרְעֹה
בְּרִכְבּוֹ וּבְפָרָשָׁיו׃ וַיִּסַּע מַלְאַךְ הָאֱלֹהִים הַהֹלֵךְ לִפְנֵי מַחֲנֵה יִשְׂרָאֵל וַיֵּלֶךְ
מֵאַחֲרֵיהֶם וַיִּסַּע עַמּוּד הֶעָנָן מִפְּנֵיהֶם וַיַּעֲמֹד מֵאַחֲרֵיהֶם׃ וַיָּבֹא בֵּין ׀ מַחֲנֵה

מִצְרַ֔יִם וּבֵין֙ מַחֲנֵ֣ה יִשְׂרָאֵ֔ל וַיְהִ֤י הֶֽעָנָן֙ וְהַחֹ֔שֶׁךְ וַיָּ֖אֶר אֶת־הַלָּ֑יְלָה וְלֹא־קָרַ֥ב
זֶ֛ה אֶל־זֶ֖ה כָּל־הַלָּֽיְלָה׃ וַיֵּ֨ט מֹשֶׁ֣ה אֶת־יָדוֹ֮ עַל־הַיָּם֒ וַיּ֣וֹלֶךְ יְהוָ֣ה ׀ אֶת־הַ֠יָּם
בְּר֨וּחַ קָדִ֤ים עַזָּה֙ כָּל־הַלַּ֔יְלָה וַיָּ֥שֶׂם אֶת־הַיָּ֖ם לֶחָרָבָ֑ה וַיִּבָּקְע֖וּ הַמָּֽיִם׃ וַיָּבֹ֧אוּ
בְנֵֽי־יִשְׂרָאֵ֛ל בְּת֥וֹךְ הַיָּ֖ם בַּיַּבָּשָׁ֑ה וְהַמַּ֤יִם לָהֶם֙ חוֹמָ֔ה מִֽימִינָ֖ם וּמִשְּׂמֹאלָֽם׃
וַיִּרְדְּפ֤וּ מִצְרַ֙יִם֙ וַיָּבֹ֣אוּ אַחֲרֵיהֶ֔ם כֹּ֚ל ס֣וּס פַּרְעֹ֔ה רִכְבּ֖וֹ וּפָרָשָׁ֑יו אֶל־תּ֖וֹךְ הַיָּֽם׃
וַיְהִי֙ בְּאַשְׁמֹ֣רֶת הַבֹּ֔קֶר וַיַּשְׁקֵ֤ף יְהוָה֙ אֶל־מַחֲנֵ֣ה מִצְרַ֔יִם בְּעַמּ֥וּד אֵ֖שׁ וְעָנָ֑ן וַיָּ֕הָם
אֵ֖ת מַחֲנֵ֥ה מִצְרָֽיִם׃ וַיָּ֗סַר אֵ֚ת אֹפַ֣ן מַרְכְּבֹתָ֔יו וַֽיְנַהֲגֵ֖הוּ בִּכְבֵדֻ֑ת וַיֹּ֣אמֶר מִצְרַ֗יִם
אָנ֙וּסָה֙ מִפְּנֵ֣י יִשְׂרָאֵ֔ל כִּ֣י יְהוָ֔ה נִלְחָ֥ם לָהֶ֖ם בְּמִצְרָֽיִם׃
חמישי (בשבת שביעי) וַיֹּ֤אמֶר יְהוָה֙ אֶל־מֹשֶׁ֔ה נְטֵ֥ה אֶת־יָדְךָ֖ עַל־הַיָּ֑ם וְיָשֻׁ֤בוּ הַמַּ֙יִם֙ עַל־מִצְרַ֔יִם עַל־
רִכְבּ֖וֹ וְעַל־פָּרָשָֽׁיו׃ וַיֵּט֩ מֹשֶׁ֨ה אֶת־יָד֜וֹ עַל־הַיָּ֗ם וַיָּ֨שָׁב הַיָּ֜ם לִפְנ֥וֹת בֹּ֙קֶר֙ לְאֵ֣יתָנ֔וֹ
וּמִצְרַ֖יִם נָסִ֣ים לִקְרָאת֑וֹ וַיְנַעֵ֧ר יְהוָ֛ה אֶת־מִצְרַ֖יִם בְּת֥וֹךְ הַיָּֽם׃ וַיָּשֻׁ֣בוּ הַמַּ֗יִם וַיְכַסּ֤וּ
אֶת־הָרֶ֙כֶב֙ וְאֶת־הַפָּ֣רָשִׁ֔ים לְכֹל֙ חֵ֣יל פַּרְעֹ֔ה הַבָּאִ֥ים אַחֲרֵיהֶ֖ם בַּיָּ֑ם לֹֽא־נִשְׁאַ֥ר
בָּהֶ֖ם עַד־אֶחָֽד׃ וּבְנֵ֧י יִשְׂרָאֵ֛ל הָלְכ֥וּ בַיַּבָּשָׁ֖ה בְּת֣וֹךְ הַיָּ֑ם וְהַמַּ֤יִם לָהֶם֙ חֹמָ֔ה
מִֽימִינָ֖ם וּמִשְּׂמֹאלָֽם׃ וַיּ֨וֹשַׁע יְהוָ֜ה בַּיּ֥וֹם הַה֛וּא אֶת־יִשְׂרָאֵ֖ל מִיַּ֣ד מִצְרָ֑יִם וַיַּ֤רְא
יִשְׂרָאֵל֙ אֶת־מִצְרַ֔יִם מֵ֖ת עַל־שְׂפַ֥ת הַיָּֽם׃ וַיַּ֨רְא יִשְׂרָאֵ֜ל אֶת־הַיָּ֣ד הַגְּדֹלָ֗ה אֲשֶׁ֨ר
עָשָׂ֤ה יְהוָה֙ בְּמִצְרַ֔יִם וַיִּֽירְא֥וּ הָעָ֖ם אֶת־יְהוָ֑ה וַיַּֽאֲמִ֙ינוּ֙ בַּֽיהוָ֔ה וּבְמֹשֶׁ֖ה עַבְדּֽוֹ׃

אָ֣ז יָשִֽׁיר־מֹשֶׁה֩ וּבְנֵ֨י יִשְׂרָאֵ֜ל אֶת־הַשִּׁירָ֤ה הַזֹּאת֙ לַֽיהוָ֔ה וַיֹּאמְר֖וּ
לֵאמֹ֑ר   אָשִׁ֤ירָה לַֽיהוָה֙ כִּֽי־גָאֹ֣ה גָּאָ֔ה   ס֥וּס
וְרֹכְב֖וֹ רָמָ֥ה בַיָּֽם׃   עָזִּ֤י וְזִמְרָת֙ יָ֔הּ וַֽיְהִי־לִ֖י
לִֽישׁוּעָ֑ה   זֶ֤ה אֵלִי֙ וְאַנְוֵ֔הוּ   אֱלֹהֵ֥י
אָבִ֖י וַאֲרֹמְמֶֽנְהוּ׃   יְהוָ֖ה אִ֣ישׁ מִלְחָמָ֑ה יְהוָ֖ה
שְׁמֽוֹ׃   מַרְכְּבֹ֥ת פַּרְעֹ֛ה וְחֵיל֖וֹ יָרָ֣ה בַיָּ֑ם   וּמִבְחַ֥ר
שָֽׁלִשָׁ֖יו טֻבְּע֥וּ בְיַם־סֽוּף׃   תְּהֹמֹ֖ת יְכַסְיֻ֑מוּ יָרְד֥וּ בִמְצוֹלֹ֖ת כְּמוֹ־
אָֽבֶן׃   יְמִֽינְךָ֣ יְהוָ֔ה נֶאְדָּרִ֖י בַּכֹּ֑חַ   יְמִֽינְךָ֥
יְהוָ֖ה תִּרְעַ֥ץ אוֹיֵֽב׃   וּבְרֹ֥ב גְּאוֹנְךָ֖ תַּהֲרֹ֣ס
קָמֶ֑יךָ   תְּשַׁלַּח֙ חֲרֹ֣נְךָ֔ יֹאכְלֵ֖מוֹ כַּקַּֽשׁ׃   וּבְר֤וּחַ
אַפֶּ֙יךָ֙ נֶ֣עֶרְמוּ מַ֔יִם   נִצְּב֥וּ כְמוֹ־נֵ֖ד
נֹזְלִ֑ים   קָֽפְא֥וּ תְהֹמֹ֖ת בְּלֶב־יָֽם׃   אָמַ֥ר

אוֹיֵב אֶרְדֹּף אַשִּׂיג   אֲחַלֵּק שָׁלָל תִּמְלָאֵמוֹ
נַפְשִׁי   אָרִיק חַרְבִּי תּוֹרִישֵׁמוֹ יָדִי׃   נָשַׁפְתָּ
בְרוּחֲךָ כִּסָּמוֹ יָם   צָלְלוּ כַּעוֹפֶרֶת בְּמַיִם
אַדִּירִים׃   מִי־כָמֹכָה בָּאֵלִם יְהוָה   מִי
כָּמֹכָה נֶאְדָּר בַּקֹּדֶשׁ   נוֹרָא תְהִלֹּת עֹשֵׂה
פֶלֶא׃   נָטִיתָ יְמִינְךָ תִּבְלָעֵמוֹ אָרֶץ׃   נָחִיתָ
בְחַסְדְּךָ עַם־זוּ גָּאָלְתָּ   נֵהַלְתָּ בְעָזְּךָ אֶל־נְוֵה
קָדְשֶׁךָ׃   שָׁמְעוּ עַמִּים יִרְגָּזוּן   חִיל
אָחַז יֹשְׁבֵי פְּלָשֶׁת׃   אָז נִבְהֲלוּ אַלּוּפֵי
אֱדוֹם   אֵילֵי מוֹאָב יֹאחֲזֵמוֹ רָעַד   נָמֹגוּ
כֹּל יֹשְׁבֵי כְנָעַן׃   תִּפֹּל עֲלֵיהֶם אֵימָתָה
וָפַחַד   בִּגְדֹל זְרוֹעֲךָ יִדְּמוּ כָּאָבֶן   עַד־
יַעֲבֹר עַמְּךָ יְהוָה   עַד־יַעֲבֹר עַם־זוּ
קָנִיתָ׃   תְּבִאֵמוֹ וְתִטָּעֵמוֹ בְּהַר נַחֲלָתְךָ   מָכוֹן
לְשִׁבְתְּךָ פָּעַלְתָּ יְהוָה   מִקְּדָשׁ אֲדֹנָי כּוֹנְנוּ
יָדֶיךָ׃   יְהוָה ׀ יִמְלֹךְ לְעֹלָם וָעֶד׃   כִּי
בָא סוּס פַּרְעֹה בְּרִכְבּוֹ וּבְפָרָשָׁיו בַּיָּם   וַיָּשֶׁב יְהוָה עֲלֵהֶם אֶת־מֵי
הַיָּם   וּבְנֵי יִשְׂרָאֵל הָלְכוּ בַיַּבָּשָׁה בְּתוֹךְ   הַיָּם׃

וַתִּקַּח מִרְיָם הַנְּבִיאָה אֲחוֹת אַהֲרֹן אֶת־הַתֹּף בְּיָדָהּ וַתֵּצֶאןָ כָל־הַנָּשִׁים
אַחֲרֶיהָ בְּתֻפִּים וּבִמְחֹלֹת׃ וַתַּעַן לָהֶם מִרְיָם שִׁירוּ לַיהוָה כִּי־גָאֹה גָּאָה סוּס
וְרֹכְבוֹ רָמָה בַיָּם׃ וַיַּסַּע מֹשֶׁה אֶת־יִשְׂרָאֵל מִיַּם־סוּף וַיֵּצְאוּ אֶל־
מִדְבַּר־שׁוּר וַיֵּלְכוּ שְׁלֹשֶׁת־יָמִים בַּמִּדְבָּר וְלֹא־מָצְאוּ מָיִם׃ וַיָּבֹאוּ מָרָתָה
וְלֹא יָכְלוּ לִשְׁתֹּת מַיִם מִמָּרָה כִּי מָרִים הֵם עַל־כֵּן קָרָא־שְׁמָהּ מָרָה׃ וַיִּלֹּנוּ
הָעָם עַל־מֹשֶׁה לֵּאמֹר מַה־נִּשְׁתֶּה׃ וַיִּצְעַק אֶל־יְהוָה וַיּוֹרֵהוּ יְהוָה עֵץ וַיַּשְׁלֵךְ
אֶל־הַמַּיִם וַיִּמְתְּקוּ הַמָּיִם שָׁם שָׂם לוֹ חֹק וּמִשְׁפָּט וְשָׁם נִסָּהוּ׃ וַיֹּאמֶר אִם־
שָׁמוֹעַ תִּשְׁמַע לְקוֹל ׀ יְהוָה אֱלֹהֶיךָ וְהַיָּשָׁר בְּעֵינָיו תַּעֲשֶׂה וְהַאֲזַנְתָּ לְמִצְוֹתָיו
וְשָׁמַרְתָּ כָּל־חֻקָּיו כָּל־הַמַּחֲלָה אֲשֶׁר־שַׂמְתִּי בְמִצְרַיִם לֹא־אָשִׂים עָלֶיךָ כִּי אֲנִי
יְהוָה רֹפְאֶךָ׃

מפטיר לשביעי של פסח

MAFTIR PARA EL SÉPTIMO DÍA DE PESAJ

Se alza el primer ספר תורה *(página 533) y se lee el* מפטיר *del segundo* ספר תורה*:*

במדבר כח:יט-כה

וְהִקְרַבְתֶּם אִשֶּׁה עֹלָה לַיהוָה פָּרִים בְּנֵי־בָקָר שְׁנַיִם וְאַיִל אֶחָד וְשִׁבְעָה כְבָשִׂים
בְּנֵי שָׁנָה תְּמִימִם יִהְיוּ לָכֶם: וּמִנְחָתָם סֹלֶת בְּלוּלָה בַשָּׁמֶן שְׁלֹשָׁה עֶשְׂרֹנִים
לַפָּר וּשְׁנֵי עֶשְׂרֹנִים לָאַיִל תַּעֲשׂוּ: עִשָּׂרוֹן עִשָּׂרוֹן תַּעֲשֶׂה לַכֶּבֶשׂ הָאֶחָד לְשִׁבְעַת
הַכְּבָשִׂים: וּשְׂעִיר חַטָּאת אֶחָד לְכַפֵּר עֲלֵיכֶם: מִלְּבַד עֹלַת הַבֹּקֶר אֲשֶׁר לְעֹלַת
הַתָּמִיד תַּעֲשׂוּ אֶת־אֵלֶּה: כָּאֵלֶּה תַּעֲשׂוּ לַיּוֹם שִׁבְעַת יָמִים לֶחֶם אִשֵּׁה רֵיחַ־
נִיחֹחַ לַיהוָה עַל־עוֹלַת הַתָּמִיד יֵעָשֶׂה וְנִסְכּוֹ: וּבַיּוֹם הַשְּׁבִיעִי מִקְרָא־קֹדֶשׁ
יִהְיֶה לָכֶם כָּל־מְלֶאכֶת עֲבֹדָה לֹא תַעֲשׂוּ:

הפטרה לשביעי של פסח

HAFTARÁ PARA EL SÉPTIMO DÍA DE PESAJ

שמואל ב׳ כב:א-נא

וַיְדַבֵּר דָּוִד לַיהוָה אֶת־דִּבְרֵי הַשִּׁירָה הַזֹּאת בְּיוֹם
הִצִּיל יְהוָה אֹתוֹ מִכַּף כָּל־אֹיְבָיו וּמִכַּף שָׁאוּל:
וַיֹּאמַר   יְהוָה סַלְעִי וּמְצֻדָתִי וּמְפַלְטִי־לִי: אֱלֹהֵי
צוּרִי אֶחֱסֶה־בּוֹ   מָגִנִּי וְקֶרֶן יִשְׁעִי מִשְׂגַּבִּי
וּמְנוּסִי   מֹשִׁעִי מֵחָמָס תֹּשִׁעֵנִי: מְהֻלָּל
אֶקְרָא יְהוָה וּמֵאֹיְבַי אִוָּשֵׁעַ:   כִּי אֲפָפֻנִי מִשְׁבְּרֵי־
מָוֶת   נַחֲלֵי בְלִיַּעַל יְבַעֲתֻנִי: חֶבְלֵי
שְׁאוֹל סַבֻּנִי   קִדְּמֻנִי מֹקְשֵׁי־
מָוֶת: בַּצַּר־לִי אֶקְרָא יְהוָה   וְאֶל־
אֱלֹהַי אֶקְרָא   וַיִּשְׁמַע מֵהֵיכָלוֹ
וַיִּתְגָּעַשׁ   קוֹלִי   וְשַׁוְעָתִי בְּאָזְנָיו: ותגעש
וַתִּרְעַשׁ הָאָרֶץ   מוֹסְדוֹת הַשָּׁמַיִם
יִרְגָּזוּ   וַיִּתְגָּעֲשׁוּ כִּי־חָרָה לוֹ:   עָלָה
עָשָׁן בְּאַפּוֹ   וְאֵשׁ מִפִּיו
תֹּאכֵל   גֶּחָלִים בָּעֲרוּ מִמֶּנּוּ:   וַיֵּט

שָׁמַ֖יִם וַיֵּרַ֑ד וַעֲרָפֶ֖ל תַּ֥חַת
רַגְלָֽיו׃ וַיִּרְכַּ֥ב עַל־כְּר֖וּב וַיָּעֹ֑ף וַיֵּרָ֖א
עַל־כַּנְפֵי־רֽוּחַ׃ וַיָּ֥שֶׁת חֹ֛שֶׁךְ סְבִיבֹתָ֖יו
סֻכּ֑וֹת חַֽשְׁרַת־מַ֖יִם עָבֵ֥י שְׁחָקִֽים׃ מִנֹּ֖גַהּ
נֶגְדּ֑וֹ בָּעֲר֖וּ גַּֽחֲלֵי־אֵֽשׁ׃ יַרְעֵ֥ם מִן־שָׁמַ֖יִם
יְהוָ֑ה וְעֶלְי֖וֹן יִתֵּ֥ן קוֹלֽוֹ׃ וַיִּשְׁלַ֥ח
חִצִּ֖ים וַיְפִיצֵ֑ם בָּרָ֖ק ויהמם׃ וַיֵּֽרָאוּ֙ אֲפִ֣קֵי וַיָּהֹֽם
יָ֔ם יִגָּל֖וּ מֹסְד֣וֹת תֵּבֵ֑ל בְּגַעֲרַ֣ת
יְהוָ֔ה מִנִּשְׁמַ֖ת ר֥וּחַ אַפּֽוֹ׃ יִשְׁלַ֥ח מִמָּר֖וֹם
יִקָּחֵ֑נִי יַֽמְשֵׁ֖נִי מִמַּ֥יִם רַבִּֽים׃ יַצִּילֵ֕נִי
מֵאֹיְבִ֖י עָ֑ז מִשֹּׂנְאַ֕י כִּ֥י אָמְצ֖וּ
מִמֶּֽנִּי׃ יְקַדְּמֻ֖נִי בְּי֣וֹם אֵידִ֑י וַיְהִ֥י
יְהוָ֖ה מִשְׁעָ֥ן לִֽי׃ וַיֹּצֵ֥א לַמֶּרְחָ֖ב
אֹתִ֑י יְחַלְּצֵ֖נִי כִּי־חָ֥פֵֽץ בִּֽי׃ יִגְמְלֵ֥נִי
יְהוָ֖ה כְּצִדְקָתִ֑י כְּבֹ֥ר יָדַ֖י יָשִׁ֥יב
לִֽי׃ כִּ֥י שָׁמַ֖רְתִּי דַּרְכֵ֣י יְהוָ֑ה וְלֹ֥א
רָשַׁ֖עְתִּי מֵאֱלֹהָֽי׃ כִּ֥י כָל־מִשְׁפָּטָ֖יו
לְנֶגְדִּ֑י וְחֻקֹּתָ֖יו לֹא־אָס֥וּר מִמֶּֽנָּה׃ וָאֶהְיֶ֥ה
תָמִ֖ים ל֑וֹ וָאֶשְׁתַּמְּרָ֖ה מֵעֲוֺנִֽי׃ וַיָּ֧שֶׁב יְהוָ֛ה לִ֖י
כְּצִדְקָתִ֑י כְּבֹרִ֖י לְנֶ֥גֶד עֵינָֽיו׃ עִם־
חָסִ֖יד תִּתְחַסָּ֑ד עִם־גִּבּ֥וֹר תָּמִ֖ים
תִּתַּמָּֽם׃ עִם־נָבָ֖ר תִּתָּבָ֑ר וְעִם־
עִקֵּ֖שׁ תִּתַּפָּֽל׃ וְאֶת־עַ֥ם עָנִ֖י
תּוֹשִׁ֑יעַ וְעֵינֶ֖יךָ עַל־רָמִ֥ים תַּשְׁפִּֽיל׃ כִּֽי־
אַתָּ֥ה נֵירִ֖י יְהוָ֑ה וַיהוָ֖ה יַגִּ֥יהַּ
חָשְׁכִּֽי׃ כִּ֥י בְכָ֖ה אָר֣וּץ גְּד֑וּד בֵּאלֹהַ֖י
אֲדַלֶּג־שֽׁוּר׃ הָאֵ֖ל תָּמִ֣ים
דַּרְכּ֑וֹ אִמְרַ֤ת יְהוָה֙ צְרוּפָ֔ה מָגֵ֣ן
ה֔וּא לְכֹ֖ל הַחֹסִ֥ים בּֽוֹ׃ כִּ֛י מִי־אֵ֖ל מִבַּלְעֲדֵ֣י

יְהוָה   וּמִי צוּר מִבַּלְעֲדֵי אֱלֹהֵינוּ:   הָאֵל
מָעוּזִּי חָיִל   וַיַּתֵּר תָּמִים
דַּרְכִּי רַגְלַי   דרכו: מְשַׁוֶּה רגליו כָּאַיָּלוֹת   וְעַל־
בָּמֹתַי יַעֲמִידֵנִי: מְלַמֵּד יָדַי
לַמִּלְחָמָה   וְנִחַת קֶשֶׁת־נְחוּשָׁה זְרֹעֹתָי: וַתִּתֶּן־
לִי מָגֵן יִשְׁעֶךָ וַעֲנֹתְךָ תַּרְבֵּנִי: תַּרְחִיב צַעֲדִי
תַּחְתֵּנִי   וְלֹא מָעֲדוּ קַרְסֻלָּי: אֶרְדְּפָה
אֹיְבַי וָאַשְׁמִידֵם   וְלֹא אָשׁוּב עַד־
כַּלּוֹתָם: וָאֲכַלֵּם וָאֶמְחָצֵם וְלֹא יְקוּמוּן   וַיִּפְּלוּ
תַּחַת רַגְלָי: וַתַּזְרֵנִי חַיִל
לַמִּלְחָמָה   תַּכְרִיעַ קָמַי תַּחְתֵּנִי: וְאֹיְבַי
תַּתָּה לִּי עֹרֶף   מְשַׂנְאַי וָאַצְמִיתֵם: יִשְׁעוּ וְאֵין
מֹשִׁיעַ   אֶל־יְהוָה וְלֹא עָנָם: וְאֶשְׁחָקֵם
כַּעֲפַר־אָרֶץ   כְּטִיט־חוּצוֹת אֲדִקֵּם
אֶרְקָעֵם: וַתְּפַלְּטֵנִי מֵרִיבֵי עַמִּי   תִּשְׁמְרֵנִי
לְרֹאשׁ גּוֹיִם   עַם לֹא־יָדַעְתִּי
יַעַבְדֻנִי: בְּנֵי נֵכָר יִתְכַּחֲשׁוּ־לִי   לִשְׁמוֹעַ
אֹזֶן יִשָּׁמְעוּ לִי: בְּנֵי נֵכָר יִבֹּלוּ וְיַחְגְּרוּ
מִמִּסְגְּרוֹתָם: חַי־יְהוָה וּבָרוּךְ צוּרִי   וְיָרֻם
אֱלֹהֵי צוּר יִשְׁעִי: הָאֵל הַנֹּתֵן נְקָמֹת
לִי   וּמוֹרִיד עַמִּים תַּחְתֵּנִי: וּמוֹצִיאִי
מֵאֹיְבָי וּמִקָּמַי תְּרוֹמְמֵנִי   מֵאִישׁ חֲמָסִים
תַּצִּילֵנִי: עַל־כֵּן אוֹדְךָ יְהוָה בַּגּוֹיִם   וּלְשִׁמְךָ
מִגְדּוֹל   אֲזַמֵּר: מגדיל יְשׁוּעוֹת
מַלְכּוֹ   וְעֹשֶׂה־חֶסֶד   לִמְשִׁיחוֹ
לְדָוִד וּלְזַרְעוֹ   עַד־עוֹלָם:

Continúa con las bendiciones posteriores a la הפטרה *en la página 535.*

קריאה ליום אחרון של פסח או שבועות, ולשמיני עצרת בחוץ לארץ
LECTURA DE LA TORÁ PARA EL ÚLTIMO DÍA DE PESAJ O SHAVU'OT Y PARA SHEMINÍ ATZERET FUERA DE ISRAEL

Si el último día de פסח o el segundo día de שבועות cae en שבת comience aquí. Si cae en día de semana comience con כׇּל־הַבְּכוֹר *en la página 1206. En* שמיני עצרת *comenzar aquí.*

דברים יד:כב–טז:יז

עַשֵּׂר תְּעַשֵּׂר אֵת כׇּל־תְּבוּאַת זַרְעֶךָ הַיֹּצֵא הַשָּׂדֶה שָׁנָה שָׁנָה: וְאָכַלְתָּ לִפְנֵי ׀
יְהוָה אֱלֹהֶיךָ בַּמָּקוֹם אֲשֶׁר־יִבְחַר לְשַׁכֵּן שְׁמוֹ שָׁם מַעְשַׂר דְּגָנְךָ תִּירֹשְׁךָ וְיִצְהָרֶךָ
וּבְכֹרֹת בְּקָרְךָ וְצֹאנֶךָ לְמַעַן תִּלְמַד לְיִרְאָה אֶת־יְהוָה אֱלֹהֶיךָ כׇּל־הַיָּמִים: וְכִי־
יִרְבֶּה מִמְּךָ הַדֶּרֶךְ כִּי לֹא תוּכַל שְׂאֵתוֹ כִּי־יִרְחַק מִמְּךָ הַמָּקוֹם אֲשֶׁר יִבְחַר יְהוָה
אֱלֹהֶיךָ לָשׂוּם שְׁמוֹ שָׁם כִּי יְבָרֶכְךָ יְהוָה אֱלֹהֶיךָ: וְנָתַתָּה בַּכָּסֶף וְצַרְתָּ הַכֶּסֶף
בְּיָדְךָ וְהָלַכְתָּ אֶל־הַמָּקוֹם אֲשֶׁר יִבְחַר יְהוָה אֱלֹהֶיךָ בּוֹ: וְנָתַתָּה הַכֶּסֶף בְּכֹל
אֲשֶׁר־תְּאַוֶּה נַפְשְׁךָ בַּבָּקָר וּבַצֹּאן וּבַיַּיִן וּבַשֵּׁכָר וּבְכֹל אֲשֶׁר תִּשְׁאָלְךָ נַפְשֶׁךָ
וְאָכַלְתָּ שָּׁם לִפְנֵי יְהוָה אֱלֹהֶיךָ וְשָׂמַחְתָּ אַתָּה וּבֵיתֶךָ: וְהַלֵּוִי אֲשֶׁר־בִּשְׁעָרֶיךָ לֹא
תַעַזְבֶנּוּ כִּי אֵין לוֹ חֵלֶק וְנַחֲלָה עִמָּךְ: מִקְצֵה ׀ שָׁלֹשׁ שָׁנִים תּוֹצִיא
אֶת־כׇּל־מַעְשַׂר תְּבוּאָתְךָ בַּשָּׁנָה הַהִוא וְהִנַּחְתָּ בִּשְׁעָרֶיךָ: וּבָא הַלֵּוִי כִּי אֵין־
לוֹ חֵלֶק וְנַחֲלָה עִמָּךְ וְהַגֵּר וְהַיָּתוֹם וְהָאַלְמָנָה אֲשֶׁר בִּשְׁעָרֶיךָ וְאָכְלוּ וְשָׂבֵעוּ
(בשבת לוי) לְמַעַן יְבָרֶכְךָ יְהוָה אֱלֹהֶיךָ בְּכׇל־מַעֲשֵׂה יָדְךָ אֲשֶׁר תַּעֲשֶׂה: *מִקֵּץ
שֶׁבַע־שָׁנִים תַּעֲשֶׂה שְׁמִטָּה: וְזֶה דְּבַר הַשְּׁמִטָּה שָׁמוֹט כׇּל־בַּעַל מַשֵּׁה יָדוֹ
אֲשֶׁר יַשֶּׁה בְּרֵעֵהוּ לֹא־יִגֹּשׂ אֶת־רֵעֵהוּ וְאֶת־אָחִיו כִּי־קָרָא שְׁמִטָּה לַיהוָה:
אֶת־הַנׇּכְרִי תִּגֹּשׂ וַאֲשֶׁר יִהְיֶה לְךָ אֶת־אָחִיךָ תַּשְׁמֵט יָדֶךָ: אֶפֶס כִּי לֹא יִהְיֶה־
בְּךָ אֶבְיוֹן כִּי־בָרֵךְ יְבָרֶכְךָ יְהוָה בָּאָרֶץ אֲשֶׁר יְהוָה אֱלֹהֶיךָ נֹתֵן־לְךָ נַחֲלָה
לְרִשְׁתָּהּ: רַק אִם־שָׁמוֹעַ תִּשְׁמַע בְּקוֹל יְהוָה אֱלֹהֶיךָ לִשְׁמֹר לַעֲשׂוֹת אֶת־
כׇּל־הַמִּצְוָה הַזֹּאת אֲשֶׁר אָנֹכִי מְצַוְּךָ הַיּוֹם: כִּי־יְהוָה אֱלֹהֶיךָ בֵּרַכְךָ כַּאֲשֶׁר
דִּבֶּר־לָךְ וְהַעֲבַטְתָּ גּוֹיִם רַבִּים וְאַתָּה לֹא תַעֲבֹט וּמָשַׁלְתָּ בְּגוֹיִם רַבִּים וּבְךָ לֹא
יִמְשֹׁלוּ: כִּי־יִהְיֶה בְךָ אֶבְיוֹן מֵאַחַד אַחֶיךָ בְּאַחַד שְׁעָרֶיךָ בְּאַרְצְךָ
אֲשֶׁר־יְהוָה אֱלֹהֶיךָ נֹתֵן לָךְ לֹא תְאַמֵּץ אֶת־לְבָבְךָ וְלֹא תִקְפֹּץ אֶת־יָדְךָ מֵאָחִיךָ
הָאֶבְיוֹן: כִּי־פָתֹחַ תִּפְתַּח אֶת־יָדְךָ לוֹ וְהַעֲבֵט תַּעֲבִיטֶנּוּ דֵּי מַחְסֹרוֹ אֲשֶׁר
יֶחְסַר לוֹ: הִשָּׁמֶר לְךָ פֶּן־יִהְיֶה דָבָר עִם־לְבָבְךָ בְלִיַּעַל לֵאמֹר קָרְבָה שְׁנַת־
הַשֶּׁבַע שְׁנַת הַשְּׁמִטָּה וְרָעָה עֵינְךָ בְּאָחִיךָ הָאֶבְיוֹן וְלֹא תִתֵּן לוֹ וְקָרָא עָלֶיךָ

אל־יהוה והיה בך חטא: נתון תתן לו ולא־ירע לבבך בתתך לו כי בגלל ׀
הדבר הזה יברכך יהוה אלהיך בכל־מעשך ובכל משלח ידך: כי לא־יחדל
אביון מקרב הארץ על־כן אנכי מצוך לאמר פתח תפתח את־ידך לאחיך
לעניך ולאבינך בארצך: כי־ימכר לך אחיך העברי או העבריה
ועבדך שש שנים ובשנה השביעת תשלחנו חפשי מעמך: וכי־תשלחנו
חפשי מעמך לא תשלחנו ריקם: העניק תעניק לו מצאנך ומגרנך ומיקבך
אשר ברכך יהוה אלהיך תתן־לו: וזכרת כי עבד היית בארץ מצרים ויפדך
יהוה אלהיך על־כן אנכי מצוך את־הדבר הזה היום: והיה כי־יאמר אליך
לא אצא מעמך כי אהבך ואת־ביתך כי־טוב לו עמך: ולקחת את־המרצע
ונתתה באזנו ובדלת והיה לך עבד עולם ואף לאמתך תעשה־כן: לא־
יקשה בעינך בשלחך אתו חפשי מעמך כי משנה שכר שכיר עבדך שש
שנים וברכך יהוה אלהיך בכל אשר תעשה:

Si el octavo día de פסח o el segundo día de שבועות cae en día de semana, comenzar aquí:

(בשבת שלישי) כל־הבכור אשר יולד בבקרך ובצאנך הזכר תקדיש ליהוה אלהיך לא
תעבד בבכר שורך ולא תגז בכור צאנך: לפני יהוה אלהיך תאכלנו שנה
בשנה במקום אשר־יבחר יהוה אתה וביתך: וכי־יהיה בו מום פסח או
עור כל מום רע לא תזבחנו ליהוה אלהיך: בשעריך תאכלנו הטמא
והטהור יחדו כצבי וכאיל: רק את־דמו לא תאכל על־הארץ תשפכנו
כמים:

לוי (בשבת רביעי) שמור את־חדש האביב ועשית פסח ליהוה אלהיך כי בחדש האביב
הוציאך יהוה אלהיך ממצרים לילה: וזבחת פסח ליהוה אלהיך צאן
ובקר במקום אשר יבחר יהוה לשכן שמו שם: לא־תאכל עליו חמץ
שבעת ימים תאכל־עליו מצות לחם עני כי בחפזון יצאת מארץ מצרים
שלישי (בשבת חמישי) למען תזכר את־יום צאתך מארץ מצרים כל ימי חייך: *ולא־יראה לך
שאר בכל־גבלך שבעת ימים ולא־ילין מן־הבשר אשר תזבח בערב ביום
הראשון לבקר: לא תוכל לזבח את־הפסח באחד שעריך אשר־יהוה
אלהיך נתן לך: כי אם־אל־המקום אשר־יבחר יהוה אלהיך לשכן שמו
שם תזבח את־הפסח בערב כבוא השמש מועד צאתך ממצרים: ובשלת
ואכלת במקום אשר יבחר יהוה אלהיך בו ופנית בבקר והלכת לאהליך:

שֵׁשֶׁת יָמִים תֹּאכַל מַצּוֹת וּבַיּוֹם הַשְּׁבִיעִי עֲצֶרֶת לַיהוָה אֱלֹהֶיךָ לֹא תַעֲשֶׂה
מְלָאכָה׃ *שִׁבְעָה שָׁבֻעֹת תִּסְפָּר־לָךְ מֵהָחֵל חֶרְמֵשׁ בַּקָּמָה תָּחֵל רביעי (בשבת שישי)
לִסְפֹּר שִׁבְעָה שָׁבֻעוֹת׃ וְעָשִׂיתָ חַג שָׁבֻעוֹת לַיהוָה אֱלֹהֶיךָ מִסַּת נִדְבַת יָדְךָ
אֲשֶׁר תִּתֵּן כַּאֲשֶׁר יְבָרֶכְךָ יְהוָה אֱלֹהֶיךָ׃ וְשָׂמַחְתָּ לִפְנֵי ׀ יְהוָה אֱלֹהֶיךָ אַתָּה
וּבִנְךָ וּבִתֶּךָ וְעַבְדְּךָ וַאֲמָתֶךָ וְהַלֵּוִי אֲשֶׁר בִּשְׁעָרֶיךָ וְהַגֵּר וְהַיָּתוֹם וְהָאַלְמָנָה
אֲשֶׁר בְּקִרְבֶּךָ בַּמָּקוֹם אֲשֶׁר יִבְחַר יְהוָה אֱלֹהֶיךָ לְשַׁכֵּן שְׁמוֹ שָׁם׃ וְזָכַרְתָּ כִּי־
עֶבֶד הָיִיתָ בְּמִצְרָיִם וְשָׁמַרְתָּ וְעָשִׂיתָ אֶת־הַחֻקִּים הָאֵלֶּה׃
חַג הַסֻּכֹּת תַּעֲשֶׂה לְךָ שִׁבְעַת יָמִים בְּאָסְפְּךָ מִגָּרְנְךָ וּמִיִּקְבֶךָ׃ וְשָׂמַחְתָּ בְּחַגֶּךָ חמישי (בשבת שביעי)
אַתָּה וּבִנְךָ וּבִתֶּךָ וְעַבְדְּךָ וַאֲמָתֶךָ וְהַלֵּוִי וְהַגֵּר וְהַיָּתוֹם וְהָאַלְמָנָה אֲשֶׁר
בִּשְׁעָרֶיךָ׃ שִׁבְעַת יָמִים תָּחֹג לַיהוָה אֱלֹהֶיךָ בַּמָּקוֹם אֲשֶׁר־יִבְחַר יְהוָה כִּי
יְבָרֶכְךָ יְהוָה אֱלֹהֶיךָ בְּכֹל תְּבוּאָתְךָ וּבְכֹל מַעֲשֵׂה יָדֶיךָ וְהָיִיתָ אַךְ שָׂמֵחַ׃
שָׁלוֹשׁ פְּעָמִים ׀ בַּשָּׁנָה יֵרָאֶה כָל־זְכוּרְךָ אֶת־פְּנֵי ׀ יְהוָה אֱלֹהֶיךָ בַּמָּקוֹם אֲשֶׁר
יִבְחָר בְּחַג הַמַּצּוֹת וּבְחַג הַשָּׁבֻעוֹת וּבְחַג הַסֻּכּוֹת וְלֹא יֵרָאֶה אֶת־פְּנֵי יְהוָה
רֵיקָם׃ אִישׁ כְּמַתְּנַת יָדוֹ כְּבִרְכַּת יְהוָה אֱלֹהֶיךָ אֲשֶׁר נָתַן־לָךְ׃

El מפטיר para el יום שמיני של פסח es el mismo que para los otros días de חול המועד פסח y está en la página 1202. El מפטיר para שבועות está en la página 1211 y la הפטרה para el יום שני של שבועות está en la página 1213. Tanto el מפטיר como la הפטרה de שמיני עצרת están en la página 1222.

הפטרה ליום האחרון של פסח

HAFTARÁ PARA EL ÚLTIMO DÍA DE PESAJ

עוֹד הַיּוֹם בְּנֹב לַעֲמֹד יְנֹפֵף יָדוֹ הַר בֵּית־צִיּוֹן גִּבְעַת יְרוּשָׁלִָם׃ הִנֵּה בַּת־ ישעיהו י:לב–יב:ו
הָאָדוֹן יְהוָה צְבָאוֹת מְסָעֵף פֻּארָה בְּמַעֲרָצָה וְרָמֵי הַקּוֹמָה גְּדֻעִים וְהַגְּבֹהִים
יִשְׁפָּלוּ׃ וְנִקַּף סִבְכֵי הַיַּעַר בַּבַּרְזֶל וְהַלְּבָנוֹן בְּאַדִּיר יִפּוֹל׃ וְיָצָא
חֹטֶר מִגֵּזַע יִשָׁי וְנֵצֶר מִשָּׁרָשָׁיו יִפְרֶה׃ וְנָחָה עָלָיו רוּחַ יְהוָה רוּחַ חָכְמָה וּבִינָה
רוּחַ עֵצָה וּגְבוּרָה רוּחַ דַּעַת וְיִרְאַת יְהוָה׃ וַהֲרִיחוֹ בְּיִרְאַת יְהוָה וְלֹא־לְמַרְאֵה
עֵינָיו יִשְׁפּוֹט וְלֹא־לְמִשְׁמַע אָזְנָיו יוֹכִיחַ׃ וְשָׁפַט בְּצֶדֶק דַּלִּים וְהוֹכִיחַ בְּמִישׁוֹר
לְעַנְוֵי־אָרֶץ וְהִכָּה־אֶרֶץ בְּשֵׁבֶט פִּיו וּבְרוּחַ שְׂפָתָיו יָמִית רָשָׁע׃ וְהָיָה צֶדֶק אֵזוֹר
מָתְנָיו וְהָאֱמוּנָה אֵזוֹר חֲלָצָיו׃ וְגָר זְאֵב עִם־כֶּבֶשׂ וְנָמֵר עִם־גְּדִי יִרְבָּץ וְעֵגֶל
וּכְפִיר וּמְרִיא יַחְדָּו וְנַעַר קָטֹן נֹהֵג בָּם׃ וּפָרָה וָדֹב תִּרְעֶינָה יַחְדָּו יִרְבְּצוּ יַלְדֵיהֶן

ואריה כבקר יאכל־תבן: ושעשע יונק על־חר פתן ועל מאורת צפעוני
גמול ידו הדה: לא־ירעו ולא־ישחיתו בכל־הר קדשי כי־מלאה הארץ דעה
את־יהוה כמים לים מכסים: והיה ביום ההוא שרש ישי אשר
עמד לנס עמים אליו גוים ידרשו והיתה מנחתו כבוד: והיה ׀
ביום ההוא יוסיף אדני ׀ שנית ידו לקנות את־שאר עמו אשר ישאר מאשור
וממצרים ומפתרוס ומכוש ומעילם ומשנער ומחמת ומאיי הים: ונשא נס
לגוים ואסף נדחי ישראל ונפצות יהודה יקבץ מארבע כנפות הארץ: וסרה
קנאת אפרים וצררי יהודה יכרתו אפרים לא־יקנא את־יהודה ויהודה לא־
יצר את־אפרים: ועפו בכתף פלשתים ימה יחדו יבזו את־בני־קדם אדום
ומואב משלוח ידם ובני עמון משמעתם: והחרים יהוה את לשון ים־מצרים
והניף ידו על־הנהר בעים רוחו והכהו לשבעה נחלים והדריך בנעלים:
והיתה מסלה לשאר עמו אשר ישאר מאשור כאשר היתה לישראל ביום
עלתו מארץ מצרים: ואמרת ביום ההוא אודך יהוה כי אנפת בי ישב אפך
ותנחמני: הנה אל ישועתי אבטח ולא אפחד כי־עזי וזמרת יה יהוה ויהי־
לי לישועה: ושאבתם־מים בששון ממעיני הישועה: ואמרתם ביום ההוא
הודו ליהוה קראו בשמו הודיעו בעמים עלילתיו הזכירו כי נשגב שמו:
זמרו יהוה כי גאות עשה מידעת זאת בכל־הארץ: צהלי ורני יושבת ציון מודעת
כי־גדול בקרבך קדוש ישראל:

Continúa con las bendiciones posteriores a la הפטרה *en la página 535.*

קריאה ליום טוב ראשון של שבועות

LECTURA DE LA TORÁ PARA EL PRIMER DÍA DE SHAVU'OT

אקדמות *aparece en la página 821.*

בחדש השלישי לצאת בני־ישראל מארץ מצרים ביום הזה באו מדבר שמות יט:א–כ:כג
סיני: ויסעו מרפידים ויבאו מדבר סיני ויחנו במדבר ויחן־שם ישראל
נגד ההר: ומשה עלה אל־האלהים ויקרא אליו יהוה מן־ההר לאמר כה
תאמר לבית יעקב ותגיד לבני ישראל: אתם ראיתם אשר עשיתי למצרים
ואשא אתכם על־כנפי נשרים ואבא אתכם אלי: ועתה אם־שמוע תשמעו

בְּקֹלִי וּשְׁמַרְתֶּם אֶת־בְּרִיתִי וִהְיִיתֶם לִי סְגֻלָּה מִכָּל־הָעַמִּים כִּי־לִי כָּל־הָאָרֶץ׃
וְאַתֶּם תִּהְיוּ־לִי מַמְלֶכֶת כֹּהֲנִים וְגוֹי קָדוֹשׁ אֵלֶּה הַדְּבָרִים אֲשֶׁר תְּדַבֵּר אֶל־
בְּנֵי יִשְׂרָאֵל׃ *וַיָּבֹא מֹשֶׁה וַיִּקְרָא לְזִקְנֵי הָעָם וַיָּשֶׂם לִפְנֵיהֶם אֵת כָּל־הַדְּבָרִים לוי
הָאֵלֶּה אֲשֶׁר צִוָּהוּ יהוה׃ וַיַּעֲנוּ כָל־הָעָם יַחְדָּו וַיֹּאמְרוּ כֹּל אֲשֶׁר־דִּבֶּר יהוה
נַעֲשֶׂה וַיָּשֶׁב מֹשֶׁה אֶת־דִּבְרֵי הָעָם אֶל־יהוה׃ וַיֹּאמֶר יהוה אֶל־מֹשֶׁה הִנֵּה
אָנֹכִי בָּא אֵלֶיךָ בְּעַב הֶעָנָן בַּעֲבוּר יִשְׁמַע הָעָם בְּדַבְּרִי עִמָּךְ וְגַם־בְּךָ יַאֲמִינוּ
לְעוֹלָם וַיַּגֵּד מֹשֶׁה אֶת־דִּבְרֵי הָעָם אֶל־יהוה׃ וַיֹּאמֶר יהוה אֶל־מֹשֶׁה לֵךְ
אֶל־הָעָם וְקִדַּשְׁתָּם הַיּוֹם וּמָחָר וְכִבְּסוּ שִׂמְלֹתָם׃ וְהָיוּ נְכֹנִים לַיּוֹם הַשְּׁלִישִׁי
כִּי ׀ בַּיּוֹם הַשְּׁלִשִׁי יֵרֵד יהוה לְעֵינֵי כָל־הָעָם עַל־הַר סִינָי׃ וְהִגְבַּלְתָּ אֶת־הָעָם
סָבִיב לֵאמֹר הִשָּׁמְרוּ לָכֶם עֲלוֹת בָּהָר וּנְגֹעַ בְּקָצֵהוּ כָּל־הַנֹּגֵעַ בָּהָר מוֹת יוּמָת׃
לֹא־תִגַּע בּוֹ יָד כִּי־סָקוֹל יִסָּקֵל אוֹ־יָרֹה יִיָּרֶה אִם־בְּהֵמָה אִם־אִישׁ לֹא יִחְיֶה
בִּמְשֹׁךְ הַיֹּבֵל הֵמָּה יַעֲלוּ בָהָר׃ *וַיֵּרֶד מֹשֶׁה מִן־הָהָר אֶל־הָעָם וַיְקַדֵּשׁ אֶת־ שלישי
הָעָם וַיְכַבְּסוּ שִׂמְלֹתָם׃ וַיֹּאמֶר אֶל־הָעָם הֱיוּ נְכֹנִים לִשְׁלֹשֶׁת יָמִים אַל־תִּגְּשׁוּ
אֶל־אִשָּׁה׃ וַיְהִי בַיּוֹם הַשְּׁלִישִׁי בִּהְיֹת הַבֹּקֶר וַיְהִי קֹלֹת וּבְרָקִים וְעָנָן כָּבֵד
עַל־הָהָר וְקֹל שֹׁפָר חָזָק מְאֹד וַיֶּחֱרַד כָּל־הָעָם אֲשֶׁר בַּמַּחֲנֶה׃ וַיּוֹצֵא מֹשֶׁה
אֶת־הָעָם לִקְרַאת הָאֱלֹהִים מִן־הַמַּחֲנֶה וַיִּתְיַצְּבוּ בְּתַחְתִּית הָהָר׃ וְהַר סִינַי
עָשַׁן כֻּלּוֹ מִפְּנֵי אֲשֶׁר יָרַד עָלָיו יהוה בָּאֵשׁ וַיַּעַל עֲשָׁנוֹ כְּעֶשֶׁן הַכִּבְשָׁן וַיֶּחֱרַד
כָּל־הָהָר מְאֹד׃ וַיְהִי קוֹל הַשֹּׁפָר הוֹלֵךְ וְחָזֵק מְאֹד מֹשֶׁה יְדַבֵּר וְהָאֱלֹהִים
יַעֲנֶנּוּ בְקוֹל׃ *וַיֵּרֶד יהוה עַל־הַר סִינַי אֶל־רֹאשׁ הָהָר וַיִּקְרָא יהוה לְמֹשֶׁה רביעי
אֶל־רֹאשׁ הָהָר וַיַּעַל מֹשֶׁה׃ וַיֹּאמֶר יהוה אֶל־מֹשֶׁה רֵד הָעֵד בָּעָם פֶּן־יֶהֶרְסוּ
אֶל־יהוה לִרְאוֹת וְנָפַל מִמֶּנּוּ רָב׃ וְגַם הַכֹּהֲנִים הַנִּגָּשִׁים אֶל־יהוה יִתְקַדָּשׁוּ
פֶּן־יִפְרֹץ בָּהֶם יהוה׃ וַיֹּאמֶר מֹשֶׁה אֶל־יהוה לֹא־יוּכַל הָעָם לַעֲלֹת אֶל־הַר
סִינָי כִּי־אַתָּה הַעֵדֹתָה בָּנוּ לֵאמֹר הַגְבֵּל אֶת־הָהָר וְקִדַּשְׁתּוֹ׃ וַיֹּאמֶר אֵלָיו
יהוה לֶךְ־רֵד וְעָלִיתָ אַתָּה וְאַהֲרֹן עִמָּךְ וְהַכֹּהֲנִים וְהָעָם אַל־יֶהֶרְסוּ לַעֲלֹת
אֶל־יהוה פֶּן־יִפְרָץ־בָּם׃ וַיֵּרֶד מֹשֶׁה אֶל־הָעָם וַיֹּאמֶר אֲלֵהֶם׃ וַיְדַבֵּר
אֱלֹהִים אֵת כָּל־הַדְּבָרִים הָאֵלֶּה לֵאמֹר׃ אָנֹכִי יהוה אֱלֹהֶיךָ אֲשֶׁר
הוֹצֵאתִיךָ מֵאֶרֶץ מִצְרַיִם מִבֵּית עֲבָדִים׃ לֹא־יִהְיֶה לְךָ אֱלֹהִים אֲחֵרִים עַל־
פָּנַי לֹא תַעֲשֶׂה־לְךָ פֶסֶל ׀ וְכָל־תְּמוּנָה אֲשֶׁר בַּשָּׁמַיִם ׀ מִמַּעַל וַאֲשֶׁר בָּאָרֶץ
מִתַּחַת וַאֲשֶׁר בַּמַּיִם ׀ מִתַּחַת לָאָרֶץ לֹא־תִשְׁתַּחֲוֶה לָהֶם וְלֹא תָעָבְדֵם כִּי

אָנֹכִי יְהוָה אֱלֹהֶיךָ אֵל קַנָּא פֹּקֵד עֲוֺן אָבֹת עַל־בָּנִים עַל־שִׁלֵּשִׁים וְעַל־רִבֵּעִים
לְשֹׂנְאָי׃ וְעֹשֶׂה חֶסֶד לַאֲלָפִים לְאֹהֲבַי וּלְשֹׁמְרֵי מִצְוֺתָי׃ לֹא תִשָּׂא
אֶת־שֵׁם־יְהוָה אֱלֹהֶיךָ לַשָּׁוְא כִּי לֹא יְנַקֶּה יְהוָה אֵת אֲשֶׁר־יִשָּׂא אֶת־שְׁמוֹ
לַשָּׁוְא׃
זָכוֹר אֶת־יוֹם הַשַּׁבָּת לְקַדְּשׁוֹ שֵׁשֶׁת יָמִים תַּעֲבֹד וְעָשִׂיתָ כָּל־מְלַאכְתֶּךָ
וְיוֹם הַשְּׁבִיעִי שַׁבָּת ׀ לַיהוָה אֱלֹהֶיךָ לֹא תַעֲשֶׂה כָל־מְלָאכָה אַתָּה וּבִנְךָ
וּבִתֶּךָ עַבְדְּךָ וַאֲמָתְךָ וּבְהֶמְתֶּךָ וְגֵרְךָ אֲשֶׁר בִּשְׁעָרֶיךָ כִּי שֵׁשֶׁת־יָמִים עָשָׂה
יְהוָה אֶת־הַשָּׁמַיִם וְאֶת־הָאָרֶץ אֶת־הַיָּם וְאֶת־כָּל־אֲשֶׁר־בָּם וַיָּנַח בַּיּוֹם
הַשְּׁבִיעִי עַל־כֵּן בֵּרַךְ יְהוָה אֶת־יוֹם הַשַּׁבָּת וַיְקַדְּשֵׁהוּ׃ כַּבֵּד
אֶת־אָבִיךָ וְאֶת־אִמֶּךָ לְמַעַן יַאֲרִכוּן יָמֶיךָ עַל הָאֲדָמָה אֲשֶׁר־יְהוָה אֱלֹהֶיךָ
נֹתֵן לָךְ׃ לֹא תִרְצָח׃ לֹא
תִנְאָף׃ לֹא תִגְנֹב׃ לֹא־
תַעֲנֶה בְרֵעֲךָ עֵד שָׁקֶר׃ לֹא
תַחְמֹד בֵּית רֵעֶךָ לֹא־
תַחְמֹד אֵשֶׁת רֵעֶךָ וְעַבְדּוֹ וַאֲמָתוֹ וְשׁוֹרוֹ וַחֲמֹרוֹ וְכֹל אֲשֶׁר
לְרֵעֶךָ׃
חמישי וְכָל־הָעָם רֹאִים אֶת־הַקּוֹלֹת וְאֶת־הַלַּפִּידִם וְאֵת קוֹל הַשֹּׁפָר וְאֶת־הָהָר
עָשֵׁן וַיַּרְא הָעָם וַיָּנֻעוּ וַיַּעַמְדוּ מֵרָחֹק׃ וַיֹּאמְרוּ אֶל־מֹשֶׁה דַּבֵּר־אַתָּה עִמָּנוּ
וְנִשְׁמָעָה וְאַל־יְדַבֵּר עִמָּנוּ אֱלֹהִים פֶּן־נָמוּת׃ וַיֹּאמֶר מֹשֶׁה אֶל־הָעָם אַל־
תִּירָאוּ כִּי לְבַעֲבוּר נַסּוֹת אֶתְכֶם בָּא הָאֱלֹהִים וּבַעֲבוּר תִּהְיֶה יִרְאָתוֹ עַל־פְּנֵיכֶם
לְבִלְתִּי תֶחֱטָאוּ׃ וַיַּעֲמֹד הָעָם מֵרָחֹק וּמֹשֶׁה נִגַּשׁ אֶל־הָעֲרָפֶל אֲשֶׁר־שָׁם
הָאֱלֹהִים׃ וַיֹּאמֶר יְהוָה אֶל־מֹשֶׁה כֹּה תֹאמַר אֶל־בְּנֵי יִשְׂרָאֵל
אַתֶּם רְאִיתֶם כִּי מִן־הַשָּׁמַיִם דִּבַּרְתִּי עִמָּכֶם׃ לֹא תַעֲשׂוּן אִתִּי אֱלֹהֵי כֶסֶף
וֵאלֹהֵי זָהָב לֹא תַעֲשׂוּ לָכֶם׃ מִזְבַּח אֲדָמָה תַּעֲשֶׂה־לִּי וְזָבַחְתָּ עָלָיו אֶת־עֹלֹתֶיךָ
וְאֶת־שְׁלָמֶיךָ אֶת־צֹאנְךָ וְאֶת־בְּקָרֶךָ בְּכָל־הַמָּקוֹם אֲשֶׁר אַזְכִּיר אֶת־שְׁמִי
אָבוֹא אֵלֶיךָ וּבֵרַכְתִּיךָ׃ וְאִם־מִזְבַּח אֲבָנִים תַּעֲשֶׂה־לִּי לֹא־תִבְנֶה אֶתְהֶן גָּזִית
כִּי חַרְבְּךָ הֵנַפְתָּ עָלֶיהָ וַתְּחַלְלֶהָ׃ וְלֹא־תַעֲלֶה בְמַעֲלֹת עַל־מִזְבְּחִי אֲשֶׁר לֹא־
תִגָּלֶה עֶרְוָתְךָ עָלָיו׃

מפטיר לשבועות

MAFTIR PARA SHAVU'OT

El siguiente מפטיר *se lee del segundo* ספר תורה *en los dos días de* שבועות.

וּבְיוֹם הַבִּכּוּרִים בְּהַקְרִיבְכֶם מִנְחָה חֲדָשָׁה לַיהוָה בְּשָׁבֻעֹתֵיכֶם מִקְרָא־ במדבר כח:כו-לא
קֹדֶשׁ יִהְיֶה לָכֶם כָּל־מְלֶאכֶת עֲבֹדָה לֹא תַעֲשׂוּ׃ וְהִקְרַבְתֶּם עוֹלָה לְרֵיחַ
נִיחֹחַ לַיהוָה פָּרִים בְּנֵי־בָקָר שְׁנַיִם אַיִל אֶחָד שִׁבְעָה כְבָשִׂים בְּנֵי שָׁנָה׃
וּמִנְחָתָם סֹלֶת בְּלוּלָה בַשָּׁמֶן שְׁלֹשָׁה עֶשְׂרֹנִים לַפָּר הָאֶחָד שְׁנֵי עֶשְׂרֹנִים
לָאַיִל הָאֶחָד׃ עִשָּׂרוֹן עִשָּׂרוֹן לַכֶּבֶשׂ הָאֶחָד לְשִׁבְעַת הַכְּבָשִׂים׃ שְׂעִיר עִזִּים
אֶחָד לְכַפֵּר עֲלֵיכֶם׃ מִלְּבַד עֹלַת הַתָּמִיד וּמִנְחָתוֹ תַּעֲשׂוּ תְּמִימִם יִהְיוּ־לָכֶם
וְנִסְכֵּיהֶם׃

הפטרה ליום טוב ראשון של שבועות

HAFTARÁ PARA EL PRIMER DÍA DE SHAVU'OT

וַיְהִי ׀ בִּשְׁלֹשִׁים שָׁנָה בָּרְבִיעִי בַּחֲמִשָּׁה לַחֹדֶשׁ וַאֲנִי בְתוֹךְ־הַגּוֹלָה עַל־נְהַר־ יחזקאל א:א-כח
כְּבָר נִפְתְּחוּ הַשָּׁמַיִם וָאֶרְאֶה מַרְאוֹת אֱלֹהִים׃ בַּחֲמִשָּׁה לַחֹדֶשׁ הִיא הַשָּׁנָה
הַחֲמִישִׁית לְגָלוּת הַמֶּלֶךְ יוֹיָכִין׃ הָיֹה הָיָה דְבַר־יְהוָה אֶל־יְחֶזְקֵאל בֶּן־בּוּזִי
הַכֹּהֵן בְּאֶרֶץ כַּשְׂדִּים עַל־נְהַר־כְּבָר וַתְּהִי עָלָיו שָׁם יַד־יְהוָה׃ וָאֵרֶא וְהִנֵּה
רוּחַ סְעָרָה בָּאָה מִן־הַצָּפוֹן עָנָן גָּדוֹל וְאֵשׁ מִתְלַקַּחַת וְנֹגַהּ לוֹ סָבִיב וּמִתּוֹכָהּ
כְּעֵין הַחַשְׁמַל מִתּוֹךְ הָאֵשׁ׃ וּמִתּוֹכָהּ דְּמוּת אַרְבַּע חַיּוֹת וְזֶה מַרְאֵיהֶן דְּמוּת
אָדָם לָהֵנָּה׃ וְאַרְבָּעָה פָנִים לְאֶחָת וְאַרְבַּע כְּנָפַיִם לְאַחַת לָהֶם׃ וְרַגְלֵיהֶם רֶגֶל
יְשָׁרָה וְכַף רַגְלֵיהֶם כְּכַף רֶגֶל עֵגֶל וְנֹצְצִים כְּעֵין נְחֹשֶׁת קָלָל׃ וידו אָדָם מִתַּחַת ויְדֵי
כַּנְפֵיהֶם עַל אַרְבַּעַת רִבְעֵיהֶם וּפְנֵיהֶם וְכַנְפֵיהֶם לְאַרְבַּעְתָּם׃ חֹבְרֹת אִשָּׁה
אֶל־אֲחוֹתָהּ כַּנְפֵיהֶם לֹא־יִסַּבּוּ בְלֶכְתָּן אִישׁ אֶל־עֵבֶר פָּנָיו יֵלֵכוּ׃ וּדְמוּת פְּנֵיהֶם
פְּנֵי אָדָם וּפְנֵי אַרְיֵה אֶל־הַיָּמִין לְאַרְבַּעְתָּם וּפְנֵי־שׁוֹר מֵהַשְּׂמֹאול לְאַרְבַּעְתָּן
וּפְנֵי־נֶשֶׁר לְאַרְבַּעְתָּן׃ וּפְנֵיהֶם וְכַנְפֵיהֶם פְּרֻדוֹת מִלְמָעְלָה לְאִישׁ שְׁתַּיִם חֹבְרוֹת
אִישׁ וּשְׁתַּיִם מְכַסּוֹת אֵת גְּוִיֹתֵיהֶנָה׃ וְאִישׁ אֶל־עֵבֶר פָּנָיו יֵלֵכוּ אֶל אֲשֶׁר
יִהְיֶה־שָּׁמָּה הָרוּחַ לָלֶכֶת יֵלֵכוּ לֹא יִסַּבּוּ בְּלֶכְתָּן׃ וּדְמוּת הַחַיּוֹת מַרְאֵיהֶם
כְּגַחֲלֵי־אֵשׁ בֹּעֲרוֹת כְּמַרְאֵה הַלַּפִּדִים הִיא מִתְהַלֶּכֶת בֵּין הַחַיּוֹת וְנֹגַהּ לָאֵשׁ

וּמִן־הָאֵשׁ יוֹצֵא בָרָק׃ וְהַחַיּוֹת רָצוֹא וָשׁוֹב כְּמַרְאֵה הַבָּזָק׃ וָאֵרֶא הַחַיּוֹת וְהִנֵּה
אוֹפַן אֶחָד בָּאָרֶץ אֵצֶל הַחַיּוֹת לְאַרְבַּעַת פָּנָיו׃ מַרְאֵה הָאוֹפַנִּים וּמַעֲשֵׂיהֶם
כְּעֵין תַּרְשִׁישׁ וּדְמוּת אֶחָד לְאַרְבַּעְתָּן וּמַרְאֵיהֶם וּמַעֲשֵׂיהֶם כַּאֲשֶׁר יִהְיֶה
הָאוֹפַן בְּתוֹךְ הָאוֹפָן׃ עַל־אַרְבַּעַת רִבְעֵיהֶן בְּלֶכְתָּם יֵלֵכוּ לֹא יִסַּבּוּ בְּלֶכְתָּן׃
וְגַבֵּיהֶן וְגֹבַהּ לָהֶם וְיִרְאָה לָהֶם וְגַבֹּתָם מְלֵאֹת עֵינַיִם סָבִיב לְאַרְבַּעְתָּן׃ וּבְלֶכֶת
הַחַיּוֹת יֵלְכוּ הָאוֹפַנִּים אֶצְלָם וּבְהִנָּשֵׂא הַחַיּוֹת מֵעַל הָאָרֶץ יִנָּשְׂאוּ הָאוֹפַנִּים׃
עַל אֲשֶׁר יִהְיֶה־שָּׁם הָרוּחַ לָלֶכֶת יֵלֵכוּ שָׁמָּה הָרוּחַ לָלֶכֶת וְהָאוֹפַנִּים יִנָּשְׂאוּ
לְעֻמָּתָם כִּי רוּחַ הַחַיָּה בָּאוֹפַנִּים׃ בְּלֶכְתָּם יֵלֵכוּ וּבְעָמְדָם יַעֲמֹדוּ וּבְהִנָּשְׂאָם
מֵעַל הָאָרֶץ יִנָּשְׂאוּ הָאוֹפַנִּים לְעֻמָּתָם כִּי רוּחַ הַחַיָּה בָּאוֹפַנִּים׃ וּדְמוּת עַל־
רָאשֵׁי הַחַיָּה רָקִיעַ כְּעֵין הַקֶּרַח הַנּוֹרָא נָטוּי עַל־רָאשֵׁיהֶם מִלְמָעְלָה׃ וְתַחַת
הָרָקִיעַ כַּנְפֵיהֶם יְשָׁרוֹת אִשָּׁה אֶל־אֲחוֹתָהּ לְאִישׁ שְׁתַּיִם מְכַסּוֹת לָהֵנָּה
וּלְאִישׁ שְׁתַּיִם מְכַסּוֹת לָהֵנָּה אֵת גְּוִיֹּתֵיהֶם׃ וָאֶשְׁמַע אֶת־קוֹל כַּנְפֵיהֶם כְּקוֹל
מַיִם רַבִּים כְּקוֹל־שַׁדַּי בְּלֶכְתָּם קוֹל הֲמֻלָּה כְּקוֹל מַחֲנֶה בְּעָמְדָם תְּרַפֶּינָה
כַנְפֵיהֶן׃ וַיְהִי־קוֹל מֵעַל לָרָקִיעַ אֲשֶׁר עַל־רֹאשָׁם בְּעָמְדָם תְּרַפֶּינָה כַנְפֵיהֶן׃
וּמִמַּעַל לָרָקִיעַ אֲשֶׁר עַל־רֹאשָׁם כְּמַרְאֵה אֶבֶן־סַפִּיר דְּמוּת כִּסֵּא וְעַל דְּמוּת
הַכִּסֵּא דְּמוּת כְּמַרְאֵה אָדָם עָלָיו מִלְמָעְלָה׃ וָאֵרֶא ׀ כְּעֵין חַשְׁמַל כְּמַרְאֵה־
אֵשׁ בֵּית־לָהּ סָבִיב מִמַּרְאֵה מָתְנָיו וּלְמָעְלָה וּמִמַּרְאֵה מָתְנָיו וּלְמַטָּה רָאִיתִי
כְּמַרְאֵה־אֵשׁ וְנֹגַהּ לוֹ סָבִיב׃ כְּמַרְאֵה הַקֶּשֶׁת אֲשֶׁר יִהְיֶה בֶעָנָן בְּיוֹם הַגֶּשֶׁם
כֵּן מַרְאֵה הַנֹּגַהּ סָבִיב הוּא מַרְאֵה דְּמוּת כְּבוֹד־יְהֹוָה וָאֶרְאֶה וָאֶפֹּל עַל־פָּנַי
וָאֶשְׁמַע קוֹל מְדַבֵּר׃
וַתִּשָּׂאֵנִי רוּחַ וָאֶשְׁמַע אַחֲרַי קוֹל רַעַשׁ גָּדוֹל בָּרוּךְ כְּבוֹד־יְהֹוָה מִמְּקוֹמוֹ׃ יחזקאל ג:יב

Continúa con las bendiciones posteriores a la הפטרה *en la página 535.*

קריאה ליום טוב שני של שבועות

LECTURA DE LA TORÁ PARA EL SEGUNDO DÍA DE SHAVU'OT

La קריאת התורה *para el segundo día de* שבועות *es la misma que para el octavo día de* פסח *y está en la página 1205. El Maftir es el mismo que para el primer día de* שבועות *(página 1211).*

הפטרה ליום טוב שני של שבועות

HAFTARÁ PARA EL SEGUNDO DÍA DE SHAVU'OT

וַיהוָה בְּהֵיכַל קָדְשׁוֹ הַס מִפָּנָיו כָּל־הָאָרֶץ: תְּפִלָּה לַחֲבַקּוּק חבקוק ב:כ-ג:יט
הַנָּבִיא עַל שִׁגְיֹנוֹת:

Muchos recitan el siguiente poema litúrgico en la הפטרה.

יַצִּיב פִּתְגָם, לְאָת וּדְגַם, בְּרִבּוֹ וּרְבָבָן עִירִין.
עָנֵה אֲנָא, בְּמִנְיָנָא, דְּפָסְלִין אַרְבְּעָה טוּרִין.
קֳדָמוֹהִי, לְגוֹ מוֹהִי, נְגִיד וּנְפִיק נְהַר דִּי נוּרִין.
בְּטוּר תַּלְגָּא, נְהוֹר שְׁרָגָא, וְזִיקִין דִּי נוּר וּבְעוֹרִין.
בְּרָא וּסְכָא, מַה בַּחֲשׁוֹכָא, וְעִמֵּהּ שָׁרְיָין נְהוֹרִין.
רְחִיקִין צְפָא, בְּלָא שִׁטְפָא, וּגְלַיִן לֵהּ דְּמִטַּמְּרִין.
בְּעֵית מִנֵּהּ, יַת הַרְמָנֵהּ, וּבָתְרוֹהִי עֲדֵי גֻּבְרִין.
יְדָעֵי הִלְכְתָא, וּמַתְנִיתָא, וְתוֹסֶפְתָּא סִפְרָא וְסִפְרִין.
מֶלֶךְ חַיָּא, לְעָלְמַיָּא, יְמַגַּר עַם לְהוֹן מְשַׁחֲרִין.
אֲמִיר עֲלֵיהוֹן, כְּחָלָא יְהוֹן, וְלָא יִתְמְנוּן הֵיךְ עַפְרִין.
יְחַוְּרוּן כְּעַן, לְהוֹן בִּקְעַן, יְטוּפוּן נַעֲוֵי חַמְרִין.
רְעוּתְהוֹן הַב, וְאַפֵּיהוֹן צְהַב, יְנַהֲרוּן כִּנְהוֹר צַפְרִין.
לִי הַב תְּקוֹף, וְעֵינָךְ זְקוֹף, חֲזִי עָרָךְ דְּבָךְ כָּפְרִין.
יְהוֹן כִּתְבְנָא, בְּגוֹ לִבְנָא, כְּאַבְנָא יִשְׁתְּקוּן חָפְרִין.
כְּקַאֲמָנָא, וְתַרְגְּמָנָא, בְּמִלּוּי דִּבְחִיר סָפְרִין.
יְהוֹנָתָן, גְּבַר עִנְוְתָן, בְּכֵן נִמְטִין אַפְרִין.

יהוה שָׁמַעְתִּי שִׁמְעֲךָ יָרֵאתִי יהוה פָּעָלְךָ בְּקֶרֶב שָׁנִים חַיֵּיהוּ בְּקֶרֶב שָׁנִים
תּוֹדִיעַ בְּרֹגֶז רַחֵם תִּזְכּוֹר: אֱלוֹהַּ מִתֵּימָן יָבוֹא וְקָדוֹשׁ מֵהַר־פָּארָן סֶלָה כִּסָּה
שָׁמַיִם הוֹדוֹ וּתְהִלָּתוֹ מָלְאָה הָאָרֶץ: וְנֹגַהּ כָּאוֹר תִּהְיֶה קַרְנַיִם מִיָּדוֹ לוֹ וְשָׁם
חֶבְיוֹן עֻזֹּה: לְפָנָיו יֵלֶךְ דָּבֶר וְיֵצֵא רֶשֶׁף לְרַגְלָיו: עָמַד ׀ וַיְמֹדֶד אֶרֶץ רָאָה וַיַּתֵּר
גּוֹיִם וַיִּתְפֹּצְצוּ הַרְרֵי־עַד שַׁחוּ גִּבְעוֹת עוֹלָם הֲלִיכוֹת עוֹלָם לוֹ: תַּחַת אָוֶן
רָאִיתִי אָהֳלֵי כוּשָׁן יִרְגְּזוּן יְרִיעוֹת אֶרֶץ מִדְיָן: הֲבִנְהָרִים חָרָה
יהוה אִם בַּנְּהָרִים אַפֶּךָ אִם־בַּיָּם עֶבְרָתֶךָ כִּי תִרְכַּב עַל־סוּסֶיךָ מַרְכְּבֹתֶיךָ

יְשׁוּעָה: עֶרְיָה תֵעוֹר קַשְׁתֶּךָ שְׁבֻעוֹת מַטּוֹת אֹמֶר סֶלָה נְהָרוֹת תְּבַקַּע־אָרֶץ:
רָאוּךָ יָחִילוּ הָרִים זֶרֶם מַיִם עָבָר נָתַן תְּהוֹם קוֹלוֹ רוֹם יָדֵיהוּ נָשָׂא: שֶׁמֶשׁ יָרֵחַ
עָמַד זְבֻלָה לְאוֹר חִצֶּיךָ יְהַלֵּכוּ לְנֹגַהּ בְּרַק חֲנִיתֶךָ: בְּזַעַם תִּצְעַד־אָרֶץ בְּאַף
תָּדוּשׁ גּוֹיִם: יָצָאתָ לְיֵשַׁע עַמֶּךָ לְיֵשַׁע אֶת־מְשִׁיחֶךָ מָחַצְתָּ רֹּאשׁ מִבֵּית רָשָׁע
עָרוֹת יְסוֹד עַד־צַוָּאר סֶלָה: נָקַבְתָּ בְמַטָּיו רֹאשׁ פְּרָזָו יִסְעֲרוּ
לַהֲפִיצֵנִי עֲלִיצֻתָם כְּמוֹ־לֶאֱכֹל עָנִי בַּמִּסְתָּר: דָּרַכְתָּ בַיָּם סוּסֶיךָ חֹמֶר מַיִם
רַבִּים: שָׁמַעְתִּי ׀ וַתִּרְגַּז בִּטְנִי לְקוֹל צָלְלוּ שְׂפָתַי יָבוֹא רָקָב בַּעֲצָמַי וְתַחְתַּי
אֶרְגָּז אֲשֶׁר אָנוּחַ לְיוֹם צָרָה לַעֲלוֹת לְעַם יְגוּדֶנּוּ: כִּי־תְאֵנָה לֹא־תִפְרָח וְאֵין
יְבוּל בַּגְּפָנִים כִּחֵשׁ מַעֲשֵׂה־זַיִת וּשְׁדֵמוֹת לֹא־עָשָׂה אֹכֶל גָּזַר מִמִּכְלָה צֹאן
וְאֵין בָּקָר בָּרְפָתִים: וַאֲנִי בַּיהוָה אֶעְלוֹזָה אָגִילָה בֵּאלֹהֵי יִשְׁעִי: יֱהוִה אֲדֹנָי
חֵילִי וַיָּשֶׂם רַגְלַי כָּאַיָּלוֹת וְעַל־בָּמוֹתַי יַדְרִכֵנִי לַמְנַצֵּחַ בִּנְגִינוֹתָי:

Continúa con las bendiciones posteriores a la הפטרה *en la página 535.*

מפטיר ליום הראשון של סוכות, ויום טוב שני בחוץ לארץ

MAFTIR PARA EL PRIMER DÍA DE SUCOT Y PARA EL SEGUNDO DÍA FUERA DE ISRAEL

La קריאת התורה *para los primeros dos días de* סוכות *(en* ארץ ישראל *solamente el primer día) es la misma que para el segundo día de* פסח *(página 1187). Luego, el siguiente* מפטיר *es leído del segundo* ספר תורה*:*

במדבר כט:יב–טז

וּבַחֲמִשָּׁה עָשָׂר יוֹם לַחֹדֶשׁ הַשְּׁבִיעִי מִקְרָא־קֹדֶשׁ יִהְיֶה לָכֶם כָּל־מְלֶאכֶת
עֲבֹדָה לֹא תַעֲשׂוּ וְחַגֹּתֶם חַג לַיהוָה שִׁבְעַת יָמִים: וְהִקְרַבְתֶּם עֹלָה אִשֵּׁה
רֵיחַ נִיחֹחַ לַיהוָה פָּרִים בְּנֵי־בָקָר שְׁלֹשָׁה עָשָׂר אֵילִם שְׁנָיִם כְּבָשִׂים בְּנֵי־שָׁנָה
אַרְבָּעָה עָשָׂר תְּמִימִם יִהְיוּ: וּמִנְחָתָם סֹלֶת בְּלוּלָה בַשָּׁמֶן שְׁלֹשָׁה עֶשְׂרֹנִים
לַפָּר הָאֶחָד לִשְׁלֹשָׁה עָשָׂר פָּרִים שְׁנֵי עֶשְׂרֹנִים לָאַיִל הָאֶחָד לִשְׁנֵי הָאֵילִם:
וְעִשָּׂרוֹן עִשָּׂרוֹן לַכֶּבֶשׂ הָאֶחָד לְאַרְבָּעָה עָשָׂר כְּבָשִׂים: וּשְׂעִיר־עִזִּים אֶחָד
חַטָּאת מִלְּבַד עֹלַת הַתָּמִיד מִנְחָתָהּ וְנִסְכָּהּ:

הפטרה ליום הראשון של סוכות

HAFTARÁ PARA EL PRIMER DÍA DE SUCOT

זכריה יד:א–כא

הִנֵּה יוֹם־בָּא לַיהוָה וְחֻלַּק שְׁלָלֵךְ בְּקִרְבֵּךְ: וְאָסַפְתִּי אֶת־כָּל־הַגּוֹיִם ׀ אֶל־
יְרוּשָׁלִַם לַמִּלְחָמָה וְנִלְכְּדָה הָעִיר וְנָשַׁסּוּ הַבָּתִּים וְהַנָּשִׁים תשגלנה וְיָצָא חֲצִי תִּשָּׁכַבְנָה

הָעִיר בְּגוֹלָה וְיֶתֶר הָעָם לֹא יִכָּרֵת מִן־הָעִיר׃ וְיָצָא יְהוָה וְנִלְחַם בַּגּוֹיִם הָהֵם
כְּיוֹם הִלָּחֲמוֹ בְּיוֹם קְרָב׃ וְעָמְדוּ רַגְלָיו בַּיּוֹם־הַהוּא עַל־הַר הַזֵּיתִים אֲשֶׁר
עַל־פְּנֵי יְרוּשָׁלַםִ מִקֶּדֶם וְנִבְקַע הַר הַזֵּיתִים מֵחֶצְיוֹ מִזְרָחָה וָיָמָּה גֵּיא גְּדוֹלָה
מְאֹד וּמָשׁ חֲצִי הָהָר צָפוֹנָה וְחֶצְיוֹ נֶגְבָּה׃ וְנַסְתֶּם גֵּיא־הָרַי כִּי־יַגִּיעַ גֵּי־הָרִים
אֶל־אָצַל וְנַסְתֶּם כַּאֲשֶׁר נַסְתֶּם מִפְּנֵי הָרַעַשׁ בִּימֵי עֻזִּיָּה מֶלֶךְ־יְהוּדָה וּבָא יְהוָה
אֱלֹהַי כָּל־קְדֹשִׁים עִמָּךְ׃ וְהָיָה בַּיּוֹם הַהוּא לֹא־יִהְיֶה אוֹר יְקָרוֹת יקפאון׃ וְהָיָה וְקִפָּאוֹן
יוֹם־אֶחָד הוּא יִוָּדַע לַיהוָה לֹא־יוֹם וְלֹא־לָיְלָה וְהָיָה לְעֵת־עֶרֶב יִהְיֶה־אוֹר׃
וְהָיָה ׀ בַּיּוֹם הַהוּא יֵצְאוּ מַיִם־חַיִּים מִירוּשָׁלַםִ חֶצְיָם אֶל־הַיָּם הַקַּדְמוֹנִי וְחֶצְיָם
אֶל־הַיָּם הָאַחֲרוֹן בַּקַּיִץ וּבַחֹרֶף יִהְיֶה׃ וְהָיָה יְהוָה לְמֶלֶךְ עַל־כָּל־הָאָרֶץ בַּיּוֹם
הַהוּא יִהְיֶה יְהוָה אֶחָד וּשְׁמוֹ אֶחָד׃ יִסּוֹב כָּל־הָאָרֶץ כָּעֲרָבָה מִגֶּבַע לְרִמּוֹן נֶגֶב
יְרוּשָׁלָםִ וְרָאֲמָה וְיָשְׁבָה תַחְתֶּיהָ לְמִשַּׁעַר בִּנְיָמִן עַד־מְקוֹם שַׁעַר הָרִאשׁוֹן עַד־
שַׁעַר הַפִּנִּים וּמִגְדַּל חֲנַנְאֵל עַד יִקְבֵי הַמֶּלֶךְ׃ וְיָשְׁבוּ בָהּ וְחֵרֶם לֹא יִהְיֶה־עוֹד
וְיָשְׁבָה יְרוּשָׁלַםִ לָבֶטַח׃ וְזֹאת ׀ תִּהְיֶה הַמַּגֵּפָה אֲשֶׁר יִגֹּף יְהוָה
אֶת־כָּל־הָעַמִּים אֲשֶׁר צָבְאוּ עַל־יְרוּשָׁלָםִ הָמֵק ׀ בְּשָׂרוֹ וְהוּא עֹמֵד עַל־רַגְלָיו
וְעֵינָיו תִּמַּקְנָה בְחֹרֵיהֶן וּלְשׁוֹנוֹ תִּמַּק בְּפִיהֶם׃ וְהָיָה בַּיּוֹם הַהוּא תִּהְיֶה מְהוּמַת־
יְהוָה רַבָּה בָּהֶם וְהֶחֱזִיקוּ אִישׁ יַד רֵעֵהוּ וְעָלְתָה יָדוֹ עַל־יַד רֵעֵהוּ׃ וְגַם־יְהוּדָה
תִּלָּחֵם בִּירוּשָׁלָםִ וְאֻסַּף חֵיל כָּל־הַגּוֹיִם סָבִיב זָהָב וָכֶסֶף וּבְגָדִים לָרֹב מְאֹד׃ וְכֵן
תִּהְיֶה מַגֵּפַת הַסּוּס הַפֶּרֶד הַגָּמָל וְהַחֲמוֹר וְכָל־הַבְּהֵמָה אֲשֶׁר יִהְיֶה בַּמַּחֲנוֹת
הָהֵמָּה כַּמַּגֵּפָה הַזֹּאת׃ וְהָיָה כָּל־הַנּוֹתָר מִכָּל־הַגּוֹיִם הַבָּאִים עַל־יְרוּשָׁלָםִ
וְעָלוּ מִדֵּי שָׁנָה בְשָׁנָה לְהִשְׁתַּחֲוֹת לְמֶלֶךְ יְהוָה צְבָאוֹת וְלָחֹג אֶת־חַג הַסֻּכּוֹת׃
וְהָיָה אֲשֶׁר לֹא־יַעֲלֶה מֵאֵת מִשְׁפְּחוֹת הָאָרֶץ אֶל־יְרוּשָׁלַםִ לְהִשְׁתַּחֲוֹת לְמֶלֶךְ
יְהוָה צְבָאוֹת וְלֹא עֲלֵיהֶם יִהְיֶה הַגָּשֶׁם׃ וְאִם־מִשְׁפַּחַת מִצְרַיִם לֹא־תַעֲלֶה וְלֹא
בָאָה וְלֹא עֲלֵיהֶם תִּהְיֶה הַמַּגֵּפָה אֲשֶׁר יִגֹּף יְהוָה אֶת־הַגּוֹיִם אֲשֶׁר לֹא יַעֲלוּ
לָחֹג אֶת־חַג הַסֻּכּוֹת׃ זֹאת תִּהְיֶה חַטַּאת מִצְרָיִם וְחַטַּאת כָּל־הַגּוֹיִם אֲשֶׁר לֹא
יַעֲלוּ לָחֹג אֶת־חַג הַסֻּכּוֹת׃ בַּיּוֹם הַהוּא יִהְיֶה עַל־מְצִלּוֹת הַסּוּס קֹדֶשׁ לַיהוָה
וְהָיָה הַסִּירוֹת בְּבֵית יְהוָה כַּמִּזְרָקִים לִפְנֵי הַמִּזְבֵּחַ׃ וְהָיָה כָּל־סִיר בִּירוּשָׁלַםִ
וּבִיהוּדָה קֹדֶשׁ לַיהוָה צְבָאוֹת וּבָאוּ כָּל־הַזֹּבְחִים וְלָקְחוּ מֵהֶם וּבִשְּׁלוּ בָהֶם
וְלֹא־יִהְיֶה כְנַעֲנִי עוֹד בְּבֵית־יְהוָה צְבָאוֹת בַּיּוֹם הַהוּא׃

Continúa con las bendiciones posteriores a la הפטרה *en la página 535.*

הפטרה ליום טוב שני של סוכות

HAFTARÁ PARA EL SEGUNDO DÍA DE SUCOT

מלכים א׳ ח:ב–כא

ויקהלו אל־המלך שלמה כל־איש ישראל בירח האתנים בחג הוא החדש
השביעי: ויבאו כל זקני ישראל וישאו הכהנים את־הארון: ויעלו את־ארון
יהוה ואת־אהל מועד ואת־כל־כלי הקדש אשר באהל ויעלו אתם הכהנים
והלוים: והמלך שלמה וכל־עדת ישראל הנועדים עליו אתו לפני הארון
מזבחים צאן ובקר אשר לא־יספרו ולא ימנו מרב: ויבאו הכהנים את־ארון
ברית־יהוה אל־מקומו אל־דביר הבית אל־קדש הקדשים אל־תחת כנפי
הכרובים: כי הכרובים פרשים כנפים אל־מקום הארון ויסכו הכרבים על־
הארון ועל־בדיו מלמעלה: ויארכו הבדים ויראו ראשי הבדים מן־הקדש
על־פני הדביר ולא יראו החוצה ויהיו שם עד היום הזה: אין בארון רק שני
לחות האבנים אשר הנח שם משה בחרב אשר כרת יהוה עם־בני ישראל
בצאתם מארץ מצרים: ויהי בצאת הכהנים מן־הקדש והענן מלא את־
בית יהוה: ולא־יכלו הכהנים לעמד לשרת מפני הענן כי־מלא כבוד־יהוה
את־בית יהוה: אז אמר שלמה יהוה אמר לשכן בערפל: בנה
בניתי בית זבל לך מכון לשבתך עולמים: ויסב המלך את־פניו ויברך את
כל־קהל ישראל וכל־קהל ישראל עמד: ויאמר ברוך יהוה אלהי ישראל
אשר דבר בפיו את דוד אבי ובידו מלא לאמר: מן־היום אשר הוצאתי
את־עמי את־ישראל ממצרים לא־בחרתי בעיר מכל שבטי ישראל לבנות
בית להיות שמי שם ואבחר בדוד להיות על־עמי ישראל: ויהי עם־לבב
דוד אבי לבנות בית לשם יהוה אלהי ישראל: ויאמר יהוה אל־דוד אבי
יען אשר היה עם־לבבך לבנות בית לשמי הטיבת כי היה עם־לבבך: רק
אתה לא תבנה הבית כי אם־בנך היצא מחלציך הוא־יבנה הבית לשמי:
ויקם יהוה את־דברו אשר דבר ואקם תחת דוד אבי ואשב ׀ על־כסא
ישראל כאשר דבר יהוה ואבנה הבית לשם יהוה אלהי ישראל: ואשם
שם מקום לארון אשר־שם ברית יהוה אשר כרת עם־אבתינו בהוציאו
אתם מארץ מצרים:

Continúa con las bendiciones posteriores a la הפטרה *en la página 535.*

קריאה לא׳ דחול המועד סוכות

LECTURA DE LA TORÁ PARA EL PRIMER DÍA DE JOL HAMO'ED SUCOT

En ארץ ישראל, *los tres primeros versículos desde* וּבַיּוֹם הַשֵּׁנִי *hasta* וּמִנְחָתָם וְנִסְכֵּיהֶם *son leídos en cada una de las cuatro* עליות.

וּבַיּוֹם הַשֵּׁנִי פָּרִים בְּנֵי־בָקָר שְׁנֵים עָשָׂר אֵילִם שְׁנָיִם כְּבָשִׂים בְּנֵי־שָׁנָה במדבר כט:יז-כה
אַרְבָּעָה עָשָׂר תְּמִימִם׃ וּמִנְחָתָם וְנִסְכֵּיהֶם לַפָּרִים לָאֵילִם וְלַכְּבָשִׂים
בְּמִסְפָּרָם כַּמִּשְׁפָּט׃ וּשְׂעִיר־עִזִּים אֶחָד חַטָּאת מִלְּבַד עֹלַת הַתָּמִיד וּמִנְחָתָהּ
וְנִסְכֵּיהֶם׃ *וּבַיּוֹם הַשְּׁלִישִׁי פָּרִים עַשְׁתֵּי־עָשָׂר אֵילִם שְׁנָיִם כְּבָשִׂים לוי
בְּנֵי־שָׁנָה אַרְבָּעָה עָשָׂר תְּמִימִם׃ וּמִנְחָתָם וְנִסְכֵּיהֶם לַפָּרִים לָאֵילִם וְלַכְּבָשִׂים
בְּמִסְפָּרָם כַּמִּשְׁפָּט׃ וּשְׂעִיר חַטָּאת אֶחָד מִלְּבַד עֹלַת הַתָּמִיד וּמִנְחָתָהּ
וְנִסְכָּהּ׃ *וּבַיּוֹם הָרְבִיעִי פָּרִים עֲשָׂרָה אֵילִם שְׁנָיִם כְּבָשִׂים בְּנֵי־ שלישי
שָׁנָה אַרְבָּעָה עָשָׂר תְּמִימִם׃ מִנְחָתָם וְנִסְכֵּיהֶם לַפָּרִים לָאֵילִם וְלַכְּבָשִׂים
בְּמִסְפָּרָם כַּמִּשְׁפָּט׃ וּשְׂעִיר־עִזִּים אֶחָד חַטָּאת מִלְּבַד עֹלַת הַתָּמִיד מִנְחָתָהּ
וְנִסְכָּהּ׃

וּבַיּוֹם הַשֵּׁנִי פָּרִים בְּנֵי־בָקָר שְׁנֵים עָשָׂר אֵילִם שְׁנָיִם כְּבָשִׂים בְּנֵי־שָׁנָה רביעי
אַרְבָּעָה עָשָׂר תְּמִימִם׃ וּמִנְחָתָם וְנִסְכֵּיהֶם לַפָּרִים לָאֵילִם וְלַכְּבָשִׂים
בְּמִסְפָּרָם כַּמִּשְׁפָּט׃ וּשְׂעִיר־עִזִּים אֶחָד חַטָּאת מִלְּבַד עֹלַת הַתָּמִיד וּמִנְחָתָהּ
וְנִסְכֵּיהֶם׃ וּבַיּוֹם הַשְּׁלִישִׁי פָּרִים עַשְׁתֵּי־עָשָׂר אֵילִם שְׁנָיִם כְּבָשִׂים
בְּנֵי־שָׁנָה אַרְבָּעָה עָשָׂר תְּמִימִם׃ וּמִנְחָתָם וְנִסְכֵּיהֶם לַפָּרִים לָאֵילִם וְלַכְּבָשִׂים
בְּמִסְפָּרָם כַּמִּשְׁפָּט׃ וּשְׂעִיר חַטָּאת אֶחָד מִלְּבַד עֹלַת הַתָּמִיד וּמִנְחָתָהּ
וְנִסְכָּהּ׃

קריאה ליום ב׳ דחול המועד סוכות

LECTURA DE LA TORÁ PARA EL SEGUNDO DÍA DE JOL HAMO'ED SUCOT

En ארץ ישראל, *los tres primeros versículos desde* וּבַיּוֹם הַשְּׁלִישִׁי *hasta* וּמִנְחָתָהּ וְנִסְכָּהּ *son leídos en cada una de las cuatro* עליות.

וּבַיּוֹם הַשְּׁלִישִׁי פָּרִים עַשְׁתֵּי־עָשָׂר אֵילִם שְׁנָיִם כְּבָשִׂים בְּנֵי־שָׁנָה במדבר כט:כ-כח
אַרְבָּעָה עָשָׂר תְּמִימִם׃ וּמִנְחָתָם וְנִסְכֵּיהֶם לַפָּרִים לָאֵילִם וְלַכְּבָשִׂים

בְּמִסְפָּרָם כַּמִּשְׁפָּט: וּשְׂעִיר חַטָּאת אֶחָד מִלְּבַד עֹלַת הַתָּמִיד וּמִנְחָתָהּ
לוי וְנִסְכָּהּ: *וּבַיּוֹם הָרְבִיעִי פָּרִים עֲשָׂרָה אֵילִם שְׁנָיִם כְּבָשִׂים בְּנֵי־
שָׁנָה אַרְבָּעָה עָשָׂר תְּמִימִם: מִנְחָתָם וְנִסְכֵּיהֶם לַפָּרִים לָאֵילִם וְלַכְּבָשִׂים
בְּמִסְפָּרָם כַּמִּשְׁפָּט: וּשְׂעִיר־עִזִּים אֶחָד חַטָּאת מִלְּבַד עֹלַת הַתָּמִיד מִנְחָתָהּ
שלישי וְנִסְכָּהּ: *וּבַיּוֹם הַחֲמִישִׁי פָּרִים תִּשְׁעָה אֵילִם שְׁנָיִם כְּבָשִׂים בְּנֵי־
שָׁנָה אַרְבָּעָה עָשָׂר תְּמִימִם: וּמִנְחָתָם וְנִסְכֵּיהֶם לַפָּרִים לָאֵילִם וְלַכְּבָשִׂים
בְּמִסְפָּרָם כַּמִּשְׁפָּט: וּשְׂעִיר חַטָּאת אֶחָד מִלְּבַד עֹלַת הַתָּמִיד וּמִנְחָתָהּ וְנִסְכָּהּ:
רביעי וּבַיּוֹם הַשְּׁלִישִׁי פָּרִים עַשְׁתֵּי־עָשָׂר אֵילִם שְׁנָיִם כְּבָשִׂים בְּנֵי־שָׁנָה
אַרְבָּעָה עָשָׂר תְּמִימִם: וּמִנְחָתָם וְנִסְכֵּיהֶם לַפָּרִים לָאֵילִם וְלַכְּבָשִׂים
בְּמִסְפָּרָם כַּמִּשְׁפָּט: וּשְׂעִיר חַטָּאת אֶחָד מִלְּבַד עֹלַת הַתָּמִיד וּמִנְחָתָהּ
וְנִסְכָּהּ: וּבַיּוֹם הָרְבִיעִי פָּרִים עֲשָׂרָה אֵילִם שְׁנָיִם כְּבָשִׂים בְּנֵי־
שָׁנָה אַרְבָּעָה עָשָׂר תְּמִימִם: מִנְחָתָם וְנִסְכֵּיהֶם לַפָּרִים לָאֵילִם וְלַכְּבָשִׂים
בְּמִסְפָּרָם כַּמִּשְׁפָּט: וּשְׂעִיר־עִזִּים אֶחָד חַטָּאת מִלְּבַד עֹלַת הַתָּמִיד מִנְחָתָהּ
וְנִסְכָּהּ:

קריאה ליום ג׳ דחול המועד סוכות

LECTURA DE LA TORÁ PARA EL TERCER DÍA DE JOL HAMO'ED SUCOT

En ארץ ישראל*, los tres primeros versículos desde* וּבַיּוֹם הָרְבִיעִי *hasta* מִנְחָתָהּ וְנִסְכָּהּ *son leídos en cada una de las cuatro* עליות.

במדבר כט:כג–לא וּבַיּוֹם הָרְבִיעִי פָּרִים עֲשָׂרָה אֵילִם שְׁנָיִם כְּבָשִׂים בְּנֵי־שָׁנָה אַרְבָּעָה
עָשָׂר תְּמִימִם: מִנְחָתָם וְנִסְכֵּיהֶם לַפָּרִים לָאֵילִם וְלַכְּבָשִׂים בְּמִסְפָּרָם
כַּמִּשְׁפָּט: וּשְׂעִיר־עִזִּים אֶחָד חַטָּאת מִלְּבַד עֹלַת הַתָּמִיד מִנְחָתָהּ
לוי וְנִסְכָּהּ: *וּבַיּוֹם הַחֲמִישִׁי פָּרִים תִּשְׁעָה אֵילִם שְׁנָיִם כְּבָשִׂים
בְּנֵי־שָׁנָה אַרְבָּעָה עָשָׂר תְּמִימִם: וּמִנְחָתָם וְנִסְכֵּיהֶם לַפָּרִים לָאֵילִם וְלַכְּבָשִׂים
בְּמִסְפָּרָם כַּמִּשְׁפָּט: וּשְׂעִיר חַטָּאת אֶחָד מִלְּבַד עֹלַת הַתָּמִיד וּמִנְחָתָהּ
שלישי וְנִסְכָּהּ: *וּבַיּוֹם הַשִּׁשִּׁי פָּרִים שְׁמֹנָה אֵילִם שְׁנָיִם כְּבָשִׂים בְּנֵי־שָׁנָה
אַרְבָּעָה עָשָׂר תְּמִימִם: וּמִנְחָתָם וְנִסְכֵּיהֶם לַפָּרִים לָאֵילִם וְלַכְּבָשִׂים בְּמִסְפָּרָם
כַּמִּשְׁפָּט: וּשְׂעִיר חַטָּאת אֶחָד מִלְּבַד עֹלַת הַתָּמִיד מִנְחָתָהּ וּנְסָכֶיהָ:

וּבַיּ֧וֹם הָֽרְבִיעִ֛י פָּרִ֥ים עֲשָׂרָ֖ה אֵילִ֣ם שְׁנָ֑יִם כְּבָשִׂ֧ים בְּנֵֽי־שָׁנָ֛ה אַרְבָּעָ֥ה רביעי
עָשָׂ֖ר תְּמִימִֽם׃ מִנְחָתָ֣ם וְנִסְכֵּיהֶ֗ם לַ֠פָּרִים לָֽאֵילִ֧ם וְלַכְּבָשִׂ֛ים בְּמִסְפָּרָ֖ם
כַּמִּשְׁפָּֽט׃ וּשְׂעִיר־עִזִּ֥ים אֶחָ֖ד חַטָּ֑את מִלְּבַד֙ עֹלַ֣ת הַתָּמִ֔יד מִנְחָתָ֖הּ
וְנִסְכָּֽהּ׃ וּבַיּ֧וֹם הַחֲמִישִׁ֛י פָּרִ֥ים תִּשְׁעָ֖ה אֵילִ֣ם שְׁנָ֑יִם כְּבָשִׂ֧ים בְּנֵֽי־
שָׁנָ֛ה אַרְבָּעָ֥ה עָשָׂ֖ר תְּמִימִֽם׃ וּמִנְחָתָ֣ם וְנִסְכֵּיהֶ֗ם לַ֠פָּרִים לָֽאֵילִ֧ם וְלַכְּבָשִׂ֛ים
בְּמִסְפָּרָ֖ם כַּמִּשְׁפָּֽט׃ וּשְׂעִ֥יר חַטָּ֖את אֶחָ֑ד מִלְּבַד֙ עֹלַ֣ת הַתָּמִ֔יד וּמִנְחָתָ֖הּ
וְנִסְכָּֽהּ׃

קריאה ליום ד׳ דחול המועד סוכות

LECTURA DE LA TORÁ PARA EL CUARTO DÍA DE JOL HAMO'ED SUCOT

En ארץ ישראל*, los tres primeros versículos desde* וּבַיּוֹם הַחֲמִישִׁי *hasta* וּמִנְחָתָהּ וְנִסְכָּהּ *son leídos en cada una de las cuatro* עליות*.*

במדבר כט:כו–לד
וּבַיּ֧וֹם הַחֲמִישִׁ֛י פָּרִ֥ים תִּשְׁעָ֖ה אֵילִ֣ם שְׁנָ֑יִם כְּבָשִׂ֧ים בְּנֵֽי־שָׁנָ֛ה אַרְבָּעָ֥ה עָשָׂ֖ר
תְּמִימִֽם׃ וּמִנְחָתָ֣ם וְנִסְכֵּיהֶ֗ם לַ֠פָּרִים לָֽאֵילִ֧ם וְלַכְּבָשִׂ֛ים בְּמִסְפָּרָ֖ם כַּמִּשְׁפָּֽט׃
וּשְׂעִ֥יר חַטָּ֖את אֶחָ֑ד מִלְּבַד֙ עֹלַ֣ת הַתָּמִ֔יד וּמִנְחָתָ֖הּ וְנִסְכָּֽהּ׃ *וּבַיּ֧וֹם לוי
הַשִּׁשִּׁ֛י פָּרִ֥ים שְׁמֹנָ֖ה אֵילִ֣ם שְׁנָ֑יִם כְּבָשִׂ֧ים בְּנֵֽי־שָׁנָ֛ה אַרְבָּעָ֥ה עָשָׂ֖ר תְּמִימִֽם׃
וּמִנְחָתָ֣ם וְנִסְכֵּיהֶ֗ם לַ֠פָּרִים לָֽאֵילִ֧ם וְלַכְּבָשִׂ֛ים בְּמִסְפָּרָ֖ם כַּמִּשְׁפָּֽט׃ וּשְׂעִ֥יר
חַטָּ֖את אֶחָ֑ד מִלְּבַד֙ עֹלַ֣ת הַתָּמִ֔יד מִנְחָתָ֖הּ וּנְסָכֶֽיהָ׃ *וּבַיּ֧וֹם שלישי
הַשְּׁבִיעִ֛י פָּרִ֥ים שִׁבְעָ֖ה אֵילִ֣ם שְׁנָ֑יִם כְּבָשִׂ֧ים בְּנֵֽי־שָׁנָ֛ה אַרְבָּעָ֥ה עָשָׂ֖ר תְּמִימִֽם׃
וּמִנְחָתָ֣ם וְנִסְכֵּהֶ֗ם לַ֠פָּרִים לָֽאֵילִ֧ם וְלַכְּבָשִׂ֛ים בְּמִסְפָּרָ֖ם כְּמִשְׁפָּטָֽם׃ וּשְׂעִ֥יר
חַטָּ֖את אֶחָ֑ד מִלְּבַד֙ עֹלַ֣ת הַתָּמִ֔יד מִנְחָתָ֖הּ וְנִסְכָּֽהּ׃

וּבַיּ֧וֹם הַחֲמִישִׁ֛י פָּרִ֥ים תִּשְׁעָ֖ה אֵילִ֣ם שְׁנָ֑יִם כְּבָשִׂ֧ים בְּנֵֽי־שָׁנָ֛ה אַרְבָּעָ֥ה עָשָׂ֖ר רביעי
תְּמִימִֽם׃ וּמִנְחָתָ֣ם וְנִסְכֵּיהֶ֗ם לַ֠פָּרִים לָֽאֵילִ֧ם וְלַכְּבָשִׂ֛ים בְּמִסְפָּרָ֖ם כַּמִּשְׁפָּֽט׃
וּשְׂעִ֥יר חַטָּ֖את אֶחָ֑ד מִלְּבַד֙ עֹלַ֣ת הַתָּמִ֔יד וּמִנְחָתָ֖הּ וְנִסְכָּֽהּ׃ וּבַיּ֧וֹם
הַשִּׁשִּׁ֛י פָּרִ֥ים שְׁמֹנָ֖ה אֵילִ֣ם שְׁנָ֑יִם כְּבָשִׂ֧ים בְּנֵֽי־שָׁנָ֛ה אַרְבָּעָ֥ה עָשָׂ֖ר תְּמִימִֽם׃
וּמִנְחָתָ֣ם וְנִסְכֵּיהֶ֗ם לַ֠פָּרִים לָֽאֵילִ֧ם וְלַכְּבָשִׂ֛ים בְּמִסְפָּרָ֖ם כַּמִּשְׁפָּֽט׃ וּשְׂעִ֥יר
חַטָּ֖את אֶחָ֑ד מִלְּבַד֙ עֹלַ֣ת הַתָּמִ֔יד מִנְחָתָ֖הּ וּנְסָכֶֽיהָ׃

קריאה ליום ה׳ דחול המועד סוכות בארץ ישראל

LECTURA DE LA TORÁ PARA EL QUINTO DÍA DE JOL HAMO'ED SUCOT

En ארץ ישראל*, se lee lo siguiente en cada una de las cuatro* עליות*.*

במדבר כט:כט–לא וביום הששי פרים שמנה אילם שנים כבשים בני־שנה ארבעה עשר
תמימם: ומנחתם ונסכיהם לפרים לאילם ולכבשים במספרם כמשפט:
ושעיר חטאת אחד מלבד עלת התמיד מנחתה ונסכיה:

קריאה להושענא רבה

LECTURA DE LA TORÁ PARA HOSHANÁ RABÁ

En ארץ ישראל*, los tres primeros versículos desde* וּבַיּוֹם הַשְּׁבִיעִי *hasta* מִנְחָתָהּ וְנִסְכָּהּ *son leídos en cada una de las cuatro* עליות°*.*

במדבר כט:כו–לד וביום החמישי פרים תשעה אילם שנים כבשים בני־שנה ארבעה עשר
תמימם: ומנחתם ונסכיהם לפרים לאילם ולכבשים במספרם כמשפט:
לוי ושעיר חטאת אחד מלבד עלת התמיד ומנחתה ונסכה: *וביום
הששי פרים שמנה אילם שנים כבשים בני־שנה ארבעה עשר תמימם:
ומנחתם ונסכיהם לפרים לאילם ולכבשים במספרם כמשפט: ושעיר
שלישי חטאת אחד מלבד עלת התמיד מנחתה ונסכיה: *וביום
השביעי פרים שבעה אילם שנים כבשים בני־שנה ארבעה עשר תמימם:
ומנחתם ונסכהם לפרים לאילם ולכבשים במספרם כמשפטם: ושעיר
חטאת אחד מלבד עלת התמיד מנחתה ונסכה:

רביעי וביום הששי פרים שמנה אילם שנים כבשים בני־שנה ארבעה עשר
תמימם: ומנחתם ונסכיהם לפרים לאילם ולכבשים במספרם כמשפט:
ושעיר חטאת אחד מלבד עלת התמיד מנחתה ונסכיה: °וביום
השביעי פרים שבעה אילם שנים כבשים בני־שנה ארבעה עשר תמימם:
ומנחתם ונסכהם לפרים לאילם ולכבשים במספרם כמשפטם: ושעיר
חטאת אחד מלבד עלת התמיד מנחתה ונסכה:

קריאה לשבת חול המועד סוכות

LECTURA DE LA TORÁ PARA SHABAT JOL HAMO'ED SUCOT

La קריאת התורה *para* שבת חול המועד סוכות *es la misma que en* שבת חול המועד פסח *(página 1196). El* מפטיר *es la* קריאת התורה *del día de* חול המועד סוכות *en que cae.*

הפטרה לשבת חול המועד סוכות

HAFTARÁ DE SHABAT JOL HAMO'ED SUCOT

יחזקאל לח:יח–לט:טז

וְהָיָה בַּיּוֹם הַהוּא בְּיוֹם בּוֹא גוֹג עַל־אַדְמַת יִשְׂרָאֵל נְאֻם אֲדֹנָי יְהֹוִה תַּעֲלֶה
חֲמָתִי בְּאַפִּי׃ וּבְקִנְאָתִי בְאֵשׁ־עֶבְרָתִי דִּבַּרְתִּי אִם־לֹא בַּיּוֹם הַהוּא יִהְיֶה
רַעַשׁ גָּדוֹל עַל אַדְמַת יִשְׂרָאֵל׃ וְרָעֲשׁוּ מִפָּנַי דְּגֵי הַיָּם וְעוֹף הַשָּׁמַיִם וְחַיַּת
הַשָּׂדֶה וְכָל־הָרֶמֶשׂ הָרֹמֵשׂ עַל־הָאֲדָמָה וְכֹל הָאָדָם אֲשֶׁר עַל־פְּנֵי הָאֲדָמָה
וְנֶהֶרְסוּ הֶהָרִים וְנָפְלוּ הַמַּדְרֵגוֹת וְכָל־חוֹמָה לָאָרֶץ תִּפּוֹל׃ וְקָרָאתִי עָלָיו
לְכָל־הָרַי חֶרֶב נְאֻם אֲדֹנָי יְהֹוִה חֶרֶב אִישׁ בְּאָחִיו תִּהְיֶה׃ וְנִשְׁפַּטְתִּי אִתּוֹ
בְּדֶבֶר וּבְדָם וְגֶשֶׁם שׁוֹטֵף וְאַבְנֵי אֶלְגָּבִישׁ אֵשׁ וְגָפְרִית אַמְטִיר עָלָיו וְעַל־
אֲגַפָּיו וְעַל־עַמִּים רַבִּים אֲשֶׁר אִתּוֹ׃ וְהִתְגַּדִּלְתִּי וְהִתְקַדִּשְׁתִּי וְנוֹדַעְתִּי לְעֵינֵי
גּוֹיִם רַבִּים וְיָדְעוּ כִּי־אֲנִי יְהֹוָה׃ וְאַתָּה בֶן־אָדָם הִנָּבֵא עַל־גּוֹג
וְאָמַרְתָּ כֹּה אָמַר אֲדֹנָי יְהֹוִה הִנְנִי אֵלֶיךָ גּוֹג נְשִׂיא רֹאשׁ מֶשֶׁךְ וְתֻבָל׃
וְשֹׁבַבְתִּיךָ וְשִׁשֵּׁאתִיךָ וְהַעֲלִיתִיךָ מִיַּרְכְּתֵי צָפוֹן וַהֲבִאוֹתִךָ עַל־הָרֵי יִשְׂרָאֵל׃
וְהִכֵּיתִי קַשְׁתְּךָ מִיַּד שְׂמֹאולֶךָ וְחִצֶּיךָ מִיַּד יְמִינְךָ אַפִּיל׃ עַל־הָרֵי יִשְׂרָאֵל
תִּפּוֹל אַתָּה וְכָל־אֲגַפֶּיךָ וְעַמִּים אֲשֶׁר אִתָּךְ לְעֵיט צִפּוֹר כָּל־כָּנָף וְחַיַּת הַשָּׂדֶה
נְתַתִּיךָ לְאָכְלָה׃ עַל־פְּנֵי הַשָּׂדֶה תִּפּוֹל כִּי אֲנִי דִבַּרְתִּי נְאֻם אֲדֹנָי יְהֹוִה׃
וְשִׁלַּחְתִּי־אֵשׁ בְּמָגוֹג וּבְיֹשְׁבֵי הָאִיִּים לָבֶטַח וְיָדְעוּ כִּי־אֲנִי יְהֹוָה׃ וְאֶת־שֵׁם
קָדְשִׁי אוֹדִיעַ בְּתוֹךְ עַמִּי יִשְׂרָאֵל וְלֹא־אַחֵל אֶת־שֵׁם־קָדְשִׁי עוֹד וְיָדְעוּ
הַגּוֹיִם כִּי־אֲנִי יְהֹוָה קָדוֹשׁ בְּיִשְׂרָאֵל׃ הִנֵּה בָאָה וְנִהְיָתָה נְאֻם אֲדֹנָי יְהֹוִה
הוּא הַיּוֹם אֲשֶׁר דִּבַּרְתִּי׃ וְיָצְאוּ יֹשְׁבֵי עָרֵי יִשְׂרָאֵל וּבִעֲרוּ וְהִשִּׂיקוּ בְּנֶשֶׁק
וּמָגֵן וְצִנָּה בְּקֶשֶׁת וּבְחִצִּים וּבְמַקֵּל יָד וּבְרֹמַח וּבִעֲרוּ בָהֶם אֵשׁ שֶׁבַע שָׁנִים׃
וְלֹא־יִשְׂאוּ עֵצִים מִן־הַשָּׂדֶה וְלֹא יַחְטְבוּ מִן־הַיְּעָרִים כִּי בַנֶּשֶׁק יְבַעֲרוּ־אֵשׁ
וְשָׁלְלוּ אֶת־שֹׁלְלֵיהֶם וּבָזְזוּ אֶת־בֹּזְזֵיהֶם נְאֻם אֲדֹנָי יְהֹוִה׃ וְהָיָה
בַיּוֹם הַהוּא אֶתֵּן לְגוֹג מְקוֹם־שָׁם קֶבֶר בְּיִשְׂרָאֵל גֵּי הָעֹבְרִים קִדְמַת הַיָּם
וְחֹסֶמֶת הִיא אֶת־הָעֹבְרִים וְקָבְרוּ שָׁם אֶת־גּוֹג וְאֶת־כָּל־הֲמוֹנֹה וְקָרְאוּ גֵּיא
הֲמוֹן גּוֹג׃ וּקְבָרוּם בֵּית יִשְׂרָאֵל לְמַעַן טַהֵר אֶת־הָאָרֶץ שִׁבְעָה חֳדָשִׁים׃
וְקָבְרוּ כָּל־עַם הָאָרֶץ וְהָיָה לָהֶם לְשֵׁם יוֹם הִכָּבְדִי נְאֻם אֲדֹנָי יְהֹוִה׃ וְאַנְשֵׁי
תָמִיד יַבְדִּילוּ עֹבְרִים בָּאָרֶץ מְקַבְּרִים אֶת־הָעֹבְרִים אֶת־הַנּוֹתָרִים עַל־פְּנֵי
הָאָרֶץ לְטַהֲרָהּ מִקְצֵה שִׁבְעָה־חֳדָשִׁים יַחְקֹרוּ׃ וְעָבְרוּ הָעֹבְרִים בָּאָרֶץ וְרָאָה

עצם אדם ובנה אצלו ציון עד קברו אתו המקברים אל־גיא המון גוג: וגם
שם־עיר המונה וטהרו הארץ:

Continúa con las bendiciones posteriores a la הפטרה *en la página 535.*

מפטיר לשמיני עצרת ולשמחת תורה

MAFTIR PARA SHEMINÍ ATZERET Y SIMJAT TORÁ

En חוץ לארץ*, la* קריאת התורה *para* שמיני עצרת *es la misma que el octavo día de* פסח *y está en la página 1205. En* ארץ ישראל*, la* קריאת התורה *para* שמיני עצרת *es la de* שמחת תורה *y está en la página 1223. Luego se lee el siguiente* מפטיר*:*

ביום השמיני עצרת תהיה לכם כל־מלאכת עבדה לא תעשו: והקרבתם במדבר כט:לה-ל:א
עלה אשה ריח ניחח ליהוה פר אחד איל אחד כבשים בני־שנה שבעה
תמימם: מנחתם ונסכיהם לפר לאיל ולכבשים במספרם כמשפט: ושעיר
חטאת אחד מלבד עלת התמיד ומנחתה ונסכה: אלה תעשו ליהוה
במועדיכם לבד מנדריכם ונדבתיכם לעלתיכם ולמנחתיכם ולנסכיכם
ולשלמיכם: ויאמר משה אל־בני ישראל ככל אשר־צוה יהוה את־
משה:

הפטרה לשמיני עצרת בחוץ לארץ

HAFTARÁ PARA SHEMINÍ ATZERET FUERA DE ISRAEL

En ארץ ישראל*, la* הפטרה *de* שמיני עצרת *es la misma que la de* שמחת תורה *y está en la página 1228.*

ויהי | ככלות שלמה להתפלל אל־יהוה את כל־התפלה והתחנה הזאת מלכים א׳ ח:נד-ט:א
קם מלפני מזבח יהוה מכרע על־ברכיו וכפיו פרשות השמים: ויעמד ויברך
את כל־קהל ישראל קול גדול לאמר: ברוך יהוה אשר נתן מנוחה לעמו
ישראל ככל אשר דבר לא־נפל דבר אחד מכל דברו הטוב אשר דבר ביד
משה עבדו: יהי יהוה אלהינו עמנו כאשר היה עם־אבתינו אל־יעזבנו
ואל־יטשנו: להטות לבבנו אליו ללכת בכל־דרכיו ולשמר מצותיו וחקיו
ומשפטיו אשר צוה את־אבתינו: ויהיו דברי אלה אשר התחננתי לפני יהוה
קרבים אל־יהוה אלהינו יומם ולילה לעשות | משפט עבדו ומשפט עמו
ישראל דבר־יום ביומו: למען דעת כל־עמי הארץ כי יהוה הוא האלהים
אין עוד: והיה לבבכם שלם עם יהוה אלהינו ללכת בחקיו ולשמר מצותיו
כיום הזה: והמלך וכל־ישראל עמו זבחים זבח לפני יהוה: ויזבח שלמה

אֵת זֶבַח הַשְּׁלָמִים אֲשֶׁר זָבַח לַיהוָה בָּקָר עֶשְׂרִים וּשְׁנַיִם אֶלֶף וְצֹאן מֵאָה וְעֶשְׂרִים אָלֶף וַיַּחְנְכוּ אֶת־בֵּית יהוה הַמֶּלֶךְ וְכָל־בְּנֵי יִשְׂרָאֵל׃ בַּיּוֹם הַהוּא קִדַּשׁ הַמֶּלֶךְ אֶת־תּוֹךְ הֶחָצֵר אֲשֶׁר לִפְנֵי בֵית־יהוה כִּי־עָשָׂה שָׁם אֶת־הָעֹלָה וְאֶת־הַמִּנְחָה וְאֵת חֶלְבֵי הַשְּׁלָמִים כִּי־מִזְבַּח הַנְּחֹשֶׁת אֲשֶׁר לִפְנֵי יהוה קָטֹן מֵהָכִיל אֶת־הָעֹלָה וְאֶת־הַמִּנְחָה וְאֵת חֶלְבֵי הַשְּׁלָמִים׃ וַיַּעַשׂ שְׁלֹמֹה בָעֵת־הַהִיא ׀ אֶת־הֶחָג וְכָל־יִשְׂרָאֵל עִמּוֹ קָהָל גָּדוֹל מִלְּבוֹא חֲמָת ׀ עַד־נַחַל מִצְרַיִם לִפְנֵי יהוה אֱלֹהֵינוּ שִׁבְעַת יָמִים וְשִׁבְעַת יָמִים אַרְבָּעָה עָשָׂר יוֹם׃ בַּיּוֹם הַשְּׁמִינִי שִׁלַּח אֶת־הָעָם וַיְבָרְכוּ אֶת־הַמֶּלֶךְ וַיֵּלְכוּ לְאָהֳלֵיהֶם שְׂמֵחִים וְטוֹבֵי לֵב עַל כָּל־הַטּוֹבָה אֲשֶׁר עָשָׂה יהוה לְדָוִד עַבְדּוֹ וּלְיִשְׂרָאֵל עַמּוֹ׃ וַיְהִי כְּכַלּוֹת שְׁלֹמֹה לִבְנוֹת אֶת־בֵּית־יהוה וְאֶת־בֵּית הַמֶּלֶךְ וְאֵת כָּל־חֵשֶׁק שְׁלֹמֹה אֲשֶׁר חָפֵץ לַעֲשׂוֹת׃

Continúa con las bendiciones posteriores a la הפטרה *en la página 535.*

קריאה לשמחת תורה

LECTURA DE LA TORÁ PARA SIMJAT TORÁ

En ארץ ישראל*, si* שמחת תורה *cae en* שבת *los primeros tres versículos de la* קריאה לחתן תורה *(página 1225) desde* מְעֹנָה אֱלֹהֵי קֶדֶם *hasta* עַל־בָּמוֹתֵימוֹ תִדְרֹךְ *son leídos por el* שישי*.*

וְזֹאת הַבְּרָכָה אֲשֶׁר בֵּרַךְ מֹשֶׁה אִישׁ הָאֱלֹהִים אֶת־בְּנֵי יִשְׂרָאֵל לִפְנֵי מוֹתוֹ׃ דברים לג:א–כו
וַיֹּאמַר יהוה מִסִּינַי בָּא וְזָרַח מִשֵּׂעִיר לָמוֹ הוֹפִיעַ מֵהַר פָּארָן וְאָתָה מֵרִבְבֹת
קֹדֶשׁ מִימִינוֹ אשדת לָמוֹ׃ אַף חֹבֵב עַמִּים כָּל־קְדֹשָׁיו בְּיָדֶךָ וְהֵם תֻּכּוּ לְרַגְלֶךָ אֵשׁ דָּת
יִשָּׂא מִדַּבְּרֹתֶיךָ׃ תּוֹרָה צִוָּה־לָנוּ מֹשֶׁה מוֹרָשָׁה קְהִלַּת יַעֲקֹב׃ וַיְהִי בִישֻׁרוּן
מֶלֶךְ בְּהִתְאַסֵּף רָאשֵׁי עָם יַחַד שִׁבְטֵי יִשְׂרָאֵל׃ יְחִי רְאוּבֵן וְאַל־יָמֹת וִיהִי מְתָיו
מִסְפָּר׃ וְזֹאת לִיהוּדָה וַיֹּאמַר שְׁמַע יהוה קוֹל יְהוּדָה וְאֶל־עַמּוֹ
תְּבִיאֶנּוּ יָדָיו רָב לוֹ וְעֵזֶר מִצָּרָיו תִּהְיֶה׃
וּלְלֵוִי אָמַר תֻּמֶּיךָ וְאוּרֶיךָ לְאִישׁ חֲסִידֶךָ אֲשֶׁר נִסִּיתוֹ בְּמַסָּה תְּרִיבֵהוּ עַל־מֵי לוי
מְרִיבָה׃ הָאֹמֵר לְאָבִיו וּלְאִמּוֹ לֹא רְאִיתִיו וְאֶת־אֶחָיו לֹא הִכִּיר וְאֶת־בָּנָו
לֹא יָדָע כִּי שָׁמְרוּ אִמְרָתֶךָ וּבְרִיתְךָ יִנְצֹרוּ׃ יוֹרוּ מִשְׁפָּטֶיךָ לְיַעֲקֹב וְתוֹרָתְךָ
לְיִשְׂרָאֵל יָשִׂימוּ קְטוֹרָה בְּאַפֶּךָ וְכָלִיל עַל־מִזְבְּחֶךָ׃ בָּרֵךְ יהוה חֵילוֹ וּפֹעַל
יָדָיו תִּרְצֶה מְחַץ מָתְנַיִם קָמָיו וּמְשַׂנְאָיו מִן־יְקוּמוּן׃ לְבִנְיָמִן
אָמַר יְדִיד יהוה יִשְׁכֹּן לָבֶטַח עָלָיו חֹפֵף עָלָיו כָּל־הַיּוֹם וּבֵין כְּתֵפָיו
שָׁכֵן׃ *וּלְיוֹסֵף אָמַר מְבֹרֶכֶת יהוה אַרְצוֹ מִמֶּגֶד שָׁמַיִם מִטָּל שלישי

וּמִתְּהוֹם רֹבֶצֶת תָּחַת: וּמִמֶּגֶד תְּבוּאֹת שָׁמֶשׁ וּמִמֶּגֶד גֶּרֶשׁ יְרָחִים: וּמֵרֹאשׁ
הַרְרֵי־קֶדֶם וּמִמֶּגֶד גִּבְעוֹת עוֹלָם: וּמִמֶּגֶד אֶרֶץ וּמְלֹאָהּ וּרְצוֹן שֹׁכְנִי סְנֶה
תָּבוֹאתָה לְרֹאשׁ יוֹסֵף וּלְקׇדְקֹד נְזִיר אֶחָיו: בְּכוֹר שׁוֹרוֹ הָדָר לוֹ וְקַרְנֵי
רְאֵם קַרְנָיו בָּהֶם עַמִּים יְנַגַּח יַחְדָּו אַפְסֵי־אָרֶץ וְהֵם רִבְבוֹת אֶפְרַיִם וְהֵם
רביעי אַלְפֵי מְנַשֶּׁה: *וְלִזְבוּלֻן אָמַר שְׂמַח זְבוּלֻן בְּצֵאתֶךָ וְיִשָּׂשכָר
בְּאֹהָלֶיךָ: עַמִּים הַר־יִקְרָאוּ שָׁם יִזְבְּחוּ זִבְחֵי־צֶדֶק כִּי שֶׁפַע יַמִּים יִינָקוּ
וּשְׂפֻנֵי טְמוּנֵי חוֹל: וּלְגָד אָמַר בָּרוּךְ מַרְחִיב גָּד כְּלָבִיא שָׁכֵן וְטָרַף
זְרוֹעַ אַף־קׇדְקֹד: וַיַּרְא רֵאשִׁית לוֹ כִּי־שָׁם חֶלְקַת מְחֹקֵק סָפוּן וַיֵּתֵא רָאשֵׁי
חמישי * עָם צִדְקַת יהוה עָשָׂה וּמִשְׁפָּטָיו עִם־יִשְׂרָאֵל: *וּלְדָן אָמַר דָּן גּוּר
אַרְיֵה יְזַנֵּק מִן־הַבָּשָׁן: וּלְנַפְתָּלִי אָמַר נַפְתָּלִי שְׂבַע רָצוֹן וּמָלֵא בִּרְכַּת יהוה
יָם וְדָרוֹם יְרָשָׁה: וּלְאָשֵׁר אָמַר בָּרוּךְ מִבָּנִים אָשֵׁר יְהִי רְצוּי אֶחָיו
וְטֹבֵל בַּשֶּׁמֶן רַגְלוֹ: בַּרְזֶל וּנְחֹשֶׁת מִנְעָלֶךָ וּכְיָמֶיךָ דׇּבְאֶךָ: אֵין כָּאֵל יְשֻׁרוּן רֹכֵב
שָׁמַיִם בְּעֶזְרֶךָ וּבְגַאֲוָתוֹ שְׁחָקִים:

* עליית כל הנערים — LA ALIÁ DE LOS NIÑOS

En muchas congregaciones los niños participan de la última עלייה *previo a que se llame al* חתן תורה*. Todos los niños se reúnen en la* בימה*, se extiende sobre ellos un* טלית *y recitan juntos la bendición junto al* עולה*. Tras la bendición posterior a la lectura toda la congregación entona conjuntamente:*

בראשית מח הַמַּלְאָךְ הַגֹּאֵל אֹתִי מִכׇּל־רָע יְבָרֵךְ אֶת־הַנְּעָרִים, וְיִקָּרֵא בָהֶם שְׁמִי וְשֵׁם אֲבֹתַי אַבְרָהָם וְיִצְחָק, וְיִדְגּוּ לָרֹב בְּקֶרֶב הָאָרֶץ:

Algunos agregan:

במדבר ו יְבָרֶכְךָ יהוה וְיִשְׁמְרֶךָ: יָאֵר יהוה פָּנָיו אֵלֶיךָ וִיחֻנֶּךָּ: יִשָּׂא יהוה פָּנָיו אֵלֶיךָ וְיָשֵׂם לְךָ שָׁלוֹם:

רשות לחתן תורה — RESHUT PARA EL JATÁN TORÁ

El גבאי *recita lo siguiente al llamar al* חתן תורה *a su* עליה*:*

מֵרְשׁוּת הָאֵל הַגָּדוֹל הַגִּבּוֹר וְהַנּוֹרָא, וּמֵרְשׁוּת מִפָּז וּמִפְּנִינִים יְקָרָה, וּמֵרְשׁוּת סַנְהֶדְרִין הַקְּדוֹשָׁה וְהַבְּחוּרָה, וּמֵרְשׁוּת רָאשֵׁי יְשִׁיבוֹת וְאַלּוּפֵי תוֹרָה, וּמֵרְשׁוּת זְקֵנִים וּנְעָרִים יוֹשְׁבֵי שׁוּרָה, אֶפְתַּח פִּי בְּשִׁיר וּבְזִמְרָה, לְהוֹדוֹת לְהַלֵּל לְדָר בִּנְהוֹרָא, שֶׁהֶחֱיָנוּ וְקִיְּמָנוּ בְּיִרְאָתוֹ הַטְּהוֹרָה, וְהִגִּיעָנוּ לִשְׂמֹחַ

בְּשִׂמְחַת הַתּוֹרָה, הַמְשַׂמַּחַת לֵב וְעֵינַיִם מְאִירָה, הַנּוֹתֶנֶת חַיִּים וְעֹשֶׁר וְכָבוֹד וְתִפְאָרָה, הַמְאַשֶּׁרֶת הוֹלְכִים בְּדֶרֶךְ הַטּוֹבָה וְהַיְשָׁרָה, הַמַּאֲרֶכֶת יָמִים וּמוֹסֶפֶת גְּבוּרָה, לְאוֹהֲבֶיהָ וּלְשׁוֹמְרֶיהָ בְּצִוּוּי וְאַזְהָרָה, לְעוֹסְקֶיהָ וּלְנוֹצְרֶיהָ בְּאַהַב וּבְמוֹרָא. וּבְכֵן יְהִי רָצוֹן מִלִּפְנֵי הַגְּבוּרָה, לָתֵת חֵן וָחֶסֶד וְחַיִּים וְנֵזֶר וַעֲטָרָה, לְרַבִּי (פלוני ב״ר פלוני) הַנִּבְחָר לְהַשְׁלִים הַתּוֹרָה, לְאַמְּצוֹ לְבָרְכוֹ לְגַדְּלוֹ בְּתַלְמוּד תּוֹרָה, לְדָרְשׁוֹ לְהַדְּרוֹ לְוַעֲדוֹ בַּחֲבוּרָה, לְזַכּוֹתוֹ לְחַיּוֹתוֹ לְטַכְּסוֹ בְּטֶכֶס אוֹרָה, לְיַשְּׁרוֹ לְכַלְלוֹ לְלַמְּדוֹ לֶקַח וּסְבָרָה, לְמַלְּטוֹ לְנַשְּׂאוֹ לְסַעֲדוֹ בְּסַעַד בְּרוּרָה, לְעַדְּנוֹ לְפַרְנְסוֹ לְצַדְּקוֹ בְּעַם נִבְרָא, לְקָרְבוֹ לְרַחֲמוֹ לְשָׁמְרוֹ מִכָּל צוּקָה וְצָרָה, לְתַקְּפוֹ לְתָמְכוֹ לְתוֹמְמוֹ בְּרוּחַ נִשְׁבָּרָה. עֲמֹד עֲמֹד עֲמֹד רַבִּי (פלוני ב״ר פלוני) חֲתַן הַתּוֹרָה, וְתֵן כָּבוֹד לָאֵל גָּדוֹל וְנוֹרָא, וּבִשְׂכַר זֶה תִּזְכֶּה מֵאֵל נוֹרָא, לִרְאוֹת בָּנִים וּבְנֵי בָנִים עוֹסְקִים בַּתּוֹרָה, וּמְקַיְּמֵי מִצְוֹת בְּתוֹךְ עַם יָפָה וּבָרָה, וְתִזְכֶּה לִשְׂמֹחַ בְּשִׂמְחַת בֵּית הַבְּחִירָה, וּפָנֶיךָ לְהָאִיר בִּצְדָקָה כְּאִסְפַּקְלַרְיָא הַמְּאִירָה, כִּנְבוּאַת יְשַׁעְיָהוּ מָלֵא רוּחַ עֵצָה וּגְבוּרָה, שִׂמְחוּ אֶת יְרוּשָׁלַיִם וְגִילוּ בָהּ מְהֵרָה, שִׂישׂוּ אִתָּהּ מָשׂוֹשׂ כָּל הַמִּתְאַבְּלִים בְּאֵבֶל וְצָרָה, עֲמֹד עֲמֹד עֲמֹד רַבִּי (פלוני ב״ר פלוני) חֲתַן הַתּוֹרָה, מֵרְשׁוּת כָּל הַקָּהָל הַקָּדוֹשׁ הַזֶּה וְהַשְׁלֵם הַתּוֹרָה. יַעֲמֹד רַבִּי (פלוני ב״ר פלוני) חֲתַן הַתּוֹרָה.

LECTURA PARA EL JATÁN TORÁ קריאה לחתן תורה

דברים לג: כו–לד:יב

מְעֹנָה֙ אֱלֹ֣הֵי קֶ֔דֶם וּמִתַּ֖חַת זְרֹעֹ֣ת עוֹלָ֑ם וַיְגָ֧רֶשׁ מִפָּנֶ֛יךָ אוֹיֵ֖ב וַיֹּ֥אמֶר הַשְׁמֵֽד׃
וַיִּשְׁכֹּן֩ יִשְׂרָאֵ֨ל בֶּ֤טַח בָּדָד֙ עֵ֣ין יַעֲקֹ֔ב אֶל־אֶ֖רֶץ דָּגָ֣ן וְתִיר֑וֹשׁ אַף־שָׁמָ֖יו יַ֥עַרְפוּ־
טָֽל׃ אַשְׁרֶ֨יךָ יִשְׂרָאֵ֜ל מִ֣י כָמ֗וֹךָ עַ֚ם נוֹשַׁ֣ע בַּֽיהוָ֔ה מָגֵ֣ן עֶזְרֶ֔ךָ וַאֲשֶׁר־חֶ֖רֶב גַּאֲוָתֶ֑ךָ
(En Shabat: חתן תורה)
וְיִכָּחֲשׁ֤וּ אֹיְבֶ֙יךָ֙ לָ֔ךְ וְאַתָּ֖ה עַל־בָּמוֹתֵ֥ימוֹ תִדְרֹֽךְ׃ וַיַּ֨עַל מֹשֶׁ֜ה מֵעַֽרְבֹ֤ת
מוֹאָב֙ אֶל־הַ֣ר נְב֔וֹ רֹ֚אשׁ הַפִּסְגָּ֔ה אֲשֶׁ֖ר עַל־פְּנֵ֣י יְרֵח֑וֹ וַיַּרְאֵ֨הוּ יְהוָ֤ה אֶת־כָּל־
הָאָ֙רֶץ֙ אֶת־הַגִּלְעָ֖ד עַד־דָּֽן׃ וְאֵת֙ כָּל־נַפְתָּלִ֔י וְאֶת־אֶ֥רֶץ אֶפְרַ֖יִם וּמְנַשֶּׁ֑ה וְאֵ֗ת
כָּל־אֶ֣רֶץ יְהוּדָ֔ה עַ֖ד הַיָּ֥ם הָאַחֲרֽוֹן׃ וְאֶת־הַנֶּ֗גֶב וְאֶת־הַכִּכָּ֞ר בִּקְעַ֧ת יְרֵח֛וֹ עִ֥יר
הַתְּמָרִ֖ים עַד־צֹֽעַר׃ וַיֹּ֨אמֶר יְהוָ֜ה אֵלָ֗יו זֹ֣את הָאָ֡רֶץ אֲשֶׁ֣ר נִ֠שְׁבַּעְתִּי לְאַבְרָהָ֨ם
לְיִצְחָ֤ק וּֽלְיַעֲקֹב֙ לֵאמֹ֔ר לְזַרְעֲךָ֖ אֶתְּנֶ֑נָּה הֶרְאִיתִ֣יךָ בְעֵינֶ֔יךָ וְשָׁ֖מָּה לֹ֥א תַעֲבֹֽר׃
וַיָּ֨מָת שָׁ֜ם מֹשֶׁ֧ה עֶֽבֶד־יְהוָ֛ה בְּאֶ֥רֶץ מוֹאָ֖ב עַל־פִּ֥י יְהוָֽה׃ וַיִּקְבֹּ֨ר אֹת֤וֹ בַגַּי֙ בְּאֶ֣רֶץ
מוֹאָ֔ב מ֖וּל בֵּ֣ית פְּע֑וֹר וְלֹֽא־יָדַ֥ע אִישׁ֙ אֶת־קְבֻ֣רָת֔וֹ עַ֖ד הַיּ֥וֹם הַזֶּֽה׃ וּמֹשֶׁ֗ה בֶּן־

מֵאָה וְעֶשְׂרִים שָׁנָה בְּמֹתוֹ לֹא־כָהֲתָה עֵינוֹ וְלֹא־נָס לֵחֹה: וַיִּבְכּוּ בְנֵי יִשְׂרָאֵל
אֶת־מֹשֶׁה בְּעַרְבֹת מוֹאָב שְׁלֹשִׁים יוֹם וַיִּתְּמוּ יְמֵי בְכִי אֵבֶל מֹשֶׁה: וִיהוֹשֻׁעַ
בִּן־נוּן מָלֵא רוּחַ חָכְמָה כִּי־סָמַךְ מֹשֶׁה אֶת־יָדָיו עָלָיו וַיִּשְׁמְעוּ אֵלָיו בְּנֵי־
יִשְׂרָאֵל וַיַּעֲשׂוּ כַּאֲשֶׁר צִוָּה יהוה אֶת־מֹשֶׁה: וְלֹא־קָם נָבִיא עוֹד בְּיִשְׂרָאֵל
כְּמֹשֶׁה אֲשֶׁר יְדָעוֹ יהוה פָּנִים אֶל־פָּנִים: לְכָל־הָאֹתֹת וְהַמּוֹפְתִים אֲשֶׁר שְׁלָחוֹ
יהוה לַעֲשׂוֹת בְּאֶרֶץ מִצְרָיִם לְפַרְעֹה וּלְכָל־עֲבָדָיו וּלְכָל־אַרְצוֹ: וּלְכֹל הַיָּד
הַחֲזָקָה וּלְכֹל הַמּוֹרָא הַגָּדוֹל אֲשֶׁר עָשָׂה מֹשֶׁה לְעֵינֵי כָּל־יִשְׂרָאֵל:

חֲזַק חֲזַק וְנִתְחַזֵּק

RESHUT PARA EL JATÁN BERESHIT רשות לחתן בראשית

El גבאי *recita lo siguiente al llamar al* חתן בראשית *a su* עליה*:*

מֵרְשׁוּת מְרוֹמָם עַל כָּל בְּרָכָה וְשִׁירָה, נוֹרָא עַל כָּל תְּהִלָּה וְזִמְרָה, חֲכַם לֵבָב וְאַמִּיץ כֹּחַ וּגְבוּרָה, מוֹשֵׁל עוֹלָם אֲדוֹן כָּל יְצִירָה, וּמֵרְשׁוּת כְּבוּדָּה בַּת מֶלֶךְ פְּנִימָה וַעֲצוּרָה, רֵאשִׁית קִנְיָנָהּ אַלְפַּיִם אֲצוּרָה, בָּרָה תְּמִימָה מְשִׁיבַת נֶפֶשׁ וּמַחֲזִירָה, יְשֻׁרוּן נְתוּנָה מוֹרָשָׁה לְעָבְדָהּ וּלְשָׁמְרָהּ, מְלַמְּדֶיהָ גְּאוֹנֵי יַעֲקֹב לְפָתְחָהּ וּלְסָגְרָהּ, כְּלִיל הוֹד נְשִׂיא מַרְבֶּה הַמִּשְׂרָה, יוֹשְׁבֵי מִדִּין מְשִׁיבֵי מִלְחָמָה שַׁעְרָה, רָאשֵׁי יְשִׁיבוֹת רָאשֵׁי גוֹלָה פְּזוּרָה, וּמֵרְשׁוּת חֲבוּרַת צֶדֶק עֵדָה זוֹ הַמְאֻשָּׁרָה, זְקֵנִים וּנְעָרִים יַחַד בְּכָל שׁוּרָה, קְבוּצִים פֹּה הַיּוֹם לְשִׂמְחַת תּוֹרָה, וְנֶעֱצָרִים לְסַיֵּם וּלְהָחֵל בְּגִיל וּבְמוֹרָא, אוֹתָהּ מְחַבְּבִים כְּיוֹם נְתִינָתָהּ בַּהֲדָרָה, מְסַלְסְלִים בָּהּ כַּחֲדָשָׁה וְלֹא כִישָׁנָה שֶׁעָבְרָה, צְמֵאִים לָמֹץ וּלְהִתְעַנֵּג מִזִּיו יְקָרָהּ, בְּיַעַן מְשַׂמַּחַת לֵב וְעֶצֶב מְסִירָה, תַּנְחוּמֶיהָ יְשַׁעַשְׁעוּ נַפְשָׁם בָּהּ לְהִתְפָּאֲרָה, וְהוֹגִים בְּמִקְרָא וְהַגָּדָה בְּמִשְׁנָה וּגְמָרָא, רָצִים וּמְבִיאִים טַפָּם לְבֵית הָעֲתִירָה, הוֹלְכִים וְעוֹשִׂים לְהַזְהִירָה, לָכֵן גָּדוֹל שְׂכָרָם מֵאֵת הַגְּבוּרָה, עַל רֹאשָׁם שִׂמְחַת עוֹלָם קְשׁוּרָה, דָּאִים לִרְאוֹת בְּבֵית הַבְּחִירָה, וּבְכֵן נִסְמַכְתִּי דַּעַת כֻּלָּם לְבָרֵרָה, בָּחוּר הֲרִימוֹתִי מֵעַם תּוֹךְ הַחֲבוּרָה, מְצָאתִיו לֵב נָבוֹן לְהַסְבִּירָה, צֶדֶק וָחֶסֶד רוֹדֵף בְּאֹרַח יְשָׁרָה, וּנְשָׂאוֹ לִבּוֹ וְנָדְבָה רוּחוֹ לְהִתְעוֹרְרָה, תְּחִלָּה וְרִאשׁוֹן הֱיוֹת לְהַתְחִיל הַתּוֹרָה. וְעַתָּה קוּם רַבִּי (פלוני ב״ר פלוני) עֲמֹד לְהִתְאַזְּרָה, בֹּא וְהִתְיַצֵּב וַעֲמֹד לִימִינִי וּקְרָא, מַעֲשֵׂה בְרֵאשִׁית לִכְבוֹדוֹ צוּר בָּרָא, עַל זֹאת מַתְכִּיפִין הַתְחָלָה לְהַשְׁלָמָה בִּתְדִירָה, שָׂטָן שֶׁלֹּא יְרַגֵּל בְּעַם זוּ לְשַׁקְרָה, יַעַן נַעֲשֵׂיתָ רִאשׁוֹן לְמִצְוָה גְמוּרָה,

מָה רַב טוּבְךָ וּמַשְׂכֻּרְתְּךָ יְתֵרָה, טוֹב עַיִן תְּבֹרַךְ בְּנִדְבָתְךָ מִלְּעָצְרָה, וּמִבִּרְכַּת בּוֹרַאֲךָ תְּדוֹר יָדְךָ מִלְּקָצְרָה, בַּעֲבוּר שֶׁכָּל הַמְכַבֵּד תּוֹרָה בִּצְפִירָה, יְהֵא גּוּפוֹ מְכֻבָּד לְהִתְאַשְּׁרָה. מַהֵר עֲמֹד עֲמֹד עֲמֹד רַבִּי (פלוני ב״ר פלוני) חֲתַן בְּרֵאשִׁית בָּרָא, מֵרְשׁוּת הַקָּהָל הַקָּדוֹשׁ הַזֶּה וּבָרֵךְ אֵל גָּדוֹל וְנוֹרָא, אָמֵן יַעֲנוּ אַחֲרֶיךָ הַכֹּל מְהֵרָה. יַעֲמֹד רַבִּי (פלוני ב״ר פלוני) חֲתַן בְּרֵאשִׁית.

LECTURA PARA EL JATÁN BERESHIT — קריאה לחתן בראשית

Se acostumbra que el קהל *pronuncie en voz alta los pasajes marcados con flechas, seguido por quien lee la Torá.*

בְּרֵאשִׁית בָּרָא אֱלֹהִים אֵת הַשָּׁמַיִם וְאֵת הָאָרֶץ: וְהָאָרֶץ הָיְתָה תֹהוּ וָבֹהוּ בראשית א:א–ב:ג
וְחֹשֶׁךְ עַל־פְּנֵי תְהוֹם וְרוּחַ אֱלֹהִים מְרַחֶפֶת עַל־פְּנֵי הַמָּיִם: וַיֹּאמֶר אֱלֹהִים
יְהִי־אוֹר וַיְהִי־אוֹר: וַיַּרְא אֱלֹהִים אֶת־הָאוֹר כִּי־טוֹב וַיַּבְדֵּל אֱלֹהִים בֵּין הָאוֹר
וּבֵין הַחֹשֶׁךְ: וַיִּקְרָא אֱלֹהִים ׀ לָאוֹר יוֹם וְלַחֹשֶׁךְ קָרָא לָיְלָה ◂ וַיְהִי־עֶרֶב וַיְהִי־
בֹקֶר יוֹם אֶחָד: ◂

וַיֹּאמֶר אֱלֹהִים יְהִי רָקִיעַ בְּתוֹךְ הַמָּיִם וִיהִי מַבְדִּיל בֵּין מַיִם לָמָיִם: וַיַּעַשׂ
אֱלֹהִים אֶת־הָרָקִיעַ וַיַּבְדֵּל בֵּין הַמַּיִם אֲשֶׁר מִתַּחַת לָרָקִיעַ וּבֵין הַמַּיִם אֲשֶׁר
מֵעַל לָרָקִיעַ וַיְהִי־כֵן: וַיִּקְרָא אֱלֹהִים לָרָקִיעַ שָׁמָיִם ◂ וַיְהִי־עֶרֶב וַיְהִי־בֹקֶר
יוֹם שֵׁנִי: ◂

וַיֹּאמֶר אֱלֹהִים יִקָּווּ הַמַּיִם מִתַּחַת הַשָּׁמַיִם אֶל־מָקוֹם אֶחָד וְתֵרָאֶה הַיַּבָּשָׁה
וַיְהִי־כֵן: וַיִּקְרָא אֱלֹהִים ׀ לַיַּבָּשָׁה אֶרֶץ וּלְמִקְוֵה הַמַּיִם קָרָא יַמִּים וַיַּרְא
אֱלֹהִים כִּי־טוֹב: וַיֹּאמֶר אֱלֹהִים תַּדְשֵׁא הָאָרֶץ דֶּשֶׁא עֵשֶׂב מַזְרִיעַ זֶרַע עֵץ
פְּרִי עֹשֶׂה פְּרִי לְמִינוֹ אֲשֶׁר זַרְעוֹ־בוֹ עַל־הָאָרֶץ וַיְהִי־כֵן: וַתּוֹצֵא הָאָרֶץ דֶּשֶׁא
עֵשֶׂב מַזְרִיעַ זֶרַע לְמִינֵהוּ וְעֵץ עֹשֶׂה־פְּרִי אֲשֶׁר זַרְעוֹ־בוֹ לְמִינֵהוּ וַיַּרְא אֱלֹהִים
כִּי־טוֹב: ◂ וַיְהִי־עֶרֶב וַיְהִי־בֹקֶר יוֹם שְׁלִישִׁי: ◂

וַיֹּאמֶר אֱלֹהִים יְהִי מְאֹרֹת בִּרְקִיעַ הַשָּׁמַיִם לְהַבְדִּיל בֵּין הַיּוֹם וּבֵין הַלָּיְלָה
וְהָיוּ לְאֹתֹת וּלְמוֹעֲדִים וּלְיָמִים וְשָׁנִים: וְהָיוּ לִמְאוֹרֹת בִּרְקִיעַ הַשָּׁמַיִם לְהָאִיר
עַל־הָאָרֶץ וַיְהִי־כֵן: וַיַּעַשׂ אֱלֹהִים אֶת־שְׁנֵי הַמְּאֹרֹת הַגְּדֹלִים אֶת־הַמָּאוֹר
הַגָּדֹל לְמֶמְשֶׁלֶת הַיּוֹם וְאֶת־הַמָּאוֹר הַקָּטֹן לְמֶמְשֶׁלֶת הַלַּיְלָה וְאֵת הַכּוֹכָבִים:
וַיִּתֵּן אֹתָם אֱלֹהִים בִּרְקִיעַ הַשָּׁמָיִם לְהָאִיר עַל־הָאָרֶץ: וְלִמְשֹׁל בַּיּוֹם וּבַלַּיְלָה

וְלְהַבְדִּיל בֵּין הָאוֹר וּבֵין הַחֹשֶׁךְ וַיַּרְא אֱלֹהִים כִּי־טוֹב׃ · וַיְהִי־עֶרֶב וַיְהִי־בֹקֶר יוֹם רְבִיעִי׃ ·

וַיֹּאמֶר אֱלֹהִים יִשְׁרְצוּ הַמַּיִם שֶׁרֶץ נֶפֶשׁ חַיָּה וְעוֹף יְעוֹפֵף עַל־הָאָרֶץ עַל־פְּנֵי רְקִיעַ הַשָּׁמָיִם׃ וַיִּבְרָא אֱלֹהִים אֶת־הַתַּנִּינִם הַגְּדֹלִים וְאֵת כָּל־נֶפֶשׁ הַחַיָּה ׀ הָרֹמֶשֶׂת אֲשֶׁר שָׁרְצוּ הַמַּיִם לְמִינֵהֶם וְאֵת כָּל־עוֹף כָּנָף לְמִינֵהוּ וַיַּרְא אֱלֹהִים כִּי־טוֹב׃ וַיְבָרֶךְ אֹתָם אֱלֹהִים לֵאמֹר פְּרוּ וּרְבוּ וּמִלְאוּ אֶת־הַמַּיִם בַּיַּמִּים וְהָעוֹף יִרֶב בָּאָרֶץ׃ · וַיְהִי־עֶרֶב וַיְהִי־בֹקֶר יוֹם חֲמִישִׁי׃ ·

וַיֹּאמֶר אֱלֹהִים תּוֹצֵא הָאָרֶץ נֶפֶשׁ חַיָּה לְמִינָהּ בְּהֵמָה וָרֶמֶשׂ וְחַיְתוֹ־אֶרֶץ לְמִינָהּ וַיְהִי־כֵן׃ וַיַּעַשׂ אֱלֹהִים אֶת־חַיַּת הָאָרֶץ לְמִינָהּ וְאֶת־הַבְּהֵמָה לְמִינָהּ וְאֵת כָּל־רֶמֶשׂ הָאֲדָמָה לְמִינֵהוּ וַיַּרְא אֱלֹהִים כִּי־טוֹב׃ וַיֹּאמֶר אֱלֹהִים נַעֲשֶׂה אָדָם בְּצַלְמֵנוּ כִּדְמוּתֵנוּ וְיִרְדּוּ בִדְגַת הַיָּם וּבְעוֹף הַשָּׁמַיִם וּבַבְּהֵמָה וּבְכָל־הָאָרֶץ וּבְכָל־הָרֶמֶשׂ הָרֹמֵשׂ עַל־הָאָרֶץ׃ וַיִּבְרָא אֱלֹהִים ׀ אֶת־הָאָדָם בְּצַלְמוֹ בְּצֶלֶם אֱלֹהִים בָּרָא אֹתוֹ זָכָר וּנְקֵבָה בָּרָא אֹתָם׃ וַיְבָרֶךְ אֹתָם אֱלֹהִים וַיֹּאמֶר לָהֶם אֱלֹהִים פְּרוּ וּרְבוּ וּמִלְאוּ אֶת־הָאָרֶץ וְכִבְשֻׁהָ וּרְדוּ בִּדְגַת הַיָּם וּבְעוֹף הַשָּׁמַיִם וּבְכָל־חַיָּה הָרֹמֶשֶׂת עַל־הָאָרֶץ׃ וַיֹּאמֶר אֱלֹהִים הִנֵּה נָתַתִּי לָכֶם אֶת־כָּל־עֵשֶׂב ׀ זֹרֵעַ זֶרַע אֲשֶׁר עַל־פְּנֵי כָל־הָאָרֶץ וְאֶת־כָּל־הָעֵץ אֲשֶׁר־בּוֹ פְרִי־עֵץ זֹרֵעַ זָרַע לָכֶם יִהְיֶה לְאָכְלָה׃ וּלְכָל־חַיַּת הָאָרֶץ וּלְכָל־עוֹף הַשָּׁמַיִם וּלְכֹל ׀ רוֹמֵשׂ עַל־הָאָרֶץ אֲשֶׁר־בּוֹ נֶפֶשׁ חַיָּה אֶת־כָּל־יֶרֶק עֵשֶׂב לְאָכְלָה וַיְהִי־כֵן׃ וַיַּרְא אֱלֹהִים אֶת־כָּל־אֲשֶׁר עָשָׂה וְהִנֵּה־טוֹב מְאֹד · וַיְהִי־עֶרֶב וַיְהִי־בֹקֶר יוֹם הַשִּׁשִּׁי׃ ·

· וַיְכֻלּוּ הַשָּׁמַיִם וְהָאָרֶץ וְכָל־צְבָאָם׃ וַיְכַל אֱלֹהִים בַּיּוֹם הַשְּׁבִיעִי מְלַאכְתּוֹ אֲשֶׁר עָשָׂה וַיִּשְׁבֹּת בַּיּוֹם הַשְּׁבִיעִי מִכָּל־מְלַאכְתּוֹ אֲשֶׁר עָשָׂה׃ וַיְבָרֶךְ אֱלֹהִים אֶת־יוֹם הַשְּׁבִיעִי וַיְקַדֵּשׁ אֹתוֹ כִּי בוֹ שָׁבַת מִכָּל־מְלַאכְתּוֹ אֲשֶׁר־בָּרָא אֱלֹהִים לַעֲשׂוֹת׃ ·

El מפטיר *de* שמחת תורה *es el mismo que en* שמיני עצרת *y está en la página 1222.*

HAFTARÁ DE SIMJAT TORÁ הפטרה לשמחת תורה

יהושע א:א–יח

וַיְהִי אַחֲרֵי מוֹת מֹשֶׁה עֶבֶד יהוה וַיֹּאמֶר יהוה אֶל־יְהוֹשֻׁעַ בִּן־נוּן מְשָׁרֵת מֹשֶׁה לֵאמֹר׃ מֹשֶׁה עַבְדִּי מֵת וְעַתָּה קוּם עֲבֹר אֶת־הַיַּרְדֵּן הַזֶּה אַתָּה וְכָל־הָעָם

הַזֶּה אֶל־הָאָרֶץ אֲשֶׁר אָנֹכִי נֹתֵן לָהֶם לִבְנֵי יִשְׂרָאֵל׃ כָּל־מָקוֹם אֲשֶׁר תִּדְרֹךְ
כַּף־רַגְלְכֶם בּוֹ לָכֶם נְתַתִּיו כַּאֲשֶׁר דִּבַּרְתִּי אֶל־מֹשֶׁה׃ מֵהַמִּדְבָּר וְהַלְּבָנוֹן הַזֶּה
וְעַד־הַנָּהָר הַגָּדוֹל נְהַר־פְּרָת כֹּל אֶרֶץ הַחִתִּים וְעַד־הַיָּם הַגָּדוֹל מְבוֹא הַשָּׁמֶשׁ
יִהְיֶה גְּבוּלְכֶם׃ לֹא־יִתְיַצֵּב אִישׁ לְפָנֶיךָ כֹּל יְמֵי חַיֶּיךָ כַּאֲשֶׁר הָיִיתִי עִם־מֹשֶׁה
אֶהְיֶה עִמָּךְ לֹא אַרְפְּךָ וְלֹא אֶעֶזְבֶךָּ׃ חֲזַק וֶאֱמָץ כִּי אַתָּה תַּנְחִיל אֶת־הָעָם
הַזֶּה אֶת־הָאָרֶץ אֲשֶׁר־נִשְׁבַּעְתִּי לַאֲבוֹתָם לָתֵת לָהֶם׃ רַק חֲזַק וֶאֱמַץ מְאֹד
לִשְׁמֹר לַעֲשׂוֹת כְּכָל־הַתּוֹרָה אֲשֶׁר צִוְּךָ מֹשֶׁה עַבְדִּי אַל־תָּסוּר מִמֶּנּוּ יָמִין
וּשְׂמֹאול לְמַעַן תַּשְׂכִּיל בְּכֹל אֲשֶׁר תֵּלֵךְ׃ לֹא־יָמוּשׁ סֵפֶר הַתּוֹרָה הַזֶּה מִפִּיךָ
וְהָגִיתָ בּוֹ יוֹמָם וָלַיְלָה לְמַעַן תִּשְׁמֹר לַעֲשׂוֹת כְּכָל־הַכָּתוּב בּוֹ כִּי־אָז תַּצְלִיחַ
אֶת־דְּרָכֶךָ וְאָז תַּשְׂכִּיל׃ הֲלוֹא צִוִּיתִיךָ חֲזַק וֶאֱמָץ אַל־תַּעֲרֹץ וְאַל־תֵּחָת כִּי
עִמְּךָ יְהוָה אֱלֹהֶיךָ בְּכֹל אֲשֶׁר תֵּלֵךְ׃ וַיְצַו יְהוֹשֻׁעַ אֶת־שֹׁטְרֵי
הָעָם לֵאמֹר׃ עִבְרוּ ׀ בְּקֶרֶב הַמַּחֲנֶה וְצַוּוּ אֶת־הָעָם לֵאמֹר הָכִינוּ לָכֶם צֵידָה כִּי
בְּעוֹד ׀ שְׁלֹשֶׁת יָמִים אַתֶּם עֹבְרִים אֶת־הַיַּרְדֵּן הַזֶּה לָבוֹא לָרֶשֶׁת אֶת־הָאָרֶץ
אֲשֶׁר יְהוָה אֱלֹהֵיכֶם נֹתֵן לָכֶם לְרִשְׁתָּהּ׃ וְלָרֻאוּבֵנִי וְלַגָּדִי וְלַחֲצִי
שֵׁבֶט הַמְנַשֶּׁה אָמַר יְהוֹשֻׁעַ לֵאמֹר׃ זָכוֹר אֶת־הַדָּבָר אֲשֶׁר צִוָּה אֶתְכֶם מֹשֶׁה
עֶבֶד־יְהוָה לֵאמֹר יְהוָה אֱלֹהֵיכֶם מֵנִיחַ לָכֶם וְנָתַן לָכֶם אֶת־הָאָרֶץ הַזֹּאת׃
נְשֵׁיכֶם טַפְּכֶם וּמִקְנֵיכֶם יֵשְׁבוּ בָּאָרֶץ אֲשֶׁר נָתַן לָכֶם מֹשֶׁה בְּעֵבֶר הַיַּרְדֵּן
וְאַתֶּם תַּעַבְרוּ חֲמֻשִׁים לִפְנֵי אֲחֵיכֶם כֹּל גִּבּוֹרֵי הַחַיִל וַעֲזַרְתֶּם אוֹתָם׃ עַד
אֲשֶׁר־יָנִיחַ יְהוָה ׀ לַאֲחֵיכֶם כָּכֶם וְיָרְשׁוּ גַם־הֵמָּה אֶת־הָאָרֶץ אֲשֶׁר־יְהוָה
אֱלֹהֵיכֶם נֹתֵן לָהֶם וְשַׁבְתֶּם לְאֶרֶץ יְרֻשַּׁתְכֶם וִירִשְׁתֶּם אוֹתָהּ אֲשֶׁר ׀ נָתַן לָכֶם
מֹשֶׁה עֶבֶד יְהוָה בְּעֵבֶר הַיַּרְדֵּן מִזְרַח הַשָּׁמֶשׁ׃ וַיַּעֲנוּ אֶת־יְהוֹשֻׁעַ לֵאמֹר כֹּל
אֲשֶׁר־צִוִּיתָנוּ נַעֲשֶׂה וְאֶל־כָּל־אֲשֶׁר תִּשְׁלָחֵנוּ נֵלֵךְ׃ כְּכֹל אֲשֶׁר־שָׁמַעְנוּ אֶל־
מֹשֶׁה כֵּן נִשְׁמַע אֵלֶיךָ רַק יִהְיֶה יְהוָה אֱלֹהֶיךָ עִמָּךְ כַּאֲשֶׁר הָיָה עִם־מֹשֶׁה׃
כָּל־אִישׁ אֲשֶׁר־יַמְרֶה אֶת־פִּיךָ וְלֹא־יִשְׁמַע אֶת־דְּבָרֶיךָ לְכֹל אֲשֶׁר־תְּצַוֶּנּוּ
יוּמָת רַק חֲזַק וֶאֱמָץ׃

Continúa con las bendiciones posteriores al הפטרה *en la página 535.*

מגילות

MEGUILOT

שיר השירים

EL CANTAR DE LOS CANTARES

שִׁיר הַשִּׁירִים אֲשֶׁר לִשְׁלֹמֹה׃ יִשָּׁקֵנִי מִנְּשִׁיקוֹת פִּיהוּ כִּי־טוֹבִים דֹּדֶיךָ א ב
מִיָּיִן׃ לְרֵיחַ שְׁמָנֶיךָ טוֹבִים שֶׁמֶן תּוּרַק שְׁמֶךָ עַל־כֵּן עֲלָמוֹת אֲהֵבוּךָ׃ ג
מָשְׁכֵנִי אַחֲרֶיךָ נָּרוּצָה הֱבִיאַנִי הַמֶּלֶךְ חֲדָרָיו נָגִילָה וְנִשְׂמְחָה בָּךְ ד
נַזְכִּירָה דֹדֶיךָ מִיַּיִן מֵישָׁרִים אֲהֵבוּךָ׃ שְׁחוֹרָה אֲנִי וְנָאוָה ה
בְּנוֹת יְרוּשָׁלָםִ כְּאָהֳלֵי קֵדָר כִּירִיעוֹת שְׁלֹמֹה׃ אַל־תִּרְאוּנִי שֶׁאֲנִי ו
שְׁחַרְחֹרֶת שֶׁשֱּׁזָפַתְנִי הַשָּׁמֶשׁ בְּנֵי אִמִּי נִחֲרוּ־בִי שָׂמֻנִי נֹטֵרָה אֶת־
הַכְּרָמִים כַּרְמִי שֶׁלִּי לֹא נָטָרְתִּי׃ הַגִּידָה לִּי שֶׁאָהֲבָה נַפְשִׁי אֵיכָה ז
תִרְעֶה אֵיכָה תַּרְבִּיץ בַּצָּהֳרָיִם שַׁלָּמָה אֶהְיֶה כְּעֹטְיָה עַל עֶדְרֵי חֲבֵרֶיךָ׃
אִם־לֹא תֵדְעִי לָךְ הַיָּפָה בַּנָּשִׁים צְאִי־לָךְ בְּעִקְבֵי הַצֹּאן וּרְעִי אֶת־ ח
גְּדִיֹּתַיִךְ עַל מִשְׁכְּנוֹת הָרֹעִים׃ לְסֻסָתִי בְּרִכְבֵי פַרְעֹה ט
דִּמִּיתִיךְ רַעְיָתִי׃ נָאווּ לְחָיַיִךְ בַּתֹּרִים צַוָּארֵךְ בַּחֲרוּזִים׃ תּוֹרֵי זָהָב י יא
נַעֲשֶׂה־לָּךְ עִם נְקֻדּוֹת הַכָּסֶף׃ עַד־שֶׁהַמֶּלֶךְ בִּמְסִבּוֹ נִרְדִּי נָתַן רֵיחוֹ׃ יב
צְרוֹר הַמֹּר ׀ דּוֹדִי לִי בֵּין שָׁדַי יָלִין׃ אֶשְׁכֹּל הַכֹּפֶר ׀ דּוֹדִי לִי בְּכַרְמֵי יג יד
עֵין גֶּדִי׃ הִנָּךְ יָפָה רַעְיָתִי הִנָּךְ יָפָה עֵינַיִךְ יוֹנִים׃ הִנְּךָ יָפֶה טו טז
רַהִיטֵנוּ דוֹדִי אַף נָעִים אַף־עַרְשֵׂנוּ רַעֲנָנָה׃ קֹרוֹת בָּתֵּינוּ אֲרָזִים רחיטנו יז
בְּרוֹתִים׃ אֲנִי חֲבַצֶּלֶת הַשָּׁרוֹן שׁוֹשַׁנַּת הָעֲמָקִים׃ כְּשׁוֹשַׁנָּה בֵּין א ב
הַחוֹחִים כֵּן רַעְיָתִי בֵּין הַבָּנוֹת׃ כְּתַפּוּחַ בַּעֲצֵי הַיַּעַר כֵּן דּוֹדִי בֵּין הַבָּנִים ג
בְּצִלּוֹ חִמַּדְתִּי וְיָשַׁבְתִּי וּפִרְיוֹ מָתוֹק לְחִכִּי׃ הֱבִיאַנִי אֶל־בֵּית הַיָּיִן וְדִגְלוֹ ד
עָלַי אַהֲבָה׃ סַמְּכוּנִי בָּאֲשִׁישׁוֹת רַפְּדוּנִי בַּתַּפּוּחִים כִּי־חוֹלַת אַהֲבָה ה
אָנִי׃ שְׂמֹאלוֹ תַּחַת לְרֹאשִׁי וִימִינוֹ תְּחַבְּקֵנִי׃ הִשְׁבַּעְתִּי אֶתְכֶם בְּנוֹת ו ז
יְרוּשָׁלַםִ בִּצְבָאוֹת אוֹ בְּאַיְלוֹת הַשָּׂדֶה אִם־תָּעִירוּ ׀ וְאִם־תְּעוֹרְרוּ
אֶת־הָאַהֲבָה עַד שֶׁתֶּחְפָּץ׃ קוֹל דּוֹדִי הִנֵּה־זֶה בָּא מְדַלֵּג ח
עַל־הֶהָרִים מְקַפֵּץ עַל־הַגְּבָעוֹת׃ דּוֹמֶה דוֹדִי לִצְבִי אוֹ לְעֹפֶר הָאַיָּלִים ט

הִנֵּה־זֶה עוֹמֵד אַחַר כָּתְלֵנוּ מַשְׁגִּיחַ מִן־הַחַלֹּנוֹת מֵצִיץ מִן־הַחֲרַכִּים׃
יא עָנָה דוֹדִי וְאָמַר לִי קוּמִי לָךְ רַעְיָתִי יָפָתִי וּלְכִי־לָךְ׃ כִּי־הִנֵּה הַסְּתָו
יב עָבָר הַגֶּשֶׁם חָלַף הָלַךְ לוֹ׃ הַנִּצָּנִים נִרְאוּ בָאָרֶץ עֵת הַזָּמִיר הִגִּיעַ
יג וְקוֹל הַתּוֹר נִשְׁמַע בְּאַרְצֵנוּ׃ הַתְּאֵנָה חָנְטָה פַגֶּיהָ וְהַגְּפָנִים ׀ סְמָדַר
יד נָתְנוּ רֵיחַ קוּמִי לכי רַעְיָתִי יָפָתִי וּלְכִי־לָךְ׃ יוֹנָתִי בְּחַגְוֵי לָךְ
הַסֶּלַע בְּסֵתֶר הַמַּדְרֵגָה הַרְאִינִי אֶת־מַרְאַיִךְ הַשְׁמִיעִינִי אֶת־קוֹלֵךְ
טו כִּי־קוֹלֵךְ עָרֵב וּמַרְאֵיךְ נָאוֶה׃ אֶחֱזוּ־לָנוּ שׁוּעָלִים שֻׁעָלִים
טז קְטַנִּים מְחַבְּלִים כְּרָמִים וּכְרָמֵינוּ סְמָדַר׃ דּוֹדִי לִי וַאֲנִי לוֹ הָרֹעֶה
יז בַּשּׁוֹשַׁנִּים׃ עַד שֶׁיָּפוּחַ הַיּוֹם וְנָסוּ הַצְּלָלִים סֹב דְּמֵה־לְךָ דוֹדִי לִצְבִי
ג א אוֹ לְעֹפֶר הָאַיָּלִים עַל־הָרֵי בָתֶר׃ עַל־מִשְׁכָּבִי בַּלֵּילוֹת
ב בִּקַּשְׁתִּי אֵת שֶׁאָהֲבָה נַפְשִׁי בִּקַּשְׁתִּיו וְלֹא מְצָאתִיו׃ אָקוּמָה נָּא
וַאֲסוֹבְבָה בָעִיר בַּשְּׁוָקִים וּבָרְחֹבוֹת אֲבַקְשָׁה אֵת שֶׁאָהֲבָה נַפְשִׁי
ג בִּקַּשְׁתִּיו וְלֹא מְצָאתִיו׃ מְצָאוּנִי הַשֹּׁמְרִים הַסֹּבְבִים בָּעִיר אֵת שֶׁאָהֲבָה
ד נַפְשִׁי רְאִיתֶם׃ כִּמְעַט שֶׁעָבַרְתִּי מֵהֶם עַד שֶׁמָּצָאתִי אֵת שֶׁאָהֲבָה
נַפְשִׁי אֲחַזְתִּיו וְלֹא אַרְפֶּנּוּ עַד־שֶׁהֲבֵיאתִיו אֶל־בֵּית אִמִּי וְאֶל־חֶדֶר
ה הוֹרָתִי׃ הִשְׁבַּעְתִּי אֶתְכֶם בְּנוֹת יְרוּשָׁלִַם בִּצְבָאוֹת אוֹ בְּאַיְלוֹת הַשָּׂדֶה
ו אִם־תָּעִירוּ ׀ וְאִם־תְּעוֹרְרוּ אֶת־הָאַהֲבָה עַד שֶׁתֶּחְפָּץ׃ מִי
זֹאת עֹלָה מִן־הַמִּדְבָּר כְּתִימְרוֹת עָשָׁן מְקֻטֶּרֶת מוֹר וּלְבוֹנָה מִכֹּל
ז אַבְקַת רוֹכֵל׃ הִנֵּה מִטָּתוֹ שֶׁלִּשְׁלֹמֹה שִׁשִּׁים גִּבֹּרִים סָבִיב לָהּ מִגִּבֹּרֵי
ח יִשְׂרָאֵל׃ כֻּלָּם אֲחֻזֵי חֶרֶב מְלֻמְּדֵי מִלְחָמָה אִישׁ חַרְבּוֹ עַל־יְרֵכוֹ מִפַּחַד
ט בַּלֵּילוֹת׃ אַפִּרְיוֹן עָשָׂה לוֹ הַמֶּלֶךְ שְׁלֹמֹה מֵעֲצֵי הַלְּבָנוֹן׃
י עַמּוּדָיו עָשָׂה כֶסֶף רְפִידָתוֹ זָהָב מֶרְכָּבוֹ אַרְגָּמָן תּוֹכוֹ רָצוּף אַהֲבָה
יא מִבְּנוֹת יְרוּשָׁלִָם׃ צְאֶינָה ׀ וּרְאֶינָה בְּנוֹת צִיּוֹן בַּמֶּלֶךְ שְׁלֹמֹה בָּעֲטָרָה
ד א שֶׁעִטְּרָה־לּוֹ אִמּוֹ בְּיוֹם חֲתֻנָּתוֹ וּבְיוֹם שִׂמְחַת לִבּוֹ׃ הִנָּךְ
יָפָה רַעְיָתִי הִנָּךְ יָפָה עֵינַיִךְ יוֹנִים מִבַּעַד לְצַמָּתֵךְ שַׂעְרֵךְ כְּעֵדֶר הָעִזִּים
ב שֶׁגָּלְשׁוּ מֵהַר גִּלְעָד׃ שִׁנַּיִךְ כְּעֵדֶר הַקְּצוּבוֹת שֶׁעָלוּ מִן־הָרַחְצָה שֶׁכֻּלָּם

מְתָאִימוֹת וְשַׁכֻּלָה אֵין בָּהֶם: כְּחוּט הַשָּׁנִי שִׂפְתֹתַיִךְ וּמִדְבָּרֵיךְ נָאוֶה ג
כְּפֶלַח הָרִמּוֹן רַקָּתֵךְ מִבַּעַד לְצַמָּתֵךְ: כְּמִגְדַּל דָּוִיד צַוָּארֵךְ בָּנוּי ד
לְתַלְפִּיּוֹת אֶלֶף הַמָּגֵן תָּלוּי עָלָיו כֹּל שִׁלְטֵי הַגִּבֹּרִים: שְׁנֵי שָׁדַיִךְ כִּשְׁנֵי ה
עֳפָרִים תְּאוֹמֵי צְבִיָּה הָרוֹעִים בַּשּׁוֹשַׁנִּים: עַד שֶׁיָּפוּחַ הַיּוֹם וְנָסוּ ו
הַצְּלָלִים אֵלֶךְ לִי אֶל־הַר הַמּוֹר וְאֶל־גִּבְעַת הַלְּבוֹנָה: כֻּלָּךְ יָפָה רַעְיָתִי ז
וּמוּם אֵין בָּךְ: אִתִּי מִלְּבָנוֹן כַּלָּה אִתִּי מִלְּבָנוֹן תָּבוֹאִי ח
תָּשׁוּרִי ׀ מֵרֹאשׁ אֲמָנָה מֵרֹאשׁ שְׂנִיר וְחֶרְמוֹן מִמְּעֹנוֹת אֲרָיוֹת מֵהַרְרֵי
בְּאַחַת נְמֵרִים: לִבַּבְתִּנִי אֲחֹתִי כַלָּה לִבַּבְתִּנִי באחד מֵעֵינַיִךְ בְּאַחַד עֲנָק ט
מִצַּוְּרֹנָיִךְ: מַה־יָּפוּ דֹדַיִךְ אֲחֹתִי כַלָּה מַה־טֹּבוּ דֹדַיִךְ מִיַּיִן וְרֵיחַ שְׁמָנַיִךְ י
מִכָּל־בְּשָׂמִים: נֹפֶת תִּטֹּפְנָה שִׂפְתוֹתַיִךְ כַּלָּה דְּבַשׁ וְחָלָב תַּחַת יא
לְשׁוֹנֵךְ וְרֵיחַ שַׂלְמֹתַיִךְ כְּרֵיחַ לְבָנוֹן: גַּן ׀ נָעוּל אֲחֹתִי כַלָּה יב
גַּל נָעוּל מַעְיָן חָתוּם: שְׁלָחַיִךְ פַּרְדֵּס רִמּוֹנִים עִם פְּרִי מְגָדִים כְּפָרִים יג
עִם־נְרָדִים: נֵרְדְּ ׀ וְכַרְכֹּם קָנֶה וְקִנָּמוֹן עִם כָּל־עֲצֵי לְבוֹנָה מֹר וַאֲהָלוֹת יד
עִם כָּל־רָאשֵׁי בְשָׂמִים: מַעְיַן גַּנִּים בְּאֵר מַיִם חַיִּים וְנֹזְלִים מִן־לְבָנוֹן: טו
עוּרִי צָפוֹן וּבוֹאִי תֵימָן הָפִיחִי גַנִּי יִזְּלוּ בְשָׂמָיו יָבֹא דוֹדִי לְגַנּוֹ וְיֹאכַל טז
פְּרִי מְגָדָיו: בָּאתִי לְגַנִּי אֲחֹתִי כַלָּה אָרִיתִי מוֹרִי עִם־בְּשָׂמִי אָכַלְתִּי ה א
יַעְרִי עִם־דִּבְשִׁי שָׁתִיתִי יֵינִי עִם־חֲלָבִי אִכְלוּ רֵעִים שְׁתוּ וְשִׁכְרוּ
דּוֹדִים: אֲנִי יְשֵׁנָה וְלִבִּי עֵר קוֹל ׀ דּוֹדִי דוֹפֵק פִּתְחִי־לִי ב
אֲחֹתִי רַעְיָתִי יוֹנָתִי תַמָּתִי שֶׁרֹּאשִׁי נִמְלָא־טָל קְוֻצּוֹתַי רְסִיסֵי לָיְלָה:
פָּשַׁטְתִּי אֶת־כֻּתָּנְתִּי אֵיכָכָה אֶלְבָּשֶׁנָּה רָחַצְתִּי אֶת־רַגְלַי אֵיכָכָה ג
אֲטַנְּפֵם: דּוֹדִי שָׁלַח יָדוֹ מִן־הַחֹר וּמֵעַי הָמוּ עָלָיו: קַמְתִּי אֲנִי לִפְתֹּחַ ד ה
לְדוֹדִי וְיָדַי נָטְפוּ־מוֹר וְאֶצְבְּעֹתַי מוֹר עֹבֵר עַל כַּפּוֹת הַמַּנְעוּל: פָּתַחְתִּי ו
אֲנִי לְדוֹדִי וְדוֹדִי חָמַק עָבָר נַפְשִׁי יָצְאָה בְדַבְּרוֹ בִּקַּשְׁתִּיהוּ וְלֹא
מְצָאתִיהוּ קְרָאתִיו וְלֹא עָנָנִי: מְצָאֻנִי הַשֹּׁמְרִים הַסֹּבְבִים בָּעִיר הִכּוּנִי ז
פְצָעוּנִי נָשְׂאוּ אֶת־רְדִידִי מֵעָלַי שֹׁמְרֵי הַחֹמוֹת: הִשְׁבַּעְתִּי אֶתְכֶם ח
בְּנוֹת יְרוּשָׁלִָם אִם־תִּמְצְאוּ אֶת־דּוֹדִי מַה־תַּגִּידוּ לוֹ שֶׁחוֹלַת אַהֲבָה

ט אָנִי׃ מַה־דּוֹדֵךְ מִדּוֹד הַיָּפָה בַּנָּשִׁים מַה־דּוֹדֵךְ מִדּוֹד שֶׁכָּכָה הִשְׁבַּעְתָּנוּ׃
י יא דּוֹדִי צַח וְאָדוֹם דָּגוּל מֵרְבָבָה׃ רֹאשׁוֹ כֶּתֶם פָּז קְוֻצּוֹתָיו תַּלְתַּלִּים
יב שְׁחֹרוֹת כָּעוֹרֵב׃ עֵינָיו כְּיוֹנִים עַל־אֲפִיקֵי מָיִם רֹחֲצוֹת בֶּחָלָב יֹשְׁבוֹת
יג עַל־מִלֵּאת׃ לְחָיָו כַּעֲרוּגַת הַבֹּשֶׂם מִגְדְּלוֹת מֶרְקָחִים שִׂפְתוֹתָיו
יד שׁוֹשַׁנִּים נֹטְפוֹת מוֹר עֹבֵר׃ יָדָיו גְּלִילֵי זָהָב מְמֻלָּאִים בַּתַּרְשִׁישׁ מֵעָיו
טו עֶשֶׁת שֵׁן מְעֻלֶּפֶת סַפִּירִים׃ שׁוֹקָיו עַמּוּדֵי שֵׁשׁ מְיֻסָּדִים עַל־אַדְנֵי־פָז
טז מַרְאֵהוּ כַּלְּבָנוֹן בָּחוּר כָּאֲרָזִים׃ חִכּוֹ מַמְתַקִּים וְכֻלּוֹ מַחֲמַדִּים זֶה דוֹדִי
ו א וְזֶה רֵעִי בְּנוֹת יְרוּשָׁלִָם׃ אָנָה הָלַךְ דּוֹדֵךְ הַיָּפָה בַּנָּשִׁים אָנָה פָּנָה
ב דוֹדֵךְ וּנְבַקְשֶׁנּוּ עִמָּךְ׃ דּוֹדִי יָרַד לְגַנּוֹ לַעֲרֻגוֹת הַבֹּשֶׂם לִרְעוֹת בַּגַּנִּים
ג וְלִלְקֹט שׁוֹשַׁנִּים׃ אֲנִי לְדוֹדִי וְדוֹדִי לִי הָרֹעֶה בַּשּׁוֹשַׁנִּים׃
ד ה יָפָה אַתְּ רַעְיָתִי כְּתִרְצָה נָאוָה כִּירוּשָׁלִָם אֲיֻמָּה כַּנִּדְגָּלוֹת׃ הָסֵבִּי
עֵינַיִךְ מִנֶּגְדִּי שֶׁהֵם הִרְהִיבֻנִי שַׂעְרֵךְ כְּעֵדֶר הָעִזִּים שֶׁגָּלְשׁוּ מִן־הַגִּלְעָד׃
ו שִׁנַּיִךְ כְּעֵדֶר הָרְחֵלִים שֶׁעָלוּ מִן־הָרַחְצָה שֶׁכֻּלָּם מַתְאִימוֹת וְשַׁכֻּלָה
ז ח אֵין בָּהֶם׃ כְּפֶלַח הָרִמּוֹן רַקָּתֵךְ מִבַּעַד לְצַמָּתֵךְ׃ שִׁשִּׁים הֵמָּה מְלָכוֹת
ט וּשְׁמֹנִים פִּילַגְשִׁים וַעֲלָמוֹת אֵין מִסְפָּר׃ אַחַת הִיא יוֹנָתִי תַמָּתִי
אַחַת הִיא לְאִמָּהּ בָּרָה הִיא לְיוֹלַדְתָּהּ רָאוּהָ בָנוֹת וַיְאַשְּׁרוּהָ מְלָכוֹת
י וּפִילַגְשִׁים וַיְהַלְלוּהָ׃ מִי־זֹאת הַנִּשְׁקָפָה כְּמוֹ־שָׁחַר יָפָה
יא כַלְּבָנָה בָּרָה כַּחַמָּה אֲיֻמָּה כַּנִּדְגָּלוֹת׃ אֶל־גִּנַּת אֱגוֹז יָרַדְתִּי לִרְאוֹת
יב בְּאִבֵּי הַנָּחַל לִרְאוֹת הֲפָרְחָה הַגֶּפֶן הֵנֵצוּ הָרִמֹּנִים׃ לֹא יָדַעְתִּי נַפְשִׁי
ז א שָׂמַתְנִי מַרְכְּבוֹת עַמִּי־נָדִיב׃ שׁוּבִי שׁוּבִי הַשּׁוּלַמִּית שׁוּבִי שׁוּבִי
ב וְנֶחֱזֶה־בָּךְ מַה־תֶּחֱזוּ בַּשּׁוּלַמִּית כִּמְחֹלַת הַמַּחֲנָיִם׃ מַה־יָּפוּ פְעָמַיִךְ
ג בַּנְּעָלִים בַּת־נָדִיב חַמּוּקֵי יְרֵכַיִךְ כְּמוֹ חֲלָאִים מַעֲשֵׂה יְדֵי אָמָּן׃ שָׁרְרֵךְ
אַגַּן הַסַּהַר אַל־יֶחְסַר הַמָּזֶג בִּטְנֵךְ עֲרֵמַת חִטִּים סוּגָה בַּשּׁוֹשַׁנִּים׃
ד ה שְׁנֵי שָׁדַיִךְ כִּשְׁנֵי עֳפָרִים תָּאֳמֵי צְבִיָּה׃ צַוָּארֵךְ כְּמִגְדַּל הַשֵּׁן עֵינַיִךְ
בְּרֵכוֹת בְּחֶשְׁבּוֹן עַל־שַׁעַר בַּת־רַבִּים אַפֵּךְ כְּמִגְדַּל הַלְּבָנוֹן צוֹפֶה
ו פְּנֵי דַמָּשֶׂק׃ רֹאשֵׁךְ עָלַיִךְ כַּכַּרְמֶל וְדַלַּת רֹאשֵׁךְ כָּאַרְגָּמָן מֶלֶךְ אָסוּר

ברהטים: מה־יפית ומה־נעמת אהבה בתענוגים: זאת קומתך ז ח
דמתה לתמר ושדיך לאשכלות: אמרתי אעלה בתמר אחזה ט
בסנסניו ויהיו־נא שדיך כאשכלות הגפן וריח אפך כתפוחים: וחכך י
כיין הטוב הולך לדודי למישרים דובב שפתי ישנים: אני לדודי יא
ועלי תשוקתו: לכה דודי נצא השדה נלינה בכפרים: נשכימה יב יג
לכרמים נראה אם־פרחה הגפן פתח הסמדר הנצו הרמונים שם
אתן את־דדי לך: הדודאים נתנו־ריח ועל־פתחינו כל־מגדים יד
חדשים גם־ישנים דודי צפנתי לך: מי יתנך כאח לי יונק שדי אמי א
אמצאך בחוץ אשקך גם לא־יבזו לי: אנהגך אביאך אל־בית ב
אמי תלמדני אשקך מיין הרקח מעסיס רמני: שמאלו תחת ראשי ג
וימינו תחבקני: השבעתי אתכם בנות ירושלם מה־תעירו | ומה־ ד
תעררו את־האהבה עד שתחפץ: מי זאת עלה מן־ ה
המדבר מתרפקת על־דודה תחת התפוח עוררתיך שמה חבלתך
אמך שמה חבלה ילדתך: שימני כחותם על־לבך כחותם על־ ו
זרועך כי־עזה כמות אהבה קשה כשאול קנאה רשפיה רשפי
אש שלהבתיה: מים רבים לא יוכלו לכבות את־האהבה ונהרות ז
לא ישטפוה אם־יתן איש את־כל־הון ביתו באהבה בוז יבוזו
לו: אחות לנו קטנה ושדים אין לה מה־נעשה לאחותנו ח
ביום שידבר־בה: אם־חומה היא נבנה עליה טירת כסף ואם־דלת ט
היא נצור עליה לוח ארז: אני חומה ושדי כמגדלות אז הייתי י
בעיניו כמוצאת שלום: כרם היה לשלמה בבעל המון נתן את־ יא
הכרם לנטרים איש יבא בפריו אלף כסף: כרמי שלי לפני האלף יב
לך שלמה ומאתים לנטרים את־פריו: היושבת בגנים חברים יג
מקשיבים לקולך השמיעני: ברח | דודי ודמה־לך לצבי או לעפר יד
האילים על הרי בשמים:

Continúa con la extracción del ספר תורה *en la página 518.*

רות

RUT

א ויהי בימי שפט השפטים ויהי רעב בארץ וילך איש מבית לחם
ב יהודה לגור בשדי מואב הוא ואשתו ושני בניו: ושם האיש אלימלך
ושם אשתו נעמי ושם שני־בניו | מחלון וכליון אפרתים מבית לחם
ג יהודה ויבאו שדי־מואב ויהיו־שם: וימת אלימלך איש נעמי
ד ותשאר היא ושני בניה: וישאו להם נשים מאביות שם האחת
ה ערפה ושם השנית רות וישבו שם כעשר שנים: וימתו גם־שניהם
ו מחלון וכליון ותשאר האשה משני ילדיה ומאישה: ותקם היא
וכלתיה ותשב משדי מואב כי שמעה בשדה מואב כי־פקד יהוה
ז את־עמו לתת להם לחם: ותצא מן־המקום אשר היתה־שמה
ח ושתי כלתיה עמה ותלכנה בדרך לשוב אל־ארץ יהודה: ותאמר
נעמי לשתי כלתיה לכנה שבנה אשה לבית אמה יעשה יהוה יעש
ט עמכם חסד כאשר עשיתם עם־המתים ועמדי: יתן יהוה לכם
ומצאן מנוחה אשה בית אישה ותשק להן ותשאנה קולן ותבכינה:
י יא ותאמרנה־לה כי־אתך נשוב לעמך: ותאמר נעמי שבנה בנתי
יב למה תלכנה עמי העוד־לי בנים במעי והיו לכם לאנשים: שבנה
בנתי לכן כי זקנתי מהיות לאיש כי אמרתי יש־לי תקוה גם הייתי
יג הלילה לאיש וגם ילדתי בנים: הלהן | תשברנה עד אשר יגדלו
הלהן תעגנה לבלתי היות לאיש אל בנתי כי־מר־לי מאד מכם
יד כי־יצאה בי יד־יהוה: ותשנה קולן ותבכינה עוד ותשק ערפה
טו לחמותה ורות דבקה בה: ותאמר הנה שבה יבמתך אל־עמה
טז ואל־אלהיה שובי אחרי יבמתך: ותאמר רות אל־תפגעי־בי לעזבך
לשוב מאחריך כי אל־אשר תלכי אלך ובאשר תליני אלין עמך
יז עמי ואלהיך אלהי: באשר תמותי אמות ושם אקבר כה יעשה

יח יְהוָה לִי וְכֹה יוֹסִיף כִּי הַמָּוֶת יַפְרִיד בֵּינִי וּבֵינֵךְ׃ וַתֵּרֶא כִּי־מִתְאַמֶּצֶת
יט הִיא לָלֶכֶת אִתָּהּ וַתֶּחְדַּל לְדַבֵּר אֵלֶיהָ׃ וַתֵּלַכְנָה שְׁתֵּיהֶם עַד־בּוֹאָנָה
בֵּית לָחֶם וַיְהִי כְּבוֹאָנָה בֵּית לֶחֶם וַתֵּהֹם כָּל־הָעִיר עֲלֵיהֶן וַתֹּאמַרְנָה
כ הֲזֹאת נָעֳמִי׃ וַתֹּאמֶר אֲלֵיהֶן אַל־תִּקְרֶאנָה לִי נָעֳמִי קְרֶאןָ לִי מָרָא
כא כִּי־הֵמַר שַׁדַּי לִי מְאֹד׃ אֲנִי מְלֵאָה הָלַכְתִּי וְרֵיקָם הֱשִׁיבַנִי יְהוָה
כב לָמָּה תִקְרֶאנָה לִי נָעֳמִי וַיהוָה עָנָה בִי וְשַׁדַּי הֵרַע לִי׃ וַתָּשָׁב נָעֳמִי
וְרוּת הַמּוֹאֲבִיָּה כַלָּתָהּ עִמָּהּ הַשָּׁבָה מִשְּׂדֵי מוֹאָב וְהֵמָּה בָּאוּ בֵּית
ב א לֶחֶם בִּתְחִלַּת קְצִיר שְׂעֹרִים׃ וּלְנָעֳמִי מידע לְאִישָׁהּ אִישׁ גִּבּוֹר חַיִל מוֹדַע
ב מִמִּשְׁפַּחַת אֱלִימֶלֶךְ וּשְׁמוֹ בֹּעַז׃ וַתֹּאמֶר רוּת הַמּוֹאֲבִיָּה אֶל־נָעֳמִי
אֵלְכָה־נָּא הַשָּׂדֶה וַאֲלַקֳטָה בַשִּׁבֳּלִים אַחַר אֲשֶׁר אֶמְצָא־חֵן בְּעֵינָיו
ג וַתֹּאמֶר לָהּ לְכִי בִתִּי׃ וַתֵּלֶךְ וַתָּבוֹא וַתְּלַקֵּט בַּשָּׂדֶה אַחֲרֵי הַקֹּצְרִים
ד וַיִּקֶר מִקְרֶהָ חֶלְקַת הַשָּׂדֶה לְבֹעַז אֲשֶׁר מִמִּשְׁפַּחַת אֱלִימֶלֶךְ׃ וְהִנֵּה־
בֹעַז בָּא מִבֵּית לֶחֶם וַיֹּאמֶר לַקּוֹצְרִים יְהוָה עִמָּכֶם וַיֹּאמְרוּ לוֹ יְבָרֶכְךָ
ה יְהוָה׃ וַיֹּאמֶר בֹּעַז לְנַעֲרוֹ הַנִּצָּב עַל־הַקּוֹצְרִים לְמִי הַנַּעֲרָה הַזֹּאת׃
ו וַיַּעַן הַנַּעַר הַנִּצָּב עַל־הַקּוֹצְרִים וַיֹּאמַר נַעֲרָה מוֹאֲבִיָּה הִיא הַשָּׁבָה
ז עִם־נָעֳמִי מִשְּׂדֵה מוֹאָב׃ וַתֹּאמֶר אֲלַקֳטָה־נָּא וְאָסַפְתִּי בָעֳמָרִים אַחֲרֵי
הַקּוֹצְרִים וַתָּבוֹא וַתַּעֲמוֹד מֵאָז הַבֹּקֶר וְעַד־עַתָּה זֶה שִׁבְתָּהּ הַבַּיִת
ח מְעָט׃ וַיֹּאמֶר בֹּעַז אֶל־רוּת הֲלוֹא שָׁמַעַתְּ בִּתִּי אַל־תֵּלְכִי לִלְקֹט
ט בְּשָׂדֶה אַחֵר וְגַם לֹא תַעֲבוּרִי מִזֶּה וְכֹה תִדְבָּקִין עִם־נַעֲרֹתָי׃ עֵינַיִךְ
בַּשָּׂדֶה אֲשֶׁר־יִקְצֹרוּן וְהָלַכְתְּ אַחֲרֵיהֶן הֲלוֹא צִוִּיתִי אֶת־הַנְּעָרִים
לְבִלְתִּי נָגְעֵךְ וְצָמִת וְהָלַכְתְּ אֶל־הַכֵּלִים וְשָׁתִית מֵאֲשֶׁר יִשְׁאֲבוּן
י הַנְּעָרִים׃ וַתִּפֹּל עַל־פָּנֶיהָ וַתִּשְׁתַּחוּ אָרְצָה וַתֹּאמֶר אֵלָיו מַדּוּעַ מָצָאתִי
יא חֵן בְּעֵינֶיךָ לְהַכִּירֵנִי וְאָנֹכִי נָכְרִיָּה׃ וַיַּעַן בֹּעַז וַיֹּאמֶר לָהּ הֻגֵּד הֻגַּד לִי
כֹּל אֲשֶׁר־עָשִׂית אֶת־חֲמוֹתֵךְ אַחֲרֵי מוֹת אִישֵׁךְ וַתַּעַזְבִי אָבִיךְ וְאִמֵּךְ
יב וְאֶרֶץ מוֹלַדְתֵּךְ וַתֵּלְכִי אֶל־עַם אֲשֶׁר לֹא־יָדַעַתְּ תְּמוֹל שִׁלְשׁוֹם׃ יְשַׁלֵּם

יְהוָה פָּעֳלֵךְ וּתְהִי מַשְׂכֻּרְתֵּךְ שְׁלֵמָה מֵעִם יְהוָה אֱלֹהֵי יִשְׂרָאֵל אֲשֶׁר־
יג בָּאת לַחֲסוֹת תַּחַת־כְּנָפָיו׃ וַתֹּאמֶר אֶמְצָא־חֵן בְּעֵינֶיךָ אֲדֹנִי כִּי
נִחַמְתָּנִי וְכִי דִבַּרְתָּ עַל־לֵב שִׁפְחָתֶךָ וְאָנֹכִי לֹא אֶהְיֶה כְּאַחַת שִׁפְחֹתֶךָ׃
יד וַיֹּאמֶר לָה בֹעַז לְעֵת הָאֹכֶל גֹּשִׁי הֲלֹם וְאָכַלְתְּ מִן־הַלֶּחֶם וְטָבַלְתְּ
פִּתֵּךְ בַּחֹמֶץ וַתֵּשֶׁב מִצַּד הַקֹּצְרִים וַיִּצְבָּט־לָהּ קָלִי וַתֹּאכַל וַתִּשְׂבַּע
טו וַתֹּתַר׃ וַתָּקָם לְלַקֵּט וַיְצַו בֹּעַז אֶת־נְעָרָיו לֵאמֹר גַּם בֵּין הָעֳמָרִים
טז תְּלַקֵּט וְלֹא תַכְלִימוּהָ׃ וְגַם שֹׁל־תָּשֹׁלּוּ לָהּ מִן־הַצְּבָתִים וַעֲזַבְתֶּם
יז וְלִקְּטָה וְלֹא תִגְעֲרוּ־בָהּ׃ וַתְּלַקֵּט בַּשָּׂדֶה עַד־הָעָרֶב וַתַּחְבֹּט אֵת
יח אֲשֶׁר־לִקֵּטָה וַיְהִי כְּאֵיפָה שְׂעֹרִים׃ וַתִּשָּׂא וַתָּבוֹא הָעִיר וַתֵּרֶא חֲמוֹתָהּ
אֵת אֲשֶׁר־לִקֵּטָה וַתּוֹצֵא וַתִּתֶּן־לָהּ אֵת אֲשֶׁר־הוֹתִרָה מִשָּׂבְעָהּ׃
יט וַתֹּאמֶר לָהּ חֲמוֹתָהּ אֵיפֹה לִקַּטְתְּ הַיּוֹם וְאָנָה עָשִׂית יְהִי מַכִּירֵךְ בָּרוּךְ
וַתַּגֵּד לַחֲמוֹתָהּ אֵת אֲשֶׁר־עָשְׂתָה עִמּוֹ וַתֹּאמֶר שֵׁם הָאִישׁ אֲשֶׁר
כ עָשִׂיתִי עִמּוֹ הַיּוֹם בֹּעַז׃ וַתֹּאמֶר נָעֳמִי לְכַלָּתָהּ בָּרוּךְ הוּא לַיהוָה
אֲשֶׁר לֹא־עָזַב חַסְדּוֹ אֶת־הַחַיִּים וְאֶת־הַמֵּתִים וַתֹּאמֶר לָהּ נָעֳמִי
כא קָרוֹב לָנוּ הָאִישׁ מִגֹּאֲלֵנוּ הוּא׃ וַתֹּאמֶר רוּת הַמּוֹאֲבִיָּה גַּם ׀ כִּי־אָמַר
אֵלַי עִם־הַנְּעָרִים אֲשֶׁר־לִי תִּדְבָּקִין עַד אִם־כִּלּוּ אֵת כָּל־הַקָּצִיר
כב אֲשֶׁר־לִי׃ וַתֹּאמֶר נָעֳמִי אֶל־רוּת כַּלָּתָהּ טוֹב בִּתִּי כִּי תֵצְאִי עִם־
כג נַעֲרוֹתָיו וְלֹא יִפְגְּעוּ־בָךְ בְּשָׂדֶה אַחֵר׃ וַתִּדְבַּק בְּנַעֲרוֹת בֹּעַז לְלַקֵּט
עַד־כְּלוֹת קְצִיר־הַשְּׂעֹרִים וּקְצִיר הַחִטִּים וַתֵּשֶׁב אֶת־חֲמוֹתָהּ׃
ג א וַתֹּאמֶר לָהּ נָעֳמִי חֲמוֹתָהּ בִּתִּי הֲלֹא אֲבַקֶּשׁ־לָךְ מָנוֹחַ אֲשֶׁר יִיטַב־
ב לָךְ׃ וְעַתָּה הֲלֹא בֹעַז מֹדַעְתָּנוּ אֲשֶׁר הָיִית אֶת־נַעֲרוֹתָיו הִנֵּה־הוּא
ג זֹרֶה אֶת־גֹּרֶן הַשְּׂעֹרִים הַלָּיְלָה׃ וְרָחַצְתְּ ׀ וָסַכְתְּ וְשַׂמְתְּ שמלתך שִׂמְלֹתַיִךְ
עָלַיִךְ וירדתי הַגֹּרֶן אַל־תִּוָּדְעִי לָאִישׁ עַד כַּלֹּתוֹ לֶאֱכֹל וְלִשְׁתּוֹת׃ וְיָרַדְתְּ
ד וִיהִי בְשָׁכְבוֹ וְיָדַעַתְּ אֶת־הַמָּקוֹם אֲשֶׁר יִשְׁכַּב־שָׁם וּבָאת וְגִלִּית
ה מַרְגְּלֹתָיו ושכבתי וְהוּא יַגִּיד לָךְ אֵת אֲשֶׁר תַּעֲשִׂין׃ וַתֹּאמֶר אֵלֶיהָ וְשָׁכָבְתְּ

אֵלַי כֹּל אֲשֶׁר־תֹּאמְרִי אֶעֱשֶׂה׃ וַתֵּרֶד הַגֹּרֶן וַתַּעַשׂ כְּכֹל אֲשֶׁר־צִוַּתָּה ו
חֲמוֹתָהּ׃ וַיֹּאכַל בֹּעַז וַיֵּשְׁתְּ וַיִּיטַב לִבּוֹ וַיָּבֹא לִשְׁכַּב בִּקְצֵה הָעֲרֵמָה ז
וַתָּבֹא בַלָּט וַתְּגַל מַרְגְּלֹתָיו וַתִּשְׁכָּב׃ וַיְהִי בַּחֲצִי הַלַּיְלָה וַיֶּחֱרַד הָאִישׁ ח
וַיִּלָּפֵת וְהִנֵּה אִשָּׁה שֹׁכֶבֶת מַרְגְּלֹתָיו׃ וַיֹּאמֶר מִי־אָתְּ וַתֹּאמֶר אָנֹכִי ט
רוּת אֲמָתֶךָ וּפָרַשְׂתָּ כְנָפֶךָ עַל־אֲמָתְךָ כִּי גֹאֵל אָתָּה׃ וַיֹּאמֶר בְּרוּכָה י
אַתְּ לַיהוָה בִּתִּי הֵיטַבְתְּ חַסְדֵּךְ הָאַחֲרוֹן מִן־הָרִאשׁוֹן לְבִלְתִּי־לֶכֶת
אַחֲרֵי הַבַּחוּרִים אִם־דַּל וְאִם־עָשִׁיר׃ וְעַתָּה בִּתִּי אַל־תִּירְאִי כֹּל יא
אֲשֶׁר־תֹּאמְרִי אֶעֱשֶׂה־לָּךְ כִּי יוֹדֵעַ כָּל־שַׁעַר עַמִּי כִּי אֵשֶׁת חַיִל אָתְּ׃
וְעַתָּה כִּי אָמְנָם כִּי אם גֹאֵל אָנֹכִי וְגַם יֵשׁ גֹּאֵל קָרוֹב מִמֶּנִּי׃ לִינִי יב יג
הַלַּיְלָה וְהָיָה בַבֹּקֶר אִם־יִגְאָלֵךְ טוֹב יִגְאָל וְאִם־לֹא יַחְפֹּץ לְגָאֳלֵךְ
וּגְאַלְתִּיךְ אָנֹכִי חַי־יְהוָה שִׁכְבִי עַד־הַבֹּקֶר׃ וַתִּשְׁכַּב מַרְגְּלוֹתָו עַד־ יד
בְּטֶרֶם הַבֹּקֶר וַתָּקָם בטרום יַכִּיר אִישׁ אֶת־רֵעֵהוּ וַיֹּאמֶר אַל־יִוָּדַע כִּי־בָאָה
הָאִשָּׁה הַגֹּרֶן׃ וַיֹּאמֶר הָבִי הַמִּטְפַּחַת אֲשֶׁר־עָלַיִךְ וְאֶחֳזִי־בָהּ וַתֹּאחֶז טו
בָּהּ וַיָּמָד שֵׁשׁ־שְׂעֹרִים וַיָּשֶׁת עָלֶיהָ וַיָּבֹא הָעִיר׃ וַתָּבוֹא אֶל־חֲמוֹתָהּ טז
וַתֹּאמֶר מִי־אַתְּ בִּתִּי וַתַּגֶּד־לָהּ אֵת כָּל־אֲשֶׁר עָשָׂה־לָהּ הָאִישׁ׃
אֵלַי וַתֹּאמֶר שֵׁשׁ־הַשְּׂעֹרִים הָאֵלֶּה נָתַן לִי כִּי אָמַר אַל־תָּבוֹאִי רֵיקָם יז
אֶל־חֲמוֹתֵךְ׃ וַתֹּאמֶר שְׁבִי בִתִּי עַד אֲשֶׁר תֵּדְעִין אֵיךְ יִפֹּל דָּבָר כִּי לֹא יח
יִשְׁקֹט הָאִישׁ כִּי־אִם־כִּלָּה הַדָּבָר הַיּוֹם׃ וּבֹעַז עָלָה הַשַּׁעַר וַיֵּשֶׁב שָׁם א
וְהִנֵּה הַגֹּאֵל עֹבֵר אֲשֶׁר דִּבֶּר־בֹּעַז וַיֹּאמֶר סוּרָה שְׁבָה־פֹּה פְּלֹנִי אַלְמֹנִי
וַיָּסַר וַיֵּשֵׁב׃ וַיִּקַּח עֲשָׂרָה אֲנָשִׁים מִזִּקְנֵי הָעִיר וַיֹּאמֶר שְׁבוּ־פֹה וַיֵּשֵׁבוּ׃ ב
וַיֹּאמֶר לַגֹּאֵל חֶלְקַת הַשָּׂדֶה אֲשֶׁר לְאָחִינוּ לֶאֱלִימֶלֶךְ מָכְרָה נָעֳמִי ג
הַשָּׁבָה מִשְּׂדֵה מוֹאָב׃ וַאֲנִי אָמַרְתִּי אֶגְלֶה אָזְנְךָ לֵאמֹר קְנֵה נֶגֶד ד
הַיֹּשְׁבִים וְנֶגֶד זִקְנֵי עַמִּי אִם־תִּגְאַל גְּאָל וְאִם־לֹא יִגְאַל הַגִּידָה לִּי
וְאֵדַע כִּי אֵין זוּלָתְךָ לִגְאוֹל וְאָנֹכִי אַחֲרֶיךָ וַיֹּאמֶר אָנֹכִי אֶגְאָל׃ וַיֹּאמֶר ה
בֹּעַז בְּיוֹם־קְנוֹתְךָ הַשָּׂדֶה מִיַּד נָעֳמִי וּמֵאֵת רוּת הַמּוֹאֲבִיָּה אֵשֶׁת־

ו הַמֵּת קניתי לְהָקִים שֵׁם־הַמֵּת עַל־נַחֲלָתוֹ׃ וַיֹּאמֶר הַגֹּאֵל לֹא אוכל קָנִיתָ
לגאול־לִי פֶּן־אַשְׁחִית אֶת־נַחֲלָתִי גְּאַל־לְךָ אַתָּה אֶת־גְּאֻלָּתִי כִּי לִגְאָל־
ז לֹא־אוּכַל לִגְאֹל׃ וְזֹאת לְפָנִים בְּיִשְׂרָאֵל עַל־הַגְּאוּלָּה וְעַל־הַתְּמוּרָה
לְקַיֵּם כָּל־דָּבָר שָׁלַף אִישׁ נַעֲלוֹ וְנָתַן לְרֵעֵהוּ וְזֹאת הַתְּעוּדָה בְּיִשְׂרָאֵל׃
ח ט וַיֹּאמֶר הַגֹּאֵל לְבֹעַז קְנֵה־לָךְ וַיִּשְׁלֹף נַעֲלוֹ׃ וַיֹּאמֶר בֹּעַז לַזְּקֵנִים וְכָל־
הָעָם עֵדִים אַתֶּם הַיּוֹם כִּי קָנִיתִי אֶת־כָּל־אֲשֶׁר לֶאֱלִימֶלֶךְ וְאֵת כָּל־
י אֲשֶׁר לְכִלְיוֹן וּמַחְלוֹן מִיַּד נָעֳמִי׃ וְגַם אֶת־רוּת הַמֹּאֲבִיָּה אֵשֶׁת מַחְלוֹן
קָנִיתִי לִי לְאִשָּׁה לְהָקִים שֵׁם־הַמֵּת עַל־נַחֲלָתוֹ וְלֹא־יִכָּרֵת שֵׁם־
יא הַמֵּת מֵעִם אֶחָיו וּמִשַּׁעַר מְקוֹמוֹ עֵדִים אַתֶּם הַיּוֹם׃ וַיֹּאמְרוּ כָּל־
הָעָם אֲשֶׁר־בַּשַּׁעַר וְהַזְּקֵנִים עֵדִים יִתֵּן יְהוָה אֶת־הָאִשָּׁה הַבָּאָה
אֶל־בֵּיתֶךָ כְּרָחֵל ׀ וּכְלֵאָה אֲשֶׁר בָּנוּ שְׁתֵּיהֶם אֶת־בֵּית יִשְׂרָאֵל וַעֲשֵׂה־
יב חַיִל בְּאֶפְרָתָה וּקְרָא־שֵׁם בְּבֵית לָחֶם׃ וִיהִי בֵיתְךָ כְּבֵית פֶּרֶץ אֲשֶׁר־
יָלְדָה תָמָר לִיהוּדָה מִן־הַזֶּרַע אֲשֶׁר יִתֵּן יְהוָה לְךָ מִן־הַנַּעֲרָה הַזֹּאת׃
יג וַיִּקַּח בֹּעַז אֶת־רוּת וַתְּהִי־לוֹ לְאִשָּׁה וַיָּבֹא אֵלֶיהָ וַיִּתֵּן יְהוָה לָהּ הֵרָיוֹן
יד וַתֵּלֶד בֵּן׃ וַתֹּאמַרְנָה הַנָּשִׁים אֶל־נָעֳמִי בָּרוּךְ יְהוָה אֲשֶׁר לֹא הִשְׁבִּית
טו לָךְ גֹּאֵל הַיּוֹם וְיִקָּרֵא שְׁמוֹ בְּיִשְׂרָאֵל׃ וְהָיָה לָךְ לְמֵשִׁיב נֶפֶשׁ וּלְכַלְכֵּל
אֶת־שֵׂיבָתֵךְ כִּי כַלָּתֵךְ אֲשֶׁר־אֲהֵבַתֶךְ יְלָדַתּוּ אֲשֶׁר־הִיא טוֹבָה לָךְ
טז מִשִּׁבְעָה בָּנִים׃ וַתִּקַּח נָעֳמִי אֶת־הַיֶּלֶד וַתְּשִׁתֵהוּ בְחֵיקָהּ וַתְּהִי־לוֹ
יז לְאֹמֶנֶת׃ וַתִּקְרֶאנָה לוֹ הַשְּׁכֵנוֹת שֵׁם לֵאמֹר יֻלַּד־בֵּן לְנָעֳמִי וַתִּקְרֶאנָה
שְׁמוֹ עוֹבֵד הוּא אֲבִי־יִשַׁי אֲבִי דָוִד׃
יח יט וְאֵלֶּה תּוֹלְדוֹת פָּרֶץ פֶּרֶץ הוֹלִיד אֶת־חֶצְרוֹן׃ וְחֶצְרוֹן הוֹלִיד אֶת־
כ רָם וְרָם הוֹלִיד אֶת־עַמִּינָדָב׃ וְעַמִּינָדָב הוֹלִיד אֶת־נַחְשׁוֹן וְנַחְשׁוֹן
כא הוֹלִיד אֶת־שַׂלְמָה׃ וְשַׂלְמוֹן הוֹלִיד אֶת־בֹּעַז וּבֹעַז הוֹלִיד אֶת־עוֹבֵד׃
כב וְעֹבֵד הוֹלִיד אֶת־יִשָׁי וְיִשַׁי הוֹלִיד אֶת־דָּוִד׃

Continúa con la extracción del ספר תורה *en la página 518.*

איכה

LAMENTACIONES

אא אֵיכָה ׀ יָשְׁבָה בָדָד הָעִיר רַבָּתִי עָם הָיְתָה כְּאַלְמָנָה רַבָּתִי בַגּוֹיִם
ב שָׂרָתִי בַּמְּדִינוֹת הָיְתָה לָמַס׃ בָּכוֹ תִבְכֶּה בַּלַּיְלָה וְדִמְעָתָהּ עַל לֶחֱיָהּ
אֵין־לָהּ מְנַחֵם מִכָּל־אֹהֲבֶיהָ כָּל־רֵעֶיהָ בָּגְדוּ בָהּ הָיוּ לָהּ לְאֹיְבִים׃
ג גָּלְתָה יְהוּדָה מֵעֹנִי וּמֵרֹב עֲבֹדָה הִיא יָשְׁבָה בַגּוֹיִם לֹא מָצְאָה מָנוֹחַ
ד כָּל־רֹדְפֶיהָ הִשִּׂיגוּהָ בֵּין הַמְּצָרִים׃ דַּרְכֵי צִיּוֹן אֲבֵלוֹת מִבְּלִי בָּאֵי
מוֹעֵד כָּל־שְׁעָרֶיהָ שׁוֹמֵמִין כֹּהֲנֶיהָ נֶאֱנָחִים בְּתוּלֹתֶיהָ נוּגוֹת וְהִיא
ה מַר־לָהּ׃ הָיוּ צָרֶיהָ לְרֹאשׁ אֹיְבֶיהָ שָׁלוּ כִּי־יְהוָה הוֹגָהּ עַל־רֹב פְּשָׁעֶיהָ
ו עוֹלָלֶיהָ הָלְכוּ שְׁבִי לִפְנֵי־צָר׃ וַיֵּצֵא מִן בַּת־צִיּוֹן כָּל־הֲדָרָהּ הָיוּ שָׂרֶיהָ מִבַּת־
ז כְּאַיָּלִים לֹא־מָצְאוּ מִרְעֶה וַיֵּלְכוּ בְלֹא־כֹחַ לִפְנֵי רוֹדֵף׃ זָכְרָה יְרוּשָׁלִַם
יְמֵי עָנְיָהּ וּמְרוּדֶיהָ כֹּל מַחֲמֻדֶיהָ אֲשֶׁר הָיוּ מִימֵי קֶדֶם בִּנְפֹל עַמָּהּ
ח בְּיַד־צָר וְאֵין עוֹזֵר לָהּ רָאוּהָ צָרִים שָׂחֲקוּ עַל־מִשְׁבַּתֶּהָ׃ חֵטְא
חָטְאָה יְרוּשָׁלִַם עַל־כֵּן לְנִידָה הָיָתָה כָּל־מְכַבְּדֶיהָ הִזִּילוּהָ כִּי־רָאוּ
ט עֶרְוָתָהּ גַּם־הִיא נֶאֶנְחָה וַתָּשָׁב אָחוֹר׃ טֻמְאָתָהּ בְּשׁוּלֶיהָ לֹא זָכְרָה
אַחֲרִיתָהּ וַתֵּרֶד פְּלָאִים אֵין מְנַחֵם לָהּ רְאֵה יְהוָה אֶת־עָנְיִי כִּי הִגְדִּיל
י אוֹיֵב׃ יָדוֹ פָּרַשׂ צָר עַל כָּל־מַחֲמַדֶּיהָ כִּי־רָאֲתָה גוֹיִם בָּאוּ מִקְדָּשָׁהּ
יא אֲשֶׁר צִוִּיתָה לֹא־יָבֹאוּ בַקָּהָל לָךְ׃ כָּל־עַמָּהּ נֶאֱנָחִים מְבַקְּשִׁים לֶחֶם
נָתְנוּ מחמודיהם בְּאֹכֶל לְהָשִׁיב נָפֶשׁ רְאֵה יְהוָה וְהַבִּיטָה כִּי הָיִיתִי מַחֲמַדֵּיהֶם
יב זוֹלֵלָה׃ לוֹא אֲלֵיכֶם כָּל־עֹבְרֵי דֶרֶךְ הַבִּיטוּ וּרְאוּ אִם־יֵשׁ מַכְאוֹב
יג כְּמַכְאֹבִי אֲשֶׁר עוֹלַל לִי אֲשֶׁר הוֹגָה יְהוָה בְּיוֹם חֲרוֹן אַפּוֹ׃ מִמָּרוֹם
שָׁלַח־אֵשׁ בְּעַצְמֹתַי וַיִּרְדֶּנָּה פָּרַשׂ רֶשֶׁת לְרַגְלַי הֱשִׁיבַנִי אָחוֹר נְתָנַנִי
יד שֹׁמֵמָה כָּל־הַיּוֹם דָּוָה׃ נִשְׂקַד עֹל פְּשָׁעַי בְּיָדוֹ יִשְׂתָּרְגוּ עָלוּ עַל־צַוָּארִי
טו הִכְשִׁיל כֹּחִי נְתָנַנִי אֲדֹנָי בִּידֵי לֹא־אוּכַל קוּם׃ סִלָּה כָל־אַבִּירַי ׀

אֲדֹנָי֙ בְּקִרְבִּ֔י קָרָ֥א עָלַ֛י מוֹעֵ֖ד לִשְׁבֹּ֣ר בַּחוּרָ֑י גַּ֚ת דָּרַ֣ךְ אֲדֹנָ֔י לִבְתוּלַ֖ת
טז בַּת־יְהוּדָֽה׃ עַל־אֵ֣לֶּה ׀ אֲנִ֣י בוֹכִיָּ֗ה עֵינִ֤י ׀ עֵינִי֙ יֹ֣רְדָה מַּ֔יִם כִּֽי־רָחַ֥ק
יז מִמֶּ֛נִּי מְנַחֵ֖ם מֵשִׁ֣יב נַפְשִׁ֑י הָי֤וּ בָנַי֙ שֽׁוֹמֵמִ֔ים כִּ֥י גָבַ֖ר אוֹיֵֽב׃ פֵּֽרְשָׂ֨ה צִיּ֜וֹן
בְּיָדֶ֗יהָ אֵ֤ין מְנַחֵם֙ לָ֔הּ צִוָּ֧ה יְהוָ֛ה לְיַעֲקֹ֖ב סְבִיבָ֣יו צָרָ֑יו הָיְתָ֧ה יְרוּשָׁלַ֛ם
יח לְנִדָּ֖ה בֵּינֵיהֶֽם׃ צַדִּ֥יק ה֛וּא יְהוָ֖ה כִּ֣י פִ֣יהוּ מָרִ֑יתִי שִׁמְעוּ־נָ֣א כָל־עַמִּ֗ים הָֽעַמִּים
יט וּרְאוּ֙ מַכְאֹבִ֔י בְּתוּלֹתַ֥י וּבַחוּרַ֖י הָלְכ֥וּ בַשֶּֽׁבִי׃ קָרָ֤אתִי לַֽמְאַהֲבַי֙ הֵ֣מָּה
רִמּ֔וּנִי כֹּהֲנַ֥י וּזְקֵנַ֖י בָּעִ֣יר גָּוָ֑עוּ כִּֽי־בִקְשׁ֥וּ אֹ֙כֶל֙ לָ֔מוֹ וְיָשִׁ֖יבוּ אֶת־נַפְשָֽׁם׃
כ רְאֵ֨ה יְהוָ֤ה כִּֽי־צַר־לִי֙ מֵעַ֣י חֳמַרְמָ֔רוּ נֶהְפַּ֤ךְ לִבִּי֙ בְּקִרְבִּ֔י כִּ֥י מָר֖וֹ מָרִ֑יתִי
כא מִח֥וּץ שִׁכְּלָה־חֶ֖רֶב בַּבַּ֥יִת כַּמָּֽוֶת׃ שָׁמְע֞וּ כִּ֧י נֶאֱנָחָ֣ה אָ֗נִי אֵ֤ין מְנַחֵם֙
לִ֔י כָּל־אֹ֨יְבַ֜י שָׁמְע֤וּ רָֽעָתִי֙ שָׂ֔שׂוּ כִּ֥י אַתָּ֖ה עָשִׂ֑יתָ הֵבֵ֥אתָ יוֹם־קָרָ֖אתָ
כב וְיִהְי֥וּ כָמֹֽנִי׃ תָּבֹ֨א כָל־רָעָתָ֤ם לְפָנֶ֙יךָ֙ וְעוֹלֵ֣ל לָ֔מוֹ כַּאֲשֶׁ֥ר עוֹלַ֛לְתָּ לִ֖י עַ֣ל
כָּל־פְּשָׁעָ֑י כִּֽי־רַבּ֥וֹת אַנְחֹתַ֖י וְלִבִּ֥י דַוָּֽי׃
ב א אֵיכָ֡ה יָעִיב֩ בְּאַפּ֨וֹ ׀ אֲדֹנָ֜י אֶת־בַּת־צִיּ֗וֹן הִשְׁלִ֤יךְ מִשָּׁמַ֙יִם֙ אֶ֔רֶץ תִּפְאֶ֖רֶת
ב יִשְׂרָאֵ֑ל וְלֹא־זָכַ֥ר הֲדֹם־רַגְלָ֖יו בְּי֥וֹם אַפּֽוֹ׃ בִּלַּ֨ע אֲדֹנָ֜י לֹ֣א חָמַ֗ל אֵ֣ת וְלֹ֣א
כָּל־נְא֣וֹת יַעֲקֹ֔ב הָרַ֧ס בְּעֶבְרָת֛וֹ מִבְצְרֵ֥י בַת־יְהוּדָ֖ה הִגִּ֣יעַ לָאָ֑רֶץ חִלֵּ֥ל
ג מַמְלָכָ֖ה וְשָׂרֶֽיהָ׃ גָּדַ֣ע בָּֽחֳרִי־אַ֗ף כֹּ֚ל קֶ֣רֶן יִשְׂרָאֵ֔ל הֵשִׁ֥יב אָח֛וֹר יְמִינ֖וֹ
ד מִפְּנֵ֣י אוֹיֵ֑ב וַיִּבְעַ֤ר בְּיַעֲקֹב֙ כְּאֵ֣שׁ לֶֽהָבָ֔ה אָכְלָ֖ה סָבִֽיב׃ דָּרַ֨ךְ קַשְׁתּ֜וֹ
כְּאוֹיֵ֗ב נִצָּ֤ב יְמִינוֹ֙ כְּצָ֔ר וַֽיַּהֲרֹ֔ג כֹּ֖ל מַחֲמַדֵּי־עָ֑יִן בְּאֹ֙הֶל֙ בַּת־צִיּ֔וֹן שָׁפַ֥ךְ
ה כָּאֵ֖שׁ חֲמָתֽוֹ׃ הָיָ֨ה אֲדֹנָ֤י ׀ כְּאוֹיֵב֙ בִּלַּ֣ע יִשְׂרָאֵ֔ל בִּלַּע֙ כָּל־אַרְמְנוֹתֶ֔יהָ
ו שִׁחֵ֖ת מִבְצָרָ֑יו וַיֶּ֙רֶב֙ בְּבַת־יְהוּדָ֔ה תַּאֲנִיָּ֖ה וַאֲנִיָּֽה׃ וַיַּחְמֹ֤ס כַּגַּן֙ שֻׂכּ֔וֹ שִׁחֵ֖ת
מוֹעֲד֑וֹ שִׁכַּ֨ח יְהוָ֤ה ׀ בְּצִיּוֹן֙ מוֹעֵ֣ד וְשַׁבָּ֔ת וַיִּנְאַ֥ץ בְּזַֽעַם־אַפּ֖וֹ מֶ֥לֶךְ וְכֹהֵֽן׃
ז זָנַ֨ח אֲדֹנָ֤י ׀ מִזְבְּחוֹ֙ נִאֵ֣ר מִקְדָּשׁ֔וֹ הִסְגִּיר֙ בְּיַד־אוֹיֵ֔ב חוֹמֹ֖ת אַרְמְנוֹתֶ֑יהָ
ח ק֛וֹל נָתְנ֥וּ בְבֵית־יְהוָ֖ה כְּי֥וֹם מוֹעֵֽד׃ חָשַׁ֨ב יְהוָ֤ה ׀ לְהַשְׁחִית֙ חוֹמַ֣ת בַּת־
צִיּ֔וֹן נָ֣טָה קָ֔ו לֹא־הֵשִׁ֥יב יָד֖וֹ מִבַּלֵּ֑עַ וַיַּֽאֲבֶל־חֵ֥ל וְחוֹמָ֖ה יַחְדָּ֥ו אֻמְלָֽלוּ׃
ט טָבְע֤וּ בָאָ֙רֶץ֙ שְׁעָרֶ֔יהָ אִבַּ֥ד וְשִׁבַּ֖ר בְּרִיחֶ֑יהָ מַלְכָּ֨הּ וְשָׂרֶ֤יהָ בַגּוֹיִם֙ אֵ֣ין

תּוֹרָה גַּם־נְבִיאֶיהָ לֹא־מָצְאוּ חָזוֹן מֵיְהוָה׃ יֵשְׁבוּ לָאָרֶץ יִדְּמוּ זִקְנֵי י
בַת־צִיּוֹן הֶעֱלוּ עָפָר עַל־רֹאשָׁם חָגְרוּ שַׂקִּים הוֹרִידוּ לָאָרֶץ רֹאשָׁן
בְּתוּלֹת יְרוּשָׁלִָם׃ כָּלוּ בַדְּמָעוֹת עֵינַי חֳמַרְמְרוּ מֵעַי נִשְׁפַּךְ לָאָרֶץ יא
כְּבֵדִי עַל־שֶׁבֶר בַּת־עַמִּי בֵּעָטֵף עוֹלֵל וְיוֹנֵק בִּרְחֹבוֹת קִרְיָה׃ לְאִמֹּתָם יב
יֹאמְרוּ אַיֵּה דָּגָן וָיָיִן בְּהִתְעַטְּפָם כֶּחָלָל בִּרְחֹבוֹת עִיר בְּהִשְׁתַּפֵּךְ נַפְשָׁם
אֲעִידֵךְ אֶל־חֵיק אִמֹּתָם׃ מָה־אעודך מָה אֲדַמֶּה־לָּךְ הַבַּת יְרוּשָׁלִַם מָה יג
אַשְׁוֶה־לָּךְ וַאֲנַחֲמֵךְ בְּתוּלַת בַּת־צִיּוֹן כִּי־גָדוֹל כַּיָּם שִׁבְרֵךְ מִי יִרְפָּא־
שְׁבוּתֵךְ לָךְ׃ נְבִיאַיִךְ חָזוּ לָךְ שָׁוְא וְתָפֵל וְלֹא־גִלּוּ עַל־עֲוֺנֵךְ לְהָשִׁיב שביתך יד
וַיֶּחֱזוּ לָךְ מַשְׂאוֹת שָׁוְא וּמַדּוּחִים׃ סָפְקוּ עָלַיִךְ כַּפַּיִם כָּל־עֹבְרֵי דֶרֶךְ טו
שָׁרְקוּ וַיָּנִעוּ רֹאשָׁם עַל־בַּת יְרוּשָׁלִָם הֲזֹאת הָעִיר שֶׁיֹּאמְרוּ כְּלִילַת יֹפִי
מָשׂוֹשׂ לְכָל־הָאָרֶץ׃ פָּצוּ עָלַיִךְ פִּיהֶם כָּל־אֹיְבַיִךְ שָׁרְקוּ וַיַּחַרְקוּ־שֵׁן טז
אָמְרוּ בִּלָּעְנוּ אַךְ זֶה הַיּוֹם שֶׁקִּוִּינֻהוּ מָצָאנוּ רָאִינוּ׃ עָשָׂה יְהוָה אֲשֶׁר יז
זָמָם בִּצַּע אֶמְרָתוֹ אֲשֶׁר צִוָּה מִימֵי־קֶדֶם הָרַס וְלֹא חָמָל וַיְשַׂמַּח עָלַיִךְ
אוֹיֵב הֵרִים קֶרֶן צָרָיִךְ׃ צָעַק לִבָּם אֶל־אֲדֹנָי חוֹמַת בַּת־צִיּוֹן הוֹרִידִי יח
כַנַּחַל דִּמְעָה יוֹמָם וָלַיְלָה אַל־תִּתְּנִי פוּגַת לָךְ אַל־תִּדֹּם בַּת־עֵינֵךְ׃
קוּמִי ׀ רֹנִּי בַלַּיִל לְרֹאשׁ אַשְׁמֻרוֹת שִׁפְכִי כַמַּיִם לִבֵּךְ נֹכַח פְּנֵי אֲדֹנָי יט
שְׂאִי אֵלָיו כַּפַּיִךְ עַל־נֶפֶשׁ עוֹלָלַיִךְ הָעֲטוּפִים בְּרָעָב בְּרֹאשׁ כָּל־
חוּצוֹת׃ רְאֵה יְהוָה וְהַבִּיטָה לְמִי עוֹלַלְתָּ כֹּה אִם־תֹּאכַלְנָה נָשִׁים כ
פִּרְיָם עֹלֲלֵי טִפֻּחִים אִם־יֵהָרֵג בְּמִקְדַּשׁ אֲדֹנָי כֹּהֵן וְנָבִיא׃ שָׁכְבוּ כא
לָאָרֶץ חוּצוֹת נַעַר וְזָקֵן בְּתוּלֹתַי וּבַחוּרַי נָפְלוּ בֶחָרֶב הָרַגְתָּ בְּיוֹם אַפֶּךָ
טָבַחְתָּ לֹא חָמָלְתָּ׃ תִּקְרָא כְיוֹם מוֹעֵד מְגוּרַי מִסָּבִיב וְלֹא הָיָה בְּיוֹם כב
אַף־יְהוָה פָּלִיט וְשָׂרִיד אֲשֶׁר־טִפַּחְתִּי וְרִבִּיתִי אֹיְבִי כִלָּם׃
אֲנִי הַגֶּבֶר רָאָה עֳנִי בְּשֵׁבֶט עֶבְרָתוֹ׃ אוֹתִי נָהַג וַיֹּלַךְ חֹשֶׁךְ וְלֹא־אוֹר׃ ג א ב
אַךְ בִּי יָשֻׁב יַהֲפֹךְ יָדוֹ כָּל־הַיּוֹם׃ בִּלָּה בְשָׂרִי וְעוֹרִי שִׁבַּר עַצְמוֹתָי׃ ג ד
בָּנָה עָלַי וַיַּקַּף רֹאשׁ וּתְלָאָה׃ בְּמַחֲשַׁכִּים הוֹשִׁיבַנִי כְּמֵתֵי עוֹלָם׃ ה ו

ז ח גָּדַר בַּעֲדִי וְלֹא אֵצֵא הִכְבִּיד נְחָשְׁתִּי: גַּם כִּי אֶזְעַק וַאֲשַׁוֵּעַ שָׂתַם
ט י תְּפִלָּתִי: גָּדַר דְּרָכַי בְּגָזִית נְתִיבֹתַי עִוָּה: דֹּב אֹרֵב הוּא לִי אריה אֲרִי
יא יב בְּמִסְתָּרִים: דְּרָכַי סוֹרֵר וַיְפַשְּׁחֵנִי שָׂמַנִי שֹׁמֵם: דָּרַךְ קַשְׁתּוֹ וַיַּצִּיבֵנִי
יג יד כַּמַּטָּרָא לַחֵץ: הֵבִיא בְּכִלְיוֹתָי בְּנֵי אַשְׁפָּתוֹ: הָיִיתִי שְּׂחֹק לְכָל־עַמִּי
טו טז נְגִינָתָם כָּל־הַיּוֹם: הִשְׂבִּיעַנִי בַמְּרוֹרִים הִרְוַנִי לַעֲנָה: וַיַּגְרֵס בֶּחָצָץ
יז יח שִׁנָּי הִכְפִּישַׁנִי בָּאֵפֶר: וַתִּזְנַח מִשָּׁלוֹם נַפְשִׁי נָשִׁיתִי טוֹבָה: וָאֹמַר אָבַד
יט כ נִצְחִי וְתוֹחַלְתִּי מֵיְהוָה: זְכָר־עָנְיִי וּמְרוּדִי לַעֲנָה וָרֹאשׁ: זָכוֹר תִּזְכּוֹר
כא כב ותשיח עָלַי נַפְשִׁי: זֹאת אָשִׁיב אֶל־לִבִּי עַל־כֵּן אוֹחִיל: חַסְדֵי יהוה וְתָשׁוֹחַ
כג כִּי לֹא־תָמְנוּ כִּי לֹא־כָלוּ רַחֲמָיו: חֲדָשִׁים לַבְּקָרִים רַבָּה אֱמוּנָתֶךָ:
כד כה חֶלְקִי יהוה אָמְרָה נַפְשִׁי עַל־כֵּן אוֹחִיל לוֹ: טוֹב יהוה לְקוָֹו לְנֶפֶשׁ
כו כז תִּדְרְשֶׁנּוּ: טוֹב וְיָחִיל וְדוּמָם לִתְשׁוּעַת יְהוָה: טוֹב לַגֶּבֶר כִּי־יִשָּׂא
כח כט עֹל בִּנְעוּרָיו: יֵשֵׁב בָּדָד וְיִדֹּם כִּי נָטַל עָלָיו: יִתֵּן בֶּעָפָר פִּיהוּ אוּלַי יֵשׁ
ל לא תִּקְוָה: יִתֵּן לְמַכֵּהוּ לֶחִי יִשְׂבַּע בְּחֶרְפָּה: כִּי לֹא יִזְנַח לְעוֹלָם אֲדֹנָי:
לב לג כִּי אִם־הוֹגָה וְרִחַם כְּרֹב חֲסָדָו: כִּי לֹא עִנָּה מִלִּבּוֹ וַיַּגֶּה בְּנֵי־אִישׁ:
לד לה לְדַכֵּא תַּחַת רַגְלָיו כֹּל אֲסִירֵי אָרֶץ: לְהַטּוֹת מִשְׁפַּט־גָּבֶר נֶגֶד פְּנֵי
לו לז עֶלְיוֹן: לְעַוֵּת אָדָם בְּרִיבוֹ אֲדֹנָי לֹא רָאָה: מִי זֶה אָמַר וַתֶּהִי אֲדֹנָי
לח לט לֹא צִוָּה: מִפִּי עֶלְיוֹן לֹא תֵצֵא הָרָעוֹת וְהַטּוֹב: מַה־יִּתְאוֹנֵן אָדָם
מ חָי גֶּבֶר עַל־חֲטָאו: נַחְפְּשָׂה דְרָכֵינוּ וְנַחְקֹרָה וְנָשׁוּבָה עַד־יְהוָה:
מא מב נִשָּׂא לְבָבֵנוּ אֶל־כַּפָּיִם אֶל־אֵל בַּשָּׁמָיִם: נַחְנוּ פָשַׁעְנוּ וּמָרִינוּ אַתָּה
מג מד לֹא סָלָחְתָּ: סַכֹּתָה בָאַף וַתִּרְדְּפֵנוּ הָרַגְתָּ לֹא חָמָלְתָּ: סַכֹּתָה בֶעָנָן
מה מו לָךְ מֵעֲבוֹר תְּפִלָּה: סְחִי וּמָאוֹס תְּשִׂימֵנוּ בְּקֶרֶב הָעַמִּים: פָּצוּ עָלֵינוּ
מז מח פִּיהֶם כָּל־אֹיְבֵינוּ: פַּחַד וָפַחַת הָיָה לָנוּ הַשֵּׁאת וְהַשָּׁבֶר: פַּלְגֵי־מַיִם
מט תֵּרַד עֵינִי עַל־שֶׁבֶר בַּת־עַמִּי: עֵינִי נִגְּרָה וְלֹא תִדְמֶה מֵאֵין הֲפֻגוֹת:
נ נא עַד־יַשְׁקִיף וְיֵרֶא יְהוָה מִשָּׁמָיִם: עֵינִי עוֹלְלָה לְנַפְשִׁי מִכֹּל בְּנוֹת עִירִי:
נב נג נד צוֹד צָדוּנִי כַּצִּפֹּר אֹיְבַי חִנָּם: צָמְתוּ בַבּוֹר חַיָּי וַיַּדּוּ־אֶבֶן בִּי: צָפוּ־מַיִם

נה נו עַל־רֹאשִׁי אָמַרְתִּי נִגְזָרְתִּי׃ קָרָאתִי שִׁמְךָ יְהוָה מִבּוֹר תַּחְתִּיּוֹת׃ קוֹלִי
נז שָׁמָעְתָּ אַל־תַּעְלֵם אָזְנְךָ לְרַוְחָתִי לְשַׁוְעָתִי׃ קָרַבְתָּ בְּיוֹם אֶקְרָאֶךָּ
נח נט אָמַרְתָּ אַל־תִּירָא׃ רַבְתָּ אֲדֹנָי רִיבֵי נַפְשִׁי גָּאַלְתָּ חַיָּי׃ רָאִיתָה יְהוָה
ס עַוָּתָתִי שָׁפְטָה מִשְׁפָּטִי׃ רָאִיתָה כָּל־נִקְמָתָם כָּל־מַחְשְׁבֹתָם לִי׃
סא סב שָׁמַעְתָּ חֶרְפָּתָם יְהוָה כָּל־מַחְשְׁבֹתָם עָלָי׃ שִׂפְתֵי קָמַי וְהֶגְיוֹנָם עָלַי
סג סד כָּל־הַיּוֹם׃ שִׁבְתָּם וְקִימָתָם הַבִּיטָה אֲנִי מַנְגִּינָתָם׃ תָּשִׁיב לָהֶם גְּמוּל
סה סו יְהוָה כְּמַעֲשֵׂה יְדֵיהֶם׃ תִּתֵּן לָהֶם מְגִנַּת־לֵב תַּאֲלָתְךָ לָהֶם׃ תִּרְדֹּף
בְּאַף וְתַשְׁמִידֵם מִתַּחַת שְׁמֵי יְהוָה׃
ד א אֵיכָה יוּעַם זָהָב יִשְׁנֶא הַכֶּתֶם הַטּוֹב תִּשְׁתַּפֵּכְנָה אַבְנֵי־קֹדֶשׁ בְּרֹאשׁ
ב כָּל־חוּצוֹת׃ בְּנֵי צִיּוֹן הַיְקָרִים הַמְסֻלָּאִים בַּפָּז אֵיכָה נֶחְשְׁבוּ לְנִבְלֵי־
ג חֶרֶשׂ מַעֲשֵׂה יְדֵי יוֹצֵר׃ גַּם־תנין חָלְצוּ שַׁד הֵינִיקוּ גּוּרֵיהֶן בַּת־עַמִּי תַּנִּים
ד לְאַכְזָר כי ענים בַּמִּדְבָּר׃ דָּבַק לְשׁוֹן יוֹנֵק אֶל־חִכּוֹ בַּצָּמָא עוֹלָלִים כַּיְעֵנִים
ה שָׁאֲלוּ לֶחֶם פֹּרֵשׂ אֵין לָהֶם׃ הָאֹכְלִים לְמַעֲדַנִּים נָשַׁמּוּ בַּחוּצוֹת
ו הָאֱמֻנִים עֲלֵי תוֹלָע חִבְּקוּ אַשְׁפַּתּוֹת׃ וַיִּגְדַּל עֲוֺן בַּת־עַמִּי מֵחַטַּאת
ז סְדֹם הַהֲפוּכָה כְמוֹ־רָגַע וְלֹא־חָלוּ בָהּ יָדָיִם׃ זַכּוּ נְזִירֶיהָ מִשֶּׁלֶג צַחוּ
ח מֵחָלָב אָדְמוּ עֶצֶם מִפְּנִינִים סַפִּיר גִּזְרָתָם׃ חָשַׁךְ מִשְּׁחוֹר תָּאֳרָם
ט לֹא נִכְּרוּ בַּחוּצוֹת צָפַד עוֹרָם עַל־עַצְמָם יָבֵשׁ הָיָה כָעֵץ׃ טוֹבִים
הָיוּ חַלְלֵי־חֶרֶב מֵחַלְלֵי רָעָב שֶׁהֵם יָזוּבוּ מְדֻקָּרִים מִתְּנוּבֹת שָׂדָי׃
י יְדֵי נָשִׁים רַחֲמָנִיּוֹת בִּשְּׁלוּ יַלְדֵיהֶן הָיוּ לְבָרוֹת לָמוֹ בְּשֶׁבֶר בַּת־עַמִּי׃
יא כִּלָּה יְהוָה אֶת־חֲמָתוֹ שָׁפַךְ חֲרוֹן אַפּוֹ וַיַּצֶּת־אֵשׁ בְּצִיּוֹן וַתֹּאכַל
יב יְסוֹדֹתֶיהָ׃ לֹא הֶאֱמִינוּ מַלְכֵי־אֶרֶץ וכל יֹשְׁבֵי תֵבֵל כִּי יָבֹא צַר וְאוֹיֵב כֹּל
יג בְּשַׁעֲרֵי יְרוּשָׁלִָם׃ מֵחַטֹּאת נְבִיאֶיהָ עֲוֺנוֹת כֹּהֲנֶיהָ הַשֹּׁפְכִים בְּקִרְבָּהּ
יד דַּם צַדִּיקִים׃ נָעוּ עִוְרִים בַּחוּצוֹת נְגֹאֲלוּ בַּדָּם בְּלֹא יוּכְלוּ יִגְּעוּ
טו בִּלְבֻשֵׁיהֶם׃ סוּרוּ טָמֵא קָרְאוּ לָמוֹ סוּרוּ סוּרוּ אַל־תִּגָּעוּ כִּי נָצוּ גַּם־
טז נָעוּ אָמְרוּ בַּגּוֹיִם לֹא יוֹסִיפוּ לָגוּר׃ פְּנֵי יְהוָה חִלְּקָם לֹא יוֹסִיף לְהַבִּיטָם

יז פְּנֵי כֹהֲנִים לֹא נָשָׂאוּ זקנים לֹא חָנָנוּ׃ עודינה תִּכְלֶינָה עֵינֵינוּ אֶל־ וּזְקֵנִים עוֹדֵינוּ
יח עֶזְרָתֵנוּ הָבֶל בְּצִפִּיָּתֵנוּ צִפִּינוּ אֶל־גּוֹי לֹא יוֹשִׁעַ׃ צָדוּ צְעָדֵינוּ מִלֶּכֶת
יט בִּרְחֹבֹתֵינוּ קָרַב קִצֵּנוּ מָלְאוּ יָמֵינוּ כִּי־בָא קִצֵּנוּ׃ קַלִּים הָיוּ רֹדְפֵינוּ
כ מִנִּשְׁרֵי שָׁמָיִם עַל־הֶהָרִים דְּלָקֻנוּ בַּמִּדְבָּר אָרְבוּ לָנוּ׃ רוּחַ אַפֵּינוּ
כא מְשִׁיחַ יְהוָה נִלְכַּד בִּשְׁחִיתוֹתָם אֲשֶׁר אָמַרְנוּ בְּצִלּוֹ נִחְיֶה בַגּוֹיִם׃
שִׂישִׂי וְשִׂמְחִי בַּת־אֱדוֹם יושבתי בְּאֶרֶץ עוּץ גַּם־עָלַיִךְ תַּעֲבָר־כּוֹס יוֹשֶׁבֶת
כב תִּשְׁכְּרִי וְתִתְעָרִי׃ תַּם־עֲוֺנֵךְ בַּת־צִיּוֹן לֹא יוֹסִיף לְהַגְלוֹתֵךְ פָּקַד עֲוֺנֵךְ
בַּת־אֱדוֹם גִּלָּה עַל־חַטֹּאתָיִךְ׃
ה א ב זְכֹר יְהוָה מֶה־הָיָה לָנוּ הַבִּיטָ וּרְאֵה אֶת־חֶרְפָּתֵנוּ׃ נַחֲלָתֵנוּ נֶהֶפְכָה
ג לְזָרִים בָּתֵּינוּ לְנָכְרִים׃ יְתוֹמִים הָיִינוּ אין אָב אִמֹּתֵינוּ כְּאַלְמָנוֹת׃ וְאֵין
ד ה מֵימֵינוּ בְּכֶסֶף שָׁתִינוּ עֵצֵינוּ בִּמְחִיר יָבֹאוּ׃ עַל צַוָּארֵנוּ נִרְדָּפְנוּ יָגַעְנוּ לא וְלֹא
ו ז הוּנַח־לָנוּ׃ מִצְרַיִם נָתַנּוּ יָד אַשּׁוּר לִשְׂבֹּעַ לָחֶם׃ אֲבֹתֵינוּ חָטְאוּ אינם וְאֵינָם
ח ט אנחנו עֲוֺנֹתֵיהֶם סָבָלְנוּ׃ עֲבָדִים מָשְׁלוּ בָנוּ פֹּרֵק אֵין מִיָּדָם׃ בְּנַפְשֵׁנוּ וַאֲנַחְנוּ
י נָבִיא לַחְמֵנוּ מִפְּנֵי חֶרֶב הַמִּדְבָּר׃ עוֹרֵנוּ כְּתַנּוּר נִכְמָרוּ מִפְּנֵי זַלְעֲפוֹת
יא יב רָעָב׃ נָשִׁים בְּצִיּוֹן עִנּוּ בְּתֻלֹת בְּעָרֵי יְהוּדָה׃ שָׂרִים בְּיָדָם נִתְלוּ פְּנֵי
יג יד זְקֵנִים לֹא נֶהְדָּרוּ׃ בַּחוּרִים טְחוֹן נָשָׂאוּ וּנְעָרִים בָּעֵץ כָּשָׁלוּ׃ זְקֵנִים
טו מִשַּׁעַר שָׁבָתוּ בַּחוּרִים מִנְּגִינָתָם׃ שָׁבַת מְשׂוֹשׂ לִבֵּנוּ נֶהְפַּךְ לְאֵבֶל
טז יז מְחֹלֵנוּ׃ נָפְלָה עֲטֶרֶת רֹאשֵׁנוּ אוֹי־נָא לָנוּ כִּי חָטָאנוּ׃ עַל־זֶה הָיָה
יח דָוֶה לִבֵּנוּ עַל־אֵלֶּה חָשְׁכוּ עֵינֵינוּ׃ עַל הַר־צִיּוֹן שֶׁשָּׁמֵם שׁוּעָלִים
יט כ הִלְּכוּ־בוֹ׃ אַתָּה יְהוָה לְעוֹלָם תֵּשֵׁב כִּסְאֲךָ לְדֹר וָדוֹר׃ לָמָּה לָנֶצַח
כא תִּשְׁכָּחֵנוּ תַּעַזְבֵנוּ לְאֹרֶךְ יָמִים׃ הֲשִׁיבֵנוּ יְהוָה ׀ אֵלֶיךָ וְנָשׁוּבָ חַדֵּשׁ
כב יָמֵינוּ כְּקֶדֶם׃ כִּי אִם־מָאֹס מְאַסְתָּנוּ קָצַפְתָּ עָלֵינוּ עַד־מְאֹד׃

השיבנו יהוה אליך ונשובה חדש ימינו כקדם

קהלת

ECLESIASTÉS

א א ב דִּבְרֵי קֹהֶלֶת בֶּן־דָּוִד מֶלֶךְ בִּירוּשָׁלָם׃ הֲבֵל הֲבָלִים אָמַר קֹהֶלֶת
ג הֲבֵל הֲבָלִים הַכֹּל הָבֶל׃ מַה־יִּתְרוֹן לָאָדָם בְּכָל־עֲמָלוֹ שֶׁיַּעֲמֹל תַּחַת
ד ה הַשָּׁמֶשׁ׃ דּוֹר הֹלֵךְ וְדוֹר בָּא וְהָאָרֶץ לְעוֹלָם עֹמָדֶת׃ וְזָרַח הַשֶּׁמֶשׁ
ו וּבָא הַשָּׁמֶשׁ וְאֶל־מְקוֹמוֹ שׁוֹאֵף זוֹרֵחַ הוּא שָׁם׃ הוֹלֵךְ אֶל־דָּרוֹם
וְסוֹבֵב אֶל־צָפוֹן סוֹבֵב ׀ סֹבֵב הוֹלֵךְ הָרוּחַ וְעַל־סְבִיבֹתָיו שָׁב הָרוּחַ׃
ז כָּל־הַנְּחָלִים הֹלְכִים אֶל־הַיָּם וְהַיָּם אֵינֶנּוּ מָלֵא אֶל־מְקוֹם שֶׁהַנְּחָלִים
ח הֹלְכִים שָׁם הֵם שָׁבִים לָלָכֶת׃ כָּל־הַדְּבָרִים יְגֵעִים לֹא־יוּכַל אִישׁ לְדַבֵּר
ט לֹא־תִשְׂבַּע עַיִן לִרְאוֹת וְלֹא־תִמָּלֵא אֹזֶן מִשְּׁמֹעַ׃ מַה־שֶּׁהָיָה הוּא
שֶׁיִּהְיֶה וּמַה־שֶּׁנַּעֲשָׂה הוּא שֶׁיֵּעָשֶׂה וְאֵין כָּל־חָדָשׁ תַּחַת הַשָּׁמֶשׁ׃
י יֵשׁ דָּבָר שֶׁיֹּאמַר רְאֵה־זֶה חָדָשׁ הוּא כְּבָר הָיָה לְעֹלָמִים אֲשֶׁר הָיָה
יא מִלְּפָנֵנוּ׃ אֵין זִכְרוֹן לָרִאשֹׁנִים וְגַם לָאַחֲרֹנִים שֶׁיִּהְיוּ לֹא־יִהְיֶה לָהֶם
זִכָּרוֹן עִם שֶׁיִּהְיוּ לָאַחֲרֹנָה׃
יב יג אֲנִי קֹהֶלֶת הָיִיתִי מֶלֶךְ עַל־יִשְׂרָאֵל בִּירוּשָׁלָם׃ וְנָתַתִּי אֶת־לִבִּי
לִדְרוֹשׁ וְלָתוּר בַּחָכְמָה עַל כָּל־אֲשֶׁר נַעֲשָׂה תַּחַת הַשָּׁמָיִם הוּא ׀ עִנְיַן
יד רָע נָתַן אֱלֹהִים לִבְנֵי הָאָדָם לַעֲנוֹת בּוֹ׃ רָאִיתִי אֶת־כָּל־הַמַּעֲשִׂים
טו שֶׁנַּעֲשׂוּ תַּחַת הַשָּׁמֶשׁ וְהִנֵּה הַכֹּל הֶבֶל וּרְעוּת רוּחַ׃ מְעֻוָּת לֹא־יוּכַל
טז לִתְקֹן וְחֶסְרוֹן לֹא־יוּכַל לְהִמָּנוֹת׃ דִּבַּרְתִּי אֲנִי עִם־לִבִּי לֵאמֹר אֲנִי
הִנֵּה הִגְדַּלְתִּי וְהוֹסַפְתִּי חָכְמָה עַל כָּל־אֲשֶׁר־הָיָה לְפָנַי עַל־יְרוּשָׁלִָם
יז וְלִבִּי רָאָה הַרְבֵּה חָכְמָה וָדָעַת׃ וָאֶתְּנָה לִבִּי לָדַעַת חָכְמָה וְדַעַת
יח הוֹלֵלוֹת וְשִׂכְלוּת יָדַעְתִּי שֶׁגַּם־זֶה הוּא רַעְיוֹן רוּחַ׃ כִּי בְּרֹב חָכְמָה
ב א רָב־כָּעַס וְיוֹסִיף דַּעַת יוֹסִיף מַכְאוֹב׃ אָמַרְתִּי אֲנִי בְּלִבִּי לְכָה־נָּא
ב אֲנַסְּכָה בְשִׂמְחָה וּרְאֵה בְטוֹב וְהִנֵּה גַם־הוּא הָבֶל׃ לִשְׂחוֹק אָמַרְתִּי
ג מְהוֹלָל וּלְשִׂמְחָה מַה־זֹּה עֹשָׂה׃ תַּרְתִּי בְלִבִּי לִמְשׁוֹךְ בַּיַּיִן אֶת־בְּשָׂרִי

וְלִבִּי נֹהֵג בַּחׇכְמָה וְלֶאֱחֹז בְּסִכְלוּת עַד אֲשֶׁר־אֶרְאֶה אֵי־זֶה טוֹב
ד לִבְנֵי הָאָדָם אֲשֶׁר יַעֲשׂוּ תַּחַת הַשָּׁמַיִם מִסְפַּר יְמֵי חַיֵּיהֶם׃ הִגְדַּלְתִּי
ה מַעֲשָׂי בָּנִיתִי לִי בָּתִּים נָטַעְתִּי לִי כְּרָמִים׃ עָשִׂיתִי לִי גַּנּוֹת וּפַרְדֵּסִים
ו וְנָטַעְתִּי בָהֶם עֵץ כׇּל־פֶּרִי׃ עָשִׂיתִי לִי בְּרֵכוֹת מָיִם לְהַשְׁקוֹת מֵהֶם
ז יַעַר צוֹמֵחַ עֵצִים׃ קָנִיתִי עֲבָדִים וּשְׁפָחוֹת וּבְנֵי־בַיִת הָיָה לִי גַּם מִקְנֶה
ח בָקָר וָצֹאן הַרְבֵּה הָיָה לִי מִכֹּל שֶׁהָיוּ לְפָנַי בִּירוּשָׁלָ͏ִם׃ כָּנַסְתִּי לִי
גַּם־כֶּסֶף וְזָהָב וּסְגֻלַּת מְלָכִים וְהַמְּדִינוֹת עָשִׂיתִי לִי שָׁרִים וְשָׁרוֹת
ט וְתַעֲנֻגוֹת בְּנֵי הָאָדָם שִׁדָּה וְשִׁדּוֹת׃ וְגָדַלְתִּי וְהוֹסַפְתִּי מִכֹּל שֶׁהָיָה
י לְפָנַי בִּירוּשָׁלָ͏ִם אַף חׇכְמָתִי עָמְדָה לִּי׃ וְכֹל אֲשֶׁר שָׁאֲלוּ עֵינַי לֹא
אָצַלְתִּי מֵהֶם לֹא־מָנַעְתִּי אֶת־לִבִּי מִכׇּל־שִׂמְחָה כִּי־לִבִּי שָׂמֵחַ מִכׇּל־
יא עֲמָלִי וְזֶה־הָיָה חֶלְקִי מִכׇּל־עֲמָלִי׃ וּפָנִיתִי אֲנִי בְּכׇל־מַעֲשַׂי שֶׁעָשׂוּ יָדַי
וּבֶעָמָל שֶׁעָמַלְתִּי לַעֲשׂוֹת וְהִנֵּה הַכֹּל הֶבֶל וּרְעוּת רוּחַ וְאֵין יִתְרוֹן
יב תַּחַת הַשָּׁמֶשׁ׃ וּפָנִיתִי אֲנִי לִרְאוֹת חׇכְמָה וְהוֹלֵלוֹת וְסִכְלוּת כִּי ׀ מֶה
יג הָאָדָם שֶׁיָּבוֹא אַחֲרֵי הַמֶּלֶךְ אֵת אֲשֶׁר־כְּבָר עָשׂוּהוּ׃ וְרָאִיתִי אָנִי
יד שֶׁיֵּשׁ יִתְרוֹן לַחׇכְמָה מִן־הַסִּכְלוּת כִּיתְרוֹן הָאוֹר מִן־הַחֹשֶׁךְ׃ הֶחָכָם
עֵינָיו בְּרֹאשׁוֹ וְהַכְּסִיל בַּחֹשֶׁךְ הוֹלֵךְ וְיָדַעְתִּי גַם־אָנִי שֶׁמִּקְרֶה אֶחָד
טו יִקְרֶה אֶת־כֻּלָּם׃ וְאָמַרְתִּי אֲנִי בְּלִבִּי כְּמִקְרֵה הַכְּסִיל גַּם־אֲנִי יִקְרֵנִי
טז וְלָמָּה חָכַמְתִּי אֲנִי אָז יוֹתֵר וְדִבַּרְתִּי בְלִבִּי שֶׁגַּם־זֶה הָבֶל׃ כִּי אֵין זִכְרוֹן
לֶחָכָם עִם־הַכְּסִיל לְעוֹלָם בְּשֶׁכְּבָר הַיָּמִים הַבָּאִים הַכֹּל נִשְׁכָּח וְאֵיךְ
יז יָמוּת הֶחָכָם עִם־הַכְּסִיל׃ וְשָׂנֵאתִי אֶת־הַחַיִּים כִּי רַע עָלַי הַמַּעֲשֶׂה
יח שֶׁנַּעֲשָׂה תַּחַת הַשָּׁמֶשׁ כִּי־הַכֹּל הֶבֶל וּרְעוּת רוּחַ׃ וְשָׂנֵאתִי אֲנִי
אֶת־כׇּל־עֲמָלִי שֶׁאֲנִי עָמֵל תַּחַת הַשָּׁמֶשׁ שֶׁאַנִּיחֶנּוּ לָאָדָם שֶׁיִּהְיֶה
יט אַחֲרָי׃ וּמִי יוֹדֵעַ הֶחָכָם יִהְיֶה אוֹ סָכָל וְיִשְׁלַט בְּכׇל־עֲמָלִי שֶׁעָמַלְתִּי
כ וְשֶׁחָכַמְתִּי תַּחַת הַשָּׁמֶשׁ גַּם־זֶה הָבֶל׃ וְסַבּוֹתִי אֲנִי לְיַאֵשׁ אֶת־לִבִּי
כא עַל כׇּל־הֶעָמָל שֶׁעָמַלְתִּי תַּחַת הַשָּׁמֶשׁ׃ כִּי־יֵשׁ אָדָם שֶׁעֲמָלוֹ בְּחׇכְמָה
וּבְדַעַת וּבְכִשְׁרוֹן וּלְאָדָם שֶׁלֹּא עָמַל־בּוֹ יִתְּנֶנּוּ חֶלְקוֹ גַּם־זֶה הֶבֶל

כב וְרָעָה רַבָּה׃ כִּי מֶה־הֹוֶה לָאָדָם בְּכָל־עֲמָלוֹ וּבְרַעְיוֹן לִבּוֹ שֶׁהוּא עָמֵל
כג תַּחַת הַשָּׁמֶשׁ׃ כִּי כָל־יָמָיו מַכְאֹבִים וָכַעַס עִנְיָנוֹ גַּם־בַּלַּיְלָה לֹא־שָׁכַב
כד לִבּוֹ גַּם־זֶה הֶבֶל הוּא׃ אֵין־טוֹב בָּאָדָם שֶׁיֹּאכַל וְשָׁתָה וְהֶרְאָה אֶת־
כה נַפְשׁוֹ טוֹב בַּעֲמָלוֹ גַּם־זֹה רָאִיתִי אָנִי כִּי מִיַּד הָאֱלֹהִים הִיא׃ כִּי מִי
כו יֹאכַל וּמִי יָחוּשׁ חוּץ מִמֶּנִּי׃ כִּי לְאָדָם שֶׁטּוֹב לְפָנָיו נָתַן חָכְמָה וְדַעַת
וְשִׂמְחָה וְלַחוֹטֶא נָתַן עִנְיָן לֶאֱסֹף וְלִכְנוֹס לָתֵת לְטוֹב לִפְנֵי הָאֱלֹהִים
א גַּם־זֶה הֶבֶל וּרְעוּת רוּחַ׃ לַכֹּל זְמָן וְעֵת לְכָל־חֵפֶץ תַּחַת הַשָּׁמָיִם׃
ב עֵת לָלֶדֶת וְעֵת לָמוּת
עֵת לָטַעַת וְעֵת לַעֲקוֹר נָטוּעַ׃
ג עֵת לַהֲרוֹג וְעֵת לִרְפּוֹא
עֵת לִפְרוֹץ וְעֵת לִבְנוֹת׃
ד עֵת לִבְכּוֹת וְעֵת לִשְׂחוֹק
עֵת סְפוֹד וְעֵת רְקוֹד׃
ה עֵת לְהַשְׁלִיךְ אֲבָנִים וְעֵת כְּנוֹס אֲבָנִים
עֵת לַחֲבוֹק וְעֵת לִרְחֹק מֵחַבֵּק׃
ו עֵת לְבַקֵּשׁ וְעֵת לְאַבֵּד
עֵת לִשְׁמוֹר וְעֵת לְהַשְׁלִיךְ׃
ז עֵת לִקְרוֹעַ וְעֵת לִתְפּוֹר
עֵת לַחֲשׁוֹת וְעֵת לְדַבֵּר׃
ח עֵת לֶאֱהֹב וְעֵת לִשְׂנֹא
עֵת מִלְחָמָה וְעֵת שָׁלוֹם׃
ט י מַה־יִּתְרוֹן הָעוֹשֶׂה בַּאֲשֶׁר הוּא עָמֵל׃ רָאִיתִי אֶת־הָעִנְיָן אֲשֶׁר נָתַן
יא אֱלֹהִים לִבְנֵי הָאָדָם לַעֲנוֹת בּוֹ׃ אֶת־הַכֹּל עָשָׂה יָפֶה בְעִתּוֹ גַּם אֶת־
הָעֹלָם נָתַן בְּלִבָּם מִבְּלִי אֲשֶׁר לֹא־יִמְצָא הָאָדָם אֶת־הַמַּעֲשֶׂה אֲשֶׁר־
יב עָשָׂה הָאֱלֹהִים מֵרֹאשׁ וְעַד־סוֹף׃ יָדַעְתִּי כִּי אֵין טוֹב בָּם כִּי אִם־
יג לִשְׂמוֹחַ וְלַעֲשׂוֹת טוֹב בְּחַיָּיו׃ וְגַם כָּל־הָאָדָם שֶׁיֹּאכַל וְשָׁתָה וְרָאָה

יד טוֹב֙ בְּכׇל־עֲמָל֔וֹ מַתַּ֥ת אֱלֹהִ֖ים הִֽיא׃ יָדַ֗עְתִּי כִּ֚י כׇּל־אֲשֶׁ֣ר יַעֲשֶׂ֣ה
הָאֱלֹהִ֗ים ה֚וּא יִהְיֶ֣ה לְעוֹלָ֔ם עָלָיו֙ אֵ֣ין לְהוֹסִ֔יף וּמִמֶּ֖נּוּ אֵ֣ין לִגְר֑וֹעַ
טו וְהָאֱלֹהִ֣ים עָשָׂ֔ה שֶׁיִּֽרְא֖וּ מִלְּפָנָֽיו׃ מַה־שֶּֽׁהָיָה֙ כְּבָ֣ר ה֔וּא וַאֲשֶׁ֥ר לִֽהְי֖וֹת
טז כְּבָ֣ר הָיָ֑ה וְהָאֱלֹהִ֖ים יְבַקֵּ֥שׁ אֶת־נִרְדָּֽף׃ וְע֥וֹד רָאִ֖יתִי תַּ֣חַת הַשָּׁ֑מֶשׁ
יז מְק֤וֹם הַמִּשְׁפָּט֙ שָׁ֣מָּה הָרֶ֔שַׁע וּמְק֥וֹם הַצֶּ֖דֶק שָׁ֥מָּה הָרָֽשַׁע׃ אָמַ֤רְתִּֽי
אֲנִי֙ בְּלִבִּ֔י אֶת־הַצַּדִּיק֙ וְאֶת־הָ֣רָשָׁ֔ע יִשְׁפֹּ֖ט הָאֱלֹהִ֑ים כִּי־עֵ֣ת לְכׇל־חֵ֔פֶץ
יח וְעַ֥ל כׇּל־הַֽמַּעֲשֶׂ֖ה שָֽׁם׃ אָמַ֤רְתִּֽי אֲנִי֙ בְּלִבִּ֔י עַל־דִּבְרַת֙ בְּנֵ֣י הָאָדָ֔ם לְבָרָ֖ם
יט הָאֱלֹהִ֑ים וְלִרְא֕וֹת שְׁהֶם־בְּהֵמָ֥ה הֵ֖מָּה לָהֶֽם׃ כִּי֩ מִקְרֶ֨ה בְֽנֵי־הָאָדָ֜ם
וּמִקְרֶ֣ה הַבְּהֵמָ֗ה וּמִקְרֶ֤ה אֶחָד֙ לָהֶ֔ם כְּמ֥וֹת זֶה֙ כֵּ֣ן מ֣וֹת זֶ֔ה וְר֥וּחַ אֶחָ֖ד
כ לַכֹּ֑ל וּמוֹתַ֨ר הָאָדָ֤ם מִן־הַבְּהֵמָה֙ אָ֔יִן כִּ֥י הַכֹּ֖ל הָֽבֶל׃ הַכֹּ֥ל הוֹלֵ֖ךְ אֶל־
כא מָק֣וֹם אֶחָ֑ד הַכֹּל֙ הָיָ֣ה מִן־הֶעָפָ֔ר וְהַכֹּ֖ל שָׁ֥ב אֶל־הֶעָפָֽר׃ מִ֣י יוֹדֵ֗עַ ר֚וּחַ
בְּנֵ֣י הָאָדָ֔ם הָעֹלָ֥ה הִ֖יא לְמָ֑עְלָה וְר֙וּחַ֙ הַבְּהֵמָ֔ה הַיֹּרֶ֥דֶת הִ֖יא לְמַ֥טָּה
כב לָאָֽרֶץ׃ וְרָאִ֗יתִי כִּ֣י אֵ֥ין טוֹב֙ מֵאֲשֶׁ֨ר יִשְׂמַ֤ח הָאָדָם֙ בְּֽמַעֲשָׂ֔יו כִּי־ה֖וּא
ד א חֶלְק֑וֹ כִּ֣י מִ֤י יְבִיאֶ֙נּוּ֙ לִרְא֔וֹת בְּמֶ֖ה שֶׁיִּהְיֶ֥ה אַחֲרָֽיו׃ וְשַׁ֣בְתִּֽי אֲנִ֗י וָאֶרְאֶה֙
אֶת־כׇּל־הָ֣עֲשׁוּקִ֔ים אֲשֶׁ֥ר נַעֲשִׂ֖ים תַּ֣חַת הַשָּׁ֑מֶשׁ וְהִנֵּ֣ה ׀ דִּמְעַ֣ת
הָעֲשׁוּקִ֗ים וְאֵ֤ין לָהֶם֙ מְנַחֵ֔ם וּמִיַּ֤ד עֹֽשְׁקֵיהֶם֙ כֹּ֔חַ וְאֵ֥ין לָהֶ֖ם מְנַחֵֽם׃
ב וְשַׁבֵּ֧חַ אֲנִ֛י אֶת־הַמֵּתִ֖ים שֶׁכְּבָ֣ר מֵ֑תוּ מִן־הַ֣חַיִּ֔ים אֲשֶׁ֥ר הֵ֖מָּה חַיִּ֥ים
ג עֲדֶֽנָה׃ וְטוֹב֙ מִשְּׁנֵיהֶ֔ם אֵ֥ת אֲשֶׁר־עֲדֶ֖ן לֹ֣א הָיָ֑ה אֲשֶׁ֤ר לֹֽא־רָאָה֙ אֶת־
ד הַֽמַּעֲשֶׂ֣ה הָרָ֔ע אֲשֶׁ֥ר נַעֲשָׂ֖ה תַּ֥חַת הַשָּֽׁמֶשׁ׃ וְרָאִ֨יתִֽי אֲנִ֜י אֶת־כׇּל־עָמָ֗ל
וְאֵת֙ כׇּל־כִּשְׁר֣וֹן הַֽמַּעֲשֶׂ֔ה כִּ֛י הִ֥יא קִנְאַת־אִ֖ישׁ מֵרֵעֵ֑הוּ גַּם־זֶ֥ה הֶ֖בֶל
ה ו וּרְע֥וּת רֽוּחַ׃ הַכְּסִ֗יל חֹבֵ֤ק אֶת־יָדָיו֙ וְאֹכֵ֖ל אֶת־בְּשָׂרֽוֹ׃ ט֕וֹב מְלֹ֥א כַ֖ף
ז נָ֑חַת מִמְּלֹ֥א חׇפְנַ֛יִם עָמָ֖ל וּרְע֥וּת רֽוּחַ׃ וְשַׁ֥בְתִּֽי אֲנִ֛י וָאֶרְאֶ֥ה הֶ֖בֶל תַּ֥חַת
ח הַשָּֽׁמֶשׁ׃ יֵ֣שׁ אֶחָד֩ וְאֵ֨ין שֵׁנִ֜י גַּ֣ם בֵּ֧ן וָאָ֣ח אֵֽין־ל֗וֹ וְאֵ֥ין קֵץ֙ לְכׇל־עֲמָל֔וֹ
גַּם־עֵינָ֖יו לֹא־תִשְׂבַּ֣ע עֹ֑שֶׁר וּלְמִ֣י ׀ אֲנִ֣י עָמֵ֗ל וּמְחַסֵּ֤ר אֶת־נַפְשִׁי֙ מִטּוֹבָ֔ה עֵינ֖וֹ
ט גַּם־זֶ֥ה הֶ֛בֶל וְעִנְיַ֥ן רָ֖ע הֽוּא׃ טוֹבִ֥ים הַשְּׁנַ֖יִם מִן־הָאֶחָ֑ד אֲשֶׁ֧ר יֵשׁ־לָהֶ֛ם
י שָׂכָ֥ר ט֖וֹב בַּעֲמָלָֽם׃ כִּ֤י אִם־יִפֹּ֔לוּ הָאֶחָ֖ד יָקִ֣ים אֶת־חֲבֵר֑וֹ וְאִ֣יל֗וֹ הָֽאֶחָד֙

שֶׁיִּפֹּל וְאֵין שֵׁנִי לַהֲקִימוֹ׃ גַּם אִם־יִשְׁכְּבוּ שְׁנַיִם וְחַם לָהֶם וּלְאֶחָד אֵיךְ יא
יֵחָם׃ וְאִם־יִתְקְפוֹ הָאֶחָד הַשְּׁנַיִם יַעַמְדוּ נֶגְדּוֹ וְהַחוּט הַמְשֻׁלָּשׁ לֹא יב
בִמְהֵרָה יִנָּתֵק׃ טוֹב יֶלֶד מִסְכֵּן וְחָכָם מִמֶּלֶךְ זָקֵן וּכְסִיל אֲשֶׁר לֹא־יָדַע יג
לְהִזָּהֵר עוֹד׃ כִּי־מִבֵּית הָסוּרִים יָצָא לִמְלֹךְ כִּי גַּם בְּמַלְכוּתוֹ נוֹלַד יד
רָשׁ׃ רָאִיתִי אֶת־כָּל־הַחַיִּים הַמְהַלְּכִים תַּחַת הַשָּׁמֶשׁ עִם הַיֶּלֶד הַשֵּׁנִי טו
אֲשֶׁר יַעֲמֹד תַּחְתָּיו׃ אֵין־קֵץ לְכָל־הָעָם לְכֹל אֲשֶׁר־הָיָה לִפְנֵיהֶם גַּם טז
[רַגְלְךָ] הָאַחֲרוֹנִים לֹא יִשְׂמְחוּ־בוֹ כִּי־גַם־זֶה הֶבֶל וְרַעְיוֹן רוּחַ׃ שְׁמֹר רגליך יז
כַּאֲשֶׁר תֵּלֵךְ אֶל־בֵּית הָאֱלֹהִים וְקָרוֹב לִשְׁמֹעַ מִתֵּת הַכְּסִילִים זָבַח
כִּי־אֵינָם יוֹדְעִים לַעֲשׂוֹת רָע׃ אַל־תְּבַהֵל עַל־פִּיךָ וְלִבְּךָ אַל־יְמַהֵר א
לְהוֹצִיא דָבָר לִפְנֵי הָאֱלֹהִים כִּי הָאֱלֹהִים בַּשָּׁמַיִם וְאַתָּה עַל־הָאָרֶץ
עַל־כֵּן יִהְיוּ דְבָרֶיךָ מְעַטִּים׃ כִּי בָּא הַחֲלוֹם בְּרֹב עִנְיָן וְקוֹל כְּסִיל ב
בְּרֹב דְּבָרִים׃ כַּאֲשֶׁר תִּדֹּר נֶדֶר לֵאלֹהִים אַל־תְּאַחֵר לְשַׁלְּמוֹ כִּי אֵין ג
חֵפֶץ בַּכְּסִילִים אֵת אֲשֶׁר־תִּדֹּר שַׁלֵּם׃ טוֹב אֲשֶׁר לֹא־תִדֹּר מִשֶּׁתִּדּוֹר ד
וְלֹא תְשַׁלֵּם׃ אַל־תִּתֵּן אֶת־פִּיךָ לַחֲטִיא אֶת־בְּשָׂרֶךָ וְאַל־תֹּאמַר לִפְנֵי ה
הַמַּלְאָךְ כִּי שְׁגָגָה הִיא לָמָּה יִקְצֹף הָאֱלֹהִים עַל־קוֹלֶךָ וְחִבֵּל אֶת־
מַעֲשֵׂה יָדֶיךָ׃ כִּי בְרֹב חֲלֹמוֹת וַהֲבָלִים וּדְבָרִים הַרְבֵּה כִּי אֶת־ ו
הָאֱלֹהִים יְרָא׃ אִם־עֹשֶׁק רָשׁ וְגֵזֶל מִשְׁפָּט וָצֶדֶק תִּרְאֶה בַמְּדִינָה ז
אַל־תִּתְמַהּ עַל־הַחֵפֶץ כִּי גָבֹהַּ מֵעַל גָּבֹהַּ שֹׁמֵר וּגְבֹהִים עֲלֵיהֶם׃
[הוּא] וְיִתְרוֹן אֶרֶץ בַּכֹּל היא מֶלֶךְ לְשָׂדֶה נֶעֱבָד׃ אֹהֵב כֶּסֶף לֹא־יִשְׂבַּע כֶּסֶף ח ט
וּמִי־אֹהֵב בֶּהָמוֹן לֹא תְבוּאָה גַּם־זֶה הָבֶל׃ בִּרְבוֹת הַטּוֹבָה רַבּוּ י
[רְאוּת] אוֹכְלֶיהָ וּמַה־כִּשְׁרוֹן לִבְעָלֶיהָ כִּי אִם־ראית עֵינָיו׃ מְתוּקָה שְׁנַת יא
הָעֹבֵד אִם־מְעַט וְאִם־הַרְבֵּה יֹאכֵל וְהַשָּׂבָע לֶעָשִׁיר אֵינֶנּוּ מַנִּיחַ לוֹ
לִישׁוֹן׃ יֵשׁ רָעָה חוֹלָה רָאִיתִי תַּחַת הַשָּׁמֶשׁ עֹשֶׁר שָׁמוּר לִבְעָלָיו יב
לְרָעָתוֹ׃ וְאָבַד הָעֹשֶׁר הַהוּא בְּעִנְיַן רָע וְהוֹלִיד בֵּן וְאֵין בְּיָדוֹ מְאוּמָה׃ יג
כַּאֲשֶׁר יָצָא מִבֶּטֶן אִמּוֹ עָרוֹם יָשׁוּב לָלֶכֶת כְּשֶׁבָּא וּמְאוּמָה לֹא־יִשָּׂא יד
בַעֲמָלוֹ שֶׁיֹּלֵךְ בְּיָדוֹ׃ וְגַם־זֹה רָעָה חוֹלָה כָּל־עֻמַּת שֶׁבָּא כֵּן יֵלֵךְ וּמַה־ טו

טז יתרון לו שיעמל לרוח: גם כל־ימיו בחשך יאכל וכעס הרבה וחליו
יז וקצף: הנה אשר־ראיתי אני טוב אשר־יפה לאכול ולשתות ולראות
טובה בכל־עמלו ׀ שיעמל תחת־השמש מספר ימי־חיו אשר־נתן־
יח לו האלהים כי־הוא חלקו: גם כל־האדם אשר נתן־לו האלהים
עשר ונכסים והשליטו לאכל ממנו ולשאת את־חלקו ולשמח
יט בעמלו זה מתת אלהים היא: כי לא הרבה יזכר את־ימי חייו כי
א האלהים מענה בשמחת לבו: יש רעה אשר ראיתי תחת השמש
ב ורבה היא על־האדם: איש אשר יתן־לו האלהים עשר ונכסים
וכבוד ואיננו חסר לנפשו ׀ מכל אשר־יתאוה ולא־ישליטנו
האלהים לאכל ממנו כי איש נכרי יאכלנו זה הבל וחלי רע הוא:
ג אם־יוליד איש מאה ושנים רבות יחיה ורב ׀ שיהיו ימי־שניו ונפשו
לא־תשבע מן־הטובה וגם־קבורה לא־היתה לו אמרתי טוב ממנו
ד ה הנפל: כי־בהבל בא ובחשך ילך ובחשך שמו יכסה: גם־שמש
ו לא־ראה ולא ידע נחת לזה מזה: ואלו חיה אלף שנים פעמים
ז וטובה לא ראה הלא אל־מקום אחד הכל הולך: כל־עמל האדם
ח לפיהו וגם־הנפש לא תמלא: כי מה־יותר לחכם מן־הכסיל מה־
ט לעני יודע להלך נגד החיים: טוב מראה עינים מהלך־נפש גם־זה
י הבל ורעות רוח: מה־שהיה כבר נקרא שמו ונודע אשר־הוא אדם
יא ולא־יוכל לדין עם שהתקיף ממנו: כי יש־דברים הרבה מרבים שתקיף
יב הבל מה־יתר לאדם: כי מי־יודע מה־טוב לאדם בחיים מספר
ימי־חיי הבלו ויעשם כצל אשר מי־יגיד לאדם מה־יהיה אחריו
א תחת השמש: טוב שם משמן טוב ויום המות מיום
ב הולדו: טוב ללכת אל־בית־אבל מלכת אל־בית משתה באשר
ג הוא סוף כל־האדם והחי יתן אל־לבו: טוב כעס משחק כי־ברע
ד פנים ייטב לב: לב חכמים בבית אבל ולב כסילים בבית שמחה:
ה ו טוב לשמע גערת חכם מאיש שמע שיר כסילים: כי כקול הסירים

תַּחַת הַסִּיר כֵּן שְׂחֹק הַכְּסִיל וְגַם־זֶה הָבֶל׃ כִּי הָעֹשֶׁק יְהוֹלֵל חָכָם ז
ח וִיאַבֵּד אֶת־לֵב מַתָּנָה׃ טוֹב אַחֲרִית דָּבָר מֵרֵאשִׁיתוֹ טוֹב אֶרֶךְ־רוּחַ
ט מִגְּבַהּ רוּחַ׃ אַל־תְּבַהֵל בְּרוּחֲךָ לִכְעוֹס כִּי כַעַס בְּחֵיק כְּסִילִים יָנוּחַ׃
י אַל־תֹּאמַר מֶה הָיָה שֶׁהַיָּמִים הָרִאשֹׁנִים הָיוּ טוֹבִים מֵאֵלֶּה כִּי לֹא
יא מֵחָכְמָה שָׁאַלְתָּ עַל־זֶה׃ טוֹבָה חָכְמָה עִם־נַחֲלָה וְיֹתֵר לְרֹאֵי הַשָּׁמֶשׁ׃
יב כִּי בְּצֵל הַחָכְמָה בְּצֵל הַכָּסֶף וְיִתְרוֹן דַּעַת הַחָכְמָה תְּחַיֶּה בְעָלֶיהָ׃
יג יד רְאֵה אֶת־מַעֲשֵׂה הָאֱלֹהִים כִּי מִי יוּכַל לְתַקֵּן אֵת אֲשֶׁר עִוְּתוֹ׃ בְּיוֹם
טוֹבָה הֱיֵה בְטוֹב וּבְיוֹם רָעָה רְאֵה גַּם אֶת־זֶה לְעֻמַּת־זֶה עָשָׂה
טו הָאֱלֹהִים עַל־דִּבְרַת שֶׁלֹּא יִמְצָא הָאָדָם אַחֲרָיו מְאוּמָה׃ אֶת־הַכֹּל
רָאִיתִי בִּימֵי הֶבְלִי יֵשׁ צַדִּיק אֹבֵד בְּצִדְקוֹ וְיֵשׁ רָשָׁע מַאֲרִיךְ בְּרָעָתוֹ׃
טז יז אַל־תְּהִי צַדִּיק הַרְבֵּה וְאַל־תִּתְחַכַּם יוֹתֵר לָמָּה תִּשּׁוֹמֵם׃ אַל־תִּרְשַׁע
יח הַרְבֵּה וְאַל־תְּהִי סָכָל לָמָּה תָמוּת בְּלֹא עִתֶּךָ׃ טוֹב אֲשֶׁר תֶּאֱחֹז בָּזֶה
יט וְגַם־מִזֶּה אַל־תַּנַּח אֶת־יָדֶךָ כִּי־יְרֵא אֱלֹהִים יֵצֵא אֶת־כֻּלָּם׃ הַחָכְמָה
כ תָּעֹז לֶחָכָם מֵעֲשָׂרָה שַׁלִּיטִים אֲשֶׁר הָיוּ בָּעִיר׃ כִּי אָדָם אֵין צַדִּיק
כא בָּאָרֶץ אֲשֶׁר יַעֲשֶׂה־טּוֹב וְלֹא יֶחֱטָא׃ גַּם לְכָל־הַדְּבָרִים אֲשֶׁר יְדַבֵּרוּ
כב אַל־תִּתֵּן לִבֶּךָ אֲשֶׁר לֹא־תִשְׁמַע אֶת־עַבְדְּךָ מְקַלְלֶךָ׃ כִּי גַּם־פְּעָמִים
כג רַבּוֹת יָדַע לִבֶּךָ אֲשֶׁר גַּם־אַתָּ קִלַּלְתָּ אֲחֵרִים׃ כָּל־זֹה נִסִּיתִי בַחָכְמָה
כד אָמַרְתִּי אֶחְכָּמָה וְהִיא רְחוֹקָה מִמֶּנִּי׃ רָחוֹק מַה־שֶּׁהָיָה וְעָמֹק ׀ עָמֹק
כה מִי יִמְצָאֶנּוּ׃ סַבּוֹתִי אֲנִי וְלִבִּי לָדַעַת וְלָתוּר וּבַקֵּשׁ חָכְמָה וְחֶשְׁבּוֹן
כו וְלָדַעַת רֶשַׁע כֶּסֶל וְהַסִּכְלוּת הוֹלֵלוֹת׃ וּמוֹצֶא אֲנִי מַר מִמָּוֶת אֶת־
הָאִשָּׁה אֲשֶׁר־הִיא מְצוֹדִים וַחֲרָמִים לִבָּהּ אֲסוּרִים יָדֶיהָ טוֹב לִפְנֵי
כז הָאֱלֹהִים יִמָּלֵט מִמֶּנָּה וְחוֹטֵא יִלָּכֶד בָּהּ׃ רְאֵה זֶה מָצָאתִי אָמְרָה
כח קֹהֶלֶת אַחַת לְאַחַת לִמְצֹא חֶשְׁבּוֹן׃ אֲשֶׁר עוֹד־בִּקְשָׁה נַפְשִׁי וְלֹא
מָצָאתִי אָדָם אֶחָד מֵאֶלֶף מָצָאתִי וְאִשָּׁה בְכָל־אֵלֶּה לֹא מָצָאתִי׃
כט לְבַד רְאֵה־זֶה מָצָאתִי אֲשֶׁר עָשָׂה הָאֱלֹהִים אֶת־הָאָדָם יָשָׁר וְהֵמָּה
א בִקְשׁוּ חִשְּׁבֹנוֹת רַבִּים׃ מִי כְּהֶחָכָם וּמִי יוֹדֵעַ פֵּשֶׁר דָּבָר חָכְמַת אָדָם

ב תָּאִיר פָּנָיו וְעֹז פָּנָיו יְשֻׁנֶּא׃ אֲנִי פִּי־מֶלֶךְ שְׁמֹר וְעַל דִּבְרַת שְׁבוּעַת
ג אֱלֹהִים׃ אַל־תִּבָּהֵל מִפָּנָיו תֵּלֵךְ אַל־תַּעֲמֹד בְּדָבָר רָע כִּי כָּל־אֲשֶׁר
ד יַחְפֹּץ יַעֲשֶׂה׃ בַּאֲשֶׁר דְּבַר־מֶלֶךְ שִׁלְטוֹן וּמִי יֹאמַר־לוֹ מַה־תַּעֲשֶׂה׃
ה ו שׁוֹמֵר מִצְוָה לֹא יֵדַע דָּבָר רָע וְעֵת וּמִשְׁפָּט יֵדַע לֵב חָכָם׃ כִּי לְכָל־
ז חֵפֶץ יֵשׁ עֵת וּמִשְׁפָּט כִּי־רָעַת הָאָדָם רַבָּה עָלָיו׃ כִּי־אֵינֶנּוּ יֹדֵעַ מַה־
ח שֶּׁיִּהְיֶה כִּי כַּאֲשֶׁר יִהְיֶה מִי יַגִּיד לוֹ׃ אֵין אָדָם שַׁלִּיט בָּרוּחַ לִכְלוֹא
אֶת־הָרוּחַ וְאֵין שִׁלְטוֹן בְּיוֹם הַמָּוֶת וְאֵין מִשְׁלַחַת בַּמִּלְחָמָה וְלֹא־
ט יְמַלֵּט רֶשַׁע אֶת־בְּעָלָיו׃ אֶת־כָּל־זֶה רָאִיתִי וְנָתוֹן אֶת־לִבִּי לְכָל־
מַעֲשֶׂה אֲשֶׁר נַעֲשָׂה תַּחַת הַשָּׁמֶשׁ עֵת אֲשֶׁר שָׁלַט הָאָדָם בְּאָדָם
י לְרַע לוֹ׃ וּבְכֵן רָאִיתִי רְשָׁעִים קְבֻרִים וָבָאוּ וּמִמְּקוֹם קָדוֹשׁ יְהַלֵּכוּ
יא וְיִשְׁתַּכְּחוּ בָעִיר אֲשֶׁר כֵּן־עָשׂוּ גַּם־זֶה הָבֶל׃ אֲשֶׁר אֵין־נַעֲשָׂה פִתְגָם
מַעֲשֵׂה הָרָעָה מְהֵרָה עַל־כֵּן מָלֵא לֵב בְּנֵי־הָאָדָם בָּהֶם לַעֲשׂוֹת
יב רָע׃ אֲשֶׁר חֹטֶא עֹשֶׂה רָע מְאַת וּמַאֲרִיךְ לוֹ כִּי גַּם־יוֹדֵעַ אָנִי אֲשֶׁר
יג יִהְיֶה־טּוֹב לְיִרְאֵי הָאֱלֹהִים אֲשֶׁר יִירְאוּ מִלְּפָנָיו׃ וְטוֹב לֹא־יִהְיֶה
יד לָרָשָׁע וְלֹא־יַאֲרִיךְ יָמִים כַּצֵּל אֲשֶׁר אֵינֶנּוּ יָרֵא מִלִּפְנֵי אֱלֹהִים׃ יֶשׁ־
הֶבֶל אֲשֶׁר נַעֲשָׂה עַל־הָאָרֶץ אֲשֶׁר ׀ יֵשׁ צַדִּיקִים אֲשֶׁר מַגִּיעַ אֲלֵהֶם
כְּמַעֲשֵׂה הָרְשָׁעִים וְיֵשׁ רְשָׁעִים שֶׁמַּגִּיעַ אֲלֵהֶם כְּמַעֲשֵׂה הַצַּדִּיקִים
טו אָמַרְתִּי שֶׁגַּם־זֶה הָבֶל׃ וְשִׁבַּחְתִּי אֲנִי אֶת־הַשִּׂמְחָה אֲשֶׁר אֵין־טוֹב
לָאָדָם תַּחַת הַשֶּׁמֶשׁ כִּי אִם־לֶאֱכוֹל וְלִשְׁתּוֹת וְלִשְׂמוֹחַ וְהוּא יִלְוֶנּוּ
טז בַעֲמָלוֹ יְמֵי חַיָּיו אֲשֶׁר־נָתַן־לוֹ הָאֱלֹהִים תַּחַת הַשָּׁמֶשׁ׃ כַּאֲשֶׁר נָתַתִּי
אֶת־לִבִּי לָדַעַת חָכְמָה וְלִרְאוֹת אֶת־הָעִנְיָן אֲשֶׁר נַעֲשָׂה עַל־הָאָרֶץ
יז כִּי גַם בַּיּוֹם וּבַלַּיְלָה שֵׁנָה בְּעֵינָיו אֵינֶנּוּ רֹאֶה׃ וְרָאִיתִי אֶת־כָּל־מַעֲשֵׂה
הָאֱלֹהִים כִּי לֹא יוּכַל הָאָדָם לִמְצוֹא אֶת־הַמַּעֲשֶׂה אֲשֶׁר נַעֲשָׂה
תַחַת־הַשֶּׁמֶשׁ בְּשֶׁל אֲשֶׁר יַעֲמֹל הָאָדָם לְבַקֵּשׁ וְלֹא יִמְצָא וְגַם אִם־
ט א יֹאמַר הֶחָכָם לָדַעַת לֹא יוּכַל לִמְצֹא׃ כִּי אֶת־כָּל־זֶה נָתַתִּי אֶל־לִבִּי
וְלָבוּר אֶת־כָּל־זֶה אֲשֶׁר הַצַּדִּיקִים וְהַחֲכָמִים וַעֲבָדֵיהֶם בְּיַד הָאֱלֹהִים

גַּם־אַהֲבָה גַם־שִׂנְאָה אֵין יוֹדֵעַ הָאָדָם הַכֹּל לִפְנֵיהֶם׃ הַכֹּל כַּאֲשֶׁר ב
לַכֹּל מִקְרֶה אֶחָד לַצַּדִּיק וְלָרָשָׁע לַטּוֹב וְלַטָּהוֹר וְלַטָּמֵא וְלַזֹּבֵחַ
וְלַאֲשֶׁר אֵינֶנּוּ זֹבֵחַ כַּטּוֹב כַּחֹטֶא הַנִּשְׁבָּע כַּאֲשֶׁר שְׁבוּעָה יָרֵא׃ זֶה ג
רָע בְּכֹל אֲשֶׁר־נַעֲשָׂה תַּחַת הַשֶּׁמֶשׁ כִּי־מִקְרֶה אֶחָד לַכֹּל וְגַם לֵב
בְּנֵי־הָאָדָם מָלֵא־רָע וְהוֹלֵלוֹת בִּלְבָבָם בְּחַיֵּיהֶם וְאַחֲרָיו אֶל־הַמֵּתִים׃
יְחֻבַּר כִּי־מִי אֲשֶׁר יבחר אֶל כָּל־הַחַיִּים יֵשׁ בִּטָּחוֹן כִּי־לְכֶלֶב חַי הוּא טוֹב ד
מִן־הָאַרְיֵה הַמֵּת׃ כִּי הַחַיִּים יוֹדְעִים שֶׁיָּמֻתוּ וְהַמֵּתִים אֵינָם יוֹדְעִים ה
מְאוּמָה וְאֵין־עוֹד לָהֶם שָׂכָר כִּי נִשְׁכַּח זִכְרָם׃ גַּם אַהֲבָתָם גַּם־שִׂנְאָתָם ו
גַּם־קִנְאָתָם כְּבָר אָבָדָה וְחֵלֶק אֵין־לָהֶם עוֹד לְעוֹלָם בְּכֹל אֲשֶׁר־
נַעֲשָׂה תַּחַת הַשָּׁמֶשׁ׃ לֵךְ אֱכֹל בְּשִׂמְחָה לַחְמֶךָ וּשְׁתֵה בְלֶב־טוֹב יֵינֶךָ ז
כִּי כְבָר רָצָה הָאֱלֹהִים אֶת־מַעֲשֶׂיךָ׃ בְּכָל־עֵת יִהְיוּ בְגָדֶיךָ לְבָנִים ח
וְשֶׁמֶן עַל־רֹאשְׁךָ אַל־יֶחְסָר׃ רְאֵה חַיִּים עִם־אִשָּׁה אֲשֶׁר־אָהַבְתָּ ט
כָּל־יְמֵי חַיֵּי הֶבְלֶךָ אֲשֶׁר נָתַן־לְךָ תַּחַת הַשֶּׁמֶשׁ כֹּל יְמֵי הֶבְלֶךָ כִּי הוּא
חֶלְקְךָ בַּחַיִּים וּבַעֲמָלְךָ אֲשֶׁר־אַתָּה עָמֵל תַּחַת הַשָּׁמֶשׁ׃ כֹּל אֲשֶׁר י
תִּמְצָא יָדְךָ לַעֲשׂוֹת בְּכֹחֲךָ עֲשֵׂה כִּי אֵין מַעֲשֶׂה וְחֶשְׁבּוֹן וְדַעַת וְחָכְמָה
בִּשְׁאוֹל אֲשֶׁר אַתָּה הֹלֵךְ שָׁמָּה׃ שַׁבְתִּי וְרָאֹה תַחַת־הַשֶּׁמֶשׁ כִּי לֹא יא
לַקַּלִּים הַמֵּרוֹץ וְלֹא לַגִּבּוֹרִים הַמִּלְחָמָה וְגַם לֹא לַחֲכָמִים לֶחֶם וְגַם
לֹא לַנְּבֹנִים עֹשֶׁר וְגַם לֹא לַיֹּדְעִים חֵן כִּי־עֵת וָפֶגַע יִקְרֶה אֶת־כֻּלָּם׃
כִּי גַּם לֹא־יֵדַע הָאָדָם אֶת־עִתּוֹ כַּדָּגִים שֶׁנֶּאֱחָזִים בִּמְצוֹדָה רָעָה יב
וְכַצִּפֳּרִים הָאֲחֻזוֹת בַּפָּח כָּהֵם יוּקָשִׁים בְּנֵי הָאָדָם לְעֵת רָעָה כְּשֶׁתִּפּוֹל
עֲלֵיהֶם פִּתְאֹם׃ גַּם־זֹה רָאִיתִי חָכְמָה תַּחַת הַשָּׁמֶשׁ וּגְדוֹלָה הִיא אֵלָי׃ יג
עִיר קְטַנָּה וַאֲנָשִׁים בָּהּ מְעָט וּבָא־אֵלֶיהָ מֶלֶךְ גָּדוֹל וְסָבַב אֹתָהּ וּבָנָה יד
עָלֶיהָ מְצוֹדִים גְּדֹלִים׃ וּמָצָא בָהּ אִישׁ מִסְכֵּן חָכָם וּמִלַּט־הוּא אֶת־ טו
הָעִיר בְּחָכְמָתוֹ וְאָדָם לֹא זָכַר אֶת־הָאִישׁ הַמִּסְכֵּן הַהוּא׃ וְאָמַרְתִּי טז
אָנִי טוֹבָה חָכְמָה מִגְּבוּרָה וְחָכְמַת הַמִּסְכֵּן בְּזוּיָה וּדְבָרָיו אֵינָם
נִשְׁמָעִים׃ דִּבְרֵי חֲכָמִים בְּנַחַת נִשְׁמָעִים מִזַּעֲקַת מוֹשֵׁל בַּכְּסִילִים׃ יז

יח א טוֹבָה חׇכְמָה מִכְּלֵי קְרָב וְחוֹטֶא אֶחָד יְאַבֵּד טוֹבָה הַרְבֵּה: זְבוּבֵי
ב מָוֶת יַבְאִישׁ יַבִּיעַ שֶׁמֶן רוֹקֵחַ יָקָר מֵחׇכְמָה מִכָּבוֹד סִכְלוּת מְעָט: לֵב
ג חָכָם לִימִינוֹ וְלֵב כְּסִיל לִשְׂמֹאלוֹ: וְגַם־בַּדֶּרֶךְ כשהסכל הֹלֵךְ לִבּוֹ כְּשֶׁסָּכָל
ד חָסֵר וְאָמַר לַכֹּל סָכָל הוּא: אִם־רוּחַ הַמּוֹשֵׁל תַּעֲלֶה עָלֶיךָ מְקוֹמְךָ
ה אַל־תַּנַּח כִּי מַרְפֵּא יַנִּיחַ חֲטָאִים גְּדוֹלִים: יֵשׁ רָעָה רָאִיתִי תַּחַת
ו הַשָּׁמֶשׁ כִּשְׁגָגָה שֶׁיֹּצָא מִלִּפְנֵי הַשַּׁלִּיט: נִתַּן הַסֶּכֶל בַּמְּרוֹמִים רַבִּים
ז וַעֲשִׁירִים בַּשֵּׁפֶל יֵשֵׁבוּ: רָאִיתִי עֲבָדִים עַל־סוּסִים וְשָׂרִים הֹלְכִים
ח כַּעֲבָדִים עַל־הָאָרֶץ: חֹפֵר גּוּמָּץ בּוֹ יִפּוֹל וּפֹרֵץ גָּדֵר יִשְּׁכֶנּוּ נָחָשׁ:
ט י מַסִּיעַ אֲבָנִים יֵעָצֵב בָּהֶם בּוֹקֵעַ עֵצִים יִסָּכֶן בָּם: אִם־קֵהָה הַבַּרְזֶל
יא וְהוּא לֹא־פָנִים קִלְקַל וַחֲיָלִים יְגַבֵּר וְיִתְרוֹן הַכְשֵׁיר חׇכְמָה: אִם־יִשֹּׁךְ
יב הַנָּחָשׁ בְּלוֹא־לָחַשׁ וְאֵין יִתְרוֹן לְבַעַל הַלָּשׁוֹן: דִּבְרֵי פִי־חָכָם חֵן
יג וְשִׂפְתוֹת כְּסִיל תְּבַלְּעֶנּוּ: תְּחִלַּת דִּבְרֵי־פִיהוּ סִכְלוּת וְאַחֲרִית פִּיהוּ
יד הוֹלֵלוּת רָעָה: וְהַסָּכָל יַרְבֶּה דְבָרִים לֹא־יֵדַע הָאָדָם מַה־שֶּׁיִּהְיֶה
טו וַאֲשֶׁר יִהְיֶה מֵאַחֲרָיו מִי יַגִּיד לוֹ: עֲמַל הַכְּסִילִים תְּיַגְּעֶנּוּ אֲשֶׁר לֹא־
טז יָדַע לָלֶכֶת אֶל־עִיר: אִי־לָךְ אֶרֶץ שֶׁמַּלְכֵּךְ נָעַר וְשָׂרַיִךְ בַּבֹּקֶר יֹאכֵלוּ:
יז אַשְׁרֵיךְ אֶרֶץ שֶׁמַּלְכֵּךְ בֶּן־חוֹרִים וְשָׂרַיִךְ בָּעֵת יֹאכֵלוּ בִּגְבוּרָה וְלֹא
יח יט בַשְּׁתִי: בַּעֲצַלְתַּיִם יִמַּךְ הַמְּקָרֶה וּבְשִׁפְלוּת יָדַיִם יִדְלֹף הַבָּיִת: לִשְׂחוֹק
כ עֹשִׂים לֶחֶם וְיַיִן יְשַׂמַּח חַיִּים וְהַכֶּסֶף יַעֲנֶה אֶת־הַכֹּל: גַּם בְּמַדָּעֲךָ מֶלֶךְ
אַל־תְּקַלֵּל וּבְחַדְרֵי מִשְׁכָּבְךָ אַל־תְּקַלֵּל עָשִׁיר כִּי עוֹף הַשָּׁמַיִם יוֹלִיךְ
א אֶת־הַקּוֹל וּבַעַל הכנפים יַגֵּיד דָּבָר: שַׁלַּח לַחְמְךָ עַל־פְּנֵי הַמָּיִם כִּי־ כְּנָפַיִם
ב בְרֹב הַיָּמִים תִּמְצָאֶנּוּ: תֶּן־חֵלֶק לְשִׁבְעָה וְגַם לִשְׁמוֹנָה כִּי לֹא תֵדַע
ג מַה־יִּהְיֶה רָעָה עַל־הָאָרֶץ: אִם־יִמָּלְאוּ הֶעָבִים גֶּשֶׁם עַל־הָאָרֶץ יָרִיקוּ
ד וְאִם־יִפּוֹל עֵץ בַּדָּרוֹם וְאִם בַּצָּפוֹן מְקוֹם שֶׁיִּפּוֹל הָעֵץ שָׁם יְהוּא: שֹׁמֵר
ה רוּחַ לֹא יִזְרָע וְרֹאֶה בֶעָבִים לֹא יִקְצוֹר: כַּאֲשֶׁר אֵינְךָ יוֹדֵעַ מַה־דֶּרֶךְ
הָרוּחַ כַּעֲצָמִים בְּבֶטֶן הַמְּלֵאָה כָּכָה לֹא תֵדַע אֶת־מַעֲשֵׂה הָאֱלֹהִים
ו אֲשֶׁר יַעֲשֶׂה אֶת־הַכֹּל: בַּבֹּקֶר זְרַע אֶת־זַרְעֶךָ וְלָעֶרֶב אַל־תַּנַּח יָדֶךָ

כִּי֩ אֵינְךָ֨ יוֹדֵ֜עַ אֵ֣י זֶ֤ה יִכְשַׁר֙ הֲזֶ֣ה אוֹ־זֶ֔ה וְאִם־שְׁנֵיהֶ֥ם כְּאֶחָ֖ד טוֹבִֽים׃
ז ח וּמָת֖וֹק הָא֑וֹר וְט֥וֹב לַֽעֵינַ֖יִם לִרְא֥וֹת אֶת־הַשָּֽׁמֶשׁ׃ כִּ֣י אִם־שָׁנִ֥ים הַרְבֵּ֛ה
יִחְיֶ֥ה הָאָדָ֖ם בְּכֻלָּ֣ם יִשְׂמָ֑ח וְיִזְכֹּר֙ אֶת־יְמֵ֣י הַחֹ֔שֶׁךְ כִּֽי־הַרְבֵּ֥ה יִהְי֖וּ כָּל־
ט שֶׁבָּ֥א הָֽבֶל׃ שְׂמַ֧ח בָּח֣וּר בְּיַלְדוּתֶ֗יךָ וִיטִֽיבְךָ֤ לִבְּךָ֙ בִּימֵ֣י בְחוּרוֹתֶ֔ךָ וְהַלֵּךְ֙
בְּדַרְכֵ֣י לִבְּךָ֔ ובמראי עֵינֶ֑יךָ וְדָ֕ע כִּ֧י עַל־כָּל־אֵ֛לֶּה יְבִֽיאֲךָ֥ הָאֱלֹהִ֖ים וּבְמַרְאֵה
י בַּמִּשְׁפָּֽט׃ וְהָסֵ֤ר כַּ֙עַס֙ מִלִּבֶּ֔ךָ וְהַעֲבֵ֥ר רָעָ֖ה מִבְּשָׂרֶ֑ךָ כִּֽי־הַיַּלְד֥וּת
א וְהַשַּׁחֲר֖וּת הָֽבֶל׃ וּזְכֹר֙ אֶת־בּ֣וֹרְאֶ֔יךָ בִּימֵ֖י בְּחוּרֹתֶ֑יךָ עַ֣ד אֲשֶׁ֤ר לֹא־
ב יָבֹ֙אוּ֙ יְמֵ֣י הָֽרָעָ֔ה וְהִגִּ֣יעוּ שָׁנִ֔ים אֲשֶׁ֣ר תֹּאמַ֔ר אֵֽין־לִ֥י בָהֶ֖ם חֵֽפֶץ׃ עַ֠ד
אֲשֶׁ֨ר לֹֽא־תֶחְשַׁ֤ךְ הַשֶּׁ֙מֶשׁ֙ וְהָא֔וֹר וְהַיָּרֵ֖חַ וְהַכּוֹכָבִ֑ים וְשָׁ֥בוּ הֶעָבִ֖ים
ג אַחַ֥ר הַגָּֽשֶׁם׃ בַּיּ֗וֹם שֶׁיָּזֻ֙עוּ֙ שֹׁמְרֵ֣י הַבַּ֔יִת וְהִֽתְעַוְּת֖וּ אַנְשֵׁ֣י הֶחָ֑יִל וּבָטְל֤וּ
ד הַטֹּֽחֲנוֹת֙ כִּ֣י מִעֵ֔טוּ וְחָשְׁכ֥וּ הָרֹא֖וֹת בָּאֲרֻבּֽוֹת׃ וְסֻגְּר֤וּ דְלָתַ֙יִם֙ בַּשּׁ֔וּק
ה בִּשְׁפַ֖ל ק֣וֹל הַֽטַּחֲנָ֑ה וְיָקוּם֙ לְק֣וֹל הַצִּפּ֔וֹר וְיִשַּׁ֖חוּ כָּל־בְּנ֥וֹת הַשִּֽׁיר׃ גַּ֧ם
מִגָּבֹ֣הַּ יִרָ֘אוּ֮ וְחַתְחַתִּ֣ים בַּדֶּ֒רֶךְ֒ וְיָנֵ֤אץ הַשָּׁקֵד֙ וְיִסְתַּבֵּ֣ל הֶֽחָגָ֔ב וְתָפֵ֖ר
הָֽאֲבִיּוֹנָ֑ה כִּֽי־הֹלֵ֤ךְ הָאָדָם֙ אֶל־בֵּ֣ית עוֹלָמ֔וֹ וְסָבְב֥וּ בַשּׁ֖וּק הַסֹּפְדִֽים׃
ו עַ֣ד אֲשֶׁ֤ר לֹֽא־ירחק֙ חֶ֣בֶל הַכֶּ֔סֶף וְתָרֻ֖ץ גֻּלַּ֣ת הַזָּהָ֑ב וְתִשָּׁ֤בֶר כַּד֙ עַל־ יֵרָתֵק
ז הַמַּבּ֔וּעַ וְנָרֹ֥ץ הַגַּלְגַּ֖ל אֶל־הַבּֽוֹר׃ וְיָשֹׁ֧ב הֶעָפָ֛ר עַל־הָאָ֖רֶץ כְּשֶׁהָיָ֑ה
ח וְהָר֣וּחַ תָּשׁ֔וּב אֶל־הָאֱלֹהִ֖ים אֲשֶׁ֥ר נְתָנָֽהּ׃ הֲבֵ֧ל הֲבָלִ֛ים אָמַ֥ר הַקּוֹהֶ֖לֶת
ט הַכֹּ֥ל הָֽבֶל׃ וְיֹתֵ֕ר שֶׁהָיָ֥ה קֹהֶ֖לֶת חָכָ֑ם ע֗וֹד לִמַּד־דַּ֙עַת֙ אֶת־הָעָ֔ם וְאִזֵּ֣ן
י וְחִקֵּ֔ר תִּקֵּ֖ן מְשָׁלִ֥ים הַרְבֵּֽה׃ בִּקֵּ֣שׁ קֹהֶ֔לֶת לִמְצֹ֖א דִּבְרֵי־חֵ֑פֶץ וְכָת֥וּב
יא יֹ֖שֶׁר דִּבְרֵ֥י אֱמֶֽת׃ דִּבְרֵ֤י חֲכָמִים֙ כַּדָּ֣רְבֹנ֔וֹת וּכְמַשְׂמְר֥וֹת נְטוּעִ֖ים בַּעֲלֵ֣י
יב אֲסֻפּ֑וֹת נִתְּנ֖וּ מֵרֹעֶ֥ה אֶחָֽד׃ וְיֹתֵ֥ר מֵהֵ֖מָּה בְּנִ֣י הִזָּהֵ֑ר עֲשׂ֨וֹת סְפָרִ֤ים
יג הַרְבֵּה֙ אֵ֣ין קֵ֔ץ וְלַ֥הַג הַרְבֵּ֖ה יְגִעַ֥ת בָּשָֽׂר׃ ס֥וֹף דָּבָ֖ר הַכֹּ֣ל נִשְׁמָ֑ע אֶת־
יד הָאֱלֹהִ֤ים יְרָא֙ וְאֶת־מִצְוֺתָ֣יו שְׁמ֔וֹר כִּי־זֶ֖ה כָּל־הָאָדָֽם׃ כִּ֣י אֶת־כָּל־
מַעֲשֶׂ֔ה הָאֱלֹהִ֛ים יָבִ֥א בְמִשְׁפָּ֖ט עַ֣ל כָּל־נֶעְלָ֑ם אִם־ט֖וֹב וְאִם־רָֽע׃

סוף דבר הכל נשמע, את האלהים ירא ואת מצותיו שמור, כי זה כל האדם

Continúa con la extracción del ספר תורה *en la página 518.*

אסתר

ESTER

Se acostumbra que el קהל *recite en voz alta los pasajes marcados con flechas, seguido por el* קורא*.*

א ויהי בימי אחשורוש הוא אחשורוש המלך מהדו ועד־כוש שבע
ב ועשרים ומאה מדינה: בימים ההם כשבת | המלך אחשורוש על
ג כסא מלכותו אשר בשושן הבירה: בשנת שלוש למלכו עשה
משתה לכל־שריו ועבדיו חיל | פרס ומדי הפרתמים ושרי המדינות
ד לפניו: בהראתו את־עשר כבוד מלכותו ואת־יקר תפארת גדולתו
ה ימים רבים שמונים ומאת יום: ובמלואת | הימים האלה עשה
המלך לכל־העם הנמצאים בשושן הבירה למגדול ועד־קטן
ו משתה שבעת ימים בחצר גנת ביתן המלך: חור | כרפס ותכלת
אחוז בחבלי־בוץ וארגמן על־גלילי כסף ועמודי שש מטות |
ז זהב וכסף על רצפת בהט־ושש ודר וסחרת: והשקות בכלי זהב
ח וכלים מכלים שונים ויין מלכות רב כיד המלך: והשתיה כדת
אין אנס כי־כן | יסד המלך על כל־רב ביתו לעשות כרצון איש־
ט ואיש: גם ושתי המלכה עשתה משתה נשים בית
י המלכות אשר למלך אחשורוש: ביום השביעי כטוב לב־המלך
ביין אמר למהומן בזתא חרבונא בגתא ואבגתא זתר וכרכס
יא שבעת הסריסים המשרתים את־פני המלך אחשורוש: להביא
את־ושתי המלכה לפני המלך בכתר מלכות להראות העמים
יב והשרים את־יפיה כי־טובת מראה היא: ותמאן המלכה ושתי
לבוא בדבר המלך אשר ביד הסריסים ויקצף המלך מאד וחמתו
יג בערה בו: ויאמר המלך לחכמים ידעי העתים כי־כן
יד דבר המלך לפני כל־ידעי דת ודין: והקרב אליו כרשנא שתר
אדמתא תרשיש מרס מרסנא ממוכן שבעת שרי | פרס ומדי ראי
טו פני המלך הישבים ראשנה במלכות: כדת מה־לעשות במלכה

וַשְׁתִּי עַל | אֲשֶׁר לֹא־עָשְׂתָה אֶת־מַאֲמַר הַמֶּלֶךְ אֲחַשְׁוֵרוֹשׁ בְּיַד
מְמוּכָן הַסָּרִיסִים׃ וַיֹּאמֶר מומכן לִפְנֵי הַמֶּלֶךְ וְהַשָּׂרִים לֹא עַל־ טז
הַמֶּלֶךְ לְבַדּוֹ עָוְתָה וַשְׁתִּי הַמַּלְכָּה כִּי עַל־כָּל־הַשָּׂרִים וְעַל־כָּל־הָעַמִּים
אֲשֶׁר בְּכָל־מְדִינוֹת הַמֶּלֶךְ אֲחַשְׁוֵרוֹשׁ׃ כִּי־יֵצֵא דְבַר־הַמַּלְכָּה עַל־ יז
כָּל־הַנָּשִׁים לְהַבְזוֹת בַּעְלֵיהֶן בְּעֵינֵיהֶן בְּאָמְרָם הַמֶּלֶךְ אֲחַשְׁוֵרוֹשׁ
אָמַר לְהָבִיא אֶת־וַשְׁתִּי הַמַּלְכָּה לְפָנָיו וְלֹא־בָאָה׃ וְהַיּוֹם הַזֶּה יח
תֹּאמַרְנָה | שָׂרוֹת פָּרַס־וּמָדַי אֲשֶׁר שָׁמְעוּ אֶת־דְּבַר הַמַּלְכָּה לְכֹל
שָׂרֵי הַמֶּלֶךְ וּכְדַי בִּזָּיוֹן וָקָצֶף׃ אִם־עַל־הַמֶּלֶךְ טוֹב יֵצֵא דְבַר־מַלְכוּת יט
מִלְּפָנָיו וְיִכָּתֵב בְּדָתֵי פָרַס־וּמָדַי וְלֹא יַעֲבוֹר אֲשֶׁר לֹא־תָבוֹא וַשְׁתִּי
לִפְנֵי הַמֶּלֶךְ אֲחַשְׁוֵרוֹשׁ וּמַלְכוּתָהּ יִתֵּן הַמֶּלֶךְ לִרְעוּתָהּ הַטּוֹבָה מִמֶּנָּה׃
וְנִשְׁמַע פִּתְגָם הַמֶּלֶךְ אֲשֶׁר־יַעֲשֶׂה בְּכָל־מַלְכוּתוֹ כִּי רַבָּה הִיא וְכָל־ כ
הַנָּשִׁים יִתְּנוּ יְקָר לְבַעְלֵיהֶן לְמִגָּדוֹל וְעַד־קָטָן׃ וַיִּיטַב הַדָּבָר בְּעֵינֵי כא
הַמֶּלֶךְ וְהַשָּׂרִים וַיַּעַשׂ הַמֶּלֶךְ כִּדְבַר מְמוּכָן׃ וַיִּשְׁלַח סְפָרִים אֶל־כָּל־ כב
מְדִינוֹת הַמֶּלֶךְ אֶל־מְדִינָה וּמְדִינָה כִּכְתָבָהּ וְאֶל־עַם וָעָם כִּלְשׁוֹנוֹ
לִהְיוֹת כָּל־אִישׁ שֹׂרֵר בְּבֵיתוֹ וּמְדַבֵּר כִּלְשׁוֹן עַמּוֹ׃ אַחַר א
הַדְּבָרִים הָאֵלֶּה כְּשֹׁךְ חֲמַת הַמֶּלֶךְ אֲחַשְׁוֵרוֹשׁ זָכַר אֶת־וַשְׁתִּי וְאֵת
אֲשֶׁר־עָשָׂתָה וְאֵת אֲשֶׁר־נִגְזַר עָלֶיהָ׃ וַיֹּאמְרוּ נַעֲרֵי־הַמֶּלֶךְ מְשָׁרְתָיו ב
יְבַקְשׁוּ לַמֶּלֶךְ נְעָרוֹת בְּתוּלוֹת טוֹבוֹת מַרְאֶה׃ וְיַפְקֵד הַמֶּלֶךְ פְּקִידִים ג
בְּכָל־מְדִינוֹת מַלְכוּתוֹ וְיִקְבְּצוּ אֶת־כָּל־נַעֲרָה־בְתוּלָה טוֹבַת מַרְאֶה
אֶל־שׁוּשַׁן הַבִּירָה אֶל־בֵּית הַנָּשִׁים אֶל־יַד הֵגֶא סְרִיס הַמֶּלֶךְ שֹׁמֵר
הַנָּשִׁים וְנָתוֹן תַּמְרוּקֵיהֶן׃ וְהַנַּעֲרָה אֲשֶׁר תִּיטַב בְּעֵינֵי הַמֶּלֶךְ תִּמְלֹךְ ד
תַּחַת וַשְׁתִּי וַיִּיטַב הַדָּבָר בְּעֵינֵי הַמֶּלֶךְ וַיַּעַשׂ כֵּן׃ אִישׁ ה
יְהוּדִי הָיָה בְּשׁוּשַׁן הַבִּירָה וּשְׁמוֹ מָרְדֳּכַי בֶּן יָאִיר בֶּן־שִׁמְעִי בֶּן־קִישׁ
אִישׁ יְמִינִי׃ אֲשֶׁר הָגְלָה מִירוּשָׁלַיִם עִם־הַגֹּלָה אֲשֶׁר הָגְלְתָה עִם ו
יְכָנְיָה מֶלֶךְ־יְהוּדָה אֲשֶׁר הֶגְלָה נְבוּכַדְנֶצַּר מֶלֶךְ בָּבֶל׃ וַיְהִי אֹמֵן ז

אֶת־הֲדַסָּ֗ה הִ֤יא אֶסְתֵּר֙ בַּת־דֹּד֔וֹ כִּ֛י אֵ֥ין לָ֖הּ אָ֣ב וָאֵ֑ם וְהַנַּעֲרָ֤ה יְפַת־
תֹּ֙אַר֙ וְטוֹבַ֣ת מַרְאֶ֔ה וּבְמ֤וֹת אָבִ֙יהָ֙ וְאִמָּ֔הּ לְקָחָ֧הּ מָרְדֳּכַ֛י ל֖וֹ לְבַֽת׃
ח וַיְהִ֗י בְּהִשָּׁמַ֤ע דְּבַר־הַמֶּ֙לֶךְ֙ וְדָת֔וֹ וּֽבְהִקָּבֵ֞ץ נְעָר֥וֹת רַבּ֛וֹת אֶל־שׁוּשַׁ֥ן
הַבִּירָ֖ה אֶל־יַ֣ד הֵגָ֑י וַתִּלָּקַ֤ח אֶסְתֵּר֙ אֶל־בֵּ֣ית הַמֶּ֔לֶךְ אֶל־יַ֥ד הֵגַ֖י שֹׁמֵ֥ר
ט הַנָּשִֽׁים׃ וַתִּיטַ֨ב הַנַּעֲרָ֣ה בְעֵינָיו֮ וַתִּשָּׂ֣א חֶ֣סֶד לְפָנָיו֒ וַ֠יְבַהֵל אֶת־
תַּמְרוּקֶ֤יהָ וְאֶת־מָנוֹתֶ֙הָ֙ לָתֵ֣ת לָ֔הּ וְאֵת֙ שֶׁ֣בַע הַנְּעָר֔וֹת הָרְאֻי֥וֹת לָֽתֶת־
י לָ֖הּ מִבֵּ֣ית הַמֶּ֑לֶךְ וַיְשַׁנֶּ֧הָ וְאֶת־נַעֲרוֹתֶ֛יהָ לְט֖וֹב בֵּ֥ית הַנָּשִֽׁים׃ לֹא־
הִגִּ֣ידָה אֶסְתֵּ֔ר אֶת־עַמָּ֖הּ וְאֶת־מֽוֹלַדְתָּ֑הּ כִּ֧י מָרְדֳּכַ֛י צִוָּ֥ה עָלֶ֖יהָ אֲשֶׁ֥ר
יא לֹֽא־תַגִּֽיד׃ וּבְכָל־י֣וֹם וָי֔וֹם מָרְדֳּכַי֙ מִתְהַלֵּ֔ךְ לִפְנֵ֖י חֲצַ֣ר בֵּית־הַנָּשִׁ֑ים
יב לָדַ֙עַת֙ אֶת־שְׁל֣וֹם אֶסְתֵּ֔ר וּמַה־יֵּעָשֶׂ֖ה בָּֽהּ׃ וּבְהַגִּ֡יעַ תֹּר֩ נַעֲרָ֨ה וְנַעֲרָ֜ה
לָב֣וֹא ׀ אֶל־הַמֶּ֣לֶךְ אֲחַשְׁוֵר֗וֹשׁ מִקֵּץ֙ הֱי֨וֹת לָ֜הּ כְּדָ֤ת הַנָּשִׁים֙ שְׁנֵ֣ים
עָשָׂ֣ר חֹ֔דֶשׁ כִּ֛י כֵּ֥ן יִמְלְא֖וּ יְמֵ֣י מְרוּקֵיהֶ֑ן שִׁשָּׁ֤ה חֳדָשִׁים֙ בְּשֶׁ֣מֶן הַמֹּ֔ר
יג וְשִׁשָּׁ֤ה חֳדָשִׁים֙ בַּבְּשָׂמִ֔ים וּבְתַמְרוּקֵ֖י הַנָּשִֽׁים׃ וּבָזֶ֕ה הַנַּעֲרָ֖ה בָּאָ֣ה
אֶל־הַמֶּ֑לֶךְ אֵת֩ כָּל־אֲשֶׁ֨ר תֹּאמַ֜ר יִנָּ֤תֵֽן לָהּ֙ לָב֣וֹא עִמָּ֔הּ מִבֵּ֥ית הַנָּשִׁ֖ים
יד עַד־בֵּ֥ית הַמֶּֽלֶךְ׃ בָּעֶ֣רֶב ׀ הִ֣יא בָאָ֗ה וּ֠בַבֹּקֶר הִ֣יא שָׁבָ֞ה אֶל־בֵּ֤ית הַנָּשִׁים֙
שֵׁנִ֔י אֶל־יַ֧ד שַֽׁעֲשְׁגַ֛ז סְרִ֥יס הַמֶּ֖לֶךְ שֹׁמֵ֣ר הַפִּֽילַגְשִׁ֑ים לֹא־תָב֥וֹא עוֹד֙
טו אֶל־הַמֶּ֔לֶךְ כִּ֣י אִם־חָפֵ֥ץ בָּ֛הּ הַמֶּ֖לֶךְ וְנִקְרְאָ֥ה בְשֵֽׁם׃ וּבְהַגִּ֣יעַ תֹּר־אֶסְתֵּ֣ר
בַּת־אֲבִיחַ֣יִל ׀ דֹּ֣ד מָרְדֳּכַ֡י אֲשֶׁר֩ לָֽקַֽח־ל֨וֹ לְבַ֜ת לָב֣וֹא אֶל־הַמֶּ֗לֶךְ לֹ֤א
בִקְשָׁה֙ דָּבָ֔ר כִּ֚י אִ֣ם אֶת־אֲשֶׁ֥ר יֹאמַ֛ר הֵגַ֥י סְרִֽיס־הַמֶּ֖לֶךְ שֹׁמֵ֣ר הַנָּשִׁ֑ים
טז וַתְּהִ֤י אֶסְתֵּר֙ נֹשֵׂ֣את חֵ֔ן בְּעֵינֵ֖י כָּל־רֹאֶֽיהָ׃ וַתִּלָּקַ֨ח אֶסְתֵּ֜ר אֶל־הַמֶּ֤לֶךְ
אֲחַשְׁוֵרוֹשׁ֙ אֶל־בֵּ֣ית מַלְכוּת֔וֹ בַּחֹ֥דֶשׁ הָעֲשִׂירִ֖י הוּא־חֹ֣דֶשׁ טֵבֵ֑ת
יז בִּשְׁנַת־שֶׁ֖בַע לְמַלְכוּתֽוֹ׃ וַיֶּאֱהַ֨ב הַמֶּ֤לֶךְ אֶת־אֶסְתֵּר֙ מִכָּל־הַנָּשִׁ֔ים
וַתִּשָּׂא־חֵ֥ן וָחֶ֛סֶד לְפָנָ֖יו מִכָּל־הַבְּתוּל֑וֹת וַיָּ֤שֶׂם כֶּֽתֶר־מַלְכוּת֙ בְּרֹאשָׁ֔הּ
יח וַיַּמְלִיכֶ֖הָ תַּ֥חַת וַשְׁתִּֽי׃ וַיַּ֨עַשׂ הַמֶּ֜לֶךְ מִשְׁתֶּ֣ה גָד֗וֹל לְכָל־שָׂרָיו֙ וַעֲבָדָ֔יו
אֵ֖ת מִשְׁתֵּ֣ה אֶסְתֵּ֑ר וַהֲנָחָ֤ה לַמְּדִינוֹת֙ עָשָׂ֔ה וַיִּתֵּ֥ן מַשְׂאֵ֖ת כְּיַ֥ד הַמֶּֽלֶךְ׃

יט כ וּבְהִקָּבֵץ בְּתוּלוֹת שֵׁנִית וּמָרְדֳּכַי יֹשֵׁב בְּשַׁעַר־הַמֶּלֶךְ׃ אֵין אֶסְתֵּר
מַגֶּדֶת מוֹלַדְתָּהּ וְאֶת־עַמָּהּ כַּאֲשֶׁר צִוָּה עָלֶיהָ מָרְדֳּכָי וְאֶת־מַאֲמַר
כא מָרְדֳּכַי אֶסְתֵּר עֹשָׂה כַּאֲשֶׁר הָיְתָה בְאָמְנָה אִתּוֹ׃ בַּיָּמִים
הָהֵם וּמָרְדֳּכַי יֹשֵׁב בְּשַׁעַר־הַמֶּלֶךְ קָצַף בִּגְתָן וָתֶרֶשׁ שְׁנֵי־סָרִיסֵי
כב הַמֶּלֶךְ מִשֹּׁמְרֵי הַסַּף וַיְבַקְשׁוּ לִשְׁלֹחַ יָד בַּמֶּלֶךְ אֲחַשְׁוֵרֹשׁ׃ וַיִּוָּדַע
הַדָּבָר לְמָרְדֳּכַי וַיַּגֵּד לְאֶסְתֵּר הַמַּלְכָּה וַתֹּאמֶר אֶסְתֵּר לַמֶּלֶךְ בְּשֵׁם
כג מָרְדֳּכָי׃ וַיְבֻקַּשׁ הַדָּבָר וַיִּמָּצֵא וַיִּתָּלוּ שְׁנֵיהֶם עַל־עֵץ וַיִּכָּתֵב בְּסֵפֶר
ג א דִּבְרֵי הַיָּמִים לִפְנֵי הַמֶּלֶךְ׃ אַחַר ׀ הַדְּבָרִים הָאֵלֶּה גִּדַּל
הַמֶּלֶךְ אֲחַשְׁוֵרוֹשׁ אֶת־הָמָן בֶּן־הַמְּדָתָא הָאֲגָגִי וַיְנַשְּׂאֵהוּ וַיָּשֶׂם אֶת־
ב כִּסְאוֹ מֵעַל כָּל־הַשָּׂרִים אֲשֶׁר אִתּוֹ׃ וְכָל־עַבְדֵי הַמֶּלֶךְ אֲשֶׁר־בְּשַׁעַר
הַמֶּלֶךְ כֹּרְעִים וּמִשְׁתַּחֲוִים לְהָמָן כִּי־כֵן צִוָּה־לוֹ הַמֶּלֶךְ וּמָרְדֳּכַי לֹא
ג יִכְרַע וְלֹא יִשְׁתַּחֲוֶה׃ וַיֹּאמְרוּ עַבְדֵי הַמֶּלֶךְ אֲשֶׁר־בְּשַׁעַר הַמֶּלֶךְ
ד לְמָרְדֳּכָי מַדּוּעַ אַתָּה עוֹבֵר אֵת מִצְוַת הַמֶּלֶךְ׃ וַיְהִי באמרם אֵלָיו יוֹם כְּאָמְרָם
וָיוֹם וְלֹא שָׁמַע אֲלֵיהֶם וַיַּגִּידוּ לְהָמָן לִרְאוֹת הֲיַעַמְדוּ דִּבְרֵי מָרְדֳּכַי
ה כִּי־הִגִּיד לָהֶם אֲשֶׁר־הוּא יְהוּדִי׃ וַיַּרְא הָמָן כִּי־אֵין מָרְדֳּכַי כֹּרֵעַ
ו וּמִשְׁתַּחֲוֶה לוֹ וַיִּמָּלֵא הָמָן חֵמָה׃ וַיִּבֶז בְּעֵינָיו לִשְׁלֹחַ יָד בְּמָרְדֳּכַי לְבַדּוֹ
כִּי־הִגִּידוּ לוֹ אֶת־עַם מָרְדֳּכָי וַיְבַקֵּשׁ הָמָן לְהַשְׁמִיד אֶת־כָּל־הַיְּהוּדִים
ז אֲשֶׁר בְּכָל־מַלְכוּת אֲחַשְׁוֵרוֹשׁ עַם מָרְדֳּכָי׃ בַּחֹדֶשׁ הָרִאשׁוֹן הוּא־
חֹדֶשׁ נִיסָן בִּשְׁנַת שְׁתֵּים עֶשְׂרֵה לַמֶּלֶךְ אֲחַשְׁוֵרוֹשׁ הִפִּיל פּוּר הוּא
הַגּוֹרָל לִפְנֵי הָמָן מִיּוֹם ׀ לְיוֹם וּמֵחֹדֶשׁ לְחֹדֶשׁ שְׁנֵים־עָשָׂר הוּא־
ח חֹדֶשׁ אֲדָר׃ וַיֹּאמֶר הָמָן לַמֶּלֶךְ אֲחַשְׁוֵרוֹשׁ יֶשְׁנוֹ עַם־אֶחָד
מְפֻזָּר וּמְפֹרָד בֵּין הָעַמִּים בְּכֹל מְדִינוֹת מַלְכוּתֶךָ וְדָתֵיהֶם שֹׁנוֹת
מִכָּל־עָם וְאֶת־דָּתֵי הַמֶּלֶךְ אֵינָם עֹשִׂים וְלַמֶּלֶךְ אֵין־שֹׁוֶה לְהַנִּיחָם׃
ט אִם־עַל־הַמֶּלֶךְ טוֹב יִכָּתֵב לְאַבְּדָם וַעֲשֶׂרֶת אֲלָפִים כִּכַּר־כֶּסֶף אֶשְׁקוֹל
י עַל־יְדֵי עֹשֵׂי הַמְּלָאכָה לְהָבִיא אֶל־גִּנְזֵי הַמֶּלֶךְ׃ וַיָּסַר הַמֶּלֶךְ אֶת־

טַבַּעְתּוֹ מֵעַל יָדוֹ וַיִּתְּנָהּ לְהָמָן בֶּן־הַמְּדָתָא הָאֲגָגִי צֹרֵר הַיְּהוּדִים׃
יא וַיֹּאמֶר הַמֶּלֶךְ לְהָמָן הַכֶּסֶף נָתוּן לָךְ וְהָעָם לַעֲשׂוֹת בּוֹ כַּטּוֹב בְּעֵינֶיךָ׃
יב וַיִּקָּרְאוּ סֹפְרֵי הַמֶּלֶךְ בַּחֹדֶשׁ הָרִאשׁוֹן בִּשְׁלוֹשָׁה עָשָׂר יוֹם בּוֹ וַיִּכָּתֵב
כְּכָל־אֲשֶׁר־צִוָּה הָמָן אֶל אֲחַשְׁדַּרְפְּנֵי־הַמֶּלֶךְ וְאֶל־הַפַּחוֹת אֲשֶׁר ׀
עַל־מְדִינָה וּמְדִינָה וְאֶל־שָׂרֵי עַם וָעָם מְדִינָה וּמְדִינָה כִּכְתָבָהּ וְעַם
וָעָם כִּלְשׁוֹנוֹ בְּשֵׁם הַמֶּלֶךְ אֲחַשְׁוֵרֹשׁ נִכְתָּב וְנֶחְתָּם בְּטַבַּעַת הַמֶּלֶךְ׃
יג וְנִשְׁלוֹחַ סְפָרִים בְּיַד הָרָצִים אֶל־כָּל־מְדִינוֹת הַמֶּלֶךְ לְהַשְׁמִיד לַהֲרֹג
וּלְאַבֵּד אֶת־כָּל־הַיְּהוּדִים מִנַּעַר וְעַד־זָקֵן טַף וְנָשִׁים בְּיוֹם אֶחָד
בִּשְׁלוֹשָׁה עָשָׂר לְחֹדֶשׁ שְׁנֵים־עָשָׂר הוּא־חֹדֶשׁ אֲדָר וּשְׁלָלָם לָבוֹז׃
יד פַּתְשֶׁגֶן הַכְּתָב לְהִנָּתֵן דָּת בְּכָל־מְדִינָה וּמְדִינָה גָּלוּי לְכָל־הָעַמִּים
טו לִהְיוֹת עֲתִדִים לַיּוֹם הַזֶּה׃ הָרָצִים יָצְאוּ דְחוּפִים בִּדְבַר הַמֶּלֶךְ וְהַדָּת
נִתְּנָה בְּשׁוּשַׁן הַבִּירָה וְהַמֶּלֶךְ וְהָמָן יָשְׁבוּ לִשְׁתּוֹת וְהָעִיר שׁוּשָׁן
ד א נָבוֹכָה׃ וּמָרְדֳּכַי יָדַע אֶת־כָּל־אֲשֶׁר נַעֲשָׂה וַיִּקְרַע מָרְדֳּכַי
אֶת־בְּגָדָיו וַיִּלְבַּשׁ שַׂק וָאֵפֶר וַיֵּצֵא בְּתוֹךְ הָעִיר וַיִּזְעַק זְעָקָה גְדוֹלָה
ב וּמָרָה׃ וַיָּבוֹא עַד לִפְנֵי שַׁעַר־הַמֶּלֶךְ כִּי אֵין לָבוֹא אֶל־שַׁעַר הַמֶּלֶךְ
ג בִּלְבוּשׁ שָׂק׃ וּבְכָל־מְדִינָה וּמְדִינָה מְקוֹם אֲשֶׁר דְּבַר־הַמֶּלֶךְ וְדָתוֹ
מַגִּיעַ אֵבֶל גָּדוֹל לַיְּהוּדִים וְצוֹם וּבְכִי וּמִסְפֵּד שַׂק וָאֵפֶר יֻצַּע לָרַבִּים׃
ד ותבואינה נַעֲרוֹת אֶסְתֵּר וְסָרִיסֶיהָ וַיַּגִּידוּ לָהּ וַתִּתְחַלְחַל הַמַּלְכָּה וַתָּבוֹאנָה
מְאֹד וַתִּשְׁלַח בְּגָדִים לְהַלְבִּישׁ אֶת־מָרְדֳּכַי וּלְהָסִיר שַׂקּוֹ מֵעָלָיו וְלֹא
ה קִבֵּל׃ וַתִּקְרָא אֶסְתֵּר לַהֲתָךְ מִסָּרִיסֵי הַמֶּלֶךְ אֲשֶׁר הֶעֱמִיד לְפָנֶיהָ
ו וַתְּצַוֵּהוּ עַל־מָרְדֳּכָי לָדַעַת מַה־זֶּה וְעַל־מַה־זֶּה׃ וַיֵּצֵא הֲתָךְ אֶל־
ז מָרְדֳּכָי אֶל־רְחוֹב הָעִיר אֲשֶׁר לִפְנֵי שַׁעַר־הַמֶּלֶךְ׃ וַיַּגֶּד־לוֹ מָרְדֳּכַי אֵת
כָּל־אֲשֶׁר קָרָהוּ וְאֵת ׀ פָּרָשַׁת הַכֶּסֶף אֲשֶׁר אָמַר הָמָן לִשְׁקוֹל עַל־גִּנְזֵי
ח הַמֶּלֶךְ ביהודיים לְאַבְּדָם׃ וְאֶת־פַּתְשֶׁגֶן כְּתָב־הַדָּת אֲשֶׁר־נִתַּן בְּשׁוּשָׁן בַּיְּהוּדִים
לְהַשְׁמִידָם נָתַן לוֹ לְהַרְאוֹת אֶת־אֶסְתֵּר וּלְהַגִּיד לָהּ וּלְצַוּוֹת עָלֶיהָ

ט לבוא אל־המלך להתחנן־לו ולבקש מלפניו על־עמה׃ ויבוא התך
י ויגד לאסתר את דברי מרדכי׃ ותאמר אסתר להתך ותצוהו אל־
יא מרדכי׃ כל־עבדי המלך ועם מדינות המלך ידעים אשר כל־איש
ואשה אשר־יבוא אל־המלך אל־החצר הפנימית אשר לא־יקרא
אחת דתו להמית לבד מאשר יושיט־לו המלך את־שרביט הזהב
יב וחיה ואני לא נקראתי לבוא אל־המלך זה שלושים יום׃ ויגידו
יג למרדכי את דברי אסתר׃ ויאמר מרדכי להשיב אל־אסתר אל־
יד תדמי בנפשך להמלט בית־המלך מכל־היהודים׃ כי אם־החרש
תחרישי בעת הזאת רוח והצלה יעמוד ליהודים ממקום אחר
ואת ובית־אביך תאבדו ומי יודע אם־לעת כזאת הגעת למלכות׃
טו טז ותאמר אסתר להשיב אל־מרדכי׃ לך כנוס את־כל־היהודים
הנמצאים בשושן וצומו עלי ואל־תאכלו ואל־תשתו שלשת ימים
לילה ויום גם־אני ונערתי אצום כן ובכן אבוא אל־המלך אשר
יז לא־כדת וכאשר אבדתי אבדתי׃ ויעבר מרדכי ויעש ככל אשר־
ה א צותה עליו אסתר׃ ויהי ׀ ביום השלישי ותלבש אסתר מלכות
ותעמד בחצר בית־המלך הפנימית נכח בית המלך והמלך יושב
ב על־כסא מלכותו בבית המלכות נכח פתח הבית׃ ויהי כראות
המלך את־אסתר המלכה עמדת בחצר נשאה חן בעיניו ויושט
המלך לאסתר את־שרביט הזהב אשר בידו ותקרב אסתר ותגע
ג בראש השרביט׃ ויאמר לה המלך מה־לך אסתר המלכה ומה־
ד בקשתך עד־חצי המלכות וינתן לך׃ ותאמר אסתר אם־על־המלך
ה טוב יבוא המלך והמן היום אל־המשתה אשר־עשיתי לו׃ ויאמר
המלך מהרו את־המן לעשות את־דבר אסתר ויבא המלך והמן
ו אל־המשתה אשר־עשתה אסתר׃ ויאמר המלך לאסתר במשתה
היין מה־שאלתך וינתן לך ומה־בקשתך עד־חצי המלכות ותעש׃

ז ח וַתַּ֥עַן אֶסְתֵּ֖ר וַתֹּאמַ֑ר שְׁאֵלָתִ֖י וּבַקָּשָׁתִֽי׃ אִם־מָצָ֨אתִי חֵ֜ן בְּעֵינֵ֣י הַמֶּ֗לֶךְ
וְאִם־עַל־הַמֶּ֙לֶךְ֙ ט֔וֹב לָתֵת֙ אֶת־שְׁאֵ֣לָתִ֔י וְלַעֲשׂ֖וֹת אֶת־בַּקָּשָׁתִ֑י יָב֧וֹא
הַמֶּ֣לֶךְ וְהָמָ֗ן אֶל־הַמִּשְׁתֶּה֙ אֲשֶׁ֣ר אֶֽעֱשֶׂ֣ה לָהֶ֔ם וּמָחָ֥ר אֶֽעֱשֶׂ֖ה כִּדְבַ֥ר
ט הַמֶּֽלֶךְ׃ וַיֵּצֵ֤א הָמָן֙ בַּיּ֣וֹם הַה֔וּא שָׂמֵ֖חַ וְט֣וֹב לֵ֑ב וְכִרְא֨וֹת הָמָ֜ן אֶֽת־
מָרְדֳּכַ֜י בְּשַׁ֣עַר הַמֶּ֗לֶךְ וְלֹא־קָם֙ וְלֹא־זָ֣ע מִמֶּ֔נּוּ וַיִּמָּלֵ֥א הָמָ֛ן עַל־מָרְדֳּכַ֖י
י חֵמָֽה׃ וַיִּתְאַפַּ֣ק הָמָ֔ן וַיָּב֖וֹא אֶל־בֵּית֑וֹ וַיִּשְׁלַ֛ח וַיָּבֵ֥א אֶת־אֹהֲבָ֖יו וְאֶת־
יא זֶ֥רֶשׁ אִשְׁתּֽוֹ׃ וַיְסַפֵּ֨ר לָהֶ֥ם הָמָ֛ן אֶת־כְּב֥וֹד עָשְׁר֖וֹ וְרֹ֣ב בָּנָ֑יו וְאֵת֩ כָּל־
יב אֲשֶׁ֨ר גִּדְּל֤וֹ הַמֶּ֙לֶךְ֙ וְאֵ֣ת אֲשֶׁ֣ר נִשְּׂא֔וֹ עַל־הַשָּׂרִ֖ים וְעַבְדֵ֥י הַמֶּֽלֶךְ׃ וַיֹּאמֶר֮
הָמָן֒ אַ֣ף לֹא־הֵבִ֣יאָה אֶסְתֵּ֣ר הַמַּלְכָּ֧ה עִם־הַמֶּ֛לֶךְ אֶל־הַמִּשְׁתֶּ֥ה אֲשֶׁר־
יג עָשָׂ֖תָה כִּ֣י אִם־אוֹתִ֑י וְגַם־לְמָחָ֛ר אֲנִ֥י קָֽרוּא־לָ֖הּ עִם־הַמֶּֽלֶךְ׃ וְכָל־
זֶ֕ה אֵינֶ֥נּוּ שֹׁוֶ֖ה לִ֑י בְּכָל־עֵ֗ת אֲשֶׁ֨ר אֲנִ֤י רֹאֶה֙ אֶת־מָרְדֳּכַ֣י הַיְּהוּדִ֔י יוֹשֵׁ֖ב
יד בְּשַׁ֥עַר הַמֶּֽלֶךְ׃ וַתֹּ֣אמֶר ל֡וֹ זֶ֣רֶשׁ אִשְׁתּוֹ֩ וְכָל־אֹהֲבָ֜יו יַֽעֲשׂוּ־עֵ֣ץ גָּבֹ֣הַּ
חֲמִשִּׁ֣ים אַמָּ֗ה וּבַבֹּ֣קֶר ׀ אֱמֹ֣ר לַמֶּ֗לֶךְ וְיִתְל֤וּ אֶֽת־מָרְדֳּכַי֙ עָלָ֔יו וּבֹֽא
עִם־הַמֶּ֥לֶךְ אֶל־הַמִּשְׁתֶּ֖ה שָׂמֵ֑חַ וַיִּיטַ֧ב הַדָּבָ֛ר לִפְנֵ֥י הָמָ֖ן וַיַּ֥עַשׂ
ו א הָעֵֽץ׃ בַּלַּ֣יְלָה הַה֔וּא נָדְדָ֖ה שְׁנַ֣ת הַמֶּ֑לֶךְ וַיֹּ֗אמֶר לְהָבִ֞יא
ב אֶת־סֵ֤פֶר הַזִּכְרֹנוֹת֙ דִּבְרֵ֣י הַיָּמִ֔ים וַיִּהְי֥וּ נִקְרָאִ֖ים לִפְנֵ֥י הַמֶּֽלֶךְ׃ וַיִּמָּצֵ֣א
כָת֗וּב אֲשֶׁר֩ הִגִּ֨יד מָרְדֳּכַ֜י עַל־בִּגְתָ֣נָא וָתֶ֗רֶשׁ שְׁנֵי֙ סָרִיסֵ֣י הַמֶּ֔לֶךְ
ג מִשֹּׁמְרֵ֖י הַסַּ֑ף אֲשֶׁ֤ר בִּקְשׁוּ֙ לִשְׁלֹ֣חַ יָ֔ד בַּמֶּ֖לֶךְ אֲחַשְׁוֵרֽוֹשׁ׃ וַיֹּ֣אמֶר הַמֶּ֔לֶךְ
מַה־נַּעֲשָׂ֞ה יְקָ֧ר וּגְדוּלָּ֛ה לְמָרְדֳּכַ֖י עַל־זֶ֑ה וַ֠יֹּאמְרוּ נַעֲרֵ֤י הַמֶּ֙לֶךְ֙ מְשָׁ֣רְתָ֔יו
ד לֹא־נַעֲשָׂ֥ה עִמּ֖וֹ דָּבָֽר׃ וַיֹּ֥אמֶר הַמֶּ֖לֶךְ מִ֣י בֶחָצֵ֑ר וְהָמָ֣ן בָּ֗א לַחֲצַ֤ר בֵּית־
הַמֶּ֙לֶךְ֙ הַחִ֣יצוֹנָ֔ה לֵאמֹ֣ר לַמֶּ֔לֶךְ לִתְלוֹת֙ אֶֽת־מָרְדֳּכַ֔י עַל־הָעֵ֖ץ אֲשֶׁר־
ה הֵכִ֥ין לֽוֹ׃ וַ֠יֹּאמְרוּ נַעֲרֵ֤י הַמֶּ֙לֶךְ֙ אֵלָ֔יו הִנֵּ֥ה הָמָ֖ן עֹמֵ֣ד בֶּחָצֵ֑ר וַיֹּ֥אמֶר
ו הַמֶּ֖לֶךְ יָבֽוֹא׃ וַיָּבוֹא֮ הָמָן֒ וַיֹּ֤אמֶר לוֹ֙ הַמֶּ֔לֶךְ מַה־לַּעֲשׂ֕וֹת בָּאִ֕ישׁ אֲשֶׁ֥ר
הַמֶּ֖לֶךְ חָפֵ֣ץ בִּיקָר֑וֹ וַיֹּ֤אמֶר הָמָן֙ בְּלִבּ֔וֹ לְמִ֞י יַחְפֹּ֥ץ הַמֶּ֛לֶךְ לַעֲשׂ֥וֹת יְקָ֖ר
ז יוֹתֵ֥ר מִמֶּֽנִּי׃ וַיֹּ֥אמֶר הָמָ֖ן אֶל־הַמֶּ֑לֶךְ אִ֕ישׁ אֲשֶׁ֥ר הַמֶּ֖לֶךְ חָפֵ֥ץ בִּיקָרֽוֹ׃

ח יָבִיאוּ לְבוּשׁ מַלְכוּת אֲשֶׁר לָבַשׁ־בּוֹ הַמֶּלֶךְ וְסוּס אֲשֶׁר רָכַב עָלָיו
ט הַמֶּלֶךְ וַאֲשֶׁר נִתַּן כֶּתֶר מַלְכוּת בְּרֹאשׁוֹ: וְנָתוֹן הַלְּבוּשׁ וְהַסּוּס עַל־
יַד־אִישׁ מִשָּׂרֵי הַמֶּלֶךְ הַפַּרְתְּמִים וְהִלְבִּשׁוּ אֶת־הָאִישׁ אֲשֶׁר הַמֶּלֶךְ
חָפֵץ בִּיקָרוֹ וְהִרְכִּיבֻהוּ עַל־הַסּוּס בִּרְחוֹב הָעִיר וְקָרְאוּ לְפָנָיו כָּכָה
י יֵעָשֶׂה לָאִישׁ אֲשֶׁר הַמֶּלֶךְ חָפֵץ בִּיקָרוֹ: וַיֹּאמֶר הַמֶּלֶךְ לְהָמָן מַהֵר
קַח אֶת־הַלְּבוּשׁ וְאֶת־הַסּוּס כַּאֲשֶׁר דִּבַּרְתָּ וַעֲשֵׂה־כֵן לְמָרְדֳּכַי הַיְּהוּדִי
יא הַיּוֹשֵׁב בְּשַׁעַר הַמֶּלֶךְ אַל־תַּפֵּל דָּבָר מִכֹּל אֲשֶׁר דִּבַּרְתָּ: וַיִּקַּח הָמָן
אֶת־הַלְּבוּשׁ וְאֶת־הַסּוּס וַיַּלְבֵּשׁ אֶת־מָרְדֳּכָי וַיַּרְכִּיבֵהוּ בִּרְחוֹב הָעִיר
יב וַיִּקְרָא לְפָנָיו כָּכָה יֵעָשֶׂה לָאִישׁ אֲשֶׁר הַמֶּלֶךְ חָפֵץ בִּיקָרוֹ: וַיָּשָׁב
מָרְדֳּכַי אֶל־שַׁעַר הַמֶּלֶךְ וְהָמָן נִדְחַף אֶל־בֵּיתוֹ אָבֵל וַחֲפוּי רֹאשׁ:
יג וַיְסַפֵּר הָמָן לְזֶרֶשׁ אִשְׁתּוֹ וּלְכָל־אֹהֲבָיו אֵת כָּל־אֲשֶׁר קָרָהוּ וַיֹּאמְרוּ
לוֹ חֲכָמָיו וְזֶרֶשׁ אִשְׁתּוֹ אִם מִזֶּרַע הַיְּהוּדִים מָרְדֳּכַי אֲשֶׁר הַחִלּוֹתָ
יד לִנְפֹּל לְפָנָיו לֹא־תוּכַל לוֹ כִּי־נָפוֹל תִּפּוֹל לְפָנָיו: עוֹדָם מְדַבְּרִים עִמּוֹ
וְסָרִיסֵי הַמֶּלֶךְ הִגִּיעוּ וַיַּבְהִלוּ לְהָבִיא אֶת־הָמָן אֶל־הַמִּשְׁתֶּה אֲשֶׁר־
ז א עָשְׂתָה אֶסְתֵּר: וַיָּבֹא הַמֶּלֶךְ וְהָמָן לִשְׁתּוֹת עִם־אֶסְתֵּר הַמַּלְכָּה:
ב וַיֹּאמֶר הַמֶּלֶךְ לְאֶסְתֵּר גַּם בַּיּוֹם הַשֵּׁנִי בְּמִשְׁתֵּה הַיַּיִן מַה־שְּׁאֵלָתֵךְ
אֶסְתֵּר הַמַּלְכָּה וְתִנָּתֵן לָךְ וּמַה־בַּקָּשָׁתֵךְ עַד־חֲצִי הַמַּלְכוּת וְתֵעָשׂ:
ג וַתַּעַן אֶסְתֵּר הַמַּלְכָּה וַתֹּאמַר אִם־מָצָאתִי חֵן בְּעֵינֶיךָ הַמֶּלֶךְ וְאִם־
ד עַל־הַמֶּלֶךְ טוֹב תִּנָּתֶן־לִי נַפְשִׁי בִּשְׁאֵלָתִי וְעַמִּי בְּבַקָּשָׁתִי: כִּי נִמְכַּרְנוּ
אֲנִי וְעַמִּי לְהַשְׁמִיד לַהֲרוֹג וּלְאַבֵּד וְאִלּוּ לַעֲבָדִים וְלִשְׁפָחוֹת נִמְכַּרְנוּ
ה הֶחֱרַשְׁתִּי כִּי אֵין הַצָּר שֹׁוֶה בְּנֵזֶק הַמֶּלֶךְ: וַיֹּאמֶר הַמֶּלֶךְ
אֲחַשְׁוֵרוֹשׁ וַיֹּאמֶר לְאֶסְתֵּר הַמַּלְכָּה מִי הוּא זֶה וְאֵי־זֶה הוּא אֲשֶׁר־
ו מְלָאוֹ לִבּוֹ לַעֲשׂוֹת כֵּן: וַתֹּאמֶר אֶסְתֵּר אִישׁ צַר וְאוֹיֵב הָמָן הָרָע הַזֶּה
ז וְהָמָן נִבְעַת מִלִּפְנֵי הַמֶּלֶךְ וְהַמַּלְכָּה: וְהַמֶּלֶךְ קָם בַּחֲמָתוֹ מִמִּשְׁתֵּה
הַיַּיִן אֶל־גִּנַּת הַבִּיתָן וְהָמָן עָמַד לְבַקֵּשׁ עַל־נַפְשׁוֹ מֵאֶסְתֵּר הַמַּלְכָּה

ח כִּי־רָאָה כִּי־כָלְתָה אֵלָיו הָרָעָה מֵאֵת הַמֶּלֶךְ: וְהַמֶּלֶךְ שָׁב מִגִּנַּת הַבִּיתָן
אֶל־בֵּית ׀ מִשְׁתֵּה הַיַּיִן וְהָמָן נֹפֵל עַל־הַמִּטָּה אֲשֶׁר אֶסְתֵּר עָלֶיהָ
וַיֹּאמֶר הַמֶּלֶךְ הֲגַם לִכְבּוֹשׁ אֶת־הַמַּלְכָּה עִמִּי בַּבָּיִת הַדָּבָר יָצָא
ט מִפִּי הַמֶּלֶךְ וּפְנֵי הָמָן חָפוּ: וַיֹּאמֶר חַרְבוֹנָה אֶחָד מִן־הַסָּרִיסִים
לִפְנֵי הַמֶּלֶךְ גַּם הִנֵּה־הָעֵץ אֲשֶׁר־עָשָׂה הָמָן לְמָרְדֳּכַי אֲשֶׁר דִּבֶּר־
טוֹב עַל־הַמֶּלֶךְ עֹמֵד בְּבֵית הָמָן גָּבֹהַּ חֲמִשִּׁים אַמָּה וַיֹּאמֶר הַמֶּלֶךְ
י תְּלֻהוּ עָלָיו: וַיִּתְלוּ אֶת־הָמָן עַל־הָעֵץ אֲשֶׁר־הֵכִין לְמָרְדֳּכָי וַחֲמַת
ח א הַמֶּלֶךְ שָׁכָכָה: בַּיּוֹם הַהוּא נָתַן הַמֶּלֶךְ אֲחַשְׁוֵרוֹשׁ לְאֶסְתֵּר
הַמַּלְכָּה אֶת־בֵּית הָמָן צֹרֵר היהודיים וּמָרְדֳּכַי בָּא לִפְנֵי הַמֶּלֶךְ הַיְּהוּדִים
ב כִּי־הִגִּידָה אֶסְתֵּר מַה הוּא־לָהּ: וַיָּסַר הַמֶּלֶךְ אֶת־טַבַּעְתּוֹ אֲשֶׁר
הֶעֱבִיר מֵהָמָן וַיִּתְּנָהּ לְמָרְדֳּכָי וַתָּשֶׂם אֶסְתֵּר אֶת־מָרְדֳּכַי עַל־בֵּית
ג הָמָן: וַתּוֹסֶף אֶסְתֵּר וַתְּדַבֵּר לִפְנֵי הַמֶּלֶךְ וַתִּפֹּל לִפְנֵי רַגְלָיו
וַתֵּבְךְּ וַתִּתְחַנֶּן־לוֹ לְהַעֲבִיר אֶת־רָעַת הָמָן הָאֲגָגִי וְאֵת מַחֲשַׁבְתּוֹ
ד אֲשֶׁר חָשַׁב עַל־הַיְּהוּדִים: וַיּוֹשֶׁט הַמֶּלֶךְ לְאֶסְתֵּר אֵת שַׁרְבִט הַזָּהָב
ה וַתָּקָם אֶסְתֵּר וַתַּעֲמֹד לִפְנֵי הַמֶּלֶךְ: וַתֹּאמֶר אִם־עַל־הַמֶּלֶךְ טוֹב
וְאִם־מָצָאתִי חֵן לְפָנָיו וְכָשֵׁר הַדָּבָר לִפְנֵי הַמֶּלֶךְ וְטוֹבָה אֲנִי בְּעֵינָיו
יִכָּתֵב לְהָשִׁיב אֶת־הַסְּפָרִים מַחֲשֶׁבֶת הָמָן בֶּן־הַמְּדָתָא הָאֲגָגִי
ו אֲשֶׁר כָּתַב לְאַבֵּד אֶת־הַיְּהוּדִים אֲשֶׁר בְּכָל־מְדִינוֹת הַמֶּלֶךְ: כִּי
אֵיכָכָה אוּכַל וְרָאִיתִי בָּרָעָה אֲשֶׁר־יִמְצָא אֶת־עַמִּי וְאֵיכָכָה אוּכַל
ז וְרָאִיתִי בְּאָבְדַן מוֹלַדְתִּי: וַיֹּאמֶר הַמֶּלֶךְ אֲחַשְׁוֵרֹשׁ לְאֶסְתֵּר
הַמַּלְכָּה וּלְמָרְדֳּכַי הַיְּהוּדִי הִנֵּה בֵית־הָמָן נָתַתִּי לְאֶסְתֵּר וְאֹתוֹ תָּלוּ
ח עַל־הָעֵץ עַל אֲשֶׁר־שָׁלַח יָדוֹ ביהודיים: וְאַתֶּם כִּתְבוּ עַל־הַיְּהוּדִים בַּיְּהוּדִים
כַּטּוֹב בְּעֵינֵיכֶם בְּשֵׁם הַמֶּלֶךְ וְחִתְמוּ בְּטַבַּעַת הַמֶּלֶךְ כִּי־כְתָב אֲשֶׁר־
ט נִכְתָּב בְּשֵׁם־הַמֶּלֶךְ וְנַחְתּוֹם בְּטַבַּעַת הַמֶּלֶךְ אֵין לְהָשִׁיב: וַיִּקָּרְאוּ
סֹפְרֵי־הַמֶּלֶךְ בָּעֵת־הַהִיא בַּחֹדֶשׁ הַשְּׁלִישִׁי הוּא־חֹדֶשׁ סִיוָן בִּשְׁלוֹשָׁה

וְעֶשְׂרִים בּוֹ וַיִּכָּתֵב כְּכָל־אֲשֶׁר־צִוָּה מָרְדֳּכַי אֶל־הַיְּהוּדִים וְאֶל
הָאֲחַשְׁדַּרְפְּנִים־וְהַפַּחוֹת וְשָׂרֵי הַמְּדִינוֹת אֲשֶׁר ׀ מֵהֹדּוּ וְעַד־כּוּשׁ שֶׁבַע
וְעֶשְׂרִים וּמֵאָה מְדִינָה מְדִינָה וּמְדִינָה כִּכְתָבָהּ וְעַם וָעָם כִּלְשֹׁנוֹ
וְאֶל־הַיְּהוּדִים כִּכְתָבָם וְכִלְשׁוֹנָם׃ וַיִּכְתֹּב בְּשֵׁם הַמֶּלֶךְ אֲחַשְׁוֵרֹשׁ י
וַיַּחְתֹּם בְּטַבַּעַת הַמֶּלֶךְ וַיִּשְׁלַח סְפָרִים בְּיַד הָרָצִים בַּסּוּסִים רֹכְבֵי
הָרֶכֶשׁ הָאֲחַשְׁתְּרָנִים בְּנֵי הָרַמָּכִים׃ אֲשֶׁר נָתַן הַמֶּלֶךְ לַיְּהוּדִים ׀ אֲשֶׁר ׀ יא
בְּכָל־עִיר וָעִיר לְהִקָּהֵל וְלַעֲמֹד עַל־נַפְשָׁם לְהַשְׁמִיד וְלַהֲרֹג וּלְאַבֵּד
אֶת־כָּל־חֵיל עַם וּמְדִינָה הַצָּרִים אֹתָם טַף וְנָשִׁים וּשְׁלָלָם לָבוֹז׃ בְּיוֹם יב
אֶחָד בְּכָל־מְדִינוֹת הַמֶּלֶךְ אֲחַשְׁוֵרוֹשׁ בִּשְׁלוֹשָׁה עָשָׂר לְחֹדֶשׁ שְׁנֵים־
עָשָׂר הוּא־חֹדֶשׁ אֲדָר׃ פַּתְשֶׁגֶן הַכְּתָב לְהִנָּתֵן דָּת בְּכָל־מְדִינָה וּמְדִינָה יג
גָּלוּי לְכָל־הָעַמִּים וְלִהְיוֹת היהודיים עתודים לַיּוֹם הַזֶּה לְהִנָּקֵם — הַיְּהוּדִים עֲתִידִים
מֵאֹיְבֵיהֶם׃ הָרָצִים רֹכְבֵי הָרֶכֶשׁ הָאֲחַשְׁתְּרָנִים יָצְאוּ מְבֹהָלִים וּדְחוּפִים יד
בִּדְבַר הַמֶּלֶךְ וְהַדָּת נִתְּנָה בְּשׁוּשַׁן הַבִּירָה׃ ׆ וּמָרְדֳּכַי יָצָא ׀ טו
מִלִּפְנֵי הַמֶּלֶךְ בִּלְבוּשׁ מַלְכוּת תְּכֵלֶת וָחוּר וַעֲטֶרֶת זָהָב גְּדוֹלָה
וְתַכְרִיךְ בּוּץ וְאַרְגָּמָן וְהָעִיר שׁוּשָׁן צָהֲלָה וְשָׂמֵחָה׃ ׆ לַיְּהוּדִים טז
הָיְתָה אוֹרָה וְשִׂמְחָה וְשָׂשֹׂן וִיקָר׃ ׆ וּבְכָל־מְדִינָה וּמְדִינָה וּבְכָל־עִיר יז
וָעִיר מְקוֹם אֲשֶׁר דְּבַר־הַמֶּלֶךְ וְדָתוֹ מַגִּיעַ שִׂמְחָה וְשָׂשׂוֹן לַיְּהוּדִים
מִשְׁתֶּה וְיוֹם טוֹב וְרַבִּים מֵעַמֵּי הָאָרֶץ מִתְיַהֲדִים כִּי־נָפַל פַּחַד־
הַיְּהוּדִים עֲלֵיהֶם׃ וּבִשְׁנֵים עָשָׂר חֹדֶשׁ הוּא־חֹדֶשׁ אֲדָר בִּשְׁלוֹשָׁה ט א
עָשָׂר יוֹם בּוֹ אֲשֶׁר הִגִּיעַ דְּבַר־הַמֶּלֶךְ וְדָתוֹ לְהֵעָשׂוֹת בַּיּוֹם אֲשֶׁר
שִׂבְּרוּ אֹיְבֵי הַיְּהוּדִים לִשְׁלוֹט בָּהֶם וְנַהֲפוֹךְ הוּא אֲשֶׁר יִשְׁלְטוּ
הַיְּהוּדִים הֵמָּה בְּשֹׂנְאֵיהֶם׃ נִקְהֲלוּ הַיְּהוּדִים בְּעָרֵיהֶם בְּכָל־מְדִינוֹת ב
הַמֶּלֶךְ אֲחַשְׁוֵרוֹשׁ לִשְׁלֹחַ יָד בִּמְבַקְשֵׁי רָעָתָם וְאִישׁ לֹא־עָמַד לִפְנֵיהֶם
כִּי־נָפַל פַּחְדָּם עַל־כָּל־הָעַמִּים׃ וְכָל־שָׂרֵי הַמְּדִינוֹת וְהָאֲחַשְׁדַּרְפְּנִים ג
וְהַפַּחוֹת וְעֹשֵׂי הַמְּלָאכָה אֲשֶׁר לַמֶּלֶךְ מְנַשְּׂאִים אֶת־הַיְּהוּדִים

ד כִּֽי־נָפַל פַּחַד־מָרְדֳּכַי עֲלֵיהֶם: כִּֽי־גָדוֹל מָרְדֳּכַי בְּבֵית הַמֶּלֶךְ
ה וְשָׁמְעוֹ הוֹלֵךְ בְּכָל־הַמְּדִינוֹת כִּֽי־הָאִישׁ מָרְדֳּכַי הוֹלֵךְ וְגָדוֹל: וַיַּכּוּ
הַיְּהוּדִים בְּכָל־אֹיְבֵיהֶם מַכַּת־חֶרֶב וְהֶרֶג וְאַבְדָן וַיַּעֲשׂוּ בְשֹׂנְאֵיהֶם
ו כִּרְצוֹנָם: וּבְשׁוּשַׁן הַבִּירָה הָרְגוּ הַיְּהוּדִים וְאַבֵּד · חֲמֵשׁ מֵאוֹת
ז אִישׁ: וְאֵת ׀
פַּרְשַׁנְדָּתָא וְאֵת ׀
דַּלְפוֹן וְאֵת ׀
ח אַסְפָּתָא: וְאֵת ׀
פּוֹרָתָא וְאֵת ׀
אֲדַלְיָא וְאֵת ׀
ט אֲרִידָתָא: וְאֵת ׀
פַּרְמַשְׁתָּא וְאֵת ׀
אֲרִיסַי וְאֵת ׀
אֲרִידַי וְאֵת ׀
י וַיְזָתָא: עֲשֶׂרֶת ·
בְּנֵי הָמָן בֶּן־הַמְּדָתָא צֹרֵר הַיְּהוּדִים הָרָגוּ וּבַבִּזָּה לֹא שָׁלְחוּ אֶת־יָדָם:
יא יב בַּיּוֹם הַהוּא בָּא מִסְפַּר הַהֲרוּגִים בְּשׁוּשַׁן הַבִּירָה לִפְנֵי הַמֶּלֶךְ: וַיֹּאמֶר
הַמֶּלֶךְ לְאֶסְתֵּר הַמַּלְכָּה בְּשׁוּשַׁן הַבִּירָה הָרְגוּ הַיְּהוּדִים וְאַבֵּד חֲמֵשׁ
מֵאוֹת אִישׁ וְאֵת עֲשֶׂרֶת בְּנֵי־הָמָן בִּשְׁאָר מְדִינוֹת הַמֶּלֶךְ מֶה עָשׂוּ
יג וּמַה־שְּׁאֵלָתֵךְ וְיִנָּתֵן לָךְ וּמַה־בַּקָּשָׁתֵךְ עוֹד וְתֵעָשׂ: וַתֹּאמֶר אֶסְתֵּר
אִם־עַל־הַמֶּלֶךְ טוֹב יִנָּתֵן גַּם־מָחָר לַיְּהוּדִים אֲשֶׁר בְּשׁוּשָׁן לַעֲשׂוֹת
יד כְּדָת הַיּוֹם וְאֵת עֲשֶׂרֶת בְּנֵי־הָמָן יִתְלוּ עַל־הָעֵץ: וַיֹּאמֶר הַמֶּלֶךְ
טו לְהֵעָשׂוֹת כֵּן וַתִּנָּתֵן דָּת בְּשׁוּשָׁן וְאֵת עֲשֶׂרֶת בְּנֵי־הָמָן תָּלוּ: וַיִּקָּהֲלוּ
הַיְּהוּדִיים אֲשֶׁר־בְּשׁוּשָׁן גַּם בְּיוֹם אַרְבָּעָה עָשָׂר לְחֹדֶשׁ אֲדָר וַיַּהַרְגוּ הַיְּהוּדִים
טז בְשׁוּשָׁן שְׁלֹשׁ מֵאוֹת אִישׁ וּבַבִּזָּה לֹא שָׁלְחוּ אֶת־יָדָם: וּשְׁאָר הַיְּהוּדִים

אֲשֶׁר בִּמְדִינוֹת הַמֶּלֶךְ נִקְהֲלוּ ׀ וְעָמֹד עַל־נַפְשָׁם וְנוֹחַ מֵאֹיְבֵיהֶם וְהָרוֹג
בְּשֹׂנְאֵיהֶם חֲמִשָּׁה וְשִׁבְעִים אָלֶף וּבַבִּזָּה לֹא שָׁלְחוּ אֶת־יָדָם׃ בְּיוֹם־ יז
שְׁלוֹשָׁה עָשָׂר לְחֹדֶשׁ אֲדָר וְנוֹחַ בְּאַרְבָּעָה עָשָׂר בּוֹ וְעָשֹׂה אֹתוֹ יוֹם
[וְהַיְּהוּדִים] מִשְׁתֶּה וְשִׂמְחָה׃ והיהודיים אֲשֶׁר־בְּשׁוּשָׁן נִקְהֲלוּ בִּשְׁלוֹשָׁה עָשָׂר יח
בּוֹ וּבְאַרְבָּעָה עָשָׂר בּוֹ וְנוֹחַ בַּחֲמִשָּׁה עָשָׂר בּוֹ וְעָשֹׂה אֹתוֹ יוֹם מִשְׁתֶּה
[הַפְּרָזִים] וְשִׂמְחָה׃ עַל־כֵּן הַיְּהוּדִים הפרוזים הַיֹּשְׁבִים בְּעָרֵי הַפְּרָזוֹת עֹשִׂים יט
אֵת יוֹם אַרְבָּעָה עָשָׂר לְחֹדֶשׁ אֲדָר שִׂמְחָה וּמִשְׁתֶּה וְיוֹם טוֹב וּמִשְׁלֹחַ
מָנוֹת אִישׁ לְרֵעֵהוּ׃ וַיִּכְתֹּב מָרְדֳּכַי אֶת־הַדְּבָרִים הָאֵלֶּה וַיִּשְׁלַח סְפָרִים כ
אֶל־כָּל־הַיְּהוּדִים אֲשֶׁר בְּכָל־מְדִינוֹת הַמֶּלֶךְ אֲחַשְׁוֵרוֹשׁ הַקְּרוֹבִים
וְהָרְחוֹקִים׃ לְקַיֵּם עֲלֵיהֶם לִהְיוֹת עֹשִׂים אֵת יוֹם אַרְבָּעָה עָשָׂר לְחֹדֶשׁ כא
אֲדָר וְאֵת יוֹם־חֲמִשָּׁה עָשָׂר בּוֹ בְּכָל־שָׁנָה וְשָׁנָה׃ כַּיָּמִים אֲשֶׁר־נָחוּ כב
בָהֶם הַיְּהוּדִים מֵאֹיְבֵיהֶם וְהַחֹדֶשׁ אֲשֶׁר נֶהְפַּךְ לָהֶם מִיָּגוֹן לְשִׂמְחָה
וּמֵאֵבֶל לְיוֹם טוֹב לַעֲשׂוֹת אוֹתָם יְמֵי מִשְׁתֶּה וְשִׂמְחָה וּמִשְׁלֹחַ מָנוֹת
אִישׁ לְרֵעֵהוּ וּמַתָּנוֹת לָאֶבְיֹנִים׃ וְקִבֵּל הַיְּהוּדִים אֵת אֲשֶׁר־הֵחֵלּוּ כג
לַעֲשׂוֹת וְאֵת אֲשֶׁר־כָּתַב מָרְדֳּכַי אֲלֵיהֶם׃ כִּי הָמָן בֶּן־הַמְּדָתָא הָאֲגָגִי כד
צֹרֵר כָּל־הַיְּהוּדִים חָשַׁב עַל־הַיְּהוּדִים לְאַבְּדָם וְהִפִּל פּוּר הוּא הַגּוֹרָל
לְהֻמָּם וּלְאַבְּדָם׃ וּבְבֹאָהּ לִפְנֵי הַמֶּלֶךְ אָמַר עִם־הַסֵּפֶר יָשׁוּב מַחֲשַׁבְתּוֹ כה
הָרָעָה אֲשֶׁר־חָשַׁב עַל־הַיְּהוּדִים עַל־רֹאשׁוֹ וְתָלוּ אֹתוֹ וְאֶת־בָּנָיו
עַל־הָעֵץ׃ עַל־כֵּן קָרְאוּ לַיָּמִים הָאֵלֶּה פוּרִים עַל־שֵׁם הַפּוּר עַל־כֵּן כו
עַל־כָּל־דִּבְרֵי הָאִגֶּרֶת הַזֹּאת וּמָה־רָאוּ עַל־כָּכָה וּמָה הִגִּיעַ אֲלֵיהֶם׃
קִיְּמוּ וְקִבְּלֻ הַיְּהוּדִים ׀ עֲלֵיהֶם ׀ וְעַל־זַרְעָם וְעַל כָּל־הַנִּלְוִים עֲלֵיהֶם כז
וְלֹא יַעֲבוֹר לִהְיוֹת עֹשִׂים אֵת שְׁנֵי הַיָּמִים הָאֵלֶּה כִּכְתָבָם וְכִזְמַנָּם
בְּכָל־שָׁנָה וְשָׁנָה׃ וְהַיָּמִים הָאֵלֶּה נִזְכָּרִים וְנַעֲשִׂים בְּכָל־דּוֹר וָדוֹר כח
מִשְׁפָּחָה וּמִשְׁפָּחָה מְדִינָה וּמְדִינָה וְעִיר וָעִיר וִימֵי הַפּוּרִים הָאֵלֶּה לֹא
יַעַבְרוּ מִתּוֹךְ הַיְּהוּדִים וְזִכְרָם לֹא־יָסוּף מִזַּרְעָם׃ וַתִּכְתֹּב כט

אֶסְתֵּר הַמַּלְכָּה בַת־אֲבִיחַיִל וּמָרְדֳּכַי הַיְּהוּדִי אֶת־כָּל־תֹּקֶף לְקַיֵּם
ל אֵת אִגֶּרֶת הַפֻּרִים הַזֹּאת הַשֵּׁנִית׃ וַיִּשְׁלַח סְפָרִים אֶל־כָּל־הַיְּהוּדִים
אֶל־שֶׁבַע וְעֶשְׂרִים וּמֵאָה מְדִינָה מַלְכוּת אֲחַשְׁוֵרוֹשׁ דִּבְרֵי שָׁלוֹם
לא וֶאֱמֶת׃ לְקַיֵּם אֶת־יְמֵי הַפֻּרִים הָאֵלֶּה בִּזְמַנֵּיהֶם כַּאֲשֶׁר קִיַּם עֲלֵיהֶם
מָרְדֳּכַי הַיְּהוּדִי וְאֶסְתֵּר הַמַּלְכָּה וְכַאֲשֶׁר קִיְּמוּ עַל־נַפְשָׁם וְעַל־זַרְעָם
לב דִּבְרֵי הַצּוֹמוֹת וְזַעֲקָתָם׃ וּמַאֲמַר אֶסְתֵּר קִיַּם דִּבְרֵי הַפֻּרִים הָאֵלֶּה
יא וְנִכְתָּב בַּסֵּפֶר׃ וַיָּשֶׂם הַמֶּלֶךְ אחשרש ׀ מַס עַל־הָאָרֶץ אֲחַשְׁוֵרוֹשׁ
ב וְאִיֵּי הַיָּם׃ וְכָל־מַעֲשֵׂה תָקְפּוֹ וּגְבוּרָתוֹ וּפָרָשַׁת גְּדֻלַּת מָרְדֳּכַי אֲשֶׁר
גִּדְּלוֹ הַמֶּלֶךְ הֲלוֹא־הֵם כְּתוּבִים עַל־סֵפֶר דִּבְרֵי הַיָּמִים לְמַלְכֵי מָדַי
ג וּפָרָס׃ • כִּי ׀ מָרְדֳּכַי הַיְּהוּדִי מִשְׁנֶה לַמֶּלֶךְ אֲחַשְׁוֵרוֹשׁ וְגָדוֹל לַיְּהוּדִים
וְרָצוּי לְרֹב אֶחָיו דֹּרֵשׁ טוֹב לְעַמּוֹ וְדֹבֵר שָׁלוֹם לְכָל־זַרְעוֹ׃ •

Continúa con סדר קריאת המגילה *en la página 962.*

PIYUTEI GUEULÁ – BERAJ DODÍ

GUEULÁ PARA EL PRIMER DÍA DE PESAJ

Piyutei Gueulá es una de las formas singulares de las Yotzrot de Pesaj que preceden a la bendición "que redimió a Israel".

Apresúrate, Amado mío, antes de que llegue el momento
de nuestro amor juvenil;
ten nuevamente compasión, porque los reyes de la malvada Edom,
nuestros captores y verdugos nos han destruido.
¡Destrúyelos y arráncalos de en medio nuestro!
Erige Tu ciudad
y permite que nuestros vástagos entonen en ella el cántico y proclamen:
"He aquí que está de pie tras nuestro muro". *Ct. 2*

Apresúrate, Amado mío, antes de que sobrevenga el tiempo previsto,
rápidamente haz que las sombras se disipen de entre nosotros.
El eminente y encumbrado, elevado y humillado (Mashíaj),
prosperará y aleccionará amonestando a numerosas naciones.
Descubre Tu brazo mientras nosotros proclamamos:
"La voz de mi amado, he aquí que llega". *Ct. 2*

Apresúrate, Amado mío, y aseméjate a la gacela; *Ct. 8*
revela y acerca el momento de mi redención;
rescátame de mi cautiverio y sé mi corona de gloria.
Nosotros, somos despreciados, añoramos el Monte del Templo,
mas no tenemos quien nos lidere ni quien profetice,
ni al tishbita (el profeta Eliahu) que enderece mi camino
y me devuelva a la buena senda.
Litiga mi causa, borra mi deuda y mi dolor,
que mi enemigo tema y se avergüence.
Entonces podré responder a quien de mí se burla:
"¡Este es mi Amado, mi Redentor más cercano,
mi Compañero y mi Querido, el Dios de mi padre!".

En el mérito de los padres salva a los hijos,
trae redención a los hijos de sus hijos.
Bendito eres Tú Señor, que redimió a Israel.

Continuar con la Amidá en la página 798.

פיוטי גאולה – ברח דודי

גאולה ליום טוב ראשון של פסח

פיוטי גאולה es una de las formas singulares de las יוצרות de פסח que preceden a la bendición גָּאַל יִשְׂרָאֵל.

בְּרַח דוֹדִי עַד שֶׁתְּחַפֵּץ אַהֲבַת כְּלוּלֵינוּ
שׁוּב לְרַחֵם, כִּי כָלִינוּ
מַלְכֵי אֱדוֹם הָרְשָׁעָה, שׁוֹבֵינוּ, תּוֹלָלֵינוּ
הֲרֹס וְקַעְקַע בְּצָתָם מִתְּלֵנוּ
הָקֵם טוּרְךָ, נְגַן שְׁתִילֵינוּ הִנֵּה־זֶה עוֹמֵד אַחַר כָּתְלֵנוּ: שיר השירים ב

בְּרַח דוֹדִי עַד שֶׁיָּפוּחַ קֵץ מַחֲזֶה
חִישׁ וְנָסוּ הַצְּלָלִים מִזֶּה
יָרוּם וְנִשָּׂא, וְגָבֹהַּ נִבְזֶה
יַשְׂכִּיל וְיוֹכִיחַ, וְגוֹיִם רַבִּים יַזֶּה
חֲשׂף זְרוֹעֲךָ, קְרָא כָזֶה קוֹל דוֹדִי הִנֵּה־זֶה: שיר השירים ב

בְּרַח דוֹדִי וּדְמֵה־לְךָ לִצְבִי: / יִגַּל, יִגַּשׁ, קֵץ קִצְבִּי שיר השירים ח
דַּלּוֹתִי מִשְׁבִּי / לַעֲטֶרֶת צְבִי
תְּעוּבִים, תְּאֵבִים הַר צְבִי / וְאֵין מֵבִיא וְנָבִיא
וְלֹא תִשְׁבִּי / מְשַׁוִּי, מְשִׁיבִי
רִיבָה רִיבִי / הָסֵר חוֹבִי וּכְאֵבִי
וְיֵרֶא וְיֵבוֹשׁ אוֹיְבִי / וְאָשִׁיבָה חוֹרְפִי בְּנִיבִי
זֶה דוֹדִי, גּוֹאֲלִי, קְרוֹבִי / רֵעִי וְאַהוּבִי / אֵל אֱלֹהֵי אָבִי.

**בִּגְלַל אָבוֹת תּוֹשִׁיעַ בָּנִים, וְתָבִיא גְּאֻלָּה לִבְנֵי בְנֵיהֶם
בָּרוּךְ אַתָּה יהוה, גָּאַל יִשְׂרָאֵל.**

Continuar con la עמידה en la página 799.

GUEULÁ PARA EL SEGUNDO DÍA DE PESAJ

Apresúrate, Amado mío, y acude al sitio que Tú estableciste
como Tu residencia.
Si infringimos Tu Pacto, por favor,
recuerda por favor el amor de Tu compromiso con nosotros.
Afirma la verdad de Tu Palabra,
reconstruye la ciudad de Tu regocijo
y elévala por sobre Tu más alta alegría.

Apresúrate, Amado mío, acude a Tu Tabernáculo en Shalem (Jerusalém),
Si nos desviamos de Tu camino,
por favor, atisba por favor desde Tus celosías,
y redime a este pueblo pobre y oprimido,
apacigua Tu enojo hacia ellos,
y concédeles abrigo eterno bajo Tu ala.

Apresúrate, Amado mío, y acude al sitio
sobre el cual Tu corazón y Tus ojos se dirigen.
Y aunque hemos descuidado Tu buena Ley,
por favor, escucha el rugir de la voz de Tus enemigos
y el sonido de su tumulto.
Que su sangre empape la tierra,
que el polvo sea saturado por sus grasas
y que el hedor de sus cadáveres se eleve.

Apresúrate, Amado mío, acude a Tu elevada Casa de antaño.
Si Te hemos traicionado al negar Tu Palabra,
por favor, escucha la efusión de nuestras murmurantes penas.
Rescátame de hundirme en el fango,
salva a quienes guardas cual pupila de Tu ojo,
tal como lo hiciste entonces (en Egipto) en el primer mes (Nisán).

En el mérito de los padres salva a los hijos,
trae redención a los hijos de sus hijos.
Bendito eres Tú SEÑOR, que redimió a Israel.

Continuar con la Amidá en la página 798.

גאולה ליום טוב שני של פסח

בְּרַח דּוֹדִי אֶל מָכוֹן לְשִׁבְתְּךָ
וְאִם עָבַֽרְנוּ אֶת בְּרִיתְךָ
אָנָּא זְכֹר אִוּוּי חֻפָּתְךָ
הָקֵם קֶשֶׁט מִלָּתְךָ / כּוֹנֵן מְשׂוֹשׂ קִרְיָתְךָ
הַעֲלוֹתָהּ עַל רֹאשׁ שִׂמְחָתְךָ

בְּרַח דּוֹדִי אֶל שָׁלֵם סֻכָּךְ
וְאִם תָּעִֽינוּ מִדַּרְכָּךְ
אָנָּא הָצֵץ מֵחֲרַכָּךְ
וְתוֹשִֽׁיעַ עַם עָנִי וּמְתֻכָּךְ / חֲמָתְךָ מֵהֶם לְשַׁכָּךְ
וּבְאֶבְרָתְךָ סֶֽלָה לְהִסְתּוֹכָךְ

בְּרַח דּוֹדִי אֶל לִבְּךָ וְעֵינֶֽיךָ שָׁם
וְאִם זָנַֽחְנוּ טוֹב מְרֻשָּׁם
אָנָּא שְׁמַע שַׁאֲגַת קוֹל צוֹרְרֶֽיךָ וְרִגְשָׁם
רַוֵּה מִדָּם גּוּשָׁם / וַעֲפָרָם מֵחֵֽלֶב יְדֻשָּׁם
וּפִגְרֵיהֶם, יַעֲלֶה בָּאֵשָׁם

בְּרַח דּוֹדִי אֶל מָרוֹם מֵרִאשׁוֹן
וְאִם בָּגַֽדְנוּ בְּכַחֲשׁוֹן
אָנָּא סְכוֹת צָקוּן לַחֲשׁוֹן
דְּלוּתִי מִטְּבֽוּעַ רִפְשׁוֹן / גְּאַל נְצוּרֵי כְּאִישׁוֹן
כְּאָז בַּחֹֽדֶשׁ הָרִאשׁוֹן.

בִּגְלַל אָבוֹת תּוֹשִֽׁיעַ בָּנִים, וְתָבִיא גְּאֻלָּה לִבְנֵי בְנֵיהֶם
בָּרוּךְ אַתָּה יהוה, גָּאַל יִשְׂרָאֵל.

Continuar con la עמידה *en la página 799.*

GUEULÁ PARA SHABAT JOL HAMO'ED

En años en los que el primer y octavo día de Pesaj caen en Shabat y no hay Shabat Jol HaMo'ed, se recita la siguiente plegaria en el octavo día.

Apresúrate, Amado mío, acude a Tu Calma Morada. / Y aunque Te hemos cansado con nuestros corruptos caminos, / de todas maneras, hemos sufrido ya todo tipo de sufrimientos, / y Tú Señor eres nuestra Fortaleza y nuestra Esperanza. / A Ti ansiamos todos los días, / para que nos redimas y nos transformes en un jardín anegado.

Apresúrate, Amado mío, acude al sitio de nuestro Santuario. / Y si nuestras iniquidades han ido más allá de nuestras cabezas, / he aquí nuestros cuerpos han sido atados con cadenas de hierro, / y Tú Señor eres nuestra Luz, nuestro Santo. / Ante Ti derramaremos nuestras murmurantes plegarias, / para que nos redimas desde Tu Sagrada Morada y nos liberes.

Apresúrate, Amado mío, a nuestra ciudad de la rectitud. / Si no escuchamos la voz de Quien nos vindica, / de todas maneras, nuestros opresores nos han devorado ya con sus amplias fauces, / y Tú Señor, nuestro Juez y Legislador, / sobre Ti arrojaremos nuestra carga, / pues Tú nos redimes y nos sostienes en quietud y seguridad.

Apresúrate, Amado mío, acude a la Tienda de reunión Tu Elevada Morada. / Y si bien no estábamos dispuestos a cargar con Tu yugo, / de todas maneras, hemos sido afligidos con todo tipo de heridas y abusos, mas Tú Señor sabes reconfortar al doliente. Es a Ti que aguardamos para que liberes nuestras amarras, para que nos redimas y así engrandecernos más allá de toda frontera.

Apresúrate, Amado mío, ¡acude a la más elevada de las Montañas! Y si hemos actuado de manera arrogante y desenfrenada, considera que nos han alcanzado muchas y terribles desgracias, y Tú Señor, eres el Dios de la salvación. Es a Ti a quien suplicamos cuando clamamos en oración, para que puedas redimirnos y engalanarnos con el deleite de la salvación.

En el mérito de los padres salva a los hijos,
trae redención a los hijos de sus hijos.
Bendito eres Tú Señor, que redimió a Israel.

En Shabat Jol HaMo'ed, se recita la Amidá en la página 500.
En Yom Tov se recita la Amidá en la página 798.

גאולה לשבת חול המועד פסח

En años en los que el primer y octavo día de פסח *caen en* שבת *y no hay* שבת חול המועד*, se recita la siguiente plegaria en el octavo día.*

בְּרַח דּוֹדִי אֶל שַׁאֲנָן נָוֶה — אִם הֶלְאֵינוּ דֶּרֶךְ הַעֲוֵה
הִנֵּה לָקִינוּ בְּכָל מַדְוֶה — וְאַתָּה יהוה מָעוֹז וּמִקְוֶה
עָלֶיךָ כָּל הַיּוֹם נְקַוֶּה — לְגָאֳלֵנוּ וּלְשִׁיתֵנוּ כְּגַן רָוֶה.

בְּרַח דּוֹדִי אֶל מְקוֹם מִקְדָּשֵׁנוּ — אִם עֲוֹנוֹת עָבְרוּ רֹאשֵׁנוּ
הִנֵּה בַּרְזֶל בָּאָה נַפְשֵׁנוּ — וְאַתָּה יהוה אוֹרֵנוּ, קְדוֹשֵׁנוּ
עָלֶיךָ נִשְׁפֹּךְ שִׂיחַ רַחֲשֵׁנוּ — לְגָאֳלֵנוּ מִמְּעוֹן קָדְשְׁךָ לְהַחְפִּישֵׁנוּ.

בְּרַח דּוֹדִי אֶל עִיר צִדְקֵנוּ — אִם לֹא שָׁמַעְנוּ לְקוֹל מַצְדִּיקֵנוּ
הִנֵּה אֲכָלוּנוּ בְּכָל פֶּה מְדִקֵּינוּ — וְאַתָּה יהוה שׁוֹפְטֵנוּ, מְחוֹקְקֵנוּ
עָלֶיךָ נַשְׁלִיךְ יְהַב חֶלְקֵנוּ — לְגָאֳלֵנוּ בְּהַשְׁקֵט וּבְבִטְחָה לְהַחֲזִיקֵנוּ.

בְּרַח דּוֹדִי אֶל וַעַד הַזְּבוּל — עִם עָלְךָ סָבַלְנוּ בְּלִי סָבוּל
הִנֵּה שִׁחֲתוּנוּ בְּכָל מִינֵי חִבּוּל — וְאַתָּה יהוה מְשַׂמֵּחַ אָבוּל
עָלֶיךָ נַסְבִּיר לְהַתִּיר כָּבוּל — לְגָאֳלֵנוּ לְהִתְגַּדֵּל מֵעַל גְּבוּל.

בְּרַח דּוֹדִי אֶל נִשָּׂא מִגְּבָעוֹת — אִם זַדְנוּ בִּפְרֹעַ פְּרָעוֹת
הִנֵּה הִשִּׂיגוּנוּ צָרוֹת רַבּוֹת וְרָעוֹת — וְאַתָּה יהוה אֵל לְמוֹשָׁעוֹת
עָלֶיךָ נִתְחַנֵּן שִׂיחַ שְׁוָעוֹת — לְגָאֳלֵנוּ וּלְעַטְרֵנוּ נֹעַם יְשׁוּעוֹת.

בִּגְלַל אָבוֹת תּוֹשִׁיעַ בָּנִים
וְתָבִיא גְּאֻלָּה לִבְנֵי בְנֵיהֶם
בָּרוּךְ אַתָּה יהוה, גָּאַל יִשְׂרָאֵל.

En שבת חול המועד*, se recita la* עמידה *en la página 501.*
En יום טוב *se recita la* עמידה *en la página 799.*

GUEULÁ PARA EL SÉPTIMO DÍA DE PESAJ

El día en que las profundidades del mar se tornaron en tierra seca,
Los redimidos entonaron un cántico nuevo.

El día en que Tú fuiste glorificado por boca del opresor, / y demostraste
Tu amor hacia mí, / y para Ti estableciste alabanza
de la boca de lactantes.
Hundiste con astucia/ los pies de la hija de la Anamita (Egipto), /
mientras que los pasos de la amada Shulamit (Israel)
permanecieron tiernamente en sus sandalias.
Todos los que me contemplaron cantando / cuando presenciaron Tu gloria, /
entonaron: no hay quien se asemeje al Dios de Israel,
- y así testificaron nuestros enemigos.
Eleva mi estandarte como otrora hiciste / sobre el remanente de mi pueblo /
y reúne a los dispersos
como quien recoge las espigas.
Aquellos que han establecido contigo / el Pacto con Tu sello, /
y desde la matriz están
circuncidados en aras de Tu Nombre.
Ellos mostraron sus señales / a todo aquel que los veía, /
y en las esquinas de sus ropas anudaron tzitzit.
¿Para quién fue escrita esta Torá? / Por favor, haz conocer la verdad. /
Que sepan quién posee el sello
y quién el cordel.
Vuelve a consagrarla una segunda vez, / y no vuelvas a divorciarla jamás, /
haz brillar la luz de su sol
para que se disipen todas las sombras.
Quienes Te aman Te ensalzan, / y Te reciben entonando el cántico: /
¡Quién es como Tú
entre los fuertes, Señor!

En el mérito de los padres salva a los hijos,
trae redención a los hijos de sus hijos.
Bendito eres Tú Señor, que redimió a Israel.

Continuar con la Amidá en la página 798.

גאולה לשביעי של פסח

יוֹם לְיַבָּשָׁה נֶהֶפְכוּ מְצוּלִים
שִׁירָה חֲדָשָׁה שִׁבְּחוּ גְאוּלִים.

יוֹם בְּצַר נִכְבַּדְתָּ / וְאֵלַי נֶחְמַדְתָּ / וְלָךְ עֹז יִסַּדְתָּ
מִפִּי עוֹלָלִים.
הִטְבַּעְתָּ בְּתַרְמִית / רַגְלֵי בַּת עֲנָמִית / וּפַעֲמֵי שׁוּלַמִּית
יָפוּ בַּנְּעָלִים.
וְכָל רוֹאֵי יְשׁוּרוּן / בְּעֵת הוֹדְךָ יְשֻׁרוּן / אֵין כָּאֵל יְשֻׁרוּן
וְאוֹיְבֵינוּ פְּלִילִים.
דְּגָלַי כֵּן תָּרִים / עַל הַנִּשְׁאָרִים / וּתְלַקֵּט נִפְזָרִים
כִּמְלַקֵּט שִׁבֳּלִים.
הַבָּאִים עִמְּךָ / בִּבְרִית חוֹתָמְךָ / וּמִבֶּטֶן לְשִׁמְךָ
הֵמָּה נִמּוֹלִים.
הֶרְאוּ אוֹתוֹתָם / לְכָל רוֹאֶה אוֹתָם / וְעַל כַּנְפֵי כְּסוּתָם
עָשׂוּ גְּדִילִים.
לְמִי זֹאת נִרְשֶׁמֶת / הַכֶּר נָא דְּבַר אֱמֶת / לְמִי הַחוֹתֶמֶת
וּלְמִי הַפְּתִילִים.
וְשׁוּב שֵׁנִית לְקַדְּשָׁהּ / וְאַל תּוֹסֵף לְגָרְשָׁהּ / וְהַעֲלֵה אוֹר שִׁמְשָׁהּ
וְנָסוּ הַצְּלָלִים.
יְדִידִים רוֹמְמוּךָ / בְּשִׁירָה קִדְּמוּךָ / מִי כָמֹכָה
יהוה בָּאֵלִים.

בִּגְלַל אָבוֹת תּוֹשִׁיעַ בָּנִים
וְתָבִיא גְאֻלָּה לִבְנֵי בְנֵיהֶם
בָּרוּךְ אַתָּה יהוה גָּאַל יִשְׂרָאֵל.

Continuar con la עמידה *en la página 799.*

הלכות תפילה

LEYES DEL REZO

El texto (*nusaj*) del Sidur que usamos en la actualidad está basado en el establecido por los Gueonitas, principalmente el de Rabí Amram Gaón del siglo IX. El formato que llamamos "*Nusaj Ashkenaz*" se refiere a las plegarias y las costumbres de la judería ashkenazí, que incluía los judíos de Alemania y del norte de Francia. Cuando los judíos ashkenazíes migraron al Este llevaron consigo sus tradiciones a Polonia, Rusia, Lituania, Bohemia, Moravia, Austro Hungría, Rumania y los Balcanes. De igual manera, los judíos ashkenazíes migraron también hacia el Oeste a países como Francia, Suiza, Bélgica, Holanda, el norte de Italia, Inglaterra y últimamente a Israel, los Estados Unidos y otros países de América.

No existe una versión única u oficial de Sidur o Libro de Oraciones Ashkenaz, algunas diferencias en el formato o el estilo se fueron desarrollando en el seno de la judería de Alemania entre los que vivían en el Oeste y el Este de ese país y hoy es conocido como versión polaca o "*Nusaj Polín*". El "*Nusaj Polín*" es en la actualidad la versión mayoritariamente seguida por los ashkenazíes, pero no exclusivamente. En el siglo XVIII los jasídicos adoptaron una nueva versión basada en las enseñanzas de Rabí Isaac Luria Ashkenazí o el Ariz"al (1534–1572) el cual recuerda en mucho el formato del rezo de la judería sefaradí. A consecuencia de ello, en la actualidad muchos judíos descendientes de ashkenazíes rezan de acuerdo con la versión llamada "*Nusaj Sefarad*". Otra variante respecto del formato ashkenazí de rezo fue desarrollado por el Gaón de Vilna (Rabí Eliahu ben Rabí Shelomó 1720–1797) y es conocido como "*Minhag HaGrá*". Los discípulos del Gaón de Vilna que inmigraron a la tierra de Israel en el siglo XIX trajeron consigo el "*Minhag HaGrá*" siendo en la actualidad la versión ashkenazí de mayor uso en el país.

En el presente Sidur hemos intentado presentar el "*Nusaj Ashkenaz*" tal como se practica habitualmente en las comunidades ashkenazíes de Israel y los Estados Unidos, mencionando en las instrucciones las diferencias existentes entre ambas comunidades. Prácticas llamadas "israelíes" son también seguidas por algunas congregaciones en los Estados Unidos. En las páginas siguientes, mencionamos también ciertas prácticas del "*Nusaj Sefarad*" que se han tornado más comunes en círculos ashkenazíes.

Rabino Eli D. Clark

GUÍA DEL AÑO JUDÍO

ELUL

1 A partir del primer día del mes de Elul (segundo día del novilunio o Rosh Jodesh) y a lo largo de todo el mes se acostumbra a recitar לְדָוִד, יהוה אוֹרִי (página 301) por la noche al concluir el rezo de Ma'ariv y en la mañana tras el recitado del Salmo del Día [אשי ישראל, פמ״ה:ג].

2 Además, se toca cuatro veces el shofar tras la finalización del rezo matinal de los días de semana antes del recitado de לְדָוִד, יהוה אוֹרִי [רמ״א או״ח, תקפא:א].

Costumbres del período previo a Rosh HaShaná

3 El Shabat por la noche ("Motzaei Shabat") previo a Rosh HaShaná la congregación se reúne a medianoche para recitar *Selijot*. Usualmente este recitado es antecedido por una disertación del rabino. Si Rosh HaShaná cae un lunes o un martes el primer recitado de *Selijot* es pasado para el Motzaei Shabat de la semana anterior [רמ״א או״ח, תקפ״א:א].

4 La congregación recita *Selijot* cada día hábil de la semana hasta la víspera de Yom Kipur. Si bien originalmente la costumbre consistía en recitar *Selijot* cada noche pasada la medianoche y previo al amanecer, en la actualidad la mayoría de las congregaciones las recitan previo al rezo de Shajarit y algunas las dicen al atardecer del día anterior [ערוה״ש שם, ב–ד].

5 El oficiante escogido para dirigir el recitado de las *Selijot* preferentemente habrá de ser alguien notorio por su erudición religiosa y virtudes personales, mayor de treinta años y casado [רמ״א או״ח, תקפ״א:א].

6 Una persona que reza en soledad se le permite decir *Selijot* en ausencia de "*minián*" siempre y cuando omita el recitado de י״ג מידות o Los Trece Atributos de la Misericordia y los pasajes en el idioma arameo [תקפ״א:ד]. De todas maneras, quien reza en soledad puede leer Los Trece Atributos de la Misericordia

empleando la entonación de los versículos de la Torá o "*Ta'amei Hamikrá*" [שו"ע או"ח, תקסה: ה].

Víspera de Rosh HaShaná (día 29 de Elul)

7 El recitado de *Selijot* (el más prolongado de todo el año) precede al rezo habitual de Shajarit de días de semana. La congregación omite el *Tajanún* y el toque del shofar [שו"ע ורמ"א או"ח, תקפא: ג].

8 Se acostumbra a recitar la fórmula de התרת נדרים ("*Hatarat Nedarim*") o la liberación de las promesas (página 935) frente a tres varones adultos una vez concluido el rezo de Shajarit [חיי אדם, קלח: ח]. Esta fórmula puede ser pronunciada en cualquier momento del día [שו"ע יו"ד, רלד: נו] o bien en cualquier día anterior a Yom Kipur.

9 Hay quienes acostumbran a sumergirse en la mikve. Otra costumbre es la de ayunar y visitar las tumbas de los parientes fallecidos [שו"ע או"ח, תקפא: ב; רמ"א, שם: ד].

10 Cuando Rosh HaShaná cae en jueves y viernes en cada hogar debe prepararse un "*Eiruv Tavshilín*" (página 787); esto habilita la preparación de alimentos el viernes para las comidas de Shabat [שו"ע או"ח, תקט].

TISHREI

Rosh HaShaná (1 y 2 de Tishrei)

▸ LEYES REFERENTES A LA VÍSPERA DE ROSH HASHANÁ

11 Encendido de velas: se recitan dos bendiciones: (1) לְהַדְלִיק נֵר שֶׁל יוֹם טוֹב (" nos ordenó encender las velas de Yom Tov") y (2) שֶׁהֶחֱיָנוּ ("que nos ha dado vida..."). Cuando la víspera de Rosh HaShaná cae un viernes por la noche la primera bendición por las velas concluye diciendo: לְהַדְלִיק נֵר שֶׁל שַׁבָּת וְשֶׁל יוֹם טוֹב (""nos ordenó encender las velas de Shabat y de Yom Tov.") (página 325).

12 Ma'ariv: para Shabat y Yom Tov. Antes de recitar la Amidá de Rosh HaShaná la mayoría de las congregaciones suelen recitar תִּקְעוּ בַחֹדֶשׁ שׁוֹפָר (Salmos 81:4–5). Tras la Amidá se abre el Arca Sagrada y el oficiante junto a la congregación recitan alternadamente el Salmo 24 לְדָוִד מִזְמוֹר, לַיהוה הָאָרֶץ וּמְלוֹאָהּ. Posteriormente se recita un Kadish Completo (algunos recitan el Salmo 24 después del Kadish), *Aleinu Leshabeaj*, Kadish de Duelo, Salmo 27 y Kadish de Duelo. Se acostumbra a concluir cantando Adon Olam o Ygdal.

13 Cambios en el Kadish: se acostumbra a reemplazar לְעֵלָּא מִן כָּל ("más allá de cualquier bendición") por לְעֵלָּא לְעֵלָּא מִכָּל ("por encima y más allá de todos") [משנ״ב, נו: ב] y a cambiar עֹשֶׂה שָׁלוֹם ("Quien obra paz ") por עֹשֶׂה הַשָּׁלוֹם ("aquél que hace la paz") [ערוה״ש או״ח, תקפב: ח]. Quien olvida implementar estas variantes no debe repetir el Kadish.

14 Agregados especiales en la Amidá: En Rosh HaShaná y Yom Kipur se agregan frases especiales a la Amidá: זָכְרֵנוּ לְחַיִּים se agrega en la primera bendición; מִי כָמוֹךָ en la segunda; a la tercera se le adicionan cuatro párrafos y el final es cambiado a הַמֶּלֶךְ הַקָּדוֹשׁ; וּכְתֹב se agrega en la penúltima y בְּסֵפֶר חַיִּים en la última cambiándose el final por עוֹשֶׂה הַשָּׁלוֹם (algunos acostumbran a no cambiar el final de la bendición). Quien se olvide de agregar cualquiera de estos pasajes no debe repetir la Amidá con las adiciones olvidadas [שו״ע ורמ״א או״ח, תקפב: ה]. Sin embargo, quien se olvida de modificar el final de la tercera bendición y no dice הַמֶּלֶךְ הַקָּדוֹשׁ debe repetir la Amidá desde el comienzo a menos que corrija su error en el correr del recitado תוך כדי דיבור (ver directamente en el *Shulján Aruj* la discusión respecto de esta cuestión) [שו״ע או״ח, תקפא: ג].

15 Cuando la víspera de Rosh HaShaná cae un viernes por la noche, el rezo de Ma'ariv es antecedido por los dos últimos salmos del Kabalat Shabat: מִזְמוֹר שִׁיר לְיוֹם הַשַּׁבָּת y יהוה מָלָךְ, גֵּאוּת לָבֵשׁ (página 343). Se omite במה מדליקין. Se recita la Amidá con los agregados propios de Shabat. Luego de la Amidá y antes de recitar el Salmo 24 la congregación entona וַיְכֻלּוּ הַשָּׁמַיִם y el oficiante recita la repetición abreviada de la Amidá tal como se acostumbra a hacer en las vísperas de Shabat [שו״ע או״ח, תריט: ג].

16 En la víspera de Rosh HaShaná se acostumbra a desear unos a otros que seamos inscritos con un buen año nuevo: "לשנה טובה תכתב ותחתם" [רמ״א או״ח, תקפב: ט].

17 Al retornar al hogar se recita el Kidush de Rosh HaShaná. Cuando la víspera de Rosh HaShaná cae un viernes por la noche se incluyen los agregados por Shabat (página 939).

18 En la primera noche de Rosh HaShaná, tras comer de la *jalá* se acostumbra a recitar la bendición de las frutas e ingerir una rodaja de manzana untada con miel y acto seguido se desea que el año que entra sea dulce [רמ״א או״ח, תקפג: א]. Se agrega יַעֲלֶה וְיָבוֹא en el *Birkat HaMazón* (página 1045).

19 Shajarit: Se recitan *Pesukei DeZimrá* para Shabat y Yom Tov. El oficiante de Shajarit comienza con las palabras הַמֶּלֶךְ יוֹשֵׁב. Luego de *Yshtabaj* el Arca Sagrada es abierta y la congregación recita el Salmo 130 alternadamente (algunos recitan el Salmo 130 antes de נִשְׁמַת כָּל חַי).

20 Tras *Barjú*, la congregación recita הַמֵּאִיר לָאָרֶץ o, si es Shabat recita הַכֹּל יוֹדוּךָ. Se recita la Amidá de Rosh HaShaná y si es también Shabat se incluyen los agregados correspondientes. El oficiante repite la Amidá agregando los poemas correspondientes anteriores a la *Kedushá*. La congregación recita *Avinu Malkenu* mas no lo hace si es Shabat [רמ"א או"ח, תקפד:א]. (Algunas congregaciones pronuncian en este sitio el Salmo del Día y el Salmo 27 seguido del Kadish de Duelo). Cuando la Torá es retirada del Arca Sagrada, la mayoría de las congregaciones recitan "Los Trece Atributos de la Misericordia" y una súplica especial, salvo en Shabat.

21 La lectura de la Torá: primer día – Génesis 21:1–34; segundo día – Génesis 22:1–24. Cinco personas son llamadas a la Torá, siete si es Shabat. El Maftir (en ambos días): Números 29:1–6. Haftará: el primer día – 1 Samuel 1:1–2:10; segundo día – Jeremías 31:1–19 [שו"ע או"ח, תקפד:ב; שם, תרא:א].

22 La Haftará es seguida (en Shabat por *Yakum Purkan*) de las plegarias por el gobierno y el Estado de Israel. Se acostumbra que el rabino diserte antes de escuchar el toque del shofar. En caso de haber un Brit Milá tiene lugar previo al toque del shofar.

▸ LEYES REFERENTES AL TOQUE DEL SHOFAR

23 Escuchar el toque del shofar es un precepto positivo de la Torá. Una persona sorda está exenta de esta mitzvá, mas no una ciega; en consecuencia, una persona no vidente puede tocar el shofar para los demás pero un incapacitado auditivo no podrá hacerlo. Las mujeres están exentas de este precepto, pero una mujer puede tocar el shofar para sí misma y para otras mujeres. Si un hombre toca el shofar para una o más mujeres, estas deberán recitar la bendición correspondiente por sí mismas [שו"ע ורמ"א או"ח, תקפט:ג].

24 Los primeros treinta sonidos del shofar que se tocan antes del inicio del rezo de Musaf significan el mínimo de toques que deben ser escuchados [שו"ע או"ח, תקצ:א]. Sin embargo, se acostumbra a efectuar cien toques. Según la tradición ashkenazí se efectúan treinta toques de shofar antes de Musaf, treinta durante la repetición de la Amidá y cuarenta más en dos series de treinta y diez durante el Kadish Completo que se recita después de Musaf [משנ"ב, תקצב:ד]. Algunas congregaciones siguen la tradición sefaradí según la cual se toca el shofar durante el recitado silencioso de la Amidá en vez de hacerlo durante la repetición (ver ley 34).

25 Quien toca el shofar debe estar de pie, la congregación puede tomar asiento durante la primera tanda de toques, aunque la costumbre es permanecer de pie [שו"ע או"ח, תקפה:א; משנ"ב, שם:ב].

26 Quien toca el shofar debe recitar dos bendiciones: (1) לִשְׁמֹעַ קוֹל שׁוֹפָר (*"Lishmoa Kol shofar"*) y (2) שֶׁהֶחֱיָנוּ (*"Shehejeianu"*) [שו״ע או״ח, תקפה: ב].

27 A los efectos de prevenir distracciones durante el cumplimiento del precepto de escuchar el toque del shofar, la congregación tendrá prohibido hablar de cualquier cuestión que no esté vinculada al precepto hasta que se completen los primeros treinta toques, y tendrá prohibido hablar de cualquier cuestión que no esté vinculada al rezo hasta completar los cien toques [שו״ע או״ח, תקצב: ג].

28 Los rabinos establecieron que no se toque el shofar si Rosh HaShaná cae en Shabat [ראש השנה כט:; שו״ע או״ח, תקפח: ה].

29 Una vez que se tocó el shofar se recita *Ashrei* y los rollos de la Torá son devueltos al Arca Sagrada. El oficiante de Musaf entona una plegaria especial previa al rezo הִנְנִי הֶעָנִי מִמַּעַשׂ ("Heme aquí, pobre en buenas acciones"), y luego Medio Kadish.

30 Musaf de Rosh HaShaná: se trata de una Amidá especial que difiere de las comúnmente recitadas tanto en Shabat como en Yom Tov ya que cuenta con nueve bendiciones en vez de siete. En vez de una bendición dedicada a la santidad de la festividad este rezo contiene tres extensas bendiciones dedicadas a tres diferentes temas de Rosh HaShaná: El Reino Divino, el Recuerdo y el shofar [שו״ע או״ח, תקצא: א; שם: ד].

31 Previo a la *Kedushá* se recitan poemas litúrgicos culminando en וּנְתַנֶּה תֹּקֶף.

32 En la repetición de la Amidá la cuarta bendición incluye el recitado de *Aleinu Leshabeaj*. El Arca Sagrada es abierta y el oficiante (en la mayoría de las comunidades toda la congregación) se prosterna al pronunciar las palabras וַאֲנַחְנוּ כּוֹרְעִים. Dado que está prohibido que la cabeza tome contacto con el suelo de piedra durante la prosternación, debe colocarse algún tipo de tela o papel entre la cabeza y el suelo [רמ״א או״ח, קלא: ח].

33 Al finalizar el oficiante el recitado de cada una de las tres bendiciones centrales de la Amidá se efectúan diez toques de shofar y la congregación recita הַיּוֹם הֲרַת עוֹלָם y אֲרֶשֶׁת שְׂפָתֵינוּ. Si Rosh HaShaná cae en Shabat no se toca el shofar y se omite אֲרֶשֶׁת שְׂפָתֵינוּ. Los cohanim recitan *Birkat Cohanim.*

34 Una vez concluido Musaf, el oficiante recita un Kadish Completo. Se efectúan cuarenta toques más de shofar en dos tandas de treinta y diez [רמ״א או״ח, תקצו: א; פמ״ג, שם]. Algunas congregaciones llevan a cabo una pausa durante el Kadish Completo y entonces efectúan la tanda de treinta toques de shofar y los diez restantes los realizan inmediatamente después de finalizado el Kadish Completo. Otras congregaciones efectúan los treinta toques tras la compleción del

Kadish Completo y los últimos diez antes de *Aleinu Leshabeaj*. Esto es seguido por el recitado de *Ein KeElokeinu*, el Kadish de los Rabinos, *Aleinu Leshabeaj*, el Kadish de Duelo, el Salmo del Día, el Salmo 27, el Kadish de Duelo, *An'im Zemirot*, el Kadish de Duelo y Adon Olam.

35 Minjá: para Shabat y Yom Tov. Cuando Rosh HaShaná cae en Shabat se lee el comienzo de la porción de *Ha'azinu*. La Amidá es idéntica a la que se recitó en Shajarit salvo que es precedida por el versículo que comienza con כִּי שֵׁם יהוה אֶקְרָא, (Deuteronomio 32:3), y en la bendición final el párrafo de שָׁלוֹם רָב ("Abundante Paz") sustituye al de שִׂים שָׁלוֹם ("Instaura paz"). Una vez que el oficiante repitió la Amidá la congregación recita *Avinu Malkenu*, salvo que Rosh HaShaná haya caído en Shabat.

36 Una vez finalizado el rezo de Minjá se acostumbra recitar *Tashlij* (página 943) junto a una fuente de aguas que fluyen. Si el primer día de Rosh HaShaná cae en Shabat el *Tashlij* es recitado en el segundo día [רמ"א או"ח, תקפג:ב] o en cualquier día de la semana con anterioridad a Yom Kipur.

Segundo día de Rosh HaShaná (2 de Tishrei)

37 Víspera del segundo día: el encendido de velas y los preparativos para la cena deben realizarse una vez caída la noche. Si el primer día de Rosh HaShaná cae en Shabat la congregación debe agregar en el medio de la Amidá el recitado del párrafo que comienza con las palabras וַתּוֹדִיעֵנוּ. De igual manera, durante el Kidush se agregan las dos bendiciones de la Havdalá antes de recitar שֶׁהֶחֱיָנוּ (página 941). Por lo tanto, el orden es el siguiente: se recita la bendición por el vino, el Kidush, la bendición por el fuego, la Havdalá y por último שֶׁהֶחֱיָנוּ.

38 En la segunda noche de Rosh HaShaná se acostumbra a comer una fruta nueva o vestir una prenda nueva. Sin embargo, se recita la bendición שֶׁהֶחֱיָנוּ durante el Kidush aunque no se cuente con esos elementos [שו"ע או"ח, תר:ב]. Asimismo, se recita שֶׁהֶחֱיָנוּ previo al toque del shofar del segundo día aunque se lo haya tocado ya en el primero [שם:ג].

39 Ma'ariv, Shajarit y Minjá: salvo en lo arriba mencionado, los rezos del segundo día son similares a los del primero.

40 Motzaei Rosh HaShaná: se recita Ma'ariv de día de semana. En la cuarta bendición de la Amidá, se recita el párrafo que comienza con las palabras אַתָּה חוֹנַנְתָּנוּ (página 279). La Havdalá se recita sobre una copa de vino o jugo de uva; no se recitan ni la bendición del fuego ni la de las especies aromáticas [שו"ע או"ח, תרא:א].

Leyes referentes a Aseret Yemei Teshuvá (los Diez Días de Retorno)

41 Cambios en el recitado del Kadish: ver ley 13.

42 Durante las plegarias matutinas se acostumbra a abrir el arca luego de *Yshtabaj* y recitar el Salmo 130 alternadamente (página 87) [משנ"ב או"ח, נד:ד]. Algunos recitan el Salmo 130 antes de *Yshtabaj*.

43 Agregados a la Amidá: Ver ley 14. Se debe además modificar el final de la undécima bendición y en vez de decir מֶלֶךְ אוֹהֵב צְדָקָה וּמִשְׁפָּט debe decirse הַמֶּלֶךְ הַמִּשְׁפָּט [שו"ע או"ח, תקפא:ג], pero en caso de haberse olvidado no es necesario repetir la Amidá [רמ"א או"ח, קיח:א].

44 En Shajarit y en Minjá, una vez concluida la Amidá, se abre el Arca Sagrada y la congregación recita *Avinu Malkenu*. Este agregado es omitido el viernes por la tarde y en Shabat [רמ"א או"ח, תרב:א].

Ayuno de Guedalia (3 de Tishrei)

45 Este ayuno conmemora el asesinato de Guedaliá ben Ajikam a manos de Ishmael ben Netaniá, a petición de Ba'alis rey de Amón (aprox. 586 A.E.C.). Guedaliá fue nombrado gobernador de Judea poco después de la conquista de Jerusalém por parte de los babilonios. Su asesinato, pocos meses después de haber sido designado, acabó con el último remanente de gobierno autónomo judío en la tierra de Israel y dio lugar a la dispersión de los judíos que aún permanecían en el país tras la destrucción del Primer Templo (II Reyes 25:22–26, Jeremías 40:4–41:18).

46 Si el 3 de Tishrei cae en Shabat el ayuno se pospone para el domingo.

47 El ayuno comienza al amanecer [שו"ע או"ח, תקנ:ב]. Está permitido despertarse antes del amanecer para comer y beber, pero únicamente si se tuvo la intención de hacerlo antes de irse a dormir [שו"ע או"ח, תקסד:א].

48 Está prohibido comer y beber, pero están permitidas otras actividades tales como tomar un baño o calzar zapatos de cuero [שו"ע או"ח, תקנ:ב]. Mujeres embarazadas o que amamantan están exentas de ayunar [רמ"א, שם:א].

49 Shajarit: Durante la semana entre Rosh HaShaná y Yom Kipur, previo al rezo de Shajarit se recitan *Selijot*. Se dicen todas las variantes de *Aseret Yemei Teshuvá*. Durante la repetición de la Amidá el oficiante recita el párrafo que comienza con la palabra עֲנֵנוּ entre la séptima y la octava bendición (página 117) [שו"ע או"ח, תקסו:א]. Esto es seguido por *Avinu Malkenu* y *Tajanún*.

50 Lectura de la Torá (página 1172): Se lee la Torá únicamente si al menos seis personas están ayunando (y de acuerdo con otros autores: tres). Se llama a la

Torá únicamente a personas que estén ayunando. Se acostumbra que durante la lectura la congregación diga en voz alta los siguientes pasajes: las últimas siete palabras de Éxodo 32:12 שׁוּב מֵחֲרוֹן אַפֶּךָ, וְהִנָּחֵם עַל־הָרָעָה לְעַמֶּךָ, "Los Trece Atributos de la Misericordia": יהוה יהוה אֵל רַחוּם וְחַנּוּן אֶרֶךְ אַפַּיִם וְרַב־חֶסֶד וֶאֱמֶת: נֹצֵר חֶסֶד לָאֲלָפִים נֹשֵׂא עָוֹן וָפֶשַׁע וְחַטָּאָה וְנַקֵּה y las últimas cuatro palabras de Éxodo 34:9: וְסָלַחְתָּ לַעֲוֹנֵנוּ וּלְחַטָּאתֵנוּ וּנְחַלְתָּנוּ [משנ״ב, שם (ג)].

51 Minjá: Tras recitar *Ashrei* y Medio Kadish se lee la Torá. La lectura es idéntica a la de la mañana. La tercera persona que es llamada a la Torá lee también la Haftará (página 1172) [רמ״א, שם]. Una vez devuelto el rollo de la Torá al Arca Sagrada el oficiante recita Medio Kadish y se reza la Amidá de Minjá de días de semana.

52 Durante el recitado silencioso de la Amidá quienes ayunan dicen el párrafo de עננו como parte de la decimosexta bendición שׁוֹמֵעַ תְּפִלָּה (página 241). Durante la repetición de la Amidá el oficiante recita עֲנֵנוּ entre la séptima y la octava bendición tal como en la mañana (página 235). Después de la bendición הַטּוֹב שִׁמְךָ וּלְךָ נָאֶה לְהוֹדוֹת, el oficiante recita el párrafo referido a *Birkat Cohanim* (página 247). En cuanto a la bendición final de la Amidá, se recita שִׂים שָׁלוֹם en vez de שָׁלוֹם רָב. Una vez concluida la Amidá la congregación recita *Avinu Malkenu*. Posteriormente se dice *Tajanún,* Kadish Completo y *Aleinu Leshabeaj.*

Shabat Shuvá

53 Shabat Shuvá recibe este nombre por tratarse del primer vocablo de la Haftará: *"Shuva"*. Este Shabat es a veces mencionado Shabat Teshuvá o "Shabat del Retorno".

54 Kabalat Shabat: Si Shabat Shuvá cae el 3 de Tishrei, el rezo de Ma'ariv es precedido únicamente por los dos últimos salmos de Kabalat Shabat: מִזְמוֹר שִׁיר לְיוֹם הַשַּׁבָּת y יהוה מָלָךְ, גֵּאוּת לָבֵשׁ (página 343). Se omite בַּמֶּה מַדְלִיקִין. La Amidá de Ma'ariv de Shabat incluye los agregados por los *Aseret Yemei Teshuvá*. De igual manera, cuando el oficiante recita el párrafo de מָגֵן אָבוֹת debe decir הַמֶּלֶךְ הַקָּדוֹשׁ en vez de הָאֵל הַקָּדוֹשׁ (página 379) [שו״ע או״ח, תקפב: ג].

55 Shajarit: de Shabat. La congregación recita el Salmo 130 alternadamente previo a *Yshtabaj* (algunos recitan el Salmo 130 previo a נִשְׁמַת כָּל חַי). La Amidá de Shabat se recita con los agregados de *Aseret Yemei Teshuvá*. La Haftará es en Oshea 14:2–10; Yoel 2:15–27.

56 Se acostumbra que el rabino diserte sobre temas relativos al arrepentimiento o retorno.

57 Se acostumbra a no recitar *Kidush Levaná* hasta pasado Yom Kipur [רמ״א או״ח, תרב: א].

Víspera de Yom Kipur (9 de Tishrei)

58 Es preceptivo comer y beber el día anterior a Yom Kipur [שו״ע או״ח, תרד: א].

59 Cada persona debe pedir perdón a las demás, porque Yom Kipur expía por los pecados cometidos contra el prójimo únicamente si el transgresor se disculpó personalmente ante la persona afectada [שו״ע או״ח, תרו: ד].

60 Se acostumbra a recitar *Kaparot* (página 945) [רמא או״ח, תרה: א] y los hombres a sumergirse en la mikve [שו״ע ורמ״א או״ח, תרו: ד].

61 Por la mañana, se recita un formato breve de *Selijot* seguido de Shajarit de días de semana. Durante la lectura de los *Pesukei DeZimrá* la congregación omite el Salmo 100. Asimismo, se omiten *Avinu Malkenu, Tajanún* y לַמְנַצֵּחַ (Salmo 20). Sin embargo, si la víspera de Yom Kipur cae un viernes la congregación no omite *Avinui Malkenu* [שו״ע ורמ״א או״ח, תרד: ב].

62 Minjá: la mayoría de las congregaciones programan recitar Minjá temprano para posibilitar a los congregantes regresar a sus casas e ingerir la comida final previa al inicio del ayuno (*Seudá Mafseket*). Se recita Minjá de días de semana con los agregados correspondientes a los *Aseret Yemei Teshuvá*. Antes de llegar al párrafo אֱלֹהַי, נְצֹר en el final de la Amidá, cada persona recita *Viduy* (Confesión de sus transgresiones) (página 947) [שו״ע או״ח, תרז: א]. El oficiante no recita *Viduy* durante la repetición de la Amidá. Al igual que por la mañana, se omiten tanto *Avinu Malkenu* como *Tajanún*.

63 La *Seudá Mafseket* (comida final previo al ayuno) debe finalizar unos minutos antes de la puesta del sol [שו״ע או״ח, תרח: א]. Se acostumbra que después de la comida los padres reciten una bendición especial dirigida a sus hijos [חיי אדם, קמד: יט].

64 Encendido de velas: se recitan dos bendiciones: (1) לְהַדְלִיק נֵר שֶׁל יוֹם הַכִּפּוּרִים, y (2) שֶׁהֶחֱיָנוּ. Cuando la víspera de Yom Kipur cae un viernes por la noche, el final de la primera bendición se modifica y es: לְהַדְלִיק נֵר שֶׁל שַׁבָּת וְשֶׁל יוֹם הַכִּפּוּרִים (página 325) [שו״ע ורמ״א או״ח, תרי: א–ב].

65 Además, debe encenderse otra vela similar a las de *yortzait* que dure veinticinco horas y sirva para encender la de la Havdalá tras la finalización de Yom Kipur.

Yom Kipur (10 de Tishrei)

66 Víspera de Yom Kipur: varias personas recitan *Tefilá Zaká* ("Plegaria Pura") antes de comenzar *Kol Nidrei* [משנ״ב או״ח, תרז: א]. Se acostumbra que los hombres casados se envuelvan en su talit antes de *Kol Nidrei,* pudiendo también vestir un *kitel* [רמ״א או״ח, תרי: ד]. Se abre el Arca Sagrada y dos dirigentes de la

congregación llevan cada uno consigo un rollo de la Torá a la *bimá*, donde se pararán cada uno a un lado del oficiante que entona Kol Nidrei. Al finalizar la plegaria toda la congregación recita la bendición de שֶׁהֶחֱיָנוּ (salvo las mujeres que ya la recitaron al encender las velas), y los rollos de la Torá son devueltos al Arca Sagrada [שו"ע או"ח, תריט: א].

67 Ma'ariv: para Shabat y Yom Tov. Cuando se recita el Shemá la congregación pronuncia en voz alta בָּרוּךְ שֵׁם כְּבוֹד מַלְכוּתוֹ לְעוֹלָם וָעֶד [שו"ע או"ח, תריט: ב]. Antes de recitar la Amidá de Yom Kipur algunos dicen el versículo כִּי בַיּוֹם הַזֶּה... (Levítico 16:30). Tras finalizar la Amidá (con sus agregados especiales, ver ley 14) el oficiante dirige a la congregación en el recitado de *Selijot* y *Viduy*. Luego del *Viduy*, se abre el Arca Sagrada y la congregación recita *Avinu Malkenu* (a menos que Yom Kipur caiga en Shabat) y el Salmo 24. Esto es seguido por Kadish Completo, *Aleinu Leshabeaj*, Kadish de Duelo, el Salmo 27 y Kadish de Duelo. Se acostumbra a concluir el servicio entonando Adón Olam o Ygdal. Algunas congregaciones recitan también los Salmos 1–4, *Shir HaIjud* y *An'im Zemirot*.

68 Cuando Yom Kipur cae un viernes por la noche, previo a Ma'ariv se recitan los dos últimos salmos del Kabalat Shabat: יהוה מָלָךְ, גֵּאוּת לָבֵשׁ y מִזְמוֹר שִׁיר לְיוֹם הַשַּׁבָּת (página 343). Se omite בַּמֶּה מַדְלִיקִין. Se recita la Amidá con los agregados de Shabat. Luego de la Amidá la congregación recita וַיְכֻלּוּ הַשָּׁמַיִם y el oficiante dice la repetición abreviada de la Amidá tal como se acostumbra en las vísperas de Shabat [שו"ע או"ח, תריט: ג].

69 Shajarit: muchos acostumbran a vestir un *kitel* bajo el talit. El Salmo del Día es recitado inmediatamente después de envolverse en el talit. Se recitan los *Pesukei DeZimrá* para Shabat y Yom Tov. El oficiante de Shajarit comienza entonando הַמֶּלֶךְ יוֹשֵׁב ("El Rey que se sienta sobre el trono..."). Después de *Yshtabaj* se abre el Arca Sagrada y la congregación recita el Salmo 130 alternadamente (algunas congregaciones lo hacen antes de נִשְׁמַת כָּל חַי).

70 Luego de *Barjú* la congregación recita הַמֵּאִיר לָאָרֶץ o הַכֹּל יוֹדוּךָ si además es Shabat. Se reza la Amidá de Yom Kipur y si es también Shabat se adicionan los agregados correspondientes. El oficiante repite la Amidá agregando poemas litúrgicos previo a la *Kedushá*. En todos los rezos del día se entona la *Kedushá* de Musaf (נַעֲרִיצְךָ). En la cuarta bendición la congregación dice זְכוֹר רַחֲמֶיךָ y *Viduy*.

71 La congregación recita *Avinu Malkenu*, mas no lo hará en Shabat [רמ"א או"ח, תקפד: א]. Luego se dice un Kadish Completo. Cuando la Torá es retirada del Arca Sagrada la mayoría de las congregaciones recitan "Los Trece Atributos de la Misericordia" y una súplica especial, salvo en Shabat.

72 Se lee la Torá en Levítico 16:1–34. Seis personas son llamadas a la Torá, siete si es Shabat. Maftir: Números 29:7–11. Haftará: Isaías 57:14–58:14 [שו״ע או״ח, תרכא:א].

73 La Haftará es seguida por (*Yekum Purkan* en Shabat y luego) las bendiciones por el gobierno, el Estado de Israel e *Yzkor*. Se acostumbra que el Rabino diserte previo a *Yzkor*. Algunos acostumbran a salir de la sinagoga si tienen ambos padres con vida [גשר החיים, לא:ב]. Quien reza en soledad puede también recitar *Yzkor* [גשר החיים, לב:א].

74 Una vez finalizado *Yzkor* la congregación recita **אַב הָרַחֲמִים** y *Ashrei*, y los rollos de la Torá son regresados al Arca Sagrada. El oficiante de Musaf entona una plegaria especial previa al rezo **הִנְנִי הֶעָנִי מִמַּעַשׂ** ("Heme aquí, pobre en buenas acciones") y luego Medio Kadish.

75 En caso de haber un Brit Milá, este tiene lugar previo al recitado de *Ashrei* [משנ״ב, תרכא:ז] y la copa de vino o jugo de uva es bebida por alguien que no debe ayunar o un niño [רמ״א או״ח, תרכא:ג].

76 Musaf: durante la repetición de la Amidá se entonan poemas litúrgicos antes de la *Kedushá* culminando con **וּנְתַנֶּה תֹּקֶף**.

77 En la repetición de la Amidá la cuarta bendición incluye el recitado de *Aleinu Leshabeaj*. El Arca Sagrada es abierta y el oficiante (en la mayoría de las comunidades toda la congregación) se prosterna al pronunciar las palabras **וַאֲנַחְנוּ כּוֹרְעִים**. Esto es seguido por poemas litúrgicos que describen el servicio sagrado en el Templo de Jerusalém (durante el cual la congregación se prosterna tres o cuatro veces más) rememorando el público pronunciamiento del inefable Nombre Divino por parte del Sumo Sacerdote. Dado que está prohibido que la cabeza tome contacto con el piso de piedra durante la prosternación debe colocarse algún tipo de tela o papel entre la cabeza y el suelo [רמ״א או״ח, קלא:ח].

78 Los cohanim recitan *Birkat Cohanim*.

79 Luego de Musaf, el oficiante recita un Kadish Completo. No se dice ni *Ein KeEloheinu* ni *Aleinu Leshabeaj*.

80 Minjá: no se recita ni *Ashrei* ni **וּבָא לְצִיּוֹן**; en su lugar el servicio comienza retirando el rollo de la Torá del Arca Sagrada [רמ״א או״ח, תרכב:א]. Lectura de la Torá: Levítico 18:1–30. La tercera persona que es llamada a la Torá lee la Haftará – el libro de Jonás y Miqueas 7:18–20 [שו״ע או״ח, תרכב:ב]. Tras devolver la Torá al Arca Sagrada el oficiante recita Medio Kadish. La Amidá es idéntica a la de Shajarit excepto que es precedida por el versículo **כִּי שֵׁם יהוה אֶקְרָא** (Deuteronomio 32:3). La repetición de la Amidá por parte del oficiante incluye una *Kedushá* que

inicia con נַעֲרִיצְךָ, el *Viduy* y el párrafo referente a *Birkat Cohanim*. Se dice *Avinu Malkenu* a menos que Yom Kipur haya caído en Shabat o se esté corto de tiempo, ya que la repetición de *Neilá* por parte del oficiante debe comenzar antes de la puesta del sol [משנ״ב, שם: יב].

81 *Neilá*: la congregación eleva la quinta plegaria del día, llamada *Neilá* ("Clausura"), que se inicia poco antes de la puesta del sol. Este rezo comienza de igual manera como Minjá para Shabat y Yom Tov con *Ashrei*, וּבָא לְצִיּוֹן y Medio Kadish [רמ״א או״ח, תרכג: א]. La congregación recita la Amidá silenciosa de *Neilá*, durante la cual el vocablo כָּתְבֵנוּ ("inscríbenos") en todas sus conjugaciones es cambiado por חָתְמֵנוּ ("séllanos") [רמ״א או״ח, תרכג: ב]. En la última bendición, se dice שִׂים שָׁלוֹם. En el *Viduy*, en vez de decirse עַל חֵטְא se recita una sentida súplica.

82 El Arca es abierta para toda la repetición de la Amidá que incluye una *Kedushá* que inicia con נַעֲרִיצְךָ, *Selijot*, una versión reducida de *Viduy* y el párrafo relativo a *Birkat Cohanim*.

83 Se dice *Avinu Malkenu* incluso cuando Yom Kipur cae en Shabat, nuevamente el vocablo כָּתְבֵנוּ es suplantado por חָתְמֵנוּ.

84 Al finalizar *Neilá*, el oficiante dirige la pronunciación alternada de varios versículos seguidos de un Kadish Completo y el toque del shofar [רמ״א, שם ו]. Se acostumbra a culminar el servicio entonando לְשָׁנָה הַבָּאָה בִּירוּשָׁלָיִם ("El año próximo en Jerusalém").

85 Ma'ariv: de día de semana. En la cuarta bendición de la Amidá se agrega el párrafo de אַתָּה חוֹנַנְתָּנוּ (página 279) [שו״ע או״ח, תרכד: א]. Se recita la Havdalá con una copa de vino o jugo de uva y la vela correspondiente es encendida a partir de un fuego prendido antes del inicio de Yom Kipur. No se recita bendición por las especies aromáticas (a menos que además sea Motzaei Shabat) [שו״ע או״ח, תרכד: ד].

86 Se acostumbra a comenzar la construcción de la Sucá en la noche posterior a Yom Kipur [רמ״א, שם: ה, ותרכה: א].

87 No se recita *Tajanún* entre Yom Kipur y Sucot [שו״ע או״ח, קלא: ז].

Víspera de Sucot (*14 de Tishrei*)

88 La construcción y el decorado de la sucá deben finalizarse antes del inicio de la festividad. Asimismo, los mirtos (*hadasim*), las hojas de sauce (*aravot*) deben estar amarrados al lulav antes del inicio de Sucot [שו״ע או״ח, תרנא: א].

89 Cuando Sucot cae jueves y viernes, en cada hogar se debe preparar un *Eiruv Tavshilín* (página 787) lo cual posibilita preparar alimentos el viernes para las comidas del Shabat [שו״ע או״ח, תקכו].

Primeros días de Sucot (15 y 16 de Tishrei)

90 Encendido de velas: se recitan dos bendiciones: (1) לְהַדְלִיק נֵר שֶׁל יוֹם טוֹב y (2) שֶׁהֶחֱיָנוּ. Cuando la víspera de Sucot cae un viernes por la noche el final de la primera bendición reza: לְהַדְלִיק נֵר שֶׁל שַׁבָּת וְשֶׁל יוֹם טוֹב (página 325).

91 Ma'ariv: para Shabat y Yom Tov (página 353). En varias congregaciones se recita un versículo especial en honor a la fiesta (וַיְדַבֵּר מֹשֶׁה) previo a la Amidá de Yom Tov (página 799). Esta es seguida por un Kadish Completo, *Aleinu Leshabeaj*, Kadish de Duelo, el salmo 27 y nuevamente Kadish de Duelo. Se acostumbra a finalizar entonando Adon Olam o Ygdal.

92 Cuando la víspera de Sucot cae un viernes por la noche, el rezo de la Amidá de Ma'ariv es antecedido por los últimos dos salmos de Kabalat Shabat: מִזְמוֹר שִׁיר לְיוֹם הַשַּׁבָּת y יהוה מָלָךְ, גֵּאוּת לָבֵשׁ (página 343). Se omite בַּמֶּה מַדְלִיקִין. Se recita וְשָׁמְרוּ previo a la Amidá de Yom Tov, con los agregados propios de Shabat (página 363). Luego de la Amidá la congregación entona וַיְכֻלּוּ הַשָּׁמַיִם y el oficiante recita la repetición abreviada de la Amidá tal como se acostumbra a hacer en las vísperas de Shabat [שו״ע או״ח, תרמב:א].

93 Cuando la segunda víspera de Sucot cae en Motzaei Shabat, la congregación agrega el párrafo וַתּוֹדִיעֵנוּ durante la Amidá.

94 Al retornar al hogar se ingresa a la sucá. Algunos pronuncian la invitación a los *Ushpizín* (página 795). Al recitar el Kidush de Yom Tov de la primera noche de Sucot, la bendición de שֶׁהֶחֱיָנוּ debe recitarse después que la de לֵישֵׁב בַּסֻּכָּה ("nos ordenó habitar en la sucá"). En la segunda noche, la bendición de שֶׁהֶחֱיָנוּ se recita previo a la de לֵישֵׁב בַּסֻּכָּה [שו״ע או״ח, תרסא:א]; algunas personas recitan las bendiciones en el mismo orden de la primera noche [משנ״ב, שם:ב]. Cuando la víspera de Sucot cae un viernes por la noche se recita el Kidush con los agregados propios de Shabat. Cuando la segunda noche de Sucot cae en Motzaei Shabat, las dos bendiciones de la Havdalá son insertadas antes de recitar שֶׁהֶחֱיָנוּ, por lo que el orden de las bendiciones resulta ser el siguiente: Vino, Kidush, llama o fuego, Havdalá, שֶׁהֶחֱיָנוּ, sucá (páginas 789–791) [שו״ע או״ח, תרמג:א]. En el *Birkat HaMazón* se agrega יַעֲלֶה וְיָבוֹא (página 1045).

95 Shajarit: para Shabat y Yom Tov (página 419). El oficiante de Shajarit comienza diciendo הָאֵל בְּתַעֲצוּמוֹת עֻזֶּךָ (página 469). Después de *Barjú* la congregación recita הַמֵּאִיר לָאָרֶץ o, en caso de que también sea Shabat הַכֹּל יוֹדוּךָ. La Amidá de Yom Tov es recitada (página 799); en caso de ser Shabat se adicionan los agregados correspondientes.

96 Una vez que el oficiante concluyó la repetición de la Amidá la congregación toma el lulav y recita la bendición עַל נְטִילַת לוּלָב. El primer día que se toma el lulav se recita también la bendición de שֶׁהֶחֱיָנוּ (página 757). En Shabat no se toma el lulav [שו״ע או״ח, תרמד: א; שם, תרסב: א-ב]. Se recita el Halel y algunas congregaciones acostumbran a decir luego *Hoshanot*. Esto es seguido por un Kadish Completo y luego se extrae la Torá del Arca Sagrada. En algunas congregaciones, previo a la extracción del rollo de la Torá del Arca Sagrada, se recitan el Salmo del Día, el Salmo 27 y un Kadish de Duelo. La mayoría de las congregaciones recitan "Los Trece Atributos de la Misericordia" y una súplica especial (página 521) salvo en Shabat.

97 Lectura de la Torá: primer y segundo día (página 1187). Maftir y Haftarot (páginas 1214–1216) [שו״ע או״ח, תרנט: א, תרסב: ג].

98 La Haftará es seguida por (en Shabat *Yekum Purkan,* luego) las plegarias por el gobierno y el Estado de Israel. El oficiante entona יָהּ אֵלִי וְגוֹאֲלִי (página 837) (salvo cuando Sucot cae en Shabat), la congregación recita *Ashrei* y los rollos de la Torá son devueltos al Arca Sagrada. El oficiante recita Medio Kadish.

99 Musaf: de Yom Tov (página 839). Si es también Shabat se adicionan los agregados correspondientes. Durante la repetición de la Amidá los cohanim recitan *Birkat Cohanim*. Tras la repetición, la congregación toma el lulav, se abre el arca y se extrae un rollo de la Torá. El oficiante dirige el recitado de las *Hoshanot* mientras la congregación da una vuelta en torno a la *bimá* (página 891) [שו״ע, תרס: א]. En Shabat se abre el Arca Sagrada y se entonan las *Hoshanot* sabáticas אום נְצוּרָה y כְּהוֹשַׁעְתָּ אָדָם (página 899) [שו״ע, שם: ג]. Se devuelve el rollo de la Torá al Arca Sagrada y el oficiante entona un Kadish Completo. Eso es seguido por *Ein KeEloheinu,* Kadish de los Rabinos, *Aleinu Leshabeaj,* Kadish de Duelo, el Salmo del Día, Salmo 27, Kadish de Duelo, *An'im Zemirot,* Kadish de Duelo y Adón Olám.

100 Minjá: para Shabat y Yom Tov. Cuando Sucot cae en Shabat, se toma el rollo de la Torá del Arca Sagrada y se lee el inicio de la porción de וְזֹאת הַבְּרָכָה (página 1170). Luego, tras devolver el rollo de la Torá al Arca Sagrada el oficiante recita Medio Kadish y la congregación dice la Amidá de Yom Tov (página 799) con los agregados correspondientes por Shabat.

Jol HaMo'ed Sucot

101 Durante Shajarit, Minjá y Ma'ariv se adiciona יַעֲלֶה וְיָבוֹא a la décimo séptima bendición de la Amidá (רְצֵה). Además, este párrafo se agrega también en el *Birkat HaMazón* (página 1045) [שו״ע או״ח, תצ: ב]. En caso de olvidar decir יַעֲלֶה וְיָבוֹא en su sitio correcto ver ley 422.

102 La usanza ashkenazí tradicional es usar tefilín durante Shajarit hasta el recitado del Halel. Sin embargo, algunas congregaciones siguen la costumbre sefaradí según la cual los tefilín no son colocados durante Jol HaMo'ed, siendo esta también la práctica habitual en Israel [שו״ע ורמ״א או״ח, לא: ב].

103 Primera noche de Jol HaMo'ed: Ma'ariv de días de semana (página 261). Se agrega אַתָּה חוֹנַנְתָּנוּ en la cuarta bendición de la Amidá. Se recita la Havdalá en la sucá (a menos que Jol HaMo'ed comience el viernes por la noche). No se recita bendición por el fuego ni por las especies aromáticas (a menos que Jol HaMo'ed comience el Shabat por la noche), empero se recita la bendición de לֵישֵׁב בַּסֻּכָּה antes de beber (página 749).

104 Shajarit: para días de semana. Luego de la repetición de la Amidá por parte del oficiante la congregación toma el lulav y recita la bendición עַל נְטִילַת לוּלָב [שו״ע או״ח, תרסב: א]. Se entona el Halel, y algunas congregaciones dicen luego *Hoshanot* en vez de después de Musaf. A continuación, se recita un Kadish Completo.

105 Lectura de la Torá: páginas 1217–1220. Cuatro personas son llamadas a la Torá. La lectura de cada día de Jol HaMo'ed tienen una extensión de nueve versículos. Se leen tres versículos en cada una de las primeras tres *aliot*. El cuarto *olé* vuelve al inicio y lee los primeros seis versículos por segunda vez [רמ״א או״ח, תרסג: א].

106 Tras la lectura de la Torá se recita Medio Kadish, se devuelve el rollo de la Torá al Arca Sagrada y se recita *Ashrei* y וּבָא לְצִיּוֹן. Entonces, el oficiante recita Medio Kadish.

107 Musaf: para días de fiesta (página 839). Se recita *Kedushá* de días de la semana y no se dice *Birkat Cohanim*. Tras la repetición de la Amidá la congregación toma el lulav, se abre el Arca Sagrada y se extrae un rollo de la Torá. El oficiante dirige el recitado de las *Hoshanot* del día (ver tabla en página 891), mientras la congregación da una vuelta en torno a la *bimá*. El rollo de la Torá es devuelto al Arca y el oficiante recita un Kadish Completo. Esto es seguido de *Aleinu Leshabeaj* (página 181) y la conclusión del rezo de día de la semana.

Shabat Jol HaMo'ed Sucot

108 Previo a Ma'ariv de Shabat se recita los Salmos 92 y 93: מִזְמוֹר שִׁיר לְיוֹם הַשַּׁבָּת y יהוה מָלָךְ, גֵּאוּת לָבֵשׁ (página 343). Se omite בַּמֶּה מַדְלִיקִין. Se recita la Amidá de Shabat agregando יַעֲלֶה וְיָבוֹא [שו״ע או״ח, תרסג: ב]. El final de Ma'ariv se asemeja al de Shabat (página 377).

109 Shajarit: para Shabat (página 419). Se recita la Amidá de Shabat agregando יַעֲלֶה

וְיָבוֹא [שם]. Se recita Halel y algunas congregaciones dicen *Hoshanot* después de Halel en vez de hacerlo después de Musaf. Acto seguido se recita Kadish Completo, se lee *Kohelet* (Eclesiastés) (página 1248) y se recita Kadish de Duelo [רמ״א או״ח, תצ:ט].

110 Lectura de la Torá: página 1196. Maftir: se lee la cuarta *aliá* correspondiente al día (páginas 1217–1220). Haftará: página 1221 [שו״ע או״ח, תרסג:ג]. Al concluir las bendiciones posteriores a la Haftará se dice מְקַדֵּשׁ הַשַּׁבָּת וְיִשְׂרָאֵל וְהַזְּמַנִּים [משנ״ב שם:ט].

111 La Haftará es seguida por (*Yekum Purkan* en Shabat y luego) las plegarias por el gobierno y el Estado de Israel. Se dice *Ashrei* y se devuelven los rollos de la Torá al Arca Sagrada. El oficiante recita Medio Kadish.

112 Musaf: de Yom Tov, con los agregados de Shabat (página 839). Sin embargo, no se le agrega a la *Kedushá* אַדִּיר אַדִּירֵנוּ ni se dice *Birkat Cohanim*. Tras la repetición de la Amidá se abre el Arca Sagrada sin retirarse rollo alguno de la Torá de su interior y se recitan las *Hoshanot* especiales de Shabat: כְּהוֹשַׁעְתָּ אָדָם y אוֹם נְצוּרָה (página 899). Se cierra el Arca Sagrada y el oficiante recita un Kadish Completo. Posteriormente se entona *Ein KeEloheinu* (página 577) y la conclusión de Musaf que es similar a la de Shabat.

113 Minjá: para Shabat (página 615). Se extrae un rollo de la Torá y se comienza la lectura de la porción de וְזֹאת הַבְּרָכָה (página 1170). Tras devolver el rollo al Arca Sagrada el oficiante recita Medio Kadish y la congregación reza la Amidá de Shabat agregando יַעֲלֶה וְיָבוֹא.

114 Motzaei Shabat: se recita Ma'ariv de Motzaei Shabat. Luego de la Amidá, se omite וִיהִי נֹעַם y el oficiante dice Kadish Completo. Se dice וְיִתֶּן־לְךָ (página 725) [רמ״א או״ח, רצה:ט].

Hoshaná Rabá (21 de Tishrei)

115 Shajarit: se acostumbra que el oficiante vista un *kitel*. Se recitan *Pesukei DeZimrá* para Shabat y Yom Tov, incluido el Salmo 100 (מִזְמוֹר לְתוֹדָה, página 431). Después de אָז יָשִׁיר־מֹשֶׁה (página 461) se continua con el orden habitual del rezo de días de semana (página 85) [שו״ע ורמ״א או״ח, תרסד:א]. Algunos acostumbran a abrir el Arca Sagrada después de *Yshtabaj* y recitar el Salmo 130 alternadamente (algunos recitan el Salmo 130 antes de *Yshtabaj*). Luego, el oficiante repite la Amidá, la congregación toma el lulav y recita la bendición עַל נְטִילַת לוּלָב. Se recita Halel y algunas congregaciones dicen *Hoshanot* después de Halel en vez de hacerlo después de Musaf. Luego se recita un Kadish Completo.

116 Mientras se retira el rollo de la Torá del Arca Sagrada la congregación recita *Ein Kamoja* (página 519) [רמ"א, שם]. La mayoría de las congregaciones recitan "Los Trece Atributos de la Misericordia" y súplicas especiales (página 521). Lecturas de la Torá: página 1220. Algunos acostumbran a leer la Torá con la melodía empleada en la de los *Yamim Noraím.*

117 Luego de la lectura de la Torá se recita Medio Kadish, se devuelve la Torá al Arca Sagrada y se recitan *Ashrei* y וּבָא לְצִיּוֹן. El oficiante recita Medio Kadish.

118 Musaf: de Yom Tov (página 839). Se acostumbra que el oficiante vista un *kitel* [רמ"א, שם]. Se recita *Kedushá* de Yom Tov sin *Birkat Cohanim.* Tras la repetición de la Amidá la congregación toma el lulav, se abre el Arca Sagrada, se extraen siete rollos de la Torá y se los trae a la *bimá.* Varias comunidades acostumbran a extraer todos los rollos de la Torá [רמ"א או"ח, תרס:א]. El oficiante dirige el recitado de las *Hoshanot* por parte de la congregación mientras esta da siete vueltas alrededor de la *bimá* (página 905) [רמ"א או"ח, תרסד:א]. Acto seguido se entonan poemas litúrgicos especiales que claman por lluvias. Luego se toman los manojos de cinco ramas de sauce (*aravot*) y se golpean cinco veces antes de regresar los rollos de la Torá al Arca Sagrada (página 933). Algunos acostumbran a golpear las *aravot* después de que el oficiante recita un Kadish Completo [רמ"א, שם ז]. Esto es seguido por *Ein KeEloheinu,* Kadish de los Rabinos, *Aleinu Leshabeaj,* Kadish de Duelo, el Salmo del Día, el Salmo 27 y Kadish de Duelo.

Sheminí Atzeret (22 de Tishrei)

119 Encendido de velas: se recitan dos bendiciones: (1) לְהַדְלִיק נֵר שֶׁל יוֹם טוֹב y (2) שֶׁהֶחֱיָנוּ. Cuando la víspera de Sheminí Atzeret cae un viernes por la noche el final de la primera bendición reza: לְהַדְלִיק נֵר שֶׁל שַׁבָּת וְשֶׁל יוֹם טוֹב (página 325).

120 Ma'ariv: para Shabat y Yom Tov. En varias congregaciones se recita un versículo especial en honor a la fiesta (וַיְדַבֵּר מֹשֶׁה) previo a la Amidá para Yom Tov (página 799). Esta es seguida por un Kadish Completo, *Aleinu Leshabeaj,* Kadish de Duelo, el Salmo 27 y nuevamente Kadish de Duelo. Se acostumbra a finalizar entonando Adon Olam o Ygdal.

121 Cuando la víspera de Sheminí Atzeret cae un viernes por la noche, el rezo de la Amidá de Ma'ariv es antecedido por los últimos dos salmos de Kabalat Shabat: מִזְמוֹר שִׁיר לְיוֹם הַשַּׁבָּת y יהוה מָלָךְ, גֵּאוּת לָבֵשׁ (página 343). Se omite בַּמֶּה מַדְלִיקִין. Se recita וְשָׁמְרוּ (página 363) previo a la Amidá de Yom Tov, con los agregados propios de Shabat. Luego de la Amidá la congregación entona וַיְכֻלּוּ הַשָּׁמַיִם y el oficiante recita la repetición abreviada de la Amidá tal como se acostumbra a hacer en la víspera de Shabat.

122 Cuando la víspera de Sheminí Atzeret cae un viernes por la noche se recita el Kidush de Yom Tov con los agregados correspondientes de Shabat.

123 Fuera de Israel la costumbre ashkenazí es de sentarse en la sucá en Sheminí Atzeret sin recitar la bendición de לֵישֵׁב בַּסֻּכָּה [שו"ע או"ח, תרסח: א]. Sin embargo, algunos siguen la costumbre jasídica según la cual en la noche de Sheminí Atzeret se recita el Kidush en la sucá y el resto de los platillos son ingeridos en el interior del hogar.

124 Shajarit: para Shabat y Yom Tov (página 419). El oficiante de Shajarit comienza diciendo הָאֵל בְּתַעֲצוּמוֹת עֻזֶּךָ (página 469). Después de *Barjú* la congregación recita הַמֵּאִיר לָאָרֶץ o, en caso de que también sea Shabat, הַכֹּל יוֹדוּךָ. Se recita la Amidá de Yom Tov (página 799); en caso de ser Shabat se adicionan los agregados correspondientes. La repetición de la Amidá es seguida de Halel y un Kadish Completo. En Shabat se lee *Kohelet* (Eclesiastés) (página 1248) seguido de un Kadish de Duelo.

125 Mientras la Torá es retirada del Arca Sagrada la congregación recita "Los Trece Atributos de la Misericordia" y súplicas especiales (página 521), excepto en Shabat.

126 Lectura de la Torá: página 1205. Maftir y Haftará: página 1222. [שו"ע או"ח, תרסח: ב].

127 La Haftará es seguida por (en Shabat *Yekum Purkan,* luego) las plegarias por el gobierno y el Estado de Israel. Se dice *Yzkor* (página 829) y אַב הָרַחֲמִים [משנ"ב, שם: טו]. La congregación recita *Ashrei* y los rollos de la Torá son devueltos al Arca Sagrada. El oficiante recita Medio Kadish.

128 Musaf: de Yom Tov (página 839). Si es también Shabat se adicionan los agregados correspondientes. Se acostumbra que el oficiante vista un *kitel.* En la mayoría de las congregaciones el anuncio de מַשִּׁיב הָרוּחַ וּמוֹרִיד הַגֶּשֶׁם antecede el recitado silencioso de Musaf [רמ"א או"ח, קיד: ב]. La repetición de la Amidá inicia abriéndose el Arca Sagrada y el oficiante entona la plegaria por la lluvia (página 883). Los cohanim recitan *Birkat Cohanim.* Tras la repetición el oficiante entona un Kadish Completo y el final del rezo es similar al de Shabat y Yom Tov.

▸ LEYES RELATIVAS A מַשִּׁיב הָרוּחַ

129 Se comienza a decir מַשִּׁיב הָרוּחַ en Musaf de Sheminí Atzeret y se continúa haciéndolo hasta Musaf del primer día de Pesaj [שו"ע או"ח, קיד: א].

130 Si se olvida decir מַשִּׁיב הָרוּחַ en su lugar apropiado y la persona se da cuenta antes de iniciar con la bendición de מְחַיֵּה הַמֵּתִים, se debe decir de inmediato מַשִּׁיב הָרוּחַ y continuar con el resto de la bendición. Si uno percibe la omisión inmediatamente después de concluir la bendición de מְחַיֵּה הַמֵּתִים, deberá decir מַשִּׁיב הָרוּחַ y continuar de inmediato con la siguiente bendición. Si uno percibe la omisión después de haber comenzado con la bendición de אַתָּה קָדוֹשׁ se debe repetir la Amidá desde el inicio [שו״ע או״ח, קיד:ו].

131 Si uno olvida decir מַשִּׁיב הָרוּחַ y en su lugar dice מוֹרִיד הַטָּל (tal como se acostumbra en Israel y en el Nusaj Sefarad en los meses de primavera y verano) no es necesario repetir la Amidá [שו״ע או״ח, קיד:ה]. En caso de duda respecto si se dijo o no מַשִּׁיב הָרוּחַ la presunción será la siguiente: dentro de los treinta días a partir de Sheminí Atzeret se asume que uno olvidó decir מַשִּׁיב הָרוּחַ. Pasados los treinta días en caso de duda se asume que se dijo מַשִּׁיב הָרוּחַ [שו״ע או״ח, קיד:ח].

132 Minjá: para Shabat y Yom Tov. Cuando Sheminí Atzeret cae en Shabat, se extrae el rollo de la Torá del Arca Sagrada y se lee el inicio de la porción de וְזֹאת הַבְּרָכָה (página 1170). Luego, tras devolver el rollo de la Torá al Arca Sagrada el oficiante recita Medio Kadish y la congregación dice la Amidá de Yom Tov (página 799).

Simjat Torá (23 de Tishrei)

133 Encendido de velas: se recitan dos bendiciones: (1) לְהַדְלִיק נֵר שֶׁל יוֹם טוֹב y (2) שֶׁהֶחֱיָנוּ.

134 Ma'ariv: para Shabat y Yom Tov (página 353). En varias congregaciones se recita un versículo especial en honor a la fiesta (וַיְדַבֵּר מֹשֶׁה) previo a la Amidá de Yom Tov (página 799). Si Sheminí Atzeret cayó en Shabat la congregación agrega el párrafo que inicia con וַתּוֹדִיעֵנוּ en la bendición central de la Amidá.

135 Tras un Kadish Completo se recitan alternadamente los versículos de אַתָּה הָרְאֵתָ (página 817). Se abre el Arca Sagrada y se extraen todos los rollos de la Torá, se llevan a cabo siete *hakafot* en torno a la *bimá* mientras se canta y se baila. Una vez concluidas estas, se devuelven todos los rollos al Arca menos uno que es tomado por el oficiante quien dirige el entonado de שְׁמַע יִשְׂרָאֵל así como también el resto de la ceremonia de la extracción del rollo del Arca (página 523) [רמ״א או״ח, תרסט:א].

136 Lectura de la Torá: existen diferentes costumbres. La mayoría de las congregaciones leen el inicio de וְזֹאת הַבְּרָכָה (página 1223) y tres (en algunas congregaciones cinco) personas son llamadas a la Torá. Se acostumbra a leer la Torá con la melodía de los *Yamim Noraím*. Tras completar la lectura se devuelve el rollo al Arca Sagrada (página 551). Luego se entona *Aleinu Leshabeaj* (página 583) y Kadish de Duelo. Se acostumbra a finalizar entonando Adon Olam o Ygdal.

137 Se recita Kidush de Yom Tov (página 789). Si Sheminí Atzeret cae en Shabat, las dos bendiciones de la Havdalá son insertadas previo a la bendición de שֶׁהֶחֱיָנוּ.

138 Shajarit: para Shabat y Yom Tov (página 419). El oficiante de Shajarit comienza diciendo הָאֵל בְּתַעֲצוּמוֹת עֻזֶּךָ (página 469). Después de *Barjú* la congregación recita הַמֵּאִיר לָאָרֶץ. Se recita la Amidá de Yom Tov (página 799). Durante la repetición de la Amidá los cohanim recitan *Birkat Cohanim*. Acto seguido se recita Halel y un Kadish Completo. Se abre el Arca Sagrada y se recitan alternadamente los versículos de אַתָּה הָרְאֵתָ (página 817). Se extraen todos los rollos de la Torá y se llevan a cabo siete *hakafot* en torno a la *bimá* acompañadas de alegres cantos y danzas.

139 Lectura de la Torá: páginas 1223–1228 Se repite la lectura de la Torá en ciclos de cinco *aliot* hasta que todos los varones mayores de trece años hayan subido [רמ״א או״ח, תרסט:א]. Se acostumbra que los menores de trece años reciban conjuntamente una *aliá* llamada *Kol HaNe'arim* para la cual se prepara una suerte de palio a base de varios talitot que es extendido sobre los niños y el lector. Acto seguido se invita a subir al *Jatán Torá* en honor de quien se leen los últimos versículos del rollo. Tras la compleción de la lectura se acostumbra a efectuar la *hagbahá* cruzando los brazos de modo tal que el texto esté de cara a la congregación. Se abre un segundo rollo y se invita a subir al *Jatán Bereshit* y se leen los primeros versículos de la Torá [שו״ע ורמ״א או״ח, תרסט:א]. Se acostumbra a efectuar una pausa en la lectura para que la congregación proclame en voz alta וַיְהִי־עֶרֶב וַיְהִי בֹקֶר en cada uno de los días de la Creación, así como también a leer en voz alta los últimos tres versículos que comienzan con וַיְכֻלּוּ הַשָּׁמַיִם. Acto seguido se recita Medio Kadish. Se abre un tercer rollo de la Torá y se lee el Maftir. La Haftará es el comienzo del libro de Yehoshúa (página 1228) [שם].

140 Tras la lectura de la Haftará se recitan las plegarias por el gobierno y el Estado de Israel. La congregación recita *Ashrei* y los rollos de la Torá son retornados al Arca Sagrada. El oficiante recita Medio Kadish.

141 Musaf: de Yom Tov (página 839). Los cohanim no recitan *Birkat Cohanim* pues se asume que han bebido alcohol. Tras la repetición de la Amidá se recita un Kadish Completo, y la conclusión del rezo es similar a la de Shabat y de Yom Tov (página 575).

142 Minjá: para Shabat y Yom Tov.

Motzaei Sucot (24 de Tishrei)

143 Ma'ariv de días de semana. En la cuarta bendición de la Amidá se agrega el párrafo que comienza con אַתָּה חוֹנַנְתָּנוּ (página 279). Se recita la Havdalá con una copa de vino o jugo de uva; no se recitan bendiciones ni por el fuego ni por las especies aromáticas [שו״ע או״ח, תרא:א].

Shabat Bereshit (Mevarjim Jodesh Marjeshván)

144 En el Shabat anterior a Rosh Jodesh Marjeshván (así como en todos los novilunios subsiguientes) se recita *Birkat HaJodesh* (página 547) después de las plegarias por el gobierno y el Estado de Israel. Acto seguido se recita *Ashrei*. Generalmente se omite אַב הָרַחֲמִים en los Shabatot previos a Rosh Jodesh salvo en los casos de los novilunios de Iyar y Siván.

145 Minjá: desde *Shabat Bereshit* y hasta previo a *Shabat HaGadol* se acostumbra a recitar el Salmo 104 (בָּרְכִי נַפְשִׁי) y los quince cánticos del ascenso (página 649) después de rezar Minjá de Shabat [רמ"א או"ח, רצב: ב].

MARJESHVÁN

▸ LEYES DE BAHAB (בה"ב)

146 Algunos acostumbran a recitar *Selijot* especiales tras la repetición de la Amidá de Shajarit el primer lunes y el primer jueves del mes así como también el segundo lunes del mes del mismo. Históricamente, estos días estaban dedicados al ayuno con la finalidad de expiar por los posibles excesos o trasgresiones a la halajá cometidos durante la celebración del Yom Tov. Esta costumbre es también observada el primer lunes, el primer jueves y el segundo lunes del mes de Iyar [שו"ע ורמ"א או"ח, תצב: א].

KISLEV

4 y 5 de diciembre

147 En la mayoría de los años, en el rezo de Ma'ariv de la noche del 4 de diciembre se comienza a decir וְתֵן טַל וּמָטָר לִבְרָכָה en la novena bendición de la Amidá. En el año anterior a un año gregoriano bisiesto se comienza a decir וְתֵן טַל וּמָטָר לִבְרָכָה un día más tarde, esto es el 5 de diciembre [שו"ע או"ח, קיז: א].

148 Si alguien olvida decir וְתֵן טַל וּמָטָר לִבְרָכָה en su lugar adecuado pero se da cuenta de ello antes de pronunciar el Nombre Divino en la novena bendición (מְבָרֵךְ הַשָּׁנִים), se debe decir inmediatamente וְתֵן טַל וּמָטָר לִבְרָכָה y continuar con el resto de la misma. Si se da cuenta después de concluida la bendición מְבָרֵךְ הַשָּׁנִים, se debe decir וְתֵן טַל וּמָטָר לִבְרָכָה antes de las palabras כִּי אַתָּה שׁוֹמֵעַ de la decimosexta bendición (שׁוֹמֵעַ תְּפִלָּה). Si se da cuenta después de iniciada la decimoséptima bendición (רְצֵה) se debe repetir la Amidá desde el inicio de la novena bendición (מְבָרֵךְ הַשָּׁנִים). Si se da cuenta de la omisión después de concluida la Amidá se debe repetirla por completo desde el inicio [שו״ע או״ח, קיז: ה].

149 En caso de duda respecto de si se dijo o no וְתֵן טַל וּמָטָר לִבְרָכָה se presume de la siguiente manera: en los treinta primeros días posteriores al 4 (ó 5) de diciembre se asume que efectivamente se olvidó decir וְתֵן טַל וּמָטָר לִבְרָכָה. Pasados los treinta días se asume que se dijo וְתֵן טַל וּמָטָר לִבְרָכָה.

Janucá (25 de Kislev al 2 de Tevet)

150 En Janucá se agrega עַל הַנִּסִּים en la Amidá de Ma'ariv, Shajarit y Minjá así como también en la segunda bendición de *Birkat HaMazón*. Si se olvida recitar עַל הַנִּסִּים no es necesario repetir ni la Amidá ni el *Birkat HaMazón* [שו״ע או״ח, תרפב: א].

151 Se acostumbra a encender las velas de Janucá en la sinagoga antes o después de Ma'ariv de cada una de las noches de la festividad. El procedimiento es similar al del encendido en el hogar, tal como se describe más adelante, salvo por el hecho que en la sinagoga la velas deben ser colocadas en la pared sur.

152 Después de Ma'ariv, se encienden las velas de Janucá en el hogar. La primera noche se recitan tres bendiciones: (1) לְהַדְלִיק נֵר שֶׁל חֲנֻכָּה, (2) שֶׁעָשָׂה נִסִּים ("Que obró milagros"), (3) שֶׁהֶחֱיָנוּ (página 957). En las noches subsiguientes se recitan únicamente las dos primeras bendiciones [שו״ע או״ח, תרעו: א]. Cada noche se agrega una vela más hacia el lado izquierdo. La vela más nueva se enciende primero y luego las demás de izquierda a derecha.

153 Las velas deben arder por lo menos durante media hora después que cae la noche [שו״ע או״ח, תרעב: ב; משנ״ב, שם: ד]. Si no se encendió velas en ese horario está permitido hacerlo hasta que despunta el alba. En un caso así se podrán recitar las bendiciones adecuadas al encender, únicamente si alguno de los residentes de la casa está despierto [שו״ע, שם; משנ״ב, שם: יא].

154 Muchos acostumbran que cada miembro del hogar enciende su propia Janukiá, empero el jefe de familia es quien debe encender la Janukiá para todos [שו״ע ורמ״א או״ח, תרעא: ב].

155 Las mujeres deben encender velas de Janucá [שו״ע או״ח, תרעה: ג]. Por lo tanto, una mujer puede encender para sí o para todo su hogar y puede también incluir en su encendido a un varón adulto y hacerle cumplir con el precepto [משנ״ב, שם: ט].

156 La Janukiá es generalmente encendida en el interior de la casa, pero debe estar próxima a la ventana a los efectos de que pueda ser también divisada por los transeúntes [שו״ע או״ח, תרעה: ז].

157 Tras el encendido de las velas, se acostumbra a cantar הַנֵּרוֹת הַלָּלוּ y מָעוֹז צוּר (páginas 959–961) [שו״ע או״ח, תרעו: ד].

158 Shajarit: se acostumbra a encender la Janukiá en la sinagoga sin recitar las bendiciones previo al inicio del rezo. En Shajarit de la semana se agrega עַל הַנִּסִּים en la Amidá tal como se vio arriba. Tras la repetición de la Amidá se omite *Tajanún* y el oficiante dirige el recitado del Halel Completo (página 759) [שו״ע או״ח, תרפג: א]. Acto seguido recita Medio Kadish y se extrae el rollo de la Torá del Arca Sagrada (página 159).

159 Lectura de la Torá: páginas 1176–1181. Suben a la Torá tres personas [שו״ע או״ח, תרפד: א]. Se devuelve el rollo al Arca Sagrada. Se recitan *Ashrei* y וּבָא לְצִיּוֹן pero se omite לַמְנַצֵּחַ y el oficiante dice Kadish Completo. Esto es seguido de *Aleinu Leshabeaj*, Kadish de Duelo, el Salmo del Día, el Salmo 30 (página 59) y Kadish de Duelo.

▸ SHABAT JANUCÁ

160 Se encienden las velas de Janucá antes que las de Shabat. Se debe tener cuidado que las velas que son encendidas antes de la puesta del sol se mantengan así por lo menos media hora después de que anocheció [שו״ע או״ח, תרעט: א]. Se encienden velas de Janucá en la sinagoga después del rezo de Minjá [משנ״ב, שם: ג].

161 Ma'ariv: para Shabat y Yom Tov. Se agrega עַל הַנִּסִּים a la Amidá (ver ley 150).

162 Shajarit: para Shabat y Yom Tov. La repetición de la Amidá es seguida por el recitado de Halel [שו״ע או״ח, תרפג: א]. Se extraen dos rollos de la Torá del Arca Sagrada o tres si ese Shabat es además Rosh Jodesh Tevet.

163 Lectura de la Torá: suben siete personas a la Torá para leer la porción de la semana (normalmente resulta ser מִקֵּץ). Maftir: la lectura correspondiente al día está en las páginas 1176–1181. Haftará: Zacarías 2:14–4:7. Si durante Janucá hay dos Shabatot, en el segundo la Haftará se lee en el libro de 1 Reyes 7:40–50 [שו״ע או״ח, תרפד: ב]. Si Shabat cae en Rosh Jodesh Tevet se extraen tres rollos de la Torá del Arca Sagrada. Seis personas suben para la lectura de la porción semanal, la séptima lee las ofrendas de Musaf de Shabat y Rosh Jodesh (página 1171) del segundo rollo [שו״ע, שם: ג]. Se recita Medio Kadish. A modo de Maftir se lee la porción correspondiente a Janucá del tercer rollo.

164 El resto del rezo es similar al de Shabat salvo que se omite אַב הָרַחֲמִים y se agrega en la Amidá de Musaf על הנסים [שו״ע או״ח, תרפב: ב; תרפג: א].

165 Minjá: se agrega עַל הַנִּסִּים a la Amidá de Minjá y se omite el recitado de צִדְקָתְךָ [שם].

▸ MOTZAEI SHABAT JANUCÁ

166 Ma'ariv: de día de semana. En la cuarta bendición de la Amidá se recita el párrafo que comienza con las palabras אַתָּה חוֹנַנְתָּנוּ (página 279). Se agrega עַל הַנִּסִּים en la décimo octava bendición de la Amidá. Se encienden velas de Janucá en la sinagoga antes de hacer la Havdalá [שו״ע או״ח, תרפא: ב]. En el hogar, primero se realiza la Havdalá [ערוה״ש, שם: ב].

TEVET

Rosh Jodesh Tevet

167 En día de semana, se recita Shajarit y se agregan עַל הַנִּסִּים y יַעֲלֶה וְיָבוֹא a la Amidá. Tras la repetición de la Amidá, se omite *Tajanún* y el oficiante dirige el recitado del Halel. Luego se recita Kadish Completo.

168 Lectura de la Torá: se extraen dos rollos del Arca Sagrada. Tres personas suben a la lectura del primer rollo y se lee en Números 28:1–15 (página 1171). Una cuarta persona sube a la lectura del segundo rollo del cual se lee el pasaje correspondiente al día de la festividad en Números 7:42–53 (página 1179). Luego, el oficiante recita Medio Kadish. Acto seguido, el rezo continúa tal como en todo día de Rosh Jodesh con la salvedad de que se agrega עַל הַנִּסִּים en la Amidá de Musaf.

169 En Shabat de Rosh Jodesh Tevet se recita Shajarit para Shabat y Yom Tov. Se agregan עַל הַנִּסִּים y יַעֲלֶה וְיָבוֹא a la Amidá. Tras recitado del Halel se dice Kadish Completo.

170 Lectura de la Torá: ver ley 163. El rezo continúa como en cualquier Shabat de Rosh Jodesh con la salvedad de que se agrega עַל הַנִּסִּים a la Amidá de Musaf.

Asará beTevet (10 de Tevet)

171 Este ayuno conmemora el inicio del sitio que puso el rey babilonio

Nabucodonosor sobre la ciudad de Jerusalém que llevaría posteriormente a la captura de la misma y la destrucción del Primer Templo (Ezequiel 24:1–2).

172 Este ayuno comienza al amanecer (ver leyes 47–48) [שו״ע או״ח, תקנ: ב].

173 Shajarit: para día de semana. Durante la repetición de la Amidá el oficiante recita עננו entre la séptima y la octava bendición (página 117) [שו״ע או״ח, תקסו: א]. Esto es seguido del recitado de *Selijot, Avinu Malkenu* y *Tajanún* [ערוה״ש או״ח, תקסו: ח].

174 Lectura de la Torá: página 1172 (ver ley 50) [שו״ע או״ח, תקסו: א].

175 Minjá: correspondiente a los días de semana con la salvedad de que después de *Ashrei* y Medio Kadish se lee la Torá. La lectura es similar a la de la mañana. La tercera persona que sube lee la Haftará (página 1172) [רמ״א, שם]. Una vez que el rollo es devuelto al Arca Sagrada el oficiante recita Medio Kadish y continúa con el rezo habitual de Minjá de días de semana.

176 Durante el recitado silencioso de la Amidá, quienes ayunan dicen el párrafo de עֲנֵנוּ como parte de la décimo sexta bendición שׁוֹמֵעַ תְּפִלָּה (página 241). Durante la repetición de la Amidá el oficiante recita עֲנֵנוּ entre la séptima y la octava bendición tal como en la mañana (página 235). Después de la décimo octava bendición (מוֹדִים) el oficiante recita el párrafo referido a *Birkat Cohanim* (página 247). En cuanto a la bendición final de la Amidá, se recita שִׂים שָׁלוֹם en vez de שָׁלוֹם רָב. Una vez concluida la Amidá la congregación recita *Avinu Malkenu*. Posteriormente se dice *Tajanún*, Kadish Completo y *Aleinu Leshabeaj*. Si el ayuno cae un viernes se omiten *Avinu Malkenu* y *Tajanún* [משנ״ב, תקנ: יא].

SHVAT

Tu BiShvat (15 de Shvat)

177 Se omite *Tajanún* [שו״ע או״ח, קלא: ו].

178 Se acostumbra a comer diferentes tipos de fruta, especialmente aquellas incluidas en las siete especies con las que la tierra de Israel fue bendecida: uvas, higos, granadas, aceitunas y dátiles [משנ״ב, שם: לא].

Shabat de Parashat Shekalim (Mevarjim Jodesh Adar)

179 Lectura de la Torá: el Shabat anterior al novilunio de Adar (en un año embolismal anterior al novilunio del segundo mes de Adar) se extrae un segundo rollo del Arca Sagrada. De este se lee *Parashat Shekalim*, que es la primera de

las cuatro unidades especiales de Maftir y Haftará (ארבע פרשיות *"Arba Parshiot"*). Maftir: Éxodo 30:11–16. Haftará: II Reyes 12:1–17 [שו״ע או״ח, תרפה: א]. Se omite אַב הָרַחֲמִים.

180 Cuando Rosh Jodesh Adar cae (en un año embolismal Adar Bet) en Shabat, se extraen tres rollos del Arca Sagrada. Seis personas suben a la lectura de la porción semanal en el primer rollo. Una séptima persona sube para leer del segundo rollo el pasaje de Números 28:9–15. Se recita Medio Kadish. Se lee el Maftir (Éxodo 30:11–16) del tercer rollo. La Haftará está en II Reyes 12:1–17. Se omite אַב הָרַחֲמִים.

ADAR

Purim Katán (14–15 del primer mes de Adar)

181 En un año embolismal, en las fechas de Adar I correspondientes a Purim y Shushán Purim no se recita ni *Tajanún* ni לַמְנַצֵּחַ [שו״ע או״ח, תרצז: א].

Shabat Parashat Zajor (Shabat anterior a Purim)

182 Es precepto positivo de la Torá recordar las acciones de Amalek al atacar al pueblo de Israel tras la salida de Egipto [שו״ע או״ח, קלז: ז]. Este precepto se cumple el Shabat anterior a Purim cuando se extrae un segundo rollo de la Torá del Arca Sagrada del cual se lee *Parashat Zajor* (Deuteronomio 25:17–19), que es la segunda unidad especial de Maftir y Haftará (ארבע פרשיות). Haftará: I Samuel 15:2–34 [שו״ע או״ח, תרפה: ב]. Se omite אַב הָרַחֲמִים.

183 Hombres y mujeres están igualmente preceptuados de cumplir con este deber, muchas congregaciones organizan una lectura adicional de *Parashat Zajor* para quienes se perdieron la primera.

Ayuno de Esther (13 de Adar)

184 Ese ayuno conmemora el llevado a cabo por la Reina Ester previo a ir a ver al Rey Asuero sin contar con su especial invitación (Ester 4:15–16). A diferencia de los demás ayunos, este es considerado una costumbre y toda aquella persona que experimente un serio malestar tiene permitido comer y beber [רמ״א או״ח, תרפו: ב].

185 Si el 13 de Adar cae en Shabat se observa el ayuno el jueves anterior [שו״ע שם].

186 El ayuno comienza al amanecer (ver leyes 47 y 48).

187 Los rezos son similares a los del 10 de Tevet (ver leyes 173–176), excepto por el recitado de *Avinu Malkenu* y *Tajanún* que no se lleva a cabo en Minjá. Sin embargo, si el 13 de Adar cae en Shabat y el ayuno es movido para el jueves anterior se recitan *Avinu Malkenu* y *Tajanún* en Minjá.

Purim (14 de Adar)

188 En Purim, se agrega עַל הַנִּסִּים en la Amidá de Ma'ariv, Shajarit y Minjá así como también en la segunda bendición del *Birkat HaMazón*. Si se olvidara de decir עַל הַנִּסִּים, no deberá repetir la Amidá ni *Birkat HaMazón* [שו״ע או״ח, תרצג:ב].

189 Ma'ariv: para día de semana. Tras la Amidá el oficiante recita un Kadish Completo. El lector de la Meguilá entona tres bendiciones: (1) עַל מִקְרָא מְגִלָּה ("Nos ordenó leer la Meguilá"), (2) שֶׁעָשָׂה נִסִּים ("Que hizo milagros") y (3) שֶׁהֶחֱיָנוּ (página 963). Se lee la Meguilá (página 1259) y se recita la bendición final הָרָב אֶת רִיבֵנוּ. La congregación recita אֲשֶׁר הֵנִיא y concluye entonando alegremente שׁוֹשַׁנַּת יַעֲקֹב. El oficiante dirige a la congregación en el recitado de וְאַתָּה קָדוֹשׁ (página 719). En Motzaei Shabat וְאַתָּה קָדוֹשׁ es precedido por וִיהִי נֹעַם (página 717) [שו״ע או״ח, תרצג:א]. Acto seguido se recita un Kadish Completo (en el cual se omite la frase que inicia con תִּתְקַבַּל) y *Aleinu Leshabeaj* [משנ״ב, שם:א]. Sin embargo, en Motzaei Shabat וְיִתֶּן לְךָ (página 725) y la Havdalá preceden a *Aleinu Leshabeaj* [ערוה״ש, שם:ג].

190 Las mujeres están preceptuadas de escuchar la lectura de la Meguilá [שו״ע או״ח, תרפט:א].

191 Shajarit: de día de semana. Tras la repetición de la Amidá el oficiante recita Medio Kadish y posteriormente se extrae la Torá del Arca Sagrada. La lectura de la Torá (página 1182) es seguida de Medio Kadish y acto seguido se la devuelve al Arca Sagrada [שו״ע או״ח, תרצג:ד]. Se repite la lectura de la Meguilá (página 1259) con las bendiciones previas y posteriores correspondientes. No se recita por segunda vez אֲשֶׁר הֵנִיא pero sí שׁוֹשַׁנַּת יַעֲקֹב. La congregación recita *Ashrei* y וּבָא לְצִיּוֹן seguidos de un Kadish Completo, *Aleinu Leshabeaj*, el Salmo del Día y Kadish de Duelo.

192 En Purim estamos preceptuados de cumplir con los deberes de מתנות לאביונים (obsequios a los pobres – *tzedaká* que se entrega a por lo menos dos personas necesitadas) [שו״ע או״ח, תרצד:א]; משלוח מנות (enviar por lo menos dos porciones de alimentos a una persona) [שם, תרצד:ד] y סעודת פורים (banquete de Purim) en el cual se debe beber hasta no distinguir entre "el maldito Hamán" y el "bendito Mordejai" [שם, תרצה:ב].

Shushán Purim (15 de Adar)

193 Se omiten tanto *Tajanún* como לַמְנַצֵּחַ [שו"ע או"ח, תרצו:א].

Shabat Parashat Pará
(El Shabat previo a Shabat Parashat Hajodesh)

194 En el penúltimo Shabat del mes de Adar (segundo mes de Adar en un año embolismal) se extrae un segundo rollo de la Torá del Arca Sagrada del cual se lee *Parashat Pará* (Números 19:1–22) que es la tercera de las cuatro unidades especiales de Maftir y Haftará. Haftará: Ezequiel 36:16–38 [שו"ע או"ח, תרפה:ג]. Se omite אַב הָרַחֲמִים.

Shabat Parashat Hajodesh
(Mevarjim Jodesh Nisán)

195 En el Shabat previo a Rosh Jodesh Nisán se extrae un segundo rollo de la Torá del Arca Sagrada del cual se lee *Parashat Hajodesh* (Éxodo 12:1–20), que es la última de las cuatro unidades especiales de Maftir y Haftará. Haftará: Ezequiel 45:16–46:18 [שו"ע או"ח, תרפה:ד]. Se omite אַב הָרַחֲמִים.

196 Cuando Rosh Jodesh Nisán cae en Shabat se extraen tres rollos de la Torá del Arca Sagrada. Seis personas suben a la lectura, en el primer rollo de la porción semanal regular. Una séptima persona sube para leer en el segundo rollo Números 28:9–15. Se recita Medio Kadish. Se lee el Maftir (Éxodo 12:1–20) en el tercer rollo. La Haftará es en Ezequiel 45:16–46:18. Se omite אַב הָרַחֲמִים.

NISÁN

197 Durante el mes de Nisán se omite *Tajanún* en los días de semana y אַב הָרַחֲמִים y צִדְקָתְךָ se omiten en Shabat [שו"ע ורמ"א או"ח, תכט:ב].

198 Muchos acostumbran a no comer matzá desde Rosh Jodesh Nisán [משנ"ב, שם:יב]. Algunos se abstienen de comerla desde Purim.

199 No se debe comer matzá en la víspera de Pesaj [רמ"א או"ח, תעא:ב]. En la víspera de Pesaj está permitido ingerir algunos tipos de matzá que no son considerados propiamente como pan ácimo, como en el caso de aquellos elaborados con jugo en vez de con agua, o que fueron cocidos o fritos después de haber sido horneados [שו"ע או"ח, תעא:ב].

Shabat HaGadol (El Shabat previo a Pesaj)

200 El Shabat previo a Pesaj es conocido como *Shabat HaGadol* [שו״ע או״ח, תל: א]. Se lee una Haftará especial en Malaquías 3:4–24. Se acostumbra que el rabino diserte sobre temas referidos a la festividad.

Víspera de Pesaj (14 de Nisán)

▸ LEYES DE LA REVISACIÓN DEL JAMETZ

201 Al anochecer, lo antes posible, se debe realizar la Revisión del *Jametz* en el hogar (página 787) [שו״ע או״ח, תלא: א]. Se acostumbra que un miembro del hogar esconda diez trozos de *jametz* para ser buscados durante la revisación [רמ״א או״ח, תלב: ב]. Antes de comenzar la revisación se recita la bendición עַל בִּעוּר חָמֵץ [שו״ע או״ח, תלב: א]. Se acostumbra llevar a cabo la búsqueda del *jametz* por la noche a la luz de la vela, pero se permite igualmente el uso de una linterna. Si Pesaj cae en Motzaei Shabat la búsqueda se lleva a cabo el jueves por la noche. Quienes planean estar fuera de la casa en Pesaj deben llevar a cabo la búsqueda la noche anterior a su partida sin recitar la bendición. Tras completar la búsqueda se recita כָּל חֲמִירָא (página 787) que es una fórmula en idioma arameo por medio de la cual se renuncia a la propiedad de cualquier *jametz* cuyo paradero se desconoce.

202 Shajarit: para día de semana. Se omiten לַמְנַצֵּחַ y מִזְמוֹר לְתוֹדָה [רמ״א או״ח, נא: ט].

203 Los primogénitos deben ayunar (תענית בכורות), a menos que participen de un *siyum* (una comida de celebración por la compleción de una unidad de estudio de Torá) que tradicionalmente tiene lugar inmediatamente después del rezo de Shajarit [שו״ע או״ח, תע: א].

204 Está prohibido ingerir *jametz* desde el final del primer tercio del día [שו״ע או״ח, תמג: א]. Existe una discusión entre las autoridades halájicas respecto de si el día se mide desde que despunta el alba hasta que anochece (Maguén Abraham), o desde la salida hasta la puesta del sol (Gaón de Vilna). En esta cuestión deben seguirse las directivas comunitarias locales.

205 Está prohibido poseer *jametz* desde el final de las primeras 5/12 avas partes del día, para ese entonces uno debe haber alcanzado a quemar o eliminar cualquier *jametz* que haya quedado en su pertenencia [שם]. Debe recitarse (כָּל חֲמִירָא) (página 787) por segunda vez previo a la finalización de las primeras 5/12 avas partes del día [שו״ע או״ח, תלד: ב].

206 Si el primer día de Pesaj cae un jueves, en cada hogar se debe preparar un *Eiruv*

Tavshilín (página 787) el cual posibilita preparar alimentos el día viernes para las comidas de Shabat [שו״ע או״ח, תקכו].

207 Después de Minjá, algunos acostumbran a recitar versículos bíblicos que describen la ofrenda del Korbán Pesaj (Éxodo 12:1–13) [משנ״ב או״ח, תעא: כב].

208 Si la víspera de Pesaj en Motzaei Shabat, el ayuno de los primogénitos pasa para el jueves anterior [שו״ע ורמ״א או״ח, תע: ב]. Se lleva a cabo la revisación del *jametz* el jueves por la noche y el *jametz* es quemado (ver ley 205) el viernes por la mañana sin recitar כָּל חֲמִירָא, al tiempo que se guarda suficiente *jametz* para ingerir en Shabat. En Shabat por la mañana, tras ingerir la última comida que contiene *jametz* todos los restos deben ser entregados a un gentil o transformados en no comestibles (por ejemplo, evacuándolos por el inodoro) al finalizar las primeras 5/12 avas partes del día [שו״ע או״ח, תמד: ב].

209 Si la víspera de Pesaj cae en Shabat, para la *Seudá Shelishit* no se puede comer ni matzá ni *jametz* (ver leyes 199, 204). Para esta situación se sugieren diversas soluciones: comer un tipo de matzá no prohibida (ver ley 199) [שו״ע או״ח, תמד: א]; comer sin pan [רמ״א, שם], o dividir la comida de la mañana en dos llevando a cabo una pausa en el medio para recitar *Birkat HaMazón* [משנ״ב, שם: ח בשם הגר״א]. Algunas congregaciones llevan a cabo rezos matutinos tempranos a los efectos de brindar la amplitud horaria suficiente para ingerir la comida de la mañana y eliminar el *jametz* sobrante.

Pesaj (15 y16 de Nisán)

210 Encendido de velas: se recitan dos bendiciones: (1) לְהַדְלִיק נֵר שֶׁל יוֹם טוֹב y (2) שֶׁהֶחֱיָנוּ. Cuando la víspera de Pesaj cae un viernes por la noche, el final de la primera bendición reza: לְהַדְלִיק נֵר שֶׁל שַׁבָּת וְשֶׁל יוֹם טוֹב.

211 Ma'ariv: para Shabat y Yom Tov. La congregación recita un versículo especial en honor a la fiesta (וַיְדַבֵּר מֹשֶׁה) previo a la Amidá de Yom Tov (página 799). En algunas comunidades se recita Halel después de ella [שו״ע ורמ״א או״ח, תפז: ד]. Esta es seguida por un Kadish Completo, *Aleinu Leshabeaj,* Kadish de Duelo. No se recita Kidush en la sinagoga. Se acostumbra a finalizar entonando Adon Olam o Ygdal.

212 En la segunda noche de Pesaj se comienza a contar el Omer (página 303) [שו״ע או״ח, תפט: א]. Algunos acostumbran a contar el primer día del Omer en el segundo Seder (ver leyes 221–224).

213 Cuando la víspera de Pesaj cae un viernes por la noche, el rezo de la Amidá de Ma'ariv de Shabat es antecedido por los últimos dos salmos de Kabalat Shabat: מִזְמוֹר שִׁיר לְיוֹם הַשַּׁבָּת y יהוה מָלָךְ, גֵּאוּת לָבֵשׁ (página 343). Se omite בַּמֶּה מַדְלִיקִין.

Se recita וְשָׁמְרוּ y וַיְדַבֵּר מֹשֶׁה (página 363) previo a la Amidá de Yom Tov, con los agregados propios de Shabat. Luego de la Amidá la congregación entona וַיְכֻלּוּ הַשָּׁמַיִם, pero el oficiante no recita la repetición abreviada de la Amidá [שו"ע או"ח, תפז: א].

214 Si una de las primeras dos noches de Pesaj cae en Motzaei Shabat, la congregación debe agregar el párrafo que comienza con וַתּוֹדִיעֵנוּ en la bendición central de la Amidá de esa noche.

215 Shajarit: para Shabat y Yom Tov (página 419). El oficiante de Shajarit comienza diciendo הָאֵל בְּתַעֲצוּמוֹת עֻזֶּךָ (página 469). Después de *Barjú* la congregación recita הַמֵּאִיר לָאָרֶץ o, en caso de que también sea Shabat, הַכֹּל יוֹדוּךָ. La Amidá de Yom Tov es recitada (página 799); en caso de ser Shabat se adicionan los agregados correspondientes. A continuación, se recita el Halel, Kadish Completo y se extrae el rollo de la Torá del Arca Sagrada. La mayoría de las congregaciones recitan aquí "Los Trece Atributos de la Misericordia" y una súplica especial (página 521) salvo en Shabat.

216 Lectura de la Torá: primer día – página 1184; segundo día – página 1187. Suben cinco personas a la Torá y si es Shabat lo hacen siete. Maftir: página 1185. Haftará: primer día – página 1185; segundo día – página 1189 [שו"ע או"ח, תפח: ג; שם תצ: א].

217 La Haftará es seguida por (en Shabat *Yekum Purkan*, luego) las plegarias por el gobierno y el Estado de Israel. La congregación recita *Ashrei* y los rollos de la Torá son devueltos al Arca Sagrada. El oficiante recita Medio Kadish.

218 Musaf: para días de fiesta (página 839). Si es Shabat se incluyen los agregados correspondientes. Se acostumbra que el oficiante vista un *kitel*. La repetición de la Amidá comienza con la apertura del Arca Sagrada y el oficiante entona תפילת טל (La Oración por el Rocío) (página 877). De aquí en más ya no se dice מַשִּׁיב הָרוּחַ. Los cohanim dicen *Birkat Cohanim*. Tras la repetición de la Amidá el oficiante recita un Kadish Completo y la conclusión del rezo es similar al de Shabat o Yom Tov (página 575).

219 Se deja de decir מַשִּׁיב הָרוּחַ en Musaf [שו"ע או"ח, תפח: ג]. Algunos acostumbran a decirlo durante la Amidá [משנ"ב, תפח: יא]. Si por error se dice מַשִּׁיב הָרוּחַ en los meses de primavera o verano se debe repetir la Amidá. Si uno se da cuenta del error después de completar la bendición de מְחַיֵּה הַמֵּתִים, se debe repetir la Amidá desde el principio [שו"ע או"ח, קיד: ג].

220 Minjá: para Shabat y Yom Tov. Cuando Pesaj cae en Shabat, se toma el rollo de la Torá del Arca Sagrada y se lee el inicio de la porción de la semana. Luego, tras devolver el rollo de la Torá al Arca Sagrada el oficiante recita Medio Kadish y la congregación dice la Amidá de Yom Tov (página 799).

▸ LEYES DEL CONTEO DEL OMER

221 Se cuenta el Omer de un día determinado después de caída la noche. Se acostumbra a contar de pie [שו"ע או"ח, תפט:א].

222 Quien se olvida de contar por la noche puede hacerlo antes de que anochezca al día siguiente, si bien al contar en horas del día no se recita la bendición correspondiente al precepto [שם:ז].

223 Quien se olvida de contar por un periodo de 24 horas continúa haciéndolo a partir del día siguiente, pero sin recitar la bendición [שם:ח].

224 Respecto de prácticas y costumbres durante el período del conteo ver abajo ley 251.

Jol HaMo'ed Pesaj

225 Durante Shajarit, Minjá y Ma'ariv se adiciona יַעֲלֶה וְיָבוֹא a la décimo séptima bendición de la Amidá (רְצֵה). Además, este párrafo se agrega también en el *Birkat HaMazón* (página 1045) [שו"ע או"ח, תצ:ב]. En caso de olvidar decir יַעֲלֶה וְיָבוֹא en la Amidá ésta deberá repetirse, pero si se olvidó en el *Birkat HaMazón* no es necesario hacerlo [שם].

226 La usanza ashkenazí tradicional es usar tefilín durante Shajarit hasta el recitado del Halel. Sin embargo, algunas congregaciones siguen la costumbre sefaradí según la cual los tefilín no son colocados durante Jol HaMo'ed, siendo esta también la práctica habitual en Israel [שו"ע ורמ"א או"ח, לא:ב].

227 Primera noche de Jol HaMo'ed: Ma'ariv de días de semana (página 261). Se agrega אַתָּה חוֹנַנְתָּנוּ en la cuarta bendición de la Amidá (página 279). En la novena bendición de la Amidá (ברכת השנים) se comienza a decir וְתֵן בְּרָכָה, práctica que habrá de continuar hasta el 4 de diciembre (o en algunos casos hasta el 5 de diciembre) (ver ley 147). Si por error, se dice וְתֵן טַל וּמָטָר לִבְרָכָה durante los meses de primavera y verano, se deberá repetir la Amidá. Si se da cuenta del error previo a la finalización de la Amidá, se deberá repetir la misma desde el inicio de la bendición de ברכת השנים [שו"ע או"ח, קיז:ג]. Se agrega יַעֲלֶה וְיָבוֹא en la décimo séptima bendición de la Amidá (רְצֵה).

228 Se cuenta el Omer antes de recitar *Aleinu Leshabeaj*. La Havdalá se hace sobre una copa de vino o jugo de uva sin recitarse bendiciones por el fuego ni las especies aromáticas (a excepción de que caiga Motzaei Shabat).

229 Shajarit: para días de semana. Se omite el recitado de מִזְמוֹר לְתוֹדָה. Luego de la repetición de la Amidá por parte del oficiante la congregación entona Medio

Halel [שו״ע או״ח, תצ:ד]. A continuación, el oficiante recita un Kadish Completo y se extraen dos rollos de la Torá del Arca Sagrada.

230 Lectura de la Torá: páginas 1190–1195. Se llama cuatro personas a la Torá, la cuarta en subir lee del segundo rollo [שו״ע או״ח, תצ:ד-ה]. Si el primer día de Pesaj cae en Shabat o domingo de modo tal que no habrá Shabat de Jol HaMo'ed, las lecturas son las listadas en las páginas 1190–1195 De no ser así, las porciones de lectura del primer, segundo y cuarto día se leen en los días de semana de Jol HaMo'ed mientras que la del tercer día se incluye en la lectura del Shabat de Jol HaMo'ed.

231 Tras la lectura de la Torá se recita Medio Kadish, se devuelve el rollo de la Torá al Arca Sagrada y se recita *Ashrei* y וּבָא לְצִיּוֹן. El oficiante recita Medio Kadish.

232 Musaf: para días de fiesta (página 839). Se recita *Kedushá* de días de la semana y no se dice *Birkat Cohanim*. Tras la repetición de la Amidá el oficiante recita un Kadish Completo. Esto es seguido de *Aleinu Leshabeaj*, Kadish de Duelo, el Salmo del Día y un Kadish de Duelo.

Shabat Jol HaMo'ed Pesaj

233 Previo a Ma'ariv de Shabat se recitan los dos últimos salmos del Kabalat Shabat (92 y 93): מִזְמוֹר שִׁיר לְיוֹם הַשַּׁבָּת y יהוה מָלָךְ, גֵּאוּת לָבֵשׁ (página 343). Se omite בַּמֶּה מַדְלִיקִין. Se recita la Amidá de Shabat agregando יַעֲלֶה וְיָבוֹא [שו״ע או״ח, תרסג:ב]. El final de Ma'ariv se asemeja al de Shabat (página 377) con el conteo del Omer antes de *Aleinu Leshabeaj*.

234 Shajarit: para Shabat y Yom Tov (página 419). Se recita la Amidá de Shabat agregando יַעֲלֶה וְיָבוֹא. La repetición de la Amidá es seguida por Medio Halel, Kadish Completo, la lectura del שיר השירים (Cantar de los Cantares) (página 1232) y Kadish de Duelo [רמ״א או״ח, תצ:ט].

235 Lectura de la Torá: páginas 1196–1197. Suben siete personas. Maftir: página 1195. Haftará: página 1198.

236 Tras la lectura de la Haftará se recita *Yekum Purkan* y luego las plegarias por el gobierno y el Estado de Israel. Se dice *Ashrei* y se devuelven los rollos de la Torá al Arca Sagrada. El oficiante recita Medio Kadish.

237 Musaf: para Yom Tov, con los agregados de Shabat (página 839). Sin embargo, no se agrega a la *Kedushá* אַדִּיר אַדִּירֵנוּ ni se dice *Birkat Cohanim*. Tras la repetición de la Amidá el oficiante recita un Kadish Completo. Posteriormente se entona *Ein KeEloheinu* (página 577) y la conclusión de Musaf que es como la de Shabat.

238 Minjá: para Shabat y Yom Tov (página 615). Se extrae un rollo de la Torá y se comienza la lectura de la porción de la semana. Tras devolver el rollo al Arca

Sagrada el oficiante recita Medio Kadish y la congregación reza la Amidá de Shabat agregando יַעֲלֶה וְיָבוֹא.

239 Motzaei Shabat: se recita Ma'ariv: luego de la Amidá, se omite וִיהִי נֹעַם y el oficiante dice Kadish Completo. Se dice וְיִתֶּן־לְךָ (página 725) [רמ"א או"ח, רצה: ט].

Séptimo y octavo día de Pesaj (21 y 22 de Nisán)

240 Si el séptimo día de Pesaj cae un jueves, cada hogar debe preparar un *Eiruv Tavshilín* (página 787) el cual posibilita cocinar el viernes alimentos para las comidas de Shabat [שו"ע או"ח, תקכו].

241 Encendido de velas: se recita una sola bendición: לְהַדְלִיק נֵר שֶׁל יוֹם טוֹב (no se recita שֶׁהֶחֱיָנוּ) [שו"ע או"ח, תצ: ז]. Cuando la víspera de Pesaj cae un viernes por la noche la conclusión de la primera bendición es: לְהַדְלִיק נֵר שֶׁל שַׁבָּת וְשֶׁל יוֹם טוֹב.

242 Ma'ariv: para Shabat y Yom Tov (página 353). La congregación recita un versículo especial en honor a la fiesta (וַיְדַבֵּר מֹשֶׁה) previo a la Amidá de Yom Tov (página 799). Esta es seguida por un Kadish Completo, el conteo del Omer, *Aleinu Leshabeaj*, y Kadish de Duelo. Se acostumbra a finalizar entonando Adon Olam o Ygdal.

243 Cuando la víspera del séptimo u octavo día de Pesaj cae un viernes por la noche el rezo de la Amidá de Ma'ariv es antecedido por los últimos dos salmos de Kabalat Shabat: יהוה מָלָךְ, גֵּאוּת לָבֵשׁ y מִזְמוֹר שִׁיר לְיוֹם הַשַּׁבָּת (página 343). Se omite בַּמֶּה מַדְלִיקִין. Se recita ושמרו (página 363) previo a la Amidá de Yom Tov, con los agregados propios de Shabat. Luego de la Amidá, la congregación entona וַיְכֻלּוּ הַשָּׁמַיִם y el oficiante recita la repetición abreviada de la Amidá tal como se acostumbra a hacer en las vísperas de Shabat [שו"ע או"ח, תרמב: א].

244 Cuando la víspera del octavo día de Pesaj cae un Motzaei Shabat, la congregación agrega el párrafo que comienza con וַתּוֹדִיעֵנוּ en la bendición central de la Amidá. Asimismo, en el Kidush se insertan dos bendiciones de la Havdalá de modo tal que el orden final del recitado es el siguiente: vino, Kidush, fuego, Havdalá (página 789).

245 Shajarit: para Shabat y Yom Tov (página 419). El oficiante de Shajarit comienza diciendo הָאֵל בְּתַעֲצֻמוֹת עֻזֶּךָ (página 469). Después de *Barjú*, la congregación recita הַמֵּאִיר לָאָרֶץ y si además es Shabat הַכֹּל יוֹדוּךָ. Se recita la Amidá de Yom Tov (página 799) y si además es Shabat se adicionan los agregados correspondientes. Acto seguido se recita Medio Halel y Kadish Completo, y si además es Shabat se lee *Shir HaShirim* (El Cantar de los Cantares) (página 1232) y Kadish de Duelo. Se extraen dos rollos de la Torá del Arca Sagrada. La mayoría de las congregaciones recita "Los Trece Atributos de la Misericordia" y una súplica especial (página 521) salvo que sea Shabat.

246 Lecturas de la Torá: séptimo día de Pesaj – página 1198, octavo día – página 1205 (en Shabat comienza en la página 1206). Suben cinco personas a la Torá y siete si cae en Shabat. Maftir: página 1202. Haftará del séptimo día: página 1202; del octavo día: página 1207.

247 La Haftará es seguida por (en Shabat *Yekum Purkan,* luego) las plegarias por el gobierno y el Estado de Israel. El octavo día se recita *Yzkor* (página 829) seguido de אַב הָרַחֲמִים. El oficiante entona יָהּ אֵלִי וְגוֹאֲלִי (aunque la mayoría de las congregaciones lo omiten si se recitó *Yzkor*), la congregación recita *Ashrei* y los rollos de la Torá son devueltos al Arca Sagrada. El oficiante recita Medio Kadish.

248 Musaf: para días de fiesta (página 839). Si es Shabat se incluyen los agregados correspondientes. Los cohanim dicen *Birkat Cohanim.* El oficiante recita Kadish Completo. Esto es seguido por *Ein KeEloheinu* (página 577) y la conclusión del rezo es similar al de Shabat.

249 Minjá: para Shabat y Yom Tov. Cuando el séptimo u octavo día de Pesaj caen en Shabat, se extrae el rollo de la Torá del Arca Sagrada y se lee el inicio de la porción de la semana. Luego, tras devolver el rollo de la Torá al Arca Sagrada el oficiante recita Medio Kadish y la congregación dice la Amidá de Yom Tov (página 799).

Motzaei Pesaj (23 de Nisán)

250 Ma'ariv: para días de semana. En la cuarta bendición de la Amidá se agrega el párrafo que comienza con אַתָּה חוֹנַנְתָּנוּ (página 279). Se recita la Havdalá, preferentemente, con una copa de vino o jugo de uva (aunque hay quienes lo hacen con cerveza); no se recitan bendiciones ni por el fuego ni por las especies aromáticas (a diferencia de Motzaei Shabat) [שו״ע או״ח, תרא: א].

▸ LEYES DEL PERÍODO DEL CONTEO DEL OMER

251 Durante el período del conteo del Omer se observan una serie de reglas de duelo: no se corta el cabello, no se afeita, no se escucha música, no se llevan a cabo matrimonios ni otro tipo de fiestas [שו״ע ורמ״א או״ח, תצג: א–ג]. Algunas autoridades halájicas permiten afeitarse durante este período. Estas prácticas conmemoran la epidemia que mató doce mil pares de estudiantes alumnos de Rabí Akiva quienes, de acuerdo con lo que dice el Talmud, no se trataron con el debido respeto y honorabilidad unos a otros como corresponde. La comunidad ashkenazí tornó estas prácticas en más estrictas en virtud de las masacres sufridas durante la primera cruzada en los meses de Iyar y Siván del 1096 (correspondiente al 4856 del calendario judío).

252 Las diferentes comunidades observan estas restricciones a lo largo de diferentes

períodos: (1) desde el final de Pesaj hasta el 18 de Iyar (Lag Ba'Omer), (2) desde el 1 de Iyar hasta el 3 de Siván, (3) durante todo el período comprendido entre el final de Pesaj y hasta el 3 de Siván.

253 A partir del primer Shabat posterior a Pesaj se acostumbra que, después del rezo de Minjá de Shabat, se estudie un capítulo de *Pirkei Avot* (páginas 661–705). Esta práctica continúa hasta el Shabat anterior a Rosh HaShaná [רמ"א או"ח, רצב:ב].

254 El Shabat anterior a Rosh Jodesh Iyar se recita אַב הָרַחֲמִים (ver ley 144).

IYAR

▸ LEYES DE BAHAB (בה"ב)

255 Algunos acostumbran a recitar *Selijot* especiales el primer lunes, primer jueves y el segundo lunes del mes de Iyar (ver ley 146). Si Yom Ha'Atzmaut o Pesaj Shení cae en uno de estos días no se recitan *Selijot.*

Yom HaZikarón (4 de Iyar)

256 En este día se recuerda a aquellos judíos que dieron su vida por la defensa de la comunidad judía de la tierra de Israel, incluidos los soldados del Ejército de Defensa de Israel caídos en cumplimiento del deber y civiles asesinados en actos de terrorismo. En la víspera de Yom HaZikarón se enciende una vela de *yortzait* y los padres, hijos y cónyuge del caído recitan Kadish de Duelo. Al concluir Shajarit, algunas congregaciones acostumbran a elevar plegarias especiales (ver páginas 967–969).

257 En muchas comunidades se llevan a cabo ceremonias recordatorias después de Minjá. Generalmente, estas son planificadas de modo tal que culminen al anochecer que es cuando dan inicio las celebraciones de Yom Ha'Atzmaut.

Yom Ha'Atzmaut (5 de Iyar)

258 Si el 5 de Iyar cae un viernes o un Shabat, se adelanta Yom Ha'Atzmaut para el jueves anterior. Si el 5 de Iyar cae un lunes Yom Ha'Atzmaut se pospone para el martes.

259 En Yom Ha'Atzmaut se suspenden las costumbres luctuosas del período del conteo del Omer. Se permite cortar el cabello, afeitarse, asistir a fiestas, celebrar casamientos y bar o bat mitzvot así como también escuchar música. Se acostumbra a autorizar el corte de cabello y el afeitado previo al anochecer para honrar así la festividad.

260 Ma'ariv: existen diferentes costumbres (páginas 971–979). El orden de rezos adoptado por el Rabinato de Israel es el siguiente: una selección de salmos y otras lecturas previo a Ma'ariv de día de semana. Se acostumbra que el oficiante entone en este día melodías de Yom Tov. Tras concluir la Amidá el oficiante recita Kadish Completo. El Salmo 126 se recita alternadamente con la melodía del *"HaTikva"*. Posteriormente se cuenta el Omer, se dice *Aleinu Leshabeaj*, Kadish de Duelo y la congregación entona אֲנִי מַאֲמִין.

261 Shajarit: *Pesukei DeZimrá* para Shabat y Yom Tov con el agregado de מִזְמוֹר לְתוֹדָה (página 431). No se recita נִשְׁמַת. Después de אָז יָשִׁיר (página 461) se continúa con el rezo de Shajarit para día de semana (página 85). La repetición de la Amidá por parte del oficiante es seguida por el recitado del Halel y Medio Kadish. Si Yom Ha'Atzmaut cae en día jueves (ver ley 258) se extrae un rollo de la Torá del Arca Sagrada y se lee la porción correspondiente a la semana. Tras la lectura de la Torá se recita Medio Kadish. La Haftará se lee sin recitar bendiciones (página 981). Se recita la plegaria por el Estado de Israel (página 543) y posteriormente otra en recordación de los soldados caídos (página 969). Se continúa con Shajarit de día de semana (página 171). Al concluir el rezo la congregación entona אֲנִי מַאֲמִין (página 983).

262 Se omite el *Tajanún* durante los rezos de Shajarit y Minjá del día 5 de Iyar aunque Yom Ha'Atzmaut se celebre otro día.

Pesaj Shení (14 de Yiar)

263 Se omite *Tajanún* durante Shajarit y Minjá pero no en la Minjá del día anterior.

Lag Ba'Omer (18 de Iyar)

264 Las costumbres luctuosas del período del conteo del Omer se ven suspendidas. Se permite cortar el cabello, afeitarse, asistir a fiestas, celebrar casamientos y bar o bat mitzvot así como escuchar música [שו"ע ורמ"א או"ח, תצג:ב].

265 En algunas comunidades, el período de hábitos luctuosos iniciado en Pesaj llega a su fin después de Lag Ba'Omer. Para otras, estos continúan hasta tres días previo a la fiesta de Shavu'ot [שם] (ver ley 252).

266 Si Lag Ba'Omer cae un domingo se permite afeitar y cortar el cabello el viernes anterior para de esa forma honrar al Shabat.

267 Se omite *Tajanún* durante Shajarit y Minjá [משנ"ב או"ח, תצג:ט].

Yom Yerushalaim (28 de Iyar)

268 Se suspenden los hábitos luctuosos del período del conteo del Omer, se permite cortar el cabello, afeitarse, asistir a fiestas, celebrar casamientos y bar o bat mitzvot así como también escuchar música.

269 Shajarit: *Pesukei DeZimrá* para Shabat y Yom Tov con el agregado de מִזְמוֹר לְתוֹדָה (página 431). No se recita נִשְׁמַת. Después de אָז יָשִׁיר (página 461) se continúa con el rezo de Shajarit de día de semana (página 85). La repetición de la Amidá por parte del oficiante es seguida por el recitado del Halel y Medio Kadish. Los lunes o jueves se extrae un rollo de la Torá del Arca Sagrada y se lee la porción correspondiente de la semana. Tras la lectura de la Torá se recita Medio Kadish seguido de la bendición por el Estado de Israel. Los lunes y los jueves el rollo de la Torá es devuelto al Arca Sagrada. Se continúa con *Ashrei* y וּבָא לְצִיּוֹן seguidos de Kadish Completo, *Aleinu Leshabeaj,* Kadish de Duelo, Salmo del Día y Kadish de Duelo.

270 Se omite *Tajanún* tanto en Shajarit como en Minjá.

271 El Shabat anterior a Rosh Jodesh Siván se recita אַב הָרַחֲמִים (ver ley 144).

SIVÁN

272 Desde Rosh Jodesh Siván hasta el día posterior a Shavu'ot se omite *Tajanún* tanto en Shajarit como en Minjá [רמ״א או״ח, תצד:ג].

Shloshet Yemei Hagbalá (del 3 al 5 de Siván)

273 Los tres días previo a Shavu'ot se conmemoran el igual número de días que antecedieron a la entrega de la Torá en el Monte Sinaí, en los cuales al pueblo de Israel se le encomendó prepararse para la Revelación Divina.

274 Para quienes mantienen los hábitos luctuosos después de Lag Ba'Omer este período finaliza el día 3 de Siván.

Shavu'ot (6 y 7 de Siván)

275 Si la festividad de Shavu'ot cae en viernes, cada ama de casa debe preparar un *Eiruv Tavshilín* (página 787), el cual posibilita preparar alimentos el día viernes para las comidas de Shabat [שו״ע או״ח, תקכז].

276 Encendido de velas: se recitan dos bendiciones: (1) לְהַדְלִיק נֵר שֶׁל יוֹם טוֹב y

(2) שֶׁהֶחֱיָנוּ. El viernes por la noche el final de la primera bendición reza: לְהַדְלִיק נֵר שֶׁל שַׁבָּת וְשֶׁל יוֹם טוֹב.

277 Una costumbre muy extendida es decorar la sinagoga con flores o plantas [רמ״א או״ח, תצד:ג].

278 Ma'ariv: para Shabat y Yom Tov (página 353). Se acostumbra comenzar Ma'ariv después que cae la noche [משנ״ב או״ח, תצד:א]. Muchas congregaciones recitan un versículo especial en honor a la fiesta (וַיְדַבֵּר מֹשֶׁה) previo a la Amidá de Yom Tov (página 799). Ésta es seguida por Kadish Completo, *Aleinu Leshabeaj* y Kadish de Duelo. Se acostumbra a finalizar entonando Adon Olam o Ygdal.

279 Cuando la víspera de Shavu'ot cae un viernes por la noche, el rezo de la Amidá de Ma'ariv de Shabat es antecedido por los últimos dos salmos de Kabalat Shabat: מִזְמוֹר שִׁיר לְיוֹם הַשַּׁבָּת y יהוה מָלָךְ, גֵּאוּת לָבֵשׁ (página 343). Se omite בַּמֶּה מַדְלִיקִין. Se recita וְשָׁמְרוּ y un versículo especial de Yom Tov (וַיְדַבֵּר מֹשֶׁה) (página 363) previo a la Amidá de Yom Tov, con los agregados propios de Shabat. Luego de la Amidá la congregación entona וַיְכֻלּוּ הַשָּׁמַיִם y el oficiante recita la repetición abreviada de la Amidá tal como es costumbre los viernes por la noche [שו״ע או״ח, תרי״ט:ג]. Cuando la víspera de Shavu'ot cae en Motzaei Shabat la congregación agrega el párrafo que comienza con וַתּוֹדִיעֵנוּ en la bendición central de la Amidá. Asimismo, durante el Kidush se insertan las dos bendiciones de la Havdalá previo al recitado de שֶׁהֶחֱיָנוּ de modo tal que el orden final del recitado de las diferentes bendiciones es el siguiente: vino, Kidush, fuego, Havdalá y שֶׁהֶחֱיָנוּ (página 791).

280 Cuando la víspera de Shavu'ot cae viernes por la noche el Kidush de Yom Tov es recitado con los agregados de Shabat.

281 El אר״י (Rabino Isaac Luria) estableció la costumbre de permanecer despiertos toda la noche para recitar el *Tikún Leil Shavu'ot*. En la actualidad la mayoría de las personas que permanecen en vela esa noche estudian Torá [משנ״ב או״ח, תצד:א].

282 Shajarit: para Shabat y Yom Tov (página 419). El oficiante de Shajarit comienza diciendo הָאֵל בְּתַעֲצוּמוֹת עֻזֶּךָ (página 469). Después de *Barjú* la congregación recita הַמֵּאִיר לָאָרֶץ o, en caso de que también sea Shabat, הַכֹּל יוֹדוּךָ. La Amidá de Yom Tov es recitada (página 799); en caso de ser Shabat se adicionan los agregados correspondientes. Tras la repetición de la Amidá se recita el Halel y Kadish Completo. El segundo día de Shavu'ot se lee *Meguilat Rut* (página 1237) seguido de Kadish de Duelo.

283 Mientras se extrae el rollo de la Torá del Arca Sagrada en la mayoría de las congregaciones se recitan "Los Trece Atributos de la Misericordia" y una súplica especial (página 521), salvo en Shabat. Luego de llamarse al cohen a la lectura se entonan las אַקְדָּמוּת (página 821) [משנ״ב או״ח, תצד:ב].

284 Lectura de la Torá: primer día – página 1208; segundo día – página 1205. Suben cinco personas a la Torá y siete si es Shabat. En algunas congregaciones las personas se ponen de pie durante la lectura de los Diez Mandamientos (página 1209). Maftir (ambos días): página 1211. Haftará: primer día – página 1211; segundo día – página 1213 [שו״ע או״ח, תצד:א-ב]. Tradicionalmente se recita un poema litúrgico llamado יְצִיב פִּתְגָם tras la lectura de los dos primeros versículos de la Haftará del segundo día.

285 La Haftará es seguida por (en Shabat *Yekum Purkan*, luego) las plegarias por el gobierno y el Estado de Israel. El primer día el oficiante entona יָהּ אֵלִי וְגוֹאֲלִי (página 837). El segundo día, *Yzkor* (página 829) es seguido de אַב הָרַחֲמִים. Ambos días la congregación recita *Ashrei* y los rollos de la Torá son devueltos al Arca Sagrada. El oficiante recita Medio Kadish.

286 Musaf: para días de fiesta (página 839). Si es Shabat se incluyen los agregados correspondientes. Tras la repetición de la Amidá los cohanim dicen *Birkat Cohanim*. El oficiante recita un Kadish Completo. Esto es seguido por *Ein KeEloheinu* (página 577) y la conclusión del rezo es similar al de Musaf de Shabat.

287 Minjá: para Shabat y Yom Tov. Cuando Shavu'ot cae en Shabat, se toma el rollo de la Torá del Arca Sagrada y se lee el inicio de la porción de la semana. Tras devolver el rollo de la Torá al Arca Sagrada, el oficiante recita Medio Kadish y la congregación dice la Amidá de Yom Tov (página 799).

TAMUZ

Shiv'á Asar BeTamuz (17 de Tamuz)

288 Según la Mishná (*Ta'anit* 4:6) el ayuno del 17 de Tamuz conmemora cinco calamidades que sobrevinieron sobre el pueblo de Israel en esa fecha: (1) Moishé quebró las Tablas de la Ley, (2) la ofrenda diaria del *Tamid* dejó de sacrificarse (en los días del Segundo Templo), (3) Tito logró abrir una brecha en los muros de Jerusalém, (4) Apostomus quemó un Sefer Torá y (5) se colocó un ídolo en el sagrado Templo.

289 El ayuno comienza al amanecer (ver leyes 47–48) [שו״ע או״ח, תקסד:א]. Si el 17 de Tamuz cae en Shabat, el ayuno se pospone para el domingo [שו״ע או״ח, תקנ:ג].

290 Shajarit: para día de semana. Durante la repetición de la Amidá el oficiante recita el párrafo que comienza con la palabra עֲנֵנוּ entre la séptima y la octava bendición (página 117) [שו״ע או״ח, תקסו: א]. Esto es seguido por *Selijot, Avinu Malkenu* y *Tajanún* [ערוה״ש או״ח, תקסו: ח].

291 Lectura de la Torá: página 1172 (ver ley 50).

292 Minjá: de días de semana, salvo que tras recitar *Ashrei* y Medio Kadish se lee la Torá. La lectura es idéntica a la de la mañana. La tercera persona que es llamada a la Torá lee también la Haftará (página 1172) [רמ״א או״ח, תקסו: א]. Una vez devuelto el rollo de la Torá al Arca Sagrada el oficiante recita Medio Kadish y se reza la Amidá de Minjá de días de semana.

293 Durante el recitado silencioso de la Amidá, quienes ayunan dicen el párrafo de עננו como parte de la decimosexta bendición שׁוֹמֵעַ תְּפִלָּה (página 241). Durante la repetición de la Amidá el oficiante recita עֲנֵנוּ entre la séptima y la octava bendición tal como en la mañana (página 235). Después de la decimoctava bendición (מוֹדִים), el oficiante recita el párrafo referido a *Birkat Cohanim* (página 247). En cuanto a la bendición final de la Amidá, se recita שִׂים שָׁלוֹם en vez de שָׁלוֹם רָב. Una vez concluida la Amidá, la congregación recita *Avinu Malkenu*. Posteriormente se dice *Tajanún*, Kadish Completo y *Aleinu Leshabeaj*.

294 Desde el 17 de Tamuz hasta el 9 de Av (las "Tres semanas") se guardan ciertos hábitos luctuosos: no se corta el cabello, no se afeita, no se escucha música, no se compran objetos nuevos, no se celebran matrimonios u otro tipo de fiestas [שו״ע או״ח, תקנא: א]. Algunas autoridades halájicas permiten afeitarse en este período.

AV

295 Desde Rosh Jodesh Av hasta el 9 de ese mes (los "Nueve Días") se observan hábitos luctuosos suplementarios: no se come carne ni se bebe vino, no se lava ni se plancha ropa y se minimizan las actividades placenteras [שו״ע ורמ״א או״ח, תקנא].

Shabat Jazón (Shabat previo a Tish'á BeAv)

296 El Shabat anterior al 9 de Av es conocido como *Shabat Jazón*, ya que "*Jazón*" es la palabra inicial de la Haftará especial que se lee. El viernes por la noche muchas congregaciones suelen entonar el *Lejá Dodí* con la melodía de אֱלִי צִיּוֹן. La Haftará especial (en Isaías 1:1–27) se lee con la melodía de *Eijá*.

297 En Motzaei Shabat no se recita *Kidush Levaná* [רמ״א או״ח, תקנא: ח].

Víspera de Tish'á BeAv (8 de Av)

298 Se omite *Tajanún* de Minjá.

299 Se ingiere la *Seu'dá Mafseket* (comida final previa al inicio el ayuno) después de Minjá. Se acostumbra a comer no más que un alimento cocido. Tres varones adultos no deben comer juntos para así no recitar *zimún*. Algunas personas acostumbran a sentarse en el suelo y comer un huevo duro con ceniza [שו"ע ורמ"א או"ח, תקנב].

300 Cuando se ingiere la comida final el Shabat a la tarde, estas restricciones quedan sin efecto; sin embargo, se debe terminar de comer antes de que se ponga el sol [שם: י].

Tish'á BeAv (9 de Av)

301 Según la Mishná (*Ta'anit* 4:6) el ayuno del 9 de Av conmemora cinco calamidades que sobrevinieron al pueblo de Israel en esa fecha: (1) Dios decretó que los hijos de Israel que habían salido recientemente de Egipto no ingresarían a la tierra de Israel, (2) se destruyó el Primer Templo, (3) se destruyó el Segundo Templo, (4) cayó la ciudad de Betar y (5) la ciudad de Jerusalém fue arada hasta los cimientos.

302 El ayuno comienza con la puesta del sol. Además de comer y beber, en este día está prohibido lavarse, calzar calzado de cuero, untarse cremas o aceites y mantener relaciones sexuales. No se estudia Torá salvo leyes relativas al luto, *Eijá*, Job y las profecías duras de Jeremías [שו"ע או"ח, תקנד: א–ב]. No se saluda a otras personas ni se les pregunta por su bienestar [שם: כ].

303 Ma'ariv: para días de semana. Tras la Amidá se recita Kadish Completo y luego se lee *Eijá* (página 1242) y se recitan *Kinot*. La congregación dice וְאַתָּה קָדוֹשׁ (página 719) seguido de Kadish Completo (omitiendo la línea que comienza con תִּתְקַבַּל), *Aleinu Leshabeaj* (página 733) y Kadish de Duelo. Cuando Tish'á BeAv cae en Motzaei Shabat se omite וְיִתֶּן־לְךָ.

304 Si el ayuno cae (o es guardado) en Motzaei Shabat se omite וִיהִי נֹעַם y no se dice Havdalá. Se recita la bendición בּוֹרֵא מְאוֹרֵי הָאֵשׁ con una llama [שו"ע או"ח, תקנו: א].

305 Shajarit: por la mañana no nos envolvemos en el talit ni nos colocamos tefilín [שו"ע או"ח, תקנה: א]. Durante la repetición de la Amidá el oficiante dice עֲנֵנוּ entre la séptima y la octava bendición (página 117). Se omite *Tajanún*.

306 Lectura de la Torá: página 1173. Suben tres personas y el tercero lee también la Haftará: página 1174 [רמ"א או"ח, תקנד: ד]. Luego se dicen las tres bendiciones posteriores a la Haftará (página 535). Una vez que la Torá fue devuelta al Arca

Sagrada se recitan *Kinot*. Esto es seguido de *Ashrei*, וּבָא לְצִיּוֹן (se omite el versículo que dice וַאֲנִי זֹאת בְּרִיתִי ver página 175), Kadish Completo (se omite el renglón que comienza con תִּתְקַבַּל), *Aleinu Leshabeaj* y Kadish de Duelo.

307 En Minjá nos envolvemos en el talit y nos colocamos tefilín.

308 Minjá comienza con el Salmo del Día (páginas 185–191), *Ashrei* y Medio Kadish. Se lee la Torá: página 1172. Suben tres personas a la Torá y el tercero lee la Haftará: página 1172. Tras la lectura de la Torá se devuelve el rollo al Arca Sagrada y el oficiante recita Medio Kadish.

309 Durante el recitado silencioso de la Amidá (página 229) la congregación dice נַחֵם como parte de la décimo cuarta bendición (בּוֹנֵה יְרוּשָׁלָיִם), עֲנֵנוּ es parte de la décimo sexta bendición (שׁוֹמֵעַ תְּפִלָּה) (a menos que no se esté ayunando), y se dice שִׂים שָׁלוֹם en vez de שָׁלוֹם רָב (página 247). Durante la repetición de la Amidá el oficiante recita עֲנֵנוּ entre la séptima (גּוֹאֵל יִשְׂרָאֵל) y la octava (רוֹפֵא חוֹלֵי עַמּוֹ יִשְׂרָאֵל) bendición, נַחֵם en la decimocuarta, el párrafo vinculado a *Birkat Cohanim* [שו״ע ורמ״א, תקנו:א] y שִׂים שָׁלוֹם. Minjá finaliza con un Kadish Completo y *Aleinu Leshabeaj*.

310 Después de Ma'ariv se recita *Kidush Levaná* (página 739). Cuando Tish'á BeAv comienza en Motzaei Shabat la Havdalá se realiza el domingo por la noche, preferiblemente con una copa de vino o jugo de uva, sin que se reciten bendiciones ni por el fuego ni por las especies aromáticas.

311 Si bien el ayuno se quiebra tras caer la noche, se acostumbra a continuar con algunos hábitos luctuosos hasta el mediodía del 10 de Av. Sin embargo, si el 10 de Av cae un viernes está permitido bañarse y realizar todos los preparativos necesarios para el Shabat antes del mediodía [רמ״א או״ח, תקנח:א].

Shabat Najamú (Shabat inmediatamente posterior a Tish'á BeAv)

312 Recibe su nombre del primer vocablo de la Haftará especial que se lee (נַחֲמוּ). Es el primero de los siete Shabatot (שבע דנחמתא) que van del 9 de Av hasta Rosh HaShaná en los cuales se leen las Haftarot de consuelo del libro del profeta Isaías.

Tu BeAv (15 de Av)

313 Según la Mishná (*Ta'anit* 4:8) el día 15 de Av las muchachas jóvenes de Jerusalém se prestaban vestidos blancos unas a otras y salían a danzar juntas en los viñedos. Los muchachos jóvenes venían a verlas y éstas los instaban a no fijarse únicamente en la belleza sino a poner atención en las hijas de buenas familias.

314 Se omite *Tajanún* durante Shajarit y Minjá. Si cae en Shabat se omite אַב הָרַחֲמִים durante Shajarit y צִדְקָתְךָ en Minjá.

EL REZO DIARIO

AL DESPERTAR

315 Se acostumbra decir מוֹדֶה אֲנִי de inmediato al despertar, incluso antes de lavarse las manos [משנ״ב או״ח, א:ח].

Reglas referentes al lavado de manos;
בִּרְכַּת אֲשֶׁר יָצַר; אֱלֹהַי נְשָׁמָה

316 Al despertar se deben lavar las manos [שבת, קח:]. Algunas autoridades halájicas sostienen que no se debería caminar cuatro codos (unos dos metros) previo a lavarse las manos [משנ״ב או״ח, א:ב (בשם הזוהר)].

317 Según algunas autoridades halájicas, existe una obligación aparte de lavarse las manos previo el rezo [ערוה״ש או״ח, ד:ה]. Quien lava sus manos y recita la bendición עַל נְטִילַת יָדָיִם tras despertarse no la repite cuando se las lava previo a rezar [רמ״א או״ח, ו:ב].

318 Las manos deben lavarse preferentemente usando un vaso (o un recipiente n. de t.), mas esto no es indispensable [שו״ע ורמ״א, או״ח: ד, ז]. Se acostumbra verter agua de un vaso sobre la mano derecha, luego sobre la izquierda y hacerlo un total de tres veces [משנ״ב, שם: י]. En caso de que no se disponga de agua se pueden limpiar las manos empleando cualquier material apropiado; en un caso así, se cambia el formato de la bendición por עַל נְקִיּוּת יָדָיִם [שו״ע או״ח, ד: כב].

319 La bendición de עַל נְטִילַת יָדָיִם debe ser recitada previo al secado de manos o después del mismo [משנ״ב, ד:ב].

320 Se han formulado varias razones para justificar el lavado de manos al levantarse. La Guemará indica que durante la noche las manos se ven envueltas en un espíritu de impureza (רוח רעה) el cual se retira mediante su lavado [שבת, קח:]. Además, existe la preocupación que durante el sueño las manos pudieran haber tocado alguna parte no limpia del cuerpo [רא״ש ברכות, פ״ט: כג]. Por último, se considera a

la persona que se despierta como un recién nacido, por lo tanto, es necesario santificarse mediante el lavado de manos [שו"ת רשב"א ח"א, קצא].

321 La bendición אֲשֶׁר יָצַר debe ser recitada cada vez que uno se alivia. Se recomienda ir al baño inmediatamente después de lavarse las manos, recién entonces recitar עַל נְטִילַת יָדָיִם seguida de אֲשֶׁר יָצַר. Sin embargo, aunque uno no se alivie se permite recitar אֲשֶׁר יָצַר tras el lavado de manos [רמ"א או"ח, ד: א]. No se debe postergar el ir al baño [שו"ע או"ח, ג: יז].

322 Según la Guemará, la bendición de אֱלֹהַי נְשָׁמָה debe recitarse al despertar [ברכות, ס:]. La costumbre actual es recitar אֱלֹהַי נְשָׁמָה inmediatamente después de אֲשֶׁר יָצַר [משנ"ב, שם: יב]. Sin embargo, algunos eruditos indican que si se permaneció despierto toda la noche no se ha de recitar אֱלֹהַי נְשָׁמָה ni הַמַּעֲבִיר שֵׁנָה מֵעֵינַי debiendo escuchar su recitado de boca de otros [משנ"ב, מו: כד].

323 Se acostumbra recitar las bendiciones de la Torá después de אֲשֶׁר יָצַר, pues no se debe leer ni recitar versículos de la misma sin antes haber dicho las bendiciones necesarias por su estudio [שו"ע ורמ"א או"ח, מו: ט].

Leyes del Tzitzit

324 Es precepto positivo de la Torá colocar tzitzit en una prenda de cuatro esquinas o extremos. El precepto aplica únicamente durante las horas del día [מנחות, מג.]. Dado que se trata de un precepto positivo determinado por el tiempo las mujeres se encuentran exentas del mismo [שו"ע או"ח, יז: ב].

325 La práctica aceptada es vestir un *talit katán* durante todo el día y un *talit gadol* durante Shajarit [שו"ע או"ח, כד: א]. La costumbre ashkenazí predominante es comenzar a usar *talit gadol* al contraer matrimonio [משנ"ב, יז: י], pero los judíos alemanes y los sefaradíes comienzan a hacerlo a una edad más temprana. De todas maneras, el oficiante durante el rezo o la persona que es llamada a la Torá para leerla, alzarla, amarrarla o abrir el Arca Sagrada debe usar *talit gadol* aunque aún no esté casado.

326 Se debe colocar el *talit katán* de inmediato al vestirse. Primeramente, deben revisarse los hilos del tzitzit para cerciorarse que no estén rasgados [שו"ע או"ח, ח: ט]. Luego, estando de pie [שו"ע או"ח, ח: א] se debe recitar la bendición עַל מִצְוַת צִיצִית e inmediatamente después vestir la prenda [רמ"א או"ח, ח: ו]. No se recita la bendición si: (1) se está a punto de envolverse en el *talit gadol,* y (2) uno habrá de tener presente el *talit katán* mientras recita la bendición correspondiente por el *talit gadol.* Por otra parte, en caso de haber una interrupción sustancial entre el tiempo de colocación del *talit katán* y el del *talit gadol* se pueden recitar las dos bendiciones por separado [שו"ע או"ח, ח: יג].

327 La bendición por el tzitzit no debe ser recitada antes del amanecer [רמ״א או״ח, יח:ג].

328 En el caso del *talit gadol*, se debe igualmente primero revisar el estado de los hilos del tzitzit y luego de pie recitar la bendición לְהִתְעַטֵּף בַּצִּיצִית y vestirlo. El vocablo לְהִתְעַטֵּף significa envolverse; primeramente, uno debe envolverse en el *talit gadol* y cubrirse con este la cabeza y el rostro por unos momentos y luego alcanza que el *talit gadol* recubra el torso [מג״א, ח:ב].

329 Si por alguna razón uno se quita el *talit gadol* deberá repetir la bendición al volver a ponerlo [שו״ע או״ח, ח:יד]. Si el *talit gadol* se vuelve a poner poco después de haberlo quitado no se recita la bendición nuevamente, salvo que: (1) la persona vistió durante todo el tiempo un *talit katán*, o (2) la intención original era volverse a colocar el *talit gadol* rápidamente [משנ״ב, שם: לו].

330 Si la cabeza ya está cubierta no es necesario cubrirla con el *talit gadol* [ט״ז או״ח, ח:ג]. No obstante, algunas autoridades halájicas indican que los hombres casados deben cubrir sus cabezas con el *talit gadol* durante Shajarit pues esto promueve el temor reverencial durante el rezo [בה״ט או״ח, ח:ג (בשם הרדב״ז)]. Otras opiniones indican que se debe cubrir la cabeza únicamente durante la Amidá o a partir de *Barjú* y hasta el final de la Amidá. Personas no casadas no deben cubrir sus cabezas con el *talit gadol* [קידושין, כט:].

Leyes referentes al Tefilín

331 Colocar tefilín es un precepto positivo de la Torá. La obligación aplica los días de semana [שו״ע או״ח, לא] y por tratarse de un precepto positivo determinado por el tiempo, las mujeres están exentas de su cumplimiento [שו״ע או״ח, לח:ג].

332 Se colocan los tefilín después que el talit, pues estos son más sagrados, siguiendo el principio de que en cuestiones de santidad se debe ir siempre en ascenso (**מעלין בקודש**) [שו״ע או״ח, כה:א].

333 El *tefilín shel yad* se coloca en el brazo más débil lo cual implica que personas zurdas deben colocarlo en el brazo derecho [שו״ע או״ח, כז:ו].

334 El *tefilín shel yad* se coloca primero ubicando la caja sobre el bíceps cerca de la articulación del codo inclinado hacia el corazón y recitando la bendición לְהָנִיחַ תְּפִלִּין. Luego se ajusta la cinta alrededor del músculo y la enrolla alrededor del antebrazo siete veces. Sin hablar o habiéndose distraído [שו״ע או״ח, כה: ט-י] se coloca el *tefilín shel rosh* sobre la cabeza por encima de la línea de crecimiento del cabello centrado sobre la nariz y se recita la bendición עַל מִצְוַת תְּפִלִּין. Luego se ajustan las cintas de modo tal que el nudo repose sobre la base del cráneo

y las dos cintas desciendan sobre el pecho y se recita בָּרוּךְ שֵׁם כְּבוֹד מַלְכוּתוֹ לְעוֹלָם וָעֶד [רמ"א או"ח, כה:ה]. Para finalizar, se enrolla la cinta del *tefilín shel yad* alrededor de los dedos de la mano mientras se recita וְאֵרַשְׂתִּיךְ (ver página 17).

335 Las cajas de los *tefilín shel yad* y *shel rosh* deben ubicarse directamente sobre el brazo y la cabeza respectivamente sin que nada se interponga entre estos [שו"ע או"ח, כז:ד]. Esta regla no aplica a las cintas del tefilín [רמ"א, שם].

336 Regularmente se debe tocar primero el *tefilín shel yad* y luego el *tefilín shel rosh* a los efectos de permanecer consciente de que se los tiene puestos. En especial, se deben tocar los tefilín al recitar los versículos correspondientes a este precepto durante el recitado del Shemá [שו"ע או"ח, כח:א] (ver ley 354). Se acostumbra además tocarlos cuando se recita el versículo פּוֹתֵחַ אֶת־יָדֶךָ durante *Ashrei.*

337 Por lo mínimo, se debe tener colocado los tefilín durante el recitado del Shemá y la Amidá [שו"ע או"ח, כה:ד]. Se acostumbra mantenerlos colocados hasta haber escuchado tres veces la *Kedushá* y cuatro el Kadish [רמ"א, שם:יג] lo cual implica que no se pueden quitar hasta pasado el Kadish de Duelo posterior a *Aleinu Leshabeaj* [משנ"ב, שם:נו]. En teoría se debería usar tefilín durante todo el día. Sin embargo, se acostumbra quitarlos después del rezo pues resulta difícil permanecer constantemente consciente del hecho que se los tiene puestos, así como también mantener la pureza del pensamiento y del cuerpo durante toda la jornada [שו"ע או"ח, לז:ב].

338 El orden en el cual se retiran los tefilín es inverso al de su colocación. Por lo tanto, primero se desenrolla la cinta del *tefilín shel yad* de los dedos de la mano, luego se retira el *tefilín shel rosh* y se envuelve junto a su caja. Luego se desenrolla los *tefilín shel yad* del brazo, se le retira del músculo y se coloca en su envoltorio [שו"ע או"ח, כח:ב]. Este procedimiento se lleva a cabo mientras se permanece de pie [משנ"ב, כח:ו].

REZOS

Leyes referentes a Birkot HaShajar y Pesukei DeZimrá

339 Según la Guemará [ברכות, ס:], *Birkot HaShajar* (las bendiciones matinales) eran originalmente recitadas una por una conforme se realizaba la acción práctica asociada a estas. Es así como al vestirse se recitaba מַלְבִּישׁ עֲרֻמִּים y al ponerse de pie se recitaba זוֹקֵף כְּפוּפִים. Sin embargo, actualmente se acostumbra recitar todas las bendiciones conjuntamente en la sinagoga [שו"ע או"ח, מו: ב].

340 Los versículos del Shemá no se insertaron inmediatamente después de las bendiciones matinales con la finalidad de posibilitar el cumplimiento del deber individual de su recitado cada mañana [רמ"א, שם: ט]. Sin embargo, tal como se analizará en el ley 347, los tres párrafos del recitado del Shemá deben ser dichos durante la primera mitad de la mañana (que es la cuarta parte del tiempo que transcurre desde el amanecer hasta el anochecer). Dado que algunas congregaciones llevan a cabo rezos en horas relativamente tardías, especialmente en Shabat, y por ende el recitado comunal del Shemá puede ser en un horario muy avanzado más allá de los requerimientos de la halajá, en un caso así se recomienda recitar los tres párrafos inmediatamente después de *Birkot HaShajar* [משנ"ב, שם: לא].

341 Se deben recitar los versículos que describen el קרבן תמיד (página 45) preferentemente junto a la congregación [רמ"א או"ח, מח]. Algunas autoridades halájicas consideran que se deben recitar de pie [משנ"ב, שם: ב].

342 El quinto capítulo de מסכת זבחים y la ברייתא דרבי ישמעאל fueron agregados tras los pasajes bíblicos relativos a los sacrificios a los efectos de instituir el estudio diario de la Torá Escrita, la Mishná y la Guemará [שו"ע או"ח, נ: א].

343 Recitar Kadish, *Barjú* o *Kedushá* requieren de la presencia de *minián* (quórum de diez varones adultos) [שו"ע או"ח, נה: א].

344 No se debe hablar de cuestiones ajenas al rezo desde el comienzo de las palabras בָּרוּךְ אַתָּה יהוה en *Baruj SheAmar* hasta completarse la Amidá [שו"ע או"ח, נא: ד]. Algunas respuestas están permitidas tal como se detalla en la tabla de las páginas 1355–1357.

345 Si se llega tarde a la sinagoga, se habrán de omitir todos o algunos de los pasajes de *Pesukeui DeZimrá* tal como se explica a continuación:

- **a** Si hay tiempo suficiente se recita *Baruj SheAmar*, Salmos 145 al 150 e *Yshtabaj*.
- **b** De contarse con menos tiempo se recita *Baruj SheAmar*, Salmos 145, 148 150 e *Yshtabaj*.
- **c** De contarse aun con menos tiempo se recita *Baruj SheAmar*, Salmo 145 e *Yshtabaj*.
- **d** De contarse aun con menos tiempo se omiten todos los *Pesukei DeZimrá*. Se completa el resto del rezo junto a la congregación y luego se recitan los *Pesukei DeZimrá* en privado omitiéndose *Baruj SheAmar* e *Yshtabaj* [רמ"א ושו"ע או"ח, נב].

Recitado del Shemá matutino – קריאת שמע של שחרית

346 Es un precepto positivo de la Torá recitar los tres párrafos del Shemá cada mañana y cada noche. Dado que se trata de un precepto positivo determinado por el tiempo, las mujeres están exentas de cumplirlo [שו״ע או״ח, ע:א]. No obstante, las mujeres deben recitar el primer versículo para, de esa forma, expresar su aceptación del Yugo Celestial עול מלכות שמים [ב״ח, שם]. Las mujeres pueden recitar tanto el Shemá como las bendiciones anteriores y posteriores al mismo [משנ״ב, שם:ב].

347 Hay un período de la mañana durante el cual el Shemá debe ser recitado. El momento óptimo para ello es inmediatamente antes de la salida del sol, cuando se asume que hay suficiente luz como para distinguir a una persona conocida a una distancia de cuatro codos (unos dos metros). De ser necesario, se puede recitar el Shemá desde que amanece [שו״ע או״ח, נח:ג]. Tras la salida del sol, cuanto antes se recite el Shemá mejor es [שם:ב]. En última instancia, el Shemá debe ser recitado hasta el final del primer cuarto del día (en términos halájicos tres 'horas temporales', cuando cada una de ellas representa una doceava parte de las horas de luz; respecto de la definición de "día" ver ley 204) [שם:א]. Pasada esa hora, se permite recitar el Shemá y sus bendiciones durante la cuarta hora halájica que cierra el primer tercio del día. Pasada esa hora el Shemá se puede recitar sin sus bendiciones, pero de esta forma no se cumple con el precepto [שם:ו].

348 Si se recita el Shemá sin sus bendiciones anteriores y posteriores se cumple igualmente con el precepto, empero, se debería después decir las bendiciones, aunque implique recitar el Shemá nuevamente [שו״ע או״ח, ס:ב].

349 El Shemá debe recitarse en estado de concentración y temor reverencial [שו״ע או״ח, סא:א]. Cada palabra y cada sílaba deben ser cuidadosamente pronunciadas sin arrastrar consonantes [שו״ע או״ח, סא:טו–כא].

350 Algunas autoridades halájicas dictaminaron que se debe recitar el Shemá con *Ta'amei Hamikrá* (es decir, con la cantilación que se emplea en la lectura pública de la Torá). Sin embargo, en la actualidad la mayoría de las personas no proceden así [שו״ע ורמ״א, שם:כד].

351 Se acostumbra a cubrir los ojos con la mano derecha mientras se recita el primer versículo de modo tal de no mirar nada que pueda alterar el estado de concentración [שו״ע או״ח, סא:ה].

352 Se acostumbra a estirar la pronunciación de las letras ח y ד del vocablo אֶחָד a los efectos de enfatizar la soberanía de Dios sobre la Creación [שו״ע או״ח, סא:ו].

353 La frase בָּרוּךְ שֵׁם כְּבוֹד מַלְכוּתוֹ לְעוֹלָם וָעֶד se recita en voz baja pues no aparece en el texto bíblico del Shemá [שו״ע שם:יג; משנ״ב, שם:ל].

354 Tal como se vio anteriormente en la ley 336, se acostumbra tocar el *tefilín shel yad* cuando se dice וּקְשַׁרְתָּם לְאוֹת עַל־יָדֶךָ y el *tefilín shel rosh* cuando se dice וְהָיוּ לְטֹטָפֹת בֵּין עֵינֶיךָ [שו״ע או״ח, כח: א].

355 Si una persona ingresa a la sinagoga y escucha que la congregación está por comenzar el recitado del Shemá, primeramente debe recitarlo junto a ésta [שו״ע או״ח, סה: ב].

Leyes relativas a la Amidá de Shajarit

356 Existe un horario por la mañana para rezar la Amidá. En general, debe rezarse cuando sale el sol o después. En última instancia debe rezarse hasta el final del primer tercio del día (esto es dentro de las primeras cuatro horas halájicas, ver ley 204). Si se rezó la Amidá entre el amanecer y la salida del sol se cumplió con el precepto. De ser necesario, se permite rezar la Amidá pasado ya el primer tercio del día, mas debe ser antes del mediodía [שו״ע או״ח, פט: א].

357 Quien deba partir antes de la salida del sol, tanto sea por compromisos laborales como por un viaje, puede rezar la Amidá desde que amanece [שו״ע שם סע׳ ח]. Si no rezó la Amidá de Shajarit antes del mediodía deberá rezar la de Minjá dos veces [משנ״ב, שם: ס״ק ז].

358 No se debe ingerir alimentos ni bebidas antes de la Amidá, pero se permite beber agua. Además, todo aquél que necesite comer o beber para poder concentrarse en sus oraciones tiene permitido hacerlo [שו״ע או״ח, פט: ג–ד].

359 Se reza la Amidá mirando hacia el Templo de Jerusalém. Por lo tanto, en la diáspora se reza mirando hacia la tierra de Israel; en Israel se reza en dirección hacia Jerusalém y dentro de la ciudad se dirige la plegaria hacia el Monte del Templo [שו״ע או״ח, צד: א]. Quien reza en una sinagoga deberá hacerlo mirando hacia el Arca Sagrada [משנ״ב, שם: ס״ק י].

360 Se reza la Amidá parados y con los pies juntos imitando así a los ángeles quienes, según la tradición, parecen tener una sola pierna [ברכות, י:, רש״י, ד״ה ״ורגליהם״]. El orante debe bajar la cabeza e imaginar que se encuentra de pie en el Templo, cual siervo ante su amo [שו״ע או״ח, צה: א–ב].

361 Quien se encuentra viajando en un vehículo, de ser posible, deberá rezar la Amidá de pie y de no serlo podrá rezar sentado [שו״ע או״ח, צד: ה].

362 Cuando se recita la Amidá de Shajarit no debe mediar interrupción entre la conclusión de la bendición גָּאַל יִשְׂרָאֵל y las palabras introductorias de la Amidá [שו״ע או״ח, סו: ח; שם, קיא: א]. No interrumpir incluye no responder ni al Kadish, ni al *Barjú*, ni la *Kedushá* o *Modím*, aunque en Shabat debe hacerse [רמ״א, שם]. Se

puede también responder Amén si se escucha que otra persona concluye la bendición de גָּאַל יִשְׂרָאֵל [רמ"א או"ח, סו:ז].

Leyes relativas a Havinenu

363 Cuando las circunstancias así lo requieren se pueden sustituir las trece bendiciones centrales de peticiones de la Amidá por un párrafo especial que comienza con el vocablo הֲבִינֵנוּ (*Havinenu* página 1065). Esto se permite únicamente en casos excepcionales como cuando a la persona le resulta imposible concentrarse en la totalidad del rezo o si espera ser interrumpido durante el mismo. Este formato abreviado de la Amidá se reza de pie y no es necesario recitarla completa más tarde. *Havinenu* no se recita en Motzaei Shabat ni durante los meses de invierno [שו"ע או"ח, קי:א].

Leyes relativas a la repetición de la Amidá por parte del oficiante – חזרת הש"ץ

364 Durante la repetición de la Amidá la congregación debe oír atentamente las bendiciones y responder "Amén" a estas [שו"ע או"ח, קכד:ד].

365 A los efectos de comenzar la repetición de la Amidá se requiere que al menos nueve hombres la escuchen atentamente [שם].

366 Algunas autoridades halájicas indican que se debe permanecer de pie durante la repetición [רמ"א, שם].

367 En caso de circunstancias atenuantes, el oficiante puede comenzar a recitar la Amidá en voz alta mientras que el resto de la congregación lo hace en silencio junto a él. Se recita la *Kedushá* en voz alta tal como se acostumbra, y una vez que el oficiante culmina la bendición הָאֵל הַקָּדוֹשׁ tanto él como la congregación continúan rezando la Amidá en silencio [רמ"א, שם:ב].

368 Al concluir la repetición de la Amidá se recomienda que el oficiante diga en voz baja יִהְיוּ לְרָצוֹן אִמְרֵי־פִי salvo cuando se debe recitar Kadish Completo inmediatamente después de la Amidá [משנ"ב, קכג:כא]. Algunos recitan también este versículo durante la Amidá individual silenciosa.

Leyes relativas a la Kedushá

369 Existen diferentes costumbres respecto de lo que la congregación recita durante la *Kedushá*: (1) La congregación dice únicamente los versículos bíblicos (קָדוֹשׁ...; בָּרוּךְ...; יִמְלֹךְ...) [שו"ע או"ח, קכה:א]; (2) La congregación recita cada palabra de la *Kedushá* junto al oficiante repitiendo cada frase [ב"ח, שם (בשם האר"י)]; (3) La congregación recita נְקַדֵּשׁ y todos los versículos bíblicos [ערוה"ש, שם:ב].

Leyes relativas a Birkat Cohanim

370 Es precepto positivo para un cohen el bendecir a la congregación en caso de que entre los presentes haya por lo menos diez varones de trece o más años (incluido el propio cohen) [שו"ע או"ח, קכח: א-ב].

371 El cohen debe abluir sus manos (sin recitar bendición) antes de bendecir a la congregación. Se acostumbra que un leví vierta el agua sobre las manos del cohen [שם, ו]. En caso de no haber agua disponible o si el cohen no tiene tiempo suficiente para lavar las manos, puede igualmente recitar *Birkat Cohanim* ya que: (1) lavó sus manos antes de Shajarit y (2) desde que abluyó sus manos previo al rezo no tocó nada sucio, ni siquiera sus propios zapatos [משנ"ב, שם: כ].

372 Cada cohen se quita los zapatos antes de ascender a bendecir a la grey [שם, ה]. Cuando el oficiante llega a רְצֵה los cohanim ascienden a la tarima contigua al Arca Sagrada y se paran de espaldas a la congregación [שם, ח: ו-י]. Una vez que esta hubo respondido "Amén" a la bendición הַטּוֹב שִׁמְךָ וּלְךָ נָאֶה לְהוֹדוֹת en caso de haber más de un cohen, el oficiante proclama: "cohanim" y entonces estos se dan vuelta y recitan la bendición. Si sólo un cohen asciende al Arca, él habrá de empezar con la bendición sin la proclama previa [שם: י-יא]. El oficiante no responde "Amén" al final de cada versículo [משנ"ב, שם: עא].

373 El oficiante lee cada palabra de *Birkat Cohanim* y los cohanim la repiten al unísono. Al final de cada versículo la congregación responde "Amén" [שו"ע ורמ"א, שם: יג]. El oficiante no responde "Amén" al final de cada versículo [שו"ע, שם: יט].

374 Si el oficiante es él mismo un cohen, algunas autoridades halájicas consideran que no debe recitar la bendición a menos que no haya otro cohen en la sinagoga [שו"ע, שם: יט]. Sin embargo, en la actualidad se acostumbra que el oficiante cohen también participe de la bendición [משנ"ב, שם: עה].

375 Durante *Birkat Cohanim* la congregación debe permanecer de pie en silencio con la mirada baja y concentrada en las palabras recitadas. No se debe mirar ni las manos ni los rostros de los cohanim [שו"ע, שם: כג].

376 En la mayoría de las congregaciones en Israel se recita *Birkat Cohanim* a diario en Shajarit, y cuando corresponde en Musaf y en *Neilá* de Yom Kipur. Asimismo, se recita en Minjá de los días de ayuno público [שו"ע או"ח, קכט: א]. No se recita *Birkat Cohanim* en Shajarit de Tish'á BeAv ni en la casa del doliente [משנ"ב, קכא: ו]; si embargo en Jerualém, la costumbre indica recitar *Birkat Cohanim* también en la casa del doliente [גשר החיים, כ: ה]. En esas ocasiones y en ausencia de un cohen el oficiante dice אֱלֹהֵינוּ וֵאלֹהֵי אֲבוֹתֵינוּ (página 133).

377 Fuera de Israel, así como también en algunas congregaciones del norte de ese país se acostumbra que el oficiante recita אֱלֹהֵינוּ וֵאלֹהֵי אֲבוֹתֵינוּ en lugar de que los cohanim bendigan, salvo en Musaf de Yom Tov [רמ"א או"ח, קכח: מד].

Leyes relativas al Tajanún

378 נפילת אפים ("Inclinación sobre el Rostro", páginas 153/251) se recita inmediatamente después de la Amidá de Shajarit los días domingo, martes, miércoles y viernes, así como también después de la Amidá de Minjá todos los días de semana salvo el viernes. En Shajarit de lunes y jueves se recita *Tajanún* que comienza con (וְהוּא רַחוּם) en la página 145 y se agrega יהוה אֱלֹהֵי יִשְׂרָאֵל en la página 153.

379 En días de ayuno público (salvo Tish'á BeAv en el que no se recitan ni *Avinu Malkenu* ni *Tajanún*) y durante los *Aseret Yemei Teshuvá* se recita *Avinu Malkenu* (página 139) antes de *Tajanún*.

380 No se debe hablar entre la Amidá y נפילת אפים [שו"ע או"ח, קלא: א].

381 נפילת אפים debe decirse sentado [שם: ב] con la cabeza inclinada o reclinada sobre el antebrazo del brazo débil. Si se tiene colocado tefilín se inclina la cabeza sobre el brazo que no lo lleva puesto [שו"ע ורמ"א, שם: א]. Se inclina el rostro únicamente allí donde hay un rollo de la Torá [רמ"א, שם: ב] salvo en Jerusalém donde se tiene por costumbre reclinar el rostro en todo sitio [שו"ת אגרות משה יו"ד ח"ג, קכט (ב)].

382 La lista de los días en los que no se recita *Tajanún* podrán encontrarla en la página 145 [שו"ע ורמ"א או"ח, קלא: ד; משנ"ב, שם: כו].

Leyes relativas a la lectura de la Torá

383 A los efectos de asegurar que la Torá sea leída al menos una vez cada tres días, nuestro maestro Moishé estableció la lectura pública de la Torá en Shabat, Yom Tov, Jol HaMo'ed, Rosh Jodesh y lunes y jueves por la mañana. Ezra agregó la lectura pública en Minjá de Shabat [רמב"ם הלכות תפילה פי"ב ה"א].

384 En días de semana y en Minjá de Shabat se llama a la Torá a tres personas [שו"ע או"ח, קלה: א]. El Shabat por la mañana son llamados a la Torá siete personas, si bien se pueden llamar a más (*hosafot*) [שו"ע או"ח, רפב: א]. En Yom Kipur por la mañana se llama a seis personas, a cinco en Yom Tov y a cuatro en Jol HaMo'ed y en Rosh Jodesh.

385 Si un cohen está presente es llamado en primer lugar. Si se encuentra también un leví se lo llama segundo; para las *aliot* subsiguientes se llama a miembros del estamento de Israel [שו״ע או״ח, קלה: ג]. Si un cohen está presente pero no un leví, el primero es llamado a las dos primeras *aliot* [שם: ח]. Si un leví está presente pero no hay en el lugar un cohen, no es necesario llamar al leví pero en caso de hacerlo debe ser el primero [שו״ע ורמ״א או״ח, קלה: ו].

386 Se acostumbra evitar llamar a un cohen después de un Israel salvo para Maftir, y en algunas congregaciones también como אחרון (último) dado que se trata de una *hosafá* [רמ״א, שם: י].

387 Otras personas que tienen preferencia para subir a la Torá son: un novio en el día de su casamiento o en el Shabat anterior o posterior a este, un Bar Mitzvá, el padre de un recién nacido, quien conmemora el *yortzait* de un padre o una madre y una persona que debe recitar *Birkat HaGomel* [בה״ל קלו: ד״ה ״בשבת״).

388 Se considera mala suerte llamar a dos hermanos o a un padre y un hijo uno tras el otro [שו״ע או״ח, קמא: ו]. Si bien se acostumbra evitar esta práctica, en caso de que una persona sea llamada inmediatamente después que su padre o su hermano debe aceptar la *aliá*.

389 Cuando se es llamado a la Torá se debe procurar recorrer el camino más corto para llegar a la *bimá* [שו״ע, שם: ו]. Se debe abrir el rollo para ubicar dónde comienza la *aliá*. Se ha de recitar la bendición correspondiente mientras se sujeta el "*etz jaím*" (madera que lleva cosido el rollo de la Torá) teniendo la precaución de no mirar en dirección a la Torá (cerrando el rollo o los ojos) para que no parezca que se la lee del propio rollo [שו״ע ורמ״א או״ח, קלט: ד].

390 Si la bendición ya fue recitada y el *baal koré* se percata que la misma fue dicha sobre el pasaje incorrecto de la Torá, se enrolla el pergamino hasta la porción correcta y se vuelve a recitar a bendición. No es necesario repetirla si el pasaje correcto estaba visible en el momento que se recitó la bendición [שו״ע או״ח, קמ: ג; משנ״ב, שם: ט].

391 La Torá se lee estando de pie [שו״ע או״ח, קמא: א]. Quien es llamado a recitar la bendición debe igualmente permanecer de pie. El resto de la congregación no está obligada a estar de pie, pero es correcto hacerlo [ערוה״ש, שם: ב].

392 Quien sube a recitar la bendición debe leer silenciosamente el texto junto al *baal koré* [שו״ע או״ח, קמא: ב].

393 Si el *baal koré* comete un error que altera el significado de las palabras leídas, debe volver a leer el pasaje en cuestión desde el sitio donde se equivocó [שו״ע ורמ״א או״ח, קמב: א].

394 Si se encuentra un error en el rollo de la Torá se interrumpe la lectura y se

trae otro, continuando la lectura desde el sitio en cuestión [שו"ע או"ח, קמג: ד]. No es necesario volver a llamar todas las *aliot* por segunda vez y volver a leer todo en el nuevo rollo, empero si la porción que resta por leer puede ser dividida entre el número de *aliot* correspondiente al día es preferible hacerlo [משנ"ב, שם: טו].

395 Al finalizar la lectura de la Torá o entre las *aliot* se acostumbra recitar una plegaria por una persona enferma (מִי שֶׁבֵּרַךְ, página 529).

396 El Shabat anterior al *yortzait* se acostumbra recitar una plegaria en memoria del fallecido (אֵל מָלֵא רַחֲמִים, página 833), usualmente después de la lectura de la Torá de Minjá.

397 Tras completar la lectura de la Torá el rollo es alzado y abierto ante la congregación. Ésta dice וְזֹאת הַתּוֹרָה (página 165) [שו"ע ורמ"א או"ח, קלד: ב].

Leyes relativas a Birkat HaGomel

398 Se debe recitar *Birkat HaGomel* tras salvarse de una situación de peligro de vida [שו"ע או"ח, ריט: א, ו–ט; משנ"ב, שם: לב] (ver página 527 y comentario en página 526). La bendición debe ser recitada a más tardar en los tres días posteriores al evento [שו"ע, שם: ו]. *Birkat HaGomel* se recita únicamente en presencia de un *minián* y se acostumbra a hacerlo tras la lectura de la Torá [שם: ג]. Si no se habrá de estar en presencia de un *minián* en los tres días inmediatos al evento se puede recitar la bendición sin *minián* [משנ"ב, שם: ח].

399 Un marido puede recitar *Birkat HaGomel* por su mujer o un padre por sus hijos [משנ"ב, שם: יז]. Sin embargo, según la mayoría de las autoridades halájicas es preferible que una mujer recite la bendición por sí misma en presencia de un *minián*.

Leyes relativas al Kadish de Duelo

400 El Kadish de Duelo se dice generalmente tras el recitado de capítulos específicos de los Salmos al principio y al final del rezo. Este Kadish lo dice alguien que está en duelo por un familiar o conmemora el *yortzait* del mismo. En caso de que no haya ninguna persona presente con ese status, este Kadish suele ser omitido salvo después de *Aleinu Leshabeaj* al final de Shajarit [רמ"א או"ח, קלב: ב] y lo recita una persona cuyos padres ya fallecieron o bien que están vivos y no objetan que su hijo lo haga [שם].

401 Históricamente, el Kadish de Duelo era recitado por una sola persona. Una serie de reglas fueron desarrolladas para distribuir entre los diferentes dolientes las oportunidades de recitarlo [ביאור הלכה, שם; קונטרס מאמר קדישין, י]. En la actualidad la mayoría de las congregaciones permiten recitado grupal de Kadish de Duelo. En un caso así deben recitarlo al unísono [סידור יעבץ].

Leyes relativas a la Amidá de Minjá

402 Para rezar Minjá existe un tiempo establecido en la tarde. El momento más temprano para rezar la Amidá es media hora halájica pasado el mediodía (una hora halájica es la doceava parte del tiempo transcurrido entre que amanece y anochece). A más tardar, la Amidá debe ser recitada antes de que anochezca. Es preferible rezar la Amidá al menos tres horas halájicas y media pasado el mediodía [שו״ע או״ח, רלג:א].

403 Se debe lavar las manos previo a rezar Minjá aunque no estén sucias, pero en caso de no haber agua disponible no es necesario lavarlas [שו״ע או״ח, רלג:ב]. No se recita la bendición sobre el lavado de manos.

Leyes relativas al recitado del Shemá por la noche y el rezo de Ma'ariv

404 Existe un tiempo establecido en la noche para recitar el Shemá. El momento más temprano para hacerlo es al caer la noche [שו״ע או״ח, רלה:א]. Es preferible recitar el Shemá antes de la medianoche (medido como el tiempo medio entre la hora en la que anocheció y la del amanecer), empero se puede recitar el Shemá de la noche hasta el amanecer [שם:ג].

405 Algunas congregaciones rezan Ma'ariv temprano de lo cual resulta que el recitado comunitario del Shemá nocturno no cumple con su obligación halájica. En dicho caso, se deben repetir los tres párrafos del Shemá una vez caída la noche [שו״ע, שם:א].

406 Si alguien entra a la sinagoga y escucha que la congregación está por comenzar la Amidá, debe decirla junto con todos y posteriormente debe recitar el Shemá con sus bendiciones anteriores y posteriores [שו״ע או״ח, רלו:ג].

407 Tras recitar el Shemá la congregación dice בָּרוּךְ יהוה לְעוֹלָם (página 271), excepto en Israel. Quien comienza Ma'ariv tarde debe omitir בָּרוּךְ יהוה לְעוֹלָם para rezar la Amidá junto a la congregación, luego habrá de decir בָּרוּךְ יהוה לְעוֹלָם después de Ma'ariv sin recitar la bendición final [משנ״ב, שם:יא].

Leyes relativas al recitado del Shemá previo a dormir – Kriat Shemá Al HaMitá

408 *Kriat Shemá Al HaMitá* debe ser recitado antes de irse a dormir, cuando se siente somnolencia [משנ״ב או״ח, רלט:ג], después de lo cual ya no se puede comer, ni beber o hablar [רמ״א, שם:א].

LEYES RELATIVAS AL LAVADO DE MANOS, HAMOTZÍ Y BIRKAT HAMAZON

409 Antes de ingerir pan es menester lavarse las manos [שו״ע או״ח, קנח: א]. Tras lavarlas y antes de secarlas se recita la bendición **עַל נְטִילַת יָדָיִם**, sin embargo, en caso de olvido se debe recitar después de haberlas secado [רמ״א, שם: יא]. Es necesario secarse las manos cuidadosamente antes de tocar con estas el pan [שו״ע, שם: יב].

410 Las manos deben ser lavadas usando un recipiente o vaso que contenga al menos un *revi'ít* de líquido (86 ml.) [שו״ע או״ח, קנט: א]. No es válido colocarlas manos bajo agua que fluye [שו״ע, שם: ז].

411 Las manos deben ser completamente lavadas hasta las muñecas, empero el mínimo requerido es lavar hasta el nudillo más alejado de la uña [שו״ע או״ח, קסא: ד]. Las manos deben estar libres de toda suciedad o cualquier otro material que uno suele remover de las mismas. Asimismo, se deben retirar los anillos para lavar las manos [שם: א-ג].

412 Si las manos están limpias alcanza con verter agua una vez sobre cada una de ellas [שו״ע או״ח, קסב: ב], pero es preferible hacerlo dos veces [מ״ב, שם: כא].

413 Tras el lavado, se debe tener cuidado de no tocar con las manos húmedas otras que estén aún sin lavar. En caso de haberlo hecho, es menester secárselas y volverlas a lavar [שו״ע, שם: ד].

414 Si se recita la bendición **הַמּוֹצִיא לֶחֶם מִן הָאָרֶץ** sobre pan no es necesario recitar más bendiciones por otros alimentos que forman parte de la comida. Si se ingieren alimentos que no se comen con pan o no son parte de la comida, como es el caso de la fruta que se come a modo de postre es necesario recitar bendiciones separadas [שו״ע, קעז: א].

415 Si se sirve vino con la comida debe recitarse **בּוֹרֵא פְּרִי הַגָּפֶן** ya que la bendición por el pan no incluye el consumo de vino [שו״ע או״ח, קעד: א]. Sin embargo, si el vino se bebe antes de comenzar a comer (o como parte del Kidush) no es necesario repetir la bendición al beber vino durante la comida [שם: ד].

416 No se debe retirar el pan de la mesa hasta después de recitado el *Birkat HaMazón* [שו״ע או״ח, קפ: א].

417 Previo al recitado de *Birkat HaMazón* deben lavarse los dedos con *maim ajaronim* [שו״ע או״ח, קפא: א]. Algunos no acostumbran hacerlo ya que el motivo que originó esta práctica no está vigente [שם, י; משנ״ב שם, כב], pero en el caso de una persona refinada que lava sus manos cuando termina de comer debe hacerlo con *maim ajaronim* antes de recitar *Birkat HaMazón* [שו״ע: שם].

418 Las mujeres están preceptuadas de recitar *Birkat HaMazón* [שו״ע או״ח, קפו: א].

419 El *Birkat HaMazón* debe recitarse donde se comió. Si alguien olvidó decir *Birkat HaMazón* y salió, debe regresar al lugar donde comió para recitarlo. En caso de que el retorno no sea posible sepuede recitar *Birkat HaMazón* ni bien uno se acuerde de hacerlo [שו״ע ורמ״א או״ח, קפד: א; משנ״ב, שם: ז].

420 Si olvidó recitar *Birkat HaMazón* al concluir la comida, este debe ser recitado más tarde mientras no sienta nuevamente apetito [שו״ע או״ח, קפד: ד]. Si alguien quiere volver a comer debe lavar sus manos y recitar nuevamente הַמּוֹצִיא y el *Birkat HaMazón* subsecuente cubre también la primer comida ingerida [רמ״א או״ח, קעח: ב].

421 En Jánuca y en Purim se agrega עַל הַנִּסִּים (página 1041) a la segunda bendición. En caso de olvidarse el agregado no es necesario repetir *Birkat HaMazón* [שו״ע או״ח, תרפב: א; שו״ע ורמ״א או״ח, תרצה: ג].

422 En Shabat se agrega רְצֵה (página 1043) a la tercera bendición. En Rosh Jodesh, Yom Tov y Jol HaMo'ed se agrega יַעֲלֶה וְיָבוֹא (página 1045) a la tercera bendición; en caso de que sea también Shabat primero se agrega רְצֵה y luego יַעֲלֶה וְיָבוֹא. En caso de olvidarse el agregado de Shabat o de Yom Tov se debe volver a recitar el *Birkat HaMazón*. En caso de recordar la omisión antes de comenzar la cuarta bendición debe incluirse una bendición especial en honor al Shabat o el Yom Tov correspondiente [שו״ע או״ח, קפח: ה–ו]. Si alguien olvida el agregado correspondiente por el día en Rosh Jodesh o en Jol HaMo'ed no es necesario repetir el *Birkat HaMazón* [שם: ז].

423 Si alguien comenzó a comer mientras era Shabat, Rosh Jodesh u otro día que requiere un agregado al *Birkat HaMazón* y continúa comiendo después de la puesta del sol, debe aún decir los agregados correspondientes [שם: י] (ver arriba leyes 421 y 422).

424 Si tres varones adultos comen juntos deben recitar *zimún* previo a comenzar el *Birkat HaMazón*. En caso de haber mujeres presentes deben también sumarse al *zimún* (página 1037). Tres mujeres adultas pueden también llevar a cabo un *zimún*, mas no están obligadas a hacerlo. Si diez o más varones están presentes se agrega la palabra אֱלֹהֵינוּ al formato del *zimún* [שו״ע או״ח, קצב: א].

425 Se debe recitar *zimún* si los tres participantes ingirieron pan. Si solamente dos de los presentes comieron pan pero una tercera persona ingirió aunque sea un *kezait* de alimento (unos 29 gramos) o un *reviít* de alguna bebida que no sea agua (unos 86 ml.) entonces los tres podrán llevar a cabo el *zimún* [שו״ע או״ח, קצז: ג; משנ״ב, שם: כב].

426 Incluso si los tres participantes no están sentados juntos, mientras puedan verse podrán recitar conjuntamente el *zimún* [שו"ע או"ח, קצה: א].

427 Si uno de los tres participantes ya recitó el *Birkat HaMazón* puede todavía sumarse a los otros dos para el *zimún*, pero si dos de los tres ya recitaron *Birkat HaMazón* entonces no se lleva a cabo *zimún* [שו"ע או"ח, קצד: א].

428 En una comida de *Sheva Berajot* ,al *zimún* se le hace un agregado especial (página 1103) [שו"ע אבה"ע, סב: יג; ערוה"ש, שם: יח] y se recitan las *Sheva Berajot* (página 1101) después del *Birkat HaMazón* [שו"ע, שם: ז].

429 En la comida posterior a un Brit Milá se lleva a cabo un *zimún* especial y se agregan una serie de pedidos (páginas 1081–1085) antes de concluir el *Birkat HaMazón*.

430 En una comida que se lleva a cabo en la casa de una persona en duelo se hace un pequeño agregado al *zimún* y se cambian la tercera y cuarta bendición (página 1129) [ערוה"ש יו"ד, שעט: א–ב].

REZO EN LA CASA DE UN DOLIENTE

431 Cuando se reza en la casa de un doliente, durante los días de la *shivá* se omiten las siguientes plegarias:

- **a** *Korbanot* (ofrendas) – son omitidas únicamente por los dolientes mismos [משנ"ב או"ח, א: יז].
- **b** *Tajanún* [שו"ע או"ח, קלא: ד].
- **c** Halel, salvo si Rosh Jodesh cae en Shabat [משנ"ב, שם: כ]. En Janucá, quienes no están de duelo deben recitar Halel al retornar a sus hogares.
- **d** אֵל אֶרֶךְ אַפַּיִם [משנ"ב, שם: לה].
- **e** Salmo 20 (לַמְנַצֵּחַ) [שם].
- **f** *Pirkei Avot* o *Barjí Nafshí* en Shabat son omitidos únicamente por los dolientes mismos [אשי ישראל, לו: צו].
- **g** *Birkat Cohanim* en Israel (ver ley 376).

432 Se acostumbra recitar el Salmo 49 en la casa del doliente después del Salmo del Día, en aquellos días en los que no se recita *Tajanún* este salmo es sustituido por el 16 (página 1121).

REZO DE ROSH JODESH

433 En Rosh Jodesh se agrega יַעֲלֶה וְיָבוֹא en la décimo séptima bendición de la Amidá (רְצֵה) de Ma'ariv, Shajarit y Minjá [שו"ע או"ח, תכב: א] y a la tercera bendición de *Birkat HaMazón* (página 1045) [שם, תכד: א].

434 Si alguien olvida recitar יַעֲלֶה וְיָבוֹא en su sitio correspondiente en la Amidá, pero se da cuenta de la omisión antes de iniciar la bendición הַמַּחֲזִיר שְׁכִינָתוֹ לְצִיּוֹן, puede decir de inmediato יַעֲלֶה וְיָבוֹא y continuar con el resto de la bendición. Si se percata de la omisión inmediatamente después de concluir la bendición הַמַּחֲזִיר שְׁכִינָתוֹ לְצִיּוֹן, debe recitar יעלה ויבוא y continuar con la próxima bendición. Si se percata de la omisión después de comenzar a decir las palabras מוֹדִים אֲנַחְנוּ לָךְ, se debe repetir la Amidá desde el comienzo de la décimo séptima bendición (desde el vocablo רְצֵה). Si se percata de la omisión después de completar toda la Amidá, deberá repetir por completo desde su comienzo [שו"ע או"ח, תכב: א].

435 Si alguien olvida decir יַעֲלֶה וְיָבוֹא en Ma'ariv no es necesario repetir la Amidá [שם].

436 Shajarit: como para los días de semana, sin embargo, en los *Korbanot* se agregan versículos especiales por Rosh Jodesh (página 51) [שו"ע או"ח, תכא: א]. Se agrega יַעֲלֶה וְיָבוֹא en la Amidá (ver leyes 433–434). Tras la repetición de la Amidá se omite *Tajanún* y la congregación entona Medio Halel [שו"ע או"ח, תכב: ב] seguido de Kadish Completo.

437 Lectura de la Torá: página 1171. Suben cuatro personas a la Torá [שו"ע או"ח, תכג: א]. Es de notar que la segunda *aliá* comienza repitiendo el último versículo de la primera [שו"ע או"ח, תכב: ג]. Se recita Medio Kadish antes de devolver el rollo al Arca Sagrada. El rezo continúa con *Ashrei*, וּבָא לְצִיּוֹן y Medio Kadish. Se quitan los tefilín [שו"ע או"ח, תכג: ד] y la congregación reza Musaf de Rosh Jodesh. A continuación, se recita *Aleinu Leshabeaj*, Kadish de Duelo, el Salmo del Día, el Salmo 104 (בָּרְכִי נַפְשִׁי) y Kadish de Duelo.

Leyes relativas al Halel

438 El Halel se dice de pie [שו"ע או"ח, תכב: ז]. En Rosh Jodesh y en los seis últimos días de Pesaj se entona la versión reducida del Halel o Medio Halel [שו"ע או"ח, תכב: ב; תצ, ד], omitiéndose las primeras mitades de los Salmos 115 (לֹא לָנוּ) y 116 (אָהַבְתִּי, כִּי־יִשְׁמַע).

439 Al comienzo del Salmo 118 (הוֹדוּ לַיהוה כִּי־טוֹב, página 765) se acostumbra que el oficiante recite cada uno de los cuatro versículos en voz alta y la congregación responda הוֹדוּ לַיהוה כִּי־טוֹב, כִּי לְעוֹלָם חַסְדּוֹ [משנ"ב, תכב: כ]. Algunas autoridades halájicas recomiendan que la congregación recite en voz baja cada versículo junto al oficiante.

REZO DE SHABAT

EREV SHABAT

440 Minjá: de día de semana. Se omite *Tajanún* [שו"ע או"ח, רסו: א].

VÍSPERA DE SHABAT

441 Encendido de velas: se encienden al menos dos velas [שו"ע או"ח, רסג: א]. Hay quienes acostumbran encender una vela por cada miembro del hogar. Tras el encendido se recita la bendición **לְהַדְלִיק נֵר שֶׁל שַׁבָּת** [שו"ע ורמ"א או"ח, רסג: ה]. Se acostumbra cubrirlos ojos al recitar la bendición [רמ"א, שם].

442 Se acostumbra encender las velas 18 minutos antes de la puesta del sol. En todo caso, deben ser encendidas antes de la puesta del sol y en ese momento toda labor debe cesar [שו"ע ורמ"א או"ח, רסא: א]. Tras el encendido de las velas no se puede realizar ninguna labor, aunque se haya encendido antes de la puesta del sol, a menos que se tenga la intención de realizar una determinada actividad necesaria y se expresa explícitamente antes de la puesta del sol y antes de encender las velas [רמ"א או"ח, רסג: י; משנ"ב, שם: מב].

443 Las velas deben ser encendidas en un sitio donde se pueda disfrutar de su luz antes de que se extingan [שו"ע, שם: ט].

444 Quien no come en su casa el viernes por la noche debe igualmente encender allí velas [שו"ע, שם: ו]. Si no habrá de dormir en ella esa noche, deberá encender allí donde pernocte o efectuar un pago nominal por las velas al dueño de casa para, de esa manera, participar del precepto del encendido. Esto no es necesario si un miembro de la familia se quedó en la casa, enciende allí las velas y tiene presente a los dueños de la casa al hacerlo [שו"ע, שם: ז].

445 Kabalat Shabat: muchas congregaciones cantan *Yedid Nefesh* con anterioridad al Kabalat Shabat. Dado que Kabalat Shabat no es considerado como parte de Ma'ariv se acostumbra que el oficiante rece desde la *bimá* y no desde el frente de la sinagoga [אשי ישראל, לו:יד]. Por la misma razón se permite que un varón menor de trece años oficie en Kabalat Shabat.

446 Cuando se recita la última estrofa del *Lejá Dodí* se acostumbra a pararse de cara a la puerta o a la pared posterior que normalmente apunta hacia el oeste de la sinagoga [משנ"ב או"ח, רסב:י].

447 Se acostumbra que los dolientes que se encuentran aún en *shivá* permanezcan fuera de la sinagoga durante el Kabalat Shabat y hagan ingreso cuando la congregación concluye el *Lejá Dodí*. Ni bien entran la congregación dice al unísono **הַמָּקוֹם יְנַחֵם אֶתְכֶם בְּתוֹךְ שְׁאָר אֲבֵלֵי צִיּוֹן וִירוּשָׁלָיִם** (página 341) [ערוה"ש יו"ד, ת:ה].

448 La congregación recita los dos últimos salmos del Kabalat Shabat **מִזְמוֹר שִׁיר לְיוֹם הַשַּׁבָּת** (Salmo 92) y **יהוה מָלָךְ, גֵּאוּת לָבֵשׁ** (Salmo 93). Esto es seguido por un Kadish de Duelo y el segundo capítulo del Tratado de *Shabat* de la Mishná (**בַּמֶּה מַדְלִיקִין**) [שו"ע או"ח, ער:א]. Algunas congregaciones fuera de Israel recitan **בַּמֶּה מַדְלִיקִין** después del Kadish Completo al final de Ma'ariv [משנ"ב, שם:ב].

449 Ma'ariv para Shabat y Yom Tov: se omite **וְהוּא רַחוּם** [טור או"ח, רסז]. El oficiante se dirige al frente de la sinagoga para iniciar con *Barjú*. Es preferible iniciar Ma'ariv después que anochece. De no ser así, la congregación deberá volver a recitar el Shemá después que anochezca [משנ"ב או"ח, רסז:ג]. La conclusión de **הַשְׁכִּיבֵנוּ** difiere de la plegaria semanal y además se omite **בָּרוּךְ יהוה לְעוֹלָם** [שו"ע, שם:ג]. Si por error se termina **הַשְׁכִּיבֵנוּ** con la bendición correspondiente al día de semana, en caso de acordarse de inmediato se debe recitar la bendición correcta. Si no fuera así, no es necesario repetirla [משנ"ב, שם:ט]. Se acostumbra decir **וְשָׁמְרוּ** (página 363) previo a la Amidá [משנ"ב, שם]. Si es también Yom Tov, se agrega el versículo relativo a la fiesta (**וַיְדַבֵּר מֹשֶׁה**, página 363).

450 Se recita la Amidá de Ma'ariv de Shabat (página 365). En Rosh Jodesh se agrega **יַעֲלֶה וְיָבוֹא** en la quinta bendición (página 371). En Janucá se agrega **עַל הַנִּסִּים** en la sexta bendición (página 373).

451 Si uno comienza a recitar la Amidá de día de semana en Shabat y cae en la cuenta del error, deberá completar la bendición específica que estaba diciendo para luego pasar a la cuarta bendición de la Amidá correcta de Shabat [שו"ע או"ח, רסח:ב]. Si uno se da cuenta recién después de concluida la Amidá, deberá recitar el texto correcto desde el inicio [שם:ד].

452 Quien recita la Amidá equivocada en el rezo de Shabat (por ejemplo, recitando la de Shajarit en Minjá) no deberá repetirla. La única excepción es si recitó la

Amidá incorrecta durante Musaf o si rezó Musaf durante otro rezo, en estos casos la Amidá deberá volver a recitarse [שם:ו]. Sin embargo, si uno se da cuenta del error durante la Amidá deberá retroceder al inicio de la cuarta bendición y recitar el formato correcto [משנ״ב, שם: טו].

453 Tras concluir la Amidá, el oficiante y la congregación entonan וַיְכֻלּוּ (página 377) [שו״ע או״ח, רסח: ז]. El oficiante recita una versión abreviada de la repetición de la Amidá, a menos que los rezos tengan lugar en un sitio donde (1) los servicios religiosos no se llevan a cabo de una manera habitual, o (2) no haya in situ un rollo de la Torá [משנ״ב, שם: כד]. El oficiante recita Kadish Completo. Algunas congregaciones en este momento dicen בַּמֶּה מַדְלִיקִין (página 347). Desde Shabat Jol HaMo'ed Pesaj hasta Shavu'ot se cuenta el Omer (página 303). La congregación dice *Aleinu Leshabeaj* seguido del Kadish de Duelo. Desde el primero de Elul hasta Sheminí Atzeret se recita el Salmo 27 (página 389). Se acostumbra concluir cantando Ygdal o Adon Olam.

454 Algunas congregaciones acostumbran recitar Kidush en la sinagoga antes de *Aleinu Leshabeaj*. Sin embargo, dado que el Kidush de Shabat debe ser recitado allí donde se habrá de comer, en lo posible, el vino del Kidush en la sinagoga debe ser bebido por un niño por debajo de la edad de trece. De no ser posible, quien recita el Kidush bebe el vino [שו״ע או״ח, רסט: א].

455 Al regresar a la casa, se acostumbra recitar o entonar una serie de canciones y plegarias tradicionales. Algunos acostumbran a bendecir a los hijos. El Kidush Para La Noche De Shabat es un precepto positivo de la Torá. Se acostumbra que una persona lo recita y las demás escuchan atentamente cumpliendo así con el precepto por su intermedio (basado en el principio según el cual "quien escucha es como si recitase" – שומע כעונה). Las mujeres están preceptuadas de cumplir con este precepto y una mujer puede recitar el Kidush tanto para sí como para otros [שו״ע או״ח, רעא: ב]. Se acostumbra acompañar la comida entonando *zemirot*. Una vez concluida la cena se agrega רְצֵה a la tercera bendición del *Birkat HaMazón* (página 1043). En Rosh Jodesh se agrega יַעֲלֶה וְיָבוֹא (página 1045) tras רְצֵה [שו״ע או״ח, קפח: ה].

SHABAT DE DÍA

456 No se colocan tefilín. Los rezos comienzan igual que en días de semana si bien se deben agregar diferentes versículos de Shabat en la sección de los *Korbanot* (página 51) [שו״ע ורמ״א או״ח, מח:א]. *Pesukei DeZimrá*: para Shabat y Yom Tov (página 419) [שו״ע או״ח, נא:ט]. Tras אָז יָשִׁיר la congregación recita *Nishmat*. El oficiante de Shajarit comienza con las palabras שׁוֹכֵן עַד.

457 Shajarit: para Shabat y Yom Tov. Tras *Barjú* la congregación dice הַכֹּל יוֹדוּךָ (página 477). Se recita la Amidá de Shabat. En Rosh Jodesh se agrega יַעֲלֶה וְיָבוֹא en la quinta bendición (página 507). En Janucá se agrega עַל הַנִּסִּים en la sexta bendición (página 511). Tras la repetición de la Amidá, en Rosh Jodesh la congregación entona Medio Halel [שו״ע או״ח, תכב:ב]. Luego, el oficiante dice Kadish Completo. Algunas congregaciones siguen la costumbre sefaradí de recitar aquí el Salmo del Día (Salmo 92) y de corresponder, los Salmos 104 ó 27 (ver ley 460) seguido de Kadish de Duelo.

458 Lectura de la Torá: ver leyes 383–397. Suben siete personas, aunque eventualmente pueden ser llamadas más [שו״ע או״ח, רפב:א]. Tras completar la última *aliá*, quien leyó la Torá recita Medio Kadish. Se llama al Maftir y se lee la porción correspondiente seguida de la Haftará. Tras la conclusión de la Haftará y sus bendiciones se recita *Yekum Purkan* (יְקוּם פֻּרְקָן) y las bendiciones por la congregación (página 537) [רמ״א או״ח, רפד:ז]. A continuación, se elevan las plegarias por el gobierno y el Estado de Israel. En el Shabat inmediatamente anterior a Rosh Jodesh se recita *Birkat HaJodesh* (página 547), salvo en el que precede el inicio del mes de Tishrei.

459 La congregación recita אַב הָרַחֲמִים salvo (1) en días en los que no se dice *Tajanún*, (2) cuando se dice *Birkat HaJodesh* (salvo en los meses de Iyar y Siván) y (3) en *Shabat Shekalim, Zajor, Pará* y *HaJodesh* [רמ״א או״ח, רפד:ז]. Se dice *Ashrei*, se devuelve el rollo de la Torá al Arca Sagrada y el oficiante recita Medio Kadish.

460 Musaf de Shabat: En Rosh Jodesh la totalidad de la cuarta bendición sigue un formato especial (אַתָּה יָצַרְתָּ, página 563); en Janucá se agrega עַל הַנִּסִּים (página 571) en la sexta bendición. El oficiante repite la Amidá. Luego recita Kadish Completo, *Ein KeEloheinu*, Kadish de los Rabinos, *Aleinu Leshabeaj*, Kadish de Duelo y el Salmo del Día (Salmo 92). En Rosh Jodesh se agrega el Salmo 104, *Barjí Nafshí* (página 193); desde el primero de Elul hasta Sheminí Atzeret se agrega el Salmo 27 (página 589), Kadish de Duelo, *An'im Zemirot* (página 591), Kadish de Duelo y Adon Olam.

461 El tiempo de rezar Musaf es inmediatamente después de Shajarit. Musaf debe rezarse no después de la séptima hora halájica que es 7⁄12 del período que va del amanecer al anochecer. Sin embargo, si se dice Musaf en cualquier momento anterior a la puesta del sol se habrá cumplido con el deber [שו״ע או״ח, רפו:א].

462 El Kidush del Shabat por la mañana debe ser recitado allí donde se habrá de comer [שו״ע או״ח, רפט:א]. Si no hay vino o jugo de uva disponibles se habrá de recitar Kidush sobre una copa de licor u otra bebida mas no sobre agua o pan [שם:ב].

463 Minjá: Después de *Ashrei* y וּבָא לְצִיּוֹן el oficiante dice Medio Kadish, la congregación recita וַאֲנִי תְפִלָּתִי־לְךָ (página 621) y se extrae el rollo de la Torá del Arca Sagrada [שו״ע ורמ״א או״ח, רצב:א]. Suben tres personas a la Torá y se lee la parte inicial de la porción de la semana siguiente. No se dice Medio Kadish. Luego, el rollo de la Torá es devuelto al Arca Sagrada, el oficiante recita Medio Kadish y la congregación reza la Amidá de Minjá de Shabat. En Rosh Jodesh se agrega יַעֲלֶה וְיָבוֹא a la quinta bendición de la Amidá (página 635). En Janucá se agrega עַל הַנִּסִּים a la sexta bendición de la Amidá (página 637). Tras la repetición de la Amidá, la congregación dice צִדְקָתְךָ salvo en los días en los que se omite *Tajanún* [שם:ב]. Esto es seguido por Kadish Completo, *Aleinu Leshabeaj* y Kadish de Duelo.

464 Algunas congregaciones recitan el Salmo 104 (בָּרְכִי נַפְשִׁי) y los quince salmos que comienzan con שִׁיר הַמַּעֲלוֹת, Salmos 120-134 (página 653–657) después de Minjá de Shabat, desde *Shabat Bereshit* hasta *Shabat HaGadol* [רמ״א, שם].

465 Se acostumbra leer un capítulo de la Ética de los Patriarcas (*Pirkei Avot*, página 661) después de Minjá de Shabat, desde el Shabat inmediatamente posterior a Pesaj hasta el anterior a Rosh HaShaná [שם].

466 En Shabat se debe ingerir una tercera comida (*Seudá Shelishit*) [שו״ע או״ח, רצא:א]. Las mujeres también están preceptuadas de hacerlo [שם:ו]. La comida debe comenzar con pan, a menos que se esté satisfecho en exceso como para comerlo [שם:ה]. Tras la comida, se agrega רְצֵה (página 1043) al *Birkat HaMazón* aunque esta se prolongue más allá del anochecer.

MOTZAEI SHABAT

467 En algunas congregaciones se cantan los Salmos 144 y 67 (páginas 715–717) antes de Ma'ariv.

468 Ma'ariv: de día de semana (página 261). En la cuarta bendición de la Amidá se agrega אַתָּה חוֹנַנְתָּנוּ (página 279) [שו״ע או״ח, רצד:א]. En Rosh Jodesh se agrega יַעֲלֶה וְיָבוֹא en la décimo séptima bendición (página 287). Si se olvida algunos de estos agregados no es necesario repetir la Amidá [שם]. Tras la Amidá en silencio, a menos que en esa semana caiga un Yom Tov, el oficiante recita Medio Kadish y la congregación dice וִיהִי נֹעַם y וְאַתָּה קָדוֹשׁ (página 717) [רמ״א או״ח, רצה:א]. Luego, el oficiante recita Kadish Completo. Desde el segundo día de Pesaj y hasta Shavu'ot se cuenta el Omer (página 303). Algunos acostumbran decir וְיִתֶּן־לְךָ (página 725) [שם]. En la mayoría de las congregaciones el oficiante recita Havdalá [שו״ע, שם]. La congregación dice *Aleinu Leshabeaj* seguido del Kadish de Duelo. Desde el primero de Elul hasta Sheminí Atzeret se recita el Salmo 27 (página 737).

469 Una vez que cayó la noche no se debe realizar labor alguna hasta que se diga la Havdalá o se la escuche. Si se dice אַתָּה חוֹנַנְתָּנוּ en Ma'ariv (página 279) se podrán realizar labores tras la caída de la noche antes de recitarse la Havdalá [רמ״א או״ח, רצט: י].

470 Cada mes se dice *Kidush Levaná* (página 739) al divisarse la luna nueva por la noche. Se recita *Kidush Levaná* desde la víspera del cuarto día del nuevo mes hasta mediados del mismo y se acostumbra a decirlo el primer Motzaei Shabat que cae en este marco de tiempo preferentemente en el exterior de la sinagoga y con *minián* [שו״ע ורמ״א או״ח, תכו].

471 Se dice Havdalá en la casa si (1) no se dijo אַתָּה חוֹנַנְתָּנוּ o no se escuchó Havdalá en la sinagoga; (2) se dijo אַתָּה חוֹנַנְתָּנוּ o se escuchó la Havdalá pero se pensó no cumplir por su intermedio con el deber preceptivo; o (3) alguien en la casa no oyó todavía Havdalá [שו״ע או״ח, רצו: ז; משנ״ב, שם: לב]. Las mujeres pueden hacer Havdalá para sí [משנ״ב, שם: לה–לו]. En caso de olvidar decir Havdalá en Motzaei Shabat, puede hacerse hasta el martes por la noche.

472 Después de Shabat debe ingerirse una comida, *Melavé Malká*, como forma de marcar el final del Shabat [שו״ע או״ח, ש: א].

GUÍA HALÁJICA DE REZO PARA QUIENES VISITAN ISRAEL

REGLAS GENERALES

CONDUCTA EN PÚBLICO VS. CONDUCTA EN PRIVADO

473 A los efectos de la definición halájica, se considera "visitante" a quien tiene la intención de retornar a su lugar de origen dentro del año de la visita [משנ״ב, קיז:ה]. Estudiantes no casados pueden ser considerados visitantes mientras estén mantenidos por sus padres [שו״ת אגרות משה או״ח ח״ב, קא].

474 En general, una persona que visita Israel debe continuar con sus costumbres en privado. Sin embargo, en público se debe evitar conductas que difieran de la práctica local [שו״ע או״ח, תסח:ד; משנ״ב, שם:יד]. Por lo tanto, quien visita Israel debe rezar generalmente de acuerdo con sus costumbres no israelíes. Empero, esta regla se limita a los rezos personales.

475 Si alguien funge como oficiante debe rezar de acuerdo con la costumbre israelí local. Eso incluye, por ejemplo, repetir la Amidá según la costumbre local: diciendo מוֹרִיד הַטָּל en verano y וְתֵן טַל וּמָטָר לִבְרָכָה desde el 7 de Marjeshván en adelante, y diciendo שִׂים שָׁלוֹם durante Minjá de Shabat (página 639). Esto incluye también decir *Ein KeEloheinu* al final de Shajarit para días de semana (página 197).

476 Si alguien funge como oficiante en Musaf de Yom Tov en una congregación de israelíes, durante la Amidá silenciosa debe decir los *Korbanot* tal como se dicen fuera de Israel pero al repetir la Amidá en voz alta debe seguir la práctica aceptada en Israel [יום טוב שני כהלכתו, א (בשם שערי יצחק)].

477 En Israel así como también en algunas congregaciones fuera de ella, no se dice

Tajanún desde *Isru Jag* de Simjat Torá hasta Rosh Jodesh Marjeshván, y desde *Isru Jag* de Shavu'ot hasta el 12 de Siván.

478 Aunque no esté fungiendo como oficiante, el visitante que reza con israelíes debe recitar los siguientes rezos de acuerdo a la costumbre israelí local ya que se trata de plegarias de tipo público:

a Varias congregaciones israelíes (algunas diariamente y otras solamente los lunes y los jueves) adoptan la costumbre sefaradí de recitar *Viduy* antes de **י״ג מידות** ("Los Trece Atributos de la Misericordia") previo al *Tajanún* de Shajarit (página 137). Quien reza en semejantes congregaciones debe al menos recitar las **י״ג מידות** [שו״ת אגרות משה או״ח ח״ג, פט].

b *Birkat Cohanim* se recita a diario en Shajarit y en Musaf, en Minjá de días de ayuno público y en *Neilá* de Yom Kipur, empero, no se recita en algunas comunidades del norte de Israel.

c *Birkat HaJodesh* concluye con la versión extendida de **יְחַדְּשֵׁהוּ** (página 547).

d Se dice *Barjú* al final de Shajarit de día de semana (salvo los lunes y los jueves) así como también al final de Ma'ariv.

e En el Kadish de los Rabinos se agrega la palabra **קַדִּישָׁא** después de **דִּי בְאַתְרָא**.

Tefilín en Jol HaMo'ed

479 En Israel se acostumbra a no colocar tefilín en Jol HaMo'ed. Quien acostumbra a hacerlo, al visitar Israel puede colocarlos en privado mas no cuando reza con la congregación [שו״ת אגרות משה או״ח ח״ד, קה: ה].

Leyes de **וְתֵן טַל וּמָטָר לִבְרָכָה**

480 Si alguien visita Israel el siete de Marjeshván cuando los residentes comienzan a decir **וְתֵן טַל וּמָטָר לִבְרָכָה**, y tiene pensado quedarse en el país hasta el cuatro o cinco de diciembre que es cuando los no residentes comienzan a decir **וְתֵן טַל וּמָטָר לִבְרָכָה** se debe comenzar a decir **וְתֵן טַל וּמָטָר לִבְרָכָה**. Empero, si se tiene la intención de dejar el país antes de esa fecha, existen dos opiniones: (1) mientras permanece en Israel debe decir **וְתֵן טַל וּמָטָר לִבְרָכָה** pero al irse no debe continuar haciéndolo [בה״ט או״ח, קיז: ד], y (2) mientras se permanece en Israel se debe agregar **וְתֵן טַל וּמָטָר לִבְרָכָה** a la bendición de **שׁוֹמֵעַ תְּפִלָּה** [אשי ישראל, כג: לז (בשם רש״ז אויערבאך)].

481 Si entre el 7 de Marjeshván y el cuatro o el cinco de diciembre uno se olvida de decir **וְתֵן טַל וּמָטָר לִבְרָכָה** no se debe repetir la Amidá [שו״ת בצל החכמה ח״א, סב].

Leyes del segundo día de Yom Tov – יום טוב שני של גלויות

482 La mayoría de las autoridades halájicas requieren que quien visita Israel celebre dos días de Yom Tov [משנ״ב, תצו:יג]. Algunos sostienen que no se debe celebrar el segundo día públicamente, sino que los rezos festivos deben recitarse en privado [שם]. Otros permiten organizar en el segundo día de Yom Tov un rezo público para los visitantes y esta se transformó en la práctica aceptada. Empero, si hay menos de diez visitantes deberán rezar en privado y no reclutar israelíes para que les completen el *minián* [אשי ישראל, טו:יח (בשם רש״ז אויערבאך)].

483 Algunas autoridades halájicas indican que quien visita Israel debe celebrar únicamente un día de Yom Tov, pero al día siguiente (que es Yom Tov en la diáspora pero Jol HaMo'ed o *Isru Jag* en Israel) se debe abstener de realizar labores y de realizar **מצוות עשה דאורייתא** relacionadas con Yom Tov [עיר הקודש והמקדש ח״ג, פ:יא]:

a El segundo día de Sucot reza plegarias de Jol HaMo'ed y no de Yom Tov pero se abstiene de realizar labores.

b El día posterior a Sheminí Atzeret (Simjat Torá fuera de Israel, *Isru Jag* en Israel) debe abstenerse de realizar labores, pero recita rezos de día de semana (colocando tefilín por la mañana).

c En la segunda noche de Pesaj se debe decir (o escuchar) Kidush, ingerir un "*kezait*" de matzá (sin recitar la bendición עַל אֲכִילַת מַצָּה) y leer la Hagadá (sin recitar la bendición final), pues todos estos son preceptos positivos de la Torá. Se debe abstener de realizar labores, pero sí decir los rezos de Jol HaMo'ed y no los de Yom Tov.

d En el octavo día de Pesaj debe abstenerse de realizar labores y de ingerir *jametz*, pero debe recitar los rezos de día de semana (colocando tefilín por la mañana de ser posible).

484 Algunas autoridades halájicas indican que quien visita Israel debe celebrar únicamente un día de Yom Tov. Según esta visión, el visitante debe seguir la práctica israelí sin modificación alguna [שו״ת חכם צבי, קסז].

485 Si el segundo día de Yom Tov fuera de Israel cae Shabat, quien visita Israel puede ser llamado a la Torá, aunque la porción de lectura sea la de Shabat y no la de Yom Tov [אשי ישראל, לח:ל (בשם רש״ז אויערבאך)].

486 En un día en el cual en Israel se recita *Yzkor* el visitante no podrá sumarse al mismo, pero podrá recitarlo al día siguiente junto a un *minián* de visitantes. En caso de que un *minián* así no esté al alcance del visitante, algunas autoridades indican que deben sumarse a los israelíes [שו״ת רבבות אפרים ח״א, שמב:ב]; mientras otras establecen que se debe recitar *Yzkor* en privado al día siguiente [שו״ת בצל החכמה ח״ד, קכ:א].

Leyes relativas a la lectura de la Torá – קריאת התורה

487 Cuando el octavo día de Pesaj o el segundo día de Shavu'ot caen en Shabat, la congregación en Israel lee la porción de lectura semanal correspondiente mientras que las comunidades del exterior habrán de leer la porción especial de Yom Tov. Como consecuencia de ello, una persona que viaja a o desde Israel puede llegar a oír dos veces seguidas la misma porción de lectura o perderse una porción entera. Quien pierde una lectura de la Torá puede (algunas autoridades consideran que debe) organizar un *minián* para leer la porción faltante [אשי ישראל לח, כט: פח].

Leyes relativas a Purim

488 En Jerusalém Purim se celebra el 15 de Adar (Shushán Purim). Fuera de ella Purim se celebra el día 14 de Adar. Para un residente de Jerusalém el día de Purim es un día común: no se llevan a cabo ninguna de las obligaciones propias del día y se recitan los rezos comunes de día de semana, empero, se omite *Tajanún*.

489 Una persona es considerada residente de Jerusalém a los efectos del cumplimiento de los preceptos si está en la ciudad al amanecer del día quince de Adar. Asimismo, se es considerado no residente de la ciudad para estos efectos si se encuentra fuera de la misma en el amanecer del día catorce de Adar. Sin embargo, existe una opinión según la cual el factor determinante de la residencia radica en la intención que se tiene la noche anterior [משנ״ב, תרפח: יג].

490 A los efectos prácticos, una persona que pasa la noche fuera de Jerusalém en la víspera de Purim, pero pasa la noche en Jerusalém en la víspera de Shushán Purim está obligada a celebrar la festividad dos veces, primero el catorce de Adar junto a los que no residen en Jerusalém y luego el quince del mes junto a los residentes de la ciudad. Por el contrario, una persona que pasa la noche en Jerusalém en la víspera de Purim y fuera de Jerusalém la noche de la víspera de Shushán Purim puede verse libre por completo de celebrar Purim.

491 Cuando Shushán Purim cae en Shabat, aplican reglas especiales para los residentes de Jerusalém. Esta situación es conocida bajo el nombre de *Purim Meshulash*. El jueves por la noche y el viernes por la mañana (14 de Adar) se lee la Meguilá (página 1259) tal como se acostumbra fuera de Jerusalém. El viernes se lleva a cabo también el precepto de מתנות לאביונים (presentes para los pobres). En Shabat se agrega עַל הַנִּסִּים tanto a la Amidá como al *Birkat HaMazón*. A modo de Maftir se lee en la Torá la porción de Purim (página 1182). La Haftará es como la de *Shabat Zajor*: 1 Samuel 15:2–34. El domingo se lleva a cabo el precepto de משלוח מנות (envío de porciones de comida) y סעודת פורים (banquete de Purim), pero no se agrega עַל הַנִּסִּים ni a la Amidá ni al *Birkat HaMazón* [שו״ע או״ח, תרפח: ו].

VARIANTES TEXTUALES

Nota: El texto del presente Sidur refleja la acumulación de centurias de debates y deliberaciones en cuestiones de significado, sintaxis y gramática. Abajo le presentamos una tabla en la cual se compara el texto del Sidur junto al de lecturas alternativas, respaldadas por autoridades halájicas, sobre una serie de pasajes seleccionados.

Página	*Texto Koren*	*Texto alternativo*
25, 391	הנו אדון עולם, **וְכָל נוֹצָר**... Él es el Amo del mundo; y todas las creaturas…	הנו אדון עולם **לְכָל נוֹצָר**... Él es el Amo del mundo, para todas las creaturas...
39	...**הַמְקַדֵּשׁ** את **שְׁמוֹ** ברבים. … que santifica Su Nombre en medio de multitudes.	...**מְקַדֵּשׁ** את **שִׁמְךָ** ברבים. ...que santificas Tu Nombre en medio de multitudes.
Kadish	יתגַּדַּל ויתקַדַּשׁ... magnificado y santificado… (Arameo)	יתגַּדֵּל ויתקַדֵּשׁ... magnificado y santificado… (Hebreo)
Kadish	לעלא לְעלא... más allá de cualquier…	לעלא ולעלא más allá de cualquier…
Kadish	עשה **הַשָּׁלוֹם**... Quien obra paz…	עשה **שָׁלוֹם**... Quien obra paz…
Kadish de Los Rabinos	...**יעשה ברחמיו** שלום … con compasión haga la paz	...**ברחמיו יעשה** שלום … con compasión haga la paz
65, 425	...המהלל **בְּפִי** עמו … exaltado por la boca de Su pueblo	...המהלל **בְּפֶה** עמו … exaltado por la boca de Su pueblo
93, 485	בשפה ברורה ובנעימה, **קְדֻשָּׁה** כולם כאחד … mediante habla pura y dulce melodía. Todos ellos al unísono…	בשפה ברורה, ובנעימה **קְדוֹשָׁה**, כולם כאחד … mediante habla pura y melodía dulce y sagrada. Todos ellos al unísono...
La Amidá	משיב הרוח ומוריד הגֶּשֶׁם Hace soplar el viento y descender la lluvia.	משיב הרוח ומוריד הגָּשֶׁם Hace soplar el viento y descender la lluvia.
La Amidá	...ושבענו **מטוּבָהּ** …y satisfácenos de sus bondades	...ושבענו **מטוּבֶךָ** ...y satisfácenos de Tu bondad
La Amidá	...וכל **אוֹיְבֵי עַמְּךָ** … que los enemigos de Tu pueblo	...וכל **אוֹיְבֶיךָ** ...que Tus enemigos
La Amidá	ושים חלקנו עמהם, **וּלְעוֹלָם לֹא** נבוש... y que nuestro destino sea con ellos, y que nunca nos avergoncemos…	ושים חלקנו עמהם **לְעוֹלָם**, **וְלֹא** נבוש... y que nuestro destino sea con ellos para siempre, y que no nos avergoncemos...
La Amidá	והשב את העבודה לדביר ביתך, **ואשי ישראל ותפלתם** באהבה תקבל ברצון. Restaura el servicio en Tu más sagrada casa y acepta favorable y amorosamente las ofrendas ígneas de Israel y sus rezos.	והשב את העבודה לדביר ביתך **ואשי ישראל. ותפלתם באהבה** תקבל ברצון. Restaura el servicio en Tu más sagrada casa y las ofrendas ígneas de Israel, y acepta sus rezos favorable y amorosamente.

Página	*Texto Koren*	*Texto alternativo*
La Amidá	על הנסים... Por los milagros…	וְעל הנסים... Y por los milagros…
La Amidá	ברכנו בברכה המשלשת **בתורה**, הכתובה... bendícenos con la triple bendición de la Torá, escrita…	ברכנו בברכה המשלשת, **בתורה** הכתובה... bendícenos con la triple bendición, en la Torá escrita...
139	...זכרנו **בְּזִכְרוֹן** טוב לפניך. … recuérdanos favorablemente delante de Ti.	...זכרנו **בְּזִכָּרוֹן** טוב לפניך. recuérdanos con una memoria favorable delante de Ti.
263, 353	אל חי **וקיים תמיד**, ימלך עלינו Que el Dios viviente y eterno reine sobre nosotros…	אל חי וקיים, **תמיד ימלך** עלינו... Que el Dios viviente, reine eternamente sobre nosotros...
273	המלך **בכבודו תמיד**, ימלך עלינו... el Rey que gobernará sobre nosotros …por siempre con eterna gloria	המלך בכבודו, **תמיד ימלך** עלינו... el Rey que con eterna gloria, gobernará sobre nosotros por siempre
303–311	היום __ ימים **בָּ**עמר. Hoy es el __ día del Omer.	היום __ ימים **לָ**עמר. Hoy es el __ día para el Omer.
563, 847	...מפני היד **שנשתלחה** במקדשך. … a causa de la mano que se alzó contra Tu Santuario.	...מפני היד **הַשְּׁלוּחָה** במקדשך. ...a causa de la mano alzada contra Tu Santuario.
635	והנחילנו... **שבתות** קדשך Léganos...Tus sagrados Shabatot,	והנחילנו... **שַׁבַּת** קדשך Léganos...Tu sagrado Shabat,
777	זכרון לכולם **יִהְיוּ**, **וּתְשׁוּעַת** נפשם... Que sirvan para todos como recordatorio y salvación...	זכרון לכולם **הָיוּ**, **תְּשׁוּעַת** נפשם... Sirvieron para todos como recordatorio y salvación...
913	אני **והו** הושיעה נא Yo y Él: sálvanos, por favor.	אני והו הושיעה נא Por favor sálvanos, aní VaHú
965	... ברוכים כל **ישראל**. benditos todos los hijos de Israel.	...ברוכים כל **הַצַּדִּיקִים**. benditos todos los justos.
965	ארורים כל הרשעים, ברוכים כל ישראל. Malditos sean todos los malvados, benditos todos los hijos de Israel,	אין Se omite
1045	...כי אל רחום וחנון אתה. ya que Tú Dios, eres benevolente y compasivo.	... כי אל **מֶלֶךְ** רחום וחנון אתה. ya que Tú Dios, eres un Rey benevolente y compasivo.
1045	...בונה **ברחמיו** ירושלים אמן. Quien reconstruirá compasivamente a Jerusalém. Amén.	... בונה ירושלים אמן. Quien reconstruirá a Jerusalém. Amén.
1079	אל חי... **צִוָּה** להציל ידידות שארנו משחת. ...oh Dios viviente... nos ordenó liberar de la destrucción a nuestra amada descendencia.	אל חי... **צַוֵּה** להציל ידידות שארנו משחת. ...oh Dios viviente... ordénanos liberar de la destrucción a nuestra amada descendencia.

TABLA DE RESPUESTAS PERMITIDAS DURANTE LA PLEGARIA

	Pesukei DeZimrá (Desde Baruj SheAmar hasta Yshtabaj)	*Durante una porción del Shemá o una de las bendiciones que lo anteceden*[1]	*Entre las porciones del Shemá o una de las bendiciones que lo anteceden*	*Entre la bendición final* גָּאַל יִשְׂרָאֵל *y el comienzo de la Amidá*[2]
אָמֵן יְהֵא שְׁמֵהּ רַבָּא; אָמֵן siguiente a דַּאֲמִירָן בְּעָלְמָא[3]	Permitido	Permitido	Permitido	Prohibido [שו״ע או״ח סו, ט; משנ״ב נא, ח]
אָמֵן a continuación de cualquier bendición	Permitido	Prohibido	Permitido	Prohibido[4]
בָּרוּךְ הוּא וּבָרוּךְ שְׁמוֹ; בְּרִיךְ הוּא	Prohibido[5]	Prohibido	Prohibido	Prohibido
Talit	Ponerse el talit, pero recitar la bendición correspondiente entre un párrafo y otro [משנ״ב נג, ה]	Ponerse el talit, pero recitar la bendición correspondiente después de la Amidá [שו״ע ורמ״א או״ח סו, ב]	Ponerse el talit, pero recitar la bendición correspondiente después de la Amidá	Prohibido [שו״ע או״ח סו, ח]

1. Los párrafos son los siguientes: desde la bendición יוֹצֵר אוֹר hasta יוֹצֵר הַמְּאוֹרוֹת; desde אַהֲבָה רַבָּה o אַהֲבַת עוֹלָם hasta el Shemá; desde el Shemá hasta וּבִשְׁעָרֶיךָ; desde וְהָיָה אִם שָׁמֹעַ hasta עַל־הָאָרֶץ; desde וַיֹּאמֶר hasta גָּאַל יִשְׂרָאֵל [שו״ע או״ח סו, ה]. Las respuestas permitidas al interior de un párrafo lo son también al interior de un versículo si bien es preferible responder únicamente al final de un pensamiento.
2. Algunos indican que en Shabat uno puede responder al Kadish, a *Barjú*, a la *Kedushá* o a *Modím* [רמ״א או״ח קיא, א]. Ver ley 362.
3. Solamente estas frases requieren de respuesta, las demás respuestas de אָמֵן durante el Kadish son meramente una costumbre [משנ״ב סו, יז].
4. Uno puede responder אָמֵן si escucha a otra persona finalizando la bendición de גָּאַל יִשְׂרָאֵל [רמ״א או״ח סו, ז].
5. Estas respuestas son meramente una costumbre, tal como lo menciona la Guemará [משנ״ב נא, ח].

	Pesukei DeZimrá (Desde Baruj SheAmar hasta Yshtabaj)	*Durante una porción del Shemá o una de las bendiciones que lo anteceden*[1]	*Entre las porciones del Shemá o una de las bendiciones que lo anteceden*	*Entre la bendición final* גָּאַל יִשְׂרָאֵל *y el comienzo de la Amidá*[2]
Tefilín	Ponerse tefilín, pero recitar la bendición correspondiente entre las secciones [משנ״ב נג, ה]	Antes del Shemá: está prohibido; en el Shemá, ponerse tefilín y recitar la bendición correspondiente [משנ״ב סו, טו]	Permitido	Ponerse tefilín, pero recitar la bendición correspondiente después de la Amidá [שו״ע או״ח סו, ח]
Barjú[6]	Permitido	Permitido	Permitido	Prohibido
Shemá	Recitar el primer versículo con la congregación [משנ״ב סה, יא]	Prohibido, salvo cerrar los ojos y entonar la melodía del Shemá	Prohibido, salvo cerrar los ojos y entonar la melodía del Shemá[7] [שו״ע או״ח סה, ב]	Prohibido
Kedushá	Permitido[8] [משנ״ב נא, ח]	Recitar únicamente los versículos que comienzan con בָּרוּךְ y קָדוֹשׁ	Recitar únicamente los versículos que comienzan con בָּרוּךְ y קָדוֹשׁ	Prohibido [משנ״ב סו, יז]
אָמֵן después de הָאֵל הַקָּדוֹשׁ y שׁוֹמֵעַ תְּפִלָּה	Permitido	Permitido	Permitido	Prohibido [רמ״א או״ח סו, ג]
Modím DeRabanán	Permitido	Decir únicamente las palabras מוֹדִים אֲנַחְנוּ לָךְ	Decir únicamente las palabras מוֹדִים אֲנַחְנוּ לָךְ	Prohibido [משנ״ב סו, כ]
Ser llamado a subir a la Torá[9]	Permitido	Permitido – pero no en medio del primer versículo del Shemá o בָּרוּךְ שֵׁם כְּבוֹד מַלְכוּתוֹ לְעוֹלָם וָעֶד	Permitido	Prohibido [משנ״ב סו, כו]

6. Ya sea previo a las bendiciones del Shemá como antes de la lectura de la Torá. Las bendiciones recitadas por el עולה son como cualquier otra bendición [משנ״ב סו, יח].
7. Si la congregación está entonando Aleinu, uno debe ponerse de pie e inclinarse junto a ésta [ערוה״ש או״ח סה, ו].
8. Recitar únicamente los versículos de origen bíblico [אשי ישראל פט״ז, לא; ver ley 368].
9. Los Gabaím no deben llamar a la Torá a quien se encuentra en medio del rezo; sin embargo,

	Pesukei DeZimrá (Desde Baruj SheAmar hasta Yshtabaj)	*Durante una porción del Shemá o una de las bendiciones que lo anteceden*[1]	*Entre las porciones del Shemá o una de las bendiciones que lo anteceden*	*Entre la bendición final* גָּאַל יִשְׂרָאֵל *y el comienzo de la Amidá*[2]
אֲשֶׁר יָצַר	Recitar la bendición entre un párrafo y otro [בה״ל, נא ד״ה צריך]	Lavarse las manos, pero recitar la bendición correspondiente después de la Amidá	Lavarse las manos, pero recitar la bendición correspondiente después de la Amidá	Lavarse las manos, pero recitar la bendición correspon-diente después de la Amidá [משנ״ב סו, כג]
La bendición por un trueno o por un rayo	Permitido	Prohibido	Permitido si la oportunidad puede no repetirse	Prohibido [משנ״ב סו, יט]

si hay solamente un cohen presente - debe ser llamado de todas maneras. De igual forma, si solamente una persona sabe leer la Torá, debe interrumpir sus plegarias a los efectos de fungir como *ba'al koré* [משנ״ב סו, כו].

REGLAS GENERALES

MA'ARIV

Las reglas referidas a las respuestas permitidas son idénticas a las de Shajarit. El espacio tras la bendición שׁוֹמֵר עַמּוֹ יִשְׂרָאֵל לָעַד hasta el Medio Kadish es considerado como entre párrafos, incluso en medio de בָּרוּךְ יהוה לְעוֹלָם אָמֵן וְאָמֵן [ביאור הלכה סו ד״ה ואלו].

HALEL

Las leyes referidas a las respuestas durante el Halel son idénticas a las del Shemá [שו״ע או״ח תפח, א]. Si se trae el lulav en medio del Halel, uno debe recitar la bendición correspondiente entre los párrafos de este [משנ״ב תרמד, ז].

RETIRAR A UN NIÑO QUE LLORA

Se debe retirar de la sinagoga a un niño que llora, aunque se esté en medio de la Amidá, a los efectos de evitar perturbar la plegaria de las demás personas [אשי ישראל פל״ב, יג (בשם החזון אי״ש)].

KADISH DURANTE PESUKEI DEZIMRÁ

Un doliente tiene permitido recitar Kadish durante Pesukei DeZimrá si no habrá de poder hacerlo más tarde [אשי ישראל פט״ו הערה קט].

SALMOS PARA OCASIONES ESPECIALES

Los siguientes salmos pueden ser recitados en ocasiones especiales:

En día que uno se casa	Salmos 19 en la página 431
Cuando nace un niño	Salmos 20 en la página 169 y Salmos 139 en la página 1105
Por una persona enferma	Salmos 23 en la página 1105, Salmos 121 en la página 653, Salmos 130 en la página 657 y Salmos 139 en la página 1105
Por la seguridad en Israel	Salmos 20 en la página 169, Salmos 120 en la página 653, Salmos 121 en la página 653, Salmos 125 en la página 655
Al recuperarse de una enfermedad	Salmos 6 en la página 153, Salmos 30 en la página 419 y Salmos 103 en la página 1105
Agradecimiento	Salmos 95 en la página 329, Salmos 116 en la página 763
Por pedido de orientación	Salmos 139 en la página 1105
Para obtener éxito	Salmos 121 en la página 653
Por arrepentimiento	Salmos 90 en la página 437
Por ayuda en momentos difíciles	Salmos 20 en la página 169, Salmos 130 en la página 657
Al viajar	Salmos 91 en la página 717
Agradecimiento por haberse salvado	Salmos 124 en la página 655

AÑOS EMBOLISMALES

Las palabras וּלְכַפָּרַת פָּשַׁע *se agregan en la* עמידה *de* מוסף *de* ראש חודש *durante los meses que van de* מרחשון *a* אדר שני *durante los años embolismales.*

AÑO JUDÍO	AÑO CIVIL
5782	2021–2022
5784	2023–2024
5787	2026–2027
5790	2029–2030
5793	2032–2033
5795	2034–2035
5798	2037–2038

KADISH DE LOS RABINOS

Doliente: Ytgadal veitkadash shemé rabá. (*Cong.* Amén)
Bealmá di verá jir'uté veiamlij maljuté,
bejaiejón uviomeijón,
uvejaiei de jol Beit Israel,
ba'agalá ubizmán kariv,
veimrú Amén. (*Cong.* Amén)

Todos: Yehé shemé rabá mevaraj lealam ulealmei almaiá.

Doliente: Ytbaraj veishtabaj veitpaár veitromám veitnasé
veithadar veit'alé veithalal
shemé deKudsha Brij Hú. (*Cong.* Brij Hú).
Leelá min kol birjatá
/*Entre Rosh HaShaná y Yom Kipur:* Leelá leelá mikol birjatá/
veshiratá, tushbejatá venejematá, damirán bealmá,
veimrú Amén. (*Cong.* Amén)

Al Israel veal rabanán,
veal talmideihón, veal kol talmidei talmideihón,
veal kol man de askín behoraita,
di beatra (*En Israel:* kadisha) ha dein vedi bejol atar veatar,
iehé lehón uljón shelamá rabá, jiná vejisdá, verajamei,
vejaiei arijei umzonei revijei,
ufurkaná min kodám avuhón devishmaiá,
veimrú Amén (*Cong.* Amén)

Yehé shelamá rabá min shemaia
vejaím (tovím) aleinu veal kol Israel,
veimrú Amén. (*Cong.* Amén)

Inclinarse, dar tres pasos hacia atrás como retirándose de la Divina Presencia, luego inclinarse primero hacia la izquierda, luego hacia la derecha y luego al centro mientras se dice:

Osé shalom /*Entre Rosh HaShaná y Yom Kipur:* hashalom/ bimromav,
Hú iaasé berajamav shalom aleinu, veal kol Israel,
veimrú Amén. (*Cong.* Amén)

KADISH DE DUELO

Doliente: Ytgadal veitkadash shemé rabá. (*Cong.* Amén)
Bealmá di verá jir'uté veiamlij maljuté,
bejaiejón uviomeijón,
uvejaiei de jol Beit Israel,
ba'agalá ubizmán kariv,
veimrú Amén. (*Cong.* Amén)

Todos: Yehé shemé rabá mevaraj lealam ulealmei almaiá.

Doliente: Ytbaraj veishtabaj veitpaár veitromám veitnasé
veithadar veit'alé veithalal
shemé deKudsha Brij Hú. (*Cong.* Brij Hú).
Leelá min kol birjatá
/*Entre Rosh HaShaná y Yom Kipur:* Leelá leelá mikol birjatá/
veshiratá, tushbejatá venejematá,
damirán bealmá,
veimrú, Amén. (*Cong.* Amén)

Yehé shelamá rabá min shemaia
vejaím aleinu veal kol Israel,
veimrú Amén. (*Cong.* Amén)

Inclinarse, dar tres pasos hacia atrás como retirándose de la Divina Presencia, luego inclinarse primero hacia la izquierda, luego hacia la derecha y luego al centro mientras se dice:

Osé shalom / *Entre Rosh HaShaná y Yom Kipur:* hashalom/ bimromav,
Hú iaasé shalom aleinu, veal kol Israel,
Veimrú Amén. (*Cong.* Amén)

קורן ירושלים